Collins
Portuguese Dictionary & Grammar

HarperCollins Publishers
Westerhill Road
Bishopbriggs
Glasgow
G64 2QT

First Edition 2013

Reprint 10 9 8 7 6 5 4 3 2 1 0

© HarperCollins Publishers 2013

ISBN 978-0-00-749676-1

Collins® is a registered trademark of HarperCollins Publishers Limited

www.collinslanguage.com

A catalogue record for this book is available from the British Library

HarperCollins Publishers,
10 East 53rd Street,
New York, NY 10022

COLLINS PORTUGUESE DICTIONARY
& GRAMMAR
First US Edition 2013

Library of Congress cataloging-in-Publication Data has been applied for

ISBN 978-0-06-227802-9
www.harpercollins.com

HarperCollins books may be purchased for educational, business, or sales promotional use. For information, please write to: Special Markets Department, HarperCollins Publishers, 10 East 53rd Street, New York, NY 10022

Typeset by Davidson Publishing Solutions, Glasgow

Printed in India by
Gopsons Papers Ltd

Acknowledgements
We would like to thank those authors and publishers who kindly gave permission for copyright material to be used in the Collins Corpus. We would also like to thank Times Newspapers Ltd for providing valuable data.

All rights reserved. No part of this book may be reproduced, stored in a retrieval system, or transmitted in any form or by any means, electronic, mechanical, photocopying, recording or otherwise, without the prior permission in writing of the Publisher. This book is sold subject to the conditions that it shall not, by way of trade or otherwise, be lent, re-sold, hired out or otherwise circulated without the Publisher's prior consent in any form of binding or cover other than that in which it is published and without a similar condition including this condition being imposed on the subsequent purchaser.

Entered words that we have reason to believe constitute trademarks have been designated as such. However, neither the presence nor absence of such designation should be regarded as affecting the legal status of any trademark.

HarperCollins does not warrant that www.collinsdictionary.com, www.collinslanguage.com or any other website mentioned in this title will be provided uninterrupted, that any website will be error free, that defects will be corrected, or that the website or the server that makes it available are free of viruses or bugs. For full terms and conditions please refer to the site terms provided on the website.

SUMÁRIO		CONTENTS	
Introdução	v	Introduction	v
Abreviaturas usadas neste dicionario	vi	Abbreviations used in this dictionary	vi
Pronúncia	viii	Pronunciation guide	viii
Ortografia do português	xiii	Portuguese spelling	xiii
Verbos ingleses	xiv	English verb forms	xiv
Verbos portugueses	xvi	Portuguese verb forms	xvi
Números	xix	Numbers	xix
INGLÊS–PORTUGUÊS	1–426	ENGLISH–PORTUGUESE	1–426
Gramática inglesa	1–64	English grammar guide	1–64
Gramática portuguesa	65–128	Portuguese grammar guide	65–128
PORTUGUÊS–INGLÊS	427–812	PORTUGUESE–ENGLISH	427–812

MARCAS REGISTRADAS
As palavras que acreditamos constituir marcas registradas foram assim denominadas. Todavia, não se deve supor que a presença ou a ausência dessa denominação possa afetar o status legal de qualquer marca.

NOTE ON TRADEMARKS
Words which we have reason to believe constitute trademarks have been designated as such. However, neither the presence nor the absence of such designation should be regarded as affecting the legal status of any trademark.

GERÊNCIA DE PROJETO/PROJECT MANAGEMENT
Teresa Álvarez García
Carol McCann

COLABORADORES/CONTRIBUTORS
Gaëlle Amiot-Cadey
Susie Beattie
Gerard Breslin
Vitoria Davies
Carla Gaspar
Daniel Grassi
Orin Hargraves
Mike Harland
Jane Horwood
Cordelia Lilly
Amos Maidantchik
Helio Leoncio Martins
Dr Euzi Rodrigues Moraes
Helen Newstead
Nelly Wanderley Fernandes Porto
Carlos Ramires
Adriana Ceschin Rieche
Maggie Seaton
Ana Maria de Mello e Souza
Daniel Veloso
John Whitlam
Lígia Xavier

**GRAMÁTICA PORTUGUESA/
PORTUGUESE GRAMMAR GUIDE**
Manuela Cook

COMPUTAÇÃO/COMPUTING
Agnieszka Urbanowicz

PARA A EDITORA/FOR THE PUBLISHER
Lucy Cooper
Kerry Ferguson
Elaine Higgleton
Ruth O'Donovan

INTRODUÇÃO

PARA COMPREENDER O INGLÊS

A nova edição atualizada deste dicionário oferece ao leitor uma cobertura ampla e prática dos usos linguísticos mais comuns, incluindo terminologia da área de negócios e da informática, além de uma seleção abrangente de abreviaturas, siglas e topônimos de uso frequente. As formas irregulares de verbos e substantivos ingleses também foram incluídas na nomenclatura, com remissão à forma de base, onde se encontra a tradução. As notas adicionais ajudam a entender algumas referências culturais.

PARA EXPRESSAR-SE EM INGLÊS

A fim de ajudar o leitor a expressar-se de forma correta e idiomática em inglês, foram incluídas várias indicações para orientá-lo quanto à tradução mais apropriada em um determinado contexto. Todas as palavras mais frequentes receberam um tratamento detalhado, com muitos exemplos de uso típicos.

UM COMPANHEIRO DE TRABALHO

Todo o cuidado foi tomado para fazer deste dicionário da editora Collins uma obra totalmente confiável, fácil de ser usada e útil para o trabalho e os estudos do leitor. Esperamos que ele seja de grande ajuda na compreensão e no uso do inglês.

NOVOS SUPLEMENTOS DE GRAMÁTICA

Uma das características mais importantes deste dicionário é a inclusão de suplementos de gramática para aprendizes tanto do inglês quanto do português, que trazem explicações claras dos principais pontos gramaticais e exemplos reais de seu uso.

INTRODUCTION

UNDERSTANDING PORTUGUESE

This new, updated edition of the dictionary provides the user with wide-ranging, practical coverage of current usage, including business and IT terminology, and a comprehensive selection of common abbreviations, acronyms and geographical names. You will also find irregular forms of Portuguese verbs and nouns with a cross-reference to the basic form where a translation is given. Additional notes are given to help you understand some cultural references.

EXPRESSING YOURSELF IN PORTUGUESE

To help you express yourself correctly and idiomatically in Portuguese, numerous labels or signposts guide you to the most appropriate translation for your context. All the most commonly used words are given detailed treatment, with many examples of typical usage.

A WORKING COMPANION

Much care has been taken to make this Collins dictionary thoroughly reliable, easy to use and relevant to your work and study. We hope it will help you understand and communicate better.

NEW HELPFUL GRAMMAR SUPPLEMENTS

A key feature of this dictionary is the addition of grammar supplements for learners of both English and Portuguese. These give clear explanations of the main grammatical issues and provide real examples to demonstrate their use.

ABREVIATURAS / ABBREVIATIONS

Portuguese	Abbreviation	English
abreviatura	AB(B)R	abbreviation
adjetivo	ADJ	adjective
administração	Admin	administration
advérbio, locução adverbial	ADV	adverb, adverbial phrase
aeronáutica	Aer	flying, air travel
agricultura	Agr	agriculture
anatomia	Anat	anatomy
arquitetura	Arq, Arch	architecture
artigo definido	ART DEF	definite article
artigo indefinido	ART INDEF	indefinite article
uso atributivo do substantivo	ATR	compound element
Austrália	Aust	Australia
automobilismo	Aut(o)	the motor car and motoring
auxiliar	AUX	auxiliary
aeronáutica	Aviat	flying, air travel
biologia	Bio	biology
botânica, flores	Bot	botany
português do Brasil	BR	Brazilian Portuguese
inglês britânico	BRIT	British English
química	Chem	chemistry
linguagem coloquial	col	colloquial
comércio, finanças, bancos	Com(m)	commerce, finance, banking
comparativo	compar	comparative
computação	Comput	computing
conjunção	CONJ	conjunction
construção	Constr	building
uso atributivo do substantivo	CPD	compound element
cozinha	Culin	cookery
artigo definido	DEF ART	definite article
economia	Econ	economics
educação, escola e universidade	Educ	schooling, schools and universities
eletricidade, eletrônica	Elet, Elec	electricity, electronics
especialmente	esp	especially
exclamação	excl	exclamation
feminino	f	feminine
ferrovia	Ferro	railways
uso figurado	fig	figurative use
física	Fís	physics
fisiologia	Fisiol	physiology
fotografia	Foto	photography
(verbo inglês) do qual a partícula é inseparável	FUS	(phrasal verb) where the particle is inseparable
geralmente	gen	generally
geografia, geologia	Geo	geography, geology
geometria	Geom	geometry
geralmente	ger	generally
impessoal	IMPESS, IMPERS	impersonal
artigo indefinido	INDEF ART	indefinite article
linguagem coloquial	inf	colloquial
infinitivo	infin	infinitive
invariável	INV	invariable

irregular	*irreg*	irregular
jurídico	*Jur*	law
gramática, linguística	*Ling*	grammar, linguistics
masculino	*m*	masculine
matemática	*Mat(h)*	mathematics
medicina	*Med*	medicine
masculino ou feminino, dependendo do sexo da pessoa	*m/f*	masculine/feminine
militar, exército	*Mil*	military matters
música	*Mús, Mus*	music
substantivo	N	noun
navegação, náutica	*Náut, Naut*	sailing, navigation
adjetivo ou substantivo numérico	NUM	numeral adjective or noun
Nova Zelândia	*NZ*	New Zealand
	o.s.	oneself
pejorativo	*pej*	pejorative
fotografia	*Phot*	photography
física	*Phys*	physics
fisiologia	*Physiol*	physiology
plural	*pl*	plural
política	*Pol*	politics
particípio passado	*pp*	past participle
preposição	PREP	preposition
pronome	PRON	pronoun
psicologia, psiquiatria	*Psico, Psych*	psychology, psychiatry
português de Portugal	pt	European Portuguese
pretérito	pt	past tense
química	*Quím*	chemistry
religião e cultos	*Rel*	religion, church services
	sb	somebody
educação, escola e universidade	*Sch*	schooling, schools and universities
singular	*sg*	singular
	sth	something
sujeito (gramatical)	*su(b)j*	(grammatical) subject
subjuntivo, conjuntivo	*sub(jun)*	subjunctive
superlativo	*superl*	superlative
também	*tb*	also
técnica, tecnologia	*Tec(h)*	technical term, technology
telecomunicações	*Tel*	telecommunications
tipografia, imprensa	*Tip*	typography, printing
televisão	*TV*	television
tipografia, imprensa	*Typ*	typography, printing
inglês americano	US	American English
ver	V	see
verbo	VB	verb
verbo intransitivo	VI	intransitive verb
verbo reflexivo	VR	reflexive verb
verbo transitivo	VT	transitive verb
zoologia	*Zool*	zoology
marca registrada	®	registered trademark
equivalente cultural	≈	cultural equivalent
linguagem ofensiva	!	offensive

PRONÚNCIA INGLESA

Em geral, damos a pronúncia de cada entrada em colchetes logo após a palavra em questão. Todavia, quando a entrada for composta de duas ou mais palavras, e cada uma delas aparecer em outro lugar no dicionário, o leitor encontrará a pronúncia de cada palavra na sua posição alfabética.

VOGAIS

	Exemplo Inglês	Explicação
[aː]	father	Entre o *a* de p*a*dre e o *o* de n*ó*; como em f*a*da
[ʌ]	but, come	Aproximadamente como o primeiro *a* de c*a*ma
[æ]	man, cat	Som entre o *a* de l*á* e o *e* de p*é*
[ə]	father, ago	Som parecido com o *e* final do português de Portugal
[əː]	bird, heard	Entre o *e* aberto e o *o* fechado
[ɛ]	get, bed	Como em p*é*
[ɪ]	it, big	Mais breve do que em s*i*
[iː]	tea, see	Como em f*i*no
[ɔ]	hot, wash	Como em p*ó*
[ɔː]	saw, all	Como o *o* de p*o*rte
[u]	put, book	Som breve e mais fechado do que em b*u*rro
[uː]	too, you	Som aberto como em j*u*ro

DITONGOS

	Exemplo Inglês	Explicação
[aɪ]	fly, high	Como em b*ai*le
[au]	how, house	Como em c*au*sa
[ɛə]	there, bear	Como o *e* de a*e*roporto
[eɪ]	day, obey	Como o *ei* de l*ei*
[ɪə]	here, hear	Como *ia* de companh*ia*
[əu]	go, note	[ə] seguido de um *u* breve
[ɔɪ]	boy, oil	Como em b*oia*
[uə]	poor, sure	Como *ua* em s*ua*

CONSOANTES

	Exemplo Inglês	Explicação
[d]	men**d**e**d**	Como em *d*a*d*o, an*d*ar
[g]	**g**et, bi**g**	Como em *g*rande
[dʒ]	**g**in, **j**udge	Como em i*d*a*d*e
[ŋ]	si**ng**	Como em ci*n*co
[h]	**h**ouse, **h**e	*h* aspirado
[j]	**y**oung, **y**es	Como em *i*ogurte
[k]	**c**ome, mo**ck**	Como em *c*ama
[r]	**r**ed, t**r**ead	*r* como em pa*r*a, mas pronunciado no céu da boca
[s]	**s**and, ye**s**	Como em *s*ala
[z]	ro**s**e, **z**ebra	Como em *z*ebra
[ʃ]	**sh**e, ma**ch**ine	Como em *ch*apéu
[tʃ]	**ch**in, ri**ch**	Como *t* em *t*imbre
[w]	**w**ater, **wh**ich	Como o *u* em ág*u*a
[ʒ]	vi**s**ion	Como em *j*á
[θ]	**th**ink, my**th**	Sem equivalente, aproximadamente como um *s* pronunciado entre os dentes
[ð]	**th**is, **th**e	Sem equivalente, aproximadamente como um *z* pronunciado entre os dentes

b, f, l, m, n, p, t, v pronunciam-se como em português.

O sinal [*] indica que o r final escrito não se pronuncia em inglês britânico, exceto quando a palavra seguinte começa por uma vogal. O sinal ['] indica a sílaba acentuada.

BRAZILIAN PORTUGUESE PRONUNCIATION

CONSONANTS

c	[k]	café	c before a, o, u is pronounced as in cat
ce, ci	[s]	cego	c before e or i, as in receive
ç	[s]	raça	ç is pronounced as in receive
ch	[ʃ]	chave	ch is pronounced as in shock
d	[d]	data	as in English EXCEPT
de, di	[dʒ]	difícil	d before an i sound or final unstressed
		cidade	e is pronounced as in judge
g	[g]	gado	g before a, o, u as in gap
ge, gi	[ʒ]	gíria	g before e or i, as s in leisure
h		humano	h is always silent in Portuguese
j	[ʒ]	jogo	j is pronounced as s in leisure
l	[l]	limpo, janela	as in English EXCEPT
	[w]	falta, total	l after a vowel tends to become w
lh	[ʎ]	trabalho	lh is pronounced like the lli in million
m	[m]	animal, massa	as in English EXCEPT
	[ãw]	cantam	m at the end of a syllable preceded by a
	[ĩ]	sim	vowel nasalizes the preceding vowel
n	[n]	nadar, penal	as in English EXCEPT
	[ã]	cansar	n at the end of a syllable, preceded by a
	[ẽ]	alento	vowel and followed by a consonant, nasalizes the preceding vowel
nh	[˜]	tamanho	nh is pronounced like the ni in onion
q	[k]	queijo	qu before i or e is usually pronounced as in kick
q	[kw]	quanto	qu before a or o, and sometimes before
		cinquenta	e or i, is pronounced as in queen
-r-	[ɾ]	compra	r preceded by a consonant (except n) and followed by a vowel is pronounced with a single trill
r-, -r-	[h]	rato, arpão	inital r, r followed by a consonant and
rr	[h]	borracha	rr are pronounced like h in house
-r	[ɾ]	pintar, dizer	word-final r can sometimes be heard as a single trill, but usually it is not pronounced at all in colloquial speech
s-	[s]	sol	as in English EXCEPT
		escada	
		livros	
-s-	[z]	mesa	intervocalic s and s before b, d, g, l, m, n,
		rasgar,	r, and v, as in rose
		desmaio	
-ss-	[s]	nosso	double s is always pronounced as in boss
t	[t]	todo	as in English EXCEPT
te, ti	[tʃ]	amante	t followed by an i sound or final
		tipo	unstressed e is pronounced as ch in cheer
x-	[ʃ]	xarope	initial x is pronounced like sh in ship
-x-	[s]	exceto	x before a consonant is pronounced
		explorar	like s in sail
ex-	[z]	exame	x in the prefix ex before a vowel is pronounced as z in squeeze
-x-	[ʃ]	relaxar	x in any other position may be
	[ks]	fixo	pronounced as in ship, axe or sail
	[s]	auxiliar	

x

| z | [z] | **z**angar
carta**z** | as in English |

b, f, k, p, v, w are pronounced as in English.

VOWELS

a, á, à, â	[a]	m**a**ta	*a* is normally pronounced as in f*a*ther
ã	[ã]	irm**ã**	*ã* is pronounced approximately as in s*u*ng
e	[e]	v**e**jo	unstressed (except final) *e* is pronounced like *e* in th*e*y, stressed *e* is pronounced either as in th*e*y or as in b*e*t
-e	[i]	fom**e**	final *e* is pronounced as in mon*ey*
é	[ɛ]	mis**é**ria	*é* is pronounced as in b*e*t
ê	[e]	p**ê**lo	*ê* is pronounced as in th*e*y
i	[i]	v**i**da	*i* is pronounced as in m*ea*n
o	[o]	loc**o**motiva	unstressed (except final) *o* is pronounced as in l*o*cal;
	[ɔ]	l**o**ja	stressed *o* is pronounced either as in
	[o]	gl**o**bo	l*o*cal or as in r*o*ck
-o	[u]	livr**o**	final *o* is pronounced as in f*oo*t
ó	[ɔ]	**ó**leo	*ó* is pronounced as in r*o*ck
ô	[o]	col**ô**nia	*ô* is pronounced as in l*o*cal
u	[u]	l**u**va	*u* is pronounced as in r*u*le
	[w]	ling**u**iça freq**u**ente	it is usually silent as in g*u*e, g*u*i, q*u*e, q*u*i but in some words it is pronounced as a *w* sound in this position

DIPHTHONGS

ãe	[ãj]	m**ãe**	nasalized, approximately as in fl*yi*ng
ai	[aj]	v**ai**	as is r*i*de
ao, au	[aw]	**ao**s, **au**xílio	as is sh*ou*t
ão	[ãw]	v**ão**	nasalized, approximately as in r*ou*nd
ei	[ej]	f**ei**ra	as is th*ey*
eu	[ew]	d**eu**sa	both elements pronounced
oi	[oj]	b**oi**	as is t*oy*
ou	[o]	cen**ou**ra	as is l*o*cal
õe	[õj]	avi**õe**s	nasalized, approximately as in 'b*oing*!'

STRESS

The rules of stress in Portuguese are as follows:

(a) when a word ends in *a, e, o, m* (except *im, um* and their plural forms) or *s*, the second last syllable is stressed;
cama*r*ada; cama*r*adas
pa*r*te; pa*r*tem
(b) when a word ends in *i, u, im* (and plural), *um* (and plural), *n* or a consonant other than *m* or *s*, the stress falls on the last syllable:
ven*d*i, al*g*um, al*g*uns, fal*a*r
(c) when the rules set out in (a) and (b) are not applicable, an acute or circumflex accent appears over the stressed vowel:
ótica, ânimo, inglês

In the phonetic transcription, the symbol ['] precedes the syllable on which the stress falls.

EUROPEAN PORTUGUESE PRONUNCIATION

The pronunciation of Brazilian Portuguese differs quite markedly from the Portuguese spoken in Portugal itself and in the African and island states. The more phonetic nature of Brazilian means that words nearly always retain their set pronunciation; in European Portuguese, on the other hand, vowels can often be unpronounced or weakened and consonants can change their sound, all depending on their position within a word or whether they are being elided with a following word. The major differences in pronunciation of European Portuguese are as follows:-

CONSONANTS: as in Brazilian, except:

-b-	[β]	cu**b**a	*b* between vowels is a softer sound, closer to ha*v*e
d	[d]	**d**ança, **d**ifícil	as in English EXCEPT *d* between vowels is softer,
-d-	[ð]	fa**d**o, ci**d**a**d**e	approximately as in *the*
-g-	[ɣ]	sa**g**a	*g* between vowels is a softer sound, approximately as in la*g*er
gu	[ɣw]	a**gu**entar	in certain words *gu* is pronounced as in G*w*ent
qu	[kw]	tran**qu**ilo	in certain words *qu* is pronounced as in *qu*oits
r-, rr	[R]		initial *r* and double *r* are pronounced either like the
	[rr]		French *r* or strongly trilled as in Scottish Ro*r*y; pronunciation varies according to region
-r-, -r	[r]	**r**ato, a**r**ma	*r* in any other position is slightly trilled
t	[t]	**t**odo, aman**t**e	*t* is pronounced as in English
z	[ʒ]	**z**angar	as in English EXCEPT final *z* is pronounced as *sh* in fla*sh*
	[ʃ]	carta**z**	

VOWELS: as in Brazilian, except:

a	[a]	f**a**lar	stressed *a* is pronounced either as in f*a*ther or as
	[ɐ]	c**a**ma	*u* in f*u*rther
-a-, -a	[ə]	f**a**lar, fal**a**	unstressed or final *a* is pronounced as *e* in furth*e*r
e	[ə]	m**e**dir	unstressed *e* is a very short *i* sound as in rabb*i*t
-e	[ə]	art**e**, regim**e**	final *e* is barely pronounced; these would sound like English *art* and *regim*
o	[u]	poç**o**, p**o**der	unstressed or final *o* is pronounced as in f*oo*t

PORTUGUESE SPELLING

In 2009, a spelling reform was introduced in all the Portuguese-speaking countries with the aim of eliminating the differences which existed between Brazilian and European Portuguese spelling. The following table summarizes these differences, which you will come across in texts written before the 2009 reform:

Description	Brazilian spelling pre-2009	European Portuguese spelling pre-2009	Universal spelling post-2009
The combinations -gue-, -gui-, -que-, -qui- when u is pronounced	With trema, e.g. lingüiça, freqüente etc.	Without trema, e.g. linguiça, frequente etc.	Without trema, e.g. linguiça, frequente etc.
Stressed -ei- and -oi- in penultimate syllables	With acute accent, e.g. idéia, heróico	Without acute accent, e.g. ideia, heroico	Without acute accent, e.g. ideia, heroico
Stressed o followed by unstressed o	First o has circumflex accent, e.g vôo, abençôo	No written accent, e.g. voo, abençoo	No written accent, e.g. voo, abençoo
First person plural preterite tense of -ar verbs	Without accent, e.g. amamos, jogamos	With acute accent, e.g. amámos, jogámos	Without accent, e.g. amamos, jogamos
comum + mente	comumente	comummente	comumente
com + nós	conosco	connosco	conosco
(h)úmido and derivatives	úmido, umidade	húmido, humidade	úmido, umidade
Latin consonant group -ct-	Simplified to -c-/-ç- or -t-, e.g. acionar, ação, ator	Silent -c- retained, e.g. accionar, acção, actor	Simplified spelling, e.g. acionar, ação, ator
Latin consonant group -pt-	Simplified to -ç- or -t-, e.g. exceção, ótimo	Silent -p- retained, e.g. excepção, óptimo	Simplified spelling, e.g. exceção, ótimo
Months of the year	e.g. janeiro, dezembro	e.g. Janeiro, Dezembro	e.g. janeiro, dezembro

One important difference between Brazilian and Portuguese spelling which still applies even after the reform is that, when a written accent is required on stressed e and o before m or n, Brazilian uses the circumflex while European uses the acute accent, reflecting the difference in the way the sounds are pronounced, e.g. tênis (BR), ténis (PT); econômico (BR), económico (PT). In addition, there are cases where two different spellings are permitted in European Portuguese to reflect two possible pronunciations, e.g. súdito/súbdito, sutil/subtil, anistia/amnistia.

VERBOS IRREGULARES EM INGLÊS

PRESENT	PT	PP	PRESENT	PT	PP
arise	arose	arisen	**find**	found	found
awake	awoke	awoken	**fling**	flung	flung
be (am, is, are; being)	was, were	been	**fly**	flew	flown
			forbid	forbad(e)	forbidden
bear	bore	born(e)	**forecast**	forecast	forecast
beat	beat	beaten	**forget**	forgot	forgotten
begin	began	begun	**forgive**	forgave	forgiven
bend	bent	bent	**freeze**	froze	frozen
bet	bet, betted	bet, betted	**get**	got	got, (US) goten
bid (*at auction*)	bid	bid	**give**	gave	given
bind	bound	bound	**go** (goes)	went	gone
bite	bit	bitten	**grind**	ground	ground
bleed	bled	bled	**grow**	grew	grown
blow	blew	blown	**hang**	hung	hung
break	broke	broken	**hang** (*execute*)	hanged	hanged
breed	bred	bred	**have**	had	had
bring	brought	brought	**hear**	heard	heard
build	built	built	**hide**	hid	hidden
burn	burnt, burned	burnt, burned	**hit**	hit	hit
			hold	held	held
burst	burst	burst	**hurt**	hurt	hurt
buy	bought	bought	**keep**	kept	kept
can	could	(been able)	**kneel**	knelt, kneeled	knelt, kneeled
cast	cast	cast			
catch	caught	caught	**know**	knew	known
choose	chose	chosen	**lay**	laid	laid
cling	clung	clung	**lead**	led	led
come	came	come	**lean**	leant, leaned	leant, leaned
cost	cost	cost			
creep	crept	crept	**leap**	leapt, leaped	leapt, leaped
cut	cut	cut			
deal	dealt	dealt	**learn**	learnt, learned	learnt, learned
dig	dug	dug			
do (does)	did	done	**leave**	left	left
draw	drew	drawn	**lend**	lent	lent
dream	dreamed, dreamt	dreamed, dreamt	**let**	let	let
			lie (*lying*)	lay	lain
drink	drank	drunk	**light**	lit, lighted	lit, lighted
drive	drove	driven			
eat	ate	eaten	**lose**	lost	lost
fall	fell	fallen	**make**	made	made
feed	fed	fed	**may**	might	–
feel	felt	felt	**mean**	meant	meant
fight	fought	fought	**meet**	met	met

PRESENT	PT	PP	PRESENT	PT	PP
mistake	mistook	mistaken	speed	sped, speeded	sped, speeded
mow	mowed	mown, mowed	spell	spelt, spelled	spelt, spelled
must	(had to)	(had to)	spend	spent	spent
pay	paid	paid	spill	spilt, spilled	spilt, spilled
put	put	put	spin	spun	spun
quit	quit, quitted	quit, quitted	spit	spat	spat
read	read	read	spoil	spoiled, spoilt	spoiled, spoilt
rid	rid	rid	spread	spread	spread
ride	rode	ridden	spring	sprang	sprung
ring	rang	rung	stand	stood	stood
rise	rose	risen	steal	stole	stolen
run	ran	run	stick	stuck	stuck
saw	sawed	sawed, sawn	sting	stung	stung
say	said	said	stink	stank	stunk
see	saw	seen	stride	strode	stridden
sell	sold	sold	strike	struck	struck
send	sent	sent	swear	swore	sworn
set	set	set	sweep	swept	swept
sew	sewed	sewn	swell	swelled	swollen, swelled
shake	shook	shaken	swim	swam	swum
shear	sheared	shorn, sheared	swing	swung	swung
shed	shed	shed	take	took	taken
shine	shone	shone	teach	taught	taught
shoot	shot	shot	tear	tore	torn
show	showed	shown	tell	told	told
shrink	shrank	shrunk	think	thought	thought
shut	shut	shut	throw	threw	thrown
sing	sang	sung	thrust	thrust	thrust
sink	sank	sunk	tread	trod	trodden
sit	sat	sat	wake	woke, waked	woken, waked
sleep	slept	slept	wear	wore	worn
slide	slid	slid	weave	wove	woven
sling	slung	slung	weep	wept	wept
slit	slit	slit	win	won	won
smell	smelt, smelled	smelt, smelled	wind	wound	wound
sow	sowed	sown, sowed	wring	wrung	wrung
speak	spoke	spoken	write	wrote	written

XV

PORTUGUESE VERB FORMS

1 Gerund. **2** Imperative. **3** Present. **4** Imperfect. **5** Preterite. **6** Future.
7 Present subjunctive. **8** Imperfect subjunctive. **9** Future subjunctive.
10 Past participle. **11** Pluperfect. **12** Personal infinitive.

etc indicates that the irregular root is used for all persons of the tense, e.g. **ouvir 7** ouça *etc* = ouça, ouças, ouça, ouçamos, ouçais, ouçam.

abrir 10 aberto
acudir 2 acode **3** acudo, acodes, acode, acodem
aderir 3 adiro **7** adira
advertir 3 advirto **7** advirta *etc*
agir 3 ajo **7** aja *etc*
agradecer 3 agradeço **7** agradeça *etc*
agredir 2 agride **3** agrido, agrides, agride, agridem **7** agrida *etc*
AMAR 1 amando **2** ama, amai **3** amo, amas, ama, amamos, amais, amam **4** amava, amavas, amava, amávamos, amavéis, amavam **5** amei, amaste, amou, amamos, amastes, amaram **6** amarei, amarás, amará, amaremos, amareis, amarão **7** ame, ames, ame, amemos, ameis, amem **8** amasse, amasses, amasse, amássemos, amásseis, amassem **9** amar, amares, amar, ámarmos, amardes, amarem **10** amado **11** amara, amaras, amara, amáramos, amáreis, amaram **12** amar, amares, amar, amarmos, amardes, amarem
ameaçar 5 ameacei **7** ameace *etc*
ansiar 2 anseia **3** anseio, anseias, anseia, anseiam **7** anseie *etc*
arrancar 7 arranque *etc*
arruinar 2 arruína **3** arruíno, arruínas, arruína, arruínam **7** arruíne, arruínes, arruíne, arruínem
atribuir 3 atribuo, atribuis, atribui, atribuímos, atribuís, atribuem
bulir 2 bole **3** bulo, boles, bole, bolem
caber 3 caibo **5** coube *etc* **7** caiba *etc* **8** coubesse *etc* **9** couber *etc*
cair 2 cai **3** caio, cais, cai, caímos, caís, caem **4** caía *etc* **5** caí, caíste **7** caia *etc* **8** caisse *etc*

cobrir 3 cubro **7** cubra *etc* **10** coberto
compelir 3 compilo **7** compila *etc*
crer 2 crê **3** creio, crês, crê, cremos, credes, creem **5** cri, creste, creu, cremos, crestes, creram **7** creia *etc*
cuspir 2 cospe **3** cuspo, cospes, cospe, cospem
dar 2 dá **3** dou, dás, dá, damos, dais, dão **5** dei, deste, deu, demos, destes, deram **7** dê, dês, dê, demos, deis, deem **8** desse *etc* **9** der *etc* **11** dera *etc*
deduzir 2 deduz **3** deduzo, deduzes, deduz
denegrir 2 denigre **3** denigro, denigres, denigre, denigrem **7** denigre *etc*
despir 3 dispo **7** dispa *etc*
dizer 2 diz (dize) **3** digo, dizes, diz, dizemos, dizeis, dizem **5** disse *etc* **6** direi *etc* **7** diga *etc* **8** dissesse *etc* **9** disser *etc* **10** dito
doer 2 dói **3** doo, dóis, dói
dormir 3 durmo **7** durma *etc*
emergir 3 emirjo **7** emirja *etc*
escrever 10 escrito
ESTAR 2 está **3** estou, estás, está, estamos, estais, estão **4** estava *etc* **5** estive, estiveste, esteve, estivemos, estivestes, estiveram **7** esteja *etc* **8** estivesse *etc* **9** estiver *etc* **11** estivera *etc*
extorquir 3 exturco **7** exturca *etc*
FAZER 3 faço **5** fiz, fizeste, fez, fizemos, fizestes, fizeram **6** farei *etc* **7** faça *etc* **8** fizesse *etc* **9** fizer *etc* **10** feito **11** fizera *etc*
ferir 3 firo **7** fira *etc*
fluir 3 fluo, fluis, flui, fluímos, fluís, fluem
fugir 2 foge **3** fujo, foges, foge, fogem **7** fuja *etc*

xvi

ganhar 10 ganho
gastar 10 gasto
gerir 3 giro **7** gira *etc*
haver 2 há **3** hei, hás, há, havemos, haveis, hão **4** havia *etc* **5** houve, houveste, houve, houvemos, houvestes, houveram **7** haja *etc* **8** houvesse *etc* **9** houver *etc* **11** houvera *etc*
ir 1 indo **2** vai **3** vou, vais, vai, vamos, ides, vão **4** ia *etc* **5** fui, foste, foi, fomos, fostes, foram **7** vá, vás, vá, vamos, vades, vão **8** fosse, fosses, fosse, fôssemos, fôsseis, fossem **9** for *etc* **10** ido **11** fora *etc*
ler 2 lê **3** leio, lês, lê, lemos, ledes, leem **5** li, leste, leu, lemos, lestes, leram **7** leia *etc*
medir 3 meço, **7** meça *etc*
mentir 3 minto **7** minta *etc*
ouvir 3 ouço **7** ouça *etc*
pagar 10 pago
parir 3 pairo **7** paira *etc*
pecar 7 peque *etc*
pedir 3 peço **7** peça *etc*
perder 3 perco **7** perca *etc*
poder 3 posso **5** pude, pudeste, pôde, pudemos, pudestes, puderam **7** possa *etc* **8** pudesse *etc* **9** puder *etc* **11** pudera *etc*
polir 2 pule **3** pulo, pules, pule, pulem **7** pula *etc*
pôr 1 pondo **2** põe **3** ponho, pões, põe, pomos, pondes, põem **4** punha *etc* **5** pus, puseste, pôs, pusemos, pusestes, puseram **6** porei *etc* **7** ponha *etc* **8** pusesse *etc* **9** puser *etc* **10** posto **11** pusera *etc*
preferir 3 prefiro **7** prefire *etc*
prevenir 2 previne **3** previno, prevines, previne, previnem **7** previna *etc*
prover 2 provê **3** provejo, provês, provê, provemos, provedes, proveem **5** provi, proveste, proveu, provemos, provestes, proveram **7** proveja *etc* **8** provesse *etc* **9** prover *etc*
querer 3 quero, queres, quer **5** quis, quiseste, quis, quisemos, quisestes, quiseram **7** queira *etc* **8** quisesse *etc* **9** quiser *etc* **11** quisera *etc*
refletir 3 reflito **7** reflita *etc*
repetir 3 repito **7** repita *etc*
requerer 3 requeiro, requeres, requer **7** requeira *etc*
reunir 2 reúne **3** reúno, reúnes, reúne, reúnem **7** reúna *etc*
rir 2 ri **3** rio, ris, ri, rimos, rides, ridem **5** ri, riste, riu, rimos, ristes, riram **7** ria *etc*
saber 3 sei, sabes, sabe, sabemos, sabeis, sabem **5** soube, soubeste, soube, soubemos, soubestes, souberam **7** saiba *etc* **8** soubesse *etc* **9** souber *etc* **11** soubera *etc*
seguir 3 sigo **7** siga *etc*
sentir 3 sinto **7** sinta *etc*
ser 2 sê **3** sou, és, é, somos, sois, são **4** era *etc* **5** fui, foste, foi, fomos, fostes, foram **7** seja *etc* **8** fosse *etc* **9** for *etc* **11** fora *etc*
servir 3 sirvo **7** sirva *etc*
subir 2 sobe **3** subo, sobes, sobe, sobem
suster 2 sustém **3** sustenho, sustens, sustém, sustendes, sustêm **5** sustive, sustiveste, susteve, sustivemos, sustivestes, sustiveram **7** sustenha *etc*
ter 2 tem **3** tenho, tens, tem, temos, tendes, têm **4** tinha *etc* **5** tive, tiveste, teve, tivemos, tivestes, tiveram **6** terei *etc* **7** tenha *etc* **8** tivesse *etc* **9** tiver *etc* **11** tivera *etc*
torcer 3 torço **7** torça *etc*
tossir 3 tusso **7** tussa *etc*
trair 2 trai **3** traio, trais, trai, traímos, traís, traem **7** traia *etc*
trazer 2 (traze) traz **3** trago, trazes, traz, **5** trouxe, trouxeste, trouxe, trouxemos, trouxestes, trouxeram **6** trarei *etc* **7** traga *etc* **8** trouxesse *etc* **9** trouxer *etc* **11** trouxera *etc*
UNIR 1 unindo **2** une, uni **3** uno, unes, une, unimos, unis, unem **4** unia, unias, uníamos, uníeis, uniam **5** uni, uniste, uniu, unimos, unistes, uniram **6** unirei, unirás, unirá, uniremos,

unireis, unirão **7** una, unas, una, unamos, unais, unam **8** unisse, unisses, unisse, uníssemos, unísseis, unissem **9** unir, unires, unir, unirmos, unirdes, unirem **10** unido **11** unira, uniras, unira, uníramos, uníreis, uniram **12** unir, unires, unir, unirmos, unirdes, unirem
valer 3 valho **7** valha *etc*
ver 2 vê **3** vejo, vês, vê, vemos, vedes, veem **4** via *etc* **5** vi, viste, viu, vimos, vistes, viram **7** veja *etc* **8** visse *etc* **9** vir *etc* **10** visto **11** vira
vir 1 vindo, **2** vem **3** venho, vens, vem, vimos, vindes, vêm **4** vinha *etc* **5** vim, vieste, veio, viemos, viestes, vieram **7** venha *etc* **8** viesse *etc* **9** vier *etc* **10** vindo **11** viera *etc*
VIVER 1 vivendo **2** vive, vivei **3** vivo, vives, vive, vivemos, viveis, vivem **4** vivia, vivias, vivia, vivíamos, vivíeis, viviam **5** vivi, viveste, viveu, vivemos, vivestes, viveram **6** viverei, viverás, viverá, viveremos, vivereis, viverão **7** viva, vivas, viva, vivamos, vivais, vivam **8** vivesse, vivesses, vivesse, vivêssemos, vivêsseis, vivessem **9** viver, viveres, viver, vivermos, viverdes, viverem **10** vivido **11** vivera, viveras, vivera, vivêramos, vivêreis, viveram **12** viver, viveres, viver, vivermos, viverdes, viverem

NÚMEROS

NUMBERS

NÚMEROS CARDINAIS

CARDINAL NUMBERS

um (uma)		1	one
dois (duas)		2	two
três		3	three
quatro		4	four
cinco		5	five
seis		6	six
sete		7	seven
oito		8	eight
nove		9	nine
dez		10	ten
onze		11	eleven
doze		12	twelve
treze		13	thirteen
catorze		14	fourteen
quinze		15	fifteen
dezesseis (BR), dezasseis (PT)		16	sixteen
dezessete (BR), dezassete (PT)		17	seventeen
dezoito		18	eighteen
dezenove (BR), dezanove (PT)		19	nineteen
vinte		20	twenty
vinte e um (uma)		21	twenty-one
trinta		30	thirty
quarenta		40	forty
cinquenta		50	fifty
sessenta		60	sixty
setenta		70	seventy
oitenta		80	eighty
noventa		90	ninety
cem		100	a hundred
cento e um (uma)		101	a hundred and one
duzentos(-as)		200	two hundred
trezentos(-as)		300	three hundred
quinhentos(-as)		500	five hundred
mil		1.000/1,000	a thousand
um milhão		1.000.000/1,000,000	a million

NÚMEROS

NUMBERS

FRAÇÕES ETC
zero vírgula cinco	0,5/0.5
três vírgula quatro	3,4/3.4
dez por cento	10%
cem por cento	100%

FRACTIONS ETC
zero point five
three point four
ten per cent
a hundred per cent

NÚMEROS ORDINAIS
primeiro	1°/1st
segundo	2°/2nd
terceiro	3°/3rd
quarto	4°/4th
quinto	5°/5th
sexto	6°/6th
sétimo	7°/7th
oitavo	8°/8th
nono	9°/9th
décimo	10°/10th
décimo primeiro	11°/11th
vigésimo	20°/20th
trigésimo	30°/30th
quadragésimo	40°/40th
quinquagésimo	50°/50th
centésimo	100°/100th
centésimo primeiro	101°/101st
milésimo	1000°/1000th

ORDINAL NUMBERS
first
second
third
fourth
fifth
sixth
seventh
eighth
ninth
tenth
eleventh
twentieth
thirtieth
fortieth
fiftieth
hundredth
hundred-and-first
thousandth

English – Portuguese
Inglês – Português

Aa

A, a [eɪ] N (*letter*) A, a m; (*Mus*): **A** lá m; **A for Andrew** (BRIT) or **Able** (US) A de Antônio; **A road** (BRIT Aut) via expressa; **A shares** (BRIT Stock Exchange) ações fpl preferenciais

KEYWORD

a [eɪ, ə] INDEF ART (*before vowel or silent h*: **an**)
1 um(a); **a book/girl/mirror** um livro/uma menina/um espelho; **an apple** uma maçã; **she's a doctor** ela é médica
2 (*instead of the number "one"*) um(a); **a year ago** há um ano, um ano atrás; **a hundred/thousand** *etc* **pounds** cem/mil *etc* libras
3 (*in expressing ratios, prices etc*): **3 a day/week** 3 por dia/semana; **10 km an hour** 10 km por hora; **30p a kilo** 30p o quilo

a. ABBR = **acre**
AA N ABBR (= *Alcoholics Anonymous*) AA m; (BRIT: = *Automobile Association*) ≈ TCB m (BR), ≈ ACP m (PT); (US: = *Associate in/of Arts*) título universitário; (= *anti-aircraft*) AA
AAA N ABBR (= *American Automobile Association*) ≈ TCB m (BR), ≈ ACP m (PT); (BRIT) = **Amateur Athletics Association**
AAUP N ABBR (= *American Association of University Professors*) sindicato universitário
AB ABBR (BRIT) = **able-bodied seaman**; (CANADA) = **Alberta**
abaci ['æbəsaɪ] NPL *of* **abacus**
aback [ə'bæk] ADV: **to be taken ~** ficar surpreendido, sobressaltar-se
abacus ['æbəkəs] (*pl* **abaci**) N ábaco
abandon [ə'bændən] VT abandonar ▶ N (*wild behaviour*): **with ~** com desenfreio; **to ~ ship** abandonar o navio
abandoned [ə'bændənd] ADJ (*child, house*) abandonado; (*unrestrained*) desenfreado
abase [ə'beɪs] VT: **to ~ o.s. (so far as to do)** rebaixar-se (até o ponto de fazer)
abashed [ə'bæʃt] ADJ envergonhado
abate [ə'beɪt] VI (*lessen*) diminuir; (*calm down*) acalmar-se
abatement [ə'beɪtmənt] N *see* **noise abatement**
abattoir ['æbətwɑːʳ] (BRIT) N matadouro
abbey ['æbɪ] N abadia, mosteiro
abbot ['æbət] N abade m
abbreviate [ə'briːvɪeɪt] VT (*essay*) resumir; (*word*) abreviar
abbreviation [əbriːvɪ'eɪʃən] N (*short form*) abreviatura; (*act*) abreviação f
ABC N ABBR (= *American Broadcasting Company*) rede de televisão
abdicate ['æbdɪkeɪt] VT abdicar, renunciar a ▶ VI abdicar, renunciar ao trono
abdication [æbdɪ'keɪʃən] N abdicação f
abdomen ['æbdəmən] N abdômen m
abdominal [æb'dɔmɪnl] ADJ abdominal
abduct [æb'dʌkt] VT sequestrar
abduction [æb'dʌkʃən] N sequestro
Aberdonian [æbə'dəʊnɪən] ADJ de Aberdeen ▶ N natural m/f de Aberdeen
aberration [æbə'reɪʃən] N aberração f; **in a moment of mental ~** num momento de desatino
abet [ə'bɛt] VT *see* **aid**
abeyance [ə'beɪəns] N: **in ~** (*law*) em desuso; (*matter*) suspenso
abhor [əb'hɔːʳ] VT detestar, odiar
abhorrent [əb'hɔrənt] ADJ detestável, repugnante
abide [ə'baɪd] VT aguentar, suportar; **I can't ~ him** eu não o soporto
▶ **abide by** VT FUS (*promise, word*) cumprir; (*law, rules*) ater-se a
ability [ə'bɪlɪtɪ] N habilidade f, capacidade f; (*talent*) talento; (*skill*) perícia; **to the best of my ~** o melhor que eu puder *or* pudesse
abject ['æbdʒɛkt] ADJ (*poverty*) miserável; (*coward*) desprezível, vil; **an ~ apology** um pedido de desculpa humilde
ablaze [ə'bleɪz] ADJ em chamas; **~-with light** resplandecente
able ['eɪbl] ADJ capaz; (*skilled*) hábil, competente; **to be ~ to do sth** poder fazer algo
able-bodied [-'bɔdɪd] ADJ são/sã; **~ seaman** (BRIT) marinheiro experimentado
ably ['eɪblɪ] ADV habilmente
ABM N ABBR = **anti-ballistic missile**
abnormal [æb'nɔːməl] ADJ anormal
abnormality [æbnɔː'mælɪtɪ] N anormalidade f
aboard [ə'bɔːd] ADV a bordo ▶ PREP a bordo de; (*train*) dentro de
abode [ə'bəʊd] N (*old*) residência, domicílio; (*Law*): **of no fixed ~** sem domicílio fixo

abolish [ə'bɔlɪʃ] VT abolir
abolition [æbə'lɪʃən] N abolição f
abominable [ə'bɔmɪnəbl] ADJ abominável, detestável
aborigine [æbə'rɪdʒɪnɪ] N aborígene m/f
abort [ə'bɔːt] VT (Med) abortar; (plan) cancelar
abortion [ə'bɔːʃən] N aborto; **to have an ~** fazer um aborto
abortive [ə'bɔːtɪv] ADJ (failed) fracassado; (fruitless) inútil
abound [ə'baund] VI: **to ~ (in** or **with)** abundar (em)

> [KEYWORD]

about [ə'baut] ADV **1** (approximately) aproximadamente; **it takes about 10 hours** leva mais ou menos 10 horas; **at about 2 o'clock** aproximadamente às duas horas; **it's just about finished** está quase terminado
2 (referring to place) por toda parte, por todo lado; **to run/walk** etc **about** correr/andar etc por todos os lados
3: to be about to do sth estar a ponto de fazer algo
▶ PREP **1** (relating to) acerca de, sobre; **a book about London** um livro sobre Londres; **what is it about?** do que se trata?, é sobre o quê?; **we talked about it** nós falamos sobre isso; **what** or **how about doing this?** que tal se fizermos isso?
2 (place) em redor de, por; **to walk about the town** andar pela cidade

about face N (Mil) meia-volta; (fig) reviravolta
about turn N = **about face**
above [ə'bʌv] ADV em or por cima, acima
▶ PREP acima de, por cima de; **mentioned ~** acima mencionado; **costing ~ £10** que custa mais de £10; **~ all** sobretudo
aboveboard [ə'bʌv'bɔːd] ADJ legítimo, limpo
abrasion [ə'breɪʒən] N (on skin) esfoladura
abrasive [ə'breɪzɪv] ADJ abrasivo; (fig: person) cáustico; (: manner) mordaz
abreast [ə'brɛst] ADV lado a lado; **to keep ~ of** (fig) estar a par de
abridge [ə'brɪdʒ] VT resumir, abreviar
abroad [ə'brɔːd] ADV (be abroad) no estrangeiro; (go abroad) ao estrangeiro; **there is a rumour ~ that ...** (fig) corre o boato de que ...
abrupt [ə'brʌpt] ADJ (sudden) brusco; (curt) ríspido
abruptly [ə'brʌptlɪ] ADV bruscamente
abscess ['æbsɪs] N abscesso (BR), abcesso (PT)
abscond [əb'skɔnd] VI: **to ~ with** sumir com; **to ~ from** fugir de
absence ['æbsəns] N ausência; **in the ~ of** (person) na ausência de; (thing) na falta de
absent ['æbsənt] ADJ ausente; **~ without leave** ausente sem permissão oficial; **to be ~** faltar
absentee [æbsən'tiː] N ausente m/f
absenteeism [æbsən'tiːɪzəm] N absenteísmo

absent-minded ADJ distraído
absent-mindedness [-'maɪndɪdnɪs] N distração f
absolute ['æbsəluːt] ADJ absoluto
absolutely [æbsə'luːtlɪ] ADV absolutamente; **oh, yes, ~!** claro que sim!
absolve [əb'zɔlv] VT: **to ~ sb (from)** (sin etc) absolver alguém (de); (blame) isentar alguém (de); **to ~ sb from** (oath) desobrigar alguém de
absorb [əb'zɔːb] VT absorver; (group, business) incorporar; (changes) assimilar; (information) digerir; **to be ~ed in a book** estar absorvido num livro
absorbent [əb'zɔːbənt] ADJ absorvente
absorbent cotton (US) N algodão m hidrófilo
absorbing [əb'zɔːbɪŋ] ADJ (book, film etc) absorvente, cativante
absorption [əb'zɔːpʃən] N absorção f; (interest) fascinação f
abstain [əb'steɪn] VI: **to ~ (from)** abster-se (de)
abstemious [əb'stiːmɪəs] ADJ abstinente
abstention [əb'stɛnʃən] N abstenção f
abstinence ['æbstɪnəns] N abstinência, sobriedade f
abstract [adj, n 'æbstrækt, vt æb'strækt] ADJ abstrato ▶ N resumo ▶ VT (remove) abstrair; (summarize) resumir; (steal) surripiar
absurd [əb'səːd] ADJ absurdo
absurdity [əb'səːdɪtɪ] N absurdo
ABTA ['æbtə] N ABBR = **Association of British Travel Agents**
Abu Dhabi ['æbuː'dɑːbɪ] N Abu Dabi (no article)
abundance [ə'bʌndəns] N abundância
abundant [ə'bʌndənt] ADJ abundante
abuse [n ə'bjuːs, vt ə'bjuːz] N (insults) insultos mpl; (misuse) abuso; (ill-treatment) maus-tratos mpl ▶ VT insultar; maltratar; abusar; **open to ~** aberto ao abuso
abusive [ə'bjuːsɪv] ADJ ofensivo
abysmal [ə'bɪzməl] ADJ (ignorance) profundo, total; (very bad) péssimo
abyss [ə'bɪs] N abismo
AC N ABBR (US) = **athletic club** ▶ ABBR (= alternating current) CA
a/c ABBR (Banking etc: = account) c/
academic [ækə'dɛmɪk] ADJ acadêmico; (pej: issue) teórico ▶ N universitário(-a)
academic freedom N liberdade f de cátedra
academic year N ano letivo
academy [ə'kædəmɪ] N (learned body) academia; (school) instituto, academia, colégio; **military/naval ~** academia militar/escola naval; **~ of music** conservatório
ACAS ['eɪkæs] (BRIT) N ABBR (= Advisory, Conciliation and Arbitration Service) ≈ Justiça do Trabalho
accede [æk'siːd] VI: **to ~ to** (request) consentir em, aceder a; (throne) subir a
accelerate [æk'sɛləreɪt] VT, VI acelerar
acceleration [æksɛlə'reɪʃən] N aceleração f

accelerator [æk'sɛləreɪtə^r] N acelerador m
accent ['æksɛnt] N (written) acento; (pronunciation) sotaque m; (fig: emphasis) ênfase f
accentuate [æk'sɛntjueɪt] VT (syllable) acentuar; (need, difference etc) ressaltar, salientar
accept [ək'sɛpt] VT aceitar; (responsibility) assumir
acceptable [ək'sɛptəbl] ADJ (offer) bem-vindo; (risk) assumir, aceitável
acceptance [ək'sɛptəns] N aceitação f; **to meet with general ~** ter aprovação geral
access ['æksɛs] N acesso ▶ VT (Comput) acessar; **to have ~ to** ter acesso a; **the burglars gained ~ through a window** os ladrões conseguiram entrar por uma janela
accessible [æk'sɛsəbl] ADJ acessível; (available) disponível
accession [æk'sɛʃən] N acessão f; (of king) elevação f ao trono; (to library) aquisição f
accessory [æk'sɛsərɪ] N acessório; (Law): **~ to** cúmplice m/f de; **toilet accessories** (BRIT) artigos de toalete
access road N via de acesso
accident ['æksɪdənt] N acidente m; (chance) casualidade f; **to meet with** or **have an ~** sofrer or ter um acidente; **~s at work** acidentes de trabalho; **by ~** (unintentionally) sem querer; (by coincidence) por acaso
accidental [æksɪ'dɛntl] ADJ acidental
accidentally [æksɪ'dɛntəlɪ] ADV (by accident) sem querer; (by chance) casualmente
Accident and Emergency Department N (BRIT) pronto-socorro
accident insurance N seguro contra acidentes
accident-prone ADJ com tendência para sofrer or causar acidente, desastrado
acclaim [ə'kleɪm] VT aclamar ▶ N aclamação f; **to be ~ed for one's achievements** ser aclamado por seus fatas
acclamation [æklə'meɪʃən] N (approval) aclamação f; (applause) aplausos mpl
acclimate [ə'klaɪmət] (US) VT = **acclimatize**
acclimatize [ə'klaɪmətaɪz] (BRIT) VT: **to become ~d (to)** aclimatar-se (a)
accolade ['ækəleɪd] N louvor m, honra
accommodate [ə'kɒmədeɪt] VT alojar; (reconcile: subj: car, hotel, etc) acomodar, conciliar; (oblige, help) comprazer a; (adapt): **to ~ one's plans to** acomodar seus projetos a; **this car ~s 4 people** este carro tem lugar para 4 pessoas
accommodating [ə'kɒmədeɪtɪŋ] ADJ complacente, serviçal
accommodation [əkɒmə'deɪʃən] (BRIT) N, (US) **accommodations** [əkɒmə'deɪʃənz] NPL alojamento; (space) lugar m (BR), sítio (PT); **he's found ~** ele já encontrou um lugar para morar; **"~ to let"** "aluga-se (apartamento etc)"; **they have ~ for 500** têm lugar para 500 pessoas; **seating ~** lugares mpl sentados

5 | accelerator – accrued interest

accompaniment [ə'kʌmpənɪmənt] N acompanhamento
accompanist [ə'kʌmpənɪst] N acompanhador(a) m/f, acompanhante m/f
accompany [ə'kʌmpənɪ] VT acompanhar
accomplice [ə'kʌmplɪs] N cúmplice m/f
accomplish [ə'kʌmplɪʃ] VT (task) concluir; (goal) alcançar
accomplished [ə'kʌmplɪʃt] ADJ (person) talentoso; (performance) brilhante
accomplishment [ə'kʌmplɪʃmənt] N (bringing about) realização f; (achievement) proeza; **accomplishments** NPL (skills) talentos mpl
accord [ə'kɔːd] N tratado ▶ VT conceder; **of his own ~** por sua iniciativa; **with one ~** de comum acordo
accordance [ə'kɔːdəns] N: **in ~ with** de acordo com, conforme
according [ə'kɔːdɪŋ] PREP: **~ to** segundo; (in accordance with) conforme; **~ to plan** como previsto
accordingly [ə'kɔːdɪŋlɪ] ADV (thus) por conseguinte; (appropriately) do modo devido
accordion [ə'kɔːdɪən] N acordeão m
accost [ə'kɒst] VT abordar
account [ə'kaʊnt] N conta; (report) relato; **accounts** NPL (books, department) contabilidade f; **"~ payee only"** (BRIT) "cheque não endossável" (a ser creditado na conta do favorecido); **to keep an ~ of** anotar, registrar; **to bring sb to ~ for sth/for having done sth** chamar alguém a contas por algo/por ter feito algo; **by all ~s** segundo dizem todos; **of little ~** sem importância; **on his own ~** por sua conta; **to pay £50 on ~** pagar £50 por conta; **to buy sth on ~** comprar algo a crédito; **of no ~** sem importância; **on ~** por conta; **on no ~** de modo nenhum; **on ~ of** por causa de; **to take into ~, take ~ of** levar em conta
▶ **account for** VT FUS (explain) explicar; (represent) representar; **all the children were ~ed for** nenhuma das crianças faltava; **4 people are still not ~ed for** 4 pessoas ainda não foram encontradas
accountability [əkaʊntə'bɪlɪtɪ] N responsabilidade f
accountable [ə'kaʊntəbl] ADJ: **~ (to)** responsável (por)
accountancy [ə'kaʊntənsɪ] N contabilidade f
accountant [ə'kaʊntənt] N contador(a) m/f (BR), contabilista m/f (PT)
accounting [ə'kaʊntɪŋ] N contabilidade f
accounting period N exercício
account number N número de conta
account payable N conta a pagar
account receivable N conta a receber
accredited [ə'krɛdɪtɪd] ADJ (agent) autorizado
accretion [ə'kriːʃən] N acresção f
accrue [ə'kruː] VI aumentar; (mount up) acumular-se; **to ~ to** advir a
accrued interest [ə'kruːd-] N juros mpl acumulados

accumulate [ə'kju:mjuleɪt] VT acumular ▶ VI acumular-se
accumulation [əkju:mju'leɪʃən] N acumulação f
accuracy ['ækjurəsɪ] N exatidão f, precisão f
accurate ['ækjurɪt] ADJ (number) exato; (description) correto; (person, device) preciso; (shot) certeiro
accurately ['ækjurətlɪ] ADV com precisão
accusation [ækju'zeɪʃən] N acusação f; (instance) incriminação f
accusative [ə'kju:zətɪv] N (Ling) acusativo
accuse [ə'kju:z] VT: **to ~ sb (of sth)** acusar alguém (de algo)
accused [ə'kju:zd] N: **the ~** o/a acusado/a
accustom [ə'kʌstəm] VT acostumar; **to ~ o.s. to sth** acostumar-se a algo
accustomed [ə'kʌstəmd] ADJ (usual) habitual; **~ to** acostumado a
AC/DC ABBR (= alternating current/direct current) CA/CC
ACE [eɪs] N ABBR = **American Council on Education**
ace [eɪs] N ás m; **to be** or **come within an ~ of doing** (BRIT) não fazer por um triz
acerbic [ə'sə:bɪk] ADJ (also fig) acerbo
acetate ['æsɪteɪt] N acetato
ache [eɪk] N dor f ▶ VI doer; (yearn): **to ~ to do sth** ansiar por fazer algo; **I've got (a) stomach ~** eu estou com dor de barriga; **my head ~s** dói-me a cabeça; **I'm aching all over** estou todo dolorido
achieve [ə'tʃi:v] VT (reach) alcançar; (realize) realizar; (victory, success) obter
achievement [ə'tʃi:vmənt] N (of aims) realização f; (success) proeza
acid ['æsɪd] ADJ, N ácido
acidity [ə'sɪdɪtɪ] N acidez f
acid rain N chuva ácida
acknowledge [ək'nɔlɪdʒ] VT (fact) reconhecer; (person) cumprimentar; (also: **acknowledge receipt of**) acusar o recebimento de (BR) or a receção de (PT)
acknowledgement [ək'nɔlɪdʒmənt] N (of letter) notificação f de recebimento; **acknowledgements** NPL (in book) agradecimentos mpl
ACLU N ABBR (= American Civil Liberties Union) associação que defende os direitos humanos
acme ['ækmɪ] N acme m
acne ['æknɪ] N acne f
acorn ['eɪkɔ:n] N bolota
acoustic [ə'ku:stɪk] ADJ acústico
acoustics [ə'ku:stɪks] N, NPL acústica
acquaint [ə'kweɪnt] VT: **to ~ sb with sth** (inform) pôr alguém ao corrente de alguma coisa; **to be ~ed with** (person) conhecer; (fact) saber
acquaintance [ə'kweɪntəns] N conhecimento; (person) conhecido(-a); **to make sb's ~** conhecer alguém
acquiesce [ækwɪ'ɛs] VI: **to ~ (to)** condescender (a); (request) ceder (a)

acquire [ə'kwaɪə^r] VT adquirir; (interest, skill) desenvolver
acquired [ə'kwaɪəd] ADJ adquirido; **an ~ taste** um gosto cultivado
acquisition [ækwɪ'zɪʃən] N aquisição f
acquisitive [ə'kwɪzɪtɪv] ADJ cobiçoso
acquit [ə'kwɪt] VT absolver; **to ~ o.s. well** desempenhar-se bem
acquittal [ə'kwɪtəl] N absolvição f
acre ['eɪkə^r] N acre m (= 4047m^2)
acreage ['eɪkərɪdʒ] N extensão f (em acres)
acrid ['ækrɪd] ADJ (smell) acre; (fig) mordaz
acrimonious [ækrɪ'məunɪəs] ADJ (remark) mordaz; (argument) acrimonioso
acrobat ['ækrəbæt] N acrobata m/f
acrobatic [ækrə'bætɪk] ADJ acrobático
acrobatics [ækrə'bætɪks] NPL acrobacia
Acropolis [ə'krɔpəlɪs] N: **the ~** a Acrópole
across [ə'krɔs] PREP (from one side to the other of) de um lado para outro de; (on the other side of) no outro lado de; (crosswise) através de ▶ ADV de um lado ao outro; **to walk ~ (the road)** atravessar (a rua); **to run/swim ~** atravessar correndo/a nado; **the lake is 12 km ~** o lago tem 12 km de largura; **~ from** em frente de; **to get sth ~ (to sb)** conseguir comunicar algo (a alguém)
acrylic [ə'krɪlɪk] ADJ acrílico ▶ N acrílico
ACT N ABBR (= American College Test) ≈ vestibular m
act [ækt] N ação f; (Theatre) ato; (in show) número; (Law) lei f ▶ VI tomar ação; (behave, have effect) agir; (Theatre) representar; (pretend) fingir ▶ VT (part) representar; **in the ~ of** no ato de; **~ of God** (Law) força maior; **to catch sb in the ~** apanhar alguém em flagrante, flagrar alguém; **it's only an ~** é só encenação; **to ~ Hamlet** (BRIT) representar Hamlet; **to ~ the fool** (BRIT) fazer-se de bobo; **to ~ as** servir de; **it ~s as a deterrent** serve para dissuadir; **~ing in my capacity as chairman, I ...** na qualidade de presidente, eu ...
▶ **act on** VT FUS: **to ~ on sth** agir de acordo com algo
▶ **act out** VT (event) representar; (fantasy) realizar
acting ['æktɪŋ] ADJ interino ▶ N (performance) representação f, atuação f; (activity): **to do some ~** fazer teatro
action [ækʃən] N ação f; (Mil) batalha, combate m; (Law) ação judicial; **to bring an ~ against sb** (Law) intentar ação judicial contra alguém; **killed in ~** (Mil) morto em combate; **out of ~** (person) fora de combate; (thing) com defeito; **to take ~** tomar atitude; **to put a plan into ~** pôr um plano em ação
action replay (BRIT) N (TV) replay m
activate ['æktɪveɪt] VT (mechanism) acionar; (Chem, Phys) ativar
active ['æktɪv] ADJ ativo; (volcano) em atividade
active duty (US) N (Mil) ativa
actively ['æktɪvlɪ] ADV ativamente

active partner N (Comm) comanditado(-a)
active service (BRIT) N (Mil) ativa
activist ['æktɪvɪst] N ativista m/f, militante m/f
activity [æk'tɪvɪtɪ] N atividade f
actor ['æktə^r] N ator m
actress ['æktrɪs] N atriz f
actual ['æktjuəl] ADJ real
actually ['æktjuəlɪ] ADV realmente; (in fact) na verdade; (even) mesmo
actuary ['æktjuərɪ] N atuário(-a)
actuate ['æktjueɪt] VT atuar, acionar
acuity [ə'kju:ɪtɪ] N acuidade f
acumen ['ækjumən] N perspicácia; **business ~** tino para os negócios
acupuncture ['ækjupʌŋktʃə^r] N acupuntura
acute [ə'kju:t] ADJ agudo; (person) perspicaz
ad [æd] N ABBR = **advertisement**
A.D. ADV ABBR (= Anno Domini) d.C. ▶ N ABBR (US Mil) = **active duty**
adamant ['ædəmənt] ADJ inflexível
Adam's apple ['ædəmz-] N pomo-de-Adão m (BR), maçã-de-Adão f (PT)
adapt [ə'dæpt] VT adaptar ▶ VI: **to ~ (to)** adaptar-se (a)
adaptability [ədæptə'bɪlɪtɪ] N adaptabilidade f
adaptable [ə'dæptəbl] ADJ (device) ajustável; (person) adaptável
adaptation [ædæp'teɪʃən] N adaptação f
adapter [ə'dæptə^r] N (Elec) adaptador m
ADC N ABBR (Mil) = **aide-de-camp**; (US: = Aid to Dependent Children) auxílio a crianças dependentes
add [æd] VT acrescentar; (figures: also: **add up**) somar ▶ VI: **to ~ to** (increase) aumentar
▶ **add on** VT acrescentar, adicionar
▶ **add up** VT (figures) somar ▶ VI (fig): **it doesn't ~ up** não faz sentido; **it doesn't ~ up to much** é pouca coisa
adder ['ædə^r] N víbora
addict ['ædɪkt] N viciado(-a); **heroin ~** viciado(-a) em heroína; **drug ~** toxicômano(-a)
addicted [ə'dɪktɪd] ADJ: **to be/become ~ to** ser/ficar viciado em
addiction [ə'dɪkʃən] N (Med) dependência
addictive [ə'dɪktɪv] ADJ que causa dependência
adding machine ['ædɪŋ-] N máquina de somar
Addis Ababa ['ædɪs'æbəbə] N Adis-Abeba
addition [ə'dɪʃən] N (adding up) adição f; (thing added) acréscimo; **in ~** além disso; **in ~ to** além de
additional [ə'dɪʃənl] ADJ adicional
additive ['ædɪtɪv] N aditivo
address [ə'drɛs] N endereço; (speech) discurso ▶ VT (letter) endereçar; (speak to) dirigir-se a, dirigir a palavra a; **form of ~** tratamento; **to ~ (o.s. to)** (problem, issue) enfocar
addressee [ædrɛ'si:] N destinatário(-a)
Aden ['eɪdən] N Áden (no article); **Gulf of ~** golfo de Áden
adenoids ['ædɪnɔɪdz] NPL adenoides fpl
adept ['ædɛpt] ADJ: **~ at** hábil or competente em

adequate ['ædɪkwɪt] ADJ (enough) suficiente; (suitable) adequado; (satisfactory) satisfatório; **to feel ~ to the task** sentir-se à altura da tarefa
adequately ['ædɪkwɪtlɪ] ADV adequadamente
adhere [əd'hɪə^r] VI: **to ~ to** aderir a; (abide by) ater-se a
adhesion [əd'hi:ʒən] N adesão f
adhesive [əd'hi:zɪv] ADJ, N adesivo
adhesive tape N (BRIT) durex® m, fita adesiva; (US) esparadrapo
ad hoc [-hɔk] ADJ (decision) para o caso; (committee) ad hoc
ad infinitum [-ɪnfɪ'naɪtəm] ADV ad infinitum
adjacent [ə'dʒeɪsənt] ADJ: **~ (to)** adjacente (a)
adjective ['ædʒɛktɪv] N adjetivo
adjoin [ə'dʒɔɪn] VT ser contíguo a
adjoining [ə'dʒɔɪnɪŋ] ADJ adjacente
adjourn [ə'dʒə:n] VT (postpone) adiar; (session) suspender ▶ VI encerrar a sessão; (go) deslocar-se; **they ~ed to the pub** (BRIT inf) deslocaram-se para o bar
adjournment [ə'dʒə:nmənt] N (period) recesso
Adjt ABBR (Mil: = adjutant) Ajte
adjudicate [ə'dʒu:dɪkeɪt] VT, VI julgar
adjudication [ədʒu:dɪ'keɪʃən] N julgamento
adjust [ə'dʒʌst] VT (change) ajustar; (clothes) arrumar; (machine) regular ▶ VI: **to ~ (to)** adaptar-se (a)
adjustable [ə'dʒʌstəbl] ADJ ajustável
adjuster [ə'dʒʌstə^r] N see **loss adjuster**
adjustment [ə'dʒʌstmənt] N ajuste m; (of engine) regulagem f; (of prices, wages) reajuste m; (of person) adaptação f
adjutant ['ædʒətənt] N ajudante m
ad-lib [-lɪb] VT, VI improvisar ▶ N improviso; (Theatre) caco ▶ ADV: **ad lib** à vontade
adman ['ædmæn] (inf) (irreg: like **man**) N publicitário
admin ['ædmɪn] (inf) N ABBR = **administration**
administer [əd'mɪnɪstə^r] VT administrar; (justice) aplicar; (drug) ministrar
administration [ədmɪnɪs'treɪʃən] N administração f; (US: government) governo
administrative [əd'mɪnɪstrətɪv] ADJ administrativo
administrator [əd'mɪnɪstreɪtə^r] N administrador(a) m/f
admirable ['ædmərəbl] ADJ admirável
admiral ['ædmərəl] N almirante m
Admiralty ['ædmərəltɪ] (BRIT) N (also: **Admiralty Board**) Ministério da Marinha, Almirantado
admiration [ædmə'reɪʃən] N admiração f
admire [əd'maɪə^r] VT (respect) respeitar; (appreciate) admirar
admirer [əd'maɪərə^r] N (suitor) pretendente m/f; (fan) admirador(a) m/f
admission [əd'mɪʃən] N (admittance) entrada; (fee) ingresso; (enrolment) admissão f; (confession) confissão f; **"~ free", "free ~"** "entrada gratuita", "ingresso gratuito"; **by his own ~ he drinks too much** ele mesmo reconhece que bebe demais

admit [əd'mɪt] VT admitir; (*acknowledge*) reconhecer; (*accept*) aceitar; (*confess*) confessar; **"children not ~ted"** "entrada proibida a menores de idade"; **this ticket ~s two** este ingresso é válido para duas pessoas; **I must ~ that ...** devo admitir *or* reconhecer que ...
  ▸ **admit of** VT FUS admitir
  ▸ **admit to** VT FUS confessar
admittance [əd'mɪtəns] N entrada; **"no ~"** "entrada proibida"
admittedly [əd'mɪtədlɪ] ADV evidentemente
admonish [əd'mɒnɪʃ] VT admoestar
ad nauseam [æd'nɔːsɪæm] ADV sem parar
ado [ə'duː] N: **without further** *or* **(any) more ~** sem mais cerimônias
adolescence [ædəu'lɛsns] N adolescência
adolescent [ædəu'lɛsnt] ADJ, N adolescente *m/f*
adopt [ə'dɒpt] VT adotar
adopted [ə'dɒptɪd] ADJ adotivo
adoption [ə'dɒpʃən] N adoção *f*
adoptive [ə'dɒptɪv] ADJ adotivo
adorable [ə'dɔːrəbl] ADJ encantador(a)
adoration [ædə'reɪʃən] N adoração *f*
adore [ə'dɔːʳ] VT adorar
adoring [ə'dɔːrɪŋ] ADJ devotado
adoringly [ə'dɔːrɪŋlɪ] ADV com adoração
adorn [ə'dɔːn] VT adornar, enfeitar
adornment [ə'dɔːnmənt] N enfeite *m*, adorno
ADP N ABBR = **automatic data processing**
adrenalin [ə'drɛnəlɪn] N adrenalina
Adriatic [eɪdrɪ'ætɪk], **Adriatic Sea** N (mar *m*) Adriático
adrift [ə'drɪft] ADV à deriva; **to come ~** desprender-se
adroit [ə'drɔɪt] ADJ hábil
ADSL N ABBR (= *asymmetric digital subscriber line*) ADSL *m*
ADT (US) ABBR (= *Atlantic Daylight Time*) hora de verão de Nova Iorque.
adult ['ædʌlt] N adulto(-a) ▸ ADJ adulto; (*literature, education*) para adultos
adult education N educação *f* para adultos
adulterate [ə'dʌltəreɪt] VT adulterar
adulterer [ə'dʌltərəʳ] N adúltero
adulteress [ə'dʌltərɪs] N adúltera
adultery [ə'dʌltərɪ] N adultério
adulthood ['ædʌlthud] N idade *f* adulta
advance [əd'vɑːns] N avanço; (*money: payment in advance*) adiantamento; (: *loan*) empréstimo; (*Mil*) avançada ▸ ADJ antecipado ▸ VT (*develop*) desenvolver, promover; (*money*) adiantar ▸ VI (*move forward*) avançar; (*progress*) progredir; **in ~** com antecedência; **to make ~s to sb** (*gen*) fazer propostas a alguém; (*amorously*) fazer propostas amorosas a alguém
advanced [əd'vɑːnst] ADJ avançado; (*studies, country*) adiantado; **~ in years** de idade avançada
advancement [əd'vɑːnsmənt] N (*improvement*) progresso; (*in rank*) promoção *f*
advance notice N aviso prévio

advantage [əd'vɑːntɪdʒ] N vantagem *f*; (*supremacy*) supremacia; (*advantage*) benefício; (*Tennis*) vantagem *f*; **to take ~ of** (*use*) aproveitar, aproveitar-se de; (*gain by*) tirar proveito de; **it's to our ~ (to do)** é vantajoso para nós (fazer)
advantageous [ædvən'teɪdʒəs] ADJ: **~ (to)** vantajoso (para)
advent ['ædvənt] N advento, chegada; **A~** (*Rel*) Advento
Advent calendar N calendário do Advento
adventure [əd'vɛntʃəʳ] N aventura
adventurous [əd'vɛntʃərəs] ADJ aventureiro
adverb ['ædvəːb] N advérbio
adversary ['ædvəsərɪ] N adversário(-a)
adverse ['ædvəːs] ADJ (*effect*) contrário; (*weather, publicity*) desfavorável; **~ to** contrário a
adversity [əd'vəːsɪtɪ] N adversidade *f*
advert ['ædvəːt] (BRIT) N ABBR = **advertisement**
advertise ['ædvətaɪz] VI anunciar, fazer propaganda; (*in newspaper etc*) anunciar ▸ VT (*event, job*) anunciar; (*product*) fazer a propaganda de; **to ~ for** (*staff*) procurar
advertisement [əd'vəːtɪsmənt] N (*classified*) anúncio; (*display, TV*) propaganda, anúncio
advertiser ['ædvətaɪzəʳ] N anunciante *m/f*
advertising ['ædvətaɪzɪŋ] N publicidade *f*
advertising agency N agência de publicidade
advertising campaign N campanha publicitária
advice [əd'vaɪs] N conselhos *mpl*; (*notification*) aviso; **piece of ~** conselho; **to ask (sb) for ~** pedir conselho (a alguém); **to take legal ~** consultar um advogado
advice note (BRIT) N aviso
advisable [əd'vaɪzəbl] ADJ aconselhável
advise [əd'vaɪz] VT aconselhar; (*inform*): **to ~ sb of sth** avisar alguém de algo; **to ~ sb against sth** desaconselhar algo a alguém; **to ~ sb against doing sth** aconselhar alguém a não fazer algo; **you would be well/ill ~d to go** seria melhor você ir/você não ir
advisedly [əd'vaɪzɪdlɪ] ADV de propósito
adviser, advisor [əd'vaɪzəʳ] N conselheiro(-a); (*consultant*) consultor(a) *m/f*; (*political*) assessor(a) *m/f*
advisory [əd'vaɪzərɪ] ADJ consultivo; **in an ~ capacity** na qualidade de assessor(a) *or* consultor(a)
advocate [*vt* 'ædvəkeɪt, *n* 'ædvəkɪt] VT defender; (*recommend*) advogar ▸ N advogado(-a); (*supporter*) defensor(a) *m/f*
advt. ABBR = **advertisement**
AEA (BRIT) N ABBR (= *Atomic Energy Authority*) ≈ CNEN *f*
AEC (US) N ABBR (= *Atomic Energy Commission*) ≈ CNEN *f*
Aegean [iː'dʒiːən] N: **the ~ (Sea)** o (mar) Egeu
aegis ['iːdʒɪs] N: **under the ~ of** sob a égide de

aeon ['i:ən] N eternidade f
aerial ['ɛərɪəl] N antena ▶ ADJ aéreo
aerobatics [ɛərəu'bætɪks] NPL acrobacias fpl aéreas
aerobics [ɛə'rəubɪks] N ginástica
aerodrome ['ɛərədrəum] (BRIT) N aeródromo
aerodynamic [ɛərəudaɪ'næmɪk] ADJ aerodinâmico
aerodynamics [ɛərəudaɪ'næmɪks] N, NPL aerodinâmica
aeronautics [ɛərə'nɔ:tɪks] N aeronáutica
aeroplane ['ɛərəpleɪn] (BRIT) N avião m
aerosol ['ɛərəsɔl] N aerossol m
aerospace industry ['ɛərəuspeɪs-] N indústria aeroespacial
aesthetic [i:s'θɛtɪk] ADJ estético
aesthetics [i:s'θɛtɪks] N, NPL estética
afar [ə'fɑ:ʳ] ADV: **from ~** de longe
AFB (US) N ABBR = **Air Force Base**
AFDC (US) N ABBR (= *Aid to Families with Dependent Children*) auxílio-família m
affable ['æfəbl] ADJ afável; (*behaviour*) simpático
affair [ə'fɛəʳ] N (*matter*) assunto; (*business*) negócio; (*question*) questão f; (*also:* **love affair**) caso; **~s** (*matters*) assuntos mpl; (*personal concerns*) vida; **that is my ~** isso é comigo; **the Watergate ~** o caso Watergate
affect [ə'fɛkt] VT afetar; (*move*) comover
affectation [æfɛk'teɪʃən] N afetação f
affected [ə'fɛktɪd] ADJ afetado
affection [ə'fɛkʃən] N afeto, afeição f
affectionate [ə'fɛkʃənət] ADJ afetuoso, carinhoso
affectionately [ə'fɛkʃənətlɪ] ADV carinhosamente
affidavit [æfɪ'deɪvɪt] N (*Law*) declaração f escrita e juramentada
affiliated [ə'fɪlɪeɪtɪd] ADJ: **~ (to)** afiliado (a); **~ company** filial f
affinity [ə'fɪnɪtɪ] N afinidade f; **to have an ~ with** (*rapport*) ter afinidade com; (*resemblance*) ter semelhanca com
affirm [ə'fə:m] VT afirmar
affirmation [æfə'meɪʃən] N afirmação f
affirmative [ə'fə:mətɪv] ADJ afirmativo ▶ N: **in the ~** afirmativamente
affix [ə'fɪks] VT (*signature*) apor; (*stamp*) colar
afflict [ə'flɪkt] VT afligir; **to be ~ed with** sofrer de
affliction [ə'flɪkʃən] N aflição f; (*illness*) doença
affluence ['æfluəns] N riqueza
affluent ['æfluənt] ADJ rico; **the ~ society** a sociedade da abundância
afford [ə'fɔ:d] VT (*provide*) fornecer; (*goods etc*) ter dinheiro suficiente para; (*permit o.s.*): **I can't ~ the time** não tenho tempo; **can we ~ a car?** temos dinheiro para comprar um carro?; **we can ~ to wait** podemos permitir-nos esperar
affordable [ə'fɔ:dəbl] ADJ acessível
affray [ə'freɪ] (BRIT) N (*Law*) desordem f, tumulto

9 | aeon – afterwards

affront [ə'frʌnt] N ofensa
affronted [ə'frʌntɪd] ADJ afrontado, ofendido
Afghan ['æfgæn] ADJ, N afegão(-gã) m/f
Afghanistan [æf'gænɪstæn] N Afeganistão m
afield [ə'fi:ld] ADV: **far ~** muito longe
AFL-CIO N ABBR (= *American Federation of Labor and Congress of Industrial Organizations*) confederação sindical
afloat [ə'fləut] ADV (*floating*) flutuando; (*at sea*) no mar; **to stay ~** continuar flutuando; **to keep/get ~** (*business*) manter financeiramente equilibrado/estabelecer
afoot [ə'fut] ADV: **there is something ~** está acontecendo algo
aforementioned [ə'fɔ:mɛnʃənd] ADJ acima mencionado
aforesaid [ə'fɔ:sɛd] ADJ supracitado, referido
afraid [ə'freɪd] ADJ (*frightened*) assustado; (*fearful*) receoso; **to be ~ of/to** ter medo de; **I am ~ that** lamento que; **I'm ~ so/not** receio que sim/não
afresh [ə'frɛʃ] ADV de novo
Africa ['æfrɪkə] N África
African ['æfrɪkən] ADJ, N africano(-a)
Afrikaans [æfrɪ'kɑ:ns] N (*Ling*) afrikaan m
Afrikaner [æfrɪ'kɑ:nəʳ] N africânder m/f
Afro-American ['æfrəu-] ADJ afro-americano
AFT N ABBR (= *American Federation of Teachers*) sindicato dos professores
aft [ɑ:ft] ADV a ré
after ['ɑ:ftəʳ] PREP (*time*) depois de ▶ ADV depois ▶ CONJ depois que; **~ dinner** depois do jantar; **the day ~ tomorrow** depois de amanhã; **day ~ day** dia após dia; **time ~ time** repetidas vezes; **a quarter ~ two** (US) duas e quinze; **what are you ~?** o que você quer?; **who are you ~?** quem procura?; **~ having done** tendo feito; **the police are ~ him** a polícia está atrás dele; **to ask ~ sb** perguntar por alguém; **~ all** afinal (de contas); **~ you!** passe primeiro!
afterbirth ['ɑ:ftəbə:θ] N placenta
aftercare ['ɑ:ftəkɛəʳ] (BRIT) N (*Med*) assistência pós-operatória
after-effects NPL (*of illness etc*) efeitos mpl secundários
afterlife ['ɑ:ftəlaɪf] N vida após a morte
aftermath ['ɑ:ftəmæθ] N consequências fpl; **in the ~ of** no período depois de
afternoon [ɑ:ftə'nu:n] N tarde f; **good ~!** boa tarde!
afters ['ɑ:ftəz] (BRIT inf) N (*dessert*) sobremesa
after-sales service (BRIT) N serviço pós-vendas; (*of computers etc*) assistência técnica
after-shave, after-shave lotion N loção f após-barba
aftershock ['ɑ:ftəʃɔk] N abalo secundário
aftersun ['ɑ:ftəsʌn] N loção f pós-sol
afterthought ['ɑ:ftəθɔ:t] N reflexão f posterior or tardia
afterwards ['ɑ:ftəwədz] ADV depois; **immediately ~** logo depois

again [ə'gɛn] ADV (once more) outra vez; (repeatedly) de novo; **to do sth ~** voltar a fazer algo; **~ and ~** repetidas vezes; **now and ~** de vez em quando

against [ə'gɛnst] PREP contra; (compared to) em contraste com; **~ a blue background** sobre um fundo azul; **(as) ~** (BRIT) em contraste com

age [eɪdʒ] N idade f; (old age) velhice f; (period) época ▶ VT, VI envelhecer; **he's 20 years of ~** ele tem 20 anos de idade; **at the ~ of 20** aos 20 anos de idade; **under ~** menor de idade; **to come of ~** atingir a maioridade; **it's been ~s since I saw him** faz muito tempo que eu não o vejo; **~d 10** de 10 anos de idade

aged ['eɪdʒɪd] ADJ idoso ▶ NPL: **the ~** os idosos

age group N faixa etária; **the 40 to 50 ~** a faixa etária dos 40 aos 50 anos

ageless ['eɪdʒlɪs] ADJ (eternal) eterno; (ever young) sempre jovem

age limit N idade f mínima/máxima

agency ['eɪdʒənsɪ] N agência; (government body) órgão m; **through** or **by the ~ of** por meio de

agenda [ə'dʒɛndə] N ordem f do dia

agent ['eɪdʒənt] N agente m/f; (spy) agente m/f secreto(-a)

aggravate ['ægrəveɪt] VT agravar; (annoy) irritar

aggravation [ægrə'veɪʃən] N irritação f

aggregate ['ægrɪgət] N (whole) conjunto; **on ~** (Sport) no total dos pontos

aggression [ə'grɛʃən] N agressão f

aggressive [ə'grɛsɪv] ADJ agressivo

aggressiveness [ə'grɛsɪvnɪs] N agressividade f

aggrieved [ə'griːvd] ADJ aflito

aggro ['ægrəʊ] N (inf: physical) porrada; (: hassle) chateação f

aghast [ə'gɑːst] ADJ horrorizado

agile ['ædʒaɪl] ADJ ágil

agitate ['ædʒɪteɪt] VT agitar; (trouble) perturbar ▶ VI: **to ~ for/against** fazer agitação a favor de/contra de

agitation [ædʒɪ'teɪʃən] N agitação f

agitator ['ædʒɪteɪtə^r] N agitador(a) m/f

AGM N ABBR (= annual general meeting) AGO f

agnostic [æg'nɔstɪk] N agnóstico

ago [ə'gəʊ] ADV: **2 days ~** há 2 dias (atrás); **not long ~** há pouco tempo; **as long ~ as 1960** já em 1960; **how long ~?** há quanto tempo?

agog [ə'gɔg] ADJ (eager) ávido; (impatient): **~ to** ansioso para; (excited): **(all) ~** entusiasmado

agonize ['ægənaɪz] VI: **to ~ over sth** agoniar-se or angustiar-se com algo

agonizing ['ægənaɪzɪŋ] ADJ (pain) agudo; (wait) angustiante

agony ['ægənɪ] N (pain) dor f; (distress) angústia; **to be in ~** sofrer dores terríveis

agony column N correspondência sentimental

agree [ə'griː] VT (price, date) combinar ▶ VI concordar; (correspond) corresponder; (statements etc) combinar; **to ~ (with)** (person, Ling) concordar (com); **to ~ to do** aceitar fazer; **to ~ to sth** consentir algo; **to ~ that** (admit) concordar or admitir que; **it was ~d that ...** foi combinado que ...; **they ~ on this** concordam or estão de acordo nisso; **garlic doesn't ~ with me** não me dou bem com o alho

agreeable [ə'griːəbl] ADJ agradável; (willing) disposto; **are you ~ to this?** você concorda or está de acordo com isso?

agreed [ə'griːd] ADJ (time, place) combinado; **to be ~** concordar, estar de acordo

agreement [ə'griːmənt] N acordo; (Comm) contrato; **in ~** de acordo; **by mutual ~** de comum acordo

agricultural [ægrɪ'kʌltʃərəl] ADJ (of crops) agrícola; (of crops and cattle) agropecuário

agriculture ['ægrɪkʌltʃə^r] N (of crops) agricultura; (of crops and cattle) agropecuária

aground [ə'graund] ADV: **to run ~** encalhar

ahead [ə'hɛd] ADV adiante; **go right** or **straight ~** siga em frente; **go ~!** (fig) vá em frente! (: speak) pode falar!; **~ of** na frente de; (fig: schedule etc) antes de; **~ of time** antes do tempo; **to go ~ (with)** prosseguir (com); **to be ~ of sb** (fig) ter vantagem sobre alguém

AI N ABBR = **Amnesty International**; (Comput) = **artificial intelligence**

AIB (BRIT) N ABBR (= Accident Investigation Bureau) comissão de inquérito sobre acidentes.

AID N ABBR = **artificial insemination by donor**; (US) = **Agency for International Development**

aid [eɪd] N ajuda ▶ VT ajudar; **with the ~ of** com a ajuda de; **in ~ of** em benefício de; **to ~ and abet** (Law) ser cúmplice de; see also **hearing aid**

aide [eɪd] N (person) assessor(a) m/f

AIDS [eɪdz] N ABBR (= acquired immune deficiency syndrome) AIDS f (BR), SIDA f (PT)

AIH N ABBR = **artificial insemination by husband**

ailing ['eɪlɪŋ] ADJ enfermo

ailment ['eɪlmənt] N achaque m

aim [eɪm] VT: **to ~ sth (at)** (gun, camera, blow) apontar algo (para); (missile, remark) dirigir algo (a) ▶ VI (also: **take aim**) apontar ▶ N (skill) pontaria; (objective) objetivo, meta; **to ~ at** (with weapon) mirar; **to ~ to do** pretender fazer

aimless ['eɪmlɪs] ADJ sem objetivo

aimlessly ['eɪmlɪslɪ] ADV à toa

ain't [eɪnt] (inf) = **am not**; **aren't**; **isn't**

air [ɛə^r] N ar m; (appearance) aparência, aspecto ▶ VT arejar; (grievances, ideas) discutir ▶ CPD (currents, attack etc) aéreo; **to throw sth into the ~** jogar algo para cima; **by ~** (travel) de avião; (send) por via aérea; **to be on the ~** (Radio, TV: programme, station) estar no ar

air base N base f aérea

air bed ['ɛəbɛd] (BRIT) N colchão m de ar

airborne ['ɛəbɔːn] ADJ (*in the air*) no ar; (*plane*) em voo; (*troops*) aerotransportado
air cargo N frete *m* aéreo
air-conditioned [-kən'dɪʃənd] ADJ com ar condicionado
air conditioning [-kən'dɪʃənɪŋ] N ar-condicionado
air-cooled [-kuːld] ADJ refrigerado a ar
aircraft ['ɛəkrɑːft] N INV aeronave *f*
aircraft carrier N porta-aviões *m inv*
air cushion N almofada de ar
airfield ['ɛəfiːld] N campo de aviação
Air Force N Força Aérea, Aeronáutica
air freight N frete *m* aéreo
air freshener [-'frɛʃnəʳ] N perfumador *m* de ar
air gun ['ɛəɡʌn] N espingarda de ar comprimido
air hostess (BRIT) N aeromoça (BR), hospedeira (PT)
airily ['ɛərɪlɪ] ADV levianamente
airing ['ɛərɪŋ] N: **to give an ~ to** arejar; (*fig: ideas, views*) discutir
air letter (BRIT) N aerograma *m*
airlift ['ɛəlɪft] N ponte aérea
airline ['ɛəlaɪn] N linha aérea
airliner ['ɛəlaɪnəʳ] N avião *m* de passageiros
airlock ['ɛəlɔk] N (*blockage*) entupimento de ar
airmail ['ɛəmeɪl] N: **by ~** por via aérea
air mattress N colchão *m* de ar
airplane ['ɛəpleɪn] (US) N avião *m*
air pocket N bolsa de ar
airport ['ɛəpɔːt] N aeroporto
air raid N ataque *m* aéreo
airsick ['ɛəsɪk] ADJ: **to be ~** enjoar-se (no avião)
airspace ['ɛəspeɪs] N espaço aéreo
airstrip ['ɛəstrɪp] N pista (de aterrissar)
air terminal N terminal *m* aéreo
airtight ['ɛətaɪt] ADJ hermético
air traffic control N controle *m* de tráfego aéreo
air traffic controller N controlador(a) *m/f* de tráfego aéreo
airy ['ɛərɪ] ADJ (*room*) arejado; (*manner*) leviano
aisle [aɪl] N (*of church*) nave *f*; (*of theatre etc*) corredor *m*, coxia
ajar [ə'dʒɑːʳ] ADJ entreaberto
AK (US) ABBR (*Post*) = **Alaska**
aka ABBR (= *also known as*) vulgo
akin [ə'kɪn] ADJ: **~ to** parecido com
AL (US) ABBR (*Post*) = **Alabama**
ALA N ABBR = **American Library Association**
à la carte [ælɑː'kɑːt] ADJ, ADV à la carte
alacrity [ə'lækrɪtɪ] N alacridade *f*; **with ~** prontamente
alarm [ə'lɑːm] N alarme *m*; (*anxiety*) inquietação *f* ▶ VT alarmar, inquietar
alarm call N (*in hotel etc*) sinal *m* de alarme
alarm clock N despertador *m*
alarming [ə'lɑːmɪŋ] ADJ alarmante
alarmist [ə'lɑːmɪst] ADJ, N alarmista *m/f*
alas [ə'læs] EXCL ai, ai de mim

Alaska [ə'læskə] N Alasca *m*
Albania [æl'beɪnɪə] N Albânia
Albanian [æl'beɪnɪən] ADJ albanês(-esa) ▶ N albanês(-esa) *m/f*; (*Ling*) albanês *m*
albeit [ɔːl'biːɪt] CONJ embora
album ['ælbəm] N (*for stamps etc*) álbum *m*; (*record*) elepê *m*
albumen ['ælbjumɪn] N albumina; (*of egg*) albume *m*
alchemy ['ælkɪmɪ] N alquimia
alcohol ['ælkəhɔl] N álcool *m*
alcohol-free ADJ sem álcool
alcoholic [ælkə'hɔlɪk] ADJ alcoólico ▶ N alcoólatra *m/f*
alcoholism ['ælkəhɔlɪzəm] N alcoolismo
alcove ['ælkəuv] N alcova
Ald. ABBR = **alderman**
alderman ['ɔːldəmən] (*irreg: like* **man**) N vereador *m*
ale [eɪl] N cerveja
alert [ə'ləːt] ADJ atento; (*to danger, opportunity*) alerta; (*sharp*) esperto; (*watchful*) vigilante ▶ N alerta *m* ▶ VT: **to ~ sb (to sth)** alertar alguém (de or sobre algo); **to be on the ~** estar alerta; (*Mil*) ficar de prontidão
Aleutian Islands [ə'luːʃən-] NPL ilhas *fpl* Aleútas
A levels NPL ≈ ENEM *m*
Alexandria [ælɪɡ'zɑːndrɪə] N Alexandria
alfresco [æl'frɛskəu] ADJ, ADV ao ar livre
Algarve [æl'ɡɑːv] N: **the ~** o Algarve
algebra ['ældʒɪbrə] N álgebra
Algeria [æl'dʒɪərɪə] N Argélia
Algerian [æl'dʒɪərɪən] ADJ, N argelino(-a)
Algiers [æl'dʒɪəz] N Argel
algorithm ['ælɡərɪðəm] N algoritmo
alias ['eɪlɪəs] ADV também chamado ▶ N (*of criminal*) alcunha; (*of writer*) pseudônimo
alibi ['ælɪbaɪ] N álibi *m*
alien ['eɪlɪən] N estrangeiro(-a); (*from space*) alienígena *m/f* ▶ ADJ: **~ to** alheio a
alienate ['eɪlɪəneɪt] VT alienar
alienation [eɪlɪə'neɪʃən] N alienação *f*
alight [ə'laɪt] ADJ em chamas; (*eyes*) aceso; (*expression*) intento ▶ VI (*passenger*) descer (de um veículo); (*bird*) pousar
align [ə'laɪn] VT alinhar
alignment [ə'laɪnmənt] N alinhamento
alike [ə'laɪk] ADJ semelhante; (*identical*) igual ▶ ADV similarmente, igualmente; **to look ~** parecer-se
alimony ['ælɪmənɪ] N (*payment*) pensão *f* alimentícia
alive [ə'laɪv] ADJ vivo; (*lively*) alegre; **to be ~ with** fervilhar de; **~ to** sensível a
alkali ['ælkəlaɪ] N álcali *m*

(KEYWORD)

all [ɔːl] ADJ (*singular*) todo(-a); (*plural*) todos(-as); **all day/night** o dia inteiro/a noite inteira; **all men** todos os homens; **all five came** todos os cinco vieram; **all the books/food** todos os livros/toda a comida;

all the time/his life o tempo todo/toda a sua vida
▶ PRON **1** tudo; **I ate it all, I ate all of it** comi tudo; **all of us/the boys went** todos nós fomos/todos os meninos foram; **we all sat down** nós todos sentamos; **is that all?** é só isso?; (*in shop*) mais alguma coisa? **2** (*in phrases*): **above all** sobretudo; **after all** afinal (de contas); **not at all** (*in answer to question*) em absoluto, absolutamente não; **I'm not at all tired** não estou nada cansado; **anything at all will do** qualquer coisa serve; **all in all** ao todo
▶ ADV todo, completamente; **all alone** completamente só; **it's not as hard as all that** não é tão difícil assim; **all the more** ainda mais; **all the better** tanto melhor, melhor ainda; **all but** quase; **the score is 2 all** o jogo está empatado em 2 a 2

allay [ə'leɪ] VT (*fears*) acalmar; (*pain*) aliviar
all clear N sinal *m* de tudo limpo; (*after air raid*) sinal de fim de alerta aérea
allegation [ælɪ'geɪʃən] N alegação *f*
allege [ə'lɛdʒ] VT alegar; **he is ~d to have said** afirma-se que ele disse
alleged [ə'lɛdʒd] ADJ pretenso
allegedly [ə'lɛdʒɪdlɪ] ADV segundo dizem
allegiance [ə'liːdʒəns] N lealdade *f*
allegory [ˈælɪgərɪ] N alegoria
all-embracing [-ɪmˈbreɪsɪŋ] ADJ universal
allergic [ə'ləːdʒɪk] ADJ: **~ (to)** alérgico (a)
allergy [ˈælədʒɪ] N alergia
alleviate [ə'liːvɪeɪt] VT (*pain*) aliviar; (*difficulty*) minorar
alley [ˈælɪ] N (*street*) viela; (*in garden*) passeio
alliance [ə'laɪəns] N aliança
allied [ˈælaɪd] ADJ aliado; (*related*) afim, aparentado
alligator [ˈælɪgeɪtər] N aligátor *m*; (*in Brazil*) jacaré *m*
all-important ADJ importantíssimo
all-in (BRIT) ADJ, ADV (*charge*) tudo incluído
all-in wrestling (BRIT) N luta livre
alliteration [əlɪtə'reɪʃən] N aliteração *f*
all-night ADJ (*café*) aberto toda a noite; (*party*) que dura toda a noite
allocate [ˈæləkeɪt] VT (*earmark*) destinar; (*share out*) distribuir
allocation [ælə'keɪʃən] N (*of money*) repartição *f*; (*distribution*) distribuição *f*; (*money*) verbas *fpl*
allot [ə'lɔt] VT distribuir, repartir; **to ~ to** designar para; **in the ~ted time** no tempo designado
allotment [ə'lɔtmənt] N (*share*) partilha; (*garden*) lote *m*
all-out ADJ (*effort etc*) máximo; (*attack etc*) irrestrito ▶ ADV: **all out** com toda a força
allow [ə'lau] VT (*practice, behaviour*) permitir; (*sum to spend etc*) dar, conceder; (*claim, goal*) admitir; (*sum, time estimated*) calcular; (*concede*): **to ~ that** reconhecer que; **to ~ sb to do** permitir a alguém fazer; **he is ~ed to**

do é permitido que ele faça, ele pode fazer; **smoking is not ~ed** é proibido fumar; **we must ~ 3 days for the journey** temos que calcular três dias para a viagem
▶ **allow for** VT FUS levar em conta
allowance [ə'lauəns] N ajuda de custo; (*welfare, payment*) pensão *f*, auxílio; (*Tax*) abatimento; **to make ~s for** levar em consideração
alloy [ˈælɔɪ] N liga
all right ADV (*well*) bem; (*correctly*) corretamente; (*as answer*) está bem!
all-round ADJ (*view*) geral, amplo; (*person*) consumado
all-rounder (BRIT) N: **to be a good ~** ser homem/mulher para tudo
allspice [ˈɔːlspaɪs] N pimenta da Jamaica
all-time ADJ (*record*) de todos os tempos
allude [ə'luːd] VI: **to ~ to** aludir a
alluring [ə'ljuərɪŋ] ADJ tentador(a)
allusion [ə'luːʒən] N alusão *f*
alluvium [ə'luːvɪəm] N aluvião *m*
ally [*n* ˈælaɪ, *vt* ə'laɪ] N aliado ▶ VT: **to ~ o.s. with** aliar-se com
almighty [ɔːl'maɪtɪ] ADJ onipotente; (*row etc*) maior
almond [ˈɑːmənd] N (*fruit*) amêndoa; (*tree*) amendoeira
almost [ˈɔːlməust] ADV quase
alms [ɑːmz] NPL esmolas *fpl*, esmola
aloft [ə'lɔft] ADV em cima
alone [ə'ləun] ADJ só, sozinho ▶ ADV só, somente; **to leave sb ~** deixar alguém em paz; **to leave sth ~** não tocar em algo; **let ~ ...** sem falar em ...
along [ə'lɔŋ] PREP por, ao longo de ▶ ADV: **is he coming ~?** ele vem conosco?; **he was hopping/limping ~** ele ia pulando/coxeando; **~ with** junto com; **all ~** (*all the time*) o tempo todo
alongside [əlɔŋ'saɪd] PREP ao lado de ▶ ADV (*Naut*) encostado
aloof [ə'luːf] ADJ afastado, altivo ▶ ADV: **to stand ~** afastar-se
aloofness [ə'luːfnɪs] N afastamento, altivez *f*
aloud [ə'laud] ADV em voz alta
alphabet [ˈælfəbɛt] N alfabeto
alphabetical [ælfə'bɛtɪkəl] ADJ alfabético; **in ~ order** em ordem alfabética
alphanumeric [ˈælfənjuːˈmɛrɪk] ADJ alfanumérico
alpine [ˈælpaɪn] ADJ alpino
Alps [ælps] NPL: **the ~** os Alpes
already [ɔːl'rɛdɪ] ADV já
alright [ˈɔːl'raɪt] (BRIT) ADV = **all right**
Alsatian [æl'seɪʃən] (BRIT) N (*dog*) pastor *m* alemão
also [ˈɔːlsəu] ADV também; (*moreover*) além disso
altar [ˈɔltər] N altar *m*
alter [ˈɔltər] VT alterar ▶ VI modificar-se
alteration [ɔltə'reɪʃən] N (*to plan*) mudança; (*to clothes*) conserto; (*to building*) reforma;

timetable subject to ~ horário sujeito a mudanças
alternate [adj ɔl'tə:nɪt, vi 'ɔltə:neɪt] ADJ alternado; (US: alternative) alternativo ▶ VI: **to ~ with** alternar-se (com); **on ~ days** em dias alternados
alternately [ɔl'tə:nɪtlɪ] ADV alternadamente
alternating ['ɔltə:neɪtɪŋ] ADJ: **~ current** corrente f alternada
alternative [ɔl'tə:nətɪv] ADJ alternativo ▶ N alternativa
alternatively [ɔl'tə:nətɪvlɪ] ADV: **~ one could ...** por outro lado se podia ...
alternator ['ɔltə:neɪtə^r] N (Aut) alternador m
although [ɔ:l'ðəu] CONJ embora; (given that) se bem que
altitude ['æltɪtju:d] N altitude f
alto ['æltəu] N (female) contralto f; (male) alto
altogether [ɔ:ltə'gɛðə^r] ADV (completely) totalmente; (on the whole) no total; **how much is that ~?** qual é a soma total?
altruistic [æltru'ɪstɪk] ADJ (person) altruísta; (behaviour) altruístico
aluminium [ælju'mɪnɪəm] (BRIT) N alumínio
aluminum [ə'lu:mɪnəm] (US) N = **aluminium**
always ['ɔ:lweɪz] ADV sempre
Alzheimer's ['æltshaɪməz], **Alzheimer's disease** N mal m de Alzheimer
AM ABBR = **amplitude modulation**
am [æm] VB see **be**
a.m. ADV ABBR (= ante meridiem) da manhã
AMA N ABBR = **American Medical Association**
amalgam [ə'mælgəm] N amálgama m
amalgamate [ə'mælgəmeɪt] VI amalgamar-se ▶ VT amalgamar, unir
amalgamation [əmælgə'meɪʃən] N (Comm) amalgamação f, união f
amass [ə'mæs] VT acumular
amateur ['æmətə^r] ADJ, N amador(a) m/f
amateur dramatics N teatro amador
amateurish ['æmətərɪʃ] (pej) ADJ amador(a)
amaze [ə'meɪz] VT pasmar; **to be ~d (at)** espantar-se (de or com)
amazement [ə'meɪzmənt] N pasmo, espanto; **to my ~** para o meu espanto
amazing [ə'meɪzɪŋ] ADJ (surprising) surpreendente; (fantastic) fantástico; (incredible) incrível
amazingly [ə'meɪzɪŋlɪ] ADV (surprisingly) surpreendentemente; (incredibly) incrivelmente
Amazon ['æməzən] N (Geo) Amazonas m; (Mythology) amazona f ▶ CPD amazônico, do Amazonas; **the ~ basin** a bacia amazônica; **the ~ jungle** a selva amazônica
Amazonian [æmə'zəunɪən] ADJ (of river, region) amazônico; (of state) amazonense ▶ N amazonense m/f
ambassador [æm'bæsədə^r] N embaixador/embaixatriz m/f
amber ['æmbə^r] N âmbar m; **at ~** (BRIT Aut) em amarelo

ambidextrous [æmbɪ'dɛkstrəs] ADJ ambidestro
ambience ['æmbɪəns] N ambiente m
ambiguity [æmbɪ'gjuɪtɪ] N ambiguidade f
ambiguous [æm'bɪgjuəs] ADJ ambíguo
ambition [æm'bɪʃən] N ambição f
ambitious [æm'bɪʃəs] ADJ ambicioso; (plan) grandioso
ambivalent [æm'bɪvələnt] ADJ ambivalente; (pej) equívoco
amble ['æmbl] VI (also: **amble along**) andar a furta-passo
ambulance ['æmbjuləns] N ambulância
ambush ['æmbuʃ] N emboscada ▶ VT emboscar
ameba [ə'mi:bə] (US) N = **amoeba**
ameliorate [ə'mi:lɪəreɪt] VT melhorar
amen ['ɑ:'mɛn] EXCL amém
amenable [ə'mi:nəbl] ADJ: **~ to** (advice etc) receptivo a
amend [ə'mɛnd] VT (law, text) emendar; (habits) corrigir; see also **amends**
amendment [ə'mɛndmənt] N (to law etc) emenda; (text) correção f
amends [ə'mɛndz] N: **to make ~ (for)** compensar; **to make ~ to sb for sth** compensar alguém por algo
amenity [ə'mi:nɪtɪ] N amenidade f; **amenities** NPL (features, facilities) atrações fpl, comodidades fpl
America [ə'mɛrɪkə] N (continent) América; (USA) Estados Unidos mpl
American [ə'mɛrɪkən] ADJ americano; (from USA) norte-americano, estadunidense ▶ N americano(-a); (from USA) norte-americano(-a)
Americanize [ə'mɛrɪkənaɪz] VT americanizar
amethyst ['æmɪθɪst] N ametista
Amex ['æmɛks] N ABBR = **American Stock Exchange**
amiable ['eɪmɪəbl] ADJ amável
amicable ['æmɪkəbl] ADJ amigável; (person) amigo
amid [ə'mɪd], **amidst** [ə'mɪdst] PREP em meio a
amiss [ə'mɪs] ADV: **to take sth ~** levar algo a mal; **there's something ~** aí tem coisa
ammo ['æməu] (inf) N ABBR = **ammunition**
ammonia [ə'məunɪə] N (gas) amoníaco; (liquid) amônia
ammunition [æmju'nɪʃən] N munição f; (fig) argumentos mpl
ammunition dump N depósito de munições
amnesia [æm'ni:zɪə] N amnésia
amnesty ['æmnɪstɪ] N anistia; **to grant an ~ to** anistiar
amoeba, (US) **ameba** [ə'mi:bə] N ameba
amok [ə'mɔk] ADV: **to run ~** enlouquecer
among [ə'mʌŋ], **amongst** [ə'mʌŋst] PREP entre, no meio de
amoral [æ'mɔrəl] ADJ amoral
amorous ['æmərəs] ADJ amoroso; (in love) apaixonado, enamorado

amorphous [əˈmɔːfəs] ADJ amorfo
amortization [əmɔːtaɪˈzeɪʃən] N amortização f
amount [əˈmaʊnt] N quantidade f; (of money etc) quantia, importância, montante m ▶ VI: **to ~ to** (reach) chegar a; (total) montar a; (be same as) equivaler a, significar; **this ~s to a refusal** isto equivale a uma recusa; **the total ~** (of money) o total
amp [æmp], **ampère** [ˈæmpɛəʳ] N ampère m; **a 13 ~ plug** um plugue com fusível de 13 ampères
ampersand [ˈæmpəsænd] N "e" m comercial
amphibian [æmˈfɪbɪən] N anfíbio
amphibious [æmˈfɪbɪəs] ADJ anfíbio
amphitheatre, (US) **amphitheater** [ˈæmfɪθɪətəʳ] N anfiteatro
ample [ˈæmpl] ADJ amplo; (abundant) abundante; (enough) suficiente; **this is ~** isso é mais do que suficiente; **to have ~ time/room** ter tempo/lugar de sobra
amplifier [ˈæmplɪfaɪəʳ] N amplificador m
amplify [ˈæmplɪfaɪ] VT amplificar
amply [ˈæmplɪ] ADV amplamente
ampoule, (US) **ampule** [ˈæmpuːl] N (Med) ampola
amputate [ˈæmpjuteɪt] VT amputar
Amsterdam [ˈæmstədæm] N Amsterdã (BR), Amsterdão (PT)
amt ABBR = **amount**
amuck [əˈmʌk] ADV = **amok**
amuse [əˈmjuːz] VT divertir; (distract) distrair; **to ~ o.s. with sth/by doing sth** divertir-se com algo/em fazer algo; **to be ~d at** achar graça em; **he was not ~d** ele ficou sem graça
amusement [əˈmjuːzmənt] N diversão f; (pleasure) divertimento; (pastime) passatempo; (laughter) riso; **much to my ~** para grande diversão minha
amusement arcade N fliperama m
amusement park N parque m de diversões
amusing [əˈmjuːzɪŋ] ADJ divertido
an [æn, ən, n] INDEF ART see **a**
ANA N ABBR = **American Newspaper Association**; **American Nurses Association**
anachronism [əˈnækrənɪzəm] N anacronismo
anaemia, (US) **anemia** [əˈniːmɪə] N anemia
anaemic, (US) **anemic** [əˈniːmɪk] ADJ anêmico
anaesthetic, (US) **anesthetic** [ænɪsˈθɛtɪk] ADJ, N anestésico; **under ~** sob anestesia; **local/general ~** anestesia local/geral
anaesthetist, (US) **anesthetist** [æˈniːsθɪtɪst] N anestesista m/f
anagram [ˈænəgræm] N anagrama m
analgesic [ænælˈdʒiːsɪk] ADJ anaalgésica ▶ N analgésico
analog, **analogue** [ˈænəlɔg] ADJ (watch, computer) analógico
analogy [əˈnælədʒɪ] N analogia; **to draw** or **make an ~ between** fazer uma analogia entre
analyse, (US) **analyze** [ˈænəlaɪz] VT analisar

analyses [əˈnæləsiːz] NPL of **analysis**
analysis [əˈnæləsɪs] (pl **analyses**) N análise f; **in the last** or **final ~** em última análise
analyst [ˈænəlɪst] N analista m/f; (psychoanalyst) psicanalista m/f
analytic [ænəˈlɪtɪk], **analytical** [ænəˈlɪtɪkəl] ADJ analítico
analyze [ˈænəlaɪz] (US) VT = **analyse**
anarchic [əˈnɑːkɪk] ADJ anárquico
anarchist [ˈænəkɪst] ADJ, N anarquista m/f
anarchy [ˈænəkɪ] N anarquia
anathema [əˈnæθɪmə] N: **it is ~ to him** ele tem horror disso
anatomical [ænəˈtɔmɪkəl] ADJ anatômico
anatomy [əˈnætəmɪ] N anatomia
ANC N ABBR (= African National Congress) CNA m
ancestor [ˈænsɪstəʳ] N antepassado
ancestral [ænˈsɛstrəl] ADJ ancestral
ancestry [ˈænsɪstrɪ] N ascendência, ancestrais mpl
anchor [ˈæŋkəʳ] N âncora ▶ VI (also: **to drop anchor**) ancorar, fundear ▶ VT (boat) ancorar; (fig): **to ~ sth to** firmar algo em; **to weigh ~** levantar âncoras; **to drop ~** fundear
anchorage [ˈæŋkərɪdʒ] N ancoradouro
anchor man (irreg: like **man**), **anchor woman** (irreg: like **woman**) N (TV, Radio) âncora m/f
anchovy [ˈæntʃəvɪ] N enchova
ancient [ˈeɪnʃənt] ADJ antigo; (person, car) velho; **~ monument** monumento antigo
ancillary [ænˈsɪlərɪ] ADJ auxiliar
and [ænd] CONJ e; **~ so on** e assim por diante; **try ~ come** tente vir; **he talked ~ talked** ele falou sem parar; **better ~ better** cada vez melhor
Andes [ˈændiːz] NPL: **the ~** os Andes
anecdote [ˈænɪkdəʊt] N anedota
anemia [əˈniːmɪə] (US) N = **anaemia**
anemic [əˈniːmɪk] (US) ADJ = **anaemic**
anemone [əˈnɛmənɪ] N (Bot) anêmona
anesthetic [ænɪsˈθɛtɪk] (US) ADJ, N = **anaesthetic**
anesthetist [æˈniːsθɪtɪst] (US) N = **anaesthetist**
anew [əˈnjuː] ADV de novo
angel [ˈeɪndʒəl] N anjo
anger [ˈæŋgəʳ] N raiva ▶ VT zangar
angina [ænˈdʒaɪnə] N angina (de peito)
angle [ˈæŋgl] N ângulo; (viewpoint): **from their ~** do ponto de vista deles ▶ VI: **to ~ for** (fish, compliments) pescar
angler [ˈæŋgləʳ] N pescador(a) m/f de vara (BR) or à linha (PT)
Anglican [ˈæŋglɪkən] ADJ, N anglicano(-a)
anglicize [ˈæŋglɪsaɪz] VT anglicizar
angling [ˈæŋglɪŋ] N pesca à vara (BR) or à linha (PT)
Anglo- [ˈæŋgləʊ] PREFIX anglo-
Anglo-Brazilian ADJ anglo-brasileiro
Anglo-Portuguese ADJ anglo-português(-esa)
Anglo-Saxon [-ˈsæksən] ADJ anglo-saxão(-xônі(c)a) ▶ N anglo-saxão(-xônі(c)a) m/f; (Ling) anglo-saxão m

Angola [æŋ'gəulə] N Angola (*no article*)
Angolan [æŋ'gəulən] ADJ, N angolano(-a)
angrily ['æŋgrɪlɪ] ADV com raiva
angry ['æŋgrɪ] ADJ zangado; **to be ~ with sb/ at sth** estar zangado com alguém/algo; **to get ~** zangar-se; **to make sb ~** zangar alguém
anguish ['æŋgwɪʃ] N (*physical*) dor *f*, sofrimento; (*mental*) angústia
angular ['æŋgjulə^r] ADJ (*shape*) angular; (*features*) anguloso
animal ['ænɪməl] N animal *m*, bicho ▶ ADJ animal
animate [*vt* 'ænɪmeɪt, *adj* 'ænɪmɪt] ADJ animado ▶ VT animar
animated ['ænɪmeɪtɪd] ADJ animado
animation [ænɪ'meɪʃən] N animação *f*
animosity [ænɪ'mɔsɪtɪ] N animosidade *f*
aniseed ['ænɪsiːd] N erva-doce *f*, anis *f*
Ankara ['æŋkərə] N Ancara
ankle ['æŋkl] N tornozelo
ankle sock N soquete *f*
annex [*n* 'ænɛks, *vt* ə'nɛks] N (BRIT: *building*) anexo ▶ VT anexar
annexation [ænɛks'eɪʃən] N anexação *f*
annexe ['ænɛks] (BRIT) N = **annex**
annihilate [ə'naɪəleɪt] VT aniquilar
anniversary [ænɪ'vəːsərɪ] N aniversário
annotate ['ænəuteɪt] VT anotar
announce [ə'nauns] VT anunciar; **he ~d that he wasn't going** ele declarou que não iria
announcement [ə'naunsmənt] N anúncio; (*official*) comunicação *f*; (*in letter etc*) aviso; **to make an ~** anunciar alguma coisa
announcer [ə'naunsə^r] N (*Radio, TV*) locutor(a) *m/f*
annoy [ə'nɔɪ] VT aborrecer; **to be ~ed (at sth/ with sb)** aborrecer-se (com algo/alguém); **don't get ~ed!** não se aborreça!
annoyance [ə'nɔɪəns] N aborrecimento; (*thing*) moléstia
annoying [ə'nɔɪɪŋ] ADJ irritante; (*person*) importuno
annual ['ænjuəl] ADJ anual ▶ N (*Bot*) anual *f*; (*book*) anuário
annual general meeting (BRIT) N assembleia geral ordinária
annually ['ænjuəlɪ] ADV anualmente
annual report N relatório anual
annuity [ə'njuːɪtɪ] N anuidade *f* or renda anual; **life ~** renda vitalícia
annul [ə'nʌl] VT anular; (*law*) revogar
annulment [ə'nʌlmənt] N anulação *f*; (*of law*) revogação *f*
annum ['ænəm] N *see* **per annum**
Annunciation [ənʌnsɪ'eɪʃən] N Anunciação *f*
anode ['ænəud] N anodo
anoint [ə'nɔɪnt] VT ungir
anomalous [ə'nɔmələs] ADJ anômalo
anomaly [ə'nɔməlɪ] N anomalia
anon [ə'nɔn] ADV daqui a pouco
anon. [ə'nɔn] ABBR = **anonymous**
anonymity [ænə'nɪmɪtɪ] N anonimato

anonymous [ə'nɔnɪməs] ADJ anônimo; **to remain ~** ficar no anonimato
anorak ['ænəræk] N anoraque *m* (BR), anorak *m* (PT)
anorexia [ænə'rɛksɪə] N (*Med: also*: **anorexia nervosa**) anorexia
another [ə'nʌðə^r] ADJ: **~ book** (*one more*) outro livro, mais um livro; (*a different one*) um outro livro, um livro diferente ▶ PRON outro; **~ drink?** outra bebida?, mais uma bebida?; **in ~ 5 years** daqui a 5 anos; *see also* **one**
ANSI N ABBR (= *American National Standards Institute*) instituto de padrões
answer ['ɑːnsə^r] N resposta; (*to problem*) solução *f* ▶ VI responder ▶ VT (*reply to*) responder a; (*problem*) resolver; **in ~ to your letter** em resposta *or* respondendo à sua carta; **to ~ the phone** atender o telefone; **to ~ the bell** *or* **the door** atender à porta
▶ **answer back** VI replicar, retrucar
▶ **answer for** VT FUS responder por, responsabilizar-se por
▶ **answer to** VT FUS (*description*) corresponder a; (*needs*) satisfazer
answerable ['ɑːnsərəbl] ADJ: **~ (to sb/for sth)** responsável (perante alguém/por algo); **I am ~ to no-one** não tenho que dar satisfações a ninguém
answering machine ['ɑːnsərɪŋ-] N secretária eletrônica
answerphone ['ɑːnsərfəun] N (*esp* BRIT) secretária eletrônica
ant [ænt] N formiga
ANTA N ABBR = **American National Theater and Academy**
antacid [ænt'æsɪd] ADJ antiácido
antagonism [æn'tægənɪzəm] N antagonismo
antagonist [æn'tægənɪst] N antagonista *m/f*, adversário(-a)
antagonistic [æntægə'nɪstɪk] ADJ antagônico, hostil; (*opposed*) oposto, contrário
antagonize [æn'tægənaɪz] VT contrariar, hostilizar
Antarctic [ænt'ɑːktɪk] ADJ antártico ▶ N: **the ~** o Antártico
Antarctica [æn'tɑːktɪkə] N Antártica
Antarctic Circle N Círculo Polar Antártico
Antarctic Ocean N oceano Antártico
ante ['æntɪ] N: **to up the ~** apostar mais alto
ante... ['æntɪ] PREFIX ante..., pré...
anteater ['æntiːtə^r] N tamanduá *m*
antecedent [æntɪ'siːdənt] N antecedente *m*
antechamber ['æntɪtʃeɪmbə^r] N antecâmara
antelope ['æntɪləup] N antílope *m*
antenatal ['æntɪ'neɪtl] ADJ pré-natal
antenatal clinic N clínica pré-natal
antenna [æn'tɛnə] (*pl* **antennae**) N antena
antennae [æn'tɛniː] NPL *of* **antenna**
anthem ['ænθəm] N motete *m*; **national ~** hino nacional
ant hill N formigueiro
anthology [æn'θɔlədʒɪ] N antologia

anthropologist [ænθrə'pɒlədʒɪst] N antropologista m/f, antropólogo(-a)
anthropology [ænθrə'pɒlədʒɪ] N antropologia
anti... [æntɪ] PREFIX anti...
anti-aircraft ADJ antiaéreo
anti-aircraft defence N defesa antiaérea
anti-ballistic missile ['æntɪbə'lɪstɪk-] N míssil m antimíssil
antibiotic [æntɪbaɪ'ɒtɪk] ADJ, N antibiótico
antibody ['æntɪbɒdɪ] N anticorpo
anticipate [æn'tɪsɪpeɪt] VT (foresee) prever; (expect) esperar; (forestall) antecipar; (look forward to) aguardar, esperar; **this is worse than I ~d** isso é pior do que eu esperava; **as ~d** como previsto
anticipation [æntɪsɪ'peɪʃən] N (expectation) expectativa; (eagerness) entusiasmo; **thanking you in ~** antecipadamente grato(s), agradeço (or agradecemos) antecipadamente a atenção de V.Sª
anticlimax [æntɪ'klaɪmæks] N desapontamento
anticlockwise [æntɪ'klɒkwaɪz] (BRIT) ADV em sentido anti-horário
antics ['æntɪks] NPL bobices fpl; (of child) travessuras fpl
anticyclone [æntɪ'saɪkləun] N anticiclone m
antidote ['æntɪdəut] N antídoto
antifreeze ['æntɪfriːz] N anticongelante m
antiglobalization N antiglobalização m; **~ protesters** manifestantes antiglobalização
antihistamine [æntɪ'hɪstəmiːn] N anti-histamínico
Antilles [æn'tɪliːz] NPL: **the ~** as Antilhas
antipathy [æn'tɪpəθɪ] N antipatia
Antipodean [æntɪpə'diːən] ADJ australiano e neozelandês
Antipodes [æn'tɪpədiːz] NPL: **the ~** a Austrália e a Nova Zelândia
antiquarian [æntɪ'kwɛərɪən] ADJ: **~ bookshop** livraria de livros usados, sebo (BR) ▶ N antiquário(-a)
antiquated ['æntɪkweɪtɪd] ADJ antiquado
antique [æn'tiːk] N antiguidade f ▶ ADJ antigo
antique dealer N antiquário(-a)
antique shop N loja de antiguidades
antiquity [æn'tɪkwɪtɪ] N antiguidade f
anti-Semitic [-sɪ'mɪtɪk] ADJ (person) antissemita; (views, publications etc) antissemítico
anti-Semitism [-'sɛmɪtɪzəm] N antissemitismo
antiseptic [æntɪ'sɛptɪk] ADJ, N antisséptico
antisocial [æntɪ'səuʃəl] ADJ insociável; (against society) antissocial
antitank [æntɪ'tæŋk] ADJ antitanque inv
antitheses [æn'tɪθɪsiːz] NPL of **antithesis**
antithesis [æn'tɪθɪsɪs] (pl **antitheses**) N antítese f
antitrust legislation ['æntɪ'trʌst-] N legislação f antitruste

antivirus ['æntɪ'vaɪərəs] ADJ antivírus m inv; **~ software** software antivírus
antlers ['æntləz] NPL esgalhos mpl, chifres mpl
Antwerp ['æntwəːp] N Antuérpia
anus ['eɪnəs] N ânus m
anvil ['ænvɪl] N bigorna
anxiety [æŋ'zaɪətɪ] N (worry) inquietude f; (eagerness) ânsia; (Med) ansiedade f; **~ to do** ânsia de fazer
anxious ['æŋkʃəs] ADJ (worried) preocupado, apreensivo; (worrying) angustiante; (keen) ansioso; **~ to do/for sth** ansioso para fazer/por algo; **to be ~ that** desejar que; **I'm very ~ about you** estou muito preocupado com você
anxiously ['æŋkʃəslɪ] ADV ansiosamente

(KEYWORD)

any ['ɛnɪ] ADJ **1** (in questions etc) algum(a); **have you any butter/children?** você tem manteiga/filhos?; **if there are any tickets left** se houver alguns bilhetes sobrando
2 (with negative) nenhum(a); **I haven't any money/books** não tenho dinheiro/livros
3 (no matter which) qualquer; **choose any book you like** escolha qualquer livro que quiser
4 (in phrases): **in any case** em todo o caso; **any day now** qualquer dia desses; **at any moment** a qualquer momento; **at any rate** de qualquer modo; **any time** a qualquer momento; (whenever) quando quer que seja
▶ PRON **1** (in questions etc) algum(a); **have you got any?** tem algum?; **can any of you sing?** algum de vocês sabe cantar?
2 (with negative) nenhum(a); **I haven't any (of them)** não tenho nenhum (deles)
3 (no matter which one(s)): **take any of those books (you like)** leve qualquer um desses livros (que você quiser)
▶ ADV **1** (in questions etc) algo; **do you want any more soup/sandwiches?** quer mais sopa/sanduíches?; **are you feeling any better?** você está se sentindo melhor?
2 (with negative) nada; **I can't hear him any more** não consigo mais ouvi-lo

anybody ['ɛnɪbɒdɪ] PRON qualquer um, qualquer pessoa; (in interrogative sentences) alguém; (in negative sentences): **I don't see ~** não vejo ninguém
anyhow ['ɛnɪhau] ADV (at any rate) de qualquer modo, de qualquer maneira; (haphazard) de qualquer jeito; **I shall go ~** eu irei de qualquer jeito; **she leaves things just ~** ela deixa as coisas de qualquer maneira
anyone ['ɛnɪwʌn] PRON (in questions etc) alguém; (with negative) ninguém; (no matter who) quem quer que seja; **I can't see ~** não vejo ninguém; **can you see ~?** você pode ver alguém?; **if ~ should phone ...** se alguém telefonar; **~ could do it** qualquer um(a)

poderia fazer isso; **I could teach ~ to do it** eu poderia ensinar qualquer um(a) a fazer isso

anyplace ['ɛnɪpleɪs] (US) ADV em qualquer parte; *(negative sense)* em parte nenhuma; *(everywhere)* em or por toda a parte

anything ['ɛnɪθɪŋ] PRON *(in questions etc)* alguma coisa; *(with negative)* nada; *(no matter what)* qualquer coisa; **can you see ~?** você pode ver alguma coisa?; **if ~ happens to me ...** se alguma coisa me acontecer ...; **I can't see ~** naõ posso ver nada; **you can say ~ you like** você pode dizer o que quiser; **~ will do** qualquer coisa serve

anytime ['ɛnɪtaɪm] ADV *(at any moment)* a qualquer momento; *(whenever)* não importa quando

anyway ['ɛnɪweɪ] ADV *(at any rate)* de qualquer modo; *(besides)* além disso; **I shall go ~** eu irei de qualquer jeito; **~, I couldn't come even if I wanted to** além disso, mesmo se eu quisesse, não poderia vir

anywhere ['ɛnɪwɛəʳ] ADV *(in questions etc)* em algum lugar; *(with negative)* em parte nenhuma; *(no matter where)* não importa onde, onde quer que seja; **can you see him ~?** você pode vê-lo em algum lugar?; **I can't see him ~** não o vejo em parte nenhuma; **~ in the world** em qualquer lugar do mundo; **put the books down ~** colegue os livros em qualquer lugar

Anzac ['ænzæk] N ABBR (= *Australia-New Zealand Army Corps*) soldado da tropa ANZAC

apart [ə'pɑːt] ADV à parte, à distância; *(separately)* separado; **10 miles ~** a uma distância de 10 milhas um do outro; **to take ~** desmontar; **they are living ~** estão separados; **~ from** além de, à parte de

apartheid [ə'pɑːteɪt] N apartheid *m*

apartment [ə'pɑːtmənt] (US) N apartamento

apartment building (US) N prédio or edifício (de apartamentos)

apathetic [æpə'θɛtɪk] ADJ apático

apathy ['æpəθɪ] N apatia, indiferença

APB (US) N ABBR (= *all points bulletin*) expressão usada pela polícia significando "descubram e prendam o suspeito"

ape [eɪp] N macaco ▶ VT macaquear, imitar

Apennines ['æpənaɪnz] NPL: **the ~** os Apeninos

aperitif [ə'pɛrɪtɪv] N aperitivo

aperture ['æpətʃuəʳ] N orifício; *(Phot)* abertura

APEX ['eɪpɛks] N (BRIT: = *Association of Professional, Executive, Clerical and Computer Staff*) sindicato de funcionários comerciais; *(Aviat: = advance passenger excursion)* tarifa aérea com desconto por compra antecipada

apex ['eɪpɛks] N ápice *m*

aphid ['eɪfɪd] N pulgão *m*

aphrodisiac [æfrəu'dɪzɪæk] ADJ afrodisíaco ▶ N afrodisíaco

API N ABBR = **American Press Institute**

apiece [ə'piːs] ADV *(for each person)* cada um, por cabeça; *(for each item)* cada

aplomb [ə'plɔm] N desenvoltura

APO (US) N ABBR (= *Army Post Office*) serviço postal do exército

apocalypse [ə'pɔkəlɪps] N apocalipse *m*

apolitical [eɪpə'lɪtɪkl] ADJ apolítico

apologetic [əpɔlə'dʒɛtɪk] ADJ cheio de desculpas

apologetically [əpɔlə'dʒɛtɪklɪ] ADV *(say)* desculpando-se; *(smile)* como quem pede desculpas

apologize [ə'pɔlədʒaɪz] VI: **to ~ (for sth to sb)** desculpar-se or pedir desculpas (por or de algo a alguém)

apology [ə'pɔlədʒɪ] N desculpas *fpl*; **please accept my apologies for ...** peço desculpas por ...; **to send one's apologies** apresentar desculpas

apoplectic [æpə'plɛktɪk] ADJ *(Med)* apopléctico; *(inf)*: **~ with rage** enraivecido

apoplexy ['æpəplɛksɪ] N *(Med)* apoplexia

apostle [ə'pɔsl] N apóstolo

apostrophe [ə'pɔstrəfɪ] N apóstrofo

app [æp] *(inf)* N ABBR (= *application program*) aplicativo (BR), aplicação *f* (PT)

appal [ə'pɔːl] VT horrorizar

Appalachian Mountains [æpə'leɪʃən-] NPL: **the ~** os montes Apalaches

appalling [ə'pɔːlɪŋ] ADJ *(shocking)* chocante; *(awful)* terrível; **she's an ~ cook** ela é uma péssima cozinheira

apparatus [æpə'reɪtəs] N aparelho; *(in gym)* aparelhos *mpl*; *(organization)* aparato

apparel [ə'pærl] (US) N vestuário, roupa

apparent [ə'pærənt] ADJ aparente; *(obvious)* claro, patente; **it is ~ that ...** é claro or evidente que ...

apparently [ə'pærəntlɪ] ADV aparentemente, pelo(s) visto(s)

apparition [æpə'rɪʃən] N aparição *f*; *(ghost)* fantasma *m*

appeal [ə'piːl] VI *(Law)* apelar, recorrer ▶ N *(Law)* recurso, apelação *f*; *(request)* pedido; *(plea)* súplica; *(charm)* atração *f*; **to ~ (to sb) for** suplicar (a alguém); **to ~ to** *(subj: person)* suplicar a; *(be attractive to)* atrair; **to ~ to sb for mercy** pedir misericórdia a alguém; **it doesn't ~ to me** não me atrai; **right of ~** direito a recorrer or apelar

appealing [ə'piːlɪŋ] ADJ *(attractive)* atraente; *(touching)* comovedor(a), comovente

appear [ə'pɪəʳ] VI *(come into view)* aparecer; *(be present)* comparecer; *(Law)* apresentar-se, comparecer; *(publication)* ser publicado; *(seem)* parecer; **it would ~ that ...** pareceria que ...; **to ~ in "Hamlet"** trabalhar em "Hamlet"; **to ~ on TV** *(person, news item)* sair na televisão; *(programme)* passar na televisão

appearance [ə'pɪərəns] N *(coming into view)* aparecimento; *(presence)* comparecimento; *(look, aspect)* aparência; **to put in** or **make an ~** comparecer; **in order of ~** *(Theatre)* por

ordem de entrar em cena; **to keep up ~s** manter as aparências; **to all ~s** ao que tudo indica
appease [ə'piːz] VT (*pacify*) apaziguar; (*satisfy*) satisfazer
appeasement [ə'piːzmənt] N apaziguamento
append [ə'pɛnd] VT anexar
appendage [ə'pɛndɪdʒ] N apêndice *m*
appendices [ə'pɛndɪsiːz] NPL *of* **appendix**
appendicitis [əpɛndɪ'saɪtɪs] N apendicite *f*
appendix [ə'pɛndɪks] (*pl* **appendices**) N apêndice *m*; **to have one's ~ out** tirar o apêndice
appetite ['æpɪtaɪt] N apetite *m*; (*fig*) desejo; **that walk has given me an ~** essa caminhada me abriu o apetite
appetizer ['æpɪtaɪzəʳ] N (*food*) tira-gosto; (*drink*) aperitivo
appetizing ['æpɪtaɪzɪŋ] ADJ apetitoso
applaud [ə'plɔːd] VI aplaudir ▶ VT aplaudir; (*praise*) admirar
applause [ə'plɔːz] N aplausos *mpl*
apple ['æpl] N maçã *f*; (*also*: **apple tree**) macieira; **she's the ~ of his eye** ela é a menina dos olhos dele
apple tree N macieira
apple turnover N pastel *m* de maçã
appliance [ə'plaɪəns] N (*Tech*) aparelho; **electrical** *or* **domestic ~s** eletrodomésticos *mpl*
applicable [ə'plɪkəbl] ADJ aplicável; (*relevant*) apropriado; **the law is ~ from January** a lei entrará em vigor a partir de janeiro; **to be ~ to** valer para
applicant ['æplɪkənt] N: **~ (for)** (*for post*) candidato(-a) (a); (*Admin: for benefit etc*) requerente *m/f* (de)
application [æplɪ'keɪʃən] N aplicação *f*; (*for a job, a grant etc*) candidatura, requerimento; (*hard work*) empenho; (*Comput*) aplicativo (BR), aplicação *f* (PT); **on ~** a pedido
application form N (formulário de) requerimento
applications package N (*Comput*) pacote *m* de aplicativos
applied [ə'plaɪd] ADJ aplicado
apply [ə'plaɪ] VT (*paint etc*) usar; (*law etc*) pôr em prática ▶ VI: **to ~ to** apresentar-se a; (*be suitable for*) ser aplicável a; (*be relevant to*) valer para; (*ask*) pedir; **to ~ for** (*permit, grant*) solicitar, pedir; (*job*) candidatar-se a; **to ~ the brakes** frear (BR), travar (PT); **to ~ o.s. to** aplicar-se a, dedicar-se a
appoint [ə'pɔɪnt] VT (*to post*) nomear; (*date, place*) marcar
appointed [ə'pɔɪntɪd] ADJ: **at the ~ time** à hora marcada
appointee [əpɔɪn'tiː] N nomeado(-a)
appointment [ə'pɔɪntmənt] N (*engagement*) encontro, compromisso; (*at doctor's etc*) hora marcada; (*act*) nomeação *f*; (*post*) cargo; **to make an ~ (with sb)** marcar um encontro (com alguém); (*with doctor, hairdresser etc*) marcar hora (com alguém); **"~s (vacant)"** (*Press*) "ofertas de emprego"; **by ~** com hora marcada
apportion [ə'pɔːʃən] VT repartir, distribuir; (*blame*) pôr; **to ~ sth to sb** atribuir algo a alguém
appraisal [ə'preɪzl] N avaliação *f*
appraise [ə'preɪz] VT avaliar
appreciable [ə'priːʃəbl] ADJ apreciável, notável
appreciate [ə'priːʃɪeɪt] VT (*like*) apreciar, estimar; (*be grateful for*) agradecer; (*understand*) compreender ▶ VI (*Comm*) valorizar-se; **I ~ your help** agradeço-lhe a or pela sua ajuda
appreciation [əpriːʃɪ'eɪʃən] N apreciação *f*, estima; (*understanding*) compreensão *f*; (*gratitude*) agradecimento; (*Comm*) valorização *f*
appreciative [ə'priːʃɪətɪv] ADJ (*person*) agradecido; (*comment*) elogioso
apprehend [æprɪ'hɛnd] VT (*understand*) perceber, compreender; (*arrest*) prender
apprehension [æprɪ'hɛnʃən] N apreensão *f*
apprehensive [æprɪ'hɛnsɪv] ADJ apreensivo, receoso
apprentice [ə'prɛntɪs] N aprendiz *m/f* ▶ VT: **to be ~d to** ser aprendiz de
apprenticeship [ə'prɛntɪsʃɪp] N aprendizado, aprendizagem *f*; **to serve one's ~** fazer seu aprendizado
appro. ['æprəu] (BRIT *inf*) ABBR (*Comm*) = **approval**
approach [ə'prəutʃ] VI aproximar-se ▶ VT aproximar-se de; (*be approximate*) aproximar-se a; (*ask, apply to*) dirigir-se a; (*subject, passer-by*) abordar ▶ N aproximação *f*; (*access*) acesso; (*proposal*) proposição *f*; (*to problem, situation*) enfoque *m*; **to ~ sb about sth** falar com alguém sobre algo
approachable [ə'prəutʃəbl] ADJ (*person*) tratável; (*place*) acessível
approach road N via de acesso
approbation [æprə'beɪʃən] N aprovação *f*
appropriate [*adj* ə'prəuprɪɪt, *vt* ə'prəuprɪeɪt] ADJ (*apt*) apropriado; (*relevant*) adequado ▶ VT (*take*) apropriar-se de; (*allot*): **to ~ sth for** destinar algo a; **it would not be ~ for me to comment** não seria conveniente eu comentar
appropriately [ə'prəuprɪɪtlɪ] ADV adequadamente
appropriation [əprəuprɪ'eɪʃən] N (*confiscation*) apropriação *f*; (*of funds for sth*) dotação *f*
approval [ə'pruːvəl] N aprovação *f*; (*permission*) consentimento; **on ~** (*Comm*) a contento; **to meet with sb's ~** (*proposal etc*) ser aprovado por alguém, obter a aprovação de alguém
approve [ə'pruːv] VT (*publication, product*) autorizar; (*motion, decision*) aprovar
▶ **approve of** VT FUS aprovar
approved school [ə'pruːvd-] (BRIT) N reformatório

approvingly [ə'pru:vɪŋlɪ] ADV com aprovação
approx. ABBR = **approximately**
approximate [*adj* ə'prɔksɪmɪt, *vt* ə'prɔksɪmeɪt] ADJ aproximado ▶ VT aproximar
approximately [ə'prɔksɪmɪtlɪ] ADV aproximadamente
approximation [əprɔksɪ'meɪʃən] N aproximação *f*
apr N ABBR (= *annual percentage rate*) taxa *de juros anual*
Apr. ABBR = **April**
apricot ['eɪprɪkɔt] N damasco
April ['eɪprəl] N abril *m*; *see also* **July**
April Fool's Day N Primeiro-de-abril *m*
apron ['eɪprən] N avental *m*; (*Aviat*) pátio de estacionamento
apse [æps] N (*Arch*) abside *f*
APT (*BRIT*) N ABBR = **advanced passenger train**
apt [æpt] ADJ (*suitable*) adequado; (*appropriate*) a propósito, apropriado; (*likely*): ~ **to do** sujeito a fazer
Apt. ABBR (= *apartment*) ap., apto.
aptitude ['æptɪtjuːd] N aptidão *f*, talento
aptitude test N teste *m* de aptidão
aptly ['æptlɪ] ADV (*express*) acertadamente; ~ **named** apropriadamente chamado
aqualung ['ækwəlʌŋ] N aparelho respiratório autônomo
aquarium [ə'kwɛərɪəm] N aquário
Aquarius [ə'kwɛərɪəs] N Aquário
aquatic [ə'kwætɪk] ADJ aquático
aqueduct ['ækwɪdʌkt] N aqueduto
AR (*US*) ABBR (*Post*) = **Arkansas**
ARA (*BRIT*) N ABBR = **Associate of the Royal Academy**
Arab ['ærəb] ADJ, N árabe *m/f*
Arabia [ə'reɪbɪə] N Arábia
Arabian [ə'reɪbɪən] ADJ árabe
Arabian Desert N deserto da Arábia
Arabian Sea N mar *m* Arábico
Arabic ['ærəbɪk] ADJ árabe; (*numerals*) arábico ▶ N (*Ling*) árabe *m*
Arabic numerals NPL algarismos *mpl* arábicos
arable ['ærəbl] ADJ cultivável
ARAM (*BRIT*) N ABBR = **Associate of the Royal Academy of Music**
arbiter ['ɑːbɪtəʳ] N árbitro
arbitrary ['ɑːbɪtrərɪ] ADJ arbitrário
arbitrate ['ɑːbɪtreɪt] VI arbitrar
arbitration [ɑːbɪ'treɪʃən] N arbitragem *f*; **the dispute went to** ~ o litígio foi submetido a arbitragem
arbitrator ['ɑːbɪtreɪtəʳ] N árbitro
ARC N ABBR = **American Red Cross**
arc [ɑːk] N arco
arcade [ɑː'keɪd] N arcada; (*round a square*) arcos *mpl*; (*passage with shops*) galeria
arch [ɑːtʃ] N arco; (*of foot*) curvatura ▶ VT arquear, curvar ▶ ADJ malicioso ▶ PREFIX: ~(-) arce..., arqui...; **pointed** ~ ogiva
archaeological, (*US*) **archeological** [ɑːkɪə'lɔdʒɪkl] ADJ arqueológico
archaeologist, (*US*) **archeologist** [ɑːkɪ'ɔlədʒɪst] N arqueólogo(-a)
archaeology, (*US*) **archeology** [ɑːkɪ'ɔlədʒɪ] N arqueologia
archaic [ɑː'keɪɪk] ADJ arcaico
archangel ['ɑːkeɪndʒəl] N arcanjo
archbishop [ɑːtʃ'bɪʃəp] N arcebispo
arch-enemy N arqui-inimigo(-a)
archeology [ɑːkɪ'ɔlədʒɪ] (*US*) N = **archaeology**
archer ['ɑːtʃəʳ] N arqueiro(-a)
archery ['ɑːtʃərɪ] N tiro de arco
archetypal ['ɑːkɪtaɪpəl] ADJ arquetípico
archetype ['ɑːkɪtaɪp] N arquetipo
archipelago [ɑːkɪ'pɛlɪgəu] N arquipélago
architect ['ɑːkɪtɛkt] N arquiteto(-a)
architectural [ɑːkɪ'tɛktʃərəl] ADJ arquitetônico
architecture ['ɑːkɪtɛktʃəʳ] N arquitetura
archives ['ɑːkaɪvz] NPL arquivo
archivist ['ɑːkɪvɪst] N arquivista *m/f*
archway ['ɑːtʃweɪ] N arco
ARCM (*BRIT*) N ABBR = **Associate of the Royal College of Music**
Arctic ['ɑːktɪk] ADJ ártico ▶ N: **the** ~ o Ártico
Arctic Circle N Círculo Polar Ártico
Arctic Ocean N oceano Ártico
ARD (*US*) N ABBR (*Med*) = **acute respiratory disease**
ardent ['ɑːdənt] ADJ (*admirer*) ardente; (*discussion*) acalorado; (*fervent*) fervoroso
ardour, (*US*) **ardor** ['ɑːdəʳ] N (*passion*) ardor *m*; (*fervour*) fervor *m*
arduous ['ɑːdjuəs] ADJ árduo
are [ɑːʳ] VB *see* **be**
area ['ɛərɪə] N (*zone*) zona, região *f*; (*part of place*) região; (*in room, of knowledge, experience*) área; (*Math*) superfície *f*, extensão *f*; **dining** ~ área de jantar; **the London** ~ a região de Londres
area code (*US*) N (*Tel*) (código) DDD (*BR*), indicativo (*PT*)
arena [ə'riːnə] N arena; (*of circus*) picadeiro (*BR*), pista (*PT*); (*for bullfight*) arena (*BR*), praça (*PT*)
aren't [ɑːnt] = **are not**
Argentina [ɑːdʒən'tiːnə] N Argentina
Argentinian [ɑːdʒən'tɪnɪən] ADJ, N argentino(-a)
arguable ['ɑːgjuəbl] ADJ discutível
arguably ['ɑːgjuəblɪ] ADV possivelmente
argue ['ɑːgjuː] VI (*quarrel*) discutir; (*reason*) argumentar; **to** ~ **about sth (with sb)** discutir sobre algo (com alguém); **to** ~ **that** sustentar que
argument ['ɑːgjumənt] N (*reasons*) argumento; (*quarrel*) briga, discussão *f*; (*debate*) debate *m*; ~ **for/against** argumento a favor de/contra
argumentative [ɑːgju'mɛntətɪv] ADJ (*person*) que gosta de discutir
aria ['ɑːrɪə] N (*Mus*) ária
ARIBA (*BRIT*) N ABBR = **Associate of the Royal Institute of British Architects**

arid ['ærɪd] ADJ árido
aridity [ə'rɪdɪtɪ] N aridez f
Aries ['ɛərɪz] N Áries m
arise [ə'raɪz] (pt **arose**, pp **arisen**) VI (rise up) levantar-se, erguer-se; (emerge) surgir; **to ~ from** resultar de; **should the need ~** se for necessário
arisen [ə'rɪzn] PP of **arise**
aristocracy [ærɪs'tɔkrəsɪ] N aristocracia
aristocrat ['ærɪstəkræt] N aristocrata m/f
aristocratic [ærɪstə'krætɪk] ADJ aristocrático
arithmetic [ə'rɪθmətɪk] N aritmética
arithmetical [ærɪθ'mɛtɪkl] ADJ aritmético
ark [ɑːk] N: **Noah's A~** arca de Noé
arm [ɑːm] N braço; (of clothing) manga; (of organization etc) divisão f ▶ VT armar; **arms** NPL (weapons) armas fpl; (Heraldry) brasão m; **~ in ~** de braços dados
armaments ['ɑːməmənts] NPL (weapons) armamento
armband ['ɑːmbænd] N faixa de braço, braçadeira; (for swimming) boia de braço
armchair ['ɑːmtʃɛəʳ] N poltrona
armed [ɑːmd] ADJ armado; **the ~ forces** as forças armadas
armed robbery N assalto à mão armada
Armenia [ɑː'miːnɪə] N Armênia
Armenian [ɑː'miːnɪən] ADJ armênio ▶ N armênio(-a); (Ling) armênio
armful ['ɑːmful] N braçada
armistice ['ɑːmɪstɪs] N armistício
armour, (US) **armor** ['ɑːməʳ] N armadura; (also: **armour plating**) blindagem f
armoured car, (US) **armored car** ['ɑːməd-] N carro blindado
armoury, (US) **armory** ['ɑːmərɪ] N arsenal m
armpit ['ɑːmpɪt] N sovaco
armrest ['ɑːmrɛst] N braço (de poltrona)
arms control N controle m de armas
arms race N corrida armamentista
army ['ɑːmɪ] N exército
aroma [ə'rəumə] N aroma
aromatherapy N aromaterapia
aromatic [ærə'mætɪk] ADJ aromático
arose [ə'rəuz] PT of **arise**
around [ə'raund] ADV em volta; (in the area) perto ▶ PREP em volta de; (near) perto de; (fig: about) cerca de; **is he ~?** ele está por aí?
arouse [ə'rauz] VT despertar; (anger) provocar
arrange [ə'reɪndʒ] VT arranjar; (organize) organizar; (put in order) arrumar ▶ VI: **we have ~d for a car to pick you up** providenciamos um carro para buscá-lo; **it was ~d that ...** foi combinado que ...; **to ~ to do sth** combinar em or ficar de fazer algo
arrangement [ə'reɪndʒmənt] N (agreement) acordo; (order, layout) disposição f; **arrangements** NPL (plans) planos mpl; (preparations) preparativos mpl; **to come to an ~ (with sb)** chegar a um acordo (com alguém); **home deliveries by ~** entregas a domicílio por convênio; **I'll make all the necessary ~s** eu vou tomar todas as providências necessárias
array [ə'reɪ] N: **~ of** (of things, people) variedade f de; (Math, Comput) tabela
arrears [ə'rɪəz] NPL atrasos mpl; **to be in ~ with one's rent** estar atrasado com o aluguel
arrest [ə'rɛst] VT prender, deter; (sb's attention) chamar, prender ▶ N detenção f, prisão f; **under ~** preso
arresting [ə'rɛstɪŋ] ADJ (fig: beauty) cativante; (: painting, novel) impressionante
arrival [ə'raɪvəl] N chegada; **new ~** recém-chegado; (baby) recém-nascido
arrive [ə'raɪv] VI chegar
▶ **arrive at** VT FUS (fig) chegar a
arrogance ['ærəgəns] N arrogância
arrogant ['ærəgənt] ADJ arrogante
arrow ['ærəu] N flecha; (sign) seta
arse [ɑːs] (BRIT!) N cu m (!)
arsenal ['ɑːsɪnl] N arsenal m
arsenic ['ɑːsnɪk] N arsênico
arson ['ɑːsn] N incêndio premeditado
art [ɑːt] N arte f; (craft) ofício; (skill) habilidade f, jeito; **Arts** NPL (Sch) letras fpl; **work of ~** obra de arte
artefact ['ɑːtɪfækt] N artefato
arterial [ɑː'tɪərɪəl] ADJ (Anat) arterial; **~ road** estrada mestra
artery ['ɑːtərɪ] N (Med) artéria; (fig) estrada principal
artful ['ɑːtful] ADJ ardiloso, esperto
art gallery N museu m de belas artes; (small, private) galeria de arte
arthritis [ɑː'θraɪtɪs] N artrite f
artichoke ['ɑːtɪtʃəuk] N (globe artichoke) alcachofra; (also: **Jerusalem artichoke**) topinambo
article ['ɑːtɪkl] N artigo; **articles** NPL (BRIT Law: training) contrato de aprendizagem; **~s of clothing** peças fpl de vestuário; **~s of association** (Comm) estatutos mpl sociais
articulate [adj ɑː'tɪkjulɪt, vt ɑː'tɪkjuleɪt] ADJ (speech) bem articulado; (writing) bem escrito; (person) eloquente ▶ VT expressar
articulated lorry [ɑː'tɪkjuleɪtɪd-] (BRIT) N caminhão m or camião m (PT) articulado, jamanta
artifice ['ɑːtɪfɪs] N ardil m, artifício
artificial [ɑːtɪ'fɪʃəl] ADJ artificial; (limb) postiço; (person, manner) afetado
artificial insemination [-ɪnsɛmɪ'neɪʃən] N inseminação f artificial
artificial intelligence N inteligência artificial
artificial respiration N respiração f artificial
artillery [ɑː'tɪlərɪ] N artilharia
artisan ['ɑːtɪzæn] N artesão(-sã) m/f
artist ['ɑːtɪst] N artista m/f; (Mus) intérprete m/f
artistic [ɑː'tɪstɪk] ADJ artístico
artistry ['ɑːtɪstrɪ] N arte f, mestria
artless ['ɑːtlɪs] ADJ (innocent) natural, simples; (clumsy) desajeitado

art school N = escola de artes
ARV N ABBR (= American Revised Version) tradução norte-americana da Bíblia
AS (US) N ABBR (Sch: = Associate in/of Science) título universitário ▶ ABBR (Post) = **American Samoa**

[KEYWORD]

as [æz, əz] CONJ **1** (referring to time) quando; **as the years went by** no decorrer dos anos; **he came in as I was leaving** ele chegou quando eu estava saindo; **as from tomorrow** a partir de amanhã
2 (in comparisons) tão ... como, tanto(s) ... como; **as big as** tão grande como; **twice as big as** duas vezes maior que; **as much/many as** tanto/tantos como; **as much money/many books as** tanto dinheiro quanto/tantos livros quanto; **as soon as** logo que, assim que
3 (since, because) como; **as you can't come, I'll go without you** como você não pode vir, eu vou sem você
4 (referring to manner, way) como; **do as you wish** faça como quiser; **as she said** como ela disse
5 (concerning): **as for** or **to that** quanto a isso
6: **as if** or **though** como se; **he looked as if he was ill** ele parecia doente
▶ PREP (in the capacity of): **he works as a driver** ele trabalha como motorista; **he gave it to me as a present** ele me deu isso de presente; see also **long, such, well**

ASA N ABBR (= American Standards Association) associação de padronização
a.s.a.p. ABBR = **as soon as possible**
asbestos [æz'bɛstəs] N asbesto, amianto
ascend [ə'sɛnd] VT subir; (throne) ascender
ascendancy [ə'sɛndənsɪ] N predomínio, ascendência
ascendant [ə'sɛndənt] N: **to be in the ~** estar em alta
Ascension [ə'sɛnʃən] N (Rel): **the ~** a Ascensão
Ascension Island N ilha da Ascensão
ascent [ə'sɛnt] N subida; (slope) rampa; (promotion) ascensão f
ascertain [æsə'teɪn] VT averiguar, verificar
ascetic [ə'sɛtɪk] ADJ ascético
asceticism [ə'sɛtɪsɪzəm] N ascetismo
ASCII ['æskiː] N ABBR (= American Standard Code for Information Interchange) ASCII m
ascribe [ə'skraɪb] VT: **to ~ sth to** atribuir algo a
ASCU (US) N ABBR = **Association of State Colleges and Universities**
ASE N ABBR = **American Stock Exchange**
ASH [æʃ] (BRIT) N ABBR (= Action on Smoking and Health) liga antitabagista
ash [æʃ] N cinza; (tree, wood) freixo
ashamed [ə'ʃeɪmd] ADJ envergonhado; **to be ~ of** ter vergonha de; **to be ~ (of o.s.) for having done** ter vergonha de ter feito

ashen ['æʃn] ADJ cinzento
ashore [ə'ʃɔː'] ADV em terra; **to go ~** descer à terra, desembarcar
ashtray ['æʃtreɪ] N cinzeiro
Ash Wednesday N quarta-feira de cinzas
Asia ['eɪʃə] N Ásia
Asia Minor N Ásia Menor
Asian ['eɪʃən] ADJ, N asiático(-a)
Asiatic [eɪsɪ'ætɪk] ADJ asiático(-a)
aside [ə'saɪd] ADV à parte, de lado ▶ N aparte m; **~ from** além de
ask [ɑːsk] VT perguntar; (invite) convidar; **to ~ sb sth** perguntar algo a alguém; **to ~ sb for sth** pedir algo a alguém; **to ~ sb to do sth** pedir para alguém fazer algo; **to ~ sb the time** perguntar as horas a alguém; **to ~ sb about sth** perguntar a alguém sobre algo; **to ~ about the price** perguntar pelo preço; **to ~ (sb) a question** fazer uma pergunta (a alguém); **to ~ sb out to dinner** convidar alguém para jantar
▶ **ask after** VT FUS perguntar por
▶ **ask for** VT FUS pedir; **it's just ~ing for it** or **trouble** é procurar encrenca
askance [ə'skɑːns] ADV: **to look ~ at sb/sth** olhar alguém/algo de soslaio
askew [ə'skjuː] ADV torto
asking price ['ɑːskɪŋ-] N preço pedido
asleep [ə'sliːp] ADJ dormindo; **to fall ~** dormir, adormecer
ASLEF ['æzlɛf] (BRIT) N ABBR (= Associated Society of Locomotive Engineers and Firemen) sindicato dos ferroviários
asp [æsp] N áspide m or f
asparagus [əs'pærəgəs] N asparago (BR), espargo (PT)
asparagus tips NPL aspargos mpl
ASPCA N ABBR = **American Society for the Prevention of Cruelty to Animals**
aspect ['æspɛkt] N aspecto; (direction in which a building etc faces) direção f
aspersions [əs'pəːʃənz] NPL: **to cast ~ on** difamar, caluniar
asphalt ['æsfælt] N asfalto
asphyxiate [æs'fɪksɪeɪt] VT asfixiar ▶ VI asfixiar-se
asphyxiation [æsfɪksɪ'eɪʃən] N asfixia
aspirations [æspə'reɪʃəns] N (hopes) esperança; (ambitions) aspirações fpl
aspire [əs'paɪə'] VI: **to ~ to** aspirar a
aspirin ['æsprɪn] N aspirina
ass [æs] N jumento, burro; (inf) imbecil m/f; (US!) cu m (!)
assail [ə'seɪl] VT assaltar, atacar
assailant [ə'seɪlənt] N (attacker) assaltante m/f, atacante m/f; (aggressor) agressor(a) m/f
assassin [ə'sæsɪn] N assassino(-a)
assassinate [ə'sæsɪneɪt] VT assassinar
assassination [əsæsɪ'neɪʃən] N assassinato, assassínio
assault [ə'sɔːlt] N assalto; (Law): **~ (and battery)** vias fpl de fato ▶ VT assaltar, atacar; (sexually) agredir, violar

assemble [əˈsɛmbl] VT (*people*) reunir; (*objects*) juntar; (*Tech*) montar ▶ VI reunir-se

assembly [əˈsɛmblɪ] N (*meeting*) reunião f; (*institution*) assembleia; (*people*) congregação f; (*construction*) montagem f

assembly language N (*Comput*) linguagem f de montagem

assembly line N linha de montagem

assent [əˈsɛnt] N aprovação f ▶ VI: **to ~ (to sth)** consentir *or* assentir (em algo)

assert [əˈsəːt] VT afirmar; (*claim etc*) fazer valer; **to ~ o.s.** impor-se

assertion [əˈsəːʃən] N afirmação f

assertive [əˈsəːtɪv] ADJ (*vigorous*) enérgico; (*forceful*) agressivo; (*dogmatic*) peremptório

assess [əˈsɛs] VT avaliar

assessment [əˈsɛsmənt] N avaliação f

assessor [əˈsɛsəʳ] N avaliador(a) m/f; (*of tax*) avaliador(a) do fisco

asset [ˈæsɛt] N (*property*) bem m; (*quality*) vantagem f, trunfo; **assets** NPL (*property, funds*) bens mpl; (*Comm*) ativo

asset-stripping [-ˈstrɪpɪŋ] N (*Comm*) venda em parcelas do patrimônio social

assiduous [əˈsɪdjuəs] ADJ assíduo

assign [əˈsaɪn] VT (*date*) fixar; **to ~ (to)** (*task*) designar (a); (*resources*) destinar (a); (*cause, meaning*) atribuir (a)

assignment [əˈsaɪnmənt] N tarefa

assimilate [əˈsɪmɪleɪt] VT assimilar; (*absorb: immigrants*) integrar

assimilation [əsɪmɪˈleɪʃən] N assimilação f

assist [əˈsɪst] VT ajudar; (*progress etc*) auxiliar; (*injured person etc*) socorrer

assistance [əˈsɪstəns] N ajuda, auxílio; (*welfare*) subsídio; (*to injured person*) socorro

assistant [əˈsɪstənt] N assistente m/f, auxiliar m/f; (BRIT: *also*: **shop assistant**) vendedor(a) m/f

assistant manager N subgerente m/f

assizes [əˈsaɪzɪz] NPL sessão f de tribunal superior

associate [*adj* əˈsəʊʃɪɪt, *vt, vi* əˈsəʊʃɪeɪt] ADJ associado; (*professor, director etc*) adjunto ▶ N (*colleague*) colega m/f; (*at work, member*) sócio(-a); (*in crime*) cúmplice m/f ▶ VI: **to ~ with sb** associar-se com alguém ▶ VT associar; **~ company** companhia ligada; **~ director** diretor(a) m/f associado(-a)

associated company [əˈsəʊʃɪeɪtɪd-] N companhia ligada

association [əsəʊsɪˈeɪʃən] N associação f; (*link*) ligação f; (*Comm*) sociedade f; **in ~ with** em parceria com

association football (BRIT) N futebol m

assorted [əˈsɔːtɪd] ADJ sortido; **in ~ sizes** em vários tamanhos

assortment [əˈsɔːtmənt] N (*of shapes, colours*) sortimento; (*of books, people*) variedade f

Asst. ABBR = **assistant**

assuage [əˈsweɪdʒ] VT (*grief, pain*) aliviar, abrandar; (*thirst*) matar

assume [əˈsjuːm] VT (*suppose*) supor, presumir; (*responsibilities etc*) assumir; (*attitude, name*) adotar, tomar

assumed name [əˈsjuːmd-] N nome m falso

assumption [əˈsʌmpʃən] N (*supposition*) suposição f, presunção f; **on the ~ that** na suposição *or* hipótese que; (*on condition that*) com a condição de que

assurance [əˈʃuərəns] N garantia; (*confidence*) confiança; (*insurance*) seguro

assure [əˈʃuəʳ] VT assegurar; (*guarantee*) garantir; **to ~ sb that** garantir *or* assegurar a alguém que

AST (US) ABBR (= *Atlantic Standard Time*) hora de inverno de Nova Iorque

asterisk [ˈæstərɪsk] N asterisco

astern [əˈstəːn] ADV à popa; (*direction*) à ré

asteroid [ˈæstərɔɪd] N asteroide m

asthma [ˈæsmə] N asma

asthmatic [æsˈmætɪk] ADJ, N asmático(-a)

astigmatism [əˈstɪgmətɪzəm] N astigmatismo

astir [əˈstəːʳ] ADV em agitação

astonish [əˈstɔnɪʃ] VT assombrar, espantar

astonishing [əˈstɔnɪʃɪŋ] ADJ espantoso, surpreendente

astonishingly [əˈstɔnɪʃɪŋlɪ] ADV surpreendentemente

astonishment [əˈstɔnɪʃmənt] N assombro, espanto; **to my ~** para minha grande surpresa

astound [əˈstaʊnd] VT pasmar, estarrecer

astray [əˈstreɪ] ADV: **to go ~** (*person*) perder-se; (*letter etc*) extraviar-se; **to go ~ in one's calculations** cometer um erro em seus cálculos; **to lead ~** (*morally*) desencaminhar

astride [əˈstraɪd] PREP montado *or* a cavalo sobre

astringent [əˈstrɪndʒənt] ADJ adstringente ▶ N adstringente m

astrologer [əsˈtrɔlədʒəʳ] N astrólogo(-a)

astrology [əsˈtrɔlədʒɪ] N astrologia

astronaut [ˈæstrənɔːt] N astronauta m/f

astronomer [əsˈtrɔnəməʳ] N astrônomo(-a)

astronomical [æstrəˈnɔmɪkəl] ADJ astronômico

astronomy [əsˈtrɔnəmɪ] N astronomia

astrophysics [ˈæstrəʊˈfɪzɪks] N astrofísica

astute [əsˈtjuːt] ADJ astuto

asunder [əˈsʌndəʳ] ADV: **to put ~** separar; **to tear ~** rasgar

ASV N ABBR (= *American Standard Version*) tradução da Bíblia

asylum [əˈsaɪləm] N (*refuge*) asilo; (*hospital*) manicômio; *see also* **political asylum**

asylum seeker [-siːkəʳ] N solicitante m/f de asilo

asymmetric [eɪsɪˈmɛtrɪk], **asymmetrical** [eɪsɪˈmɛtrɪkl] ADJ assimétrico

(KEYWORD)

at [æt] PREP **1** (*referring to position*) em; (*referring to direction*) a; **at the top** em cima; **at home/school** em casa/na escola; **at the baker's**

na padaria; **to look at sth** olhar para algo
2 *(referring to time)*: **at 4 o'clock** às quatro horas; **at night** à noite; **at Christmas** no Natal; **at times** às vezes
3 *(referring to rates, speed etc)*: **at £1 a kilo** a uma libra o quilo; **two at a time** de dois em dois
4 *(referring to manner)*: **at a stroke** de um golpe; **at peace** em paz
5 *(referring to activity)*: **to be at work** estar no trabalho; **to play at cowboys** brincar de mocinho; **to be good at sth** ser bom em algo
6 *(referring to cause)*: **to be shocked/surprised/annoyed at sth** ficar chocado/surpreso/chateado com algo; **I went at his suggestion** eu fui por causa da sugestão dele
▶ N *(symbol @)* arroba

ate [eɪt] PT *of* **eat**
atheism ['eɪθɪɪzəm] N ateísmo
atheist ['eɪθɪɪst] N ateu/ateia *m/f*
Athenian [ə'θiːnɪən] ADJ, N ateniense *m/f*
Athens ['æθɪnz] N Atenas
athlete ['æθliːt] N atleta *m/f*
athletic [æθ'lɛtɪk] ADJ atlético
athletics [æθ'lɛtɪks] N atletismo
Atlantic [ət'læntɪk] ADJ atlântico ▶ N: **the ~ (Ocean)** o (oceano) Atlântico
atlas ['ætləs] N atlas *m inv*
Atlas Mountains NPL: **the ~** os montes Atlas
ATM ABBR (= *automated teller machine*) caixa eletrônico *m*
atmosphere ['ætməsfɪə^r] N atmosfera; *(fig)* ambiente *m*
atmospheric [ætməs'fɛrɪk] ADJ atmosférico
atmospherics [ætməs'fɛrɪks] NPL *(Radio)* estática
atoll ['ætɔl] N atol *m*
atom ['ætəm] N átomo
atom bomb, atomic bomb N bomba atômica
atomic [ə'tɔmɪk] ADJ atômico
atomic bomb N = **atom bomb**
atomizer ['ætəmaɪzə^r] N atomizador *m*, pulverizador *m*
atone [ə'təun] VI: **to ~ for** *(sin)* expiar; *(mistake)* reparar
atonement [ə'təunmənt] N expiação *f*
ATP N ABBR (= *Association of Tennis Professionals*) Associação *f* de Tenistas Profissionais
atrocious [ə'trəuʃəs] ADJ atroz; *(very bad)* péssimo
atrocity [ə'trɔsɪtɪ] N atrocidade *f*
atrophy ['ætrəfɪ] N atrofia ▶ VT atrofiar ▶ VI atrofiar-se
attach [ə'tætʃ] VT *(fasten)* prender; *(document, letter)* juntar, anexar; *(importance etc)* dar; *(employee, troops)* adir; **to be ~ed to sb/sth** *(like)* ter afeição por alguém/algo; **to ~ a file to an email** anexar um arquivo a um e-mail; **the ~ed letter** a carta junta *or* anexa
attaché [ə'tæʃeɪ] N adido(-a)
attaché case N pasta

attachment [ə'tætʃmənt] N *(tool)* acessório; *(to email)* anexo; *(love)*: **~ (to)** afeição *f* (por)
attack [ə'tæk] VT atacar; *(subj: criminal)* assaltar; *(task etc)* empreender ▶ N ataque *m*; *(mugging etc)* assalto; *(on sb's life)* atentado; **heart ~** ataque cardíaco *or* de coração
attacker [ə'tækə^r] N agressor(a) *m/f*; *(criminal)* assaltante *m/f*
attain [ə'teɪn] VT *(also:* **attain to**: *happiness, results)* alcançar, atingir; (: *knowledge*) obter
attainments [ə'teɪnmənts] NPL feito
attempt [ə'tɛmpt] N tentativa ▶ VT tentar; **to make an ~ on sb's life** atentar contra a vida de alguém; **he made no ~ to help** ele não fez nada para ajudar
attempted [ə'ɛmptɪd] ADJ: **~ theft** *etc (Law)* tentativa de roubo *etc*
attend [ə'tɛnd] VT *(lectures)* assistir a; *(party)* presenciar; *(school)* cursar; *(church)* ir a; *(course)* fazer; *(patient)* tratar; **to ~ (up)on** acompanhar, servir
▶ **attend to** VT FUS *(matter)* encarregar-se de; *(speech etc)* prestar atenção a; *(needs, customer)* atender a; *(patient)* tratar de
attendance [ə'tɛndəns] N *(being present)* comparecimento *m*; *(people present)* assistência
attendant [ə'tɛndənt] N servidor(a) *m/f*; *(Theatre)* arrumador(a) *m/f* ▶ ADJ concomitante
attention [ə'tɛnʃən] N atenção *f*; *(care)* cuidados *mpl* ▶ EXCL *(Mil)* sentido!; **at ~** *(Mil)* em posição de sentido; **for the ~ of ...** *(Admin)* atenção ...; **it has come to my ~ that ...** constatei que ...
attentive [ə'tɛntɪv] ADJ atento; *(polite)* cortês
attentively [ə'tɛntɪvlɪ] ADV atentamente
attenuate [ə'tɛnjueɪt] VT atenuar ▶ VI atenuar-se
attest [ə'tɛst] VI: **to ~ to** atestar
attic ['ætɪk] N sótão *m*
attire [ə'taɪə^r] N traje *m*, roupa
attitude ['ætɪtjuːd] N atitude *f*; *(view)*: **~ (to)** atitude (para com)
attorney [ə'təːnɪ] N *(US: lawyer)* advogado(-a); *(having proxy)* procurador(a) *m/f*
Attorney General N *(BRIT)* procurador(a) *m/f* geral da Justiça; *(US)* Secretário de Justiça
attract [ə'trækt] VT atrair, chamar
attraction [ə'trækʃən] N atração *f*; *(good point)* atrativo; **~ towards sth** atração por algo
attractive [ə'træktɪv] ADJ atraente; *(idea, offer)* interessante
attribute [*n* 'ætrɪbjuːt, *vt* ə'trɪbjuːt] N atributo ▶ VT: **to ~ sth to** atribuir algo a
attrition [ə'trɪʃən] N: **war of ~** guerra de atrição
Atty. Gen. ABBR = **Attorney General**
ATV N ABBR (= *all terrain vehicle*) veículo todo-terreno
aubergine ['əubəʒiːn] N beringela
auburn ['ɔːbən] ADJ castanho-avermelhado
auction ['ɔːkʃən] N *(also:* **sale by auction**) leilão *m* ▶ VT leiloar; **to sell by ~** vender em leilão; **to put up for ~** pôr em leilão

auctioneer [ɔːkʃəˈnɪər] N leiloeiro(-a)
auction room N local m de leilão
audacious [ɔːˈdeɪʃəs] ADJ audaz, atrevido; (*pej*) descarado
audacity [ɔːˈdæsɪtɪ] N audácia, atrevimento; (*pej*) descaramento
audible [ˈɔːdɪbl] ADJ audível
audience [ˈɔːdɪəns] N (*in theatre, concert etc*) plateia; (*ofTV, radio programme*) audiência; (*of speech etc*) auditório; (*of writer, magazine*) público; (*interview*) audiência
audio-typist [ˈɔːdɪəu-] N datilógrafo(-a) (*de textos ditados em fita*)
audiovisual [ɔːdɪəuˈvɪzjuəl] ADJ audiovisual
audiovisual aid [ˈɔːdɪəuvɪzjuəl-] N recursos *mpl* audiovisuais
audit [ˈɔːdɪt] VT fazer a auditoria de ▶ N auditoria
audition [ɔːˈdɪʃən] N audição *f*
auditor [ˈɔːdɪtər] N auditor(a) *m/f*
auditorium [ɔːdɪˈtɔːrɪəm] (*pl* **auditoria**) N auditório
Aug. ABBR = **August**
augment [ɔːˈgmɛnt] VT, VI aumentar
augur [ˈɔːgər] VI: **it ~s well** é de bom augúrio ▶ VT (*be a sign of*) augurar, pressagiar
August [ˈɔːgəst] N agosto; *see also* **July**
august [ɔːˈgʌst] ADJ augusto, imponente
aunt [ɑːnt] N tia
auntie [ˈɑːntɪ] N titia
aunty [ˈɑːntɪ] N titia
au pair [ˈəuˈpɛər] N (*also:* **au pair girl**) au pair *f*
aura [ˈɔːrə] N (*of person*) ar m, aspecto; (*of place*) ambiente *m*
auspices [ˈɔːspɪsɪz] NPL: **under the ~ of** sob os auspícios de
auspicious [ɔːsˈpɪʃəs] ADJ favorável; (*occasion*) propício
austere [ɔsˈtɪər] ADJ austero; (*manner*) severo
austerity [ɔsˈtɛrɪtɪ] N simplicidade *f*; (*Econ*) privação *f*
Australasia [ɔːstrəˈleɪzɪə] N Australásia
Australia [ɔsˈtreɪlɪə] N Austrália
Australian [ɔsˈtreɪlɪən] ADJ, N australiano(-a)
Austria [ˈɔstrɪə] N Áustria
Austrian [ˈɔstrɪən] ADJ, N austríaco(-a)
AUT (*BRIT*) N ABBR (= *Association of University Teachers*) sindicato universitário
authentic [ɔːˈθɛntɪk] ADJ autêntico
authenticate [ɔːˈθɛntɪkeɪt] VT autenticar
authenticity [ɔːθɛnˈtɪsɪtɪ] N autenticidade *f*
author [ˈɔːθə] N autor(a) *m/f*
authoritarian [ɔːθɔrɪˈtɛərɪən] ADJ autoritário
authoritative [ɔːˈθɔrɪtətɪv] ADJ (*account*) autorizado; (*manner*) autoritário
authority [ɔːˈθɔrɪtɪ] N autoridade *f*; (*government body*) jurisdição *f*; (*permission*) autorização *f*; **the authorities** NPL (*ruling body*) as autoridades; **to have ~ to do sth** ter autorização para fazer algo
authorization [ɔːθəraɪˈzeɪʃən] N autorização *f*
authorize [ˈɔːθəraɪz] VT autorizar
authorized capital [ˈɔːθəraɪzd-] N (*Comm*) capital *m* autorizado
authorship [ˈɔːθəʃɪp] N autoria
autistic [ɔːˈtɪstɪk] ADJ autista
auto [ˈɔːtəu] (*US*) N carro, automóvel *m* ▶ CPD (*industry*) automobilístico
autobiographical [ɔːtəbaɪəˈgræfɪkl] ADJ autobiográfico
autobiography [ɔːtəbaɪˈɔgrəfɪ] N autobiografia
autocratic [ɔːtəˈkrætɪk] ADJ autocrático
autograph [ˈɔːtəgrɑːf] N autógrafo ▶ VT (*photo etc*) autografar
automat [ˈɔːtəmæt] N (*vending machine*) autômato; (*US: restaurant*) restaurante *m* automático
automata [ɔːˈtɔmətə] NPL *of* **automaton**
automated [ˈɔːtəmeɪtɪd] ADJ automatizado
automatic [ɔːtəˈmætɪk] ADJ automático ▶ N (*gun*) pistola automática; (*washing machine*) máquina de lavar roupa automática; (*BRIT: car*) carro automático
automatically [ɔːtəˈmætɪklɪ] ADV automaticamente
automatic data processing N processamento automático de dados
automation [ɔːtəˈmeɪʃən] N automação *f*
automaton [ɔːˈtɔmətən] (*pl* **automata**) N autômato
automobile [ˈɔːtəməbiːl] (*US*) N carro, automóvel *m* ▶ CPD (*industry, accident*) automobilístico
autonomous [ɔːˈtɔnəməs] ADJ autônomo
autonomy [ɔːˈtɔnəmɪ] N autonomia
autopsy [ˈɔːtɔpsɪ] N autópsia
autumn [ˈɔːtəm] N outono
auxiliary [ɔːgˈzɪlɪərɪ] ADJ, N auxiliar *m/f*
AV N ABBR (= *Authorized Version*) tradução inglesa da *Bíblia* ▶ ABBR = **audiovisual**
Av. ABBR (= *avenue*) Av., Avda.
avail [əˈveɪl] VT: **to ~ o.s. of** aproveitar, valer-se de ▶ N: **to no ~** em vão, inutilmente
availability [əveɪləˈbɪlɪtɪ] N disponibilidade *f*
available [əˈveɪləbl] ADJ disponível; (*time*) livre; **every ~ means** todos os recursos à sua (*or nossa etc*) disposição; **is the manager ~?** o gerente pode me atender?; (*on phone*) queria falar com o gerente; **to make sth ~ to sb** pôr algo à disposição de alguém
avalanche [ˈævəlɑːnʃ] N avalanche *f*
avant-garde [ˈævɑ̃ŋˈgɑːd] ADJ de vanguarda
avarice [ˈævərɪs] N avareza
avaricious [ævəˈrɪʃəs] ADJ avarento, avaro
Ave. ABBR (= *avenue*) Av., Avda.
avenge [əˈvɛndʒ] VT vingar
avenue [ˈævənjuː] N avenida; (*drive*) caminho; (*means*) solução *f*
average [ˈævərɪdʒ] N média ▶ ADJ (*mean*) médio; (*ordinary*) regular ▶ VT alcançar uma média de; (*calculate*) calcular a média de; **on ~** em média; **above/below (the) ~** acima/abaixo da média
▶ **average out** VT calcular a média de ▶ VI: **to ~ out at** dar uma média de

averse [əˈvəːs] ADJ: **to be ~ to sth/doing sth** ser avesso or pouco disposto a algo/a fazer algo; **I wouldn't be ~ to a drink** eu aceitaria uma bebida
aversion [əˈvəːʃən] N aversão f
avert [əˈvəːt] VT prevenir; (blow, one's eyes) desviar
aviary [ˈeɪvɪərɪ] N aviário, viveiro de aves
aviation [eɪvɪˈeɪʃən] N aviação f
avid [ˈævɪd] ADJ ávido
avidly [ˈævɪdlɪ] ADV avidamente
avocado [ævəˈkɑːdəʊ] N (BRIT: also: **avocado pear**) abacate m
avoid [əˈvɔɪd] VT evitar
avoidable [əˈvɔɪdəbl] ADJ evitável
avoidance [əˈvɔɪdəns] N evitação f
avowed [əˈvaʊd] ADJ confesso, declarado
AVP (US) N ABBR = **assistant vice-president**
AWACS [ˈeɪwæks] N ABBR (= airborne warning and control system) AWACS m (sistema aerotransportado de alerta e de controle)
await [əˈweɪt] VT esperar, aguardar; **~ing attention/delivery** (Comm) a ser(em) atendido(s)/entregue(s); **long ~ed** longamente esperado
awake [əˈweɪk] ADJ acordado ▶ VT, VI (pt **awoke**, pp **awoken**) despertar, acordar; **~ to** atento a; **to be ~** estar acordado; **he was still ~** ele ainda estava acordado
awakening [əˈweɪkənɪŋ] N despertar m
award [əˈwɔːd] N (prize) prêmio, condecoração f; (Law: damages) sentença; (act) concessão f ▶ VT outorgar, conceder; (damages) determinar o pagamento de
aware [əˈwɛəʳ] ADJ: **~ of** (conscious) consciente de; (informed) informado de or sobre; **to become ~ of** reparar em, saber de; **politically/socially ~** conscientizado politicamente/socialmente; **I am fully ~ that ...** eu compreendo perfeitamente que ...
awareness [əˈwɛənɪs] N consciência; (knowledge) conhecimento; **to develop people's ~ (of)** conscientizar o público (de)
awash [əˈwɔʃ] ADJ: **~ with** (also fig) inundado de
away [əˈweɪ] ADV fora; (faraway) muito longe; **two kilometres ~** a dois quilômetros de distância; **two hours ~ by car** a duas horas de carro; **the holiday was two weeks ~** faltavam duas semanas para as férias; **~ from** longe de; **he's ~ for a week** está ausente uma semana; **he's ~ in Miami** ele foi para Miami; **to take ~** levar; **to work/pedal** etc **~** trabalhar/pedalar etc sem parar; **to fade ~** (colour) desbotar; (enthusiasm, sound) diminuir
away game N (Sport) jogo de fora
away match N (Sport) jogo de fora
awe [ɔː] N temor m respeitoso
awe-inspiring ADJ imponente
awesome [ˈɔːsəm] ADJ ≈ awe-inspiring
awestruck [ˈɔːstrʌk] ADJ pasmado
awful [ˈɔːfəl] ADJ terrível, horrível; (quantity): **an ~ lot of** um monte de
awfully [ˈɔːfəlɪ] ADV (very) muito
awhile [əˈwaɪl] ADV por algum tempo, um pouco
awkward [ˈɔːkwəd] ADJ (person, movement) desajeitado; (shape) incômodo; (problem) difícil; (situation) embaraçoso, delicado
awkwardness [ˈɔːkwədnəs] N (embarrassment) embaraço
awl [ɔːl] N sovela
awning [ˈɔːnɪŋ] N toldo
awoke [əˈwəʊk] PT of **awake**
awoken [əˈwəʊkən] PP of **awake**
AWOL [ˈeɪwɔl] ABBR (Mil) = **absent without leave**
awry [əˈraɪ] ADV: **to be ~** estar de viés or de esguelha; **to go ~** sair mal
axe, (US) **ax** [æks] N machado ▶ VT (employee) despedir; (project etc) abandonar; (jobs) reduzir; **to have an ~ to grind** (fig) ter interesse pessoal, puxar a brasa para a sua sardinha (inf)
axes[1] [ˈæksɪz] NPL of **axe**
axes[2] [ˈæksiːz] NPL of **axis**
axiom [ˈæksɪəm] N axioma m
axiomatic [æksɪəʊˈmætɪk] ADJ axiomático
axis [ˈæksɪs] (pl **axes**) N eixo
axle [ˈæksl] N (Aut) eixo
ay, aye [aɪ] EXCL (yes) sim ▶ N: **the ayes** os votos a favor
AYH N ABBR = **American Youth Hostels**
AZ (US) ABBR (Post) = **Arizona**
azalea [əˈzeɪlɪə] N azaleia
Azores [əˈzɔːz] NPL: **the ~** os Açores
Aztec [ˈæztɛk] ADJ, N asteca m/f
azure [ˈeɪʒəʳ] ADJ azul-celeste inv

Bb

B, b [bi:] N (*letter*) B, b *m*; (*Mus*): **B** si *m*; **B for Benjamin** (BRIT) *or* **Baker** (US) B de Beatriz; **B road** (BRIT *Aut*) via secundária
b. ABBR = **born**
BA N ABBR = **British Academy**; (*Sch*) = **Bachelor of Arts**
babble ['bæbl] VI balbuciar; (*brook*) murmurinhar ▶ N balbucio
baboon [bə'bu:n] N babuíno
baby ['beɪbɪ] N neném *m/f*, nenê *m/f*, bebê *m/f*; (US *inf*) querido(-a)
baby carriage (US) N carrinho de bebê
baby food N papinha de bebê
baby grand N (*also*: **baby grand piano**) piano de ¼ de cauda
babyhood ['beɪbɪhud] N primeira infância
babyish ['beɪbɪɪʃ] ADJ infantil
baby-minder (BRIT) N ≈ babá *f*
baby-sit (*irreg*: *like* **sit**) VI tomar conta da(s) criança(s)
baby-sitter N baby-sitter *m/f*
baby wipe N lenço umedecido
bachelor ['bætʃələr] N solteiro; (*Sch*): **B~ of Arts** ≈ bacharel *m* em Letras; **B~ of Science** ≈ bacharel *m* em Ciências
bachelorhood ['bætʃələhud] N celibato
bachelor party (US) N despedida de solteiro
back [bæk] N (*of person*) costas *fpl*; (*of animal*) lombo; (*of hand*) dorso; (*of car, train*) parte *f* traseira; (*of house*) fundos *mpl*; (*of chair*) encosto; (*of page*) verso; (*of book*) lombada; (*of crowd*) fundo; (*of coin*) reverso; (*Football*) zagueiro (BR), defesa *m* (PT) ▶ VT (*financially*) patrocinar; (*candidate*: *also*: **back up**) apoiar; (*horse*: *at races*) apostar em; (*car*) dar ré com ▶ VI (*car etc*: *also*: **back up**) dar ré (BR), fazer marcha atrás (PT) ▶ CPD (*payment*) atrasado; (*Aut*: *seats, wheels*) de trás ▶ ADV (*not forward*) para trás; (*returned*) de volta; **he's ~** ele voltou; **throw the ball ~** devolva a bola; **he called ~** (*again*) chamou de novo; **to have one's ~ to the wall** (*fig*) estar acuado; **to break the ~ of a job** (BRIT) fazer o mais difícil de um trabalho; **at the ~ of my mind was the thought that ...** no meu íntimo havia a ideia que ...; **~ to front** pelo avesso, às avessas; **~ garden/room** jardim *m* / quarto dos fundos; **to take a ~ seat** (*fig*) colocar-se em segundo plano; **when will you be ~?** quando você estará de volta?; **he ran ~** voltou correndo; **can I have it ~?** pode devolvê-lo?
▶ **back down** VI desistir
▶ **back on to** VT FUS: **the house ~s on to the golf course** a casa dá fundas para o campo de golfe
▶ **back out** VI (*of promise*) voltar atrás, recuar
▶ **back up** VT (*support*) apoiar; (*Comput*) fazer um backup de
backache ['bækeɪk] N dor *f* nas costas
backbencher [bæk'bɛntʃər] (BRIT) N *membro do parlamento sem pasta*
backbiting ['bækbaɪtɪŋ] N maledicência
backbone ['bækbəun] N coluna vertebral; (*fig*) esteio; **he's the ~ of the organization** ele é o pilar *or* esteio da organização
backchat ['bæktʃæt] (BRIT *inf*) N insolências *fpl*
backcloth (BRIT) N pano de fundo
backcomb ['bækkəum] (BRIT) VT encrespar
backdate [bæk'deɪt] VT (*letter*) antedatar; **~d pay rise** aumento de vencimento com efeito retroativo
backdrop ['bækdrɔp] N = **backcloth**
backer ['bækər] N (*supporter*) partidário(-a); (*Comm*: *in partnership*) comanditário(-a); (: *financier*) financiador(a) *m/f*
backfire [bæk'faɪər] VI (*Aut*) engasgar; (*plan*) sair pela culatra
backgammon [bæk'gæmən] N gamão *m*
background ['bækgraund] N fundo; (*of events*) antecedentes *mpl*; (*basic knowledge*) bases *fpl*; (*experience*) conhecimentos *mpl*, experiência ▶ CPD (*noise, music*) de fundo; **~ reading** leitura de fundo; **family ~** antecedentes *mpl* familiares
backhand ['bækhænd] N (*Tennis*: *also*: **backhand stroke**) revés *m*
backhanded ['bækhændɪd] ADJ (*fig*) ambíguo
backhander ['bækhændər] (BRIT) N (*bribe*) propina, peita (PT)
backing ['bækɪŋ] N (*fig*) apoio; (*Comm*) patrocínio; (*Mus*) fundo (musical)
backlash ['bæklæʃ] N reação *f*
backlog ['bæklɔg] N: **~ of work** atrasos *mpl*
back number N (*of magazine etc*) número atrasado
backpack ['bækpæk] N mochila

backpacker – balance sheet

backpacker ['bækpækə'] N excursionista m/f com mochila
back pay N salário atrasado
backpedal ['bækpɛdl] VI (fig) recuar, voltar atrás
backside [bæk'saɪd] (inf) N traseiro
backslash ['bækslæʃ] N contrabarra
backslide ['bækslaɪd] (irreg: like **slide**) VI ter uma recaída
backspace ['bækspeɪs] VI (Typing) retroceder
backstage [bæk'steɪdʒ] ADV nos bastidores
back-street ADJ (abortion) clandestino; **~ abortionist** abortreiro(-a)
backstroke ['bækstrəʊk] N nado de costas
backtrack ['bæktræk] VI (fig) = **backpedal**
backup ['bækʌp] ADJ (train, plane) reserva inv; (Comput) de backup ▶ N (support) apoio; (Comput: also: **backup file**) backup m; (US: congestion) congestionamento
backward ['bækwəd] ADJ (movement) para trás; (person, country) atrasado; (shy) tímido; **~ and forward movement** movimento de vaivém
backwards ['bækwədz] ADV (move, go) para trás; (read a list) às avessas; (fall) de costas; **to know sth ~** (BRIT) or **~ and forwards** (US) (inf) saber algo de cor e salteado
backwater ['bækwɔːtə'] N (fig: backward place) lugar m atrasado; (: remote place) fim-do-mundo m
backyard [bæk'jɑːd] N quintal m
bacon ['beɪkən] N toucinho, bacon m
bacteria [bæk'tɪərɪə] NPL bactérias fpl
bacteriology [bæktɪərɪ'ɔlədʒɪ] N bacteriologia
bad [bæd] ADJ mau/má, ruim; (child) levado; (mistake, injury) grave; (meat, food) estragado; **his ~ leg** sua perna machucada; **to go ~** estragar-se; **to have a ~ time of it** passar um mau pedaço; **I feel ~ about it** (guilty) eu me sinto culpado (por isso); **in ~ faith** de má fé
bad debt N crédito duvidoso
bade [bæd] PT of **bid**
badge [bædʒ] N (of school etc) emblema m; (policeman's) crachá m
badger ['bædʒə'] N texugo ▶ VT acossar
badly ['bædlɪ] ADV mal; **~ wounded** gravemente ferido; **he needs it ~** faz-lhe grande falta; **things are going ~** as coisas vão mal; **to be ~ off (for money)** estar com pouco dinheiro
bad-mannered [-'mænəd] ADJ mal-educado, sem modos
badminton ['bædmɪntən] N badminton m
bad-tempered ADJ mal humorado; (temporary) de mau humor
baffle ['bæfl] VT (puzzle) deixar perplexo, desconcertar
baffled ['bæfld] ADJ perplexo
baffling ['bæflɪŋ] ADJ desconcertante
bag [bæg] N saco, bolsa; (handbag) bolsa; (satchel, shopping bag) sacola; (case) mala; (of hunter) caça ▶ VT (inf: take) pegar; (game)

matar; (Tech) ensacar; **~s of ...** (inf: lots of) ... de sobra; **to pack one's ~s** fazer as malas; **~s under the eyes** olheiras fpl
bagful ['bægful] N saco cheio
baggage ['bægɪdʒ] N bagagem f
baggage allowance N franquia de bagagem
baggage checkroom [-'tʃɛkruːm] (US) N depósito de bagagem
baggage claim N (at airport) recebimento de bagagem
baggy ['bægɪ] ADJ folgado, largo
Baghdad [bæg'dæd] N Bagdá f
bagpipes ['bægpaɪps] NPL gaita de foles
bag-snatcher [-'snætʃə'] (BRIT) N trombadinha m
bag-snatching [-'snætʃɪŋ] (BRIT) N roubo de bolsa
Bahamas [bə'hɑːməz] NPL: **the ~** as Bahamas
Bahrain [bɑː'reɪn] N Barein m
bail [beɪl] N (payment) fiança; (release) liberdade f sob fiança ▶ VT (prisoner: grant bail to) libertar sob fiança; (boat: also: **bail out**) baldear a água de; **on ~** sob fiança; **to be released on ~** ser posto em liberdade mediante fiança; see also **bale**
▶ **bail out** VT (prisoner) afiançar; (fig: help out) socorrer
bailiff ['beɪlɪf] N (Law: BRIT) oficial m/f de justiça (BR) or de diligências (PT); (: US) funcionário encarregado de acompanhar presos no tribunal
bait [beɪt] N isca, engodo; (for criminal etc) atrativo, chamariz m ▶ VT iscar, cevar; (person) apoquentar
bake [beɪk] VT cozinhar ao forno; (Tech: clay etc) cozer ▶ VI assar; (be hot) fazer um calor terrível
baked beans [beɪkt-] NPL feijão m cozido com molho de tomate
baked potato N batata assada com a casca
baker ['beɪkə'] N padeiro(-a)
bakery ['beɪkərɪ] N (for bread) padaria; (for cakes) confeitaria
baking ['beɪkɪŋ] N (act) cozimento; (batch) fornada
baking powder N fermento em pó
baking tin N (for cake) fôrma; (for meat) assadeira
baking tray N tabuleiro
balaclava [bælə'klɑːvə] N (also: **balaclava helmet**) capuz f
balance ['bæləns] N equilíbrio; (scales) balança; (Comm) balanço; (remainder) resto, saldo ▶ VT equilibrar; (budget) nivelar; (account) fazer o balanço de; (compensate) contrabalançar; (pros and cons) pesar; **~ of trade/payments** balança comercial/balanço de pagamentos; **~ carried forward** transporte; **~ brought forward** transporte; **to ~ the books** fazer o balanço dos livros
balanced ['bælənst] ADJ (report) objetivo; (personality, diet) equilibrado
balance sheet N balanço geral

balcony ['bælkənɪ] N (open) varanda; (closed) galeria; (in theatre) balcão m
bald [bɔːld] ADJ calvo, careca; (tyre) careca
baldness ['bɔːldnɪs] N calvície f
bale [beɪl] N (Agr) fardo
▶ **bale out** VI (of a plane) atirar-se de para-quedas ▶ VT (Naut: water) baldear; (: boat) baldear a água de
Balearic Islands [bælɪ'ærɪk-] NPL: **the** ~ as ilhas Baleares
baleful ['beɪlful] ADJ (look) triste; (sinister) funesto, sinistro
balk [bɔːk] VI: **to** ~ **(at)** (subj: person) relutar (contra); (: horse) refugar, empacar (diante de); **to** ~ **at doing** relutar em fazer
Balkan ['bɔːlkən] ADJ balcânico ▶ N: **the ~s** os Balcãs
ball [bɔːl] N bola; (of wool, string) novelo; (dance) baile m; **to play ~ with sb** jogar bola com alguém; (fig) fazer o jogo de alguém; **to be on the ~** (fig: competent) ser competente or batuta (inf); (: alert) estar alerta; **to start the ~ rolling** (fig) dar começo, dar o pontapé inicial; **the ~ is in their court** (fig) é a vez deles de agir
ballad ['bæləd] N balada
ballast ['bæləst] N lastro
ball bearings NPL rolimã m
ball cock N torneira com boia
ballerina [bælə'riːnə] N bailarina
ballet ['bæleɪ] N balé m
ballet dancer N bailarino(-a)
ballistic [bə'lɪstɪk] ADJ balístico
ballistics [bə'lɪstɪks] N balística
balloon [bə'luːn] N balão m; (hot air balloon) balão de ar quente ▶ VI (sails etc) inflar(-se); (prices) disparar
balloonist [bə'luːnɪst] N aerostata m/f
ballot ['bælət] N votação f
ballot box N urna
ballot paper N cédula eleitoral
ballpark ['bɔːlpɑːk] (US) N estádio de beisebol
ballpark figure (inf) N número aproximado
ballpoint ['bɔːlpɔɪnt], **ballpoint pen** N (caneta) esferográfica
balls [bɔːlz] (!) NPL colhões mpl (!), ovos mpl (!)
balm [bɑːm] N bálsamo
balmy ['bɑːmɪ] ADJ (breeze, air) suave, fragrante; (BRIT inf) = **barmy**
BALPA ['bælpə] N ABBR (= British Airline Pilots' Association) sindicato dos aeronautas
balsa ['bɔːlsə], **balsa wood** N pau-de-balsa m
balsam ['bɔːlsəm] N bálsamo
Baltic ['bɔːltɪk] N: **the ~ (Sea)** o (mar) Báltico
balustrade ['bæləstreɪd] N balaustrada
bamboo [bæm'buː] N bambu m
bamboozle [bæm'buːzl] (inf) VT embromar, trapacear
ban [bæn] N proibição f, interdição f; (suspension, exclusion) exclusão f ▶ VT proibir, interditar; (exclude) excluir; **he was ~ned from driving** (BRIT) cassaram-lhe a carteira de motorista

banal [bə'nɑːl] ADJ banal
banana [bə'nɑːnə] N banana
band [bænd] N (group) bando, banda; (gang) quadrilha; (at a dance) orquestra; (Mil) banda; (strip) faixa, cinta
▶ **band together** VI juntar-se, associar-se
bandage ['bændɪdʒ] N atadura (BR), ligadura (PT) ▶ VT enfaixar
Band-Aid® ['bændeɪd] (US) N esparadrapo
B & B N ABBR = **bed and breakfast**
bandit ['bændɪt] N bandido
bandstand ['bændstænd] N coreto
bandwagon ['bændwægən] N: **to jump on the ~** (fig) entrar na roda, ir na onda
bandy ['bændɪ] VT (jokes, insults) trocar
▶ **bandy about** VT usar a torto e a direito
bandy-legged ADJ cambaio, de pernas tortas
bane [beɪn] N: **it** (or **he** etc) **is the ~ of my life** é a maldição da minha vida
bang [bæŋ] N estalo; (of door) estrondo; (of gun, exhaust) explosão f; (blow) pancada ▶ EXCL bum!, bumba! ▶ VT bater com força; (door) fechar com violência ▶ VI produzir estrondo; (door) bater; (fireworks) soltar ▶ ADV (BRIT inf): **to be ~ on time** chegar na hora exata; **to ~ at the door** bater à porta com violência; **to ~ into sth** bater contra algo
banger ['bæŋə^r] N (BRIT: car: also: **old banger**) calhambeque m, lata-velha; (inf: sausage) salsicha; (firework) bomba (de São João)
Bangkok [bæŋ'kɔk] N Bangcoc
Bangladesh [bæŋglə'dɛʃ] N Bangladesh m (no article)
bangle ['bæŋgl] N bracelete m
bangs [bæŋz] (US) NPL (fringe) franja
banish ['bænɪʃ] VT banir
banister ['bænɪstə^r] N, **banisters** ['bænɪstəz] NPL corrimão m
banjo ['bændʒəu] (pl **banjoes** or **banjos**) N banjo
bank [bæŋk] N banco; (of river, lake) margem f; (of earth) rampa, ladeira ▶ VI (Aviat) ladear-se; (Comm): **they ~ with Pitt's** eles têm conta no banco Pitt's
▶ **bank on** VT FUS contar com, apostar em
bank account N conta bancária
bank card N cartão m de garantia de cheques
bank charges (BRIT) NPL encargos mpl bancários
bank draft N saque m bancário
banker ['bæŋkə^r] N banqueiro(-a); **~'s card** (BRIT) cartão m de garantia de cheques; **~'s order** (BRIT) ordem f bancária
bank giro N transferência bancária
Bank holiday (BRIT) N feriado nacional
banking ['bæŋkɪŋ] N transações fpl bancárias; (job) profissão f de banqueiro
banking hours NPL horário de banco
bank loan N empréstimo bancário
bank manager N gerente m/f de banco
banknote ['bæŋknəut] N nota (bancária)
bank rate N taxa bancária

bankrupt - bashing

bankrupt ['bæŋkrʌpt] N falido(-a), quebrado(-a) ▶ ADJ falido, quebrado; **to go ~** falir; **to be ~** estar falido/quebrado
bankruptcy ['bæŋkrʌptsɪ] N falência; *(fraudulent)* bancarrota
bank statement N extrato bancário
banner ['bænə'] N faixa
bannister ['bænɪstə'] N, **bannisters** ['bænɪstəz] NPL = **banister**
banns [bænz] NPL proclamas *fpl*
banquet ['bæŋkwɪt] N banquete *m*
bantamweight ['bæntəmweɪt] N peso-galo
banter ['bæntə'] N caçoada
baptism ['bæptɪzəm] N batismo
Baptist ['bæptɪst] N batista *m/f*
baptize [bæp'taɪz] VT batizar
bar [bɑː'] N *(gen, of chocolate)* barra; *(rod)* vara; *(of window etc)* grade *f*; *(fig: hindrance)* obstáculo; *(: prohibition)* impedimento; *(pub)* bar *m*; *(counter: in pub)* balcão *m* ▶ VT *(road)* obstruir; *(window)* trancar; *(person)* excluir; *(activity)* proibir ▶ PREP: **~ none** sem exceção; **~ of soap** sabonete *m*; **behind ~s** *(prisoner)* atrás das grades; **the B~** *(Law: profession)* a advocacia; *(people)* o corpo de advogados
Barbados [bɑː'beɪdɔs] N Barbados *m (no article)*
barbaric [bɑː'bærɪk] ADJ bárbaro
barbarous ['bɑːbərəs] ADJ bárbaro
barbecue ['bɑːbɪkjuː] N churrasco
barbed wire ['bɑːbd-] N arame *m* farpado
barber ['bɑːbə'] N barbeiro, cabeleireiro
barbiturate [bɑː'bɪtjurɪt] N barbitúrico
Barcelona [bɑːsə'ləunə] N Barcelona
bar chart N gráfico de barras
bar code N código de barras
bare [bεə'] ADJ despido; *(head)* descoberto; *(trees, vegetation)* sem vegetação; *(minimum)* básico ▶ VT *(body, teeth)* mostrar; **the ~ essentials** o imprescindível
bareback ['bεəbæk] ADV em pelo, sem arreios
barefaced ['bεəfeɪst] ADJ descarado
barefoot ['bεəfut] ADJ, ADV descalço
bareheaded [bεə'hεdɪd] ADJ, ADV de cabeça descoberta
barely ['bεəlɪ] ADV apenas, mal
Barents Sea ['bærənts-] N: **the ~** o mar de Barents
bargain ['bɑːgɪn] N *(deal)* negócio; *(agreement)* acordo; *(good buy)* pechincha ▶ VI *(trade)* negociar; *(haggle)* regatear; *(negotiate)*: **to ~ (with sb)** pechinchar (com alguém); **into the ~** ainda por cima
▶ **bargain for** *(inf)* VT FUS: **he got more than he ~ed for** ele conseguiu mais do que pediu
bargaining ['bɑːgənɪŋ] N *(haggling)* regateio; *(talks)* negociações *fpl*
barge [bɑːdʒ] N barcaça
▶ **barge in** VI irromper
▶ **barge into** VT FUS *(collide with)* atropelar; *(interrupt)* intrometer-se em
baritone ['bærɪtəun] N barítono
barium meal ['bεərɪəm-] N contraste *m* de bário

bark [bɑːk] N *(of tree)* casca; *(of dog)* latido ▶ VI latir
barley ['bɑːlɪ] N cevada
barley sugar N maltose *f*
barmaid ['bɑːmeɪd] N garçonete *f* (BR), empregada (de bar) (PT)
barman ['bɑːmən] *(irreg: like* **man**) N garçom *m* (BR), empregado (de bar) (PT)
barmy ['bɑːmɪ] *(BRIT inf)* ADJ maluco
barn [bɑːn] N celeiro
barnacle ['bɑːnəkl] N craca
barometer [bə'rɔmɪtə'] N barômetro
baron ['bærən] N barão *m*; *(of press, industry)* magnata *m*
baroness ['bærənɪs] N baronesa
barracks ['bærəks] NPL quartel *m*, caserna
barrage ['bærɑːʒ] N *(Mil)* fogo de barragem; *(dam)* barragem *f*; *(fig)*: **a ~ of questions** uma saraivada de perguntas
barrel ['bærəl] N barril *m*; *(of gun)* cano
barrel organ N realejo
barren ['bærən] ADJ *(sterile)* estéril; *(land)* árido
barricade [bærɪ'keɪd] N barricada ▶ VT barricar; **to ~ o.s. (in)** basrricar-se (em)
barrier ['bærɪə'] N barreira; *(fig: to progress etc)* obstáculo; *(BRIT: also:* **crash barrier**) cerca entre as pistas
barrier cream *(BRIT)* N creme *m* protetor
barring ['bɑːrɪŋ] PREP exceto, salvo
barrister ['bærɪstə'] *(BRIT)* N advogado(-a), causídico(-a)
barrow ['bærəu] N *(wheelbarrow)* carrinho (de mão)
bar stool N tamborete *m* de bar
bartender ['bɑːtεndə'] *(US)* N garçom *m* (BR), empregado (de bar) (PT)
barter ['bɑːtə'] N permuta, troca ▶ VT: **to ~ sth for sth** trocar algo por algo
base [beɪs] N base *f* ▶ VT *(troops)*: **to be ~d at** estar estacionado em; *(opinion, belief)*: **to ~ sth on** basear or fundamentar algo em ▶ ADJ *(thoughts)* sujo, baixo, vil; **coffee-~d** à base de café; **a Rio-~d firm** uma empresa sediada no Rio; **I'm ~d in London** estou sediado em Londres
baseball ['beɪsbɔːl] N beisebol *m*
baseboard ['beɪsbɔːd] *(US)* N rodapé *m*
base camp N base *f* de operações
Basel ['bɑːzl] N = **Basle**
basement ['beɪsmənt] N *(in house)* porão *m*; *(in shop etc)* subsolo
base rate N taxa de base
bases¹ ['beɪsɪz] NPL *of* **base**
bases² ['beɪsiːz] NPL *of* **basis**
bash [bæʃ] *(inf)* VT *(with fist)* dar soco or murro em; *(with object)* bater em ▶ N *(BRIT)*: **I'll have a ~ (at it)** vou tentar (fazê-lo); **~ed in** amassado
▶ **bash up** *(inf)* VT *(car)* arrebentar; *(BRIT: person)* dar uma surra em, espancar
bashful ['bæʃful] ADJ tímido, envergonhado
bashing ['bæʃɪŋ] *(inf)* N surra; **Paki-~** (!) *espancamento de asiáticos por motivos racistas*; **queer-~** (!) espancamento de homossexuais

BASIC ['beɪsɪk] N (Comput) BASIC m
basic ['beɪsɪk] ADJ básico; (facilities) mínimo; (vocabulary, rate) de base
basically ['beɪsɪkəlɪ] ADV basicamente; (really) no fundo
basic rate N (of tax) alíquota de base
basics ['beɪsɪks] NPL: **the ~** o essencial
basil ['bæzl] N manjericão m
basin ['beɪsn] N (vessel) bacia; (dock, Geo) bacia; (also: **washbasin**) pia
basis ['beɪsɪs] (pl **bases**) N base f; **on a part-time ~** num esquema de meio-expediente; **on a trial ~** em experiência; **on the ~ of what you've said** com base no que você disse
bask [bɑːsk] VI: **to ~ in the sun** tomar sol
basket ['bɑːskɪt] N cesto; (with handle) cesta
basketball ['bɑːskɪtbɔːl] N basquete(bol) m
basketball player N jogador(a) m/f de basquete
basketwork ['bɑːskɪtwəːk] N obra de verga, trabalho de vime
Basle [bɑːl] N Basileia
Basque [bæsk] ADJ, N basco(-a)
bass [beɪs] N (Mus) baixo
bass clef N clave f de fá
bassoon [bəˈsuːn] N fagote m
bastard ['bɑːstəd] N bastardo(-a); (!) filho da puta m (!)
baste [beɪst] VT (Culin) untar; (Sewing) alinhavar
bastion ['bæstɪən] N baluarte m
bat [bæt] N (Zool) morcego; (for ball games) bastão m; (BRIT: for table tennis) raquete f ▶ VT: **he didn't ~ an eyelid** ele nem pestanejou; **off one's own ~** por iniciativa própria
batch [bætʃ] N (of bread) fornada; (of papers) monte m; (lot) remessa, lote m
batch processing N (Comput) processamento batch
bated ['beɪtɪd] ADJ: **with ~ breath** contendo a respiração
bath [bɑːθ] N (pl **baths** [bɑːðz, bɑːθs]) banho; (bathtub) banheira ▶ VT banhar; **to have a ~** tomar banho (de banheira); **baths** NPL (also: **swimming baths**) banhos mpl públicos
bath chair N cadeira de rodas
bathe [beɪð] VI banhar-se; (US: have a bath) tomar banho (de banheira) ▶ VT banhar; (wound) lavar
bather ['beɪðəʳ] N banhista m/f
bathing ['beɪðɪŋ] N banho
bathing cap N touca de banho
bathing costume, (US) **bathing suit** N (woman's) maiô m (BR), fato de banho (PT)
bath mat N tapete m de banheiro
bathrobe ['bɑːθrəub] N roupão m de banho
bathroom ['bɑːθrum] N banheiro (BR), casa de banho (PT)
bath towel N toalha de banho
bathtub ['bɑːθtʌb] N banheira
batman ['bætmən] (BRIT) (irreg: like **man**) N ordenança m

baton ['bætən] N (Mus) batuta; (Athletics) bastão m; (truncheon) cassetete m
battalion [bəˈtælɪən] N batalhão m
batten ['bætn] N (Carpentry) caibro
▶ **batten down** VT (Naut): **to ~ down the hatches** correr as escotilhas
batter ['bætəʳ] VT espancar; (subj: wind, rain) castigar ▶ N massa (mole)
battered ['bætəd] ADJ (hat, pan) amassado, surrado; **~ wife/child** mulher/criança seviciada
battering ram ['bætərɪŋ] N aríete m
battery ['bætərɪ] N bateria; (of torch) pilha
battery charger N carregador m de bateria
battery farming N criação f intensiva
battle ['bætl] N batalha; (fig) luta ▶ VI lutar; **that's half the ~** (fig) é meio caminho andado; **it's a** or **we're fighting a losing ~** estamos lutando em vão
battle dress N uniforme m de combate
battlefield ['bætlfiːld] N campo de batalha
battlements ['bætlmənts] NPL ameias fpl
battleship ['bætlʃɪp] N couraçado
bauble ['bɔːbl] N bugiganga
baud [bɔːd] N (Comput) baud m
baud rate N (Comput) índice m de baud, taxa de transmissão
baulk [bɔːlk] VI = **balk**
bauxite ['bɔːksaɪt] N bauxita
bawdy ['bɔːdɪ] ADJ indecente; (joke) imoral
bawl [bɔːl] VI gritar; (child) berrar
bay [beɪ] N (Geo) baía; (Bot) louro; (BRIT: for parking) área de estacionamento; (: for loading) vão m de carregamento ▶ VI ladrar; **to hold sb at ~** manter alguém a distância; **the B~ of Biscay** o golfo de Biscaia
bay leaf (irreg: like **leaf**) N louro
bayonet ['beɪənɪt] N baioneta
bay tree N loureiro
bay window N janela saliente
bazaar [bəˈzɑːʳ] N bazar m
bazooka [bəˈzuːkə] N bazuca
BB (BRIT) N ABBR (= Boys' Brigade) movimento de meninos
BBB (US) N ABBR (= Better Business Bureau) organização de defesa ao consumidor
BBC N ABBR (= British Broadcasting Corporation) companhia britânica de rádio e televisão
B.C. ADV ABBR (= before Christ) a.C. ▶ ABBR (CANADA) = **British Columbia**
BCG N ABBR (= Bacillus Calmette-Guérin) BCG m
BD N ABBR (= Bachelor of Divinity) título universitário
B/D ABBR = **bank draft**
BDS N ABBR (= Bachelor of Dental Surgery) título universitário

⸻ KEYWORD ⸻

be [biː] (pt **was** or **were**, pp **been**) AUX VB **1** (with present participle: forming continuous tense) estar; **what are you doing?** o que você está fazendo? (BR) or a fazer (PT)?; **it is raining** está chovendo (BR) or a chover (PT); **I've been**

waiting for you for hours há horas que eu espero por você
2 (*with pp: forming passives*): **to be killed** ser morto; **the box had been opened** a caixa tinha sido aberta; **the thief was nowhere to be seen** tinha sumido o ladrão
3 (*in tag questions*): **it was fun, wasn't it?** foi divertido, não foi?; **she's back again, is she?** ela voltou novamente, é?
4 (+ *to* + *infin*): **the house is to be sold** a casa está para ser vendida; **you're to be congratulated for all your work** você devia ser cumprimentado pelo seu trabalho; **he's not to open it** ele não pode abrir isso

▶ VB + COMPLEMENT **1** (*gen*): **I'm English** sou inglês; **I'm tired** estou cansado; **I'm hot/cold** estou com calor/frio; **he's a doctor** ele é médico; **2 and 2 are 4** dois e dois são quatro; **she's tall/pretty** ela é alta/bonita; **be careful!** tome cuidado!; **be quiet!** fique quieto!, fique calado!; **be good!** seja bonzinho!
2 (*of health*) estar; **how are you?** como está?; **he's very ill** ele está muito doente
3 (*of age*): **how old are you?** quantos anos você tem?; **I'm twenty (years old)** tenho vinte anos
4 (*cost*) ser; **how much was the meal?** quanto foi a refeição?; **that'll be £5.75, please** são £5.75, por favor

▶ VI **1** (*exist, occur etc*) existir, haver; **the best singer that ever was** o maior cantor de todos os tempos; **is there a God?** Deus existe?; **be that as it may ...** de qualquer forma ...; **so be it** que seja assim
2 (*referring to place*) estar; **I won't be here tomorrow** eu não estarei aqui amanhã; **Edinburgh is in Scotland** Edinburgo é *or* fica na Escócia; **it's on the table** está na mesa
3 (*referring to movement*) ir; **where have you been?** onde você foi?; **I've been to the post office/to China** fui ao correio/à China; **I've been in the garden** estava no quintal

▶ IMPERS VB **1** (*referring to time*) ser; **it's 8 o'clock** são 8 horas; **it's the 28th of April** é 28 de abril
2 (*referring to distance*) ficar; **it's 10 km to the village** o lugarejo fica a 10 km de distância
3 (*referring to the weather*) estar; **it's too hot/cold** está quente/frio demais
4 (*emphatic*): **it's only me** sou eu!; **it's only the postman** é apenas o carteiro; **it was Maria who paid the bill** foi Maria quem pagou a conta

B/E ABBR = **bill of exchange**
beach [bi:tʃ] N praia ▶ VT puxar para a terra *or* praia, encalhar
beachcomber [ˈbi:tʃkəʊmə^r] N vagabundo(-a) de praia
beachwear [ˈbi:tʃwɛə^r] N roupa de praia

beacon [ˈbi:kən] N (*lighthouse*) farol *m*; (*marker*) baliza; (*also*: **radio beacon**) radiofarol *m*
bead [bi:d] N (*of necklace*) conta; (*of sweat*) gota; **beads** NPL (*necklace*) colar *m*
beady [ˈbi:dɪ] ADJ: ~ **eyes** olhinhos vivos
beagle [ˈbi:gl] N bigle *m*
beak [bi:k] N bico
beaker [ˈbi:kə^r] N copo com bico
beam [bi:m] N (*Arch*) viga; (*of light*) raio; (*Naut*) través *m*; (*Radio*) feixe *m* direcional ▶ VI brilhar; (*smile*) sorrir; **to drive on full** *or* **main ~** (BRIT), **to drive on high ~** (US) transitar com os faróis altos
beaming [ˈbi:mɪŋ] ADJ (*sun, smile*) radiante
bean [bi:n] N feijão *m*; (*of coffee*) grão *m*; **runner/broad ~** vagem *f*/fava
bean shoots NPL brotos *mpl* de feijão
bean sprouts NPL brotos *mpl* de feijão
bear [bɛə^r] (*pt* **bore**, *pp* **borne**) N urso; (*Stock Exchange*) baixista *m/f* ▶ VT (*carry, support*) arcar com; (*tolerate*) suportar; (*fruit*) dar; (*name, title*) trazer; (*traces, signs*) apresentar, trazer; (*children*) ter, dar à luz; (*Comm: interest*) render ▶ VI: **to ~ right/left** virar à direita/à esquerda; **to ~ the responsibility of** assumir a responsabilidade de; **to ~ comparison with** comparar-se a; **I can't ~ him** eu não o aguento; **to bring pressure to ~ on sb** exercer pressão sobre alguém
▶ **bear out** VT (*theory, suspicion*) confirmar, corroborar
▶ **bear up** VI aguentar, resistir
▶ **bear with** VT FUS (*sb's moods, temper*) ter paciência com; **~ with me a minute** só um momentinho, por favor
bearable [ˈbɛərəbl] ADJ suportável, tolerável
beard [bɪəd] N barba
bearded [ˈbɪədɪd] ADJ barbado, barbudo
bearer [ˈbɛərə^r] N portador(a) *m/f*; (*of title*) detentor(a) *m/f*
bearing [ˈbɛərɪŋ] N porte *m*, comportamento; (*connection*) relação *f*; **bearings** NPL (*also*: **ball bearings**) rolimã *m*; **to take a ~** fazer marcação; **to find one's ~s** orientar-se
beast [bi:st] N bicho; (*inf*) fera
beastly [ˈbi:stlɪ] ADJ horrível
beat [bi:t] (*pt* **beat**, *pp* **beaten**) N (*of heart*) batida; (*Mus*) ritmo, compasso; (*of policeman*) ronda ▶ VT (*hit*) bater em; (*eggs*) bater; (*defeat*) vencer, derrotar; (*better*) superar, ultrapassar; (*drum*) tocar; (*rhythm*) marcar ▶ VI (*heart*) bater; **to ~ about the bush** falar com rodeios (BR), fazer rodeios (PT); **to ~ it** (*inf*) cair fora; **off the ~en track** fora de mão; **to ~ time** marcar o compasso; **that ~s everything!** isso é o cúmulo!
▶ **beat down** VT (*door*) arrombar; (*price*) conseguir que seja abatido; (*seller*) conseguir que abata o preço ▶ VI (*rain*) cair a cântaros; (*sun*) bater de chapa
▶ **beat off** VT repelir
▶ **beat up** VT (*inf: person*) espancar; (*eggs*) bater
beaten [ˈbi:tn] PP *of* **beat**

beater ['bi:tə^r] N (*for eggs, cream*) batedeira
beating ['bi:tɪŋ] N batida; (*thrashing*) surra; **to take a ~** levar uma surra
beat-up (*inf*) ADJ (*car*) caindo aos pedaços; (*suitcase etc*) surrado
beautician [bju:'tɪʃən] N esteticista *m/f*
beautiful ['bju:tɪful] ADJ belo, lindo, formoso
beautify ['bju:tɪfaɪ] VT embelezar
beauty ['bju:tɪ] N beleza; (*person*) beldade *f*, beleza; **the ~ of it is that ...** o atrativo disso é que ...
beauty contest N concurso de beleza
beauty queen N miss *f*, rainha de beleza
beauty salon [-sælɔn] N salão *m* de beleza
beauty spot N sinal *m* (*de beleza na pele*); (BRIT Tourism) lugar *m* de beleza excepcional
beaver ['bi:və^r] N castor *m*
becalmed [bɪ'kɑ:md] ADJ parado devido a calmaria
became [bɪ'keɪm] PT *of* **become**
because [bɪ'kɔz] CONJ porque; **~ of** por causa de
beck [bɛk] N: **to be at sb's ~ and call** estar às ordens de alguém
beckon ['bɛkən] VT (*also*: **beckon to**) chamar com sinais, acenar para
become [bɪ'kʌm] (*irreg: like* **come**) VT (*suit*) favorecer a ▶ VI (+*n*) virar, fazer-se, tornar-se; (+*adj*) tornar-se, ficar; **to ~ fat/thin** ficar gordo/magro; **to ~ angry** zangar-se, ficar com raiva; **it became known that** soube-se que; **what has ~ of him?** o que é feito dele?, o que aconteceu a ele?
becoming [bɪ'kʌmɪŋ] ADJ (*behaviour*) decoroso; (*clothes*) favorecedor(a), elegante
BEd N ABBR (= *Bachelor of Education*) habilitação ao magistério
bed [bɛd] N cama; (*of flowers*) canteiro; (*of coal, clay*) camada, base *f*; (*of sea, lake*) fundo; (*of river*) leito; **to go to ~** ir dormir, deitar(-se) ▶ **bed down** VI dormir
bed and breakfast N (*place*) pensão *f*; (*terms*) cama e café da manhã (BR) *or* pequeno almoço (PT)
bedbug ['bɛdbʌg] N percevejo
bedclothes ['bɛdkləuðz] NPL roupa de cama
bed cover N colcha
bedding ['bɛdɪŋ] N roupa de cama
bedevil [bɪ'dɛvl] VT (*harass*) acossar; **to be ~led by** ser vítima de
bedfellow ['bɛdfɛləu] N: **they are strange ~s** (*fig*) eles formam uma dupla estranha
bedlam ['bɛdləm] N confusão *f*
bedpan ['bɛdpæn] N comadre *f*
bedpost ['bɛdpəust] N pé *m* de cama
bedraggled [bɪ'drægld] ADJ molhado, ensopado; (*dirty*) enlameado
bedridden ['bɛdrɪdn] ADJ acamado
bedrock ['bɛdrɔk] N (*fig*) fundamento, alicerce *m*; (*Geo*) leito de rocha firme
bedroom ['bɛdrum] N quarto, dormitório
Beds (BRIT) ABBR = **Bedfordshire**
bedside ['bɛdsaɪd] N: **at sb's ~** à cabeceira de alguém ▶ CPD (*book, lamp*) de cabeceira

bedsit ['bɛdsɪt], **bedsitter** ['bɛdsɪtə^r] N (BRIT) conjugado

> Um **bedsit** é um quarto mobiliado cujo aluguel inclui uso de cozinha e banheiro comuns. Esse sistema de alojamento é muito comum na Grã-Bretanha entre estudantes, jovens profissionais liberais etc.

bedspread ['bɛdsprɛd] N colcha
bedtime ['bɛdtaɪm] N hora de ir para cama
bee [bi:] N abelha; **to have a ~ in one's bonnet (about sth)** estar obcecado (por algo)
beech [bi:tʃ] N faia
beef [bi:f] N carne *f* de vaca; **roast ~** rosbife *m* ▶ **beef up** (*inf*) VT (*support*) reforçar; (*essay*) desenvolver mais
beefburger ['bi:fbə:gə^r] N hambúrguer *m*
beefeater ['bi:fi:tə^r] N alabardeiro (*da guarda da Torre de Londres*)
beehive ['bi:haɪv] N colmeia
bee-keeping ['bi:ki:pɪŋ] N apicultura
beeline ['bi:laɪn] N: **to make a ~ for** ir direto a
been [bi:n] PP *of* **be**
beer [bɪə^r] N cerveja
beer can N lata de cerveja
beet [bi:t] (US) N beterraba
beetle ['bi:tl] N besouro
beetroot ['bi:tru:t] (BRIT) N beterraba
befall [bɪ'fɔ:l] (*irreg: like* **fall**) VT acontecer a
befit [bɪ'fɪt] VT convir a
before [bɪ'fɔ:^r] PREP (*of time*) antes de; (*of space*) diante de ▶ CONJ antes que ▶ ADV antes, anteriormente; (*in front*) na dianteira; **~ going** antes de ir; **~ she goes** antes dela sair; **the week ~** a semana anterior; **I've seen it ~** eu já vi isso (antes); **I've never seen it ~** nunca vi isso antes
beforehand [bɪ'fɔ:hænd] ADV antes
befriend [bɪ'frɛnd] VT fazer amizade com
befuddled [bɪ'fʌdld] ADJ atordoado, aturdido
beg [bɛg] VI mendigar, pedir esmola ▶ VT (*also*: **beg for**) mendigar; (*favour*) pedir; (*entreat*) suplicar; **to ~ sb to do sth** implorar a alguém para fazer algo; **that ~s the question of ...** isso dá por resolvida a questão de ...; *see also* **pardon**
began [bɪ'gæn] PT *of* **begin**
beggar ['bɛgə^r] N (*also*: **beggarman, beggarwoman**) mendigo(-a)
begin [bɪ'gɪn] (*pt* **began**, *pp* **begun**) VT, VI começar, iniciar; **to ~ doing** *or* **to do sth** começar a fazer algo; **~ning (from) Monday** a partir de segunda-feira; **I can't ~ to thank you** não sei como agradecer-lhe; **to ~ with** em primeiro lugar
beginner [bɪ'gɪnə^r] N principiante *m/f*
beginning [bɪ'gɪnɪŋ] N início, começo; **right from the ~** desde o início
begrudge [bɪ'grʌdʒ] VT: **to ~ sb sth** (*envy*) invejar algo de alguém; (*give grudgingly*) dar algo a alguém de má vontade

beguile [bɪˈgaɪl] VT (*enchant*) encantar
beguiling [bɪˈgaɪlɪŋ] ADJ (*charming*) sedutor(a), encantador(a)
begun [bɪˈgʌn] PP *of* **begin**
behalf [bɪˈhɑːf] N: **on** *or* **in** (US) **~ of** (*as representative of*) em nome de; (*for benefit of*) no interesse de; (*in aid of*) em favor de; **on my/his ~** em meu nome/no nome dele
behave [bɪˈheɪv] VI comportar-se; (*well: also*: **behave o.s.**) comportar-se (bem)
behaviour, (US) **behavior** [bɪˈheɪvjəʳ] N comportamento
behead [bɪˈhɛd] VT decapitar, degolar
beheld [bɪˈhɛld] PT, PP *of* **behold**
behind [bɪˈhaɪnd] PREP atrás de ▶ ADV atrás; (*move*) para trás ▶ N traseiro; **~ (time)** atrasado; **to be ~ (schedule) with sth** estar atrasado *or* com atraso em algo; **~ the scenes** nos bastidores; **to leave sth ~** (*forget*) esquecer algo; (*run ahead of*) deixar algo para trás
behold [bɪˈhəuld] (*irreg: like* **hold**) VT contemplar
beige [beɪʒ] ADJ bege
Beijing [beɪˈʒɪŋ] N Pequim
being [ˈbiːɪŋ] N (*state*) existência; (*entity*) ser *m*; **to come into ~** nascer, aparecer
Beirut [beɪˈruːt] N Beirute
belated [bɪˈleɪtɪd] ADJ atrasado
belch [bɛltʃ] VI arrotar ▶ VT (*also*: **belch out**: *smoke etc*) vomitar
beleaguered [bɪˈliːgəd] ADJ (*city, fig*) assediado; (*army*) cercado
Belfast [ˈbɛlfɑːst] N Belfast
belfry [ˈbɛlfrɪ] N campanário
Belgian [ˈbɛldʒən] ADJ, N belga *m/f*
Belgium [ˈbɛldʒəm] N Bélgica
Belgrade [bɛlˈgreɪd] N Belgrado
belie [bɪˈlaɪ] VT (*contradict*) contradizer; (*disprove*) desmentir; (*obscure*) ocultar
belief [bɪˈliːf] N (*opinion*) opinião *f*; (*trust, faith*) fé *f*; (*acceptance as true*) crença, convicção *f*; **it's beyond ~** é inacreditável; **in the ~ that** na convicção de que
believe [bɪˈliːv] VT: **to ~ sth/sb** acreditar algo/em alguém ▶ VI: **to ~ in** (*God, ghosts*) crer em; (*method, person*) acreditar em; **I ~ (that) ...** (*think*) eu acho que ...; **I don't ~ in corporal punishment** não sou partidário de castigos corporais; **he is ~d to be abroad** acredita-se que ele esteja no exterior
believer [bɪˈliːvəʳ] N (*Rel*) crente *m/f*, fiel *m/f*; (*in idea, activity*): **~ in** partidário(-a) de
belittle [bɪˈlɪtl] VT diminuir, depreciar
Belize [bɛˈliːz] N Belize *m* (*no article*)
bell [bɛl] N sino; (*small, doorbell*) campainha; (*animal's, on toy*) guizo, sininho; **that rings a ~** (*fig*) tenho uma vaga lembrança disso; **the name rings a ~** o nome não me é estranho
bell-bottoms NPL calça boca-de-sino
bellboy [ˈbɛlbɔɪ] (BRIT) N boy *m* (de hotel) (BR), groom *m* (PT)

bellhop [ˈbɛlhɔp] (US) N = **bellboy**
belligerent [bɪˈlɪdʒərənt] ADJ (*at war*) beligerante; (*fig*) agressivo
bellow [ˈbɛləu] VI mugir; (*person*) bramar ▶ VT (*orders*) gritar, berrar
bellows [ˈbɛləuz] NPL fole *m*
bell pepper (*esp* US) pimentão *m*
bell push (BRIT) N botão *m* de campainha
belly [ˈbɛlɪ] N barriga, ventre *m*
bellyache [ˈbɛlɪeɪk] (*inf*) N dor *f* de barriga ▶ VI bufar
belly button [ˈbɛlɪbʌtn] N umbigo
belong [bɪˈlɔŋ] VI: **to ~ to** pertencer a; (*club etc*) ser sócio de; **the book ~s here** o livro fica guardado aqui
belongings [bɪˈlɔŋɪŋz] NPL pertences *mpl*
beloved [bɪˈlʌvɪd] ADJ querido, amado ▶ N bem-amado(-a)
below [bɪˈləu] PREP (*beneath*) embaixo de; (*lower than, less than*) abaixo de; (*covered by*) debaixo de ▶ ADV em baixo; **see ~** ver abaixo; **temperatures ~ normal** temperaturas abaixo da normal
belt [bɛlt] N cinto; (*of land*) faixa; (*Tech*) correia ▶ VT (*thrash*) surrar ▶ VI (BRIT *inf*): **to ~ along** ir a toda, correr; **industrial ~** zona industrial
▶ **belt out** VT (*song*) cantar a plenos pulmões
▶ **belt up** (BRIT *inf*) VI calar a boca
beltway [ˈbɛltweɪ] (US) N via circular
bemoan [bɪˈməun] VT lamentar
bemused [bɪˈmjuːzd] ADJ bestificado, estupidificado
bench [bɛntʃ] N banco; (*work bench*) bancada (de carpinteiro); (BRIT *Pol*) assento num Parlamento; **the B~** (*Law*) o tribunal; (*people*) os magistrados, o corpo de magistrados
bench mark N referência
bend [bɛnd] (*pt, pp* **bent**) VT (*leg, arm*) dobrar; (*pipe*) curvar ▶ VI dobrar-se, inclinar-se ▶ N curva; (*in pipe*) curvatura; **bends** NPL mal-dos-mergulhadores *m*
▶ **bend down** VI abaixar-se; (*squat*) agachar-se
▶ **bend over** VI debruçar-se
beneath [bɪˈniːθ] PREP (*position*) abaixo de; (*covered by*) debaixo de; (*unworthy of*) indigno de ▶ ADV em baixo
benefactor [ˈbɛnɪfæktəʳ] N benfeitor(a) *m/f*
benefactress [ˈbɛnɪfæktrɪs] N benfeitora
beneficial [bɛnɪˈfɪʃəl] ADJ: **~ (to)** benéfico (a)
beneficiary [bɛnɪˈfɪʃərɪ] N (*Law*) beneficiário(-a)
benefit [ˈbɛnɪfɪt] N benefício, vantagem *f*; (*as part of salary etc*) benefício; (*money*) subsídio, auxílio; **~ performance** apresentação *f* beneficente
▶ VT beneficiar ▶ VI: **to ~ from sth** beneficiar-se de algo
benefit performance N apresentação *f* beneficente
Benelux [ˈbɛnɪlʌks] N Benelux *m*
benevolent [bɪˈnɛvələnt] ADJ benévolo

BEng N ABBR (= *Bachelor of Engineering*) título universitário
benign [bɪˈnaɪn] ADJ (*person, smile*) afável, bondoso; (*Med*) benigno
bent [bɛnt] PT, PP *of* **bend** ▶ N inclinação *f* ▶ ADJ (*wire, pipe*) torto; (*inf: dishonest*) corrupto; **to be ~ on** estar empenhado em; **to have a ~ for** ter queda para
bequeath [bɪˈkwiːð] VT legar
bequest [bɪˈkwɛst] N legado
bereaved [bɪˈriːvd] NPL: **the ~** os enlutados ▶ ADJ enlutado
bereavement [bɪˈriːvmənt] N luto
beret [ˈbɛreɪ] N boina
Bering Sea [ˈbeɪrɪŋ-] N: **the ~** o mar de Bering
Berks (*BRIT*) ABBR = **Berkshire**
Berlin [bəːˈlɪn] N Berlim
berm [bəːm] (*US*) N acostamento (BR), berma (PT)
Bermuda [bəːˈmjuːdə] N Bermudas *fpl*
Bermuda shorts NPL bermuda
Bern [bəːn] N Berna
berry [ˈbɛrɪ] N baga
berserk [bəˈsəːk] ADJ: **to go ~** perder as estribeiras
berth [bəːθ] N (*bed*) beliche *m*; (*cabin*) cabine *f*; (*on train*) leito; (*for ship*) ancoradouro ▶ VI (*in harbour*) atracar, encostar-se; (*at anchor*) ancorar; **to give sb a wide ~** (*fig*) evitar alguém
beseech [bɪˈsiːtʃ] (*pt, pp* **besought**) VT suplicar, implorar
beset [bɪˈsɛt] VT (*pt, pp* **beset**) (*subj: problems, difficulties*) acossar ▶ ADJ: **a policy ~ with dangers** uma política cercada de perigos
besetting [bɪˈsɛtɪŋ] ADJ: **his ~ sin** seu grande vício
beside [bɪˈsaɪd] PREP (*next to*) junto de, ao lado de, ao pé de; (*compared with*) em comparação com; **to be ~ o.s. (with anger)** estar fora de si; **that's ~ the point** isso não tem nada a ver
besides [bɪˈsaɪdz] ADV além disso ▶ PREP (*as well as*) além de; (*except*) salvo, exceto
besiege [bɪˈsiːdʒ] VT (*town*) sitiar, pôr cerco a; (*fig*) assediar
besotted [bɪˈsɔtɪd] (*BRIT*) ADJ: **~ with** gamado em, louco por
besought [bɪˈsɔːt] PT, PP *of* **beseech**
bespectacled [bɪˈspɛktɪkld] ADJ de óculos
bespoke [bɪˈspəuk] (*BRIT*) ADJ (*garment*) feito sob medida; **~ software** software *m* sob medida; **~ tailor** alfaiate *m* que confecciona roupa sob medida
best [bɛst] ADJ melhor ▶ ADV (o) melhor; **the ~ part of** (*quantity*) a maior parte de; **at ~** na melhor das hipóteses; **to make the ~ of sth** tirar o maior partido possível de algo; **to do one's ~** fazer o possível; **to the ~ of my knowledge** que eu saiba; **to the ~ of my ability** o melhor que eu puder; **he's not exactly patient at the ~ of times** mesmo nos seus melhores momentos ele não é muito paciente; **the ~ thing to do is ...** o melhor é ...
best-before date N validade *f*
best man N padrinho de casamento
bestow [bɪˈstəu] VT (*affection*) dar, oferecer; (*honour, title*): **to ~ sth on sb** outorgar algo a alguém
bestseller [ˈbɛstˈsɛləʳ] N (*book*) best-seller *m*
bet [bɛt] (*pt, pp* **bet** *or* **betted**) VT: **to ~ sb sth** apostar algo com alguém ▶ VI: **to ~ (on)** apostar (em) ▶ N aposta; **to ~ money on sth** apostar dinheiro em algo; **it's a safe ~** (*fig*) é coisa segura, é dinheiro ganho
Bethlehem [ˈbɛθlɪhɛm] N Belém
betray [bɪˈtreɪ] VT trair; (*denounce*) delatar
betrayal [bɪˈtreɪəl] N traição *f*
better [ˈbɛtəʳ] ADJ, ADV melhor ▶ VT melhorar; (*go above*) superar ▶ N: **to get the ~ of sb** vencer alguém; **you had ~ do it** é melhor você fazer isso; **he thought ~ of it** pensou melhor, mudou de opinião; **to get ~** melhorar; **you'd be ~ off this way** seria melhor para você assim; **that's ~!** isso!
betting [ˈbɛtɪŋ] N jogo
betting shop (*BRIT*) N agência de apostas
between [bɪˈtwiːn] PREP no meio de, entre ▶ ADV no meio; **the road ~ here and London** a estrada daqui a Londres; **we only had 5 ~ us** juntos só tínhamos 5; **~ you and me** cá entre nós
bevel [ˈbɛvəl] N (*also:* **bevel edge**) bisel *m*
beverage [ˈbɛvərɪdʒ] N bebida
bevy [ˈbɛvɪ] N: **a ~ of** um grupo *or* bando de
bewail [bɪˈweɪl] VT lamentar
beware [bɪˈwɛəʳ] VT, VI: **to ~ (of)** precaver-se (de), ter cuidado (com) ▶ EXCL cuidado!; **"~ of the dog"** "cuidado com o cachorro"
bewildered [bɪˈwɪldəd] ADJ atordoado; (*confused*) confuso
bewildering [bɪˈwɪldərɪŋ] ADJ atordoador(a), desnorteante
bewitching [bɪˈwɪtʃɪŋ] ADJ encantador(a), sedutor(a)
beyond [bɪˈjɔnd] PREP (*in space, exceeding*) além de; (*exceeding*) acima de, fora de; (*date*) mais tarde que; (*above*) acima de ▶ ADV além; (*in time*) mais longe, mais adiante; **~ doubt** fora de qualquer dúvida; **to be ~ repair** não ter conserto
b/f ABBR = **brought forward**
BFPO N ABBR (= *British Forces Post Office*) serviço postal do exército
bhp N ABBR (*Aut:* = *brake horsepower*) potência efetiva ao freio
bi... [baɪ] PREFIX bi...
biannual [baɪˈænjuəl] ADJ semestral
bias [ˈbaɪəs] N (*prejudice*) parcialidade; (*preference*) prevenção *f*
biased, biassed [ˈbaɪəst] ADJ parcial; **to be bias(s)ed against** ter preconceito contra
bib [bɪb] N babadouro, babador *m*
Bible [ˈbaɪbl] N Bíblia
bibliography [bɪblɪˈɔgrəfɪ] N bibliografia

bicarbonate of soda [baɪˈkɑːbənɪt-] N bicarbonato de sódio
bicentenary [baɪsɛnˈtiːnərɪ] N bicentenário
bicentennial [baɪsɛnˈtɛnɪəl] N bicentenário
biceps [ˈbaɪsɛps] N bíceps *m inv*
bicker [ˈbɪkəʳ] VI brigar
bicycle [ˈbaɪsɪkl] N bicicleta
bicycle path N ciclovia
bicycle pump N bomba de bicicleta
bicycle track N ciclovia
bid [bɪd] N oferta; *(at auction)* lance *m*; *(attempt)* tentativa ▶ VI *(pt, pp* **bid***)* fazer uma oferta; fazer lance; *(Comm)* licitar, fazer uma licitação ▶ VT *(pt* **bade** [bæd], *pp* **bidden** [ˈbɪdn]) *(price)* oferecer; *(order)* mandar, ordenar; **to ~ sb good day** dar bom dia a alguém
bidder [ˈbɪdəʳ] N *(Comm)* licitante *m/f*; **the highest ~** quem oferece mais
bidding [ˈbɪdɪŋ] N *(at auction)* lances *mpl*; *(Comm)* licitação *f*; *(order)* ordem *f*
bide [baɪd] VT: **to ~ one's time** esperar o momento adequado
bidet [ˈbiːdeɪ] N bidê *m*
bidirectional [ˈbaɪdɪˈrɛkʃənl] ADJ bidirecional
biennial [baɪˈɛnɪəl] ADJ bienal ▶ N *(plant)* planta bienal
bier [bɪəʳ] N féretro
bifocals [baɪˈfəuklz] NPL óculos *mpl* bifocais
big [bɪg] ADJ grande; *(bulky)* volumoso; **~ brother/sister** irmão/irmã mais velho/a; **to do things in a ~ way** fazer as coisas em grande escala
bigamy [ˈbɪgəmɪ] N bigamia
big dipper [-ˈdɪpəʳ] N montanha-russa
big end N *(Aut)* cabeça de biela
bigheaded [ˈbɪgˈhɛdɪd] ADJ convencido
big-hearted [ˈbɪgˈhɑːtɪd] ADJ magnânimo
bigot [ˈbɪgət] N fanático, intolerante *m/f*
bigoted [ˈbɪgətɪd] ADJ fanático, intolerante
bigotry [ˈbɪgətrɪ] N fanatismo, intolerância
big toe N dedão *m* do pé
big top N tenda de circo
big wheel N *(at fair)* roda gigante
bigwig [ˈbɪgwɪg] *(inf)* N mandachuva *m*
bike [baɪk] N bicicleta
bikini [bɪˈkiːnɪ] N biquíni *m*
bilateral [baɪˈlætrəl] ADJ bilateral
bile [baɪl] N bílis *f*
bilingual [baɪˈlɪŋgwəl] ADJ bilíngue
bilious [ˈbɪlɪəs] ADJ bilioso
bill [bɪl] N conta; *(invoice)* fatura; *(Pol)* projeto de lei; *(US: banknote)* bilhete *m*, nota; *(in restaurant)* conta, notinha; *(notice)* cartaz *m*; *(of bird)* bico ▶ VT *(item)* faturar; *(customer)* enviar fatura a; **may I have the ~ please?** a conta *or* a notinha, por favor?; **"stick** *or* **post no ~s"** "é proibido afixar cartazes"; **to fit** *or* **fill the ~** *(fig)* servir; **~ of exchange** letra de câmbio; **~ of lading** conhecimento de carga; **~ of sale** nota de venda; *(formal)* escritura de venda
billboard [ˈbɪlbɔːd] N quadro para cartazes

billet [ˈbɪlɪt] N alojamento ▶ VT alojar, quartelar
billfold [ˈbɪlfəuld] *(US)* N carteira
billiards [ˈbɪlɪədz] N bilhar *m*
billion [ˈbɪlɪən] N (= 1,000,000,000) bilhão *m* *(BR)*, mil milhão *m* *(PT)*
billow [ˈbɪləu] N *(of smoke)* bulcão *m* ▶ VI *(smoke)* redemoinhar; *(sail)* enfunar-se
billy goat [ˈbɪlɪ-] N bode *m*
bin [bɪn] N caixa; *(BRIT: also:* **dustbin**, **litter bin***)* lata de lixo; *see also* **breadbin**
binary [ˈbaɪnərɪ] ADJ binário
bind [baɪnd] *(pt, pp* **bound***)* VT atar, amarrar; *(wound)* enfaixar; *(oblige)* obrigar; *(book)* encadernar ▶ N *(inf)* saco
  ▶ **bind over** VT *(Law)* pôr em liberdade condicional
  ▶ **bind up** VT *(wound)* enfaixar; **to be bound up with** estar vinculado a
binder [ˈbaɪndəʳ] N *(file)* fichário
binding [ˈbaɪndɪŋ] ADJ *(contract)* sujeitante ▶ N *(of book)* encadernação *f*
binge [bɪndʒ] *(inf)* N: **to go on a ~** tomar uma bebedeira
bingo [ˈbɪŋgəu] N bingo
binoculars [bɪˈnɔkjuləz] NPL binóculo
bio ... [baɪəu] PREFIX bio ...
biochemistry [baɪəˈkɛmɪstrɪ] N bioquímica
biodegradable [ˈbaɪəudɪˈgreɪdəbl] ADJ biodegradável
biodiesel [ˈbaɪəudiːzl] N biodiesel *m*
biodiversity [ˈbaɪəudaɪˈvəːsɪtɪ] N biodiversidade *f*
biofuel [ˈbaɪəufjuəl] N biocombustível *m*
biographer [baɪˈɔgrəfəʳ] N biógrafo(-a)
biographic [baɪəˈgræfɪk], **biographical** [baɪəˈgræfɪkl] ADJ biográfico
biography [baɪˈɔgrəfɪ] N biografia
biological [baɪəˈlɔdʒɪkəl] ADJ biológico
biologist [baɪˈɔlədʒɪst] N biólogo(-a)
biology [baɪˈɔlədʒɪ] N biologia
biometric [ˈbaɪəuˈmɛtrɪk] ADJ biométrico
biophysics [ˈbaɪəuˈfɪzɪks] N biofísica
biopsy [ˈbaɪɔpsɪ] N biopsia
biotechnology [ˈbaɪəutɛkˈnɔlədʒɪ] N biotecnia
birch [bəːtʃ] N bétula; *(cane)* vara de vidoeiro
bird [bəːd] N ave *f*, pássaro; *(BRIT inf: girl)* gatinha
birdcage [ˈbəːdkeɪdʒ] N gaiola
bird flu N gripe *f* aviária
bird's-eye view N vista aérea; *(overview)* vista geral
bird watcher [-ˈwɔtʃəʳ] N ornitófilo(-a)
Biro® [ˈbaɪərəu] N caneta esferográfica
birth [bəːθ] N nascimento; *(Med)* parto; **to give ~ to** dar à luz, parir
birth certificate N certidão *f* de nascimento
birth control N controle *m* de natalidade; *(methods)* métodos *mpl* anticoncepcionais
birthday [ˈbəːθdeɪ] N aniversário *(BR)*, dia *m* de anos *(PT)* ▶ CPD de aniversário; *see also* **happy**

birthmark ['bə:θmɑ:k] N nevo
birthplace ['bə:θpleɪs] N lugar m de nascimento
birth rate N índice m de natalidade f
Biscay ['bɪskeɪ] N: **the Bay of ~** o golfo de Biscaia
biscuit ['bɪskɪt] N (BRIT) bolacha, biscoito; (US) pão m doce
bisect [baɪ'sɛkt] VT dividir ao meio
bishop ['bɪʃəp] N bispo
bit [bɪt] PT of **bite** ▶ N pedaço, bocado; (of tool) broca; (of horse) freio; (Comput) bit m; **a ~ of** (a little) um pouco de; **a ~ mad/dangerous** um pouco doido/perigoso; **~ by ~** pouco a pouco; **to come to ~s** (break) cair aos pedaços; **bring all your ~s and pieces** traz todos os teus troços; **to do one's ~** fazer sua parte
bitch [bɪtʃ] N (dog) cadela, cachorra; (!: woman) cadela (!), vagabunda (!)
bite [baɪt] VT, VI (pt **bit**, pp **bitten**) morder; (insect etc) picar ▶ N mordida; (insect bite) picada; (mouthful) bocado; **to ~ one's nails** roer as unhas; **let's have a ~ (to eat)** (inf) vamos fazer uma boquinha
biting ['baɪtɪŋ] ADJ (wind) penetrante; (wit) mordaz
bit part N (Theatre) ponta
bitten ['bɪtn] PP of **bite**
bitter ['bɪtə^r] ADJ amargo; (wind, criticism) cortante, penetrante; (battle) encarniçado ▶ N (BRIT: beer) cerveja amarga; **to the ~ end** até o fim
bitterly ['bɪtəlɪ] ADV (complain, weep) amargamente; (criticize) asperamente; (oppose) implacavelmente; (jealous, disappointed) extremamente; **it's ~ cold** faz um frio glacial
bitterness ['bɪtənɪs] N amargor m; (anger) rancor m
bittersweet ['bɪtəswi:t] ADJ agridoce
bitty ['bɪtɪ] (BRIT inf) ADJ sem nexo
bitumen ['bɪtjumɪn] N betume m
bivouac ['bɪvuæk] N bivaque m
bizarre [bɪ'zɑ:^r] ADJ esquisito
bk ABBR = **bank**; **book**
BL N ABBR (= Bachelor of Laws, Bachelor of Letters) título universitário; (US: = Bachelor of Literature) título universitário
b/l ABBR = **bill of lading**
blab [blæb] VI dar or bater com a língua nos dentes ▶ VT (also: **blab out**) revelar, badalar
black [blæk] ADJ preto; (humour) negro ▶ N (colour) cor f preta; (person): **B~** negro(-a) ▶ VT (shoes) lustrar (BR), engraxar (PT); (BRIT Industry) boicotar; **to give sb a ~ eye** esmurrar alguém e deixá-lo de olho roxo; **~ and blue** contuso, contundido; **there it is in ~ and white** (fig) aí está preto no branco; **to be in the ~** (in credit) estar com saldo credor
▶ **black out** VI (faint) desmaiar
black belt (US) N zona de negros

blackberry ['blækbərɪ] N amora(-preta) (BR), amora silvestre (PT)
blackbird ['blækbə:d] N melro
blackboard ['blækbɔ:d] N quadro(-negro)
black box N (Aviat) caixa preta
black coffee N café m preto
Black Country (BRIT) N: **the ~** zona industrial na região central da Inglaterra
blackcurrant [blæk'kʌrənt] N groselha negra
black economy (BRIT) N economia invisível
blacken ['blækən] VT enegrecer; (fig) denegrir
Black Forest N: **the ~** a Floresta Negra
blackhead ['blækhed] N cravo
black ice N gelo negro
blackjack ['blækdʒæk] N (Cards) vinte-e-um m; (US: truncheon) cassetete m
blackleg ['blækleg] (BRIT) N fura-greve m/f
blacklist ['blæklɪst] N lista negra ▶ VT colocar na lista negra
blackmail ['blækmeɪl] N chantagem f ▶ VT fazer chantagem a
blackmailer ['blækmeɪlə^r] N chantagista m/f
black market N mercado or câmbio negro
blackout ['blækaut] N blecaute m; (fainting) desmaio; (of radio signal) desvanecimento
Black Sea N: **the ~** o mar Negro
black sheep N (fig) ovelha negra
blacksmith ['blæksmɪθ] N ferreiro
black spot N (Aut) lugar m perigoso; (for unemployment etc) área crítica
bladder ['blædə^r] N bexiga
blade [bleɪd] N folha; (of knife, sword) lâmina; (of oar, rotor) pá f; **a ~ of grass** uma folha de relva
blame [bleɪm] N culpa ▶ VT: **to ~ sb for sth** culpar alguém por algo; **to be to ~** ter a culpa
blameless ['bleɪmlɪs] ADJ (person) inocente
blanch [blɑ:ntʃ] VI (person, face) empalidecer ▶ VT (Culin) escaldar
bland [blænd] ADJ suave; (taste) brando
blank [blæŋk] ADJ em branco; (shot) sem bala; (look) sem expressão; (of memory): **to go ~** dar um branco ▶ N (on form) espaço em branco; (cartridge) bala de festim; **we drew a ~** (fig) chegamos a lugar nenhum
blank cheque, (US) **blank check** N cheque m em branco; **to give sb a ~ to do ...** dar carta branca a alguém para fazer ...
blanket ['blæŋkɪt] N (for bed) cobertor m; (for travelling etc) manta; (of snow, fog) camada ▶ ADJ (statement, agreement) global, geral; **to give ~ cover** (subj: insurance policy) dar cobertura geral
blare [blɛə^r] VI (horn, radio) clangorar
blasé ['blɑ:zeɪ] ADJ indiferente
blasphemous ['blæsfɪməs] ADJ blasfemo
blasphemy ['blæsfɪmɪ] N blasfêmia
blast [blɑ:st] N (of wind) rajada; (of whistle) toque m; (of explosive) explosão f; (shock wave) sopro; (of air, steam) jato ▶ VT (blow up) fazer voar; (blow open) abrir com uma carga explosiva ▶ EXCL (BRIT inf) droga!; **(at) full ~**

(*play music etc*) no volume máximo; (*fig*) a todo vapor
▶ **blast off** VI (*Space*) decolar
blast-off N (*Space*) lançamento
blatant ['bleɪtənt] ADJ descarado
blatantly ['bleɪtəntlɪ] ADV (*lie*) descaradamente; **it's ~ obvious** é de toda a evidência, está na cara
blaze [bleɪz] N (*fire*) fogo; (*in building etc*) incêndio; (*flames*) chamas *fpl*; (*fig: of colour*) esplendor *m*; (: *of glory, publicity*) explosão *f* ▶ VI (*fire*) arder; (*guns*) descarregar; (*eyes*) brilhar
▶ VT: **to ~ a trail** (*fig*) abrir (um) caminho; **in a ~ of publicity** numa explosão de publicidade
blazer ['bleɪzə^r] N casaco esportivo, blazer *m*
bleach [bliːtʃ] N (*also:* **household bleach**) água sanitária ▶ VT (*linen*) branquear
bleached [bliːtʃt] ADJ (*hair*) oxigenado; (*linen*) branqueado, alvejado
bleachers ['bliːtʃəz] (US) NPL (*Sport*) arquibancada descoberta
bleak [bliːk] ADJ (*countryside*) desolado; (*prospect*) desanimador(a), sombrio; (*weather*) ruim; (*smile*) sem graça, amarelo
bleary-eyed ['blɪərɪ'aɪd] ADJ de olhos injetados
bleat [bliːt] VI balir ▶ N balido
bled [blɛd] PT, PP *of* **bleed**
bleed [bliːd] (*pt, pp* **bled**) VT, VI sangrar; **my nose is ~ing** eu estou sangrando do nariz
bleeper ['bliːpə^r] N (*of doctor etc*) bip *m*
blemish ['blɛmɪʃ] N mancha; (*on reputation*) mácula
blend [blɛnd] N mistura ▶ VT misturar ▶ VI (*colours etc: also:* **blend in**) combinar-se, misturar-se
blender ['blɛndə^r] N (*Culin*) liquidificador *m*
bless [blɛs] (*pt, pp* **blessed**) VT abençoar; **~ you!** (*after sneeze*) saúde!
blessed[1] [blɛst] PT, PP *of* **bless**; **to be ~ with** estar dotado de
blessed[2] ['blɛsɪd] ADJ (*Rel: holy*) bendito, bento; (*happy*) afortunado; **it rains every ~ day** chove cada santo dia
blessing ['blɛsɪŋ] N bênção *f*; (*godsend*) graça, dádiva; (*approval*) aprovação *f*; **to count one's ~s** dar graças a Deus; **it was a ~ in disguise** Deus escreve certo por linhas tortas
blest [blɛst] PT, PP *of* **bless**
blew [bluː] PT *of* **blow**
blight [blaɪt] VT (*hopes etc*) frustrar, gorar ▶ N (*of plants*) ferrugem *f*
blimey ['blaɪmɪ] (BRIT *inf*) EXCL nossa!
blind [blaɪnd] ADJ cego ▶ N (*for window*) persiana; (*also:* **Venetian blind**) veneziana ▶ VT cegar; (*dazzle*) deslumbrar; **the blind** NPL (*blind people*) os cegos; **to turn a ~ eye (on** *or* **to)** fazer vista grossa (a)
blind alley N beco sem saída *m*
blind corner (BRIT) N curva sem visibilidade
blind date N encontro às cegas

blindfold ['blaɪndfəuld] N venda ▶ ADJ, ADV com os olhos vendados, às cegas ▶ VT vendar os olhos a
blindly ['blaɪndlɪ] ADV às cegas; (*without thinking*) cegamente
blindness ['blaɪndnɪs] N cegueira
blind spot N (*Aut*) local *m* pouco visível; (*fig*) ponto fraco
blink [blɪŋk] VI piscar ▶ N (*inf*): **the TV's on the ~** a TV está com defeito
blinkers ['blɪŋkəz] NPL antolhos *mpl*
blinking ['blɪŋkɪŋ] (BRIT *inf*) ADJ: **this ~ ...** este danado ...
bliss [blɪs] N felicidade *f*
blissful ['blɪsful] ADJ (*event, day*) maravilhoso; (*sigh, smile*) contente; **in ~ ignorance** numa bendita ignorância
blissfully ['blɪsfulɪ] ADV (*smile*) ditosamente; (*happy*) maravilhosamente
blister ['blɪstə^r] N (*on skin*) bolha; (*in paint, rubber*) empola ▶ VI (*paint*) empolar-se
BLit, BLitt N ABBR (= *Bachelor of Literature*) título universitário
blithe [blaɪð] ADJ alegre
blithely ['blaɪðlɪ] ADV (*unconcernedly*) tranquilamente; (*joyfully*) alegremente
blithering ['blɪðərɪŋ] (*inf*) ADJ: **this ~ idiot** esta besta quadrada
blitz [blɪts] N bombardeio aéreo; (*fig*): **to have a ~ on sth** dar um jeito em algo
blizzard ['blɪzəd] N nevasca
BLM (US) N ABBR = **Bureau of Land Management**
bloated ['bləutɪd] ADJ (*swollen*) inchado; (*full*) empanturrado
blob [blɔb] N (*drop*) gota; (*stain, spot*) mancha; (*indistinct shape*) ponto
bloc [blɔk] N (*Pol*) bloco
block [blɔk] N (*of wood*) bloco; (*of stone*) laje *f*; (*in pipes*) entupimento; (*toy*) cubo; (*of buildings*) quarteirão *m* ▶ VT obstruir, bloquear; (*pipe*) entupir; (*progress*) impedir; **~ of flats** (BRIT) prédio (de apartamentos); **3 ~s from here** a três quarteirões daqui; **mental ~** bloqueio; **~ and tackle** (*Tech*) talha
▶ **block up** VT (*hole*) tampar; (*pipe*) entupir; (*road*) bloquear
blockade [blɔ'keɪd] N bloqueio ▶ VT bloquear
blockage ['blɔkɪdʒ] N obstrução *f*
block booking N reserva em bloco
blockbuster ['blɔkbʌstə^r] N grande sucesso
block capitals NPL letras *fpl* de forma
blockhead ['blɔkhɛd] N imbecil *m/f*
block letters NPL letras *fpl* maiúsculas
block release (BRIT) N licença para fins de aperfeiçoamento profissional
block vote (BRIT) N voto em bloco
blog ['blɔɡ] N blogue *m* ▶ VI blogar
blogger ['blɔɡə^r] N (*person*) blogueiro(-a)
blogosphere ['blɔɡəsfɪə^r] N blogosfera
bloke [bləuk] (BRIT *inf*) N cara *m* (BR), gajo (PT)
blond, blonde [blɔnd] ADJ, N louro(-a)

blood [blʌd] N sangue m
bloodcurdling ['blʌdkəːdlɪŋ] ADJ horripilante, de fazer gelar o sangue nas veias
blood donor N doador(a) m/f de sangue
blood group N grupo sanguíneo
bloodhound ['blʌdhaund] N sabujo
bloodless ['blʌdlɪs] ADJ (*victory*) incruento; (*pale*) pálido
bloodletting ['blʌdlɛtɪŋ] N (*Med*) sangria; (*fig*) derramamento de sangue
blood poisoning N toxemia
blood pressure N pressão f arterial or sanguínea
bloodshed ['blʌdʃɛd] N matança, carnificina
bloodshot ['blʌdʃɔt] ADJ (*eyes*) injetado
bloodstained ['blʌdsteɪnd] ADJ manchado de sangue
bloodstream ['blʌdstriːm] N corrente f sanguínea
blood test N exame m de sangue
bloodthirsty ['blʌdθəːstɪ] ADJ sanguinário
blood transfusion N transfusão f de sangue
blood vessel N vaso sanguíneo
bloody ['blʌdɪ] ADJ sangrento; (*nose*) ensanguentado; (BRIT !): **this ~ ...** essa droga de ..., esse maldito ...; **~ strong/good** forte/bom pra burro (*inf*)
bloody-minded ['blʌdɪ'maɪndɪd] (BRIT *inf*) ADJ espírito de porco *inv*
bloom [bluːm] N flor f; (*fig*) florescimento, viço ▶ VI florescer
blooming ['bluːmɪŋ] (*inf*) ADJ: **this ~ ...** esse maldito ..., esse miserável ...
blossom ['blɔsəm] N flor f ▶ VI florescer; (*fig*) desabrochar-se; **to ~ into** (*fig*) tornar-se
blot [blɔt] N borrão m; (*fig*) mancha ▶ VT borrar; (*ink*) secar; **a ~ on the landscape** um aleijão na paisagem; **to ~ one's copy book** (*fig*) manchar sua reputação
▶ **blot out** VT (*view*) tapar; (*memory*) apagar
blotchy ['blɔtʃɪ] ADJ (*complexion*) cheio de manchas
blotter ['blɔtə^r] N mata-borrão m
blotting paper ['blɔtɪŋ-] N mata-borrão m
blouse [blauz] N blusa
blow [bləu] (*pt* **blew**, *pp* **blown**) N golpe m; (*punch*) soco ▶ VI soprar ▶ VT (*subj: wind*) soprar; (*instrument*) tocar; (*fuse*) queimar; (*glass*) soprar; **to ~ one's nose** assoar o nariz; **to come to ~s** chegar às vias de fato
▶ **blow away** VT levar, arrancar ▶ VI ser levado pelo vento
▶ **blow down** VT derrubar
▶ **blow off** VT levar ▶ VI ser levado
▶ **blow out** VI (*candle*) apagar-se; (*tyre*) estourar ▶ VT (*candle*) apagar
▶ **blow over** VI passar
▶ **blow up** VI explodir; (*fig*) perder a paciência ▶ VT explodir; (*tyre*) encher; (*Phot*) ampliar
blow-dry N escova ▶ VT fazer escova em
blowlamp ['bləulæmp] (BRIT) N maçarico
blown [bləun] PP *of* **blow**
blow-out N (*of tyre*) furo; (*inf: big meal*) rega-bofe m
blowtorch ['bləutɔːtʃ] N = **blowlamp**
blowzy ['blauzɪ] (BRIT) ADJ balofa
BLS (US) N ABBR = **Bureau of Labor Statistics**
blubber ['blʌbə^r] N óleo de baleia ▶ VI (*pej*) choramingar
bludgeon ['blʌdʒən] VT bater em
blue [bluː] ADJ azul; (*depressed*) deprimido; **blues** N (*Mus*): **the ~s** o blues; **to have the ~s** (*inf: feeling*) estar na fossa, estar de baixo astral; (**only**) **once in a ~ moon** uma vez na vida e outra na morte; **out of the ~** (*fig*) de estalo, inesperadamente
blue baby N criança azul
bluebell ['bluːbɛl] N campainha
bluebottle ['bluːbɔtl] N varejeira azul
blue cheese N queijo tipo roquefort
blue-chip ADJ: **~ investment** investimento de primeira ordem
blue-collar worker N operário(-a)
blue film N filme picante
blue jeans NPL jeans m (BR), jeans mpl (PT)
blueprint ['bluːprɪnt] N anteprojeto; (*fig*): **~ (for)** esquema m (de)
bluff [blʌf] VI blefar ▶ N blefe m; (*crag*) penhasco ▶ ADJ (*person*) brusco; **to call sb's ~** pagar para ver alguém
blunder ['blʌndə^r] N gafe f ▶ VI cometer or fazer uma gafe; **to ~ into sb/sth** esbarrar com alguém/algo
blunt [blʌnt] ADJ (*knife*) cego; (*pencil*) rombudo; (*person*) franco, direto ▶ VT embotar; **~ instrument** (*Law*) arma imprópria
bluntly ['blʌntlɪ] ADV sem rodeios
bluntness ['blʌntnɪs] N (*of person*) franqueza, rudeza
blur [bləː^r] N borrão m ▶ VT borrar, nublar; (*vision*) embaçar
blurb [bləːb] N (*for book*) dizeres mpl de propaganda
blurred [bləːd] ADJ indistinto, borrado
blurt out [bləːt-] VT (*reveal*) deixar escapar; (*say*) balbuciar
blush [blʌʃ] VI corar, ruborizar-se ▶ N rubor m, vermelhidão f
blusher ['blʌʃə^r] N blusher m
bluster ['blʌstə^r] N fanfarronada, bazófia ▶ VI fanfarronar
blustering ['blʌstərɪŋ] ADJ (*person*) fanfarrão(-rona)
blustery ['blʌstərɪ] ADJ (*weather*) borrascoso, tormentoso
Blvd ABBR = **boulevard**
BM N ABBR = **British Museum**; (*Sch*: = *Bachelor of Medicine*) título universitário
BMA N ABBR = **British Medical Association**
BMJ N ABBR = **British Medical Journal**
BMus N ABBR (= *Bachelor of Music*) título universitário
BO N ABBR (*inf*: = *body odour*) fartum m, c.c. m; (US) = **box office**
boar [bɔː^r] N javali m

board [bɔːd] N (*wooden*) tábua; (*blackboard*) quadro; (*notice board*) quadro de avisos; (*for chess etc*) tabuleiro; (*committee*) junta, conselho; (*in firm*) diretoria, conselho administrativo; (*Naut, Aviat*): **on ~** a bordo ▶ VT embarcar em; **full ~** (BRIT) pensão *f* completa; **half ~** (BRIT) meia-pensão *f*; **~ and lodging** casa e comida; **above ~** (*fig*) limpo; **across the ~** *adj* geral; *adv* de uma maneira geral; **to go by the ~** ficar abandonado, dançar (*inf*)
▶ **board up** VT (*door*) entabuar
boarder ['bɔːdəʳ] N hóspede *m/f*; (*Sch*) interno(-a)
board game N jogo de tabuleiro
boarding card ['bɔːdɪŋ-] N = **boarding pass**
boarding house ['bɔːdɪŋ-] N pensão *m*
boarding pass ['bɔːdɪŋ-] (BRIT) N (*Aviat, Naut*) cartão *m* de embarque
boarding school ['bɔːdɪŋ-] N internato
board meeting N reunião *f* da diretoria
board room N sala da diretoria
boardwalk ['bɔːdwɔːk] (US) N passeio de tábuas
boast [bəust] VI contar vantagem ▶ VT ostentar ▶ N jactância, bazófia; **to ~ (about** *or* **of)** gabar-se (de), jactar-se (de)
boastful ['bəustful] ADJ vaidoso, jactancioso
boastfulness ['bəustfulnɪs] N bazófia, jactância
boat [bəut] N barco *m*; (*ship*) navio; **to go by ~** ir de barco; **to be in the same ~** (*fig*) estar no mesmo barco
boater ['bəutəʳ] N (*hat*) chapéu *m* de palha
boating ['bəutɪŋ] N passeio de barco
boatman ['bəutmən] (*irreg: like* **man**) N barqueiro
boatswain ['bəusn] N contramestre *m*
bob [bɔb] VI (*boat, cork on water: also:* **bob up and down**) balouçar-se ▶ N (BRIT *inf*) = **shilling**
▶ **bob up** VI aparecer, surgir
bobbin ['bɔbɪn] N bobina, carretel *m*
bobby ['bɔbɪ] (BRIT *inf*) N policial *m/f* (BR), polícia *m* (PT)
bobsleigh ['bɔbsleɪ] N bob *m*, trenó *m* duplo
bode [bəud] VI: **to ~ well/ill (for)** ser de bom/ mau agouro (para)
bodice ['bɔdɪs] N corpete *m*
bodily ['bɔdɪlɪ] ADJ corporal; (*pain*) físico; (*needs*) material ▶ ADV (*lift*) em peso
body ['bɔdɪ] N corpo; (*corpse*) cadáver *m*; (*of car*) carroceria; (*of plane*) fuselagem *f*; (*fig: group*) grupo; (: *organization*) organização *f*; (: *quantity*) conjunto; (: *of wine*) corpo; **in a ~** todos juntos
body-building N musculação *f*
bodyguard ['bɔdɪgɑːd] N guarda-costas *m inv*
body language N linguagem *f* corporal
body repairs NPL lanternagem *f*
bodywork ['bɔdɪwəːk] N lataria
boffin ['bɔfɪn] (BRIT) N cientista *m/f*
bog [bɔg] N pântano, atoleiro ▶ VT: **to get ~ged down (in)** (*fig*) atolar-se (em)

39 | **board – bona fide**

bogey ['bəugɪ] N (*worry*) espectro; (BRIT *inf*: *dried mucus*) meleca
boggle ['bɔgl] VI: **the mind ~s** (*wonder*) não dá para imaginar; (*innuendo*) nem quero pensar
bogie ['bəugɪ] N (*Rail*) truque *m*
Bogotá [bɔgə'tɑː] N Bogotá
bogus ['bəugəs] ADJ falso; (*workman etc*) farsante
Bohemia [bəu'hiːmɪə] N Boêmia
Bohemian [bəu'hiːmɪən] ADJ, N boêmio(-a)
boil [bɔɪl] VT ferver; (*eggs*) cozinhar ▶ VI ferver ▶ N (*Med*) furúnculo; **to bring to the** (BRIT) *or* **a** (US) **~** deixar ferver; **to come to the** (BRIT) *or* **a** (US) **~** começar a ferver
▶ **boil down to** VT FUS (*fig*) reduzir-se a
▶ **boil over** VI transbordar
boiled egg [bɔɪld-] N ovo cozido
boiled potatoes [bɔɪld-] NPL batatas *fpl* cozidas
boiler ['bɔɪləʳ] N caldeira; (*for central heating*) boiler *m*
boiler suit (BRIT) N macacão *m* (BR), fato macaco (PT)
boiling ['bɔɪlɪŋ] ADJ: **it's ~** (*weather*) está um calor horrível; **I'm ~ (hot)** (*inf*) estou morrendo de calor
boiling point N ponto de ebulição
boisterous ['bɔɪstərəs] ADJ (*noisy*) barulhento; (*excitable*) agitado; (*crowd*) turbulento
bold [bəuld] ADJ corajoso; (*pej*) atrevido, insolente; (*outline, colour*) forte
boldness ['bəuldnɪs] N arrojo, coragem *f*; (*cheek*) audácia, descaramento
bold type N (*Typ*) negrito
Bolívia [bə'lɪvɪə] N Bolívia
Bolivian [bə'lɪvɪən] ADJ, N boliviano(-a)
bollard ['bɔləd] (BRIT) N (*Aut*) poste *m* de sinalização; (*Naut*) poste de amarração
bolster ['bəulstəʳ] N travesseiro
▶ **bolster up** VT sustentar
bolt [bəult] N (*lock*) trinco, ferrolho; (*with nut*) parafuso, cavilha ▶ ADV: **~ upright** direito como um fuso ▶ VT (*door*) fechar a ferrolho, trancar; (*food*) engolir às pressas ▶ VI fugir; (*horse*) disparar; **to be a ~ from the blue** (*fig*) cair como uma bomba, ser uma bomba
bomb [bɔm] N bomba ▶ VT bombardear
bombard [bɔm'bɑːd] VT bombardear
bombardment [bɔm'bɑːdmənt] N bombardeio
bombastic [bɔm'bæstɪk] ADJ bombástico
bomb disposal N: **~ expert** perito(-a) em desmontagem de explosivos; **~ unit** unidade *f* de desmontagem de explosivos
bomber ['bɔməʳ] N (*Aviat*) bombardeiro; (*terrorist*) terrorista *m/f*
bombing ['bɔmɪŋ] N bombardeio; (*by terrorists*) atentado a bomba
bomb scare N ameaça de bomba
bombshell ['bɔmʃɛl] N granada de artilharia; (*fig*) bomba
bomb site N zona bombardeada
bona fide ['bəunə'faɪdɪ] ADJ genuíno, autêntico

bonanza [bə'nænzə] N boom m
bond [bɔnd] N (*binding promise*) compromisso; (*link*) vínculo, laço; (*Finance*) obrigação f; (*Comm*): **in ~** (*goods*) retido sob caução na alfândega
bondage ['bɔndɪdʒ] N escravidão f
bonded warehouse ['bɔndɪd-] N depósito da alfândega, entreposto aduaneiro
bone [bəun] N osso; (*of fish*) espinha ▶ VT desossar; tirar as espinhas de
bone china N porcelana com mistura de cinza de ossos
bone-dry ADJ completamente seco
bone idle ADJ preguiçoso
boner ['bəunəʳ] (*US*) N gafe f
bonfire ['bɔnfaɪəʳ] N fogueira
Bonn [bɔn] N Bonn
bonnet ['bɔnɪt] N toucado; (*BRIT: of car*) capô m
bonny ['bɔnɪ] (*SCOTLAND*) ADJ bonitinho
bonus ['bəunəs] N (*payment*) bônus m; (*fig*) gratificação f; (*on salary*) prêmio, gratificação f
bony ['bəunɪ] ADJ (*arm, face, Med: tissue*) ossudo; (*meat*) cheio de ossos; (*fish*) cheio de espinhas
boo [bu:] VT vaiar ▶ N vaia ▶ EXCL ruuh!, bu!
boob [bu:b] (*inf*) N (*breast*) seio; (*BRIT: mistake*) besteira, gafe f
booby prize ['bu:bɪ-] N prêmio de consolação
booby trap ['bu:bɪ-] N armadilha explosiva
booby-trapped ['bu:bɪtræpt] ADJ que tem armadilha explosiva
book [buk] N livro; (*of stamps, tickets*) talão m; (*notebook*) caderno ▶ VT reservar; (*driver*) autuar; (*football player*) mostrar o cartão amarelo a; **books** NPL (*Comm*) contas fpl, contabilidade f; **to keep the ~s** fazer a escrituração or contabilidade; **by the ~** de acordo com o regulamento, corretamente; **to throw the ~ at sb** condenar alguém à pena máxima
▶ **book in** (*BRIT*) VI (*at hotel*) registrar (*BR*), registar (*PT*)
▶ **book up** VT reservar; **all seats are ~ed up** todos os lugares estão tomados; **the hotel is ~ed up** o hotel está lotado
bookable ['bukəbl] ADJ: **seats are ~** lugares podem ser reservados
bookcase ['bukkeɪs] N estante f (para livros)
book ends NPL suportes mpl de livros
booking ['bukɪŋ] (*BRIT*) N reserva
booking office (*BRIT*) N (*Rail, Theatre*) bilheteria (*BR*), bilheteira (*PT*)
book-keeping N escrituração f, contabilidade f
booklet ['buklɪt] N livrinho, brochura
bookmaker ['bukmeɪkəʳ] N book(maker) m (*BR*), agenciador m de apostas (*PT*)
bookmark ['bukmɑ:k] N (*for book*) marcador m de livro; (*Comput*) favorito, bookmark m
bookseller ['buksɛləʳ] N livreiro(-a)
bookshop, bookstore N livraria
bookstall ['bukstɔ:l] N banca de livros
bookstore ['bukstɔ:ʳ] N = **bookshop**

book token N vale m para livro
book value N valor m contábil
boom [bu:m] N (*noise*) barulho, estrondo; (*in sales etc*) aumento rápido; (*Econ*) boom m, fase f or aumento de prosperidade ▶ VI (*sound*) retumbar; (*business*) tomar surto
boomerang ['bu:məræŋ] N bumerangue m
boom town N cidade f de rápido crescimento econômico
boon [bu:n] N dádiva, benefício
boorish ['buərɪʃ] ADJ rude
boost [bu:st] N estímulo ▶ VT estimular; **to give a ~ to sb's spirits** or **to sb** dar uma força a alguém
booster ['bu:stəʳ] N (*Med*) revacinação f; (*TV*) amplificador m (de sinal); (*Elec*) sobrevoltador m; (*also*: **booster rocket**) foguete m auxiliar
booster seat N (*Aut: for children*) assento de carro para crianças maiores
boot [bu:t] N bota; (*for football*) chuteira; (*for walking*) bota (para caminhar); (*ankle boot*) botina; (*BRIT: of car*) porta-malas m (*BR*), mala (*BR PT*), porta-bagagem m (*PT*) ▶ VT (*kick*) dar pontapé em; (*Comput*) iniciar; **to ~ ...** (*in addition*) ainda por cima ...; **to give sb the ~** (*inf*) botar alguém na rua
booth [bu:ð] N (*at fair*) barraca; (*telephone booth, voting booth*) cabine f
bootleg ['bu:tlɛg] ADJ de contrabando; **~ recording** gravação f pirata
booty ['bu:tɪ] N despojos mpl, pilhagem f
booze [bu:z] (*inf*) N bebida alcoólica ▶ VI embebedar-se
boozer ['bu:zəʳ] (*inf*) N (*person*) beberrão/beberrona m/f; (*BRIT: pub*) pub m
border ['bɔ:dəʳ] N margem f; (*for flowers*) borda; (*of a country*) fronteira; (*on cloth etc*) debrum m, remate m ▶ VT (*also*: **border on**) limitar-se com ▶ CPD (*town, region*) fronteiriço; **the B~s** a região fronteiriça entre a Escócia e a Inglaterra
▶ **border on** VT FUS (*fig*) chegar às raias de
borderline ['bɔ:dəlaɪn] N (*fig*) fronteira
borderline case N caso-limite m
bore [bɔ:ʳ] PT *of* **bear** ▶ VT (*hole*) abrir; (*well*) cavar; (*person*) aborrecer ▶ N (*person*) chato(-a), maçante m/f; (*of gun*) calibre m; **what a ~!** que chato! (*BR*), que saco! (*BR*), que maçada! (*PT*)
bored [bɔ:d] ADJ entediado; **to be ~ to tears** or **~ to death** or **~ stiff** estar muito entediado
boredom ['bɔ:dəm] N tédio, aborrecimento
boring ['bɔ:rɪŋ] ADJ chato, maçante
born [bɔ:n] ADJ: **to be ~** nascer; **I was ~ in 1990** nasci em 1990; **~ blind** cego de nascença; **a ~ leader** um líder nato
born-again [bɔ:nə'gɛn] ADJ: **~ Christian** evangélico(-a), crente m/f
borne [bɔ:n] PP *of* **bear**
Borneo ['bɔ:nɪəu] N Bornéu
borough ['bʌrə] N município

borrow ['bɔrəu] VT: **to ~ sth (from sb)** pedir algo emprestado a alguém; **may I ~ your car?** você pode me emprestar o seu carro?
borrower ['bɔrəuəʳ] N tomador(a) m/f de empréstimo
borrowing ['bɔrəuɪŋ] N empréstimo(s) m(pl)
borstal ['bɔːstl] (BRIT) N reformatório (de menores)
bosom ['buzəm] N peito
bosom friend N amigo(-a) íntimo(-a) or do peito
boss [bɔs] N chefe m/f; (employer) patrão(-troa) m/f; (in agriculture, industry etc) capataz m ▶ VT (also: **boss about, boss around**) mandar em
bossy ['bɔsɪ] ADJ mandão(-dona)
bosun ['bəusn] N contramestre m
botanical [bə'tænɪkl] ADJ botânico
botanist ['bɔtənɪst] N botânico(-a)
botany ['bɔtənɪ] N botânica
botch [bɔtʃ] VT (also: **botch up**) estropiar, atamancar
both [bəuθ] ADJ, PRON ambos(-as), os dois/as duas ▶ ADV: **~ A and B** tanto A como B; **~ of us went, we ~ went** nós dois fomos, ambos fomos
bother ['bɔðəʳ] VT (worry) preocupar; (irritate) incomodar, molestar; (disturb) atrapalhar ▶ VI (also: **bother o.s.**) preocupar-se ▶ N (trouble) preocupação f; (nuisance) amolação f, inconveniente m ▶ EXCL bolas!; **to ~ about** preocupar-se com; **I'm sorry to ~ you** lamento incomodá-lo; **please don't ~** por favor, não se preocupe, não se dê ao trabalho; **don't ~** não vale a pena; **to ~ doing** dar-se ao trabalho de fazer; **it's no ~** não tem problema
Botswana [bɔt'swɑːnə] N Botsuana
bottle ['bɔtl] N garrafa; (of perfume, medicine) frasco; (baby's) mamadeira (BR), biberão m (PT) ▶ VT engarrafar
▶ **bottle up** VT conter, refrear
bottle bank N depósito de vidro para reciclagem, vidrão m (PT)
bottleneck ['bɔtlnɛk] N (traffic) engarrafamento; (fig) obstáculo, problema m
bottle-opener N abridor m (de garrafas) (BR), abre-garrafas m inv (PT)
bottom ['bɔtəm] N (of container, sea) fundo; (buttocks) traseiro, bunda (inf); (of page, list) pé m; (of class) nível m mais baixo; (of mountain, hill) sopé m ▶ ADJ (low) inferior, mais baixo; (last) último; **to get to the ~ of sth** (fig) tirar algo a limpo
bottomless ['bɔtəmlɪs] ADJ sem fundo; (fig) insondável; (funds) ilimitado
bough [bau] N ramo
bought [bɔːt] PT, PP of **buy**
boulder ['bəuldəʳ] N pedregulho, matacão m
bounce [bauns] VI (ball) saltar, quicar; (cheque) ser devolvido (por insuficiência de fundos) ▶ VT fazer saltar ▶ N (rebound) salto; **he's got plenty of ~** (fig) ele tem pique
bouncer ['baunsəʳ] (inf) N leão de chácara m

bound [baund] PT, PP of **bind** ▶ N (leap) pulo, salto; (gen pl: limit) limite m ▶ VI (leap) pular, saltar ▶ VT (border) demarcar; (limit) limitar ▶ ADJ: **~ by** (law, regulation) limitado por; **to be ~ to do sth** (obliged) ter a obrigação de fazer algo; (likely) na certa ir fazer algo; **~ for** com destino a; **out of ~s** fora dos limites
boundary ['baundrɪ] N limite m, fronteira
boundless ['baundlɪs] ADJ ilimitado
bountiful ['bauntɪful] ADJ (person) generoso; (supply) farto
bounty ['bauntɪ] N (generosity) generosidade f; (wealth) fartura
bouquet ['bukeɪ] N (of flowers) buquê m, ramalhete m; (of wine) buquê m, aroma m
bourbon ['buəbən] (US) N (also: **bourbon whiskey**) uísque m (BR) or whisky m (PT) (norte-americano)
bourgeois ['buəʒwɑː] ADJ burguês(-guesa)
bout [baut] N período; (of malaria etc) ataque m; (of activity) explosão f; (Boxing etc) combate m
boutique [buːˈtiːk] N butique f
bow¹ [bəu] N (knot) laço; (weapon, Mus) arco
bow² [bau] N (of the body) reverência; (of the head) inclinação f; (Naut: also: **bows**) proa ▶ VI curvar-se, fazer uma reverência; (yield): **to ~ to** or **before** ceder ante, submeter-se a; **to ~ to the inevitable** curvar-se ao inevitável
bowels ['bauəlz] NPL intestinos mpl, tripas fpl; (fig) entranhas fpl
bowl [bəul] N tigela; (for washing) bacia; (ball) bola; (of pipe) fornilho; (US: stadium) estádio ▶ VI (Cricket) arremessar a bola
▶ **bowl over** VT (fig) impressionar, comover
bow-legged ADJ cambaio, de pernas tortas
bowler ['bəuləʳ] N jogador(a) m/f de bolas; (Cricket) lançador m (da bola); (BRIT: also: **bowler hat**) chapéu-coco m
bowling ['bəulɪŋ] N (game) boliche m
bowling alley N boliche m
bowling green N gramado (BR) or relvado (PT) para jogo de bolas
bowls [bəulz] N jogo de bolas
bow tie ['bəu-] N gravata-borboleta
box [bɔks] N caixa; (crate) caixote m; (for jewels) estojo; (for money) cofre m; (Theatre) camarote m ▶ VT encaixotar; (Sport) boxear contra ▶ VI (Sport) boxear
boxer ['bɔksəʳ] N (person) boxeador m, pugilista m; (dog) boxer m
boxer shorts NPL cueca samba-canção
boxing ['bɔksɪŋ] N (Sport) boxe m, pugilismo
Boxing Day (BRIT) N Dia de Santo Estêvão (26 de dezembro)
boxing gloves NPL luvas fpl de boxe
boxing ring N ringue m de boxe
box number N (for advertisements) caixa postal
box office N bilheteria (BR), bilheteira (PT)
boxroom ['bɔksrum] N quarto pequeno
boy [bɔɪ] N (young) menino, garoto; (older) moço, rapaz m; (son) filho; (servant) criado

boycott ['bɔɪkɔt] N boicote m, boicotagem f
▶ VT boicotar
boyfriend ['bɔɪfrɛnd] N namorado
boyish ['bɔɪɪʃ] ADJ (man) jovial; (looks) pueril; (woman) como ares de menino
Bp ABBR = **bishop**
BPOE (US) N ABBR (= Benevolent and Protective Order of Elks) associação beneficente
BR ABBR = **British Rail**
Br. ABBR (Rel: = brother) Fr.
bra [brɑ:] N sutiã m (BR), soutien m (PT)
brace [breɪs] N reforço, braçadeira; (on teeth) aparelho; (tool) arco de pua; (Typ: also: **brace bracket**) chave f ▶ VT firmar, reforçar; (knees, shoulders) retesar; **braces** NPL (BRIT) suspensórios mpl; **to ~ o.s.** (for weight, fig) preparar-se
bracelet ['breɪslɪt] N pulseira
bracing ['breɪsɪŋ] ADJ tonificante
bracken ['brækən] N samambaia (BR), feto (PT)
bracket ['brækɪt] N (Tech) suporte m; (group) classe f, categoria; (range) faixa; (also: **brace bracket**) chave f; (also: **round bracket**) parêntese m; (also: **square bracket**) colchete m ▶ VT pôr entre parênteses; (fig: also: **bracket together**) agrupar; **in ~s** entre parênteses (or colchetes)
brackish ['brækɪʃ] ADJ (water) salobro
brag [bræg] VI gabar-se, contar vantagem
braid [breɪd] N (trimming) galão m; (of hair) trança
Braille [breɪl] N braile m
brain [breɪn] N cérebro; **brains** NPL (Culin) miolos mpl; (intelligence) inteligência, miolos; **he's got ~s** ele é inteligente
brainchild ['breɪntʃaɪld] N ideia original
brainless ['breɪnlɪs] ADJ estúpido, desmiolado
brainstorm ['breɪnstɔ:m] N (fig) momento de distração; (US: brainwave) ideia luminosa
brainwash ['breɪnwɔʃ] VT fazer uma lavagem cerebral em
brainwave ['breɪnweɪv] N inspiração f, ideia luminosa or brilhante
brainy ['breɪnɪ] ADJ inteligente
braise [breɪz] VT assar na panela
brake [breɪk] N freio (BR), travão m (PT) ▶ VT, VI frear (BR), travar (PT)
brake fluid N óleo de freio (BR) or dos travões (PT)
brake light N farol m do freio (BR), farolim m de travagem (PT)
brake pedal N pedal m do freio (BR), travão m de pé (PT)
bramble ['bræmbl] N amora-preta
bran [bræn] N farelo
branch [brɑ:ntʃ] N ramo, galho; (road) ramal m; (Comm) sucursal f, filial f; (: bank) agência ▶ VI bifurcar-se
▶ **branch out** VI (fig) diversificar suas atividades; **to ~ out into** estender suas atividades a
branch line N (Rail) ramal m
branch manager N gerente m/f de sucursal or filial

brand [brænd] N marca; (fig: type) tipo ▶ VT (cattle) marcar com ferro quente; (fig: pej): **to ~ sb a communist** etc estigmatizar alguém de comunista etc
brandish ['brændɪʃ] VT brandir
brand name N marca de fábrica, griffe f
brand-new ADJ novo em folha, novinho
brandy ['brændɪ] N conhaque m
brash [bræʃ] ADJ (rough) grosseiro; (forward) descarado
Brasilia [brə'zɪlɪə] N Brasília
brass [brɑ:s] N latão m; **the ~** (Mus) os metais; **the top ~** as altas patentes
brass band N banda de música
brassiere ['bræsɪər] N sutiã m (BR), soutien m (PT)
brass tacks NPL: **to get down to ~** passar ao que interessa, entrar no assunto principal
brat [bræt] (pej) N pirralho(-a), fedelho(-a)
bravado [brə'vɑ:dəu] N bravata
brave [breɪv] ADJ valente, corajoso ▶ N guerreiro pele-vermelha ▶ VT (face up to) desafiar; (resist) encarar
bravery ['breɪvərɪ] N coragem f, bravura
bravo [brɑ:'vəu] EXCL bravo!
brawl [brɔ:l] N briga, pancadaria ▶ VI brigar
brawn [brɔ:n] N força; (meat) patê m de carne
brawny ['brɔ:nɪ] ADJ musculoso, carnudo
bray [breɪ] N zurro, ornejo ▶ VI zurrar, ornejar
brazen ['breɪzn] ADJ descarado ▶ VT: **to ~ it out** defender-se descaradamente
brazier ['breɪzɪər] N braseiro
Brazil [brə'zɪl] N Brasil m
Brazilian [brə'zɪljən] ADJ, N brasileiro(-a)
Brazil nut N castanha-do-pará f
breach [bri:tʃ] VT abrir brecha em ▶ N (gap) brecha; (estrangement) rompimento; (breaking): **~ of contract** inadimplência (BR), inadimplemento (PT); **~ of the peace** perturbação f da ordem pública
bread [brɛd] N pão m; (inf: money) grana; **to earn one's daily ~** ganhar o pão or a vida; **to know which side one's ~ is buttered (on)** saber o que lhe convém
bread and butter N pão m com manteiga; (fig) ganha-pão m
breadbin ['brɛdbɪn] (BRIT) N caixa de pão
breadboard ['brɛdbɔ:d] N tábua de pão
breadbox ['brɛdbɔks] (US) N caixa de pão
breadcrumbs ['brɛdkrʌmz] NPL migalhas fpl; (Culin) farinha de rosca
breadline ['brɛdlaɪn] N: **to be on the ~** viver na miséria
breadth [brɛtθ] N largura; (fig) amplitude f
breadwinner ['brɛdwɪnər] N arrimo de família
break [breɪk] (pt **broke**, pp **broken**) VT quebrar (BR), partir (PT); (split) partir; (promise) quebrar; (word) faltar a; (fall) amortecer; (journey) interromper; (law) violar, transgredir; (record) bater; (news) revelar ▶ VI quebrar-se, partir-se; (storm) estourar; (weather) mudar; (dawn) amanhecer;

43 | breakable – brickwork

(*story, news*) revelar ▶ N (*gap*) abertura; (*crack*) fenda; (*fracture*) fratura; (*breakdown*) ruptura, rompimento; (*rest*) descanso; (*interval*) intervalo; (*at school*) recreio; (*chance*) oportunidade *f*; **to ~ one's leg** *etc* quebrar a perna *etc*; **to ~ with sb** romper com alguém; **to ~ the news to sb** dar a notícia a alguém; **to ~ even** sair sem ganhar nem perder; **to ~ free** *or* **loose** soltar-se; **to ~ open** (*door etc*) arrombar; **to take a ~** (*few minutes*) descansar um pouco, fazer uma pausa; (*holiday*) tirar férias para descansar; **without a ~** sem parar
▶ **break down** VT (*door etc*) arrombar; (*figures, data*) analisar; (*resistance*) acabar com ▶ VI (*go awry*) desarranjar-se; (*machine, Aut*) enguiçar, pifar (*inf*); (*Med*) sofrer uma crise nervosa; (*person: cry*) desatar a chorar; (*talks*) fracassar
▶ **break in** VT (*horse etc*) domar; (*US: car*) fazer a rodagem de ▶ VI (*burglar*) forçar uma entrada; (*interrupt*) interromper
▶ **break into** VT FUS (*house*) arrombar
▶ **break off** VI (*speaker*) parar-se, deter-se; (*branch*) partir ▶ VT (*talks*) suspender; (*relations*) cortar; (*engagement*) terminar, acabar com
▶ **break out** VI (*war*) estourar; (*prisoner*) libertar-se; **to ~ out in spots/a rash** aparecer coberto de manchas/brotoejas
▶ **break through** VI: **the sun broke through** o sol apareceu, o tempo abriu ▶ VT FUS (*defences, barrier*) transpor; (*crowd*) abrir passagem por
▶ **break up** VI despedaçar-se; (*ship*) partir-se; (*partnership*) acabar; (*marriage*) desmanchar-se; (*friends*) separar-se, brigar, falhar ▶ VT (*rocks*) partir; (*biscuit etc*) quebrar; (*journey*) romper; (*fight*) intervir em; (*marriage*) desmanchar; **you're ~ing up** sua voz está falhando
breakable ['breɪkəbl] ADJ quebradiço, frágil ▶ N: **~s** artigos *mpl* frágeis
breakage ['breɪkɪdʒ] N quebradura; (*Comm*) quebra; **to pay for ~s** pagar indenização por quebras
breakaway ['breɪkəweɪ] ADJ (*group etc*) dissidente
breakdown ['breɪkdaʊn] N (*Aut*) enguiço, avaria; (*in communications*) interrupção *f*; (*of marriage*) fracasso, término; (*machine*) enguiço; (*Med: also:* **nervous breakdown**) esgotamento nervoso; (*of figures*) discriminação *f*, desdobramento
breakdown service (BRIT) N autossocorro (BR), pronto socorro (PT)
breakdown van (BRIT) N reboque *m* (BR), pronto socorro (PT)
breaker ['breɪkə^r] N onda grande
breakeven ['breɪk'iːvn] CPD: **~ chart** gráfico do ponto de equilíbrio; **~ point** ponto de equilíbrio
breakfast ['brɛkfəst] N café *m* da manhã (BR), pequeno-almoço (PT)
breakfast cereal N cereais *mpl*
break-in N roubo com arrombamento
breaking point ['breɪkɪŋ-] N limite *m*
breakthrough ['breɪkθruː] N ruptura; (*fig*) avanço, novo progresso
break-up N (*of partnership, marriage*) dissolução *f*
break-up value N (*Comm*) valor *m* de liquidação
breakwater ['breɪkwɔːtə^r] N quebra-mar *m*
breast [brɛst] N (*of woman*) peito, seio; (*chest, meat*) peito
breast-feed (*irreg: like* **feed**) VT, VI amamentar
breast pocket N bolso sobre o peito
breaststroke ['brɛststrəʊk] N nado de peito
breath [brɛθ] N fôlego, respiração *f*; **to go out for a ~ of air** sair para tomar fôlego; **out of ~** ofegante, sem fôlego
Breathalyser® ['brɛθəlaɪzə^r] N bafômetro
breathe [briːð] VT, VI respirar; **I won't ~ a word about it** não vou abrir a boca, eu sou um túmulo
▶ **breathe in** VT, VI inspirar
▶ **breathe out** VT, VI expirar
breather ['briːðə^r] N pausa
breathing ['briːðɪŋ] N respiração *f*
breathing space N (*fig*) descanso, repouso
breathless ['brɛθlɪs] ADJ sem fôlego; (*Med*) ofegante
breathtaking ['brɛθteɪkɪŋ] ADJ comovedor(a), emocionante
bred [brɛd] PT, PP *of* **breed**
-bred [brɛd] SUFFIX: **well/ill~** bem-/mal-educado
breed [briːd] (*pt, pp* **bred**) VT (*animals*) criar; (*plants*) multiplicar; (*hate, suspicion*) gerar ▶ VI acasalar-se ▶ N raça
breeder ['briːdə^r] N (*person*) criador(a) *m/f*; (*Phys: also:* **breeder reactor**) reator *m* regenerador
breeding ['briːdɪŋ] N reprodução *f*; (*raising*) criação *f*; (*upbringing*) educação *f*
breeze [briːz] N brisa, aragem *f*
breezy ['briːzɪ] ADJ (*person*) despreocupado, animado; (*weather*) ventoso
Breton ['brɛtən] ADJ bretão(-tã) ▶ N bretão(-tã); (*Ling*) bretão *m*
brevity ['brɛvɪtɪ] N brevidade *f*
brew [bruː] VT (*tea*) fazer; (*beer*) fermentar; (*plot*) armar, tramar ▶ VI (*tea*) fazer-se, preparar-se; (*beer*) fermentar; (*storm, fig*) armar-se
brewer ['bruːə^r] N cervejeiro(-a)
brewery ['bruərɪ] N cervejaria
briar ['braɪə^r] N (*thorny bush*) urze-branca *f*; (*wild rose*) roseira-brava
bribe [braɪb] N suborno ▶ VT subornar; **to ~ sb to do sth** subornar alguém para fazer algo
bribery ['braɪbərɪ] N suborno
bric-a-brac ['brɪkəbræk] N bricabraque *m*
brick [brɪk] N tijolo
bricklayer ['brɪkleɪə^r] N pedreiro
brickwork ['brɪkwəːk] N alvenaria

brickworks ['brɪkwə:kz] N fábrica de tijolos
bridal ['braɪdl] ADJ nupcial
bride [braɪd] N noiva
bridegroom ['braɪdgrum] N noivo
bridesmaid ['braɪdzmeɪd] N dama de honra
bridge [brɪdʒ] N (*Arch, Dentistry*) ponte *f*; (*Naut*) ponte de comando; (*Cards*) bridge *m*; (*of nose*) cavalete *m* ▶ VT (*river*) lançar uma ponte sobre; (*gap*) transpor
bridging loan ['brɪdʒɪŋ-] (BRIT) N empréstimo a curto prazo
bridle ['braɪdl] N cabeçada, freio ▶ VT enfrear; (*fig*) refrear, conter
bridle path N senda
brief [bri:f] ADJ breve ▶ N (*Law*) causa; (*task*) tarefa ▶ VT (*inform*) informar; (*instruct*) instruir; **briefs** NPL (*for men*) cueca (BR), cuecas *fpl* (PT); (*for women*) calcinha (BR), cuecas *fpl* (PT); **in - ...** em resumo ...; **to - sb about sth** informar alguém sobre algo
briefcase ['bri:fkeɪs] N pasta
briefing ['bri:fɪŋ] N instruções *fpl*; (*Press*) informações *fpl*
briefly ['bri:flɪ] ADV (*glance*) rapidamente; (*say*) em poucas palavras; **to glimpse -** vislumbrar
briefness ['bri:fnɪs] N brevidade *f*
Brig. ABBR (= *brigadier*) Brig.
brigade [brɪ'geɪd] N (*Mil*) brigada
brigadier [brɪgə'dɪə^r] N general *m* de brigada, brigadeiro
bright [braɪt] ADJ claro, brilhante; (*weather*) resplandecente; (*person: clever*) inteligente; (: *lively*) alegre, animado; (*colour*) vivo; (*future*) promissor(a), favorável; **to look on the - side** considerar o lado positivo
brighten ['braɪtən], **brighten up** VT (*room*) tornar mais alegre; (*event*) animar, alegrar ▶ VI (*weather*) clarear; (*person*) animar-se, alegrar-se; (*face*) iluminar-se; (*prospects*) tornar-se animado *or* favorável
brightly ['braɪtlɪ] ADV brilhantemente
brightness ['braɪtnɪs] N claridade *f*
brilliance ['brɪljəns] N brilho, claridade *f*
brilliant ['brɪljənt] ADJ brilhante; (*clever*) inteligente; (*inf: great*) sensacional
brim [brɪm] N borda; (*of hat*) aba
brimful ['brɪmful] ADJ cheio até as bordas; (*fig*) repleto
brine [braɪn] N (*Culin*) salmoura
bring [brɪŋ] (*pt, pp* **brought**) VT trazer; **to - sth to an end** acabar com algo; **I can't - myself to fire him** não posso me resolver a despedi-lo
  ▶ **bring about** VT ocasionar, produzir
  ▶ **bring back** VT (*restore*) restabelecer; (*return*) devolver
  ▶ **bring down** VT (*price*) abaixar; (*Mil: plane*) abater, derrubar; (*government, plane*) derrubar
  ▶ **bring forward** VT adiantar; (*Bookkeeping*) transportar
  ▶ **bring in** VT (*person*) fazer entrar; (*object*) trazer, (*Pol: legislation*) introduzir; (: *bill*) apresentar; (*Law: verdict*) pronunciar; (*produce: income*) render; (*harvest*) recolher
  ▶ **bring off** VT (*task, plan*) levar a cabo; (*deal*) fechar
  ▶ **bring out** VT (*object*) tirar; (*meaning*) salientar; (*new product, book*) lançar
  ▶ **bring round** VT (*unconscious person*) fazer voltar a si; (*convince*) convencer
  ▶ **bring to** VT (*unconscious person*) fazer voltar a si
  ▶ **bring up** VT (*person*) educar, criar; (*carry up*) subir; (*question*) introduzir; (*food*) vomitar
brink [brɪŋk] N beira; **on the - of doing** a ponto de fazer, à beira de fazer; **she was on the - of tears** ela estava à beira de desatar em prantos
brisk [brɪsk] ADJ vigoroso, (*tone, person*) enérgico; (*speedy*) rápido; (*trade, business*) ativo
bristle ['brɪsl] N (*of animal*) pelo rijo; (*of beard*) pelo de barba curta; (*of brush*) cerda ▶ VI (*in anger*) encolerizar-se; **to - with** estar cheio de
bristly ['brɪslɪ] ADJ (*beard, hair*) eriçado
Brit [brɪt] (*inf*) N ABBR (= *British person*) britânico(-a)
Britain ['brɪtən] N (*also:* **Great Britain**) Grã-Bretanha; **in -** na Grã-Bretanha
British ['brɪtɪʃ] ADJ britânico ▶ NPL: **the -** os britânicos
British Isles NPL: **the -** as ilhas Britânicas
British Rail N (*Hist*) companhia ferroviária britânica
Briton ['brɪtən] N britânico(-a)
Brittany ['brɪtənɪ] N Bretanha
brittle ['brɪtl] ADJ quebradiço, frágil
Bro. ABBR (*Rel:* = *brother*) Fr.
broach [brəutʃ] VT (*subject*) abordar, tocar em
broad [brɔ:d] ADJ (*street, range*) amplo; (*shoulders, smile*) largo; (*distinction, outline*) geral; (*accent*) carregado ▶ N (US *inf*) sujeita; **- hint** indireta transparente; **in - daylight** em plena luz do dia
broadband ['brɔ:dbænd] N banda larga
broad bean N fava
broadcast ['brɔ:dka:st] (*pt, pp* **broadcast**) VT (*Radio, TV*) transmitir ▶ VI transmitir ▶ N transmissão *f*
broadcasting ['brɔ:dka:stɪŋ] N radiodifusão *f*, transmissão *f*
broadcasting station N emissora
broaden ['brɔ:dən] VT alargar ▶ VI alargar-se; **to - one's mind** abrir os horizontes
broadly ['brɔ:dlɪ] ADV em geral
broad-minded ADJ tolerante, liberal
broccoli ['brɔkəlɪ] N brócolis *mpl* (BR), brócolos *mpl* (PT)
brochure ['brəuʃjuə^r] N folheto, brochura
brogue [brəug] N (*accent*) sotaque *m* regional; (*shoe*) chanca
broil [brɔɪl] (US) VT grelhar
broke [brəuk] PT *of* **break** ▶ ADJ (*inf*) sem um vintém, duro; (: *company*) **to go -** quebrar
broken ['brəukən] PP *of* **break** ▶ ADJ quebrado; (*marriage*) desfeito; **- leg** perna quebrada;

a ~ home um lar desfeito; **children from ~ homes** filhos de pais separados; **in ~ English** num inglês mascavado
broken-down ADJ (*car*) enguiçado; (*machine*) com defeito; (*house*) desmoronado, caindo aos pedaços
broken-hearted ADJ com o coração partido
broker ['brəukəʳ] N corretor(a) *m/f*
brokerage ['brəukrɪdʒ] N corretagem *f*
brolly ['brɒlɪ] (BRIT *inf*) N guarda-chuva *m*
bronchitis [brɒŋ'kaɪtɪs] N bronquite *f*
bronze [brɒnz] N bronze *m*; (*sculpture*) estátua feita de bronze
bronzed ['brɒnzd] ADJ bronzeado
brooch [brəutʃ] N broche *m*
brood [bru:d] N ninhada; (*children*) filhos *mpl*; (*pej*) prole *f* ▶ VI (*hen*) chocar; (*person*) cismar, remoer
broody ['bru:dɪ] ADJ (*fig*) taciturno, melancólico
brook [bruk] N arroio, ribeiro
broom [brum] N vassoura; (*Bot*) giesta-das-vassouras *f*
broomstick ['brumstɪk] N cabo de vassoura
Bros. ABBR (*Comm*: = *brothers*) Irmãos
broth [brɔθ] N caldo
brothel ['brɔθl] N bordel *m*
brother ['brʌðəʳ] N irmão *m*
brotherhood ['brʌðəhud] N (*association, Rel*) confraria
brother-in-law (*pl* **brothers-in-law**) N cunhado
brotherly ['brʌðəlɪ] ADJ fraternal, fraterno
brought [brɔ:t] PT, PP *of* **bring**
brow [brau] N (*forehead*) fronte *f*, testa; (*rare: gen: eyebrow*) sobrancelha; (*of hill*) cimo, cume *m*
browbeat ['braubi:t] (*irreg: like* **beat**) VT intimidar, amedrontar
brown [braun] ADJ marrom (BR), castanho (PT); (*hair*) castanho; (*tanned*) bronzeado, moreno; (*rice, bread, flour*) integral ▶ N (*colour*) cor *f* marrom (BR) or castanha (PT) ▶ VT tostar; (*tan*) bronzear; (*Culin*) dourar; **to go ~** (*person*) bronzear-se, ficar moreno; (*leaves*) secar
brown bread N pão *m* integral
Brownie ['braunɪ] N (*also:* **Brownie Guide**) fadinha de bandeirante
brownie ['braunɪ] (US) N (*cake*) docinho de chocolate com amêndoas
brown paper N papel *m* pardo
brown sugar N açúcar *m* mascavo
browse [brauz] VI (*in shop*) dar uma olhada; (*among books*) folhear livros; (*animal*) pastar; **to ~ through a book** folhear um livro
browser ['brauzəʳ] N (*Comput*) browser *m*
bruise [bru:z] N hematoma *m*, contusão *f* ▶ VT machucar; (*fig*) magoar ▶ VI amassar
Brum [brʌm] (*inf*) N ABBR = **Birmingham**
Brummagem ['brʌmədʒəm] (*inf*) N = **Birmingham**
Brummie ['brʌmɪ] (*inf*) N natural *m/f* de Birmingham

brunch [brʌntʃ] N brunch *m*
brunette [bru:'nɛt] N morena
brunt [brʌnt] N: **the ~ of** (*greater part*) a maior parte de
brush [brʌʃ] N escova; (*for painting, shaving etc*) pincel *m*; (*Bot*) mato rasteiro; (*quarrel*) bate-boca *m* ▶ VT (*sweep*) varrer; (*groom*) escovar; (*also:* **brush past, brush against**) tocar ao passar, roçar; **to have a ~ with sb** bater boca com alguém; **to have a ~ with the police** ser indiciado pela polícia
▶ **brush aside** VT afastar, não fazer caso de
▶ **brush up** VT (*knowledge*) retocar, revisar
brushed [brʌʃt] ADJ (*Tech: steel, chrome etc*) escovado; (*nylon, denim etc*) felpudo
brush-off (*inf*) N: **to give sb the ~** dar o fora em alguém
brushwood ['brʌʃwud] N (*bushes*) mato; (*sticks*) lenha, gravetos *mpl*
brusque [bru:sk] ADJ ríspido; (*apology*) abrupto
Brussels ['brʌslz] N Bruxelas
Brussels sprout N couve-de-bruxelas *f*
brutal ['bru:tl] ADJ brutal
brutality [bru:'tælɪtɪ] N brutalidade *f*
brute [bru:t] N bruto; (*person*) animal *m* ▶ ADJ: **by ~ force** por força bruta
brutish ['bru:tɪʃ] ADJ grosseiro, bruto
BS (US) N ABBR = **Bachelor of Science**
bs ABBR = **bill of sale**
BSA N ABBR = **Boy Scouts of America**
BSc N ABBR = **Bachelor of Science**
BSI N ABBR (= *British Standards Institution*) *instituto britânico de padrões*
BST ABBR (= *British Summer Time*) hora de verão
btu N ABBR (= *British thermal unit*) BTU *f* (1054.2 *joules*)
bubble ['bʌbl] N bolha (BR), borbulha (PT)
▶ VI borbulhar
bubble bath N banho de espuma
bubble gum N chiclete *m* (de bola) (BR), pastilha elástica (PT)
Bucharest [bu:kə'rɛst] N Bucareste
buck [bʌk] N (*rabbit*) macho; (*deer*) cervo; (US *inf*) dólar *m* ▶ VI corcovear; **to pass the ~** fazer o jogo de empurra
▶ **buck up** VI (*cheer up*) animar-se, cobrar ânimo ▶ VT: **to ~ one's ideas up** tomar jeito
bucket ['bʌkɪt] N balde *m* ▶ VI (BRIT *inf*): **the rain is ~ing down** está chovendo a cântaros
buckle ['bʌkl] N fivela ▶ VT afivelar ▶ VI torcer-se, cambar-se
▶ **buckle down** VI empenhar-se
Bucks [bʌks] (BRIT) ABBR = **Buckinghamshire**
bud [bʌd] N broto; (*of flower*) botão *m* ▶ VI brotar, desabrochar; (*fig*) florescer
Budapest [bju:də'pɛst] N Budapeste
Buddha ['budə] N Buda *m*
Buddhism ['budɪzəm] N budismo
Buddhist ['budɪst] ADJ (*person*) budista; (*scripture, thought etc*) budístico ▶ N budista *m/f*
budding ['bʌdɪŋ] ADJ (*flower*) em botão; (*passion etc*) nascente; (*poet etc*) em ascensão

buddy ['bʌdɪ] (US) N camarada m, companheiro
budge [bʌdʒ] VT mover ▶ VI mexer-se
budgerigar ['bʌdʒərɪgɑːʳ] N periquito
budget ['bʌdʒɪt] N orçamento ▶ VI: **to ~ for sth** incluir algo no orçamento; **she works out her ~ every month** ela calcula seu orçamento todos os meses; **I'm on a tight ~** estou com o orçamento apertado
budgie ['bʌdʒɪ] N = **budgerigar**
Buenos Aires ['bwɛnə'saɪrɪz] N Buenos Aires
buff [bʌf] ADJ (colour) cor de camurça ▶ N (inf: enthusiast) aficionado(-a)
buffalo ['bʌfələu] (pl **buffalo** or **buffaloes**) N (BRIT) búfalo; (US: bison) bisão m
buffer ['bʌfəʳ] N para-choque m; (Comput) buffer m
buffering ['bʌfərɪŋ] N (Comput) buffering m, armazenamento intermediário
buffer state N estado-tampão m
buffet¹ ['bufeɪ] (BRIT) (in station) bar m; (food) bufê m
buffet² ['bʌfɪt] VT (subj: wind etc) fustigar
buffet car (BRIT) N vagão-restaurante m
buffet lunch N almoço americano
buffoon [bə'fuːn] N bufão m
bug [bʌg] N (esp US: insect) bicho; (fig: germ) micróbio; (spy device) microfone m oculto; (tap) escuta clandestina; (Comput: of program) erro; (: of equipment) defeito ▶ VT (inf: annoy) apoquentar, incomodar; (room) colocar microfones em; (phone) grampear; **I've got the travel ~** peguei a mania de viajar
bugbear ['bʌgbɛəʳ] N pesadelo, fantasma m
bugger ['bʌgəʳ] (!) N filho-da-puta m (!) ▶ VT: **~ (it)!** merda! (!); **~ all** (nothing) chongas (!)
▶ **bugger off** (!) VI: **~ off!** vai a merda! (!)
buggy ['bʌgɪ] N (for baby) carrinho (desdobrável) de bebê
bugle ['bjuːgl] N trompa, corneta
build [bɪld] (pt, pp **built**) VT construir, edificar ▶ N (of person) talhe m, estatura
▶ **build on** VT FUS (fig) explorar, aproveitar
▶ **build up** VT (Med) fortalecer; (stocks) acumular; (business) desenvolver; (reputation) estabelecer
builder ['bɪldəʳ] N (contractor) construtor(a) m/f, empreiteiro(-a); (worker) pedreiro
building ['bɪldɪŋ] N (act, industry) construção f; (residential, offices) edifício, prédio
building contractor N empreiteiro(-a) de obras; (company) construtora
building industry N construção f
building site N terreno de construção
building society (BRIT) N sociedade f de crédito imobiliário, financiadora
building trade N construção f
build-up N (of gas etc) acumulação f; (publicity): **to give sb/sth a good ~** fazer muita propaganda de alguém/algo
built [bɪlt] PT, PP of **build** ▶ ADJ: **~-in** (cupboard) embutido; (device) incorporado, embutido
built-up area N zona urbanizada

bulb [bʌlb] N (Bot) bulbo; (Elec) lâmpada
bulbous ['bʌlbəs] ADJ bojudo
Bulgaria [bʌl'gɛərɪə] N Bulgária
Bulgarian [bʌl'gɛərɪən] ADJ búlgaro ▶ N búlgaro(-a); (Ling) búlgaro
bulge [bʌldʒ] N bojo, saliência; (in birth rate, sales) disparo ▶ VI inchar-se; (pocket etc) fazer bojo; **to be bulging with** estar abarrotado de
bulimia [buː'lɪmɪə] N bulimia
bulk [bʌlk] N (mass) massa, volume m; **in ~** (Comm) a granel; **the ~ of** a maior parte de
bulk buying [-'baɪɪŋ] N compra a granel
bulkhead ['bʌlkhɛd] N anteparo
bulky ['bʌlkɪ] ADJ volumoso; (person) corpulento
bull [bul] N touro; (Stock Exchange) altista m/f; (Rel) bula
bulldog ['buldɔg] N buldogue m
bulldoze ['buldəuz] VT arrasar (com buldôzer); **I was ~d into doing it** (fig: inf) fui forçado or obrigado a fazê-lo
bulldozer ['buldəuzəʳ] N buldôzer m, escavadora
bullet ['bulɪt] N bala
bulletin ['bulɪtɪn] N noticiário; (journal) boletim m
bulletin board N (US) quadro de anúncios; (Comput) fórum m
bulletproof ['bulɪtpruːf] ADJ à prova de balas; **~ vest** colete m à prova de balas
bullet wound N ferida de bala
bullfight ['bulfaɪt] N tourada
bullfighter ['bulfaɪtəʳ] N toureiro
bullfighting ['bulfaɪtɪŋ] N (art) tauromaquia
bullion ['buljən] N ouro (or prata) em barras
bullock ['bulək] N boi m, novilho
bullring ['bulrɪŋ] N praça de touros
bull's-eye N centro do alvo, mosca (do alvo) (BR)
bully ['bulɪ] N fanfarrão m, valentão m ▶ VT intimidar, tiranizar
bullying ['bulɪɪŋ] N provocação f, implicância
bum [bʌm] N (inf: backside) bumbum m; (esp US: tramp) vagabundo(-a), vadio(-a)
▶ **bum around** (inf) VI vadiar
bumblebee ['bʌmblbiː] N mamangaba
bumf [bʌmf] (inf) N (forms etc) papelada
bump [bʌmp] N (blow) choque m, embate m, baque m; (in car: minor accident) batida; (jolt) sacudida; (on head) galo; (on road) elevação f; (sound) baque ▶ VT (strike) bater contra, dar encontrão em ▶ VI dar sacudidas
▶ **bump along** VI mover-se aos solavancos
▶ **bump into** VT FUS chocar-se com or contra, colidir com; (inf: person) dar com, topar com
bumper ['bʌmpəʳ] N (BRIT) para-choque m
▶ ADJ: **~ crop/harvest** supersafra
bumper cars NPL carros mpl de trombada
bumph [bʌmf] N = **bumf**
bumptious ['bʌmpʃəs] ADJ presunçoso
bumpy ['bʌmpɪ] ADJ (road) acidentado, cheio de altos e baixos; (journey) cheio de solavancos; (flight) turbulento

bun [bʌn] N pão m doce (BR), pãozinho (PT); (in hair) coque m
bunch [bʌntʃ] N (of flowers) ramo; (of keys) molho; (of bananas, grapes) cacho; (of people) grupo; **bunches** NPL (in hair) cachos mpl
bundle ['bʌndl] N trouxa, embrulho; (of sticks) feixe m; (of papers) maço ▶ VT (also: **bundle up**) embrulhar, atar; (put): **to ~ sth/sb into** meter or enfiar algo/alguém correndo em
▶ **bundle off** VT (person) despachar sem cerimônia
▶ **bundle out** VT expulsar sem cerimônia
bung [bʌŋ] N tampão m, batoque m ▶ VT (also: **bung up**: pipe, hole) tapar; (BRIT inf: throw) jogar; **my nose is ~ed up** estou com o nariz entupido
bungalow ['bʌŋgələu] N bangalô m, chalé m
bungle ['bʌŋgl] VT estropear, estragar
bunion ['bʌnjən] N joanete m
bunk [bʌŋk] N beliche m
bunk beds NPL beliche m, cama-beliche f
bunker ['bʌŋkə^r] N (coal store) carvoeira; (Mil) abrigo, casamata; (Golf) bunker m
bunny ['bʌnɪ] N (also: **bunny rabbit**) coelhinho
bunny girl (BRIT) N coelhinha
bunny hill (US) N (Ski) pista para principiantes
bunting ['bʌntɪŋ] N bandeiras fpl
buoy [bɔɪ] N boia
▶ **buoy up** VT fazer boiar; (fig) animar
buoyancy ['bɔɪənsɪ] N flutuabilidade f
buoyant ['bɔɪənt] ADJ flutuante; (person) alegre; (market) animado; (currency, prices) firme
burden ['bə:dn] N (responsibility) responsabilidade f, fardo; (load) carga ▶ VT carregar; (oppress) sobrecarregar; (trouble): **to be a ~ to sb** ser um estorvo para alguém
bureau [bjuə'rəu] (pl **bureaux**) N (BRIT: desk) secretária, escrivaninha; (US: chest of drawers) cômoda; (office) escritório, agência
bureaucracy [bjuə'rɔkrəsɪ] N burocracia
bureaucrat ['bjuərəkræt] N burocrata m/f
bureaucratic [bjuərə'krætɪk] ADJ burocrático
bureau de change [-də'ʃɑ̃ʒ] (pl **bureaux de change**) N casa de câmbio
bureaux [bjuə'rəuz] NPL of **bureau**
burgeon ['bə:dʒən] VI florescer
burger ['bə:gə^r] N hambúrguer m
burglar ['bə:glə^r] N ladrão/ladrona m/f
burglar alarm N alarma de roubo
burglarize ['bə:gləraɪz] (US) VT assaltar, arrombar
burglary ['bə:glərɪ] N roubo
burgle ['bə:gl] VT assaltar, arrombar
Burgundy ['bə:gəndɪ] N (wine) borgonha m
burial ['berɪəl] N enterro
burial ground N cemitério
burly ['bə:lɪ] ADJ robusto, forte
Burma ['bə:mə] N Birmânia
Burmese [bə:'mi:z] ADJ birmanês(-esa) ▶ N INV birmanês(-esa) m/f; (Ling) birmanês m
burn [bə:n] (pt, pp **burned** or **burnt**) VT queimar; (house) incendiar ▶ VI queimar-se,

47 | **bun – businesslike**

arder; (sting) arder, picar ▶ N queimadura; **the cigarette ~t a hole in her dress** o cigarro fez um buraco no vestido dela; **I've ~t myself!** eu me queimei!
▶ **burn down** VT incendiar
▶ **burn out** VT (subj: writer etc): **to ~ o.s. out** desgastar-se
burner ['bə:nə^r] N (on cooker, heater) bico de gás, fogo
burning ['bə:nɪŋ] ADJ ardente; (hot: sand etc) abrasador(a); (ambition) grande
burnish ['bə:nɪʃ] VT polir, lustrar
burnt [bə:nt] PT, PP of **burn**
burnt sugar (BRIT) N caramelo
burp [bə:p] (inf) N arroto ▶ VI arrotar
burrow ['bʌrəu] N toca, lura ▶ VI fazer uma toca, cavar; (rummage) esquadrinhar
bursar ['bə:sə^r] N tesoureiro(-a); (BRIT: student) bolsista m/f (BR), bolseiro(-a) (PT)
bursary ['bə:sərɪ] (BRIT) N (Sch) bolsa
burst [bə:st] (pt, pp **burst**) VT (balloon, pipe) arrebentar; (banks etc) romper ▶ VI estourar; (tyre) furar; (bomb) estourar, explodir ▶ N estouro; (of shots) rajada; **to ~ into flames** incendiar-se de repente; **to ~ into tears** desatar a chorar; **to ~ out laughing** cair na gargalhada; **to be ~ing with** (emotion) estar tomado de; (subj: room, container) estar abarrotado de; **to be ~ing with health/energy** estar esbanjando saúde/energia; **the door ~ open** a porta abriu-se de repente; **a ~ of applause** una salva de palmas; **a ~ of energy/speed/enthusiasm** uma explosão de energia/velocidade/entusiasmo
▶ **burst into** VT FUS (room etc) irromper em
▶ **burst out of** VT FUS sair precipitadamente de
bury ['berɪ] VT enterrar; (at funeral) sepultar; **to ~ one's head in one's hands** cobrir o rosto com as mãos; **to ~ one's head in the sand** (fig) bancar avestruz; **to ~ the hatchet** (fig) fazer as pazes
bus [bʌs] (pl **buses**) N ônibus m inv (BR), autocarro (PT)
bus conductor N cobrador(a) m/f de ônibus
bush [buʃ] N arbusto, mata; (scrubland) sertão m; **to beat about the ~** ser evasivo
bushel ['buʃl] N alqueire m
bushy ['buʃɪ] ADJ (thick) espesso
busily ['bɪzɪlɪ] ADV atarefadamente
business ['bɪznɪs] N (matter) negócio; (trading) comércio, negócios mpl; (firm) empresa; (occupation) profissão f; (affair) assunto; **to be away on ~** estar fora a negócios; **he's in the insurance ~** ele trabalha com seguros; **to do ~ with sb** fazer negócios com alguém; **it's my ~ to ...** encarrego-me de ...; **it's none of my ~** eu não tenho nada com isto; **that's my ~** isso é cá comigo; **he means ~** fala a sério
business address N endereço profissional
business card N cartão m de visita
business class N (on plane) classe f executiva
businesslike ['bɪznɪslaɪk] ADJ eficiente, metódico, sério

businessman ['bɪznɪsmən] (*irreg: like* **man**) N homem *m* de negócios
business trip N viagem *f* de negócios
businesswoman ['bɪznɪswumən] (*irreg: like* **woman**) N mulher *f* de negócios
busker ['bʌskə^r] (*BRIT*) N artista *m/f* de rua
bus lane N pista reservada aos ônibus (*BR*) *or* autocarros (*PT*)
bus shelter N abrigo
bus station N rodoviária
bus-stop N ponto de ônibus (*BR*), paragem *f* de autocarro (*PT*)
bust [bʌst] N (*Anat*) busto ▶ ADJ (*inf: broken*) quebrado ▶ VT (*inf: Police: arrest*) prender, grampear; **to go ~** falir
bustle ['bʌsl] N animação *f*, movimento ▶ VI apressar-se, andar azafamado
bustling ['bʌslɪŋ] ADJ (*town*) animado, movimentado
bust-up (*BRIT inf*) N bate-boca *m*
busy ['bɪzɪ] ADJ (*person*) ocupado, atarefado; (*shop, street*) animado, movimentado; (*US Tel*) ocupado (*BR*), impedido (*PT*) ▶ VT: **to ~ o.s. with** ocupar-se em *or* de
busybody ['bɪzɪbɔdɪ] N intrometido(-a)
busy signal (*US*) N sinal *m* de ocupado (*BR*) *or* impedido (*PT*)

(KEYWORD)

but [bʌt] CONJ **1** (*yet*) mas, porém; **he's not very bright, but he's hard-working** ele não é muito inteligente mas é trabalhador; **he's tired but Paul isn't** ele está cansado mas Paul não; **the trip was enjoyable but tiring** a viagem foi agradável porém cansativa
2 (*however*) mas; **I'd love to come, but I'm busy** eu adoraria vir, mas estou ocupado
3 (*showing disagreement, surprise etc*) mas; **but that's far too expensive!** mas isso é caro demais!
▶ PREP (*apart from, except*) exceto, menos; **he was/we've had nothing but trouble** ele só deu problema/nós só tivemos problema; **no-one but him** só ele, ninguém a não ser ele; **who but a lunatic would do such a thing?** quem, exceto um louco, faria tal coisa?; **but for** sem, se não fosse; **but for you** se não fosse você; **(I'll do) anything but that** (eu faria) qualquer coisa menos isso
▶ ADV (*just, only*) apenas; **she's but a child** ela é apenas uma criança; **had I but known** se eu soubesse; **I can but try** a única coisa que eu posso fazer é tentar; **all but finished** quase acabado

butane ['bju:teɪn] N butano
butcher ['butʃə^r] N açougueiro (*BR*), homem *m* do talho (*PT*) ▶ VT (*prisoners etc*) chacinar, massacrar; (*cattle etc for meat*) abater e carnear
butcher's, butcher's shop N açougue *m* (*BR*), talho (*PT*)

butler ['bʌtlə^r] N mordomo
butt [bʌt] N (*cask*) tonel *m*; (*for rain*) barril *m*; (*thick end*) cabo, extremidade *f*; (*of gun*) coronha; (*of cigarette*) toco (*BR*), ponta (*PT*); (*BRIT fig: target*) alvo ▶ VT (*subj: goat*) marrar; (: *person*) dar uma cabeçada em
▶ **butt in** VI (*interrupt*) interromper
butter ['bʌtə^r] N manteiga ▶ VT untar com manteiga
butter bean N fava
buttercup ['bʌtəkʌp] N botão-de-ouro *m*, ranúnculo
butter dish N manteigueira
butterfingers ['bʌtəfɪŋɡəz] (*inf*) N mão-furada *m/f*
butterfly ['bʌtəflaɪ] N borboleta; (*Swimming: also:* **butterfly stroke**) nado borboleta
buttocks ['bʌtəks] NPL nádegas *fpl*
button ['bʌtn] N botão *m*; (*US: badge*) emblema *m* ▶ VT (*also:* **button up**) abotoar ▶ VI ter botões
buttonhole ['bʌtnhəul] N casa de botão, botoeira; (*flower*) flor *f* na lapela ▶ VT obrigar a ouvir
buttress ['bʌtrɪs] N contraforte *m*
buxom ['bʌksəm] ADJ (*baby*) saudável; (*woman*) rechonchudo
buy [baɪ] (*pt, pp* **bought**) VT comprar ▶ N compra; **to ~ sb sth/sth from sb** comprar algo para alguém/algo a alguém; **to ~ sb a drink** pagar um drinque para alguém
▶ **buy back** VT comprar de volta; (*Comm*) recomprar
▶ **buy in** (*BRIT*) VT (*goods*) comprar, abastecer-se com
▶ **buy into** (*BRIT*) VT FUS (*Comm*) comprar ações de
▶ **buy off** VT (*partner*) comprar a parte de; (*business*) comprar o fundo de comércio de
▶ **buy up** VT comprar em grande quantidade
buyer ['baɪə^r] N comprador(a) *m/f*; **~'s market** mercado de comprador
buzz [bʌz] N zumbido; (*inf: phone call*): **to give sb a ~** dar uma ligada para alguém ▶ VI zumbir ▶ VT (*call on intercom*) chamar no interfone; (*Aviat: plane, building*) voar baixo sobre
▶ **buzz off** (*inf*) VI cair fora
buzzard ['bʌzəd] N abutre *m*, urubu *m*
buzzer ['bʌzə^r] N cigarra, vibrador *m*; (*doorbell*) campainha
buzz word N modismo

(KEYWORD)

by [baɪ] PREP **1** (*referring to cause, agent*) por, de; **killed by lightning** morto por um raio; **a painting by Picasso** um quadro de Picasso
2 (*referring to method, manner, means*) de, com; **by bus/car/train** de ônibus/carro/trem; **to pay by cheque** pagar com cheque; **by moonlight/candlelight** sob o luar/à luz de vela; **by saving hard, he** ...

economizando muito, ele ...
3 (*via, through*) por, via; **we came by Dover** viemos por *or* via Dover
4 (*close to*) perto de, ao pé de; **the house by the river** a casa perto do rio; **a holiday by the sea** férias à beira-mar; **she sat by his bed** ela sentou-se ao lado de seu leito
5 (*past*) por; **she rushed by me** ela passou por mim correndo
6 (*not later than*): **by 4 o'clock** antes das quatro; **by this time tomorrow** esta mesma hora amanhã; **by the time I got here it was too late** quando eu cheguei aqui, já era tarde demais
7 (*during*): **by daylight** durante o dia
8 (*amount*) por; **by the kilometre** por quilômetro; **paid by the hour** pago por hora
9 (*Math, measure*) por; **to divide/multiply by 3** dividir/multiplicar por 3; **it's broader by a metre** tem um metro a mais de largura
10 (*according to*) segundo, de acordo com; **it's all right by me** por mim tudo bem
11: (**all**) **by oneself** *etc* (completamente) só, sozinho; **he did it (all) by himself** ele fez tudo sozinho
12: **by the way** a propósito; **this wasn't my idea, by the way** a propósito, essa não era a minha ideia

▶ ADV **1** *see* **go, pass** *etc*
2: **by and by** logo, mais tarde; **by and large** (*on the whole*) em geral; **Britain has a poor image abroad, by and large** de uma maneira geral, a Grã-Bretanha tem uma imagem ruim no exterior

bye ['baɪ], **bye-bye** ['baɪ'baɪ] EXCL até logo! (BR), tchau! (BR), adeus! (PT)
bye-law N lei *f* de município
by-election (BRIT) N eleição *f* parlamentar complementar
bygone ['baɪgɔn] ADJ passado, antigo ▶ N: **let ~s be ~s** o que passou passou
by-law N = **bye-law**
bypass ['baɪpɑːs] N via secundária, desvio; (*Med*) ponte *f* de safena ▶ VT evitar
by-product N subproduto, produto derivado; (*of situation*) subproduto
byre ['baɪə'] (BRIT) N estábulo (de vacas)
bystander ['baɪstændə'] N circunstante *m/f*; (*observer*) espectador(a) *m/f*; **a crowd of ~s** um grupo de curiosos
byte [baɪt] N (*Comput*) byte *m*
byway ['baɪweɪ] N caminho secundário
byword ['baɪwəːd] N: **to be a ~ for** ser sinônimo de
by-your-leave N: **without so much as a ~** sem mais aquela

Cc

C¹, c [siː] N (*letter*) C, c m; (*Sch: mark*) ≈ 5, 6; (*Mus*): **C** dó m; **C for Charlie** C de Carlos
C² ABBR (= *Celsius, centigrade*) C
c ABBR (= *century*) séc.; (= *circa*) ca.; (US: = *cent*) cent
CA N ABBR = **Central America**; (BRIT) = **chartered accountant** ▶ ABBR (US *Post*) = **California**
ca. ABBR (= *circa*) c.
c/a ABBR = **capital account**; **credit account**; (= *current account*) c/c
CAA N ABBR (BRIT) = **Civil Aviation Authority**; (US: = *Civil Aeronautics Authority*) ≈ DAC m
CAB (BRIT) N ABBR (= *Citizens' Advice Bureau*) *serviço de informação do consumidor*
cab [kæb] N táxi m; (*of truck etc*) boleia; (*of train*) cabina de maquinista; (*horse-drawn*) cabriolé m
cabaret ['kæbəreɪ] N cabaré m
cabbage ['kæbɪdʒ] N repolho (BR), couve f (PT)
cabbie, cabby ['kæbɪ], **cab driver** N (*inf*) taxista m/f
cabin ['kæbɪn] N cabana; (*on ship*) camarote m; (*on plane*) cabina de passageiros
cabin crew N (*Aviat*) tripulação f
cabin cruiser N lancha a motor com cabine
cabinet ['kæbɪnɪt] N (*Pol*) gabinete m; (*furniture*) armário; (*also:* **display cabinet**) armário com vitrina; **~ reshuffle** reforma ministerial
cabinet-maker N marceneiro(-a)
cabinet minister N ministro(-a) (*integrante do gabinete*)
cable ['keɪbl] N cabo; (*telegram*) cabograma m ▶ VT enviar cabograma para
cable-car N bonde m (BR), teleférico (PT)
cablegram ['keɪblgræm] N cabograma m
cable railway (BRIT) N funicular m
cable television N televisão f a cabo
cache [kæʃ] N esconderijo; **a ~ of arms** *etc* um depósito secreto de armas *etc*
cackle ['kækl] VI gargalhar; (*hen*) cacarejar
cacti ['kæktaɪ] NPL *of* **cactus**
cactus ['kæktəs] (*pl* **cacti**) N cacto
CAD N ABBR (= *computer-aided design*) CAD m
caddie ['kædɪ] N corregador m de tracos
caddy ['kædɪ] N = **caddie**
cadet [kə'dɛt] N (*Mil*) cadete m
cadge [kædʒ] (*inf*) VT: **to ~ (from** *or* **off)** filar (de)

cadre ['kɑːdə^r] N funcionários *mpl* qualificados
Caesarean, (US) **Cesarean** [siː'zɛərɪən] ADJ, N: **~ (section)** cesariana
CAF (BRIT) ABBR (= *cost and freight*) custo e frete
café ['kæfeɪ] N café m
cafeteria [kæfɪ'tɪərɪə] N lanchonete f
caffein, caffeine ['kæfiːn] N cafeína
cage [keɪdʒ] N (*bird cage*) gaiola; (*for large animals*) jaula; (*of lift*) cabina ▶ VT engaiolar; enjaular
cagey ['keɪdʒɪ] (*inf*) ADJ cuidadoso, reservado, desconfiado
cagoule [kə'guːl] N casaco de náilon
CAI N ABBR (= *computer-aided instruction*) CAI m
Cairo ['kaɪərəu] N o Cairo
cajole [kə'dʒəul] VT lisonjear
cake [keɪk] N (*large*) bolo; (*small*) doce m, bolinho; **it's a piece of ~** (*inf*) é moleza *or* sopa; **he wants to have his ~ and eat it (too)** (*fig*) ele quer chupar cana e assoviar ao mesmo tempo; **a ~ of soap** um sabonete
caked [keɪkt] ADJ: **~ with** encrostado de
cake mix N massa pronta de bolo
cake shop N confeitaria
calamitous [kə'læmɪtəs] ADJ calamitoso
calamity [kə'læmɪtɪ] N calamidade f
calcium ['kælsɪəm] N cálcio
calculate ['kælkjuleɪt] VT calcular; (*estimate: chances, effect*) avaliar
▶ **calculate on** VT FUS: **to ~ on sth/on doing sth** contar com algo/em fazer algo
calculated ['kælkjuleɪtɪd] ADJ (*insult, action*) intencional; **a ~ risk** um risco calculado
calculating ['kælkjuleɪtɪŋ] ADJ (*scheming*) maquinador(a), calculista; (*clever*) matreiro
calculation [kælkju'leɪʃən] N cálculo
calculator ['kælkjuleɪtə^r] N calculador m
calculus ['kælkjuləs] N cálculo; **integral/differential ~** cálculo integral/diferencial
calendar ['kæləndə^r] N calendário
calendar month N mês m civil
calendar year N ano civil
calf [kɑːf] (*pl* **calves**) N (*of cow*) bezerro, vitela; (*of other animals*) cria; (*also:* **calfskin**) pele f *or* couro de bezerro; (*Anat*) barriga da perna
caliber ['kælɪbə^r] (US) N = **calibre**
calibrate ['kælɪbreɪt] VT calibrar

calibre, (US) **caliber** ['kælıbəʳ] N (*of person*) capacidade *f*, compêtencia, calibre *m*
calico ['kælıkəu] N (BRIT) morim *m*; (US) chita
California [kælɪ'fɔ:nɪə] N Califórnia
calipers ['kælɪpəz] (US) NPL = **callipers**
call [kɔ:l] VT chamar; (*label*) qualificar, descrever; (*Tel*) telefonar a, ligar para; (*summon: witness*) citar; (*announce: flight*) anunciar; (*meeting, strike*) convocar ▶ VI chamar; (*shout*) gritar; (*Tel*) telefonar; (*visit: also:* **call in, call round**) dar um pulo ▶ N (*shout, announcement*) chamada; (*also:* **telephone call**) chamada, telefonema *m*; (*of bird*) canto; (*visit*) visita; (*fig: appeal*) chamamento, apelo; **to be ~ed** chamar-se; **she's ~ed Suzanna** ela se chama Suzanna; **to ~ (for)** passar (para buscar); **who is ~ing?** (*Tel*) quem fala?; **London ~ing** (*Radio*) aqui fala Londres; **on ~** (*nurse, doctor etc*) de plantão; **please give me a ~ at 7** acorde-me às 7.00 por favor; **to make a ~** telefonar; **to pay a ~ on sb** visitar alguém, dar um pulo na casa de alguém; **there's not much ~ for these items** não há muita procura para esses artigos
▶ **call at** VT FUS (*subj: ship*) fazer escala em; (: *train*) parar em
▶ **call back** VI (*return*) voltar, passar de novo; (*Tel*) ligar de volta ▶ VT (*Tel*) ligar de volta para
▶ **call for** VT FUS (*demand*) requerer, exigir; (*fetch*) ir buscar
▶ **call in** VT (*doctor, expert, police*) chamar
▶ **call off** VT (*cancel*) cancelar
▶ **call on** VT FUS (*visit*) visitar; (*appeal to*) pedir; (*turn to*) recorrer a; **to ~ on sb to do** pedir para alguém fazer
▶ **call out** VI gritar, bradar ▶ VT (*doctor, police, troops*) chamar
▶ **call up** VT (*Mil*) chamar às fileiras; (*Tel*) ligar para
call box (BRIT) N cabine *f* telefônica
call centre (BRIT) N (*Tel*) central *f* de chamadas
caller ['kɔ:ləʳ] N visita *m/f*; (*Tel*) chamador(a) *m/f*
call girl N call girl *f*, prostituta
call-in (US) N (*Radio*) programa com participação dos ouvintes; (*TV*) programa com participação dos espectadores
calling ['kɔ:lɪŋ] N vocação *f*; (*trade*) profissão *f*
calling card (US) N cartão *m* de visita
callipers, (US) **calipers** ['kælɪpəz] NPL (*Math*) compasso de calibre; (*Med*) aparelho ortopédico
callous ['kæləs] ADJ cruel, insensível
callousness ['kæləsnɪs] N crueldade *f*, insensibilidade *f*
callow ['kæləu] ADJ inexperiente
calm [kɑ:m] ADJ calmo; (*peaceful*) tranquilo; (*weather*) estável ▶ N calma ▶ VT acalmar; (*fears, grief*) abrandar
▶ **calm down** VT acalmar, tranquilizar ▶ VI acalmar-se

calmly ['kɑ:mlɪ] ADV tranquilamente, com calma
calmness ['kɑ:mnɪs] N tranquilidade *f*
Calor gas® ['kælə-] N butano
calorie ['kælərɪ] N caloria
calve [kɑ:v] VI parir
calves [kɑ:vz] NPL *of* **calf**
CAM N ABBR (= *computer-aided manufacture*) CAM *m*
camber ['kæmbəʳ] N (*of road*) abaulamento
Cambodia [kæm'bəudjə] N Camboja
Cambodian [kæm'bəudɪən] ADJ, N cambojano(-a)
Cambs (BRIT) ABBR = **Cambridgeshire**
camcorder ['kæmkɔ:dəʳ] N filmadora, máquina de filmar
came [keɪm] PT *of* **come**
camel ['kæməl] N camelo
cameo ['kæmɪəu] N camafeu *m*
camera ['kæmərə] N máquina fotográfica; (*Cinema, TV*) câmera; **in ~** (*Law*) em câmara
cameraman ['kæmərəmən] (*irreg: like* **man**) N cinegrafista *m*
camera phone N celular *m* com câmera
Cameroon [kæmə'ru:n] N Camarões *m*
Cameroun [kæmə'ru:n] N = **Cameroon**
camouflage ['kæməflɑ:ʒ] N camuflagem *f* ▶ VT camuflar
camp [kæmp] N campo, acampamento; (*Mil*) acampamento; (*for prisoners*) campo; (*faction*) facção *f* ▶ VI acampar ▶ ADJ (*inf*) afeminado
campaign [kæm'peɪn] N (*Mil, Pol etc*) campanha ▶ VI fazer campanha
campaigner [kæm'peɪnəʳ] N: **~ for** partidário(-a) de; **~ against** oponente *m/f* de
campbed (BRIT) N cama de campanha
camper ['kæmpəʳ] N campista *m/f*; (*vehicle*) reboque *m*
camping ['kæmpɪŋ] N camping *m* (BR), campismo (PT); **to go ~** acampar
camping site N camping *m* (BR), parque *m* de campismo (PT)
campsite ['kæmpsaɪt] N camping *m* (BR), parque *m* de campismo (PT)
campus ['kæmpəs] N campus *m*, cidade *f* universitária
camshaft ['kæmʃɑ:ft] N eixo de ressaltos
can¹ [kæn] N (*of oil, food*) lata ▶ VT enlatar; (*preserve*) conservar em latas; **to carry the ~** (BRIT *inf*) assumir a responsabilidade

(KEYWORD)

can² [kæn] (*negative* **can't** *or* **cannot**, *pt, conditional* **could**) AUX VB **1** (*be able to*) poder; **you can do it if you try** se você tentar, você consegue fazê-lo; **I'll help you all I can** ajudarei você em tudo que eu puder; **she couldn't sleep that night** ela não conseguiu dormir aquela noite; **I can't go on any longer** não posso continuar mais; **can you hear me?** você está me ouvindo?; **I can see you tomorrow, if you're free** posso vê-lo amanhã, se você estiver livre

2 (know how to) saber; **I can swim** sei nadar; **can you speak Portuguese?** você fala português?
3 (may): **can I use your phone?** posso usar o telefone?; **could I have a word with you?** será que eu podia falar com você?; **you can smoke if you like** você pode fumar se quiser; **can I help you with that?** posso ajudá-lo?
4 (expressing disbelief, puzzlement): **it CAN'T be true!** não pode ser verdade!; **what CAN he want?** o que é que ele quer?
5 (expressing possibility, suggestion etc): **he could be in the library** ele talvez esteja na biblioteca; **they could have forgotten** eles podiam ter esquecido

Canada ['kænədə] N Canadá m
Canadian [kə'neɪdɪən] ADJ, N canadense m/f
canal [kə'næl] N canal m
Canaries [kə'nɛərɪz] NPL = **Canary Islands**
canary [kə'nɛərɪ] N canário
Canary Islands NPL: **the ~** as (ilhas) Canárias
Canberra ['kænbərə] N Canberra f
cancel ['kænsəl] VT cancelar; (contract) anular; (cross out) riscar, invalidar; (stamp) contrasselar
▶ **cancel out** VT anular; **they ~ each other out** eles se anulam
cancellation [kænsə'leɪʃən] N cancelamento; (of contract) anulação f
cancer ['kænsə'] N câncer m (BR), cancro (PT); **C~** (Astrology) Câncer
cancerous ['kænsrəs] ADJ canceroso
cancer patient N canceroso(-a)
cancer research N pesquisa sobre o câncer (BR) or cancro (PT)
candid ['kændɪd] ADJ franco, sincero
candidacy ['kændɪdəsɪ] N candidatura
candidate ['kændɪdeɪt] N candidato(-a)
candidature ['kændɪdətʃə'] (BRIT) N = **candidacy**
candied ['kændɪd] ADJ cristalizado; **~ apple** (US) maçã f do amor
candle ['kændl] N vela; (in church) círio
candle holder N (single) castiçal m; (bigger, more ornate) candelabro, lustre m
candlelight ['kændllaɪt] N: **by ~** à luz de vela; (dinner) à luz de velas
candlestick ['kændlstɪk] N (plain) castiçal m; (bigger, ornate) candelabro, lustre m
candour, (US) **candor** ['kændə'] N franqueza
C & W N ABBR = **country and western**
candy ['kændɪ] N (also: **sugar candy**) açúcar m cristalizado; (US) bala (BR), rebuçado (PT)
candy-floss [-flɔs] (BRIT) N algodão-doce m
candy store (US) N confeitaria
cane [keɪn] N (Bot) cana; (stick) bengala; (for chairs etc) palhinha ▶ VT (BRIT Sch) castigar (com bengala)
canine ['keɪnaɪn] ADJ canino
canister ['kænɪstə'] N lata

cannabis ['kænəbɪs] N (also: **cannabis plant**) cânhamo; (drug) maconha
canned [kænd] ADJ (food) em lata, enlatado; (inf: music) gravado; (BRIT inf: drunk) bêbado; (US inf: worker) despedido
cannibal ['kænɪbəl] N canibal m/f
cannibalism ['kænɪbəlɪzəm] N canibalismo
cannon ['kænən] (pl **cannon** or **cannons**) N canhão m
cannonball ['kænənbɔːl] N bala (de canhão)
cannon fodder N bucha para canhão
cannot ['kænɔt] = **can not**
canny ['kænɪ] ADJ astuto
canoe [kə'nuː] N canoa
canoeing [kə'nuːɪŋ] N (Sport) canoagem f
canoeist [kə'nuːɪst] N canoísta m/f
canon ['kænən] N (clergyman) cônego; (standard) cânone m
canonize ['kænənaɪz] VT canonizar
can opener N abridor m de latas (BR), abre-latas m inv (PT)
canopy ['kænəpɪ] N dossel m; (Arch) baldaquino
cant [kænt] N jargão m
can't [kɑːnt] = **can not**
Cantab. (BRIT) ABBR = **cantabrigiensis**; **of Cambridge**
cantankerous [kæn'tæŋkərəs] ADJ rabugento, irritável
canteen [kæn'tiːn] N cantina; (bottle) cantil m; (BRIT: of cutlery) jogo (de talheres)
canter ['kæntə'] N meio galope ▶ VI ir a meio galope
cantilever ['kæntɪlɪːvə'] N cantiléver m
canvas ['kænvəs] N (material) lona; (for painting) tela; (Naut) velas fpl; **under ~** (camping) em barracas
canvass ['kænvəs] VI (Pol): **to ~ for** fazer campanha por ▶ VT (Pol: district) fazer campanha em; (: person) angariar; (investigate: opinions) sondar
canvasser ['kænvəsə'] N cabo eleitoral
canvassing ['kænvəsɪŋ] N (Pol) angariação f de votos; (Comm) pesquisa de mercado
canyon ['kænjən] N canhão m, garganta, desfiladeiro
CAP N ABBR (= Common Agricultural Policy) PAC f
cap [kæp] N gorro; (peaked) boné m; (of pen, bottle) tampa; (contraceptive: also: **Dutch cap**) diafragma m; (for toy gun) cartucho; (BRIT Football): **he won his England ~** ele foi escalado para jogar na seleção inglesa ▶ VT (outdo) superar; (put limit on) limitar; **and to ~ it all, he ...** (BRIT) e para completar or culminar, ele ...
capability [keɪpə'bɪlɪtɪ] N capacidade f
capable ['keɪpəbl] ADJ (of sth) capaz; (competent) competente, hábil; **~ of** (interpretation etc) susceptível de, passível de
capacious [kə'peɪʃəs] ADJ vasto
capacity [kə'pæsɪtɪ] N capacidade f; (of stadium etc) lotação f; (role) condição f, posição f; **filled to ~** lotado; **in his ~ as**

em sua condição de; **this work is beyond my ~** este trabalho está além das minhas limitações; **in an advisory ~** na condição de consultor; **to work at full ~** trabalhar com máximo rendimento
cape [keɪp] N capa; *(Geo)* cabo
Cape of Good Hope N Cabo da Boa Esperança
caper ['keɪpə^r] N *(Culin: gen pl)* alcaparra; *(prank)* travessura
Cape Town N Cidade f do Cabo
capita ['kæpɪtə] *see* **per capita**
capital ['kæpɪtl] N *(also:* **capital city**) capital f; *(money)* capital m; *(also:* **capital letter**) maiúscula
capital account N conta de capital
capital allowance N desconto para depreciação
capital assets NPL bens mpl imobilizados, ativo fixo
capital expenditure N despesas fpl or dispêndio de capital
capital gains tax N imposto sobre ganhos de capital
capital goods NPL bens mpl de capital
capital-intensive ADJ intensivo de capital
capitalism ['kæpɪtəlɪzəm] N capitalismo
capitalist ['kæpɪtəlɪst] ADJ, N capitalista m/f
capitalize ['kæpɪtəlaɪz] VT capitalizar ▶ VI: **to ~ on** *(fig)* aproveitar, explorar
capital punishment N pena de morte
capital transfer tax (BRIT) N imposto sobre transferências de capital
Capitol ['kæpɪtl] N *ver nota*

| O Capitólio (**Capitol**) é a sede do Congresso dos Estados Unidos, localizado no monte Capitólio (*Capitol Hill*), em Washington.

capitulate [kə'pɪtjuleɪt] VI capitular
capitulation [kəpɪtju'leɪʃən] N capitulação f
capricious [kə'prɪʃəs] ADJ caprichoso
Capricorn ['kæprɪkɔ:n] N Capricórnio
caps [kæps] ABBR = **capital letters**
capsize [kæp'saɪz] VT, VI emborcar, virar
capstan ['kæpstən] N cabrestante m
capsule ['kæpsju:l] N cápsula
Capt. ABBR (= *captain*) Cap.
captain ['kæptɪn] N capitão m ▶ VT capitanear, ser o capitão de
caption ['kæpʃən] N *(heading)* título; *(to picture)* legenda
captivate ['kæptɪveɪt] VT cativar
captive ['kæptɪv] ADJ, N cativo(-a)
captivity [kæp'tɪvɪtɪ] N cativeiro
captor ['kæptə^r] N capturador(a) m/f
capture ['kæptʃə^r] VT prender, aprisionar; *(person)* capturar; *(place)* tomar; *(attention)* atrair, chamar ▶ N captura; *(of place)* tomada; *(thing taken)* presa
car [ka:^r] N carro, automóvel m; *(Rail)* vagão m; **by ~** de carro
Caracas [kə'rækəs] N Caracas
carafe [kə'ræf] N garrafa de mesa
caramel ['kærəməl] N *(sweet)* caramelo; *(burnt sugar)* caramelado

carat ['kærət] N quilate m; **18 ~ gold** ouro de 18 quilates
caravan ['kærəvæn] N reboque m (BR), trailer m (BR), rulote f (PT); *(in desert)* caravana
caravan site (BRIT) N parque m de campismo
caraway ['kærəweɪ] N: **~ seed** sementes fpl de alcaravia
carb [ka:b] *(inf)* N ABBR (= *carbohydrate*) carboidrato
carbohydrate [ka:bəu'haɪdreɪt] N hidrato de carbono; *(food)* carboidrato
carbolic acid [ka:'bɔlɪk-] N ácido carbólico, fenol m
car bomb N carro-bomba m
carbon ['ka:bən] N carbono
carbonated ['ka:bəneɪtɪd] ADJ *(drink)* gasoso
carbon copy N cópia de papel carbono
carbon dioxide [-daɪ'ɔksaɪd] N dióxido de carbono
carbon footprint N pegada de carbono
carbon monoxide [-mə'nɔksaɪd] N monóxido de carbono
carbon-neutral [ka:bn'nju:trəl] ADJ sem emissão de carbono
carbon offset N compensação f de emissão de carbono
carbon paper N papel m carbono
carbon ribbon N fita carbono
carburettor, (US) **carburetor** [ka:bju'rɛtə^r] N carburador m
carcass ['ka:kəs] N carcaça
carcinogenic [ka:sɪnə'dʒɛnɪk] ADJ carcinogênico
card [ka:d] N *(also:* **playing card**) carta; *(visiting card, postcard etc)* cartão m; *(membership card etc)* carteira; *(thin cardboard)* cartolina; **to play ~s** jogar cartas
cardamom ['ka:dəməm] N cardamomo
cardboard ['ka:dbɔ:d] N cartão m, papelão m
cardboard box N caixa de papelão
card-carrying member [-'kæriɪŋ-] N membro ativo
card game N jogo de cartas
cardiac ['ka:dɪæk] ADJ cardíaco
cardigan ['ka:dɪgən] N casaco de lã, cardigã m
cardinal ['ka:dɪnl] ADJ cardeal; *(Math)* cardinal ▶ N *(Rel)* cardeal m; *(Math)* número cardinal
card index N index m fichário
Cards (BRIT) ABBR = **Cardiganshire**
cardsharp ['ka:dʃa:p] N batoteiro(-a), trapaceiro(-a)
card vote (BRIT) N votação f de delegados
CARE [kɛə^r] N ABBR (= *Cooperative for American Relief Everywhere*) associação beneficente
care [kɛə^r] N cuidado; *(worry)* preocupação f; *(charge)* encargo, custódia ▶ VI: **to ~ about** *(person, animal)* preocupar-se com; *(thing, idea)* ter interesse em; **would you ~ to/for ...?** você quer ...?; **I wouldn't ~ to do it** eu não gostaria de fazê-lo; **~ of** *(on letter)* aos cuidados de; **in sb's ~** a cargo de alguém; **"with ~"** "frágil"; **to take ~ (to do)**

cuidar-se or ter o cuidado (de fazer); **to take ~ of** (*person*) cuidar de; (*situation*) encarregar-se de; **the child has been taken into ~** a criança foi entregue aos cuidados da Assistência Social; **I don't ~** não me importa; **I couldn't ~ less** não dou a mínima
▶ **care for** VT FUS cuidar de; (*like*) gostar de
careen [kəˈriːn] VI (*ship*) dar de quilha, querenar ▶ VT querenar
career [kəˈrɪər] N carreira ▶ VI (*also*: **career along**) correr a toda velocidade
career girl N moça disposta a fazer carreira
careers officer N orientador(a) *m/f* vocacional
career woman (*irreg: like* **woman**) N mulher *f* com profissão liberal
carefree [ˈkɛəfriː] ADJ despreocupado
careful [ˈkɛəful] ADJ (*thorough*) cuidadoso; (*cautious*) cauteloso; **(be) ~!** tenha cuidado!
carefully [ˈkɛəfulɪ] ADV cuidadosamente; cautelosamente
careless [ˈkɛəlɪs] ADJ descuidado; (*heedless*) desatento
carelessly [ˈkɛəlɪslɪ] ADV sem cuidado; (*without worry*) sem preocupação
carelessness [ˈkɛəlɪsnɪs] N descuido, falta de atenção
carer [ˈkɛərər] N (*professional*) acompanhante *m/f*; (*unpaid*) cuidador(a) *m/f*
caress [kəˈrɛs] N carícia ▶ VT acariciar
caretaker [ˈkɛəteɪkər] N zelador(a) *m/f*
caretaker government (BRIT) N governo interino
car-ferry N barca para carros (BR), barco de passagem (PT)
cargo [ˈkɑːgəu] (*pl* **cargoes**) N carga; (*freight*) frete *m*
cargo boat N cargueiro
cargo plane N avião *m* de carga
car hire (BRIT) N aluguel *m* (BR) or aluguer *m* (PT) de carros
Caribbean [kærɪˈbiːən] ADJ caraíba ▶ N: **the ~ (Sea)** o Caribe
caricature [ˈkærɪkətjuər] N caricatura
caring [ˈkɛərɪŋ] ADJ (*person*) bondoso; (*society*) humanitário
carnage [ˈkɑːnɪdʒ] N carnificina, matança
carnal [ˈkɑːnl] ADJ carnal
carnation [kɑːˈneɪʃən] N cravo
carnival [ˈkɑːnɪvəl] N carnaval *m*; (US: *funfair*) parque *m* de diversões
carnivorous [kɑːˈnɪvərəs] ADJ carnívoro
carol [ˈkærəl] N: **(Christmas) ~** cântico de Natal
carouse [kəˈrauz] VI farrear
carousel [kærəˈsɛl] (US) N carrossel *m*
carp [kɑːp] N INV (*fish*) carpa
▶ **carp at** VT FUS criticar
car park (BRIT) N estacionamento
carpenter [ˈkɑːpɪntər] N carpinteiro
carpentry [ˈkɑːpɪntrɪ] N carpintaria
carpet [ˈkɑːpɪt] N tapete *m* ▶ VT atapetar; (*with fitted carpet*) acarpetar; **fitted ~** (BRIT) carpete *m*
carpet slippers NPL chinelos *mpl*
carpet sweeper [-ˈswiːpər] N limpador *m* de tapetes
car rental (US) N aluguel *m* (BR) or aluguer *m* (PT) de carros
carriage [ˈkærɪdʒ] N carruagem *f*; (BRIT *Rail*) vagão *m*; (*of goods*) transporte *m*; (: *cost*) porte *m*; (*of typewriter*) carro; (*bearing*) porte *m*; **~ forward** frete a pagar; **~ free** franco de porte; **~ paid** frete *or* porte pago
carriage return N retorno do carro
carriageway [ˈkærɪdʒweɪ] (BRIT) N (*part of road*) pista
carrier [ˈkærɪər] N transportador(a) *m/f*; (*company*) empresa de transportes, transportadora; (*Med*) portador(a) *m/f*; (*Naut*) porta-aviões *m inv*
carrier bag (BRIT) N saco, sacola
carrier pigeon N pombo-correio
carrion [ˈkærɪən] N carniça
carrot [ˈkærət] N cenoura
carry [ˈkærɪ] VT carregar; (*take*) levar; (*transport*) transportar; (*a motion, bill*) aprovar; (*involve: responsibilities etc*) implicar; (*Math: figure*) levar; (*Comm: interest*) render ▶ VI (*sound*) projetar-se; **to get carried away** (*fig*) exagerar
▶ **carry forward** VT transportar
▶ **carry on** VI (*continue*) seguir, continuar; (*inf: complain*) queixar-se, criar caso ▶ VT prosseguir, continuar
▶ **carry out** VT (*orders*) cumprir; (*investigation*) levar a cabo, realizar; (*idea, threat*) executar
carrycot [ˈkærɪkɔt] (BRIT) N moisés *m inv*
carry-on (*inf*) N alvoroço, rebuliço
cart [kɑːt] N carroça, carreta; (US: *for luggage*) carrinho ▶ VT transportar (em carroça)
carte blanche [ˈkɑːtˈblɔnʃ] N: **to give sb ~** dar carta branca a alguém
cartel [kɑːˈtɛl] N (*Comm*) cartel *m*
cartilage [ˈkɑːtɪlɪdʒ] N cartilagem *f*
cartographer [kɑːˈtɔgrəfər] N cartógrafo(-a)
cartography [kɑːˈtɔgrəfɪ] N cartografia
carton [ˈkɑːtən] N (*box*) caixa (de papelão); (*of yogurt*) pote *m*; (*of milk*) caixa; (*packet*) pacote *m*
cartoon [kɑːˈtuːn] N (*drawing*) desenho; (*Press*) charge *f*; (*satirical*) caricatura; (BRIT: *comic strip*) história em quadrinhos (BR), banda desenhada (PT); (*film*) desenho animado
cartoonist [kɑːˈtuːnɪst] N caricaturista *m/f*, cartunista *m/f*; (*Press*) chargista *m/f*
cartridge [ˈkɑːtrɪdʒ] N cartucho; (*of record player*) cápsula
cartwheel [ˈkɑːtwiːl] N pirueta, cabriola; **to turn a ~** fazer uma pirueta
carve [kɑːv] VT (*meat*) trinchar; (*wood, stone*) cinzelar, esculpir; (*initials, design*) gravar
▶ **carve up** VT dividir, repartir
carving [ˈkɑːvɪŋ] N (*object*) escultura; (*design*) talha, entalhe *m*
carving knife (*irreg: like* **knife**) N trinchante *m*, faca de trinchar

car wash N lavagem f de carros
cascade [kæs'keɪd] N cascata ▶ VI cascatear, cair em cascata
case [keɪs] N (*instance, investigation, Med*) caso; (*for spectacles etc*) estojo; (*Law*) causa; (BRIT: *also*: **suitcase**) mala; (*of wine etc*) caixa; (*Typ*): **lower/upper ~** caixa baixa/alta; **to have a good ~** ter bons argumentos; **there's a strong ~ for ...** há bons argumentos para ...; **in ~ (of)** em caso (de); **in any ~** em todo o caso; **just in ~** *conj* se por acaso; *adv* por via das dúvidas
case history N (*Med*) anamnese f
case study N (*Med*) caso clínico; (*Sociology*) estudo sociológico
cash [kæʃ] N dinheiro (em espécie) ▶ VT descontar; **to pay (in) ~** pagar em dinheiro; **~ on delivery** pagamento contra entrega; **to be short of ~** estar sem dinheiro
▶ **cash in** VT (*insurance policy etc*) resgatar
▶ **cash in on** VT FUS lucrar com, explorar
cash account N conta de caixa
cash-book N livro-caixa *m*
cash box N cofre *m*
cash card (BRIT) N cartão *m* de saque
cash desk (BRIT) N caixa
cash discount N desconto por pagamento à vista
cash dispenser N caixa automática *or* eletrônica
cashew [kæ'ʃuː] N (*also*: **cashew nut**) castanha de caju
cash flow N fluxo de caixa
cashier [kæ'ʃɪə^{r}] N caixa *m/f* ▶ VT (*Mil*) exonerar
cashmere ['kæʃmɪə^{r}] N caxemira, cachemira
cash payment N (*in money*) pagamento em dinheiro; (*in one go*) pagamento à vista
cash point N caixa *m* eletrônico
cash price N preço à vista
cash register N caixa registradora
cash sale N venda à vista
casing ['keɪsɪŋ] N invólucro; (*of boiler etc*) revestimento
casino [kə'siːnəʊ] N cassino
cask [kɑːsk] N barril *m*
casket ['kɑːskɪt] N cofre *m*, porta-joias *m inv*; (US: *coffin*) caixão *m*
Caspian Sea ['kæspɪən-] N: **the ~** o mar Cáspio
casserole ['kæsərəʊl] N panela de ir ao forno; (*food*) ensopado (BR) no forno, guisado (PT) no forno
cassette [kæ'sɛt] N fita-cassete f
cassette deck N toca-fitas *m inv*
cassette player N toca-fitas *m inv*
cassette recorder N gravador *m*
cassock ['kæsək] N sotaina, batina
cast [kɑːst] (*pt, pp* **cast**) VT (*throw*) lançar, atirar; (*skin*) mudar, perder; (*metal*) fundir; (*Theatre*): **to ~ sb as Hamlet** dar a alguém o papel de Hamlet ▶ VI (*Fishing*) lançar ▶ N (*Theatre*) elenco; (*mould*) forma, molde *m*;

(*also*: **plaster cast**) gesso; **to ~ loose** soltar; **to ~ one's vote** votar
▶ **cast aside** VT rejeitar
▶ **cast away** VT desperdiçar
▶ **cast down** VT abater, desalentar
▶ **cast off** VI (*Naut*) soltar o cabo; (*Knitting*) rematar os pontos ▶ VT (*Knitting*) rematar
▶ **cast on** VT (*Knitting*) montar ▶ VI montar os pontos
castanets [kæstə'nɛts] NPL castanholas *fpl*
castaway ['kɑːstəweɪ] N náufrago(-a)
caste [kɑːst] N casta
caster sugar ['kɑːstə^{r}-] (BRIT) N açúcar *m* branco refinado
casting vote ['kɑːstɪŋ-] (BRIT) N voto decisivo, voto de minerva
cast iron N ferro fundido ▶ ADJ: **cast-iron** (*fig*: *will*) de ferro; (: *alibi*) forte
castle ['kɑːsl] N castelo; (*Chess*) torre f
castor ['kɑːstə^{r}] N (*wheel*) rodízio
castor oil N óleo de rícino
castor sugar (BRIT) N = **caster sugar**
castrate [kæs'treɪt] VT castrar
casual ['kæʒjul] ADJ (*by chance*) fortuito; (*irregular*: *work etc*) eventual; (*unconcerned*) despreocupado; (*informal*: *clothes etc*) descontraído, informal; **~ wear** roupas *fpl* esportivas
casual labour N mão-de-obra f ocasional
casually ['kæʒjulɪ] ADV (*in a relaxed way*) casualmente; (*dress*) informalmente
casualty ['kæʒjultɪ] N (*wounded*) ferido(-a); (*dead*) morto(-a); (*of situation*: *victim*) vítima; (*Med*: *department*) pronto-socorro; (*Mil*) baixa; **casualties** NPL perdas *fpl*
casualty ward (BRIT) N setor *m* de emergência, pronto-socorro
cat [kæt] N gato
catacombs ['kætəkuːmz] NPL catacumbas *fpl*
Catalan ['kætəlæn] ADJ catalão(-lã) ▶ N catalão(-lã) *m/f*; (*Ling*) catalão *m*
catalogue, (US) **catalog** ['kætəlɔg] N catálogo ▶ VT catalogar
Catalonia [kætə'ləʊnɪə] N Catalunha
catalyst ['kætəlɪst] N catalisador *m*
catapult ['kætəpʌlt] (BRIT) N catapulta; (*sling*) atiradeira
cataract ['kætərækt] N (*also Med*) catarata
catarrh [kə'tɑː^{r}] N catarro
catastrophe [kə'tæstrəfɪ] N catástrofe f
catastrophic [kætə'strɔfɪk] ADJ catastrófico
catcall ['kætkɔːl] N assobio
catch [kætʃ] (*pt, pp* **caught**) VT (*ball, train, illness*) pegar (BR), apanhar (PT); (*fish*) pescar; (*arrest*) prender, deter; (*person*: *by surprise*) flagrar, surpreender; (*attention*) atrair; (*hear*) ouvir; (*understand*) compreender; (*get entangled*) prender; (*also*: **catch up**) alcançar ▶ VI (*fire*) pegar; (*in branches etc*) ficar preso, prender-se ▶ N (*fish etc*) pesca; (*act of catching*) captura; (*game*) manha, armadilha; (*of lock*) trinco, lingueta; **to ~ sb's attention** *or* **eye** chamar a atenção de alguém; **to ~ fire** pegar fogo;

(building) incendiar-se; **to ~ sight of** avistar
▶ **catch on** VI (understand) entender (BR), perceber (PT); (grow popular) pegar
▶ **catch out** (BRIT) VT (with trick question) apanhar em erro
▶ **catch up** VI equiparar-se; (make up for lost time) recuperar o tempo perdido ▶ VT (also: **catch up with**) alcançar

catch-22 [-twentɪ'tu:] N: **it's a ~ situation** é uma situação do tipo se correr, o bicho pega, se ficar, o bicho come

catching ['kætʃɪŋ] ADJ (Med) contagioso

catchment area ['kætʃmənt-] N (BRIT) área atendida por um hospital, uma escola etc

catch phrase N clichê m, slogan m

catchy ['kætʃɪ] ADJ (tune) que pega fácil, que gruda no ouvido

catechism ['kætɪkɪzəm] N (Rel) catecismo

categoric [kætɪ'gɔrɪk], **categorical** [kætɪ'gɔrɪkəl] ADJ categórico, terminante

categorize ['kætɪgəraɪz] VT classificar

category ['kætɪgərɪ] N categoria

cater ['keɪtə^r] VI preparar comida
▶ **cater for** VT FUS (needs) atender a; (consumers) satisfazer

caterer ['keɪtərə^r] N (service) serviço de bufê

catering ['keɪtərɪŋ] N serviço de bufê; (trade) abastecimento

caterpillar ['kætəpɪlə^r] N lagarta ▶ CPD (vehicle) de lagartas

caterpillar track N lagarta

cathedral [kə'θi:drəl] N catedral f

cathode ['kæθəud] N cátodo

cathode ray tube N tubo de raios catódicos

Catholic ['kæθəlɪk] ADJ, N (Rel) católico(-a)

catholic ['kæθəlɪk] ADJ eclético

cat's-eye (BRIT) N (Aut) catadióptrico

catsup ['kætsəp] (US) N ketchup m

cattle ['kætl] NPL gado

catty ['kætɪ] ADJ malicioso

catwalk ['kætwɔ:k] N passarela

Caucasian [kɔ:'keɪʒn] ADJ, N caucasoide m/f

Caucasus ['kɔ:kəsəs] N Cáucaso

caucus ['kɔ:kəs] N (Pol: group) panelinha (de políticos); (: US) comitê m eleitoral (para indicar candidatos)

caught [kɔ:t] PT, PP of **catch**

cauliflower ['kɔlɪflauə^r] N couve-flor f

cause [kɔ:z] N causa; (reason) motivo, razão f
▶ VT causar, provocar; **there is no ~ for concern** não há motivo de preocupação; **to ~ sth to be done** fazer com que algo seja feito; **to ~ sb to do sth** fazer com que alguém faça algo

causeway ['kɔ:zweɪ] N (road) calçada; (embankment) banqueta

caustic ['kɔ:stɪk] ADJ cáustico; (fig) mordaz

caution ['kɔ:ʃən] N cautela, prudência; (warning) aviso ▶ VT acautelar, avisar

cautious ['kɔ:ʃəs] ADJ cauteloso, prudente, precavido

cautiously ['kɔ:ʃəslɪ] ADV com cautela

cautiousness ['kɔ:ʃəsnɪs] N cautela, prudência

cavalier [kævə'lɪə^r] ADJ arrogante ▶ N (knight) cavaleiro

cavalry ['kævəlrɪ] N cavalaria

cave [keɪv] N caverna, gruta
▶ **cave in** VI dar de si; (roof etc) ceder

caveman ['keɪvmæn] (irreg: like **man**) N troglodita m, homem m das cavernas

cavern ['kævən] N caverna

caviar, caviare ['kævɪɑ:^r] N caviar m

cavity ['kævɪtɪ] N cavidade f; (in tooth) cárie f

cavort [kə'vɔ:t] VI cabriolar

cayenne [keɪ'ɛn] N (also: **cayenne pepper**) pimenta-de-caiena

CB N ABBR = **Citizens' Band (Radio)**; (BRIT: = Companion of (the Order of the Bath)) título honorífico

CBC N ABBR = **Canadian Broadcasting Corporation**

CBE N ABBR (= Companion of (the Order of) the British Empire) título honorífico

CBI N ABBR (= Confederation of British Industry) federação de indústria

CBS (US) N ABBR (= Columbia Broadcasting System) emissora de televisão

CC (BRIT) N ABBR = **County Council**

cc ABBR (= cubic centimetre) cc; (on letter etc) = **carbon copy**

CCA (US) N ABBR (= Circuit Court of Appeals) tribunal de recursos itinerante

CCTV N ABBR (= closed-circuit television) CFTV

CCTV camera N câmera de segurança

CCU (US) N ABBR (= coronary care unit) unidade de cardiologia

CD N ABBR = **compact disc**; (Mil: BRIT) = **Civil Defence (Corps)**; (US) = **Civil Defense** ▶ ABBR (BRIT: = Corps Diplomatique) CD

CD burner, CD writer N gravador m de CD

CDC (US) N ABBR = **center for disease control**

CD player N toca-discos m inv laser

Cdr. ABBR (= commander) Com.

CD-ROM N ABBR (= compact disc read-only memory) CD-ROM m

CDT (US) N ABBR (= Central Daylight Time) hora de verão do centro

cease [si:s] VT, VI cessar

ceasefire [si:s'faɪə^r] N cessar-fogo m

ceaseless ['si:slɪs] ADJ contínuo, incessante

ceaselessly ['si:slɪslɪ] ADV sem parar, sem cessar

CED (US) N ABBR = **Committee for Economic Development**

cedar ['si:də^r] N cedro

cede [si:d] VT ceder

cedilla [sɪ'dɪlə] N cedilha

CEEB (US) N ABBR (= College Entry Examination Board) comissão de admissão ao ensino superior

ceiling ['si:lɪŋ] N (also fig) teto

celebrate ['sɛlɪbreɪt] VT celebrar ▶ VI celebrar; (birthday, anniversary etc) festejar; (Rel: mass) rezar

celebrated ['sɛlɪbreɪtɪd] ADJ célebre

celebration [sɛlɪ'breɪʃən] N (act) celebração f; (party) festa

celebrity [sɪ'lɛbrɪtɪ] N (*person, fame*) celebridade *f* ▶ CPD (*couple, magazine*) de celebridades; **~ guests** celebridades convidadas
celeriac [sə'lɛrɪæk] N aipo-rábano
celery ['sɛlərɪ] N aipo
celestial [sɪ'lɛstɪəl] ADJ (*of sky*) celeste; (*divine*) celestial
celibacy ['sɛlɪbəsɪ] N celibato
cell [sɛl] N cela; (*Bio*) célula; (*Elec*) pilha, elemento; (*US: cellphone*) celular *m* (BR), telemóvel *m* (PT)
cellar ['sɛlə^r] N porão *m*; (*for wine*) adega
'cellist ['tʃɛlɪst] N violoncelista *m/f*
'cello ['tʃɛləu] N violoncelo
cellophane ['sɛləfeɪn] N celofane *m*
cellphone ['sɛlfəun] N (telefone) celular *m* (BR), telemóvel *m* (PT)
cell tower (US) N (*Tel*) torre *f* de celular
cellular ['sɛljulə^r] ADJ celular
cellulose ['sɛljuləus] N celulose *f*
Celsius ['sɛlsɪəs] ADJ Célsius *inv*
Celt [kɛlt] ADJ, N celta *m/f*
Celtic ['kɛltɪk] ADJ celta ▶ N (*Ling*) celta *m*
cement [sə'mɛnt] N cimento ▶ VT cimentar; (*fig*) cimentar, fortalecer
cement mixer N betoneira
cemetery ['sɛmɪtrɪ] N cemitério
cenotaph ['sɛnətɑ:f] N cenotáfio
censor ['sɛnsə^r] N (*person*) censor(a) *m/f*; (*concept*): **the ~** a censura ▶ VT censurar
censorship ['sɛnsəʃɪp] N censura
censure ['sɛnʃə^r] VT criticar
census ['sɛnsəs] N censo
cent [sɛnt] N (*US: of dollar*) centavo; (*of euro*) cêntimo; *see also* **per cent**
centenary [sɛn'ti:nərɪ] N centenário
centennial [sɛn'tɛnɪəl] N centenário
center ['sɛntə^r] (US) = **centre**
centigrade ['sɛntɪgreɪd] ADJ centígrado
centilitre, (US) **centiliter** ['sɛntɪli:tə^r] N centilitro
centimetre, (US) **centimeter** ['sɛntɪmi:tə^r] N centímetro
centipede ['sɛntɪpi:d] N centopeia
central ['sɛntrəl] ADJ central
Central African Republic N República Centro-Africana
Central America N América Central
Central American ADJ centroamericano
central heating N aquecimento central
centralize ['sɛntrəlaɪz] VT centralizar
central processing unit N (*Comput*) unidade *f* central de processamento
central reservation (BRIT) N (*Aut*) canteiro divisor
centre, (US) **center** ['sɛntə^r] N centro; (*of room, circle etc*) meio ▶ VT centrar ▶ VI (*concentrate*): **to ~ (on)** concentrar (em)
centrefold, (US) **centerfold** ['sɛntəfəuld] N poster *m* central
centre-forward N (*Sport*) centroavante *m*, centro

centre-half N (*Sport: centro*) médio
centrepiece, (US) **centerpiece** ['sɛntəpi:s] N centro de mesa
centre spread (BRIT) N páginas *fpl* centrais
centrifugal [sɛntrɪ'fju:gl] ADJ centrífugo
centrifuge ['sɛntrɪfju:ʒ] N centrífuga
century ['sɛntjurɪ] N século; **20th ~** século vinte
CEO N ABBR = **chief executive officer**
ceramic [sɪ'ræmɪk] ADJ cerâmico
ceramics [sɪ'ræmɪks] N cerâmica
cereal ['si:rɪəl] N cereal *m*
cerebral ['sɛrɪbrəl] ADJ cerebral; (*intellectual*) intelectual
ceremonial [sɛrɪ'məunɪəl] N cerimonial *m*; (*rite*) rito
ceremony ['sɛrɪmənɪ] N cerimônia; (*ritual*) rito; **to stand on ~** fazer cerimônia
cert [sə:t] (BRIT *inf*) N: **it's a dead ~** é barbada, é coisa certa
certain ['sə:tən] ADJ (*sure*) seguro; (*person*): **a ~ Mr Smith** um certo Sr. Smith; (*particular*): **~ days/places** certos dias/lugares; (*some*): **a ~ coldness/pleasure** uma certa frieza/um certo prazer; **to make ~ of** assegurar-se de; **for ~** com certeza
certainly ['sə:tənlɪ] ADV certamente, com certeza
certainty ['sə:təntɪ] N certeza
certificate [sə'tɪfɪkɪt] N certidão *f*, diploma *m*
certified mail ['sə:tɪfaɪd-] (US) N correio registrado
certified public accountant ['sə:tɪfaɪd-] (US) N perito-contador *m*/perita-contadora *f*
certify ['sə:tɪfaɪ] VT certificar ▶ VI: **to ~ to** atestar
cervical ['sə:vɪkl] ADJ: **~ cancer** câncer *m* (BR) *or* cancro (PT) do colo do útero; **~ smear** exame *m* de lâmina, esfregaço
cervix ['sə:vɪks] N cerviz *f*
Cesarean [sɪ'zɛərɪən] (US) ADJ, N = **Caesarean**
cessation [sə'seɪʃən] N cessação *f*, suspensão *f*
cesspit ['sɛspɪt] N fossa séptica
CET ABBR (= *Central European Time*) hora da Europa Central
Ceylon [sɪ'lɔn] N (*old*) Ceilão *m*
cf. ABBR (= *compare?*) cf.
c/f ABBR (*Comm*: = *carry forward*) a transportar
CFC N ABBR (= *chlorofluorocarbon*) CFC *m*
CG (US) N ABBR = **coastguard**
cg ABBR (= *centigram*) cg
CH (BRIT) N ABBR (= *Companion of Honour*) título honorífico
ch (BRIT) ABBR = **central heating**
ch. ABBR (= *chapter*) cap.
Chad [tʃæd] N Chad *m*
chafe [tʃeɪf] VT (*rub*) roçar; (*wear*) gastar; (*irritate*) irritar ▶ VI (*fig*): **to ~ at sth** irritar-se com algo
chaffinch ['tʃæfɪntʃ] N tentilhão *m*
chagrin ['ʃægrɪn] N desgosto
chain [tʃeɪn] N corrente *f*; (*of islands*) grupo; (*of mountains*) cordilheira; (*of shops*) cadeia;

(*of events*) série *f* ▶ VT (*also*: **chain up**) acorrentar
chain reaction N reação *f* em cadeia
chain-smoke VI fumar um (cigarro) atrás do outro
chain store N magazine *m* (BR), grande armazem *f* (PT)
chair [tʃɛəʳ] N cadeira; (*armchair*) poltrona; (*of university*) cátedra; (*of meeting*) presidência, mesa ▶ VT (*meeting*) presidir; **the ~** (US: *electric chair*) a cadeira elétrica
chairlift ['tʃɛəlɪft] N teleférico
chairman ['tʃɛəmən] (*irreg: like* **man**) N presidente *m*
chairperson ['tʃɛəpəːsn] N presidente *m/f*
chairwoman ['tʃɛəwumən] (*irreg: like* **woman**) N presidenta, presidente *f*
chalet ['ʃæleɪ] N chalé *m*
chalice ['tʃælɪs] N cálice *m*
chalk [tʃɔːk] N (Geo) greda; (*for writing*) giz *m* ▶ **chalk up** VT escrever a giz; (*fig: success*) obter
challenge ['tʃælɪndʒ] N desafio ▶ VT desafiar; (*statement, right*) disputar, contestar; **to ~ sb to sth/to do sth** desafiar alguém para algo/a fazer algo
challenger ['tʃælɪndʒəʳ] N (Sport) competidor(a) *m/f*
challenging ['tʃælɪndʒɪŋ] ADJ desafiante; (*tone*) de desafio
chamber ['tʃeɪmbəʳ] N câmara; (BRIT *Law: gen pl*) sala de audiências
chambermaid ['tʃeɪmbəmeɪd] N arrumadeira (BR), empregada (PT)
chamber music N música de câmara
chamber of commerce N câmara de comércio
chamber pot N urinol *m*
chameleon [kə'miːlɪən] N camaleão *m*
chamois ['ʃæmwɑː] N camurça
chamois leather ['ʃæmɪ-] N camurça
champagne [ʃæm'peɪn] N champanhe *m or f*
champion ['tʃæmpɪən] N campeão(-peã) *m/f*; (*of cause*) defensor(a) *m/f* ▶ VT defender, lutar por
championship ['tʃæmpɪənʃɪp] N campeonato
chance [tʃɑːns] N (*luck*) acaso, casualidade *f*; (*opportunity*) oportunidade, ocasião *f*; (*likelihood*) chance *f*; (*risk*) risco ▶ VT arriscar ▶ ADJ fortuito, casual; **there is little ~ of his coming** é pouco provável que ele venha; **to take a ~** arriscar-se; **it's the ~ of a lifetime** é uma chance que só se tem uma vez na vida; **by ~** por acaso; **to ~ it** arriscar-se; **to ~ to do** fazer por acaso
▶ **chance on, chance upon** VT FUS dar com, encontrar por acaso
chancel ['tʃɑːnsəl] N coro, capela-mor *f*
chancellor ['tʃɑːnsələʳ] N chanceler *m*; **C~ of the Exchequer** (BRIT) Ministro da Economia (Fazenda e Planejamento)
chandelier [ʃændə'lɪəʳ] N lustre *m*
change [tʃeɪndʒ] VT (*alter*) mudar; (*wheel, bulb, money*) trocar; (*replace*) substituir; (*clothes,*

house) mudar de, trocar de; (*nappy*) mudar, trocar; (*transform*) **to ~ sb into** transformar alguém em ▶ VI mudar(-se); (*change clothes*) trocar-se; (*trains*) fazer baldeação (BR), mudar (PT); (*be transformed*): **to ~ into** transformar-se em ▶ N mudança; (*exchange*) troca; (*difference*) diferença; (*of clothes*) muda; (*modification*) modificação *f*; (*transformation*) transformação *f*; (*coins: also:* **small change**) trocado; **to ~ gear** (Aut) trocar de marcha; **to ~ one's mind** mudar de ideia; **for a ~** para variar; **she ~d into an old skirt** ela (trocou de roupa e) vestiu uma saia velha; **a ~ of clothes** uma muda de roupa; **to give sb ~ for or of £10** trocar £10 para alguém
changeable ['tʃeɪndʒəbl] ADJ (*weather*) instável; (*mood*) inconstante
change machine N máquina que fornece trocado
changeover ['tʃeɪndʒəʊvəʳ] N (*to new system*) mudança
changing ['tʃeɪndʒɪŋ] ADJ variável
changing room (BRIT) N (Sport) vestiário; (*in shop*) cabine *f* de prova
channel ['tʃænl] N (TV) canal *m*; (*of river*) leito; (*for boats*) canal; (*of sea*) canal, estreito; (*groove*) ranhura; (*fig: medium*) meio, via ▶ VT (*money, resources*): **to ~ (into)** canalizar (para); **to go through the usual ~s** seguir os trâmites normais; **green/red ~** (Customs) canal verde/vermelho; **the (English) C~** o Canal da Mancha
Channel Islands NPL: **the ~** as ilhas Anglo-Normandas
chant [tʃɑːnt] N (*of crowd*) canto; (Rel) cântico ▶ VT cantar; (*word, slogan*) entoar
chaos ['keɪɔs] N caos *m*
chaotic [keɪ'ɔtɪk] ADJ caótico
chap [tʃæp] N (BRIT *inf: man*) sujeito (BR), tipo (PT); (*term of address*): **old ~** meu velho ▶ VT (*skin*) rachar
chapel ['tʃæpəl] N capela
chaperon, chaperone ['ʃæpərəʊn] N mulher *f* acompanhante ▶ VT acompanhar
chaplain ['tʃæplɪn] N capelão *m*
chapped [tʃæpt] ADJ ressecado
chapter ['tʃæptəʳ] N capítulo
char [tʃɑːʳ] VT (*burn*) tostar, queimar ▶ VI (BRIT) trabalhar como diarista ▶ N (BRIT) = **charlady**
character ['kærɪktəʳ] N caráter *m*; (*in novel, film*) personagem *m/f*; (*role*) papel *m*; (*eccentric*): **to be a (real) ~** ser um número; (*letter*) letra; **a person of good ~** uma pessoa de bom caráter
character code N (Comput) código de caráter
characteristic [kærɪktə'rɪstɪk] ADJ característico ▶ N característica
characterize ['kærɪktəraɪz] VT caracterizar
charade [ʃə'rɑːd] N charada
charcoal ['tʃɑːkəʊl] N carvão *m* de lenha; (Art) carvão *m*
charge [tʃɑːdʒ] N (*of gun, electrical, Mil: attack*) carga; (Law) encargo, acusação *f*; (*fee*) preço, custo; (*responsibility*) encargo; (*task*)

incumbência ▶ VT (battery) carregar; (Mil: enemy) atacar; (price) cobrar; (customer) cobrar dinheiro de; (sb with task) incumbir, encarregar; (Law): **to ~ sb (with)** acusar alguém (de) ▶ VI precipitar-se; (make pay) cobrar; **charges** NPL: **bank ~s** taxas fpl bancárias; **labour ~s** custos mpl de mão-de-obra; **free of ~** grátis; **is there a ~?** se tem que pagar?; **there's no ~** é de graça; **extra ~** sobretaxa; **to reverse the ~s** (BRIT Tel) ligar a cobrar; **how much do you ~?** quanto você cobra?; **to ~ an expense (up) to sb's account** pôr a despesa na conta de alguém; **to take ~ of** encarregar-se de, tomar conta de; **to be in ~ of** estar a cargo de or encarregado de; **they ~d us £50 for the dinner** cobraram £50 pelo jantar; **to ~ in/out** precipitar-se para dentro/fora

charge account N conta de crédito

charge card N cartão m de crédito (emitido por uma loja)

chargé d'affaires [ˈʃɑːʒeɪdæˈfɛəʳ] N encarregado(-a) de negócios

chargehand [ˈtʃɑːdʒhænd] (BRIT) N capataz m

charger [ˈtʃɑːdʒəʳ] N (also: **battery charger**) carregador m; (old: warhorse) cavalo de batalha

charisma [kəˈrɪzmə] N carisma m

charitable [ˈtʃærɪtəbl] ADJ caritativo; (organization) beneficente

charity [ˈtʃærɪti] N caridade f; (organization) obra de caridade; (kindness) compaixão f; (money, gifts) donativo

charlady [ˈtʃɑːleɪdɪ] (BRIT) N diarista

charlatan [ˈʃɑːlətən] N charlatão m

charm [tʃɑːm] N (quality) charme m; (attraction) encanto, atrativo; (spell) feitiço; (talisman) amuleto; (on bracelet) berloque m ▶ VT encantar, deliciar

charm bracelet N pulseira de berloques

charming [ˈtʃɑːmɪŋ] ADJ encantador(a)

chart [tʃɑːt] N (table) quadro m; (graph) gráfico; (diagram) diagrama m; (map) carta de navegação; (weather chart) carta meteorológica or de tempo ▶ VT fazer um gráfico de; (course, progress) traçar; **charts** NPL (hit parade) paradas fpl (de sucesso); **to be in the ~s** (record, pop group) estar nas paradas (de sucesso)

charter [ˈtʃɑːtəʳ] VT fretar ▶ N (document) carta, alvará m; **on ~** (plane) fretado

chartered accountant [ˈtʃɑːtəd-] (BRIT) N perito-contador/perita-contadora m/f

charter flight N voo charter or fretado

charwoman [ˈtʃɑːwumən] (irreg: like **woman**) N = **charlady**

chase [tʃeɪs] VT (pursue) perseguir; (hunt) caçar, dar caça a; (also: **chase away**) enxotar ▶ VI: **to ~ after** correr atrás de ▶ N perseguição f, caça

▶ **chase down** (US) VT = **chase up**

▶ **chase up** (BRIT) VT (person) ficar atrás de; (information) pesquisar

chasm [ˈkæzəm] N abismo

chassis [ˈʃæsɪ] N chassi m

chaste [tʃeɪst] ADJ casto

chastened [ˈtʃeɪsnd] ADJ: **to be ~ by an experience** aprender uma lição com uma experiência

chastening [ˈtʃeɪsnɪŋ] ADJ: **it was a ~ experience** foi uma lição

chastise [tʃæsˈtaɪz] VT castigar

chastity [ˈtʃæstɪtɪ] N castidade f

chat [tʃæt] VI (also: **have a chat**) conversar, bater papo (BR), cavaquear (PT); (on the Internet) bater papo, conversar ▶ N conversa, bate-papo m (BR), cavaqueira (PT)

▶ **chat up** (BRIT inf) VT (girl) paquerar

chatroom N sala f de bate-papo (BR), sala f de conversação (PT)

chat show (BRIT) N programa m de entrevistas

chattel [ˈtʃætl] N: **goods and ~s** bens móveis

chatter [ˈtʃætəʳ] VI (person) tagarelar; (animal) emitir sons; (teeth) tiritar ▶ N tagarelice f; emissão f de sons; (of birds) chilro

chatterbox [ˈtʃætəbɔks] N tagarela m/f

chatty [ˈtʃætɪ] ADJ (style) informal; (person) conversador(a)

chauffeur [ˈʃəufəʳ] N chofer m, motorista m/f

chauvinism [ˈʃəuvɪnɪzəm] N (also: **male chauvinism**) machismo; (nationalism) chauvinismo

chauvinist [ˈʃəuvɪnɪst] N (also: **male chauvinist**) machista m; (nationalist) chauvinista m/f

ChE ABBR = **chemical engineer**

cheap [tʃiːp] ADJ barato; (ticket etc) a preço reduzido; (poor quality) barato, de pouca qualidade; (behaviour) vulgar; (joke) de mau gosto ▶ ADV barato; **a ~ trick** uma sujeira, uma sacanagem

cheapen [ˈtʃiːpən] VT baixar o preço de, rebaixar; **to ~ o.s.** rebaixar-se

cheaply [ˈtʃiːplɪ] ADV barato, por baixo preço

cheat [tʃiːt] VI trapacear; (at cards) roubar (BR), fazer batota (PT); (in exam) colar (BR), cabular (PT) ▶ VT defraudar, enganar ▶ N fraude f; (person) trapaceiro(-a); **to ~ sb out of sth** defraudar alguém de algo; **to ~ on sb** (inf: husband, wife etc) trair alguém

cheating [ˈtʃiːtɪŋ] N trapaça

check [tʃɛk] VT (examine) controlar; (facts) verificar; (count) contar; (halt) conter, impedir; (restrain) parar, refrear ▶ VI verificar ▶ N (inspection) controle m, inspeção f; (curb) freio; (US: bill) conta; (Chess) xeque m; (token) ficha, talão m; (pattern: gen pl) xadrez m; (US) = **cheque** ▶ ADJ (also: **checked**: pattern, cloth) xadrez inv; **to ~ with sb** perguntar a alguém; **to keep a ~ on sb/sth** controlar alguém/algo

▶ **check in** VI (at hotel) registrar-se; (at airport) apresentar-se ▶ VT (luggage) entregar

▶ **check off** VT checar

▶ **check out** VI (of hotel) pagar a conta e sair ▶ VT (story) verificar; (person) investigar;

~ it out (*see for yourself*) confira
▶ **check up** VI: **to ~ up on sth** verificar algo; **to ~ up on sb** investigar alguém
checkbook ['tʃɛkbuk] (US) N = **chequebook**
checkered ['tʃɛkəd] (US) ADJ = **chequered**
checkers ['tʃɛkəz] (US) N (jogo de) damas *fpl*
check guarantee card (US) N cartão *m* (de garantia) de cheques
check-in, check-in desk N (*at airport*) check-in *m*
checking account ['tʃɛkɪŋ-] (US) N conta corrente
checklist ['tʃɛklɪst] N lista de conferência
checkmate ['tʃɛkmeɪt] N xeque-mate *m*
checkout ['tʃɛkaut] N caixa
checkpoint ['tʃɛkpɔɪnt] N (ponto de) controle *m*
checkroom ['tʃɛkrum] (US) N depósito de bagagem
checkup ['tʃɛkʌp] N (*Med*) check-up *m*; (*of machine*) revisão *f*
cheek [tʃiːk] N bochecha; (*impudence*) folga, descaramento; **what a ~!** que folga!
cheekbone ['tʃiːkbəun] N maçã *f* do rosto
cheeky ['tʃiːkɪ] ADJ insolente, descarado
cheep [tʃiːp] N (*of bird*) pio ▶ VI piar
cheer [tʃɪə*r*] VT dar vivas a, aplaudir; (*gladden*) alegrar, animar ▶ VI gritar com entusiasmo
▶ N (*gen pl*) gritos *mpl* de entusiasmo; **cheers** NPL (*of crowd*) aplausos *mpl*; **~s!** saúde!
▶ **cheer on** VT torcer por
▶ **cheer up** VI animar-se, alegrar-se ▶ VT alegrar, animar
cheerful ['tʃɪəful] ADJ alegre
cheerfulness ['tʃɪəfulnɪs] N alegria
cheerio [tʃɪərɪ'əu] (BRIT) EXCL tchau! (BR), adeus! (PT)
cheerleader ['tʃɪəliːdə*r*] N animador(a) de torcida *m/f*
cheerless ['tʃɪəlɪs] ADJ triste, sombrio
cheese [tʃiːz] N queijo
cheeseboard ['tʃiːzbɔːd] N (*in restaurant*) sortimento de queijos
cheesecake ['tʃiːzkeɪk] N queijada, torta de queijo
cheetah ['tʃiːtə] N chitá *m*
chef [ʃɛf] N cozinheiro-chefe/cozinheira-chefe *m/f*
chemical ['kɛmɪkəl] ADJ químico ▶ N produto químico
chemist ['kɛmɪst] N (BRIT: *pharmacist*) farmacêutico(-a); (*scientist*) químico(-a)
chemistry ['kɛmɪstrɪ] N química
chemist's, chemist's shop (BRIT) N farmácia
cheque [tʃɛk] (BRIT) N cheque *m*; **to pay by ~** pagar com cheque
chequebook ['tʃɛkbuk] (BRIT) N talão *m* (BR) or livro (PT) de cheques
cheque card, cheque guarantee card (BRIT) cartão *m* (de garantia) de cheques
chequered, (US) **checkered** ['tʃɛkəd] ADJ (*fig*) variado, acidentado
cherish ['tʃɛrɪʃ] VT (*person*) tratar com carinho; (*memory*) lembrar (com prazer); (*love*) apreciar; (*protect*) cuidar; (*hope etc*) acalentar
cheroot [ʃə'ruːt] N charuto
cherry ['tʃɛrɪ] N cereja; (*also*: **cherry tree**) cerejeira
Ches (BRIT) ABBR = **Cheshire**
chess [tʃɛs] N xadrez *m*
chessboard ['tʃɛsbɔːd] N tabuleiro de xadrez
chessman ['tʃɛsmæn] (*irreg: like* **man**) N peça, pedra (de xadrez)
chess player N xadrezista *m/f*
chest [tʃɛst] N (*Anat*) peito; (*box*) caixa, cofre *m*; **to get sth off one's ~** (*inf*) desabafar algo
chest measurement N medida de peito
chestnut ['tʃɛsnʌt] N castanha; (*also*: **chestnut tree**) castanheiro; (*colour*) castanho ▶ ADJ castanho
chest of drawers N cômoda
chew [tʃuː] VT mastigar
chewing gum ['tʃuːɪŋ-] N chiclete *m* (BR), pastilha elástica (PT)
chic [ʃɪk] ADJ elegante, chique
chick [tʃɪk] N pinto; (*inf: girl*) broto
chicken ['tʃɪkɪn] N galinha; (*food*) galinha, frango; (*inf: coward*) covarde *m/f*, galinha
▶ **chicken out** (*inf*) VI agalinhar-se
chicken feed N (*fig*) dinheiro miúdo
chickenpox ['tʃɪkɪnpɔks] N catapora (BR), varicela (PT)
chickpea ['tʃɪkpiː] N grão-de-bico *m*
chicory ['tʃɪkərɪ] N chicória
chide [tʃaɪd] VT repreender, censurar
chief [tʃiːf] N (*of tribe*) cacique *m*, morubixaba *m*; (*of organization*) chefe *m/f* ▶ ADJ principal; **C~ of Staff** (*Mil*) chefe *m* do Estado-Maior
chief constable (BRIT) N chefe *m/f* de polícia
chief executive (BRIT), **chief executive officer** N diretor(a) *m/f* geral
chiefly ['tʃiːflɪ] ADV principalmente
chiffon ['ʃɪfɔn] N gaze *f*
chilblain ['tʃɪlbleɪn] N frieira
child [tʃaɪld] (*pl* **children**) N criança; (*offspring*) filho(-a); **do you have any ~ren?** você tem filhos?
childbirth ['tʃaɪldbəːθ] N parto
childcare ['tʃaɪldkɛə*r*] N serviço de cuidado infantil
childhood ['tʃaɪldhud] N infância
childish ['tʃaɪldɪʃ] ADJ infantil
childless ['tʃaɪldlɪs] ADJ sem filhos
childlike ['tʃaɪldlaɪk] ADJ infantil, ingênuo
child minder (BRIT) N cuidadora de crianças
children ['tʃɪldrən] NPL *of* **child**
Chile ['tʃɪlɪ] N Chile *m*
Chilean ['tʃɪlɪən] ADJ, N chileno(-a)
chili ['tʃɪlɪ] (US) N = **chilli**
chill [tʃɪl] N frio, friagem *f*; (*Med*) resfriamento
▶ VT (*Culin*) semi-congelar; (*person*) congelar
▶ ADJ frio, glacial; **"serve ~ed"** "servir fresco"
chilli, (US) **chili** ['tʃɪlɪ] N pimentão *m* picante
chilling ['tʃɪlɪŋ] ADJ (*wind*) gelado; (*look*) arrepiante; (*smile, thought*) horripilante

chilly ['tʃɪlɪ] ADJ frio; (*person*) friorento; **to feel ~** estar com frio
chime [tʃaɪm] N (*of bell*) repique *m*; (*of clock*) soar *m* ▶ VI repicar; soar
chimney ['tʃɪmnɪ] N chaminé *f*
chimney sweep N limpador *m* de chaminés
chimpanzee [tʃɪmpæn'ziː] N chimpanzé *m*
chin [tʃɪn] N queixo
China ['tʃaɪnə] N China
china ['tʃaɪnə] N porcelana; (*crockery*) louça fina
Chinese [tʃaɪ'niːz] ADJ chinês(-esa) ▶ N INV chinês(-esa) *m/f*; (*Ling*) chinês *m*
chink [tʃɪŋk] N (*opening*) fenda, fissura; (*noise*) tinir *m*
chip [tʃɪp] N (*gen pl*: BRIT *Culin*) batata frita; (US: *also*: **potato chip**) batatinha frita; (*of wood*) lasca; (*of glass, stone*) lasca, pedaço; (*at poker*) ficha; (*Comput*: *also*: **microchip**) chip *m* ▶ VT (*cup, plate*) lascar; **when the ~s are down** (*fig*) na hora H
▶ **chip in** (*inf*) VI interromper; (*contribute*) compartilhar as despesas
chipboard ['tʃɪpbɔːd] N compensado
chipmunk ['tʃɪpmʌŋk] N tâmia *m*
chippings ['tʃɪpɪŋz] NPL: **"loose ~"** "projeção de cascalho"
chiropodist [kɪ'rɔpədɪst] (BRIT) N pedicuro(-a)
chiropody [kɪ'rɔpədɪ] (BRIT) N quiropodia
chirp [tʃəːp] VI chilrar, piar; (*cricket*) chilrear ▶ N chilro
chirpy ['tʃəːpɪ] ADJ alegre, animado
chisel ['tʃɪzl] N (*for wood*) formão *m*; (*for stone*) cinzel *m*
chit [tʃɪt] N talão *m*
chitchat ['tʃɪttʃæt] N conversa fiada
chivalrous ['ʃɪvəlrəs] ADJ cavalheiresco
chivalry ['ʃɪvəlrɪ] N cavalheirismo
chives [tʃaɪvz] NPL cebolinha
chloride ['klɔːraɪd] N cloreto
chlorinate ['klɔrɪneɪt] VT clorar
chlorine ['klɔːriːn] N cloro
chock [tʃɔk] N cunha
chock-a-block ADJ abarrotado, apinhado
chock-full ADJ = **chock-a-block**
chocolate ['tʃɔklɪt] N chocolate *m*
choice [tʃɔɪs] N (*selection*) seleção *f*; (*option*) escolha; (*preference*) preferência ▶ ADJ seleto, escolhido; **by** *or* **from ~** de preferência; **a wide ~** uma grande variedade
choir ['kwaɪə^r] N coro
choirboy ['kwaɪəbɔɪ] N menino de coro
choke [tʃəuk] VI sufocar-se; (*on food*) engasgar ▶ VT estrangular; (*block*) obstruir ▶ N (*Aut*) afogador *m* (BR), ar *m* (PT)
choker ['tʃəukə^r] N (*necklace*) colar *m* curto
cholera ['kɔlərə] N cólera *m*
cholesterol [kə'lɛstərɔl] N colesterol *m*
choose [tʃuːz] (*pt* **chose**, *pp* **chosen**) VT escolher ▶ VI: **to ~ between** escolher entre; **to ~ to do** optar por fazer
choosy ['tʃuːzɪ] ADJ exigente

chop [tʃɔp] VT (*wood*) cortar, talhar; (*Culin*: *also*: **chop up**) cortar em pedaços; (*meat*) picar ▶ N golpe *m*; (*Culin*) costeleta; **chops** NPL (*inf*: *jaws*) beiços *mpl*; **to get the ~** (BRIT *inf*: *project*) ser cancelado; (: *person*: *be sacked*) ser posto na rua
▶ **chop down** VT (*tree*) abater, derrubar
choppy ['tʃɔpɪ] ADJ (*sea*) agitado
chopsticks ['tʃɔpstɪks] NPL pauzinhos *mpl*, palitos *mpl*
choral ['kɔːrəl] ADJ coral
chord [kɔːd] N (*Mus*) acorde *m*
chore [tʃɔː^r] N tarefa; (*routine task*) trabalho de rotina; **household ~s** afazeres *mpl* domésticos
choreographer [kɔrɪ'ɔgrəfə^r] N coreógrafo(-a)
choreography [kɔrɪ'ɔgrəfɪ] N coreografia
chorister ['kɔrɪstə^r] N corista *m/f*
chortle ['tʃɔːtl] VI rir, gargalhar
chorus ['kɔːrəs] N (*group*) coro; (*song*) coral *m*; (*refrain*) estribilho
chose [tʃəuz] PT *of* **choose**
chosen ['tʃəuzn] PP *of* **choose**
chowder ['tʃaudə^r] N sopa (de peixe)
Christ [kraɪst] N Cristo
christen ['krɪsn] VT batizar; (*nickname*) apelidar
christening ['krɪsnɪŋ] N batismo
Christian ['krɪstɪən] ADJ, N cristão(-tã) *m/f*
Christianity [krɪstɪ'ænɪtɪ] N cristianismo
Christian name N prenome *m*, nome *m* de batismo
Christmas ['krɪsməs] N Natal *m*; **Happy** *or* **Merry ~!** Feliz Natal!
Christmas card N cartão *m* de Natal
Christmas cracker N *ver nota*

Um **Christmas cracker** é um cilindro de papelão que ao ser aberto faz estourar uma bombinha. Contém um presente surpresa e um chapéu de papel que cada convidado coloca na cabeça durante a ceia de Natal.

Christmas Day N dia *m* de Natal
Christmas Eve N véspera de Natal
Christmas Island N ilha de Christmas
Christmas tree N árvore *f* de Natal
chrome [krəum] N = **chromium**
chromium ['krəumɪəm] N cromo
chromosome ['krəuməsəum] N cromossomo
chronic ['krɔnɪk] ADJ crônico; (*fig*: *drunkenness*) inveterado
chronicle ['krɔnɪkl] N crônica
chronological [krɔnə'lɔdʒɪkəl] ADJ cronológico
chrysanthemum [krɪ'sænθəməm] N crisântemo
chubby ['tʃʌbɪ] ADJ roliço, gorducho
chuck [tʃʌk] VT jogar (BR), deitar (PT); (BRIT: *also*: **chuck up**, **chuck in**: *job*) largar; (: *person*) acabar com
▶ **chuck out** VT (*thing*) jogar (BR) *or* deitar (PT) fora; (*person*) expulsar
chuckle ['tʃʌkl] VI rir

chuffed [tʃʌft] (inf) ADJ: ~ **(about sth)** encantado (com algo)
chug [tʃʌg] VI mover-se fazendo ruído de descarga; (car, boat: also: **chug along**) ir indo
chum [tʃʌm] N camarada m/f
chump [tʃʌmp] (inf) N imbecil m/f, boboca m/f
chunk [tʃʌŋk] N pedaço, naco
chunky ['tʃʌŋkɪ] ADJ (furniture) pesado; (person) atarracado; (knitwear) grosso
church [tʃəːtʃ] N igreja; **the C~ of England** a Igreja Anglicana
churchyard ['tʃəːtʃɑːd] N adro, cemitério
churlish ['tʃəːlɪʃ] ADJ (silence) constrangedor(a); (behaviour) grosseiro, rude
churn [tʃəːn] N (for butter) batedeira; (also: **milk churn**) lata, vasilha ▶ VT bater, agitar
▶ **churn out** VT produzir em série
chute [ʃuːt] N rampa; (also: **rubbish chute**) despejador m
chutney ['tʃʌtnɪ] N conserva picante
CIA (US) N ABBR (= Central Intelligence Agency) CIA f
CID (BRIT) N ABBR = **Criminal Investigation Department**
cider ['saɪdə'] N sidra
CIF ABBR (= cost, insurance and freight) CIF
cigar [sɪˈgɑː'] N charuto
cigarette [sɪɡəˈrɛt] N cigarro
cigarette case N cigarreira
cigarette end N ponta de cigarro, guimba (BR)
cigarette holder N piteira (BR), boquilha (PT)
C-in-C ABBR = **commander-in-chief**
cinch [sɪntʃ] (inf) N: **it's a ~** é sopa, é moleza
Cinderella [sɪndəˈrɛlə] N Gata Borralheira
cinders ['sɪndəz] NPL cinzas fpl
cine-camera ['sɪnɪ-] (BRIT) N câmera (cinematográfica)
cine-film ['sɪnɪ-] (BRIT) N filme m cinematográfico
cinema ['sɪnəmə] N cinema m
cine-projector ['sɪnɪ-] (BRIT) N projetor m cinematográfico
cinnamon ['sɪnəmən] N canela
cipher ['saɪfə'] N cifra; **in ~** cifrado
circa ['səːkə] PREP cerca de
circle ['səːkl] N círculo; (in cinema) balcão m ▶ VI dar voltas ▶ VT (surround) rodear, cercar; (move round) dar a volta de
circuit ['səːkɪt] N circuito; (tour, lap) volta; (track) pista
circuit board N placa
circuitous [səːˈkjuːɪtəs] ADJ tortuoso
circular ['səːkjulə'] ADJ circular ▶ N (carta) circular f
circulate ['səːkjuleɪt] VT, VI circular
circulation [səːkjuˈleɪʃən] N circulação f; (of newspaper, book etc) tiragem f
circumcise ['səːkəmsaɪz] VT circuncidar
circumference [səˈkʌmfərəns] N circunferência
circumflex ['səːkəmflɛks] N (also: **circumflex accent**) (acento) circunflexo

circumscribe ['səːkəmskraɪb] VT circunscrever
circumspect ['səːkəmspɛkt] ADJ prudente, cauteloso
circumstances ['səːkəmstənsɪz] NPL circunstâncias fpl; (conditions) condições fpl; (financial condition) situação f econômica; **in the ~** em tais circunstâncias, assim sendo, neste caso; **under no ~** de modo algum, de jeito nenhum
circumstantial [səːkəmˈstænʃl] ADJ (report) circunstanciado; ~ **evidence** prova circunstancial
circumvent [səːkəmˈvɛnt] VT (rule etc) driblar, burlar
circus ['səːkəs] N circo; (also: **Circus**: in place names) praça
cistern ['sɪstən] N tanque m; (in toilet) caixa d'água
citation [saɪˈteɪʃən] N (commendation) menção f; (US Law) intimação f; (quotation) citação f
cite [saɪt] VT citar; (Law) intimar
citizen ['sɪtɪzn] N (of country) cidadão(-dã) m/f; (of town) habitante m/f
citizenship ['sɪtɪznʃɪp] N cidadania
citric acid ['sɪtrɪk-] N ácido cítrico
citrus fruit ['sɪtrəs-] N citrino
city ['sɪtɪ] N cidade f; **the C~** centro financeiro de Londres
city centre N centro (da cidade)
City Hall N (US) ≈ a Prefeitura
civic ['sɪvɪk] ADJ cívico, municipal
civic centre (BRIT) N sede f do município
civil ['sɪvɪl] ADJ civil; (polite) delicado, cortês
civil disobedience N resistência passiva
civil engineer N engenheiro(-a) civil
civil engineering N engenharia civil
civilian [sɪˈvɪlɪən] ADJ, N civil m/f
civilization [sɪvɪlaɪˈzeɪʃən] N civilização f
civilized ['sɪvɪlaɪzd] ADJ civilizado
civil law N direito civil
civil rights NPL direitos mpl civis
civil servant N funcionário(-a) público(-a)
Civil Service N administração f pública
civil war N guerra civil
cl ABBR (= centilitre) cl
clad [klæd] ADJ: ~ **(in)** vestido (de)
claim [kleɪm] VT exigir, reclamar; (rights etc) reivindicar; (responsibility) assumir; (assert): **to ~ that/to be** afirmar que/ser ▶ VI (for insurance) reclamar ▶ N reclamação f; (Law) direito; (pretension) pretensão f; (assertion) afirmação f; (wage claim etc) reivindicação f; **(insurance) ~** reclamação f; **to put in a ~ for** (pay rise etc) reivindicar
claimant ['kleɪmənt] N (Admin, Law) requerente m/f
claim form N formulário de requerimento; (Insurance) formulário para reclamações
clairvoyant [klɛəˈvɔɪənt] N clarividente m/f
clam [klæm] N molusco
▶ **clam up** (inf) VI ficar calado
clamber ['klæmbə'] VI subir; (up hill etc) escalar

clammy ['klæmɪ] ADJ (*hands, face*) úmido e pegajoso; (*sticky*) pegajoso
clamour, (US) **clamor** ['klæməʳ] N clamor *m* ▶ VI: **to ~ for** clamar
clamp [klæmp] N grampo ▶ VT prender
▶ **clamp down on** VT FUS reprimir
clan [klæn] N clã *m*
clandestine [klæn'dɛstɪn] ADJ clandestino
clang [klæŋ] N retintim *m*, som metálico ▶ VI retinir
clansman ['klænzmən] (*irreg*: *like* **man**) N membro de um clã escocês
clap [klæp] VI bater palmas, aplaudir ▶ VT (*performer*) aplaudir ▶ N (*of hands*) palmas *fpl*; **to ~ one's hands** bater palmas; **a ~ of thunder** uma trovoada
clapping ['klæpɪŋ] N aplausos *mpl*, palmas *fpl*
claret ['klærət] N clarete *m*
clarification [klærɪfɪ'keɪʃən] N esclarecimento
clarify ['klærɪfaɪ] VT esclarecer
clarinet [klærɪ'nɛt] N clarinete *m*
clarity ['klærɪtɪ] N clareza
clash [klæʃ] N (*fight*) confronto; (*disagreement*) desavença; (*of beliefs*) divergência; (*of colours, styles*) choque *m*; (*of dates*) coincidência; (*of metal*) estridor *m* ▶ VI (*gangs, beliefs*) chocar-se; (*disagree*) entrar em conflito, ter uma desavença; (*colours*) não combinar; (*dates, events*) coincidir; (*weapons, cymbals etc*) ressoar
clasp [klɑːsp] N fecho; (*embrace*) abraço ▶ VT (*hold*) prender; (*hand*) apertar; (*embrace*) abraçar
class [klɑːs] N classe *f*; (*lesson*) aula; (*type*) tipo ▶ CPD de classe ▶ VT classificar
class-conscious ADJ que tem consciência de classe
class consciousness N consciência de classe
classic ['klæsɪk] ADJ clássico ▶ N (*author, work, race etc*) clássico; **classics** NPL (*Sch*) línguas *fpl* clássicas
classical ['klæsɪkl] ADJ clássico
classification [klæsɪfɪ'keɪʃən] N classificação *f*
classified ['klæsɪfaɪd] ADJ (*information*) secreto
classified advertisement N classificado
classify ['klæsɪfaɪ] VT classificar
classmate ['klɑːsmeɪt] N colega *m/f* de aula
classroom ['klɑːsrum] N sala de aula
classy ['klɑːsɪ] (*inf*) ADJ (*person*) classudo; (*flat, clothes*) chique, incrementado
clatter ['klætəʳ] N ruído, barulho; (*of hooves*) tropel *m* ▶ VI fazer barulho *or* ruído
clause [klɔːz] N cláusula; (*Ling*) oração *f*
claustrophobia [klɔːstrə'fəubɪə] N claustrofobia
claw [klɔː] N (*of animal*) pata; (*of bird of prey*) garra; (*of lobster*) pinça; (*Tech*) unha ▶ VT arranhar
▶ **claw at** VT FUS arranhar; (*tear*) rasgar
clay [kleɪ] N argila
clean [kliːn] ADJ limpo; (*clear*) nítido, bem definido ▶ VT limpar; (*hands, face etc*) lavar
▶ ADV: **he ~ forgot** ele esqueceu completamente; **to come ~** (*inf: own up*) abrir o jogo; **to ~ one's teeth** (BRIT) escovar os dentes; **~ driving licence** (BRIT), **~ record** (US) carteira de motorista sem infrações
▶ **clean off** VT tirar
▶ **clean out** VT limpar
▶ **clean up** VT limpar, assear ▶ VI (*fig*: *make profit*): **to ~ up on** faturar com, lucrar com
clean-cut ADJ (*person*) alinhado
cleaner ['kliːnəʳ] N (*person*) faxineiro(-a); (*product*) limpador *m*
cleaner's ['kliːnəz] N (*also*: **dry cleaner's**) tinturaria
cleaning ['kliːnɪŋ] N limpeza
cleaning lady N faxineira
cleanliness ['klɛnlɪnɪs] N limpeza
cleanly ['kliːnlɪ] ADV perfeitamente; (*without mess*) limpamente
cleanse [klɛnz] VT limpar; (*purify*) purificar
cleanser ['klɛnzəʳ] N limpador *m*; (*for face*) creme *m* de limpeza
clean-shaven [-'ʃeɪvn] ADJ sem barba, de cara raspada
cleansing department ['klɛnzɪŋ-] (BRIT) N departamento de limpeza
clean technology N tecnologia limpa
clean-up N limpeza geral
clear [klɪəʳ] ADJ claro; (*footprint, photograph*) nítido; (*obvious*) evidente; (*glass, water*) transparente; (*road, way*) limpo, livre; (*conscience*) tranquilo; (*skin*) macio; (*profit*) líquido; (*majority*) absoluto ▶ VT (*space*) abrir; (*desk etc*) limpar; (*room*) esvaziar; (*Law: suspect*) absolver; (*fence, wall*) saltar, transpor; (*obstacle*) salvar, passar sobre; (*debt*) liquidar; (*woodland*) desmatar; (*cheque*) compensar; (*Comm: goods*) liquidar ▶ VI (*weather*) abrir; (*sky*) clarear; (*fog etc*) dissipar-se ▶ ADV: **~ of** a salvo de ▶ N: **to be in the ~** (*out of debt*) estar sem dívidas; (*out of suspicion*) estar livre de suspeita; (*out of danger*) estar fora de perigo; **to ~ the table** tirar a mesa; **to ~ one's throat** pigarrear; **to ~ a profit** fazer um lucro líquido; **let me make myself ~** deixe-me explicar melhor; **do I make myself ~?** entendeu?; **to make o.s. ~** fazer-se entender bem; **to make it ~ to sb that ...** deixar bem claro para alguém que ...; **I have a ~ day tomorrow** (BRIT) não tenho compromisso amanhã; **to keep ~ of sb/sth** evitar alguém/algo
▶ **clear off** (*inf*) VI (*leave*) cair fora
▶ **clear up** VT limpar; (*mystery*) resolver, esclarecer
clearance ['klɪərəns] N (*of trees, slums*) remoção *f*; (*permission*) permissão *f*
clearance sale N (*Comm*) liquidação *f*
clear-cut ADJ bem definido, nítido
clearing ['klɪərɪŋ] N (*in wood*) clareira; (BRIT *Banking*) compensação *f*
clearing bank (BRIT) N câmara de compensação

clearly ['klɪəlɪ] ADV (*distinctly*) distintamente; (*obviously*) claramente; (*coherently*) coerentemente

clearway ['klɪəweɪ] (BRIT) N *estrada onde não se pode estacionar*

cleavage ['kli:vɪdʒ] N (*of dress*) decote *m*; (*of woman*) colo

cleaver ['kli:və] N cutelo (de açougueiro)

clef [klɛf] N (*Mus*) clave *f*

cleft [klɛft] N (*in rock*) fissura

clemency ['klɛmənsɪ] N clemência

clement ['klɛmənt] ADJ (*weather*) ameno

clench [klɛntʃ] VT apertar, cerrar; (*teeth*) trincar

clergy ['klɜ:dʒɪ] N clero

clergyman ['klɜ:dʒɪmən] (*irreg: like* **man**) N clérigo, pastor *m*

clerical ['klɛrɪkəl] ADJ de escritório; (*Rel*) clerical

clerk [klɑ:k, (US) klɜ:rk] N auxiliar *m/f* de escritório; (US: *sales person*) balconista *m/f*; **C~ of Court** (*Law*) escrivão(-vã) *m/f* (do tribunal)

clever ['klɛvə'] ADJ (*mentally*) inteligente; (*deft, crafty*) hábil; (*device, arrangement*) engenhoso

clew [klu:] (US) N = **clue**

cliché ['kli:ʃeɪ] N clichê *m*, frase *f* feita

click [klɪk] VT (*tongue*) estalar; (*heels*) bater; (*Comput*) clicar em ▶ VI (*make sound*) estalar; (*Comput*) clicar

client ['klaɪənt] N cliente *m/f*

clientele [kli:ɑ:n'tɛl] N clientela

cliff [klɪf] N penhasco

cliffhanger ['klɪfhæŋə'] N (*TV, fig*) história de suspense

climactic [klaɪ'mæktɪk] ADJ culminante

climate ['klaɪmɪt] N clima *m*

climate change N mudanças *fpl* climáticas

climax ['klaɪmæks] N clímax *m*, ponto culminante; (*sexual*) clímax

climb [klaɪm] VI subir; (*plant*) trepar; (*plane*) ganhar altitude; (*prices etc*) escalar; (*move with effort*): **to ~ over a wall/into a car** passar por cima de um muro/entrar num carro ▶ VT (*stairs*) subir; (*tree*) trepar em; (*hill*) escalar ▶ N subida; (*of prices etc*) escalada
▶ **climb down** VI descer; (BRIT *fig*) recuar, ceder

climb-down (BRIT) N retração *f*

climber ['klaɪmə'] N alpinista *m/f*; (*plant*) trepadeira

climbing ['klaɪmɪŋ] N alpinismo

clinch [klɪntʃ] VT (*deal*) fechar; (*argument*) decidir, resolver

cling [klɪŋ] (*pt, pp* **clung**) VI: **to ~ to** pegar-se a, aderir a; (*hold on to: support, idea*) agarrar-se a; (*clothes*) ajustar-se a

Clingfilm® ['klɪŋfɪlm] N papel *m* filme

clinic ['klɪnɪk] N clínica; (*consultation*) consulta

clinical ['klɪnɪkl] ADJ clínico; (*fig*) frio, impessoal

clink [klɪŋk] VI tinir

clip [klɪp] N (*for hair*) grampo (BR), gancho (PT); (*also:* **paper clip**) mola, clipe *m*; (*TV, Cinema*) clipe; (*on necklace etc*) fecho; (*Aut: holding hose etc*) braçadeira ▶ VT (*cut*) aparar; (*also:* **clip together**: *papers*) grampear

clippers ['klɪpəz] NPL (*for gardening*) podadeira; (*for hair*) máquina; (*also:* **nail clippers**) alicate *m* de unhas

clipping ['klɪpɪŋ] N recorte *m*

clique [kli:k] N panelinha

cloak [kləuk] N capa, manto ▶ VT (*fig*) encobrir

cloakroom ['kləukrum] N vestiário; (BRIT: *WC*) sanitários *mpl* (BR), lavatórios *mpl* (PT)

clock [klɔk] N relógio; (*in taxi*) taxímetro; **round the ~** (*work etc*) dia e noite, ininterruptamente; **30,000 on the ~** (BRIT *Aut*) 30.000 milhas rodadas; **to work against the ~** trabalhar contra o tempo
▶ **clock in, clock on** (BRIT) VI assinar o ponto na entrada
▶ **clock off, clock out** (BRIT) VI assinar o ponto na saída
▶ **clock up** VT (*miles, hours etc*) fazer

clockwise ['klɔkwaɪz] ADV em sentido horário

clockwork ['klɔkwɜ:k] N mecanismo de relógio ▶ ADJ de corda

clog [klɔg] N tamanco ▶ VT entupir ▶ VI (*also:* **clog up**) entupir-se

cloister ['klɔɪstə'] N claustro

clone [kləun] N clone *m*

close [*adj, adv* kləus, *vb, n* kləuz] ADJ próximo; (*print, weave*) denso, compacto; (*friend*) íntimo; (*connection*) estreito; (*examination*) minucioso; (*watch*) atento; (*contest*) apertado; (*weather*) abafado; (*atmosphere*) sufocante; (*room*) mal arejado ▶ ADV perto ▶ VT (*shut*) fechar; (*end*) encerrar ▶ VI (*shop, door etc*) fechar; (*end*) concluir-se, terminar-se ▶ N (*end*) fim *m*, conclusão *f*, terminação *f*; **~ by**, **~ at hand** perto, pertinho; **how ~ is Edinburgh to Glasgow?** qual é a distância entre Edimburgo e Glasgow?; **to have a ~ shave** (*fig*) livrar-se por um triz; **at ~ quarters** de perto; **~ to** perto de; **to bring sth to a ~** dar fim a algo
▶ **close down** VT, VI fechar definitivamente
▶ **close in** VI (*hunters*) apertar o cerco; (*night, fog*) cair; **the days are closing in** os dias estão ficando mais curtos; **to ~ in on sb** aproximar-se de alguém, cercar alguém
▶ **close off** VT (*area*) isolar

closed [kləuzd] ADJ fechado

closed-circuit ADJ: **~ television** televisão *f* de circuito fechado

closed shop N *estabelecimento industrial que só admite empregados sindicalizados*

close-knit ADJ (*family, community*) muito unido

closely ['kləuslɪ] ADV (*exactly*) fielmente; (*carefully*) rigorosamente; (*watch*) de perto; **we are ~ related** somos parentes próximos; **a ~ guarded secret** um segredo bem guardado

closet ['klɔzɪt] N (*cupboard*) armário; (*walk-in*) closet *m*

close-up [kləus-] N close m, close-up m
closing ['kləuzɪŋ] ADJ (stages, remarks) final; ~ **price** (Stock Exchange) cotação f de fechamento
closing-down sale (BRIT) N liquidação f (por motivo de fechamento)
closure ['kləuʒə'] N (of factory etc) fechamento
clot [klɔt] N (gen: blood clot) coágulo; (inf: idiot) imbecil m/f ▶ VI (blood) coagular-se
cloth [klɔθ] N (material) tecido, fazenda; (rag) pano; (also: **tablecloth**) toalha
clothe [kləuð] VT vestir; (fig) revestir
clothes [kləuðz] NPL roupa; **to put one's ~ on** vestir-se; **to take one's ~ off** tirar a roupa
clothes brush N escova (para a roupa)
clothes line N corda (para estender a roupa)
clothes peg, (US) **clothes pin** N pregador m
clothing ['kləuðɪŋ] N = **clothes**
clotted cream ['klɔtɪd-] (BRIT) N creme m coalhado
cloud [klaud] N nuvem f ▶ VT (liquid) turvar; **to ~ the issue** confundir or complicar as coisas; **every ~ has a silver lining** (proverb) Deus escreve certo por linhas tortas
▶ **cloud over** VI (also: fig) fechar
cloudburst ['klaudbə:st] N aguaceiro
cloud computing N computação f em nuvem
cloud-cuckoo-land (BRIT) N: **to live in ~** viver no mundo da lua
cloudy ['klaudɪ] ADJ nublado; (liquid) turvo
clout [klaut] VT dar uma bofetada em ▶ N (blow) bofetada; (fig) influência
clove [kləuv] N cravo
clove of garlic N dente m de alho
clover ['kləuvə'] N trevo
cloverleaf ['kləuvəli:f] (irreg: like **leaf**) N (Aut) trevo rodoviário
clown [klaun] N palhaço ▶ VI (also: **clown about, clown around**) fazer palhaçadas
cloying ['klɔɪɪŋ] ADJ (taste, smell) enjoativo, nauseabundo
club [klʌb] N (society) clube m; (weapon) cacete m; (also: **golf club**) taco ▶ VT esbordoar ▶ VI: **to ~ together** cotizar-se; **clubs** NPL (Cards) paus mpl
club car (US) N (Rail) vagão-restaurante m
clubhouse ['klʌbhaus] N sede f do clube
cluck [klʌk] VI cacarejar
clue [klu:] N indício, pista; (in crossword) definição f; **I haven't a ~** não faço ideia
clued up, (US) **clued in** (inf) [klu:d-] ADJ entendido
clueless ['klu:lɪs] (inf) ADJ burro
clump [klʌmp] N (of trees etc) grupo
clumsy ['klʌmzɪ] ADJ (person) desajeitado; (movement) deselegante, mal-feito; (attempt) inábil
clung [klʌŋ] PT, PP of **cling**
cluster ['klʌstə'] N grupo; (of flowers) ramo ▶ VI agrupar-se, apinhar-se
clutch [klʌtʃ] N (grip, grasp) garra; (Aut) embreagem f (BR), embraiagem f (PT); (pedal) pedal m de embreagem (BR) or embraiagem (PT) ▶ VT empunhar, pegar em ▶ VI: **to ~ at** agarrar-se a
clutter ['klʌtə'] VT (also: **clutter up**) abarrotar, encher desordenadamente ▶ N bagunça, desordem f
CM (US) ABBR (Post) = **North Mariana Islands**
cm ABBR (= centimetre) cm
CNAA (BRIT) N ABBR (= Council for National Academic Awards) órgão não universitário que outorga diplomas
CND N ABBR = **Campaign for Nuclear Disarmament**
CO N ABBR (= commanding officer) Com.; (BRIT) = **Commonwealth Office** ▶ ABBR (US Post) = **Colorado**
Co. ABBR = **county**; (= company) Cia.
c/o ABBR (= care of) a/c
coach [kəutʃ] N (bus) ônibus m (BR), autocarro (PT); (horse-drawn) carruagem f, coche m; (of train) vagão m; (Sport) treinador(a) m/f, instrutor(a) m/f; (tutor) professor(a) m/f particular ▶ VT (Sport) treinar; (student) preparar, ensinar
coach station (BRIT) N rodoviária
coach trip N passeio de ônibus (BR) or autocarro (PT)
coagulate [kəu'ægjuleɪt] VI coagular-se ▶ VT coagular
coal [kəul] N carvão m
coal face N frente f de carvão
coalfield ['kəulfi:ld] N região f carbonífera
coalition [kəuə'lɪʃən] N coalizão f, coligação f
coalman ['kəulmæn] (irreg: like **man**) N carvoeiro
coal merchant N = **coalman**
coalmine ['kəulmaɪn] N mina de carvão
coal miner N mineiro de carvão
coal mining N mineração f de carvão
coarse [kɔ:s] ADJ grosso, áspero; (vulgar) grosseiro, ordinário
coast [kəust] N costa, litoral m ▶ VI (Aut) ir em ponto morto
coastal ['kəustəl] ADJ costeiro
coaster ['kəustə'] N embarcação f costeira, barco de cabotagem; (for glass) descanso
coastguard ['kəustga:d] N (service) guarda costeira; (person) guarda-costeira m/f
coastline ['kəustlaɪn] N litoral m
coat [kəut] N (jacket) casaco; (overcoat) sobretudo; (of animal) pelo; (of paint) demão f, camada ▶ VT cobrir, revestir
coat hanger N cabide m
coating ['kəutɪŋ] N camada
coat of arms N brasão m
co-author [kəu-] N coautor(a) m/f
coax [kəuks] VT persuadir com meiguice
cob [kɔb] N see **corn**
cobbler ['kɔblə'] N sapateiro
cobbles ['kɔblz] NPL pedras fpl arredondadas
cobblestones ['kɔblstəunz] NPL = **cobbles**
COBOL ['kəubɔl] N COBOL m
cobra ['kəubrə] N naja
cobweb ['kɔbwɛb] N teia de aranha

cocaine [kɔ'keɪn] N cocaína
cock [kɔk] N (*rooster*) galo; (*male bird*) macho ▶ VT (*gun*) engatilhar; **to ~ one's ears** (*fig*) prestar atenção
cock-a-hoop ADJ exultante, eufórico
cockerel ['kɔkərəl] N frango, galo pequeno
cock-eyed [-aɪd] ADJ (*crooked*) torto; (*fig: idea*) absurdo
cockle ['kɔkl] N berbigão m
cockney ['kɔknɪ] N londrino(-a) (*nativo dos bairros populares do leste de Londres*)
cockpit ['kɔkpɪt] N (*in aircraft*) cabina
cockroach ['kɔkrəutʃ] N barata
cocktail ['kɔkteɪl] N coquetel m (BR), cocktail m (PT)
cocktail cabinet N móvel-bar m
cocktail party N coquetel m (BR), cocktail m (BR)
cocktail shaker [-ʃeɪkə^r] N coqueteleira
cocoa ['kəukəu] N cacau m; (*drink*) chocolate m
coconut ['kəukənʌt] N coco
cocoon [kə'kuːn] N casulo
COD ABBR (BRIT) = **cash on delivery**; (US) = **collect on delivery**
cod [kɔd] N INV bacalhau m
code [kəud] N cifra; (*dialling code, post code*) código
codeine ['kəudiːn] N codeína
code of practice N deontologia
codicil ['kɔdɪsɪl] N codicilo
codify ['kəudɪfaɪ] VT codificar
cod-liver oil N óleo de fígado de bacalhau
co-driver [kəu-] N (*in race*) co-piloto; (*in lorry*) segundo motorista m
co-ed ['kəu'ɛd] ADJ ABBR = **coeducational** ▶ N (US: *female student*) aluna de escola mista; (BRIT: *school*) escola mista
coeducational ['kəuɛdju'keɪʃənl] ADJ misto
coerce [kəu'əːs] VT coagir
coercion [kəu'əːʃən] N coerção f
coexistence ['kəuɪg'zɪstəns] N coexistência
C. of C. N ABBR = **chamber of commerce**
C of E ABBR = **Church of England**
coffee ['kɔfɪ] N café m; **white ~** (BRIT) or **~ with cream** (US) café com leite
coffee bar (BRIT) N café m, lanchonete f
coffee bean N grão m de café
coffee break N hora do café
coffee cake (US) N pão m doce com passas
coffee cup N xícara (BR) or chávena (PT) de café
coffee grounds NPL borras fpl de café
coffee plant N pé m de café
coffeepot ['kɔfɪpɔt] N cafeteira
coffee table N mesinha de centro
coffin ['kɔfɪn] N caixão m
C of I ABBR = **Church of Ireland**
C of S ABBR = **Church of Scotland**
cog [kɔg] N (*tooth*) dente m; (*wheel*) roda dentada
cogent ['kəudʒənt] ADJ convincente
cognac ['kɔnjæk] N conhaque m
cognitive ['kɔgnɪtɪv] ADJ cognitivo
cogwheel ['kɔgwiːl] N roda dentada

cohabit [kəu'hæbɪt] VI (*formal*): **to ~ (with sb)** coabitar (com alguém)
coherent [kəu'hɪərənt] ADJ coerente
cohesion [kəu'hiːʒən] N coesão f
cohesive [kəu'hiːsɪv] ADJ coeso
COI (BRIT) N ABBR (= *Central Office of Information*) serviço de informação governamental
coil [kɔɪl] N rolo; (*rope*) corda enrolada; (*of smoke*) espiral f; (*Elec*) bobina; (*contraceptive*) DIU m ▶ VT enrolar ▶ VI enrolar-se, espiralar-se
coin [kɔɪn] N moeda ▶ VT (*word*) cunhar, criar
coinage ['kɔɪnɪdʒ] N moeda, sistema m monetário
coin box (BRIT) N telefone m público
coincide [kəuɪn'saɪd] VI coincidir
coincidence [kəu'ɪnsɪdəns] N coincidência
coin-operated [-'ɔpəreɪtɪd] ADJ (*machine, laundry*) automático, que funciona com moedas
Coke® [kəuk] N coca
coke [kəuk] N (*coal*) coque m
Col. ABBR (= *colonel*) Cel.
COLA (US) N ABBR (= *cost-of-living adjustment*) ≈ URP f
colander ['kɔləndə^r] N coador m, passador m
cold [kəuld] ADJ frio ▶ N frio; (*Med*) resfriado (BR), constipação f (PT); **it's ~** está frio; **to be** or **feel ~** (*person*) estar com frio; (*object*) estar frio; **to catch ~** pegar friagem; **to catch a ~** ficar resfriado (BR), apanhar uma constipação (PT); **in ~ blood** a sangue frio; **to have ~ feet** (*fig*) estar com medo; **to give sb the ~ shoulder** tratar alguém com frieza, dar um gelo em alguém (*inf*)
cold-blooded [-'blʌdɪd] ADJ (*Zool*) de sangue frio; (*murder*) a sangue frio
cold cream N creme m de limpeza
coldly ['kəuldlɪ] ADV friamente
cold-shoulder VT tratar com frieza
cold sore N herpes m labial
coleslaw ['kəulslɔː] N salada de repolho cru
colic ['kɔlɪk] N cólica
collaborate [kə'læbəreɪt] VI colaborar
collaboration [kəlæbə'reɪʃən] N colaboração f
collaborator [kə'læbəreɪtə^r] N colaborador(a) m/f
collage [kɔ'lɑːʒ] N colagem f
collagen ['kɔlədʒən] N colágeno
collapse [kə'læps] VI cair, tombar; (*roof*) dar de si, desabar; (*building*) desabar; (*Med*) desmaiar ▶ N desabamento, desmoronamento; (*of government*) queda; (*Med*) colapso
collapsible [kə'læpsəbl] ADJ dobrável
collar ['kɔlə^r] N (*of shirt*) colarinho; (*of coat etc*) gola; (*for dog*) coleira; (*Tech*) aro, colar m ▶ VT (*inf: person*) prender
collarbone ['kɔləbəun] N clavícula
collate [kɔ'leɪt] VT cotejar
collateral [kə'lætrəl] N garantia subsidiária or pignoratícia
collation [kə'leɪʃən] N colação f

colleague ['kɔli:g] N colega m/f
collect [kə'lɛkt] VT reunir; (as a hobby) colecionar; (gather) recolher; (wages, debts) cobrar; (donations, subscriptions) colher; (mail) coletar; (BRIT: call for) (ir) buscar ▶ VI (people) reunir-se; (dust, dirt) acumular-se ▶ ADV: **to call ~** (US Tel) ligar a cobrar; **to ~ one's thoughts** refletir; **~ on delivery** (US Comm) pagamento na entrega
collected [kə'lɛktɪd] ADJ: **~ works** obra completa
collection [kə'lɛkʃən] N coleção f; (of people) grupo; (of donations) arrecadação f; (of post, for charity) coleta; (of writings) coletânea
collective [kə'lɛktɪv] ADJ coletivo
collective bargaining N negociação f coletiva
collector [kə'lɛktə^r] N colecionador(a) m/f; (of taxes etc) cobrador(a) m/f; **~'s item** or **piece** peça de coleção
college ['kɔlɪdʒ] N (of university) faculdade f; (of technology, agriculture) escola profissionalizante; **to go to ~** fazer faculdade; ver nota

> Além de "universidade", **college** também se refere a um centro de educação superior para jovens que terminaram a educação obrigatória, secondary school. Alguns oferecem cursos de especialização em matérias técnicas, artísticas ou comerciais, outros oferecem disciplinas universitárias.

college of education N faculdade f de educação
collide [kə'laɪd] VI: **to ~ (with)** colidir (com)
collie ['kɔlɪ] N collie m
colliery ['kɔlɪərɪ] (BRIT) N mina de carvão
collision [kə'lɪʒən] N colisão f; **to be on a ~ course** estar em curso de colisão
colloquial [kə'ləukwɪəl] ADJ coloquial
collusion [kə'lu:ʒən] N colusão f, conluio; **in ~ with** em conluio com
cologne [kə'ləun] N (also: **eau-de-cologne**) (água de) colônia
Colombia [kə'lɔmbɪə] N Colômbia
Colombian [kə'lɔmbɪən] ADJ, N colombiano(-a)
colon ['kəulən] N (sign) dois pontos; (Med) cólon m
colonel ['kə:nl] N coronel m
colonial [kə'ləunɪəl] ADJ colonial
colonize ['kɔlənaɪz] VT colonizar
colony ['kɔlənɪ] N colônia
color ['kʌlə^r] (US) = **colour**
Colorado beetle [kɔlə'rɑ:dəu-] N besouro da batata, dorífora
colossal [kə'lɔsl] ADJ colossal
colour, (US) **color** ['kʌlə^r] N cor f ▶ VT colorir; (with crayons) colorir, pintar; (dye) tingir; (fig: account) falsear ▶ VI (blush) corar; **colours** NPL (of party, club) cores fpl; **in ~** (photograph etc) a cores
▶ **colour in** VT (drawing) colorir

colour bar, (US) **color bar** N discriminação f racial
colour-blind, (US) **color-blind** ['kʌləblaɪnd] ADJ daltônico
coloured, (US) **colored** ['kʌləd] ADJ colorido; (old: person) de cor
coloureds, (US) **coloreds** ['kʌlədz] NPL (old) gente f de cor
colour film, (US) **color film** N filme m a cores
colourful, (US) **colorful** ['kʌləful] ADJ colorido; (account) vívido; (personality) vivo, animado
colouring, (US) **coloring** ['kʌlərɪŋ] N colorido; (complexion) tez f; (in food) corante m
colourless, (US) **colorless** ['kʌləlɪs] ADJ sem cor, pálido
colour scheme, (US) **color scheme** N distribuição f de cores
colour supplement (BRIT) N (Press) revista, suplemento a cores
colour television, (US) **color television** N televisão f a cores
colt [kəult] N potro
column ['kɔləm] N coluna; (of smoke) faixa; (of people) fila; **the editorial ~** o editorial
columnist ['kɔləmnɪst] N cronista m/f
coma ['kəumə] N coma m; **to be in a ~** estar em coma
comb [kəum] N pente m; (ornamental) crista; (of cock) crista ▶ VT (hair) pentear; (area) vasculhar
combat ['kɔmbæt] N combate m ▶ VT combater
combination [kɔmbɪ'neɪʃən] N combinação f; (of safe) segredo
combination lock N fechadura de combinação
combine [vt, vi kəm'baɪn, n 'kɔmbaɪn] VT combinar; (qualities) reunir ▶ VI combinar-se ▶ N (Econ) associação f; (pej) monopólio; **a ~d effort** um esforço conjunto
combine harvester N ceifeira debulhadora
combo ['kɔmbəu] N (Jazz etc) conjunto
combustible [kəm'bʌstɪbl] ADJ combustível
combustion [kəm'bʌstʃən] N combustão f

(KEYWORD)

come [kʌm] (pt **came**, pp **come**) VI **1** (movement towards) vir; **come here!** vem aqui!; **I've only come for an hour** eu só vim por uma hora; **come with me** vem comigo; **are you coming to my party?** você vem à minha festa?; **to come running** vir correndo
2 (arrive) chegar; **he's just come from Aberdeen** ele acabou de chegar de Aberdeen; **she's come here to work** ela veio aqui para trabalhar; **they came to a river** eles chegaram num rio; **to come home** chegar em casa
3 (reach): **to come to** chegar a; **the bill came to £40** a conta deu £40; **her hair came to her waist** o cabelo dela batia na cintura; **to come to power** chegar ao poder; **to come to a decision** chegar a uma decisão

4 (*occur*): **an idea came to me** uma ideia me ocorreu
5 (*be, become*) ficar; **to come loose/undone** soltar-se/desfazer-se; **I've come to like him** passei a gostar dele
▶ **come about** VI suceder, acontecer
▶ **come across** VT FUS (*person*) topar com; (*thing*) encontrar
▶ **come away** VI (*leave*) ir-se embora; (*become detached*) desprender-se, soltar-se
▶ **come back** VI (*return*) voltar
▶ **come by** VT FUS (*acquire*) conseguir
▶ **come down** VI (*price*) baixar; (*tree*) cair; (*building*) desmoronar-se
▶ **come forward** VI (*volunteer*) apresentar-se
▶ **come from** VT FUS (*place, source etc: subj: person*) ser de; (: *thing*) originar-se de
▶ **come in** VI (*visitor*) entrar; (*on deal etc*) participar; (*be involved*) estar envolvido
▶ **come in for** VT FUS (*criticism etc*) receber
▶ **come into** VT FUS (*money*) herdar; (*fashion*) ser; (*be involved*) estar envolvido em
▶ **come off** VI (*button*) desprender-se, soltar-se; (*attempt*) dar certo
▶ **come on** VI (*pupil, work, project*) avançar; (*lights, electricity*) ser ligado; **come on!** vamos!, vai!
▶ **come out** VI (*fact*) vir à tona; (*book*) ser publicado; (*stain, sun*) sair
▶ **come round** VI (*after faint, operation*) voltar a si
▶ **come to** VI (*regain consciousness*) voltar a si
▶ **come up** VI (*sun*) nascer; (*problem, subject*) surgir; (*event*) acontecer
▶ **come up against** VT FUS (*resistance, difficulties*) enfrentar, esbarrar em
▶ **come upon** VT FUS (*find*) encontrar, achar
▶ **come up with** VT FUS (*idea*) propor, sugerir; (*money*) contribuir

comeback ['kʌmbæk] N (*of film star etc*) volta; (*reaction*) reação f; (*response*) resposta
comedian [kə'miːdɪən] N cômico, humorista m
comedienne [kəmiːdɪ'ɛn] N cômica, humorista
comedown ['kʌmdaun] (*inf*) N revés m, humilhação f
comedy ['kɔmɪdɪ] N comédia; (*humour*) humor m
comet ['kɔmɪt] N cometa m
comeuppance [kʌm'ʌpəns] N: **to get one's ~ (for sth)** pagar (por algo)
comfort ['kʌmfət] N comodidade f, conforto; (*well-being*) bem-estar m; (*solace*) consolo; (*relief*) alívio ▶ VT consolar, confortar;
comforts NPL (*of home etc*) conforto
comfortable ['kʌmfətəbl] ADJ confortável; (*financially*) tranquilo; (*walk, climb etc*) fácil; **I don't feel very ~ about it** não estou completamente conformado com isso
comfortably ['kʌmfətəblɪ] ADV confortavelmente

comforter ['kʌmfətəʳ] (US) N edredom m (BR), edredão m (PT)
comfort station (US) N banheiro (BR), lavatórios mpl (PT)
comic ['kɔmɪk] ADJ (*also*: **comical**) cômico ▶ N (*person*) humorista m/f; (BRIT: *magazine*) revista em quadrinhos (BR), revista de banda desenhada (PT), gibi m (BR *inf*)
comical ['kɔmɪkl] ADJ engraçado, cômico
comic strip N história em quadrinhos (BR), banda desenhada (PT)
coming ['kʌmɪŋ] N vinda, chegada ▶ ADJ que vem, vindouro; **in the ~ weeks** nas próximas semanas
coming and going N, **comings and goings** NPL vaivém m, azáfama
Comintern ['kɔmɪntəːn] N Comintern m
comma ['kɔmə] N vírgula
command [kə'mɑːnd] N ordem f, mandado; (*control*) controle m; (*Mil: authority*) comando; (*mastery*) domínio; (*Comput*) comando ▶ VT (*troops*) mandar; (*give orders to*) mandar, ordenar; (*dispose of*) dispor de; (*deserve*) merecer; **to ~ sb to do** mandar alguém fazer; **to have/take ~ of** ter/assumir o controle de; **to have at one's ~** (*money, resources etc*) dispor de
commandeer [kɔmən'dɪəʳ] VT requisitar
commander [kə'mɑːndəʳ] N (*Mil*) comandante m/f
commander-in-chief N (*Mil*) comandante-em-chefe m/f, comandante-chefe m/f
commanding [kə'mɑːndɪŋ] ADJ (*appearance*) imponente; (*voice, tone*) autoritário, imperioso; (*lead, position*) dominante
commanding officer N comandante m/f
commandment [kə'mɑːndmənt] N (*Rel*) mandamento
command module N (*Space*) módulo de comando
commando [kə'mɑːndəu] N (*group*) comando; (*soldier*) soldado
commemorate [kə'mɛməreɪt] VT (*with monument*) comemorar; (*with celebration*) celebrar
commemoration [kəmɛmə'reɪʃən] N comemoração f
commemorative [kə'mɛmərətɪv] ADJ comemorativo
commence [kə'mɛns] VT, VI começar, iniciar
commend [kə'mɛnd] VT (*praise*) elogiar, louvar; (*entrust*) encomendar; (*recommend*) recomendar
commendable [kə'mɛndəbl] ADJ louvável
commendation [kɔmɛn'deɪʃən] N elogio, louvor m
commensurate [kə'mɛnʃərɪt] ADJ: **~ with** compatível com
comment ['kɔmɛnt] N comentário ▶ VI comentar; **to ~ on sth** comentar algo; **to ~ that** observar que; **"no ~"** "sem comentário"
commentary ['kɔməntərɪ] N comentário

commentator ['kɔmənteɪtəʳ] N comentarista m/f
commerce ['kɔməːs] N comércio
commercial [kə'məːʃəl] ADJ comercial ▶ N anúncio, comercial m
commercial bank N banco comercial
commercial break N intervalo para os comerciais
commercial college N escola de comércio
commercialism [kə'məːʃəlɪzəm] N mercantilismo
commercialize [kə'məːʃəlaɪz] VT comercializar
commercial radio N rádio f comercial
commercial television N televisão f comercial
commercial traveller N caixeiro/a-viajante m/f
commercial vehicle N veículo utilitário
commiserate [kə'mɪzəreɪt] VI: **to ~ with** comiserar-se de, condoer-se de
commission [kə'mɪʃən] N (body, fee) comissão f; (act) incumbência; (order for work of art etc) empreitada, encomenda ▶ VT (Mil) dar patente oficial a; (work of art) encomendar; (artist) incumbir; **out of ~** (Naut) fora do serviço ativo; (not working) com defeito; **to ~ sb to do sth** mandar alguém fazer algo; **to ~ sth from sb** encomendar algo a alguém; **~ of inquiry** (BRIT) comissão de inquérito
commissionaire [kəmɪʃə'nɛəʳ] (BRIT) N porteiro
commissioner [kə'mɪʃənəʳ] N comissário(-a)
commit [kə'mɪt] VT (act) cometer; (money, resources) alocar; (to sb's care) entregar; **to ~ o.s. (to doing)** comprometer-se (a fazer); **to ~ suicide** suicidar-se; **to ~ to writing** pôr por escrito, pôr no papel; **to ~ sb for trial** levar alguém a julgamento
commitment [kə'mɪtmənt] N (obligation) compromisso; (political etc) engajamento; (undertaking) promessa
committed [kə'mɪtɪd] ADJ (writer, politician etc) engajado
committee [kə'mɪtɪ] N comitê m; **to be on a ~** ser membro de um comitê
committee meeting N reunião f de comitê
commodity [kə'mɔdɪtɪ] N mercadoria; **commodities** NPL (Comm) commodities mpl
commodity exchange N bolsa de mercadorias
common ['kɔmən] ADJ comum; (vulgar) ordinário, vulgar ▶ N área verde aberta ao público; **Commons** NPL (BRIT Pol): **the (House of) C~s** a Câmara dos Comuns; **to have sth in ~ (with sb)** ter algo em comum (con alguém); **in ~ use** de uso corrente; **it's ~ knowledge that** todos sabem que; **to the ~ good** para o bem comum
common denominator N (fig) elemento comum
commoner ['kɔmənəʳ] N plebeu(-beia) m/f
common ground N (fig) consenso
common law N lei f consuetudinária ▶ ADJ: **common-law wife** concubina
commonly ['kɔmənlɪ] ADV geralmente
Common Market N Mercado Comum
commonplace ['kɔmənpleɪs] ADJ vulgar, trivial ▶ N lugar-comum m
common room N sala comum; (Sch) sala dos professores (or estudantes)
common sense N bom senso
Commonwealth ['kɔmənwɛlθ] N: **the ~** a Comunidade Britânica
commotion [kə'məuʃən] N tumulto, confusão f
communal ['kɔmjuːnl] ADJ (life) comunal; (shared) comun
commune [n 'kɔmjuːn, vi kə'mjuːn] N (group) comuna ▶ VI: **to ~ with** comunicar-se com
communicate [kə'mjuːnɪkeɪt] VT comunicar ▶ VI: **to ~ (with)** comunicar-se (com)
communication [kəmjuːnɪ'keɪʃən] N comunicação f; (letter, call) mensagem f
communication cord (BRIT) N sinal m de alarme
communications network N rede f de comunicações
communications satellite N satélite m de comunicações
communicative [kə'mjuːnɪkətɪv] ADJ comunicativo
communion [kə'mjuːnɪən] N (also: **Holy Communion**) comunhão f
communiqué [kə'mjuːnɪkeɪ] N comunicado
communism ['kɔmjunɪzəm] N comunismo
communist ['kɔmjunɪst] ADJ, N comunista m/f
community [kə'mjuːnɪtɪ] N comunidade f; (within larger group) sociedade f
community centre N centro social
community chest (US) N fundo de assistência social
community health centre N centro de saúde comunitário
community service N serviços mpl comunitários
community spirit N espírito comunitário
commutation ticket [kɔmju'teɪʃən-] (US) N passe m, bilhete m de assinatura
commute [kə'mjuːt] VI viajar diariamente ▶ VT comutar
commuter [kə'mjuːtəʳ] N viajante m/f habitual
compact [adj kəm'pækt, n 'kɔmpækt] ADJ compacto; (style) conciso ▶ N (pact) pacto; (also: **powder compact**) estojo
compact disc N disco laser
compact disc player N som cd m
companion [kəm'pænɪən] N companheiro(-a)
companionship [kəm'pænɪənʃɪp] N companhia, companheirismo; (spirit) camaradagem f
companionway [kəm'pænjənweɪ] N (Naut) escada de tombadilho
company ['kʌmpənɪ] N companhia; (Comm) sociedade f, companhia; **he's good ~** ele é uma boa companhia; **we have ~** temos

visita; **to keep sb ~** fazer companhia a alguém; **to part ~ with** separar-se de; **Smith and C~** Smith e Companhia
company car N carro da companhia
company director N administrador(a) m/f de companhia
company secretary (BRIT) N (Comm) secretário(-a) geral (de uma companhia)
comparable ['kɔmpərəbl] ADJ comparável
comparative [kəm'pærətɪv] ADJ (study) comparativo; (peace, safety) relativo
comparatively [kəm'pærətɪvlɪ] ADJ (relatively) relativamente
compare [kəm'pɛəʳ] VT comparar; (contrast): **to ~ (to/with)** comparar (a/com) ▸ VI: **to ~ with** comparar-se com; **how do the prices ~?** qual é a diferença entre os preços?; **~d with** or **to** em comparação com
comparison [kəm'pærɪsn] N comparação f; **in ~ (with)** em comparação (com), comparado (com)
compartment [kəm'pɑːtmənt] N (Rail, of fridge) compartimento; (of wallet) divisão f
compass ['kʌmpəs] N bússola; **within the ~ of** no âmbito de
compasses ['kʌmpəsɪz] NPL compasso
compassion [kəm'pæʃən] N compaixão f
compassionate [kəm'pæʃənət] ADJ compassivo; **on ~ grounds** por motivos humanitários
compatibility [kɔmpætɪ'bɪlɪtɪ] N compatibilidade f
compatible [kəm'pætɪbl] ADJ compatível
compel [kəm'pɛl] VT obrigar
compelling [kəm'pɛlɪŋ] ADJ (fig: argument) convincente
compendium [kəm'pɛndɪəm] N compêndio
compensate ['kɔmpənseɪt] VT (employee, victim) indenizar ▸ VI: **to ~ for** compensar
compensation [kɔmpən'seɪʃən] N compensação f; (damages) indenização f
compère ['kɔmpɛəʳ] N apresentador(a) m/f
compete [kəm'piːt] VI (take part) competir; (vie): **to ~ (with)** competir (com), fazer competição (com)
competence ['kɔmpɪtəns] N competência, capacidade f
competent ['kɔmpɪtənt] ADJ competente
competition [kɔmpɪ'tɪʃən] N (contest) concurso; (Econ) concorrência; (rivalry) competição f; **in ~ with** em competição com
competitive [kəm'pɛtɪtɪv] ADJ competitivo; (person) competidor(a)
competitive examination N concurso
competitor [kəm'pɛtɪtəʳ] N (rival) competidor(a) m/f; (participant, Econ) concorrente m/f; **our ~s** (Comm) a (nossa) concorrência
compile [kəm'paɪl] VT compilar, compor
complacency [kəm'pleɪsnsɪ] N satisfação f consigo mesmo
complacent [kəm'pleɪsənt] ADJ relaxado, acomodado

complain [kəm'pleɪn] VI queixar-se; (in shop etc) reclamar; **to ~ of** (pain) queixar-se de
complaint [kəm'pleɪnt] N (objection) objeção f; (criticism) queixa; (in shop etc) reclamação f; (Law) querela; (Med) achaque m, doença
complement ['kɔmplɪmənt] N complemento; (esp ship's crew) tripulação f ▸ VT complementar
complementary [kɔmplɪ'mɛntərɪ] ADJ complementar
complete [kəm'pliːt] ADJ completo; (finished) acabado ▸ VT (finish: building, task) acabar; (set, group) completar; (a form) preencher; **a ~ disaster** um desastre total
completely [kəm'pliːtlɪ] ADV completamente
completion [kəm'pliːʃən] N conclusão f, término; (of contract etc) realização f; **to be nearing ~** estar quase pronto; **on ~ of contract** na assinatura do contrato; (for house) na escritura
complex ['kɔmplɛks] ADJ complexo ▸ N (Psych, of ideas etc) complexo; (of buildings) conjunto
complexion [kəm'plɛkʃən] N (of face) cor f, tez f; (fig) aspecto
complexity [kəm'plɛksɪtɪ] N complexidade f
compliance [kəm'plaɪəns] N (submission) submissão f; (agreement) conformidade f; **in ~ with** de acordo com, conforme
compliant [kəm'plaɪənt] ADJ complacente, submisso
complicate ['kɔmplɪkeɪt] VT complicar
complicated ['kɔmplɪkeɪtɪd] ADJ complicado
complication [kɔmplɪ'keɪʃən] N problema m; (Med) complicação f
compliment [n 'kɔmplɪmənt, vt 'kɔmplɪmɛnt] N (formal) cumprimento; (praise) elogio ▸ VT elogiar; **compliments** NPL cumprimentos mpl; **to pay sb a ~** elogiar alguém; **to ~ sb (on sth/on doing sth)** cumprimentar or elogiar alguém (por algo/por ter feito algo)
complimentary [kɔmplɪ'mɛntərɪ] ADJ lisonjeiro; (free) gratuito
complimentary ticket N entrada de favor or de cortesia
compliments slip N memorando
comply [kəm'plaɪ] VI: **to ~ with** cumprir com
component [kəm'pəunənt] ADJ componente ▸ N (part) peça; (element) componente m
compose [kəm'pəuz] VT compor; **to be ~d of** compor-se de; **to ~ o.s.** tranquilizar-se
composed [kəm'pəuzd] ADJ calmo
composer [kəm'pəuzəʳ] N (Mus) compositor(a) m/f
composite ['kɔmpəzɪt] ADJ composto
composition [kɔmpə'zɪʃən] N composição f
compost ['kɔmpɔst] N adubo
composure [kəm'pəuʒəʳ] N serenidade f, calma
compound [n, adj 'kɔmpaund, vt kəm'paund] N (Chem, Ling) composto; (enclosure) recinto ▸ ADJ composto; (fracture) complicado ▸ VT (fig: problem etc) agravar
compound interest N juro composto

comprehend [kɔmprɪ'hɛnd] VT compreender
comprehension [kɔmprɪ'hɛnʃən] N compreensão f
comprehensive [kɔmprɪ'hɛnsɪv] ADJ abrangente; (*Insurance*) total
comprehensive insurance policy N apólice f de seguro com cobertura total
comprehensive school (BRIT) N escola secundária de amplo programa

> Criadas na década de 1960 pelo governo trabalhista da época, as **comprehensive schools** são estabelecimentos de ensino secundário polivalentes concebidos para acolher todos os alunos sem distinção e lhes oferecer oportunidades iguais, em oposição ao sistema seletivo das *grammar schools*.

compress [vt kəm'prɛs, n 'kɔmprɛs] VT comprimir; (*text, information etc*) reduzir ▶ N (*Med*) compressa
compression [kəm'prɛʃən] N compressão f
comprise [kəm'praɪz] VT (*also:* **be comprised of**) compreender, constar de; (*constitute*) constituir
compromise ['kɔmprəmaɪz] N meio-termo ▶ VT comprometer ▶ VI chegar a um meio-termo ▶ CPD (*decision, solution*) de meio-termo
compulsion [kəm'pʌlʃən] N compulsão f; (*force*) coação f, força; **under ~** sob coação, à força
compulsive [kəm'pʌlsɪv] ADJ compulsório; **he's a ~ smoker** ele não pode deixar de fumar
compulsory [kəm'pʌlsərɪ] ADJ obrigatório; (*retirement*) compulsório
compulsory purchase N compra compulsória
compunction [kəm'pʌŋkʃən] N compunção; **to have no ~ about doing sth** não hesitar em fazer algo
computer [kəm'pjuːtə*r*] N computador m
computer game N game m
computerize [kəm'pjuːtəraɪz] VT informatizar, computadorizar
computer language N linguagem f de máquina
computer literate ADJ capaz de lidar com um computador
computer peripheral N periférico
computer program N programa m de computador
computer programmer, computer programer N programador(a) m/f
computer programming, computer programing N programação f
computer science N informática, computação f
computer scientist N cientista m/f da computação
computing [kəm'pjuːtɪŋ] N computação f; (*science*) informática
comrade ['kɔmrɪd] N camarada m/f

71 | **comprehend – concise**

comradeship ['kɔmrɪdʃɪp] N camaradagem f
comsat® ['kɔmsæt] N ABBR
= **communications satellite**
con [kɔn] VT enganar; (*cheat*) trapacear ▶ N vigarice f; **cons** NPL *see* **convenience, pro**; **to ~ sb into doing sth** convencer alguém a fazer algo (por artimanhas)
concave [kɔn'keɪv] ADJ côncavo
conceal [kən'siːl] VT ocultar; (*information*) omitir
concede [kən'siːd] VT (*admit*) reconhecer, admitir ▶ VI ceder
conceit [kən'siːt] N presunção f
conceited [kən'siːtɪd] ADJ vaidoso
conceivable [kən'siːvəbl] ADJ concebível; **it is ~ that** é possível que
conceivably [kən'siːvəblɪ] ADV: **he may ~ be right** é possível que ele tenha razão
conceive [kən'siːv] VT conceber ▶ VI conceber, engravidar; **to ~ of sth/of doing sth** conceber algo/fazer ideia de fazer algo
concentrate ['kɔnsəntreɪt] VI concentrar-se ▶ VT concentrar
concentration [kɔnsən'treɪʃən] N concentração f
concentration camp N campo de concentração
concentric [kɔn'sɛntrɪk] ADJ concêntrico
concept ['kɔnsɛpt] N conceito
conception [kən'sɛpʃən] N (*idea*) conceito, ideia; (*Bio*) concepção f
concern [kən'səːn] N (*matter*) assunto; (*Comm*) empresa; (*anxiety*) preocupação f ▶ VT (*worry*) preocupar; (*involve*) envolver; (*relate to*) dizer respeito a; **to be ~ed (about)** preocupar-se (com); **"to whom it may ~-"** "a quem interessar possa"; **as far as I'm ~ed** no que me diz respeito, quanto a mim; **to be ~ed with** (*person: involved with*) ocupar-se de; (*book: be about*) tratar de; **the department ~ed** (*under discussion*) o departamento em questão; (*relevant*) o departamento competente
concerning [kən'səːnɪŋ] PREP sobre, a respeito de, acerca de
concert ['kɔnsət] N concerto; **in ~** de comum acordo
concerted [kən'səːtɪd] ADJ (*joint*) conjunto; (*strong*) sério
concert hall N sala de concertos
concertina [kɔnsə'tiːnə] N sanfona ▶ VI engavetar-se
concert master (US) N primeiro violino de uma orquestra
concerto [kən'tʃəːtəu] N concerto
concession [kən'sɛʃən] N concessão f; **tax ~** redução no imposto
concessionaire [kənsɛʃə'nɛə*r*] N concessionário(-a)
concessionary [kən'sɛʃənrɪ] ADJ (*ticket, fare*) a preço reduzido
conciliation [kənsɪlɪ'eɪʃən] N conciliação f
conciliatory [kən'sɪlɪətrɪ] ADJ conciliador(a)
concise [kən'saɪs] ADJ conciso

conclave ['kɔnkleɪv] N conclave *m*
conclude [kən'klu:d] VT (*finish*) acabar, concluir; (*treaty etc*) firmar; (*agreement*) chegar a; (*decide*) decidir ▶ VI terminar, acabar; **to ~ that** chegar à conclusão de que
conclusion [kən'klu:ʒən] N conclusão *f*; **to come to the ~ that** chegar à conclusão de que
conclusive [kən'klu:sɪv] ADJ conclusivo, decisivo
concoct [kən'kɔkt] VT (*excuse*) fabricar; (*plot*) tramar; (*meal*) preparar
concoction [kən'kɔkʃən] N (*mixture*) mistura
concord ['kɔnkɔ:d] N (*harmony*) concórdia; (*treaty*) acordo
concourse ['kɔŋkɔ:s] N (*hall*) saguão *m*; (*crowd*) multidão *f*
concrete ['kɔnkri:t] N concreto (BR), betão *m* (PT) ▶ ADJ concreto
concrete mixer N betoneira
concur [kən'kə:ʳ] VI estar de acordo, concordar
concurrently [kən'kʌrntlɪ] ADV ao mesmo tempo, simultaneamente
concussion [kən'kʌʃən] N (*Med*) concussão *f* cerebral
condemn [kən'dɛm] VT (*denounce*) denunciar; (*prisoner, building*) condenar
condemnation [kɔndɛm'neɪʃən] N condenação *f*; (*blame*) censura
condensation [kɔndɛn'seɪʃən] N condensação *f*
condense [kən'dɛns] VI condensar-se ▶ VT condensar
condensed milk [kən'dɛnst-] N leite *m* condensado
condescend [kɔndɪ'sɛnd] VI condescender, dignar-se; **to ~ to do sth** condescender a fazer algo
condescending [kɔndɪ'sɛndɪŋ] ADJ condescendente
condition [kən'dɪʃən] N condição *f*; (*health*) estado de saúde; (*Med: illness*) doença ▶ VT condicionar; **conditions** NPL (*circumstances*) circunstâncias *fpl*; **on ~ that** com a condição (de) que; **in good/poor ~** em bom/mau estado (de conservação); **a heart ~** um problema no coração; **weather ~s** condições *fpl* meteorológicas
conditional [kən'dɪʃənl] ADJ condicional; **to be ~ upon** depender de
conditioner [kən'dɪʃənəʳ] N (*for hair*) condicionador *m*; (*for fabrics*) amaciante *m*
condo ['kɔndəu] (US *inf*) N ABBR = **condominium**
condolences [kən'dəulənsɪz] NPL pêsames *mpl*
condom ['kɔndɔm] N preservativo, camisinha
condominium [kɔndə'mɪnɪəm] (US) N (*building*) edifício; (*rooms*) apartamento
condone [kən'dəun] VT admitir, aceitar
conducive [kən'dju:sɪv] ADJ: **~ to** conducente para *or* a
conduct [*n* 'kɔndʌkt, *vt, vi* kən'dʌkt] N conduta, comportamento ▶ VT (*research etc*) fazer; (*heat, electricity*) conduzir; (*manage*) dirigir; (*Mus*) reger ▶ VI (*Mus*) reger uma orquestra; **to ~ o.s.** comportar-se
conducted tour [kən'dʌktɪd-] N viagem *f* organizada; (*of building etc*) visita guiada
conductor [kən'dʌktəʳ] N (*of orchestra*) regente *m/f*; (*on bus*) cobrador(a) *m/f*; (US *Rail*) revisor(a) *m/f*; (*Elec*) condutor *m*
conductress [kən'dʌktrɪs] N (*on bus*) cobradora
conduit ['kɔndɪt] N conduto
cone [kəun] N cone *m*; (*Bot*) pinha; (*for ice-cream*) casquinha; **pine ~** pinha
confectioner [kən'fɛkʃənəʳ] N confeiteiro(-a) (BR), pasteleiro(-a) (PT)
confectioner's, confectioner's shop N confeitaria (BR), pastelaria (PT); (*sweet shop*) confeitaria
confectionery [kən'fɛkʃnərɪ] N (*sweets*) balas *fpl*; (*sweetmeats*) doces *mpl*
confederate [kən'fɛdrɪt] ADJ confederado ▶ N cúmplice *m/f*; (US *History*) confederado(-a) (sulista)
confederation [kənfɛdə'reɪʃən] N confederação *f*
confer [kən'fə:ʳ] VT: **to ~ on** outorgar a ▶ VI conferenciar
conference ['kɔnfərns] N (*meeting*) congresso; **to be in ~** estar em conferência
conference room N sala de conferência
confess [kən'fɛs] VT confessar ▶ VI (*admit*) admitir
confession [kən'fɛʃən] N admissão *f*; (*Rel*) confissão *f*
confessional [kən'fɛʃənl] N confessionário
confessor [kən'fɛsəʳ] N confessor *m*
confetti [kən'fɛtɪ] N confete *m*
confide [kən'faɪd] VI: **to ~ in** confiar em, fiar-se em
confidence ['kɔnfɪdns] N confiança; (*faith*) fé *f*; (*secret*) confidência; **to have (every) ~ that** ter certeza de que; **motion of no ~** moção de não confiança; **in ~** em confidência
confidence trick N conto do vigário
confident ['kɔnfɪdnt] ADJ confiante, convicto; (*positive*) seguro
confidential [kɔnfɪ'dɛnʃəl] ADJ confidencial; (*secretary*) de confiança
confidentiality ['kɔnfɪdɛnʃɪ'ælɪtɪ] N sigilo
configuration [kənfɪgju'reɪʃən] N (*also Comput*) configuração *f*
confine [kən'faɪn] VT (*shut up*) encarcerar; (*limit*): **to ~ (to)** confinar (a); **to ~ o.s. to (doing) sth** limitar-se a (fazer) algo
confined [kən'faɪnd] ADJ (*space*) reduzido
confinement [kən'faɪnmənt] N (*imprisonment*) prisão *f*; (*enclosure*) reclusão *f*; (*Med*) parto
confines ['kɔnfaɪnz] NPL confins *mpl*
confirm [kən'fə:m] VT confirmar
confirmation [kɔnfə'meɪʃən] N confirmação *f*; (*Rel*) crisma
confirmed [kən'fə:md] ADJ inveterado

confiscate ['kɔnfɪskeɪt] VT confiscar
confiscation [kɔnfɪs'keɪʃən] N confiscação f
conflagration [kɔnfləˈgreɪʃən] N conflagração f
conflict [n 'kɔnflɪkt, vi kən'flɪkt] N (disagreement) divergência; (of interests, loyalties) conflito; (fighting) combate m ▶ VI estar em conflito; (opinions) divergir
conflicting [kən'flɪktɪŋ] ADJ (reports) divergente; (interests) oposto; (account) discrepante
conform [kən'fɔːm] VI conformar-se; **to ~ to** ajustar-se a, acomodar-se a
conformist [kən'fɔːmɪst] N conformista m/f
confound [kən'faund] VT confundir; (amaze) desconcertar
confounded [kən'faundɪd] ADJ maldito
confront [kən'frʌnt] VT (problems) enfrentar; (enemy, danger) defrontar-se com
confrontation [kɔnfrən'teɪʃən] N confrontação f
confrontational [kɔnfrən'teɪʃənl] ADJ agressivo
confuse [kən'fjuːz] VT (perplex) desconcertar; (mix up) confundir, misturar; (complicate) complicar
confused [kən'fjuːzd] ADJ confuso; (person) perplexo, confuso
confusing [kən'fjuːzɪŋ] ADJ confuso
confusion [kən'fjuːʒən] N (mix-up) mal-entendido; (perplexity) perplexidade f; (disorder) confusão f
congeal [kən'dʒiːl] VI (freeze) congelar-se; (coagulate) coagular-se
congenial [kən'dʒiːnɪəl] ADJ simpático, agradável
congenital [kən'dʒɛnɪtl] ADJ congênito
conger eel ['kɔŋgər-] N congro
congested [kən'dʒɛstɪd] ADJ congestionado
congestion [kən'dʒɛstʃən] N (Med) congestão f; (traffic) congestionamento
conglomerate [kən'glɔmərɪt] N (Comm) conglomerado
conglomeration [kənglɔmə'reɪʃən] N conglomeração f, aglomeração f
Congo ['kɔŋgəu] N (state) Congo
congratulate [kən'grætjuleɪt] VT parabenizar; **to ~ sb (on)** felicitar or parabenizar alguém (por)
congratulations [kəngrætju'leɪʃənz] NPL parabéns mpl ▶ EXCL parabéns!
congregate ['kɔŋgrɪgeɪt] VI reunir-se
congregation [kɔŋgrɪ'geɪʃən] N (in church) fiéis mpl; (assembly) congregação f, reunião f
congress ['kɔŋgrɛs] N congresso; (US): **C~** Congresso

> O Congresso (**Congress**) é o Parlamento dos Estados Unidos. Consiste na *House of Representatives* e no *Senado Senate*. Os representantes e senadores são eleitos por sufrágio universal direto. O Congresso se reúne no *Capitol*, em Washington.

congressman ['kɔŋgrɛsmən] (US) (irreg: like **man**) N deputado
congresswoman ['kɔŋgrɛswumən] (US) (irreg: like **woman**) N deputada
conical ['kɔnɪkl] ADJ cônico
conifer ['kɔnɪfər] N conífera
coniferous [kə'nɪfərəs] ADJ (forest) conífero
conjecture [kən'dʒɛktʃər] N conjetura ▶ VT, VI conjeturar
conjugal ['kɔndʒugl] ADJ conjugal
conjugate ['kɔndʒugeɪt] VT conjugar
conjugation [kɔndʒu'geɪʃən] N conjugação f
conjunction [kən'dʒʌŋkʃən] N conjunção f; **in ~ with** junto com
conjunctivitis [kəndʒʌŋktɪ'vaɪtɪs] N conjuntivite f
conjure ['kʌndʒər] VI fazer truques ▶ VT fazer aparecer
▶ **conjure up** VT (ghost, spirit) fazer aparecer, invocar; (memories) evocar
conjurer ['kʌndʒərər] N mágico(-a), prestidigitador(a) m/f
conjuring trick ['kʌndʒərɪŋ-] N mágica
conker ['kɔŋkər] (BRIT) N castanha-da-índia
conk out [kɔŋk-] (inf) VI pifar
con man ['kɔn-] (irreg: like **man**) N vigarista m
connect [kə'nɛkt] VT (Elec, Tel) ligar; (fig: associate) associar; (join): **to ~ sth (to)** juntar or unir algo (a) ▶ VI: **to ~ with** (train) conectar com; **to be ~ed with** estar relacionado com; **I'm trying to ~ you** (Tel) estou tentando completar a ligação
connecting flight N conexão f
connection [kə'nɛkʃən] N ligação f; (Elec, Rail) conexão f; (Tel) ligação f; (fig) relação f; **in ~ with** com relação a; **what is the ~ between them?** qual é a relação entre eles?; **business ~s** contatos de trabalho
connexion [kə'nɛkʃən] (BRIT) N = **connection**
conning tower ['kɔnɪŋ-] N torre f de comando
connive [kə'naɪv] VI: **to ~ at** ser conivente em
connoisseur [kɔnɪ'səːr] N conhecedor(a) m/f, apreciador(a) m/f
connotation [kɔnə'teɪʃən] N conotação f
connubial [kə'njuːbɪəl] ADJ conjugal
conquer ['kɔŋkər] VT conquistar; (enemy) vencer; (feelings) superar
conqueror ['kɔŋkərər] N conquistador(a) m/f
conquest ['kɔŋkwɛst] N conquista
cons [kɔnz] NPL see **convenience**
conscience ['kɔnʃəns] N consciência; **in all ~** em sã consciência
conscientious [kɔnʃɪ'ɛnʃəs] ADJ consciencioso; (objection) de consciência
conscientious objector N aquele que faz uma objeção de consciência à sua participação nas forças armadas
conscious ['kɔnʃəs] ADJ: **~ (of)** consciente (de); (deliberate: insult, error) intencional; **to become ~ of** tornar-se consciente de, conscientizar-se de
consciousness ['kɔnʃəsnɪs] N consciência; **to lose/regain ~** perder/recuperar os sentidos

conscript ['kɔnskrɪpt] N recruta m/f
conscription [kən'skrɪpʃən] N serviço militar obrigatório
consecrate ['kɔnsɪkreɪt] VT consagrar
consecutive [kən'sɛkjutɪv] ADJ consecutivo
consensus [kən'sɛnsəs] N consenso; **the ~ (of opinion)** o consenso (de opiniões)
consent [kən'sɛnt] N consentimento ▶ VI: **to ~ to** consentir em; **age of ~** maioridade; **by common ~** de comum acordo
consequence ['kɔnsɪkwəns] N consequência; (significance): **of ~** de importância; **in ~** por consequência
consequently ['kɔnsɪkwəntlɪ] ADV por conseguinte
conservation [kɔnsə'veɪʃən] N (of energy, paintings etc) conservação f; (of the environment) preservação f; (also: **nature conservation**) proteção f do meio ambiente; **energy ~** conservação da energia
conservationist [kɔnsə'veɪʃənɪst] N conservacionista m/f
conservative [kən'sə:vətɪv] ADJ conservador(a); (cautious) moderado; (BRIT Pol): **C~** conservador(a) ▶ N (BRIT Pol) conservador(a) m/f
conservatory [kən'sə:vətrɪ] N (Mus) conservatório; (greenhouse) estufa
conserve [kən'sə:v] VT conservar; (preserve) preservar; (supplies, energy) poupar ▶ N conserva
consider [kən'sɪdər] VT considerar; (believe) acreditar; (take into account) levar em consideração; (study) estudar, examinar; **to ~ doing sth** pensar em fazer algo; **~ yourself lucky** dê-se por sortudo; **all things ~ed** afinal de contas
considerable [kən'sɪdərəbl] ADJ considerável; (sum) importante
considerably [kən'sɪdərəblɪ] ADV consideravelmente
considerate [kən'sɪdərɪt] ADJ atencioso
consideration [kənsɪdə'reɪʃən] N consideração f; (deliberation) deliberação f; (factor) fator m; (reward) remuneração f; **out of ~ for** em consideração a; **to be under ~** estar em apreciação; **my first ~ is my family** minha maior preocupação é a minha família
considering [kən'sɪdərɪŋ] PREP em vista de ▶ CONJ: **~ (that)** apesar de que, considerando que
consign [kən'saɪn] VT consignar; **to ~ to** (to a place) relegar para; (to sb's care, to poverty) confiar a
consignee [kɔnsaɪ'ni:] N consignatário(-a)
consignment [kən'saɪnmənt] N consignação f
consignment note N (Comm) guia de remessa
consignor [kən'saɪnər] N consignador(a) m/f
consist [kən'sɪst] VI: **to ~ of** (comprise) consistir em
consistency [kən'sɪstənsɪ] N (of policies etc) coerência; (thickness) consistência

consistent [kən'sɪstənt] ADJ (person) coerente, estável; (argument, idea) sólido; (even) constante; **~ with** compatível com, de acordo com
consolation [kɔnsə'leɪʃən] N conforto
console [vt kən'səul, n 'kɔnsəul] VT confortar ▶ N consolo
consolidate [kən'sɔlɪdeɪt] VT consolidar
consols ['kɔnsɔlz] (BRIT) NPL (Stock Exchange) consolidados mpl
consommé [kən'sɔmeɪ] N consomê m, caldo
consonant ['kɔnsənənt] N consoante f
consort [n 'kɔnsɔ:t, vi kən'sɔ:t] N consorte m/f ▶ VI: **to ~ with** ter ligações com, conviver com; **prince ~** príncipe m consorte
consortia [kən'sɔ:tɪə] NPL of **consortium**
consortium [kən'sɔ:tɪəm] (pl **consortiums** or **consortia**) N consórcio
conspicuous [kən'spɪkjuəs] ADJ (noticeable) conspícuo; (visible) visível; (garish) berrante; (outstanding) notável; **to make o.s. ~** fazer-se notar
conspiracy [kən'spɪrəsɪ] N conspiração f, trama
conspiratorial [kən'spɪrə'tɔ:rɪəl] ADJ conspirador(a)
conspire [kən'spaɪər] VI conspirar
constable ['kʌnstəbl] (BRIT) N policial m/f (BR), polícia m/f (PT); **chief ~** chefe m/f de polícia
constabulary [kən'stæbjulərɪ] N polícia (distrital)
constant ['kɔnstənt] ADJ constante; (loyal) leal, fiel
constantly ['kɔnstəntlɪ] ADV constantemente
constellation [kɔnstə'leɪʃən] N constelação f
consternation [kɔnstə'neɪʃən] N consternação f
constipated ['kɔnstɪpeɪtəd] ADJ com prisão de ventre
constipation [kɔnstɪ'peɪʃən] N prisão f de ventre
constituency [kən'stɪtjuənsɪ] N (Pol) distrito eleitoral; (people) eleitorado
constituency party N partido local
constituent [kən'stɪtjuənt] N (Pol) eleitor(a) m/f; (component) componente m
constitute ['kɔnstɪtju:t] VT (represent) representar; (make up) constituir
constitution [kɔnstɪ'tju:ʃən] N constituição f; (health) compleição f
constitutional [kɔnstɪ'tju:ʃənl] ADJ constitucional
constrain [kən'streɪn] VT obrigar
constrained [kən'streɪnd] ADJ: **to feel ~ to ...** sentir-se compelido a ...
constraint [kən'streɪnt] N (compulsion) coação f, pressão f; (restriction) limitação f; (shyness) constrangimento
constrict [kən'strɪkt] VT apertar, constringir
construct [kən'strʌkt] VT construir
construction [kən'strʌkʃən] N construção f; (structure) estrutura; (fig: interpretation) interpretação f; **under ~** em construção

construction industry N construção f
constructive [kən'strʌktɪv] ADJ construtivo
construe [kən'stru:] VT interpretar
consul ['kɔnsl] N cônsul m/f
consulate ['kɔnsjulɪt] N consulado
consult [kən'sʌlt] VT, VI consultar
consultancy [kən'sʌltənsɪ] N consultoria
consultancy fee N honorário de consultor
consultant [kən'sʌltənt] N (Med) (médico(-a)) especialista m/f; (other specialist) assessor(a) m/f, consultor(a) m/f ▶ CPD: ~ **engineer** engenheiro-consultor/engenheira-consultora m/f; ~ **paediatrician** pediatra m/f; **legal/management** ~ assessor jurídico/consultor em administração
consultation [kɔnsəl'teɪʃən] N (Med) consulta; (discussion) discussão f; **in** ~ **with** em consulta com
consulting room [kən'sʌltɪŋ-] (BRIT) N consultório
consume [kən'sju:m] VT (eat) comer; (drink) beber; (fire etc, Comm) consumir
consumer [kən'sju:məʳ] N consumidor(a) m/f
consumer credit N crédito ao consumidor
consumer durables NPL bens mpl de consumo duráveis
consumer goods NPL bens mpl de consumo
consumerism [kən'sju:mərɪzəm] N (Econ) consumismo; (consumer protection) proteção f ao consumidor
consumer society N sociedade f de consumo
consummate ['kɔnsəmeɪt] VT consumar
consumption [kən'sʌmpʃən] N consumo; (Med) tuberculose f; **not fit for human** ~ impróprio para consumo
cont. ABBR = **continued**
contact ['kɔntækt] N contato ▶ VT entrar or pôr-se em contato com; **to be in** ~ **with sb** estar em contato com alguém; **he has good** ~**s** tem boas relações
contact lenses NPL lentes fpl de contato
contagious [kən'teɪdʒəs] ADJ contagioso; (fig: laughter etc) contagiante
contain [kən'teɪn] VT conter; **to** ~ **o.s.** conter-se
container [kən'teɪnəʳ] N recipiente m; (for shipping etc) container m, cofre m de carga
containerize [kən'teɪnəraɪz] VT containerizar
contaminate [kən'tæmɪneɪt] VT contaminar
contamination [kəntæmɪ'neɪʃən] N contaminação f
cont'd ABBR = **continued**
contemplate ['kɔntəmpleɪt] VT (idea) considerar; (person, painting etc) contemplar; (expect) contar com; (intend) pretender, pensar em
contemplation [kɔntəm'pleɪʃən] N contemplação f
contemporary [kən'tɛmpərərɪ] ADJ contemporâneo; (design etc) moderno ▶ N contemporâneo(-a)
contempt [kən'tɛmpt] N desprezo
contemptible [kən'tɛmptəbl] ADJ desprezível

75 | **construction industry – continue**

contempt of court N (Law) desacato à autoridade do tribunal
contemptuous [kən'tɛmptjuəs] ADJ desdenhoso
contend [kən'tɛnd] VT (assert): **to** ~ **that** afirmar que ▶ VI: **to** ~ **with** (struggle) lutar com; (difficulty) enfrentar; (compete): **to** ~ **for** competir por; **to have to** ~ **with** arcar com, lidar com; **he has a lot to** ~ **with** ele tem muito o que enfrentar
contender [kən'tɛndəʳ] N contendor(a) m/f
content [adj, vt kən'tɛnt, n 'kɔntɛnt] ADJ (happy) contente; (satisfied) satisfeito ▶ VT contentar, satisfazer ▶ N conteúdo; (fat content, moisture content etc) quantidade f; **contents** NPL (of packet, book) conteúdo; (**table of**) ~**s** índice m das matérias; **to be** ~ **with** estar contente or satisfeito com; **to** ~ **o.s. with sth/with doing sth** contentar-se com algo/em fazer algo
contented [kən'tɛntɪd] ADJ contente, satisfeito
contentedly [kən'tɛntɪdlɪ] ADV contentemente
contention [kən'tɛnʃən] N (assertion) asserção f; (disagreement) contenda; **bone of** ~ pomo da discórdia
contentious [kən'tɛnʃəs] ADJ controvertido
contentment [kən'tɛntmənt] N contentamento
contest [n 'kɔntɛst, vt kən'tɛst] N contenda; (competition) concurso ▶ VT (dispute) disputar; (legal case) defender; (Pol) ser candidato a; (competition) disputar; (statement, decision) contestar
contestant [kən'tɛstənt] N competidor(a) m/f; (in fight) adversário(-a)
context ['kɔntɛkst] N contexto; **in/out of** ~ em/fora de contexto
continent ['kɔntɪnənt] N continente m; **the C~** (BRIT) o continente europeu; **on the C~** na Europa (continental)
continental [kɔntɪ'nɛntl] ADJ continental ▶ N (BRIT) europeu(-peia) m/f
continental breakfast N café m da manhã (BR), pequeno almoço (PT de pão, geleia e café)
continental quilt (BRIT) N edredom m (BR), edredão m (PT)
contingency [kən'tɪndʒənsɪ] N contingência
contingency plan N plano de contingência
contingent [kən'tɪndʒənt] N contingente m ▶ ADJ contingente; **to be** ~ **upon** depender de
continual [kən'tɪnjuəl] ADJ contínuo
continually [kən'tɪnjuəlɪ] ADV constantemente
continuation [kəntɪnju'eɪʃən] N prolongamento; (after interruption) continuação f, retomada
continue [kən'tɪnju:] VI prosseguir, continuar ▶ VT continuar; (start again) recomeçar, retomar; **to be** ~**d** (story) segue; ~**d on page 10** continua na página 10

continuity [kɔntɪ'njuɪtɪ] N (also Cinema, TV) continuidade f
continuity girl N (Cinema) continuista
continuous [kən'tɪnjuəs] ADJ contínuo; ~ **performance** (Cinema) sessão f contínua; ~ **stationery** (Comput) formulários mpl contínuos
continuously [kən'tɪnjuəslɪ] ADV (repeatedly) repetidamente; (uninterruptedly) continuamente
contort [kən'tɔːt] VT contorcer
contortion [kən'tɔːʃən] N contorção f
contortionist [kən'tɔːʃənɪst] N contorcionista m/f
contour ['kɔntuər] N (outline: gen pl) contorno; (also: **contour line**) curva de nível
contraband ['kɔntrəbænd] N contrabando ▶ ADJ de contrabando, contrabandeado
contraception [kɔntrə'sɛpʃən] N anticoncepção f
contraceptive [kɔntrə'sɛptɪv] ADJ anticoncepcional ▶ N anticoncepcional m
contract [n, cpd 'kɔntrækt, vt, vi kən'trækt] N contrato ▶ CPD (price, date) contratual; (work) de empreitada ▶ VI (become smaller) contrair-se, encolher-se; (Comm): **to ~ to do sth** comprometer-se por contrato a fazer algo ▶ VT contrair; ~ **of employment** or **service** contrato de trabalho, ≈ vínculo empregatício
  ▶ **contract in** VI comprometer-se por contrato
  ▶ **contract out** VI desobrigar-se por contrato; (from pension scheme) optar por não participar
contraction [kən'trækʃən] N contração f
contractor [kən'træktər] N contratante m/f
contractual [kən'træktʃuəl] ADJ contratual
contradict [kɔntrə'dɪkt] VT contradizer, desmentir
contradiction [kɔntrə'dɪkʃən] N contradição f; **to be in ~ with** contradizer
contradictory [kɔntrə'dɪktərɪ] ADJ contraditório
contralto [kən'træltəu] N contralto
contraption [kən'træpʃən] (pej) N engenhoca, geringonça
contrary¹ ['kɔntrərɪ] ADJ contrário ▶ N contrário; **on the ~** muito pelo contrário; **unless you hear to the ~** salvo aviso contrário; ~ **to what we thought** ao contrário do que pensamos
contrary² [kən'trɛərɪ] ADJ teimoso
contrast [n 'kɔntrɑːst, vt kən'trɑːst] N contraste m ▶ VT comparar; **in ~ to** or **with** em contraste com, ao contrário de
contrasting [kən'trɑːstɪŋ] ADJ contrastante
contravene [kɔntrə'viːn] VT infringir
contravention [kəntrə'vɛnʃən] N contravenção f, infração f
contribute [kən'trɪbjuːt] VT contribuir ▶ VI dar; **to ~ to** (charity) contribuir para; (newspaper) escrever para; (discussion) participar de

contribution [kɔntrɪ'bjuːʃən] N (donation) doação f; (BRIT: for social security) contribuição f; (to debate) intervenção f; (to journal) colaboração f
contributor [kən'trɪbjutər] N (to newspaper) colaborador(a) m/f
contributory [kən'trɪbjutərɪ] ADJ: **it was a ~ factor in...** era um fator que contribuiu para...
contributory pension scheme (BRIT) N sistema m de pensão contributária
contrite ['kɔntraɪt] ADJ arrependido, contrito
contrivance [kən'traɪvəns] N (scheme) maquinação f; (device) aparelho, dispositivo
contrive [kən'traɪv] VT (invent) idealizar; (carry out) efetuar; (plot) tramar ▶ VI: **to ~ to do** chegar a fazer
control [kən'trəul] VT controlar; (traffic etc) dirigir; (machinery) regular; (temper) dominar ▶ N controle m; (of car) direção f (BR), condução f (PT); (check) freio, controle; **controls** NPL (of vehicle) comandos mpl; (on radio, television etc) controle; **to take ~ of** assumir o controle de; **to be in ~ of** ter o controle de; (in charge of) ser responsável por; **to ~ o.s.** controlar-se; **out of/under ~** fora de/sob controle; **through circumstances beyond our ~** por motivos alheios à nossa vontade
control key N (Comput) tecla de controle
controller [kən'trəulər] N controlador(a) m/f
controlling interest [kən'trəulɪŋ-] N (Comm) controle m acionário
control panel N painel m de instrumentos
control point N ponto de controle
control room N sala de comando; (Radio, TV) sala de controle
control tower N (Aviat) torre f de controle
control unit N (Comput) unidade f de controle
controversial [kɔntrə'vəːʃl] ADJ controvertido, polêmico
controversy ['kɔntrəvəːsɪ] N controvérsia, polêmica
conurbation [kɔnə'beɪʃən] N conurbação f
convalesce [kɔnvə'lɛs] VI convalescer
convalescence [kɔnvə'lɛsns] N convalescença
convalescent [kɔnvə'lɛsnt] ADJ, N convalescente m/f
convector [kən'vɛktər] N (heater) aquecedor m de convecção
convene [kən'viːn] VT convocar ▶ VI convocar-se
convener [kən'viːnər] N organizador(a) m/f
convenience [kən'viːnɪəns] N (easiness) facilidade f; (suitability) conveniência; (comfort) comodidade f; (advantage) vantagem f, conveniência; **at your ~** quando lhe convier; **at your earliest ~** (Comm) o mais cedo que lhe for possível; **all modern ~s** (also: BRIT inf: **all mod cons**) com todos os confortos
convenience foods NPL alimentos mpl semiprontos

convenient [kən'vi:nɪənt] ADJ conveniente; (*useful*) útil; (*place*) acessível; (*time*) oportuno, conveniente; **if it is ~ to you** se isso lhe convier, se isso não lhe for incômodo

conveniently [kən'vi:nɪəntlɪ] ADV convenientemente

convent ['kɔnvənt] N convento

convention [kən'vɛnʃən] N (*custom*) costume *m*; (*agreement*) convenção *f*; (*meeting*) assembleia

conventional [kən'vɛnʃənl] ADJ convencional

convent school N colégio de freiras

converge [kən'və:dʒ] VI convergir; (*people*): **to ~ on** convergir para

conversant [kən'və:snt] ADJ: **to be ~ with** estar familiarizado com

conversation [kɔnvə'seɪʃən] N conversação *f*, conversa

conversational [kɔnvə'seɪʃənl] ADJ de conversa; (*familiar*) familiar; (*talkative*) loquaz

conversationalist [kɔnvə'seɪʃnəlɪst] N conversador(a) *m/f*; **she's a good ~** ela tem muita conversa

converse [*n* 'kɔnvə:s, *vi* kən'və:s] N inverso
▶ VI conversar

conversely [kɔn'və:slɪ] ADV pelo contrário, inversamente

conversion [kən'və:ʃən] N conversão *f*; (BRIT: *of house*) transformação *f*

conversion table N tabela de conversão

convert [*vt* kən'və:t, *n* 'kɔnvə:t] VT converter
▶ N convertido(-a)

convertible [kən'və:təbl] ADJ convertível
▶ N conversível *m*

convex [kɔn'vɛks] ADJ convexo

convey [kən'veɪ] VT transportar, levar; (*thanks*) expressar; (*information*) passar

conveyance [kən'veɪəns] N (*of goods*) transporte *m*; (*vehicle*) meio de transporte, veículo

conveyancing [kən'veɪənsɪŋ] N (*Law*) transferência de bens imóveis

conveyor belt [kənveɪə'-] N correia transportadora

convict [*vt* kən'vɪkt, *n* 'kɔnvɪkt] VT condenar; (*sentence*) declarar culpado ▶ N presidiário(-a)

conviction [kən'vɪkʃən] N condenação *f*; (*belief*) convicção *f*; (*certainty*) certeza

convince [kən'vɪns] VT (*assure*) assegurar; (*persuade*) convencer; **to ~ sb of sth/that** convencer alguém de algo/de que

convinced [kən'vɪnst] ADJ: **~ of/that** convencido de/de que

convincing [kən'vɪnsɪŋ] ADJ convincente

convincingly [kən'vɪnsɪŋlɪ] ADV convincentemente

convivial [kən'vɪvɪəl] ADJ jovial, alegre

convoluted ['kɔnvəlu:tɪd] ADJ (*shape*) curvilíneo; (*argument*) complicado

convoy ['kɔnvɔɪ] N escolta

convulse [kən'vʌls] VT convulsionar; **to be ~d with laughter/pain** morrer de rir/dor

convulsion [kən'vʌlʃən] N convulsão *f*; (*laughter*) ataque *m*, acesso

coo [ku:] VI arrulhar; (*person*) falar suavemente

cook [kuk] VT cozinhar; (*meal*) preparar ▶ VI cozinhar ▶ N cozinheiro(-a)
▶ **cook up** (*inf*) VT (*excuse, story*) bolar

cookbook ['kukbuk] N livro de receitas

cooker ['kukə'] N fogão *m*

cookery ['kukərɪ] N (*dishes*) cozinha; (*art*) culinária

cookery book (BRIT) N = **cookbook**

cookie ['kukɪ] (US) N bolacha, biscoito

cooking ['kukɪŋ] N cozinha ▶ CPD (*apples, chocolate*) para cozinhar; (*utensils, salt*) de cozinha

cookout ['kukaut] (US) N churrasco

cool [ku:l] ADJ fresco; (*not hot*) tépido; (*calm*) calmo; (*unfriendly*) frio ▶ VT resfriar ▶ VI esfriar; **it's ~** (*weather*) está fresco
▶ **cool down** VI esfriar; (*fig: person, situation*) acalmar-se

cool box (BRIT) N mala frigorífica

cooler ['ku:lə'] (US) N mala frigorífica

cooling tower ['ku:lɪŋ-] N torre *f* de esfriamento

coolly ['ku:lɪ] ADV (*calmly*) calmamente; (*audaciously*) descaradamente; (*unenthusiastically*) friamente

coolness ['ku:lnɪs] N frescura; (*hostility*) frieza; (*indifference*) indiferença

coop [ku:p] N (*for poultry*) galinheiro; (*for rabbits*) capoeira
▶ **coop up** VT (*fig*) confinar

co-op ['kəuɔp] N ABBR = **cooperative**

cooperate [kəu'ɔpəreɪt] VI colaborar; (*assist*) ajudar

cooperation [kəuɔpə'reɪʃən] N cooperação *f*, colaboração *f*

cooperative [kəu'ɔpərətɪv] ADJ cooperativo
▶ N cooperativa

coopt [kəu'ɔpt] VT: **to ~ sb onto a committee** cooptar alguém para fazer parte de um comitê

coordinate [*vt* kəu'ɔ:dɪneɪt, *n* kəu'ɔ:dɪnət] VT coordenar ▶ N (*Math*) coordenada; **coordinates** NPL (*clothes*) coordenados *mpl*

coordination [kəuɔ:dɪ'neɪʃən] N coordenação *f*

coot [ku:t] N galeirão *m*

co-ownership [kəu-] N co-propriedade *f*, condomínio

cop [kɔp] (*inf*) N policial *m/f* (BR), polícia *m/f* (PT), tira *m* (*inf*)

cope [kəup] VI sair-se, dar-se; **to ~ with** poder com, arcar com; (*problem*) estar à altura de

Copenhagen ['kəupn'heɪgən] N Copenhague

copier ['kɔpɪə'] N (*also*: **photocopier**) copiador *m*

co-pilot [kəu-] N co-piloto(-a)

copious ['kəupɪəs] ADJ copioso, abundante

copper ['kɔpə'] N (*metal*) cobre *m*; (BRIT *inf*: *policeman/woman*) policial *m/f* (BR), polícia *m/f* (PT); **coppers** NPL (*coins*) moedas *fpl* de pouco valor
coppice ['kɔpɪs] N bosquete *m*
copse [kɔps] N = **coppice**
copulate ['kɔpjuleɪt] VI copular
copulation [kɔpju'leɪʃən] N cópula
copy ['kɔpɪ] N cópia; (*duplicate*) duplicata; (*of book etc*) exemplar *m*; (*of writing*) originais *mpl* ▶ VT copiar; (*imitate*) imitar; **to make good ~** (*Press*) fazer uma boa matéria
▶ **copy out** VT copiar
copycat ['kɔpɪkæt] (*inf*) N macaco
copyright ['kɔpɪraɪt] N direitos *mpl* autorais, copirraite *m*; **~ reserved** todos os direitos reservados
copy typist N datilógrafo(-a)
copywriter ['kɔpɪraɪtə'] N redator(a) *m/f* de material publicitário
coral ['kɔrəl] N coral *m*
coral reef N recife *m* de coral
Coral Sea N: **the ~** o mar de Coral
cord [kɔːd] N corda; (*Elec*) fio, cabo; (*fabric*) veludo cotelê; **cords** NPL (*trousers*) calça (BR) *or* calças *fpl* (PT) de veludo cotelê
cordial ['kɔːdɪəl] ADJ cordial ▶ N cordial *m*
cordless ['kɔːdlɪs] ADJ sem fio
cordon ['kɔːdn] N cordão *m*
▶ **cordon off** VT isolar
corduroy ['kɔːdərɔɪ] N veludo cotelê
CORE [kɔː'] (US) N ABBR = **Congress of Racial Equality**
core [kɔː'] N centro, núcleo; (*of fruit*) caroço; (*of problem*) âmago ▶ VT descaroçar; **rotten to the ~** completamente podre
Corfu [kɔː'fuː] N Corfu *f* (*no article*)
coriander [kɔrɪ'ændə'] N coentro
cork [kɔːk] N rolha; (*tree*) cortiça
corkage ['kɔːkɪdʒ] N taxa cobrada num restaurante pela abertura das garrafas levadas pelo cliente
corked [kɔːkt] (BRIT) ADJ que tem gosto de rolha
corkscrew ['kɔːkskruː] N saca-rolhas *m inv*
corky ['kɔːkɪ] (US) ADJ que tem gosto de rolha
cormorant ['kɔːmərnt] N cormorão *m*, corvo marinho
corn [kɔːn] N (BRIT: *wheat*) trigo; (US: *maize*) milho; (*cereals*) grão *m*, cereal *m*; (*on foot*) calo; **~ on the cob** (*Culin*) espiga de milho
cornea ['kɔːnɪə] N córnea
corned beef ['kɔːnd-] N carne *f* de boi enlatada
corner ['kɔːnə'] N (*outside*) esquina; (*inside*) canto; (*in road*) curva; (*Football etc*: *also*: **corner kick**) córner *m* ▶ VT (*trap*) encurralar; (*Comm*) açambarcar, monopolizar ▶ VI (*in car*) fazer uma curva; **to cut ~s** (*fig*) matar o serviço
corner flag N (*Football*) bandeira de escanteio
corner kick N (*Football*) córner *m*
cornerstone ['kɔːnəstəun] N pedra angular; (*fig*) base *f*, fundamento
cornet ['kɔːnɪt] N (*Mus*) cornetim *m*; (BRIT: *of ice-cream*) casquinha
cornflakes ['kɔːnfleɪks] NPL flocos *mpl* de milho
cornflour ['kɔːnflauə'] (BRIT) N farinha de milho, maisena®
cornice ['kɔːnɪs] N cornija
Cornish ['kɔːnɪʃ] ADJ de Cornualha ▶ N (*Ling*) córnico
corn oil N óleo de milho
cornstarch ['kɔːnstɑːtʃ] (US) N = **cornflour**
cornucopia [kɔːnju'kəupɪə] N cornucópia
Cornwall ['kɔːnwəl] N Cornualha
corny ['kɔːnɪ] (*inf*) ADJ velho, gasto
corollary [kə'rɔlərɪ] N corolário
coronary ['kɔrənərɪ] N: **~ (thrombosis)** trombose *f* (coronária)
coronation [kɔrə'neɪʃən] N coroação *f*
coroner ['kɔrənə'] N *magistrado que investiga mortes suspeitas*
coronet ['kɔrənɪt] N coroa aberta, diadema *m*
Corp. ABBR = **corporation**
corporal ['kɔːpərl] N cabo ▶ ADJ: **~ punishment** castigo corporal
corporate ['kɔːpərɪt] ADJ (*finance*) corporativo; (*action*) coletivo; (*image*) da empresa
corporate identity N imagem *f* da empresa
corporate image N imagem *f* da empresa
corporation [kɔːpə'reɪʃən] N (*of town*) município, junta; (*Comm*) sociedade *f*
corporation tax N imposto sobre a renda de sociedades
corps [kɔː'] (*pl* **corps** [kɔːz]) N (*Mil*) unidade *f*; (*diplomatic*) corpo; **the press ~** a imprensa
corpse [kɔːps] N cadáver *m*
corpuscle ['kɔːpʌsl] N corpúsculo
corral [kə'rɑːl] N curral *m*
correct [kə'rɛkt] ADJ exato; (*proper*) correto ▶ VT corrigir; **you are ~** você tem razão
correction [kə'rɛkʃən] N correção *f*; (*erasure*) emenda
correlate ['kɔrɪleɪt] VT correlacionar ▶ VI: **to ~ with** corresponder a
correlation [kɔrɪ'leɪʃən] N correlação *f*
correspond [kɔrɪs'pɔnd] VI (*write*): **to ~ (with)** corresponder-se (com); (*be equal to*): **to ~ to** corresponder a; (*be in accordance*): **to ~ (with)** corresponder (a)
correspondence [kɔrɪs'pɔndəns] N correspondência; (*relationship*) relação *f*
correspondence course N curso por correspondência
correspondent [kɔrɪs'pɔndənt] N correspondente *m/f*
corresponding [kɔrɪs'pɔndɪŋ] ADJ correspondente
corridor ['kɔrɪdɔː'] N corredor *m*
corroborate [kə'rɔbəreɪt] VT corroborar
corrode [kə'rəud] VT corroer ▶ VI corroer-se
corrosion [kə'rəuʒən] N corrosão *f*
corrosive [kə'rəuzɪv] ADJ corrosivo
corrugated ['kɔrəgeɪtɪd] ADJ corrugado

corrugated iron N chapa ondulada or corrugada
corrupt [kə'rʌpt] ADJ corrupto; (*Comput*) corrupto, danificado ▸ VT corromper; (*bribe*) subornar; (*data*) corromper, destruir; **~ practices** corrupção *f*
corruption [kə'rʌpʃən] N corrupção *f*
corset ['kɔːsɪt] N espartilho; (*Med*) colete *m*
Corsica ['kɔːsɪkə] N Córsega
Corsican ['kɔːsɪkən] ADJ, N córsico(-a)
cortège [kɔː'teɪʒ] N séquito, cortejo
cortisone ['kɔːtɪzəun] N cortisona
coruscating ['kɔrəskeɪtɪŋ] ADJ cintilante
c.o.s. ABBR (= *cash on shipment*) pagamento na expedição
cosh [kɔʃ] (*BRIT*) N cassetete *m*
cosignatory ['kəu'sɪgnətərɪ] N cossignatário(-a)
cosiness, (*US*) **coziness** ['kəuzɪnɪs] N conforto; (*atmosphere*) aconchego, conforto
cos lettuce [kɔs-] N alface *m* (cos)
cosmetic [kɔz'mɛtɪk] N cosmético ▸ ADJ (*preparation*) cosmético; (*fig: measure, improvement*) simbólico, superficial; **~ surgery** cirurgia plástica embelezadora
cosmic ['kɔzmɪk] ADJ cósmico
cosmonaut ['kɔzmənɔːt] N cosmonauta *m/f*
cosmopolitan [kɔzmə'pɔlɪtn] ADJ cosmopolita
cosmos ['kɔzmɔs] N cosmo
cosset ['kɔsɪt] VT paparicar
cost [kɔst] (*pt, pp* **cost**) VI custar ▸ VT custar; (*determine cost of*) determinar o custo de ▸ N (*gen*) custo; (*price*) preço; **costs** NPL (*Comm*) custos *mpl*; (*Law*) custas *fpl*; **how much does it ~?** quanto custa?; **it ~s £5/too much** custa £5/é muito caro; **to ~ sb time/effort** custar tempo/esforço a alguém; **it ~ him his life/job** custou-lhe a vida/o emprego; **at the ~ of** à custa de; **the ~ of living** o custo de vida; **at all ~s** custe o que custar
cost accountant N contador(a) *m/f* de custos
co-star [kəu-] N coestrela *m/f*
Costa Rica ['kɔstə'riːkə] N Costa Rica
Costa Rican ['kɔstə'riːkən] ADJ, N costarriquenho(-a)
cost centre N centro de custo
cost control N controle *m* dos custos
cost-effective ADJ rentável
cost-effectiveness N rentabilidade *f*
costly ['kɔstlɪ] ADJ (*expensive*) caro, custoso; (*valuable*) suntuoso
cost-of-living ADJ: **~ allowance** ajuda de custo; **~ index** índice *m* de preços ao consumidor
cost price (*BRIT*) N preço de custo
costume ['kɔstjuːm] N traje *m*; (*BRIT: also*: **swimming costume**: *woman's*) maiô *m* (BR), fato de banho (PT); (: *man's*) calção *m* (de banho) (BR), calções *mpl* de banho (PT)
costume jewellery N bijuteria

79 | **corrugated iron – counter**

cosy, (*US*) **cozy** ['kəuzɪ] ADJ cômodo; (*atmosphere*) aconchegante; (*life*) folgado, confortável
cot [kɔt] N (*BRIT: child's*) cama (de criança), berço; (*US: campbed*) cama de lona
Cotswolds ['kɔtswəuldz] NPL: **the ~** *região de colinas em Gloucestershire*
cottage ['kɔtɪdʒ] N casa de campo; (*rustic*) cabana
cottage cheese N queijo tipo cottage (BR), queijo creme (PT)
cottage industry N indústria artesanal
cottage pie N *prato de carne picada com batata*
cotton ['kɔtn] N algodão *m*; (*thread*) fio, linha ▸ CPD de algodão
▸ **cotton on** (*inf*) VI: **to ~ on (to sth)** sacar (algo)
cotton bud (*BRIT*) N cotonete® *m*
cotton candy (*US*) N algodão *m* doce
cotton wool (*BRIT*) N algodão *m* (hidrófilo)
couch [kautʃ] N sofá *m*; (*doctor's*) cama; (*psychiatrist's*) divã *m* ▸ VT formular
couchette [kuː'ʃɛt] N leito
cough [kɔf] VI tossir ▸ N tosse *f*
▸ **cough up** VT expelir; (*inf: money*) desembolsar
cough drop N pastilha para a tosse
cough mixture N xarope *m* (para a tosse)
cough syrup N xarope *m* (para a tosse)
could [kud] PT, CONDITIONAL *of* **can²**
couldn't ['kudnt] = **could not**
council ['kaunsl] N conselho; **city** *or* **town ~** câmara municipal; **C~ of Europe** Conselho da Europa
council estate (*BRIT*) N conjunto habitacional
council house (*BRIT*) N casa popular
councillor ['kaunslə^r] N vereador(a) *m/f*
counsel ['kaunsl] N (*advice*) conselho; (*lawyer*) advogado(-a) ▸ VT: **to ~ sth/sb to do sth** aconselhar algo/alguém a fazer algo; **~ for the defence/the prosecution** advogado(-a) *m/f* de defesa/promotor(a) *m/f* público(-a)
counsellor, (*US*) **counselor** ['kaunslə^r] N conselheiro(-a); (*US Law*) advogado(-a)
count [kaunt] VT contar; (*include*) incluir ▸ VI contar ▸ N (*of votes etc*) contagem *f*; (*of pollen, alcohol*) nível *m*; (*nobleman*) conde *m*; (*sum*) total *m*, soma; **not ~ing the children** sem contar as crianças; **10 ~ing him** 10 contando com ele; **it ~s for very little** conta muito pouco; **~ yourself lucky** considere-se sortudo; **that doesn't ~!** isso não vale!
▸ **count on** VT FUS contar com; **to ~ on doing sth** contar em fazer algo
▸ **count up** VT contar
countdown ['kauntdaun] N contagem *f* regressiva
countenance ['kauntɪnəns] N expressão *f* ▸ VT tolerar
counter ['kauntə^r] N (*in shop*) balcão *m*; (*in post office etc*) guichê *m*; (*in games*) ficha ▸ VT contrariar; (*blow*) parar ▸ ADV: **~ to** ao

contrário de; **to buy under the ~** (fig) comprar por baixo do pano or da mesa
counteract [kauntər'ækt] VT neutralizar
counterattack ['kauntərətæk] N contra-ataque m ▶ VI contra-atacar
counterbalance [kauntə'bæləns] N contrapeso
counter-clockwise ADV ao contrário dos ponteiros do relógio
counter-espionage N contraespionagem f
counterfeit ['kauntəfıt] N falsificação f ▶ VT falsificar ▶ ADJ falso, falsificado
counterfoil ['kauntəfɔıl] N canhoto (BR), talão m (PT)
counterintelligence ['kauntərın'tɛlıdʒəns] N contrainformação f
countermand [kauntəma:nd] VT revogar
countermeasure ['kauntəmɛʒər] N contramedida
counteroffensive ['kauntərə'fɛnsıv] N contraofensiva
counterpane ['kauntəpeın] N colcha
counterpart ['kauntəpa:t] N (opposite number) homólogo(-a); (equivalent) equivalente m/f
counterproductive ['kauntəprə'dʌktıv] ADJ contraproducente
counterproposal ['kauntəprə'pəuzl] N contraproposta
countersign ['kauntəsaın] VT autenticar
countersink ['kauntəsıŋk] (irreg: like **sink**) VT escarear
counterterrorism [kauntə'tɛrərızəm] N antiterrorismo
countess ['kauntıs] N condessa
countless ['kauntlıs] ADJ inumerável
countrified ['kʌntrıfaıd] ADJ bucólico, rústico
country ['kʌntrı] N país m; (nation) nação f; (native land) terra; (as opposed to town) campo; (region) região f, terra; **in the ~** no campo; (esp in Brazil) no interior; **mountainous ~** região montanhosa
country and western, country and western music N música country
country dancing (BRIT) N dança folclórica
country house N casa de campo
countryman ['kʌntrımən] (irreg: like **man**) N (national) compatriota m; (rural) camponês m
countryside ['kʌntrısaıd] N campo
country-wide ADJ em todo o país; (problem) de escala nacional ▶ ADV em todo o país
county ['kauntı] N condado
county town (BRIT) N capital f do condado
coup [ku:] N golpe m de mestre; (also: **coup d'état**) golpe (de estado)
coupé ['ku:peı] N (Aut) cupê m
couple ['kʌpl] N (of things, people) par m; (married couple, courting couple) casal m ▶ VT (ideas, names) unir, juntar; (machinery) ligar, juntar; **a ~ of** um par de; (a few) alguns/algumas
couplet ['kʌplıt] N dístico
coupling ['kʌplıŋ] N (Rail) engate m
coupon ['ku:pɔn] N cupom m (BR), cupão m (PT); (pools coupon) talão m; (voucher) vale m

courage ['kʌrıdʒ] N coragem f
courageous [kə'reıdʒəs] ADJ corajoso
courgette [kuə'ʒɛt] (BRIT) N abobrinha
courier ['kurıər] N correio; (diplomatic) mala; (for tourists) guia m/f, agente m/f de turismo
course [kɔ:s] N (direction) direção f; (process) desenvolvimento; (of river, Sch) curso; (of ship) rumo; (of bullet) trajetória; (fig) procedimento; (Golf) campo; (part of meal) prato; **of ~** naturalmente; (certainly) certamente; **of ~!** claro!, lógico!; **(no) of ~ not!** claro que não!; **in due ~** oportunamente, no devido tempo; **first ~** entrada; **in the ~ of the next few days** no decorrer dos próximos dias; **the best ~ would be to do ...** o melhor seria fazer ...; **we have no other ~ but to ...** não temos nenhuma outra opção senão ...
course of action N atitude f
court [kɔ:t] N (royal) corte f; (Law) tribunal m; (Tennis etc) quadra ▶ VT (woman) cortejar, namorar; (danger etc) procurar; **out of ~** (Law: settle) extrajudicialmente; **to take to ~** demandar, levar a julgamento; **~ of appeal** tribunal de recursos
courteous ['kə:tıəs] ADJ cortês(-esa)
courtesan [kɔ:tı'zæn] N cortesã f
courtesy ['kə:təsı] N cortesia; **(by) ~ of** com permissão de
courtesy coach N ônibus m (BR) or autocarro (PT) gratuito
courtesy light N (Aut) luz f interior
court-house (US) N palácio de justiça
courtier ['kɔ:tıər] N cortesão m
court martial N (pl **courts martial**) conselho de guerra ▶ VT submeter a conselho de guerra
courtroom ['kɔ:trum] N sala de tribunal
court shoe N escarpim m
courtyard ['kɔ:tja:d] N pátio
cousin ['kʌzn] N primo(-a) m/f; **first ~** primo-irmão/prima-irmã m/f
cove [kəuv] N angra, enseada
covenant ['kʌvənənt] N convênio ▶ VT: **to ~ £2000 per year to a charity** comprometer-se a doar £2000 por ano para uma obra de caridade
Coventry ['kɔvəntrı] N: **to send sb to ~** (fig) relegar alguém ao ostracismo
cover ['kʌvər] VT (gen, Press, costs) cobrir; (with lid) tampar; (chairs etc) revestir; (distance) percorrer; (include) abranger; (protect) abrigar; (issues) tratar ▶ N (gen, Press, Comm) cobertura; (lid) tampa; (for chair etc) capa; (for bed) cobertor m; (envelope) envelope m; (of book, magazine) capa; (shelter) abrigo; (Insurance) cobertura; **to take ~** abrigar-se; **under ~** (indoors) abrigado; **under ~ of** sob o abrigo de; (fig) sob capa de; **under separate ~** (Comm) em separado; **£10 will ~ everything** £10 vão dar para tudo
▶ **cover up** VT (person, object): **to ~ up (with)** cobrir (com); (fig: truth, facts) abafar, encobrir
▶ VI: **to ~ up for sb** (fig) cobrir alguém

coverage ['kʌvərɪdʒ] N (*Press, Insurance*) cobertura
cover charge N couvert *m*
covering ['kʌvərɪŋ] N cobertura; (*of snow, dust etc*) camada
covering letter, (US) **cover letter** N carta de cobertura
cover note N (*Insurance*) nota de cobertura
cover price N preço de capa
covert ['kəuvəːt] ADJ (*threat*) velado; (*action*) oculto, secreto
cover-up N encobrimento (dos fatos)
covet ['kʌvɪt] VT cobiçar
cow [kau] N vaca ▶ CPD fêmea ▶ VT intimidar
coward ['kauəd] N covarde *m/f*
cowardice ['kauədɪs] N covardia
cowardly ['kauədlɪ] ADJ covarde
cowboy ['kaubɔɪ] N vaqueiro
cower ['kauə^r] VI encolher-se (de medo)
cowshed ['kauʃɛd] N estábulo
cowslip ['kauslɪp] N (*Bot*) primavera
cox [kɔks] N ABBR = **coxswain**
coxswain ['kɔksn] N timoneiro(-a)
coy [kɔɪ] ADJ tímido
coyote [kɔɪ'əutɪ] N coiote *m*
coziness ['kəuzɪnɪs] (US) N = **cosiness**
cozy ['kəuzɪ] (US) ADJ = **cosy**
CP N ABBR (= *Communist Party*) PC *m*
cp. ABBR (= *compare*) cp.
c/p (BRIT) ABBR = **carriage paid**
CPA (US) N ABBR = **certified public accountant**
CPI N ABBR (= *Consumer Price Index*) IPC *m*
Cpl. ABBR = **Corporal**
CP/M N ABBR (= *Central Program for Microprocessors*) CP/M *m*
c.p.s. ABBR (= *characters per second*) c.p.s
CPSA (BRIT) N ABBR (= *Civil and Public Services Association*) sindicato dos funcionários públicos
CPU N ABBR = **Central Processing Unit** (*of PC*) torre *f*
cr. ABBR = **credit**; **creditor**
crab [kræb] N caranguejo
crab apple N maçã ácida
crack [kræk] N rachadura; (*gap*) brecha; (*noise*) estalo; (*joke*) piada; (*drug*) crack *m*; (*inf: attempt*): **to have a ~ (at sth)** tentar (fazer algo) ▶ VT quebrar; (*nut*) partir, descascar; (*wall*) rachar; (*safe*) arrombar; (*whip etc*) estalar; (*knuckles*) estalar, partir; (*joke*) soltar; (*mystery*) resolver; (*code*) decifrar ▶ ADJ (*expert*) de primeira classe; **to get ~ing** (*inf*) pôr mãos à obra
▶ **crack down on** VT FUS (*crime*) ser linha dura com; (*spending*) cortar
▶ **crack up** VI (*Psych*) sofrer um colapso nervoso
crackdown ['krækdaun] N: **~ (on)** (*on crime*) repressão (contra); (*on spending*) arrocho (a)
cracked [krækt] (*inf*) ADJ doido
cracker ['krækə^r] N (*biscuit*) biscoito; (*Christmas cracker*) busca pé surpresa *m*; (*firework*) busca-pé *m*; **a ~ of a ...** (BRIT *inf*) um(a) ... sensacional

crackers ['krækəz] (BRIT *inf*) ADJ: **he's ~** ele é maluco
crackle ['krækl] VI crepitar
crackling ['kræklɪŋ] N (*of fire*) crepitação *f*; (*of leaves etc*) estalidos *mpl*; (*of pork*) torresmo
cradle ['kreɪdl] N berço ▶ VT (*child*) embalar; (*object*) segurar com cuidado
craft [krɑːft] N (*skill*) arte *f*; (*trade*) ofício; (*cunning*) astúcia; (*boat*) barco
craftsman ['krɑːftsmən] (*irreg: like* **man**) N artífice *m*, artesão *m*
craftsmanship ['krɑːftsmənʃɪp] N acabamento
craftsmen ['krɑːftsmɛn] NPL *of* **craftsman**
crafty ['krɑːftɪ] ADJ astuto, malandro, esperto
crag [kræg] N penhasco
cram [kræm] VT (*fill*): **to ~ sth with** encher *or* abarrotar algo de; (*put*): **to ~ sth into** enfiar algo em ▶ VI (*for exams*) estudar na última hora
cramming ['kræmɪŋ] N (*for exams*) virada final
cramp [kræmp] N (*Med*) cãibra; (*Tech*) grampo ▶ VT (*limit*) restringir; (*annoy*) estorvar
cramped [kræmpt] ADJ apertado, confinado
crampon ['kræmpən] N gato de ferro
cranberry ['krænbərɪ] N oxicoco
crane [kreɪn] N (*Tech*) guindaste *m*; (*bird*) grou *m* ▶ VT, VI: **to ~ forward, to ~ one's neck** espichar-se, espichar o pescoço
crania ['kreɪnɪə] NPL *of* **cranium**
cranium ['kreɪnɪəm] (*pl* **crania**) N crânio
crank [kræŋk] N manivela; (*person*) excêntrico(-a)
crankshaft ['kræŋkʃɑːft] N virabrequim *m*
cranky ['kræŋkɪ] ADJ (*eccentric*) excêntrico; (*bad-tempered*) irritadiço
cranny ['krænɪ] N *see* **nook**
crap [kræp] (!) N papo furado; **to have a ~** cagar (!)
crappy ['kræpɪ] (!) ADJ fuleiro
crash [kræʃ] N (*noise*) estrondo; (*of car*) batida; (*of plane*) desastre *m* de avião; (*Comm*) falência, quebra; (*Stock Exchange*) craque *m* ▶ VT (*car*) bater com; (*plane*) jogar ▶ VI (*car*) bater; (*plane*) cair; (*two cars*) colidir, bater; (*Comm*) falir, quebrar; (*fall noisily*) cair (com estrondo); (*fig*) despencar; **to ~ into** bater em; **he ~ed into a wall** ele bateu com o carro num muro
crash barrier (BRIT) N (*Aut*) cerca de proteção
crash course N curso intensivo
crash helmet N capacete *m*
crash landing N aterrissagem *f* forçada (BR), aterragem *f* forçosa (PT)
crass [kræs] ADJ grosseiro
crate [kreɪt] N caixote *m*; (*inf: old car*) lata-velha; (*for bottles*) engradado
crater ['kreɪtə^r] N cratera
cravat, cravate [krə'væt] N gravata
crave [kreɪv] VT, VI: **to ~ for** ansiar por
craving ['kreɪvɪŋ] N (*of pregnant woman*) desejo
crawl [krɔːl] VI arrastar-se; (*child*) engatinhar; (*insect*) andar; (*vehicle*) andar a passo de

crayfish tartaruga ▶ N rastejo; (*Swimming*) crawl *m*; **to ~ to sb** (*inf*) puxar o saco de alguém
crayfish ['kreɪfɪʃ] N INV (*freshwater*) camarão-d'água-doce *m*; (*saltwater*) lagostim *m*
crayon ['kreɪən] N lápis *m* de cera, crayon *m*
craze [kreɪz] N mania; (*fashion*) moda
crazed [kreɪzd] ADJ (*look, person*) enlouquecido; (*pottery, glaze*) craquelê
crazy ['kreɪzɪ] ADJ (*person*) louco, maluco, doido; (*idea*) disparatado; **to go ~** enlouquecer; **to be ~ about sb/sth** (*inf*) ser louco por alguém/algo
crazy paving (BRIT) N pavimento irregular
creak [kriːk] VI ranger
cream [kriːm] N (*of milk*) nata; (*artificial, cosmetic*) creme *m*; (*élite*): **the ~ of** a fina flor de ▶ ADJ (*colour*) creme *inv* ▶ **cream off** VT (*fig*) tirar
cream cake N bolo de creme
cream cheese N ricota (BR), queijo creme (PT)
creamery ['kriːmərɪ] N (*shop*) leiteria; (*factory*) fábrica de laticínios
creamy ['kriːmɪ] ADJ (*colour*) creme *inv*; (*taste*) cremoso
crease [kriːs] N (*fold*) dobra, vinco; (*in trousers*) vinco; (*wrinkle*) ruga ▶ VT (*fold*) dobrar, vincar; (*wrinkle*) amassar, amarrotar ▶ VI (*wrinkle up*) amassar-se, amarrotar-se
crease-resistant ADJ: **a ~ fabric** um tecido que não amarrota
create [kriː'eɪt] VT criar; (*produce*) produzir
creation [kriː'eɪʃən] N criação *f*
creative [kriː'eɪtɪv] ADJ criativo; (*inventive*) inventivo
creativity [kriːeɪ'tɪvɪtɪ] N criatividade *f*
creator [kriː'eɪtə'] N criador(a) *m/f*; (*inventor*) inventor(a) *m/f*
creature ['kriːtʃə'] N (*animal*) animal *m*, bicho; (*living thing*) criatura
crèche [krɛʃ] N creche *f*
credence ['kriːdns] N: **to lend** *or* **give ~ to** dar crédito a
credentials [krɪ'dɛnʃlz] NPL credenciais *fpl*
credibility [krɛdɪ'bɪlɪtɪ] N credibilidade *f*
credible ['krɛdɪbl] ADJ acreditável; (*trustworthy*) digno de crédito
credit ['krɛdɪt] N (*gen, Comm*) crédito; (*merit*) mérito ▶ VT (*believe: also*: **give credit to**) acreditar; (*Comm*) creditar ▶ CPD creditício; **credits** NPL (*Cinema, TV*) crédito; **to ~ sb with sth** (*fig*) atribuir algo a alguém; **to ~ £5 to sb** creditar £5 a alguém; **to be in ~** (*person, bank account*) ter fundos; **on ~** a crédito; **to one's ~** honra lhe seja; **to take the ~ for sth** atribuir-se o mérito de; **it does him ~** é motivo de honra para ele; **he's a ~ to his family** ele é um orgulho para a família
creditable ['krɛdɪtəbl] ADJ louvável
credit account N conta de crédito
credit agency (BRIT) N agência de crédito
credit balance N saldo credor
credit bureau (US) (*irreg: like* **bureau**) N = **credit agency**
credit card N cartão *m* de crédito
credit control N controle *m* de crédito
credit crunch N contração *f* do crédito
credit facilities NPL crediário
credit limit N limite *m* de crédito
credit note N nota de crédito
creditor ['krɛdɪtə'] N credor(a) *m/f*
credit transfer N transferência
creditworthy ['krɛdɪtwəːðɪ] ADJ merecedor(a) de crédito
credulity [krɪ'djuːlɪtɪ] N credulidade *f*
creed [kriːd] N credo
creek [kriːk] N enseada; (US) riacho
creel [kriːl] N cesto de pescador
creep [kriːp] VI (*pt, pp* **crept**) (*animal*) rastejar; (*person*) deslizar(-se); (*plant*) trepar ▶ N (*inf*) puxa-saco *m*; **to ~ up on sb** pegar alguém de surpresa; **it gives me the ~s** me dá arrepios
creeper ['kriːpə'] N trepadeira; **creepers** NPL (US: *for baby*) macacão *m* (BR), fato macaco (PT)
creepy ['kriːpɪ] ADJ (*frightening*) horripilante
creepy-crawly [-'krɔːlɪ] (*inf*) N bichinho
cremate [krɪ'meɪt] VT cremar
cremation [krə'meɪʃən] N cremação *f*
crematoria [krɛmə'tɔːrɪə] NPL *of* **crematorium**
crematorium [krɛmə'tɔːrɪəm] (*pl* **crematoria**) N crematório
creosote ['krɪəsəut] N creosoto
crêpe [kreɪp] N (*fabric*) crepe *m*; (*paper*) papel crepom *m*
crêpe bandage (BRIT) N atadura de crepe
crêpe paper N papel *m* crepom
crêpe sole N sola de crepe
crept [krɛpt] PT, PP *of* **creep**
crescendo [krɪ'ʃɛndəu] N crescendo
crescent ['krɛsnt] N meia-lua; (*street*) rua semicircular
cress [krɛs] N agrião *m*
crest [krɛst] N (*of bird*) crista; (*of hill*) cimo, topo; (*of helmet*) cimeira; (*of coat of arms*) timbre *m*
crestfallen ['krɛstfɔːlən] ADJ abatido, cabisbaixo
Crete [kriːt] N Creta
crevasse [krɪ'væs] N fenda
crevice ['krɛvɪs] N (*crack*) fenda; (*gap*) greta
crew [kruː] N (*of ship etc*) tripulação *f*; (*gang*) bando, quadrilha; (*Mil*) guarnição *f*; (*Cinema*) equipe *f*
crew-cut N corte *m* à escovinha
crew-neck N gola arredondada
crib [krɪb] N manjedoira, presépio; (US: *cot*) berço ▶ VT (*inf*) colar
cribbage ['krɪbɪdʒ] N *jogo de cartas*
crick [krɪk] N cãibra; **~ in the neck** torcicolo
cricket ['krɪkɪt] N (*insect*) grilo; (*game*) criquete *m*, cricket *m*
cricketer ['krɪkɪtə'] N jogador(a) *m/f* de criquete
crime [kraɪm] N (*no pl: illegal activities*) crime *m*; (*offence*) delito; (*crime in general*) criminalidade *f*; (*fig*) pecado, maldade *f*

crime wave N onda de criminalidade
criminal ['krɪmɪnl] N criminoso ▶ ADJ criminal; (*law*) penal; (*morally wrong*) imoral; **the C~ Investigation Department** (BRIT) a Brigada de Investigação Criminal
crimp [krɪmp] VT (*hair*) frisar
crimson ['krɪmzn] ADJ carmesim *inv*
cringe [krɪndʒ] VI encolher-se
crinkle ['krɪŋkl] VT amassar, enrugar
cripple ['krɪpl] N aleijado(-a) ▶ VT aleijar; (*ship, plane*) inutilizar; (*industry, exports*) paralisar
crippling ['krɪplɪŋ] ADJ (*disease*) devastador(a); (*taxation, debts*) excessivo
crises ['kraɪsiːz] NPL *of* **crisis**
crisis ['kraɪsɪs] (*pl* **crises**) N crise *f*
crisp [krɪsp] ADJ (*crunchy*) crocante; (*vegetables, fruit*) fresco; (*bacon etc*) torrado; (*manner*) seco
crisps [krɪsps] (BRIT) NPL batatinhas *fpl* fritas
crispy ['krɪspɪ] ADJ crocante
criss-cross [krɪs-] ADJ (*design*) entrecruzado; (*pattern*) em xadrez ▶ VT entrecruzar; **~ pattern** padrão *m* em xadrez
criteria [kraɪ'tɪərɪə] NPL *of* **criterion**
criterion [kraɪ'tɪərɪən] (*pl* **criteria**) N critério
critic ['krɪtɪk] N crítico(-a)
critical ['krɪtɪkl] ADJ crítico; (*illness*) grave; **to be ~ of sth/sb** criticar algo/alguém
critically ['krɪtɪkəlɪ] ADV (*examine*) criteriosamente; (*speak*) criticamente; (*ill*) gravemente
criticism ['krɪtɪsɪzm] N crítica
criticize ['krɪtɪsaɪz] VT criticar
critique [krɪ'tiːk] N crítica
croak [krəuk] VI (*frog*) coaxar; (*bird*) crocitar; (*person*) falar lugubremente ▶ N grasnido
Croatia [krəu'eɪʃə] N Croácia
crochet ['krəuʃeɪ] N crochê *m*
crock [krɔk] N jarro; (*inf: also:* **old crock**: *person*) caco velho; (: *car*) calhambeque *m*
crockery ['krɔkərɪ] N louça
crocodile ['krɔkədaɪl] N crocodilo
crocus ['krəukəs] N açafrão-da-primavera *m*
croft [krɔft] (BRIT) N pequena chácara
crofter ['krɔftə^r] (BRIT) N arrendatário
croissant ['krwasã] N croissant *m*
crone [krəun] N velha encarquilhada
crony ['krəunɪ] (*inf, pej*) N camarada *m/f*, compadre *m*
crook [kruk] N (*inf: criminal*) vigarista *m/f*; (*of shepherd*) cajado; (*of arm*) curva
crooked ['krukɪd] ADJ (*bent*) torto; (*path*) tortuoso; (*dishonest*) desonesto
crop [krɔp] N (*produce*) colheita; (*amount produced*) safra; (*riding crop*) chicotinho; (*of bird*) papo ▶ VT cortar
▶ **crop up** VI surgir
cropper ['krɔpə^r] N: **to come a ~** (*inf*) dar com os burros n'água, entrar pelo cano
crop spraying [-'spreɪɪŋ] N pulverização *f* das culturas
croquet ['krəukeɪ] (BRIT) N croquet *m*, croquê *m*
croquette [krə'kɛt] N croquete *m*

cross [krɔs] N cruz *f*; (*hybrid*) cruzamento ▶ VT cruzar; (*street etc*) atravessar; (*thwart: person, plan*) contrariar ▶ VI atravessar ▶ ADJ zangado, mal-humorado; **to ~ o.s.** persignar-se; **they've got their lines ~ed** eles têm um mal-entendido
▶ **cross out** VT riscar
▶ **cross over** VI atravessar
crossbar ['krɔsbɑː^r] N travessa; (*Sport*) barra transversal
crossbreed ['krɔsbriːd] N raça cruzada
cross-Channel ferry N barca que faz a travessia do Canal da Mancha
cross-check N conferição *f* ▶ VT conferir
cross-country, cross-country race N corrida pelo campo
cross-examination N interrogatório; (*Law*) repergunta
cross-examine VT interrogar; (*Law*) reperguntar
cross-eyed [-aɪd] ADJ vesgo
crossfire ['krɔsfaɪə^r] N fogo cruzado
crossing ['krɔsɪŋ] N (*road*) cruzamento; (*rail*) passagem *f* de nível; (*sea passage*) travessia; (*also:* **pedestrian crossing**) faixa (para pedestres) (BR), passadeira (PT)
crossing guard (US) N guarda *m/f* para pedestres
cross-purposes NPL: **to be at ~ (with sb)** não entender-se (com alguém); **we're (talking) at ~** não falamos da mesma coisa
cross-reference N referência remissiva
crossroads ['krɔsrəudz] N cruzamento
cross section N (*of object*) corte *m* transversal; (*of population*) grupo representativo
crosswalk ['krɔswɔːk] (US) N faixa (para pedestres) (BR), passadeira (PT)
crosswind ['krɔswɪnd] N vento costal
crosswise ['krɔswaɪz] ADV transversalmente
crossword ['krɔswəːd] N palavras *fpl* cruzadas
crotch [krɔtʃ] N (*of garment*) fundilho
crotchet ['krɔtʃɪt] N (*Mus*) semínima
crotchety ['krɔtʃɪtɪ] ADJ (*person*) rabugento
crouch [krautʃ] VI agachar-se
croup [kruːp] N (*Med*) crupe *m*
croupier ['kruːpɪə] N crupiê *m/f*
crouton ['kruːtɔn] N crouton *m*
crow [krəu] N (*bird*) corvo; (*of cock*) canto, cocoricó *m* ▶ VI (*cock*) cantar, cocoricar; (*fig*) contar vantagem
crowbar ['krəubɑː^r] N pé-de-cabra *m*
crowd [kraud] N multidão *f*; (*Sport*) público, galera (*inf*); (*unruly*) tropel *m*; (*common herd*) turba, vulgo ▶ VT (*fill*) apinhar ▶ VI (*gather*) amontoar-se; (*cram*): **to ~ in** apinhar-se; **~s of people** um grande número de pessoas
crowded ['kraudɪd] ADJ (*full*) lotado; (*well-attended*) concorrido; (*densely populated*) superlotado
crowd scene N (*Cinema, Theatre*) cena de multidão

crown [kraun] N coroa; (of head, hill) topo; (of hat) copa ▶ VT coroar; (tooth) pôr uma coroa artificial em; (fig) rematar

crown court (BRIT) N Tribunal m de Justiça

crowning ['kraunɪŋ] ADJ (achievement, glory) supremo

crown jewels NPL joias fpl reais

crown prince N príncipe m herdeiro

crow's-feet NPL pés-de-galinha mpl

crow's-nest N (on ship) cesto de gávea

crucial ['kruːʃl] ADJ (decision) vital; (vote) decisivo; ~ **to** vital para

crucifix ['kruːsɪfɪks] N crucifixo

crucifixion [kruːsɪ'fɪkʃən] N crucificação f

crucify ['kruːsɪfaɪ] VT crucificar

crude [kruːd] ADJ (materials) bruto; (fig: basic) tosco; (: vulgar) grosseiro ▶ N (also: **crude oil**) petróleo em bruto

crude oil N petróleo em bruto

cruel ['kruəl] ADJ cruel

cruelty ['kruəltɪ] N crueldade f

cruet ['kruːɪt] N galheta

cruise [kruːz] N cruzeiro ▶ VI (ship) fazer um cruzeiro; (aircraft) voar; (car): **to ~ at ... km/h** ir a ... km por hora

cruise missile N míssil m Cruise

cruiser ['kruːzə^r] N cruzador m

cruising speed ['kruːzɪŋ-] N velocidade f de cruzeiro

crumb [krʌm] N (of bread) migalha; (of cake) farelo

crumble ['krʌmbl] VT esfarelar ▶ VI (building) desmoronar-se; (plaster, earth) esfacelar-se; (fig) desintegrar-se

crumbly ['krʌmblɪ] ADJ farelento

crummy ['krʌmɪ] (inf) ADJ mixa; (unwell) podre

crumpet ['krʌmpɪt] N bolo leve

crumple ['krʌmpl] VT (paper) amassar; (material) amarrotar

crunch [krʌntʃ] VT (food etc) mastigar; (underfoot) esmagar ▶ N (fig): **the ~** o momento decisivo

crunchy ['krʌntʃɪ] ADJ crocante

crusade [kruː'seɪd] N cruzada; (campaign) campanha ▶ VI (fig): **to ~ for/against** batalhar por/contra

crusader [kruː'seɪdə^r] N cruzado; (fig): **~ (for)** batalhador(a) m/f (por)

crush [krʌʃ] N (people) esmagamento; (crowd) aglomeração f; (love): **to have a ~ on sb** ter um rabicho por alguém; (drink): **lemon ~** limonada ▶ VT (press) esmagar; (squeeze) espremer; (paper) amassar; (cloth) enrugar; (army, opposition) aniquilar; (hopes) destruir; (person) arrasar

crushing ['krʌʃɪŋ] ADJ (burden) esmagador(a)

crust [krʌst] N côdea; (of bread) casca; (of snow, earth) crosta

crustacean [krʌs'teɪʃən] N crustáceo

crusty ['krʌstɪ] ADJ cascudo

crutch [krʌtʃ] N muleta; (of garment: also: **crotch**) fundilho

crux [krʌks] N ponto crucial

cry [kraɪ] VI chorar; (shout: also: **cry out**) gritar ▶ N grito; (of bird) pio; (of animal) voz f; **to ~ for help** gritar por socorro; **it's a far ~ from ...** (fig) é totalmente diferente de ... ▶ **cry off** VI desistir

crying ['kraɪɪŋ] ADJ (fig) flagrante

crypt [krɪpt] N cripta

cryptic ['krɪptɪk] ADJ enigmático

crystal ['krɪstl] N cristal m

crystal-clear ADJ cristalino, claro

crystallize ['krɪstəlaɪz] VT cristalizar ▶ VI cristalizar-se

CSA N ABBR = **Confederate States of America**

CSC N ABBR (= Civil Service Commission) comissão de recrutamento de funcionários públicos

CSE (BRIT) N ABBR = **Certificate of Secondary Education**

CS gas (BRIT) N gás m CS

CST (US) N ABBR (= Central Standard Time) fuso horário

CT (US) ABBR (Post) = **Connecticut**

ct ABBR = **carat**

cu. ABBR = **cubic**

cub [kʌb] N filhote m; (also: **cub scout**) lobinho

Cuba ['kjuːbə] N Cuba

Cuban ['kjuːbən] ADJ, N cubano(-a)

cubbyhole ['kʌbɪhəul] N esconderijo

cube [kjuːb] N cubo ▶ VT (Math) elevar ao cubo

cube root N raiz f cúbica

cubic ['kjuːbɪk] ADJ cúbico; **~ metre** etc metro cúbico etc

cubicle ['kjuːbɪkl] N cubículo; (shower cubicle) boxe m

cuckoo ['kukuː] N cuco

cuckoo clock N relógio de cuco

cucumber ['kjuːkʌmbə^r] N pepino

cud [kʌd] N: **to chew the ~** ruminar

cuddle ['kʌdl] VT abraçar ▶ VI abraçar-se

cuddly ['kʌdlɪ] ADJ fofo

cudgel ['kʌdʒəl] N cacete m ▶ VT: **to ~ one's brains** quebrar a cabeça

cue [kjuː] N (Snooker) taco; (Theatre etc) deixa

cuff [kʌf] N (of shirt, coat etc) punho; (US: on trousers) bainha; (blow) bofetada ▶ VT esbofetear; **off the ~** de improviso

cuff links NPL abotoaduras fpl

cu. in. ABBR = **cubic inches**

cuisine [kwɪ'ziːn] N cozinha

cul-de-sac ['kʌldəsæk] N beco sem saída

culinary ['kʌlɪnərɪ] ADJ culinário

cull [kʌl] VT (flowers) escolher; (story, idea) escolher, selecionar; (kill) matar seletivamente ▶ N (of animals) matança seletiva

culminate ['kʌlmɪneɪt] VI: **to ~ in** terminar em; (lead to) resultar em

culmination [kʌlmɪ'neɪʃən] N (of career) auge m; (of process) conclusão f

culottes [kjuː'lɔts] NPL saia-calça

culpable ['kʌlpəbl] ADJ culpável

culprit ['kʌlprɪt] N culpado(-a)

cult [kʌlt] N culto

cult figure N ídolo
cultivate ['kʌltɪveɪt] VT (also fig) cultivar
cultivation [kʌltɪ'veɪʃən] N cultivo; (fig) cultura
cultural ['kʌltʃərəl] ADJ cultural
culture ['kʌltʃəʳ] N (also fig) cultura
cultured ['kʌltʃəd] ADJ culto
cumbersome ['kʌmbəsəm] ADJ pesado, desajeitado; (person) lente, ineficiente
cumin ['kʌmɪn] N cominho
cumulative ['kju:mjulətɪv] ADJ cumulativo
cunning ['kʌnɪŋ] N astúcia ▶ ADJ astuto, malandro; (device, idea) engenhoso
cup [kʌp] N xícara (BR), chávena (PT); (prize, of bra) taça
cupboard ['kʌbəd] N armário; (for crockery) guarda-louça
cup final (BRIT) N final f
Cupid ['kju:pɪd] N Cupido
cupidity [kju:'pɪdɪtɪ] N cupidez f
cupola ['kju:pələ] N cúpula
cuppa ['kʌpə] N (BRIT inf): **a ~** um chá
cup tie (BRIT) N jogo eliminatório
curable ['kjuərəbl] ADJ curável
curate ['kjuə:rɪt] N coadjutor m
curator [kjuə'reɪtəʳ] N diretor(a) m/f
curb [kə:b] VT refrear ▶ N freio; (US) = **kerb**
curdle ['kə:dl] VI coalhar
curds [kə:dz] NPL coalho
cure [kjuəʳ] VT curar ▶ N tratamento, cura; **to be ~d of sth** sarar(-se) de algo
cure-all N (fig) panaceia
curfew ['kə:fju:] N toque m de recolher
curio ['kjuərɪəu] N antiguidade f
curiosity [kjuərɪ'ɔsɪtɪ] N curiosidade f
curious ['kjuərɪəs] ADJ (interested) curioso; (nosy) abelhudo; (unusual) estranho
curiously ['kjuərɪəslɪ] ADV curiosamente; **~ enough, ...** por estranho que pareça, ...
curl [kə:l] N (of hair) cacho ▶ VT (hair: loosely) frisar; (: tightly) encrespar; (paper) enrolar; (lip) torcer ▶ VI (hair) encaracolar
▶ **curl up** VI frisar-se; (person) encaracolar-se
curler ['kə:ləʳ] N rolo, bobe m
curlew ['kə:lu:] N maçarico
curling ['kə:lɪŋ] N (Sport) curling m
curling tongs, (US) **curling irons** NPL ferros mpl de frisar cabelo
curly ['kə:lɪ] ADJ cacheado, crespo
currant ['kʌrnt] N passa de corinto; (blackcurrant, redcurrant) groselha
currency ['kʌrnsɪ] N moeda; **foreign ~** câmbio, divisas; **to gain ~** (fig) consagrar-se
current ['kʌrnt] N corrente f; (in river) correnteza ▶ ADJ corrente; (present) atual; (accepted) corrente; **in ~ usage** de uso corrente
current account (BRIT) N conta corrente
current affairs NPL atualidades fpl
current assets NPL (Comm) ativo corrente
current liabilities NPL (Comm) passivo corrente
currently ['kʌrntlɪ] ADV atualmente

curricula [kə'rɪkjulə] NPL of **curriculum**
curriculum [kə'rɪkjuləm] (pl **curriculums** or **curricula**) N programa m de estudos
curriculum vitae [-'vi:taɪ] N currículo
curry ['kʌrɪ] N caril m ▶ VT: **to ~ favour with** captar simpatia de
curry powder N pós mpl de caril, curry m
curse [kə:s] VI xingar (BR), praguejar (PT) ▶ VT (swear at) xingar (BR), praguejar a (PT); (bemoan) amaldiçoar ▶ N maldição f; (swearword) palavrão m (BR), baixo calão m (PT); (problem) castigo
cursor ['kə:səʳ] N (Comput) cursor m
cursory ['kə:sərɪ] ADJ rápido, superficial
curt [kə:t] ADJ seco, brusco
curtail [kə:'teɪl] VT (freedom, rights) restringir; (visit etc) abreviar, encurtar; (expenses etc) reduzir
curtain ['kə:tn] N cortina; (Theatre) pano
curtain call N (Theatre) chamada à ribalta
curtain ring N argola
curtsy, curtsey ['kə:tsɪ] N mesura, reverência ▶ VI fazer reverência
curvature ['kə:vətʃəʳ] N curvatura
curve [kə:v] N curva ▶ VT encurvar, torcer ▶ VI encurvar-se, torcer-se; (road) fazer (uma) curva
curved [kə:vd] ADJ curvado, curvo
cushion ['kuʃən] N almofada; (Snooker) tabela ▶ VT (seat) escorar com almofada; (shock, fall etc) amortecer
cushy ['kuʃɪ] (inf) ADJ: **a ~ job** uma boca; **to have a ~ time** estar na moleza
custard ['kʌstəd] N (for pouring) nata, creme m
custard powder (BRIT) N pó m para fazer creme
custodian [kʌs'təudɪən] N guarda m/f
custody ['kʌstədɪ] N custódia; (for offenders) prisão f preventiva; **to take into ~** deter
custom ['kʌstəm] N (tradition) tradição f; (convention) costume m; (habit) hábito; (Comm) clientela
customary ['kʌstəmərɪ] ADJ costumeiro; **it is ~ to do it** é costume fazê-lo
custom-built ADJ feito sob encomenda
customer ['kʌstəməʳ] N cliente m/f; **he's an awkward ~** (inf) ele é um cara difícil
customize ['kʌstəmaɪz] VT personalizar
customized ['kʌstəmaɪzd] ADJ personalizado, feito sob encomenda
custom-made ADJ (car) feito sob encomenda; (clothes) feito sob medida
customs ['kʌstəmz] NPL alfândega
Customs and Excise (BRIT) N autoridades fpl alfandegárias
customs duty N imposto alfandegário
customs officer N inspetor(a) m/f da alfândega, aduaneiro(-a)
cut [kʌt] (pt, pp **cut**) VT cortar; (price) baixar; (record) gravar; (reduce) reduzir; (inf: class) matar ▶ VI cortar; (intersect) interceptar-se ▶ N corte m; (in spending) redução f; (of garment) tacho; **cold cuts** NPL (US) frios mpl sortidos;

to ~ a tooth estar com um dente nascendo; **to ~ one's finger** cortar o dedo; **to get one's hair ~** cortar o cabelo; **to ~ sth short** abreviar algo; **to ~ sb dead** fingir que não conhece alguém
▶ **cut back** VT (*plants*) podar; (*production, expenditure*) cortar
▶ **cut down** VT (*tree*) derrubar; (*reduce*) reduzir; **to ~ sb down to size** (*fig*) abaixar a crista de alguém, colocar alguém no seu lugar
▶ **cut in** VI: **to ~ in (on)** interromper; (*Aut*) cortar
▶ **cut off** VT (*piece, Tel*) cortar; (*person, village*) isolar; (*supply*) suspender; (*retreat*) impedir; (*troops*) cercar; **we've been ~ off** (*Tel*) fomos cortados
▶ **cut out** VT (*shape*) recortar; (*activity etc*) suprimir; (*remove*) remover
▶ **cut through** VI abrir caminho
▶ **cut up** VT cortar em pedaços
cut-and-dried ADJ (*also:* **cut-and-dry**) todo resolvido
cutaway ['kʌtəweɪ] ADJ, N: **~ (drawing)** vista diagramática
cutback ['kʌtbæk] N redução f, corte m
cute [kjuːt] ADJ bonitinho; (*shrewd*) astuto
cut glass N cristal m lapidado
cuticle ['kjuːtɪkl] N cutícula
cuticle remover N produto para tirar as cutículas
cutlery ['kʌtləri] N talheres mpl
cutlet ['kʌtlɪt] N costeleta
cutoff ['kʌtɔf] N (*also:* **cutoff point**) ponto de corte
cutoff switch N interruptor m
cutout ['kʌtaʊt] N (*shape*) figura para recortar; (*switch*) interruptor m
cut-price, (US) **cut-rate** ADJ a preço reduzido
cut-throat N assassino/(-a) ▶ ADJ feroz
cutting ['kʌtɪŋ] ADJ cortante; (*remark*) mordaz
▶ N (*BRIT: from newspaper*) recorte m; (: *Rail*) corte m; (*Cinema*) corte m; (*from plant*) muda
cutting edge N (*of knife*) fio de corte; **on** or **at the ~ of** na ponta de
cutting-edge ADJ (*technology, research*) de ponta
cuttlefish ['kʌtlfɪʃ] N sita
cut-up ADJ arrasado, aflito
CV N ABBR = **curriculum vitae**
cwo ABBR (*Comm*) = **cash with order**
cwt ABBR = **hundredweight**
cyanide ['saɪənaɪd] N cianeto
cyber attack ['saɪbərətæk] N ciberataque m
cyberbullying ['saɪbəbulɪɪŋ] N cyberbullying, bullying m cibernético
cybercafé ['saɪbəkæfeɪ] N cibercafé m
cybernetics [saɪbə'nɛtɪks] N cibernética
cybersecurity [saɪbəsɪ'kjʊrɪtɪ] N cibersegurança
cyberspace ['saɪbəspeɪs] N ciberespaço
cyclamen ['sɪkləmən] N cíclame m
cycle ['saɪkl] N ciclo; (*bicycle*) bicicleta ▶ VI andar de bicicleta
cycle lane, cycle path N ciclovia f
cycle race N corrida de bicicletas
cycle rack N engradado para guardar bicicletas
cycling ['saɪklɪŋ] N ciclismo
cyclist ['saɪklɪst] N ciclista m/f
cyclone ['saɪkləʊn] N ciclone m
cygnet ['sɪgnɪt] N cisne m novo
cylinder ['sɪlɪndəʳ] N cilindro; (*of gas*) bujão m
cylinder capacity N capacidade f cilíndrica, cilindrada
cylinder head N cilíndrico
cylinder-head gasket N culatra
cymbals ['sɪmblz] NPL pratos mpl
cynic ['sɪnɪk] N cínico/(-a)
cynical ['sɪnɪkl] ADJ cínico, sarcástico
cynicism ['sɪnɪsɪzəm] N cinismo
CYO (US) N ABBR = **Catholic Youth Organization**
cypress ['saɪprɪs] N cipreste m
Cypriot ['sɪprɪət] ADJ, N cipriota m/f
Cyprus ['saɪprəs] N Chipre f
cyst [sɪst] N cisto
cystitis [sɪs'taɪtɪs] N cistite f
CZ (US) N ABBR (= *Canal Zone*) zona do canal do Panamá
czar [zɑːʳ] N czar m
Czech [tʃɛk] ADJ tcheco ▶ N tcheco(-a); (*Ling*) tcheco
Czechoslovak [tʃɛkə'sləʊvæk] ADJ, N = **Czechoslovakian**
Czechoslovakia [tʃɛkəslə'vækɪə] N Tchecoslováquia
Czechoslovakian [tʃɛkəslə'vækɪən] ADJ, N tchecoslovaco(-a)
Czech Republic N: **the ~** a República Tcheca

Dd

D¹, d [di:] N (letter) D, d m; (Mus): **D** ré m; **D for David** (BRIT) or **Dog** (US) D de dado
D² (US) ABBR (Pol) = **democrat; democratic**
d (BRIT) ABBR (old) = **penny**
d. ABBR = **died**
DA (US) N ABBR = **district attorney**
dab [dæb] VT (eyes, wound) tocar (de leve); (paint, cream) aplicar de leve ▶ N (of paint) pincelada; (of liquid) gota; (amount) pequena quantidade f
dabble ['dæbl] VI: **to ~ in** interessar-se por
dachshund ['dækshund] N bassê m
dad [dæd] (inf) N papai m
daddy ['dædɪ] N = **dad**
daddy-long-legs N INV pernilongo
daffodil ['dæfədɪl] N narciso-dos-prados m
daft [dɑːft] ADJ bobo, besta; **to be ~ about** ser louco por
dagger ['dægəʳ] N punhal m, adaga; **to look ~s at sb** olhar feio para alguém; **to be at ~s drawn with sb** andar às turras com alguém
dahlia ['deɪljə] N dália
daily ['deɪlɪ] ADJ diário ▶ N (paper) jornal m, diário; (BRIT: domestic help) diarista (BR), mulher f a dias (PT) ▶ ADV diariamente; **twice ~** duas vezes por dia
dainty ['deɪntɪ] ADJ delicado; (tasteful) elegante, gracioso
dairy ['dɛərɪ] N leiteria ▶ ADJ (industry) de laticínios; (cattle) leiteiro
dairy cow N vaca leiteira
dairy farm N fazenda de gado leiteiro
dairy products NPL laticínios mpl
dairy store (US) N leiteria
dais ['deɪɪs] N estrado
daisy ['deɪzɪ] N margarida
daisy wheel N (on printer) margarida
daisy-wheel printer N impressora margarida
Dakar ['dækəʳ] N Dacar
dale [deɪl] (BRIT) N vale m
dally ['dælɪ] VI vadiar
dalmatian [dæl'meɪʃən] N (dog) dálmata m
dam [dæm] N represa, barragem f ▶ VT represar
damage ['dæmɪdʒ] N (physical) danos mpl; (harm) prejuízo; (dents etc) avaria ▶ VT (spoil, break) danificar; (harm) prejudicar; **damages** NPL (Law) indenização f por perdas e danos; **to pay £5,000 in ~s** pagar £5,000 de indenização; **~ to property** danos materiais
damaging ['dæmɪdʒɪŋ] ADJ: **~ (to)** prejudicial (a)
Damascus [də'mɑːskəs] N Damasco
dame [deɪm] N (title) título honorífico dado a uma membra da Ordem do Império Britânico; título honorífico dado à esposa de um cavalheiro ou baronete; (US inf) dona; (Theatre) dama
damn [dæm] VT condenar; (curse) maldizer ▶ N (inf): **I don't give a ~** não dou a mínima, estou me lixando ▶ ADJ (inf: also: **damned**) danado, maldito; **~ (it)!** (que) droga!
damnable ['dæmnəbl] (inf) ADJ (behaviour) condenável; (weather) horrível
damnation [dæm'neɪʃən] N (Rel) danação f ▶ EXCL (inf) droga!
damning ['dæmɪŋ] ADJ (evidence) prejudicial; (criticism) condenador(a)
damp [dæmp] ADJ úmido ▶ N umidade f ▶ VT (also: **dampen**: cloth, rag) umedecer; (: enthusiasm etc) jogar água fria em
dampcourse ['dæmpkɔːs] N impermeabilização f
damper ['dæmpəʳ] N (Mus) abafador m; (of fire) registro; **to put a ~ on** (fig: atmosphere) criar um mal-estar em; (: party) acabar com a animação de; (: enthusiasm) cortar
dampness ['dæmpnɪs] N umidade f
damson ['dæmzən] N ameixa pequena
dance [dɑːns] N dança; (party etc) baile m ▶ VI dançar; **to ~ about** saltitar
dance hall N salão m de baile
dancer ['dɑːnsəʳ] N dançarino(-a); (professional) bailarino(-a)
dancing ['dɑːnsɪŋ] N dança
D and C N ABBR (Med: = dilation and curettage) dilatação f e curetagem f
dandelion ['dændɪlaɪən] N dente-de-leão m
dandruff ['dændrəf] N caspa
dandy ['dændɪ] N dândi m ▶ ADJ (US inf) bacana
Dane [deɪn] N dinamarquês(-esa) m/f
danger ['deɪndʒəʳ] N perigo; (risk) risco; (possibility): **there is a ~ of ...** há o risco de ...; **"~!"** (on sign) "perigo!"; **to be in ~ of** correr o risco de; **in ~** em perigo; **out of ~** fora de perigo
danger list N (Med): **on the ~** na lista dos pacientes graves

dangerous ['deɪndʒərəs] ADJ perigoso
dangerously ['deɪndʒərəslɪ] ADV perigosamente; **~ ill** gravemente doente
danger zone N zona de perigo
dangle ['dæŋgl] VT balançar ▶ VI pender balançando
Danish ['deɪnɪʃ] ADJ dinamarquês(-esa) ▶ N (*Ling*) dinamarquês *m*
Danish pastry N doce *m* (*de massa com frutas*)
dank [dæŋk] ADJ frio e úmido
Danube ['dænju:b] N: **the ~** o Danúbio
dapper ['dæpə^r] ADJ garboso; (*appearance*) esmerado
dare [dɛə^r] VT: **to ~ sb to do sth** desafiar alguém a fazer algo ▶ VI: **to ~ (to) do sth** atrever-se a fazer algo, ousar fazer algo; **I ~ say** (*I suppose*) acho provável que; **I ~n't tell him** (*BRIT*) eu não ouso dizê-lo a ele; **I ~ say he'll turn up** acho provável que ele venha
daredevil ['dɛədɛvl] N intrépido, atrevido
Dar-es-Salaam ['dɑːrɛssə'lɑːm] N Dar-es-Salaam
daring ['dɛərɪŋ] ADJ (*audacious*) audacioso; (*bold*) ousado ▶ N atrevimento, audácia, ousadia; (*courage*) coragem *f*, destemor *m*
dark [dɑːk] ADJ (*gen, hair*) escuro; (*complexion*) moreno; (*cheerless*) triste, sombrio; (*fig*) sombrio ▶ N escuro; **in the ~** no escuro; **in the ~ about** (*fig*) no escuro sobre; **after ~** depois de escurecer; **it is/is getting ~** está escuro/está escurecendo
dark chocolate N chocolate *m* amargo
darken ['dɑːkən] VT escurecer; (*colour*) fazer mais escuro ▶ VI escurecer(-se)
dark glasses NPL óculos *mpl* escuros
darkly ['dɑːklɪ] ADV (*gloomily*) sombriamente; (*in a sinister way*) sinistramente
darkness ['dɑːknɪs] N escuridão *f*
darkroom N câmara escura
darling ['dɑːlɪŋ] ADJ querido ▶ N querido(-a); (*favourite*): **to be the ~ of** ser o queridinho de
darn [dɑːn] VT cerzir
dart [dɑːt] N dardo; (*in sewing*) alinhavo ▶ VI precipitar-se; **to ~ away/along** ir-se/seguir precipitadamente
dartboard ['dɑːtbɔːd] N alvo (para jogo de dardos)
darts N (*game*) jogo de dardos
dash [dæʃ] N (*sign*) hífen *m*; (: *long*) travessão *m*; (*rush*) correria; (*small quantity*) pontinha ▶ VT (*throw*) arremessar; (*hopes*) frustrar ▶ VI precipitar-se, correr
  ▶ **dash away** VI sair apressado
  ▶ **dash off** VT (*letter, essay*) escrever a toda ▶ VI = **dash away**
dashboard ['dæʃbɔːd] N painel *m* de instrumentos
dashing ['dæʃɪŋ] ADJ arrojado
dastardly ['dæstədlɪ] ADJ vil
data ['deɪtə] NPL dados *mpl*
database ['deɪtəbeɪs] N banco de dados
data capture N entrada de dados
data processing N processamento de dados
data transmission N transmissão *f* de dados
date [deɪt] N (*day*) data; (*with friend*) encontro; (*fruit*) tâmara; (*tree*) tamareira ▶ VT datar; (*person*) namorar; **what's the ~ today?** que dia é hoje?; **~ of birth** data de nascimento; **closing ~** data de encerramento; **to ~** até agora; **out of ~** desatualizado; **up to ~** (*correspondence etc*) em dia; (*dictionary, phone book etc*) atualizado; (*method, technology*) moderno; **to bring up to ~** (*correspondence, person*) pôr em dia; (*method*) modernizar; **letter ~d 5th July** (*BRIT*) *or* **July 5th** (*US*) carta de 5 de julho
dated ['deɪtɪd] ADJ antiquado
dateline ['deɪtlaɪn] N meridiano *or* linha de data
date rape N estupro cometido pelo acompanhante da vítima, geralmente após encontro romântico
date stamp N carimbo datador
daub [dɔːb] VT borrar
daughter ['dɔːtə^r] N filha
daughter-in-law (*pl* **daughters-in-law**) N nora
daunt [dɔːnt] VT desalentar, desencorajar
daunting ['dɔːntɪŋ] ADJ desanimador(a)
dauntless ['dɔːntlɪs] ADJ intrépido, destemido
dawdle ['dɔːdl] VI (*waste time*) fazer cera; (*go slow*) vadiar
dawn [dɔːn] N alvorada, amanhecer *m*; (*of period, situation*) surgimento, início ▶ VI (*day*) amanhecer; (*fig*): **it ~ed on him that ...** começou a perceber que ...; **at ~** ao amanhecer; **from ~ to dusk** de manhã à noite
dawn chorus (*BRIT*) N canto dos pássaros na alvorada
day [deɪ] N dia *m*; (*working day*) jornada, dia útil; **the ~ before/after** a véspera/o dia seguinte; **the ~ before yesterday** anteontem; **the ~ after tomorrow** depois de amanhã; **the following ~** o dia seguinte; **(on) the ~ that ...** (n)o dia em que ...; **~ by ~** dia a dia; **by ~** de dia; **paid by the ~** pago por dia; **these ~s, in the present ~** hoje em dia
daybook ['deɪbuk] (*BRIT*) N diário
day boy N (*Sch*) externo
daybreak ['deɪbreɪk] N amanhecer *m*
day-care centre ['deɪkɛə-] N (*for elderly etc*) centro de convivência; (*for children*) creche *f*
daydream ['deɪdriːm] N devaneio ▶ VI devanear
day girl N (*Sch*) externa
daylight ['deɪlaɪt] N luz *f* (do dia)
Daylight Saving Time (*US*) N hora de verão
day release N: **to be on ~** ter licença de um dia por semana para fins de aperfeiçoamento profissional
day return (*BRIT*) N (*ticket*) bilhete *m* de ida e volta no mesmo dia
day shift N turno diurno

daytime ['deɪtaɪm] N dia m ▶ ADJ de dia, diurno
day-to-day ADJ (*life, expenses*) cotidiano; **the ~ routine** o dia-a-dia; **on a ~ basis** dia a dia, diariamente
day trip N excursão f (de um dia)
day tripper N excursionista m/f
daze [deɪz] VT (*stun*) aturdir ▶ N: **in a ~** aturdido
dazzle ['dæzl] VT (*bewitch*) deslumbrar; (*blind*) ofuscar
dazzling ['dæzlɪŋ] ADJ deslumbrante, ofuscante
DC ABBR (*Elec*) = **direct current**; (US *Post*) = **District of Columbia**
DD N ABBR (= *Doctor of Divinity*) título universitário
dd. ABBR (*Comm*: = *delivered*) entregue
D/D ABBR = **direct debit**
D-day ['di:deɪ] N o dia D
DDS (US) N ABBR (= *Doctor of Dental Science, Doctor of Dental Surgery*) títulos universitários
DDT N ABBR (= *dichlorodiphenyltrichloroethane*) DDT m
DE (US) ABBR (*Post*) = **Delaware**
DEA (US) N ABBR (= *Drug Enforcement Administration*) ≈ Conselho Nacional de Entorpecentes
deacon ['di:kən] N diácono
dead [dɛd] ADJ morto; (*deceased*) falecido; (*numb*) dormente; (*telephone*) cortado; (*Elec*) sem corrente ▶ ADV (*very*) totalmente; (*completely*) completamente; (*exactly*) absolutamente ▶ NPL: **the ~** os mortos; **to shoot sb ~** matar alguém a tiro; **the line has gone ~** (*Tel*) caiu a ligação; **~ tired** morto de cansado; **to stop ~** estacar; **~ on time** na hora em ponto
deaden ['dɛdn] VT (*blow, sound*) amortecer; (*pain*) anestesiar
dead end N beco sem saída ▶ ADJ: **a dead-end job** um emprego sem perspectivas
dead heat N (*Sport*) empate m; **to finish in a ~** (*race*) ser empatado
dead-letter office N seção f de cartas não reclamadas
deadline ['dɛdlaɪn] N prazo final; **to work to a ~** trabalhar com prazo estabelecido
deadlock ['dɛdlɔk] N impasse m
dead loss (*inf*) N: **to be a ~** não ser de nada
deadly ['dɛdlɪ] ADJ mortal, fatal; (*weapon*) mortífero ▶ ADV: **~ dull** tediosíssimo, chatíssimo
deadpan [dɛd'pæn] ADJ sem expressão
Dead Sea N: **the ~** o mar Morto
deaf [dɛf] ADJ surdo
deaf-aid (BRIT) N aparelho para a surdez
deaf-and-dumb ADJ surdo-mudo; **~ alphabet** alfabeto de surdos-mudos
deafen ['dɛfn] VT ensurdecer
deafening ['dɛfnɪŋ] ADJ ensurdecedor(a)
deaf-mute N surdo-mudo/surda-muda
deafness ['dɛfnɪs] N surdez f
deal [di:l] (*pt, pp* **dealt**) N (*agreement*) acordo; (*business*) negócio ▶ VT (*cards, blows*) dar;

89 | **daytime – debris**

to strike a ~ with sb fechar um negócio com alguém; **it's a ~!** (*inf*) negócio fechado; **he got a fair/bad ~ from them** ele foi/não foi bem tratado por eles; **a good** *or* **great ~ (of)** bastante, muito
▶ **deal in** VT FUS (*Comm*) negociar em *or* com
▶ **deal with** VT FUS (*people*) tratar com; (*problem*) ocupar-se de; (*subject*) tratar de; (*Comm*) negociar com; (*punish*) castigar
dealer ['di:lə^r] N negociante m/f; (*for cars*) concessionário(-a); (*for products*) revendedor(a) m/f; (*Cards*) carteador(a) m/f, banqueiro(-a)
dealership ['di:ləʃɪp] N concesionária
dealings ['di:lɪŋz] NPL transações fpl
dealt [dɛlt] PT, PP *of* **deal**
dean [di:n] N (*Rel*) decano; (*Sch: BRIT*) reitor(a) m/f; (: US) orientador(a) m/f de estudos
dear [dɪə^r] ADJ querido, caro; (*expensive*) caro
▶ N: **my ~** meu querido/minha querida
▶ EXCL: **~ me!** ai, meu Deus!; **D~ Sir/Madam** (*in letter*) Prezado Senhor/Prezada Senhora (BR), Exmo. Senhor/Exma. Senhora (PT); **D~ Mr/Mrs X** Prezado Sr. X/Prezada Sra. X
dearly ['dɪəlɪ] ADV (*love*) ternamente; (*pay*) caro
dearth [də:θ] N escassez f
death [dɛθ] N morte f; (*Admin*) óbito
deathbed ['dɛθbɛd] N leito de morte
death certificate N certidão f de óbito
death duties NPL (BRIT) impostos mpl sobre inventário
deathly ['dɛθlɪ] ADJ (*colour*) pálido; (*silence*) profundo ▶ ADV (*quiet*) completamente
death penalty N pena de morte
death rate N (índice m de) mortalidade f
death row (US) N corredor m da morte
death sentence N sentença de morte
death toll N número de mortos (*en acidentes*)
deathtrap ['dɛθtræp] N perigo
deb [dɛb] (*inf*) N ABBR = **debutante**
debacle [deɪ'bɑ:kl] N fracasso
debar [dɪ'bɑ:^r] VT (*exclude*) excluir; **to ~ sb from doing sth** proibir alguém fazer algo *or* que faça algo
debase [dɪ'beɪs] VT degradar; (*value*) desvalorizar; (*quality*) piorar
debatable [dɪ'beɪtəbl] ADJ discutível
debate [dɪ'beɪt] N debate m ▶ VT debater ▶ VI (*consider*): **to ~ whether** perguntar-se se
debauchery [dɪ'bɔ:tʃərɪ] N decadência
debenture [dɪ'bɛntʃə^r] N (*Comm*) debênture f
debilitate [dɪ'bɪlɪteɪt] VT debilitar
debit ['dɛbɪt] N débito ▶ VT: **to ~ a sum to sb** *or* **to sb's account** lançar uma quantia ao débito de alguém *or* à conta de alguém; *see also* **direct debit**
debit balance N saldo devedor
debit card N cartão m de débito
debit note N nota de débito
debrief [di:'bri:f] VT interrogar
debriefing [di:'bri:fɪŋ] N interrogatório
debris ['dɛbri:] N escombros mpl

debt [dɛt] N (*sum*) dívida; (*state*) endividiamento; **to be in ~** ter dívidas, estar endividado; **bad ~** dívida incobrável
debt collector N cobrador(a) *m/f* de dívidas
debtor ['dɛtə'] N devedor(a) *m/f*
debug ['di:'bʌg] VT (*Comput*) depurar
debunk [di:'bʌŋk] VT (*myths, ideas*) desmascarar
début ['deɪbju:] N estreia
debutante ['dɛbjutænt] N debutante *f*
Dec. ABBR (= *December*) dez.
decade ['dɛkeɪd] N década
decadence ['dɛkədəns] N decadência
decadent ['dɛkədənt] ADJ decadente
decaf ['di:kæf] (*inf*) N descafeinado *m*
decaffeinated [dɪ'kæfɪneɪtɪd] ADJ descafeinado
decamp [dɪ'kæmp] (*inf*) VI safar-se
decant [dɪ'kænt] VT (*wine*) decantar
decanter [dɪ'kæntə'] N garrafa ornamental
decarbonize [di:'kɑ:bənaɪz] VT (*Aut*) descarbonizar
decathlon [dɪ'kæθlən] N decatlo
decay [dɪ'keɪ] N decadência; (*of building*) ruína; (*fig*) deterioração *f*; (*rotting*) podridão *f*; (*also*: **tooth decay**) cárie *f* ▶ VI (*rot*) apodrecer-se; (*fig*) decair
decease [dɪ'si:s] N falecimento, óbito
deceased [dɪ'si:st] N: **the ~** o falecido/a falecida
deceit [dɪ'si:t] N engano; (*duplicity*) fraude *f*
deceitful [dɪ'si:tful] ADJ enganador(a)
deceive [dɪ'si:v] VT enganar
decelerate [di:'sɛləreɪt] VT moderar a marcha de, desacelerar ▶ VI diminuir a velocidade
December [dɪ'sɛmbə'] N dezembro; *see also* **July**
decency ['di:sənsɪ] N decência; (*kindness*) bondade *f*
decent ['di:sənt] ADJ (*proper*) decente; (*kind, honest*) honesto, amável
decently ['di:səntlɪ] ADV (*respectably*) decentemente; (*kindly*) gentilmente
decentralization ['di:sɛntrəlaɪ'zeɪʃən] N descentralização *f*
decentralize [di:'sɛntrəlaɪz] VT descentralizar
deception [dɪ'sɛpʃən] N engano; (*deceitful act*) fraude *f*
deceptive [dɪ'sɛptɪv] ADJ enganador(a)
decibel ['dɛsɪbɛl] N decibel *m*
decide [dɪ'saɪd] VT (*person*) convencer; (*question, argument*) resolver ▶ VI decidir; **to ~ to do/that** decidir fazer/que; **to ~ on sth** decidir-se por algo; **to ~ on doing** decidir fazer; **to ~ against doing** decidir não fazer
decided [dɪ'saɪdɪd] ADJ (*resolute*) decidido; (*clear, definite*) claro, definido
decidedly [dɪ'saɪdɪdlɪ] ADV (*distinctly*) claramente; (*emphatically*) decididamente
deciding [dɪ'saɪdɪŋ] ADJ decisivo
deciduous [dɪ'sɪdjuəs] ADJ decíduo
decimal ['dɛsɪməl] ADJ decimal ▶ N decimal *m*; **to 3 ~ places** com 3 casas decimais
decimalize ['dɛsɪməlaɪz] (BRIT) VT decimalizar

decimal point N vírgula de decimais
decimate ['dɛsɪmeɪt] VT dizimar
decipher [dɪ'saɪfə'] VT decifrar
decision [dɪ'sɪʒən] N (*choice*) escolha; (*act of choosing*) decisão *f*; (*decisiveness*) resolução *f*; **to make a ~** tomar uma decisão
decisive [dɪ'saɪsɪv] ADJ (*action*) decisivo; (*person*) decidido; (*manner, reply*) categórico
deck [dɛk] N (*Naut*) convés *m*; (*of bus*): **top ~** andar *m* de cima; (*of cards*) baralho; **to go up on ~** subir ao convés; **below ~** abaixo do convés principal; **record/cassette ~** toca-discos *m inv*/toca-fitas *m inv*
deck chair N cadeira de lona, espreguiçadeira
deck hand N taifeiro(-a)
declaration [dɛklə'reɪʃən] N declaração *f*; (*public announcement*) pronunciamento
declare [dɪ'klɛə'] VT (*intention*) revelar; (*result*) divulgar; (*income, at customs*) declarar
declassify [di:'klæsɪfaɪ] VT tornar público
decline [dɪ'klaɪn] N declínio; (*lessening*) diminuição *f*, baixa ▶ VT recusar ▶ VI diminuir; (*fall*) baixar; **~ in living standards** queda dos padrões de vida; **to ~ to do sth** recusar-se a fazer algo
declutch ['di:'klʌtʃ] (BRIT) VI debrear
decode [di:'kəud] VT decifrar; (*TV signal etc*) decodificar
decoder [di:'kəudə'] N decodificador *m*
decompose [di:kəm'pəuz] VI decompor-se
decomposition [di:kɔmpə'zɪʃən] N decomposição *f*
decompression [di:kəm'prɛʃən] N descompressão *f*
decompression chamber N câmara de descompressão
decongestant [di:kən'dʒɛstənt] N descongestionante *m*
decontaminate [di:kən'tæmɪneɪt] VT descontaminar
decontrol [di:kən'trəul] VT (*prices etc*) liberar
décor ['deɪkɔ:'] N decoração *f*; (*Theatre*) cenário
decorate ['dɛkəreɪt] VT (*adorn*): **to ~ (with)** adornar (com); (*give medal to*) condecorar; (*paint*) pintar; (*paper*) decorar com papel
decoration [dɛkə'reɪʃən] N decoração *f*, adorno; (*on tree, dress etc*) enfeite *m*; (*act*) decoração; (*medal*) condecoração *f*
decorative ['dɛkərətɪv] ADJ decorativo
decorator ['dɛkəreɪtə'] N (*painter*) pintor(a) *m/f*
decorum [dɪ'kɔ:rəm] N decoro
decoy ['di:kɔɪ] N engodo, chamariz *m*
decrease [*n* 'di:kri:s, *vt, vi* di:'kri:s] N: **~ (in)** diminuição *f* (de) ▶ VT reduzir ▶ VI diminuir; **to be on the ~** estar diminuindo
decreasing [di:'kri:sɪŋ] ADJ decrescente
decree [dɪ'kri:] N decreto ▶ VT: **to ~ (that)** decretar (que); **~ absolute** sentença final de divórcio
decree nisi N ordem *f* provisória de divórcio
decrepit [dɪ'krɛpɪt] ADJ decrépito; (*building*) (que está) caindo aos pedaços

91 | decry – deformity

decry [dɪˈkraɪ] VT execrar; (*disparage*) denegrir
decrypt [diːˈkrɪpt] VT (*Comput, Tel*) desencriptar
dedicate [ˈdɛdɪkeɪt] VT dedicar
dedicated [ˈdɛdɪkeɪtɪd] ADJ (*person, Comput*) dedicado; **~ word processor** processador *m* de texto dedicado
dedication [dɛdɪˈkeɪʃən] N (*devotion*) dedicação *f*; (*in book*) dedicatória; (*on radio*) mensagem *f*
deduce [dɪˈdjuːs] VT deduzir
deduct [dɪˈdʌkt] VT deduzir; (*from wage etc*) descontar
deduction [dɪˈdʌkʃən] N (*deducting*) redução *f*; (*amount*) subtração *f*; (*deducing*) dedução *f*; (*from wage etc*) desconto; (*conclusion*) conclusão *f*, dedução *f*
deed [diːd] N feito; (*Law*) escritura, título
deed of covenant N escritura de transferência
deem [diːm] VT julgar, estimar; **to ~ it wise to do** julgar prudente fazer
deep [diːp] ADJ profundo; (*in measurements*) de profundidade; (*voice*) baixo, grave; (*person*) fechado; (*breath*) fundo; (*colour*) forte, carregado ▶ ADV: **the spectators stood 20 ~** havia 20 fileiras de espectadores; **knee-~ in water** com água até os joelhos; **to be 4 metres ~** ter 4 metros de profundidade; **he took a ~ breath** ele respirou fundo
deepen [ˈdiːpən] VT aprofundar ▶ VI (*mystery*) aumentar
deep-freeze N congelador *m*, freezer *m* (BR)
deep-fry VT fritar em recipiente fundo
deeply [ˈdiːplɪ] ADV (*breathe*) fundo; (*interested, moved*) profundamente
deep-rooted [-ˈruːtɪd] ADJ (*prejudice*) enraizado; (*affection*) profundo
deep-sea diver N escafandrista *m/f*
deep-sea diving N mergulho com escafandro
deep-sea fishing N pesca de alto-mar
deep-seated [-ˈsiːtɪd] ADJ (*beliefs etc*) arraigado
deep-set ADJ (*eyes*) fundo
deer [dɪə^r] N INV veado, cervo
deerskin [ˈdɪəskɪn] N camurça, pele *f* de cervo
deerstalker [ˈdɪəstɔːkə^r] N *tipo de chapéu como o de Sherlock Holmes*
deface [dɪˈfeɪs] VT desfigurar
defamation [dɛfəˈmeɪʃən] N difamação *f*
defamatory [dɪˈfæmətrɪ] ADJ difamatório
default [dɪˈfɔːlt] VI (*Law*) inadimplir; (*Sport*) não comparecer ▶ N (*Comput*) default *m*, padrão *m*; **by ~** (*win*) por desistência; (*Law*) à revelia; (*Sport*) por ausência; **to ~ on a debt** deixar de pagar uma dívida
defaulter [dɪˈfɔːltə^r] N (*in debt*) devedor(a) *m/f* inadimplente
default option N (*Comput*) opção *f* padrão
defeat [dɪˈfiːt] N derrota; (*failure*) malogro ▶ VT derrotar, vencer; (*fig: efforts*) frustrar
defeatism [dɪˈfiːtɪzm] N derrotismo
defeatist [dɪˈfiːtɪst] ADJ, N derrotista *m/f*
defect [*n* ˈdiːfɛkt, *vi* dɪˈfɛkt] N defeito ▶ VI: **to ~ to the enemy** desertar para se juntar ao inimigo; **physical/mental ~** defeito físico/mental
defective [dɪˈfɛktɪv] ADJ defeituoso
defector [dɪˈfɛktə^r] N trânsfuga *m/f*
defence, (US) defense [dɪˈfɛns] N defesa; **in ~ of** em defesa de; **witness for the ~** testemunha de defesa; **the Ministry of D~** (BRIT), **the Department of Defense** (US) o Ministério da Defesa
defenceless [dɪˈfɛnslɪs] ADJ indefeso
defend [dɪˈfɛnd] VT defender; (*Law*) contestar
defendant [dɪˈfɛndənt] N acusado(-a); (*in civil case*) réu/ré *m/f*
defender [dɪˈfɛndə^r] N defensor(a) *m/f*; (*Sport*) defesa
defending champion [dɪˈfɛndɪŋ-] N (*Sport*) atual campeão(-peã) *m/f*
defending counsel [dɪˈfɛndɪŋ-] N (*Law*) advogado(-a) de defesa
defense [dɪˈfɛns] (US) N = **defence**
defensive [dɪˈfɛnsɪv] ADJ defensivo ▶ N: **on the ~** na defensiva
defer [dɪˈfəː^r] VT (*postpone*) adiar ▶ VI (*submit*): **to ~ to** submeter-se a
deference [ˈdɛfərəns] N deferência; **out of** or **in ~ to** por or em deferência a
defiance [dɪˈfaɪəns] N desafio; (*rebellion*) rebeldia; **in ~ of** sem respeito por; (*despite*) a despeito de
defiant [dɪˈfaɪənt] ADJ (*insolent*) desafiante, insolente; (*challenging*) desafiador(a)
defiantly [dɪˈfaɪəntlɪ] ADV desafiadoramente
deficiency [dɪˈfɪʃənsɪ] N (*lack*) deficiência, falta; (*defect*) defeito; (*Comm*) déficit *m*
deficiency disease N doença de carência
deficient [dɪˈfɪʃənt] ADJ (*inadequate*) deficiente; (*incomplete*) incompleto; (*defective*) imperfeito; (*defective*): **~ in** falto de, carente de
deficit [ˈdɛfɪsɪt] N déficit *m*
defile [*vt, vi* dɪˈfaɪl, *n* ˈdiːfaɪl] VT (*memory*) desonrar; (*statue etc*) profanar ▶ VI desfilar ▶ N desfile *m*
define [dɪˈfaɪn] VT definir
definite [ˈdɛfɪnɪt] ADJ (*fixed*) definitivo; (*clear, obvious*) claro, categórico; (*certain*) certo; (*Ling*) definido; **he was ~ about it** ele foi categórico
definitely [ˈdɛfɪnɪtlɪ] ADV sem dúvida
definition [dɛfɪˈnɪʃən] N definição *f*
definitive [dɪˈfɪnɪtɪv] ADJ conclusivo
deflate [diːˈfleɪt] VT esvaziar; (*person*) fazer perder o rebolado; (*Econ*) deflacionar
deflation [diːˈfleɪʃən] N (*Econ*) deflação *f*
deflationary [diːˈfleɪʃənrɪ] ADJ (*Econ*) deflacionário
deflect [dɪˈflɛkt] VT desviar
defog [ˈdiːˈfɔg] (US) VT desembaçar
defogger [ˈdiːˈfɔgə^r] (US) N (*Aut*) desembaçador *m*
deform [dɪˈfɔːm] VT distorcer
deformed [dɪˈfɔːmd] ADJ deformado
deformity [dɪˈfɔːmɪtɪ] N deformidade *f*

defraud [dɪˈfrɔːd] VT: **to ~ sb (of sth)** trapacear alguém (por causa de algo)
defray [dɪˈfreɪ] VT (*costs, expenses*) correr com
defriend [diːˈfrɛnd] VT (*on social network*) excluir (*em rede social*)
defrost [diːˈfrɔst] VT descongelar
deft [dɛft] ADJ (*hands*) destro; (*movement*) hábil
defunct [dɪˈfʌŋkt] ADJ extinto
defuse [diːˈfjuːz] VT tirar o estopim or a espoleta de; (*situation*) neutralizar
defy [dɪˈfaɪ] VT desafiar; (*resist*) opor-se a; (*order*) desobedecer
degenerate [*vi* dɪˈdʒɛnəreɪt, *adj* dɪˈdʒɛnərɪt] VI deteriorar ▶ ADJ degenerado
degradation [dɛɡrəˈdeɪʃən] N degradação *f*
degrade [dɪˈɡreɪd] VT degradar
degrading [dɪˈɡreɪdɪŋ] ADJ degradante
degree [dɪˈɡriː] N grau *m*; (*Sch*) diploma *m*, título; **~ in maths** formatura em matemática; **10 ~s below (zero)** 10 graus abaixo de zero; **a considerable ~ of risk** um grau considerável de risco; **by ~s** (*gradually*) pouco a pouco; **to some ~, to a certain ~** até certo ponto
dehydrated [diːhaɪˈdreɪtɪd] ADJ desidratado; (*milk*) em pó
dehydration [diːhaɪˈdreɪʃən] N desidratação *f*
de-ice VT (*windscreen*) descongelar
de-icer [-ˈaɪsəʳ] N descongelador *m*
deign [deɪn] VI: **to ~ to do** dignar-se a fazer
deity [ˈdiːɪtɪ] N divindade *f*, deidade *f*
dejected [dɪˈdʒɛktɪd] ADJ (*depressed*) deprimido; (*face*) triste
dejection [dɪˈdʒɛkʃən] N desânimo
del. ABBR = **delete**
delay [dɪˈleɪ] VT (*decision etc*) retardar, atrasar; (*train, person*) atrasar ▶ VI hesitar ▶ N demora; (*postponement*) adiamento; **to be ~ed** estar atrasado; **without ~** sem demora or atraso
delayed-action [dɪˈleɪd-] ADJ de retardo, de ação retardada
delectable [dɪˈlɛktəbl] ADJ (*person*) gostoso; (*food*) delicioso
delegate [*n* ˈdɛlɪɡɪt, *vt* ˈdɛlɪɡeɪt] N delegado(-a) ▶ VT (*person*) autorizar; (*task*) delegar; **to ~ sth to sb/sb to do sth** delegar algo a alguém/alguém para fazer algo
delegation [dɛlɪˈɡeɪʃən] N (*group*) delegação *f*; (*by leader*) autorização *f*
delete [dɪˈliːt] VT eliminar, riscar; (*Comput*) deletar, excluir
Delhi [ˈdɛlɪ] N Délhi
deliberate [*adj* dɪˈlɪbərɪt, *vi* dɪˈlɪbəreɪt] ADJ (*intentional*) intencional; (*slow*) pausado, lento ▶ VI deliberar; (*consider*) considerar
deliberately [dɪˈlɪbərɪtlɪ] ADV (*on purpose*) de propósito; (*slowly*) lentamente
deliberation [dɪlɪbəˈreɪʃən] N deliberação *f*
delicacy [ˈdɛlɪkəsɪ] N delicadeza; (*of problem*) dificuldade *f*; (*choice food*) iguaria
delicate [ˈdɛlɪkɪt] ADJ delicado; (*health*) frágil; (*skilled*) fino
delicately [ˈdɛlɪkɪtlɪ] ADV delicadamente

delicatessen [dɛlɪkəˈtɛsn] N delicatessen *m*
delicious [dɪˈlɪʃəs] ADJ delicioso; (*food*) saboroso
delight [dɪˈlaɪt] N (*feeling*) prazer *m*, deleite *m*; (*person*) encanto; (*experience*) delícia ▶ VT encantar, deleitar; **to take (a) ~ in** deleitar-se com
delighted [dɪˈlaɪtɪd] ADJ: **~ (at or with sth)** encantado (com algo); **to be ~ to do sth/that** ter muito prazer em fazer algo/ficar muito contente que; **I'd be ~** eu adoraria
delightful [dɪˈlaɪtful] ADJ encantador(a), delicioso
delimit [diːˈlɪmɪt] VT delimitar
delineate [dɪˈlɪnɪeɪt] VT delinear; (*fig: describe*) descrever, definir
delinquency [dɪˈlɪŋkwənsɪ] N delinquência
delinquent [dɪˈlɪŋkwənt] ADJ, N delinquente *m/f*
delirious [dɪˈlɪrɪəs] ADJ delirante; **to be ~** delirar
delirium [dɪˈlɪrɪəm] N delírio
deliver [dɪˈlɪvəʳ] VT (*distribute*) distribuir; (*hand over*) entregar; (*message*) comunicar; (*speech*) proferir; (*free*) livrar; (*Med*) partejar; **to ~ the goods** (*fig*) dar conta do recado
deliverance [dɪˈlɪvrəns] N libertação *f*, livramento
delivery [dɪˈlɪvərɪ] N entrega; (*of mail*) distribuição *f*; (*of speaker*) enunciação *f*; (*Med*) parto; **to take ~ of** receber
delivery note N guia or nota de entrega
delivery van, (US) **delivery truck** N furgão *m* de entrega
delta [ˈdɛltə] N delta *m*
delude [dɪˈluːd] VT iludir, enganar; **to ~ o.s.** iludir-se
deluge [ˈdɛljuːdʒ] N dilúvio; (*fig*) enxurrada ▶ VT (*fig*): **to ~ (with)** inundar (de)
delusion [dɪˈluːʒən] N ilusão *f*; **to have ~s of grandeur** ter mania de grandeza
de luxe [dəˈlʌks] ADJ de luxo
delve [dɛlv] VI: **to ~ into** (*subject*) investigar, pesquisar; (*cupboard etc*) vasculhar
Dem. (US) ABBR (*Pol*) = **democrat**; = **democratic**
demagogue [ˈdɛməɡɔɡ] N demagogo(-a)
demand [dɪˈmɑːnd] VT exigir; (*rights*) reivindicar, reclamar ▶ N exigência; (*claim*) reivindicação *f*; (*Econ*) procura; **to ~ sth (from or of sb)** exigir algo (de alguém); **to be in ~** estar em demanda; **on ~** à vista
demanding [dɪˈmɑːndɪŋ] ADJ (*boss*) exigente; (*work*) absorvente
demarcation [diːmɑːˈkeɪʃən] N demarcação *f*
demarcation dispute N (*Industry*) dissídio coletivo
demean [dɪˈmiːn] VT: **to ~ o.s.** rebaixar-se
demeanour, (US) **demeanor** [dɪˈmiːnəʳ] N conduta, comportamento
demented [dɪˈmɛntɪd] ADJ demente, doido
demilitarized zone [diːˈmɪlɪtəraɪzd-] N zona desmilitarizada

demise [dɪ'maɪz] N falecimento
demist [diː'mɪst] (BRIT) VT desembaçar
demister [diː'mɪstə^r] (BRIT) N (Aut) desembaçador m de para-brisa
demo ['dɛməʊ] (inf) N ABBR (= *demonstration*) passeata
demobilize [diː'məʊbɪlaɪz] VT desmobilizar
democracy [dɪ'mɔkrəsɪ] N democracia
democrat ['dɛməkræt] N democrata m/f
democratic [dɛmə'krætɪk] ADJ democrático
demography [dɪ'mɔgrəfɪ] N demografia
demolish [dɪ'mɔlɪʃ] VT demolir, derrubar; (*fig*: *argument*) refutar, contestar
demolition [dɛmə'lɪʃən] N demolição f; (*of argument*) contestação f
demon ['diːmən] N demônio ▶ CPD: **a ~ squash player** um(a) craque em squash
demonstrate ['dɛmənstreɪt] VT demonstrar ▶ VI: **to ~ (for/against)** manifestar-se (a favor de/contra)
demonstration [dɛmən'streɪʃən] N (Pol) manifestação f; (: *march*) passeata; (*proof*) demonstração f; (*exhibition*) exibição f; **to hold a ~** realizar uma passeata
demonstrative [dɪ'mɔnstrətɪv] ADJ demonstrativo
demonstrator ['dɛmənstreɪtə^r] N (Pol) manifestante m/f; (Comm: *sales person*) demonstrador(a) m/f; (: *car, computer etc*) modelo de demonstração
demoralize [dɪ'mɔrəlaɪz] VT desmoralizar
demote [dɪ'məʊt] VT rebaixar de posto
demotion [dɪ'məʊʃən] N rebaixamento
demur [dɪ'məː^r] VI: **to ~ (at sth)** objetar (a algo), opor-se (a algo) ▶ N: **without ~** sem objeção
demure [dɪ'mjʊə^r] ADJ recatado
demurrage [dɪ'mʌrɪdʒ] N sobre-estadia
den [dɛn] N (*of animal*) covil m; (*of thieves*) antro, esconderijo; (*room*) aposento privado, cantinho
denationalization ['diːnæʃnəlaɪ'zeɪʃən] N desnacionalização f, desestatização f
denationalize [diː'næʃnəlaɪz] VT desnacionalizar, desestatizar
denial [dɪ'naɪəl] N refutação f; (*refusal*) negativa; (*of report etc*) desmentido
denier ['dɛnɪə^r] N denier m; **15 ~ stockings** meias de 15 denieres
denigrate ['dɛnɪgreɪt] VT denegrir
denim ['dɛnɪm] N brim m, zuarte m; **denims** NPL jeans m (BR), jeans mpl (PT)
denim jacket N jaqueta de brim
denizen ['dɛnɪzn] N habitante m/f
Denmark ['dɛnmɑːk] N Dinamarca
denomination [dɪnɔmɪ'neɪʃən] N valor m, denominação f; (Rel) confissão f, seita
denominator [dɪ'nɔmɪneɪtə^r] N denominador m
denote [dɪ'nəʊt] VT (*indicate*) denotar, indicar; (*represent*) representar; (*mean*) significar
denounce [dɪ'naʊns] VT denunciar
dense [dɛns] ADJ (*crowd*) denso; (*smoke, foliage etc*) denso, espesso; (*inf*: *stupid*) estúpido, bronco

93 | **demise – depopulate**

densely ['dɛnslɪ] ADV: **~ populated** com grande densidade de população; **~ wooded** coberto de florestas densas
density ['dɛnsɪtɪ] N densidade f
dent [dɛnt] N amolgadura, depressão f ▶ VT (*also*: **make a dent in**) amolgar, dentar; **to make a ~ in** (*fig*) reduzir
dental ['dɛntl] ADJ (*treatment*) dentário; (*hygiene*) dental
dental floss [-flɔs] N fio dental
dental surgeon N cirurgião(-giã) m/f dentista
dentist ['dɛntɪst] N dentista m/f; **~'s surgery** (BRIT) consultório dentário
dentistry ['dɛntɪstrɪ] N odontologia
dentures ['dɛntʃəz] NPL dentadura
denunciation [dɪnʌnsɪ'eɪʃən] N denúncia
deny [dɪ'naɪ] VT negar; (*report*) desmentir; (*refuse*) recusar; **he denies having said it** ele nega ter dito isso
deodorant [diː'əʊdərənt] N desodorante m (BR), desodorizante m (PT)
depart [dɪ'pɑːt] VI ir-se, partir; (*train etc*) sair; **to ~ from** (*fig*: *differ from*) afastar-se de
department [dɪ'pɑːtmənt] N (Sch) departamento; (Comm) seção f; (Pol) repartição f; **that's not my ~** (*fig*) este não é o meu departamento; **D~ of State** (US) Departamento de Estado
departmental [diːpɑːt'mɛntl] ADJ departamental; **~ manager** chefe m/f de serviço
department store N magazine m (BR), grande armazém m (PT)
departure [dɪ'pɑːtʃə^r] N partida, ida; (*of train etc, of employee*) saída; (*fig*): **~ from** afastamento de; **a new ~** uma nova orientação
departure lounge N sala de embarque
departures board, (US) **departure board** N horário de saídas
depend [dɪ'pɛnd] VI: **to ~ (up)on** depender de; (*rely on*) contar com; **it ~s** depende; **~ing on the result ...** dependendo do resultado ...
dependable [dɪ'pɛndəbl] ADJ (*person*) de confiança, seguro; (*watch, car*) confiável
dependant [dɪ'pɛndənt] N dependente m/f
dependence [dɪ'pɛndəns] N dependência
dependent [dɪ'pɛndənt] ADJ: **to be ~ (on)** depender (de), ser dependente (de) ▶ N = **dependant**
depict [dɪ'pɪkt] VT (*in picture*) retratar, representar; (*describe*) descrever
depilatory [dɪ'pɪlətrɪ] N (*also*: **depilatory cream**) depilatório
depleted [dɪ'pliːtɪd] ADJ esgotado
deplorable [dɪ'plɔːrəbl] ADJ (*disgraceful*) deplorável; (*regrettable*) lamentável
deplore [dɪ'plɔː^r] VT (*condemn*) deplorar; (*regret*) lamentar
deploy [dɪ'plɔɪ] VT dispor; (*missiles*) instalar
depopulate [diː'pɔpjʊleɪt] VT despovoar

depopulation ['di:pɒpjuˈleɪʃən] N despovoamento
deport [dɪˈpɔːt] VT deportar
deportation [dɪpɔːˈteɪʃən] N deportação f
deportation order N ordem f de deportação
deportment [dɪˈpɔːtmənt] N comportamento; (way of walking) modo de andar
depose [dɪˈpəuz] VT depor
deposit [dɪˈpɒzɪt] N (Comm, Geo) depósito; (Chem) sedimento; (of ore, oil) jazida; (down payment) sinal m; (for hired goods etc) caução f ▶ VT depositar; (luggage) guardar; **to put down a ~ of £50** pagar um sinal de £50
deposit account N conta de depósito a prazo
depositor [dɪˈpɒzɪtəʳ] N depositante m/f
depository [dɪˈpɒzɪtərɪ] N (person) depositário(-a); (place) depósito
depot ['dɛpəu] N (storehouse) depósito, armazém m; (for vehicles) garagem f, parque m; (US) estação f
depraved [dɪˈpreɪvd] ADJ depravado, viciado
depravity [dɪˈprævɪtɪ] N depravação f, vício
deprecate ['dɛprɪkeɪt] VT desaprovar
deprecating ['dɛprɪkeɪtɪŋ] ADJ desaprovador(a)
depreciate [dɪˈpriːʃɪeɪt] VT depreciar ▶ VI depreciar-se, desvalorizar-se
depreciation [dɪpriːʃɪˈeɪʃən] N depreciação f
depress [dɪˈprɛs] VT deprimir; (press down) apertar
depressant [dɪˈprɛsnt] N (Med) depressor m
depressed [dɪˈprɛst] ADJ (person) deprimido; (area, market, trade) em depressão
depressing [dɪˈprɛsɪŋ] ADJ deprimente
depression [dɪˈprɛʃən] N (also Econ) depressão f; (hollow) achatamento
deprivation [dɛprɪˈveɪʃən] N privação f; (loss) perda
deprive [dɪˈpraɪv] VT: **to ~ sb of** privar alguém de
deprived [dɪˈprəɪvd] ADJ carente
dept. ABBR (= department) depto.
depth [dɛpθ] N profundidade f; (of feeling) intensidade f; (of room etc) comprimento; **in the ~s of despair** no auge do desespero; **at a ~ of 3 metres** a uma profundidade de 3 metros; **to be out of one's ~** (BRIT: swimmer) estar sem pé; (fig) estar voando; **to study sth in ~** estudar algo em profundidade
depth charge N carga de profundidade
deputation [dɛpjuˈteɪʃən] N delegação f
deputize ['dɛpjutaɪz] VI: **to ~ for sb** substituir alguém
deputy ['dɛpjutɪ] ADJ: **~ chairman** vice-presidente(-a) m/f ▶ N (assistant) adjunto; (replacement) substituto(-a), suplente m/f; (Pol: MP) deputado(-a); (second in command) vice m/f
deputy head (BRIT) N (Sch) diretor adjunto/diretora adjunta m/f
deputy leader (BRIT) N (Pol) vice-líder m/f
derail [dɪˈreɪl] VT descarrilhar; **to be ~ed** descarrilhar
derailment [dɪˈreɪlmənt] N descarrilhamento
deranged [dɪˈreɪndʒd] ADJ (person) louco, transtornado
derby ['dəːbɪ] (US) N chapéu-coco
deregulate [dɪˈrɛgjuleɪt] VT liberar
deregulation [dɪˈrɛgjuˈleɪʃən] N liberação f
derelict ['dɛrɪlɪkt] ADJ abandonado
deride [dɪˈraɪd] VT ridicularizar, zombar de
derision [dɪˈrɪʒən] N irrisão f, escárnio
derisive [dɪˈraɪsɪv] ADJ zombeteiro
derisory [dɪˈraɪsərɪ] ADJ (sum) irrisório; (person, smile) zombeteiro
derivation [dɛrɪˈveɪʃən] N derivação f
derivative [dɪˈrɪvətɪv] N derivado ▶ ADJ derivado; (work) pouco original
derive [dɪˈraɪv] VT: **to ~ (from)** obter or tirar (de) ▶ VI: **to ~ from** derivar-se de
dermatitis [dəːməˈtaɪtɪs] N dermatite f
dermatology [dəːməˈtɔlədʒɪ] N dermatologia
derogatory [dɪˈrɔgətərɪ] ADJ depreciativo
derrick ['dɛrɪk] N (crane) guindaste m; (oil derrick) torre f de perfurar
derv [dəːv] (BRIT) N gasóleo
DES (BRIT) N ABBR (= Department of Education and Science) Ministério da Educação e das Ciências
desalination [diːsælɪˈneɪʃən] N dessalinização f
descend [dɪˈsɛnd] VT, VI descer; **to ~ from** descer de; **to ~ to** descambar em; **in ~ing order** em ordem decrescente
▶ **descend on** VT FUS (subj: enemy, angry person) cair sobre; (: misfortune) abater-se sobre; (: gloom, silence) invadir; **visitors ~ed (up)on us** visitas invadiram nossa casa
descendant [dɪˈsɛndənt] N descendente m/f
descent [dɪˈsɛnt] N descida; (slope) declive m, ladeira; (origin) descendência
describe [dɪsˈkraɪb] VT descrever
description [dɪsˈkrɪpʃən] N descrição f; (sort) classe f, espécie f; **of every ~** de toda a sorte, de todo o tipo
descriptive [dɪsˈkrɪptɪv] ADJ descritivo
desecrate ['dɛsɪkreɪt] VT profanar
desert [n 'dɛzət, vt, vi dɪˈzəːt] N deserto ▶ VT (place) desertar; (partner, family) abandonar ▶ VI (Mil) desertar
deserter [dɪˈzəːtəʳ] N desertor m
desertion [dɪˈzəːʃən] N (Mil) deserção f; (Law) abandono do lar
desert island N ilha deserta
deserts [dɪˈzəːts] NPL: **to get one's just ~** receber o que merece
deserve [dɪˈzəːv] VT merecer
deservedly [dɪˈzəːvɪdlɪ] ADJ merecidamente
deserving [dɪˈzəːvɪŋ] ADJ (person) merecedor(a), digno; (action, cause) meritório
desiccated ['dɛsɪkeɪtɪd] ADJ dessecado
design [dɪˈzaɪn] N (sketch) desenho, esboço; (layout, shape) plano, projeto; (pattern) desenho, padrão m; (of dress, car etc) modelo; (art) design m; (intention) propósito, intenção f ▶ VT desenhar; (plan) projetar; **to have ~s on** ter a mira em; **well-~ed** bem projetado; **to**

95 | **designate – detrimental**

be ~ed for sb/sth (*intended*) ser destinado a alguém/algo
designate [*vt* 'dɛzɪgneɪt, *adj* 'dɛzɪgnɪt] VT (*point to*) apontar; (*appoint*) nomear; (*destine*) designar ▶ ADJ designado
designation [dɛzɪg'neɪʃən] N (*appointment*) nomeação *f*; (*name*) designação *f*
designer [dɪ'zaɪnəʳ] N (*Art*) artista *m/f* gráfico(-a); (*Tech*) desenhista *m/f*, projetista *m/f*; (*fashion designer*) estilista *m/f*
desirability [dɪzaɪrə'bɪlɪtɪ] N necessidade *f*
desirable [dɪ'zaɪərəbl] ADJ (*proper*) desejável; (*attractive*) atraente
desire [dɪ'zaɪəʳ] N anseio; (*sexual*) desejo ▶ VT querer; (*lust after*) desejar, cobiçar; **to ~ to do sth/that** desejar fazer algo/que
desirous [dɪ'zaɪərəs] ADJ: **~ of** desejoso de
desk [dɛsk] N (*in office*) mesa, secretária; (*for pupil*) carteira *f*; (*at airport*) balcão *m*; (*in hotel*) recepção *f*; (BRIT: *in shop, restaurant*) caixa
desk-top publishing N editoração *f* eletrônica, desktop publishing *m*
desolate ['dɛsəlɪt] ADJ (*place*) deserto; (*person*) desolado
desolation [dɛsə'leɪʃən] N (*of place*) desolação *f*; (*of person*) aflição *f*
despair [dɪs'pɛəʳ] N desesperança ▶ VI: **to ~ of** desesperar-se de; **to be in ~** estar desesperado
despatch [dɪs'pætʃ] N, VT = **dispatch**
desperate ['dɛspərɪt] ADJ desesperado; (*situation*) desesperador(a); **to be ~ for sth/to do** estar louco por algo/para fazer
desperately ['dɛspərɪtlɪ] ADV desesperadamente; (*very: unhappy*) terrivelmente; (: *ill*) gravemente
desperation [dɛspə'reɪʃən] N desespero, desesperança; **in (sheer) ~** desesperado
despicable [dɪs'pɪkəbl] ADJ desprezível
despise [dɪs'paɪz] VT desprezar
despite [dɪs'paɪt] PREP apesar de, a despeito de
despondent [dɪs'pɔndənt] ADJ abatido, desanimado
despot ['dɛspɔt] N déspota *m/f*
dessert [dɪ'zə:t] N sobremesa
dessertspoon [dɪ'zə:tspu:n] N colher *f* de sobremesa
destabilize [di:'steɪbɪlaɪz] VT desestabilizar
destination [dɛstɪ'neɪʃən] N destino
destine ['dɛstɪn] VT destinar
destined ['dɛstɪnd] ADJ: **to be ~ to do sth** estar destinado a fazer algo; **~ for** com destino a
destiny ['dɛstɪnɪ] N destino
destitute ['dɛstɪtju:t] ADJ indigente, necessitado; **~ of** desprovido de
destroy [dɪs'trɔɪ] VT destruir; (*animal*) sacrificar
destroyer [dɪs'trɔɪəʳ] N (*Naut*) contratorpedeiro
destruction [dɪs'trʌkʃən] N destruição *f*
destructive [dɪs'trʌktɪv] ADJ (*capacity, criticism*) destrutivo; (*force, child*) destruidor(a)

desultory ['dɛsəltərɪ] ADJ (*reading, conversation*) desconexo; (*contact*) irregular
detach [dɪ'tætʃ] VT separar; (*unstick*) desprender
detachable [dɪ'tætʃəbl] ADJ separável; (*Tech*) desmontável
detached [dɪ'tætʃt] ADJ (*attitude*) imparcial, objetivo; (*house*) independente, isolado
detachment [dɪ'tætʃmənt] N distanciamento; (*Mil*) destacamento; (*fig*) objetividade *f*, imparcialidade *f*
detail ['di:teɪl] N detalhe *m*; (*trifle*) bobagem *f*; (*Mil*) destacamento ▶ VT detalhar; (*Mil*): **to ~ sb (for)** destacar alguém (para); **in ~** pormenorizado, em detalhe; **to go into ~(s)** entrar em detalhes
detailed ['di:teɪld] ADJ detalhado
detain [dɪ'teɪn] VT deter; (*in captivity*) prender; (*in hospital*) hospitalizar
detainee [di:teɪ'ni:] N detido(-a)
detect [dɪ'tɛkt] VT perceber; (*Med, Police*) identificar; (*Mil, Radar, Tech*) detectar
detection [dɪ'tɛkʃən] N descoberta; (*Med, Police*) identificação *f*; (*Mil, Radar, Tech*) detecção *f*; **to escape ~** evitar ser descoberto; **crime ~** investigação *f* de crimes
detective [dɪ'tɛktɪv] N detetive *m/f*; **private ~** detetive particular
detective story N romance *m* policial
detector [dɪ'tɛktəʳ] N detetor *m*
detention [dɪ'tɛnʃən] N detenção *f*, prisão *f*; (*Sch*) castigo
deter [dɪ'tə:ʳ] VT (*discourage*) desanimar; (*dissuade*) dissuadir; (*prevent*) impedir
detergent [dɪ'tə:dʒənt] N detergente *m*
deteriorate [dɪ'tɪərɪəreɪt] VI deteriorar-se
deterioration [dɪtɪərɪə'reɪʃən] N deterioração *f*
determination [dɪtə:mɪ'neɪʃən] N determinação *f*; (*resolve*) resolução *f*
determine [dɪ'tə:mɪn] VT determinar; (*facts*) descobrir; (*limits etc*) demarcar; **to ~ to do** resolver fazer, determinar-se de fazer
determined [dɪ'tə:mɪnd] ADJ (*person*) resoluto; (*quantity*) determinado; (*effort*) grande; **~ to do** decidido a fazer
deterrence [dɪ'tɛrəns] N dissuasão *f*
deterrent [dɪ'tɛrənt] N dissuasivo
detest [dɪ'tɛst] VT detestar
detestable [dɪ'tɛstəbl] ADJ detestável
detonate ['dɛtəneɪt] VI explodir, estalar ▶ VT detonar
detonator ['dɛtəneɪtəʳ] N detonador *m*
detour ['di:tuəʳ] N desvio
detract [dɪ'trækt] VI: **to ~ from** (*merits, reputation*) depreciar; (*quality, pleasure*) diminuir
detractor [dɪ'træktəʳ] N detrator(a) *m/f*
detriment ['dɛtrɪmənt] N: **to the ~ of** em detrimento de; **without ~ to** sem detrimento de
detrimental [dɛtrɪ'mɛntl] ADJ: **~ (to)** prejudicial (a)

deuce [djuːs] N (*Tennis*) empate m, iguais
devaluation [dɪvælju'eɪʃən] N desvalorização f
devalue [dɪ'væljuː] VT desvalorizar
devastate ['dɛvəsteɪt] VT devastar; (*fig*): **to be ~d by** estar arrasado com; **he was ~d by the news** as notícias deixaram-no desolado
devastating ['dɛvəsteɪtɪŋ] ADJ devastador(a); (*fig*) assolador(a)
devastation [dɛvəs'teɪʃən] N devastação f
develop [dɪ'vɛləp] VT desenvolver; (*Phot*) revelar; (*disease*) contrair; (*resources*) explotar; (*engine trouble*) começar a ter ▶ VI desenvolver-se; (*advance*) progredir; (*evolve*) evoluir; (*appear*) aparecer
developer [dɪ'vɛləpə'] N (*Phot*) revelador m; (*also*: **property developer**) empresário(-a) de imóveis
developing country [dɪ'vɛləpɪŋ-] N país m em desenvolvimento
development [dɪ'vɛləpmənt] N desenvolvimento; (*advance*) progresso; (*of land*) urbanização f
development area N zona a ser urbanizada
deviate ['diːvɪeɪt] VI desviar-se
deviation [diːvɪ'eɪʃən] N desvio
device [dɪ'vaɪs] N (*scheme*) estratagema m, plano; (*apparatus*) aparelho, dispositivo; **explosive ~** dispositivo explosivo
devil ['dɛvl] N diabo
devilish ['dɛvlɪʃ] ADJ diabólico
devil-may-care ADJ despreocupado
devious ['diːvɪəs] ADJ (*means*) intricado, indireto; (*person*) malandro, esperto
devise [dɪ'vaɪz] VT (*plan*) criar; (*machine*) inventar
devoid [dɪ'vɔɪd] ADJ: **~ of** destituído de
devolution [diːvə'luːʃən] N (*Pol*) descentralização f
devolve [dɪ'vɔlv] VI: **to ~ (up)on** passar a ser da competência de
devote [dɪ'vəut] VT: **to ~ sth to** dedicar algo a
devoted [dɪ'vəutɪd] ADJ (*friendship*) leal; (*partner*) fiel; **to be ~ to** (*love*) estar devotado a; **the book is ~ to politics** o livro trata de política
devotee [dɛvəu'tiː] N adepto(-a), entusiasta m/f; (*Rel*) devoto
devotion [dɪ'vəuʃən] N devoção f; (*to duty*) dedicação f
devour [dɪ'vauə'] VT devorar
devout [dɪ'vaut] ADJ devoto
dew [djuː] N orvalho
dexterity [dɛks'tɛrɪtɪ] N destreza
dexterous, dextrous ['dɛkstrəs] ADJ destro
dg ABBR (= *decigram*) dg
diabetes [daɪə'biːtiːz] N diabete f
diabetic [daɪə'bɛtɪk] ADJ (*person*) diabético; (*chocolate, jam*) para diabéticos ▶ N diabético(-a)
diabolical [daɪə'bɔlɪkl] ADJ diabólico; (*inf: dreadful*) horrível
diagnose [daɪəg'nəuz] VT diagnosticar

diagnoses [daɪəg'nəsiːz] NPL *of* **diagnosis**
diagnosis [daɪəg'nəusɪs] (*pl* **diagnoses**) N diagnóstico
diagonal [daɪ'ægənl] ADJ diagonal ▶ N diagonal f
diagram ['daɪəgræm] N diagrama m, esquema m
dial ['daɪəl] N disco ▶ VT (*number*) discar (BR), marcar (PT); **to ~ a wrong number** discar (BR) or marcar (PT) um número errado; **can I ~ London direct?** é possível discar direto para Londres?
dial. ABBR = **dialect**
dial code (US) N = **dialling code**
dialect ['daɪəlɛkt] N dialeto
dialling code ['daɪəlɪŋ-] (BRIT) N código de discagem
dialling tone ['daɪəlɪŋ-] (BRIT) N sinal m de discagem (BR) or de marcar (PT)
dialogue, (US) **dialog** ['daɪəlɔg] N diálogo; (*conversation*) conversa
dial tone (US) N = **dialling tone**
dialysis [daɪ'ælɪsɪs] N diálise f
diameter [daɪ'æmɪtə'] N diâmetro
diametrically [daɪə'mɛtrɪklɪ] ADV: **~ opposed (to)** diametralmente oposto (a)
diamond ['daɪəmənd] N diamante m; (*shape*) losango, rombo; **diamonds** NPL (*Cards*) ouros mpl
diamond ring N anel m de brilhante
diaper ['daɪəpə'] (US) N fralda
diaphragm ['daɪəfræm] N diafragma m
diarrhoea, (US) **diarrhea** [daɪə'riːə] N diarreia
diary ['daɪərɪ] N (*daily account*) diário; (*engagements book*) agenda; **to keep a ~** ter um diário
diatribe ['daɪətraɪb] N diatribe f
dice [daɪs] NPL *of* **die** ▶ N INV dado ▶ VT (*Culin*) cortar em cubos
dicey ['daɪsɪ] (*inf*) ADJ: **it's a bit ~** é um pouco arriscado
dichotomy [daɪ'kɔtəmɪ] N dicotomia
Dictaphone® ['dɪktəfəun] N ditafone® m, máquina de ditar
dictate [dɪk'teɪt] VT ditar ▶ VI: **to ~ to** (*person*) dar ordens a; **I won't be ~d to** não vou acatar ordens
dictates ['dɪkteɪts] NPL ditames mpl
dictation [dɪk'teɪʃən] N ditado; **at ~ speed** com a velocidade de ditado
dictator [dɪk'teɪtə'] N ditador(a) m/f
dictatorship [dɪk'teɪtəʃɪp] N ditadura
diction ['dɪkʃən] N dicção f
dictionary ['dɪkʃənrɪ] N dicionário
did [dɪd] PT *of* **do**
didactic [daɪ'dæktɪk] ADJ didático
didn't ['dɪdnt] = **did not**
die [daɪ] N (*pl* **dice**) dado; (*pl* **dies**) cunho, molde m ▶ VI morrer; (*fig: fade*) murchar; **to ~ of** *or* **from** morrer de; **to be dying for sth/to do sth** estar louco por algo/para fazer algo
▶ **die away** VI (*sound, light*) extinguir-se lentamente

diehard – dinner party

▶ **die down** vi (*fire*) apagar-se; (*wind*) abrandar; (*excitement*) diminuir
▶ **die out** vi desaparecer; (*animal, bird*) extinguir-se
diehard ['daɪhɑːd] N reacionário(-a), reaça m/f (*inf*)
diesel ['diːzl] N diesel m; (*also*: **diesel fuel, diesel oil**) óleo diesel
diesel engine ['diːzəl-] N motor m diesel
diesel fuel N óleo diesel
diet ['daɪət] N dieta; (*restricted food*) regime m ▶ vi (*also*: **be on a diet**) estar de dieta, fazer regime; **to live on a ~ of** alimentar-se de
dietician [daɪə'tɪʃən] N dietista m/f
differ ['dɪfə^r] vi (*be different*): **to ~ from sth** ser diferente de algo, diferenciar-se de algo; (*disagree*): **to ~ (about)** discordar (sobre)
difference ['dɪfərəns] N diferença; (*disagreement*) divergência; (*quarrel*) desacordo; **it makes no ~ to me** não faz diferença para mim, para mim dá no mesmo; **to settle one's ~s** resolver as diferenças
different ['dɪfərənt] ADJ diferente
differential [dɪfə'rɛnʃəl] N (*Aut*) diferencial m; **wage/price ~s** diferenças de salário/preço
differentiate [dɪfə'rɛnʃɪeɪt] vT diferenciar, distinguir ▶ vi: **to ~ (between)** distinguir (entre)
differently ['dɪfərəntlɪ] ADV de outro modo, de forma diferente
difficult ['dɪfɪkəlt] ADJ difícil; **~ to understand** difícil de (se) entender
difficulty ['dɪfɪkəltɪ] N dificuldade f; **to have difficulties with** ter problemas com; **to be in ~** estar em dificuldade
diffidence ['dɪfɪdəns] N timidez f
diffident ['dɪfɪdənt] ADJ tímido
diffuse [*adj* dɪ'fjuːs, *vt* dɪ'fjuːz] ADJ difuso ▶ vT difundir
dig [dɪg] (*pt, pp* **dug**) vT (*hole, garden*) cavar; (*coal*) escavar; (*nails etc*) cravar ▶ N (*prod*) pontada; (*archaeological*) escavação f; (*remark*) alfinetada; **to ~ one's pockets for sth** enfiar as mãos nos bolsos à procura de algo; **to ~ one's nails into** cravar as unhas em
▶ **dig in** vi (*Mil*) cavar trincheiras; (*inf: eat*) atacar ▶ vT (*compost*) misturar; (*knife, claw*) cravar; **to ~ in one's heels** (*fig*) bater o pé; **~ in!** vai lá!
▶ **dig into** vT FUS (*savings*) gastar
▶ **dig out** vT escavar
▶ **dig up** vT (*plant*) arrancar; (*information*) trazer à tona
digest [*vt* daɪ'dʒɛst, *n* 'daɪdʒɛst] vT (*food*) digerir; (*facts*) assimilar ▶ N sumário
digestible [dɪ'dʒɛstəbl] ADJ digerível
digestion [dɪ'dʒɛstʃən] N digestão f
digestive [dɪ'dʒɛstɪv] ADJ digestivo
digit ['dɪdʒɪt] N (*Math*) dígito; (*finger*) dedo
digital ['dɪdʒɪtəl] ADJ digital
digital camera N câmara digital
digital computer N computador m digital

97 | **diehard – dinner party**

digital TV N televisão f digital
dignified ['dɪgnɪfaɪd] ADJ digno
dignitary ['dɪgnɪtərɪ] N dignitário(-a)
dignity ['dɪgnɪtɪ] N dignidade f
digress [daɪ'grɛs] vi: **to ~ from** afastar-se de
digression [daɪ'grɛʃən] N digressão f
digs [dɪgz] (*BRIT inf*) NPL pensão f, alojamento
dike [daɪk] N = **dyke**
dilapidated [dɪ'læpɪdeɪtɪd] ADJ arruinado
dilate [daɪ'leɪt] vT dilatar ▶ vi dilatar-se
dilatory ['dɪlətərɪ] ADJ retardio
dilemma [daɪ'lɛmə] N dilema m; **to be in a ~** estar num dilema
diligent ['dɪlɪdʒənt] ADJ (*worker*) diligente; (*research*) cuidadoso
dill [dɪl] N endro, aneto
dilly-dally ['dɪlɪ'dælɪ] vi (*loiter*) vadiar; (*hesitate*) vacilar
dilute [daɪ'luːt] vT diluir ▶ ADJ diluído
dim [dɪm] ADJ (*light, eyesight*) fraco; (*outline*) indistinto; (*memory*) vago; (*room*) escuro; (*inf: person*) burro ▶ vT (*light*) diminuir; (*US Aut*) baixar; **to take a ~ view of sth** desaprovar algo
dime [daɪm] (*US*) N (*moeda de*) dez centavos
dimension [dɪ'mɛnʃən] N dimensão f; (*measurement*) medida; (*also*: **dimensions**: *scale, size*) tamanho
-dimensional [dɪ'mɛnʃənl] SUFFIX: **two~** bidimensional
diminish [dɪ'mɪnɪʃ] vT, vi diminuir
diminished [dɪ'mɪnɪʃt] ADJ: **~ responsibility** (*Law*) responsabilidade f reduzida
diminutive [dɪ'mɪnjutɪv] ADJ diminuto ▶ N (*Ling*) diminutivo
dimly ['dɪmlɪ] ADV fracamente; (*not clearly*) indistintamente
dimmers ['dɪməz] (*US*) NPL (*Aut: headlights*) faróis mpl baixos
dimple ['dɪmpl] N covinha
dim-witted [-'wɪtɪd] (*inf*) ADJ burro
din [dɪn] N zoeira ▶ vT: **to ~ sth into sb** (*inf*) meter algo na cabeça de alguém, repisar algo a alguém
dine [daɪn] vi jantar
diner ['daɪnə^r] N (*person*) comensal m/f; (*Rail*) vagão-restaurante m; (*US: eating place*) lanchonete f
dinghy ['dɪŋgɪ] N dingue m, bote m; **rubber ~** bote de borracha; (*also*: **sailing dinghy**) barco a vela
dingy ['dɪndʒɪ] ADJ (*room*) sombrio, lúgubre; (*clothes, curtains etc*) sujo; (*dull*) descolorido
dining car ['daɪnɪŋ-] (*BRIT*) N (*Rail*) vagão-restaurante m
dining room ['daɪnɪŋ-] N sala de jantar
dinkum ['dɪŋkəm] (*AUST inf*) ADJ (*also*: **fair dinkum**) de verdade
dinner ['dɪnə^r] N (*evening meal*) jantar m; (*lunch*) almoço; (*banquet*) banquete m; **~'s ready!** está na mesa!
dinner jacket N smoking m
dinner party N jantar m

dinner time N (*midday*) hora de almoçar; (*evening*) hora de jantar
dinosaur ['daɪnəsɔːʳ] N dinossauro
dint [dɪnt] N: **by ~ of** à força de
diocese ['daɪəsɪs] N diocese f
dioxide [daɪ'ɒksaɪd] N dióxido
dip [dɪp] N (*slope*) inclinação f; (*in sea*) mergulho; (*Culin*) pasta para servir com salgadinhos ▶ VT (*in water*) mergulhar; (*ladle etc*) meter; (BRIT Aut: *lights*) baixar ▶ VI (*ground, road*) descer subitamente
Dip. (BRIT) ABBR = **diploma**
diphtheria [dɪf'θɪərɪə] N difteria
diphthong ['dɪfθɒŋ] N ditongo
diploma [dɪ'pləʊmə] N diploma m
diplomacy [dɪ'pləʊməsɪ] N diplomacia
diplomat ['dɪpləmæt] (BRIT) N diplomata m/f
diplomatic [dɪplə'mætɪk] ADJ diplomático; **to break off ~ relations (with)** romper relações diplomáticas (com)
dipstick ['dɪpstɪk] N (*Aut*) vareta medidora
dipswitch ['dɪpswɪtʃ] (BRIT) N (*Aut*) interruptor m de luz alta e baixa
dire [daɪəʳ] ADJ terrível; (*very bad*) péssimo
direct [daɪ'rɛkt] ADJ direto; (*route*) reto; (*manner*) franco, sincero ▶ VT dirigir; (*order*): **to ~ sb to do sth** ordenar alguém para fazer algo ▶ ADV direto; **can you ~ me to ...?** pode me indicar o caminho a ...?
direct cost N (*Comm*) custo direto
direct current N (*Elec*) corrente f contínua
direct debit (BRIT) N (*Banking*) débito direto
direct dialling N (*Tel*) discagem f direta (BR), marcação f directa (PT)
direct hit N (*Mil*) acerto direto
direction [dɪ'rɛkʃən] N (*way*) indicação f; (*TV, Radio, Cinema*) direção f; **directions** NPL (*to a place*) indicação f; (*instructions*) instruções fpl; **~s for use** modo de usar; **to ask for ~s** pedir uma indicação, perguntar o caminho; **sense of ~** senso de direção; **in the ~ of** na direção de
directive [dɪ'rɛktɪv] N diretriz f
direct labour N mão-de-obra direta
directly [dɪ'rɛktlɪ] ADV (*in a straight line*) diretamente; (*at once*) imediatamente
direct mail N mala direta
direct mailshot (BRIT) N mailing m
directness [daɪ'rɛktnɪs] N (*of person, speech*) franqueza
director [dɪ'rɛktəʳ] N diretor(a) m/f; **D~ of Public Prosecutions** (BRIT) ≈ procurador(a) m/f de República
directory [dɪ'rɛktərɪ] N (*Tel*) lista (telefônica); (*also*: **street directory**) lista de endereços; (*Comm*) anuário comercial; (*Comput*) diretório
directory enquiries, (US) **directory assistance** N (serviço de) informações fpl
dirt [dəːt] N sujeira (BR), sujidade (PT); **to treat sb like ~** espezinhar alguém
dirt-cheap ADJ baratíssimo
dirt road N estrada de terra

dirty ['dəːtɪ] ADJ sujo; (*joke*) indecente ▶ VT sujar
dirty trick N golpe m baixo, sujeira
disability [dɪsə'bɪlɪtɪ] N incapacidade f
disability allowance N pensão f de invalidez
disable [dɪs'eɪbl] VT (*subj: illness, accident*) incapacitar; (*tank, gun*) inutilizar
disabled [dɪs'eɪbld] ADJ deficiente ▶ NPL: **the ~** os deficientes
disadvantage [dɪsəd'vɑːntɪdʒ] N desvantagem f; (*prejudice*) inconveniente m
disadvantaged [dɪsəd'vɑːntɪdʒd] ADJ (*person*) menos favorecido
disadvantageous [dɪsædvɑːn'teɪdʒəs] ADJ desvantajoso
disaffected [dɪsə'fɛktɪd] ADJ: **~ (to** or **towards)** descontente (de)
disaffection [dɪsə'fɛkʃən] N descontentamento
disagree [dɪsə'griː] VI (*differ*) diferir; (*be against, think otherwise*): **to ~ (with)** não concordar (com), discordar (de); **garlic ~s with me** o alho me faz mal, o alho não me convém
disagreeable [dɪsə'grɪəbl] ADJ desagradável
disagreement [dɪsə'griːmənt] N desacordo; (*quarrel*) desavença
disallow ['dɪsə'lau] VT não admitir; (*Law*) vetar, proibir; (BRIT: *goal*) anular
disappear [dɪsə'pɪəʳ] VI desaparecer, sumir; (*custom etc*) acabar
disappearance [dɪsə'pɪərəns] N desaparecimento, desaparição f
disappoint [dɪsə'pɔɪnt] VT (*cause to regret*) desapontar; (*let down*) decepcionar; (*hopes*) frustrar
disappointed [dɪsə'pɔɪntɪd] ADJ decepcionado
disappointing [dɪsə'pɔɪntɪŋ] ADJ decepcionante
disappointment [dɪsə'pɔɪntmənt] N decepção f; (*cause*) desapontamento
disapproval [dɪsə'pruːvəl] N desaprovação f
disapprove [dɪsə'pruːv] VI: **to ~ of** desaprovar
disapproving [dɪsə'pruːvɪŋ] ADJ desaprovativo, de desaprovação
disarm [dɪs'ɑːm] VT desarmar
disarmament [dɪs'ɑːməmənt] N desarmamento
disarming [dɪs'ɑːmɪŋ] ADJ (*smile*) encantador(a)
disarray [dɪsə'reɪ] N desordem f; **in ~** (*troops*) desbaratado; (*organization*) desorganizado, caótico; (*thoughts*) confuso; (*clothes*) em desalinho; **to throw into ~** (*troops*) desbaratar; (*government etc*) deixar em polvorosa
disaster [dɪ'zɑːstəʳ] N (*accident*) desastre m; (*natural*) catástrofe f
disastrous [dɪ'zɑːstrəs] ADJ desastroso
disband [dɪs'bænd] VT dispersar ▶ VI dispersar-se, desfazer-se
disbelief [dɪsbə'liːf] N incredulidade f; **in ~** com incredulidade, incrédulo

disbelieve [ˌdɪsbə'liːv] VT não acreditar em
disc [dɪsk] N disco; (Comput) = **disk**
disc. ABBR (Comm) = **discount**
discard [dɪs'kɑːd] VT (old things) desfazer-se de; (fig) descartar
disc brake N freio de disco (BR), travão m de discos (PT)
discern [dɪ'səːn] VT perceber; (identify) identificar
discernible [dɪ'səːnəbl] ADJ perceptível; (object) visível
discerning [dɪ'səːnɪŋ] ADJ perspicaz
discharge [vt dɪs'tʃɑːdʒ, n 'dɪstʃɑːdʒ] VT (duties) cumprir, desempenhar; (settle: debt) saldar, quitar; (patient) dar alta a; (employee) despedir; (soldier) dar baixa em, dispensar; (defendant) pôr em liberdade; (waste etc) descarregar, despejar ▶ N (Elec) descarga; (dismissal) despedida; (of duty) desempenho; (of debt) quitação f; (from hospital) alta; (from army) baixa; (Law) absolvição f; (Med) secreção f; (also: **vaginal discharge**) corrimento; **to ~ one's gun** descarregar a arma, disparar; **~d bankrupt** falido(-a) reabilitado(-a)
disciple [dɪ'saɪpl] N discípulo(-a)
disciplinary ['dɪsɪplɪnərɪ] ADJ disciplinar; **to take ~ action against sb** mover ação disciplinar contra alguém
discipline ['dɪsɪplɪn] N disciplina; (self-discipline) auto-disciplina ▶ VT disciplinar; (punish) punir; **to ~ o.s. to do sth** disciplinar-se para fazer algo
disc jockey N (on radio) radialista m/f; (in discotheque) discotecário(-a)
disclaim [dɪs'kleɪm] VT negar
disclaimer [dɪs'kleɪmə'] N desmentido; **to issue a ~** publicar um desmentido
disclose [dɪs'kləʊz] VT revelar
disclosure [dɪs'kləʊʒə'] N revelação f
disco ['dɪskəʊ] N ABBR = **discotheque**
discolour, (US) **discolor** [dɪs'kʌlə'] VT descolorar; (fade: fabric) desbotar; (yellow: teeth) amarelar; (stain) manchar ▶ VI (fabric) desbotar; (teeth etc) amarelar
discolouration, (US) **discoloration** [dɪskʌlə'reɪʃən] N (of fabric) desbotamento; (stain) mancha
discoloured, (US) **discolored** [dɪs'kʌləd] ADJ descolorado; (teeth etc) amarelado
discomfort [dɪs'kʌmfət] N (unease) inquietação f; (physical) desconforto
disconcert [dɪskən'səːt] VT desconcertar
disconnect [dɪskə'nɛkt] VT desligar; (pipe, tap) desmembrar; (gas, water) cortar
disconnected [dɪskə'nɛktɪd] ADJ (speech, thoughts) desconexo, incoerente
disconsolate [dɪs'kɔnsəlɪt] ADJ desconsolado, inconsolável
discontent [dɪskən'tɛnt] N descontentamento
discontented [dɪskən'tɛntɪd] ADJ descontente

discontinue [dɪskən'tɪnjuː] VT interromper; (payments) suspender; **"~d"** (Comm) "fora de linha"
discord ['dɪskɔːd] N discórdia; (Mus) dissonância
discordant [dɪs'kɔːdənt] ADJ dissonante
discotheque ['dɪskəʊtɛk] N discoteca
discount [n 'dɪskaunt, vt dɪs'kaunt] N desconto ▶ VT descontar; (idea) ignorar; **to give sb a ~ on sth** dar or conceder um desconto a alguém por algo; **~ for cash** desconto por pagamento à vista; **at a ~** com desconto
discount house N (Finance) agência corretora de descontos; (Comm: also: **discount store**) loja de descontos
discount rate N taxa de desconto
discourage [dɪs'kʌrɪdʒ] VT (dishearten) desanimar; (dissuade) dissuadir; (deter) desincentivar; (theft etc) desencorajar; (advise against); **to ~ sth/sb from doing** desaconselhar algo/alguém a fazer
discouragement [dɪs'kʌrɪdʒmənt] N (depression) desânimo, desalento; **to act as a ~ to sb** dissuadir alguém
discouraging [dɪs'kʌrɪdʒɪŋ] ADJ desanimador(a)
discourteous [dɪs'kəːtɪəs] ADJ descortês
discover [dɪs'kʌvə'] VT descobrir; (missing person) encontrar; (mistake) achar
discovery [dɪs'kʌvərɪ] N (act) descobrimento, descoberta; (of object etc) achado; (thing found) descoberta
discredit [dɪs'krɛdɪt] VT desacreditar; (claim) desmerecer ▶ N descrédito
discreet [dɪ'skriːt] ADJ discreto; (careful) cauteloso
discreetly [dɪ'skriːtlɪ] ADV discretamente
discrepancy [dɪ'skrɛpənsɪ] N (difference) diferença; (disagreement) discrepância
discretion [dɪ'skrɛʃən] N discrição f; **at the ~ of** ao arbítrio de; **use your ~** aja segundo o seu critério
discretionary [dɪ'skrɛʃənrɪ] ADJ (powers) discricionário
discriminate [dɪ'skrɪmɪneɪt] VI: **to ~ between** fazer distinção entre; **to ~ against** discriminar contra
discriminating [dɪ'skrɪmɪneɪtɪŋ] ADJ (public, audience) criterioso
discrimination [dɪskrɪmɪ'neɪʃən] N (discernment) discernimento; (bias) discriminação f; **racial/sexual ~** discriminação racial/sexual
discus ['dɪskəs] N disco; (event) arremesso do disco
discuss [dɪ'skʌs] VT discutir; (analyse) analisar
discussion [dɪ'skʌʃən] N discussão f; (debate) debate m; **under ~** em discussão
disdain [dɪs'deɪn] N desdém m ▶ VT desdenhar
disease [dɪ'ziːz] N doença
diseased [dɪ'ziːzd] ADJ doente
disembark [dɪsɪm'bɑːk] VT, VI desembarcar

disembarkation [dɪsembɑːˈkeɪʃən] N desembarque *m*

disembodied [ˈdɪsɪmˈbɒdɪd] ADJ desencarnado

disembowel [ˈdɪsɪmˈbauəl] VT estripar, eviscerar

disenchanted [ˈdɪsɪnˈtʃɑːntɪd] ADJ: ~ **(with)** desencantado (de)

disenfranchise [ˈdɪsɪnˈfræntʃaɪz] VT privar do privilégio do voto; (*Comm*) retirar a concessão de

disengage [dɪsɪnˈgeɪdʒ] VT soltar; (*Tech*) desengrenar; (*Aut*): **to ~ the clutch** desembrear

disentangle [dɪsɪnˈtæŋgl] VT (*from wreckage*) desvencilhar; (*wool, wire*) desembaraçar

disfavour, (US) **disfavor** [dɪsˈfeɪvəʳ] N desfavor *m*

disfigure [dɪsˈfɪgəʳ] VT (*person*) desfigurar; (*object*) estragar, enfear

disgorge [dɪsˈgɔːdʒ] VT descarregar, despejar

disgrace [dɪsˈgreɪs] N ignomínia; (*downfall*) queda; (*shame*) vergonha, desonra ▶ VT (*family*) envergonhar; (*name, country*) desonrar

disgraceful [dɪsˈgreɪsful] ADJ vergonhoso; (*behaviour*) escandaloso

disgruntled [dɪsˈgrʌntld] ADJ descontente

disguise [dɪsˈgaɪz] N disfarce *m* ▶ VT disfarçar; **to ~ o.s. (as)** disfarçar-se (de); **in ~** disfarçado; **there's no disguising the fact that...** não há como esconder o fato de que...

disgust [dɪsˈgʌst] N repugnância ▶ VT repugnar a, dar nojo em

disgusting [dɪsˈgʌstɪŋ] ADJ (*revolting*) repugnante; (*unacceptable*) inaceitável

dish [dɪʃ] N prato; (*serving dish*) travessa; **to do** *or* **wash the ~es** lavar os pratos *or* a louça
▶ **dish out** VT repartir
▶ **dish up** VT servir; (*facts, statistics*) apresentar

dishcloth [ˈdɪʃklɒθ] N pano de prato *or* de louça

dishearten [dɪsˈhɑːtn] VT desanimar

dishevelled, (US) **disheveled** [dɪˈʃevəld] ADJ (*hair*) despenteado; (*clothes*) desalinhado

dishonest [dɪsˈɒnɪst] ADJ (*person*) desonesto; (*means*) fraudulento

dishonesty [dɪsˈɒnɪstɪ] N desonestidade *f*

dishonour, (US) **dishonor** [dɪsˈɒnəʳ] N desonra

dishonourable, (US) **dishonorable** [dɪsˈɒnərəbl] ADJ (*person*) desonesto, vil; (*behaviour*) desonroso

dish soap (US) N detergente *m*

dishtowel [dɪʃˈtauəl] (US) N pano de prato

dishwasher [ˈdɪʃwɔʃəʳ] N máquina de lavar louça *or* pratos

dishy [ˈdɪʃɪ] ADJ (*BRIT inf*) bonitão

disillusion [dɪsɪˈluːʒən] VT desiludir ▶ N desilusão *f*; **to become ~ed** ficar desiludido, desiludir-se

disillusionment [dɪsɪˈluːʒənmənt] N desilusão *f*

disincentive [dɪsɪnˈsɛntɪv] N desincentivo; **to be a ~ to sb** desincentivar alguém

disinclined [ˈdɪsɪnˈklaɪnd] ADJ: **to be ~ to do** estar pouco disposto a fazer

disinfect [dɪsɪnˈfɛkt] VT desinfetar

disinfectant [dɪsɪnˈfɛktənt] N desinfetante *m*

disinflation [dɪsɪnˈfleɪʃən] N desinflação *f*

disinherit [dɪsɪnˈhɛrɪt] VT deserdar

disintegrate [dɪsˈɪntɪgreɪt] VI desintegrar-se

disinterested [dɪsˈɪntrəstɪd] ADJ imparcial

disjointed [dɪsˈdʒɔɪntɪd] ADJ desconexo

disk [dɪsk] N (*Comput*) disco; (*removable*) disquete *m*

disk drive N unidade *f* de disco

diskette [dɪsˈket] (US) N (*Comput*) disquete *m*

disk operating system N sistema *m* operacional residente em disco

dislike [dɪsˈlaɪk] N desagrado ▶ VT antipatizar com, não gostar de; **to take a ~ to sb/sth** tomar antipatia por alguém/algo; **I ~ the idea** não gosto da ideia

dislocate [ˈdɪsləkeɪt] VT deslocar; **he has ~d his shoulder** ele deslocou o ombro

dislodge [dɪsˈlɒdʒ] VT mover, deslocar; (*enemy*) desalojar

disloyal [dɪsˈlɔɪəl] ADJ desleal

dismal [ˈdɪzml] ADJ (*dull*) sombrio, lúgubre; (*depressing*) deprimente; (*very bad*) horrível

dismantle [dɪsˈmæntl] VT desmontar, desmantelar

dismay [dɪsˈmeɪ] N consternação *f* ▶ VT consternar; **much to my ~** para minha grande consternação

dismiss [dɪsˈmɪs] VT (*worker*) despedir; (*pupils*) dispensar; (*soldiers*) dar baixa a; (*official*) demitir; (*Law, possibility*) rejeitar ▶ VI (*Mil*) sair de forma

dismissal [dɪsˈmɪsəl] N (*of worker*) despedida; (*of official*) demissão *f*

dismount [dɪsˈmaunt] VI (*from horse*) desmontar; (*from bicycle*) descer

disobedience [dɪsəˈbiːdɪəns] N desobediência

disobedient [dɪsəˈbiːdɪənt] ADJ desobediente

disobey [dɪsəˈbeɪ] VT desobedecer a; (*rules*) transgredir, desrespeitar

disorder [dɪsˈɔːdəʳ] N desordem *f*; (*rioting*) distúrbios *mpl*, tumulto; (*Med*) distúrbio; **stomach ~** problema estomacal

disorderly [dɪsˈɔːdəlɪ] ADJ (*untidy*) desarrumado; (*meeting*) tumultuado; (*behaviour*) escandaloso

disorderly conduct N (*Law*) perturbação *f* da ordem, ofensa à moral

disorganized [dɪsˈɔːgənaɪzd] ADJ desorganizado

disorientated [dɪsˈɔːrɪɛnteɪtəd] ADJ desorientado

disown [dɪsˈəun] VT repudiar; (*child*) rejeitar

disparaging [dɪsˈpærɪdʒɪŋ] ADJ depreciativo; **to be ~ about sb/sth** fazer pouco de alguém/algo, depreciar alguém/algo

disparate [ˈdɪspərɪt] ADJ (*groups*) diverso; (*levels*) desigual

disparity [dɪsˈpærɪtɪ] N desigualdade f
dispassionate [dɪsˈpæʃənət] ADJ (*calm*) calmo, controlado; (*impartial*) imparcial
dispatch [dɪsˈpætʃ] VT (*person, business*) despachar; (*send: parcel etc*) expedir; (: *messenger*) enviar ▶ N (*sending*) remessa; (*speed*) rapidez f, urgência; (*Press*) comunicado; (*Mil*) parte f
dispatch department N (serviço de) expedição f
dispatch rider N (*Mil*) estafeta m/f
dispel [dɪsˈpɛl] VT dissipar
dispensary [dɪsˈpɛnsərɪ] N dispensário, farmácia
dispense [dɪsˈpɛns] VT (*give out*) dispensar; (*medicine*) preparar (e vender); **to ~ sb from** dispensar alguém de
▶ **dispense with** VT FUS prescindir de
dispenser [dɪsˈpɛnsə^r] N (*device*) distribuidor m automático
dispensing chemist [dɪsˈpɛnsɪŋ-] (BRIT) N farmácia
dispersal [dɪsˈpəːsl] N dispersão f
disperse [dɪsˈpəːs] VT (*objects*) espalhar; (*crowd*) dispersar ▶ VI dispersar-se
dispirited [dɪsˈpɪrɪtɪd] ADJ desanimado
displace [dɪsˈpleɪs] VT (*shift*) deslocar
displaced person [dɪsˈpleɪst-] N (*Pol*) deslocado(-a) de guerra
displacement [dɪsˈpleɪsmənt] N deslocamento
display [dɪsˈpleɪ] N (*in shop*) mostra; (*exhibition*) exposição f; (*Comput: information*) apresentação f visual; (: *device*) display m; (*Mil*) parada; (*of feeling*) manifestação f; (*pej*) ostentação f; (*show, spectacle*) espetáculo ▶ VT mostrar; (*goods*) expor; (*feelings, tastes*) manifestar; (*ostentatiously*) ostentar; (*results, departure times*) expor; **on ~** (*visible*) à mostra; (*goods, paintings etc*) em exposição
display advertising N anúncios mpl
displease [dɪsˈpliːz] VT desagradar, desgostar; (*offend*) ofender; (*annoy*) aborrecer
displeased [dɪsˈpliːzd] ADJ: **~ with** descontente com; (*disappointed*) aborrecido
displeasure [dɪsˈplɛʒə^r] N desgosto
disposable [dɪsˈpəuzəbl] ADJ descartável; (*income*) disponível
disposable nappy (BRIT) N fralda descartável
disposal [dɪsˈpəuzl] N (*availability, arrangement*) disposição f; (*of rubbish*) destruição f; (*of property etc: by selling*) venda, traspasse m; (: *by giving away*) cessão f; **at sb's ~** à disposição de alguém; **to put sth at sb's ~** pôr algo à disposição de alguém
dispose [dɪsˈpəuz]: **to ~ of** VT FUS (*time, money*) dispor de; (*unwanted goods*) desfazer-se de; (*throw away*) jogar (BR) or tirar (PT) fora; (*Comm: stock*) vender; (*problem, task*) lidar; (*argument*) derrubar
disposed [dɪsˈpəuzd] ADJ: **~ to do** disposto a fazer; **to be well ~ towards sb** estar predisposto a favor de alguém

101 | **disparity – dissimilar**

disposition [dɪspəˈzɪʃən] N (*inclination*) disposição f; (*temperament*) índole f
dispossess [ˈdɪspəzɛs] VT: **to ~ sb (of)** despojar alguém (de)
disproportion [dɪsprəˈpɔːʃən] N desproporção f
disproportionate [dɪsprəˈpɔːʃənət] ADJ desproporcionado
disprove [dɪsˈpruːv] VT refutar
dispute [dɪsˈpjuːt] N disputa; (*verbal*) discussão f; (*domestic*) briga; (*also*: **industrial dispute**) conflito, disputa ▶ VT disputar; (*argue*) discutir; (*question*) questionar; **to be in** or **under ~** (*matter*) estar em discussão; (*territory*) estar em disputa, ser disputado
disqualification [dɪskwɔlɪfɪˈkeɪʃən] N (*Law*) inabilitação f, incapacitação f; (*Sport*) desclassificação f; **~ (from driving)** (BRIT) cassação f da carteira (de motorista)
disqualify [dɪsˈkwɔlɪfaɪ] VT (*Sport*) desclassificar; **to ~ sb for sth/from doing sth** desqualificar alguém para algo/de fazer algo; **to ~ sb (from driving)** (BRIT) cassar a carteira (de motorista) a alguém
disquiet [dɪsˈkwaɪət] N inquietação f
disquieting [dɪsˈkwaɪətɪŋ] ADJ inquietante, alarmante
disregard [dɪsrɪˈgɑːd] VT ignorar ▶ N (*indifference*): **~ (for)** (*feelings*) desconsideração f (por); (*danger*) indiferença (a); (*money*) menosprezo (por)
disrepair [dɪsrɪˈpɛə^r] N: **to fall into ~** ficar dilapidado
disreputable [dɪsˈrɛpjutəbl] ADJ (*person*) de má fama; (*behaviour*) vergonhoso
disrepute [ˈdɪsrɪˈpjuːt] N descrédito, desonra; **to bring into ~** desacreditar, desprestigiar
disrespect [dɪsrɪˈspɛkt] N: **~ (for)** desrespeito (por)
disrespectful [dɪsrɪˈspɛktful] ADJ desrespeitoso
disrupt [dɪsˈrʌpt] VT (*plans*) desfazer; (*conversation, proceedings*) perturbar, interromper
disruption [dɪsˈrʌpʃən] N (*interruption*) interrupção f; (*disturbance*) perturbação f
disruptive [dɪsˈrʌptɪv] ADJ (*influence*) maléfico; (*strike*) perturbador(a)
dissatisfaction [dɪssætɪsˈfækʃən] N descontentamento
dissatisfied [dɪsˈsætɪsfaɪd] ADJ: **~ (with)** descontente (com)
dissect [dɪˈsɛkt] VT dissecar
disseminate [dɪˈsɛmɪneɪt] VT divulgar
dissent [dɪˈsɛnt] N dissensão f
dissenter [dɪˈsɛntə^r] N (*Rel, Pol etc*) dissidente m/f
dissertation [dɪsəˈteɪʃən] N (*also Sch*) dissertação f, tese f
disservice [dɪsˈsəːvɪs] N: **to do sb a ~** prejudicar alguém
dissident [ˈdɪsɪdnt] ADJ, N dissidente m/f
dissimilar [dɪˈsɪmɪlə^r] ADJ: **~ (to)** dessemelhante (de), diferente (de)

dissipate ['dɪsɪpeɪt] VT dissipar; *(money, effort)* desperdiçar ▶ VI dissipar-se
dissipated ['dɪsɪpeɪtɪd] ADJ *(person)* dissoluto
dissociate [dɪ'səʊʃɪeɪt] VT dissociar, separar; **to ~ o.s. from** desassociar-se de, distanciar-se de
dissolute ['dɪsəluːt] ADJ dissoluto
dissolution [dɪsə'luːʃən] N dissolução *f*
dissolve [dɪ'zɔlv] VT dissolver ▶ VI dissolver-se; *(fig: problem etc)* desaparecer; **to ~ in(to) tears** debulhar-se em lágrimas
dissuade [dɪ'sweɪd] VT: **to ~ sb (from)** dissuadir alguém (de)
distance ['dɪstns] N distância; **in the ~** ao longe; **what's the ~ to London?** qual é a distância daqui a Londres?; **it's within walking ~** pode-se ir a pé, dá para ir a pé *(inf)*
distant ['dɪstnt] ADJ distante; *(manner)* afastado, reservado
distaste [dɪs'teɪst] N repugnância
distasteful [dɪs'teɪstful] ADJ repugnante
Dist. Atty. *(US)* ABBR = **district attorney**
distemper [dɪs'tempər] N *(paint)* tinta plástica; *(of dogs)* cinomose *f*
distended [dɪs'tendɪd] ADJ inchado
distil, *(US)* **distill** [dɪs'tɪl] VT destilar
distillery [dɪs'tɪlərɪ] N destilaria
distinct [dɪs'tɪŋkt] ADJ *(different)* distinto; *(clear)* claro; *(unmistakable)* nítido; **as ~ from** em oposição a
distinction [dɪs'tɪŋkʃən] N *(difference)* diferença; *(honour)* honra; *(in exam)* distinção *f*; **to draw a ~ between** fazer distinção entre; **a writer of ~** um escritor de destaque
distinctive [dɪs'tɪŋktɪv] ADJ distintivo
distinctly [dɪs'tɪŋktlɪ] ADV claramente, nitidamente
distinguish [dɪs'tɪŋgwɪʃ] VT distinguir; *(differentiate)* diferenciar; *(identify)* identificar ▶ VI: **to ~ between** *(concepts)* distinguir entre, fazer distinção entre; **to ~ o.s.** distinguir-se
distinguished [dɪs'tɪŋgwɪʃt] ADJ *(eminent)* eminente; *(in appearance)* distinto; *(career)* notável
distinguishing [dɪs'tɪŋgwɪʃɪŋ] ADJ *(feature)* distintivo
distort [dɪs'tɔːt] VT distorcer
distortion [dɪs'tɔːʃən] N detorção *f*; *(of sound)* deturpação *f*
distract [dɪs'trækt] VT distrair; *(attention)* desviar; *(bewilder)* aturdir
distracted [dɪs'træktɪd] ADJ distraído; *(anxious)* aturdido
distraction [dɪs'trækʃən] N distração *f*; *(confusion)* aturdimento, perplexidade *f*; *(amusement)* divertimento; **to drive sb to ~** deixar alguém louco
distraught [dɪs'trɔːt] ADJ desesperado
distress [dɪs'trɛs] N *(anguish)* angústia; *(misfortune)* desgraça; *(want)* miséria; *(pain)* dor *f* ▶ VT *(cause anguish)* afligir; **in ~** *(ship)* em perigo; **~ed area** *(BRIT)* área de baixo nível socioeconômico

distressing [dɪs'trɛsɪŋ] ADJ angustiante
distress signal N sinal *m* de socorro
distribute [dɪs'trɪbjuːt] VT distribuir; *(share out)* repartir, dividir
distribution [dɪstrɪ'bjuːʃən] N distribuição *f*; *(of profits etc)* repartição *f*
distribution cost N custo de distribuição
distributor [dɪ'strɪbjutər] N *(Aut)* distribuidor *m*; *(Comm)* distribuidor(a) *m/f*; (: *company*) distribuidora
district ['dɪstrɪkt] N *(of country)* região *f*; *(of town)* zona; *(Admin)* distrito
district attorney *(US)* N promotor(a) *m/f* público(-a)
district council *(BRIT)* N ≈ município *(BR)*, câmara municipal *(PT)*
district nurse *(BRIT)* N enfermeiro/a do Serviço Nacional que visita os pacientes em casa
distrust [dɪs'trʌst] N desconfiança ▶ VT desconfiar de
distrustful [dɪs'trʌstful] ADJ desconfiado
disturb [dɪs'təːb] VT *(disorganize)* perturbar; *(upset)* incomodar; *(interrupt)* atrapalhar; **sorry to ~ you** desculpe incomodá-lo
disturbance [dɪs'təːbəns] N perturbação *f*; *(upheaval)* convulsão *f*; *(political, violent)* distúrbio; *(of mind)* transtorno; **to cause a ~** perturbar a ordem
disturbed [dɪs'təːbd] ADJ perturbado; *(child)* infeliz; **to be mentally/emotionally ~** ter problemas psicológicos/emocionais
disturbing [dɪs'təːbɪŋ] ADJ perturbador(a)
disuse [dɪs'juːs] N: **to fall into ~** cair em desuso
disused [dɪs'juːzd] ADJ abandonado
ditch [dɪtʃ] N fosso; *(irrigation ditch)* rego ▶ VT *(inf: partner)* abandonar; (: *car, plan etc*) desfazer-se de
dither ['dɪðər] VI vacilar
ditto ['dɪtəʊ] ADV idem
divan [dɪ'væn] N *(also:* **divan bed**) divã *m*
dive [daɪv] N *(from board)* salto; *(underwater, of submarine)* mergulho; *(Aviat)* picada; *(pej: café, bar etc)* espelunca ▶ VI mergulhar; picar; **to ~ into** *(bag, drawer etc)* enfiar a mão em; *(shop, car etc)* enfiar-se em
diver ['daɪvər] N *(Sport)* saltador(a) *m/f*; *(underwater)* mergulhador(a) *m/f*
diverge [daɪ'vəːdʒ] VI divergir
divergent [daɪ'vəːdʒənt] ADJ divergente
diverse [daɪ'vəːs] ADJ diverso; *(group)* heterogêneo
diversification [daɪvəːsɪfɪ'keɪʃən] N diversificação *f*
diversify [daɪ'vəːsɪfaɪ] VT, VI diversificar
diversion [daɪ'vəːʃən] N *(BRIT Aut)* desvio; *(distraction, Mil)* diversão *f*; *(of funds)* desvio
diversity [daɪ'vəːsɪtɪ] N diversidade *f*
divert [daɪ'vəːt] VT desviar; *(amuse)* divertir
divest [daɪ'vɛst] VT: **to ~ sb of sth** privar alguém de algo
divide [dɪ'vaɪd] VT *(Math)* dividir; *(separate)* separar; *(share out)* repartir ▶ VI dividir-se;

(road) bifurcar-se; **to ~ (between** or **among)** dividir or repartir (entre); **40 ~d by 5** 40 dividido por 5
▶ **divide out** VT: **to ~ out (between** or **among)** distribuir or repartir (entre)
divided [dɪˈvaɪdɪd] ADJ (fig) dividido
divided highway (US) N pista dupla
divided skirt N saia-calça
dividend [ˈdɪvɪdɛnd] N dividendo; (fig) lucro; **to pay ~s** valer a pena
dividend cover N cobertura para pagamento de dividendos
dividers [dɪˈvaɪdəz] NPL compasso de ponta seca; (between pages) divisórias fpl
divine [dɪˈvaɪn] ADJ (also fig) divino ▶ VT (future, truth) adivinhar; (water, metal) descobrir
diving [ˈdaɪvɪŋ] N (Sport) salto; (underwater) mergulho
diving board N trampolim m
diving suit N escafandro
divinity [dɪˈvɪnɪtɪ] N divindade f; (Sch) teologia
division [dɪˈvɪʒən] N divisão f; (sharing out) repartição f; (disagreement) discórdia; (Football) grupo; (BRIT Pol) votação f; **~ of labour** divisão do trabalho
divisive [dɪˈvaɪsɪv] ADJ que causa divisão
divorce [dɪˈvɔːs] N divórcio ▶ VT divorciar-se de; (dissociate) dissociar
divorced [dɪˈvɔːst] ADJ divorciado
divorcee [dɪvɔːˈsiː] N divorciado(-a)
divulge [daɪˈvʌldʒ] VT (information) divulgar; (secret) revelar
DIY (BRIT) ADJ ABBR, N ABBR = **do-it-yourself**
dizziness [ˈdɪzɪnɪs] N vertigem f, tontura
dizzy [ˈdɪzɪ] ADJ (person) tonto; (height) vertiginoso; **to feel ~** sentir-se tonto, sentir-se atordoado; **to make sb ~** dar vertigem a alguém
DJ N ABBR = **disc jockey**
Djakarta [dʒəˈkɑːtə] N Jacarta
DJIA (US) N ABBR (Stock Exchange) = **Dow Jones Industrial Average**
dl ABBR (= decilitre) dl
DLit, DLitt N ABBR (= Doctor of Literature, Doctor of Letters) títulos universitários
DLO N ABBR = **dead-letter office**
dm ABBR (= decimetre) dm
DMus N ABBR (= Doctor of Music) título universitário
DMZ N ABBR = **demilitarized zone**
DNA N ABBR (= deoxyribonucleic acid) ADN m

(KEYWORD)

do [duː] (pt **did**, pp **done**) AUX VB **1** (in negative constructions): **I don't understand** eu não compreendo

2 (to form questions): **didn't you know?** você não sabia?; **what do you think?** o que você acha?

3 (for emphasis, in polite expressions): **people do make mistakes sometimes** é impossível não cometer erros de vez em quando; **she**

---

103 | **divided - DOA**

does seem rather late ela está muito atrasada; **do sit down/help yourself** sente-se/sirva-se; **do take care!** tome cuidado!; **oh do shut up!** cale a boca!

4 (used to avoid repeating vb): **she swims better than I do** ela nada melhor que eu; **do you agree? — yes, I do/no, I don't** você concorda? — sim, concordo/não, não concordo; **she lives in Glasgow — so do I** ela mora em Glasgow — eu também; **who broke it? — I did** quem quebrou isso? — (fui) eu

5 (in question tags): **you like him, don't you?** você gosta dele, não é?; **he laughed, didn't he?** ele riu, não foi?

▶ VT **1** (gen: carry out, perform etc) fazer; **what are you doing tonight?** o que você vai fazer hoje à noite?; **to do the washing-up/cooking** lavar a louça/cozinhar; **to do one's teeth/nails** escovar os dentes/fazer as unhas; **to do one's hair** (comb) pentear-se; (style) fazer um penteado; **we're doing Othello at school** (studying) nós estamos estudando Otelo na escola; (performing) nós vamos encenar Otelo na escola

2 (Aut etc): **the car was doing 190** o carro andava a 190 por hora; **we've done 200 km already** já percorremos 200 km; **he can do 190 km/h in that car** ele consegue chegar a 190 km/h naquele carro

▶ VI **1** (act, behave) fazer; **do as I do** faça como eu faço

2 (get on, fare) ir; **how do you do?** como você está indo?

3 (suit) servir; **will it do?** serve?

4 (be sufficient) bastar; **will £10 do?** £10 dá?; **that'll do** é suficiente; **that'll do!** (in annoyance) basta!, chega!; **to make do (with)** contentar-se (com)

▶ N (inf: party etc) festa; **we're having a little do on Saturday** nós vamos dar uma festinha no sábado; **it was rather a do** foi uma festança

▶ **do away with** VT FUS (kill) matar; (abolish: law etc) abolir; (withdraw) retirar

▶ **do up** VT (laces) atar; (zip) fechar; (dress, skirt) abotoar; (renovate: room, house) arrumar, renovar

▶ **do with** VT FUS (be connected) ter a ver com; (need): **I could do with a drink/some help** eu bem que gostaria de tomar alguma coisa/eu bem que precisaria de uma ajuda; **what has it got to do with you?** o que é que isso tem a ver com você?

▶ **do without** VI: **if you're late for tea then you'll do without** se você chegar atrasado ficará sem almoço ▶ VT FUS passar sem; **I can do without a car** eu posso ficar sem um carro; **we'll have to do without a holiday this year** não poderemos ter férias esse ano

do. ABBR = **ditto**
DOA ABBR (= dead on arrival) ≈ já era cadáver

d.o.b. ABBR = **date of birth**
docile ['dəusaɪl] ADJ dócil
dock [dɔk] N (Naut) doca; (wharf) cais m; (Law) banco (dos réus) ▶ VI (arrive) chegar; (Naut: enter dock) atracar; (Space) unir-se no espaço ▶ VT (pay etc) deduzir; **docks** NPL docas fpl
dock dues NPL direitos mpl portuários
docker ['dɔkə^r] N portuário, estivador m
docket ['dɔkɪt] N (of delivery etc) guia
dockyard ['dɔkjɑ:d] N estaleiro
doctor ['dɔktə^r] N médico(-a); (PhD etc) doutor(a) m/f ▶ VT (fig) tratar, falsificar; (drink etc) falsificar; (cat) castrar; **~'s office** (US) consultório
doctorate ['dɔktərɪt] N doutorado
Doctor of Philosophy N (degree) doutorado; (person) doutor(a) m/f
doctrine ['dɔktrɪn] N doutrina
document [n 'dɔkjumənt, vt 'dɔkjumɛnt] N documento ▶ VT documentar
documentary [dɔkju'mɛntərɪ] ADJ documental ▶ N documentário
documentation [dɔkjumɛn'teɪʃən] N documentação f
DOD (US) N ABBR = **Department of Defense**
doddering ['dɔdərɪŋ] ADJ (senile) caquético, caduco
Dodecanese [dəudɪkə'ni:z] N, **Dodecanese Islands** NPL (ilhas fpl do) Dodecaneso
dodge [dɔdʒ] N (of body) evasiva; (trick) trapaça ▶ VT esquivar-se de, evitar; (tax) sonegar; (blow) furtar-se a ▶ VI: **to ~ out of the way** esquivar-se; **to ~ the traffic** ziguezaguear por entre os carros
dodgems ['dɔdʒəmz] (BRIT) NPL carros mpl de choque
dodgy ['dɔdʒɪ] ADJ arriscado
DOE N ABBR (BRIT) = **Department of the Environment**; (US) = **Department of Energy**
doe [dəu] N (deer) corça; (rabbit) coelha
does [dʌz] VB see **do**
doesn't ['dʌznt] = **does not**
dog [dɔg] N cachorro, cão m ▶ VT (subj: person) seguir; (: bad luck) perseguir; **to go to the ~s** (nation etc) degringolar
dog biscuits NPL biscoitos mpl para cachorro
dog collar N coleira de cachorro; (of priest) gola de padre
dog-eared [-ɪəd] ADJ surrado
dog food N ração f para cachorro
dogged ['dɔgɪd] ADJ tenaz, persistente
doggy bag ['dɔgɪ-] N quentinha
dogma ['dɔgmə] N dogma m
dogmatic [dɔg'mætɪk] ADJ dogmático
do-gooder [-'gudə^r] (pej) N bom/boa samaritano(-a)
dogsbody ['dɔgzbɔdɪ] (BRIT inf) N faz-tudo m/f
doing ['duɪŋ] N: **this is your ~** foi você que fez isso; **doings** NPL (events) acontecimentos mpl; (activities) atividades fpl
do-it-yourself N sistema m faça-você-mesmo ▶ ADJ do tipo faça-você-mesmo

doldrums ['dɔldrəmz] NPL: **to be in the ~** (person) estar abatido; (business) estar parado or estagnado
dole [dəul] (BRIT) N (payment) subsídio de desemprego; **on the ~** desempregado ▶ **dole out** VT distribuir
doleful ['dəulful] ADJ triste, lúgubre
doll [dɔl] N boneca; (US inf: woman) gatinha ▶ **doll up** VT: **to ~ o.s. up** embonecar-se (BR), ataviar-se (PT)
dollar ['dɔlə^r] N dólar m
dollar area N zona do dólar
dolled up [dɔld-] (inf) ADJ embonecado
dolphin ['dɔlfɪn] N golfinho
domain [də'meɪn] N domínio; (fig) campo
dome [dəum] N (Arch) cúpula; (shape) abóbada
domestic [də'mɛstɪk] ADJ doméstico; (national) nacional; (home-loving) caseiro; (strife) interno
domesticated [də'mɛstɪkeɪtɪd] ADJ domesticado; (home-loving) prendado; **he's very ~** ele é muito prendado (no lar)
domesticity [dɔmɛs'tɪsɪtɪ] N vida caseira
domestic servant N empregado(-a) doméstico(-a)
domicile ['dɔmɪsaɪl] N domicílio
dominant ['dɔmɪnənt] ADJ dominante
dominate ['dɔmɪneɪt] VT dominar
domination [dɔmɪ'neɪʃən] N dominação f
domineering [dɔmɪ'nɪərɪŋ] ADJ dominante, mandão(-dona)
Dominican Republic [də'mɪnɪkən-] N República Dominicana
dominion [də'mɪnɪən] N domínio; (territory) império
domino ['dɔmɪnəu] (pl **dominoes**) N peça de dominó; **dominoes** N (game) dominó m
don [dɔn] N (BRIT) professor(a) m/f universitário(-a) ▶ VT vestir
donate [də'neɪt] VT doar
donation [də'neɪʃən] N doação f; (contribution) contribuição f
done [dʌn] PP of **do**
dongle ['dɔŋgl] N ABBR (Comput: for internet access) modem USB m; (protecting software) dongle m
donkey ['dɔŋkɪ] N burro
donkey-work (BRIT inf) N labuta
donor ['dəunə^r] N doador(a) m/f
donor card N cartão m de doador
don't [dəunt] = **do not**
doodle ['du:dl] N rabisco ▶ VI rabiscar
doom [du:m] N (fate) destino; (ruin) ruína ▶ VT: **to be ~ed to failure** estar destinado or fadado ao fracasso
doomsday ['du:mzdeɪ] N o Juízo Final
door [dɔ:^r] N porta; (entry) entrada; **next ~** na casa ao lado; **to go from ~ to ~** ir de porta em porta
doorbell ['dɔ:bɛl] N campainha
door handle N maçaneta (BR), puxador m (PT); (of car) maçaneta
door knocker N aldrava

doorman ['dɔ:mæn] (irreg: like **man**) N porteiro
doormat ['dɔ:mæt] N capacho
doormen ['dɔ:mɛn] NPL of **doorman**
doorpost ['dɔ:pəust] N batente m de porta
doorstep ['dɔ:stɛp] N degrau m da porta, soleira
door-to-door ADJ: ~ **selling** venda de porta em porta
doorway ['dɔ:weɪ] N vão m da porta, entrada
dope [dəup] N (inf: person) imbecil m/f; (: drugs) maconha; (: information) dica, macete m ▶ VT (horse etc) dopar
dopey ['dəupɪ] (inf) ADJ (groggy) zonzo; (stupid) imbecil
dormant ['dɔ:mənt] ADJ inativo; (latent) latente
dormer ['dɔ:mə^r] N (also: **dormer window**) água-furtada, trapeira
dormice ['dɔ:maɪs] NPL of **dormouse**
dormitory ['dɔ:mɪtrɪ] N dormitório; (US) residência universitária
dormouse ['dɔ:maus] (pl **dormice**) N rato (de campo)
DOS [dɔs] N ABBR (= disk operating system) DOS m
dosage ['dəusɪdʒ] N dosagem, posologia; (on label) posologia
dose [dəus] N dose f; (BRIT: bout) ataque m ▶ VT: **to ~ o.s.** medicar-se; **a ~ of flu** uma gripe
doss house ['dɔs-] (BRIT) N pensão f barata or de malta (PT)
dossier ['dɔsɪeɪ] N dossiê
DOT (US) N ABBR = **Department of Transportation**
dot [dɔt] N ponto; (speck) pontinho ▶ VT: **~ted with** salpicado de; **on the ~** em ponto
dotcom [dɔt'kɔm] N empresa pontocom
dote [dəut]: **to ~ on** VT FUS adorar, idolatrar
dotted line ['dɔtɪd-] N linha pontilhada; **to sign on the ~** (fig) firmar o compromisso
dotty ['dɔtɪ] (inf) ADJ lelé, doido
double ['dʌbl] ADJ duplo ▶ ADV (twice): **to cost ~ (sth)** custar o dobro (de algo) ▶ N dobro; (person) duplo(-a); (Cinema) substituto(-a) ▶ VT dobrar; (efforts) duplicar ▶ VI dobrar; (have two uses): **to ~ as** servir também de; **~ five two six (5526)** (BRIT Tel) cinco cinco dois meia; **it's spelt with a ~ "l"** escreve-se com dois ls; **at the ~** (BRIT), **on the ~** em passo acelerado; see also **doubles**
▶ **double back** VI (person) voltar atrás
▶ **double up** VI (bend over) dobrar-se; (share room) dividir o quarto
double bass N contrabaixo
double bed N cama de casal
double bend (BRIT) N curva dupla, curva em "s"
double-breasted [-'brɛstɪd] ADJ trespassado
double-check VT, VI verificar de novo
double-click VI (Comput) clicar duas vezes
double-clutch (US) VI fazer embreagem dupla
double cream (BRIT) N creme m de leite
double-cross [dʌbl'krɔs] VT (trick) enganar; (betray) atraiçoar
double-decker [dʌbl'dɛkə^r] N ônibus m (BR) or autocarro (PT) de dois andares
double-declutch (BRIT) VI fazer embreagem dupla
double exposure N (Phot) dupla exposição f
double glazing [-'gleɪzɪŋ] (BRIT) N (janelas fpl de) vidro duplo
double room N quarto de casal
doubles N (Tennis) dupla
double whammy [-'wæmɪ] N (inf) baque m duplo
doubly ['dʌblɪ] ADV duplamente
doubt [daut] N dúvida ▶ VT duvidar; (suspect) desconfiar de; **without (a) ~** sem dúvida; **beyond ~** adv sem dúvida alguma; adj indubitável; **there is no ~ that** não há dúvida que; **to ~ that ...** duvidar que ...; **I ~ it very much** duvido muito
doubtful ['dautful] ADJ duvidoso; **to be ~ about sth** ter dúvidas or estar em dúvida sobre algo; **I'm a bit ~** duvido
doubtless ['dautlɪs] ADV sem dúvida
dough [dəu] N massa; (inf: money) grana
doughnut, (US) **donut** ['dəunʌt] N sonho (BR), bola de Berlim (PT)
dour [duə^r] ADJ austero
douse [daus] VT (with water) encharcar; (flames) apagar
dove [dʌv] N pomba
dovetail ['dʌvteɪl] VI (fig) encaixar-se ▶ N: **~ joint** sambladura em cauda de andorinha
dowager ['dauədʒə^r] N mulher que herda o título do marido falecido
dowdy ['daudɪ] ADJ desalinhado; (inelegant) deselegante, pouco elegante
Dow-Jones average ['dau'dʒəunz-] (US) N índice m da bolsa de valores de Nova Iorque
down [daun] ADV abaixo; (downwards) para baixo; (on the ground) por terra ▶ PREP por, abaixo ▶ VT (inf: drink) tomar de um gole só; (: food) devorar ▶ N (fluff) lanugem f; (feathers) penugem f; (hill) colina; **Downs** NPL (BRIT): **the ~** chapada gredosa do sul da Inglaterra; **~ there** lá em baixo; **~ here** aqui em baixo; **the price of meat is ~** o preço da carne baixou; **I've got it ~ in my diary** já o anotei na minha agenda; **to pay £2 ~** pagar £2 de entrada; **England are two goals ~** a Inglaterra está perdendo por dois gols; **to ~ tools** (BRIT) cruzar os braços; **~ with X!** abaixo X!
down-and-out N (tramp) vagabundo(-a)
down-at-heel ADJ descuidado, desmazelado; (appearance) deselegante
downbeat ['daunbi:t] N (Mus) tempo forte ▶ ADJ sombrio, negativo
downcast ['daunka:st] ADJ abatido
downer ['daunə^r] (inf) N (drug) calmante m; **to be on a ~** (depressed) estar na fossa, estar de baixo astral
downfall ['daunfɔ:l] N queda, ruína

downgrade ['daungreɪd] VT (*reduce*) reduzir; (*devalue*) desvalorizar, depreciar
downhearted [daun'hɑ:tɪd] ADJ desanimado
downhill ['daun'hɪl] ADV para baixo ▶ N (*Ski*: *also*: **downhill race**) descida; **to go ~** descer, ir morro abaixo; (*fig*: *business*) degringolar
Downing Street ['daunɪŋ-] (BRIT) N *ver nota*

> **Downing Street** é a rua de Westminster (Londres) onde estão localizadas as residências oficiais do Primeiro-ministro (número 10) e do Ministro da Fazenda (número 11). O termo **Downing Street** é frequentemente utilizado para designar o governo britânico.

download ['daunləud] VT (*Comput*) baixar, fazer o download de
downloadable ADJ (*Comput*) baixável
down-market ADJ destinado a consumidores de renda baixa
down payment N entrada, sinal *m*
downplay ['daunpleɪ] (US) VT minimizar
downpour ['daunpɔ:ʳ] N aguaceiro
downright ['daunraɪt] ADJ (*lie*) patente; (*refusal*) categórico ▶ ADV francamente
downsize [daun'saɪz] VT enxugar, reestruturar
Down's syndrome [daunz-] N síndrome *f* de Down
downstairs ['daun'stɛəz] ADV (*below*) lá em baixo; (*direction*) para baixo; **to come** *or* **go ~** descer
downstream ['daun'stri:m] ADV água *or* rio abaixo
downtime ['dauntaɪm] N (*of machine, person*) tempo ocioso
down-to-earth ADJ prático, realista
downtown ['daun'taun] ADV no centro da cidade ▶ ADJ (US): **~ Chicago** o centro comercial de Chicago
downtrodden ['dauntrɔdn] ADJ oprimido
down under ADV na Austrália (*or* Nova Zelândia)
downward ['daunwəd] ADJ, ADV para baixo; **a ~ trend** uma tendência para a baixa
downwards ['daunwədz] ADV = **downward**
dowry ['dauri] N dote *m*
doz. ABBR (= *dozen*) dz.
doze [dəuz] VI dormitar
  ▶ **doze off** VI cochilar
dozen ['dʌzn] N dúzia; **a ~ books** uma dúzia de livros; **80p a ~** 80p a dúzia; **~s of times** milhares de vezes
DPh N ABBR (= *Doctor of Philosophy*) título universitário
DPhil N ABBR = **DPh**
DPP (BRIT) N ABBR = **Director of Public Prosecutions**
DPT N ABBR (*Med*: = *diphtheria, pertussis, tetanus*) *espécie de vacina*
Dr ABBR (= *doctor*) Dr(a).
dr ABBR (*Comm*) = **debtor**
Dr. ABBR (*in street names*) = **drive**; (= *doctor*) Dr(a).

drab [dræb] ADJ sombrio
draft [drɑ:ft] N (*first copy*) rascunho; (*Pol*: *of bill*) projeto de lei; (*bank draft*) saque *m*, letra; (US: *call-up*) recrutamento ▶ VT (*plan*) esboçar; (*speech, letter*) rascunhar; *see also* **draught**
draftsman ['drɑ:ftsmən] (US) N = **draughtsman**
drag [dræg] VT arrastar; (*river*) dragar ▶ VI arrastar-se ▶ N (*inf*) chatice *f* (BR), maçada (PT); (*of cigarette*) tragada; (*Aviat, Naut*) resistência; (*women's clothing*): **in ~** em travesti
  ▶ **drag away** VT: **to ~ away (from)** desgrudar (de)
  ▶ **drag on** VI arrastar-se
dragnet ['drægnet] N rede *f* de arrasto; (*by police*) diligência policial
dragon ['drægən] N dragão *m*
dragonfly ['drægənflaɪ] N libélula
dragoon [drə'gu:n] N (*cavalryman*) dragão *m*
  ▶ VT: **to ~ sb into doing sth** (BRIT) forçar alguém a fazer algo
drain [dreɪn] N (*drain pipe*) cano de esgoto; (*underground*) esgoto; (*in street*) bueiro; (*source of loss*) sorvedouro ▶ VT (*land, marshes, Med*) drenar; (*reservoir*) esvaziar; (*vegetables*) coar; (*fig*) esgotar ▶ VI (*water*) escorrer, escoar-se; **to feel ~ed** sentir-se esgotado *or* estafado
drainage ['dreɪnɪdʒ] N (*act*) drenagem *f*; (*Med, Agr*) dreno; (*system*) esgoto
drainboard ['dreɪnbɔ:d] (US) N = **draining board**
draining board ['dreɪnɪŋ-] (BRIT) N escorredor *m*
drainpipe ['dreɪnpaɪp] N cano de esgoto
drake [dreɪk] N pato (macho)
dram [dræm] N (*drink*) trago
drama ['drɑ:mə] N (*art*) teatro; (*play, event*) drama *m*
dramatic [drə'mætɪk] ADJ dramático; (*theatrical*) teatral
dramatically [drə'mætɪklɪ] ADV dramaticamente
dramatist ['dræmətɪst] N dramaturgo(-a)
dramatize ['dræmətaɪz] VT dramatizar
drank [dræŋk] PT *of* **drink**
drape [dreɪp] VT ornar, cobrir ▶ VI cair
draper ['dreɪpəʳ] (BRIT) N fanqueiro(-a)
drapes [dreɪps] (US) NPL cortinas *fpl*
drastic ['dræstɪk] ADJ drástico
drastically ['dræstɪklɪ] ADV drasticamente
draught, (US) **draft** [drɑ:ft] N (*of air*) corrente *f*; (*drink*) trago; (*Naut*) calado; (*beer*) chope *m*; **on ~** (*beer*) de barril
draughtboard ['drɑ:ftbɔ:d] (BRIT) N tabuleiro de damas
draughts (BRIT) N (jogo de) damas *fpl*
draughtsman, (US) **draftsman** ['drɑ:ftsmən] (*irreg*: *like* **man**) N desenhista *m/f* industrial
draughtsmanship, (US) **draftsmanship** ['drɑ:ftsmənʃɪp] N (*art*) desenho industrial; (*technique*) habilidade *f* de desenhista
draughtsmen, (US) **draftsmen** ['drɑ:ftsmen] NPL *of* **draughtsman**

draw [drɔ:] (*pt* **drew**, *pp* **drawn**) VT (*picture*) desenhar; (*cart*) puxar; (*curtain*) fechar; (*gun*) sacar; (*attract*) atrair; (*money*) tirar; (: *from bank*) sacar; (*wages*) receber; (*comparison, distinction*) fazer ▶ VI (*Sport*) empatar ▶ N (*Sport*) empate *m*; (*lottery*) sorteio; (*attraction*) atração *f*; **to ~ to a close** tender para o fim; **to ~ near** aproximar-se
  ▶ **draw back** VI (*move back*): **to ~ back (from)** recuar (de)
  ▶ **draw in** VI (*BRIT: car*) encostar; (: *train*) entrar na estação ▶ VT (*involve*) envolver
  ▶ **draw on** VT FUS (*resources*) recorrer a, lançar mão de; (*person, imagination*) recorrer a
  ▶ **draw out** VI (*car, train*) sair ▶ VT (*lengthen*) esticar, alargar; (*money*) sacar; (*confession, truth*) arrancar; (*shy person*) desacanhar, desinibir
  ▶ **draw up** VI (*stop*) parar(-se) ▶ VT (*chair etc*) puxar; (*document*) redigir; (*plans*) esboçar
drawback ['drɔ:bæk] N inconveniente *m*, desvantagem *f*
drawbridge ['drɔ:brɪdʒ] N ponte *f* levadiça
drawee [drɔ:'i:] N sacado
drawer[1] ['drɔ:r] N gaveta
drawer[2] ['drɔ:ər] N (*of cheque*) sacador(a) *m/f*, emitente *m/f*
drawing ['drɔ:ɪŋ] N desenho
drawing board N prancheta
drawing pin (*BRIT*) N tachinha (*BR*), pionés *m* (*PT*)
drawing room N sala de visitas
drawl [drɔ:l] N fala arrastada
drawn [drɔ:n] PP *of* **draw** ▶ ADJ (*haggard*) abatido
drawstring ['drɔ:strɪŋ] N cordão *m*
dread [drɛd] N medo, pavor *m* ▶ VT temer, recear, ter medo de
dreadful ['drɛdful] ADJ terrível
dream [dri:m] N (*pt, pp* **dreamed** *or* **dreamt**) N sonho ▶ VT, VI sonhar; **to have a ~ about sb/ sth, to ~ about sb/sth** sonhar com alguém/ algo; **sweet ~s!** sonha com os anjos!
  ▶ **dream up** VT inventar, bolar (*inf*)
dreamer ['dri:mər] N sonhador(a) *m/f*
dreamt [drɛmt] PT, PP *of* **dream**
dreamy ['dri:mɪ] ADJ (*expression, person*) sonhador(a), distraído; (*music*) sentimental
dreary ['drɪərɪ] ADJ (*talk, time*) monótono; (*weather*) sombrio
dredge [drɛdʒ] VT dragar
  ▶ **dredge up** VT tirar do fundo; (*fig: unpleasant facts*) trazer à tona, descobrir
dredger ['drɛdʒər] N (*ship*) draga; (*BRIT: also*: **sugar dredger**) polvilhador *m*
dregs [drɛgz] NPL lia; (*of humanity*) escória, ralé *f*
drench [drɛntʃ] VT encharcar; **to get ~ed** encharcar-se
dress [drɛs] N vestido; (*no pl: clothing*) traje *m* ▶ VT vestir; (*wound*) fazer curativo em; (*Culin*) preparar, temperar ▶ VI vestir-se; **to ~ o.s., to get ~ed** vestir-se; **to ~ a shop window** adornar uma vitrina
  ▶ **dress up** VI vestir-se com elegância; (*in fancy dress*) fantasiar-se
dress circle (*BRIT*) N balcão *m* nobre
dress designer N estilista *m/f*
dresser ['drɛsər] N (*Theatre*) camareiro(-a); (*also*: **window dresser**) vitrinista *m/f*; (*BRIT: cupboard*) aparador *m*; (*US: chest of drawers*) cômoda de espelho
dressing ['drɛsɪŋ] N (*Med*) curativo; (*Culin*) molho
dressing gown (*BRIT*) N roupão *m*; (*woman's*) peignoir *m*
dressing room N (*Theatre*) camarim *m*; (*Sport*) vestiário
dressing table N penteadeira (*BR*), toucador *m* (*PT*)
dressmaker ['drɛsmeɪkər] N costureiro(-a)
dressmaking ['drɛsmeɪkɪŋ] N (*arte f da*) costura
dress rehearsal N ensaio geral
dress shirt N camisa social
dressy ['drɛsɪ] (*inf*) ADJ (*clothes*) chique
drew [dru:] PT *of* **draw**
dribble ['drɪbl] VI gotejar, pingar; (*baby*) babar ▶ VT (*ball*) driblar
dried [draɪd] ADJ seco; (*eggs, milk*) em pó
drier ['draɪər] N = **dryer**
drift [drɪft] N (*of current etc*) força; (*of snow, sand etc*) monte *m*; (*distance off course*) deriva; (*meaning*) sentido ▶ VI (*boat*) derivar; (*sand, snow*) amontoar-se; **to let things ~** deixar o barco correr; **to ~ apart** (*friends, lovers*) afastar-se um do outro; **I get** *or* **catch your ~** eu entendo mais ou menos o que você está dizendo
drifter ['drɪftər] N nômade *m/f*
driftwood ['drɪftwud] N madeira flutuante
drill [drɪl] N furadeira; (*bit, of dentist*) broca; (*for mining etc*) broca, furadeira; (*Mil*) exercícios *mpl* militares ▶ VT furar, brocar; (*Mil*) exercitar ▶ VI (*for oil*) perfurar
drilling ['drɪlɪŋ] N (*for oil*) perfuração *f*
drilling rig N torre *f* de perfurar
drink [drɪŋk] (*pt* **drank**, *pp* **drunk**) N bebida ▶ VT, VI beber; **to have a ~** tomar uma bebida; **a ~ of water** um copo d'água; **would you like something to ~?** você quer beber *or* tomar alguma coisa?; **to ~ to sb/sth** brindar alguém/algo
  ▶ **drink in** VT embeber-se em
drinkable ['drɪŋkəbl] ADJ (*not dangerous*) potável; (*palatable*) bebível
drinker ['drɪŋkər] N bebedor(a) *m/f*
drinking ['drɪŋkɪŋ] N (*drunkenness*) alcoolismo
drinking fountain N bebedouro
drinking water N água potável
drip [drɪp] N gotejar *m*; (*one drip*) gota, pingo; (*Med*) gota a gota *m*; (*inf: person*) mané *m*, banana *m* ▶ VI gotejar, pingar
drip-dry ADJ (*shirt*) de lavar e vestir
drip-feed (*irreg: like* **feed**) VT alimentar intravenosamente
dripping ['drɪpɪŋ] N gordura ▶ ADJ: **~ wet** encharcado

drive [draɪv] (*pt* **drove**, *pp* **driven**) N passeio (de automóvel); (*journey*) trajeto, percurso; (*also*: **driveway**) entrada; (*energy*) energia, vigor *m*; (*Psych*) impulso; (*Sport*) drive *m*; (*campaign*) campanha; (*Tech*) propulsão *f*; (*Comput*) drive *m* ▶ VT conduzir; (*car*) dirigir (BR), guiar (PT); (*urge*) fazer trabalhar; (*by power*) impelir; (*push*) empurrar; (*Tech: motor*) acionar; (*nail*): **to ~ sth into** cravar algo em ▶ VI (*Aut: at controls*) dirigir (BR), guiar (PT); (: *travel*) ir de carro; **to go for a ~** dar um passeio (de carro); **it's 3 hours' ~ from London** fica a 3 horas de carro de Londres; **left-/right-hand ~** direção à esquerda/direita; **front-/rear-wheel ~** (*Aut*) tração dianteira/traseira; **to ~ sb to do sth** impelir alguém a fazer algo; **to ~ sb mad** deixar alguém louco

▶ **drive at** VT FUS (*fig: intend, mean*) querer dizer; **what are you driving at?** onde é que voce queria chegar?

▶ **drive on** VI seguir adiante ▶ VT impelir

drive-in ADJ drive-in ▶ N (*cinema*) drive-in *m*

drive-in window (US) N balcão *m* drive-in

drivel ['drɪvl] (*inf*) N bobagem *f*, besteira

driven ['drɪvn] PP *of* **drive**

driver ['draɪvəʳ] N motorista *m/f*; (*Rail*) maquinista *m*

driver's license (US) N carteira de motorista (BR), carta de condução (PT)

driveway ['draɪvweɪ] N entrada

driving ['draɪvɪŋ] N direção *f* (BR), condução *f* (PT) ▶ ADJ: **~ rain** chuva torrencial

driving force N (*fig*) mola

driving instructor N instrutor(a) *m/f* de autoescola (BR) *or* de condução (PT)

driving lesson N aula de direção (BR) *or* de condução (PT)

driving licence (BRIT) N carteira de motorista (BR), carta de condução (PT)

driving mirror (BRIT) N retrovisor *m*

driving school N autoescola *f*

driving test N exame *m* de motorista

drizzle ['drɪzl] N chuvisco ▶ VI chuviscar

droll [drəʊl] ADJ engraçado

dromedary ['drɒmədərɪ] N dromedário

drone [drəʊn] N (*sound*) zumbido; (*male bee*) zangão *m* ▶ VI (*bee, engine*) zumbir; (*also*: **drone on**) falar monotonamente

drool [druːl] VI babar(-se); **to ~ over sth** babar por algo

droop [druːp] VI pender

drop [drɒp] N (*of water*) gota; (*lessening*) diminuição *f*; (*fall: distance*) declive *m*; (: *in prices*) baixa, queda; (: *in salary*) redução *f*; (*also*: **parachute drop**) salto ▶ VT (*allow to fall*) deixar cair; (*voice, eyes, price*) baixar; (*set down from car*) deixar (saltar/descer); (*omit*) omitir ▶ VI cair; (*price, temperature*) baixar; (*wind*) parar; **drops** NPL (*Med*) gotas *fpl*; **cough ~s** pastilhas para tosse; **a ~ of 10%** uma queda de 10%; **to ~ sb a line** escrever (umas linhas) para alguém

▶ **drop in** (*inf*) VI (*visit*): **to ~ in (on)** dar um pulo (na casa de)

▶ **drop off** VI (*sleep*) cochilar ▶ VT (*passenger*) deixar

▶ **drop out** VI (*withdraw*) retirar-se; (*student etc*) largar tudo

droplet ['drɒplɪt] N gotícula

drop-out N pessoa que abandona o trabalho, os estudos etc

dropper ['drɒpəʳ] N conta-gotas *m inv*

droppings ['drɒpɪŋz] NPL fezes *fpl* (de animal)

dross [drɒs] N escória

drought [draut] N seca

drove [drəʊv] PT *of* **drive** ▶ N: **~s of people** uma quantidade de gente

drown [draun] VT afogar; (*also*: **drown out**: *sound*) encobrir ▶ VI afogar-se

drowse [drauz] VI dormitar

drowsy ['drauzɪ] ADJ sonolento; **to be ~** estar com sono

drudge [drʌdʒ] N burro-de-carga *m*

drudgery ['drʌdʒərɪ] N trabalho enfadonho

drug [drʌg] N remédio, medicamento; (*narcotic*) droga; (: *Med, Admin*) entorpecente *m* ▶ VT drogar; **to be on ~s** (*an addict*) estar viciado em drogas; (*Med*) estar sob medicação; **hard/soft ~s** drogas pesadas/leves

drug addict N toxicômano(-a)

druggist ['drʌgɪst] (US) N farmacêutico(-a)

drug peddler N traficante *m/f* de drogas

drugstore ['drʌgstɔː] (US) N drogaria

drum [drʌm] N tambor *m*; (*large*) bombo; (*for oil, petrol*) tambor, barril *m* ▶ VI (*with fingers*) tamborilar ▶ VT: **to ~ sth into sb** incutir algo em alguém; **drums** NPL (*kit*) bateria

▶ **drum up** VT (*enthusiasm, support*) angariar

drummer ['drʌməʳ] N baterista *m/f*

drum roll N rufo de tambor

drumstick ['drʌmstɪk] N (*Mus*) baqueta; (*of chicken*) perna

drunk [drʌŋk] PP *of* **drink** ▶ ADJ bêbado ▶ N (*drunkard*) bêbado(-a); **to get ~** ficar bêbado, encher a cara (*inf*)

drunkard ['drʌŋkəd] N beberrão(-beberrona) *m/f*

drunken ['drʌŋkən] ADJ (*laughter*) de bêbado; (*party*) com muita bebida; (*person*) bêbado; **~ driving** embriaguez *f* no volante

drunkenness ['drʌŋkənnɪs] N embriaguez *f*

dry [draɪ] ADJ seco; (*day*) sem chuva; (*uninteresting*) insípido; (*humour*) irônico ▶ VT secar, enxugar; (*tears*) limpar ▶ VI secar; **on ~ land** em terra firme; **to ~ one's hands/hair/eyes** enxugar as mãos/o cabelo/as lágrimas

▶ **dry up** VI secar completamente; (*supply*) esgotar-se; (*in speech*) calar-se; (*dishes*) enxugar (a louça)

dry-clean VT lavar a seco

dry-cleaner N tintureiro(-a)

dry-cleaner's N tinturaria, lavanderia

dry-cleaning N lavagem *f* a seco

dry dock N (*Naut*) dique *m* seco
dryer ['draɪə^r] N secador *m*; (*also:* **spin-dryer**) secadora
dry goods NPL (*Comm*) fazendas *fpl* e artigos *mpl* de armarinho
dry goods store (*US*) N armarinho
dry ice N gelo seco
dryness ['draɪnɪs] N secura
dry rot N putrefação *f* fungosa
dry run N (*fig*) ensaio, prova
dry ski slope N pista de esqui artificial
DSc N ABBR (= *Doctor of Science*) título universitário
DSS (*BRIT*) N ABBR (= *Department of Social Security*) = INAMPS *m*
DST (*US*) ABBR (= *Daylight Saving Time*) hora de verão
DT N ABBR (*Comput*) = **data transmission**
DTI (*BRIT*) N = **Department of Trade and Industry**
DTP N ABBR (= *desktop publishing*) DTP *m*
DT's (*inf*) NPL ABBR (= *delirium tremens*) delirium tremens *m*
dual ['djuəl] ADJ dual, duplo
dual carriageway (*BRIT*) N pista dupla
dual-control ADJ de duplo comando
dual nationality N dupla nacionalidade *f*
dual-purpose ADJ de duplo uso
dubbed [dʌbd] ADJ (*Cinema*) dublado; (*nicknamed*) apelidado
dubious ['djuːbɪəs] ADJ duvidoso; (*reputation, company*) suspeitoso; **I'm very ~ about it** eu tenho muitas dúvidas a respeito
Dublin ['dʌblɪn] N Dublin
Dubliner ['dʌblɪnə^r] N natural *m/f* de Dublin
duchess ['dʌtʃɪs] N duquesa
duck [dʌk] N pato ▶ VI (*also:* **duck down**) abaixar-se repentinamente ▶ VT mergulhar
duckling ['dʌklɪŋ] N patinho
duct [dʌkt] N conduto, canal *m*; (*Anat*) ducto
dud [dʌd] N (*shell*) bomba falhada; (*object, tool*): **it's a ~** não presta ▶ ADJ (*BRIT: coin, note*) falso; **~ cheque** cheque *m* sem fundos, cheque *m* voador (*inf*)
due [djuː] ADJ (*proper*) devido; (*expected*) esperado; (*fitting*) conveniente, oportuno ▶ N: **to give sb his/her ~** ser justo com alguém ▶ ADV: **~ north** exatamente ao norte; **dues** NPL (*for club, union*) quota; (*in harbour*) direitos *mpl*; **in ~ course** no devido tempo; (*eventually*) no final; **~ to** devido a; **the rent is ~ on the 30th** o aluguel vence no dia 30; **the train is ~ at 8** o trem deve chegar às 8; **I am ~ 6 days' leave** eu tenho direito a 6 dias de folga
due date N (*data de*) vencimento
duel ['djuəl] N duelo; (*fig*) batalha
duet [djuːˈɛt] N dueto
duff [dʌf] (*BRIT inf*) ADJ de nada
duffel bag ['dʌfl-] N mochila
duffel coat ['dʌfl-] N casaco de baeta
duffer ['dʌfə^r] (*inf*) N zero (à esquerda)
duffle bag ['dʌfl-] N = **duffel bag**
duffle coat ['dʌfl-] N = **duffel coat**
dug [dʌg] PT, PP *of* **dig**

duke [djuːk] N duque *m*
dull [dʌl] ADJ (*light*) sombrio; (*intelligence, wit*) lento; (*boring*) enfadonho; (*sound, pain*) surdo; (*weather, day*) nublado, carregado; (*blade*) embotado, cego ▶ VT (*pain, grief*) aliviar; (*mind, senses*) entorpecer
duly ['djuːlɪ] ADV devidamente; (*on time*) no devido tempo
dumb [dʌm] ADJ mudo; (*pej: stupid*) estúpido; **to be struck ~** (*fig*) ficar pasmo
dumbbell ['dʌmbɛl] N (*Sport*) haltere *m*
dumbfounded [dʌmˈfaundɪd] ADJ pasmado
dummy ['dʌmɪ] N (*tailor's model*) manequim *m*; (*mock-up*) modelo; (*BRIT: for baby*) chupeta; (*Cards*) morto ▶ ADJ falso
dummy run N prova, ensaio
dump [dʌmp] N (*heap*) montão *m*; (*also:* **rubbish dump**) depósito de lixo; (*inf: place*) chiqueiro; (*Mil*) depósito ▶ VT (*put down*) depositar, descarregar; (*get rid of*) desfazer-se de; (*Comm: goods*) fazer dumping de; **to be (down) in the ~s** (*inf*) estar na fossa
dumping ['dʌmpɪŋ] N (*Econ*) dumping *m*; (*of rubbish*): **"no ~"** "proibido jogar lixo" (*BR*), "proibido deitar lixo" (*PT*)
dumpling ['dʌmplɪŋ] N bolinho cozido
dumpy ['dʌmpɪ] ADJ gorducho
dunce [dʌns] N burro, ignorante *m/f*
dune [djuːn] N duna
dung [dʌŋ] N estrume *m*
dungarees [dʌŋgəˈriːz] NPL macacão *m* (*BR*), fato macaco (*PT*)
dungeon ['dʌndʒən] N calabouço
dunk [dʌŋk] VT mergulhar
duo ['djuːəu] N (*gen*) dupla; (*Mus*) duo
duodenal [djuːəˈdiːnl] ADJ duodenal
dupe [djuːp] N (*victim*) otário(-a), trouxa *m/f* ▶ VT enganar
duplex ['djuːplɛks] (*US*) N (*house*) casa geminada; (*also:* **duplex apartment**) duplex *m*
duplicate [*n* 'djuːplɪkət, *vt* 'djuːplɪkeɪt] N (*of document*) duplicata; (*of key*) cópia ▶ VT duplicar; (*photocopy*) multigrafar; (*repeat*) reproduzir; **in ~** em duplicata; **~ key** cópia de chave
duplicating machine ['djuːplɪkeɪtɪŋ-] N duplicador *m*
duplicator ['djuːplɪkeɪtə^r] N duplicador *m*
duplicity [djuːˈplɪsɪtɪ] N falsidade *f*
durability [djuərəˈbɪlɪtɪ] N durabilidade *f*, solidez *f*
durable ['djuərəbl] ADJ durável; (*clothes, metal*) resistente
duration [djuəˈreɪʃən] N duração *f*
duress [djuəˈrɛs] N: **under ~** sob coação
during ['djuərɪŋ] PREP durante
dusk [dʌsk] N crepúsculo, anoitecer *m*
dusky ['dʌskɪ] ADJ (*sky, room*) sombrio; (*person, complexion*) moreno
dust [dʌst] N pó *m*, poeira ▶ VT (*furniture*) tirar o pó de; (*cake etc*); **to ~ with** polvilhar com
▶ **dust off** VT (*dirt*) tirar

dustbin ['dʌstbɪn] N (BRIT) lata de lixo
duster ['dʌstə^r] N pano de pó
dust jacket N sobrecapa
dustman ['dʌstmən] (BRIT) (irreg: like **man**) N lixeiro, gari m (BR inf)
dustpan ['dʌstpæn] N pá f de lixo
dusty ['dʌstɪ] ADJ empoeirado
Dutch [dʌtʃ] ADJ holandês(-esa) ▶ N (Ling) holandês m ▶ ADV: **let's go ~** (inf) cada um paga o seu, vamos rachar; **the Dutch** NPL (people) os holandeses
Dutch auction N leilão m em que os ertantes oferecem cada vez menos
Dutchman ['dʌtʃmən] (irreg: like **man**) N holandês m
Dutchwoman ['dʌtʃwumən] (irreg: like **woman**) N holandesa
dutiable ['djuːtɪəbl] ADJ (taxable) tributável; (by customs) sujeito a impostos alfandegários
dutiful ['djuːtɪful] ADJ (child) respeitoso; (husband, wife) atencioso; (employee) zeloso, consciente
duty ['djuːtɪ] N dever m; (tax) taxa; (customs) taxa alfandegária; **duties** NPL funções fpl; **to make it one's ~ to do sth** dar-se a responsabilidade de fazer algo; **to pay ~ on sth** pagar imposto sobre algo; **on ~** de serviço; (at night etc) de plantão; **off ~** de folga
duty-free ADJ livre de impostos; **~ shop** duty-free f
duty officer N (Mil etc) oficial m de serviço
duvet ['duːveɪ] (BRIT) N edredom m (BR), edredão m (PT)
DV ABBR (= Deo volente) se Deus quiser
DVD N ABBR (= digital versatile or video disc) DVD m
DVD burner N gravador m de DVD
DVD player N DVD player m
DVD writer N gravador m de DVD
DVM (US) N ABBR (= Doctor of Veterinary Medicine) título universitário
dwarf [dwɔːf] N (pl **dwarves**) anão/anã m/f ▶ VT ananicar
dwarves [dwɔːvz] NPL of **dwarf**
dwell [dwɛl] (pt, pp **dwelt**) VI morar
▶ **dwell on** VT FUS estender-se sobre
dweller ['dwɛlə^r] N habitante m/f
dwelling ['dwɛlɪŋ] N residência
dwelt [dwɛlt] PT, PP of **dwell**
dwindle ['dwɪndl] VI diminuir
dwindling ['dwɪndlɪŋ] ADJ descrescente, minguante
dye [daɪ] N tintura, tinta ▶ VT tingir; **hair ~** tintura para o cabelo
dyestuffs ['daɪstʌfs] NPL corantes mpl
dying ['daɪɪŋ] ADJ moribundo, agonizante; (moments) final; (words) último
dyke [daɪk] (BRIT) N (embankment) dique m, represa
dynamic [daɪ'næmɪk] ADJ dinâmico
dynamics [daɪ'næmɪks] N, NPL dinâmica
dynamite ['daɪnəmaɪt] N dinamite f ▶ VT dinamitar
dynamo ['daɪnəməu] N dínamo
dynasty ['dɪnəstɪ] N dinastia
dysentery ['dɪsntrɪ] N disenteria
dyslexia [dɪs'lɛksɪə] N dislexia
dyslexic [dɪs'lɛksɪk] ADJ, N dislético(-a), disléxico(-a)
dyspepsia [dɪs'pɛpsɪə] N dispepsia
dystrophy ['dɪstrəfɪ] N distrofia; see also **muscular dystrophy**

Ee

E¹, e [i:] N (*letter*) E, e m; (*Mus*): E mi m; **E for Edward** (BRIT) or **Easy** (US) E de Eliane
E² ABBR (= *east*) E
E111 N ABBR (*also*: **form E111**) formulário E111
ea. ABBR = **each**
E.A. (US) N ABBR (= *educational age*) idade educacional
each [i:tʃ] ADJ cada *inv* ▶ PRON cada um(a); **~ one** cada um; **~ other** um ao outro; **they hate ~ other** (eles) se odeiam; **you are jealous of ~ other** vocês têm ciume um do outro; **~ day** cada dia; **they have 2 books ~** eles têm 2 livros cada um; **they cost £5 ~** custam £5 cada; **~ of us** cada um de nós
eager ['i:gəʳ] ADJ ávido; (*hopeful*) desejoso; (*ambitious*) ambicioso; (*pupil*) empolgado; **to be ~ to do sth** ansiar por fazer algo; **to be ~ for** ansiar por
eagle ['i:gl] N águia
E and OE ABBR (= *errors and omissions excepted*) SEO
ear [ɪəʳ] N (*external*) orelha; (*inner, fig*) ouvido; (*of corn*) espiga; **to play by ~** tocar de ouvido; **up to one's ~s in debt** endividado até o pescoço
earache ['ɪəreɪk] N dor f de ouvidos
eardrum ['ɪədrʌm] N tímpano
earl [ə:l] N conde m
earlier ['ə:lɪəʳ] ADJ (*date etc*) mais adiantado; (*edition etc*) anterior ▶ ADV mais cedo
early ['ə:lɪ] ADV cedo; (*before time*) com antecedência ▶ ADJ (*sooner than expected*) prematuro; (*reply*) pronto; (*Christians, settlers*) primeiro; (*man*) primitivo; (*life, work*) juvenil; **to have an ~ night/start** vá para cama cedo/saia de manhã cedo; **in the ~** or **~ in the spring/19th century** no princípio da primavera/do século dezenove; **as ~ as possible** o mais cedo possível; **you're ~!** você chegou cedo!; **~ in the morning** de manhã cedo; **she's in her ~ forties** ela tem pouco mais de 40 anos; **at your earliest convenience** (*Comm*) o mais cedo que lhe for possível
early retirement N aposentadoria antecipada
early warning system N sistema m de alerta antecipado
earmark ['ɪəmɑ:k] VT: **to ~ sth for** reservar or destinar algo para

earn [ə:n] VT ganhar; (*Comm: interest*) render; (*praise, reward*) merecer; **to ~ one's living** ganhar a vida
earned income [ə:nd-] N rendimento do trabalho individual
earnest ['ə:nɪst] ADJ (*wish*) intenso; (*manner*) sério ▶ N (*also*: **earnest money**) sinal m em dinheiro; **in ~** a sério
earnings ['ə:nɪŋz] NPL (*personal*) vencimentos mpl, salário, ordenado; (*of company*) lucro
ear nose and throat specialist N otorrinolaringologista m/f, otorrino m/f
earphones ['ɪəfəunz] NPL fones mpl de ouvido
earplugs ['ɪəplʌgz] NPL borrachinhas fpl (de ouvido)
earring ['ɪərɪŋ] N brinco
earshot ['ɪəʃɔt] N: **out of/within ~** fora do/ao alcance do ouvido or da voz
earth [ə:θ] N terra; (BRIT *Elec*) fio terra ▶ VT (BRIT *Elec*) ligar à terra; **what on ~!** que diabo!
earthenware ['ə:θənwɛəʳ] N louça de barro ▶ ADJ de barro
earthly ['ə:θlɪ] ADJ terrestre; **~ paradise** paraíso terrestre; **there is no ~ reason to think ...** não há a mínima razão para se pensar que ...
earthquake ['ə:θkweɪk] N terremoto (BR), terramoto (PT)
earth-shattering ['ə:θʃætərɪŋ] ADJ bombástico
earth tremor N tremor m, abalo sísmico
earthworks ['ə:θwə:ks] NPL trabalhos mpl de terraplenagem
earthworm ['ə:θwə:m] N minhoca
earthy ['ə:θɪ] ADJ (*fig: vulgar*) grosseiro; (: *natural*) natural
earwax ['ɪəwæks] N cerume m
earwig ['ɪəwɪg] N lacrainha
ease [i:z] N facilidade f; (*relaxed state*) sossego ▶ VT facilitar; (*relieve: pressure*) afrouxar; (: *pain, tension*) aliviar; (*help pass*): **to ~ sth in/out** meter/tirar algo com cuidado ▶ VI (*situation*) abrandar; **at ~!** (*Mil*) descansar!; **to be at ~** estar à vontade; **with ~** com facilidade
▶ **ease off** VI acalmar-se; (*at work*) deixar de trabalhar tanto; (*wind*) baixar; (*rain*) moderar-se
▶ **ease up** VI = **ease off**

easel ['iːzl] N cavalete m
easily ['iːzɪlɪ] ADV facilmente, fácil (inf)
easiness ['iːzɪnɪs] N facilidade f; (of manner) desenvoltura
east [iːst] N leste m ▶ ADJ (region) leste; (wind) do leste ▶ ADV para o leste; **the E~** o Oriente; (Pol) o leste
Easter ['iːstəʳ] N Páscoa ▶ ADJ (holidays) da Páscoa; (traditions) pascal
Easter egg N ovo de Páscoa
Easter Island N ilha da Páscoa
easterly ['iːstəlɪ] ADJ (to the east) para o leste; (from the east) do Leste
Easter Monday N Segunda-Feira da Páscoa
eastern ['iːstən] ADJ do leste, oriental; **E~ Europe** a Europa Oriental; **the E~ bloc** (Pol) o Bloco Oriental
Easter Sunday N Domingo da Páscoa
East Germany N Alemanha Oriental
eastward ['iːstwəd], **eastwards** ['iːstwədz] ADV ao leste
easy ['iːzɪ] ADJ fácil; (comfortable) folgado, cômodo; (relaxed) natural, complacente; (victim, prey) desprotegido ▶ ADV: **to take it** or **things ~** (not worry) levar as coisas com calma; (go slowly) ir devagar; (rest) descansar; **payment on ~ terms** (Comm) pagamento facilitado; **that's easier said than done** é mais fácil falar do que fazer; **I'm ~** (inf) para mim, tanto faz
easy chair N poltrona
easy-going ADJ pacato, fácil
eat [iːt] (pt **ate**, pp **eaten**) VT, VI comer
▶ **eat away** VT corroer
▶ **eat away at** VT FUS corroer
▶ **eat into** VT FUS = **eat away at**
▶ **eat out** VI jantar fora
▶ **eat up** VT (food) acabar; **it ~s up electricity** consome eletricidade demais
eatable ['iːtəbl] ADJ comestível
eau de Cologne [əudə-] N (água de) Colônia
eaves [iːvz] NPL beira, beiral m
eavesdrop ['iːvzdrɔp] VI: **to ~ (on)** escutar às escondidas
ebb [ɛb] N refluxo ▶ VI baixar; (fig: also: **ebb away**) declinar; **the ~ and flow** o fluxo e refluxo; **to be at a low ~** (fig: person) estar de maré baixa; (: business, relations etc) ir mal
ebb tide N baixa-mar f, maré f vazante
ebony ['ɛbənɪ] N ébano
e-book ['iːbuk] N livro eletrônico
ebullient [ɪ'bʌlɪənt] ADJ vivo, enérgico
EC N ABBR (= European Community) CE f
e-card ['iːkɑːd] N cartão m eletrônico
ECB N ABBR (= European Central Bank) BCE m, Banco Central Europeu
eccentric [ɪk'sɛntrɪk] ADJ, N excêntrico(-a)
ecclesiastic [ɪkliːzɪ'æstɪk], **ecclesiastical** [ɪkliːzɪ'æstɪkəl] ADJ eclesiástico
ECG N ABBR (= electrocardiogram) eletro
ECGD N ABBR (= Export Credits Guarantee Department) serviço de garantia financeira para exportações

echo ['ɛkəu] N (pl **echoes**) eco ▶ VT (sound) ecoar, repetir ▶ VI ressoar, repetir
éclair [eɪ'klɛəʳ] N (Culin) bomba
eclipse [ɪ'klɪps] N eclipse m ▶ VT eclipsar
ECM (US) N ABBR = **European Common Market**
eco-friendly [iːkəu'frɛndlɪ] ADJ ecológico
ecological [iːkə'lɔdʒɪkəl] ADJ ecológico
ecologist [ɪ'kɔlədʒɪst] N ecologista m/f
ecology [ɪ'kɔlədʒɪ] N ecologia
e-commerce N ABBR (= electronic commerce) comércio eletrônico
economic [iːkə'nɔmɪk] ADJ econômico; (business etc) rentável
economical [iːkə'nɔmɪkəl] ADJ econômico; (proposition etc) rentável
economically [iːkə'nɔmɪklɪ] ADV economicamente
economics [iːkə'nɔmɪks] N economia ▶ NPL aspectos mpl econômicos
economist [ɪ'kɔnəmɪst] N economista m/f
economize [ɪ'kɔnəmaɪz] VI economizar, fazer economias
economy [ɪ'kɔnəmɪ] N economia; **economies of scale** economias de escala
economy class (Aviat) classe f econômica
economy size N tamanho econômico
ecosystem ['iːkəusɪstəm] N ecossistema m
ECSC N ABBR (= European Coal and Steel Community) CECA f
ecstasy ['ɛkstəsɪ] N êxtase m; **to go into ecstasies over** extasiar-se com
ecstatic [ɛks'tætɪk] ADJ extasiado
ECT N ABBR = **electroconvulsive therapy**
ECU N ABBR (= European Currency Unit) ECU f
Ecuador ['ɛkwədɔːʳ] N Equador m
Ecuadorian [ɛkwə'dɔːrɪən] ADJ, N equatoriano(-a)
ecumenical [iːkju'mɛnɪkl] ADJ ecumênico
eczema ['ɛksɪmə] N eczema m
eddy ['ɛdɪ] N rodamoinho
edge [ɛdʒ] N (of knife etc) fio; (of table, chair etc) borda; (of lake etc) margem f ▶ VT (trim) embainhar ▶ VI: **to ~ forward** avançar pouco a pouco; **on ~** (fig) = **edgy**; **to have the ~ on** (fig) levar vantagem sobre; **to ~ away from** afastar-se pouco a pouco de
edgeways ['ɛdʒweɪz] ADV lateralmente; **he couldn't get a word in ~** não pôde entrar na conversa
edging ['ɛdʒɪŋ] N (Sewing) debrum m; (of path) borda
edgy ['ɛdʒɪ] ADJ nervoso, inquieto
edible ['ɛdɪbl] ADJ comestível
edict ['iːdɪkt] N édito
edifice ['ɛdɪfɪs] N edifício
edifying ['ɛdɪfaɪɪŋ] ADJ edificante
Edinburgh ['ɛdɪnbərə] N Edimburgo
edit ['ɛdɪt] VT (be editor of) dirigir; (cut) cortar, redigir; (Comput, TV) editar; (Cinema) montar
edition [ɪ'dɪʃən] N (gen) edição f; (number printed) tiragem f
editor ['ɛdɪtəʳ] N redator(a) m/f; (of newspaper) diretor(a) m/f; (of column) editor(a) m/f;

(*of book*) organizador(a) *m/f* da edição; (*also*: **film editor**) montador(a) *m/f*
editorial [ɛdɪ'tɔ:rɪəl] ADJ editorial ▶ N editorial *m*; **the ~ staff** a redação
EDP N ABBR = **electronic data processing**
EDT (US) ABBR (= *Eastern Daylight Time*) hora de verão de Nova Iorque
educate ['ɛdjukeɪt] VT educar; **~d at ...** que cursou ...
education [ɛdju'keɪʃən] N educação *f*; (*schooling*) ensino; (*science*) pedagogia; **primary** (BRIT) or **elementary** (US) **~** ensino de 1°/2° grau
educational [ɛdju'keɪʃənl] ADJ (*policy, experience*) educacional; (*teaching*) docente; (*toy etc*) educativo; **~ technology** tecnologia educacional
Edwardian [ɛd'wɔ:dɪən] ADJ da época do rei Eduardo VII, dos anos 1900
EE ABBR = **electrical engineer**
EEC N ABBR (= *European Economic Community*) CEE *f*
EEG N ABBR (= *electroencephalogram*) eletro
eel [i:l] N enguia
EENT (US) N ABBR (*Med*) = **eye, ear, nose and throat**
EEOC (US) N ABBR = **Equal Employment Opportunity Commission**
eerie ['ɪərɪ] ADJ (*strange*) estranho; (*mysterious*) misterioso
EET N ABBR (= *Eastern European Time*) hora da Europa Oriental
effect [ɪ'fɛkt] N efeito ▶ VT (*repairs*) fazer; (*savings*) efetuar; **effects** NPL (*Theatre*) efeitos *mpl*; (*property*) bens *mpl* móveis, pertences *mpl*; **to take ~** (*law*) entrar em vigor; (*drug*) fazer efeito; **to put into ~** (*plan*) pôr em ação or prática; **to have an ~ on sb/sth** produzir efeito em alguém/algo; **in ~** na realidade; **his letter is to the ~ that ...** a carta dele informa que ...
effective [ɪ'fɛktɪv] ADJ (*successful*) eficaz; (*striking*) impressionante; (*actual*) efetivo; **to become ~** (*Law*) entrar em vigor; **~ date** data de entrada em vigor
effectively [ɪ'fɛktɪvlɪ] ADV (*successfully*) eficazmente; (*in reality*) efetivamente
effectiveness [ɪ'fɛktɪvnɪs] N eficácia
effeminate [ɪ'fɛmɪnɪt] ADJ efeminado
effervescent [ɛfə'vɛsnt] ADJ efervescente
efficacy ['ɛfɪkəsɪ] N eficácia
efficiency [ɪ'fɪʃənsɪ] N eficiência; (*of machine*) rendimento
efficiency apartment (US) N kitchenette *f*
efficient [ɪ'fɪʃənt] ADJ eficiente; (*machine*) rentável
efficiently [ɪ'fɪʃəntlɪ] ADV eficientemente
effigy ['ɛfɪdʒɪ] N efígie *f*
effluent ['ɛfluənt] N efluente *m*
effort ['ɛfət] N esforço; **to make an ~ to** esforçar-se para
effortless ['ɛfətlɪs] ADJ fácil
effrontery [ɪ'frʌntərɪ] N descaramento

effusive [ɪ'fju:sɪv] ADJ efusivo; (*welcome*) caloroso
EFL N ABBR (*Sch*) = **English as a foreign language**
EFTA ['ɛftə] N ABBR (= *European Free Trade Association*) AELC *f*
e.g. ADV ABBR (= *exempli gratia*) p. ex.
egalitarian [ɪgælɪ'tɛərɪən] ADJ igualitário
egg [ɛg] N ovo; **hard-boiled/soft-boiled ~** ovo duro/mole
▶ **egg on** VT incitar
eggcup ['ɛgkʌp] N oveiro
eggplant ['ɛgplɑ:nt] (*esp* US) N beringela
eggshell ['ɛgʃɛl] N casca de ovo
egg white N clara (de ovo)
egg yolk N gema
ego ['i:gəu] N ego
egoism ['i:gəuɪzəm] N egoísmo
egoist ['i:gəuɪst] N egoísta *m/f*
egotism ['ɛgəutɪzəm] N egotismo *m*
egotist ['ɛgəutɪst] N egotista *m/f*
Egypt ['i:dʒɪpt] N Egito
Egyptian [ɪ'dʒɪpʃən] ADJ, N egípcio(-a)
eiderdown ['aɪdədaun] N edredom *m* (BR), edredão *m* (PT)
eight [eɪt] NUM oito; *see also* **five**
eighteen [eɪ'ti:n] NUM dezoito; *see also* **five**
eighteenth [eɪ'ti:nθ] NUM décimo oitavo
eighth [eɪtθ] NUM oitavo; *see also* **fifth**
eightieth ['eɪtɪɪθ] NUM octogésimo
eighty ['eɪtɪ] NUM oitenta; *see also* **fifty**
Eire ['ɛərə] N (República da) Irlanda
EIS N ABBR (= *Educational Institute of Scotland*) sindicato dos professores escoceses
either ['aɪðər] ADJ (*one or other*) um ou outro; (*each*) cada; (*any*) qualquer; (*both*) ambos
▶ PRON: **~ (of them)** qualquer (dos dois)
▶ ADV: **no, I don't ~** eu também não ▶ CONJ: **~ yes or no** ou sim ou não; **on ~ side** de ambos os lados; **I don't like ~** não gosto nem de um nem do outro; **I haven't seen ~ one or the other** eu não vi nem um nem o outro
ejaculation [ɪdʒækju'leɪʃən] N (*Physiol*) ejaculação *f*
eject [ɪ'dʒɛkt] VT expulsar ▶ VI (*pilot*) ser ejetado
ejector seat [ɪ'dʒɛktər-] N assento ejetor
eke [i:k]: **to ~ out** VT (*money*) economizar; (*food*) economizar em; (*add to*) complementar
EKG (US) N ABBR (= *electrocardiogram*) eletro
el [ɛl] (US *inf*) N ABBR = **elevated railroad**
elaborate [*adj* ɪ'læbərɪt, *vt*, *vi* ɪ'læbəreɪt] ADJ complicado; (*decorated*) rebuscado ▶ VT elaborar; (*expand*) expandir; (*refine*) aperfeiçoar ▶ VI: **to ~ on** acrescentar detalhes a
elapse [ɪ'læps] VI transcorrer
elastic [ɪ'læstɪk] ADJ elástico; (*adaptable*) flexível, adaptável ▶ N elástico
elastic band (BRIT) N elástico
elasticity [ɪlæs'tɪsɪtɪ] N elasticidade *f*
elated [ɪ'leɪtɪd] ADJ: **to be ~** rejubilar-se

elation [ɪ'leɪʃən] N exaltação f
elbow ['ɛlbəu] N cotovelo ▶ VT: **to ~ one's way through the crowd** abrir passagem pela multidão com os cotovelos
elbow room N (fig) liberdade f
elder ['ɛldə^r] ADJ mais velho ▶ N (tree) sabugueiro; (person) o/a mais velho(-a); (of tribe) ancião; (of church) presbítero
elderly ['ɛldəlɪ] ADJ idoso, de idade ▶ NPL: **the ~** as pessoas de idade, os idosos
eldest ['ɛldɪst] ADJ mais velho ▶ N o/a mais velho(-a)
elect [ɪ'lɛkt] VT eleger ▶ ADJ: **the president ~** o presidente eleito; **to ~ to do** (choose) optar por fazer
election [ɪ'lɛkʃən] N (voting) votação f; (installation) eleição f; **to hold an ~** realizar uma eleição
election campaign N campanha eleitoral
electioneering [ɪlɛkʃə'nɪərɪŋ] N campanha or propaganda eleitoral
elector [ɪ'lɛktə^r] N eleitor(a) m/f
electoral [ɪ'lɛktərəl] ADJ eleitoral
electoral college N colégio eleitoral
electoral roll (BRIT) N lista de eleitores
electorate [ɪ'lɛktərɪt] N eleitorado
electric [ɪ'lɛktrɪk] ADJ elétrico
electrical [ɪ'lɛktrɪkəl] ADJ elétrico
electrical engineer N engenheiro(-a) eletricista
electrical failure N pane f elétrica
electric blanket N cobertor m elétrico
electric chair (US) N cadeira elétrica
electric cooker N fogão m elétrico
electric current N corrente f elétrica
electric fire (BRIT) N aquecedor m elétrico
electrician [ɪlɛk'trɪʃən] N eletricista m/f
electricity [ɪlɛk'trɪsɪtɪ] N eletricidade f
electricity board (BRIT) N empresa de energia elétrica
electric light N luz f elétrica
electric shock N choque m elétrico
electrify [ɪ'lɛktrɪfaɪ] VT (fence, Rail) eletrificar; (audience) eletrizar
electro... [ɪ'lɛktrəu] PREFIX eletro...
electrocardiogram [ɪ'lɛktrəu'kɑːdɪəgræm] N eletrocardiograma m
electroconvulsive therapy N eletrochoques mpl
electrocute [ɪ'lɛktrəkjuːt] VT eletrocutar
electrode [ɪ'lɛktrəud] N eletrodo (BR), eléctrodo (PT)
electroencephalogram [ɪ'lɛktrəuɛn'sɛfələgræm] N eletroencefalograma m
electrolysis [ɪlɛk'trɔlɪsɪs] N eletrólise f
electromagnetic [ɪlɛktrəumæg'nɛtɪk] ADJ eletromagnético
electron [ɪ'lɛktrɔn] N elétron m (BR), electrão m (PT)
electronic [ɪlɛk'trɔnɪk] ADJ eletrônico
electronic data processing N processamento de dados eletrônico

electronic mail N correio eletrônico
electronics [ɪlɛk'trɔnɪks] N eletrônica
electron microscope N microscópio eletrônico
electroplated [ɪ'lɛktrəu'pleɪtɪd] ADJ galvanizado
electrotherapy [ɪ'lɛktrəu'θɛrəpɪ] N eletroterapia
elegance ['ɛlɪgəns] N elegância
elegant ['ɛlɪgənt] ADJ (person, building) elegante; (idea) refinado
element ['ɛlɪmənt] N elemento; **to brave the ~s** enfrentar intempérie
elementary [ɛlɪ'mɛntərɪ] ADJ (gen) elementar; (primitive) rudimentar; (school, education) primário
elementary school (US) N ver nota

> Nos Estados Unidos e no Canadá, uma **elementary school** (também chamada de *grade school* ou *grammar school* nos Estados Unidos) é uma escola pública onde os alunos passam de seis a oito dos primeiros anos escolares.

elephant ['ɛlɪfənt] N elefante m
elevate ['ɛlɪveɪt] VT elevar; (in rank) promover
elevated railroad (US) N ferrovia elevada
elevation [ɛlɪ'veɪʃən] N elevação f; (land) eminência; (height) altura
elevator ['ɛlɪveɪtə^r] (US) N elevador m
eleven [ɪ'lɛvn] NUM onze; see also **five**
elevenses [ɪ'lɛvənzɪz] (BRIT) NPL refeição leve da manhã
eleventh [ɪ'lɛvnθ] NUM décimo-primeiro; **at the ~ hour** (fig) no último momento, na hora H; see also **fifth**
elf [ɛlf] (pl **elves**) N elfo, duende m
elicit [ɪ'lɪsɪt] VT: **to ~ (from)** (information) extrair (de); (response, reaction) provocar (de)
eligible ['ɛlɪdʒəbl] ADJ elegível, apto; **to be ~ for sth** (job etc) ter qualificações para algo; (pension etc) ter direito a algo
eliminate [ɪ'lɪmɪneɪt] VT (poverty, smoking) erradicar; (candidate, team) eliminar; (strike out) suprimir; (suspect) eliminar, excluir
elimination [ɪlɪmɪ'neɪʃən] N eliminação f; **by a process of ~** por eliminação
élite [eɪ'liːt] N elite f
élitist [eɪ'liːtɪst] (pej) ADJ elitista
elixir [ɪ'lɪksə^r] N elixir m
Elizabethan [ɪlɪzə'biːθən] ADJ elisabetano
ellipse [ɪ'lɪps] N elipse f
elliptical [ɪ'lɪptɪkl] ADJ elíptico
elm [ɛlm] N olmo
elocution [ɛlə'kjuːʃən] N elocução f
elongated ['iːlɔŋgeɪtɪd] ADJ alongado
elope [ɪ'ləup] VI fugir
elopement [ɪ'ləupmənt] N fuga do lar paterno
eloquence ['ɛləkwəns] N eloquência
eloquent ['ɛləkwənt] ADJ eloquente
El Salvador [el'sælvədɔː^r] N El Salvador
else [ɛls] ADV outro, mais; **something ~** outra coisa; **somewhere ~** em outro lugar (BR),

noutro sítio (PT); **everywhere** ~ por todo o lado (menos aqui); **everyone** ~ todos os outros; **where** ~? onde mais?; **what** ~ **can we do?** que mais podemos fazer?; **or** ~ senão; **there was little** ~ **to do** não havia outra coisa a fazer; **nobody** ~ **spoke** ninguém mais falou

elsewhere [ɛls'wɛəʳ] ADV (*be*) em outro lugar (BR), noutro sítio (PT); (*go*) para outro lugar (BR), a outro sítio (PT)

ELT N ABBR (*Sch*) = **English Language Teaching**

elucidate [ɪ'luːsɪdeɪt] VT esclarecer, elucidar

elude [ɪ'luːd] VT (*pursuer*) escapar de, esquivar-se de; (*subj: fact, idea*) evadir

elusive [ɪ'luːsɪv] ADJ esquivo; (*quality*) indescritível; (*answer*) evasivo

elves [ɛlvz] NPL *of* **elf**

emaciated [ɪ'meɪsɪeɪtɪd] ADJ emaciado, macilento

email ['iːmeɪl] N e-mail *m*, correio eletrônico ▶ VT (*person*) enviar um e-mail a

email account N conta de e-mail, conta de correio eletrônico

email address N e-mail *m*, endereço eletrônico

emanate ['ɛməneɪt] VI: **to** ~ **from** emanar de

emancipate [ɪ'mænsɪpeɪt] VT libertar; (*women*) emancipar

emancipated [ɪ'mænsɪpeɪtɪd] ADJ emancipado

emancipation [ɪmænsɪ'peɪʃən] N emancipação *f*

emasculate [ɪ'mæskjuleɪt] VT emascular

embalm [ɪm'bɑːm] VT embalsamar

embankment [ɪm'bæŋkmənt] N aterro; (*of river*) dique *m*

embargo [ɪm'bɑːgəu] N (*pl* **embargoes**) (*Naut*) embargo; (*Comm*) proibição *f* ▶ VT boicotear; **to put an** ~ **on sth** proibir algo

embark [ɪm'bɑːk] VI embarcar ▶ VT embarcar; **to** ~ **on** (*fig*) empreender, começar

embarkation [ɛmbɑː'keɪʃən] N (*of people, goods*) embarque *m*

embarkation card N cartão *m* de embarque

embarrass [ɪm'bærəs] VT (*politician*) embaraçar; (*emotionally*) constranger

embarrassed [ɪm'bærəst] ADJ (*laugh, silence*) desconfortável; **to be financially** ~ estar com dificuldades financeiras

embarrassing [ɪm'bærəsɪŋ] ADJ embaraçoso, constrangedor(a)

embarrassment [ɪm'bærəsmənt] N embaraço, constrangimento; (*financial*) dificuldades *fpl*

embassy ['ɛmbəsɪ] N embaixada

embed [ɪm'bɛd] VT embutir; (*teeth etc*) cravar

embedded [ɪm'bɛdɪd] ADJ encravado

embellish [ɪm'bɛlɪʃ] VT embelezar; (*fig: story*) florear

embers ['ɛmbəz] NPL brasa, borralho, cinzas *fpl*

embezzle [ɪm'bɛzl] VT desviar

embezzlement [ɪm'bɛzlmənt] N desvio (de fundos)

embezzler [ɪm'bɛzləʳ] N malversador(a) *m/f*

embitter [ɪm'bɪtəʳ] VT (*person*) amargurar; (*relations*) azedar

embittered [ɪm'bɪtəd] ADJ amargurado

emblem ['ɛmbləm] N emblema *m*

embodiment [ɪm'bɔdɪmənt] N encarnação *f*

embody [ɪm'bɔdɪ] VT (*features*) incorporar; (*ideas*) expressar

embolden [ɪm'bəuldn] VT encorajar, animar

embolism ['ɛmbəlɪzəm] N embolia

embossed [ɪm'bɔst] ADJ realçado; ~ **with** ornado com relevos de

embrace [ɪm'breɪs] VT abraçar, dar um abraço em; (*include*) abarcar, abranger; (*adopt: idea*) adotar ▶ VI abraçar-se ▶ N abraço

embroider [ɪm'brɔɪdəʳ] VT bordar; (*fig: story*) florear

embroidery [ɪm'brɔɪdərɪ] N bordado

embroil [ɪm'brɔɪl] VT: **to become ~ed (in sth)** ficar envolvido (em algo)

embryo ['ɛmbrɪəu] N (*fig*) embrião *m*

emend [ɪ'mɛnd] VT emendar

emerald ['ɛmərəld] N esmeralda

emerge [ɪ'məːdʒ] VI sair; (*from sleep*) acordar; (*fact, idea*) emergir; **it ~s that** ... (BRIT) veio à tona que ...

emergence [ɪ'məːdʒəns] N surgimento, aparecimento; (*of a nation*) nascimento

emergency [ɪ'məːdʒənsɪ] N emergência; **in an** ~ em caso de urgência; **state of** ~ estado de emergência

emergency cord (US) N sinal *m* de alarme

emergency exit N saída de emergência

emergency landing N aterrissagem *f* forçada (BR), aterragem *f* forçosa (PT)

emergency lane (US) N (*Aut*) acostamento (BR), berma (PT)

emergency meeting N reunião *f* extraordinária

emergency road service (US) N autossocorro (BR), pronto socorro (PT)

emergency services NPL serviços *mpl* de emergência

emergency stop (BRIT) N (*Aut*) parada de emergência

emergent [ɪ'məːdʒənt] ADJ (*nation*) em desenvolvimento; (*group*) emergente

emery board ['ɛmərɪ-] N lixa de unhas

emery paper ['ɛmərɪ-] N lixa *or* papel *m* de esmeril

emetic [ɪ'mɛtɪk] N emético

emigrant ['ɛmɪgrənt] N emigrante *m/f*

emigrate ['ɛmɪgreɪt] VI emigrar

emigration [ɛmɪ'greɪʃən] N emigração *f*

émigré ['ɛmɪgreɪ] N emigrado(-a)

eminence ['ɛmɪnəns] N eminência

eminent ['ɛmɪnənt] ADJ eminente

eminently ['ɛmɪnəntlɪ] ADV eminentemente

emirate ['ɛmɪrɪt] N emirado

emission [ɪ'mɪʃən] N emissão *f*

emit [ɪ'mɪt] VT (*gen*) emitir; (*smoke*) soltar; (*smell*) exalar; (*sound*) produzir

emolument [ɪˈmɔljumənt] N (often pl: formal: fee) honorário; (salary) remuneração f
emoticon [ɪˈməutɪkən] N (Comput) emoticon m
emotion [ɪˈməuʃən] N emoção f
emotional [ɪˈməuʃənəl] ADJ (needs, exhaustion) emocional; (person) sentimental, emotivo; (scene) comovente; (tone) emocionante
emotionally [ɪˈməuʃənəlɪ] ADV (disturbed, involved) emocionalmente; (behave) emotivamente; (speak) com emoção
emotive [ɪˈməutɪv] ADJ que sensibiliza; ~ **power** capacidade f de comover
empathy [ˈɛmpəθɪ] N empatia; **to feel ~ with sb** ter afinidade com alguém
emperor [ˈɛmpərəʳ] N imperador m
emphases [ˈɛmfəsiːz] NPL of **emphasis**
emphasis [ˈɛmfəsɪs] (pl **emphases**) N ênfase f; (stress) acentuação f; **to lay** or **place ~ on sth** dar ênfase a; **the ~ is on reading** a leitura ocupa um lugar de destaque
emphasize [ˈɛmfəsaɪz] VT (word, point) enfatizar, acentuar; (feature) salientar
emphatic [ɛmˈfætɪk] ADJ (statement) vigoroso, expressivo; (person) convincente; (manner) enfático
emphatically [ɛmˈfætɪkəlɪ] ADV com ênfase; (certainly) certamente
empire [ˈɛmpaɪəʳ] N império
empirical [ɛmˈpɪrɪkl] ADJ empírico
employ [ɪmˈplɔɪ] VT empregar; (tool) utilizar; **he's ~ed in a bank** ele trabalha num banco
employee [ɪmplɔɪˈiː] N empregado(-a)
employer [ɪmˈplɔɪəʳ] N empregador(a) m/f, patrão(-troa) m/f
employment [ɪmˈplɔɪmənt] N (gen) emprego; (work) trabalho; **to find ~** encontrar um emprego; **without ~** sem emprego, desempregado; **place of ~** local de trabalho
employment agency N agência de empregos
employment exchange (BRIT) N bolsa de trabalho
empower [ɪmˈpauəʳ] VT: **to ~ sb to do sth** autorizar alguém para fazer algo
empress [ˈɛmprɪs] N imperatriz f
emptiness [ˈɛmptɪnɪs] N vazio, vácuo
empty [ˈɛmptɪ] ADJ vazio; (place) deserto; (house) desocupado; (threat) vão/vã ▶ N (bottle) vazio ▶ VT esvaziar; (place) evacuar ▶ VI esvaziar-se; (place) ficar deserto; **on an ~ stomach** em jejum, com o estômago vazio; **to ~ into** (river) desaguar em
empty-handed [-ˈhændɪd] ADJ de mãos vazias
empty-headed [-ˈhɛdɪd] ADJ de cabeça oca
EMS N ABBR (= European Monetary System) SME m
EMT N ABBR = **emergency medical technician**
emulate [ˈɛmjuleɪt] VT (person) emular com
emulsion [ɪˈmʌlʃən] N emulsão f; (also: **emulsion paint**) tinta plástica
enable [ɪˈneɪbl] VT: **to ~ sb to do sth** (allow) permitir que alguém faça algo; (prepare) capacitar alguém para fazer algo
enact [ɪnˈækt] VT (law) pôr em vigor, promulgar; (play) representar; (role) fazer

enamel [ɪˈnæməl] N esmalte m
enamel paint N esmalte m
enamoured [ɪˈnæməd] ADJ: **to be ~ of** (person) estar apaixonado por; (activity etc) ser louco por; (idea) encantar-se com
enc. ABBR (in letters etc) = **enclosed**; **enclosure**
encampment [ɪnˈkæmpmənt] N acampamento
encased [ɪnˈkeɪst] ADJ: **~ in** (enclosed) encaixado em; (covered) revestido de
enchant [ɪnˈtʃɑːnt] VT encantar
enchanted [ɪnˈtʃɑːntɪd] ADJ encantado
enchanting [ɪnˈtʃɑːntɪŋ] ADJ encantador(a)
encircle [ɪnˈsəːkl] VT cercar, circundar; (waist) rodear
encl. ABBR (in letters etc) = **enclosed**; **enclosure**
enclave [ˈɛnkleɪv] N: **an ~ of** um encrave de
enclose [ɪnˈkləuz] VT (land) cercar; (with letter etc) anexar (BR), enviar junto (PT); **please find ~d** segue junto
enclosure [ɪnˈkləuʒəʳ] N cercado; (Comm) documento anexo
encoder [ɪnˈkəudəʳ] N (Comput) codificador m
encompass [ɪnˈkʌmpəs] VT abranger, encerrar
encore [ɔŋˈkɔːʳ] EXCL bis!, outra! ▶ N bis m
encounter [ɪnˈkauntəʳ] N encontro ▶ VT encontrar, topar com; (difficulty) enfrentar
encourage [ɪnˈkʌrɪdʒ] VT (activity) encorajar; (growth) estimular; (person): **to ~ sb to do sth** animar alguém a fazer algo
encouragement [ɪnˈkʌrɪdʒmənt] N estímulo
encouraging [ɪnˈkʌrɪdʒɪŋ] ADJ animador(a)
encroach [ɪnˈkrəutʃ] VI: **to ~ (up)on** invadir; (time) ocupar
encrusted [ɪnˈkrʌstəd] ADJ: **~ with** incrustado de
encrypt [ɪnˈkrɪpt] VT (Comput, Tel) criptografar
encumber [ɪnˈkʌmbəʳ] VT: **to be ~ed with** (carry) estar carregado de; (debts) estar sobrecarregado de
encyclopaedia, encyclopedia [ɛnsaɪkləuˈpiːdɪə] N enciclopédia
end [ɛnd] N (gen, also aim) fim m; (of table, line, rope etc) ponta; (of street, town) final m; (Sport) ponta ▶ VT acabar, terminar; (also: **bring to an end, put an end to**) acabar com, pôr fim a ▶ VI terminar, acabar; **from ~ to ~** de ponta a ponta; **to come to an ~** acabar; **to be at an ~** estar no fim, estar terminado; **in the ~** ao fim, por fim, finalmente; **on ~** (object) na ponta; **to stand on ~** (hair) arrepiar-se; **for hours on ~** por horas a fio; **at the ~ of the day** (BRIT fig) no final das contas; **to this ~, with this ~ in view** a este fim
▶ **end up** VI: **to ~ up in** terminar em; (place) ir parar em
endanger [ɪnˈdeɪndʒəʳ] VT pôr em perigo; **an ~ed species** uma espécie ameaçada de extinção
endear [ɪnˈdɪəʳ] VT: **to ~ o.s. to sb** conquistar a afeição de alguém, cativar alguém
endearing [ɪnˈdɪərɪŋ] ADJ simpático, atrativo

endearment [ɪn'dɪəmənt] N: **to whisper ~s** sussurrar palavras carinhosas; **term of ~** palavra carinhosa

endeavour, (US) **endeavor** [ɪn'dɛvəʳ] N esforço; (*attempt*) tentativa; (*striving*) empenho ▶ VI: **to ~ to do** esforçar-se para fazer; (*try*) tentar fazer

endemic [ɛn'dɛmɪk] ADJ endêmico

ending ['ɛndɪŋ] N fim *m*, conclusão *f*; (*of book*) desenlace *m*; (*Ling*) terminação *f*

endive ['ɛndaɪv] N (*curly*) chicória; (*smooth, flat*) endívia

endless ['ɛndlɪs] ADJ interminável; (*possibilities*) infinito

endorse [ɪn'dɔːs] VT (*cheque*) endossar; (*approve*) aprovar

endorsee [ɪndɔː'siː] N endossado(-a), endossatário(-a)

endorsement [ɪn'dɔːsmənt] N (BRIT: *on driving licence*) descrição *f* das multas; (*approval*) aval *m*; (*signature*) endosso

endorser [ɪn'dɔːsəʳ] N endossante *m/f*, endossador(a) *m/f*

endow [ɪn'dau] VT (*provide with money*) dotar; (: *institution*) fundar; **to be ~ed with** ser dotado de

endowment [ɪn'daumənt] N dotação *f*

endowment assurance N seguro dotal

end product N (*Industry*) produto final; (*fig*) resultado

end result N resultado final

endurable [ɪn'djuərəbl] ADJ suportável

endurance [ɪn'djuərəns] N resistência

endurance test N teste *m* de resistência

endure [ɪn'djuəʳ] VT (*bear*) aguentar, suportar ▶ VI (*last*) durar; (*resist*) resistir

end user N (*Comput*) usuário(-a) (BR) *or* utente *m/f* (PT) final

enema ['ɛnɪmə] N (*Med*) enema *m*, clister *m*

enemy ['ɛnəmɪ] ADJ, N inimigo(-a); **to make an ~ of sb** fazer de alguém um inimigo

energetic [ɛnə'dʒɛtɪk] ADJ energético

energy ['ɛnədʒɪ] N energia; **Department of E~** Ministério da Energia

energy crisis N crise *f* de energia

energy drink N energético, bebida energética

energy-saving ADJ (*policy*) de economia de energia; (*device*) que economiza energia

enervating ['ɛnəveɪtɪŋ] ADJ enervante

enforce [ɪn'fɔːs] VT (*Law*) fazer cumprir

enforced [ɪn'fɔːst] ADJ forçoso

enfranchise [ɪn'fræntʃaɪz] VT conferir o direito de voto a; (*set free*) emancipar

engage [ɪn'geɪdʒ] VT (*attention*) chamar; (*interest*) atrair; (*lawyer*) contratar; (*clutch*) engrenar ▶ VI (*Tech*) engrenar; **to ~ in** dedicar-se a, ocupar-se com; **to ~ sb in conversation** travar conversa com alguém

engaged [ɪn'geɪdʒd] ADJ (BRIT: *phone*) ocupado (BR), impedido (PT); (: *toilet*) ocupado; (*betrothed*) noivo; **to get ~** ficar noivo; **he is ~ in research** dedica-se à pesquisa

engaged tone (BRIT) N (*Tel*) sinal *m* de ocupado (BR) *or* de impedido (PT)

engagement [ɪn'geɪdʒmənt] N (*appointment*) encontro; (*booking*) contrato; (*battle*) combate *m*; (*to marry*) noivado; **I have a previous ~** já tenho compromisso

engagement ring N aliança de noivado

engaging [ɪn'geɪdʒɪŋ] ADJ atraente, simpático

engender [ɪn'dʒɛndəʳ] VT engendrar, gerar

engine ['ɛndʒɪn] N (*Aut*) motor *m*; (*Rail*) locomotiva

engine driver (BRIT) N maquinista *m/f*

engineer [ɛndʒɪ'nɪəʳ] N engenheiro(-a); (US *Rail*) maquinista *m/f*; (BRIT: *for repairs*) técnico(-a); (: *for domestic appliances*) consertador(a) *m/f* (de aparelhos domésticos)

engineering [ɛndʒɪ'nɪərɪŋ] N engenharia ▶ CPD: **~ works** *or* **factory** fábrica de construção de máquinas

engine failure N falha do motor

engine trouble N enguiço

England ['ɪŋglənd] N Inglaterra

English ['ɪŋglɪʃ] ADJ inglês(-esa) ▶ N (*Ling*) inglês *m*; **the English** NPL (*people*) os ingleses; **an ~ speaker** uma pessoa de língua inglesa

English Channel N: **the ~** o Canal da Mancha

Englishman ['ɪŋglɪʃmən] (*irreg: like* **man**) N inglês *m*

English-speaking ADJ de língua inglesa

Englishwoman ['ɪŋglɪʃwumən] (*irreg: like* **woman**) N inglesa

engrave [ɪn'greɪv] VT gravar

engraving [ɪn'greɪvɪŋ] N gravura

engrossed [ɪn'grəust] ADJ: **~ in** absorto em

engulf [ɪn'gʌlf] VT (*subj: fire, water*) engolfar, tragar; (: *panic, fear*) tomar conta de

enhance [ɪn'hɑːns] VT (*gen*) ressaltar, salientar; (*beauty*) realçar; (*position*) melhorar; (*add to*) aumentar

enigma [ɪ'nɪgmə] N enigma *m*

enigmatic [ɛnɪg'mætɪk] ADJ enigmático

enjoy [ɪn'dʒɔɪ] VT (*like*) gostar de; (*have: health, privilege*) desfrutar de; (*food*) comer com gosto; **to ~ o.s.** divertir-se

enjoyable [ɪn'dʒɔɪəbl] ADJ (*pleasant*) agradável; (*amusing*) divertido

enjoyment [ɪn'dʒɔɪmənt] N (*joy*) prazer *m*; (*use*) gozo

enlarge [ɪn'lɑːdʒ] VT aumentar; (*broaden*) estender, alargar; (*Phot*) ampliar ▶ VI: **to ~ on** (*subject*) desenvolver, estender-se sobre

enlarged [ɪn'lɑːdʒd] ADJ (*edition*) ampliado; (*Med: organ, gland*) dilatado, hipertrofiado

enlargement [ɪn'lɑːdʒmənt] N (*Phot*) ampliação *f*

enlighten [ɪn'laɪtn] VT (*inform*) informar, instruir

enlightened [ɪn'laɪtnd] ADJ (*cultured*) culto; (*knowledgeable*) bem informado; (*tolerant*) compreensivo

enlightening [ɪn'laɪtnɪŋ] ADJ esclarecedor(a)

enlightenment [ɪn'laɪtənmənt] N esclarecimento; (*History*): **the E~** o Século das Luzes

enlist [ɪn'lɪst] VT alistar; (*support*) conseguir, aliciar ▶ VI alistar-se; **~ed man** (*US Mil*) praça *m*

enliven [ɪn'laɪvn] VT animar, agitar

enmity ['ɛnmɪtɪ] N inimizade *f*

ennoble [ɪ'nəubl] VT (*with title*) nobilitar

enormity [ɪ'nɔːmɪtɪ] N enormidade *f*

enormous [ɪ'nɔːməs] ADJ enorme

enormously [ɪ'nɔːməslɪ] ADV imensamente

enough [ɪ'nʌf] ADJ: **~ time/books** tempo suficiente/livros suficientes ▶ PRON: **have you got ~?** você tem o suficiente? ▶ ADV: **big ~** suficientemente grande; **will 5 be ~?** com 5 dá?; **~!** basta!, chega!; **that's ~, thanks** chega, obrigado; **I've had ~!** não aguento mais!; **I've had ~ of him** estou farto dele; **he has not worked ~** não tem trabalhado o suficiente; **it's hot ~ (as it is)!** já está tão quente!; **he was kind ~ to lend me the money** ele teve a gentileza de me emprestar o dinheiro; **which, funnily *or* oddly ~** ... o que, por estranho que pareça ...

enquire [ɪn'kwaɪə^r] VT, VI = **inquire**

enrage [ɪn'reɪdʒ] VT enfurecer, enraivecer

enrich [ɪn'rɪtʃ] VT enriquecer

enrol, (*US*) **enroll** [ɪn'rəul] VT inscrever; (*Sch*) matricular ▶ VI inscrever-se; matricular-se

enrolment, (*US*) **enrollment** [ɪn'rəulmənt] N inscrição *f*; (*Sch*) matrícula

en route [ɔn-] ADV (*on the way*) no caminho; **~ for** *or* **to** a caminho de

ensconced [ɪn'skɔnst] ADJ: **~ in** acomodado em

enshrine [ɪn'ʃraɪn] VT (*fig*) conservar, resguardar

ensign ['ɛnsaɪn] N (*flag*) bandeira; (*Mil*) insígnia; (*US Naut*) guarda-marinha *m*

enslave [ɪn'sleɪv] VT escravizar

ensue [ɪn'sjuː] VI seguir-se; (*result*) resultar; (*happen*) acontecer

ensure [ɪn'ʃuə^r] VT assegurar; **to ~ that** verificar-se que

ENT N ABBR (= *Ear, Nose & Throat*) otorrinolaringologia

entail [ɪn'teɪl] VT (*involve*) implicar; (*result in*) acarretar

entangle [ɪn'tæŋgl] VT enredar, emaranhar; **to get ~d in sth** (*fig*) ficar enrolado em algo

enter ['ɛntə^r] VT (*room*) entrar em; (*club*) ficar *or* fazer-se sócio de; (*army*) alistar-se em; (*competition*) inscrever-se em; (*sb for a competition*) inscrever; (*write down*) completar; (*Comput*) digitar ▶ VI entrar
▶ **enter for** VT FUS inscrever-se em
▶ **enter into** VT FUS (*relations*) estabelecer; (*plans*) fazer parte de; (*debate, negotiations*) entrar em; (*agreement*) chegar a, firmar
▶ **enter on** VT FUS (*career*) entrar para
▶ **enter up** VT lançar
▶ **enter upon** VT FUS = **enter on**

enteritis [ɛntə'raɪtɪs] N enterite *f*

enterprise ['ɛntəpraɪz] N empresa; (*undertaking*) empreendimento; (*initiative*) iniciativa; **free/private ~** livre-empresa/empresa privada

enterprising ['ɛntəpraɪzɪŋ] ADJ empreendedor(a)

entertain [ɛntə'teɪn] VT (*amuse*) divertir, entreter; (*invite: guest*) receber (em casa); (*idea, plan*) estudar

entertainer [ɛntə'teɪnə^r] N artista *m/f*

entertaining [ɛntə'teɪnɪŋ] ADJ divertido ▶ N: **to do a lot of ~** receber com frequência

entertainment [ɛntə'teɪnmənt] N (*amusement*) entretenimento, diversão *f*; (*show*) espetáculo

entertainment allowance N verba de representação

enthralled [ɪn'θrɔːld] ADJ encantado, cativado

enthralling [ɪn'θrɔːlɪŋ] ADJ cativante, encantador(a)

enthuse [ɪn'θuːz] VI: **to ~ about** *or* **over** entusiasmar-se com *or* por

enthusiasm [ɪn'θuːzɪæzəm] N entusiasmo

enthusiast [ɪn'θuːzɪæst] N entusiasta *m/f*; **a jazz** *etc* **~** um(-a) aficionado(-a) de jazz *etc*

enthusiastic [ɪnθuːzɪ'æstɪk] ADJ entusiasmado; **to be ~ about** entusiasmar-se por

entice [ɪn'taɪs] VT atrair, tentar; (*seduce*) seduzir

enticing [ɪn'taɪsɪŋ] ADJ sedutor(a), tentador(a)

entire [ɪn'taɪə^r] ADJ inteiro

entirely [ɪn'taɪəlɪ] ADV totalmente, completamente

entirety [ɪn'taɪərətɪ] N: **in its ~** na sua totalidade

entitle [ɪn'taɪtl] VT: **to ~ sb to sth** dar a alguém direito a algo; **to ~ sb to do** dar a alguém direito de fazer

entitled [ɪn'taɪtld] ADJ (*book etc*) intitulado; **to be ~ to sth/to do sth** ter direito a algo/de fazer algo

entity ['ɛntɪtɪ] N ente *m*

entourage [ɔntu'rɑːʒ] N séquito

entrails ['ɛntreɪlz] NPL entranhas *fpl*

entrance [n 'ɛntrəns, vt ɪn'trɑːns] N entrada; (*arrival*) chegada ▶ VT encantar, fascinar; **to gain ~ to** (*university etc*) ser admitido em

entrance examination N exame *m* de admissão

entrance fee N joia; (*to museum etc*) (preço da) entrada

entrance ramp (*US*) N (*Aut*) entrada (para a rodovia)

entrancing [ɪn'trɑːnsɪŋ] ADJ encantador(a), fascinante

entrant ['ɛntrənt] N participante *m/f*; (*BRIT: in exam*) candidato(-a)

entreat [ɛn'triːt] VT: **to ~ sb to do** suplicar con alguém para fazer

entreaty [ɛn'triːtɪ] N rogo, súplica

entrée ['ɔntreɪ] N (*Culin*) entrada

entrenched [ɛn'trɛntʃd] ADJ (*position, power*) fortalecido; (*idea*) arraigado
entrepreneur [ɔntrəprə'nəːʳ] N empresário(-a)
entrepreneurial [ɔntrəprə'nəːrɪəl] ADJ empreendedor(a)
entrust [ɪn'trʌst] VT: **to ~ sth to sb** confiar algo a alguém
entry ['ɛntrɪ] N entrada; (*permission to enter*) acesso; (*in register*) registro, assentamento; (*in account*) lançamento; (*in dictionary*) verbete *m*; **"no ~"** "entrada proibida"; (*Aut*) "contramão" (BR), "entrada proibida" (PT); **single/double ~ book-keeping** escrituração por partidas simples/dobradas
entry form N formulário de inscrição
entry phone (BRIT) N interfone *m* (*em apartamento*)
entwine [ɪn'twaɪn] VT entrelaçar
enumerate [ɪ'njuːməreɪt] VT enumerar
enunciate [ɪ'nʌnsɪeɪt] VT pronunciar; (*principle etc*) enunciar
envelop [ɪn'vɛləp] VT envolver
envelope ['ɛnvələup] N envelope *m*
enviable ['ɛnvɪəbl] ADJ invejável
envious ['ɛnvɪəs] ADJ invejoso; (*look*) de inveja
environment [ɪn'vaɪərnmənt] N meio ambiente *m*; **Department of the E~** (BRIT) Ministério da Habitação, Urbanismo e Meio Ambiente
environmental [ɪnvaɪərn'mɛntl] ADJ ambiental; **~ studies** (*Sch*) ecologia
environmentalist [ɪnvaɪərn'mɛntəlɪst] N ecologista *m/f*
Environmental Protection Agency (US) N ≈ Secretaria Especial do Meio Ambiente
envisage [ɪn'vɪzɪdʒ] VT (*foresee*) prever; (*imagine*) conceber, imaginar
envision [ɪn'vɪʒən] (US) VT = **envisage**
envoy ['ɛnvɔɪ] N enviado(-a)
envy ['ɛnvɪ] N inveja ▶ VT ter inveja de; **to ~ sb sth** invejar alguém por algo, cobiçar algo de alguém
enzyme ['ɛnzaɪm] N enzima
EPA (US) N ABBR (= *Environmental Protection Agency*) ≈ SEMA
ephemeral [ɪ'fɛmərl] ADJ efêmero
epic ['ɛpɪk] N epopeia ▶ ADJ épico
epicentre, (US) **epicenter** ['ɛpɪsɛntəʳ] N epicentro
epidemic [ɛpɪ'dɛmɪk] N epidemia
epilepsy ['ɛpɪlɛpsɪ] N epilepsia
epileptic [ɛpɪ'lɛptɪk] ADJ, N epilético(-a)
epilogue ['ɛpɪlɔg] N epílogo
episcopal [ɪ'pɪskəpl] ADJ episcopal
episode ['ɛpɪsəud] N episódio; (*instalment*) capítulo
epistle [ɪ'pɪsl] N epístola
epitaph ['ɛpɪtɑːf] N epitáfio
epithet ['ɛpɪθɛt] N epíteto
epitome [ɪ'pɪtəmɪ] N epítome *m*
epitomize [ɪ'pɪtəmaɪz] VT epitomar, resumir
epoch ['iːpɔk] N época

epoch-making ADJ que marca época, marcante
eponymous [ɪ'pɔnɪməs] ADJ epônimo
equable ['ɛkwəbl] ADJ (*climate*) uniforme; (*temper, reply*) equânime; (*character*) tranquilo, calmo
equal ['iːkwl] ADJ igual; (*treatment*) equitativo, equivalente ▶ N igual *m/f* ▶ VT ser igual a; **to be ~ to** (*task*) estar à altura de; **~ to doing** capaz de fazer
equality [iː'kwɔlɪtɪ] N igualdade *f*
equalize ['iːkwəlaɪz] VT, VI igualar; (*Sport*) empatar
equalizer ['iːkwəlaɪzəʳ] N gol *m* (BR) *or* golo (PT) de empate
equally ['iːkwəlɪ] ADV igualmente; (*share etc*) por igual
Equal Opportunities Commission, (US) **Equal Employment Opportunity Commission** N comissão para a não-discriminação no trabalho
equal sign, equals sign N sinal *m* de igualdade
equanimity [ɛkwə'nɪmɪtɪ] N equanimidade *f*
equate [ɪ'kweɪt] VT: **to ~ sth with** equiparar algo com; **to ~ sth to** igualar algo a
equation [ɪ'kweɪʒən] N (*Math*) equação *f*
equator [ɪ'kweɪtəʳ] N equador *m*
equatorial [ɛkwə'tɔːrɪəl] ADJ equatorial
Equatorial Guinea N Guiné *f* Equatorial
equestrian [ɪ'kwɛstrɪən] ADJ equestre; (*sport*) hípico ▶ N (*man*) ginete *m*; (*woman*) amazona
equilibrium [iːkwɪ'lɪbrɪəm] N equilíbrio
equinox ['iːkwɪnɔks] N equinócio
equip [ɪ'kwɪp] VT equipar; (*person*) prover, munir; **to ~ sb/sth with** equipar alguém/algo com, munir alguém/algo de; **to be well ~ped** estar bem preparado *or* equipado
equipment [ɪ'kwɪpmənt] N equipamento; (*machines etc*) equipamentos *mpl*, aparelhagem *f*
equitable ['ɛkwɪtəbl] ADJ equitativo
equities ['ɛkwɪtɪz] (BRIT) NPL (*Comm*) ações *fpl* ordinárias
equity capital N capital *m* próprio
equivalent [ɪ'kwɪvəlnt] ADJ equivalente ▶ N equivalente *m*; **to be ~ to** ser equivalente a
equivocal [ɪ'kwɪvəkl] ADJ equívoco; (*open to suspicion*) ambíguo
equivocate [ɪ'kwɪvəkeɪt] VI sofismar
equivocation [ɪkwɪvə'keɪʃən] N sofismas *mpl*
ER (BRIT) ABBR (= *Elizabeth Regina*) a rainha Elisabete
ERA (US) N ABBR (*Pol*: = *equal rights amendment*) emenda sobre a igualdade das mulheres
era ['ɪərə] N era, época
eradicate [ɪ'rædɪkeɪt] VT erradicar, eliminar
erase [ɪ'reɪz] VT apagar
eraser [ɪ'reɪzəʳ] N borracha (de apagar)
e-reader ['iːriːdəʳ] N leitor *m* de livros digitais
erect [ɪ'rɛkt] ADJ (*posture*) ereto; (*tail, ears*) levantado ▶ VT erigir, levantar; (*assemble*) montar; (*tent*) armar

erection [ɪˈrɛkʃən] N construção f; (assembly) montagem f; (structure) edifício; (Physiol) ereção f
ergonomics [əːgəˈnɔmɪks] N ergonomia
ERISA (US) N ABBR (= Employee Retirement Income Security Act) lei referente às aposentadorias
ermine [ˈəːmɪn] N arminho
ERNIE [ˈəːnɪ] (BRIT) N ABBR (= Electronic Random Number Indicator Equipment) computador que serve para o sorteio dos "premium bonds"
erode [ɪˈrəud] VT (Geo) causar erosão em; (confidence) minar; (salary) corroer
erosion [ɪˈrəuʒən] N erosão f; (fig) corrosão f
erotic [ɪˈrɔtɪk] ADJ erótico
eroticism [ɪˈrɔtɪsɪzm] N erotismo
err [əːʳ] VI errar, enganar-se; (Rel) pecar
errand [ˈɛrnd] N recado, mensagem f; **to run ~s** fazer incumbências; **~ of mercy** missão f de caridade
errand boy N mensageiro
erratic [ɪˈrætɪk] ADJ imprevisível
erroneous [ɪˈrəunɪəs] ADJ errôneo
error [ˈɛrəʳ] N erro; **typing/spelling ~** erro de datilografia/ortografia; **in ~** por engano; **~s and omissions excepted** salvo erro ou omissão
error message N (Comput) mensagem f de erro
erstwhile [ˈəːstwaɪl] ADJ antigo
erudite [ˈɛrjudaɪt] ADJ erudito
erupt [ɪˈrʌpt] VI entrar em erupção; (fig) explodir, estourar
eruption [ɪˈrʌpʃən] N erupção f; (fig) explosão f
ESA N ABBR (= European Space Agency) AEE f
escalate [ˈɛskəleɪt] VI intensificar-se; (costs, prices) disparar
escalation [ɛskəˈleɪʃən] N escalada, intensificação f
escalation clause N cláusula de reajustamento
escalator [ˈɛskəleɪtəʳ] N escada rolante
escapade [ɛskəˈpeɪd] N peripécia
escape [ɪˈskeɪp] N fuga; (from duties) escapatória; (from chase) fuga, evasão f; (of gas) escapatória ▶ VI escapar; (flee) fugir, evadir-se; (leak) vazar, escapar ▶ VT evitar, fugir de; (consequences) fugir de; (elude): **his name ~s me** o nome dele me foge a memória; **to ~ from** (place) escapar de; (person) escapulir de; (clutches) livrar-se de; **to ~ to** fugir para; **to ~ to safety** salvar-se; **to ~ notice** passar despercebido
escape artist N ilusionista m/f
escape clause N cláusula que permite revogação do contrato
escape key N (Comput) tecla de saída
escape route N (from fire) saída de emergência; (of prisoners) roteiro da fuga
escapism [ɪˈskeɪpɪzəm] N escapismo, fuga à realidade
escapist [ɪˈskeɪpɪst] ADJ (person) que foge da realidade; (literature) de evasão
escapologist [ɛskəˈpɔlədʒɪst] (BRIT) N ilusionista m/f

escarpment [ɪsˈkɑːpmənt] N escarpa
eschew [ɪsˈtʃuː] VT evitar
escort [n ˈɛskɔːt, vt ɪˈskɔːt] N acompanhante m/f; (Mil, Naut) escolta ▶ VT acompanhar; (Mil, Naut) escoltar
escort agency N agência de escorte
Eskimo [ˈɛskɪməu] ADJ esquimó ▶ N esquimó m/f; (Ling) esquimó m
ESL N ABBR (Sch) = **English as a Second Language**
esophagus [iːˈsɔfəgəs] (US) N = **oesophagus**
esoteric [ɛsəˈtɛrɪk] ADJ esotérico
ESP N ABBR = **extrasensory perception**
esp. ABBR = **especially**
especially [ɪˈspɛʃlɪ] ADV (gen) especialmente; (above all) sobretudo; (particularly) em particular
espionage [ˈɛspɪənɑːʒ] N espionagem f
esplanade [ɛspləˈneɪd] N (by sea) avenida beira-mar, esplanada
espouse [ɪˈspauz] VT (policy, idea) adotar; (cause) abraçar
Esq. (BRIT) ABBR (= Esquire) Sr.
Esquire [ɪˈskwaɪəʳ] (BRIT) N (abbr Esq.): **J. Brown, ~** Sr. J. Brown
essay [ˈɛseɪ] N (Sch, Literature) ensaio
essence [ˈɛsns] N essência; **in ~** em sua essência; **speed is of the ~** a rapidez é fundamental
essential [ɪˈsɛnʃl] ADJ (necessary) indispensável; (basic) essencial ▶ N elemento essencial; **it is ~ that** é indispensável que (+sub)
essentially [ɪˈsɛnʃəlɪ] ADV essencialmente
EST (US) ABBR (= Eastern Standard Time) hora de inverno de Nova Iorque
est ABBR = **estimated; established**
establish [ɪˈstæblɪʃ] VT estabelecer; (facts) verificar; (proof) demonstrar; (reputation) firmar
established [ɪˈstæblɪʃt] ADJ consagrado; (staff) fixo
establishment [ɪˈstæblɪʃmənt] N estabelecimento; **the E~** a classe dirigente
estate [ɪˈsteɪt] N (land) fazenda (BR), propriedade f (PT); (property) propriedade; (Law) herança; (Pol) estado; (BRIT: also: **housing estate**) conjunto habitacional
estate agency (BRIT) N imobiliária, corretora de imóveis
estate agent (BRIT) N corretor(a) m/f de imóveis (BR), agente m/f imobiliário(-a) (PT)
estate car (BRIT) N perua (BR), canadiana (PT)
esteem [ɪˈstiːm] N estima ▶ VT estimar; **to hold sb in high ~** estimar muito alguém
esthetic [ɪsˈθɛtɪk] (US) ADJ = **aesthetic**
estimate [n ˈɛstɪmət, vb ˈɛstɪmeɪt] N (assessment) avaliação f; (calculation) cálculo; (Comm) orçamento ▶ VT estimar, avaliar, calcular ▶ VI (BRIT Comm): **to ~ for a job** orçar uma obra; **at a rough ~** numa estimativa aproximada
estimation [ɛstɪˈmeɪʃən] N opinião f; (calculation) cálculo; (esteem) apreço; **in my ~** na minha opinião

Estonia [ɛ'stəunɪə] N Estônia
estranged [ɪ'streɪndʒd] ADJ *(couple)* separado; *(husband, wife)* de quem se separou
estrangement [ɪ'streɪndʒmənt] N separação f
estrogen ['iːstrəudʒɛn] (US) N = **oestrogen**
estuary ['ɛstjuərɪ] N estuário
ET (US) ABBR (= *Eastern Time*) hora de Nova Iorque
ETA N ABBR = **estimated time of arrival**
et al. ABBR (= *et alii*) e outras pessoas
etc. ABBR (= *et cetera*) etc.
etch [ɛtʃ] VT gravar com água-forte
etching ['ɛtʃɪŋ] N água-forte f
ETD N ABBR = **estimated time of departure**
eternal [ɪ'təːnl] ADJ eterno; *(unchanging)* absoluto
eternity [ɪ'təːnɪtɪ] N eternidade f
ether ['iːθə^r] N éter m
ethereal [ɪ'θɪərɪəl] ADJ etéreo
ethical ['ɛθɪkl] ADJ ético; *(honest)* honrado
ethics ['ɛθɪks] N ética ▶ NPL moral f
Ethiopia [iːθɪ'əupɪə] N Etiópia
Ethiopian [iːθɪ'əupɪən] ADJ, N etíope m/f
ethnic ['ɛθnɪk] ADJ étnico; *(culture)* folclórico; *(food)* exótico
ethnology [ɛθ'nɔlədʒɪ] N etnologia
ethos ['iːθɔs] N sistema m de valores
e-ticket ['iːtɪkɪt] N bilhete m eletrônico
etiquette ['ɛtɪkɛt] N etiqueta
ETV (US) N ABBR (= *Educational Television*) TV f educativa
etymology [ɛtɪ'mɔlədʒɪ] N etimologia
EU ABBR (= *European Union*) UE f
eucalyptus [juːkə'lɪptəs] N eucalipto
euphemism ['juːfəmɪzm] N eufemismo
euphemistic [juːfə'mɪstɪk] ADJ eufêmico
euphoria [juː'fɔːrɪə] N euforia
Eurasia [juə'reɪʃə] N Eurásia
Eurasian [juə'reɪʃən] ADJ *(person)* eurasiático; *(continent)* eurásio ▶ N eurasiático(-a)
Euratom [juə'rætəm] N ABBR (= *European Atomic Energy Community*) EURATOM f
euro ['juərəu] N *(currency)* euro m
Eurocheque ['juərəutʃɛk] N eurocheque m
Eurocrat ['juərəukræt] N eurocrata m/f, funcionário(-a) da CEE
Eurodollar ['juərəudɔlə^r] N eurodólar m
Europe ['juərəp] N Europa
European [juərə'piːən] ADJ, N europeu(-peia)
European Court of Justice N Tribunal m Europeu de Justiça
European Union N: **the ~** a União Europeia
euthanasia [juːθə'neɪzɪə] N eutanásia
evacuate [ɪ'vækjueɪt] VT evacuar
evacuation [ɪvækju'eɪʃən] N evacuação f
evade [ɪ'veɪd] VT *(person)* evitar; *(question, duties)* esquivar-se de; *(tax)* sonegar
evaluate [ɪ'væljueɪt] VT avaliar; *(evidence)* interpretar
evangelist [ɪ'vændʒəlɪst] N evangelista m/f; *(preacher)* evangelizador(a) m/f
evangelize [ɪ'vændʒəlaɪz] VT evangelizar
evaporate [ɪ'væpəreɪt] VI evaporar-se ▶ VT evaporar

evaporated milk [ɪ'væpəreɪtɪd-] N leite m desidratado
evaporation [ɪvæpə'reɪʃən] N evaporação f
evasion [ɪ'veɪʒən] N evasão f, fuga; *(of tax)* sonegação f; *(fig)* evasiva
evasive [ɪ'veɪsɪv] ADJ evasivo
eve [iːv] N: **on the ~ of** na véspera de
even ['iːvn] ADJ *(level)* plano; *(smooth)* liso; *(speed, temperature)* uniforme; *(equal, Sport)* igual; *(number)* par; *(nature)* equilibrado
▶ ADV até, mesmo; **~ if** mesmo que; **~ though** mesmo que, embora; **~ more** ainda mais; **~ faster** ainda mais rápido, mais rápido ainda; **~ so** mesmo assim; **never ~** nem sequer; **not ~** nem; **~ he was there** até ele esteve ali; **~ on Sundays** até nos domingos; **to get ~ with sb** ficar quite com alguém; **to break ~** sair sem lucros nem prejuízos
▶ **even out** VI nivelar-se
evening ['iːvnɪŋ] N *(early)* tarde f; *(late)* noite f; *(before six)* tarde f; *(event)* noitada; **in the ~** à noite; **this ~** hoje à noite; **tomorrow/yesterday ~** amanhã/ontem à noite
evening class N aula noturna
evening dress N *(man's)* traje m de rigor (BR) or de cerimónia (PT); *(woman's)* vestido de noite
evenly ['iːvnlɪ] ADV uniformemente; *(space)* regularmente; *(divide)* por igual
evensong ['iːvnsɔŋ] N oração f da tarde
event [ɪ'vɛnt] N acontecimento; *(Sport)* prova; **in the course of ~s** no decorrer dos acontecimentos; **in the ~ of** no caso de; **in the ~** de fato, na realidade; **at all ~s** (BRIT), **in any ~** em todo o caso
eventful [ɪ'vɛntful] ADJ cheio de acontecimentos; *(game etc)* cheio de emoção, agitado
eventing [ɪ'vɛntɪŋ] N *(Horseriding)* concurso completo *(hipismo)*
eventual [ɪ'vɛntʃuəl] ADJ *(outcome)* final; *(resulting)* definitivo
eventuality [ɪvɛntʃu'ælɪtɪ] N eventualidade f
eventually [ɪ'vɛntʃuəlɪ] ADV *(finally)* finalmente; *(in time)* por fim
ever ['ɛvə^r] ADV já, alguma vez; *(in negative)* nunca, jamais; *(always)* sempre; *(at any time)* em qualquer momento; *(in question)*: **why ~ not?** por que não, ora?; **the best ~** o melhor que já se viu; **have you ~ seen it?** você alguma vez já viu isto?; **better than ~** melhor que nunca; **for ~** para sempre; **hardly ~** quase nunca; **~ since** *adv* desde então; *conj* depois que; **~ so pretty** tão bonitinho; **thank you ~ so much** muitíssimo obrigado, obrigadão (*inf*); **yours ~** (BRIT: *in letters*) sempre seu/sua
Everest ['ɛvərɪst] N *(also:* **Mount Everest***)* o monte Everest
evergreen ['ɛvəgriːn] N sempre-verde f
everlasting [ɛvə'laːstɪŋ] ADJ eterno, perpétuo

every ['ɛvrɪ] ADJ **1** (*each*) cada; **every one of them** cada um deles; **every shop in the town was closed** todas as lojas da cidade estavam fechadas
2 (*all possible*) todo(-a); **I gave you every assistance** eu lhe dei toda assistência; **I have every confidence in her** tenho absoluta confiança nela; **we wish you every success** desejamos-lhe o maior sucesso; **he's every bit as clever as his brother** ele é tão inteligente quanto o irmão
3 (*showing recurrence*) todo(-a); **every day/week** todo dia/toda semana; **every other car had been broken into** cada dois carros foram arrombados; **she visits me every other/third day** ele me visita cada dois/três dias; **every now and then** de vez em quando

everybody ['ɛvrɪbɔdɪ] PRON todos, todo mundo (BR), toda a gente (PT); **~ knows about it** todo o mundo já sabe; **~ else** todos os outros

everyday ['ɛvrɪdeɪ] ADJ (*daily*) diário; (*usual*) corrente; (*common*) comum; (*routine*) rotineiro

everyone ['ɛvrɪwʌn] PRON = **everybody**

everything ['ɛvrɪθɪŋ] PRON tudo; **~ is ready** tudo está pronto; **he did ~ possible** ele fez todo o possível

everywhere ['ɛvrɪwɛəʳ] ADV (*be*) em todo lugar (BR), em toda a parte (PT); (*go*) a todo lugar (BR), a toda a parte (PT); (*wherever*): **~ you go you meet ...** aonde quer que se vá, encontra-se ...

evict [ɪ'vɪkt] VT despejar

eviction [ɪ'vɪkʃən] N despejo

eviction notice N notificação f de despejo

evidence ['ɛvɪdəns] N (*proof*) prova(s) f(pl); (*of witness*) testemunho, depoimento; (*indication*) sinal m; (*facts*) dados mpl, evidência; **to give ~** testemunhar, prestar depoimento; **in ~** (*obvious*) em evidência, evidente

evident ['ɛvɪdənt] ADJ evidente

evidently ['ɛvɪdəntlɪ] ADV evidentemente; (*apparently*) aparentemente

evil ['i:vl] ADJ mau/má; (*person*) perverso; (*system, influence*) nocivo; (*smell*) horrível ▶ N mal m, maldade f

evildoer ['i:vldu:əʳ] N malfeitor(a) m/f

evince [ɪ'vɪns] VT evidenciar

evocative [ɪ'vɔkətɪv] ADJ evocativo, sugestivo

evoke [ɪ'vəuk] VT evocar

evolution [i:və'lu:ʃən] N evolução f; (*development*) desenvolvimento

evolve [ɪ'vɔlv] VT desenvolver ▶ VI desenvolver-se

ewe [ju:] N ovelha

ex- [ɛks] PREFIX (*former*) ex-; (*out of*): **the price ~works** o preço na porta da fábrica

exacerbate [ɛks'æsəbeɪt] VT (*pain, illness*) exacerbar; (*fig*) agravar

exact [ɪg'zækt] ADJ exato; (*person*) meticuloso ▶ VT: **to ~ sth (from)** exigir algo (de)

exacting [ɪg'zæktɪŋ] ADJ exigente; (*conditions*) difícil

exactitude [ɪg'zæktɪtju:d] N exatidão f

exactly [ɪg'zæktlɪ] ADV exatamente; (*time*) em ponto; (*indicating agreement*) isso mesmo

exaggerate [ɪg'zædʒəreɪt] VT, VI exagerar

exaggeration [ɪgzædʒə'reɪʃən] N exagero

exalted [ɪg'zɔ:ltɪd] ADJ exaltado

exam [ɪg'zæm] N ABBR = **examination**

examination [ɪgzæmɪ'neɪʃən] N (*Sch, Med*) exame m; (*Law*) inquirição f; (*inquiry*) investigação f; **to sit** (BRIT) *or* **take an ~** submeter-se a um exame; **the matter is under ~** o assunto está sendo examinado

examine [ɪg'zæmɪn] VT examinar; (*inspect*) inspecionar; (*Law: person*) interrogar; (*at customs: luggage*) revistar; (*: passport*) controlar

examiner [ɪg'zæmɪnəʳ] N examinador(a) m/f

example [ɪg'zɑ:mpl] N exemplo; **for ~** por exemplo; **to set a good/bad ~** dar um bom/mau exemplo

exasperate [ɪg'zɑ:spəreɪt] VT exasperar, irritar

exasperating [ɪg'zɑ:spəreɪtɪŋ] ADJ irritante

exasperation [ɪgzɑ:spə'reɪʃən] N exasperação f, irritação f

excavate ['ɛkskəveɪt] VT escavar

excavation [ɛkskə'veɪʃən] N escavação f

excavator ['ɛkskəveɪtəʳ] N (*machine*) escavadeira

exceed [ɪk'si:d] VT exceder; (*number*) ser superior a; (*speed limit*) ultrapassar; (*limits*) ir além de; (*powers*) exceder-se em; (*hopes*) superar

exceedingly [ɪk'si:dɪŋlɪ] ADV extremamente

excel [ɪk'sɛl] VI sobressair, distinguir-se ▶ VT superar; **to ~ o.s.** (BRIT) destacar-se

excellence ['ɛksələns] N excelência

Excellency ['ɛksələnsɪ] N: **His/Her ~** Sua Excelência

excellent ['ɛksələnt] ADJ excelente

except [ɪk'sɛpt] PREP (*also*: **except for, excepting**) exceto, a não ser ▶ VT: **to ~ sb from** excluir alguém de; **~ if/when** a menos que, a não ser que; **~ that** exceto que

exception [ɪk'sɛpʃən] N exceção f; **to take ~ to** ressentir-se de; **with the ~ of** à exceção de; **to make an ~** fazer exceção

exceptional [ɪk'sɛpʃənl] ADJ excepcional

excerpt ['ɛksə:pt] N trecho

excess [ɪk'sɛs] N excesso; (*Comm*) excedente m; **in ~ of** mais de

excess baggage N excesso de bagagem

excess fare (BRIT) N sobretaxa de excesso

excessive [ɪk'sɛsɪv] ADJ excessivo

excess supply N oferta excedente

exchange [ɪks'tʃeɪndʒ] N troca; (*of teachers, students*) intercâmbio; (*also*: **telephone exchange**) estação f telefônica (BR), central f telefónica (PT) ▶ VT: **to ~ (for)** trocar (por);

in ~ for em troca de; **foreign ~** (*Comm*) divisas *fpl*, câmbio
exchange control N controle *m* de câmbio
exchange market N mercado cambial *or* de câmbio
exchange rate N (taxa de) câmbio
Exchequer [ɪksˈtʃɛkəʳ] (*BRIT*) N: **the ~** ≈ o Tesouro Nacional
excisable [ɪkˈsaɪzəbl] ADJ tributável
excise [*n* ˈɛksaɪz, *vt* ɛkˈsaɪz] N imposto de consumo ▶ VT cortar (fora)
excise duties NPL impostos *mpl* indiretos
excitable [ɪkˈsaɪtəbl] ADJ excitável; (*edgy*) nervoso
excite [ɪkˈsaɪt] VT (*stimulate, arouse*) excitar; (*awaken*) despertar; (*move*) entusiasmar; **to get ~d** entusiasmar-se
excitement [ɪkˈsaɪtmənt] N emoções *fpl*; (*anticipation*) expectativa; (*agitation*) agitação *f*
exciting [ɪkˈsaɪtɪŋ] ADJ emocionante, empolgante
excl. ABBR = **excluding; exclusive**
exclaim [ɪkˈskleɪm] VI exclamar
exclamation [ɛksklǝˈmeɪʃən] N exclamação *f*
exclamation mark N ponto de exclamação
exclude [ɪkˈskluːd] VT excluir; (*except*) excetuar
excluding [ɪkˈskluːdɪŋ] PREP: **~ tax** imposto excluído
exclusion [ɪkˈskluːʒən] N exclusão *f*; **to the ~ of** a ponto de excluir
exclusion clause N cláusula de exclusão
exclusive [ɪkˈskluːsɪv] ADJ exclusivo; (*club, district*) privativo; (*item of news*) com exclusividade; **~ of tax** sem incluir os impostos; **~ of postage** tarifas postais excluídas; **from 1st to 15th March ~** entre o dia 1º e 15 de março; **~ rights** (*Comm*) exclusividade *f*
exclusively [ɪkˈskluːsɪvlɪ] ADV unicamente
excommunicate [ɛkskǝˈmjuːnɪkeɪt] VT excomungar
excrement [ˈɛkskrəmənt] N excremento
excrete [ɪkˈskriːt] VI excretar
excruciating [ɪkˈskruːʃɪeɪtɪŋ] ADJ (*pain*) doloroso, martirizante
excursion [ɪkˈskəːʃən] N excursão *f*
excursion ticket N passagem *f* de excursão
excusable [ɪkˈskjuːzəbl] ADJ perdoável, excusável
excuse [*n* ɪkˈskjuːs, *vt* ɪkˈskjuːz] N desculpa; (*evasion*) pretexto ▶ VT desculpar, perdoar; **to ~ sb from doing sth** dispensar alguém de fazer algo; **~ me!** (*attracting attention, apology*) desculpe!; (*asking permission*) (com) licença; **if you will ~ me ...** com a sua licença ...; **to make ~s for sb** apresentar desculpas por alguém; **to ~ o.s. for sth/for doing sth** desculpar-se de algo/de fazer algo
ex-directory (*BRIT*) ADJ: **~ (phone) number** número que não figura na lista telefônica
execute [ˈɛksɪkjuːt] VT (*plan*) realizar; (*order*) cumprir; (*person, movement*) executar
execution [ɛksɪˈkjuːʃən] N realização *f*; (*killing*) execução *f*
executioner [ɛksɪˈkjuːʃənəʳ] N verdugo, carrasco
executive [ɪgˈzɛkjutɪv] N (*Comm, Pol*) executivo(-a) ▶ ADJ executivo
executive director N diretor(a) *m/f* executivo(-a)
executor [ɪgˈzɛkjutəʳ] N executor(a) *m/f* testamentário(-a), testamenteiro(-a)
exemplary [ɪgˈzɛmplərɪ] ADJ exemplar
exemplify [ɪgˈzɛmplɪfaɪ] VT exemplificar; (*illustrate*) ilustrar
exempt [ɪgˈzɛmpt] ADJ: **~ from** isento de ▶ VT: **to ~ sb from** dispensar *or* isentar alguém de
exemption [ɪgˈzɛmpʃən] N (*from taxes etc*) isenção *f*; (*from military service*) dispensa; (*immunity*) imunidade *f*
exercise [ˈɛksəsaɪz] N exercício ▶ VT exercer; (*right*) valer-se de; (*dog*) levar para passear ▶ VI (*also:* **to take exercise**) fazer exercício
exercise bike N bicicleta ergométrica
exercise book N caderno
exert [ɪgˈzəːt] VT exercer; **to ~ o.s.** esforçar-se, empenhar-se
exertion [ɪgˈzəːʃən] N esforço
ex gratia [-ˈgreɪʃə] ADJ: **~ payment** gratificação *f*
exhale [ɛksˈheɪl] VT, VI expirar
exhaust [ɪgˈzɔːst] N (*Aut: also:* **exhaust pipe**) escape *m*, exaustor *m*; (*fumes*) escapamento (de gás) ▶ VT esgotar; **to ~ o.s.** esgotar-se; **~ manifold** (*Aut etc*) cano de descarga
exhausted [ɪgˈzɔːstɪd] ADJ esgotado
exhausting [ɪgˈzɔːstɪŋ] ADJ exaustivo, estafante
exhaustion [ɪgˈzɔːstʃən] N exaustão *f*
exhaustive [ɪgˈzɔːstɪv] ADJ exaustivo
exhibit [ɪgˈzɪbɪt] N (*Art*) obra exposta; (*Law*) objeto exposto ▶ VT (*courage etc*) manifestar, mostrar; (*quality, emotion*) demonstrar; (*film*) apresentar; (*paintings*) expor
exhibition [ɛksɪˈbɪʃən] N exposição *f*
exhibitionist [ɛksɪˈbɪʃənɪst] N exibicionista *m/f*; (*of talent etc*) mostra
exhibitor [ɪgˈzɪbɪtəʳ] N expositor(a) *m/f*
exhilarating [ɪgˈzɪləreɪtɪŋ] ADJ estimulante, tônico
exhilaration [ɪgzɪləˈreɪʃən] N euforia
exhort [ɪgˈzɔːt] VT exortar
exile [ˈɛksaɪl] N exílio; (*person*) exilado(-a) ▶ VT desterrar, exilar; **in ~** em exílio, exilado
exist [ɪgˈzɪst] VI existir; (*live*) viver
existence [ɪgˈzɪstəns] N existência *f*; (*life*) vida; **to be in ~** existir
existentialism [ɛgzɪsˈtɛnʃlɪzəm] N existencialismo
existing [ɪgˈzɪstɪŋ] ADJ (*laws*) existente; (*system, regime*) atual
exit [ˈɛksɪt] N saída ▶ VI (*Comput, Theatre*) sair
exit ramp (*US*) N (*Aut*) saída da rodovia
exit visa N visto de saída

exodus ['ɛksədəs] N êxodo
ex officio [-ə'fɪʃɪəu] ADJ, ADV ex-officio, por dever do cargo
exonerate [ɪg'zɒnəreɪt] VT: **to ~ from** (responsibility) desobrigar; (guilt) isentar
exorbitant [ɪg'zɔ:bɪtənt] ADJ exorbitante
exorcize ['ɛksɔ:saɪz] VT exorcizar
exotic [ɪg'zɒtɪk] ADJ exótico
expand [ɪk'spænd] VT (widen) ampliar; (number) aumentar; (influence etc) estender ▶ VI (population, business) aumentar; (trade, gas etc) expandir-se; (metal) dilatar-se; **to ~ on** (notes, story etc) estender-se sobre
expanse [ɪk'spæns] N extensão f
expansion [ɪk'spænʃən] N (of town) desenvolvimento; (of trade) expansão f; (of population) aumento; (of metal) dilatação f
expansionism [ɪk'spænʃənɪzəm] N expansionismo
expansionist [ɪk'spænʃənɪst] ADJ expansionista
expatriate [n ɛks'pætrɪət, vt ɛks'pætrɪeɪt] N expatriado(-a) ▶ VT expatriar
expect [ɪk'spɛkt] VT (gen) esperar; (count on) contar com; (suppose) supor; (require) exigir ▶ VI: **to be ~ing** estar grávida; **to ~ sb to do** (anticipate) esperar que alguém faça; (demand) esperar de alguém que faça; **to ~ to do sth** esperar fazer algo; **as ~ed** como previsto; **I ~ so** suponho que sim
expectancy [ɪks'pɛktənsɪ] N expectativa; **life ~** expectativa de vida
expectant [ɪk'spɛktənt] ADJ expectante; **~ mother** gestante f
expectantly [ɪk'spɛktəntlɪ] ADV cheio de expectativa
expectation [ɛkspɛk'teɪʃən] N (hope) esperança; (belief) expectativa; **in ~ of** na expectativa de; **against** or **contrary to all ~(s)** contra todas as expectativas; **to come** or **live up to one's ~s** corresponder à expectativa de alguém
expedience [ɛk'spi:dɪəns] N = **expediency**
expediency [ɛk'spi:dɪənsɪ] N conveniência; **for the sake of ~** por ser mais conveniente
expedient [ɛk'spi:dɪənt] ADJ conveniente, oportuno ▶ N expediente m, recurso
expedite ['ɛkspədaɪt] VT acelerar
expedition [ɛkspə'dɪʃən] N expedição f
expeditionary force [ɛkspə'dɪʃənrɪ-] N força expedicionária
expeditious [ɛkspə'dɪʃəs] ADJ eficiente
expel [ɪk'spɛl] VT expelir; (from place, school) expulsar
expend [ɪk'spɛnd] VT gastar; (use up) consumir
expendable [ɪk'spɛndəbl] ADJ prescindível
expenditure [ɪk'spɛndɪtʃəʳ] N gastos mpl; (of energy) consumo
expense [ɪk'spɛns] N gasto, despesa; (high cost) custo; (expenditure) despesas fpl; **expenses** NPL (Comm: costs) despesas fpl; (: paid to employee) ajuda de custo; **at the ~ of** à custa de; **to go to the ~ of** fazer a despesa de; **to meet the ~ of** arcar com a despesa de
expense account N relatório de despesas
expensive [ɪk'spɛnsɪv] ADJ caro
experience [ɪk'spɪərɪəns] N experiência ▶ VT (situation) enfrentar; (feeling) sentir; **to learn by ~** aprender com a experiência
experienced [ɪk'spɪərɪənst] ADJ experiente
experiment [ɪk'spɛrɪmənt] N experimento, experiência ▶ VI: **to ~ (with/on)** fazer experiências (com/em)
experimental [ɪkspɛrɪ'mɛntl] ADJ experimental
expert ['ɛkspə:t] ADJ hábil, perito ▶ N perito(-a); (specialist) especialista m/f; **~ in** or **at doing sth** perito em fazer algo; **an ~ on sth** um perito em algo
expertise [ɛkspə:'ti:z] N perícia
expert witness N (Law) perito(-a)
expire [ɪk'spaɪəʳ] VI (gen) expirar; (end) terminar; (run out) vencer
expiry [ɪk'spaɪərɪ] N expiração f, vencimento
explain [ɪk'spleɪn] VT explicar; (clarify) esclarecer; (demonstrate) expor
▶ **explain away** VT justificar
explanation [ɛksplə'neɪʃən] N explicação f; **to find an ~ for sth** achar uma explicação para algo
explanatory [ɪk'splænətrɪ] ADJ explicativo
explicit [ɪk'splɪsɪt] ADJ explícito
explode [ɪk'spləud] VI estourar, explodir; (fig) explodir ▶ VT detonar, fazer explodir; (fig: theory) derrubar; (: myth) destruir
exploit [n 'ɛksplɔɪt, vt ɪk'splɔɪt] N façanha ▶ VT explorar
exploitation [ɛksplɔɪ'teɪʃən] N exploração f
exploration [ɛksplə'reɪʃən] N exploração f
exploratory [ɪk'splɔrətrɪ] ADJ (talks) exploratório, de pesquisa; (Med: operation) exploratório
explore [ɪk'splɔ:ʳ] VT explorar; (fig) examinar, pesquisar
explorer [ɪk'splɔ:rəʳ] N explorador(a) m/f
explosion [ɪk'spləuʒən] N explosão f
explosive [ɪk'spləusɪv] ADJ explosivo ▶ N explosivo
exponent [ɪk'spəunənt] N (of theory etc) representante m/f, defensor(a) m/f; (of skill) expoente m/f; (Math) expoente m
export [vt ɛk'spɔ:t, n, cpd 'ɛkspɔ:t] VT exportar ▶ N exportação f ▶ CPD de exportação
exportation [ɛkspɔ:'teɪʃən] N exportação f
exporter [ɛk'spɔ:təʳ] N exportador(a) m/f
export licence N licença de exportação
expose [ɪk'spəuz] VT expor; (unmask) desmascarar
exposed [ɪk'spəuzd] ADJ exposto; (house etc) desabrigado; (wire) descascado; (pipes, beams) aparente
exposition [ɛkspə'zɪʃən] N exposição f
exposure [ɪk'spəuʒəʳ] N exposição f; (publicity) publicidade f; (Phot) revelação f; (: shot) fotografia; **to die from ~** (Med) morrer de frio

exposure meter N fotômetro
expound [ɪk'spaund] VT expor, explicar
express [ɪk'sprɛs] ADJ (*definite*) expresso, explícito; (BRIT: *letter etc*) urgente ▶ N (*train*) rápido ▶ ADV (*send*) por via expressa ▶ VT exprimir, expressar; (*quantity*) representar; **to ~ o.s.** expressar-se
expression [ɪk'sprɛʃən] N expressão *f*
expressionism [ɪk'sprɛʃənɪzəm] N expressionismo
expressive [ɪk'sprɛsɪv] ADJ expressivo
expressly [ɪk'sprɛslɪ] ADV expressamente
expressway [ɪk'sprɛsweɪ] (US) N rodovia (BR), autoestrada (PT)
expropriate [ɛks'prəuprɪeɪt] VT expropriar
expulsion [ɪk'spʌlʃən] N expulsão *f*; (*of gas, liquid*) emissão *f*
exquisite [ɛk'skwɪzɪt] ADJ requintado
ex-serviceman (*irreg: like* **man**) N veterano (de guerra)
ext ABBR (*Tel: extension*) r. (BR), int. (PT)
extemporize [ɪk'stɛmpəraɪz] VI improvisar
extend [ɪk'stɛnd] VT (*visit, street*) prolongar; (*building*) aumentar; (*offer*) fazer; (*hand*) estender; (*Comm: credit*) conceder; (: *period of loan*) prorrogar ▶ VI (*land*) estender-se
extension [ɪk'stɛnʃən] N (*Elec*) extensão *f*; (*building*) acréscimo, expansão *f*; (*of rights*) ampliação *f*; (*Tel*) ramal *m* (BR), extensão *f* (PT); (*of deadline, campaign*) prolongamento, prorrogação *f*
extension cable N cabo de extensão
extensive [ɪk'stɛnsɪv] ADJ extenso; (*damage*) considerável; (*broad*) vasto, amplo; (*frequent*) geral, comum
extensively [ɪk'stɛnsɪvlɪ] ADV (*altered, damaged etc*) amplamente; **he's travelled ~** ele já viajou bastante
extent [ɪk'stɛnt] N (*breadth*) extensão *f*; (*of damage etc*) dimensão *f*; (*scope*) alcance *m*; **to some** *or* **to a certain ~** até certo ponto; **to the ~ of ...** a ponto de ...; **to a large ~** em grande parte; **to what ~?** até que ponto?; **to such an ~ that ...** a tal ponto que ...; **debts to the ~ of £5,000** dívidas da ordem de £5,000
extenuating [ɪks'tɛnjueɪtɪŋ] ADJ: **~ circumstances** circunstâncias *fpl* atenuantes
exterior [ɛk'stɪərɪə^r] ADJ externo ▶ N exterior *m*; (*appearance*) aspecto
exterminate [ɪk'stə:mɪneɪt] VT exterminar
extermination [ɪkstə:mɪ'neɪʃən] N extermínio
external [ɛk'stə:nl] ADJ externo; (*foreign*) exterior ▶ N: **the ~s** as aparências; **for ~ use only** (*Med*) exclusivamente para uso externo
externally [ɛk'stə:nəlɪ] ADV por fora
extinct [ɪk'stɪŋkt] ADJ extinto
extinction [ɪk'stɪŋkʃən] N extinção *f*
extinguish [ɪk'stɪŋgwɪʃ] VT extinguir
extinguisher [ɪk'stɪŋgwɪʃə^r] N (*also:* **fire extinguisher**) extintor *m*

125 | **exposure meter – exuberant**

extol, (US) **extoll** [ɪk'stəul] VT (*merits*) exaltar; (*person*) elogiar
extort [ɪk'stɔ:t] VT: **to ~ sth (from sb)** extorquir algo (a *or* de alguém)
extortion [ɪk'stɔ:ʃən] N extorsão *f*
extortionate [ɪk'stɔ:ʃnət] ADJ extorsivo, excessivo
extra ['ɛkstrə] ADJ adicional; (*excessive*) de mais, extra; (*bonus: payment*) extraordinário ▶ ADV (*in addition*) adicionalmente ▶ N (*surcharge*) extra *m*, suplemento; (*Cinema, Theatre*) figurante *m/f*; (*newspaper*) edição *f* extra; **the wine will cost ~** o vinho não está incluído no preço; **~ large sizes** tamanhos extra grandes
extra... [ɛkstrə] PREFIX extra...
extract [VT ɪk'strækt, N 'ɛkstrækt] VT tirar, extrair; (*tooth*) arrancar; (*mineral*) extrair; (*money*) extorquir; (*promise*) conseguir, obter; (*confession*) arrancar, obter ▶ N extrato
extraction [ɪk'strækʃən] N extração *f*; (*of tooth*) arrancamento; (*descent*) descendência
extracurricular ['ɛkstrəkə'rɪkjulə^r] ADJ (*Sch*) extracurricular
extradite ['ɛkstrədaɪt] VT (*from country*) extraditar; (*to country*) obter a extradição de
extradition [ɛkstrə'dɪʃən] N extradição *f*
extramarital [ɛkstrə'mærɪtl] ADJ extramatrimonial
extramural [ɛkstrə'mjuərl] ADJ (*course*) de extensão universitária
extraneous [ɛk'streɪnɪəs] ADJ: **~ to** alheio a
extraordinary [ɪk'strɔ:dnrɪ] ADJ extraordinário; (*odd*) estranho
extraordinary general meeting N assembleia geral extraordinária
extrapolation [ɛkstræpə'leɪʃən] N extrapolação *f*
extrasensory perception ['ɛkstrə'sɛnsərɪ-] N percepção *f* extrassensorial
extra time N (*Football*) prorrogação *f*
extravagance [ɪk'strævəgəns] N extravagância; (*no pl: spending*) esbanjamento
extravagant [ɪk'strævəgənt] ADJ (*lavish*) extravagante; (*wasteful*) gastador(a), esbanjador(a); (*price*) exorbitante; (*praise*) excessivo; (*odd*) excêntrico, estranho
extreme [ɪk'stri:m] ADJ extremo; (*case*) excessivo ▶ N extremo; **the ~ left/right** (*Pol*) a extrema esquerda/direita; **~s of temperature** temperaturas extremas
extremely [ɪk'stri:mlɪ] ADV muito, extremamente
extremist [ɪk'stri:mɪst] ADJ, N extremista *m/f*
extremity [ɪk'strɛmətɪ] N extremidade *f*; (*need*) apuro, necessidade *f*
extricate ['ɛkstrɪkeɪt] VT: **to ~ sb/sth (from)** (*trap*) libertar alguém/algo de; (*situation*) livrar alguém/algo de
extrovert ['ɛkstrəvə:t] N extrovertido(-a)
exuberance [ɪg'zju:bərəns] N exuberância
exuberant [ɪg'zju:bərənt] ADJ (*person*) eufórico; (*style*) exuberante

exude [ɪgˈzjuːd] VT exsudar; (confidence) esbanjar; **the charm** etc **he ~s** o charme que emana dele etc
exult [ɪgˈzʌlt] VI: **to ~ (in)** regozijar-se (em)
exultant [ɪgˈzʌltənt] ADJ exultante, triunfante
exultation [ɛgzʌlˈteɪʃən] N exultação f, regozijo
eye [aɪ] N olho; (of needle) buraco ▸ VT olhar, observar; **as far as the ~ can see** a perder de vista; **to keep an ~ on** vigiar, ficar de olho em; **to have an ~ for sth** ter faro para algo; **in the public ~** conhecido pelo público; **with an ~ to doing** (BRIT) com vista a fazer; **there's more to this than meets the ~** a coisa é mais complicada do que parece
eyeball [ˈaɪbɔːl] N globo ocular
eyebath [ˈaɪbɑːθ] (BRIT) N copinho (para lavar o olho)
eyebrow [ˈaɪbraʊ] N sobrancelha
eyebrow pencil N lápis m de sobrancelha
eye-catching ADJ chamativo, vistoso
eye cup (US) N copinho (para lavar o olho)
eyedrops NPL gotas fpl para os olhos
eyeglass [ˈaɪglɑːs] N monóculo; **eyeglasses** NPL (US) óculos mpl
eyelash [ˈaɪlæʃ] N cílio
eyelet [ˈaɪlɪt] N ilhós m
eye-level ADJ à altura dos olhos
eyelid [ˈaɪlɪd] N pálpebra
eyeliner [ˈaɪlaɪnəʳ] N delineador m
eye-opener N revelação f, grande surpresa
eye shadow N sombra de olhos
eyesight [ˈaɪsaɪt] N vista, visão f
eyesore [ˈaɪsɔːʳ] N monstruosidade f
eyestrain [ˈaɪstreɪn] N cansaço ocular
eyetooth [ˈaɪtuːθ] (irreg: like **tooth**) N dente m canino superior; **to give one's eyeteeth for sth/to do sth** (fig) dar tudo por algo/para fazer algo
eyewash [ˈaɪwɔʃ] N colírio; (fig) disparates mpl, maluquices fpl
eye witness N testemunha f ocular
eyrie [ˈɪərɪ] N ninho de ave de rapina

Ff

F¹, f [ɛf] N (*letter*) F, f m; (*Mus*): **F** fá m; **F for Frederick** (BRIT) *or* **Fox** (US) F de Francisco
F² ABBR = **Fahrenheit**
FA (BRIT) N ABBR (= *Football Association*) confederação de futebol
FAA (US) N ABBR = **Federal Aviation Administration**
fable ['feɪbl] N fábula
fabric ['fæbrɪk] N tecido, pano; (*of building*) estrutura
fabricate ['fæbrɪkeɪt] VT inventar
fabrication [fæbrɪ'keɪʃən] N invencionice f
fabric conditioner N amaciante m de pano
fabulous ['fæbjuləs] ADJ fabuloso; (*inf: super*) sensacional
façade [fə'sɑːd] N fachada
face [feɪs] N (*Anat*) cara, rosto; (*grimace*) careta; (*of clock*) mostrador m; (*side, surface*) superfície f; (*of building*) frente f, fachada ▶ VT (*facts, problem*) enfrentar; (*particular direction, building*) dar para; **~ down** (*person*) de bruços; (*card*) virado para baixo; **to lose ~** perder o prestígio; **to save ~** salvar as aparências; **to make** *or* **pull a ~** fazer careta; **in the ~ of** (*difficulties etc*) diante de, à vista de; **on the ~ of it** a julgar pelas aparências, à primeira vista; **~ to ~** face a face; **we are ~d with serious problems** estamos enfrentando sérios problemas, temos sérios problemas pela frente
▶ **face up to** VT FUS enfrentar
face cloth (BRIT) N pano de rosto
face cream N creme m facial
face lift N (operação f) plástica; (*of façade*) remodelamento
face pack (BRIT) N máscara facial
face powder N pó m de arroz
face-saving ADJ para salvar as aparências
facet ['fæsɪt] N faceta
facetious [fə'siːʃəs] ADJ jocoso
face-to-face ADV face a face, cara a cara
face value N (*of coin, stamp*) valor m nominal; **to take sth at ~** (*fig*) tomar algo em sentido literal
facia ['feɪʃə] N = **fascia**
facial ['feɪʃəl] ADJ facial
facile ['fæsaɪl] ADJ superficial
facilitate [fə'sɪlɪteɪt] VT facilitar
facilities [fə'sɪlɪtɪz] NPL facilidades fpl, instalações fpl; **credit ~** crediário
facility [fə'sɪlɪtɪ] N facilidade f; (*factory*) usina; (*for sports, research*) espaço
facing ['feɪsɪŋ] PREP de frente para ▶ N (*of wall etc*) revestimento; (*Sewing*) forro
facsimile [fæk'sɪmɪlɪ] N (*copy, machine, document*) fac-símile m
fact [fækt] N fato; **in ~** realmente, na verdade; **to know for a ~ that ...** saber com certeza que ...; **~s and figures** dados e números
fact-finding ADJ: **a ~ tour** *or* **mission** uma missão de pesquisa
faction ['fækʃən] N facção f
factor ['fæktə'] N fator m; (*Comm*) comissário financiador, empresa que compra contas a receber; (: *agent*) corretor(a) m/f ▶ VI comprar contas a receber; **safety ~** fator de segurança
factory ['fæktərɪ] N fábrica
factory farming (BRIT) N criação f intensiva
factory ship N navio-fábrica m
factual ['fæktjuəl] ADJ real, fatual
faculty ['fækəltɪ] N faculdade f; (US: *teaching staff*) corpo docente
fad [fæd] (*inf*) N mania, modismo
fade [feɪd] VI (*colour, cloth*) desbotar; (*sound, hope*) desvanecer-se; (*light*) apagar-se; (*flower*) murchar
▶ **fade in** VT (*sound*) subir; (*picture*) clarear
▶ **fade out** VT (*sound*) abaixar; (*picture*) escurecer
faeces, (US) **feces** ['fiːsiːz] NPL fezes fpl
fag [fæg] (*inf*) N (*cigarette*) cigarro; (US: *homosexual*) bicha; (*chore*): **what a ~!** que saco!
fag end (BRIT *inf*) N ponta de cigarro, guimba
fagged out [fægd-] (BRIT *inf*) ADJ estafado
fail [feɪl] VT (*candidate*) reprovar; (*exam*) não passar em, ser reprovado em; (*subj: leader*) fracassar; (: *courage*) carecer; (: *memory*) falhar ▶ VI (*candidate, attempt*) fracassar; (*business*) falir; (*supply*) acabar; (*engine, brakes, voice*) falhar; (*patient*) enfraquecer-se; **to ~ to do sth** (*neglect*) deixar de fazer algo; (*be unable*) não conseguir fazer algo; **without ~** sem falta
failing ['feɪlɪŋ] N defeito ▶ PREP na *or* à falta de; **~ that** senão

failsafe ['feɪlseɪf] ADJ (*device etc*) de segurança contra falhas

failure ['feɪljə'] N fracasso; (*in exam*) reprovação f; (*of crop*) perda; (*mechanical etc*) falha; **his ~ to turn up** o fato dele não ter vindo; **heart ~** parada cardíaca

failure rate N taxa de reprovados

faint [feɪnt] ADJ fraco; (*recollection*) vago; (*mark*) indistinto; (*smell, trace*) leve; (*dizzy*) tonto ▶ N desmaio ▶ VI desmaiar; **to feel ~** sentir tonteira

faint-hearted ADJ pusilânime

faintly ['feɪntlɪ] ADV indistintamente, vagamente

faintness ['feɪntnɪs] N fraqueza

fair [fɛə'] ADJ justo; (*hair*) louro; (*complexion*) branco; (*weather*) bom; (*good enough*) razoável; (*sizeable*) considerável ▶ ADV: **to play ~** fazer jogo limpo ▶ N (*also*: **trade fair**) feira; (BRIT: *funfair*) parque *m* de diversões; **a ~ amount of time** bastante tempo; **it's not ~!** não é justo!

fair copy N cópia a limpo

fair-haired ADJ (*de cabelo*) louro

fairly ['fɛəlɪ] ADV (*justly*) com justiça; (*share*) igualmente; (*quite*) bastante; **I'm ~ sure** tenho quase certeza

fairness ['fɛənɪs] N justiça; (*impartiality*) imparcialidade f; **in all ~** com toda a justiça

fair play N jogo limpo

fair trade N comércio justo

fairy ['fɛərɪ] N fada

fairy godmother N fada-madrinha

fairy lights (BRIT) NPL lâmpadas *fpl* coloridas de enfeite

fairy tale N conto de fadas

faith [feɪθ] N fé f; (*trust*) confiança; (*denomination*) seita; **to have ~ in sb/sth** ter fé or confiança em alguém/algo

faithful ['feɪθful] ADJ fiel; (*account*) exato

faithfully ['feɪθfulɪ] ADV fielmente; **yours ~** (BRIT: *in letters*) atenciosamente

faith healer N curandeiro(-a)

fake [feɪk] N (*painting etc*) falsificação f; (*person*) impostor(a) *m/f* ▶ ADJ falso ▶ VT fingir; (*painting etc*) falsificar; **his illness is a ~** sua doença é fingimento *or* um embuste

falcon ['fɔ:lkən] N falcão *m*

Falkland Islands ['fɔ:lklənd-] NPL: **the ~** as (ilhas) Malvinas *or* Falkland

fall [fɔ:l] (*pt* **fell**, *pp* **fallen**) VI cair; (*price*) baixar ▶ N queda; (US: *autumn*) outono; **falls** NPL (*waterfall*) cascata, queda d'água; **to ~ flat** (*on one's face*) cair de cara no chão; (*plan*) falhar; (*joke*) não agradar; **to ~ short of** (*sb's expectations*) não corresponder a, ficar abaixo de; **a ~ of snow** (BRIT) uma nevasca

▶ **fall apart** VI cair aos pedaços; (*inf*: *emotionally*) descontrolar-se completamente

▶ **fall back** VI retroceder

▶ **fall back on** VT FUS (*remedy etc*) recorrer a

▶ **fall behind** VI ficar para trás

▶ **fall down** VI (*person*) cair; (*building*) desabar; (*hopes*) cair por terra

▶ **fall for** VT FUS (*trick*) cair em; (*person*) enamorar-se de

▶ **fall in** VI (*roof*) ruir; (*Mil*) alinhar-se

▶ **fall in with** VT FUS (*sb's plans etc*) conformar-se com

▶ **fall off** VI cair; (*diminish*) declinar, diminuir

▶ **fall out** VI (*hair, teeth*) cair; (*friends etc*) brigar; (*Mil*) sair da fila

▶ **fall over** VI cair por terra, tombar

▶ **fall through** VI (*plan, project*) furar

fallacy ['fæləsɪ] N (*error*) erro; (*lie*) mentira, falácia

fallback ['fɔ:lbæk] ADJ: **~ position** alternativa

fallen ['fɔ:lən] PP *of* **fall**

fallible ['fæləbl] ADJ (*person*) falível; (*memory*) falha

falling-off ['fɔ:lɪŋ-] N declínio

fallopian tube [fə'ləupɪən-] N (*Anat*) trompa de Falópio

fallout ['fɔ:laut] N chuva radioativa

fallout shelter N refúgio contra chuva radioativa

fallow ['fæləu] ADJ alqueivado, de pousio

false [fɔ:ls] ADJ falso; (*impression, hair, teeth etc*) postiço; (*disloyal*) desleal, traidor(a)

false alarm N alarme *m* falso

falsehood ['fɔ:lshud] N (*lie*) mentira; (*falseness*) falsidade f

falsely ['fɔ:lslɪ] ADV falsamente

false pretences NPL: **under ~** sob falsos pretextos

false teeth (BRIT) NPL dentadura postiça

falsify ['fɔ:lsɪfaɪ] VT falsificar

falter ['fɔ:ltə'] VI (*engine*) falhar; (*person*) vacilar

fame [feɪm] N fama

familiar [fə'mɪlɪə'] ADJ (*well-known*) conhecido; (*tone*) familiar, íntimo; **to be ~ with** (*subject*) estar familiarizado com; **to make o.s. ~ with sth** familiarizar-se com algo; **to be on ~ terms with sb** ter intimidade com alguém

familiarity [fəmɪlɪ'ærɪtɪ] N familiaridade f

familiarize [fə'mɪlɪəraɪz] VT: **to ~ o.s. with** familiarizar-se com

family ['fæmɪlɪ] N família

family allowance (BRIT) N abono-família *m*

family business N negócio de família

family doctor N médico(-a) da família

family life N vida familiar

family planning N planejamento familiar; **~ clinic** clínica de planejamento familiar

family tree N árvore *f* genealógica

famine ['fæmɪn] N fome f

famished ['fæmɪʃt] ADJ faminto; **I'm ~!** (*inf*) estou morrendo de fome

famous ['feɪməs] ADJ famoso, célebre

famously ['feɪməslɪ] ADV (*get on*) maravilhosamente

fan [fæn] N (*hand-held*) leque *m*; (*Elec*) ventilador *m*; (*person*) fã *mf*; (*Sport*)

torcedor(a) *m/f* (BR), adepto(a) (PT) ▶ VT abanar; *(fire, quarrel)* atiçar
▶ **fan out** VI espalhar-se
fanatic [fə'nætɪk] N fanático(-a)
fanatical [fə'nætɪkəl] ADJ fanático
fan belt N correia do ventilador (BR) or da ventoinha (PT)
fancied ['fænsɪd] ADJ imaginário
fanciful ['fænsɪful] ADJ *(notion)* irreal; *(design)* extravagante
fan club N fã-clube *m*
fancy ['fænsɪ] N *(whim)* capricho; *(taste)* inclinação *f*, gosto; *(imagination)* imaginação *f*; *(fantasy)* fantasia ▶ ADJ *(decorative)* ornamental; *(luxury)* luxuoso; *(as decoration)* como decoração ▶ VT *(feel like, want)* desejar, querer; *(imagine)* imaginar; *(think)* acreditar, achar; **to take a ~ to** tomar gosto por; **it took** or **caught my ~** gostei disso; **when the ~ takes him** quando lhe dá na veneta; **to ~ that ...** imaginar que ...; **he fancies her** *(inf)* ele está a fim dela
fancy dress N fantasia
fancy-dress ball N baile *m* à fantasia
fancy goods NPL artigos *mpl* de fantasia
fanfare ['fænfɛəʳ] N fanfarra
fanfold paper ['fænfəuld-] N formulários *mpl* contínuos
fang [fæŋ] N presa
fan heater (BRIT) N aquecedor *m* de ventoinha
fanlight ['fænlaɪt] N *(window)* basculante *f*
fantasize ['fæntəsaɪz] VI fantasiar
fantastic [fæn'tæstɪk] ADJ *(enormous)* enorme; *(strange, wonderful)* fantástico
fantasy ['fæntəsɪ] N *(dream)* sonho; *(unreality)* fantasia; *(imagination)* imaginação *f*
FAO N ABBR (= *Food and Agriculture Organization*) FAO *f*
FAQ ABBR (= *free at quay*) posto no cais
far [fɑːʳ] ADJ *(distant)* distante ▶ ADV *(also:* **far away, far off**) longe; **the ~ side/end** o lado de lá/a outra ponta; **the ~ left/right** *(Pol)* a extrema esquerda/direita; **is it ~ to London?** Londres é longe daqui?; **it's not ~ (from here)** não é longe (daqui); **~ better** muito melhor; **~ from** longe de; **by ~** de longe; **go as ~ as the farm** vá até a (BR) or à (PT) fazenda; **as ~ as I know** que eu saiba; **as ~ as possible** na medida do possível; **how ~?** até onde?; *(fig)* até que ponto?
faraway ['fɑːrəweɪ] ADJ remoto, distante
farce [fɑːs] N farsa
farcical ['fɑːsɪkəl] ADJ farsante
fare [fɛəʳ] N *(on trains, buses)* preço (da passagem); *(in taxi: cost)* tarifa; *(: passenger)* passageiro(-a); *(food)* comida ▶ VI sair-se; **half/full ~** meia/inteira passagem
Far East N: **the ~** o Extremo Oriente
farewell [fɛə'wɛl] EXCL adeus ▶ N despedida ▶ CPD *(party etc)* de despedida
far-fetched [-fɛtʃt] ADJ inverossímil
farm [fɑːm] N fazenda (BR), quinta (PT) ▶ VT cultivar

▶ **farm out** VT *(work etc)* dar de empreitada
farmer ['fɑːməʳ] N fazendeiro(-a), agricultor *m*
farmhand ['fɑːmhænd] N lavrador(a) *m/f*, trabalhador(a) *m/f* rural
farmhouse ['fɑːmhaus] *(irreg: like* **house**) N casa da fazenda (BR) or da quinta (PT)
farming ['fɑːmɪŋ] N agricultura; *(tilling)* cultura; *(of animals)* criação *f*; **intensive ~** cultura intensiva; **sheep ~** criação de ovelhas, ovinocultura
farm labourer N lavrador(a) *m/f*, trabalhador(a) *m/f* rural
farmland ['fɑːmlænd] N terra de cultivo
farm produce N produtos *mpl* agrícolas
farm worker N = **farmhand**
farmyard ['fɑːmjɑːd] N curral *m*
Faroe Islands ['fɛərəu-] NPL: **the ~** as (ilhas) Faroë
Faroes ['fɛərəuz] NPL = **Faroe Islands**
far-reaching [-'riːtʃɪŋ] ADJ de grande alcance, abrangente
far-sighted ADJ presbita; *(fig)* previdente
fart [fɑːt] *(!)* N peido *(!)* ▶ VI soltar um peido *(!)*, peidar *(!)*
farther ['fɑːðəʳ] ADV mais longe ▶ ADJ mais distante, mais afastado
farthest ['fɑːðɪst] SUPERL *of* **far**
FAS (BRIT) ABBR (= *free alongside ship*) FAS
fascia ['feɪʃə] N *(Aut)* painel *m*
fascinate ['fæsɪneɪt] VT fascinar
fascinating ['fæsɪneɪtɪŋ] ADJ fascinante
fascination [fæsɪ'neɪʃən] N fascinação *f*, fascínio
fascism ['fæʃɪzəm] N fascismo
fascist ['fæʃɪst] ADJ, N fascista *m/f*
fashion ['fæʃən] N moda; *(fashion industry)* indústria da moda; *(manner)* maneira ▶ VT modelar, dar feitio a; **in ~** na moda; **out of ~** fora da moda; **in the Greek ~** à grega, à maneira dos gregos; **after a ~** *(finish, manage etc)* até certo ponto
fashionable ['fæʃənəbl] ADJ da moda, elegante; *(writer, café)* da moda
fashion designer N estilista *m/f*
fashion show N desfile *m* de modas
fast [fɑːst] ADJ rápido; *(dye, colour)* firme, permanente; *(Phot: film)* de alta sensibilidade; *(clock)*: **to be ~** estar adiantado ▶ ADV rápido, rapidamente, depressa; *(stuck, held)* firmemente ▶ N jejum *m* ▶ VI jejuar; **my watch is 5 minutes ~** meu relógio está 5 minutos adiantado; **~ asleep** dormindo profundamente; **as ~ as I can** o mais rápido possível; **to make a boat ~** (BRIT) amarrar um barco
fasten ['fɑːsn] VT fixar, prender; *(coat)* fechar; *(belt)* apertar ▶ VI prender-se, fixar-se
▶ **fasten on, fasten upon** VT FUS *(idea)* agarrar-se a
fastener ['fɑːsnəʳ] N presilha, fecho; *(of door etc)* fechadura; **zip ~** (BRIT) fecho ecler (BR) or éclair (PT)

fastening ['fɑːsnɪŋ] N = **fastener**
fast food N fast food f
fastidious [fæs'tɪdɪəs] ADJ (fussy) meticuloso; (demanding) exigente
fast lane N (Aut) pista de velocidade
fat [fæt] ADJ gordo; (meat) com muita gordura; (greasy) gorduroso; (book) grosso; (wallet) recheado; (profit) grande ▶ N (on person, Chem) gordura; (lard) banha, gordura; **to live off the ~ of the land** viver na abundância
fatal ['feɪtl] ADJ fatal; (injury) mortal; (consequence) funesto
fatalism ['feɪtəlɪzəm] N fatalismo
fatality [fə'tælɪtɪ] N (road death etc) vítima m/f
fatally ['feɪtəlɪ] ADV: **~ injured** mortalmente ferido
fate [feɪt] N destino; (of person) sorte f
fated ['feɪtɪd] ADJ (person) condenado; (project) fadado ao fracasso
fateful ['feɪtful] ADJ fatídico
father ['fɑːðəʳ] N pai m
Father Christmas N Papai m Noel
fatherhood ['fɑːðəhud] N paternidade f
father-in-law (pl **fathers-in-law**) N sogro
fatherland ['fɑːðəlænd] N pátria
fatherly ['fɑːðəlɪ] ADJ paternal
fathom ['fæðəm] N braça ▶ VT (Naut) sondar; (unravel) penetrar, deslindar; (understand) compreender
fatigue [fə'tiːg] N fadiga, cansaço; (Mil) faxina; **metal ~** fadiga do metal
fatness ['fætnɪs] N gordura
fatten ['fætn] VT, VI engordar; **chocolate is ~ing** o chocolate engorda
fatty ['fætɪ] ADJ (food) gorduroso ▶ N (inf) gorducho(-a)
fatuous ['fætjuəs] ADJ fátuo
faucet ['fɔːsɪt] (US) N torneira
fault [fɔːlt] N (error) defeito, falta; (blame) culpa; (defect) defeito; (Geo) falha; (Tennis) falta, bola fora ▶ VT criticar; **it's my ~** é minha culpa; **to find ~ with** criticar, queixar-se de; **at ~** culpado; **to a ~** em demasia
faultless ['fɔːltlɪs] ADJ (action) impecável; (person) irrepreensível
faulty ['fɔːltɪ] ADJ defeituoso
fauna ['fɔːnə] N fauna
faux pas ['fəu'pɑː] N INV gafe f
favour, (US) **favor** ['feɪvəʳ] N favor m ▶ VT (proposition) favorecer, aprovar; (person etc) favorecer; (assist) auxiliar; **to ask a ~ of** pedir um favor a; **to do sb a ~** fazer favor a alguém; **to be in ~ of sth/of doing sth** estar a favor de algo/de fazer algo; **to find ~ with** cair nas boas graças de; **in ~ of** em favor de
favourable, (US) **favorable** ['feɪuərəbl] ADJ favorável
favourably, (US) **favorably** ['feɪvərəblɪ] ADV favoravelmente
favourite, (US) **favorite** ['feɪvərɪt] ADJ predileto ▶ N favorito(-a)

favouritism, (US) **favoritism** ['feɪvərɪtɪzəm] N favoritismo
fawn [fɔːn] N cervo novo, cervato ▶ ADJ (also: **fawn-coloured**) castanho-claro inv ▶ VI: **to ~ (up)on** bajular
fax [fæks] N (document, machine) fax m, fac-símile m ▶ VT enviar por fax or fac-símile
FBI (US) N ABBR (= Federal Bureau of Investigation) FBI m
FCC (US) N ABBR = **Federal Communications Commission**
FCO (BRIT) N ABBR (= Foreign and Commonwealth Office) ministério das Relações Exteriores
FD (US) N ABBR = **fire department**
FDA (US) N ABBR (= Food and Drug Administration) órgão controlador de medicamentos e gêneros alimentícios
fear [fɪəʳ] N medo; (misgiving) temor m ▶ VT ter medo de, temer ▶ VI: **to ~ for** recear or temer por; **to ~ that** temer que; **~ of heights** medo das alturas, vertigem f; **for ~ of** com medo de
fearful ['fɪəful] ADJ medonho, temível; (cowardly) medroso; (awful) terrível; **to be ~ of** temer, ter medo de
fearfully ['fɪəfəlɪ] ADV (timidly) timidamente; (inf: very) muito, terrivelmente
fearless ['fɪəlɪs] ADJ sem medo, intrépido; (bold) audaz
fearsome ['fɪəsəm] ADJ (opponent) medonho, temível; (sight) espantoso
feasibility [fiːzə'bɪlɪtɪ] N viabilidade f
feasibility study N estudo de viabilidade
feasible ['fiːzəbl] ADJ viável
feast [fiːst] N banquete m; (Rel: also: **feast day**) festa ▶ VI banquetear-se
feat [fiːt] N façanha, feito
feather ['fɛðəʳ] N pena, pluma ▶ VT: **to ~ one's nest** (fig) acumular riquezas ▶ CPD (bed etc) de penas
feather-weight N (Boxing) peso-pena m
feature ['fiːtʃəʳ] N característica; (Anat) feição f, traço; (article) reportagem f ▶ VT (subj: film) apresentar ▶ VI figurar; **features** NPL (of face) feições fpl; **it ~d prominently in ...** ocupou um lugar de destaque em ...
feature film N longa-metragem f
featureless ['fiːtʃəlɪs] ADJ anônimo
Feb. ABBR (= February) fev.
February ['fɛbruərɪ] N fevereiro; see also **July**
feces ['fiːsiːz] (US) NPL = **faeces**
feckless ['fɛklɪs] ADJ displicente
Fed (US) ABBR = **federal; federation**
fed [fɛd] PT, PP of **feed**
Fed. [fɛd] (US inf) N ABBR = **Federal Reserve Board**
federal ['fɛdərəl] ADJ federal
Federal Reserve Board (US) N órgão controlador do banco central dos EUA
Federal Trade Commission (US) N órgão regulador de práticas comerciais
federation [fɛdə'reɪʃən] N federação f

fed up ADJ: **to be ~** estar (de saco) cheio (BR), estar farto (PT)

fee [fi:] N taxa (BR), propina (PT); *(of school)* matrícula; *(of doctor, lawyer)* honorários *mpl*; **entrance ~** *(to club)* joia; *(to museum etc)* entrada; **membership ~** *(to join)* joia; *(annual etc)* quota; **for a small ~** em troca de uma pequena taxa

feeble ['fi:bl] ADJ fraco, débil; *(attempt)* ineficaz

feeble-minded ADJ imbecil

feed [fi:d] *(pt, pp* **fed**) N comida; *(of baby)* alimento infantil; *(of animal)* ração *f*; *(on printer)* mecanismo alimentador ▶ VT *(gen, machine)* alimentar; *(baby: breastfeed)* amamentar; *(animal)* dar de comer a; *(data, information)*: **to ~ into** introduzir em
▶ **feed on** VT FUS alimentar-se de

feedback ['fi:dbæk] N *(Elec)* feedback *m*; *(from person)* reação *f*

feeder ['fi:dəʳ] N *(bib)* babador *m*

feeding bottle ['fi:dɪŋ-] (BRIT) N mamadeira

feel [fi:l] *(pt, pp* **felt**) VT *(touch)* tocar, apalpar; *(anger, pain etc)* sentir; *(think, believe)* achar, acreditar ▶ N *(sensation)* sensação *f*; *(sense of touch)* tato; *(impression)* impressão *f*; **to ~ (that)** achar (que); **I ~ that you ought to do it** eu acho que você deveria fazê-lo; **to ~ hungry/cold** estar com fome/frio (BR), ter fome/frio (PT); **to ~ lonely/better** sentir-se só/melhor; **to ~ sorry for** ter pena de; **I don't ~ well** não estou me sentindo bem; **it ~s soft** é macio; **it ~s colder here** sente-se mais frio aqui; **it ~s like velvet** parece veludo; **to ~ like** *(want)* querer; **to ~ about** *or* **around** apalpar, tatear; **I'm still ~ing my way** *(fig)* ainda estou me ambientando; **to get the ~ of sth** *(fig)* acostumar-se a algo

feeler ['fi:ləʳ] N *(of insect)* antena; **to put out ~s** *or* **a ~** *(fig)* sondar opiniões, lançar um balão-de-ensaio

feeling ['fi:lɪŋ] N sensação *f*; *(foreboding)* pressentimento; *(opinion)* opinião *f*; *(emotion)* sentimento; *(impression)* impressão *f*; **to hurt sb's ~s** magoar alguém; **~s ran high about it** os sentimentos se esquentaram a respeito disso; **what are your ~s about the matter?** qual é a sua opinião sobre o assunto?; **my ~ is that ...** eu acho que ...; **I have a ~ that ...** tenho a impressão de que ...

feet [fi:t] NPL *of* **foot**

feign [feɪn] VT fingir

felicitous [fɪ'lɪsɪtəs] ADJ feliz

feline ['fi:laɪn] ADJ felino

fell [fɛl] PT *of* **fall** ▶ VT *(tree)* lançar por terra, derrubar ▶ N (BRIT: *mountain*) montanha; (: *moorland*): **the ~s** a charneca ▶ ADJ: **with one ~ blow** de um só golpe

fellow ['fɛləu] N *(gen)* camarada *m/f*; *(inf: man)* cara *m* (BR), tipo (PT); *(of learned society)* membro; *(of university)* membro do conselho universitário ▶ CPD: **~ students** colegas *mpl/fpl* de curso; **his ~ workers** seus colegas de trabalho

fellow citizen N concidadão(-dã) *m/f*

fellow countryman *(irreg: like* **man**) N compatriota *m*

fellow feeling N simpatia

fellow men NPL semelhantes *mpl*

fellowship ['fɛləuʃɪp] N *(comradeship)* amizade *f*; *(grant)* bolsa de estudo; *(society)* associação *f*

fellow traveller, (US) **fellow traveler** N companheiro(-a) de viagem; *(Pol)* simpatizante *m/f*

fell-walking (BRIT) N caminhadas *fpl* nas montanhas

felon ['fɛlən] N *(Law)* criminoso(-a)

felony ['fɛlənɪ] N *(Law)* crime *m*

felt [fɛlt] PT, PP *of* **feel** ▶ N feltro

felt-tip pen N caneta pilot® (BR) *or* de feltro (PT)

female ['fi:meɪl] N *(pej: woman)* mulher *f*; *(Zool)* fêmea ▶ ADJ *(Bio, Elec)* fêmeo(-a); *(sex, character)* feminino; *(vote etc)* das mulheres; *(child etc)* do sexo feminino; **male and ~ teachers** professores e professoras

female impersonator N *(Theatre)* travesti *m*

feminine ['fɛmɪnɪn] ADJ feminino; *(womanly)* feminil ▶ N feminino

femininity [fɛmɪ'nɪnɪtɪ] N feminilidade *f*

feminism ['fɛmɪnɪzəm] N feminismo

feminist ['fɛmɪnɪst] N feminista *m/f*

fen [fɛn] (BRIT) N: **the F~s** os pântanos de Norfolk

fence [fɛns] N cerca; *(Sport)* obstáculo; *(inf: person)* receptor(a) *m/f* ▶ VT *(also:* **fence in**) cercar ▶ VI esgrimir; **to sit on the ~** *(fig)* ficar no muro

fencing ['fɛnsɪŋ] N *(sport)* esgrima

fend [fɛnd] VI: **to ~ for o.s.** defender-se, virar-se
▶ **fend off** VT *(attack, attacker)* defender-se de

fender ['fɛndəʳ] N *(of fireplace)* guarda-fogo *m*; *(on boat)* defesa de embarcação; *(US: Aut)* para-lama *m*; (: *Rail)* limpa-trilhos *m inv*

fennel ['fɛnl] N erva-doce *f*, funcho

ferment [vi fə'mɛnt, n 'fə:mɛnt] VI fermentar ▶ N *(fig)* agitação *f*

fermentation [fə:mən'teɪʃən] N fermentação *f*

fern [fə:n] N samambaia (BR), feto (PT)

ferocious [fə'rəuʃəs] ADJ feroz

ferocity [fə'rɔsɪtɪ] N ferocidade *f*

ferret ['fɛrɪt] N furão *m*
▶ **ferret about** (BRIT) VI = **ferret around**
▶ **ferret around** VI: **to ~ around in sth** vasculhar algo
▶ **ferret out** VT *(information)* desenterrar, descobrir

ferry ['fɛrɪ] N *(small)* barco (de travessia); *(large: also:* **ferryboat**) balsa ▶ VT transportar; **to ~ sth/sb across** *or* **over** transportar algo/alguém para o outro lado

ferryman ['fɛrɪmən] *(irreg: like* **man**) N barqueiro, balseiro

fertile ['fə:taɪl] ADJ fértil; *(Bio)* fecundo

fertility [fəˈtɪlɪtɪ] N fertilidade f; (Bio) fecundidade f
fertility drug N droga que propicia a fecundação
fertilize [ˈfəːtɪlaɪz] VT fertilizar; (Bio) fecundar
fertilizer [ˈfəːtɪlaɪzəʳ] N adubo, fertilizante m
fervent [ˈfəːvənt] ADJ ardente, apaixonado
fervour, (US) **fervor** [ˈfəːvəʳ] N fervor m
fester [ˈfɛstəʳ] VI inflamar-se
festival [ˈfɛstɪvəl] N (Rel) festa; (Art, Mus) festival m
festive [ˈfɛstɪv] ADJ festivo; **the ~ season** (BRIT: Christmas) a época do Natal
festivities [fɛsˈtɪvɪtɪz] NPL festas fpl, festividades fpl
festoon [fɛsˈtuːn] VT: **to ~ with** engrinaldar de or com
fetch [fɛtʃ] VT ir buscar, trazer; (BRIT: sell for) alcançar; **how much did it ~?** quanto rendeu?, por quanto foi vendido?
▶ **fetch up** (US) VI ir parar
fetching [ˈfɛtʃɪŋ] ADJ atraente
fête [feɪt] N festa
fetid [ˈfɛtɪd] ADJ fétido
fetish [ˈfɛtɪʃ] N fetiche m
fetter [ˈfɛtəʳ] VT restringir, refrear
fetters [ˈfɛtəz] NPL grilhões mpl
fettle [ˈfɛtl] (BRIT) N: **in fine ~** (car etc) em bom estado; (person) em forma
fetus [ˈfiːtəs] (US) N = **foetus**
feud [fjuːd] N (hostility) inimizade f; (quarrel) disputa, rixa ▶ VI brigar; **a family ~** uma briga de família
feudal [ˈfjuːdl] ADJ feudal
feudalism [ˈfjuːdəlɪzəm] N feudalismo
fever [ˈfiːvəʳ] N febre f; **he has a ~** ele está com febre
feverish [ˈfiːvərɪʃ] ADJ febril; (activity) febril
few [fjuː] ADJ, PRON poucos(-as); **a ~ ...** alguns/algumas ...; **I know a ~** conheço alguns; **quite a ~ ...** vários(-as) ...; **in the next ~ days** nos próximos dias; **in the past ~ days** nos últimos dias; **every ~ days/months** cada dois ou três dias/meses; **a ~ more ...** mais alguns/algumas ...
fewer [ˈfjuːəʳ] ADJ, PRON menos
fewest [ˈfjuːɪst] ADJ o menor número de
FFA N ABBR = **Future Farmers of America**
FH (BRIT) ABBR = **fire hydrant**
FHA (US) N ABBR (= Federal Housing Administration) secretaria federal da habitação
fiancé [fɪˈãːŋseɪ] N noivo
fiancée [fɪˈãːŋseɪ] N noiva
fiasco [fɪˈæskəu] N fiasco
fib [fɪb] N lorota
fibre, (US) **fiber** [ˈfaɪbəʳ] N fibra
fibreboard, (US) **fiberboard** [ˈfaɪbəbɔːd] N madeira compensada, compensado
fibre-glass, (US) **fiber-glass** N fibra de vidro
fibrositis [faɪbrəˈsaɪtɪs] N aponeurosite f
FICA (US) N ABBR = **Federal Insurance Contributions Act**

fickle [ˈfɪkl] ADJ inconstante; (weather) instável
fiction [ˈfɪkʃən] N ficção f; (invention) invenção f
fictional [ˈfɪkʃənl] ADJ de ficção
fictionalize [ˈfɪkʃnəlaɪz] VT romancear
fictitious [fɪkˈtɪʃəs] ADJ fictício
fiddle [ˈfɪdl] N (Mus) violino; (cheating) fraude f, embuste m; (swindle) trapaça ▶ VT (BRIT: accounts) falsificar
▶ **fiddle with** VT FUS brincar com
fiddler [ˈfɪdləʳ] N violinista m/f
fiddly [ˈfɪdlɪ] ADJ (task) espinhoso
fidelity [fɪˈdɛlɪtɪ] N fidelidade f
fidget [ˈfɪdʒɪt] VI estar irrequieto, mexer-se
fidgety [ˈfɪdʒɪtɪ] ADJ inquieto, nervoso
fiduciary [fɪˈdjuːʃɪərɪ] N fiduciário(-a)
field [fiːld] N campo; (fig) área, esfera, especialidade f; **to lead the ~** (Sport) tomar a dianteira; (Comm) liderar; **to have a ~ day** (fig) fazer a festa
field glasses NPL binóculo
field marshal N marechal-de-campo
fieldwork [ˈfiːldwəːk] N trabalho de campo
fiend [fiːnd] N demônio
fiendish [ˈfiːndɪʃ] ADJ diabólico
fierce [fɪəs] ADJ feroz; (wind, attack) violento; (heat) intenso; (fighting, enemy) feroz, violento
fiery [ˈfaɪərɪ] ADJ (burning) ardente; (temperament) fogoso
FIFA [ˈfiːfə] N ABBR (= Fédération Internationale de Football Association) FIFA
fifteen [fɪfˈtiːn] NUM quinze; see also **five**
fifth [fɪfθ] NUM quinto; **I was (the) ~ to arrive** eu fui o quinto a chegar; **he came ~ in the competition** ele tirou o quinto lugar; (in race) ele chegou em quinto lugar; **Henry the F~** Henrique Quinto; **the ~ of July, July the ~** dia cinco de julho; **I wrote to him on the ~** eu lhe escrevi no dia cinco
fiftieth [ˈfɪftɪɪθ] NUM quinquagésimo; see also **fifth**
fifty [ˈfɪftɪ] NUM cinquenta; **about ~ people** umas cinquenta pessoas; **he'll be ~ (years old) next birthday** ele fará cinquenta anos no seu próximo aniversário; **he's about ~** ele tem uns cinquenta anos; **the fifties** os anos 50; **to be in one's fifties** estar na casa dos cinquenta anos; **the temperature was in the fifties** a temperatura estava na faixa dos cinquenta graus; **to do ~** (Aut) ir a 50 (quilômetros por hora)
fifty-fifty [ˈfɪftɪˈfɪftɪ] ADV: **to share** or **go ~ with sb** dividir meio a meio com alguém, rachar com alguém ▶ ADJ: **to have a ~ chance** ter 50% de chance
fig [fɪɡ] N figo
fight [faɪt] (pt, pp **fought**) N briga; (Mil) combate m; (struggle: against illness etc) luta ▶ VT lutar contra; (cancer, alcoholism) combater; (election) competir; (Law: case) defender ▶ VI brigar, bater-se; (fig): **to ~ (for/against)** lutar (por/contra)

133 | fighter – finely

▶ **fight back** VI revidar; (Sport, from illness etc) reagir ▶ VT (tears) tentar reter
▶ **fight off** VT (attack, attacker) repelir; (illness, sleep, urge) lutar contra
▶ **fight out** VT: **to ~ it out** resolver a questão pela briga
fighter ['faɪtə'] N combatente m/f; (fig) lutador(a) m/f; (plane) caça m
fighter pilot N piloto de caça
fighting ['faɪtɪŋ] N (battle) batalha; (brawl) briga
figment ['fɪgmənt] N: **a ~ of the imagination** um produto da imaginação
figurative ['fɪgjurətɪv] ADJ (expression) figurado; (style) figurativo
figure ['fɪgə'] N (Drawing, Math) figura, desenho; (numeral) algarismo; (number, cipher) número, cifra; (outline) forma; (of woman) corpo; (person) personagem m ▶ VT (esp US) imaginar ▶ VI (appear) figurar; (US: make sense) fazer sentido; **public ~** personalidade f
▶ **figure on** (US) VT FUS: **to ~ on doing** contar em fazer
▶ **figure out** VT compreender
figurehead ['fɪgəhed] N (Naut) carranca de proa; (pej: leader) chefe m nominal
figure of speech N figura de linguagem
figure skating N movimentos mpl de patinação
Fiji ['fi:dʒi:] N Fiji
Fiji Islands NPL (ilhas fpl) Fiji (no article)
filament ['fɪləmənt] N filamento
filch [fɪltʃ] (inf) VT surripiar, afanar
file [faɪl] N (tool) lixa; (dossier) dossiê m, pasta; (folder) pasta; (: binder) fichário; (Comput) arquivo; (row) fila, coluna ▶ VT (wood, nails) lixar; (papers) arquivar; (Law: claim) apresentar, dar entrada em; (store) arquivar ▶ VI: **to ~ in/out** entrar/sair em fila; **to ~ past** desfilar em frente de; **to ~ a suit against sb** (Law) abrir processo contra alguém
file name N (Comput) nome m do arquivo
file sharing [-ʃɛərɪŋ] N (Comput) compartilhamento de arquivos
filibuster ['fɪlɪbʌstə'] (esp US) N (Pol) obstrucionista m/f ▶ VI obstruir
filing ['faɪlɪŋ] N arquivamento; **filings** NPL (of iron etc) limalha
filing cabinet N fichário, arquivo
filing clerk N arquivista m/f
Filipino [fɪlɪ'pi:nəu] N (person) filipino(-a); (Ling) filipino
fill [fɪl] VT encher; (vacancy) preencher; (order) atender; (need) satisfazer ▶ N: **to eat one's ~** encher-se or fartar-se de comer; **~ed with admiration** cheio de admiração
▶ **fill in** VT (form) preencher; (hole) tapar; (time) encher
▶ **fill up** VT encher ▶ VI (Aut) abastecer o carro; **~ it up, please** (Aut) pode encher (o tanque), por favor

fillet ['fɪlɪt] N filete m, filé m ▶ VT preparar em filés
fillet steak N filé m
filling ['fɪlɪŋ] N (Culin) recheio; (for tooth) obturação f (BR), chumbo (PT)
filling station N posto de gasolina
fillip ['fɪlɪp] N estímulo, incentivo
filly ['fɪlɪ] N potranca
film [fɪlm] N filme m; (of liquid etc) camada fina, veu m ▶ VT (scene) rodar, filmar ▶ VI filmar
film star N astro/estrela do cinema
film strip N diafilme m
film studio N estúdio (de cinema)
filter ['fɪltə'] N filtro ▶ VT filtrar
filter coffee N café m filtro
filter lane (BRIT) N (Aut) pista para se dobrar à esquerda (or à direita)
filter tip N filtro
filter-tipped ADJ filtrado
filth [fɪlθ] N sujeira (BR), sujidade f (PT)
filthy ['fɪlθɪ] ADJ sujo; (language) indecente, obsceno
fin [fɪn] N barbatana
final ['faɪnl] ADJ final, último; (definitive) definitivo ▶ N (Sport) final f; **finals** NPL (Sch) exames mpl finais
final demand N (on invoice etc) demanda final
finale [fɪ'nɑ:lɪ] N final m
finalist ['faɪnəlɪst] N (Sport) finalista m/f
finalize ['faɪnəlaɪz] VT concluir, completar
finally ['faɪnəlɪ] ADV (lastly) finalmente, por fim; (eventually) por fim; (irrevocably) definitivamente
finance [faɪ'næns] N (money) fundos mpl; (money management) finanças fpl ▶ VT financiar; **finances** NPL (personal finances) finanças
financial [faɪ'nænʃəl] ADJ financeiro; **~ statement** demonstração financeira
financially [faɪ'nænʃəlɪ] ADV financeiramente
financial year N ano fiscal, exercício
financier [fɪ'nænsɪə'] N financista m/f; (backer) financiador(a) m/f
find [faɪnd] (pt, pp **found**) VT encontrar, achar; (discover) descobrir ▶ N achado, descoberta; **to ~ sb guilty** (Law) declarar alguém culpado
▶ **find out** VT descobrir; (person) desmascarar ▶ VI: **to ~ out about** informar-se sobre; (by chance) saber de
findings ['faɪndɪŋz] NPL (Law) veredito, decisão f; (of report) constatações fpl
fine [faɪn] ADJ fino; (excellent) excelente; (good) bom/boa; (beautiful) bonito ▶ ADV (well) muito bem ▶ N (Law) multa ▶ VT (Law) multar; **to be ~** (person) estar bem; (weather) estar bom; **you're doing ~** você se dá bem; **to cut it ~** deixar pouca margem; (arrive just in time) chegar em cima da hora
fine arts NPL belas artes fpl
finely ['faɪnlɪ] ADV (tune) finamente; **~ chopped** picado

finery ['faɪnərɪ] N enfeites mpl
finesse [fɪ'nɛs] N sutileza
fine-tooth comb N: **to go through sth with a ~** (fig) passar o pente fino em algo
finger ['fɪŋgəʳ] N dedo ▶ VT (touch) manusear; (Mus) dedilhar; **little/index ~** dedo mínimo/indicador
fingermark ['fɪŋgəmɑːk] N dedada
fingernail ['fɪŋgəneɪl] N unha
fingerprint ['fɪŋgəprɪnt] N impressão f digital ▶ VT (person) tirar as impressões digitais de
fingerstall ['fɪŋgəstɔːl] N dedeira
fingertip ['fɪŋgətɪp] N ponta do dedo; **to have sth at one's ~s** ter algo à sua disposição, dispor de algo; (knowledge) saber algo na ponta da língua
finicky ['fɪnɪkɪ] ADJ (fussy) fresco, cheio de coisas
finish ['fɪnɪʃ] N (end) fim m; (Sport) chegada; (on wood etc) acabamento ▶ VT, VI terminar, acabar; **to ~ doing sth** terminar de fazer algo; **to ~ with sb** (end relationship) acabar com alguém; **to ~ third** chegar no terceiro lugar
  ▶ **finish off** VT terminar; (kill) liquidar
  ▶ **finish up** VT acabar ▶ VI acabar; (in place) ir parar
finished product ['fɪnɪʃt-] N produto acabado
finishing line ['fɪnɪʃɪŋ-] N linha de chegada, meta
finishing school ['fɪnɪʃɪŋ-] N escola de aperfeiçoamento (para moças)
finishing touches ['fɪnɪʃɪŋ-] NPL últimos retoques mpl
finite ['faɪnaɪt] ADJ finito
Finland ['fɪnlənd] N Finlândia
Finn [fɪn] N finlandês(-esa) m/f
Finnish ['fɪnɪʃ] ADJ finlandês(-esa) ▶ N (Ling) finlandês m
fiord [fjɔːd] N = **fjord**
fir [fəːʳ] N abeto
fire ['faɪəʳ] N fogo; (accidental) incêndio; (gas fire, electric fire) aquecedor m ▶ VT (gun) disparar; (arrow) atirar; (interest) estimular; (dismiss) despedir; (excite): **to ~ sb with enthusiasm** encher alguém de entusiasmo ▶ VI disparar ▶ CPD: **~ hazard, ~ risk** perigo or risco de incêndio; **on ~** em chamas; **to set ~ to sth, set sth on ~** incendiar algo; **insured against ~** segurado contra fogo; **to come under ~ (from)** (fig) ser atacado (por)
fire alarm N alarme m de incêndio
firearm ['faɪərɑːm] N arma de fogo
fire brigade N (corpo de) bombeiros mpl
fire chief (US) N = **fire master**
fire department (US) N = **fire brigade**
fire drill N treinamento de incêndio
fire engine N carro de bombeiro
fire escape N escada de incêndio
fire exit N saída de emergência
fire extinguisher N extintor m de incêndio
fireguard ['faɪəgɑːd] (BRIT) N guarda-fogo m
fire insurance N seguro contra fogo
fireman ['faɪəmɛn] (irreg: like man) N bombeiro
fire master (BRIT) N capitão m dos bombeiros
firemen ['faɪəmɛn] NPL of **fireman**
fireplace ['faɪəpleɪs] N lareira
fireproof ['faɪəpruːf] ADJ à prova de fogo
fire regulations NPL normas fpl preventivas contra incêndio
fire screen N guarda-fogo m
fireside ['faɪəsaɪd] N lugar m junto à lareira
fire station N posto de bombeiros
firewall ['faɪəwɔːl] N (Comput) firewall m
firewood ['faɪəwud] N lenha
fireworks ['faɪəwəːks] NPL fogos mpl de artifício; (display) queima de fogos
firing ['faɪərɪŋ] N (Mil) tiros mpl, tiroteio
firing line N (Mil) linha de fogo; **to be in the ~** (fig) estar na linha de frente
firing squad N pelotão m de fuzilamento
firm [fəːm] ADJ firme ▶ N firma; **to be a ~ believer in sth** ser partidário perseverante de algo; **to stand ~** or **take a ~ stand on sth** (fig) manter-se firme em algo
firmly ['fəːmlɪ] ADV firmemente
firmness ['fəːmnɪs] N firmeza
first [fəːst] ADJ primeiro ▶ ADV (before others) primeiro; (when listing reasons etc) em primeiro lugar ▶ N (person: in race) primeiro(-a); (Aut) primeira; (BRIT Sch) menção f honrosa; **the ~ of January** primeiro de janeiro (BR), dia um de Janeiro (PT); **at ~** no início; **~ of all** antes de tudo, antes de mais nada; **in the ~ place** em primeiro lugar; **I'll do it ~ thing tomorrow** vou fazê-lo amanhã cedo; **head ~** com a cabeça para a frente; **for the ~ time** pela primeira vez; **from the (very) ~** desde o início; see also **fifth**
first aid N primeiros socorros mpl
first-aid kit N estojo de primeiros socorros
first-aid post N pronto-socorro
first-class ADJ de primeira classe
first-class mail N correspondência prioritária
first-hand ADJ de primeira mão
first lady (US) N primeira dama
firstly ['fəːstlɪ] ADV primeiramente, em primeiro lugar
first name N primeiro nome m
first night N (Theatre) estreia
first-rate ADJ de primeira categoria
fir tree N abeto
FIS (BRIT) N ABBR (= Family Income Supplement) abono-família m
fiscal ['fɪskəl] ADJ fiscal; **~ year** ano-fiscal
fish [fɪʃ] N INV peixe m ▶ VT, VI pescar; **to go ~ing** ir pescar
  ▶ **fish out** VT (from water) pescar; (from box etc) tirar
fish bone N espinha de peixe
fisherman ['fɪʃəmən] (irreg: like man) N pescador m
fishery ['fɪʃərɪ] N pescaria

fish factory (BRIT) N fábrica de processamento de pescados
fish farm N viveiro (de piscicultura)
fish fingers (BRIT) NPL filezinhos mpl de peixe
fish hook N anzol m
fishing boat ['fɪʃɪŋ-] N barco de pesca
fishing industry ['fɪʃɪŋ-] N indústria da pesca
fishing line ['fɪʃɪŋ-] N linha de pesca
fishing net ['fɪʃɪŋ-] N rede f de pesca
fishing rod ['fɪʃɪŋ-] N vara (de pesca)
fishing tackle ['fɪʃɪŋ-] N apetrechos mpl (de pesca)
fish market N mercado de peixe
fishmonger ['fɪʃmʌŋgə^r] N peixeiro(-a); **~'s (shop)** peixaria
fish sticks (US) NPL = **fish fingers**
fishy ['fɪʃɪ] (inf) ADJ (tale) suspeito
fission ['fɪʃən] N fissão f; **nuclear ~** fissão nuclear
fissure ['fɪʃə^r] N fenda, fissura
fist [fɪst] N punho
fistfight ['fɪstfaɪt] N briga de socos
fit [fɪt] ADJ (healthy) em (boa) forma; (suitable) adequado, apropriado ▶ VT (subj: clothes) caber em; (try on: clothes) experimentar, provar; (facts) enquadrar-se or condizer com; (accommodate) ajustar, adaptar; (correspond exactly) encaixar em; (put in, attach) colocar; (equip) equipar ▶ VI (clothes) servir; (parts) ajustar-se; (in space, gap) caber; (correspond) encaixar-se ▶ N (Med) ataque m; **~ to** bom para; **~ for** adequado para; **a ~ of anger/pride** um acesso de raiva/orgulho; **to have a ~** (Med) sofrer or ter um ataque; (fig: inf) fazer escândalo; **this dress is a good/tight ~** este vestido tem um bom corte/está um pouco justo; **do as you think** or **see ~** faça como você achar melhor; **by ~s and starts** espasmodicamente
▶ **fit in** VI encaixar-se; (fig: person) dar-se bem (com todos)
▶ **fit out** (BRIT) VT (also: **fit up**) equipar
fitful ['fɪtful] ADJ espasmódico, intermitente
fitment ['fɪtmənt] N móvel m
fitness ['fɪtnɪs] N (Med) saúde f, boa forma; (of remark) conveniência
fitness instructor N instrutor(a) m/f de academia, instrutor(a) m/f de fitness
fitted ['fɪtɪd] ADJ (cupboards) embutido; (BRIT: kitchen) com armários embutidos; **~ carpet** carpete m
fitted kitchen ['fɪtɪd-] (BRIT) N cozinha planejada
fitter ['fɪtə^r] N ajustador(a) m/f, montador(a) m/f; (also: **gas fitter**) gasista m/f
fitting ['fɪtɪŋ] ADJ apropriado ▶ N (of dress) prova; **fittings** NPL (in building) instalações fpl, acessórios mpl
fitting room (in shop) cabine f (para experimentar roupa)
five [faɪv] NUM cinco; **she is ~ (years old)** ela tem cinco anos; **they live at number ~/ at ~ Green Street** eles moram no número cinco/na Green Street número cinco; **there are ~ of us** somos cinco; **all ~ of them came** todos os cinco vieram; **it costs ~ pounds** custa cinco libras; **~ and a quarter/half** cinco e um quarto/e meio; **it's ~ (o'clock)** são cinco horas; **to divide sth into ~** dividir algo em cinco partes; **they are sold in ~s** eles são vendidos em pacotes de cinco
five-day week N semana de cinco dias
fiver ['faɪvə^r] (inf) N (BRIT) nota de cinco libras; (US) nota de cinco dólares
fix [fɪks] VT (secure) fixar, colocar; (arrange) arranjar; (mend) consertar; (meal, drink) preparar; (inf: game etc) arranjar ▶ N: **to be in a ~** estar em apuros; **the fight was a ~** a luta foi uma marmelada; **to ~ sth in one's mind** gravar algo
▶ **fix up** VT (meeting) marcar; **to ~ sb up with sth** arranjar algo para alguém
fixation [fɪk'seɪʃən] N fixação f
fixative ['fɪksətɪv] N fixador m
fixed [fɪkst] ADJ (prices, smile) fixo; **how are you ~ for money?** (inf) a quantas anda você em matéria de dinheiro?
fixed assets NPL ativo fixo
fixture ['fɪkstʃə^r] N coisa fixa; (furniture) móvel m fixo; (Sport) desafio, encontro
fizz [fɪz] VI efervescer
fizzle ['fɪzl] VI chiar
fizzle out VI fracassar; (interest) diminuir
fizzy ['fɪzɪ] ADJ (drink) com gás, gasoso; (gen) efervescente
fjord [fjɔːd] N fiorde m
FL (US) ABBR (Post) = **Florida**
flabbergasted ['flæbəgɑːstɪd] ADJ pasmado
flabby ['flæbɪ] ADJ flácido
flag [flæg] N bandeira; (for signalling) bandeirola; (flagstone) laje f ▶ VI acabar-se, descair; **~ of convenience** bandeira de conveniência
▶ **flag down** VT: **to ~ sb down** fazer sinais a alguém para que pare
flagon ['flægən] N garrafão m
flagpole ['flægpəul] N mastro de bandeira
flagrant ['fleɪgrənt] ADJ flagrante
flagship ['flægʃɪp] N nau f capitânia; (fig) carro-chefe m
flag stop (US) N (for bus) parada facultativa
flair [flɛə^r] N (talent) talento; (style) habilidade f
flak [flæk] N (Mil) fogo antiaéreo; (inf: criticism) críticas fpl
flake [fleɪk] N (of rust, paint) lasca; (of snow, soap powder) floco ▶ VI (also: **flake off**) lascar, descamar-se
flaky ['fleɪkɪ] ADJ (paintwork) laminoso; (skin) escamoso; (pastry) folhado
flamboyant [flæm'bɔɪənt] ADJ (dress) espalhafatoso; (person) extravagante
flame [fleɪm] N chama; **to burst into ~s** irromper em chamas; **old ~** (inf) velha paixão f

flamingo [fləˈmɪŋɡəʊ] (*pl* **flamingoes**) N flamingo
flammable [ˈflæməbl] ADJ inflamável
flan [flæn] (BRIT) N torta
flange [flændʒ] N flange *m*
flank [flæŋk] N flanco; (*of person*) lado ▶ VT ladear
flannel [ˈflænl] N (BRIT: *also:* **face flannel**) pano de rosto; (*fabric*) flanela; (BRIT *inf*) conversa fiada; **flannels** NPL calça (BR) *or* calças *fpl* (PT) de flanela
flannelette [flænəˈlɛt] N baetilha
flap [flæp] N (*of pocket, table*) aba; (*of envelope*) dobra; (*wing movement*) bater *m*; (*Aviat*) flap *m* ▶ VT (*arms*) oscilar; (*wings*) bater ▶ VI (*sail, flag*) ondular; (*inf: also:* **be in a flap**) estar atarantado
flapjack [ˈflæpdʒæk] N (US: *pancake*) panqueca; (BRIT: *biscuit*) biscoito de aveia
flare [flɛəʳ] N fogacho, chama; (*Mil*) foguete *m* sinalizador; (*in skirt etc*) folga
▶ **flare up** VI chamejar; (*fig: person*) encolerizar-se; (: *violence*) irromper
flared [ˈflɛəd] ADJ (*trousers*) com roda; (*skirt*) rodado
flash [flæʃ] N (*of lightning*) clarão *m*; (*also:* **news flash**) notícias *fpl* de última hora; (*Phot*) flash *m*; (*of inspiration*) lampejo ▶ VT (*light, headlights*) piscar; (*torch*) acender; (*news, message*) transmitir; (*look, smile*) brilhar ▶ VI brilhar; (*light on ambulance, eyes etc*) piscar; **in a ~** num instante; **to ~ by** *or* **past** passar como um raio; **to ~ sth about** (*fig: inf*) ostentar *or* exibir algo
flashback [ˈflæʃbæk] N flashback *m*
flashbulb [ˈflæʃbʌlb] N lâmpada de flash
flash card N (*Sch*) cartão *m*
flashcube [ˈflæʃkjuːb] N cubo de flash
flash drive N (*Comput*) pen drive *m*
flasher [ˈflæʃəʳ] N (*Aut*) pisca-pisca *m*
flashlight [ˈflæʃlaɪt] N lanterna de bolso
flash point N ponto de centelha
flashy [ˈflæʃɪ] (*pej*) ADJ espalhafatoso
flask [flɑːsk] N frasco; (*also:* **vacuum flask**) garrafa térmica (BR), termo (PT)
flat [flæt] ADJ plano; (*smooth*) liso; (*battery*) descarregado; (*tyre*) vazio; (*beer*) choco; (*denial*) categórico; (*Mus*) abemolado; (: *voice*) desafinado; (*rate*) único; (*fee*) fixo ▶ N (BRIT: *apartment*) apartamento; (*Mus*) bemol *m*; (*Aut*) pneu *m* furado; **~ out** (*work*) a toque de caixa; (*race*) a toda; **~ rate of pay** (*Comm*) salário fixo
flat-footed [-ˈfutɪd] ADJ de pés chatos
flatly [ˈflætlɪ] ADV terminantemente
flatmate [ˈflætmeɪt] (BRIT) N companheiro(-a) de apartamento
flatness [ˈflætnɪs] N (*of land*) planura, lisura
flatten [ˈflætən] VT (*also:* **flatten out**) aplanar; (*smooth out*) alisar; (*demolish*) arrasar; (*defeat*) derrubar
flatter [ˈflætəʳ] VT lisonjear; (*show to advantage*) favorecer
flatterer [ˈflætərəʳ] N lisonjeador(a) *m/f*
flattering [ˈflætərɪŋ] ADJ lisonjeiro; (*clothes etc*) favorecedor(a)
flattery [ˈflætərɪ] N bajulação *f*
flatulence [ˈflætjuləns] N flatulência
flaunt [flɔːnt] VT ostentar, pavonear
flavour, (US) **flavor** [ˈfleɪvəʳ] N sabor *m* ▶ VT condimentar, aromatizar; **strawberry-~ed** com sabor de morango
flavouring, (US) **flavoring** [ˈfleɪvərɪŋ] N condimento; (*synthetic*) aromatizante *m*
flaw [flɔː] N (*in cloth, glass*) defeito; (*in character*) falha; (*in argument*) erro
flawless [ˈflɔːlɪs] ADJ impecável
flax [flæks] N linho
flaxen [ˈflæksən] ADJ da cor de linho
flea [fliː] N pulga
flea market N feira de quinquilharias
fleck [flɛk] N (*mark*) mancha, sinal *m*; (*of dust*) partícula; (*of mud*) salpico; (*of paint*) pontinho ▶ VT salpicar; **brown-~ed with white** marrom salpicado de branco
fled [flɛd] PT, PP *of* **flee**
fledgeling, fledgling [ˈflɛdʒlɪŋ] N ave *f* recém-emplumada
flee [fliː] (*pt, pp* **fled**) VT fugir de ▶ VI fugir
fleece [fliːs] N tosão *m*; (*coat*) velo; (*wool*) lã *f* ▶ VT (*inf*) espoliar
fleecy [ˈfliːsɪ] ADJ (*blanket*) felpudo; (*cloud*) fofo
fleet [fliːt] N (*gen, of lorries etc*) frota; (*of ships*) esquadra
fleeting [ˈfliːtɪŋ] ADJ fugaz
Flemish [ˈflɛmɪʃ] ADJ flamengo ▶ N (*Ling*) flamengo; **the Flemish** NPL os flamengos
flesh [flɛʃ] N carne *f*; (*of fruit*) polpa; **of ~ and blood** de carne e osso
flesh wound N ferimento de superfície
flew [fluː] PT *of* **fly**
flex [flɛks] N fio ▶ VT (*muscles*) flexionar
flexibility [flɛksɪˈbɪlɪtɪ] N flexibilidade *f*
flexible [ˈflɛksɪbl] ADJ flexível
flick [flɪk] N pancada leve; (*with finger*) peteleco, piparote *m*; (*with whip*) chicotada ▶ VT dar um peteleco; (*switch*) apertar; **flicks** NPL (BRIT *inf*) cinema *m*
▶ **flick through** VT FUS folhear
flicker [ˈflɪkəʳ] VI (*light, flame*) tremular; (*eyelids*) tremer ▶ N tremulação *f*; **a ~ of light** um fio de luz
flick knife (BRIT) (*irreg: like* **knife**) N canivete *m* de mola
flier [ˈflaɪəʳ] N aviador(a) *m/f*
flight [flaɪt] N voo *m*; (*escape*) fuga; (*of steps*) lance *m*; **to take ~** fugir, pôr-se em fuga; **to put to ~** pôr em fuga
flight attendant (US) N comissário(-a) de bordo
flight crew N tripulação *f*
flight deck N (*Aviat*) cabine *f* do piloto; (*Naut*) pista de aterrissagem (BR) *or* aterragem (PT)
flight recorder N gravador *m* de voo
flimsy [ˈflɪmzɪ] ADJ (*thin*) delgado, franzino; (*weak*) débil; (*excuse*) fraco

137 | flinch – flush

flinch [flɪntʃ] vi encolher-se; **to ~ from sth/from doing sth** vacilar diante de algo/em fazer algo

fling [flɪŋ] vt (pt, pp **flung**) lançar ▶ n (love affair) caso

flint [flɪnt] n pederneira; (in lighter) pedra

flip [flɪp] vt (turn over) dar a volta em; (throw) jogar; **to ~ a coin** tirar cara ou coroa
▶ **flip through** vt fus folhear

flip-flops ['flɪpflɔps] (esp BRIT) npl chinelo (de dedo)

flippant ['flɪpənt] adj petulante, irreverente

flipper ['flɪpə^r] n (of animal) nadadeira; (for swimmer) pé de pato, nadadeira

flip side n (of record) outro lado

flirt [flə:t] vi flertar ▶ n namorador(a) m/f, paquerador(a) m/f

flirtation [flə:'teɪʃən] n flerte m, paquera

flit [flɪt] vi esvoaçar

float [fləʊt] n boia; (in procession) carro alegórico; (sum of money) caixa ▶ vi flutuar; (swimmer) boiar ▶ vt fazer flutuar; (company) lançar (na Bolsa)

floating ['fləʊtɪŋ] adj flutuante; **~ vote** voto oscilante; **~ voter** indeciso(-a)

flock [flɔk] n (of sheep, Rel) rebanho; (of birds) bando; (of people) multidão f ▶ vi: **to ~ to** afluir a

floe [fləʊ] n (also: **ice floe**) banquisa

flog [flɔg] vt açoitar; (inf) vender

flood [flʌd] n enchente f, inundação f; (of words, tears etc) torrente m ▶ vt inundar, alagar; (Aut: carburettor) afogar ▶ vi (place) alagar; (people, goods): **to ~ into** inundar; **to ~ the market** (Comm) inundar o mercado; **in ~** transbordante

flooding ['flʌdɪŋ] n inundação f

floodlight ['flʌdlaɪt] (irreg: like **light**) n refletor m, holofote m ▶ vt iluminar com holofotes

floodlit ['flʌdlɪt] pt, pp of **floodlight** ▶ adj iluminado (por holofotes)

flood tide n maré f enchente

floor [flɔ:^r] n chão m; (in house) soalho; (storey) andar m; (of sea) fundo; (dance floor) pista de dança ▶ vt (fig: confuse) confundir, pasmar; **ground ~** (BRIT) or **first ~** (US) andar térreo (BR), rés-do-chão (PT); **first ~** (BRIT) or **second ~** (US) primeiro andar; **top ~** último andar; **to have the ~** (speaker) ter a palavra

floorboard ['flɔ:bɔ:d] n tábua de assoalho

flooring ['flɔ:rɪŋ] n piso

floor lamp (US) n abajur m de pé

floor show n show m

floorwalker ['flɔ:wɔ:kə^r] (esp US) n supervisor(a) m/f (numa loja de departamentos)

flop [flɔp] n fracasso ▶ vi (fail) fracassar; (into chair etc) cair pesadamente

floppy ['flɔpɪ] adj frouxo, mole

floppy disk n disquete m

flora ['flɔ:rə] n flora

floral ['flɔ:rl] adj floral

Florence ['flɔrəns] n Florença

florid ['flɔrɪd] adj (style) florido; (complexion) corado

florist ['flɔrɪst] n florista m/f

florist's, florist's shop n floricultura

flotation [fləʊ'teɪʃən] n (of shares) emissão f; (of company) lançamento (na Bolsa)

flounce [flaʊns] n babado, debrum m
▶ **flounce out** vi sair indignado

flounder ['flaʊndə^r] n (pl **flounder** or **flounders**) (Zool) linguado ▶ vi (swimmer) debater-se; (fig) atrapalhar-se

flour ['flaʊə^r] n farinha

flourish ['flʌrɪʃ] vi florescer ▶ vt brandir, menear ▶ n floreio; (bold gesture): **with a ~** con gestos floreados; (of trumpets) fanfarra

flourishing ['flʌrɪʃɪŋ] adj próspero

flout [flaʊt] vt (law) desrespeitar; (offer) desprezar

flow [fləʊ] n (of tide, traffic) fluxo; (direction) curso; (of river, Elec) corrente f; (of blood) circulação f ▶ vi correr; (traffic) fluir; (blood, Elec) circular; (clothes, hair) ondular

flow chart n fluxograma m

flow diagram n fluxograma m

flower ['flaʊə^r] n flor f ▶ vi florescer, florir; **in ~** em flor

flower bed n canteiro

flowerpot ['flaʊəpɔt] n vaso

flowery ['flaʊərɪ] adj (perfume) a base de flor; (pattern) florido; (speech) floreado

flown [fləʊn] pp of **fly**

flu [flu:] n gripe f

fluctuate ['flʌktjʊeɪt] vi flutuar; (temperature) variar

fluctuation [flʌktjʊ'eɪʃən] n flutuação f, oscilação f

flue [flu:] n fumeiro

fluency ['flu:ənsɪ] n fluência

fluent ['flu:ənt] adj (speech) fluente; **he speaks ~ French, he's ~ in French** ele fala francês fluentemente

fluently ['flu:əntlɪ] adv fluentemente

fluff [flʌf] n felpa, penugem f

fluffy ['flʌfɪ] adj macio, fofo; **~ toy** brinquedo de pelúcia

fluid ['flu:ɪd] adj fluido ▶ n fluido; (in diet) líquido

fluid ounce (BRIT) n (= 0.028 l) 0.05 pints

fluke [flu:k] (inf) n sorte f

flummox ['flʌməks] vt desconcertar

flung [flʌŋ] pt, pp of **fling**

flunky ['flʌŋkɪ] n lacaio

fluorescent [flʊə'rɛsnt] adj fluorescente

fluoride ['flʊəraɪd] n fluoreto ▶ cpd: **~ toothpaste** pasta de dentes com flúor

fluorine ['flʊəri:n] n flúor m

flurry ['flʌrɪ] n (of snow) lufada; (haste) agitação f; **~ of activity/excitement** muita atividade/animação

flush [flʌʃ] n (on face) rubor m; (plenty) abundância ▶ vt lavar com água ▶ vi ruborizar-se ▶ adj: **~ with** rente com;

flushed – food poisoning | 138

to ~ **the toilet** dar descarga; **hot ~es** (*Med*) calores
▶ **flush out** VT levantar
flushed [flʌʃt] ADJ ruborizado, corado
fluster ['flʌstə'] N agitação f ▶ VT atrapalhar, desconcertar
flustered ['flʌstəd] ADJ atrapalhado
flute [fluːt] N flauta
fluted ['fluːtɪd] ADJ acanelado
flutter ['flʌtə'] N agitação f; (*of wings*) bater m; (*inf: bet*) aposta ▶ VI esvoaçar
flux [flʌks] N fluxo; **in a state of ~** mudando continuamente
fly [flaɪ] (*pt* **flew**, *pp* **flown**) N (*insect*) mosca; (*on trousers: also:* **flies**) braguilha ▶ VT (*plane*) pilotar; (*passengers, cargo*) transportar (de avião); (*flag*) hastear; (*distances*) percorrer; (*kite*) soltar, empinar ▶ VI voar; (*passengers*) ir de avião; (*escape*) fugir; (*flag*) hastear-se; **to ~ open** abrir-se bruscamente; **to ~ off the handle** perder as estribeiras
▶ **fly away** VI voar
▶ **fly in** VI chegar
▶ **fly off** VI = **fly away**
▶ **fly out** VI sair (de avião)
fly-fishing N pesca com iscas artificiais
flying ['flaɪɪŋ] N (*activity*) aviação f ▶ ADJ: **~ visit** visita de médico; **with ~ colours** brilhantemente; **he doesn't like ~** ele não gosta de andar de avião
flying buttress N arcobotante m
flying saucer N disco voador
flying start N: **to get off to a ~** (*in race*) disparar; (*fig*) começar muito bem
fly leaf ['flaɪliːf] (*irreg: like* **leaf**) N guarda (*num livro*)
flyover ['flaɪəuvə'] (BRIT) N (*bridge*) viaduto
flypast ['flaɪpɑːst] N desfile m aéreo
fly sheet N (*for tent*) duplo teto
flywheel ['flaɪwiːl] N volante m
FM ABBR (BRIT *Mil*) = **field marshal**; (*Radio*: = *frequency modulation*) FM
FMB (US) N ABBR = **Federal Maritime Board**
FMCS (US) N ABBR (= *Federal Mediation and Conciliation Service*) ≈ Justiça do Trabalho
FO (BRIT) N ABBR = **Foreign Office**
foal [fəul] N potro
foam [fəum] N espuma ▶ VI espumar
foam rubber N espuma de borracha
FOB ABBR (= *free on board*) FOB
fob [fɔb] VT: **to ~ sb off with sth** despachar alguém com algo; **to ~ sth off on sb** impingir algo a alguém
foc (BRIT) ABBR = **free of charge**
focal ['fəukəl] ADJ focal
focal point N foco
focus ['fəukəs] N (*pl* **focuses**) foco ▶ VT (*field glasses etc*) enfocar ▶ VI: **to ~ on** enfocar, focalizar; **in/out of ~** em foco/fora de foco
fodder ['fɔdə'] N forragem f
FOE N ABBR (= *Friends of the Earth*) organização ecológica; (US: = *Fraternal Order of Eagles*) associação beneficente

foe [fəu] N inimigo
foetus, (US) **fetus** ['fiːtəs] N feto
fog [fɔg] N nevoeiro
fogbound ['fɔgbaund] ADJ imobilizado pelo nevoeiro
foggy ['fɔgɪ] ADJ nevoento
fog lamp, (US) **fog light** N farol m de neblina
foible ['fɔɪbl] N fraqueza, ponto fraco
foil [fɔɪl] VT frustrar ▶ N folha metálica; (*also*: **kitchen foil**) folha *or* papel m de alumínio; (*complement*) contraste m, complemento; (*Fencing*) florete m; **to act as a ~ to** (*fig*) dar realce a
foist [fɔɪst] VT: **to ~ sth on sb** impingir algo a alguém
fold [fəuld] N (*bend, crease*) dobra, vinco, prega; (*of skin*) ruga; (*Agr*) redil m, curral m ▶ VT dobrar; **to ~ one's arms** cruzar os braços
▶ **fold up** VI (*map etc*) dobrar; (*business*) abrir falência ▶ VT (*map etc*) dobrar
folder ['fəuldə'] N (*for papers*) pasta; (: *binder*) fichário; (*brochure*) folheto
folding ['fəuldɪŋ] ADJ (*chair, bed*) dobrável
foliage ['fəulɪɪdʒ] N folhagem f
folk [fəuk] NPL gente f ▶ CPD popular, folclórico; **folks** NPL (*family*) família, parentes *mpl*; (*people*) gente f
folklore ['fəuklɔː'] N folclore m
folk song N canção f popular *or* folclórica
follow ['fɔləu] VT seguir ▶ VI seguir; (*result*) resultar; **to ~ sb's advice** seguir o conselho de alguém; **I don't quite ~ you** não consigo acompanhar o seu raciocínio; **to ~ in sb's footsteps** seguir os passos de alguém; **it doesn't ~ that ...** (isso) não quer dizer que ...; **to ~ suit** fazer o mesmo
▶ **follow out** VT (*idea, plan*) levar a cabo, executar
▶ **follow through** VT levar a cabo, executar
▶ **follow up** VT (*letter*) responder a; (*offer*) levar adiante; (*case*) acompanhar
follower ['fɔləuə'] N seguidor(a) *m/f*; (*Pol*) partidário(-a)
following ['fɔləuɪŋ] ADJ seguinte ▶ N adeptos *mpl*
follow-up N continuação f ▶ CPD: **~ letter** carta suplementar de reforço
folly ['fɔlɪ] N loucura
fond [fɔnd] ADJ (*memory, look*) carinhoso; (*hopes*) absurdo, descabido; **to be ~ of** gostar de
fondle ['fɔndl] VT acariciar
fondly ['fɔndlɪ] ADV (*lovingly*) afetuosamente; (*naïvely*): **he ~ believed that ...** ele acreditava piamente que ...
fondness ['fɔndnɪs] N (*for things*) gosto, afeição f; (*for people*) carinho
font [fɔnt] N (*Rel*) pia batismal; (*Typ*) fonte f, família
food [fuːd] N comida
food mixer N batedeira
food poisoning N intoxicação f alimentar

food processor N multiprocessador *m* de cozinha
foodstuffs ['fu:dstʌfs] NPL gêneros *mpl* alimentícios
fool [fu:l] N tolo(-a); (*History: of king*) bobo; (*Culin*) purê *m* de frutas com creme ▶ VT enganar ▶ VI (*gen: fool around*) brincar; (*waste time*) fazer bagunça; **to make a ~ of sb** (*ridicule*) ridicularizar alguém; (*trick*) fazer alguém de bobo; **to make a ~ of o.s.** fazer papel de bobo, fazer-se de bobo; **you can't ~ me** você não pode me fazer de bobo
▶ **fool about** (*pej*) VI (*waste time*) fazer bagunça; (*behave foolishly*) fazer-se de bobo
▶ **fool around** (*pej*) VI (*waste time*) fazer bagunça; (*behave foolishly*) fazer-se de bobo
foolhardy ['fu:lhɑ:dɪ] ADJ temerário
foolish ['fu:lɪʃ] ADJ bobo; (*stupid*) burro; (*careless*) imprudente
foolishly ['fu:lɪʃlɪ] ADV imprudentemente
foolishness ['fu:lɪʃnɪs] N tolice *f*
foolproof ['fu:lpru:f] ADJ (*plan etc*) infalível
foolscap ['fu:lskæp] N papel *m* ofício
foot [fut] N (*pl* **feet**) pé *m*; (*of animal*) pata; (*measure*) pé (*304 mm; 12 inches*) ▶ VT (*bill*) pagar; **on ~** a pé; **to find one's feet** (*fig*) ambientar-se; **to put one's ~ down** (*Aut*) acelerar; (*say no*) bater o pé
footage ['futɪdʒ] N (*Cinema: length*) ≈ metragem *f*; (: *material*) sequências *fpl*
foot and mouth, foot and mouth disease N febre *f* aftosa
football ['futbɔ:l] N bola; (*game*: BRIT) futebol *m*; (: US) futebol norte-americano
footballer ['futbɔ:lə'], **football player** N futebolista *m*, jogador *m* de futebol
football ground N campo de futebol
football match (BRIT) N partida de futebol
foot brake N freio (BR) *or* travão *m* (PT) de pé
footbridge ['futbrɪdʒ] N passarela
foothills ['futhɪlz] NPL contraforte *m*
foothold ['futhəuld] N apoio para o pé
footing ['futɪŋ] N (*fig*) posição *f*; **to lose one's ~** escorregar; **on an equal ~** em pé de igualdade
footlights ['futlaɪts] NPL ribalta
footman ['futmən] (*irreg: like* **man**) N lacaio
footnote ['futnəut] N nota ao pé da página, nota de rodapé
footpath ['futpɑ:θ] N caminho, atalho; (*pavement*) calçada
footprint ['futprɪnt] N pegada
footrest ['futrest] N suporte *m* para os pés
footsore ['futsɔ:'] ADJ com os pés doloridos
footstep ['futstep] N passo
footwear ['futweə'] N calçados *mpl*
FOR ABBR (= *free on rail*) franco sobre vagão

(KEYWORD)

for [fɔ:'] PREP **1** (*indicating destination, direction*) para; **the train for London** o trem para Londres; **he went for the paper** foi pegar o jornal; **is this for me?** é para mim?; **it's time for lunch** é hora de almoçar
2 (*indicating purpose*) para; **what's it for?** para quê serve?; **to pray for peace** orar pela paz
3 (*on behalf of, representing*) por; **the MP for Hove** o MP por Hove; **he works for the government/a local firm** ele trabalha para o governo/uma firma local; **I'll ask him for you** vou pedir a ele por você; **G for George** G de George
4 (*because of*) por; **for this reason** por esta razão; **for fear of being criticized** com medo de ser criticado
5 (*with regard to*) para; **it's cold for July** está frio para julho; **for everyone who voted yes, 50 voted no** para cada um que votou sim, cinquenta votaram não
6 (*in exchange for*) por; **it was sold for £5** foi vendido por £5
7 (*in favour of*) a favor de; **are you for or against us?** você está a favor de ou contra nós?; **I'm all for it** concordo plenamente, tem todo o meu apoio; **vote for X** vote em X
8 (*referring to distance*): **there are road works for 5 km** há obras na estrada por 5 quilômetros; **we walked for miles** andamos quilômetros
9 (*referring to time*): **he was away for 2 years** esteve fora 2 anos; **she will be away for a month** ela ficará fora um mês; **I have known her for years** eu a conheço há anos; **can you do it for tomorrow?** você pode fazer isso para amanhã?
10 (*with infinite clause*): **it is not for me to decide** não cabe a mim decidir; **it would be best for you to leave** seria melhor que você fosse embora; **there is still time for you to do it** ainda há tempo para você fazer isso; **for this to be possible ...** para que isso seja possível ...
11 (*in spite of*) apesar de; **for all his complaints ...** apesar de suas reclamações, ...
▶ CONJ (*since, as: rather formal*) pois, porque; **she was very angry, for he was late again** ela estava muito zangada pois ele se atrasou novamente

forage ['fɔrɪdʒ] N forragem *f* ▶ VI ir à procura de alimentos
forage cap N casquete *m*
foray ['fɔreɪ] N incursão *f*
forbad(e), forbade [fə'bæd] PT *of* **forbid**
forbearing [fɔ:'bɛərɪŋ] ADJ indulgente
forbid [fə'bɪd] (*pt* **forbad(e)**, *pp* **forbidden**) VT proibir; **to ~ sb to do sth** proibir alguém de fazer algo
forbidden [fə'bɪdn] PP *of* **forbid** ▶ ADJ proibido
forbidding [fə'bɪdɪŋ] ADJ (*look, prospect*) sombrio; (*severe*) severo
force [fɔ:s] N força ▶ VT (*gen, smile*) forçar; (*confession*) arrancar à força; **the Forces** (BRIT) NPL as Forças Armadas; **to ~ sb to do** forçar

alguém a fazer; **in ~** em vigor; **to come into ~** entrar em vigor; **a ~ 5 wind** um vento força 5; **the sales ~** (Comm) a equipe de vendas; **to join ~s** unir forças; **by ~** à força
▶ **force back** VT (crowd, enemy) fazer recuar; (tears) reprimir
▶ **force down** VT (food) forçar-se a comer

forced [fɔːst] ADJ forçado

force-feed ['fɔːsfiːd] (irreg: like **feed**) VT alimentar à força

forceful ['fɔːsful] ADJ enérgico, vigoroso

forcemeat ['fɔːsmiːt] (BRIT) N (Culin) recheio

forceps ['fɔːsɛps] NPL fórceps m inv

forcibly ['fɔːsəblɪ] ADV à força

ford [fɔːd] N vau m ▶ VT vadear

fore [fɔːʳ] N: **to bring to the ~** pôr em evidência; **to come to the ~** (person) salientar-se

forearm ['fɔːrɑːm] N antebraço

forebear ['fɔːbɛəʳ] N antepassado

foreboding [fɔː'bəudɪŋ] N mau pressságio

forecast ['fɔːkɑːst] (irreg: like **cast**) N prognóstico, previsão f; (also: **weather forecast**) previsão do tempo ▶ VT prognosticar, prever

foreclose [fɔː'kləuz] VT (Law: also: **foreclose on**) executar

foreclosure [fɔː'kləuʒəʳ] N execução f de uma hipoteca

forecourt ['fɔːkɔːt] N (of garage) área de estacionamento

forefathers ['fɔːfɑːðəz] NPL antepassados mpl

forefinger ['fɔːfɪŋɡəʳ] N (dedo) indicador m

forefront ['fɔːfrʌnt] N: **in the ~ of** em primeiro plano em

forego [fɔː'ɡəu] (irreg: like **go**) VT (give up) renunciar a; (go without) abster-se de

foregoing ['fɔːɡəuɪŋ] ADJ acima mencionado
▶ N: **the ~** o supracitado

foregone ['fɔːɡɔn] PP of **forego** ▶ ADJ: **it's a ~ conclusion** é uma conclusão inevitável

foreground ['fɔːɡraund] N primeiro plano
▶ CPD (Comput) de primeiro plano

forehand ['fɔːhænd] N (Tennis) golpe m de frente

forehead ['fɔrɪd] N testa

foreign ['fɔrɪn] ADJ estrangeiro; (trade) exterior

foreign body N corpo estranho

foreign currency N câmbio, divisas fpl

foreigner ['fɔrɪnəʳ] N estrangeiro(-a)

foreign exchange N (system) câmbio; (money) divisas fpl

foreign exchange market N mercado de câmbio

foreign exchange rate N taxa de câmbio

foreign investment N investimento estrangeiro

Foreign Office (BRIT) N Ministério das Relações Exteriores

foreign secretary (BRIT) N ministro das Relações Exteriores

foreleg ['fɔːlɛɡ] N perna dianteira

foreman ['fɔːmən] (irreg: like **man**) N capataz m; (in construction) contramestre m; (Law: of jury) primeiro jurado

foremost ['fɔːməust] ADJ principal ▶ ADV: **first and ~** antes de mais nada

forename ['fɔːneɪm] N prenome m

forensic [fə'rɛnsɪk] ADJ forense; **~ medicine** medicina legal; **~ expert** perito(-a) criminal

foreplay ['fɔːpleɪ] N preliminares fpl

forerunner ['fɔːrʌnəʳ] N precursor(a) m/f

foresee [fɔː'siː] (irreg: like **see**) VT prever

foreseeable [fɔː'siːəbl] ADJ previsível

foreshadow [fɔː'fædəu] VT prefigurar

foreshorten [fɔː'ʃɔːtn] VT escorçar

foresight ['fɔːsaɪt] N previdência

foreskin ['fɔːskɪn] N (Anat) prepúcio

forest ['fɔrɪst] N floresta

forestall [fɔː'stɔːl] VT prevenir

forestry ['fɔrɪstrɪ] N silvicultura

foretaste ['fɔːteɪst] N antegosto, antegozo; (sample) amostra

foretell [fɔː'tɛl] (irreg: like **tell**) VT predizer, profetizar

forethought ['fɔːθɔːt] N previdência

foretold [fɔː'təuld] PT, PP of **foretell**

forever [fə'rɛvəʳ] ADV para sempre; (a long time) muito tempo, um tempão (inf); **he's ~ forgetting my name** ele vive esquecendo o meu nome

forewarn [fɔː'wɔːn] VT prevenir

forewent [fɔː'wɛnt] PT of **forego**

foreword ['fɔːwəːd] N prefácio

forfeit ['fɔːfɪt] N prenda, perda; (fine) multa
▶ VT perder (direito a); (one's life, health) pagar com

forgave [fə'ɡeɪv] PT of **forgive**

forge [fɔːdʒ] N forja; (smithy) ferraria ▶ VT (signature, money) falsificar; (metal) forjar
▶ **forge ahead** VI avançar constantemente

forger ['fɔːdʒəʳ] N falsificador(a) m/f

forgery ['fɔːdʒərɪ] N falsificação f

forget [fə'ɡɛt] (pt **forgot**, pp **forgotten**) VT, VI esquecer

forgetful [fə'ɡɛtful] ADJ esquecido

forgetfulness [fə'ɡɛtfulnɪs] N esquecimento

forget-me-not N miosótis m

forgive [fə'ɡɪv] (pt **forgave**, pp **forgiven**) VT perdoar; **to ~ sb for sth** perdoar algo a alguém, perdoar alguém de algo

forgiveness [fə'ɡɪvnɪs] N perdão m

forgiving [fə'ɡɪvɪŋ] ADJ clemente

forgo [fɔː'ɡəu] (irreg: like **go**) VT = **forego**

forgot [fə'ɡɔt] PT of **forget**

forgotten [fə'ɡɔtn] PP of **forget**

fork [fɔːk] N (for eating) garfo; (for gardening) forquilha; (of roads etc) bifurcação f ▶ VI (road) bifurcar-se
▶ **fork out** (inf) VT (pay) desembolsar, morrer em ▶ VI (pay) descolar uma grana

forked [fɔːkt] ADJ (lightning) em ziguezague

fork-lift truck N empilhadeira

forlorn [fə'lɔːn] ADJ (person, place) desolado; (attempt) desesperado; (hope) último

form [fɔ:m] N forma; (*type*) tipo; (*Sch*) série *f*; (*questionnaire*) formulário ▶ VT formar; (*organization*) criar; **in the ~ of** na forma de; **to ~ part of sth** fazer parte de algo; **to ~ a queue** (BRIT) fazer fila; **to be in good ~** (*Sport, fig*) estar em forma; **in top ~** em plena forma

formal ['fɔ:məl] ADJ (*offer, receipt*) oficial; (*person etc*) cerimonioso; (*occasion, education*) formal; (*dress*) a rigor (BR), de cerimônia (PT); (*garden*) simétrico

formalities [fɔ:'mælɪtɪz] NPL (*procedures*) formalidades *fpl*

formality [fɔ:'mælɪtɪ] N (*of person*) formalismo; (*formal requirement*) formalidade *f*; (*ceremony*) cerimônia

formalize ['fɔ:məlaɪz] VT formalizar

formally ['fɔ:məlɪ] ADV oficialmente, formalmente; (*in a formal way*) formalmente

format ['fɔ:mæt] N formato ▶ VT (*Comput*) formatar

formation [fɔ:'meɪʃən] N formação *f*

formative ['fɔ:mətɪv] ADJ (*years*) formativo

former ['fɔ:məʳ] ADJ anterior; (*earlier*) antigo; (*ex*) ex-; **the ~ ... the latter ...** aquele ... este ...; **the ~ president** o ex-presidente

formerly ['fɔ:məlɪ] ADV anteriormente

form feed N (*on printer*) alimentar formulário

formidable ['fɔ:mɪdəbl] ADJ terrível, temível

formula ['fɔ:mjulə] (*pl* **formulas** *or* **formulae**) N fórmula; **F~ One** (*Aut*) Fórmula Um

formulate ['fɔ:mjuleɪt] VT formular

fornicate ['fɔ:nɪkeɪt] VI fornicar

forsake [fə'seɪk] (*pt* **forsook**, *pp* **forsaken**) VT abandonar; (*plan*) renunciar a

forsaken [fə'seɪkən] PP *of* **forsake**

forsook [fə'suk] PT *of* **forsake**

fort [fɔ:t] N forte *m*; **to hold the ~** (*fig*) aguentar a mão

forte ['fɔ:tɪ] N forte *m*

forth [fɔ:θ] ADV para adiante; **back and ~** de cá para lá; **and so ~** e assim por diante

forthcoming ['fɔ:θ'kʌmɪŋ] ADJ próximo, que está para aparecer; (*help*) disponível; (*person*) comunicativo; (*book*) a ser publicado

forthright ['fɔ:θraɪt] ADJ franco

forthwith ['fɔ:θ'wɪθ] ADV em seguida

fortieth ['fɔ:tɪɪθ] NUM quadragésimo; *see also* **fifth**

fortification [fɔ:tɪfɪ'keɪʃən] N fortificação *f*

fortified wine ['fɔ:tɪfaɪd-] N vinho generoso

fortify ['fɔ:tɪfaɪ] VT (*city*) fortificar; (*person*) fortalecer

fortitude ['fɔ:tɪtjuːd] N fortaleza

fortnight ['fɔ:tnaɪt] (BRIT) N quinzena, quinze dias *mpl*

fortnightly ['fɔ:tnaɪtlɪ] ADJ quinzenal ▶ ADV quinzenalmente

FORTRAN ['fɔ:træn] N FORTRAN *m*

fortress ['fɔ:trɪs] N fortaleza

fortuitous [fɔ:'tju:ɪtəs] ADJ fortuito

fortunate ['fɔ:tʃənɪt] ADJ (*event*) feliz; (*person*): **to be ~** ter sorte; **it is ~ that ...** é uma sorte que ...

fortunately ['fɔ:tʃənɪtlɪ] ADV felizmente

fortune ['fɔ:tʃən] N sorte *f*; (*wealth*) fortuna; **to make a ~** fazer fortuna

fortune-teller N adivinho(-a)

forty ['fɔ:tɪ] NUM quarenta; *see also* **fifty**

forum ['fɔ:rəm] N foro

forward ['fɔ:wəd] ADJ (*movement*) para a frente; (*position*) avançado; (*front*) dianteiro; (*not shy*) imodesto, presunçoso; (*Comm: delivery*) futuro; (: *sales, exchange*) a termo ▶ N (*Sport*) atacante *m* ▶ ADV para a frente ▶ VT (*letter*) remeter; (*goods, parcel*) expedir; (*career*) promover; (*plans*) ativar; **to move ~** avançar; **"please ~"** "por favor remeta a novo endereço"; **~ planning** planejamento para o futuro

forwards ['fɔ:wədz] ADV para a frente

forward slash N barra

forwent [fɔ:'wɛnt] PT *of* **forgo**

fossil ['fɔsl] N fóssil *m*

fossil fuel N combustível *m* fóssil

foster ['fɔstəʳ] VT tutelar; (*activity*) promover

foster brother N irmão *m* de criação

foster child (*irreg: like* **child**) N tutelado(-a)

foster mother N tutora

foster sister N irmã *f* de criação

fought [fɔ:t] PT, PP *of* **fight**

foul [faul] ADJ sujo, porco; (*food*) podre; (*weather*) horrível; (*language*) obsceno; (*deed*) infame ▶ N (*Sport*) falta ▶ VT (*dirty*) sujar; (*block*) entupir; (*football player*) cometer uma falta contra; (*entangle: anchor, propeller*) enredar

foul play N (*Sport*) jogada suja; (*Law*) crime *m*

found [faund] PT, PP *of* **find** ▶ VT (*establish*) fundar

foundation [faun'deɪʃən] N (*act*) fundação *f*; (*base*) base *f*; (*also:* **foundation cream**) creme *m* base; **foundations** NPL (*of building*) alicerces *mpl*; **to lay the ~s** (*fig*) lançar os alicerces

foundation stone N pedra fundamental

founder ['faundəʳ] N fundador(a) *m/f* ▶ VI naufragar

founding ['faundɪŋ] N fundação *f* ▶ ADJ fundador(a)

foundry ['faundrɪ] N fundição *f*

fount [faunt] N fonte *f*

fountain ['fauntɪn] N chafariz *m*

fountain pen N caneta-tinteiro *f*

four [fɔ:ʳ] NUM quatro; **on all ~s** de quatro; *see also* **five**

four-by-four [fɔ:baɪ'fɔ:ʳ] N 4x4 *m* (*quatro por quatro*)

four-letter word ['fɔ:lɛtə-] N palavrão *m*

four-poster N (*also:* **four-poster bed**) cama com colunas

foursome ['fɔ:səm] N grupo de quatro pessoas

fourteen ['fɔ:'ti:n] NUM catorze; *see also* **five**

fourteenth ['fɔ:'ti:nθ] NUM décimo-quarto; *see also* **fifth**

fourth [fɔ:θ] NUM quarto ▶ N (*Aut: also:* **fourth gear**) quarta; *see also* **fifth**

four-wheel drive – freeze | 142

four-wheel drive N (Aut): **with ~** com tração nas quatro rodas
fowl [faul] N ave f (doméstica)
fox [fɔks] N raposa ▶ VT deixar perplexo
fox fur N raposa
foxglove ['fɔksɡlʌv] N (Bot) dedaleira
fox-hunting N caça à raposa
foxtrot ['fɔkstrɔt] N foxtrote m
foyer ['fɔɪeɪ] N saguão m
FP N ABBR (BRIT) = **former pupil**; (US) = **fireplug**
FPA (BRIT) N ABBR = **Family Planning Association**
Fr. ABBR (Rel: = father) P.; (= friar) Fr.
fr. ABBR (= franc) fr.
fracas ['fræka:] N desordem f, rixa
fraction ['frækʃən] N fração f
fractionally ['frækʃnəlɪ] ADV ligeiramente
fractious ['frækʃəs] ADJ irascível
fracture ['fræktʃəʳ] N fratura ▶ VT fraturar
fragile ['frædʒaɪl] ADJ frágil
fragment ['fræɡmənt] N fragmento
fragmentary ['fræɡməntərɪ] ADJ fragmentário
fragrance ['freɪɡrəns] N fragrância
fragrant ['freɪɡrənt] ADJ fragrante, perfumado
frail [freɪl] ADJ (person) fraco; (structure) frágil; (weak) delicado
frame [freɪm] N (of building) estrutura; (body) corpo; (Tech) armação f; (of picture, door) moldura; (of spectacles: also: **frames**) armação f, aro ▶ VT enquadrar, encaixilhar; (picture) emoldurar; (reply) formular; (inf) incriminar
frame of mind N estado de espírito
framework ['freɪmwə:k] N armação f; (fig) sistema m, quadro
France [frɑ:ns] N França
franchise ['fræntʃaɪz] N (Pol) direito de voto; (Comm) concessão f
franchisee [fræntʃaɪ'zi:] N concessionário(-a)
franchiser ['fræntʃaɪzəʳ] N concedente m/f
frank [fræŋk] ADJ franco ▶ VT (letter) franquear
Frankfurt ['fræŋkfə:t] N Frankfurt (BR), Francoforte (PT)
frankfurter ['fræŋkfə:təʳ] N salsicha de cachorro quente
franking machine ['fræŋkɪŋ-] N máquina de selagem
frankly ['fræŋklɪ] ADV francamente; (candidly) abertamente
frankness ['fræŋknɪs] N franqueza
frantic ['fræntɪk] ADJ frenético; (person) fora de si
frantically ['fræntɪklɪ] ADV freneticamente
fraternal [frə'tə:nl] ADJ fraterno
fraternity [frə'tə:nɪtɪ] N (club) fraternidade f; (US) clube m de estudantes; (guild) confraria
fraternize ['frætənaɪz] VI confraternizar
fraud [frɔ:d] N fraude f; (person) impostor(a) m/f
fraudulent ['frɔ:djulənt] ADJ fraudulento

fraught [frɔ:t] ADJ tenso; **~ with** repleto de
fray [freɪ] N combate m, luta ▶ VT esfiapar ▶ VI esfiapar-se; **tempers were ~ed** estavam com os nervos em frangalhos
FRB (US) N ABBR = **Federal Reserve Board**
FRCM (BRIT) N ABBR = **Fellow of the Royal College of Music**
FRCO (BRIT) N ABBR = **Fellow of the Royal College of Organists**
FRCP (BRIT) N ABBR = **Fellow of the Royal College of Physicians**
FRCS (BRIT) N ABBR = **Fellow of the Royal College of Surgeons**
freak [fri:k] N (person) anormal m/f; (event) anomalia; (thing) aberração f; (inf: enthusiast): **health ~** maníaco(-a) com a saúde
▶ **freak out** (inf) VI (on drugs) baratinar-se; (get angry) ficar uma fera
freakish ['fri:kɪʃ] ADJ anormal
freckle ['frɛkl] N sarda
free [fri:] ADJ livre; (seat) desocupado; (not fixed) solto; (costing nothing) gratis, gratuito; (liberal) generoso ▶ VT (prisoner etc) pôr em liberdade; (jammed object) soltar; **to give sb a ~ hand** dar carta branca a alguém; **~ and easy** informal; **admission ~** entrada livre; **~ (of charge)**, **(for free)** grátis, de graça
freebie ['fri:bɪ] (inf) N brinde m; (trip etc): **it's a ~** está tudo pago
freedom ['fri:dəm] N liberdade f
freedom fighter N lutador(a) m/f pela liberdade
free enterprise N livre iniciativa
free-for-all N quebra-quebra m
free gift N brinde m
freehold ['fri:həuld] N propriedade f livre e alodial
free kick N (tiro) livre m
freelance ['fri:lɑ:ns] ADJ freelance
freelancer ['fri:lɑ:nsəʳ] N freelance m/f
freeloader ['fri:ləudəʳ] (pej) N sanguessuga m
freely ['fri:lɪ] ADV livremente
freemason ['fri:meɪsən] N maçom m
freemasonry ['fri:meɪsnrɪ] N maçonaria
Freepost® ['fri:pəust] N porte m pago
free-range N (egg) caseiro
free sample N amostra grátis
free speech N liberdade f de expressão
free trade N livre comércio
freeway ['fri:weɪ] (US) N via expressa
freewheel [fri:'wi:l] VI ir em ponto morto
freewheeling [fri:'wi:lɪŋ] ADJ independente, livre
free will N livre arbítrio; **of one's own ~** por sua própria vontade
freeze [fri:z] (pt **froze**, pp **frozen**) VI gelar(-se), congelar-se ▶ VT gelar; (prices, food, salaries) congelar ▶ N geada; (on arms, wages) congelamento
▶ **freeze over** VI (lake, river) gelar; (windscreen) cobrir-se de gelo
▶ **freeze up** VI gelar

freeze-dried ADJ liofilizado
freezer ['fri:zə^r] N congelador m, freezer m (BR)
freezing ['fri:zɪŋ] ADJ: ~ **(cold)** (weather) glacial; (water) gelado; **3 degrees below ~** 3 graus abaixo de zero
freezing point N ponto de congelamento
freight [freɪt] N (goods) carga; (money charged) frete m; ~ **forward** frete pago na chegada; ~ **inward** frete incluído no preço
freight car (US) N vagão m de carga
freighter ['freɪtə^r] N cargueiro
freight forwarder [-'fɔ:wədə^r] N despachante m/f
freight train (US) N trem m de carga
French [frɛntʃ] ADJ francês(-esa) ▶ N (Ling) francês m; **the French** NPL os franceses
French bean (BRIT) N feijão m comum
French-Canadian ADJ franco-canadense ▶ N canadense m/f francês(-esa) or da parte francesa; (Ling) francês m do Canadá
French dressing N (Culin) molho francês (de salada)
French fried potatoes, French fries (esp US) NPL batatas fpl fritas
French Guiana [-gaɪ'ænə] N Guiana Francesa
French kiss N beijo de língua
Frenchman ['frɛntʃmən] (irreg: like **man**) N francês m
French Riviera N: **the ~** a Costa Azul
French window N porta-janela, janela de batente
Frenchwoman ['frɛntʃwumən] (irreg: like **woman**) N francesa
frenetic [frə'nɛtɪk] ADJ frenético
frenzy ['frɛnzɪ] N frenesi m
frequency ['fri:kwənsɪ] N frequência
frequency modulation N frequência modulada
frequent [adj 'fri:kwənt, vt frɪ'kwɛnt] ADJ frequente ▶ VT frequentar
frequently ['fri:kwəntlɪ] ADV frequentemente, a miúdo
fresco ['frɛskəu] N fresco
fresh [frɛʃ] ADJ fresco; (new) novo; (cheeky) atrevido; **to make a ~ start** começar de novo
freshen ['frɛʃən] VI (wind, air) tornar-se mais forte
 ▶ **freshen up** VI (person) lavar-se, refrescar-se
freshener ['frɛʃnə^r] N: **skin ~** refrescante m da pele; **air ~** purificador m de ar
fresher ['frɛʃə^r] (BRIT inf) N (Sch) calouro(-a)
freshly ['frɛʃlɪ] ADV (newly) novamente; (recently) recentemente, há pouco
freshman ['frɛʃmən] (US) (irreg: like **man**) N = **fresher**
freshness ['frɛʃnɪs] N frescor m
freshwater ['frɛʃwɔ:tə^r] ADJ de água doce
fret [frɛt] VI afligir-se
fretful ['frɛtful] ADJ irritável
Freudian ['frɔɪdɪən] ADJ freudiano; ~ **slip** ato falho

FRG N ABBR (= Federal Republic of Germany) RFA f
Fri. ABBR (= Friday) sex.
friar ['fraɪə^r] N frade m; (before name) frei m
friction ['frɪkʃən] N fricção f; (between people) atrito
friction feed N (on printer) alimentação f por fricção
Friday ['fraɪdɪ] N sexta-feira f; see also **Tuesday**
fridge [frɪdʒ] N geladeira (BR), frigorífico (PT)
fried [fraɪd] PT, PP of **fry** ▶ ADJ frito; ~ **egg** ovo estrelado or frito
friend [frɛnd] N amigo(-a) ▶ VT (on social network) adicionar como amigo; **to make ~s with sb** fazer amizade com alguém
friendliness ['frɛndlɪnɪs] N simpatia
friendly ['frɛndlɪ] ADJ (kind) simpático; (relations, behaviour) amigável ▶ N (also: **friendly match**) amistoso; **to be ~ with** ser amigo de; **to be ~ to** ser simpático com
friendly society N sociedade f mutuante, mútua
friendship ['frɛndʃɪp] N amizade f
fries [fraɪz] (esp US) NPL = **French fried potatoes**
frieze [fri:z] N friso
frigate ['frɪgɪt] N fragata
fright [fraɪt] N (terror) terror m; (scare) pavor m; **to take ~** assustar-se
frighten ['fraɪtən] VT assustar
 ▶ **frighten away** VT espantar
 ▶ **frighten off** VT espantar
frightened ['fraɪtnd] ADJ: **to be ~ of** ter medo de
frightening ['fraɪtnɪŋ] ADJ assustador(a)
frightful ['fraɪtful] ADJ terrível, horrível
frightfully ['fraɪtfulɪ] ADV terrivelmente
frigid ['frɪdʒɪd] ADJ (Med) frígido, frio
frigidity [frɪ'dʒɪdɪtɪ] N (Med) frigidez f
frill [frɪl] N babado; **without ~s** (fig: car) sem nenhum luxo; (: dinner) simples; (: service) sem mordomias; (: holiday) sem extras
fringe [frɪndʒ] N franja; (on shawl etc) beira, orla; (edge: of forest etc) margem f; (fig): **on the ~ of** à margem de
fringe benefits NPL benefícios mpl adicionais
fringe theatre N teatro de vanguarda
frisk [frɪsk] VT revistar
frisky ['frɪskɪ] ADJ alegre, animado
fritter ['frɪtə^r] N bolinho frito
 ▶ **fritter away** VT desperdiçar
frivolity [frɪ'vɔlɪtɪ] N frivolidade f
frivolous ['frɪvələs] ADJ frívolo; (activity) fútil
frizzy ['frɪzɪ] ADJ frisado
fro [frəu] ADJ see **to**
frock [frɔk] N vestido
frog [frɔg] N rã f; **to have a ~ in one's throat** ter pigarro
frogman ['frɔgmən] (irreg: like **man**) N homem-rã m
frogmarch ['frɔgmɑ:tʃ] (BRIT) VT: **to ~ sb in/out** arrastar alguém para dentro/para fora
frolic ['frɔlɪk] VI brincar

(KEYWORD)

from [frɔm] PREP **1** (*indicating starting place*) de; **where do you come from?** de onde você é?; **we flew from London to Glasgow** fomos de avião de Londres para Glasgow; **to escape from sth/sb** escapar de algo/ alguém
2 (*indicating origin etc*) de; **a letter/telephone call from my sister** uma carta/um telefonema da minha irmã; **tell him from me that ...** diga a ele que da minha parte ...; **to drink from the bottle** beber na garrafa
3 (*indicating time*): **from one o'clock to** or **until** or **till two** da uma hora até às duas; **from January (on)** a partir de janeiro
4 (*indicating distance*) de; **we're still a long way from home** ainda estamos muito longe de casa
5 (*indicating price, number etc*) de; **prices range from £10 to £50** os preços vão de £10 a £50; **the interest rate was increased from 9% to 10%** a taxa de juros foi aumentada de 9% para 10%
6 (*indicating difference*) de; **he can't tell red from green** ele não pode diferenciar vermelho do verde; **to be different from sb/sth** ser diferente de alguém/algo
7 (*because of/on the basis of*): **from what he says** pelo que ele diz; **from what I understand** pelo que eu entendo; **to act from conviction** agir por convicção; **weak from hunger** fraco de fome

frond [frɔnd] N fronde f
front [frʌnt] N (*of dress*) frente f; (*of vehicle*) parte f dianteira; (*of house*) fachada; (*of book*) capa; (*promenade: also*: **sea front**) orla marítima; (*Mil, Pol, Meteorology, of dress*) frente f; (*fig: appearances*) fachada ▶ ADJ dianteiro, da frente ▶ VI: **to ~ onto sth** dar para algo; **in ~ (of)** em frente (de)
frontage ['frʌntɪdʒ] N fachada
frontal ['frʌntəl] ADJ frontal
front bench (BRIT) N (Pol) *os dirigentes do partido no poder ou da oposição*
front desk (US) N (*in hotel, at doctor's*) recepção f
front door N porta principal; (*of car*) porta dianteira
frontier ['frʌntɪər] N fronteira
frontispiece ['frʌntɪspiːs] N frontispício
front page N primeira página
front room (BRIT) N salão m, sala de estar
front runner N (*fig*) favorito(-a)
front-wheel drive N tração f dianteira
frost [frɔst] N geada; (*also*: **hoarfrost**) gelo
frostbite ['frɔstbaɪt] N ulceração f produzida pelo frio
frosted ['frɔstɪd] ADJ (*glass*) fosco; (*esp US: cake*) com cobertura
frosting ['frɔstɪŋ] (*esp US*) N (*on cake*) glacê f
frosty ['frɔstɪ] ADJ (*window*) coberto de geada; (*welcome*) glacial
froth [frɔθ] N espuma

frown [fraun] N olhar m carrancudo, cara amarrada ▶ VI franzir as sobrancelhas, amarrar a cara
▶ **frown on** VT FUS (*fig*) desaprovar, não ver com bons olhos
froze [frəuz] PT *of* **freeze**
frozen ['frəuzn] PP *of* **freeze** ▶ ADJ congelado; **~ foods** congelados mpl
FRS N ABBR (BRIT: = *Fellow of the Royal Society*) *membro de associação promovedora de pesquisa científica*; (US: = *Federal Reserve System*) *banco central dos EUA*
frugal ['fruːgəl] ADJ frugal
fruit [fruːt] N INV fruta; (*fig: results*) fruto
fruiterer ['fruːtərər] N fruteiro(-a); **~'s (shop)** fruteria (BR), frutaria (PT)
fruitful ['fruːtful] ADJ proveitoso
fruition [fruːˈɪʃən] N: **to come to ~** realizar-se
fruit juice N suco (BR) *or* sumo (PT) de frutas
fruitless ['fruːtlɪs] ADJ inútil, vão(-vã)
fruit machine (BRIT) N caça-níqueis m inv (BR), máquina de jogo (PT)
fruit salad N salada de frutas
frump [frʌmp] N careta (*mulher antiquada*)
frustrate [frʌsˈtreɪt] VT frustrar
frustrated [frʌsˈtreɪtɪd] ADJ frustrado
frustrating [frʌsˈtreɪtɪŋ] ADJ frustrante
frustration [frʌsˈtreɪʃən] N frustração f; (*disappointment*) decepção f
fry [fraɪ] (*pt, pp* **fried**) VT fritar; *see also* **small fry**
frying pan ['fraɪɪŋ-] N frigideira
FT (BRIT) N ABBR (= *Financial Times*) *jornal financeiro*; **the FT index** o índice da Bolsa de Valores de Londres
ft. ABBR = **foot; feet**
FTC (US) N ABBR = **Federal Trade Commission**
fuchsia ['fjuːʃə] N fúcsia
fuck [fʌk] (!) VI trepar (!) ▶ VT trepar com (!); **~ off** vai tomar no cu! (!)
fuddled ['fʌdld] ADJ (*muddled*) confuso, enrolado
fuddy-duddy ['fʌdɪdʌdɪ] (*pej*) ADJ, N careta m/f
fudge [fʌdʒ] N (Culin) ≈ doce m de leite ▶ VT (*issue, problem*) evadir
fuel [fjuəl] N (*gen, for heating*) combustível m; (*for propelling*) carburante m
fuel oil N óleo combustível
fuel pump N (Aut) bomba de gasolina
fuel tank N depósito de combustível
fug [fʌg] (BRIT) N bafio
fugitive ['fjuːdʒɪtɪv] N fugitivo(-a)
fulfil, (US) **fulfill** [fulˈfɪl] VT (*function*) cumprir; (*condition*) satisfazer; (*wish, desire*) realizar
fulfilled [fulˈfɪld] ADJ (*person*) realizado
fulfilment, (US) **fulfillment** [fulˈfɪlmənt] N satisfação f; (*of wish, desire*) realização f
full [ful] ADJ cheio; (*fig*) pleno; (*use, volume*) máximo; (*complete*) completo; (*information*) detalhado; (*price*) integral; (*skirt*) folgado
▶ ADV: **~ well** perfeitamente; **I'm ~ (up)** estou satisfeito; **~ (up)** (*hotel etc*) lotado; **~ employment** pleno emprego; **~ fare**

passagem completa; **a ~ two hours** duas horas completas; **at ~ speed** a toda a velocidade; **in ~** (*reproduce, quote*) integralmente; (*name*) por completo; **~ employment** pleno emprego

fullback ['fulbæk] N zagueiro (BR), defesa m (PT)

full-blooded [-'blʌdɪd] ADJ (*vigorous*) vigoroso

full-cream (BRIT) ADJ: **~ milk** leite m integral

full-grown ADJ crescido, adulto

full-length ADJ (*portrait*) de corpo inteiro; (*coat*) longo; **~ (feature) film** longa-metragem m

full moon N lua cheia

full-scale ADJ (*model*) em tamanho natural; (*war*) em grande escala

full-sized [-saɪzd] ADJ (*portrait etc*) em tamanho natural

full stop N ponto (final)

full-time ADJ (*work*) de tempo completo or integral ▶ N: **full time** (*Sport*) final m

fully ['fulɪ] ADV completamente; (*at least*) pelo menos

fully-fledged [-flɛdʒd] ADJ (*teacher, barrister*) diplomado; (*citizen, member*) verdadeiro

fulsome ['fulsəm] (*pej*) ADJ extravagante

fumble ['fʌmbl] VI atrapalhar-se ▶ VT (*ball*) atrapalhar-se com, apanhar de (*inf*)
▶ **fumble with** VT FUS atrapalhar-se com, apanhar de (*inf*)

fume [fjuːm] VI fumegar; (*be angry*) estar com raiva; **fumes** NPL gases mpl

fumigate ['fjuːmɪgeɪt] VT fumigar; (*against pests etc*) pulverizar

fun [fʌn] N (*amusement*) divertimento; (*joy*) alegria; **to have ~** divertir-se; **for ~** de brincadeira; **it's not much ~** não tem graça; **to make ~ of** fazer troça de, zombar de

function ['fʌŋkʃən] N função f; (*reception, dinner*) recepção f ▶ VI funcionar; **to ~ as** funcionar como

functional ['fʌŋkʃənəl] ADJ funcional; (*practical*) prático

function key N (*Comput*) tecla de função

fund [fʌnd] N fundo m; (*source, store*) fonte f; **funds** NPL (*money*) fundos mpl

fundamental [fʌndə'mɛntl] ADJ fundamental

fundamentalist [fʌndə'mɛntəlɪst] N fundamentalista m/f

fundamentally [fʌndə'mɛntəlɪ] ADV fundamentalmente

fundamentals [fʌndə'mɛntlz] NPL fundamentos mpl

fund-raising [-reɪzɪŋ] N angariação f de fundos

funeral ['fjuːnərəl] N (*burial*) enterro; (*ceremony*) exéquias fpl

funeral director N agente m/f funerário(-a)

funeral parlour N casa funerária

funeral service N missa fúnebre

funereal [fjuː'nɪərɪəl] ADJ fúnebre, funéreo

funfair ['fʌnfɛər] (BRIT) N parque m de diversões

fungi ['fʌngaɪ] NPL of **fungus**

fungus ['fʌŋgəs] (pl **fungi**) N fungo m; (*mould*) bolor m, mofo

funicular [fjuː'nɪkjuləʳ] N (*also*: **funicular railway**) funicular m

funky ['fʌŋkɪ] ADJ (*music*) funkado; (*esp US inf: unusual*) superdiferente

funnel ['fʌnl] N funil m; (*of ship*) chaminé f

funnily ['fʌnɪlɪ] ADV: **~ enough** por incrível que pareça

funny ['fʌnɪ] ADJ engraçado, divertido; (*strange*) esquisito, estranho

funny bone N parte sensível do cotovelo

fur [fəːʳ] N pele f; (BRIT: *in kettle etc*) depósito, crosta

fur coat N casaco de peles

furious ['fjuərɪəs] ADJ furioso; (*effort*) incrível

furiously ['fjuərɪəslɪ] ADV com fúria; (*argue*) com violência

furl [fəːl] VT enrolar; (*Naut*) colher

furlong ['fəːlɔŋ] N 201.17m

furlough ['fəːləu] N licença

furnace ['fəːnɪs] N forno

furnish ['fəːnɪʃ] VT mobiliar (BR), mobilar (PT); (*supply*): **to ~ sb with sth** fornecer algo a alguém; **~ed flat** (BRIT) or **apartment** (US) apartamento mobiliado (BR) or mobilado (PT)

furnishings ['fəːnɪʃɪŋz] NPL mobília f

furniture ['fəːnɪtʃəʳ] N mobília, móveis mpl; **piece of ~** móvel m

furniture polish N cera de lustrar móveis

furore [fjuə'rɔːrɪ] N furor m

furrier ['fʌrɪəʳ] N peleiro(-a)

furrow ['fʌrəu] N (*in field*) rego; (*in skin*) sulco

furry ['fəːrɪ] ADJ peludo; (*toy*) de pelúcia

further ['fəːðəʳ] ADJ (*new*) novo, adicional ▶ ADV mais longe; (*more*) mais; (*moreover*) além disso ▶ VT promover; **how much ~ is it?** quanto mais tem que se ir?; **until ~ notice** até novo aviso; **~ to your letter of ...** (*Comm*) em resposta à sua carta do ...

further education (BRIT) N educação f superior

furthermore [fəːðə'mɔːʳ] ADV além disso

furthermost ['fəːðəməust] ADJ mais distante

furthest ['fəːðɪst] SUPERL of **far**

furtive ['fəːtɪv] ADJ furtivo

furtively ['fəːtɪvlɪ] ADV furtivamente

fury ['fjuərɪ] N fúria

fuse, (US) **fuze** [fjuːz] N fusível m; (*for bomb etc*) espoleta, mecha ▶ VT fundir; (*fig*) unir ▶ VI (*metal*) fundir-se; unir-se; **to ~ the lights** (BRIT Elec) queimar as luzes; **a ~ has blown** queimou um fusível

fuse box N caixa de fusíveis

fuselage ['fjuːzəlɑːʒ] N fuselagem f

fuse wire N fio fusível

fusillade [fjuːzɪ'leɪd] N fuzilada; (*fig*) saraivada

fusion ['fjuːʒən] N fusão f

fuss [fʌs] N (*uproar*) rebuliço; (*excitement*) estardalhaço; (*complaining*) escândalo ▶ VI criar caso; **to make a ~** criar caso; **to make**

a ~ of sb paparicar alguém
▶ fuss over VT FUS (*person*) paparicar
fussy ['fʌsɪ] ADJ (*person*) exigente, complicado, cheio de coisas (*inf*); (*dress, style*) espalhafatoso; **I'm not** ~ (*inf*) para mim, tanto faz
futile ['fju:taɪl] ADJ (*existence*) fútil; (*attempt*) inútil, fútil
futility [fju:'tɪlɪtɪ] N inutilidade *f*
future ['fju:tʃə^r] ADJ futuro ▶ N futuro; (*prospects*) perspectiva; **futures** NPL (*Comm*) operações *fpl* a termo; **in (the)** ~ no futuro;
in the near/immediate ~ em futuro próximo/imediato
futuristic [fju:tʃə'rɪstɪk] ADJ futurístico
fuze [fju:z] (US) N, VT, VI = **fuse**
fuzzy ['fʌzɪ] ADJ (*Phot*) indistinto; (*hair*) frisado, encrespado
fwd. ABBR = **forward**
fwy (US) ABBR = **freeway**
FY ABBR = **fiscal year**
FYI ABBR (= *for your information*) para seu conhecimento

Gg

G¹, g [dʒi:] N (letter) G, g m; (Mus): **G** sol m; **G for George** G de Gomes
G² N ABBR (BRIT Sch) = **good**; (US Cinema: = general (audience)) livre
g ABBR (= gram) g; (= gravity) g
GA (US) ABBR (Post) = **Georgia**
gab [gæb] (inf) N: **to have the gift of the ~** ter lábia, ser bom de bico
gabble ['gæbl] VI tagarelar
gaberdine [gæbə'di:n] N gabardina, gabardine f
gable ['geɪbl] N cumeeira
Gabon [gə'bɔn] N Gabão m
gad about [gæd-] (inf) VI badalar
gadget ['gædʒɪt] N aparelho, engenhoca; (in kitchen) pequeno utensílio
Gaelic ['geɪlɪk] ADJ gaélico(-a) ▶ N (Ling) gaélico
gaffe [gæf] N gafe f
gag [gæg] N (on mouth) mordaça; (joke) piada ▶ VT amordaçar
gaga ['gɑ:gɑ:] ADJ: **to go ~** ficar gagá
gaiety ['geɪɪtɪ] N alegria
gaily ['geɪlɪ] ADV alegremente; (coloured) vivamente
gain [geɪn] N ganho; (profit) lucro ▶ VT ganhar ▶ VI (watch) adiantar-se; (benefit): **to ~ from sth** tirar proveito de algo; **to ~ on sb** aproximar-se de alguém; **to ~ 3lbs (in weight)** engordar 3 libras; **to ~ ground** ganhar terreno
gainful ['geɪnful] ADJ lucrativo, proveitoso
gainsay [geɪn'seɪ] (irreg: like **say**) VT (contradict) contradizer; (deny) negar
gait [geɪt] N modo de andar
gal. ABBR = **gallon**
gala ['gɑ:lə] N festa, gala; **swimming ~** festival de natação
Galapagos [gə'læpəgəs], **Galapagos Islands** NPL: **the ~ (Islands)** as ilhas Galápagos
galaxy ['gæləksɪ] N galáxia
gale [geɪl] N (wind) ventania; **~ force 10** vento de força 10
gall [gɔ:l] N (Anat) fel m, bílis f; (fig) descaramento ▶ VT irritar
gall. ABBR = **gallon**
gallant ['gælənt] ADJ valente; (polite) galante
gallantry ['gæləntrɪ] N valentia; (courtesy) galanteria
gall bladder [gɔ:l-] N vesícula biliar
galleon ['gælɪən] N galeão m
gallery ['gælərɪ] N (in theatre etc) galeria; (also: **art gallery**: public) museu m; (: private) galeria (de arte)
galley ['gælɪ] N (ship's kitchen) cozinha; (ship) galé f; (also: **galley proof**) paquê m
Gallic ['gælɪk] ADJ francês(-esa)
galling ['gɔ:lɪŋ] ADJ irritante
gallon ['gæln] N galão m (Brit = 4.5 litros, US = 3.8 litros)
gallop ['gæləp] N galope m ▶ VI galopar; **~ing inflation** inflação galopante
gallows ['gæləuz] N forca
gallstone ['gɔ:lstəun] N cálculo biliar
galore [gə'lɔ:r] ADV à beça
galvanize ['gælvənaɪz] VT galvanizar; (person, support) arrebatar; **to ~ sb into action** galvanizar or eletrizar alguém
Gambia ['gæmbɪə] N Gâmbia (no article)
gambit ['gæmbɪt] N (fig): **(opening) ~** início (de conversa)
gamble ['gæmbl] N (risk) risco; (bet) aposta ▶ VT, VI jogar, arriscar; (Comm) especular; **to ~ on** apostar em
gambler ['gæmblər] N jogador(a) m/f
gambling ['gæmblɪŋ] N jogo
gambol ['gæmbl] VI cabriolar
game [geɪm] N jogo; (match) partida; (Tennis) jogada; (strategy) plano, esquema m; (Hunting) caça ▶ ADJ valente; (willing): **to be ~ for anything** topar qualquer parada; **games** NPL (Sch) esporte m (BR), desporto (PT); **I'm ~ too** eu topo; **big ~** caça grossa
game bird N ave f de caça
gamekeeper ['geɪmki:pə'] N guarda-caça m
gamely ['geɪmlɪ] ADV valentemente
game reserve N reserva de caça
games console [geɪmz-] N console m de videogames (BR), consola de videojogos (PT)
game show ['geɪmʃəu] N game show m
gamesmanship ['geɪmzmənʃɪp] N tática
gaming ['geɪmɪŋ] N (with video games) jogos mpl de computador; (gambling) jogo
gammon ['gæmən] N (bacon) toucinho (defumado); (ham) presunto
gamut ['gæmət] N gama
gang [gæŋ] N bando, grupo; (of criminals) gangue f; (of workmen) turma ▶ VI: **to ~ up on sb** conspirar contra alguém

Ganges ['gændʒi:z] N: **the ~** o Ganges
gangling ['gæŋglɪŋ] ADJ desengonçado
gangplank ['gæŋplæŋk] N prancha (de desembarque)
gangrene ['gæŋgri:n] N gangrena
gangster ['gæŋstə^r] N gângster m, bandido
gangway ['gæŋweɪ] N (BRIT: in cinema, bus) corredor m; (on ship) passadiço; (on dock) portaló m
gantry ['gæntrɪ] N pórtico; (for rocket) guindaste m
GAO (US) N ABBR (= General Accounting Office) ≈ Tribunal m de Contas da União
gaol [dʒeɪl] (BRIT) N, VT = **jail**
gap [gæp] N brecha, fenda; (in trees, traffic) abertura; (in time) intervalo; (fig) lacuna; (difference): **~ (between)** diferença (entre)
gape [geɪp] VI (person) estar or ficar boquiaberto; (hole) abrir-se
gaping ['geɪpɪŋ] ADJ (hole) muito aberto
garage ['gæra:ʒ] N garagem f; (for car repairs) oficina (mecânica)
garb [ga:b] N traje m
garbage ['ga:bɪdʒ] N (US) lixo; (inf: nonsense) disparates mpl; **the book/film is ~** o livro/filme é uma droga
garbage can (US) N lata de lixo
garbage collector (US) N lixeiro(-a)
garbage disposal, garbage disposal unit N triturador m de lixo
garbage truck N (US) caminhão m do lixo
garbled ['ga:bld] ADJ (account) deturpado, destorcido
garden ['ga:dn] N jardim m ▶ VI jardinar; **gardens** NPL (public park) jardim público, parque m
garden centre N loja de jardinagem
gardener ['ga:dnə^r] N jardineiro(-a)
gardening ['ga:dnɪŋ] N jardinagem f
gargle ['ga:gl] VI gargarejar ▶ N gargarejo m
gargoyle ['ga:gɔɪl] N gárgula
garish ['gɛərɪʃ] ADJ vistoso, chamativo; (colour) berrante; (light) brilhante
garland ['ga:lənd] N guirlanda
garlic ['ga:lɪk] N alho
garment ['ga:mənt] N peça de roupa
garner ['ga:nə^r] VT acumular, amontoar
garnish ['ga:nɪʃ] VT adornar; (food) enfeitar
garret ['gærət] N mansarda
garrison ['gærɪsn] N guarnição f ▶ VT guarnecer
garrulous ['gærjuləs] ADJ tagarela
garter ['ga:tə^r] N liga
garter belt (US) N cinta-liga
gas [gæs] N gás m; (US: gasoline) gasolina ▶ VT asfixiar com gás; (Mil) gasear
gas cooker (BRIT) N fogão m a gás
gas cylinder N bujão m de gás
gaseous ['gæsɪəs] ADJ gasoso
gas fire (BRIT) N aquecedor m a gás
gash [gæʃ] N talho; (tear) corte m ▶ VT talhar; cortar
gasket ['gæskɪt] N (Aut) junta, gaxeta

gas mask N máscara antigás
gas meter N medidor m de gás
gasoline ['gæsəli:n] (US) N gasolina
gasp [ga:sp] N arfada ▶ VI arfar
▶ **gasp out** VT (say) dizer com voz entrecortada
gas ring N boca de gás
gas station (US) N posto de gasolina
gas stove N (cooker) fogão m a gás; (heater) aquecedor m a gás
gassy ['gæsɪ] ADJ gasoso
gas tank (US) N (Aut) tanque m de gasolina
gas tap N torneira do gás
gastric ['gæstrɪk] ADJ gástrico
gastric band N (Med) banda gástrica
gastric ulcer N úlcera gástrica
gastroenteritis ['gæstrəuɛntə'raɪtɪs] N gastrenterite f
gastronomy [gæs'trɔnəmɪ] N gastronomia
gasworks ['gæswə:ks] N, NPL usina de gás, gasômetro
gate [geɪt] N portão m; (Rail) barreira; (of town, castle) porta; (at airport) portão m; (of lock) comporta
gateau ['gætəu] (pl **-x**) N bolo com creme e frutas
gateaux ['gætəuz] NPL of **gateau**
gate-crash ['geɪtkræʃ] (BRIT) VT entrar de penetra em
gated community ['geɪtɪd-] N condomínio fechado
gateway ['geɪtweɪ] N portão m, passagem f
gather ['gæðə^r] VT (flowers, fruit) colher; (assemble) reunir; (pick up) colher; (Sewing) franzir; (understand) compreender ▶ VI (assemble) reunir-se; (dust, clouds) acumular-se; **to ~ (from/that)** concluir or depreender (de/que); **as far as I can ~** ao que eu entendo; **to ~ speed** acelerar(-se)
gathering ['gæðərɪŋ] N reunião f, assembleia
GATT [gæt] N (= General Agreement on Tariffs and Trade) GATT m
gauche [gəuʃ] ADJ desajeitado
gaudy ['gɔ:dɪ] ADJ chamativo; (pej) cafona
gauge [geɪdʒ] N (instrument) medidor m; (measure, also fig) medida; (Rail) bitola ▶ VT medir; (fig: sb's capabilities, character) avaliar; **to ~ the right moment** calcular o momento azado; **petrol** (BRIT) or **gas** (US) **~** medidor de gasolina
gaunt [gɔ:nt] ADJ descarnado; (bare, stark) desolado
gauntlet ['gɔ:ntlɪt] N luva; (fig): **to run the ~** expôr-se (à crítica); **to throw down the ~** lançar um desafio
gauze [gɔ:z] N gaze f
gave [geɪv] PT of **give**
gawky ['gɔ:kɪ] ADJ desengonçado
gawp [gɔ:p] VI: **to ~ at** olhar boquiaberto para
gay [geɪ] ADJ (homosexual) gay; (old-fashioned: cheerful) alegre; (colour) vistoso; (music) vivo

gaze [geɪz] N olhar m fixo ▶ VI: **to ~ at** sth fitar algo
gazelle [gə'zɛl] N gazela
gazette [gə'zɛt] N (*newspaper*) jornal m; (*official publication*) boletim m oficial
gazetteer [gæzə'tɪər] N dicionário geográfico
GB ABBR = **Great Britain**
GBH (BRIT *inf*) N ABBR (*Law*) = **grievous bodily harm**
GC (BRIT) N ABBR (= *George Cross*) distinção militar
GCE (BRIT) N ABBR = **General Certificate of Education**
GCHQ (BRIT) N ABBR (= *Government Communications Headquarters*) centro de intercepção de radiotransmissões estrangeiras
GCSE (BRIT) N ABBR = **General Certificate of Secondary Education**
GDP N ABBR = **gross domestic product**
GDR N ABBR (= *German Democratic Republic*) RDA f
gear [gɪər] N equipamento; (*Tech*) engrenagem f; (*Aut*) velocidade f, marcha (BR), mudança (PT) ▶ VT (*fig: adapt*): **to ~ sth to** preparar algo para; **our service is ~ed to meet the needs of the disabled** o nosso serviço está adequado às necessidades dos deficientes físicos; **top** (BRIT) or **high** (US)/**low** (US) quinta/primeira (marcha); **in ~** engrenado; **out of ~** desengrenado
▶ **gear up** VI: **to ~ up to do** preparar-se para fazer
gearbox ['gɪəbɔks] N caixa de mudança (BR) or velocidades (PT)
gear lever, (US) **gear shift** N alavanca de mudança (BR) or mudanças (PT)
GED (US) N ABBR (*Sch*) = **general educational development**
geese [giːs] NPL *of* **goose**
Geiger counter ['gaɪɡə-] N contador m Geiger
gel [dʒɛl] N gel m
gelatin, gelatine ['dʒɛləti:n] N gelatina
gelignite ['dʒɛlɪɡnaɪt] N gelignite f
gem [dʒɛm] N joia, gema
Gemini ['dʒɛmɪnaɪ] N Gêminis m, Gêmeos mpl
gen [dʒɛn] (BRIT *inf*) N: **to give sb the ~ on sth** pôr alguém a par de algo
Gen. ABBR (*Mil:* = *general*) Gal.
gen. ABBR (= *general, generally*) ger.
gender ['dʒɛndər] N gênero
gene [dʒiːn] N (*Bio*) gene m
genealogy [dʒiːnɪ'ælədʒɪ] N genealogia
general ['dʒɛnərl] N general m ▶ ADJ geral; **in ~** em geral; **the ~ public** o grande público; **~ audit** (*Comm*) exame m geral de auditoria
general anaesthetic, (US) **general anesthetic** N anestesia geral
general delivery (US) N posta-restante
general election N eleições fpl gerais
generalization [dʒɛnrəlaɪ'zeɪʃən] N generalização f
generalize ['dʒɛnrəlaɪz] VI generalizar
generally ['dʒɛnrəlɪ] ADV geralmente

general manager N diretor(a) m/f geral
general practitioner N clínico(-a) geral
general strike N greve f geral
generate ['dʒɛnəreɪt] VT gerar; (*fig*) produzir
generation [dʒɛnə'reɪʃən] N geração f
generator ['dʒɛnəreɪtər] N gerador m
generic [dʒə'nɛrɪk] ADJ genérico
generosity [dʒɛnə'rɔsɪtɪ] N generosidade f
generous ['dʒɛnərəs] ADJ generoso; (*measure etc*) abundante
genesis ['dʒɛnəsɪs] N gênese f
genetic [dʒə'nɛtɪk] ADJ genético; **~ engineering** engenharia genética
genetically [dʒɪ'nɛtɪklɪ] ADV: **~ modified** (*food etc*) transgênico
genetics [dʒɪ'nɛtɪks] N genética
Geneva [dʒɪ'niːvə] N Genebra
genial ['dʒiːnɪəl] ADJ cordial, simpático
genitals ['dʒɛnɪtlz] NPL órgãos mpl genitais
genitive ['dʒɛnətɪv] N genitivo
genius ['dʒiːnɪəs] N gênio
genocide ['dʒɛnəusaɪd] N genocídio
genome ['dʒiːnəum] N genoma m
gent [dʒɛnt] N ABBR = **gentleman**
genteel [dʒɛn'tiːl] ADJ fino
gentle ['dʒɛntl] ADJ (*sweet*) amável, doce; (*touch, breeze*) leve, suave; (*landscape*) suave; (*animal*) manso
gentleman ['dʒɛntlmən] (*irreg: like* **man**) N senhor m; (*referring to social position*) fidalgo; (*well-bred man*) cavalheiro; **~'s agreement** acordo de cavalheiros
gentlemanly ['dʒɛntlmənlɪ] ADJ cavalheiresco
gentlemen ['dʒɛntlmɛn] NPL *of* **gentleman**
gentleness ['dʒɛntlnɪs] N doçura, meiguice f; (*of touch*) suavidade f; (*of animal*) mansidão f
gently ['dʒɛntlɪ] ADV suavemente
gentry ['dʒɛntrɪ] N pequena nobreza
gents [dʒɛnts] N banheiro de homens (BR), casa de banho dos homens (PT)
genuine ['dʒɛnjuɪn] ADJ autêntico; (*person*) sincero
genuinely ['dʒɛnjuɪnlɪ] ADJ sinceramente, realmente
geographer [dʒɪ'ɔɡrəfər] N geógrafo(-a)
geographic [dʒɪə'ɡræfɪk], **geographical** [dʒɪə'ɡræfɪkl] ADJ geográfico
geography [dʒɪ'ɔɡrəfɪ] N geografia
geological [dʒɪə'lɔdʒɪkl] ADJ geológico
geologist [dʒɪ'ɔlədʒɪst] N geólogo(-a)
geology [dʒɪ'ɔlədʒɪ] N geologia
geometric [dʒɪə'mɛtrɪk], **geometrical** [dʒɪə'mɛtrɪkl] ADJ geométrico
geometry [dʒɪ'ɔmətrɪ] N geometria
Geordie ['dʒɔːdɪ] (BRIT *inf*) N natural m/f da cidade de Newcastle-upon-Tyne
geranium [dʒɪ'reɪnjəm] N gerânio
geriatric [dʒɛrɪ'ætrɪk] ADJ geriátrico
germ [dʒəːm] N micróbio, bacilo; (*Bio: fig*) germe m
German ['dʒəːmən] ADJ alemão(-mã) ▶ N alemão(-mã) m/f; (*Ling*) alemão m

German measles N rubéola
Germany ['dʒɜːmənɪ] N Alemanha
germination [dʒɜːmɪ'neɪʃən] N germinação f
germ warfare N guerra bacteriológica
gerrymandering ['dʒɛrɪmændərɪŋ] N reorganização dos distritos eleitorais para garantir a vitória do próprio partido
gestation [dʒɛs'teɪʃən] N gestação f
gesticulate [dʒɛs'tɪkjuleɪt] VI gesticular
gesture ['dʒɛstjəʳ] N gesto; **as a ~ of friendship** em sinal de amizade

(KEYWORD)

get [gɛt] (*pt, pp* **got** *or US pp* **gotten**) VI **1** (*become, be*) ficar, tornar-se; **to get old/tired/cold** envelhecer/cansar-se/resfriar-se; **to get annoyed/bored** aborrecer-se/amuar-se; **to get drunk** embebedar-se; **to get dirty** sujar-se; **to get killed/married** ser morto/casar-se; **when do I get paid?** quando eu recebo?, quando eu vou ser pago?; **it's getting late** está ficando tarde
2 (*go*): **to get to/from** ir para/de; **to get home** chegar em casa
3 (*begin*) começar a; **to get to know sb** começar a conhecer alguém; **let's get going** *or* **started** vamos lá!
▶ MODAL AUX VB: **you've got to do it** você tem que fazê-lo
▶ VT **1**: **to get sth done** (*do*) fazer algo; (*have done*) mandar fazer algo; **to get the washing/dishes done** lavar roupa/a louça; **to get one's hair cut** cortar o cabelo; **to get the car going** *or* **to go** fazer o carro andar; **to get sb to do sth** convencer alguém a fazer algo; **to get sth/sb ready** preparar algo/arrumar alguém; **to get sb drunk/into trouble** embebedar alguém/meter alguém em confusão
2 (*obtain: money, permission, results*) ter; (*find: job, flat*) achar; (*fetch: person, doctor, object*) buscar; **to get sth for sb** arranjar algo para alguém; (*fetch*) ir buscar algo para alguém; **he got a job in London** ele arrumou um emprego em Londres; **get me Mr Harris, please** (*Tel*) pode chamar o Sr Harris, por favor; **can I get you a drink?** você está servido?
3 (*receive: present, letter*) receber; (*acquire: reputation, prize*) ganhar; **how much did you get for the painting?** quanto você recebeu pela pintura?
4 (*catch*) agarrar; (*hit: target etc*) pegar; **to get sb by the arm/throat** agarrar alguém pelo braço/pela garganta; **get him!** pega ele!; **the bullet got him in the leg** a bala pegou na perna dele
5 (*take, move*) levar; **to get sth to sb** levar algo para alguém; **I can't get it in/out/through** não consigo enfiá-lo/tirá-lo/passá-lo; **do you think we'll get it through the door?** você acha que conseguiremos passar isto na porta?; **we must get him to a hospital** temos que levá-lo para um hospital
6 (*plane, bus etc*) pegar, tomar; **where do I get the train to Birmingham?** onde eu pego o trem para Birmingham?
7 (*understand*) entender; (*hear*) ouvir; **I've got it** entendi; **I don't get your meaning** não entendo o que você quer dizer
8 (*have, possess*): **to have got** ter; **how many have you got?** quantos você tem?
▶ **get about** VI (*news*) espalhar-se
▶ **get along** VI (*agree*) entender-se; (*depart*) ir embora; (*manage*) = **get by**
▶ **get around** = **get round**
▶ **get at** VT FUS (*attack, criticize*) atacar; (*reach*) alcançar; **what are you getting at?** o que você está querendo dizer?
▶ **get away** VI (*leave*) partir; (*escape*) escapar
▶ **get away with** VT FUS conseguir fazer impunemente
▶ **get back** VI (*return*) regressar, voltar ▶ VT receber de volta, recobrar
▶ **get by** VI (*pass*) passar; (*manage*) virar-se
▶ **get down** VI descer ▶ VT FUS abaixar ▶ VT (*object*) abaixar, descer; (*depress: person*) deprimir
▶ **get down to** VT FUS (*work*) pôr-se a (fazer)
▶ **get in** VI entrar; (*train*) chegar; (*arrive home*) voltar para casa
▶ **get into** VT FUS entrar em; (*vehicle*) subir em; (*clothes*) pôr, vestir, enfiar; **to get into bed/a rage** meter-se na cama/ficar com raiva
▶ **get off** VI (*from train etc*) saltar (BR), descer (PT); (*depart: person, car*) sair; (*escape*) escapar ▶ VT (*remove: clothes, stain*) tirar; (*send off*) mandar ▶ VT FUS (*train, bus*) saltar de (BR), sair de (PT)
▶ **get on** VI (*at exam etc*): **how are you getting on?** como vai?; (*agree*): **to get on (with)** entender-se (com) ▶ VT FUS (*train etc*) subir em (BR), subir para (PT); (*horse*) montar em
▶ **get out** VI (*of place, vehicle*) sair ▶ VT (*take out*) tirar
▶ **get out of** VT FUS (*duty etc*) escapar de
▶ **get over** VT FUS (*illness*) restabelecer-se de
▶ **get round** VT FUS rodear; (*fig: person*) convencer
▶ **get through** VI (*Tel*) completar a ligação
▶ **get through to** VT FUS (*Tel*) comunicar-se com
▶ **get together** VI (*people*) reunir-se ▶ VT reunir
▶ **get up** VI levantar-se ▶ VT FUS levantar
▶ **get up to** VT FUS (*reach*) chegar a; (*BRIT: prank etc*) fazer

getaway ['gɛtəweɪ] N fuga, escape m
getaway car N carro de fuga
get-together N reunião f
get-up (*inf*) N (*outfit*) roupa
get-well card N cartão m com votos de melhoras

geyser ['gi:zə'] N (Geo) gêiser m; (BRIT) aquecedor m de água
Ghana ['gɑ:nə] N Gana (no article)
Ghanaian [gɑ:'neɪən] ADJ, N ganense m/f
ghastly ['gɑ:stlɪ] ADJ horrível; (building) medonho; (appearance) horripilante; (pale) pálido
gherkin ['gə:kɪn] N pepino em vinagre
ghetto ['gɛtəu] N gueto
ghost [gəust] N fantasma m ▶ VT (sb else's book) escrever
ghostly ['gəustlɪ] ADJ fantasmal
ghostwriter ['gəustraɪtə'] N escritor(a) m/f cujos trabalhos são assinados por outrem
ghoul [gu:l] N assombração f
ghoulish ['gu:lɪʃ] ADJ (tastes etc) macabro
GHQ N ABBR (Mil) = **general headquarters**
GI (US inf) N ABBR (= government issue) soldado do exército americano
giant ['dʒaɪənt] N gigante m ▶ ADJ gigantesco, gigante; ~ **(size) packet** pacote tamanho gigante
gibber ['dʒɪbə'] VI algaraviar
gibberish ['dʒɪbərɪʃ] N algaravia
gibe [dʒaɪb] N deboche m ▶ VI: **to ~ at** debochar de
giblets ['dʒɪblɪts] NPL miúdos mpl
Gibraltar [dʒɪ'brɔ:ltə'] N Gibraltar m (no article)
giddiness ['gɪdɪnɪs] N vertigem f
giddy ['gɪdɪ] ADJ (dizzy) tonto; (speed) vertiginoso; (frivolous) frívolo; **it makes me ~** me dá vertigem; **to be** or **feel ~** estar com vertigem
gift [gɪft] N presente m, dádiva; (offering) oferta; (ability) dom m, talento; (Comm: also: **free gift**) brinde m; **to have a ~ for sth** ter o dom de algo, ter facilidade para algo
gifted ['gɪftɪd] ADJ bem-dotado
gift shop, (US) **gift store** N loja de presentes
gift token N vale m para presente
gift voucher N = gift token
gig [gɪg] (inf) N (of musician) show m
gigabyte ['gɪgəbaɪt] N gigabyte m
gigantic [dʒaɪ'gæntɪk] ADJ gigantesco
giggle ['gɪgl] VI dar risadinha boba ▶ N risadinha boba
gild [gɪld] VT dourar
gill [dʒɪl] N (measure) = 0.25 pints (Brit = 0.148l, US = 0.118l)
gills [gɪlz] NPL (of fish) guelras fpl, brânquias fpl
gilt [gɪlt] ADJ dourado ▶ N dourado
gilt-edged [-'ɛdʒd] ADJ (stocks, securities) do Estado, de toda confiança
gimlet ['gɪmlɪt] N verruma
gimmick ['gɪmɪk] N truque m or macete m (publicitário)
gin [dʒɪn] N gim m, genebra
ginger ['dʒɪndʒə'] N gengibre m
▶ **ginger up** VT animar
ginger ale N cerveja de gengibre
ginger beer N cerveja de gengibre
gingerbread ['dʒɪndʒəbrɛd] N (cake) pão m de gengibre; (biscuit) biscoito de gengibre

ginger-haired ADJ ruivo
gingerly ['dʒɪndʒəlɪ] ADV cuidadosamente
gingham ['gɪŋəm] N riscadinho
gipsy ['dʒɪpsɪ] N cigano ▶ CPD (caravan, camp) de ciganos
giraffe [dʒɪ'rɑ:f] N girafa
girder ['gə:də'] N viga, trave f
girdle ['gə:dl] N (corset) cinta ▶ VT cintar
girl [gə:l] N (small) menina (BR), rapariga (PT); (young woman) jovem f, moça; (daughter) filha; **an English ~** uma moça inglesa
girlfriend ['gə:lfrɛnd] N (of girl) amiga; (of boy) namorada
Girl Guide (BRIT) N bandeirante f
girlish ['gə:lɪʃ] ADJ ameninado, de menina
Girl Scout (US) N escoteira
Giro ['dʒaɪrəu] N: **the National ~** (BRIT) serviço bancário do correio
giro ['dʒaɪrəu] N (bank giro) transferência bancária; (post office giro) transferência postal; (BRIT: welfare cheque) cheque do governo destinado a desempregados
girth [gə:θ] N circunferência; (stoutness) gordura; (of horse) cilha
gist [dʒɪst] N essencial m

(KEYWORD)

give [gɪv] (pt **gave**, pp **given**) VT **1** (hand over) dar; **to give sb sth, give sth to sb** dar algo a alguém; **give it to him, give him it** dê isso a ele/dê-lhe isso; **I'll give you £5 for it** eu te dou £5 por isso

2 (used with n to replace a vb): **to give a cry/sigh/push** etc dar um grito/suspiro/empurrão etc; **to give a groan/shrug/shout** dar um gemido de ombros/um grito; **to give a speech/a lecture** fazer um discurso/uma palestra; **to give three cheers** dar três vivas

3 (tell, deliver: news, advice, message etc) dar; **did you give him the message/the news?** você deu a mensagem/notícia a ele?; **to give the right/wrong answer** dar a resposta certa/errada

4 (supply, provide: opportunity, surprise, job etc) dar; (bestow: title, honour, right) conceder; **the sun gives warmth and light** o sol fornece calor e luz; **that's given me an idea** isso me deu uma ideia

5 (dedicate: time, one's life/attention) dedicar; **she gave it all her attention** ela dedicou toda sua atenção a isto

6 (organize): **to give a party/dinner** etc dar uma festa/jantar etc

▶ VI **1** (also: **give way**: break, collapse) dar folga; **his legs gave beneath him** suas pernas bambearam; **the roof/floor gave as I stepped on it** o telhado/chão desabou quando eu pisei nele

2 (stretch: fabric) dar de si

▶ **give away** VT (money, opportunity) dar; (secret, information) revelar

▶ **give back** VT devolver

▶ **give in** VI (*yield*) ceder ▶ VT (*essay etc*) entregar
▶ **give off** VT (*heat, smoke*) soltar
▶ **give out** VT (*distribute*) distribuir; (*make known*) divulgar
▶ **give up** VI (*surrender*) desistir, dar-se por vencido ▶ VT (*job, boyfriend, habit*) renunciar a; (*idea, hope*) abandonar; **to give up smoking** deixar de fumar; **to give o.s. up** entregar-se
▶ **give way** VI (*yield*) ceder; (*break, collapse: rope*) arrebentar; (: *ladder*) quebrar; (BRIT *Aut*) dar a preferência (BR), dar prioridade (PT)

give-and-take N toma-lá-dá-cá *m*
giveaway ['gɪvəweɪ] CPD: **~ prices** preços de liquidação ▶ N (*inf*): **her expression was a ~** a expressão dela a atraiçoava; **the exam was a ~**! o exame foi sopa!
given ['gɪvn] PP *of* **give** ▶ ADJ (*fixed: time, amount*) dado, determinado ▶ CONJ: **~ the circumstances** ... dadas as circunstâncias ...; **~ that** ... dado que ..., já que ...
glacial ['gleɪsɪəl] ADJ (*Geo*) glaciário; (*wind, weather*) glacial
glacier ['glæsɪə*r*] N glaciar *m*, geleira
glad [glæd] ADJ contente; **to be ~ about sth/that** estar contente com algo/contente que; **I was ~ of his help** eu lhe agradeci (por) sua ajuda
gladden ['glædən] VT alegrar
glade [gleɪd] N clareira
gladioli [glædɪ'əʊlaɪ] NPL gladíolos *mpl*
gladly ['glædlɪ] ADV com muito prazer
glamorous ['glæmərəs] ADJ encantador(a), glamouroso
glamour ['glæmə*r*] N encanto, glamour *m*
glance [glɑːns] N relance *m*, vista de olhos ▶ VI: **to ~ at** olhar (de relance)
▶ **glance off** VT FUS (*bullet*) ricochetear de
glancing ['glɑːnsɪŋ] ADJ (*blow*) oblíquo
gland [glænd] N glândula
glandular fever ['glændjʊlə*r*-] (BRIT) ADJ mononucleose *f* infecciosa
glare [glɛə*r*] N (*of anger*) olhar *m* furioso; (*of light*) luminosidade *f*; (*of publicity*) foco ▶ VI brilhar; **to ~ at** olhar furiosamente para
glaring ['glɛərɪŋ] ADJ (*mistake*) notório
glass [glɑːs] N vidro, cristal *m*; (*for drinking*) copo *m*; (: *with stem*) cálice *m*; (*also*: **looking glass**) espelho; **glasses** NPL (*spectacles*) óculos *mpl*
glass-blowing [-bləʊɪŋ] N modelagem *f* de vidro a quente
glass fibre N fibra de vidro
glasshouse ['glɑːshaʊs] N estufa
glassware ['glɑːswɛə*r*] N objetos *mpl* de cristal
glassy ['glɑːsɪ] ADJ (*eyes*) vidrado
Glaswegian [glæs'wiːdʒən] ADJ de Glasgow ▶ N natural *m/f* de Glasgow
glaze [gleɪz] VT (*door*) envidraçar; (*pottery*) vitrificar; (*Culin*) glaçar ▶ N verniz *m*; (*Culin*) glacê *m*

glazed [gleɪzd] ADJ (*eye*) vidrado; (*pottery*) vitrificado
glazier ['gleɪzɪə*r*] N vidraceiro(-a)
gleam [gliːm] N brilho ▶ VI brilhar; **a ~ of hope** um fio de esperança
gleaming ['gliːmɪŋ] ADJ brilhante
glean [gliːn] VT (*information*) colher
glee [gliː] N alegria, regozijo
gleeful ['gliːfʊl] ADJ alegre
glen [glɛn] N vale *m*
glib [glɪb] ADJ (*answer*) pronto; (*person*) labioso
glide [glaɪd] VI deslizar; (*Aviat: birds*) planar ▶ N deslizamento *m*; (*Aviat*) voo planado
glider ['glaɪdə*r*] N (*Aviat*) planador *m*
gliding ['glaɪdɪŋ] N (*Aviat*) voo sem motor
glimmer ['glɪmə*r*] N luz *f* trêmula; (*of interest, hope*) lampejo ▶ VI tremeluzir
glimpse [glɪmps] N vista rápida, vislumbre *m* ▶ VT vislumbrar, ver de relance; **to catch a ~ of** vislumbrar
glint [glɪnt] N brilho; (*in the eye*) cintilação *f* ▶ VI cintilar
glisten ['glɪsn] VI brilhar
glitter ['glɪtə*r*] VI reluzir, brilhar ▶ N brilho
glitz [glɪts] (*inf*) N cafonice *f*
gloat [gləʊt] VI: **to ~ (over)** exultar (com)
global ['gləʊbl] ADJ (*worldwide*) mundial; (*overall*) global
globalization [gləʊbəlaɪ'zeɪʃən] N globalização *f*
global warming N aquecimento global
globe [gləʊb] N globo, esfera
globetrotter ['gləʊbtrɔtə*r*] N pessoa que corre mundo
globule ['glɔbjuːl] N glóbulo
gloom [gluːm] N escuridão *f*; (*sadness*) tristeza
gloomy ['gluːmɪ] ADJ (*dark*) escuro; (*sad*) triste; (*pessimistic*) pessimista; **to feel ~** estar abatido
glorification [glɔːrɪfɪ'keɪʃən] N glorificação *f*
glorify ['glɔːrɪfaɪ] VT glorificar; (*praise*) adorar
glorious ['glɔːrɪəs] ADJ (*weather*) magnífico; (*future*) glorioso; (*splendid*) excelente
glory ['glɔːrɪ] N glória ▶ VI: **to ~ in** gloriar-se de
glory hole (*inf*) N zona
Glos (BRIT) ABBR = **Gloucestershire**
gloss [glɔs] N (*shine*) brilho; (*also*: **gloss paint**) pintura brilhante, esmalte *m*
▶ **gloss over** VT FUS encobrir
glossary ['glɔsərɪ] N glossário
glossy ['glɔsɪ] ADJ lustroso ▶ N (*also*: **glossy magazine**) revista de luxo
glove [glʌv] N luva
glove compartment N (*Aut*) porta-luvas *m inv*
glow [gləʊ] VI (*shine*) brilhar; (*fire*) arder ▶ N brilho
glower ['glaʊə*r*] VI: **to ~ at (sb)** olhar (alguém) de modo ameaçador
glowing ['gləʊɪŋ] ADJ (*fire*) ardente; (*complexion*) afogueado; (*report, description etc*) entusiástico
glow-worm N pirilampo, vaga-lume *m*

glucose ['glu:kəus] N glicose f
glue [glu:] N cola ▶ VT colar
glue-sniffing [-'snɪfɪŋ] N cheira-cola m
glum [glʌm] ADJ (*mood*) abatido; (*person, tone*) triste
glut [glʌt] N abundância, fartura ▶ VT (*market*) saturar
glutinous ['glu:tɪnəs] ADJ glutinoso
glutton ['glʌtn] N glutão(-ona) m/f; **a ~ for work/punishment** um(a) trabalhador(a) incansável/um(a) masoquista
gluttonous ['glʌtənəs] ADJ glutão(-ona)
gluttony ['glʌtənɪ] N gula
glycerin, **glycerine** ['glɪsəri:n] N glicerina
GM ADJ ABBR (= *genetically modified*) geneticamente modificado
gm ABBR (= *gram*) g
GMAT (US) N ABBR (= *Graduate Management Admissions Test*) exame de admissão aos cursos de pós-graduação
GMB (BRIT) N ABBR (= *General Municipal Boilermakers and Allied Trade Union*) sindicato dos empregados dos municípios
GM crop N plantação f geneticamente modificada
GM foods NPL alimentos mpl geneticamente modificados
GMT ABBR (= *Greenwich Mean Time*) GMT m
gnarled [nɑ:ld] ADJ (*tree*) nodoso; (*tree*) retorcido
gnash [næʃ] VT: **to ~ one's teeth** ranger os dentes
gnat [næt] N mosquito
gnaw [nɔ:] VT roer
gnome [nəum] N gnomo
GNP N ABBR = **gross national product**

(KEYWORD)

go [gəu] (*pt* **went**, *pp* **gone**) VI **1** ir; (*travel, move*) viajar; **a car went by** um carro passou; **he has gone to Aberdeen** ele foi para Aberdeen

2 (*depart*) sair, ir embora; **"I must go,"** she said "preciso ir" ela disse; **our plane went at 6pm** nosso avião saiu às 6 da tarde; **they came at 8 and went at 9** eles chegaram às 8 e foram embora às 9

3 (*attend*) ir; **she went to university in Rio** ela fez universidade no Rio; **she goes to her dancing class on Tuesdays** ela vai a aula de dança às terças-feiras; **he goes to the local church** ele frequenta a igreja local

4 (*take part in an activity*) ir; **to go for a walk** ir passear

5 (*work*) funcionar; **the clock stopped going** o relógio parou de funcionar; **the bell went just then** a campainha acabou de tocar

6 (*become*): **to go pale/mouldy** ficar pálido/mofado

7 (*be sold*): **to go for £10** ser vendido por £10

8 (*fit, suit*): **to go with** acompanhar, combinar com

9 (*be about to, intend to*): **he's going to do it** ele vai fazê-lo; **we're going to leave in an hour** vamos partir dentro de uma hora; **are you going to come?** você vem?

10 (*time*) passar

11 (*event, activity*) ser; **how did it go?** como foi?

12 (*be given*) ir (ser dado); **the job is to go to someone else** o emprego vai ser dado para outra pessoa

13 (*break*) romper-se; **the fuse went** o fusível queimou; **the leg of the chair went** a perna da cadeira quebrou

14 (*be placed*): **where does this cup go?** onde é que põe esta xícara?; **the milk goes in the fridge** pode guardar o leite na geladeira

▶ N (*pl* **goes**) **1** (*try*): **to have a go (at)** tentar

2 (*turn*) vez f; **whose go is it?** de quem é a vez?

3 (*move*): **to be on the go** ter muito para fazer

▶ **go about** VI (*also*: **go around**: *rumour*) espalhar-se ▶ VT FUS: **how do I go about this?** como é que eu faço isto?

▶ **go ahead** VI (*make progress*) progredir; (*get going*) ir em frente

▶ **go along** VI ir ▶ VT FUS ladear; **to go along with** (*agree with: plan, idea, policy*) concordar com

▶ **go away** VI (*leave*) ir-se, ir embora

▶ **go back** VI (*return*) voltar; (*go again*) ir de novo

▶ **go back on** VT FUS (*promise*) faltar com

▶ **go by** VI (*years, time*) passar ▶ VT FUS (*book, rule*) guiar-se por

▶ **go down** VI (*descend*) descer, baixar; (*ship*) afundar; (*sun*) pôr-se ▶ VT FUS (*stairs, ladder*) descer

▶ **go for** VT FUS (*fetch*) ir buscar; (*like*) gostar de; (*attack*) atacar

▶ **go in** VI (*enter*) entrar

▶ **go in for** VT FUS (*competition*) inscrever-se em; (*like*) gostar de

▶ **go into** VT FUS (*enter*) entrar em; (*investigate*) investigar; (*embark on*) embarcar em

▶ **go off** VI (*leave*) ir-se; (*food*) estragar, apodrecer; (*bomb, gun*) explodir; (*event*) realizar-se ▶ VT FUS (*person, place, food etc*) deixar de gostar de

▶ **go on** VI (*continue*) seguir, continuar; (*happen*) acontecer, ocorrer; **to go on doing sth** continuar fazendo or a fazer algo

▶ **go out** VI (*leave: room, building*) sair; (*for entertainment*): **are you going out tonight?** você vai sair hoje à noite?; (*couple*): **they went out for 3 years** eles namoraram durante 3 anos; (*fire, light*) apagar-se

▶ **go over** VI (*ship*) soçobrar ▶ VT FUS (*check*) revisar

▶ **go round** VI (*news, rumour*) circular

▶ **go through** VT FUS (*town etc*) atravessar; (*search through: files, papers*) vasculhar; (*examine: list, book, story*) percorrer de cabo a rabo

▶ **go up** VI (*ascend*) subir; (*price, level*) aumentar
▶ **go without** VT FUS (*food, treats*) passar sem

goad [gəud] VT aguilhoar
go-ahead ADJ empreendedor(a) ▶ N luz f verde
goal [gəul] N meta, alvo; (*Sport*) gol m (BR), golo (PT)
goal difference N diferença de gols
goalie ['gəulɪ] N (*inf*) goleiro(-a)
goalkeeper ['gəulkiːpəʳ] N goleiro(-a) (BR), guarda-redes m/f inv (PT)
goalpost ['gəulpəust] N trave f
goat [gəut] N cabra; (*also*: **billy goat**) bode m
gobble ['gɔbl] VT (*also*: **gobble down, gobble up**) engolir rapidamente, devorar
go-between N intermediário(-a)
Gobi Desert ['gəubɪ-] N Deserto de Gobi
goblet ['gɔblɪt] N cálice m
goblin ['gɔblɪn] N duende m
go-cart N kart m ▶ CPD: ~ **racing** kartismo
god [gɔd] N deus m; **G~** Deus
godchild ['gɔdtʃaɪld] (*irreg: like* **child**) N afilhado(-a)
goddamn ['gɔddæm], **goddamned** ['gɔddæmd] EXCL (*esp US inf*): ~ **(it)!** cacete!
▶ ADJ maldito ▶ ADV pra cacete
goddaughter ['gɔddɔːtəʳ] N afilhada
goddess ['gɔdɪs] N deusa
godfather ['gɔdfɑːðəʳ] N padrinho
god-forsaken [-fə'seɪkən] ADJ miserável, abandonado
godmother ['gɔdmʌðəʳ] N madrinha
godparents ['gɔdpɛərənts] NPL padrinhos mpl
godsend ['gɔdsɛnd] N dádiva do céu
godson ['gɔdsʌn] N afilhado
goes [gəuz] VB *see* **go**
go-getter [-'gɛtəʳ] N pessoa dinâmica, pessoa furona (*inf*)
goggle ['gɔgl] VI: **to ~ at** olhar de olhos esbugalhados
goggles ['gɔglz] NPL óculos mpl de proteção
going ['gəuɪŋ] N (*conditions*) estado do terreno
▶ ADJ: **the ~ rate** tarifa corrente or em vigor; **~ concern** empresa em funcionamento, empresa com fundo de coméricio; **it was slow ~** ia devagar
goings-on (*inf*) NPL maquinações fpl
go-kart [-kɑːt] N = **go-cart**
gold [gəuld] N ouro ▶ ADJ de ouro
golden ['gəuldən] ADJ (*made of gold*) de ouro; (*gold in colour*) dourado
golden age N idade f de ouro
golden handshake (BRIT) N bolada
golden rule N regra de ouro
goldfish ['gəuldfɪʃ] N INV peixe-dourado m
gold leaf N ouro em folha
gold medal N (*Sport*) medalha de ouro
gold mine N mina de ouro
gold-plated [-'pleɪtɪd] ADJ plaquê inv
gold-rush N corrida do ouro
goldsmith ['gəuldsmɪθ] N ourives m/f inv
gold standard N padrão-ouro m

golf [gɔlf] N golfe m
golf ball N bola de golfe; (*on typewriter*) esfera
golf club N clube m de golfe; (*stick*) taco
golf course N campo de golfe
golfer ['gɔlfəʳ] N jogador(a) m/f de golfe, golfista m/f
gondola ['gɔndələ] N gôndola
gondolier [gɔndə'lɪəʳ] N gondoleiro
gone [gɔn] PP *of* **go**
gong [gɔŋ] N gongo
good [gud] ADJ bom/boa; (*kind*) bom, bondoso; (*well-behaved*) educado; (*useful*) útil ▶ N bem m; **goods** NPL (*possessions*) bens mpl; (*Comm*) mercadorias fpl; **~s and chattels** bens móveis; **~!** bom!; **to be ~ at** ser bom em; **to be ~ for** servir para; **it's ~ for you** faz-lhe bem; **would you be ~ enough to ...?** podia fazer-me o favor de ...?, poderia me fazer a gentileza de ...?; **it's a ~ thing you were there** ainda bem que você estava lá; **she is ~ with children/her hands** ela tem habilidade com crianças/com as mãos; **to feel ~** sentir-se bem, estar bom; **it's ~ to see you** é bom ver você; (*formal*) prazer em vê-lo; **he's up to no ~** ele tem más intenções; **for the common ~** para o bem comum; **that's very ~ of you** é muita bondade sua; **is this any ~?** (*will it do?*) será que isso serve?; (*what's it like?*) será que vale a pena?; **a ~ deal (of)** muito; **a ~ many** muitos; **to make ~** reparar; **it's no ~ complaining** não adianta se queixar; **for ~** (*forever*) para sempre, definitivamente; (*once and for all*) de uma vez por todas; **~ morning/afternoon!** bom dia/boa tarde!; **~ evening!** boa noite!; **~ night!** boa noite!
goodbye [gud'baɪ] EXCL até logo (BR), adeus (PT); **to say ~** despedir-se
good faith N boa fé
good-for-nothing ADJ imprestável
Good Friday N Sexta-Feira Santa
good-humoured [-'hjuːməd] ADJ (*person*) alegre; (*remark, joke*) sem malícia
good-looking [-'lukɪŋ] ADJ bonito
good-natured ADJ (*person*) de bom gênio; (*pet*) de boa índole; (*discussion*) cordial
goodness ['gudnɪs] N (*of person*) bondade f; **for ~ sake!** pelo amor de Deus!; **~ gracious!** meu Deus do céu!, nossa (senhora)!
goods train (BRIT) N trem m de carga
goodwill [gud'wɪl] N boa vontade f; (*Comm*) fundo de comércio, aviamento
goody-goody ['gudɪgudɪ] (*pej*) N puxa-saco m
Google® ['guːgəl] VT, VI pesquisar no Google®
goose [guːs] (*pl* **geese**) N ganso
gooseberry ['guzbərɪ] N groselha; **to play ~** (BRIT) ficar de vela, segurar a vela
gooseflesh ['guːsflɛʃ] N = **goose pimples**
goose pimples NPL pele f arrepiada
goose step N (*Mil*) passo de ganso
GOP (*US inf*) N ABBR (*Pol*: = *Grand Old Party*) partido republicano
gore [gɔːʳ] VT escornar ▶ N sangue m

gorge [gɔːdʒ] N desfiladeiro ▶ VT: **to ~ o.s. (on)** empanturrar-se (de)
gorgeous ['gɔːdʒəs] ADJ magnífico, maravilhoso; *(person)* lindo
gorilla [gə'rɪlə] N gorila *m*
gormless ['gɔːmlɪs] *(BRIT inf)* ADJ burro
gorse [gɔːs] N tojo
gory ['gɔːrɪ] ADJ sangrento
gosh [gɔʃ] *(inf)* EXCL puxa
go-slow *(BRIT)* N greve *f* de trabalho lento, operação *f* tartaruga
gospel ['gɔspl] N evangelho
gossamer ['gɔsəmə*r*] N *(cobweb)* teia de aranha; *(cloth)* tecido diáfano, gaze *f* fina
gossip ['gɔsɪp] N *(scandal)* fofocas *fpl* (BR), mexericos *mpl* (PT); *(chat)* conversa; *(scandalmonger)* fofoqueiro(-a) (BR), mexeriqueiro(-a) (PT) ▶ VI *(spread scandal)* fofocar (BR), mexericar (PT); *(chat)* bater (um) papo (BR), cavaquear (PT); **a piece of ~** uma fofoca (BR), um mexerico (PT)
gossip column N *(Press)* coluna social
got [gɔt] PT, PP *of* **get**
Gothic ['gɔθɪk] ADJ gótico
gotten ['gɔtn] *(US)* PP *of* **get**
gouge [gaudʒ] VT *(also: **gouge out**: hole etc)* abrir; *(: initials)* talhar; **to ~ sb's eyes out** arrancar os olhos de alguém
gourd [guəd] N cabaça, cucúrbita
gourmet ['guəmeɪ] N gourmet *m*, gastrônomo(-a)
gout [gaut] N gota
govern ['gʌvən] VT governar; *(event)* controlar
governess ['gʌvənɪs] N governanta
governing ['gʌvənɪŋ] ADJ *(Pol)* no governo, ao poder; **~ body** conselho de administração
government ['gʌvnmənt] N governo ▶ CPD *(of administration)* governamental; *(of state)* do Estado; **local ~** governo municipal
governmental [gʌvn'mɛntl] ADJ governamental
government housing *(US)* N casas *fpl* populares
government stock N títulos *mpl* do governo
governor ['gʌvənə*r*] N governador(a) *m/f*; *(of school, hospital, jail)* diretor(a) *m/f*
Govt ABBR = **government**
gown [gaun] N vestido; *(of teacher, judge)* toga
GP N ABBR *(Med)* = **general practitioner**
GPO N ABBR *(BRIT: old)* = **General Post Office**; *(US)* = **Government Printing Office**
GPS N ABBR (= *global positioning system*) GPS *m*
gr. ABBR *(Comm)* = **gross**
grab [græb] VT agarrar ▶ VI: **to ~ at** tentar agarrar
grace [greɪs] N *(Rel)* graça; *(gracefulness)* elegância, fineza ▶ VT *(honour)* honrar; *(adorn)* adornar; **5 days' ~** um prazo de 5 dias; **to say ~** dar graças (antes de comer); **with a good/bad ~** de bom/mau grado; **his sense of humour is his saving ~** seu único mérito é seu senso de humor
graceful ['greɪsful] ADJ elegante, gracioso

gracious ['greɪʃəs] ADJ gracioso, afável; *(bondoso)* bondoso, complacente; *(formal: God)* misericordioso ▶ EXCL: **(good) ~!** meu Deus do céu!, nossa (senhora)!
gradation [grə'deɪʃn] N gradação *f*
grade [greɪd] N *(quality)* classe *f*, qualidade *f*; *(degree)* grau *m*; *(US: Sch)* série *f*, classe; *(: gradient)* declive *m* ▶ VT classificar; **to make the ~** *(fig)* ter sucesso
grade crossing *(US)* N passagem *f* de nível
grade school *(US)* N escola primária
gradient ['greɪdɪənt] N declive *m*; *(Geom)* gradiente *m*
gradual ['grædjuəl] ADJ gradual, gradativo
gradually ['grædjuəlɪ] ADV gradualmente, gradativamente, pouco a pouco
graduate [*n* 'grædjuɪt, *vi* 'grædjueɪt] N graduado, licenciado; *(US)* diplomado do colégio ▶ VI formar-se, licenciar-se
graduated pension ['grædjueɪtɪd-] N *aposentadoria calculada em função dos últimos salários*
graduation [grædju'eɪʃn] N formatura
graffiti [grə'fiːtɪ] N, NPL pichações *fpl*
graft [grɑːft] N *(Agr, Med)* enxerto; *(BRIT inf)* trabalho pesado; *(bribery)* suborno ▶ VT enxertar; **hard ~** *(inf)* labuta
grain [greɪn] N grão *m*; *(no pl: cereals)* cereais *mpl*; *(US: corn)* trigo; *(in wood)* veio, fibra; **it goes against the ~** é contra a sua *(or* minha *etc)* natureza
gram [græm] N grama *m*
grammar ['græmə*r*] N gramática
grammar school N *(BRIT)* ≈ liceo
grammatical [grə'mætɪkl] ADJ gramatical
gramme [græm] N = **gram**
gramophone ['græməfəun] *(BRIT)* N *(old)* gramofone *m*
gran [græn] *(BRIT inf)* N vó *f*
granary ['grænərɪ] N celeiro
grand [grænd] ADJ grandioso; *(inf: wonderful)* ótimo ▶ N *(inf: thousand)* mil libras *fpl* (or dólares *mpl*)
grandchild ['græntʃaɪld] *(irreg: like **child**)* N neto(-a)
granddad ['grændæd] N vovô *m*
granddaughter ['grændɔːtə*r*] N neta
grandeur ['grændjə*r*] N grandeza, magnificência; *(of event)* grandiosidade *f*; *(of house, style)* imponência
grandfather ['grænfɑːðə*r*] N avô *m*
grandiose ['grændɪəuz] ADJ grandioso; *(pej)* pomposo; *(house, style)* imponente
grand jury *(US)* N júri *m* de instrução
grandma ['grænmɑː] N avó *f*, vovó *f*
grandmother ['grænmʌðə*r*] N avó *f*
grandpa ['grænpɑː] N = **granddad**
grandparents ['grændpɛərənts] NPL avós *mpl*
grand piano N piano de cauda
Grand Prix ['grãː'priː] N *(Aut)* Grande Prêmio
grandson ['grænsʌn] N neto
grandstand ['grænstænd] N *(Sport)* tribuna principal

grand total N total m geral or global
granite ['grænɪt] N granito
granny ['grænɪ] (inf) N avó f, vovó f
grant [grɑːnt] VT (concede) conceder; (a request etc) anuir a; (admit) admitir ▶ N (Sch) bolsa; (Admin) subvenção f, subsídio; **to take sth for ~ed** dar algo por certo; **to ~ that** admitir que
granulated sugar ['grænjuleɪtɪd-] N açúcar m granulado
granule ['grænjuːl] N grânulo
grape [greɪp] N uva; **sour ~s** (fig) inveja; **a bunch of ~s** um cacho de uvas
grapefruit ['greɪpfruːt] N toranja, grapefruit m (BR)
grapevine ['greɪpvaɪn] N parreira; **I heard it on** or **through the ~** (fig) um passarinho me contou
graph [grɑːf] N gráfico
graphic ['græfɪk] ADJ gráfico
graphic designer N desenhista m/f industrial
graphics ['græfɪks] N (art) artes fpl gráficas ▶ NPL (drawings) desenhos mpl; (: Comput) gráficos mpl
graphite ['græfaɪt] N grafita
graph paper N papel m quadriculado
grapple ['græpl] VI: **to ~ with sth** estar às voltas com algo
grappling iron ['græplɪŋ-] N (Naut) arpéu m
grasp [grɑːsp] VT agarrar, segurar; (understand) compreender, entender ▶ N (grip) mão f; (reach) alcance m; (understanding) compreensão f; **to have sth within one's ~** ter algo ao seu alcance; **to have a good ~ of sth** (fig) ter um bom domínio de algo, dominar algo
▶ **grasp at** VT FUS (rope etc) tentar agarrar; (opportunity) agarrar
grasping ['grɑːspɪŋ] ADJ avaro
grass [grɑːs] N grama (BR), relva (PT); (uncultivated) cupim m; (lawn) gramado (BR), relvado (PT); (BRIT inf: informer) dedo-duro m
grasshopper ['grɑːshɔpəʳ] N gafanhoto
grassland ['grɑːslænd] N pradaria
grass roots NPL (fig) raízes fpl, base f ▶ ADJ: **grass-roots** popular
grass snake N serpente f
grassy ['grɑːsɪ] ADJ coberto de grama (BR) or de relva (PT)
grate [greɪt] N (fireplace) lareira; (of iron) grelha ▶ VI ranger ▶ VT (Culin) ralar
grateful ['greɪtful] ADJ agradecido, grato
gratefully ['greɪtfəlɪ] ADV agradecidamente
grater ['greɪtəʳ] N ralador m
gratification [grætɪfɪ'keɪʃən] N satisfação f
gratify ['grætɪfaɪ] VT gratificar; (whim) satisfazer
gratifying ['grætɪfaɪɪŋ] ADJ gratificante
grating ['greɪtɪŋ] N (iron bars) grade f ▶ ADJ (noise) áspero
gratitude ['grætɪtjuːd] N agradecimento
gratuitous [grə'tjuːɪtəs] ADJ gratuito
gratuity [grə'tjuːɪtɪ] N gratificação f, gorjeta

grave [greɪv] N cova, sepultura ▶ ADJ sério; (mistake) grave
grave digger N coveiro
gravel ['grævl] N cascalho
gravely ['greɪvlɪ] ADV gravemente; **~ ill** gravemente doente
gravestone ['greɪvstəun] N lápide f
graveyard ['greɪvjɑːd] N cemitério
gravitate ['grævɪteɪt] VI: **to ~ towards** ser atraído por
gravity ['grævɪtɪ] N (Phys) gravidade f; (seriousness) seriedade f, gravidade f
gravy ['greɪvɪ] N molho (de carne)
gravy boat N molheira
gravy train (inf) N: **to be on** or **ride the ~** ter achado uma mina
gray [greɪ] (US) ADJ = **grey**
graze [greɪz] VI pastar ▶ VT (touch lightly) roçar; (scrape) raspar; (Med) esfolar ▶ N (Med) esfoladura, arranhadura
grazing ['greɪzɪŋ] N (pasture) pasto, pastagem f
grease [griːs] N (fat) gordura; (lubricant) graxa, lubrificante m ▶ VT (Culin: dish) untar; (Tech: brakes etc) lubrificar, engraxar
grease gun N bomba de graxa
greasepaint [griːspeɪnt] N maquilagem f (para o teatro)
greaseproof paper ['griːspruːf-] (BRIT) N papel m de cera (vegetal)
greasy ['griːzɪ] ADJ gordurento, gorduroso; (skin, hair) oleoso; (hands, clothes) engordurado; (BRIT: road, surface) escorregadio
great [greɪt] ADJ grande; (inf) genial; (pain, heat) forte; (important) importante; **they're ~ friends** eles são grandes amigos; **we had a ~ time** nos divertimos à beça; **it was ~!** foi ótimo, foi um barato (inf); **the ~ thing is that ...** o melhor é que ...
Great Barrier Reef N: **the ~** a Grande Barreira
Great Britain N Grã-Bretanha

> A Grã-Bretanha, **Great Britain** em inglês, designa a maior das ilhas britânicas e, portanto, engloba a Escócia e o País de Gales. Junto com a Irlanda, a ilha de Man e as ilhas Anglo-normandas, a Grã-Bretanha forma as ilhas Britânicas, ou *British Isles*. Reino Unido, em inglês *United Kingdom* ou *UK*, é o nome oficial da entidade política que compreende a Grã-Bretanha e a Irlanda do Norte.

great-grandchild (irreg: like **child**) N bisneto(-a)
great-grandfather N bisavô m
great-grandmother N bisavó f
Great Lakes NPL: **the ~** os Grandes Lagos
greatly ['greɪtlɪ] ADV imensamente, muito
greatness ['greɪtnɪs] N grandeza
Grecian ['griːʃən] ADJ grego
Greece [griːs] N Grécia
greed [griːd] N (also: **greediness**) avidez f, cobiça; (for food) gula

greedily ['gri:dɪlɪ] ADV com avidez; (*eat*) gulosamente
greedy ['gri:dɪ] ADJ avarento; (*for food*) guloso
Greek [gri:k] ADJ grego ▶ N grego(-a); (*Ling*) grego; **ancient/modern ~** grego clássico/moderno
green [gri:n] ADJ verde; (*inexperienced*) inexperiente, ingênuo ▶ N verde *m*; (*stretch of grass*) gramado (BR), relvado (PT); (*on golf course*) green *m*; (*also*: **village green**) ≈ praça; **greens** NPL (*vegetables*) verduras *fpl*; **to have ~ fingers** (BRIT) or **a ~ thumb** (US) ter mão boa (para plantar)
green belt N (*round town*) cinturão *m* verde
green card N (BRIT Aut) carta verde; (US) autorização *f* de residência
greenery ['gri:nərɪ] N verdura
greenfly ['gri:nflaɪ] (BRIT) N pulgão *m*
greengage ['gri:ngeɪdʒ] N rainha-cláudia
greengrocer ['gri:ngrəusə^r] (BRIT) N verdureiro(-a)
greenhouse ['gri:nhaus] N estufa
greenhouse effect N: **the ~** o efeito estufa
greenhouse gas N gás *m* de efeito estufa
greenish ['gri:nɪʃ] ADJ esverdeado
Greenland ['gri:nlənd] N Groenlândia
Greenlander ['gri:nləndə^r] N groenlandês(-esa) *m/f*
green pepper N pimentão *m* verde
green tax N imposto ecológico
greet [gri:t] VT saudar; (*welcome*) acolher; (*news*) receber
greeting ['gri:tɪŋ] N cumprimento; (*welcome*) acolhimento; **Christmas/birthday ~s** votos de boas festas/feliz aniversário
greeting card, greetings card N cartão *m* comemorativo
gregarious [grə'gɛərɪəs] ADJ gregário
grenade [grə'neɪd] N (*also*: **hand grenade**) granada
grew [gru:] PT of **grow**
grey, (US) **gray** [greɪ] ADJ cinzento; (*dismal*) sombrio; **to go ~** (*hair, person*) ficar grisalho
grey-haired ADJ grisalho
greyhound ['greɪhaund] N galgo
grey vote N voto dos idosos
grid [grɪd] N grade *f*; (*Elec*) rede *f*; (US Aut) cruzamento
griddle [grɪdl] N (*on cooker*) chapa de assar
gridiron ['grɪdaɪən] N grelha; (US Football) campo
gridlock ['grɪdlɔk] N (*traffic jam*) paralisia do trânsito
grief [gri:f] N dor *f*, pesar *m*; **to come to ~** fracassar
grievance ['gri:vəns] N motivo de queixa, agravo
grieve [gri:v] VI sofrer ▶ VT dar pena a, afligir; **to ~ for** chorar por
grievous ['gri:vəs] ADJ penoso; **~ bodily harm** (*Law*) lesão *f* corporal (grave)
grill [grɪl] N (*on cooker*) grelha; (*also*: **mixed grill**) prato de grelhados; (*also*: **grillroom**)

157 | **greedily – groove**

grill-room *m*, ≈ churrascaria ▶ VT (BRIT) grelhar; (*question*) interrogar cerradamente
grille [grɪl] N grade *f*; (*Aut*) grelha
grillroom ['grɪlrum] N grill-room *m*, ≈ churrascaria
grim [grɪm] ADJ sinistro, lúgubre; (*unpleasant*) desagradável; (*unattractive*) feio; (*stern*) severo; (*inf: dreadful*) horrível
grimace [grɪ'meɪs] N careta ▶ VI fazer caretas
grime [graɪm] N sujeira (BR), sujidade *f* (PT)
grimy ['graɪmɪ] ADJ sujo, encardido
grin [grɪn] N sorriso largo ▶ VI sorrir abertamente; **to ~ (at)** dar um sorriso largo (para)
grind [graɪnd] (*pt, pp* **ground**) VT (*crush*) triturar; (*coffee, pepper etc*) moer; (*make sharp*) afiar; (US: *meat*) picar; (*polish: gem*) lapidar; (: *lens*) polir ▶ VI (*car gears*) ranger ▶ N (*work*) trabalho (repetitivo e maçante); **to ~ one's teeth** ranger os dentes; **to ~ to a halt** (*vehicle*) parar com um ranger de freios; (*fig: work, production*) paralisar-se; (: *talks, process*) empacar; **the daily ~** (*inf*) a labuta diária
grinder ['graɪndə^r] N (*machine: for coffee*) moinho; (: *for waste disposal*) triturador *m*
grindstone ['graɪndstəun] N: **to keep one's nose to the ~** trabalhar sem descanso
grip [grɪp] N (*of hands*) aperto; (*handle*) punho; (*of racquet etc*) cabo; (*of tyre, shoe*) aderência; (*holdall*) valise *f* ▶ VT agarrar; (*attention*) prender; **to come** or **get to ~s with** arcar com; **to ~ the road** (*Aut*) aderir à estrada; **to lose one's ~** perder a pega; (*fig*) perder a eficiência
gripe [graɪp] N (*Med*) cólicas *fpl*; (*inf: complaint*) queixa ▶ VI (*inf*) bufar
gripping ['grɪpɪŋ] ADJ absorvente, emocionante
grisly ['grɪzlɪ] ADJ horrendo, medonho
grist [grɪst] N (*fig*): **it's (all) ~ to his mill** ele se vale de tudo
gristle ['grɪsl] N cartilagem *f*; (*on meat*) nervo
grit [grɪt] N areia, grão *m* de areia; (*courage*) coragem *f* ▶ VT (*road*) pôr areia em; **grits** NPL (US) canjica; **to ~ one's teeth** cerrar os dentes; **to have a piece of ~ in one's eye** ter uma pedrinha no olho
grizzle ['grɪzl] (BRIT) VI choramingar
grizzly ['grɪzlɪ] N (*also*: **grizzly bear**) urso pardo
groan [grəun] N gemido ▶ VI gemer
grocer ['grəusə^r] N dono(-a) de mercearia
grocer's, grocer's shop N mercearia
grocery ['grəusərɪ] N mercearia; **groceries** NPL comestíveis *mpl*
grog [grɔg] N grogue *m*
groggy ['grɔgɪ] ADJ grogue
groin [grɔɪn] N virilha
groom [gru:m] N cavalariço; (*also*: **bridegroom**) noivo ▶ VT (*horse*) tratar; (*fig*): **to ~ sb for sth** preparar alguém para algo; **well-~ed** bem-posto
groove [gru:v] N ranhura, entalhe *m*

grope [grəup] VI tatear; **to ~ for** procurar às cegas

gross [grəus] ADJ grosso; (*flagrant*) grave; (*vulgar*) vulgar; (: *building*) de mau-gosto; (*Comm*) bruto ▶ N INV (*twelve dozen*) grosa ▶ VT (*Comm*): **to ~ £500,000** dar uma receita bruta de £500,000

gross domestic product N produto interno bruto

grossly ['grəusli] ADV (*greatly*) enormemente, gritantemente

gross national product N produto nacional bruto

grotesque [grə'tɛsk] ADJ grotesco

grotto ['grɔtəu] N gruta

grotty ['grɔti] (BRIT *inf*) ADJ vagabundo; (*room etc*) mixa; **I'm feeling ~** estou me sentindo podre

grouch [grautʃ] (*inf*) VI ralhar ▶ N (*person*) pessoa geniosa, rabugento(-a)

ground [graund] PT, PP *of* **grind** ▶ N terra, chão *m*; (*Sport*) campo; (*land*) terreno; (*reason: gen pl*) motivo, razão *f*; (*US: also*: **ground wire**) (ligação *f* à) terra, fio-terra *m* ▶ VT (*plane*) manter em terra; (*US Elec*) ligar à terra ▶ VI (*ship*) encalhar ▶ ADJ (*coffee etc*) moído; (*US: meat*) picado; **grounds** NPL (*of coffee etc*) borra; (*gardens etc*) jardins *mpl*, parque *m*; **on the ~** no chão; **to the ~** por terra; **below ~** embaixo da terra; **to gain/lose ~** ganhar/perder terreno; **common ~** consenso; **he covered a lot of ~ in his lecture** sua palestra cobriu uma área considerável

ground cloth (*US*) N = **groundsheet**

ground control N (*Aviat*, *Space*) controle *m* de solo *or* terra

ground floor N andar *m* térreo (BR), rés do chão *m* (PT)

grounding ['graundɪŋ] N (*Sch*) conhecimentos *mpl* básicos

groundless ['graundlɪs] ADJ infundado

groundnut ['graundnʌt] N amendoim *m*

ground rent (BRIT) N foro

groundsheet ['graundʃi:t] (BRIT) N capa impermeável

grounds keeper (*US*) N (*Sport*) zelador *m* de um campo esportivo

groundsman ['graundzmən] (*irreg*: *like* **man**) N (*Sport*) zelador *m* de um campo esportivo

ground staff N pessoal *m* de terra

ground swell N (*of opinion*) onda

ground-to-ground missile N míssil *m* terra-terra

groundwork ['graundwə:k] N base *f*, preparação *f*

group [gru:p] N grupo; (*also*: **pop group**) conjunto ▶ VT (*also*: **group together**) agrupar ▶ VI (*also*: **group together**) agrupar-se

grouse [graus] N INV (*bird*) tetraz *m*, galo-silvestre *m* ▶ VI (*complain*) queixar-se, resmungar

grove [grəuv] N arvoredo

grovel ['grɔvl] VI (*fig*) humilhar-se; **to ~ (before)** abaixar-se (diante de)

grow [grəu] (*pt* **grew**, *pp* **grown**) VI crescer; (*increase*) aumentar; (*develop*): **to ~ (out of/from)** originar-se (de) ▶ VT plantar, cultivar; (*beard*) deixar crescer; **to ~ rich/weak** enriquecer(-se)/enfraquecer-se

▶ **grow apart** VI (*fig*) afastar-se (um do outro)

▶ **grow away from** VT FUS (*fig*) afastar-se de

▶ **grow on** VT FUS: **that painting is ~ing on me** estou gostando cada vez mais daquele quadro

▶ **grow out of** VT FUS (*clothes*) ficar muito grande para; (*habit*) superar com *or* perder o tempo

▶ **grow up** VI crescer, fazer-se homem/mulher

grower ['grəuə^r] N cultivador(a) *m/f*, produtor(a) *m/f*

growing ['grəuɪŋ] ADJ crescente; **~ pains** (*Med*) dores *fpl* do crescimento; (*fig*) dificuldades *fpl* iniciais

growl [graul] VI rosnar

grown [grəun] PP *of* **grow** ▶ ADJ crescido, adulto

grown-up N adulto(-a), pessoa mais velha

growth [grəuθ] N crescimento; (*what has grown*) crescimento; (*increase*) aumento; (*Med*) abcesso, tumor *m*

growth rate N taxa de crescimento

GRSM (BRIT) N ABBR = **Graduate of the Royal Schools of Music**

grub [grʌb] N larva, lagarta; (*inf*: *food*) comida, rango (BR)

grubby ['grʌbi] ADJ encardido

grudge [grʌdʒ] N motivo de rancor ▶ VT: **to ~ sb sth** dar algo a alguém de má vontade, invejar algo a alguém; **to bear sb a ~ for sth** guardar rancor de alguém por algo; **he ~s (giving) the money** ele dá dinheiro de má vontade

grudgingly ['grʌdʒɪŋli] ADV de má vontade

gruelling, (*US*) **grueling** ['gruəlɪŋ] ADJ duro, árduo

gruesome ['gru:səm] ADJ horrível

gruff [grʌf] ADJ (*voice*) rouco; (*manner*) brusco

grumble ['grʌmbl] VI resmungar, bufar

grumpy ['grʌmpi] ADJ rabugento

grunt [grʌnt] VI grunhir ▶ N grunhido

G-string N (*garment*) tapa-sexo *m*

GSUSA N ABBR = **Girl Scouts of the United States of America**

GU (*US*) ABBR (*Post*) = **Guam**

guarantee [gærən'ti:] N garantia ▶ VT garantir

guarantor [gærən'tɔ:^r] N fiador(a) *m/f*

guard [gɑ:d] N guarda; (*one person*) guarda *m*; (BRIT *Rail*) guarda-freio; (*on machine*) dispositivo de segurança; (*also*: **fireguard**) guarda-fogo ▶ VT guardar; (*protect*): **to ~ (against)** proteger (contra); (*prisoner*) vigiar; **to be on one's ~** estar prevenido

▶ **guard against** VT FUS prevenir-se contra;

to ~ against doing sth guardar-se de fazer algo
guard dog N cão m de guarda
guarded ['gɑ:dɪd] ADJ (*statement*) cauteloso
guardian ['gɑ:dɪən] N protetor(a) m/f; (*of minor*) tutor(a) m/f
guard's van (BRIT) N (Rail) vagão m de freio
Guatemala [gwɔtə'mɑ:lə] N Guatemala
Guernsey ['gə:nzɪ] N Guernsey f (*no article*)
guerrilla [gə'rɪlə] N guerrilheiro(-a)
guerrilla warfare N guerrilha
guess [gɛs] VT, VI (*estimate*) avaliar, conjeturar; (*correct answer*) adivinhar; (*US: suppose*) achar, supor ▶ N suposição f, conjetura; **to take** or **have a ~** adivinhar, chutar (*inf*); **to keep sb ~ing** não contar a alguém; **my ~ is that ...** meu palpite é que ...; **to ~ right/wrong** acertar/errar
guesstimate ['gɛstɪmɪt] (*inf*) N estimativa aproximada
guesswork ['gɛswə:k] N conjeturas fpl; **I got the answer by ~** obtive a resposta por adivinhação
guest [gɛst] N convidado(-a); (*in hotel*) hóspede m/f; **be my ~** fique à vontade
guest-house N pensão f
guest room N quarto de hóspedes
guffaw [gʌ'fɔ:] N gargalhada ▶ VI dar gargalhadas
guidance ['gaɪdəns] N orientação f; (*advice*) conselhos mpl; **under the ~ of** sob a direção de, orientado por; **vocational** or **careers ~** orientação vocacional; **marriage ~** aconselhamento conjugal
guide [gaɪd] N (*person*) guia m/f; (*book, fig*) guia m; (BRIT: *also*: **girl guide**) escoteira ▶ VT guiar; **to be ~d by sb/sth** orientar-se com alguém/por algo
guidebook ['gaɪdbuk] N guia m
guided missile ['gaɪdɪd-] N (*internally controlled*) míssil m guiado; (*remote-controlled*) míssil m teleguiado
guide dog N cão m de guia
guided tour N visita guiada
guidelines ['gaɪdlaɪnz] NPL (*advice*) orientação f; (*fig*) princípios mpl gerais, diretrizes fpl
guild [gɪld] N grêmio
guildhall ['gɪldhɔ:l] (BRIT) N sede f da prefeitura
guile [gaɪl] N astúcia
guileless ['gaɪllɪs] ADJ ingênuo, cândido
guillotine ['gɪləti:n] N guilhotina
guilt [gɪlt] N culpa
guilty ['gɪltɪ] ADJ culpado; **to plead ~/not ~** declarar-se culpado/inocente
Guinea ['gɪnɪ] N: **Republic of ~** (República da) Guiné f
guinea ['gɪnɪ] (BRIT) N guinéu m (= 21 shillings: antiga unidade monetária equivalente a £1.05)
guinea pig ['gɪnɪpɪg] N porquinho-da-Índia m, cobaia; (*fig*) cobaia
guise [gaɪz] N: **in** or **under the ~ of** sob a aparência de, sob o pretexto de

guitar [gɪ'tɑ:ʳ] N violão m
guitarist [gɪ'tɑ:rɪst] N violonista m/f
gulch [gʌltʃ] (US) N ravina
gulf [gʌlf] N golfo; (*abyss: also fig*) abismo; **the (Persian) G~** o Golfo Pérsico
Gulf States NPL: **the ~** (*in Middle East*) os países do Golfo Pérsico
Gulf Stream N: **the ~** a corrente do Golfo
gull [gʌl] N gaivota
gullet ['gʌlɪt] N esôfago
gullibility [gʌlə'bɪlɪtɪ] N credulidade f
gullible ['gʌlɪbl] ADJ crédulo
gully ['gʌlɪ] N barranco
gulp [gʌlp] VI engolir em seco ▶ VT (*also*: **gulp down**) engolir ▶ N (*of drink*) gole m; **at one ~** de um gole só
gum [gʌm] N (Anat) gengiva; (*glue*) goma; (*also*: **gum drop**) bala de goma; (*also*: **chewing-gum**) chiclete m (BR), pastilha elástica (PT) ▶ VT colar
▶ **gum up** VT: **to ~ up the works** (*inf*) estragar tudo
gumboil ['gʌmbɔɪl] N abscesso gengival, parúlide f
gumboots ['gʌmbu:ts] (BRIT) NPL botas fpl de borracha, galochas fpl
gumption ['gʌmpʃən] N juízo, bom senso
gun [gʌn] N (*gen*) arma (de fogo); (*revolver*) revólver m; (*small*) pistola; (*rifle*) espingarda; (*cannon*) canhão m ▶ VT (*also*: **gun down**) balear; **to stick to one's ~s** (*fig*) não dar o braço a torcer, ser durão (*inf*)
gunboat ['gʌnbəʊt] N canhoneira
gun dog N cão m de caça
gunfire ['gʌnfaɪəʳ] N tiroteio
gunk [gʌŋk] (*inf*) N sujeira (BR), sujidade f (PT)
gunman ['gʌnmən] (*irreg: like* **man**) N pistoleiro
gunner ['gʌnəʳ] N artilheiro
gunpoint ['gʌnpɔɪnt] N: **at ~** sob a ameaça de uma arma
gunpowder ['gʌnpaʊdəʳ] N pólvora
gunrunner ['gʌnrʌnəʳ] N contrabandista m/f de armas
gunrunning ['gʌnrʌnɪŋ] N contrabando de armas
gunshot ['gʌnʃɔt] N tiro (de arma de fogo); **within ~** ao alcance do tiro
gunsmith ['gʌnsmɪθ] N armeiro(-a)
gurgle ['gə:gl] VI (*baby*) balbuciar; (*water*) gorgolejar ▶ N gorgolejo
guru ['guru:] N guru m
gush [gʌʃ] VI jorrar; (*fig*) alvoroçar-se
▶ N jorro
gusset ['gʌsɪt] N nesga; (*of tights, pants*) entreperna
gust [gʌst] N (*of wind*) rajada
gusto ['gʌstəu] N: **with ~** com garra
gut [gʌt] N intestino, tripa; (*Mus etc*) corda de tripa ▶ VT (*poultry, fish*) estripar; (*building*) destruir o interior de; **guts** NPL (Anat) entranhas fpl; (*inf: courage*) coragem f, raça (*inf*); **to hate sb's ~s** ter alguém atravessado

na garganta, não poder ver alguém nem pintado
gut reaction N reação f instintiva
gutted ['gʌtɪd] (inf) ADJ (disappointed) arrasado
gutter ['gʌtəʳ] N (of roof) calha; (in street) sarjeta
guttural ['gʌtərl] ADJ gutural
guy [gaɪ] N (also: **guyrope**) corda; (inf: man) cara m (BR), tipo (PT)
Guyana [gaɪ'ænə] N Guiana
Guy Fawkes' Night N ver nota

> A **Guy Fawkes' Night**, também chamada de bonfire night, é a ocasião em que se comemora o fracasso da conspiração (a Gunpowder Plot) contra James I e o Parlamento, em 5 de novembro de 1605. Um dos conspiradores, Guy Fawkes, foi surpreendido no porão do Parlamento quando estava prestes a atear fogo a explosivos. Todo ano, no dia 5 de novembro, as crianças preparam antecipadamente um boneco de Guy Fawkes e pedem às pessoas que passam na rua a penny for the Guy (uma moedinha para o Guy), com o qual compram fogos de artifício.

guzzle ['gʌzl] VI comer or beber com gula ▶ VT engolir com gula
gym [dʒɪm] N (also: **gymnasium**) ginásio; (also: **gymnastics**) ginástica
gymkhana [dʒɪm'kɑːnə] N gincana
gymnasium [dʒɪm'neɪzɪəm] N ginásio
gymnast ['dʒɪmnæst] N ginasta m/f
gymnastics [dʒɪm'næstɪks] N ginástica
gym shoes NPL tênis mpl
gym slip (BRIT) N uniforme m escolar
gynaecologist, (US) **gynecologist** [gaɪnɪ'kɔlədʒɪst] N ginecologista m/f
gynaecology, (US) **gynecology** [gaɪnə'kɔlədʒɪ] N ginecologia
gypsy ['dʒɪpsɪ] N, CPD = **gipsy**
gyrate [dʒaɪ'reɪt] VI girar
gyroscope ['dʒaɪərəskəup] N giroscópio

Hh

H, h [eɪtʃ] N (*letter*) H, h m; **H for Harry** (BRIT), **H for How** (US) H de Henrique
habeas corpus ['heɪbɪəs'kɔːpəs] N (*Law*) habeas-corpus m
haberdashery ['hæbə'dæʃərɪ] (BRIT) N armarinho
habit ['hæbɪt] N hábito, costume m; (*addiction*) vício; (*Rel*) hábito; **to get out of/into the ~ of doing sth** perder/criar o hábito de fazer algo
habitable ['hæbɪtəbl] ADJ habitável
habitat ['hæbɪtæt] N habitat m
habitation [hæbɪ'teɪʃən] N habitação f
habitual [hə'bɪtjuəl] ADJ habitual, costumeiro; (*drinker, liar*) inveterado
habitually [hə'bɪtjuəlɪ] ADV habitualmente
hack [hæk] VT (*cut*) cortar; (*chop*) talhar ▶ N corte m; (*axe blow*) talho; (*pej: writer*) escrevinhador(a) m/f; (*old horse*) metungo
hacker ['hækə^r] N (*Comput*) hacker m
hackles ['hæklz] NPL: **to make sb's ~ rise** (*fig*) enfurecer alguém
hackney cab ['hæknɪ-] N fiacre m
hackneyed ['hæknɪd] ADJ corriqueiro, batido
had [hæd] PT, PP *of* **have**
haddock ['hædək] (*pl* **haddocks** *or* **haddock**) N hadoque m (BR), eglefim m (PT)
hadn't ['hædnt] = **had not**
haematology, (US) **hematology** ['hiːmə'tɔlədʒɪ] N hematologia
haemoglobin, (US) **hemoglobin** ['hiːmə'gləubɪn] N hemoglobina
haemophilia, (US) **hemophilia** ['hiːmə'fɪlɪə] N hemofilia
haemorrhage, (US) **hemorrhage** ['hɛmərɪdʒ] N hemorragia
haemorrhoids, (US) **hemorrhoids** ['hɛmərɔɪdz] NPL hemorróidas *fpl*
hag [hæg] N (*ugly*) bruxa; (*nasty*) megera; (*witch*) bruxa
haggard ['hægəd] ADJ emaciado, macilento
haggis ['hægɪs] N *miúdos de carneiro com aveia, cozidos no estômago do animal*
haggle ['hægl] VI (*bargain*) pechinchar, regatear; **to ~ over** discutir sobre
haggling ['hæglɪŋ] N regateio
Hague [heɪg] N: **The ~** Haia
hail [heɪl] N (*weather*) granizo; (*of objects*) chuva; (*of criticism*) torrente f ▶ VT (*greet*) cumprimentar, saudar; (*call*) chamar ▶ VI chover granizo; (*originate*): **he ~s from Scotland** ele é originário da Escócia
hailstone ['heɪlstəun] N pedra de granizo
hailstorm ['heɪlstɔːm] N tempestade f de granizo
hair [hɛə^r] N (*of human*) cabelo; (*of animal, on legs*) pelo; (*one hair*) fio de cabelo, pelo; (*head of hair*) cabeleira; **grey ~** cabelo grisalho; **to do one's ~** pentear-se
hairbrush ['hɛəbrʌʃ] N escova de cabelo
haircut ['hɛəkʌt] N corte m de cabelo
hairdo ['hɛəduː] N penteado
hairdresser ['hɛədrɛsə^r] N cabeleireiro(-a)
hairdresser's N cabeleireiro
hair dryer N secador m de cabelo
-haired [hɛəd] SUFFIX: **fair/long~** de cabelo louro/comprido
hair gel N gel m para o cabelo
hairgrip ['hɛəgrɪp] N grampo (BR), gancho (PT)
hairline ['hɛəlaɪn] N contorno do couro cabeludo
hairline fracture N fratura muito fina
hairnet ['hɛənɛt] N rede f de cabelo
hair oil N óleo para o cabelo
hairpiece ['hɛəpiːs] N aplique m
hairpin ['hɛəpɪn] N grampo (BR), gancho (PT)
hairpin bend, (US) **hairpin curve** N curva fechada
hair-raising [-'reɪzɪŋ] ADJ horripilante, de arrepiar os cabelos
hair remover N (creme m) depilatório
hair spray N laquê m (BR), laca (PT)
hairstyle ['hɛəstaɪl] N penteado
hairy ['hɛərɪ] ADJ cabeludo, peludo; (*inf: situation*) perigoso
Haiti ['heɪtɪ] N Haiti m
haka (AUST) ['hɑːkə] N haka m *or* f, *canto entoado por jogadores de rúgbi antes de uma partida*
hake [heɪk] (*pl* **hakes** *or* **hake**) N abrótea
halcyon ['hælsɪən] ADJ tranquilo
hale [heɪl] ADJ: **~ and hearty** robusto, em ótima forma
half [hɑːf] N (*pl* **halves**) metade f; (*Sport: of match*) tempo; (*of ground*) lado ▶ ADJ meio ▶ ADV meio, pela metade; **~-an-hour** meia hora; **~ a pound** meia libra; **two and a ~** dois e meio; **~ a dozen** meia-dúzia; **a week and a ~** uma semana e meia; **~ (of it)** a

metade; ~ **(of)** a metade de; ~ **the amount of** a metade de; **to cut sth in** ~ cortar algo ao meio; ~ **past three** três e meia; ~ **asleep/empty/closed** meio adormecido/vazio/fechado; **to go halves (with sb)** rachar as despesas (com alguém)
half-back N (Sport) meio-de-campo
half-baked (inf) ADJ (idea, scheme) mal planejado
half-breed N mestiço(-a)
half-brother N meio-irmão m
half-caste N mestiço(-a)
half-hearted ADJ irresoluto, indiferente
half-hour N meia hora
half-mast N: **at ~** (flag) a meio-pau
halfpenny ['heɪpnɪ] N meio pêni m
half-price ADJ pela metade do preço ▶ ADV (also: **at half-price**) pela metade do preço
half term (BRIT) N (Sch) dias de folga no meio do semestre
half-time N meio tempo
halfway [hɑːfˈweɪ] ADV a meio caminho; (in time) no meio; **to meet sb ~** (fig) chegar a um meio-termo com alguém
half-yearly ADV semestralmente ▶ ADJ semestral
halibut ['hælɪbət] N INV hipoglosso
halitosis [hælɪˈtəʊsɪs] N halitose f, mau hálito
hall [hɔːl] N (for concerts) sala; (entrance way) hall m, entrada; (corridor) corredor m; **town ~** prefeitura (BR), câmara municipal (PT)
hallmark ['hɔːlmɑːk] N (also fig) marca
hallo [həˈləʊ] EXCL = **hello**
hall of residence (pl **halls of residence**) (BRIT) N residência universitária
Hallowe'en ['hæləʊ'iːn] N Dia m das Bruxas (31 de outubro)

> Segundo a tradição, **Hallowe'en** é a noite dos fantasmas e dos bruxos. Na Escócia e nos Estados Unidos, sobretudo (bem menos na Inglaterra), as crianças, para festejar o **Hallowe'en**, se fantasiam e batem de porta em porta pedindo prendas (chocolates, maçãs etc).

hallucination [həluːsɪˈneɪʃən] N alucinação f
hallway ['hɔːlweɪ] N hall m, entrada; (corridor) corredor m
halo ['heɪləʊ] N (of saint etc) auréola; (of sun) halo
halt [hɔːlt] N (stop) parada (BR), paragem f (PT); (Rail) pequena parada; (Mil) alto ▶ VI parar; (Mil) fazer alto ▶ VT deter; (process) interromper; **to call a ~ to sth** (fig) pôr um fim a algo
halter ['hɔːltər] N (for horse) cabresto
halter-neck ['hɔːltənɛk] ADJ (dress) frente-única inv
halve [hɑːv] VT (divide) dividir ao meio; (reduce by half) reduzir à metade
halves [hɑːvz] NPL of **half**
ham [hæm] N presunto, fiambre m (PT); (inf: actor, actress) canastrão(-trona) m/f; (also: **radio ham**) radioamador(a) m/f
hamburger ['hæmbəːgər] N hambúrguer m
ham-fisted [-ˈfɪstɪd] (BRIT) ADJ desajeitado
ham-handed [-ˈhændɪd] (US) ADJ desajeitado
hamlet ['hæmlɪt] N aldeola, lugarejo
hammer ['hæmər] N martelo ▶ VT martelar; (fig) dar uma surra em ▶ VI (on door) bater insistentemente; **to ~ a point home to sb** fincar uma ideia na mente de alguém
▶ **hammer out** VT (metal) malhar; (fig: solution) elaborar
hammock ['hæmək] N rede f
hamper ['hæmpər] VT dificultar, atrapalhar ▶ N cesto
hamster ['hæmstər] N hamster m
hamstring ['hæmstrɪŋ] N (Anat) tendão m do jarrete
hand [hænd] N mão f; (of clock) ponteiro; (writing) letra; (applause) aplauso; (of cards) cartas fpl; (worker) trabalhador m; (measurement) palmo ▶ VT (give) dar, passar; (deliver) entregar; **to give** or **lend sb a ~** dar uma mãozinha a alguém, dar uma ajuda a alguém; **at ~** à mão, disponível; **in ~** livre; (situation) sob controle; (Comm) em caixa, à disposição; **to be on ~** (person) estar disponível; (emergency services) estar num estado de prontidão; **to ~** (information) à mão; **to force sb's ~** forçar alguém a agir; **to have a free ~** ter carta branca; **to have sth in one's ~** ter algo na mão; **on the one ~ ..., on the other ~ ...** por um lado ..., por outro (lado) ...
▶ **hand down** VT passar; (tradition, heirloom) transmitir; (US: sentence, verdict) proferir
▶ **hand in** VT entregar
▶ **hand out** VT distribuir
▶ **hand over** VT (deliver) entregar; (surrender) ceder; (powers etc) transmitir
▶ **hand round** (BRIT) VT (information) fazer circular; (chocolates) oferecer
handbag ['hændbæg] N bolsa
handball ['hændbɔːl] N handebol m
hand basin ['hændbeɪsn] N pia (BR), lavatório (PT)
handbook ['hændbuk] N manual m
handbrake ['hændbreɪk] N freio (BR) or travão m (PT) de mão
h & c (BRIT) ABBR = **hot and cold (water)**
hand cream N creme m para as mãos
handcuffs ['hændkʌfs] NPL algemas fpl
handful ['hændful] N punhado; (of people) grupo
handicap ['hændɪkæp] N (Med) incapacidade f; (disadvantage) desvantagem f; (Sport) handicap m ▶ VT prejudicar; **mentally/physically ~ped** deficiente mental/físico
handicraft ['hændɪkrɑːft] N artesanato, trabalho manual
handiwork ['hændɪwəːk] N obra; **this looks like his ~** (pej) isso parece coisa dele
handkerchief ['hæŋkətʃɪf] N lenço

handle ['hændl] N (of door etc) maçaneta; (of bag etc) alça; (of cup etc) asa; (of knife etc) cabo; (for winding) manivela; (inf: name) título ▶ VT manusear; (deal with) tratar de; (treat: people) lidar com; "~ **with care**" "cuidado – frágil"; **to fly off the ~** perder as estribeiras

handlebar ['hɑːndlbɑːʳ] N, **handlebars** ['hɑːndlbɑːz] NPL guidom m (BR), guidão m (PT)

handling charges ['hændlɪŋ-] NPL taxa de manuseio; (Banking) comissão f

hand-luggage N bagagem f de mão

handmade ['hændmeɪd] ADJ feito a mão

handout ['hændaut] N (money, food) doação f, esmola; (leaflet) folheto; (at lecture) apostila

hand-picked [-'pɪkt] ADJ (fruit) colhido à mão; (staff) escolhido a dedo

handrail ['hændreɪl] N (on staircase) corrimão m

hands-free kit ['hændzfriː-] N viva-voz m

handshake ['hændʃeɪk] N aperto de mão; (Comput) handshake m

handsome ['hænsəm] ADJ bonito; (woman) vistoso; (gift) generoso; (building) imponente, elegante; (profit) considerável

handstand ['hændstænd] N: **to do a ~** plantar bananeira

hand-to-mouth ADJ (existence) ao deus-dará

handwriting ['hændraɪtɪŋ] N letra, caligrafia

handwritten ['hændrɪtn] ADJ escrito à mão, manuscrito

handy ['hændɪ] ADJ (close at hand) à mão; (useful) útil; (skilful) habilidoso, hábil; **to come in ~** ser útil

handyman ['hændɪmæn] (irreg: like **man**) N faz-tudo m; (in hotel etc) biscateiro

hang [hæŋ] (pt, pp **hung**) VT pendurar; (on wall etc) prender; (head) baixar; (criminal: pt, pp **hanged**) enforcar ▶ VI estar pendurado; (hair, drapery) cair ▶ N (inf): **to get the ~ of (doing) sth** pegar o jeito de (fazer) algo

▶ **hang about** VI vadiar, vagabundear; **~ about!** (inf) 'pera aí!

▶ **hang around** VI = **hang about**

▶ **hang back** VI (hesitate): **to ~ back from (doing) sth** vacilar em (fazer) algo

▶ **hang on** VI (wait) esperar ▶ VT FUS (depend on) depender de; **to ~ on to** (keep hold of) não soltar, segurar; (keep) ficar com

▶ **hang out** VT (washing) estender ▶ VI (be visible) aparecer; (inf: spend time) fazer ponto

▶ **hang together** VI (argument etc) ser coerente

▶ **hang up** VT (coat) pendurar ▶ VI (Tel) desligar; **to ~ up on sb** bater o telefone na cara de alguém

hangar ['hæŋəʳ] N hangar m

hangdog ['hæŋdɔg] ADJ (look, expression) envergonhado

hanger ['hæŋəʳ] N cabide m

hanger-on N parasita m/f, filão(-lona) m/f

hang-glider ['hæŋglaɪdəʳ] N asa-delta

hang-gliding N voo livre

hanging ['hæŋɪŋ] N enforcamento

hangman ['hæŋmən] (irreg: like **man**) N carrasco

hangover ['hæŋəuvəʳ] N (after drinking) ressaca; **to have a ~** estar de ressaca

hang-up N grilo

hank [hæŋk] N meada

hanker ['hæŋkəʳ] VI: **to ~ after** (miss) sentir saudade de; (long for) ansiar por

hankie ['hæŋkɪ] N ABBR = **handkerchief**

hanky ['hæŋkɪ] N ABBR = **handkerchief**

Hants (BRIT) ABBR = **Hampshire**

haphazard [hæp'hæzəd] ADJ (random) fortuito; (disorganized) desorganizado

hapless ['hæplɪs] ADJ desafortunado

happen ['hæpən] VI acontecer; **what's ~ing?** o que é que está acontecendo?; **she ~ed to be in London** aconteceu que estava em Londres; **if anything ~ed to him** se lhe acontecesse alguma coisa; **as it ~s ...** acontece que ...

▶ **happen on, happen upon** VT FUS dar com

happening ['hæpənɪŋ] N acontecimento, ocorrência

happily ['hæpɪlɪ] ADV (luckily) felizmente; (cheerfully) alegremente

happiness ['hæpɪnɪs] N felicidade f; (joy) alegria

happy ['hæpɪ] ADJ feliz; (cheerful) contente; **to be ~ (with)** estar contente (com); **to be ~ to do** (willing) estar disposto a fazer; **yes, I'd be ~ to** sim, com muito prazer; **~ birthday!** feliz aniversário; (said to somebody) parabéns!; **~ Christmas/New Year** feliz Natal/Ano Novo

happy-go-lucky ADJ despreocupado

harangue [hə'ræŋ] VT arengar

harass ['hærəs] VT (bother) importunar; (pursue) acossar

harassed ['hærəst] ADJ chateado

harassment ['hærəsmənt] N perseguição f; (worry) preocupação f

harbour, (US) **harbor** ['hɑːbəʳ] N porto ▶ VT (hope etc) abrigar; (hide) esconder; **to ~ a grudge against sb** guardar rancor a alguém

harbour dues, (US) **harbor dues** NPL direitos mpl portuários

harbour master, (US) **harbor master** N capitão m do porto

hard [hɑːd] ADJ duro; (difficult) difícil; (work) árduo; (person) severo, cruel; (facts) verdadeiro ▶ ADV (work) muito, diligentemente; (think, try) seriamente; **to look ~ at** olhar firme or fixamente para; **~ luck!** azar!; **no ~ feelings!** sem ressentimentos!; **to be ~ of hearing** ser surdo; **to be ~ done by** ser tratado injustamente; **to be ~ on sb** ser rigoroso com alguém; **I find it ~ to believe that ...** acho difícil acreditar que ...

hard-and-fast ADJ rígido

hardback ['hɑːdbæk] N livro de capa dura

hardboard ['hɑːdbɔːd] N madeira compensada

hard-boiled egg [-'bɔɪld-] N ovo cozido
hard cash N dinheiro vivo or em espécie
hard copy N (Comput) cópia impressa
hard-core ADJ (pornography) pesado; (supporters) ferrenho
hard court N (Tennis) quadra de cimento
hard disk N (Comput) disco rígido
hard drive N (Comput) disco rígido
harden ['hɑːdən] VT endurecer; (steel) temperar; (fig) tornar insensível ▶ VI endurecer-se
hardened ['hɑːdnd] ADJ (criminal, drinker) inveterado; **to be ~ to sth** ser insensível a algo
hardening ['hɑːdnɪŋ] N endurecimento
hard-headed [-'hɛdɪd] ADJ prático
hard-hearted ADJ empedernido, insensível
hard labour N trabalhos mpl forçados
hardliner [hɑːd'laɪnəʳ] N intransigente m/f
hardly ['hɑːdlɪ] ADV (scarcely) apenas; (no sooner) mal; **that can ~ be true** dificilmente pode ser verdade; **~ ever** quase nunca; **I can ~ believe it** mal posso acreditar nisso
hardness ['hɑːdnɪs] N dureza
hard-pressed ['hɑːd'prɛst] ADJ massacrado; **be ~ to do** dificilmente poder fazer
hard sell N venda agressiva
hardship ['hɑːdʃɪp] N (difficulty) privação f
hard shoulder (BRIT) N (Aut) acostamento (BR), berma (PT)
hard up (inf) ADJ duro (BR), liso (PT)
hardware ['hɑːdwɛəʳ] N ferragens fpl; (Comput) hardware m
hardware shop N loja de ferragens
hard-wearing [-'wɛərɪŋ] ADJ resistente
hard-working ADJ trabalhador(a); (student) aplicado
hardy ['hɑːdɪ] ADJ forte; (plant) resistente
hare [hɛəʳ] N lebre f
hare-brained [-breɪnd] ADJ maluco, absurdo
harelip ['hɛəlɪp] N (Med) lábio leporino
harem [hɑː'riːm] N harém m
hark back [hɑːk-] VI: **to ~ to** (reminisce) recordar; (be reminiscent of) lembrar
harm [hɑːm] N mal m; (damage) dano ▶ VT (person) fazer mal a, prejudicar; (thing) danificar; **to mean no ~** ter boas intenções; **there's no ~ in trying** não faz mal tentar; **out of ~'s way** a salvo
harmful ['hɑːmful] ADJ prejudicial, nocivo; (plant, weed) daninho
harmless ['hɑːmlɪs] ADJ inofensivo; (activity) inofensivo
harmonic [hɑː'mɔnɪk] ADJ harmônico
harmonica [hɑː'mɔnɪkə] N gaita de boca, harmônica
harmonics [hɑː'mɔnɪks] NPL harmônicos mpl
harmonious [hɑː'məunɪəs] ADJ harmonioso
harmonium [hɑː'məunɪəm] N harmônio
harmonize ['hɑːmənaɪz] VT, VI harmonizar
harmony ['hɑːmənɪ] N harmonia
harness ['hɑːnɪs] N (for horse) arreios mpl; (for child) correia; (safety harness) correia de segurança ▶ VT (horse) arrear, pôr arreios em; (resources) aproveitar
harp [hɑːp] N harpa ▶ VI: **to ~ on about** bater sempre na mesma tecla sobre
harpist ['hɑːpɪst] N harpista m/f
harpoon [hɑː'puːn] N arpão m ▶ VT arpoar
harpsichord ['hɑːpsɪkɔːd] N cravo, clavecino
harrow ['hærəu] N (Agr) grade f, rastelo
harrowing ['hærəuɪŋ] ADJ doloroso, pungente
harry ['hærɪ] VT (Mil, fig) assolar
harsh [hɑːʃ] ADJ (life) duro; (judge, criticism) severo; (rough: surface, taste) áspero; (: sound) desarmonioso
harshly ['hɑːʃlɪ] ADV severamente
harshness ['hɑːʃnɪs] N dureza, severidade f; (roughness) aspereza
harvest ['hɑːvɪst] N colheita; (of grapes) vindima ▶ VT, VI colher
harvester ['hɑːvɪstəʳ] N (machine) segadora; (also: **combine harvester**) ceifeira-debulhadora; (person) segador(a) m/f
has [hæz] VB see **have**
has-been (inf) N (person): **he/she's a ~** ele/ela já era
hash [hæʃ] N (Culin) picadinho; (fig: mess) confusão f; (symbol) sustenido ▶ N ABBR (inf) = **hashish**
hashish ['hæʃɪʃ] N haxixe m
hashtag ['hæʃtæg] N (on Twitter) hashtag f
hasn't ['hæznt] = **has not**
hassle ['hæsl] (inf) N (fuss, problems) complicação f ▶ VT molestar, chatear
haste [heɪst] N pressa; **in ~** às pressas
hasten ['heɪsn] VT acelerar ▶ VI: **to ~ to do sth** apressar-se em fazer algo
hastily ['heɪstɪlɪ] ADV depressa
hasty ['heɪstɪ] ADJ apressado; (rash) precipitado
hat [hæt] N chapéu m
hatbox ['hætbɔks] N chapeleira
hatch [hætʃ] N (Naut: also: **hatchway**) escotilha; (also: **service hatch**) comunicação f entre a cozinha e a sala de jantar ▶ VI sair do ovo, chocar ▶ VT chocar; (plot) tramar, arquitetar
hatchback ['hætʃbæk] N (Aut) camionete f, hatch m
hatchet ['hætʃɪt] N machadinha
hate [heɪt] VT odiar, detestar ▶ N ódio; **to ~ to do** or **doing** odiar or detestar fazer; **I ~ to trouble you, but ...** desculpe incomodá-lo, mas ...
hateful ['heɪtful] ADJ odioso
hatred ['heɪtrɪd] N ódio
hat trick (BRIT) N (Sport, fig) três vitórias (or gols etc) consecutivas
haughty ['hɔːtɪ] ADJ soberbo, arrogante
haul [hɔːl] VT puxar; (by lorry) carregar, fretar; (Naut) levar à orça ▶ N (of fish) redada; (of stolen goods etc) pilhagem f, presa
haulage ['hɔːlɪdʒ] N transporte m (rodoviário); (costs) gasto com transporte

haulage contractor (BRIT) N (*firm*) transportadora; (*person*) transportador(a) *m/f*
hauler ['hɔ:ləʳ] (US) N = **haulier**
haulier ['hɔ:ljəʳ] (BRIT) N (*firm*) transportadora; (*person*) transportador(a) *m/f*
haunch [hɔ:ntʃ] N anca, quadril *m*; (*of meat*) quarto traseiro
haunt [hɔ:nt] VT (*subj: ghost*) assombrar; (: *problem, memory*) perseguir; (*frequent*) frequentar; (*obsess*) obcecar ▶ N reduto; (*haunted house*) casa mal-assombrada
haunted ['hɔ:ntɪd] ADJ (*castle etc*) mal-assombrado
haunting ['hɔ:ntɪŋ] ADJ (*sight, music*) obcecante
Havana [həˈvænə] N Havana

(KEYWORD)

have [hæv] (*pt, pp* **had**) AUX VB **1** (*gen*) ter; **to have arrived/gone/eaten/slept** ter chegado/ido/comido/dormido; **he has been kind/promoted** ele foi bondoso/promovido; **having finished** *or* **when he had finished, he left** quando ele terminou, foi embora
2 (*in tag questions*): **you've done it, haven't you?** você fez isto, não foi?; **he hasn't done it, has he?** ele não fez isto, fez?
3 (*in short questions and answers*): **you've made a mistake — no I haven't/so I have** você fez um erro — não, eu não fiz/sim, eu fiz; **I've been there before, have you?** eu já estive lá, e você?
▶ MODAL AUX VB (*be obliged*): **to have (got) to do sth** ter que fazer algo; **I haven't got** *or* **I don't have to wear glasses** eu não preciso usar óculos; **this has to be a mistake** isto tem que ser um erro
▶ VT **1** (*possess*) ter; **he has (got) blue eyes/dark hair** ele tem olhos azuis/cabelo escuro
2 (*referring to meals etc*): **to have breakfast** tomar café (BR), tomar o pequeno almoço (PT); **to have lunch/dinner** almoçar/jantar; **to have a drink/a cigarette** tomar um drinque/fumar um cigarro
3 (*receive, obtain etc*): **may I have your address?** pode me dar seu endereço?; **you can have it for 5 pounds** você pode levá-lo por 5 libras; **I must have it by tomorrow** preciso ter isto até amanhã; **to have a baby** dar à luz (BR), ter um nenê *or* bebê (PT)
4 (*maintain, allow*): **he will have it that he is right** ele vai insistir que ele está certo; **I won't have it/this nonsense!** não vou aguentar isso/este absurdo!; **we can't have that** não podemos permitir isto
5: **to have sth done** mandar fazer algo; **to have one's hair cut** ir cortar o cabelo; **to have sb do sth** mandar alguém fazer algo; **he soon had them all laughing/working** logo ele tinha feito com que todos rissem/trabalhassem
6 (*experience, suffer*): **to have a cold/flu** estar resfriado (BR) *or* constipado (PT)/com gripe; **she had her bag stolen/her arm broken** ela teve sua bolsa roubada/ela quebrou o braço; **to have an operation** fazer uma operação
7 (+ *n: take, hold etc*): **to have a swim/walk/bath/rest** ir nadar/passear/tomar um banho/descansar; **let's have a look** vamos dar uma olhada; **to have a party** fazer uma festa; **to have a meeting** ter um encontro; **let me have a try** deixe-me tentar
8 (*inf: dupe*): **he's been had** ele comprou gato por lebre
▶ **have out** VT: **to have it out with sb** (*settle a problem*) explicar-se com alguém

haven ['heɪvn] N porto; (*fig*) abrigo, refúgio
haven't ['hævnt] = **have not**
haversack ['hævəsæk] N mochila
havoc ['hævək] N destruição *f*; **to play ~ with** (*fig*) estragar
Hawaii [həˈwaɪi:] N Havaí *m*
Hawaiian [həˈwaɪjən] ADJ, N havaiano(-a)
hawk [hɔ:k] N falcão *m* ▶ VT (*goods for sale*) mascatear
hawker ['hɔ:kəʳ] N camelô *m*, mascate *m*
hawthorn ['hɔ:θɔ:n] N pilriteiro, estripeiro
hay [heɪ] N feno
hay fever N febre *f* do feno
haystack ['heɪstæk] N palheiro
haywire ['heɪwaɪəʳ] (*inf*) ADJ: **to go ~** (*person*) ficar maluco; (*plan*) desorganizar-se, degringolar
hazard ['hæzəd] N (*danger*) perigo, risco; (*chance*) acaso ▶ VT aventurar, arriscar; **to be a health/fire ~** ser um risco para a saúde/de incêndio; **to ~ a guess** arriscar um palpite
hazardous ['hæzədəs] ADJ (*dangerous*) perigoso; (*risky*) arriscado
hazard pay (US) N adicional *m* por insalubridade
hazard warning lights NPL (*Aut*) pisca-alerta *m*
haze [heɪz] N névoa
hazel [heɪzl] N (*tree*) aveleira ▶ ADJ (*eyes*) castanho-claro *inv*
hazelnut ['heɪzlnʌt] N avelã *f*
hazy ['heɪzɪ] ADJ nublado; (*idea*) confuso
H-bomb N bomba de hidrogênio
HE ABBR = **high explosive**; (*Rel, Diplomacy*) = **His/Her Excellency**
he [hi:] PRON ele; **he who ...** quem ..., aquele que ...; **he-bear** *etc* N urso macho *etc*
head [hɛd] N cabeça; (*of table*) cabeceira; (*of queue*) frente *f*; (*of organization*) chefe *m/f*; (*of school*) diretor(a) *m/f* ▶ VT (*list*) encabeçar; (*group*) liderar; **~s or tails** cara ou coroa; **~ first** de cabeça; **~ over heels** de pernas para o ar; **~ over heels in love** apaixonadíssimo; **to ~ the ball** cabecear a bola; **£10 a** *or* **per ~** £10 por pessoa *or* cabeça; **to sit at the ~ of the table** sentar-se à cabeceira da mesa; **to have a ~ for business**

ter tino para negócios; **to have no ~ for heights** não suportar alturas; **to come to a ~** (*fig: situation etc*) chegar a um ponto crítico; **on your ~ be it** você que arque com as consequências
▶ **head for** VT FUS dirigir-se a; (*disaster*) estar procurando
▶ **head off** VT (*danger, threat*) desviar
headache ['hɛdeɪk] N dor f de cabeça; **to have a ~** estar com dor de cabeça
head cold N resfriado (BR), constipação f (PT)
headdress ['hɛddrɛs] N (*of Indian etc*) cocar m; (*of bride*) grinalda
header ['hɛdəʳ] N (BRIT inf: Football) cabeçada; (*on page*) cabeçalho
headhunter ['hɛdhʌntəʳ] N caçador m de cabeças
heading ['hɛdɪŋ] N título, cabeçalho; (*subject title*) rubrica
headlamp ['hɛdlæmp] (BRIT) N = **headlight**
headland ['hɛdlənd] N promontório
headlight ['hɛdlaɪt] N farol m
headline ['hɛdlaɪn] N manchete f
headlong ['hɛdlɔŋ] ADV (*fall*) de cabeça; (*rush*) precipitadamente
headmaster [hɛd'mɑ:stəʳ] N diretor m (de escola)
headmistress [hɛd'mɪstrɪs] N diretora f (de escola)
head office N matriz f
head-on ADJ (*collision*) de frente; (*confrontation*) direto
headphones ['hɛdfəunz] NPL fones mpl de ouvido
headquarters [hɛd'kwɔ:təz] NPL (*of business etc*) sede f; (*Mil*) quartel m general
headrest ['hɛdrɛst] N apoio para a cabeça
headroom ['hɛdrum] N (*in car*) espaço (para a cabeça); (*under bridge*) vão m livre
headscarf ['hɛdskɑ:f] (*irreg: like* **scarf**) N lenço de cabeça
headset ['hɛdsɛt] N fones mpl de ouvido
headstone ['hɛdstəun] N lápide f de ponta cabeça
headstrong ['hɛdstrɔŋ] ADJ voluntarioso, teimoso
head waiter N maitre m (BR), chefe m de mesa (PT)
headway ['hɛdweɪ] N progresso; **to make ~** avançar
headwind ['hɛdwɪnd] N vento contrário
heady ['hɛdɪ] ADJ (*exciting*) emocionante; (*intoxicating*) estonteante
heal [hi:l] VT curar ▶ VI cicatrizar
health [hɛlθ] N saúde f; **good ~!** saúde!; **Department of H~** (US) ≈ Ministério da Saúde
health care N assistência médica
health centre (BRIT) N posto de saúde
health food N, **health foods** NPL alimentos mpl naturais
health food shop N loja de comida natural
health hazard N risco para a saúde

Health Service (BRIT) N: **the ~** o Serviço Nacional da Saúde, ≈ a Previdência Social
healthy ['hɛlθɪ] ADJ (*person*) saudável; (*air, walk*) sadio; (*economy*) próspero, forte
heap [hi:p] N pilha, montão m ▶ VT amontoar, empilhar; (*plate*) encher; **~s (of)** (*inf: lots*) um monte (de); **to ~ favours/praise/gifts** *etc* **on sb** cobrir *or* cumular alguém de favores/elogios/presentes *etc*
hear [hɪəʳ] (*pt, pp* **heard**) VT ouvir; (*listen to*) escutar; (*news*) saber; (*lecture*) assistir a ▶ VI ouvir; **to ~ about** ouvir falar de; **when did you ~ about this?** quando você ouve disso?; **to ~ from sb** ter notícias de alguém; **I've never ~d of the book** eu nunca ouvi falar no livro
▶ **hear out** VT ouvir sem interromper
heard [hə:d] PT, PP *of* **hear**
hearing ['hɪərɪŋ] N (*sense*) audição f; (*Law*) audiência; **to give sb a ~** (BRIT) ouvir alguém
hearing aid N aparelho para a surdez
hearsay ['hɪəseɪ] N boato, ouvir-dizer m; **by ~** por ouvir dizer
hearse [hə:s] N carro fúnebre
heart [hɑ:t] N coração m; (*of problem, city*) centro; **hearts** NPL (*Cards*) copas fpl; **to lose/take ~** perder o ânimo/criar coragem; **at ~** no fundo; **by ~** (*learn, know*) de cor; **to set one's ~ on sth/on doing sth** decidir-se por algo/a fazer algo; **the ~ of the matter** a essência da questão
heart attack N ataque m de coração
heartbeat ['hɑ:tbi:t] N batida do coração
heartbreak ['hɑ:tbreɪk] N desgosto, dor f
heartbreaking ['hɑ:tbreɪkɪŋ] ADJ desolador(a)
heartbroken ['hɑ:tbrəukən] ADJ: **to be ~** estar inconsolável
heartburn ['hɑ:tbə:n] N azia
-hearted ['hɑ:tɪd] SUFFIX: **kind~** bondoso
heartening ['hɑ:tnɪŋ] ADJ animador(a)
heart failure N parada cardíaca
heartfelt ['hɑ:tfɛlt] ADJ (*cordial*) cordial; (*deeply felt*) sincero
hearth [hɑ:θ] N lar m; (*fireplace*) lareira
heartily ['hɑ:tɪlɪ] ADV sinceramente, cordialmente; (*laugh*) a gargalhadas, com vontade; (*eat*) apetitosamente; **I ~ agree** concordo completamente; **to be ~ sick of** (BRIT) estar farto de
heartland ['hɑ:tlænd] N coração m (do país)
heartless ['hɑ:tlɪs] ADJ cruel, sem coração
heartthrob ['hɑ:tθrɔb] N gatão m
heart-to-heart ADJ (*conversation*) franco, sincero ▶ N conversa franca
heart transplant N transplante m de coração
heartwarming ['hɑ:twɔ:mɪŋ] ADJ emocionante
hearty ['hɑ:tɪ] ADJ (*person*) energético; (*laugh*) animado; (*appetite*) bom/boa; (*welcome*) sincero; (*dislike*) absoluto
heat [hi:t] N calor m; (*excitement*) ardor m; (*Sport: also:* **qualifying heat**) (prova)

eliminatória; (Zool): **in ~, on ~** (BRIT) no cio ▶ VT esquentar; (room, house) aquecer; (fig) acalorar
▶ **heat up** VI aquecer-se, esquentar ▶ VT esquentar
heated ['hi:tɪd] ADJ aquecido; (fig) acalorado
heater ['hi:tə'] N aquecedor m
heath [hi:θ] (BRIT) N charneca
heathen ['hi:ðn] ADJ, N pagão/pagã m/f
heather ['hɛðə'] N urze f
heating ['hi:tɪŋ] N aquecimento, calefação f
heat-resistant ADJ resistente ao calor
heatstroke ['hi:tstrəuk] N insolação f
heat wave N onda de calor
heave [hi:v] VT (pull) puxar; (push) empurrar (com esforço); (lift) levantar (com esforço) ▶ VI (water) agitar-se; (retch) ter ânsias de vômito ▶ N puxão m; empurrão m; **to ~ a sigh** soltar um suspiro
▶ **heave to** VI (Naut) capear
heaven ['hɛvn] N céu m, paraíso; **~ forbid!** Deus me livre!; **thank ~!** graças a Deus!; **for ~'s sake!** pelo amor de Deus!
heavenly ['hɛvnlɪ] ADJ celestial; (Rel) divino
heavily ['hɛvɪlɪ] ADV pesadamente; (drink, smoke) excessivamente; (sleep, depend) profundamente
heavy ['hɛvɪ] ADJ pesado; (work) duro; (responsibility) grande; (sea) violento; (rain, meal) forte; (drinker, smoker) inveterado; (weather) carregado; **it's ~ going** é difícil
heavy cream (US) N creme m de leite
heavy-duty ADJ de serviço pesado
heavy goods vehicle (BRIT) N caminhão m de carga pesada
heavy-handed [-'hændɪd] ADJ (fig) desajeitado, sem tato
heavy-set ['hɛvɪ'sɛt] ADJ (esp US) parrudo
heavyweight ['hɛvɪweɪt] N (Sport) peso-pesado
Hebrew ['hi:bru:] ADJ hebreu/hebreia; (Ling) hebraico ▶ N (Ling) hebraico
Hebrides ['hɛbrɪdi:z] NPL: **the ~** as (ilhas) Hébridas
heckle ['hɛkl] VT apartear
heckler ['hɛklə'] N pessoa que aparteia
hectare ['hɛktɛə'] N hectare m
hectic ['hɛktɪk] ADJ agitado
hector ['hɛktə'] VT importunar, implicar com
he'd [hi:d] = **he would; he had**
hedge [hɛdʒ] N cerca viva, sebe f ▶ VI dar evasivas ▶ VT: **to ~ one's bets** (fig) resguardar-se; **as a ~ against inflation** para precaver-se da inflação
▶ **hedge in** VT cercar com uma sebe
hedgehog ['hɛdʒhɔg] N ouriço
hedgerow ['hɛdʒrəu] N cercas fpl vivas, sebes fpl
hedonism ['hi:dənɪzm] N hedonismo
heed [hi:d] VT (also: **take heed of**: attend to) prestar atenção a; (: bear in mind) levar em consideração
heedless ['hi:dlɪs] ADJ desatento, negligente
heel [hi:l] N (of shoe) salto; (of foot) calcanhar m
▶ VT (shoe) pôr salto em; **to take to one's ~s** dar no pé or aos calcanhares
hefty ['hɛftɪ] ADJ (person) robusto; (parcel) pesado; (piece) grande; (profit) alto
heifer ['hɛfə'] N novilha, bezerra
height [haɪt] N (of person) estatura; (of building, tree) altura; (of plane) altitude f; (high ground) monte m; (altitude) altitude f; (fig: of power) auge m; (: of luxury) máximo; (: of stupidity) cúmulo; **what ~ are you?** quanto você tem de altura?; **of average ~** de estatura mediana; **to be afraid of ~s** ter medo de alturas; **it's the ~ of fashion** é a última palavra or moda
heighten ['haɪtən] VT elevar; (fig) aumentar
heinous ['hi:nəs] ADJ hediondo, abominável
heir [ɛə'] N herdeiro
heir apparent N herdeiro presuntivo
heiress ['ɛərɪs] N herdeira
heirloom ['ɛəlu:m] N relíquia de família
heist [haɪst] (US inf) N (hold-up) assalto
held [hɛld] PT, PP of **hold**
helicopter ['hɛlɪkɔptə'] N helicóptero
heliport ['hɛlɪpɔ:t] N (Aviat) heliporto
helium ['hi:lɪəm] N hélio
hell [hɛl] N inferno; **a ~ of a ...** (inf) um ... danado!; **~!** (inf) droga!
he'll [hi:l] = **he will; he shall**
hellish ['hɛlɪʃ] ADJ infernal; (inf) terrível
hello [hə'ləu] EXCL oi!; (BR), olá! (PT); (on phone) alô! (BR), está! (PT); (surprise) ora essa!
helm [hɛlm] N (Naut) timão m, leme m
helmet ['hɛlmɪt] N capacete m
helmsman ['hɛlmzmən] N (irreg: like **man**) N timoneiro
help [hɛlp] N ajuda; (charwoman) faxineira; (assistant) auxiliar m/f ▶ VT ajudar; **~!** socorro!; **~ yourself** sirva-se; **can I ~ you?** (in shop) deseja alguma coisa?; **with the ~ of** com a ajuda de; **to be of ~ to sb** ajudar alguém, ser útil a alguém; **to ~ sb (to) do sth** ajudar alguém a fazer algo; **he can't ~ it** não tem culpa
help desk N atendimento telefônico
helper ['hɛlpə'] N ajudante m/f
helpful ['hɛlpful] ADJ (person) prestativo; (advice) útil
helping ['hɛlpɪŋ] N porção f
helpless ['hɛlplɪs] ADJ (incapable) incapaz; (defenceless) indefeso; (baby) desamparado
helplessly ['hɛlplɪslɪ] ADV (watch) sem poder fazer nada
helpline ['hɛlplaɪn] N disque-ajuda m (BR), linha de apoio (PT)
Helsinki ['hɛl'sɪŋkɪ] N Helsinque
helter-skelter ['hɛltə'skɛltə'] (BRIT) N (at amusement park) tobogã m
hem [hɛm] N bainha ▶ VT embainhar
▶ **hem in** VT cercar, encurralar; **to feel ~med in** sentir-se acuado
he-man (irreg: like **man**) N macho

hematology ['hi:mə'tɔlədʒɪ] (US) N
= **haematology**
hemisphere ['hɛmɪsfɪər] N hemisfério
hemlock ['hɛmlɔk] N cicuta
hemoglobin ['hi:mə'gləubɪn] (US) N
= **haemoglobin**
hemophilia ['hi:mə'fɪlɪə] (US) N
= **haemophilia**
hemorrhage ['hɛmərɪdʒ] (US) N
= **haemorrhage**
hemorrhoids ['hɛmərɔɪdz] (US) NPL
= **haemorrhoids**
hemp [hɛmp] N cânhamo
hen [hɛn] N galinha; (*female bird*) fêmea
hence [hɛns] ADV (*therefore*) daí, portanto;
2 years ~ daqui a 2 anos
henceforth ['hɛnsfɔ:θ] ADV de agora em
diante, doravante
henchman ['hɛntʃmən] (*pej*) (*irreg: like* **man**) N
jagunço, capanga m
henna ['hɛnə] N hena
hen party (*inf*) N reunião f de mulheres
henpecked ['hɛnpɛkt] ADJ dominado pela
esposa
hepatitis [hɛpə'taɪtɪs] N hepatite f
her [hə:r] PRON (*direct*) a; (*indirect*) lhe; (*stressed, after prep*) ela ▶ ADJ seu/sua, dela; ~ **name** o
nome dela; **I see** ~ vejo-a, vejo ela (BR *inf*);
give ~ **a book** dá-lhe um livro, dá um livro a
ela; *see also* **me, my**
herald ['hɛrəld] N (*forerunner*) precursor(a) m/f
▶ VT anunciar
heraldic [hɛ'rældɪk] ADJ heráldico
heraldry ['hɛrəldrɪ] N heráldica
herb [hə:b] N erva
herbaceous [hə:'beɪʃəs] ADJ herbáceo
herbal ['hə:bəl] ADJ herbáceo; ~ **tea** tisana
herd [hə:d] N rebanho ▶ VT (*drive: animals, people*) conduzir; (*gather*) arrebanhar
here [hɪər] ADV aqui; (*to this place*) para cá;
(*at this point*) nesse ponto ▶ EXCL tomal; ~!
(*present*) presente!; ~ **is/are** aqui está/estão;
~ **he/she is!** aqui está ele/ela!; ~ **she comes**
lá vem ela; **come** ~! vem cá!; ~ **and there**
aqui e ali
hereabouts ['hɪərə'bauts] ADV por aqui
hereafter [hɪər'ɑ:ftər] ADV daqui por diante
▶ N: **the** ~ a vida de além-túmulo
hereby [hɪə'baɪ] ADV (*in letter*) por este meio
hereditary [hɪ'rɛdɪtrɪ] ADJ hereditário
heredity [hɪ'rɛdɪtɪ] N hereditariedade f
heresy ['hɛrəsɪ] N heresia
heretic ['hɛrətɪk] N herege m/f
heretical [hɪ'rɛtɪkl] ADJ herético
herewith [hɪə'wɪð] ADV em anexo, junto
heritage ['hɛrɪtɪdʒ] N herança; (*fig*)
patrimônio; **our national** ~ nosso
patrimônio nacional
hermetically [hə:'mɛtɪklɪ] ADV
hermeticamente; ~ **sealed**
hermeticamente fechado
hermit ['hə:mɪt] N eremita m/f
hernia ['hə:nɪə] N hérnia

hero ['hɪərəu] (*pl* **heroes**) N herói m; (*of book, film*) protagonista m
heroic [hɪ'rəuɪk] ADJ heroico
heroin ['hɛrəuɪn] N heroína
heroin addict N viciado(-a) em heroína
heroine ['hɛrəuɪn] N heroína; (*of book, film*)
protagonista
heroism ['hɛrəuɪzm] N heroísmo
heron ['hɛrən] N garça
hero worship N culto de heróis
herring ['hɛrɪŋ] (*pl* **herrings** *or* **herring**) N
arenque m
hers [hə:z] PRON (o) seu/(a) sua, (o/a) dela; **a friend of** ~ uma amiga dela; **this is** ~ isto é
dela; *see also* **mine¹**
herself [hə:'sɛlf] PRON (*reflexive*) se; (*emphatic*)
ela mesma; (*after prep*) si (mesma); *see also*
oneself
Herts (BRIT) ABBR = **Hertfordshire**
he's [hi:z] = **he is**; **he has**
hesitant ['hɛzɪtənt] ADJ hesitante, indeciso;
to be ~ **about doing sth** hesitar em fazer
algo
hesitate ['hɛzɪteɪt] VI hesitar; **to** ~ **to do**
hesitar em fazer; **don't** ~ **to phone** não
deixe de telefonar
hesitation [hɛzɪ'teɪʃən] N hesitação f,
indecisão f; **I have no** ~ **in saying (that)** ...
não hesito em dizer (que) ...
hessian ['hɛsɪən] N aniagem f
heterogeneous ['hɛtərə'dʒi:nɪəs] ADJ
heterogêneo
heterosexual ['hɛtərəu'sɛksjuəl] ADJ
heterossexual ▶ N heterossexual m/f
het up [hɛt-] (*inf*) ADJ excitado
HEW (US) N ABBR (= *Department of Health, Education and Welfare*) ministério da saúde,
da educação e da previdência social
hew [hju:] (*pp* **hewed** *or* **hewn**) VT cortar (com
machado)
hex [hɛks] (US) N feitiço ▶ VT enfeitiçar
hexagon ['hɛksəgən] N hexágono
hexagonal [hɛk'sægənl] ADJ hexagonal
hey [heɪ] EXCL eh! ei!
heyday ['heɪdeɪ] N: **the** ~ **of** o auge *or*
apogeu de
HF N ABBR (= *high frequency*) HF f
HGV (BRIT) N ABBR = **heavy goods vehicle**
HI (US) ABBR (*Post*) = **Hawaii**
hi [haɪ] EXCL oi!
hiatus [haɪ'eɪtəs] N hiato
hibernate ['haɪbəneɪt] VI hibernar
hibernation [haɪbə'neɪʃən] N hibernação f
hiccough ['hɪkʌp] = **hiccup**
hiccup ['hɪkʌp] VI soluçar ▶ NPL: ~**s** soluço;
to have (the) ~**s** estar com soluço
hid [hɪd] PT *of* **hide**
hidden ['hɪdn] PP *of* **hide** ▶ ADJ (*costs*) oculto
hide [haɪd] (*pt* **hid**, *pp* **hidden**) VT esconder,
ocultar; (*view*) obscurecer ▶ VI: **to** ~ **(from sb)** esconder-se *or* ocultar-se (de alguém)
▶ N (*skin*) pele f
hide-and-seek N esconde-esconde m

hideaway ['haɪdəweɪ] N esconderijo
hideous ['hɪdɪəs] ADJ horrível
hide-out N esconderijo
hiding ['haɪdɪŋ] N (*beating*) surra; **to be in ~** (*concealed*) estar escondido
hiding place N esconderijo
hierarchy ['haɪərɑːkɪ] N hierarquia
hieroglyphic [haɪərə'glɪfɪk] ADJ hieroglífico
hieroglyphics [haɪərə'glɪfɪks] NPL hieroglifos mpl
hi-fi ['haɪfaɪ] ABBR = **high fidelity** ▶ N alta-fidelidade f; (*system*) som m ▶ ADJ de alta-fidelidade
higgledy-piggledy ['hɪgldɪ'pɪgldɪ] ADV desordenadamente
high [haɪ] ADJ alto; (*number*) grande; (*price*) alto, elevado; (*wind*) forte; (*voice*) agudo; (*opinion*) ótimo; (*principles*) nobre; (*inf: person: on drugs*) alto, baratinado; (*BRIT: Culin: meat, game*) faisandé inv; (: *spoilt*) estragado ▶ ADV alto, a grande altura ▶ N: **exports have reached a new ~** as exportações atingiram um novo pico; **it is 20 m ~** tem 20 m de altura; **~ in the air** nas alturas; **to pay a ~ price for sth** pagar caro por algo
highball ['haɪbɔːl] (US) N uísque com soda
highboy ['haɪbɔɪ] (US) N comoda alta
highbrow ['haɪbraʊ] ADJ intelectual, erudito
highchair ['haɪtʃɛəʳ] N cadeira alta (para criança)
high-class ADJ (*neighbourhood*) nobre; (*hotel*) de primeira categoria; (*person*) da classe alta; (*performance etc*) de alto nível
high court N (*Law*) tribunal m superior
higher ['haɪəʳ] ADJ (*form of life, study etc*) superior ▶ ADV mais alto
higher education N ensino superior
high finance N altas finanças fpl
high-flier N estudante m/f (*or* empregado(-a)) talentoso(-a) e ambicioso(-a)
high-flying ADJ (*fig*) ambicioso, talentoso
high-handed [-'hændɪd] ADJ despótico
high-heeled [-'hiːld] ADJ de salto alto
highjack ['haɪdʒæk] N, VT = **hijack**
high jump N (*Sport*) salto em altura
highlands ['haɪləndz] NPL serrania, serra; **the H~** (*in Scotland*) a Alta Escócia
high-level ADJ de alto nível; **~ language** (*Comput*) linguagem f de alto nível
highlight ['haɪlaɪt] N (*fig: of event*) ponto alto; (*in hair*) mecha ▶ VT realçar, ressaltar; **the ~s of the match** os melhores lances do jogo
highlighter ['haɪlaɪtəʳ] N (*pen*) caneta marca-texto
highly ['haɪlɪ] ADV altamente; (*very*) muito; **~ paid** muito bem pago; **to speak ~ of** falar elogiosamente de
highly strung ADJ tenso, irritadiço
High Mass N missa cantada
highness ['haɪnɪs] N altura; **Her** (*or* **His**) **H~** Sua Alteza
high-pitched ADJ agudo

high-powered ADJ (*engine*) muito potente, de alta potência; (*fig: person*) dinâmico; (: *job, businessman*) muito importante
high-pressure ADJ de alta pressão
high-rise ADJ alto
high-rise block N edifício alto, espigão m
high school N (BRIT) escola secundária; (US) científico

> Uma **high school** é um estabelecimento de ensino secundário. Nos Estados Unidos, existem a *Junior High School*, que equivale aproximadamente aos dois últimos anos do primeiro grau, e a *Senior High School*, que corresponde ao segundo grau. Na Grã-Bretanha, esse termo às vezes é utilizado para as escolas secundárias.

high season (BRIT) N alta estação f
high spirits NPL alegria; **to be in ~** estar alegre
high street (BRIT) N rua principal
highway ['haɪweɪ] (US) N (*between states, towns*) estrada; (*main road*) rodovia
Highway Code (BRIT) N Código Nacional de Trânsito
highwayman ['haɪweɪmən] (*irreg: like* **man**) N salteador m de estrada
hijack ['haɪdʒæk] VT sequestrar ▶ N (*also:* **hijacking**) sequestro (de avião)
hijacker ['haɪdʒækəʳ] N sequestrador(a) m/f (de avião)
hike [haɪk] VI (*go walking*) caminhar ▶ N caminhada, excursão f a pé; (*inf: in prices etc*) aumento ▶ VT (*inf*) aumentar
hiker ['haɪkəʳ] N caminhante m/f, andarilho(-a)
hiking ['haɪkɪŋ] N excursões fpl a pé, caminhar m
hilarious [hɪ'lɛərɪəs] ADJ (*behaviour, event*) hilariante
hilarity [hɪ'lærɪtɪ] N hilaridade f
hill [hɪl] N colina; (*high*) montanha; (*slope*) ladeira, rampa
hillbilly ['hɪlbɪlɪ] (US) N montanhês(-esa) m/f; (*pej*) caipira m/f, jeca m/f
hillock ['hɪlək] N morro pequeno
hillside ['hɪlsaɪd] N vertente f
hill start N (*Aut*) partida em ladeira
hilly ['hɪlɪ] ADJ montanhoso; (*uneven*) acidentado
hilt [hɪlt] N (*of sword*) punho, guarda; **to the ~** (*fig: support*) plenamente
him [hɪm] PRON (*direct*) o; (*indirect*) lhe; (*stressed, after prep*) ele; **I see ~** vejo-o, vejo ele (BR *inf*); **give ~ a book** dá-lhe um livro, dá um livro a ele; *see also* **me**
Himalayas [hɪmə'leɪəz] NPL: **the ~** o Himalaia
himself [hɪm'sɛlf] PRON (*reflexive*) se; (*emphatic*) ele mesmo; (*after prep*) si (mesmo); *see also* **oneself**
hind [haɪnd] ADJ traseiro ▶ N corça
hinder ['hɪndəʳ] VT atrapalhar; (*delay*) retardar

hindquarters ['haɪnd'kwɔ:təz] NPL (Zool) quartos mpl traseiros
hindrance ['hɪndrəns] N (nuisance) estorvo; (interruption) impedimento
hindsight ['haɪndsaɪt] N: **with (the benefit of)** ~ em retrospecto
Hindu ['hɪndu:] ADJ hindu ▶ N hindu m/f
hinge [hɪndʒ] N dobradiça ▶ VI (fig): **to ~ on** depender de
hint [hɪnt] N (suggestion) indireta; (advice) dica; (sign) sinal m ▶ VT: **to ~ that** insinuar que ▶ VI dar indiretas; **to ~ at** fazer alusão a; **to drop a ~** dar uma indireta; **give me a ~** (clue) me dá uma pista
hip [hɪp] N quadril m
hip flask N cantil m
hippie ['hɪpɪ] N hippie m/f
hip pocket N bolso traseiro
hippopotami [hɪpə'pɔtəmaɪ] NPL of **hippopotamus**
hippopotamus [hɪpə'pɔtəməs] (pl **hippopotamuses** or **hippopotami**) N hipopótamo
hippy ['hɪpɪ] N = **hippie**
hire ['haɪəʳ] VT (BRIT: car, equipment) alugar; (worker) contratar ▶ N aluguel m; (of person) contratação f; **for ~** aluga-se; (taxi) livre; **on ~** alugado
▶ **hire out** VT alugar
hire car, hired car ['haɪəd-] (BRIT) N carro alugado
hire purchase (BRIT) N compra a prazo; **to buy sth on ~** comprar algo a prazo or pelo crediário
his [hɪz] PRON (o) seu/(a) sua, (o/a) dele ▶ ADJ seu/sua, dele; **~ name** o nome dele; **it's ~** é dele; see also **my, mine**[1]
Hispanic [hɪs'pænɪk] ADJ hispânico
hiss [hɪs] VI (snake, fat) assoviar; (gas) silvar; (boo) vaiar ▶ N silvo; vaia
histogram ['hɪstəgræm] N histograma m
historian [hɪ'stɔ:rɪən] N historiador(a) m/f
historic [hɪ'stɔrɪk], **historical** [hɪ'stɔrɪkl] ADJ histórico
history ['hɪstərɪ] N história; (of illness etc) histórico; **medical ~** (of patient) histórico médico
histrionics [hɪstrɪ'ɔnɪks] N teatro
hit [hɪt] (pt, pp **hit**) VT (strike: person, thing) bater em; (reach: target) acertar, alcançar; (collide with: car) bater em, colidir com; (fig: affect) atingir ▶ N (blow) golpe m; (success) sucesso, grande êxito; (song) sucesso; (internet visit) visita; **to ~ it off with sb** dar-se bem com alguém; **to ~ the headlines** virar or fazer manchete; **to ~ the road** (inf) dar o fora, mandar-se
▶ **hit back** VI: **to ~ back at sb** revidar ao ataque (or à crítica etc) de alguém
▶ **hit on** VT FUS (answer) descobrir
▶ **hit out at** VT FUS tentar bater em; (fig) criticar veementemente
▶ **hit upon** VT FUS = **hit on**

hit-and-miss ['hɪtænd'mɪs] ADJ (not failsafe) sem garantia de sucesso
hit-and-run driver N motorista que atropela alguém e foge da cena do acidente
hitch [hɪtʃ] VT (fasten) atar, amarrar; (also: **hitch up**) levantar ▶ N (difficulty) dificuldade f; **to ~ a lift** pegar carona (BR), arranjar uma boleia (PT); **technical ~** probleminha técnico
▶ **hitch up** VT (horse, cart) atrelar; see also **hitch**
hitch-hike VI pegar carona (BR), andar à boleia (PT)
hitch-hiker N carona m/f (BR), viajante m/f à boleia (PT)
hi-tech ADJ tecnologicamente avançado ▶ N alta tecnologia
hitherto [hɪðə'tu:] ADV até agora
hit-man ['hɪtmæn] (irreg: like **man**) N sicário
hit-or-miss ['hɪtə'mɪs] ADJ (not failsafe) sem garantia de sucesso; **it's ~ whether ...** não há garantia de que ...
hit parade N parada de sucessos
HIV ABBR: **~-negative/-positive** HIV negativo/positivo
hive [haɪv] N colmeia; **the shop was a ~ of activity** (fig) a loja fervilhava de atividade
▶ **hive off** (inf) VT transferir
hl ABBR (= hectolitre) hl
HM ABBR (= His (or Her) Majesty) SM
HMG (BRIT) ABBR = **His (or Her) Majesty's Government**
HMI (BRIT) ABBR (Sch) = **His (or Her) Majesty's Inspector**
HMO (US) N ABBR (= health maintenance organization) órgão que garante a manutenção de saúde
HMS (BRIT) ABBR = **His (or Her) Majesty's Ship**
HMSO (BRIT) N ABBR (= His (or Her) Majesty's Stationery Office) imprensa do governo
HNC (BRIT) N ABBR = **Higher National Certificate**
HND (BRIT) N ABBR = **Higher National Diploma**
hoard [hɔ:d] N provisão f; (of money) tesouro ▶ VT acumular
hoarding ['hɔ:dɪŋ] (BRIT) N tapume m, outdoor m
hoarfrost ['hɔ:frɔst] N geada
hoarse [hɔ:s] ADJ rouco
hoax [həuks] N trote m
hob [hɔb] N parte de cima do fogão
hobble ['hɔbl] VI coxear
hobby ['hɔbɪ] N hobby m, passatempo predileto
hobby-horse N cavalinho-de-pau; (fig) tema m favorito
hobnob ['hɔbnɔb] VI: **to ~ with** ter intimidade com
hobo ['həubəu] (pl **hobos** or **hoboes**) (US) N vagabundo
hock [hɔk] N (BRIT: wine) vinho branco do Reno; (of animal, Culin) jarrete m; (inf): **to be in ~** (person) estar endividado; (object) estar no prego or empenhado

hockey ['hɔkɪ] N hóquei m
hocus-pocus ['həukəs'pəukəs] N (*trickery*) tapeação f; (*words*) embromação f
hodgepodge ['hɔdʒpɔdʒ] N = **hotchpotch**
hoe [həu] N enxada ▶ VT trabalhar com enxada, capinar
hog [hɔg] N porco; (*person*) glutão(-ona) m/f ▶ VT (*fig*) monopolizar; **to go the whole ~** ir até o fim
hoist [hɔɪst] N (*lift*) guincho; (*crane*) guindaste m ▶ VT içar
hold [həuld] (*pt, pp* **held**) VT segurar; (*contain*) conter; (*keep back*) reter; (*believe*) sustentar; (*have*) ter; (*record etc*) deter; (*take weight*) aguentar; (*meeting*) realizar; (*detain*) deter; (*consider*): **to ~ sb responsible (for sth)** responsabilizar alguém (por algo) ▶ VI (*withstand pressure*) resistir; (*be valid*) ser válido ▶ N (*handle*) apoio (para a mão); (*fig: grasp*) influência, domínio; (*of ship*) porão m; (*of plane*) compartimento para cargo; **to ~ office** (*Pol*) exercer um cargo; **he ~s the view that ...** ele sustenta que ...; **~ the line!** (*Tel*) não desligue!; **to ~ one's own** (*fig*) virar-se, sair-se bem; **to ~ firm** *or* **fast** aguentar; **to catch** *or* **get (a) ~ of** agarrar, pegar; **to get ~ of** (*fig*) arranjar; **to get ~ of o.s.** controlar-se
▶ **hold back** VT reter; (*secret*) manter, guardar; **to ~ sb back from doing sth** impedir alguém de fazer algo
▶ **hold down** VT (*person*) segurar; (*job*) manter
▶ **hold forth** VI discursar, deitar falação
▶ **hold off** VT (*enemy*) afastar, repelir ▶ VI (*rain*): **if the rain ~s off** se não chover
▶ **hold on** VI agarrar-se; (*wait*) esperar; **~ on!** espera aí!; (*Tel*) não desligue!
▶ **hold on to** VT FUS agarrar-se a; (*keep*) guardar, ficar com
▶ **hold out** VT estender ▶ VI (*resist*) resistir; **to ~ out (against)** defender-se (contra)
▶ **hold over** VT (*meeting etc*) adiar
▶ **hold up** VT (*raise*) levantar; (*support*) apoiar; (*delay*) atrasar; (*traffic*) reter; (*rob*) assaltar
holdall ['həuldɔːl] (BRIT) N bolsa de viagem
holder ['həuldə^r] N (*of ticket*) portador(a) m/f; (*of record*) detentor(a) m/f; (*of office, title etc*) titular m/f
holding ['həuldɪŋ] N (*share*) participação f; **holdings** NPL posses fpl
holding company N holding f
hold-up ['həuldʌp] N (*robbery*) assalto; (*delay*) demora; (BRIT: *in traffic*) engarrafamento
hole [həul] N buraco; (*small: in sock etc*) furo ▶ VT esburacar; **~ in the heart** (*Med*) defeito na membrana cardíaca; **to pick ~s (in)** (*fig*) botar defeito (em)
▶ **hole up** VI esconder-se
holiday ['hɔlədɪ] N (BRIT: *vacation*) férias fpl; (*day off*) dia m de folga; (*public holiday*) feriado; **to be on ~** estar de férias; **tomorrow is a ~** amanhã é feriado
holiday camp (BRIT) N colônia de férias
holiday-maker (BRIT) N pessoa (que está) de férias
holiday pay N salário de férias
holiday resort N local m de férias
holiday season N temporada de férias
holiness ['həulɪnɪs] N santidade f
Holland ['hɔlənd] N Holanda
holler ['hɔlə^r] VI (*inf*) berrar
hollow ['hɔləu] ADJ oco, vazio; (*cheeks*) côncavo; (*eyes*) fundo; (*sound*) surdo; (*laugh, claim*) falso ▶ N buraco; (*in ground*) cavidade f, depressão f ▶ VT: **to ~ out** escavar
holly ['hɔlɪ] N azevinho
hollyhock ['hɔlɪhɔk] N malva-rosa
holocaust ['hɔləkɔːst] N holocausto
hologram ['hɔləgræm] N holograma m
hols [hɔlz] NPL (*inf*) férias fpl
holster ['həulstə^r] N coldre m
holy ['həulɪ] ADJ sagrado; (*person*) santo; (*water*) bento
Holy Ghost N Espírito Santo
Holy Land N: **the ~** a Terra Santa
holy orders NPL ordens fpl sacras
Holy Spirit N = **Holy Ghost**
homage ['hɔmɪdʒ] N homenagem f; **to pay ~ to** prestar homenagem a, homenagear
home [həum] N casa, lar m; (*country*) pátria; (*institution*) asilo ▶ CPD (*domestic*) caseiro, doméstico; (*of family*) familiar; (*heating, computer etc*) residencial; (*Econ, Pol*) nacional, interno; (*Sport: team*) de casa; (: *game*) no próprio campo ▶ ADV (*direction*) para casa; (*right in: nail etc*) até o fundo; **to go/come ~** ir/vir para casa; **at ~** em casa; **make yourself at ~** fique à vontade; **near my ~** perto da minha casa
▶ **home in on** VT FUS (*missiles*) dirigir-se automaticamente para
home address N endereço residencial
home-brew N (*wine*) vinho feito em casa; (*beer*) cerveja feita em casa
homecoming ['həumkʌmɪŋ] N regresso ao lar
home computer N computador m residencial
Home Counties NPL *os condados por volta de Londres*
home economics N economia doméstica
home-grown ADJ (*not foreign*) nacional; (*from garden*) plantado em casa
homeland ['həumlænd] N terra (natal)
homeless ['həumlɪs] ADJ sem casa, desabrigado ▶ NPL: **the ~** os desabrigados
home loan N crédito imobiliário, financiamento habitacional
homely ['həumlɪ] ADJ (*domestic*) caseiro; (*simple*) simples inv
home-made ADJ caseiro
Home Office (BRIT) N Ministério do Interior
homeopathy [həumɪ'ɔpəθɪ] (US) = **homoeopathy**
home page N (*Comput*) página inicial
home rule N autonomia

Home Secretary (BRIT) N Ministro(a) do Interior
homesick ['həumsɪk] ADJ: **to be ~** estar com saudades (do lar)
homestead ['həumstɛd] N propriedade f; (farm) fazenda
home town N cidade f natal
homeward ['həumwəd] ADJ (journey) para casa, para a terra natal ▶ ADV para casa
homewards ['həumwəd] ADV para casa
homework ['həumwə:k] N dever m de casa
homicidal [hɔmɪ'saɪdl] ADJ homicida
homicide ['hɔmɪsaɪd] (US) N homicídio
homily ['hɔmɪlɪ] N homilia
homing ['həumɪŋ] ADJ (device, missile) de correção de rumo; **~ pigeon** pombo-correio
homoeopath, (US) **homeopath** ['həumɪəpæθ] N homeopata m/f
homoeopathic, (US) **homeopathic** [həumɪə'pæθɪk] ADJ homeopático
homoeopathy, (US) **homeopathy** [həumɪ'ɔpəθɪ] N homeopatia
homogeneous [hɔməu'dʒi:nɪəs] ADJ homogêneo
homogenize [hə'mɔdʒənaɪz] VT homogeneizar
homosexual [hɔməu'sɛksjuəl] ADJ, N homossexual m/f
homosexuality [hɔməsɛksju'ælətɪ] N homossexualidade f
Hon. ABBR = **honourable**; **honorary**
Honduras [hɔn'djuərəs] N Honduras m (no article)
hone [həun] VT amolar, afiar
honest ['ɔnɪst] ADJ (truthful) franco; (trustworthy) honesto; (sincere) sincero, franco; **to be quite ~ with you** ... para falar a verdade ...
honestly ['ɔnɪstlɪ] ADV honestamente, francamente
honesty ['ɔnɪstɪ] N honestidade f, sinceridade f
honey ['hʌnɪ] N mel m; (US inf: darling) querido(-a)
honeycomb ['hʌnɪkəum] N favo de mel; (pattern) em forma de favo ▶ VT (fig): **to ~ with** crivar de
honeymoon ['hʌnɪmu:n] N lua-de-mel f; (trip) viagem f de lua-de-mel
honeysuckle ['hʌnɪsʌkl] N madressilva
Hong Kong ['hɔŋ'kɔŋ] N Hong Kong (no article)
honk [hɔŋk] N buzinada ▶ VI (Aut) buzinar
Honolulu [hɔnə'lu:lu:] N Honolulu
honor ['ɔnə^r] (US) VT, N = **honour**
honorary ['ɔnərərɪ] ADJ (unpaid) não remunerado; (duty, title) honorário
honour, (US) **honor** ['ɔnə^r] VT honrar ▶ N honra; **in ~ of** em honra de
honourable, (US) **honorable** ['ɔnərəbl] ADJ honrado
honour-bound, (US) **honor-bound** ADJ: **to be ~ to do** estar moralmente obrigado a fazer

honours degree N (Sch) diploma m com distinção
Hons. ABBR (Sch) = **honours degree**
hood [hud] N capuz m; (of cooker) tampa; (BRIT Aut) capota; (US Aut) capô m; (inf: hoodlum) pinta-brava m
hooded ['hudɪd] ADJ encapuzado, mascarado
hoodlum ['hu:dləm] N pinta-brava m
hoodwink ['hudwɪŋk] VT tapear
hoof [hu:f] (pl **hooves**) N casco, pata
hook [huk] N gancho; (on dress) colchete m; (for fishing) anzol m ▶ VT (fasten) prender com gancho (or colchete); (fish) fisgar; **~ and eye** colchete m; **by ~ or by crook** custe o que custar; **to be ~ed (on)** (inf) estar viciado (em); (person) estar fissurado (em)
▶ **hook up** VT ligar
hooligan ['hu:lɪɡən] N desordeiro(-a), bagunceiro(-a)
hooliganism ['hu:lɪɡənɪzm] N vandalismo
hoop [hu:p] N arco
hooray [hu:'reɪ] EXCL = **hurrah**
hoot [hu:t] VI (Aut) buzinar; (siren) tocar; (owl) piar ▶ VT (jeer at) vaiar ▶ N buzinada; toque m de sirena; **to ~ with laughter** morrer de rir
hooter ['hu:tə^r] N (BRIT Aut) buzina; (Naut, factory) sirena
hoover® ['hu:və^r] (BRIT) N aspirador m (de pó)
▶ VT passar o aspirador em
hooves [hu:vz] NPL of **hoof**
hop [hɔp] VI saltar, pular; (on one foot) pular num pé só ▶ N salto, pulo
hope [həup] VT: **to ~ that/to do** esperar que/ fazer ▶ VI esperar ▶ N esperança; **I ~ so/not** espero que sim/não
hopeful ['həupful] ADJ (person) otimista, esperançoso; (situation) promissor(a); **I'm ~ that she'll manage to come** acredito que ela conseguirá vir
hopefully ['həupfulɪ] ADV (with hope) esperançosamente; (one hopes): **~, they'll come back** é de esperar or esperamos que voltem
hopeless ['həuplɪs] ADJ desesperado, irremediável; (useless) inútil; (bad) péssimo
hopelessly ['həupləslɪ] ADV (confused, involved) irremediavelmente
hopper ['hɔpə^r] N tremonha
hops [hɔps] NPL (Bot) lúpulo
horde [hɔ:d] N multidão f
horizon [hə'raɪzn] N horizonte m
horizontal [hɔrɪ'zɔntl] ADJ horizontal
hormone ['hɔ:məun] N hormônio
hormone replacement therapy N terapia de reposição hormonal
horn [hɔ:n] N corno, chifre m; (material) chifre; (Mus) trompa; (Aut) buzina
horned [hɔ:nd] ADJ (animal) com chifres, chifrudo
hornet ['hɔ:nɪt] N vespão m
horny ['hɔ:nɪ] ADJ (material) córneo; (hands) calejado; (inf: aroused) excitado (sexualmente), com tesão (BR !)

horoscope ['hɔrəskəup] N horóscopo
horrendous [hə'rɛndəs] ADJ horrendo
horrible ['hɔrɪbl] ADJ horrível; *(terrifying)* terrível
horrid ['hɔrɪd] ADJ horrível
horrific [hə'rɪfɪk] ADJ horroroso
horrify ['hɔrɪfaɪ] VT horrorizar
horrifying ['hɔrɪfaɪɪŋ] ADJ horripilante
horror ['hɔrəʳ] N horror *m*
horror film N filme *m* de terror
horror-stricken ADJ = **horror-struck**
horror-struck ADJ horrorizado
hors d'œuvre [ɔ:'də:vrə] N entrada
horse [hɔ:s] N cavalo
horseback ['hɔ:sbæk]: **on ~** ADJ, ADV a cavalo
horsebox ['hɔ:sbɔks] N reboque *m* (para transportar cavalos)
horse chestnut N castanha-da-índia
horse-drawn ADJ puxado a cavalo
horsefly ['hɔ:sflaɪ] N mutuca
horseman ['hɔ:smən] *(irreg: like* **man***)* N cavaleiro; *(skilled)* ginete *m*
horsemanship ['hɔ:smənʃɪp] N equitação *f*
horsemen ['hɔ:smən] NPL *of* **horseman**
horseplay ['hɔ:spleɪ] N zona, bagunça *(brincadeiras etc)*
horsepower ['hɔ:spauəʳ] N cavalo-vapor *m*
horse-racing N corridas *fpl* de cavalo, turfe *m*
horseradish ['hɔ:srædɪʃ] N rábano-bastardo
horseshoe ['hɔ:sʃu:] N ferradura
horse show N concurso hípico
horse trading N regateio
horse trials NPL = **horse show**
horsewhip ['hɔ:swɪp] VT chicotear
horsewoman ['hɔ:swumən] *(irreg: like* **woman***)* N amazona
horsey ['hɔ:sɪ] ADJ aficionado por cavalos; *(appearance)* com cara de cavalo
horticulture ['hɔ:tɪkʌltʃəʳ] N horticultura
hose [həuz] N *(also:* **hosepipe***)* mangueira
 ▶ **hose down** VT lavar com mangueira
hosiery ['həuzɪərɪ] N meias *fpl* e roupa de baixo
hospice ['hɔspɪs] N asilo
hospitable ['hɔspɪtəbl] ADJ hospitaleiro
hospital ['hɔspɪtl] N hospital *m*
hospitality [hɔspɪ'tælɪtɪ] N hospitalidade *f*
hospitalize ['hɔspɪtəlaɪz] VT hospitalizar
host [həust] N anfitrião *m*; *(in hotel etc)* hospedeiro; *(TV, Radio)* apresentador(a) *m/f*; *(Rel)* hóstia; *(large number)*: **a ~ of** uma multidão de ▶ VT *(TV programme)* apresentar, animar
hostage ['hɔstɪdʒ] N refém *m/f*
host country N país *m* anfitrião
hostel ['hɔstl] N hospedaria; *(for students)* residência; *(for the homeless)* albergue *m*, abrigo; *(also:* **youth hostel***)* albergue da juventude
hostelling ['hɔstlɪŋ] N: **to go (youth) ~** viajar de férias pernoitando em albergues de juventude
hostess ['həustɪs] N anfitriã *f*; *(BRIT: air hostess)* aeromoça (BR), hospedeira de bordo (PT); *(TV,*

173 | **horoscope - householder**

Radio) apresentadora; *(in nightclub)* taxi-girl *f*
hostile ['hɔstaɪl] ADJ hostil
hostility [hɔ'stɪlɪtɪ] N hostilidade *f*
hot [hɔt] ADJ quente; *(as opposed to only warm)* muito quente; *(spicy)* picante; *(fierce)* ardente; **to be ~** *(person)* estar com calor; *(thing, weather)* estar quente
 ▶ **hot up** *(BRIT inf)* VI *(party, debate)* esquentar
 ▶ VT *(pace)* acelerar; *(engine)* envenenar
hot-air balloon N balão *m* de ar quente
hotbed ['hɔtbɛd] N *(fig)* foco, ninho
hotchpotch ['hɔtʃpɔtʃ] *(BRIT)* N mixórdia, salada
hot dog N cachorro-quente *m*
hotel [həu'tɛl] N hotel *m*
hotelier [hɔ'tɛljeɪ] N hoteleiro(-a); *(manager)* gerente *m/f*
hotel industry N indústria hoteleira
hotel room N quarto de hotel
hotfoot ['hɔtfut] ADV a mil, a toda
hot-headed [-'hɛdɪd] ADJ impetuoso
hothouse ['hɔthaus] N estufa
hot line N *(Pol)* telefone *m* vermelho, linha direta
hotly ['hɔtlɪ] ADV ardentemente, apaixonadamente
hotplate ['hɔtpleɪt] N *(on cooker)* chapa elétrica
hotpot ['hɔtpɔt] *(BRIT)* N *(Culin)* ragu *m*
hot seat N *(fig)* posição *f* de responsabilidade
hotspot ['hɔtspɔt] N área de tensão; *(Comput: also:* **wireless hotspot***)* hotspot *m* *(local público com acesso à Internet sem fio)*
hot spring N fonte *f* termal
hot-tempered ADJ esquentado, de pavio curto
hot-water bottle N bolsa de água quente
hound [haund] VT acossar, perseguir ▶ N cão *m* de caça, sabujo
hour ['auəʳ] N hora; **at 30 miles an ~** = a 50 km por hora; **lunch ~** hora do almoço; **to pay sb by the ~** pagar alguém por hora
hourly ['auəlɪ] ADV de hora em hora ▶ ADJ de hora em hora; *(rate)* por hora
house [*n* haus, *pl* hauzɪz, *vt* hauz] N *(gen, firm)* casa; *(Pol)* câmara; *(Theatre)* assistência, lotação *f* ▶ VT *(person)* alojar; *(collection)* abrigar; **to/at my ~** para a/na minha casa; **the H ~ (of Commons)** *(BRIT)* a Câmara dos Comuns; **the H ~ (of Representatives)** *(US)* a Câmara de Deputados; **on the ~** *(fig)* por conta da casa
house arrest N prisão *f* domiciliar
houseboat ['hausbəut] N casa flutuante
housebound ['hausbaund] ADJ preso em casa
housebreaking ['hausbreɪkɪŋ] N arrombamento de domicílio
house-broken *(US)* ADJ = **house-trained**
housecoat ['hauskəut] N roupão *m*
household ['haushəuld] N família; *(house)* casa
householder ['haushəuldəʳ] N *(owner)* dono(-a) de casa; *(head of family)* chefe *m/f* de família

household name N nome *m* conhecido por todos

house-hunting ['haʊshʌntɪŋ] N: **to go ~** procurar casa para morar

housekeeper ['haʊskiːpəʳ] N governanta

housekeeping ['haʊskiːpɪŋ] N (*work*) trabalhos *mpl* domésticos; (*money*) economia doméstica

houseman ['haʊsmən] (BRIT) (*irreg: like* **man**) N (*Med*) interno

house-proud ADJ preocupado com a aparência da casa

house-to-house ADJ (*enquiries*) de porta em porta; (*search*) de casa em casa

house-trained (BRIT) ADJ (*animal*) domesticado

house-warming [-'wɔːmɪŋ], **house-warming party** N festa de inauguração de uma casa

housewife ['haʊswaɪf] (*irreg: like* **wife**) N dona de casa

housework ['haʊswəːk] N trabalhos *mpl* domésticos

housing ['haʊzɪŋ] N (*provision*) alojamento; (*houses*) residências *fpl*; (*as issue*) habitação *f* ▶ CPD (*problem, shortage*) habitacional

housing association N *organização beneficente que vende ou alaga casas*

housing conditions NPL condições *fpl* de habitação

housing development N conjunto residencial

housing estate (BRIT) N = **housing development**

hovel ['hɔvl] N casebre *m*

hover ['hɔvəʳ] VI pairar; (*person*) rondar

hovercraft ['hɔvəkrɑːft] N aerobarco

hoverport ['hɔvəpɔːt] N porto para aerobarcos

(KEYWORD)

how [haʊ] ADV **1** (*in what way*) como; **how was the film?** que tal o filme?; **how are you?** como vai?

2 (*to what degree*) quanto; **how much milk/many people?** quanto de leite/quantas pessoas?; **how long have you been here?** há quanto tempo você está aqui?; **how old are you?** quantos anos você tem?; **how tall is he?** qual é a altura dele?; **how lovely/awful!** que ótimo/terrível!

however [haʊ'ɛvəʳ] ADV de qualquer modo; (+ *adj*) por mais ... que; (*in questions*) como ▶ CONJ no entanto, contudo, todavia

howitzer ['haʊɪtsəʳ] N (*Mil*) morteiro, obus *m*

howl [haʊl] N uivo ▶ VI uivar

howler ['haʊləʳ] N besteira, erro

H.P. (BRIT) N ABBR = **hire purchase**

h.p. ABBR (*Aut:* = *horsepower*) CV

HQ N ABBR (= *headquarters*) QG *m*

HR (US) N ABBR = **House of Representatives**

hr ABBR (= *hour*) h

HRH ABBR (= *His* (or *Her*) *Royal Highness*) SAR

hrs ABBR (= *hours*) hs

HRT N ABBR = **hormone replacement therapy**; TRH *f*

HS (US) ABBR = **high school**

HST (US) ABBR (= *Hawaiian Standard Time*) hora do Havaí

HTML N ABBR (= *Hypertext Mark-up Language*) HTML *f*

hub [hʌb] N (*of wheel*) cubo; (*fig*) centro

hubbub ['hʌbʌb] N algazarra, vozerio

hubcap ['hʌbkæp] N (*Aut*) calota

HUD (US) N ABBR (= *Department of Housing and Urban Development*) ministério do urbanismo e da habitação

huddle ['hʌdl] VI: **to ~ together** aconchegar-se

hue [hjuː] N cor *f*, matiz *m*

hue and cry N clamor *m* público

huff [hʌf] N: **in a ~** com raiva; **to take the ~** ficar sem graça

hug [hʌg] VT abraçar; (*thing*) agarrar, prender ▶ N abraço; **to give sb a ~** dar um abraço em alguém, abraçar alguém

huge [hjuːdʒ] ADJ enorme, imenso

hulk [hʌlk] N (*wreck*) navio velho; (*hull*) casco, carcaça; (*person*) brutamontes *m inv*; (*building*) trambolho

hulking ['hʌlkɪŋ] ADJ pesado, grandão(-ona)

hull [hʌl] N (*of ship*) casco

hullabaloo ['hʌləbə'luː] (*inf*) N algazarra

hullo [hə'ləʊ] EXCL = **hello**

hum [hʌm] VT (*tune*) cantarolar ▶ VI cantarolar; (*insect, machine etc*) zumbir ▶ N zumbido

human ['hjuːmən] ADJ humano ▶ N (*also:* **human being**) ser *m* humano

humane [hjuː'meɪn] ADJ humano

humanism ['hjuːmənɪzm] N humanismo

humanitarian [hjuːmænɪ'tɛərɪən] ADJ humanitário

humanity [hjuː'mænɪtɪ] N humanidade *f*

humanly ['hjuːmənlɪ] ADV humanamente

humanoid ['hjuːmənɔɪd] ADJ, N humanoide *m/f*

human rights NPL direitos *mpl* humanos

humble ['hʌmbl] ADJ humilde ▶ VT humilhar

humbly ['hʌmblɪ] ADV humildemente

humbug ['hʌmbʌg] N fraude *f*, embuste *m*; (BRIT: *sweet*) bala de hortelã

humdrum ['hʌmdrʌm] ADJ (*boring*) monótono, enfadonho; (*routine*) rotineiro

humid ['hjuːmɪd] ADJ úmido

humidifier [hjuː'mɪdɪfaɪəʳ] N umidificador *m*

humidity [hjuː'mɪdɪtɪ] N umidade *f*

humiliate [hjuː'mɪlɪeɪt] VT humilhar

humiliation [hjuːmɪlɪ'eɪʃən] N humilhação *f*

humility [hjuː'mɪlɪtɪ] N humildade *f*

humor ['hjuːməʳ] (US) N, VT = **humour**

humorist ['hjuːmərɪst] N humorista *m/f*

humorous ['hjuːmərəs] ADJ humorístico; (*person*) engraçado

humour, (US) **humor** ['hjuːməʳ] N humorismo, senso de humor; (*mood*) humor *m* ▶ VT (*person*) fazer a vontade de; **sense of ~** senso de humor; **to be in a**

good/bad ~ estar de bom/mau humor
humourless, (US) **humorless** ['hju:məlɛs] ADJ sem senso de humor
hump [hʌmp] N (in ground) elevação f; (camel's) corcova, giba; (deformity) corcunda
humpback ['hʌmpbæk] N corcunda m/f
humpbacked ['hʌmpbækt] ADJ: **~ bridge** ponte pequena e muito arqueada
humus ['hju:məs] N húmus m, humo
hunch [hʌntʃ] N (premonition) pressentimento, palpite m
hunchback ['hʌntʃbæk] N corcunda m/f
hunched [hʌntʃt] ADJ corcunda
hundred ['hʌndrəd] NUM cem; (before lower numbers) cento; (collective) centena; **~s of people** centenas de pessoas; **I'm a ~ per cent sure** tenho certeza absoluta
hundredth [-ɪdθ] NUM centésimo
hundredweight ['hʌndrədweɪt] N (BRIT) 50.8 kg; 112 lb; (US) = 45.3 kg; 100 lb
hung [hʌŋ] PT, PP of **hang**
Hungarian [hʌŋ'gɛərɪən] ADJ húngaro ▶ N húngaro(-a); (Ling) húngaro
Hungary ['hʌŋgərɪ] N Hungria
hunger ['hʌŋgə^r] N fome f ▶ VI: **to ~ for** ter fome de; (desire) desejar ardentemente
hunger strike N greve f de fome
hungover [hʌŋ'əuvə^r] ADJ (inf): **to be ~** estar de ressaca
hungrily ['hʌŋgrəlɪ] ADV (eat) vorazmente; (fig) avidamente
hungry ['hʌŋgrɪ] ADJ faminto, esfomeado; (keen): **~ for** (fig) ávido de, ansioso por; **to be ~** estar com fome
hung up (inf) ADJ complexado, grilado
hunk [hʌŋk] N naco; (inf: man) gatão m
hunt [hʌnt] VT (seek) buscar, perseguir; (Sport) caçar ▶ VI caçar ▶ N caça, caçada
  ▶ **hunt down** VT acossar
hunter ['hʌntə^r] N caçador(a) m/f; (BRIT: horse) cavalo de caça
hunting ['hʌntɪŋ] N caça
hurdle ['hə:dl] N (Sport) barreira; (fig) obstáculo
hurl [hə:l] VT arremessar, lançar; (abuse) gritar
hurrah [hu'rɑ:] EXCL oba!, viva!
hurray [hu'reɪ] EXCL = **hurrah**
hurricane ['hʌrɪkən] N furacão m
hurried ['hʌrɪd] ADJ (fast) apressado; (rushed) feito às pressas
hurriedly ['hʌrɪdlɪ] ADV depressa, apressadamente
hurry ['hʌrɪ] N pressa ▶ VI (also: **hurry up**) apressar-se ▶ VT (also: **hurry up**: person) apressar; (: work) acelerar; **to be in a ~** estar com pressa; **to do sth in a ~** fazer algo às pressas; **to ~ in/out** entrar/sair correndo; **to ~ home** correr para casa
  ▶ **hurry along** VI andar às pressas
  ▶ **hurry away** VI sair correndo
  ▶ **hurry off** VI sair correndo
  ▶ **hurry up** VI apressar-se

hurt [hə:t] (pt, pp **hurt**) VT machucar; (injure) ferir; (damage: business etc) prejudicar; (fig) magoar ▶ VI doer ▶ ADJ machucado, ferido; **I ~ my arm** machuquei o braço; **where does it ~?** onde é que dói?
hurtful ['hə:tful] ADJ (remark) que magoa, ofensivo
hurtle ['hə:tl] VI correr; **to ~ past** passar como um raio; **to ~ down** cair com violência
husband ['hʌzbənd] N marido, esposo
hush [hʌʃ] N silêncio, quietude f ▶ VT silenciar, fazer calar; **~!** silêncio!, psiu!
  ▶ **hush up** VT (fact) abafar, encobrir
hushed [hʌʃt] ADJ (tone) baixo
hush-hush ADJ secreto
husk [hʌsk] N (of wheat) casca; (of maize) palha
husky ['hʌskɪ] ADJ rouco; (burly) robusto ▶ N cão m esquimó
hustings ['hʌstɪŋz] (BRIT) NPL (Pol) campanha (eleitoral)
hustle ['hʌsl] VT (push) empurrar; (hurry) apressar ▶ N agitação f, atividade f febril; **~ and bustle** grande movimento
hut [hʌt] N cabana, choupana; (shed) alpendre m
hutch [hʌtʃ] N coelheira
hyacinth ['haɪəsɪnθ] N jacinto
hybrid ['haɪbrɪd] ADJ, N híbrido; (mixture) combinação f
hydrant ['haɪdrənt] N: **fire ~** hidrante m
hydraulic [haɪ'drɔ:lɪk] ADJ hidráulico
hydraulics [haɪ'drɔ:lɪks] N hidráulica
hydrochloric acid ['haɪdrəu'klɔrɪk-] N ácido clorídrico
hydroelectric [haɪdrəuɪ'lɛktrɪk] ADJ hidroelétrico
hydrofoil ['haɪdrəfɔɪl] N hidrofoil m, aliscafo
hydrogen ['haɪdrədʒən] N hidrogênio
hydrogen bomb N bomba de hidrogênio
hydrophobia ['haɪdrə'fəubɪə] N hidrofobia
hydroplane ['haɪdrəpleɪn] N lancha planadora
hyena [haɪ'i:nə] N hiena
hygiene ['haɪdʒi:n] N higiene f
hygienic [haɪ'dʒi:nɪk] ADJ higiênico
hymn [hɪm] N hino
hype [haɪp] (inf) N tititi m, falatório
hyperactive ['haɪpər'æktɪv] ADJ hiperativo
hyperlink ['haɪpəlɪŋk] N hiperlink m
hypermarket ['haɪpəmɑ:kɪt] (BRIT) N hipermercado
hypertension ['haɪpə'tɛnʃən] N (Med) hipertensão f
hyphen ['haɪfn] N hífen m
hypnosis [hɪp'nəusɪs] N hipnose f
hypnotic [hɪp'nɔtɪk] ADJ hipnótico
hypnotism ['hɪpnətɪzm] N hipnotismo
hypnotist ['hɪpnətɪst] N hipnotizador(a) m/f
hypnotize ['hɪpnətaɪz] VT hipnotizar
hypoallergenic ['haɪpəuælə'dʒɛnɪk] ADJ hipoalergênico
hypochondriac [haɪpə'kɔndrɪæk] N hipocondríaco(-a)

hypocrisy [hɪˈpɔkrɪsɪ] N hipocrisia
hypocrite [ˈhɪpəkrɪt] N hipócrita m/f
hypocritical [hɪpəˈkrɪtɪkl] ADJ hipócrita
hypodermic [haɪpəˈdəːmɪk] ADJ hipodérmico
▶ N seringa hipodérmica
hypothermia [haɪpəˈθəːmɪə] N hipotermia
hypotheses [haɪˈpɔθɪsiːz] NPL *of* **hypothesis**
hypothesis [haɪˈpɔθɪsɪs] (*pl* **hypotheses**) N hipótese *f*
hypothetic [haɪpəʊˈθɛtɪk], **hypothetical** [haɪpəʊˈθɛtɪkl] ADJ hipotético
hysterectomy [hɪstəˈrɛktəmɪ] N histerectomia
hysteria [hɪˈstɪərɪə] N histeria
hysterical [hɪˈstɛrɪkl] ADJ histérico; (*funny*) hilariante
hysterics [hɪˈstɛrɪks] NPL (*nervous*) crise *f* histérica; (*laughter*) ataque *m* de riso; **to be in** *or* **have ~** ter uma crise histérica
Hz ABBR (= *hertz*) Hz

I i

I¹, i [aɪ] N (*letter*) I, i *m*; **I for Isaac** (BRIT) *or* **Item** (US) I de Irene
I² [aɪ] PRON eu ▶ ABBR (= *island, isle*) I
IA (US) ABBR (*Post*) = **Iowa**
IAEA N ABBR (= *International Atomic Energy Agency*) IAEA *f*
IBA (BRIT) N (= *Independent Broadcasting Authority*) órgão que supervisiona as emissoras comerciais de TV
Iberian [aɪˈbɪərɪən] ADJ ibérico
Iberian Peninsula N: **the ~** a península Ibérica
IBEW (US) N ABBR (= *International Brotherhood of Electrical Workers*) sindicato internacional dos eletricistas
i/c (BRIT) ABBR = **in charge**
ICC N ABBR = **International Chamber of Commerce**; (US) = **Interstate Commerce Commission**
ice [aɪs] N gelo; (*ice cream*) sorvete *m* ▶ VT (*cake*) cobrir com glacê; (*drink*) gelar ▶ VI (*also*: **ice over, ice up**) gelar; **to put sth on ~** (*fig*) engavetar algo
ice age N era glacial
ice axe N picareta para o gelo
iceberg [ˈaɪsbəːg] N iceberg *m*; **this is just the tip of the ~** isso é só a ponta do iceberg
icebox [ˈaɪsbɔks] N (US) geladeira; (BRIT: *in fridge*) congelador *m*; (*insulated box*) geladeira portátil
icebreaker [ˈaɪsbreɪkə^r] N navio quebra-gelo *m*
ice bucket N balde *m* de gelo
ice-cold ADJ gelado
ice cream N sorvete *m* (BR), gelado (PT)
ice cube N pedra de gelo
iced [aɪst] ADJ (*drink*) gelado; (*cake*) glaçado
ice hockey N hóquei *m* sobre o gelo
Iceland [ˈaɪslənd] N Islândia
Icelander [ˈaɪsləndə^r] N islandês(-esa) *m/f*
Icelandic [aɪsˈlændɪk] ADJ islandês(-esa) ▶ N (*Ling*) islandês *m*
ice lolly (BRIT) N picolé *m*
ice pick N furador *m* de gelo
ice rink N pista de gelo, rinque *m*
ice-skate N patim *m* (para o gelo) ▶ VI patinar no gelo
ice-skating N patinação *f* no gelo
icicle [ˈaɪsɪkl] N pingente *m* de gelo
icing [ˈaɪsɪŋ] N (*Culin*) glacê *m*; (*Aviat etc*) formação *f* de gelo

icing sugar (BRIT) N açúcar *m* glacê
ICJ N ABBR = **International Court of Justice**
icon [ˈaɪkɔn] N (*gen, Comput*) ícone *m*
ICR (US) N ABBR = **Institute for Cancer Research**
ICT N ABBR (= *Information and Communication(s) Technology*) TIC *f*
ICU N ABBR (= *intensive care unit*) UTI *f*
icy [ˈaɪsɪ] ADJ gelado; (*fig*) glacial, indiferente
ID (US) ABBR (*Post*) = **Idaho**
I'd [aɪd] = **I would**; **I had**
ID card N = **identity card**
IDD (BRIT) N ABBR (*Tel*: = *international direct dialling*) DDI *f*
idea [aɪˈdɪə] N ideia; **good ~!** boa ideia!; **to have an ~ that ...** ter a impressão de que ...; **I haven't the least ~** não tenho a mínima ideia
ideal [aɪˈdɪəl] N ideal *m* ▶ ADJ ideal
idealist [aɪˈdɪəlɪst] N idealista *m/f*
ideally [aɪˈdɪəlɪ] ADV de preferência; **~ the book should have ...** seria ideal que o livro tivesse ...
identical [aɪˈdɛntɪkl] ADJ idêntico
identification [aɪdɛntɪfɪˈkeɪʃən] N identificação *f*; **means of ~** documentos pessoais
identify [aɪˈdɛntɪfaɪ] VT identificar ▶ VI: **to ~ with** identificar-se com
Identikit® [aɪˈdɛntɪkɪt] N: **~ picture** retrato falado
identity [aɪˈdɛntɪtɪ] N identidade *f*
identity card N carteira de identidade
identity parade (BRIT) N identificação *f*
identity theft N roubo de identidade
ideological [aɪdɪəˈlɔdʒɪkəl] ADJ ideológico
ideology [aɪdɪˈɔlədʒɪ] N ideologia
idiocy [ˈɪdɪəsɪ] N idiotice *f*; (*stupid act*) estupidez *f*
idiom [ˈɪdɪəm] N expressão *f* idiomática; (*style of speaking*) idioma *m*, linguagem *f*
idiomatic [ɪdɪəˈmætɪk] ADJ idiomático
idiosyncrasy [ɪdɪəuˈsɪŋkrəsɪ] N idiossincrasia
idiot [ˈɪdɪət] N idiota *m/f*
idiotic [ɪdɪˈɔtɪk] ADJ idiota
idle [ˈaɪdl] ADJ ocioso; (*lazy*) preguiçoso; (*unemployed*) desempregado; (*pointless*) inútil, vão/vã ▶ VI (*machine*) funcionar com a transmissão desligada

▶ **idle away** VT: **to ~ away the time** perder or desperdiçar tempo
idleness ['aɪdlnɪs] N ociosidade f; preguiça; (*pointlessness*) inutilidade f
idler ['aɪdlə^r] N preguiçoso(-a)
idle time N (*Comm*) tempo ocioso
idol ['aɪdl] N ídolo
idolize ['aɪdəlaɪz] VT idolatrar
idyllic [ɪ'dɪlɪk] ADJ idílico
i.e. ABBR (= *id est*) i.e., isto é

(KEYWORD)

if [ɪf] CONJ **1** (*conditional use*) se; **I'll go if you come with me** irei se você vier comigo; **if necessary** se necessário; **if I were you** se eu fôsse você
2 (*whenever*) quando
3 (*although*): **(even) if** mesmo que; **I like it, (even) if you don't** eu gosto disto, mesmo que você não goste
4 (*whether*) se
5: if so/not sendo assim/do contrário; **if only** se pelo menos; *see also* **as**

iffy ['ɪfɪ] ADJ (*inf: uncertain*) duvidoso; (*not good*) de qualidade duvidosa
igloo ['ɪgluː] N iglu m
ignite [ɪg'naɪt] VT acender; (*set fire to*) incendiar ▶ VI acender
ignition [ɪg'nɪʃən] N (*Aut*) ignição f; **to switch on/off the ~** ligar/desligar o motor
ignition key N (*Aut*) chave f de ignição
ignoble [ɪg'nəubl] ADJ ignóbil
ignominious [ɪgnə'mɪnɪəs] ADJ vergonhoso, humilhante
ignoramus [ɪgnə'reɪməs] N ignorante m/f
ignorance ['ɪgnərəns] N ignorância; **to keep sb in ~ of sth** deixar alguém na ignorância de algo
ignorant ['ɪgnərənt] ADJ ignorante; **to be ~ of** ignorar
ignore [ɪg'nɔː^r] VT (*person*) não fazer caso de; (*fact*) não levar em consideração, ignorar
ikon ['aɪkɔn] N = **icon**
IL (*US*) ABBR (*Post*) = **Illinois**
ILA (*US*) N ABBR (= *International Longshoremen's Association*) sindicato internacional dos portuários
ill [ɪl] ADJ doente; (*slightly ill*) indisposto; (*bad*) mau/má; (*harmful: effects*) nocivo ▶ N mal m; (*fig*) desgraça ▶ ADV: **to speak/think ~ of sb** falar/pensar mal de alguém; **to take** or **be taken ~** ficar doente
I'll [aɪl] = **I will; I shall**
ill-advised [-əd'vaɪzd] ADJ pouco recomendado; (*misled*) mal aconselhado
ill-at-ease ADJ constrangido, pouco à vontade
ill-considered [-kən'sɪdəd] ADJ (*plan*) imponderado
ill-disposed ADJ: **to be ~ towards sb/sth** ser desfavorável a alguém/algo
illegal [ɪ'liːgl] ADJ ilegal
illegally [ɪ'liːgəlɪ] ADV ilegalmente
illegible [ɪ'lɛdʒɪbl] ADJ ilegível

illegitimate [ɪlɪ'dʒɪtɪmət] ADJ ilegítimo
ill-fated ADJ malfadado
ill-favoured, (*US*) **ill-favored** [-'feɪvəd] ADJ desagradável
ill feeling N má vontade f, rancor m
ill-gotten ADJ (*gains etc*) mal adquirido
illicit [ɪ'lɪsɪt] ADJ ilícito
ill-informed ADJ mal informado
illiterate [ɪ'lɪtərət] ADJ analfabeto
ill-mannered [-'mænəd] ADJ mal-educado, grosseiro
illness ['ɪlnɪs] N doença
illogical [ɪ'lɔdʒɪkl] ADJ ilógico
ill-suited [-'suːtɪd] ADJ (*couple*) desajustado; **he is ~ to the job** ele é inadequado para o cargo
ill-timed [-taɪmd] ADJ inoportuno
ill-treat VT maltratar
ill-treatment N maus tratos *mpl*
illuminate [ɪ'luːmɪneɪt] VT (*room, street*) iluminar, clarear; (*subject*) esclarecer; **~d sign** anúncio luminoso
illuminating [ɪ'luːmɪneɪtɪŋ] ADJ esclarecedor
illumination [ɪluːmɪ'neɪʃən] N iluminação f; **illuminations** NPL (*decorative lights*) luminárias *fpl*
illusion [ɪ'luːʒən] N ilusão f; **to be under the ~ that …** estar com a ilusão de que …
illusive [ɪ'luːsɪv] ADJ ilusório
illusory [ɪ'luːsərɪ] ADJ ilusório
illustrate ['ɪləstreɪt] VT ilustrar; (*subject*) esclarecer; (*point*) exemplificar
illustration [ɪlə'streɪʃən] N (*art*) ilustração f; (*example*) exemplo; (*explanation*) esclarecimento; (*in book*) gravura, ilustração
illustrator ['ɪləstreɪtə^r] N ilustrador(a) *m/f*
illustrious [ɪ'lʌstrɪəs] ADJ ilustre
ill will N animosidade f
ILO N ABBR (= *International Labour Organization*) OIT f
ILWU (*US*) N ABBR (= *International Longshoremen's and Warehousemen's Union*) sindicato dos portuários
I'm [aɪm] = **I am**
image ['ɪmɪdʒ] N imagem f
imagery ['ɪmɪdʒərɪ] N imagens *fpl*
imaginable [ɪ'mædʒɪnəbl] ADJ imaginável, concebível
imaginary [ɪ'mædʒɪnərɪ] ADJ imaginário
imagination [ɪmædʒɪ'neɪʃən] N imaginação f; (*inventiveness*) inventividade f; (*illusion*) fantasia
imaginative [ɪ'mædʒɪnətɪv] ADJ imaginativo
imagine [ɪ'mædʒɪn] VT imaginar; (*delude o.s.*) fantasiar
imbalance [ɪm'bæləns] N desequilíbrio; (*inequality*) desigualdade f
imbecile ['ɪmbəsiːl] N imbecil *m/f*
imbue [ɪm'bjuː] VT: **to ~ sth with** imbuir or impregnar algo de
IMF N ABBR (= *International Monetary Fund*) FMI *m*
imitate ['ɪmɪteɪt] VT imitar
imitation [ɪmɪ'teɪʃən] N imitação f; (*copy*) cópia; (*mimicry*) mímica
imitator ['ɪmɪteɪtə^r] N imitador(a) *m/f*

immaculate [ɪˈmækjulət] ADJ impecável; (Rel) imaculado
immaterial [ɪməˈtɪərɪəl] ADJ irrelevante; **it is ~ whether ...** é indiferente se ...
immature [ɪməˈtjuəʳ] ADJ (person, organism) imaturo; (fruit) verde; (of one's youth) juvenil
immaturity [ɪməˈtjuərɪtɪ] N imaturidade f
immeasurable [ɪˈmɛʒrəbl] ADJ incomensurável, imensurável
immediacy [ɪˈmiːdɪəsɪ] N (of events etc) proximidade f; (of needs) urgência
immediate [ɪˈmiːdɪət] ADJ imediato; (pressing) urgente, premente; (neighbourhood, family) próximo
immediately [ɪˈmiːdɪətlɪ] ADV (at once) imediatamente; **~ next to** bem junto a
immense [ɪˈmɛns] ADJ imenso; (importance) enorme
immensity [ɪˈmɛnsətɪ] N imensidade f
immerse [ɪˈməːs] VT (submerge) submergir; (sink) imergir, mergulhar; **to be ~d in** (fig) estar absorto em
immersion heater [ɪˈməːʃn-] (BRIT) N aquecedor m de imersão
immigrant [ˈɪmɪɡrənt] N imigrante m/f
immigrate [ˈɪmɪɡreɪt] VI imigrar
immigration [ɪmɪˈɡreɪʃən] N imigração f
immigration authorities NPL fiscais mpl de imigração, ≈ polícia federal
immigration laws NPL leis fpl imigratórias
imminent [ˈɪmɪnənt] ADJ iminente
immobile [ɪˈməubaɪl] ADJ imóvel
immobilize [ɪˈməubɪlaɪz] VT imobilizar
immoderate [ɪˈmɔdərət] ADJ imoderado
immodest [ɪˈmɔdɪst] ADJ (indecent) indecente, impudico; (person: boasting) presumido, arrogante
immoral [ɪˈmɔrl] ADJ imoral
immorality [ɪməˈrælɪtɪ] N imoralidade f
immortal [ɪˈmɔːtl] ADJ imortal
immortalize [ɪˈmɔːtəlaɪz] VT imortalizar
immovable [ɪˈmuːvəbl] ADJ (object) imóvel, fixo; (person) inflexível
immune [ɪˈmjuːn] ADJ: **~ to** imune a, imunizado contra
immune system N sistema m imunológico
immunity [ɪˈmjuːnɪtɪ] N (Med) imunidade f; (Comm) isenção f; **diplomatic ~** imunidade diplomática
immunization [ɪmjunaɪˈzeɪʃən] N imunização f
immunize [ˈɪmjunaɪz] VT imunizar
imp [ɪmp] N diabinho, criança levada
impact [ˈɪmpækt] N impacto (BR), impacte m (PT)
impair [ɪmˈpɛəʳ] VT prejudicar
impale [ɪmˈpeɪl] VT perfurar, empalar
impart [ɪmˈpɑːt] VT (make known) comunicar; (bestow) dar
impartial [ɪmˈpɑːʃl] ADJ imparcial
impartiality [ɪmpɑːʃɪˈælɪtɪ] N imparcialidade f
impassable [ɪmˈpɑːsəbl] ADJ (barrier, river) intransponível; (road) intransitável

179 | **immaculate – implant**

impasse [æmˈpɑːs] N (fig) impasse m
impassioned [ɪmˈpæʃənd] ADJ ardente, veemente
impassive [ɪmˈpæsɪv] ADJ impassível
impatience [ɪmˈpeɪʃəns] N impaciência
impatient [ɪmˈpeɪʃənt] ADJ impaciente; **to get** or **grow ~** impacientar-se
impeach [ɪmˈpiːtʃ] VT impugnar; (public official) levar a juízo
impeachment [ɪmˈpiːtʃmənt] N (Law) impeachment m
impeccable [ɪmˈpɛkəbl] ADJ impecável
impecunious [ɪmpəˈkjuːnɪəs] ADJ impecunioso, sem recursos
impede [ɪmˈpiːd] VT impedir, estorvar
impediment [ɪmˈpɛdɪmənt] N obstáculo; (also: **speech impediment**) defeito (de fala)
impel [ɪmˈpɛl] VT (force): **to ~ sb (to do sth)** impelir alguém (a fazer algo)
impending [ɪmˈpɛndɪŋ] ADJ (near) iminente, próximo
impenetrable [ɪmˈpɛnɪtrəbl] ADJ impenetrável; (fig) incompreensível
imperative [ɪmˈpɛrətɪv] ADJ (tone) imperioso, obrigatório; (necessary) indispensável; (pressing) premente ▶ N (Ling) imperativo
imperceptible [ɪmpəˈsɛptɪbl] ADJ imperceptível
imperfect [ɪmˈpəːfɪkt] ADJ imperfeito; (goods etc) defeituoso ▶ N (Ling: also: **imperfect tense**) imperfeito
imperfection [ɪmpəˈfɛkʃən] N (blemish) defeito; (state) imperfeição f
imperial [ɪmˈpɪərɪəl] ADJ imperial
imperialism [ɪmˈpɪərɪəlɪzəm] N imperialismo
imperil [ɪmˈpɛrɪl] VT pôr em perigo, arriscar
imperious [ɪmˈpɪərɪəs] ADJ imperioso
impersonal [ɪmˈpəːsənl] ADJ impessoal
impersonate [ɪmˈpəːsəneɪt] VT fazer-se passar por, personificar; (Theatre) imitar
impersonation [ɪmpəːsəˈneɪʃən] N (Law) impostura; (Theatre) imitação f
impersonator [ɪmˈpəːsəneɪtəʳ] N impostor(a) m/f; (Theatre) imitador(a) m/f
impertinence [ɪmˈpəːtɪnəns] N impertinência, insolência
impertinent [ɪmˈpəːtɪnənt] ADJ impertinente, insolente
imperturbable [ɪmpəˈtəːbəbl] ADJ imperturbável, inabalável
impervious [ɪmˈpəːvɪəs] ADJ impenetrável; (fig): **~ to** insensível a
impetuous [ɪmˈpɛtjuəs] ADJ impetuoso, precipitado
impetus [ˈɪmpətəs] N ímpeto; (fig) impulso
impinge [ɪmˈpɪndʒ]: **to ~ on** VT FUS impressionar, impingir em; (affect) afetar
impish [ˈɪmpɪʃ] ADJ levado, travesso
implacable [ɪmˈplækəbl] ADJ implacável, impiedoso
implant [vt ɪmˈplɑːnt, n ˈɪmplɑːnt] VT (Med) implantar; (fig) inculcar ▶ N implante m

implausible [ɪmˈplɔːzɪbl] ADJ inverossímil (BR), inverosímil (PT)
implement [n ˈɪmplɪmənt, vt ˈɪmplɪmɛnt] N instrumento, ferramenta; (for cooking) utensílio ▸ VT efetivar; (carry out) realizar, executar
implicate [ˈɪmplɪkeɪt] VT (compromise) comprometer; (involve) implicar, envolver
implication [ɪmplɪˈkeɪʃən] N implicação f, consequência; (involvement) involvimento; **by ~** por consequência
implicit [ɪmˈplɪsɪt] ADJ implícito; (complete) absoluto
implicitly [ɪmˈplɪsɪtlɪ] ADV implicitamente; (completely) completamente
implore [ɪmˈplɔːʳ] VT (person) implorar, suplicar
imply [ɪmˈplaɪ] VT (involve) implicar; (mean) significar; (hint) dar a entender que; **it is implied** se subentende
impolite [ɪmpəˈlaɪt] ADJ indelicado, mal-educado
imponderable [ɪmˈpɒndərəbl] ADJ imponderável
import [vt ɪmˈpɔːt, n, cpd ˈɪmpɔːt] VT importar ▸ N (Comm) importação f; (: article) mercadoria importada; (meaning) significado, sentido ▸ CPD (duty, licence etc) de importação
importance [ɪmˈpɔːtəns] N importância; **o be of great/little ~** ser de grande/pouca importância
important [ɪmˈpɔːtənt] ADJ importante; **it is ~ that ...** é importante or importa que ...; **it's not ~** não tem importância, não importa
importantly [ɪmˈpɔːtəntlɪ] ADV: **but, more ~ ...** mas, o que é mais importante ...
importation [ɪmpɔːˈteɪʃən] N importação f
imported [ɪmˈpɔːtɪd] ADJ importado
importer [ɪmˈpɔːtəʳ] N importador(a) m/f
impose [ɪmˈpəʊz] VT impor ▸ VI: **to ~ on sb** abusar de alguém
imposing [ɪmˈpəʊzɪŋ] ADJ imponente
imposition [ɪmpəˈzɪʃən] N (of tax etc) imposição f; **to be an ~ on sb** (person) abusar de alguém
impossibility [ɪmpɒsɪˈbɪlɪtɪ] N impossibilidade f
impossible [ɪmˈpɒsɪbl] ADJ impossível; (situation) inviável; (person) insuportável; **it's ~ for me to leave** é-me impossível sair, não dá para eu sair (inf)
impostor [ɪmˈpɒstəʳ] N impostor(a) m/f
impotence [ˈɪmpətəns] N impotência
impotent [ˈɪmpətənt] ADJ impotente
impound [ɪmˈpaʊnd] VT confiscar
impoverished [ɪmˈpɒvərɪʃt] ADJ empobrecido; (land) esgotado
impracticable [ɪmˈpræktɪkəbl] ADJ impraticável, inexequível
impractical [ɪmˈpræktɪkl] ADJ pouco prático
imprecise [ɪmprɪˈsaɪs] ADJ impreciso, inexato

impregnable [ɪmˈprɛɡnəbl] ADJ invulnerável; (castle) inexpugnável
impregnate [ˈɪmprɛɡneɪt] VT (gen) impregnar; (soak) embeber; (fertilize) fecundar
impresario [ɪmprɪˈsɑːrɪəʊ] N empresário(-a)
impress [ɪmˈprɛs] VT impressionar; (mark) imprimir ▸ VI causar boa impressão; **to ~ sth on sb** inculcar algo em alguém; **it ~ed itself on me** fiquei com isso gravado (na memória)
impression [ɪmˈprɛʃən] N impressão f; (footprint etc) marca; (print run) edição f; **to make a good/bad ~ on sb** causar boa/má impressão em alguém; **to be under the ~ that** estar com a impressão de que
impressionable [ɪmˈprɛʃənəbl] ADJ impressionável; (sensitive) sensível
impressionist [ɪmˈprɛʃənɪst] N impressionista m/f
impressive [ɪmˈprɛsɪv] ADJ impressionante
imprint [ˈɪmprɪnt] N impressão f, marca; (Publishing) nome m (da coleção)
imprinted [ɪmˈprɪntɪd] ADJ: **~ on** imprimido em; (fig) gravado em
imprison [ɪmˈprɪzn] VT encarcerar
imprisonment [ɪmˈprɪzənmənt] N prisão f
improbable [ɪmˈprɒbəbl] ADJ improvável; (story) inverossímil (BR), inverosímil (PT)
impromptu [ɪmˈprɒmptjuː] ADJ improvisado ▸ ADV de improviso
improper [ɪmˈprɒpəʳ] ADJ (unsuitable) impróprio; (dishonest) desonesto; (unseemly) indecoroso; (indecent) indecente
impropriety [ɪmprəˈpraɪətɪ] N falta de decoro, inconveniência; (indecency) indecência; (of language) impropriedade f
improve [ɪmˈpruːv] VT melhorar ▸ VI melhorar; (pupils) progredir
▸ **improve on, improve upon** VT FUS melhorar
improvement [ɪmˈpruːvmənt] N melhora; (of pupils) progresso; **to make ~s to** melhorar
improvisation [ɪmprəvaɪˈzeɪʃən] N improvisação f
improvise [ˈɪmprəvaɪz] VT, VI improvisar
imprudence [ɪmˈpruːdns] N imprudência
imprudent [ɪmˈpruːdnt] ADJ imprudente
impudent [ˈɪmpjudnt] ADJ insolente, impudente
impugn [ɪmˈpjuːn] VT impugnar, contestar
impulse [ˈɪmpʌls] N impulso, ímpeto; (Elec) impulso; **to act on ~** agir sem pensar or num impulso
impulse buy N compra por impulso
impulsive [ɪmˈpʌlsɪv] ADJ impulsivo
impunity [ɪmˈpjuːnɪtɪ] N: **with ~** impunemente
impure [ɪmˈpjʊəʳ] ADJ (adulterated) adulterado; (not pure) impuro
impurity [ɪmˈpjʊərɪtɪ] N impureza
IN (US) ABBR (Post) = **Indiana**

KEYWORD

in [ɪn] PREP **1** (*indicating place, position*) em; **in the house/garden** na casa/no jardim; **I have the money in my hand** estou com o dinheiro na mão; **in here/there** aqui dentro/lá dentro
2 (*with place names: of town, country, region*) em; **in London** em Londres; **in England/Japan/Canada/the United States** na Inglaterra/no Japão/no Canadá/nos Estados Unidos; **in Rio** no Rio
3 (*indicating time: during*) em; **in spring/autumn** na primavera/no outono; **in 1988** em 1988; **in May** em maio; **I'll see you in July** até julho; **in the morning** de manhã; **at 4 o'clock in the afternoon** às 4 da tarde
4 (*indicating time: in the space of*) em; **I did it in 3 hours/days** fiz isto em 3 horas/dias; **in 2 weeks, in 2 weeks' time** daqui a 2 semanas
5 (*indicating manner etc*): **in a loud/soft voice** em voz alta/numa voz suave; **written in pencil/ink** escrito a lápis/à caneta; **in English/Portuguese** em inglês/português; **the boy in the blue shirt** o menino de camisa azul
6 (*indicating circumstances*): **in the sun** ao or sob o sol; **in the rain** na chuva; **a rise in prices** um aumento nos preços
7 (*indicating mood, state*): **in tears** aos prantos; **in anger/despair** com raiva/desesperado; **in good condition** em boas condições; **to live in luxury** viver no luxo
8 (*with ratios, numbers*): **1 in 10** 1 em 10, 1 em cada 10; **20 pence in the pound** vinte pênis numa libra; **they lined up in twos** eles se alinharam dois a dois
9 (*referring to people, works*) em; **in (the works of) Dickens** nas obras de Dickens
10 (*indicating profession etc*): **to be in teaching/publishing** ser professor/trabalhar numa editora
11 (*after superl*): **the best pupil in the class** o melhor aluno da classe; **the biggest/smallest in Europe** o maior/menor na Europa
12 (*with present participle*): **in saying this** ao dizer isto
▶ ADV: **to be in** (*person: at home*) estar em casa; (: *at work*) estar no trabalho; (*fashion*) estar na moda; (*ship, plane, train*): **it's in** chegou; **is he in?** ele está?; **to ask sb in** convidar alguém para entrar; **to run/limp** *etc* **in** entrar correndo/mancando *etc*
▶ N: **the ins and outs** (*of proposal, situation etc*) os cantos e recantos, os pormenores

in. ABBR = **inch**
inability [ɪnə'bɪlɪtɪ] N: ~ **(to do)** incapacidade *f* (de fazer); ~ **to pay** impossibilidade de pagar
inaccessible [ɪnək'sɛsɪbl] ADJ inacessível
inaccuracy [ɪn'ækjurəsɪ] N inexatidão *f*, imprecisão *f*
inaccurate [ɪn'ækjurət] ADJ inexato, impreciso
inaction [ɪn'ækʃən] N inação *f*
inactivity [ɪnæk'tɪvɪtɪ] N inatividade *f*
inadequacy [ɪn'ædɪkwəsɪ] ADJ (*insufficiency*) insuficiência
inadequate [ɪn'ædɪkwət] ADJ (*insufficient*) insuficiente; (*unsuitable*) inadequado; (*person*) impróprio
inadmissible [ɪnəd'mɪsəbl] ADJ inadmissível
inadvertent [ɪnəd'və:tənt] ADJ (*mistake*) cometido sem querer
inadvertently [ɪnəd'və:tntlɪ] ADV inadvertidamente, sem querer
inadvisable [ɪnəd'vaɪzəbl] ADJ desaconselhável, inoportuno
inane [ɪ'neɪn] ADJ tolo; (*fatuous*) vazio
inanimate [ɪn'ænɪmət] ADJ inanimado
inapplicable [ɪn'æplɪkəbl] ADJ inaplicável
inappropriate [ɪnə'prəuprɪət] ADJ inadequado; (*word, expression*) impróprio
inapt [ɪn'æpt] ADJ inapto
inaptitude [ɪn'æptɪtjuːd] N incapacidade *f*, inaptidão *f*
inarticulate [ɪnɑː'tɪkjulət] ADJ (*person*) incapaz de expressar-se (bem); (*speech*) inarticulado
inasmuch as [ɪnəz'mʌtʃ-] ADV, CONJ (*given that*) visto que; (*since*) desde que, já que
inattention [ɪnə'tenʃən] N inatenção *f*
inattentive [ɪnə'tentɪv] ADJ desatento
inaudible [ɪn'ɔːdɪbl] ADJ inaudível
inaugural [ɪ'nɔːgjurəl] ADJ (*speech*) inaugural; (: *of president*) de posse
inaugurate [ɪ'nɔːgjureɪt] VT inaugurar; (*president, official*) empossar
inauguration [ɪnɔːgjuˈreɪʃən] N inauguração *f*; (*of president, official*) posse *f*
inauspicious [ɪnɔːs'pɪʃəs] ADJ infausto
in-between ADJ intermediário
inborn [ɪn'bɔːn] ADJ (*feeling*) inato; (*defect*) congênito
inbox ['ɪnbɔks] N (*Comput*) caixa de entrada; (US: *for papers*) cesta para correspondência de entrada
inbred [ɪn'brɛd] ADJ inato; (*family*) de procriação consanguínea
inbreeding [ɪn'briːdɪŋ] N endogamia
Inc. ABBR = **incorporated**
Inca ['ɪŋkə] ADJ (*also*: **Incan**) inca, incaico ▶ N inca *m/f*
incalculable [ɪn'kælkjuləbl] ADJ incalculável
incapability [ɪnkeɪpə'bɪlɪtɪ] N incapacidade *f*
incapable [ɪn'keɪpəbl] ADJ incapaz; ~ **of doing** incapaz de fazer
incapacitate [ɪnkə'pæsɪteɪt] VT incapacitar
incapacitated [ɪnkə'pæsɪteɪtɪd] ADJ (*Law*) incapacitado
incapacity [ɪnkə'pæsɪtɪ] N (*inability*) incapacidade *f*
incarcerate [ɪn'kɑːsəreɪt] VT encarcerar
incarnate [*adj* ɪn'kɑːnɪt, *vt* 'ɪnkɑːneɪt] ADJ encarnado, personificado ▶ VT encarnar

incarnation [ɪnkɑː'neɪʃən] N encarnação f
incendiary [ɪn'sɛndɪərɪ] ADJ incendiário ▶ N *(bomb)* bomba incendiária
incense [n 'ɪnsɛns, vt ɪn'sɛns] N incenso ▶ VT *(anger)* exasperar, enraivecer
incense burner N incensório
incentive [ɪn'sɛntɪv] N incentivo, estímulo
incentive scheme N plano de incentivos
inception [ɪn'sɛpʃən] N começo, início
incessant [ɪn'sɛsnt] ADJ incessante, contínuo
incessantly [ɪn'sɛsntlɪ] ADV constantemente
incest ['ɪnsɛst] N incesto
inch [ɪntʃ] N polegada (= 25 mm; 12 in a foot); **to be within an ~ of** estar a um passo de; **he didn't give an ~** ele não cedeu nem um milímetro
▶ **inch forward** VI avançar palmo a palmo
inch tape (BRIT) N fita métrica
incidence ['ɪnsɪdns] N *(of crime, disease)* incidência
incident ['ɪnsɪdnt] N incidente m, evento; *(in book)* episódio
incidental [ɪnsɪ'dɛntl] ADJ acessório, não essencial; *(unplanned)* acidental, casual; **~ expenses** despesas fpl adicionais
incidentally [ɪnsɪ'dɛntəlɪ] ADV *(by the way)* a propósito
incidental music N música de cena or de fundo
incinerate [ɪn'sɪnəreɪt] VT incinerar
incinerator [ɪn'sɪnəreɪtə^r] N incinerador m
incipient [ɪn'sɪpɪənt] ADJ incipiente
incision [ɪn'sɪʒən] N incisão f
incisive [ɪn'saɪsɪv] ADJ *(mind)* penetrante, perspicaz; *(tone)* mordaz, sarcástico; *(remark etc)* incisivo
incisor [ɪn'saɪzə^r] N incisivo
incite [ɪn'saɪt] VT *(rioters)* incitar; *(violence)* provocar
incl. ABBR = **including; inclusive**
inclement [ɪn'klɛmənt] ADJ *(weather)* inclemente
inclination [ɪnklɪ'neɪʃən] N *(tendency)* tendência; *(disposition)* inclinação f
incline [n 'ɪnklaɪn, vt, vi ɪn'klaɪn] N inclinação f, ladeira ▶ VT *(slope)* inclinar; *(head)* curvar, inclinar ▶ VI inclinar-se; **to be ~d to** *(tend)* tender a, ser propenso a; *(be willing)* estar disposto a
include [ɪn'kluːd] VT incluir; **the service is/is not ~d** o serviço está/não está incluído
including [ɪn'kluːdɪŋ] PREP inclusive; **~ tip** gorjeta incluída
inclusion [ɪn'kluːʒən] N inclusão f
inclusive [ɪn'kluːsɪv] ADJ incluído, incluso
▶ ADV inclusive; **~ of** incluindo; **£50 ~ of all surcharges** £50, incluídas todas as sobretaxas
inclusive terms (BRIT) NPL preço global
incognito [ɪnkɔg'niːtəu] ADV incógnito
incoherent [ɪnkəu'hɪərənt] ADJ incoerente
income ['ɪŋkʌm] N *(earnings)* renda, rendimentos mpl; *(unearned)* renda; *(profit)* lucro; **gross/net ~** renda bruta/líquida; **~ and expenditure account** conta de receitas e despesas
income bracket N faixa salarial
income tax N imposto de renda (BR), imposto complementar (PT)
income tax inspector N fiscal m/f do imposto de renda
income tax return N declaração f do imposto de renda
incoming ['ɪnkʌmɪŋ] ADJ *(flight, passenger)* de chegada; *(mail)* de entrada; *(government, tenant)* novo; **~ tide** maré enchente
incommunicado [ɪnkəmjuːnɪ'kɑːdəu] ADJ incomunicável
incomparable [ɪn'kɔmpərəbl] ADJ incomparável
incompatible [ɪnkəm'pætɪbl] ADJ incompatível
incompetence [ɪn'kɔmpɪtəns] N incompetência
incompetent [ɪn'kɔmpɪtənt] ADJ incompetente
incomplete [ɪnkəm'pliːt] ADJ incompleto; *(unfinished)* por terminar
incomprehensible [ɪnkɔmprɪ'hɛnsɪbl] ADJ incompreensível
inconceivable [ɪnkən'siːvəbl] ADJ inconcebível
inconclusive [ɪnkən'kluːsɪv] ADJ inconclusivo; *(argument)* pouco convincente
incongruous [ɪn'kɔŋgruəs] ADJ *(foolish)* ridículo, absurdo; *(situation, figure)* incongruente; *(remark, act)* impróprio
inconsequential [ɪnkɔnsɪ'kwɛnʃl] ADJ sem importância
inconsiderable [ɪnkən'sɪdərəbl] ADJ: **not ~** importante
inconsiderate [ɪnkən'sɪdərət] ADJ sem consideração; **how ~ of him!** que falta de consideração (de sua parte)!
inconsistency [ɪnkən'sɪstənsɪ] N inconsistência
inconsistent [ɪnkən'sɪstnt] ADJ inconsistente; **~ with** *(beliefs)* incompatível com
inconsolable [ɪnkən'səuləbl] ADJ inconsolável
inconspicuous [ɪnkən'spɪkjuəs] ADJ modesto, discreto; *(more intensely: modest)* modesto; **to make o.s. ~** não chamar a atenção
inconstant [ɪn'kɔnstnt] ADJ inconstante
incontinence [ɪn'kɔntɪnəns] N incontinência
incontinent [ɪn'kɔntɪnənt] ADJ incontinente
incontrovertible [ɪnkɔntrə'vəːtəbl] ADJ incontestável
inconvenience [ɪnkən'viːnjəns] N *(quality)* inconveniência; *(problem)* inconveniente m
▶ VT incomodar; **don't ~ yourself** não se incomode
inconvenient [ɪnkən'viːnjənt] ADJ inconveniente, incômodo; *(time, place)* inoportuno; **that time is very ~ for me** esse horário me é muito inconveniente

incorporate [ɪn'kɔːpəreɪt] VT incorporar; (*contain*) compreender; (*add*) incluir
incorporated company [ɪn'kɔːpəreɪtɪd-] (US) N ≈ sociedade *f* anônima
incorrect [ɪnkə'rɛkt] ADJ incorreto
incorrigible [ɪn'kɔrɪdʒɪbl] ADJ incorrigível
incorruptible [ɪnkə'rʌptɪbl] ADJ incorruptível; (*not open to bribes*) insubornável
increase [*n* 'ɪnkriːs, *vi, vt* ɪn'kriːs] N aumento ▶ VI, VT aumentar; **an ~ of 5%** um aumento de 5%; **to be on the ~** estar em crescimento *or* alta
increasing [ɪn'kriːsɪŋ] ADJ (*number*) crescente, em aumento
increasingly [ɪn'kriːsɪŋlɪ] ADV (*more intensely*) progressivamente; (*more often*) cada vez mais
incredible [ɪn'krɛdɪbl] ADJ inacreditável; (*enormous*) incrível
incredulous [ɪn'krɛdjuləs] ADJ incrédulo
increment ['ɪnkrɪmənt] N aumento, incremento
incriminate [ɪn'krɪmɪneɪt] VT incriminar
incriminating [ɪn'krɪmɪneɪtɪŋ] ADJ incriminador(a)
incubate ['ɪnkjubeɪt] VT, VI incubar
incubation [ɪnkju'beɪʃən] N incubação *f*
incubation period N período de incubação
incubator ['ɪnkjubeɪtəʳ] N incubadora; (*for eggs*) chocadeira
inculcate ['ɪnkʌlkeɪt] VT: **to ~ sth in sb** inculcar algo a alguém
incumbent [ɪn'kʌmbənt] N titular *m/f* ▶ ADJ: **it is ~ on him to ...** cabe a ele ...
incur [ɪn'kəːʳ] VT incorrer em; (*expenses*) contrair
incurable [ɪn'kjuərəbl] ADJ incurável; (*fig*) irremediável
incursion [ɪn'kəːʃən] N incursão *f*
indebted [ɪn'dɛtɪd] ADJ: **to be ~ to sb** estar em dívida com alguém, dever obrigação a alguém
indecency [ɪn'diːsnsɪ] N indecência
indecent [ɪn'diːsnt] ADJ indecente
indecent assault (BRIT) N atentado contra o pudor
indecent exposure N exibição *f* obscena, exibicionismo
indecipherable [ɪndɪ'saɪfərəbl] ADJ indecifrável
indecision [ɪndɪ'sɪʒən] N indecisão *f*
indecisive [ɪndɪ'saɪsɪv] ADJ indeciso; (*discussion*) inconcludente, sem resultados
indeed [ɪn'diːd] ADV de fato; (*certainly*) certamente; (*furthermore*) aliás; **yes ~!** claro que sim!
indefatigable [ɪndɪ'fætɪgəbl] ADJ incansável
indefensible [ɪndɪ'fɛnsɪbl] ADJ indefensível
indefinable [ɪndɪ'faɪnəbl] ADJ indefinível
indefinite [ɪn'dɛfɪnɪt] ADJ indefinido; (*uncertain*) impreciso; (*period, number*) indeterminado
indefinitely [ɪn'dɛfɪnɪtlɪ] ADV (*wait*) indefinidamente

183 | **incorporate – indicative**

indelible [ɪn'dɛlɪbl] ADJ indelével
indelicate [ɪn'dɛlɪkɪt] ADJ (*tactless*) inábil; (*not polite*) indelicado, rude
indemnify [ɪn'dɛmnɪfaɪ] VT indenizar, compensar
indemnity [ɪn'dɛmnɪtɪ] N (*insurance*) garantia, seguro; (*compensation*) indenização *f*
indent [ɪn'dɛnt] VT (*text*) recolher ▶ VI: **to ~ for sth** (*Comm*) encomendar algo
indentation [ɪndɛn'teɪʃən] N entalhe *m*, recorte *m*; (*Typ*) parágrafo, recuo
indenture [ɪn'dɛntʃəʳ] N contrato de aprendizagem
independence [ɪndɪ'pɛndns] N independência
Independence Day N *ver nota*

> O dia da Independência (**Independence Day**) é a festa nacional dos Estados Unidos. Todo dia 4 de julho os americanos comemoram a adoção, em 1776, da declaração de Independência escrita por Thomas Jefferson que proclamava a separação das 13 colônias americanas da Grã-Bretanha.

independent [ɪndɪ'pɛndnt] ADJ independente; (*business, school*) privado; (*inquiry*) imparcial; **to become ~** tornar-se independente
independently [ɪndɪ'pɛndntlɪ] ADV independentemente
in-depth ['ɪndɛpθ] ADJ aprofundado
indescribable [ɪndɪ'skraɪbəbl] ADJ indescritível
indestructible [ɪndɪ'strʌktəbl] ADJ indestrutível
indeterminate [ɪndɪ'təːmɪnɪt] ADJ indeterminado
index ['ɪndɛks] N (*pl* **indexes**) (*in book*) índice *m*; (*in library etc*) catálogo; (*pl* **indices** ['ɪndɪsiːz]) (*ratio, sign*) índice *m*, expoente *m*
index card N ficha de arquivo
indexed ['ɪndɛkst] (US) ADJ = **index-linked**
index finger N dedo indicador
index-linked [-lɪŋkt] (BRIT) ADJ vinculado ao índice (do custo de vida)
India ['ɪndɪə] N Índia
Indian ['ɪndɪən] ADJ, N (*from India*) indiano(-a); (*American, Brazilian*) índio(-a); **Red ~** índio(-a) pele vermelha
Indian ink N tinta nanquim
Indian Ocean N: **the ~** o oceano Índico
Indian summer N (*fig*) veranico
India paper N papel *m* da China
India rubber N borracha
indicate ['ɪndɪkeɪt] VT (*show*) sugerir; (*point to*) indicar; (*mention*) mencionar ▶ VI (BRIT *Aut*): **to ~ left/right** indicar para a esquerda/direita
indication [ɪndɪ'keɪʃən] N indício, sinal *m*
indicative [ɪn'dɪkətɪv] ADJ indicativo ▶ N (*Ling*) indicativo; **to be ~ of sth** ser sintomático de algo

indicator ['ɪndɪkeɪtər] N indicador *m*; *(Aut)* pisca-pisca *m*
indices ['ɪndɪsiːz] NPL *of* **index**
indict [ɪn'daɪt] VT acusar
indictable [ɪn'daɪtəbl] ADJ *(person)* culpado; **~ offence** crime sujeito às penas da lei
indictment [ɪn'daɪtmənt] N acusação *f*, denúncia
indifference [ɪn'dɪfrəns] N indiferença
indifferent [ɪn'dɪfrənt] ADJ indiferente; *(quality)* medíocre
indigenous [ɪn'dɪdʒɪnəs] ADJ indígena, nativo
indigestible [ɪndɪ'dʒɛstɪbl] ADJ indigesto
indigestion [ɪndɪ'dʒɛstʃən] N indigestão *f*
indignant [ɪn'dɪgnənt] ADJ: **to be ~ about sth/with sb** estar indignado com algo/alguém, indignar-se de algo/alguém
indignation [ɪndɪg'neɪʃən] N indignação *f*
indignity [ɪn'dɪgnɪtɪ] N indignidade *f*; *(insult)* ultraje *m*, afronta
indigo ['ɪndɪgəu] ADJ cor de anil *inv* ▶ N anil *m*
indirect [ɪndɪ'rɛkt] ADJ indireto
indirectly [ɪndɪ'rɛktlɪ] ADV indiretamente
indiscreet [ɪndɪ'skriːt] ADJ indiscreto; *(rash)* imprudente
indiscretion [ɪndɪ'skrɛʃən] N indiscrição *f*; imprudência
indiscriminate [ɪndɪ'skrɪmɪnət] ADJ indiscriminado
indispensable [ɪndɪ'spɛnsəbl] ADJ indispensável, imprescindível
indisposed [ɪndɪ'spəuzd] ADJ *(unwell)* indisposto
indisposition [ɪndɪspə'zɪʃən] N *(illness)* mal-estar *m*, indisposição *f*
indisputable [ɪndɪ'spjuːtəbl] ADJ incontestável
indistinct [ɪndɪ'stɪŋkt] ADJ indistinto; *(memory, noise)* confuso, vago
indistinguishable [ɪndɪ'stɪŋwɪʃəbl] ADJ indistinguível
individual [ɪndɪ'vɪdjuəl] N indivíduo ▶ ADJ individual; *(personal)* pessoal; *(characteristic)* particular
individualist [ɪndɪ'vɪdjuəlɪst] N individualista *m/f*
individuality [ɪndɪvɪdju'ælɪtɪ] N individualidade *f*
individually [ɪndɪ'vɪdjuəlɪ] ADV individualmente, particularmente
indivisible [ɪndɪ'vɪzɪbl] ADJ indivisível
Indo-China ['ɪndəu-] N Indochina
indoctrinate [ɪn'dɔktrɪneɪt] VT doutrinar
indoctrination [ɪndɔktrɪ'neɪʃən] N doutrinação *f*
indolent ['ɪndələnt] ADJ indolente, preguiçoso
Indonesia [ɪndə'niːzɪə] N Indonésia
Indonesian [ɪndə'niːzɪən] ADJ indonésio ▶ N indonésio(-a); *(Ling)* indonésio
indoor ['ɪndɔːr] ADJ *(inner)* interno, interior; *(inside)* dentro de casa; *(swimming pool)* coberto; *(games, sport)* de salão
indoors [ɪn'dɔːz] ADV em lugar fechado; *(at home)* em casa

indubitable [ɪn'djuːbɪtəbl] ADJ indubitável
induce [ɪn'djuːs] VT *(Med)* induzir; *(bring about)* causar, produzir; *(provoke)* provocar; **to ~ sb to do sth** induzir alguém a fazer algo
inducement [ɪn'djuːsmənt] N *(incentive)* incentivo
induct [ɪn'dʌkt] VT instalar
induction [ɪn'dʌkʃən] N *(Med: of birth)* indução *f*
induction course (BRIT) N curso de indução
indulge [ɪn'dʌldʒ] VT *(desire)* satisfazer; *(whim)* condescender com; *(person)* comprazer; *(child)* fazer a vontade de ▶ VI: **to ~ in** entregar-se a, satisfazer-se com
indulgence [ɪn'dʌldʒəns] N *(of desire)* satisfação *f*; *(leniency)* indulgência, tolerância
indulgent [ɪn'dʌldʒənt] ADJ indulgente
industrial [ɪn'dʌstrɪəl] ADJ industrial; *(injury)* de trabalho; *(dispute)* trabalhista
industrial action N greve *f*
industrial design N desenho industrial
industrial estate (BRIT) N zona industrial
industrialist [ɪn'dʌstrɪəlɪst] N industrial *m/f*
industrialize [ɪn'dʌstrɪəlaɪz] VT industrializar
industrial park (US) N = **industrial estate**
industrial relations NPL relações *fpl* industriais
industrial tribunal (BRIT) N ≈ tribunal *m* do trabalho
industrial unrest (BRIT) N agitação *f* operária
industrious [ɪn'dʌstrɪəs] ADJ trabalhador(a); *(student)* aplicado
industry ['ɪndəstrɪ] N indústria; *(diligence)* aplicação *f*, diligência
inebriated [ɪ'niːbrɪeɪtɪd] ADJ embriagado, bêbado
inedible [ɪn'ɛdɪbl] ADJ não-comestível
ineffective [ɪnɪ'fɛktɪv] ADJ ineficaz
ineffectual [ɪnɪ'fɛktʃuəl] ADJ = **ineffective**
inefficiency [ɪnɪ'fɪʃənsɪ] N ineficiência
inefficient [ɪnɪ'fɪʃənt] ADJ ineficiente
inelegant [ɪn'ɛlɪgənt] ADJ deselegante
ineligible [ɪn'ɛlɪdʒɪbl] ADJ *(candidate)* inelegível; **to be ~ for sth** não estar qualificado para algo
inept [ɪ'nɛpt] ADJ inepto
ineptitude [ɪ'nɛptɪtjuːd] N inépcia, incompetência
inequality [ɪnɪ'kwɔlɪtɪ] N desigualdade *f*
inequitable [ɪn'ɛkwɪtəbl] ADJ injusto, iníquo
ineradicable [ɪnɪ'rædɪkəbl] ADJ inerradicável
inert [ɪ'nəːt] ADJ inerte; *(immobile)* imóvel
inertia [ɪ'nəːʃə] N inércia; *(laziness)* lerdeza
inertia-reel seat belt N cinto de segurança retrátil
inescapable [ɪnɪ'skeɪpəbl] ADJ inevitável
inessential [ɪnɪ'sɛnʃl] ADJ desnecessário
inestimable [ɪn'ɛstɪməbl] ADJ inestimável, incalculável
inevitable [ɪn'ɛvɪtəbl] ADJ inevitável; *(necessary)* forçoso, necessário
inevitably [ɪn'ɛvɪtəblɪ] ADV inevitavelmente
inexact [ɪnɪg'zækt] ADJ inexato

inexcusable [ɪnɪks'kju:zəbl] ADJ imperdoável, indesculpável
inexhaustible [ɪnɪg'zɔ:stɪbl] ADJ inesgotável, inexaurível
inexorable [ɪn'ɛksərəbl] ADJ inexorável
inexpensive [ɪnɪk'spɛnsɪv] ADJ barato, econômico
inexperience [ɪnɪk'spɪərɪəns] N inexperiência, falta de experiência
inexperienced [ɪnɪk'spɪərɪənst] ADJ inexperiente
inexplicable [ɪnɪk'splɪkəbl] ADJ inexplicável
inexpressible [ɪnɪk'sprɛsɪbl] ADJ inexprimível
inextricable [ɪnɪk'strɪkəbl] ADJ inextricável
infallibility [ɪnfælə'bɪlɪtɪ] N infalibilidade f
infallible [ɪn'fælɪbl] ADJ infalível
infamous ['ɪnfəməs] ADJ infame, abominável
infamy ['ɪnfəmɪ] N infâmia
infancy ['ɪnfənsɪ] N infância
infant ['ɪnfənt] N (baby) bebê m; (young child) criança
infantile ['ɪnfəntaɪl] ADJ infantil; (pej) acriançado
infant mortality N mortalidade f infantil
infantry ['ɪnfəntrɪ] N infantaria
infantryman ['ɪnfəntrɪmən] (irreg: like **man**) N soldado de infantaria
infant school (BRIT) N pré-escola
infatuated [ɪn'fætjueɪtɪd] ADJ: ~ **with** apaixonado por
infatuation [ɪnfætju'eɪʃən] N gamação f, paixão f louca
infect [ɪn'fɛkt] VT (wound) infeccionar, infetar; (person) contagiar; (food) contaminar; (fig: pej) corromper, contaminar; ~**ed with** (illness) contagiado por; **to become ~ed** (wound) infeccionar(-se), infetar(-se)
infection [ɪn'fɛkʃən] N infecção f; (fig) contágio
infectious [ɪn'fɛkʃəs] ADJ contagioso; (fig) infeccioso
infer [ɪn'fə:ʳ] VT deduzir, inferir
inference ['ɪnfərəns] N dedução f, inferência
inferior [ɪn'fɪərɪəʳ] ADJ inferior; (goods) de qualidade inferior ▶ N inferior m/f; (in rank) subalterno(-a); **to feel ~** sentir-se inferior
inferiority [ɪnfɪərɪ'ɔrətɪ] N inferioridade f
inferiority complex N complexo de inferioridade
infernal [ɪn'fə:nl] ADJ infernal
infernally [ɪn'fə:nəlɪ] ADV (very) muito
inferno [ɪn'fə:nəu] N inferno; (fig) inferno de chamas
infertile [ɪn'fə:taɪl] ADJ infértil; (person, animal) estéril
infertility [ɪnfə'tɪlɪtɪ] N infertilidade f; (of person, animal) esterilidade f
infested [ɪn'fɛstɪd] ADJ: ~ **(with)** infestado (de), assolado (por)
infidelity [ɪnfɪ'dɛlɪtɪ] N infidelidade f
in-fighting N lutas fpl internas, conflitos mpl internos
infiltrate ['ɪnfɪltreɪt] VT (troops etc) infiltrar-se em ▶ VI infiltrar-se

infinite ['ɪnfɪnɪt] ADJ infinito; (time, money) ilimitado
infinitely ['ɪnfɪnɪtlɪ] ADV infinitamente
infinitesimal [ɪnfɪnɪ'tɛsɪməl] ADJ infinitésimo
infinitive [ɪn'fɪnɪtɪv] N infinitivo
infinity [ɪn'fɪnɪtɪ] N (also Math) infinito; (an infinity) infinidade f
infirm [ɪn'fə:m] ADJ enfermo, fraco
infirmary [ɪn'fə:mərɪ] N enfermaria, hospital m
infirmity [ɪn'fə:mɪtɪ] N fraqueza; (illness) enfermidade f, achaque m
inflame [ɪn'fleɪm] VT inflamar
inflamed [ɪn'fleɪmd] ADJ inflamado
inflammable [ɪn'flæməbl] (BRIT) ADJ inflamável
inflammation [ɪnflə'meɪʃən] N inflamação f
inflammatory [ɪn'flæmətərɪ] ADJ (speech) incendiário
inflatable [ɪn'fleɪtəbl] ADJ inflável
inflate [ɪn'fleɪt] VT (tyre, balloon) inflar, encher; (price) inflar
inflated [ɪn'fleɪtɪd] ADJ (style) empolado, pomposo; (value) excessivo
inflation [ɪn'fleɪʃən] N (Econ) inflação f
inflationary [ɪn'fleɪʃənərɪ] ADJ inflacionário
inflexible [ɪn'flɛksɪbl] ADJ inflexível
inflict [ɪn'flɪkt] VT: **to ~ sth on sb** infligir algo em alguém; (tax etc) impor algo a alguém
infliction [ɪn'flɪkʃən] N imposição f, inflição f
in-flight ADJ (refuelling) em voo; (movie) exibido durante o voo; (service) de bordo
inflow ['ɪnfləu] N afluência
influence ['ɪnfluəns] N influência ▶ VT influir em, influenciar; (persuade) persuadir; **under the ~ of alcohol** sob o efeito do álcool
influential [ɪnflu'ɛnʃl] ADJ influente
influenza [ɪnflu'ɛnzə] N gripe f
influx ['ɪnflʌks] N (of refugees) afluxo; (of funds) influxo
infomercial ['ɪnfəuməːʃl] (US) N (for product) infomercial m
inform [ɪn'fɔ:m] VT: **to ~ sb of sth** informar alguém de algo; (warn) avisar alguém de algo; (communicate) comunicar algo a alguém ▶ VI: **to ~ on sb** delatar alguém; **to ~ sb about** informar alguém sobre
informal [ɪn'fɔ:ml] ADJ informal; (visit, discussion) extraoficial; (intimate) familiar; "**dress ~**" "traje de passeio"
informality [ɪnfɔː'mælɪtɪ] N falta de cerimônia; (intimacy) intimidade f; (familiarity) familiaridade f; (ease) informalidade f
informally [ɪn'fɔ:məlɪ] ADV sem formalidade; (unofficially) não oficialmente
informant [ɪn'fɔ:mənt] N informante m/f; (to police) delator(a) m/f
information [ɪnfə'meɪʃən] N informação f, informações fpl; (news) notícias fpl; (knowledge) conhecimento; **a piece of ~**

uma informação; **for your ~** para a sua informação, para o seu governo
information bureau N balcão m de informações
information office N escritório de informações
information processing N processamento de informações
information retrieval N recuperação f de informações
information technology N informática
informative [ɪnˈfɔːmətɪv] ADJ informativo
informed [ɪnˈfɔːmd] ADJ informado; **an ~ guess** um palpite baseado em conhecimento dos fatos
informer [ɪnˈfɔːməʳ] N delator(a) m/f
infra dig [ˈɪnfrə-] (inf) ADJ ABBR (= infra dignitatem) abaixo da minha (or sua etc) dignidade
infra-red [ˈɪnfrə-] ADJ infravermelho
infrastructure [ˈɪnfrəstrʌktʃəʳ] N infraestrutura
infrequent [ɪnˈfriːkwənt] ADJ infrequente
infringe [ɪnˈfrɪndʒ] VT infringir, transgredir ▶ VI: **to ~ on** violar
infringement [ɪnˈfrɪndʒmənt] N transgressão f; (of rights) violação f; (Sport) infração f
infuriate [ɪnˈfjʊərɪeɪt] VT enfurecer, enraivecer
infuriating [ɪnˈfjʊərɪeɪtɪŋ] ADJ de dar raiva, enfurecedor(a)
infuse [ɪnˈfjuːz] VT: **to ~ sb with sth** (fig) inspirar or infundir algo em alguém
infusion [ɪnˈfjuːʒən] N (tea etc) infusão f
ingenious [ɪnˈdʒiːnjəs] ADJ engenhoso
ingenuity [ɪndʒɪˈnjuːɪtɪ] N engenho, habilidade f
ingenuous [ɪnˈdʒɛnjʊəs] ADJ ingênuo
ingot [ˈɪŋgət] N lingote m
ingrained [ɪnˈgreɪnd] ADJ arraigado, enraizado
ingratiate [ɪnˈgreɪʃɪeɪt] VT: **to ~ o.s. with** cair nas (boas) graças de
ingratiating [ɪnˈgreɪʃɪeɪtɪŋ] ADJ insinuante
ingratitude [ɪnˈgrætɪtjuːd] N ingratidão f
ingredient [ɪnˈgriːdɪənt] N ingrediente m; (of situation) fator m
ingrowing toenail [ˈɪngrəʊɪŋ-], **ingrown toenail** [ˈɪngrəʊn-] N unha encravada
inhabit [ɪnˈhæbɪt] VT habitar; (occupy) ocupar
inhabitable [ɪnˈhæbɪtəbl] ADJ habitável
inhabitant [ɪnˈhæbɪtənt] N habitante m/f
inhale [ɪnˈheɪl] VT inalar ▶ VI (in smoking) tragar
inhaler [ɪnˈheɪləʳ] N inalador m
inherent [ɪnˈhɪərənt] ADJ: **~ in** or **to** inerente a
inherently [ɪnˈhɪərəntlɪ] ADV inerentemente, em si
inherit [ɪnˈhɛrɪt] VT herdar
inheritance [ɪnˈhɛrɪtəns] N herança f; (fig) patrimônio
inhibit [ɪnˈhɪbɪt] VT inibir; **to ~ sb from doing sth** impedir alguém de fazer algo
inhibited [ɪnˈhɪbɪtɪd] ADJ inibido
inhibiting [ɪnˈhɪbɪtɪŋ] ADJ constrangedor(a)
inhibition [ɪnhɪˈbɪʃən] N inibição f
inhospitable [ɪnhɔsˈpɪtəbl] ADJ (person) inospitaleiro; (place) inóspito
inhuman [ɪnˈhjuːmən] ADJ inumano, desumano
inhumane [ɪnhjuːˈmeɪn] ADJ desumano
inimitable [ɪˈnɪmɪtəbl] ADJ inimitável
iniquity [ɪˈnɪkwɪtɪ] N iniquidade f; (injustice) injustiça
initial [ɪˈnɪʃl] ADJ inicial; (first) primeiro ▶ N inicial f ▶ VT marcar com iniciais; **initials** NPL (of name) iniciais fpl; (abbreviation) abreviatura, sigla
initialize [ɪˈnɪʃəlaɪz] VT (Comput) inicializar
initially [ɪˈnɪʃəlɪ] ADV inicialmente, no início; (first) primeiramente
initiate [ɪˈnɪʃɪeɪt] VT (start) iniciar, começar; (person) iniciar; **to ~ sb into a secret** revelar um segredo a alguém; **to ~ proceedings against sb** (Law) abrir um processo contra alguém
initiation [ɪnɪʃɪˈeɪʃən] N (into secret etc) iniciação f; (beginning) começo, início
initiative [ɪˈnɪʃətɪv] N iniciativa; **to take the ~** tomar a iniciativa
inject [ɪnˈdʒɛkt] VT (liquid, fig: money) injetar; (person) dar uma injeção em; (fig: put in) introduzir
injection [ɪnˈdʒɛkʃən] N injeção f; **to have an ~** tomar uma injeção
injudicious [ɪndʒuːˈdɪʃəs] ADJ imprudente
injunction [ɪnˈdʒʌŋkʃən] N injunção f, ordem f
injure [ˈɪndʒəʳ] VT ferir; (damage: reputation etc) prejudicar; (offend) ofender, magoar; **to ~ o.s.** ferir-se
injured [ˈɪndʒəd] ADJ (person, leg) ferido; (feelings) ofendido, magoado; **~ party** (Law) parte f lesada
injurious [ɪnˈdʒʊərɪəs] ADJ: **~ (to)** prejudicial (a)
injury [ˈɪndʒərɪ] N ferida; (wrong) dano, prejuízo; **to escape without ~** escapar ileso
injury time N (Sport) desconto
injustice [ɪnˈdʒʌstɪs] N injustiça; **to do sb an ~** fazer mau juízo de alguém
ink [ɪŋk] N tinta
ink-jet printer N impressora a tinta
inkling [ˈɪŋklɪŋ] N suspeita; (idea): **to have an ~ of** ter uma vaga ideia de
ink pad N almofada de tinta
inky [ˈɪŋkɪ] ADJ manchado de tinta
inlaid [ˈɪnleɪd] ADJ (with gems) incrustado; (table etc) marchetado
inland [adj ˈɪnlənd, adv ɪnˈlænd] ADJ interior, interno ▶ ADV para o interior; **~ waterways** hidrovias fpl
Inland Revenue (BRIT) N ≈ fisco, ≈ receita federal (BR)
in-laws NPL sogros mpl
inlet [ˈɪnlɛt] N (Geo) enseada, angra; (Tech) entrada

inlet pipe N tubo de admissão
inmate ['ɪnmeɪt] N (*in prison*) presidiário(-a); (*in asylum*) internado(-a)
inmost ['ɪnməʊst] ADJ mais íntimo
inn [ɪn] N hospedaria, taberna
innards ['ɪnədʒ] (*inf*) NPL entranhas *fpl*
innate [ɪ'neɪt] ADJ inato
inner ['ɪnər] ADJ (*place*) interno; (*feeling*) interior
inner city N aglomeração *f* urbana, metrópole *f*
innermost ['ɪnəməʊst] ADJ mais íntimo
inner tube N (*of tyre*) câmara de ar
innings ['ɪnɪŋz] N (*Sport*) turno; (BRIT *fig*): **he's had a good ~** ele aproveitou bem a vida
innocence ['ɪnəsns] N inocência
innocent ['ɪnəsnt] ADJ inocente
innocuous [ɪ'nɔkjuəs] ADJ inócuo
innovation [ɪnəu'veɪʃən] N inovação *f*, novidade *f*
innuendo [ɪnju'ɛndəu] (*pl* **innuendoes**) N insinuação *f*, indireta
innumerable [ɪ'nju:mrəbl] ADJ incontável
inoculate [ɪ'nɔkjuleɪt] VT: **to ~ sb with sth** inocular algo em alguém; **to ~ sb against sth** vacinar alguém contra algo
inoculation [ɪnɔkju'leɪʃən] N inoculação *f*, vacinação *f*
inoffensive [ɪnə'fɛnsɪv] ADJ inofensivo
inopportune [ɪn'ɔpətju:n] ADJ inoportuno
inordinate [ɪn'ɔ:dɪnət] ADJ desmesurado, excessivo
inordinately [ɪ'nɔ:dɪnətlɪ] ADV desmedidamente, excessivamente
inorganic [ɪnɔ:'gænɪk] ADJ inorgânico
in-patient N paciente *m/f* interno(-a)
input ['ɪnput] N (*information*, *Comput*) entrada; (*resources*) investimento ▶ VT (*Comput*) entrar com
inquest ['ɪnkwɛst] N inquérito policial; (*coroner's*) inquérito judicial
inquire [ɪn'kwaɪər] VI pedir informação ▶ VT (*ask*) perguntar; **to ~ about** pedir informações sobre; **to ~ when/where/whether** perguntar quando/onde/se
▶ **inquire after** VT FUS (*person*) perguntar por
▶ **inquire into** VT FUS investigar, indagar
inquiring [ɪn'kwaɪərɪŋ] ADJ (*mind*) inquiridor(a); (*look*) interrogativo
inquiry [ɪn'kwaɪərɪ] N pergunta; (*Law*) investigação *f*, inquérito; (*commission*) comissão *f* de inquérito; **to hold an ~ into sth** realizar uma investigação sobre algo
inquiry desk (BRIT) N balcão *m* de informações
inquiry office (BRIT) N seção *f* de informações
inquisition [ɪnkwɪ'zɪʃən] N inquérito; (*Rel*): **the I~** a Inquisição
inquisitive [ɪn'kwɪzɪtɪv] ADJ (*curious*) curioso, perguntador(a); (*prying*) indiscreto, intrometido
inroads ['ɪnrəudz] NPL: **to make ~ into** (*savings, supplies*) consumir parte de
ins. ABBR = **inches**

187 | **inlet pipe – insidious**

insane [ɪn'seɪn] ADJ louco, doido; (*Med*) demente, insano
insanitary [ɪn'sænɪtərɪ] ADJ insalubre
insanity [ɪn'sænɪtɪ] N loucura; (*Med*) insanidade *f*, demência
insatiable [ɪn'seɪʃəbl] ADJ insaciável
inscribe [ɪn'skraɪb] VT inscrever; (*book etc*): **to ~ (to sb)** dedicar (a alguém)
inscription [ɪn'skrɪpʃən] N inscrição *f*; (*in book*) dedicatória
inscrutable [ɪn'skru:təbl] ADJ inescrutável, impenetrável
inseam measurement ['ɪnsi:m-] (US) N altura de entrepernas
insect ['ɪnsɛkt] N inseto
insect bite N picada de inseto
insecticide [ɪn'sɛktɪsaɪd] N inseticida *m*
insect repellent N repelente *m* contra insetos, insetífugo
insecure [ɪnsɪ'kjuər] ADJ inseguro
insecurity [ɪnsɪ'kjuərɪtɪ] N insegurança
insemination [ɪnsɛmɪ'neɪʃən] N: **artificial ~** inseminação *f* artificial
insensible [ɪn'sɛnsɪbl] ADJ impassível, insensível; (*unconscious*) inconsciente
insensitive [ɪn'sɛnsɪtɪv] ADJ insensível
insensitivity [ɪnsɛnsɪ'tɪvɪtɪ] N insensibilidade *f*
inseparable [ɪn'sɛprəbl] ADJ inseparável
insert [*vt* ɪn'sə:t, *n* 'ɪnsə:t] VT (*between things*) intercalar; (*into sth*) introduzir, inserir; (*in paper*) publicar; (*: advert*) pôr ▶ N folha solta
insertion [ɪn'sə:ʃən] N inserção *f*; (*publication*) publicação *f*; (*of pages*) matéria inserida
in-service ADJ (*training*) contínuo; (*course*) de aperfeiçoamento, de reciclagem
inshore [ɪn'ʃɔ:r] ADJ perto da costa, costeiro ▶ ADV (*be*) perto da costa; (*move*) em direção à costa
inside ['ɪn'saɪd] N interior *m*; (*lining*) forro; (*of road: in Britain*) lado esquerdo (da estrada); (*: in US, Europe etc*) lado direito (da estrada) ▶ ADJ interior, interno; (*secret*) secreto ▶ ADV (*be*) dentro; (*go*) para dentro; (*inf: in prison*) na prisão ▶ PREP dentro de; (*of time*): **~ 10 minutes** em menos de 10 minutos; **insides** NPL (*inf*) entranhas *fpl*; **the ~ story** a verdade sobre os fatos
inside forward N (*Sport*) centro avante
inside information N informação *f* privilegiada
inside lane N (*Aut: in Britain*) pista da esquerda; (*: in US, Europe etc*) pista da direita
inside leg measurement (BRIT) N altura de entrepernas
inside out ADV às avessas; (*know*) muito bem; **to turn sth ~** virar algo pelo avesso
insider [ɪn'saɪdər] N iniciado(-a)
insider dealing N (*Stock Exchange*) uso de informações privilegiadas
insidious [ɪn'sɪdɪəs] ADJ insidioso; (*underground*) clandestino

insight ['ɪnsaɪt] N (into situation) insight m; (quality) discernimento; **an ~ into sth** uma ideia de algo
insignia [ɪn'sɪgnɪə] N INV insígnias fpl
insignificant [ɪnsɪg'nɪfɪknt] ADJ insignificante
insincere [ɪnsɪn'sɪə^r] ADJ insincero
insincerity [ɪnsɪn'sɛrɪtɪ] N insinceridade f
insinuate [ɪn'sɪnjueɪt] VT insinuar
insinuation [ɪnsɪnju'eɪʃən] N insinuação f; (hint) indireta
insipid [ɪn'sɪpɪd] ADJ insípido, insosso; (person) sem graça
insist [ɪn'sɪst] VI insistir; **to ~ on doing** insistir em fazer; (stubbornly) teimar em fazer; **to ~ that** insistir que; (claim) cismar que
insistence [ɪn'sɪstəns] N insistência; (stubbornness) teimosia
insistent [ɪn'sɪstənt] ADJ insistente, pertinaz; (continual) persistente
insole ['ɪnsəul] N palmilha
insolence ['ɪnsələns] N insolência, atrevimento
insolent ['ɪnsələnt] ADJ insolente, atrevido
insoluble [ɪn'sɔljubl] ADJ insolúvel
insolvency [ɪn'sɔlvənsɪ] N insolvência
insolvent [ɪn'sɔlvənt] ADJ insolvente
insomnia [ɪn'sɔmnɪə] N insônia
insomniac [ɪn'sɔmnɪæk] N insone m/f
inspect [ɪn'spɛkt] VT inspecionar; (building) vistoriar; (BRIT: tickets) fiscalizar; (troops) passar revista em
inspection [ɪn'spɛkʃən] N inspeção f; (of building) vistoria; (BRIT: of tickets) fiscalização f
inspector [ɪn'spɛktə^r] N inspetor(a) m/f; (BRIT: on buses, trains) fiscal m
inspiration [ɪnspə'reɪʃən] N inspiração f
inspire [ɪn'spaɪə^r] VT inspirar
inspired [ɪn'spaɪəd] ADJ (writer, book etc) inspirado; **in an ~ moment** num momento de inspiração
inspiring [ɪn'spaɪərɪŋ] ADJ inspirador(a)
inst. (BRIT) ABBR (Comm) = **instant**
instability [ɪnstə'bɪlɪtɪ] N instabilidade f
install [ɪn'stɔːl] VT instalar; (official) nomear
installation [ɪnstə'leɪʃən] N instalação f
installment [ɪn'stɔːlmənt] (US) N = **instalment**
installment plan (US) N crediário
instalment [ɪn'stɔːlmənt] (BRIT) N (of money) prestação f; (of story) fascículo; (of TV serial etc) capítulo; **in ~s** (pay) a prestações; (receive) em várias vezes
instance ['ɪnstəns] N (example) exemplo; (case) caso; **for ~** por exemplo; **in many ~s** em muitos casos; **in that ~** naquele caso; **in the first ~** em primeiro lugar
instant ['ɪnstənt] N instante m, momento ▶ ADJ imediato; (coffee) instantâneo; **of the 10th ~** (BRIT Comm) de 10 do corrente
instantaneous [ɪnstən'teɪnɪəs] ADJ instantâneo

instantly ['ɪnstəntlɪ] ADV imediatamente
instant message N mensagem f instantânea
instant messaging N sistema m de mensagens instantâneas
instant replay (US) N (TV) replay m
instead [ɪn'stɛd] ADV em vez disso; **~ of** em vez de, em lugar de
instep ['ɪnstɛp] N peito do pé; (of shoe) parte f de dentro
instigate ['ɪnstɪgeɪt] VT (rebellion, strike) fomentar; (new ideas) suscitar
instigation [ɪnstɪ'geɪʃən] N instigação f; **at sb's ~** por incitação de alguém
instil [ɪn'stɪl] VT: **to ~ sth (into)** infundir or incutir algo (em)
instinct ['ɪnstɪŋkt] N instinto
instinctive [ɪn'stɪŋktɪv] ADJ instintivo
instinctively [ɪn'stɪŋktɪvlɪ] ADV por instinto, instintivamente
institute ['ɪnstɪtjuːt] N instituto; (professional body) associação f ▶ VT (inquiry) começar, iniciar; (proceedings) instituir, estabelecer
institution [ɪnstɪ'tjuːʃən] N instituição f; (beginning) início; (organization) instituto; (Med: home) asilo; (asylum) manicômio; (custom) costume m
institutional [ɪnstɪ'tjuːʃənəl] ADJ institucional
instruct [ɪn'strʌkt] VT: **to ~ sb in sth** instruir alguém em or sobre algo; **to ~ sb to do sth** dar instruções a alguém para fazer algo
instruction [ɪn'strʌkʃən] N (teaching) instrução f; **instructions** NPL ordens fpl; **~s (for use)** modo de usar
instruction book N livro de instruções
instructive [ɪn'strʌktɪv] ADJ instrutivo
instructor [ɪn'strʌktə^r] N instrutor(a) m/f
instrument ['ɪnstrumənt] N instrumento
instrumental [ɪnstru'mɛntl] ADJ (Mus) instrumental; **to be ~ in** contribuir para
instrumentalist [ɪnstru'mɛntəlɪst] N instrumentalista m/f
instrument panel N painel m de instrumentos
insubordinate [ɪnsə'bɔːdənɪt] ADJ insubordinado
insubordination [ɪnsəbɔːdə'neɪʃən] N insubordinação f
insufferable [ɪn'sʌfrəbl] ADJ insuportável
insufficient [ɪnsə'fɪʃənt] ADJ insuficiente
insufficiently [ɪnsə'fɪʃəntlɪ] ADV insuficientemente
insular ['ɪnsjulə^r] ADJ insular; (outlook) estreito; (person) de mente limitada
insulate ['ɪnsjuleɪt] VT isolar; (protect: person, group) segregar
insulating tape ['ɪnsjuleɪtɪŋ-] N fita isolante
insulation [ɪnsju'leɪʃən] N isolamento
insulin ['ɪnsjulɪn] N insulina
insult [n 'ɪnsʌlt, vt ɪn'sʌlt] N insulto; (offence) ofensa ▶ VT insultar, ofender
insulting [ɪn'sʌltɪŋ] ADJ insultante, ofensivo
insuperable [ɪn'sjuːprəbl] ADJ insuperável

insurance [ɪnˈʃuərəns] N seguro; **fire/life ~** seguro contra incêndio/de vida; **to take out ~ (against)** segurar-se or fazer seguro (contra)
insurance agent N agente m/f de seguros
insurance broker N corretor(a) m/f de seguros
insurance company N seguradora
insurance policy N apólice f de seguro
insurance premium N prêmio de seguro
insure [ɪnˈʃuər] VT segurar; **to ~ sb/sb's life** segurar alguém/a vida de alguém; **to be ~d for £5000** estar segurado em £5000
insured [ɪnˈʃuəd] N: **the ~** o(-a) segurado/a
insurer [ɪnˈʃuərər] N (person) segurador(a) m/f; (company) seguradora
insurgent [ɪnˈsəːdʒənt] ADJ, N insurgente m/f
insurmountable [ɪnsəˈmauntəbl] ADJ insuperável
insurrection [ɪnsəˈrɛkʃən] N insurreição f
intact [ɪnˈtækt] ADJ intacto, íntegro; (unharmed) ileso, são e salvo
intake [ˈɪnteɪk] N (Tech) entrada, tomada; (: pipe) tubo de entrada; (of food) quantidade f ingerida; (BRIT Sch): **an ~ of 200 a year** 200 matriculados por ano
intangible [ɪnˈtændʒɪbl] ADJ intangível
integral [ˈɪntɪgrəl] ADJ (whole) integral, total; (part) integrante, essencial
integrate [ˈɪntɪgreɪt] VT integrar ▶ VI integrar-se
integrated circuit [ˈɪntɪgreɪtɪd-] N (Comput) circuito integrado
integration [ɪntɪˈgreɪʃən] N integração f; **racial ~** integração racial
integrity [ɪnˈtɛgrɪtɪ] N integridade f, honestidade f, retidão f
intellect [ˈɪntəlɛkt] N intelecto; (cleverness) inteligência
intellectual [ɪntəˈlɛktjuəl] ADJ, N intelectual m/f
intelligence [ɪnˈtɛlɪdʒəns] N inteligência; (Mil etc) informações fpl
intelligence quotient N quociente m de inteligência
intelligence service N serviço de informações
intelligence test N teste m de inteligência
intelligent [ɪnˈtɛlɪdʒənt] ADJ inteligente
intelligently [ɪnˈtɛlɪdʒəntlɪ] ADV inteligentemente
intelligentsia [ɪntɛlɪˈdʒɛntsɪə] N: **the ~** a intelligentsia
intelligible [ɪnˈtɛlɪdʒɪbl] ADJ inteligível, compreensível
intemperate [ɪnˈtɛmpərət] ADJ imoderado; (with alcohol) intemperado
intend [ɪnˈtɛnd] VT (gift etc): **to ~ sth for** destinar algo a; **to ~ to do sth** tencionar or pretender fazer algo; (plan) planejar fazer algo
intended [ɪnˈtɛndɪd] ADJ (effect) desejado; (insult) intencional ▶ N noivo(-a)
intense [ɪnˈtɛns] ADJ intenso; (person) muito emotivo

189 | insurance – interfere

intensely [ɪnˈtɛnslɪ] ADV intensamente; (very) extremamente
intensify [ɪnˈtɛnsɪfaɪ] VT intensificar; (increase) aumentar
intensity [ɪnˈtɛnsɪtɪ] N intensidade f; (of emotion) força, veemência
intensive [ɪnˈtɛnsɪv] ADJ intensivo
intensive care N: **to be in ~** estar na UTI
intensive care unit N unidade f de tratamento intensivo
intent [ɪnˈtɛnt] N intenção f ▶ ADJ (absorbed) absorto; (attentive) atento; **to be ~ on doing sth** estar resolvido a fazer algo; **to all ~s and purposes** para todos os efeitos
intention [ɪnˈtɛnʃən] N intenção f, propósito
intentional [ɪnˈtɛnʃənl] ADJ intencional, propositado
intentionally [ɪnˈtɛnʃənəlɪ] ADV de propósito
intently [ɪnˈtɛntlɪ] ADV atentamente
inter [ɪnˈtəːr] VT enterrar
interact [ɪntərˈækt] VI interagir
interaction [ɪntərˈækʃən] N interação f, ação f recíproca
interactive [ɪntərˈæktɪv] ADJ interativo
intercede [ɪntəˈsiːd] VI: **to ~ (with sb/on behalf of sb)** interceder (junto a alguém/em favor de alguém)
intercept [ɪntəˈsɛpt] VT interceptar; (person) deter
interception [ɪntəˈsɛpʃən] N interceptação f; (of person) detenção f
interchange [n ˈɪntətʃeɪndʒ, vt ɪntəˈtʃeɪndʒ] N intercâmbio; (exchange) troca, permuta; (on motorway) trevo ▶ VT intercambiar, trocar
interchangeable [ɪntəˈtʃeɪndʒəbl] ADJ permutável
intercity [ɪntəˈsɪtɪ], **intercity train** N expresso
intercom [ˈɪntəkɔm] N interfone m
interconnect [ɪntəkəˈnɛkt] VI interligar
intercontinental [ɪntəkɔntɪˈnɛntl] ADJ intercontinental
intercourse [ˈɪntəkɔːs] N (social) relacionamento; **sexual ~** relações fpl sexuais
interdependent [ɪntədɪˈpɛndənt] ADJ interdependente
interest [ˈɪntrɪst] N interesse m; (Comm: sum of money) juros mpl; (: in company) participação f ▶ VT interessar; **to be ~ed in** interessar-se por, estar interessado em; **compound/simple ~** juros compostos/simples; **British ~s in the Middle East** os interesses britânicos no Oriente Médio
interested [ˈɪntrɪstɪd] ADJ interessado; **to be ~ in** interessar-se por, estar interessado em
interest-free ADJ sem juros
interesting [ˈɪntrɪstɪŋ] ADJ interessante
interest rate N taxa de juros
interface [ˈɪntəfeɪs] N (Comput) interface f
interfere [ɪntəˈfɪər] VI: **to ~ in** (quarrel, other people's business) interferir or intrometer-se em; **to ~ with** (objects) mexer em; (hinder)

impedir; (*plans*) interferir em; **don't ~** não se meta
interference [ɪntəˈfɪərəns] N intromissão f; (*Radio, TV*) interferência
interfering [ɪntəˈfɪərɪŋ] ADJ intrometido
interim [ˈɪntərɪm] ADJ interino, provisório
▶ N: **in the ~** neste ínterim, nesse meio tempo
interior [ɪnˈtɪərɪər] N interior m ▶ ADJ interno; (*ministry*) do interior
interior decorator N decorador(a) m/f, arquiteto(-a) de interiores
interior designer N arquiteto(-a) de interiores
interject [ɪntəˈdʒɛkt] VT inserir, interpor
interjection [ɪntəˈdʒɛkʃən] N interrupção f; (*Ling*) interjeição f, exclamação f
interlock [ɪntəˈlɔk] VI entrelaçar-se; (*wheels etc*) engatar-se, engrenar-se ▶ VT engrenar
interloper [ˈɪntələupəʳ] N intruso(-a)
interlude [ˈɪntəluːd] N interlúdio; (*rest*) descanso; (*Theatre*) intervalo
intermarry [ɪntəˈmærɪ] VI ligar-se por casamento
intermediary [ɪntəˈmiːdɪərɪ] N intermediário(-a)
intermediate [ɪntəˈmiːdɪət] ADJ intermediário
interminable [ɪntəˈmɪnəbl] ADJ interminável
intermission [ɪntəˈmɪʃən] N intervalo
intermittent [ɪntəˈmɪtnt] ADJ intermitente; (*publication*) periódico
intermittently [ɪntəˈmɪtntlɪ] ADV intermitentemente, a intervalos
intern [*vt* ɪnˈtəːn, *n* ˈɪntəːn] VT internar; (*enclose*) encerrar ▶ N (*US: in hospital*) médico interno/médica interna; (*on work placement*) estagiário(-a)
internal [ɪnˈtəːnl] ADJ interno; **~ injuries** ferimentos mpl internos
internally [ɪnˈtəːnəlɪ] ADV interiormente; **"not to be taken ~"** "uso externo"
Internal Revenue, (US) **Internal Revenue Service** N ≈ fisco, ≈ receita federal (BR)
international [ɪntəˈnæʃənl] ADJ internacional
▶ N (BRIT *Sport: game*) jogo internacional; (: *player*) jogador(a) m/f internacional
International Atomic Energy Agency N Agência Internacional de Energia Atômica
International Court of Justice N Corte f Internacional de Justiça
international date line N linha internacional de mudança de data
internationally [ɪntəˈnæʃnəlɪ] ADV internacionalmente
International Monetary Fund N Fundo Monetário Internacional
internecine [ɪntəˈniːsaɪn] ADJ mutuamente destrutivo
internee [ɪntəːˈniː] N internado(-a)
Internet [ˈɪntənɛt] N: **the ~** a Internet
Internet café N cibercafé m
Internet Service Provider N provedor de acesso à Internet

Internet user N internauta m/f
internment [ɪnˈtəːnmənt] N internamento
interplay [ˈɪntəpleɪ] N interação f
Interpol [ˈɪntəpɔl] N Interpol m
interpret [ɪnˈtəːprɪt] VT interpretar; (*translate*) traduzir ▶ VI interpretar
interpretation [ɪntəːprɪˈteɪʃən] N interpretação f; (*translation*) tradução f
interpreter [ɪnˈtəːprɪtəʳ] N intérprete m/f
interpreting [ɪnˈtəːprɪtɪŋ] N (*profession*) interpretação f
interrelated [ɪntərɪˈleɪtɪd] ADJ inter-relacionado
interrogate [ɪnˈtɛrəugeɪt] VT interrogar
interrogation [ɪntɛrəˈgeɪʃən] N interrogatório
interrogative [ɪntəˈrɔgətɪv] ADJ interrogativo
▶ N (*Ling*) interrogativo
interrogator [ɪnˈtɛrəgeɪtəʳ] N interrogador(a) m/f
interrupt [ɪntəˈrʌpt] VT, VI interromper
interruption [ɪntəˈrʌpʃən] N interrupção f
intersect [ɪntəˈsɛkt] VT cruzar ▶ VI (*roads*) cruzar-se
intersection [ɪntəˈsɛkʃən] N intersecção f; (*of roads*) cruzamento
intersperse [ɪntəˈspəːs] VT entremear; **to ~ with** entremear com *or* de
intertwine [ɪntəˈtwaɪn] VT entrelaçar ▶ VI entrelaçar-se
interval [ˈɪntəvl] N intervalo; (BRIT: *Sch*) recreio; (: *Theatre, Sport*) intervalo; **sunny ~s** (*in weather*) períodos de melhoria; **at ~s** a intervalos
intervene [ɪntəˈviːn] VI intervir; (*event*) ocorrer; (*time*) decorrer
intervention [ɪntəˈvɛnʃən] N intervenção f
interview [ˈɪntəvjuː] N entrevista ▶ VT entrevistar
interviewee [ɪntəvjuːˈiː] N entrevistado(-a)
interviewer [ˈɪntəvjuːəʳ] N entrevistador(a) m/f
intestate [ɪnˈtɛsteɪt] ADJ intestado
intestinal [ɪnˈtɛstɪnl] ADJ intestinal
intestine [ɪnˈtɛstɪn] N intestino; **large/small ~** intestino grosso/delgado
intimacy [ˈɪntɪməsɪ] N intimidade f
intimate [*adj* ˈɪntɪmət, *vt* ˈɪntɪmeɪt] ADJ íntimo; (*knowledge*) profundo ▶ VT insinuar, sugerir
intimately [ˈɪntɪmətlɪ] ADV intimamente
intimation [ɪntɪˈmeɪʃən] N insinuação f, sugestão f
intimidate [ɪnˈtɪmɪdeɪt] VT amedrontar
intimidation [ɪntɪmɪˈdeɪʃən] N intimidação f

(KEYWORD)

into [ˈɪntu] PREP em **1** (*indicating motion or direction*) em; **come into the house/garden** venha para dentro/o jardim; **go into town** ir para a cidade; **he got into the car** ele entrou no carro; **throw it into the fire** jogue isto na fogueira; **research into cancer** pesquisa sobre o câncer; **he worked late into the night** ele trabalhou até altas horas; **the car bumped into the wall** o carro bateu no muro; **she poured tea into the cup** ela botou o chá na xícara **2** (*indicating change of condition, result*): **she burst into tears** ela desatou a chorar; **he was shocked into silence** ele ficou mudo de choque; **into 3 pieces/French** em 3 pedaços/para o francês; **they got into trouble** eles se deram mal

intolerable [ɪn'tɔlərəbl] ADJ intolerável, insuportável
intolerance [ɪn'tɔlərəns] N intolerância
intolerant [ɪn'tɔlərənt] ADJ: ~ **(of)** intolerante (com or para com)
intonation [ɪntəu'neɪʃən] N entonação f, inflexão f
intoxicate [ɪn'tɔksɪkeɪt] VT embriagar
intoxicated [ɪn'tɔksɪkeɪtɪd] ADJ embriagado
intoxication [ɪntɔksɪ'keɪʃən] N intoxicação f, embriaguez f
intractable [ɪn'træktəbl] ADJ (*child, illness*) intratável; (*material*) difícil de trabalhar; (*problem*) espinhoso
intranet ['ɪntrənet] N intranet f
intransigent [ɪn'trænsɪdʒənt] ADJ intransigente
intransitive [ɪn'trænsɪtɪv] ADJ intransitivo
intra-uterine device ['ɪntrə'juːtəraɪn-] N dispositivo intrauterino
intravenous [ɪntrə'viːnəs] ADJ intravenoso
in-tray N cesta para correspondência de entrada
intrepid [ɪn'trɛpɪd] ADJ intrépido
intricacy ['ɪntrɪkəsɪ] N complexidade f
intricate ['ɪntrɪkət] ADJ complexo, complicado
intrigue [ɪn'triːg] N intriga ▶ VT intrigar ▶ VI fazer intriga
intriguing [ɪn'triːgɪŋ] ADJ intrigante
intrinsic [ɪn'trɪnsɪk] ADJ intrínseco
introduce [ɪntrə'djuːs] VT introduzir; **to ~ sb (to sb)** apresentar alguém (a alguém); **to ~ sb to** (*pastime, technique*) iniciar alguém em; **may I ~ ...?** permita-me apresentar ...
introduction [ɪntrə'dʌkʃən] N introdução f; (*of person*) apresentação f; **a letter of ~** uma carta de recomendação
introductory [ɪntrə'dʌktərɪ] ADJ introdutório; **~ remarks** observações preliminares; **~ offer** oferta de lançamento
introspection [ɪntrəu'spɛkʃən] N introspecção f
introspective [ɪntrəu'spɛktɪv] ADJ introspectivo
introvert ['ɪntrəuvəːt] N introvertido(-a) ▶ ADJ (*also*: **introverted**) introvertido
intrude [ɪn'truːd] VI: **to ~ (on** or **into)** intrometer-se (em)
intruder [ɪn'truːdər] N intruso(-a)
intrusion [ɪn'truːʒən] N intromissão f
intrusive [ɪn'truːsɪv] ADJ intruso
intuition [ɪntjuː'ɪʃən] N intuição f
intuitive [ɪn'tjuːɪtɪv] ADJ intuitivo

inundate ['ɪnʌndeɪt] VT: **to ~ with** inundar de
inure [ɪn'juər] VT: **to ~ (to)** habituar (a)
invade [ɪn'veɪd] VT invadir
invader [ɪn'veɪdər] N invasor(a) m/f
invalid [n 'ɪnvəlɪd, adj ɪn'vælɪd] N inválido(-a) ▶ ADJ (*not valid*) inválido, nulo
invalidate [ɪn'vælɪdeɪt] VT invalidar, anular
invalid chair ['ɪnvəlɪd-] (BRIT) N cadeira de rodas
invaluable [ɪn'væljuəbl] ADJ valioso, inestimável
invariable [ɪn'vɛərɪəbl] ADJ invariável
invariably [ɪn'vɛərɪəblɪ] ADV invariavelmente; **she is ~ late** ela sempre chega atrasada
invasion [ɪn'veɪʒən] N invasão f
invective [ɪn'vɛktɪv] N invectiva
inveigle [ɪn'viːgl] VT: **to ~ sb into (doing) sth** aliciar alguém para (fazer) algo
invent [ɪn'vɛnt] VT inventar
invention [ɪn'vɛnʃən] N invenção f; (*inventiveness*) engenho; (*lie*) ficção f, mentira
inventive [ɪn'vɛntɪv] ADJ engenhoso
inventiveness [ɪn'vɛntɪvnɪs] N engenhosidade f, inventiva
inventor [ɪn'vɛntər] N inventor(a) m/f
inventory ['ɪnvəntrɪ] N inventário, relação f
inventory control N (*Comm*) controle m de estoques
inverse [ɪn'vəːs] ADJ, N inverso; **in ~ proportion to** em proporção inversa a
inversely [ɪn'vəːslɪ] ADV inversamente
invert [ɪn'vəːt] VT inverter
invertebrate [ɪn'vəːtɪbrət] N invertebrado
inverted commas [ɪn'vəːtɪd-] (BRIT) NPL aspas fpl
invest [ɪn'vɛst] VT investir; (*endow*): **to ~ sb with sth** conferir algo a alguém, investir alguém de algo ▶ VI investir; **to ~ in** investir em; (*acquire*) comprar
investigate [ɪn'vɛstɪgeɪt] VT investigar; (*study*) estudar, examinar
investigation [ɪnvɛstɪ'geɪʃən] N investigação f
investigative journalism [ɪn'vɛstɪgətɪv-] N jornalismo de investigação
investigator [ɪn'vɛstɪgeɪtər] N investigador(a) m/f; **private ~** detetive particular
investiture [ɪn'vɛstɪtʃər] N investidura
investment [ɪn'vɛstmənt] N investimento
investment income N rendimento de investimentos
investment trust N fundo mútuo
investor [ɪn'vɛstər] N investidor(a) m/f
inveterate [ɪn'vɛtərət] ADJ inveterado
invidious [ɪn'vɪdɪəs] ADJ injusto; (*task*) desagradável
invigilate [ɪn'vɪdʒɪleɪt] (BRIT) VT fiscalizar ▶ VI fiscalizar o exame
invigilator [ɪn'vɪdʒɪleɪtər] N fiscal m/f (de exame)
invigorating [ɪn'vɪgəreɪtɪŋ] ADJ revigorante
invincible [ɪn'vɪnsɪbl] ADJ invencível
inviolate [ɪn'vaɪələt] ADJ inviolado
invisible [ɪn'vɪzɪbl] ADJ invisível

invisible assets (BRIT) NPL ativo intangível
invisible ink N tinta invisível
invisible mending N cerzidura
invitation [ɪnvɪ'teɪʃən] N convite *m*; **by ~ only** estritamente mediante convite; **at sb's ~** a convite de alguém
invite [ɪn'vaɪt] VT convidar; (*opinions etc*) solicitar, pedir; (*trouble*) pedir; **to ~ sb to do** convidar alguém para fazer; **to ~ sb to dinner** convidar alguém para jantar
▶ **invite out** VT convidar *or* chamar para sair
▶ **invite over** VT chamar
inviting [ɪn'vaɪtɪŋ] ADJ convidativo
invoice ['ɪnvɔɪs] N fatura ▶ VT faturar; **to ~ sb for goods** faturar mercadorias em nome de alguém
invoke [ɪn'vəuk] VT invocar; (*aid*) implorar; (*law*) apelar para
involuntary [ɪn'vɔləntrɪ] ADJ involuntário
involve [ɪn'vɔlv] VT (*entail*) implicar; (*require*) exigir; **to ~ sb (in)** envolver alguém (em)
involved [ɪn'vɔlvd] ADJ envolvido; (*emotionally*) comprometido; (*complex*) complexo; **to be/get ~ in sth** estar/ficar envolvido em algo
involvement [ɪn'vɔlvmənt] N envolvimento; (*obligation*) compromisso
invulnerable [ɪn'vʌlnərəbl] ADJ invulnerável
inward ['ɪnwəd] ADJ (*movement*) interior, interno; (*thought, feeling*) íntimo ▶ ADV para dentro
inwardly ['ɪnwədlɪ] ADV (*feel, think etc*) para si, para dentro
inwards ['ɪnwədz] ADV para dentro
I/O ABBR (*Comput*: = *input/output*) E/S, I/O
IOC N ABBR (= *International Olympic Committee*) COI *m*
iodine ['aɪəudi:n] N iodo
ion ['aɪən] N íon *m*, ião *m* (PT)
Ionian Sea [aɪ'əunɪən-] N: **the ~** o mar Iônico
iota [aɪ'əutə] N (*fig*) pouquinho, tiquinho
IOU N ABBR (= *I owe you*) vale *m*
IOW (BRIT) ABBR = **Isle of Wight**
IPA N ABBR (= *International Phonetic Alphabet*) AFI *m*
iPod® ['aɪpɔd] N iPod® *m*
IQ N ABBR (= *intelligence quotient*) QI *m*
IRA N ABBR (= *Irish Republican Army*) IRA *m*; (US) = **individual retirement account**
Iran [ɪ'rɑːn] N Irã *m* (BR), Irão *m* (PT)
Iranian [ɪ'reɪnɪən] ADJ iraniano ▶ N iraniano(-a); (*Ling*) iraniano
Iraq [ɪ'rɑːk] N Iraque *m*
Iraqi [ɪ'rɑːkɪ] ADJ, N iraquiano(-a)
irascible [ɪ'ræsɪbl] ADJ irascível
irate [aɪ'reɪt] ADJ irado, enfurecido
Ireland ['aɪələnd] N Irlanda; **Republic of ~** República da Irlanda
iris ['aɪrɪs] (*pl* **irises**) N íris *f*
Irish ['aɪrɪʃ] ADJ irlandês(-esa) ▶ N (*Ling*) irlandês *m*; **the Irish** NPL os irlandeses
Irishman ['aɪrɪʃmən] (*irreg: like* **man**) N irlandês *m*
Irish Sea N: **the ~** o mar da Irlanda
Irishwoman ['aɪrɪʃwumən] (*irreg: like* **woman**) N irlandesa
irk [əːk] VT aborrecer
irksome ['əːksəm] ADJ aborrecido
IRN (BRIT) N ABBR (= *Independent Radio News*) *agência de notícias radiofônicas*
IRO (US) N ABBR = **International Refugee Organization**
iron ['aɪən] N ferro; (*for clothes*) ferro de passar roupa ▶ ADJ de ferro ▶ VT (*clothes*) passar; **irons** NPL (*chains*) grilhões *mpl*
▶ **iron out** VT (*crease*) tirar; (*fig: problem*) resolver
Iron Curtain N: **the ~** a cortina de ferro
iron foundry N fundição *f*
ironic [aɪ'rɔnɪk], **ironical** [aɪ'rɔnɪkl] ADJ irônico
ironically [aɪ'rɔnɪklɪ] ADV ironicamente
ironing ['aɪənɪŋ] N (*activity*) passar roupa; (*clothes*) roupa passada; (*to be ironed*) roupa a ser passada
ironing board N tábua de passar roupa
ironmonger ['aɪənmʌŋgə^r] (BRIT) N ferreiro(-a)
ironmonger's, (BRIT) **ironmonger's shop** N loja de ferragens
iron ore N minério de ferro
ironworks ['aɪənwəːks] N siderúrgica
irony ['aɪrənɪ] N ironia; **the ~ of it is that ...** o irônico é que ...
irrational [ɪ'ræʃənl] ADJ irracional
irreconcilable [ɪrɛkən'saɪləbl] ADJ (*disagreement*) irreconciliável; (*ideas*) incompatível
irredeemable [ɪrɪ'diːməbl] ADJ (*Comm*) irresgatável
irrefutable [ɪrɪ'fjuːtəbl] ADJ irrefutável
irregular [ɪ'rɛgjulə^r] ADJ irregular; (*surface*) desigual; (*illegal*) ilegal
irregularity [ɪrɛgju'lærɪtɪ] N irregularidade *f*; (*of surface*) desigualdade *f*
irrelevance [ɪ'rɛləvəns] N irrelevância
irrelevant [ɪ'rɛləvənt] ADJ irrelevante
irreligious [ɪrɪ'lɪdʒəs] ADJ irreligioso
irreparable [ɪ'rɛprəbl] ADJ irreparável
irreplaceable [ɪrɪ'pleɪsəbl] ADJ insubstituível
irrepressible [ɪrɪ'prɛsəbl] ADJ irreprimível, irrefreável
irreproachable [ɪrɪ'prəutʃəbl] ADJ irrepreensível
irresistible [ɪrɪ'zɪstɪbl] ADJ irresistível
irresolute [ɪ'rɛzəluːt] ADJ irresoluto
irrespective [ɪrɪ'spɛktɪv]: **~ of** PREP independente de, sem considerar
irresponsible [ɪrɪ'spɔnsɪbl] ADJ (*act, person*) irresponsável
irretrievable [ɪrɪ'triːvəbl] ADJ (*object*) irrecuperável; (*loss, damage*) irreparável
irreverent [ɪ'rɛvərnt] ADJ irreverente, desrespeitoso
irrevocable [ɪ'rɛvəkəbl] ADJ irrevogável
irrigate ['ɪrɪgeɪt] VT irrigar
irrigation [ɪrɪ'geɪʃən] N irrigação *f*

irritable ['ɪrɪtəbl] ADJ irritável; (mood) de mal humor, nervoso
irritate ['ɪrɪteɪt] VT irritar
irritating ['ɪrɪteɪtɪŋ] ADJ irritante
irritation [ɪrɪ'teɪʃən] N irritação f
IRS (US) N ABBR = **Internal Revenue Service**; see **Internal Revenue**
is [ɪz] VB see **be**
ISBN N ABBR (= *International Standard Book Number*) ISBN m
ISDN N ABBR (= *Integrated Services Digital Network*) RDSI f, ISDN f
Islam ['ɪzlɑːm] N islamismo
Islamic [ɪz'læmɪk] ADJ islâmico(-a)
island ['aɪlənd] N ilha; (*also*: **traffic island**) abrigo
islander ['aɪləndəʳ] N ilhéu/ilhoa m/f
isle [aɪl] N ilhota, ilha
isn't ['ɪznt] = **is not**
isolate ['aɪsəleɪt] VT isolar
isolated ['aɪsəleɪtɪd] ADJ isolado
isolation [aɪsə'leɪʃən] N isolamento
isolationism [aɪsə'leɪʃənɪzm] N isolacionismo
isotope ['aɪsəutəup] N isótopo
ISP N ABBR (= *Internet Service Provider*) ISP m
Israel ['ɪzreɪl] N Israel
Israeli [ɪz'reɪlɪ] ADJ, N israelense m/f
issue ['ɪʃjuː] N questão f, tema m; (*outcome*) resultado; (*of book*) edição f; (*of stamps*) emissão f; (*of newspaper etc*) número; (*offspring*) sucessão f, descendência ▶ VT (*rations, equipment*) distribuir; (*orders*) dar; (*certificate*) emitir; (*decree*) promulgar; (*book*) publicar; (*cheques, banknotes, stamps*) emitir ▶ VI: **to ~ from** (*smell, liquid*) emanar de; **at ~** em debate; **to avoid the ~** contornar o problema; **to take ~ with sb (over sth)** discordar de alguém (sobre algo); **to make an ~ of sth** criar caso com algo; **to confuse** or **obscure the ~** complicar as coisas
Istanbul [ɪstæn'buːl] N Istambul
isthmus ['ɪsməs] N istmo
IT N ABBR = **information technology**

[KEYWORD]

it [ɪt] PRON **1** (*specific: subject*) ele/ela; (: *direct object*) o/a; (: *indirect object*) lhe; **it's on the table** está em cima da mesa; **I can't find it** não consigo achá-lo; **give it to me** dê-mo; **about/from it** sobre/de isto; **did you go to it?** (*party, concert etc*) você foi?
2 (*impers*) isto, isso; (*after prep*) ele, ela; **it's raining** está chovendo (BR) or a chover (PT); **it's cold today** está frio hoje; **it's Friday tomorrow** amanhã é sexta-feira; **it's six o'clock/the 10th of August** são seis horas/hoje é (dia) 10 de agosto; **who is it? — it's me** quem é? — sou eu

ITA (BRIT) N ABBR (= *initial teaching alphabet*) alfabeto modificado utilizado na alfabetização
Italian [ɪ'tæljən] ADJ italiano ▶ N italiano(-a); (*Ling*) italiano
italic [ɪ'tælɪk] ADJ itálico
italics [ɪ'tælɪks] NPL itálico
Italy ['ɪtəlɪ] N Itália
itch [ɪtʃ] N comichão f, coceira ▶ VI (*person*) estar com or sentir comichão or coceira; (*part of body*) comichar, coçar; **I'm ~ing to do something** estou louco para fazer algo
itching ['ɪtʃɪŋ] N comichão f, coceira
itchy ['ɪtʃɪ] ADJ que coça; **to be ~** (*person*) estar com or sentir comichão or coceira; (*part of body*) comichar, coçar
it'd ['ɪtd] = **it would**; **it had**
item ['aɪtəm] N item m; (*on agenda*) assunto; (*in programme*) número; (*also*: **news item**) notícia; **~s of clothing** artigos de vestuário
itemize ['aɪtəmaɪz] VT detalhar, especificar
itinerant [ɪ'tɪnərənt] ADJ itinerante
itinerary [aɪ'tɪnərərɪ] N itinerário
it'll ['ɪtl] = **it will**; **it shall**
ITN (BRIT) N ABBR (= *Independent Television News*) agência de notícias televisivas
its [ɪts] ADJ seu/sua, dele/dela ▶ PRON o seu/a sua, o dele/a dela
it's [ɪts] = **it is**; **it has**
itself [ɪt'sɛlf] PRON (*reflexive*) si mesmo(-a); (*emphatic*) ele mesmo/ela mesma
ITV (BRIT) N ABBR (= *Independent Television*) canal de televisão comercial
IUD N ABBR (= *intra-uterine device*) DIU m
I've [aɪv] = **I have**
ivory ['aɪvərɪ] N marfim m; (*colour*) cor f de marfim
Ivory Coast N Costa do Marfim
ivory tower N (*fig*) torre f de marfim
ivy ['aɪvɪ] N hera
Ivy League (US) N *as grandes faculdades (Harvard, Yale, Princeton etc) do nordeste dos EUA*

J j

J, j [dʒeɪ] N (letter) J, j m; **J for Jack** (BRIT) or **Jig** (US) J de José
JA N ABBR = **judge advocate**
J/A ABBR = **joint account**
jab [dʒæb] VT (elbow) cutucar; (punch) esmurrar, socar ▶ N cotovelada, murro; (Med: inf) injeção f; **to ~ sth into sth** cravar algo em algo
jabber ['dʒæbə^r] VT, VI tagarelar
jack [dʒæk] N (Aut) macaco; (Bowling) bola branca; (Cards) valete m
  ▶ **jack in** (inf) VT largar
  ▶ **jack up** VT (Aut) levantar com macaco; (raise: prices) aumentar
jackal ['dʒækl] N chacal m
jackass ['dʒækæs] N (fig) burro
jackdaw ['dʒækdɔ:] N gralha
jacket ['dʒækɪt] N jaqueta, casaco curto; (of boiler etc) capa, forro; (of book) sobrecapa; **potatoes in their ~s** (BRIT) batatas com casca
jack-in-the-box N caixa de surpresas
jack-knife (irreg: like **knife**) N canivete m ▶ VI: **the lorry ~d** o reboque do caminhão deu uma guinada
jack-of-all-trades N pau m para toda obra, homem m dos sete instrumentos
jack plug N pino
jackpot ['dʒækpɔt] N bolada, sorte f grande
jacuzzi® [dʒə'ku:zɪ] N jacuzzi® m, banheira de hidromassagem
jade [dʒeɪd] N (stone) jade m
jaded ['dʒeɪdɪd] ADJ (tired) cansado; (fed-up) aborrecido, amolado
jagged ['dʒægɪd] ADJ dentado, denteado
jaguar ['dʒægjuə^r] N jaguar m
jail [dʒeɪl] N prisão f, cadeia ▶ VT encarcerar
jailbird ['dʒeɪlbə:d] N criminoso inveterado
jailbreak ['dʒeɪlbreɪk] N fuga da prisão
jailer ['dʒeɪlə^r] N carcereiro
jalopy [dʒə'lɔpɪ] (inf) N calhambeque m
jam [dʒæm] N geleia; (also: **traffic jam**) engarrafamento; (inf: difficulty) apuro ▶ VT (passage etc) obstruir, atravancar; (mechanism) emperrar; (Radio) bloquear, interferir ▶ VI (mechanism, drawer etc) emperrar; **to get sb out of a ~** (inf) tirar alguém de uma enrascada; **to ~ sth into sth** forçar algo dentro de algo; **the telephone lines are ~med** as linhas telefônicas estão congestionadas
Jamaica [dʒə'meɪkə] N Jamaica
Jamaican [dʒə'meɪkən] ADJ, N jamaicano(-a) m/f
jamb ['dʒæm] N umbral m
jam-packed ADJ: **~ (with)** abarrotado (de)
jam session N jam session m
Jan. ABBR (= January) jan.
jangle ['dʒæŋgl] VI soar estridentemente
janitor ['dʒænɪtə^r] N (caretaker) zelador m; (doorman) porteiro
January ['dʒænjuərɪ] N janeiro; see also **July**
Japan [dʒə'pæn] N Japão m
Japanese [dʒæpə'ni:z] ADJ japonês(-esa) ▶ N INV japonês(-esa) m/f; (Ling) japonês m
jar [dʒɑ:^r] N (glass container: large) jarro; (: small) pote m ▶ VI (sound) ranger, chiar; (colours) destoar ▶ VT (shake) abalar
jargon ['dʒɑ:gən] N jargão m
jarring ['dʒɑ:rɪŋ] ADJ (sound, colour) destoante
Jas. ABBR = **James**
jasmine, jasmin ['dʒæzmɪn] N jasmim m
jaundice ['dʒɔ:ndɪs] N icterícia
jaundiced ['dʒɔ:ndɪst] ADJ (fig: unenthusiastic) desanimado; (: embittered) amargurado, despeitado; (: disillusioned) desiludido
jaunt [dʒɔ:nt] N excursão f
jaunty ['dʒɔ:ntɪ] ADJ alegre, jovial; (step) enérgico
Java ['dʒɑ:və] N Java (no article)
javelin ['dʒævlɪn] N dardo de arremesso
jaw [dʒɔ:] N mandíbula, maxilar m
jawbone ['dʒɔ:bəun] N osso maxilar, maxila
jay [dʒeɪ] N gaio
jaywalker ['dʒeɪwɔ:kə^r] N pedestre m/f imprudente (BR), peão m imprudente (PT)
jazz [dʒæz] N jazz m
  ▶ **jazz up** VT (liven up) animar, avivar
jazz band N banda de jazz
jazzy ['dʒæzɪ] ADJ (of jazz) jazzístico; (bright) de cor berrante
JCB® N escavadeira
JCS (US) N ABBR = **Joint Chiefs of Staff**
JD (US) N ABBR (= Doctor of Laws) título universitário; (= Justice Department) ministério da Justiça
jealous ['dʒɛləs] ADJ ciumento; (envious) invejoso; **to be ~** estar com ciúmes

jealously ['dʒɛləslı] ADV (enviously) invejosamente; (guard) zelosamente
jealousy ['dʒɛləsı] N ciúmes mpl; (envy) inveja
jeans [dʒi:nz] NPL jeans m (BR), jeans mpl (PT)
jeep® [dʒi:p] N jipe® m
jeer [dʒɪəʳ] VI: **to ~ (at)** (boo) vaiar; (mock) zombar (de)
jeering ['dʒɪərɪŋ] ADJ vaiador(a) ▶ N vaias fpl
jeers ['dʒɪəz] NPL (boos) vaias fpl; (mocking) zombarias fpl
jelly ['dʒɛlı] N (jam) geleia
jellyfish ['dʒɛlıfɪʃ] N INV água-viva
jeopardize ['dʒɛpədaız] VT arriscar, pôr em perigo
jeopardy ['dʒɛpədı] N: **to be in ~** estar em perigo, estar correndo risco
jerk [dʒə:k] N (jolt) solavanco, sacudida; (wrench) puxão m; (inf: idiot) babaca m ▶ VT sacudir ▶ VI (vehicle) dar um solavanco
jerkin ['dʒə:kın] N jaqueta
jerky ['dʒə:kı] ADJ espasmódico, aos arrancos
jerry-built ['dʒɛrı-] ADJ mal construído
jerry can ['dʒɛrı-] N lata
Jersey ['dʒə:zı] N Jersey (no article)
jersey ['dʒə:zı] N suéter m (BR), camisola (PT); (fabric) jérsei m, malha
Jerusalem [dʒə'ru:sələm] N Jerusalém
Jerusalem artichoke N topinambo
jest [dʒɛst] N gracejo, brincadeira; **in ~** de brincadeira
jester ['dʒɛstəʳ] N (History) bobo
Jesus ['dʒi:zəs], **Jesus Christ** N Jesus m (Cristo)
jet [dʒɛt] N (of gas, liquid) jato; (Aviat) (avião m a) jato; (stone) azeviche m
jet-black ADJ da cor do azeviche
jet engine N motor m a jato
jet lag N cansaço devido à diferença de fuso horário
jetsam ['dʒɛtsəm] N objetos mpl alijados ao mar
jettison ['dʒɛtısn] VT alijar
jetty ['dʒɛtı] N quebra-mar m, cais m
Jew [dʒu:] N judeu(-dia) m/f
jewel ['dʒu:əl] N joia; (in watch) rubi m
jeweller, (US) **jeweler** ['dʒu:ələʳ] N joalheiro(-a)
jeweller's, **jeweller's shop** N joalheria
jewellery, (US) **jewelry** ['dʒu:əlrı] N joias fpl, pedrarias fpl
Jewess ['dʒu:ıs] N (offensive) judia
Jewish ['dʒu:ıʃ] ADJ judeu/judia
JFK (US) N ABBR = **John Fitzgerald Kennedy International Airport**
jib [dʒıb] N (Naut) bujarrona; (of crane) lança ▶ VI (horse) empacar; **to ~ at doing sth** relutar em fazer algo
jibe [dʒaıb] N = **gibe**
jiffy ['dʒıfı] (inf) N: **in a ~** num instante
jig [dʒıg] N jiga
jigsaw ['dʒıgsɔ:] N (also: **jigsaw puzzle**) quebra-cabeça m; (tool) serra de vaivém
jilt [dʒılt] VT dar o fora em
jingle ['dʒıŋgl] N (for advert) música de propaganda ▶ VI tilintar, retinir
jingoism ['dʒıŋgəuızm] N jingoísmo
jinx [dʒıŋks] (inf) N caipora, pé m frio
jitters ['dʒıtəz] (inf) NPL: **to get the ~** ficar muito nervoso
jittery ['dʒıtərı] (inf) ADJ nervoso
jiu-jitsu [dʒu:'dʒıtsu:] N jiu-jítsu m
job [dʒɔb] N trabalho; (task) tarefa; (duty) dever m; (post) emprego; (inf: difficulty): **you'll have a ~ to do that** não vai ser fácil você fazer isso; **it's not my ~** não faz parte das minhas funções; **a part-time/full-time ~** um trabalho de meio-expediente/de tempo integral; **it's a good ~ that ...** ainda bem que ...; **just the ~!** justo o que queria!
jobber ['dʒɔbəʳ] (BRIT) N (Stock Exchange) operador(a) m/f intermediário(-a)
jobbing ['dʒɔbıŋ] (BRIT) ADJ (workman) tarefeiro, pago por tarefa
job centre ['dʒɔbsɛntəʳ] N agência de emprego
job creation scheme N plano para a criação de empregos
job description N descrição f do cargo
jobless ['dʒɔblıs] ADJ desempregado
job lot N lote m (de mercadorias variadas)
job satisfaction N satisfação f profissional
job security N estabilidade f de emprego
job specification N especificação f do cargo
jockey ['dʒɔkı] N jóquei m ▶ VI: **to ~ for position** manobrar para conseguir uma posição
jockey box (US) N (Aut) porta-luvas m inv
jockstrap ['dʒɔkstræp] N suporte m atlético
jocular ['dʒɔkjuləʳ] ADJ (remark) jocoso, divertido; (person) alegre
jog [dʒɔg] VT empurrar, sacudir ▶ VI (run) fazer jogging or cooper; **to ~ sb's memory** refrescar a memória de alguém
▶ **jog along** VI ir levando
jogger ['dʒɔgəʳ] N corredor(a) m/f, praticante m/f de jogging
jogging ['dʒɔgıŋ] N jogging m
john [dʒɔn] (US inf) N trono m (inf: no banheiro)
join [dʒɔın] VT (things) juntar, unir; (queue) entrar em; (become member of) associar-se a; (meet) encontrar-se com; (accompany) juntar-se a ▶ VI (roads, rivers) confluir ▶ N junção f; **will you ~ us for dinner?** você janta conosco?; **I'll ~ you later** vou me encontrar com você mais tarde; **to ~ forces (with)** associar-se (com)
▶ **join in** VI participar ▶ VT FUS participar em
▶ **join up** VI unir-se; (Mil) alistar-se
joiner ['dʒɔınəʳ] (BRIT) N marceneiro
joinery ['dʒɔınərı] N marcenaria
joint [dʒɔınt] N (Tech) junta, união f; (wood) encaixe m; (Anat) articulação f; (BRIT Culin) quarto; (inf: place) espelunca; (: marijuana cigarette) baseado ▶ ADJ (common) comum; (combined) conjunto; (committee) misto; **by ~ agreement** por comum acordo; **~ responsibility** corresponsabilidade f

joint account N conta conjunta
jointly ['dʒɔɪntlɪ] ADV em comum; *(collectively)* coletivamente; *(together)* conjuntamente
joint ownership N co-propriedade *f*, condomínio
joint-stock company N sociedade *f* anônima por ações
joint venture N joint venture *m*
joist [dʒɔɪst] N barrote *m*
joke [dʒəuk] N piada; *(also:* **practical joke)** brincadeira, peça ▶ VI brincar; **to play a ~ on** pregar uma peça em
joker ['dʒəukə^r] N piadista *m/f*, brincalhão(-lhona) *m/f*; *(Cards)* curingão *m*
joking ['dʒəukɪŋ] N brincadeira
jollity ['dʒɔlɪtɪ] N alegria
jolly ['dʒɔlɪ] ADJ *(merry)* alegre; *(enjoyable)* divertido ▶ ADV *(BRIT inf)* muito, extremamente ▶ VT *(BRIT):* **to ~ sb along** animar alguém; **~ good!** *(BRIT)* excelente!
jolt [dʒəult] N *(shake)* sacudida, solavanco; *(shock)* susto ▶ VT sacudir; *(emotionally)* abalar
Jordan ['dʒɔ:dən] N Jordânia; *(river)* Jordão *m*
Jordanian [dʒɔ:'deɪnɪən] ADJ, N jordaniano(-a)
joss stick [dʒɔs-] N palito perfumado
jostle ['dʒɔsl] VT acotovelar, empurrar
jot [dʒɔt] N: **not one ~** nem um pouquinho
▶ **jot down** VT anotar
jotter ['dʒɔtə^r] *(BRIT)* N bloco (de anotações)
journal ['dʒə:nl] N *(paper)* jornal *m*; *(magazine)* revista; *(diary)* diário
journalese [dʒə:nə'li:z] *(pej)* N linguagem *f* jornalística
journalism ['dʒə:nəlɪzəm] N jornalismo
journalist ['dʒə:nəlɪst] N jornalista *m/f*
journey ['dʒə:nɪ] N viagem *f*; *(distance covered)* trajeto ▶ VI viajar; **return ~** volta; **a 5-hour ~** 5 horas de viagem
jovial ['dʒəuvɪəl] ADJ jovial, alegre
jowl [dʒaul] N papada
joy [dʒɔɪ] N alegria
joyful ['dʒɔɪful] ADJ alegre
joyous ['dʒɔɪəs] ADJ alegre
joyride ['dʒɔɪraɪd] N passeio de carro; *(illegal)* passeio *(com veículo roubado)*
joystick ['dʒɔɪstɪk] N *(Aviat)* manche *m*, alavanca de controle; *(Comput)* joystick *m*
JP N ABBR = **Justice of the Peace**
Jr ABBR = **junior**
jubilant ['dʒu:bɪlnt] ADJ jubilante
jubilation [dʒu:bɪ'leɪʃən] N júbilo, regozijo
jubilee ['dʒu:bɪli:] N jubileu *m*; **silver ~** jubileu de prata
judge [dʒʌdʒ] N juiz/juíza *m/f*; *(in competition)* árbitro; *(fig: expert)* especialista *m/f*, conhecedor(a) *m/f* ▶ VT julgar; *(competition)* arbitrar; *(estimate: weight, size etc)* avaliar; *(consider)* considerar ▶ VI: **judging** or **to ~ by ...** a julgar por ...; **as far as I can ~** ao que me parece, no meu entender; **I ~d it necessary to inform him** julguei necessário informá-lo
judge advocate N *(Mil)* auditor *m* de guerra

Judge Advocate General N *(Mil)* procurador *m* geral da Justiça Militar
judgement, judgment ['dʒʌdʒmənt] N juízo; *(punishment)* decisão *f*, sentença; *(opinion)* opinião *f*; *(discernment)* discernimento; **in my judg(e)ment** na minha opinião; **to pass judg(e)ment on** *(Law)* julgar, dar sentença sobre
judicial [dʒu:'dɪʃl] ADJ judicial; *(fair)* imparcial
judiciary [dʒu:'dɪʃɪərɪ] N poder *m* judiciário
judicious [dʒu:'dɪʃəs] ADJ judicioso
judo ['dʒu:dəu] N judô *m*
jug [dʒʌg] N jarro
jugged hare [dʒʌgd-] *(BRIT)* N guisado de lebre
juggernaut ['dʒʌgənɔ:t] *(BRIT)* N *(huge truck)* jamanta
juggle ['dʒʌgl] VI fazer malabarismos
juggler ['dʒʌglə^r] N malabarista *m/f*
Jugoslav ['ju:gəusla:v] ADJ, N = **Yugoslav**
jugular ['dʒʌgjulə^r], **jugular vein** N veia jugular
juice [dʒu:s] N suco *(BR)*, sumo *(PT)*; *(inf: petrol):* **we've run out of ~** estamos sem gasolina
juicy ['dʒu:sɪ] ADJ suculento
jukebox ['dʒu:kbɔks] N juke-box *m*
Jul. ABBR (= *July*) jul.
July [dʒu:'laɪ] N julho; **the first of ~** dia primeiro de julho; **(on) the eleventh of ~** (no) dia onze de julho; **in the month of ~** no mês de julho; **at the beginning/end of ~** no começo/fim de julho; **in the middle of ~** em meados de julho; **during ~** durante o mês de julho; **in ~ of next year** em julho do ano que vem; **each** or **every ~** todo ano em julho; **~ was wet this year** choveu muito em julho deste ano
jumble ['dʒʌmbl] N confusão *f*, mixórdia ▶ VT *(also:* **jumble up:** *mix up)* misturar; (: *disarrange)* desorganizar
jumble sale *(BRIT)* N bazar *m*

As **jumble sales** têm lugar dentro de igrejas, salões de festa e escolas, onde são vendidos diversos tipos de mercadorias, em geral baratas e sobretudo de segunda mão, a fim de coletar dinheiro para uma obra de caridade, uma escola ou uma igreja.

jumbo ['dʒʌmbəu], **jumbo jet** N avião *m* jumbo
jump [dʒʌmp] VI saltar, pular; *(start)* sobressaltar-se; *(increase)* disparar ▶ VT pular, saltar ▶ N pulo, salto; *(increase)* alta; *(fence)* obstáculo; **to ~ the queue** *(BRIT)* furar a fila *(BR)*, pôr-se à frente *(PT)*; **to ~ for joy** pular de alegria
▶ **jump about** VI saltitar
▶ **jump at** VT FUS *(accept)* aceitar imediatamente; *(chance)* agarrar
▶ **jump down** VI pular para baixo
▶ **jump up** VI levantar-se num ímpeto
jumped-up [dʒʌmpt-] *(BRIT pej)* ADJ arrivista
jumper ['dʒʌmpə^r] N *(BRIT: pullover)* suéter *m* *(BR)*, camisola *(PT)*; *(US: pinafore dress)* avental *m*; *(Sport)* saltador(a) *m/f*

jumper cables (US), (BRIT) **jump leads** NPL cabos mpl para ligar a bateria

jump-start ['dʒʌmpstɑːt] VT (car: push) fazer pegar no tranco; (: with jump leads) fazer chupeta em; (fig: project, situation) alavancar

jumpy ['dʒʌmpɪ] ADJ nervoso

Jun. ABBR = **June**; **junior**

junction ['dʒʌŋkʃən] (BRIT) N (of roads) cruzamento; (: on motorway) trevo; (Rail) entroncamento

juncture ['dʒʌŋktʃəʳ] N: **at this ~** neste momento, nesta conjuntura

June [dʒuːn] N junho; see also **July**

jungle ['dʒʌŋgl] N selva, mato

junior ['dʒuːnɪəʳ] ADJ (in age) mais novo or moço; (competition) juvenil; (position) subalterno ▶ N jovem m/f; (Sport) júnior m; **he's ~ to me (by 2 years), he's (2 years) my ~** ele é (dois anos) mais novo do que eu; **he's ~ to me** (seniority) tenho mais antiguidade do que ele

junior executive N executivo(-a) júnior

junior high school (US) N ≈ colégio (2º e 3º ginasial)

junior minister (BRIT) N ministro(-a) subalterno(-a)

junior partner N sócio(-a) minoritário(-a)

junior school (BRIT) N escola primária

junior sizes NPL (Comm) tamanhos mpl para crianças

juniper ['dʒuːnɪpəʳ] N junípero

junk [dʒʌŋk] N (cheap goods) tranqueira, velharias fpl; (lumber) trastes mpl; (rubbish) lixo; (ship) junco ▶ VT (inf) jogar no lixo

junk dealer N belchior m

junket ['dʒʌŋkɪt] N (Culin) coalhada; (BRIT inf): **to go on a ~** viajar à custa do governo ▶ VI (BRIT inf): **to go ~ing** = **to go on a junket**

junk food N comida pronta de baixo valor nutritivo

junkie ['dʒʌŋkɪ] (inf) N drogado(-a)

junk mail N correspondência não-solicitada

junk room (US) N quarto de despejo

junk shop N loja de objetos usados

Junr ABBR = **junior**

junta ['dʒʌntə] N junta

Jupiter ['dʒuːpɪtəʳ] N Júpiter m

jurisdiction [dʒuərɪs'dɪkʃən] N jurisdição f; **it falls** or **comes within/outside our ~** é/não é da nossa competência

jurisprudence [dʒuərɪs'pruːdəns] N jurisprudência

juror ['dʒuərəʳ] N jurado(-a)

jury ['dʒuərɪ] N júri m

jury box N banca dos jurados

juryman ['dʒuərɪmən] (irreg: like **man**) N = **juror**

just [dʒʌst] ADJ justo ▶ ADV (exactly) justamente, exatamente; (only) apenas, somente; **he's ~ done it/left** ele acabou (BR) or acaba (PT) de fazê-lo/ir; **~ as I expected** exatamente como eu esperava; **~ right** perfeito; **~ two o'clock** duas (horas) em ponto; **she's ~ as clever as you** ela é tão inteligente como você; **it's ~ as good** é igualmente bom; **~ as well that ...** ainda bem que ...; **I was ~ about to phone** eu já ia telefonar; **we were ~ leaving** estávamos de saída; **~ as he was leaving** no momento em que ele saía; **~ before/enough** justo antes/o suficiente; **~ here** bem aqui; **it's ~ a mistake** não passa de um erro; **he ~ missed** falhou por pouco; **~ listen** escute aqui!; **~ ask someone the way** é só pedir uma indicação; **not ~ now** não neste momento; **~ a minute!, ~ one moment!** só um minuto!, espera aí!, peraí! (inf)

justice ['dʒʌstɪs] N justiça; (US: judge) juiz/ juíza m/f; **Lord Chief J~** (BRIT) presidente do tribunal de recursos; **to do ~ to** (fig) apreciar devidamente; **this photo doesn't do you ~** esta foto não te faz justiça

Justice of the Peace N juiz/juíza m/f de paz

justifiable [dʒʌstɪ'faɪəbl] ADJ justificável

justifiably [dʒʌstɪ'faɪəblɪ] ADV justificadamente

justification [dʒʌstɪfɪ'keɪʃən] N (reason) justificativa; (action) justificação f

justify ['dʒʌstɪfaɪ] VT justificar; **to be justified in doing sth** ter razão de fazer algo

justly ['dʒʌstlɪ] ADV justamente; (with reason) com razão

justness ['dʒʌstnɪs] N justiça

jut [dʒʌt] VI (also: **jut out**) sobressair

jute [dʒuːt] N juta

juvenile ['dʒuːvənaɪl] ADJ juvenil; (court) de menores; (books) para adolescentes ▶ N jovem m/f; (Law) menor m/f de idade

juvenile delinquency N delinquência juvenil

juvenile delinquent N delinquente m/f juvenil

juxtapose ['dʒʌkstəpəuz] VT justapor

juxtaposition [dʒʌkstəpə'zɪʃən] N justaposição f

Kk

K¹, k [keɪ] N (*letter*) K, k *m*; **K for King** K de Kátia
K² ABBR (= *kilobyte*) K; (BRIT: = *Knight*) título honorífico ▶ N ABBR (= *one thousand*) mil
kaftan ['kæftæn] N cafetã *m*
Kalahari Desert [kælə'hɑːrɪ-] N deserto de Kalahari
kale [keɪl] N couve *f*
kaleidoscope [kə'laɪdəskəup] N calidoscópio, caleidoscópio
Kampala [kæm'pɑːlə] N Campala
Kampuchea [kæmpu'tʃɪə] N Kampuchea *m*, Camboja *m*
kangaroo [kæŋgə'ruː] N canguru *m*
kaput [kə'put] (*inf*) ADJ pifado
karate [kə'rɑːtɪ] N karatê *m*
Kashmir [kæʃ'mɪər] N Cachemira
KC (BRIT) N ABBR (*Law*: = *King's Counsel*) *título dado a certos advogados*
kd ABBR (= *knocked down*) em pedaços
kebab [kə'bæb] N churrasquinho, espetinho
keel [kiːl] N quilha; **on an even ~** (*fig*) em equilíbrio
  ▶ **keel over** VI (*Naut*) emborcar; (*person*) desmaiar
keen [kiːn] ADJ (*interest, desire*) grande, vivo; (*eye, intelligence*) penetrante; (*competition*) acirrado, intenso; (*edge*) afiado; (*eager*) entusiasmado; **to be ~ to do** *or* **on doing sth** sentir muita vontade de fazer algo; **to be ~ on sth/sb** gostar de algo/alguém; **I'm not ~ on going** não estou a fim de ir
keenly ['kiːnlɪ] ADV (*enthusiastically*) com entusiasmo; (*feel*) profundamente, agudamente
keenness ['kiːnnɪs] N (*eagerness*) entusiasmo, interesse *m*; **~ to do** vontade de fazer
keep [kiːp] (*pt, pp* **kept**) VT (*retain*) ficar com; (*maintain: house etc*) cuidar; (*detain*) deter; (*look after: shop etc*) tomar conta de; (*preserve*) conservar; (*hold back*) reter; (*accounts, diary*) manter; (*support: family etc*) manter; (*promise*) cumprir; (*chickens, bees etc*) criar; (*prevent*): **to ~ sb from doing sth** impedir alguém de fazer algo ▶ VI (*food*) conservar-se; (*remain*) ficar ▶ N (*of castle*) torre *f* de menagem; (*food etc*): **to earn one's ~** ganhar a vida; (*inf*): **for ~s** para sempre; **to ~ doing sth** continuar fazendo algo; **to ~ sth from happening** impedir que algo aconteça; **to ~ sb happy** manter alguém satisfeito; **to ~ a place tidy** manter um lugar limpo; **to ~ sb waiting** deixar alguém esperando; **to ~ an appointment** manter um compromisso; **to ~ a record of sth** anotar algo; **to ~ sth to o.s.** guardar algo para si mesmo; **to ~ sth (back) from sb** ocultar algo de alguém; **to ~ time** (*clock*) marcar a hora exata
  ▶ **keep away** VT: **to ~ sth/sb away from sb** manter algo/alguém afastado de alguém
  ▶ VI: **to ~ away (from)** manter-se afastado (de)
  ▶ **keep back** VT (*crowd, tears*) conter; (*money*) reter ▶ VI manter-se afastado
  ▶ **keep down** VT (*control: prices, spending*) limitar, controlar ▶ VI não se levantar; **I can't ~ my food down** o que como não para no estômago
  ▶ **keep in** VT (*invalid, child*) não deixar sair; (*Sch*) reter ▶ VI: **to ~ in with sb** manter boas relações com alguém
  ▶ **keep off** VI não se aproximar ▶ VT afastar; **"~ off the grass"** "não pise na grama"; **~ your hands off!** tira a mão!
  ▶ **keep on** VI: **to ~ on doing** continuar fazendo
  ▶ **keep out** VT impedir de entrar ▶ VI (*stay out*) permanecer fora; **"~ out"** "entrada proibida"
  ▶ **keep up** VT manter ▶ VI não atrasar-se, acompanhar; **to ~ up with** (*pace*) acompanhar; (*level*) manter-se ao nível de
keeper ['kiːpər] N guarda *m*, guardião(-diã) *m/f*
keep fit N ginástica
keeping ['kiːpɪŋ] N (*care*) cuidado; **in ~ with** de acordo com
keepsake ['kiːpseɪk] N lembrança
keg [keg] N barrilete *m*, barril *m* pequeno
kennel ['kɛnl] N casa de cachorro; **kennels** N (*establishment*) canil *m*
Kenya ['kɛnjə] N Quênia *m*
Kenyan ['kɛnjən] ADJ, N queniano(-a) *m/f*
kept [kɛpt] PT, PP *of* **keep**
kerb [kəːb] (BRIT) N meio-fio (BR), borda do passeio (PT)
kernel ['kəːnl] N amêndoa; (*fig*) cerne *m*
kerosene ['kɛrəsiːn] N querosene *m*

ketchup ['kɛtʃəp] N molho de tomate, catsup m
kettle ['kɛtl] N chaleira
kettle drums NPL tímpanos mpl
key [kiː] N chave f; (Mus) clave f; (of piano, typewriter) tecla; (on map) legenda ▶ CPD (issue etc) chave ▶ VT (also: **key in**) digitar
keyboard ['kiːbɔːd] N teclado ▶ VT (text) teclar, digitar
keyed up [kiːd-] ADJ: **to be (all) ~** estar excitado or ligado (inf)
keyhole ['kiːhəul] N buraco da fechadura
keyhole surgery N laparoscopia
keynote ['kiːnəut] N (Mus) tônica; (fig) ideia fundamental ▶ CPD: **~ speech** discurso programático
keypad ['kiːpæd] N teclado complementar
keyring ['kiːrɪŋ] N chaveiro
keystone ['kiːstəun] N pedra angular
keystroke ['kiːstrəuk] N batida de tecla
kg ABBR (= kilogram) kg
KGB N ABBR KGB f
khaki ['kɑːkɪ] ADJ cáqui
kibbutz [kɪ'buts] (pl **kibbutzim**) N kibutz m
kick [kɪk] VT (person) dar um pontapé em; (ball) chutar; (inf: habit) conseguir superar ▶ VI (horse) dar coices ▶ N (from person) pontapé m; (from animal) coice m, patada; (to ball) chute m; (of rifle) recuo; (inf: thrill): **he does it for ~s** faz isso para curtir
  ▶ **kick around** (inf) VI ficar por aí
  ▶ **kick off** VI (Sport) dar o chute inicial
kick-off N (Sport) chute m inicial
kick-start N (also: **kick-starter**) arranque m ▶ VT dar partida em
kid [kɪd] N (inf: child) criança; (animal) cabrito; (leather) pelica ▶ VI (inf) brincar
kidnap ['kɪdnæp] VT sequestrar
kidnapper ['kɪdnæpər] N sequestrador(a) m/f
kidnapping ['kɪdnæpɪŋ] N sequestro
kidney ['kɪdnɪ] N rim m
kidney bean N feijão m roxo
kidney machine N (Med) aparelho de hemodiálise
Kilimanjaro [kɪlɪmən'dʒɑːrəu] N: **Mount ~** Kilimanjaro
kill [kɪl] VT matar; (murder) assassinar; (destroy) destruir; (finish off) acabar com, aniquilar ▶ N ato de matar; **to ~ time** matar o tempo
  ▶ **kill off** VT aniquilar; (fig) eliminar
killer ['kɪlər] N assassino(-a)
killing ['kɪlɪŋ] N (one) assassinato; (several) matança; (instance) morte f ▶ ADJ (funny) divertido, engraçado; **to make a ~** (inf) faturar uma boa nota
killjoy ['kɪldʒɔɪ] N desmancha-prazeres m inv
kiln [kɪln] N forno
kilo ['kiːləu] N quilo
kilobyte ['kiːləubaɪt] N kilobyte m
kilogram, kilogramme ['kɪləugræm] N quilograma m
kilometre, (US) **kilometer** ['kɪləmiːtər] N quilômetro

199 | **ketchup - kitchenware**

kilowatt ['kɪləuwɔt] N quilowatt m
kilt [kɪlt] N saiote m escocês
kimono [kɪ'məunəu] N quimono
kin [kɪn] N parentela; see **kith**, **next-of-kin**
kind [kaɪnd] ADJ (friendly) gentil; (generous) generoso; (good) bom/boa, bondoso, amável ▶ N espécie f, classe f; (species) gênero; **in ~** (Comm) em espécie; **a ~ of** uma espécie de; **two of a ~** dois da mesma espécie; **would you be ~ enough to ...?, would you be so ~ as to ...?** pode me fazer a gentileza de ...?; **it's very ~ of you (to do)** é muito gentil da sua parte (fazer); **to repay sb in ~** (fig) pagar alguém na mesma moeda
kindergarten ['kɪndəgɑːtn] N jardim m de infância
kind-hearted ADJ de bom coração, bondoso
kindle ['kɪndl] VT acender; (emotion) despertar
kindling ['kɪndlɪŋ] N gravetos mpl
kindly ['kaɪndlɪ] ADJ (good) bom/boa, bondoso, (gentle) gentil, carinhoso ▶ ADV bondosamente, amavelmente; **will you ~ ...** você pode fazer o favor de ...; **he didn't take it ~** não gostou
kindness ['kaɪndnɪs] N bondade f, gentileza
kindred ['kɪndrɪd] ADJ aparentado; **~ spirit** pessoa com os mesmos gostos
kinetic [kɪ'nɛtɪk] ADJ cinético
king [kɪŋ] N rei m
kingdom ['kɪŋdəm] N reino
kingfisher ['kɪŋfɪʃər] N martim-pescador m
kingpin ['kɪŋpɪn] N (Tech) pino mestre; (fig) mandachuva m
king-size [-saɪz], **king-sized** [-saɪzd] ADJ tamanho grande; (cigarettes) king-size
kink [kɪŋk] N (of rope) dobra, coca; (inf: fig) mania
kinky ['kɪŋkɪ] (pej) ADJ (odd) excêntrico, esquisito; (sexually) pervertido
kinship ['kɪnʃɪp] N parentesco
kinsman ['kɪnzmən] (irreg: like **man**) N parente m
kinswoman ['kɪnzwumən] (irreg: like **woman**) N parenta
kiosk ['kiːɔsk] N banca (BR), quiosque m (PT); (BRIT: also: **telephone kiosk**) cabine f
kipper ['kɪpər] N tipo de arenque defumado
kiss [kɪs] N beijo ▶ VT beijar; **to ~ (each other)** beijar-se; **to ~ sb goodbye** despedir-se de alguém com beijos
kiss of life (BRIT) N respiração f boca-a-boca
kit [kɪt] N apetrechos mpl; (clothes: for sport etc) kit m; (equipment) equipamento; (set of tools etc) caixa de ferramentas; (for assembly) kit m para montar
  ▶ **kit out** (BRIT) VT equipar
kitbag ['kɪtbæg] N saco de viagem
kitchen ['kɪtʃɪn] N cozinha
kitchen garden N horta
kitchen sink N pia (de cozinha)
kitchen unit (BRIT) N módulo de cozinha
kitchenware ['kɪtʃɪnwɛər] N bateria de cozinha

kite [kaɪt] N (toy) papagaio, pipa; (Zool) milhafre m
kith [kɪθ] N: **~ and kin** amigos e parentes mpl
kitten ['kɪtn] N gatinho
kitty ['kɪtɪ] N (pool of money) fundo comum, vaquinha; (Cards) bolo
KKK (US) N ABBR = **Ku Klux Klan**
Kleenex® ['kli:nɛks] N lenço de papel
kleptomaniac [klɛptəu'meɪnɪæk] N cleptomaníaco(-a)
km ABBR (= kilometre) km
km/h ABBR (= kilometres per hour) km/h
knack [næk] N: **to have the ~ of doing sth** ter um jeito or queda para fazer algo; **there's a ~ (to it)** tem um jeito
knackered ['nækəd] ADJ (inf) exausto, podre
knapsack ['næpsæk] N mochila
knave [neɪv] N (Cards) valete m
knead [ni:d] VT amassar
knee [ni:] N joelho
kneecap ['ni:kæp] N rótula
knee-deep ADJ: **the water was ~** a água batia no joelho
kneel [ni:l] (pt, pp **knelt**) VI (also: **kneel down**) ajoelhar-se
kneepad ['ni:pæd] N joelheira
knell [nɛl] N dobre m de finados
knelt [nɛlt] PT, PP of **kneel**
knew [nju:] PT of **know**
knickers ['nɪkəz] (BRIT) NPL calcinha (BR), cuecas fpl (PT)
knick-knack ['nɪk-] N bibelô m
knife [naɪf] N (pl **knives**) faca ▶ VT esfaquear; **~, fork and spoon** talher m
knight [naɪt] N cavaleiro; (Chess) cavalo
knighthood ['naɪthud] (BRIT) N cavalaria; (title): **to get a ~** receber o título de Sir
knit [nɪt] VT tricotar; (brows) franzir ▶ VI tricotar (BR), fazer malha (PT); (bones) consolidar-se; **to ~ together** (fig) unir, juntar
knitted ['nɪtɪd] ADJ de malha
knitting ['nɪtɪŋ] N ato de tricotar, tricô (BR), malha (PT)
knitting machine N máquina de tricotar
knitting needle N agulha de tricô (BR) or de malha (PT)
knitting pattern N molde m para tricotar
knitwear ['nɪtwɛə'] N roupa de malha
knives [naɪvz] NPL of **knife**
knob [nɔb] N (of door) maçaneta; (of drawer) puxador m; (of stick) castão m; (on radio, TV etc) botão m; (lump) calombo; **a ~ of butter** (BRIT) uma porção de manteiga
knobbly ['nɔblɪ] (BRIT) ADJ (wood, surface) nodoso; (knees) ossudo
knobby ['nɔbɪ] (US) ADJ = **knobbly**
knock [nɔk] VT (strike) bater em; (bump into) colidir com; (inf: criticize) criticar, malhar ▶ N pancada, golpe m; (on door) batida ▶ VI: **to ~ at** or **on the door** bater à porta; **to ~ a hole in sth** abrir um buraco em algo; **to ~ a nail into** pregar um prego em
▶ **knock down** VT derrubar; (price) abater; (pedestrian) atropelar
▶ **knock off** VI (inf: finish) terminar ▶ VT (inf: steal) abafar; (vase) derrubar; (from price): **to ~ off £10** dar um desconto de £10
▶ **knock out** VT pôr nocaute, nocautear; (defeat) eliminar
▶ **knock over** VT (object) derrubar; (pedestrian) atropelar
knockdown ['nɔkdaun] ADJ (price) de liquidação, de queima (inf)
knocker ['nɔkə'] N (on door) aldrava
knocking ['nɔkɪŋ] N pancadas fpl
knock-kneed [-ni:d] ADJ cambaio
knockout ['nɔkaut] N (Boxing) nocaute m
▶ CPD (competition) com eliminatórias
knock-up N (Tennis) bate-bola m
knot [nɔt] N nó m ▶ VT dar nó em; **to tie a ~** dar or fazer um nó
knotty ['nɔtɪ] ADJ (fig) cabeludo, espinhoso
know [nəu] (pt **knew**, pp **known**) VT saber; (person, author, place) conhecer; (recognize) reconhecer ▶ VI: **to ~ about** or **of sth** saber de algo; **to ~ that ...** saber que ...; **to ~ how to swim** saber nadar; **to get to ~ sth** (fact) saber, descobrir; (place) conhecer; **I don't ~ him** não o conheço; **to ~ right from wrong** saber distinguir o bem e o mal; **as far as I ~ ...** que eu saiba ...
know-all (BRIT pej) N sabichão(-chona) m/f
know-how N know-how m, experiência
knowing ['nəuɪŋ] ADJ (look: of complicity) de cumplicidade
knowingly ['nəuɪŋlɪ] ADV (purposely) de propósito; (spitefully) maliciosamente
know-it-all (US) N = **know-all**
knowledge ['nɔlɪdʒ] N conhecimento; (range of learning) saber m, conhecimentos mpl; **to have no ~ of** não ter conhecimento de; **not to my ~** que eu saiba, não; **without my ~** sem eu saber; **to have a working ~ of Portuguese** ter um conhecimento básico do português; **it's common ~ that ...** todos sabem que ...; **it has come to my ~ that ...** chegou ao meu conhecimento que ...
knowledgeable ['nɔlɪdʒəbl] ADJ entendido, versado
known [nəun] PP of **know** ▶ ADJ (thief) famigerado; (fact) conhecido
knuckle ['nʌkl] N nó m
▶ **knuckle under** N (inf) VI ceder
knuckleduster ['nʌkldʌstə'] N soco inglês
K.O. N ABBR = **knockout** ▶ VT nocautear, pôr nocaute
koala [kəu'ɑ:lə] N (also: **koala bear**) coala m
kook [ku:k] (US inf) N maluco(-a), biruta (inf)
Koran [kɔ'rɑ:n] N: **the ~** o Alcorão
Korea [kə'rɪə] N Coreia; **North/South ~** Coreia do Norte/Sul
Korean [kə'rɪən] ADJ coreano ▶ N coreano(-a); (Ling) coreano
kosher ['kəuʃə'] ADJ kosher inv
Kosovo ['kɔsɔvəu] N Kosovo m

kowtow ['kau'tau] vi: **to ~ to sb** bajular alguém
Kremlin ['krɛmlɪn] N: **the ~** o Kremlin
KS (US) ABBR (Post) = **Kansas**
Kt (BRIT) ABBR (= Knight) título honorífico
Kuala Lumpur ['kwɑ:lə'lumpuəʳ] N Cuala Lumpur
kudos ['kju:dɔs] N glória, fama
Kuwait [ku'weɪt] N Kuweit m
Kuwaiti [ku'weɪtɪ] ADJ, N kuweitiano(-a)
kW ABBR (= kilowatt) kW
KY (US) ABBR (Post) = **Kentucky**

Ll

L¹, l [εl] N (letter) L, l m; **L for Lucy** (BRIT) or **Love** (US) L de Lúcia
L² ABBR (= lake) L; (= large) G; (= left) esq; (BRIT Aut: = learner) (condutor(a) m/f) aprendiz m/f
l ABBR (= litre) l
LA (US) N ABBR = **Los Angeles** ▶ ABBR (Post) = **Louisiana**
lab [læb] N ABBR = **laboratory**
label ['leɪbl] N etiqueta, rótulo; (brand: of record) selo ▶ VT etiquetar, rotular; **to ~ sb a ...** rotular alguém de ...
labor ['leɪbə^r] (US) = **labour**
laboratory [lə'bɔrətərɪ] N laboratório
Labor Day (US) N Dia m do Trabalho
laborious [lə'bɔ:rɪəs] ADJ laborioso
labor union (US) N sindicato
labour, (US) labor ['leɪbə^r] N (task) trabalho; (workforce) mão-de-obra f; (workers) trabalhadores mpl; (Med): **to be in ~** estar em trabalho de parto ▶ VI: **to ~ (at)** trabalhar (em) ▶ VT insistir em; **L~, the L~ Party** (BRIT) o Partido Trabalhista
labour camp, (US) labor camp N campo de trabalhos forçados
labour cost, (US) labor cost N custo de mão-de-obra
laboured, (US) labored ['leɪbəd] ADJ (movement) forçado; (style) elaborado
labourer, (US) laborer ['leɪbərə^r] N operário; **farm ~** trabalhador m rural, peão m; **day ~** diarista m
labour force, (US) labor force N mão-de-obra f
labour-intensive, (US) labor-intensive ADJ intensivo de mão-de-obra
labour market, (US) labor market N mercado de trabalho
labour pains, (US) labor pains NPL dores fpl do parto
labour relations, (US) labor relations NPL relações fpl trabalhistas
labour-saving, (US) labor-saving ADJ que poupa trabalho
labour unrest, (US) labor unrest N agitação f operária
labyrinth ['læbɪrɪnθ] N labirinto
lace [leɪs] N renda; (of shoe etc) cadarço ▶ VT (shoe) amarrar; (drink) misturar aguardente a
lace-making ['leɪsmeɪkɪŋ] N feitura de renda
laceration [læsə'reɪʃən] N laceração f

lace-up ADJ (shoes etc) de cordões
lack [læk] N falta ▶ VT (money, confidence) faltar; (intelligence) carecer de; **through** or **for ~ of** por falta de; **to be ~ing** faltar; **to be ~ing in** carecer de
lackadaisical [lækə'deɪzɪkl] ADJ (careless) descuidado; (indifferent) apático, indiferente
lackey ['lækɪ] N (fig) lacaio
lacklustre ['læklʌstə^r] ADJ sem brilho, insosso
laconic [lə'kɔnɪk] ADJ lacônico
lacquer ['lækə^r] N laca; (hair) fixador m
lacy ['leɪsɪ] ADJ rendado
lad [læd] N menino, rapaz m, moço; (BRIT: in stable etc) empregado
ladder ['lædə^r] N escada f de mão; (BRIT: in tights) defeito (em forma de escada) ▶ VT (BRIT: tights) desfiar ▶ VI (BRIT: tights) desfiar
laden ['leɪdn] ADJ: **~ (with)** carregado (de); **fully ~** (truck, ship) completamente carregado, com a carga máxima
ladle ['leɪdl] N concha (de sopa)
lady ['leɪdɪ] N senhora; (distinguished, noble) dama; (in address): **ladies and gentlemen, ...** senhoras e senhores, ...; **young ~** senhorita; **L~ Smith** a lady Smith; **"ladies' (toilets)"** "senhoras"; **a ~ doctor** uma médica
ladybird ['leɪdɪbə:d], (US) **ladybug** ['leɪdɪbʌg] N joaninha
lady-in-waiting N dama de companhia
lady-killer ['leɪdɪkɪlə^r] N mulherengo
ladylike ['leɪdɪlaɪk] ADJ elegante, refinado
ladyship ['leɪdɪʃɪp] N: **your ~** Sua Senhoria
lag [læg] N (period of time) atraso, retardamento ▶ VI (also: **lag behind**) ficar para trás ▶ VT (pipes) revestir com isolante térmico
lager ['lɑ:gə^r] N cerveja leve e clara
lagging ['lægɪŋ] N revestimento
lagoon [lə'gu:n] N lagoa
Lagos ['leɪgɔs] N Lagos
laid [leɪd] PT, PP of **lay**
laid-back (inf) ADJ descontraído
laid up ADJ: **to be ~ with flu** ficar de cama com gripe
lain [leɪn] PP of **lie**
lair [lɛə^r] N covil m, toca
laissez-faire [lɛseɪ'fɛə^r] N laissez-faire m
laity ['leɪətɪ] N leigos mpl
lake [leɪk] N lago
Lake District (BRIT) N: **the ~** a região dos Lagos

lamb [læm] N cordeiro
lamb chop N costeleta de cordeiro
lambskin ['læmskɪn] N pele *f* de cordeiro
lambswool ['læmzwʊl] N lã *f* de cordeiro
lame [leɪm] ADJ coxo, manco; (*excuse, argument*) pouco convincente, fraco; **~ duck** (*fig*) pessoa incapaz
lamely ['leɪmlɪ] ADV (*fig*) sem convicção
lament [lə'mɛnt] N lamento, queixa ▶ VT lamentar-se de
lamentable ['læməntəbl] ADJ lamentável
laminated ['læmɪneɪtɪd] ADJ laminado
lamp [læmp] N lâmpada
lamplight ['læmplaɪt] N: **by ~** à luz da lâmpada
lampoon [læm'pu:n] VT satirizar
lamppost ['læmppəʊst] (BRIT) N poste *m*
lampshade ['læmpʃeɪd] N abajur *m*, quebra-luz *m*
lance [lɑ:ns] N lança ▶ VT (*Med*) lancetar
lance corporal (BRIT) N cabo
lancet ['lɑ:nsɪt] N (*Med*) bisturi, lanceta
Lancs [læŋks] (BRIT) ABBR = **Lancashire**
land [lænd] N terra; (*country*) país *m*; (*piece of land*) terreno; (*estate*) terras *fpl*, propriedades *fpl*; (*Agr*) solo ▶ VI (*from ship*) desembarcar; (*Aviat*) pousar, aterrissar (BR), aterrar (PT); (*fig: arrive unexpectedly*) cair, terminar ▶ VT (*obtain*) conseguir; (*passengers, goods*) desembarcar; **to go/travel by ~** ir/viajar por terra; **to own ~** ter propriedades; **to ~ on one's feet** (*fig*) dar-se bem, cair de pé; **to ~ sb with sth** (*inf*) sobrecarregar alguém com algo
▶ **land up** VI: **to ~ up in/at** ir parar em
landed gentry ['lændɪd-] N proprietários *mpl* de terras
landfill site ['lændfɪl-] N aterro sanitário
landing ['lændɪŋ] N (*from ship*) desembarque *m*; (*Aviat*) pouso, aterrissagem *f* (BR), aterragem *f* (PT); (*of staircase*) patamar *m*
landing card N cartão *m* de desembarque
landing craft N navio para desembarque
landing gear N trem *m* de aterrissagem (BR) or de aterragem (PT)
landing stage (BRIT) N cais *m* de desembarque
landing strip N pista de aterrissagem (BR) or de aterragem (PT)
landlady ['lændleɪdɪ] N (*of rented property*) senhoria; (*of pub*) dona, proprietária
landline ['lændlaɪn] N telefone *m* fixo
landlocked ['lændlɔkt] ADJ cercado de terra
landlord ['lændlɔ:d] N senhorio, locador *m*; (*of pub etc*) dono, proprietário
landlubber ['lændlʌbə^r] N *pessoa desacostumada ao mar*
landmark ['lændmɑ:k] N lugar *m* conhecido; (*fig*) marco
landowner ['lændəʊnə^r] N latifundiário(-a)
landscape ['lændskeɪp] N paisagem *f*
landscape architect N paisagista *m/f*
landscaped ['lændskeɪpt] ADJ projetado paisagisticamente

203 | **lamb – laser beam**

landscape gardener N paisagista *m/f*
landscape painting N (*Art: genre*) paisagismo; (: *picture*) paisagem *f*
landslide ['lændslaɪd] N (*Geo*) desmoronamento, desabamento; (*fig: Pol*) vitória esmagadora
lane [leɪn] N (*in country*) caminho, estrada estreita; (*in town*) ruela; (*Aut*) pista; (*in race*) raia; (*for air or sea traffic*) rota
language ['læŋgwɪdʒ] N língua; (*way one speaks, Comput, style*) linguagem *f*; **bad ~** palavrões *mpl*
language laboratory N laboratório de línguas
language school N escola de línguas
languid ['læŋgwɪd] ADJ lânguido
languish ['læŋgwɪʃ] VI elanguescer, debilitar-se
lank [læŋk] ADJ (*hair*) liso
lanky ['læŋkɪ] ADJ magricela
lanolin, lanoline ['lænəlɪn] N lanolina
lantern ['læntn] N lanterna
Laos [laʊs] N Laos *m*
lap [læp] N (*of track*) volta; (*of person*) colo ▶ VT (*also*: **lap up**) lamber ▶ VI (*waves*) marulhar
▶ **lap up** VT (*fig: food*) comer sofregamente; (: *compliments*) receber com sofreguidão
La Paz [læ'pæz] N La Paz
lapdog ['læpdɔg] N cãozinho de estimação
lapel [lə'pɛl] N lapela
Lapland ['læplænd] N Lapônia
Lapp [læp] ADJ, N lapão(-ona) *m/f*
lapse [læps] N lapso; (*bad behaviour*) deslize *m* ▶ VI (*expire*) caducar; (*law*) prescrever; (*morally*) decair; **to ~ into bad habits** adquirir maus hábitos; **~ of time** lapso, intervalo; **a ~ of memory** um lapso de memória
laptop ['læptɔp], **laptop computer** N laptop *m*
larceny ['lɑ:sənɪ] N furto; **petty ~** delito leve
larch [lɑ:tʃ] N lariço
lard [lɑ:d] N banha de porco
larder ['lɑ:də^r] N despensa
large [lɑ:dʒ] ADJ grande; (*fat*) gordo; **at ~** (*free*) em liberdade; (*generally*) em geral; **to make ~r** ampliar; **a ~ number of people** um grande número de pessoas; **by and ~** de modo geral; **on a ~ scale** em grande escala
largely ['lɑ:dʒlɪ] ADV em grande parte; (*introducing reason*) principalmente
large-scale ADJ (*map*) em grande escala; (*fig*) importante, de grande alcance
largesse [lɑ:'ʒɛs] N generosidade *f*
lark [lɑ:k] N (*bird*) cotovia; (*joke*) brincadeira, peça
▶ **lark about** VI divertir-se, brincar
larva ['lɑ:və] (*pl* **larvae**) N larva
larvae ['lɑ:vi:] NPL *of* **larva**
laryngitis [lærɪn'dʒaɪtɪs] N laringite *f*
larynx ['lærɪŋks] N laringe *f*
lascivious [lə'sɪvɪəs] ADJ lascivo
laser ['leɪzə^r] N laser *m*
laser beam N raio laser

laser printer N impressora a laser
lash [læʃ] N chicote m, açoite m; (blow) chicotada; (also: **eyelash**) pestana, cílio ▶ VT chicotear, açoitar; (subj: rain, wind) castigar; (tie) atar
▶ **lash down** VT atar, amarrar ▶ VI (rain) cair em bátegas
▶ **lash out** VI: **to ~ out (at sb)** atacar (alguém) violentamente; **to ~ out at** or **against sb** (criticize) atacar alguém verbalmente; **to ~ out (on sth)** (inf: spend) esbanjar dinheiro (em algo)
lashings ['læʃɪŋz] (BRIT inf) NPL: **~ of** (cream etc) montes mpl de, um montão de
lass [læs] (BRIT) N moça
lasso [læ'suː] N laço ▶ VT laçar
last [lɑːst] ADJ último; (final) derradeiro ▶ ADV em último lugar ▶ VI (endure) durar; (continue) continuar; **~ week** a semana passada; **~ night** ontem à noite; **at ~** finalmente; **at ~!** até que enfim!; **~ but one** penúltimo; **the ~ time** a última vez; **it ~s (for) 2 hours** dura 2 horas
last-ditch ADJ desesperado, derradeiro
lasting ['lɑːstɪŋ] ADJ duradouro
lastly ['lɑːstlɪ] ADV (last of all) por fim, por último; (finally) finalmente
last-minute ADJ de última hora
latch [lætʃ] N trinco, fecho, tranca
▶ **latch on to** VT FUS (cling to: person) grudar em; (: idea) agarrar-se a
latchkey ['lætʃkiː] N chave f de trinco
late [leɪt] ADJ (not on time) atrasado; (far on in day etc) tardio; (hour) avançado; (recent) recente; (former) antigo, ex-, anterior; (dead) falecido ▶ ADV tarde; (behind time, schedule) atrasado; **to be ~** estar atrasado, atrasar; **to be 10 minutes ~** estar atrasado dez minutos; **to work ~** trabalhar até tarde; **~ in life** com idade avançada; **it was too ~** já era tarde; **of ~** recentemente; **in ~ May** no final de maio; **the ~ Mr X** o falecido Sr X
latecomer ['leɪtkʌmə^r] N retardatário(-a)
lately ['leɪtlɪ] ADV ultimamente
lateness ['leɪtnɪs] N (of person) atraso; (of event) hora avançada
latent ['leɪtnt] ADJ latente
later ['leɪtə^r] ADJ (date etc) posterior; (version etc) mais recente ▶ ADV mais tarde, depois; **~ on** mais tarde
lateral ['lætərl] ADJ lateral
latest ['leɪtɪst] ADJ último; **the ~ news** as últimas novidades; **at the ~** no mais tardar
latex ['leɪtɛks] N látex m
lath [læθ] (pl **laths** [læðz]) N ripa
lathe [leɪð] N torno
lather ['lɑːðə^r] N espuma (de sabão) ▶ VT ensaboar ▶ VI fazer espuma
Latin ['lætɪn] N (Ling) latim m ▶ ADJ latino
Latin America N América Latina
Latin American ADJ, N latino-americano(-a)
latitude ['lætɪtjuːd] N (also fig) latitude f
latrine [lə'triːn] N latrina

latter ['lætə^r] ADJ último; (of two) segundo ▶ N: **the ~** o último, este
latterly ['lætəlɪ] ADV ultimamente
lattice ['lætɪs] N treliça
lattice window N janela com treliça de chumbo
Latvia ['lætvɪə] N Letônia
laudable ['lɔːdəbl] ADJ louvável
laudatory ['lɔːdətrɪ] ADJ laudatório, elogioso
laugh [lɑːf] N riso, risada; (loud) gargalhada ▶ VI rir, dar risada (or gargalhada); **(to do sth) for a ~** (fazer algo) só de curtição
▶ **laugh at** VT FUS rir de
▶ **laugh off** VT disfarçar sorrindo
laughable ['lɑːfəbl] ADJ ridículo, absurdo
laughing ['lɑːfɪŋ] ADJ risonho; **this is no ~ matter** isto não é para rir
laughing gas N gás m hilariante
laughing stock N alvo de riso
laughter ['lɑːftə^r] N riso, risada; (people laughing) risos mpl
launch [lɔːntʃ] N (boat) lancha; (Comm, of rocket etc) lançamento ▶ VT (ship, rocket, plan) lançar
▶ **launch into** VT FUS lançar-se a
▶ **launch out** VI: **to ~ out (into)** lançar-se (a)
launching ['lɔːntʃɪŋ] N (of rocket etc) lançamento
launching pad, launch pad N plataforma de lançamento
launder ['lɔːndə^r] VT lavar e passar; (money) lavar
Launderette® [lɔːn'drɛt] (BRIT) N lavanderia automática
Laundromat® ['lɔːndrəmæt] (US) N lavanderia automática
laundry ['lɔːndrɪ] N lavanderia; (clothes) roupa para lavar; **to do the ~** lavar a roupa
laureate ['lɔːrɪət] ADJ see **poet**
laurel ['lɔrl] N louro; (Bot) loureiro; **to rest on one's ~s** dormir sobre os louros
lava ['lɑːvə] N lava
lavatory ['lævətərɪ] N privada (BR), casa de banho (PT); **lavatories** NPL (public) sanitários mpl (BR), lavabos mpl (PT)
lavatory paper (BRIT) N papel m higiênico
lavender ['lævəndə^r] N lavanda
lavish ['lævɪʃ] ADJ (amount) generoso; (person): **~ with** pródigo em, generoso com ▶ VT: **to ~ sth on sb** encher or cobrir alguém de algo
lavishly ['lævɪʃlɪ] ADV (give, spend) prodigamente; (furnished) luxuosamente
law [lɔː] N lei f; (rule) regra; (Sch) direito; **against the ~** contra a lei; **to study ~** estudar direito; **to go to ~** (BRIT) recorrer à justiça
law-abiding [-ə'baɪdɪŋ] ADJ obediente à lei
law and order N a ordem pública
lawbreaker ['lɔːbreɪkə^r] N infrator(a) m/f (da lei)
law court N tribunal m de justiça
lawful ['lɔːful] ADJ legal, lícito
lawfully ['lɔːfulɪ] ADV legalmente
lawless ['lɔːlɪs] ADJ (act) ilegal; (person) rebelde; (country) sem lei, desordenado

lawmaker ['lɔːmeɪkə'] N legislador(a) m/f
lawn [lɔːn] N gramado (BR), relvado (PT)
lawnmower ['lɔːnməʊə'] N cortador m de grama (BR) or de relva (PT)
lawn tennis N tênis m de gramado (BR) or de relvado (PT)
law school (US) N faculdade f de direito
law student N estudante m/f de direito
lawsuit ['lɔːsuːt] N ação f judicial, processo; **to bring a ~ against** mover processo contra
lawyer ['lɔːjə'] N advogado(-a); (for sales, wills etc) notário(-a), tabelião(-liã) m/f
lax [læks] ADJ (discipline) relaxado; (person) negligente
laxative ['læksətɪv] N laxante m
laxity ['læksɪtɪ] N: **moral ~** falta de escrúpulo or caráter
lay [leɪ] (pt, pp **laid**) VT (place) colocar; (eggs, table) pôr; (trap) armar; (plan) traçar ▶ PT of **lie** ▶ ADJ leigo; **to ~ the table** pôr a mesa; **to ~ the facts/one's proposals before sb** apresentar os fatos/suas propostas a alguém; **to get laid** (!) trepar (!)
▶ **lay aside** VT pôr de lado
▶ **lay by** VT = **lay aside**
▶ **lay down** VT (object) depositar; (flat) deitar; (arms) depor; (rules etc) impor, estabelecer; **to ~ down the law** (pej) impor regras; **to ~ down one's life** sacrificar voluntariamente a vida
▶ **lay in** VT armazenar, abastecer-se de
▶ **lay into** (inf) VT FUS (attack) surrar, espancar; (scold) dar uma bronca em
▶ **lay off** VT (workers) demitir
▶ **lay on** VT (water, gas) instalar; (meal, entertainment) prover; (paint) aplicar
▶ **lay out** VT (spread out) dispor em ordem; (design) planejar; (display) expor; (spend) esbanjar
▶ **lay up** VT (store) estocar; (ship) pôr fora de serviço; (subj: illness) acometer
layabout ['leɪəbaʊt] (inf) N vadio(-a), preguiçoso(-a)
lay-by (BRIT) N acostamento
lay days NPL (Naut) dias mpl de estadia
layer ['leɪə'] N camada
layette [leɪ'ɛt] N enxoval m de bebê
layman ['leɪmən] (irreg: like **man**) N leigo
lay-off N demissão f
layout ['leɪaʊt] N (of garden, building) desenho; (of piece of writing) leiaute m; (disposition) disposição f; (Press) composição f
laze [leɪz] VI descansar; (also: **laze about**) vadiar
laziness ['leɪzɪnɪs] N preguiça
lazy ['leɪzɪ] ADJ preguiçoso; (movement) lento
lb. ABBR (weight) = **pound**
lbw ABBR (Cricket: = leg before wicket) falta em que o batedor está com a perna em frente da meta
LC (US) N ABBR = **Library of Congress**
L/C ABBR = **letter of credit**
LCD N ABBR = **liquid crystal display**
Ld (BRIT) ABBR (= lord) título honorífico

LDS N ABBR (= Licentiate in Dental Surgery) diploma universitário; (= Latter-day Saints) os Santos dos Últimos Dias
LEA (BRIT) N ABBR (= local education authority) departamento de ensino do município
lead¹ [liːd] (pt, pp **led**) N (front position) dianteira; (Sport) liderança; (fig) vantagem f; (clue) pista; (Elec) fio; (for dog) correia; (in play, film) papel m principal ▶ VT conduzir; (guide) levar; (induce) levar, induzir; (be leader of) chefiar; (start, guide: activity) encabeçar; (Sport) liderar; (orchestra: BRIT) ser a primeira figura de; (: US) reger ▶ VI encabeçar; **to ~ sb astray** desencaminhar alguém; **to be in the ~** (Sport: in race) estar na frente; (: in match) estar ganhando; **to take the ~** (Sport) disparar na frente; (fig) tomar a dianteira; **to ~ the way** assumir a direção; **to ~ sb to believe that ...** levar alguém a acreditar que ...; **to ~ sb to do sth** levar alguém a fazer algo
▶ **lead away** VT levar
▶ **lead back** VT levar de volta
▶ **lead off** VI (in game etc) começar
▶ **lead on** VT (tease) provocar; **to ~ sb on to** induzir alguém
▶ **lead to** VT FUS levar a, conduzir a
▶ **lead up to** VT FUS conduzir a
lead² [lɛd] N chumbo; (in pencil) grafite f
leaded ['lɛdɪd] ADJ (petrol) com chumbo; **~ window** janela com pequenas lâminas de vidro presas por tiras de chumbo
leaden ['lɛdən] ADJ (sky, sea) cor de chumbo, cinzento
leader ['liːdə'] N líder m/f, chefe m/f; (of party, union etc) líder m/f; (of gang) cabeça m/f; (of newspaper) artigo de fundo; **they are ~s in their field** são os líderes na área em que atuam; **the L~ of the House** (BRIT) o chefe dos ministros na Câmara
leadership ['liːdəʃɪp] N liderança; (quality) poder m de liderança; **under the ~ of ...** sob a liderança de ...; (army) sob o comando de ...; **qualities of ~** qualidades de liderança
lead-free [lɛd-] ADJ sem chumbo
leading ['liːdɪŋ] ADJ (main) principal; (role) de destaque; (first, front) primeiro, dianteiro; **a ~ question** uma pergunta capciosa; **~ role** papel de destaque
leading lady N (Theatre) primeira atriz f
leading light N (person) figura principal, destaque m
leading man (irreg: like **man**) N (Theatre) ator m principal
lead pencil [lɛd-] N lápis f de grafite
lead poisoning [lɛd-] N saturnismo
lead singer [liːd-] N (in pop group) cantor(a) m/f
lead time [liːd-] N (Comm) prazo de entrega
lead weight [lɛd-] N peso de chumbo
leaf [liːf] N (pl **leaves**) folha; (of table) aba ▶ VI: **to ~ through** (book) folhear; **to turn over a new ~** mudar de vida, partir para outra (inf); **to take a ~ out of sb's book** (fig) seguir o exemplo de alguém

leaflet ['li:flɪt] N folheto
leafy ['li:fɪ] ADJ folhoso, folhudo
league [li:g] N liga; (Football: championship) campeonato; (: table) classificação f; **to be in ~ with** estar de comum acordo com
leak [li:k] N (of liquid, gas) escape m, vazamento; (hole) buraco, rombo; (in roof) goteira; (fig: of information) vazamento ▶ VI (ship) fazer água; (shoe) deixar entrar água; (roof) gotejar; (pipe, container, liquid) vazar; (gas) escapar; (fig: news) vazar ▶ VT (news) vazar; **the information was ~ed to the enemy** as informações foram passadas para o inimigo
▶ **leak out** VI vazar
leakage ['li:kɪdʒ] N (fig) vazamento
leaky ['li:kɪ] ADJ (pipe, shoe, boat) furado; (roof) com goteira
lean [li:n] (pt, pp **leaned** or **leant**) ADJ magro ▶ N (of meat) carne f magra ▶ VT: **to ~ sth on** encostar or apoiar algo em ▶ VI (slope) inclinar-se; **to ~ against** encostar-se or apoiar-se contra; **to ~ on** encostar-se or apoiar-se em
▶ **lean back** VI (move body) inclinar-se para trás; (against wall, in chair) recostar-se
▶ **lean forward** VI inclinar-se para frente
▶ **lean out** VI: **to ~ out (of)** inclinar-se para fora (de)
▶ **lean over** VI debruçar-se ▶ VT FUS debruçar-se sobre
leaning ['li:nɪŋ] ADJ inclinado ▶ N: **~ (towards)** inclinação f (para); **the L~ Tower of Pisa** a torre inclinada de Pisa
leant [lɛnt] PT, PP of **lean**
lean-to N alpendre m
leap [li:p] (pt, pp **leaped** or **leapt**) N salto, pulo ▶ VI saltar
▶ **leap at** VT FUS: **to ~ at an offer** agarrar uma oferta
▶ **leap up** VI (person) levantar-se num ímpeto
leapfrog ['li:pfrɔg] N jogo de pular carniça
leapt [lɛpt] PT, PP of **leap**
leap year N ano bissexto
learn [lə:n] (pt, pp **learned** or **learnt**) VT aprender; (by heart) decorar ▶ VI aprender; **to ~ about sth** (Sch) instruir-se sobre algo; (hear, read) saber de algo; **we were sorry to ~ that ...** sentimos tomar conhecimento de que ...; **to ~ to do sth** aprender a fazer algo
learned ['lə:nɪd] ADJ erudito
learner ['lə:nə^r] N principiante m/f; (BRIT: also: **learner driver**) aprendiz m/f de motorista
learning ['lə:nɪŋ] N (process) aprendizagem f; (quality) erudição f; (knowledge) saber m
learnt [lə:nt] PT, PP of **learn**
lease [li:s] N arrendamento ▶ VT arrendar; **on ~** em arrendamento
▶ **lease back** VT vender e alugar do comprador
leaseback ['li:sbæk] N venda de uma propriedade com a condição do comprador alugá-la ao vendedor
leasehold ['li:shəuld] N (contract) arrendamento ▶ ADJ arrendado

leash [li:ʃ] N correia
least [li:st] ADJ: **the ~** (+n) o/a menor; (smallest amount of) a menor quantidade de ▶ ADV: **the ~** (+adj) o/a menos; **the ~ money** o menos dinheiro de todos; **the ~ expensive** o menos caro/a menos cara; **the ~ possible effort** o menor esforço possível; **at ~** pelo menos; **you could at ~ have written** você poderia pelo menos ter escrito; **not in the ~** de maneira nenhuma
leather ['lɛðə^r] N couro ▶ CPD de couro; **~ goods** artigos mpl de couro
leave [li:v] (pt, pp **left**) VT deixar; (go away from) abandonar ▶ VI ir-se, sair; (train) sair ▶ N (consent) permissão f, licença; (time off, Mil) licença; **to ~ sth to sb** (money etc) deixar algo para alguém; **to be left** sobrar; **there's some milk left over** sobrou um pouco de leite; **to ~ school** sair da escola; **~ it to me!** deixe comigo!; **on ~** de licença; **to take one's ~ of** despedir-se de
▶ **leave behind** VT (also fig) deixar para trás; (forget) esquecer
▶ **leave off** VT (lid, cover) não colocar; (heating) não ligar; (light) deixar apagado; (BRIT inf: stop): **to ~ off (doing sth)** parar (de fazer algo)
▶ **leave on** VT (coat etc) ficar com, não tirar; (lid) não tirar; (light, fire) deixar aceso; (radio) deixar ligado
▶ **leave out** VT omitir
leave of absence N licença excepcional
leaves [li:vz] NPL of **leaf**
Lebanese [lɛbə'ni:z] ADJ, N INV libanês(-esa) m/f
Lebanon ['lɛbənən] N Líbano
lecherous ['lɛtʃərəs] (pej) ADJ lascivo
lectern ['lɛktə:n] N atril m
lecture ['lɛktʃə^r] N conferência, palestra; (Sch) aula ▶ VI dar aulas, lecionar ▶ VT (scold) passar um sermão em; **to give a ~ on** dar uma conferência sobre
lecture hall N salão m de conferências, anfiteatro
lecturer ['lɛktʃərə^r] N conferencista m/f (BR), conferente m/f (PT); (BRIT: at university) professor(a) m/f; **assistant ~** (BRIT) assistente m/f; **senior ~** (BRIT) lente m/f
lecture theatre N = **lecture hall**
LED N ABBR (= light-emitting diode) LED m
led [lɛd] PT, PP of **lead**¹
ledge [lɛdʒ] N (of window) peitoril m; (of mountain) saliência, proeminência
ledger ['lɛdʒə^r] N livro-razão m, razão m
lee [li:] N sotavento; **in the ~ of** ao abrigo de
leech [li:tʃ] N sanguessuga
leek [li:k] N alho-poró m
leer [lɪə^r] VI: **to ~ at sb** olhar maliciosamente para alguém
leeward ['li:wəd] ADJ de sotavento ▶ ADV a sotavento ▶ N sotavento; **to ~** para sotavento
leeway ['li:weɪ] N (fig): **to make up ~** reduzir o atraso; **to have some ~** ter certa liberdade de ação

left [lɛft] PT, PP of **leave** ▶ ADJ esquerdo ▶ N esquerda ▶ ADV à esquerda; **on the ~** à esquerda; **to the ~** para a esquerda; **the L~** (Pol) a Esquerda
left-hand drive (BRIT) N direção f do lado esquerdo
left-handed [-'hændɪd] ADJ canhoto; (scissors etc) para canhotos
left-hand side N lado esquerdo
leftie ['lɛftɪ] N (inf) esquerdista m/f
leftist ['lɛftɪst] ADJ (Pol) esquerdista
left-luggage, (BRIT) left-luggage office N depósito de bagagem
leftovers ['lɛftəuvəz] NPL sobras fpl
left wing N (Mil, Sport) ala esquerda; (Pol) esquerda
left-wing ADJ (Pol) de esquerda, esquerdista
left-winger N (Pol) esquerdista m/f; (Sport) ponta-esquerda m/f
leg [lɛg] N perna; (of animal) pata; (of chair) pé m; (Culin: of meat) perna; (of journey) etapa; **1st/2nd ~** (Sport) primeiro/segundo turno; **to pull sb's ~** brincar or mexer com alguém; **to stretch one's ~s** esticar as pernas
legacy ['lɛgəsɪ] N legado; (fig) herança
legal ['liːgl] ADJ (lawful, of law) legal; (terminology, enquiry etc) jurídico; **to take ~ proceedings** or **action against sb** instaurar processo contra alguém
legal adviser N consultor(a) m/f jurídico(-a)
legal holiday (US) N feriado
legality [lɪ'gælɪtɪ] N legalidade f
legalize ['liːgəlaɪz] VT legalizar
legally ['liːgəlɪ] ADV legalmente; (in terms of law) de acordo com a lei
legal tender N moeda corrente
legation [lə'geɪʃən] N legação f
legend ['lɛdʒənd] N lenda; (person) mito
legendary ['lɛdʒəndərɪ] ADJ legendário
-legged ['lɛgɪd] SUFFIX: **two~** de duas patas (or pernas)
leggings ['lɛgɪŋz] NPL (over-trousers) perneiras fpl; (women's) legging f
legibility [lɛdʒɪ'bɪlɪtɪ] N legibilidade f
legible ['lɛdʒəbl] ADJ legível
legibly ['lɛdʒəblɪ] ADV legivelmente
legion ['liːdʒən] N legião f
legionnaire [liːdʒə'nɛəʳ] N legionário; **~'s disease** doença rara parecida à pneumonia
legislate ['lɛdʒɪsleɪt] VI legislar
legislation [lɛdʒɪs'leɪʃən] N legislação f; **a piece of ~** uma lei
legislative ['lɛdʒɪslətɪv] ADJ legislativo
legislator ['lɛdʒɪsleɪtəʳ] N legislador(a) m/f
legislature ['lɛdʒɪslətʃəʳ] N legislatura
legitimacy [lɪ'dʒɪtɪməsɪ] N legitimidade f
legitimate [lɪ'dʒɪtɪmət] ADJ legítimo
legitimize [lɪ'dʒɪtɪmaɪz] VT legitimar
legless ['lɛglɪs] ADJ (BRIT inf) bebum
leg-room N espaço para as pernas
Leics (BRIT) ABBR = **Leicestershire**
leisure ['lɛʒəʳ] N lazer m; **at ~** desocupado, livre

leisure centre N centro de lazer
leisurely ['lɛʒəlɪ] ADJ calmo, vagaroso
leisure suit (BRIT) N jogging m
lemon ['lɛmən] N limão(-galego) m
lemonade [lɛmə'neɪd] N limonada
lemon cheese N coalho or pasta de limão
lemon curd N coalho or pasta de limão
lemon juice N suco (BR) or sumo (PT) de limão
lemon squeezer [-'skwiːzəʳ] N espremedor m de limão
lemon tea N chá m de limão
lend [lɛnd] (pt, pp **lent**) VT: **to ~ sth to sb** emprestar algo a alguém; **to ~ a hand** dar uma ajuda
lender ['lɛndəʳ] N emprestador(a) m/f
lending library ['lɛndɪŋ] N biblioteca circulante
length [lɛŋθ] N comprimento, extensão f; (of swimming pool) extensão f; (piece: of wood, string etc) comprimento; (section: of road, pipe etc) trecho; (amount of time) duração f; **what ~ is it?** de que comprimento é?; **it is 2 metres in ~** tem dois metros de comprimento; **to fall full ~** cair estirado; **at ~** (at last) finalmente, afinal; (lengthily) por extenso; **to go to any ~(s) to do sth** fazer qualquer coisa para fazer algo
lengthen ['lɛŋθən] VT encompridar, alongar ▶ VI encompridar-se
lengthways ['lɛŋθweɪz] ADV longitudinalmente, ao comprido
lengthy ['lɛŋθɪ] ADJ comprido, longo; (meeting) prolongado
leniency ['liːnɪənsɪ] N indulgência
lenient ['liːnɪənt] ADJ indulgente
leniently ['liːnɪəntlɪ] ADV com indulgência
lens [lɛnz] N (of spectacles) lente f; (of camera) objetiva
Lent [lɛnt] N Quaresma
lent [lɛnt] PT, PP of **lend**
lentil ['lɛntl] N lentilha
Leo ['liːəu] N Leão m
leopard ['lɛpəd] N leopardo
leotard ['liːətɑːd] N collant m
leper ['lɛpəʳ] N leproso(-a)
leper colony N leprosário
leprosy ['lɛprəsɪ] N lepra
lesbian ['lɛzbɪən] ADJ lésbico ▶ N lésbica
lesion ['liːʒən] N (Med) lesão f
Lesotho [lɪ'suːtuː] N Lesoto
less [lɛs] ADJ, PRON, ADV menos ▶ PREP: **~ tax/10% discount** menos imposto/10% de desconto; **~ than that/you** menos que isso/você; **~ than half** menos da metade; **~ than ever** menos do que nunca; **~ than 1/a kilo/ 3 metres** menos de um/um quilo/3 metros; **~ and ~** cada vez menos; **the ~ he works ...** quanto menos trabalha ...; **income ~ expenses** renda menos despesas
lessee [lɛ'siː] N arrendatário(-a), locatário(-a)
lessen ['lɛsn] VI diminuir, minguar ▶ VT diminuir, reduzir

lesser ['lɛsəʳ] ADJ menor; **to a ~ extent** or **degree** nem tanto

lesson ['lɛsn] N aula; (*example, warning*) lição f; **a maths ~** uma aula or uma lição de matemática; **to give ~s in** dar aulas de; **to teach sb a ~** (*fig*) dar uma lição em alguém

lessor ['lɛsəʳ] N arrendador(a) m/f, locador(a) m/f

lest [lɛst] CONJ: **~ it happen** para que não aconteça; **I was afraid ~ he forget** temi que ele esquecesse

let [lɛt] (*pt, pp* **let**) VT (*allow*) deixar; (BRIT: *lease*) alugar; **to ~ sb do sth** deixar alguém fazer algo; **to ~ sb know sth** avisar alguém de algo; **he ~ me go** ele me deixou ir; **~ the water boil and ...** deixe ferver a água e ...; **~'s go!** vamos!; **~ him come!** deixa ele vir!; **"to ~"** "aluga-se"
▶ **let down** VT (*lower*) abaixar; (*dress*) encompridar; (BRIT: *tyre*) esvaziar; (*hair*) soltar; (*disappoint*) desapontar
▶ **let go** VT, VI soltar
▶ **let in** VT deixar entrar; (*visitor etc*) fazer entrar; **what have you ~ yourself in for?** onde você foi se meter?
▶ **let off** VT (*allow to leave*) deixar ir; (*culprit*) perdoar; (*subj: bus driver*) deixar (saltar); (*firework etc*) soltar; **to ~ off steam** (*fig*) desabafar
▶ **let on** VI revelar ▶ VT (*inf*): **to ~ on that ...** dizer por aí que ..., contar que ...
▶ **let out** VT deixar sair; (*dress*) alargar; (*scream*) soltar; (*rent out*) alugar
▶ **let up** VI cessar, afrouxar

let-down N (*disappointment*) decepção f

lethal ['li:θl] ADJ letal; (*wound*) mortal

lethargic [lɛ'θɑ:dʒɪk] ADJ letárgico

lethargy ['lɛθədʒɪ] N letargia

letter ['lɛtəʳ] N (*of alphabet*) letra; (*correspondence*) carta; **small/capital ~** minúscula/maiúscula

letter bomb N carta-bomba

letterbox ['lɛtəbɔks] (BRIT) N caixa do correio

letterhead ['lɛtəhɛd] N cabeçalho

lettering ['lɛtərɪŋ] N letras *fpl*

letter opener N corta-papel m

letterpress ['lɛtəprɛs] N (*method*) impressão f tipográfica

letter quality N qualidade f carta

letters patent N carta patente

lettuce ['lɛtɪs] N alface f

let-up N diminuição f, afrouxamento

leukaemia, (US) **leukemia** [lu:'ki:mɪə] N leucemia

level ['lɛvl] ADJ (*flat*) plano; (*flattened*) nivelado; (*uniform*) uniforme ▶ ADV no mesmo nível ▶ N nível m; (*height*) altura; (*flat place*) plano; (*also*: **spirit level**) nível de bolha ▶ VT aplanar; (*gun*) apontar; (*accusation*): **to ~ (against)** dirigir or lançar (contra) ▶ VI (*inf*): **to ~ with sb** ser franco com alguém; **"A" ~s** (*npl*: BRIT) ≈ vestibular m; **"O" ~s** (*npl*: BRIT) provas prestadas no final do ensino fundamental; **a ~ spoonful** (Culin) uma colherada rasa; **to be ~ with** estar no mesmo nível que; **to draw ~ with** (*team*) empatar com; (*runner, car*) alcançar; **on the ~** em nível; (*fig: honest*) sincero
▶ **level off** VI (*prices etc*) estabilizar-se ▶ VT (*ground*) nivelar, aplanar
▶ **level out** VI, VT = **level off**

level crossing (BRIT) N passagem f de nível

level-headed [-'hɛdɪd] ADJ sensato

levelling, (US) **leveling** ['lɛvlɪŋ] ADJ (*process*) de nivelamento; (*effect*) nivelador(a)

lever ['li:vəʳ] N alavanca; (*fig*) estratagema m
▶ VT: **to ~ up** levantar com alavanca

leverage ['li:vərɪdʒ] N força de uma alavanca; (*fig: influence*) influência

levity ['lɛvɪtɪ] N leviandade f, frivolidade f

levy ['lɛvɪ] N imposto, tributo ▶ VT arrecadar, cobrar

lewd [lu:d] ADJ obsceno, lascivo

LI (US) ABBR = **Long Island**

liability [laɪə'bɪlətɪ] N responsabilidade f; (*handicap*) desvantagem f; **liabilities** NPL (*Comm*) exigibilidades *fpl*, obrigações *fpl*; (*on balance sheet*) passivo

liable ['laɪəbl] ADJ (*subject*): **~ to** sujeito a; (*responsible*): **~ for** responsável por; (*likely*): **~ to do** capaz de fazer; **to be ~ to a fine** ser passível de or sujeito a uma multa

liaise [li:'eɪz] VI: **to ~ (with)** cooperar (com)

liaison [li:'eɪzɔn] N (*coordination*) ligação f; (*affair*) relação f amorosa

liar ['laɪəʳ] N mentiroso(-a)

libel ['laɪbl] N difamação f ▶ VT caluniar, difamar

libellous, (US) **libelous** ['laɪbləs] ADJ difamatório

liberal ['lɪbərl] ADJ liberal; (*generous*) generoso
▶ N: **L~** (*Pol*) Liberal m/f

liberality [lɪbə'rælɪtɪ] N (*generosity*) generosidade f

liberalize ['lɪbərəlaɪz] VT liberalizar

liberal-minded ADJ liberal

liberate ['lɪbəreɪt] VT libertar

liberation [lɪbə'reɪʃən] N liberação f, libertação f

Liberia [laɪ'bɪərɪə] N Libéria

Liberian [laɪ'bɪərɪən] ADJ, N liberiano(-a)

liberty ['lɪbətɪ] N liberdade f; (*criminal*): **to be at ~** estar livre; **to be at ~ to do** ser livre de fazer; **to take the ~ of doing sth** tomar a liberdade de fazer algo

libido [lɪ'bi:dəu] N libido f

Libra ['li:brə] N Libra, Balança

librarian [laɪ'brɛərɪən] N bibliotecário(-a)

library ['laɪbrərɪ] N biblioteca

library book N livro de biblioteca

libretto [lɪ'brɛtəu] N libreto

Libya ['lɪbɪə] N Líbia

Libyan ['lɪbɪən] ADJ, N líbio(-a)

lice [laɪs] NPL *of* **louse**

licence, (US) **license** ['laɪsns] N (*gen, Comm*) licença; (*Aut*) carta de motorista (BR), carta

de condução (PT); (excessive freedom) libertinagem f; **produced under ~** fabricado sob licença
licence number (BRIT) N (Aut) número da placa
license ['laɪsns] N (US) = **licence** ▶ VT autorizar, dar licença a; (car) licenciar
licensed ['laɪsnst] ADJ (car) autorizado oficialmente; (for alcohol) autorizado para vender bebidas alcoólicas
licensee [laɪsən'siː] (BRIT) N (in a pub) dono(-a)
license plate (US) N (Aut) placa (de identificação) (do carro)
licentious [laɪ'sɛnʃəs] ADJ licencioso
lichen ['laɪkən] N líquen m
lick [lɪk] VT lamber; (inf: defeat) arrasar, surrar ▶ N lambida; **to ~ one's lips** (also fig) lamber os beiços; **a ~ of paint** uma mão de pintura
licorice ['lɪkərɪs] (US) N = **liquorice**
lid [lɪd] N (of box, case, pan) tampa; (eyelid) pálpebra; **to take the ~ off sth** (fig) desvendar algo
lido ['laɪdəu] N piscina pública ao ar livre
lie [laɪ] N (pt **lay**, pp **lain**) (act) deitar-se; (state) estar deitado; (object: be situated) estar, encontrar-se; (fig: problem, cause) residir; (in race, league) ocupar; (pt, pp **lied**) (: tell lies) mentir ▶ N mentira; **to ~ low** (fig) esconder-se; **to tell ~s** dizer mentiras, mentir
  ▶ **lie about** VI (things) estar espalhado; (people) vadiar
  ▶ **lie around** VI = **lie about**
  ▶ **lie back** VI recostar-se
  ▶ **lie down** VI deitar-se
Liechtenstein ['lɪktənstaɪn] N Liechtenstein m
lie detector N detector m de mentiras
lie-down (BRIT) N: **to have a ~** descansar
lie-in (BRIT) N: **to have a ~** dormir até tarde
lieu [luː]: **in ~ of** PREP em vez de
Lieut. ABBR (= lieutenant) Ten.
lieutenant [lɛf'tɛnənt, (US) luː'tɛnənt] N (Mil) tenente m
lieutenant-colonel N tenente-coronel m
life [laɪf] N (pl **lives**) vida ▶ CPD (imprisonment) perpétuo; (style) de vida; **true to ~** fiel à realidade; **to come to ~** (fig) animar-se; **to paint from ~** pintar copiando a natureza; **to be sent to prison for ~** ser condenado a prisão perpétua; **country/city ~** vida campestre/urbana
life annuity N renda vitalícia
life assurance (BRIT) N = **life insurance**
lifebelt ['laɪfbɛlt] (BRIT) N cinto salva-vidas
lifeblood ['laɪfblʌd] N (fig) força vital
lifeboat ['laɪfbəut] N barco salva-vidas
lifebuoy ['laɪfbɔɪ] N boia salva-vidas
life expectancy N expectativa de vida
lifeguard ['laɪfgɑːd] N salva-vidas m/f
life imprisonment N prisão f perpétua
life insurance N seguro de vida
life jacket N colete m salva-vidas
lifeless ['laɪflɪs] ADJ sem vida; (fig) sem graça

lifelike ['laɪflaɪk] ADJ natural; (realistic) realista
lifeline ['laɪflaɪn] N corda salva-vidas
lifelong ['laɪflɔŋ] ADJ que dura todo a vida
life preserver [-prɪ'zəːvər] (US) N = **lifebelt**; **life jacket**
life-raft N balsa salva-vidas
life-saver [-'seɪvər] N (guarda m) salva-vidas m/f
life sentence N pena de prisão perpétua
life-size [-saɪz], **life-sized** [-saɪzd] ADJ de tamanho natural
life-span N vida, duração f
life style N estilo de vida
life support system N (Med) sistema m de respiração artificial
lifetime ['laɪftaɪm] N vida; **in his ~** durante a sua vida; **once in a ~** uma vez na vida; **the chance of a ~** uma oportunidade única
lift [lɪft] VT levantar; (steal) roubar ▶ VI (fog) dispersar-se, dissipar-se ▶ N (BRIT: elevator) elevador m; **to give sb a ~** (BRIT) dar uma carona para alguém (BR), dar uma boleia a alguém (PT)
  ▶ **lift off** VI (rocket, helicopter) decolar
  ▶ **lift out** VT tirar; (troops etc) evacuar de avião or helicóptero
  ▶ **lift up** VT levantar
lift-off ['lɪftɔf] N decolagem f
ligament ['lɪgəmənt] N ligamento
light [laɪt] (pt, pp **lit**) N luz f; (lamp) luz, lâmpada; (daylight) (luz do) dia m; (Aut: headlight) farol m; (: rear light) luz traseira; (for cigarette etc): **have you got a ~?** tem fogo? ▶ VT (candle, cigarette, fire) acender; (room) iluminar ▶ ADJ (colour, room) claro; (not heavy: also fig) leve; (rain, traffic) fraco; (movement, action) delicado ▶ ADV (travel) com pouca bagagem; **lights** NPL (Aut) sinal m de trânsito; **to turn the ~ on/off** acender/ apagar a luz; **to cast** or **shed** or **throw ~ on** esclarecer; **to come to ~** vir à tona; **in the ~ of** à luz de; **to make ~ of sth** (fig) não levar algo a sério, fazer pouco caso de algo
  ▶ **light up** VI (smoke) acender um cigarro; (face) iluminar-se ▶ VT (illuminate) iluminar; (cigarette etc) acender
light bulb N lâmpada
lighten ['laɪtən] VI (grow light) clarear ▶ VT (give light to) iluminar; (make lighter) clarear; (make less heavy) tornar mais leve
lighter ['laɪtər] N (also: **cigarette lighter**) isqueiro, acendedor m; (boat) chata
light-fingered [-'fɪŋgəd] ADJ gatuno; **to be ~** ter mão leve
light-headed [-'hɛdɪd] ADJ (dizzy) aturdido, tonto; (excited) exaltado; (by nature) estouvado
light-hearted ADJ alegre, despreocupado
lighthouse ['laɪthaus] N farol m
lighting ['laɪtɪŋ] N (act, system) iluminação f
lighting-up time (BRIT) N hora oficial hora oficial do anoitecer

lightly ['laɪtlɪ] ADV (touch) ligeiramente; (thoughtlessly) despreocupadamente; (slightly) levemente; (not seriously) levianamente; **to get off ~** conseguir se safar, livrar a cara (inf)

light meter N (Phot) fotômetro

lightness ['laɪtnɪs] N claridade f; (in weight) leveza

lightning ['laɪtnɪŋ] N relâmpago, raio

lightning conductor N para-raios m inv

lightning rod (US) N = **lightning conductor**

lightning strike (BRIT) N greve f relâmpago

light pen N caneta leitora

lightship ['laɪtʃɪp] N navio-farol m

lightweight ['laɪtweɪt] ADJ (suit) leve; (Boxing) peso-leve

light year N ano-luz m

like [laɪk] VT gostar de ▶ PREP como; (such as) tal qual ▶ ADJ parecido, semelhante ▶ N: **the ~** coisas fpl parecidas; **his ~s and dislikes** seus gostos e aversões; **I would ~, I'd ~** (eu) (eu) gostaria de; **would you ~ a coffee?** você quer um café?; **to be** or **look ~ sb/sth** parecer-se com alguém/algo, parecer alguém/algo; **what does it look/taste/sound ~?** como é que é?/tem gosto de quê?/como é que soa?; **what's the weather ~?** como está o tempo?; **that's just ~ him** é típico dele; **something ~ that** uma coisa dessas; **do it ~ this** faça isso assim; **I feel ~ a drink** estou com vontade de tomar um drinque; **it is nothing ~ ...** não se parece nada com ...

likeable ['laɪkəbl] ADJ simpático, agradável

likelihood ['laɪklɪhud] N probabilidade f

likely ['laɪklɪ] ADJ provável; (excuse) plausível; **he's ~ to leave** é provável que ele se vá; **not ~!** (inf) nem morto!

like-minded ADJ da mesma opinião

liken ['laɪkən] VT: **to ~ sth to sth** comparar algo com algo

likeness ['laɪknɪs] N semelhança; **that's a good ~** tem uma grande semelhança

likewise ['laɪkwaɪz] ADV igualmente; **to do ~** fazer o mesmo

liking ['laɪkɪŋ] N afeição f, simpatia; **to take a ~ to sb** simpatizar com alguém; **to be to sb's ~** ser ao gosto de alguém

lilac ['laɪlək] N lilás m ▶ ADJ (colour) de cor lilás

lilt [lɪlt] N cadência

lilting ['lɪltɪŋ] ADJ cadenciado

lily ['lɪlɪ] N lírio, açucena

lily of the valley N lírio-do-vale m

Lima ['liːmə] N Lima

limb [lɪm] N membro; **to be out on a ~** (fig) estar isolado

limber up ['lɪmbər-] VI (Sport) fazer aquecimento

limbo ['lɪmbəu] N: **to be in ~** (fig) viver na expectativa

lime [laɪm] N (tree) limeira; (fruit) limão m; (also: **lime juice**) suco (BR) or sumo (PT) de limão; (Geo) cal f

limelight ['laɪmlaɪt] N: **to be in the ~** (fig) ser o centro das atenções

limerick ['lɪmərɪk] N quintilha humorística

limestone ['laɪmstəun] N pedra calcária

limit ['lɪmɪt] N limite m ▶ VT limitar; **weight/speed ~** limite de peso/de velocidade

limitation [lɪmɪ'teɪʃən] N limitação f

limited ['lɪmɪtɪd] ADJ limitado; **to be ~ to** limitar-se a; **~ edition** edição f limitada

limited company, (BRIT) **limited liability company** N ≈ sociedade f anônima

limitless ['lɪmɪtlɪs] ADJ ilimitado

limousine ['lɪməziːn] N limusine f

limp [lɪmp] N: **to have a ~** mancar, ser coxo ▶ VI mancar ▶ ADJ frouxo

limpet ['lɪmpɪt] N lapa

limpid ['lɪmpɪd] ADJ límpido, cristalino

linchpin ['lɪntʃpɪn] N cavilha; (fig) pivô m

Lincs [lɪŋks] (BRIT) ABBR = **Lincolnshire**

line [laɪn] N linha; (straight line) reta; (rope) corda; (for fishing) linha; (US: queue) fila (BR), bicha (PT); (wire) fio; (row) fila, fileira; (of writing) linha; (on face) ruga; (speciality) ramo (de negócio); (Comm: type of goods) linha ▶ VT (road, room) encarreirar; (container, clothing): **to ~ sth (with)** forrar algo (de); **to ~ the streets** ladear as ruas; **in ~** em fila; **to cut in ~** (US) furar a fila (BR), pôr-se à frente (PT); **in his ~ of business** no ramo dele; **on the right ~s** no caminho certo; **a new ~ in cosmetics** uma nova linha de cosméticos; **hold the ~ please** (BRIT Tel) não desligue; **to be in ~ for sth** estar na bica para algo; **in ~ with** de acordo com; **to bring sth into ~ with sth** alinhar algo com algo; **to draw the ~ at doing sth** (fig) recusar-se a fazer algo; **to take the ~ that ...** ser da opinião que ...
▶ **line up** VI enfileirar-se ▶ VT enfileirar; (set up, have ready) preparar, arranjar; **to have sth/sb ~d up** ter algo programado/alguém em vista

linear ['lɪnɪər] ADJ linear

lined [laɪnd] ADJ (face) enrugado; (paper) pautado; (clothes) forrado

line feed N (Comput) entrelinha

linen ['lɪnɪn] N artigos de cama e mesa; (cloth) linho

line printer N impressora de linha

liner ['laɪnər] N navio de linha regular; (also: **bin liner**) saco para lata de lixo

linesman ['laɪnzmən] (irreg: like **man**) N (Sport) juiz m de linha

line-up N formação f em linha, alinhamento; (Sport) escalação f

linger ['lɪŋɡər] VI demorar-se, retardar-se; (smell, tradition) persistir

lingerie ['lænʒəriː] N lingerie f, roupa de baixo (de mulher)

lingering ['lɪŋɡərɪŋ] ADJ persistente; (death) lento, vagaroso

lingo ['lɪŋɡəu] (pl **lingoes**: inf) N língua

linguist ['lɪŋɡwɪst] N linguista m/f

linguistic [lɪŋ'gwɪstɪk] ADJ linguístico
linguistics [lɪŋ'gwɪstɪks] N linguística
lining ['laɪnɪŋ] N forro; (Anat) parede f; (Tech) revestimento; (: of brakes) lona
link [lɪŋk] N (of a chain) elo; (connection) conexão f; (bond) vínculo, laço ▶ VT vincular, unir; (associate): **to ~ with** or **to** unir a; **links** NPL (Golf) campo de golfe; **rail ~** ligação ferroviária
▶ **link up** VT acoplar ▶ VI unir-se
link-up N ligação f; (in space) acoplamento; (of roads) junção f, confluência; (Radio, TV) transmissão f em rede
lino ['laɪnəʊ] N = **linoleum**
linoleum [lɪ'nəʊlɪəm] N linóleo
linseed oil ['lɪnsi:d-] N óleo de linhaça
lint [lɪnt] N fibra de algodão; (thread) fio
lintel ['lɪntl] N verga
lion ['laɪən] N leão m
lion cub N filhote m de leão
lioness ['laɪənɪs] N leoa
lip [lɪp] N lábio; (of jug) bico; (of cup etc) borda; (insolence) insolência
liposuction ['lɪpəʊsʌkʃən] N lipoaspiração f
lipread ['lɪpri:d] (irreg: like **read**) VI ler os lábios
lip salve N pomada para os lábios
lip service N: **to pay ~ to sth** devotar-se a or elogiar algo falsamente
lipstick ['lɪpstɪk] N batom m
liquefy ['lɪkwɪfaɪ] VT liquefazer ▶ VI liquefazer-se
liqueur [lɪ'kjʊər] N licor m
liquid ['lɪkwɪd] ADJ líquido ▶ N líquido
liquid assets NPL ativo disponível, disponibilidades fpl
liquidate ['lɪkwɪdeɪt] VT liquidar
liquidation [lɪkwɪ'deɪʃən] N: **to go into ~** entrar em liquidação
liquidator ['lɪkwɪdeɪtər] N liquidador(a) m/f
liquid crystal display N display m digital em cristal líquido
liquidity [lɪ'kwɪdətɪ] N (Comm) liquidez f
liquidize ['lɪkwɪdaɪz] (BRIT) VT (Culin) liquidificar, passar no liquidificador
liquidizer ['lɪkwɪdaɪzər] (BRIT) N (Culin) liquidificador m
liquor ['lɪkər] N licor m, bebida alcoólica
liquorice ['lɪkərɪs] (BRIT) N alcaçuz m
liquor store (US) N loja que vende bebidas alcoólicas
Lisbon ['lɪzbən] N Lisboa
lisp [lɪsp] N ceceio ▶ VI cecear, falar com a língua presa
lissom ['lɪsəm] ADJ gracioso, ágil
list [lɪst] N lista; (of ship) inclinação f ▶ VT (write down) fazer uma lista or relação de; (enumerate) enumerar; (Comput) listar ▶ VI (ship) inclinar-se, adernar; **shopping ~** lista de compras
listed building ['lɪstɪd-] (BRIT) N prédio tombado
listed company ['lɪstɪd-] N = sociedade f de capital aberto, sociedade cotada na Bolsa

listen ['lɪsn] VI escutar, ouvir; (pay attention) prestar atenção; **to ~ to** escutar
listener ['lɪsnər] N ouvinte m/f
listing ['lɪstɪŋ] N (Comput) listagem f
listless ['lɪstlɪs] ADJ apático, indiferente
listlessly ['lɪstlɪslɪ] ADV apaticamente
list price N preço de tabela
lit [lɪt] PT, PP of **light**
litany ['lɪtənɪ] N ladainha, litania
liter ['li:tər] (US) N = **litre**
literacy ['lɪtərəsɪ] N capacidade f de ler e escrever, alfabetização f
literacy campaign N campanha de alfabetização
literal ['lɪtərl] ADJ literal
literally ['lɪtərəlɪ] ADV literalmente
literary ['lɪtərərɪ] ADJ literário
literate ['lɪtərət] ADJ alfabetizado, instruído; (educated) culto, letrado
literature ['lɪtərɪtʃər] N literatura; (brochures etc) folhetos mpl
lithe [laɪð] ADJ ágil
lithography [lɪ'θɔgrəfɪ] N litografia
Lithuania [lɪθju'eɪnɪə] N Lituânia
litigate ['lɪtɪgeɪt] VT, VI litigar
litigation [lɪtɪ'geɪʃən] N litígio
litmus paper ['lɪtməs-] N papel m de tornassol
litre, (US) **liter** ['li:tər] N litro
litter ['lɪtər] N (rubbish) lixo; (paper) papéis mpl; (young animals) ninhada; (stretcher) maca, padiola ▶ VT (subj: person) jogar lixo em; (: papers etc) estar espalhado por; **~ed with** (scattered) semeado de; (covered) coberto de
litter bin (BRIT) N lata de lixo
litterbug ['lɪtəbʌg] N sujismundo
litter lout (BRIT) N = **litterbug**
little ['lɪtl] ADJ (small) pequeno; (not much) pouco ▶ ADV pouco; **a ~** um pouco (de); **~ milk** pouco leite; **a ~ milk** um pouco de leite; **~ house** casinha; **for a ~ while** por um instante; **with ~ difficulty** com pouca dificuldade; **as ~ as possible** o menos possível; **~ by ~** pouco a pouco; **to make ~ of** fazer pouco de
little finger N dedo mindinho
liturgy ['lɪtədʒɪ] N liturgia
live [vi, vt lɪv, adj laɪv] VI viver; (reside) morar ▶ VT (a life) levar; (experience) viver ▶ ADJ (animal) vivo; (wire) eletrizado; (broadcast) ao vivo; (shell) carregado; **to ~ in London** morar em Londres; **to ~ with sb** morar com alguém; **~ ammunition** munição de guerra
▶ **live down** VT redimir
▶ **live in** VI (maid) dormir no emprego; (student, nurse) ser interno(-a)
▶ **live off** VT FUS (land, fish etc) viver de; (pej: parents etc) viver às custas de
▶ **live on** VT FUS (food) viver de, alimentar-se de ▶ VI continuar vivo; **to ~ on £50 a week** viver com £50 por semana
▶ **live out** VI (BRIT: student) ser externo ▶ VT: **to ~ out one's days** or **life** viver o resto de seus dias

▶ **live together** VI viver juntos
▶ **live up** (*inf*) VT: **to ~ it up** cair na farra
▶ **live up to** VT FUS (*fulfil*) cumprir; (*justify*) justificar
livelihood ['laɪvlɪhud] N meio de vida, subsistência
liveliness ['laɪvlɪnɛs] N vivacidade *f*
lively ['laɪvlɪ] ADJ vivo; (*talk*) animado; (*pace*) rápido; (*party, tune*) alegre
liven up ['laɪvn-] VT (*room*) dar nova vida a; (*discussion, evening*) animar ▶ VI animar-se
liver ['lɪvəʳ] N fígado
liverish ['lɪvərɪʃ] ADJ (*fig*) rabugento, mal-humorado
Liverpudlian [lɪvə'pʌdlɪən] ADJ de Liverpool ▶ N natural *m/f* de Liverpool
livery ['lɪvərɪ] N libré *f*
lives [laɪvz] NPL *of* **life**
livestock ['laɪvstɔk] N gado
livid ['lɪvɪd] ADJ lívido; (*inf: furious*) furioso
living ['lɪvɪŋ] ADJ (*alive*) vivo ▶ N: **to earn** *or* **make a ~** ganhar a vida; **cost of ~** custo de vida; **within ~ memory** na memória de pessoas ainda vivas
living conditions NPL condições *fpl* de vida
living expenses NPL despesas *fpl* para sobrevivência quotidiana
living room N sala de estar
living standards NPL padrão *m or* nível *m* de vida
living wage N salário de subsistência
living will N testamento em vida
lizard ['lɪzəd] N lagarto
llama ['lɑ:mə] N lhama
LLB N ABBR (= *Bachelor of Laws*) título universitário
LLD N ABBR (= *Doctor of Laws*) título universitário
LMT (US) ABBR (= *Local Mean Time*) hora local
load [ləud] N carga; (*weight*) peso ▶ VT (*gen, Comput*) carregar; (*fig*) cumular, encher; **a ~ of rubbish** um monte de besteira; **a ~ of, ~s of** (*fig*) um monte de, uma porção de
loaded ['ləudɪd] ADJ (*dice*) viciado; (*question, word*) intencionado; (*inf: rich*) cheio da nota; (: *drunk*) de porre; (*vehicle*): **to be ~ with** estar carregado de
loading bay ['ləudɪŋ-] N vão *m* de carregamento
loaf [ləuf] N (*pl* **loaves**) pão-de-forma *m* ▶ VI (*also*: **loaf about, loaf around**) vadiar, vagabundar
loam [ləum] N marga
loan [ləun] N empréstimo ▶ VT emprestar; **on ~** emprestado; **to raise a ~** levantar um empréstimo
loan account N conta de empréstimo
loan capital N capital-obrigações *m*
loath [ləuθ] ADJ: **to be ~ to do sth** estar pouco inclinado a fazer also, relutar em fazer algo
loathe [ləuð] VT detestar, odiar
loathing ['ləuðɪŋ] N ódio; **it fills me with ~** me dá (um) ódio

loathsome ['ləuðsəm] ADJ repugnante, asqueroso
loaves [ləuvz] NPL *of* **loaf**
lob [lɔb] N (*Tennis*) lobe *m* ▶ VT: **to ~ the ball** dar um lobe
lobby ['lɔbɪ] N vestíbulo, saguão *m*; (*Pol: pressure group*) grupo de pressão, lobby *m* ▶ VT pressionar
lobbyist ['lɔbɪɪst] N membro de um grupo de pressão
lobe [ləub] N lóbulo
lobster ['lɔbstəʳ] N lagostim *m*; (*large*) lagosta
lobster pot N armadilha para pegar lagosta
local ['ləukl] ADJ local ▶ N (*pub*) bar *m* (local); **the locals** NPL (*local inhabitants*) os moradores locais
local anaesthetic, (US) **local anesthetic** N anestesia local
local authority N município
local call N (*Tel*) ligação *f* local
local government N administração *f* municipal
locality [ləu'kælɪtɪ] N localidade *f*
localize ['ləukəlaɪz] VT localizar
locally ['ləukəlɪ] ADV nos arredores, na vizinhança
locate [ləu'keɪt] VT (*find*) localizar, situar; (*situate*): **to be ~d in** estar localizado em
location [ləu'keɪʃən] N local *m*, posição *f*; **on ~** (*Cinema*) em externas
loch [lɔx] N lago
lock [lɔk] N (*of door, box*) fechadura; (*of canal*) eclusa; (*of hair*) anel *m*, mecha ▶ VT (*with key*) trancar; (*immobilize*) travar ▶ VI (*door etc*) fechar-se à chave; (*wheels*) travar-se; **~, stock and barrel** (*fig*) com tudo; **on full ~** (BRIT *Aut*) com o volante virado ao máximo
▶ **lock away** VT (*valuables*) guardar a sete chaves; (*person*) encarcerar
▶ **lock in** VT trancar dentro
▶ **lock out** VT trancar do lado de fora; (*on purpose*) deixar na rua; (: *workers*) recusar trabalho a
▶ **lock up** VT (*criminal, mental patient*) prender; (*house*) trancar ▶ VI fechar tudo
locker ['lɔkəʳ] N compartimento com chave
locker-room ['lɔkəʳru:m] (US) N (*Sport*) vestiário
locket ['lɔkɪt] N medalhão *m*
lockjaw ['lɔkdʒɔ:] N trismo
lockout ['lɔkaut] N greve *f* de patrões, lockout *m*
locksmith ['lɔksmɪθ] N serralheiro(-a)
lockup ['lɔkʌp] N (*prison*) prisão *f*; (*cell*) cela; (*also*: **lockup garage**) compartimento seguro
locomotive [ləukə'məutɪv] N locomotiva
locum ['ləukəm] N (*Med*) (médico(-a)) interino(-a)
locust ['ləukəst] N gafanhoto
lodge [lɔdʒ] N casa do guarda, guarita; (*hunting lodge*) pavilhão *m* de caça; (*porter's*) portaria; (*Freemasonry*) loja ▶ VI (*person*): **to ~ (with)** alojar-se (na casa de) ▶ VT (*complaint*)

apresentar; **to ~ (itself) in/between** cravar-se em/entre
lodger ['lɔdʒə'] N inquilino(-a), hóspede m/f
lodging ['lɔdʒɪŋ] N alojamento; **lodgings** NPL quarto (mobiliado); *see also* **board**
lodging house (BRIT) N casa de hóspedes
loft [lɔft] N sótão m
lofty ['lɔftɪ] ADJ alto, elevado; *(haughty)* altivo, arrogante; *(sentiments, aims)* nobre
log [lɔg] N *(of wood)* tora; *(book)* = **logbook** ▶ N ABBR (= *logarithm*) log m ▶ VT registrar
▶ **log in** VI *(Comput)* fazer o login
▶ **log off** VI *(Comput)* fazer logoff
▶ **log on** VI *(Comput)* fazer o login
▶ **log out** VI *(Comput)* fazer logoff
logarithm ['lɔgərɪðəm] N logaritmo
logbook ['lɔgbuk] N *(Naut)* diário de bordo; *(Aviat)* diário de voo; *(of car)* documentação f (do carro)
log cabin N cabana de madeira
log fire N fogueira
loggerheads ['lɔgəhɛdz] NPL: **at ~ (with)** às turras (com)
logic ['lɔdʒɪk] N lógica
logical ['lɔdʒɪkl] ADJ lógico
logically ['lɔdʒɪkəlɪ] ADV logicamente
login ['lɔgɪn] N *(Comput)* login m
logistics [lɔ'dʒɪstɪks] N logística
logo ['ləugəu] N logotipo
loin [lɔɪn] N *(Culin)* (carne f de) lombo; **loins** NPL lombos mpl
loin cloth N tanga
loiter ['lɔɪtə'] VI perder tempo; *(pej)* vadiar, vagabundar
LOL *(inf)* ABBR (= *laugh out loud*) rs, LOL
loll [lɔl] VI *(also:* **loll about***)* refestelar-se, reclinar-se
lollipop ['lɔlɪpɔp] N pirulito (BR), chupa-chupa m (PT); *(iced)* picolé m
lollipop lady (BRIT) N *mulher que ajuda as crianças a atravessarem a rua*
lollipop man (BRIT) N *homem que ajuda as crianças a atravessarem a rua*

> Lollipop men/ladies são as pessoas que ajudam as crianças a atravessar a rua nas proximidades das escolas na hora da entrada e da saída. São facilmente localizados graças a suas longas capas brancas e à placa redonda com a qual pedem aos motoristas que parem. São chamados assim por causa da forma circular da placa, que lembra um pirulito (lollipop).

lollop ['lɔləp] (BRIT) VI andar com pachorra
lolly ['lɔlɪ] *(inf)* N *(ice)* picolé m; *(lollipop)* pirulito; *(money)* dindim m
London ['lʌndən] N Londres
Londoner ['lʌndənə'] N londrino(-a)
lone [ləun] ADJ *(person)* solitário; *(thing)* único
loneliness ['ləunlɪnɪs] N solidão f, isolamento
lonely ['ləunlɪ] ADJ *(person)* só; *(place, childhood)* solitário, isolado; **to feel ~** sentir-se só

loner ['ləunə'] N solitário(-a)
lonesome ['ləunsəm] ADJ *(person)* só; *(place, childhood)* solitário
long [lɔŋ] ADJ longo; *(road, hair, table)* comprido
▶ ADV muito tempo ▶ N: **the ~ and the short of it is that ...** *(fig)* em poucas palavras ...
▶ VI: **to ~ for sth** ansiar *or* suspirar por algo; **he had ~ understood that ...** fazia muito tempo que ele entendia ...; **how ~ is the street?** qual é a extensão da rua?; **how ~ is the lesson?** quanto dura a lição?; **6 metres ~** de 6 metros de comprimento; **6 months ~** de 6 meses de duração; **all night ~** a noite inteira; **he no ~er comes** ele não vem mais; **~ before/after** muito antes/depois; **before ~** (+*future*) dentro de pouco; (+*past*) pouco tempo depois; **~ ago** há muito tempo atrás; **don't be ~!** não demore!; **I shan't be ~** não vou demorar; **at ~ last** por fim, no final; **in the ~ run** no final de contas; **so** *or* **as ~ as** contanto que
long-distance ADJ *(travel)* de longa distância; *(call)* interurbano
longevity [lɔn'dʒɛvɪtɪ] N longevidade f
long-haired ADJ *(person)* cabeludo; *(animal)* peludo
longhand ['lɔŋhænd] N escrita usual
longing ['lɔŋɪŋ] N desejo, anseio; *(nostalgia)* saudade f ▶ ADJ saudoso
longingly ['lɔŋɪŋlɪ] ADV ansiosamente; *(nostalgically)* saudosamente
longitude ['lɔŋgɪtjuːd] N longitude f
long johns [-dʒɔnz] NPL ceroulas fpl
long jump N salto em distância
long-life ADJ *(milk, batteries)* longa vida
long-lost ADJ perdido há muito (tempo)
long-playing record [-'pleɪɪŋ-] N elepê m (BR), LP m (PT)
long-range ADJ de longo alcance; *(forecast)* a longo prazo
longshoreman ['lɔŋʃɔːmən] (US) *(irreg: like* **man***)* N estivador m, portuário
long-sighted ADJ presbita; *(fig)* previdente
long-standing ADJ de muito tempo
long-suffering ADJ paciente, resignado
long-term ADJ a longo prazo
long wave N *(Radio)* onda longa
long-winded [-'wɪndɪd] ADJ prolixo, cansativo
loo [luː] (BRIT *inf*) N banheiro (BR), casa de banho (PT)
loofah ['luːfə] N tipo de esponja
look [luk] VI olhar; *(seem)* parecer; *(building etc)*: **to ~ south/(out) onto the sea** dar para o sul/o mar ▶ N olhar m; *(glance)* olhada, vista de olhos; *(appearance)* aparência, aspecto; *(style)* visual m; **looks** NPL *(good looks)* físico, aparência; **~ (here)!** *(annoyance)* escuta aqui!; **~!** *(surprise)* olha!; **to ~ like sb** parecer-se com alguém; **it ~s like him** parece ele; **it ~s about 4 metres long** deve ter uns 4 metros de comprimento; **it ~s all right to me** para mim está bem; **to have a ~ at sth** dar uma olhada em algo; **to have a ~ for sth**

procurar algo; **to ~ ahead** olhar para a frente; (*fig*) pensar no futuro
▶ **look after** VT FUS cuidar de; (*deal with*) lidar com; (*luggage etc: watch over*) ficar de olho em
▶ **look around** VI olhar em torno; (*in shop*) dar uma olhada
▶ **look at** VT FUS olhar (para); (*read quickly*) ler rapidamente; (*consider*) considerar
▶ **look back** VI: **to ~ back at sth/sb** voltar-se para ver algo/alguém; **to ~ back on** (*remember*) recordar, rever
▶ **look down on** VT FUS (*fig*) desdenhar, desprezar
▶ **look for** VT FUS procurar
▶ **look forward to** VT FUS aguardar com prazer, ansiar por; (*in letter*): **we ~ forward to hearing from you** no aguardo de suas notícias; **to ~ forward to doing sth** não ver a hora de fazer algo; **I'm not ~ing forward to it** não estou nada animado com isso
▶ **look in** VI: **to ~ in on sb** dar uma passada na casa de alguém
▶ **look into** VT FUS investigar
▶ **look on** VI assistir
▶ **look out** VI (*beware*): **to ~ out (for)** tomar cuidado (com)
▶ **look out for** VT FUS (*seek*) procurar; (*await*) esperar
▶ **look over** VT (*essay*) dar uma olhada em; (*town, building*) visitar; (*person*) olhar da cabeça aos pés
▶ **look round** VI virar a cabeça, voltar-se; **to ~ round for sth** procurar algo
▶ **look through** VT FUS (*papers, book*) examinar; (: *briefly*) folhear; (*telescope*) olhar através de
▶ **look to** VT FUS cuidar de; (*rely on*) contar com
▶ **look up** VI levantar os olhos; (*improve*) melhorar ▶ VT (*word*) procurar; (*friend*) visitar
▶ **look up to** VT FUS admirar, respeitar
lookout ['lukaut] N (*tower etc*) posto de observação, guarita; (*person*) vigia *m*; **to be on the ~ for sth** estar na expectativa de algo
look-up table N (*Comput*) tabela de pesquisa
loom [lu:m] N tear *m* ▶ VI (*also*: **loom up**) agigantar-se; (*event*) aproximar-se; (*threaten*) ameaçar
loony ['lu:nɪ] (*inf*) ADJ meio doido ▶ N debil *m/f* mental
loop [lu:p] N laço; (*bend*) volta, curva; (*contraceptive*) DIU *m* ▶ VT: **to ~ sth round sth** prender algo em torno de algo
loophole ['lu:phəul] N escapatória
loose [lu:s] ADJ (*not fixed*) solto; (*not tight*) frouxo; (*animal, hair*) solto; (*clothes*) folgado; (*morals, discipline*) relaxado; (*sense*) impreciso
▶ N: **to be on the ~** estar solto ▶ VT (*free*) soltar; (*slacken*) afrouxar; **~ connection** (*Elec*) conexão solta; **to tie up ~ ends (of sth)** (*fig*) amarrar (algo)
loose change N trocado
loose chippings [-'tʃɪpɪŋz] NPL (*on road*) pedrinhas *fpl* soltas

loose end N: **to be at a ~** (BRIT) *or* **at ~s** (US *fig*) não ter o que fazer
loose-fitting ADJ (*clothes*) folgado, largo
loose-leaf ADJ: **~ binder** *or* **folder** pasta de folhas soltas
loose-limbed [-'lɪmd] ADJ ágil
loosely ['lu:slɪ] ADV frouxamente, folgadamente; (*not closely*) aproximativamente
loosen ['lu:sən] VT (*free*) soltar; (*untie*) desatar; (*slacken*) afrouxar
▶ **loosen up** VI (*before game*) aquecer; (*inf: relax*) descontrair-se
loot [lu:t] N saque *m*, despojo ▶ VT saquear, pilhar
looter ['lu:tər] N saqueador(a) *m/f*
looting ['lu:tɪŋ] N saque *m*, pilhagem *f*
lop off [lɔp-] VT cortar; (*branches*) podar
lop-sided [lɔp'saɪdɪd] ADJ torto
lord [lɔ:d] N senhor *m*; **L~ Smith** Lord Smith; **the L~** (*Rel*) o Senhor; **good L~!** Deus meu!; **the (House of) L~s** (BRIT) a Câmara dos Lordes
lordly ['lɔ:dlɪ] ADJ senhorial; (*arrogant*) arrogante
lordship ['lɔ:dʃɪp] (BRIT) N: **Your L~** Vossa senhoria
lore [lɔ:r] N sabedoria popular, tradições *fpl*
lorry ['lɔrɪ] (BRIT) N caminhão *m* (BR), camião *m* (PT)
lorry driver (BRIT) N caminhoneiro (BR), camionista *m/f* (PT)
lose [lu:z] (*pt, pp* **lost**) VT, VI perder; **to ~ (time)** (*clock*) atrasar-se; **to ~ no time (in doing sth)** não demorar (a fazer algo); **to get lost** (*person*) perder-se; (*thing*) extraviar-se
loser ['lu:zər] N perdedor(a) *m/f*; (*inf: failure*) derrotado(-a), fracassado(-a); **to be a good/bad ~** ser bom/mau perdedor
loss [lɔs] N perda; (*Comm*): **to make a ~** sair com prejuízo; **to cut one's ~es** reduzir os prejuízos; **to sell sth at a ~** vender algo com prejuízo; **heavy ~es** (*Mil*) grandes perdas; **to be at a ~** estar perplexo; **to be at a ~ to do** ser incapaz de fazer; **to be a dead ~** ser totalmente inútil
loss adjuster N (*Insurance*) árbitro regulador de avarias
loss leader N (*Comm*) chamariz *m*
lost [lɔst] PT, PP *of* **lose** ▶ ADJ perdido; **~ in thought** perdido em seus pensamentos; **~ and found property** (US) (objetos *mpl*) perdidos e achados *mpl*; **~ and found** (US) (seção *f* de) perdidos e achados *mpl*
lost property (BRIT) N (objetos *mpl*) perdidos e achados *mpl*; **~ office** *or* **department** (seção *f* de) perdidos e achados *mpl*
lot [lɔt] N (*set of things*) porção *f*; (*at auctions*) lote *m*; (*destiny*) destino, sorte *f*; **the ~** tudo, todos(-as); **a ~** muito, bastante; **a ~ of, ~s of** muito(s); **I read a ~** leio bastante; **to draw ~s** tirar à sorte; **parking ~** (US) estacionamento

lotion ['ləʊʃən] N loção f
lottery ['lɔtərɪ] N loteria
loud [laʊd] ADJ (*voice*) alto; (*shout*) forte; (*noise*) barulhento; (*support, condemnation*) veemente; (*gaudy*) berrante ▶ ADV alto; **out ~** em voz alta
loud-hailer [-'heɪləʳ] (BRIT) N megafone m
loudly ['laʊdlɪ] ADV (*noisily*) ruidosamente; (*aloud*) em voz alta
loudspeaker [laʊd'spiːkəʳ] N alto-falante m
lounge [laʊndʒ] N sala de estar f; (*of airport*) salão m; (BRIT: *also:* **lounge bar**) bar m social ▶ VI recostar-se, espreguiçar-se
  ▶ **lounge about, lounge around** VI ficar à-toa
lounge suit (BRIT) N terno (BR), fato (PT)
louse [laʊs] N (*pl* **lice**) piolho
  ▶ **louse up** (*inf*) VT estragar
lousy ['laʊzɪ] (*inf*) ADJ ruim, péssimo; (*ill*): **to feel ~** sentir-se mal
lout [laʊt] N rústico, grosseiro
louvre, (US) **louver** ['luːvəʳ] N: **~ door** porta de veneziana; **~ window** veneziana
lovable ['lʌvəbl] ADJ adorável, simpático
love [lʌv] N amor m ▶ VT amar; (*like a lot*) adorar; **to ~ to do** adorar fazer; **~ (from) Anne** (*on letter*) um abraço *or* um beijo, Anne; **I ~ you** eu te amo; **I ~ coffee** adoro o café; **I'd ~ to come** gostaria muito de ir; **"15 ~"** (*Tennis*) "15 a zero"; **to be in ~ with** estar apaixonado por; **to fall in ~ with** apaixonar-se por; **to make ~** fazer amor; **~ at first sight** amor à primeira vista; **for the ~ of** pelo amor de; **to send one's ~ to sb** mandar um abraço para alguém
love affair N aventura (amorosa), caso (de amor)
loved ones ['lʌvdwʌnz] NPL entes mpl queridos
love letter N carta de amor
love life N vida sentimental
lovely ['lʌvlɪ] ADJ (*delightful*) encantador(a), delicioso; (*beautiful*) lindo, belo; (*holiday, surprise*) muito agradável, maravilhoso; **we had a ~ time** foi maravilhoso, nós nos divertimos muito
lover ['lʌvəʳ] N amante m/f; **a ~ of art/music** um(a) apreciador(a) de *or* um(a) amante de arte/música
lovesick ['lʌvsɪk] ADJ perdido de amor
love song N canção f de amor
loving ['lʌvɪŋ] ADJ carinhoso, afetuoso; (*actions*) dedicado
low [ləʊ] ADJ baixo; (*depressed*) deprimido; (*ill*) doente ▶ ADV baixo ▶ N (*Meteorology*) área de baixa pressão ▶ VI (*cow*) mugir; **to be ~ on** (*supplies*) ter pouco; **to reach a new** *or* **an all-time ~** cair para o seu nível mais baixo
low-alcohol ADJ de baixo teor alcoólico
lowbrow ['ləʊbraʊ] ADJ sem pretensões intelectuais
low-calorie ADJ baixo em calorias, de baixo teor calórico

low-carb (*inf*) ADJ (*diet, meal*) com baixo carboidrato
low-cut ADJ (*dress*) decotado
low-down N (*inf*): **he gave me the ~ on it** me deu a dica sobre isso ▶ ADJ (*mean*) vil, desprezível
lower¹ ['ləʊəʳ] ADJ mais baixo; (*less important*) inferior ▶ VT abaixar; (*reduce*) reduzir, diminuir; **to ~ o.s. to** (*fig*) rebaixar-se a
lower² ['laʊəʳ] VI (*sky, clouds*) escurecer; (*person*): **to ~ at sb** olhar para alguém com raiva
low-fat ADJ magro
low-grade ADJ de baixa qualidade
low-key ADJ discreto
lowlands ['ləʊləndz] NPL planície f
low-level ADJ de baixo nível, baixo; (*flying*) a baixa altura
lowly ['ləʊlɪ] ADJ humilde
low-lying ADJ de baixo nível
low-paid ADJ (*person*) de renda baixa; (*work*) mal pago
loyal ['lɔɪəl] ADJ leal
loyalist ['lɔɪəlɪst] N legalista m/f
loyalty ['lɔɪəltɪ] N lealdade f
loyalty card N cartão m de fidelidade
lozenge ['lɔzɪndʒ] N (*Med*) pastilha; (*Geom*) losango, rombo
LP N ABBR = **long-playing record**
L-plates ['ɛlpleɪts] (BRIT) NPL placas fpl de aprendiz de motorista

> As **L-plates** são placas quadradas com um "L" vermelho que são colocadas na parte de trás do carro para mostrar que a pessoa ao volante ainda não tem carteira de motorista. Até a obtenção da carteira, o motorista aprendiz possui uma permissão provisória e não tem direito de dirigir sem um motorista qualificado ao lado. Os motoristas aprendizes não podem dirigir em estradas mesmo que estejam acompanhados.

LPN (US) N ABBR (= *Licensed Practical Nurse*) enfermeiro(-a) diplomado(-a)
LRAM (BRIT) N ABBR = **Licentiate of the Royal Academy of Music**
LSAT (US) N ABBR = **Law Schools Admissions Test**
LSD N ABBR (= *lysergic acid diethylamide*) LSD m; (BRIT: = *pounds, shillings and pence*) sistema monetário usado na Grã-Bretanha até 1971
LSE N ABBR = **London School of Economics**
LT ABBR (*Elec*: = *low tension*) BT
Lt. ABBR (= *lieutenant*) Ten.
Ltd (BRIT) ABBR (= *limited (liability) company*) SA
lubricant ['luːbrɪkənt] N lubrificante m
lubricate ['luːbrɪkeɪt] VT lubrificar
lucid ['luːsɪd] ADJ lúcido
lucidity [luː'sɪdɪtɪ] N lucidez f
luck [lʌk] N sorte f; **bad ~** azar m; **good ~!** boa sorte!; **to be in ~** ter *or* dar sorte; **to be out of ~** ter azar; **bad** *or* **hard** *or* **tough ~!** que azar!
luckily ['lʌkɪlɪ] ADV por sorte, felizmente

lucky ['lʌkɪ] ADJ (*person*) sortudo; (*coincidence*) feliz; (*situation*) afortunado; (*object*) de sorte
lucrative ['lu:krətɪv] ADJ lucrativo
ludicrous ['lu:dɪkrəs] ADJ ridículo
ludo ['lu:dəʊ] N ludo
lug [lʌg] (*inf*) VT (*drag*) arrastar; (*pull*) puxar
luggage ['lʌgɪdʒ] N bagagem *f*
luggage car (US) N (*Rail*) vagão *m* de bagagens
luggage rack N (*in train*) rede *f* para bagagem; (*on car*) porta-bagagem *m*, bagageiro
luggage van (BRIT) N (*Rail*) vagão *m* de bagagens
lugubrious [lu'gu:brɪəs] ADJ lúgubre
lukewarm ['lu:kwɔ:m] ADJ morno, tépido; (*fig*) indiferente
lull [lʌl] N pausa, interrupção *f* ▶ VT: **to ~ sb to sleep** acalentar alguém; **to be ~ed into a false sense of security** ser acalmado com uma falsa sensação de segurança
lullaby ['lʌləbaɪ] N canção *f* de ninar
lumbago [lʌm'beɪgəʊ] N lumbago
lumber ['lʌmbəʳ] N (*junk*) trastes *mpl* velhos; (*wood*) madeira serrada, tábua ▶ VT: **to ~ sb with sth/sb** empurrar algo/alguém para cima de alguém ▶ VI (*also*: **lumber about, lumber along**) mover-se pesadamente
lumberjack ['lʌmbədʒæk] N madeireiro, lenhador *m*
lumber room (BRIT) N quarto de despejo
lumber yard N depósito de madeira
luminous ['lu:mɪnəs] ADJ luminoso
lump [lʌmp] N torrão *m*; (*fragment*) pedaço; (*in sauce*) caroço; (*in throat*) nó *m*; (*on body*) galo, caroço; (*also*: **sugar lump**) cubo de açúcar ▶ VT: **to ~ together** amontoar
lump sum N montante *m* único
lumpy ['lʌmpɪ] ADJ (*sauce, bed*) encaroçado
lunacy ['lu:nəsɪ] N loucura
lunar ['lu:nəʳ] ADJ lunar
lunatic ['lu:nətɪk] ADJ, N louco(-a)
lunatic asylum N manicômio, hospício
lunch [lʌntʃ] N almoço ▶ VI almoçar; **to invite sb for ~** convidar alguém para almoçar
lunch break, **lunch hour** N hora do almoço
luncheon ['lʌntʃən] N almoço formal
luncheon meat N bolo de carne
luncheon voucher (BRIT) N vale *m* para refeição, ticket *m* restaurante
lunch hour N hora do almoço
lunch time N hora do almoço
lung [lʌŋ] N pulmão *m*
lung cancer N câncer *m* (BR) *or* cancro (PT) de pulmão
lunge [lʌndʒ] VI (*also*: **lunge forward**) dar estocada *or* bote; **to ~ at** arremeter-se contra
lupin ['lu:pɪn] N tremoço
lurch [lə:tʃ] VI balançar ▶ N solavanco; **to leave sb in the ~** deixar alguém em apuros, deixar alguém na mão (*inf*)
lure [luəʳ] N (*bait*) isca; (*decoy*) chamariz *m*, engodo ▶ VT atrair, seduzir
lurid ['luərɪd] ADJ (*account*) sensacional; (*detail*) horrível
lurk [lə:k] VI (*hide*) esconder-se; (*wait*) estar à espreita
luscious ['lʌʃəs] ADJ (*person, thing*) atraente; (*food*) delicioso
lush [lʌʃ] ADJ exuberante
lust [lʌst] N luxúria; (*greed*) cobiça
▶ **lust after** VT FUS cobiçar
▶ **lust for** VT FUS = **lust after**
luster ['lʌstəʳ] (US) N = **lustre**
lustful ['lʌstful] ADJ lascivo, sensual
lustre, (US) **luster** ['lʌstəʳ] N lustre *m*, brilho
lusty ['lʌstɪ] ADJ robusto, forte
lute [lu:t] N alaúde *m*
Luxembourg ['lʌksəmbə:g] N Luxemburgo
luxuriant [lʌg'zjuərɪənt] ADJ luxuriante, exuberante
luxurious [lʌg'zjuərɪəs] ADJ luxuoso
luxury ['lʌkʃərɪ] N luxo ▶ CPD de luxo
LV (BRIT) N ABBR = **luncheon voucher**
LW ABBR (*Radio*: = *long wave*) OL
lying ['laɪɪŋ] N mentira(s) *f(pl)* ▶ ADJ mentiroso, falso
lynch [lɪntʃ] VT linchar
lynching ['lɪntʃɪŋ] N linchamento
lynx [lɪŋks] N lince *m*
lyre ['laɪəʳ] N lira
lyric ['lɪrɪk] ADJ lírico
lyrical ['lɪrɪkəl] ADJ lírico
lyricism ['lɪrɪsɪzəm] N lirismo
lyrics ['lɪrɪks] NPL (*of song*) letra

Mm

M¹, m [ɛm] N (*letter*) M, m *m*; **M for Mary** (BRIT) *or* **Mike** (US) M de Maria
M² N ABBR (BRIT) = **motorway**; **the M8** ≈ BR 8 *f*; (= *medium*) M
m ABBR (= *metre*) m; (= *mile*) mil.; = **million**
M.A. ABBR (*Sch*) = **Master of Arts**; (US) = **military academy**; (: *Post*) = **Massachusetts**
mac [mæk] (BRIT) N capa impermeável
macabre [məˈkɑːbrə] ADJ macabro
Macao [məˈkau] N Macau
macaroni [mækəˈrəʊnɪ] N macarrão *m*
macaroon [mækəˈruːn] N biscoitinho de amêndoas
mace [meɪs] N (*Bot*) macis *m*; (*sceptre*) bastão *m*
machinations [mækɪˈneɪʃənz] NPL maquinações *fpl*, intrigas *fpl*
machine [məˈʃiːn] N máquina ▶ VT (*dress etc*) costurar à máquina; (*Tech*) usinar
machine code N (*Comput*) código de máquina
machine gun N metralhadora
machine language N (*Comput*) linguagem *f* de máquina
machine readable ADJ (*Comput*) legível por máquina
machinery [məˈʃiːnərɪ] N maquinaria; (*fig*) máquina
machine shop N oficina mecânica
machine tool N máquina-ferramenta *f*
machine washable ADJ (*garment*) lavável à máquina
machinist [məˈʃiːnɪst] N operário(-a) (de máquina); (*Rail*) maquinista *m/f*
macho [ˈmætʃəʊ] ADJ machista
mackerel [ˈmækrl] N INV cavala
mackintosh [ˈmækɪntɔʃ] (BRIT) N capa impermeável
macro... [ˈmækrəʊ] PREFIX macro...
macro-economics N macroeconomia
mad [mæd] ADJ louco; (*foolish*) tolo; (*angry*) furioso, brabo; (*keen*): **to be ~ about** ser louco por; **to go ~** enlouquecer
madam [ˈmædəm] N senhora, madame *f*; **yes, ~** sim, senhora; **M~ Chairman** Senhora Presidente; **can I help you, ~?** a senhora já foi atendida?
madden [ˈmædn] VT exasperar
maddening [ˈmædnɪŋ] ADJ exasperante
made [meɪd] PT, PP *of* **make**
Madeira [məˈdɪərə] N (*Geo*) Madeira; (*wine*) (vinho) Madeira *m*
Madeiran [məˈdɪərən] ADJ, N madeirense *m/f*
made-to-measure (BRIT) ADJ feito sob medida
made-up [ˈmeɪdʌp] ADJ (*story*) inventado
madly [ˈmædlɪ] ADV loucamente; **~ in love** louco de amor
madman [ˈmædmən] (*irreg: like* **man**) N louco
madness [ˈmædnɪs] N loucura; (*foolishness*) tolice *f*
Madrid [məˈdrɪd] N Madri (BR), Madrid (PT)
Mafia [ˈmæfɪə] N máfia
mag. [mæg] (BRIT *inf*) N ABBR = **magazine**
magazine [mægəˈziːn] N (*Press*) revista; (*Radio, TV*) programa *m* de atualidades; (*Mil: store*) depósito; (*of firearm*) câmara
magazine rack N porta-revistas *m inv*
maggot [ˈmægət] N larva de inseto
magic [ˈmædʒɪk] N magia, mágica ▶ ADJ mágico
magical [ˈmædʒɪkl] ADJ mágico
magician [məˈdʒɪʃən] N mago(-a); (*entertainer*) mágico(-a)
magistrate [ˈmædʒɪstreɪt] N magistrado(-a), juiz/juíza *m/f*
magnanimous [mægˈnænɪməs] ADJ magnânimo
magnate [ˈmægneɪt] N magnata *m*
magnesium [mægˈniːzɪəm] N magnésio
magnet [ˈmægnɪt] N ímã *m*, iman *m* (PT)
magnetic [mægˈnɛtɪk] ADJ magnético
magnetic tape N fita magnética
magnetism [ˈmægnɪtɪzəm] N magnetismo
magnification [mægnɪfɪˈkeɪʃən] N aumento
magnificence [mægˈnɪfɪsns] N magnificência
magnificent [mægˈnɪfɪsnt] ADJ magnífico
magnify [ˈmægnɪfaɪ] VT aumentar
magnifying glass [ˈmægnɪfaɪɪŋ-] N lupa, lente *f* de aumento
magnitude [ˈmægnɪtjuːd] N magnitude *f*
magnolia [mægˈnəʊlɪə] N magnólia
magpie [ˈmægpaɪ] N pega
mahogany [məˈhɔgənɪ] N mogno, acaju *m* ▶ CPD de mogno *or* acaju
maid [meɪd] N empregada; **old ~** (*pej*) solteirona
maiden [ˈmeɪdn] N moça, donzela ▶ ADJ (*aunt etc*) solteirona; (*speech, voyage*) inaugural

maiden name ['meɪdn-] N nome m de solteira
mail [meɪl] N correio; (*letters*) cartas fpl ▶ VT (*post*) pôr no correio; (*send*) mandar pelo correio; **by ~** pelo correio
mailbox ['meɪlbɔks] N (US: *for letters*) caixa do correio; (*Comput*) caixa de entrada
mailing list ['meɪlɪŋ-] N lista de clientes, mailing list m
mailman ['meɪlmæn] (US) (*irreg: like* **man**) N carteiro
mail order N pedido por reembolso postal; (*business*) venda por correspondência ▶ CPD: **mail-order firm** or **house** firma de vendas por correspondência
mailshot ['meɪlʃɔt] (BRIT) N mailing m
mail train N trem-correio, trem m postal
mail truck (US) N (*Aut*) = **mail van**
mail van (BRIT) N (*Aut*) furgão m do correio; (*Rail*) vagão m postal
maim [meɪm] VT mutilar, aleijar
main [meɪn] ADJ principal ▶ N (*pipe*) cano or esgoto principal; **the mains** NPL (*Elec, gas, water*) a rede; **in the ~** na maior parte
main course N (*Culin*) prato principal
mainframe ['meɪnfreɪm] N (*Comput*) mainframe m
mainland ['meɪnlənd] N: **the ~** o continente
mainline ['meɪnlaɪn] (*inf*) VT (*heroin*) picar-se com ▶ VI picar-se, aplicar-se
main line N (*Rail*) linha-tronco f ▶ ADJ: **main-line** de linha-tronco
mainly ['meɪnlɪ] ADV principalmente
main road N estrada principal
mainstay ['meɪnsteɪ] N (*fig*) esteio
mainstream ['meɪnstriːm] N corrente f principal
maintain [meɪn'teɪn] VT manter; (*keep up*) conservar (em bom estado); (*affirm*) sustentar, afirmar; **to ~ that ...** afirmar que ...
maintenance ['meɪntənəns] N manutenção f; (*Law: alimony*) alimentos mpl, pensão f alimentícia
maintenance contract N contrato de assistência técnica
maintenance order N (*Law*) ordem f de pensão
maisonette [meɪzə'nɛt] (BRIT) N duplex m
maize [meɪz] N milho
Maj. ABBR (*Mil*) = **major**
majestic [mə'dʒɛstɪk] ADJ majestoso
majesty ['mædʒɪstɪ] N majestade f; (*title*): **Your M~** Sua Majestade
major ['meɪdʒəʳ] N (*Mil*) major m ▶ ADJ (*main*) principal; (*considerable*) importante; (*great*) grande; (*Mus*) maior ▶ VI (US *Sch*): **to ~ (in)** especializar-se (em); **a ~ operation** (*Med*) uma operação séria
Majorca [mə'jɔːkə] N Maiorca
major general N (*Mil*) general-de-divisão m
majority [mə'dʒɔrɪtɪ] N maioria ▶ CPD (*verdict, holding*) majoritário
make [meɪk] (*pt, pp* **made**) VT fazer; (*manufacture*) fabricar, produzir; (*cause to be*): **to ~ sb sad** entristecer alguém, fazer alguém ficar triste; (*force*): **to ~ sb do sth** fazer com que alguém faça algo; (*equal*): **2 and 2 ~ 4** dois e dois são quatro ▶ N marca; **to ~ the bed** fazer a cama; **to ~ a fool of sb** fazer alguém de bobo; **to ~ a profit/loss** ter um lucro/uma perda; **to ~ it** (*arrive*) chegar; (*succeed*) ter sucesso; **what time do you ~ it?** que horas você tem?; **to ~ good** (*succeed*) dar-se bem; (*losses*) indenizar; **to ~ do with** contentar-se com
▶ **make for** VT FUS (*place*) dirigir-se a
▶ **make off** VI fugir
▶ **make out** VT (*decipher*) decifrar; (*understand*) compreender; (*see*) divisar, avistar; (*write out: prescription*) escrever; (: *form, cheque*) preencher; (*claim, imply*) afirmar; (*pretend*) fazer de conta; **to ~ out a case for sth** argumentar em favor de algo, defender algo
▶ **make over** VT (*assign*): **to ~ over (to)** transferir (para)
▶ **make up** VT (*constitute*) constituir; (*invent*) inventar; (*parcel*) embrulhar ▶ VI reconciliar-se; (*with cosmetics*) maquiar-se (BR), maquilhar-se (PT); **to be made up of** compor-se de, ser composto de; **to ~ up one's mind** decidir-se
▶ **make up for** VT FUS compensar
make-believe ADJ fingido, simulado ▶ N: **a world of ~** um mundo de faz-de-conta; **it's just ~** é pura ilusão
maker ['meɪkəʳ] N (*of film, programme*) criador m; (*manufacturer*) fabricante m/f
makeshift ['meɪkʃɪft] ADJ provisório
make-up ['meɪkʌp] N maquiagem f (BR), maquilhagem f (PT)
make-up bag N bolsa de maquiagem (BR), bolsa de maquilhagem (PT)
make-up remover N removedor m de maquiagem
making ['meɪkɪŋ] N (*fig*): **in the ~** em vias de formação; **he has the ~s of an actor** ele tem tudo para ser ator
maladjusted [mælə'dʒʌstɪd] ADJ inadaptado, desajustado
malaise [mæ'leɪz] N mal-estar m, indisposição f
malaria [mə'lɛərɪə] N malária
Malawi [mə'lɑːwɪ] N Malavi m
Malay [mə'leɪ] ADJ malaio ▶ N malaio(-a); (*Ling*) malaio
Malaya [mə'leɪə] N Malaia
Malayan [mə'leɪən] ADJ, N = **Malay**
Malaysia [mə'leɪzɪə] N Malásia (BR), Malásia (PT)
Malaysian [mə'leɪzɪən] ADJ, N malaísio(-a)
Maldives ['mɔːldaɪvz] NPL: **the ~** as ilhas Maldivas
male [meɪl] N (*Bio, Elec*) macho ▶ ADJ (*sex, attitude*) masculino; (*animal*) macho; (*child etc*) do sexo masculino
male chauvinist N machista m
male nurse N enfermeiro

malevolence [məˈlɛvələns] N malevolência
malevolent [məˈlɛvələnt] ADJ malévolo
malfunction [mælˈfʌŋkʃən] N funcionamento defeituoso
malice [ˈmælɪs] N (*ill will*) malícia; (*rancour*) rancor *m*
malicious [məˈlɪʃəs] ADJ malevolente; (*Law*) com intenção criminosa
malign [məˈlaɪn] VT caluniar, difamar
malignant [məˈlɪgnənt] ADJ (*Med*) maligno
malingerer [məˈlɪŋgərəʳ] N doente *m/f* fingido(-a)
mall [mɔːl] N (*also*: **shopping mall**) shopping *m*
malleable [ˈmælɪəbl] ADJ maleável
mallet [ˈmælɪt] N maço, marreta
malnutrition [mælnjuːˈtrɪʃən] N desnutrição *f*
malpractice [mælˈpræktɪs] N falta profissional
malt [mɔːlt] N malte *m*; (*malt whisky*) uísque *m* de malte
Malta [ˈmɔːltə] N Malta
Maltese [mɔːlˈtiːz] ADJ maltês(-esa) ▶ N INV maltês(-esa) *m/f*; (*Ling*) maltês *m*
maltreat [mælˈtriːt] VT maltratar
malware [ˈmælwɛəʳ] N (*Comput*) software *m* malicioso
mammal [ˈmæml] N mamífero
mammoth [ˈmæməθ] N mamute *m* ▶ ADJ gigantesco, imenso
man [mæn] N (*pl* **men**) homem *m*; (*Chess*) peça ▶ VT (*Naut*) tripular; (*Mil*) guarnecer; (*operate: machine*) operar; **an old ~** um velho; **a young ~** um jovem; **~ and wife** marido e mulher
manacles [ˈmænəklz] NPL grilhões *mpl*
manage [ˈmænɪdʒ] VI arranjar-se, virar-se ▶ VT (*be in charge of*) dirigir, administrar; (*business*) gerenciar; (*ship, person*) controlar; (*device*) manusear; (*carry*) carregar; **to ~ to do sth** conseguir fazer algo; **to ~ without sb/sth** passar sem alguém/algo; **can you ~?** você consegue?
manageable [ˈmænɪdʒəbl] ADJ manejável; (*task etc*) viável
management [ˈmænɪdʒmənt] N administração *f*, direção *f*, gerência; **"under new ~"** "sob nova direção"
management accounting N contabilidade *f* administrativa *or* gerencial
management consultant N consultor(a) *m/f* em administração
manager [ˈmænɪdʒəʳ] N gerente *m/f*; (*Sport*) técnico(-a); (*of project*) superintendente *m/f*; (*of department, unit*) chefe *m/f*, diretor(a) *m/f*; (*of artist*) empresário(-a); **sales ~** gerente de vendas
manageress [mænɪdʒəˈrɛs] N gerente *f*
managerial [mænəˈdʒɪərɪəl] ADJ administrativo, gerencial
managing director [ˈmænɪdʒɪŋ-] N diretor(a) *m/f*, diretor-gerente/diretora-gerente *m/f*
Mancunian [mænˈkjuːnɪən] ADJ de Manchester ▶ N natural *m/f* de Manchester

mandarin [ˈmændərɪn] N (*also*: **mandarin orange**) tangerina; (*person*) mandarim *m*
mandate [ˈmændeɪt] N mandato
mandatory [ˈmændətərɪ] ADJ obrigatório; (*powers etc*) mandatário
mandolin, mandoline [ˈmændəlɪn] N bandolim *m*
mane [meɪn] N (*of horse*) crina; (*of lion*) juba
maneuver [məˈnuːvəʳ] (US) VB, N = **manoeuvre**
manfully [ˈmænfəlɪ] ADV valentemente
manganese [ˈmæŋgəniːz] N manganês *m*
mangle [ˈmæŋgl] VT mutilar, estropiar ▶ N calandra
mango [ˈmæŋgəu] (*pl* **mangoes**) N manga
mangrove [ˈmæŋgrəuv] N mangue *m*
mangy [ˈmeɪndʒɪ] ADJ sarnento, esfarrapado
manhandle [ˈmænhændl] VT (*mistreat*) maltratar; (*move by hand*) manipular
manhole [ˈmænhəul] N poço de inspeção
manhood [ˈmænhud] N (*age*) idade *f* adulta; (*masculinity*) virilidade *f*
man-hour N hora-homem *f*
manhunt [ˈmænhʌnt] N caça ao homem
mania [ˈmeɪnɪə] N mania
maniac [ˈmeɪnɪæk] N maníaco(-a); (*fig*) louco(-a)
manic [ˈmænɪk] ADJ maníaco
manic-depressive ADJ, N maníaco-depressivo(-a)
manicure [ˈmænɪkjuəʳ] N manicure *f* (BR), manicura (PT)
manicure set N estojo de manicure (BR) *or* manicura (PT)
manifest [ˈmænɪfɛst] VT manifestar, mostrar ▶ ADJ manifesto, evidente ▶ N (*Aviat, Naut*) manifesto
manifestation [mænɪfɛsˈteɪʃən] N manifestação *f*
manifesto [mænɪˈfɛstəu] (*pl* **manifestos** *or* **manifestoes**) N manifesto
manifold [ˈmænɪfəuld] ADJ múltiplo ▶ N (*Aut etc*) *see* **exhaust**
Manila [məˈnɪlə] N Manilha
manila [məˈnɪlə] ADJ: **~ paper** papel-manilha *m*
manipulate [məˈnɪpjuleɪt] VT manipular
manipulation [mənɪpjuˈleɪʃən] N manipulação *f*
mankind [mænˈkaɪnd] N humanidade *f*, raça humana
manliness [ˈmænlɪnɪs] N virilidade *f*
manly [ˈmænlɪ] ADJ másculo, viril
man-made ADJ sintético, artificial
manna [ˈmænə] N maná *m*
mannequin [ˈmænɪkɪn] N manequim *m*
manner [ˈmænəʳ] N modo, maneira; (*behaviour*) conduta, comportamento; **manners** NPL (*conduct*) boas maneiras *fpl*, educação *f*; **bad ~s** falta de educação; **all ~ of** todo tipo de; **all ~ of things** todos os tipos de coisa
mannerism [ˈmænərɪzəm] N maneirismo, hábito

mannerly ['mænəlɪ] ADJ polido, educado
manoeuvrable, (US) **maneuverable** [mə'nu:vrəbl] ADJ manobrável
manoeuvre, (US) **maneuver** [mə'nu:və^r] VT manobrar; (*manipulate*) manipular ▶ VI manobrar ▶ N manobra; **to ~ sb into doing sth** induzir alguém a fazer algo
manor ['mænə^r] N (*also*: **manor house**) casa senhorial, solar m
manpower ['mænpauə^r] N potencial m humano, mão-de-obra f
manservant ['mænsə:vənt] (*pl* **menservants**) N criado
mansion ['mænʃən] N mansão f, palacete m
manslaughter ['mænslɔ:tə^r] N homicídio involuntário
mantelpiece ['mæntlpi:s] N consolo da lareira
mantle ['mæntl] N manto; (*fig*) camada
man-to-man ADJ, ADV de homem para homem
manual ['mænjuəl] ADJ manual ▶ N manual m; (*Mus*) teclado
manual worker N trabalhador(a) m/f braçal
manufacture [mænju'fæktʃə^r] VT manufaturar, fabricar ▶ N fabricação f
manufactured goods [mænju'fæktʃəd-] NPL produtos mpl industrializados
manufacturer [mænju'fæktʃərə^r] N fabricante m/f
manufacturing industries [mænju'fæktʃərɪŋ] NPL indústrias fpl de transformação
manure [mə'njuə^r] N estrume m, adubo
manuscript ['mænjuskrɪpt] N manuscrito
many ['mɛnɪ] ADJ, PRON muitos(-as); **how ~?** quantos(-as)?; **a great ~** muitíssimos; **twice as ~** adj duas vezes mais; pron o dobro; **~ a time** muitas vezes
map [mæp] N mapa m ▶ VT fazer o mapa de ▶ **map out** VT traçar; (*fig: career, holiday*) planejar
maple ['meɪpl] N bordo
mar [mɑ:^r] VT estragar
Mar. ABBR = **March**
marathon ['mærəθən] N maratona ▶ ADJ: **a ~ session** uma sessão exaustiva
marathon runner N corredor(a) m/f de maratona, maratonista m/f
marauder [mə'rɔ:də^r] N saqueador(a) m/f
marble ['mɑ:bl] N mármore m; (*toy*) bola de gude; **marbles** N (*game*) jogo de gude
March [mɑ:tʃ] N março; *see also* **July**
march [mɑ:tʃ] VI (*Mil*) marchar; (*demonstrators*) desfilar ▶ N marcha; (*demonstration*) passeata; **to ~ out of/into** *etc* sair de/entrar em marchando *etc*
marcher ['mɑ:tʃə^r] N (*demonstrator*) manifestante m/f
marching ['mɑ:tʃɪŋ] ADJ N: **to give sb his ~ orders** (*fig*) dar um bilhete azul a alguém, mandar passear alguém
march-past N desfile m
mare [mɛə^r] N égua

marg. [mɑ:dʒ] (*inf*) N ABBR = **margarine**
margarine [mɑ:dʒə'ri:n] N margarina
margin ['mɑ:dʒɪn] N margem f
marginal ['mɑ:dʒɪnl] ADJ marginal; **~ seat** (*Pol*) cadeira ganha por pequena maioria
marginally ['mɑ:dʒɪnəlɪ] ADV ligeiramente
marigold ['mærɪɡəuld] N malmequer m
marijuana [mærɪ'wɑ:nə] N maconha
marina [mə'ri:nə] N marina
marinade [n mærɪ'neɪd, vt 'mærɪneɪd] N escabeche m ▶ VT = **marinate**
marinate ['mærɪneɪt] VT marinar, pôr em escabeche
marine [mə'ri:n] ADJ (*in the sea*) marinho; (*engineer*) naval; (*of seafaring*) marítimo ▶ N fuzileiro naval
marine insurance N seguro marítimo
marital ['mærɪtl] ADJ matrimonial, marital; **~ status** estado civil
maritime ['mærɪtaɪm] ADJ marítimo
maritime law N direito marítimo
marjoram ['mɑ:dʒərəm] N manjerona
mark [mɑ:k] N marca, sinal m; (*imprint*) impressão f; (*stain*) mancha; (BRIT *Sch*) nota; (*currency*) marco; (BRIT *Tech*): **M- 2** 2ª versão ▶ VT (*also Sport: player*) marcar; (*stain*) manchar; (*indicate*) indicar; (*commemorate*) comemorar; (BRIT *Sch: grade*) dar nota em; (: *correct*) corrigir; **to ~ time** marcar passo; **to be quick off the ~ (in doing)** (*fig*) não perder tempo (para fazer); **up to the ~** (*in efficiency*) à altura das exigências
▶ **mark down** VT (*prices, goods*) rebaixar, remarcar para baixo
▶ **mark off** VT (*tick off*) ticar
▶ **mark out** VT (*trace*) traçar; (*designate*) destinar
▶ **mark up** VT (*price*) aumentar, remarcar
marked [mɑ:kt] ADJ acentuado
markedly ['mɑ:kɪdlɪ] ADV marcadamente
marker ['mɑ:kə^r] N (*sign*) marcador m, marca; (*bookmark*) marcador
market ['mɑ:kɪt] N mercado ▶ VT (*Comm*) comercializar; **to be on the ~** estar à venda; **on the open ~** no mercado livre; **to play the ~** especular na bolsa de valores
marketable ['mɑ:kɪtəbl] ADJ comercializável
market analysis N análise f de mercado
market day N dia m de mercado
market demand N procura de mercado
market forces NPL forças fpl do mercado
market garden (BRIT) N horta
marketing ['mɑ:kɪtɪŋ] N marketing m
market leader N líder m do mercado
marketplace ['mɑ:kɪtpleɪs] N mercado
market price N preço de mercado
market research N pesquisa de mercado
market value N valor m de mercado
marking ['mɑ:kɪŋ] N (*on animal*) marcação f; (*on road*) marca
marksman ['mɑ:ksmən] (*irreg: like* **man**) N bom atirador m
marksmanship ['mɑ:ksmənʃɪp] N boa pontaria

marksmen ['mɑːksmɛn] NPL *of* **marksman**
mark-up ['mɑːkʌp] N (*Comm: margin*) margem *f* (de lucro), markup *m*; (: *increase*) remarcação *f*, aumento
marmalade ['mɑːməleɪd] N geleia de laranja
maroon [mə'ruːn] VT: **to be ~ed** ficar abandonado (numa ilha) ▶ ADJ vinho *inv*
marquee [mɑːˈkiː] N toldo, tenda
marquess ['mɑːkwɪs] N marquês *m*
marquis ['mɑːkwɪs] N = **marquess**
marriage ['mærɪdʒ] N casamento
marriage bureau (*irreg: like* **bureau**) N agência matrimonial
marriage certificate N certidão *f* de casamento
marriage counselling (US) N = **marriage guidance**
marriage guidance (BRIT) N orientação *f* matrimonial
married ['mærɪd] ADJ casado; (*life, love*) conjugal; **to get ~** casar(-se)
marrow ['mærəu] N medula; (*vegetable*) abóbora
marry ['mærɪ] VT casar(-se) com; (*subj: father, priest etc*) casar, unir ▶ VI (*also:* **get married**) casar(-se)
Mars [mɑːz] N (*planet*) Marte *m*
marsh [mɑːʃ] N pântano; (*salt marsh*) marisma
marshal ['mɑːʃl] N (*Mil: also:* **field marshal**) marechal *m*; (*at sports meeting etc*) oficial *m* ▶ VT (*thoughts, support*) organizar; (*soldiers*) formar
marshalling yard ['mɑːʃlɪŋ-] N (*Rail*) local *m* de manobras
marshmallow [mɑːʃ'mæləu] N *espécie de doce de malvavisco*
marshy ['mɑːʃɪ] ADJ pantanoso
marsupial [mɑːˈsuːpɪəl] ADJ marsupial ▶ N marsupial *m*
martial ['mɑːʃl] ADJ marcial
martial arts NPL artes *fpl* marciais
martial law N lei *f* marcial
Martian ['mɑːʃən] N marciano(-a)
martin ['mɑːtɪn] N (*also:* **house martin**) andorinha-de-casa
martyr ['mɑːtə*ʳ*] N mártir *m/f* ▶ VT martirizar
martyrdom ['mɑːtədəm] N martírio
marvel ['mɑːvl] N maravilha ▶ VI: **to ~ (at)** maravilhar-se (de *or* com)
marvellous, (US) **marvelous** ['mɑːvələs] ADJ maravilhoso
Marxism ['mɑːksɪzəm] N marxismo
Marxist ['mɑːksɪst] ADJ, N marxista *m/f*
marzipan ['mɑːzɪpæn] N maçapão *m*
mascara [mæs'kɑːrə] N rímel *m*
mascot ['mæskət] N mascote *f*
masculine ['mæskjulɪn] ADJ, N masculino
masculinity [mæskju'lɪnɪtɪ] N masculinidade *f*
MASH [mæʃ] (US) N ABBR (*Mil*) = **mobile army surgical hospital**
mash [mæʃ] VT (*Culin*) fazer um purê de; (*crush*) amassar

221 | **marksmen – mat**

mashed potatoes [mæʃt-] NPL purê *m* de batatas
mask [mɑːsk] N máscara ▶ VT (*face*) encobrir; (*feelings*) esconder, ocultar
masochism ['mæsəkɪzəm] N masoquismo
masochist ['mæsəkɪst] N masoquista *m/f*
mason ['meɪsn] N (*also:* **stone mason**) pedreiro(-a); (*also:* **freemason**) maçom *m*
masonic [mə'sɔnɪk] ADJ maçônico
masonry ['meɪsənrɪ] N (*also:* **freemasonry**) maçonaria; (*building*) alvenaria
masquerade [mæskə'reɪd] N baile *m* de máscaras; (*fig*) farsa, embuste *m* ▶ VI: **to ~ as** disfarçar-se de, fazer-se passar por
mass [mæs] N (*of papers etc*) quantidade *f*; (*people*) multidão *f*; (*Phys*) massa; (*Rel*) missa; (*great quantity*) montão *m* ▶ CPD de massa ▶ VI reunir-se; (*Mil*) concentrar-se; **the masses** NPL (*ordinary people*) as massas; **~es of** (*inf*) montes de; **to go to ~** ir à missa
massacre ['mæsəkə*ʳ*] N massacre *m*, carnificina ▶ VT massacrar
massage ['mæsɑːʒ] N massagem *f* ▶ VT fazer massagem em, massagear
masseur [mæ'səː*ʳ*] N massagista *m*
masseuse [mæ'səːz] N massagista
massive ['mæsɪv] ADJ (*large*) enorme; (*support*) massivo
mass market N mercado de consumo em massa
mass media NPL meios *mpl* de comunicação de massa, mídia
mass meeting N concentração *f* de massa
mass-produce VT produzir em massa, fabricar em série
mass-production N produção *f* em massa, fabricação *f* em série
mast [mɑːst] N (*Naut*) mastro; (*Radio etc*) antena
master ['mɑːstə*ʳ*] N mestre *m*; (*landowner*) senhor *m*, dono; (*fig: of situation*) dono; (*in secondary school*) professor *m*; (*title for boys*): **M~ X** o menino X ▶ VT controlar; (*learn*) conhecer a fundo; **~ of ceremonies** mestre de cerimônias; **M~'s degree** mestrado
masterful ['mɑːstəful] ADJ autoritário, imperioso
master key N chave *f* mestra
masterly ['mɑːstəlɪ] ADJ magistral
mastermind ['mɑːstəmaɪnd] N (*fig*) cabeça ▶ VT dirigir, planejar
Master of Arts/Science N detentor(a) *m/f* de mestrado em letras/ciências; (*degree*) mestrado
masterpiece ['mɑːstəpiːs] N obra-prima
master plan N plano piloto
master stroke N golpe *m* de mestre
mastery ['mɑːstərɪ] N domínio
mastiff ['mæstɪf] N mastim *m*
masturbate ['mæstəbeɪt] VI masturbar-se
masturbation [mæstə'beɪʃən] N masturbação *f*
mat [mæt] N esteira; (*also:* **doormat**) capacho; (*also:* **table mat**) descanso ▶ ADJ = **matt**

match [mætʃ] N fósforo; (*game*) jogo, partida; (*equal*) igual *m/f* ▶ VT (*also*: **match up**) casar, emparelhar; (*go well with*) combinar com; (*equal*) igualar; (*correspond to*) corresponder a ▶ VI combinar; **to be a good ~** (*couple*) formar um bom casal
▶ **match up** VT casar, emparelhar
matchbox ['mætʃbɒks] N caixa de fósforos
matching ['mætʃɪŋ] ADJ que combina (com)
matchless ['mætʃlɪs] ADJ sem igual, incomparável
mate [meɪt] N (*inf*) colega *m/f*; (*assistant*) ajudante *m/f*; (*Chess*) mate *m*; (*animal*) macho/fêmea; (*in merchant navy*) imediato ▶ VI acasalar-se ▶ VT acasalar
material [mə'tɪərɪəl] N (*substance*) matéria; (*equipment*) material *m*; (*cloth*) pano, tecido; (*data*) dados *mpl* ▶ ADJ material; (*important*) importante; **materials** NPL (*equipment*) material; **reading ~** (material de) leitura
materialistic [mətɪərɪə'lɪstɪk] ADJ materialista
materialize [mə'tɪərɪəlaɪz] VI materializar-se, concretizar-se
materially [mə'tɪərɪəlɪ] ADV materialmente
maternal [mə'tə:nl] ADJ maternal
maternity [mə'tə:nɪtɪ] N maternidade *f* ▶ CPD de maternidade, de gravidez
maternity benefit N auxílio-maternidade *m*
maternity dress N vestido de gestante
maternity hospital N maternidade *f*
matey ['meɪtɪ] (BRIT *inf*) ADJ chapinha
math [mæθ] (US) N = **maths**
mathematical [mæθə'mætɪkl] ADJ matemático
mathematician [mæθəmə'tɪʃən] N matemático(-a)
mathematics [mæθə'mætɪks] N matemática
maths, (US) **math** [mæθs] N matemática
matinée ['mætɪneɪ] N matinê *f*
mating ['meɪtɪŋ] N acasalamento
mating call N chamado do macho
mating season N época de cio
matriarchal [meɪtrɪ'ɑ:kl] ADJ matriarcal
matrices ['meɪtrɪsi:z] NPL *of* **matrix**
matriculation [mətrɪkju'leɪʃən] N matrícula
matrimonial [mætrɪ'məʊnɪəl] ADJ matrimonial
matrimony ['mætrɪmənɪ] N matrimônio, casamento
matrix ['meɪtrɪks] (*pl* **matrices**) N matriz *f*
matron ['meɪtrən] N (*in hospital*) enfermeira-chefe *f*; (*in school*) inspetora
matronly ['meɪtrənlɪ] ADJ matronal; (*fig: figure*) corpulento
matt [mæt] ADJ fosco, sem brilho
matted ['mætɪd] ADJ embaraçado
matter ['mætə*r*] N questão *f*, assunto; (*Phys*) matéria; (*substance*) substância; (*content*) conteúdo; (*reading matter etc*) material *m*; (*Med: pus*) pus *m* ▶ VI importar; **matters** NPL (*affairs*) questões *fpl*; **it doesn't ~** não importa; (*I don't mind*) tanto faz; **what's the ~?** o que (é que) há?, qual é o problema?; **no ~ what** aconteça o que acontecer; **as a ~ of course** o que é de se esperar; (*routine*) por rotina; **as a ~ of fact** na realidade, de fato; **it's a ~ of habit** é uma questão de hábito; **printed ~** impressos; **reading ~** (BRIT) (material de) leitura
matter-of-fact [mætərə'fækt] ADJ prosaico, prático
matting ['mætɪŋ] N esteira
mattress ['mætrɪs] N colchão *m*
mature [mə'tjʊə*r*] ADJ maduro; (*cheese, wine*) amadurecido ▶ VI amadurecer
maturity [mə'tjʊərɪtɪ] N maturidade *f*
maudlin ['mɔ:dlɪn] ADJ (*film, book*) piegas *inv*; (*person*) chorão(-rona)
maul [mɔ:l] VT machucar, maltratar
Mauritania [mɔ:rɪ'teɪnɪə] N Mauritânia
Mauritius [mə'rɪʃəs] N Maurício *f* (*no article*)
mausoleum [mɔ:sə'lɪəm] N mausoléu *m*
mauve [məʊv] ADJ cor de malva *inv*
maverick ['mævrɪk] N (*fig*) dissidente *m/f*
mawkish ['mɔ:kɪʃ] ADJ piegas *inv*
max. ABBR = **maximum**
maxim ['mæksɪm] N máxima
maxima ['mæksɪmə] NPL *of* **maximum**
maximize ['mæksɪmaɪz] VT maximizar
maximum ['mæksɪməm] N (*pl* **maxima** *or* **maximums**) máximo ▶ ADJ máximo
May [meɪ] N maio; *see also* **July**
may [meɪ] (*conditional* **might**) AUX VB (*indicating possibility*): **he ~ come** pode ser que ele venha, é capaz de vir; (*be allowed to*): **~ I smoke?** posso fumar?; (*wishes*): **~ God bless you!** que Deus lhe abençoe; **he might be there** ele poderia estar lá, ele é capaz de estar lá; **I might as well go** mais vale que eu vá; **you might like to try** talvez você queira tentar
maybe ['meɪbi:] ADV talvez; **~ he'll come** talvez ele venha; **~ not** talvez não
mayday ['meɪdeɪ] N S.O.S. *m* (*chamada de socorro internacional*)
May Day N dia *m* primeiro de maio
mayhem ['meɪhɛm] N caos *m*
mayonnaise [meɪə'neɪz] N maionese *f*
mayor [mɛə*r*] N prefeito (BR), presidente *m* do município (PT)
mayoress ['mɛərɪs] N prefeita (BR), presidenta do município (PT)
maypole ['meɪpəʊl] N mastro erguido no dia primeiro de maio
maze [meɪz] N labirinto
MB ABBR (*Comput*) = **megabyte**; (CANADA) = **Manitoba**
MBA N ABBR (= *Master of Business Administration*) *grau universitário*
MBBS (BRIT) N ABBR (= *Bachelor of Medicine and Surgery*) *grau universitário*
MBChB (BRIT) N ABBR (= *Bachelor of Medicine and Surgery*) *grau universitário*
MBE (BRIT) N ABBR (= *Member of the Order of the British Empire*) *título honorífico*
MC N ABBR = **master of ceremonies**

MCAT (US) N ABBR = **Medical College Admissions Test**
MCP (BRIT inf) N ABBR (= *male chauvinist pig*) machista *m*
MD N ABBR = **Doctor of Medicine**; (*Comm*) = **managing director** ▶ ABBR (US *Post*) = **Maryland**
MDT (US) ABBR (= *Mountain Daylight Time*) hora de verão nas montanhas Rochosas
ME (US) ABBR (*Post*) = **Maine** ▶ N ABBR (*Med*) = **medical examiner**

(KEYWORD)

me [mi:] PRON **1** (*direct*) me; **can you hear me?** você pode me ouvir?; **he heard me** ele me ouviu; **he heard ME!** (*not anyone else*) ele me ouviu; **it's me** sou eu
2 (*indirect*) me; **he gave me the money** ele me deu o dinheiro; **he gave the money to me** ele me deu o dinheiro para mim; **give it to me** dá isso para mim
3 (*stressed, after prep*) mim; **it's for me** é para mim; **with me** comigo; **without me** sem mim

meadow ['mɛdəu] N prado, campina
meagre, (US) **meager** ['mi:gəʳ] ADJ escasso
meal [mi:l] N refeição *f*; (*flour*) farinha; **to go out for a ~** jantar fora
mealtime ['mi:ltaɪm] N hora da refeição
mealy-mouthed ['mi:lɪmauðd] ADJ insincero
mean [mi:n] VT (*pt, pp* **meant**) (*signify*) significar, querer dizer; (*refer to*): **I thought you ~t her** eu pensei que você estivesse se referindo a ela; (*intend*): **to ~ to do sth** pretender *or* tencionar fazer algo ▶ ADJ (*with money*) sovina, avarento, pão-duro *inv* (BR); (*unkind*) mesquinho; (*shabby*) malcuidado, dilapidado; (*of poor quality*) inferior; (*average*) médio ▶ N meio, meio termo; **means** NPL (*way, money*) meio; **do you ~ it?** você está falando sério?; **what do you ~?** o que você quer dizer?; **to be ~t for** estar destinado a; **by ~s of** por meio de, mediante; **by all ~s!** claro que sim!, pois não
meander [mɪ'ændəʳ] VI (*river*) serpentear; (*person*) vadiar, perambular
meaning ['mi:nɪŋ] N sentido, significado
meaningful ['mi:nɪŋful] ADJ significativo; (*relationship*) sério
meaningless ['mi:nɪŋlɪs] ADJ sem sentido
meanness ['mi:nnɪs] N (*with money*) avareza, sovinice *f*; (*shabbiness*) pobreza, miséria; (*unkindness*) maldade *f*, mesquinharia
means test N (*Admin*) avaliação *f* de rendimento
meant [mɛnt] PT, PP *of* **mean**
meantime ['mi:ntaɪm] ADV (*also*: **in the meantime**) entretanto, enquanto isso
meanwhile ['mi:nwaɪl] ADV = **meantime**
measles ['mi:zlz] N sarampo
measly ['mi:zlɪ] (*inf*) ADJ miserável

measure ['mɛʒəʳ] VT medir; (*for clothes etc*) tirar as medidas de; (*consider*) avaliar, ponderar ▶ VI medir ▶ N medida; (*also*: **tape measure**) fita métrica; **a litre ~** um litro; **some ~ of success** certo grau de sucesso; **to take ~s to do sth** tomar medidas *or* providências para fazer algo
▶ **measure up** VI: **to ~ up (to)** corresponder (a)
measured ['mɛʒəd] ADJ medido, calculado; (*tone*) ponderado
measurement ['mɛʒəmənt] N (*act*) medição *f*; (*dimension*) medida; **measurements** NPL (*size*) medidas *fpl*; **to take sb's ~s** tirar as medidas de alguém; **chest/hip ~** medida de peito/quadris
meat [mi:t] N carne *f*; **cold ~s** (BRIT) frios; **crab ~** caranguejo
meatball ['mi:tbɔ:l] N almôndega
meat pie N bolo de carne
meaty ['mi:tɪ] ADJ carnudo; (*fig*) substancial
Mecca ['mɛkə] N Meca; (*fig*): **a ~ (for)** a meca (de)
mechanic [mɪ'kænɪk] N mecânico
mechanical [mɪ'kænɪkl] ADJ mecânico
mechanical engineer N engenheiro(-a) mecânico(-a)
mechanical engineering N (*science*) mecânica; (*industry*) engenharia mecânica
mechanics [mɪ'kænɪks] N mecânica ▶ NPL mecanismo
mechanism ['mɛkənɪzəm] N mecanismo
mechanization [mɛkənaɪ'zeɪʃən] N mecanização *f*
MEd N ABBR (= *Master of Education*) grau universitário
medal ['mɛdl] N medalha
medalist ['mɛdəlɪst] (US) N = **medallist**
medallion [mɪ'dælɪən] N medalhão *m*
medallist, (US) **medalist** ['mɛdəlɪst] N (*Sport*) ganhador(a) *m/f* de medalha
meddle ['mɛdl] VI: **to ~ in** meter-se em, intrometer-se em; **to ~ with sth** mexer em algo
meddlesome ['mɛdlsəm] ADJ intrometido
meddling ['mɛdlɪŋ] ADJ intrometido
media ['mi:dɪə] NPL meios *mpl* de comunicação, mídia
mediaeval [mɛdɪ'i:vl] ADJ = **medieval**
median ['mi:dɪən] (US) N (*also*: **median strip**) canteiro divisor
media research N pesquisa de audiência
mediate ['mi:dɪeɪt] VI mediar
mediation [mi:dɪ'eɪʃən] N mediação *f*
mediator ['mi:dɪeɪtəʳ] N mediador(a) *m/f*
Medicaid ['mɛdɪkeɪd] (US) N programa de ajuda médica.
medical ['mɛdɪkl] ADJ médico ▶ N (*examination*) exame *m* médico
medical certificate N atestado médico
medical student N estudante *m/f* de medicina
Medicare ['mɛdɪkɛəʳ] (US) N *sistema federal de seguro saúde*

medicated ['mɛdɪkeɪtɪd] ADJ medicinal, higienizado
medication [mɛdɪ'keɪʃən] N (drugs etc) medicação f
medicinal [mɛ'dɪsɪnl] ADJ medicinal
medicine ['mɛdsɪn] N medicina; (drug) remédio, medicamento
medicine chest N armário de remédios
medicine man (irreg: like **man**) N curandeiro m, pajé m
medieval [mɛdɪ'iːvl] ADJ medieval
mediocre [miːdɪ'əukəʳ] ADJ medíocre
mediocrity [miːdɪ'ɔkrɪtɪ] N mediocridade f
meditate ['mɛdɪteɪt] VI meditar
meditation [mɛdɪ'teɪʃən] N meditação f
Mediterranean [mɛdɪtə'reɪnɪən] ADJ mediterrâneo; **the ~ (Sea)** o (mar) Mediterrâneo
medium ['miːdɪəm] ADJ médio ▶ N (pl **media** or **mediums**) (means) meio; (pl **mediums**) (person) médium m/f; **the happy ~** o justo meio
medium-sized [-saɪzd] ADJ de tamanho médio
medium wave N (Radio) onda média
medley ['mɛdlɪ] N mistura; (Mus) pot-pourri m
meek [miːk] ADJ manso, dócil
meet [miːt] (pt, pp **met**) VT (gen) encontrar; (accidentally) topar com, dar de cara com; (by arrangement) encontrar-se com, ir ao encontro de; (for the first time) conhecer; (go and fetch) ir buscar; (opponent, problem) enfrentar; (obligations) cumprir; (need) satisfazer ▶ VI encontrar-se; (for talks) reunir-se; (join: objects) unir-se; (get to know) conhecer-se ▶ N (BRIT Hunting) reunião f de caçadores; (US Sport) promoção f, competição f; **pleased to ~ you!** prazer em conhecê-lo/-la
▶ **meet up** VI: **to ~ up with sb** encontrar-se com alguém
▶ **meet with** VT FUS reunir-se com; (face: difficulty) encontrar
meeting ['miːtɪŋ] N encontro; (session: of club, Comm) reunião f; (assembly: of people, Pol) assembleia; (interview) entrevista; (Sport) corrida; **she's in** or **at a ~** ela está em conferência; **to call a ~** convocar uma reunião
meeting place N ponto de encontro
megabyte ['mɛgəbaɪt] N (Comput) megabyte m
megalomaniac [mɛgələu'meɪnɪæk] ADJ, N megalomaníaco(-a)
megaphone ['mɛgəfəun] N megafone m
megapixel ['mɛgəpɪksl] N megapixel m
melancholy ['mɛlənkəlɪ] N melancolia ▶ ADJ melancólico
melee ['mɛleɪ] N briga, refrega
mellow ['mɛləu] ADJ (sound) melodioso, suave; (colour, wine) suave; (fruit) maduro ▶ VI (person) amadurecer
melodious [mɪ'ləudɪəs] ADJ melodioso
melodrama ['mɛləudrɑːmə] ADJ melodrama m
melodramatic [mɛlədrə'mætɪk] ADJ melodramático

melody ['mɛlədɪ] N melodia
melon ['mɛlən] N melão m
melt [mɛlt] VI (metal) fundir-se; (snow) derreter; (fig) desvanecer-se ▶ VT derreter
▶ **melt away** VI desaparecer
▶ **melt down** VT fundir
meltdown ['mɛltdaun] N fusão f
melting point ['mɛltɪŋ-] N ponto de fusão
melting pot ['mɛltɪŋ-] N (fig) mistura
member ['mɛmbəʳ] N membro(-a); (of club) sócio(-a); (Anat) membro ▶ CPD: **~ state** estado membro; **M~ of Parliament** (BRIT) deputado(-a); **M~ of the European Parliament** (BRIT) Membro(-a) do Parlamento Europeu; **M~ of the House of Representatives** (US) membro(-a) da Câmara dos representantes
membership ['mɛmbəʃɪp] N (state) adesão f; (of club) associação f; (members) número de sócios; **to seek ~ of** candidatar-se a sócio de
membership card N carteira de sócio
membrane ['mɛmbreɪn] N membrana
memento [mə'mɛntəu] (pl **mementos** or **mementoes**) N lembrança
memo ['mɛməu] N memorando, nota
memoirs ['mɛmwɑːz] NPL memórias fpl
memo pad N bloco de memorando
memorable ['mɛmərəbl] ADJ memorável
memoranda [mɛmə'rændə] NPL of **memorandum**
memorandum [mɛmə'rændəm] (pl **memoranda**) N memorando
memorial [mɪ'mɔːrɪəl] N monumento comemorativo ▶ ADJ comemorativo
Memorial Day (US) N ver nota

> **Memorial Day** é um feriado nos Estados Unidos, a última segunda-feira de maio na maior parte dos estados, em memória aos soldados americanos mortos em combate.

memorize ['mɛməraɪz] VT decorar, aprender de cor
memory ['mɛmərɪ] N memória; (recollection) lembrança; (of dead person): **in ~ of** em memória de; **to have a good/bad ~** ter memória boa/ruim; **loss of ~** perda de memória
memory stick N (Comput: flash pen) pen drive m; (card) cartão m de memória
men [mɛn] NPL of **man**
menace ['mɛnəs] N ameaça; (nuisance) droga ▶ VT ameaçar
menacing ['mɛnəsɪŋ] ADJ ameaçador(a)
menagerie [mə'nædʒərɪ] N coleção f de animais
mend [mɛnd] VT consertar, reparar; (darn) remendar ▶ N remendo; **to be on the ~** estar melhorando
mending ['mɛndɪŋ] N conserto, reparo; (clothes) roupas fpl por consertar
menial ['miːnɪəl] ADJ (often pej) humilde, subalterno
meningitis [mɛnɪn'dʒaɪtɪs] N meningite f

menopause ['mɛnəupɔːz] N menopausa
menservants ['mɛnsəːvənts] NPL of **manservant**
menstruate ['mɛnstrueɪt] VI menstruar
menstruation [mɛnstru'eɪʃən] N menstruação f
mental ['mɛntl] ADJ mental; **~ illness** doença mental
mentality [mɛn'tælɪtɪ] N mentalidade f
mentally ['mɛntlɪ] ADV: **to be ~ handicapped** ser deficiente mental
menthol ['mɛnθɔl] N mentol m
mention ['mɛnʃən] N menção f ▶ VT mencionar; (speak of) falar de; **don't ~ it!** não tem de quê!, de nada!; **I need hardly ~ that ...** não preciso dizer que ...; **not to ~ ..., without ~ing ...** para não falar de ..., sem falar de ...
mentor ['mɛntɔː^r] N mentor m
menu ['mɛnjuː] N (set menu, Comput) menu m; (printed) cardápio (BR), ementa (PT)
menu-driven ADJ (Comput) que se navega através de menus
MEP N ABBR (= Member of the European Parliament) deputado(-a)
mercantile ['məːkəntaɪl] ADJ mercantil; (law) comercial
mercenary ['məːsɪnərɪ] ADJ mercenário ▶ N mercenário
merchandise ['məːtʃəndaɪz] N mercadorias fpl ▶ VT comercializar
merchandiser ['məːtʃəndaɪzə^r] N comerciante m/f
merchant ['məːtʃənt] N comerciante m/f; **timber/wine ~** negociante de madeira/vinhos
merchant bank (BRIT) N banco mercantil
merchantman ['məːtʃəntmən] (irreg: like **man**) N navio mercante
merchant navy, (US) **merchant marine** N marinha mercante
merciful ['məːsɪful] ADJ (person) misericordioso, humano; (release) afortunado
mercifully ['məːsɪflɪ] ADV misericordiosamente, generosamente; (fortunately) graças a Deus, felizmente
merciless ['məːsɪlɪs] ADJ desumano, inclemente
mercurial [məː'kjuərɪəl] ADJ volúvel; (lively) vivo
mercury ['məːkjurɪ] N mercúrio
mercy ['məːsɪ] N piedade f; (Rel) misericórdia; **to have ~ on sb** apiedar-se de alguém; **at the ~ of** à mercê de
mercy killing N eutanásia
mere [mɪə^r] ADJ mero, simples inv
merely ['mɪəlɪ] ADV simplesmente, somente, apenas
merge [məːdʒ] VT (join) unir; (mix) misturar; (Comm) fundir; (Comput) intercalar ▶ VI unir-se; (Comm) fundir-se
merger ['məːdʒə^r] N (Comm) fusão f

meridian [mə'rɪdɪən] N meridiano
meringue [mə'ræŋ] N suspiro, merengue m
merit ['mɛrɪt] N mérito; (advantage) vantagem f ▶ VT merecer
meritocracy [mɛrɪ'tɔkrəsɪ] N sistema m social baseado no mérito
mermaid ['məːmeɪd] N sereia
merrily ['mɛrɪlɪ] ADV alegremente, com alegria
merriment ['mɛrɪmənt] N alegria
merry ['mɛrɪ] ADJ alegre; **M~ Christmas!** Feliz Natal!
merry-go-round N carrossel m
mesh [mɛʃ] N malha; (Tech) engrenagem f ▶ VI (gears) engrenar
mesmerize ['mɛzməraɪz] VT hipnotizar
mess [mɛs] N (situation) confusão f; (of objects) desordem f; (in room) bagunça; (Mil) rancho; **to be in a ~** (untidy) ser uma bagunça, estar numa bagunça; (fig: marriage, life) estar bagunçado; **to be/get o.s. in a ~** (fig) meter-se numa encrenca
▶ **mess about** (inf) VI perder tempo; (pass the time) vadiar
▶ **mess about with** (inf) VT FUS mexer com
▶ **mess around** (inf) VI = **mess about**
▶ **mess around with** (inf) VT FUS = **mess about with**
▶ **mess up** VT (disarrange) desarrumar; (spoil) estragar; (dirty) sujar
message ['mɛsɪdʒ] N recado, mensagem f ▶ VT (contact) enviar uma mensagem para; **to get the ~** (fig: inf) sacar, pescar
message board N (on Internet) fórum m de discussão
messenger ['mɛsɪndʒə^r] N mensageiro(-a)
Messiah [mɪ'saɪə] N Messias m
Messrs ['mɛsəz] ABBR (on letters: = messieurs) Srs
messy ['mɛsɪ] ADJ (dirty) sujo; (untidy) desarrumado; (confused) bagunçado
Met [mɛt] (US) N ABBR = **Metropolitan Opera**
met [mɛt] PT, PP of **meet** ▶ ADJ ABBR = **meteorological**
metabolism [mɛ'tæbəlɪzəm] N metabolismo
metal ['mɛtl] N metal m ▶ VT (road) empedrar
metallic [mɛ'tælɪk] ADJ metálico
metallurgy [mɛ'tælədʒɪ] N metalurgia
metalwork ['mɛtlwəːk] N (craft) trabalho em metal
metamorphosis [mɛtə'mɔːfəsɪs] (pl **metamorphoses**) N metamorfose f
metaphor ['mɛtəfə^r] N metáfora
metaphysics [mɛtə'fɪzɪks] N metafísica
meteor ['miːtɪə^r] N meteoro
meteoric [miːtɪ'ɔrɪk] ADJ (fig) meteórico
meteorite ['miːtɪəraɪt] N meteorito
meteorological [miːtɪərə'lɔdʒɪkl] ADJ meteorológico
meteorology [miːtɪə'rɔlədʒɪ] N meteorologia
mete out [miːt-] VT infligir
meter ['miːtə^r] N (instrument) medidor m; (also: **parking meter**) parcômetro; (US: unit) = **metre**

methane ['miːθeɪn] N metano
method ['mɛθəd] N método; **~ of payment** modalidade de pagamento
methodical [mɪ'θɔdɪkl] ADJ metódico
Methodist ['mɛθədɪst] ADJ, N metodista *m/f*
methodology [mɛθəd'ɔlədʒɪ] N metodologia
meths [mɛθs] (BRIT) N = **methylated spirit**
methylated spirit ['mɛθɪleɪtɪd-] (BRIT) N álcool *m* metílico *or* desnaturado
meticulous [mɛ'tɪkjuləs] ADJ meticuloso
metre, (US) **meter** ['miːtər] N metro
metric ['mɛtrɪk] ADJ métrico; **to go ~** adotar o sistema métrico decimal
metrical ['mɛtrɪkl] ADJ métrico
metrication [mɛtrɪ'keɪʃən] N conversão *f* ao sistema métrico decimal
metric system N sistema *m* métrico decimal
metric ton N tonelada (métrica)
metronome ['mɛtrənəum] N metrônomo
metropolis [mɪ'trɔpəlɪs] N metrópole *f*
metropolitan [mɛtrə'pɔlɪtən] ADJ metropolitano
Metropolitan Police (BRIT) N: **the ~** a polícia de Londres
mettle ['mɛtl] N (*spirit*) caráter *m*, têmpera; (*courage*) coragem *f*
mew [mjuː] VI (*cat*) miar
mews [mjuːz] (BRIT) N: **~ cottage** pequena casa resultante de reforma de antigos estábulos
Mexican ['mɛksɪkən] ADJ, N mexicano(-a)
Mexico ['mɛksɪkəu] N México
Mexico City N Cidade *f* do México
mezzanine ['mɛtsəniːn] N sobreloja, mezanino
MFA (US) N ABBR (= *Master of Fine Arts*) grau universitário
mfr ABBR = **manufacture; manufacturer**
mg ABBR (= *milligram*) mg
Mgr ABBR = **Monseigneur; Monsignor**; (= *manager*) dir
MHR (US) N ABBR = **Member of the House of Representatives**
MHz ABBR (= *megahertz*) MHz
MI (US) ABBR (*Post*) = **Michigan**
MI5 (BRIT) N ABBR (= *Military Intelligence 5*) ≈ SNI *m*
MI6 (BRIT) N ABBR (= *Military Intelligence 6*) ≈ SNI *m*
MIA ABBR = **missing in action**
miaow [miː'au] VI miar
mice [maɪs] NPL *of* **mouse**
micro ['maɪkrəu] N (*also*: **microcomputer**) micro(computador) *m*
micro... ['maɪkrəu] PREFIX micro
microbe ['maɪkrəub] N micróbio
microbiology [maɪkrəubaɪ'ɔlədʒɪ] N microbiologia
microblog ['maɪkrəublɔg] N microblog(ue) *m*
microchip ['maɪkrəutʃɪp] N microchip *m*
microcomputer ['maɪkrəukəm'pjuːtər] N microcomputador *m*
microcosm ['maɪkrəukɔzəm] N microcosmo
microeconomics [maɪkrəuiːkə'nɔmɪks] N microeconomia
microfiche ['maɪkrəufiːʃ] N microficha
microfilm ['maɪkrəufɪlm] N microfilme *m* ▶ VT microfilmar
microlight ['maɪkrəulaɪt] N ultraleve *m*
micrometer [maɪ'krɔmɪtər] N micrômetro
microphone ['maɪkrəfəun] N microfone *m*
microprocessor [maɪkrəu'prəusɛsər] N microprocessador *m*
microscope ['maɪkrəskəup] N microscópio; **under the ~** com microscópio
microscopic [maɪkrə'skɔpɪk] ADJ microscópico
microwave ['maɪkrəuweɪv] N (*also*: **microwave oven**) micro-ondas *m inv*
mid [mɪd] ADJ: **in ~ May** em meados de maio; **in ~ afternoon** no meio da tarde; **in ~ air** em pleno ar; **he's in his ~ thirties** ele tem trinta e poucos anos
midday ['mɪddeɪ] N meio-dia *m*
middle ['mɪdl] N meio; (*waist*) cintura ▶ ADJ meio; (*quantity, size*) médio, mediano; **in the ~ of the night** no meio da noite; **I'm in the ~ of reading it** estou no meio da leitura
middle age N meia-idade *f* ▶ CPD: **middle-age spread** barriga de meia-idade
middle-aged ADJ de meia-idade
Middle Ages NPL: **the ~** a Idade Média
middle class N: **the ~(es)** a classe média ▶ ADJ (*also*: **middle-class**) de classe média
Middle East N: **the ~** o Oriente Médio
middleman ['mɪdlmæn] (*irreg: like* **man**) N intermediário; (*Comm*) atravessador *m*
middle management N escalão gerencial intermediário
middlemen ['mɪdlmɛn] NPL *of* **middleman**
middle name N segundo nome *m*
middle-of-the-road ADJ (*policy*) de meio-termo; (*music*) romântico
middleweight ['mɪdlweɪt] N (*Boxing*) peso médio
middling ['mɪdlɪŋ] ADJ mediano
midge [mɪdʒ] N mosquito
midget ['mɪdʒɪt] N anão(-anã) *m/f* ▶ ADJ minúsculo
Midlands ['mɪdləndz] NPL região central da Inglaterra
midnight ['mɪdnaɪt] N meia-noite *f*; **at ~** à meia-noite
midriff ['mɪdrɪf] N barriga
midst [mɪdst] N: **in the ~ of** no meio de, entre
midsummer [mɪd'sʌmər] N: **a ~ day** um dia em pleno verão
midway [mɪd'weɪ] ADJ, ADV: **~ (between)** no meio do caminho (entre)
midweek [mɪd'wiːk] ADV no meio da semana
midwife ['mɪdwaɪf] (*pl* **midwives**) N parteira
midwifery ['mɪdwɪfərɪ] N trabalho de parteira, obstetrícia
midwinter [mɪd'wɪntər] N: **in ~** em pleno inverno
midwives ['mɪdwaɪvz] NPL *of* **midwife**
might [maɪt] VB *see* **may** ▶ N poder *m*, força

mighty ['maɪtɪ] ADJ poderoso, forte ▶ ADV (inf): ~ ... ... pra burro

migraine ['mi:greɪn] N enxaqueca

migrant ['maɪgrənt] N (bird) ave f de arribação; (person) emigrante m/f; (fig) nômade m/f ▶ ADJ migratório; (worker) emigrante

migrate [maɪ'greɪt] VI emigrar; (birds) arribar

migration [maɪ'greɪʃən] N emigração f; (of birds) arribação f

mike [maɪk] N ABBR = **microphone**

mild [maɪld] ADJ (character) pacífico; (climate) temperado; (slight) ligeiro; (taste) suave; (illness) leve, benigno; (interest) pequeno ▶ N cerveja ligeira

mildew ['mɪldju:] N mofo; (Bot) míldio

mildly ['maɪldlɪ] ADV brandamente; (slightly) ligeiramente, um tanto; **to put it ~** (inf) para não dizer coisa pior

mildness ['maɪldnɪs] N (softness) suavidade f; (gentleness) doçura; (quiet character) brandura

mile [maɪl] N milha f (1609 m); **to do 30 ~s per gallon** ≈ fazer 10.64 quilômetros por litro

mileage ['maɪlɪdʒ] N número de milhas; (Aut) ≈ quilometragem f

mileage allowance N ≈ ajuda de custo com base na quilometragem rodada

mileometer [maɪ'lɔmɪtər] (BRIT) N ≈ conta-quilômetros m inv

milestone ['maɪlstəun] N marco miliário; (event) marco

milieu ['mi:ljə:] (pl **milieus** or **milieux**) N meio, meio social

milieux ['mi:ljə:z] NPL of **milieu**

militant ['mɪlɪtnt] ADJ, N militante m/f

militarism ['mɪlɪtərɪzəm] N militarismo

militaristic [mɪlɪtə'rɪstɪk] ADJ militarista

military ['mɪlɪtərɪ] ADJ militar ▶ N: **the ~** as forças armadas, os militares

militate ['mɪlɪteɪt] VI: **to ~ against** militar contra

militia [mɪ'lɪʃə] N milícia

milk [mɪlk] N leite m ▶ VT (cow) ordenhar; (fig) explorar, chupar

milk chocolate N chocolate m de leite

milk float (BRIT) N furgão m de leiteiro

milking ['mɪlkɪŋ] N ordenhação f, ordenha

milkman ['mɪlkmən] (irreg: like **man**) N leiteiro

milk shake N milk-shake m, leite m batido com sorvete

milk tooth (irreg: like **tooth**) N dente m de leite

milk truck (US) N = **milk float**

milky ['mɪlkɪ] ADJ leitoso

Milky Way N Via Láctea

mill [mɪl] N (windmill etc) moinho; (coffee mill) moedor m de café; (factory) moinho, engenho; (spinning mill) fábrica de tecelagem, fiação f ▶ VT moer ▶ VI (also: **mill about**) aglomerar-se, remoinhar

millennia [mɪ'lɛnɪə] NPL of **millennium**

millennium [mɪ'lɛnɪəm] (pl **millenniums** or **millennia**) N milênio, milenário

miller ['mɪlər] N moleiro(-a)

millet ['mɪlɪt] N milhete m

milli... ['mɪlɪ] PREFIX mili...

milligram, milligramme ['mɪlɪgræm] N miligrama m

millilitre, (US) **milliliter** ['mɪlɪli:tər] N mililitro

millimetre, (US) **millimeter** ['mɪlɪmi:tər] N milímetro

milliner ['mɪlɪnər] N chapeleiro(-a) de senhoras

millinery ['mɪlɪnərɪ] N chapelaria de senhoras

million ['mɪljən] N milhão m; **a ~ times** um milhão de vezes

millionaire [mɪljə'nɛər] N milionário(-a)

millionth [-θ] NUM milionésimo

millipede ['mɪlɪpi:d] N embuá m

millstone ['mɪlstəun] N mó f, pedra (de moinho)

millwheel ['mɪlwi:l] N roda de azenha

milometer [maɪ'lɔmɪtər] N = **mileometer**

mime [maɪm] N mimo; (actor) mímico(-a), comediante m/f ▶ VT imitar ▶ VI fazer mímica

mimic ['mɪmɪk] N mímico(-a), imitador(a) m/f ▶ VT imitar, parodiar

mimicry ['mɪmɪkrɪ] N imitação f; (Zool) mimetismo

Min. (BRIT) ABBR (Pol) = **ministry**

min. ABBR (= minute, minimum) min.

minaret [mɪnə'rɛt] N minarete m

mince [mɪns] VT moer ▶ VI (in walking) andar com afetação ▶ N (BRIT Culin) carne f moída; **he does not ~ (his) words** ele não tem papas na língua

mincemeat ['mɪnsmi:t] N recheio de sebo e frutas picadas; (US: meat) carne f moída

mince pie N pastel com recheio de sebo e frutas picadas

mincer ['mɪnsər] N moedor m de carne

mincing ['mɪnsɪŋ] ADJ afetado

mind [maɪnd] N mente f; (intellect) intelecto; (opinion): **to my ~** a meu ver; (sanity): **to be out of one's ~** estar fora de si ▶ VT (attend to, look after) tomar conta de, cuidar de; (be careful of) ter cuidado com; (object to): **I don't ~ the noise** o barulho não me incomoda; **do you ~ if ...?** você se incomoda se ...?; **it is on my ~** não me sai da cabeça; **to keep** or **bear sth in ~** levar algo em consideração, não esquecer-se de algo; **to make up one's ~** decidir-se; **I don't ~** (it doesn't worry me) eu nem ligo; (it's all the same to me) para mim tanto faz; **~ you, ...** se bem que ...; **never ~!** não faz mal, não importa!; (don't worry) não se preocupe!; **to change one's ~** mudar de ideia; **to be in two ~s about sth** (BRIT) estar dividido em relação a algo; **to have sb/sth in ~** ter alguém/algo em mente; **to have in ~ to do** pretender fazer; **it went right out of my ~** saiu-me totalmente da cabeça; **to bring** or **call sth to ~** lembrar algo; **"~ the step"** "cuidado com o degrau"

mind-boggling ['maɪndbɔglɪŋ] ADJ (inf) alucinante

-minded ['maɪndɪd] SUFFIX: **fair~** imparcial, justo; **an industrially~ nation** uma nação de vocação industrial
minder ['maɪndə'] N *(childminder)* pessoa que toma conta de crianças; *(bodyguard)* guarda-costas *m/f inv*
mindful ['maɪndful] ADJ: **~ of** consciente de, atento a
mindless ['maɪndlɪs] ADJ estúpido; *(violence, crime)* insensato; *(job)* monótono
mine¹ [maɪn] PRON o meu/a minha; **that book is ~** esso livro é meu; **these cases are ~** estas caixas são minhas; **this is ~** este é meu; **yours is red, ~ is green** o seu é vermelho, o meu é verde; **a friend of ~** um amigo meu
mine² [maɪn] N mina ▶ VT *(coal)* extrair, explorar; *(ship, beach)* minar
mine detector N detector *m* de minas
minefield ['maɪnfi:ld] N campo minado; *(fig)* área delicada
miner ['maɪnə'] N mineiro
mineral ['mɪnərəl] ADJ mineral ▶ N mineral *m*; **minerals** NPL *(BRIT: soft drinks)* refrigerantes *mpl*
mineralogy [mɪnə'rælədʒɪ] N mineralogia
mineral water N água mineral
minesweeper ['maɪnswi:pə'] N caça-minas *m inv*
mingle ['mɪŋgl] VT misturar ▶ VI: **to ~ with** misturar-se com
mingy ['mɪndʒɪ] *(inf)* ADJ sovina, pão-duro *inv* (BR)
miniature ['mɪnətʃə'] ADJ em miniatura ▶ N miniatura
minibus ['mɪnɪbʌs] N micro-ônibus *m*
minicab ['mɪnɪkæb] *(BRIT)* N ≈ (táxi *m*) cooperativado
minicomputer ['mɪnɪkəm'pju:tə'] N minicomputador *m*, míni *m*
MiniDisc® ['mɪnɪdɪsk] N MiniDisc® *m*
minim ['mɪnɪm] N *(Mus)* mínima
minima ['mɪnɪmə] NPL *of* **minimum**
minimal ['mɪnɪml] ADJ mínimo
minimize ['mɪnɪmaɪz] VT minimizar
minimum ['mɪnɪməm] ADJ mínimo ▶ N *(pl* **minima**) mínimo; **to reduce to a ~** reduzir ao mínimo
minimum lending rate N *(Econ)* taxa mínima de empréstimos
minimum wage N salário mínimo
mining ['maɪnɪŋ] N exploração *f* de minas ▶ ADJ mineiro
minion ['mɪnjən] *(pej)* N lacaio
miniscule ['mɪnəskju:l] ADJ minúsculo
miniskirt ['mɪnɪskə:t] N minissaia
minister ['mɪnɪstə'] N *(BRIT Pol)* ministro(-a); *(Rel)* pastor *m* ▶ VI: **to ~ to sb** prestar assistência a alguém; **to ~ to sb's needs** atender às necessidades de alguém
ministerial [mɪnɪs'tɪərɪəl] *(BRIT)* ADJ *(Pol)* ministerial
ministry ['mɪnɪstrɪ] N *(BRIT Pol)* ministério; *(Rel)*: **to go into the ~** ingressar no sacerdócio
mink [mɪŋk] N marta
mink coat N casaco de marta
minnow ['mɪnəu] N peixinho (de água doce)
minor ['maɪnə'] ADJ menor; *(unimportant)* de pouca importância; *(inferior)* inferior; *(Mus)* menor ▶ N *(Law)* menor *m/f* de idade
Minorca [mɪ'nɔ:kə] N Minorca
minority [maɪ'nɔrɪtɪ] N minoria; *(age)* menoridade *f*; **to be in a ~** estar em minoria
minster ['mɪnstə'] N catedral *f*
minstrel ['mɪnstrəl] N menestrel *m*
mint [mɪnt] N *(plant)* hortelã *f*; *(sweet)* bala de hortelã ▶ VT *(coins)* cunhar; **the (Royal) M~** *(BRIT)* or **the (US) M~** *(US)* ≈ a Casa da Moeda; **in ~ condition** em perfeito estado
mint sauce N molho de hortelã
minuet [mɪnju'et] N minueto
minus ['maɪnəs] N *(also:* **minus sign***)* sinal *m* de subtração ▶ PREP menos; *(without)* sem
minute¹ ['mɪnɪt] N minuto; *(official record)* ata; **minutes** NPL *(of meeting)* atas *fpl*; **it is 5 ~s past 3** são 3 e 5; **wait a ~!** (espere) um minuto *or* minutinho!; **at the last ~** no último momento; **to leave sth till the last ~** deixar algo até em cima da hora; **up to the ~** *(fashion)* último; *(news)* de última hora; **up to the ~ technology** a última tecnologia
minute² [maɪ'nju:t] ADJ miúdo, diminuto; *(search)* minucioso; **in ~ detail** por miúdo, em miúdos
minute book N livro de atas
minute hand N ponteiro dos minutos
minutely [maɪ'nju:tlɪ] ADV *(by a small amount)* ligeiramente; *(in detail)* minuciosamente
miracle ['mɪrəkl] N milagre *m*
miraculous [mɪ'rækjuləs] ADJ milagroso
mirage ['mɪrɑ:ʒ] N miragem *f*
mire ['maɪə'] N lamaçal *m*
mirror ['mɪrə'] N espelho; *(in car)* retrovisor *m* ▶ VT refletir
mirror image N imagem *f* de espelho
mirth [mə:θ] N alegria; *(laughter)* risada
misadventure [mɪsəd'ventʃə'] N desgraça, infortúnio; **death by ~** *(BRIT)* morte acidental
misanthropist [mɪ'zænθrəpɪst] N misantropo(-a)
misapply [mɪsə'plaɪ] VT empregar mal
misapprehension [mɪsæprɪ'hɛnʃən] N mal-entendido, equívoco
misappropriate [mɪsə'prəuprɪeɪt] VT desviar
misappropriation [mɪsəprəuprɪ'eɪʃən] N desvio
misbehave [mɪsbɪ'heɪv] VI comportar-se mal
misbehaviour, *(US)* **misbehavior** [mɪsbɪ'heɪvjə'] N mau comportamento
misc. ABBR = **miscellaneous**
miscalculate [mɪs'kælkjuleɪt] VT calcular mal
miscalculation [mɪskælkju'leɪʃən] N erro de cálculo

miscarriage ['mɪskærɪdʒ] N (Med) aborto (espontâneo); (failure): ~ **of justice** erro judicial
miscarry [mɪs'kærɪ] VI (Med) abortar espontaneamente; (fail: plans) fracassar
miscellaneous [mɪsɪ'leɪnɪəs] ADJ (items, expenses) diverso; (selection) variado
miscellany [mɪ'tʃəlnɪ] N coletânea
mischance [mɪs'tʃɑːns] N infelicidade f, azar m
mischief ['mɪstʃɪf] N (naughtiness) travessura; (fun) diabrura; (harm) dano, prejuízo; (maliciousness) malícia
mischievous ['mɪstʃɪvəs] ADJ malicioso; (naughty) travesso; (playful) traquino
misconception [mɪskən'sɛpʃən] N concepção f errada, conceito errado
misconduct [mɪs'kɔndʌkt] N comportamento impróprio; **professional** ~ má conduta profissional
misconstrue [mɪskən'struː] VT interpretar mal
miscount [mɪs'kaunt] VT, VI contar mal
misdeed [mɪs'diːd] N delito, ofensa
misdemeanour, (US) **misdemeanor** [mɪsdɪ'miːnə'] N má ação, contravenção f
misdirect [mɪsdɪ'rɛkt] VT (person) orientar or informar mal; (letter) endereçar mal
miser ['maɪzə'] N avaro(-a), sovina m/f
miserable ['mɪzərəbl] ADJ (unhappy) triste; (wretched) miserável; (unpleasant: weather, person) deprimente; (contemptible: offer) desprezível; (: failure) humilhante; **to feel ~** estar na fossa, estar de baixo astral
miserably ['mɪzərəblɪ] ADV (smile, answer) tristemente; (fail, live, pay) miseravelmente
miserly ['maɪzəlɪ] ADJ avarento, mesquinho
misery ['mɪzərɪ] N (unhappiness) tristeza; (wretchedness) miséria
misfire [mɪs'faɪə'] VI falhar
misfit ['mɪsfɪt] N (person) inadaptado(-a), deslocado(-a)
misfortune [mɪs'fɔːtʃən] N desgraça, infortúnio
misgiving [mɪs'gɪvɪŋ] N, **misgivings** NPL (mistrust) desconfiança, receio; (apprehension) mau pressentimento; **to have ~s about sth** ter desconfianças em relação a algo
misguided [mɪs'gaɪdɪd] ADJ enganado
mishandle [mɪs'hændl] VT (treat roughly) maltratar; (mismanage) manejar mal
mishap ['mɪshæp] N desgraça, contratempo
mishear [mɪs'hɪə'] (irreg: like **hear**) VT ouvir mal
mishmash ['mɪʃmæʃ] (inf) N mixórdia, salada
misinform [mɪsɪn'fɔːm] VT informar mal
misinterpret [mɪsɪn'təːprɪt] VT interpretar mal
misinterpretation [mɪsɪntəːprɪ'teɪʃən] N interpretação f errônea
misjudge [mɪs'dʒʌdʒ] VT fazer um juízo errado de, julgar mal
mislay [mɪs'leɪ] (irreg: like **lay**) VT extraviar, perder

229 | **miscarriage - mist**

mislead [mɪs'liːd] (irreg: like **lead**) VT induzir em erro, enganar
misleading [mɪs'liːdɪŋ] ADJ enganoso, errôneo
misled [mɪs'lɛd] PT, PP of **mislead**
mismanage [mɪs'mænɪdʒ] VT administrar mal; (situation) tratar de modo ineficiente
mismanagement [mɪs'mænɪdʒmənt] N má administração f
misnomer [mɪs'nəumə'] N termo impróprio or errado
misogynist [mɪ'sɔdʒɪnɪst] N misógino
misplace [mɪs'pleɪs] VT (lose) extraviar, perder; (wrongly) colocar em lugar errado; **to be ~d** (trust etc) ser imerecido
misprint ['mɪsprɪnt] N erro tipográfico
mispronounce [mɪsprə'nauns] VT pronunciar mal
misquote [mɪs'kwəut] VT citar incorretamente
misread [mɪs'riːd] (irreg: like **read**) VT interpretar or ler mal
misrepresent [mɪsrɛprɪ'zɛnt] VT desvirtuar, deturpar
Miss [mɪs] N Senhorita (BR), a menina (PT); **Dear ~ Smith** Ilma. Srta. Smith (BR), Exma. Sra. Smith (PT)
miss [mɪs] VT (train, class, opportunity) perder; (fail to hit) errar, não acertar em; (fail to see): **you can't ~ it** é impossível não ver; (notice loss of: money etc) dar por falta de; (regret the absence of): **I ~ him** sinto a falta dele ▶ VI falhar ▶ N (shot) tiro perdido or errado; (fig): **that was a near ~** (near accident) essa foi por pouco; **the bus just ~ed the wall** o ônibus por pouco não bateu no muro; **you're ~ing the point** você não está entendendo
▶ **miss out** (BRIT) VT omitir
▶ **miss out on** VT FUS perder, ficar por fora de
missal ['mɪsl] N missal m
misshapen [mɪs'ʃeɪpən] ADJ disforme
missile ['mɪsaɪl] N (Mil) míssil m; (object thrown) projétil m
missile base N base f de mísseis
missile launcher [-'lɔːntʃə'] N plataforma para lançamento de mísseis
missing ['mɪsɪŋ] ADJ (pupil) ausente; (thing) perdido; (removed) que está faltando; (Mil) desaparecido; **to be ~** estar desaparecido; **to go ~** desaparecer; **~ person** pessoa desaparecida
mission ['mɪʃən] N missão f; (official representatives) delegação f; **on a ~ to sb** em missão a alguém
missionary ['mɪʃənrɪ] N missionário(-a)
missive ['mɪsɪv] N missiva
misspell [mɪs'spɛl] (irreg: like **spell**) VT escrever errado, errar na ortografia de
misspent [mɪs'spɛnt] ADJ: **his ~ youth** sua juventude desperdiçada
mist [mɪst] N (light) neblina; (heavy) névoa; (at sea) bruma ▶ VI (eyes: also: **mist over**) enevoar-se; (BRIT: also: **mist over, mist up**: windows) embaçar

mistake [mɪsˈteɪk] (*irreg: like* **take**) N erro, engano ▶ VT entender *or* interpretar mal; **by ~** por engano; **to make a ~** fazer um erro; **to make a ~ about sb/sth** enganar-se a respeito de alguém/algo; **to ~ A for B** confundir A com B

mistaken [mɪsˈteɪkən] PP *of* **mistake** ▶ ADJ (*idea etc*) errado; (*person*) enganado; **to be ~** enganar-se, equivocar-se

mistaken identity N identidade *f* errada

mistakenly [mɪsˈteɪkənlɪ] ADV por engano

mister [ˈmɪstəʳ] (*inf*) N senhor *m*; *see* **Mr**

mistletoe [ˈmɪsltəu] N visco

mistook [mɪsˈtuk] PT *of* **mistake**

mistranslation [mɪstrænsˈleɪʃən] N erro de tradução, tradução *f* incorreta

mistreat [mɪsˈtriːt] VT maltratar

mistreatment [mɪsˈtriːtmənt] N maus tratos *mpl*

mistress [ˈmɪstrɪs] N (*lover*) amante *f*; (*of house*) dona (da casa); (BRIT: *in school*) professora, mestra; (*of situation*) dona; *see* **Mrs**

mistrust [mɪsˈtrʌst] VT desconfiar de ▶ N: **~ (of)** desconfiança (em relação a)

mistrustful [mɪsˈtrʌstful] ADJ: **~ (of)** desconfiado (em relação a)

misty [ˈmɪstɪ] ADJ enevoado, nebuloso; (*day*) nublado; (*glasses etc*) embaçado

misty-eyed [-aɪd] ADJ (*fig*) sentimental

misunderstand [mɪsʌndəˈstænd] (*irreg: like* **stand**) VT, VI entender *or* interpretar mal

misunderstanding [mɪsʌndəˈstændɪŋ] N mal-entendido; (*disagreement*) desentendimento

misunderstood [mɪsʌndəˈstud] PT, PP *of* **misunderstand**

misuse [*n* mɪsˈjuːs, *vt* mɪsˈjuːz] N uso impróprio; (*of power*) abuso; (*of funds*) desvio ▶ VT (*use wrongly*) empregar mal; abusar de; desviar

MIT (US) N ABBR = **Massachusetts Institute of Technology**

mite [maɪt] N (*small quantity*) pingo; (BRIT: *small child*) criancinha

miter [ˈmaɪtəʳ] (US) N = **mitre**

mitigate [ˈmɪtɪgeɪt] VT mitigar, atenuar; **mitigating circumstances** circunstâncias *fpl* atenuantes

mitigation [mɪtɪˈgeɪʃən] N abrandamento, mitigação *f*

mitre, (US) **miter** [ˈmaɪtəʳ] N mitra; (*Carpentry*) meia-esquadria

mitt [ˈmɪt], **mitten** [ˈmɪtn] N mitene *f*

mix [mɪks] VT (*gen*) misturar; (*combine*) combinar ▶ VI misturar-se; (*people*) entrosar-se ▶ N mistura; (*combination*) combinação *f*; **to ~ sth with sth** misturar algo com algo; **to ~ business with pleasure** misturar trabalho com divertimento
▶ **mix in** VT misturar
▶ **mix up** VT (*confuse: things*) misturar; (: *people*) confundir; **to be ~ed up in sth** estar envolvido *or* metido em algo

mixed [mɪkst] ADJ misto; (*assorted*) sortido, variado

mixed blessing N: **it's a ~** é uma faca de dois gumes

mixed doubles NPL (*Sport*) duplas *fpl* mistas

mixed economy N economia mista

mixed grill (BRIT) N carnes *fpl* grelhadas

mixed-up ADJ (*confused*) confuso

mixer [ˈmɪksəʳ] N (*for food*) batedeira; (*person*) pessoa sociável

mixture [ˈmɪkstʃəʳ] N mistura; (*Med*) preparado

mix-up N trapalhada, confusão *f*

Mk (BRIT) ABBR (*Tech*) = **mark**

mk ABBR (*currency*) = **mark**

mkt ABBR = **market**

MLitt N ABBR (= *Master of Literature, Master of Letters*) grau universitário

MLR (BRIT) N ABBR = **minimum lending rate**

mm ABBR (= *millimetre*) mm

MN ABBR (BRIT) = **merchant navy**; (US *Post*) = **Minnesota**

MO N ABBR (*Med*) = **medical officer**; (US *inf*) = *modus operandi*) método ▶ ABBR (US *Post*) = **Missouri**

M.O. ABBR = **money order**

moan [məun] N gemido ▶ VI gemer; (*inf: complain*): **to ~ (about)** queixar-se (de), bufar (sobre) (*inf*)

moaning [ˈməunɪŋ] N gemidos *mpl*; (*inf: complaining*) queixas *fpl*

moat [məut] N fosso

mob [mɔb] N multidão *f*; (*pej*): **the ~** (*masses*) o povinho; (*mafia*) a máfia ▶ VT cercar

mob. ABBR (= *mobile phone*) cel.

mobile [ˈməubaɪl] ADJ móvel ▶ N móvel *m*; **applicants must be ~** (BRIT) os candidatos devem estar dispostos a aceitar qualquer deslocamento

mobile home N trailer *m*, casa móvel

mobile phone N telefone *m* celular (BR), telemóvel *m* (PT)

mobile shop (BRIT) N loja circulante

mobility [məuˈbɪlɪtɪ] N mobilidade *f*

mobilize [ˈməubɪlaɪz] VT mobilizar ▶ VI mobilizar-se; (*Mil*) ser mobilizado

moccasin [ˈmɔkəsɪn] N mocassim *m*

mock [mɔk] VT (*make ridiculous*) ridicularizar; (*laugh at*) zombar de, gozar de ▶ ADJ falso, fingido; (*exam, battle*) simulado

mockery [ˈmɔkərɪ] N zombaria; **to make a ~ of sth** ridicularizar algo

mocking [ˈmɔkɪŋ] ADJ zombeteiro

mockingbird [ˈmɔkɪŋbəːd] N tordo-dos-remédios *m*

mock-up N maqueta, modelo

MOD (BRIT) N ABBR = **Ministry of Defence**

mod cons [mɔd-] (BRIT) NPL ABBR = **modern conveniences**; *see* **convenience**

mode [məud] N modo; (*of transport*) meio

model [ˈmɔdl] N modelo; (*Arch*) maquete; (*person: for fashion, Art*) modelo *m/f* ▶ ADJ (*car, toy*) de brinquedo; (*child, factory etc*) exemplar

modeller - monochrome

▶ VT modelar; (*copy*): **to ~ o.s. on** mirar-se em ▶ VI servir de modelo; (*in fashion*) trabalhar como modelo; **to ~ clothes** desfilar apresentando modelos; **to ~ sb/sth on** modelar alguém/algo a *or* por

modeller, (US) **modeler** ['mɔdlə'] N modelador(a) *m/f*; (*model maker*) maquetista *m/f*

model railway N trenzinho de brinquedo

modem ['məudɛm] N modem *m*

moderate [*adj, n* 'mɔdərət, *vi, vt* 'mɔdəreɪt] ADJ, N moderado(-a) ▶ VI moderar-se, acalmar-se ▶ VT moderar

moderately ['mɔdərətlɪ] ADV (*act*) com moderação, moderadamente; (*pleased, happy*) razoavelmente; **~ priced** de preço médio *or* razoável

moderation [mɔdə'reɪʃən] N moderação *f*; **in ~** com moderação

modern ['mɔdən] ADJ moderno; **~ languages** línguas *fpl* vivas

modernization [mɔdənaɪ'zeɪʃən] N modernização *f*

modernize ['mɔdənaɪz] VT modernizar, atualizar

modest ['mɔdɪst] ADJ modesto

modesty ['mɔdɪstɪ] N modéstia

modicum ['mɔdɪkəm] N: **a ~ of** um mínimo de

modification [mɔdɪfɪ'keɪʃən] N modificação *f*

modify ['mɔdɪfaɪ] VT modificar

Mods [mɔdz] (BRIT) N ABBR (= *Honour) Moderations*) primeiro exame universitário (em Oxford)

modular ['mɔdjulə'] ADJ (*filing, unit*) modular

modulate ['mɔdjuleɪt] VT modular

modulation [mɔdju'leɪʃən] N modulação *f*

module ['mɔdjuːl] N módulo

mogul ['məugl] N (*fig*) magnata *m*

MOH (BRIT) N ABBR = **Medical Officer of Health**

mohair ['məuhɛə'] N mohair *m*, angorá *m*

Mohammed [mə'hæmɪd] N Maomé *m*

moist [mɔɪst] ADJ úmido (BR), húmido (PT), molhado

moisten ['mɔɪsn] VT umedecer (BR), humedecer (PT)

moisture ['mɔɪstʃə'] N umidade *f* (BR), humidade *f* (PT)

moisturize ['mɔɪstʃəraɪz] VT (*skin*) hidratar

moisturizer ['mɔɪstʃəraɪzə'] N creme *m* hidratante

mojo ['məudʒəu] (*pl* **mojos** *or* **mojoes**) (*inf*) N (*fig: power*) magia *f*

molar ['məulə'] N molar *m*

molasses [məu'læsɪz] N melaço, melado

mold [məuld] (US) N, VT = **mould**

mole [məul] N (*animal*) toupeira; (*spot*) sinal *m*, lunar *m*; (*fig*) espião(-piã) *m/f*

molecule ['mɔlɪkjuːl] N molécula

molehill ['məulhɪl] N montículo (feito por uma toupeira)

molest [məu'lɛst] VT molestar; (*attack sexually*) atacar sexualmente

mollusc ['mɔləsk] N molusco

mollycoddle ['mɔlɪkɔdl] VT mimar

molt [məult] (US) VI = **moult**

molten ['məultən] ADJ fundido; (*lava*) liquefeito

mom [mɔm] (US) N = **mum**

moment ['məumənt] N momento; (*importance*) importância; **at the ~** neste momento; **for the ~** por enquanto; **in a ~** num instante; **"one - please"** (*Tel*) "não desligue"

momentarily ['məuməntrɪlɪ] ADV momentaneamente; (US: *soon*) daqui a pouco

momentary ['məuməntərɪ] ADJ momentâneo

momentous [məu'mɛntəs] ADJ importantíssimo

momentum [məu'mɛntəm] N momento; (*fig*) ímpeto; **to gather ~** ganhar ímpeto

mommy ['mɔmɪ] (US) N = **mummy**

Mon. ABBR (= *Monday*) seg., 2ª

Monaco ['mɔnəkəu] N Mônaco (*no article*)

monarch ['mɔnək] N monarca *m/f*

monarchist ['mɔnəkɪst] N monarquista *m/f*

monarchy ['mɔnəkɪ] N monarquia

monastery ['mɔnəstərɪ] N mosteiro, convento

monastic [mə'næstɪk] ADJ monástico

Monday ['mʌndɪ] N segunda-feira; *see also* **Tuesday**

monetarist ['mʌnɪtərɪst] N monetarista *m/f*

monetary ['mʌnɪtərɪ] ADJ monetário

money ['mʌnɪ] N dinheiro; (*currency*) moeda; **to make ~** ganhar dinheiro; **I've got no ~ left** não tenho mais dinheiro

moneyed ['mʌnɪd] ADJ rico, endinheirado

moneylender ['mʌnɪlɛndə'] N agiota *m/f*

moneymaking ['mʌnɪmeɪkɪŋ] ADJ lucrativo, rendoso

money market N mercado financeiro

money order N vale *m* (postal)

money-spinner (*inf*) N mina

money supply N meios *mpl* de pagamento, suprimento monetário

Mongol ['mɔŋgəl] N mongol *m/f*; (*Ling*) mongol *m*

mongol ['mɔŋgəl] ADJ, N (*offensive*) mongoloide *m/f*

Mongolia [mɔŋ'gəulɪə] N Mongólia

Mongolian [mɔŋ'gəulɪən] ADJ mongol ▶ N mongol *m/f*; (*Ling*) mongol *m*

mongoose ['mɔŋguːs] N mangusto

mongrel ['mʌŋgrəl] N (*dog*) vira-lata *m*

monitor ['mɔnɪtə'] N (*Sch*) monitor(a) *m/f*; (*Comput*) monitor *m* ▶ VT (*heartbeat, pulse*) controlar; (*broadcasts, progress*) monitorar

monk [mʌŋk] N monge *m*

monkey ['mʌŋkɪ] N macaco

monkey business N trapaça, travessura

monkey nut (BRIT) N amendoim *m*

monkey wrench N chave *f* inglesa

mono ['mɔnəu] ADJ mono *inv*

mono... ['mɔnəu] PREFIX mono...

monochrome ['mɔnəkrəum] ADJ monocromático

monocle ['mɔnəkl] N monóculo
monogamous [mɔ'nɔgəməs] ADJ monogâmico
monogram ['mɔnəgræm] N monograma m
monolith ['mɔnəliθ] N monólito
monologue ['mɔnəlɔg] N monólogo
monoplane ['mɔnəpleɪn] N monoplano
monopolize [mə'nɔpəlaɪz] VT monopolizar
monopoly [mə'nɔpəlɪ] N monopólio; **Monopolies and Mergers Commission** (BRIT) comissão de inquérito sobre os monopólios
monorail ['mɔnəureɪl] N monotrilho
monosodium glutamate [mɔnə'səudɪəm 'glu:təmeɪt] N glutamato de monossódio
monosyllabic [mɔnəusɪ'læbɪk] ADJ monossilábico; (person) lacônico
monosyllable ['mɔnəsɪləbl] N monossílabo
monotone ['mɔnətəun] N monotonia; **to speak in a ~** falar num tom monótono
monotonous [mə'nɔtənəs] ADJ monótono
monotony [mə'nɔtənɪ] N monotonia
monoxide [mɔ'nɔksaɪd] N see **carbon monoxide**
monsoon [mɔn'su:n] N monção f
monster ['mɔnstə'] N monstro
monstrosity [mɔns'trɔsɪtɪ] N monstruosidade f
monstrous ['mɔnstrəs] ADJ (huge) descomunal; (atrocious) monstruoso
montage [mɔn'tɑ:ʒ] N montagem f
Mont Blanc [mɔ̃blɑ̃] N Monte m Branco
Montevideo ['mɔnteɪvɪ'deɪəu] N Montevidéu
month [mʌnθ] N mês m; **every ~** todo mês; **300 dollars a ~** 300 dólares mensais or por mês
monthly ['mʌnθlɪ] ADJ mensal ▶ ADV mensalmente ▶ N (magazine) revista mensal; **twice ~** duas vezes por mês
monument ['mɔnjumənt] N monumento
monumental [mɔnju'mɛntl] ADJ monumental; (terrific) terrível
monumental mason N marmorista m/f
moo [mu:] VI mugir
mood [mu:d] N humor m; (of crowd) atmosfera; **to be in a good/bad ~** estar de bom/mau humor; **to be in the ~ for** estar a fim or com vontade de
moody ['mu:dɪ] ADJ (variable) caprichoso, de veneta; (sullen) rabugento
moon [mu:n] N lua
moonbeam ['mu:nbi:m] N raio de lua
moon landing N alunissagem f
moonlight ['mu:nlaɪt] N luar m ▶ VI ter dois empregos, ter um bico
moonlighting ['mu:nlaɪtɪŋ] N trabalho adicional, bico
moonlit ['mu:nlɪt] ADJ enluarado; **a ~ night** uma noite de lua
moonshot ['mu:nʃɔt] N (Space) lançamento de nave para a lua
moonstruck ['mu:nstrʌk] ADJ lunático, aluado
Moor [muə'] N mouro(-a)

moor [muə'] N charneca ▶ VT (ship) amarrar ▶ VI fundear, atracar
mooring ['muərɪŋ] N (place) ancoradouro; **moorings** NPL (chains) amarras fpl
Moorish ['muərɪʃ] ADJ mouro; (architecture) mourisco
moorland ['muələnd] N charneca
moose [mu:s] N INV alce m
moot [mu:t] VT levantar ▶ ADJ: **~ point** ponto discutível
mop [mɔp] N esfregão m; (for dishes) esponja com cabeça; (of hair) grenha ▶ VT esfregar
▶ **mop up** VT limpar
mope [məup] VI estar or andar deprimido or desanimado
▶ **mope about** VI andar por aí desanimado
▶ **mope around** VI = **mope about**
moped ['məupɛd] N moto f pequena (BR), motorizada (PT)
moral ['mɔrl] ADJ moral ▶ N moral f; **morals** NPL (principles) moralidade f, costumes mpl
morale [mɔ'rɑ:l] N moral f, estado de espírito
morality [mə'rælɪtɪ] N moralidade f; (correctness) retidão f, probidade f
moralize ['mɔrəlaɪz] VI: **to ~ (about)** dar lições de moral (sobre)
morally ['mɔrəlɪ] ADV moralmente
morass [mə'ræs] N pântano, brejo
moratorium [mɔrə'tɔ:rɪəm] (pl **moratoriums** or **moratoria**) N moratória
morbid ['mɔ:bɪd] ADJ mórbido

(KEYWORD)

more [mɔ:'] ADJ **1** (greater in number etc) mais; **more people/work/letters than we expected** mais pessoas/trabalho/cartas do que esperávamos; **I have more wine/money than you** tenho mais vinho/dinheiro do que você
2 (additional) mais; **do you want (some) more tea?** você quer mais chá?; **I have no** or **I don't have any more money** não tenho mais dinheiro; **it'll take a few more weeks** levará mais algumas semanas
▶ PRON **1** (greater amount) mais; **more than 10** mais de 10; **it cost more than we expected** custou mais do que esperávamos
2 (further or additional amount) mais; **is there any more?** tem ainda mais?; **there's no more** não tem mais; **many/much more** muitos/muito mais
▶ ADV mais; **more dangerous/difficult etc than** mais perigoso/difícil etc do que; **more easily/economically/quickly (than)** mais fácil/econômico/rápido (do que); **more and more** cada vez mais; **more or less** mais ou menos; **more than ever** mais do que nunca; **more beautiful than ever** mais bonito do que nunca

moreover [mɔ:'rəuvə'] ADV além do mais, além disso
morgue [mɔ:g] N necrotério

MORI ['mɔrɪ] (BRIT) N ABBR (= Market and Opinion Research Institute) = IBOPE m
moribund ['mɔrɪbʌnd] ADJ agonizante
Mormon ['mɔ:mən] N mórmon m/f
morning ['mɔ:nɪŋ] N manhã f; (early morning) madrugada ▶ CPD da manhã; **good ~** bom dia; **in the ~** de manhã; **7 o'clock in the ~** (as) 7 da manhã; **3 o'clock in the ~** (as) 3 da madrugada; **tomorrow ~** amanhã de manhã; **this ~** hoje de manhã
morning sickness N náusea matinal
Moroccan [mə'rɔkən] ADJ, N marroquino(-a)
Morocco [mə'rɔkəu] N Marrocos m
moron ['mɔ:rɔn] (inf) N débil mental m/f, idiota m/f
moronic [mə'rɔnɪk] ADJ imbecil, idiota
morose [mə'rəus] ADJ taciturno, rabugento
morphine ['mɔ:fi:n] N morfina
Morse [mɔ:s] N (also: **Morse code**) código Morse
morsel ['mɔ:sl] N (of food) bocado
mortal ['mɔ:tl] ADJ, N mortal m/f
mortality [mɔ:'tælɪtɪ] N mortalidade f
mortality rate N (taxa de) mortalidade f
mortar ['mɔ:tə'] N (cannon) morteiro; (Constr) argamassa; (dish) pilão m, almofariz m
mortgage ['mɔ:gɪdʒ] N hipoteca; (for house) financiamento ▶ VT hipotecar; **to take out a ~** fazer um crédito imobiliário
mortgage company (US) N sociedade f de crédito imobiliário
mortgagee [mɔ:gə'dʒi:] N credor(a) m/f hipotecário(-a)
mortgagor ['mɔ:gədʒə'] N devedor(a) m/f hipotecário(-a)
mortician [mɔ:'tɪʃən] (US) N agente m/f funerário(-a)
mortified ['mɔ:tɪfaɪd] ADJ morto de vergonha
mortify ['mɔ:tɪfaɪ] VT motrificar
mortise lock ['mɔ:tɪs-] N fechadura embutida
mortuary ['mɔ:tjuərɪ] N necrotério
mosaic [məu'zeɪɪk] N mosaico
Moscow ['mɔskəu] N Moscou (BR), Moscovo (PT)
Moslem ['mɔzləm] ADJ, N = **Muslim**
mosque [mɔsk] N mesquita
mosquito [mɔs'ki:təu] (pl **mosquitoes**) N mosquito
mosquito net N mosquiteiro
moss [mɔs] N musgo
mossy ['mɔsɪ] ADJ musgoso, musguento

(KEYWORD)

most [məust] ADJ **1** (almost all: people, things etc) a maior parte de, a maioria de; **most people** a maioria das pessoas
2 (largest, greatest: interest) máximo; (money): **who has (the) most money?** quem é que tem mais dinheiro?; **he derived the most pleasure from her visit** ele teve o maior prazer em recebê-la
▶ PRON (greatest quantity, number) a maior parte, a maioria; **most of it/them** a maioria dele/deles; **most of the money** a maior parte do dinheiro; **most of her friends** a maioria dos seus amigos; **do the most you can** faça o máximo que você puder; **I saw the most** vi mais; **to make the most of sth** aproveitar algo ao máximo; **at the (very) most** quando muito, no máximo
▶ ADV (+vb, adj, adv) o mais; **the most intelligent/expensive** etc o mais inteligente/caro etc; (very: polite, interesting etc) muito; **a most interesting book** um livro interessantíssimo

mostly ['məustlɪ] ADV principalmente, na maior parte
MOT (BRIT) N ABBR = **Ministry of Transport**; **the ~ (test)** vistoria anual dos veículos automotores
motel [məu'tɛl] N motel m
moth [mɔθ] N mariposa; (clothes moth) traça
mothball ['mɔθbɔ:l] N bola de naftalina
moth-eaten ADJ roído pelas traças
mother ['mʌðə'] N mãe f ▶ ADJ materno ▶ VT (care for) cuidar de (como uma mãe)
mother board N (Comput) placa-mãe f
motherhood ['mʌðəhud] N maternidade f
mother-in-law (pl **mothers-in-law**) N sogra
motherly ['mʌðəlɪ] ADJ maternal
mother-of-pearl N madrepérola
mother-to-be (pl **mothers-to-be**) N futura mamãe f
mother tongue N língua materna
mothproof ['mɔθpru:f] ADJ à prova de traças
motif [məu'ti:f] N motivo
motion ['məuʃən] N movimento; (gesture) gesto, sinal m; (at meeting) moção f; (BRIT: of bowels) fezes fpl ▶ VT, VI: **to ~ (to) sb to do sth** fazer sinal a alguém para que faça algo; **to be in ~** (vehicle) estar em movimento; **to set in ~** pôr em movimento; **to go through the ~s of doing sth** (fig) fazer algo automaticamente or sem convicção
motionless ['məuʃənlɪs] ADJ imóvel
motion picture N filme m (cinematográfico)
motivate ['məutɪveɪt] VT motivar
motivated ['məutɪveɪtɪd] ADJ: **~ (by)** motivado (por)
motivation [məutɪ'veɪʃən] N motivação f
motive ['məutɪv] N motivo ▶ ADJ motor/motriz; **from the best (of) ~s** com as melhores intenções
motley ['mɔtlɪ] ADJ variado, heterogêneo
motor ['məutə'] N motor m; (BRIT inf: vehicle) carro, automóvel m ▶ CPD (industry) de automóvel ▶ ADJ motor/motriz
motorbike ['məutəbaɪk] N moto(cicleta) f, motoca (inf)
motorboat ['məutəbəut] N barco a motor
motorcar ['məutəka:] (BRIT) N carro, automóvel m
motorcoach ['məutəkəutʃ] N ônibus m turístico
motorcycle ['məutəsaɪkl] N motocicleta

motorcycle racing N corrida de motocicleta
motorcyclist ['məutəsaɪklɪst] N motociclista m/f
motoring ['məutərɪŋ] (BRIT) N automobilismo ▶ ADJ (accident, offence) de trânsito; **~ holiday** passeio de carro
motorist ['məutərɪst] N motorista m/f
motorize ['məutəraɪz] VT motorizar
motor oil N óleo de motor
motor racing (BRIT) N corrida de carros, automobilismo
motor scooter N lambreta (BR), motoreta (PT)
motor vehicle N automóvel m, veículo automotor
motorway ['məutəweɪ] (BRIT) N rodovia (BR), autoestrada (PT)
mottled ['mɔtld] ADJ mosqueado, em furta-cores
motto ['mɔtəu] (pl **mottoes**) N lema m
mould, (US) **mold** [məuld] N molde m; (mildew) mofo, bolor m ▶ VT moldar; (fig) moldar
moulder, (US) **molder** ['məuldə'] VI (decay) desfazer-se
moulding, (US) **molding** ['məuldɪŋ] N moldura
mouldy, (US) **moldy** ['məuldɪ] ADJ mofado
moult, (US) **molt** [məult] VI mudar (de penas etc)
mound [maund] N (of earth) monte m; (of blankets, leaves etc) pilha, montanha
mount [maunt] N monte m; (horse) montaria; (for jewel etc) engaste m; (for picture) moldura ▶ VT (horse etc) montar em, subir a; (stairs) subir; (exhibition) montar; (attack) montar, desfechar; (picture) emoldurar ▶ VI (increase) aumentar
▶ **mount up** VI aumentar
mountain ['mauntɪn] N montanha ▶ CPD de montanha; **to make a ~ out of a molehill** (fig) fazer um bicho de sete cabeças or um cavalo de batalha (de algo)
mountain bike N mountain bike f
mountaineer [mauntɪ'nɪə'] N alpinista m/f, montanhista m/f
mountaineering [mauntɪ'nɪərɪŋ] N alpinismo; **to go ~** praticar o alpinismo
mountainous ['mauntɪnəs] ADJ montanhoso
mountain rescue team N equipe m de socorro para alpinistas
mountainside ['mauntɪnsaɪd] N lado da montanha
mounted ['mauntɪd] ADJ montado
Mount Everest N monte m Everest
mourn [mɔːn] VT chorar, lamentar ▶ VI: **to ~ for** chorar or lamentar a morte de
mourner ['mɔːnə'] N parente(-a) m/f or amigo(-a) do defunto
mournful ['mɔːnful] ADJ desolado, triste
mourning ['mɔːnɪŋ] N luto ▶ CPD (dress) de luto; **(to be) in ~** (estar) de luto
mouse [maus] (pl **mice**) N camundongo (BR), rato (PT); (Comput) mouse m

mouse mat, mouse pad N (Comput) mouse pad m
mousetrap ['maustræp] N ratoeira
mousse [muːs] N musse f; (for hair) mousse f
moustache, (US) **mustache** [məs'tɑːʃ] N bigode m
mousy ['mausɪ] ADJ (person) tímido; (hair) pardacento
mouth [mauθ] (pl **mouths** [mauðz]) N boca; (of cave, hole) entrada; (of river) desembocadura
mouthful ['mauθful] N bocado
mouth organ N gaita
mouthpiece ['mauθpiːs] N (of musical instrument) bocal m; (representative) porta-voz m/f
mouth-to-mouth ADJ: **~ resuscitation** respiração f boca-a-boca
mouthwash ['mauθwɔʃ] N colutório
mouth-watering ADJ de dar água na boca
movable ['muːvəbl] ADJ móvel
move [muːv] N (movement) movimento; (in game) lance m, jogada; (: turn to play) turno, vez f; (change: of house, job) mudança ▶ VT (change position of) mudar; (in game) jogar; (hand etc) mexer, mover; (from one place to another) deslocar; (emotionally) comover; (Pol: resolution etc) propor ▶ VI mexer-se, mover-se; (traffic) circular; (also: **move house**) mudar-se; (develop: situation) desenvolver; **to ~ sb to do sth** convencer alguém a fazer algo; **to get a ~ on** apressar-se; **to be ~d** (emotionally) ficar comovido
▶ **move about** VI (fidget) mexer-se; (travel) deslocar-se
▶ **move along** VI avançar
▶ **move around** VI = **move about**
▶ **move away** VI afastar-se
▶ **move back** VI (step back) recuar; (return) voltar
▶ **move down** VT abaixar; (demote) rebaixar
▶ **move forward** VI avançar ▶ VT adiantar
▶ **move in** VI (to a house) instalar-se (numa casa)
▶ **move off** VI partir
▶ **move on** VI ir andando ▶ VT (onlookers) afastar
▶ **move out** VI (of house) sair (de uma casa)
▶ **move over** VI afastar-se; **~ over!** (towards speaker) chega mais para cá!; (away from speaker) chega mais para lá!
▶ **move up** VI subir; (employee) ser promovido; (move aside) chegar mais para lá or cá
moveable ['muːvəbl] ADJ = **movable**
movement ['muːvmənt] N movimento; (gesture) gesto; (of goods) transporte m; (in attitude, policy) mudança; (Tech) mecanismo; (Med: also: **bowel movement**) defecação f
mover ['muːvə'] N autor(a) m/f de proposta
movie ['muːvɪ] N filme m; **to go to the ~s** ir ao cinema

movie camera N câmara cinematográfica
moviegoer ['muːvɪɡəʊəʳ] (US) N frequentador(a) m/f de cinema
moving ['muːvɪŋ] ADJ (emotional) comovente; (that moves) móvel; (in motion) em movimento
▶ N (US) mudança
mow [məʊ] (pt **mowed**, pp **mowed** or **mown**) VT (grass) cortar; (corn) ceifar
▶ **mow down** VT ceifar; (massacre) chacinar
mower ['məʊəʳ] N ceifeira; (also: **lawnmower**) cortador m de grama (BR) or de relva (PT)
mown [məʊn] PP of **mow**
Mozambique [məʊzəm'biːk] N Moçambique m (no article)
MP N ABBR (= Military Police) PM f; (BRIT) = **Member of Parliament**; (CANADA) = **Mounted Police**
MP3 player N tocador m de MP3
mpg N ABBR = **miles per gallon**
mph ABBR = **miles per hour**
MPhil N ABBR (= Master of Philosophy) grau universitário
MPS (BRIT) N ABBR = **Member of the Pharmaceutical Society**
Mr, (US) **Mr.** ['mɪstəʳ] N: **Mr Smith** (o) Sr. Smith
MRC (BRIT) N ABBR = **Medical Research Council**
MRCP (BRIT) N ABBR = **Member of the Royal College of Physicians**
MRCS (BRIT) N ABBR = **Member of the Royal College of Surgeons**
MRCVS (BRIT) N ABBR = **Member of the Royal College of Veterinary Surgeons**
Mrs, (US) **Mrs.** ['mɪsɪz] N: **~ Smith** (a) Sra. Smith
MS N ABBR (= manuscript) ms; = **multiple sclerosis**; (US: = Master of Science) grau universitário ▶ ABBR (US Post) = **Mississippi**
Ms, (US) **Ms.** [mɪz] N (= Miss or Mrs): **Ms X** (a) Sra. X

> **Ms** é um título utilizado em lugar de Mrs (senhora) ou de Miss (senhorita) para evitar a distinção tradicional entre mulheres casadas e solteiras. É aceito, portanto, como o equivalente de Mr (senhor) para os homens. Muitas vezes reprovado por ter surgido como manifestação de um feminismo exacerbado, é uma forma de tratamento muito comum hoje em dia.

MSA (US) N ABBR (= Master of Science in Agriculture) grau universitário
MSc N ABBR = **Master of Science**
MSG N ABBR = **monosodium glutamate**
MST (US) ABBR (= Mountain Standard Time) hora de inverno das montanhas Rochosas
MSW (US) N ABBR (= Master of Social Work) grau universitário
MT N ABBR = **machine translation** ▶ ABBR (US Post) = **Montana**
Mt ABBR (Geo: = mount) Mt

235 | movie camera – mud-slinging

(KEYWORD)

much [mʌtʃ] ADJ (time, money, effort) muito; **how much money/time do you need?** quanto dinheiro/tempo você precisa?; **he's done so much work for the charity** ele trabalhou muito para a obra de caridade; **as much as** tanto como
▶ PRON muito; **there isn't much to do** não há muito o que fazer; **much has been gained from our discussions** nossas discussões foram muito proveitosas; **how much does it cost?** — **too much** quanto custa isso? — caro demais; **how much is it?** quanto é?, quanto custa?
▶ ADV **1** (greatly, a great deal) muito; **thank you very much** muito obrigado(-a); **we are very much looking forward to your visit** estamos aguardando a sua visita com muito ansiedade; **he is very much the gentleman/politician** ele é muito cavalheiro/político; **as much as** tanto como; **as much as you** tanto quanto você; **I read as much as possible/as I can/as ever** leio o máximo possível/que eu posso/como nunca; **he is as much part of the community as you** ele faz parte da comunidade tanto quanto você
2 (by far) de longe; **I'm much better now** estou bem melhor agora
3 (almost) quase; **the view is much as it was 10 years ago** a vista é quase a mesma que há dez anos; **how are you feeling?** — **much the same** como você está (se sentindo)? — do mesmo jeito

muck [mʌk] N (dirt) sujeira (BR), sujidade f (PT); (manure) estrume m; (fig) porcaria
▶ **muck about** (inf) VI (fool about) fazer besteiras; (waste time) fazer cera; (tinker) mexer
▶ **muck around** VI = **muck about**
▶ **muck in** (BRIT inf) VI dar uma ajuda
▶ **muck out** VT (stable) limpar
▶ **muck up** (inf) VT (ruin) estragar; (dirty) sujar
muckraking ['mʌkreɪkɪŋ] (inf) N (Press) sensacionalismo
mucky ['mʌkɪ] ADJ (dirty) sujo
mucus ['mjuːkəs] N muco
mud [mʌd] N lama
muddle ['mʌdl] N confusão f, bagunça; (mix-up) trapalhada ▶ VT (also: **muddle up**: person, story) confundir; (: things) misturar; **to be in a ~** (person) estar confuso; **to get in a ~** (while explaining etc) enrolar-se
▶ **muddle along** VI viver sem rumo
▶ **muddle through** VI virar-se
muddle-headed [-'hɛdɪd] ADJ (person) confuso
muddy ['mʌdɪ] ADJ (road) lamacento; (person, clothes) enlameado
mud flats NPL extensão f de terra lamacenta
mudguard ['mʌdɡɑːd] N para-lama m
mudpack ['mʌdpæk] N máscara (de beleza)
mud-slinging [-slɪŋɪŋ] N difamação f, injúria

muesli ['mju:zlɪ] N muesli *m*
muff [mʌf] N regalo ▶ VT *(chance)* desperdiçar, perder; *(lines)* estropiar
muffin ['mʌfɪn] N *bolinho redondo e chato*
muffle ['mʌfl] VT *(sound)* abafar; *(against cold)* agasalhar
muffled ['mʌfld] ADJ abafado, surdo
muffler ['mʌflə'] N *(scarf)* cachecol *m*; *(US Aut)* silencioso (BR), panela de escape (PT)
mufti ['mʌftɪ] N: **in** ~ vestido à paisana
mug [mʌg] N *(cup)* caneca; *(for beer)* caneco, canecão; *(inf: face)* careta; *(: fool)* bobo(-a) ▶ VT *(assault)* assaltar
▶ **mug up** *(BRIT inf)* VT *(also:* **mug up on***)* decorar
mugger ['mʌgə'] N assaltante *m/f*
mugging ['mʌgɪŋ] N assalto
muggy ['mʌgɪ] ADJ abafado
mulatto [mju:'lætəu] *(pl* **mulattoes***)* N mulato(-a)
mulberry ['mʌlbrɪ] N *(fruit)* amora; *(tree)* amoreira
mule [mju:l] N mula
mulled [mʌld] ADJ: ~ **wine** quentão *m*
mull over [mʌl-] VT meditar sobre
multi... [mʌltɪ] PREFIX multi...
multi-access ADJ *(Comput)* de múltiplo acesso
multicoloured, (US) **multicolored** ['mʌltɪkʌləd] ADJ multicolor
multifarious [mʌltɪ'fɛərɪəs] ADJ diverso, variado
multilateral [mʌltɪ'lætrəl] ADJ *(Pol)* multilateral
multi-level *(US)* ADJ = **multistorey**
multimedia [mʌltɪ'mi:dɪə] ADJ multimídia
multimillionaire [mʌltɪmɪljə'nɛə'] N multimilionário(-a)
multinational [mʌltɪ'næʃənl] N multinacional *f* ▶ ADJ multinacional
multiple ['mʌltɪpl] ADJ múltiplo ▶ N múltiplo
multiple choice N múltipla escolha
multiple crash N engavetamento
multiple sclerosis [-sklɪ'rəusɪs] N esclerose *f* múltipla
multiplication [mʌltɪplɪ'keɪʃən] N multiplicação *f*
multiplication table N tabela de multiplicação
multiplicity [mʌltɪ'plɪsɪtɪ] N multiplicidade *f*
multiply ['mʌltɪplaɪ] VT multiplicar ▶ VI multiplicar-se
multiracial [mʌltɪ'reɪʃl] ADJ multirracial
multistorey ['mʌltɪ'stɔ:rɪ] *(BRIT)* ADJ de vários andares
multitude ['mʌltɪtju:d] N multidão *f*; *(large number)*: **a** ~ **of** um grande número de
mum [mʌm] N *(BRIT inf)* mamãe *f* ▶ ADJ: **to keep** ~ ficar calado; ~**'s the word!** bico calado!
mumble ['mʌmbl] VT, VI resmungar, murmurar
mummify ['mʌmɪfaɪ] VT mumificar
mummy ['mʌmɪ] N *(BRIT: mother)* mamãe *f*; *(embalmed)* múmia
mumps [mʌmps] N caxumba
munch [mʌntʃ] VT, VI mascar
mundane [mʌn'deɪn] ADJ banal, mundano
municipal [mju:'nɪsɪpl] ADJ municipal
municipality [mju:nɪsɪ'pælɪtɪ] N municipalidade *f*; *(area)* município
munitions [mju:'nɪʃənz] NPL munições *fpl*
mural ['mjuərl] N mural *m*
murder ['mə:də'] N assassinato; *(Law)* homicídio ▶ VT assassinar; *(spoil)* estragar; **to commit** ~ cometer um assassinato
murderer ['mə:dərə'] N assassino
murderess ['mə:dərɪs] N assassina
murderous ['mə:dərəs] ADJ homicida
murk [mə:k] N escuridão *f*
murky ['mə:kɪ] ADJ escuro; *(water)* turvo; *(fig)* sombrio
murmur ['mə:mə'] N murmúrio ▶ VT, VI murmurar; **heart** ~ *(Med)* sopro cardíaco or no coração
MusB, MusBac N ABBR (= *Bachelor of Music)* grau universitário
muscle ['mʌsl] N músculo; *(fig: strength)* força (muscular)
▶ **muscle in** VI imiscuir-se, impor-se
muscular ['mʌskjulə'] ADJ muscular; *(person)* musculoso
muscular dystrophy N distrofia muscular
MusD, MusDoc N ABBR (= *Doctor of Music)* grau universitário
muse [mju:z] VI meditar ▶ N musa
museum [mju:'zɪəm] N museu *m*
mush [mʌʃ] N pasta, papa; *(fig)* pieguice *f*
mushroom ['mʌʃrum] N cogumelo ▶ VI *(fig)* crescer da noite para o dia, pipocar
mushy ['mʌʃɪ] ADJ mole; *(pej)* piegas *inv*
music ['mju:zɪk] N música
musical ['mju:zɪkl] ADJ *(of music, person)* musical; *(harmonious)* melodioso ▶ N *(show)* musical *m*
musical instrument N instrumento musical
music box N caixinha de música
music hall N teatro de variedades
musician [mju:'zɪʃən] N músico(-a)
music stand N atril *m*, estante *f* de música
musk [mʌsk] N almíscar *m*
musket ['mʌskɪt] N mosquete *m*
muskrat ['mʌskræt] N rato almiscarado
musk rose N *(Bot)* rosa-moscada
Muslim ['mʌzlɪm] ADJ, N muçulmano(-a)
muslin ['mʌzlɪn] N musselina
musquash ['mʌskwɔʃ] N rato almiscarado; *(fur)* pele *f* de rato almiscarado
mussel ['mʌsl] N mexilhão *m*
must [mʌst] AUX VB *(obligation)*: **I** ~ **do it** tenho que or devo fazer isso; *(probability)*: **he** ~ **be there by now** ele já deve estar lá; *(suggestion, invitation)*: **you** ~ **come and see me soon** você tem que vir me ver em breve; *(indicating sth unwelcome)*: **why** ~ **he behave so badly?**

por que ele tem que se comportar tão mal?
▶ N (*necessity*) necessidade *f*; **it's a ~** é imprescindível; **I ~ have made a mistake** eu devo ter feito um erro
mustache ['mʌstæʃ] (US) N = **moustache**
mustard ['mʌstəd] N mostarda
mustard gas N gás *m* de mostarda
muster ['mʌstəʳ] VT (*support*) reunir; (*energy*) juntar; (*Mil*) formar; (*also*: **muster up**: *strength, courage*) criar, juntar
mustiness ['mʌstɪnɪs] N mofo
mustn't ['mʌsnt] = **must not**
musty ['mʌstɪ] ADJ mofado, com cheiro de bolor
mutant ['mju:tənt] ADJ, N mutante *m/f*
mutate [mju:'teɪt] VI sofrer mutação genética
mutation [mju:'teɪʃən] N mutação *f*
mute [mju:t] ADJ, N mudo(-a)
muted ['mju:tɪd] ADJ (*colour*) suave; (*reaction*) moderado; (*noise, Mus*) abafado; (*criticism*) velado
mutilate ['mju:tɪleɪt] VT mutilar
mutilation [mju:tɪ'leɪʃən] N mutilação *f*
mutinous ['mju:tɪnəs] ADJ (*troops*) amotinado; (*attitude*) rebelde
mutiny ['mju:tɪnɪ] N motim *m*, rebelião *f* ▶ VI amotinar-se
mutter ['mʌtəʳ] VT, VI resmungar, murmurar
mutton ['mʌtn] N carne *f* de carneiro
mutual ['mju:tʃuəl] ADJ mútuo; (*shared*) comum
mutually ['mju:tʃuəlɪ] ADV mutuamente, reciprocamente
muzzle ['mʌzl] N (*of animal*) focinho; (*guard: for dog*) focinheira; (*of gun*) boca ▶ VT (*press etc*) amordaçar; (*dog*) pôr focinheira em
MVP (US) N ABBR (*Sport*) = **most valuable player**
MW ABBR (= *medium wave*) OM
my [maɪ] ADJ meu/minha; **this is my house/car/brother** esta é a minha casa/meu carro/meu irmão; **I've washed my hair/cut my finger** lavei meu cabelo/cortei meu dedo; **is this my pen or yours?** esta caneta é minha ou sua?
myopic [maɪ'ɔpɪk] ADJ míope
myriad ['mɪrɪəd] N miríade *f*
myself [maɪ'sɛlf] PRON (*reflexive*) me; (*emphatic*) eu mesmo; (*after prep*) mim mesmo; *see also* **oneself**
mysterious [mɪs'tɪərɪəs] ADJ misterioso
mystery ['mɪstərɪ] N mistério
mystery story N romance *m* policial
mystic ['mɪstɪk] ADJ, N místico(-a)
mystical ['mɪstɪkl] ADJ místico
mystify ['mɪstɪfaɪ] VT (*perplex*) mistificar, confundir; (*disconcert*) desconcertar
mystique [mɪs'ti:k] N mística
myth [mɪθ] N mito
mythical ['mɪθɪkəl] ADJ mítico
mythological [mɪθə'lɔdʒɪkl] ADJ mitológico
mythology [mɪ'θɔlədʒɪ] N mitologia

Nn

N¹, n [ɛn] N (*letter*) N, n m; **N for Nellie** (BRIT) or **Nan** (US) N de Nair
N² ABBR (= *north*) N
NA (US) N ABBR (= *Narcotics Anonymous*) *associação de assistência aos toxicômanos*; = **National Academy**
n/a ABBR = **not applicable**; (*Comm etc*) = **no account**
NAACP (US) N ABBR = **National Association for the Advancement of Colored People**
NAAFI ['næfɪ] (BRIT) N ABBR (= *Navy, Army & Air Force Institute*) *órgão responsável pelas lojas e cantinas do exército*
nab [næb] (*inf*) VT pegar, prender
NACU (US) N ABBR = **National Association of Colleges and Universities**
nadir ['neɪdɪəʳ] N (*Astronomy, fig*) nadir m
naff [næf] (BRIT *inf*) ADJ brega
nag [næg] N (*pej: horse*) rocim m ▶ VT ralhar, apoquentar
nagging ['nægɪŋ] ADJ (*doubt*) persistente; (*pain*) contínuo ▶ N queixas fpl, censuras fpl, apoquentação f
nail [neɪl] N (*human*) unha; (*metal*) prego ▶ VT pregar; **to ~ sb down to a date/price** conseguir que alguém se defina sobre a data/o preço; **to pay cash on the ~** (BRIT) pagar na bucha
nailbrush ['neɪlbrʌʃ] N escova de unhas
nailfile ['neɪlfaɪl] N lixa de unhas
nail polish N esmalte m (BR) or verniz m (PT) de unhas
nail polish remover N removedor m de esmalte (BR) or verniz (PT)
nail scissors NPL tesourinha de unhas
nail varnish (BRIT) N = **nail polish**
Nairobi [naɪˈrəubɪ] N Nairóbi
naïve [naɪˈiːv] ADJ ingênuo
naïveté [naɪˈiːvteɪ] N = **naïvety**
naïvety [naɪˈiːvətɪ], **naïveté** N ingenuidade f
naked ['neɪkɪd] ADJ nu(a); **with the ~ eye** a olho nu
nakedness ['neɪkɪdnɪs] N nudez f
NAM (US) N ABBR = **National Association of Manufacturers**
name [neɪm] N nome m; (*surname*) sobrenome m; (*reputation*) reputação f, fama ▶ VT (*child*) pôr nome em; (*criminal*) apontar; (*appoint*) nomear; (*price*) fixar; (*date*) marcar; **what's your ~?** qual é o seu nome?, como (você) se chama?; **my ~ is Peter** eu me chamo Peter; **by ~** de nome; **in the ~ of** em nome de; **to give one's ~ and address** (*to police etc*) dar o seu nome e endereço; **to make a ~ for o.s.** fazer nome; **to get (o.s.) a bad ~** fazer má reputação; **to call sb ~s** xingar alguém
name-dropping [-ˈdrɔpɪŋ] N: **she loves ~** ela adora esnobar conhecimento de gente importante
nameless ['neɪmlɪs] ADJ (*unknown*) sem nome; (*anonymous*) anônimo
namely ['neɪmlɪ] ADV a saber, isto é
nameplate ['neɪmpleɪt] N (*on door etc*) placa
namesake ['neɪmseɪk] N xará m/f (BR), homónimo(-a) (PT)
nanny ['nænɪ] N babá f
nanny goat N cabra
nap [næp] N (*sleep*) soneca; (*of cloth*) felpa ▶ VI: **to be caught ~ping** ser pego de surpresa
NAPA (US) N ABBR (= *National Association of Performing Artists*) *sindicato dos artistas de teatro e de cinema*
napalm ['neɪpɑːm] N napalm m
nape [neɪp] N: **~ of the neck** nuca
napkin ['næpkɪn] N (*also:* **table napkin**) guardanapo
nappy ['næpɪ] (BRIT) N fralda
nappy liner (BRIT) N gaze f
nappy rash (BRIT) N assadura
narcissi [nɑːˈsɪsaɪ] NPL *of* **narcissus**
narcissistic [nɑːsɪˈsɪstɪk] ADJ narcisista
narcissus [nɑːˈsɪsəs] (*pl* **narcissi**) N narciso
narcotic [nɑːˈkɔtɪk] ADJ narcótico ▶ N narcótico; **narcotics** NPL (*drugs*) entorpecentes mpl
nark [nɑːk] (BRIT *inf*) VT encher o saco de
narrate [nəˈreɪt] VT narrar, contar
narration [nəˈreɪʃən] N narração f
narrative ['nærətɪv] N narrativa ▶ ADJ narrativo
narrator [nəˈreɪtəʳ] N narrador(a) m/f
narrow ['nærəu] ADJ estreito; (*shoe*) apertado; (*fig: majority*) pequeno; (: *ideas*) tacanho ▶ VI (*road*) estreitar-se; (*difference*) diminuir; **to have a ~ escape** escapar por um triz; **to ~ sth down to** restringir *or* reduzir algo a
narrow gauge ADJ (*Rail*) de bitola estreita

narrowly ['nærəʊlɪ] ADV (*miss*) por pouco; **he ~ missed injury/the tree** por pouco não se machucou/não bateu na árvore
narrow-minded [-'maɪndɪd] ADJ de visão limitada, bitolado
NAS (US) N ABBR = **National Academy of Sciences**
NASA ['næsə] (US) N ABBR (= *National Aeronautics and Space Administration*) NASA f
nasal ['neɪzl] ADJ nasal
Nassau ['næsɔː] N (*in Bahamas*) Nassau
nastily ['nɑːstɪlɪ] ADV (*say, act*) maldosamente
nastiness ['nɑːstɪnɪs] N (*malice*) maldade f; (*rudeness*) grosseria
nasturtium [nəs'təːʃəm] N chagas fpl, capuchinha
nasty ['nɑːstɪ] ADJ (*unpleasant: remark*) desagradável; (: *person*) mau, ruim; (*malicious*) maldoso; (*rude*) grosseiro, obsceno; (*revolting: taste, smell*) repugnante, asqueroso; (*wound, disease etc*) grave, sério; **to turn ~** (*situation, weather*) ficar feio; (*person*) engrossar
NAS/UWT (BRIT) N ABBR (= *National Association of Schoolmasters/Union of Women Teachers*) sindicato dos professores
nation ['neɪʃən] N nação f
national ['næʃənl] ADJ, N nacional m/f
national anthem N hino nacional
national debt N dívida pública
national dress N traje m nacional
National Guard (US) N guarda nacional
National Health Service (BRIT) N *serviço nacional de saúde*
National Insurance (BRIT) N previdência social
nationalism ['næʃənəlɪzəm] N nacionalismo
nationalist ['næʃənəlɪst] ADJ, N nacionalista m/f
nationality [næʃə'nælɪtɪ] N nacionalidade f
nationalization [næʃənəlaɪ'zeɪʃən] N nacionalização f
nationalize ['næʃənəlaɪz] VT nacionalizar
nationally ['næʃənəlɪ] ADV (*nationwide*) de âmbito nacional; (*as a nation*) nacionalmente, como nação
national park N parque m nacional
national press N imprensa nacional
National Security Council (US) N conselho nacional de segurança
national service N (*Mil*) serviço militar
National Trust (BRIT) N *ver nota*

> O **National Trust** é uma instituição independente, sem fins lucrativos, cuja missão é proteger e valorizar os monumentos e a paisagem da Grã-Bretanha devido a seu interesse histórico ou beleza natural.

nationwide ['neɪʃənwaɪd] ADJ de âmbito or a nível nacional ▶ ADV em todo o país
native ['neɪtɪv] N (*local inhabitant*) natural m/f, nativo(-a); (*in colonies*) indígena m/f, nativo(-a) ▶ ADJ (*indigenous*) indígena; (*of one's birth*) natal; (*language*) materno; (*innate*) inato, natural; **a ~ of Russia** um natural da Rússia; **a ~ speaker of Portuguese** uma pessoa de língua (materna) portuguesa
Nativity [nə'tɪvɪtɪ] N (*Rel*): **the ~** a Natividade
NATO ['neɪtəʊ] N ABBR (= *North Atlantic Treaty Organization*) OTAN f
natter ['nætə^r] (BRIT) VI conversar fiado
natural ['nætʃrəl] ADJ natural; **death from ~ causes** morte f natural
natural childbirth N parto natural
natural gas N gás m natural
naturalist ['nætʃrəlɪst] N naturalista m/f
naturalization [nætʃrəlaɪ'zeɪʃən] N naturalização f
naturalize ['nætʃrəlaɪz] VT: **to become ~d** (*person*) naturalizar-se
naturally ['nætʃrəlɪ] ADV naturalmente; (*of course*) claro, evidentemente; (*instinctively*) por instinto, espontaneamente
naturalness ['nætʃrəlnɪs] N naturalidade f
natural resources NPL recursos mpl naturais
natural wastage N (*Industry*) afastamentos mpl naturais e voluntários
nature ['neɪtʃə^r] N natureza; (*character*) caráter m, índole f; **by ~** por natureza; **documents of a confidential ~** documentos de caráter confidencial
-natured ['neɪtʃəd] SUFFIX: **ill~** de mau caráter
nature reserve (BRIT) N reserva natural
nature trail N *trilha de descoberta da natureza*
naturist ['neɪtʃərɪst] N naturista m/f
naught [nɔːt] N = **nought**
naughtiness ['nɔːtɪnɪs] N (*of child*) travessura, mau comportamento; (*of story etc*) picante m
naughty ['nɔːtɪ] ADJ (*child*) travesso, levado; (*story, film*) picante
nausea ['nɔːsɪə] N náusea
nauseate ['nɔːsɪeɪt] VT dar náuseas a; (*fig*) repugnar
nauseating ['nɔːsɪeɪtɪŋ] ADJ nauseabundo, enjoativo; (*fig*) nojento, repugnante
nauseous ['nɔːsɪəs] ADJ (*nauseating*) nauseabundo, enjoativo; (*feeling sick*): **to be ~** estar enjoado
nautical ['nɔːtɪkl] ADJ náutico
nautical mile N milha marítima (1853 m)
naval ['neɪvl] ADJ naval
naval officer N oficial m de marinha
nave [neɪv] N nave f
navel ['neɪvl] N umbigo
navigable ['nævɪgəbl] ADJ navegável
navigate ['nævɪgeɪt] VT (*ship*) pilotar; (*sea*) navegar ▶ VI navegar; (*Aut*) ler o mapa
navigation [nævɪ'geɪʃən] N (*action*) navegação f; (*science*) náutica
navigator ['nævɪgeɪtə^r] N navegador(a) m/f
navvy ['nævɪ] (BRIT) N trabalhador m braçal, cavouqueiro
navy ['neɪvɪ] N marinha (de guerra); (*ships*) armada, frota ▶ ADJ (*also:* **navy-blue**) azul-marinho *inv*; **Department of the N~** (US) ministério da Marinha
navy-blue ADJ azul-marinho *inv*

Nazareth ['næzərəθ] N Nazaré
Nazi ['nɑːtsɪ] ADJ, N nazista m/f (BR), nazi m/f (PT)
Nazism ['nɑːtsɪzəm] N nazismo
NB ABBR (= *nota bene*) NB; (CANADA) = **New Brunswick**
NBA (US) N ABBR = **National Basketball Association; National Boxing Association**
NBC (US) N ABBR (= *National Broadcasting Company*) rede de televisão
NBS (US) N ABBR (= *National Bureau of Standards*) órgão de padronização
NC ABBR (*Comm etc*) = **no charge**; (US *Post*) = **North Carolina**
NCC N ABBR (BRIT: = *Nature Conservancy Council*) órgão de proteção à natureza; (US) = **National Council of Churches**
NCCL (BRIT) N ABBR (= *National Council for Civil Liberties*) associação de defesa das liberdades civis
NCO N ABBR = **non-commissioned officer**
ND (US) ABBR (*Post*) = **North Dakota**
NE (US) ABBR (*Post*) = **Nebraska; New England**
NEA (US) N ABBR = **National Education Association**
neap tide [niːp-] N maré f morta
near [nɪər] ADJ (*place*) vizinho; (*time*) próximo; (*relation*) íntimo ▶ ADV perto ▶ PREP (*also*: **near to**: *space*) perto de; (: *time*) perto de, quase ▶ VT aproximar-se de; ~ **here/there** aqui/ali perto; **£25,000 or ~est offer** (BRIT) £25,000 ou melhor oferta; **in the ~ future** no próximo futuro; **the building is ~ing completion** o edifício está quase pronto; **to come ~** aproximar-se
nearby [nɪəˈbaɪ] ADJ próximo, vizinho ▶ ADV à mão, perto
Near East N: **the ~** o Oriente Próximo
nearer ['nɪərər] ADJ que fica mais perto ▶ ADV mais perto
nearly ['nɪəlɪ] ADV quase; **I ~ fell** quase que caí; **it's not ~ big enough** é pequeno demais
near miss N (*of planes*) quase-colisão f; (*shot*) tiro que passou de raspão
nearness ['nɪənɪs] N proximidade f; (*relationship*) intimidade f
nearside ['nɪəsaɪd] N (*Aut*: *right-hand drive*) lado esquerdo; (: *left-hand drive*) lado direito ▶ ADJ esquerdo; direito
near-sighted [-ˈsaɪtɪd] ADJ míope
neat [niːt] ADJ (*place*) arrumado, em ordem; (*person*) asseado, arrumado; (*work*) caprichado; (*plan*) engenhoso, bem bolado; (*spirits*) puro
neatly ['niːtlɪ] ADV caprichosamente, com capricho; (*skilfully*) habilmente
neatness ['niːtnɪs] N (*tidiness*) asseio; (*skilfulness*) habilidade f
nebulous ['nɛbjuləs] ADJ nebuloso; (*fig*) vago, confuso
necessarily ['nɛsɪsrɪlɪ] ADV necessariamente; **not ~** não necessariamente
necessary ['nɛsɪsrɪ] ADJ necessário; **he did all that was ~** fez tudo o que foi necessário; **if ~** se necessário for
necessitate [nɪˈsɛsɪteɪt] VT exigir, tornar necessário
necessity [nɪˈsɛsɪtɪ] N (*thing needed*) necessidade f, requisito; (*compelling circumstances*) necessidade; **necessities** NPL (*essentials*) artigos mpl de primeira necessidade; **in case of ~** em caso de necessidade
neck [nɛk] N (*Anat*) pescoço; (*of garment*) gola; (*of bottle*) gargalo ▶ VI (*inf*) ficar de agarramento; **~ and ~** emparelhados; **to stick one's ~ out** (*inf*) arriscar-se
necklace ['nɛklɪs] N colar m
neckline ['nɛklaɪn] N decote m
necktie ['nɛktaɪ] (*esp* US) N gravata
nectar ['nɛktər] N néctar m
nectarine ['nɛktərɪn] N nectarina
NEDC (BRIT) N ABBR = **National Economic Development Council**
née [neɪ] ADJ: **~ Scott** em solteira Scott
need [niːd] N (*lack*) falta, carência; (*necessity*) necessidade f; (*thing needed*) requisito, necessidade ▶ VT (*require*) precisar de; **I ~ to do it** preciso fazê-lo; **you don't ~ to go** você não precisa ir; **a signature is ~ed** é necessária uma assinatura; **to be in ~ of** or **have ~ of** estar precisando de; **to meet sb's ~s** atender às necessidades de alguém; **in case of ~** em caso de necessidade; **there's no ~ to do ...** não é preciso fazer...; **there's no ~ for that** isso não é necessário
needle ['niːdl] N agulha ▶ VT (*inf*) provocar, alfinetar
needlecord ['niːdlkɔːd] (BRIT) N veludo cotelê
needless ['niːdlɪs] ADJ inútil, desnecessário; **~ to say ...** desnecessário dizer que ...
needlessly ['niːdlɪslɪ] ADV desnecessariamente, à toa
needlework ['niːdlwəːk] N costura
needn't ['niːdnt] = **need not**
needy ['niːdɪ] ADJ necessitado, carente
negation [nɪˈgeɪʃən] N negação f
negative ['nɛgətɪv] ADJ negativo ▶ N (*Phot*) negativo; (*Ling*) negativa; **to answer in the ~** responder negativamente
neglect [nɪˈglɛkt] VT (*one's duty*) negligenciar, não cumprir com; (*child*) descuidar, esquecer-se de ▶ N (*of child*) descuido, desatenção f; (*personal*) desleixo; (*of house etc*) abandono; (*of duty*) negligência; **to ~ to do sth** omitir de fazer algo
neglected [nɪˈglɛktɪd] ADJ abandonado
neglectful [nɪˈglɛktful] ADJ negligente; **to be ~ of sb/sth** descuidar de alguém/algo
negligee ['nɛglɪʒeɪ] N négligé m
negligence ['nɛglɪdʒəns] N negligência, descuido
negligent ['nɛglɪdʒənt] ADJ negligente
negligently ['nɛglɪdʒəntlɪ] ADV por negligência; (*offhandedly*) negligentemente
negligible ['nɛglɪdʒɪbl] ADJ insignificante, desprezível, ínfimo

negotiable [nɪˈɡəʊʃɪəbl] ADJ (cheque) negociável; (road) transitável

negotiate [nɪˈɡəʊʃɪeɪt] VI negociar ▶ VT (treaty, transaction) negociar; (obstacle) contornar; (bend in road) fazer; **to ~ with sb for sth** negociar com alguém para obter algo

negotiation [nɪɡəʊʃɪˈeɪʃən] N negociação f; **to enter into ~s with sb** entrar em negociações com alguém

negotiator [nɪˈɡəʊʃɪeɪtə*] N negociador(a) m/f

Negress [ˈniːɡrɪs] N negra

Negro [ˈniːɡrəʊ] (pl **Negroes**) ADJ, N negro(-a)

neigh [neɪ] N relincho ▶ VI relinchar

neighbour, (US) **neighbor** [ˈneɪbə*] N vizinho(-a)

neighbourhood, (US) **neighborhood** [ˈneɪbəhʊd] N (place) vizinhança, bairro; (people) vizinhos mpl

neighbouring, (US) **neighboring** [ˈneɪbərɪŋ] ADJ vizinho

neighbourly, (US) **neighborly** [ˈneɪbəlɪ] ADJ amistoso, prestativo

neither [ˈnaɪðə*] CONJ: **I didn't move and ~ did he** não me movi nem ele ▶ ADJ, PRON nenhum (dos dois), nem um nem outro ▶ ADV: **~ good nor bad** nem bom nem mau; **~ story is true** nenhuma das estórias é verdade

neo... [niːəʊ] PREFIX neo-

neolithic [niːəʊˈlɪθɪk] ADJ neolítico

neologism [nɪˈɔlədʒɪzəm] N neologismo

neon [ˈniːɔn] N neônio, néon m

neon light N luz f de neônio

neon sign N anúncio luminoso a neônio

Nepal [nɪˈpɔːl] N Nepal m

nephew [ˈnɛvjuː] N sobrinho

nepotism [ˈnɛpətɪzm] N nepotismo

nerve [nəːv] N (Anat) nervo; (courage) coragem f; (impudence) descaramento, atrevimento; **he gets on my ~s** ele me irrita, ele me dá nos nervos; **to have a fit of ~s** ter uma crise nervosa; **to lose one's ~** (self-confidence) perder o sangue frio

nerve centre, (US) **nerve center** N (Anat) centro nervoso; (fig) centro de operações

nerve gas N gás m tóxico

nerve-racking [-ˈrækɪŋ] ADJ angustiante

nervous [ˈnəːvəs] ADJ (Anat) nervoso; (anxious) apreensivo; (timid) tímido, acanhado; **~ exhaustion** esgotamento nervoso

nervous breakdown N esgotamento nervoso

nervously [ˈnəːvəslɪ] ADV nervosamente; (timidly) timidamente

nervousness [ˈnəːvəsnɪs] N nervosismo; (timidity) timidez f

nervous wreck N: **to be a ~** estar uma pilha de nervos

nest [nɛst] VI aninhar-se ▶ N (of bird) ninho; (of wasp) vespeiro

nest egg N (fig) pé-de-meia m

nestle [ˈnɛsl] VI: **to ~ up to sb** aconchegar-se a alguém

nestling [ˈnɛstlɪŋ] N filhote m (de passarinho)

net [nɛt] N rede f; (fabric) filó m ▶ ADJ (Comm) líquido ▶ VT pegar na rede; (money: subj: person) faturar; (: deal, sale) render; **~ of tax** isento de impostos; **he earns £10,000 ~ per year** ele ganha £10,000 líquidas por ano; **the Net** (Internet) a Rede

netball [ˈnɛtbɔːl] N espécie de basquetebol

net curtains NPL cortinas fpl de voile

Netherlands [ˈnɛðələndz] NPL: **the ~** os Países Baixos

net profit N lucro líquido

nett [nɛt] ADJ = **net**

netting [ˈnɛtɪŋ] N rede f, redes fpl; (fabric) voile m

nettle [ˈnɛtl] N urtiga

network [ˈnɛtwəːk] N rede f ▶ VT (Radio, TV) transmitir em rede; (computers) interligar; **there's no ~ coverage here** (Tel) aqui não tem cobertura

neuralgia [njuəˈrældʒə] N neuralgia

neuroses [njuəˈrəusiːz] NPL of **neurosis**

neurosis [njuəˈrəusɪs] (pl **neuroses**) N neurose f

neurotic [njuəˈrɔtɪk] ADJ, N neurótico(-a)

neuter [ˈnjuːtə*] ADJ neutro ▶ N neutro ▶ VT (cat etc) castrar, capar

neutral [ˈnjuːtrəl] ADJ neutro ▶ N (Aut) ponto morto

neutrality [njuːˈtrælɪtɪ] N neutralidade f

neutralize [ˈnjuːtrəlaɪz] VT neutralizar

neutron bomb N bomba de nêutrons (BR) or neutrões (PT)

never [ˈnɛvə*] ADV nunca; **I ~ went** nunca fui; **~ again** nunca mais; **~ in my life** nunca na minha vida; see also **mind**

never-ending [-ˈɛndɪŋ] ADJ sem fim, interminável

nevertheless [nɛvəðəˈlɛs] ADV todavia, contudo

new [njuː] ADJ novo; **as good as ~** como novo

New Age N esoterismo

newborn [ˈnjuːbɔːn] ADJ recém-nascido

newcomer [ˈnjuːkʌmə*] N recém-chegado(-a), novato(-a)

new-fangled [-ˈfæŋɡld] (pej) ADJ ultramoderno

new-found ADJ (friend) novo; (enthusiasm) recente

Newfoundland [ˈnjuːfənlənd] N Terra Nova

New Guinea N Nova Guiné f

newly [ˈnjuːlɪ] ADV recém, novamente

newly-weds NPL recém-casados mpl

new moon N lua nova

newness [ˈnjuːnɪs] N novidade f

news [njuːz] N notícia fpl; (Radio, TV) noticiário; **a piece of ~** uma notícia; **good/bad ~** boa/má notícia; **financial ~** noticiário financeiro

news agency N agência de notícias

newsagent [ˈnjuːzeɪdʒənt] (BRIT) N jornaleiro(-a)

news bulletin N (Radio, TV) noticiário

newscaster [ˈnjuːzkɑːstə*] N locutor(a) m/f

newsdealer ['nju:zdi:ləʳ] (US) N = **newsagent**
news flash N notícia de última hora
newsletter ['nju:zlɛtəʳ] N boletim m informativo
newspaper ['nju:zpeɪpəʳ] N jornal m; (*material*) papel m de jornal; **daily ~** diário; **weekly ~** semanário
newsprint ['nju:zprɪnt] N papel m de jornal
newsreader ['nju:zri:dəʳ] N = **newscaster**
newsreel ['nju:zri:l] N jornal m cinematográfico, atualidades fpl
newsroom ['nju:zru:m] N (*Press*) sala da redação; (*TV*) estúdio
news stand N banca de jornais
newt [nju:t] N tritão m
New Year N ano novo; **Happy ~!** Feliz Ano Novo!; **to wish sb a happy ~** desejar feliz ano novo a alguém
New Year's Day N dia m de ano novo
New Year's Eve N véspera de ano novo
New York [-jɔ:k] N Nova Iorque
New Zealand [-'zi:lənd] N Nova Zelândia ▶ CPD neozelandês(-esa)
New Zealander [-'zi:ləndəʳ] N neozelandês(-esa) m/f
next [nɛkst] ADJ (*in space*) próximo, vizinho; (*in time*) seguinte, próximo ▶ ADV depois; **the ~ day** o dia seguinte; **~ time** na próxima vez; **~ year** o ano que vem; **"turn to the ~ page"** "vire para a página seguinte"; **the week after ~** sem ser a semana que vem, a outra; **~ to** ao lado de; **~ to nothing** quase nada; **who's ~?** quem é o próximo?; **~ please!** próximo, por favor!; **when do we meet ~?** quando é que nós nos reencontramos?
next door ADV na casa do lado ▶ ADJ vizinho
next-of-kin N parentes mpl mais próximos
NF N ABBR (*BRIT Pol*: = *National Front*) partido político da extrema direita ▶ ABBR (CANADA) = **Newfoundland**
NFL (US) N ABBR = **National Football League**
NG (US) ABBR = **National Guard**
NGO N ABBR (= *non-governmental organization*) ONG f
NH (US) ABBR (*Post*) = **New Hampshire**
NHL (US) N ABBR = **National Hockey League**
NHS (BRIT) N ABBR = **National Health Service**
NI ABBR = **Northern Ireland**; (BRIT) = **National Insurance**
Niagara Falls [naɪ'ægrə-] NPL: **the ~** as cataratas do Niagara
nib [nɪb] N ponta or bico da pena
nibble ['nɪbl] VT mordiscar, beliscar; (*animal*) roer
Nicaragua [nɪkə'rægjuə] N Nicarágua
Nicaraguan [nɪkə'rægjuən] ADJ, N nicaraguense m/f
nice [naɪs] ADJ (*likeable*) simpático; (*kind*) amável, atencioso; (*pleasant*) agradável; (*attractive*) bonito; (*subtle*) sutil, fino
nice-looking [-'lukɪŋ] ADJ bonito
nicely ['naɪslɪ] ADV agradavelmente, bem; **that will do ~** isso será perfeito

niceties ['naɪsɪtɪz] NPL sutilezas fpl
niche [ni:ʃ] N nicho
nick [nɪk] N (*wound*) corte m; (*cut, indentation*) entalhe m, incisão f; (BRIT *inf*): **in good ~** em bom estado ▶ VT (*cut*) entalhar; (*inf: steal*) furtar; (: BRIT: *arrest*) prender; **in the ~ of time** na hora H, em cima da hora; **to ~ o.s.** cortar-se
nickel ['nɪkl] N níquel m; (US) moeda de 5 centavos
nickname ['nɪkneɪm] N apelido (BR), alcunha (PT) ▶ VT apelidar de (BR), alcunhar de (PT)
Nicosia [nɪkə'si:ə] N Nicósia
nicotine ['nɪkəti:n] N nicotina
niece [ni:s] N sobrinha
nifty ['nɪftɪ] (*inf*) ADJ (*car, jacket*) chique; (*gadget, tool*) jeitoso
Niger ['naɪdʒəʳ] N (*country, river*) Níger m
Nigeria [naɪ'dʒɪərɪə] N Nigéria
Nigerian [naɪ'dʒɪərɪən] ADJ, N nigeriano(-a)
niggardly ['nɪgədlɪ] ADJ (*person*) avarento, sovina; (*amount*) miserável
nigger ['nɪgəʳ] (!) N (*highly offensive*) crioulo(-a)
niggle ['nɪgl] VI (*find fault*) botar defeito; (*fuss*) fazer histórias ▶ VT irritar
niggling ['nɪglɪŋ] ADJ (*trifling*) insignificante, mesquinho; (*annoying*) irritante; (*pain, doubt*) persistente
night [naɪt] N noite f; **at** or **by ~** à or de noite; **in** or **during the ~** durante a noite; **last ~** ontem à noite; **the ~ before last** anteontem à noite; **good ~!** boa noite!
night-bird N (*Zool*) ave f noturna; (*fig*) noctívago(-a)
nightcap ['naɪtkæp] N bebida tomada antes de dormir
nightclub ['naɪtklʌb] N boate f
nightdress ['naɪtdrɛs] N camisola (BR), camisa de noite (PT)
nightfall ['naɪtfɔ:l] N anoitecer m
nightgown ['naɪtgaun] N = **nightdress**
nightie ['naɪtɪ] N = **nightdress**
nightingale ['naɪtɪŋgeɪl] N rouxinol m
nightlife ['naɪtlaɪf] N vida noturna
nightly ['naɪtlɪ] ADJ noturno, de noite ▶ ADV todas as noites, cada noite
nightmare ['naɪtmɛəʳ] N pesadelo
night porter N porteiro da noite
night safe N cofre m noturno
night school N escola noturna
nightshade ['naɪtʃeɪd] N: **deadly ~** (*Bot*) beladona
night shift N turno da noite
night-time N noite f
night watchman (*irreg: like* **man**) N vigia m, guarda-noturno m
nihilism ['naɪɪlɪzm] N niilismo
nil [nɪl] N nada; (BRIT *Sport*) zero
Nile [naɪl] N: **the ~** o Nilo
nimble ['nɪmbl] ADJ (*agile*) ágil, ligeiro; (*skilful*) hábil, esperto
nine [naɪn] NUM nove; *see also* **five**

nineteen [naɪn'tiːn] NUM dezenove (BR), dezanove (PT); *see also* **five**
nineteenth [naɪn'tiːnθ] NUM décimo nono
ninetieth ['naɪntɪɪθ] NUM nonagésimo
ninety ['naɪntɪ] NUM noventa; *see also* **fifty**
ninth [naɪnθ] NUM nono; *see also* **fifth**
nip [nɪp] VT (*pinch*) beliscar; (*bite*) morder ▶ VI (BRIT *inf*): **to ~ out/down/up** dar uma saidinha/descida/subida ▶ N (*drink*) gole *m*, trago; **to ~ into a shop** dar um pulo numa loja
nipple ['nɪpl] N (*Anat*) bico do seio, mamilo; (*of bottle*) bocal *m*, bico; (*Tech*) bocal (roscado)
nippy ['nɪpɪ] ADJ (BRIT) (*person*) rápido, ágil; (*cold*) friozinho
nit [nɪt] N (*in hair*) lêndea, ovo de piolho; (*inf: idiot*) imbecil *m/f*, idiota *m/f*
nit-pick (*inf*) VI ser implicante
nitrate ['naɪtreɪt] N nitrato
nitrogen ['naɪtrədʒən] N nitrogênio
nitroglycerin, nitroglycerine [naɪtrəu'glɪsərɪːn] N nitroglicerina
nitty-gritty ['nɪtɪ'grɪtɪ] (*inf*) N: **to get down to the ~** chegar ao âmago
nitwit ['nɪtwɪt] (*inf*) N pateta *m/f*, bobalhão(-ona) *m/f*
NJ (US) ABBR (*Post*) = **New Jersey**
NLF N ABBR = **National Liberation Front**
NLQ ABBR (= *near letter quality*) qualidade *f* carta
NLRB (US) N ABBR (= *National Labor Relations Board*) *órgão de proteção aos trabalhadores*
NM (US) ABBR (*Post*) = **New Mexico**

[KEYWORD]

no [nəu] ADV (*opposite of "yes"*) não; **are you coming? — no (I'm not)** você vem? — não (não vou); **no thank you** não obrigado ▶ ADJ (*not any*) nenhum(a), não ... algum(a); **I have no more money/time/books** não tenho mais dinheiro/tempo/livros; **no other man would have done it** nenhum outro homem teria feito isto; **"no entry"** "entrada proibida"; **"no smoking"** "é proibido fumar" ▶ N (*pl* **noes**) não *m*, negativa; **there were 20 noes and one "don't know"** houve 20 nãos e um "não sei"

no. ABBR (= *number*) nº
nobble ['nɔbl] (BRIT *inf*) VT (*bribe*) subornar; (*person: speak to*) agarrar; (*Racing: horse*) incapacitar (*com drogas*)
Nobel prize [nəu'bɛl-] N prêmio Nobel
nobility [nəu'bɪlɪtɪ] N nobreza
noble ['nəubl] ADJ (*person*) nobre; (*title*) de nobreza
nobleman ['nəublmən] (*irreg: like* **man**) N nobre *m*, fidalgo
nobly ['nəublɪ] ADV nobremente
nobody ['nəubədɪ] PRON ninguém
no-brainer [nəu'breɪnəʳ] (*inf*) N: **it's a ~** isso é meio óbvio
no-claims bonus N bonificação *f* (*por não ter reclamado indenização*)

nocturnal [nɔk'tɛːnəl] ADJ noturno
nod [nɔd] VI (*greeting*) cumprimentar com a cabeça; (*in agreement*) acenar (que sim) com a cabeça; (*doze*) cochilar, dormitar ▶ VT: **to ~ one's head** inclinar a cabeça ▶ N inclinação *f* da cabeça; **they ~ded their agreement** inclinaram a cabeça afirmando seu acordo
▶ **nod off** VI cochilar
noise [nɔɪz] N barulho
noise abatement N luta contra a poluição sonora
noiseless ['nɔɪzlɪs] ADJ silencioso
noisily ['nɔɪzɪlɪ] ADV ruidosamente, com muito barulho
noisy ['nɔɪzɪ] ADJ barulhento
nomad ['nəumæd] N nômade *m/f*
nomadic [nəu'mædɪk] ADJ nômade
no man's land N terra de ninguém
nominal ['nɔmɪnl] ADJ nominal
nominate ['nɔmɪneɪt] VT (*propose*) propor; (*appoint*) nomear
nomination [nɔmɪ'neɪʃən] N (*proposal*) proposta; (*appointment*) nomeação *f*
nominee [nɔmɪ'niː] N pessoa nomeada, candidato(-a)
non... [nɔn] PREFIX não-, des..., in..., anti-...
non-alcoholic ADJ não-alcoólico
non-breakable ADJ inquebrável
nonce word ['nɔns-] N palavra criada para a ocasião
nonchalant ['nɔnʃələnt] ADJ despreocupado
non-commissioned [-kə'mɪʃənd] ADJ: **~ officer** oficial *m* subalterno
non-committal [-kə'mɪtl] ADJ evasivo
nonconformist [nɔnkən'fɔːmɪst] ADJ não-conformista, dissidente ▶ N não-conformista *m/f*
non-contributory ADJ: **~ pension scheme** (BRIT) or **plan** (US) caixa de aposentadoria não-contributária
non-cooperation N não-cooperação *f*
nondescript ['nɔndɪskrɪpt] ADJ qualquer; (*pej*) medíocre
none [nʌn] PRON (*person*) ninguém; (*thing*) nenhum(a), nada; **~ of you** nenhum de vocês; **I have ~** não tenho; **I've ~ left** não tenho mais; **~ at all** (*not one*) nenhum; **how much milk? — ~ at all** quanto leite? — nada; **he's ~ the worse for it** isso não o afetou
nonentity [nɔ'nɛntɪtɪ] N nulidade *f*, zero à esquerda *m*
non-essential ADJ não essencial, dispensável ▶ NPL: **~s** desnecessários *mpl*
nonetheless [nʌnðə'lɛs] ADV no entanto, apesar disso, contudo
non-executive ADJ: **~ director** administrador(a) *m/f*, conselheiro(-a)
non-existent [-ɪg'zɪstənt] ADJ inexistente
non-fiction [nɔn-] N literatura de não-ficção
non-flammable ADJ não inflamável
non-intervention N não-intervenção *f*

non obst. ABBR (= *non obstante, notwithstanding*) não obstante
non-payment N falta de pagamento
nonplussed [nɔn'plʌst] ADJ perplexo, pasmado
non-profit-making ADJ sem fins lucrativos
nonsense ['nɔnsəns] N disparate *m*, besteira, absurdo; ~! bobagem!, que nada!; **it's ~ to say ...** é um absurdo dizer que ...
non-shrink (BRIT) ADJ que não encolhe
non-skid ADJ antiderrapante
non-smoker N não-fumante *m/f*
nonstarter [nɔn'sta:tə^r] N: **it's a ~** está fadado ao fracasso
non-stick ADJ tefal®, não-aderente
non-stop ADJ ininterrupto; (*Rail*) direto; (*Aviat*) sem escala ▶ ADV sem parar
non-taxable income N renda não-tributável
non-U (BRIT *inf*) ADJ ABBR (= *non-upper class*) que não se diz (*or* se faz)
non-voting shares NPL ações *fpl* sem direito de voto
non-white ADJ, N não-branco(-a)
noodles ['nu:dlz] NPL talharim *m*
nook [nuk] N canto, recanto; **~s and crannies** esconderijos *mpl*
noon [nu:n] N meio-dia *m*
no-one PRON = **nobody**
noose [nu:s] N laço corrediço; (*hangman's*) corda da forca
nor [nɔ:^r] CONJ = **neither** ▶ ADV *see* **neither**
norm [nɔ:m] N (*convention*) norma; (*requirement*) regra
normal ['nɔ:ml] ADJ normal ▶ N: **to return to ~** normalizar-se
normality [nɔ:'mælıtı] N normalidade *f*
normally ['nɔ:məlı] ADV normalmente
Normandy ['nɔ:məndı] N Normandia
north [nɔ:θ] N norte *m* ▶ ADJ do norte, setentrional ▶ ADV ao *or* para o norte
North Africa N África do Norte
North African ADJ, N norte-africano(-a)
North America N América do Norte
North American ADJ, N norte-americano(-a)
Northants [nɔ:'θænts] (BRIT) ABBR = **Northamptonshire**
northbound ['nɔ:θbaund] ADJ em direção norte
north-east N nordeste *m*
northerly ['nɔ:ðəlı] ADJ (*wind, course*) norte
northern ['nɔ:ðən] ADJ do norte, setentrional
Northern Ireland N Irlanda do Norte
North Pole N: **the ~** o Pólo Norte
North Sea N: **the ~** o Mar do Norte
North Sea oil N petróleo do Mar do Norte
northward ['nɔ:θwəd], **northwards** ['nɔ:θwədz] ADV em direção norte
north-west N noroeste *m*
Norway ['nɔ:weı] N Noruega
Norwegian [nɔ:'wi:dʒən] ADJ norueguês(-esa) ▶ N norueguês(-esa) *m/f*; (*Ling*) norueguês *m*
nos. ABBR (= *numbers*) n°
nose [nəuz] N (*Anat*) nariz *m*; (*Zool*) focinho; (*sense of smell: of person*) olfato; (: *of animal*) faro
▶ VI (*also*: **nose one's way**) avançar cautelosamente; **to turn up one's ~ at** desdenhar; **to pay through the ~ (for sth)** (*inf*) pagar os olhos da cara por algo
▶ **nose about** VI bisbilhotar
▶ **nose around** VI = **nose about**
nosebleed ['nəuzbli:d] N hemorragia nasal
nose-dive N (*deliberate*) voo picado; (*involuntary*) parafuso
nose drops NPL gotas *fpl* para o nariz
nosey ['nəuzı] (*inf*) ADJ = **nosy**
nostalgia [nɔs'tældʒıə] N nostalgia
nostalgic [nɔs'tældʒık] ADJ nostálgico
nostril ['nɔstrıl] N narina
nosy ['nəuzı] (*inf*) ADJ intrometido, abelhudo
not [nɔt] ADV não; **he is ~** *or* **isn't here** ele não está aqui; **you must ~** *or* **mustn't do that** você não deve fazer isso; **it's too late, isn't it?** é muito tarde, não?; **he asked me ~ to do it** ele me pediu para não fazer isto; **~ that (I don't like him/he isn't interesting)** não é que (eu não goste dele/ele não seja interessante); **~ yet/now** ainda/agora não; *see also* **all, only**
notable ['nəutəbl] ADJ notável
notably ['nəutəblı] ADV (*particularly*) particularmente; (*markedly*) notavelmente
notary ['nəutərı] N (*also*: **notary public**) tabelião/tabelioa *m/f*, notário(-a)
notation [nəu'teıʃən] N notação *f*
notch [nɔtʃ] N (*in wood*) entalhe *m*; (*in blade*) corte *m*
▶ **notch up** VT (*score*) marcar; (*victory*) registrar
note [nəut] N (*Mus, banknote*) nota; (*letter*) nota, bilhete *m*; (*record*) nota, anotação *f*; (*tone*) tom *m* ▶ VT observar, reparar em; (*also*: **note down**) anotar, tomar nota de; **just a quick ~ to let you know ...** apenas um bilhete rápido para avisá-lo ...; **to take ~s** tomar notas; **to compare ~s** (*fig*) trocar impressões; **to take ~ of** fazer caso de; **a person of ~** uma pessoa eminente
notebook ['nəutbuk] N caderno
note-case (BRIT) N carteira
noted ['nəutıd] ADJ célebre, conhecido
notepad ['nəutpæd] N bloco de anotações
notepaper ['nəutpeıpə^r] N papel *m* de carta
noteworthy ['nəutwə:θı] ADJ notável
nothing ['nʌθıŋ] N nada; (*zero*) zero; **he does ~** ele não faz nada; **~ new/much** nada de novo/de mais; **for ~** (*free*) de graça, grátis; (*in vain*) à toa, por nada; **~ at all** absolutamente nada, coisa nenhuma
notice ['nəutıs] N (*sign*) aviso, anúncio; (*warning*) aviso; (*of leaving or losing job*) aviso prévio; (BRIT: *review: of play etc*) resenha ▶ VT (*observe*) reparar em, notar; **without ~** sem aviso prévio; **advance ~** aviso prévio, preaviso; **to give sb ~ of sth** dar aviso a alguém de algo; **at short ~** de repente, em cima da hora; **until further ~** até nova ordem; **to hand in** *or* **give one's ~** (*subj*:

employee) demitir, pedir a demissão; **to take ~ of** prestar atenção a, fazer caso de; **to bring sth to sb's ~** levar algo ao conhecimento de alguém; **it has come to my ~ that ...** tornei-me ciente que ...; **to escape** *or* **avoid ~** passar desapercebido
noticeable ['nəutɪsəbl] ADJ evidente, visível
notice board (BRIT) N quadro de avisos
notification [nəutɪfɪ'keɪʃən] N aviso, notificação *f*
notify ['nəutɪfaɪ] VT avisar, notificar; **to ~ sth to sb** notificar algo a alguém; **to ~ sb of sth** avisar alguém de algo
notion ['nəuʃən] N noção *f*, ideia; **notions** NPL (US) miudezas *fpl*
notoriety [nəutə'raɪətɪ] N notoriedade *f*, má fama
notorious [nəu'tɔ:rɪəs] ADJ notório
notoriously [nəu'tɔ:rɪəslɪ] ADV notoriamente
Notts [nɔts] (BRIT) ABBR = **Nottinghamshire**
notwithstanding [nɔtwɪθ'stændɪŋ] ADV no entanto, não obstante ▶ PREP: **~ this** apesar disto
nougat ['nu:gɑ:] N torrone *m*, nugá *m*
nought [nɔ:t] N zero
noun [naun] N substantivo
nourish ['nʌrɪʃ] VT nutrir, alimentar; *(fig)* fomentar, alentar
nourishing ['nʌrɪʃɪŋ] ADJ nutritivo, alimentício
nourishment ['nʌrɪʃmənt] N alimento, nutrimento
Nov. ABBR (= *November*) nov.
Nova Scotia ['nəuvə'skəuʃə] N Nova Escócia
novel ['nɔvl] N romance *m*; *(short)* novela ▶ ADJ *(new)* novo, recente; *(unexpected)* insólito
novelist ['nɔvəlɪst] N romancista *m/f*
novelty ['nɔvəltɪ] N novidade *f*
November [nəu'vɛmbə^r] N novembro; *see also* **July**
novice ['nɔvɪs] N principiante *m/f*, novato(-a); *(Rel)* noviço(-a)
NOW [nau] (US) N ABBR = **National Organization for Women**
now [nau] ADV *(at the present time)* agora; *(these days)* atualmente, hoje em dia ▶ CONJ: **~ (that)** agora que; **right ~** agora mesmo; **by ~** já; **just ~** agora; **that's the fashion just ~** é a moda atualmente; **I saw her just ~** eu a vi agora, acabei de vê-la; **~ and then, ~ and again** de vez em quando; **from ~ on** de agora em diante; **in 3 days from ~** daqui a 3 dias; **between ~ and Monday** até segunda-feira; **that's all for ~** por agora é tudo
nowadays ['nauədeɪz] ADV hoje em dia
nowhere ['nəuwɛə^r] ADV *(go)* a lugar nenhum; *(be)* em nenhum lugar; **~ else** em nenhum outro lugar
no-win situation [nəu'wɪn-] N beco sem saída; **we're in a ~** se correr o bicho pega, se ficar o bicho come
noxious ['nɔkʃəs] ADJ nocivo

245 | **noticeable - numerical**

nozzle ['nɔzl] N bico, bocal *m*; *(Tech)* tubeira; (: *hose*) agulheta
NP N ABBR = **notary public**
NS (CANADA) ABBR = **Nova Scotia**
NSC (US) N ABBR = **National Security Council**
NSF (US) N ABBR = **National Science Foundation**
NSPCC (BRIT) N ABBR = **National Society for the Prevention of Cruelty to Children**
NSW (AUST) ABBR = **New South Wales**
NT N ABBR (= *New Testament*) NT
nth [ɛnθ] ADJ: **for the ~ time** pela enésima vez
NUAAW (BRIT) N ABBR (= *National Union of Agricultural and Allied Workers*) sindicato da agropecuária
nuance ['nju:ɑ:ns] N nuança, matiz *m*
NUBE (BRIT) N ABBR (= *National Union of Bank Employees*) sindicato dos bancários
nubile ['nju:baɪl] ADJ *(woman)* jovem e bela
nuclear ['nju:klɪə^r] ADJ nuclear
nuclear disarmament N desarmamento nuclear
nuclei ['nju:klɪaɪ] NPL *of* **nucleus**
nucleus ['nju:klɪəs] *(pl* **nuclei***)* N núcleo
nude [nju:d] ADJ nu(a) ▶ N *(Art)* nu *m*; **in the ~** nu, pelado
nudge [nʌdʒ] VT acotovelar, cutucar (BR)
nudist ['nju:dɪst] N nudista *m/f*
nudist colony N colonia nudista
nudity ['nju:dɪtɪ] N nudez *f*
nugget ['nʌgɪt] N pepita
nuisance ['nju:sns] N amolação *f*, aborrecimento; *(person)* chato; **what a ~!** que saco! (BR), que chatice! (PT)
NUJ (BRIT) N ABBR (= *National Union of Journalists*) sindicato dos jornalistas
nuke [nju:k] *(inf)* N usina nuclear
null [nʌl] ADJ: **~ and void** írrito e nulo
nullify ['nʌlɪfaɪ] VT anular, invalidar
NUM (BRIT) N ABBR (= *National Union of Mineworkers*) sindicato dos mineiros
numb [nʌm] ADJ dormecer, entorpecido; *(fig)* estupefato ▶ VT adormecer, entorpecer; **~ with cold** duro de frio; **~ with fear** paralisado de medo
number ['nʌmbə^r] N número; *(numeral)* algarismo ▶ VT *(pages etc)* numerar; *(amount to)* montar a; **a ~ of** vários, muitos; **to be ~ed among** figurar entre; **they were ten in ~** eram em número de dez; **wrong ~** *(Tel)* engano
numbered account ['nʌmbəd-] N *(in bank)* conta numerada
number plate (BRIT) N placa (do carro)
Number Ten (BRIT) N (= *10 Downing Street*) residência do primeiro-ministro
numbness ['nʌmnɪs] N torpor *m*, dormência; *(fig)* insensibilidade *f*
numeral ['nju:mərəl] N algarismo
numerate ['nju:mərɪt] (BRIT) ADJ: **to be ~** ter uma noção básica da aritmética
numerical [nju:'mɛrɪkl] ADJ numérico

numerous ['nju:mərəs] ADJ numeroso
nun [nʌn] N freira
nuptial ['nʌpʃəl] ADJ nupcial
nurse [nə:s] N enfermeiro(-a); (also: **nursemaid**) ama-seca, babá f ▶ VT (patient) cuidar de, tratar de; (baby: feed) criar, amamentar; (: BRIT: rock) embalar; (fig) alimentar; **wet ~** ama de leite
nursery ['nə:sərɪ] N (institution) creche f; (room) quarto das crianças; (for plants) viveiro
nursery rhyme N poesia infantil
nursery school N escola maternal
nursery slope (BRIT) N (Ski) rampa para principiantes
nursing ['nə:sɪŋ] N (profession) enfermagem f; (care) cuidado, assistência
nursing home N sanatório, clínica de repouso
nursing mother N lactante f
nurture ['nə:tʃəʳ] VT alimentar
NUS (BRIT) N ABBR (= National Union of Seamen) sindicato dos marinheiros; (= National Union of Students) sindicato dos estudantes
NUT (BRIT) N ABBR (= National Union of Teachers) sindicato dos professores
nut [nʌt] N (Tech) porca; (Bot) noz f ▶ CPD (chocolate etc) de nozes
nutcase ['nʌtkeɪs] (inf) N doido(-a), biruta m/f

nutcrackers ['nʌtkrækəz] NPL quebra-nozes m inv
nutmeg ['nʌtmɛg] N noz-moscada
nutrient ['nju:trɪənt] N nutrimento ▶ ADJ nutritivo
nutrition [nju:'trɪʃən] N (diet) alimentação f; (nourishment) nutrição f
nutritionist [nju:'trɪʃənɪst] N nutricionista m/f
nutritious [nju:'trɪʃəs] ADJ nutritivo
nuts [nʌts] (inf) ADJ: **he's ~** ele é doido
nutshell ['nʌtʃɛl] N casca de noz; **in a ~** (fig) em poucas palavras
nuzzle ['nʌzl] VI: **to ~ up to** aconchegar-se com
NV (US) ABBR (Post) = **Nevada**
NWT (CANADA) ABBR = **Northwest Territories**
NY (US) ABBR (Post) = **New York**
NYC (US) ABBR (Post) = **New York City**
nylon ['naɪlɔn] N náilon m (BR), nylon m (PT) ▶ ADJ de náilon or nylon; **nylons** NPL (stockings) meias fpl (de náilon)
nymph [nɪmf] N ninfa
nymphomaniac [nɪmfəu'meɪnɪæk] N ninfômana
NYSE (US) N ABBR = **New York Stock Exchange**
NZ ABBR = **New Zealand**

Oo

O, o [əu] N (letter) O, o m; (US Sch) = **outstanding**; **O for Olive** (BRIT) or **Oboe** (US) O de Osvaldo
oaf [əuf] N imbecil m/f
oak [əuk] N carvalho ▶ ADJ de carvalho
OAP (BRIT) N ABBR = **old-age pensioner**
oar [ɔːʳ] N remo; **to put** or **shove one's ~ in** (fig: inf) meter o bedelho or a colher
oarsman ['ɔːzmən] (irreg: like **man**) N remador m
oarswoman ['ɔːzwumən] (irreg: like **woman**) N remadora
OAS N ABBR (= Organization of American States) OEA f
oases [əu'eɪsiːz] NPL of **oasis**
oasis [əu'eɪsɪs] (pl **oases**) N oásis m inv
oath [əuθ] N juramento; (swear word) palavrão m; (curse) praga; **on** (BRIT) or **under ~** sob juramento; **to take an ~** prestar juramento
oatmeal ['əutmiːl] N farinha or mingau m de aveia
oats [əuts] N aveia
OAU N ABBR (= Organization of African Unity) OUA f
obdurate ['ɔbdjurɪt] ADJ (obstinate) teimoso; (sinner) empedernido; (unyielding) inflexível
obedience [ə'biːdɪəns] N obediência; **in ~ to** em conformidade com
obedient [ə'biːdɪənt] ADJ obediente; **to be ~ to sb/sth** obedecer a alguém/algo
obelisk ['ɔbɪlɪsk] N obelisco
obese [əu'biːs] ADJ obeso
obesity [əu'biːsɪtɪ] N obesidade f
obey [ə'beɪ] VT obedecer a; (instructions, regulations) cumprir ▶ VI obedecer
obituary [ə'bɪtjuərɪ] N necrológio
object [n 'ɔbdʒɪkt, vi əb'dʒɛkt] N (gen, Ling) objeto; (purpose) objetivo ▶ VI: **to ~ to** (attitude) desaprovar, objetar a; (proposal) opor-se a; **I ~!** protesto!; **he ~ed that ...** ele objetou que ...; **do you ~ to my smoking?** você se incomoda que eu fume?; **what's the ~ of doing that?** qual o objetivo de fazer isso?; **expense is no ~** o preço não é problema
objection [əb'dʒɛkʃən] N objeção f; (drawback) inconveniente m; **I have no ~ to ...** não tenho nada contra ...; **to make** or **raise an ~** fazer or levantar uma objeção

objectionable [əb'dʒɛkʃənəbl] ADJ desagradável; (conduct) censurável
objective [əb'dʒɛktɪv] ADJ objetivo ▶ N objetivo
objectivity [ɔbdʒɪk'tɪvɪtɪ] N objetividade f
object lesson N (fig): **~ (in)** demonstração f (de)
objector [əb'dʒɛktəʳ] N opositor(a) m/f
obligation [ɔblɪ'geɪʃən] N obrigação f; (debt) dívida (de gratidão); **without ~** sem compromisso; **to be under an ~ to do sth** ser obrigado a fazer algo
obligatory [ə'blɪgətərɪ] ADJ obrigatório
oblige [ə'blaɪdʒ] VT (do a favour for) obsequiar, fazer um favor a; (force) obrigar, forçar; **to ~ sb to do sth** obrigar or forçar alguém a fazer algo; **to be ~d to sb for doing sth** ficar agradecido por alguém fazer algo; **anything to ~!** (inf) estou à sua disposição!
obliging [ə'blaɪdʒɪŋ] ADJ prestativo
oblique [ə'bliːk] ADJ oblíquo; (allusion) indireto
obliterate [ə'blɪtəreɪt] VT (erase) apagar; (destroy) destruir
oblivion [ə'blɪvɪən] N esquecimento
oblivious [ə'blɪvɪəs] ADJ: **~ of** inconsciente de, esquecido de
oblong ['ɔblɔŋ] ADJ oblongo, retangular ▶ N retângulo
obnoxious [əb'nɔkʃəs] ADJ odioso, detestável; (smell) enjoativo
o.b.o (US) ABBR (= or best offer) ou melhor oferta
oboe ['əubəu] N oboé m
obscene [əb'siːn] ADJ obsceno
obscenity [əb'sɛnɪtɪ] N obscenidade f
obscure [əb'skjuəʳ] ADJ obscuro, desconhecido; (difficult to understand) pouco claro ▶ VT ocultar, escurecer; (hide: sun etc) esconder
obscurity [əb'skjuərɪtɪ] N obscuridade f; (darkness) escuridão f
obsequious [əb'siːkwɪəs] ADJ obsequioso, servil
observable [əb'zəːvəbl] ADJ observável; (appreciable) perceptível
observance [əb'zəːvns] N observância, cumprimento; (ritual) prática, hábito; **religious ~s** observância religiosa
observant [əb'zəːvnt] ADJ observador(a)

observation [ɔbzə'veɪʃən] N observação f; (by police etc) vigilância; (Med) exame m
observation post N (Mil) posto de observação
observatory [əb'zə:vətrɪ] N observatório
observe [əb'zə:v] VT observar; (rule) cumprir
observer [əb'zə:vəʳ] N observador(a) m/f
obsess [əb'sɛs] VT obsedar, obcecar; **to be ~ed by** or **with sb/sth** estar obcecado por or com alguém/algo
obsession [əb'sɛʃən] N obsessão f, ideia fixa
obsessive [əb'sɛsɪv] ADJ obsessivo
obsolescence [ɔbsə'lɛsns] N obsolescência; **built-in** or **planned ~** (Comm) obsolescência pré-incorporada
obsolescent [ɔbsə'lɛsnt] ADJ obsolescente, antiquado
obsolete ['ɔbsəli:t] ADJ obsoleto; **to become ~** cair em desuso
obstacle ['ɔbstəkl] N obstáculo; (hindrance) estorvo, impedimento
obstacle race N corrida de obstáculos
obstetrician [ɔbstə'trɪʃən] N obstetra m/f
obstetrics [ɔb'stɛtrɪks] N obstetrícia
obstinacy ['ɔbstɪnəsɪ] N teimosia, obstinação f
obstinate ['ɔbstɪnɪt] ADJ obstinado
obstreperous [əb'strɛpərəs] ADJ turbulento
obstruct [əb'strʌkt] VT obstruir; (block: pipe) entupir; (hinder) estorvar
obstruction [əb'strʌkʃən] N obstrução f; (object) obstáculo
obstructive [əb'strʌktɪv] ADJ obstrutor(a)
obtain [əb'teɪn] VT (get) obter; (achieve) conseguir ▶ VI prevalecer
obtainable [əb'teɪnəbl] ADJ disponível
obtrusive [əb'tru:sɪv] ADJ (person) intrometido, intruso; (building etc) que dá muito na vista
obtuse [əb'tju:s] ADJ obtuso
obverse ['ɔbvə:s] N (of medal, coin) obverso; (fig) contrapartida
obviate ['ɔbvɪeɪt] VT obviar a, prevenir
obvious ['ɔbvɪəs] ADJ (clear) óbvio, evidente; (unsubtle) nada sutil
obviously ['ɔbvɪəslɪ] ADV evidentemente; **~, he was not drunk** or **he was ~ not drunk** certamente ele não estava bêbado; **he was not ~ drunk** ele não aparentava estar bêbado; **~!** claro!, lógico!; **~ not!** (é)claro que não!
OCAS N ABBR (= Organization of Central American States) ODECA f
occasion [ə'keɪʒən] N ocasião f; (event) acontecimento ▶ VT ocasionar, causar; **on that ~** naquela ocasião; **to rise to the ~** mostrar-se à altura da situação
occasional [ə'keɪʒənl] ADJ de vez em quando
occasionally [ə'keɪʒənəlɪ] ADV de vez em quando; **very ~** raramente
occasional table N mesinha
occult [ɔ'kʌlt] ADJ oculto ▶ N: **the ~** as ciências ocultas
occupancy ['ɔkjupənsɪ] N ocupação f, posse f
occupant ['ɔkjupənt] N (of house) inquilino(-a); (of car) ocupante m/f
occupation [ɔkju'peɪʃən] N ocupação f; (job) profissão f; **unfit for ~** (house) inabitável
occupational [ɔkju'peɪʃənl] ADJ (accident) de trabalho; (disease) profissional
occupational guidance (BRIT) N orientação f vocacional
occupational hazard N risco profissional
occupational pension N pensão f profissional
occupational therapy N terapia ocupacional
occupier ['ɔkjupaɪəʳ] N inquilino(-a)
occupy ['ɔkjupaɪ] VT ocupar; (house) morar em; **to ~ o.s. in doing** (as job) dedicar-se a fazer; (be busy with) ocupar-se de fazer; **to be occupied with sth** ocupar-se de algo
occur [ə'kə:ʳ] VI (event) ocorrer; (phenomenon) acontecer; (difficulty, opportunity) surgir; **to ~ to sb** ocorrer a alguém; **it ~s to me that ...** ocorre-me que ...
occurrence [ə'kʌrəns] N (event) ocorrência, acontecimento; (existence) existência
ocean ['əuʃən] N oceano; **~s of** (inf) um monte de
ocean bed N fundo do oceano
ocean-going [-'gəuɪŋ] ADJ de longo curso
Oceania [əuʃɪ'eɪnɪə] N Oceania
ocean liner N transatlântico
ochre, (US) ocher ['əukəʳ] ADJ cor de ocre inv
o'clock [ə'klɔk] ADV: **it is 5 ~** são cinco horas
OCR N ABBR = **optical character reader**; **optical character recognition**
Oct. ABBR (= October) out.
octagonal [ɔk'tægənl] ADJ octogonal
octane ['ɔkteɪn] N octano; **high-~ petrol** (BRIT) or **gas** (US) gasolina de alto índice de octana
octave ['ɔktɪv] N oitava
October [ɔk'təubəʳ] N outubro; see also **July**
octogenarian [ɔktəudʒɪ'nɛərɪən] N octogenário(-a)
octopus ['ɔktəpəs] N polvo
odd [ɔd] ADJ (strange) estranho, esquisito; (number) ímpar; (sock etc) desemparelhado; (left over) avulso, de sobra; **60-~** 60 e tantos; **at ~ times** às vezes, de vez em quando; **to be the ~ one out** ficar sobrando, ser a exceção
oddball ['ɔdbɔ:l] (inf) N excêntrico(-a), esquisito(-ona)
oddity ['ɔdɪtɪ] N coisa estranha, esquisitice f; (person) excêntrico(-a)
odd-job man (irreg: like **man**) N faz-tudo m
odd jobs NPL biscates mpl, bicos mpl
oddly ['ɔdlɪ] ADV curiosamente; see also **enough**
oddments ['ɔdmənts] (BRIT) NPL (Comm) retalhos mpl
odds [ɔdz] NPL (in betting) pontos mpl de vantagem; **the ~ are against his coming** é pouco provável que ele venha; **it makes no ~** dá no mesmo; **to succeed against all the ~** conseguir contra todas as expectativas; **at ~** brigados(-as), de mal

odds and ends NPL miudezas *fpl*
ode [əud] N ode *f*
odious ['əudɪəs] ADJ odioso
odometer [əu'dɔmɪtə^r] N conta-quilômetros *m inv*
odour, (US) **odor** ['əudə^r] N odor *m*, cheiro; (*unpleasant*) fedor *m*
odourless, (US) **odorless** ['əudəlɪs] ADJ inodoro
OECD N ABBR (= *Organization for Economic Cooperation and Development*) OCDE *f*
oesophagus, (US) **esophagus** [i:'sɔfəgəs] N esôfago
oestrogen, (US) **estrogen** ['i:strəudʒən] N estrogênio

(KEYWORD)

of [ɔv, əv] PREP **1** (*gen*) de; **the history of France** a história da França; **a friend of ours** um amigo nosso; **a boy of 10** um menino de 10 anos; **that was very kind of you** foi muito gentil da sua parte; **the city of New York** a cidade de Nova Iorque
2 (*expressing quantity, amount, dates etc*) de; **a kilo of flour** um quilo de farinha; **how much of this do you need?** de quanto você precisa?; **3 of them** 3 deles; **3 of us went** 3 de nós foram; **a cup of tea/vase of flowers** uma xícara de chá/um vaso de flores; **the 5th of July** dia 5 de julho
3 (*from, out of*) de; **a statue of marble** uma estátua de mármore; **made of wood** feito de madeira

(KEYWORD)

off [ɔf] ADV **1** (*distance, time*): **it's a long way off** fica bem longe; **the game is 3 days off** o jogo é daqui a 3 dias
2 (*departure*): **I'm off** estou de partida; **to go off to Paris/Italy** ir para Paris/a Itália; **I must be off** devo ir-me
3 (*removal*): **to take off one's hat/coat/ clothes** tirar o chapéu/o casaco/a roupa; **the button came off** o botão caiu; **10% off** (*Comm*) 10% de abatimento *or* desconto
4 (*not at work: on holiday*) **to have a day off** tirar um dia de folga; (: *sick*): **to be off sick** estar ausente por motivo de saúde; **I'm off on Fridays** estou de folga às sextas-feiras
▶ ADJ **1** (*not turned on: machine, water, gas*) desligado; (: *light*) apagado; (: *tap*) fechado
2 (*cancelled: meeting, match, agreement*) cancelado
3 (BRIT: *not fresh: food*) passado; (: *milk*) talhado, anulado
4: **on the off chance** (*just in case*) ao acaso; **today I had an off day** (*not as good as usual*) hoje não foi o meu dia
▶ PREP **1** (*indicating motion, removal, etc*) de; **the button came off my coat** o botão do meu casaco caiu
2 (*distant from*) de; **5 km off (the road)** a 5 km (da estrada); **off the coast** em frente à costa

249 | **odds and ends – official receiver**

3: **to be off meat** (*no longer eat it*) não comer mais carne; (*no longer like it*) enjoar de carne

offal ['ɔfl] N (*Culin*) sobras *fpl*, restos *mpl*
offbeat ['ɔfbi:t] ADJ excêntrico
off-centre, (US) **off-center** ADJ descentrado, excêntrico
off-colour (BRIT) ADJ (*ill*) indisposto
offence, (US) **offense** [ə'fɛns] N (*crime*) delito; (*insult*) insulto, ofensa; **to give ~ to** ofender; **to take ~ at** ofender-se com, melindrar-se com; **to commit an ~** cometer uma infração
offend [ə'fɛnd] VT (*person*) ofender ▶ VI: **to ~ against** (*law, rule*) pecar contra, transgredir
offender [ə'fɛndə^r] N delinquente *m/f*; (*against regulations*) infrator(a) *m/f*
offending [ə'fɛndɪŋ] ADJ polêmico
offense [ə'fɛns] (US) N = **offence**
offensive [ə'fɛnsɪv] ADJ (*weapon, remark*) ofensivo; (*smell etc*) repugnante ▶ N (*Mil*) ofensiva
offer ['ɔfə^r] N oferta; (*proposal*) proposta ▶ VT oferecer; (*opportunity*) proporcionar; **to make an ~ for sth** fazer uma oferta por algo; **to ~ sth to sb, ~ sb sth** oferecer algo a alguém; **to ~ to do sth** oferecer-se para fazer algo; **"on ~"** (*Comm*) "em oferta"
offering ['ɔfərɪŋ] N oferenda
offertory ['ɔfətərɪ] N (*Rel*) ofertório
off-hand [ɔf'hænd] ADJ informal ▶ ADV de improviso; **I can't tell you ~** não posso te dizer assim de improviso
office ['ɔfɪs] N (*place*) escritório; (*room*) gabinete *m*; (*position*) cargo, função *f*; **to take ~** tomar posse; **doctor's ~** (US) consultório; **through his good ~s** (*fig*) graças aos grandes préstimos dele; **O~ of Fair Trading** (BRIT) *órgão de proteção ao consumidor*
office automation N automação *f* de escritórios
office bearer N (*of club etc*) detentor(a) *m/f* de um cargo
office block, (US) **office building** N conjunto de escritórios
office boy N contínuo, bói *m*
office building (US) N conjunto de escritórios
office hours NPL (horas *fpl* de) expediente *m*; (US *Med*) horas *fpl* de consulta
office manager N gerente *m/f* de escritório
officer ['ɔfɪsə^r] N (*Mil etc*) oficial *m/f*; (*of organization*) diretor(a) *m/f*; (*also:* **police officer**) agente *m/f* policial *or* de polícia
office work N trabalho de escritório
office worker N empregado(-a) *or* funcionário(-a) de escritório
official [ə'fɪʃl] ADJ oficial ▶ N oficial *m/f*; (*civil servant*) funcionário(-a) público(-a)
officialdom [ə'fɪʃldəm] (*pej*) N burocracia
officially [ə'fɪʃəlɪ] ADV oficialmente
official receiver N síndico(-a) de massa falida

officiate [əˈfɪʃɪeɪt] VI (Rel) oficiar; **to ~ as Mayor** exercer as funções de prefeito; **to ~ at a marriage** celebrar um casamento
officious [əˈfɪʃəs] ADJ intrometido
offing [ˈɔfɪŋ] N: **in the ~** (fig) em perspectiva
off-key ADJ, ADV desafinado
off-licence (BRIT) N (shop) loja de bebidas alcoólicas

> Uma loja **off-licence** vende bebidas alcóolicas (para viagem) nos horários em que os pubs estão fechados. Nesses estabelecimentos também se pode comprar bebidas não-alcoólicas, cigarros, batatas fritas, balas, chocolates etc.

off-limits (esp US) ADJ proibido
offline [ˈɔfˈlaɪn] ADJ, ADV (Comput) off-line; (switched off) desligado
off-load VT: **to ~ sth (onto)** (goods) descarregar algo (sobre); (job) descarregar algo (em)
off-peak ADJ (heating etc) de período de pouco consumo; (ticket, train) de período de pouco movimento
off-putting [-ˈpʊtɪŋ] (BRIT) ADJ desconcertante
off-season ADJ, ADV fora de estação or temporada
offset [ˈɔfsɛt] (irreg: like **set**) VT (counteract) compensar, contrabalançar ▶ N (also: **offset printing**) ofsete m
offshoot [ˈɔfʃuːt] (fig) N desdobramento
offshore [ɔfˈʃɔːʳ] ADV a pouca distância da costa, ao largo ▶ ADJ (breeze) de terra; (island) perto do litoral; (fishing) costeiro; **~ oilfield** campo petrolífero ao largo
offside [ˈɔfˈsaɪd] N (Aut) lado do motorista ▶ ADJ (Sport) impedido; (Aut) do lado do motorista
offspring [ˈɔfsprɪŋ] N descendência, prole f
offstage [ˈɔfˈsteɪdʒ] ADV nos bastidores
off-the-cuff ADJ improvisado ▶ ADV de improviso
off-the-job training N treinamento fora do local de trabalho
off-the-peg, (US) **off-the-rack** ADJ pronto
off-white ADJ quase branco
often [ˈɔfn] ADV muitas vezes, frequentemente; **how ~ do you go?** com que frequência você vai?; **as ~ as not** quase sempre; **very ~** com muita frequência
ogle [ˈəʊgl] VT comer com os olhos
ogre [ˈəʊgəʳ] N ogre m
OH (US) ABBR (Post) = **Ohio**
oh [əʊ] EXCL oh!, ô!, ah!
OHMS (BRIT) ABBR = **On His (or Her) Majesty's Service**
oil [ɔɪl] N (Culin) azeite m; (petroleum) petróleo; (for heating) óleo ▶ VT (machine) lubrificar
oilcan [ˈɔɪlkæn] N almotolia; (for storing) lata
oil change N mudança de óleo
oilfield [ˈɔɪlfiːld] N campo petrolífero
oil filter N (Aut) filtro de óleo
oil-fired [-ˈfaɪəd] ADJ que usa óleo combustível
oil gauge N indicador m do nível de óleo
oil industry N indústria petroleira
oil level N nível m de óleo
oil painting N pintura a óleo
oil refinery N refinaria de petróleo
oil rig N torre f de perfuração
oilskins [ˈɔɪlskɪnz] NPL capa de oleado
oil slick N mancha de óleo
oil tanker N (ship) petroleiro; (truck) carro-tanque m de petróleo
oil well N poço petrolífero
oily [ˈɔɪlɪ] ADJ oleoso; (food) gorduroso
ointment [ˈɔɪntmənt] N pomada
OK (US) ABBR (Post) = **Oklahoma**
O.K. [ˈəʊˈkeɪ] EXCL está bem, está bom, tá (bem or bom) (inf) ▶ ADJ bom; (correct) certo ▶ VT aprovar ▶ N: **to give sth the ~** dar luz verde a algo; **is it ~?** tá bom?; **are you ~?** você está bem?; **are you ~ for money?** você está bem de dinheiro?; **it's ~ with** or **by me** para mim tudo bem
okay [ˈəʊˈkeɪ] = **O.K.**
old [əʊld] ADJ velho; (former) antigo, anterior; **how ~ are you?** quantos anos você tem?; **he's 10 years ~** ele tem 10 anos; **~er brother** irmão mais velho; **any ~ thing will do** qualquer coisa serve
old age N velhice f
old-age pensioner (BRIT) N aposentado(-a) (BR), reformado(-a) (PT)
old-fashioned [-ˈfæʃnd] ADJ fora de moda; (person) antiquado; (values) obsoleto, retrógrado
old maid N solteirona
old people's home N asilo de velhos
old-time ADJ antigo, do tempo antigo
old-timer N veterano
old wives' tale N conto da carochinha
olive [ˈɔlɪv] N (fruit) azeitona; (tree) oliveira ▶ ADJ (also: **olive-green**) verde-oliva inv
olive oil N azeite m de oliva
Olympic [əʊˈlɪmpɪk] ADJ olímpico; **the ~ Games, the ~s** os Jogos Olímpicos, as Olimpíadas
OM (BRIT) N ABBR (= Order of Merit) título honorífico
Oman [əʊˈmɑːn] N Omã m (BR), Oman m (PT)
OMB (US) N ABBR (= Office of Management and Budget) serviço que assessora o presidente em assuntos orçamentários
omelette, (US) **omelet** [ˈɔmlɪt] N omelete f
omen [ˈəʊmən] N presságio, agouro
OMG (inf) ABBR (= Oh my God!) OMG
ominous [ˈɔmɪnəs] ADJ (menacing) preocupante; (event) de mau agouro
omission [əʊˈmɪʃən] N omissão f; (error) descuido, negligência
omit [əʊˈmɪt] VT omitir; (by mistake) esquecer; **to ~ to do sth** deixar de fazer algo
omnivorous [ɔmˈnɪvərəs] ADJ onívoro
ON (CANADA) ABBR = **Ontario**

⸺ KEYWORD ⸺

on [ɔn] PREP **1** (indicating position) sobre, em (cima de); **on the wall** na parede; **on the left** à esquerda; **the house is on the main**

road a casa fica na rua principal
2 (*indicating means, method, condition etc*): **on foot** a pé; **on the train/plane** no trem/avião; **on the telephone/radio** no telefone/rádio; **on television** na televisão; **to be on drugs** (*addicted*) ser viciado em drogas; (*Med*) estar sob medicação; **to be on holiday/business** estar de férias/a negócio
3 (*referring to time*): **on Friday** na sexta-feira; **a week on Friday** sem ser esta sexta-feira, a outra; **on arrival** ao chegar; **on seeing this** ao ver isto
4 (*about, concerning*) sobre
▶ ADV **1** (*referring to dress*): **to have one's coat on** estar de casaco; **what's she got on?** o que ela está usando?; **she put her boots on** ela calçou as botas; **he put his gloves/hat on** ele colocou as luvas/o chapéu
2 (*referring to covering*): **screw the lid on tightly** atarraxar bem a tampa
3 (*further, continuously*): **to walk/drive on** continuar andando/dirigindo; **to go on** continuar (em frente); **to read on** continuar a ler
▶ ADJ **1** (*functioning, in operation: machine*) em funcionamento; (: *light*) aceso; (: *radio*) ligado; (: *tap*) aberto; (: *brakes: of car etc*): **to be on** estar freado; (*event*): **is the meeting still on?** (*in progress*) a reunião ainda está sendo realizada?; (*not cancelled*) ainda vai haver reunião?; **there's a good film on at the cinema** tem um bom filme passando no cinema
2: **that's not on!** (*inf: of behaviour*) isso não se faz!

ONC (BRIT) N ABBR = **Ordinary National Certificate**
once [wʌns] ADV uma vez; (*formerly*) outrora
▶ CONJ depois que; **~ he had left/it was done** depois que ele saiu/foi feito; **at ~** imediatamente; (*simultaneously*) de uma vez, ao mesmo tempo; **all at ~** de repente; **~ a week** uma vez por semana; **I knew him ~** eu o conheci antigamente; **~ and for all** uma vez por todas, definitivamente; **~ upon a time** era uma vez
oncoming ['ɔnkʌmɪŋ] ADJ (*traffic*) que vem de frente
OND (BRIT) N ABBR = **Ordinary National Diploma**

(KEYWORD)

one [wʌn] NUM um(a); **one hundred and fifty** cento e cinquenta; **one by one** um por um
▶ ADJ **1** (*sole*) único; **the one book which ...** o único livro que ...
2 (*same*) mesmo; **they came in the one car** eles vieram no mesmo carro
▶ PRON **1** um(a); **this one** este/esta; **that one** esse/essa, aquele/aquela; **I've already got one/a red one** eu já tenho um/um vermelho
2: **one another** um ao outro; **do you two ever see one another?** vocês dois se veem de vez em quando?; **the boys didn't dare look at one another** os meninos não ousaram olhar um para o outro
3 (*impers*): **one never knows** nunca se sabe; **to cut one's finger** cortar o dedo; **one needs to eat** é preciso comer

one-armed bandit N caça-níqueis *m inv*
one-day excursion (US) N bilhete *m* de ida e volta
one-man ADJ (*business*) individual
one-man band N homem-orquestra *m*
one-off (BRIT *inf*) N exemplar *m* único ▶ ADJ único
one-piece ADJ: **~ bathing suit** maiô inteiro
onerous ['əunərəs] ADJ (*task, duty*) incômodo; (*responsibility*) pesado
oneself [wʌn'sɛlf] PRON (*reflexive*) se; (*after prep, emphatic*) si (mesmo(-a)); **by ~** sozinho(-a); **to hurt ~** ferir-se; **to keep sth for ~** guardar algo para si mesmo; **to talk to ~** falar consigo mesmo
one-sided [-'saɪdɪd] ADJ (*decision*) unilateral; (*judgement, account*) parcial; (*contest*) desigual
one-time ADJ antigo
one-to-one ADJ (*relationship*) individual
one-upmanship [-'ʌpmənʃɪp] N: **the art of ~** a arte de aparentar ser melhor do que os outros
one-way ADJ (*street, traffic*) de mão única (BR), de sentido único (PT)
ongoing ['ɔngəuɪŋ] ADJ (*project*) em andamento; (*situation*) existente
onion ['ʌnjən] N cebola
online ['ɔn'laɪn] ADJ, ADV (*Comput*) on-line, online; (*switched on*) ligado
onlooker ['ɔnlukəʳ] N espectador(a) *m/f*
only ['əunlɪ] ADV somente, apenas ▶ ADJ único, só ▶ CONJ só que, porém; **an ~ child** um filho único; **not ~ ... but also ...** não só ... mas também ...; **I ~ ate one** eu comi só um; **I saw her ~ yesterday** apenas ontem eu a vi; **I'd be ~ too pleased to help** eu teria muitíssimo prazer em ajudar; **I would come, ~ I'm very busy** eu iria, porém estou muito ocupado
ono ABBR (= *or nearest offer*) ou melhor oferta
onset ['ɔnsɛt] N (*beginning*) começo; (*attack*) ataque *m*
onshore ['ɔnʃɔːʳ] ADJ (*wind*) do mar
onslaught ['ɔnslɔːt] N investida, arremetida
on-the-job training N treinamento no serviço
onto ['ɔntu] PREP = **on to**
onus ['əunəs] N responsabilidade *f*; **the ~ is upon him to prove it** cabe a ele comprová-lo
onward ['ɔnwəd], **onwards** ['ɔnwədz] ADV (*move*) para diante, para a frente; **from this time ~(s)** de (ag)ora em diante

onyx ['ɒnɪks] N ônix m
ooze [u:z] VI ressumar, filtrar-se; **to ~ a feeling** mostrar um sentimento exagerado
opacity [əu'pæsɪtɪ] N opacidade f
opal ['əupl] N opala
opaque [əu'peɪk] ADJ opaco, fosco
OPEC ['əupɛk] N ABBR (= Organization of Petroleum-Exporting Countries) OPEP f
open ['əupn] ADJ aberto; (car) descoberto; (road) livre; (fig: frank) aberto, franco; (meeting) aberto, sem restrições; (admiration) declarado; (question) discutível; (enemy) assumido ▶ VT abrir ▶ VI (gen) abrir(-se); (shop) abrir; (book etc: commence) começar; **in the ~ (air)** ao ar livre; **the ~ sea** o largo; **~ ground** (among trees) clareira, abertura; (waste ground) terreno baldio; **to have an ~ mind (on sth)** estar imparcial (quanto a algo)
▶ **open on to** VT FUS (subj: room, door) dar para
▶ **open out** VT abrir ▶ VI abrir-se
▶ **open up** VT abrir; (blocked road) desobstruir ▶ VI (Comm) abrir
open-air ADJ a céu aberto
open-and-shut ADJ: **~ case** caso evidente
open day (BRIT) N dia m de visita
open-ended [-'ɛndɪd] ADJ (fig) não limitado
opener ['əupnəʳ] N (also: **can opener, tin opener**) abridor m de latas (BR), abre-latas m inv (PT)
open-heart surgery N cirurgia de coração aberto
opening ['əupnɪŋ] ADJ de abertura ▶ N abertura; (start) início; (opportunity) oportunidade f; (job) vaga
opening night N (Theatre) estreia
openly ['əupnlɪ] ADV abertamente
open-minded [-'maɪndɪd] ADJ aberto, imparcial
open-necked [-nɛkt] ADJ aberto no colo
openness ['əupnɪs] N abertura, sinceridade f
open-plan ADJ sem paredes divisórias
open sandwich N canapé m
open shop N empresa que admite trabalhadores não sindicalizados
Open University (BRIT) N ver nota

Fundada em 1969, a **Open University** oferece um tipo de ensino que compreende cursos (alguns blocos da programação da TV e do rádio são reservados para esse fim), deveres que são enviados pelo aluno ao diretor ou diretora de estudos e uma estada obrigatória em uma universidade de verão. É preciso cumprir um certo número de unidades ao longo de um período determinado e obter a média em um certo número delas para receber o diploma almejado.

opera ['ɔpərə] N ópera
opera glasses NPL binóculo de teatro
opera house N teatro lírico or de ópera
opera singer N cantor(a) m/f de ópera

operate ['ɔpəreɪt] VT (machine) fazer funcionar, pôr em funcionamento; (company) dirigir ▶ VI funcionar; (drug) fazer efeito; (Med): **to ~ on sb** operar alguém
operatic [ɔpə'rætɪk] ADJ lírico, operístico
operating ['ɔpəreɪtɪŋ] ADJ (Comm: costs, profit) operacional
operating system N (Comput) sistema m operacional
operating table N mesa de operações
operating theatre N sala de operações
operation [ɔpə'reɪʃən] N operação f; (of machine) funcionamento; **to have an ~** fazer uma operação; **to be in ~ (system)** estar em vigor; (machine) estar funcionando
operational [ɔpə'reɪʃənl] ADJ operacional; **when the service is fully ~** quando o serviço estiver com toda a sua eficácia
operative ['ɔpərətɪv] ADJ (measure) em vigor ▶ N (in factory) operário(-a); **the ~ word** a palavra mais importante or atuante
operator ['ɔpəreɪtəʳ] N (of machine) operador(a) m/f, manipulador(a) m/f; (Tel) telefonista m/f
operetta [ɔpə'rɛtə] N opereta
ophthalmic [ɔf'θælmɪk] ADJ oftálmico
ophthalmologist [ɔfθæl'mɔlədʒɪst] N oftalmologista m/f, oftalmólogo(-a)
opinion [ə'pɪnɪən] N opinião f; **in my ~** na minha opinião, a meu ver; **to seek a second ~** procurar uma segunda opinião
opinionated [ə'pɪnɪəneɪtɪd] ADJ opinioso
opinion poll N pesquisa, levantamento
opium ['əupɪəm] N ópio
opponent [ə'pəunənt] N oponente m/f; (Mil, Sport) adversário(-a)
opportune ['ɔpətju:n] ADJ oportuno
opportunism [ɔpə'tju:nɪzəm] N oportunismo
opportunist [ɔpə'tju:nɪst] N (pej) oportunista m/f
opportunity [ɔpə'tju:nɪtɪ] N oportunidade f; **to take the ~ of doing** aproveitar a oportunidade para fazer
oppose [ə'pəuz] VT opor-se a; **to be ~d to sth** opor-se a algo, estar contra algo; **as ~d to** em oposição a
opposing [ə'pəuzɪŋ] ADJ (side) oposto, contrário
opposite ['ɔpəzɪt] ADJ oposto; (house etc) em frente ▶ ADV (lá) em frente ▶ PREP em frente de, defronte de ▶ N oposto, contrário; **the ~ sex** o sexo oposto
opposite number (BRIT) N homólogo(-a)
opposition [ɔpə'zɪʃən] N oposição f
oppress [ə'prɛs] VT oprimir
oppression [ə'prɛʃən] N opressão f
oppressive [ə'prɛsɪv] ADJ opressivo
opprobrium [ə'prəubrɪəm] N (formal) opróbrio
opt [ɔpt] VI: **to ~ for** optar por; **to ~ to do** optar por fazer
▶ **opt out** VI: **to ~ out of doing sth** optar por não fazer algo

optical ['ɔptɪkl] ADJ ótico
optical character reader N leitora de caracteres óticos
optical character recognition N reconhecimento de caracteres óticos
optical fibre N fibra ótica
optical illusion N ilusão f ótica
optician [ɔp'tɪʃən] N oculista m/f
optics ['ɔptɪks] N ótica
optimism ['ɔptɪmɪzəm] N otimismo
optimist ['ɔptɪmɪst] N otimista m/f
optimistic [ɔptɪ'mɪstɪk] ADJ otimista
optimum ['ɔptɪməm] ADJ ótimo
option ['ɔpʃən] N opção f; **to keep one's ~s open** (fig) manter as opções em aberto; **I have no ~** não tenho opção or escolha
optional ['ɔpʃənəl] ADJ opcional, facultativo; **~ extras** acessórios mpl opcionais
opulence ['ɔpjuləns] N opulência
opulent ['ɔpjulənt] ADJ opulento
OR (US) ABBR (Post) = **Oregon**
or [ɔːʳ] CONJ ou; (with negative): **he hasn't seen or heard anything** ele não viu nem ouviu nada; **or else** senão; **either ..., or else** ou ..., ou (então)
oracle ['ɔrəkl] N oráculo
oral ['ɔːrəl] ADJ oral ▶ N prova f oral
orange ['ɔrɪndʒ] N (fruit) laranja ▶ ADJ cor de laranja inv, alaranjado
orangeade [ɔrɪndʒ'eɪd] N laranjada
oration [ɔː'reɪʃən] N oração f
orator ['ɔrətəʳ] N orador(a) m/f
oratorio [ɔrə'tɔːrɪəu] N oratório
orb [ɔːb] N orbe m
orbit ['ɔːbɪt] N órbita ▶ VT, VI orbitar; **to be/go into ~ (around)** estar/entrar em órbita (em torno de)
orchard ['ɔːtʃəd] N pomar m; **apple ~** pomar de macieiras
orchestra ['ɔːkɪstrə] N orquestra; (US: seating) plateia
orchestral [ɔː'kɛstrəl] ADJ orquestral; (concert) sinfônico
orchestrate ['ɔːkɪstreɪt] VT (Mus, fig) orquestrar
orchid ['ɔːkɪd] N orquídea
ordain [ɔː'deɪn] VT ordenar, decretar; (decide) decidir, mandar
ordeal [ɔː'diːl] N experiência penosa, provação f
order ['ɔːdəʳ] N (gen) ordem f; (Comm) encomenda ▶ VT (also: **put in order**) pôr em ordem, arrumar; (in restaurant) pedir; (Comm) encomendar; (command) mandar, ordenar; **in ~** em ordem; **in (working) ~** em bom estado; **in ~ of preference** por ordem de preferência; **in ~ to do/that** para fazer/que (+ sub); **good ~** bom estado; **on ~** (Comm) encomendado; **out of ~** com defeito, enguiçado; **to ~ sb to do sth** mandar alguém fazer algo; **to place an ~ for sth with sb** fazer uma encomenda a alguém para algo, encomendar algo a alguém; **made to ~** feito sob encomenda; **to be under ~s to do sth** ter ordens para fazer algo; **a point of ~** uma questão de ordem; **to the ~ of** (Banking) à ordem de
order book N livro de encomendas
order form N impresso para encomendas
orderly ['ɔːdəlɪ] N (Mil) ordenança m; (Med) servente m/f ▶ ADJ (room) arrumado, ordenado; (person) metódico
order number N número de encomenda
ordinal ['ɔːdɪnl] ADJ (number) ordinal
ordinary ['ɔːdnrɪ] ADJ comum, usual; (pej) ordinário, medíocre; **out of the ~** fora do comum, extraordinário
ordinary seaman (BRIT) (irreg: like **man**) N marinheiro de segunda classe
ordinary shares NPL ações fpl ordinárias
ordination [ɔːdɪ'neɪʃən] N ordenação f
ordnance ['ɔːdnəns] N (Mil: unit) artilharia
Ordnance Survey (BRIT) N serviço oficial de topografia e cartografia
ore [ɔːʳ] N minério
organ ['ɔːgən] N (gen) órgão m
organic [ɔː'gænɪk] ADJ orgânico
organism ['ɔːgənɪzəm] N organismo
organist ['ɔːgənɪst] N organista m/f
organization [ɔːgənaɪ'zeɪʃən] N organização f
organization chart N organograma m
organize ['ɔːgənaɪz] VT organizar; **to get ~d** organizar-se
organized crime ['ɔːgənaɪzd-] N crime m organizado
organized labour ['ɔːgənaɪzd-] N mão-de-obra f sindicalizada
organizer ['ɔːgənaɪzəʳ] N organizador(a) m/f
orgasm ['ɔːgæzəm] N orgasmo
orgy ['ɔːdʒɪ] N orgia
Orient ['ɔːrɪənt] N: **the ~** o Oriente
oriental [ɔːrɪ'ɛntl] ADJ, N oriental m/f
orientate ['ɔːrɪənteɪt] VT: **to ~ o.s.** orientar-se
orifice ['ɔrɪfɪs] N orifício
origin ['ɔrɪdʒɪn] N origem f; (point of departure) procedência; **country of ~** país de origem
original [ə'rɪdʒɪnl] ADJ original ▶ N original m
originality [ərɪdʒɪ'nælɪtɪ] N originalidade f
originally [ə'rɪdʒɪnəlɪ] ADV (at first) originalmente; (with originality) com originalidade
originate [ə'rɪdʒɪneɪt] VI: **to ~ from** originar-se de, surgir de; **to ~ in** ter origem em
originator [ə'rɪdʒɪneɪtəʳ] N iniciador(a) m/f
Orkney ['ɔːknɪ] N (also: **the Orkney Islands, the Orkneys**) as ilhas Órcadas
ornament ['ɔːnəmənt] N ornamento; (trinket) quinquilharia; (on dress) enfeite m
ornamental [ɔːnə'mɛntl] ADJ decorativo, ornamental
ornamentation [ɔːnəmɛn'teɪʃən] N ornamentação f

ornate [ɔː'neɪt] ADJ enfeitado, requintado
ornithologist [ɔːnɪ'θɒlədʒɪst] N ornitólogo(-a)
ornithology [ɔːnɪ'θɒlədʒɪ] N ornitologia
orphan ['ɔːfn] N órfão/órfã m/f ▶ VT: **to be ~ed** ficar órfão
orphanage ['ɔːfənɪdʒ] N orfanato
orthodox ['ɔːθədɒks] ADJ ortodoxo
orthopaedic, (US) **orthopedic** [ɔːθəˈpiːdɪk] ADJ ortopédico
OS (BRIT) ABBR = **Ordnance Survey**; (Naut) = **ordinary seaman**; (Dress) = **outsize**
O/S ABBR = **out of stock**
oscillate ['ɒsɪleɪt] VI oscilar; (person) vacilar, hesitar
OSHA (US) N ABBR (= Occupational Safety and Health Administration) órgão que supervisiona a higiene e a segurança do trabalho
Oslo ['ɒzləu] N Oslo
ostensible [ɒs'tɛnsɪbl] ADJ aparente
ostensibly [ɒs'tɛnsɪblɪ] ADV aparentemente
ostentation [ɒstɛn'teɪʃən] N ostentação f
ostentatious [ɒstɛn'teɪʃəs] ADJ pomposo, espalhafatoso; (person) ostentoso
osteopath ['ɒstɪəpæθ] N osteopata m/f
ostracize ['ɒstrəsaɪz] VT condenar ao ostracismo
ostrich ['ɒstrɪtʃ] N avestruz m/f
OT N ABBR (= Old Testament) AT m
OTB (US) N ABBR (= off-track betting) apostas tomadas fora da pista de corridas
other ['ʌðəʳ] ADJ outro ▶ PRON: **the ~ (one)** o outro/a outra ▶ ADV (usually in negatives): **~ than** (apart from) além de; (anything but) exceto; **~s** (other people) outros; **some ~ people have still to arrive** outras pessoas ainda não chegaram; **the ~ day** outro dia; **some actor or ~** um certo ator; **somebody or ~** não sei quem, alguém; **the car was none ~ than John's** o carro não era nenhum outro senão o de João
otherwise ['ʌðəwaɪz] ADV (in a different way) de outra maneira; (apart from that) além disso ▶ CONJ (if not) senão; **an ~ good piece of work** sob outros aspectos um trabalho bem feito
OTT (inf) ABBR = **over the top**; see **top**
otter ['ɒtəʳ] N lontra
OU (BRIT) N ABBR = **Open University**
ouch [autʃ] EXCL ai!
ought [ɔːt] (pt **ought**) AUX VB: **I ~ to do it** eu deveria fazê-lo; **this ~ to have been corrected** isto deveria ter sido corrigido; **he ~ to win** (probability) ele deve ganhar; **you ~ to go and see it** você deveria ir vê-lo
ounce [auns] N onça (= 28.35g)
our ['auəʳ] ADJ nosso; see also **my**
ours ['auəz] PRON (o) nosso/(a) nossa etc; see also **mine¹**
ourselves [auə'sɛlvz] PRON PL (reflexive, after prep) nós; (emphatic) nós mesmos(-as); **we did it (all) by ~** nós fizemos isso sozinhos; see also **oneself**
oust [aust] VT expulsar

(KEYWORD)

out [aut] ADV **1** (not in) fora; **(to stand) out in the rain/snow** (estar em pé) na chuva/neve; **it's cold out here/out in the desert** está frio aqui fora/faz frio lá no deserto; **out here/there** aqui/lá fora; **to go/come** etc **out** sair/vir etc para fora; **out loud** em voz alta
2 (not at home, absent) fora (de casa); **Mr Green is out at the moment** Sr. Green não está no momento; **to have a day/night out** passar o dia fora/sair à noite
3 (indicating distance): **the boat was 10 km out** o barco estava a 10 km da costa; **3 days out from Plymouth** a 3 dias de Plymouth
4 (Sport): **the ball is/has gone out** a bola caiu fora; **out!** (Tennis etc) fora!
▶ ADJ **1**: **to be out** (unconscious) estar inconsciente; (out of game) estar fora; (out of fashion) estar fora de moda
2 (have appeared: news, secret) do conhecimento público; **the flowers are out** as flores desabrocharam
3 (extinguished: light, fire) apagado; **before the week was out** (finished) antes da semana acabar
4: **to be out to do sth** (intend) pretender fazer algo; **to be out in one's calculations** (wrong) enganar-se nos cálculos
▶ **out of** PREP **1** (outside, beyond) fora de; **to go out of the house** sair da casa; **to look out of the window** olhar pela janela
2 (cause, motive) por; **out of curiosity/fear/greed** por curiosidade/medo/ganância
3 (origin): **to drink sth out of a cup** beber algo na xícara; **to copy sth out of a book** copiar algo de um livro
4 (from among): **1 out of every 3 smokers** 1 entre 3 fumantes; **out of 100 cars sold, only one had any faults** dos 100 carros vendidos, só um tinha defeito
5 (without) sem; **to be out of milk/sugar/petrol** etc não ter leite/açúcar/gasolina etc

outage ['autɪdʒ] (esp US) N (power failure) blecaute m
out-and-out ADJ (liar etc) completo, rematado
outback ['autbæk] N (in Australia): **the ~** o interior
outbid [aut'bɪd] (pt, pp **outbid**) VT sobrepujar
outboard ['autbɔːd] N (also: **outboard motor**) motor m de popa
outbox ['autbɒks] N (Comput) caixa de saída; (US: for papers) cesta de saída
outbreak ['autbreɪk] N (of war) deflagração f; (of disease) surto; (of violence etc) explosão f
outbuilding ['autbɪldɪŋ] N dependência
outburst ['autbəːst] N explosão f
outcast ['autkɑːst] N pária m/f
outclass [aut'klɑːs] VT ultrapassar, superar
outcome ['autkʌm] N resultado
outcrop ['autkrɒp] N afloramento
outcry ['autkraɪ] N clamor m (de protesto)

outdated [aut'deɪtɪd] ADJ antiquado, fora de moda
outdistance [aut'dɪstəns] VT deixar para trás
outdo [aut'du:] (*irreg: like* **do**) VT ultrapassar, exceder
outdoor [aut'dɔ:ʳ] ADJ ao ar livre; (*clothes*) de sair
outdoors [aut'dɔ:z] ADV ao ar livre
outer ['autəʳ] ADJ exterior, externo
outer space N espaço (exterior)
outfit ['autfɪt] N roupa, traje *m*; (*inf: Comm*) firma
outfitter's ['autfɪtəz] (BRIT) N fornecedor *m* de roupas
outgoing ['autgəuɪŋ] ADJ (*president, tenant*) de saída; (*character*) extrovertido, sociável
outgoings ['autgəuɪŋz] (BRIT) NPL despesas *fpl*
outgrow [aut'grəu] (*irreg: like* **grow**) VT: **he has ~n his clothes** a roupa ficou pequena para ele
outhouse ['authaus] N anexo
outing ['autɪŋ] N (*going out*) saída; (*excursion*) excursão *f*
outlandish [aut'lændɪʃ] ADJ estranho, bizarro
outlast [aut'lɑ:st] VT sobreviver a
outlaw ['autlɔ:] N fora-da-lei *m/f* ▶ VT (*person*) declarar fora da lei; (*practice*) declarar ilegal
outlay ['autleɪ] N despesas *fpl*
outlet ['autlet] N saída, escape *m*; (*of pipe*) desague *m*, escoadouro; (*US Elec*) tomada; (*also*: **retail outlet**) posto de venda
outline ['autlaɪn] N (*shape*) contorno, perfil *m*; (*of plan*) traçado; (*sketch*) esboço, linhas *fpl* gerais ▶ VT (*theory, plan*) traçar, delinear
outlive [aut'lɪv] VT sobreviver a
outlook ['autluk] N (*attitude*) ponto de vista; (*fig: prospects*) perspectiva; (: *for weather*) previsão *f*
outlying ['autlaɪɪŋ] ADJ afastado, remoto
outmanoeuvre, (US) **outmaneuver** [autmə'nu:vəʳ] VT (*rival etc*) passar a perna em
outmoded [aut'məudɪd] ADJ antiquado, fora de moda, obsoleto
outnumber [aut'nʌmbəʳ] VT exceder em número
out-of-court [autəv'kɔ:t] ADJ extrajudicial ▶ ADV extrajudicialmente
out-of-date ADJ (*passport, ticket*) sem validade; (*theory, idea*) antiquado, superado; (*custom*) antiquado; (*clothes*) fora de moda
out-of-the-way ADJ remoto, afastado; (*fig*) insólito
outpatient ['autpeɪʃənt] N paciente *m/f* externo(-a) *or* de ambulatório
outpost ['autpəust] N posto avançado
output ['autput] N (volume *m* de) produção *f*; (*Tech*) rendimento; (*Comput*) saída ▶ VT (*Comput*) dar saída em
outrage ['autreɪdʒ] N (*scandal*) escândalo; (*atrocity*) atrocidade *f* ▶ VT ultrajar
outrageous [aut'reɪdʒəs] ADJ ultrajante, escandaloso

outrider ['autraɪdəʳ] N (*on motorcycle*) batedor(a) *m/f*
outright [*adv* aut'raɪt, *adj* 'autraɪt] ADV (*kill, win*) completamente; (*ask, refuse*) abertamente ▶ ADJ completo; franco
outrun [aut'rʌn] (*irreg: like* **run**) VT ultrapassar
outset ['autset] N início, princípio
outshine [aut'ʃaɪn] (*irreg: like* **shine**) VT (*fig*) eclipsar
outside [aut'saɪd] N exterior *m* ▶ ADJ exterior, externo; (*contractor etc*) de fora ▶ ADV (lá) fora ▶ PREP fora de; (*beyond*) além (dos limites) de; **at the ~** (*fig*) no máximo; **an ~ chance** uma possibilidade remota
outside broadcast N (*Radio, TV*) transmissão *f* de exteriores
outside lane N (*Aut: in Britain*) pista da direita; (: *in US, Europe*) pista da esquerda
outside left N (*Football*) extremo-esquerdo
outside line N (*Tel*) linha de saída
outsider [aut'saɪdəʳ] N (*stranger*) estranho(-a), forasteiro(-a); (*in race etc*) outsider *m*
outsize ['autsaɪz] ADJ (*clothes*) de tamanho extra-grande *or* especial
outskirts ['autskə:ts] NPL arredores *mpl*, subúrbios *mpl*
outsmart [aut'smɑ:t] VT passar a perna em
outspoken [aut'spəukən] ADJ franco, sem rodeios
outspread [aut'spred] ADJ estendido
outstanding [aut'stændɪŋ] ADJ excepcional; (*work, debt*) pendente; **your account is still ~** a sua conta ainda não está liquidada
outstay [aut'steɪ] VT: **to ~ one's welcome** abusar da hospitalidade (demorando mais tempo)
outstretched [aut'stretʃt] ADJ (*hand*) estendido; (*body*) esticado
outstrip [aut'strɪp] VT (*competitors, demand*) ultrapassar
out tray N cesta de saída
outvote [aut'vəut] VT: **to ~ sb (by ...)** vencer alguém (por ... votos); **to ~ sth (by ...)** rejeitar algo (por ... votos)
outward ['autwəd] ADJ (*sign, appearances*) externo; (*journey*) de ida
outwardly ['autwədlɪ] ADV para fora
outwards ['autwədz] (*esp BRIT*) ADV para fora
outweigh [aut'weɪ] VT ter mais valor do que
outwit [aut'wɪt] VT passar a perna em
oval ['əuvl] ADJ ovalado ▶ N oval *m*
Oval Office N *ver nota*

> O Salão Oval (**Oval Office**) é o escritório particular do presidente dos Estados Unidos na Casa Branca, assim chamado devido à sua forma oval. Por extensão, o termo se refere à presidência em si.

ovary ['əuvərɪ] N ovário
ovation [əu'veɪʃən] N ovação *f*
oven ['ʌvn] N forno
ovenproof ['ʌvnpru:f] ADJ refratário
oven-ready ADJ pronto para o forno
ovenware ['ʌvnwɛəʳ] N louça refratária

(KEYWORD)

over ['əuvəʳ] ADV **1** (*across: walk, jump, fly etc*) por cima; **to cross over to the other side of the road** atravessar para o outro lado da rua; **over here** por aqui, cá; **over there** por ali, lá; **to ask sb over** (*to one's home*) convidar alguém
2: to fall over cair; **to knock over** derrubar; **to turn over** virar; **to bend over** curvar-se, debruçar-se
3 (*finished*): **to be over** estar acabado
4 (*excessively: clever, rich, fat etc*) muito, demais; **she's not over intelligent** ela não é superdotada
5 (*remaining: money, food etc*): **there are 3 over** tem 3 sobrando/sobraram 3; **is there any cake left over?** sobrou bolo?
6: all over (*everywhere*) por todos os lados; **over and over** (*again*) repetidamente
▶ PREP **1** (*on top of*) sobre; (*above*) acima de
2 (*on the other side of*) no outro lado de; **he jumped over the wall** ele pulou o muro
3 (*more than*) mais de; **over and above** além de; **this order is over and above what we have already ordered** esta encomenda está acima do que já havíamos pedido
4 (*during*) durante; **let's discuss it over dinner** vamos discutir isto durante o jantar

over... [əuvəʳ] PREFIX sobre..., super...
overabundant [əuvərə'bʌndənt] ADJ superabundante
overact [əuvər'ækt] VI (*Theatre*) exagerar
overall [*n, adj* 'əuvərɔːl, *adv* əuvər'ɔːl] ADJ (*length*) total; (*study*) global ▶ ADV (*view*) globalmente; (*measure, paint*) totalmente; **overalls** NPL macacão *m* (BR), (fato) macaco (PT)
overanxious [əuvər'æŋkʃəs] ADJ muito ansioso
overawe [əuvər'ɔː] VT intimidar
overbalance [əuvə'bæləns] VI perder o equilíbrio, desequilibrar-se
overbearing [əuvə'bɛərɪŋ] ADJ autoritário, dominador(a); (*arrogant*) arrogante
overboard ['əuvəbɔːd] ADV (*Naut*) ao mar; **man ~!** homem ao mar!; **to go ~ for sth** (*fig*) empolgar-se com algo
overbook [əuvə'buk] VI reservar em excesso
overcapitalize [əuvə'kæpɪtəlaɪz] VT sobrecapitalizar
overcast ['əuvəkɑːst] ADJ nublado, fechado
overcharge [əuvə'tʃɑːdʒ] VT: **to ~ sb** cobrar em excesso a alguém
overcoat ['əuvəkəut] N sobretudo
overcome [əuvə'kʌm] (*irreg: like* **come**) VT vencer, dominar; (*difficulty*) superar ▶ ADJ (*emotionally*) assolado; **~ with grief** tomado pela dor
overconfident [əuvə'kɔnfɪdənt] ADJ confiante em excesso
overcrowded [əuvə'kraudɪd] ADJ superlotado; (*country*) superpovoado

overcrowding [əuvə'kraudɪŋ] N superlotação *f*; (*in country*) superpovoamento
overdo [əuvə'duː] (*irreg: like* **do**) VT exagerar; (*overcook*) cozinhar demais; **to ~ it, to ~ things** (*work too hard*) exceder-se; (*go too far*) exagerar
overdose ['əuvədəus] N overdose *f*, dose *f* excessiva
overdraft ['əuvədrɑːft] N saldo negativo
overdrawn [əuvə'drɔːn] ADJ (*account*) sem fundos, a descoberto
overdue [əuvə'djuː] ADJ atrasado; (*Comm*) vencido; (*change*) tardio; **that change was long ~** essa mudança foi muito protelada
overestimate [əuvər'ɛstɪmeɪt] VT sobrestimar
overexcited [əuvərɪk'saɪtɪd] ADJ superexcitado
over-exertion [əuvərɪg'zəːʃən] N estafa
overexpose [əuvərɪk'spəuz] VT (*Phot*) expor demais (à luz)
overflow [*vi* əuvə'fləu, *n* 'əuvəfləu] VI transbordar ▶ N (*excess*) excesso; (*also*: **overflow pipe**) tubo de descarga, ladrão *m*
overfly [əuvə'flaɪ] (*irreg: like* **fly**) VT sobrevoar
overgenerous [əuvə'dʒɛnərəs] ADJ pródigo; (*offer*) excessivo
overgrown [əuvə'grəun] ADJ (*garden*) coberto de vegetação; **he's just an ~ schoolboy** (*fig*) ele é apenas um garotão de escola
overhang [*vt, vi* əuvə'hæŋ, *n* 'əuvəhæŋ] (*irreg: like* **hang**) VT sobrepairar ▶ VI sobressair ▶ N saliência, ressalto
overhaul [*vt* əuvə'hɔːl, *n* 'əuvəhɔːl] VT revisar ▶ N revisão *f*
overhead [*adv* əuvə'hɛd, *adj, n* 'əuvəhɛd] ADV por cima, em cima; (*in the sky*) no céu ▶ ADJ (*lighting*) superior; (*railway*) suspenso ▶ N (US) = **overheads**
overheads ['əuvəhɛdz] NPL (*expenses*) despesas *fpl* gerais
overhear [əuvə'hɪəʳ] (*irreg: like* **hear**) VT ouvir por acaso
overheat [əuvə'hiːt] VI ficar superaquecido; (*engine*) aquecer demais
overjoyed [əuvə'dʒɔɪd] ADJ: **to be ~ (at)** estar muito alegre (com)
overkill ['əuvəkɪl] N (*fig*): **it would be ~** seria exagero, seria matar mosquito com tiro de canhão
overland ['əuvəlænd] ADJ, ADV por terra
overlap [*vi* əuvə'læp, *n* 'əuvəlæp] VI (*edges*) sobrepor-se em parte; (*fig*) coincidir ▶ N sobreposição *f*
overleaf [əuvə'liːf] ADV no verso
overload [əuvə'ləud] VT sobrecarregar
overlook [əuvə'luk] VT (*have view on*) dar para; (*miss*) omitir; (*forgive*) fazer vista grossa a
overlord ['əuvəlɔːd] N suserano
overmanning [əuvə'mænɪŋ] N excesso de pessoal
overnight [*adv* əuvə'naɪt, *adj* 'əuvənaɪt] ADV durante a noite; (*fig: suddenly*) da noite para

o dia ▶ ADJ de uma (or de) noite; (decision) tomada da noite para o dia; **to stay ~** passar a noite, pernoitar; **if you travel ~ ...** se você viajar de noite ...; **he'll be away ~** ele não voltará hoje

overpaid [əuvə'peɪd] PT, PP of **overpay**

overpass ['əuvəpɑːs] (esp US) N viaduto

overpay [əuvə'peɪ] (irreg: like **pay**) VT: **to ~ sb by £50** pagar £50 em excesso a alguém

overpower [əuvə'pauəʳ] VT dominar, subjugar; (fig) assolar

overpowering [əuvə'pauərɪŋ] ADJ (heat, stench) sufocante

overproduction [əuvəprə'dʌkʃən] N super-produção f

overrate [əuvə'reɪt] VT sobrestimar, supervalorizar

overreach [əuvə'riːtʃ] VT: **to ~ o.s.** exceder-se

overreact [əuvəriː'ækt] VI reagir com exagero

override [əuvə'raɪd] (irreg: like **ride**) VT (order, objection) não fazer caso de, ignorar; (decision) anular

overriding [əuvə'raɪdɪŋ] ADJ primordial

overrule [əuvə'ruːl] VT (decision) anular; (claim) indeferir

overrun [əuvə'rʌn] (irreg: like **run**) VT (country etc) invadir; (time limit) ultrapassar, exceder ▶ VI ultrapassar o devido tempo; **the town is ~ with tourists** a cidade está infestada de turistas

overseas [əuvə'siːz] ADV (abroad) no estrangeiro, no exterior ▶ ADJ (trade) exterior; (visitor) estrangeiro

overseer ['əuvəsɪəʳ] N (in factory) superintendente m/f; (foreman) capataz m

overshadow [əuvə'ʃædəu] VT ofuscar

overshoot [əuvə'ʃuːt] (irreg: like **shoot**) VT passar

oversight ['əuvəsaɪt] N descuido; **due to an ~** devido a um descuido or uma inadvertência

oversimplify [əuvə'sɪmplɪfaɪ] VT simplificar demais

oversleep [əuvə'sliːp] (irreg: like **sleep**) VI dormir além da hora

overspend [əuvə'spɛnd] (irreg: like **spend**) VI gastar demais; **we have overspent by $5000** gastamos $5000 além dos nossos recursos

overspill ['əuvəspɪl] N excesso (de população)

overstaffed [əuvə'stɑːft] ADJ: **to be ~** ter um excesso de pessoal

overstate [əuvə'steɪt] VT exagerar

overstatement [əuvə'steɪtmənt] N exagero

overstep [əuvə'stɛp] VT: **to ~ the mark** ultrapassar o limite

overstock [əuvə'stɔk] VT estocar em excesso

overstrike [n 'əuvəstraɪk, vt əuvə'straɪk] (irreg: like **strike**) N (on printer) batida múltipla ▶ VT sobreimprimir

overt [əu'vəːt] ADJ aberto, indissimulado

overtake [əuvə'teɪk] (irreg: like **take**) VT ultrapassar

overtaking [əuvə'teɪkɪŋ] N (Aut) ultrapassagem f

overtax [əuvə'tæks] VT (Econ) sobrecarregar de impostos; (fig: strength, patience) abusar de; (: person) exigir demais de; **to ~ o.s.** exceder-se

overthrow [əuvə'θrəu] (irreg: like **throw**) VT (government) derrubar

overtime ['əuvətaɪm] N horas fpl extras; **to do** or **work ~** fazer horas extras

overtime ban N recusa de fazer horas extras

overtone ['əuvətəun] N (fig: also: **overtones**) implicação f, tom m

overture ['əuvətʃuəʳ] N (Mus) abertura; (fig) proposta, oferta

overturn [əuvə'təːn] VT virar; (system) derrubar; (decision) anular ▶ VI virar; (car) capotar

overweight [əuvə'weɪt] ADJ acima do peso; (luggage) com excesso de peso

overwhelm [əuvə'wɛlm] VT (defeat) esmagar, assolar; (affect deeply) esmagar, sufocar

overwhelming [əuvə'wɛlmɪŋ] ADJ (victory, defeat) esmagador(a); (heat) sufocante; (desire) irresistível; **one's ~ impression is of heat** a impressão mais forte é de calor

overwhelmingly [əuvə'wɛlmɪŋlɪ] ADV (vote) em massa; (win) esmagadoramente

overwork [əuvə'wəːk] N excesso de trabalho ▶ VT sobrecarregar de trabalho ▶ VI trabalhar demais

overwrite [əuvə'raɪt] (irreg: like **write**) VT (Comput) gravar em cima de

overwrought [əuvə'rɔːt] ADJ extenuado, superexcitado

ovulation [ɔvju'leɪʃən] N ovulação f

owe [əu] VT dever; **to ~ sb sth, to ~ sth to sb** dever algo a alguém

owing to ['əuɪŋ-] PREP devido a, por causa de

owl [aul] N coruja

own [əun] ADJ próprio ▶ VI (BRIT): **to ~ to (having done) sth** confessar (ter feito) algo ▶ VT possuir, ter; **a room of my ~** meu próprio quarto; **can I have it for my (very) ~?** posso ficar com isso para mim?; **to get one's ~ back** ir à forra; **on one's ~** sozinho; **to come into one's ~** revelar-se ▶ **own up** VI: **to ~ up to sth** confessar algo; **to ~ up to having done sth** confessar ter feito algo

own brand N (Comm) marca de distribuidora

owner ['əunəʳ] N dono(-a), proprietário(-a)

owner-occupier N proprietário(-a) com posse e uso

ownership ['əunəʃɪp] N posse f; **it's under new ~** (shop etc) está sob novo proprietário

ox [ɔks] (pl **oxen**) N boi m

oxen ['ɔksn] NPL of **ox**

Oxfam ['ɔksfæm] (BRIT) N ABBR (= Oxford Committee for Famine Relief) associação de assistência

oxide [ˈɔksaɪd] N óxido
Oxon. [ˈɔksn] (BRIT) ABBR = **Oxoniensis, of Oxford**
oxtail [ˈɔksteɪl] N: **~ soup** sopa de rabada
oxyacetylene [ɔksɪəˈsɛtɪliːn] N oxiacetileno
▶ CPD: **~ burner, ~ torch** maçarico oxiacetilênico

oxygen [ˈɔksɪdʒən] N oxigênio
oxygen mask N máscara de oxigênio
oxygen tent N tenda de oxigênio
oyster [ˈɔɪstəʳ] N ostra
oz. ABBR = **ounce**
ozone [ˈəʊzəʊn] N ozônio
ozone layer N camada de ozônio

Pp

P¹, p [piː] N (*letter*) P, p m; **P for Peter** P de Pedro
P² ABBR = **president; prince**
p [piː] ABBR (= *page*) p; (*BRIT*) = **penny; pence**
PA N ABBR = **personal assistant; public address system** ▶ ABBR (*US Post*) = **Pennsylvania**
pa [pɑː] (*inf*) N papai m
p.a. ABBR (= *per annum*) por ano
PAC (*US*) N ABBR = **political action committee**
pace [peɪs] N (*step*) passo; (*speed*) velocidade f; (*rhythm*) ritmo ▶ VI: **to ~ up and down** andar de um lado para o outro; **to keep ~ with** acompanhar o passo de; (*events*) manter-se inteirado de *or* atualizado com; (*running*) regular a marcha; (*fig*) dar o tom; **to put sb through his ~s** (*fig*) pôr alguém à prova
pacemaker ['peɪsmeɪkəʳ] N (*Med*) marcapasso m
Pacific [pə'sɪfɪk] ADJ pacífico ▶ N: **the ~ (Ocean)** o (Oceano) Pacífico
pacification [pæsɪfɪ'keɪʃən] N pacificação f
pacifier ['pæsɪfaɪəʳ] (*US*) N chupeta
pacifist ['pæsɪfɪst] N pacifista m/f
pacify ['pæsɪfaɪ] VT (*soothe*) acalmar, serenar; (*country*) pacificar
pack [pæk] N pacote m, embrulho; (*US: packet*) pacote m; (: *of cigarettes*) maço; (*of hounds*) matilha; (*of thieves etc*) bando, quadrilha; (*of cards*) baralho; (*bundle*) trouxa, (*backpack*) mochila ▶ VT (*wrap*) empacotar, embrulhar; (*fill*) encher; (*in suitcase etc*) arrumar (na mala); (*cram*): **to ~ into** entupir de, entulhar com; (*fig: room etc*) lotar ▶ VI: **to ~ (one's bags)** fazer as malas; **to ~ into** (*room, stadium*) apinhar-se em; **to send sb ~ing** (*inf*) dar o fora em alguém
▶ **pack in** (*BRIT inf*) VI (*machine*) pifar ▶ VT (*boyfriend*) dar o fora em; **~ it in!** para com isso!
▶ **pack off** VT (*person*) despedir
▶ **pack up** VI (*BRIT inf: machine*) pifar; (: *person*) desistir, parar ▶ VT (*belongings*) arrumar; (*goods, presents*) empacotar, embrulhar
package ['pækɪdʒ] N pacote m; (*bulky*) embrulho, fardo; (*also:* **package deal**) pacote m; (*Comput*) pacote ▶ VT (*goods*) empacotar, acondicionar
package holiday (*BRIT*) N pacote m (de férias)
package tour (*BRIT*) N excursão f organizada
packaging ['pækɪdʒɪŋ] N embalagem f
packed [pækt] ADJ (*crowded*) lotado, apinhado
packed lunch [pækt-] (*BRIT*) N merenda
packer ['pækəʳ] N (*person*) empacotador(a) m/f
packet ['pækɪt] N pacote m; (*of cigarettes*) maço; (*of washing powder etc*) caixa; (*Naut*) paquete m
pack ice N gelo flutuante
packing ['pækɪŋ] N embalagem f; (*internal*) enchimento; (*act*) empacotamento
packing case N caixa de embalagem
pact [pækt] N pacto; (*Comm*) convênio
pad [pæd] N (*of paper*) bloco; (*for inking*) almofada; (*launch pad*) plataforma (de lançamento); (*to prevent friction*) acolchoado; (*inf: home*) casa ▶ VT acolchoar, enchumaçar ▶ VI: **to ~ in/about** *etc* entrar/andar *etc* sem ruído
padding ['pædɪŋ] N enchimento; (*fig*) palavreado inútil
paddle ['pædl] N (*oar*) remo curto; (*US: for table tennis*) raquete f ▶ VT remar ▶ VI (*with feet*) patinhar
paddle steamer N vapor m movido a rodas
paddling pool ['pædlɪŋ-] (*BRIT*) N lago de recreação
paddock ['pædək] N cercado; (*at racecourse*) paddock m
paddy field ['pædɪ-] N arrozal m
padlock ['pædlɔk] N cadeado ▶ VT fechar com cadeado
padre ['pɑːdrɪ] N capelão m, padre m
paediatrics, (*US*) **pediatrics** [piːdɪ'ætrɪks] N pediatria
paedophile, (*US*) **pedophile** ['piːdəufaɪl] N pedófilo(-a)
pagan ['peɪgən] ADJ, N pagão/pagã m/f
page [peɪdʒ] N página; (*also:* **page boy**) mensageiro; (*at wedding*) pajem m ▶ VT (*in hotel etc*) mandar chamar
pageant ['pædʒənt] N (*procession*) cortejo suntuoso; (*show*) desfile m alegórico
pageantry ['pædʒəntrɪ] N pompa, fausto
page break N quebra de página
pager ['peɪdʒəʳ] N bip m
paginate ['pædʒɪneɪt] VT paginar
pagination [pædʒɪ'neɪʃən] N paginação f

pagoda [pə'gəudə] N pagode m
paid [peɪd] PT, PP of **pay** ▶ ADJ (work) remunerado; (holiday) pago; (official) assalariado; **to put ~ to** (BRIT) acabar com
paid-up, (US) **paid-in** ADJ (member) efetivo; (shares) integralizado; **~ capital** capital m realizado
pail [peɪl] N balde m
pain [peɪn] N dor f; **to be in ~** sofrer or sentir dor; **to have a ~ in** estar com uma dor em; **on ~ of death** sob pena de morte; **to take ~s to do sth** dar-se ao trabalho de fazer algo
pained [peɪnd] ADJ (expression) magoado, aflito
painful ['peɪnful] ADJ doloroso; (laborious) penoso; (unpleasant) desagradável
painfully ['peɪnfulɪ] ADV (fig: very) terrivelmente
painkiller ['peɪnkɪlə'] N analgésico
painless ['peɪnlɪs] ADJ sem dor, indolor
painstaking ['peɪnzteɪkɪŋ] ADJ (work) esmerado; (person) meticuloso
paint [peɪnt] N pintura ▶ VT pintar; **to ~ the door blue** pintar a porta de azul; **to ~ the town red** (fig) cair na farra
paintbox ['peɪntbɔks] N estojo de tintas
paintbrush ['peɪntbrʌʃ] N (artist's) pincel m; (decorator's) broxa
painter ['peɪntə'] N pintor(a) m/f
painting ['peɪntɪŋ] N pintura; (picture) tela, quadro
paint-stripper N removedor m de tinta
paintwork ['peɪntwə:k] N pintura
pair [pɛə'] N (of shoes, gloves etc) par m; (of people) casal m; (twosome) dupla; **a ~ of scissors** uma tesoura; **a ~ of trousers** uma calça (BR), umas calças (PT)
▶ **pair off** VI formar pares
pajamas [pɪ'dʒɑ:məz] (US) NPL pijama m
Pakistan [pɑ:kɪ'stɑ:n] N Paquistão m
Pakistani [pɑ:kɪ'stɑ:nɪ] ADJ, N paquistanês(-esa) m/f
PAL [pæl] N ABBR (TV: phase alternation line) PAL m
pal [pæl] (inf) N camarada m/f, colega m/f
palace ['pæləs] N palácio
palatable ['pælɪtəbl] ADJ saboroso, apetitoso; (acceptable) aceitável
palate ['pælɪt] N paladar m
palatial [pə'leɪʃəl] ADJ suntuoso, magnífico
palaver [pə'lɑ:və'] (inf) N (fuss) confusão f; (hindrances) complicação f
pale [peɪl] ADJ (face) pálido; (colour) claro; (light) fraco ▶ VI empalidecer ▶ N: **to be beyond the ~** passar dos limites; **to grow** or **turn ~** empalidecer; **~ blue** azul claro inv; **to ~ into insignificance (beside)** perder a importância (diante de)
paleness ['peɪlnɪs] N palidez f
Palestine ['pælɪstaɪn] N Palestina
Palestinian [pælɪs'tɪnɪən] ADJ, N palestino(-a)
palette ['pælɪt] N palheta
paling ['peɪlɪŋ] N (stake) estaca; **palings** NPL (fence) cerca

palisade [pælɪ'seɪd] N paliçada
pall [pɔ:l] N (of smoke) manto ▶ VI perder a graça
pallet ['pælɪt] N (for goods) paleta
pallid ['pælɪd] ADJ pálido, descorado
pallor ['pælə'] N palidez f
pally ['pælɪ] (inf) ADJ chapinha
palm [pɑ:m] N (hand, leaf) palma; (also: **palm tree**) palmeira ▶ VT: **to ~ sth off on sb** (inf) impingir algo a alguém
palmist ['pɑ:mɪst] N quiromante m/f
Palm Sunday N Domingo de Ramos
palpable ['pælpəbl] ADJ palpável
palpitations [pælpɪ'teɪʃənz] NPL palpitações fpl; **to have ~** sentir palpitações
paltry ['pɔ:ltrɪ] ADJ irrisório
pamper ['pæmpə'] VT paparicar, mimar
pamphlet ['pæmflət] N panfleto
pan [pæn] N (also: **saucepan**) panela (BR), caçarola (PT); (also: **frying pan**) frigideira; (of lavatory) vaso ▶ VI (Cinema) tomar uma panorâmica ▶ VT (inf: book, film) arrasar com; **to ~ for gold** batear à procura de ouro
panacea [pænə'sɪə] N panaceia
panache [pə'næʃ] N desenvoltura
Panama ['pænəmɑ:] N Panamá m
Panama Canal N canal m do Panamá
pancake ['pænkeɪk] N panqueca
Pancake Day (BRIT) N terça-feira de Carnaval
pancreas ['pæŋkrɪəs] N pâncreas m inv
panda ['pændə] N panda m/f
panda car (BRIT) N patrulhinha, carro policial
pandemic [pæn'dɛmɪk] N pandemia
pandemonium [pændɪ'məunɪəm] N (noise) pandemônio; (mess) caos m
pander ['pændə'] VI: **to ~ to** favorecer
p & h (US) ABBR = **postage and handling**
P&L ABBR = **profit and loss**
p&p (BRIT) ABBR (= postage and packing) porte e embalagem
pane [peɪn] N vidraça, vidro
panel ['pænl] N (of wood, Radio, TV) painel m; (of cloth) pano
panel game (BRIT) N jogo em painel
panelling, (US) **paneling** ['pænəlɪŋ] N painéis mpl
panellist, (US) **panelist** ['pænəlɪst] N convidado(-a), integrante m/f do painel
pang [pæŋ] N: **a ~ of regret** uma sensação de pesar; **~s of hunger** fome aguda
panic ['pænɪk] N pânico ▶ VI entrar em pânico
panicky ['pænɪkɪ] ADJ (person) assustadiço, apavorado
panic-stricken [-'strɪkən] ADJ tomado de pânico
pannier ['pænɪə'] N (on bicycle) cesta; (on mule etc) cesto, alcofa
panorama [pænə'rɑ:mə] N panorama m
panoramic [pænə'ræmɪk] ADJ panorâmico
pansy ['pænzɪ] N (Bot) amor-perfeito; (inf, pej) bicha (BR), maricas m (PT)
pant [pænt] VI arquejar, ofegar

pantechnicon [pæn'tɛknɪkən] (BRIT) N caminhão m de mudanças
panther ['pænθəʳ] N pantera
panties ['pæntɪz] NPL calcinha (BR), cuecas fpl (PT)
pantihose ['pæntɪhəuz] (US) N meia-calça (BR), collants mpl (PT)
pantomime ['pæntəmaɪm] (BRIT) N pantomima

> Uma **pantomime**, também chamada simplesmente de *panto*, é um gênero de comédia em que o personagem principal em geral é um rapaz e na qual há sempre uma **dame**, isto é, uma mulher idosa representada por um homem, e um vilão. Na maior parte das vezes, a história é baseada em um conto de fadas, como "A gata borralheira" ou "O gato de botas", e a plateia é encorajada a participar prevenindo os heróis dos perigos que estão por vir. Esse tipo de espetáculo, voltado sobretudo para as crianças, visa também ao público adulto por meio de diversas brincadeiras que fazem alusão aos fatos atuais.

pantry ['pæntrɪ] N despensa
pants [pænts] NPL (BRIT: *underwear: woman's*) calcinha (BR), cuecas fpl (PT); (: *man's*) cueca (BR), cuecas (PT); (US: *trousers*) calça (BR), calças fpl (PT)
pantsuit ['pæntsuːt] (US) N terninho (de mulher)
papacy ['peɪpəsɪ] N papado
papal ['peɪpəl] ADJ papal
paper ['peɪpəʳ] N papel m; (*also*: **newspaper**) jornal m; (*also*: **wallpaper**) papel de parede; (*study, article*) artigo, dissertação f; (*exam*) exame m, prova ▶ ADJ de papel ▶ VT (*room*) revestir (com papel de parede); **papers** NPL (*also*: **identity papers**) documentos mpl; **a piece of** ~ um papel; **to put sth down on** ~ pôr algo por escrito
paper advance N (*on printer*) avançar formulário
paperback ['peɪpəbæk] N livro de capa mole ▶ ADJ: ~ **edition** edição f brochada
paper bag N saco de papel
paperboy ['peɪpəbɔɪ] N jornaleiro
paper clip N clipe m
paper hankie N lenço de papel
paper mill N fábrica de papel
paper money N papel-moeda m
paper profit N lucro fictício
paperweight ['peɪpəweɪt] N pesa-papéis m inv
paperwork ['peɪpəwəːk] N trabalho burocrático; (*pej*) papelada
papier-mâché ['pæpɪeɪ'mæʃeɪ] N papel m machê
paprika ['pæprɪkə] N páprica, pimentão-doce m
Pap smear [pæp-] N (*Med*) esfregaço
Pap test [pæp-] N (*Med*) esfregaço
par [pɑːʳ] N (*equality of value*) paridade f, igualdade f; (*Golf*) média f; **on a** ~ **with** em

261 | pantechnicon – parchment

pé de igualdade com; **at** ~ ao par; **above/below** ~ acima/abaixo do par; **to feel below** *or* **under** *or* **not up to** ~ não se sentir bem
parable ['pærəbl] N parábola
parabola [pə'ræbələ] N parábola
parachute ['pærəʃuːt] N para-quedas m inv ▶ VI saltar de para-quedas
parachute jump N salto de para-quedas
parachutist ['pærəʃuːtɪst] N para-quedista m/f
parade [pə'reɪd] N desfile m ▶ VT desfilar; (*show off*) exibir ▶ VI desfilar; (*Mil*) passar revista
parade ground N praça de armas
paradise ['pærədaɪs] N paraíso
paradox ['pærədɔks] N paradoxo
paradoxical [pærə'dɔksɪkl] ADJ paradoxal
paradoxically [pærə'dɔksɪklɪ] ADV paradoxalmente
paraffin ['pærəfɪn] (BRIT) N: ~ **(oil)** querosene m; **liquid** ~ óleo de parafina
paraffin heater (BRIT) N aquecedor m a parafina
paraffin lamp (BRIT) N lâmpada de parafina
paragon ['pærəgən] N modelo
paragraph ['pærəgrɑːf] N parágrafo
Paraguay ['pærəgwaɪ] N Paraguai m
Paraguayan [pærə'gwaɪən] ADJ, N paraguaio(-a)
parallel ['pærəlɛl] ADJ (*lines etc*) paralelo; (*fig*) correspondente ▶ N paralela; correspondência
paralyse ['pærəlaɪz] (BRIT) VT paralisar
paralyses [pə'rælɪsiːz] NPL *of* **paralysis**
paralysis [pə'rælɪsɪs] (*pl* **paralyses**) N paralisia
paralytic [pærə'lɪtɪk] ADJ paralítico; (BRIT *inf*: *drunk*) de cara cheia
paralyze ['pærəlaɪz] (US) VT = **paralyse**
parameter [pə'ræmɪtəʳ] N parâmetro
paramilitary [pærə'mɪlɪtərɪ] ADJ paramilitar
paramount ['pærəmaunt] ADJ primordial; **of** ~ **importance** de suma importância
paranoia [pærə'nɔɪə] N paranoia
paranoid ['pærənɔɪd] ADJ paranoico
paranormal [pærə'nɔːməl] ADJ paranormal
parapet ['pærəpɪt] N parapeito, balaustrada
paraphernalia [pærəfə'neɪlɪə] N (*gear*) acessórios mpl, parafernália, equipamento
paraphrase ['pærəfreɪz] VT parafrasear
paraplegic [pærə'pliːdʒɪk] N paraplégico(-a)
parapsychology [pærəsaɪ'kɔlədʒɪ] N parapsicologia
parasite ['pærəsaɪt] N parasito(-a)
parasol ['pærəsɔl] N guarda-sol m, sombrinha
paratrooper ['pærətruːpəʳ] N para-quedista m/f
parcel ['pɑːsl] N pacote m ▶ VT (*also*: **parcel up**) embrulhar, empacotar
▶ **parcel out** VT repartir, distribuir
parcel bomb (BRIT) N pacote-bomba m
parcel post N serviço de encomenda postal
parch [pɑːtʃ] VT secar, ressecar
parched [pɑːtʃt] ADJ (*person*) morto de sede
parchment ['pɑːtʃmənt] N pergaminho

pardon ['pɑ:dn] N perdão m; (Law) indulto ▶ VT perdoar; (Law) indultar; ~! desculpe!; ~ **me!, I beg your** ~ (apologizing) desculpe(-me); **(I beg your)** ~? (BRIT), ~ **me?** (US: not hearing) como?, como disse?

pare [pɛə^r] VT (BRIT: nails) aparar; (fruit etc) descascar; (fig: costs etc) reduzir, cortar

parent ['pɛərənt] N (father) pai m; (mother) mãe f; **parents** NPL (mother and father) pais mpl

parentage ['pɛərəntɪdʒ] N ascendência; **of unknown** ~ de pais desconhecidos

parental [pə'rɛntl] ADJ paternal (or maternal), dos pais

parent company N (empresa) matriz f

parentheses [pə'rɛnθɪsi:z] NPL of **parenthesis**

parenthesis [pə'rɛnθɪsɪs] (pl **parentheses**) N parêntese m; **in parentheses** entre parênteses

parenthood ['pɛərənthud] N paternidade f (or maternidade f)

parenting ['pɛərəntɪŋ] N trabalho de ser pai (or mãe)

Paris ['pærɪs] N Paris

parish ['pærɪʃ] N paróquia, freguesia ▶ ADJ paroquial

parish council (BRIT) N ≈ junta da freguesia

parishioner [pə'rɪʃənə^r] N paroquiano(-a)

Parisian [pə'rɪzɪən] ADJ, N parisiense m/f

parity ['pærɪtɪ] N paridade f, igualdade f

park [pɑ:k] N parque m ▶ VT, VI estacionar

parka ['pɑ:kə] N parka m

park and ride N esquema de transporte feito parcialmente com carro, que em seguida é estacionado para o uso de transporte público

parking ['pɑ:kɪŋ] N estacionamento; **"no** ~**"** "estacionamento proibido"

parking lights NPL luzes fpl de estacionamento

parking lot (US) N (parque m de) estacionamento

parking meter N parquímetro

parking offence (BRIT) N = **parking offence**

parking place N vaga

parking ticket N multa por estacionamento proibido

parking violation (US) N infração f por estacionamento não permitido

Parkinson's ['pɑ:kɪnsənz] N (also: **Parkinson's disease**) mal m de Parkinson

parkway ['pɑ:kweɪ] (US) N rodovia arborizada

parlance ['pɑ:ləns] N: **in common/modern** ~ na linguagem cotidiana or corrente/moderna

parliament ['pɑ:ləmənt] (BRIT) N parlamento

parliamentary [pɑ:lə'mɛntərɪ] ADJ parlamentar

parlour, (US) **parlor** ['pɑ:lə^r] N sala de visitas, salão m, saleta

parlous ['pɑ:ləs] ADJ (formal) precário

Parmesan [pɑ:mɪ'zæn] N (also: **Parmesan cheese**) parmesão m

parochial [pə'rəukɪəl] ADJ paroquial; (pej) provinciano

parody ['pærədɪ] N paródia ▶ VT parodiar

parole [pə'rəul] N: **on** ~ em liberdade condicional, sob promessa

paroxysm ['pærəksɪzəm] N paroxismo; (of anger, coughing) acesso

parquet ['pɑ:keɪ] N: ~ **floor(ing)** parquete m, assoalho de tacos

parrot ['pærət] N papagaio

parrot fashion ADV mecanicamente, feito papagaio

parry ['pærɪ] VT aparar, desviar

parsimonious [pɑ:sɪ'məunɪəs] ADJ sovina, parsimonioso

parsley ['pɑ:slɪ] N salsa

parsnip ['pɑ:snɪp] N cherivia, pastinaga

parson ['pɑ:sn] N padre m, clérigo; (in Church of England) pastor m

parsonage ['pɑ:snɪdʒ] N presbitério

part [pɑ:t] N (gen, Mus) parte f; (of machine) peça; (Theatre etc) papel m; (of serial) capítulo; (US: in hair) risca, repartido ▶ ADJ parcial ▶ ADV = **partly** ▶ VT dividir; (break) partir; (hair) repartir ▶ VI (people) separar-se; (roads) bifurcar-se; (crowd) dispersar-se; (break) partir-se; **to take** ~ **in** participar de, tomar parte em; **to take sb's** ~ defender alguém; **on his** ~ da sua parte; **for my** ~ pela minha parte; **for the most** ~ na maior parte; **for the better** ~ **of the day** durante a maior parte do dia; **to be** ~ **and parcel of** fazer parte de; **to take sth in good** ~ não se ofender com algo; ~ **of speech** (Ling) categoria gramatical
▶ **part with** VT FUS ceder, entregar; (money) pagar

partake [pɑ:'teɪk] (irreg: like **take**) VI (formal): **to** ~ **of sth** participar de algo

part exchange (BRIT) N: **in** ~ como parte do pagamento

partial ['pɑ:ʃl] ADJ parcial; **to be** ~ **to** gostar de, ser apreciador(a) de

partially ['pɑ:ʃəlɪ] ADV parcialmente

participant [pɑ:'tɪsɪpənt] N participante m/f

participate [pɑ:'tɪsɪpeɪt] VI: **to** ~ **in** participar de

participation [pɑ:tɪsɪ'peɪʃən] N participação f

participle ['pɑ:tɪsɪpl] N particípio

particle ['pɑ:tɪkl] N partícula; (of dust) grão m

particular [pə'tɪkjulə^r] ADJ (special) especial; (specific) específico; (given) determinado; (fussy) exigente, minucioso; **in** ~ em particular; **I'm not** ~ para mim tanto faz

particularly [pə'tɪkjuləlɪ] ADV em particular, especialmente

particulars [pə'tɪkjuləz] NPL detalhes mpl; (personal details) dados mpl pessoais

parting ['pɑ:tɪŋ] N (act) separação f; (farewell) despedida; (BRIT: in hair) risca, repartido ▶ ADJ de despedida; ~ **shot** (fig) flecha de parto

partisan [pɑ:tɪ'zæn] ADJ partidário ▶ N partidário(-a); (in war) guerrilheiro(-a)

partition [pɑ:'tɪʃən] N (Pol) divisão f; (wall) tabique m, divisória ▶ VT separar com tabique; (fig) dividir

partly ['pɑːtlɪ] ADV em parte
partner ['pɑːtnə'] N (Comm) sócio(-a); (Sport) parceiro(-a); (at dance) par m; (spouse) cônjuge m/f; (friend etc) companheiro(-a) ▶ VT acompanhar
partnership ['pɑːtnəʃɪp] N associação f, parceria; (Comm) sociedade f; **to go into** or **form a ~ (with)** associar-se (com), formar sociedade (com)
part payment N parcela, prestação f
partridge ['pɑːtrɪdʒ] N perdiz f
part-time ADJ, ADV de meio expediente
part-timer N (also: **part-time worker**) trabalhador(a) m/f de meio expediente
party ['pɑːtɪ] N (Pol) partido; (celebration) festa; (group) grupo; (Law) parte f interessada, litigante m/f ▶ CPD (Pol) do partido, partidário; **dinner ~** jantar m; **to give** or **have** or **throw a ~** dar uma festa; **to be a ~ to a crime** ser cúmplice num crime
party dress N vestido de gala
party line N (Pol) linha partidária; (Tel) linha compartilhada
par value N (of share, bond) valor m nominal
pass [pɑːs] VT (time, object) passar; (exam) passar em; (place) passar por; (overtake, surpass) ultrapassar; (approve) aprovar; (candidate) aprovar ▶ VI passar; (Sch) ser aprovado, passar ▶ N (permit) passe m; (membership card) carteira; (in mountains) desfiladeiro; (Sport) passe m; (Sch: also: **pass mark**): **to get a ~ in** ser aprovado em; **to ~ sth through sth** passar algo por algo; **things have come to a pretty ~** (BRIT) as coisas ficaram pretas; **to make a ~ at sb** tomar liberdade com alguém
▶ **pass away** VI falecer
▶ **pass by** VI passar ▶ VT (ignore) passar por cima de
▶ **pass down** VT (customs, inheritance) passar
▶ **pass for** VT FUS passar por
▶ **pass on** VI (die) falecer ▶ VT (hand on: news, illness) transmitir; (object) passar para; (price rises) repassar
▶ **pass out** VI desmaiar; (BRIT Mil) sair (de uma escola militar)
▶ **pass over** VT (ignore) passar por cima de
▶ **pass up** VT deixar passar
passable ['pɑːsəbl] ADJ (road) transitável; (work) aceitável
passage ['pæsɪdʒ] N (also: **passageway**: indoors) corredor m; (: outdoors) passagem f; (Anat) via; (act of passing) trânsito; (in book) trecho; (fare) passagem (BR), bilhete m (PT); (by boat) travessia; (Mechanics, Med) conduto
passbook ['pɑːsbuk] N caderneta
passenger ['pæsɪndʒə'] N passageiro(-a)
passer-by ['pɑːsə'-] (pl **passers-by**) N transeunte m/f
passing ['pɑːsɪŋ] ADJ (fleeting) passageiro, fugaz; **in ~** de passagem
passing place N trecho de ultrapassagem

passion ['pæʃən] N paixão f; **to have a ~ for sth** ser aficionado(-a) de algo
passionate ['pæʃənɪt] ADJ apaixonado
passion fruit N maracujá m
passive ['pæsɪv] ADJ (also Ling) passivo
passkey ['pɑːskiː] N chave f mestra
Passover ['pɑːsəuvə'] N Páscoa (dos judeus)
passport ['pɑːspɔːt] N passaporte m
passport control N controle m dos passaportes
password ['pɑːswəːd] N senha
past [pɑːst] PREP (drive, walk etc: in front of) por; (: beyond, further than) mais além de; (later than) depois de ▶ ADJ passado; (president etc) ex-, anterior ▶ N passado; **he's ~ forty** ele tem mais de quarenta anos; **ten/quarter ~ four** quatro e dez/quinze; **for the ~ few/3 days** nos últimos/3 dias; **to run ~** passar correndo (por); **it's ~ midnight** é mais de meia-noite; **in the ~** no passado; **I'm ~ caring** já não ligo mais; **he's ~ it** (BRIT inf: person) ele já passou da idade
pasta ['pæstə] N massa
paste [peɪst] N pasta; (glue) grude m, cola; (jewellery) vidro ▶ VT (stick) grudar; (glue) colar; **tomato ~** massa de tomate
pastel ['pæstl] ADJ pastel; (painting) a pastel
pasteurized ['pæstəraɪzd] ADJ pasteurizado
pastille ['pæstl] N pastilha
pastime ['pɑːstaɪm] N passatempo
past master (BRIT) N: **to be a ~ at** ser perito em
pastor ['pɑːstə'] N pastor(a) m/f
pastoral ['pɑːstərl] ADJ pastoral
pastry ['peɪstrɪ] N massa; (cake) bolo
pasture ['pɑːstʃə'] N (grass) pasto; (land) pastagem f, pasto
pasty [n 'pæstɪ, adj 'peɪstɪ] N empadão m de carne ▶ ADJ pastoso; (complexion) pálido
pat [pæt] VT dar palmadinhas em; (dog etc) fazer festa em ▶ N (of butter) porção f ▶ ADV: **he knows it off ~** (BRIT), **he has it down ~** (US) ele sabe isso de cor; **to give sb a ~ on the back** (fig) animar alguém
patch [pætʃ] N (of material) retalho; (eye patch) tapa-olho m; (area) área pequena; (spot) mancha; (mend) remendo; (of land) lote m, terreno ▶ VT (clothes) remendar; **(to go through) a bad ~** (passar por) um mau pedaço
▶ **patch up** VT (mend temporarily) consertar provisoriamente; (quarrel) resolver
patchwork ['pætʃwəːk] N colcha de retalhos ▶ ADJ (feito) de retalhos
patchy ['pætʃɪ] ADJ (colour) desigual; (information) incompleto
pate [peɪt] N: **a bald ~** uma calva, uma careca
pâté ['pæteɪ] N patê m
patent ['peɪtnt] N patente f ▶ VT patentear ▶ ADJ patente, evidente
patent leather N verniz m
patently ['peɪtntlɪ] ADV claramente
patent medicine N medicamento registrado

patent office N escritório de registro de patentes
paternal [pə'tɜ:nl] ADJ paternal; (*relation*) paterno
paternity [pə'tɜ:nɪtɪ] N paternidade *f*
paternity suit N (*Law*) processo de paternidade
path [pɑ:θ] N caminho; (*trail, track*) trilha, senda; (*trajectory*) trajetória; (*of planet*) órbita
pathetic [pə'θɛtɪk] ADJ (*pitiful*) patético, digno de pena; (*very bad*) péssimo; (*moving*) comovente
pathological [pæθə'lɔdʒɪkl] ADJ patológico
pathologist [pə'θɔlədʒɪst] N patologista *m/f*
pathology [pə'θɔlədʒɪ] N patologia
pathos ['peɪθɔs] N patos *m*, patético
pathway ['pɑ:θweɪ] N caminho, trilha
patience ['peɪʃns] N paciência; **to lose one's ~** perder a paciência
patient ['peɪʃnt] ADJ, N paciente *m/f*
patiently ['peɪʃntlɪ] ADV pacientemente
patio ['pætɪəu] N pátio
patriot ['peɪtrɪət] N patriota *m/f*
patriotic [pætrɪ'ɔtɪk] ADJ patriótico
patriotism ['pætrɪətɪzəm] N patriotismo
patrol [pə'trəul] N patrulha ▶ VT patrulhar; **to be on ~** fazer ronda, patrulhar
patrol boat N barco de patrulha
patrol car N carro de patrulha
patrolman [pə'trəulmən] (*US*) (*irreg: like* **man**) N guarda *m*, policial *m* (BR), polícia *m* (PT)
patron ['peɪtrən] N (*customer*) cliente *m/f*, freguês(-esa) *m/f*; (*of charity*) benfeitor(a) *m/f*; **~ of the arts** mecenas *m*
patronage ['pætrənɪdʒ] N patrocínio *m*
patronize ['pætrənaɪz] VT (*pej: look down on*) tratar com ar de superioridade; (*shop*) ser cliente de; (*business, artist*) patrocinar
patronizing ['pætrənaɪzɪŋ] ADJ condescendente
patron saint N (santo(-a)) padroeiro(-a)
patter ['pætə*r*] N (*of rain*) tamborilada; (*of feet*) passos miúdos *mpl*; (*sales talk*) jargão *m* profissional ▶ VI correr dando passinhos; (*rain*) tamborilar
pattern ['pætən] N modelo, padrão *m*; (*Sewing*) molde *m*; (*design*) desenho; (*sample*) amostra; **behaviour ~** modo de comportamento
patterned ['pætənd] ADJ padronizado
paucity ['pɔ:sɪtɪ] N penúria, escassez *f*
paunch [pɔ:ntʃ] N pança, barriga
pauper ['pɔ:pə*r*] N pobre *m/f*; **~'s grave** vala comum
pause [pɔ:z] N pausa; (*interval*) intervalo ▶ VI fazer uma pausa; **to ~ for breath** tomar fôlego; (*fig*) fazer uma pausa
pave [peɪv] VT pavimentar; **to ~ the way for** preparar o terreno para
pavement ['peɪvmənt] N (BRIT) calçada (BR), passeio (PT); (US) pavimento
pavilion [pə'vɪlɪən] N pavilhão *m*; (*for band etc*) coreto; (*Sport*) barraca
paving ['peɪvɪŋ] N pavimento, calçamento

paving stone N laje *f*, paralelepípedo
paw [pɔ:] N pata; (*of cat*) garra ▶ VT passar a pata em; (*touch*) manusear; (*amorously*) apalpar
pawn [pɔ:n] N (*Chess*) peão *m*; (*fig*) títere *m* ▶ VT empenhar
pawnbroker ['pɔ:nbrəukə*r*] N agiota *m/f*
pawnshop ['pɔ:nʃɔp] N loja de penhores
pay [peɪ] (*pt, pp* **paid**) N salário; (*of manual worker*) paga ▶ VT pagar; (*debt*) saldar; (*visit*) fazer ▶ VI pagar; (*be profitable*) valer a pena, render; **how much did you ~ for it?** quanto você pagou por isso?; **I paid £5 for that record** paguei *or* dei £5 por esse disco; **to ~ one's way** pagar sua parte; (*company*) render; **to ~ dividends** (*fig*) trazer vantagens *or* benefícios; **it won't ~ you to do that** não vale a pena você fazer isso; **to ~ attention (to)** prestar atenção (a); **to ~ one's respects to sb** fazer uma visita de cortesia a alguém
▶ **pay back** VT (*money*) devolver; (*person*) pagar; (*debt*) saldar
▶ **pay for** VT FUS pagar a; (*fig*) recompensar
▶ **pay in** VT depositar
▶ **pay off** VT (*debts*) saldar, liquidar; (*mortgage*) resgatar; (*creditor*) pagar, reembolsar; (*worker*) despedir ▶ VI (*plan, patience*) valer a pena; **to ~ sth off in instalments** pagar algo a prazo
▶ **pay out** VT (*money*) pagar, desembolsar; (*rope*) dar
▶ **pay up** VT (*debts*) pagar, liquidar; (*amount*) pagar
payable ['peɪəbl] ADJ pagável; (*cheque*): **~ to** nominal em favor de
pay day N dia *m* do pagamento
PAYE (BRIT) N ABBR (= *pay as you earn*) tributação na fonte
payee [peɪ'i:] N beneficiário(-a)
pay envelope (US) N = **pay packet**
paying ['peɪɪŋ] ADJ pagador(a); (*business*) rendoso; **~ guest** pensionista *m/f*
payload ['peɪləud] N carga paga
payment ['peɪmənt] N pagamento; **advance ~** (*part sum*) entrada; (*total sum*) pagamento adiantado; **deferred ~, ~ by instalments** pagamento a prazo; **monthly ~** pagamento mensal; **in ~ for** *or* **of** em pagamento por; **on ~ of £5** contra pagamento de £5
pay packet (BRIT) N envelope *m* de pagamento
pay phone ['peɪfəun] N telefone *m* público
payroll ['peɪrəul] N folha de pagamento; **to be on a firm's ~** receber salário de uma firma
pay slip (BRIT) N contracheque *m*
pay station (US) N cabine *f* telefônica, orelhão *m* (BR)
pay television N televisão *f* por assinatura
paywall ['peɪwɔ:l] N (*Comput*) muro de cobrança

PBS (US) N ABBR = **Public Broadcasting Service**
PC N ABBR (= *personal computer*) PC m; (BRIT) = **police constable** ▶ ABBR (BRIT) = **Privy Councillor**
pc ABBR = **per cent**; **postcard**
p/c ABBR = **petty cash**
PCB N ABBR = **printed circuit board**
PD (US) N ABBR = **police department**
pd ABBR = **paid**
PDA N ABBR (= *personal digital assistant*) PDA m (*assistente digital pessoal*)
PDSA (BRIT) N ABBR = **People's Dispensary for Sick Animals**
PDT (US) ABBR (= *Pacific Daylight Time*) hora de verão do Pacífico
PE N ABBR = **physical education** ▶ ABBR (CANADA) = **Prince Edward Island**
pea [piː] N ervilha
peace [piːs] N paz f; (*calm*) tranquilidade f, quietude f; **to be at ~ with sb/sth** estar em paz com alguém/algo; **to keep the ~** (*subj: policeman*) manter a ordem; (: *citizen*) não perturbar a ordem pública
peaceable [ˈpiːsəbl] ADJ pacato
peaceful [ˈpiːsful] ADJ (*person*) tranquilo, pacífico; (*place, time*) tranquilo, sossegado
peace-keeping [-ˈkiːpɪŋ] N pacificação f
peace offering N proposta de paz
peach [piːtʃ] N pêssego
peacock [ˈpiːkɔk] N pavão m
peak [piːk] N (*of mountain: top*) cume m; (: *point*) pico; (*of cap*) pala, viseira; (*fig: of career, fame*) apogeu m; (: *highest level*) máximo
peak-hour ADJ (*traffic etc*) no horário de maior movimento, na hora de pique
peak hours NPL horário de maior movimento
peak period N período de pique
peaky [ˈpiːkɪ] (BRIT inf) ADJ adoentado
peal [piːl] N (*of bells*) repique m, toque m; **~ of laughter** gargalhada
peanut [ˈpiːnʌt] N amendoim m
peanut butter N manteiga de amendoim
pear [pɛəʳ] N pera
pearl [pəːl] N pérola
pear tree N pereira
peasant [ˈpɛznt] N camponês(-esa) m/f
peat [piːt] N turfa
pebble [ˈpɛbl] N seixo, calhau m
peck [pɛk] VT (*also*: **peck at**) bicar, dar bicadas em; (*food*) beliscar ▶ N bicada; (*kiss*) beijoca
pecking order [ˈpɛkɪŋ-] N ordem f de hierarquia
peckish [ˈpɛkɪʃ] (BRIT inf) ADJ: **I feel ~** estou a fim de comer alguma coisa
peculiar [pɪˈkjuːlɪəʳ] ADJ (*strange*) estranho, esquisito; (*marked*) especial; **~ to** (*belonging to*) próprio de
peculiarity [pɪkjuːlɪˈærɪtɪ] N (*distinctive feature*) peculiaridade f; (*oddity*) excentricidade f
pecuniary [pɪˈkjuːnɪərɪ] ADJ pecuniário
pedal [ˈpɛdl] N pedal m ▶ VI pedalar
pedal bin (BRIT) N lata de lixo com pedal

pedantic [pɪˈdæntɪk] ADJ pedante
peddle [ˈpɛdl] VT vender nas ruas, mascatear; (*drugs*) traficar, fazer tráfico de
peddler [ˈpɛdləʳ] N (*also*: **drugs peddler**) mascate m/f, camelô m
pedestal [ˈpɛdəstl] N pedestal m
pedestrian [pɪˈdɛstrɪən] N pedestre m/f (BR), peão m (PT) ▶ ADJ pedestre (BR), para peões (PT); (*fig*) prosaico
pedestrian crossing (BRIT) N passagem f para pedestres (BR), passadeira (PT)
pediatrics [piːdɪˈætrɪks] (US) N = **paediatrics**
pedigree [ˈpɛdɪɡriː] N (*of animal*) raça; (*fig*) genealogia ▶ CPD (*animal*) de raça
pedlar [ˈpɛdləʳ] N = **peddler**
pedophile [ˈpiːdəʊfaɪl] (US) N = **paedophile**
pee [piː] (*inf*) VI fazer xixi, mijar
peek [piːk] VI: **to ~ at** espiar, espreitar; **to ~ over/into** espiar por cima de/dentro, espreitar por cima de/dentro
peel [piːl] N casca ▶ VT descascar ▶ VI (*paint, skin*) descascar; (*wallpaper*) desprender-se
▶ **peel back** VT descascar
peeler [ˈpiːləʳ] N (*potato etc peeler*) descascador m
peelings [ˈpiːlɪŋz] NPL cascas fpl
peep [piːp] N (BRIT: *look*) espiadela; (*sound*) pio ▶ VI (BRIT: *look*) espreitar; (*sound*) piar
▶ **peep out** (BRIT) VI mostrar-se, surgir
peephole [ˈpiːphəʊl] N vigia, olho mágico
peer [pɪəʳ] VI: **to ~ at** perscrutar, fitar ▶ N (*noble*) par m/f; (*equal*) igual m/f; (*contemporary*) contemporâneo(-a)
peerage [ˈpɪərɪdʒ] N pariato
peerless [ˈpɪəlɪs] ADJ sem igual
peeved [piːvd] ADJ irritado
peevish [ˈpiːvɪʃ] ADJ rabugento
peg [pɛɡ] N cavilha; (*for coat etc*) cabide m; (BRIT: *also*: **clothes peg**) pregador m; (*tent peg*) estaca ▶ VT (*clothes*) prender; (BRIT: *groundsheet*) segurar com estacas; (*fig: prices, wages*) fixar, tabelar
pejorative [pɪˈdʒɔrətɪv] ADJ pejorativo
Pekin [piːˈkɪn] N Pequim
Pekinese, Pekingese [piːkɪˈniːz] N pequinês m
Peking [piːˈkɪŋ] N = **Pekin**
pelican [ˈpɛlɪkən] N pelicano
pelican crossing (BRIT) N (Aut) passagem f sinalizada para pedestres (BR), passadeira para peões (PT)
pellet [ˈpɛlɪt] N bolinha; (*for shotgun*) pelota de chumbo
pell-mell [ˈpɛlˈmɛl] ADV a esmo
pelmet [ˈpɛlmɪt] N sanefa
pelt [pɛlt] VT: **to ~ sb with sth** atirar algo em alguém ▶ VI (*rain: also*: **pelt down**) chover a cântaros; (*inf: run*) correr ▶ N pele f (não curtida)
pelvis [ˈpɛlvɪs] N pelvis f, bacia
pen [pɛn] N caneta; (*for sheep etc*) redil m, cercado; (US inf: *prison*) cadeia; **to put ~ to**

paper escrever
▶ **pen in** VT encurralar
penal ['pi:nl] ADJ penal
penalize ['pi:nəlaɪz] VT impor penalidade a; (Sport) penalizar; (fig) prejudicar
penal servitude [-'sə:vɪtju:d] N pena de trabalhos forçados
penalty ['pɛnltɪ] N pena, penalidade f; (fine) multa; (Sport) punição f; (Football) pênalti m; **to take a ~** cobrar um pênalti
penalty area (BRIT) N área de pênalti
penalty clause N cláusula penal
penalty kick N (Rugby) chute m de pênalti; (Football) cobrança de pênalti
penalty shoot-out [-'ʃu:taut] N (Football) decisão f por pênaltis
penance ['pɛnəns] N penitência
pence [pɛns] (BRIT) NPL of **penny**
penchant ['pã:ʃã:ŋ] N pendor m, queda
pencil ['pɛnsl] N lápis m ▶ VT: **to ~ sth in** anotar algo a lápis
pencil case N lapiseira, porta-lápis m inv
pencil sharpener N apontador m (de lápis) (BR), apara-lápis m inv (PT)
pendant ['pɛndnt] N pingente m
pending ['pɛndɪŋ] PREP (during) durante; (until) até ▶ ADJ pendente
pendulum ['pɛndjuləm] N pêndulo
penetrate ['pɛnɪtreɪt] VT penetrar
penetrating ['pɛnɪtreɪtɪŋ] ADJ penetrante
penetration [pɛnɪ'treɪʃən] N penetração f
penfriend ['pɛnfrɛnd] (BRIT) N amigo(-a) por correspondência
penguin ['pɛŋgwɪn] N pinguim m
penicillin [pɛnɪ'sɪlɪn] N penicilina
peninsula [pə'nɪnsjulə] N península
penis ['pi:nɪs] N pênis m
penitence ['pɛnɪtns] N penitência
penitent ['pɛnɪtnt] ADJ arrependido; (Rel) penitente
penitentiary [pɛnɪ'tɛnʃərɪ] (US) N penitenciária, presídio
penknife ['pɛnnaɪf] (irreg: like **knife**) N canivete m
pen name N pseudônimo
pennant ['pɛnənt] N flâmula
penniless ['pɛnɪlɪs] ADJ sem dinheiro, sem um tostão
Pennines ['pɛnaɪnz] NPL: **the ~** as Pennines
penny ['pɛnɪ] (pl **pennies** or BRIT **pence**) N pêni m; (US) cêntimo
penpal ['pɛnpæl] N amigo(-a) por correspondência
pension ['pɛnʃən] N pensão f; (old-age pension) aposentadoria; (Mil) reserva
▶ **pension off** VT aposentar
pensionable ['pɛnʃnəbl] ADJ (person) com direito a uma pensão; (age) de aposentadoria
pensioner ['pɛnʃənə'] (BRIT) N aposentado(-a) (BR), reformado(-a) (PT)
pension fund N fundo da aposentadoria
pensive ['pɛnsɪv] ADJ pensativo; (withdrawn) absorto

Pentagon ['pɛntəgən] N: **the ~** o Pentágono

> O Pentágono (**Pentagon**) é o nome dado aos escritórios do Ministério da Defesa americano, localizados em Arlington, no estado da Virgínia, por causa da forma pentagonal do edifício onde se encontram. Por extensão, o termo é utilizado também para se referir ao ministério.

pentathlon [pɛn'tæθlən] N pentatlo
Pentecost ['pɛntɪkɔst] N Pentecostes m
penthouse ['pɛnthaus] N cobertura
pent-up [pɛnt-] ADJ (feelings) reprimido
penultimate [pɛ'nʌltɪmət] ADJ penúltimo
penury ['pɛnjurɪ] N pobreza, miséria
people ['pi:pl] NPL gente f, pessoas fpl; (inhabitants) habitantes mpl/fpl; (citizens) povo; (Pol): **the ~** o povo ▶ N (nation, race) povo ▶ VT povoar; **several ~ came** vieram várias pessoas; **I know ~ who ...** conheço gente que ...; **~ say that ...** dizem que ...; **old ~** os idosos; **young ~** os jovens; **a man of the ~** um homem do povo
pep [pɛp] (inf) N pique m, energia, dinamismo
▶ **pep up** VT animar
pepper ['pɛpə'] N pimenta; (vegetable) pimentão m ▶ VT apimentar; (fig): **to ~ with** salpicar de
peppermint ['pɛpəmɪnt] N hortelã-pimenta; (sweet) bala de hortelã
pepper pot N pimenteiro
pep talk ['pɛptɔ:k] (inf) N conversa para levantar o espírito
per [pə:'] PREP por; **~ day/person** por dia/ pessoa; **~ annum** por ano; **as ~ your instructions** conforme suas instruções
per capita ADJ, ADV per capita, por pessoa
perceive [pə'si:v] VT perceber; (notice) notar; (realize) compreender
per cent N por cento; **a 20 ~ discount** um desconto de 20 por cento
percentage [pə'sɛntɪdʒ] N porcentagem f, percentagem f; **on a ~ basis** na base de percentagem
perceptible [pə'sɛptɪbl] ADJ perceptível, sensível
perception [pə'sɛpʃən] N percepção f; (insight) perspicácia
perceptive [pə'sɛptɪv] ADJ perceptivo
perch [pə:tʃ] N (pl **perches**) (for bird) poleiro; (fish) perca ▶ VI: **to ~ (on)** (bird) empoleirar-se (em); (person) encarapitar-se (em)
percolate ['pə:kəleɪt] VT, VI passar
percolator ['pə:kəleɪtə'] N (also: **coffee percolator**) cafeteira de filtro
percussion [pə'kʌʃən] N percussão f
peremptory [pə'rɛmptərɪ] ADJ peremptório; (person: imperious) autoritário
perennial [pə'rɛnɪəl] ADJ perene; (fig) constante ▶ N planta perene
perfect [adj, n 'pə:fɪkt, vt pə'fɛkt] ADJ perfeito; (utter) completo ▶ N (also: **perfect tense**) perfeito ▶ VT aperfeiçoar; **a ~ stranger** uma pessoa completamente desconhecida

perfection [pə'fɛkʃən] N perfeição f
perfectionist [pə'fɛkʃənɪst] N perfeccionista m/f
perfectly ['pə:fɪktlɪ] ADV perfeitamente; **I'm ~ happy with the situation** estou completamente satisfeito com a situação; **you know ~ well** você sabe muito bem
perforate ['pə:fəreɪt] VT perfurar
perforated ['pə:fəreɪtɪd] ADJ *(stamp)* picotado
perforated ulcer N *(Med)* úlcera perfurada
perforation [pə:fə'reɪʃən] N perfuração f; *(line of holes)* picote m
perform [pə'fɔ:m] VT *(carry out)* realizar, fazer; *(concert etc)* executar; *(piece of music)* interpretar ▶ VI *(well, badly)* interpretar; *(animal)* fazer truques de amestramento; *(Theatre)* representar; *(Tech)* funcionar
performance [pə'fɔ:məns] N *(of engine, athlete, economy)* desempenho; *(of play, by artist)* atuação f; *(of car)* performance f
performer [pə'fɔ:məʳ] N *(actor)* artista m/f, ator/atriz m/f; *(Mus)* intérprete m/f
performing [pə'fɔ:mɪŋ] ADJ *(animal)* amestrado, adestrado
performing arts NPL: **the ~** as artes cênicas
perfume ['pə:fju:m] N perfume m ▶ VT perfumar
perfunctory [pə'fʌŋktərɪ] ADJ superficial, negligente
perhaps [pə'hæps] ADV talvez; **~ he'll come** talvez ele venha; **~ so/not** talvez seja assim/talvez não
peril ['pɛrɪl] N perigo, risco
perilous ['pɛrɪləs] ADJ perigoso
perilously ['pɛrɪləslɪ] ADV: **they came ~ close to being caught** não foram presos por um triz
perimeter [pə'rɪmɪtəʳ] N perímetro
perimeter wall N muro periférico
period ['pɪərɪəd] N período; *(History)* época; *(time limit)* prazo; *(Sch)* aula; *(US: full stop)* ponto final; *(Med)* menstruação f, regra ▶ ADJ *(costume, furniture)* da época; **for a ~ of three weeks** por um período de três semanas; **the holiday ~** *(BRIT)* o período de férias
periodic [pɪərɪ'ɔdɪk] ADJ periódico
periodical [pɪərɪ'ɔdɪkl] N periódico ▶ ADJ periódico
periodically [pɪərɪ'ɔdɪklɪ] ADV periodicamente, de vez em quando
period pains *(BRIT)* NPL cólicas fpl menstruais
peripatetic [pɛrɪpə'tɛtɪk] ADJ *(salesman)* viajante; *(teacher)* que trabalha em vários lugares
peripheral [pə'rɪfərəl] ADJ periférico ▶ N *(Comput)* periférico
periphery [pə'rɪfərɪ] N periferia
periscope ['pɛrɪskəup] N periscópio
perish ['pɛrɪʃ] VI perecer; *(decay)* deteriorar-se
perishable ['pɛrɪʃəbl] ADJ perecível, deteriorável
perishables ['pɛrɪʃəblz] NPL perecíveis mpl

267 | perfection – persistent

perishing ['pɛrɪʃɪŋ] *(BRIT inf)* ADJ *(cold)* gelado, glacial
peritonitis [pɛrɪtə'naɪtɪs] N peritonite f
perjure ['pə:dʒəʳ] VT: **to ~ o.s.** prestar falso testemunho
perjury ['pə:dʒərɪ] N *(Law)* perjúrio, falso testemunho
perk [pə:k] *(inf)* N mordomia, regalia
▶ **perk up** VI *(cheer up)* animar-se; *(in health)* recuperar-se
perky ['pə:kɪ] ADJ *(cheerful)* animado, alegre
perm [pə:m] N permanente f ▶ VT: **to have one's hair ~ed** fazer permanente (no cabelo)
permanence ['pə:mənəns] N permanência, continuidade f
permanent ['pə:mənənt] ADJ permanente; **I'm not ~ here** não estou aqui em caráter permanente
permanently ['pə:mənəntlɪ] ADV permanentemente
permeable ['pə:mɪəbl] ADJ permeável
permeate ['pə:mɪeɪt] VI difundir-se ▶ VT penetrar; *(subj: idea)* difundir
permissible [pə'mɪsɪbl] ADJ permissível, lícito
permission [pə'mɪʃən] N permissão f; *(authorization)* autorização f; **to give sb ~ to do sth** dar permissão a alguém para fazer algo
permissive [pə'mɪsɪv] ADJ permissivo
permit [n 'pə:mɪt, vt pə'mɪt] N permissão f; *(for fishing, export etc)* licença; *(to enter)* passe m
▶ VT permitir; *(authorize)* autorizar; **to ~ sb to do sth** permitir a alguém fazer or que faça algo; **weather ~ting** se o tempo permitir
permutation [pə:mju'teɪʃən] N permutação f
pernicious [pə:'nɪʃəs] ADJ nocivo; *(Med)* pernicioso, maligno
pernickety [pə'nɪkɪtɪ] *(inf)* ADJ cheio de nove-horas or luxo; *(task)* minucioso
perpendicular [pə:pən'dɪkjuləʳ] ADJ perpendicular ▶ N perpendicular f
perpetrate ['pə:pɪtreɪt] VT cometer
perpetual [pə'pɛtjuəl] ADJ perpétuo
perpetuate [pə'pɛtjueɪt] VT perpetuar
perpetuity [pə:pɪ'tju:ɪtɪ] N: **in ~** para sempre
perplex [pə'plɛks] VT deixar perplexo
perplexing [pə:'plɛksɪŋ] ADJ desconcertante
perquisites ['pə:kwɪzɪts] NPL *(also:* **perks***)* mordomias fpl, regalias fpl
persecute ['pə:sɪkju:t] VT perseguir
persecution [pə:sɪ'kju:ʃən] N perseguição f
perseverance [pə:sɪ'vɪərəns] N perseverança
persevere [pə:sɪ'vɪəʳ] VI perseverar
Persia ['pə:ʃə] N Pérsia
Persian ['pə:ʃən] ADJ persa ▶ N *(Ling)* persa m; **the (~) Gulf** o golfo Pérsico
persist [pə'sɪst] VI: **to ~ (in doing sth)** persistir (em fazer algo)
persistence [pə'sɪstəns] N persistência; *(of disease)* insistência; *(obstinacy)* teimosia
persistent [pə'sɪstənt] ADJ persistente; *(determined)* teimoso; *(disease)* insistente,

persistente; ~ **offender** (*Law*) infrator(a) *m/f* contumaz
persnickety [pəˈsnɪkɪtɪ] (*US inf*) ADJ = **pernickety**
person [ˈpəːsn] N pessoa; **in** ~ em pessoa; **on** or **about one's** ~ consigo; ~ **to** ~ **call** (*Tel*) chamada pessoal
personable [ˈpəːsənəbl] ADJ atraente, bem apessoado
personal [ˈpəːsənəl] ADJ pessoal; (*private*) particular; (*visit*) em pessoa, pessoal; ~ **belongings** or **effects** pertences *mpl* particulares; ~ **hygiene** higiene *f* íntima; **a** ~ **interview** uma entrevista particular
personal allowance N (*Tax*) abatimento da renda de pessoa física
personal assistant N secretário(-a) particular
personal call N (*Tel*) chamada pessoal
personal column N anúncios *mpl* pessoais
personal computer N computador *m* pessoal
personal details NPL (*on form etc*) dados *mpl* pessoais
personal identification number N (*Comput, Banking*) senha
personality [pəːsəˈnælɪtɪ] N personalidade *f*
personally [ˈpəːsənəlɪ] ADV pessoalmente; **to take sth** ~ ofender-se
personal organizer N agenda
personal property N bens *mpl* móveis
personal stereo N Walkman® *m*
personify [pəːˈsɔnɪfaɪ] VT personificar
personnel [pəːsəˈnɛl] N pessoal *m*
personnel department N departamento de pessoal
personnel manager N gerente *m/f* de pessoal
perspective [pəˈspɛktɪv] N perspectiva; **to get sth into** ~ colocar algo em perspectiva
Perspex® [ˈpəːspɛks] (*BRIT*) N acrílico
perspicacity [pəːspɪˈkæsɪtɪ] N perspicácia
perspiration [pəːspɪˈreɪʃən] N transpiração *f*
perspire [pəˈspaɪəʳ] VI transpirar
persuade [pəˈsweɪd] VT persuadir; **to** ~ **sb to do sth** persuadir alguém a fazer algo; **to** ~ **sb that/of sth** persuadir alguém que/de algo
persuasion [pəˈsweɪʒən] N persuasão *f*; (*persuasiveness*) poder *m* de persuasão; (*creed*) convicção *f*, crença
persuasive [pəˈsweɪsɪv] ADJ persuasivo
pert [pəːt] ADJ atrevido, descarado
pertaining [pəːˈteɪnɪŋ] PREP: ~ **to** relativo a
pertinent [ˈpəːtɪnənt] ADJ pertinente, a propósito
perturb [pəˈtəːb] VT inquietar
perturbing [pəˈtəːbɪŋ] ADJ inquietante
Peru [pəˈruː] N Peru *m*
perusal [pəˈruːzl] N leitura
peruse [pəˈruːz] VT ler com atenção, examinar
Peruvian [pəˈruːvjən] ADJ, N peruano(-a)
pervade [pəˈveɪd] VT impregnar, penetrar em
pervasive [pəˈveɪsɪv] ADJ (*smell*) penetrante; (*influence, ideas, gloom*) difundido

perverse [pəˈvəːs] ADJ perverso; (*stubborn*) teimoso; (*wayward*) caprichoso
perversion [pəˈvəːʃən] N perversão *f*; (*of truth*) currupção *f*
perversity [pəˈvəːsɪtɪ] N perversidade *f*
pervert [*n* ˈpəːvəːt, *vt* pəˈvəːt] N pervertido(-a) ▶ VT perverter, corromper; (*truth*) distorcer
pessary [ˈpɛsərɪ] N pessário
pessimism [ˈpɛsɪmɪzəm] N pessimismo
pessimist [ˈpɛsɪmɪst] N pessimista *m/f*
pessimistic [pɛsɪˈmɪstɪk] ADJ pessimista
pest [pɛst] N (*animal*) praga; (*fig*) peste *f*
pest control N dedetização *f*; (*for mice*) desratização *f*
pester [ˈpɛstəʳ] VT incomodar
pesticide [ˈpɛstɪsaɪd] N pesticida *m*
pestilent [ˈpɛstɪlənt] (*inf*) ADJ (*exasperating*) chato
pestle [ˈpɛsl] N mão *f* (de almofariz)
pet [pɛt] N animal *m* de estimação ▶ CPD predileto ▶ VT acariciar ▶ VI (*inf*) acariciar-se; **teacher's** ~ (*favourite*) preferido(-a) do professor; ~ **lion** *etc* leão *etc* de estimação; **my** ~ **hate** a coisa que eu mais odeio
petal [ˈpɛtl] N pétala
peter out [ˈpiːtər-] VI (*conversation*) esgotar-se; (*road etc*) acabar-se
petite [pəˈtiːt] ADJ delicado, mignon
petition [pəˈtɪʃən] N petição *f*; (*list of signatures*) abaixo-assinado ▶ VT apresentar uma petição a ▶ VI: **to** ~ **for divorce** requerer divórcio
pet name (*BRIT*) N apelido carinhoso
petrified [ˈpɛtrɪfaɪd] ADJ (*fig*) petrificado, paralisado
petrify [ˈpɛtrɪfaɪ] VT paralisar; (*frighten*) petrificar
petrochemical [pɛtrəˈkɛmɪkl] ADJ petroquímico
petrodollars [ˈpɛtrəudɔləz] NPL petrodólares *mpl*
petrol [ˈpɛtrəl] (*BRIT*) N gasolina; **two/four-star** ~ gasolina comum/premium
petrol can (*BRIT*) N lata de gasolina
petrol engine (*BRIT*) N motor *m* a gasolina
petroleum [pəˈtrəulɪəm] N petróleo
petroleum jelly N vaselina®
petrol pump (*BRIT*) N (*in car, at garage*) bomba de gasolina
petrol station (*BRIT*) N posto (*BR*) or bomba (*PT*) de gasolina
petrol tank (*BRIT*) N tanque *m* de gasolina
petticoat [ˈpɛtɪkəut] N anágua; (*slip*) combinação *f*
pettifogging [ˈpɛtɪfɔgɪŋ] ADJ chicaneiro
pettiness [ˈpɛtɪnɪs] N mesquinharia *f*
petty [ˈpɛtɪ] ADJ (*mean*) mesquinho; (*unimportant*) insignificante
petty cash N fundo para despesas miúdas, caixa pequena, fundo de caixa
petty officer N suboficial *m* da marinha
petulant [ˈpɛtjulənt] ADJ irascível
pew [pjuː] N banco (de igreja)

pewter ['pju:tə^r] N peltre *m*
Pfc (US) ABBR (Mil) = **private first class**
PG N ABBR (Cinema: = *parental guidance*) aviso dos pais recomendado
PGA N ABBR = **Professional Golfers' Association**
PH (US) N ABBR (Mil: = *Purple Heart*) condecoração para feridos em combate
PHA (US) N ABBR (= *Public Housing Administration*) órgão que supervisiona a construção
phallic ['fælɪk] ADJ fálico
phantom ['fæntəm] N fantasma *m*
Pharaoh ['fɛərəʊ] N faraó *m*
pharmaceutical [fɑ:mə'sju:tɪkl] ADJ farmacêutico
pharmaceuticals [fɑ:mə'sju:tɪklz] NPL farmacêuticos *mpl*
pharmacist ['fɑ:məsɪst] N farmacêutico(-a)
pharmacy ['fɑ:məsɪ] N farmácia
phase [feɪz] N fase *f* ▶ VT: **to ~ in/out** introduzir/retirar por etapas
PhD N ABBR (= *Doctor of Philosophy*) = doutorado
pheasant ['fɛznt] N faisão *m*
phenomena [fə'nɔmɪnə] NPL *of* **phenomenon**
phenomenal [fə'nɔmɪnəl] ADJ fenomenal
phenomenon [fə'nɔmɪnən] (*pl* **phenomena**) N fenômeno *m*
phew [fju:] EXCL ufa!
phial ['faɪəl] N frasco
philanderer [fɪ'lændərə^r] N mulherengo
philanthropic [fɪlən'θrɔpɪk] ADJ filantrópico
philanthropist [fɪ'lænθrəpɪst] N filantropo(-a)
philatelist [fɪ'lætəlɪst] N filatelista *m/f*
philately [fɪ'lætəlɪ] N filatelia
Philippines ['fɪlɪpi:nz] NPL (*also*: **Philippine Islands**): **the ~** as Filipinas
philosopher [fɪ'lɔsəfə^r] N filósofo(-a)
philosophical [fɪlə'sɔfɪkl] ADJ filosófico; (*fig*) calmo, sereno
philosophy [fɪ'lɔsəfɪ] N filosofia
phishing [fɪʃɪŋ] N phishing *m*; **~ attack** golpe *m* de phishing
phlegm [flɛm] N fleuma
phlegmatic [flɛg'mætɪk] ADJ fleumático
phobia ['fəʊbjə] N fobia
phone [fəʊn] N telefone *m* ▶ VT telefonar para, ligar para ▶ VI telefonar, ligar; **to be on the ~** ter telefone; (*be calling*) estar no telefone
▶ **phone back** VT, VI ligar de volta
▶ **phone up** VT telefonar para ▶ VI telefonar
phone book N lista telefônica
phone booth N cabine *f* telefônica
phone box (BRIT) N cabine *f* telefônica
phone call N telefonema *m*, ligação *f*
phone card N cartão *m* telefônico
phone-in (BRIT) N (*Radio*) programa com participação dos ouvintes; (*TV*) programa com participação dos espectadores
phone number N número de telefone
phonetics [fə'nɛtɪks] N fonética

phoney ['fəʊnɪ] ADJ falso; (*person*) fingido ▶ N (*person*) impostor(a) *m/f*
phonograph ['fəʊnəgrɑ:f] (US) N vitrola
phony ['fəʊnɪ] ADJ, N = **phoney**
phosphate ['fɔsfeɪt] N fosfato
phosphorus ['fɔsfərəs] N fósforo
photo ['fəʊtəʊ] N foto *f*
photo... ['fəʊtəʊ] PREFIX foto...
photocopier ['fəʊtəʊkɔpɪə^r] N fotocopiadora *f*
photocopy ['fəʊtəʊkɔpɪ] N fotocópia, xerox® *m* ▶ VT fotocopiar, xerocar
photoelectric [fəʊtəʊɪ'lɛktrɪk] ADJ fotoelétrico; **~ cell** célula fotoelétrica
photogenic [fəʊtəʊ'dʒɛnɪk] ADJ fotogênico
photograph ['fəʊtəgrɑ:f] N fotografia ▶ VT fotografar; **to take a ~ of sb** bater *or* tirar uma foto de alguém
photographer [fə'tɔgrəfə^r] N fotógrafo(-a)
photographic [fəʊtə'græfɪk] ADJ fotográfico
photography [fə'tɔgrəfɪ] N fotografia
photostat ['fəʊtəʊstæt] N cópia fotostática
photosynthesis [fəʊtəʊ'sɪnθəsɪs] N fotossíntese *f*
phrase [freɪz] N frase *f* ▶ VT expressar; (*letter*) redigir
phrase book N livro de expressões idiomáticas (para turistas)
physical ['fɪzɪkl] ADJ físico; **~ examination** exame *m* físico; **~ exercise** exercício físico, movimento
physical education N educação *f* física
physically ['fɪzɪklɪ] ADV fisicamente
physician [fɪ'zɪʃən] N médico(-a)
physicist ['fɪzɪsɪst] N físico(-a)
physics ['fɪzɪks] N física
physiological [fɪzɪə'lɔdʒɪkl] ADJ fisiológico
physiology [fɪzɪ'ɔlədʒɪ] N fisiologia
physiotherapist [fɪzɪəʊ'θɛrəpɪst] N fisioterapeuta *m/f*
physiotherapy [fɪzɪəʊ'θɛrəpɪ] N fisioterapia
physique [fɪ'zi:k] N físico
pianist ['pi:ənɪst] N pianista *m/f*
piano [pɪ'ænəʊ] N piano
piano accordion (BRIT) N acordeão *m*, sanfona
piccolo ['pɪkələʊ] N flautim *m*
pick [pɪk] N (*also*: **pickaxe**) picareta ▶ VT (*select*) escolher, selecionar; (*gather*) colher; (*remove*) tirar; (*lock*) forçar; **take your ~** escolha o que quiser; **the ~ of** o melhor de; **to ~ a bone** roer um osso; **to ~ one's nose** colocar o dedo no nariz; **to ~ one's teeth** palitar os dentes; **to ~ sb's brains** aproveitar os conhecimentos de alguém; **to ~ pockets** roubar *or* bater carteira; **to ~ a quarrel** *or* **a fight with sb** comprar uma briga com alguém; **to ~ and choose** ser exigente
▶ **pick at** VT FUS (*food*) beliscar
▶ **pick off** VT (*kill*) matar de um tiro
▶ **pick on** VT FUS (*person: criticize*) criticar; (: *treat badly*) azucrinar, aporrinhar
▶ **pick out** VT escolher; (*distinguish*) distinguir
▶ **pick up** VI (*improve*) melhorar ▶ VT (*from floor, Aut*) apanhar; (*Police*) prender; (*telephone*)

atender, tirar do gancho; *(collect)* buscar; *(for sexual encounter)* paquerar; *(learn)* aprender; *(Radio, TV, Tel)* pegar; **to ~ up speed** acelerar; **to ~ o.s. up** levantar-se; **to ~ up where one left off** continuar do ponto onde se parou

pickaxe, *(US)* **pickax** ['pɪkæks] N picareta

picket ['pɪkɪt] N *(in strike)* piquete *m*; *(person)* piqueteiro(-a) ▶ VT formar piquete em frente de

picket line N piquete *m*

pickings ['pɪkɪŋz] NPL: **there are rich ~ to be had for investors in gold** os investidores em ouro vão se dar bem

pickle ['pɪkl] N *(also:* **pickles***: as condiment)* picles *mpl*; *(fig: mess)* apuro ▶ VT *(in vinegar)* conservar em vinagre; *(in salt)* conservar em sal e água

pick-me-up N estimulante *m*

pickpocket ['pɪkpɔkɪt] N batedor(a) *m/f* de carteira *(BR)*, carteirista *m/f* *(PT)*

pickup ['pɪkʌp] N *(on record player)* pick-up *m*; *(small truck: also:* **pickup truck, pickup van***)* camioneta, pick-up *m*

picnic ['pɪknɪk] N piquenique *m* ▶ VI fazer um piquenique

picnicker ['pɪknɪkə^r] N pessoa que faz piquenique

pictorial [pɪk'tɔːrɪəl] ADJ pictórico, *(magazine etc)* ilustrado

picture ['pɪktʃə^r] N quadro *m*; *(painting)* pintura; *(drawing)* desenho; *(etching)* água-forte *f*; *(photograph)* foto(grafia) *f*; *(TV)* imagem *f*; *(film)* filme *m*; *(fig: description)* descrição *f*; *(: situation)* conjuntura ▶ VT imaginar-se; *(describe)* retratar; **the pictures** NPL *(BRIT inf)* o cinema; **to take a ~ of sb/sth** tirar uma foto de alguém/algo; **the overall ~** o quadro geral; **to put sb in the ~** pôr alguém a par da situação

picture book N livro de figuras

picture messaging N serviço de mensagens multimídia

picturesque [pɪktʃə'rɛsk] ADJ pitoresco

picture window N janela panorâmica

piddling ['pɪdlɪŋ] *(inf)* ADJ irrisório

pidgin ['pɪdʒɪn] ADJ: **~ English** forma achinesada do inglês usada entre comerciantes

pie [paɪ] N *(vegetable)* pastelão *m*; *(fruit)* torta; *(meat)* empadão *m*

piebald ['paɪbɔːld] ADJ malhado

piece [piːs] N pedaço, *(portion)* fatia; *(of land)* lote *m*, parcela; *(Chess etc)* peça; *(item)*: **a ~ of clothing/furniture/advice** uma roupa/um móvel/um conselho ▶ VT: **to ~ together** juntar; *(Tech)* montar; **in ~s** *(broken)* em pedaços; *(not yet assembled)* desmontado; **to fall to ~s** cair aos pedaços; **to take to ~s** desmontar; **in one ~** *(object)* inteiro; *(person)* ileso; **a 10p ~** *(BRIT)* uma moeda de 10p; **~ by ~** pedaço por pedaço; **a six-~ band** um sexteto; **to say one's ~** vender o seu peixe

piecemeal ['piːsmiːl] ADV pouco a pouco

piece rate N salário por peça

piecework ['piːswəːk] N trabalho por empreitada *or* peça

pie chart N gráfico de setores

pier [pɪə^r] N cais *m*; *(jetty)* embarcadouro, molhe *m*; *(of bridge etc)* pilar *m*, pilastra

pierce [pɪəs] VT furar, perfurar; **to have one's ears ~d** furar as orelhas

piercing ['pɪəsɪŋ] ADJ *(cry)* penetrante, agudo; *(stare)* penetrante, *(wind)* cortante

piety ['paɪətɪ] N piedade *f*

piffling ['pɪflɪŋ] ADJ irrisório

pig [pɪg] N porco; *(fig)* porcalhão(-lhona) *m/f*; *(pej: unkind person)* grosseiro(-a); *(: greedy person)* ganancioso(-a)

pigeon ['pɪdʒən] N pombo

pigeonhole ['pɪdʒənhəul] N escaninho

pigeon-toed [-təud] ADJ com pé de pombo

piggy bank ['pɪgɪ-] N cofre em forma de porquinho

pig-headed [-'hɛdɪd] *(pej)* ADJ teimoso, cabeçudo

piglet ['pɪglɪt] N porquinho, leitão *m*

pigment ['pɪgmənt] N pigmento

pigmentation [pɪgmən'teɪʃən] N pigmentação *f*

pigmy ['pɪgmɪ] N = **pygmy**

pigskin ['pɪgskɪn] N couro de porco

pigsty ['pɪgstaɪ] N chiqueiro

pigtail ['pɪgteɪl] N *(girl's)* rabo-de-cavalo, trança; *(Chinese)* rabicho

pike [paɪk] N *(pl* **pike** *or* **pikes***)* N *(spear)* lança, pique *m*; *(fish)* lúcio

pilchard ['pɪltʃəd] N sardinha

pile [paɪl] N *(of books)* pilha; *(heap)* monte *m*; *(of carpet)* pelo; *(of cloth)* lado felpudo; *(support: in building)* estaca ▶ VT *(also:* **pile up***)* empilhar; *(heap)* amontoar; *(fig)* acumular ▶ VI *(also:* **pile up***: objects)* empilhar-se; *(: problems, work)* acumular-se; **in a ~** numa pilha
▶ **pile into** VT FUS *(car)* apinhar-se
▶ **pile on** VT: **to ~ it on** *(inf)* exagerar

piles [paɪlz] NPL *(Med)* hemorróidas *fpl*

pile-up N *(Aut)* engavetamento

pilfer ['pɪlfə^r] VT, VI furtar, afanar, surripiar

pilfering ['pɪlfərɪŋ] N furto

pilgrim ['pɪlgrɪm] N peregrino(-a)

pilgrimage ['pɪlgrɪmɪdʒ] N peregrinação *f*, romaria

pill [pɪl] N pílula; **the ~** a pílula; **to be on the ~** usar *or* tomar a pílula

pillage ['pɪlɪdʒ] N pilhagem *f* ▶ VT saquear, pilhar

pillar ['pɪlə^r] N pilar *m*; *(concrete)* coluna

pillar box *(BRIT)* N caixa coletora (do correio) *(BR)*, marco do correio *(PT)*

pillion ['pɪljən] N *(of motor cycle)* garupa; **to ride ~** andar na garupa

pillory ['pɪlərɪ] N pelourinho ▶ VT expor ao ridículo

pillow ['pɪləu] N travesseiro *(BR)*, almofada *(PT)*

pillowcase ['pɪləukeɪs] N fronha

pillowslip ['pɪləuslɪp] N fronha

pilot ['paɪlət] N piloto(-a) ▶ CPD *(scheme etc)* piloto *inv* ▶ VT pilotar; *(fig)* guiar

pilot boat N barco-piloto
pilot light N piloto
pimento [pɪˈmɛntəu] N pimentão-doce m
pimp [pɪmp] N cafetão m (BR), cáften m (PT)
pimple [ˈpɪmpl] N espinha
pimply [ˈpɪmplɪ] ADJ espinhento
PIN N ABBR (= *personal identification number*) senha
pin [pɪn] N alfinete m; (*Tech*) cavilha; (*wooden, BRIT Elec: of plug*) pino ▶ VT alfinetar; **~s and needles** comichão f, sensação f de formigamento; **to ~ sb against** *or* **to** apertar alguém contra; **to ~ sth on sb** (*fig*) culpar alguém de algo
▶ **pin down** VT (*fig*): **to ~ sb down** conseguir que alguém se defina *or* tome atitude; **there's something strange here but I can't quite ~ it down** há alguma coisa estranha aqui mas não consigo precisar o quê
pinafore [ˈpɪnəfɔːʳ] N (*also*: **pinafore dress**) avental m
pinball [ˈpɪnbɔːl] N fliper m, fliperama m
pincers [ˈpɪnsəz] NPL pinça, tenaz f
pinch [pɪntʃ] N beliscão m; (*of salt etc*) pitada ▶ VT beliscar; (*inf: steal*) afanar ▶ VI (*shoe*) apertar; **at a ~** em último caso; **to feel the ~** (*fig*) apertar o cinto, passar por um aperto
pinched [pɪntʃt] ADJ (*drawn*) abatido; **~ with cold** transido de frio; **~ for money** desprovido de dinheiro; **to be ~ for space** não dispor de muito espaço
pincushion [ˈpɪnkuʃən] N alfineteira
pine [paɪn] N (*also*: **pine tree**) pinho; (*wood*) madeira de pinho ▶ VI: **to ~ for** ansiar por
▶ **pine away** VI consumir-se, definhar
pineapple [ˈpaɪnæpl] N abacaxi m (BR), ananás m (PT)
ping [pɪŋ] N (*noise*) silvo, sibilo
ping-pong® N pingue-pongue m
pink [pɪŋk] ADJ cor de rosa *inv* ▶ N (*colour*) cor f de rosa; (*Bot*) cravo, cravina
pinking scissors [ˈpɪŋkɪŋ-] NPL tesoura para picotar
pinking shears [ˈpɪŋkɪŋ-] NPL tesoura para picotar
pin money (BRIT) N dinheiro extra
pinnacle [ˈpɪnəkl] N cume m; (*fig*) auge m
pinpoint [ˈpɪnpɔɪnt] VT (*discover*) descobrir; (*explain*) identificar; (*locate*) localizar com precisão
pinstripe [ˈpɪnstraɪp] N tecido listrado ▶ ADJ listrado
pint [paɪnt] N quartilho (*Brit* = 568cc, *US* = 473cc); **to go for a ~** (BRIT *inf*) ir tomar uma cerveja
pin-up N pin-up f, retrato de mulher atraente
pioneer [paɪəˈnɪəʳ] N pioneiro(-a) ▶ VT ser pioneiro de
pious [ˈpaɪəs] ADJ pio, devoto
pip [pɪp] N (*seed*) caroço, semente f; **the pips** NPL (BRIT: *time signal on radio*) ≈ o toque de seis segundos
pipe [paɪp] N cano; (*for smoking*) cachimbo; (*Mus*) flauta ▶ VT canalizar, encanar;

pipes NPL (*also*: **bagpipes**) gaita de foles
▶ **pipe down** (*inf*) VI calar o bico, meter a viola no saco
pipe cleaner N limpa-cachimbo
piped music [paɪpt-] N música enlatada
pipe dream N sonho impossível, castelo no ar
pipeline [ˈpaɪplaɪn] N (*for oil*) oleoduto; (*for gas*) gaseoduto; **it's in the ~** (*fig*) está na bica (*inf*)
piper [ˈpaɪpəʳ] N (*gen*) flautista m/f; (*of bagpipes*) gaiteiro(-a)
pipe tobacco N fumo (BR) *or* tabaco (PT) para cachimbo
piping [ˈpaɪpɪŋ] ADV: **~ hot** chiando de quente
piquant [ˈpiːkənt] ADJ picante
pique [piːk] N ressentimento, melindre m
piracy [ˈpaɪrəsɪ] N pirataria
pirate [ˈpaɪərət] N pirata m ▶ VT (*record, video, book*) piratear
pirate radio (BRIT) N rádio pirata
pirouette [pɪruˈɛt] N pirueta ▶ VI fazer pirueta(s)
Pisces [ˈpaɪsiːz] N Pisces m, Peixes mpl
piss [pɪs] (!) VI mijar; **~ off!** vai à merda (!)
pissed [pɪst] (!) ADJ (*drunk*) bêbado, de porre
pistol [ˈpɪstl] N pistola
piston [ˈpɪstən] N pistão m, êmbolo
pit [pɪt] N cova, fossa; (*quarry, hole in surface of sth*) buraco; (*also*: **coal pit**) mina de carvão; (*also*: **orchestra pit**) fosso ▶ VT: **to ~ one's wits against sb** competir em conhecimento *or* inteligência contra alguém; **pits** NPL (*Aut*) box m; **to ~ A against B** opor A a B; **to ~ o.s. against** opor-se a
pitapat [ˈpɪtəˈpæt] (BRIT) ADV: **to go ~** (*heart*) disparar; (*rain*) tiquetaquear
pitch [pɪtʃ] N (*throw*) arremesso, lance m; (*Mus*) tom m; (*of voice*) altura; (*fig: degree*) intensidade f; (*also*: **sales pitch**) papo (de vendedor); (*tar*) piche m, breu m; (*Naut*) arfada; (*in market etc*) barraca ▶ VT (*throw*) arremessar, lançar; (*tent*) armar; (*set: price, message*) adaptar ▶ VI (*fall forwards*) cair (para frente); (*Naut*) jogar, arfar; **to be ~ed forward** ser jogado para frente; **at this ~** neste pique *or* ritmo; **to ~ one's aspirations too high** colocar as aspirações alto demais
▶ **pitch in** VI contribuir
pitch-black ADJ escuro como o breu
pitched battle [pɪtʃt-] N batalha campal
pitcher [ˈpɪtʃəʳ] N jarro, cântaro; (*US Baseball*) arremessador m
pitchfork [ˈpɪtʃfɔːk] N forcado
piteous [ˈpɪtɪəs] ADJ lastimável
pitfall [ˈpɪtfɔːl] N perigo (imprevisto), armadilha
pith [pɪθ] N (*of orange*) casca interna e branca; (*fig*) essência, parte f essencial
pithead [ˈpɪthɛd] (BRIT) N boca do poço
pithy [ˈpɪθɪ] ADJ substancial
pitiable [ˈpɪtɪəbl] ADJ deplorável
pitiful [ˈpɪtɪful] ADJ (*touching*) comovente, tocante; (*contemptible*) desprezível, lamentável

pitifully ['pɪtɪfəlɪ] ADV lamentavelmente, deploravelmente

pitiless ['pɪtɪlɪs] ADJ impiedoso

pittance ['pɪtns] N ninharia, miséria

pitted ['pɪtɪd] ADJ: ~ **with** (*chickenpox*) marcado com; (*rust*) picado de; ~ **with potholes** esburacado

pity ['pɪtɪ] N (*compassion*) compaixão *f*, piedade *f*; (*shame*) pena ▶ VT ter pena de, compadecer-se de; **what a ~!** que pena!; **it's a ~ (that) you can't come** é uma pena que você não possa vir; **to have** *or* **take ~ on sb** ter pena de alguém

pitying ['pɪtɪɪŋ] ADJ compassivo, compadecido

pivot ['pɪvət] N pino, eixo; (*fig*) pivô *m* ▶ VI: **to ~ on** girar sobre; (*fig*) depender de

pixel ['pɪksl] N (*Comput*) pixel *m*

pixie ['pɪksɪ] N duende *m*

pizza ['piːtsə] N pizza

placard ['plækɑːd] N placar *m*; (*in march etc*) cartaz *m*

placate [plə'keɪt] VT apaziguar, aplacar

placatory [plə'keɪtərɪ] ADJ apaziguador(a), aplacador(a)

place [pleɪs] N lugar *m*; (*rank, position*) posição *f*; (*post*) posto; (*role*) papel *m*; (*home*): **at/to his ~** na/para a casa dele ▶ VT (*object*) pôr, colocar; (*identify*) identificar, situar; (*find a post for*) colocar; **to take ~** realizar-se; (*occur*) ocorrer; **from ~ to ~** de lugar em lugar; **all over the ~** em tudo quanto é lugar; **out of ~** (*not suitable*) fora de lugar, deslocado; **I feel out of ~ here** eu me sinto deslocado aqui; **in the first ~** em primeiro lugar; **to change ~s with sb** trocar de lugar com alguém; **to put sb in his ~** (*fig*) pôr alguém no seu lugar; **he's going ~s** (*fig*) ele vai se dar bem; **it's not my ~ to do it** não me compete fazê-lo; **to ~ an order with sb for sth** (*Comm*) encomendar algo a alguém; **to be ~d** (*in race, exam*) classificar-se; **how are you ~d next week?** você tem tempo na semana que vem?

placebo [plə'siːbəu] N placebo

place mat N descanso

placement ['pleɪsmənt] N (*placing*) colocação *f*; (*job*) cargo

place name N topônimo

placenta [plə'sɛntə] N placenta

place of birth N local *m* de nascimento

placid ['plæsɪd] ADJ plácido, sereno

placidity [plə'sɪdɪtɪ] N placidez *f*

plagiarism ['pleɪdʒərɪzm] N plágio

plagiarist ['pleɪdʒərɪst] N plagiário(-a)

plagiarize ['pleɪdʒəraɪz] VT plagiar

plague [pleɪg] N (*Med*) peste *f*; (*fig*) praga ▶ VT (*fig*) atormentar, importunar; **to ~ sb with questions** importunar alguém com perguntas

plaice [pleɪs] N INV solha

plaid [plæd] N (*material*) tecido de xadrez; (*pattern*) xadrez *m* escocês

plain [pleɪn] ADJ (*unpatterned*) liso; (*clear*) claro, evidente; (*simple*) simples *inv*, despretensioso; (*frank*) franco, sem rodeios; (*not handsome*) sem atrativos; (*pure*) puro, natural ▶ ADV claramente, com franqueza ▶ N planície *f*, campina; **to make sth ~ to sb** dar claramente a entender algo a alguém

plain chocolate N chocolate *m* amargo

plain-clothes ADJ (*police officer*) à paisana

plainly ['pleɪnlɪ] ADV claramente, obviamente; (*hear, see*) facilmente; (*state*) francamente

plainness ['pleɪnnɪs] N clareza; (*simplicity*) simplicidade *f*; (*frankness*) franqueza

plaintiff ['pleɪntɪf] N querelante *m/f*, queixoso(-a)

plaintive ['pleɪntɪv] ADJ (*voice, tone*) queixoso; (*song*) lamentoso; (*look*) tristonho

plait [plæt] N trança, dobra ▶ VT trançar

plan [plæn] N plano; (*scheme*) projeto; (*schedule*) programa *m* ▶ VT planejar (BR), planear (PT) ▶ VI fazer planos; **to ~ to do** pretender fazer; **how long do you ~ to stay?** quanto tempo você pretende ficar?

plane [pleɪn] N (*Aviat*) avião *m*; (*also:* **plane tree**) plátano; (*fig: level*) nível *m*; (*tool*) plaina; (*Math*) plano ▶ ADJ plano ▶ VT (*with tool*) aplainar

planet ['plænɪt] N planeta *m*

planetarium [plænɪ'tɛərɪəm] N planetário

plank [plæŋk] N tábua; (*Pol*) item *m* da plataforma política

plankton ['plæŋktən] N plâncton *m*

planner ['plænə^r] N planejador(a) *m/f* (BR), planeador(a) *m/f* (PT); (*chart*) agenda (*quadro*); (*town planner*) urbanista *m/f*; (*of TV programme, project*) programador(a) *m/f*

planning ['plænɪŋ] N planejamento (BR), planeamento (PT); **family ~** planejamento *or* planeamento familiar

planning permission (BRIT) N autorização *f* para construir

plant [plɑːnt] N planta; (*machinery*) maquinaria; (*factory*) usina, fábrica ▶ VT plantar; (*field*) semear; (*bomb*) colocar, pôr; (*inf*) pôr às escondidas; (*incriminating evidence*) incriminar

plantation [plæn'teɪʃən] N plantação *f*; (*estate*) fazenda; (*area of trees*) bosque *m*

plant hire N locação *f* de equipamentos

plant pot (BRIT) N vaso para planta

plaque [plæk] N placa, insígnia; (*also:* **dental plaque**) placa dental

plasma ['plæzmə] N plasma *m*

plaster ['plɑːstə^r] N (*for walls*) reboco; (*also:* **plaster of Paris**) gesso; (BRIT: *also:* **sticking plaster**) esparadrapo, band-aid *m* ▶ VT rebocar; (*cover*): **to ~ with** encher *or* cobrir de; **in ~** (BRIT: *leg etc*) engessado; **~ of Paris** gesso

plaster cast N (*Med*) aparelho de gesso; (*Art*) molde *m* de gesso

plastered ['plɑːstəd] (*inf*) ADJ bêbado, de porre

plasterer ['plɑːstərəʳ] N rebocador(a) m/f, caiador(a) m/f
plastic ['plæstɪk] N plástico ▶ ADJ de plástico; (flexible) plástico; (art) plástico
plastic bag N sacola de plástico
Plasticine® ['plæstɪsiːn] N plasticina®
plastic surgery N cirurgia plástica
plate [pleɪt] N prato; (on door, dental, Phot) chapa; (Typ) clichê m; (in book) gravura; (Aut: number plate) placa; **gold/silver ~** placa de ouro/prata
plateau ['plætəu] (pl **plateaus** or **plateaux**) N planalto
plateaux ['plætəuz] NPL of **plateau**
plateful ['pleɪtful] N pratada
plate glass N vidro laminado
platen ['plætən] N (on typewriter, printer) rolo
plate rack N escorredor m de pratos
platform ['plætfɔːm] N (Rail) plataforma (BR), cais m (PT); (stage) estrado; (at meeting) tribuna; (raised structure: for landing etc) plataforma; (BRIT: of bus) plataforma; (Pol) programa m partidário
platform ticket (BRIT) N bilhete m de plataforma (BR) or cais (PT)
platinum ['plætɪnəm] N platina
platitude ['plætɪtjuːd] N lugar m comum, chavão m
platonic [plə'tɔnɪk] ADJ platônico
platoon [plə'tuːn] N pelotão m
platter ['plætəʳ] N travessa
plaudits ['plɔːdɪts] NPL aclamações fpl, aplausos mpl
plausible ['plɔːzɪbl] ADJ plausível; (person) convincente
play [pleɪ] N jogo; (Theatre) obra, peça ▶ VT jogar; (team, opponent) jogar contra; (instrument, music, record) tocar; (Theatre) representar; (: role) fazer o papel de; (fig) desempenhar ▶ VI (sport, game) jogar; (music) tocar; (frolic) brincar; **to bring** or **call into ~** (plan) acionar; (emotions) detonar; **~ on words** jogo de palavras, trocadilho; **to ~ a trick on sb** pregar uma peça em alguém; **they're ~ing at soldiers** eles estão brincando de soldados; **to ~ for time** (fig) tentar ganhar tempo, protelar; **to ~ into sb's hands** (fig) fazer o jogo de alguém; **to ~ the fool/innocent** bancar o tolo/inocente; **to ~ safe** não se arriscar, não correr riscos
▶ **play about** VI brincar
▶ **play along** VI (fig): **to ~ along with sb** fazer o jogo de alguém ▶ VT (fig): **to ~ sb along** fazer alguém de criança
▶ **play around** VI brincar
▶ **play back** VT repetir
▶ **play down** VT minimizar
▶ **play on** VT FUS (sb's feelings, credulity) tirar proveito de, usar
▶ **play up** VI (person) dar trabalho; (TV, car) estar com defeito
playact ['pleɪækt] VI fazer fita
playboy ['pleɪbɔɪ] N playboy m

played-out [pleɪd-] ADJ gasto
player ['pleɪəʳ] N jogador(a) m/f; (Theatre) ator/atriz m/f; (Mus) músico(-a)
playful ['pleɪful] ADJ brincalhão(-lhona)
playgoer ['pleɪgəuəʳ] N frequentador(a) m/f de teatro
playground ['pleɪgraund] N (in park) playground m; (in school) pátio de recreio
playgroup ['pleɪgruːp] N espécie de jardim de infância
playing card ['pleɪɪŋ-] N carta de baralho
playing field ['pleɪɪŋ-] N campo de esportes (BR) or jogos (PT)
playmate ['pleɪmeɪt] N colega m/f, camarada m/f
play-off N (Sport) partida de desempate
playpen ['pleɪpɛn] N cercado para crianças
playroom ['pleɪruːm] N sala de jogos
plaything ['pleɪθɪŋ] N brinquedo; (fig) joguete m
playtime ['pleɪtaɪm] N (Sch) recreio
playwright ['pleɪraɪt] N dramaturgo(-a)
plc ABBR = **public limited company**
plea [pliː] N (request) apelo, petição f; (excuse) justificativa; (Law: defence) defesa
plead [pliːd] VT (Law) defender, advogar; (give as excuse) alegar ▶ VI (Law) declarar-se; (beg): **to ~ with sb** suplicar or rogar a alguém; **to ~ guilty/not guilty** declarar-se culpado/inocente
pleasant ['plɛznt] ADJ agradável; (person) simpático
pleasantly ['plɛzntlɪ] ADV agradavelmente
pleasantness ['plɛzntnɪs] N (of person) amabilidade f, simpatia; (of place) encanto
pleasantry ['plɛzntrɪ] N (joke) brincadeira; **pleasantries** NPL (polite remarks) amenidades fpl (na conversa)
please [pliːz] EXCL por favor ▶ VT (give pleasure to) agradar a, dar prazer a ▶ VI agradar, dar prazer; (think fit): **do as you ~** faça o que or como quiser; **~ yourself!** (inf) como você quiser!, você que sabe!
pleased [pliːzd] ADJ (happy) satisfeito, contente; **~ (with)** satisfeito (com); **~ to meet you** prazer (em conhecê-lo); **we are ~ to inform you that ...** temos a satisfação de informá-lo de que ...
pleasing ['pliːzɪŋ] ADJ agradável
pleasurable ['plɛʒərəbl] ADJ agradável
pleasure ['plɛʒəʳ] N prazer m; **"it's a ~"** "não tem de quê"; **with ~** com muito prazer; **is this trip for business or ~?** esta viagem é de negócios ou de recreio?
pleasure boat N barco de recreio
pleasure steamer N vapor m de recreio
pleat [pliːt] N prega
plebiscite ['plɛbɪsɪt] N plebiscito
plebs [plɛbz] (pej) NPL plebe f
plectrum ['plɛktrəm] N plectro
pledge [plɛdʒ] N (object) penhor m; (promise) promessa ▶ VT (invest) empenhar; (promise) prometer; **to ~ support for sb** empenhar-

se a apoiar alguém; **to ~ sb to secrecy** comprometer alguém a guardar sigilo

plenary ['pli:nərɪ] ADJ: **in ~ session** no plenário

plentiful ['plɛntɪful] ADJ abundante

plenty ['plɛntɪ] N abundância; **~ of** (*food, money*) bastante; (*jobs, people*) muitos(-as); **we've got ~ of time** temos tempo de sobra

pleurisy ['pluərɪsɪ] N pleurisia

Plexiglas® ['plɛksɪglɑːs] (US) N Blindex® m

pliable ['plaɪəbl] ADJ flexível; (*fig: person*) adaptável, moldável

pliant ['plaɪənt] ADJ = **pliable**

pliers ['plaɪəz] NPL alicate m

plight [plaɪt] N situação f difícil, apuro

plimsolls ['plɪmsəlz] (BRIT) NPL tênis mpl

plinth [plɪnθ] N peinto

PLO N ABBR (= *Palestine Liberation Organization*) OLP f

plod [plɔd] VI caminhar pesadamente; (*fig*) trabalhar laboriosamente

plodder ['plɔdə^r] N burro-de-carga m

plodding ['plɔdɪŋ] ADJ mourejador(a)

plonk [plɔŋk] (*inf*) N (BRIT: *wine*) zurrapa ▶ VT: **to ~ sth down** deixar cair algo (pesadamente)

plot [plɔt] N (*scheme*) conspiração f, complô m; (*of story, play*) enredo, trama; (*of land*) lote m ▶ VT (*mark out*) traçar; (*conspire*) tramar, planejar (BR), planear (PT); (*Aviat, Naut, Math*) plotar ▶ VI conspirar; **a vegetable ~** (BRIT) uma horta

plotter ['plɔtə^r] N conspirador(a) m/f; (*instrument*) plotadora; (*Comput*) plotter m, plotadora

plough, (US) **plow** [plau] N arado ▶ VT (*earth*) arar; **to ~ money into** investir dinheiro em ▶ **plough back** VT (*Comm*) reinvestir ▶ **plough through** VT FUS (*crowd*) abrir caminho por; (*snow*) avançar penosamente por

ploughing, (US) **plowing** ['plauɪŋ] N aradura

ploughman, (US) **plowman** (*irreg: like* **man**) ['plaumən] N lavrador m

ploughman's lunch (BRIT) N lanche de pão, queijo e picles

plow [plau] (US) = **plough**

ploy [plɔɪ] N estratagema m

pls ABBR (= *please*) por favor

pluck [plʌk] VT (*fruit*) colher; (*musical instrument*) dedilhar; (*bird*) depenar ▶ N coragem f, puxão m; **to ~ one's eyebrows** fazer as sobrancelhas; **to ~ up courage** criar coragem

plucky ['plʌkɪ] ADJ corajoso, valente

plug [plʌg] N tampão m; (*Elec*) tomada (BR), ficha (PT); (*in sink*) tampa; (*Aut: also*: **spark(ing) plug**) vela (de ignição) ▶ VT (*hole*) tapar; (*inf: advertise*) fazer propaganda de; **to give sb/sth a ~** (*inf*) fazer propaganda de alguém/algo
▶ **plug in** VT (*Elec*) ligar

plughole ['plʌghəul] (BRIT) N (*in sink*) escoadouro

plug-in N ['plʌgɪn] (*Comput*) plug-in m

plum [plʌm] N (*fruit*) ameixa ▶ CPD (*inf*): **a ~ job** um emprego joia

plumage ['pluːmɪdʒ] N plumagem f

plumb [plʌm] ADJ vertical ▶ N prumo ▶ ADV (*exactly*) exatamente ▶ VT sondar; **to ~ the depths** (*fig*) chegar ao extremo
▶ **plumb in** VT (*washing machine*) instalar

plumber ['plʌmə^r] N bombeiro(-a) (BR), encanador(a) m/f (BR), canalizador(a) m/f (PT)

plumbing ['plʌmɪŋ] N (*trade*) ofício de encanador; (*piping*) encanamento

plumb line ['plʌmlaɪn] N fio de prumo

plume [pluːm] N pluma; (*on helmet*) penacho

plummet ['plʌmɪt] VI: **to ~ (down)** (*bird, aircraft*) cair rapidamente; (*price*) baixar rapidamente

plump [plʌmp] ADJ roliço, rechonchudo ▶ VT: **to ~ sth (down) on** deixar cair algo em ▶ VI: **to ~ for** (*inf: choose*) escolher, optar por
▶ **plump up** VT (*cushion*) afofar

plunder ['plʌndə^r] N pilhagem f; (*loot*) despojo ▶ VT pilhar, espoliar

plunge [plʌndʒ] N (*dive*) salto; (*submersion*) mergulho; (*fig*) queda ▶ VT (*hand, knife*) enfiar, meter ▶ VI (*fall, fig*) cair; (*dive*) mergulhar; **to take the ~** topar a parada; **to ~ a room into darkness** mergulhar um aposento na escuridão

plunger ['plʌndʒə^r] N êmbolo; (*for blocked sink*) desentupidor m

plunging ['plʌndʒɪŋ] ADJ (*neckline*) decotado

pluperfect [pluː'pəːfɪkt] N mais-que-perfeito

plural ['pluərl] ADJ plural ▶ N plural m

plus [plʌs] N (*also*: **plus sign**) sinal m de adição ▶ PREP mais; **ten/twenty ~** dez/vinte e tantos; **it's a ~** é uma vantagem

plus fours NPL calça (BR) *or* calças fpl (PT) de golfe

plush [plʌʃ] ADJ de pelúcia; (*car, hotel etc*) suntuoso ▶ N pelúcia

plus-one ['plʌs'wʌn] (*inf*) N acompanhante m/f

plutonium [pluː'təunɪəm] N plutônio

ply [plaɪ] N (*of wool*) fio; (*of wood*) espessura ▶ VT (*a trade*) exercer ▶ VI (*ship*) ir e vir; **three ~** (*wool*) de três fios; **to ~ sb with drink/ questions** bombardear alguém com bebidas/perguntas

plywood ['plaɪwud] N madeira compensada

PM (BRIT) N ABBR = **Prime Minister**

p.m. ADV ABBR (= *post meridiem*) da tarde, da noite

PMT N ABBR (= *premenstrual tension*) TPM f, tensão f pré-menstrual

pneumatic [njuː'mætɪk] ADJ pneumático

pneumatic drill [njuː'mætɪk drɪl] N perfuratriz f

pneumonia [njuː'məunɪə] N pneumonia

PO N ABBR = **Post Office**; (*Mil*) = **petty officer**

po ABBR = **postal order**

POA (BRIT) N ABBR = **Prison Officers' Association**

poach [pəutʃ] VT (cook: fish) escaldar; (: eggs) fazer pochê (BR), escalfar (PT); (steal) furtar ▶ VI caçar (or pescar) em propriedade alheia
poached [pəutʃt] ADJ (egg) pochê (BR), escalfado (PT)
poacher ['pəutʃər] N caçador m (or pescador m) furtivo
poaching ['pəutʃɪŋ] N caça (or pesca) furtiva
PO Box N ABBR = **post office box**
pocket ['pɔkɪt] N bolso; (fig: small area) pedaço; (Billiards) caçapa, ventanilha ▶ VT meter no bolso; (steal) embolsar; (Billiards) encaçapar; **to be out of ~** (BRIT) ter prejuízo; **~ of resistance** foco de resistência
pocketbook ['pɔkɪtbuk] (US) N carteira
pocket calculator N calculadora de bolso
pocket knife (irreg: like **knife**) N canivete m
pocket money N dinheiro para despesas miúdas; (for child) mesada
pockmarked ['pɔkmɑ:kt] ADJ (face) com marcas de varíola
pod [pɔd] N vagem f ▶ VT descascar
podcast ['pɔdkɑ:st] N podcast m
podcasting ['pɔdkɑ:stɪŋ] N podcasting m
podgy ['pɔdʒɪ] (inf) ADJ gorducho, rechanchudo
podiatrist [pɔ'di:ətrɪst] (US) N pedicuro(-a)
podiatry [pɔ'di:ətrɪ] (US) N podiatria
podium ['pəudɪəm] N pódio
POE N ABBR = **port of embarkation**; **port of entry**
poem ['pəuɪm] N poema m
poet ['pəuɪt] N poeta/poetisa m/f
poetess ['pəuɪtɪs] N poetisa
poetic [pəu'ɛtɪk] ADJ poético
poet laureate [-'lɔ:rɪət] N poeta m laureado
poetry ['pəuɪtrɪ] N poesia
poignant ['pɔɪnjənt] ADJ comovente; (sharp) agudo
point [pɔɪnt] N (gen) ponto; (of needle, knife etc) ponta; (purpose) finalidade f; (significant part) ponto principal; (position, place) lugar m, posição f; (moment) momento; (stage) estágio; (BRIT Elec: also: **power point**) tomada; (also: **decimal point**): **2 ~ 3 (2.3)** dois vírgula três ▶ VT (show, mark) mostrar; (window, wall) tomar com argamassa; (gun etc): **to ~ sth at sb** apontar algo para alguém ▶ VI apontar; **points** NPL (Aut) platinado, contato; (Rail) agulhas fpl; **to ~ at** apontar para; **good ~s** qualidades; **to be on the ~ of doing sth** estar prestes a or a ponto de fazer algo; **to make a ~** fazer uma observação; **to make a ~ of** fazer questão de, insistir em; **to make one's ~** dar sua opinião; **you've made your ~** você já disse o que queria, você já falou (inf); **to get the ~** perceber; **to miss the ~** compreender mal; **to come to the ~** ir ao assunto; **when it comes to the ~** na hora; **there's no ~ (in doing)** não há razão (para fazer); **that's the whole ~!** aí é que está a questão!, aí é que 'tá! (inf); **to be beside the ~** estar fora do assunto; **you've got a ~**

there! você tem razão!; **in ~ of fact** na verdade, na realidade; **~ of departure** ponto de partida; **~ of sale** (Comm) ponto de venda; **~ of view** ponto de vista
▶ **point out** VT (indicate) indicar; (in debate etc) ressaltar
▶ **point to** VT FUS apontar para; (fig) indicar
point-blank ADV categoricamente; (also: **at point-blank range**) à queima-roupa ▶ ADJ (fig) categórico
point duty (BRIT) N: **to be on ~** estar de serviço no controle do trânsito
pointed ['pɔɪntɪd] ADJ (stick etc) pontudo; (remark) mordaz
pointedly ['pɔɪntɪdlɪ] ADV sugestivamente
pointer ['pɔɪntər] N (on chart) indicador m; (on machine) ponteiro; (needle) agulha; (dog) pointer m; (fig) dica
pointless ['pɔɪntlɪs] ADJ (useless) inútil; (senseless) sem sentido; (motiveless) sem razão
poise [pɔɪz] N (composure) elegância; (balance) equilíbrio; (of head, body) porte m; (calmness) serenidade f ▶ VT pôr em equilíbrio; **to be ~d for** (fig) estar pronto para
poison ['pɔɪzn] N veneno ▶ VT envenenar
poisoning ['pɔɪznɪŋ] N envenenamento
poisonous ['pɔɪzənəs] ADJ venenoso; (fumes etc) tóxico; (fig) pernicioso
poke [pəuk] VT (fire) atiçar; (jab with finger, stick etc) cutucar; (put): **to ~ sth in(to)** enfiar or meter algo em ▶ N (to fire) remexida; (jab) cutucada; (with elbow) cotovelada; **to ~ one's nose into** meter o nariz em; **to ~ one's head out of the window** meter a cabeça para fora da janela; **to ~ fun at sb** ridicularizar or fazer troça de alguém
▶ **poke about** VI escarafunchar, espionar
poker ['pəukər] N atiçador m (de brasas); (Cards) pôquer m
poker-faced [-feɪst] ADJ com rosto impassível
poky ['pəukɪ] (pej) ADJ apertado
Poland ['pəulənd] N Polônia
polar ['pəulər] ADJ polar
polar bear N urso polar
polarize ['pəulərɑɪz] VT polarizar
Pole [pəul] N polonês(-esa) m/f
pole [pəul] N vara; (Geo) polo; (telegraph pole) poste m; (flagpole) mastro; (tent pole) estaca
pole bean (US) N feijão-trepador m
polecat ['pəulkæt] N furão-bravo
Pol. Econ. ['pɔlɪkɔn] N ABBR = **political economy**
polemic [pɔ'lɛmɪk] N polêmica
pole star N estrela Polar
pole vault N salto com vara
police [pə'li:s] N polícia ▶ VT policiar
police car N rádio-patrulha f
police constable (BRIT) N policial m/f (BR), polícia m/f (PT)
police department (US) N polícia
police force N polícia
policeman [pə'li:smən] (irreg: like **man**) N policial m (BR), polícia m (PT)

police officer N policial *m/f* (BR), polícia *m/f* (PT)
police record N ficha na polícia
police state N estado policial
police station N delegacia (de polícia) (BR), esquadra (PT)
policewoman [pə'li:swumən] (*irreg: like* **woman**) N policial *f* (feminina) (BR), mulher *f* polícia (PT)
policy ['pɔlɪsɪ] N política; (*also:* **insurance policy**) apólice *f*; (*of newspaper, company*) orientação *f*; **to take out a ~** (*Insurance*) fazer uma apólice *or* um contrato de seguro
policy holder N segurado(-a)
polio ['pəulɪəu] N polio(mielite) *f*
Polish ['pəulɪʃ] ADJ polonês(-esa) ▶ N (*Ling*) polonês *m*
polish ['pɔlɪʃ] N (*for shoes*) graxa; (*for floor*) cera (para encerar); (*for nails*) esmalte *m*; (*shine*) brilho; (*fig: refinement*) refinamento, requinte *m* ▶ VT (*shoes*) engraxar; (*make shiny*) lustrar, dar brilho a; (*fig: improve*) refinar, polir
▶ **polish off** VT (*work*) dar os arremates a; (*food*) raspar
polished ['pɔlɪʃt] ADJ (*fig: person*) culto; (*: manners*) refinado
polite [pə'laɪt] ADJ educado; (*formal*) cortês; (*company, society*) refinado; **it's not ~ to do that** é falta de educação fazer isso
politely [pə'laɪtlɪ] ADV educadamente
politeness [pə'laɪtnɪs] N gentileza, cortesia
politic ['pɔlɪtɪk] ADJ prudente
political [pə'lɪtɪkl] ADJ político
political asylum N asilo político; **to seek ~** pedir asilo político
politically [pə'lɪtɪklɪ] ADV politicamente
politician [pɔlɪ'tɪʃən] N político(-a)
politics ['pɔlɪtɪks] N, NPL política
polka ['pɔlkə] N polca
polka dot N bolinha
poll [pəul] N (*votes*) votação *f*; (*also:* **opinion poll**) pesquisa, sondagem *f* ▶ VT (*votes*) receber, obter; **to go to the ~s** (*voters*) ir às urnas; (*government*) convocar eleições
pollen ['pɔlən] N pólen *m*
pollen count N contagem *f* de pólen
pollination [pɔlɪ'neɪʃən] N polinização *f*
polling ['pəulɪŋ] N (BRIT *Pol*) votação *f*; (*Tel*) apuração *f*
polling booth (BRIT) N cabine *f* de votar
polling day (BRIT) N dia *m* de eleição
polling station (BRIT) N centro eleitoral
pollute [pə'lu:t] VT poluir
pollution [pə'lu:ʃən] N poluição *f*
polo ['pəuləu] N (*sport*) polo
polo neck N gola rulê ▶ ADJ: **polo-neck** de gola rulê
polo-necked [-nɛkt] ADJ de gola rulê
poltergeist ['pɔltəgaɪst] N espírito pertubador (*espécie de fantasma*)
poly ['pɔlɪ] (BRIT) N ABBR = **polytechnic**
polyester [pɔlɪ'ɛstə^r] N poliéster *m*
polyethylene [pɔlɪ'ɛθɪli:n] (US) N polietileno

polygamy [pə'lɪgəmɪ] N poligamia
Polynesia [pɔlɪ'ni:zɪə] N Polinésia
Polynesian [pɔlɪ'ni:zɪən] ADJ, N polinésio(-a)
polyp ['pɔlɪp] N (*Med*) pólipo
polystyrene [pɔlɪ'staɪri:n] N isopor® *m*
polytechnic [pɔlɪ'tɛknɪk] N politécnico, escola politécnica
polythene ['pɔlɪθi:n] N politeno
polythene bag N bolsa de plástico
polyurethane [pɔlɪ'juːrəθeɪn] N poliuretano
pomegranate ['pɔmɪgrænɪt] N romã *f*
pommel ['pɔml] N botão *m*; (*saddle*) maçaneta ▶ VT = **pummel**
pomp [pɔmp] N pompa, fausto
pompom ['pɔmpɔm] N pompom *m*
pompon ['pɔmpɔn] N = **pompom**
pompous ['pɔmpəs] (*pej*) ADJ pomposo
pond [pɔnd] N (*natural*) lago pequeno; (*artificial*) tanque *m*
ponder ['pɔndə^r] VT, VI ponderar, meditar (sobre)
ponderous ['pɔndərəs] ADJ pesado
pong [pɔŋ] (BRIT *inf*) N fedor *m*, fartum *m* (*inf*), catinga (*inf*) ▶ VI feder
pontiff ['pɔntɪf] N pontífice *m*
pontificate [pɔn'tɪfɪkeɪt] VI (*fig*): **to ~ (about)** pontificar (sobre)
pontoon [pɔn'tu:n] N pontão *m*; (BRIT: *card game*) vinte-e-um *m*
pony ['pəunɪ] N pônei *m*
ponytail ['pəunɪteɪl] N rabo-de-cavalo
pony trekking [-'trɛkɪŋ] (BRIT) N excursão *f* em pônei
poodle ['pu:dl] N cão-d'água *m*
pooh-pooh [pu:'pu:] VT desprezar
pool [pu:l] N (*puddle*) poça, charco; (*pond*) lago; (*also:* **swimming pool**) piscina; (*fig: of light*) feixe *m*; (: *of liquid*) poça; (*Sport*) sinuca; (*sth shared*) fundo comum; (*money at cards*) bolo; (*Comm: consortium*) consórcio, pool *m*; (US: *monopoly trust*) truste *m* ▶ VT juntar; **pools** NPL (*football pools*) loteria esportiva (BR), totobola (PT); **typing** (BRIT) *or* **secretary** (US) **~** seção *f* de datilografia
poor [puə^r] ADJ pobre; (*bad*) inferior, mau ▶ NPL: **the ~** os pobres; **~ in** (*resources etc*) deficiente em
poorly ['puəlɪ] ADJ adoentado, indisposto ▶ ADV mal
pop [pɔp] N (*sound*) estalo, estouro; (*Mus*) pop *m*; (US *inf: father*) papai *m*; (*inf: fizzy drink*) bebida gasosa ▶ VT: **to ~ sth into/onto** *etc* (*put*) pôr algo em/sobre *etc* ▶ VI estourar; (*cork*) saltar; **she ~ped her head out of the window** ela meteu a cabeça fora da janela
▶ **pop in** VI dar um pulo
▶ **pop out** VI dar uma saída
▶ **pop up** VI surgir, aparecer inesperadamente
pop concert N concerto pop
popcorn ['pɔpkɔ:n] N pipoca
pope [pəup] N papa *m*
poplar ['pɔplə^r] N álamo, choupo

poplin ['pɒplɪn] N popeline f
popper ['pɒpər] (BRIT) N presilha
poppy ['pɒpɪ] N papoula
poppycock ['pɒpɪkɒk] (inf) N conversa fiada, papo furado
popsicle® ['pɒpsɪkl] (US) N picolé m
pop star N pop star m/f
populace ['pɒpjuləs] N povo
popular ['pɒpjulər] ADJ popular; (person) querido; (fashionable) badalado; **to be ~ (with)** (person) fazer sucesso (com); (decision) ser aplaudido (por)
popularity [pɒpju'lærɪtɪ] N popularidade f
popularize ['pɒpjuləraɪz] VT popularizar; (science) vulgarizar
populate ['pɒpjuleɪt] VT povoar
population [pɒpju'leɪʃən] N população f
population explosion N explosão f demográfica
populous ['pɒpjuləs] ADJ populoso
pop-up ['pɒpʌp] ADJ (Comput) (de) pop-up ▶ N pop-up m
porcelain ['pɔːslɪn] N porcelana
porch [pɔːtʃ] N pórtico; (US: verandah) varanda
porcupine ['pɔːkjupaɪn] N porco-espinho
pore [pɔːr] N poro ▶ VI: **to ~ over** examinar minuciosamente
pork [pɔːk] N carne f de porco
pork chop N costeleta de porco
pornographic [pɔːnə'græfɪk] ADJ pornográfico
pornography [pɔː'nɒgrəfɪ] N pornografia
porous ['pɔːrəs] ADJ poroso
porpoise ['pɔːpəs] N golfinho, boto
porridge ['pɒrɪdʒ] N mingau m (de aveia)
port [pɔːt] N (harbour) porto; (Naut: left side) bombordo; (wine) vinho do Porto; (Comput) porta ▶ CPD portuário; **to ~** (Naut) a bombordo; **~ of call** porto de escala
portable ['pɔːtəbl] ADJ portátil
portal ['pɔːtl] N portal m
portcullis [pɔːt'kʌlɪs] N grade f levadiça
portend [pɔː'tɛnd] VT pressagiar
portent ['pɔːtɛnt] N presságio, portento
porter ['pɔːtər] N (for luggage) carregador m; (doorkeeper) porteiro
portfolio [pɔːt'fəulɪəu] N (case) pasta; (Pol) pasta ministerial; (Finance) carteira de ações ou títulos; (of artist) pasta, portfolió
porthole ['pɔːthəul] N vigia
portico ['pɔːtɪkəu] N pórtico
portion ['pɔːʃən] N porção f, quinhão m; (of food) ração f
portly ['pɔːtlɪ] ADJ corpulento
portrait ['pɔːtreɪt] N retrato
portray [pɔː'treɪ] VT retratar; (act) interpretar
portrayal [pɔː'treɪəl] N retrato; (actor's) interpretação f; (in book, film) representação f
Portugal ['pɔːtjugl] N Portugal m (no article)
Portuguese [pɔːtju'giːz] ADJ português(-esa) ▶ N INV português(-esa) m/f; (Ling) português m
Portuguese man-of-war (irreg: like **man**) N (jellyfish) urtiga-do-mar f, caravela

pose [pəuz] N postura, pose f; (pej) pose, afetação f ▶ VI posar; (pretend): **to ~ as** fazer-se passar por ▶ VT (question) fazer; (problem) causar; **to strike a ~** fazer pose; **to ~ for** (painting) posar para
poser ['pəuzər] N problema m, abacaxi m (BR inf); (person) = **poseur**
poseur [pəu'zəːr] (pej) N posudo(-a), pessoa afetada
posh [pɒʃ] (inf) ADJ fino, chique; (upper-class) de classe alta; **to talk ~** falar com sotaque fino
position [pə'zɪʃən] N posição f; (job) cargo; (situation) situação f ▶ VT colocar, situar; **to be in a ~ to do sth** estar em posição de fazer algo
positive ['pɒzɪtɪv] ADJ positivo; (certain) certo; (definite) definitivo; **I'm ~** tenho certeza absoluta
posse ['pɒsɪ] (US) N pelotão m de civis armados
possess [pə'zɛs] VT possuir; **like one ~ed** como um possuído do demônio; **whatever can have ~ed you?** o que é que te deu?
possession [pə'zɛʃən] N posse f, possessão f; (object) bem m, posse; **possessions** NPL (belongings) pertences mpl; **to take ~ of sth** tomar posse de algo
possessive [pə'zɛsɪv] ADJ possessivo
possessively [pə'zɛsɪvlɪ] ADV possessivamente
possessor [pə'zɛsər] N possuidor(a) m/f
possibility [pɒsɪ'bɪlɪtɪ] N possibilidade f; (of sth happening) probabilidade f
possible ['pɒsɪbl] ADJ possível; **it is ~ to do it** é possível fazê-lo; **as far as ~** tanto quanto possível, na medida do possível; **if ~** se for possível; **as big as ~** o maior possível
possibly ['pɒsɪblɪ] ADV (perhaps) pode ser, talvez; (surprise): **what could they ~ want with me?** o que eles podem querer comigo?; (emphasizing effort): **they did everything they ~ could** eles fizeram tudo o que podiam; **if you ~ can** se lhe for possível; **could you ~ come over?** será que você podia vir para cá?; **I cannot ~ go** não posso ir de jeito nenhum
post [pəust] N (BRIT: mail) correio; (job) cargo, posto; (pole) poste m; (on internet) post m; (Mil) nomeação f; (trading post) entreposto comercial ▶ VT (BRIT: send by post) pôr no correio; (Mil) nomear; (bills) afixar, pregar; (on internet) postar; (BRIT: appoint): **to ~ to** destinar a; **by ~** (BRIT) pelo correio; **by return of ~** (BRIT) na volta do correio; **to keep sb ~ed** manter alguém informado
post- [pəust] PREFIX pós...; **~1990** depois de 1990
postage ['pəustɪdʒ] N porte m, franquia; **~ paid** porte pago; **~ prepaid** (US) franquia de porte
postage stamp N selo postal
postal ['pəustəl] ADJ postal
postal order N vale m postal
postbag ['pəustbæg] (BRIT) N mala de correio; (postman's) sacola

postbox ['pəustbɔks] (BRIT) N caixa de correio
postcard ['pəustka:d] N cartão m postal
postcode ['pəustkəud] (BRIT) N código postal, ≈ CEP m (BR)
postdate [pəust'deit] VT (cheque) pós-datar
poster ['pəustə^r] N cartaz m; (as decoration) pôster m
poste restante [pəust'rɛstã:nt] (BRIT) N posta-restante f
posterior [pɔs'tɪərɪə^r] (inf) N traseiro, nádegas fpl
posterity [pɔs'tɛrɪtɪ] N posteridade f
poster paint N guache m
post exchange (US) N (Mil) loja do exército
post-free (BRIT) ADJ franco de porte
postgraduate [pəust'grædjuət] N pós-graduado(-a)
posthumous ['pɔstjuməs] ADJ póstumo
posthumously ['pɔstjuməslı] ADV postumamente
posting ['pəustɪŋ] (BRIT) N nomeação f
postman ['pəustmən] (irreg: like **man**) N carteiro
postmark ['pəustma:k] N carimbo do correio
postmaster ['pəustma:stə^r] N agente m (BR) or chefe m (PT) do correio
Postmaster General N ≈ Superintendente m Geral dos Correios
postmen ['pəustmɛn] NPL of **postman**
postmistress ['pəustmɪstrɪs] N agente f (BR) or chefe f (PT) do correio
postmortem [pəust'mɔ:təm] N autópsia
postnatal [pəust'neɪtl] ADJ pós-natal
post office N (building) agência do correio, correio; (organization) ≈ Empresa Nacional dos Correios e Telégrafos (BR), ≈ Correios, Telégrafos e Telefones (PT)
post office box N caixa postal
post-paid (BRIT) ADJ porte pago
postpone [pəs'pəun] VT adiar
postponement [pəs'pəunmənt] N adiamento
postscript ['pəustskrɪpt] N pós-escrito
postulate ['pɔstjuleit] VT postular
posture ['pɔstʃə^r] N postura; (fig) atitude f ▶ VI posar
postwar [pəust'wɔ:^r] ADJ de após-guerra
posy ['pəuzɪ] N ramalhete m
pot [pɔt] N (for cooking) panela; (for flowers) vaso; (container) pote m; (teapot) bule m; (inf: marijuana) maconha ▶ VT (plant) plantar em vaso; (conserve) pôr em conserva; **to go to ~** (inf: country, economy) arruinar-se, degringolar; **the town has gone to ~** a cidade mixou; **~s of ...** (BRIT inf) ... aos potes
potash ['pɔtæʃ] N potassa
potassium [pə'tæsɪəm] N potássio
potato [pə'teitəu] (pl **potatoes**) N batata
potato crisps, (US) **potato chips** NPL batatinhas fpl fritas
potato flour N fécula (de batata)
potato peeler N descascador m de batatas
potbellied ['pɔtbɛlɪd] ADJ barrigudo

potency ['pəutənsɪ] N potência; (of drink) teor m alcoólico
potent ['pəutnt] ADJ (weapon, argument) poderoso; (drink) forte; (man) potente
potentate ['pəutnteɪt] N potentado
potential [pə'tɛnʃl] ADJ potencial ▶ N potencial m; **to have ~** ser promissor
potentially [pə'tɛnʃəlɪ] ADV potencialmente
pothole ['pɔthəul] N (in road) buraco; (BRIT: underground) caldeirão m, cova
potholer ['pɔthəulə^r] (BRIT) N espeleologista m/f
potholing ['pɔthəulɪŋ] (BRIT) N: **to go ~** dedicar-se à espeleologia
potion ['pəuʃən] N poção f
potluck [pɔt'lʌk] N: **to take ~** contentar-se com o que houver
potpourri [pəu'pu:ri:] N potpourri m (de pétalas e folhas secas para perfumar o ambiente)
pot roast N carne f assada
potshot ['pɔtʃɔt] N: **to take a ~ at sth** atirar em algo a esmo
potted ['pɔtɪd] ADJ (food) em conserva; (plant) de vaso; (fig: shortened) resumido
potter ['pɔtə^r] N (artistic) ceramista m/f; (artisan) oleiro(-a) ▶ VI (BRIT): **to ~ around, ~ about** ocupar-se com pequenos trabalhos; **~'s wheel** roda or torno de oleiro
pottery ['pɔtərɪ] N cerâmica; (factory) olaria; **a piece of ~** uma cerâmica
potty ['pɔtɪ] ADJ (inf: mad) maluco, doido ▶ N penico
potty-training N treino (da criança) para o uso do urinol
pouch [pautʃ] N (Zool) bolsa; (for tobacco) tabaqueira
pouf, pouffe [pu:f] N pufe m
poultice ['pəultɪs] N cataplasma
poultry ['pəultrɪ] N aves fpl domésticas; (meat) carne f de aves domésticas
poultry farm N granja avícola
poultry farmer N avicultor(a) m/f
pounce [pauns] VI: **to ~ on** lançar-se sobre; (person) agarrar em; (fig: mistake etc) apontar ▶ N salto, arremetida
pound [paund] N libra (weight = 453g, 16 ounces; money = 100 pence); (for dogs) canil m; (for cars) depósito ▶ VT (beat) socar, esmurrar; (crush) triturar ▶ VI (heart) bater; **half a ~ (of)** meia libra (de); **a five-~ note** uma nota de cinco libras
pounding ['paundɪŋ] N: **to take a ~** (fig) levar uma surra
pound sterling N libra esterlina
pour [pɔ:^r] VT despejar; (drink) servir ▶ VI correr, jorrar; (rain) chover a cântaros; **to ~ sb a drink** servir uma bebida a alguém
▶ **pour away** VT esvaziar, decantar
▶ **pour in** VI (people) entrar numa enxurrada; (information) chegar numa enxurrada
▶ **pour off** VT esvaziar, decantar
▶ **pour out** VI (people) sair aos borbotões ▶ VT (drink) servir; (water etc) esvaziar; (fig) extravasar

pouring ['pɔːrɪŋ] ADJ: ~ **rain** chuva torrencial
pout [paut] VI fazer beicinho or biquinho
poverty ['pɒvətɪ] N pobreza, miséria
poverty-stricken ADJ muito pobre, carente
poverty trap (BRIT) N armadilha da pobreza
POW N ABBR = **prisoner of war**
powder ['paudə^r] N pó m; (face powder) pó-de-arroz m; (gunpowder) pólvora ▸ VT pulverizar; (face) empoar, passar pó em; **to ~ one's nose** empoar-se; (euphemism) ir ao banheiro
powder compact N estojo (de pó-de-arroz)
powdered milk ['paudəd-] N leite m em pó
powder puff N esponja de pó-de-arroz
powder room N toucador m, banheiro de senhoras
powdery ['paudərɪ] ADJ poeirento
power ['pauə^r] N poder m; (of explosion, engine) força, potência; (nation) potência; (ability, Pol: of party, leader) poder; (of speech, thought) faculdade f; (Math, Tech) potência; (electricity) força ▸ VT (Elec) alimentar; (engine, machine) acionar; (car, plane) propulsionar; **to do all in one's ~ to help sb** fazer tudo que tiver ao seu alcance para ajudar alguém; **the world ~s** as grandes potências; **to be in ~** estar no poder; **~ of attorney** procuração f
powerboat ['pauəbəut] (BRIT) N barco a motor
power cut (BRIT) N corte m de energia, blecaute m (BR)
power-driven ADJ movido a motor; (Elec) elétrico
powered ['pauəd] ADJ: **~ by** movido a; **nuclear-~ submarine** submarino nuclear
power failure N corte m de energia
powerful ['pauəful] ADJ poderoso; (engine) potente; (body) vigoroso; (blow) violento; (argument) convincente; (emotion) intenso
powerhouse ['pauəhaus] N (fig: person) poço de energia; **a ~ of ideas** um poço de ideias
powerless ['pauəlɪs] ADJ impotente
power line N fio de alta tensão
power point (BRIT) N tomada
power station N central f elétrica
power steering N direção f hidráulica
powwow ['pauwau] N reunião f
pox [pɒks] (inf) N sífilis f; see also **chickenpox**, **smallpox**
pp ABBR (= per procurationem) p.p.; = **pages**
PPE (BRIT) N ABBR (Sch) = **philosophy, politics and economics**
PPS N ABBR (= post postscriptum) PPS; (BRIT: = parliamentary private secretary) parlamentário no serviço de um ministro
PQ (CANADA) ABBR = **Province of Quebec**
PR N ABBR = **proportional representation**; **public relations** ▸ ABBR (US Post) = **Puerto Rico**
Pr. ABBR (= prince) P.R.
practicability [præktɪkə'bɪlɪtɪ] N viabilidade f
practicable ['præktɪkəbl] ADJ (scheme) viável

practical ['præktɪkl] ADJ prático
practicality [præktɪ'kælɪtɪ] N (of plan) viabilidade f; (of person) índole f prática; **practicalities** NPL (of situation) aspectos mpl práticos
practical joke N brincadeira, peça
practically ['præktɪkəlɪ] ADV (almost) praticamente
practice ['præktɪs] N (habit, Rel) costume m, hábito; (exercise) prática; (of profession) exercício; (training) treinamento; (Med) consultório; (Law) escritório ▸ VT, VI (US) = **practise**; **in ~** (in reality) na prática; **out of ~** destreinado; **it's common ~** é comum; **to put sth into ~** pôr algo em prática; **to set up in ~** abrir consultório
practice match N jogo de treinamento
practise, (US) **practice** ['præktɪs] VT praticar; (profession) exercer; (sport) treinar ▸ VI (doctor) ter consultório; (lawyer) ter escritório; (train) treinar, praticar
practised ['præktɪst] (BRIT) ADJ (person) experiente, experimentado; (performance) competente; (liar) contumaz; **with a ~ eye** com olhar de entendedor
practising ['præktɪsɪŋ] ADJ (Christian etc) praticante; (lawyer) que exerce; (homosexual) assumido
practitioner [præk'tɪʃənə^r] N praticante m/f; (Med) médico(-a)
pragmatic [præg'mætɪk] ADJ pragmático
Prague [prɑːg] N Praga
prairie ['prɛərɪ] N campina, pradaria
praise [preɪz] N (approval) louvor m; (admiration) elogio ▸ VT elogiar, louvar
praiseworthy ['preɪzwəːðɪ] ADJ louvável, digno de elogio
pram [præm] (BRIT) N carrinho de bebê
prance [prɑːns] VI: **to ~ about/up and down** etc (horse) curvetear, fazer cabriolas; (person) andar espalhafatosamente
prank [præŋk] N travessura, peça
prattle ['prætl] VI tagarelar; (child) balbuciar
prawn [prɔːn] N pitu m; (small) camarão m
pray [preɪ] VI: **to ~ for/that** rezar por/para que
prayer [prɛə^r] N (activity) reza; (words) oração f, prece f; (entreaty) súplica, rogo
prayer book N missal m, livro de orações
pre- ['priː] PREFIX pré-; **~1970** antes de 1970
preach [priːtʃ] VT pregar ▸ VI pregar; (pej: moralize) catequizar; **to ~ at sb** fazer sermões a alguém
preacher ['priːtʃə^r] N pregador(a) m/f; (US: clergyman) pastor m
preamble [prɪ'æmbl] N preâmbulo
prearranged [priːə'reɪndʒd] ADJ combinado de antemão
precarious [prɪ'kɛərɪəs] ADJ precário
precaution [prɪ'kɔːʃən] N precaução f
precautionary [prɪ'kɔːʃənrɪ] ADJ (measure) de precaução
precede [prɪ'siːd] VT, VI preceder

precedence ['prɛsɪdəns] N precedência; (*priority*) prioridade *f*
precedent ['prɛsɪdənt] N precedente *m*; **to establish** or **set a ~** estabelecer or abrir precedente
preceding [prɪ'si:dɪŋ] ADJ anterior
precept ['pri:sɛpt] N preceito
precinct ['pri:sɪŋkt] N (*round church*) recinto; (*US: district*) distrito policial; **precincts** NPL (*of large building*) arredores *mpl*; **pedestrian ~** (*BRIT*) zona para pedestres (BR) or peões (PT); **shopping ~** (*BRIT*) zona comercial
precious ['prɛʃəs] ADJ precioso; (*stylized*) afetado ▸ ADV (*inf*): **~ little** muito pouco, pouquíssimo; **your ~ dog** (*ironic*) seu adorado cãozinho
precipice ['prɛsɪpɪs] N precipício
precipitate [*adj* prɪ'sɪpɪtɪt, *vt* prɪ'sɪpɪteɪt] ADJ (*hasty*) precipitado, apressado ▸ VT (*hasten*) precipitar, acelerar; (*bring about*) causar
precipitation [prɪsɪpɪ'teɪʃən] N precipitação *f*
precipitous [prɪ'sɪpɪtəs] ADJ (*steep*) íngreme, escarpado
précis ['preɪsi:] N INV resumo, sumário
precise [prɪ'saɪs] ADJ exato, preciso; (*plans*) detalhado; (*person*) escrupuloso, meticuloso
precisely [prɪ'saɪslɪ] ADV precisamente; (*exactly*) exatamente
precision [prɪ'sɪʒən] N precisão *f*
preclude [prɪ'klu:d] VT excluir; **to ~ sb from doing** impedir que alguém faça
precocious [prɪ'kəuʃəs] ADJ precoce
preconceived [pri:kən'si:vd] ADJ (*idea*) preconcebido
preconception [pri:kən'sɛpʃən] N preconceito
precondition [pri:kən'dɪʃən] N condição *f* prévia
precursor [pri:'kə:sə^r] N precursor(a) *m/f*
predate ['pri:deɪt] VT (*precede*) preceder
predator ['prɛdətə^r] N predador *m*
predatory ['prɛdətərɪ] ADJ predatório, rapace
predecessor ['pri:dɪsɛsə^r] N predecessor(a) *m/f*, antepassado(-a)
predestination [pri:dɛstɪ'neɪʃən] N predestinação *f*, destino
predetermine [pri:dɪ'tə:mɪn] VT predeterminar, predispor
predicament [prɪ'dɪkəmənt] N situação *f* difícil, apuro
predicate ['prɛdɪkɪt] N (*Ling*) predicado
predict [prɪ'dɪkt] VT prever, predizer, prognosticar
predictable [prɪ'dɪktəbl] ADJ previsível
predictably [prɪ'dɪktəblɪ] ADV (*behave, react*) de maneira previsível; **~ she didn't come** como era de se esperar, ela não veio
prediction [prɪ'dɪkʃən] N previsão *f*, prognóstico
predispose [pri:dɪs'pəuz] VT predispor
predominance [prɪ'dɔmɪnəns] N predominância, preponderância
predominant [prɪ'dɔmɪnənt] ADJ predominante, preponderante
predominantly [prɪ'dɔmɪnəntlɪ] ADV predominantemente; (*for the most part*) na maioria; (*above all*) sobretudo
predominate [prɪ'dɔmɪneɪt] VI predominar
pre-eminent ADJ preeminente
pre-empt [-ɛmt] (*BRIT*) VT (*obtain*) adquirir por preempção or de antemão; (*fig*): **to ~ sb/sth** antecipar-se a alguém/antecipar algo
pre-emptive [-ɛmtɪv] ADJ: **~ strike** ataque *m* preventivo
preen [pri:n] VT: **to ~ itself** (*bird*) limpar e alisar as penas (com o bico); **to ~ o.s.** enfeitar-se, envaidecer-se
prefab ['pri:fæb] N casa pré-fabricada
prefabricated [pri:'fæbrɪkeɪtɪd] ADJ pré-fabricado
preface ['prɛfəs] N prefácio
prefect ['pri:fɛkt] N (*BRIT Sch*) monitor(a) *m/f*, tutor(a) *m/f*; (*in Brazil*) prefeito(-a)
prefer [prɪ'fə:^r] VT preferir; (*Law*): **to ~ charges** intentar uma ação judicial; **to ~ coffee to tea** preferir café a chá
preferable ['prɛfrəbl] ADJ preferível
preferably ['prɛfrəblɪ] ADV de preferência
preference ['prɛfrəns] N preferência; **in ~ to sth** de preferência a algo
preference shares (*BRIT*) NPL ações *fpl* preferenciais
preferential [prɛfə'rɛnʃəl] ADJ preferencial; **~ treatment** preferência
preferred stock [prɪ'fə:d-] (*US*) NPL ações *fpl* preferenciais
prefix ['pri:fɪks] N prefixo
pregnancy ['prɛgnənsɪ] N gravidez *f*; (*animal*) prenhez *f*
pregnant ['prɛgnənt] ADJ grávida; (*animal*) prenha; **3 months ~** grávida de 3 meses; **~ with** rico de, cheio de
prehistoric [pri:hɪs'tɔrɪk] ADJ pré-histórico
prehistory [pri:'hɪstərɪ] N pré-história
prejudge [pri:'dʒʌdʒ] VT fazer um juízo antecipado de, prejulgar
prejudice ['prɛdʒudɪs] N (*bias*) preconceito; (*harm*) prejuízo ▸ VT (*predispose*) predispor; (*harm*) prejudicar; **to ~ sb in favour of/against** predispor alguém a favor de/contra
prejudiced ['prɛdʒudɪst] ADJ (*person*) preconceituoso; (*view*) parcial, preconcebido; **to be ~ against sb/sth** estar com prevenção contra alguém/algo
prelate ['prɛlət] N prelado
preliminaries [prɪ'lɪmɪnərɪz] NPL preliminares *fpl*
preliminary [prɪ'lɪmɪnərɪ] ADJ preliminar, prévio
prelude ['prɛlju:d] N prelúdio
premarital [pri:'mærɪtl] ADJ pré-nupcial
premature ['prɛmətʃuə^r] ADJ prematuro; **to be ~ (in doing sth)** precipitar-se (em fazer algo)
premeditated [pri:'mɛdɪteɪtɪd] ADJ premeditado

premeditation [pri:mɛdɪ'teɪʃən] N
premeditação f
premenstrual [pri:'mɛnstruəl] ADJ
pré-menstrual
premenstrual tension N tensão f pré-menstrual
premier ['prɛmɪəʳ] ADJ primeiro, principal ▶ N
(Pol) primeiro-ministro/primeira-ministra
première ['prɛmɪɛəʳ] N estreia
premise ['prɛmɪs] N premissa; **premises** NPL
(of business, institution) local m; (house) casa;
(shop) loja; **on the ~s** no local; **business ~s**
local utilizado para fins comerciais
premium ['pri:mɪəm] N prêmio; **to be at a ~**
ser caro; **to sell at a ~** (shares) vender acima
do par
premium bond (BRIT) N obrigação qué dá direito a
prêmio mediante sorteio
premium deal N (Comm) oferta especial
premium gasoline (US) N gasolina azul or
super
premonition [prɛmə'nɪʃən] N presságio,
pressentimento
preoccupation [pri:ɔkju'peɪʃən] N
preocupação f
preoccupied [pri:'ɔkjupaɪd] ADJ (worried)
preocupado, apreensivo; (absorbed) absorto
prep [prɛp] ADJ ABBR: **~ school = preparatory
school** ▶ N (Sch: = study) deveres mpl
prepackaged [pri:'pækɪdʒd] ADJ embalado
para venda ao consumidor
prepaid [pri:'peɪd] ADJ com porte pago
preparation [prɛpə'reɪʃən] N preparação f;
preparations NPL (arrangements) preparativos
mpl; **in ~ for** em preparação para
preparatory [prɪ'pærətərɪ] ADJ preparatório;
~ to antes de
preparatory school N escola particular para
crianças até 11 ou 13 anod de idade
prepare [prɪ'pɛəʳ] VT preparar ▶ VI: **to ~ for**
preparar-se or aprontar-se para; (make
preparations) fazer preparativos para; **~d to**
disposto a; **~d for** pronto para
preponderance [prɪ'pɔndərns] N predomínio
preposition [prɛpə'zɪʃən] N preposição f
prepossessing [pri:pə'zɛsɪŋ] ADJ atraente
preposterous [prɪ'pɔstərəs] ADJ absurdo,
disparatado
prep school N = **preparatory school**
prerecorded ['pri:rɪ'kɔ:dɪd] ADJ pré-gravado
prerequisite [pri:'rɛkwɪzɪt] N pré-requisito,
condição f prévia
prerogative [prɪ'rɔgətɪv] N prerrogativa
presbyterian [prɛzbɪ'tɪərɪən] ADJ, N
presbiteriano(-a)
presbytery ['prɛzbɪtərɪ] N presbitério
preschool ['pri:'sku:l] ADJ (education, age)
pré-escolar; (child) de idade pré-escolar
prescribe [prɪ'skraɪb] VT prescrever; (Med)
receitar; **~d books** (BRIT Sch) livros mpl
requisitados
prescription [prɪ'skrɪpʃən] N prescrição f,
ordem f; (Med) receita; **to make up** (BRIT) or

281 | **premeditation - press**

fill (US) **a ~** aviar uma receita; **"only
available on ~"** "venda exclusivamente
mediante receita médica"
prescription charges (BRIT) NPL participação f
no preço das receitas médicas
prescriptive [prɪ'skrɪptɪv] ADJ prescritivo
presence ['prɛzns] N presença; (spirit)
espectro
presence of mind N presença de espírito
present [adj, n 'prɛznt, vt prɪ'zɛnt] ADJ (in
attendance) presente; (current) atual ▶ N (gift)
presente m; (actuality): **the ~** o presente ▶ VT
(give): **to ~ sth to sb, to ~ sb with sth** (as gift)
presentear alguém com algo; (as prize)
entregar algo a alguém; (expound) expor;
(information, programme, person, difficulty, threat)
apresentar; (describe) descrever; (Theatre)
representar; **at ~** no momento, agora; **for
the ~** por enquanto; **to be ~ at** estar
presente a, presenciar; **to give sb a ~**
presentear alguém
presentable [prɪ'zɛntəbl] ADJ apresentável
presentation [prɛzn'teɪʃən] N apresentação f;
(gift) presente m; (ceremony) entrega; (of plan
etc) exposição f; (Theatre) representação f;
on ~ of mediante apresentação de
present-day ADJ atual, de hoje
presenter [prɪ'zɛntəʳ] N (Radio, TV)
apresentador(a) m/f
presently ['prɛzntlɪ] ADV (soon after) logo
depois; (soon) logo, em breve; (now)
atualmente
preservation [prɛzə'veɪʃən] N conservação f,
preservação f
preservative [prɪ'zə:vətɪv] N conservante m
preserve [prɪ'zə:v] VT (situation) conservar,
manter; (building, manuscript) preservar; (food)
pôr em conserva; (in salt) conservar em sal,
salgar ▶ N (for game) reserva de caça; (often pl:
jam) geleia; (: fruit) compota, conserva
preshrunk ['pri:'ʃrʌŋk] ADJ pré-encolhido
preside [prɪ'zaɪd] VI: **to ~ (over)** presidir
presidency ['prɛzɪdənsɪ] N presidência
president ['prɛzɪdənt] N presidente(-a) m/f
presidential [prɛzɪ'dɛnʃl] ADJ presidencial
press [prɛs] N (tool, machine) prensa; (printer's)
imprensa, prelo; (newspapers) imprensa; (of
switch) pressão f; (crowd) turba,
apinhamento; (of hand) apertão m ▶ VT
apertar; (squeeze: fruit etc) espremer; (clothes:
iron) passar; (put pressure on: person) pressionar;
(Tech) prensar; (harry) assediar; (insist): **to ~
sth on sb** insistir para que alguém aceite
algo; (urge): **to ~ sb to do** or **into doing sth**
impelir or pressionar alguém a fazer algo
▶ VI (squeeze) apertar; (pressurize): **to ~ for**
pressionar por; **we are ~ed for time/money**
estamos com pouco tempo/dinheiro; **to ~
for sth** pressionar por algo; **to ~ sb for an
answer** pressionar alguém por uma
resposta; **to ~ charges against sb** (Law)
intentar ação judicial contra alguém; **to go
to ~** (newspaper) ir para o prelo; **to be in the ~**

estar no prelo; **to appear in the ~** sair no jornal
▶ **press on** VI continuar
press agency N agência de informações
press clipping N recorte m de jornal
press conference N entrevista coletiva (para a imprensa)
press cutting N recorte m de jornal
press-gang N *pelotão de recrutamento da marinha* ▶ VT: **to be ~ed into doing** ser impelido a fazer
pressing ['prɛsɪŋ] ADJ urgente ▶ N ação f (or serviço m) de passar roupa etc
pressman ['prɛsmæn] (*irreg: like* **man**) N jornalista m
press release N release m or comunicado à imprensa
press stud (BRIT) N botão m de pressão
press-up (BRIT) N flexão f
pressure ['prɛʃə^r] N pressão f ▶ VT = **to put pressure on**; **to put ~ on sb (to do sth)** pressionar alguém (a fazer algo)
pressure cooker N panela de pressão
pressure gauge N manômetro
pressure group N grupo de pressão
pressurize ['prɛʃəraɪz] VT pressurizar; (BRIT *fig*): **to ~ sb (into doing sth)** pressionar alguém (a fazer algo)
pressurized ['prɛʃəraɪzd] ADJ pressurizado
prestige [prɛs'ti:ʒ] N prestígio
prestigious [prɛs'tɪdʒəs] ADJ prestigioso
presumably [prɪ'zju:məblɪ] ADV presumivelmente, provavelmente; **~ he did it** é de se presumir que ele o fez
presume [prɪ'zju:m] VT supor; **to ~ to do** (*dare*) ousar fazer, atrever-se a fazer; (*set out to*) pretender fazer
presumption [prɪ'zʌmpʃən] N suposição f; (*pretension*) presunção f; (*boldness*) atrevimento, audácia
presumptuous [prɪ'zʌmpʃəs] ADJ presunçoso
presuppose [pri:sə'pəuz] VT pressupor
pre-tax ADJ antes de impostos
pretence, (US) **pretense** [prɪ'tɛns] N (*claim*) pretensão f; (*display*) ostentação f; (*pretext*) pretexto; (*make-believe*) fingimento; **under false ~s** por meios fraudulentos; **on the ~ of** sob o máscara de; **to make a ~ of doing** fingir fazer
pretend [prɪ'tɛnd] VT fingir ▶ VI (*feign*) fingir; (*claim*): **to ~ to sth** aspirar a or pretender a algo; **to ~ to do** fingir fazer
pretense [prɪ'tɛns] (US) N = **pretence**
pretension [prɪ'tɛnʃən] N (*presumption*) presunção f; (*claim*) pretensão f; **to have no ~s to sth/to being sth** não ter pretensão a algo/a ser algo
pretentious [prɪ'tɛnʃəs] ADJ pretensioso, presunçoso
preterite ['prɛtərɪt] N pretérito
pretext ['pri:tɛkst] N pretexto; **on** or **under the ~ of doing sth** sob o or a pretexto de fazer algo

pretty ['prɪtɪ] ADJ bonito ▶ ADV (*quite*) bastante
prevail [prɪ'veɪl] VI (*gain acceptance*) triunfar; (*be current*) imperar; (*be usual*) prevalecer, vigorar; (*persuade*): **to ~ (up)on sb to do sth** persuadir alguém a fazer algo
prevailing [prɪ'veɪlɪŋ] ADJ (*wind*) dominante; (*fashion, attitude*) predominante; (*usual*) corrente
prevalent ['prɛvələnt] ADJ (*common*) predominante; (*usual*) corrente; (*fashionable*) da moda
prevarication [prɪværɪ'keɪʃən] N embromação f
prevent [prɪ'vɛnt] VT impedir; **to ~ sb from doing sth** impedir alguém de fazer algo; **to ~ sth from happening** impedir que algo aconteça
preventable [prɪ'vɛntəbl] ADJ evitável
preventative [prɪ'vɛntətɪv] ADJ = **preventive**
prevention [prɪ'vɛnʃən] N prevenção f
preventive [prɪ'vɛntɪv] ADJ preventivo
preview ['pri:vju:] N (*of film etc*) pré-estreia; (*fig*) antecipação f
previous ['pri:vɪəs] ADJ (*experience, notice*) prévio; (*earlier*) anterior; **I have a ~ engagement** já tenho compromisso; **~ to doing** antes de fazer
previously ['pri:vɪəslɪ] ADV (*before*) previamente; (*in the past*) anteriormente
prewar [pri:'wɔ:^r] ADJ anterior à guerra
prey [preɪ] N presa ▶ VI: **to ~ on** viver às custas de; (*feed on*) alimentar-se de; (*plunder*) saquear, pilhar; **it was ~ing on his mind** preocupava-o, atormentava-o
price [praɪs] N preço; (*of shares*) cotação f ▶ VT fixar o preço de; **what is the ~ of ...?** qual é o preço de ...?, quanto é ...?; **to go up** or **rise in ~** subir de preço; **to put a ~ on sth** determinar o preço de algo; **to be ~d out of the market** (*article*) não ser competitivo; (*producer, country*) perder freguesia por causa de preços muito altos; **what ~ his promises now?** que valem suas promessas agora?; **he regained his freedom, but at a ~** ele recobrou a liberdade, mas pagou caro; **at any ~** por qualquer preço
price control N controle m de preços
price-cutting N corte m de preços
priceless ['praɪslɪs] ADJ inestimável; (*inf: amusing*) impagável
price list N lista or tabela de preços
price range N gama de preços; **it's within my ~** está dentro do meu preço
price tag N etiqueta de preço
price war N guerra de preços
pricey ['praɪsɪ] (*inf*) ADJ salgado
prick [prɪk] N picada; (*with pin*) alfinetada; (*!: penis*) pau m (!); (*!: person*) filho-da-puta m (!) ▶ VT picar; (*make hole in*) furar; **to ~ up one's ears** aguçar os ouvidos
prickle ['prɪkl] N (*sensation*) comichão f, ardência; (*Bot*) espinho
prickly ['prɪklɪ] ADJ espinhoso; (*fig: person*) irritadiço

prickly heat N brotoeja
prickly pear N opúncia
pride [praɪd] N orgulho; *(pej)* soberba ▶ VT: **to ~ o.s. on** orgulhar-se de; **to take (a) ~ in** orgulhar-se de, sentir orgulho em; **to have ~ of place** *(BRIT)* ocupar o lugar de destaque, ter destaque; **her ~ and joy** seu tesouro
priest [priːst] N *(Christian)* padre *m*; *(non-Christian)* sacerdote *m*
priestess ['priːstɪs] N sacerdotisa
priesthood ['priːsthud] N *(practice)* sacerdócio; *(priests)* clero
prig [prɪg] N esnobe *m/f*
prim [prɪm] *(pej)* ADJ *(formal)* empertigado; *(affected)* afetado; *(easily shocked)* pudico
prima facie ['praɪmə'feɪʃɪ] ADJ: **to have a ~ case** *(Law)* ter uma causa convincente
primarily ['praɪmərɪlɪ] ADV *(above all)* principalmente; *(firstly)* em primeiro lugar
primary ['praɪmərɪ] ADJ primário; *(first in importance)* principal ▶ N *(US: election)* eleição *f* primária
primary colour N cor *f* primária
primary products NPL produtos *mpl* básicos
primary school *(BRIT)* N escola primária
> As **primary schools** da Grã-Bretanha acolhem crianças de 5 a 11 anos. Assinalam o início do ciclo escolar obrigatório e normalmente são compostas de duas partes: a pré-escola *(infant school)* e o primário *(junior school)*.

primate¹ ['praɪmɪt] N *(Rel)* primaz *m*
primate² ['praɪmeɪt] N *(Zool)* primata *m*
prime [praɪm] ADJ primeiro, principal; *(basic)* fundamental, primário; *(excellent)* de primeira ▶ VT *(wood)* imprimar; *(gun, pump)* escorvar; *(fig)* preparar ▶ N: **in the ~ of life** na primavera da vida; **~ example** exemplo típico
prime minister N primeiro-ministro/primeira-ministra
primer ['praɪmə'] N *(book)* livro de leitura; *(paint)* pintura de base; *(of gun)* escorva
prime time N *(Radio, TV)* horário nobre
primeval [praɪ'miːvl] ADJ primitivo
primitive ['prɪmɪtɪv] ADJ primitivo; *(crude)* rudimentar; *(uncivilized)* grosseiro, inculto
primrose ['prɪmrəuz] N prímula, primavera
primus® ['praɪməs], *(BRIT)* **primus stove** N fogão *m* portátil movido à parafina
prince [prɪns] N príncipe *m*
princess [prɪn'sɛs] N princesa
principal ['prɪnsɪpl] ADJ principal ▶ N *(of school, college)* diretor(a) *m/f*; *(in play)* papel *m* principal; *(money)* principal *m*
principality [prɪnsɪ'pælɪtɪ] N principado
principally ['prɪnsɪplɪ] ADV principalmente
principle ['prɪnsɪpl] N princípio; **in ~** em princípio; **on ~** por princípio
print [prɪnt] N *(impression)* impressão *f*, marca; *(letters)* letra de forma; *(fabric)* estampado; *(Art)* estampa, gravura; *(Phot)* cópia; *(footprint)* pegada; *(fingerprint)* impressão *f* digital ▶ VT imprimir; *(write in capitals)* escrever em letra de imprensa; **out of ~** esgotado
▶ **print out** VT *(Comput)* imprimir
printed circuit board ['prɪntɪd-] N placa de circuito impresso
printed matter ['prɪntɪd-] N impressos *mpl*
printer ['prɪntə'] N *(person)* impressor(a) *m/f*; *(firm)* gráfica; *(machine)* impressora
printhead ['prɪnthɛd] N cabeçote *m* de impressão
printing ['prɪntɪŋ] N *(art)* imprensa; *(act)* impressão *f*; *(quantity)* tiragem *f*
printing press N prelo, máquina impressora
printout ['prɪntaut] N *(Comput)* cópia impressa
print wheel N margarida
prior ['praɪə'] ADJ anterior, prévio; *(more important)* prioritário ▶ N *(Rel)* prior *m*; **~ to doing** antes de fazer; **without ~ notice** sem aviso prévio; **to have a ~ claim to sth** ter prioridade na reivindicação de algo
priority [praɪ'ɔrɪtɪ] N prioridade *f*; **to have ~ (over)** ter prioridade (sobre)
priory ['praɪərɪ] N priorado
prise [praɪz] VT: **to ~ open** arrombar
prism ['prɪzəm] N prisma *m*
prison ['prɪzn] N prisão *f* ▶ CPD carcerário
prison camp N campo de prisioneiros
prisoner ['prɪzənə'] N *(in prison)* preso(-a), presidiário(-a); *(under arrest)* detido(-a); *(in dock)* acusado(-a), réu(-ré) *m/f*; **to take sb ~** aprisionar alguém, prender alguém
prisoner of war N prisioneiro de guerra
prissy ['prɪsɪ] ADJ fresco, cheio de luxo
pristine ['prɪstiːn] ADJ imaculado
privacy ['prɪvəsɪ] N *(seclusion)* isolamento, solidão *f*; *(intimacy)* intimidade *f*, privacidade *f*
private ['praɪvɪt] ADJ privado; *(personal)* particular; *(confidential)* confidencial, reservado; *(lesson, car)* particular; *(personal: belongings)* pessoal; *(: thoughts, plans)* secreto, íntimo; *(place)* isolado; *(quiet: person)* reservado; *(intimate)* privado, íntimo; *(sitting etc)* a portas fechadas ▶ N soldado raso; **"~"** *(on envelope)* "confidencial"; *(on door)* "privativo"; **in ~** em particular; **in (his) ~ life** em (sua) vida particular; **he is a very ~ person** ele é uma pessoa muito reservada; **to be in ~ practice** ter clínica particular
private enterprise N iniciativa privada
private eye N detetive *m/f* particular
private hearing N *(Law)* audiência em segredo da justiça
private limited company *(BRIT)* N sociedade *f* anônima fechada
privately ['praɪvɪtlɪ] ADV em particular; *(in oneself)* no fundo
private parts NPL partes *fpl* (pudendas)
private property N propriedade *f* privada
private school N escola particular
privation [praɪ'veɪʃən] N privação *f*

privatize ['praɪvɪtaɪz] VT privatizar
privet ['prɪvɪt] N alfena
privilege ['prɪvɪlɪdʒ] N privilégio
privileged ['prɪvɪlɪdʒd] ADJ privilegiado
privy ['prɪvɪ] ADJ: **to be ~ to** estar inteirado de
Privy Council (BRIT) N Conselho Privado
prize [praɪz] N prêmio ▶ ADJ (*bull, novel*) premiado; (*first class*) de primeira classe; (*example*) perfeito ▶ VT valorizar
prize fight N luta de boxe profissional
prize-giving [-'gɪvɪŋ] N distribuição f dos prêmios
prize money N dinheiro do prêmio
prizewinner ['praɪzwɪnə'] N premiado(-a)
prizewinning ['praɪzwɪnɪŋ] ADJ premiado
PRO N ABBR (= *public relations officer*) RP m/f inv
pro [prəu] N (*Sport*) profissional m/f ▶ PREP a favor de; **the ~s and cons** os prós e os contras
pro- [prəu] PREFIX (*in favour of*) pró-
pro-active [prəu'æktɪv] ADJ proativo
probability [prɔbə'bɪlɪtɪ] N probabilidade f; **in all ~** com toda a probabilidade
probable ['prɔbəbl] ADJ provável; (*plausible*) verossímil; **it is ~/hardly ~ that ...** é provável/pouco provável que ...
probably ['prɔbəblɪ] ADV provavelmente
probate ['prəubɪt] N (*Law*) homologação f, legitimação f
probation [prə'beɪʃən] N (*in employment*) estágio probatório; (*Law*) liberdade f condicional; (*Rel*) noviciado; **on ~** (*employee*) em estágio probatório; (*Law*) em liberdade condicional
probationary [prə'beɪʃənrɪ] ADJ (*period*) probatório
probe [prəub] N (*Med, Space*) sonda; (*enquiry*) pesquisa ▶ VT investigar, esquadrinhar
probity ['prəubɪtɪ] N probidade f
problem ['prɔbləm] N problema m; **what's the ~?** qual é o problema?; **I had no ~ in finding her** não foi difícil encontrá-la; **no ~!** não tem problema!
problematic [prɔblə'mætɪk], **problematical** [prɔblə'mætɪkəl] ADJ problemático
procedure [prə'si:dʒə'] N (*Admin, Law*) procedimento; (*method*) método, processo; **cashing a cheque is a simple ~** descontar um cheque é uma operação simples
proceed [prə'si:d] VI (*do afterwards*): **to ~ to do sth** passar a fazer algo; (*continue*): **to ~ (with)** continuar or prosseguir (com); (*activity, event: carry on*) continuar; (*act*) proceder; **I am not sure how to ~** não sei como proceder; **to ~ against sb** (*Law*) processar alguém, instaurar processo contra alguém
proceedings [prə'si:dɪŋz] NPL (*organized events*) evento, acontecimento; (*Law*) processo
proceeds ['prəusi:dz] NPL produto, proventos mpl
process [n, vt 'prəusɛs, vi prə'sɛs] N processo ▶ VT processar ▶ VI (BRIT: *formal: go in procession*) desfilar; **in ~** em andamento; **we are in the ~ of moving to Rio** estamos de mudança para o Rio
processed cheese ['prəusɛst-] N ≈ requeijão m
processing ['prəusɛsɪŋ] N processamento
procession [prə'sɛʃən] N desfile m, procissão f; **funeral ~** cortejo fúnebre
proclaim [prə'kleɪm] VT proclamar; (*announce*) anunciar
proclamation [prɔklə'meɪʃən] N proclamação f; (*written*) promulgação f
proclivity [prə'klɪvɪtɪ] N inclinação f
procrastinate [prəu'kræstɪneɪt] VI protelar
procrastination [prəukræstɪ'neɪʃən] N protelação f
procreation [prəukrɪ'eɪʃən] N procriação f
procure [prə'kjuə'] VT obter
procurement [prə'kjuəmənt] N obtenção f; (*purchase*) compra
prod [prɔd] VT (*push*) empurrar; (*with elbow*) acotovelar; (*with finger, stick*) cutucar; (*jab*) espetar ▶ N empurrão m; cotovelada; espetada
prodigal ['prɔdɪgl] ADJ pródigo
prodigious [prə'dɪdʒəs] ADJ colossal, extraordinário
prodigy ['prɔdɪdʒɪ] N prodígio
produce [n 'prɔdju:s, vt prə'dju:s] N (*Agr*) produtos mpl agrícolas ▶ VT produzir; (*profit*) render; (*cause*) provocar; (*evidence, argument*) apresentar, mostrar; (*show*) apresentar, exibir; (*Theatre*) pôr em cena or em cartaz; (*offspring*) dar à luz
producer [prə'dju:sə'] N (*Theatre*) diretor(a) m/f; (*Agr, Cinema, of record*) produtor(a) m/f; (*country*) produtor m
product ['prɔdʌkt] N produto
production [prə'dʌkʃən] N produção f; (*of electricity*) geração f; (*thing*) produto; (*Theatre*) encenação f; **to put into ~** (*goods*) passar a fabricar
production agreement (US) N acordo sobre produtividade
production control N controle m de produção
production line N linha de produção or de montagem
production manager N gerente m/f de produção
productive [prə'dʌktɪv] ADJ produtivo
productivity [prɔdʌk'tɪvɪtɪ] N produtividade f
productivity agreement (BRIT) N acordo sobre produtividade
productivity bonus N prêmio de produção
Prof. [prɔf] ABBR (= *professor*) Prof.
profane [prə'feɪn] ADJ profano; (*language etc*) irreverente, sacrílego
profess [prə'fɛs] VT professar; (*feeling, opinion*) manifestar; **I do not ~ to be an expert** não me tenho na conta de entendido
professed [prə'fɛst] ADJ (*self-declared*) assumido
profession [prə'fɛʃən] N profissão f; (*people*) classe f; **the professions** NPL as profissões liberais

professional [prəˈfɛʃənl] N profissional m/f
▶ ADJ profissional; (work) de profissional; **he's a ~ man** ele exerce uma profissão liberal; **to take ~ advice** consultar um profissional
professionalism [prəˈfɛʃnəlɪzm] N profissionalismo
professionally [prəˈfɛʃnəlɪ] ADV profissionalmente; (as a job) de profissão; **I only know him ~** eu só conheço ele pelo trabalho
professor [prəˈfɛsəʳ] N (BRIT) catedrático(-a); (US, CANADA) professor(a) m/f
professorship [prəˈfɛsəʃɪp] N cátedra
proffer [ˈprɔfəʳ] VT (hand) estender; (remark) fazer; (apologies) apresentar
proficiency [prəˈfɪʃənsɪ] N competência, proficiência
proficient [prəˈfɪʃənt] ADJ competente, proficiente
profile [ˈprəufaɪl] N perfil m; **to keep a high ~** destacar-se; **to keep a low ~** sair de circulação
profit [ˈprɔfɪt] N (Comm) lucro; (fig) proveito, vantagem f ▶ VI: **to ~ by** or **from** (financially) lucrar com; (benefit) aproveitar-se de, tirar proveito de; **~ and loss account** conta de lucros e perdas; **to make a ~** lucrar; **to sell sth at a ~** vender algo com lucro
profitability [prɔfɪtəˈbɪlɪtɪ] N rentabilidade f
profitable [ˈprɔfɪtəbl] ADJ (Econ) lucrativo, rendoso; (useful) proveitoso
profit centre N centro de lucro
profiteering [prɔfɪˈtɪərɪŋ] N mercantilismo, exploração f
profit-making ADJ com fins lucrativos
profit margin N margem f de lucro
profit-sharing [-ˈʃɛərɪŋ] N participação f nos lucros
profits tax (BRIT) N imposto sobre os lucros
profligate [ˈprɔflɪgɪt] ADJ (behaviour, person) devasso; (extravagant): **~ (with)** pródigo (de)
pro forma [-ˈfɔːmə] ADJ: **~ invoice** fatura pro-forma or simulada
profound [prəˈfaund] ADJ profundo
profuse [prəˈfjuːs] ADJ abundante
profusely [prəˈfjuːslɪ] ADV profusamente
profusion [prəˈfjuːʒən] N profusão f, abundância
progeny [ˈprɔdʒɪnɪ] N prole f, progênie f
prognoses [prɔgˈnəusiːz] NPL of **prognosis**
prognosis [prɔgˈnəusɪs] (pl **prognoses**) N prognóstico
programme, (US or Comput) **program** [ˈprəugræm] N programa m ▶ VT programar
programmer, (US) **programer** [ˈprəugræməʳ] N programador(a) m/f
programming, (US) **programing** [ˈprəugræmɪŋ] N programação f
programming language, (US) **programing language** N linguagem f de programação
progress [n ˈprəugrɛs, vi prəˈgrɛs] N progresso ▶ VI progredir, avançar; **in ~** em andamento;

285 | **professional – prominent**

to make ~ fazer progressos; **as the match ~ed** à medida que o jogo se desenvolvia
progression [prəˈgrɛʃən] N progressão f
progressive [prəˈgrɛsɪv] ADJ progressivo; (person) progressista
progressively [prəˈgrɛsɪvlɪ] ADV progressivamente
progress report N (Med) boletim m médico; (Admin) relatório sobre o andamento dos trabalhos
prohibit [prəˈhɪbɪt] VT proibir; **to ~ sb from doing sth** proibir alguém de fazer algo; **"smoking ~ed"** "proibido fumar"
prohibition [prəuɪˈbɪʃən] N proibição f; (US): **P~** lei f seca
prohibitive [prəˈhɪbɪtɪv] ADJ (price etc) proibitivo
project [n ˈprɔdʒɛkt, vt, vi prəˈdʒɛkt] N projeto; (Sch: research) pesquisa ▶ VT projetar; (figure) estimar ▶ VI (stick out) ressaltar, sobressair
projectile [prəˈdʒɛktaɪl] N projétil m
projection [prəˈdʒɛkʃən] N projeção f; (overhang) saliência
projectionist [prəˈdʒɛkʃənɪst] N operador(a) m/f de projetor
projection room N (Cinema) sala de projeção
projector [prəˈdʒɛktəʳ] N projetor m
proletarian [prəulɪˈtɛərɪən] ADJ, N proletário(-a)
proletariat [prəulɪˈtɛərɪət] N proletariado
proliferate [prəˈlɪfəreɪt] VI proliferar
proliferation [prəlɪfəˈreɪʃən] N proliferação f
prolific [prəˈlɪfɪk] ADJ prolífico
prologue, (US) **prolog** [ˈprəulɔg] N prólogo
prolong [prəˈlɔŋ] VT prolongar
prom [prɔm] N ABBR = **promenade**; **promenade concert**; (US: ball) baile m de estudantes
promenade [prɔməˈnɑːd] N (by sea) passeio (à orla marítima)
promenade concert (BRIT) N concerto (de música clássica)

> Na Grã-Bretanha, um **promenade concert** (ou **prom**) é um concerto de música clássica, assim chamado porque originalmente o público não ficava sentado, mas de pé ou caminhando. Hoje em dia, uma parte do público permanece de pé, mas há também lugares sentados (mais caros). Os **Proms** mais conhecidos são os londrinos. A última sessão (the Last Night of the Proms) é um acontecimento carregado de emoção, quando são executadas árias tradicionais e patrióticas. Nos Estados Unidos e no Canadá, o **prom**, ou **promenade**, é um baile organizado pelas escolas secundárias.

promenade deck N (Naut) convés m superior
prominence [ˈprɔmɪnəns] N eminência, importância
prominent [ˈprɔmɪnənt] ADJ (standing out) proeminente; (important) eminente, notório;

he is ~ in the field of ... ele é muito conhecido no campo de ...
prominently ['prɔmɪnəntlɪ] ADV *(display, set)* bem à vista; **he figured ~ in the case** ele teve um papel importante no caso
promiscuity [prɔmɪ'skju:ɪtɪ] N promiscuidade f
promiscuous [prə'mɪskjuəs] ADJ promíscuo
promise ['prɔmɪs] N promessa; *(hope)* esperança ▶ VT, VI prometer; **to make sb a ~** fazer uma promessa a alguém; **to ~ sb sth, ~ sth to sb** prometer a alguém algo, prometer algo a alguém; **to ~ (sb) to do sth/that** prometer (a alguém) fazer algo/que; **a young man of ~** um jovem que promete; **to ~ well** prometer
promising ['prɔmɪsɪŋ] ADJ promissor(a), prometedor(a)
promissory note ['prɔmɪsərɪ-] N *(nota)* promissória
promontory ['prɔməntrɪ] N promontório
promote [prə'məut] VT promover; *(product)* promover, fazer propaganda de; *(event)* patrocinar
promoter [prə'məutə'] N *(of sporting event etc)* patrocinador(a) m/f; *(of cause etc)* partidário(-a)
promotion [prə'məuʃən] N promoção f
prompt [prɔmpt] ADJ pronto, rápido ▶ ADV *(exactly)* em ponto, pontualmente ▶ N *(Comput)* sinal m de orientação, prompt m ▶ VT *(urge)* incitar, impelir; *(cause)* provocar, ocasionar; *(Theatre)* servir de ponto a; **to ~ sb to do sth** induzir alguém a fazer algo; **he's very ~** *(punctual)* ele é pontual; **at 8 o'clock ~** às 8 horas em ponto; **he was ~ to accept** ele não hesitou em aceitar
prompter ['prɔmptə'] N *(Theatre)* ponto
promptly ['prɔmptlɪ] ADV *(immediately)* imediatamente; *(exactly)* pontualmente; *(rapidly)* rapidamente
promptness ['prɔmptnɪs] N *(punctuality)* pontualidade f; *(rapidity)* rapidez f
promulgate ['prɔməlgeɪt] VT promulgar
prone [prəun] ADJ *(lying)* de bruços; **~ to** propenso a, predisposto a; **she is ~ to burst into tears if ...** ela tende a desatar a chorar se ...
prong [prɔŋ] N ponta; *(of fork)* dente m
pronoun ['prəunaun] N pronome m
pronounce [prə'nauns] VT pronunciar; *(verdict, opinion)* declarar ▶ VI: **to ~ (up)on** pronunciar-se sobre
pronounced [prə'naunst] ADJ *(marked)* pronunciado, marcado
pronouncement [prə'naunsmənt] N pronunciamento
pronunciation [prənʌnsɪ'eɪʃən] N pronúncia
proof [pru:f] N prova; *(of alcohol)* teor m alcoólico ▶ ADJ: **~ against** à prova de ▶ VT *(BRIT: tent, anorak)* impermeabilizar; **to be 70° ~** ter 70° de gradação
proofreader ['pru:fri:də'] N revisor(a) m/f de provas
prop [prɔp] N suporte m, escora; *(fig)* amparo, apoio ▶ VT *(also: **prop up**)* apoiar, escorar; *(lean)*: **to ~ sth against** apoiar algo contra
Prop. ABBR *(Comm)* = **proprietor**
propaganda [prɔpə'gændə] N propaganda
propagate ['prɔpəgeɪt] VT propagar
propel [prə'pɛl] VT propelir, propulsionar; *(fig)* impelir
propeller [prə'pɛlə'] N hélice f
propelling pencil [prə'pɛlɪŋ-] *(BRIT)* N lapiseira
propensity [prə'pɛnsɪtɪ] N: **a ~ for/to/to do** uma propensão para/a/para fazer
proper ['prɔpə'] ADJ *(correct)* correto; *(socially acceptable)* respeitável, digno; *(authentic)* genuíno, autêntico; *(referring to place)*: **the village ~** a cidadezinha propriamente dita; **physics ~** a física propriamente dita; **to go through the ~ channels** *(Admin)* seguir os trâmites oficiais
properly ['prɔpəlɪ] ADV *(eat, study)* bem; *(behave)* decentemente
proper noun N nome m próprio
property ['prɔpətɪ] N *(possessions, quality)* propriedade f; *(goods)* posses fpl, bens mpl; *(buildings)* imóveis mpl; *(estate)* propriedade f, fazenda; **it's their ~** é deles, pertence a eles
property developer *(BRIT)* N empresário(-a) de imóveis
property owner N proprietário(-a)
property tax N imposto predial e territorial
prophecy ['prɔfɪsɪ] N profecia
prophesy ['prɔfɪsaɪ] VT profetizar; *(fig)* predizer ▶ VI profetizar
prophet ['prɔfɪt] N profeta m/f
prophetic [prə'fɛtɪk] ADJ profético
proportion [prə'pɔ:ʃən] N proporção f; *(share)* parte f, porção f ▶ VT proporcionar; **in ~ to** or **with sth** em proporção or proporcional a algo; **out of ~** desproporcionado; **to see sth in ~** *(fig)* ter a visão adequada de algo
proportional [prə'pɔ:ʃənl] ADJ proporcional
proportional representation N *(Pol)* representação f proporcional
proportionate [prə'pɔ:ʃənɪt] ADJ: **~ (to)** proporcionado (a)
proposal [prə'pəuzl] N proposta; *(of marriage)* pedido
propose [prə'pəuz] VT propor; *(toast)* erguer ▶ VI propor casamento; **to ~ to do** propor-se fazer
proposer [prə'pəuzə'] *(BRIT)* N *(of motion etc)* apresentador(a) m/f
proposition [prɔpə'zɪʃən] N proposta, proposição f; *(offer)* oferta; **to make sb a ~** fazer uma proposta a alguém
propound [prə'paund] VT propor
proprietary [prə'praɪətrɪ] ADJ: **~ brand** marca registrada; **~ product** produto patenteado
proprietor [prə'praɪətə'] N proprietário(-a), dono(-a)
propriety [prə'praɪətɪ] N propriedade f
propulsion [prə'pʌlʃən] N propulsão f

pro rata [-'rɑ:tə] ADV pro rata, proporcionalmente
prosaic [prəʊ'zeɪɪk] ADJ prosaico
Pros. Atty. (US) ABBR = **prosecuting attorney**
proscribe [prə'skraɪb] VT proscrever
prose [prəʊz] N prosa
prosecute ['prɔsɪkju:t] VT (Law) processar
prosecuting attorney ['prɔsɪkju:tɪŋ-] (US) N promotor(a) m/f público(-a)
prosecution [prɔsɪ'kju:ʃən] N acusação f; (accusing side) autor m da demanda
prosecutor ['prɔsɪkju:tə'] N promotor(a) m/f; (also: **public prosecutor**) promotor(a) m/f público(-a)
prospect [n 'prɔspɛkt, vt, vi prə'spɛkt] N (chance) probabilidade f; (outlook, potential) perspectiva ▶ VT explorar ▶ VI: **to ~ (for)** prospectar (por); **prospects** NPL (for work etc) perspectivas fpl; **we are faced with the ~ of ...** nós estamos diante da perspectiva de ...; **there is every ~ of an early victory** há toda probabilidade de uma vitória rápida
prospecting [prə'spɛktɪŋ] N prospecção f
prospective [prə'spɛktɪv] ADJ (possible) provável; (future) futuro
prospector [prə'spɛktə'] N garimpeiro(-a)
prospectus [prə'spɛktəs] N prospecto, programa m
prosper ['prɔspə'] VI prosperar
prosperity [prɔ'spɛrɪtɪ] N prosperidade f
prosperous ['prɔspərəs] ADJ próspero
prostate ['prɔsteɪt] N (also: **prostate gland**) próstata
prostitute ['prɔstɪtju:t] N prostituta; **male ~** prostituto
prostitution [prɔstɪ'tju:ʃən] N prostituição f
prostrate [adj 'prɔstreɪt, vt prɔ'streɪt] ADJ prostrado; (fig) abatido, aniquilado ▶ VT: **to ~ o.s. (before sb)** prostrar-se (diante de alguém)
protagonist [prə'tægənɪst] N protagonista m/f; (leading participant) líder m/f
protect [prə'tɛkt] VT proteger
protection [prə'tɛkʃən] N proteção f; **to be under sb's ~** estar sob a proteção de alguém
protectionism [prə'tɛkʃənɪzm] N protecionismo
protection racket N extorsão f
protective [prə'tɛktɪv] ADJ protetor(a); **~ custody** (Law) prisão f preventiva
protector [prə'tɛktə'] N protetor(a) m/f
protégé ['prəʊtɛʒeɪ] N protegido
protégée ['prəʊtɛʒeɪ] N protegida
protein ['prəʊti:n] N proteína
pro tem [-tɛm] ADV ABBR (= pro tempore) provisoriamente
protest [n 'prəʊtɛst, vi, vt prə'tɛst] N protesto ▶ VI protestar ▶ VT (insist) insistir; **to ~ about** or **against** or **at** protestar contra
Protestant ['prɔtɪstənt] ADJ, N protestante m/f
protester [prə'tɛstə'] N manifestante m/f
protest march N passeata
protestor [prə'tɛstə'] N = **protester**

287 | **pro rata – provoking**

protocol ['prəʊtəkɔl] N protocolo
prototype ['prəʊtətaɪp] N protótipo
protracted [prə'træktɪd] ADJ prolongado, demorado
protractor [prə'træktə'] N (Geom) transferidor m
protrude [prə'tru:d] VI projetar-se
protuberance [prə'tju:bərəns] N protuberância
proud [praʊd] ADJ orgulhoso; (pej) vaidoso, soberbo; **to be ~ to do sth** sentir-se orgulhoso de fazer algo; **to do sb ~** (inf) fazer muita festa a alguém
proudly ['praʊdlɪ] ADV orgulhosamente
prove [pru:v] VT comprovar ▶ VI: **to ~ (to be) correct** etc vir a ser correto etc; **to ~ o.s.** mostrar seu valor; **to ~ itself (to be) useful** etc revelar-se or mostrar-se útil etc; **he was ~d right in the end** no final deram-lhe razão
proverb ['prɔvə:b] N provérbio
proverbial [prə'və:bɪəl] ADJ proverbial
provide [prə'vaɪd] VT fornecer, proporcionar; **to ~ sb with sth** fornecer alguém de algo, fornecer algo a alguém; **to be ~d with** estar munido de
▶ **provide for** VT FUS (person) prover à subsistência de; (emergency) prevenir
provided [prə'vaɪdɪd], **provided that** CONJ contanto que (+sub), sob condição de (que) (+sub)
Providence ['prɔvɪdəns] N a Divina Providência
providing [prə'vaɪdɪŋ] CONJ: **~ (that)** contanto que (+sub)
province ['prɔvɪns] N província; (fig) esfera
provincial [prə'vɪnʃəl] ADJ provincial; (pej) provinciano
provision [prə'vɪʒən] N provisão f; (supply) fornecimento; (supplying) abastecimento; (in contract) cláusula, condição f; **provisions** NPL (food) mantimentos mpl; **to make ~ for** fazer provisão para; **there's no ~ for this in the contract** não há cláusula nesse sentido no contrato
provisional [prə'vɪʒənəl] ADJ provisório, interino; (agreement, licence) provisório ▶ N: **P~** (IRELAND Pol) militante do braço armado do IRA
provisional licence (BRIT) N (Aut) licença prévia para aprendizagem
provisionally [prə'vɪʒnəlɪ] ADV provisoriamente
proviso [prə'vaɪzəʊ] N condição f; (reservation) ressalva; (Law) cláusula; **with the ~ that** com a ressalva que
Provo ['prɔvəʊ] (inf) N ABBR = **Provisional**
provocation [prɔvə'keɪʃən] N provocação f
provocative [prə'vɔkətɪv] ADJ provocante; (sexually) excitante
provoke [prə'vəʊk] VT provocar; (cause) causar; **to ~ sb to sth/to do** or **into doing sth** provocar alguém a algo/a fazer algo
provoking [prə'vəʊkɪŋ] ADJ provocante

provost ['prɔvəst] N (BRIT: *of university*) reitor(a) m/f; (SCOTLAND) prefeito(-a)
prow [prau] N proa
prowess ['prauɪs] N destreza, perícia
prowl [praul] VI (*also:* **prowl about, prowl around**) rondar, andar à espreita ▶ N: **on the ~** de ronda, rondando
prowler ['praulə^r] N tarado(-a)
proximity [prɔk'sɪmɪtɪ] N proximidade f
proxy ['prɔksɪ] N procuração f; (*person*) procurador(a) m/f; **by ~** por procuração
prude [pru:d] N pudico(-a)
prudence ['pru:dns] N prudência
prudent ['pru:dənt] ADJ prudente
prudish ['pru:dɪʃ] ADJ pudico(-a)
prune [pru:n] N ameixa seca ▶ VT podar
pry [praɪ] VI: **to ~ (into)** intrometer-se (em)
PS N ABBR (= *postscript*) PS m
psalm [sɑ:m] N salmo
PSAT (US) N ABBR = **Preliminary Scholastic Aptitude Test**
PSBR (BRIT) N ABBR (= *public sector borrowing requirement*) necessidade f de empréstimos no setor público
pseud [sju:d] (BRIT inf) N posudo(-a)
pseudo- [sju:dəu] PREFIX pseudo-
pseudonym ['sju:dənɪm] N pseudônimo
PST (US) ABBR (= *Pacific Standard Time*) hora de inverno do Pacífico
PSV (BRIT) N ABBR = **public service vehicle**
psyche ['saɪkɪ] N psiquismo
psychiatric [saɪkɪ'ætrɪk] ADJ psiquiátrico
psychiatrist [saɪ'kaɪətrɪst] N psiquiatra m/f
psychiatry [saɪ'kaɪətrɪ] N psiquiatria
psychic ['saɪkɪk] ADJ psíquico; (*also:* **psychical**: *person*) sensível a forças psíquicas ▶ N médium m/f
psychoanalyse [saɪkəu'ænəlaɪz] VT psicanalisar
psychoanalysis [saɪkəuə'nælɪsɪs] N psicanálise f
psychoanalyst [saɪkəu'ænəlɪst] N psicanalista m/f
psychological [saɪkə'lɔdʒɪkl] ADJ psicológico
psychologist [saɪ'kɔlədʒɪst] N psicólogo(-a)
psychology [saɪ'kɔlədʒɪ] N psicologia
psychopath ['saɪkəupæθ] N psicopata m/f
psychoses [saɪ'kəusi:z] NPL of **psychosis**
psychosis [saɪ'kəusɪs] (*pl* **psychoses**) N psicose f
psychosomatic [saɪkəusə'mætɪk] ADJ psicossomático
psychotherapy [saɪkəu'θerəpɪ] N psicoterapia
psychotic [saɪ'kɔtɪk] ADJ, N psicótico(-a)
PT (BRIT) N ABBR = **physical training**
pt ABBR = **pint**; **point**
Pt. ABBR (*in place names*: = *Point*) pt
PTA N ABBR = **Parent-Teacher Association**
Pte. (BRIT) ABBR (*Mil*) = **private**
PTO ABBR (= *please turn over*) v.v., vire
PTV (US) N ABBR = **public television**; **pay television**

pub [pʌb] N ABBR (= *public house*) pub m, bar m, botequim m

> Um **pub** geralmente consiste em duas salas: uma (*the lounge*) é bastante confortável, com poltronas e bancos estofados, enquanto a outra (*the public bar*) é simplesmente um bar onde a consumação é em geral mais barata. O (*public bar*) é muitas vezes também um salão de jogos, dos quais os mais comuns são os dardos, dominó e bilhar. Atualmente muitos pubs servem refeições, sobretudo na hora do almoço, e essa é a única hora em que a entrada de crianças é permitida, desde que estejam acompanhadas por adultos. Em geral os pubs funcionam das 11 às 23 horas, mas isso pode variar de acordo com sua permissão de funcionamento, alguns pubs fecham à tarde.

puberty ['pju:bətɪ] N puberdade f
pubic ['pju:bɪk] ADJ púbico, pubiano
public ['pʌblɪk] ADJ público ▶ N público; **in ~** em público; **to make ~** tornar público; **the general ~** o grande público; **to be ~ knowledge** ser de conhecimento público; **to go ~** (*Comm*) tornar-se uma companhia de capital aberto, passar a ser cotado na Bolsa de Valores
public address system N sistema m (de reforço) de som
publican ['pʌblɪkən] N dono(-a) de pub
publication [pʌblɪ'keɪʃən] N publicação f
public company N sociedade f anônima aberta
public convenience (BRIT) N banheiro público
public holiday N feriado
public house (BRIT) N pub m, bar m, taberna
publicity [pʌb'lɪsɪtɪ] N publicidade f
publicize ['pʌblɪsaɪz] VT divulgar; (*product*) promover
public limited company N sociedade f anônima aberta
publicly ['pʌblɪklɪ] ADV publicamente
public opinion N opinião f pública
public ownership N: **to be taken into ~** ser estatizado
public relations N relações fpl públicas
public relations officer N relações-públicas m/f inv
public school N (BRIT) escola particular; (US) escola pública
public sector N setor m público
public service vehicle (BRIT) N veículo para o transporte público
public-spirited [-'spɪrɪtɪd] ADJ zeloso pelo bem-estar público
public transport, (US) **public transportation** N transporte m coletivo
public utility N (serviço de) utilidade f pública
public works NPL obras fpl públicas
publish ['pʌblɪʃ] VT publicar
publisher ['pʌblɪʃə^r] N editor(a) m/f; (*company*) editora

publishing ['pʌblɪʃɪŋ] N (*industry*) a indústria editorial
publishing company N editora
puce [pju:s] ADJ roxo
puck [pʌk] N (*elf*) duende m; (*Ice Hockey*) disco
pucker ['pʌkə^r] VT (*fabric*) amarrotar; (*brow etc*) franzir
pudding ['pudɪŋ] N (BRIT: *dessert*) sobremesa; (*cake*) pudim m, doce m; **black** (BRIT) **or blood** (US) ~ morcela; **rice** ~ arroz doce
puddle ['pʌdl] N poça
puerile ['pjuəraɪl] ADJ infantil
Puerto Rican ['pwə:tə'ri:kən] ADJ, N porto-riquenho(-a)
Puerto Rico ['pwə:təu'ri:kəu] N Porto Rico (*no article*)
puff [pʌf] N sopro; (*of cigarette*) baforada; (*of air, smoke*) lufada; (*gust*) rajada, lufada; (*sound*) sopro; (*also*: **powder puff**) pompom m
▶ VT: **to ~ one's pipe** tirar baforadas do cachimbo ▶ VI soprar; (*pant*) arquejar
▶ **puff out** VT (*sails*) enfunar; (*cheeks*) encher; **to ~ out smoke** lançar baforadas
▶ **puff up** VT inflar
puffed [pʌft] (*inf*) ADJ (*out of breath*) sem fôlego
puffin ['pʌfɪn] N papagaio-do-mar m
puff pastry, (US) **puff paste** N massa folhada
puffy ['pʌfɪ] ADJ inchado, entumecido
pugnacious [pʌg'neɪʃəs] ADJ pugnaz, brigão(-ona)
pull [pul] N (*of magnet, sea etc*) atração f; (*influence*) influência; (*tug*): **to give sth a ~** dar um puxão em algo ▶ VT puxar; (*trigger*) apertar; (*curtain, blind*) fechar; (*muscle*) distender ▶ VI puxar, dar um puxão; **to ~ a face** fazer careta; **to ~ to pieces** fazer em pedacinhos; **to ~ one's punches** não usar toda a força; **to ~ one's weight** fazer a sua parte; **to ~ o.s. together** recompor-se; **to ~ sb's leg** (*fig*) brincar com alguém, sacanear alguém (*inf*); **to ~ strings for sb** mexer os pauzinhos para alguém
▶ **pull about** (BRIT) VT (*handle roughly*) maltratar
▶ **pull apart** VT separar; (*break*) romper
▶ **pull down** VT abaixar; (*building*) demolir, derrubar; (*tree*) abater, derrubar
▶ **pull in** VI (*Aut: at the kerb*) encostar; (*Rail*) chegar (na plataforma)
▶ **pull off** VT tirar; (*fig: deal etc*) acertar
▶ **pull out** VI arrancar, partir; (*withdraw*) retirar-se; (*Aut: from kerb*) sair; (*Rail*) partir
▶ VT tirar, arrancar; **to ~ out in front of sb** (*Aut*) dar uma fechada em alguém
▶ **pull over** VI (*Aut*) encostar
▶ **pull round** VI (*unconscious person*) voltar a si; (*sick person*) recuperar-se
▶ **pull through** VI sair-se bem (de um aperto); (*Med*) sobreviver
▶ **pull up** VI (*stop*) deter-se, parar ▶ VT levantar; (*uproot*) desarraigar, arrancar; (*stop*) parar
pulley ['pulɪ] N roldana
pull-out N (*withdrawal*) retirada; (*section: in magazine, newspaper*) encarte m ▶ CPD (*magazine, pages*) destacável
pullover ['puləuvə^r] N pulôver m
pulp [pʌlp] N (*of fruit*) polpa; (*for paper*) pasta, massa; **to reduce sth to a ~** amassar algo
pulpit ['pulpɪt] N púlpito
pulsate [pʌl'seɪt] VI pulsar, palpitar; (*music*) vibrar
pulse [pʌls] N (*Anat*) pulso; (*of music, engine*) cadência; (*Bot*) legume m; **to feel** or **take sb's ~** tomar o pulso de alguém
pulse rate N frequência de pulsos
pulverize ['pʌlvəraɪz] VT pulverizar; (*fig*) esmagar, aniquilar
puma ['pju:mə] N puma, onça-parda
pumice ['pʌmɪs] N (*also*: **pumice stone**) pedra-pomes f
pummel ['pʌml] VT esmurrar, socar
pump [pʌmp] N bomba; (*shoe*) sapatilha (de dança) ▶ VT bombear; (*fig: inf*) sondar; **to ~ sb for information** tentar extrair informações de alguém
▶ **pump up** VT encher
pumpkin ['pʌmpkɪn] N abóbora
pun [pʌn] N jogo de palavras, trocadilho
punch [pʌntʃ] N (*blow*) soco, murro; (*tool*) punção m; (*for tickets*) furador m; (*drink*) ponche m; (*fig: force*) vigor m, força ▶ VT (*make a hole in*) perfurar, picotar; (*hit*): **to ~ sb/sth** esmurrar or socar alguém/algo
▶ **punch in** (US) VI assinar o ponto na entrada
▶ **punch out** (US) VI assinar o ponto na saída
punch card N cartão m perfurado
punch-drunk (BRIT) ADJ estupidificado
punched card [pʌntʃt-] N = **punch card**
punch line N (*of joke*) remate m
punch-up (BRIT *inf*) N briga
punctual ['pʌŋktjuəl] ADJ pontual
punctuality [pʌŋktju'ælɪtɪ] N pontualidade f
punctually ['pʌŋktjuəlɪ] ADV pontualmente; **it will start ~ at 6** começará às 6 horas em ponto
punctuate ['pʌŋktjueɪt] VT pontuar
punctuation [pʌŋktju'eɪʃən] N pontuação f
punctuation marks NPL sinais mpl de pontuação
puncture ['pʌŋktʃə^r] N picada; (*flat tyre*) furo
▶ VT picar, furar; (*tyre*) furar; **I have a ~** (*Aut*) estou com um pneu furado
pundit ['pʌndɪt] N entendedor(a) m/f
pungent ['pʌndʒənt] ADJ (*smell, taste*) acre; (*fig*) mordaz
punish ['pʌnɪʃ] VT punir, castigar; **to ~ sb for sth/for doing sth** punir alguém por algo/ por ter feito algo
punishable ['pʌnɪʃəbl] ADJ punível, castigável
punishing ['pʌnɪʃɪŋ] ADJ (*fig: exhausting*) desgastante ▶ N punição f
punishment ['pʌnɪʃmənt] N castigo, punição f; (*fig: wear*) desgaste m
punk [pʌŋk] N (*also*: **punk rocker**) punk m/f; (*also*: **punk rock**) punk m; (US *inf: hoodlum*) pinta-brava m

punt [pʌnt] N (*boat*) chalana
punter ['pʌntə'] N (*BRIT: gambler*) jogador(a) *m/f*; (*inf: client*) cliente *m/f*
puny ['pju:nɪ] ADJ débil, fraco
pup [pʌp] N (*dog*) cachorrinho (BR), cachorro (PT); (*seal etc*) filhote *m*
pupil ['pju:pl] N aluno(-a); (*of eye*) pupila
puppet ['pʌpɪt] N marionete *f*, títere *m*; (*fig*) fantoche *m*
puppet government N governo fantoche or títere
puppy ['pʌpɪ] N cachorrinho (BR), cachorro (PT)
purchase ['pə:tʃɪs] N compra; (*grip*) ponto de apoio ▶ VT comprar; **to get a ~ on** apoiar-se em
purchase order N ordem *f* de compra
purchase price N preço de compra
purchaser ['pə:tʃɪsə'] N comprador(a) *m/f*
purchase tax (BRIT) N ≈ imposto de circulação de mercadorias
purchasing power ['pə:tʃɪsɪŋ-] N poder *m* aquisitivo
pure [pjuə'] ADJ puro; **a ~ wool jumper** um pulôver de pura lã; **~ and simple** puro e simples
purebred ['pjuəbred] ADJ de sangue puro
purée ['pjuəreɪ] N purê *m*
purely ['pjuəlɪ] ADV puramente; (*only*) meramente
purgatory ['pə:gətərɪ] N purgatório; (*fig*) inferno
purge [pə:dʒ] N (*Med*) purgante *m*; (*Pol*) expurgo ▶ VT purgar; (*Pol*) expurgar
purification [pjuərɪfɪ'keɪʃən] N purificação *f*, depuração *f*
purify ['pjuərɪfaɪ] VT purificar, depurar
purist ['pjuərɪst] N purista *m/f*
puritan ['pjuərɪtən] N puritano(-a)
puritanical [pjuərɪ'tænɪkl] ADJ puritano
purity ['pjuərɪtɪ] N pureza
purl [pə:l] N ponto reverso ▶ VT fazer ponto de tricô
purloin [pə:'lɔɪn] VT surripiar
purple ['pə:pl] ADJ roxo, purpúreo
purport [pə:'pɔ:t] VI: **to ~ to be/do** dar a entender que é/faz
purpose ['pə:pəs] N propósito, objetivo; **on ~** de propósito; **for teaching ~s** para fins pedagógicos; **for the ~s of this meeting** para esta reunião; **to no ~** em vão
purpose-built (BRIT) ADJ feito sob medida
purposeful ['pə:pəsful] ADJ decidido, resoluto
purposely ['pə:pəslɪ] ADV de propósito
purr [pə:'] N ronrom *m* ▶ VI ronronar
purse [pə:s] N (BRIT: *for money*) carteira; (US: *bag*) bolsa ▶ VT enrugar, franzir
purser ['pə:sə'] N (*Naut*) comissário de bordo
purse snatcher [-'snætʃə'] N trombadinha *m/f*
pursue [pə'sju:] VT perseguir; (*fig: activity*) exercer; (: *interest, plan*) dedicar-se a; (: *result*) lutar por
pursuer [pə'sju:ə'] N perseguidor(a) *m/f*

pursuit [pə'sju:t] N (*chase*) perseguição *f*; (*fig*) busca; (*occupation*) ocupação *f*, atividade *f*; (*pastime*) passatempo; **in (the) ~ of sth** em busca de algo
purveyor [pə'veɪə'] N fornecedor(a) *m/f*
pus [pʌs] N pus *m*
push [puʃ] N empurrão *m*; (*of button*) aperto; (*attack*) ataque *m*, arremetida; (*advance*) avanço ▶ VT empurrar; (*button*) apertar; (*promote*) promover; (*thrust*): **to ~ sth (into)** enfiar algo (em) ▶ VI empurrar; (*press*) apertar; (*fig*): **to ~ for** reivindicar; **to ~ a door open/shut** abrir/fechar uma porta empurrando-a; **"~"** (*on door*) "empurre"; (*on bell*) "aperte"; **to be ~ed for time/money** estar com pouco tempo/dinheiro; **she is ~ing fifty** (*inf*) ela está beirando os 50; **at a ~** (BRIT *inf*) em último caso
▶ **push aside** VT afastar com a mão
▶ **push in** VI furar a fila
▶ **push off** (*inf*) VI dar o fora
▶ **push on** VI (*continue*) prosseguir
▶ **push over** VT derrubar
▶ **push through** VI abrir caminho ▶ VT (*measure*) forçar a aceitação de
▶ **push up** VT (*total, prices*) forçar a alta de
push-bike (BRIT) N bicicleta
push-button ADJ por botões de pressão
pushchair ['puʃtʃɛə'] (BRIT) N carrinho
pusher ['puʃə'] N (*also*: **drug pusher**) traficante *m/f*
pushing ['puʃɪŋ] ADJ empreendedor(a)
pushover ['puʃəuvə'] (*inf*) N: **it's a ~** é sopa
push-up (US) N flexão *f*
pushy ['puʃɪ] (*pej*) ADJ intrometido, agressivo
puss [pus] (*inf*) N gatinho
pussy ['pusɪ], **pussycat** ['pusɪkæt] (*inf*) N gatinho
put [put] (*pt, pp* **put**) VT (*place*) pôr, colocar; (*put into*) meter; (*person: in institution etc*) internar; (*say*) dizer, expressar; (*case*) expor; (*question*) fazer; (*person: in situation*) colocar; (*estimate*) avaliar, calcular; (*write, type etc*) colocar; **to ~ sb in a good/bad mood** deixar alguém de bom/mau humor; **to ~ sb to bed** pôr alguém para dormir; **to ~ sb to a lot of trouble** incomodar alguém; **how shall I ~ it?** como dizer?; **to ~ a lot of time into sth** investir muito tempo em algo; **to ~ money on a horse** apostar num cavalo; **I ~ it to you that ...** (BRIT *inf*) eu gostaria de colocar que ...; **to stay ~** não se mexer
▶ **put about** VI (*Naut*) mudar de rumo ▶ VT (*rumour*) espalhar
▶ **put across** VT (*ideas*) comunicar
▶ **put aside** VT deixar de lado
▶ **put away** VT (*store*) guardar
▶ **put back** VT (*replace*) repor; (*postpone*) adiar; (*delay*) atrasar
▶ **put by** VT (*money etc*) poupar, pôr de lado
▶ **put down** VT pôr em; (*pay*) pagar; (*animal*) sacrificar; (*in writing*) anotar, inscrever;

(*revolt etc*) sufocar; (*attribute*): **to ~ sth down to** atribuir algo a
▶ **put forward** VT (*ideas*) apresentar, propor; (*date, clock*) adiantar
▶ **put in** VT (*application, complaint*) apresentar; (*time, effort*) investir, gastar; (*gas, electricity*) instalar
▶ **put in for** VT FUS (*job*) candidatar-se a; (*promotion, pay rise*) solicitar
▶ **put off** VT (*light*) apagar; (*postpone*) adiar, protelar; (*discourage*) desanimar
▶ **put on** VT (*clothes, make-up, dinner*) pôr; (*light*) acender; (*play*) encenar; (*food, meal*) preparar; (*weight*) ganhar; (*brake*) aplicar; (*record, video, kettle*) ligar; (*attitude*) fingir, simular; (*accent, manner*) assumir; (*inf: tease*) fazer de criança; (*inform*): **to ~ sb on to sth** indicar algo a alguém
▶ **put out** VT (*take out*) colocar fora; (*fire, cigarette, light*) apagar; (*one's hand*) estender; (*news*) anunciar; (*rumour*) espalhar; (*tongue etc*) mostrar; (*person: inconvenience*) incomodar; (BRIT: *dislocate*) deslocar; (*inf: person*): **to be ~ out** estar aborrecido ▶ VI (*Naut*): **to ~ out to sea** fazer-se ao mar; **to ~ out from Plymouth** zarpar de Plymouth
▶ **put through** VT (*call*) transferir; (*plan*) aprovar; **I'd like to ~ a call through to Brazil** eu gostaria de fazer uma ligação para o Brasil
▶ **put together** VT colocar junto(s); (*assemble*) montar; (*meal*) preparar
▶ **put up** VT (*raise*) levantar, erguer; (*hang*) prender; (*build*) construir, edificar; (*tent*) armar; (*increase*) aumentar; (*accommodate*) hospedar; **to ~ sb up to doing sth** incitar alguém a fazer algo; **to ~ sth up for sale** pôr algo à venda
▶ **put upon** VT FUS: **to be ~ upon** sofrer abusos
▶ **put up with** VT FUS suportar, aguentar
putrid ['pju:trɪd] ADJ pútrido, podre
putt [pʌt] VT (*Golf*) fazer um putt ▶ N putt *m*, tacada leve
putter ['pʌtəʳ] N (*Golf*) putter *m*
putting green ['pʌtɪŋ-] N campo de golfe em miniatura
putty ['pʌtɪ] N massa de vidraceiro, betume *m*
put-up ADJ: **~ job** (BRIT) embuste *m*
puzzle ['pʌzl] N (*riddle*) charada; (*jigsaw*) quebra-cabeça *m*; (*also:* **crossword puzzle**) palavras cruzadas *fpl*; (*mystery*) mistério ▶ VT desconcertar, confundir ▶ VI: **to ~ over sth** tentar entender algo; **to be ~d about sth** estar perplexo com algo
puzzling ['pʌzlɪŋ] ADJ (*thing, action*) intrigante, confuso; (*mysterious*) enigmático, misterioso; (*unnerving*) desconcertante; (*incomprehensible*) incompreensível
PVC N ABBR (= *polyvinyl chloride*) PVC *m*
Pvt. (US) ABBR (*Mil*) = **private**
pw ABBR (= *per week*) por semana
PX (US) N ABBR (*Mil*) = **post exchange**
pygmy ['pɪgmɪ] N pigmeu(-meia) *m/f*
pyjamas, (US) **pajamas** [pɪ'dʒɑ:məz] NPL pijama *m* or *f*
pylon ['paɪlən] N pilono, poste *m*, torre *f*
pyramid ['pɪrəmɪd] N pirâmide *f*
Pyrenees [pɪrə'ni:z] NPL: **the ~** os Pirineus
Pyrex® ['paɪrɛks] N Pirex® *m* ▶ CPD: **a ~ dish** um pirex
python ['paɪθən] N pitão *m*

Qq

Q, q [kjuː] N (letter) Q, q m; **Q for Queen** Q de Quinteta
Qatar [kæˈtɑːʳ] N Catar m
QC (BRIT) N ABBR (= *Queen's Counsel*) título dado a certos advogados
QED ABBR (= *quod erat demonstrandum*) QED
QM N ABBR = **quartermaster**
q.t. (*inf*) N ABBR = **quiet**; **on the ~** de fininho
qty ABBR (= *quantity*) quant
quack [kwæk] N (*of duck*) grasnido; (*pej: doctor*) curandeiro(-a), charlatão(-tã) m/f ▶ VI grasnar
quad [kwɔd] ABBR = **quadrangle**; **quadruplet**
quadrangle [ˈkwɔdræŋgl] N (*courtyard*) pátio quadrangular
quadruped [ˈkwɔdrupɛd] N quadrúpede m
quadruple [kwɔˈdrupl] ADJ quádruplo ▶ N quádruplo ▶ VT, VI quadruplicar
quadruplet [kwɔːˈdruːplɪt] N quadrigêmeo m, quádruplo m
quagmire [ˈkwægmaɪəʳ] N lamaçal m, atoleiro
quail [kweɪl] N (*bird*) codorniz f, codorna (BR) ▶ VI acovardar-se
quaint [kweɪnt] ADJ (*ideas*) curioso, esquisito; (*village etc*) pitoresco
quake [kweɪk] VI (*with fear*) tremer ▶ N ABBR = **earthquake**
Quaker [ˈkweɪkəʳ] N quacre m/f
qualification [kwɔlɪfɪˈkeɪʃən] N (*skill, quality*) qualificação f; (*reservation*) restrição f, ressalva; (*modification*) modificação f; (*often pl: degree, training*) título, qualificação; **what are your ~s?** quais são as suas qualificações?
qualified [ˈkwɔlɪfaɪd] ADJ (*trained*) habilitado, qualificado; (*professionally*) diplomado; (*fit*): **~ to** apto para, capaz de; (*limited*) limitado; **~ for/to do** credenciado or qualificado para/para fazer
qualify [ˈkwɔlɪfaɪ] VT qualificar; (*modify*) modificar; (*limit*) restringir, limitar ▶ VI (*Sport*) classificar-se; **to ~ (as)** classificar (como); (*pass examination(s)*) formar-se or diplomar-se (em); **to ~ (for)** reunir os requisitos (para)
qualifying [ˈkwɔlɪfaɪɪŋ] ADJ: **~ exam** exame m de habilitação; **~ round** eliminatórias fpl
qualitative [ˈkwɔlɪteɪtɪv] ADJ qualitativo

quality [ˈkwɔlɪtɪ] N qualidade f ▶ CPD de qualidade; **of good/poor ~** de boa/má qualidade
quality control N controle m de qualidade
quality (news)papers (BRIT) NPL *ver nota*

> Os **quality (news)papers** (ou **quality press**) englobam os jornais "sérios", diários ou semanais, em oposição aos jornais populares (**tabloid press**). Esses jornais visam a um público que procura informações detalhadas sobre uma grande variedade de assuntos e que está disposto a dedicar um bom tempo à leitura.

qualm [kwɑːm] N (*doubt*) dúvida; (*scruple*) escrúpulo; **to have ~s about sth** ter dúvidas sobre a retidão de algo
quandary [ˈkwɔndrɪ] N: **to be in a ~** estar num dilema
quango [ˈkwæŋgəu] (BRIT) N ABBR (= *quasi-autonomous non-governmental organization*) comissão nomeada pelo governo
quantify [ˈkwɔntɪfaɪ] VT quantificar
quantitative [ˈkwɔntɪtətɪv] ADJ quantitativo
quantity [ˈkwɔntɪtɪ] N quantidade f; **in ~** em quantidade
quantity surveyor N calculista m/f de obra
quantum leap [ˈkwɔntəm-] N (*fig*) salto quântico
quarantine [ˈkwɔrntiːn] N quarentena
quarrel [ˈkwɔrl] N (*argument*) discussão f; (*fight*) briga ▶ VI: **to ~ (with)** brigar (com); **to have a ~ with sb** ter uma briga or brigar com alguém; **I have no ~ with him** não tenho nada contra ele; **I can't ~ with that** não posso discordar disso
quarrelsome [ˈkwɔrlsəm] ADJ brigão(-gona)
quarry [ˈkwɔrɪ] N (*for stone*) pedreira; (*animal*) presa, caça ▶ VT (*marble etc*) extrair
quart [kwɔːt] N quarto de galão (1.136 l)
quarter [ˈkwɔːtəʳ] N quarto, quarta parte f; (*of year*) trimestre m; (*district*) bairro; (US: 25 cents) (moeda de) 25 centavos mpl de dólar ▶ VT dividir em quatro; (*Mil: lodge*) aquartelar; **quarters** NPL (*Mil*) quartel m; (*living quarters*) alojamento; **a ~ of an hour** um quarto de hora; **it's a ~ to** (BRIT) or **of** (US) **3** são quinze para as três (BR), são três menos um quarto (PT); **it's a ~ past** (BRIT) or **after**

(US) **3** são três e quinze (BR), são três e um quarto (PT); **from all ~s** de toda parte; **at close ~s** de perto
quarter-deck N (Naut) tombadilho superior
quarter final N quarta de final
quarterly ['kwɔːtəlɪ] ADJ trimestral ▶ ADV trimestralmente ▶ N (Press) revista trimestral
quartermaster ['kwɔːtəmɑːstəʳ] N (Mil) quartel-mestre m; (Naut) contramestre m
quartet, quartette [kwɔː'tɛt] N quarteto
quarto ['kwɔːtəʊ] ADJ, N in-quarto inv
quartz [kwɔːts] N quartzo ▶ CPD de quartzo
quash [kwɔʃ] VT (verdict) anular
quasi- ['kweɪzaɪ] PREFIX quase-
quaver ['kweɪvəʳ] N (BRIT Mus) colcheia ▶ VI tremer
quay [kiː] N (also: **quayside**) cais m
queasy ['kwiːzɪ] ADJ (sickly) enjoado
Quebec [kwɪ'bɛk] N Quebec
queen [kwiːn] N rainha; (also: **queen bee**) abelha-mestra, rainha; (Cards etc) dama
queen mother N rainha-mãe f
queer [kwɪəʳ] ADJ (odd) esquisito, estranho; (suspect) suspeito, duvidoso; (BRIT: sick): **I feel ~** não estou bem ▶ N (inf: homosexual) bicha m (BR), maricas m inv (PT)
quell [kwɛl] VT (opposition) sufocar; (fears) abrandar, sufocar
quench [kwɛntʃ] VT apagar; **to ~ one's thirst** matar a sede
querulous ['kwɛrʊləs] ADJ lamuriante
query ['kwɪərɪ] N (question) pergunta; (doubt) dúvida; (question mark) ponto de interrogação ▶ VT questionar
quest [kwɛst] N busca; (journey) expedição f
question ['kwɛstʃən] N pergunta; (doubt) dúvida; (issue, in test) questão f ▶ VT (doubt) duvidar; (interrogate) interrogar, inquirir; **to ask sb a ~, to put a ~ to sb** fazer uma pergunta a alguém; **to bring** or **call sth into ~** colocar algo em questão, pôr algo em dúvida; **the ~ is ...** a questão é ...; **it is a ~ of** é questão de; **beyond ~** sem dúvida; **out of the ~** fora de cogitação, impossível
questionable ['kwɛstʃənəbl] ADJ discutível; (doubtful) duvidoso
questioner ['kwɛstʃənəʳ] N pessoa que faz uma pergunta (or que fez a pergunta etc)
questioning ['kwɛstʃənɪŋ] ADJ interrogador(a) ▶ N interrogatório
question mark N ponto de interrogação
questionnaire [kwɛstʃə'nɛəʳ] N questionário
queue [kjuː] (BRIT) N fila (BR), bicha (PT) ▶ VI (also: **queue up**) fazer fila (BR) or bicha (PT); **to jump the ~** furar a fila (BR), pôr-se à frente (PT)
quibble ['kwɪbl] VI: **to ~ about** or **over/with** tergiversar sobre/com
quiche [kiːʃ] N quiche m
quick [kwɪk] ADJ rápido; (temper) vivo; (agile) ágil; (mind) sagaz, despachado ▶ ADV rápido ▶ N: **to cut sb to the ~** ferir alguém; **be ~!** ande depressa!, vai rápido!; **to be ~ to act**

agir com rapidez; **she was ~ to see that ...** ela não tardou a ver que ...
quicken ['kwɪkən] VT apressar ▶ VI apressar-se
quicklime ['kwɪklaɪm] N cal f viva
quickly ['kwɪklɪ] ADV rapidamente, depressa
quickness ['kwɪknɪs] N rapidez f; (agility) agilidade f; (liveliness) vivacidade f
quicksand ['kwɪksænd] N areia movediça
quickstep ['kwɪkstɛp] N dança de ritmo rápido
quick-tempered ADJ irritadiço, de pavio curto
quick-witted [-'wɪtɪd] ADJ perspicaz, vivo
quid [kwɪd] (BRIT inf) N INV libra
quid pro quo N contrapartida
quiet ['kwaɪət] ADJ (voice, music) baixo; (peaceful: place) tranquilo; (calm: person) calmo; (not noisy: place) silencioso; (not talkative: person) calado; (silent) silencioso; (not busy: day, business) calmo; (ceremony) discreto ▶ N (peacefulness) sossego; (silence) quietude f ▶ VT, VI (US) = **quieten**; **keep ~!** cale-se!, fique quieto!; **on the ~** de fininho
quieten ['kwaɪətən], **quieten down** VI (grow calm) acalmar-se; (grow silent) calar-se ▶ VT tranquilizar; fazer calar
quietly ['kwaɪətlɪ] ADV tranquilamente; (silently) silenciosamente; (talk) baixo
quietness ['kwaɪətnɪs] N (silence) quietude f; (calm) tranquilidade f
quill [kwɪl] N pena (de escrever)
quilt [kwɪlt] N acolchoado, colcha; (BRIT: also: **continental quilt**) edredom m (BR), edredão m (PT)
quin [kwɪn] N ABBR = **quintuplet**
quince [kwɪns] N (fruit) marmelo; (tree) marmeleiro
quinine [kwɪ'niːn] N quinina
quintet, quintette [kwɪn'tɛt] N quinteto
quintuplet [kwɪn'tjuːplɪt] N quíntuplo m
quip [kwɪp] N escárnio, dito espirituoso ▶ VT: **... he ~ped ...** soltou
quire ['kwaɪəʳ] N mão f (de papel)
quirk [kwəːk] N peculiaridade f; **by some ~ of fate** por uma singularidade do destino, por uma dessas coisas que acontecem
quit [kwɪt] (pt, pp **quit** or **quitted**) VT (smoking etc) parar; (job) deixar; (premises) desocupar ▶ VI parar; (give up) desistir; (resign) pedir demissão; **to ~ doing** parar or deixar de fazer; **~ stalling!** (US inf) chega de evasivas!; **notice to ~** (BRIT) aviso para desocupar (um imóvel)
quite [kwaɪt] ADV (rather) bastante; (entirely) completamente, totalmente; (following a negative: almost): **that's not ~ big enough** não é suficientemente grande; **~ new** novinho; **she's ~ pretty** ela é bem bonita; **I ~ understand** eu entendo completamente; **~ a few of them** um bom número deles; **that's not ~ right** não é bem assim; **not ~ as many as last time** um pouco menos do que da vez passada; **~ (so)!** exatamente!, isso mesmo!
Quito ['kiːtəʊ] N Quito

quits [kwɪts] ADJ: ~ **(with)** quite (com); **let's call it** ~ ficamos quites
quiver ['kwɪvəʳ] VI estremecer ▶ N (for arrows) carcás m, aljava
quiz [kwɪz] N (game) concurso (de cultura geral); (in magazine etc) questionário, teste m ▶ VT interrogar
quizzical ['kwɪzɪkəl] ADJ zombeteiro
quoits [kwɔɪts] NPL jogo de malha
quorum ['kwɔːrəm] N quorum m
quota ['kwəutə] N cota, quota
quotation [kwəu'teɪʃən] N citação f; (estimate) orçamento; (of shares) cotação f
quotation marks NPL aspas fpl
quote [kwəut] N citação f; (estimate) orçamento ▶ VT (sentence) citar; (price) propor; (figure, example) citar, dar; (shares) cotar ▶ VI: **to ~ from** citar; **quotes** NPL (quotation marks) aspas fpl; **to ~ for a job** propor um preço para um trabalho; **in ~s** entre aspas; ~ ... **un~** (in dictation) abre aspas ... fecha aspas
quotient ['kwəuʃənt] N quociente m
qv ABBR (= quod vide) vide
qwerty keyboard ['kwəːtɪ-] N teclado qwerty

Rr

R¹, r [ɑːʳ] N (*letter*) R, r m; **R for Robert** (BRIT) *or* **Roger** (US) R de Roberto
R² ABBR (= *right*) dir.; (= *river*) R.; (= *Réaumur (scale)*) R; (US *Cinema*: = *restricted*) proibido para menores de 17 anos; (US *Pol*) = **republican**; (BRIT) = **Rex; Regina**
RA ABBR = **rear admiral** ▶ N ABBR (BRIT) = **Royal Academician; Royal Academy**
RAAF N ABBR = **Royal Australian Air Force**
Rabat [rəˈbɑːt] N Rabat
rabbi [ˈræbaɪ] N rabino(-a)
rabbit [ˈræbɪt] N coelho ▶ VI: **to ~ (on)** (BRIT) tagarelar
rabbit hole N toca, lura
rabbit hutch N coelheira
rabble [ˈræbl] (*pej*) N povinho, ralé *f*
rabid [ˈræbɪd] ADJ raivoso
rabies [ˈreɪbiːz] N raiva
RAC (BRIT) N ABBR (= *Royal Automobile Club*) ≈ TCB *m* (BR), ≈ ACP *m* (PT)
raccoon [rəˈkuːn] N mão-pelada *m*, guaxinim *m*
race [reɪs] N (*competition, rush*) corrida; (*species*) raça ▶ VT (*person*) apostar corrida com; (*horse*) fazer correr; (*engine*) acelerar ▶ VI (*compete*) competir; (*run*) correr; (*pulse*) bater rapidamente; **the human ~** a raça humana; **to ~ in/out** etc entrar/sair correndo etc
race car (US) N = **racing car**
race car driver (US) N = **racing driver**
racecourse [ˈreɪskɔːs] N hipódromo
racehorse [ˈreɪshɔːs] N cavalo de corridas
race relations NPL relações *fpl* entre as raças
racetrack [ˈreɪstræk] N pista de corridas; (*for cars*) autódromo
racial [ˈreɪʃl] ADJ racial
racialism [ˈreɪʃəlɪzəm] N racismo
racialist [ˈreɪʃəlɪst] ADJ, N racista *m/f*
racing [ˈreɪsɪŋ] N corrida
racing car (BRIT) N carro de corrida
racing driver (BRIT) N piloto(-a) de corrida
racism [ˈreɪsɪzəm] N racismo
racist [ˈreɪsɪst] (*pej*) ADJ, N racista *m/f*
rack [ræk] N (*also*: **luggage rack**) bagageiro; (*shelf*) estante *f*; (*also*: **roof rack**) xalmas *fpl*, porta-bagagem *m*; (*also*: **dish rack**) secador *m* de prato; (*also*: **clothes rack**) cabide *m* ▶ VT (*cause pain to*) atormentar; **~ed by** (*pain, anxiety*) tomado por; **to ~ one's brains** quebrar a cabeça; **to go to ~ and ruin** (*building*) cair aos pedaços; (*business*) falir
▶ **rack up** VT acumular
racket [ˈrækɪt] N (*for tennis*) raquete *f* (BR), raqueta (PT); (*noise*) barulheira, zoeira; (*swindle*) negócio ilegal, fraude *f*
racketeer [rækɪˈtɪəʳ] (*esp* US) N chantagista *m/f*
racoon [rəˈkuːn] N = **raccoon**
racquet [ˈrækɪt] N raquete *f* (BR), raqueta (PT)
racy [ˈreɪsɪ] ADJ ousado, picante
RADA [ˈrɑːdə] (BRIT) N ABBR = **Royal Academy of Dramatic Art**
radar [ˈreɪdɑːʳ] N radar *m* ▶ CPD de radar
radar trap N radar *m* rodoviário
radial [ˈreɪdɪəl] ADJ (*also*: **radial-ply**) radial
radiance [ˈreɪdɪəns] N brilho, esplendor *m*
radiant [ˈreɪdɪənt] ADJ radiante, brilhante; (*Phys*) radiante
radiate [ˈreɪdɪeɪt] VT (*heat, emotion*) irradiar; (*emit*) emitir ▶ VI (*lines*) difundir-se, estender-se
radiation [reɪdɪˈeɪʃən] N radiação *f*
radiation sickness N radiointoxicação *f*, intoxicação *f* radioativa
radiator [ˈreɪdɪeɪtəʳ] N radiador *m*
radiator cap N tampa do radiador
radiator grill N (*Aut*) grade *f* do radiador
radical [ˈrædɪkl] ADJ radical
radii [ˈreɪdɪaɪ] NPL *of* **radius**
radio [ˈreɪdɪəu] N rádio ▶ VI: **to ~ to sb** comunicar com alguém por rádio ▶ VT: **to ~ sb** comunicar-se por rádio com alguém; (*information*) transmitir por rádio; (*position*) comunicar por rádio; **on the ~** no rádio
radio... [reɪdɪəu] PREFIX radio...
radioactive [ˈreɪdɪəuˈæktɪv] ADJ radioativo
radioactivity [ˈreɪdɪəuækˈtɪvɪtɪ] N radioatividade *f*
radio announcer N locutor(a) *m/f* de rádio
radio-controlled [-kənˈtrəuld] ADJ controlado por rádio
radiographer [reɪdɪˈɔgrəfəʳ] N radiógrafo(-a)
radiography [reɪdɪˈɔgrəfɪ] N radiografia
radiologist [reɪdɪˈɔlədʒɪst] N radiologista *m/f*
radiology [reɪdɪˈɔlədʒɪ] N radiologia
radio station N emissora, estação *f* de rádio
radio taxi N rádio-táxi *m*
radiotelephone [reɪdɪəuˈtɛlɪfəun] N radiotelefone *m*

radiotherapist [reɪdɪəʊ'θɛrəpɪst] N radioterapeuta m/f
radiotherapy [reɪdɪəʊ'θɛrəpɪ] N radioterapia
radish ['rædɪʃ] N rabanete m
radium ['reɪdɪəm] N rádio
radius ['reɪdɪəs] (pl **radii**) N raio; (Anat) rádio; **within a 50-mile ~** dentro de um raio de 50 milhas
RAF (BRIT) N ABBR = **Royal Air Force**
raffia ['ræfɪə] N ráfia
raffish ['ræfɪʃ] ADJ reles inv, ordinário
raffle ['ræfl] N rifa ▶ VT rifar
raft [rɑːft] N (craft: also **life raft**) balsa; (logs) flutuante m de árvores
rafter ['rɑːftə^r] N viga, caibro
rag [ræg] N (piece of cloth) trapo; (torn cloth) farrapo; (pej: newspaper) jornaleco; (University: for charity) atividades estudantis beneficentes ▶ VT (BRIT) encarnar em, zombar de; **rags** NPL (torn clothes) trapos mpl, farrapos mpl; **in ~s** em farrapos
rag-and-bone man (BRIT) (irreg: like **man**) N = **ragman**
ragbag ['rægbæg] N (fig) salada
rag doll N boneca de trapo
rage [reɪdʒ] N (fury) raiva, furor m ▶ VI (person) estar furioso; (storm) assolar; (debate) continuar calorosamente; **to fly into a ~** enfurecer-se; **it's all the ~** é a última moda
ragged ['rægɪd] ADJ (edge) irregular, desigual; (clothes) puído, gasto; (appearance) esfarrapado, andrajoso; (coastline) acidentado
raging ['reɪdʒɪŋ] ADJ furioso; (fever, pain) violento; **~ toothache** dor de dente alucinante; **in a ~ temper** enfurecido
ragman ['rægmæn] (irreg: like **man**) N negociante m de trastes
rag trade (inf) N: **the ~** a confecção e venda de roupa
raid [reɪd] N (Mil) incursão f; (criminal) assalto; (attack) ataque m; (by police) batida ▶ VT invadir, atacar; assaltar; atacar; fazer uma batida em
raider ['reɪdə^r] N atacante m/f; (criminal) assaltante m/f
rail [reɪl] N (on stair) corrimão m; (on bridge, balcony) parapeito, anteparo; (of ship) amurada; **rails** NPL (for train) trilhos mpl; **by ~** de trem (BR), por caminho de ferro (PT)
railing ['reɪlɪŋ] N, **railings** ['reɪlɪŋz] NPL grade f
railroad ['reɪlrəʊd] (US) N = **railway**
railway ['reɪlweɪ] N estrada (BR) or caminho (PT) de ferro
railway engine N locomotiva
railway line (BRIT) N linha de trem (BR) or de comboio (PT)
railwayman ['reɪlweɪmən] (BRIT) (irreg: like **man**) N ferroviário
railway station (BRIT) N estação f ferroviária (BR) or de caminho de ferro (PT)

rain [reɪn] N chuva ▶ VI chover; **in the ~** na chuva; **it's ~ing** está chovendo (BR), está a chover (PT); **it's ~ing cats and dogs** chove a cântaros
rainbow ['reɪnbəʊ] N arco-íris m inv
raincoat ['reɪnkəʊt] N impermeável m, capa de chuva
raindrop ['reɪndrɔp] N gota de chuva
rainfall ['reɪnfɔːl] N chuva; (measurement) pluviosidade f
rainforest ['reɪnfɔrɪst] N floresta tropical
rainproof ['reɪnpruːf] ADJ impermeável
rainstorm ['reɪnstɔːm] N chuvada torrencial
rainwater ['reɪnwɔːtə^r] N água pluvial
rainy ['reɪnɪ] ADJ chuvoso; **a ~ day** um dia de chuva
raise [reɪz] N aumento ▶ VT (lift) levantar; (end: siege, embargo) levantar, terminar; (build) erguer, edificar; (salary, production) aumentar; (morale, standards) melhorar; (doubts) suscitar, despertar; (a question) fazer, expor; (cattle, family) criar; (crop) cultivar, plantar; (army) recrutar, alistar; (funds) angariar; (loan) levantar, obter; **to ~ one's voice** levantar a voz; **to ~ one's glass to sb/sth** brindar à saúde de alguém/brindar algo; **to ~ sb's hopes** dar esperanças a alguém; **to ~ a laugh/smile** provocar risada/sorrisos
raisin ['reɪzn] N passa, uva seca
Raj [rɑːdʒ] N: **the ~** o império (na Índia)
rajah ['rɑːdʒə] N rajá m
rake [reɪk] N (tool) ancinho; (person) libertino ▶ VT (garden) revolver or limpar com o ancinho; (fire) remover as cinzas de; (with machine gun) varrer ▶ VI: **to ~ through** (fig: search) vasculhar
rake-off (inf) N comissão f
rakish ['reɪkɪʃ] ADJ (dissolute) devasso, dissoluto; **at a ~ angle** de banda, inclinado
rally ['rælɪ] N (Pol etc) comício; (Aut) rally m, rali m; (Tennis) rebatida ▶ VT reunir ▶ VI reorganizar-se; (sick person, stock exchange) recuperar-se
▶ **rally round** VI dar apoio ▶ VT FUS dar apoio a
rallying point ['rælɪɪŋ-] N (Pol, Mil) ponto de encontro
RAM [ræm] N ABBR (Comput: = random access memory) RAM f
ram [ræm] N carneiro; (Tech) êmbolo, aríete m ▶ VT (push) cravar; (crash into) colidir com; (tread down) pisar, calcar
ramble ['ræmbl] N caminhada, excursão f a pé ▶ VI caminhar; (talk: also: **ramble on**) divagar
rambler ['ræmblə^r] N caminhante m/f; (Bot) roseira trepadeira
rambling ['ræmblɪŋ] ADJ (speech) desconexo, incoerente; (house) cheio de recantos; (plant) rastejante ▶ N excursionismo
RAMC (BRIT) N ABBR = **Royal Army Medical Corps**
ramification [ræmɪfɪ'keɪʃən] N ramificação f

ramp [ræmp] N (incline) rampa; (in road) lombada; **on/off ~** (US Aut) entrada (para a rodovia)/saída da rodovia

rampage [ræm'peɪdʒ] N: **to be on the ~** alvoroçar-se ▶ VI: **they went rampaging through the town** correram feito loucos pela cidade

rampant ['ræmpənt] ADJ (disease etc) violento, implacável

rampart ['ræmpɑːt] N baluarte m; (wall) muralha

ramshackle ['ræmʃækl] ADJ caindo aos pedaços

RAN N ABBR = **Royal Australian Navy**

ran [ræn] PT of **run**

ranch [rɑːntʃ] N rancho, fazenda, estância

rancher ['rɑːntʃər] N rancheiro(-a), fazendeiro(-a)

rancid ['rænsɪd] ADJ rançoso, râncio

rancour, (US) **rancor** ['ræŋkər] N rancor m

R&B N ABBR = **rhythm and blues**

R&D N ABBR = **research and development**

random ['rændəm] ADJ ao acaso, casual, fortuito; (Comput, Math) aleatório ▶ N: **at ~** a esmo, aleatoriamente

random access N (Comput) acesso randômico or aleatório

random access memory N (Comput) memória de acesso randômico or aleatório

R&R (US) N ABBR (Mil) = **rest and recreation**

randy ['rændɪ] (BRIT inf) ADJ de fogo

rang [ræŋ] PT of **ring**

range [reɪndʒ] N (of mountains) cadeia, cordilheira; (of missile) alcance m; (of voice) extensão f; (series) série f; (of products) gama, sortimento; (Mil: also: **shooting range**) estande m; (also: **kitchen range**) fogão m ▶ VT (place) colocar; (arrange) arrumar, ordenar ▶ VI: **to ~ over** (wander) percorrer; (extend) estender-se por; **to ~ from ... to ...** variar de ... a ..., oscilar entre ... e ...; **do you have anything else in this price ~?** você tem outras coisas dentro desta faixa de preço?; **within (firing) ~** ao alcance de tiro; **~d left/right** (text) alinhado à esquerda/direita

ranger ['reɪndʒər] N guarda-florestal m/f

Rangoon [ræŋ'guːn] N Rangum

rank [ræŋk] N (row) fila, fileira; (Mil) posto; (status) categoria, posição f; (BRIT: also: **taxi rank**) ponto de táxi ▶ VI: **to ~ among** figurar entre ▶ VT: **I ~ him sixth** eu o coloco em sexto lugar ▶ ADJ (stinking) fétido, malcheiroso; (hypocrisy, injustice) total; **the ranks** NPL (Mil) a tropa; **the ~ and file** (fig) a gente comum; **to close ~s** (Mil, fig) cerrar fileiras

rankle ['ræŋkl] VI (insult) doer, magoar

ransack ['rænsæk] VT (search) revistar; (plunder) saquear, pilhar

ransom ['rænsəm] N resgate m; **to hold sb to ~** (fig) encostar alguém contra a parede

rant [rænt] VI arengar

ranting ['ræntɪŋ] N palavreado oco

rap [ræp] N batida breve e seca, tapa; (also: **rap music**) rap m ▶ VT bater de leve

rape [reɪp] N estupro; (Bot) colza ▶ VT violentar, estuprar

rape oil, rapeseed oil ['reɪpsiːd-] N óleo de colza

rapid ['ræpɪd] ADJ rápido

rapidity [rə'pɪdɪtɪ] N rapidez f

rapidly ['ræpɪdlɪ] ADV rapidamente

rapids ['ræpɪdz] NPL (Geo) cachoeira

rapist ['reɪpɪst] N estuprador m

rapport [ræ'pɔːr] N harmonia, afinidade f

rapt [ræpt] ADJ absorvido; **to be ~ in contemplation** estar contemplando embevecido

rapture ['ræptʃər] N êxtase m, arrebatamento; **to go into ~s over** extasiar-se com

rapturous ['ræptʃərəs] ADJ extático; (applause) entusiasta

rare [rεər] ADJ raro; (Culin: steak) mal passado

rarebit ['rεəbɪt] N see **Welsh rarebit**

rarefied ['rεərɪfaɪd] ADJ (air, atmosphere) rarefeito

rarely ['rεəlɪ] ADV raramente

raring ['rεərɪŋ] ADJ: **to be ~ to go** (inf) estar louco para começar

rarity ['rεərɪtɪ] N raridade f

rascal ['rɑːskl] N maroto, malandro

rash [ræʃ] ADJ impetuoso, precipitado ▶ N (Med) exantema m, erupção f cutânea; (of events) série f, torrente f; **he came out in a ~** apareceu-lhe uma irritação na pele

rasher ['ræʃər] N fatia fina

rashness ['ræʃnɪs] N impetuosidade f

rasp [rɑːsp] N (tool) lima, raspadeira ▶ VT (speak: also: **rasp out**) falar em voz áspera

raspberry ['rɑːzbərɪ] N framboesa

raspberry bush N framboeseira

rasping ['rɑːspɪŋ] ADJ: **a ~ noise** um ruído áspero or irritante

rat [ræt] N rato (BR), ratazana (PT)

ratable ['reɪtəbl] ADJ = **rateable**

ratchet ['rætʃɪt] N (Tech) roquete m, catraca

rate [reɪt] N (ratio) razão f; (percentage) percentagem f, proporção f; (price) preço, taxa; (: of hotel) diária; (of interest, change) taxa; (speed) velocidade f ▶ VT (value) taxar; (estimate) avaliar; **rates** NPL (BRIT) imposto predial e territorial; (fees) pagamento; **to ~ as** ser considerado como; **to ~ sb/sth as** considerar alguém/algo como; **to ~ sth among** considerar algo como um(a) dos/das; **to ~ sb/sth highly** valorizar alguém/algo; **at a ~ of 60 km/h** à velocidade de 60 km/h; **at any ~** de qualquer modo; **~ of exchange** taxa de câmbio; **~ of growth** taxa de crescimento; **~ of return** taxa de retorno

rateable value ['reɪtəbl-] (BRIT) N valor m tributável (de um imóvel)

ratepayer ['reɪtpeɪər] (BRIT) N contribuinte m/f de imposto predial

rather ['rɑːðəʳ] ADV (*somewhat*) um tanto, meio; (*to some extent*) até certo ponto; (*more accurately*): **or ~** ou melhor; **it's ~ expensive** (*quite*) é meio caro; (*too*) é caro demais; **there's ~ a lot** há bastante *or* muito; **~ than** em vez de; **I would** *or* **I'd ~ go** preferiria *or* preferia ir; **I'd ~ not leave** eu preferiria *or* preferia não sair; **or ~** (*more accurately*) ou melhor; **I ~ think he won't come** eu estou achando que ele não vem

ratification [rætɪfɪ'keɪʃən] N ratificação *f*

ratify ['rætɪfaɪ] VT ratificar

rating ['reɪtɪŋ] N (*assessment*) avaliação *f*; (*score*) classificação *f*; (*value*) valor *m*; (*standing*) posição *f*; (*Naut: category*) posto; (: BRIT: *sailor*) marinheiro; **ratings** NPL (*Radio, TV*) índice(s) *m(pl)* de audiência

ratio ['reɪʃɪəu] N razão *f*, proporção *f*; **in the ~ of 100 to 1** na proporção *or* razão de 100 para 1

ration ['ræʃən] N ração *f* ▶ VT racionar; **rations** NPL (*Mil*) mantimentos *mpl*, víveres *mpl*

rational ['ræʃənl] ADJ racional; (*solution, reasoning*) lógico; (*person*) sensato, razoável

rationale [ræʃə'nɑːl] N razão *f* fundamental

rationalization [ræʃnəlaɪ'zeɪʃən] N racionalização *f*

rationalize ['ræʃənəlaɪz] VT racionalizar

rationally ['ræʃnəlɪ] ADV racionalmente; (*logically*) logicamente

rationing ['ræʃnɪŋ] N racionamento

rat poison N raticida *m*

rat race N: **the ~** a competição acirrada na vida moderna

rattan [ræ'tæn] N rotim *m*

rattle ['rætl] N (*of door*) batida; (*of train etc*) chocalhada; (*of coins*) chocalhar *m*; (*of hail*) saraivada; (*object: for baby*) chocalho; (: *of sports fan*) matraca; (*of snake*) guizo ▶ VI chocalhar; (*small objects*) tamborilar; (*vehicle*): **to ~ along** mover-se ruidosamente ▶ VT sacudir, fazer bater; (*unnerve*) perturbar; (*disconcert*) desconcertar; (*annoy*) encher

rattlesnake ['rætlsneɪk] N cascavel *f*

ratty ['rætɪ] (*inf*) ADJ rabugento

raucous ['rɔːkəs] ADJ espalhafatoso, banelhento

raucously ['rɔːkəslɪ] ADV em voz rouca

raunchy ['rɔːntʃɪ] ADJ (*inf: voice, image, act*) sensual; (: *scenes, film*) picante

ravage ['rævɪdʒ] VT devastar, estragar

ravages ['rævɪdʒɪz] NPL estragos *mpl*

rave [reɪv] VI (*in anger*) encolerizar-se; (*Med*) delirar; (*with enthusiasm*): **to ~ about** vibrar com ▶ CPD: **~ review** (*inf*) crítica estrondosa

raven ['reɪvən] N corvo

ravenous ['rævənəs] ADJ morto de fome, esfomeado

ravine [rə'viːn] N ravina, barranco

raving ['reɪvɪŋ] ADJ: **~ lunatic** doido(-a) varrido(-a)

ravings ['reɪvɪŋz] NPL delírios *mpl*

ravioli [rævɪ'əulɪ] N raviólis *m*

ravish ['rævɪʃ] VT arrebatar; (*delight*) encantar

ravishing ['rævɪʃɪŋ] ADJ encantador(a)

raw [rɔː] ADJ (*uncooked*) cru(a); (*not processed*) bruto; (*sore*) vivo; (*inexperienced*) inexperiente, novato; (*weather*) muito frio

raw deal (*inf*) N: **to get a ~** levar a pior

raw material N matéria-prima

ray [reɪ] N raio; **~ of hope** fio de esperança

rayon ['reɪɔn] N raiom *m*

raze [reɪz] VT (*also*: **raze to the ground**) arrasar, aniquilar

razor ['reɪzəʳ] N (*open*) navalha; (*safety razor*) aparelho de barbear; (*electric*) aparelho de barbear elétrico

razor blade N gilete *m* (BR), lâmina de barbear (PT)

razzle ['ræzl], (BRIT) **razzle-dazzle** (*inf*) N: **to go on the ~(-dazzle)** cair na farra

razzmatazz ['ræzmə'tæz] (*inf*) N alvoroço

RC ABBR = **Roman Catholic**

RCAF N ABBR = **Royal Canadian Air Force**

RCMP N ABBR = **Royal Canadian Mounted Police**

RCN N ABBR = **Royal Canadian Navy**

RD (US) ABBR (*Post*) = **rural delivery**

Rd ABBR = **road**

RDC (BRIT) N ABBR = **rural district council**

RE (BRIT) N ABBR = **religious education**; (*Mil*) = **Royal Engineers**

re [riː] PREP referente a

reach [riːtʃ] N alcance *m*; (*Boxing*) campo de ação; (*of river etc*) extensão *f* ▶ VT (*be able to touch*) alcançar; (*arrive at: place*) chegar em; (: *agreement, conclusion*) chegar a; (*achieve*) conseguir; (*stretch out*) estender, esticar; (*by telephone*) conseguir falar com ▶ VI alcançar; (*stretch out*) esticar-se; **within ~** (*object*) ao alcance (da mão); **out of** *or* **beyond ~** fora de alcance; **within easy ~ of the shops/station** perto das lojas/da estação; **"keep out of the ~ of children"** "manter fora do alcance de crianças"; **to ~ out for sth** estender *or* esticar a mão para pegar (em) algo; **to ~ sb by phone** comunicar-se com alguém por telefone; **can I ~ you at your hotel?** posso entrar em contato com você no seu hotel?

▶ **reach out** VT (*hand*) esticar ▶ VI: **to ~ out for sth** estender *or* esticar a mão para pegar (em) algo

react [riː'ækt] VI reagir

reaction [riː'ækʃən] N reação *f*; **reactions** NPL (*reflexes*) reflexos *mpl*

reactionary [riː'ækʃənrɪ] ADJ, N reacionário(-a)

reactor [riː'æktəʳ] N (*also*: **nuclear reactor**) reator *m* nuclear

read [riːd] (*pt, pp* **read** [rɛd]) VI ler ▶ VT ler; (*understand*) compreender; (*study*) estudar; **to take sth as ~** (*fig*) considerar algo como

garantido; **do you ~ me?** (*Tel*) está me ouvindo?; **to ~ between the lines** ler nas entrelinhas
▶ **read out** VT ler em voz alta
▶ **read over** VT reler
▶ **read through** VT (*quickly*) dar uma lida em; (*thoroughly*) ler até o fim
▶ **read up, read up on** VT FUS estudar

readable ['ri:dəbl] ADJ (*writing*) legível; (*book*) que merece ser lido

reader ['ri:də^r] N leitor(a) *m/f*; (*book*) livro de leituras; (BRIT: *at university*) professor(a) *m/f* adjunto(-a)

readership ['ri:dəʃɪp] N (*of paper: readers*) leitores *mpl*; (: *number of readers*) número de leitores

readily ['rɛdɪlɪ] ADV (*willingly*) de boa vontade; (*easily*) facilmente; (*quickly*) sem demora, prontamente

readiness ['rɛdɪnɪs] N (*willingness*) boa vontade *f*; (*preparedness*) prontidão *f*; **in ~** (*prepared*) preparado, pronto

reading ['ri:dɪŋ] N leitura; (*understanding*) compreensão *f*; (*on instrument*) indicação *f*, registro (BR), registo (PT)

reading lamp N lâmpada de leitura

reading room N sala de leitura

readjust [ri:ə'dʒʌst] VT reajustar ▶ VI (*adapt*): **to ~ to** reorientar-se para

ready ['rɛdɪ] ADJ pronto, preparado; (*willing*) disposto; (*available*) disponível ▶ ADV: **~-cooked** pronto para comer ▶ N: **at the ~** (*Mil*) pronto para atirar; (*fig*) pronto; **~ for use** pronto para o uso; **to be ~ to do sth** estar pronto *or* preparado para fazer algo; **to get ~** *vi* preparar-se; *vt* preparar

ready cash N dinheiro vivo

ready-made ADJ (já) feito; (*clothes*) pronto

ready-mix N (*for cakes etc*) massa pronta

ready money N dinheiro vivo *or* disponível

ready reckoner [-'rɛkənə^r] (BRIT) N tabela de cálculos feitos

ready-to-wear ADJ pronto, prêt à porter *inv*

reaffirm [ri:ə'fə:m] VT reafirmar

reagent [ri:'eɪdʒənt] N reagente *m*, reativo

real [rɪəl] ADJ real; (*genuine*) verdadeiro, autêntico; (*proper*) de verdade; (*for emphasis*): **a ~ idiot/miracle** um verdadeiro idiota/milagre ▶ ADV (US *inf*: *very*) bem; **in ~ life** na vida real; **in ~ terms** em termos reais

real estate N bens *mpl* imobiliários *or* de raiz

realism ['rɪəlɪzəm] N realismo

realist ['rɪəlɪst] N realista *m/f*

realistic [rɪə'lɪstɪk] ADJ realista

reality [ri:'ælɪtɪ] N realidade *f*; **in ~** na verdade, na realidade

reality TV N reality TV *f*

realization [rɪəlaɪ'zeɪʃən] N (*fulfilment*) realização *f*; (*understanding*) compreensão *f*; (*Comm*) conversão *f* em dinheiro, realização

realize ['rɪəlaɪz] VT (*understand*) perceber; (*fulfil, Comm*) realizar; **I ~ that ...** eu concordo que ...

really ['rɪəlɪ] ADV (*for emphasis*) realmente; (*actually*): **what ~ happened?** o que aconteceu na verdade?; **~?** (*interest*) é mesmo?; (*surprise*) verdade!; **~!** (*annoyance*) realmente!

realm [rɛlm] N reino; (*fig*) esfera, domínio

real-time ADJ (*Comput*) em tempo real

realtor ['rɪəltə^r] (US) N corretor(a) *m/f* de imóveis (BR), agente *m/f* imobiliário(-a) (PT)

ream [ri:m] N resma; **reams** NPL (*fig: inf*) páginas *fpl* e páginas

reap [ri:p] VT segar, ceifar; (*fig*) colher

reaper ['ri:pə^r] N segador(a) *m/f*, ceifeiro(-a); (*machine*) segadora

reappear [ri:ə'pɪə^r] VI reaparecer

reappearance [ri:ə'pɪərəns] N reaparição *f*

reapply [ri:ə'plaɪ] VI: **to ~ for** requerer de novo; (*job*) candidatar-se de novo a

reappraisal [ri:ə'preɪzl] N reavaliação *f*

rear [rɪə^r] ADJ traseiro, de trás ▶ N traseira; (*inf: bottom*) traseiro ▶ VT (*cattle, family*) criar ▶ VI (*also*: **rear up**) empinar-se

rear-engined [-'ɛndʒɪnd] ADJ (*Aut*) com motor traseiro

rearguard ['rɪəgɑ:d] N retaguarda

rearm [ri:'ɑ:m] VT, VI rearmar

rearmament [ri:'ɑ:məmənt] N rearmamento *m*

rearrange [ri:ə'reɪndʒ] VT arrumar de novo, reorganizar

rear-view mirror N (*Aut*) espelho retrovisor

reason ['ri:zn] N (*cause*) razão *f*; (*ability to think*) raciocínio; (*sense*) bom-senso ▶ VI: **to ~ with sb** argumentar com alguém, persuadir alguém; **the ~ for/why** a razão de/pela qual; **to have ~ to think** ter motivo para pensar; **it stands to ~ that** é razoável *or* lógico que; **she claims with good ~ that ...** ela afirma com toda a razão que ...; **all the more ~ why you should not sell it** mais uma razão para você não vendê-lo

reasonable ['ri:zənəbl] ADJ (*fair*) razoável; (*sensible*) sensato

reasonably ['ri:zənəblɪ] ADV (*fairly*) razoavelmente; (*sensibly*) sensatamente; **one can ~ assume that ...** tudo indica que ...

reasoned ['ri:zənd] ADJ (*argument*) fundamentado

reasoning ['ri:zənɪŋ] N raciocínio

reassemble [ri:ə'sɛmbl] VT (*people*) reunir; (*machine*) montar de novo ▶ VI reunir-se de novo

reassert [ri:ə'sə:t] VT reafirmar

reassurance [ri:ə'ʃuərəns] N garantia; (*comfort*) reconforto

reassure [ri:ə'ʃuə^r] VT tranquilizar; **to ~ sb of** reafirmar a confiança de alguém acerca de

reassuring [ri:ə'ʃuərɪŋ] ADJ animador(a), tranquilizador(a)

reawakening [ri:ə'weɪknɪŋ] N despertar *m*

rebate ['ri:beɪt] N (*on product*) abatimento; (*on tax etc*) devolução *f*; (*refund*) reembolso

rebel [n 'rɛbl, vi rɪ'bɛl] N rebelde m/f ▶ VI rebelar-se

rebellion [rɪ'bɛljən] N rebelião f, revolta

rebellious [rɪ'bɛljəs] ADJ insurreto; (behaviour) rebelde

rebirth [riː'bəːθ] N renascimento

rebound [vi rɪ'baund, n 'riːbaund] VI (ball) ressaltar ▶ N: **on the ~** ressalto; (person): **she married him on the ~** ela casou com ele logo após o rompimento do casamento (or relacionamento) anterior

rebuff [rɪ'bʌf] N repulsa, recusa ▶ VT repelir

rebuild [riː'bɪld] (irreg: like **build**) VT reconstruir; (economy, confidence) recuperar

rebuke [rɪ'bjuːk] N reprimenda, censura ▶ VT repreender

rebut [rɪ'bʌt] VT refutar

rebuttal [rɪ'bʌtl] N refutação f

recalcitrant [rɪ'kælsɪtrənt] ADJ recalcitrante, teimoso

recall [rɪ'kɔːl] VT (remember) recordar, lembrar; (parliament) reunir de volta; (ambassador etc) chamar de volta ▶ N (memory) recordação f, lembrança; (of ambassador etc) chamada (de volta); **it is beyond ~** caiu no esquecimento

recant [rɪ'kænt] VI retratar-se

recap [ˈriːkæp] VT sintetizar ▶ VI recapitular ▶ N recapitulação f

recapitulate [riːkə'pɪtjuleɪt] VT, VI = **recap**

recapture [riː'kæptʃəʳ] VT (town) retomar, recobrar; (atmosphere) recriar

recd. ABBR = **received**

recede [rɪ'siːd] VI (tide) baixar; (lights) diminuir; (memory) enfraquecer; (hair) escassear

receding [rɪ'siːdɪŋ] ADJ (forehead, chin) metido or puxado para dentro; (hair) que está escasseando nas têmporas; **~ hairline** entradas fpl (no cabelo)

receipt [rɪ'siːt] N (document) recibo; (act of receiving) recebimento (BR), receção f (PT); **receipts** NPL (Comm) receitas fpl; **on ~ of** ao receber; **to acknowledge ~ of** acusar o recebimento (BR) or a recepção (PT) de; **we are in ~ of ...** recebimos ...

receivable [rɪ'siːvəbl] ADJ (Comm) a receber

receive [rɪ'siːv] VT receber; (guest) acolher; (wound, criticism) sofrer; **"~d with thanks"** (Comm) "recebido"

receiver [rɪ'siːvəʳ] N (Tel) fone m (BR), auscultador m (PT); (Radio, TV) receptor m; (of stolen goods) receptador(a) m/f; (Comm) curador(a) m/f síndico(-a) de massa falida

recent ['riːsnt] ADJ recente; **in ~ years** nos últimos anos

recently ['riːsntlɪ] ADV (a short while ago) recentemente; (in recent times) ultimamente; **as ~ as yesterday** ainda ontem; **until ~** até recentemente

receptacle [rɪ'sɛptɪkl] N receptáculo, recipiente m

reception [rɪ'sɛpʃən] N recepção f; (welcome) acolhida

reception centre (BRIT) N centro de recepção

reception desk N (mesa de) recepção f

receptionist [rɪ'sɛpʃənɪst] N recepcionista m/f

receptive [rɪ'sɛptɪv] ADJ receptivo

recess [rɪ'sɛs] N (in room) recesso, vão m; (for bed) nicho; (secret place) esconderijo; (Pol: etc holiday) férias fpl; (US Law: short break) recesso; (Sch: esp US) recreio

recession [rɪ'sɛʃən] N recessão f

recharge [riː'tʃɑːdʒ] VT (battery) recarregar

rechargeable [riː'tʃɑːdʒəbl] ADJ recarregável

recipe ['rɛsɪpɪ] N receita

recipient [rɪ'sɪpɪənt] N recipiente m/f, recebedor(a) m/f; (of letter) destinatário(-a)

reciprocal [rɪ'sɪprəkl] ADJ recíproco

reciprocate [rɪ'sɪprəkeɪt] VT retribuir ▶ VI (in hospitality etc) retribuir; (in aggression etc) revidar

recital [rɪ'saɪtl] N recital m

recite [rɪ'saɪt] VT (poem) recitar; (complaints etc) enumerar

reckless ['rɛkləs] ADJ (driver) imprudente; (speed) imprudente, excessivo; (spending) irresponsável

recklessly ['rɛkləslɪ] ADV temerariamente, sem prudência; (spend) irresponsavelmente

reckon ['rɛkən] VT (calculate) calcular, contar; (consider) considerar; (think): **I ~ that ...** acho que ... ▶ VI: **he is somebody to be ~ed with** ele é alguém que não pode ser esquecido; **to ~ without sb/sth** não levar alguém/algo em conta, não contar com alguém/algo
▶ **reckon on** VT FUS contar com

reckoning ['rɛkənɪŋ] N (calculation) cálculo; **the day of ~** o dia do Juízo Final

reclaim [rɪ'kleɪm] VT (get back) recuperar; (demand back) reivindicar; (land) desbravar; (: from sea) aterrar; (waste materials) reaproveitar

reclamation [rɛklə'meɪʃən] N recuperação f; (of land from sea) aterro

recline [rɪ'klaɪn] VI reclinar-se; (lean) apoiar-se, recostar-se

reclining [rɪ'klaɪnɪŋ] ADJ (seat) reclinável

recluse [rɪ'kluːs] N recluso(-a)

recognition [rɛkəg'nɪʃən] N reconhecimento; **transformed beyond ~** tão transformado que está irreconhecível; **in ~ of** em reconhecimento de; **to gain ~** ser reconhecido

recognizable ['rɛkəgnaɪzəbl] ADJ: **~ (by)** reconhecível (por)

recognize ['rɛkəgnaɪz] VT reconhecer; (accept) aceitar; **to ~ by/as** reconhecer por/como

recoil [vi rɪ'kɔɪl, n 'riːkɔɪl] VI recuar; (person): **to ~ from doing sth** recusar-se a fazer algo ▶ N (of gun) coice m

recollect [rɛkə'lɛkt] VT lembrar, recordar

recollection [rɛkə'lɛkʃən] N (memory) recordação f; (remembering) lembrança; **to the best of my ~** se não me falha a memória

recommend [rɛkə'mɛnd] VT recomendar; **she has a lot to ~ her** ela tem muito a seu favor

recommendation [rɛkəmɛn'deɪʃən] N recomendação f

recommended retail price [rɛkə'mɛndɪd-] (BRIT) N preço máximo consumidor

recompense ['rɛkəmpɛns] VT recompensar ▶ N recompensa

reconcilable [rɛkən'saɪləbl] ADJ (ideas) conciliável

reconcile ['rɛkənsaɪl] VT (two people) reconciliar; (two facts) conciliar, harmonizar; **to ~ o.s. to sth** resignar-se a or conformar-se com algo

reconciliation [rɛkənsɪlɪ'eɪʃən] N reconciliação f

recondite [rɪ'kɔndaɪt] ADJ obscuro

recondition [ri:kən'dɪʃən] VT recondicionar

reconnaissance [rɪ'kɔnɪsns] N (Mil) reconhecimento

reconnoitre, (US) **reconnoiter** [rɛkə'nɔɪtə(r)] VT (Mil) reconhecer ▶ VI fazer um reconhecimento

reconsider [ri:kən'sɪdə(r)] VT reconsiderar

reconstitute [ri:'kɔnstɪtju:t] VT reconstituir

reconstruct [ri:kən'strʌkt] VT reconstruir; (event) reconstituir

reconstruction [ri:kən'strʌkʃən] N reconstrução f

record [n, adj 'rɛkɔ:d, vt rɪ'kɔ:d] N (Mus) disco; (of meeting etc) ata, minuta; (Comput, of attendance) registro (BR), registo (PT); (file) arquivo; (written) história; (also: **criminal record**) antecedentes mpl; (Sport) recorde m ▶ VT (write down) anotar; (temperature, speed) registrar (BR), registar (PT); (relate) relatar, referir; (Mus: song etc) gravar ▶ ADJ: **in ~ time** num tempo recorde; **public ~s** arquivo público; **to keep a ~ of** anotar; **to put the ~ straight** (fig) corrigir um equívoco; **he is on ~ as saying that ...** ele declarou publicamente que ...; **Italy's excellent ~** o excelente desempenho da Itália; **off the ~** adj confidencial; adv confidencialmente

record card N (in file) ficha

recorded delivery letter [rɪ'kɔ:dɪd-] (BRIT) N (Post) ≈ carta registrada (BR) or registada (PT)

recorder [rɪ'kɔ:də(r)] N (Mus) flauta; (Tech) indicador m mecânico; (official) escrivão(-vã) m/f

record holder N (Sport) detentor(a) m/f do recorde

recording [rɪ'kɔ:dɪŋ] N (Mus) gravação f

recording studio N estúdio de gravação

record library N discoteca

record player N toca-discos m inv (BR), gira-discos m inv (PT)

recount [rɪ'kaunt] VT relatar

re-count [n 'ri:kaunt, vt ri:'kaunt] N (Pol: of votes) nova contagem f, recontagem f ▶ VT recontar

recoup [rɪ'ku:p] VT: **to ~ one's losses** recuperar-se dos prejuízos

recourse [rɪ'kɔ:s] N recurso; **to have ~ to** recorrer a

recover [rɪ'kʌvə(r)] VT recuperar; (rescue) resgatar ▶ VI (from illness) recuperar-se; (from shock) refazer-se

re-cover VT (chair etc) revestir

recovery [rɪ'kʌvərɪ] N recuperação f; (Med) recuperação, melhora

recreate [ri:krɪ'eɪt] VT recriar

recreation [rɛkrɪ'eɪʃən] N recreação f; (play) recreio

recreational [rɛkrɪ'eɪʃənl] ADJ recreativo

recreational drug N droga recreacional

recreational vehicle (US) N kombi m

recrimination [rɪkrɪmɪ'neɪʃən] N recriminação f

recruit [rɪ'kru:t] N recruta m/f; (in company) novato(-a) ▶ VT recrutar

recruiting office [rɪ'kru:tɪŋ-] N centro de recrutamento

recruitment [rɪ'kru:tmənt] N recrutamento

rectangle ['rɛktæŋgl] N retângulo

rectangular [rɛk'tæŋgjulə(r)] ADJ retangular

rectify ['rɛktɪfaɪ] VT retificar

rector ['rɛktə(r)] N (Rel) pároco; (Sch) reitor(a) m/f

rectory ['rɛktərɪ] N residência paroquial

rectum ['rɛktəm] N (Anat) reto

recuperate [rɪ'ku:pəreɪt] VI recuperar-se

recur [rɪ'kə:(r)] VI repetir-se, ocorrer outra vez; (opportunity) surgir de novo; (symptoms) reaparecer

recurrence [rɪ'kʌrəns] N repetição f; (of symptoms) reaparição f

recurrent [rɪ'kʌrənt] ADJ repetido, periódico

recurring [rɪ'kə:rɪŋ] ADJ (Math) periódico

recyclable [ri:'saɪkləbl] ADJ reciclável

recycle [ri:'saɪkl] VT reciclar

recycling [ri:'saɪklɪŋ] N reciclagem f

red [rɛd] N vermelho; (Pol: pej) vermelho(-a) ▶ ADJ vermelho; (hair) ruivo; (wine) tinto; **to be in the ~** (person) estar no vermelho; (account) não ter fundos

red carpet treatment N: **she was given the ~** ela foi recebida com todas as honras

Red Cross N Cruz f Vermelha

redcurrant ['rɛd'kʌrənt] N groselha

redden ['rɛdən] VT avermelhar ▶ VI corar, ruborizar-se

reddish ['rɛdɪʃ] ADJ avermelhado; (hair) arruivado

redecorate [ri:'dɛkəreɪt] VT decorar de novo, redecorar

redecoration [ri:dɛkə'reɪʃən] N remodelação f

redeem [rɪ'di:m] VT (Rel) redimir; (sth in pawn) tirar do prego; (loan, fig: situation) salvar

redeemable [rɪ'di:məbl] ADJ resgatável

redeeming [rɪ'di:mɪŋ] ADJ: **~ feature** lado bom or que salva

redeploy [ri:dɪ'plɔɪ] VT (resources, troops) redistribuir

redeployment [ri:dɪ'plɔɪmənt] N
redistribuição f
redevelop [ri:dɪ'vɛləp] VT renovar
redevelopment [ri:dɪ'vɛləpmənt] N
renovação f
red-haired ADJ ruivo
red-handed [-'hændɪd] ADJ: **to be caught ~**
ser apanhado em flagrante, ser flagrado
redhead ['rɛdhɛd] N ruivo(-a)
red herring N (fig) pista falsa
red-hot ADJ incandescente
redid [ri:'dɪd] PT of **redo**
redirect [ri:daɪ'rɛkt] VT (mail) endereçar de novo
redistribute [ri:dɪ'strɪbju:t] VT redistribuir
red-letter day N dia m memorável
red light N: **to go through a ~** (Aut) avançar o sinal
red-light district N zona (de meretrício)
redness ['rɛdnɪs] N vermelhidão f
redo [ri:'du:] (irreg: like **do**) VT refazer
redolent ['rɛdələnt] ADJ: **~ of** que cheira a; (fig) que evoca
redone [ri:'dʌn] PP of **redo**
redouble [ri:'dʌbl] VT: **to ~ one's efforts**
redobrar os esforços
redraft [ri:'drɑ:ft] VT redigir de novo
redress [rɪ'drɛs] N compensação f ▶ VT
retificar; **to ~ the balance** restituir o equilíbrio
Red Sea N: **the ~** o mar Vermelho
redskin ['rɛdskɪn] N pele-vermelha m/f
red tape N (fig) papelada, burocracia
reduce [rɪ'dju:s] VT reduzir; (lower) rebaixar;
"**~ speed now**" (Aut) "diminua a velocidade"; **to ~ sth by/to** diminuir algo em/reduzir algo a; **to ~ sb to** (silence, begging) levar alguém a; (tears) reduzir alguém a;
"**greatly ~d prices**" "preços altamente reduzidos"; **at a ~d price** a preço reduzido
reduction [rɪ'dʌkʃən] N redução f; (of price) abatimento; (discount) desconto
redundancy [rɪ'dʌndənsɪ] N redundância;
(BRIT: dismissal) demissão f; (unemployment) desemprego; **compulsory ~** demissão;
voluntary ~ demissão voluntária
redundancy payment (BRIT) N indenização paga aos empregados dispensados sem justa causa
redundant [rɪ'dʌndnt] ADJ (BRIT: worker) desempregado; (detail, object) redundante, supérfluo; **to be made ~** ficar desempregado or sem trabalho
reed [ri:d] N (Bot) junco; (Mus: of clarinet etc) palheta
reedy ['ri:dɪ] ADJ (voice, instrument) agudo
reef [ri:f] N (at sea) recife m
reek [ri:k] VI: **to ~ (of)** cheirar (a), feder (a)
reel [ri:l] N carretel m, bobina; (of film) rolo, filme m; (on fishing rod) carretilha m; (dance) dança típica da Escócia ▶ VT (Tech) bobinar; (also: **reel up**) enrolar ▶ VI (sway) cambalear, oscilar; **my head is ~ing** estou completamente confuso

▶ **reel in** VT puxar enrolando a linha
▶ **reel off** VT (say) enumerar, recitar
re-election N reeleição f
re-enter VT reentrar em
re-entry N reentrada
re-export [vt ri:ɪks'pɔ:t, n ri:'ɛkspɔ:t] VT
reexportar ▶ N reexportação f
ref [rɛf] (inf) N ABBR = **referee**
ref. ABBR (Comm: = reference) ref.
refectory [rɪ'fɛktərɪ] N refeitório
refer [rɪ'fə:ʳ] VT (matter, problem): **to ~ sth to**
submeter algo à apreciação de; (person, patient): **to ~ sb to** encaminhar alguém a;
(reader: to text): **to ~ sb to** remeter alguém a
▶ VI: **to ~ to** (allude to) referir-se or aludir a;
(apply to) aplicar-se a; (consult) recorrer a;
~ring to your letter (Comm) com referência à sua carta
referee [rɛfə'ri:] N árbitro(-a); (BRIT: for job application) referência ▶ VT arbitrar; (football match) apitar
reference ['rɛfrəns] N referência; (mention) menção f; **with ~ to** com relação a; (Comm: in letter) com referência a; "**please quote this ~**" (Comm) "queira citar esta referência"
reference book N livro de consulta
reference number N número de referência
referenda [rɛfə'rɛndə] NPL of **referendum**
referendum [rɛfə'rɛndəm] (pl **referenda**) N
referendum m, plebiscito
refill [vt ri:'fɪl, n 'ri:fɪl] VT reencher; (lighter etc) reabastecer ▶ N (for pen) carga nova; (Comm) refill m
refine [rɪ'faɪn] VT refinar
refined [rɪ'faɪnd] ADJ (person, taste) refinado, culto
refinement [rɪ'faɪnmənt] N (of person) cultura, refinamento, requinte m; (of system) refinamento
refinery [rɪ'faɪnərɪ] N refinaria
refit [n 'ri:fɪt, vt ri:'fɪt] N (Naut) reequipamento
▶ VT reequipar
reflate [ri:'fleɪt] VT (economy) reflacionar
reflation [ri:'fleɪʃən] N reflação f
reflationary [ri:'fleɪʃənrɪ] ADJ reflacionário
reflect [rɪ'flɛkt] VT refletir ▶ VI (think) refletir, meditar; **it ~s badly/well on him** isso repercute mal/bem para ele
reflection [rɪ'flɛkʃən] N reflexo; (thought, act) reflexão f; (criticism): **~ on** crítica de; **on ~** pensando bem
reflector [rɪ'flɛktəʳ] N (Aut, on bicycle, for light) refletor m
reflex ['ri:flɛks] ADJ, N reflexo
reflexive [rɪ'flɛksɪv] ADJ (Ling) reflexivo
reform [rɪ'fɔ:m] N reforma ▶ VT reformar
reformat [ri:'fɔ:mæt] VT (Comput) reformatar
Reformation [rɛfə'meɪʃən] N: **the ~** a Reforma
reformatory [rɪ'fɔ:mətərɪ] (US) N
reformatório
reformed [rɪ'fɔ:md] ADJ emendado, reformado

reformer [rɪ'fɔ:mə^r] N reformador(a) m/f
reformist [rɪ'fɔ:mɪst] N reformista m/f
refrain [rɪ'freɪn] VI: **to ~ from doing** abster-se de fazer ▶ N estribilho, refrão m
refresh [rɪ'frɛʃ] VT refrescar
refresher course [rɪ'frɛʃə^r-] (BRIT) N curso de reciclagem
refreshing [rɪ'frɛʃɪŋ] ADJ refrescante; (sleep) repousante; (change) agradável; (idea, thought) original
refreshment [rɪ'frɛʃmənt] N (eating): **for some ~** para comer alguma coisa; (resting etc): **in need of ~** precisando se refazer, precisando refazer as suas forças; **refreshments** NPL (food and drink) comes e bebes mpl
refrigeration [rɪfrɪdʒə'reɪʃən] N refrigeração f
refrigerator [rɪ'frɪdʒəreɪtə^r] N refrigerador m, geladeira (BR), frigorífico (PT)
refuel [ri:'fjuəl] VT, VI reabastecer
refuge ['rɛfju:dʒ] N refúgio; **to take ~ in** refugiar-se em
refugee [rɛfju'dʒi:] N refugiado(-a)
refugee camp N campo de refugiados
refund [n 'ri:fʌnd, vt rɪ'fʌnd] N reembolso ▶ VT devolver, reembolsar
refurbish [ri:'fə:bɪʃ] VT renovar
refurnish [ri:'fə:nɪʃ] VT colocar móveis novos em
refusal [rɪ'fju:zəl] N recusa, negativa; **first ~** primeira opção
refuse¹ [rɪ'fju:z] VT recusar; (order) recusar-se a ▶ VI recusar-se, negar-se; (horse) recusar-se a pular a cerca; **to ~ to do sth** recusar-se a fazer algo
refuse² ['rɛfju:s] N refugo, lixo
refuse bin N lata de lixo
refuse collection N remoção f de lixo
refuse collector N lixeiro(-a), gari m/f (BR)
refuse disposal N destruição f de lixo
refuse tip N depósito de lixo
refute [rɪ'fju:t] VT refutar
regain [rɪ'geɪn] VT recuperar, recobrar
regal ['ri:gl] ADJ real, régio
regale [rɪ'geɪl] VT: **to ~ sb with sth** regalar alguém com algo
regalia [rɪ'geɪlɪə] N, NPL insígnias fpl reais
regard [rɪ'gɑ:d] N (gaze) olhar m firme; (aspect) respeito; (attention) atenção f; (esteem) estima, consideração f ▶ VT (consider) considerar; **to give one's ~s to** dar lembranças a; **"with kindest ~s"** "cordialmente"; **as ~s, with ~ to** com relação a, com respeito a, quanto a
regarding [rɪ'gɑ:dɪŋ] PREP com relação a
regardless [rɪ'gɑ:dlɪs] ADV apesar de tudo; **~ of** apesar de
regatta [rɪ'gætə] N regata
regency ['ri:dʒənsɪ] N regência
regenerate [rɪ'dʒɛnəreɪt] VT regenerar ▶ VI regenerar-se
regent ['ri:dʒənt] N regente m/f
régime [reɪ'ʒi:m] N regime m

regiment [n 'rɛdʒɪmənt, vt 'rɛdʒɪmɛnt] N regimento ▶ VT regulamentar; (children etc) subordinar a disciplina rígida
regimental [rɛdʒɪ'mɛntl] ADJ regimental
regimentation [rɛdʒɪmɛn'teɪʃən] N organização f
region ['ri:dʒən] N região f; **in the ~ of** (fig) por volta de, ao redor de
regional ['ri:dʒənl] ADJ regional
regional development N desenvolvimento regional
register ['rɛdʒɪstə^r] N registro (BR), registo (PT); (Sch) chamada; (list) lista ▶ VT registrar (BR), registar (PT); (subj: instrument) marcar, indicar ▶ VI (at hotel) registrar-se (BR), registar-se (PT); (for work) candidatar-se; (as student) inscrever-se; (make impression) causar impressão; **to ~ for a course** matricular-se num curso; **to ~ a protest** registrar (BR) or registar (PT) uma queixa
registered ['rɛdʒɪstəd] ADJ (letter, parcel) registrado (BR), registado (PT); (student) matriculado; (voter) inscrito
registered company N sociedade f registrada (BR) or registada (PT)
registered nurse (US) N enfermeiro(-a) formado(-a)
registered office N sede f social
registered trademark N marca registrada (BR) or registada (PT)
registrar ['rɛdʒɪstrɑ:^r] N oficial m/f de registro (BR) or registo (PT), escrivão(-vã) m/f; (in college) funcionário(-a) administrativo(-a) sênior; (in hospital) médico(-a) sênior
registration [rɛdʒɪs'treɪʃən] N (act) registro (BR), registo (PT); (Aut: also: **registration number**) número da placa
registry ['rɛdʒɪstrɪ] N registro (BR), registo (PT), cartório
registry office (BRIT) N registro (BR) or registo (PT) civil, cartório; **to get married in a ~** casar-se no civil
regret [rɪ'grɛt] N desgosto, pesar m; (remorse) remorso ▶ VT (deplore) lamentar; (repent of) arrepender-se de; **to ~ that ...** lamentar que ... (+sub); **we ~ to inform you that ...** lamentamos informá-lo de que ...
regretfully [rɪ'grɛtfulɪ] ADV com pesar, pesarosamente
regrettable [rɪ'grɛtəbl] ADJ deplorável; (loss) lamentável
regrettably [rɪ'grɛtəblɪ] ADV lamentavelmente; **~, he was unable ...** infelizmente, ele não pôde ...
regroup [ri:'gru:p] VT reagrupar ▶ VI reagrupar-se
regt ABBR = **regiment**
regular ['rɛgjulə^r] ADJ (verb, service, shape) regular; (frequent) frequente; (usual) habitual; (soldier) de linha; (listener, reader) assíduo; (Comm: size) médio ▶ N (client etc) habitual m/f
regularity [rɛgju'lærɪtɪ] N regularidade f

regularly ['rɛgjuləlɪ] ADV regularmente; (*shaped*) simetricamente; (*often*) frequentemente

regulate ['rɛgjuleɪt] VT (*speed*) regular; (*spending*) controlar; (*Tech*) regular, ajustar

regulation [rɛgju'leɪʃən] N (*rule*) regra, regulamento; (*adjustment*) ajuste *m* ▶ CPD regulamentar

rehabilitation [riːhəbɪlɪ'teɪʃən] N reabilitação *f*

rehash [riː'hæʃ] (*inf*) VT retocar

rehearsal [rɪ'hə:səl] N ensaio; *see also* **dress rehearse** [rɪ'hə:s] VT, VI ensaiar

rehouse [riː'hauz] VT realojar

reign [reɪn] N reinado; (*fig*) domínio ▶ VI reinar; imperar

reigning ['reɪnɪŋ] ADJ (*monarch*) reinante; (*champion*) atual

reimburse [riːɪm'bə:s] VT reembolsar

reimbursement [riːɪm'bə:smənt] N reembolso

rein [reɪn] N (*for horse*) rédea; **to give ~ to** dar rédeas a, dar rédea larga a; **to give sb free ~** (*fig*) dar carta branca a alguém

reincarnation [riːɪnkɑː'neɪʃən] N reencarnação *f*

reindeer ['reɪndɪər] N INV rena

reinforce [riːɪn'fɔːs] VT reforçar

reinforced [riːɪn'fɔːst] ADJ (*concrete*) armado

reinforcement [riːɪn'fɔːsmənt] N reforço; **reinforcements** NPL (*Mil*) reforços *mpl*

reinstate [riːɪn'steɪt] VT (*worker*) readmitir; (*official*) reempossar; (*tax, law*) reintroduzir

reinstatement [riːɪn'steɪtmənt] N readmissão *f*

reissue [riː'ɪʃuː] VT (*book*) reeditar; (*film*) relançar

reiterate [riː'ɪtəreɪt] VT reiterar, repetir

reject [*n* 'riːdʒɛkt, *vt* rɪ'dʒɛkt] N (*Comm*) artigo defeituoso ▶ VT rejeitar; (*offer of help*) recusar; (*goods*) refugar

rejection [rɪ'dʒɛkʃən] N rejeição *f*; (*of offer of help*) recusa

rejoice [rɪ'dʒɔɪs] VI: **to ~ at** *or* **over** regozijar-se *or* alegrar-se de

rejoinder [rɪ'dʒɔɪndər] N (*retort*) réplica

rejuvenate [rɪ'dʒuːvəneɪt] VT rejuvenescer

rekindle [riː'kɪndl] VT reacender; (*fig*) despertar, reanimar

relapse [rɪ'læps] N (*Med*) recaída; (*into crime*) reincidência

relate [rɪ'leɪt] VT (*tell*) contar, relatar; (*connect*): **to ~ sth to** relacionar algo com ▶ VI: **to ~ to** relacionar-se com; **~d to** ligado a, relacionado a

relating [rɪ'leɪtɪŋ]: **~ to** PREP relativo a, acerca de

relation [rɪ'leɪʃən] N (*person*) parente *m/f*; (*link*) relação *f*; **relations** NPL (*dealings*) relações *fpl*; (*relatives*) parentes *mpl*; **diplomatic/international ~s** relações diplomáticas/internacionais; **in ~ to** em relação a; **to bear no ~ to** não ter relação com

relationship [rɪ'leɪʃənʃɪp] N relacionamento; (*between two things*) relação *f*; (*also*: **family relationship**) parentesco; (*affair*) caso

relative ['rɛlətɪv] N parente *m/f* ▶ ADJ relativo; (*respective*) respectivo

relatively ['rɛlətɪvlɪ] ADV relativamente

relax [rɪ'læks] VI (*rest*) descansar; (*unwind*) descontrair-se; (*muscle*) relaxar-se; (*calm down*) acalmar-se ▶ VT (*grip*) afrouxar; (*control*) relaxar; (*mind, person*) descansar; **~!** (*calm down*) calma!; **to ~ one's grip** *or* **hold** afrouxar um pouco

relaxation [riːlæk'seɪʃən] N (*rest*) descanso; (*of muscle, control*) relaxamento; (*of grip*) afrouxamento; (*recreation*) lazer *m*

relaxed [rɪ'lækst] ADJ relaxado; (*tranquil*) descontraído

relaxing [rɪ'læksɪŋ] ADJ relaxante

relay ['riːleɪ] N (*race*) (corrida de) revezamento ▶ VT (*message*) retransmitir

release [rɪ'liːs] N (*from prison*) libertação *f*; (*from obligation*) liberação *f*; (*of shot*) disparo; (*of gas*) escape *m*; (*of water*) despejo; (*of film, book etc*) lançamento; (*device*) desengate *m* ▶ VT (*prisoner*) pôr em liberdade; (*book, film*) lançar; (*report, news*) publicar; (*gas etc*) soltar; (*free: from wreckage etc*) soltar; (*Tech: catch, spring etc*) desengatar, desapertar; (*let go*) soltar; **to ~ one's grip** *or* **hold** afrouxar; **to ~ the clutch** (*Aut*) desembrear

relegate ['rɛləgeɪt] VT relegar; (*Sport*): **to be ~d** ser rebaixado

relent [rɪ'lɛnt] VI abrandar-se; (*yield*) ceder

relentless [rɪ'lɛntlɪs] ADJ (*unceasing*) contínuo; (*determined*) implacável

relevance ['rɛləvəns] N pertinência; (*of question etc*) importância; **~ of sth to sth** relação de algo com algo

relevant ['rɛləvənt] ADJ (*fact, information*) pertinente; (*apt*) apropriado; (*important*) relevante; **~ to** relacionado com

reliability [rɪlaɪə'bɪlɪtɪ] N (*of person, firm*) confiabilidade *f*, seriedade *f*; (*of method, machine*) segurança; (*of news*) fidedignidade *f*

reliable [rɪ'laɪəbl] ADJ (*person, firm*) de confiança, confiável, sério; (*method, machine*) seguro; (*news*) fidedigno

reliably [rɪ'laɪəblɪ] ADV: **to be ~ informed that ...** saber através de fonte segura que ...

reliance [rɪ'laɪəns] N: **~ (on)** (*trust*) confiança (em), esperança (em); (*dependence*) dependência (de)

reliant [rɪ'laɪənt] ADJ: **to be ~ on sth/sb** depender de algo/alguém

relic ['rɛlɪk] N (*Rel*) relíquia; (*of the past*) vestígio

relief [rɪ'liːf] N (*from pain, anxiety*) alívio; (*help, supplies*) ajuda, socorro; (*of guard*) rendição *f*; (*Art, Geo*) relevo; **by way of light ~** como forma de diversão

relief map N mapa *m* em relevo

relief road (BRIT) N estrada alternativa

relieve [rɪ'liːv] VT (*pain, fear*) aliviar; (*bring help to*) ajudar, socorrer; (*burden*) abrandar, mitigar; (*take over from: gen*) substituir, revezar; (: *guard*) render; **to ~ sb of sth** (*load*) tirar algo de alguém; (*duties*) destituir alguém de algo; **to ~ sb of his command** exonerar alguém, destituir alguém de sua função; **to ~ o.s.** fazer as necessidades
religion [rɪ'lɪdʒən] N religião *f*
religious [rɪ'lɪdʒəs] ADJ religioso
reline [riː'laɪn] VT (*brakes*) trocar o forro de
relinquish [rɪ'lɪŋkwɪʃ] VT abandonar; (*plan, habit*) renunciar a
relish ['rɛlɪʃ] N (*Culin*) condimento, tempero; (*enjoyment*) entusiasmo ▶ VT (*food etc*) saborear; (*thought*) ver com satisfação; **to ~ doing** gostar de fazer
relive [riː'lɪv] VT reviver
reload [riː'ləʊd] VT recarregar
relocate [riːləʊ'keɪt] VT deslocar ▶ VI deslocar-se; **to ~ in** instalar-se em
reluctance [rɪ'lʌktəns] N relutância
reluctant [rɪ'lʌktənt] ADJ relutante; **to be ~ to do sth** relutar em fazer algo
reluctantly [rɪ'lʌktəntlɪ] ADV relutantemente, de má vontade
rely on [rɪ'laɪ-] VT FUS confiar em, contar com; (*be dependent on*) depender de
remain [rɪ'meɪn] VI (*survive*) sobreviver; (*stay*) ficar, permanecer; (*be left*) sobrar; (*continue*) continuar; **to ~ silent** ficar calado; **I ~, yours faithfully** (BRIT: *in letters*) subscrevo-me atenciosamente
remainder [rɪ'meɪndə^r] N resto, restante *m*
remaining [rɪ'meɪnɪŋ] ADJ restante
remains [rɪ'meɪnz] NPL (*of body*) restos *mpl*; (*of meal*) sobras *fpl*; (*of building*) ruínas *fpl*
remake ['riːmeɪk] N (*Cinema*) refilmagem *f*
remand [rɪ'mɑːnd] N: **on ~** sob prisão preventiva ▶ VT: **to be ~ed in custody** continuar sob prisão preventiva, manter sob custódia
remand home (BRIT) N instituição *f* do juizado de menores, reformatório
remark [rɪ'mɑːk] N observação *f*, comentário ▶ VT comentar ▶ VI: **to ~ on sth** comentar algo, fazer um comentário sobre algo
remarkable [rɪ'mɑːkəbl] ADJ notável; (*outstanding*) extraordinário
remarry [riː'mærɪ] VI casar-se de novo
remedial [rɪ'miːdɪəl] ADJ (*tuition, classes*) de reforço; (*exercise*) terapêutico
remedy ['rɛmədɪ] N: **~ (for)** remédio (contra *or* a) ▶ VT remediar
remember [rɪ'mɛmbə^r] VT lembrar-se de, lembrar; (*memorize*) guardar; (*bear in mind*) ter em mente; (*send greetings*): **~ me to her** dê lembranças a ela; **I ~ seeing it, I ~ having seen it** eu me lembro de ter visto aquilo; **she ~ed to do it** ela se lembrou de fazer aquilo
remembrance [rɪ'mɛmbrəns] N (*memory*) memória; (*souvenir*) lembrança, recordação *f*

305 | **relieve – removal man**

Remembrance Sunday N *ver nota*

> **Remembrance Sunday** ou **Remembrance Day** é o domingo mais próximo do dia 11 de novembro, dia em que a Primeira Guerra Mundial terminou oficialmente e no qual se homenageia as vítimas das duas guerras mundiais. Nessa ocasião são observados dois minutos de silêncio às 11 horas, horário da assinatura do armistício com a Alemanha em 1918. Nos dias anteriores, papoulas de papel são vendidas por associações de caridade e a renda é revertida aos ex-combatentes e suas famílias.

remind [rɪ'maɪnd] VT: **to ~ sb to do sth** lembrar a alguém que tem de fazer algo; **to ~ sb of sth** lembrar algo a alguém, lembrar alguém de algo; **she ~s me of her mother** ela me lembra a mãe dela; **that ~s me, ...** falando nisso, ...
reminder [rɪ'maɪndə^r] N lembrete *m*; (*souvenir*) lembrança; (*letter*) carta de advertência
reminisce [rɛmɪ'nɪs] VI relembrar velhas histórias; **to ~ about sth** relembrar algo
reminiscences [rɛmɪ'nɪsnsɪz] NPL recordações *fpl*, lembranças *fpl*
reminiscent [rɛmɪ'nɪsənt] ADJ: **to be ~ of sth** lembrar algo
remiss [rɪ'mɪs] ADJ negligente, desleixado; **it was ~ of him** foi um descuido dele
remission [rɪ'mɪʃən] N remissão *f*; (*of sentence*) diminuição *f*
remit [rɪ'mɪt] VT (*send: money*) remeter, enviar, mandar
remittance [rɪ'mɪtəns] N remessa
remnant ['rɛmnənt] N resto; (*of cloth*) retalho; **remnants** NPL (*Comm*) retalhos *mpl*
remonstrate ['rɛmənstreɪt] VI: **to ~ (with sb about sth)** reclamar (a alguém de algo)
remorse [rɪ'mɔːs] N remorso
remorseful [rɪ'mɔːsful] ADJ arrependido
remorseless [rɪ'mɔːslɪs] ADJ (*fig*) implacável
remote [rɪ'məʊt] ADJ (*distant*) remoto, distante; (*person*) reservado, afastado; (*slight*): **there is a ~ possibility that ...** existe uma possibilidade remota de que ...
remote control N controle *m* remoto
remote-controlled [-kən'trəʊld] ADJ (*plane*) telecomandado; (*missile*) teleguiado
remotely [rɪ'məʊtlɪ] ADV remotamente; (*slightly*) levemente
remoteness [rɪ'məʊtnɪs] N afastamento, isolamento
remould ['riːməʊld] (BRIT) N (*tyre*) pneu *m* recauchutado
removable [rɪ'muːvəbl] ADJ (*detachable*) removível
removal [rɪ'muːvəl] N (*taking away*) remoção *f*; (BRIT: *from house*) mudança; (*from office: sacking*) afastamento, demissão *f*; (*Med*) extração *f*
removal man (*irreg: like* **man**) N homem *m* da companhia de mudanças

removal van (BRIT) N caminhão m (BR) or camião m (PT) de mudanças

remove [rɪ'muːv] VT tirar, retirar; (clothing) tirar; (stain) remover; (employee) afastar, demitir; (name from list, obstacle) eliminar, remover; (doubt, abuse) afastar; (Tech) retirar, separar; (Med) extrair, extirpar; **first cousin once ~d** primo(-a) em segundo grau

remover [rɪ'muːvəʳ] N (substance) removedor m; **removers** NPL (BRIT: company) companhia de mudanças

remunerate [rɪ'mjuːnəreɪt] VT remunerar

remuneration [rɪmjuːnə'reɪʃən] N remuneração f

Renaissance [rɪ'neɪsɔns] N: **the ~** a Renascença

rename [riː'neɪm] VT dar novo nome a

rend [rɛnd] (pt, pp **rent**) VT rasgar, despedaçar

render ['rɛndəʳ] VT (thanks) trazer; (service) prestar; (account) entregar; (make) fazer, tornar; (translate) traduzir; (fat: also: **render down**) clarificar; (wall) rebocar

rendering ['rɛndərɪŋ] N (Mus etc) interpretação f

rendezvous ['rɔndɪvuː] N encontro; (place) ponto de encontro ▶ VI encontrar-se; **to ~ with sb** encontrar-se com alguém

renegade ['rɛnɪgeɪd] N renegado(-a)

renew [rɪ'njuː] VT renovar; (resume) retomar, recomeçar; (loan etc) prorrogar; (negotiations, acquaintance) reatar

renewable [rɪ'njuːəbl] ADJ renovável

renewal [rɪ'njuːəl] N (of contract) renovação f; (resumption) retomada; (of loan) prorrogação f

renounce [rɪ'nauns] VT renunciar a; (disown) repudiar, rejeitar

renovate ['rɛnəveɪt] VT renovar; (house, room) reformar

renovation [rɛnə'veɪʃən] N renovação f; (of house etc) reforma

renown [rɪ'naun] N renome m

renowned [rɪ'naund] ADJ renomado, famoso

rent [rɛnt] PT, PP of **rend** ▶ N aluguel m (BR), aluguer m (PT) ▶ VT (also: **rent out**) alugar

rental ['rɛntəl] N (for television, car) aluguel m (BR), aluguer m (PT)

rent boy N (BRIT inf) michê m

renunciation [rɪnʌnsɪ'eɪʃən] N renúncia

reopen [riː'əupən] VT reabrir

reopening [riː'əupənɪŋ] N reabertura

reorder [riː'ɔːdəʳ] VT encomendar novamente; (rearrange) reorganizar

reorganize [riː'ɔːgənaɪz] VT reorganizar

rep [rɛp] N ABBR (Comm) = **representative**; (Theatre) = **repertory**

Rep. (US) ABBR (Pol) = **representative**; **republican**

repaid [riː'peɪd] PT, PP of **repay**

repair [rɪ'pɛəʳ] N reparação f, conserto; (patch) remendo ▶ VT consertar; **beyond ~** irreparável; **in good/bad ~** em bom/mau estado; **under ~** no conserto

repair kit N caixa de ferramentas

repair man (irreg: like **man**) N consertador m

repair shop N oficina de reparos

repartee [rɛpɑː'tiː] N resposta arguta e engenhosa; (skill) presteza em replicar

repast [rɪ'pɑːst] N (formal) repasto

repatriate [riː'pætrɪeɪt] VT repatriar

repay [riː'peɪ] (irreg: like **pay**) VT (money) reembolsar, restituir; (person) pagar de volta; (debt) saldar, liquidar; (sb's efforts) corresponder, retribuir; (favour) retribuir

repayment [riː'peɪmənt] N reembolso; (of debt) pagamento; (of mortgage etc) prestação f

repeal [rɪ'piːl] N (of law) revogação f; (of sentence) anulação f ▶ VT revogar; anular

repeat [rɪ'piːt] N (Radio, TV) repetição f ▶ VT repetir; (Comm: order) renovar ▶ VI repetir-se

repeatedly [rɪ'piːtɪdlɪ] ADV repetidamente

repel [rɪ'pɛl] VT repelir; (disgust) repugnar

repellent [rɪ'pɛlənt] ADJ repugnante ▶ N: **insect ~** repelente m de insetos

repent [rɪ'pɛnt] VI: **to ~ (of)** arrepender-se (de)

repentance [rɪ'pɛntəns] N arrependimento

repercussions [riːpə'kʌʃənz] NPL repercussões fpl; **to have ~** repercutir

repertoire ['rɛpətwɑːʳ] N repertório

repertory ['rɛpətərɪ] N (also: **repertory theatre**) teatro de repertório

repertory company N companhia teatral

repetition [rɛpɪ'tɪʃən] N repetição f

repetitious [rɛpɪ'tɪʃəs] ADJ (speech) repetitivo

repetitive [rɪ'pɛtɪtɪv] ADJ repetitivo

replace [rɪ'pleɪs] VT (put back) repor, devolver; (take the place of) substituir; (Tel): "**~ the receiver**" "desligue"

replacement [rɪ'pleɪsmənt] N (substitution) substituição f; (putting back) reposição f; (substitute) substituto(-a)

replacement part N peça sobressalente

replay ['riːpleɪ] N (of match) partida decisiva; (TV: also: **action replay**) replay m

replenish [rɪ'plɛnɪʃ] VT (glass) reencher; (stock etc) completar, prover; (with fuel) reabastecer

replete [rɪ'pliːt] ADJ repleto; (well-fed) cheio, empanturrado

replica ['rɛplɪkə] N réplica, cópia, reprodução f

reply [rɪ'plaɪ] N resposta ▶ VI responder; **in ~ (to)** em resposta (a); **there's no ~ (Tel)** ninguém atende

reply coupon N cartão-resposta m

report [rɪ'pɔːt] N relatório m; (Press etc) reportagem f; (BRIT: also: **school report**) boletim m escolar; (of gun) estampido, detonação f ▶ VT informar sobre; (Press etc) fazer uma reportagem sobre; (bring to notice: occurrence) comunicar, anunciar; (: person) denunciar ▶ VI (make a report): **to ~ (on)** apresentar um relatório (sobre); (for newspaper) fazer uma reportagem (sobre); (present o.s.): **to ~ (to sb)** apresentar-se (a alguém); (be responsible to): **to ~ to sb** obedecer as ordens de alguém; **it is ~ed that** dizem que; **it is ~ed from Berlin that** há notícias de Berlim de que

report card (US, SCOTLAND) N boletim m escolar
reportedly [rɪˈpɔːtɪdlɪ] ADV: **she is ~ living in Spain** dizem que ela mora na Espanha
reported speech [rɪˈpɔːtɪd-] N (Ling) discurso indireto
reporter [rɪˈpɔːtəʳ] N (Press) jornalista m/f, repórter m/f; (Radio, TV) repórter
repose [rɪˈpəuz] N: **in ~** em repouso
repossess [riːpəˈzɛs] VT retomar
reprehensible [rɛprɪˈhɛnsɪbl] ADJ repreensível, censurável, condenável
represent [rɛprɪˈzɛnt] VT representar; (constitute) constituir; (Comm) ser representante de; (describe): **to ~ sth as** representar algo como; (explain): **to ~ to sb that** explicar a alguém que
representation [rɛprɪzɛnˈteɪʃən] N representação f; (picture, statue) representação, retrato; (petition) petição f; **representations** NPL (protest) reclamação f, protesto
representative [rɛprɪˈzɛntətɪv] N representante m/f; (US Pol) deputado(-a) ▶ ADJ: **~ (of)** representativo (de)
repress [rɪˈprɛs] VT reprimir
repression [rɪˈprɛʃən] N repressão f
repressive [rɪˈprɛsɪv] ADJ repressivo
reprieve [rɪˈpriːv] N (Law) suspensão f temporária; (fig) adiamento ▶ VT suspender temporariamente; aliviar
reprimand [ˈrɛprɪmɑːnd] N reprimenda ▶ VT repreender, censurar
reprint [n ˈriːprɪnt, vt riːˈprɪnt] N reimpressão f ▶ VT reimprimir
reprisal [rɪˈpraɪzl] N represália; **reprisals** NPL (acts of revenge) represálias fpl; **to take ~s** fazer or exercer represálias
reproach [rɪˈprəutʃ] N repreensão f, censura ▶ VT: **to ~ sb with sth** repreender alguém por algo; **beyond ~** irrepreensível, impecável
reproachful [rɪˈprəutʃful] ADJ repreensivo, acusatório
reproduce [riːprəˈdjuːs] VT reproduzir ▶ VI reproduzir-se
reproduction [riːprəˈdʌkʃən] N reprodução f
reproductive [riːprəˈdʌktɪv] ADJ reprodutivo
reproof [rɪˈpruːf] N reprovação f, repreensão f
reprove [rɪˈpruːv] VT (action) reprovar; **to ~ sb for sth** repreender alguém por algo
reproving [rɪˈpruːvɪŋ] ADJ (look) de reprovação; (tone) de censura
reptile [ˈrɛptaɪl] N réptil m
Repub. (US) ABBR (Pol) = **republican**
republic [rɪˈpʌblɪk] N república
republican [rɪˈpʌblɪkən] ADJ, N republicano(-a); (US Pol): **R~** membro(-a) do Partido Republicano
repudiate [rɪˈpjuːdɪeɪt] VT (accusation) rejeitar, negar; (violence) repudiar; (obligation) desconhecer
repugnant [rɪˈpʌgnənt] ADJ repugnante, repulsivo

repulse [rɪˈpʌls] VT repelir
repulsion [rɪˈpʌlʃən] N repulsa; (Phys) repulsão f
repulsive [rɪˈpʌlsɪv] ADJ repulsivo
reputable [ˈrɛpjutəbl] ADJ (make etc) bem conceituado, de confiança; (person) honrado, respeitável
reputation [rɛpjuˈteɪʃən] N reputação f; **to have a ~ for** ter fama por; **he has a ~ for being cruel** ele tem fama de ser cruel
repute [rɪˈpjuːt] N reputação f, renome m
reputed [rɪˈpjuːtɪd] ADJ suposto, pretenso; **he is ~ to be rich** dizem que ele é rico
reputedly [rɪˈpjuːtɪdlɪ] ADV segundo se diz, supostamente
request [rɪˈkwɛst] N pedido; (formal) petição f ▶ VT: **to ~ sth of** or **from sb** pedir algo a alguém; (formally) solicitar algo a alguém; **on ~** a pedido; **at the ~ of** a pedido de; **"you are ~ed not to smoke"** "pede-se or favor não fumar"
request stop (BRIT) N (for bus) parada não obrigatória
requiem [ˈrɛkwɪəm] N réquiem m
require [rɪˈkwaɪəʳ] VT (need: subj: person) precisar de, necessitar; (: thing, situation) requerer, exigir; (want) pedir; (order): **to ~ sb to do sth/sth of sb** exigir que alguém faça algo/algo de alguém; **if ~d** se for necessário; **what qualifications are ~d?** quais são as qualificações necessárias?; **~d by law** exigido por lei
required [rɪˈkwaɪəd] ADJ (necessary) necessário; (desired) desejado
requirement [rɪˈkwaɪəmənt] N requisito; (need) necessidade f; (want) pedido
requisite [ˈrɛkwɪzɪt] N requisito ▶ ADJ necessário, indispensável; **toilet ~s** artigos de toalete pessoal
requisition [rɛkwɪˈzɪʃən] N: **~ (for)** requerimento (para) ▶ VT (Mil) requisitar, confiscar
reroute [riːˈruːt] VT (train etc) desviar
resale [ˈriːseɪl] N revenda
resale price maintenance N manutenção f de preços de revenda
rescind [rɪˈsɪnd] VT (contract) rescindir; (law) revogar; (verdict) anular
rescue [ˈrɛskjuː] N salvamento, resgate m ▶ VT: **to ~ (from)** (survivors, wounded etc) resgatar (de); (save, fig) salvar (de); **to come to sb's ~** ir ao socorro de alguém
rescue party N grupo or expedição f de resgate
rescuer [ˈrɛskjuəʳ] N (in disaster etc) resgatador(a) m/f; (fig) salvador(a) m/f
research [rɪˈsəːtʃ] N pesquisa ▶ VT pesquisar ▶ VI: **to ~ (into sth)** pesquisar (algo), fazer pesquisas (sobre algo); **a piece of ~** uma pesquisa; **~ and development** pesquisa e desenvolvimento
researcher [rɪˈsəːtʃəʳ] N pesquisador(a) m/f
research work N trabalho de pesquisa
resell [riːˈsɛl] (irreg: like **sell**) VT revender

resemblance [rɪˈzɛmbləns] N semelhança; **to bear a strong ~ to** ser muito parecido com

resemble [rɪˈzɛmbl] VT parecer-se com

resent [rɪˈzɛnt] VT (*attitude*) ressentir-se de; (*person*) estar ressentido com

resentful [rɪˈzɛntful] ADJ ressentido

resentment [rɪˈzɛntmənt] N ressentimento

reservation [rɛzəˈveɪʃən] N (*booking, doubt, protected area*) reserva; (BRIT *Aut: also:* **central reservation**) canteiro divisor; **to make a ~** fazer reserva; **with ~s** (*doubts*) com reservas

reservation desk (US) N (*in hotel*) recepção f

reserve [rɪˈzəːv] N reserva; (*Sport*) suplente m/f, reserva m/f (BR) ▶ VT reservar; **reserves** NPL (*Mil*) tropas fpl da) reserva; (*Comm*) reserva; **in ~** de reserva

reserve currency N moeda de reserva

reserved [rɪˈzəːvd] ADJ reservado

reserve price (BRIT) N preço mínimo de venda

reserve team (BRIT) N time m reserva

reservist [rɪˈzəːvɪst] N reservista m

reservoir [ˈrɛzəvwɑːʳ] N (*large*) represa; (*small*) depósito

reset [riːˈsɛt] (*irreg: like* **set**) VT reajustar; (*Comput*) dar reset em

reshape [riːˈʃeɪp] VT (*policy*) reformar, remodelar

reshuffle [riːˈʃʌfl] N: **Cabinet ~** reforma ministerial

reside [rɪˈzaɪd] VI residir

residence [ˈrɛzɪdəns] N residência; (*formal: home*) domicílio; **to take up ~** instalar-se; **in ~** (*monarch*) em residência; (*doctor*) residente

residence permit (BRIT) N autorização f de residência

resident [ˈrɛzɪdənt] N (*of country, town*) habitante m/f; (*of house, area*) morador(a) m/f; (*in hotel*) hóspede m/f ▶ ADJ (*population*) permanente; (*doctor*) interno, residente

residential [rɛzɪˈdɛnʃəl] ADJ residencial

residue [ˈrɛzɪdjuː] N resto; (*Comm*) montante m líquido; (*Chem, Phys*) resíduo

resign [rɪˈzaɪn] VT (*one's post*) renunciar a, demitir-se de ▶ VI: **to ~ (from)** demitir-se (de); **to ~ o.s. to** (*endure*) resignar-se a

resignation [rɛzɪgˈneɪʃən] N demissão f; (*state of mind*) resignação f; **to tender one's ~** pedir demissão

resigned [rɪˈzaɪnd] ADJ resignado

resilience [rɪˈzɪlɪəns] N (*of material*) elasticidade f; (*of person*) resistência

resilient [rɪˈzɪlɪənt] ADJ (*person*) forte; (*material*) resistente

resin [ˈrɛzɪn] N resina

resist [rɪˈzɪst] VT resistir a

resistance [rɪˈzɪstəns] N resistência

resistant [rɪˈzɪstənt] ADJ: **~ (to)** resistente (a)

resold [riːˈsəuld] PT, PP *of* **resell**

resolute [ˈrɛzəluːt] ADJ resoluto, firme; (*refusal*) firme

resolution [rɛzəˈluːʃən] N resolução f; (*of problem*) solução f; **to make a ~** tomar uma resolução

resolve [rɪˈzɔlv] N resolução f; (*purpose*) intenção f ▶ VT resolver ▶ VI: **to ~ to do** resolver-se a fazer

resolved [rɪˈzɔlvd] ADJ decidido

resonance [ˈrɛzənəns] N ressonância

resonant [ˈrɛzənənt] ADJ ressonante

resort [rɪˈzɔːt] N (*town*) local m turístico, estação f de veraneio; (*recourse*) recurso ▶ VI: **to ~ to** recorrer a; **seaside/winter sports ~** balneário/estação de inverno; **in the last ~** em último caso, em última instância

resound [rɪˈzaund] VI ressoar; **the room ~ed with shouts** os gritos ressoaram no quarto

resounding [rɪˈzaundɪŋ] ADJ retumbante

resource [rɪˈsɔːs] N (*raw material*) recurso natural; **resources** NPL (*coal, money, energy*) recursos mpl; **natural ~s** recursos naturais

resourceful [rɪˈsɔːsful] ADJ engenhoso, habilidoso

resourcefulness [rɪˈsɔːsfəlnɪs] N desembaraço, engenho

respect [rɪˈspɛkt] N respeito ▶ VT respeitar; **respects** NPL (*greetings*) cumprimentos mpl; **to pay one's ~s to sb** fazer visita de cortesia a alguém; **to pay one's last ~s to sb** prestar a última homenagem a alguém; **to have** or **show ~ for sb/sth** ter or mostrar respeito por alguém/algo; **out of ~ for** por respeito a; **with ~ to** com respeito a; **in ~ of** a respeito de; **in this ~** neste respeito; **in some ~s** em alguns pontos; **with all due ~, I ...** com todo respeito, eu ...

respectability [rɪspɛktəˈbɪlɪtɪ] N respeitabilidade f

respectable [rɪˈspɛktəbl] ADJ respeitável; (*large*) considerável; (*quite good: result, player*) razoável

respectful [rɪˈspɛktful] ADJ respeitoso

respective [rɪˈspɛktɪv] ADJ respectivo

respectively [rɪˈspɛktɪvlɪ] ADV respectivamente

respiration [rɛspɪˈreɪʃən] N respiração f

respiratory [rɛˈspɪrətərɪ] ADJ respiratório

respite [ˈrɛspaɪt] N pausa, folga; (*Law*) adiamento, suspensão f

resplendent [rɪˈsplɛndənt] ADJ resplandecente

respond [rɪˈspɔnd] VI (*answer*) responder; (*react*) reagir

respondent [rɪˈspɔndənt] N (*in survey*) respondedor(a) m/f; (*Law*) réu/ré m/f

response [rɪˈspɔns] N (*answer*) resposta; (*reaction*) reação f; **in ~ to** em resposta a

responsibility [rɪspɔnsɪˈbɪlɪtɪ] N responsabilidade f; (*duty*) dever m; **to take ~ for sth/sb** assumir a responsabilidade por algo/alguém

responsible [rɪˈspɔnsɪbl] ADJ (*character*) sério, responsável; (*job*) de responsabilidade; (*liable*): **~ (for)** responsável (por); **to be ~ to**

sb (for sth) ser responsável diante de alguém (por algo); **to hold sb ~ (for sth)** responsabilizar alguém (por algo)
responsibly [rɪˈspɔnsɪblɪ] ADV com responsabilidade
responsive [rɪˈspɔnsɪv] ADJ receptivo
rest [rɛst] N descanso, repouso; *(pause)* pausa, intervalo; *(support)* apoio; *(remainder)* resto; *(Mus)* pausa ▶ VI descansar; *(stop)* parar; *(be supported)*: **to ~ on** apoiar-se em ▶ VT descansar; *(lean)*: **to ~ sth on/against** apoiar algo em or sobre/contra; **the ~ of them** os outros; **to set sb's mind at ~** tranquilizar alguém; **it ~s with him to do it** cabe a ele fazê-lo; **~ assured that …** tenha certeza de que …
restart [riːˈstɑːt] VT *(engine)* arrancar de novo; *(work)* reiniciar, recomeçar
restaurant [ˈrɛstərɔŋ] N restaurante m
restaurant car (BRIT) N vagão-restaurante m
rest cure N repouso forçado *(para tratamento de saúde)*
restful [ˈrɛstful] ADJ tranquilo, repousante
rest home N asilo, casa de repouso
restitution [rɛstɪˈtjuːʃən] N: **to make ~ to sb for sth** indenizar alguém por algo
restive [ˈrɛstɪv] ADJ inquieto, impaciente; *(horse)* rebelão(-ona), teimoso
restless [ˈrɛstlɪs] ADJ desassossegado, irrequieto; **to get ~** impacientar-se
restlessly [ˈrɛstlɪslɪ] ADV inquietamente
restock [riːˈstɔk] VT reabastecer
restoration [rɛstəˈreɪʃən] N restauração f
restorative [rɪˈstɔrətɪv] ADJ reconstituinte ▶ N reconstituinte m
restore [rɪˈstɔːʳ] VT *(building, order)* restaurar; *(sth stolen)* restituir; *(peace, health)* restabelecer
restorer [rɪˈstɔːrəʳ] N *(Art etc)* restaurador(a) m/f
restrain [rɪˈstreɪn] VT *(feeling)* reprimir; *(growth, inflation)* refrear; *(person)*: **to ~ (from doing)** impedir (de fazer)
restrained [rɪˈstreɪnd] ADJ *(style)* moderado, comedido; *(person)* comedido
restraint [rɪˈstreɪnt] N *(restriction)* restrição f; *(moderation)* moderação f, comedimento; *(of style)* sobriedade f; **wage ~** restrição salarial
restrict [rɪˈstrɪkt] VT restringir, limitar; *(people, animals)* confinar; *(activities)* limitar
restricted area [rɪˈstrɪktɪd-] N *(Aut)* zona com limite de velocidade
restriction [rɪˈstrɪkʃən] N restrição f, limitação f; **~ (on)** restrição (em)
restrictive [rɪˈstrɪktɪv] ADJ restritivo
restrictive practices NPL *(Industry)* práticas fpl restritivas
rest room (US) N banheiro (BR), lavabo (PT)
restructure [riːˈstrʌktʃəʳ] VT reestruturar
result [rɪˈzʌlt] N resultado ▶ VI: **to ~ (from)** resultar (de); **to ~ in** resultar em; **as a ~ of** como resultado or consequência de
resultant [rɪˈzʌltənt] ADJ resultante

resume [rɪˈzjuːm] VT *(work, journey)* retomar, recomeçar; *(sum up)* resumir ▶ VI recomeçar
résumé [ˈreɪzjuːmeɪ] N *(summary)* resumo; *(US: curriculum vitae)* curriculum vitae m, currículo
resumption [rɪˈzʌmpʃən] N retomada
resurgence [rɪˈsəːdʒəns] N ressurgimento
resurrection [rɛzəˈrɛkʃən] N ressurreição f
resuscitate [rɪˈsʌsɪteɪt] VT *(Med)* ressuscitar, reanimar
resuscitation [rɪsʌsɪˈteɪʃən] N ressuscitação f
retail [ˈriːteɪl] N varejo (BR), venda a retalho (PT) ▶ ADJ a varejo (BR), a retalho (PT) ▶ ADV a varejo (BR), a retalho (PT) ▶ VT vender no varejo (BR) or a retalho (PT) ▶ VI: **to ~ at $10** ser vendido no varejo (BR) or a retalho (PT) por $10
retailer [ˈriːteɪləʳ] N varejista m/f (BR), retalhista m/f (PT)
retail outlet N ponto de venda
retail price N preço no varejo (BR) or de venda a retalho (PT)
retail price index N ≈ índice m de preços ao consumidor
retain [rɪˈteɪn] VT *(keep)* reter, conservar; *(employ)* contratar
retainer [rɪˈteɪnəʳ] N *(servant)* empregado; *(fee)* adiantamento
retaliate [rɪˈtælɪeɪt] VI: **to ~ (against)** revidar (contra)
retaliation [rɪtælɪˈeɪʃən] N represálias fpl, vingança; **in ~ for** em retaliação por
retaliatory [rɪˈtælɪətərɪ] ADJ retaliativo, retaliatório
retarded [rɪˈtɑːdɪd] ADJ retardado
retch [rɛtʃ] VI fazer esforço para vomitar
retentive [rɪˈtɛntɪv] ADJ *(memory)* tenaz, de anjo
rethink [riːˈθɪŋk] *(irreg: like think)* VT reconsiderar, repensar
reticence [ˈrɛtɪsns] N reserva
reticent [ˈrɛtɪsnt] ADJ reservado
retina [ˈrɛtɪnə] N retina
retinue [ˈrɛtɪnjuː] N séquito, comitiva
retire [rɪˈtaɪəʳ] VI *(give up work)* aposentar-se; *(withdraw)* retirar-se; *(go to bed)* deitar-se
retired [rɪˈtaɪəd] ADJ *(person)* aposentado (BR), reformado (PT)
retirement [rɪˈtaɪəmənt] N *(state, act)* aposentadoria (BR), reforma (PT)
retirement age N idade f de aposentadoria (BR) or de reforma (PT)
retiring [rɪˈtaɪərɪŋ] ADJ *(leaving)* de saída; *(shy)* acanhado, retraído
retort [rɪˈtɔːt] N *(reply)* réplica; *(container)* retorta ▶ VI replicar, retrucar
retrace [riːˈtreɪs] VT: **to ~ one's steps** voltar sobre (os) seus passos, refazer o mesmo caminho
retract [rɪˈtrækt] VT *(statement, offer)* retirar, retratar; *(claws)* encolher; *(undercarriage, aerial)* recolher ▶ VI retratar-se
retractable [rɪˈtræktəbl] ADJ retrátil
retrain [riːˈtreɪn] VT reciclar ▶ VI ser reciclado

retraining [riː'treɪnɪŋ] N readaptação f profissional, reciclagem f

retread [n 'riː:trɛd, vt riː'trɛd] N (tyre) pneu m recauchutado ▶ VT recauchutar

retreat [rɪ'triːt] N (place) retiro; (act) retirada ▶ VI retirar-se; (flood) retroceder; **to beat a hasty ~** bater em retirada

retrial [riː'traɪəl] N revisão f do processo

retribution [rɛtrɪ'bjuːʃən] N desforra, revide m, vingança

retrieval [rɪ'triːvəl] N recuperação f

retrieve [rɪ'triːv] VT (sth lost) reaver, recuperar; (situation, honour) salvar; (error, loss) reparar; (Comput) recuperar

retriever [rɪ'triːvə^r] N cão m de busca, perdigueiro

retroactive [rɛtrəu'æktɪv] ADJ retroativo

retrograde ['rɛtrəgreɪd] ADJ retrógrado

retrospect ['rɛtrəspɛkt] N: **in ~** retrospectivamente, em retrospecto

retrospective [rɛtrə'spɛktɪv] ADJ retrospectivo; (law) retroativo ▶ N (Art) retrospectiva

return [rɪ'təːn] N (going or coming back) regresso, volta; (of sth stolen etc) devolução f; (recompense) recompensa; (Finance: from land, shares) rendimento; (report) relatório ▶ CPD (journey) de volta; (BRIT: ticket) de ida e volta; (match) de revanche ▶ VI (person etc: come or go back) voltar, regressar; (symptoms etc) voltar; (regain): **to ~ to** (consciousness) recobrar; (power) retornar a ▶ VT devolver; (favour, love etc) retribuir; (verdict) proferir, anunciar; (Pol: candidate) eleger; **returns** NPL (Comm) receita; (: returned goods) mercadorias fpl devolvidas; **in ~ (for)** em troca (de); **many happy ~s (of the day)!** parabéns!; **by ~ (of post)** por volta do correio

returnable [rɪ'təːnəbl] ADJ (bottle etc) restituível

return key N (Comput) tecla de retorno

retweet [riː'twiːt] N (on Twitter) retweet m

reunion [riː'juːnɪən] N (family) reunião f; (two people, class) reencontro

reunite [riːjuː'naɪt] VT reunir; (reconcile) reconciliar

rev [rɛv] N ABBR (Aut: = revolution) revolução f ▶ VT (also: **rev up**) aumentar a velocidade de ▶ VI acelerar

Rev. ABBR = **reverend**

revaluation [riːvæljuː'eɪʃən] N reavaliação f

revamp ['riːvæmp] VT dar um jeito em

rev counter (BRIT) N tacômetro

Revd. ABBR = **reverend**

reveal [rɪ'viːl] VT revelar; (make visible) mostrar

revealing [rɪ'viːlɪŋ] ADJ revelador(a)

reveille [rɪ'vælɪ] N (Mil) toque m de alvorada

revel ['rɛvl] VI: **to ~ in sth/in doing sth** deleitar-se com algo/em fazer algo

revelation [rɛvə'leɪʃən] N revelação f

reveller ['rɛvlə^r] N farrista m/f, folião(-liã) m/f

revelry ['rɛvlrɪ] N festança, folia

revenge [rɪ'vɛndʒ] N vingança, desforra; (in sport) revanche f ▶ VT vingar; **to take ~ on** vingar-se de

revengeful [rɪ'vɛndʒful] ADJ vingativo

revenue ['rɛvənjuː] N receita, renda; (on investment) rendimento

reverberate [rɪ'vəːbəreɪt] VI (sound) ressoar, repercutir, ecoar; (light) reverberar; (fig) repercutir

reverberation [rɪvəːbə'reɪʃən] N repercussão f

revere [rɪ'vɪə^r] VT reverenciar, venerar

reverence ['rɛvərəns] N reverência

reverend ['rɛvərənd] ADJ reverendo; (in titles): **the R~ John Smith** o reverendo John Smith

reverent ['rɛvərənt] ADJ reverente

reverie ['rɛvərɪ] N devaneio, sonho

reversal [rɪ'vəːsl] N (of order) reversão f; (of direction) mudança em sentido contrário; (of decision) revogação f; (of opinion) reviravolta; (of roles) inversão f

reverse [rɪ'vəːs] N (opposite) contrário; (back: of cloth) avesso; (: of coin) reverso; (: of paper) dorso; (Aut: also: **reverse gear**) marcha à ré (BR), marcha atrás (PT); (setback) revés m, derrota ▶ ADJ (order) inverso, oposto; (direction) contrário; (process) inverso ▶ VT (turn over) virar do lado do avesso; (direction, roles) inverter; (position) mudar; (process, decision) revogar; (car) dar ré com ▶ VI (BRIT Aut) dar (marcha à) ré (BR), fazer marcha atrás (PT); **to go into ~** dar ré (BR), fazer marcha atrás (PT); **in ~ order** na ordem inversa

reverse-charge call (BRIT) N (Tel) ligação f a cobrar

reverse video N vídeo reverso

reversible [rɪ'vəːsəbl] ADJ reversível

reversing lights [rɪ'vəːsɪŋ-] (BRIT) NPL luzes fpl de ré (BR), luzes fpl de marcha atrás (PT)

reversion [rɪ'vəːʃən] N volta

revert [rɪ'vəːt] VI: **to ~ to** voltar a; (Law) reverter a

review [rɪ'vjuː] N (magazine, Mil) revista; (of book, film) crítica, resenha; (examination) recapitulação f, exame m ▶ VT (situation) rever, examinar; (Mil) passar em revista; (book, film) fazer a crítica or resenha de; **to come under ~** ser estudado

reviewer [rɪ'vjuːə^r] N crítico(-a)

revile [rɪ'vaɪl] VT insultar

revise [rɪ'vaɪz] VT (manuscript) corrigir; (opinion, procedure) alterar; (price) revisar; (study: subject) recapitular; (look over) revisar, rever; **~d edition** edição f revista

revision [rɪ'vɪʒən] N correção f; (for exam) revisão f; (revised version) revisão f

revitalize [riː'vaɪtəlaɪz] VT revitalizar, revivificar

revival [rɪ'vaɪvəl] N (recovery) restabelecimento; (of interest) renascença, renascimento; (Theatre) reestreia; (of faith) despertar m

revive [rɪ'vaɪv] VT (*person*) reanimar, ressuscitar; (*economy*) recuperar; (*custom*) restabelecer, restaurar; (*hope, courage*) despertar; (*play*) reapresentar ▶ VI (*person: from faint*) voltar a si, recuperar os sentidos; (: *from ill-health*) recuperar-se; (*activity, economy*) reativar-se; (*hope, interest*) renascer

revoke [rɪ'vəuk] VT revogar; (*decision, promise*) voltar atrás com

revolt [rɪ'vəult] N revolta, rebelião f, insurreição f ▶ VI revoltar-se ▶ VT causar aversão a, repugnar

revolting [rɪ'vəultɪŋ] ADJ revoltante, repulsivo

revolution [rɛvə'lu:ʃən] N revolução f; (*of wheel, earth*) rotação f

revolutionary [rɛvə'lu:ʃənərɪ] ADJ, N revolucionário(-a)

revolutionize [rɛvə'lu:ʃənaɪz] VT revolucionar

revolve [rɪ'vɔlv] VI girar; (*life*): **to ~ (a)round** girar em torno de

revolver [rɪ'vɔlvə*] N revólver m

revolving [rɪ'vɔlvɪŋ] ADJ (*chair etc*) giratório

revolving credit N crédito rotativo

revolving door N porta giratória

revue [rɪ'vju:] N (*Theatre*) revista

revulsion [rɪ'vʌlʃən] N aversão f, repugnância

reward [rɪ'wɔ:d] N recompensa ▶ VT: **to ~ (for)** recompensar o premiar (por)

rewarding [rɪ'wɔ:dɪŋ] ADJ (*fig*) gratificante, compensador(a)

rewind [ri:'waɪnd] (*irreg: like* **wind**) VT (*watch*) dar corda em; (*tape*) voltar para trás

rewire [ri:'waɪə*] VT (*house*) renovar a instalação elétrica de

reword [ri:'wə:d] VT reformular, exprimir em outras palavras

rewound [ri:'waund] PT, PP *of* **rewind**

rewritable [ri:'raɪtəbl] ADJ regravável

rewrite [ri:'raɪt] (*irreg: like* **write**) VT reescrever, escrever de novo

Reykjavik ['reɪkjəvi:k] N Reikjavik

RFD (*US*) ABBR (*Post*) = **rural free delivery**

Rh ABBR (= *rhesus*) Rh

rhapsody ['ræpsədɪ] N (*Mus*) rapsódia; (*fig*) elocução f exagerada *or* empolada

rhesus factor ['ri:səs-] N (*Med*) fator m Rh

rhetoric ['rɛtərɪk] N retórica

rhetorical [rɪ'tɔrɪkl] ADJ retórico

rheumatic [ru:'mætɪk] ADJ reumático

rheumatism ['ru:mətɪzəm] N reumatismo

rheumatoid arthritis ['ru:mətɔɪd-] N artrite f reumatoide

Rhine [raɪn] N: **the ~** o (rio) Reno

rhinestone ['raɪnstəun] N diamante m postiço

rhinoceros [raɪ'nɔsərəs] N rinoceronte m

Rhodes [rəudz] N (ilha de) Rodes

Rhodesia [rəu'di:ʒə] N Rodésia

Rhodesian [rəu'di:ʒən] ADJ, N rodésio(-a)

rhododendron [rəudə'dɛndrən] N rododendro

Rhone [rəun] N: **the ~** o (rio) Ródano

rhubarb ['ru:bɑ:b] N ruibarbo

rhyme [raɪm] N rima; (*verse*) verso(s) m(pl) rimado(s), poesia ▶ VI: **to ~ (with)** rimar (com); **without ~ or reason** sem pé nem cabeça

rhythm ['rɪðm] N ritmo

rhythmic ['rɪðmɪk], **rhythmical** ['rɪðmɪkl] ADJ rítmico, com ressaca

rhythmically ['rɪðmɪklɪ] ADV ritmicamente

RI N ABBR (*BRIT*) = **religious instruction** ▶ ABBR (*US Post*) = **Rhode Island**

rib [rɪb] N (*Anat*) costela ▶ VT (*mock*) zombar de, encarnar em

ribald ['rɪbəld] ADJ vulgarmente engraçado, irreverente

ribbed [rɪbd] ADJ (*knitting*) em ponto de meia

ribbon ['rɪbən] N fita; (*strip*) faixa, tira; **in ~s** (*torn*) em tirinhas, esfarrapado

rice [raɪs] N arroz m

rice field N arrozal m

rice pudding N arroz m doce

rich [rɪtʃ] ADJ rico; (*clothes*) valioso; (*banquet*) suntuoso, opulento; (*soil*) fértil; (*food*) suculento, forte; (: *sweet*) rico; (*colour*) intenso; (*voice*) suave, cheio ▶ NPL: **the ~** os ricos; **riches** NPL (*wealth*) riquezas fpl; **to be ~ in sth** ser rico em algo

richly ['rɪtʃlɪ] ADV (*decorated*) ricamente; (*rewarded*) generosamente; (*deserved*) bem

richness ['rɪtʃnɪs] N riqueza, opulência; (*of soil etc*) fertilidade f

rickets ['rɪkɪts] N raquitismo

rickety ['rɪkɪtɪ] ADJ fraco, sem firmeza

rickshaw ['rɪkʃɔ:] N jinriquixá m

ricochet ['rɪkəʃeɪ] N ricochete m ▶ VI ricochetear

rid [rɪd] (*pt, pp* rid) VT: **to ~ sb of sth** livrar alguém de algo; **to get ~ of** livrar-se de; (*sth no longer required*) desfazer-se de

riddance ['rɪdns] N: **good ~!** bons ventos o levem!

ridden ['rɪdn] PP *of* **ride**

riddle ['rɪdl] N (*conundrum*) adivinhação f; (*mystery*) enigma m, charada ▶ VT: **to be ~d with** estar cheio de

ride [raɪd] (*pt* rode, *pp* ridden) N (*gen*) passeio; (*on horse*) passeio a cavalo; (*distance covered*) percurso, trajeto ▶ VI (*as sport*) montar; (*go somewhere: on horse, bicycle*) ir (a cavalo, de bicicleta); (*journey: on bicycle, motorcycle, bus*) viajar ▶ VT (*a horse*) montar a; (*bicycle, motorcycle*) andar de; (*distance*) percorrer; **to ~ a bicycle** andar de bicicleta; **can you ~ a bike?** você sabe andar de bicicleta?; **to ~ at anchor** (*Naut*) estar ancorado; **horse/car ~** passeio a cavalo/de carro; **to go for a ~** dar um passeio *or* uma volta (de carro *or* de bicicleta *etc*); **to take sb for a ~** (*fig*) enganar alguém

▶ **ride out** VT: **to ~ out the storm** (*fig*) superar as dificuldades

rider ['raɪdə*] N (*on horse: male*) cavaleiro; (: *female*) amazona; (*on bicycle*) ciclista m/f; (*on* *motorcycle*) motociclista *m/f*; (*in document*) cláusula adicional

ridge [rɪdʒ] N (*of hill*) cume *m*, topo; (*of roof*) cumeeira; (*wrinkle*) ruga

ridicule ['rɪdɪkjuːl] N escárnio, zombaria, mofa ▶ VT ridicularizar, zombar de; **to hold sb/sth up to ~** ridicularizar alguém/algo

ridiculous [rɪ'dɪkjuləs] ADJ ridículo

riding ['raɪdɪŋ] N equitação *f*

riding school N escola de equitação

rife [raɪf] ADJ: **to be ~** ser comum; **to be ~ with** estar repleto de, abundar em

riffraff ['rɪfræf] N plebe *f*, ralé *f*, povinho

rifle ['raɪfl] N rifle *m*, fuzil *m* ▶ VT saquear
▶ **rifle through** VT FUS vasculhar

rifle range N campo de tiro; (*at fair*) tiro ao alvo

rift [rɪft] N (*in ground*) fenda, fratura; (*in clouds*) brecha; (*fig: disagreement: between friends*) desentendimento; (: *in party*) rompimento, divergência

rig [rɪg] N (*also*: **oil rig**) torre *f* de perfuração ▶ VT (*election etc*) adulterar *or* falsificar os resultados de
▶ **rig out** (BRIT) VT: **to ~ out as/in** ataviar *or* vestir como/com
▶ **rig up** VT instalar, montar, improvisar

rigging ['rɪgɪŋ] N (*Naut*) cordame *m*

right [raɪt] ADJ (*true, correct*) certo, correto; (*suitable*) adequado, conveniente; (: *decision*) certo; (*just*) justo; (*morally good*) bom; (*not left*) direito ▶ N direito; (*not left*) direita ▶ ADV (*correctly*) bem, corretamente; (*fairly*) adequadamente, justamente; (*not on the left*) à direita; (*to the right*) para a direita; (*exactly*): **~ now** agora mesmo ▶ VT colocar em pé; (*correct*) corrigir, indireitar ▶ EXCL bom!; **all ~!** tudo bem!, está bem!; (*enough*) chega!, basta!; **the ~ time** (*precise*) a hora exata; (*not wrong*) a hora certa; **to be ~** (*person*) ter razão (: *in guess etc*) acertar; (*answer, clock*) estar certo; **to get sth ~** acertar em algo; **let's get it ~ this time!** vamos acertar desta vez!; **you did the ~ thing** você fez a coisa certa; **to put a mistake ~** (BRIT) consertar um erro; **~ before/after** logo antes/depois; **~ against the wall** rente à parede; **to go ~ to the end of sth** ir até o finalzinho de algo; **by ~s** por direito; **on the ~** à direita; **to be in the ~** ter razão; **~ away** imediatamente, logo, já; **~ in the middle** bem no meio; **film ~s** direitos de adaptação para o cinema

right angle N ângulo reto

righteous ['raɪtʃəs] ADJ justo, honrado; (*anger*) justificado

righteousness ['raɪtʃəsnɪs] N justiça

rightful ['raɪtful] ADJ (*heir*) legítimo; (*place*) justo, legítimo

rightfully ['raɪtfəlɪ] ADV legitimamente

right-hand ADJ à direita

right-handed [-'hændɪd] ADJ (*person*) destro

right-hand man N braço direito

right-hand side N lado direito

rightly ['raɪtlɪ] ADV corretamente, devidamente; (*with reason*) com razão; **if I remember ~** (BRIT) se me lembro bem, se não me engano

right-minded ADJ sensato, ajuizado

right of way N prioridade *f* de passagem; (*Aut*) preferência

rights issue N (*Stock Exchange*) emissão *f* de bônus de subscrição

right wing N (*Pol*) direita; (*Sport*) ponta direita; (*Mil*) ala direita ▶ ADJ: **right-wing** de direita

right-wing ADJ de direita

right-winger N (*Pol*) direitista *m/f*; (*Sport*) ponta-direita *m*

rigid ['rɪdʒɪd] ADJ rígido; (*principle*) inflexível

rigidity [rɪ'dʒɪdɪtɪ] N rigidez *f*, inflexibilidade *f*

rigidly ['rɪdʒɪdlɪ] ADV rigidamente; (*behave*) inflexivelmente

rigmarole ['rɪgmərəul] N (*process*) processo; (*story*) ladainha

rigor ['rɪgəʳ] (US) N = **rigour**

rigor mortis [-'mɔːtɪs] N rigidez *f* cadavérica

rigorous ['rɪgərəs] ADJ rigoroso

rigorously ['rɪgərəslɪ] ADV rigorosamente

rigour, (US) **rigor** ['rɪgəʳ] N rigor *m*

rig-out (BRIT inf) N roupa, traje *m*

rile [raɪl] VT irritar, aborrecer

rim [rɪm] N borda, beira; (*of spectacles, wheel*) aro

rimless ['rɪmlɪs] ADJ (*spectacles*) sem aro

rind [raɪnd] N (*of bacon*) pele *f*; (*of lemon etc*) casca; (*of cheese*) crosta, casca

ring [rɪŋ] (*pt* **rang**, *pp* **rung**) N (*of metal*) aro; (*on finger*) anel *m*; (*also*: **wedding ring**) aliança; (*of people, objects*) círculo, grupo; (*of spies etc*) grupo; (*for boxing*) ringue *m*; (*of circus*) pista, picadeiro; (*bullring*) picadeiro, arena; (*of light, smoke*) círculo; (*sound: of small bell*) toque *m*; (: *of large bell*) badalada, repique *m*; (*telephone call*) chamada (telefônica), ligada ▶ VI (*on telephone*) telefonar; (*bell*) tocar; (*also*: **ring out**: *voice, words*) soar; (*ears*) zumbir ▶ VT (BRIT Tel) telefonar a, ligar para; (*bell etc*) badalar; (*doorbell*) tocar; **to give sb a ~** (BRIT Tel) dar uma ligada *or* ligar para alguém; **that has the ~ of truth about it** isso tem jeito de ser verdade; **the name doesn't ~ a bell (with me)** o nome não me diz nada
▶ **ring back** (BRIT) VI (Tel) telefonar *or* ligar de volta ▶ VT telefonar *or* ligar de volta para
▶ **ring off** (BRIT) VI (Tel) desligar
▶ **ring up** (BRIT) VT (Tel) telefonar, ligar para

ring binder N fichário (*pasta*)

ring-fence VT (*money, tax*) restringir (o uso de alguma verba)

ring finger N dedo anelar

ringing ['rɪŋɪŋ] N (*of telephone*) toque *m*; (*of large bell*) repicar *m*; (*of doorbell*) tocar *m*; (*in ears*) zumbido

ringing tone (BRIT) N (Tel) sinal *m* de chamada

ringleader ['rɪŋliːdəʳ] N (*of gang*) cabeça *m/f*, cérebro

ringlets ['rɪŋlɪts] NPL caracóis mpl, anéis mpl
ring road ['rɪŋtəʊn] (BRIT) N estrada periférica or perimetral
ringtone ['rɪŋtəʊn] (BRIT) N (on cellphone) toque m
rink [rɪŋk] N (also: **ice rink**) pista de patinação, rinque m; (for roller skating) rinque
rinse [rɪns] N enxaguada ▶ VT enxaguar; (also: **rinse out**: mouth) bochechar
Rio ['riːəʊ], **Rio de Janeiro** ['riːəʊdədʒə'nɪərəʊ] N o Rio (de Janeiro)
riot ['raɪət] N distúrbio, motim m, desordem f; (of colour) festival m, profusão f ▶ VI provocar distúrbios, amotinar-se; **to run ~** desenfrear-se
rioter ['raɪətər] N desordeiro(-a), amotinador(a) m/f
riotous ['raɪətəs] ADJ (crowd) desordeiro; (behaviour) turbulento; (party) tumultuado, barulhento; (uncontrolled) desenfreado
riotously ['raɪətəslɪ] ADV: **~ funny** hilariante
riot police N polícia anti-motim
RIP ABBR (= rest in peace) RIP
rip [rɪp] N rasgão m; (opening) abertura ▶ VT rasgar ▶ VI rasgar-se
▶ **rip up** VT rasgar
ripcord ['rɪpkɔːd] N corda de abertura (de para-quedas)
ripe [raɪp] ADJ maduro; (ready) pronto
ripen ['raɪpən] VT, VI amadurecer
ripeness ['raɪpnɪs] N maturidade f, amadurecimento
rip-off (inf) N: **this is a ~** isso é roubo
riposte [rɪ'pɔst] N riposta
ripple ['rɪpl] N ondulação f, encrespação f; (of laughter etc) onda; (sound) murmúrio ▶ VI encrespar-se ▶ VT ondular
rise [raɪz] VI (pt **rose**, pp **risen**) (gen) levantar-se, erguer-se; (prices, waters) subir; (river) encher; (sun) nascer; (wind, person: from bed etc) levantar(-se); (sound, voice) aumentar, erguer-se; (also: **rise up**: building) erguer-se; (: rebel) sublevar-se; (in rank) ascender, subir ▶ N (slope) elevação f, ladeira; (hill) colina, rampa; (increase: BRIT: in wages) aumento; (: in prices, temperature) subida; (fig: to power etc) ascensão f; **to ~ to the occasion** mostrar-se à altura da situação; **to give ~ to** ocasionar, dar origem a
risen ['rɪzn] PP of **rise**
rising ['raɪzɪŋ] ADJ (increasing: prices) em alta; (: number) crescente, cada vez maior; (: unemployment) crescente; (tide) montante; (sun, moon) nascente ▶ N (uprising) insurreição f
rising damp N umidade f que sobe
risk [rɪsk] N risco, perigo; (Insurance) risco ▶ VT (endanger) pôr em risco; (chance) arriscar, aventurar; (dare) atrever-se a; **to take** or **run the ~ of doing** correr o risco de fazer; **at ~** em perigo; **at one's own ~** por sua própria conta e risco; **a fire/health/security ~** um risco de incêndio/à saúde/à segurança; **I'll ~ it** eu vou me arriscar

risk capital N capital m de risco
risky ['rɪskɪ] ADJ perigoso
risqué ['riːskeɪ] ADJ (joke) picante
rissole ['rɪsəʊl] N rissole m
rite [raɪt] N rito; **funeral ~s** exéquias, cerimônia fúnebre; **last ~s** últimos sacramentos
ritual ['rɪtjʊəl] ADJ ritual ▶ N ritual m; (of initiation) rito
rival ['raɪvl] ADJ, N rival m/f; (in business) concorrente m/f ▶ VT competir com; **to ~ sb/sth in** rivalizar com alguém/algo em
rivalry ['raɪvəlrɪ] N rivalidade f; (between companies) concorrência
river ['rɪvər] N rio ▶ CPD (port, traffic) fluvial; **up/down ~** rio acima/abaixo
riverbank ['rɪvəbæŋk] N margem f (do rio)
riverbed ['rɪvəbɛd] N leito (do rio)
riverside ['rɪvəsaɪd] N beira, orla (do rio)
rivet ['rɪvɪt] N rebite m, cravo ▶ VT rebitar; (fig) fixar
riveting ['rɪvɪtɪŋ] ADJ (fig) fascinante
Riviera [rɪvɪ'ɛərə] N: **the (French) ~** a Costa Azul (francesa), a Riviera francesa; **the Italian ~** a Riviera italiana
Riyadh [rɪ'jɑːd] N Riad
RN N ABBR (BRIT) = **Royal Navy**; (US) = **registered nurse**
RNA N ABBR (= ribonucleic acid) ARN m
RNLI (BRIT) N ABBR (= Royal National Lifeboat Institution) ≈ Salvamar
RNZAF N ABBR = **Royal New Zealand Air Force**
RNZN N ABBR = **Royal New Zealand Navy**
road [rəʊd] N via; (motorway etc) estrada (de rodagem); (in town) rua; (fig) caminho ▶ CPD rodoviário; **main ~** estrada principal; **major/minor ~** via preferencial/secundária; **it takes four hours by ~** leva quatro horas de carro; **"~ up"** (BRIT) "obras"
road accident N acidente m de trânsito
roadblock ['rəʊdblɔk] N barricada
road haulage N transportes mpl rodoviários
road hog N dono da estrada
road map N mapa m rodoviário
road rage N conduta agressiva dos motoristas no trânsito
road safety N segurança do trânsito
roadside ['rəʊdsaɪd] N beira da estrada ▶ CPD à beira da estrada; **by the ~** à beira da estrada
road sign N placa de sinalização
road sweeper (BRIT) N (person) gari m/f (BR), varredor(a) m/f (PT)
road transport N transportes mpl rodoviários
road user N usuário(-a) da via pública
roadway ['rəʊdweɪ] N pista, estrada
road works ['rəʊdwəːks] NPL obras fpl (na estrada)
roadworthy ['rəʊdwəːðɪ] ADJ (car) em bom estado de conservação e segurança
roam [rəʊm] VI vagar, perambular, errar ▶ VT vagar or vadiar por

roar [rɔːʳ] N (*of animal*) rugido, urro; (*of crowd*) bramido; (*of vehicle, storm*) estrondo; (*of laughter*) barulho ▶ VI (*animal, engine*) rugir; (*person, crowd*) bradar; **to ~ with laughter** dar gargalhadas

roaring ['rɔːrɪŋ] ADJ: **a ~ fire** labaredas; **a ~ success** um sucesso estrondoso; **to do a ~ trade** fazer um bom negócio

roast [rəʊst] N carne *f* assada, assado ▶ VT assar; (*coffee*) torrar

roast beef N rosbife *m*

rob [rɔb] VT roubar; (*bank*) assaltar; **to ~ sb of sth** roubar algo de alguém; (*fig: deprive*) despojar alguém de algo

robber ['rɔbəʳ] N ladrão/ladra *m/f*

robbery ['rɔbərɪ] N roubo

robe [rəʊb] N (*for ceremony etc*) toga, beca; (*also:* **bath robe**) roupão *m* (de banho) ▶ VT revestir

robin ['rɔbɪn] N pisco-de-peito-ruivo (BR), pintarroxo (PT)

robot ['rəʊbɔt] N robô *m*

robotics [rə'bɔtɪks] N robótica

robust [rəʊ'bʌst] ADJ robusto, forte; (*appetite*) sadio; (*economy*) forte

rock [rɔk] N rocha; (*boulder*) penhasco, rochedo; (US: *small stone*) cascalho; (BRIT: *sweet*) pirulito ▶ VT (*swing gently: cradle*) balançar, oscilar; (: *child*) embalar, acalentar; (*shake*) sacudir ▶ VI (*object*) balançar-se; (*person*) embalar-se; (*shake*) sacudir-se; **on the ~s** (*drink*) com gelo; (*marriage etc*) arruinado, em dificuldades; **to ~ the boat** (*fig*) criar confusão

rock and roll N rock-and-roll *m*

rock-bottom ADJ (*fig*) mínimo, ínfimo ▶ N: **to hit** or **reach ~** (*prices*) chegar ao nível mais baixo; (*person*) chegar ao fundo do poço

rock climber N alpinista *m/f*

rock climbing N alpinismo

rockery ['rɔkərɪ] N *jardim de plantas rasteiras entre pedras*

rocket ['rɔkɪt] N foguete *m* ▶ VI (*prices*) disparar

rocket launcher [-'lɔːntʃəʳ] N dispositivo lança-foguetes

rock face N rochedo a pique

rock fall N queda de pedras

rocking chair ['rɔkɪŋ-] N cadeira de balanço

rocking horse ['rɔkɪŋ-] N cavalo de balanço

rocky ['rɔkɪ] ADJ rochoso; (*unsteady: table*) bambo, instável; (*marriage etc*) instável

Rocky Mountains NPL: **the ~** as Montanhas Rochosas

rod [rɔd] N vara, varinha; (*Tech*) haste *f*; (*also:* **fishing rod**) vara de pescar

rode [rəʊd] PT *of* **ride**

rodent ['rəʊdnt] N roedor *m*

rodeo ['rəʊdɪəʊ] (US) N rodeio

roe [rəʊ] N (*also:* **roe deer**) corça, cerva; (*of fish*): **hard/soft ~** ova/esperma *m* de peixe

rogue [rəʊg] N velhaco, maroto

roguish ['rəʊgɪʃ] ADJ travesso, brincalhão(-lhona)

role [rəʊl] N papel *m*

role model ['rəʊlmɔdl] N modelo

roll [rəʊl] N rolo; (*of banknotes*) maço; (*also:* **bread roll**) pãozinho; (*register*) rol *m*, lista; (*sound: of drums etc*) rufar *m*; (*movement: of ship*) jogo ▶ VT rolar; (*also:* **roll up**: *string*) enrolar; (: *sleeves*) arregaçar; (*cigarette*) enrolar; (*eyes*) virar; (*also:* **roll out**: *pastry*) esticar; (*lawn, road etc*) aplanar ▶ VI (*drums*) rufar; (*drum*) rufar; (*in walking*) gingar; (*vehicle: also:* **roll along**) rodar; (*ship*) balançar, jogar; **cheese ~** sanduíche de queijo (*num pãozinho*)

▶ **roll about** VI ficar rolando

▶ **roll around** VI = **roll about**

▶ **roll by** VI (*time*) passar

▶ **roll in** VI (*mail, cash*) chegar em grande quantidade

▶ **roll over** VI dar uma volta

▶ **roll up** VI (*inf: arrive*) pintar, chegar, aparecer ▶ VT (*carpet etc*) enrolar; (*sleeves*) arregaçar; **to ~ o.s. up into a ball** enrolar-se

roll call N chamada, toque *m* de chamada

rolled gold [rəʊld-] N plaquê *m*

roller ['rəʊləʳ] N (*in machine*) rolo, cilindro; (*wheel*) roda, roldana; (*for lawn, road*) rolo compressor; (*for hair*) rolo

Rollerblades® ['rəʊləbleɪdz] N patins *mpl* em linha

roller blind (BRIT) N estore *m*

roller coaster N montanha-russa

roller skates NPL patins *mpl* de roda

rollicking ['rɔlɪkɪŋ] ADJ alegre, brincalhão(-lhona), divertido

rolling ['rəʊlɪŋ] ADJ (*landscape*) ondulado

rolling mill N laminador *m*

rolling pin N rolo de pastel

rolling stock N (*Rail*) material *m* rodante

roll-on-roll-off (BRIT) ADJ (*ferry*) para veículos

roly-poly ['rəʊlɪ'pəʊlɪ] (BRIT) N (*Culin*) bolo de rolo

ROM [rɔm] N ABBR (*Comput*: = *read-only memory*) ROM *f*

Roman ['rəʊmən] ADJ, N romano(-a)

Roman Catholic ADJ, N católico(-a) (romano(-a))

romance [rə'mæns] N (*love affair*) aventura amorosa, romance *m*; (*book etc*) história de amor; (*charm*) romantismo

Romania [ruː'meɪnɪə] N Romênia

Romanian [ruː'meɪnɪən] ADJ romeno ▶ N romeno(-a); (*Ling*) romeno

Roman numeral N número romano

romantic [rə'mæntɪk] ADJ romântico

romanticism [rə'mæntɪsɪzəm] N romantismo

Romany ['rəʊmənɪ] ADJ cigano ▶ N cigano(-a); (*Ling*) romani *m*

Rome [rəʊm] N Roma

romp [rɔmp] N brincadeira, travessura ▶ VI (*also:* **romp about**) brincar ruidosamente; **to ~ home** (*horse*) ganhar fácil

rompers ['rɔmpəz] NPL macacão *m* de bebê

rondo ['rɔndəʊ] N (*Mus*) rondó

roof [ru:f] N (*of house*) telhado; (*of car*) capota, teto; (*of tunnel, cave*) teto ▶ VT telhar, cobrir com telhas; **the ~ of the mouth** o céu da boca

roof garden N jardim *m* em terraço

roofing ['ru:fɪŋ] N cobertura

roof rack N (*Aut*) bagageiro

rook [ruk] N (*bird*) gralha; (*Chess*) torre *f*

room [ru:m] N (*in house*) quarto, aposento; (*also*: **bedroom**) quarto, dormitório; (*in school etc*) sala; (*space*) espaço, lugar *m*; (*scope: for improvement etc*) espaço; **rooms** NPL (*lodging*) alojamento; **"~s to let"** (BRIT), **"~s for rent"** (US) "alugam-se quartos *or* apartamentos"; **single ~** quarto individual; **double ~** quarto duplo *or* de casal *or* para duas pessoas; **is there ~ for this?** tem lugar para isto aqui?; **to make ~ for sb** dar lugar a alguém; **there is ~ for improvement** isso podia estar melhor

rooming house ['ru:mɪŋ-] (US) N casa de cômodos

roommate ['ru:mmeɪt] N companheiro(-a) de quarto

room service N serviço de quarto

room temperature N temperatura ambiente

roomy ['ru:mɪ] ADJ espaçoso; (*garment*) folgado

roost [ru:st] N poleiro ▶ VI empoleirar-se, pernoitar

rooster ['ru:stə^r] N galo

root [ru:t] N raiz *f*; (*fig: of problem, belief*) origem *f* ▶ VI (*plant, belief*) enraizar, arraigar; **roots** NPL (*family origins*) raízes *fpl*; **to take ~** (*plant*) enraizar; (*idea*) criar raízes
▶ **root about** VI (*fig*): **to ~ about in** (*drawer*) vasculhar; (*house*) esquadrinhar
▶ **root for** VT FUS torcer por
▶ **root out** VT extirpar

rope [rəup] N corda; (*Naut*) cabo ▶ VT (*tie*) amarrar; (*horse, cow*) laçar; (*climbers: also*: **rope together**) amarrar *or* atar com uma corda; (*area: also*: **rope off**) isolar; **to know the ~s** (*fig*) estar por dentro (do assunto)
▶ **rope in** VT (*fig*): **to ~ sb in** persuadir alguém a tomar parte

rope ladder N escada de corda

rose [rəuz] PT *of* **rise** ▶ N rosa; (*also*: **rosebush**) roseira; (*on watering can*) crivo ▶ ADJ rosado, cor de rosa *inv*

rosé ['rəuzeɪ] N rosado, rosé *m*

rose bed N roseiral *m*

rosebud ['rəuzbʌd] N botão *m* de rosa

rosebush ['rəuzbuʃ] N roseira

rosemary ['rəuzmərɪ] N alecrim *m*

rosette [rəu'zɛt] N roseta

ROSPA ['rɔspə] (BRIT) N ABBR = **Royal Society for the Prevention of Accidents**

roster ['rɔstə^r] N: **duty ~** lista de tarefas, escala de serviço

rostrum ['rɔstrəm] N tribuna

rosy ['rəuzɪ] ADJ rosado, roseáceo; (*cheeks*) rosado; (*situation*) cor-de-rosa *inv*; **a ~ future** um futuro promissor

rot [rɔt] N (*decay*) putrefação *f*, podridão *f*; (*fig: pej*) besteira ▶ VT, VI apodrecer; **to stop the ~** (BRIT *fig*) acabar com a onda de fracassos; **dry ~** apodrecimento seco (*de madeira*); **wet ~** putrefação fungosa

rota ['rəutə] N lista de tarefas, escala de serviço; **on a ~ basis** em rodízio

rotary ['rəutərɪ] ADJ rotativo

rotate [rəu'teɪt] VT (*revolve*) fazer girar, dar voltas em; (*change round: crops*) alternar; (:*jobs*) alternar, revezar ▶ VI (*revolve*) girar, dar voltas

rotating [rəu'teɪtɪŋ] ADJ (*movement*) rotativo

rotation [rəu'teɪʃən] N rotação *f*; **in ~** por turnos

rote [rəut] N: **by ~** de cor

rotor ['rəutə^r] N (*also*: **rotor blade**) rotor *m*

rotten ['rɔtn] ADJ (*decayed*) podre; (*wood*) carcomido; (*fig*) corrupto; (*inf: bad*) péssimo; **to feel ~** (*ill*) sentir-se podre

rotting ['rɔtɪŋ] ADJ podre

rotund [rəu'tʌnd] ADJ rotundo; (*person*) rechonchudo

rouble, (US) **ruble** ['ru:bl] N rublo

rouge [ru:ʒ] N rouge *m*, blush *m*, carmim *m*

rough [rʌf] ADJ (*skin, surface*) áspero; (*terrain*) acidentado; (*road*) desigual; (*voice*) áspero, rouco; (*person, manner: coarse*) grosseiro, grosso; (: *violent*) violento; (: *brusque*) ríspido; (*weather*) tempestuoso; (*treatment*) brutal, mau/má; (*sea*) agitado; (*district*) violento; (*plan*) preliminar; (*work, cloth*) grosseiro; (*guess*) aproximado ▶ N (*person*) grosseirão *m*; (*Golf*): **in the ~** na grama crescida; **to have a ~ time (of it)** passar maus bocados; **~ estimate** estimativa aproximada; **to ~ it** passar aperto; **to play ~** jogar bruto; **to sleep ~** (BRIT) dormir na rua; **to feel ~** (BRIT) passar mal
▶ **rough out** VT (*draft*) rascunhar

roughage ['rʌfɪdʒ] N fibras *fpl*

rough-and-ready ADJ improvisado, feito às pressas

rough-and-tumble N luta, confusão *f*

roughcast ['rʌfkɑ:st] N reboco

rough copy N rascunho

rough draft N rascunho

roughen ['rʌfən] VT (*surface*) tornar áspero

rough justice N justiça sumária

roughly ['rʌflɪ] ADV (*handle*) bruscamente; (*make*) toscamente; (*speak*) bruscamente; (*approximately*) aproximadamente

roughness ['rʌfnɪs] N aspereza; (*rudeness*) grosseria

roughshod ['rʌfʃɔd] ADV: **to ride ~ over** (*person*) tratar a pontapés; (*objection*) passar por cima de

rough work N (*at school etc*) rascunho

roulette [ru:'lɛt] N roleta

Roumania [ru:'meɪnɪə] N = **Romania**

round [raund] ADJ redondo ▶ N círculo; (BRIT: *of toast*) rodela; (*of drinks*) rodada; (*of*

policeman) ronda; (*of milkman*) trajeto; (*of doctor*) visitas fpl; (*game: of cards, golf, in competition*) partida; (*stage of competition*) rodada, turno; (*of ammunition*) cartucho; (*Boxing*) rounde *m*, assalto; (*of talks*) ciclo ▶ VT (*corner*) virar, dobrar; (*bend*) fazer; (*cape*) dobrar ▶ PREP (*surrounding*): ~ **his neck/the table** em volta de seu pescoço/ao redor da mesa; (*in a circular movement*): **to go ~ the world** dar a volta ao mundo; (*in various directions*): **to move ~ a house** mover-se por uma casa; (*approximately*): ~ **about** aproximadamente ▶ ADV: **all ~**, **right ~** por todos os lados; **the long way ~** o caminho mais comprido; **all the year ~** durante todo o ano; **in ~ figures** em números redondos; **it's just ~ the corner** está logo depois de virar a esquina; (*fig*) está pertinho; ~ **the clock** ininterrupto; **to ask sb ~** convidar alguém (para sua casa); **I'll be ~ at 6 o'clock** passo aí às 6 horas; **to go ~** dar a volta; **to go ~ to sb's (house)** dar um pulinho na casa de alguém; **to go ~ an obstacle** contornar um obstáculo; **to go ~ the back** passar por detrás; **to go ~ a house** visitar uma casa; **enough to go ~** suficiente para todos; **she arrived ~ (about) noon** (BRIT) ela chegou por volta do meio-dia; **to go the ~s** (*story*) divulgar-se; **the daily ~** (*fig*) o cotidiano; **a ~ of applause** uma salva de palmas; **a ~ of drinks** uma rodada de bebidas; **~ of sandwiches** sanduíche *m* (BR), sandes *f inv* (PT)
▶ **round off** VT (*speech etc*) terminar, completar
▶ **round up** VT (*cattle*) encurralar; (*people*) reunir; (*price, figure*) arredondar
roundabout ['raʊndəbaʊt] N (BRIT: *Aut*) rotatória; (: *at fair*) carrossel *m* ▶ ADJ (*route, means*) indireto
rounded ['raʊndɪd] ADJ arredondado; (*style*) expressivo
rounders ['raʊndəz] NPL (*game*) jogo semelhante ao beisebol
roundly ['raʊndlɪ] ADV (*fig*) energicamente, totalmente
round-shouldered [-'ʃəʊldəd] ADJ encurvado
roundsman ['raʊndzmən] (BRIT) (*irreg: like* **man**) N entregador *m* a domicílio
round trip N viagem *f* de ida e volta
roundup ['raʊndʌp] N (*of news*) resumo; (*of animals*) rodeio; (*of criminals*) batida
rouse [raʊz] VT (*wake up*) despertar, acordar; (*stir up*) suscitar
rousing ['raʊzɪŋ] ADJ emocionante, vibrante
rout [raʊt] N (*Mil*) derrota; (*flight*) fuga, debandada ▶ VT derrotar
route [ruːt] N caminho, rota; (*of bus*) trajeto; (*of shipping*) rumo, rota; (*of procession*) rota; "**all ~s**" (*Aut*) "todas as direções"; **the best ~ to London** o melhor caminho para Londres; **en ~ for** a caminho de; **en ~ from ... to** a caminho de ... para

route map (BRIT) N (*for journey*) mapa *m* rodoviário; (*for trains etc*) mapa da rede
routine [ruː'tiːn] ADJ (*work*) rotineiro; (*procedure*) de rotina ▶ N rotina; (*Theatre*) número; **daily ~** cotidiano
rove [rəʊv] VT vagar por, perambular por
roving ['rəʊvɪŋ] ADJ (*wandering*) errante
roving reporter N correspondente *m/f*
row¹ [rəʊ] N (*line*) fila, fileira; (*in theatre, boat*) fileira; (*Knitting*) carreira, fileira ▶ VI, VT remar; **in a ~** (*fig*) a fio, seguido
row² [raʊ] N (*racket*) barulho, balbúrdia; (*dispute*) discussão *f*, briga; (*fuss*) confusão *f*, bagunça; (*scolding*) repreensão *f* ▶ VI brigar; **to have a ~** ter uma briga
rowboat ['rəʊbəʊt] (US) N barco a remo
rowdiness ['raʊdɪnɪs] N barulheira; (*fighting*) brigas *fpl*
rowdy ['raʊdɪ] ADJ (*person: noisy*) barulhento; (: *quarrelsome*) brigão(-ona); (*occasion*) tumultuado ▶ N encrenqueiro, criador *m* de caso
rowdyism ['raʊdɪɪzəm] N violência
rowing ['rəʊɪŋ] N remo
rowing boat (BRIT) N barco a remo
rowlock ['rɔlək] (BRIT) N toleteira, forqueta
royal ['rɔɪəl] ADJ real
Royal Academy (BRIT) N *ver nota*

A **Royal Academy**, ou **Royal Academy of Arts**, fundada em 1768 por George III para desenvolver a pintura, a escultura e a arquitetura, situa-se em Burlington House, Piccadilly. A cada verão há uma exposição de obras de artistas contemporâneos. A **Royal Academy** também oferece cursos de pintura, escultura e arquitetura.

Royal Air Force (BRIT) N força aérea britânica
royal blue ADJ azul vivo *inv*
royalist ['rɔɪəlɪst] ADJ, N monarquista *m/f* (BR), monárquico(-a) (PT)
Royal Navy (BRIT) N marinha de guerra britânica
royalty ['rɔɪəltɪ] N (*persons*) família real, realeza; (*payment: to author*) direitos *mpl* autorais; (: *to inventor*) direitos *mpl* de exploração de patente
RP (BRIT) N ABBR (= *received pronunciation*) norma de pronúncia
rpm ABBR (= *revolutions per minute*) rpm
RR (US) ABBR = **railroad**
RSA (BRIT) N ABBR = **Royal Society of Arts**; **Royal Scottish Academy**
RSI N ABBR (*Med*: = *repetitive strain injury*) lesão *f* por esforço repetitivo, LER *f*
RSPB (BRIT) N ABBR = **Royal Society for the Protection of Birds**
RSPCA (BRIT) N ABBR = **Royal Society for the Prevention of Cruelty to Animals**
RSVP ABBR (= *répondez s'il vous plaît*) ER
Rt Hon. (BRIT) ABBR (= *Right Honourable*) título honorífico de conselheiro do estado ou juiz
Rt Rev. ABBR (= *Right Reverend*) reverendíssimo
rub [rʌb] VT (*part of body*) esfregar; (*object: with*

317 | **rubber - run**

cloth, substance) friccionar ▶ N esfregadela; (*hard*) fricção *f*; (*touch*) roçar *m*; **to give sth a ~** dar uma esfregada em algo; **to ~ sb up** (BRIT) or **~ sb** (US) **the wrong way** irritar alguém
▶ **rub down** VT (*person*) esfregar; (*horse*) almofaçar
▶ **rub in** VT (*ointment*) esfregar
▶ **rub off** VI sair esfregando
▶ **rub off on** VT FUS transmitir-se para, influir sobre
▶ **rub out** VT apagar ▶ VI apagar-se
rubber ['rʌbə^r] N borracha; (BRIT: *eraser*) borracha
rubber band N elástico, tira elástica
rubber plant N (*tree*) seringueira; (*plant*) figueira
rubber ring N (*for swimming*) boia
rubber stamp N carimbo ▶ VT: **to rubber-stamp** (*fig*) aprovar sem questionar
rubbery ['rʌbərɪ] ADJ elástico; (*food*) sem gosto
rubbish ['rʌbɪʃ] N (*waste*) refugo; (*from household, in street*) lixo; (*junk*) coisas *fpl* sem valor; (*fig: pej: nonsense*) disparates *mpl*, asneiras *fpl* ▶ VT (BRIT *inf*) desprezar; **what you've just said is ~** você acabou de dizer uma besteira; **~!** que nada!, nado disso!
rubbish bin (BRIT) N lata de lixo
rubbish dump N (*in town*) depósito (de lixo)
rubbishy ['rʌbɪʃɪ] (BRIT *inf*) ADJ micha, chinfrim
rubble ['rʌbl] N (*debris*) entulho; (*Constr*) escombros *mpl*
ruble ['ru:bl] (US) N = **rouble**
ruby ['ru:bɪ] N rubi *m*
RUC (BRIT) N ABBR = **Royal Ulster Constabulary**
rucksack ['rʌksæk] N mochila
ructions ['rʌkʃənz] NPL confusão *f*, tumulto
rudder ['rʌdə^r] N leme *m*; (*of plane*) leme de direção
ruddy ['rʌdɪ] ADJ (*face*) corado, avermelhado; (*inf: damned*) maldito, desgraçado
rude [ru:d] ADJ (*impolite: person*) grosso, mal-educado; (:*word, manners*) grosseiro; (*sudden*) brusco; (*shocking*) obsceno, chocante; **to be ~ to sb** ser grosso com alguém
rudely ['ru:dlɪ] ADV grosseiramente
rudeness ['ru:dnɪs] N falta de educação
rudiment ['ru:dɪmənt] N rudimento;
rudiments NPL (*basics*) primeiras noções *fpl*
rudimentary [ru:dɪ'mɛntərɪ] ADJ rudimentar
rue [ru:] VT arrepender-se de
rueful ['ru:ful] ADJ arrependido
ruff [rʌf] N rufo
ruffian ['rʌfɪən] N brigão *m*, desordeiro
ruffle ['rʌfl] VT (*hair*) despentear, desmanchar; (*clothes*) enrugar, amarrotar; (*fig: person*) perturbar, irritar
rug [rʌg] N tapete *m*; (BRIT: *for knees*) manta (de viagem)
rugby ['rʌgbɪ] N (*also*: **rugby football**) rúgbi *m* (BR), râguebi *m* (PT)

rugged ['rʌgɪd] ADJ (*landscape*) acidentado, irregular; (*features*) marcado; (*character*) severo, austero; (*determination*) teimoso
rugger ['rʌgə^r] (BRIT *inf*) N rúgbi *m* (BR), râguebi *m* (PT)
ruin ['ru:ɪn] N (*of building*) ruína; (*destruction: of plans*) destruição *f*; (*downfall*) queda; (*bankruptcy*) bancarrota ▶ VT destruir; (*future, person*) arruinar; (*spoil*) estragar; **ruins** NPL (*of building*) ruínas *fpl*; **in ~s** em ruínas
ruination [ru:ɪ'neɪʃən] N ruína
ruinous ['ru:ɪnəs] ADJ desastroso
rule [ru:l] N (*norm*) regra; (*regulation*) regulamento; (*government*) governo, domínio; (*ruler*) régua ▶ VT (*country, person*) governar; (*decide*) decidir; (*draw: lines*) traçar ▶ VI (*leader*) governar; (*monarch*) reger; (*Law*): **to ~ in favour of/against** decidir oficialmente a favor de/contra; **to ~ that** (*umpire, judge*) decidir que; **under British ~** sob domínio britânico; **it's against the ~s** não é permitido; **by ~ of thumb** empiricamente; **as a ~** por via de regra, geralmente
▶ **rule out** VT excluir
ruled [ru:ld] ADJ (*paper*) pautado
ruler ['ru:lə^r] N (*sovereign*) soberano(-a); (*for measuring*) régua
ruling ['ru:lɪŋ] ADJ (*party*) dominante; (*class*) dirigente ▶ N (*Law*) parecer *m*, decisão *f*
rum [rʌm] N rum *m* ▶ ADJ (BRIT *inf*) esquisito
Rumania [ru:'meɪnɪə] N = **Romania**
rumble ['rʌmbl] N ruído surdo, barulho; (*of thunder*) estrondo, ribombo ▶ VI ribombar, ressoar; (*stomach*) roncar; (*pipe*) fazer barulho; (*thunder*) ribombar
rumbustious [rʌm'bʌstʃəs] (BRIT) ADJ (*person*) enérgico
rummage ['rʌmɪdʒ] VI vasculhar; **to ~ in** (*drawer*) vasculhar
rumour, (US) **rumor** ['ru:mə^r] N rumor *m*, boato ▶ VT: **it is ~ed that ...** corre o boato de que ...
rump [rʌmp] N (*of animal*) anca, garupa
rumple ['rʌmpl] VT (*hair*) despentear; (*clothes*) amarrotar
rump steak N alcatra
rumpus ['rʌmpəs] N barulho, confusão *f*, zorra; (*quarrel*) bate-boca *m*; **to kick up a ~** fazer um escândalo
run [rʌn] (*pt* **ran**, *pp* **run**) N corrida; (*in car*) passeio (de carro); (*distance travelled*) trajeto, percurso; (*journey*) viagem *f*; (*series*) série *f*; (*Theatre*) temporada; (*Ski*) pista; (*in stockings*) fio puxado ▶ VT (*race*) correr; (*operate: business*) dirigir; (: *competition, course*) organizar; (: *hotel, house*) administrar; (*water*) deixar correr; (*bath*) encher; (*Press: feature*) publicar; (*Comput: program*) rodar; (*pass: hand, finger*) passar ▶ VI correr; (*pass: road etc*) passar; (*work: machine*) funcionar; (*bus, train: operate*) circular; (: *travel*) ir; (*continue: play*) continuar em cartaz; (: *contract*) ser válido; (*slide: drawer*)

deslizar; *(flow: river, bath)* fluir, correr; *(colours, washing)* desbotar; *(in election)* candidatar-se; *(nose)* escorrer; **to go for a ~** fazer cooper; *(in car)* dar uma volta (de carro); **to break into a ~** correr; **a ~ of luck** um período de sorte; **to have the ~ of sb's house** ter a casa de alguém à sua disposição; **there was a ~ on** *(meat, tickets)* houve muita procura de; **in the long ~** no final das contas, mais cedo ou mais tarde; **on the ~** em fuga, foragido; **to ~ for the bus** correr até o ônibus; **we'll have to ~ for it** vamos ter que correr atrás; **I'll ~ you to the station** vou te levar à estação; **to ~ a risk** correr um risco; **to ~ errands** fazer recados; **to make a ~ for it** fugir, dar no pé; **the train ~s between Gatwick and Victoria** o trem faz o percurso entre Gatwick e Victoria; **the bus ~s every 20 minutes** o ônibus passa a cada 20 minutos; **it's very cheap to ~** *(car, machine)* é muito econômico; **to ~ on petrol** *(BRIT)* or **gas** *(US)*/ **on diesel/off batteries** funcionar a gasolina/a óleo diesel/a pilhas; **to ~ for president** candidatar-se à presidência, ser presidenciável; **their losses ran into millions** suas perdas se elevaram a milhões; **to be ~ off one's feet** *(BRIT)* não ter descanso, não parar um minuto; **my salary won't ~ to a car** meu salário não é suficiente para comprar um carro

▶ **run about** VI *(children)* correr por todos os lados
▶ **run across** VT FUS *(find)* encontrar por acaso, topar com, dar com
▶ **run around** VI = **run about**
▶ **run away** VI fugir
▶ **run down** VI *(clock)* parar ▶ VT *(Aut)* atropelar; *(production)* reduzir; *(factory)* reduzir a produção de; *(criticize)* criticar; **to be ~ down** *(tired)* estar enfraquecido or exausto
▶ **run in** *(BRIT)* VT *(car)* rodar
▶ **run into** VT FUS *(meet: person)* dar com, topar com; (: *trouble)* esbarrar em; *(collide with)* bater em; **to ~ into debt** endividar-se
▶ **run off** VT *(water)* deixar correr; *(copies)* fotocopiar ▶ VI fugir
▶ **run out** VI *(person)* sair correndo; *(liquid)* escorrer, esgotar-se; *(lease, passport)* caducar, vencer; *(money)* acabar
▶ **run out of** VT FUS ficar sem; **I've ~ out of petrol** *(BRIT)* or **gas** *(US)* estou sem gasolina
▶ **run over** VT *(Aut)* atropelar ▶ VT FUS *(revise)* recapitular
▶ **run through** VT FUS *(instructions)* examinar, recapitular; *(rehearse)* recapitular
▶ **run up** VT *(debt)* acumular ▶ VI: **to ~ up against** *(difficulties)* esbarrar em

runaway ['rʌnəweɪ] ADJ *(horse)* desembestado; *(truck)* desgovernado; *(person)* fugitivo; *(inflation)* galopante

rundown ['rʌndaun] *(BRIT)* N *(of industry etc)* redução *f* progressiva

rung [rʌŋ] PP *of* **ring** ▶ N *(of ladder)* degrau *m*
run-in *(inf)* N briga, bate-boca *m*
runner ['rʌnəʳ] N *(in race: person)* corredor(a) *m/f*; (: *horse)* corredor *m*; *(on sledge)* patim *m*, lâmina; *(on curtain)* anel *m*; *(wheel)* roldana, roda; *(for drawer)* corrediça; *(carpet: in hall etc)* passadeira
runner bean *(BRIT)* N *(Bot)* vagem *f* (BR), feijão *m* verde (PT)
runner-up N segundo(-a) colocado(-a)
running ['rʌnɪŋ] N *(sport, race)* corrida; *(of business)* direção *f*; *(of event)* organização *f*; *(of machine etc)* funcionamento ▶ ADJ *(water)* corrente; *(commentary)* contínuo, seguido; **6 days ~** 6 dias seguidos *or* consecutivos; **to be in/out of the ~ for sth** disputar algo/ estar fora da disputa por algo
running costs NPL *(of business)* despesas *fpl* operacionais; *(of car)* custos *mpl* de manutenção
running head N *(Typ)* título corrido
running mate *(US)* N *(Pol)* companheiro(-a) de chapa
runny ['rʌnɪ] ADJ *(sauce, paint)* aguado; *(egg)* mole; **to have a ~ nose** estar com coriza, estar com o nariz escorrendo
run-off N *(in contest, election)* segundo turno; *(extra race etc)* corrida decisiva
run-of-the-mill ADJ mediocre, ordinário
runt [rʌnt] N *(animal)* nanico; *(pej: person)* anão(-anã) *m/f*
run-through N ensaio
run-up N: **~ to sth** *(election etc)* período que antecede algo; **during** *or* **in the ~ to** nas vésperas de
runway ['rʌnweɪ] N *(Aviat)* pista (de decolagem *or* de pouso)
rupee [ru:'pi:] N rupia
rupture ['rʌptʃəʳ] N *(Med)* hérnia ▶ VT: **to ~ o.s.** provocar-se uma hérnia
rural ['ruərl] ADJ rural
ruse [ru:z] N ardil *m*, manha
rush [rʌʃ] N *(hurry)* pressa; *(Comm)* grande procura *or* demanda; *(Bot)* junco; *(current)* torrente *f*; *(of emotion)* ímpeto ▶ VT apressar; *(work)* fazer depressa; *(attack: town etc)* assaltar; *(BRIT inf: charge)* cobrar ▶ VI apressar-se, precipitar-se; *(air)* suprar impetuosamente; *(water)* afluir impetuosamente; **don't ~ me!** não me apresse!; **is there any ~ for this?** isso é urgente?; **to ~ sth off** *(do quickly)* fazer algo às pressas; *(send)* enviar depressa; **we've had a ~ of orders** recebimos uma enxurrada de pedidos; **to be in a ~** estar com pressa; **to do sth in a ~** fazer algo às pressas; **to be in a ~ to do sth** ter urgência em fazer algo

▶ **rush through** VT FUS *(work)* fazer às pressas ▶ VT *(Comm: order)* executar com toda a urgência

rush hour N rush *m* (BR), hora de ponta (PT)
rush job N trabalho urgente

rush matting [-'mætɪŋ] N tapete m de palha
rusk [rʌsk] N rosca
Russia ['rʌʃə] N Rússia
Russian ['rʌʃən] ADJ russo ▶ N russo(-a); (Ling) russo
rust [rʌst] N ferrugem f ▶ VI enferrujar
rustic ['rʌstɪk] ADJ rústico ▶ N (pej) caipira m/f
rustle ['rʌsl] VI sussurrar ▶ VT (paper) farfalhar; (US: cattle) roubar, afanar
rustproof ['rʌstpru:f] ADJ inoxidável, à prova de ferrugem
rustproofing ['rʌstpru:fɪŋ] N tratamento contra ferrugem
rusty ['rʌstɪ] ADJ enferrujado
rut [rʌt] N sulco; (Zool) cio; **to be in a ~** ser escravo da rotina
rutabaga [ru:tə'beɪgə] (US) N rutabaga
ruthless ['ru:θlɪs] ADJ implacável, sem piedade
ruthlessness ['ru:θlɪsnɪs] N crueldade f, desumanidade f, insensibilidade f
RV ABBR (= revised version) tradução inglesa da Bíblia de 1885 ▶ N ABBR (US) = **recreational vehicle**
rye [raɪ] N centeio
rye bread N pão m de centeio

Ss

S¹, s [ɛs] N (*letter*) S, s m; (US Sch: = *satisfactory*) satisfatório; **S for Sugar** S de Sandra
S² ABBR (= *south*) S; (= *saint*) S, Sto, Sta
SA N ABBR = **South Africa**; **South America**
Sabbath ['sæbəθ] N (*Christian*) domingo; (*Jewish*) sábado
sabbatical [sə'bætɪkl] N (*also*: **sabbatical year**) ano sabático or de licença
sabotage ['sæbətɑːʒ] N sabotagem f ▶ VT sabotar
saccharin, saccharine ['sækrɪn] N sacarina
sachet ['sæʃeɪ] N sachê m
sack [sæk] N (*bag*) saco, saca ▶ VT (*dismiss*) despedir; (*plunder*) saquear; **to get the ~** ser demitido; **to give sb the ~** pôr alguém no olho da rua, despedir alguém
sackful ['sækful] N: **a ~ of** um saco de
sacking ['sækɪŋ] N (*dismissal*) demissão f; (*material*) aniagem f
sacrament ['sækrəmənt] N sacramento
sacred ['seɪkrɪd] ADJ sagrado
sacrifice ['sækrɪfaɪs] N sacrifício ▶ VT sacrificar; **to make ~s (for sb)** fazer um sacrifício (por alguém)
sacrilege ['sækrɪlɪdʒ] N sacrilégio
sacrosanct ['sækrəusæŋkt] ADJ sacrossanto
sad [sæd] ADJ triste; (*deplorable*) deplorável, triste
sadden ['sædn] VT entristecer
saddle ['sædl] N sela; (*of cycle*) selim m ▶ VT (*horse*) selar; **to ~ sb with sth** (*inf: task, bill*) pôr algo nas costas de alguém; (: *responsibility*) sobrecarregar alguém com algo
saddlebag ['sædlbæg] N alforje m
sadism ['seɪdɪzm] N sadismo
sadist ['seɪdɪst] N sádico(-a)
sadistic [sə'dɪstɪk] ADJ sádico
sadly ['sædlɪ] ADV tristemente; (*regrettably*) infelizmente; (*mistaken, neglected*) gravemente; **~ lacking (in)** muito carente (de)
sadness ['sædnɪs] N tristeza
sae ABBR (= *stamped addressed envelope*) envelope selado e sobrescritado
safari [sə'fɑːrɪ] N safári m
safari park N parque com animais selvagens
safe [seɪf] ADJ seguro; (*out of danger*) fora de perigo; (*unharmed*) ileso, incólume; (*trustworthy*) digno de confiança ▶ N cofre m, caixa-forte f; **~ from** protegido de; **~ and sound** são e salvo; **(just) to be on the ~ side** por via das dúvidas; **to play ~** não correr riscos; **it is ~ to say that ...** posso afirmar que ...; **~ journey!** boa viagem!
safe-breaker (BRIT) N arrombador m de cofres
safe-conduct N salvo-conduto
safe-cracker N arrombador m de cofres
safe-deposit N (*vault*) cofre m de segurança; (*box*) caixa-forte f
safeguard ['seɪfgɑːd] N salvaguarda, proteção f ▶ VT proteger, defender
safekeeping [seɪf'kiːpɪŋ] N custódia, proteção f
safely ['seɪflɪ] ADV com segurança, a salvo; (*without mishap*) sem perigo; **I can ~ say ...** posso seguramente dizer ...
safety ['seɪftɪ] N segurança
safety belt N cinto de segurança
safety curtain N (*herb*) cortina de ferro
safety net N rede f de segurança
safety pin N alfinete m de segurança
safety valve N válvula de segurança
saffron ['sæfrən] N açafrão m
sag [sæg] VI (*breasts*) cair; (*roof*) afundar; (*hem*) desmanchar
saga ['sɑːgə] N saga; (*fig*) novela
sage [seɪdʒ] N (*herb*) salva; (*man*) sábio
Sagittarius [sædʒɪ'tɛərɪəs] N Sagitário
sago ['seɪgəu] N sagu m
Sahara [sə'hɑːrə] N: **the ~ (Desert)** o Saara
said [sɛd] PT, PP of **say**
sail [seɪl] N (*on boat*) vela; (*trip*): **to go for a ~** dar um passeio de barco a vela ▶ VT (*boat*) governar ▶ VI (*travel: ship*) navegar, velejar; (: *passenger*) ir de barco; (*Sport*) velejar; (*set off*) zarpar; **to set ~** zarpar; **they ~ed into Rio de Janeiro** entraram no porto do Rio de Janeiro
▶ **sail through** VT FUS (*fig*) fazer com facilidade ▶ VI fazer de letra, fazer com um pé nas costas
sailboat ['seɪlbəut] (US) N barco a vela
sailing ['seɪlɪŋ] N (*Sport*) navegação f a vela, vela; **to go ~** ir velejar
sailing boat N barco a vela
sailing ship N veleiro
sailor ['seɪlə^r] N marinheiro, marujo
saint [seɪnt] N santo(-a); **S~ John** São João

321 | saintly – sandwich

saintly ['seɪntlɪ] ADJ santo; (*life, expression*) de santo
sake [seɪk] N: **for the ~ of** por (causa de), em consideração a; **for sb's/sth's ~** pelo bem de alguém/algo; **for my ~** por mim; **arguing for arguing's ~** brigar por brigar; **for the ~ of argument** por exemplo; **for heaven's ~!** pelo amor de Deus!
salad ['sæləd] N salada
salad bowl N saladeira
salad cream (BRIT) N maionese f
salad dressing N tempero *or* molho da salada
salad oil N azeite *m* de mesa
salami [sə'lɑːmɪ] N salame *m*
salaried ['sælərɪd] ADJ (*staff*) assalariado
salary ['sælərɪ] N salário
salary scale N escala salarial
sale [seɪl] N venda; (*at reduced prices*) liquidação f, saldo; (*auction*) leilão *m*; **sales** NPL (*total amount sold*) vendas *fpl*; **"for ~"** "vende-se"; **on ~** à venda; **on ~ or return** em consignação; **~ and lease back** *venda com cláusula de aluguel ao vendedor do item vendido*
saleroom ['seɪlrum] N sala de vendas
sales assistant, (US) **sales clerk** N vendedor(a) *m/f*
sales conference N conferência de vendas
sales drive N campanha de vendas
sales force N equipe *m* de vendas
salesman ['seɪlzmən] (*irreg: like* **man**) N vendedor *m*; (*representative*) vendedor *m* viajante
sales manager N gerente *m/f* de vendas
salesmanship ['seɪlzmənʃɪp] N arte *f* de vender
salesmen ['seɪlzmɛn] NPL *of* **salesman**
sales tax (US) N ≈ ICM *m* (BR), ≈ IVA *m* (PT)
saleswoman ['seɪlzwumən] (*irreg: like* **woman**) N vendedora; (*representative*) vendedora viajante
salient ['seɪlɪənt] ADJ saliente
saline ['seɪlaɪn] ADJ salino
saliva [sə'laɪvə] N saliva
sallow ['sæləu] ADJ amarelado
sally forth ['sælɪ-] VI partir, pôr-se em marcha
sally out ['sælɪ-] VI partir, pôr-se em marcha
salmon ['sæmən] N INV salmão *m*
salon ['sælɔn] N (*hairdressing salon*) salão *m* (de cabeleireiro); (*beauty salon*) salão (de beleza)
saloon [sə'luːn] N (US) bar *m*, botequim *m*; (BRIT Aut) sedã *m*; (*ship's lounge*) salão *m*
SALT [sɔːlt] N ABBR (= *Strategic Arms Limitation Talks/Treaty*) SALT *m*
salt [sɔːlt] N sal *m* ▶ VT salgar ▶ CPD de sal; (*Culin*) salgado; **an old ~** um lobo-do-mar
  ▶ **salt away** VT pôr de lado
salt cellar N saleiro
salt-free ADJ sem sal
saltwater ['sɔːltwɔːtə^r] ADJ de água salgada
salty ['sɔːltɪ] ADJ salgado
salubrious [sə'luːbrɪəs] ADJ salubre, sadio
salutary ['sæljutərɪ] ADJ salutar
salute [sə'luːt] N (*greeting*) saudação f; (*of guns*) salva; (*Mil*) continência ▶ VT saudar; (*guns*) receber com salvas; (*Mil*) fazer continência a
salvage ['sælvɪdʒ] N (*saving*) salvamento, recuperação f; (*things saved*) salvados *mpl* ▶ VT salvar
salvage vessel N navio de salvamento
salvation [sæl'veɪʃən] N salvação f
Salvation Army N Exército da Salvação
salve [sælv] N (*cream etc*) unguento, pomada
salver ['sælvə^r] N bandeja, salva
salvo ['sælvəu] (*pl* **salvoes**) N salva
Samaritan [sə'mærɪtən] N: **the ~s** (*or ganization*) os Samaritanos
same [seɪm] ADJ mesmo ▶ PRON: **the ~** o mesmo/a mesma; **the ~ book as** o mesmo livro que; **at the ~ time** ao mesmo tempo; **on the ~ day** no mesmo dia; **all** *or* **just the ~** apesar de tudo, mesmo assim; **it's all the ~** dá no mesmo, tanto faz; **they're one and the ~** (*people*) são os mesmos; (*things*) são idênticos; **to do the ~ (as sb)** fazer o mesmo (que alguém); **the ~ to you!** igualmente!; **~ here!** eu também!; **the ~ again!** (*in bar etc*) mais um ... por favor!
sample ['sɑːmpl] N amostra ▶ VT (*food, wine*) provar, experimentar; **to take a ~** tirar uma amostra; **free ~** amostra grátis
sanatoria [sænə'tɔːrɪə] NPL *of* **sanatorium**
sanatorium [sænə'tɔːrɪəm] (*pl* **sanatoria**) N sanatório
sanctify ['sæŋktɪfaɪ] VT santificar
sanctimonious [sæŋktɪ'məunɪəs] ADJ carola, beato
sanction ['sæŋkʃən] N sanção f ▶ VT sancionar; **sanctions** NPL (*severe measures*) sanções *fpl*; **to impose economic ~s on** *or* **against** impor sanções econômicas a
sanctity ['sæŋktɪtɪ] N santidade f, divindade f; (*inviolability*) inviolabilidade f
sanctuary ['sæŋktjuərɪ] N (*holy place*) santuário; (*refuge*) refúgio, asilo; (*for animals*) reserva
sand [sænd] N areia; (*beach: also:* **sands**) praia
  ▶ VT arear, jogar areia em; (*also:* **sand down**: *wood etc*) lixar
sandal ['sændl] N sandália; (*wood*) sândalo
sandbag ['sændbæg] N saco de areia
sandbank ['sændbæŋk] N banco de areia
sandblast ['sændblɑːst] VT limpar com jato de areia
sandbox ['sændbɔks] (US) N (*for children*) caixa de areia
sand castle N castelo de areia
sand dune N duna (de areia)
sandpaper ['sændpeɪpə^r] N lixa
sandpit ['sændpɪt] (BRIT) N (*for children*) caixa de areia
sandstone ['sændstəun] N arenito, grés *m*
sandstorm ['sændstɔːm] N tempestade *f* de areia
sandwich ['sændwɪtʃ] N sanduíche *m* (BR), sandes *f inv* (PT) ▶ VT (*also:* **sandwich in**) intercalar; **~ed between** encaixado entre;

cheese/ham ~ sanduíche (BR) or sandes (PT) de queijo/presunto
sandwich board N cartaz m ambulante
sandwich course (BRIT) N curso profissionalizante de teoria e prática alternadas
sandy ['sændɪ] ADJ arenoso; (colour) vermelho amarelado
sane [seɪn] ADJ são/sã do juízo; (sensible) ajuizado, sensato
sang [sæŋ] PT of **sing**
sanguine ['sæŋgwɪn] ADJ otimista
sanitaria [sænɪ'tɛərɪə] (US) NPL of **sanitarium**
sanitarium [sænɪ'tɛərɪəm] (US pl **sanitaria**) N = **sanatorium**
sanitary ['sænɪtərɪ] ADJ (system, arrangements) sanitário; (clean) higiênico
sanitary towel, (US) **sanitary napkin** N toalha higiênica or absorvente
sanitation [sænɪ'teɪʃən] N (in house) instalações fpl sanitárias; (in town) saneamento
sanitation department (US) N comissão f de limpeza urbana
sanity ['sænɪtɪ] N sanidade f, equilíbrio mental; (common sense) juízo, sensatez f
sank [sæŋk] PT of **sink**
San Marino ['sænmə'ri:nəu] N San Marino (no article)
Santa Claus [sæntə'klɔ:z] N Papai Noel m
Santiago [sæntɪ'ɑ:gəu] N (also: **Santiago de Chile**) Santiago (do Chile)
sap [sæp] N (of plants) seiva ▸ VT (strength) esgotar, minar
sapling ['sæplɪŋ] N árvore f nova
sapphire ['sæfaɪə'] N safira
sarcasm ['sɑ:kæzm] N sarcasmo
sarcastic [sɑ:'kæstɪk] ADJ sarcástico
sarcophagi [sɑ:'kɔfəgaɪ] NPL of **sarcophagus**
sarcophagus [sɑ:'kɔfəgəs] (pl **sarcophagi**) N sarcófago
sardine [sɑ:'di:n] N sardinha
Sardinia [sɑ:'dɪnɪə] N Sardenha
Sardinian [sɑ:'dɪnɪən] ADJ sardo ▸ N sardo(-a); (Ling) sardo
sardonic [sɑ:'dɔnɪk] ADJ sardônico
sari ['sɑ:rɪ] N sári m
sartorial [sɑ:'tɔ:rɪəl] ADJ indumentário
SAS (BRIT) N ABBR (Mil) = **Special Air Service**
SASE (US) N ABBR (= self-addressed stamped envelope) envelope selado e sobrescritado
sash [sæʃ] N faixa, banda; (belt) cinto
sash window N janela de guilhotina
SAT (US) N ABBR = **Scholastic Aptitude Test**
sat [sæt] PT, PP of **sit**
Sat. ABBR (= Saturday) sáb.
Satan ['seɪtn] N Satanás m, Satã m
satanic [sə'tænɪk] ADJ satânico, diabólico
satchel ['sætʃl] N sacola
sated ['seɪtɪd] ADJ saciado, farto
satellite ['sætəlaɪt] N satélite m
satellite dish N antena parabólica
satellite television N televisão f via satélite
satiate ['seɪʃɪeɪt] VT saciar

satin ['sætɪn] N cetim m ▸ ADJ acetinado; **with a ~ finish** acetinado
satire ['sætaɪə'] N sátira
satirical [sə'tɪrɪkl] ADJ satírico
satirist ['sætɪrɪst] N (writer) satirista m/f; (cartoonist) chargista m/f
satirize ['sætɪraɪz] VT satirizar
satisfaction [sætɪs'fækʃən] N satisfação f; (refund, apology etc) compensação f; **has it been done to your ~?** você está satisfeito?
satisfactory [sætɪs'fæktərɪ] ADJ satisfatório
satisfy ['sætɪsfaɪ] VT satisfazer; (convince) convencer, persuadir; **to ~ the requirements** satisfazer as exigências; **to ~ sb (that)** convencer alguém (de que); **to ~ o.s. of sth** convencer-se de algo
satisfying ['sætɪsfaɪɪŋ] ADJ satisfatório
satsuma [sæt'su:mə] N mexerica, tangerina
saturate ['sætʃəreɪt] VT: **to ~ (with)** saturar or embeber (de)
saturation [sætʃə'reɪʃən] N saturação f
Saturday ['sætədɪ] N sábado; see also **Tuesday**
sauce [sɔ:s] N molho; (sweet) calda; (fig: cheek) atrevimento
saucepan ['sɔ:spən] N panela (BR), caçarola (PT)
saucer ['sɔ:sə'] N pires m inv
saucy ['sɔ:sɪ] ADJ atrevido, descarado; (flirtatious) flertivo, provocante
Saudi ['saudɪ] ADJ, N (also: **Saudi Arabia**) Arábia Saudita; (also: **Saudi Arabian**) saudita m/f
Saudi Arabian ADJ, N saudita m/f
sauna ['sɔ:nə] N sauna
saunter ['sɔ:ntə'] VI: **to ~ over/along/into** andar devagar para/por/entrar devagar em
sausage ['sɔsɪdʒ] N salsicha, linguiça; (cold meat) frios mpl
sausage roll N folheado de salsicha
sauté ['səuteɪ] ADJ (Culin: potatoes) sauté; (: onions) frito rapidamente ▸ VT fritar levemente
savage ['sævɪdʒ] ADJ (cruel, fierce) cruel, feroz; (primitive) selvagem ▸ N selvagem m/f ▸ VT (attack) atacar ferozmente
savagery ['sævɪdʒrɪ] N selvageria, ferocidade f
save [seɪv] VT (rescue, Comput) salvar; (money) poupar, economizar; (time) ganhar; (put by: food) guardar; (Sport) impedir; (avoid: trouble) evitar; (keep: seat) guardar ▸ VI (also: **save up**) poupar ▸ N (Sport) salvamento ▸ PREP salvo, exceto; **it will ~ me an hour** vou ganhar uma hora; **to ~ face** salvar as aparências; **God ~ the Queen!** Deus salve a Rainha!
saving ['seɪvɪŋ] N (on price etc) economia ▸ ADJ: **the ~ grace of** o único mérito de; **savings** NPL (money) economias fpl; **to make ~s** economizar
savings account N (caderneta de) poupança
savings bank N caixa econômica, caderneta de poupança
saviour, (US) **savior** ['seɪvjə'] N salvador(a) m/f
savour, (US) **savor** ['seɪvə'] N sabor m ▸ VT saborear; (experience) apreciar

savoury, (US) **savory** ['seɪvərɪ] ADJ saboroso; (*dish: not sweet*) salgado

savvy ['sævɪ] (*inf*) N juízo

saw [sɔː] PT *of* **see** ▶ VT (*pt* **sawed**, *pp* **sawed** *or* **sawn**) serrar ▶ N (*tool*) serra; **to ~ sth up** serrar algo em pedaços

sawdust ['sɔːdʌst] N serragem *f*, pó *m* de serra

sawed-off shotgun [sɔːd-] (US) N = **sawn-off shotgun**

sawmill ['sɔːmɪl] N serraria

sawn [sɔːn] PP *of* **saw**

sawn-off shotgun (BRIT) N espingarda de cano serrado

sax [sæks] (*inf*) N saxofone *m*

saxophone ['sæksəfəun] N saxofone *m*

say [seɪ] VT (*pt, pp* **said**) dizer, falar ▶ N: **to have one's ~** exprimir sua opinião, vender seu peixe (*inf*); **to have a** *or* **some ~ in sth** opinar sobre algo, ter que ver com algo; **~ after me ...** repita comigo ...; **to ~ yes/no** dizer (que) sim/não; **could you ~ that again?** poderia repetir?; **she said (that) I was to give you this** ela disse que eu deveria te dar isso; **my watch ~s 3 o'clock** meu relógio marca 3 horas; **shall we ~ Tuesday?** marcamos para terça?; **I should ~ it's worth about £100** acho que vale mais ou menos £100; **that doesn't ~ much for him** aquilo não o favorece; **when all is said and done** afinal das contas; **there is something** *or* **a lot to be said for it** isto tem muitas vantagens; **that is to ~** ou seja; **to ~ nothing of ...** por não falar em ...; **~ that ...** vamos supor que ...; **that goes without ~ing** é óbvio, nem é preciso dizer

saying ['seɪɪŋ] N ditado, provérbio

SBA (US) N ABBR (= *Small Business Administration*) *órgão de auxílio às pequenas empresas*

SC (US) N ABBR = **Supreme Court** ▶ ABBR (*Post*) = **South Carolina**

s/c ABBR = **self-contained**

scab [skæb] N casca, crosta (de ferida); (*pej*) fura-greve *m/f inv*

scabby ['skæbɪ] ADJ cheio de casca *or* cicatrizes

scaffold ['skæfəuld] N (*for execution*) cadafalso, patíbulo

scaffolding ['skæfəuldɪŋ] N andaime *m*

scald [skɔːld] N escaldadura ▶ VT escaldar, queimar

scalding ['skɔːldɪŋ] ADJ (*also*: **scalding hot**) escaldante

scale [skeɪl] N (*gen, Mus*) escala; (*of fish*) escama; (*of salaries, fees etc*) tabela; (*of map, also size, extent*) escala ▶ VT (*mountain*) escalar; (*fish*) escamar; **scales** NPL (*for weighing*) balança; **pay ~** tabela de salários; **on a large ~** em grande escala; **~ of charges** tarifa, lista de preços; **to draw sth to ~** desenhar algo em escala; **small-~ model** modelo reduzido
  ▶ **scale down** VT reduzir

scale drawing N desenho em escala

scale model N maquete *f* em escala

scallion ['skæljən] N cebola

scallop ['skɔləp] N (*Zool*) vieira, venera; (*Sewing*) barra, arremate *m*

scalp [skælp] N couro cabeludo ▶ VT escalpar

scalpel ['skælpl] N bisturi *m*

scalper ['skælpə^r] (US *inf*) N (*of tickets*) cambista *m/f*

scam [skæm] (*inf*) N maracutaia, falcatrua

scamp [skæmp] N moleque *m*

scamper ['skæmpə^r] VI: **to ~ away** *or* **off** sair correndo

scampi ['skæmpɪ] NPL camarões *mpl* fritos

scan [skæn] VT (*examine*) esquadrinhar, perscrutar; (*glance at quickly*) passar uma vista de olhos por; (*TV, Radar*) explorar ▶ N (*Med*) exame *m*

scandal ['skændl] N escândalo; (*gossip*) fofocas *fpl*; (*fig: disgrace*) vergonha

scandalize ['skændəlaɪz] VT escandalizar

scandalous ['skændələs] ADJ escandaloso; (*disgraceful*) vergonhoso; (*libellous*) difamatório, calunioso

Scandinavia [skændɪ'neɪvɪə] N Escandinávia

Scandinavian [skændɪ'neɪvɪən] ADJ, N escandinavo(-a)

scanner ['skænə^r] N (*Radar*) antena; (*Med, Comput*) scanner *m*

scant [skænt] ADJ escasso, insuficiente

scantily ['skæntɪlɪ] ADV: **~ clad** *or* **dressed** precariamente vestido

scanty ['skæntɪ] ADJ (*meal*) insuficiente, pobre; (*underwear*) sumário

scapegoat ['skeɪpgəut] N bode *m* expiatório

scar [skɑː] N cicatriz *f* ▶ VT marcar (com uma cicatriz)

scarce [skɛəs] ADJ escasso, raro; **to make o.s. ~** (*inf*) dar o fora, cair fora

scarcely ['skɛəslɪ] ADV mal, quase não; (*with numbers: barely*) apenas; **~ anybody** quase ninguém; **I can ~ believe it** mal posso acreditar

scarcity ['skɛəsɪtɪ] N escassez *f*

scarcity value N valor *m* de escassez

scare [skɛə^r] N susto; (*panic*) pânico ▶ VT assustar; **to ~ sb stiff** deixar alguém morrendo de medo; **bomb ~** alarme de bomba
  ▶ **scare away** VT espantar
  ▶ **scare off** VT = **scare away**

scarecrow ['skɛəkrəu] N espantalho

scared [skɛəd] ADJ: **to be ~** estar assustado *or* com medo

scaremonger ['skɛəmʌŋgə^r] N alarmista *m/f*

scarf [skɑːf] (*pl* **scarfs** *or* **scarves**) N (*long*) cachecol *m*; (*square*) lenço (de cabeça)

scarlet ['skɑːlɪt] ADJ escarlate

scarlet fever N escarlatina

scarves [skɑːvz] NPL *of* **scarf**

scary ['skɛərɪ] (*inf*) ADJ assustador(a)

scathing ['skeɪðɪŋ] ADJ mordaz; **to be ~ about sth** fazer uma crítica mordaz sobre algo

scatter ['skætə^r] VT (*spread*) espalhar; (*put to flight*) dispersar ▶ VI espalhar-se

scatterbrained ['skætəbreɪnd] (*inf*) ADJ desmiolado, avoado; (*forgetful*) esquecido
scattered ['skætəd] ADJ espalhado
scatty ['skætɪ] (BRIT *inf*) ADJ maluquinho
scavenge ['skævəndʒ] VI (*person*): **to ~ (for)** filar; **to ~ for food** (*hyenas etc*) procurar comida
scavenger ['skævəndʒəʳ] N (*person*) pessoa que procura comida no lixo; (*Zool*) animal *m* (*or* ave *f*) que se alimenta de carniça
SCE N ABBR = **Scottish Certificate of Education**
scenario [sɪ'nɑːrɪəu] N (*Theatre, Cinema*) sinopse *f*; (*fig*) quadro
scene [siːn] N (*Theatre, fig*) cena; (*of crime, accident*) cenário; (*sight*) vista, panorama *m*; (*fuss*) escândalo; **behind the ~s** nos bastidores; **to make a ~** (*inf: fuss*) fazer um escândalo; **to appear on the ~** entrar em cena; **the political ~** o panorama político
scenery ['siːnərɪ] N (*Theatre*) cenário; (*landscape*) paisagem *f*
scenic ['siːnɪk] ADJ pitoresco
scent [sɛnt] N perfume *m*; (*smell*) aroma; (*track, fig*) pista, rastro; (*sense of smell*) olfato ▶ VT perfumar; **to put** *or* **throw sb off the ~** despistar alguém
scepter ['sɛptəʳ] (US) N = **sceptre**
sceptic, (US) **skeptic** ['skɛptɪk] N cético(-a)
sceptical, (US) **skeptical** ['skɛptɪkl] ADJ cético
scepticism, (US) **skepticism** ['skɛptɪsɪzm] N ceticismo
sceptre, (US) **scepter** ['sɛptəʳ] N cetro
schedule [(BRIT) 'ʃɛdjuːl, (US) 'skɛdjuːl] N (*of trains*) horário; (*of events*) programa *m*; (*plan*) plano; (*list*) lista ▶ VT (*timetable*) planejar; (*visit*) marcar (a hora de); **as ~d** como previsto; **the meeting is ~d for 7.00** a reunião está programada para as 7.00h; **on ~** na hora, sem atraso; **to be ahead of/behind ~** estar adiantado/atrasado; **we are working to a very tight ~** nosso horário está muito apertado; **everything went according to ~** tudo correu como planejado
scheduled ['ʃɛdjuːld, (US) 'skɛdjuːld] ADJ (*date, time*) marcado; (*visit, event*) programado; (*train, bus, flight*) de linha
schematic [skɪ'mætɪk] ADJ esquemático
scheme [skiːm] N (*plan, plot*) maquinação *f*; (*method*) método; (*pension scheme etc*) projeto; (*trick*) ardil *m*; (*arrangement*) arranjo ▶ VI conspirar
scheming ['skiːmɪŋ] ADJ intrigante ▶ N intrigas *fpl*
schism ['skɪzəm] N cisma *m*
schizophrenia [skɪtsəu'friːnɪə] N esquizofrenia
schizophrenic [skɪtsə'frɛnɪk] ADJ esquizofrênico
scholar ['skɔləʳ] N (*pupil*) aluno(-a), estudante *m/f*; (*learned person*) sábio(-a), erudito(-a)
scholarly ['skɔləlɪ] ADJ erudito
scholarship ['skɔləʃɪp] N erudição *f*; (*grant*) bolsa de estudos
school [skuːl] N escola; (*in university*) faculdade *f*; (*secondary school*) colégio; (US: *university*) universidade *f*; (*of fish*) cardume *m* ▶ CPD escolar ▶ VT (*animal*) adestrar, treinar
school age N idade *f* escolar
schoolbook ['skuːlbuk] N livro escolar
schoolboy ['skuːlbɔɪ] N aluno
schoolchildren ['skuːltʃɪldrən] NPL alunos *mpl*
schooldays ['skuːldeɪz] NPL anos *mpl* escolares
schoolgirl ['skuːlgəːl] N aluna
schooling ['skuːlɪŋ] N educação *f*, ensino
school-leaving age [-'liːvɪŋ-] N idade *f* em que se termina a escola
schoolmaster ['skuːlmɑːstəʳ] N professor *m*
schoolmistress ['skuːlmɪstrɪs] N professora
school report (BRIT) N boletim *m* escolar
schoolroom ['skuːlrum] N sala de aula
schoolteacher ['skuːltiːtʃəʳ] N professor(a) *m/f*
schooner ['skuːnəʳ] N (*ship*) escuna; (*glass*) caneca, canecão *m*
sciatica [saɪ'ætɪkə] N ciática
science ['saɪəns] N ciência
science fiction N ficção *f* científica
scientific [saɪən'tɪfɪk] ADJ científico
scientist ['saɪəntɪst] N cientista *m/f*
sci-fi ['saɪfaɪ] (*inf*) N ABBR = **science fiction**
Scillies ['sɪlɪz] NPL: **the ~** as ilhas Scilly
Scilly Isles ['sɪlɪ'aɪlz] NPL: **the ~** as ilhas Scilly
scintillating ['sɪntɪleɪtɪŋ] ADJ (*wit etc*) brilhante
scissors ['sɪzəz] NPL tesoura; **a pair of ~** uma tesoura
sclerosis [sklɪ'rəusɪs] N esclerose *f*
scoff [skɔf] VT (BRIT *inf: eat*) engolir ▶ VI: **to ~ (at)** (*mock*) zombar (de)
scold [skəuld] VT ralhar
scolding ['skəuldɪŋ] N repreensão *f*
scone [skɔn] N bolinho de trigo
scoop [skuːp] N colherona; (*for flour etc*) pá *f*; (*Press*) furo (jornalístico)
▶ **scoop out** VT escavar
▶ **scoop up** VT recolher
scooter ['skuːtəʳ] N (*also:* **motor scooter**) lambreta; (*toy*) patinete *m*
scope [skəup] N liberdade *f* de ação; (*of plan, undertaking*) âmbito; (*reach*) alcance *m*; (*of person*) competência; (*opportunity*) oportunidade *f*; **within the ~ of** dentro dos limites de; **there is plenty of ~ for improvement** (BRIT) poderia ser muito melhor
scorch [skɔːtʃ] VT (*clothes*) chamuscar; (*earth, grass*) secar, queimar
scorched earth policy [skɔːtʃt-] N tática da terra arrasada
scorcher ['skɔːtʃəʳ] (*inf*) N (*hot day*) dia *m* muito quente
scorching ['skɔːtʃɪŋ] ADJ ardente
score [skɔːʳ] N (*points etc*) escore *m*, contagem *f*; (*Mus*) partitura; (*reckoning*) conta; (*twenty*)

vintena ▶ VT (*goal, point*) fazer; (*mark*) marcar, entalhar; (*success*) alcançar ▶ VI (*in game*) marcar; (*Football*) marcar *or* fazer um gol; (*keep score*) marcar o escore; **on that ~** a esse respeito, por esse motivo; **to have an old ~ to settle with sb** (*fig*) ter umas contas a ajustar com alguém; **~s of** (*fig*) um monte de; **to keep (the) ~** marcar os pontos; **to ~ 6 out of 10** tirar nota 6 num total de 10
▶ **score out** VT riscar

scoreboard ['skɔːbɔːd] N marcador *m*, placar *m*
scorecard ['skɔːkɑːd] N (*Sport*) cartão *m* de marcação
scorer ['skɔːrəʳ] N marcador(a) *m/f*
scorn [skɔːn] N desprezo ▶ VT desprezar, rejeitar
scornful ['skɔːnful] ADJ desdenhoso, zombador(a)
Scorpio ['skɔːpɪəu] N Escorpião *m*
scorpion ['skɔːpɪən] N escorpião *m*
Scot [skɔt] N escocês(-esa) *m/f*
Scotch [skɔtʃ] N uísque *m* (BR) *or* whisky *m* (PT) escocês
scotch [skɔtʃ] VT (*rumour*) desmentir; (*plan*) estragar
Scotch tape® N fita adesiva, durex® *m* (BR)
scot-free ADJ: **to get off ~** (*unpunished*) sair impune; (*unhurt*) sair ileso
Scotland ['skɔtlənd] N Escócia
Scots [skɔts] ADJ escocês(-esa)
Scotsman ['skɔtsmən] (*irreg: like* **man**) N escocês *m*
Scotswoman ['skɔtswumən] (*irreg: like* **woman**) N escocesa
Scottish ['skɔtɪʃ] ADJ escocês(-esa)
scoundrel ['skaundrəl] N canalha *m/f*, patife *m*
scour ['skauəʳ] VT (*clean*) limpar, esfregar; (*search*) esquadrinhar, procurar em
scourer ['skauərəʳ] N esponja de aço, bombril® *m* (BR)
scourge [skəːdʒ] N flagelo, tormento
scout [skaut] N (*Mil*) explorador *m*, batedor *m*; (*also:* **boy scout**) escoteiro; **girl ~** (US) escoteira
▶ **scout around** VI explorar
scowl [skaul] VI franzir a testa; **to ~ at sb** olhar de cara feia para alguém
scrabble ['skræbl] VI (*claw*): **to ~ at** arranhar
▶ N: **S~**® mexe-mexe *m*; **to ~ (around) for sth** (*search*) tatear procurando algo
scraggy ['skrægɪ] ADJ magricela, descarnado
scram [skræm] (*inf*) VI dar o fora, safar-se
scramble ['skræmbl] N (*climb*) escalada (difícil); (*struggle*) luta ▶ VI: **to ~ out/ through** conseguir sair com dificuldade; **to ~ for** lutar por
scrambled eggs ['skræmbld-] NPL ovos *mpl* mexidos
scrap [skræp] N (*of paper*) pedacinho; (*of material*) fragmento; (*fig: of truth*) mínimo; (*fight*) rixa, luta; (*also:* **scrap iron**) ferro velho, sucata ▶ VT sucatar, jogar no ferro velho; (*fig*) descartar, abolir ▶ VI brigar; **scraps** NPL

325 | **scoreboard – screw**

(*leftovers*) sobras *fpl*, restos *mpl*; **to sell sth for ~** vender algo como sucata
scrapbook ['skræpbuk] N álbum *m* de recortes
scrap dealer N ferro-velho *m*, sucateiro(-a)
scrape [skreɪp] N (*fig*): **to get into a ~** meter-se numa enrascada ▶ VT raspar; (*also:* **scrape against**: *hand, car*) arranhar, roçar
▶ VI: **to ~ through** (*in exam*) passar raspando
▶ **scrape together** VT (*money*) juntar com dificuldade
scraper ['skreɪpəʳ] N raspador *m*
scrap heap N (*fig*): **on the ~** rejeitado, jogado fora
scrap merchant (BRIT) N sucateiro(-a)
scrap metal N sucata, ferro-velho
scrap paper N papel *m* de rascunho
scrappy ['skræpɪ] ADJ (*piece of work*) desconexo; (*speech*) incoerente, desconexo; (*bitty*) fragmentário
scrap yard N ferro-velho
scratch [skrætʃ] N arranhão *m*; (*from claw*) arranhadura ▶ CPD: **~ team** time *m* improvisado, escrete *m* ▶ VT (*rub: one's nose etc*) coçar; (*with claw, nail*) arranhar, unhar; (*damage: paint, car*) arranhar ▶ VI coçar(-se); **to start from ~** partir do zero; **to be up to ~** estar à altura (das circunstâncias)
scratch pad (US) N bloco de rascunho
scrawl [skrɔːl] N garrancho, garatujas *fpl* ▶ VI garatujar, rabiscar
scrawny ['skrɔːnɪ] ADJ magricela
scream [skriːm] N grito ▶ VI gritar; **it was a ~** (*inf*) foi engraçadíssimo; **to ~ at sb** gritar com alguém
scree [skriː] N seixos *mpl*
screech [skriːtʃ] VI guinchar ▶ N guincho
screen [skriːn] N (*Cinema, TV, Comput*) tela (BR), ecrã *m* (PT); (*movable*) biombo; (*wall*) tapume *m*; (*also:* **windscreen**) para-brisa *m*; (*fig*) cortina ▶ VT (*conceal*) esconder, tapar; (*from the wind etc*) proteger; (*film*) projetar; (*candidates etc, Med*) examinar
screen editing [-'ɛdɪtɪŋ] N (*Comput*) edição *f* na tela
screening ['skriːnɪŋ] N (*Med*) exame *m* médico; (*of film*) exibição *f*; (*for security*) controle *m*
screen memory N (*Comput*) memória da tela
screenplay ['skriːnpleɪ] N roteiro
screensaver ['skriːnseɪvəʳ] N protetor *m* de tela
screenshot ['skriːnʃɔt] N (*Comput*) captura de tela
screen test N teste *m* de cinema
screw [skruː] N parafuso; (*propeller*) hélice *f*
▶ VT aparafusar; (*also:* **screw in**) apertar, atarraxar; (!: *have sex with*) comer (!), trepar com (!); **to ~ sth to the wall** pregar algo na parede; **to have one's head ~ed on** (*fig*) ter juízo
▶ **screw up** VT (*paper etc*) amassar; (*inf: ruin*) estragar; **to ~ up one's eyes** franzir os olhos; **to ~ up one's face** contrair as feições

screwdriver ['skru:draɪvəʳ] N chave f de fenda or de parafuso
screwy ['skru:ɪ] (inf) ADJ maluco, estranho
scribble ['skrɪbl] N garrancho ▶ VT escrevinhar ▶ VI rabiscar; **to ~ sth down** anotar algo apressadamente
scribe [skraɪb] N escriba m/f
script [skrɪpt] N (Cinema etc) roteiro, script m; (writing) escrita, caligrafia
scripted ['skrɪptɪd] ADJ (Radio, TV) com script
Scripture ['skrɪptʃəʳ] N, **Scriptures** ['skrɪptʃəz] NPL Sagrada Escritura
scriptwriter ['skrɪptraɪtəʳ] N roteirista m/f
scroll [skrəul] N rolo de pergaminho ▶ VT (Comput) rolar
▶ **scroll up/down** VI rolar o texto para cima/ para baixo
scrotum ['skrəutəm] N escroto
scrounge [skraundʒ] (inf) VT: **to ~ sth off** or **from sb** filar algo de alguém ▶ VI: **to ~ on sb** viver às custas de alguém ▶ N: **on the ~** viver às custas de alguém (or dos outros etc)
scrounger ['skraundʒəʳ] (inf) N filão(-lona) m/f
scrub [skrʌb] N (clean) esfregação f, limpeza; (land) mato, cerrado ▶ VT esfregar; (inf: reject) cancelar, eliminar
scrubbing brush ['skrʌbɪŋ-] N escova de esfrega
scruff [skrʌf] N: **by the ~ of the neck** pelo cangote
scruffy ['skrʌfɪ] ADJ desmazelado
scrum ['skrʌm], **scrummage** ['skrʌmɪdʒ] N rolo
scruple ['skru:pl] N escrúpulo; **to have no ~s about doing sth** não ter escrúpulos em fazer algo
scrupulous ['skru:pjuləs] ADJ escrupuloso
scrupulously ['skru:pjuləslɪ] ADV escrupulosamente
scrutinize ['skru:tɪnaɪz] VT examinar minuciosamente; (votes) escrutinar
scrutiny ['skru:tɪnɪ] N escrutínio, exame m cuidadoso; **under the ~ of** vigiado por
scuba ['sku:bə] N equipamento de mergulho
scuba diving N mergulho
scuff [skʌf] VT desgastar
scuffle ['skʌfl] N tumulto
scull [skʌl] N ginga
scullery ['skʌlərɪ] N copa
sculptor ['skʌlptəʳ] N escultor(a) m/f
sculpture ['skʌlptʃəʳ] N escultura
scum [skʌm] N (on liquid) espuma; (pej: people) ralé f, gentinha; (fig) escória
scupper ['skʌpəʳ] (BRIT) VT (ship) afundar; (inf: plans) estragar
scurrilous ['skʌrɪləs] ADJ calunioso
scurry ['skʌrɪ] VI sair correndo
▶ **scurry off** VI sair correndo, dar no pé
scurvy ['skə:vɪ] N escorbuto
scuttle ['skʌtl] N (also: **coal scuttle**) balde m para carvão ▶ VT (ship) afundar voluntariamente, fazer ir a pique ▶ VI (scamper): **to ~ away** or **off** sair em disparada

scythe [saɪð] N segadeira, foice f grande
SD (US) ABBR (Post) = **South Dakota**
SDI N ABBR (= Strategic Defense Initiative) IDE f
SDLP (BRIT) N ABBR (Pol) = **Social Democratic and Labour Party**
SDP (BRIT) N ABBR = **Social Democratic Party**
sea [si:] N mar m ▶ CPD do mar, marino; **on the ~** (boat) no mar; (town) junto ao mar; **by** or **beside the ~** (holiday) na praia; (village) à beira-mar; **to go by ~** viajar por mar; **out to** or **at ~** em alto mar; **heavy** or **rough ~(s)** mar agitado; **a ~ of faces** (fig) uma grande quantidade de pessoas; **to be all at ~** (fig) estar confuso or desorientado
sea anemone N anêmona-do-mar f
sea bed N fundo do mar
sea bird N ave f marinha
seaboard ['si:bɔ:d] N costa, litoral m
sea breeze N brisa marítima, viração f
seafarer ['si:fɛərəʳ] N marinheiro, homem m do mar
seafaring ['si:fɛərɪŋ] ADJ (life) de marinheiro; **~ people** povo navegante
seafood ['si:fu:d] N mariscos mpl
sea front N orla marítima
seagoing ['si:gəuɪŋ] ADJ (ship) de longo curso
seagull ['si:gʌl] N gaivota
seal [si:l] N (animal) foca; (stamp) selo ▶ VT (close) fechar; (: with seal) selar; (decide: sb's fate) decidir; (: bargain) fechar; **~ of approval** aprovação f
▶ **seal off** VT (close) fechar; (cordon off) isolar
sea level N nível m do mar
sealing wax ['si:lɪŋ-] N lacre m
sea lion N leão-marinho m
sealskin ['si:lskɪn] N pele f de foca
seam [si:m] N costura; (where edges meet) junta; (of coal) veio, filão m; **the hall was bursting at the ~s** a sala estava apinhada de gente
seaman ['si:mən] (irreg: like **man**) N marinheiro
seamanship ['si:mənʃɪp] N náutica
seamen ['si:men] NPL of **seaman**
seamless ['si:mlɪs] ADJ sem costura
seamstress ['sɛmstrɪs] N costureira
seamy ['si:mɪ] ADJ sórdido
seance ['seɪɔns] N sessão f espírita
seaplane ['si:pleɪn] N hidroavião m
seaport ['si:pɔ:t] N porto de mar
search [sə:tʃ] N (for person, thing) busca, procura; (Comput) busca; (of drawer, pockets) revista; (inspection) exame m, investigação f ▶ VT (look in) procurar em; (examine) examinar; (person, place) revistar ▶ VI: **to ~ for** procurar; **in ~ of** à procura de; **"~ and replace"** (Comput) "procurar e substituir"
▶ **search through** VT FUS dar busca em
search engine N (on Internet) site m de busca
searching ['sə:tʃɪŋ] ADJ penetrante, perscrutador(a); (study) minucioso
searchlight ['sə:tʃlaɪt] N holofote m
search party N equipe f de salvamento

search warrant N mandado de busca
searing ['sɪərɪŋ] ADJ (*heat*) ardente; (*pain*) agudo
seashore ['siːʃɔːʳ] N praia, beira-mar f, litoral m; **on the ~** na praia
seasick ['siːsɪk] ADJ enjoado, mareado; **to be** *or* **get ~** enjoar
seaside ['siːsaɪd] N praia
seaside resort N balneário
season ['siːzn] N (*of year*) estação f; (*sporting etc*) temporada; (*of films etc*) série f ▶ VT (*food*) temperar; **to be in/out of ~** (*fruit*) estar na época/fora de época; **the busy ~** (*shops*) a época de muito movimento; (*hotels*) a temporada de férias; **the open ~** (*Hunting*) a temporada de caça
seasonal ['siːzənəl] ADJ sazonal
seasoned ['siːznd] ADJ (*wood*) tratado; (*fig: traveller*) experiente; (: *worker, troops*) calejado; **a ~ campaigner** um combatente experiente
seasoning ['siːzənɪŋ] N tempero
season ticket N bilhete m de temporada
seat [siːt] N (*in bus, train: place*) assento; (*chair*) cadeira; (*Pol*) lugar m, cadeira; (*of bicycle*) selim m; (*buttocks*) traseiro, nádegas fpl; (*of government*) sede f; (*of trousers*) fundilhos mpl ▶ VT sentar; (*have room for*) ter capacidade para; **to be ~ed** estar sentado; **are there any ~s left?** há algum lugar vago?; **to take one's ~** sentar-se; **please be ~ed** sentem-se
seat belt N cinto de segurança
seating ['siːtɪŋ] N lugares mpl sentados ▶ CPD: **~ arrangements** distribuição f dos lugares sentados
seating capacity N lotação f
SEATO ['siːtəu] N ABBR (= *Southeast Asia Treaty Organization*) OTSA f
sea urchin N ouriço-do-mar m
sea water N água do mar
seaweed ['siːwiːd] N alga marinha
seaworthy ['siːwəːðɪ] ADJ em condições de navegar, resistente
SEC (*us*) N ABBR (= *Securities and Exchange Commission*) órgão que supervisiona o funcionamento da Bolsa de Valores
sec. ABBR (= *second*) seg.
secateurs [sɛkə'təːz] NPL tesoura para podar plantas
secede [sɪ'siːd] VI separar-se
secluded [sɪ'kluːdɪd] ADJ (*place*) afastado; (*life*) solitário
seclusion [sɪ'kluːʒən] N reclusão f, isolamento
second¹ [sɪ'kɔnd] (*BRIT*) VT (*employee*) transferir temporariamente
second² ['sɛkənd] ADJ segundo ▶ ADV (*in race etc*) em segundo lugar ▶ N segundo; (*Aut: also*: **second gear**) segunda; (*Comm*) artigo defeituoso; (*BRIT Sch: degree*) uma qualificação boa mas sem distinção ▶ VT (*motion*) apoiar, secundar; **Charles the S~** Carlos II; **just a ~!** um minuto *or* minutinho!; **~ floor** (*BRIT*) segundo andar; (*us*) primeiro andar; **to ask**

for a ~ opinion (*Med*) querer uma segunda opinião
secondary ['sɛkəndərɪ] ADJ secundário
secondary school N escola secundária, colégio

> Na Grã-Bretanha, uma **secondary school** é um estabelecimento de ensino para alunos de 11 a 18 anos, alguns dos quais interrompem os estudos aos 16 anos.

second-best N segunda opção f
second-class ADJ de segunda classe ▶ ADV em segunda classe; **to send sth ~** remeter algo em segunda classe; **to travel ~** viajar em segunda classe; **~ citizen** cidadão(-dã) da segunda classe
second cousin N primo(-a) em segundo grau
seconder ['sɛkəndəʳ] N pessoa que secunda uma moção
secondhand [sɛkənd'hænd] ADJ de (*BR*) or em (*PT*) segunda mão, usado ▶ ADV (*buy*) de (*BR*) or em (*PT*) segunda mão; **to hear sth ~** ouvir algo de fonte indireta
second hand N (*on clock*) ponteiro de segundos
second-in-command N suplente m/f
secondly ['sɛkəndlɪ] ADV em segundo lugar
secondment [sɪ'kɔndmənt] (*BRIT*) N substituição f temporária
second-rate ADJ de segunda categoria
second thoughts NPL, (*us*) **second thought** N: **to have ~ (about doing sth)** pensar duas vezes (antes de fazer algo); **on ~** pensando bem
secrecy ['siːkrəsɪ] N sigilo; **in ~** sob sigilo, sigilosamente
secret ['siːkrɪt] ADJ secreto ▶ N segredo; **in ~** em segredo; **to keep sth ~ from sb** esconder algo de alguém; **keep it ~** não diz nada a ninguém; **to make no ~ of sth** não esconder algo de ninguém
secret agent N agente m/f secreto(-a)
secretarial [sɛkrɪ'tɛərɪəl] ADJ de secretário(-a), secretarial
secretariat [sɛkrɪ'tɛərɪət] N secretaria, secretariado
secretary ['sɛkrətərɪ] N secretário(-a); (*BRIT Pol*): **S~ of State** Ministro(-a) de Estado; **Foreign S~** (*us Pol*) Ministro(-a) das Relações Exteriores
secrete [sɪ'kriːt] VT (*Anat, Bio, Med*) secretar; (*hide*) esconder
secretion [sɪ'kriːʃən] N secreção f
secretive ['siːkrətɪv] ADJ sigiloso, reservado
secretly ['siːkrətlɪ] ADV secretamente
sect [sɛkt] N seita
sectarian [sɛk'tɛərɪən] ADJ sectário
section ['sɛkʃən] N seção f; (*part*) parte f, porção f; (*of document*) parágrafo, artigo; (*of opinion*) setor m ▶ VT seccionar; **the business** etc **~** (*Press*) a seção de negócios etc; **cross-~** corte m transversal
sector ['sɛktəʳ] N setor m
secular ['sɛkjuləʳ] ADJ (*priest*) secular; (*music, society*) leigo

secure [sɪ'kjʊəʳ] ADJ (*safe*) seguro; (*firmly fixed*) firme, rígido; (*in safe place*) a salvo, em segurança ▶ VT (*fix*) prender; (*get*) conseguir, obter; (*Comm: loan*) garantir; **to make sth ~** firmar algo, segurar algo; **to ~ sth for sb** arranjar algo para alguém

secured creditor [sɪ'kjuəd-] N credor *m* com garantia

security [sɪ'kjʊrɪtɪ] N segurança; (*for loan*) fiança, garantia; (: *object*) penhor *m*; **securities** NPL (*Stock Exchange*) títulos *mpl*, valores *mpl*; **to increase** or **tighten ~** aumentar a segurança

Security Council N: **the ~** o Conselho de Segurança

security forces NPL forças *fpl* de segurança

security guard N segurança *m/f*

security risk N risco à segurança

sedan [sɪ'dæn] (*US*) N (*Aut*) sedã *m*

sedate [sɪ'deɪt] ADJ calmo; (*calm*) sossegado, tranquilo; (*formal*) sério, ponderado ▶ VT sedar, tratar com calmantes

sedation [sɪ'deɪʃən] N (*Med*) sedação *f*; **to be under ~** estar sob o efeito de sedativos

sedative ['sɛdɪtɪv] N calmante *m*, sedativo

sedentary ['sɛdntrɪ] ADJ sedentário

sediment ['sɛdɪmənt] N sedimento

sedition [sɪ'dɪʃən] N sedição *f*

seduce [sɪ'djuːs] VT seduzir

seduction [sɪ'dʌkʃən] N sedução *f*

seductive [sɪ'dʌktɪv] ADJ sedutor(a)

see [siː] (*pt* **saw**, *pp* **seen**) VT ver; (*make out*) enxergar; (*understand*) entender; (*accompany*): **to ~ sb to the door** acompanhar or levar alguém até a porta ▶ VI ver; (*find out*) achar ▶ N sé *f*, sede *f*; **to ~ that** (*ensure*) assegurar que; **there was nobody to be ~n** não havia ninguém; **let me ~** deixa eu ver; **to go and ~ sb** ir visitar alguém; **~ for yourself** veja você mesmo, confira; **I don't know what she ~s in him** não sei o que ela vê nele; **as far as I can ~** que eu saiba; **~ you!** até logo! (*BR*), adeus! (*PT*); **~ you soon/later/ tomorrow!** até logo/mais tarde/amanhã!
▶ **see about** VT FUS tratar de
▶ **see off** VT despedir-se de
▶ **see through** VT FUS enxergar através de
▶ VT levar a cabo
▶ **see to** VT FUS providenciar

seed [siːd] N semente *f*; (*sperm*) esperma *m*; (*fig: gen pl*) germe *m*; (*Tennis*) pré-selecionado(-a); **to go to ~** produzir sementes; (*fig*) deteriorar-se

seedless ['siːdlɪs] ADJ sem caroços

seedling ['siːdlɪŋ] N planta brotada da semente, muda

seedy ['siːdɪ] ADJ (*shabby: place*) mal-cuidado; (: *person*) maltrapilho

seeing ['siːɪŋ] CONJ: **~ (that)** visto (que), considerando (que)

seek [siːk] (*pt*, *pp* **sought**) VT procurar; (*post*) solicitar; **to ~ advice/help from sb** pedir um conselho a alguém/procurar ajuda de alguém
▶ **seek out** VT (*person*) procurar

seem [siːm] VI parecer; **there ~s to be ...** parece que há ...; **what ~s to be the trouble?** qual é o problema?; **I did what ~ed best** fiz o que me pareceu melhor

seemingly ['siːmɪŋlɪ] ADV aparentemente, pelo que aparenta

seen [siːn] PP *of* **see**

seep [siːp] VI filtrar-se, penetrar

seer [sɪəʳ] N vidente *m/f*, profeta *m/f*

seersucker ['sɪəsʌkəʳ] N tecido listrado de algodão

seesaw ['siːsɔː] N gangorra, balanço

seethe [siːð] VI ferver; **to ~ with anger** estar danado (da vida)

see-through ADJ transparente

segment ['sɛgmənt] N segmento; (*of orange*) gomo

segregate ['sɛgrɪgeɪt] VT segregar

segregation [sɛgrɪ'geɪʃən] N segregação *f*

Seine [seɪn] N: **the ~** o Sena

seismic ['saɪzmɪk] ADJ sísmico

seize [siːz] VT (*grasp*) agarrar, pegar; (*take possession of: power, hostage*) apoderar-se de, confiscar; (: *territory*) tomar posse de; (*opportunity*) aproveitar
▶ **seize on** VT FUS valer-se de
▶ **seize up** VI (*Tech*) gripar
▶ **seize upon** VT FUS = **seize on**

seizure ['siːʒəʳ] N (*Med*) ataque *m*, acesso; (*Law, of power*) confisco, embargo

seldom ['sɛldəm] ADV raramente

select [sɪ'lɛkt] ADJ seleto, fino ▶ VT escolher, selecionar; (*Sport*) selecionar, escalar; **a ~ few** uns poucos escolhidos

selection [sɪ'lɛkʃən] N seleção *f*, escolha; (*Comm*) sortimento

selection committee N comissão *f* de seleção

selective [sɪ'lɛktɪv] ADJ seletivo

selector [sɪ'lɛktəʳ] N (*person*) selecionador(a) *m/f*, seletor(a) *m/f*; (*Tech*) selecionador *m*

self [sɛlf] PRON *see* **herself, himself, itself, myself, oneself, ourselves, themselves, yourself** ▶ N (*pl* **selves**) **the ~** o eu

self... [sɛlf] PREFIX auto...

self-addressed [-ə'drɛst] ADJ: **~ envelope** envelope *m* endereçado ao remetente

self-adhesive ADJ autoadesivo

self-appointed [-ə'pɔɪntɪd] ADJ autonomeado

self-assertive ADJ autoritário

self-assurance N autoconfiança

self-assured [-ə'ʃuəd] ADJ seguro de si

self-catering (BRIT) ADJ (*flat*) com cozinha; (*holiday*) em casa alugada

self-centred, (US) **self-centered** [-'sɛntəd] ADJ egocêntrico

self-cleaning ADJ de limpeza automática

self-coloured, (US) **self-colored** ADJ de cor natural; (*of one colour*) de uma só cor

self-confessed [-kən'fɛst] ADJ assumido

self-confidence N autoconfiança, confiança em si

self-conscious ADJ inibido, constrangido

self-contained [-kən'teɪnd] (BRIT) ADJ (gen) independente; (flat) completo, autônomo
self-control N autocontrole m, autodomínio
self-defeating [-dɪ'fiːtɪŋ] ADJ contraproducente
self-defence, (US) **self-defense** N legítima defesa, autodefesa; **in** ~ em legítima defesa
self-discipline N autodisciplina
self-employed [-ɪm'plɔɪd] ADJ autônomo
self-esteem N amor m próprio
self-evident ADJ patente
self-explanatory ADJ que se explica por si mesmo
self-governing [-'gʌvənɪŋ] ADJ autônomo
self-harm N autoimolação f ▶ VI autoimolar(-se)
self-help N iniciativa própria, esforço pessoal
self-importance N presunção f
self-important ADJ presunçoso, que se dá muita importância
self-indulgent ADJ que se permite excessos
self-inflicted [-ɪn'flɪktɪd] ADJ infligido a si mesmo
self-interest N egoísmo
selfish ['sɛlfɪʃ] ADJ egoísta
selfishness ['sɛlfɪʃnɪs] N egoísmo
selfless ['sɛlflɪs] ADJ desinteressado
selflessly ['sɛlflɪslɪ] ADV desinteressadamente
self-made N: ~ **man** homem m que se fez por conta própria
self-pity N pena de si mesmo
self-portrait N autorretrato
self-possessed [-pə'zɛst] ADJ calmo, senhor(a) de si
self-preservation N autopreservação f
self-raising [-'reɪzɪŋ] (BRIT) ADJ: ~ **flour** farinha de trigo com fermento acrescentado
self-reliant ADJ seguro de si, independente
self-respect N amor m próprio
self-respecting [-rɪs'pɛktɪŋ] ADJ que se preza
self-righteous ADJ farisaico, santarrão(-rona)
self-rising (US) ADJ: ~ **flour** farinha de trigo com fermento acrescentado
self-sacrifice N abnegação f, altruísmo
self-same ADJ mesmo
self-satisfied [-'sætɪsfaɪd] ADJ satisfeito consigo mesmo
self-sealing ADJ (envelope) autoadesivo
self-service ADJ de autosserviço ▶ N autosserviço
self-styled [-staɪld] ADJ pretenso
self-sufficient ADJ autossuficiente
self-supporting [-sə'pɔːtɪŋ] ADJ financeiramente independente
self-tanning ADJ autobronzeador
self-taught ADJ autodidata
self-test N (Comput) auto-teste m
sell [sɛl] (pt, pp **sold**) VT vender; (fig): **to** ~ **sb an idea** convencer alguém de uma ideia ▶ VI vender-se; **to** ~ **at** or **for £10** vender a or por £10
▶ **sell off** VT liquidar
▶ **sell out** VI vender todo o estoque ▶ VT: **the tickets are all sold out** todos os ingressos já foram vendidos; **to** ~ **out (to)** (Comm) vender o negócio (a); (fig) vender-se (a)
▶ **sell up** VI vender o negócio
sell-by date N vencimento
seller ['sɛlə'] N vendedor(a) m/f; ~**'s market** mercado de vendedor
selling price ['sɛlɪŋ-] N preço de venda
sellotape® ['sɛləuteɪp] (BRIT) N fita adesiva, durex® m (BR)
sellout ['sɛlaut] N traição f; (of tickets): **it was a** ~ foi um sucesso de bilheteria
selves [sɛlvz] PL of **self**
semantic [sə'mæntɪk] ADJ semântico
semantics [sə'mæntɪks] N semântica
semaphore ['sɛməfɔː'] N semáforo
semblance ['sɛmbləns] N aparência
semen ['siːmən] N sêmen m
semester [sə'mɛstə'] (esp US) N semestre m
semi ['sɛmɪ] (BRIT inf) N (casa) geminada
semi... [sɛmɪ] PREFIX semi..., meio...
semibreve ['sɛmɪbriːv] (BRIT) N semibreve f
semicircle ['sɛmɪsəːkl] N semicírculo
semicircular [sɛmɪ'səːkjulə'] ADJ semicircular
semicolon [sɛmɪ'kəulɔn] N ponto e vírgula
semiconductor [sɛmɪkən'dʌktə'] N semicondutor m
semi-conscious ADJ semiconsciente
semidetached [sɛmɪdɪtætʃt], **semidetached house** (BRIT) N (casa) geminada
semifinal [sɛmɪ'faɪnl] N semifinal f
seminar ['sɛmɪnɑː'] N seminário
seminary ['sɛmɪnərɪ] N (for priests) seminário
semiprecious [sɛmɪ'prɛʃəs] ADJ semiprecioso
semiquaver ['sɛmɪkweɪvə'] (BRIT) N semicolcheia
semiskilled [sɛmɪ'skɪld] ADJ (work, worker) semiespecializado
semi-skimmed milk [sɛmɪ'skɪmd-] N leite m semidesnatado
semitone ['sɛmɪtəun] N (Mus) semitom m
semolina [sɛmə'liːnə] N sêmola, semolina
SEN (BRIT) N ABBR = **State Enrolled Nurse**
Sen., sen. ABBR = **senator; senior**
senate ['sɛnɪt] N senado
senator ['sɛnətə'] N senador(a) m/f
send [sɛnd] (pt, pp **sent**) VT mandar, enviar; (dispatch) expedir, remeter; (transmit) transmitir; (telegram) passar; **to** ~ **by post** (BRIT) or **mail** (US) mandar pelo correio; **to** ~ **sb for sth** mandar alguém buscar algo; **to** ~ **word that ...** mandar dizer que ...; **she** ~**s (you) her love** ela lhe envia lembranças; **to** ~ **sb to Coventry** (BRIT) colocar alguém em ostracismo; **to** ~ **sb to sleep** dar sono a alguém; **to** ~ **sb into fits of laughter** dar um ataque de riso a alguém; **to** ~ **sth flying** derrubar algo
▶ **send away** VT (letter, goods) expedir, mandar; (unwelcome visitor) mandar embora
▶ **send away for** VT FUS encomendar, pedir pelo correio
▶ **send back** VT devolver, mandar de volta

▶ **send for** VT FUS mandar buscar; (by post) pedir pelo correio, encomendar
▶ **send in** VT (report, application) entregar
▶ **send off** VT (goods) despachar, expedir; (BRIT Sport: player) expulsar
▶ **send on** VT (BRIT: letter) remeter; (luggage etc: in advance) mandar com antecedência
▶ **send out** VT (invitation) distribuir; (signal) emitir
▶ **send round** VT (letter, document) circular
▶ **send up** VT (person, price) fazer subir; (BRIT: parody) parodiar
sender ['sɛndə^r] N remetente m/f
send-off N: **a good ~** uma boa despedida
Senegal [sɛnɪ'gɔ:l] N Senegal m
Senegalese [sɛnɪgə'li:z] ADJ, N INV senegalês(-esa) m/f
senile ['si:naɪl] ADJ senil
senility [sɪ'nɪlɪtɪ] N senilidade f
senior ['si:nɪə^r] ADJ (older) mais velho or idoso; (on staff) mais antigo; (of higher rank) superior
▶ N o mais velho/a mais velha; (on staff) o mais antigo/a mais antiga; **P. Jones ~** P. Jones Sênior
senior citizen N idoso(-a)
senior high school (US) N ≈ colégio
seniority [si:nɪ'ɔrɪtɪ] N antiguidade f; (in service) status m
sensation [sɛn'seɪʃən] N sensação f; **to cause a ~** causar sensação
sensational [sɛn'seɪʃənəl] ADJ sensacional; (headlines, result) sensacionalista
sensationalism [sɛn'seɪʃənəlɪzəm] N sensacionalismo
sense [sɛns] N sentido; (feeling) sensação f; (good sense) bom senso ▶ VT sentir, perceber; **senses** NPL juízo; **it makes ~** faz sentido; **there is no ~ in (doing) that** não há sentido em (fazer) isso; **to come to one's ~s** (regain consciousness) recobrar os sentidos; (become reasonable) recobrar o juízo; **to take leave of one's ~s** enlouquecer
senseless ['sɛnslɪs] ADJ insensato, estúpido; (unconscious) sem sentidos, inconsciente
sense of humour N senso de humor
sensibility [sɛnsɪ'bɪlɪtɪ] N sensibilidade f; **sensibilities** NPL suscetibilidade f
sensible ['sɛnsɪbl] ADJ sensato, de bom senso; (reasonable: price) razoável; (: advice, decision) sensato; (shoes etc) prático
sensitive ['sɛnsɪtɪv] ADJ sensível; (fig: touchy) suscetível
sensitivity [sɛnsɪ'tɪvɪtɪ] N sensibilidade f; (touchiness) suscetibilidade f
sensual ['sɛnsjuəl] ADJ sensual
sensuous ['sɛnsjuəs] ADJ sensual
sent [sɛnt] PT, PP of **send**
sentence ['sɛntəns] N (Ling) frase f, oração f; (Law: verdict) sentença; (: punishment) pena
▶ VT: **to ~ sb to death/to 5 years** condenar alguém à morte/a 5 anos de prisão; **to pass ~ on sb** sentenciar alguém

sentiment ['sɛntɪmənt] N sentimento; (opinion: also pl) opinião f
sentimental [sɛntɪ'mɛntl] ADJ sentimental
sentimentality [sɛntɪmɛn'tælɪtɪ] N sentimentalismo
sentry ['sɛntrɪ] N sentinela f
sentry duty N: **to be on ~** estar de guarda
Seoul [səul] N Seul
separable ['sɛprəbl] ADJ separável
separate [adj 'sɛprɪt, vt, vi 'sɛpəreɪt] ADJ separado; (distinct) diferente ▶ VT separar; (part) dividir ▶ VI separar-se; **~ from** separado de; **under ~ cover** (Comm) em separado; **to ~ into** dividir em
separated ['sɛpəreɪtɪd] ADJ (from spouse) separado
separately ['sɛprɪtlɪ] ADV separadamente
separates ['sɛprɪts] NPL (clothes) roupas fpl que fazem jogo
separation [sɛpə'reɪʃən] N separação f
Sept. ABBR (= September) sét
September [sɛp'tɛmbə^r] N setembro; see also **July**
septic ['sɛptɪk] ADJ sético; (wound) infeccionado
septicaemia, (US) **septicemia** [sɛptɪ'si:mɪə] N septicemia
septic tank N fossa sética
sequel ['si:kwl] N consequência, resultado; (of film, story) continuação f
sequence ['si:kwəns] N série f, sequência; (Cinema) série; **in ~** em sequência
sequin ['si:kwɪn] N lantejoula, paetê m
Serbo-Croat ['sə:bəu'krəuæt] N (Ling) serbo-croata m
serenade [sɛrə'neɪd] N serenata ▶ VT fazer serenata para
serene [sɪ'ri:n] ADJ sereno, tranquilo
serenity [sə'rɛnɪtɪ] N serenidade f, tranquilidade f
sergeant ['sɑ:dʒənt] N sargento
sergeant major N sargento-ajudante m
serial ['sɪərɪəl] N (TV, Radio, magazine) seriado; (in newspaper) história em folhetim ▶ ADJ (Comput: interface, printer) serial; (: access) sequencial
serialize ['sɪərɪəlaɪz] VT (book) publicar em folhetim; (TV) seriar
serial killer N assassino(-a) em série, serial killer m/f
serial number N número de série
series ['sɪəri:z] N INV série f
serious ['sɪərɪəs] ADJ sério; (matter) importante; (illness) grave; **are you ~ (about it)?** você está falando sério?
seriously ['sɪərɪəslɪ] ADV a sério, com seriedade; (hurt) gravemente; **to take sth/sb ~** levar algo/alguém a sério
seriousness ['sɪərɪəsnɪs] N (of manner) seriedade f; (importance) importância; (gravity) gravidade f
sermon ['sə:mən] N sermão m
serrated [sɪ'reɪtɪd] ADJ serrado, dentado

serum ['sɪərəm] N soro
servant ['sə:vənt] N empregado(-a); (fig) servidor(a) m/f
serve [sə:v] VT servir; (customer) atender; (subj: train) passar por; (treat) tratar; (apprenticeship) fazer; (prison term) cumprir ▶ VI (at table) servir-se; (Tennis) sacar; (be useful): **to ~ as/for/to do** servir como/para/para fazer ▶ N (Tennis) saque m; **are you being ~d?** você já foi atendido?; **to ~ on a committee/jury** fazer parte de um comitê/júri; **it ~s him right** é bem feito para ele; **it ~s my purpose** isso me serve
▶ **serve out** VT (food) servir
▶ **serve up** VT = **serve out**
server ['sə:və^r] N (Comput) servidor m
service ['sə:vɪs] N serviço; (Rel) culto; (Aut) revisão f; (Tennis) saque m; (also: **dinner service**) aparelho de jantar ▶ VT (car, washing machine) fazer a revisão de, revisar; (: repair) consertar; **the Services** NPL (army, navy etc) as Forças Armadas; **to be of ~ to sb, to do sb a ~** ser útil a alguém
serviceable ['sə:vɪsəbl] ADJ aproveitável, prático, durável
service area N (on motorway) posto de gasolina com bar, restaurante etc
service charge (BRIT) N serviço
service industries NPL setor m de serviços
serviceman ['sə:vɪsmæn] (irreg: like **man**) N militar m
service station N posto de gasolina (BR), estação f de serviço (PT)
serviette [sə:vɪ'ɛt] (BRIT) N guardanapo
servile ['sə:vaɪl] ADJ servil
session ['sɛʃən] N (period of activity) sessão f; (Sch) ano letivo; **to be in ~** estar reunido em sessão
set [sɛt] (pt, pp **set**) N (collection of things) jogo; (radio set, TV set) aparelho; (of utensils) bateria de cozinha; (of cutlery) talher m; (of books) coleção f; (group of people) grupo; (Tennis) set m; (Theatre, Cinema) cenário; (Hairdressing) penteado; (Math) conjunto ▶ ADJ (fixed) fixo; (ready) pronto; (resolved) decidido, estabelecido ▶ VT (place) pôr, colocar; (table) pôr; (price) fixar; (rules etc) estabelecer, decidir; (record) estabelecer; (time) marcar; (adjust) ajustar; (task, exam) passar; (Typ) compor ▶ VI (sun) pôr-se; (jam, jelly, concrete) endurecer, solidificar-se; **to be ~ on doing sth** estar decidido a fazer algo; **to be all ~ to do** estar todo pronto para fazer; **to be (dead) ~ against** estar (completamente) contra; **he's ~ in his ways** ele tem opiniões fixas; **to ~ to music** musicar, pôr música em; **to ~ on fire** botar fogo em, incendiar; **to ~ free** libertar; **to ~ sth going** pôr algo em movimento; **to ~ sail** zarpar, alçar velas; **~ phrase** frase f feita; **a ~ of false teeth** uma dentadura; **a ~ of dining-room furniture** um conjunto de sala de jantar; **a film ~ in Rome** um filme ambientado em Roma

▶ **set about** VT FUS (task) começar com; **to ~ about doing sth** começar a fazer algo
▶ **set aside** VT deixar de lado
▶ **set back** VT (cost): **it ~ me back £50** custou £50; (in time): **to ~ sb back (by)** atrasar alguém (em); (place): **a house ~ back from the road** uma casa afastada da estrada
▶ **set in** VI (infection) manifestar-se; (complications) surgir; **the rain has ~ in for the day** vai chover o dia inteiro
▶ **set off** VI partir, ir indo ▶ VT (bomb) fazer explodir; (alarm) disparar; (chain of events) iniciar; (show up well) ressaltar
▶ **set out** VI partir ▶ VT (arrange) colocar, dispor; (state) expor, explicar; **to ~ out to do sth** pretender fazer algo; **to ~ out (from)** sair (de)
▶ **set up** VT (organization) fundar, estabelecer; **to ~ up shop** (fig) estabelecer-se
setback ['sɛtbæk] N (hitch) revés m, contratempo; (in health) piora
set menu N refeição f a preço fixo
set square N esquadro
settee [sɛ'ti:] N sofá m
setting ['sɛtɪŋ] N (background) cenário; (position) posição f; (frame) moldura; (placing) colocação f; (of sun) pôr (do sol) m; (of jewel) engaste m
setting lotion N loção f fixadora
settle ['sɛtl] VT (argument, matter) resolver, esclarecer; (accounts) ajustar, liquidar; (land) colonizar; (Med: calm) acalmar, tranquilizar ▶ VI (dust etc) assentar; (calm down: children) acalmar-se; (weather) firmar, melhorar; (also: **settle down**) instalar-se, estabilizar-se; **to ~ to sth** concentrar-se em algo; **to ~ for sth** concordar em aceitar algo; **to ~ on sth** optar por algo; **that's ~d then** está resolvido então; **to ~ one's stomach** acomodar o estômago
▶ **settle in** VI instalar-se
▶ **settle up** VI: **to ~ up with sb** ajustar as contas com alguém
settlement ['sɛtlmənt] N (payment) liquidação f; (agreement) acordo, convênio; (village etc) povoado, povoação f; **in ~ of our account** (Comm) em liquidação da nossa conta
settler ['sɛtlə^r] N colono(-a), colonizador(a) m/f
setup ['sɛtʌp] N (organization) organização f; (situation) situação f
seven ['sɛvn] NUM sete; see also **five**
seventeen ['sɛvn'ti:n] NUM dezessete; see also **five**
seventeenth [sɛvn'ti:nθ] NUM décimo sétimo
seventh ['sɛvnθ] NUM sétimo; see also **fifth**
seventieth ['sɛvntɪɪθ] NUM septuagésimo
seventy ['sɛvntɪ] NUM setenta; see also **fifty**
sever ['sɛvə^r] VT cortar; (relations) romper
several ['sɛvərl] ADJ, PRON vários(-as); **~ of us** vários de nós; **~ times** várias vezes
severance ['sɛvərəns] N (of relations) rompimento

severance pay N indenização f pela demissão
severe [sɪ'vɪəʳ] ADJ severo; (*serious*) grave; (*hard*) duro; (*pain*) intenso; (*dress*) austero
severely [sɪ'vɪəlɪ] ADV severamente; (*wounded, ill*) gravemente
severity [sɪ'vɛrɪtɪ] N severidade f; (*of pain*) intensidade f; (*of dress*) austeridade f
sew [səu] (*pt* **sewed**, *pp* **sewn**) VT, VI coser, costurar
▶ **sew up** VT coser, costurar; **it's all ~n up** (*fig*) está no papo
sewage ['su:ɪdʒ] N detritos *mpl*
sewer ['su:əʳ] N (cano do) esgoto, bueiro
sewing ['səuɪŋ] N costura
sewing machine N máquina de costura
sewn [səun] PP *of* **sew**
sex [sɛks] N sexo; **to have ~ with sb** fazer sexo com alguém
sex act N ato sexual
sexism ['sɛksɪzm] N sexismo
sexist ['sɛksɪst] ADJ sexista
sextet [sɛks'tɛt] N sexteto
sexual ['sɛksjuəl] ADJ sexual; **~ assault** atentado ao pudor; **~ intercourse** relações *fpl* sexuais
sexuality [sɛksju'ælɪtɪ] N sexualidade f
sexy ['sɛksɪ] ADJ sexy
Seychelles [seɪ'ʃɛl(z)] NPL: **the ~** Seychelles (*no article*)
SF N ABBR = **science fiction**
SG (US) N ABBR = **Surgeon General**
Sgt ABBR (= *sergeant*) sarg
shabbiness ['ʃæbɪnɪs] N (*of clothes*) pobreza; (*of building*) mau estado de conservação
shabby ['ʃæbɪ] ADJ (*person*) esfarrapado, maltrapilho; (*clothes*) usado, surrado; (*behaviour*) indigno
shack [ʃæk] N choupana, barraca
shackles ['ʃæklz] NPL algemas *fpl*, grilhões *mpl*
shade [ʃeɪd] N sombra; (*for lamp*) quebra-luz *m*; (*for eyes*) viseira; (*of colour*) tom *m*, tonalidade f; (US: *window shade*) estore *m*; (*small quantity*): **a ~ (more/too big)** um pouquinho (mais/grande) ▶ VT dar sombra a; (*eyes*) sombrear; **shades** NPL (US: *sunglasses*) óculos *mpl* escuros; **in the ~** à sombra
shadow ['ʃædəu] N sombra ▶ VT (*follow*) seguir de perto (sem ser visto); **without** or **beyond a ~ of doubt** sem sombra de dúvida
shadow cabinet (BRIT) N (Pol) gabinete paralelo formado pelo partido da oposição
shadowy ['ʃædəuɪ] ADJ escuro; (*dim*) vago, indistinto
shady ['ʃeɪdɪ] ADJ à sombra; (*fig: dishonest: person*) suspeito, duvidoso; (: *deal*) desonesto
shaft [ʃɑ:ft] N (*of arrow, spear*) haste f; (*column*) fuste *m*; (Aut, Tech) eixo, manivela; (*of mine, of lift*) poço; (*of light*) raio
shaggy ['ʃægɪ] ADJ desgrenhado
shake [ʃeɪk] (*pt* **shook**, *pp* **shaken**) VT sacudir; (*building, confidence*) abalar; (*surprise*) surpreender ▶ VI tremer ▶ N (*movement*) sacudidela; (*violent*) safanão *m*; **to ~ hands with sb** apertar a mão de alguém; **to ~ one's head** (*in refusal etc*) dizer não com a cabeça; (*in dismay*) sacudir a cabeça
▶ **shake off** VT sacudir; (*fig*) livrar-se de
▶ **shake up** VT sacudir; (*fig*) reorganizar
shake-up N reorganização f
shakily ['ʃeɪkɪlɪ] ADV (*reply*) de voz trêmula; (*walk*) vacilante; (*write*) de mão trêmula
shaky ['ʃeɪkɪ] ADJ (*hand, voice*) trêmulo; (*table*) instável; (*building*) abalado; (*person: in shock*) abalado; (: *old*) frágil; (*knowledge*) duvidoso
shale [ʃeɪl] N argila xistosa
shall [ʃæl] AUX VB: **I ~ go** irei; **~ I open the door?** posso abrir a porta?; **I'll get some, ~ I?** eu vou pegar algum, está bem?
shallot [ʃə'lɔt] (BRIT) N cebolinha
shallow ['ʃæləu] ADJ raso; (*breathing*) fraco; (*fig*) superficial
sham [ʃæm] N fraude f, fingimento ▶ ADJ falso, simulado ▶ VT fingir, simular
shambles ['ʃæmblz] N confusão f; **the economy is (in) a complete ~** a economia está completamente desorganizada
shambolic [ʃæm'bɔlɪk] ADJ (*inf*) bagunçado, esculhambado
shame [ʃeɪm] N vergonha; (*pity*) pena ▶ VT envergonhar; **it is a ~ (that/to do)** é (uma) pena (que/fazer); **what a ~!** que pena!; **to put sb/sth to ~** deixar alguém/algo envergonhado
shamefaced ['ʃeɪmfeɪst] ADJ envergonhado
shameful ['ʃeɪmful] ADJ vergonhoso
shameless ['ʃeɪmlɪs] ADJ sem vergonha, descarado; (*immodest*) cínico, impudico
shampoo [ʃæm'pu:] N xampu *m* (BR), champô *m* (PT) ▶ VT lavar o cabelo (com xampu or champô)
shampoo and set N lavagem f e penteado
shamrock ['ʃæmrɔk] N trevo
shandy ['ʃændɪ] N mistura de cerveja com refresco gaseificado
shan't [ʃɑ:nt] = **shall not**
shanty town ['ʃæntɪ-] N favela
SHAPE [ʃeɪp] N ABBR (= *Supreme Headquarters Allied Powers, Europe*) QG das forças aliadas na Europa
shape [ʃeɪp] N forma ▶ VT (*form*) moldar; (*clay, stone*) dar forma a; (*sb's ideas*) formar; (*sb's life*) definir, determinar; **to take ~** tomar forma; **in the ~ of a heart** em forma de coração; **I can't bear gardening in any ~ or form** não suporto jardinagem de forma alguma; **to get o.s. into ~** ficar em forma
▶ **shape up** VI (*events*) desenrolar-se; (*person*) tomar jeito
-shaped [ʃeɪpt] SUFFIX: **heart~** em forma de coração
shapeless ['ʃeɪplɪs] ADJ informe, sem forma definida
shapely ['ʃeɪplɪ] ADJ escultural
share [ʃɛəʳ] N (*part*) parte f; (*contribution*) cota; (Comm) ação f ▶ VT dividir; (*have in common*) compartilhar; **to ~ in** participar de; **to have**

a ~ in the profits ter uma participação nos lucros
▶ **share out** VI distribuir; **to ~ out (among** or **between)** distribuir (entre)
share capital N capital m em ações
share certificate N cautela de ação
shareholder ['ʃɛəhəʊldəʳ] N acionista m/f
share index N índice m da Bolsa de Valores
share issue N emissão f de ações
shark [ʃɑːk] N tubarão m
sharp [ʃɑːp] ADJ (razor, knife) afiado; (point, features) pontiagudo; (outline) definido, bem marcado; (pain, voice) agudo; (taste) acre; (curve, bend) fechado; (Mus) desafinado; (contrast) marcado; (person: quick-witted) perspicaz; (dishonest) desonesto ▶ N (Mus) sustenido ▶ ADV: **at 2 o'clock ~** às 2 (horas) em ponto; **turn ~ left** vira logo à esquerda; **to be ~ with sb** ser brusco com alguém; **look ~!** rápido!
sharpen ['ʃɑːpən] VT afiar; (pencil) apontar, fazer a ponta de; (fig) aguçar
sharpener ['ʃɑːpnəʳ] N (also: **pencil sharpener**) apontador m (BR), apara-lápis m inv (PT)
sharp-eyed [-aɪd] ADJ de vista aguda
sharply ['ʃɑːplɪ] ADV (abruptly) bruscamente; (clearly) claramente; (harshly) severamente
sharp-tempered ADJ irascível
sharp-witted [-'wɪtɪd] ADJ perspicaz, observador(a)
shatter ['ʃætəʳ] VT despedaçar, estilhaçar; (fig: ruin) destruir, acabar com; (: upset) arrasar ▶ VI despedaçar-se, estilhaçar-se
shattered ['ʃætəd] ADJ (overwhelmed) arrasado; (exhausted) exausto
shatterproof ['ʃætəpruːf] ADJ inestilhaçável
shave [ʃeɪv] VT barbear, fazer a barba de ▶ VI fazer a barba, barbear-se ▶ N: **to have a ~** fazer a barba
shaven ['ʃeɪvn] ADJ (head) raspado
shaver ['ʃeɪvəʳ] N barbeador m; **electric ~** barbeador elétrico
shaving ['ʃeɪvɪŋ] N (action) barbeação f; **shavings** NPL (of wood) aparas fpl
shaving brush N pincel m de barba
shaving cream N creme m de barbear
shaving foam N espuma de barbear
shaving soap N sabão m de barba
shawl [ʃɔːl] N xale m
she [ʃiː] PRON ela ▶ PREFIX: **~-elephant** etc elefante etc fêmea; **there ~ is** lá está ela
sheaf [ʃiːf] (pl **sheaves**) N (of corn) gavela; (of arrows) feixe m; (of papers) maço
shear [ʃɪəʳ] (pt **sheared**, pp **shorn**) VT (sheep) tosquiar, tosar
▶ **shear off** VT cercear ▶ VI cisalhar
shears [ʃɪəz] NPL (for hedge) tesoura de jardim
sheath [ʃiːθ] N bainha; (contraceptive) camisa-de-vênus f, camisinha
sheathe [ʃiːð] VT embainhar
sheath knife (irreg: like **knife**) N faca com bainha
sheaves [ʃiːvz] NPL of **sheaf**

333 | **share capital – shield**

shed [ʃɛd] N alpendre m, galpão m; (Industry, Rail) galpão m ▶ VT (pt, pp **shed**) (skin) mudar; (load, leaves, fur) perder; (tears, blood) derramar; (workers) despedir; **to ~ light on** (problem, mystery) esclarecer
she'd [ʃiːd] = **she had; she would**
sheen [ʃiːn] N brilho
sheep [ʃiːp] N INV ovelha
sheepdog ['ʃiːpdɔg] N cão m pastor
sheep farmer N criador(a) m/f de ovelhas
sheepish ['ʃiːpɪʃ] ADJ tímido, acanhado
sheepskin [ʃiːpskɪn] N pele f de carneiro, pelego
sheepskin jacket N casaco de pele de carneiro
sheer [ʃɪəʳ] ADJ (utter) puro, completo; (steep) íngreme, empinado; (almost transparent) fino, translúcido ▶ ADV a pique; **by ~ chance** totalmente por acaso
sheet [ʃiːt] N (on bed) lençol m; (of paper) folha; (of glass, metal) lâmina, chapa; (of ice) camada
sheet feed N (on printer) alimentação f de papel (em folhas soltas)
sheet lightning N relâmpago difuso
sheet metal N metal m em chapa
sheet music N música
sheik, sheikh [ʃeɪk] N xeque m
shelf [ʃɛlf] (pl **shelves**) N prateleira; **set of shelves** estante f
shelf life N (Comm) validade f (de produtos perecíveis)
shell [ʃɛl] N (on beach) concha; (of egg, nut etc) casca; (explosive) obus m; (of building) armação f, esqueleto ▶ VT (peas) descascar; (Mil) bombardear
▶ **shell out** (inf) VI: **to ~ out (for)** pagar
she'll [ʃiːl] = **she will; she shall**
shellfish ['ʃɛlfɪʃ] N INV crustáceo; (as food) frutos mpl do mar, mariscos mpl
shelter ['ʃɛltəʳ] N (building) abrigo; (protection) refúgio ▶ VT (protect) proteger; (give lodging to) abrigar; (hide) esconder ▶ VI abrigar-se, refugiar-se; **to take ~ from** abrigar-se de
sheltered ['ʃɛltəd] ADJ (life) protegido; (spot) abrigado, protegido; **~ housing** acomodação para idosos e defeituosos
shelve [ʃɛlv] VT (fig) pôr de lado, engavetar
shelves [ʃɛlvz] NPL of **shelf**
shelving ['ʃɛlvɪŋ] N (shelves) prateleiras fpl
shepherd ['ʃɛpəd] N pastor m ▶ VT (guide) guiar, conduzir
shepherdess ['ʃɛpədɪs] N pastora
shepherd's pie (BRIT) N empadão m de carne e batata
sherbet ['ʃəːbət] N (BRIT: powder) pó doce e efervescente; (US: water ice) sorvete de frutas à base de água
sheriff ['ʃɛrɪf] (US) N xerife m
sherry ['ʃɛrɪ] N (vinho de) Xerez m
she's [ʃiːz] = **she is; she has**
Shetland ['ʃɛtlənd] N (also: **the Shetlands, the Shetland Isles**) as ilhas Shetland
shield [ʃiːld] N escudo; (Sport) escudo, brasão m; (protection) proteção f; (Tech) blindagem f
▶ VT: **to ~ (from)** proteger (contra)

shift [ʃɪft] N (*change*) mudança; (*of place*) transferência; (*of work*) turno; (*of workers*) turma ▶ VT transferir; (*remove*) tirar ▶ VI mudar; (*change place*) mudar de lugar; **the wind has ~ed to the south** o vento virou para o sul; **a ~ in demand** (*Comm*) um deslocamento de demanda

shift key N (*on typewriter*) tecla para maiúsculas

shiftless [ˈʃɪftlɪs] ADJ indolente

shift work N trabalho em turnos; **to do ~** trabalhar em turnos

shifty [ˈʃɪftɪ] ADJ esperto, trapaceiro; (*eyes*) velhaco, maroto

Shiite [ˈʃiːaɪt] ADJ, N xiita

shilling [ˈʃɪlɪŋ] (BRIT) N xelim m (= 12 old pence; 20 in a pound)

shilly-shally [ˈʃɪlɪʃælɪ] VI vacilar

shimmer [ˈʃɪmər] N reflexo trêmulo ▶ VI cintilar, tremeluzir

shin [ʃɪn] N canela (da perna) ▶ VI: **to ~ up/down a tree** subir em/descer de um árvore com mãos e pernas

shindig [ˈʃɪndɪg] (*inf*) N arrasta-pé m

shine [ʃaɪn] VI (*pt, pp* **shone**) brilhar ▶ VT (*shoes: pt, pp* **shined**) lustrar ▶ N brilho, lustre m; **to ~ a torch on sth** apontar uma lanterna para algo

shingle [ˈʃɪŋgl] N (*on beach*) pedrinhas fpl, seixinhos mpl; (*on roof*) telha

shingles [ˈʃɪŋglz] N (*Med*) herpes-zoster m

shining [ˈʃaɪnɪŋ] ADJ brilhante

shiny [ˈʃaɪnɪ] ADJ brilhante, lustroso

ship [ʃɪp] N barco; (*large*) navio ▶ VT (*goods*) embarcar; (*send*) transportar or mandar (por via marítima); **on board ~** a bordo

shipbuilder [ˈʃɪpbɪldər] N construtor m naval

shipbuilding [ˈʃɪpbɪldɪŋ] N construção f naval

ship chandler [-ˈtʃændlər] N fornecedor m de provisões para navios

shipment [ˈʃɪpmənt] N (*act*) embarque m; (*goods*) carregamento

shipowner [ˈʃɪpəunər] N armador(a) m/f

shipper [ˈʃɪpər] N exportador(a) m/f, expedidor(a) m/f

shipping [ˈʃɪpɪŋ] N (*ships*) navios mpl; (*cargo*) transporte m de mercadorias (por via marítima); (*traffic*) navegação f

shipping agent N agente m/f marítimo(-a)

shipping company N companhia de navegação

shipping lane N rota de navegação

shipping line N companhia de navegação

shipshape [ˈʃɪpʃeɪp] ADJ em ordem

shipwreck [ˈʃɪprɛk] N (*event*) malogro; (*ship*) naufrágio ▶ VT: **to be ~ed** naufragar

shipyard [ˈʃɪpjɑːd] N estaleiro

shire [ˈʃaɪər] (BRIT) N condado

shirk [ʃəːk] VT (*work*) esquivar-se de; (*obligations*) não cumprir, faltar a

shirt [ʃəːt] N (*man's*) camisa; (*woman's*) blusa; **in ~ sleeves** em manga de camisa

shirty [ˈʃəːtɪ] (BRIT *inf*) ADJ chateado, sem graça

shit [ʃɪt] (!) EXCL merda (!)

shiver [ˈʃɪvər] N tremor m, arrepio ▶ VI tremer, estremecer, tiritar

shoal [ʃəul] N (*of fish*) cardume m; (*fig: also:* **shoals**) bando, multidão f

shock [ʃɔk] N (*impact*) choque m; (*Elec*) descarga; (*emotional*) comoção f, abalo; (*start*) susto, sobressalto; (*Med*) trauma m ▶ VT dar um susto em, chocar; (*offend*) escandalizar; **suffering from ~** (*Med*) traumatizado; **it gave us a ~** ficamos chocados; **it came as a ~ to hear that ...** ficamos atônitos ao saber que ...

shock absorber [-əbˈzɔːbər] N amortecedor m

shocking [ˈʃɔkɪŋ] ADJ (*awful*) chocante, lamentável; (*outrageous*) revoltante, chocante; (*improper*) escandaloso; (*very bad*) péssimo

shockproof [ˈʃɔkpruːf] ADJ à prova de choque

shock therapy N terapia de choque

shock treatment N terapia de choque

shod [ʃɔd] PT, PP *of* **shoe** ▶ ADJ calçado

shoddy [ˈʃɔdɪ] ADJ de má qualidade

shoe [ʃuː] N sapato; (*for horse*) ferradura; (*also:* **brake shoe**) sapata ▶ VT (*pt, pp* **shod**) (*horse*) ferrar

shoe brush N escova de sapato

shoehorn [ˈʃuːhɔːn] N calçadeira

shoelace [ˈʃuːleɪs] N cadarço, cordão m (de sapato)

shoemaker [ˈʃuːmeɪkər] N sapateiro(-a)

shoe polish N graxa de sapato

shoe rack N porta-sapatos m inv

shoeshop [ˈʃuːʃɔp] N sapataria

shoestring [ˈʃuːstrɪŋ] N (*fig*): **on a ~** com muito pouco dinheiro

shoetree [ˈʃuːtriː] N fôrma de sapato

shone [ʃɔn] PT, PP *of* **shine**

shoo [ʃuː] EXCL xô! ▶ VT (*also:* **shoo away, shoo off**) enxotar

shook [ʃuk] PT *of* **shake**

shoot [ʃuːt] (*pt, pp* **shot**) N (*on branch, seedling*) broto ▶ VT disparar; (*kill*) matar à bala, balear; (*wound*) ferir à bala, balear; (*execute*) fuzilar; (*film*) filmar, rodar ▶ VI (*with gun, bow*): **to ~ (at)** atirar (em); (*Football*) chutar; **to ~ past sb** passar disparado por alguém
  ▶ **shoot down** VT (*plane*) derrubar, abater
  ▶ **shoot in** VI entrar correndo
  ▶ **shoot out** VI sair correndo
  ▶ **shoot up** VI (*fig*) subir vertiginosamente

shooting [ˈʃuːtɪŋ] N (*shots*) tiros mpl, tiroteio; (*Hunting*) caçada (com espingarda); (*attack*) tiroteio; (*: murder*) assassinato; (*Cinema*) filmagens fpl

shooting range N estande m

shooting star N estrela cadente

shop [ʃɔp] N loja; (*workshop*) oficina ▶ VI (*also:* **go shopping**) ir fazer compras; **to talk ~** (*fig*) falar de negócios
  ▶ **shop around** VI comparar preços; (*fig*) estudar todas as possibilidades

shop assistant (BRIT) N vendedor(a) m/f

shop floor (BRIT) N operários mpl
shopkeeper ['ʃɔpkiːpəʳ] N lojista m/f
shoplift ['ʃɔplɪft] VI furtar (em lojas)
shoplifter ['ʃɔplɪftəʳ] N larápio(-a) de loja
shoplifting ['ʃɔplɪftɪŋ] N furto (em lojas)
shopper ['ʃɔpəʳ] N comprador(a) f
shopping ['ʃɔpɪŋ] N (goods) compras fpl
shopping bag N bolsa (de compras)
shopping cart, (US) N carrinho de compras
shopping centre, (US) **shopping center** N shopping (center) m
shopping mall N shopping m
shopping trolley (BRIT) N carrinho de compras
shop-soiled ADJ danificado (pelo tempo ou manuseio)
shop steward (BRIT) N (Industry) representante m/f sindical
shop window N vitrine f (BR), montra (PT)
shore [ʃɔːʳ] N (of sea) costa, praia; (of lake) margem f ▶ VT: **to ~ (up)** reforçar, escorar; **on ~** em terra
shore leave N (Naut) licença para desembarcar
shorn [ʃɔːn] PP of **shear**
short [ʃɔːt] ADJ (not long) curto; (in time) breve, de curta duração; (person) baixo; (curt) seco, brusco; (insufficient) insuficiente, em falta ▶ N (also: **short film**) curta-metragem m; **to be ~ of sth** estar em falta de algo; **to be in ~ supply** estar em falta; **I'm 3 ~** estão me faltando três; **in ~** em resumo; **~ of doing ...** a não ser fazer ...; **everything ~ of ...** tudo a não ser ...; **a ~ time ago** pouco tempo atrás; **in the ~ term** a curto prazo; **I'm ~ of time** tenho pouco tempo; **it is ~ for** é a abreviatura de; **to cut ~** (speech, visit) encurtar; (person) interromper; **to fall ~** ser deficiente; **to fall ~ of** não ser à altura de; **to run ~ of sth** ficar sem algo; **to stop ~** parar de repente; **to stop ~ of** chegar quase a
shortage ['ʃɔːtɪdʒ] N escassez f, falta
shortbread ['ʃɔːtbrɛd] N biscoito amanteigado
short-change VT: **to ~ sb** roubar alguém no troco
short circuit N curto-circuito ▶ VT provocar um curto-circuito ▶ VI entrar em curto-circuito
shortcoming ['ʃɔːtkʌmɪŋ] N defeito, imperfeição f, falha
shortcrust pastry (BRIT) ['ʃɔːtkrʌst-], **short pastry** N massa amanteigada
shortcut ['ʃɔːtkʌt] N atalho
shorten ['ʃɔːtən] VT encurtar; (visit) abreviar
shortening ['ʃɔːtnɪŋ] N (Culin) gordura
shortfall ['ʃɔːtfɔːl] N déficit m
shorthand ['ʃɔːthænd] (BRIT) N estenografia
shorthand notebook (BRIT) N bloco para estenografia
shorthand typist (BRIT) N estenodatilógrafo(-a)

335 | **shop floor - show**

short list (BRIT) N (for job) lista dos candidatos escolhidos
short-lived [-lɪvd] ADJ de curta duração
shortly ['ʃɔːtlɪ] ADV em breve, dentro em pouco
shortness ['ʃɔːtnɪs] N (of distance) curteza; (of time) brevidade f; (manner) maneira brusca, secura
short pastry N = **shortcrust pastry**
shorts NPL: **(a pair of) ~** um calção (BR), um short (BR), uns calções (PT)
short-sighted (BRIT) ADJ míope; (fig) imprevidente
short-staffed [-stɑːft] ADJ com falta de pessoal
short story N conto
short-tempered ADJ irritadiço
short-term ADJ (effect) a curto prazo
short time N: **to work ~, to be on ~** trabalhar em regime de semana reduzida
short wave N (Radio) onda curta
shot [ʃɔt] PT, PP of **shoot** ▶ N (of gun) tiro; (pellets) chumbo; (person) atirador(a) m/f; (try, Football) tentativa; (injection) injeção f; (Phot) fotografia; **to be a good/bad ~** (person) ter boa/má pontaria; **to fire a ~ at sb/sth** atirar em alguém/algo; **to have a ~ at (doing) sth** tentar fazer algo; **like a ~** como um relâmpago, de repente; **to get ~ of sb/sth** (inf) livrar-se de alguém/algo; **a big ~** (inf) um mandachuva, um figurão
shotgun ['ʃɔtgʌn] N espingarda
should [ʃud] AUX VB: **I ~ go now** devo ir embora agora; **he ~ be there now** ele já deve ter chegado; **I ~ go if I were you** se eu fosse você eu iria; **I ~ like to** eu gostaria de; **~ he phone ...** caso ele telefone ...
shoulder ['ʃəuldəʳ] N ombro; (BRIT: of road): **hard ~** acostamento (BR), berma (PT) ▶ VT (fig) arcar com; **to look over one's ~** olhar para trás; **to rub ~s with sb** (fig) andar com alguém; **to give sb the cold ~** (fig) desprezar alguém, dar uma fria em alguém (inf)
shoulder bag N sacola a tiracolo
shoulder blade N omoplata m
shoulder strap N alça
shouldn't ['ʃudnt] = **should not**
shout [ʃaut] N grito ▶ VT gritar ▶ VI (also: **shout out**) gritar, berrar; **to give sb a ~** chamar alguém
▶ **shout down** VT fazer calar com gritos
shouting N gritaria, berreiro
shove [ʃʌv] N empurrão m ▶ VT empurrar; (inf: put): **to ~ sth in** botar algo em; **he ~d me out of the way** ele me empurrou para o lado
▶ **shove off** VI (Naut) zarpar, partir; (inf) dar o fora
shovel ['ʃʌvl] N pá f; (mechanical) escavadeira ▶ VT cavar com pá
show [ʃəu] (pt **showed**, pp **shown**) N (of emotion) demonstração f; (semblance) aparência; (exhibition) exibição f; (Theatre) espetáculo, representação f; (Cinema) sessão f ▶ VT

mostrar; *(courage etc)* demonstrar, dar prova de; *(exhibit)* exibir, expor; *(depict)* ilustrar; *(film)* exibir ▶ vi mostrar-se; *(appear)* aparecer; **it doesn't ~** não parece; **I've nothing to ~ for it** não consegui nada; **to ~ sb to his seat/to the door** levar alguém ao seu lugar/até a porta; **to ~ a profit/loss** *(Comm)* apresentar lucros/prejuízo; **it just goes to ~ (that)...** isso só mostra (que)...; **to ask for a ~ of hands** pedir uma votação pelo levantamento das mãos; **it's just for ~** isso é só para mostrar; **to be on ~** estar em exposição; **who's running the ~ here?** *(inf)* quem é que manda aqui?
▶ **show in** vt mandar entrar
▶ **show off** vi *(pej)* mostrar-se, exibir-se ▶ vt *(display)* exibir, mostrar; *(pej)* fazer ostentação de
▶ **show out** vt levar até a porta
▶ **show up** vi *(stand out)* destacar-se; *(inf: turn up)* aparecer, pintar ▶ vt descobrir; *(unmask)* desmascarar
showbiz ['ʃəubɪz] N *(inf)* o mundo do espetáculo
show business N o mundo do espetáculo
showcase ['ʃəukeɪs] N vitrina
showdown ['ʃəudaun] N confrontação f
shower ['ʃauə^r] N *(rain)* pancada de chuva; *(of stones etc)* chuva, enxurrada; *(also: **shower bath**)* chuveiro ▶ vi tomar banho (de chuveiro) ▶ vt: **to ~ sb with** *(gifts etc)* cumular alguém de; **to have** *or* **take a ~** tomar banho (de chuveiro)
shower cap N touca de banho
showerproof ['ʃauəpru:f] ADJ impermeável
showery ['ʃauərɪ] ADJ *(weather)* chuvoso
showground ['ʃəugraund] N recinto da feira
showing ['ʃəuɪŋ] N *(of film)* projeção f, exibição f
show jumping [-'dʒʌmpɪŋ] N hipismo
showman ['ʃəumən] *(irreg: like **man**)* N artista m/f; *(fig)* pessoa expansiva
showmanship ['ʃəumənʃɪp] N senso teatral
showmen ['ʃəumen] NPL *of* **showman**
shown [ʃəun] PP *of* **show**
show-off *(inf)* N *(person)* exibicionista m/f, faroleiro(-a)
showpiece ['ʃəupi:s] N *(of exhibition etc)* obra mais importante; **that hospital is a ~** aquele é um hospital modelo
showroom ['ʃəurum] N sala de exposição
showy ['ʃəuɪ] ADJ vistoso, chamativo
shrank [ʃræŋk] PT *of* **shrink**
shrapnel ['ʃræpnl] N estilhaços mpl
shred [ʃrɛd] N *(gen pl)* tira, pedaço ▶ vt rasgar em tiras, retalhar; *(Culin)* desfiar, picar; *(documents)* fragmentar; **not a ~ of evidence** prova alguma
shredder ['ʃrɛdə^r] N *(for vegetables)* ralador m; *(for documents)* fragmentadora
shrew [ʃru:] N *(Zool)* musaranho; *(pej: woman)* megera
shrewd [ʃru:d] ADJ perspicaz
shrewdness ['ʃru:dnɪs] N astúcia
shriek [ʃri:k] N grito ▶ vt, vi gritar, berrar
shrift [ʃrɪft] N: **to give sb short ~** dar uma resposta a alguém sem maiores explicações
shrill [ʃrɪl] ADJ agudo, estridente
shrimp [ʃrɪmp] N camarão m
shrine [ʃraɪn] N santuário
shrink [ʃrɪŋk] *(pt* **shrank***, pp* **shrunk***)* vi encolher; *(be reduced)* reduzir-se; *(also: **shrink away**)* encolher-se ▶ vt *(cloth)* fazer encolher ▶ N *(inf, pej)* psicanalista m/f; **to ~ from doing sth** não se atrever a fazer algo
shrinkage ['ʃrɪŋkɪdʒ] N encolhimento, redução f
shrink-wrap vt embalar a vácuo
shrivel ['ʃrɪvl] vt *(also: **shrivel up**: dry)* secar; *(: crease)* enrugar ▶ vi secar-se; enrugar-se, murchar
shroud [ʃraud] N mortalha ▶ vt: **-ed in mystery** envolto em mistério
Shrove Tuesday [ʃrəuv-] N terça-feira gorda
shrub [ʃrʌb] N arbusto
shrubbery ['ʃrʌbərɪ] N arbustos mpl
shrug [ʃrʌg] N encolhimento dos ombros ▶ vt, vi: **to ~ (one's shoulders)** encolher os ombros, dar de ombros (BR)
▶ **shrug off** vt negar a importância de
shrunk [ʃrʌŋk] PP *of* **shrink**
shrunken ['ʃrʌŋkn] ADJ encolhido
shudder ['ʃʌdə^r] N estremecimento, tremor m ▶ vi estremecer, tremer de medo
shuffle ['ʃʌfl] vt *(cards)* embaralhar ▶ vi: **to ~ (one's feet)** arrastar os pés
shun [ʃʌn] vt evitar, afastar-se de
shunt [ʃʌnt] vt *(Rail)* manobrar, desviar; *(object)* desviar ▶ vi: **to ~ (to and fro)** ir e vir
shunting ['ʃʌntɪŋ] N *(Rail)* manobras fpl
shunting yard N pátio de manobras
shush [ʃuʃ] EXCL psiu!
shut [ʃʌt] *(pt, pp* **shut***)* vt fechar ▶ vi fechar(-se)
▶ **shut down** vt fechar; *(machine)* parar ▶ vi fechar
▶ **shut off** vt *(supply etc)* cortar, interromper
▶ **shut out** vt *(person, cold)* impedir que entre; *(noise)* abafar; *(memory)* reprimir
▶ **shut up** vi *(inf: keep quiet)* calar-se, calar a boca ▶ vt *(close)* fechar; *(silence)* calar
shutdown ['ʃʌtdaun] N paralização f
shutter ['ʃʌtə^r] N veneziana; *(Phot)* obturador m
shuttle ['ʃʌtl] N *(in weaving)* lançadeira; *(plane: also: **shuttle service**)* ponte f aérea; *(space shuttle)* ônibus m espacial ▶ vi *(vehicle, person)* ir e vir ▶ vt *(passengers)* transportar de ida e volta
shuttlecock ['ʃʌtlkɔk] N peteca
shy [ʃaɪ] ADJ tímido; *(reserved)* reservado ▶ vi: **to ~ away from doing sth** *(fig)* não se atrever a fazer algo
shyness ['ʃaɪnɪs] N timidez f
Siam [saɪ'æm] N Sião m
Siamese [saɪə'mi:z] ADJ: **~ cat** gato siamês; **~ twins** irmãos mpl siameses/irmãs fpl siamesas

Siberia [saɪ'bɪərɪə] N Sibéria f
sibling ['sɪblɪŋ] N irmão/irmã m/f
Sicilian [sɪ'sɪlɪən] ADJ, N siciliano(-a)
Sicily ['sɪsɪlɪ] N Sicília
sick [sɪk] ADJ (*ill*) doente; (*nauseated*) enjoado; (*humour*) negro; (*vomiting*): **to be ~** vomitar; **to feel ~** estar enjoado; **to fall ~** ficar doente; **to be (off) ~** estar ausente por motivo de doença; **to be ~ of** (*fig*) estar cheio *or* farto de; **he makes me ~** (*fig: inf*) ele me enche o saco
sickbay ['sɪkbeɪ] N enfermaria
sicken ['sɪkən] VT dar náuseas a; (*disgust*) enojar, repugnar ▶ VI: **to be ~ing for sth** (*cold, flu etc*) estar no começo de algo
sickening ['sɪkənɪŋ] ADJ (*fig*) repugnante
sickle ['sɪkl] N foice f
sick leave N licença por doença
sickly ['sɪklɪ] ADJ doentio; (*causing nausea*) nauseante
sickness ['sɪknɪs] N doença, indisposição f; (*vomiting*) náusea, enjoo
sickness benefit N auxílio-enfermidade m, auxílio-doença m
sick note N (*from parents*) bilhete m dos pais; (*from doctor*) atestado médico
sick pay N *salário pago em período de doença*
sickroom ['sɪkru:m] N enfermaria
side [saɪd] N (*gen*) lado; (*of body*) flanco; (*of lake*) margem f; (*aspect*) aspecto; (*team*) time m (BR), equipa (PT); (*of hill*) declive m; (*page*) página; (*of meat*) costela ▶ VI: **to ~ with sb** tomar o partido de alguém; **by the ~ of** ao lado de; **~ by ~** lado a lado, juntos; **on this/that or the other ~** do lado de cá/do lado de lá; **they are on our ~** (*in game*) fazem parte do nosso time; (*in discussion*) concordam com nós; **from ~ to ~** para lá e para cá; **from all ~s** de todos os lados; **to take ~s with** pôr-se ao lado de
sideboard ['saɪdbɔ:d] N aparador m; **sideboards** NPL (BRIT) = **sideburns**
sideburns ['saɪdbə:nz] NPL suíças *fpl*, costeletas *fpl*
sidecar ['saɪdkɑ:ʳ] N sidecar m
side dish N guarnição f
side drum N (*Mus*) caixa clara
side effect N efeito colateral
sidekick ['saɪdkɪk] (*inf*) N camarada m/f
sidelight ['saɪdlaɪt] N (*Aut*) luz f lateral
sideline ['saɪdlaɪn] N (*Sport*) linha lateral; (*fig*) linha adicional de produtos; (: *job*) emprego suplementar
sidelong ['saɪdlɔŋ] ADJ de soslaio
side order N acompanhamento
side plate N pequeno prato
side road N rua lateral
side-saddle ADV de silhão
sideshow ['saɪdʃəu] N (*stall*) barraca
sidestep ['saɪdstɛp] VT evitar ▶ VI (*Boxing etc*) dar um passo para o lado
sidetrack ['saɪdtræk] VT (*fig*) desviar (do seu propósito)

sidewalk ['saɪdwɔ:k] (US) N calçada
sideways ['saɪdweɪz] ADV de lado
siding ['saɪdɪŋ] N (*Rail*) desvio, ramal m
sidle ['saɪdl] VI: **to ~ up (to)** aproximar-se furtivamente (de)
siege [si:dʒ] N sítio, assédio; **to lay ~ to** assediar
siege economy N economia de guerra
Sierra Leone [sɪ'ɛrəlɪ'əun] N Serra Leoa (*no article*)
siesta [sɪ'ɛstə] N sesta
sieve [sɪv] N peneira ▶ VT peneirar
sift [sɪft] VT peneirar; (*fig: information*) esquadrinhar, analisar minuciosamente ▶ VI (*fig*): **to ~ through** examinar minuciosamente
sigh [saɪ] N suspiro ▶ VI suspirar
sight [saɪt] N (*faculty*) vista, visão f; (*spectacle*) espetáculo; (*on gun*) mira ▶ VT avistar; **in ~** à vista; **on ~** (*shoot*) no local; **out of ~** longe dos olhos; **at ~** (*Comm*) à vista; **at first ~** à primeira vista; **I know her by ~** conheço-a de vista; **to catch ~ of sb/sth** avistar alguém/algo; **to lose ~ of sb/sth** perder alguém/algo de vista; **to set one's ~s on sth** visar algo
sighted ['saɪtɪd] ADJ que enxerga; **partially ~** com vista parcial
sightseeing ['saɪtsi:ɪŋ] N turismo; **to go ~** fazer turismo, passear
sightseer ['saɪtsi:əʳ] N turista m/f
sign [saɪn] N (*with hand*) sinal m, aceno; (*indication*) indício; (*trace*) vestígio; (*notice*) letreiro, tabuleta; (*also*: **road sign**) placa; (*written, of zodiac*) signo ▶ VT assinar; **as a ~ of** como sinal de; **it's a good/bad ~** é um bom/mau sinal; **plus/minus ~** sinal de mais/menos; **there's no ~ of a change of mind** não há sinal *or* indícios de uma mudança de atitude; **he was showing ~s of improvement** ele estava começando a melhorar; **to ~ one's name** assinar; **to ~ sth over to sb** assinar a transferência de algo para alguém
▶ **sign away** VT (*rights etc*) abrir mão de
▶ **sign off** VI (*Radio, TV*) terminar a transmissão
▶ **sign on** VI (*Mil*) alistar-se; (BRIT: *as unemployed*) cadastrar-se para receber auxílio-desemprego; (*for course*) inscrever-se ▶ VT (*Mil*) alistar; (*employee*) efetivar
▶ **sign out** VI assinar o registro na partida
▶ **sign up** VI (*Mil*) alistar-se; (*for course*) inscrever-se ▶ VT recrutar
signal ['sɪgnl] N sinal m, aviso; (US *Tel*) ruído discal ▶ VI (*also Aut*) sinalizar, dar sinal ▶ VT (*person*) fazer sinais para; (*message*) transmitir; **to ~ a left/right turn** (*Aut*) dar sinal para esquerda/direita; **to ~ to sb (to do sth)** fazer sinais para alguém (fazer algo)
signal box N (*Rail*) cabine f de sinaleiro
signalman ['sɪgnlmən] (*irreg: like* **man**) N sinaleiro

signatory ['sɪgnətərɪ] N signatário(-a)
signature ['sɪgnətʃəʳ] N assinatura
signature tune N tema m (de abertura)
signet ring ['sɪgnət-] N anel m com o sinete or a chancela
significance [sɪg'nɪfɪkəns] N significado; (*importance*) importância; **that is of no ~** isto não tem importância alguma
significant [sɪg'nɪfɪkənt] ADJ significativo; (*important*) importante
significantly [sɪg'nɪfɪkəntlɪ] ADV (*improve, increase*) significativamente; (*smile*) sugestivamente; **and, ~, ...** e, significativamente, ...
signify ['sɪgnɪfaɪ] VT significar
sign language N mímica, linguagem f através de sinais
sign post N indicador m; (*traffic*) placa de sinalização
silage ['saɪlɪdʒ] N (*fodder*) silagem f; (*method*) ensilagem f
silence ['saɪləns] N silêncio ▶ VT silenciar, impor silêncio a; (*guns*) silenciar
silencer ['saɪlənsəʳ] N (*on gun*) silenciador m; (BRIT *Aut*) silencioso
silent ['saɪlənt] ADJ silencioso; (*not speaking*) calado; (*film*) mudo; **to keep** or **remain ~** manter-se em silêncio
silently ['saɪləntlɪ] ADV silenciosamente
silent partner N (*Comm*) sócio(-a) comanditário(-a)
silhouette [sɪlu:'ɛt] N silhueta ▶ VT: **~d against** em silhueta contra
silicon ['sɪlɪkən] N silício
silicon chip ['sɪlɪkən-] N placa or chip m de silício
silicone ['sɪlɪkəun] N silicone m
silk [sɪlk] N seda ▶ ADJ de seda
silky ['sɪlkɪ] ADJ sedoso
sill [sɪl] N (*also*: **window sill**) parapeito, peitoril m; (*Aut*) soleira
silly ['sɪlɪ] ADJ (*person*) bobo, idiota, imbecil; (*idea*) absurdo, ridículo; **to do something ~** fazer uma besteira
silo ['saɪləu] N silo
silt [sɪlt] N sedimento, aluvião m
silver ['sɪlvəʳ] N (*metal*) prata; (*money*) moedas fpl; (*also*: **silverware**) prataria ▶ ADJ de prata
silver foil N papel m de prata
silver paper (BRIT) N papel m de prata
silver-plated [-'pleɪtɪd] ADJ prateado, banhado a prata
silversmith ['sɪlvəsmɪθ] N prateiro(-a)
silverware ['sɪlvəwɛəʳ] N prataria
silver wedding N (*anniversary*) bodas fpl de prata
silvery ['sɪlvərɪ] ADJ prateado
SIM card ['sɪm-] N (*Tel*) cartão m SIM, chip m
similar ['sɪmɪləʳ] ADJ: **~ to** parecido com, semelhante a
similarity [sɪmɪ'lærɪtɪ] N semelhança
similarly ['sɪmɪləlɪ] ADV da mesma maneira
simile ['sɪmɪlɪ] N símile f

simmer ['sɪməʳ] VI cozer em fogo lento, ferver lentamente
▶ **simmer down** (*inf*) VI (*fig*) acalmar-se
simper ['sɪmpəʳ] VI sorrir afetadamente
simpering ['sɪmpərɪŋ] ADJ idiota
simple ['sɪmpl] ADJ simples *inv*; (*foolish*) ingênuo; **the ~ truth** a pura verdade
simple interest N juros mpl simples
simple-minded ADJ simplório
simpleton ['sɪmpltən] N simplório(-a), pateta m/f
simplicity [sɪm'plɪsɪtɪ] N simplicidade f
simplification [sɪmplɪfɪ'keɪʃən] N simplificação f
simplify ['sɪmplɪfaɪ] VT simplificar
simply ['sɪmplɪ] ADV de maneira simples; (*merely*) simplesmente
simulate ['sɪmjuleɪt] VT simular
simulated ['sɪmjuleɪtɪd] ADJ simulado
simulation [sɪmju'leɪʃən] N simulação f
simultaneous [sɪməl'teɪnɪəs] ADJ simultâneo
simultaneously [sɪməl'teɪnɪəslɪ] ADV simultaneamente
sin [sɪn] N pecado ▶ VI pecar
Sinai ['saɪneɪaɪ] N Sinai m
since [sɪns] ADV desde então, depois ▶ PREP desde ▶ CONJ (*time*) desde que; (*because*) porque, visto que, já que; **~ then** desde então; **~ Monday** desde segunda-feira; **(ever) ~ I arrived** desde que eu cheguei
sincere [sɪn'sɪəʳ] ADJ sincero
sincerely [sɪn'sɪəlɪ] ADV sinceramente; **yours ~** (BRIT), **~ yours** (US) (*at end of letter*) atenciosamente
sincerity [sɪn'sɛrɪtɪ] N sinceridade f
sine [saɪn] N (*Math*) seno
sinew ['sɪnju:] N tendão m
sinful [sɪnful] ADJ (*thought*) pecaminoso; (*person*) pecador(a)
sing [sɪŋ] (*pt* **sang**, *pp* **sung**) VT, VI cantar
Singapore [sɪŋgə'pɔ:ʳ] N Cingapura (*no article*)
singe [sɪndʒ] VT chamuscar
singer ['sɪŋəʳ] N cantor(a) m/f
Singhalese [sɪŋə'li:z] ADJ = **Sinhalese**
singing ['sɪŋɪŋ] N (*gen*) canto; (*songs*) canções fpl; (*in the ears*) zumbido
single ['sɪŋgl] ADJ único, só; (*unmarried*) solteiro; (*not double*) simples *inv* ▶ N (BRIT: *also*: **single ticket**) passagem f de ida; (*record*) compacto; **not a ~ one was left** não sobrou nenhum; **every ~ day** todo santo dia
▶ **single out** VT (*choose*) escolher; (*distinguish*) distinguir
single bed N cama de solteiro
single-breasted [-'brɛstɪd] ADJ não trespassado
single file N: **in ~** em fila indiana
single-handed [-'hændɪd] ADV sem ajuda, sozinho
single-minded ADJ determinado
single parent N pai m solteiro/mãe f solteira
single room N quarto individual
singles ['sɪŋglz] N (*Tennis*) partida simples
▶ NPL (US: *people*) solteiros mpl

singlet ['sɪŋglɪt] N camiseta
singly ['sɪŋglɪ] ADV separadamente
singsong ['sɪŋsɔŋ] ADJ (*tone*) cantado ▶ N (*songs*): **to have a ~** cantar
singular ['sɪŋgjulər] ADJ (*odd*) esquisito; (*outstanding*) extraordinário, excepcional; (*Ling*) singular ▶ N (*Ling*) singular *m*; **in the feminine ~** no feminino singular
singularly ['sɪŋgjulǝlɪ] ADV particularmente
Sinhalese [sɪnhǝ'liːz] ADJ cingalês(-esa)
sinister ['sɪnɪstər] ADJ sinistro
sink [sɪŋk] (*pt* **sank**, *pp* **sunk**) N pia ▶ VT (*ship*) afundar; (*foundations*) escavar ▶ VI (*ship, ground*) afundar-se; (*heart*) partir; (*spirits*) ficar deprimido; (*also:* **sink back, sink down**) cair *or* mergulhar gradativamente; (*share prices*) cair; **to ~ sth into** (*teeth etc*) enterrar algo em; **he sank into a chair/the mud** ele afundou na cadeira/na lama; **a ~ing feeling** um vazio no estômago
▶ **sink in** VI (*fig*) penetrar; **it took a long time to ~ in** demorou muito para ser entendido
sinking fund ['sɪŋkɪŋ-] N fundo de amortização
sink unit N pia
sinner ['sɪnər] N pecador(a) *m/f*
sinuous ['sɪnjuǝs] ADJ sinuoso
sinus ['saɪnǝs] N (*Anat*) seio (paranasal)
sinusitis [saɪnǝ'saɪtǝs] N sinusite *f*
sip [sɪp] N gole *m* ▶ VT sorver, beberricar
siphon ['saɪfǝn] N sifão *m*
▶ **siphon off** VT extrair com sifão; (*funds*) desviar
sir [sər] N senhor *m*; **S~ John Smith** Sir John Smith; **yes, ~** sim, senhor; **Dear S~** (*in letter*) (Prezado) Senhor
siren ['saɪǝrn] N sirena
sirloin ['səːlɔɪn] N lombo de vaca
sirloin steak N filé *m* de alcatra
sisal ['saɪsǝl] N sisal *m*
sissy ['sɪsɪ] (*inf*) N fresco
sister ['sɪstər] N irmã *f*; (*BRIT*: *nurse*) enfermeira-chefe *f*; (*nun*) freira ▶ CPD: **~ organization** organização *f* congênere; **~ ship** navio gêmeo
sister-in-law (*pl* **sisters-in-law**) N cunhada
sit [sɪt] (*pt, pp* **sat**) VI sentar-se; (*be sitting*) estar sentado; (*assembly*) reunir-se; (*for painter*) posar; (*dress*) cair ▶ VT (*exam*) prestar; **to ~ on a committee** ser membro de um comitê; **to ~ tight** não se mexer; (*fig*) esperar
▶ **sit about** VI ficar sentado não fazendo nada
▶ **sit around** VI ficar sentado não fazendo nada
▶ **sit back** VI acomodar-se num assento
▶ **sit down** VI sentar-se; **to be ~ting down** estar sentado
▶ **sit in on** VT FUS assistir a
▶ **sit up** VI (*after lying*) levantar-se; (*straight*) endireitar-se; (*not go to bed*) aguardar acordado, velar

sitcom ['sɪtkɔm] N ABBR (= *situation comedy*) comédia de costumes
sit-down ADJ: **~ strike** greve *f* de braços cruzados; **a ~ meal** uma refeição servida à mesa
site [saɪt] N local *m*, sítio; (*also:* **building site**) lote *m* (de terreno) ▶ VT situar, localizar
sit-in N (*demonstration*) ocupação de um local como forma de protesto, manifestação *f* pacífica
siting ['saɪtɪŋ] N (*location*) localização *f*
sitter ['sɪtər] N (*for painter*) modelo; (*also:* **babysitter**) baby-sitter *m/f*
sitting ['sɪtɪŋ] N (*of assembly etc*) sessão *f*; (*in canteen*) turno
sitting member N (*Pol*) parlamentar *m/f*
sitting room N sala de estar
sitting tenant (*BRIT*) N inquilino(-a)
situate ['sɪtjueɪt] VT situar
situated ['sɪtjueɪtɪd] ADJ situado
situation [sɪtju'eɪʃǝn] N situação *f*; (*job*) posição *f*; (*location*) local *m*; **"~s vacant/wanted"** (*BRIT*) "empregos oferecem-se/procurados"
situation comedy N (*Theatre, TV*) comédia de costumes
six [sɪks] NUM seis; *see also* **five**
six-pack ['sɪkspæk] N (*of beer*) seis latas; (*stomach*) tanquinho
sixteen [sɪks'tiːn] NUM dezesseis; *see also* **five**
sixteenth [sɪks'tiːnθ] NUM décimo sexto
sixth [sɪksθ] NUM sexto; **the upper/lower ~** (*BRIT Sch*) os dois últimos anos do colégio; *see also* **fifth**
sixtieth ['sɪkstɪɪθ] NUM sexagésimo
sixty ['sɪkstɪ] NUM sessenta; *see also* **fifty**
size [saɪz] N (*gen*) tamanho; (*extent*) extensão *f*; (*of clothing*) tamanho, medida; (*of shoes*) número; (*glue*) goma; **I take ~ 14** (*of dress*) = meu tamanho é 44; **the small/large ~** (*of soap powder etc*) o tamanho pequeno/grande; **what ~ do you take in shoes?** que número você calça?; **it's the ~ of ...** é do tamanho de ...
▶ **size up** VT avaliar, formar uma opinião sobre
sizeable ['saɪzǝbl] ADJ considerável, importante
sizzle ['sɪzl] VI chiar
SK (*CANADA*) ABBR = **Saskatchewan**
skate [skeɪt] N patim *m*; (*fish: pl inv*) arraia ▶ VI patinar
▶ **skate around** VT FUS (*problem*) evitar
▶ **skate over** VT FUS = **skate around**
skateboard ['skeɪtbɔːd] N skate *m*, patim-tábua *m*
skater ['skeɪtər] N patinador(a) *m/f*
skating ['skeɪtɪŋ] N patinação *f*
skating rink N rinque *m* de patinação
skeleton ['skɛlɪtn] N esqueleto; (*Tech*) armação *f*; (*outline*) esquema *m*, esboço
skeleton key N chave *f* mestra
skeleton staff N pessoal *m* reduzido (ao mínimo)

skeptic ['skɛptɪk] (US) N = **sceptic**
sketch [skɛtʃ] N (drawing) desenho; (outline) esboço, croqui m; (Theatre) quadro, esquete m ▶ VT desenhar, esboçar; (ideas: also: **sketch out**) esboçar
sketchbook ['skɛtʃbuk] N caderno de rascunho
sketch pad N bloco de desenho
sketchy ['skɛtʃɪ] ADJ incompleto, superficial
skew [skju:] (BRIT) N: **on the ~** fora de esquadria
skewer ['skju:əʳ] N espetinho
ski [ski:] N esqui m ▶ VI esquiar
ski boot N bota de esquiar
skid [skɪd] N derrapagem f ▶ VI deslizar; (Aut) derrapar
skid mark N marca de derrapagem
skier ['ski:əʳ] N esquiador(a) m/f
skiing ['ski:ɪŋ] N esqui m; **to go ~** ir esquiar
ski instructor N instrutor(a) m/f de esqui
ski jump N pista para saltos de esqui; (event) salto de esqui
skilful, (US) **skillful** ['skɪlful] ADJ habilidoso, jeitoso
skilfully, (US) **skillfully** ['skɪlfəlɪ] ADV habilmente
ski lift N ski lift m
skill [skɪl] N habilidade f, perícia; (for work) técnica
skilled [skɪld] ADJ hábil, perito; (worker) especializado, qualificado
skillet ['skɪlɪt] N frigideira
skillful ['skɪlful] (US) ADJ = **skilful**
skim [skɪm] VT (milk) desnatar; (glide over) roçar ▶ VI: **to ~ through** (book) folhear
skimmed milk [skɪmd-] N leite m desnatado
skimp [skɪmp] VT (work: also: **skimp on**) atamancar; (cloth etc) economizar, regatear
skimpy ['skɪmpɪ] ADJ (meagre) escasso, insuficiente; (skirt) sumário
skin [skɪn] N (gen) pele f; (of fruit, vegetable) casca; (on pudding, paint) película ▶ VT (fruit etc) descascar; (animal) tirar a pele de; **wet or soaked to the ~** encharcado, molhado como um pinto
skin-deep ADJ superficial
skin diver N mergulhador(a) m/f
skin diving N caça-submarina
skinflint ['skɪnflɪnt] N pão-duro m
skin graft N enxerto de pele
skinny ['skɪnɪ] ADJ magro, descarnado
skin test N cutirreação f
skintight ['skɪntaɪt] ADJ (dress etc) justo, grudado (no corpo)
skip [skɪp] N salto, pulo; (BRIT: container) balde m ▶ VI saltar; (with rope) pular corda ▶ VT (pass over) omitir, saltar; (miss) deixar de; **to ~ school** (esp US) matar aula
ski pants NPL calça (BR) or calças fpl (PT) de esquiar
ski pole N vara de esqui
skipper ['skɪpəʳ] N (Naut, Sport) capitão m ▶ VT capitanear

skipping rope ['skɪpɪŋ-] (BRIT) N corda (de pular)
ski resort N estação f de esqui
skirmish ['skə:mɪʃ] N escaramuça
skirt [skə:t] N saia ▶ VT (surround) rodear; (go round) orlar, circundar
skirting board ['skə:tɪŋ-] (BRIT) N rodapé m
ski run N pista de esqui
ski slope N pista de esqui
ski suit N traje m de esqui
skit [skɪt] N paródia, sátira
ski tow N ski lift m
skittle ['skɪtl] N pau m; **skittles** N (game) (jogo de) boliche m (BR), jogo da bola (PT)
skive [skaɪv] (BRIT inf) VI evitar trabalhar
skulk [skʌlk] VI esconder-se
skull [skʌl] N caveira; (Anat) crânio
skullcap ['skʌlkæp] N solidéu m; (worn by Pope) barrete m
skunk [skʌŋk] N gambá m; (fig: person) cafajeste m/f, pessoa vil
sky [skaɪ] N céu m; **to praise sb to the skies** pôr alguém nas nuvens
sky-blue ADJ azul-celeste inv
sky-high ADV muito alto ▶ ADJ: **prices are ~** os preços dispararam
skylark ['skaɪlɑ:k] N (bird) cotovia
skylight ['skaɪlaɪt] N claraboia, escotilha
skyline ['skaɪlaɪn] N (horizon) linha do horizonte; (of city) silhueta
skyscraper ['skaɪskreɪpəʳ] N arranha-céu m
slab [slæb] N (stone) bloco; (flat) laje f; (of cake) fatia grossa
slack [slæk] ADJ (loose) frouxo; (slow) lerdo; (careless) descuidado, desmazelado; (Comm: market) inativo, frouxo; (: demand) fraco ▶ N (in rope) brando; **slacks** NPL (trousers) calça (BR), calças fpl (PT); **business is ~** os negócios vão mal
slacken ['slækən] VI (also: **slacken off**) afrouxar-se ▶ VT afrouxar; (speed) diminuir
slag [slæg] N escória, escombros mpl
slag heap N monte m de escória or de escombros
slag off (BRIT inf) VT malhar
slain [sleɪn] PP of **slay**
slake [sleɪk] VT (one's thirst) matar
slalom ['slɑ:ləm] N slalom m
slam [slæm] VT (door) bater or fechar (com violência); (throw) atirar violentamente; (criticize) malhar, criticar ▶ VI fechar-se (com violência)
slander ['slɑ:ndəʳ] N calúnia, difamação f ▶ VT caluniar, difamar
slanderous ['slɑ:ndərəs] ADJ calunioso, difamatório
slang [slæŋ] N gíria; (jargon) jargão m
slant [slɑ:nt] N declive m, inclinação f; (fig) ponto de vista
slanted ['slɑ:ntɪd] ADJ (roof) inclinado; (eyes) puxado
slanting ['slɑ:ntɪŋ] ADJ = **slanted**
slap [slæp] N tapa m or f ▶ VT dar um(a) tapa em; (paint etc): **to ~ sth on sth** passar algo

em algo descuidadamente ▶ ADV (*directly*) diretamente, exatamente

slapdash ['slæpdæʃ] ADJ impetuoso; (*work*) descuidado

slapstick ['slæpstɪk] N (*comedy*) (comédia-) pastelão *m*

slap-up (BRIT) ADJ: **a ~ meal** uma refeição suntuosa

slash [slæʃ] VT cortar, talhar; (*fig: prices*) cortar

slat [slæt] N (*of wood*) ripa; (*of plastic*) tira

slate [sleɪt] N ardósia ▶ VT (*fig: criticize*) criticar duramente, arrasar

slaughter ['slɔ:təʳ] N (*of animals*) matança; (*of people*) carnificina ▶ VT abater; matar, massacrar

slaughterhouse ['slɔ:təhaus] N matadouro

Slav [slɑ:v] ADJ, N eslavo(-a)

slave [sleɪv] N escravo(-a) ▶ VI (*also:* **slave away**) trabalhar como escravo; **to ~ (away) at sth/at doing sth** trabalhar feito condenado em algo/fazendo algo

slave labour N trabalho escravo

slaver ['slævəʳ] VI (*dribble*) babar

slavery ['sleɪvərɪ] N escravidão *f*

Slavic ['slɑ:vɪk] ADJ eslavo

slavish ['sleɪvɪʃ] ADJ servil; (*copy*) descarado

Slavonic [slə'vɔnɪk] ADJ eslavo

slay [sleɪ] (*pt* **slew**, *pp* **slain**) VT (*literary*) matar

SLD (BRIT) N ABBR (*Pol*) = **Social and Liberal Democratic Party**

sleazy ['sli:zɪ] ADJ (*place*) sórdido

sled [slɛd] (US) N trenó *m*

sledge [slɛdʒ] (BRIT) N trenó *m*

sledgehammer ['slɛdʒhæməʳ] N marreta, malho

sleek [sli:k] ADJ (*hair, fur*) macio, lustroso; (*car, boat*) aerodinâmico

sleep [sli:p] (*pt, pp* **slept**) N sono ▶ VI dormir ▶ VT: **we can ~ 4** podemos acomodar 4 pessoas; **to go to ~** dormir, adormecer; **to have a good night's ~** ter uma boa noite de sono; **to put to ~** (*patient*) fazer dormir; (*animal: euphemism: kill*) sacrificar; **to ~ lightly** ter sono leve; **to ~ with sb** (*euphemism*) dormir com alguém

▶ **sleep around** VI ser promíscuo sexualmente

▶ **sleep in** VI (*oversleep*) dormir demais; (*lie in*) dormir até tarde

sleeper ['sli:pəʳ] N (*person*) dorminhoco(-a); (*Rail: on track*) dormente *m*; (: *train*) vagão-leitos *m* (BR), carruagem-camas *f* (PT)

sleepily ['sli:pɪlɪ] ADV sonolentamente

sleeping ['sli:pɪŋ] ADJ adormecido, que dorme

sleeping bag N saco de dormir

sleeping car N vagão-leitos *m* (BR), carruagem-camas *f* (PT)

sleeping partner (BRIT) N (*Comm*) sócio comanditário

sleeping pill N pílula para dormir

sleepless ['sli:plɪs] ADJ: **a ~ night** uma noite em claro

sleeplessness ['sli:plɪsnɪs] N insônia

sleepwalker ['sli:pwɔ:kəʳ] N sonâmbulo

sleepy ['sli:pɪ] ADJ sonolento; (*fig*) morto; **to be** or **feel ~** estar com sono

sleet [sli:t] N chuva com neve or granizo

sleeve [sli:v] N manga; (*of record*) capa

sleeveless ['sli:vlɪs] ADJ (*garment*) sem manga

sleigh [sleɪ] N trenó *m*

sleight [slaɪt] N: **~ of hand** prestidigitação *f*

slender ['slɛndəʳ] ADJ esbelto, delgado; (*means*) escasso, insuficiente

slept [slɛpt] PT, PP *of* **sleep**

sleuth [slu:θ] (*inf*) N detetive *m*

slew [slu:] PT *of* **slay** ▶ VI (BRIT: *also:* **slew round**) virar

slice [slaɪs] N (*of meat, bread*) fatia; (*of lemon*) rodela; (*of fish*) posta; (*utensil*) pá *f* or espátula de bolo ▶ VT cortar em fatias; **~d bread** pão *m* em fatias

slick [slɪk] ADJ (*skilful*) jeitoso, ágil, engenhoso; (*quick*) rápido; (*clever*) esperto, astuto ▶ N (*also:* **oil slick**) mancha de óleo

slid [slɪd] PT, PP *of* **slide**

slide [slaɪd] (*pt, pp* **slid**) VT deslizar ▶ VI (*slip*) escorregar; (*glide*) deslizar ▶ N (*downward movement*) deslizamento, escorregão *m*; (*in playground*) escorregador *m*; (*Phot*) slide *m*; (BRIT: *also:* **hair slide**) passador *m*; (*microscope slide*) lâmina; (*in prices*) queda, baixa; **to let things ~** (*fig*) deixar tudo ir por água abaixo

slide projector N (*Phot*) projetor *m* deslides

slide rule N régua de cálculo

slide show N apresentação *f* de slides

sliding ['slaɪdɪŋ] ADJ (*door*) corrediço; **~ roof** (*Aut*) teto deslizante

sliding scale N escala móvel

slight [slaɪt] ADJ (*slim*) fraco, franzino; (*frail*) delicado; (*error, pain, increase*) pequeno; (*trivial*) insignificante ▶ N desfeita, desconsideração *f* ▶ VT (*offend*) desdenhar, menosprezar; **not in the ~est** em absoluto, de maneira alguma; **the ~est** o(-a) menor; **a ~ improvement** uma pequena melhora

slightly ['slaɪtlɪ] ADV ligeiramente, um pouco; **~ built** magrinho

slim [slɪm] ADJ esbelto, delgado; (*chance*) pequeno ▶ VI emagrecer

slime [slaɪm] N lodo, limo, lama

slimming ['slɪmɪŋ] N emagrecimento ▶ ADJ (*diet, pills*) para emagrecer

slimy ['slaɪmɪ] ADJ pegajoso; (*pond*) lodoso; (*fig*) falso

sling [slɪŋ] VT (*pt, pp* **slung**) atirar, arremessar, lançar ▶ N (*Med*) tipoia; (*for baby*) bebêbag *m*; (*weapon*) estilingue *m*, funda; **to have one's arm in a ~** estar com o braço na tipoia

slink [slɪŋk] (*pt, pp* **slunk**) VI: **to ~ away** or **off** escapulir

slip [slɪp] N (*slide*) tropeção *m*; (*fall*) escorregão *m*; (*mistake*) erro, lapso; (*underskirt*) combinação *f*; (*of paper*) tira ▶ VT deslizar ▶ VI (*slide*) deslizar; (*lose balance*) escorregar; (*decline*) decair; (*move smoothly*): **to ~ into/out of** entrar furtivamente em/sair

furtivamente de; **to let a chance ~ by** deixar passar uma oportunidade; **to ~ sth on/off** enfiar/tirar algo; **it ~ped from her hand** escorregou da mão dela; **to give sb the ~** esgueirar-se de alguém; **a ~ of the tongue** um lapso da língua; *see also* **Freudian**
▶ **slip away** VI escapulir
▶ **slip in** VT meter ▶ VI (*errors*) surgir
▶ **slip out** VI (*go out*) sair (um momento)
▶ **slip up** VI cometer um erro
slip-on ADJ sem fecho ou botões; **~ shoes** mocassins *mpl*
slipped disc [slɪpt-] N disco deslocado
slipper ['slɪpəʳ] N chinelo
slippery ['slɪpərɪ] ADJ escorregadio
slip road (BRIT) N (*to motorway*) entrada para a rodovia
slipshod ['slɪpʃɔd] ADJ descuidoso, desmazelado
slip-up N (*error*) equívoco, mancada; (*by neglect*) descuido
slipway ['slɪpweɪ] N carreira
slit [slɪt] VT (*pt, pp* **slit**) (*cut*) rachar, cortar; (*open*) abrir ▶ N fenda; (*cut*) corte *m*; **to ~ sb's throat** cortar o pescoço de alguém
slither ['slɪðəʳ] VI escorregar, deslizar
sliver ['slɪvəʳ] N (*of glass, wood*) lasca; (*of cheese etc*) fatia fina
slob [slɔb] (*inf*) N (*in manners*) porco(-a); (*in appearance*) maltrapilho(-a)
slog [slɔg] (BRIT) VI mourejar ▶ N: **it was a ~** deu um trabalho louco
slogan ['sləugən] N lema *m*, slogan *m*
slop [slɔp] VI (*also*: **slop over**) transbordar, derramar ▶ VT transbordar, entornar
slope [sləup] N ladeira; (*side of mountain*) encosta, vertente *f*; (*ski slope*) pista; (*slant*) inclinação *f*, declive *m* ▶ VI: **to ~ down** estar em declive; **to ~ up** inclinar-se
sloping ['sləupɪŋ] ADJ inclinado, em declive; (*handwriting*) torto
sloppy ['slɔpɪ] ADJ (*work*) descuidado; (*appearance*) relaxado; (*film etc*) piegas *inv*
slosh [slɔʃ] (*inf*) VI: **to ~ about** *or* **around** (*children*) patinhar; (*liquid*) esparrinhar
sloshed [slɔʃt] (*inf*) ADJ (*drunk*) com a cara cheia
slot [slɔt] N (*in machine*) fenda; (*opening*) abertura; (*fig: in timetable, Radio, TV*) horário ▶ VT: **to ~ into** encaixar em ▶ VI encaixar-se em
sloth [sləuθ] N (*vice, Zool*) preguiça
slot machine N (*for gambling*) caça-níqueis *m inv*; (BRIT: *vending machine*) distribuidora automática
slot meter (BRIT) N contador *m* (*de eletricidade ou gás*) operado por moedas
slouch [slautʃ] VI ter má postura
▶ **slouch about** VI vadiar
▶ **slouch around** VI = **slouch about**
slovenly ['slʌvənlɪ] ADJ (*dirty*) desalinhado, sujo; (*careless*) desmazelado

slow [sləu] ADJ lento; (*not clever*) bronco, de raciocínio lento; (*watch*): **to be ~** atrasar ▶ ADV lentamente, devagar ▶ VT (*also*: **slow down, slow up**: *vehicle*) ir (mais) devagar; (*business*) estar devagar ▶ VI ir (mais) devagar; **"~"** (*road sign*) "devagar"; **at a ~ speed** devagar; **to be ~ to act/decide** ser lento nas ações/ decisões, vacilar; **my watch is 20 minutes ~** meu relógio está atrasado vinte minutos; **business is ~** os negócios vão mal; **to go ~** (*driver*) dirigir devagar; (*in industrial dispute*) fazer uma greve tartaruga; **the ~ lane** a faixa da direita; **bake for 2 hours in a ~ oven** asse durante 2 horas em fogo brando
slow-acting ADJ de ação lenta
slowcoach ['sləukəutʃ] N (BRIT *inf*) lesma
slowdown ['sləudaun] (US) N greve *f* de trabalho lento, operação *f* tartaruga
slowly ['sləulɪ] ADV lentamente, devagar
slow motion N: **in ~** em câmara lenta
slowness ['sləunɪs] N lentidão *f*
slowpoke ['sləupəuk] N (US *inf*) = **slowcoach**
sludge [slʌdʒ] N lama, lodo
slue [slu:] (US) VI = **slew**
slug [slʌg] N lesma; (*bullet*) bala
sluggish ['slʌgɪʃ] ADJ vagaroso; (*business*) lento
sluice [slu:s] N (*gate*) comporta, eclusa; (*channel*) canal *m* ▶ VT: **to ~ down** *or* **out** lavar com jorro d'água
slum [slʌm] N (*area*) favela; (*house*) cortiço, barraco
slumber ['slʌmbəʳ] N sono
slump [slʌmp] N (*economic*) depressão *f*; (*Comm*) baixa, queda ▶ VI (*person*) cair; (*prices*) baixar repentinamente; **he was ~ed over the wheel** estava caído sobre a direção
slung [slʌŋ] PT, PP *of* **sling**
slunk [slʌŋk] PT, PP *of* **slink**
slur [slə:ʳ] N calúnia ▶ VT difamar, caluniar; (*word*) pronunciar indistintamente; **to cast a ~ on sb** manchar a reputação de alguém
slurred [slə:d] ADJ (*pronunciation*) indistinto, ininteligível
slush [slʌʃ] N neve *f* meio derretida
slush fund N verba para suborno
slushy ['slʌʃɪ] ADJ (*snow*) meio derretido; (*street*) lamacento; (BRIT *fig*) piegas *inv*
slut [slʌt] (*pej*) N mulher *f* desmazelada; (*whore*) prostituta
sly [slaɪ] ADJ (*person*) astuto; (*smile, remark*) malicioso, velhaco; **on the ~** às escondidas
smack [smæk] N (*slap*) palmada; (*blow*) tabefe *m* ▶ VT bater; (*child*) dar uma palmada em; (*on face*) dar um tabefe em ▶ VI: **to ~ of** cheirar a, saber a ▶ ADV (*inf*): **it fell ~ in the middle** caiu exatamente no meio
smacker ['smækəʳ] (*inf*) N (*kiss*) beijoca; (BRIT: *pound note*) libra; (US: *dollar bill*) dólar *m*
small [smɔ:l] ADJ pequeno; (*short*) baixo; (*letter*) minúsculo ▶ N: **the ~ of the back** os rins; **to get** *or* **grow ~er** diminuir; **to make ~er** diminuir; **a ~ shopkeeper** um pequeno comerciante

small ads (BRIT) NPL classificados mpl
small arms NPL armas fpl leves
small change N trocado
small fry NPL gente f sem importância
smallholder ['smɔːlhəʊldəʳ] (BRIT) N pequeno(-a) proprietário(-a)
smallholding ['smɔːlhəʊldɪŋ] (BRIT) N minifúndio
small hours NPL: **in the ~** na madrugada, lá pelas tantas (inf)
smallish ['smɔːlɪʃ] ADJ de pequeno porte
small-minded ADJ mesquinho
smallpox ['smɔːlpɔks] N varíola
small print N tipo miúdo
small-scale ADJ (model, map) reduzido; (business, farming) de pequeno porte
small talk N conversa fiada
small-time ADJ (farmer etc) pequeno; **a ~ thief** um ladrão de galinha
smart [smɑːt] ADJ elegante; (clever) inteligente, astuto; (quick) vivo, esperto ▶ VI sofrer; **the ~ set** a alta sociedade; **to look ~** estar elegante; **my eyes are ~ing** meus olhos estão ardendo
SMART Board® N quadro interativo
smart card N smart card m, cartão m inteligente
smarten up ['smɑːtən-] VI arrumar-se ▶ VT arrumar
smart phone N smartphone m
smash [smæʃ] N (also: **smash-up**) colisão f, choque m; (smash hit) sucesso de bilheteira; (sound) estrondo ▶ VT (break) escangalhar, despedaçar; (car etc) bater com; (Sport: record) quebrar ▶ VI despedaçar-se; (against wall etc) espatifar-se
▶ **smash up** VT destruir
smash hit N sucesso absoluto
smashing ['smæʃɪŋ] (inf) ADJ excelente
smattering ['smætərɪŋ] N: **a ~ of** um conhecimento superficial de
smear [smɪəʳ] N mancha, nódoa; (Med) esfregaço; (insult) difamação f ▶ VT untar; (to make dirty) lambuzar; (fig) caluniar, difamar; **his hands were ~ed with oil/ink** as mãos dele estavam manchadas de óleo/tinta
smear campaign N campanha de desmoralização
smear test (BRIT) N (Med) esfregaço
smell [smɛl] (pt, pp **smelt** or **smelled**) VT cheirar ▶ VI (food etc) cheirar; (pej) cheirar mal ▶ N cheiro; (sense) olfato; **to ~ of** cheirar a; **it ~s good** cheira bem, tem um bom cheiro
smelly ['smɛlɪ] (pej) ADJ fedorento, malcheiroso
smelt [smɛlt] PT, PP of **smell** ▶ VT (ore) fundir
smile [smaɪl] N sorriso ▶ VI sorrir
smiling ['smaɪlɪŋ] ADJ sorridente, risonho
smirk [sməːk] (pej) N sorriso falso or afetado
smith [smɪθ] N ferreiro
smithy ['smɪðɪ] N forja, oficina de ferreiro
smitten ['smɪtn] ADJ: **~ with** (charmed by) encantado por; (grief etc) tomado por

343 | **small ads – snake**

smock [smɔk] N guarda-pó m; (children's) avental m
smog [smɔg] N nevoeiro com fumaça (BR) or fumo (PT)
smoke [sməʊk] N fumaça (BR), fumo (PT) ▶ VI fumar; (chimney) fumegar ▶ VT (cigarettes) fumar; **to have a ~** fumar; **do you ~?** você fuma?; **to go up in ~** (house etc) queimar num incêndio; (fig) não dar em nada
smoke alarm N detector m de fumaça
smoked [sməʊkt] ADJ (bacon) defumado; (glass) fumée
smokeless fuel ['sməʊklɪs-] N combustível m não poluente
smokeless zone ['sməʊklɪs-] (BRIT) N zona onde não é permitido o uso de combustíveis poluentes
smoker ['sməʊkəʳ] N (person) fumante m/f; (Rail) vagão m para fumantes
smokescreen ['sməʊkskriːn] N cortina de fumaça
smoke shop (US) N tabacaria, charutaria (BR)
smoking ['sməʊkɪŋ] N: **"no ~"** (sign) "proibido fumar"; **he's given up ~** ele deixou de fumar
smoking compartment, (US) **smoking car** N vagão m para fumantes
smoky ['sməʊkɪ] ADJ (room) enfumaçado; (taste) defumado
smolder ['sməʊldəʳ] (US) VI = **smoulder**
smooth [smuːð] ADJ liso, macio; (sauce) cremoso; (sea) tranquilo, calmo; (flat) plano; (flavour, movement) suave; (person) culto, refinado; (: pej) meloso; (flight, landing) tranquilo; (cigarette) suave ▶ VT (also: **smooth out**) alisar; (: difficulties) aplainar
▶ **smooth over** VT: **to ~ things over** (fig) arranjar as coisas
smoothly ['smuːðlɪ] ADV (easily) facilmente, sem problemas; **everything went ~** tudo correu muito bem
smother ['smʌðəʳ] VT (fire) abafar; (person) sufocar; (emotions) reprimir
smoulder, (US) **smolder** ['sməʊldəʳ] VI arder sem chamas; (fig) estar latente
SMS N ABBR (= short message service) SMS m
smudge [smʌdʒ] N mancha ▶ VT manchar, sujar
smug [smʌg] (pej) ADJ convencido
smuggle ['smʌgl] VT contrabandear; **to ~ in/out** (goods etc) fazer entrar/sair de contrabando
smuggler ['smʌgləʳ] N contrabandista m/f
smuggling ['smʌglɪŋ] N contrabando
smut [smʌt] N (of soot) marca de fuligem; (mark) mancha; (in conversation etc) obscenidades fpl
smutty ['smʌtɪ] ADJ (fig) obsceno, indecente
snack [snæk] N lanche m (BR), merenda (PT); **to have a ~** fazer um lanche
snack bar N lanchonete f (BR), snackbar m (PT)
snag [snæg] N dificuldade f, obstáculo
snail [sneɪl] N caracol m; (water snail) caramujo
snake [sneɪk] N cobra

snap [snæp] N (*sound*) estalo; (*of whip*) estalido; (*click*) clique m; (*photograph*) foto f ▶ ADJ repentino ▶ VT (*break*) quebrar; (*fingers, whip*) estalar; (*photograph*) tirar uma foto de ▶ VI quebrar; (*fig: person*) retrucar asperamente; (*sound*) estalar; **to ~ shut** fechar com um estalo; **to ~ one's fingers** estalar os dedos; **a cold ~** uma onda de frio
▶ **snap at** VT FUS (*subj: person*) retrucar bruscamente a; (: *dog*) tentar morder
▶ **snap off** VT (*break*) partir
▶ **snap up** VT arrebatar, comprar rapidamente
snap fastener N colchete m de mola
snappy ['snæpɪ] (*inf*) ADJ rápido; (*slogan*) vigoroso; **he's a ~ dresser** ele está sempre chique; **make it ~!** faça rápido!
snapshot ['snæpʃɔt] N foto f (instantânea)
snare [snɛəʳ] N armadilha, laço ▶ VT apanhar no laço or na armadilha
snarl [snɑːl] N grunhido ▶ VI grunhir ▶ VT: **to get ~ed up** (*wool, plans*) ficar embaralhado; (*traffic*) ficar engarrafado
snatch [snætʃ] N (*fig*) roubo; (*small piece*) trecho ▶ VT agarrar; (*fig: look*) roubar ▶ VI: **don't ~!** não tome as coisas dos outros!; **to ~ a sandwich** fazer um lanche rapidinho; **to ~ some sleep** dormir um pouco
▶ **snatch up** VT agarrar
sneak [sniːk] (*pt, pp* **sneaked** *or US* **snuck**) VI: **to ~ in/out** entrar/sair furtivamente ▶ VT: **to ~ a look at sth** olhar disfarçadamente para algo ▶ N (*inf*) dedo-duro; **to ~ up on sb** chegar de mansinho perto de alguém
sneakers ['sniːkəz] NPL tênis m (BR), sapatos mpl de treino (PT)
sneaking ['sniːkɪŋ] ADJ: **to have a ~ suspicion that ...** ter uma vaga suspeita de que ...
sneaky ['sniːkɪ] ADJ sorrateiro
sneer [snɪəʳ] N sorriso de desprezo ▶ VI rir-se com desdém; (*mock*): **to ~ at** zombar de, desprezar
sneeze [sniːz] N espirro ▶ VI espirrar
snide [snaɪd] ADJ sarcástico
sniff [snɪf] N fungada; (*of dog*) farejada; (*of person*) fungadela ▶ VI fungar ▶ VT fungar, farejar; (*glue, drug*) cheirar
▶ **sniff at** VT FUS: **it's not to be ~ed at** isso não deve ser desprezado
snigger ['snɪɡəʳ] N riso dissimulado ▶ VI rir-se com dissimulação
snip [snɪp] N tesourada; (*piece*) pedaço, retalho; (BRIT inf: *bargain*) pechincha ▶ VT cortar com tesoura
sniper ['snaɪpəʳ] N franco-atirador(a) m/f
snippet ['snɪpɪt] N fragmento, trecho
snivelling ['snɪvlɪŋ] ADJ (*whimpering*) chorão(-rona), lamuriento
snob [snɔb] N esnobe m/f
snobbery ['snɔbərɪ] N esnobismo
snobbish ['snɔbɪʃ] ADJ esnobe
snooker ['snuːkəʳ] N sinuca

snoop [snuːp] VI: **to ~ about** bisbilhotar
snooper ['snuːpəʳ] N bisbilhoteiro(-a), xereta m/f
snooty ['snuːtɪ] ADJ arrogante
snooze [snuːz] N soneca ▶ VI tirar uma soneca, dormitar
snore [snɔːʳ] VI roncar ▶ N ronco
snoring ['snɔːrɪŋ] N roncadura, roncaria
snorkel ['snɔːkl] N tubo snorkel
snort [snɔːt] N bufo, bufido ▶ VI bufar ▶ VT (*drugs*) cheirar
snotty ['snɔtɪ] ADJ ranhoso; (*fig*) altivo, arrogante
snout [snaut] N focinho
snow [snəu] N neve f ▶ VI nevar ▶ VT: **to be ~ed under with work** estar atolado or sobrecarregado de trabalho
snowball ['snəubɔːl] N bola de neve ▶ VI acumular-se; (*fig*) aumentar (como bola de neve)
snowboarding ['snəubɔːdɪŋ] N snowboard m
snowbound ['snəubaund] ADJ bloqueado pela neve
snow-capped [-kæpt] ADJ coberto de neve
snowdrift ['snəudrɪft] N monte m de neve (formado pelo vento)
snowdrop ['snəudrɔp] N campainha branca
snowfall ['snəufɔːl] N nevada
snowflake ['snəufleɪk] N floco de neve
snowman ['snəumæn] (*irreg: like* **man**) N boneco de neve
snowplough, (US) **snowplow** ['snəuplau] N máquina limpa-neve, removedor m de neve
snowshoe ['snəuʃuː] N raquete f de neve
snowstorm ['snəustɔːm] N nevasca, tempestade f de neve
snowy ['snəuɪ] ADJ nevoso
SNP (BRIT) N ABBR (*Pol*) = **Scottish National Party**
snub [snʌb] VT desdenhar, menosprezar ▶ N repulsa
snub-nosed [-'nəuzd] ADJ de nariz arrebitado
snuck [snʌk] (US) PT, PP *of* **sneak**
snuff [snʌf] N rapé m ▶ VT (*also*: **snuff out**: *candle*) apagar
snug [snʌg] ADJ (*sheltered*) abrigado, protegido; (*fitted*) justo, cômodo
snuggle ['snʌgl] VI: **to ~ up to sb** aconchegar-se or aninhar-se a alguém
snugly ['snʌglɪ] ADV (*fit*) perfeitamente
SO ABBR (*Banking*) = **standing order**

(KEYWORD)

so [səu] ADV **1** (*thus, likewise*) assim, deste modo; **so saying he walked away** falou isto e foi embora; **if so** se for assim, se assim é; **I didn't do it — you did so** não fiz isso — você fez!; **so do I, so am I** *etc* eu também; **so it is!** é verdade!; **I hope/think so** espero/acho que sim; **so far** até aqui; **so far I haven't had any problems** até agora não tive nenhum problema

2 (*in comparisons etc: to such a degree*) tão; **so big/**

quickly (that) tão grande/rápido (que); **she's not so clever as her brother** ela não é tão inteligente quanto o irmão
3: **so much** adj, adv tanto; **I've got so much work** tenho tanto trabalho; **so many** tantos(-as); **there are so many people to see** tem tanta gente para ver
4 (phrases): **10 or so** uns 10; **so long!** (inf: goodbye) tchau!
▶ CONJ **1** (expressing purpose): **so as to do** para fazer; **we hurried so as not to be late** nós nos apressamos para não chegarmos atrasados; **so (that)** para que, a fim de que **2** (result) de modo que; **he didn't arrive so I left** como ele não chegou, eu fui embora; **so I was right after all** então eu estava certo no final das contas

soak [səuk] VT (drench) embeber, ensopar; (put in water) pôr de molho ▶ VI estar de molho, impregnar-se
▶ **soak in** VI infiltrar
▶ **soak up** VT absorver
soaking ['səukɪŋ] ADJ (also: **soaking wet**) encharcado
so and so N fulano(-a)
soap [səup] N sabão m
soap flakes NPL flocos mpl de sabão
soap opera N novela
soap powder N sabão m em pó
soapsuds ['səupsʌdz] N água de sabão
soapy ['səupɪ] ADJ ensaboado
soar [sɔː^r] VI (on wings) elevar-se em voo; (rocket, temperature) subir; (building etc) levantar-se; (price, production) disparar; (morale, spirits) renascer
soaring ['sɔːrɪŋ] ADJ (flight) a grande altura; (prices, inflation) disparado
sob [sɔb] N soluço ▶ VI soluçar
s.o.b. (US!) N ABBR (= son of a bitch) filho da puta (!)
sober ['səubə^r] ADJ (serious) sério; (sensible) sensato; (moderate) moderado; (not drunk) sóbrio; (colour, style) discreto
▶ **sober up** VI ficar sóbrio
sobriety [sə'braɪətɪ] N sobriedade f
sob story N (inf, pej) lamúria
Soc. ABBR = **society**
so-called [-'kɔːld] ADJ chamado
soccer ['sɔkə^r] N futebol m
soccer pitch N campo de futebol
soccer player N jogador m de futebol
sociable ['səuʃəbl] ADJ sociável
social ['səuʃl] ADJ social; (sociable) sociável ▶ N reunião f social
social climber N arrivista m/f
social club N clube m
Social Democrat N democrata-social m/f
social insurance (US) N seguro social
socialism ['səuʃəlɪzəm] N socialismo
socialist ['səuʃəlɪst] ADJ, N socialista m/f
socialite ['səuʃəlaɪt] N socialite m/f, colunável m/f

345 | **soak – soft toy**

socialize ['səuʃəlaɪz] VI: **to ~ (with)** socializar (com)
socially ['səuʃəlɪ] ADV socialmente
social media NPL mídias fpl sociais (BR), meios mpl de comunicação social (PT)
social networking [-'nɛtwəːkɪŋ] N redes fpl sociais
social networking site [-'nɛtwəːkɪŋ-] N rede f social
social science N ciências fpl sociais
social security (BRIT) N previdência social; **Department of Social Security** ≈ Instituto Nacional de Assistência Médica e Previdência Social (BR)
social welfare N bem-estar m social
social work N assistência social, serviço social
social worker N assistente m/f social
society [sə'saɪətɪ] N sociedade f; (club) associação f; (also: **high society**) alta sociedade ▶ CPD (party, column) da alta sociedade
socio-economic ['səusɪəu-] ADJ socioeconômico
sociological [səusɪə'lɔdʒɪkl] ADJ sociológico
sociologist [səusɪ'ɔlədʒɪst] N sociólogo(-a)
sociology [səusɪ'ɔlədʒɪ] N sociologia
sock [sɔk] N meia (BR), peúga (PT) ▶ VT (inf: hit) socar, dar um soco em; **to pull one's ~s up** (fig) tomar jeito
socket ['sɔkɪt] N bocal m, encaixe m; (BRIT Elec) tomada
sod [sɔd] N (of earth) gramado, torrão m; (BRIT!) imbecil m/f ▶ VT: **~ it!** (!) droga!
soda ['səudə] N (Chem) soda; (also: **soda water**) água com gás; (US: also: **soda pop**) soda
sodden ['sɔdn] ADJ encharcado
sodium ['səudɪəm] N sódio
sodium chloride N cloreto de sódio
sofa ['səufə] N sofá m
Sofia ['səufɪə] N Sófia
soft [sɔft] ADJ (gen) macio; (not hard) mole; (voice, music, light) suave; (kind) meigo, bondoso; (weak) fraco; (stupid) idiota
soft-boiled egg [-bɔɪld-] N ovo quente
soft currency N moeda fraca
soft drink N refrigerante m
soft drugs N drogas fpl leves
soften ['sɔfn] VT amolecer, amaciar; (effect) abrandar; (expression) suavizar ▶ VI amolecer-se; (voice, expression) suavizar-se
softener ['sɔfnər] N amaciante m
soft fruit (BRIT) N bagas fpl
soft furnishings NPL cortinas fpl e estofados mpl
soft-hearted ADJ bondoso, caridoso
softly ['sɔftlɪ] ADV suavemente; (gently) delicadamente
softness ['sɔftnɪs] N maciez f; (gentleness) suavidade f
soft sell N venda de forma não agressiva
soft spot N: **to have a ~ for sb** ter xodó por alguém
soft toy N brinquedo de pelúcia

S

software ['sɔftwɛəʳ] N software m
software package N soft m, pacote m
soggy ['sɔgɪ] ADJ ensopado, encharcado
soil [sɔɪl] N (earth) terra, solo; (territory) território ▶ VT sujar, manchar
soiled [sɔɪld] ADJ sujo
sojourn ['sɔdʒəːn] N (formal) estada f
solace ['sɔlɪs] N consolo
solar ['səuləʳ] ADJ solar
solaria [sə'lɛərɪə] NPL of **solarium**
solarium [sə'lɛərɪəm] (pl **solaria**) N solário
solar panel N painel m solar
solar plexus [-'plɛksəs] N plexo solar
solar power N energia solar
sold [səuld] PT, PP of **sell** ▶ ADJ: ~ **out** (Comm) esgotado
solder ['səuldəʳ] VT soldar ▶ N solda
soldier ['səuldʒəʳ] N soldado; (army man) militar m; **toy ~** soldado de chumbo ▶ **soldier on** VI aguentar firme (inf), perseverar
sole [səul] N (of foot, shoe) sola; (fish: pl inv) solha, linguado ▶ ADJ único; **the ~ reason** a única razão
solely ['səullɪ] ADV somente, unicamente; **I will hold you ~ responsible** vou apontar-lhe como o único responsável
solemn ['sɔləm] ADJ solene
sole trader N (Comm) comerciante m/f independente
solicit [sə'lɪsɪt] VT (request) solicitar ▶ VI (prostitute) aliciar fregueses
solicitor [sə'lɪsɪtəʳ] (BRIT) N (for wills etc) tabelião(-lioa) m/f; (in court) ≈ advogado(-a)
solid ['sɔlɪd] ADJ sólido; (gold etc) maciço; (person) sério; (line) contínuo; (vote) unânime ▶ N sólido; **solids** NPL (food) comida sólida; **we waited 2 ~ hours** esperamos durante 2 horas a fio; **to be on ~ ground** estar em terra firme; (fig) ter base
solidarity [sɔlɪ'dærɪtɪ] N solidariedade f
solidify [sə'lɪdɪfaɪ] VI solidificar-se
solidity [sə'lɪdɪtɪ] N solidez f
solid-state ADJ de estado sólido
soliloquy [sə'lɪləkwɪ] N monólogo
solitaire [sɔlɪ'tɛəʳ] N (gem) solitário; (game) solitário, jogo de paciência
solitary ['sɔlɪtərɪ] ADJ solitário, só; (walk) só; (isolated) isolado, retirado; (single) único
solitary confinement N prisão f celular, solitária
solitude ['sɔlɪtjuːd] N solidão f
solo ['səuləu] N, ADV solo
soloist ['səuləuɪst] N solista m/f
Solomon Islands ['sɔləmən-] NPL: **the ~** as ilhas Salomão
solstice ['sɔlstɪs] N solstício
soluble ['sɔljubl] ADJ solúvel
solution [sə'luːʃən] N solução f
solve [sɔlv] VT resolver, solucionar
solvency ['sɔlvənsɪ] N (Comm) solvência
solvent ['sɔlvənt] ADJ (Comm) solvente ▶ N (Chem) solvente m

solvent abuse N abuso de solventes alucinógenos
Somali [sə'mɑːlɪ] ADJ, N somaliano(-a)
Somalia [sə'mɑːlɪə] N Somália
sombre, (US) **somber** ['sɔmbəʳ] ADJ sombrio, lúgubre

(KEYWORD)

some [sʌm] ADJ **1** (a certain number or amount): **some tea/water/biscuits** um pouco de chá/água/uns biscoitos; **some children came** algumas crianças vieram; **there's some milk in the fridge** há leite na geladeira; **I've got some money, but not much** tenho algum dinheiro, mas não muito
2 (certain): algum(a); **some people say that ...** algumas pessoas dizem que ...
3 (unspecified) um pouco de; **some woman was asking for you** uma mulher estava perguntando por você; **some day** um dia
▶ PRON **1** (a certain number) alguns/algumas; **I've got some** (books etc) tenho alguns; **some went for a taxi and some walked** alguns foram pegar um táxi e outros foram andando
2 (a certain amount) um pouco; **I've got some** (milk, money etc) tenho um pouco
▶ ADV: **some 10 people** umas 10 pessoas

somebody ['sʌmbədɪ] PRON = **someone**
someday ['sʌmdeɪ] ADV algum dia
somehow ['sʌmhau] ADV de alguma maneira; (for some reason) por uma razão ou outra
someone ['sʌmwʌn] PRON alguém; **there's ~ coming** tem alguém vindo/chegando
someplace ['sʌmpleɪs] (US) ADV = **somewhere**
somersault ['sʌməsɔːlt] N (deliberate) salto mortal; (accidental) cambalhota ▶ VI dar um salto mortal or uma cambalhota
something ['sʌmθɪŋ] PRON alguma coisa, algo (BR); **~ nice** alguma coisa boa; **~ to do** alguma coisa para fazer; **there's ~ wrong** tem alguma coisa errada; **would you like ~ to eat/drink?** você gostaria de comer/beber alguma coisa?
sometime ['sʌmtaɪm] ADV (in future) algum dia, em outra oportunidade; (in past): **~ last month** durante o mês passado; **I'll finish it ~** vou terminar uma hora dessas
sometimes ['sʌmtaɪmz] ADV às vezes, de vez em quando
somewhat ['sʌmwɔt] ADV um tanto
somewhere ['sʌmwɛəʳ] ADV (be) em algum lugar; (go) para algum lugar; **I must have lost it ~** devo ter perdido (isso) em algum lugar; **it's ~ or other in Scotland** é em algum lugar na Escócia; **~ else** (be) em outro lugar; (go) para outro lugar
son [sʌn] N filho
sonar ['səunɑːʳ] N sonar m
sonata [sə'nɑːtə] N sonata
song [sɔŋ] N canção f; (of bird) canto
songbook ['sɔŋbuk] N cancioneiro

songwriter ['sɒŋraɪtə^r] N compositor(a) m/f de canções
sonic ['sɒnɪk] ADJ (*boom*) sônico
son-in-law (*pl* **sons-in-law**) N genro
sonnet ['sɒnɪt] N soneto
sonny ['sʌnɪ] (*inf*) N meu filho
soon [su:n] ADV logo, brevemente; (*a short time after*) logo após; (*early*) cedo; **~ afterwards** pouco depois; **very/quite ~** logo/daqui a pouco; **how ~ can you be ready?** quando você estará pronto?; **it's too ~ to tell** é muito cedo para dizer; **see you ~!** até logo!; *see also* **as**
sooner ['su:nə^r] ADV (*time*) antes, mais cedo; (*preference*): **I would ~ do that** preferia fazer isso; **~ or later** mais cedo ou mais tarde; **no ~ said than done** dito e feito; **the ~ the better** quanto mais cedo melhor; **no ~ had we left than he ...** mal partimos, ele ...
soot [sut] N fuligem *f*
soothe [su:ð] VT acalmar, sossegar; (*pain*) aliviar, suavizar
soothing ['su:ðɪŋ] ADJ calmante
SOP N ABBR = **standard operating procedure**
sop [sɒp] N paliativo
sophisticated [sə'fɪstɪkeɪtɪd] ADJ sofisticado
sophistication [səfɪstɪ'keɪʃən] N sofisticação *f*
sophomore ['sɒfəmɔ:^r] N (*US*) segundanista *m/f*
soporific [sɒpə'rɪfɪk] ADJ soporífico
sopping ['sɒpɪŋ] ADJ: **~ (wet)** encharcado
soppy ['sɒpɪ] (*pej*) ADJ piegas *inv*
soprano [sə'prɑ:nəu] N soprano *m/f*
sorbet ['sɔ:beɪ] N *sorvete de frutas à base de água*
sorcerer ['sɔ:sərə^r] N feiticeiro
sordid ['sɔ:dɪd] ADJ (*dirty*) imundo, sórdido; (*wretched*) miserável
sore [sɔ:^r] ADJ (*painful*) dolorido; (*offended*) magoado, ofendido ▶ N chaga, ferida; **it's a ~ point** é um ponto delicado; **my eyes are ~, I've got ~ eyes** meus olhos estão doloridos
sorely ['sɔ:lɪ] ADV: **I am ~ tempted (to)** estou muito tentado (a)
sore throat N dor *f* de garganta
sorrel ['sɒrəl] N azeda
sorrow ['sɒrəu] N tristeza, mágoa, dor *f*; **sorrows** NPL (*causes of grief*) tristezas *fpl*
sorrowful ['sɒrəuful] ADJ (*day*) triste; (*smile*) aflito, magoado
sorry ['sɒrɪ] ADJ (*regretful*) arrependido; (*condition, excuse*) lamentável; **~!** desculpe!, perdão!, sinto muito!; **to feel ~ for sb** sentir pena de alguém; **I feel ~ for him** estou com pena dele; **I'm ~ to hear that ...** lamento saber que ...; **to be ~ about sth** arrepender-se de algo
sort [sɔ:t] N tipo; (*brand: of coffee etc*) marca ▶ VT (*also:* **sort out**: *papers*) classificar; (: *problems*) solucionar, resolver; **what ~ do you want?** que tipo você quer?; **what ~ of car?** que tipo de carro?; **I'll do nothing of the ~!** não farei nada do gênero!; **it's ~ of awkward** (*inf*) é meio difícil

sortie ['sɔ:tɪ] N surtida
sorting office ['sɔ:tɪŋ-] N departamento de distribuição
SOS N S.O.S. *m*
so-so ADV mais ou menos, regular
soufflé ['su:fleɪ] N suflê *m*
sought [sɔ:t] PT, PP *of* **seek**
sought-after ADJ desejado
soul [səul] N alma; (*person*) criatura; **I didn't see a ~** não vi uma alma; **God rest his ~** que a sua alma descanse em paz; **the poor ~ had nowhere to sleep** o pobre coitado não tinha onde dormir
soul-destroying [-dɪs'trɔɪɪŋ] ADJ desalentador(a)
soulful ['səulful] ADJ emocional, sentimental
soulless ['səullɪs] ADJ desalmado
soul mate N companheiro(-a) ideal
soul-searching N: **after much ~** depois de muita ponderação
sound [saund] ADJ (*healthy*) saudável, sadio; (*safe, not damaged*) sólido, completo; (*secure*) seguro; (*reliable*) confiável; (*sensible*) sensato; (*argument, policy*) válido; (*move*) acertado ▶ ADV: **~ asleep** dormindo profundamente ▶ N (*noise*) som *m*, ruído, barulho; (*volume: on TV etc*) volume *m*; (*Geo*) estreito, braço (de mar) ▶ VT (*alarm*) soar ▶ VI soar, tocar; (*fig: seem*) parecer; **to be of ~ mind** estar em juízo perfeito; **I don't like the ~ of it** eu não estou gostando disso; **to ~ like** parecer; **it ~s as if ...** parece que ...
▶ **sound off** (*inf*) VI: **to ~ off (about)** pontificar (sobre)
▶ **sound out** VT sondar
sound barrier N barreira do som
sound effects NPL efeitos *mpl* sonoros
sound engineer N engenheiro(-a) de som
sounding ['saundɪŋ] N (*Naut etc*) sondagem *f*
sounding board N (*Mus*) caixa de ressonância; (*fig*): **to use sb as a ~ for one's ideas** testar suas ideias em alguém
soundly ['saundlɪ] ADV (*sleep*) profundamente; (*beat*) completamente
soundproof ['saundpru:f] ADJ à prova de som ▶ VT insonorizar
soundtrack ['saundtræk] N (*of film*) trilha sonora
sound wave N onda sonora
soup [su:p] N (*thick*) sopa; (*thin*) caldo; **in the ~** (*fig*) numa encrenca
soup kitchen N *local onde se distribui comida aos pobres*
soup plate N prato fundo (para sopa)
soupspoon ['su:pspu:n] N colher *f* de sopa
sour ['sauə^r] ADJ azedo, ácido; (*milk*) talhado; (*fig*) mal-humorado, rabugento; **it's ~ grapes!** (*fig*) é despeito!; **to go** *or* **turn ~** (*milk, wine*) azedar; (*fig: relationship, plan*) azedar, dar errado
source [sɔ:s] N fonte *f*; **I have it from a reliable ~ that ...** uma fonte confiável me assegura que ...

south [sauθ] N sul *m* ▶ ADJ do sul, meridional ▶ ADV ao *or* para o sul; **(to the)** ~ **of** ao sul de; **the S~ of France** o Sul da França; **to travel** ~ viajar para o sul
South Africa N África do Sul
South African ADJ, N sul-africano(-a)
South America N América do Sul
South American ADJ, N sul-americano(-a)
southbound ['sauθbaund] ADJ em direção ao sul
south-east N sudeste *m* ▶ ADJ do sudeste
South-East Asia N o Sudeste da Ásia
southerly ['sʌðəlɪ] ADJ para o sul; *(from the south)* do sul
southern ['sʌðən] ADJ *(to the south)* para o sul, em direção do sul; *(from the south)* do sul, sulista; **the** ~ **hemisphere** o Hemisfério Sul
South Pole N Pólo Sul
South Sea Islands NPL: **the** ~ as ilhas dos Mares do Sul
South Seas NPL: **the** ~ os Mares do Sul
southward ['sauθwəd], **southwards** ['sauθwədz] ADV para o sul
south-west N sudoeste *m*
souvenir [suːvəˈnɪər] N lembrança
sovereign ['sɔvrɪn] ADJ, N soberano(-a)
sovereignty ['sɔvrɪntɪ] N soberania
soviet ['səuvɪət] ADJ soviético; **the S~ Union** a União Soviética
sow[1] [sau] N porca
sow[2] [səu] *(pt* **sowed***, pp* **sown***)* VT semear; *(fig: spread)* disseminar, espalhar
sown [səun] PP *of* **sow**[2]
soya ['sɔɪə], *(US)* **soy** [sɔɪ] N soja
soya bean, *(US)* **soybean** N semente *f* de soja
soya sauce, **soy sauce** N molho de soja
spa [spɑː] N *(town)* estância hidro-mineral; *(US: also:* **health spa***)* estância balnear
space [speɪs] N *(gen)* espaço; *(room)* lugar *m* ▶ CPD espacial ▶ VT *(also:* **space out***)* espaçar; **in a confined** ~ num espaço confinado; **in a short** ~ **of time** num curto espaço de tempo; **(with)in the** ~ **of an hour** dentro do espaço de uma hora; **to clear a** ~ **for sth** abrir espaço para algo
space bar N tecla de espaçamento
spacecraft ['speɪskrɑːft] N nave *f* espacial
spaceman ['speɪsmæn] *(irreg: like* **man***)* N astronauta *m*, cosmonauta *m*
spaceship ['speɪsʃɪp] N = **spacecraft**
space shuttle N ônibus *m* espacial
spacesuit ['speɪssuːt] N traje *m* espacial
spacewoman ['speɪswumən] *(irreg: like* **woman***)* N astronauta, cosmonauta
spacing ['speɪsɪŋ] N espaçamento, espaçamento; **single/double** ~ espaçamento simples/duplo
spacious ['speɪʃəs] ADJ espaçoso
spade [speɪd] N pá *f*; **spades** NPL *(Cards)* espadas *fpl*
spadework ['speɪdwəːk] N *(fig)* trabalho preliminar
spaghetti [spəˈgɛtɪ] N espaguete *m*

Spain [speɪn] N Espanha
spam ['spæm] N *(junk email)* spam *m*
span [spæn] N *(also:* **wingspan***)* envergadura; *(of hand)* palma; *(of arch)* vão *m*; *(in time)* lapso, espaço ▶ VT estender-se sobre, atravessar; *(fig)* abarcar
Spaniard ['spænjəd] N espanhol(a) *m/f*
spaniel ['spænjəl] N spaniel *m*
Spanish ['spænɪʃ] ADJ espanhol(a) ▶ N *(Ling)* espanhol *m*, castelhano; **the Spanish** NPL os espanhóis
Spanish omelette N omelete *m* à espanhola
spank [spæŋk] VT bater, dar palmadas em
spanner ['spænər] *(BRIT)* N chave *f* inglesa
spar [spɑːʳ] N mastro, verga ▶ VI *(Boxing)* treinar
spare [spɛəʳ] ADJ *(free)* vago, desocupado; *(surplus)* de sobra, a mais; *(available)* disponível, de reserva ▶ N = **spare part** ▶ VT *(do without)* dispensar, passar sem; *(make available)* dispor de; *(afford to give)* dispor de, ter de sobra; *(refrain from hurting)* perdoar, poupar; *(be grudging with)* dar frugalmente; **to** ~ *(surplus)* de sobra; **there are 2 going** ~ *(BRIT)* há 2 sobrando; **to** ~ **no expense** não poupar despesas; **can you** ~ **(me) £10?** pode me ceder £10?; **can you** ~ **the time?** você tem tempo?; **there is no time to** ~ não há tempo a perder; **I've a few minutes to** ~ tenho alguns minutos de sobra
spare part N peça sobressalente
spare room N quarto de hóspedes
spare time N tempo livre
spare tyre N estepe *m*
spare wheel N estepe *m*
sparing ['spɛərɪŋ] ADJ: **to be** ~ **with** ser econômico com
sparingly ['spɛərɪŋlɪ] ADV frugalmente, com moderação
spark [spɑːk] N chispa, faísca; *(fig)* centelha
sparking plug ['spɑːkɪŋ-] N vela (de ignição)
sparkle ['spɑːkl] N cintilação *f*, brilho ▶ VI cintilar; *(shine)* brilhar, faiscar
sparkling ['spɑːklɪŋ] ADJ *(mineral water)* gasoso; *(wine)* espumante; *(conversation)* animado; *(performance)* brilhante
spark plug N vela (de ignição)
sparrow ['spærəu] N pardal *m*
sparse [spɑːs] ADJ escasso; *(hair)* ralo
spartan ['spɑːtən] ADJ *(fig)* espartano
spasm ['spæzəm] N *(Med)* espasmo; *(fig)* acesso, ataque *m*
spasmodic [spæzˈmɔdɪk] ADJ espasmódico
spastic ['spæstɪk] N espástico(-a)
spat [spæt] PT, PP *of* **spit** ▶ N *(US)* bate-boca *m*
spate [speɪt] N série *f*; *(fig)*: **a** ~ **of** uma enxurrada de; **in** ~ *(river)* em cheia
spatial ['speɪʃəl] ADJ espacial
spatter ['spætəʳ] N borrifo ▶ VT borrifar, salpicar ▶ VI borrifar
spatula ['spætjulə] N espátula
spawn [spɔːn] VI desovar, procriar ▶ VT gerar; *(pej: create)* gerar, criar ▶ N ovas *fpl*

SPCA (US) N ABBR = **Society for the Prevention of Cruelty to Animals**

SPCC (US) N ABBR = **Society for the Prevention of Cruelty to Children**

speak [spiːk] (pt **spoke**, pp **spoken**) VT (language) falar; (truth) dizer ▶ VI falar; (make a speech) discursar; **to ~ to sb/of** or **about sth** falar com alguém/de or sobre algo; **~ up!** fale alto!; **~ing!** (on phone) é ele/ela mesmo!; **to ~ one's mind** desabafar; **he has no money to ~ of** ele quase não tem dinheiro
▶ **speak for** VT FUS: **to ~ for sb** falar por alguém; **that picture is already spoken for** aquele quadro já está vendido

speaker ['spiːkə^r] N (in public) orador(a) m/f; (also: **loudspeaker**) alto-falante m; (Pol): **the S~** o Presidente da Câmara; **are you a Welsh ~?** você fala galês?

speaking ['spiːkɪŋ] ADJ falante; **Italian-~ people** pessoas de língua italiana

spear [spɪə^r] N lança; (for fishing) arpão m ▶ VT lancear, arpoar

spearhead ['spɪəhɛd] N ponta-de-lança ▶ VT (attack) encabeçar

spearmint ['spɪəmɪnt] N hortelã f

spec [spɛk] (inf) N: **on ~** por acaso

special ['spɛʃl] ADJ especial; (edition etc) extra; (delivery) rápido ▶ N (train) trem m especial; **take ~ care** tome muito cuidado; **nothing ~** nada especial; **today's ~** (at restaurant) especialidade do dia, prato do dia

special delivery N: **by ~** por entrega rápida

specialist ['spɛʃəlɪst] N especialista m/f; **heart ~** especialista em doenças do coração

speciality [spɛʃɪ'ælɪtɪ] N especialidade f

specialize ['spɛʃəlaɪz] VI: **to ~ (in)** especializar-se (em)

specially ['spɛʃəlɪ] ADV especialmente

special offer N oferta especial

specialty ['spɛʃəltɪ] (esp US) N = **speciality**

species ['spiːʃiːz] N INV espécie f

specific [spə'sɪfɪk] ADJ específico

specifically [spə'sɪfɪklɪ] ADV especificamente

specification [spɛsɪfɪ'keɪʃən] N especificação f; (requirement) requinto m; **specifications** NPL (Tech) ficha técnica; (of building) especificações fpl

specify ['spɛsɪfaɪ] VT, VI especificar; **unless otherwise specified** salvo indicação em contrário

specimen ['spɛsɪmən] N espécime m, amostra; (for testing, Med) espécime; (fig) exemplar m

specimen copy N exemplar m de amostra

specimen signature N modelo de assinatura

speck [spɛk] N mancha, pinta; (particle) grão m

speckled ['spɛkld] ADJ pintado

specs [spɛks] (inf) NPL óculos mpl

spectacle ['spɛktəkl] N espetáculo; **spectacles** NPL (glasses) óculos mpl

spectacle case N estojo de óculos

spectacular [spɛk'tækjulə^r] ADJ espetacular
▶ N (Cinema etc) superprodução f

spectator [spɛk'teɪtə^r] N espectador(a) m/f

specter ['spɛktə^r] (US) N = **spectre**

spectra ['spɛktrə] NPL of **spectrum**

spectre, (US) **specter** ['spɛktə^r] N espectro, aparição f

spectrum ['spɛktrəm] (pl **spectra**) N espectro

speculate ['spɛkjuleɪt] VI especular; (try to guess): **to ~ about** especular sobre

speculation [spɛkju'leɪʃən] N especulação f

speculative ['spɛkjulətɪv] ADJ especulativo

speculator ['spɛkjuleɪtə^r] N especulador(a) m/f

sped [spɛd] PT, PP of **speed**

speech [spiːtʃ] N (faculty, Theatre) fala; (formal talk) discurso

speech day (BRIT) N (Sch) dia m de distribuição de prêmios

speech impediment N defeito m de articulação

speechless ['spiːtʃlɪs] ADJ estupefato, emudecido

speech therapy N ortofonia

speed [spiːd] (pt, pp **sped**) N (fast travel) velocidade f; (rate) rapidez f; (haste) pressa; (promptness) prontidão f; (gear) marcha ▶ VI (in car) correr; **the years sped by** os anos voaram; **at full** or **top ~** a toda a velocidade; **at a ~ of 70 km/h** a uma velocidade de 70 km/h; **shorthand/typing ~** velocidade de estenografia/datilografia; **at ~** em alta velocidade; **a five-~ gearbox** uma caixa de mudanças com cinco marchas
▶ **speed up** (pt, pp **speeded up**) VT, VI acelerar

speedboat ['spiːdbəut] N lancha

speed camera N radar m de velocidade

speedily ['spiːdɪlɪ] ADV depressa, rapidamente

speeding ['spiːdɪŋ] N (Aut) excesso de velocidade

speed limit N limite m de velocidade, velocidade f máxima

speedometer [spɪ'dɔmɪtə^r] N velocímetro

speed trap N área de fiscalização contra motoristas que dirigem em alta velocidade

speedway ['spiːdweɪ] N (Sport) pista de corrida, rodovia de alta velocidade; (also: **speedway racing**) corrida de motocicleta

speedy ['spiːdɪ] ADJ (fast) veloz, rápido; (prompt) pronto, imediato

speleologist [spiːlɪ'ɔlədʒɪst] N espeleologista m/f

spell [spɛl] (pt, pp **spelled** or **spelt**) VT (also: **spell out**) soletrar; (fig) pressagiar, ser sinal de ▶ N (also: **magic spell**) encanto, feitiço; (period of time) período, temporada; **he can't ~** não sabe escrever bem, comete erros de ortografia; **how do you ~ your name?** como você escreve o seu nome?; **can you ~ it for me?** pode soletrar isso para mim?; **to cast a ~ on sb** enfeitiçar alguém

spellbound ['spɛlbaund] ADJ enfeitiçado, fascinado

spellchecker ['spɛltʃɛkə^r] N (Comput) corretor m ortográfico

spelling ['spɛlɪŋ] N ortografia

spelling mistake N erro ortográfico
spelt [spɛlt] PT, PP of **spell**
spend [spɛnd] (pt, pp **spent**) VT (money) gastar; (time) passar; **to ~ time/money on sth** gastar tempo/dinheiro em algo
spending ['spɛndɪŋ] N gastos mpl; **government ~** gastos públicos
spending money N dinheiro para pequenas despesas
spending power N poder m aquisitivo
spendthrift ['spɛndθrɪft] N esbanjador(a) m/f, perdulário(-a)
spent [spɛnt] PT, PP of **spend** ▶ ADJ gasto
sperm [spə:m] N esperma
sperm whale N cachalote m
spew [spju:] VT vomitar, lançar
sphere [sfɪəʳ] N esfera
spherical ['sfɛrɪkl] ADJ esférico
sphinx [sfɪŋks] N esfinge f
spice [spaɪs] N especiaria ▶ VT condimentar
spick-and-span [spɪk-] ADJ tudo arrumado
spicy ['spaɪsɪ] ADJ condimentado; (fig) picante
spider ['spaɪdəʳ] N aranha; **~'s web** teia de aranha
spiel [spi:l] N lengalenga
spike [spaɪk] N (point) ponta, espigão m; (Bot) espiga; **spikes** NPL (Sport) ferrões mpl
spike heel (US) N salto alto e fino
spiky ['spaɪkɪ] ADJ espinhoso
spill [spɪl] (pt, pp **spilt** or **spilled**) VT entornar, derramar; (blood) derramar ▶ VI derramar-se; **to ~ the beans** (inf) dar com a língua nos dentes
▶ **spill out** VI (come out) sair; (fall out) cair
▶ **spill over** VI transbordar
spin [spɪn] (pt, pp **spun**) N (revolution of wheel) volta, rotação f; (Aviat) parafuso; (trip in car) volta or passeio de carro; (ball): **to put ~ on** fazer rolar ▶ VT (wool etc) fiar, tecer; (wheel) girar; (clothes) torcer ▶ VI girar, rodar; (make thread) tecer; **the car spun out of control** o carro se desgovernou
▶ **spin out** VT prolongar; (money) fazer render
spinach ['spɪnɪtʃ] N espinafre m
spinal ['spaɪnl] ADJ espinhal
spinal column N coluna vertebral
spinal cord N espinha dorsal
spindly ['spɪndlɪ] ADJ longo e espigado
spin doctor (inf) N marqueteiro(-a)
spin-dry VT torcer (na máquina)
spin-dryer (BRIT) N secadora
spine [spaɪn] N espinha dorsal; (thorn) espinho
spine-chilling [-'tʃɪlɪŋ] ADJ arrepiante
spineless ['spaɪnlɪs] ADJ (fig) fraco, covarde
spinner ['spɪnəʳ] N (of thread) fiandeiro(-a)
spinning ['spɪnɪŋ] N fiação f
spinning top N pião m
spinning wheel N roca de fiar
spin-off N subproduto
spinster ['spɪnstəʳ] N solteira; (pej) solteirona
spiral ['spaɪərl] N espiral f ▶ ADJ em espiral, helicoidal ▶ VI (prices) disparar; **the inflationary ~** a espiral inflacionária
spiral staircase N escada em caracol
spire ['spaɪəʳ] N flecha, agulha
spirit ['spɪrɪt] N espírito; (soul) alma; (ghost) fantasma m; (humour) humor m; (courage) coragem f, ânimo; (frame of mind) estado de espírito; (sense) sentido; **spirits** NPL (drink) álcool m; **in good ~s** alegre, de bom humor; **Holy S~** Espírito Santo; **community/public ~** espírito comunitário/público
spirit duplicator N duplicador m a álcool
spirited ['spɪrɪtɪd] ADJ animado, espirituoso
spirit level N nível m de bolha
spiritual ['spɪrɪtjuəl] ADJ espiritual ▶ N (also: **Negro spiritual**) canto religioso dos negros
spiritualism ['spɪrɪtjuəlɪzəm] N espiritualismo
spit [spɪt] VI (pt, pp **spat**) cuspir; (sound) escarrar; (rain) chuviscar ▶ N (for roasting) espeto; (Geo) restinga; (spittle) cuspe m, cusparada; (saliva) saliva
spite [spaɪt] N rancor m, ressentimento ▶ VT contrariar; **in ~ of** apesar de, a despeito de
spiteful ['spaɪtful] ADJ maldoso, malévolo
spitting ['spɪtɪŋ] N: **"~ prohibited"** "proibido cuspir" ▶ ADJ: **to be the ~ image of sb** ser a imagem escarrada de alguém
spittle ['spɪtl] N cuspe m
spiv [spɪv] (BRIT inf) N negocista m
splash [splæʃ] N (sound) borrifo, respingo; (of colour) mancha ▶ VT: **to ~ (with)** salpicar (de) ▶ VI (also: **splash about**) borrifar, respingar ▶ EXCL pluft
splashdown ['splæʃdaun] N amerissagem f
spleen [spli:n] N (Anat) baço
splendid ['splɛndɪd] ADJ esplêndido; (impressive) impressionante
splendour, (US) **splendor** ['splɛndəʳ] N esplendor m; (of achievement) pompa, glória; **splendours** NPL (features) esplendores mpl
splice [splaɪs] VT juntar
splint [splɪnt] N tala
splinter ['splɪntəʳ] N (of wood, glass) lasca; (in finger) farpa ▶ VI lascar-se, estilhaçar-se, despedaçar-se
splinter group N grupo dissidente
split [splɪt] (pt, pp **split**) N fenda, brecha; (fig: division) rompimento; (: difference) diferença; (Pol) divisão f ▶ VT partir, fender; (party, work) dividir; (profits) repartir ▶ VI (divide) dividir-se, repartir-se; **the splits** NPL (Gymnastics): **to do the ~s** abrir or fazer espaguete; **to ~ sth down the middle** partir algo ao meio; (fig) dividir algo (pela metade)
▶ **split up** VI (couple) separar-se, acabar; (meeting) terminar
split-level ADJ em vários níveis
split peas NPL ervilhas secas fpl
split personality N dupla personalidade f
split second N fração f de segundo
splitting ['splɪtɪŋ] ADJ (headache) lancinante
splutter ['splʌtəʳ] VI crepitar; (person) balbuciar, gaguejar

spoil [spɔɪl] (pt, pp **spoilt** or **spoiled**) VT (damage) danificar; (mar) estragar, arruinar; (child) mimar; (ballot paper) violar ▶ VI: **to be ~ing for a fight** estar querendo comprar uma briga

spoils [spɔɪlz] NPL desojo, saque m

spoilsport ['spɔɪlspɔːt] (pej) N desmancha-prazeres m/f inv

spoilt [spɔɪlt] PT, PP of **spoil** ▶ ADJ (child) mimado; (ballot paper) violado

spoke [spəʊk] PT of **speak** ▶ N (of wheel) raio

spoken ['spəʊkn] PP of **speak**

spokesman ['spəʊksmən] (irreg: like **man**) N porta-voz m

spokeswoman ['spəʊkswʊmən] (irreg: like **woman**) N porta-voz f

sponge [spʌndʒ] N esponja; (cake) pão de ló m ▶ VT lavar com esponja ▶ VI: **to ~ on sb** viver às custas de alguém

sponge bag (BRIT) N bolsa de toalete

sponge cake N pão-de-ló m

sponger ['spʌndʒəʳ] (pej) N parasito(-a)

spongy ['spʌndʒɪ] ADJ esponjoso

sponsor ['spɔnsəʳ] N patrocinador(a) m/f; (for membership) padrinho/madrinha; (Comm) fiador(a) m/f, financiador(a) m/f; (bill in parliament etc) responsável m/f ▶ VT patrocinar; apadrinhar; fiar; (applicant, proposal) apoiar, defender; **I ~ed him at 3p a mile** eu o patrocinei à razão de 3p por milha

sponsorship ['spɔnsəʃɪp] N patrocínio

spontaneity [spɔntə'neɪɪtɪ] N espontaneidade f

spontaneous [spɔn'teɪnɪəs] ADJ espontâneo

spoof [spuːf] N (parody) paródia; (trick) trote m

spooky ['spuːkɪ] (inf) ADJ arrepiante

spool [spuːl] N carretel m; (of film) rolo; (for tape) bobina; (of sewing machine) bobina, novelo

spoon [spuːn] N colher f

spoon-feed (irreg: like **feed**) VT dar de comer com colher; (fig) dar tudo mastigado a

spoonful ['spuːnful] N colherada

sporadic [spə'rædɪk] ADJ esporádico

sport [spɔːt] N esporte m (BR), desporto (PT); (person) bom perdedor/boa perdedora m/f ▶ VT (wear) exibir; **indoor/outdoor ~s** esportes de salão/ao ar livre; **to say sth in ~** dizer algo de brincadeira

sporting ['spɔːtɪŋ] ADJ esportivo (BR), desportivo (PT); (generous) nobre; **to give sb a ~ chance** dar uma grande chance a alguém

sport jacket (US) N = **sports jacket**

sports car N carro esporte (BR), carro de sport (PT)

sports drink N isotônico

sports ground N campo de esportes (BR) or de desportos (PT)

sports jacket (BRIT) N casaco esportivo (BR) or desportivo (PT)

sportsman ['spɔːtsmən] (irreg: like **man**) N esportista m (BR), desportista m (PT)

sportsmanship ['spɔːtsmənʃɪp] N espírito esportivo (BR) or desportivo (PT)

sportsmen ['spɔːtsmɛn] NPL of **sportsman**

sports page N página de esportes

sports utility vehicle N veículo com tração nas quatro rodas, veículo 4x4

sportswear ['spɔːtswɛəʳ] N roupa esportiva (BR) or desportiva (PT) or esporte

sportswoman ['spɔːtswʊmən] (irreg: like **woman**) N esportista (BR), desportista (PT)

sporty ['spɔːtɪ] ADJ esportivo (BR), desportivo (PT)

spot [spɔt] N (mark) marca; (place) lugar m, local m; (dot: on pattern) mancha, ponto; (on skin) espinha; (Radio, TV) hora; (small amount): **a ~ of** um pouquinho de ▶ VT (notice) notar; **on the ~** (at once) na hora; (there) ali mesmo; (in difficulty) em apuros

spot check N fiscalização f de surpresa

spotless ['spɔtlɪs] ADJ sem mancha, imaculado

spotlight ['spɔtlaɪt] N holofote m, refletor m

spot-on (BRIT inf) ADJ acertado em cheio

spot price N preço à vista

spotted ['spɔtɪd] ADJ (pattern) com bolinhas

spotty ['spɔtɪ] ADJ (face) cheio de espinhas

spouse [spauz] N cônjuge m/f

spout [spaut] N (of jug) bico; (of pipe) cano ▶ VI jorrar

sprain [spreɪn] N distensão f, torcedura ▶ VT torcer; **to ~ one's ankle/wrist** torcer o tornozelo/a pulseira

sprang [spræŋ] PT of **spring**

sprawl [sprɔːl] VI esparramar-se ▶ N: **urban ~** crescimento urbano; **to send sb ~ing** jogar alguém no chão

spray [spreɪ] N borrifo; (container) spray m, atomizador m; (garden spray) vaporizador m; (of paint) pistola borrifadora; (of flowers) ramalhete m ▶ VT pulverizar; (crops) borrifar, regar ▶ CPD (deodorant etc) em spray

spread [sprɛd] (pt, pp **spread**) N extensão f; (distribution) expansão f, difusão f; (Press, Typ: two pages) chapada; (Culin) pasta; (inf: food) banquete m ▶ VT espalhar; (butter) untar, passar; (wings, sails) abrir, desdobrar; (workload, wealth) distribuir; (scatter) disseminar; (payments) espaçar ▶ VI (news, stain) espalhar-se; (disease) alastrar-se ▶ **spread out** VI dispersar-se

spread-eagled [-'iːgld] ADJ: **to be** or **lie ~** estar estirado

spreadsheet ['sprɛdʃiːt] N (Comput) planilha

spree [spriː] N: **to go on a ~** cair na farra

sprig [sprɪg] N raminho

sprightly ['spraɪtlɪ] ADJ ativo, ágil

spring [sprɪŋ] (pt **sprang**, pp **sprung**) N (leap) salto, pulo; (coiled metal) mola; (bounciness) elasticidade f; (season) primavera; (of water) fonte f ▶ VI pular, saltar ▶ VT: **to ~ a leak** (pipe etc) furar; **he sprang the news on me** ele me pegou de surpresa com a notícia; **in ~, in the ~** na primavera; **to ~ from** provir de; **to ~ into action** partir para ação; **to walk**

with a ~ in one's step andar espevitado
▶ **spring up** vi aparecer de repente
springboard ['sprɪŋbɔːd] N trampolim m
spring-cleaning N limpeza total, faxina (geral)
spring onion (BRIT) N cebolinha
springtime ['sprɪŋtaɪm] N primavera
springy ['sprɪŋɪ] ADJ elástico, flexível
sprinkle ['sprɪŋkl] vт (liquid) salpicar; (salt, sugar) borrifar; **to ~ water on, ~ with water** salpicar de água; **~d with** (fig) salpicado or polvilhado de
sprinkler ['sprɪŋkləʳ] N (for lawn etc) regador m; (to put out fire) sprinkler m
sprinkling ['sprɪŋklɪŋ] N (of water) borrifo; (of salt) pitada; (of sugar) bocado
sprint [sprɪnt] N corrida de pequena distância
▶ vi correr a toda velocidade
sprinter ['sprɪntəʳ] N corredor(a) m/f
sprite [spraɪt] N duende m, elfo
sprocket ['sprɔkɪt] N (on printer etc) dente m (de roda)
sprout [spraut] vi brotar, germinar
sprouts [sprauts] NPL (also: **Brussels sprouts**) couves-de-Bruxelas fpl
spruce [spruːs] N INV (Bot) abeto ▶ ADJ arrumado, limpo, elegante
▶ **spruce up** vт arrumar; **to ~ o.s. up** arrumar-se
sprung [sprʌŋ] PP of **spring**
spry [spraɪ] ADJ ativo, ágil
SPUC N ABBR = **Society for the Protection of Unborn Children**
spud [spʌd] (inf) N batata
spun [spʌn] PT, PP of **spin**
spur [spəːʳ] N espora; (fig) estímulo ▶ vт (also: **spur on**) incitar, estimular; **on the ~ of the moment** de improviso, de repente
spurious ['spjuərɪəs] ADJ espúrio, falso
spurn [spəːn] vт desdenhar, desprezar
spurt [spəːt] N (of energy) acesso; (of blood etc) jorro ▶ vi jorrar; **to put in** or **on a ~** (runner) dar uma arrancada; (fig: in work etc) dar uma virada
sputter ['spʌtəʳ] vi crepitar; (person) balbuciar, gaguejar
spy [spaɪ] N espião/espiã m/f ▶ vi: **to ~ on** espiar, espionar ▶ vт (see) enxergar, avistar
▶ CPD (film, story) de espionagem
spying ['spaɪɪŋ] N espionagem f
spyware ['spaɪwɛəʳ] N (Comput) spyware m, software m espião
Sq. ABBR (in address) = **square**
sq. ABBR (Math etc) = **square**
squabble ['skwɔbl] N briga, bate-boca m ▶ vi brigar, discutir
squad [skwɔd] N (Mil, Police) pelotão m, esquadra; (Football) seleção f; **flying ~** (Police) polícia de prontidão
squad car (BRIT) N (Police) radiopatrulha
squadron ['skwɔdrən] N (Mil) esquadrão m; (Aviat) esquadrilha; (Naut) esquadra
squalid ['skwɔlɪd] ADJ (conditions) esquálido; (story etc) sórdido

squall [skwɔːl] N (storm) tempestade f; (wind) pé m (de vento), rajada
squalor ['skwɔləʳ] N sordidez f
squander ['skwɔndəʳ] vт (money) esbanjar, dissipar; (chances) desperdiçar
square [skwɛəʳ] N quadrado; (in town) praça; (Math: instrument) esquadro; (inf: person) quadrado(-a), careta m/f ▶ ADJ quadrado; (inf: ideas, tastes) careta, antiquado ▶ vт (arrange) ajustar, acertar; (Math) elevar ao quadrado; (reconcile) conciliar ▶ vi (agree) ajustar-se; **all ~** igual, quite; **a ~ meal** uma refeição substancial; **2 metres ~** um quadrado de dois metros de lado; **2 ~ metres** 2 metros quadrados; **we're back to ~ one** voltamos à estaca zero
▶ **square up** (BRIT) vi (settle) ajustar; **to ~ up with sb** acertar as contas com alguém
square bracket N (Typ) colchete m
squarely ['skwɛəlɪ] ADV em forma quadrada; (directly) diretamente; (fully) em cheio
square root N raiz f quadrada
squash [skwɔʃ] N (BRIT: drink): **lemon/orange ~** limonada/laranjada concentrada; (Sport) squash m; (US: vegetable) abóbora ▶ vт esmagar; **to ~ together** apinhar
squat [skwɔt] ADJ atarracado ▶ vi (also: **squat down**) agachar-se, acocorar-se; (on property) ocupar ilegalmente
squatter ['skwɔtəʳ] N posseiro(-a)
squawk [skwɔːk] vi grasnar
squeak [skwiːk] vi grunhir, chiar; (door) ranger; (mouse) guinchar ▶ N grunhido, chiado; rangido; guincho
squeal [skwiːl] vi guinchar, gritar agudamente; (inf: inform) delatar
squeamish ['skwiːmɪʃ] ADJ melindroso, delicado
squeeze [skwiːz] N (gen, of hand) aperto; (in bus etc) apinhamento; (Econ) arrocho ▶ vт comprimir, socar; (hand, arm) apertar ▶ vi: **to ~ past/under sth** espremer-se para passar algo/para passar por baixo de algo; **a ~ of lemon** umas gotas de limão
▶ **squeeze out** vт espremer; (fig) extorquir
squelch [skwɛltʃ] vi fazer ruído de passos na lama
squib [skwɪb] N busca-pé m
squid [skwɪd] (pl **squids** or **squid**) N lula
squiggle ['skwɪgl] N garatuja
squint [skwɪnt] vi olhar or ser vesgo ▶ N (Med) estrabismo; **to ~ at sth** olhar algo de soslaio or de esguelha
squire ['skwaɪəʳ] (BRIT) N proprietário rural
squirm [skwəːm] vi retorcer-se
squirrel ['skwɪrəl] N esquilo
squirt [skwəːt] vi, vт jorrar, esguichar
Sr ABBR = **senior**; (Rel) = **sister**
SRC (BRIT) N ABBR = **Students' Representative Council**
Sri Lanka [srɪˈlæŋkə] N Sri Lanka m
SRN (BRIT) N ABBR = **State Registered Nurse**
SRO (US) ABBR = **standing room only**

SS ABBR = **steamship**
SSA (US) ABBR = **Social Security Administration**
SST (US) ABBR = **supersonic transport**
ST (US) ABBR = **Standard Time**
St ABBR (= *saint*) S.; = **street**
stab [stæb] N (*with knife etc*) punhalada; (*of pain*) pontada; (*inf: try*): **to have a ~ at (doing) sth** tentar (fazer) algo ▶ VT apunhalar; **to ~ sb to death** matar alguém a facadas, esfaquear alguém
stabbing ['stæbɪŋ] N: **there's been a ~** houve um esfaqueamento ▶ ADJ (*pain*) cortante
stability [stə'bɪlɪtɪ] N estabilidade *f*
stabilization [steɪbəlaɪ'zeɪʃən] N estabilização *f*
stabilize ['steɪbəlaɪz] VT estabilizar ▶ VI estabilizar-se
stabilizer ['steɪbəlaɪzə^r] N estabilizador *m*
stable ['steɪbl] ADJ estável ▶ N estábulo, cavalariça; **riding ~s** clube *m* de equitação
staccato [stə'kɑːtəu] ADV destacado, staccato ▶ ADJ (*Mus*) destacado, staccato; (*noise*) interrupto; (*voice*) quebrado
stack [stæk] N montão *m*, pilha ▶ VT amontoar, empilhar; **there's ~s of time** (BRIT *inf*) tem tempo de sobra
stadium ['steɪdɪəm] (*pl* **stadia** *or* **stadiums**) N estádio
staff [stɑːf] N (*work force*) pessoal *m*, quadro; (BRIT *Sch: also:* **teaching staff**) corpo docente; (*stick*) cajado, bastão *m* ▶ VT prover de pessoal; **the office is ~ed by women** o escritório está composto de mulheres
staffroom ['stɑːfruːm] N sala dos professores
Staffs (BRIT) ABBR = **Staffordshire**
stag [stæg] N veado, cervo
stage [steɪdʒ] N (*in theatre*) palco, cena; (*point*) etapa, fase *f*; (*platform*) plataforma, estrado; (*profession*): **the ~** o palco, o teatro ▶ VT (*play*) pôr em cena, representar; (*demonstration*) montar, organizar; (*fig: perform: recovery etc*) realizar; **in ~s** por etapas; **to go through a difficult ~** passar por uma fase difícil; **in the early/final ~s** na fase inicial/final
stagecoach ['steɪdʒkəutʃ] N diligência
stage door N entrada dos artistas
stage fright N medo da plateia
stagehand ['steɪdʒhænd] N ajudante *m/f* de teatro
stage-manage VT (*fig*) orquestrar
stage manager N diretor(a) *m/f* de cena
stagger ['stægə^r] VI cambalear ▶ VT (*amaze*) surpreender, chocar; (*hours, holidays*) escalonar
staggering ['stægərɪŋ] ADJ (*amazing*) surpreendente, chocante
stagnant ['stægnənt] ADJ estagnado
stagnate [stæg'neɪt] VI estagnar
stagnation [stæg'neɪʃən] N estagnação *f*
stag party N despedida de solteiro
staid [steɪd] ADJ sério, sóbrio
stain [steɪn] N mancha; (*colouring*) tinta, tintura ▶ VT manchar; (*wood*) tingir

353 | **SS – stand**

stained glass window [steɪnd-] N janela com vitral
stainless ['steɪnlɪs] ADJ (*steel*) inoxidável
stain remover N tira-manchas *m*
stair [stɛə^r] N (*step*) degrau *m*; **stairs** NPL (*flight of steps*) escada
staircase ['stɛəkeɪs] N escadaria, escada
stairway ['stɛəweɪ] N = **staircase**
stairwell ['stɛəwɛl] N caixa de escada
stake [steɪk] N estaca, poste *m*; (*Comm: interest*) interesse *m*, participação *f*; (*Betting: gen pl*) aposta ▶ VT apostar; (*claim*) reivindicar; **to be at ~** estar em jogo; **to have a ~ in sth** ter interesse em algo; **to ~ a claim to sth** reivindicar algo
stalactite ['stæləktaɪt] N estalactite *f*
stalagmite ['stæləgmaɪt] N estalagmite *f*
stale [steɪl] ADJ (*bread*) dormido; (*food*) estragado; (*air*) viciado; (*smell*) mofado; (*beer*) velho
stalemate ['steɪlmeɪt] N empate *m*; (*fig*) impasse *m*, beco sem saída
stalk [stɔːk] N talo, haste *f* ▶ VT caçar de tocaia; **to ~ in/out** entrar/sair silenciosamente; **to ~ off** andar com arrogância
stall [stɔːl] N (BRIT: *in market*) barraca; (*in stable*) baia ▶ VT (*Aut*) fazer morrer; (*fig: delay*) impedir, atrasar ▶ VI morrer; esquivar-se, ganhar tempo; **stalls** NPL (BRIT: *in cinema, theatre*) plateia; **a newspaper/flower ~** uma banca de jornais/uma barraca de flores
stallholder ['stɔːlhəuldə^r] N feirante *m/f*
stallion ['stælɪən] N garanhão *m*
stalwart ['stɔːlwət] ADJ (*in build*) robusto; (*in spirit*) leal ▶ N partidário leal
stamen ['steɪmən] N estame *m*
stamina ['stæmɪnə] N resistência
stammer ['stæmə^r] N gagueira ▶ VI gaguejar, balbuciar
stamp [stæmp] N selo; (*rubber stamp*) carimbo, timbre *m*; (*mark: also fig*) marca, impressão *f* ▶ VI (*also:* **stamp one's foot**) bater com o pé ▶ VT (*letter*) selar; (*mark*) marcar; (*with rubber stamp*) carimbar; **~ed addressed envelope** envelope *m* selado e sobrescritado
▶ **stamp out** VT (*fire*) apagar com os pés; (*crime*) eliminar; (*opposition*) esmagar
stamp album N álbum *m* de selos
stamp collecting [-kə'lɛktɪŋ] N filatelia
stamp duty (BRIT) N imposto de selo
stampede [stæm'piːd] N debandada, estouro (da boiada)
stamp machine N máquina de selos
stance [stæns] N postura, posição *f*
stand [stænd] (*pt, pp* **stood**) N (*position*) posição *f*, postura; (*for taxis*) ponto; (*also:* **hall stand**) pedestal *m*; (*also:* **music stand**) estante *f*; (*Sport*) tribuna, palanque *m*; (*stall*) barraca; (*also:* **news stand**) banca de jornais ▶ VI (*be*) estar, encontrar-se; (*be on foot*) estar em pé; (*rise*) levantar-se; (*remain: decision, offer*) estar de pé; (*in election*) candidatar-se ▶ VT

(*place*) pôr, colocar; (*tolerate, withstand*) aguentar, suportar; (*cost*) pagar; **to make a ~ resistir**; (*fig*) ater-se a um princípio; **to take a ~ on an issue** tomar posição definida sobre um assunto; **to ~ for parliament** (BRIT) apresentar-se como candidato ao parlamento; **to ~ guard** *or* **watch** (*Mil*) montar guarda; **it ~s to reason** é lógico; **as things ~** como as coisas estão; **to ~ sb a drink/meal** pagar uma bebida/refeição para alguém; **I can't ~ him** não o aguento; **to ~ still** ficar parado
▶ **stand aside** VI pôr-se de lado
▶ **stand by** VI (*be ready*) estar a postos ▶ VT FUS (*opinion*) aferrar-se a; (*person*) ficar ao lado de
▶ **stand down** VI (*withdraw*) retirar-se; (*Mil*) deixar o serviço
▶ **stand for** VT FUS (*defend*) apoiar; (*signify*) significar; (*represent*) representar; (*tolerate*) tolerar, permitir
▶ **stand in for** VT FUS substituir
▶ **stand out** VI (*be prominent*) destacar-se
▶ **stand up** VI (*rise*) levantar-se
▶ **stand up for** VT FUS defender
▶ **stand up to** VT FUS enfrentar
stand-alone ADJ (*Comput*) autônomo, stand-alone
standard ['stændəd] N padrão *m*, critério; (*flag*) estandarte *m*; (*level*) nível *m* ▶ ADJ (*size etc*) padronizado, regular, normal; **standards** NPL (*morals*) valores *mpl* morais; **to be** *or* **come up to ~** alcançar os padrões exigidos; **to apply a double ~** ter dois pesos e duas medidas; **the gold ~** (*Comm*) o padrão ouro
standardization [stændədaɪ'zeɪʃən] N padronização *f*
standardize ['stændədaɪz] VT padronizar
standard lamp (BRIT) N abajur *m* de pé
standard of living N padrão *m* de vida (BR), nível *m* de vida (PT)
standard time N hora legal *or* oficial
stand-by ADJ de reserva ▶ N: **to be on ~** estar de sobreaviso *or* de prontidão
stand-by ticket N bilhete *m* de stand-by
stand-in N suplente *m/f*; (*Cinema*) dublê *m/f*
standing ['stændɪŋ] ADJ (*upright*) ereto vertical; (*on foot*) em pé; (*permanent*) permanente ▶ N posição *f*, reputação *f*; **of 6 months' ~** de 6 meses de duração; **of many years' ~** de muitos anos; **he was given a ~ ovation** ele foi ovacionado; **a man of some ~** um homem de posição
standing joke N piada conhecida
standing order (BRIT) N (*at bank*) instrução *f* permanente; **standing orders** NPL (*Mil*) regulamento geral
standing room N lugar *m* em pé
stand-off N (*esp US: stalemate*) queda de braço
stand-offish [-'ɔfɪʃ] ADJ incomunicativo, reservado
standpat ['stændpæt] (US) ADJ inflexível, conservador(a)

standpipe ['stændpaɪp] N tubo de subida
standpoint ['stændpɔɪnt] N ponto de vista
standstill ['stændstɪl] N: **at a ~** paralisado, parado; **to come to a ~** (*car*) parar; (*factory, traffic*) ficar paralisado
stank [stæŋk] PT *of* **stink**
stanza ['stænzə] N estância, estrofe *f*
staple ['steɪpl] N (*for papers*) grampo; (*chief product*) produto básico ▶ ADJ (*food etc*) básico ▶ VT grampear
stapler ['steɪplə^r] N grampeador *m*
star [stɑ:^r] N estrela; (*celebrity*) astro/estrela ▶ VI: **to ~ in** ser a estrela em, estrelar ▶ VT (*Cinema*) ser estrelado por; **the stars** NPL (*horoscope*) o horóscopo; **4-~ hotel** hotel 4 estrelas; **2-~ petrol** gasolina comum (BR) *or* normal (PT); **4-~ petrol** (BRIT) gasolina premium (BR) *or* súper (PT)
star attraction N atração *f* principal
starboard ['stɑ:bəd] N estibordo; **to ~ a** estibordo
starch [stɑ:tʃ] N (*in food*) amido, fécula; (*for clothes*) goma
starched ['stɑ:tʃt] ADJ (*collar*) engomado
starchy ['stɑ:tʃɪ] ADJ amiláceo
stardom ['stɑ:dəm] N estrelato
stare [stɛə^r] N olhar *m* fixo ▶ VI: **to ~ at** olhar fixamente, fitar
starfish ['stɑ:fɪʃ] N INV estrela-do-mar *f*
stark [stɑ:k] ADJ (*bleak*) severo, áspero; (*colour*) sóbrio; (*reality, truth, simplicity*) cru; (*contrast*) gritante ▶ ADV: **~ naked** completamente nu, em pelo
starlet ['stɑ:lɪt] N (*Cinema*) vedete *f*
starlight ['stɑ:laɪt] N: **by ~** à luz das estrelas
starling ['stɑ:lɪŋ] N estorninho
starlit ['stɑ:lɪt] ADJ iluminado pelas estrelas
starry ['stɑ:rɪ] ADJ estrelado
starry-eyed [-'aɪd] ADJ (*innocent*) deslumbrado
star sign N signo
star-studded [-'stʌdɪd] ADJ: **a ~ cast** um elenco cheio de estrelas
start [stɑ:t] N (*beginning*) princípio, começo; (*departure*) partida; (*sudden movement*) sobressalto, susto; (*advantage*) vantagem *f* ▶ VT começar, iniciar; (*cause*) causar; (*found*) fundar; (*engine*) ligar; (*fire*) provocar ▶ VI começar, iniciar; (*with fright*) sobressaltar-se, assustar-se; (*train etc*) sair; **to ~ doing** *or* **to do sth** começar a fazer algo; **at the ~** no início; **for a ~** para início de conversa; **to make an early ~** sair *or* começar cedo; **to ~ (off) with ...** (*firstly*) para começar ...; (*at the beginning*) no início ...; **to give sb a ~** dar um susto em alguém
▶ **start off** VI começar, principiar; (*leave*) sair, pôr-se a caminho
▶ **start over** (US) VI começar de novo
▶ **start up** VI começar; (*car*) pegar, pôr-se em marcha ▶ VT começar; (*car*) ligar
starter ['stɑ:tə^r] N (*Aut*) arranque *m*; (*Sport: official*) juiz/juíza *m/f* da partida; (: *runner*) corredor(a) *m/f*; (BRIT *Culin*) entrada

starting handle ['stɑːtɪŋ-] (BRIT) N manivela de arranque

starting point ['stɑːtɪŋ-] N ponto de partida

starting price ['stɑːtɪŋ-] N preço inicial

startle ['stɑːtl] VT assustar, aterrar

startling ['stɑːtlɪŋ] ADJ surpreendente

star turn (BRIT) N rei m/rainha f do show

starvation [stɑːˈveɪʃən] N fome f; (Med) inanição f

starve ['stɑːv] VI passar fome; (to death) morrer de fome ▶ VT fazer passar fome; (fig): **to ~ (of)** privar (de); **I'm starving** estou morrendo de fome

starving ['stɑːvɪŋ] ADJ faminto, esfomeado

state [steɪt] N estado; (pomp): **in ~** com grande pompa ▶ VT (say, declare) afirmar, declarar; (a case) expor, apresentar; **the States** NPL (Geo) os Estados Unidos; **to be in a ~** estar agitado; **~ of emergency** estado de emergência; **~ of mind** estado de espírito; **the ~ of the art** a última palavra; **to lie in ~** estar exposto em câmara ardente

State Department (US) N Departamento de Estado, ≈ Ministério das Relações Exteriores

state education (BRIT) N educação f pública

stateless ['steɪtlɪs] ADJ desnacionalizado

stately ['steɪtlɪ] ADJ majestoso, imponente

statement ['steɪtmənt] N declaração f; (Law) depoimento; (Econ) balanço; **official ~** comunicado oficial; **~ of account** extrato de conta, extrato bancário

state-owned [-əund] ADJ estatal

state secret N segredo de estado

statesman ['steɪtsmən] (irreg: like **man**) N estadista m

statesmanship ['steɪtsmənʃɪp] N arte f de governar

statesmen ['steɪtsmɛn] NPL of **statesman**

static ['stætɪk] N (Radio, TV) interferência ▶ ADJ estático

static electricity N (eletricidade f) estática

station ['steɪʃən] N estação f; (place) posto, lugar m; (Police) delegacia; (Radio) emissora; (rank) posição f social ▶ VT colocar; **to be ~ed in** (Mil) estar estacionado em

stationary ['steɪʃnərɪ] ADJ estacionário

stationer ['steɪʃənəʳ] N dono de papelaria

stationer's, stationer's shop N papelaria

stationery ['steɪʃnərɪ] N artigos mpl de papelaria; (writing paper) papel m de carta

station master N (Rail) chefe m da estação

station wagon (US) N perua (BR), canadiana (PT)

statistic [stəˈtɪstɪk] N estatística

statistical [stəˈtɪstɪkl] ADJ estatístico

statistics [stəˈtɪstɪks] N (science) estatística

statue ['stætjuː] N estátua

statuesque [stætjuˈɛsk] ADJ escultural

statuette [stætjuˈɛt] N estatueta

stature ['stætʃəʳ] N estatura, altura; (fig) estatura, envergadura

status ['steɪtəs] N posição f; (official classification) categoria; (importance) status m; (Admin: also: **marital status**) estado civil

status quo [-kwəu] N: **the ~** o status quo

status symbol N símbolo de prestígio

statute ['stætjuːt] N estatuto, lei f; **statutes** NPL (of club etc) estatuto

statute book N ≈ Código

statutory ['stætjutərɪ] ADJ (according to statutes) estatutário; (holiday etc) regulamentar

staunch [stɔːntʃ] ADJ fiel ▶ VT estancar

stave [steɪv] N (Mus) pauta

▶ **stave off** VT (attack) repelir; (threat) evitar, protelar

stay [steɪ] N (period of time) estadia, estada; (Law): **~ of execution** adiamento de execução ▶ VI (remain) ficar; (as guest) hospedar-se; (spend some time) demorar-se; **to ~ put** não se mexer; **to ~ the night** pernoitar

▶ **stay behind** VI ficar atrás

▶ **stay in** VI (at home) ficar em casa

▶ **stay on** VI ficar

▶ **stay out** VI (of house) ficar fora de casa; (strikers) continuar em greve

▶ **stay up** VI (at night) velar, ficar acordado

staying power ['steɪɪŋ-] N resistência, raça

STD N ABBR (BRIT: = subscriber trunk dialling) DDD f; (= sexually transmitted disease) DST f

stead [stɛd] N: **in sb's ~** em lugar de alguém; **to stand sb in good ~** prestar bons serviços a alguém

steadfast ['stɛdfɑːst] ADJ firme, estável, resoluto

steadily ['stɛdɪlɪ] ADV (firmly) firmemente; (unceasingly) sem parar, constantemente; (walk) regularmente; (drive) a uma velocidade constante

steady ['stɛdɪ] ADJ (job, boyfriend) constante; (speed) fixo; (unswerving) firme; (regular) regular; (person, character) sensato, equilibrado; (diligent) diligente; (calm) calmo, sereno ▶ VT (hold) manter firme; (stabilize) estabilizar; (nerves) acalmar; **to ~ o.s. on** or **against sth** firmar-se em algo

steak [steɪk] N filé m; (beef) bife m

steakhouse ['steɪkhaus] N ≈ churrascaria

steal [stiːl] (pt **stole**, pp **stolen**) VT roubar ▶ VI (move secretly) mover-se furtivamente

▶ **steal away** VI sair às escondidas

▶ **steal off** VI = **steal away**

stealth [stɛlθ] N: **by ~** furtivamente, às escondidas

stealthy ['stɛlθɪ] ADJ furtivo

steam [stiːm] N vapor m ▶ VT (Culin) cozinhar no vapor ▶ VI fumegar; (ship): **to ~ along** avançar or mover-se (a vapor); **under one's own ~** (fig) por esforço próprio; **to run out of ~** (fig: person) perder o pique; **to let off ~** (fig: inf) desabafar

▶ **steam up** VI (window) embaçar; **to get ~ed up about sth** irritar-se com algo

steam engine N máquina a vapor

steamer ['stiːməʳ] N vapor m, navio (a vapor)

steam iron N ferro a vapor

steamroller ['stiːmrəuləʳ] N rolo compressor (a vapor)

steamy ['sti:mɪ] ADJ vaporoso; (room) cheio de vapor, úmido (BR), húmido (PT); (heat, atmosphere) vaporoso

steed [sti:d] N (literary) corcel m

steel [sti:l] N aço ◆ ADJ de aço

steel band N banda de percussão do Caribe

steel industry N indústria siderúrgica

steel mill N (usina) siderúrgica

steelworks ['sti:lwə:ks] N (usina) siderúrgica

steely ['sti:lɪ] ADJ (determination) inflexível; (gaze, eyes) duro, frio; ~-**grey** cor de aço inv

steep [sti:p] ADJ íngreme; (increase) acentuado; (price) exorbitante ◆ VT (food) colocar de molho; (cloth) ensopar, encharcar

steeple ['sti:pl] N campanário, torre f

steeplechase ['sti:pltʃeɪs] N corrida de obstáculos

steeplejack ['sti:pldʒæk] N consertador m de torres or de chaminés altas

steeply ['sti:plɪ] ADV escarpadamente, a pique

steer [stɪə^r] N boi m ◆ VT (person) guiar; (vehicle) dirigir ◆ VI conduzir; **to ~ clear of sb/sth** (fig) evitar alguém/algo

steering ['stɪərɪŋ] N (Aut) direção f

steering column N (Aut) coluna da direção

steering committee N comitê m dirigente

steering wheel N volante m

stellar ['stɛlə^r] ADJ estelar

stem [stɛm] N (of plant) caule m, haste f; (of glass) pé m; (of pipe) tubo ◆ VT deter, reter; (blood) estancar
  ◆ **stem from** VT FUS originar-se de

stem cell N célula-tronco m

stench [stɛntʃ] (pej) N fedor m

stencil ['stɛnsl] N (pattern, design) estêncil m; (lettering) gabarito de letra ◆ VT imprimir com estêncil

stenographer [stɛ'nɔgrəfə^r] (US) N estenógrafo(-a)

stenography [stɛ'nɔgrəfɪ] (US) N estenografia

step [stɛp] N passo; (stair) degrau m; (action) medida, providência ◆ VI: **to ~ forward** dar um passo a frente/atrás; **steps** NPL (BRIT) = **stepladder**; **~ by ~** passo a passo; **to be in ~ (with)** (fig) manter a paridade (com); **to be out of ~ (with)** (fig) estar em disparidade (com); **to take ~s** tomar providências
  ◆ **step down** VI (fig) renunciar
  ◆ **step in** VI (fig) intervir
  ◆ **step off** VT FUS descer de
  ◆ **step on** VT FUS pisar
  ◆ **step over** VT FUS passar por cima de
  ◆ **step up** VT (increase) aumentar; (intensify) intensificar

stepbrother ['stɛpbrʌðə^r] N meio-irmão m

stepchild ['stɛptʃaɪld] (irreg: like **child**) N enteado(-a)

stepdaughter ['stɛpdɔ:tə^r] N enteada

stepfather ['stɛpfɑ:ðə^r] N padrasto

stepladder ['stɛplædə^r] (BRIT) N escada portátil or de abrir

stepmother ['stɛpmʌðə^r] N madrasta

stepping stone ['stɛpɪŋ-] N pedra utilizada em passarelas; (fig) trampolim m

stepsister ['stɛpsɪstə^r] N meia-irmã f

stepson ['stɛpsʌn] N enteado

stereo ['stɛrɪəu] N estéreo; (record player) (aparelho de) som m ◆ ADJ (also: **stereophonic**) estereofônico; **in ~** em estéreo

stereotype ['stɛrɪətaɪp] N estereótipo ◆ VT estereotipar

sterile ['stɛraɪl] ADJ (free from germs) esterelizado; (barren) estéril

sterility [stɛ'rɪlɪtɪ] N esterilidade f

sterilization [stɛrɪlaɪ'zeɪʃən] N esterilização f

sterilize ['stɛrɪlaɪz] VT esterilizar

sterling ['stə:lɪŋ] ADJ esterlino; (silver) de lei; (fig) genuíno, puro ◆ N (currency) libra esterlina; **one pound ~** uma libra esterlina

sterling area N zona esterlina

stern [stə:n] ADJ severo, austero ◆ N (Naut) popa, ré f

sternum ['stə:nəm] N esterno

steroid ['stɪərɔɪd] N esteroide m

stethoscope ['stɛθəskəup] N estetoscópio

stevedore ['sti:vədɔ:^r] N estivador m

stew [stju:] N guisado, ensopado ◆ VT, VI guisar, ensopar; (fruit) cozinhar; **~ed tea** chá muito forte; **~ed fruit** compota de frutas

steward ['stju:əd] N (Aviat) comissário de bordo; (also: **shop steward**) delegado(-a) sindical

stewardess ['stju:ədɪs] N aeromoça (BR), hospedeira de bordo (PT)

stewing steak ['stju:ɪŋ-], (US) **stew meat** N carne f para ensopado

St. Ex. ABBR = **stock exchange**

stg ABBR = **sterling**

stick [stɪk] (pt, pp **stuck**) N pau m; (as weapon) cacete m; (walking stick) bengala, cajado ◆ VT (glue) colar; (inf: put) meter; (: tolerate) aguentar, suportar; (: thrust): **to ~ sth into** cravar or enfiar algo em ◆ VI (become attached) colar-se, aderir-se; (be unmoveable) emperrar; (in mind etc) gravar-se; **to get hold of the wrong end of the ~** (BRIT fig) confundir-se; **to ~ to** (promise, principles) manter
  ◆ **stick around** (inf) VI ficar
  ◆ **stick out** VI estar saliente, projetar-se ◆ VT: **to ~ it out** (inf) aguentar firme
  ◆ **stick up** VI estar saliente, projetar-se
  ◆ **stick up for** VT FUS defender

sticker ['stɪkə^r] N adesivo

sticking plaster ['stɪkɪŋ-] N esparadrapo

stickleback ['stɪklbæk] N espinhela

stickler ['stɪklə^r] N: **to be a ~ for** insistir em, exigir

stick-on ADJ adesivo

stick-up (inf) N assalto à mão armada

sticky ['stɪkɪ] ADJ pegajoso; (label) adesivo; (fig) delicado

stiff [stɪf] ADJ (strong) forte; (hard) duro; (difficult) difícil; (moving with difficulty: person)

stiffen – stomp

teso; (: *door, zip*) empenado; (*formal*) formal ▶ ADV (*bored, worried*) extremamente; **to be** or **feel ~** (*person*) ter dores musculares; **~ upper lip** (BRIT *fig*) fleuma britânica
stiffen ['stɪfən] VT endurecer; (*limb*) entumecer ▶ VI enrijecer-se; (*grow stronger*) fortalecer-se
stiff neck N torcicolo
stiffness ['stɪfnɪs] N rigidez *f*
stifle ['staɪfl] VT sufocar, abafar; (*opposition*) sufocar
stifling ['staɪflɪŋ] ADJ (*heat*) sufocante, abafado
stigma ['stɪgmə] (*pl* **stigmata**) N (*Bot, Med, Rel*) estigma *m*; (*pl* **stigmas**): *fig* estigma *m*
stigmata [stɪg'mɑːtə] NPL *of* **stigma**
stile [staɪl] N *degraus para passar por uma cerca ou muro*
stiletto [stɪ'lɛtəu] (BRIT) N (*also:* **stiletto heel**) salto alto e fino
still [stɪl] ADJ parado; (*motionless*) imóvel; (*calm*) quieto; (BRIT: *orange drink etc*) sem gás ▶ ADV (*up to this time*) ainda; (*even, yet*) ainda; (*nonetheless*) entretanto, contudo ▶ N (*Cinema*) still *m*; **to stand ~** ficar parado; **keep ~!** não se mexa!; **he ~ hasn't arrived** ele ainda não chegou
stillborn ['stɪlbɔːn] ADJ nascido morto, natimorto
still life N natureza morta
stilt [stɪlt] N perna de pau; (*pile*) estaca, suporte *m*
stilted ['stɪltɪd] ADJ afetado
stimulant ['stɪmjulənt] N estimulante *m*
stimulate ['stɪmjuleɪt] VT estimular
stimulating ['stɪmjuleɪtɪŋ] ADJ estimulante
stimulation [stɪmju'leɪʃən] N estimulação *f*
stimuli ['stɪmjulaɪ] NPL *of* **stimulus**
stimulus ['stɪmjuləs] (*pl* **stimuli**) N estímulo, incentivo
sting [stɪŋ] (*pt, pp* **stung**) VT arguilhar ▶ VI (*insect, animal*) picar; (*eyes, ointment*) queimar ▶ N (*wound*) picada; (*pain*) ardência; (*of insect*) ferrão *m*; (*inf: confidence trick*) conto-do-vigário
stingy ['stɪndʒɪ] (*pej*) ADJ pão-duro, sovina
stink [stɪŋk] VI (*pt* **stank**, *pp* **stunk**) feder, cheirar mal ▶ N fedor *m*, catinga
stinker ['stɪŋkə^r] (*inf*) N (*problem, person*) osso duro de roer
stinking ['stɪŋkɪŋ] ADJ fedorento, fétido; (*inf: fig*) maldito; **~ rich** ricaço
stint [stɪnt] N tarefa, parte *f* ▶ VI: **to ~ on** ser parco com; **to do one's ~** fazer a sua parte
stipend ['staɪpɛnd] N (*of vicar etc*) estipêndio, remuneração *f*
stipendiary [staɪ'pɛndɪərɪ] ADJ: **~ magistrate** juiz *m* estipendiário, juíza *f* estipendiária
stipulate ['stɪpjuleɪt] VT estipular
stipulation [stɪpju'leɪʃən] N estipulação *f*, cláusula
stir [stəː^r] N (*fig: agitation*) comoção *f*, rebuliço ▶ VT (*tea etc*) mexer; (*fig: emotions*) comover ▶ VI mover-se, remexer-se; **to give sth a ~** mexer algo; **to cause a ~** causar sensação or um rebuliço
▶ **stir up** VT excitar; (*trouble*) provocar
stirring ['stəːrɪŋ] ADJ comovedor(a)
stirrup ['stɪrəp] N estribo
stitch [stɪtʃ] N (*Sewing, Knitting, Med*) ponto; (*pain*) pontada ▶ VT costurar; (*Med*) dar pontos em, suturar
stoat [stəut] N arminho
stock [stɔk] N (*supply*) suprimento; (*Comm: reserves*) estoque *m*, provisão *f*; (: *selection*) sortimento; (*Agr*) gado; (*Culin*) caldo; (*lineage*) estirpe *f*, linhagem *f*; (*Finance*) valores *mpl*, títulos *mpl*; (: *shares*) ações *fpl*; (*Rail:* also: **rolling stock**) material *m* circulante ▶ ADJ (*reply etc*) de sempre, costumeiro; (*greeting*) habitual ▶ VT (*have in stock*) ter em estoque, estocar; (*sell*) vender; **well--ed** bem sortido; **in ~** em estoque; **out of ~** esgotado; **to take ~ of** (*fig*) fazer um balanço de; **~s and shares** valores e títulos mobiliários; **government ~** títulos do governo, fundos públicos
▶ **stock up** VI: **to ~ up (with)** abastecer-se (de)
stockade [stɔ'keɪd] N estacada
stockbroker ['stɔkbrəukə^r] N corretor(a) *m/f* de valores
stock control N (*Comm*) controle *m* de estoque
stock cube (BRIT) N (*Culin*) cubo de caldo
stock exchange N Bolsa de Valores
stockholder ['stɔkhəuldə^r] (US) N acionista *m/f*
Stockholm ['stɔkhəum] N Estocolmo
stocking ['stɔkɪŋ] N meia
stock-in-trade N (*tool*) instrumento de trabalho; (*fig*) arma
stockist ['stɔkɪst] (BRIT) N estoquista *m/f*
stock market (BRIT) N Bolsa, mercado de valores
stock phrase N frase *f* feita
stockpile ['stɔkpaɪl] N reservas *fpl*, estocagem *f* ▶ VT acumular reservas de, estocar
stockroom ['stɔkruːm] N almoxarifado
stocktaking ['stɔkteɪkɪŋ] (BRIT) N (*Comm*) inventário
stocky ['stɔkɪ] ADJ (*strong*) robusto; (*short*) atarracado
stodgy ['stɔdʒɪ] ADJ pesado
stoic ['stəuɪk] N estoico(-a)
stoical ['stəuɪkəl] ADJ estoico
stoke [stəuk] VT atiçar, alimentar
stoker ['stəukə^r] N (*Rail, Naut etc*) foguista *m*
stole [stəul] PT *of* **steal** ▶ N estola
stolen ['stəuln] PP *of* **steal**
stolid ['stɔlɪd] ADJ fleumático
stomach ['stʌmək] N (*Anat*) estômago; (*belly*) barriga, ventre *m* ▶ VT suportar, tolerar
stomach ache N dor *f* de estômago
stomach pump N bomba gástrica
stomach ulcer N úlcera gástrica
stomp [stɔmp] VI: **to ~ in/out** entrar/sair como um furacão

stone [stəʊn] N pedra; *(pebble)* pedrinha; *(in fruit)* caroço; *(Med)* pedra, cálculo; *(BRIT: weight)* = 6.348kg; 14 pounds ▶ ADJ de pedra ▶ VT apedrejar; *(fruit)* tirar o(s) caroço(s) de; **within a ~'s throw of the station** pertinho da estação

Stone Age N: **the ~** a Idade da Pedra

stone-cold ADJ gelado

stoned [stəʊnd] *(inf)* ADJ *(on drugs)* doidão(-dona), baratinado

stone-deaf ADJ surdo como uma porta

stonemason ['stəʊnmeɪsn] N pedreiro(-a)

stonework ['stəʊnwəːk] N cantaria

stony ['stəʊnɪ] ADJ pedregoso; *(fig)* glacial

stood [stʊd] PT, PP *of* **stand**

stool [stuːl] N tamborete m, banco

stoop [stuːp] VI *(also:* **have a stoop***)* ser corcunda; *(also:* **stoop down***)* debruçar-se, curvar-se; *(fig):* **to ~ to sth/doing sth** rebaixar-se para algo/fazer algo

stop [stɔp] N parada, interrupção f; *(for bus etc)* parada (BR), ponto (BR), paragem f (PT); *(also:* **full stop***)* ponto ▶ VT parar, deter; *(break off)* interromper; *(pay, cheque)* sustar, suspender; *(also:* **put a stop to***)* impedir ▶ VI parar, deter-se; *(watch, noise)* parar; *(end)* acabar; **to ~ doing sth** deixar de fazer algo; **to ~ sb (from) doing sth** impedir alguém de fazer algo; **to ~ dead** parar de repente; **~ it!** para com isso!
▶ **stop by** VI dar uma passada
▶ **stop off** VI dar uma parada
▶ **stop up** VT *(hole)* tapar

stopcock ['stɔpkɔk] N torneira de passagem

stopgap ['stɔpgæp] N *(person)* tapa-buraco m/f; *(measure)* paliativo

stoplights ['stɔplaɪts] NPL *(Aut)* luzes fpl do freio (BR), faróis mpl de stop (PT)

stopover ['stɔpəʊvə^r] N parada rápida; *(Aviat)* escala

stoppage ['stɔpɪdʒ] N *(strike)* greve f; *(temporary stop)* paralisação f; *(of pay)* suspensão f; *(blockage)* obstrução f

stopper ['stɔpə^r] N tampa, rolha

stop press N notícia de última hora

stopwatch ['stɔpwɔtʃ] N cronômetro

storage ['stɔːrɪdʒ] N armazenagem f

storage heater (BRIT) N *tipo de aquecimento que armazena calor durante a noite emitindo-o durante o dia*

store [stɔː^r] N *(stock)* suprimento; *(depot)* armazém m; *(reserve)* estoque m; *(BRIT: large shop)* loja de departamentos; *(US: shop)* loja ▶ VT armazenar; *(keep)* guardar; **stores** NPL *(provisions)* víveres mpl, provisões fpl; **who knows what is in ~ for us?** quem sabe o que nos espera?; **to set great/little ~ by sth** dar grande/pouca importância a algo
▶ **store up** VT acumular

storehouse ['stɔːhaʊs] N depósito, armazém m

storekeeper ['stɔːkiːpə^r] (US) N lojista m/f

storeroom ['stɔːruːm] N depósito, almoxarifado

storey, (US) **story** ['stɔːrɪ] N andar m

stork [stɔːk] N cegonha

storm [stɔːm] N tempestade f; *(wind)* borrasca, vendaval m; *(fig)* tumulto ▶ VI *(fig)* enfurecer-se ▶ VT tomar de assalto, assaltar

storm cloud N nuvem f de tempestade

storm door N porta adicional

stormy ['stɔːmɪ] ADJ tempestuoso

story ['stɔːrɪ] N história, estória; *(Press)* matéria; *(plot)* enredo; *(lie)* mentira; *(US)* = **storey**

storybook ['stɔːrɪbʊk] N livro de contos

storyteller ['stɔːrɪtɛlə^r] N contador(a) m/f de estórias

stout [staʊt] ADJ *(strong)* sólido, forte; *(fat)* gordo, corpulento; *(resolute)* decidido, resoluto ▶ N cerveja preta

stove [stəʊv] N *(for cooking)* fogão m; *(for heating)* estufa, fogareiro; **gas/electric ~** *(cooker)* fogão a gás/elétrico

stow [stəʊ] VT guardar; *(Naut)* estivar

stowaway ['stəʊəweɪ] N passageiro(-a) clandestino(-a)

straddle ['strædl] VT cavalgar

strafe [straːf] VT metralhar

straggle ['strægl] VI *(houses)* espalhar-se desordenadamente; *(people)* vagar, perambular; *(lag behind)* ficar para trás

straggler ['stræglə^r] N pessoa que fica para trás

straggling ['stræglɪŋ] ADJ *(hair)* rebelde, emaranhado

straggly ['stræglɪ] ADJ *(hair)* rebelde, emaranhado

straight [streɪt] ADJ reto; *(back)* esticado; *(hair)* liso; *(honest)* honesto; *(frank)* franco, direto; *(simple)* simples inv; *(Theatre: part, play)* sério; *(inf: conventional)* quadrado, careta *(inf)*; *(: heterosexual)* heterossexual ▶ ADV reto; *(drink)* puro ▶ N: **the ~** *(Sport)* a reta; **to put** or **get sth ~** esclarecer algo; **let's get this ~** *(explaining)* então, vamos fazer assim; *(warning)* eu quero que isso fique bem claro; **10 ~ wins** 10 vitórias consecutivas; **to go ~ home** ir direto para casa; **~ away, ~ off** *(at once)* imediatamente; **~ off, ~ out** sem mais nem menos

straighten ['streɪtən] VT *(skirt, bed)* arrumar; **to ~ things out** arrumar as coisas
▶ **straighten out** VT endireitar; *(fig)* esclarecer

straight-faced [-feɪst] ADJ impassível ▶ ADV com cara séria

straightforward [streɪt'fɔːwəd] ADJ *(simple)* simples inv, direto; *(honest)* honesto, franco

strain [streɪn] N tensão f; *(Tech)* esforço; *(Med: back strain)* distensão f; *(: tension)* luxação f; *(breed)* raça, estirpe f; *(of virus)* classe f ▶ VT *(back etc)* forçar, torcer, distender; *(tire)* extenuar; *(stretch)* puxar, estirar; *(Culin)* coar; *(filter)* filtrar ▶ VI esforçar-se; **strains** NPL *(Mus)* acordes mpl; **he's been under a lot of ~** ele tem estado sob muita tensão

strained [streɪnd] ADJ (*muscle*) distendido; (*laugh*) forçado; (*relations*) tenso
strainer ['streɪnər] N (*for tea, coffee*) coador m; (*sieve*) peneira
strait [streɪt] N (*Geo*) estreito; **straits** NPL (*fig*): **to be in dire ~s** estar em apuros
straitjacket ['streɪtdʒækɪt] N camisa-de-força
strait-laced [-leɪst] ADJ puritano, austero
strand [strænd] N (*of thread, hair*) fio; (*of rope*) tira ▶ VT (*boat*) encalhar
stranded ['strændɪd] ADJ desamparado; (*holidaymakers*) preso
strange [streɪndʒ] ADJ (*not known*) desconhecido; (*odd*) estranho, esquisito
strangely ['streɪndʒlɪ] ADV estranhamente
stranger ['streɪndʒər] N desconhecido(-a); (*from another area*) forasteiro(-a)
strangle ['stræŋgl] VT estrangular; (*fig: economy*) sufocar
stranglehold ['stræŋglhəuld] N (*fig*) domínio total
strangulation [stræŋgju'leɪʃən] N estrangulação f
strap [stræp] N correia; (*of slip, dress*) alça ▶ VT prender com correia
straphanging ['stræphæŋɪŋ] N viajar etc em pé (no metrô m)
strapless ['stræplɪs] ADJ (*bra, dress*) sem alças
strapped [stræpt] ADJ: **to be ~ for cash** (*inf*) estar na pindaíba
strapping ['stræpɪŋ] ADJ corpulento, robusto, forte
Strasbourg ['stræzbə:g] N Estrasburgo
strata ['stra:tə] NPL of **stratum**
stratagem ['strætɪdʒəm] N estratagema m
strategic [strə'ti:dʒɪk] ADJ estratégico
strategist ['strætɪdʒɪst] N estrategista m/f
strategy ['strætɪdʒɪ] N estratégia
stratosphere ['strætəsfɪər] N estratosfera
stratum ['stra:təm] (*pl* **strata**) N camada
straw [strɔ:] N palha; (*drinking straw*) canudo; **that's the last ~!** essa foi a última gota!
strawberry ['strɔ:bərɪ] N morango; (*plant*) morangueiro
stray [streɪ] ADJ (*animal*) extraviado; (*bullet*) perdido; (*scattered*) espalhado ▶ VI perder-se
streak [stri:k] N listra, traço; (*in hair*) mecha; (*fig: of madness etc*) sinal m ▶ VT listrar ▶ VI: **to ~ past** passar como um raio; **to have ~s in one's hair** fazer mechas no cabelo; **a winning/losing ~** uma fase de sorte/azar
streaky ['stri:kɪ] ADJ listrado
streaky bacon (BRIT) N toicinho or bacon m em fatias (entremeado com gordura)
stream [stri:m] N riacho, córrego; (*current*) fluxo, corrente f; (*of people, vehicles*) fluxo; (*of smoke*) rastro; (*of questions etc*) torrente f ▶ VT (Sch) classificar ▶ VI correr, fluir; **to ~ in/out** (*people*) entrar/sair em massa; **against the ~** contra a corrente; **on ~** (*power plant etc*) em funcionamento
streamer ['stri:mər] N serpentina; (*pennant*) flâmula

stream feed N (*on photocopier etc*) alimentação f contínua
streamline ['stri:mlaɪn] VT aerodinamizar; (*fig*) agilizar
streamlined ['stri:mlaɪnd] ADJ aerodinâmico
street [stri:t] N rua; **the back ~s** as ruelas; **to be on the ~s** (*homeless*) estar desabrigado; (*as prostitute*) fazer a vida
streetcar ['stri:tkɑ:r] (US) N bonde m (BR), eléctrico (PT)
street lamp N poste m de iluminação
street lighting N iluminação f pública
street map N mapa m
street market N feira
street plan N mapa m
streetwise ['stri:twaɪz] (*inf*) ADJ malandro
strength [strɛŋθ] N força; (*of girder, knot etc*) firmeza, resistência; (*of chemical solution*) concentração f; (*of wine*) teor m alcoólico; (*fig*) poder m; **on the ~ of** com base em; **at full ~** completo; **below ~** desfalcado
strengthen ['strɛŋθən] VT fortificar; (*fig*) fortalecer
strenuous ['strɛnjuəs] ADJ (*tough*) árduo, estrênuo; (*energetic*) enérgico; (*determined*) tenaz
stress [strɛs] N (*force, pressure*) pressão f; (*mental strain*) tensão f, stress m; (*accent*) acento; (*emphasis*) ênfase f; (*Tech*) tensão ▶ VT realçar, dar ênfase a; (*syllable*) acentuar; **to lay great ~ on sth** dar muita ênfase a algo; **to be under ~** estar com estresse
stressed [strɛst] ADJ (*tense*) estressado; (*syllable*) tônico
stressful ['strɛsful] ADJ (*job*) desgastante
stretch [strɛtʃ] N (*of sand etc*) trecho, extensão f; (*of time*) período ▶ VI espreguiçar-se; (*extend*): **to ~ to** or **as far as** estender-se até; (*be enough: money, food*): **to ~ to** dar para ▶ VT estirar, esticar; (*fig: subj: job, task*) exigir o máximo de; **at a ~** sem parar; **to ~ one's legs** esticar as pernas
▶ **stretch out** VI esticar-se ▶ VT (*arm etc*) esticar; (*spread*) estirar
stretcher ['strɛtʃər] N maca, padiola
stretcher-bearer N padioleiro
stretch marks NPL estrias fpl
strewn [stru:n] ADJ: **~ with** coberto or cheio de
stricken ['strɪkən] ADJ (*wounded*) ferido; (*devastated*) arrasado; (*ill*) acometido; **~ with** tomado por
strict [strɪkt] ADJ (*person*) severo, rigoroso; (*meaning*) exato, estrito; **in ~ confidence** muito confidencialmente
strictly ['strɪktlɪ] ADV (*severely*) severamente; (*exactly*) estritamente; (*definitively*) rigorosamente; **~ confidential** estritamente confidencial; **~ speaking** a rigor; **~ between ourselves ...** cá entre nós ...
strictness ['strɪktnɪs] N rigor m, severidade f
stridden ['strɪdn] PP of **stride**

stride [straɪd] VI (*pt* **strode**, *pp* **stridden**) andar a passos largos ▶ N passo largo; **to take in one's ~** (*fig: changes etc*) não se perturbar com
strident ['straɪdnt] ADJ estridente; (*colour*) berrante
strife [straɪf] N conflito
strike [straɪk] (*pt, pp* **struck**) N greve *f*; (*of oil etc*) descoberta; (*attack*) ataque *m* ▶ VT bater em; (*oil etc*) descobrir; (*obstacle*) esbarrar em; (*deal*) fechar, acertar; (*fig*): **the thought** *or* **it ~s me that ...** me ocorre que ... ▶ VI estar em greve; (*attack: soldiers, illness*) atacar; (: *disaster*) assolar; (*clock*) bater; **on ~** em greve; **to call a ~** convocar uma greve; **to ~ a match** acender um fósforo; **to ~ a balance** (*fig*) encontrar um equilíbrio; **the clock struck nine** o relógio bateu nove horas
  ▶ **strike back** VI (*Mil*) contra-atacar; (*fig*) revidar
  ▶ **strike down** VT derrubar
  ▶ **strike off** VT (*from list*) tirar, cortar; (*doctor*) suspender
  ▶ **strike out** VT cancelar, rasurar
  ▶ **strike up** VT (*Mus*) começar a tocar; (*conversation, friendship*) travar
strikebreaker ['straɪkbreɪkə^r] N fura-greve *m/f inv*
striker ['straɪkə^r] N grevista *m/f*; (*Sport*) atacante *m/f*
striking ['straɪkɪŋ] ADJ impressionante; (*colour*) chamativo
string [strɪŋ] (*pt, pp* **strung**) N (*cord*) barbante *m* (BR), cordel *m* (PT); (*of beads*) cordão *m*; (*of onions*) réstia; (*Mus*) corda; (*series*) série *f*; (*of people, cars*) fila (BR), bicha (PT); (*Comput*) string *m* ▶ VT: **to ~ out** esticar; **the strings** NPL (*Mus*) os instrumentos de corda; **to ~ together** (*words*) unir; (*ideas*) concatenar; **to get a job by pulling ~s** (*fig*) usar pistolão; **with no ~s attached** (*fig*) sem condições
string bean N vagem *f*
stringed instrument [strɪŋd-] N (*Mus*) instrumento de corda
stringent ['strɪndʒənt] ADJ rigoroso
string instrument N (*Mus*) instrumento de corda
string quartet N quarteto de cordas
strip [strɪp] N tira; (*of land*) faixa; (*of metal*) lâmina, tira; (*Sport*) cores *fpl* ▶ VT despir; (*fig*): **to ~ sb of sth** despojar alguém de algo; (*also*: **strip down**: *machine*) desmontar ▶ VI despir-se
strip cartoon N história em quadrinhos (BR), banda desenhada (PT)
stripe [straɪp] N listra; (*Mil*) galão *m*
striped [straɪpt] ADJ listrado, com listras
strip light (BRIT) N lâmpada fluorescente
strip lighting (BRIT) N iluminação *f* fluorescente
stripper ['strɪpə^r] N artista *m/f* de striptease
striptease ['strɪptiːz] N striptease *m*
strive [straɪv] (*pt* **strove**, *pp* **striven**) VI: **to ~ for sth/to do sth** esforçar-se por *or* batalhar para algo/para fazer algo

striven ['strɪvn] PP *of* **strive**
strode [strəud] PT *of* **stride**
stroke [strəuk] N (*blow*) golpe *m*; (*Med*) derrame *m* cerebral; (*caress*) carícia; (*of pen*) traço; (*of paintbrush*) pincelada; (*Swimming: style*) nado; (: *movement*) braçada; (*of piston*) curso ▶ VT acariciar, afagar; **at a ~** de repente, de golpe; **on the ~ of five** às cinco em ponto; **a ~ of luck** um golpe de sorte; **a two-~ engine** um motor de dois tempos
stroll [strəul] N volta, passeio ▶ VI passear, dar uma volta; **to go for a ~** dar uma volta
stroller ['strəulə^r] (US) N carrinho (de criança)
strong [strɔŋ] ADJ forte; (*imagination*) fértil; (*personality*) forte, dominante; (*nerves*) de aço; (*object, material*) sólido; (*chemical*) concentrado
  ▶ ADV: **to be going ~** (*company*) estar prosperando; (*person*) estar com boa saúde; **they are 50 ~** são em 50 pessoas
strong-arm ADJ (*tactics, methods*) repressivo, violento
strongbox ['strɔŋbɔks] N cofre-forte *m*
strong drink N bebida alcoólica
stronghold ['strɔŋhəuld] N fortaleza; (*fig*) baluarte *m*
strong language N palavrões *mpl*
strongly ['strɔŋli] ADV (*construct*) firmemente; (*push, defend*) vigorosamente; (*believe*) profundamente; **I feel ~ about it** tenho uma opinião firme sobre isso
strongman ['strɔŋmæn] (*irreg: like* **man**) N homem *m* forte
strongroom ['strɔŋruːm] N casa-forte *f*
stroppy ['strɔpɪ] ADJ (BRIT *inf*) nervoso, barraqueiro
strove [strəuv] PT *of* **strive**
struck [strʌk] PT, PP *of* **strike**
structural ['strʌktʃərəl] ADJ estrutural
structurally ['strʌktʃrəlɪ] ADV estruturalmente
structure ['strʌktʃə^r] N estrutura; (*building*) construção *f*
struggle ['strʌgl] N luta, contenda ▶ VI (*fight*) lutar; (*try hard*) batalhar; **to have a ~ to do sth** ter que batalhar para fazer algo
strum [strʌm] VT (*guitar*) dedilhar
strung [strʌŋ] PT, PP *of* **string**
strut [strʌt] N escora, suporte *m* ▶ VI pavonear-se, empertigar-se
strychnine ['strɪkniːn] N estricnina
stub [stʌb] N (*of ticket etc*) canhoto; (*of cigarette*) toco, ponta; **to ~ one's toe** dar uma topada
  ▶ **stub out** VT apagar
stubble ['stʌbl] N restolho; (*on chin*) barba por fazer
stubborn ['stʌbən] ADJ teimoso, cabeçudo, obstinado
stubby ['stʌbɪ] ADJ atarracado
stucco ['stʌkəu] N estuque
stuck [stʌk] PT, PP *of* **stick** ▶ ADJ (*jammed*) emperrado; **to get ~** emperrar
stuck-up ADJ convencido, metido, esnobe

stud [stʌd] N (*shirt stud*) botão *m*; (*earring*) tarraxa, rosca; (*of boot*) cravo; (*also:* **stud farm**) fazenda de cavalos; (*also:* **stud horse**) garanhão *m* ▶ VT (*fig*): **~ded with** salpicado de

student ['stju:dənt] N estudante *m/f* ▶ ADJ estudantil; **law/medical ~** estudante de direito/medicina

student driver (US) N aprendiz *m/f*

students' union (BRIT) N (*association*) união *f* dos estudantes; (*building*) centro estudantil

studied ['stʌdɪd] ADJ estudado, calculado

studio ['stju:dɪəu] N estúdio; (*sculptor's*) ateliê *m*

studio flat, (US) **studio apartment** N (apartamento) conjugado

studious ['stju:dɪəs] ADJ estudioso, aplicado; (*careful*) cuidadoso; (*studied*) calculado

studiously ['stju:dɪəslɪ] ADV (*carefully*) com esmero

study ['stʌdɪ] N estudo; (*room*) sala de leitura *or* estudo ▶ VT estudar; (*examine*) examinar, investigar ▶ VI estudar; **studies** NPL (*subjects*) estudos *mpl*, matérias *fpl*; **to make a ~ of sth** estudar algo; **to ~ for an exam** estudar para um exame

stuff [stʌf] N (*substance*) troço; (*things*) troços *mpl*, coisas *fpl* ▶ VT encher; (*Culin*) rechear; (*animals*) empalhar; (*inf: push*) enfiar; **my nose is ~ed up** meu nariz está entupido; **get ~ed!** (*!*) vai tomar banho!; **~ed toy** brinquedo de pelúcia

stuffing ['stʌfɪŋ] N recheio

stuffy ['stʌfɪ] ADJ (*room*) abafado, mal ventilado; (*person*) rabujento, melindroso

stumble ['stʌmbl] VI tropeçar; **to ~ across** *or* **on** (*fig*) topar com

stumbling block ['stʌmblɪŋ-] N pedra no caminho

stump [stʌmp] N (*of tree*) toco; (*of limb*) coto ▶ VT: **to be ~ed** ficar perplexo

stun [stʌn] VT (*subj: blow*) aturdir; (*: news*) pasmar

stung [stʌŋ] PT, PP *of* **sting**

stunk [stʌŋk] PP *of* **stink**

stunning ['stʌnɪŋ] ADJ (*news*) atordoante; (*appearance*) maravilhoso

stunt [stʌnt] N façanha sensacional; (*Aviat*) voo acrobático; (*publicity stunt*) truque *m* publicitário ▶ VT tolher

stunted ['stʌntɪd] ADJ atrofiado, retardado

stuntman ['stʌntmæn] (*irreg: like* **man**) N dublê *m*

stupefaction [stju:pɪ'fækʃən] N estupefação *f*, assombro

stupefy ['stju:pɪfaɪ] VT deixar estupefato

stupendous [stju:'pɛndəs] ADJ monumental

stupid ['stju:pɪd] ADJ estúpido, idiota

stupidity [stju:'pɪdɪtɪ] N estupidez *f*

stupidly ['stju:pɪdlɪ] ADV estupidamente

stupor ['stju:pə^r] N estupor *m*

sturdy ['stə:dɪ] ADJ (*person*) robusto, firme; (*thing*) sólido

sturgeon ['stə:dʒən] N INV esturjão *m*

stutter ['stʌtə^r] N gagueira, gaguez *f* ▶ VI gaguejar

sty [staɪ] N (*for pigs*) chiqueiro

stye [staɪ] N (*Med*) terçol *m*

style [staɪl] N estilo; (*elegance*) elegância; (*allure*) charme *m*; **in the latest ~** na última moda; **hair ~** penteado

styli ['staɪlaɪ] NPL *of* **stylus**

stylish ['staɪlɪʃ] ADJ elegante, chique

stylist ['staɪlɪst] N (*hair stylist*) cabeleireiro(-a); (*literary*) estilista *m/f*

stylized ['staɪlaɪzd] ADJ estilizado

stylus ['staɪləs] (*pl* **styli** *or* **styluses**) N (*of record player*) agulha

Styrofoam® ['staɪrəfəum] N (US) isopor *m* ▶ ADJ de isopor

suave [swɑ:v] ADJ suave, melífluo

sub [sʌb] N ABBR = **submarine**; **subscription**

sub... [sʌb] PREFIX sub...

subcommittee ['sʌbkəmɪtɪ] N subcomissão *f*

subconscious [sʌb'kɔnʃəs] ADJ do subconsciente ▶ N subconsciente *m*

subcontinent [sʌb'kɔntɪnənt] N: **the (Indian) ~** o subcontinente (da Índia)

subcontract [*n* sʌb'kɔntrækt, *vt* sʌbkən'trækt] N subcontrato ▶ VT subcontratar

subcontractor [sʌbkən'træktə^r] N subempreiteiro(-a)

subdivide [sʌbdɪ'vaɪd] VT subdividir

subdivision [sʌbdɪ'vɪʒən] N subdivisão *f*

subdue [səb'dju:] VT subjugar; (*passions*) dominar

subdued [səb'dju:d] ADJ (*light*) tênue; (*person*) desanimado

subject [*n* 'sʌbdʒɪkt, *vt* səb'dʒɛkt] N (*of king*) súdito(-a); (*theme*) assunto; (*Sch*) matéria; (*Ling*) sujeito ▶ VT: **to ~ sb to sth** submeter alguém a algo; **to be ~ to** estar sujeito a; **~ to confirmation in writing** sujeito a confirmação por escrito; **to change the ~** mudar de assunto

subjection [səb'dʒɛkʃən] N submissão *f*, dependência

subjective [səb'dʒɛktɪv] ADJ subjetivo

subject matter N assunto; (*content*) conteúdo

sub judice [-'dju:dɪsɪ] ADJ (*Law*) sob apreciação judicial, sub judice

subjugate ['sʌbdʒugeɪt] VT subjugar, submeter

subjunctive [səb'dʒʌŋktɪv] ADJ, N subjuntivo

sublet [sʌb'lɛt] VT sublocar

sublime [sə'blaɪm] ADJ sublime

subliminal [sʌb'lɪmɪnl] ADJ subliminar

submachine gun ['sʌbmə'ʃi:n-] N metralhadora de mão

submarine ['sʌbməri:n] N submarino

submerge [səb'mə:dʒ] VT submergir; (*flood*) inundar ▶ VI submergir-se

submersion [səb'mə:ʃən] N submersão *f*, imersão *f*

submission [səb'mɪʃən] N submissão *f*; (*to committee*) petição *f*; (*of plan*) apresentação *f*, exposição *f*

submissive [səb'mɪsɪv] ADJ submisso
submit [səb'mɪt] VT submeter ▶ VI submeter-se
subnormal [sʌb'nɔːməl] ADJ anormal, subnormal; (*temperature*) abaixo do normal; (*backward*) atrasado
subordinate [sə'bɔːdɪnət] ADJ, N subordinado(-a)
subpoena [sə'piːnə] N (*Law*) intimação *f*, citação *f* judicial ▶ VT intimar a comparecer judicialmente, citar
subprime ['sʌbpraɪm] ADJ (*Finance*): ~ **mortgage** títulomhipotecário de risco
subroutine [sʌbruːˈtiːn] N (*Comput*) sub-rotina
subscribe [səb'skraɪb] VI subscrever; **to ~ to** (*opinion*) concordar com; (*fund*) contribuir para; (*newspaper*) assinar
subscriber [səb'skraɪbə^r] N (*to periodical, telephone*) assinante *m/f*
subscript ['sʌbskrɪpt] N (*Typ*) subscrito
subscription [səb'skrɪpʃən] N subscrição *f*; (*to magazine etc*) assinatura; (*to club*) cota, mensalidade *f*; **to take out a ~ to** fazer uma assinatura de
subsequent ['sʌbsɪkwənt] ADJ subsequente, posterior; **~ to** posterior a
subsequently ['sʌbsɪkwəntlɪ] ADV posteriormente, depois
subside [səb'saɪd] VI (*feeling, wind*) acalmar-se; (*flood*) baixar
subsidence [səb'saɪdns] N baixa; (*in road etc*) afundamento da superfície
subsidiary [səb'sɪdɪərɪ] ADJ secundário; (*BRIT Sch: subject*) suplementar ▶ N (*also*: **subsidiary company**) subsidiária
subsidize ['sʌbsɪdaɪz] VT subsidiar
subsidy ['sʌbsɪdɪ] N subsídio
subsist [səb'sɪst] VI: **to ~ on sth** subsistir de algo
subsistence [səb'sɪstəns] N subsistência; (*allowance*) subsídio, ajuda de custo
subsistence allowance N diária
subsistence level N nível *m* de subsistência
subsistence wage N salário de fome
substance ['sʌbstəns] N substância; (*fig*) essência; **a man of ~** um homem de recursos; **to lack ~** não ter substância
substandard [sʌb'stændəd] ADJ (*goods*) de qualidade inferior; (*housing*) inferior ao padrão
substantial [səb'stænʃl] ADJ (*solid*) sólido; (*reward, meal*) substancial
substantially [səb'stænʃəlɪ] ADV consideravelmente; (*in essence*) substancialmente
substantiate [səb'stænʃɪeɪt] VT comprovar, justificar
substitute ['sʌbstɪtjuːt] N substituto(-a); (*person*) suplente *m/f* ▶ VT: **to ~ A for B** substituir B por A
substitute teacher (*US*) N professor(a) *m/f* suplente
substitution [sʌbstɪ'tjuːʃən] N substituição *f*
subterfuge ['sʌbtəfjuːdʒ] N subterfúgio

subterranean [sʌbtə'reɪnɪən] ADJ subterrâneo
subtitle ['sʌbtaɪtl] N (*Cinema*) legenda
subtitled ['sʌbtaɪtld] ADJ (*film*) legendado
subtle ['sʌtl] ADJ sutil
subtlety ['sʌtltɪ] N sutileza
subtly ['sʌtlɪ] ADV sutilmente
subtotal [sʌb'təutl] N total *m* parcial, subtotal *m*
subtract [səb'trækt] VT subtrair, deduzir
subtraction [səb'trækʃən] N subtração *f*
subtropical [sʌb'trɔpɪkl] ADJ subtropical
suburb ['sʌbəːb] N subúrbio
suburban [sə'bəːbən] ADJ suburbano; (*train etc*) de subúrbio
suburbia [sə'bəːbɪə] N os subúrbios
subvention [səb'vɛnʃən] N subvenção *f*, subsídio
subversion [səb'vəːʃən] N subversão *f*
subversive [səb'vəːsɪv] ADJ subversivo
subway ['sʌbweɪ] N (*BRIT*) passagem *f* subterrânea; (*US*) metrô *m* (*BR*), metro(-politano) (*PT*)
sub-zero ADJ abaixo de zero
succeed [sək'siːd] VI (*person*) ser bem sucedido, ter êxito; (*plan*) sair bem ▶ VT suceder a; **to ~ in doing** conseguir fazer
succeeding [sək'siːdɪŋ] ADJ (*following*) sucessivo, posterior
success [sək'sɛs] N êxito; (*hit, person*) sucesso; (*gain*) triunfo
successful [sək'sɛsful] ADJ (*venture*) bem sucedido; (*writer*) de sucesso, bem sucedido; **to be ~ (in doing)** conseguir (fazer)
successfully [sək'sɛsfulɪ] ADV com sucesso, com êxito
succession [sək'sɛʃən] N (*series*) sucessão *f*, série *f*; (*to throne*) sucessão; (*descendants*) descendência; **in ~** em sucessão; **3 years in ~** três anos consecutivos
successive [sək'sɛsɪv] ADJ sucessivo; **on 3 ~ days** em 3 dias consecutivos
successor [sək'sɛsə^r] N sucessor(a) *m/f*
succinct [sək'sɪŋkt] ADJ sucinto
succulent ['sʌkjulənt] ADJ suculento ▶ N (*Bot*): **~s** suculentos *mpl*
succumb [sə'kʌm] VI sucumbir
such [sʌtʃ] ADJ tal, semelhante; (*of that kind: singular*) **~ a book** um livro parecido, tal livro; (*: plural*): **~ books** tais livros; (*so much*): **~ courage** tanta coragem ▶ ADV tão; **~ a long trip** uma viagem tão longa; **~ good books** livros tão bons; **~ a lot of** tanto; **making ~ a noise that** fazendo tanto barulho que; **~ a long time ago** há tanto tempo atrás; **~ as** (*like*) tal como; **a noise ~ as to** um ruído tal que; **~ books as I have** os poucos livros que eu tenho; **I said no ~ thing** eu não disse tal coisa; **as ~** como tal; **until ~ time as** até que
such-and-such ADJ tal e qual
suchlike ['sʌtʃlaɪk] (*inf*) PRON: **and ~** e coisas assim

363 | suck – summing-up

suck [sʌk] VT chupar; (*breast*) mamar; (*subj: pump, machine*) sugar
sucker ['sʌkəʳ] N (*Bot*) rebento; (*Zool*) ventosa; (*inf*) trouxa m/f, otário(-a)
suckle ['sʌkl] VT amamentar
sucrose ['su:krəuz] N sucrose f
suction ['sʌkʃən] N sucção f
suction pump N bomba de sucção
Sudan [su'dɑ:n] N Sudão m
Sudanese [su:də'ni:z] ADJ, N INV sudanês(-esa) m/f
sudden ['sʌdn] ADJ (*rapid*) repentino, súbito; (*unexpected*) imprevisto; **all of a ~** de repente; (*unexpectedly*) inesperadamente
suddenly ['sʌdnlɪ] ADV de repente; (*unexpectedly*) inesperadamente
sudoku [su'dəuku:] N sudoku m
suds [sʌdz] NPL água de sabão
sue [su:] VT processar ▶ VI **to ~ (for)** processar (por), promover ação (por); **to ~ for divorce** requerer divórcio; **to ~ sb for damages** intentar uma ação de perdas e danos contra alguém
suede [sweɪd] N camurça ▶ CPD de camurça
suet ['suɪt] N sebo
Suez ['su:ɪz] N: **the ~ Canal** o Canal de Suez
suffer ['sʌfəʳ] VT sofrer; (*bear*) aguentar, suportar ▶ VI sofrer, padecer; **to ~ from** (*illness*) sofrer de, estar com; **to ~ from the effects of alcohol** sofrer os efeitos do álcool
sufferance ['sʌfrəns] N: **he was only there on ~** ele estava lá por tolerância
sufferer ['sʌfərəʳ] N sofredor(a) m/f; **a ~ from** (*Med*) uma pessoa que sofre de
suffering ['sʌfərɪŋ] N sofrimento; (*pain*) dor f
suffice [sə'faɪs] VI bastar, ser suficiente
sufficient [sə'fɪʃənt] ADJ suficiente, bastante
sufficiently [sə'fɪʃəntlɪ] ADV suficientemente
suffix ['sʌfɪks] N sufixo
suffocate ['sʌfəkeɪt] VT sufocar, asfixiar ▶ VI sufocar(-se), asfixiar(-se)
suffocation [sʌfə'keɪʃən] N sufocação f; (*Med*) asfixia
suffrage ['sʌfrɪdʒ] N sufrágio; (*vote*) direito de voto
suffused [sə'fju:zd] ADJ: **~ with** (*light etc*) banhado de
sugar ['ʃugəʳ] N açúcar m ▶ VT pôr açúcar em, açucarar
sugar beet N beterraba (sacarina)
sugar bowl N açucareiro
sugar cane N cana-de-açúcar f
sugar-coated [-'kəutɪd] ADJ cristalizado
sugar lump N torrão m de açúcar
sugar refinery N refinaria de açúcar
sugary ['ʃugərɪ] ADJ açucarado
suggest [sə'dʒɛst] VT sugerir; (*indicate*) indicar; (*advise*) aconselhar; **what do you ~ I do?** o que você sugere que eu faça?
suggestion [sə'dʒɛstʃən] N sugestão f; (*indication*) indicação f
suggestive [sə'dʒɛstɪv] ADJ sugestivo; (*pej*) indecente

suicidal [suɪ'saɪdl] ADJ suicida
suicide ['suɪsaɪd] N suicídio; (*person*) suicida m/f; *see also* **commit**
suicide attack N ataque m suicida, atentado suicida
suicide attempt N tentativa de suicídio
suicide bid N tentativa de suicídio
suicide bomber N homem-bomba m, mulher-bomba f
suicide bombing N ataque m suicida
suit [su:t] N (*man's*) terno (BR), fato (PT); (*woman's*) conjunto; (*Law*) processo; (*Cards*) naipe m ▶ VT (*gen*) convir a; (*clothes*) ficar bem a; (*adapt*): **to ~ sth to** adaptar or acomodar algo a; **to be ~ed to sth** ser apto para algo; **they are well ~ed** fazem um bom par; **to bring a ~ against sb** mover um processo contra alguém; **to follow ~** (*fig*) seguir o exemplo
suitable ['su:təbl] ADJ conveniente; (*appropriate*) apropriado; **would tomorrow be ~?** amanhã lhe convém?
suitably ['su:təblɪ] ADV (*dressed*) apropriadamente; (*impressed*) bem
suitcase ['su:tkeɪs] N mala
suite [swi:t] N (*of rooms*) conjunto de salas; (*Mus*) suite f; (*furniture*): **bedroom/dining room ~** conjunto de quarto/de sala de jantar; **a three-piece ~** um conjunto estofado (sofá e duas poltronas)
suitor ['su:təʳ] N pretendente m
sulfate ['sʌlfeɪt] (US) N = **sulphate**
sulfur ['sʌlfəʳ] (US) = **sulphur**
sulk [sʌlk] VI ficar emburrado, fazer beicinho or biquinho (*inf*)
sulky ['sʌlkɪ] ADJ emburrado
sullen ['sʌlən] ADJ rabugento; (*silence*) pesado
sulphate, (US) **sulfate** ['sʌlfeɪt] N sulfato
sulphur, (US) **sulfur** ['sʌlfəʳ] N enxofre m
sulphuric, (US) **sulfuric** [sʌl'fjuərɪk] ADJ: **~ acid** ácido sulfúrico
sultan ['sʌltən] N sultão m
sultana [sʌl'tɑ:nə] N (*Culin*) passa branca
sultry ['sʌltrɪ] ADJ (*weather*) abafado, mormacento; (*seductive*) sedutor(a)
sum [sʌm] N soma; (*calculation*) cálculo ▶ **sum up** VT sumariar, fazer um resumo de; (*describe*) resumir; (*evaluate*) avaliar ▶ VI resumir
Sumatra [su'mɑ:trə] N Sumatra
summarize ['sʌməraɪz] VT resumir
summary ['sʌmərɪ] N resumo ▶ ADJ (*justice*) sumário
summer ['sʌməʳ] N verão m ▶ ADJ de verão; **in (the) ~** no verão
summer camp (US) N colônia de férias
summerhouse ['sʌməhaus] N (*in garden*) pavilhão m
summertime ['sʌmətaɪm] N (*season*) verão m
summer time N (*by clock*) horário de verão
summery ['sʌmərɪ] ADJ estival, de verão
summing-up ['sʌmɪŋ-] N resumo, recapitulação f

summit ['sʌmɪt] N topo, cume m; (also: **summit conference**) (conferência de) cúpula

summon ['sʌmən] VT (person) mandar chamar; (meeting) convocar; (Law: witness) convocar
▶ **summon up** VT concentrar

summons ['sʌmənz] N (Law) citação f, intimação f; (fig) chamada ▶ VT citar, intimar; **to serve a ~ on sb** entregar uma citação a alguém

sump [sʌmp] (BRIT) N (Aut) cárter m

sumptuous ['sʌmptjuəs] ADJ suntuoso

sun [sʌn] N sol m; **in the ~** ao sol; **everything under the ~** cada coisa

Sun. ABBR (= Sunday) dom

sunbathe ['sʌnbeɪð] VI tomar sol

sunbeam ['sʌnbi:m] N raio de sol

sunbed ['sʌnbɛd] N espreguiçadeira; (with sunlamp) cama para bronzeamento artificial

sunblock ['sʌnblɔk] N bloqueador m solar

sunburn ['sʌnbə:n] N queimadura do sol

sunburned ['sʌnbə:nd] ADJ = **sunburnt**

sunburnt ['sʌnbə:nt] ADJ bronzeado; (painfully) queimado

sun cream N creme m solar

sundae ['sʌndeɪ] N sorvete m (BR) or gelado (PT) com frutas e nozes

Sunday ['sʌndɪ] N domingo; see also **Tuesday**

Sunday school N escola dominical

sundial ['sʌndaɪəl] N relógio de sol

sundown ['sʌndaun] N pôr m do sol

sundries ['sʌndrɪz] NPL gêneros mpl diversos

sundry ['sʌndrɪ] ADJ vários, diversos; **all and ~** todos

sunflower ['sʌnflauə^r] N girassol m

sung [sʌŋ] PP of **sing**

sunglasses ['sʌnglɑ:sɪz] NPL óculos mpl de sol

sunk [sʌŋk] PP of **sink**

sunken ['sʌŋkn] ADJ (ship) afundado; (eyes, cheeks) cavado; (bath) enterrado

sunlamp ['sʌnlæmp] N lâmpada ultravioleta

sunlight ['sʌnlaɪt] N (luz f do) sol m

sunlit ['sʌnlɪt] ADJ ensolarado, iluminado pelo sol

sunny ['sʌnɪ] ADJ cheio de sol; (day) ensolarado, de sol; (fig) alegre; **it's ~** faz sol

sunrise ['sʌnraɪz] N nascer m do sol

sun roof N (Aut) teto solar

sunscreen ['sʌnskri:n] N protetor m solar

sunset ['sʌnsɛt] N pôr m do sol

sunshade ['sʌnʃeɪd] N (over table) para-sol m; (on beach) barraca

sunshine ['sʌnʃaɪn] N (luz f do) sol m

sunspot ['sʌnspɔt] N mancha solar

sunstroke ['sʌnstrəuk] N insolação f

suntan ['sʌntæn] N bronzeado

suntan lotion N loção f de bronzear

suntanned ['sʌntænd] ADJ bronzeado, moreno

suntan oil N óleo de bronzear, bronzeador m

suntrap ['sʌntræp] N lugar m muito ensolarado

super ['su:pə^r] (inf) ADJ bacana (BR), muito giro (PT)

superannuation [su:pərænju'eɪʃən] N pensão f de aposentadoria

superb [su:'pə:b] ADJ excelente

supercilious [su:pə'sɪlɪəs] ADJ (disdainful) arrogante, desdenhoso; (haughty) altivo

superficial [su:pə'fɪʃəl] ADJ superficial

superficially [su:pə'fɪʃəlɪ] ADV superficialmente

superfluous [su'pə:fluəs] ADJ supérfluo, desnecessário

superhuman [su:pə'hju:mən] ADJ sobre-humano

superimpose [su:pərɪm'pəuz] VT: **to ~ (on/with)** sobrepor (a)

superintend [su:pərɪn'tɛnd] VT superintender, dirigir

superintendent [su:pərɪn'tɛndənt] N superintendente m/f; (Police) chefe m/f de polícia

superior [su'pɪərɪə^r] ADJ superior; (smug) desdenhoso ▶ N superior m; **Mother S~** (Rel) Madre Superiora

superiority [supɪərɪ'ɔrɪtɪ] N superioridade f

superlative [su'pə:lətɪv] ADJ superlativo ▶ N superlativo

superman ['su:pəmæn] (irreg: like **man**) N super-homem m

supermarket ['su:pəmɑ:kɪt] N supermercado

supernatural [su:pə'nætʃərəl] ADJ supersticioso ▶ N: **the ~** o sobrenatural

superpower ['su:pəpauə^r] N (Pol) superpotência

supersede [su:pə'si:d] VT suplantar

supersonic [su:pə'sɔnɪk] ADJ supersônico

superstar ['su:pəstɑ:^r] N superstar m/f

superstition [su:pə'stɪʃən] N superstição f

superstitious [su:pə'stɪʃəs] ADJ supersticioso

superstore ['su:pəstɔ:^r] (BRIT) N hipermercado

supertanker ['su:pətæŋkə^r] N superpetroleiro

supertax ['su:pətæks] N sobretaxa

supervise ['su:pəvaɪz] VT supervisar, supervisionar

supervision [su:pə'vɪʒən] N supervisão f; **under medical ~** a critério médico

supervisor ['su:pəvaɪzə^r] N supervisor(a) m/f; (academic) orientador(a) m/f

supervisory [su:pə'vaɪzərɪ] ADJ fiscalizador(a)

supine ['su:paɪn] ADJ em supinação

supper ['sʌpə^r] N jantar m; (late evening) ceia; **to have ~** jantar

supplant [sə'plɑ:nt] VT suplantar

supple ['sʌpl] ADJ flexível

supplement [n 'sʌplɪmənt, vt sʌplɪ'mɛnt] N suplemento ▶ VT suprir, completar

supplementary [sʌplɪ'mɛntərɪ] ADJ suplementar

supplementary benefit (BRIT) N auxílio suplementar pago aos de renda baixa

supplier [sə'plaɪə^r] N abastecedor(a) m/f, fornecedor(a) m/f; (stockist) distribuidor(a) m/f

supply [sə'plaɪ] VT *(provide)*: **to ~ sth (to sb)** fornecer algo (a alguém); *(need)* suprir a; *(equip)*: **to ~ (with)** suprir (de) ▶ N fornecimento, provisão *f*; *(stock)* estoque *m*; *(supplying)* abastecimento ▶ ADJ *(teacher etc)* suplente; **supplies** NPL *(food)* víveres *mpl*; *(Mil)* apetrechos *mpl*; **office supplies** material *m* de escritório; **to be in short ~** estar escasso; **the electricity/water/gas ~** o abastecimento de força/água/gás; **~ and demand** oferta e procura

supply teacher (BRIT) N professor(a) *m/f* suplente

support [sə'pɔːt] N *(moral, financial etc)* apoio; *(Tech)* suporte *m* ▶ VT apoiar; *(financially)* manter; *(Tech: hold up)* sustentar; *(theory etc)* defender; *(Sport: team)* torcer por; **to ~ o.s.** *(financially)* ganhar a vida

supporter [sə'pɔːtə^r] N *(Pol etc)* partidário(-a); *(Sport)* torcedor(a) *m/f*

supporting [sə'pɔːtɪŋ] ADJ *(Theatre etc: role)* secundário; *(: actor)* coadjuvante

supportive [sə'pɔːtɪv] ADJ solidário

suppose [sə'pəuz] VT supor; *(imagine)* imaginar; *(duty)*: **to be ~d to do sth** dever fazer algo ▶ VI supor; imaginar; **he's ~d to be an expert** dizem que ele é um perito; **I don't ~ she'll come** eu acho que ela não virá

supposedly [sə'pəuzɪdlɪ] ADV supostamente, pretensamente

supposing [sə'pəuzɪŋ] CONJ caso, supondo-se que; **always ~ he comes** caso ele venha

supposition [sʌpə'zɪʃən] N suposição *f*

suppository [sə'pɔzɪtərɪ] N supositório

suppress [sə'prɛs] VT *(information)* suprimir; *(feelings, revolt)* reprimir; *(yawn)* conter; *(scandal)* abafar, encobrir

suppression [sə'prɛʃən] N *(information)* supressão *f*; *(feelings, revolt)* repressão *f*; *(yawn)* controle *m*; *(scandal)* abafamento

suppressor [sə'prɛsə^r] N *(Elec etc)* supressor *m*

supremacy [su'prɛməsɪ] N supremacia

supreme [su'priːm] ADJ supremo

Supreme Court (US) N Corte *f* Suprema

Supt. ABBR *(Police)* = **superintendent**

surcharge ['səːtʃɑːdʒ] N sobretaxa

sure [ʃuə^r] ADJ *(gen)* seguro; *(definite)* certo; *(aim)* certeiro ▶ ADV *(inf: esp US)*: **that ~ is pretty** é bonito mesmo; **to make ~ of sth/that** assegurar-se de algo/que; **~!** *(of course)* claro que sim!; **~ enough** efetivamente; **I'm not ~ how/why/when** não tenho certeza como/por que/quando; **to be ~ of sth** ter certeza de alguma coisa; **to be ~ of o.s.** estar seguro de si

sure-footed [-'futɪd] ADJ de andar seguro

surely ['ʃuəlɪ] ADV *(certainly: US: also:* **sure***)* certamente; **~ you don't mean that!** não acredito que você queira dizer isso

surety ['ʃuərətɪ] N garantia, fiança; *(person)* fiador(a) *m/f*; **to go** or **stand ~ for sb** afiançar alguém, prestar fiança por alguém

surf [səːf] N *(foam)* espuma; *(waves)* ondas *fpl*, arrebentação *f* ▶ VI fazer surfe, pegar onda *(inf)*

surface ['səːfɪs] N superfície *f* ▶ VT *(road)* revestir ▶ VI vir à superfície *or* à tona; *(fig: news, feeling)* vir à tona; **on the ~** *(fig)* à primeira vista

surface area N área da superfície

surface mail N correio comum

surfboard ['səːfbɔːd] N prancha de surfe

surfeit ['səːfɪt] N: **a ~ of** um excesso de

surfer ['səːfə^r] N surfista *m/f*; *(on the Internet)* internauta *m/f*

surfing ['səːfɪŋ] N surfe *m*; **to go ~** fazer surfe, pegar onda *(inf)*

surge [səːdʒ] N onda; *(Elec)* surto ▶ VI *(sea)* encapelar-se; *(people, vehicles)* precipitar-se; *(feeling)* aumentar repentinamente; **to ~ forward** avançar em tropel

surgeon ['səːdʒən] N cirurgião(-giã) *m/f*

Surgeon General (US) N diretor(a) *m/f* nacional de saúde

surgery ['səːdʒərɪ] N cirurgia; *(BRIT: room)* consultório; *(also:* **surgery hours***)* horas *fpl* de consulta; **to undergo ~** operar-se

surgical ['səːdʒɪkl] ADJ cirúrgico

surgical spirit (BRIT) N álcool *m*

surly ['səːlɪ] ADJ malcriado, rude

surmise [sə'maɪz] VT conjeturar

surmount [sə'maunt] VT superar, sobrepujar, vencer

surname ['səːneɪm] N sobrenome *m* (BR), apelido (PT)

surpass [səː'pɑːs] VT superar

surplus ['səːpləs] N excedente *m*; *(Comm)* superávit *m* ▶ ADJ excedente, de sobra; **~ to my requirements** que me sobram; **~ stock** estoque *m* excedente

surprise [sə'praɪz] N surpresa; *(astonishment)* assombro ▶ VT surpreender; **to take by ~** *(person)* pegar de surpresa; *(Mil: town, fort)* atacar de surpresa

surprising [sə'praɪzɪŋ] ADJ surpreendente; *(unexpected)* inesperado

surprisingly [sə'praɪzɪŋlɪ] ADV *(easy, helpful)* surpreendentemente; **(somewhat) ~, he agreed** para surpresa de todos, ele concordou

surrealism [sə'rɪəlɪzm] N surrealismo

surrealist [sə'rɪəlɪst] ADJ, N surrealista *m/f*

surrender [sə'rɛndə^r] N rendição *f*, entrega ▶ VI render-se, entregar-se ▶ VT *(claim, right)* renunciar a

surrender value N valor *m* de resgate

surreptitious [sʌrəp'tɪʃəs] ADJ clandestino, furtivo

surrogate ['sʌrəgɪt] N *(BRIT: substitute)* substituto(-a) ▶ ADJ substituto

surrogate mother N mãe *f* portadora

surround [sə'raund] VT circundar, rodear; *(Mil etc)* cercar

surrounding [sə'raundɪŋ] ADJ circundante, adjacente

surroundings [sə'raundɪŋz] NPL arredores mpl, cercanias fpl
surtax ['sə:tæks] N sobretaxa
surveillance [sə:'veɪləns] N vigilância
survey [n 'sə:veɪ, vt sə:'veɪ] N (*inspection*) inspeção f, vistoria; (*investigation: of habits etc*) pesquisa, levantamento; (*of house*) inspeção f; (*of land*) levantamento ▶ VT inspecionar, vistoriar; (*look at*) observar, contemplar; (*land*) fazer um levantamento de; (*make inquiries about*) pesquisar, fazer um levantamento de
surveying [sə:'veɪɪŋ] N agrimensura
surveyor [sə:'veɪə^r] N (*of land*) agrimensor(a) m/f; (*of building*) inspetor(a) m/f
survival [sə'vaɪvl] N sobrevivência; (*relic*) remanescente m ▶ CPD (*course, kit*) de sobrevivência
survive [sə'vaɪv] VI sobreviver; (*custom etc*) perdurar ▶ VT sobreviver a
survivor [sə'vaɪvə^r] N sobrevivente m/f
susceptible [sə'sɛptəbl] ADJ: ~ (**to**) (*heat, injury*) suscetível or sensível (a); (*flattery, pressure*) vulnerável (a)
suspect [*adj, n* 'sʌspɛkt, *vt* sə'spɛkt] ADJ, N suspeito(-a) ▶ VT suspeitar, desconfiar
suspend [sə'spɛnd] VT suspender
suspended sentence [sə'spɛndɪd-] N condenação f condicional
suspender belt [sə'spɛndə^r-] N cinta-liga
suspenders [sə'spɛndəz] NPL (BRIT) ligas fpl; (US) suspensórios mpl
suspense [sə'spɛns] N incerteza, ansiedade f; (*in film etc*) suspense m; **to keep sb in ~** manter alguém em suspense or na expectativa
suspension [sə'spɛnʃən] N (*gen, Aut*) suspensão f; (*of driving licence*) cassação f
suspension bridge N ponte f pênsil
suspicion [sə'spɪʃən] N suspeita; (*trace*) traço, vestígio; **to be under ~** estar sob suspeita; **arrested on ~ of murder** preso sob suspeita de homicídio
suspicious [sə'spɪʃəs] ADJ (*suspecting*) suspeitoso; (*causing suspicion*) suspeito; **to be ~ of** or **about sb/sth** desconfiar de alguém/algo
suss out [sʌs-] (BRIT *inf*) VT (*discover*) descobrir; (*understand*) sacar
sustain [sə'steɪn] VT sustentar, manter; (*subj: food, drink*) sustenar; (*suffer*) sofrer
sustainable [sə'steɪnəbl] ADJ sustentável
sustained [səs'teɪnd] ADJ (*effort*) contínuo
sustenance ['sʌstɪnəns] N sustento
suture ['su:tʃə^r] N sutura
SUV N ABBR (= *sports utility vehicle*) SUV m
SW ABBR (= *short wave*) OC
swab [swɔb] N (*Med*) mecha de algodão ▶ VT (*Naut: also:* **swab down**) lambazar
swagger ['swægə^r] VI andar com ar de superioridade
swallow ['swɔləu] N (*bird*) andorinha; (*of food etc*) bocado; (*of drink*) trago ▶ VT engolir, tragar; (*fig: story*) engolir; (*pride*) pôr de lado; (*one's words*) retirar
▶ **swallow up** VT (*savings etc*) consumir
swam [swæm] PT *of* **swim**
swamp [swɔmp] N pântano, brejo ▶ VT atolar, inundar; (*fig: person*) assoberbar
swampy ['swɔmpɪ] ADJ pantanoso
swan [swɔn] N cisne m
swank [swæŋk] (*inf*) VI esnobar
swan song N (*fig*) canto do cisne
swap [swɔp] N troca, permuta ▶ VT: **to ~ (for)** trocar (por); (*replace (with)*) substituir (por)
swarm [swɔ:m] N (*of bees*) enxame m; (*of people*) multidão f ▶ VI enxamear; aglomerar-se; (*place*): **to be ~ing with** estar apinhado de
swarthy ['swɔ:ðɪ] ADJ moreno
swashbuckling ['swɔʃbʌklɪŋ] ADJ (*film*) de capa e espada
swastika ['swɔstɪkə] N suástica
swat [swɔt] VT esmagar ▶ N (BRIT: *also:* **fly swat**) pá f para matar mosca
swathe [sweɪð] VT: **to ~ in** (*bandages, blankets*) enfaixar em, envolver em
swatter ['swɔtə^r] N (*also:* **fly swatter**) pá f para matar mosca
sway [sweɪ] VI balançar-se, oscilar ▶ VT (*influence*) influenciar ▶ N (*rule, power*) domínio (sobre); **to hold ~ over sb** dominar alguém
Swaziland ['swɑ:zɪlænd] N Suazilândia
swear [swɛə^r] (*pt* **swore**, *pp* **sworn**) VI (*by oath*) jurar; (*curse*) xingar ▶ VT (*promise*) jurar; **to ~ an oath** prestar juramento; **to ~ to sth** afirmar algo sob juramento
▶ **swear in** VT (*witness*) ajuramentar; (*president*) empossar
swearword ['swɛəwə:d] N palavrão m
sweat [swɛt] N suor m ▶ VI suar
sweatband ['swɛtbænd] N (*Sport*) tira elástica (para o cabelo)
sweater ['swɛtə^r] N suéter m or f (BR), camisola (PT)
sweatshirt ['swɛtʃə:t] N suéter m de malha de algodão
sweatshop ['swɛtʃɔp] N oficina onde os trabalhadores são explorados
sweaty ['swɛtɪ] ADJ suado
Swede [swi:d] N sueco(-a)
swede [swi:d] N *tipo de nabo*
Sweden ['swi:dən] N Suécia
Swedish ['swi:dɪʃ] ADJ sueco ▶ N (*Ling*) sueco
sweep [swi:p] (*pt, pp* **swept**) N (*act*) varredura; (*of arm*) movimento circular; (*range*) extensão f, alcance m; (*also:* **chimney sweep**) limpador m de chaminés ▶ VT varrer; (*with arm*) empurrar; (*subj: current*) arrastar; (: *fashion, craze*) espalhar-se por; (: *disease*) arrasar ▶ VI varrer; (*person*) passar majestosamente
▶ **sweep away** VT varrer; (*rub out*) apagar
▶ **sweep past** VI passar rapidamente; (*brush by*) roçar
▶ **sweep up** VT, VI varrer

sweeping ['swi:pɪŋ] ADJ (*gesture*) dramático; (*reform*) radical; (*statement*) generalizado
sweepstake ['swi:psteɪk] N sweepstake *m*
sweet [swi:t] N (*candy*) bala (BR), rebuçado (PT); (BRIT: *pudding*) sobremesa ▶ ADJ doce; (*sugary*) açucarado; (*fig: air*) fresco; (: *water, smell*) doce; (: *sound*) suave; (: *baby, kitten*) bonitinho; (*kind*) meigo ▶ ADV: **to smell ~** ter bom cheiro; **to taste ~** estar doce; **~ and sour** agridoce
sweetbread ['swi:tbrɛd] N moleja
sweetcorn ['swi:tkɔ:n] N milho
sweeten ['swi:tən] VT pôr açúcar em; (*temper*) abrandar
sweetener ['swi:tnə^r] N (Culin) adoçante *m*
sweetheart ['swi:tha:t] N namorado(-a); (*as address*) amor *m*
sweetly ['swi:tlɪ] ADV docemente; (*gently*) suavemente
sweetness ['swi:tnɪs] N doçura
sweet pea N ervilha-de-cheiro *f*
sweet potato (*irreg: like* **potato**) N batata doce
sweetshop ['swi:tʃɔp] N confeitaria
swell [swɛl] (*pt* **swelled**, *pp* **swollen** *or* **swelled**) VT engrossar ▶ VI (*increase*) aumentar; (*get stronger*) intensificar-se; (*also:* **swell up**) inchar(-se) ▶ N (*of sea*) vaga, onda ▶ ADJ (*US inf: excellent*) bacana
swelling ['swɛlɪŋ] N (Med) inchação *f*
sweltering ['swɛltərɪŋ] ADJ (*heat*) sufocante; (*day*) mormacento
swept [swɛpt] PT, PP *of* **sweep**
swerve [swə:v] VI desviar-se
swift [swɪft] N (*bird*) andorinhão *m* ▶ ADJ rápido
swiftly ['swɪftlɪ] ADV rapidamente, velozmente
swiftness ['swɪftnɪs] N rapidez *f*, ligeireza
swig [swɪg] (*inf*) N (*drink*) trago, gole *m*
swill [swɪl] N lavagem *f* ▶ VT (*also:* **swill out, swill down**) lavar, limpar com água
swim [swɪm] (*pt* **swam**, *pp* **swum**) VI nadar; (*head, room*) rodar; (*fig*): **my head/the room is ~ming** estou com a cabeça zonza/sinto o quarto rodar ▶ VT atravessar a nado; (*distance*) percorrer (a nado) ▶ N: **to go for a ~** ir nadar; **to go ~ming** ir nadar; **to ~ a length** nadar uma volta
swimmer ['swɪmə^r] N nadador(a) *m/f*
swimming ['swɪmɪŋ] N natação *f*
swimming baths (BRIT) NPL piscina
swimming cap N touca de natação
swimming costume (BRIT) N (*woman's*) maiô *m* (BR), fato de banho (PT); (*man's*) calção *m* de banho (BR), calções *mpl* de banho (PT)
swimming pool N piscina
swimming trunks NPL sunga (BR), calções *mpl* de banho (PT)
swimsuit ['swɪmsu:t] N maiô *m* (BR), fato de banho (PT)
swindle ['swɪndl] N fraude *f* ▶ VT defraudar
swindler ['swɪndlə^r] N vigarista *m/f*
swine [swaɪn] N porcos *mpl*; (!) canalha *m*, calhorda *m*

swine flu N gripe *f* suína
swing [swɪŋ] (*pt*, *pp* **swung**) VT balançar; (*also:* **swing round**) girar, rodar ▶ VI oscilar; (*on swing*) balançar; (*also:* **swing round**) voltar-se bruscamente ▶ N (*in playground*) balanço; (*movement*) balanceio, oscilação *f*; (*change: in opinion*) mudança; (: *of direction*) virada; (*rhythm*) ritmo; **the road ~s south** a estrada vira em direção ao sul; **a ~ to the left** (Pol) uma guinada para a esquerda; **to be in full ~** estar a todo vapor; **to get into the ~ of things** familiarizar-se com tudo
swing bridge N ponte *f* giratória
swing door, (US) **swinging door** N porta de vaivém
swingeing ['swɪndʒɪŋ] (BRIT) ADJ esmagador(a); (*cuts*) devastador(a)
swinging ['swɪŋɪŋ] ADJ rítmico; (*person*) badalativo
swipe [swaɪp] N pancada violenta ▶ VT (*hit*) bater com violência; (*inf: steal*) afanar, roubar
swirl [swə:l] VI redemoinhar ▶ N redemoinho
swish [swɪʃ] ADJ (BRIT *inf: smart*) chique ▶ N (*of whip*) silvo; (*of skirt, grass*) ruge-ruge *m* ▶ VI (*tail*) abanar; (*clothes*) fazer ruge-ruge
Swiss [swɪs] ADJ, N INV suíço(-a)
Swiss roll N bolo de rolo, rocambole *m* doce
switch [swɪtʃ] N (*for light, radio etc*) interruptor *m*; (*change*) mudança ▶ VT (*change*) trocar
▶ **switch off** VT apagar; (*engine*) desligar; (BRIT: *gas, water*) fechar
▶ **switch on** VT acender; ligar; abrir
switchback ['swɪtʃbæk] (BRIT) N montanha-russa
switchblade ['swɪtʃbleɪd] N (*also:* **switchblade knife**) canivete *m* de mola
switchboard ['swɪtʃbɔ:d] N (Tel) mesa telefônica
switchboard operator N (Tel) telefonista *m/f*
Switzerland ['swɪtsələnd] N Suíça
swivel ['swɪvl] VI (*also:* **swivel round**) girar (sobre um eixo), fazer pião
swollen ['swəulən] PP *of* **swell** ▶ ADJ inchado
swoon [swu:n] VI desmaiar
swoop [swu:p] N (*by police etc*) batida; (*of bird*) voo picado ▶ VI (*also:* **swoop down**) precipitar-se, cair
swop [swɔp] N, VT = **swap**
sword [sɔ:d] N espada
swordfish ['sɔ:dfɪʃ] N INV peixe-espada *m*
swore [swɔ:^r] PT *of* **swear**
sworn [swɔ:n] PP *of* **swear** ▶ ADJ (*statement*) sob juramento; (*enemy*) declarado
swot [swɔt] VI queimar as pestanas
swum [swʌm] PP *of* **swim**
swung [swʌŋ] PT, PP *of* **swing**
sycamore ['sɪkəmɔ:^r] N sicômoro
sycophant ['sɪkəfænt] N bajulador(a) *m/f*
sycophantic [sɪkə'fæntɪk] ADJ (*person*) bajulador(a); (*behaviour*) bajulatório
Sydney ['sɪdnɪ] N Sydney
syllable ['sɪləbl] N sílaba

syllabus ['sɪləbəs] N programa m de estudos; **on the ~** no roteiro
symbol ['sɪmbl] N símbolo
symbolic [sɪm'bɔlɪk], **symbolical** [sɪm'bɔlɪkl] ADJ simbólico
symbolism ['sɪmbəlɪzəm] N simbolismo
symbolize ['sɪmbəlaɪz] VT simbolizar
symmetrical [sɪ'mɛtrɪkl] ADJ simétrico
symmetry ['sɪmɪtrɪ] N simetria
sympathetic [sɪmpə'θɛtɪk] ADJ (showing pity) compassivo; (understanding) compreensivo; (likeable) agradável; (supportive): **~ to(wards)** solidário com
sympathetically [sɪmpə'θɛtɪklɪ] ADV (with pity) com compaixão; (understandingly) compreensivamente
sympathize ['sɪmpəθaɪz] VI: **to ~ with** (person) compadecer-se de; (sb's feelings) compreender; (cause) simpatizar com
sympathizer ['sɪmpəθaɪzəʳ] N (Pol) simpatizante m/f
sympathy ['sɪmpəθɪ] N (pity) compaixão f; **sympathies** NPL (tendencies) simpatia; **in ~ with** em acordo com; (strike) em solidariedade com; **with our deepest ~** com nossos mais profundos pêsames
symphonic [sɪm'fɔnɪk] ADJ sinfônico
symphony ['sɪmfənɪ] N sinfonia
symphony orchestra N orquestra sinfônica
symposia [sɪm'pəuzɪə] NPL of **symposium**
symposium [sɪm'pəuzɪəm] (pl **symposiums** or **symposia**) N simpósio
symptom ['sɪmptəm] N sintoma m; (sign) indício
symptomatic [sɪmptə'mætɪk] ADJ sintomático

synagogue ['sɪnəgɔg] N sinagoga
synchromesh ['sɪŋkrəumɛʃ] N (Aut) engrenagem f sincronizada
synchronize ['sɪŋkrənaɪz] VT sincronizar ▶ VI: **to ~ with** sincronizar-se com
syncopated ['sɪŋkəpeɪtɪd] ADJ sincopado
syndicate ['sɪndɪkɪt] N sindicato; (of newspapers) cadeia
syndrome ['sɪndrəum] N síndrome f
synonym ['sɪnənɪm] N sinônimo
synonymous [sɪ'nɔnɪməs] ADJ: **~ (with)** sinônimo (de)
synopses [sɪ'nɔpsi:z] NPL of **synopsis**
synopsis [sɪ'nɔpsɪs] (pl **synopses**) N sinopse f, resumo
syntax ['sɪntæks] N sintaxe f
syntheses ['sɪnθəsi:z] NPL of **synthesis**
synthesis ['sɪnθəsɪs] (pl **syntheses**) N síntese f
synthesizer ['sɪnθəsaɪzəʳ] N (Mus) sintetizador m
synthetic [sɪn'θɛtɪk] ADJ sintético ▶ N: **~s** matérias fpl sintéticas
syphilis ['sɪfɪlɪs] N sífilis f
syphon ['saɪfən] = **siphon**
Syria ['sɪrɪə] N Síria
Syrian ['sɪrɪən] ADJ, N sírio(-a)
syringe [sɪ'rɪndʒ] N seringa
syrup ['sɪrəp] N xarope m; (BRIT: also: **golden syrup**) melaço
syrupy ['sɪrəpɪ] ADJ xaroposo
system ['sɪstəm] N sistema m; (method) método; (Anat) organismo
systematic [sɪstə'mætɪk] ADJ sistemático
system disk N (Comput) disco do sistema
systems analyst N analista m/f de sistemas

Tt

T, t [tiː] N (*letter*) T, t m; **T for Tommy** T de Tereza
TA (BRIT) N ABBR = **Territorial Army**
ta [tɑː] (BRIT inf) EXCL obrigado(-a)
tab [tæb] N ABBR = **tabulator** ▶ N lingueta, aba; (*label*) etiqueta; **to keep ~s on** (*fig*) vigiar
tabby ['tæbɪ] N (*also*: **tabby cat**) gato malhado or listrado
table ['teɪbl] N mesa; (*of statistics etc*) quadro, tabela ▶ VT (*motion etc*) apresentar; **to lay** or **set the ~** pôr a mesa; **to clear the ~** tirar a mesa; **league ~** (BRIT *Football*) classificação f dos times; **~ of contents** índice m, sumário
tablecloth ['teɪblklɔθ] N toalha de mesa
table d'hôte [tɑːblˈdəʊt] N refeição f comercial
table lamp N abajur m (BR), candeeiro (PT)
tableland ['teɪbllænd] N planalto
table mat N descanso
table salt N sal m fino
tablespoon ['teɪblspuːn] N colher f de sopa; (*also*: **tablespoonful**: *as measurement*) colherada
tablet ['tæblɪt] N (*Med*) comprimido; (: *for sucking*) pastilha; (*for writing*) bloco; (*also*: **tablet computer**) tablet m; (*of stone*) lápide f; **~ of soap** (BRIT) sabonete m
table tennis N pingue-pongue m, tênis m de mesa
table wine N vinho de mesa
tabloid ['tæblɔɪd] N (*newspaper*) tabloide m; **the ~s** os tabloides populares
tabloid press N *ver nota*

> O termo **tabloid press** refere-se aos jornais populares de formato meio jornal que apresentam muitas fotografias e adotam um estilo bastante conciso. O público-alvo desses jornais é composto por leitores que se interessam pelos fatos do dia que contenham um certo toque de escândalo; veja **quality (news)papers**.

taboo [təˈbuː] N tabu m ▶ ADJ tabu
tabulate ['tæbjuleɪt] VT (*data, figures*) dispor em forma de tabela
tabulator ['tæbjuleɪtər] N tabulador m
tachograph ['tækəgrɑːf] N tacógrafo
tachometer [tæˈkɔmɪtər] N tacômetro
tacit ['tæsɪt] ADJ tácito, implícito

taciturn ['tæsɪtəːn] ADJ taciturno
tack [tæk] N (*nail*) tachinha, percevejo; (BRIT: *stitch*) alinhavo; (*Naut*) amura ▶ VT prender com tachinha; (*stitch*) alinhavar ▶ VI virar de bordo; **to change ~** virar de bordo; (*fig*) mudar de tática; **to ~ sth on to (the end of) sth** anexar algo a algo
tackle ['tækl] N (*gear*) equipamento; (*also*: **fishing tackle**) apetrechos mpl; (*for lifting*) guincho; (*Football*) ato de tirar a bola do adversário ▶ VT (*difficulty*) atacar; (*challenge: person*) desafiar; (*grapple with*) atracar-se com; (*Football*) tirar a bola do
tacky ['tækɪ] ADJ pegajoso, grudento; (*inf: tasteless*) cafona
tact [tækt] N tato, diplomacia
tactful ['tæktful] ADJ diplomático; **to be ~** ser diplomata
tactfully ['tæktfulɪ] ADV discretamente, com tato
tactical ['tæktɪkl] ADJ tático
tactics ['tæktɪks] N, NPL tática
tactless ['tæktlɪs] ADJ sem diplomacia
tactlessly ['tæktlɪslɪ] ADV indiscretamente
tadpole ['tædpəul] N girino
taffy ['tæfɪ] (US) N puxa-puxa m (BR), caramelo (PT)
tag [tæg] N (*label*) etiqueta; **price/name ~** etiqueta de preço/com o nome
▶ **tag along** VI seguir
Tahiti [tɑːˈhiːtɪ] N Taiti (*no article*)
tail [teɪl] N rabo; (*of bird, comet, plane*) cauda; (*of shirt, coat*) aba ▶ VT (*follow*) seguir bem de perto; **to turn ~** dar no pé; *see also* **head**
▶ **tail away** VI (*in size, quality etc*) diminuir gradualmente
▶ **tail off** VI (*in size, quality etc*) diminuir gradualmente
tailback ['teɪlbæk] (BRIT) N fila (de carros)
tail coat N fraque m
tail end N (*of train*) cauda; (*of procession*) parte f final
tailgate ['teɪlgeɪt] N (*Aut*) porta traseira
tailor ['teɪlər] N alfaiate m ▶ VT: **to ~ sth (to)** adaptar algo (a); **~'s (shop)** alfaiataria
tailoring ['teɪlərɪŋ] N (*cut*) feitio; (*craft*) oficio de alfaiate
tailor-made ADJ feito sob medida; (*fig*) especial

tailwind ['teɪlwɪnd] N vento de popa or de cauda

taint [teɪnt] VT (*meat, food*) estragar; (*fig: reputation*) manchar

tainted ['teɪntɪd] ADJ (*food*) estragado, passado; (*water, air*) poluído; (*fig*) manchado

Taiwan ['taɪ'wɑːn] N Taiuan (*no article*)

take [teɪk] (*pt* **took**, *pp* **taken**) VT (*gen*) tomar; (*photo, holiday*) tirar; (*grab*) pegar (em); (*gain: prize*) ganhar; (*require: effort, courage*) requerer, exigir; (*tolerate*) aguentar; (*accompany, bring, carry: person*) acompanhar, trazer; (: *thing*) trazer, carregar; (*exam*) fazer; (*hold: passengers etc*): **it ~s 50 people** cabem 50 pessoas ▶ VI (*dye, fire*) pegar ▶ N (*Cinema*) tomada; **to ~ sth from** (*drawer etc*) tirar algo de; (*person*) pegar algo de; **I ~ it that ...** suponho que ...; **I took him for a doctor** eu o tomei por médico; **to ~ sb's hand** pegar a mão de alguém; **to ~ for a walk** levar a passeio; **to be ~n ill** adoecer, ficar doente; **to ~ it upon o.s. to do sth** assumir a responsabilidade de fazer algo; **~ the first (street) on the left** pega a primeira (rua) à esquerda; **it won't ~ long** não vai demorar muito; **I was quite ~n with it/her** gostei muito daquilo/dela
▶ **take after** VT FUS parecer-se com
▶ **take apart** VT desmontar
▶ **take away** VT (*extract*) tirar; (*carry off*) levar; (*subtract*) subtrair ▶ VI: **to ~ away from** diminuir
▶ **take back** VT (*return*) devolver; (*one's words*) retirar
▶ **take down** VT (*building*) demolir; (*dismantle*) desmontar; (*letter etc*) tomar por escrito
▶ **take in** VT (*deceive*) enganar; (*understand*) compreender; (*include*) abranger; (*lodger*) receber; (*orphan, stray dog*) acolher; (*dress etc*) apertar
▶ **take off** VI (*Aviat*) decolar; (*go away*) ir-se ▶ VT (*remove*) tirar; (*imitate*) imitar
▶ **take on** VT (*work*) empreender; (*employee*) empregar; (*opponent*) desafiar
▶ **take out** VT tirar; (*extract*) extrair; (*invite*) acompanhar; (*licence*) tirar; **to ~ sth out of** tirar algo de; **don't ~ it out on me!** não descarregue em cima de mim!
▶ **take over** VT (*business*) assumir; (*country*) tomar posse de ▶ VI: **to ~ over from sb** suceder a alguém
▶ **take to** VT FUS (*person*) simpatizar com; (*activity*) afeiçoar-se a; **to ~ to doing sth** criar o hábito de fazer algo
▶ **take up** VT (*dress*) encurtar; (*story*) continuar; (*occupy: time, space*) ocupar; (*engage in: hobby etc*) dedicar-se a; (*accept: offer, challenge*) aceitar; (*absorb: liquids*) absorver ▶ VI: **to ~ up with sb** fazer amizade com alguém; **to ~ sb up on a suggestion/offer** aceitar a oferta/sugestão de alguém sobre algo

takeaway ['teɪkəweɪ] (BRIT) ADJ (*food*) para levar

take-home pay N salário líquido

taken ['teɪkən] PP *of* **take**

takeoff ['teɪkɔf] N (*Aviat*) decolagem *f*

takeout ['teɪkaut] (US) ADJ (*food*) para levar

takeover ['teɪkəuvəʳ] N (*Comm*) aquisição *f* de controle

takeover bid N oferta pública de aquisição de controle

takings ['teɪkɪŋz] NPL (*Comm*) receita, renda

talc [tælk] N (*also*: **talcum powder**) talco

tale [teɪl] N (*story*) conto; (*account*) narrativa; **to tell ~s** (*fig: lie*) dizer mentiras; (: *sneak*) dedurar

talent ['tælənt] N talento

talented ['tæləntɪd] ADJ talentoso

talent scout N caçador(a) *m/f* de talentos

talk [tɔːk] N conversa, fala; (*gossip*) mexerico, fofocas *fpl*; (*conversation*) conversa, conversação *f* ▶ VI (*speak*) falar; (*chatter*) bater papo, conversar; **talks** NPL (*Pol etc*) negociações *fpl*; **to give a ~** dar uma palestra; **to ~ about** falar sobre; **~ing of films, have you seen ...?** por falar em filmes, você viu ...?; **to ~ sb into doing sth** convencer alguém a fazer algo; **to ~ sb out of doing sth** dissuadir alguém de fazer algo; **to ~ shop** falar sobre negócios/ questões profissionais
▶ **talk over** VT discutir

talkative ['tɔːkətɪv] ADJ loquaz, tagarela

talker ['tɔːkəʳ] N falador(a) *m/f*

talking point ['tɔːkɪŋ-] N assunto para discussão

talking-to ['tɔːkɪŋ-] N: **to give sb a good ~** passar um sabão em alguém

talk show N (TV, *Radio*) programa *m* de entrevistas

tall [tɔːl] ADJ alto; (*tree*) grande; **to be 6 feet ~** medir 6 pés, ter 6 pés de altura; **how ~ are you?** qual é a sua altura?

tallboy ['tɔːlbɔɪ] (BRIT) N cômoda alta

tallness ['tɔːlnɪs] N altura

tall story N estória inverossímil

tally ['tælɪ] N conta ▶ VI: **to ~ (with)** conferir (com); **to keep a ~ of sth** fazer um registro de algo

talon ['tælən] N garra

tambourine [tæmbə'riːn] N tamborim *m*, pandeiro

tame [teɪm] ADJ (*animal, bird*) domesticado; (*mild*) manso; (*fig: story, style*) sem graça, insípido

tamper ['tæmpəʳ] VI: **to ~ with** mexer em

tampon ['tæmpɔn] N tampão *m*

tan [tæn] N (*also*: **suntan**) bronzeado ▶ VT bronzear ▶ VI bronzear-se ▶ ADJ (*colour*) bronzeado, marrom claro; **to get a ~** bronzear-se

tandem ['tændəm] N tandem *m*; **in ~** junto

tang [tæŋ] N sabor *m* forte

tangent ['tændʒənt] N (*Math*) tangente *f*; **to go off at a ~** (*fig*) sair pela tangente

tangerine [tændʒə'riːn] N tangerina, mexerica

tangible ['tændʒəbl] ADJ tangível; **~ assets** ativos mpl tangíveis

tangle ['tæŋgl] N emaranhado ▶ VT emaranhar; **to get in(to) a ~** meter-se num rolo

tango ['tæŋgəu] N tango

tank [tæŋk] N (*water tank*) depósito, tanque *m*; (*for fish*) aquário; (*Mil*) tanque *m*

tankard ['tæŋkəd] N caneção *m*

tanker ['tæŋkə^r] N (*ship*) navio-tanque *m*; (: *for oil*) petroleiro; (*truck*) caminhão-tanque *m*

tanned [tænd] ADJ (*skin*) moreno, bronzeado

tannin ['tænɪn] N tanino

tanning ['tænɪŋ] N (*of leather*) curtimento

tannoy® ['tænɔɪ] (BRIT) N alto-falante *m*; **over the ~** nos alto-falantes

tantalizing ['tæntəlaɪzɪŋ] ADJ tentador(a)

tantamount ['tæntəmaunt] ADJ: **~ to** equivalente a

tantrum ['tæntrəm] N chilique *m*, acesso (de raiva); **to throw a ~** ter um chilique *or* acesso

Tanzania [tænzə'nɪə] N Tanzânia *f*

Tanzanian [tænzə'nɪən] ADJ, N tanzaniano(-a)

tap [tæp] N (*on sink etc*) torneira; (*gentle blow*) palmadinha; (*gas tap*) chave *f* ▶ VT dar palmadinha em, bater de leve; (*resources*) utilizar, explorar; (*telephone*) grampear; **on ~** (*beer*) de barril; (*resources*) disponível

tap-dancing N sapateado

tape [teɪp] N fita; (*also*: **magnetic tape**) fita magnética; (*sticky tape*) fita adesiva ▶ VT (*record*) gravar (em fita); (*stick with tape*) colar; **on ~** (*song etc*) em fita

tape deck N gravador *m*, toca-fitas *m inv*

tape measure N fita métrica, trena

taper ['teɪpə^r] N círio ▶ VI afilar-se, estreitar-se

tape-record VT gravar (em fita)

tape recorder N gravador *m*

tape recording N gravação *f* (em fita)

tapered ['teɪpəd] ADJ afilado

tapering ['teɪpərɪŋ] ADJ afilado

tapestry ['tæpɪstrɪ] N (*object*) tapete *m* de parede; (*art*) tapeçaria

tapeworm ['teɪpwəːm] N solitária

tapioca [tæpɪ'əukə] N tapioca

tappet ['tæpɪt] N (*Aut*) tucho (BR), ponteiro de válvula (PT)

tar [tɑː^r] N alcatrão *m*; (*on road*) piche *m*; **low-/ middle-~ cigarettes** cigarros com baixo/ médio teor de alcatrão

tarantula [təˈræntjulə] N tarântula

tardy ['tɑːdɪ] ADJ tardio

target ['tɑːgɪt] N alvo; (*fig: objective*) objetivo; **to be on ~** (*project*) progredir segundo as previsões

target practice N exercício de tiro ao alvo

tariff ['tærɪf] N tarifa

tariff barrier N barreira alfandegária

tarmac ['tɑːmæk] N (BRIT: *on road*) macadame *m*; (*Aviat*) pista ▶ VT (BRIT) asfaltar

tarnish ['tɑːnɪʃ] VT empanar o brilho de

tarpaulin [tɑː'pɔːlɪn] N lona alcatroada

tarragon ['tærəgən] N estragão *m*

tart [tɑːt] N (*Culin*) torta; (BRIT *inf, pej: woman*) piranha ▶ ADJ (*flavour*) ácido, azedo
▶ **tart up** (*inf*) VT arrumar, dar um jeito em; **to ~ o.s. up** arrumar-se; (*pej*) empetecar-se

tartan ['tɑːtn] N pano escocês axadrezado, tartan *m* ▶ ADJ axadrezado

tartar ['tɑːtə^r] N (*on teeth*) tártaro

tartar sauce, tartare sauce ['tɑːtə^r-] N molho tártaro

task [tɑːsk] N tarefa; **to take to ~** repreender

task force N (*Mil, Police*) força-tarefa

taskmaster ['tɑːskmɑːstə^r] N: **he's a hard ~** ele é muito exigente

Tasmania [tæzˈmeɪnɪə] N Tasmânia *f*

tassel ['tæsl] N borla, pendão *m*

taste [teɪst] N gosto; (*also*: **aftertaste**) gosto residual; (*sip*) golinho; (*sample, fig: glimpse, idea*) amostra, ideia ▶ VT (*get flavour of*) provar; (*test*) experimentar ▶ VI: **to ~ of** *or* **like** (*fish etc*) ter gosto *or* sabor de; **you can ~ the garlic (in it)** sente-se o gosto de alho; **can I have a ~ of this wine?** posso provar o vinho?; **to have a ~ for** sentir predileção por; **in good/bad ~** de bom/mau gosto

taste bud N papila gustativa

tasteful ['teɪstful] ADJ de bom gosto

tastefully ['teɪstfulɪ] ADV com bom gosto

tasteless ['teɪstlɪs] ADJ (*food*) insípido, insosso; (*remark*) de mau gosto

tasty ['teɪstɪ] ADJ saboroso, delicioso

tattered ['tætəd] ADJ esfarrapado

tatters ['tætəz] NPL: **in ~** (*clothes*) em farrapos; (*papers etc*) em pedaços

tattoo [tə'tuː] N tatuagem *f*; (*spectacle*) espetáculo militar ▶ VT tatuar

tatty ['tætɪ] (BRIT *inf*) ADJ (*clothes*) surrado; (*shop, area*) mal-cuidado

taught [tɔːt] PT, PP *of* **teach**

taunt [tɔːnt] N zombaria, escárnio ▶ VT zombar de, mofar de

Taurus ['tɔːrəs] N Touro

taut [tɔːt] ADJ esticado

tavern ['tævən] N taverna

tawdry ['tɔːdrɪ] ADJ de mau gosto, espalhafatoso, berrante

tawny ['tɔːnɪ] ADJ moreno, trigueiro

tax [tæks] N imposto ▶ VT tributar; (*fig: test*) sobrecarregar; (: *patience*) esgotar; **before/ after ~** antes/depois de impostos; **free of ~** isento de impostos

taxable ['tæksəbl] ADJ (*income*) tributável

tax allowance N abatimento da renda

taxation [tæk'seɪʃən] N (*system*) tributação *f*; (*money paid*) imposto; **system of ~** sistema fiscal

tax avoidance N evasão *f* de impostos

tax collector N cobrador(a) *m/f* de impostos

tax disc (BRIT) N (*Aut*) = plaqueta

tax evasion N sonegação *f* fiscal

tax exemption N isenção *f* de impostos

tax exile N pessoa *que se expatria para evitar impostos excessivos*

tax-free ADJ isento de impostos
tax haven N refúgio fiscal
taxi ['tæksɪ] N táxi m ▶ VI (Aviat) taxiar
taxidermist ['tæksɪdəːmɪst] N taxidermista m/f
taxi driver N motorista m/f de táxi
taximeter ['tæksɪmiːtə^r] N taxímetro
tax inspector (BRIT) N fiscal m/f de imposto de renda
taxi rank (BRIT) N ponto de táxi
taxi stand N ponto de táxi
tax payer N contribuinte m/f
tax rebate N devolução f de imposto de renda
tax relief N isenção f de imposto
tax return N declaração f de rendimentos
tax year N ano fiscal, exercício
TB ABBR = **tuberculosis**
TD (US) N ABBR = **Treasury Department**; (Football) = **touchdown**
tea [tiː] N chá m; (BRIT: meal) refeição f à noite; **high ~** (BRIT) ajantarado
tea bag N saquinho (BR) or carteira (PT) de chá
tea break (BRIT) N pausa (para o chá)
teacake ['tiːkeɪk] (BRIT) N pãozinho doce
teach [tiːtʃ] (pt, pp taught) VT: **to ~ sb sth, ~ sth to sb** ensinar algo a alguém; (in school) lecionar ▶ VI ensinar; (be a teacher) lecionar; **it taught him a lesson** (fig) isto lhe serviu de lição
teacher ['tiːtʃə^r] N professor(a) m/f
teacher training college N faculdade f de formação de professores
teaching ['tiːtʃɪŋ] N ensino; (as profession) magistério
teaching aids NPL recursos mpl de ensino
teaching hospital (BRIT) N hospital m escola
teaching staff (BRIT) N corpo docente
tea cosy N coberta do bule, abafador m
teacup ['tiːkʌp] N xícara (BR) or chávena (PT) de chá
teak [tiːk] N (madeira de) teca ▶ CPD de teca
tea leaves NPL folhas fpl de chá
team [tiːm] N (Sport) time m (BR), equipa (PT); (group) equipe f (BR), equipa (PT); (of animals) parelha
▶ **team up** VI: **to ~ up (with)** agrupar-se (com)
team games NPL jogos mpl de equipe
teamwork ['tiːmwəːk] N trabalho de equipe
tea party N chá m (reunião)
teapot ['tiːpɔt] N bule m de chá
tear¹ [tɪə^r] N lágrima; **in ~s** chorando, em lágrimas; **to burst into ~s** romper em lágrimas
tear² [tɛə^r] (pt tore, pp torn) N rasgão m ▶ VT rasgar ▶ VI rasgar-se; **to ~ to pieces** or **to bits** or **to shreds** despedaçar, estraçalhar; (fig) arrasar com
▶ **tear along** VI (rush) precipitar-se
▶ **tear apart** VT rasgar; (fig) arrasar
▶ **tear away** VT: **to ~ o.s. away (from sth)** desgrudar-se (de algo)
▶ **tear out** VT (sheet of paper, cheque) arrancar
▶ **tear up** VT rasgar

tearaway ['tɛərəweɪ] (inf) N bagunceiro(-a)
teardrop ['tɪədrɔp] N lágrima
tearful ['tɪəful] ADJ choroso
tear gas N gás m lacrimogênio
tearoom ['tiːruːm] N salão m de chá
tease [tiːz] N implicante m/f ▶ VT implicar com
tea set N aparelho de chá
teashop ['tiːʃɔp] N salão m de chá
teaspoon ['tiːspuːn] N colher f de chá; (also: **teaspoonful**: as measurement) (conteúdo de) colher de chá
tea strainer N coador m (de chá)
teat [tiːt] N (of bottle) bico (de mamadeira)
teatime ['tiːtaɪm] N hora do chá
tea towel (BRIT) N pano de prato
tea urn N samovar m
tech [tɛk] (inf) N ABBR = **technology**; **technical college**
technical ['tɛknɪkl] ADJ técnico
technical college (BRIT) N escola técnica
technicality [tɛknɪ'kælɪtɪ] N detalhe m técnico
technically ['tɛknɪklɪ] ADV tecnicamente
technician [tɛk'nɪʃn] N técnico(-a)
technique [tɛk'niːk] N técnica
technocrat ['tɛknəkræt] N tecnocrata m/f
technological [tɛknə'lɔdʒɪkl] ADJ tecnológico
technologist [tɛk'nɔlədʒɪst] N tecnólogo(-a)
technology [tɛk'nɔlədʒɪ] N tecnologia
teddy ['tɛdɪ], **teddy bear** N ursinho de pelúcia
tedious ['tiːdɪəs] ADJ maçante, chato
tedium ['tiːdɪəm] N tédio
tee [tiː] N (Golf) tee m
teem [tiːm] VI abundar, pulular; **to ~ with** abundar em; **it is ~ing (with rain)** está chovendo a cântaros
teenage ['tiːneɪdʒ] ADJ (fashions etc) de or para adolescentes
teenager ['tiːneɪdʒə^r] N adolescente m/f, jovem m/f
teens [tiːnz] NPL: **to be in one's ~** estar entre os 13 e 19 anos, estar na adolescência
tee-shirt N = **T-shirt**
teeter ['tiːtə^r] VI balançar-se
teeth [tiːθ] NPL of **tooth**
teethe [tiːð] VI começar a ter dentes
teething ring ['tiːðɪŋ-] N mastigador m para a dentição
teething troubles ['tiːðɪŋ-] NPL (fig) dificuldades fpl iniciais
teetotal ['tiː'təutl] ADJ (person) abstêmio
teetotaller, (US) **teetotaler** ['tiː'təutlə^r] N abstêmio(-a)
TEFL ['tɛfl] N ABBR = **Teaching of English as a Foreign Language**
Teheran [tɛə'rɑːn] N Teerã (BR), Teerão (PT)
tel. ABBR (= telephone) tel.
Tel Aviv ['tɛlə'viːv] N Telavive
telecast ['tɛlɪkɑːst] (irreg: like cast) VT televisionar, transmitir por televisão
telecommunications [tɛlɪkəmjuːnɪ'keɪʃənz] N telecomunicações fpl

teleconferencing ['tɛlɪkɔnfərənsɪŋ] N teleconferência f
telegram ['tɛlɪɡræm] N telegrama m
telegraph ['tɛlɪɡrɑːf] N telégrafo
telegraphic [tɛlɪˈɡræfɪk] ADJ telegráfico
telegraph pole N poste m telegráfico
telegraph wire N fio telegráfico
telepathic [tɛlɪˈpæθɪk] ADJ telepático
telepathy [təˈlɛpəθɪ] N telepatia
telephone ['tɛlɪfəʊn] N telefone m ▶ VT (*person*) telefonar para; (*message*) telefonar; **to be on the ~** (BRIT), **to have a ~** (*subscriber*) ter telefone; **to be on the ~** (*be speaking*) estar falando no telefone
telephone booth, (BRIT) **telephone box** N cabine f telefônica
telephone call N telefonema m
telephone directory N lista telefônica, catálogo (BR)
telephone exchange N estação f telefônica
telephone kiosk (BRIT) N cabine f telefônica
telephone number N (número de) telefone m
telephone operator N telefonista m/f
telephone tapping [-ˈtæpɪŋ] N escuta telefônica
telephonist [təˈlɛfənɪst] (BRIT) N telefonista m/f
telephoto ['tɛlɪfəʊtəʊ] ADJ: **~ lens** teleobjetivo
teleprinter ['tɛlɪprɪntəʳ] N teletipo
Teleprompter® ['tɛlɪprɔmptəʳ] (US) N ponto mecânico
telesales ['tɛlɪseɪlz] NPL televendas fpl
telescope ['tɛlɪskəʊp] N telescópio ▶ VT, VI abrir (or fechar) como um telescópio
telescopic [tɛlɪˈskɔpɪk] ADJ telescópico; (*legs, aerial*) desmontável
Teletext® ['tɛlətɛks] N (*Tel*) videotexto
televiewer ['tɛlɪvjuːəʳ] N telespectador(a) m/f
televise ['tɛlɪvaɪz] VT televisar, televisionar
television ['tɛlɪvɪʒən] N televisão f; **on ~** na televisão
television licence (BRIT) N licença para utilizar um televisor
television programme N programa m de televisão
television set N (aparelho de) televisão f, televisor m
teleworking ['tɛlɪwəːkɪŋ] N teletrabalho m
telex ['tɛlɛks] N telex m ▶ VT (*message*) enviar por telex, telexar; (*person*) mandar um telex para ▶ VI enviar um telex
tell [tɛl] (*pt, pp* **told**) VT dizer; (*relate: story*) contar; (*distinguish*): **to ~ sth from** distinguir algo de ▶ VI (*have effect*) ter efeito; (*talk*): **to ~ (of)** falar (de or em); **to ~ sb to do sth** dizer para alguém fazer algo; (*order*) mandar alguém fazer algo; **to ~ sb about sth** falar a alguém de algo; (*what happened*) contar algo a alguém; **to ~ the time** (*know how to*) dizer as horas; (*clock*) marcar as horas; **can you ~ me the time?** pode me dizer a hora?; **(I) ~ you what ...** escuta ...; **I can't ~ them apart** não consigo diferenciar um do outro; **to ~ the difference** sentir a diferença; **how can you ~?** como você sabe?
▶ **tell off** VT repreender
▶ **tell on** VT FUS (*inform against*) delatar, dedurar
teller ['tɛləʳ] N (*in bank*) caixa m/f
telling ['tɛlɪŋ] ADJ (*remark, detail*) revelador(a)
telltale ['tɛltɛɪl] ADJ (*sign*) revelador(a)
telly ['tɛlɪ] (BRIT *inf*) N ABBR = **television**
temerity [təˈmɛrɪtɪ] N temeridade f
temp [tɛmp] (BRIT *inf*) N temporário(-a) ▶ VI trabalhar como temporário(-a)
temper ['tɛmpəʳ] N (*nature*) temperamento; (*mood*) humor m; (*bad temper*) mau gênio; (*fit of anger*) cólera; (*of child*) birra ▶ VT (*moderate*) moderar; **to be in a ~** estar de mau humor; **to lose one's ~** perder a paciência or a calma, ficar zangado; **to keep one's ~** controlar-se
temperament ['tɛmprəmənt] N (*nature*) temperamento
temperamental [tɛmprəˈmɛntl] ADJ temperamental
temperance ['tɛmpərəns] N moderação f; (*in drinking*) sobriedade f
temperate ['tɛmprət] ADJ moderado; (*climate*) temperado
temperature ['tɛmprətʃəʳ] N temperatura; **to have** or **run a ~** ter febre
temperature chart N (*Med*) tabela de temperatura
tempered ['tɛmpəd] ADJ (*steel*) temperado
tempest ['tɛmpɪst] N tempestade f
tempestuous [tɛmˈpɛstjuəs] ADJ (*relationship*) tempestuoso
tempi ['tɛmpiː] NPL *of* **tempo**
template ['tɛmplɪt] N molde m
temple ['tɛmpl] N (*building*) templo; (*Anat*) têmpora
templet ['tɛmplɪt] N = **template**
tempo ['tɛmpəʊ] (*pl* **tempos** *or* **tempi**) N tempo; (*fig: of life etc*) ritmo
temporal ['tɛmpərəl] ADJ temporal
temporarily ['tɛmpərərɪlɪ] ADV temporariamente; (*closed*) provisoriamente
temporary ['tɛmpərərɪ] ADJ temporário; (*passing*) transitório; **~ secretary** secretária temporária; **~ teacher** professor suplente
temporize ['tɛmpəraɪz] VI temporizar
tempt [tɛmpt] VT tentar; **to ~ sb into doing sth** tentar or induzir alguém a fazer algo; **to be ~ed to do sth** ser tentado a fazer algo
temptation [tɛmpˈteɪʃən] N tentação f
tempting ['tɛmptɪŋ] ADJ tentador(a)
ten [tɛn] NUM dez ▶ N: **~s of thousands** milhares *mpl* e milhares; *see also* **five**
tenable ['tɛnəbl] ADJ sustentável
tenacious [təˈneɪʃəs] ADJ tenaz
tenacity [təˈnæsɪtɪ] N tenacidade f
tenancy ['tɛnənsɪ] N aluguel m; (*of house*) locação f
tenant ['tɛnənt] N inquilino(-a), locatário(-a)
tend [tɛnd] VT (*sick etc*) cuidar de; (*machine*) vigiar ▶ VI: **to ~ to do sth** tender a fazer algo

tendency ['tɛndənsɪ] N tendência
tender ['tɛndəʳ] ADJ (*person, heart, core*) terno; (*age*) tenro; (*delicate*) delicado; (*sore*) sensível, dolorido; (*meat*) macio ▶ N (*Comm: offer*) oferta, proposta; (*money*): **legal ~** moeda corrente or legal ▶ VT oferecer; **to ~ one's resignation** pedir demissão; **to put in a ~ (for)** apresentar uma proposta (para); **to put work out to ~** (BRIT) abrir concorrência para uma obra
tenderize ['tɛndəraɪz] VT (*Culin*) amaciar
tenderly ['tɛndəlɪ] ADV afetuosamente
tenderness ['tɛndənɪs] N ternura; (*of meat*) maciez f
tendon ['tɛndən] N tendão m
tenement ['tɛnəmənt] N conjunto habitacional
Tenerife [tɛnə'riːf] N Tenerife (*no article*)
tenet ['tɛnət] N princípio
tenner ['tɛnəʳ] (BRIT inf) N nota de dez libras
tennis ['tɛnɪs] N tênis m ▶ CPD (*match, racket etc*) de tênis
tennis ball N bola de tênis
tennis court N quadra de tênis
tennis elbow N (*Med*) sinovite f do cotovelo
tennis player N jogador(a) m/f de tênis
tennis racket N raquete f de tênis
tennis shoes NPL tênis m
tenor ['tɛnəʳ] N (*Mus*) tenor m; (*of speech etc*) teor m
tenpin bowling ['tɛnpɪn-] (BRIT) N boliche m com 10 paus
tense [tɛns] ADJ tenso; (*muscle*) rígido, teso ▶ N (*Ling*) tempo ▶ VT (*tighten: muscles*) retesar
tenseness ['tɛnsnɪs] N tensão f
tension ['tɛnʃən] N tensão f
tent [tɛnt] N tenda, barraca
tentacle ['tɛntəkl] N tentáculo
tentative ['tɛntətɪv] ADJ (*conclusion*) provisório, tentativo; (*person*) hesitante, indeciso
tenterhooks ['tɛntəhuks] NPL: **on ~** em suspense
tenth [tɛnθ] NUM décimo; *see also* **fifth**
tent peg N estaca
tent pole N pau m
tenuous ['tɛnjuəs] ADJ tênue
tenure ['tɛnjuəʳ] N (*of property*) posse f; (*of job*) estabilidade f
tepid ['tɛpɪd] ADJ tépido, morno
Ter. ABBR = **terrace**
term [təːm] N (*Comm*) prazo; (*word, expression*) termo, expressão f; (*period*) período; (*Sch*) trimestre m; (*Law*) sessão f ▶ VT denominar; **terms** NPL (*conditions*) condições fpl; (*Comm*) cláusulas fpl, termos mpl; **in ~s of ...** em função de ...; **~ of imprisonment** pena de prisão; **his ~ of office** seu mandato; **in the short/long ~** a curto/longo prazo; **to be on good ~s with sb** dar-se bem com alguém; **to come to ~s with** (*person*) chegar a um acordo com; (*problem*) aceitar
terminal ['təːmɪnl] ADJ incurável ▶ N (*Elec*) borne m; (BRIT: *also*: **air terminal**) terminal m; (*for oil, ore etc, also Comput*) terminal m; (BRIT: *also*: **coach terminal**) estação f rodoviária
terminate ['təːmɪneɪt] VT terminar ▶ VI: **to ~ in** acabar em; **to ~ a pregnancy** fazer um aborto
termination [təːmɪ'neɪʃən] N término; (*of contract*) rescisão f; **~ of pregnancy** (*Med*) interrupção da gravidez
termini ['təːmɪnaɪ] NPL *of* **terminus**
terminology [təːmɪ'nɔlədʒɪ] N terminologia
terminus ['təːmɪnəs] (*pl* **termini**) N terminal m
termite ['təːmaɪt] N cupim m
Terr. ABBR = **terrace**
terrace ['tɛrəs] N terraço; (BRIT: *row of houses*) lance m de casas; **the terraces** NPL (BRIT Sport) a arquibancada (BR), a geral (PT)
terraced ['tɛrəst] ADJ (*house*) ladeado por outras casas; (*garden*) em dois níveis
terracotta ['tɛrə'kɔtə] N terracota
terrain [tɛ'reɪn] N terreno
terrible ['tɛrɪbl] ADJ terrível, horroroso; (*conditions*) precário; (*inf: awful*) terrível
terribly ['tɛrɪblɪ] ADV terrivelmente; (*very badly*) pessimamente
terrier ['tɛrɪəʳ] N terrier m
terrific [tə'rɪfɪk] ADJ terrível, magnífico; (*wonderful*) maravilhoso, sensacional
terrify ['tɛrɪfaɪ] VT apavorar
territorial [tɛrɪ'tɔːrɪəl] ADJ territorial
territorial waters NPL águas fpl territoriais
territory ['tɛrɪtərɪ] N território
terror ['tɛrəʳ] N terror m
terrorism ['tɛrərɪzəm] N terrorismo
terrorist ['tɛrərɪst] N terrorista m/f
terrorize ['tɛrəraɪz] VT aterrorizar
terse [təːs] ADJ (*style*) conciso, sucinto; (*reply*) brusco
tertiary ['təːʃərɪ] ADJ terciário; **~ education** (BRIT) ensino superior
Terylene® ['tɛrɪliːn] (BRIT) N tergal® m
TESL ['tɛsl] N ABBR = **Teaching of English as a Second Language**
test [tɛst] N (*trial, check*) prova, ensaio; (: *of goods in factory*) controle m; (*of courage etc, Chem*) prova; (*Med*) exame m; (*exam*) teste m, prova; (*also*: **driving test**) exame de motorista ▶ VT testar, pôr à prova; **to put sth to the ~** pôr algo à prova
testament ['tɛstəmənt] N testamento; **the Old/New T~** o Velho/Novo Testamento
test ban N (*also*: **nuclear test ban**) proibição f de testes nucleares
test case N (*Law, fig*) caso exemplar
test flight N teste m de voo
testicle ['tɛstɪkl] N testículo
testify ['tɛstɪfaɪ] VI (*Law*) depor, testemunhar; **to ~ to sth** (*Law*) atestar algo; (*gen*) testemunhar algo
testimonial [tɛstɪ'məunɪəl] N (*reference*) carta de recomendação; (*gift*) obséquio, tributo
testimony ['tɛstɪmənɪ] N (*Law*) testemunho, depoimento; **to be (a) ~ to** ser uma prova de
testing ['tɛstɪŋ] ADJ (*situation, period*) difícil

testing ground N campo de provas
test match N (*Cricket, Rugby*) jogo internacional
test paper N (*Sch*) prova escrita
test pilot N piloto de prova
test tube N proveta, tubo de ensaio
test-tube baby N bebê m de proveta
testy ['tɛstɪ] ADJ rabugento, irritável
tetanus ['tɛtənəs] N tétano
tetchy ['tɛtʃɪ] ADJ irritável
tether ['tɛðəʳ] VT amarrar ▶ N: **at the end of one's ~** a ponto de perder a paciência *or* as estribeiras
text [tɛkst] N texto; (*message*) mensagem f de texto, torpedo (*inf*) ▶ VT mandar uma mensagem de texto *or* (*inf*) um torpedo para
textbook ['tɛkstbuk] N livro didático; (*Sch*) livro escolar
textiles ['tɛkstaɪlz] NPL têxteis mpl; (*textile industry*) indústria têxtil
text message N mensagem f de texto
texture ['tɛkstʃəʳ] N textura
TGIF (*inf*) ABBR = **thank God it's Friday**
TGWU (BRIT) N ABBR (= *Transport and General Workers' Union*) sindicato dos transportadores
Thai [taɪ] ADJ tailandês(-esa) ▶ N tailandês(-esa) m/f; (*Ling*) tailandês m
Thailand ['taɪlænd] N Tailândia
thalidomide® [θə'lɪdəmaɪd] N talidomida®
Thames [tɛmz] N: **the ~** o Tâmisa (BR), o Tamisa (PT)
than [ðæn, ðən] CONJ (*in comparisons*) do que; **more ~ 10** mais de 10; **I have more/less ~ you** tenho mais/menos do que você; **she has more apples ~ pears** ela tem mais maçãs do que peras; **she is older ~ you think** ela é mais velha do que você pensa; **more ~ once** mais de uma vez
thank [θæŋk] VT agradecer; **~ you (very much)** muito obrigado(-a); **~ God** graças a Deus; **~s to** graças a; **to ~ sb for sth** agradecer a alguém (por) algo; **to say ~ you** agradecer
thankful ['θæŋkful] ADJ: **~ (for)** agradecido (por); **~ that** (*relieved*) aliviado que
thankfully ['θæŋkfəlɪ] ADV (*gratefully*) agradecidamente; (*fortunately*) felizmente
thankless ['θæŋklɪs] ADJ ingrato
thanks [θæŋks] NPL agradecimentos mpl; (*to God etc*) graças fpl ▶ EXCL obrigado(-a)!; **~ to** graças a
Thanksgiving ['θæŋksgɪvɪŋ], **Thanksgiving Day** N Dia m de Ação de Graças

> O feriado de Ação de graças (**Thanksgiving Day**) nos Estados Unidos, quarta quinta-feira do mês de novembro, é o dia em que se comemora a boa colheita feita pelos peregrinos originários da Grã-Bretanha em 1621; tradicionalmente, é um dia em que se agradece a Deus e se organiza um grande banquete. Uma festa semelhante é celebrada no Canadá na segunda segunda-feira de outubro.

---

375 | **testing ground – theatre**

(KEYWORD)

that [ðæt, ðət] (pl **those**) ADJ (*demonstrative*) esse/essa; (*more remote*) aquele/aquela; **that man/woman/book** aquele homem/aquela mulher/aquele livro; **leave these books on the table** deixe aqueles livros na mesa; **that one** esse/essa; **that one over there** aquele lá; **I want this one, not that one** quero este, não esse
▶ PRON **1** (*demonstrative*) esse/essa, aquele/aquela; (*neuter*) isso, aquilo; **who's/what's that?** quem é?/o que é isso?; **is that you?** é você?; **I prefer this to that** eu prefiro isto a aquilo; **that's my house** aquela é a minha casa; **that's what he said** foi isso o que ele disse; **that is (to say)** isto é, quer dizer
2 (*relative: direct: thing, person*) que; (*person*) quem; (*relative: indirect: thing, person*) o/a qual sg, os/as quais pl; (*person*) quem; **the book (that) I read** o livro que eu li; **the books that are in the library** os livros que estão na biblioteca; **the man (that) I saw** o homem que eu vi; **all (that) I have** tudo o que eu tenho; **the box (that) I put it in** a caixa na qual eu o coloquei; **the man (that) I spoke to** o homem com quem *or* o qual falei
3 (*relative: of time*): **on the day that he came** no dia em que ele veio
▶ CONJ que; **she suggested that I phone you** ela sugeriu que eu telefonasse para você
▶ ADV (*demonstrative*): **I can't work that much** não posso trabalhar tanto; **I didn't realize it was that bad** não pensei que fôsse tão ruim; **that high** dessa altura, até essa altura

thatched [θætʃt] ADJ (*roof*) de sapê; **~ cottage** chalé m com telhado de sapê *or* de colmo
thaw [θɔː] N degelo ▶ VI (*ice*) derreter-se; (*food*) descongelar-se ▶ VT (*food*) descongelar; **it's ~ing** (*weather*) degela

(KEYWORD)

the [ðiː, ðə] DEF ART **1** (*gen: singular*) o/a; (: *plural*) os/as; **the history of France** a história da França; **the books/children are in the library** os livros/as crianças estão na biblioteca; **she put it on the table** ela colocou-o na mesa; **he took it from the drawer** ele tirou isto da gaveta; **to play the piano/violin** tocar piano/violino; **I'm going to the cinema** vou ao cinema
2 (+ *adj to form n*): **the rich and the poor** os ricos e os pobres; **to attempt the impossible** tentar o impossível
3 (*in titles*): **Richard the Second** Ricardo II; **Peter the Great** Pedro o Grande
4 (*in comparisons: + adv*): **the more he works, the more he earns** quanto mais ele trabalha, mais ele ganha

theatre, (US) **theater** ['θɪətəʳ] N teatro; (*Med: also:* **operating theatre**) sala de operação

theatre-goer ['θɪətəgəuəʳ] N frequentador(a) m/f de teatro
theatrical [θɪ'ætrɪkl] ADJ teatral; **~ company** companhia de teatro
theft [θɛft] N roubo
their [ðɛəʳ] ADJ seu/sua, deles/delas
theirs [ðɛəz] PRON (o) seu/(a) sua; **a friend of ~** um amigo seu/deles; **it's ~** é deles
them [ðɛm, ðəm] PRON (direct) os/as; (indirect) lhes; (stressed, after prep) a eles/a elas; **I see ~** eu os vejo; **give ~ the book** dê o livro a eles; **give me some of ~** me dê alguns deles
theme [θi:m] N tema m
theme park N parque de diversões em torno de um único tema
theme song N tema m musical
themselves [ðəm'sɛlvz] PRON (subject) eles mesmos/elas mesmas; (complement) se; (after prep) si (mesmos/as)
then [ðɛn] ADV (at that time) então; (next) em seguida; (later) logo, depois; (and also) além disso ▸ CONJ (therefore) então, nesse caso, portanto ▸ ADJ: **the ~ president** o então presidente; **by ~** (past) até então; (future) até lá; **from ~ on** a partir de então; **before ~** antes (disso); **until ~** até lá; **and ~ what?** e daí?; **what do you want me to do ~?** (afterwards) o que você quer que eu faça depois?; (in that case) então, o que você quer que eu faça?
theologian [θɪə'ləudʒən] N teólogo(-a)
theological [θɪə'lɔdʒɪkl] ADJ teológico
theology [θɪ'ɔlədʒɪ] N teologia
theorem ['θɪərəm] N teorema m
theoretical [θɪə'rɛtɪkl] ADJ teórico
theoretically [θɪə'rɛtɪklɪ] ADV teoricamente
theorize ['θɪəraɪz] VI teorizar, elaborar uma teoria
theory ['θɪərɪ] N teoria; **in ~** em teoria, teoricamente
therapeutic [θɛrə'pju:tɪk], **therapeutical** [θɛrə'pju:tɪkl] ADJ terapêutico
therapist ['θɛrəpɪst] N terapeuta m/f
therapy ['θɛrəpɪ] N terapia

(KEYWORD)

there [ðɛəʳ] ADV **1**: **there is, there are** há, tem; **there are 3 of them** (people, things) são três; **there is no-one here/no bread left** não tem ninguém aqui/não tem mais pão; **there has been an accident** houve um acidente

2 (referring to place) aí, ali, lá; **put it in/on/up/down there** põe isto lá dentro/cima/em cima/embaixo; **I want that book there** quero aquele livro lá; **there he is!** lá está ele!

3: **there, there!** (esp to child) calma!

thereabouts ['ðɛərəbauts] ADV por aí; (amount) aproximadamente
thereafter [ðɛər'ɑ:ftəʳ] ADV depois disso
thereby ['ðɛəbaɪ] ADV assim, deste modo

therefore ['ðɛəfɔ:] ADV portanto
there's [ðɛəz] = **there is; there has**
thereupon [ðɛərə'pɔn] ADV (at that point) após o que; (formal: on that subject) a respeito
thermal ['θə:ml] ADJ térmico; **~ paper/printer** papel térmico/impressora térmica
thermodynamics [θə:mədaɪ'næmɪks] N termodinâmica
thermometer [θə'mɔmɪtəʳ] N termômetro
thermonuclear [θə:məu'nju:klɪəʳ] ADJ termonuclear
Thermos® ['θə:məs] N (also: **Thermos flask**) garrafa térmica (BR), termo (PT)
thermostat ['θə:məustæt] N termostato
thesaurus [θɪ'sɔ:rəs] N tesouro, dicionário de sinônimos
these [ði:z] PL ADJ, PRON estes/estas
theses ['θi:si:z] NPL of **thesis**
thesis ['θi:sɪs] (pl **theses**) N tese f
they [ðeɪ] PRON eles/elas; **~ say that ...** (it is said that) diz-se que ..., dizem que ...
they'd [ðeɪd] = **they had; they would**
they'll [ðeɪl] = **they shall; they will**
they're [ðɛəʳ] = **they are**
they've [ðeɪv] = **they have**
thick [θɪk] ADJ (in shape) espesso; (mud, fog, forest) denso; (sauce) grosso; (dense) denso, compacto; (stupid) burro ▸ N: **in the ~ of the battle** em plena batalha; **it's 20 cm ~** tem 20 cm de espessura
thicken ['θɪkən] VI (fog) adensar-se; (plot etc) complicar-se ▸ VT (sauce etc) engrossar
thicket ['θɪkɪt] N matagal m
thickly ['θɪklɪ] ADV (spread) numa camada espessa; (cut) em fatias grossas
thickness ['θɪknɪs] N espessura, grossura
thickset [θɪk'sɛt] ADJ troncudo
thick-skinned [-'skɪnd] ADJ (fig) insensível, indiferente
thief [θi:f] (pl **thieves**) N ladrão/ladra m/f
thieves [θi:vz] NPL of **thief**
thieving ['θi:vɪŋ] N roubo, furto
thigh [θaɪ] N coxa
thighbone ['θaɪbəun] N fêmur m
thimble ['θɪmbl] N dedal m
thin [θɪn] ADJ magro; (slice, line, book) fino; (light) leve; (hair) ralo; (crowd) pequeno; (fog) pouco denso; (soup, sauce) aguado ▸ VT (also: **thin down**: sauce, paint) diluir ▸ VI (fog) rarefazer-se; (also: **thin out**: crowd) dispersar; **his hair is ~** o cabelo dele está caindo
thing [θɪŋ] N coisa; (object) negócio; (matter) assunto, negócio; (mania) mania; **things** NPL (belongings) pertences mpl; **to have a ~ about sb/sth** ser vidrado em alguém/algo; **the best ~ would be to ...** o melhor seria ...; **how are ~s?** como vai?, tudo bem?; **first ~ (in the morning)** de manhã, antes de mais nada; **last ~ (at night), he ...** logo antes de dormir, ele ...; **the ~ is ...** é que ..., o negócio é o seguinte ...; **for one ~** primeiro; **she's got a ~ about ...** ela detesta ...; **poor ~!** coitadinho(-a)!

think [θɪŋk] (pt, pp **thought**) VI pensar; (believe) achar ▶ VT pensar, achar; (imagine) imaginar; **what did you ~ of them?** o que você achou deles?; **to ~ about sth/sb** pensar em algo/alguém; **I'll ~ about it** vou pensar sobre isso; **to ~ of doing sth** pensar em fazer algo; **I ~ so/not** acho que sim/não; **to ~ well of sb** fazer bom juízo de alguém; **~ again!** pensa bem!; **to ~ aloud** pensar em voz alta
▶ **think out** VT (plan) arquitetar; (solution) descobrir
▶ **think over** VT refletir sobre, meditar sobre; **I'd like to ~ things over** eu gostaria de pensar sobre isso com cuidado
▶ **think through** VT considerar todos os aspectos de
▶ **think up** VT inventar, bolar

thinking ['θɪŋkɪŋ] N: **to my (way of) ~** na minha opinião
think tank N comissão f de peritos
thinly ['θɪnlɪ] ADV (cut) em fatias finas; (spread) numa camada fina
thinness ['θɪnnɪs] N magreza
third [θəːd] ADJ terceiro ▶ N terceiro(-a); (fraction) terço; (Aut) terceira; (Sch: degree) terceira categoria; see also **fifth**
third-degree burns NPL queimaduras fpl de terceiro grau
thirdly ['θəːdlɪ] ADV em terceiro lugar
third party insurance N seguro contra terceiros
third-rate ADJ medíocre
Third World N: **the ~** o Terceiro Mundo
thirst [θəːst] N sede f
thirsty ['θəːstɪ] ADJ (person) sedento, com sede; (work) que dá sede; **to be ~** estar com sede
thirteen [θəː'tiːn] NUM treze; see also **five**
thirteenth [θəː'tiːnθ] NUM décimo terceiro; see also **fifth**
thirtieth ['θəːtɪəθ] NUM trigésimo; see also **fifth**
thirty ['θəːtɪ] NUM trinta; see also **fifty**

(KEYWORD)

this [ðɪs] (pl **these**) ADJ (demonstrative) este/esta; **this man/woman/book** este homem/esta mulher/este livro; **these people/children/records** estas pessoas/crianças/estes discos; **this one** este aqui
▶ PRON (demonstrative) este/esta; (neuter) isto; **who/what is this?** quem é esse?/o que é isso?; **this is where I live** é aqui que eu moro; **this is Mr Brown** (in photo, introduction) este é o Sr Brown; (on phone) aqui é o Sr Brown
▶ ADV (demonstrative): **this high** desta altura; **this long** deste comprimento; **we can't stop now we've gone this far** não podemos parar agora que fomos tão longe

thistle ['θɪsl] N cardo
thong [θɔŋ] N correia, tira de couro
thorn [θɔːn] N espinho
thorny ['θɔːnɪ] ADJ espinhoso

377 | **think – three-piece suit**

thorough ['θʌrə] ADJ (search) minucioso; (knowledge, research, person: methodical) metódico, profundo; (work) meticuloso; (cleaning) completo
thoroughbred ['θʌrəbrɛd] ADJ (horse) de puro sangue
thoroughfare ['θʌrəfɛəʳ] N via, passagem f; **"no ~"** "passagem proibida"
thoroughly ['θʌrəlɪ] ADV (examine, study) minuciosamente; (search) profundamente; (wash) completamente; (very) muito; **he ~ agreed** concordou completamente
thoroughness ['θʌrənɪs] N (of person) meticulosidade f; (of search etc) minuciosidade f
those [ðəuz] PRON PL, ADJ esses/essas; (more remote) aqueles/aquelas
though [ðəu] CONJ embora, se bem que ▶ ADV no entanto; **even ~** mesmo que; **it's not easy, ~** se bem que não é fácil
thought [θɔːt] PT, PP of **think** ▶ N pensamento; (idea) ideia; (opinion) opinião f; (reflection) reflexão f; (intention) intenção f; **after much ~** depois de muito pensar; **I've just had a ~** acabei de pensar em alguma coisa; **to give sth some ~** pensar sobre algo
thoughtful ['θɔːtful] ADJ pensativo; (serious) sério; (considerate) atencioso
thoughtfully ['θɔːtfəlɪ] ADV pensativamente; atenciosamente
thoughtless ['θɔːtlɪs] ADJ (behaviour) desatencioso; (words, person) inconsequente
thoughtlessly ['θɔːtlɪslɪ] ADV desconsideradamente
thought-provoking [-prə'vəukɪŋ] ADJ instigante
thousand ['θauzənd] NUM mil; **two ~** dois mil; **~s (of)** milhares mpl (de)
thousandth ['θauzənθ] ADJ milésimo
thrash [θræʃ] VT surrar, malhar; (defeat) derrotar
▶ **thrash about** VI debater-se
▶ **thrash out** VT discutir exaustivamente
thrashing ['θræʃɪŋ] N: **to give sb a ~** dar uma surra em alguém
thread [θrɛd] N fio, linha; (of screw) rosca ▶ VT (needle) enfiar; **to ~ one's way between** passar por
threadbare ['θrɛdbɛəʳ] ADJ surrado, puído
threat [θrɛt] N ameaça; **to be under ~ of** estar sob ameaça de
threaten ['θrɛtən] VI ameaçar ▶ VT: **to ~ sb with sth/to do** ameaçar alguém com algo/de fazer
threatening ['θrɛtnɪŋ] ADJ ameaçador(a)
three [θriː] NUM três; see also **five**
three-dimensional ADJ tridimensional, em três dimensões
threefold ['θriːfəuld] ADV: **to increase ~** triplicar
three-piece suit N terno (3 peças) (BR), fato de 3 peças (PT)

t

three-piece suite N conjunto de sofá e duas poltronas
three-ply ADJ (wool) triple, com três fios; (wood) com três espessuras
three-quarters NPL três quartos mpl; **~ full** cheio até os três quartos
three-wheeler N (car) carro de três rodas
thresh [θrɛʃ] VT (Agr) debulhar
threshing machine ['θrɛʃɪŋ-] N debulhadora
threshold ['θrɛʃhəuld] N limiar m; **to be on the ~ of** (fig) estar no limiar de
threshold agreement N (Econ) acordo sobre a indexação de salários
threw [θru:] PT of **throw**
thrift [θrɪft] N economia, poupança
thrifty ['θrɪftɪ] ADJ econômico, frugal
thrill [θrɪl] N (excitement) emoção f; (shudder) estremecimento ▶ VI vibrar ▶ VT emocionar, vibrar; **to be ~ed** (with gift etc) estar emocionado
thriller ['θrɪlə^r] N romance m or filme m de suspense
thrilling ['θrɪlɪŋ] ADJ (book, play etc) excitante; (news, discovery) emocionante
thrive [θraɪv] (pt **thrived** or **throve**, pp **thrived** or **thriven**) VI (grow) vicejar; (do well) prosperar, florescer; **to ~ on sth** realizar-se ao fazer algo
thriven ['θrɪvn] PP of **thrive**
thriving ['θraɪvɪŋ] ADJ próspero
throat [θrəut] N garganta; **to have a sore ~** estar com dor de garganta
throb [θrɔb] N (of heart) batida; (of engine) vibração f; (of pain) latejo ▶ VI (heart) bater, palpitar; (pain) dar pontadas; (engine) vibrar; **my head is ~bing** minha cabeça está latejando
throes [θrəuz] NPL: **in the ~ of** no meio de
thrombosis [θrɔm'bəusɪs] N trombose f
throne [θrəun] N trono
throng [θrɔŋ] N multidão f ▶ VT apinhar, apinhar-se em
throttle ['θrɔtl] N (Aut) acelerador m ▶ VT estrangular
through [θru:] PREP por, através de; (time) durante; (by means of) por meio de, por intermédio de; (owing to) devido a ▶ ADJ (ticket, train) direto ▶ ADV através; **(from) Monday ~ Friday** (US) de segunda a sexta; **to let sb ~** deixar alguém passar; **to put sb ~ to sb** (Tel) ligar alguém com alguém; **to be ~** (Tel) estar na linha; (have finished) acabar; **"no ~ traffic"** (US) "trânsito proibido"; **"no ~ road"** "rua sem saída"; **I'm halfway ~ the book** estou na metade do livro
throughout [θru:'aut] PREP (place) por todo(-a); (time) durante todo(-a) ▶ ADV por or em todas as partes
throughput ['θru:put] N (of goods, materials) quantidade f tratada; (Comput) capacidade f de processamento
throve [θrəuv] PT of **thrive**
throw [θrəu] (pt **threw**, pp **thrown**) N arremesso, tiro; (Sport) lançamento ▶ VT jogar, atirar; (Sport) lançar; (rider) derrubar; (fig) desconcertar; (pot) afeiçoar; **to ~ a party** dar uma festa
▶ **throw about** VT (litter etc) esparramar
▶ **throw around** VT (litter etc) esparramar
▶ **throw away** VT (dispose of) jogar fora; (waste) desperdiçar
▶ **throw in** VT (Sport) pôr em jogo
▶ **throw off** VT desfazer-se de; (habit, cold) livrar-se
▶ **throw out** VT (person) expulsar; (rubbish) jogar fora; (idea) rejeitar
▶ **throw together** VT (clothes, meal etc) arranjar às pressas
▶ **throw up** VI vomitar, botar para fora
throwaway ['θrəuəweɪ] ADJ descartável; (line, remark) gratuito
throwback ['θrəubæk] N: **it's a ~ to** é um retrocesso a
throw-in N (Sport) lance m
thru [θru:] (US) PREP, ADJ, ADV = **through**
thrush [θrʌʃ] N (Zool) tordo; (Med) monília
thrust [θrʌst] VT (pt, pp **thrust**) empurrar; (push in) enfiar, meter ▶ N impulso; (Tech) empuxo
thrusting ['θrʌstɪŋ] ADJ dinâmico
thud [θʌd] N baque m, som m surdo
thug [θʌg] N (criminal) criminoso(-a); (pej) facínora m/f
thumb [θʌm] N (Anat) polegar m; (inf) dedão m ▶ VT (book) folhear; **to ~ a lift** pegar carona (BR), arranjar uma boleia (PT); **to give sb/sth the ~s up** (approve) dar luz verde a alguém/algo
▶ **thumb through** VT FUS folhear
thumb index N índice m de dedo
thumbnail ['θʌmneɪl] N unha do polegar
thumbnail sketch N descrição f resumida
thumbtack ['θʌmtæk] (US) N percevejo, tachinha
thump [θʌmp] N murro, pancada; (sound) baque m ▶ VT dar um murro em ▶ VI bater
thunder ['θʌndə^r] N trovão m; (sudden noise) trovoada; (of applause etc) estrondo ▶ VI trovejar; (train etc): **to ~ past** passar como um raio
thunderbolt ['θʌndəbəult] N raio
thunderclap ['θʌndəklæp] N estampido do trovão
thunderous ['θʌndərəs] ADJ estrondoso
thunderstorm ['θʌndəstɔ:m] N tempestade f com trovoada, temporal m
thunderstruck ['θʌndəstrʌk] ADJ estupefato
thundery ['θʌndərɪ] ADJ tempestuoso
Thur., Thurs. ABBR (= Thursday) qui, 5^a
Thursday ['θə:zdɪ] N quinta-feira; see also **Tuesday**
thus [ðʌs] ADV assim, desta maneira; (consequently) consequentemente
thwart [θwɔ:t] VT frustrar
thyme [taɪm] N tomilho
thyroid ['θaɪrɔɪd] N tireoide f
tiara [tɪ'ɑ:rə] N tiara, diadema m

Tibet [tɪ'bɛt] N Tibete m
Tibetan [tɪ'bɛtən] ADJ tibetano ▶ N
  tibetano(-a); (Ling) tibetano
tibia ['tɪbɪə] N tíbia
tic [tɪk] N tique m
tick [tɪk] N (sound: of clock) tique-taque m;
  (mark) tique m, marca; (Zool) carrapato; (BRIT
  inf) **in a ~** num instante; (: credit): **to buy sth
  on ~** comprar algo a crédito ▶ VI fazer
  tique-taque ▶ VT marcar, ticar; **to put a ~
  against sth** marcar or ticar algo
  ▶ **tick off** VT assinalar, ticar; (person) dar uma
  bronca em
  ▶ **tick over** (BRIT) VI (engine) funcionar em
  marcha lenta; (fig) ir indo
ticker tape ['tɪkə^r-] N fita de teleimpressor;
  (US: in celebrations) chuva de papel
ticket ['tɪkɪt] N (for bus, plane) passagem f; (for
  theatre, raffle) bilhete m; (for cinema) entrada;
  (in shop: on goods) etiqueta; (: receipt) ficha,
  nota fiscal; (for library) cartão m; (US Pol)
  chapa; (also: **parking ticket**: fine) multa; **to
  get a (parking) ~** (Aut) ganhar uma multa
  (por estacionamento ilegal)
ticket agency N agência de ingressos teatrais
ticket barrier (BRIT) N (Rail) catraca de
  embarque/desembarque
ticket collector N revisor(a) m/f
ticket holder N portador(a) m/f de um bilhete
  or ingresso
ticket inspector N revisor(a) m/f
ticket office N bilheteria (BR), bilheteira (PT)
tickle ['tɪkl] N cócegas fpl ▶ VT fazer cócegas
  em; (captivate) encantar; (make laugh) fazer rir
  ▶ VI fazer cócegas
ticklish ['tɪklɪʃ] ADJ (person) coceguento;
  (problem) delicado; (which tickles: blanket etc)
  que pica, que faz cócegas; (: cough) irritante;
  to be ~ (person) ter cócegas
tidal ['taɪdl] ADJ de maré
tidal wave N macaréu m, onda gigantesca
tidbit ['tɪdbɪt] (esp US) N = **titbit**
tiddlywinks ['tɪdlɪwɪŋks] N jogo de fichas
tide [taɪd] N maré f; (fig: of events) curso ▶ VT:
  to ~ sb over dar para alguém aguentar;
  high/low ~ maré alta/baixa; **the ~ of public
  opinion** a corrente da opinião pública
  ▶ **tide over** VT (help out) ajudar num período
  difícil
tidily ['taɪdɪlɪ] ADV com capricho
tidiness ['taɪdɪnɪs] N (good order) ordem f;
  (neatness) asseio, limpeza
tidy ['taɪdɪ] ADJ (room) arrumado; (dress, work)
  limpo; (person) bem arrumado; (mind)
  metódico ▶ VT (also: **tidy up**) pôr em ordem,
  arrumar; **to ~ o.s. up** arrumar-se
tie [taɪ] N (string etc) fita, corda; (BRIT: also:
  necktie) gravata; (fig: link) vínculo, laço;
  (Sport: draw) empate m; (US Rail) dormente m
  ▶ VT amarrar ▶ VI (Sport) empatar; **to ~ in a
  bow** dar um laço em; **to ~ a knot in sth** dar
  um nó em algo; **family ~s** laços de família;
  "black/white ~" "smoking/traje a rigor"

379 | Tibet – time

  ▶ **tie down** VT amarrar; (fig: person: restrict)
  limitar, restringir; (: to date, price etc) obrigar
  ▶ **tie in** VI: **to ~ in (with)** combinar com
  ▶ **tie on** (BRIT) VT (label etc) prender (com
  barbante)
  ▶ **tie up** VT (parcel) embrulhar; (dog) prender;
  (boat, prisoner etc) amarrar; (arrangements)
  concluir; **to be ~d up** (busy) estar ocupado
tie-break, tie-breaker N (Tennis) tie-break m;
  (in quiz etc) decisão f de empate
tie-on (BRIT) ADJ (label) para atar
tie-pin (BRIT) N alfinete m de gravata
tier [tɪə^r] N fileira; (of cake) camada
Tierra del Fuego [tɪ'ɛrədɛl'fweɪgəu] N Terra
  do Fogo
tie tack (US) N alfinete m de gravata
tie-up (US) N engarrafamento
tiff [tɪf] N briga; (lover's tiff) arrufo
tiger ['taɪgə^r] N tigre m
tight [taɪt] ADJ (rope) esticado, firme; (money)
  escasso; (clothes, shoes) justo; (bend) fechado;
  (budget, programme) rigoroso; (control) rigoroso;
  (inf: drunk) bêbado ▶ ADV (squeeze) bem forte;
  (shut) hermeticamente; **to be packed ~**
  (suitcase) estar abarrotado; (people) estar
  apinhado; **everybody hold ~!** segurem
  firme!
tighten ['taɪtən] VT (rope) esticar; (screw, grip)
  apertar; (security) aumentar ▶ VI esticar-se;
  apertar-se
tight-fisted [-'fɪstɪd] ADJ pão-duro
tightly ['taɪtlɪ] ADV (grasp) firmemente
tight-rope N corda (bamba)
tight-rope walker N funâmbulo(-a)
tights [taɪts] (BRIT) NPL collant m
tigress ['taɪgrɪs] N tigre fêmea
tilde ['tɪldə] N til m
tile [taɪl] N (on roof) telha; (on floor) ladrilho;
  (on wall) azulejo, ladrilho ▶ VT (floor)
  ladrilhar; (wall, bathroom) azulejar
tiled [taɪld] ADJ ladrilhado; (roof) de telhas
till [tɪl] N caixa (registradora) ▶ VT (land)
  cultivar ▶ PREP, CONJ = **until**
tiller ['tɪlə^r] N (Naut) cana do leme
tilt [tɪlt] VT inclinar ▶ VI inclinar-se ▶ N (slope)
  inclinação f; **(at) full ~** a toda velocidade
timber ['tɪmbə^r] N (material) madeira; (trees)
  mata, floresta
time [taɪm] N tempo; (epoch: often pl) época;
  (by clock) hora; (moment) momento; (occasion)
  vez f; (Mus) compasso ▶ VT calcular or medir
  o tempo de; (fix moment for: visit etc) escolher o
  momento para; (remark etc): **to ~ sth well/
  badly** ser oportuno/não ser oportuno; **a
  long ~** muito tempo; **4 at a ~** quatro de uma
  vez; **for the ~ being** por enquanto; **from ~
  to ~** de vez em quando; **at ~s** às vezes;
  ~ after ~, ~ and again repetidamente; **in ~**
  (soon enough) a tempo; (after some time) com o
  tempo; (Mus) no compasso; **in a week's ~**
  dentro de uma semana; **in no ~** num abrir e
  fechar de olhos; **any ~** a qualquer hora; **on ~**
  na hora; **to be 30 minutes behind/ahead**

of ~ estar atrasado/adiantado de 30 minutos; **by the ~ he arrived** até ele chegar; **5 ~s 5 is 25** 5 vezes 5 são 25; **what ~ is it?** que horas são?; **what ~ do you make it?** que horas você tem?; **to have a good ~** divertir-se; **we had a hard ~** foi difícil para nós; **he'll do it in his own (good) ~** (without being hurried) ele vai fazer isso quando tiver tempo; **he'll do it in** (BRIT) **or on** (US) **his own ~** (out of working hours) ele vai fazer isso fora do expediente; **to be behind the ~s** estar antiquado

time-and-motion study N estudo de tempos e movimentos
time bomb N bomba-relógio f
time clock N relógio de ponto
time-consuming [-kən'sju:mɪŋ] ADJ que exige muito tempo
time difference N fuso horário
time-honoured, (US) **time-honored** [-'ɔnəd] ADJ consagrado pelo tempo
timekeeper ['taɪmki:pəʳ] N (Sport) cronometrista m/f
time lag (BRIT) N defasagem f; (in travel) fuso horário
timeless ['taɪmlɪs] ADJ eterno
time limit N limite m de tempo; (Comm) prazo
timely ['taɪmlɪ] ADJ oportuno
time off N tempo livre
timer ['taɪməʳ] N (in kitchen) cronômetro; (switch) timer m
time-saving ADJ que economiza tempo
time scale N prazos mpl
time-sharing [-'ʃɛərɪŋ] N (Comput) tempo compartilhado
time sheet N folha de ponto
time signal N tope m, sinal m horário
time switch (BRIT) N interruptor m horário
timetable ['taɪmteɪbl] N horário; (of project) cronograma m
time zone N fuso horário
timid ['tɪmɪd] ADJ tímido
timidity [tɪ'mɪdɪtɪ] N timidez f
timing ['taɪmɪŋ] N escolha do momento; (Sport) cronometragem f; **the ~ of his resignation** o momento que escolheu para se demitir
timing device N (on bomb) dispositivo de retardamento
Timor ['ti:mɔ:ʳ] N Timor (no article)
timpani ['tɪmpənɪ] NPL tímbales mpl
tin [tɪn] N estanho; (also: **tin plate**) folha-de-flandres f; (BRIT: can) lata; (: for baking) fôrma
tin foil N papel m de estanho
tinge [tɪndʒ] N (of colour) matiz m; (of feeling) toque m ▶ VT: **~d with** tingido de
tingle ['tɪŋgl] N comichão f ▶ VI formigar
tinker ['tɪŋkəʳ] N funileiro(-a); (gipsy) cigano(-a)
▶ **tinker with** VT mexer com
tinkle ['tɪŋkl] VI tilintar, tinir ▶ N (inf): **to give sb a ~** dar uma ligada para alguém
tin mine N mina de estanho

tinned [tɪnd] (BRIT) ADJ (food) em lata, em conserva
tinny ['tɪnɪ] ADJ metálico
tin opener (BRIT) N abridor m de latas (BR), abre-latas m inv (PT)
tinsel ['tɪnsl] N ouropel m
tint [tɪnt] N matiz m; (for hair) tintura, tinta ▶ VT (hair) pintar
tinted ['tɪntɪd] ADJ (hair) pintado; (spectacles, glass) fumê inv
tiny ['taɪnɪ] ADJ pequenininho, minúsculo
tip [tɪp] N (end) ponta; (gratuity) gorjeta; (BRIT: for rubbish) depósito; (advice) dica ▶ VT (waiter) dar uma gorjeta a; (tilt) inclinar; (winner) apostar em; (overturn: also: **tip over**) virar, emborcar; (empty: also: **tip out**) esvaziar, entornar; **he ~ped out the contents of the box** esvaziou a caixa
▶ **tip off** VT avisar
tip-off N (hint) aviso, dica
tipped [tɪpt] ADJ (BRIT: cigarette) com filtro; **steel-~** com ponta de aço
Tipp-Ex® ['tɪpɛks] (BRIT) N líquido corretor
tipple ['tɪpl] (BRIT) VT bebericar ▶ N: **to have a ~** beber um gole
tipsy ['tɪpsɪ] ADJ embriagado, tocado, alto, alegre
tiptoe ['tɪptəu] N: **on ~** na ponta dos pés
tiptop ['tɪp'tɔp] ADJ: **in ~ condition** em perfeitas condições
tire ['taɪəʳ] N (US) = **tyre** ▶ VT cansar ▶ VI cansar-se; (become bored) chatear-se
▶ **tire out** VT esgotar, exaurir
tired ['taɪəd] ADJ cansado; **to be ~ of sth** estar farto or cheio de algo
tiredness ['taɪədnɪs] N cansaço
tireless ['taɪəlɪs] ADJ incansável
tiresome ['taɪəsəm] ADJ enfadonho, chato
tiring ['taɪərɪŋ] ADJ cansativo
tissue ['tɪʃu:] N tecido; (paper handkerchief) lenço de papel
tissue paper N papel m de seda
tit [tɪt] N (bird) passarinho; (inf: breast) teta; **to give ~ for tat** pagar na mesma moeda
titanium [tɪ'teɪnɪəm] N titânio
titbit ['tɪtbɪt] N (food) guloseima; (news) boato, rumor m
titillate ['tɪtɪleɪt] VT titilar, excitar
titivate ['tɪtɪveɪt] VT arrumar
title ['taɪtl] N título; (Law: right): **~ (to)** direito (a)
title deed N (Law) título de propriedade
title page N página de rosto
title role N papel m principal
titter ['tɪtəʳ] VI rir-se com riso sufocado
tittle-tattle ['tɪtltætl] N fofocas fpl (BR), mexericos mpl (PT)
titular ['tɪtjuləʳ] ADJ (in name only) nominal, titular
tizzy ['tɪzɪ] N: **to be in a ~** estar muito nervoso
T-junction N bifurcação f em T
TM N ABBR = **trademark**; **transcendental meditation**

TN (US) ABBR (*Post*) = **Tennessee**
TNT N ABBR (= *trinitrotoluene*) Tnt *m*, trotil *m*

(KEYWORD)

to [tu:, tə] PREP **1** (*direction*) a, para; (*towards*) para; **to go to France/London/school/the station** ir à França/a Londres/ao colégio/à estação; **to go to Lígia's/the doctor's** ir à casa da Lígia/ao médico; **the road to Edinburgh** a estrada para Edinburgo; **to the left/right** à esquerda/direita
2 (*as far as*) até; **to count to 10** contar até 10; **from 40 to 50 people** de 40 a 50 pessoas
3 (*with expressions of time*): **a quarter to 5** quinze para as 5 (BR), 5 menos um quarto (PT)
4 (*for, or*) de, para; **the key to the front door** a chave da porta da frente; **a letter to his wife** uma carta para a sua mulher
5 (*expressing indirect object*): **to give sth to sb** dar algo a alguém; **to talk to sb** falar com alguém; **I sold it to a friend** vendi isto para um amigo; **to cause damage to sth** causar danos em algo; **to be a danger to sb/sth** ser um perigo para alguém/algo; **to carry out repairs to sth** fazer consertos em algo; **you've done something to your hair** você fêz algo no seu cabelo
6 (*in relation to*) para; **A is to B as C is to D** A está para B assim como C está para D; **3 goals to 2** 3 a 2; **8 apples to the kilo** 8 maçãs por quilo
7 (*purpose, result*) para; **to come to sb's aid** prestar ajuda a alguém; **to sentence sb to death** condenar alguém à morte; **to my surprise** para minha surpresa
▶ WITH VB **1** (*simple infin*): **to go/eat** ir/comer
2 (*following another vb*): **to want/try to do** querer/tentar fazer; **to start to do** começar a fazer
3 (*with vb omitted*): **I don't want to** eu não quero; **you ought to** você deve
4 (*purpose, result*) para; **he did it to help you** ele fez isso para ajudar você
5 (*equivalent to relative clause*) para, a; **I have things to do** eu tenho coisas para fazer; **he has a lot to lose** ele tem muito a perder; **the main thing is to try** o principal é tentar
6 (*after adj etc*) para; **ready to go** pronto para ir; **too old/young to ...** muito velho/jovem para ...
▶ ADV: **pull/push the door to** puxar/empurrar a porta

toad [təud] N sapo
toadstool ['təudstu:l] N chapéu-de-cobra *m*, cogumelo venenoso
toady ['təudɪ] VI ser bajulador(a), puxar saco (*inf*)
toast [təust] N (*Culin*) torradas *fpl*; (*drink, speech*) brinde *m* ▶ VT (*Culin*) torrar; (*drink to*) brindar; **a piece** *or* **slice of** ~ uma torrada
toaster ['təustə'] N torradeira
toastmaster ['təustmɑːstə'] N mestre *m* de cerimônias
toast rack N porta-torradas *m inv*
tobacco [tə'bækəu] N tabaco, fumo (BR)
tobacconist [tə'bækənɪst] N vendedor(a) *m/f* de tabaco; **~'s (shop)** tabacaria, charutaria (BR)
Tobago [tə'beɪgəu] N = **Trinidad and Tobago**
toboggan [tə'bɔgən] N tobogã *m*
today [tə'deɪ] ADV, N (*fig*) hoje *m*; **what day is it ~?** que dia é hoje?; **what date is it ~?** qual é a data de hoje?; **~ is the 4th of March** hoje é dia 4 de março; **a week ago ~** há uma semana atrás; **a fortnight ~** daqui a quinze dias; **~'s paper** o jornal de hoje
toddler ['tɔdlə'] N *criança que começa a andar*
toddy ['tɔdɪ] N ponche *m* quente
to-do N (*fuss*) rebuliço, alvoroço
toe [təu] N dedo do pé; (*of shoe*) bico ▶ VT: **to ~ the line** (*fig*) conformar-se, cumprir as obrigações; **big ~** dedão *m* do pé; **little ~** dedo mindinho do pé
toehold ['təuhəuld] N apoio
toenail ['təuneɪl] N unha do pé
toffee ['tɔfɪ] N puxa-puxa *m* (BR), caramelo (PT)
toffee apple (BRIT) N maçã *f* do amor
toga ['təugə] N toga
together [tə'gɛðə'] ADV juntos; (*at same time*) ao mesmo tempo; **~ with** junto com
togetherness [tə'gɛðənɪs] N companheirismo, camaradagem *f*
toggle button ['tɔgl-] N (*Comput*) botão *m* de alternância
Togo ['təugəu] N Togo
togs [tɔgz] (*inf*) NPL (*clothes*) roupa
toil [tɔɪl] N faina, labuta ▶ VI labutar, trabalhar arduamente
toilet ['tɔɪlət] N (*apparatus*) privada, vaso sanitário; (BRIT: *lavatory*) banheiro (BR), casa de banho (PT) ▶ CPD (*bag, soap etc*) de toalete; **to go to the ~** ir ao banheiro
toilet bag (BRIT) N bolsa de toucador
toilet bowl N vaso sanitário
toilet paper N papel *m* higiênico
toiletries ['tɔɪlɪtrɪz] NPL artigos *mpl* de toalete; (*make-up etc*) artigos de toucador
toilet roll N rolo de papel higiênico
toilet water N água de colônia
to-ing and fro-ing ['tu:ɪŋən'frəuɪŋ] (BRIT) N vaivém *m*
token ['təukən] N (*sign*) sinal *m*, símbolo, prova; (*souvenir*) lembrança; (*substitute coin*) ficha; (*voucher*) cupom *m*, vale *m* ▶ CPD (*fee, strike*) simbólico; **by the same ~** (*fig*) pela mesma razão; **book/record ~** (BRIT) vale para comprar livros/discos
Tokyo ['təukjəu] N Tóquio
told [təuld] PT, PP *of* **tell**
tolerable ['tɔlərəbl] ADJ (*bearable*) suportável; (*fairly good*) passável
tolerably ['tɔlərəblɪ] ADV: **~ good** razoável
tolerance ['tɔlərəns] N (*also Tech*) tolerância
tolerant ['tɔlərənt] ADJ: **~ of** tolerante com

tolerate ['tɔləreɪt] VT suportar; (Med, Tech) tolerar

toleration [tɔlə'reɪʃən] N tolerância

toll [təul] N (of casualties) número de baixas; (tax, charge) pedágio (BR), portagem f (PT) ▶ VI (bell) dobrar, tanger

tollbridge ['təulbrɪdʒ] N ponte f de pedágio (BR) or de portagem (PT)

tomato [tə'mɑːtəu] (pl **tomatoes**) N tomate m

tomb [tuːm] N tumba

tombola [tɔm'bəulə] N tômbola

tomboy ['tɔmbɔɪ] N menina moleque

tombstone ['tuːmstəun] N lápide f

tomcat ['tɔmkæt] N gato

tomorrow [tə'mɔrəu] ADV, N amanhã m; **the day after ~** depois de amanhã; **~ morning** amanhã de manhã

ton [tʌn] N (BRIT) tonelada; (Naut: also: **register ton**) tonelagem f de registro; **~s of** (inf) um monte de

tonal ['təunl] ADJ tonal

tone [təun] N tom m; (BRIT Tel) sinal m ▶ VI harmonizar

▶ **tone down** VT (colour, criticism) suavizar; (sound) baixar; (Mus) entoar

▶ **tone up** VT (muscles) tonificar

tone-deaf ADJ que não tem ouvido

toner ['təunəʳ] N (for photocopier) tinta

Tonga ['tɔŋgə] N Tonga (no article)

tongs [tɔŋz] NPL (for coal) tenaz f; (for hair) ferros mpl de frisar cabelo

tongue [tʌŋ] N língua; **~ in cheek** ironicamente

tongue-tied [-taɪd] ADJ (fig) calado

tongue-twister [-'twɪstəʳ] N trava-língua m

tonic ['tɔnɪk] N (Med) tônico; (Mus) tônica; (also: **tonic water**) (água) tônica

tonight [tə'naɪt] ADV, N esta noite, hoje à noite; **(I'll) see you ~!** até a noite!

tonnage ['tʌnɪdʒ] N (Naut) tonelagem f

tonne [tʌn] (BRIT) N (metric ton) tonelada

tonsil ['tɔnsəl] N amígdala; **to have one's ~s out** tirar as amígdalas

tonsillitis [tɔnsɪ'laɪtɪs] N amigdalite f; **to have ~** estar com uma amigdalite

too [tuː] ADV (excessively) demais; (very) muito; (also) também; **~ much** (adv) demais; (adj) demasiado; **~ many** (adj) muitos(-as), demasiados(-as); **~ sweet** doce demais; **I went ~** eu fui também

took [tuk] PT of **take**

tool [tuːl] N ferramenta; (fig: person) joguete m ▶ VT trabalhar

tool box N caixa de ferramentas

tool kit N jogo de ferramentas

toot [tuːt] N (of horn) buzinada; (of whistle) apito ▶ VI (with car horn) buzinar; (whistle) apitar

tooth [tuːθ] (pl **teeth**) N (Anat, Tech) dente m; (molar) molar m; **to have a ~ out** (BRIT) or **pulled** (US) arrancar um dente; **to brush one's teeth** escovar os dentes; **by the skin of one's teeth** (fig) por um triz

toothache ['tuːθeɪk] N dor f de dente; **to have ~** estar com dor de dente

toothbrush ['tuːθbrʌʃ] N escova de dentes

toothpaste ['tuːθpeɪst] N pasta de dentes, creme m dental

toothpick ['tuːθpɪk] N palito

tooth powder N pó m dentifrício

top [tɔp] N (of mountain) cume m, cimo; (of tree) topo; (of head) cocuruto; (of cupboard, table) superfície f, topo; (of box, jar, bottle) tampa; (of ladder, page) topo; (of list etc) cabeça m; (toy) pião m; (Dress: blouse etc) top m, blusa; (: of pyjamas) paletó m ▶ ADJ (highest: shelf, step) mais alto; (: marks) máximo; (in rank) principal, superior; (best) melhor ▶ VT (exceed) exceder; (be first in) estar à cabeça de; **the ~ of the milk** (BRIT) a nata do leite; **at the ~ of the stairs/page/street** no alto da escada/no alto da página/no começo da rua; **on ~ of** (above) sobre, em cima de; (in addition to) além de; **from ~ to toe** (BRIT) da cabeça aos pés; **from ~ to bottom** de cima abaixo; **at the ~ of the list** à cabeça da lista; **at the ~ of one's voice** aos gritos; **at ~ speed** a toda velocidade; **a ~ surgeon** um dos melhores cirurgiões; **over the ~** (inf: behaviour etc) extravagante

▶ **top up**, (US) **top off** VT completar; (mobile phone) recarregar

topaz ['təupæz] N topázio

topcoat ['tɔpkəut] N sobretudo

topflight ['tɔpflaɪt] ADJ de primeira categoria

top floor N último andar m

top hat N cartola

top-heavy ADJ (object) desequilibrado

topic ['tɔpɪk] N tópico, assunto

topical ['tɔpɪkl] ADJ atual

topless ['tɔplɪs] ADJ (bather etc) topless inv, sem a parte superior do biquíni

top-level ADJ (talks) de alto nível

topmost ['tɔpməust] ADJ o mais alto

topography [tə'pɔgrəfɪ] N topografia

topping ['tɔpɪŋ] N (Culin) cobertura

topple ['tɔpl] VT derrubar ▶ VI cair para frente

top-ranking [-'ræŋkɪŋ] ADJ de alto escalão

top-secret ADJ ultrassecreto, supersecreto

top-security (BRIT) ADJ de alta segurança

topsy-turvy ['tɔpsɪ'təːvɪ] ADJ, ADV de pernas para o ar, confuso, às avessas

top-up N (for mobile phone) recarga; **would you like a ~?** você quer mais?

top-up card N cartão de recarga (para celular)

torch [tɔːtʃ] N tocha, archote m; (BRIT: electric torch) lanterna

tore [tɔːʳ] PT of **tear**²

torment [n 'tɔːment, vt tɔː'ment] N tormento, suplício ▶ VT atormentar; (fig: annoy) chatear, aborrecer

torn [tɔːn] PP of **tear**² ▶ ADJ: **~ between** (fig) dividido entre

tornado [tɔː'neɪdəu] (pl **tornadoes**) N tornado

torpedo [tɔː'piːdəu] (pl **torpedoes**) torpedo ▶ VT torpedear

torpedo boat N torpedeiro

torpor ['tɔːpəʳ] N torpor m
torque [tɔːk] N momento de torção
torrent ['tɔrənt] N torrente f
torrential [tɔ'rɛnʃl] ADJ torrencial
torrid ['tɔrɪd] ADJ tórrido; (fig) abrasador(a)
torso ['tɔːsəu] N torso
tortoise ['tɔːtəs] N tartaruga
tortoiseshell ['tɔːtəʃɛl] CPD de tartaruga
tortuous ['tɔːtjuəs] ADJ tortuoso; (argument, mind) confuso
torture ['tɔːtʃəʳ] N tortura ▶ VT torturar; (fig) atormentar
torturer ['tɔːtʃərəʳ] N torturador(a) m/f
Tory ['tɔːrɪ] (BRIT) ADJ, N (Pol) conservador(a) m/f
toss [tɔs] VT atirar, arremessar; (head) lançar para trás ▶ N (of head) meneio; (of coin) lançamento ▶ VI: **to ~ and turn in bed** virar de um lado para o outro na cama; **to ~ a coin** tirar cara ou coroa; **to ~ up for sth** (BRIT) jogar cara ou coroa por algo; **to win/lose the ~** ganhar/perder no cara ou coroa; (Sport) ganhar/perder o sorteio
tot [tɔt] N (BRIT: drink) copinho, golinho; (child) criancinha
▶ **tot up** (BRIT) VT (figures) somar, adicionar
total ['təutl] ADJ total ▶ N total m, soma ▶ VT (add up) somar; (amount to) montar a; **in ~** em total
totalitarian [təutælɪ'tɛərɪən] ADJ totalitário
totality [təu'tælɪtɪ] N totalidade f
totally ['təutəlɪ] ADV totalmente
tote bag [təut-] N sacola
totem pole ['təutəm-] N mastro totêmico
totter ['tɔtəʳ] VI cambalear; (object, government) vacilar
touch [tʌtʃ] N (sense, also skill: of pianist etc) toque m; (contact) contato; (Football): **in ~** fora do campo ▶ VT tocar (em); (tamper with) mexer com; (make contact with) fazer contato com; (emotionally) comover; **the personal ~** o toque pessoal; **to put the finishing ~es to sth** dar os últimos retoques em algo; **a ~ of** (fig) um traço de; **to get in ~ with sb** entrar em contato com alguém; **to lose ~** (friends) perder o contato; **to be out of ~ with events** não estar a par dos acontecimentos; **no artist in the country can ~ him** nenhum artista no país se compara a ele
▶ **touch on** VT FUS (topic) tocar em, fazer menção de
▶ **touch up** VT (paint) retocar
touch-and-go ADJ arriscado; **it was ~ whether we did it** por pouco fizemos aquilo
touchdown ['tʌtʃdaun] N aterrissagem f (BR), aterragem f (PT); (on sea) amerissagem f (BR), amaragem f (PT); (US Football) touchdown m (colocação da bola no chão atrás da linha de gol)
touched [tʌtʃt] ADJ comovido; (inf) tocado, muito louco
touching ['tʌtʃɪŋ] ADJ comovedor(a)
touchline ['tʌtʃlaɪn] N (Sport) linha de fundo
touch screen N (Comput) touch screen m, ecrã táctil (PT)
touch-type VI datilografar sem olhar para as teclas
touchy ['tʌtʃɪ] ADJ (person) suscetível, sensível
tough [tʌf] ADJ duro; (difficult) difícil; (resistant) resistente; (person: physically) forte; (: mentally) tenaz; (exam, experience) brabo; (firm) firme, inflexível ▶ N (gangster etc) bandido, capanga m; **~ luck!** azar!; **they got ~ with the workers** começaram a falar grosso com os trabalhadores
toughen ['tʌfən] VT (sb's character) fortalecer; (glass etc) tornar mais resistente
toughness ['tʌfnɪs] N dureza; (difficulty) dificuldade f; (resistance) resistência; (of person) tenacidade f
toupee ['tuːpeɪ] N peruca
tour [tuəʳ] N viagem f, excursão f; (also: **package tour**) excursão organizada; (of town, museum) visita; (by artist) turnê f ▶ VT (country, city) excursionar por; (factory) visitar; **to go on a ~ of** (museum, region) visitar; **to go on ~** fazer turnê
touring ['tuərɪŋ] N viagens fpl turísticas, turismo
tourism ['tuərɪzm] N turismo
tourist ['tuərɪst] N turista m/f ▶ CPD turístico; **the ~ trade** o turismo
tourist office N (in country) escritório de turismo; (in embassy etc) departamento de turismo
tournament ['tuənəmənt] N torneio
tourniquet ['tuənɪkeɪ] N (Med) torniquete m
tour operator (BRIT) N empresa de viagens
tousled ['tauzld] ADJ (hair) despenteado
tout [taut] VI: **to ~ for** angariar clientes para ▶ VT (BRIT): **to ~ sth (around)** tentar vender algo ▶ N (BRIT: ticket tout) cambista m/f
tow [təu] N: **to give sb a ~** (Aut) rebocar alguém ▶ VT rebocar; **"on ~"** (BRIT), **"in ~"** (US) (Aut) "rebocado"; **with her husband in ~** com o marido a tiracolo
toward [tə'wɔːd], **towards** [tə'wɔːdz] PREP em direção a; (of attitude) para com; (of purpose) para; **~(s) noon/the end of the year** perto do meio-dia/do fim do ano; **to feel friendly ~(s) sb** sentir amizade em relação a alguém
towel ['tauəl] N toalha; (also: **tea towel**) pano; **to throw in the ~** (fig) dar-se por vencido
towelling ['tauəlɪŋ] N (fabric) tecido para toalhas
towel rail, (US) **towel rack** N toalheiro
tower ['tauəʳ] N torre f ▶ VI (building, mountain) elevar-se; **to ~ above** or **over sb/sth** dominar alguém/algo
tower block (BRIT) N prédio alto, espigão m, cortiço (BR)
towering ['tauərɪŋ] ADJ elevado; (figure) eminente
towline ['təulaɪn] N cabo de reboque
town [taun] N cidade f; **to go to ~** ir à cidade; (fig) fazer com entusiasmo, mandar brasa (BR); **in the ~** na cidade; **to be out of ~** (person) estar fora da cidade

town centre N centro (da cidade)
town clerk N administrador(a) m/f municipal
town council N câmara municipal
town hall N prefeitura (BR), concelho (PT)
town plan N mapa m da cidade
town planner N urbanista m/f
town planning N urbanismo
townspeople ['taunzpi:pl] NPL habitantes mpl da cidade
towpath ['təupɑ:θ] N caminho de sirga
towrope ['təurəup] N cabo de reboque
tow truck (US) N reboque m (BR), pronto socorro (PT)
toxic ['tɔksɪk] ADJ tóxico
toxin ['tɔksɪn] N toxina
toy [tɔɪ] N brinquedo ▶ CPD de brinquedo
▶ **toy with** VT FUS (object, food) brincar com; (idea) contemplar
toy shop N loja de brinquedos
trace [treɪs] N (sign) sinal m; (small amount) traço ▶ VT (through paper) decalcar; (draw) traçar, esboçar; (follow) seguir a pista de; (locate) encontrar; **without ~** (disappear) sem deixar vestígios; **there was no ~ of it** não havia nenhum vestígio disso
trace element N elemento traço
trachea [trə'kɪə] N (Anat) traqueia
tracing paper ['treɪsɪŋ-] N papel m de decalque
track [træk] N (mark) pegada, vestígio; (path: gen) caminho, vereda; (: of bullet etc) trajetória; (: of suspect, animal) pista, rasto; (Rail) trilhos (BR), carris mpl (PT); (on CD) faixa; (Sport) pista; (on record) faixa ▶ VT seguir a pista de; **to keep ~ of** não perder de vista; (fig) manter-se informado sobre; **to be on the right ~** (fig) estar no caminho certo
▶ **track down** VT (prey) seguir a pista de; (sth lost) procurar e encontrar
tracked [trækt] ADJ com lagarta
tracker dog ['trækə-] (BRIT) N cão m policial
track events NPL (Sport) corridas fpl
tracking station ['trækɪŋ-] N (Space) estação f de rastreamento
track record N: **to have a good ~** (fig) ter uma boa folha de serviço
track suit N roupa de jogging
tract [trækt] N (Geo) região f; (pamphlet) folheto; **respiratory ~** (Anat) aparelho respiratório
traction ['trækʃən] N tração f; (Med): **in ~** em tração
tractor ['træktə'] N trator m
tractor feed N (on printer) alimentação f a trator
trade [treɪd] N comércio; (skill, job) ofício ▶ VI negociar, comerciar ▶ VT: **to ~ sth (for sth)** trocar algo (por algo); **to ~ with/in** comerciar com/em; **foreign ~** comércio exterior; **Department of T~ and Industry** (BRIT) Ministério de Indústria e Comércio
▶ **trade in** VT dar como parte do pagamento
trade barrier N barreira comercial

trade deficit N déficit m na balança comercial
Trade Descriptions Act (BRIT) N lei contra a publicidade mentirosa
trade discount N desconto de revendedor
trade fair N feira industrial
trade-in N venda
trade-in price N valor de um objeto usado que se desconta do preço do outro novo
trademark ['treɪdmɑ:k] N marca registrada
trade mission N missão f comercial
trade name N (of product) marca or nome comercial de um produto; (of company) razão f social
trader ['treɪdə'] N comerciante m/f
trade secret N segredo do ofício
tradesman ['treɪdzmən] (irreg: like **man**) N (shopkeeper) lojista m
trade union N sindicato
trade unionism [-'ju:njənɪzəm] N sindicalismo
trade unionist [-'ju:njənɪst] N sindicalista m/f
trade wind N vento alísio
trading ['treɪdɪŋ] N comércio
trading estate (BRIT) N parque m industrial
trading stamp N selo de bonificação
tradition [trə'dɪʃən] N tradição f
traditional [trə'dɪʃənl] ADJ tradicional
traffic ['træfɪk] N trânsito; (air traffic etc) tráfego; (illegal) tráfico ▶ VI: **to ~ in** (pej: liquor, drugs) traficar com, fazer tráfico com
traffic circle (US) N rotatória
traffic island N refúgio de segurança (para pedestres)
traffic jam N engarrafamento, congestionamento
trafficker ['træfɪkə'] N traficante m/f
traffic lights NPL sinal m luminoso
traffic offence (BRIT) N infração f de trânsito
traffic sign N placa de sinalização
traffic violation (US) N infração f
traffic warden N guarda m/f de trânsito
tragedy ['trædʒədɪ] N tragédia
tragic ['trædʒɪk] ADJ trágico
trail [treɪl] N (tracks) rasto, pista; (path) caminho, trilha; (wake) esteira; (of smoke, dust) rasto, rastro ▶ VT (drag) arrastar; (follow) seguir a pista de; (follow closely) vigiar ▶ VI arrastar-se; (hang loosely) pender; (in game, contest) ficar para trás; **to be on sb's ~** estar no encalço de alguém
▶ **trail away** VI (sound, voice) ir-se perdendo; (interest) diminuir
▶ **trail behind** VI atrasar-se
▶ **trail off** VI (sound, voice) ir-se perdendo; (interest) diminuir
trailer ['treɪlə'] N (Aut) reboque m; (US: caravan) trailer m (BR), rulote f (PT); (Cinema) trailer
trailer truck (US) N caminhão-reboque m
train [treɪn] N trem m (BR), comboio (PT); (of dress) cauda; (series) sequência, série f; (followers) séquito, comitiva ▶ VT (professionals etc) formar; (teach skills to) instruir; (Sport) treinar; (dog) adestrar, amestrar; (point: gun

etc): **to ~ on** apontar para ▶ VI *(learn a skill)* instruir-se; *(Sport)* treinar; *(be educated)* ser treinado; **to lose one's ~ of thought** perder o fio; **to go by ~** ir de trem; **to ~ sb to do sth** treinar alguém para fazer algo
train attendant *(US)* N revisor(a) *m/f*
trained [treɪnd] ADJ *(worker)* especializado; *(teacher)* formado; *(animal)* adestrado
trainee [treɪ'niː] N estagiário(-a); *(in trade)* aprendiz *m/f*
trainer ['treɪnəʳ] N *(Sport)* treinador(a) *m/f*; *(of animals)* adestrador(a) *m/f*; **trainers** NPL *(shoes)* tênis *m*
training ['treɪnɪŋ] N instrução *f*; *(Sport, for occupation)* treinamento; *(professional)* formação; **in ~** em treinamento
training college N *(for teachers)* Escola Normal
training course N curso de formação profissional
training shoes NPL tênis *m*
traipse [treɪps] VI perambular
trait [treɪt] N traço
traitor ['treɪtəʳ] N traidor(a) *m/f*
trajectory [trə'dʒɛktərɪ] N trajetória
tram [træm] *(BRIT)* N *(also:* **tramcar***)* bonde *m* *(BR)*, eléctrico *(PT)*
tramline ['træmlaɪn] N trilho para bondes
tramp [træmp] N *(person)* vagabundo(-a); *(inf, pej: woman)* piranha ▶ VI caminhar pesadamente ▶ VT *(walk through: town, streets)* percorrer, andar por
trample ['træmpl] VT: **to ~ (underfoot)** calcar aos pés
trampoline ['træmpəliːn] N trampolim *m*
trance [trɑːns] N estupor *m*; *(Med)* transe *m* hipnótico; **to go into a ~** cair em transe
tranquil ['træŋkwɪl] ADJ tranquilo
tranquillity [træŋ'kwɪlɪtɪ] N tranquilidade *f*
tranquillizer ['træŋkwɪlaɪzəʳ] N *(Med)* tranquilizante *m*
transact [træn'zækt] VT *(business)* negociar
transaction [træn'zækʃən] N transação *f*, negócio; **transactions** NPL *(minutes)* ata; **cash ~** transação à vista
transatlantic [trænzət'læntɪk] ADJ transatlântico
transcend [træn'sɛnd] VT transcender, exceder; *(excel over)* ultrapassar
transcendental [trænsɛn'dɛntl] ADJ: **~ meditation** meditação *f* transcendental
transcribe [træn'skraɪb] VT transcrever
transcript ['trænskrɪpt] N cópia, traslado
transcription [træn'skrɪpʃən] N transcrição *f*
transept ['trænsɛpt] N transepto
transfer [*n* 'trænsfəʳ, *vt* træns'fəːʳ] N transferência; *(picture, design)* decalcomania ▶ VT transferir; **to ~ the charges** *(BRIT Tel)* ligar a cobrar; **by bank ~** por transferência bancária
transferable [træns'fəːrəbl] ADJ transferível; **not ~** intransferível
transfix [træns'fɪks] VT trespassar; *(fig)*: **~ed with fear** paralisado de medo

385 | **train attendant - trap door**

transform [træns'fɔːm] VT transformar
transformation [trænsfə'meɪʃən] N transformação *f*
transformer [træns'fɔːməʳ] N *(Elec)* transformador *m*
transfusion [træns'fjuːʒən] N *(also:* **blood transfusion***)* transfusão *f* (de sangue)
transgress [træns'grɛs] VT transgredir
transient ['trænzɪənt] ADJ transitório
transistor [træn'zɪstəʳ] N *(Elec: also:* **transistor radio***)* transistor *m*
transit ['trænzɪt] N: **in ~** em trânsito, de passagem
transit camp N campo de trânsito
transition [træn'zɪʃən] N transição *f*
transitional [træn'zɪʃənl] ADJ de transição, transicional
transitive ['trænzɪtɪv] ADJ *(Ling)* transitivo
transit lounge N salão *m* de trânsito
transitory ['trænzɪtərɪ] ADJ transitório
translate [trænz'leɪt] VT traduzir; **to ~ from/into** traduzir do/para o
translation [trænz'leɪʃən] N tradução *f*
translator [trænz'leɪtəʳ] N tradutor(a) *m/f*
translucent [trænz'luːsnt] ADJ translúcido
transmission [trænz'mɪʃən] N transmissão *f*
transmit [trænz'mɪt] VT transmitir
transmitter [trænz'mɪtəʳ] N transmissor *m*; *(station)* emissora
transparency [træns'pɛərnsɪ] N *(of glass etc)* transparência; *(BRIT Phot)* diapositivo
transparent [træns'pærnt] ADJ transparente
transpire [træns'paɪəʳ] VI *(turn out)* tornar sabido; *(happen)* ocorrer, acontecer; *(become known)*: **it finally ~d that ...** no final soube-se que ...
transplant [*vt* træns'plɑːnt, *n* 'trænsplɑːnt] VT transplantar ▶ N *(Med)* transplante *m*; **to have a heart ~** ter um transplante de coração
transport [*n* 'trænspɔːt, *vt* træns'pɔːt] N transporte *m* ▶ VT transportar; *(carry)* acarretar; **public ~** transportes coletivos; **Department of T~** *(BRIT)* ministério dos Transportes
transportation [trænspɔː'teɪʃən] N transporte *m*; **Department of T~** *(US)* ministério da Infraestrutura
transport café *(BRIT)* N lanchonete *f* de estrada
transpose [træns'pəuz] VT transpor
transverse ['trænzvəːs] ADJ transversal
transvestite [trænz'vɛstaɪt] N travesti *m/f*
trap [træp] N *(snare)* armadilha, cilada; *(trick)* cilada; *(carriage)* aranha, charrete *f* ▶ VT *(animal, person)* pegar numa armadilha; *(immobilize)* bloquear; *(jam)* emperrar; **to be ~ped** *(in bad marriage, fire)* estar preso(-a); **to set** *or* **lay a ~ (for sb)** montar uma armadilha (para alguém); **to shut one's ~** *(inf)* calar a boca; **to ~ one's finger in the door** prender o dedo na porta
trap door N alçapão *m*

trapeze [trəˈpiːz] N trapézio
trapper [ˈtræpəʳ] N caçador m de peles
trappings [ˈtræpɪŋz] NPL adornos mpl, enfeites mpl
trash [træʃ] N (pej: goods) refugo, escória; (: nonsense) besteiras fpl; (us: rubbish) lixo
trash can (US) N lata de lixo
trauma [ˈtrɔːmə] N trauma m
traumatic [trɔːˈmætɪk] ADJ traumático
travel [ˈtrævl] N viagem f ▶ VI viajar; (sound) propagar-se; (news) levar; (wine): **this wine ~s well** este vinho não sofre alteração ao ser transportado; (move) deslocar-se ▶ VT (distance) percorrer; **travels** NPL (journeys) viagens fpl
travel agency N agência de viagens
travel agent N agente m/f de viagens
travel brochure N prospecto turístico
traveller, (US) **traveler** [ˈtrævələʳ] N viajante m/f; (Comm) caixeiro(-a) viajante
traveller's cheque, (US) **traveler's check** N cheque m de viagem
travelling, (US) **traveling** [ˈtrævəlɪŋ] N as viagens, viajar m ▶ ADJ (circus, exhibition) itinerante; (salesman) viajante ▶ CPD (bag, clock, expenses) de viagem
travelling salesman, (US) **traveling salesman** (irreg: like **man**) N caixeiro viajante
travelogue [ˈtrævəlɔɡ] N (book) livro de viagem; (film) documentário de viagem
travel sickness N enjoo
traverse [ˈtrævəs] VT atravessar
travesty [ˈtrævəstɪ] N paródia
trawler [ˈtrɔːləʳ] N traineira
tray [treɪ] N bandeja; (on desk) cesta
treacherous [ˈtrɛtʃərəs] ADJ traiçoeiro; (ground, tide) perigoso; **road conditions are ~** as estradas estão perigosas
treachery [ˈtrɛtʃərɪ] N traição f
treacle [ˈtriːkl] N melado
tread [trɛd] (pt **trod**, pp **trodden**) VI pisar ▶ N (step) passo, pisada; (sound) passada; (of stair) piso; (of tyre) banda de rodagem
▶ **tread on** VT FUS pisar (em)
treadle [ˈtrɛdl] N pedal m
treas. ABBR = **treasurer**
treason [ˈtriːzn] N traição f
treasure [ˈtrɛʒəʳ] N tesouro; (person) joia ▶ VT (value) apreciar, estimar; **treasures** NPL (art treasures etc) preciosidades fpl
treasure hunt N caça ao tesouro
treasurer [ˈtrɛʒərəʳ] N tesoureiro(-a)
treasury [ˈtrɛʒərɪ] N tesouraria; (Pol): **the T~** (BRIT) or **T~ Department** (US) ≈ o Tesouro Nacional
treasury bill N letra do Tesouro (Nacional)
treat [triːt] N (present) regalo, deleite m; (pleasure) prazer m ▶ VT tratar; **to ~ sb to sth** convidar alguém para algo; **to give sb a ~** dar um prazer a alguém; **to ~ sth as a joke** não levar algo a sério
treatise [ˈtriːtɪz] N tratado

treatment [ˈtriːtmənt] N tratamento; **to have ~ for sth** (Med) fazer tratamento para algo
treaty [ˈtriːtɪ] N tratado, acordo
treble [ˈtrɛbl] ADJ tríplice ▶ N (Mus) soprano ▶ VT triplicar ▶ VI triplicar(-se)
treble clef N clave f de sol
tree [triː] N árvore f
tree-lined ADJ ladeado de árvores
treetop [ˈtriːtɔp] N copa (de árvore)
tree trunk N tronco de árvore
trek [trɛk] N (long journey) jornada; (walk) caminhada; (as holiday) excursão f (a pé) ▶ VI (as holiday) caminhar
trellis [ˈtrɛlɪs] N grade f de ripas, latada
tremble [ˈtrɛmbl] VI tremer
trembling [ˈtrɛmblɪŋ] N tremor m ▶ ADJ trêmulo, trepidante
tremendous [trɪˈmɛndəs] ADJ tremendo; (enormous) enorme; (excellent) sensacional, fantástico
tremendously [trɪˈmɛndəslɪ] ADV (well, clever etc) extraordinariamente; (very much) muitíssimo; (very well) muito bem
tremor [ˈtrɛməʳ] N tremor m; (also: **earth tremor**) tremor de terra
trench [trɛntʃ] N trincheira
trench coat N capa (de chuva)
trench warfare N guerra de trincheiras
trend [trɛnd] N (tendency) tendência; (of events) curso; (fashion) modismo, tendência; (on social network: also: **trending topic**) trending topic m ▶ VI (on social network) ser compartilhado no Twitter até virar trending topic; **a ~ towards/away from doing** uma tendência a/contra fazer; **to set the ~** dar o tom; **to set a ~** lançar uma moda; **what's ~ing on Twitter?** quais são os trending topics do Twitter?
trendy [ˈtrɛndɪ] ADJ (idea) de acordo com a tendência atual; (clothes) da última moda
trepidation [trɛpɪˈdeɪʃən] N trepidação f; (fear) apreensão f
trespass [ˈtrɛspəs] VI: **to ~ on** invadir; **"no ~ing"** "entrada proibida"
trespasser [ˈtrɛspəsəʳ] N intruso(-a); **"~s will be prosecuted"** "aqueles que invadirem esta área serão punidos"
tress [trɛs] N trança
trestle [ˈtrɛsl] N cavalete m
trestle table N mesa de cavaletes
trial [ˈtraɪəl] N (Law) processo; (test: of machine etc) prova, teste m; (hardship) provação f; **trials** NPL (unpleasant experiences) dissabores mpl; (Sport) eliminatórias fpl; **horse ~s** provas fpl de equitação; **by ~ and error** por tentativas; **~ by jury** julgamento por júri; **to be sent for ~** ser levado a julgamento; **to be on ~** ser julgado
trial balance N (Comm) balancete m
trial basis N: **on a ~** em experiência
trial period N período de experiência
trial run N ensaio

triangle ['traɪæŋgl] N (Math, Mus) triângulo
triangular [traɪ'æŋgjʊlə^r] ADJ triangular
triathlon [traɪ'æθlən] N triatlo
tribal ['traɪbəl] ADJ tribal
tribe [traɪb] N tribo f
tribesman ['traɪbzmən] (irreg: like **man**) N membro da tribo
tribulation [trɪbju'leɪʃən] N tribulação f, aflição f
tribunal [traɪ'bju:nl] N tribunal m
tributary ['trɪbju:tərɪ] N (river) afluente m
tribute ['trɪbju:t] N homenagem f; (payment) tributo; **to pay ~ to** prestar homenagem a, homenagear
trice [traɪs] N: **in a ~** num instante
trick [trɪk] N truque m; (deceit) fraude f, trapaça; (joke) peça, brincadeira; (skill, knack) habilidade f; (Cards) vaza ▶ VT enganar; **to play a ~ on sb** pregar uma peça em alguém; **to ~ sb into doing sth** induzir alguém a fazer algo pela astúcia; **to ~ sb out of sth** obter algo de alguém pela astúcia; **it's a ~ of the light** é uma ilusão de ótica; **that should do the ~** (inf) isso deveria dar resultado
trickery ['trɪkərɪ] N trapaça, astúcia
trickle ['trɪkl] N (of water etc) fio (de água) ▶ VI gotejar, pingar; **to ~ in/out** (people) ir entrando/saindo aos poucos
trick question N pergunta capciosa
trickster ['trɪkstə^r] N vigarista m/f
tricky ['trɪkɪ] ADJ difícil, complicado
tricycle ['traɪsɪkl] N triciclo
trifle ['traɪfl] N (small detail) bobagem f, besteira; (Culin) tipo de bolo com fruta e creme ▶ ADV: **a ~ long** um pouquinho longo ▶ VI: **to ~ with** brincar com
trifling ['traɪflɪŋ] ADJ insignificante
trigger ['trɪgə^r] N (of gun) gatilho
▶ **trigger off** VT desencadear
trigonometry [trɪgə'nɔmətrɪ] N trigonometria
trilby ['trɪlbɪ] (BRIT) N (also: **trilby hat**) chapéu m de feltro
trill [trɪl] N (of bird, Mus) trinado, trilo
trilogy ['trɪlədʒɪ] N trilogia
trim [trɪm] ADJ (figure) elegante; (house) arrumado; (garden) bem cuidado ▶ N (haircut etc) aparada; (on car) estofamento; (embellishment) acabamento, remate m ▶ VT (cut) aparar, cortar; (decorate): **to ~ (with)** enfeitar (com); (Naut: sail) ajustar; **to keep in (good) ~** manter em bom estado
trimmings ['trɪmɪŋz] NPL decoração f; (extras: Culin) acompanhamentos mpl
Trinidad and Tobago ['trɪnɪdæd-] N Trinidad e Tobago (no article)
Trinity ['trɪnɪtɪ] N: **the ~** a Trindade
trinket ['trɪŋkɪt] N bugiganga; (piece of jewellery) berloque m, bijuteria
trio ['tri:əu] N trio
trip [trɪp] N viagem f; (outing) excursão f; (stumble) tropeção m ▶ VI (also: **trip up**)

387 | **triangle – trouble**

tropeçar; (go lightly) andar com passos ligeiros
▶ VT fazer tropeçar; **on a ~** de viagem
▶ **trip up** VI tropeçar ▶ VT passar uma rasteira em
tripartite [traɪ'pɑ:taɪt] ADJ (in three parts) tripartido; (Pol) tripartidário
tripe [traɪp] N (Culin) bucho, tripa; (pej: rubbish) bobagem f
triple ['trɪpl] ADJ triplo, tríplice ▶ ADV: **~ the distance/the speed** três vezes a distância/a velocidade
triplets ['trɪplɪts] NPL trigêmeos(-as) mpl/fpl
triplicate ['trɪplɪkət] N: **in ~** em triplicata, em três vias
tripod ['traɪpɔd] N tripé m
Tripoli ['trɪpəlɪ] N Trípoli
tripper ['trɪpə^r] (BRIT) N excursionista m/f
tripwire ['trɪpwaɪə^r] N fio de disparo
trite [traɪt] ADJ gasto, banal
triumph ['traɪʌmf] N (satisfaction) satisfação f; (great achievement) triunfo ▶ VI: **to ~ (over)** triunfar (sobre)
triumphal [traɪ'ʌmfl] ADJ triunfal
triumphant [traɪ'ʌmfənt] ADJ triunfante
trivia ['trɪvɪə] NPL trivialidades fpl
trivial ['trɪvɪəl] ADJ insignificante; (commonplace) trivial
triviality [trɪvɪ'ælɪtɪ] N trivialidade f
trivialize ['trɪvɪəlaɪz] VT banalizar, trivializar
trod [trɔd] PT of **tread**
trodden ['trɔdn] PP of **tread**
troll [trɔl, trəul] (inf) N (Comput) troll m ▶ VI trollar
trolley ['trɔlɪ] N carrinho; (table on wheels) mesa volante
trolley bus N ônibus m elétrico (BR), trólei m (PT)
trollop ['trɔləp] N rameira
trombone [trɔm'bəun] N trombone m
troop [tru:p] N bando, grupo ▶ VI: **to ~ in/out** entrar/sair em bando; **troops** NPL (Mil) tropas fpl; (: men) homens mpl; **~ing the colour** (BRIT: ceremony) saudação da bandeira
troop carrier N (plane) avião m de transporte de tropas; (Naut: also: **troopship**) navio-transporte m
trooper ['tru:pə^r] N (Mil) soldado de cavalaria; (US: policeman) ≈ policial m militar, PM m
troopship ['tru:pʃɪp] N navio-transporte m
trophy ['trəufɪ] N troféu m
tropic ['trɔpɪk] N trópico; **in the ~s** nos trópicos; **T~ of Cancer/Capricorn** Trópico de Câncer/Capricórnio
tropical ['trɔpɪkl] ADJ tropical
trot [trɔt] N trote m; (fast pace) passo rápido ▶ VI trotar; (person) andar rapidamente; **on the ~** (fig: inf) a fio
▶ **trot out** VT (excuse, reason) apresentar, dar; (names, facts) recitar
trouble ['trʌbl] N problema(s) m(pl), dificuldade(s) f(pl); (worry) preocupação f; (bother, effort) incômodo, trabalho; (Pol) distúrbios mpl; (Med): **stomach ~ etc** problemas mpl gástricos etc ▶ VT perturbar;

(*worry*) preocupar, incomodar ▶ VI: **to ~ to do sth** incomodar-se *or* preocupar-se de fazer algo; **troubles** NPL (*Pol etc*) distúrbios *mpl*; **to be in ~** (*in difficulty*) estar num aperto; (*for doing sth wrong*) estar numa encrenca; (*ship, climber etc*) estar em dificuldade; **to go to the ~ of doing sth** dar-se ao trabalho de fazer algo; **to have ~ doing sth** ter dificuldade em fazer algo; **it's no ~!** não tem problema!; **please don't ~ yourself** por favor, não se dê trabalho!; **the ~ is ...** o problema é ...; **what's the ~?** qual é o problema?

troubled ['trʌbld] ADJ (*person*) preocupado; (*epoch, life*) agitado

trouble-free ADJ sem problemas

troublemaker ['trʌblmeɪkəʳ] N criador(a)-de-casos *m/f*; (*child*) encrenqueiro(-a)

troubleshooter ['trʌblʃuːtəʳ] N (*in conflict*) conciliador(a) *m/f*; (*solver of problems*) solucionador(a) *m/f* de problemas

troublesome ['trʌblsəm] ADJ importuno; (*child, cough*) incômodo

trouble spot N área de conflito

trough [trɔf] N (*also*: **drinking trough**) bebedouro, cocho; (*also*: **feeding trough**) gamela; (*depression*) depressão *f*; (*channel*) canal *m*; **~ of low pressure** (*Meteorology*) cavado de baixa pressão

trounce [trauns] VT (*defeat*) dar uma surra *or* um banho em

troupe [truːp] N companhia teatral

trouser press N passadeira de calças

trousers ['trauzəz] NPL calça (*BR*), calças *fpl* (*PT*)

trouser suit (*BRIT*) N terninho (*BR*), conjunto de calças casaco (*PT*)

trousseau ['truːsəu] (*pl* **trousseaux** *or* **trousseaus**) N enxoval *m*

trousseaux ['truːsəuz] NPL *of* **trousseau**

trout [traut] N INV truta

trowel ['trauəl] N (*garden tool*) colher *f* de jardineiro; (*builder's tool*) colher *f* de pedreiro

truancy ['truənsɪ] N evasão *f* escolar

truant ['truənt] (*BRIT*) N: **to play ~** matar aula (*BR*), fazer gazeta (*PT*)

truce [truːs] N trégua, armistício

truck [trʌk] N caminhão *m* (*BR*), camião *m* (*PT*); (*Rail*) vagão *m*

truck driver N caminhoneiro(-a) (*BR*), camionista *m/f* (*PT*)

trucker ['trʌkəʳ] (*esp US*) N caminhoneiro (*BR*), camionista *m/f* (*PT*)

truck farm (*US*) N horta

trucking ['trʌkɪŋ] (*esp US*) N transporte *m* rodoviário

trucking company (*US*) N transportadora

truck stop (*US*) N bar *m* de estrada

truculent ['trʌkjulənt] ADJ agressivo

trudge [trʌdʒ] VI andar com dificuldade, arrastar-se

true [truː] ADJ verdadeiro; (*accurate*) exato; (*genuine*) autêntico; (*faithful*) fiel, leal; (*wall*) aprumado; (*beam*) nivelado; (*wheel*) alinhado; **to come ~** realizar-se, tornar-se realidade; **~ to life** realista, fiel à realidade; **it's ~** é verdade

truffle ['trʌfl] N trufa; (*sweet*) docinho de chocolate *or* rum

truly ['truːlɪ] ADV (*really*) realmente; (*truthfully*) verdadeiramente; (*faithfully*) fielmente; **yours ~** (*in letter*) atenciosamente

trump [trʌmp] N trunfo; **to turn** *or* **come up ~s** (*fig*) salvar a pátria

trump card N (*also fig*) trunfo

trumped-up [trʌmpt-] ADJ inventado, forjado

trumpet ['trʌmpɪt] N trombeta

truncated [trʌŋ'keɪtɪd] ADJ truncado

truncheon ['trʌntʃən] N cassetete *m*

trundle ['trʌndl] VT (*push slowly: trolley etc*) empurrar lentamente ▶ VI: **to ~ along** rolar *or* rodar fazendo ruído

trunk [trʌŋk] N (*of tree, person*) tronco; (*of elephant*) tromba; (*case*) baú *m*; (*US Aut*) mala (*BR*), porta-bagagens *m* (*PT*); **trunks** NPL (*also*: **swimming trunks**) sunga (*BR*), calções *mpl* de banho (*PT*)

trunk call (*BRIT*) N (*Tel*) ligação *f* interurbana

trunk road (*BRIT*) N ≈ rodovia nacional

truss [trʌs] N (*Med*) funda ▶ VT: **to ~ (up)** atar, amarrar

trust [trʌst] N confiança; (*responsibility*) responsibilidade *f*; (*Comm*) truste *m*; (*Law*) fideicomisso ▶ VT (*rely on*) confiar em; (*entrust*): **to ~ sth to sb** confiar algo a alguém; (*hope*): **to ~ (that)** esperar que; **to take sth on ~** aceitar algo sem verificação prévia; **in ~** (*Law*) em fideicomisso

trust company N companhia fiduciária

trusted ['trʌstɪd] ADJ de confiança

trustee [trʌs'tiː] N (*Law*) fideicomissário(-a), depositário(-a); (*of school etc*) administrador(a) *m/f*

trustful ['trʌstful] ADJ confiante

trust fund N fundo de fideicomisso

trusting ['trʌstɪŋ] ADJ confiante

trustworthy ['trʌstwəːðɪ] ADJ digno de confiança

trusty ['trʌstɪ] ADJ fidedigno, fiel

truth [truːθ, *pl* truːðz] N verdade *f*

truthful ['truːθful] ADJ (*person*) sincero, honesto; (*account*) verídico

truthfully ['truːθfulɪ] ADV sinceramente

truthfulness ['truːθfulnɪs] N veracidade *f*

try [traɪ] N tentativa; (*Rugby*) ensaio ▶ VT (*Law*) julgar; (*test: sth new*) provar, pôr à prova; (*attempt*) tentar; (*food etc*) experimentar; (*strain*) cansar ▶ VI tentar; **to have a ~** fazer uma tentativa; **to ~ to do sth** tentar fazer algo; **to ~ one's (very) best** *or* **one's (very) hardest** fazer (todo) o possível; **to give sth a ~** tentar algo

▶ VT (*clothes*) experimentar, provar;
to ~ it on with sb (*fig: test sb's patience*) testar a paciência de alguém; (: *try to trick*) tentar engambelar alguém

▶ **try out** VT experimentar, provar

trying ['traɪɪŋ] ADJ (*person, experience*) exasperante

tsar [zɑːʳ] N czar *m*

T-shirt N camiseta (BR), T-shirt *f* (PT)

T-square N régua em T

TT ADJ ABBR (BRIT *inf*) = **teetotal** ▶ ABBR (US *Post*) = **Trust Territory**

tub [tʌb] N tina; (*bath*) banheira

tuba ['tjuːbə] N tuba

tubby ['tʌbɪ] ADJ gorducho

tube [tjuːb] N tubo; (*pipe*) cano; (BRIT: *underground*) metrô *m* (BR), metro(-politano) (PT); (*for tyre*) câmara-de-ar *f*

tubeless ['tjuːblɪs] ADJ sem câmara

tuber ['tjuːbəʳ] N (*Bot*) tubérculo

tuberculosis [tjubəːkjuˈləusɪs] N tuberculose *f*

tube station (BRIT) N estação *f* de metrô

tubing ['tjuːbɪŋ] N tubulação *f*, encanamento; **a piece of** ~ um pedaço de tubo

tubular ['tjuːbjuləʳ] ADJ tubular; (*furniture*) tubiforme

TUC (BRIT) N ABBR (= *Trades Union Congress*) ≈ CUT *f*

tuck [tʌk] N (*Sewing*) prega, dobra ▶ VT (*put*) enfiar, meter
▶ **tuck away** VT esconder; **to be ~ed away** estar escondido
▶ **tuck in** VT enfiar para dentro; (*child*) aconchegar ▶ VI (*eat*) comer com apetite
▶ **tuck up** VT (*child*) aconchegar

tuck shop N loja de balas

Tue., Tues. ABBR (= *Tuesday*) ter, 3ª

Tuesday ['tjuːzdɪ] N terça-feira; (**the date**) **today is ~ 23rd March** hoje é terça-feira, 23 de março; **on** ~ na terça(-feira); **on ~s** nas terças(-feiras); **every** ~ todas as terças(-feiras); **every other** ~ terça-feira sim, terça-feira não; **last/next** ~ na terça-feira passada/na terça-feira que vem; ~ **next** na terça-feira que vem; **the following** ~ na terça-feira seguinte; **a week on** ~ sem ser essa terça, a outra; **the** ~ **before last** na terça-feira retrasada; **the** ~ **after next** sem ser essa terça, a outra; ~ **morning/ lunchtime/afternoon/evening** na terça-feira de manhã/ao meio-dia/à tarde/à noite; ~ **night** na terça-feira à noite; ~**'s newspaper** o jornal de terça-feira

tuft [tʌft] N penacho; (*of grass etc*) tufo

tug [tʌg] N (*ship*) rebocador *m* ▶ VT puxar

tug-of-war N cabo-de-guerra *m*; (*fig*) disputa

tuition [tjuːˈɪʃən] N ensino; (*private tuition*) aulas *fpl* particulares; (US: *fees*) taxas *fpl* escolares

tulip ['tjuːlɪp] N tulipa

tumble ['tʌmbl] N (*fall*) queda ▶ VI cair, tombar ▶ VT derrubar; **to ~ to sth** (*inf*) sacar algo

tumbledown ['tʌmbldaun] ADJ em ruínas

tumble dryer (BRIT) N máquina de secar roupa

tumbler ['tʌmbləʳ] N copo

tummy ['tʌmɪ] (*inf*) N (*belly*) barriga; (*stomach*) estômago

tumour, (US) **tumor** ['tjuːməʳ] N tumor *m*

tumult ['tjuːmʌlt] N tumulto

tumultuous [tjuːˈmʌltjuəs] ADJ tumultuado

tuna ['tjuːnə] N INV (*also*: **tuna fish**) atum *m*

tune [tjuːn] N melodia ▶ VT (*Mus*) afinar; (*Radio, TV*) sintonizar; (*Aut*) regular; **to be in/ out of** ~ (*instrument*) estar afinado/ desafinado; (*singer*) cantar afinado/ desafinar; **to be in/out of** ~ **with** (*fig*) harmonizar-se com/destoar de; **she was robbed to the** ~ **of £10,000** ela foi roubada em mais de £10,000
▶ **tune in** VI (*Radio, TV*): **to** ~ **in (to)** sintonizar (com)
▶ **tune up** VI (*musician*) afinar (seu instrumento)

tuneful ['tjuːnful] ADJ melodioso

tuner ['tjuːnəʳ] N (*radio set*) sintonizador *m*; **piano** ~ afinador(a) *m/f* de pianos

tuner amplifier N sintonizador *m* amplificador

tungsten ['tʌŋstən] N tungstênio

tunic ['tjuːnɪk] N túnica

tuning ['tjuːnɪŋ] N (*of radio*) sintonia; (*Mus*) afinação *f*; (*of car*) regulagem *f*

tuning fork N diapasão *m*

Tunis ['tjuːnɪs] N Túnis

Tunisia [tjuːˈnɪzɪə] N Tunísia

Tunisian [tjuːˈnɪzɪən] ADJ, N tunisiano(-a)

tunnel ['tʌnl] N túnel *m*; (*in mine*) galeria ▶ VI abrir um túnel (*or* uma galeria)

tunny ['tʌnɪ] N atum *m*

turban ['təːbən] N turbante *m*

turbid ['təːbɪd] ADJ turvo

turbine ['təːbaɪn] N turbina

turbojet [təːbəuˈdʒɛt] N turbojato (BR), turbojacto (PT)

turboprop [təːbəuˈprɔp] N (*engine*) turboélice *m*

turbot ['təːbət] N INV rodovalho

turbulence ['təːbjuləns] N (*Aviat*) turbulência

turbulent ['təːbjulənt] ADJ turbulento

tureen [təˈriːn] N terrina

turf [təːf] N torrão *m* ▶ VT relvar, gramar; **the T~** o turfe
▶ **turf out** (*inf*) VT (*thing*) jogar fora; (*person*) pôr no olho da rua

turf accountant (BRIT) N corretor *m* de apostas

turgid ['təːdʒɪd] ADJ (*speech*) pomposo

Turk [təːk] N turco(-a)

Turkey ['təːkɪ] N Turquia

turkey ['təːkɪ] N peru(a) *m/f*

Turkish ['təːkɪʃ] ADJ turco(-a) ▶ N (*Ling*) turco

Turkish bath N banho turco

Turkish delight N lokum *m*

turmeric ['təːmərɪk] N açafrão-da-terra *m*

turmoil ['təːmɔɪl] N tumulto, distúrbio, agitação *f*; **in** ~ agitado, tumultuado

turn [təːn] N volta, turno; (*in road*) curva; (*go*) vez *f*, turno; (*tendency: of mind, events*) propensão *f*, tendência; (*Theatre*) número; (*Med*) choque *m* ▶ VT dar volta a, fazer girar; (*collar*) virar; (*steak*) virar; (*milk*) azedar;

(*shape: wood*) tornear; (*change*): **to ~ sth into** converter algo em ▶ vi virar; (*person: look back*) voltar-se; (*reverse direction*) mudar de direção; (*milk*) azedar; (*change*) mudar; (*become*) tornar-se, virar; **to ~ nasty** engrossar; **to ~ forty** fazer quarenta anos; **to ~ into** converter-se em; **a good ~** um favor; **it gave me quite a ~** me deu um susto enorme; **"no left ~"** (*Aut*) "proibido virar à esquerda"; **it's your ~** é a sua vez; **in ~** por sua vez; **to take ~s (at)** revezar (em); **at the ~ of the year/century** no final do ano/século; **to take a ~ for the worse** (*situation, patient*) piorar; **to ~ left** (*Aut*) virar à esquerda; **she has no one to ~ to** ela não tem a quem recorrer
▶ **turn about** vi dar meia-volta
▶ **turn away** vi virar a cabeça ▶ vt (*reject; person*) rejeitar; (: *business, applicants*) recusar
▶ **turn back** vi voltar atrás ▶ vt voltar para trás; (*clock*) atrasar
▶ **turn down** vt (*refuse*) recusar; (*reduce*) baixar; (*fold*) dobrar, virar para baixo
▶ **turn in** vi (*inf: go to bed*) ir dormir ▶ vt (*fold*) dobrar para dentro
▶ **turn off** vi (*from road*) virar, sair do caminho ▶ vt (*light, radio etc*) apagar; (*engine*) desligar
▶ **turn on** vt (*light*) acender; (*engine, radio*) ligar; (*tap*) abrir
▶ **turn out** vt (*light, gas*) apagar; (*produce*) produzir ▶ vi (*troops*) ser mobilizado; **to ~ out to be ...** revelar-se (ser) ..., resultar (ser) ..., vir a ser ...
▶ **turn over** vi (*person*) virar-se ▶ vt (*object*) virar
▶ **turn round** vi voltar-se, virar-se ▶ vt girar
▶ **turn up** vi (*person*) aparecer, pintar; (*lost object*) aparecer ▶ vt (*collar*) subir; (*volume, radio etc*) aumentar
turnabout ['tə:nəbaut] N reviravolta
turnaround ['tə:nəraund] N reviravolta
turncoat ['tə:nkəut] N vira-casaca *m/f*
turned-up [tə:nd-] ADJ (*nose*) arrebitado
turning ['tə:nɪŋ] N (*in road*) via lateral; **the first ~ on the right** a primeira à direita
turning circle (BRIT) N raio de viragem
turning point N (*fig*) momento decisivo, virada
turning radius (US) N raio de viragem
turnip ['tə:nɪp] N nabo
turnout ['tə:naut] N assistência; (*in election*) comparecimento às urnas
turnover ['tə:nəuvə'] N (*Comm: amount of money*) volume *m* de negócios; (: *of goods*) movimento; (*of staff*) rotatividade *f*; (*Culin*) espécie de pastel
turnpike ['tə:npaɪk] (US) N estrada or rodovia com pedágio (BR) or portagem (PT)
turnstile ['tə:nstaɪl] N borboleta (BR), torniquete *m* (PT)
turntable ['tə:nteɪbl] N (*on record player*) prato
turn-up (BRIT) N (*on trousers*) volta, dobra
turpentine ['tə:pəntaɪn] N (*also*: **turps**) aguarrás *f*

turquoise ['tə:kwɔɪz] N (*stone*) turquesa ▶ ADJ azul-turquesa *inv*
turret ['tʌrɪt] N torrinha
turtle ['tə:tl] N tartaruga, cágado
turtleneck ['tə:tlnɛk], **turtleneck sweater** N pulôver *m* (BR) or camisola (PT) de gola alta
tusk [tʌsk] N defesa (de elefante)
tussle ['tʌsl] N (*fight*) luta; (*scuffle*) contenda, rixa
tutor ['tju:tə'] N professor(a) *m/f*; (*private tutor*) professor(a) *m/f* particular
tutorial [tju:'tɔ:rɪəl] N (*Sch*) seminário
tuxedo [tʌk'si:dəu] (US) N smoking *m*
TV N ABBR (= *television*) TV *f*
TV dinner N comida pronta
twaddle ['twɔdl] N bobagens *fpl*, disparates *mpl*
twang [twæŋ] N (*of instrument*) dedilhado; (*of voice*) timbre *m* nasal or fanhoso ▶ vi vibrar ▶ vt (*guitar*) dedilhar
tweak [twi:k] vt (*nose, ear*) beliscar; (*hair*) puxar
tweed [twi:d] N tweed *m*, pano grosso de lã
tweet [twi:t] N (*on Twitter*) tweet *m* ▶ vt, vi tuitar
tweezers ['twi:zəz] NPL pinça (pequena)
twelfth [twɛlfθ] NUM décimo segundo; *see also* **fifth**
Twelfth Night N noite *f* de Reis, Epifania
twelve [twɛlv] NUM doze; **at ~ (o'clock)** (*midday*) ao meio-dia; (*midnight*) à meia-noite; *see also* **five**
twentieth ['twɛntɪɪθ] NUM vigésimo; *see also* **fifth**
twenty ['twɛntɪ] NUM vinte; *see also* **five**
twerp [twə:p] (*inf*) N imbecil *m/f*
twice [twaɪs] ADV duas vezes; **~ as much** duas vezes mais; **~ a week** duas vezes por semana; **she is ~ your age** ela tem duas vezes a sua idade
twiddle ['twɪdl] vt, vi: **to ~ (with) sth** mexer em algo; **to ~ one's thumbs** (*fig*) chupar o dedo
twig [twɪg] N graveto, varinha ▶ vt, vi (*inf*) sacar
twilight ['twaɪlaɪt] N crepúsculo, meia-luz *f*; **in the ~** na penumbra
twill [twɪl] N sarja
twin [twɪn] ADJ (*sister, brother, towers*) gêmeo(-a); (*beds*) separado ▶ N gêmeo(-a) ▶ vt irmanar
twin-bedded room [-'bɛdɪd] N quarto com duas camas
twin beds NPL camas *fpl* separadas
twin-carburettor ADJ de dois carburadores
twine [twaɪn] N barbante *m* (BR), cordel *m* (PT) ▶ vi (*plant*) enroscar-se, enrolar-se
twin-engined [-'ɛndʒɪnd] ADJ bimotor; **~ aircraft** (avião *m*) bimotor *m*
twinge [twɪndʒ] N (*of pain*) pontada; (*of conscience*) remorso
twinkle ['twɪŋkl] N cintilação *f* ▶ vi cintilar; (*eyes*) pestanejar
twin room N quarto com duas camas
twin town N cidade *f* irmã

twirl [twəːl] N giro, volta ▶ VT fazer girar ▶ VI girar rapidamente
twist [twɪst] N (*action*) torção *f*; (*in road, coil*) curva; (*in wire, flex*) virada; (*in story*) mudança imprevista ▶ VT torcer, retorcer; (*ankle*) torcer; (*weave*) entrelaçar; (*roll around*) enrolar; (*fig*) deturpar ▶ VI serpentear; **to ~ one's ankle/wrist** torcer o tornozelo/pulso
twisted ['twɪstɪd] ADJ (*wire, rope, ankle*) torcido; (*fig: mind, logic*) deturpado
twit [twɪt] (*inf*) N idiota *m/f*, bobo(-a)
twitch [twɪtʃ] N puxão *m*; (*nervous*) tique *m* nervoso ▶ VI contrair-se
two [tuː] NUM dois; **~ by ~, in ~s** de dois em dois; **to put ~ and ~ together** (*fig*) tirar conclusões; *see also* **five**
two-door ADJ (*Aut*) de duas portas
two-faced [-feɪst] (*pej*) ADJ (*person*) falso
twofold ['tuːfəʊld] ADV: **to increase ~** duplicar ▶ ADJ (*increase*) em cem por cento; (*reply*) duplo
two-piece N (*also*: **two-piece suit**) traje *m* de duas peças; (*also*: **two-piece swimsuit**) maiô *m* de duas peças, biquíni *m*
two-seater [-'siːtə*r*] N (*plane*) avião *m* de dois lugares; (*car*) carro de dois lugares
twosome ['tuːsəm] N (*people*) casal *m*
two-stroke N (*also*: **two-stroke engine**) motor *m* de dois tempos ▶ ADJ de dois tempos
two-tone ADJ em dois tons
two-way ADJ: **~ radio** rádio emissor-receptor; **~ traffic** trânsito em mão dupla
TX (*US*) ABBR (*Post*) = **Texas**
tycoon [taɪ'kuːn] N: (**business**) **~** magnata *m*

type [taɪp] N (*category*) tipo, espécie *f*; (*model*) modelo; (*Typ*) tipo, letra ▶ VT (*letter etc*) datilografar, bater (à máquina); **what ~ do you want?** que tipo você quer?; **in bold/italic ~** em negrito/itálico
typecast ['taɪpkɑːst] ADJ que representa sempre o mesmo papel
typeface ['taɪpfeɪs] N tipo, letra
typescript ['taɪpskrɪpt] N texto datilografado
typeset ['taɪpsɛt] (*irreg: like* **set**) VT compor (*para imprimir*)
typesetter ['taɪpsɛtə*r*] N compositor(a) *m/f*
typewriter ['taɪpraɪtə*r*] N máquina de escrever
typewritten ['taɪprɪtn] ADJ datilografado
typhoid ['taɪfɔɪd] N febre *f* tifóide
typhoon [taɪ'fuːn] N tufão *m*
typhus ['taɪfəs] N tifo
typical ['tɪpɪkl] ADJ típico
typify ['tɪpɪfaɪ] VT tipificar, simbolizar
typing ['taɪpɪŋ] N datilografia
typing error N erro de datilografia
typing pool N seção *f* de datilografia
typist ['taɪpɪst] N datilógrafo(-a) *m/f*
typo ['taɪpəʊ] (*inf*) N ABBR (= *typographical error*) erro tipográfico
typography [taɪ'pɒgrəfɪ] N tipografia
tyranny ['tɪrənɪ] N tirania
tyrant ['taɪərənt] N tirano(-a)
tyre, (*US*) **tire** ['taɪə*r*] N pneu *m*
tyre pressure N pressão *f* dos pneus
Tyrrhenian Sea [tɪ'riːnɪən-] N: **the ~** o mar Tirreno
tzar [zɑː*r*] N = **tsar**

Uu

U¹, u [ju:] N (*letter*) U, u *m*; **U for Uncle** U de Úrsula

U² (BRIT) N ABBR (*Cinema*: = *universal*) = livre

UAW (US) N ABBR (= *United Automobile Workers*) sindicato dos trabalhadores na indústria automobilística

UB40 (BRIT) N ABBR (= *unemployment benefit form 40*) carteira que comprova que o portador recebe o auxílio-desemprego

U-bend N (*in pipe*) curva em U

ubiquitous [ju:'bɪkwɪtəs] ADJ ubíquo, onipresente

UDA (BRIT) N ABBR = **Ulster Defence Association**

UDC (BRIT) N ABBR = **Urban District Council**

udder [ˈʌdəʳ] N ubre *f*

UDI (BRIT) N ABBR (*Pol*) = **unilateral declaration of independence**

UDR (BRIT) N ABBR = **Ulster Defence Regiment**

UEFA [ju:'eɪfə] N ABBR (= *Union of European Football Associations*) UEFA *f*

UFO [ˈjuːfəu] N ABBR (= *unidentified flying object*) óvni *m*

Uganda [juː'gændə] N Uganda (*no article*)

Ugandan [juː'gændən] ADJ, N ugandense *m/f*

ugh [əːh] EXCL uh!

ugliness [ˈʌglɪnɪs] N feiura

ugly [ˈʌglɪ] ADJ feio; (*dangerous*) perigoso

UHF ABBR (= *ultra-high frequency*) UHF, frequência ultra-alta

UHT ADJ ABBR (= *ultra-heat treated*): **~ milk** leite *m* longa-vida

UK N ABBR = **United Kingdom**

ulcer [ˈʌlsəʳ] N úlcera; **mouth ~** afta

Ulster [ˈʌlstəʳ] N Ulster *m*, Irlanda do Norte

ulterior [ʌl'tɪərɪəʳ] ADJ ulterior; **~ motive** segundas intenções *fpl*

ultimata [ʌltɪ'meɪtə] NPL *of* **ultimatum**

ultimate [ˈʌltɪmət] ADJ último, final; (*authority*) máximo ▶ N: **the ~ in luxury** o máximo em luxo

ultimately [ˈʌltɪmətlɪ] ADV (*in the end*) no final, por último; (*fundamentally*) no fundo

ultimatum [ʌltɪ'meɪtəm] (*pl* **ultimatums** *or* **ultimata**) N ultimato

ultrasonic [ʌltrə'sɔnɪk] ADJ ultrassônico

ultrasound [ˈʌltrəsaund] N (*Med*) ultrassom *m*

ultraviolet [ʌltrə'vaɪəlɪt] ADJ ultravioleta

umbilical cord [ʌmbɪ'laɪkl-] N cordão *m* umbilical

umbrage [ˈʌmbrɪdʒ] N: **to take ~** ofender-se

umbrella [ʌm'brɛlə] N guarda-chuva *m*; (*for sun*) guarda-sol *m*, barraca (da praia); (*fig*): **under the ~ of** sob a égide de

umpire [ˈʌmpaɪəʳ] N árbitro ▶ VT arbitrar

umpteen [ʌmp'tiːn] ADJ inúmeros(-as)

umpteenth [ʌmp'tiːnθ] ADJ: **for the ~ time** pela enésima vez

UMW N ABBR (= *United Mineworkers of America*) sindicato dos mineiros

UN N ABBR (= *United Nations*) ONU *f*

unabashed [ʌnə'bæʃt] ADJ imperturbado

unabated [ʌnə'beɪtɪd] ADJ sem diminuir

unable [ʌn'eɪbl] ADJ: **to be ~ to do sth** não poder fazer algo; (*be incapable*) ser incapaz de fazer algo

unabridged [ʌnə'brɪdʒd] ADJ integral

unacceptable [ʌnək'sɛptəbl] ADJ (*behaviour*) insuportável; (*price, proposal*) inaceitável

unaccompanied [ʌnə'kʌmpənɪd] ADJ desacompanhado; (*singing, song*) sem acompanhamento

unaccountably [ʌnə'kauntəblɪ] ADV inexplicavelmente

unaccounted [ʌnə'kauntɪd] ADJ: **two passengers are ~ for** dois passageiros estão desaparecidos

unaccustomed [ʌnə'kʌstəmd] ADJ desacostumado; **to be ~ to** não estar acostumado a

unacquainted [ʌnə'kweɪntɪd] ADJ: **to be ~ with** (*person*) não conhecer; (*facts etc*) não estar familiarizado com

unadulterated [ʌnə'dʌltəreɪtɪd] ADJ puro, natural

unaffected [ʌnə'fɛktɪd] ADJ (*person, behaviour*) natural, simples *inv*; (*emotionally*): **to be ~ by** não se comover com

unafraid [ʌnə'freɪd] ADJ: **to be ~** não ter medo

unaided [ʌn'eɪdɪd] ADJ sem ajuda, por si só

unanimity [juːnə'nɪmɪtɪ] N unanimidade *f*

unanimous [juː'nænɪməs] ADJ unânime

unanimously [juː'nænɪməslɪ] ADV unanimemente

unanswered [ʌn'ɑːnsəd] ADJ sem resposta

unappetizing [ʌn'æpɪtaɪzɪŋ] ADJ pouco apetitoso

393 | unappreciative - uncontested

unappreciative [ʌnə'pri:ʃɪətɪv] ADJ (*ungrateful*) ingrato
unarmed [ʌn'ɑ:md] ADJ (*without a weapon*) desarmado; (*defenceless*) indefeso
unashamed [ʌnə'ʃeɪmd] ADJ (*open*) desembaraçado; (*pleasure, greed*) descarado; (*impudent*) descarado
unassisted [ʌnə'sɪstɪd] ADJ, ADV sem ajuda
unassuming [ʌnə'sju:mɪŋ] ADJ modesto, despretencioso
unattached [ʌnə'tætʃt] ADJ (*person*) livre; (*part etc*) solto, separado
unattended [ʌnə'tɛndɪd] ADJ (*car, luggage*) abandonado
unattractive [ʌnə'træktɪv] ADJ sem atrativos; (*building, appearance, idea*) pouco atraente
unauthorized [ʌn'ɔ:θəraɪzd] ADJ não autorizado, sem autorização
unavailable [ʌnə'veɪləbl] ADJ (*article, room, book*) indisponível; (*person*) não disponível
unavoidable [ʌnə'vɔɪdəbl] ADJ inevitável
unavoidably [ʌnə'vɔɪdəblɪ] ADV inevitavelmente
unaware [ʌnə'wɛəʳ] ADJ: **to be ~ of** ignorar, não perceber
unawares [ʌnə'wɛəz] ADV improvisadamente, de surpresa
unbalanced [ʌn'bælənst] ADJ desequilibrado
unbearable [ʌn'bɛərəbl] ADJ insuportável
unbeatable [ʌn'bi:təbl] ADJ (*team*) invencível; (*price*) sem igual
unbeaten [ʌn'bi:tn] ADJ invicto; (*record*) não batido
unbecoming [ʌnbɪ'kʌmɪŋ] ADJ (*unseemly: language, behaviour*) inconveniente; (*unflattering: garment*) que não fica bem
unbeknown [ʌnbɪ'nəun], **unbeknownst** [ʌnbɪ'nəunst] ADV: **~(st) to me** sem eu saber
unbelief [ʌnbɪ'li:f] N incredulidade f
unbelievable [ʌnbɪ'li:vəbl] ADJ inacreditável; (*amazing*) incrível
unbelievingly [ʌnbɪ'li:vɪŋlɪ] ADV incredulamente
unbend [ʌn'bɛnd] (*irreg: like* **bend**) VI relaxar-se ▶ VT (*wire*) desentortar
unbending [ʌn'bɛndɪŋ] ADJ inflexível
unbent [ʌn'bɛnt] PT, PP *of* **unbend**
unbiased [ʌn'baɪəst] ADJ imparcial
unblemished [ʌn'blɛmɪʃt] ADJ imaculado
unblock [ʌn'blɔk] VT (*pipe*) desentupir
unborn [ʌn'bɔ:n] por nascer
unbounded [ʌn'baundɪd] ADJ ilimitado, infinito, imenso
unbreakable [ʌn'breɪkəbl] ADJ inquebrável
unbridled [ʌn'braɪdld] ADJ (*fig*) desenfreado
unbroken [ʌn'brəukən] ADJ (*seal*) intacto; (*line*) contínuo; (*silence, series*) ininterrupto; (*record*) mantido; (*spirit*) indômito
unbuckle [ʌn'bʌkl] VT desafivelar
unburden [ʌn'bə:dn] VT: **to ~ o.s.** desabafar
unbutton [ʌn'bʌtn] VT desabotoar
uncalled-for [ʌn'kɔ:ld-] ADJ desnecessário, gratuito

uncanny [ʌn'kænɪ] ADJ (*silence, resemblance*) estranho; (*knack*) excepcional
unceasing [ʌn'si:sɪŋ] ADJ contínuo
unceremonious [ʌnsɛrɪ'məunɪəs] ADJ (*abrupt*) incerimonioso; (*rude*) rude
uncertain [ʌn'sə:tn] ADJ incerto; (*character*) indeciso; (*unsure*): **~ about** inseguro sobre; **we were ~ whether ...** não tínhamos certeza se ...; **in no ~ terms** em termos precisos
uncertainty [ʌn'sə:tntɪ] N incerteza; (*also pl: doubts*) dúvidas fpl
unchallenged [ʌn'tʃæləndʒd] ADJ incontestado, **to go ~** não ser contestado
unchanged [ʌn'tʃeɪndʒd] ADJ inalterado
uncharitable [ʌn'tʃærɪtəbl] ADJ sem caridade
uncharted [ʌn'tʃɑ:tɪd] ADJ inexplorado
unchecked [ʌn'tʃɛkt] ADV sem controle, descontrolado
uncivilized [ʌn'sɪvəlaɪzd] ADJ (*country, people*) primitivo; (*fig: behaviour*) incivilizado; (*: hour*) de manhã bem cedo
uncle ['ʌŋkl] N tio
unclear [ʌn'klɪəʳ] ADJ (*not obvious*) pouco evidente; (*confused*) confuso; (*indistinct*) indistinto; **I'm still ~ about what I'm supposed to do** ainda não sei exatamente o que devo fazer
uncoil [ʌn'kɔɪl] VT desenrolar ▶ VI desenrolar-se
uncomfortable [ʌn'kʌmfətəbl] ADJ incômodo; (*uneasy*) pouco à vontade; (*situation*) desagradável
uncomfortably [ʌn'kʌmftəblɪ] ADV desconfortavelmente; (*uneasily*) sem graça; (*unpleasantly*) desagradavelmente
uncommitted [ʌnkə'mɪtɪd] ADJ não comprometido
uncommon [ʌn'kɔmən] ADJ raro, incomum, excepcional
uncommunicative [ʌnkə'mju:nɪkətɪv] ADJ reservado
uncomplicated [ʌn'kɔmplɪkeɪtɪd] ADJ descomplicado, simples *inv*
uncompromising [ʌn'kɔmprəmaɪzɪŋ] ADJ intransigente, inflexível
unconcerned [ʌnkən'sə:nd] ADJ indiferente, despreocupado; **to be ~ (about)** não estar preocupado (com)
unconditional [ʌnkən'dɪʃənl] ADJ incondicional
uncongenial [ʌnkən'dʒi:nɪəl] ADJ desagradável
unconnected [ʌnkə'nɛktɪd] ADJ não relacionado
unconscious [ʌn'kɔnʃəs] ADJ sem sentidos, desacordado; (*unaware*): **~ of** inconsciente de ▶ N: **the ~** o inconsciente; **to knock sb ~** pôr alguém nocaute, nocautear alguém
unconsciously [ʌn'kɔnʃəslɪ] ADV inconscientemente
unconstitutional [ʌnkɔnstɪ'tju:ʃənl] ADJ inconstitucional
uncontested [ʌnkən'tɛstɪd] ADJ incontestado

uncontrollable [ʌnkən'trəʊləbl] ADJ (*temper*) ingovernável; (*child, animal, laughter*) incontrolável

uncontrolled [ʌnkən'trəʊld] ADJ descontrolado

unconventional [ʌnkən'vɛnʃənl] ADJ (*person*) inconvencional; (*approach*) heterodoxo

unconvinced [ʌnkən'vɪnst] ADJ: **to be ~** não estar convencido

unconvincing [ʌnkən'vɪnsɪŋ] ADJ pouco convincente

uncork [ʌn'kɔːk] VT desarrolhar

uncorroborated [ʌnkə'rɔbəreɪtɪd] ADJ não confirmado

uncouth [ʌn'kuːθ] ADJ rude, grosseiro

uncover [ʌn'kʌvə*ʳ*] VT descobrir; (*take lid off*) destapar, destampar

unctuous ['ʌŋktjʊəs] ADJ untuoso, pegajoso

undamaged [ʌn'dæmɪdʒd] ADJ (*goods*) intacto; (*fig: reputation*) incólume

undaunted [ʌn'dɔːntɪd] ADJ impávido, inabalável

undecided [ʌndɪ'saɪdɪd] ADJ (*character*) indeciso; (*question*) não respondido, pendente

undelivered [ʌndɪ'lɪvəd] ADJ não entregue

undeniable [ʌndɪ'naɪəbl] ADJ inegável

under ['ʌndə*ʳ*] PREP embaixo de (BR), debaixo de (PT); (*fig*) sob; (*in age, price: less than*) menos de; (*according to*) segundo, de acordo com ▶ ADV embaixo; (*movement*) por baixo; **from ~ sth** de embaixo de algo; **~ there** ali embaixo; **in ~ 2 hours** em menos de 2 horas; **~ anaesthetic** sob anestesia; **~ discussion** em discussão; **~ the circumstances** nas circunstâncias; **~ repair** em conserto

under... [ʌndə*ʳ*] PREFIX sub-

under-age ADJ menor de idade; **~ drinking** consumo de bebidas alcoólicas por menores de idade

underarm ['ʌndərɑːm] ADV com a mão por baixo ▶ ADJ (*throw*) com a mão por baixo; (*deodorant*) para as axilas

undercapitalized [ʌndə'kæpɪtəlaɪzd] ADJ subcapitalizado

undercarriage ['ʌndəkærɪdʒ] (BRIT) N (*Aviat*) trem *m* de aterrissagem

undercharge [ʌndə'tʃɑːdʒ] VT não cobrar o suficiente

underclass ['ʌndəklɑːs] N classe *f* marginalizada

underclothes ['ʌndəkləʊðz] NPL roupa de baixo, roupa íntima

undercoat ['ʌndəkəʊt] N (*paint*) primeira mão *f*

undercover ['ʌndəkʌvə*ʳ*] ADJ secreto, clandestino

undercurrent ['ʌndəkʌrənt] N (*fig*) tendência

undercut [ʌndə'kʌt] (*irreg: like* **cut**) VT (*person*) prejudicar; (*prices*) vender por menos que

underdeveloped [ʌndədɪ'vɛləpt] ADJ subdesenvolvido

underdog ['ʌndədɔg] N o mais fraco

underdone [ʌndə'dʌn] ADJ (*Culin*) mal passado

under-employment N subemprego

underestimate [ʌndər'ɛstɪmeɪt] VT subestimar

underexposed [ʌndərɪk'spəʊzd] ADJ (*Phot*) sem exposição suficiente

underfed [ʌndə'fɛd] ADJ subnutrido

underfoot [ʌndə'fʊt] ADV sob os pés

under-funded ['ʌndə'fʌndɪd] ADJ subfinanciado, sem verbas suficientes

undergo [ʌndə'gəʊ] (*irreg: like* **go**) VT sofrer; (*test*) passar por; (*operation, treatment*) ser submetido a; **the car is ~ing repairs** o carro está sendo consertado

undergraduate [ʌndə'grædjuət] N universitário(-a) ▶ CPD: **~ courses** profissões *fpl* universitárias

underground ['ʌndəgraʊnd] N (BRIT) metrô *m* (BR), metro(-politano) (PT); (*Pol*) organização *f* clandestina ▶ ADJ subterrâneo; (*fig*) clandestino ▶ ADV (*work*) embaixo da terra; (*fig*) na clandestinidade

undergrowth ['ʌndəgrəʊθ] N vegetação *f* rasteira

underhand [ʌndə'hænd], **underhanded** [ʌndə'hændɪd] ADJ (*fig*) secreto e desonesto

underinsured [ʌndərɪn'ʃʊəd] ADJ segurado abaixo do valor corrente

underlie [ʌndə'laɪ] (*irreg: like* **lie**) VT (*fig*) ser a base de

underline [ʌndə'laɪn] VT sublinhar

underling ['ʌndəlɪŋ] (*pej*) N subalterno(-a)

underlying [ʌndə'laɪɪŋ] ADJ: **the ~ cause** a causa subjacente

undermentioned [ʌndə'mɛnʃənd] ADJ abaixo mencionado

undermine [ʌndə'maɪn] VT minar, solapar

underneath [ʌndə'niːθ] ADV embaixo, debaixo, por baixo ▶ PREP embaixo de (BR), debaixo de (PT)

undernourished [ʌndə'nʌrɪʃt] ADJ subnutrido

underpaid [ʌndə'peɪd] ADJ mal pago

underpants ['ʌndəpænts] (BRIT) NPL cueca (BR), cuecas *fpl* (PT)

underpass ['ʌndəpɑːs] (BRIT) N passagem *f* inferior

underpin [ʌndə'pɪn] VT (*argument, case*) sustentar

underplay [ʌndə'pleɪ] (BRIT) VT minimizar

underpopulated [ʌndə'pɔpjuleɪtɪd] ADJ de população reduzida

underprice [ʌndə'praɪs] VT vender abaixo do preço

underprivileged [ʌndə'prɪvɪlɪdʒd] ADJ menos favorecido

underrate [ʌndə'reɪt] VT depreciar, subestimar

underscore [ʌndə'skɔː*ʳ*] VT sublinhar

underseal [ʌndə'siːl] (BRIT) VT fazer bronzina em

undersecretary [ʌndə'sɛkrətərɪ] N subsecretário(-a)

undersell [ʌndə'sɛl] (*irreg: like* **sell**) VT (*competitors*) vender por preço mais baixo que

undershirt ['ʌndəʃəːt] (US) N camiseta
undershorts ['ʌndəʃɔːts] (US) NPL cueca (BR), cuecas fpl (PT)
underside ['ʌndəsaɪd] N parte f inferior
undersigned ['ʌndəsaɪnd] ADJ, N abaixo assinado(-a)
underskirt ['ʌndəskəːt] (BRIT) N anágua
understaffed [ʌndə'stɑːft] ADJ com falta de pessoal
understand [ʌndə'stænd] (irreg: like **stand**) VT entender, compreender ▶ VI (believe): **to ~ that** acreditar que; **I ~ that ...** (I hear) ouço dizer que ...; (I sympathize) eu compreendo que ...; **to make o.s. understood** fazer-se entender
understandable [ʌndə'stændəbl] ADJ compreensível
understanding [ʌndə'stændɪŋ] ADJ compreensivo ▶ N (in relationship) compreensão f; (knowledge) entendimento; (agreement) acordo; **to come to an ~** chegar a um acordo; **on the ~ that ...** sob condição que ..., contanto que ...
understate [ʌndə'steɪt] VT minimizar
understatement [ʌndə'steɪtmənt] N (quality) subestimação f; (euphemism) eufemismo; **it's an ~ to say that ...** é uma subestimação dizer que ...
understood [ʌndə'stud] PT, PP of **understand** ▶ ADJ entendido; (implied) subentendido, implícito
understudy ['ʌndəstʌdɪ] N ator m substituto/atriz f substituta
undertake [ʌndə'teɪk] (irreg: like **take**) VT (job, project) empreender; (task, duty) incumbir-se de, encarregar-se de; **to ~ to do sth** comprometer-se a fazer algo
undertaker ['ʌndəteɪkə'] N agente m/f funerário(-a)
undertaking ['ʌndəteɪkɪŋ] N empreendimento; (promise) promessa
undertone ['ʌndətəun] N (of criticism etc) sugestão f; (low voice): **in an ~** em meia voz
undertook [ʌndə'tuk] PT of **undertake**
undervalue [ʌndə'væljuː] VT subestimar
underwater [ʌndə'wɔːtə'] ADV sob a água ▶ ADJ subaquático
underwear ['ʌndəwɛə'] N roupa de baixo
underweight [ʌndə'weɪt] ADJ de peso inferior ao normal; (person) magro
underwent [ʌndə'wɛnt] PT of **undergo**
underworld ['ʌndəwəːld] N (of crime) submundo
underwrite [ʌndə'raɪt] (irreg: like **write**) VT (Comm) subscrever
underwriter ['ʌndəraɪtə'] N (Insurance) subscritor(a) m/f (que faz resseguro)
underwritten [ʌndə'rɪtn] PP of **underwrite**
underwrote [ʌndə'rəut] PT of **underwrite**
undeserving [ʌndɪ'zəːvɪŋ] ADJ: **to be ~ of** não merecer
undesirable [ʌndɪ'zaɪərəbl] ADJ indesejável
undeveloped [ʌndɪ'vɛləpt] ADJ (land, resources) não desenvolvido

395 | undershirt – unenthusiastic

undid [ʌn'dɪd] PT of **undo**
undies ['ʌndɪz] (inf) NPL roupa de baixo, roupa íntima
undignified [ʌn'dɪgnɪfaɪd] ADJ sem dignidade, indecoroso
undiluted [ʌndaɪ'luːtɪd] ADJ não diluído, puro; (pleasure) puro
undiplomatic [ʌndɪplə'mætɪk] ADJ pouco diplomático, inábil
undischarged [ʌndɪs'tʃɑːdʒd] ADJ: **~ bankrupt** falido(-a) não reabilitado(-a)
undisciplined [ʌn'dɪsɪplɪnd] ADJ indisciplinado
undisguised [ʌndɪs'gaɪzd] ADJ (dislike etc) patente
undisputed [ʌndɪ'spjuːtɪd] ADJ incontestável
undistinguished [ʌndɪs'tɪŋgwɪʃt] ADJ medíocre, regular
undisturbed [ʌndɪs'təːbd] ADJ (sleep) tranquilo; **to leave sth ~** não mexer em algo
undivided [ʌndɪ'vaɪdɪd] ADJ: **can I have your ~ attention?** quero a sua total atenção
undo [ʌn'duː] (irreg: like **do**) VT (unfasten) desatar; (spoil) desmanchar
undoing [ʌn'duːɪŋ] N ruína, desgraça
undone [ʌn'dʌn] PP of **undo** ▶ ADJ: **to come ~** desfazer-se
undoubted [ʌn'dautɪd] ADJ indubitável
undoubtedly [ʌn'dautɪdlɪ] ADV sem dúvida, indubitavelmente
undress [ʌn'drɛs] VI despir-se, tirar a roupa ▶ VT despir, tirar a roupa de
undrinkable [ʌn'drɪŋkəbl] ADJ (unpalatable) intragável; (poisonous) impotável
undue [ʌn'djuː] ADJ excessivo
undulating ['ʌndjuleɪtɪŋ] ADJ ondulante
unduly [ʌn'djuːlɪ] ADV excessivamente
undying [ʌn'daɪɪŋ] ADJ eterno
unearned [ʌn'əːnd] ADJ (praise, respect) imerecido; **~ income** rendimento não ganho com o trabalho individual
unearth [ʌn'əːθ] VT desenterrar; (fig) revelar
unearthly [ʌn'əːθlɪ] ADJ sobrenatural; **at an ~ hour of the night** na calada da noite
uneasy [ʌn'iːzɪ] ADJ (person) preocupado; (feeling) incômodo; (peace, truce) desconfortável; **to feel ~ about doing sth** estar apreensivo quanto a fazer algo
uneconomic, uneconomical [ʌniːkə'nɔmɪkl] ADJ antieconômico; (unprofitable) não rentável
uneducated [ʌn'ɛdjukeɪtɪd] ADJ inculto, sem instrução, não escolarizado
unemployed [ʌnɪm'plɔɪd] ADJ desempregado ▶ NPL: **the ~** os desempregados
unemployment [ʌnɪm'plɔɪmənt] N desemprego
unemployment benefit, (US) **unemployment compensation** N auxílio-desemprego
unending [ʌn'ɛndɪŋ] ADJ interminável
unenthusiastic [ʌnɪnθuːzɪ'æstɪk] ADJ sem entusiasmo

unenviable [ʌnˈɛnvɪəbl] ADJ nada invejável
unequal [ʌnˈiːkwəl] ADJ desigual
unequalled, (US) **unequaled** [ʌnˈiːkwəld] ADJ inigualável, sem igual
unequivocal [ʌnəˈkwɪvəkl] ADJ (*answer*) inequívoco; (*person*) categórico
unerring [ʌnˈəːrɪŋ] ADJ infalível
UNESCO [juːˈnɛskəu] N ABBR (= *United Nations Educational, Scientific and Cultural Organization*) UNESCO *f*
unethical [ʌnˈɛθɪkl] ADJ (*methods*) imoral; (*professional behaviour*) contrário à ética
uneven [ʌnˈiːvn] ADJ desigual; (*road etc*) irregular, acidentado
uneventful [ʌnɪˈvɛntful] ADJ tranquilo, rotineiro
unexceptional [ʌnɪkˈsɛpʃənl] ADJ regular, corriqueiro
unexciting [ʌnɪkˈsaɪtɪŋ] ADJ monótono
unexpected [ʌnɪkˈspɛktɪd] ADJ inesperado
unexpectedly [ʌnɪkˈspɛktɪdlɪ] ADV inesperadamente
unexplained [ʌnɪkˈspleɪnd] ADJ inexplicado
unexploded [ʌnɪkˈspləudɪd] ADJ não explodido
unfailing [ʌnˈfeɪlɪŋ] ADJ inexaurível
unfair [ʌnˈfɛəʳ] ADJ: ~ **(to)** injusto (com); **it's ~ that ...** não é justo que ...
unfair dismissal N demissão *f* injusta *or* infundada
unfairly [ʌnˈfɛəlɪ] ADV injustamente
unfaithful [ʌnˈfeɪθful] ADJ infiel
unfamiliar [ʌnfəˈmɪlɪəʳ] ADJ pouco familiar, desconhecido; **to be ~ with sth** não estar familiarizado com algo
unfashionable [ʌnˈfæʃnəbl] ADJ fora da moda
unfasten [ʌnˈfɑːsn] VT desatar; (*open*) abrir
unfathomable [ʌnˈfæðəməbl] ADJ insondável
unfavourable, (US) **unfavorable** [ʌnˈfeɪvərəbl] ADJ desfavorável
unfavourably, (US) **unfavorably** [ʌnˈfeɪvrəblɪ] ADV: **to look ~ upon** não ser favorável a
unfeeling [ʌnˈfiːlɪŋ] ADJ insensível
unfinished [ʌnˈfɪnɪʃt] ADJ incompleto, inacabado
unfit [ʌnˈfɪt] ADJ (*physically*) sem preparo físico; (*incompetent*) incompetente, incapaz; **~ for work** inapto para trabalhar
unflagging [ʌnˈflægɪŋ] ADJ incansável
unflappable [ʌnˈflæpəbl] ADJ imperturbável, sereno
unflattering [ʌnˈflætərɪŋ] ADJ (*dress, hairstyle*) que não fica bem; (*remark*) pouco elogioso
unflinching [ʌnˈflɪntʃɪŋ] ADJ destemido, intrépido
unfold [ʌnˈfəuld] VT desdobrar; (*fig*) revelar ▶ VI (*story, situation*) desdobrar-se
unforeseeable [ʌnfɔːˈsiːəbl] ADJ imprevisível
unforeseen [ʌnfɔːˈsiːn] ADJ imprevisto
unforgettable [ʌnfəˈgɛtəbl] ADJ inesquecível
unforgivable [ʌnfəˈgɪvəbl] ADJ imperdoável
unformatted [ʌnˈfɔːmætɪd] ADJ (*disk, text*) não formatado

unfortunate [ʌnˈfɔːtʃənət] ADJ infeliz; (*event, remark*) inoportuno
unfortunately [ʌnˈfɔːtʃənətlɪ] ADV infelizmente
unfounded [ʌnˈfaundɪd] ADJ infundado
unfriend [ʌnˈfrɛnd] VT (*on social network*) excluir (em rede social)
unfriendly [ʌnˈfrɛndlɪ] ADJ antipático
unfulfilled [ʌnfulˈfɪld] ADJ (*ambition, prophecy*) não realizado; (*desire*) não satisfeito; (*promise, terms of contract*) não cumprido; (*person*) que não se realizou
unfurl [ʌnˈfəːl] VT desfraldar
unfurnished [ʌnˈfəːnɪʃt] ADJ desmobiliado, sem mobília
ungainly [ʌnˈgeɪnlɪ] ADJ desalinhado
ungodly [ʌnˈgɔdlɪ] ADJ ímpio; **at an ~ hour** às altas horas da madrugada
ungrateful [ʌnˈgreɪtful] ADJ mal-agradecido, ingrato
unguarded [ʌnˈgɑːdɪd] ADJ: **~ moment** momento de inatenção
unhappily [ʌnˈhæpəlɪ] ADV tristemente; (*unfortunately*) infelizmente
unhappiness [ʌnˈhæpɪnɪs] N infelicidade *f*
unhappy [ʌnˈhæpɪ] ADJ (*sad*) triste; (*unfortunate*) desventurado; (*childhood*) infeliz; (*dissatisfied*): **~ with** (*arrangements etc*) descontente com, insatisfeito com
unharmed [ʌnˈhɑːmd] ADJ ileso
unhealthy [ʌnˈhɛlθɪ] ADJ insalubre; (*person*) doentio; (*fig*) anormal
unheard-of [ʌnˈhəːd-] ADJ insólito; (*unknown*) desconhecido
unhelpful [ʌnˈhɛlpful] ADJ (*person*) imprestável; (*advice*) inútil
unhesitating [ʌnˈhɛzɪteɪtɪŋ] ADJ (*loyalty*) firme; (*reply*) imediato
unhook [ʌnˈhuk] VT desenganchar; (*from wall*) despendurar; (*dress*) abrir, soltar
unhurt [ʌnˈhəːt] ADJ ileso
unhygienic [ʌnhaɪˈdʒiːnɪk] ADJ anti-higiênico
UNICEF [ˈjuːnɪsɛf] N ABBR (= *United Nations International Children's Emergency Fund*) Unicef *m*
unicorn [ˈjuːnɪkɔːn] N licorne *m*, unicórnio
unidentified [ʌnaɪˈdɛntɪfaɪd] ADJ não-identificado; *see also* **UFO**
uniform [ˈjuːnɪfɔːm] N uniforme *m* ▶ ADJ uniforme
uniformity [juːnɪˈfɔːmɪtɪ] N uniformidade *f*
unify [ˈjuːnɪfaɪ] VT unificar, unir
unilateral [juːnɪˈlætərəl] ADJ unilateral
unimaginable [ʌnɪˈmædʒɪnəbl] ADJ inimaginável, inconcebível
unimaginative [ʌnɪˈmædʒɪnətɪv] ADJ sem imaginação
unimpaired [ʌnɪmˈpɛəd] ADJ inalterado
unimportant [ʌnɪmˈpɔːtənt] ADJ sem importância
unimpressed [ʌnɪmˈprɛst] ADJ indiferente
uninhabited [ʌnɪnˈhæbɪtɪd] ADJ inabitado
uninhibited [ʌnɪnˈhɪbɪtɪd] ADJ sem inibições
uninjured [ʌnˈɪndʒəd] ADJ ileso

uninspired [ʌnɪn'spaɪəd] ADJ insípido
uninstall ['ʌnɪnstɔːl] VT (Comput) desinstalar
unintelligent [ʌnɪn'telɪdʒənt] ADJ ininteligente
unintentional [ʌnɪn'tenʃənəl] ADJ involuntário, não intencional
unintentionally [ʌnɪn'tenʃənəlɪ] ADV sem querer
uninvited [ʌnɪn'vaɪtɪd] ADJ (guest) não convidado
uninviting [ʌnɪn'vaɪtɪŋ] ADJ (place) pouco convidativo; (food) pouco apetitoso
union ['juːnjən] N união f; (also: **trade union**) sindicato (de trabalhadores) ▶ CPD sindical
unionize ['juːnjənaɪz] VT sindicalizar
Union Jack N bandeira britânica
Union of Soviet Socialist Republics N União f das Repúblicas Socialistas Soviéticas
union shop N empresa onde todos os trabalhadores têm que filiar-se ao sindicato
unique [juː'niːk] ADJ único, sem igual
unisex ['juːnɪsɛks] ADJ unissex inv
unison ['juːnɪsn] N: **in ~** em harmonia, em uníssono
unit ['juːnɪt] N unidade f; (of furniture etc) segão f; (team, squad) equipe f; **kitchen ~** armário de cozinha; **sink ~** pia de cozinha; **production ~** unidade de produção
unit cost N custo unitário
unite [juː'naɪt] VT unir ▶ VI unir-se
united [juː'naɪtɪd] ADJ unido; (effort) conjunto
United Arab Emirates NPL Emirados mpl Árabes Unidos
United Kingdom N Reino Unido
United Nations, United Nations Organization N (Organização f das) Nações fpl Unidas
United States, United States of America N Estados Unidos mpl (da América)
unit price N preço unitário
unit trust (BRIT) N (Comm) fundo de investimento
unity ['juːnɪtɪ] N unidade f
Univ. ABBR = **university**
universal [juːnɪ'vəːsl] ADJ universal
universe ['juːnɪvəːs] N universo
university [juːnɪ'vəːsɪtɪ] N universidade f, faculdade f ▶ CPD universitário
unjust [ʌn'dʒʌst] ADJ injusto
unjustifiable [ʌndʒʌstɪ'faɪəbl] ADJ injustificável
unjustified [ʌn'dʒʌstɪfaɪd] ADJ injustificado; (text) não alinhado
unkempt [ʌn'kempt] ADJ desleixado, descuidado; (hair) despenteado; (beard) mal tratado
unkind [ʌn'kaɪnd] ADJ maldoso; (comment etc) cruel
unkindly [ʌn'kaɪndlɪ] ADV (treat, speak) maldosamente
unknown [ʌn'nəʊn] ADJ desconhecido; **~ to me** sem eu saber; **~ quantity** (Math, fig) incógnita

397 | **uninspired – unobtrusive**

unladen [ʌn'leɪdn] ADJ (ship, weight) sem carga
unlawful [ʌn'lɔːful] ADJ ilegal
unleaded [ʌn'lɛdɪd] ADJ (petrol, fuel) sem chumbo
unleash [ʌn'liːʃ] VT (fig) desencadear
unleavened [ʌn'lɛvənd] ADJ sem fermento
unless [ʌn'lɛs] CONJ a menos que, a não ser que; **~ he comes** a menos que ele venha; **~ otherwise stated** salvo indicação contrária; **~ I am mistaken** se não me engano
unlicensed [ʌn'laɪsnst] (BRIT) ADJ sem licença para a venda de bebidas alcoólicas
unlike [ʌn'laɪk] ADJ diferente ▶ PREP diferentemente de, ao contrário de
unlikelihood [ʌn'laɪklɪhʊd] N improbabilidade f
unlikely [ʌn'laɪklɪ] ADJ (not likely) improvável; (unexpected) inesperado
unlimited [ʌn'lɪmɪtɪd] ADJ ilimitado
unlisted [ʌn'lɪstɪd] ADJ (Stock Exchange) não cotado na Bolsa de Valores; (US Tel): **an ~ number** um número que não consta na lista telefônica
unlit [ʌn'lɪt] ADJ (room) sem luz
unload [ʌn'ləʊd] VT descarregar
unlock [ʌn'lɔk] VT destrancar
unlucky [ʌn'lʌkɪ] ADJ infeliz; (object, number) de mau agouro; **to be ~** ser azarado, ter azar
unmanageable [ʌn'mænɪdʒəbl] ADJ (unwieldy: tool) de difícil manuseio, difícil de manejar; (situation) difícil de controlar
unmanned [ʌn'mænd] ADJ não tripulado, sem tripulação
unmarked [ʌn'mɑːkt] ADJ (unstained) sem marca; **~ police car** carro policial sem identificação
unmarried [ʌn'mærɪd] ADJ solteiro
unmask [ʌn'mɑːsk] VT desmascarar
unmatched [ʌn'mætʃt] ADJ sem igual, inigualável
unmentionable [ʌn'mɛnʃnəbl] ADJ (topic) que não se deve mencionar; (word) que não se diz
unmerciful [ʌn'məːsɪful] ADJ impiedoso
unmistakable, unmistakeable [ʌnmɪs'teɪkəbl] ADJ inconfundível
unmitigated [ʌn'mɪtɪgeɪtɪd] ADJ não mitigado, absoluto
unnamed [ʌn'neɪmd] ADJ (nameless) sem nome; (anonymous) anônimo
unnatural [ʌn'nætʃrəl] ADJ antinatural, artificial; (manner) afetado; (habit) depravado
unnecessary [ʌn'nɛsəsərɪ] ADJ desnecessário, inútil
unnerve [ʌn'nəːv] VT amedrontar
unnoticed [ʌn'nəʊtɪst] ADJ: **(to go** or **pass) ~** (passar) despercebido
UNO ['juːnəʊ] N ABBR (= United Nations Organization) ONU f
unobservant [ʌnəb'zəːvənt] N desatento
unobtainable [ʌnəb'teɪnəbl] ADJ inacessível; (Tel) ocupado
unobtrusive [ʌnəb'truːsɪv] ADJ discreto

unoccupied [ʌnˈɔkjupaɪd] ADJ (*seat etc*) desocupado, livre; (*house*) desocupado, vazio
unofficial [ʌnəˈfɪʃl] ADJ não-oficial, informal; (*strike*) desautorizado
unopened [ʌnˈəupənd] ADJ por abrir
unopposed [ʌnəˈpəuzd] ADJ incontestado, sem oposição
unorthodox [ʌnˈɔːθədɔks] ADJ pouco ortodoxo, heterodoxo
unpack [ʌnˈpæk] VI desembrulhar ▶ VT desfazer
unpaid [ʌnˈpeɪd] ADJ (*bill*) a pagar, não pago; (*holiday*) não pago, sem salário; (*work, worker*) não remunerado
unpalatable [ʌnˈpælətəbl] ADJ desagradável
unparalleled [ʌnˈpærəlɛld] ADJ (*unequalled*) sem paralelo; (*unique*) único, incomparável
unpatriotic [ʌnpætrɪˈɔtɪk] ADJ (*person*) antipatriota; (*speech, attitude*) antipatriótico
unplanned [ʌnˈplænd] ADJ (*visit*) imprevisto; (*baby*) não previsto
unpleasant [ʌnˈplɛznt] ADJ (*disagreeable*) desagradável; (*person, manner*) antipático
unplug [ʌnˈplʌg] VT desligar
unpolluted [ʌnpəˈluːtɪd] ADJ impoluído
unpopular [ʌnˈpɔpjuləʳ] ADJ impopular
unprecedented [ʌnˈprɛsɪdəntɪd] ADJ sem precedentes
unpredictable [ʌnprɪˈdɪktəbl] ADJ imprevisível
unprejudiced [ʌnˈprɛdʒudɪst] ADJ (*not biased*) imparcial; (*having no prejudices*) sem preconceitos
unprepared [ʌnprɪˈpɛəd] ADJ (*person*) despreparado; (*speech*) improvisado
unprepossessing [ʌnpriːpəˈzɛsɪŋ] ADJ pouco atraente
unpretentious [ʌnprɪˈtɛnʃəs] ADJ despretensioso
unprincipled [ʌnˈprɪnsɪpld] ADJ sem princípios
unproductive [ʌnprəˈdʌktɪv] ADJ improdutivo
unprofessional [ʌnprəˈfɛʃənl] ADJ (*conduct*) pouco profissional
unprofitable [ʌnˈprɔfɪtəbl] ADJ não lucrativo
unprovoked [ʌnprəˈvəukt] ADJ sem provocação
unpunished [ʌnˈpʌnɪʃt] ADJ ímpune
unqualified [ʌnˈkwɔlɪfaɪd] ADJ (*teacher*) não qualificado, inabilitado; (*success*) irrestrito, absoluto
unquestionably [ʌnˈkwɛstʃənəblɪ] ADV indubitavelmente
unquestioning [ʌnˈkwɛstʃənɪŋ] ADJ (*obedience, acceptance*) incondicional, total
unravel [ʌnˈrævl] VT desemaranhar; (*mystery*) desvendar
unreal [ʌnˈrɪəl] ADJ irreal, ilusório; (*extraordinary*) extraordinário
unrealistic [ʌnrɪəˈlɪstɪk] ADJ pouco realista
unreasonable [ʌnˈriːznəbl] ADJ insensato; (*demand*) absurdo
unrecognizable [ʌnrɛkəgˈnaɪzəbl] ADJ irreconhecível

unrecognized [ʌnˈrɛkəgnaɪzd] ADJ (*talent, genius*) não reconhecido
unrecorded [ʌnrəˈkɔːdɪd] ADJ não registrado
unrefined [ʌnrəˈfaɪnd] ADJ (*sugar, petroleum*) não refinado
unrehearsed [ʌnrɪˈhəːst] ADJ improvisado
unrelated [ʌnrɪˈleɪtɪd] ADJ sem relação; (*family*) sem parentesco
unrelenting [ʌnrɪˈlɛntɪŋ] ADJ implacável
unreliable [ʌnrɪˈlaɪəbl] ADJ (*person*) indigno de confiança; (*machine*) incerto, perigoso
unrelieved [ʌnrɪˈliːvd] ADJ (*monotony*) invariável
unremitting [ʌnrɪˈmɪtɪŋ] ADJ constante, incessante
unrepeatable [ʌnrɪˈpiːtəbl] ADJ (*offer*) irrepetível
unrepentant [ʌnrɪˈpɛntənt] ADJ convicto, impenitente
unrepresentative [ʌnrɛprɪˈzɛntətɪv] ADJ pouco representativo *or* característico
unreserved [ʌnrɪˈzəːvd] ADJ (*seat*) não reservado; (*approval, admiration*) total, integral
unreservedly [ʌnrɪˈzəːvɪdlɪ] ADV sem reserva, francamente
unresponsive [ʌnrɪsˈpɔnsɪv] ADJ indiferente, impassível
unrest [ʌnˈrɛst] N inquietação *f*, desassossego; (*Pol*) distúrbios *mpl*
unrestricted [ʌnrɪˈstrɪktɪd] ADJ irrestrito, ilimitado
unrewarded [ʌnrɪˈwɔːdɪd] ADJ sem sucesso
unripe [ʌnˈraɪp] ADJ verde, imaturo
unrivalled, (*US*) **unrivaled** [ʌnˈraɪvəld] ADJ sem igual, incomparável
unroll [ʌnˈrəul] VT desenrolar
unruffled [ʌnˈrʌfld] ADJ (*person*) sereno, imperturbável; (*hair*) liso
unruly [ʌnˈruːlɪ] ADJ indisciplinado; (*hair*) desalinhado
unsafe [ʌnˈseɪf] ADJ perigoso; ~ **to eat/drink** não comestível/potável
unsaid [ʌnˈsɛd] ADJ: **to leave sth** ~ deixar algo por dizer
unsaleable, (*US*) **unsalable** [ʌnˈseɪləbl] ADJ invendável, invendível
unsatisfactory [ʌnsætɪsˈfæktərɪ] ADJ insatisfatório
unsatisfied [ʌnˈsætɪsfaɪd] ADJ descontente
unsavoury, (*US*) **unsavory** [ʌnˈseɪvərɪ] ADJ (*fig*) repugnante, vil
unscathed [ʌnˈskeɪðd] ADJ ileso
unscientific [ʌnsaɪənˈtɪfɪk] ADJ não científico
unscrew [ʌnˈskruː] VT desaparafusar
unscrupulous [ʌnˈskruːpjuləs] ADJ inescrupuloso, imoral
unsecured [ʌnsəˈkjuəd] ADJ: ~ **creditor** credor(a) *m/f* quirografário(-a)
unseemly [ʌnˈsiːmlɪ] ADJ inconveniente
unseen [ʌnˈsiːn] ADJ (*person*) despercebido; (*danger*) escondido
unselfish [ʌnˈsɛlfɪʃ] ADJ desinteressado

unsettled [ʌnˈsɛtld] ADJ (*uncertain*) incerto, duvidoso; (*weather*) instável; (*person*) inquieto
unsettling [ʌnˈsɛtlɪŋ] ADJ inquietador(a), inquietante
unshakable, unshakeable [ʌnˈʃeɪkəbl] ADJ inabalável
unshaven [ʌnˈʃeɪvn] ADJ com a barba por fazer
unsightly [ʌnˈsaɪtlɪ] ADJ feio, disforme
unskilled [ʌnˈskɪld] ADJ não-especializado
unsociable [ʌnˈsəʊʃəbl] ADJ antissocial
unsocial [ʌnˈsəʊʃl] ADJ (*hours*) fora do horário normal
unsold [ʌnˈsəʊld] ADJ não vendido
unsolicited [ʌnsəˈlɪsɪtɪd] ADJ não solicitado, espontâneo
unsophisticated [ʌnsəˈfɪstɪkeɪtɪd] ADJ simples *inv*, natural
unsound [ʌnˈsaʊnd] ADJ (*health*) mau; (*floor, foundations*) em mau estado; (*policy, advice*) infundado
unspeakable [ʌnˈspiːkəbl] ADJ indescritível; (*awful*) inqualificável
unspoken [ʌnˈspəʊkən] ADJ (*agreement, approval*) tácito
unstable [ʌnˈsteɪbl] ADJ (*piece of furniture*) em falso; (*government, mentally*) instável; (*step, voice*) trêmulo; (*ladder*) em falso
unsteady [ʌnˈstɛdɪ] ADJ (*hand, person*) trêmulo; (*ladder*) instável
unstinting [ʌnˈstɪntɪŋ] ADJ (*support*) irrestrito, total; (*generosity*) ilimitado
unstuck [ʌnˈstʌk] ADJ: **to come ~** despregar-se; (*fig*) fracassar
unsubstantiated [ʌnsəbˈstænʃɪeɪtɪd] ADJ (*rumour*) que não foi confirmado; (*accusation*) sem provas
unsuccessful [ʌnsəkˈsɛsful] ADJ (*attempt*) frustrado, vão/vã; (*writer, proposal*) sem êxito; **to be ~** (*in attempting sth*) ser mal sucedido, não conseguir; (*application*) ser recusado
unsuccessfully [ʌnsəkˈsɛsfulɪ] ADV em vão, debalde
unsuitable [ʌnˈsuːtəbl] ADJ (*clothes, person*) inadequado; (*time, moment*) inconveniente
unsuited [ʌnˈsuːtɪd] ADJ: **to be ~ for** *or* **to** ser inadequado *or* impróprio para
unsupported [ʌnsəˈpɔːtɪd] ADJ (*claim*) não verificado; (*theory*) não sustentado
unsure [ʌnˈʃuəʳ] ADJ inseguro, incerto; **to be ~ of o.s.** não ser seguro de si
unsuspecting [ʌnsəˈspɛktɪŋ] ADJ confiante, insuspeitado
unsweetened [ʌnˈswiːtənd] ADJ não adoçado, sem açúcar
unswerving [ʌnˈswəːvɪŋ] ADJ inabalável, firme, resoluto
unsympathetic [ʌnsɪmpəˈθɛtɪk] ADJ insensível; (*unlikeable*) antipático; **~ to** indiferente a
untangle [ʌnˈtæŋgl] VT desemaranhar, desenredar
untapped [ʌnˈtæpt] ADJ (*resources*) inexplorado

untaxed [ʌnˈtækst] ADJ (*goods*) isento de impostos; (*income*) não tributado
unthinkable [ʌnˈθɪŋkəbl] ADJ impensável, inconcebível, incalculável
untidy [ʌnˈtaɪdɪ] ADJ (*room*) desarrumado, desleixado; (*appearance*) desmazelado, desalinhado
untie [ʌnˈtaɪ] VT desatar, desfazer; (*dog, prisoner*) soltar
until [ənˈtɪl] PREP até ▶ CONJ até que; **~ he comes** até que ele venha; **~ now** até agora; **~ then** até então; **from morning ~ night** de manhã à noite
untimely [ʌnˈtaɪmlɪ] ADJ inoportuno, intempestivo; (*death*) prematuro
untold [ʌnˈtəʊld] ADJ (*story*) inédito; (*suffering*) incalculável; (*joy, wealth*) inestimável
untouched [ʌnˈtʌtʃt] ADJ (*not used*) intacto; (*safe: person*) ileso; **~ by** indiferente a
untoward [ʌntəˈwɔːd] ADJ desfavorável, inconveniente
untrammelled [ʌnˈtræmld] ADJ sem entraves
untranslatable [ʌntrænsˈleɪtəbl] ADJ impossível de traduzir, intraduzível
untrue [ʌnˈtruː] ADJ falso
untrustworthy [ʌnˈtrʌstwəːðɪ] ADJ indigno de confiança
unusable [ʌnˈjuːzəbl] ADJ inutilizável, imprestável
unused[1] [ʌnˈjuːzd] ADJ novo, sem uso
unused[2] [ʌnˈjuːst] ADJ: **to be ~ to sth/to doing sth** não estar acostumado com algo/a fazer algo
unusual [ʌnˈjuːʒuəl] ADJ (*strange*) estranho; (*rare*) incomum; (*exceptional*) extraordinário
unusually [ʌnˈjuːʒəlɪ] ADV extraordinariamente
unveil [ʌnˈveɪl] VT (*statue*) desvelar, descobrir
unwanted [ʌnˈwɒntɪd] ADJ não desejado, indesejável
unwarranted [ʌnˈwɔrəntɪd] ADJ injustificado
unwary [ʌnˈwɛərɪ] ADJ imprudente
unwavering [ʌnˈweɪvərɪŋ] ADJ firme
unwelcome [ʌnˈwɛlkəm] ADJ (*guest*) inoportuno; (*news*) desagradável; **to feel ~** não se sentir à vontade
unwell [ʌnˈwɛl] ADJ: **to be ~** estar doente; **to feel ~** estar indisposto
unwieldy [ʌnˈwiːldɪ] ADJ difícil de manejar, pesado
unwilling [ʌnˈwɪlɪŋ] ADJ: **to be ~ to do sth** relutar em fazer algo, não querer fazer algo
unwillingly [ʌnˈwɪlɪŋlɪ] ADV de má vontade
unwind [ʌnˈwaɪnd] (*irreg: like* **wind**) VT desenrolar ▶ VI (*relax*) relaxar-se
unwise [ʌnˈwaɪz] ADJ imprudente
unwitting [ʌnˈwɪtɪŋ] ADJ inconsciente, involuntário
unworkable [ʌnˈwəːkəbl] ADJ (*plan etc*) inviável, inexequível
unworthy [ʌnˈwəːðɪ] ADJ indigno
unwound [ʌnˈwaʊnd] PT, PP *of* **unwind**
unwrap [ʌnˈræp] VT desembrulhar

unwritten [ʌn'rɪtən] ADJ (agreement) tácito
unzip [ʌn'zɪp] VT abrir (o fecho ecler de)

(KEYWORD)

up [ʌp] PREP: **to go/be up sth** subir algo/estar em cima de algo; **we climbed/walked up the hill** nós subimos/andamos até em cima da colina; **they live further up the street** eles moram mais adiante nesta rua; **go up that road and turn left** vá por aquela rua e vire à esquerda
▶ ADV **1** (upwards, higher) em cima, para cima; **up in the sky/the mountains** lá no céu/nas montanhas; **up there** lá em cima; **up above** em cima; **there's a village and up above, on the hill, a monastery** há uma aldeia e, mais acima na colina, um monastério
2: **to be up** (out of bed) estar de pé; (prices, level) estar elevado; (building, tent) estar erguido
3: **up to** (as far as) até; **the water came up to his knees** a água subiu até os seus joelhos; **up to now** até agora
4: **to be up to** (depending on): **it is up to you** você é quem sabe, você decide; **it's not up to me to decide** não sou eu quem decide
5: **to be up to** (equal to) estar à altura de; **he's not up to it** (job, task etc) ele não é capaz de fazê-lo; **his work is not up to the required standard** seu trabalho não atende aos padrões exigidos
6: **to be up to** (inf: be doing) estar fazendo (BR) or a fazer (PT); **what is he up to?** (showing disapproval, suspicion) o que ele está querendo?, o que ele está tramando?
▶ N: **ups and downs** (in life, career) altos mpl e baixos; **we all have our ups and downs** todos nós temos nossos altos e baixos

up-and-coming ADJ prometedor(a)
upbeat ['ʌpbiːt] ADJ (Mus) movimentado; (optimistic) otimista
upbraid [ʌp'breɪd] VT repreender, censurar
upbringing ['ʌpbrɪŋɪŋ] N educação f, criação f
upcoming ['ʌpkʌmɪŋ] ADJ próximo
update [ʌp'deɪt] VT atualizar, pôr em dia; (contract etc) atualizar
upend [ʌp'ɛnd] VT colocar em pé
upgrade [ʌp'greɪd] VT (person) promover; (job) melhorar; (house) reformar; (Comput) fazer um upgrade de
upheaval [ʌp'hiːvl] N transtorno; (unrest) convulsão f
upheld [ʌp'hɛld] PT, PP of **uphold**
uphill [ʌp'hɪl] ADJ ladeira acima; (fig: task) trabalhoso, árduo ▶ ADV: **to go ~** ir morro acima
uphold [ʌp'həuld] (irreg: like **hold**) VT defender, preservar
upholstery [ʌp'həulstərɪ] N estofamento
upkeep ['ʌpkiːp] N manutenção f
upload ['ʌpləud] VT (Comput) fazer upload de, transferir
up-market ADJ (product) requintado
upon [ə'pɔn] PREP sobre
upper ['ʌpəʳ] ADJ superior, de cima ▶ N (of shoe) gáspea, parte f superior
upper class N: **the ~** a classe alta
upper-class ADJ de classe alta
upper hand N: **to have the ~** ter controle or domínio
uppermost ['ʌpəməust] ADJ mais elevado; **what was ~ in my mind** o que me preocupava mais
Upper Volta [-'vɔltə] N Alto Volta m
upright ['ʌpraɪt] ADJ vertical; (straight) reto; (fig) honesto ▶ N viga vertical
uprising ['ʌpraɪzɪŋ] N revolta, rebelião f, sublevação f
uproar ['ʌprɔːʳ] N tumulto, algazarra
uproot [ʌp'ruːt] VT (tree) arrancar; (fig) desarraigar
upset [n 'ʌpsɛt, vt, adj ʌp'sɛt] (irreg: like **set**) N (to plan etc) revés m, reviravolta; (stomach upset) indisposição f ▶ VT (glass etc) virar; (spill) derramar; (plan) perturbar; (person: annoy) aborrecer; (: sadden) afligir ▶ ADJ aborrecido, contrariado; (sad) aflito; (stomach) indisposto
upset price (US, SCOTLAND) N preço mínimo
upsetting [ʌp'sɛtɪŋ] ADJ desconcertante
upshot ['ʌpʃɔt] N resultado, conclusão f
upside down ['ʌpsaɪd-] ADV de cabeça para baixo; **to turn a place ~** (fig) deixar um lugar de cabeça para baixo
upstairs [ʌp'stɛəz] ADV (be) em cima; (go) lá em cima ▶ ADJ (room) de cima ▶ N andar m de cima
upstart ['ʌpstɑːt] (pej) N novo-rico, pessoa sem classe
upstream [ʌp'striːm] ADV rio acima
upsurge ['ʌpsəːdʒ] N (of enthusiasm etc) explosão f
uptake ['ʌpteɪk] N: **he is quick on the ~** ele vê longe; **he is slow on the ~** ele tem raciocínio lento
uptight [ʌp'taɪt] (inf) ADJ nervoso
up-to-date ADJ (person) moderno, atualizado; (information) atualizado; **to be ~ with the facts** estar a par dos fatos
upturn ['ʌptəːn] N (in luck) virada; (in economy) retomada
upturned ['ʌptəːnd] ADJ (nose) arrebitado
upward ['ʌpwəd] ADJ ascendente, para cima ▶ ADV para cima; (more than): **~ of** para cima de
upwards ['ʌpwədz] ADV = **upward**
URA (US) N ABBR = **Urban Renewal Administration**
Ural Mountains ['juərəl-] NPL: **the ~** (also: **the Urals**) as montanhas Urais, os Urais
uranium [juə'reɪnɪəm] N urânio
Uranus [juə'reɪnəs] N Urano
urban ['əːbən] ADJ urbano, da cidade
urbane [əː'beɪn] ADJ gentil, urbano
urbanization [əːbənaɪ'zeɪʃən] N urbanização f

urchin ['ə:tʃɪn] (*pej*) N moleque *m*, criança maltrapilha
urge [ə:dʒ] N (*force*) impulso; (*desire*) desejo ▶ VT: **to ~ sb to do sth** incitar alguém a fazer algo
▶ **urge on** VT animar, encorajar
urgency ['ə:dʒənsɪ] N urgência; (*of tone*) insistência
urgent ['ə:dʒənt] ADJ urgente; (*tone, plea*) insistente
urgently ['ə:dʒəntlɪ] ADV urgentemente
urinal [juə'raɪnl] (*BRIT*) N (*vessel*) urinol *m*; (*building*) mictório
urinate ['juərɪneɪt] VI urinar, mijar
urine ['juərɪn] N urina
URL ABBR (= *uniform resource locator*) URL *m*
urn [ə:n] N urna; (*also:* **tea urn**) samovar *m*
Uruguay ['juərəgwaɪ] N Uruguai *m*
Uruguayan [juərə'gwaɪən] ADJ, N uruguaio(-a)
US N ABBR (= *United States*) EUA *mpl*
us [ʌs] PRON nos; (*after prep*) nós; *see also* **me**
USA N ABBR (= *United States of America*) EUA *mpl*; (*Mil*) = **United States Army**
usable ['ju:zəbl] ADJ usável, utilizável
USAF N ABBR = **United States Air Force**
usage ['ju:zɪdʒ] N uso
USB ABBR (*Comput*: = *universal serial bus*) USB *m*
USB stick N (*Comput*) pen drive *m*
USCG N ABBR = **United States Coast Guard**
USDA N ABBR = **United States Department of Agriculture**
USDAW ['ʌzdɔ:] (*BRIT*) N ABBR (= *Union of Shop, Distributive and Allied Workers*) sindicato dos varejistas e distribuidores
USDI N ABBR = **United States Department of the Interior**
use [*n* ju:s, *vt* ju:z] N uso, emprego; (*usefulness*) utilidade *f* ▶ VT usar, utilizar; (*phrase*) empregar; **in ~** em uso; **out of ~** fora de uso; **ready for ~** pronto para ser usado; **to be of ~** ser útil; **it's no ~** (*pointless*) é inútil; (*not useful*) não serve; **to have ~ of** ter uso de; **to make ~ of** fazer uso de; **to be ~d to** estar acostumado a; **she ~d to do it** ela costumava fazê-lo
▶ **use up** VT esgotar, consumir; (*money*) gastar
used [ju:zd] ADJ usado
useful ['ju:sful] ADJ útil; **to come in ~** ser útil
usefulness ['ju:sfəlnɪs] N utilidade *f*

401 | **urchin – U-turn**

useless ['ju:slɪs] ADJ inútil; (*person*) incapaz
user ['ju:zə^r] N usuário(-a) (*BR*), utente *m/f* (*PT*)
user-friendly ADJ de fácil utilização
username N (*Comput*) nome de usuário *m*
USES N ABBR = **United States Employment Service**
usher ['ʌʃə^r] N (*in cinema*) lanterninha *m* (*BR*), arrumador *m* (*PT*); (*at wedding*) oficial *m* de justiça ▶ VT: **to ~ sb in** fazer alguém entrar
usherette [ʌʃə'rɛt] N (*in cinema*) lanterninha (*BR*), arrumadora (*PT*)
USIA N ABBR = **United States Information Agency**
USM N ABBR = **United States Mail; United States Mint**
USN N ABBR = **United States Navy**
USP N ABBR (= *unique selling proposition*) proposta única de valor
USPHS N ABBR = **United States Public Health Service**
USPO N ABBR = **United States Post Office**
USS N ABBR = **United States Ship; United States Steamer**
USSR N ABBR (= *Union of Soviet Socialist Republics*) URSS *f*
usual ['ju:ʒuəl] ADJ usual, habitual; **as ~** como de hábito, como sempre
usually ['ju:ʒuəlɪ] ADV normalmente
usurer ['ju:ʒərə^r] N usurário(-a)
usurp [ju:'zə:p] VT usurpar
UT (*US*) ABBR (*Post*) = **Utah**
ute [ju:t] (*AUST, NZ inf*) N ABBR (= *utility truck*) camioneta
utensil [ju:'tɛnsl] N utensílio; **kitchen ~s** utensílios de cozinha
uterus ['ju:tərəs] N útero
utilitarian [ju:tɪlɪ'tɛərɪən] ADJ utilitário
utility [ju:'tɪlɪtɪ] N utilidade *f*; (*public utility*) utilidade *f* pública
utility room N área de serviço
utilization [ju:tɪlaɪ'zeɪʃən] N utilização *f*
utilize ['ju:tɪlaɪz] VT utilizar
utmost ['ʌtməust] ADJ maior ▶ N: **to do one's ~** fazer todo o possível; **of the ~ importance** da maior importância
utter ['ʌtə^r] ADJ total ▶ VT (*sounds*) emitir; (*words*) proferir, pronunciar
utterance ['ʌtərəns] N declaração *f*
utterly ['ʌtəlɪ] ADV completamente, totalmente
U-turn N retorno; (*fig*) reviravolta

Vv

V, v [vi:] N (*letter*) V, v *m*; **V for Victor** V de Vera

v ABBR = **verse**; (= *vide: see*) vide; (= *versus*) v; (= *volt*) v

VA (US) ABBR (*Post*) = **Virginia**

vac [væk] (BRIT *inf*) N ABBR = **vacation**

vacancy ['veɪkənsɪ] N (BRIT: *job*) vaga; (*room*) quarto livre; **"no vacancies"** "cheio"

vacant ['veɪkənt] ADJ (*house*) vazio; (*post*) vago; (*seat etc*) desocupado, livre; (*expression*) distraído

vacant lot N terreno vago; (*uncultivated*) terreno baldio

vacate [və'keɪt] VT (*house*) desocupar; (*job*) deixar; (*throne*) renunciar a

vacation [və'keɪʃən] (*esp* US) N férias *fpl*; **to take a ~** tirar férias; **on ~** de férias

vacation course N curso de férias

vacationer [və'keɪʃənəʳ] (US) N veranista *m/f*

vaccinate ['væksɪneɪt] VT: **to ~ sb (against sth)** vacinar alguém (contra algo)

vaccination [væksɪ'neɪʃən] N vacinação *f*

vaccine ['væksi:n] N vacina

vacuum ['vækjum] N vácuo *m*

vacuum bottle (US) N garrafa térmica (BR), termo (PT)

vacuum cleaner N aspirador *m* de pó

vacuum flask (BRIT) N garrafa térmica (BR), termo (PT)

vacuum-packed ADJ embalado a vácuo

vagabond ['vægəbɔnd] N vagabundo(-a)

vagary ['veɪgərɪ] N extravagância, capricho

vagina [və'dʒaɪnə] N vagina

vagrancy ['veɪgrənsɪ] N vadiagem *f*

vagrant ['veɪgrənt] N vagabundo(-a), vadio(-a)

vague [veɪg] ADJ vago; (*blurred: memory*) fraco; **I haven't the ~st idea** não tenho a mínima ideia

vaguely ['veɪglɪ] ADV vagamente

vain [veɪn] ADJ (*conceited*) vaidoso; (*useless*) vão/vã, inútil; **in ~** em vão

valance ['væləns] N sanefa

vale [veɪl] N vale *m*

valedictory [vælɪ'dɪktərɪ] ADJ de despedida

valentine ['væləntaɪn] N (*also:* **valentine card**) cartão *m* do Dia dos Namorados; (*person*) namorado; **V~'s Day** Dia *m* dos Namorados

valet ['vælɪt] N (*of lord*) criado pessoal; (*in hotel*) camareiro

valet parking N estacionamento por manobrista

valet service N (*for clothes*) lavagem *f* a seco; (*for car*) limpeza completa

valiant ['væliənt] ADJ carajoso

valid ['vælɪd] ADJ válido

validate ['vælɪdeɪt] VT (*contract, document*) validar, legitimar; (*argument, claim*) confirmar, corroborar

validity [və'lɪdɪtɪ] N validade *f*

valise [və'li:z] N maleta

valley ['vælɪ] N vale *m*

valour, (US) **valor** ['væləʳ] N valor *m*, valentia

valuable ['væljuəbl] ADJ (*jewel*) de valor; (*time*) valioso; (*help*) precioso

valuables ['væljuəblz] NPL objetos *mpl* de valor

valuation [vælju'eɪʃən] N avaliação *f*; (*of quality*) apreciação *f*

value ['vælju:] N valor *m*; (*importance*) importância ▶ VT (*fix price of*) avaliar; (*appreciate*) valorizar, estimar; (*cherish*) apreciar; **values** NPL (*principles*) valores *mpl*; **you get good ~ (for money) in that shop** o seu dinheiro rende mais naquela loja; **to lose (in) ~** desvalorizar-se; **to gain (in) ~** valorizar-se; **to be of great ~ to sb** (*fig*) ser de grande utilidade para alguém; **to be ~d at $8** ser avaliado em $8

value added tax [-'ædɪd-] (BRIT) N imposto sobre a circulação de mercadorias (BR), imposto sobre valor acrescentado (PT)

valued ['vælju:d] ADJ (*appreciated*) valorizado

valuer ['væljuəʳ] N avaliador(a) *m/f*

valve [vælv] N válvula; (*in radio*) lâmpada

vampire ['væmpaɪəʳ] N vampiro(-a)

van [væn] N (*Aut*) camionete *f* (BR), camioneta (PT)

V and A (BRIT) N ABBR = **Victoria and Albert Museum**

vandal ['vændl] N vândalo(-a)

vandalism ['vændəlɪzəm] N vandalismo

vandalize ['vændəlaɪz] VT destruir, depredar

vanguard ['væŋgɑ:d] N: **in the ~ of** na vanguarda de

vanilla [və'nɪlə] N baunilha ▶ CPD (*ice cream*) de baunilha

vanish ['vænɪʃ] vi desaparecer, sumir
vanity ['vænɪtɪ] n vaidade f
vanity case n bolsa de maquilagem
vantage point ['vɑ:ntɪdʒ-] n posição f estratégica
vapor ['veɪpə'] (US) n = **vapour**
vaporize ['veɪpəraɪz] vt vaporizar ▶ vi vaporizar-se
vapour, (US) **vapor** ['veɪpə'] n vapor m
variable ['vɛərɪəbl] adj variável ▶ n variável f
variance ['vɛərɪəns] n: **to be at ~ (with)** estar em desacordo (com)
variant ['vɛərɪənt] n variante f
variation [vɛərɪ'eɪʃən] n variação f; (variant) variante f; (in opinion) mudança
varicose ['værɪkəus] adj: **~ veins** varizes fpl
varied ['vɛərɪd] adj variado
variety [və'raɪətɪ] n variedade f, diversidade f; (type, quantity) variedade; **for a ~ of reasons** por várias or diversas razões
variety show n espetáculo de variedades
various ['vɛərɪəs] adj vários(-as), diversos(-as); (several) vários(-as); **at ~ times** (different) em horas variadas; (several) várias vezes
varnish ['vɑ:nɪʃ] n verniz m; (nail varnish) esmalte m ▶ vt envernizar; (nails) pintar (com esmalte)
vary ['vɛərɪ] vt variar; (change) mudar ▶ vi variar; (deviate) desviar-se; (become different): **to ~ with** or **according to** variar de acordo com
varying ['vɛərɪɪŋ] adj variado
vase [vɑ:z] n vaso
vasectomy [væ'sɛktəmɪ] n vasectomia
Vaseline® ['væsɪli:n] n vaselina®
vast [vɑ:st] adj enorme
vastly ['vɑ:stlɪ] adv (underestimate etc) enormemente; (different) completamente
vastness ['vɑ:stnɪs] n imensidão f
VAT [væt] (BRIT) n abbr (= value added tax) ≈ ICM m (BR), IVA m (PT)
vat [væt] n tina, cuba
Vatican ['vætɪkən] n: **the ~** o Vaticano
vault [vɔ:lt] n (of roof) abóbada; (tomb) sepulcro; (in bank) caixa-forte f; (jump) salto ▶ vt (also: **vault over**) saltar (por cima de)
vaunted ['vɔ:ntɪd] adj: **much-~** tão alardeado
VC n abbr = **vice-chairman**; (BRIT: = Victoria Cross) distinção militar
VCR n abbr = **video cassette recorder**
VD n abbr = **venereal disease**
VDU n abbr = **visual display unit**
veal [vi:l] n carne f de vitela
veer [vɪə'] vi virar
veg. [vɛdʒ] (BRIT inf) n abbr = **vegetable**
vegan ['vi:gən] n vegetalista m/f
vegetable ['vɛdʒtəbl] n (Bot) vegetal m; (edible plant) legume m, hortaliça ▶ adj vegetal; **vegetables** npl (cooked) verduras fpl
vegetable garden n horta

403 | **vanish – verb**

vegetarian [vɛdʒɪ'tɛərɪən] adj, n vegetariano(-a)
vegetate ['vɛdʒɪteɪt] vi vegetar
vegetation [vɛdʒɪ'teɪʃən] n vegetação f
vehemence ['vi:ɪməns] n veemência, violência
vehement ['vi:ɪmənt] adj veemente; (impassioned) apaixonado; (attack) violento
vehicle ['vi:ɪkl] n veículo
vehicular [vɪ'hɪkjulə'] adj: **"no - traffic"** "proibido trânsito de veículos automotores"
veil [veɪl] n véu m ▶ vt velar; **under a ~ of secrecy** (fig) sob um manto de sigilo
veiled [veɪld] adj velado
vein [veɪn] n veia; (of ore etc) filão m; (on leaf) nervura; (fig: mood) tom m
vellum ['vɛləm] n papel m velino
velocity [vɪ'lɔsɪtɪ] n velocidade f
velvet ['vɛlvɪt] n veludo ▶ adj aveludado
vendetta [vɛn'dɛtə] n vendeta
vending machine ['vɛndɪŋ-] n vendedor m automático
vendor ['vɛndə'] n vendedor(a) m/f; **street ~** camelô m
veneer [və'nɪə'] n capa exterior, folheado; (wood) compensado; (fig) aparência
venerable ['vɛnərəbl] adj venerável
venereal [vɪ'nɪərɪəl] adj: **~ disease** doença venérea
Venetian blind [vɪ'ni:ʃən-] n persiana
Venezuela [vɛnɛ'zweɪlə] n Venezuela
Venezuelan [vɛnɛ'zweɪlən] adj, n venezuelano(-a)
vengeance ['vɛndʒəns] n vingança; **with a ~** (fig) para valer
vengeful ['vɛndʒful] adj vingativo
Venice ['vɛnɪs] n Veneza
venison ['vɛnɪsn] n carne f de veado
venom ['vɛnəm] n veneno; (bitterness) malevolência
venomous ['vɛnəməs] adj venenoso; (look, stare) malévolo
vent [vɛnt] n (opening, in jacket) abertura; (also: **air vent**) respiradouro; (in wall) abertura para ventilação ▶ vt (fig: feelings) desabafar, descarregar
ventilate ['vɛntɪleɪt] vt ventilar
ventilation [vɛntɪ'leɪʃən] n ventilação f
ventilation shaft n poço de ventilação
ventilator ['vɛntɪleɪtə'] n ventilador m
ventriloquist [vɛn'trɪləkwɪst] n ventríloquo
venture ['vɛntʃə'] n empreendimento ▶ vt aventurar; (opinion) arriscar ▶ vi arriscar-se; **business ~** empreendimento comercial; **to ~ to do sth** aventurar-se or arriscar-se a fazer algo
venture capital n capital m de especulação
venue ['vɛnju:] n local m; (meeting place) ponto de encontro; (theatre etc) espaço
Venus ['vi:nəs] n (planet) Vênus f
veracity [və'ræsɪtɪ] n veracidade f
veranda, verandah [və'rændə] n varanda
verb [və:b] n verbo

verbal ['vɜːbəl] ADJ verbal
verbally ['vɜːbəlɪ] ADV verbalmente
verbatim [vɜːˈbeɪtɪm] ADJ, ADV palavra por palavra
verbose [vɜːˈbəʊs] ADJ prolixo
verdict ['vɜːdɪkt] N veredicto, decisão f; (fig) opinião f, parecer m; ~ **of guilty/not guilty** veredicto de culpado/não culpado
verge [vɜːdʒ] N beira, margem f; (on road) acostamento (BR), berma (PT); **"soft ~s"** (BRIT Aut) "acostamento mole"; **to be on the ~ of doing sth** estar a ponto or à beira de fazer algo
▶ **verge on** VT FUS beirar em
verger ['vɜːdʒəʳ] N (Rel) sacristão m
verification [vɛrɪfɪˈkeɪʃən] N verificação f
verify ['vɛrɪfaɪ] VT verificar
veritable ['vɛrɪtəbl] ADJ verdadeiro
vermin ['vɜːmɪn] NPL (animals) bichos mpl; (insects, fig) insetos mpl nocivos
vermouth ['vɜːməθ] N vermute m
vernacular [vəˈnækjʊləʳ] N vernáculo; **in the ~** na língua corrente
versatile ['vɜːsətaɪl] ADJ (person) versátil; (machine, tool etc) polivalente; (mind) ágil, flexível
verse [vɜːs] N verso, poesia; (stanza) estrofe f; (in bible) versículo; **in ~** em verso
versed [vɜːst] ADJ: **(well-)~ in** versado em
version ['vɜːʃən] N versão f
versus ['vɜːsəs] PREP contra, versus
vertebra ['vɜːtɪbrə] (pl **vertebrae**) N vértebra
vertebrae ['vɜːtɪbriː] NPL of **vertebra**
vertebrate ['vɜːtɪbrɪt] N vertebrado
vertical ['vɜːtɪkl] ADJ vertical ▶ N vertical f
vertically ['vɜːtɪklɪ] ADV verticalmente
vertigo ['vɜːtɪɡəʊ] N vertigem f; **to suffer from ~** ter vertigens
verve [vɜːv] N garra, pique m
very ['vɛrɪ] ADV muito ▶ ADJ: **the ~ book which** o mesmo livro que; **the ~ thought (of it)** … só de pensar (nisso) …; **at the ~ end** bem no final; **the ~ last** o último (de todos), bem o último; **at the ~ least** no mínimo; **~ much** muitíssimo; **~ little** muito pouco, pouquíssimo
vespers ['vɛspəz] NPL vésperas fpl
vessel ['vɛsl] N (Anat) vaso; (Naut) navio, barco; (container) vaso, vasilha
vest [vɛst] N (BRIT) camiseta (BR), camisola interior (PT); (US: waistcoat) colete m ▶ VT: **to ~ sb with sth, to ~ sth in sb** investir alguém de algo, conferir algo a alguém
vested interest ['vɛstɪd-] N: **to have a ~ in doing** ter um interesse em fazer; **vested interests** NPL (Comm) direitos mpl adquiridos
vestibule ['vɛstɪbjuːl] N vestíbulo
vestige ['vɛstɪdʒ] N vestígio
vestry ['vɛstrɪ] N sacristia
Vesuvius [vɪˈsuːvɪəs] N Vesúvio
vet [vɛt] N ABBR (= veterinary surgeon) veterinário(-a) ▶ VT examinar

veteran ['vɛtərn] N veterano(-a); (also: **war veteran**) veterano de guerra ▶ ADJ: **she's a ~ campaigner for** … ela é uma veterana nas campanhas de …
veteran car N carro antigo
veterinarian [vɛtrɪˈnɛərɪən] (US) N veterinário(-a)
veterinary ['vɛtrɪnərɪ] ADJ veterinário
veterinary surgeon (BRIT) N veterinário(-a)
veto ['viːtəʊ] N (pl **vetoes**) veto ▶ VT vetar; **to put a ~ on** opor seu veto a
vex [vɛks] VT (irritate) irritar, apoquentar; (make impatient) impacientar
vexed [vɛkst] ADJ (question) controvertido, discutido
VFD (US) N ABBR = **voluntary fire department**
VG (BRIT) N ABBR (Sch) = **very good**
VHF ABBR (= very high frequency) VHF, frequência muito alta
VI (US) ABBR (Post) = **Virgin Islands**
via ['vaɪə] PREP por, via
viability [vaɪəˈbɪlɪtɪ] N viabilidade f
viable ['vaɪəbl] ADJ viável
viaduct ['vaɪədʌkt] N viaduto
vibrant ['vaɪbrənt] ADJ (lively) entusiasmado; (colour) vibrante; (voice) ressonante
vibrate [vaɪˈbreɪt] VI vibrar
vibration [vaɪˈbreɪʃən] N vibração f
vicar ['vɪkəʳ] N vigário
vicarage ['vɪkərɪdʒ] N vicariato
vicarious [vɪˈkɛərɪəs] ADJ (pleasure, existence) indireto
vice [vaɪs] N (evil) vício; (Tech) torno mecânico
vice- [vaɪs] PREFIX vice-
vice-chairman (irreg: like **man**) N vice-presidente m/f
vice-chancellor (BRIT) N reitor(a) m/f
vice-president N vice-presidente m/f
vice squad N delegacia de costumes
vice versa ['vaɪsɪˈvɜːsə] ADV vice-versa
vicinity [vɪˈsɪnɪtɪ] N (area: nearness) proximidade f; **in the ~ of** nas proximidades de
vicious ['vɪʃəs] ADJ (violent) violento; (depraved) depravado, vicioso; (cruel) cruel; (bitter) rancoroso
vicious circle N círculo vicioso
viciousness ['vɪʃəsnɪs] N violência; depravação f; crueldade f; rancor m
vicissitudes [vɪˈsɪsɪtjuːdz] NPL vicissitudes fpl
victim ['vɪktɪm] N vítima f
victimization [vɪktɪmaɪˈzeɪʃən] N perseguição f; (in strike) represálias fpl
victimize ['vɪktɪmaɪz] VT (strikers etc) fazer represália contra
victor ['vɪktəʳ] N vencedor(a) m/f
Victorian [vɪkˈtɔːrɪən] ADJ vitoriano
victorious [vɪkˈtɔːrɪəs] ADJ vitorioso
victory ['vɪktərɪ] N vitória; **to win a ~ over sb** conseguir uma vitória sobre alguém
video ['vɪdɪəʊ] N (video film) vídeo; (pop video) videoclipe m; (also: **video cassette**)

videocassete m; (also: **video cassette recorder**) videocassete m ▶ CPD de vídeo
video camera N filmadora
video cassette N videocassete m
video cassette recorder N videocassete m
videophone N videofone m
video recording N gravação f em vídeo
video tape N videoteipe m; (cassette) videocassete m
video wall N painel m de vídeo
vie [vaɪ] VI: **to ~ (with sb)(for sth)** competir (com alguém) (por algo)
Vienna [vɪˈɛnə] N Viena
Vietnam, Viet Nam [ˈvjɛtˈnæm] N Vietnã m (BR), Vietname m (PT)
Vietnamese [vjɛtnəˈmiːz] ADJ vietnamita ▶ N INV vietnamita m/f; (Ling) vietnamita m
view [vjuː] N vista; (outlook) perspectiva; (landscape) paisagem f; (opinion) opinião f, parecer m ▶ VT (look at, fig) olhar; (examine) examinar; **on ~** (in museum etc) em exposição; **in full ~ (of)** à plena vista (de); **an overall ~ of the situation** uma visão geral da situação; **in my ~** na minha opinião; **in ~ of the weather/the fact that** em vista do tempo/do fato de que; **with a ~ to doing sth** com a intenção de fazer algo
viewer [ˈvjuːəʳ] N (small projector) visor m; (person) telespectador(a) m/f
viewfinder [ˈvjuːfaɪndəʳ] N visor m
viewpoint [ˈvjuːpɔɪnt] N ponto de vista; (place) lugar m
vigil [ˈvɪdʒɪl] N vigília; **to keep ~** velar
vigilance [ˈvɪdʒɪləns] N vigilância
vigilant [ˈvɪdʒɪlənt] ADJ vigilante
vigor [ˈvɪɡəʳ] (US) N = **vigour**
vigorous [ˈvɪɡərəs] ADJ vigoroso; (plant) vigoso
vigour, (US) **vigor** [ˈvɪɡəʳ] N energia, vigor m
vile [vaɪl] ADJ (action) vil, infame; (smell) repugnante, repulsivo; (temper) violento
vilify [ˈvɪlɪfaɪ] VT vilipendiar
villa [ˈvɪlə] N (country house) casa de campo; (suburban house) vila, quinta
village [ˈvɪlɪdʒ] N aldeia, povoado
villager [ˈvɪlɪdʒəʳ] N aldeão/aldeã m/f
villain [ˈvɪlən] N (scoundrel) patife m; (BRIT: in novel etc) vilão m; (criminal) marginal m/f
VIN (US) N ABBR = **vehicle identification number**
vindicate [ˈvɪndɪkeɪt] VT vingar; (justify) jusfificar
vindication [vɪndɪˈkeɪʃən] N: **in ~ of** em defesa de
vindictive [vɪnˈdɪktɪv] ADJ vingativo
vine [vaɪn] N vinha, videira; (climbing plant) planta trepadeira
vinegar [ˈvɪnɪɡəʳ] N vinagre m
vine grower N vinhateiro(-a), viticultor(a) m/f
vine-growing ADJ vitícola ▶ N viticultura
vineyard [ˈvɪnjɑːd] N vinha, vinhedo
vintage [ˈvɪntɪdʒ] N vindima; (year) safra, colheita ▶ CPD (comedy) de época; (performance) clássico; **the 1970 ~** a safra de 1970

405 | video camera – visiting hours

vintage car N carro antigo
vintage wine N vinho velho
vinyl [ˈvaɪnl] N vinil m
viola [vɪˈəulə] N viola
violate [ˈvaɪəleɪt] VT violar
violation [vaɪəˈleɪʃən] N violação f; **in ~ of** (rule, law) em violação de
violence [ˈvaɪələns] N violência; (strength) força
violent [ˈvaɪələnt] ADJ violento; (intense) intenso; **a ~ dislike of sb/sth** uma forte aversão a alguém/algo
violently [ˈvaɪələntlɪ] ADV violentamente; (ill, angry) extremamente
violet [ˈvaɪələt] ADJ violeta ▶ N (colour, plant) violeta
violin [vaɪəˈlɪn] N violino
violinist [vaɪəˈlɪnɪst] N violinista m/f
VIP N ABBR (= very important person) VIP m/f
viper [ˈvaɪpəʳ] N víbora
viral [ˈvaɪərəl] ADJ (Med) viral; **to go ~** (Comput) propagar-se rapidamente
virgin [ˈvəːdʒɪn] N virgem m/f ▶ ADJ virgem; **the Blessed V~** a Virgem Santíssima
virginity [vəːˈdʒɪnɪtɪ] N virgindade f
Virgo [ˈvəːɡəu] N Virgem f
virile [ˈvɪraɪl] ADJ viril
virility [vɪˈrɪlɪtɪ] N virilidade f
virtual [ˈvəːtjuəl] ADJ (Comput, Phys) virtual; (in effect): **it's a ~ impossibility** é praticamente impossível; **the ~ leader** o líder na prática
virtually [ˈvəːtjuəlɪ] ADV (almost) praticamente
virtual reality [ˈvəːtjuəl-] N (Comput) realidade f virtual
virtue [ˈvəːtjuː] N virtude f; (advantage) vantagem f; **by ~ of** em virtude de
virtuoso [vəːtjuˈəuzəu] (pl **virtuosos** or **virtuosi**) N virtuoso(-a)
virtuous [ˈvəːtjuəs] ADJ virtuoso
virulent [ˈvɪrulənt] ADJ virulento
virus [ˈvaɪərəs] N vírus m
visa [ˈviːzə] N visto
vis-à-vis [viːzəˈviː] PREP com relação a
viscose [ˈvɪskəuz] N viscose f
viscount [ˈvaɪkaunt] N visconde m
viscous [ˈvɪskəs] ADJ viscoso
vise [vaɪs] (US) N (Tech) = **vice**
visibility [vɪzɪˈbɪlɪtɪ] N visibilidade f
visible [ˈvɪzəbl] ADJ visível; **~ exports/imports** exportações fpl/importações fpl visíveis
visibly [ˈvɪzəblɪ] ADV visivelmente
vision [ˈvɪʒən] N (sight) vista, visão f; (foresight, in dream) visão f
visionary [ˈvɪʒənərɪ] N visionário(-a)
visit [ˈvɪzɪt] N visita ▶ VT (person, US: also: **visit with**) visitar, fazer uma visita a; (place) ir a, ir conhecer; **on a private/official ~** em visita particular/oficial
visiting [ˈvɪzɪtɪŋ] ADJ (speaker, team) visitante
visiting card N cartão m de visita
visiting hours NPL horário de visita

visiting professor N professor(a) m/f de outra faculdade
visitor ['vɪzɪtə^r] N visitante m/f; (to a house) visita; (tourist) turista m/f; (tripper) excursionista m/f
visitors' book N livro de visitas
visor ['vaɪzə^r] N viseira
VISTA ['vɪstə] N ABBR (= Volunteers in Service to America) programa de assistência às regiões pobres
vista ['vɪstə] N vista
visual ['vɪzjuəl] ADJ visual
visual aid N recurso visual
visual display unit N terminal m de vídeo
visualize ['vɪzjuəlaɪz] VT visualizar; (foresee) prever
visually ['vɪzjuəlɪ] ADV visualmente; **~ handicapped** deficiente visual
vital ['vaɪtl] ADJ (essential) essencial, indispensável; (important) de importância vital; (crucial) crucial; (person) vivo; (of life) vital; **of ~ importance** de importância vital
vitality [vaɪ'tælɪtɪ] N energia, vitalidade f
vitally ['vaɪtəlɪ] ADV: **~ important** de importância vital
vital statistics NPL (of population) estatística demográfica; (fig) medidas fpl
vitamin ['vɪtəmɪn] N vitamina
vitiate ['vɪʃɪeɪt] VT viciar
vitreous ['vɪtrɪəs] ADJ vítreo
vitriolic [vɪtrɪ'ɔlɪk] ADJ (fig) mordaz
viva ['vaɪvə] N (also: **viva voce**) exame m oral
vivacious [vɪ'veɪʃəs] ADJ vivaz, animado
vivacity [vɪ'væsɪtɪ] N vivacidade f
vivid ['vɪvɪd] ADJ (account) vívido; (light) claro, brilhante; (imagination, colour) vivo
vividly ['vɪvɪdlɪ] ADV (describe) vividamente; (remember) distintamente
vivisection [vɪvɪ'sɛkʃən] N vivissecção f
vixen ['vɪksn] N raposa; (pej: woman) megera
viz ABBR (= videlicet) a saber
VLF ABBR = **very low frequency**
V-neck N (also: **V-neck jumper**, **V-neck pullover**) suéter f com decote em V
VOA N ABBR (= Voice of America) voz f da América, emissora que transmite para o estrangeiro
vocabulary [vəu'kæbjulərɪ] N vocabulário
vocal ['vəukl] ADJ vocal; (noisy) clamoroso; (articulate) claro, eloquente
vocal cords NPL cordas fpl vocais
vocalist ['vəukəlɪst] N vocalista m/f, cantor(a) m/f
vocals ['vəuklz] NPL vozes fpl
vocation [vəu'keɪʃən] N vocação f
vocational [vəu'keɪʃənl] ADJ vocacional; **~ guidance/training** orientação f vocacional/ensino profissionalizante
vociferous [və'sɪfərəs] ADJ vociferante
vodka ['vɔdkə] N vodca
vogue [vəug] N voga, moda; **to be in ~** estar na moda
voice [vɔɪs] N voz f ▶ VT (opinion) expressar; **in a low/loud ~** em voz baixa/alta; **to give ~ to** dar voz a

voice mail N (system) correio m de voz; (device) caixa f postal
void [vɔɪd] N vazio; (hole) oco ▶ ADJ (null) nulo; (empty): **~ of** destituido de
voile [vɔɪl] N voile m
vol. ABBR (= volume) vol.
volatile ['vɔlətaɪl] ADJ volátil; (situation, person) imprevisível
volcanic [vɔl'kænɪk] ADJ vulcânico
volcano [vɔl'keɪnəu] (pl **volcanoes**) N vulcão m
volition [və'lɪʃən] N: **of one's own ~** de livre vontade
volley ['vɔlɪ] N (of gunfire) descarga, salva; (of stones etc) chuva; (of questions etc) enxurrada, chuva; (Tennis etc) voleio
volleyball ['vɔlɪbɔːl] N voleibol m, vôlei m (BR)
volt [vəult] N volt m
voltage ['vəultɪdʒ] N voltagem f; **high/low ~** alta/baixa tensão
voluble ['vɔljubl] ADJ (person) tagarela; (speech) loquaz
volume ['vɔljuːm] N volume m; (of tank) capacidade f; **~ one/two** tomo um/dois; **his expression spoke ~s** sua expressão disse tudo
volume control N (Radio, TV) controle m de volume
volume discount N (Comm) desconto de volume
voluminous [və'luːmɪnəs] ADJ volumoso
voluntarily ['vɔləntrɪlɪ] ADV livremente, voluntariamente
voluntary ['vɔləntərɪ] ADJ voluntário; (unpaid) (a título) gratuito
voluntary liquidation N (Comm) liquidação f requerida pela empresa
voluntary redundancy (BRIT) N demissão f voluntária
volunteer [vɔlən'tɪə^r] N voluntário(-a) ▶ VT oferecer voluntariamente ▶ VI (Mil) alistar-se voluntariamente; **to ~ to do** oferecer-se voluntariamente para fazer
voluptuous [və'lʌptjuəs] ADJ voluptuoso
vomit ['vɔmɪt] N vômito ▶ VT, VI vomitar
vote [vəut] N voto; (votes cast) votação f; (right to vote) direito de votar; (franchise) título de eleitor ▶ VT: **to be ~d chairman etc** ser eleito presidente etc; (propose): **to ~ that** propor que; (in election) votar ▶ VI votar; **to put sth to the ~, to take a ~ on sth** votar algo, submeter algo à votação; **to ~ for sb** votar em alguém; **to ~ for/against a proposal** votar a favor de/contra uma proposta; **to ~ to do sth** votar a favor de fazer algo; **~ of censure** voto de censura; **~ of confidence** voto de confiança; **~ of thanks** agradecimento
voter ['vəutə^r] N votante m/f, eleitor(a) m/f
voting ['vəutɪŋ] N votação f
voting paper (BRIT) N cédula eleitoral
voting right N direito de voto
voucher ['vautʃə^r] N (also: **luncheon voucher**) vale-refeição m; (with petrol etc) vale m; (gift

voucher) vale *m* para presente; (*receipt*) comprovante *m*
vouch for [vautʃ-] VT FUS garantir, responder por
vow [vau] N voto ▶ VT: **to ~ to do/that** prometer solenemente fazer/que ▶ VI fazer votos; **to take** *or* **make a ~ to do sth** fazer voto de fazer algo
vowel ['vauəl] N vogal *f*
voyage ['vɔɪɪdʒ] N (*journey*) viagem *f*; (*crossing*) travessia
VP N ABBR = **vice-president**
vs ABBR (= *versus*) x

V-sign (BRIT) N *gesto grosseiro*; **to give a ~ to sb** ≈ dar uma banana para alguém
VSO (BRIT) N ABBR = **Voluntary Service Overseas**
VT (US) ABBR (*Post*) = **Vermont**
vulgar ['vʌlgəʳ] ADJ (*rude*) grosseiro, ordinário; (*in bad taste*) vulgar, baixo
vulgarity [vʌl'gærɪtɪ] N grosseria; (*bad taste*) vulgaridade *f*
vulnerability [vʌlnərə'bɪlɪtɪ] N vulnerabilidade *f*
vulnerable ['vʌlnərəbl] ADJ vulnerável
vulture ['vʌltʃəʳ] N abutre *m*, urubu *m*

Ww

W¹, w ['dʌblju:] N (letter) W, w m; **W for William** W de William
W² ABBR (= west) O; (Elec: = watt) W
WA (US) ABBR (Post) = **Washington**
wad [wɔd] N (of cotton wool) chumaço; (of paper) bola; (of banknotes etc) maço
wadding ['wɔdɪŋ] N enchimento
waddle ['wɔdl] VI andar gingando or bamboleando
wade [weɪd] VI: **to ~ through** andar em; (fig: a book) ler com dificuldade ▶ VT vadear, atravessar (a vau)
wafer ['weɪfə'] N (biscuit) bolacha; (Rel) hóstia
wafer-thin ADJ fininho, finíssimo
waffle ['wɔfl] N (Culin) waffle m; (empty talk) lengalenga ▶ VI encher linguiça
waffle iron N fôrma para fazer waffles
waft [wɔft] VT levar ▶ VI flutuar
wag [wæg] VT (tail) sacudir; (finger) menear ▶ VI acenar, abanar; **the dog ~ged its tail** o cachorro abanou o rabo
wage [weɪdʒ] N (also: **wages**) salário, ordenado ▶ VT: **to ~ war** empreender or fazer guerra; **a day's ~s** uma diária
wage claim N reivindicação f salarial
wage differential N desnível m salarial, diferença de salário
wage earner [-ə:nə'] N assalariado(-a)
wage freeze N congelamento de salários
wage packet (BRIT) N envelope m de pagamento
wager ['weɪdʒə'] N aposta, parada ▶ VT apostar
waggle ['wægl] VT mover
waggon, wagon ['wægən] N (horse-drawn) carroça; (BRIT Rail) vagão m
wail [weɪl] N lamento, gemido ▶ VI lamentar-se, gemer; (siren) tocar
waist [weɪst] N cintura
waistcoat ['weɪskəut] (BRIT) N colete m
waistline ['weɪstlaɪn] N cintura
wait [weɪt] N espera ▶ VI esperar; **to lie in ~ for** aguardar em emboscada; **I can't ~ to** (fig) estou morrendo de vontade de; **to ~ for sb/sth** esperar por alguém/algo; **to keep sb ~ing** deixar alguém esperando; **~ a minute!** espera aí!; **"repairs while you ~"** "conserta-se na hora"
▶ **wait behind** VI ficar para trás
▶ **wait on** VT FUS servir
▶ **wait up** VI esperar, não ir dormir; **don't ~ up for me** vá dormir, não espere por mim
waiter ['weɪtə'] N garçom m (BR), empregado (PT)
waiting ['weɪtɪŋ] N: **"no ~"** (BRIT Aut) "proibido estacionar"
waiting list ['weɪtɪŋ-] N lista de espera
waiting room N sala de espera
waitress ['weɪtrɪs] N garçonete f (BR), empregada (PT)
waive [weɪv] VT abrir mão de
waiver ['weɪvə'] N desistência
wake [weɪk] (pt **woke**, pp **woken**) VT (also: **wake up**) acordar ▶ VI acordar ▶ N (for dead person) velório; (Naut) esteira; **to ~ up to sth** (fig) abrir os olhos or acordar para algo; **in the ~ of** (fig) na esteira de; **to follow in sb's ~** (fig) seguir a esteira or o exemplo de alguém
waken ['weɪkən] VT, VI = **wake**
Wales [weɪlz] N País m de Gales; **the Prince of ~** o Príncipe de Gales
walk [wɔ:k] N passeio; (hike) excursão f a pé, caminhada; (gait) passo, modo de andar; (in park etc) alameda, passeio ▶ VI andar; (for pleasure, exercise) passear ▶ VT (distance) percorrer a pé, andar; (dog) levar para passear; **it's 10 minutes' ~ from here** daqui são 10 minutos a pé; **to go for a ~** (ir) dar uma volta; **I'll ~ you home** vou andar com você até a sua casa; **people from all ~s of life** pessoas de todos os níveis
▶ **walk out** VI (go out) sair; (audience) retirar-se; (strike) entrar em greve
▶ **walk out on** VT FUS (family etc) abandonar
walker ['wɔ:kə'] N (person) caminhante m/f
walkie-talkie ['wɔ:kɪ'tɔ:kɪ] N transmissor-receptor m portátil, walkie-talkie m
walking ['wɔ:kɪŋ] N o andar; **it's within ~ distance** dá para ir a pé
walking holiday N férias fpl fazendo excursões a pé
walking shoes NPL sapatos mpl de caminhada
walking stick N bengala
Walkman® N Walkman® m
walk-on ADJ (Theatre: part) de figurante
walkout ['wɔ:kaut] N (of workers) greve f branca

walkover ['wɔ:kəʊvəʳ] (inf) N barbada
walkway ['wɔ:kweɪ] N passeio, passadiço
wall [wɔ:l] N parede f; (exterior) muro; (city wall etc) muralha; **to go to the ~** (fig: firm etc) falir, quebrar
▶ **wall in** VT (garden etc) cercar com muros
wall cupboard N armário de parede
walled [wɔ:ld] ADJ (city) cercado por muralhas; (garden) murado, cercado
wallet ['wɔlɪt] N carteira
wallflower ['wɔ:lflaʊəʳ] N goivo-amarelo; **to be a ~** (fig) tomar chá de cadeira
wall hanging N tapete m
wallop ['wɔləp] (BRIT inf) VT surrar, espancar
wallow ['wɔləʊ] VI (in mud) chafurdar; (in water) rolar; (person: in guilt) regozijar-se; **to ~ in one's own grief** regozijar-se na própria dor
wallpaper ['wɔ:lpeɪpəʳ] N papel m de parede
▶ VT colocar papel de parede em
wall-to-wall ADJ: **~ carpeting** carpete m
walnut ['wɔ:lnʌt] N noz f; (tree, wood) nogueira
walrus ['wɔ:lrəs] (pl **walrus** or **walruses**) N morsa
waltz [wɔ:lts] N valsa ▶ VI valsar
wan [wɔn] ADJ pálido; (smile) amarelo
wand [wɔnd] N (also: **magic wand**) varinha de condão
wander ['wɔndəʳ] VI (person) vagar, perambular; (thoughts) divagar; (get lost) extraviar-se ▶ VT perambular
wanderer ['wɔndərəʳ] N vagabundo(-a)
wandering ['wɔndərɪŋ] ADJ errante; (thoughts) distraído; (tribe) nômade; (minstrel, actor) itinerante
wane [weɪn] VI diminuir; (moon) minguar
wangle ['wæŋgl] (BRIT inf) VT: **to ~ sth** conseguir algo através de pistolão
wanker ['wæŋkəʳ] (!) N babaca m/f
want [wɔnt] VT (wish for) querer; (demand) exigir; (need) precisar de, necessitar; (lack) carecer de ▶ N (poverty) pobreza, miséria; **wants** NPL (needs) necessidades fpl; **for ~ of** por falta de; **to ~ to do** querer fazer; **to ~ sb to do sth** querer que alguém faça algo; **"cook ~ed"** "precisa-se cozinheiro"
want ads (US) NPL classificados mpl
wanted ['wɔntɪd] ADJ (criminal etc) procurado (pela polícia); **you're ~ on the phone** estão querendo falar com você no telefone
wanting ['wɔntɪŋ] ADJ falto, deficiente; **to be found ~** não estar à altura da situação; **to be ~ in** carecer de
wanton ['wɔntən] ADJ (destruction) gratuito, irresponsável; (licentious) libertino, lascivo
war [wɔ:ʳ] N guerra; **to make ~ (on)** fazer guerra (contra); **to go to ~** entrar na guerra; **~ of attrition** guerra de atrição
warble ['wɔ:bl] N gorjeio ▶ VI gorjear
war cry N grito de guerra
ward [wɔ:d] N (in hospital) ala; (Pol) distrito eleitoral; (Law: child) tutelado(-a), pupilo(-a)
▶ **ward off** VT desviar, aparar; (attack) repelir

warden ['wɔ:dn] N (BRIT: of institution) diretor(a) m/f; (of park, game reserve) administrador(a) m/f; (BRIT: also: **traffic warden**) guarda m/f
warder ['wɔ:dəʳ] (BRIT) N carcereiro(-a)
wardrobe ['wɔ:drəʊb] N (cupboard) armário; (clothes) guarda-roupa m
warehouse ['wɛəhaʊs] N armazém m, depósito
wares [wɛəz] NPL mercadorias fpl
warfare ['wɔ:fɛəʳ] N guerra, combate m
war game N jogo de estrategia militar
warhead ['wɔ:hɛd] N ogiva
warily ['wɛərɪlɪ] ADV cautelosamente, com precaução
warlike ['wɔ:laɪk] ADJ guerreiro, bélico
warm [wɔ:m] ADJ quente; (thanks, welcome) caloroso, cordial; (supporter) entusiasmado; **it's ~** está quente; **I'm ~** estou com calor; **to keep sth ~** manter algo aquecido
▶ **warm up** VI (person, room) esquentar; (athlete) fazer aquecimento; (discussion) esquentar-se ▶ VT esquentar
warm-blooded [-'blʌdɪd] ADJ de sangue quente
war memorial N monumento aos mortos
warm-hearted [-'hɑ:tɪd] ADJ afetuoso
warmly ['wɔ:mlɪ] ADV calorosamente, afetuosamente
warmonger ['wɔ:mʌŋgəʳ] N belicista m/f
warmongering ['wɔ:mʌŋgərɪŋ] N belicismo
warmth [wɔ:mθ] N calor m; (friendliness) calor humano
warm-up N (Sport) aquecimento
warn [wɔ:n] VT prevenir, avisar; **to ~ sb against sth** prevenir alguém contra algo; **to ~ sb that/of/(not) to do** prevenir alguém de que/de/para (não) fazer
warning ['wɔ:nɪŋ] N advertência; (in writing) aviso; (signal) sinal m; **without (any) ~** (suddenly) de improviso, inopinadamente; (without notice) sem aviso prévio, sem avisar; **gale ~** (Meteorology) aviso de vendaval
warning light N luz f de advertência
warning triangle N (Aut) triângulo de advertência
warp [wɔ:p] N (Textiles) urdidura ▶ VT deformar ▶ VI empenar, deformar-se
warpath ['wɔ:pɑ:θ] N: **to be on the ~** (fig) estar disposto a brigar
warped [wɔ:pt] ADJ (wood) empenado; (fig: sense of humour) pervertido, deformado
warrant ['wɔrnt] N (guarantee) garantia; (voucher) comprovante m; (Law: to arrest) mandado de prisão; (: to search) mandado de busca ▶ VT (justify) justificar
warrant officer N (Mil) subtenente m; (Naut) suboficial m
warranty ['wɔrəntɪ] N garantia; **under ~** (Comm) sob garantia
warren ['wɔrən] N (of rabbits) lura; (house) coelheira; (fig) labirinto
warring ['wɔ:rɪŋ] ADJ (nations) em guerra; (interests etc) antagônico

warrior ['wɔrɪəʳ] N guerreiro(-a)
Warsaw ['wɔ:sɔ:] N Varsóvia
warship ['wɔ:ʃɪp] N navio de guerra
wart [wɔ:t] N verruga
wartime ['wɔ:taɪm] N: **in ~** em tempo de guerra
wary ['wɛərɪ] ADJ cauteloso, precavido; **to be ~ about** or **of doing sth** hesitar em fazer algo
was [wɒz] PT of **be**
wash [wɒʃ] VT lavar; (sweep, carry: sea etc) levar, arrastar; (: ashore) lançar ▶ VI lavar-se; (sea etc): **to ~ over/against sth** bater/chocar-se contra algo ▶ N (clothes etc) lavagem f; (of ship) esteira; **to have a ~** lavar-se; **to give sth a ~** lavar algo; **he was ~ed overboard** foi arrastado do navio pelas águas
  ▶ **wash away** VT (stain) tirar ao lavar; (subj: river etc) levar, arrastar
  ▶ **wash down** VT lavar; (food) regar
  ▶ **wash off** VT tirar lavando ▶ VI sair ao lavar
  ▶ **wash up** VI (BRIT) lavar a louça; (US) lavar-se
washable ['wɒʃəbl] ADJ lavável
washbasin ['wɒʃbeɪsn] N pia (BR), lavatório (PT)
washbowl ['wɒʃbəul] (US) N = **washbasin**
washcloth ['wɒʃklɔθ] (US) N toalhinha para lavar o rosto
washer ['wɒʃəʳ] N (Tech) arruela, anilha
wash-hand basin (BRIT) N pia (BR), lavatório (PT)
washing ['wɒʃɪŋ] (BRIT) N (dirty) roupa suja; (clean) roupa lavada
washing line (BRIT) N corda de estender roupa, varal m
washing machine N máquina de lavar roupa, lavadora
washing powder (BRIT) N sabão m em pó
Washington ['wɒʃɪŋtən] N (city, state) Washington
washing-up N: **to do the ~** lavar a louça
washing-up liquid (BRIT) N detergente m
wash-out (inf) N fracasso, fiasco
washroom ['wɒʃru:m] (US) N banheiro (BR), casa de banho (PT)
wasn't ['wɒznt] = **was not**
WASP, Wasp [wɒsp] (US inf) N ABBR (= White Anglo-Saxon Protestant) apelido, muitas vezes pejorativo, dado aos membros da classe dominante nos EUA
wasp [wɒsp] N vespa
waspish ['wɒspɪʃ] ADJ irritadiço
wastage ['weɪstɪdʒ] N desgaste m, desperdício; (loss) perda; **natural ~** desgaste natural
waste [weɪst] N desperdício, esbanjamento; (wastage) desperdício; (of time) perda; (food) sobras fpl; (also: **household waste**) detritos mpl domésticos; (rubbish) lixo ▶ ADJ (material) de refugo; (left over) de sobra; (land) baldio ▶ VT (squander) esbanjar, desperdiçar; (time, opportunity) perder; **wastes** NPL ermos mpl; **it's a ~ of money** é jogar dinheiro fora; **to go to ~** ser desperdiçado; **to lay ~** (destroy) devastar
  ▶ **waste away** VI definhar
waste bin (BRIT) N lata de lixo
waste disposal, (BRIT) **waste disposal unit** N triturador m de lixo
wasteful ['weɪstful] ADJ esbanjador(a); (process) antieconômico
waste ground (BRIT) N terreno baldio
wasteland ['weɪstlənd] N terra inculta; (in town) terreno baldio
wastepaper basket ['weɪstpeɪpəʳ-] N cesta de papéis
waste pipe N cano de esgoto
waste products N (Industry) resíduos mpl
watch [wɒtʃ] N (clock) relógio; (also: **wristwatch**) relógio de pulso; (act of watching) vigia; (guard: Mil) sentinela; (Naut: spell of duty) quarto ▶ VT (look at) observar, olhar; (programme, match) assistir a; (television) ver; (spy on, guard) vigiar; (be careful of) tomar cuidado com ▶ VI ver, olhar; (keep guard) montar guarda; **to keep a close ~ on sb/sth** vigiar alguém/algo, ficar de olho em alguém/algo; **~ what you're doing** presta atenção no que você está fazendo
  ▶ **watch out** VI ter cuidado
watchband ['wɒtʃbænd] (US) N pulseira de relógio
watchdog ['wɒtʃdɔg] N cão m de guarda; (fig) vigia m/f
watchful ['wɒtʃful] ADJ vigilante, atento
watchmaker ['wɒtʃmeɪkəʳ] N relojoeiro(-a)
watchman ['wɒtʃmən] (irreg: like **man**) N vigia m; (also: **night watchman**) guarda m noturno; (: in factory) vigia m noturno
watch stem (US) N botão m de corda
watchstrap ['wɒtʃstræp] N pulseira de relógio
watchword ['wɒtʃwə:d] N lema m, divisa
water ['wɔ:təʳ] N água ▶ VT (plant) regar ▶ VI (eyes) lacrimejar; (mouth) salivar; **a drink of ~** um copo d'água; **in British ~s** nas águas territoriais britânicas; **to pass ~** urinar; **to make sb's mouth ~** dar água na boca de alguém
  ▶ **water down** VT (milk) aguar; (fig) diluir
water cannon N tanque de espirrar água para dispersar multidões
water closet (BRIT) N privada
watercolour, (US) **watercolor** ['wɔ:təkʌləʳ] N aquarela
water-cooled [-ku:ld] ADJ refrigerado a água
watercress ['wɔ:təkrɛs] N agrião m
waterfall ['wɔ:təfɔ:l] N cascata, cachoeira
waterfront ['wɔ:təfrʌnt] N (seafront) orla marítima; (docks) zona portuária
water heater N aquecedor m de água, boiler m
water hole N bebedouro, poço
water ice (BRIT) N sorvete de frutas à base de água
watering can ['wɔ:tərɪŋ-] N regador m
water level N nível m d'água
water lily N nenúfar m
waterline ['wɔ:təlaɪn] N (Naut) linha d'água
waterlogged ['wɔ:təlɔgd] ADJ alagado
water main N adutora

watermark ['wɔːtəmɑːk] N (*on paper*) filigrana
watermelon ['wɔːtəmɛlən] N melancia
water polo N polo aquático
waterproof ['wɔːtəpruːf] ADJ impermeável; (*watch*) à prova d'água
water-repellent ADJ hidrófugo
watershed ['wɔːtəʃɛd] N (*Geo*) linha divisória das águas; (*fig*) momento crítico
water-skiing N esqui m aquático
water softener N abrandador m de água
water tank N depósito d'água
watertight ['wɔːtətaɪt] ADJ hermético, à prova d'água
water vapour N vapor m de água
waterway ['wɔːtəweɪ] N hidrovia
waterworks ['wɔːtəwəːks] NPL usina hidráulica
watery ['wɔːtərɪ] ADJ (*colour*) pálido; (*coffee*) aguado; (*eyes*) húmido
watt [wɔt] N watt m
wattage ['wɔtɪdʒ] N wattagem f
wattle ['wɔtl] N caniçada
wave [weɪv] N (*on water, Radio, fig*) onda; (*of hand*) aceno, sinal m; (*in hair*) onda, ondulação f ▶ VI acenar com a mão; (*flag, grass, branches*) tremular ▶ VT (*hand*) acenar; (*handkerchief*) acenar com; (*weapon*) brandir; (*hair*) ondular; **to ~ goodbye to sb** despedir-se de alguém com um aceno; **short/medium/long ~** (*Radio*) ondas curtas/médias/longas; **the new ~** (*Cinema, Mus*) a nova onda
▶ **wave aside** VT (*fig: suggestion, objection*) rejeitar; (*: doubts*) pôr de lado; (*person*): **to ~ sb aside** fazer sinal para alguém pôr-se de lado
▶ **wave away** VT (*fig: suggestion, objection*) rejeitar; (*: doubts*) pôr de lado; (*person*): **to ~ sb away** fazer sinal para alguém pôr-se de lado
waveband ['weɪvbænd] N faixa de onda
wavelength ['weɪvlɛŋθ] N comprimento de onda; **to be on the same ~ as** ter os mesmos gostos e atitudes que
waver ['weɪvə'] VI vacilar; (*voice, eyes, love*) hesitar
wavy ['weɪvɪ] ADJ (*hair*) ondulado; (*line*) ondulante
wax [wæks] N cera ▶ VT encerar; (*car*) polir ▶ VI (*moon*) crescer
waxworks ['wækswəːks] N museu m de cera ▶ NPL (*models*) figuras fpl de cera
way [weɪ] N caminho; (*distance*) percurso; (*direction*) direção f, sentido; (*manner*) maneira, modo; (*habit*) costume m; (*condition*) estado; **which ~? — this ~** por onde? — por aqui; **to crawl one's ~ to ...** arrastar-se até ...; **to lie one's ~ out of it** mentir para livrar-se de apuros; **on the ~ (to)** a caminho (de); **to be on one's ~** estar a caminho; **to be in the ~** atrapalhar; **to keep out of sb's ~** evitar alguém; **it's a long ~ away** é muito longe; **the village is rather out of the ~** o lugarejo é um pouco fora de mão; **to go out of one's ~ to do sth** (*fig*) dar-se ao trabalho de fazer algo; **to lose one's ~** perder-se; **to be under ~** (*work, project*) estar em andamento; **to make ~ (for sb/sth)** abrir caminho (para alguém/algo); **to get one's own ~** conseguir o que quer; **to put sth the right ~ up** (BRIT) colocar algo na posição certa; **to be the wrong ~ round** estar às avessas; **he's in a bad ~** ele vai muito mal; **in a ~** de certo modo, até certo ponto; **in some ~s** a certos respeitos; **by the ~** a propósito; **"~ in"** (BRIT) "entrada"; **"~ out"** (BRIT) "saída"; **the ~ back** o caminho de volta; **"give ~"** (BRIT Aut) "dê a preferência"; **in the ~ of** em matéria de; **by ~ of** (*through*) por, via; (*as a sort of*) à guisa de; **no ~!** (*inf*) de jeito nenhum!
waybill ['weɪbɪl] N (*Comm*) conhecimento
waylay [weɪ'leɪ] (*irreg: like* **lay**) VT armar uma cilada para; (*fig*): **I got waylaid** alguém me deteve
wayside ['weɪsaɪd] N beira da estrada; **to fall by the ~** (*fig*) desistir; (*morally*) corromper-se
way station (US) N (*Rail*) apeadeiro; (*fig*) etapa
wayward ['weɪwəd] ADJ (*behaviour, child*) caprichoso, voluntarioso
WC ['dʌblju'siː] (BRIT) N ABBR (= *water closet*) privada
WCC N ABBR = **World Council of Churches**
we [wiː] PRON PL nós
weak [wiːk] ADJ fraco, débil; (*morally, currency*) fraco; (*excuse*) pouco convincente; (*tea*) aguado, ralo; **to grow ~(er)** enfraquecer, ficar cada vez mais fraco
weaken ['wiːkən] VI enfraquecer(-se); (*give way*) ceder; (*influence, power*) diminuir ▶ VT enfraquecer; (*lessen*) diminuir
weak-kneed [-niːd] ADJ (*fig*) covarde
weakling ['wiːklɪŋ] N pessoa fraca *or* delicada; (*morally*) pessoa de personalidade fraca
weakly ['wiːklɪ] ADJ fraco ▶ ADV fracamente
weakness ['wiːknɪs] N fraqueza; (*fault*) ponto fraco; **to have a ~ for** ter uma queda por
wealth [wɛlθ] N (*money, resources*) riqueza; (*of details*) abundância
wealth tax N imposto sobre fortunas
wealthy ['wɛlθɪ] ADJ (*person, family*) rico, abastado; (*country*) rico
wean [wiːn] VT desmamar
weapon ['wɛpən] N arma; **~s of mass destruction** armas de destruição em massa
wear [wɛə'] (*pt* **wore**, *pp* **worn**) N (*use*) uso; (*deterioration through use*) desgaste m; (*clothing*): **baby/sports ~** roupa infantil/de esporte ▶ VT (*clothes*) usar; (*shoes*) usar, calçar; (*put on*) vestir; (*damage: through use*) desgastar; (*beard etc*) ter ▶ VI (*last*) durar; (*rub through etc*) gastar-se; **town/evening ~** traje m de passeio/de gala; **to ~ a hole in sth** fazer um buraco em algo pelo uso
▶ **wear away** VT gastar ▶ VI desgastar-se
▶ **wear down** VT gastar; (*strength*) esgotar
▶ **wear off** VI (*pain etc*) passar
▶ **wear on** VI alongar-se

▶ **wear out** VT desgastar; (*person, strength*) esgotar
wearable ['wɛərəbl] ADJ que se pode usar
wear and tear N desgaste *m*
wearily ['wɪərɪlɪ] ADV de maneira cansada
weariness ['wɪərɪnɪs] N cansaço, fadiga; (*boredom*) aborrecimento
wearisome ['wɪərɪsəm] ADJ (*tiring*) cansativo; (*boring*) fastidioso
weary ['wɪərɪ] ADJ (*tired*) cansado; (*dispirited*) deprimido ▶ VT aborrecer ▶ VI: **to ~ of** cansar-se de
weasel ['wi:zl] N (*Zool*) doninha
weather ['wɛðəʳ] N tempo ▶ VT (*storm, crisis*) resistir a; **what's the ~ like?** como está o tempo?; **under the ~** (*fig: ill*) doente
weather-beaten ADJ curtido; (*building, stone*) castigado, erodido
weathercock ['wɛðəkɔk] N cata-vento
weather forecast N previsão *f* do tempo
weatherman ['wɛðəmæn] (*irreg: like* **man**: *inf*) N meteorologista *m*
weatherproof ['wɛðəpru:f] ADJ (*garment*) impermeável; (*building*) à prova de intempérie
weather report N boletim *m* meteorológico
weather vane [-veɪn] N = **weathercock**
weave [wi:v] (*pt* **wove**, *pp* **woven**) VT (*cloth*) tecer; (*fig*) compor, criar ▶ VI (*fig: pt, pp* **weaved**: *move in and out*) ziguezaguear
weaver ['wi:vəʳ] N tecelão(-loa) *m/f*
weaving ['wi:vɪŋ] N tecelagem *f*
web [wɛb] N (*of spider*) teia; (*on foot*) membrana; (*network*) rede *f*; **the (World Wide) W~** a (World Wide) Web
web address N endereço web
webbed [wɛbd] ADJ (*foot*) palmípede
webbing ['wɛbɪŋ] N (*on chair*) tira de tecido forte
webcam ['wɛbkæm] N webcam *f*
webinar ['wɛbɪnɑːʳ] N seminário online, webinar *m*
weblog ['wɛblɔg] N weblog *m*
webmail ['wɛbmeɪl] N (serviço *m* de) webmail *m*
web page N página (da) web
website ['wɛbsaɪt] N site *m*, website *m*
wed [wɛd] (*pt, pp* **wedded**) VT casar ▶ VI casar-se ▶ N: **the newly-~s** os recém-casados
Wed. ABBR (= *Wednesday*) qua., 4ª
we'd [wi:d] = **we had**; **we would**
wedded ['wɛdɪd] PT, PP *of* **wed**
wedding ['wɛdɪŋ] N casamento, núpcias *fpl*; **silver/golden ~** (*anniversary*) bodas *fpl* de prata/de ouro
wedding anniversary N aniversário de casamento; **silver/golden ~** bodas *fpl* de prata/de ouro
wedding day N dia *m* de casamento
wedding dress N vestido de noiva
wedding night N noite *f* de núpcias
wedding present N presente *m* de casamento
wedding ring N anel *m or* aliança de casamento
wedge [wɛdʒ] N (*of wood etc*) cunha, calço; (*of cake*) fatia ▶ VT (*pack tightly*) apinhar; (*door*) pôr calço em
wedge-heeled shoes [-hi:ld-] NPL sapatos *mpl* tipo Annabella
wedlock ['wɛdlɔk] N matrimônio, casamento
Wednesday ['wɛdnzdɪ] N quarta-feira; *see also* **Tuesday**
wee [wi:] (SCOTLAND) ADJ pequeno, pequenino
weed [wi:d] N erva daninha ▶ VT capinar
weedkiller ['wi:dkɪləʳ] N herbicida *m*
weedy ['wi:dɪ] ADJ (*man*) fraquinho
week [wi:k] N semana; **once/twice a ~** uma vez/duas vezes por semana; **in two ~s' time** daqui a duas semanas; **a ~ today** daqui a uma semana; **Tuesday ~, a ~ on Tuesday** sem ser essa terça-feira, a outra; **every other ~** uma semana sim, uma semana não
weekday ['wi:kdeɪ] N dia *m* de semana; (*Comm*) dia útil; **on ~s** durante a semana
weekend ['wi:kɛnd] N fim *m* de semana
weekend case N maleta
weekly ['wi:klɪ] ADV semanalmente ▶ ADJ semanal ▶ N semanário
weep [wi:p] (*pt, pp* **wept**) VI (*person*) chorar; (*Med: wound*) supurar
weeping willow ['wi:pɪŋ-] N salgueiro chorão
weft [wɛft] N (*Textiles*) trama
weigh [weɪ] VT, VI pesar; **to ~ anchor** levantar ferro; **to ~ the pros and cons** pesar os prós e contras
▶ **weigh down** VT sobrecarregar; (*fig: with worry*) deprimir, acabrunhar
▶ **weigh out** VT (*goods*) pesar
▶ **weigh up** VT ponderar, avaliar
weighbridge ['weɪbrɪdʒ] N báscula automática
weighing machine ['weɪɪŋ-] N balança
weight [weɪt] N peso ▶ VT carregar com peso; (*fig: statistic*) ponderar; **to lose/put on ~** emagrecer/engordar; **sold by ~** vendido por peso; **~s and measures** pesos e medidas
weighting ['weɪtɪŋ] N (*allowance*) indenização *f* de residência
weightlessness ['weɪtlɪsnɪs] N ausência de peso
weightlifter ['weɪtlɪftəʳ] N levantador *m* de pesos
weight training N musculação *f*
weighty ['weɪtɪ] ADJ pesado; (*matters*) importante
weir [wɪəʳ] N represa, açude *m*
weird [wɪəd] ADJ esquisito, estranho
weirdo ['wɪədəu] N (*inf*) esquisitão(-tona) *m/f*
welcome ['wɛlkəm] ADJ bem-vindo ▶ N acolhimento, recepção *f* ▶ VT dar as boas-vindas a; (*be glad of*) saudar; **you're ~** (*after thanks*) de nada; **to make sb ~** dar bom acolhimento a alguém; **you're ~ to try** pode tentar se quiser

welcoming ['wɛlkəmɪŋ] ADJ acolhedor(a); (*speech*) de boas-vindas
weld [wɛld] N solda ▶ VT soldar, unir
welder ['wɛldəʳ] N (*person*) soldador(a) *m/f*
welding ['wɛldɪŋ] N soldagem *f*, solda
welfare ['wɛlfɛəʳ] N bem-estar *m*; (*social aid*) assistência social
welfare state N país auto-financiador da sua assistência social
welfare work N trabalho social
well [wɛl] N poço; (*pool*) nascente *f* ▶ ADV bem ▶ ADJ: **to be ~** estar bem (de saúde) ▶ EXCL bem!, então!; **as ~** também; **as ~ as** assim como; **~ done!** muito bem!; **get ~ soon!** melhoras!; **to do ~** ir *or* sair-se bem; (*business*) ir bem; **to think ~ of sb** ter um bom conceito a respeito de alguém; **I don't feel ~** não estou me sentindo bem; **you might as ~ tell me** é melhor você me contar logo; **~, as I was saying ...** bem, como eu estava dizendo ...
▶ **well up** VI brotar
we'll [wiːl] = **we will; we shall**
well-behaved [-bɪ'heɪvd] ADJ bem comportado
well-being N bem-estar *m*
well-bred ADJ bem educado
well-built ADJ (*person*) robusto; (*house*) bem construído
well-chosen ADJ bem escolhido
well-deserved [-dɪ'zəːvd] ADJ bem merecido
well-developed [-dɪ'vɛləpt] ADJ bem desenvolvido
well-disposed ADJ: **~ to(wards)** favorável a
well-dressed [-drɛst] ADJ bem vestido
well-earned ADJ (*rest*) bem merecido
well-groomed [-gruːmd] ADJ bem tratado
well-heeled [-hiːld] (*inf*) ADJ (*wealthy*) rico
well-informed ADJ bem informado, versado
wellingtons ['wɛlɪŋtənz] NPL (*also*: **wellington boots**) botas de borracha até os joelhos
well-kept ADJ (*house, hands etc*) bem tratado; (*secret*) bem guardado
well-known ADJ conhecido; **it's a ~ fact that ...** é sabido que ...
well-mannered [-'mænəd] ADJ bem educado
well-meaning ADJ bem intencionado
well-nigh [-naɪ] ADV: **~ impossible** praticamente impossível
well-off ADJ próspero, rico
well-read ADJ lido, versado
well-spoken ADJ (*person*) bem-falante
well-stocked [-stɔkt] ADJ bem abastecido
well-timed [-taɪmd] ADJ oportuno
well-to-do ADJ abastado
well-wisher [-'wɪʃəʳ] N simpatizante *m/f*; (*admirer*) admirador(a) *m/f*
Welsh [wɛlʃ] ADJ galês/galesa ▶ N (*Ling*) galês *m*; **the Welsh** NPL (*people*) os galeses
Welshman ['wɛlʃmən] (*irreg: like* **man**) N galês *m*
Welsh rarebit N torradas com queijo derretido
Welshwoman ['wɛlʃwumən] (*irreg: like* **woman**) N galesa

welter ['wɛltəʳ] N tumulto
went [wɛnt] PT *of* **go**
wept [wɛpt] PT, PP *of* **weep**
were [wəːʳ] PT *of* **be**
we're [wɪəʳ] = **we are**
weren't [wəːnt] = **were not**
werewolf ['wɪəwulf] (*irreg: like* **wolf**) N lobisomem *m*
west [wɛst] N oeste *m* ▶ ADJ ocidental, do oeste ▶ ADV para o oeste *or* ao oeste; **the W~** (*Pol*) o Oeste, o Ocidente
westbound ['wɛstbaund] ADJ em direção ao oeste
West Country (BRIT) N: **the ~** o sudoeste da Inglaterra
westerly ['wɛstəlɪ] ADJ (*situation*) ocidental; (*wind*) oeste
western ['wɛstən] ADJ ocidental ▶ N (*Cinema*) western *m*, bangue-bangue (BR *inf*)
westernized ['wɛstənaɪzd] ADJ ocidentalizado
West German ADJ, N alemão(-ã) *m/f* ocidental
West Germany N Alemanha Ocidental
West Indian ADJ, N antilhano(-a)
West Indies [-'ɪndɪz] NPL Antilhas *fpl*
Westminster ['wɛstmɪnstəʳ] N (BRIT *Parliament*) o Parlamento britânico
westward ['wɛstwəd], **westwards** ['wɛstwədz] ADV para o oeste
wet [wɛt] ADJ molhado; (*damp*) úmido; (*wet through*) encharcado; (*rainy*) chuvoso ▶ N (BRIT *Pol*) político de tendência moderada ▶ VT (*pt, pp* **wet** *or* **wetted**) molhar; **to ~ one's pants** *or* **o.s.** fazer xixi na calça; **to get ~** molhar-se; **"~ paint"** "tinta fresca"
wet blanket (*pej*) N (*fig*) desmancha-prazeres *m/f inv*
wetness ['wɛtnɪs] N umidade *f*
wetsuit ['wɛtsuːt] N roupa de mergulho
we've [wiːv] = **we have**
whack [wæk] VT bater
whacked [wækt] (*inf*) ADJ morto, esgotado
whale [weɪl] N (*Zool*) baleia
whaler ['weɪləʳ] N baleeiro
whaling ['weɪlɪŋ] N caça a baleias
wharf [wɔːf] (*pl* **wharves**) N cais *m inv*
wharves [wɔːvz] NPL *of* **wharf**

(KEYWORD)

what [wɔt] ADJ **1** (*in direct/indirect questions*) que, qual; **what size is it?** que tamanho é este?; **what colour/shape is it?** qual é a cor/o formato?; **what books do you need?** que livros você precisa?; **he asked me what books I needed** ele me perguntou de quais os livros eu precisava

2 (*in exclamations*) quê!, como!; **what a mess!** que bagunça!

▶ PRON **1** (*interrogative*) que, o que; **what are you doing?** o que é que você está fazendo?; **what's happened?** o que aconteceu?; **what's in there?** o que é que tem lá dentro?; **what are you talking about?** sobre o que você está falando?; **what is it called?** como

se chama?; **what about me?** e eu?; **what about doing ...?** que tal fazer ...?
2 (*relative*) o que; **I saw what you did/was on the table** eu vi o que você fez/estava na mesa; **he asked me what she had said** ele me perguntou o que ela tinha dito
▶ EXCL (*disbelieving*): **what, no coffee?** ué, não tem café?; **I've crashed the car — what!** bati com o carro — o quê!

whatever [wɔt'ɛvə^r] ADJ: **~ book you choose** qualquer livro que você escolha ▶ PRON: **do ~ is necessary/you want** faça tudo o que for preciso/o que você quiser; **~ happens** aconteça o que acontecer; **no reason ~** nenhuma razão seja qual for *or* em absoluto; **nothing ~** nada em absoluto
whatsoever [wɔtsəu'ɛvə^r] ADJ = **whatever**
wheat [wi:t] N trigo
wheatgerm ['wi:tdʒə:m] N germe *m* de trigo
wheatmeal ['wi:tmi:l] N farinha de trigo
wheedle ['wi:dl] VT: **to ~ sb into doing sth** persuadir alguém a fazer algo; **to ~ sth out of sb** conseguir algo de alguém por meio de agrados
wheel [wi:l] N roda; (*also*: **steering wheel**) volante *m*; (*Naut*) roda do leme ▶ VT (*pram etc*) empurrar ▶ VI (*birds*) dar voltas; (*also*: **wheel round**) girar, dar voltas, virar-se
wheelbarrow ['wi:lbærəu] N carrinho de mão
wheelbase ['wi:lbeɪs] N distância entre os eixos
wheelchair ['wi:ltʃɛə^r] N cadeira de rodas
wheel clamp N (*Aut*) grampo com que se imobiliza carros estacionados ilegalmente
wheeler-dealer ['wi:lə^r-] N negocista *m/f*
wheelhouse ['wi:lhaus] N casa do leme
wheeling ['wi:lɪŋ] N: **~ and dealing** negociatas *fpl*
wheeze [wi:z] N respiração *f* difícil, chiado ▶ VI respirar ruidosamente

(KEYWORD)

when [wɛn] ADV quando; **when are you going to Brazil?** quando você vai para o Brasil?
▶ CONJ **1** (*at, during, after the time that*) quando; **she was reading when I came in** ela estava lendo quando eu entrei; **when you've read it, tell me what you think** depois que você tiver lido isto, diga-me o que acha; **that was when I needed you** foi quando eu precisei de você
2 (*on, at which*) quando, em que; **on the day when I met him** no dia em que o conheci; **one day when it was raining** um dia quando estava chovendo
3 (*whereas*) ao passo que; **you said I was wrong when in fact I was right** você disse que eu estava errado quando, na verdade, eu estava certo; **why did you buy it when you can't afford it?** por que você comprou isto se não tinha condições (de fazê-lo)

whenever [wɛn'ɛvə^r] CONJ quando, quando quer que; (*every time that*) sempre que ▶ ADV quando você quiser
where [wɛə^r] ADV onde ▶ CONJ onde, aonde; **this is ~ ...** aqui é onde ...; **~ are you from?** de onde você é?
whereabouts ['wɛərəbauts] ADV (por) onde ▶ N: **nobody knows his ~** ninguém sabe o seu paradeiro
whereas [wɛər'æz] CONJ uma vez que, ao passo que
whereby [wɛə'baɪ] ADV (*formal*) pelo qual (*or* pela qual *etc*)
whereupon [wɛərə'pɔn] ADV depois do que
wherever [wɛər'ɛvə^r] CONJ onde quer que ▶ ADV (*interrogative*) onde?; **sit ~ you like** sente-se onde quiser
wherewithal ['wɛəwɪðɔ:l] N recursos *mpl*, meios *mpl*
whet [wɛt] VT afiar; (*appetite*) abrir
whether ['wɛðə^r] CONJ se; **I don't know ~ to accept or not** não sei se aceito ou não; **~ you go or not** quer você vá quer não; **it's doubtful ~ ...** não é certo que ...
whey [weɪ] N soro (de leite)

(KEYWORD)

which [wɪtʃ] ADJ **1** (*interrogative*) que, qual; **which picture do you want?** que quadro você quer?; **which books are yours?** quais são os seus livros?; **which one?** qual?
2: **in which case** em cujo caso; **the train may be late, in which case don't wait up** o trem talvez esteja atrasado e, neste caso, não espere; **by which time** momento em que; **we got there at 8pm, by which time the cinema was full** quando chegamos lá às 8 da noite, o cinema estava lotado
▶ PRON **1** (*interrogative*) qual; **which (of these) are yours?** quais (destes) são seus?; **I don't mind which** não me importa qual
2 (*relative*) que, o que, o qual *etc*; **the apple which you ate** a maçã que você comeu; **the apple which is on the table** a maçã que está sobre a mesa; **the meeting (which) we attended** a reunião da qual participamos; **the chair on which you are sitting** a cadeira na qual você está sentado; **the book of which you spoke** o livro do qual você falou; **he said he knew, which is true** ele disse que sabia, o que é verdade; **after which** depois do que

whichever [wɪtʃ'ɛvə^r] ADJ: **take ~ book you prefer** pegue o livro que preferir; **~ book you take** qualquer livro que você pegue
whiff [wɪf] N cheiro; **to catch a ~ of sth** tomar o cheiro de algo
while [waɪl] N tempo, momento ▶ CONJ enquanto, ao mesmo tempo que; (*as long as*) contanto que; (*although*) embora; **for a ~** durante algum tempo; **in a ~** daqui a pouco; **all the ~** todo o tempo; **we'll make**

it worth your ~ faremos com que valha a pena para você
▶ **while away** VT (*time*) encher
whilst [waɪlst] CONJ = **while**
whim [wɪm] N capricho, veneta
whimper ['wɪmpə^r] N (*weeping*) choradeira; (*moan*) lamúria ▶ VI choramingar, soluçar
whimsical ['wɪmzɪkl] ADJ (*person*) caprichoso, de veneta; (*look*) excêntrico
whine [waɪn] N (*of pain*) gemido; (*of engine, siren*) zunido ▶ VI (*person, animal*) gemer; zunir; (*fig*) lamuriar-se; (*dog*) ganir
whip [wɪp] N açoite m; (*for riding*) chicote m; (Pol) líder m/f da bancada ▶ VT chicotear; (*snatch*) apanhar de repente; (*cream, eggs*) bater; (*move quickly*): **to ~ sth out/off/away** *etc* arrancar algo
▶ **whip up** VT (*cream*) bater; (*inf: meal*) arrumar; (*stir up: feeling*) atiçar; (: *support*) angariar
whiplash ['wɪplæʃ] N (*Med: also:* **whiplash injury**) golpe m de chicote, chicotinho
whipped cream [wɪpt-] N creme m chantilly
whipping boy ['wɪpɪŋ-] N (*fig*) bode m expiatório
whip-round (BRIT) N coleta, vaquinha
whirl [wəːl] N remoinho ▶ VT fazer girar ▶ VI (*dancers*) rodopiar; (*leaves, water etc*) redemoinhar
whirlpool ['wəːlpuːl] N remoinho
whirlwind ['wəːlwɪnd] N furacão m, remoinho
whirr [wəː^r] VI zumbir
whisk [wɪsk] N (*Culin*) batedeira ▶ VT bater; **to ~ sth away from sb** arrebatar algo de alguém; **to ~ sb away** *or* **off** levar alguém rapidamente
whiskers ['wɪskəz] NPL (*of animal*) bigodes mpl; (*of man*) suíças fpl
whisky, (US, IRELAND) **whiskey** ['wɪskɪ] N uísque m (BR), whisky m (PT)
whisper ['wɪspə^r] N sussurro, murmúrio; (*rumour*) rumor m ▶ VT, VI sussurrar; **to ~ sth to sb** sussurrar algo para alguém
whispering ['wɪspərɪŋ] N sussurros mpl
whist [wɪst] (BRIT) N uíste m (BR), whist m (PT)
whistle ['wɪsl] N (*sound*) assobio; (*object*) apito ▶ VT, VI assobiar
whistle-stop ADJ: **to make a ~ tour** (Pol) fazer uma viagem eleitoral
Whit [wɪt] N Pentecostes m
white [waɪt] ADJ branco; (*pale*) pálido ▶ N branco; (*of egg*) clara; **the whites** NPL (*washing*) a roupa branca; **tennis ~s** traje m de tênis; **to turn** *or* **go ~** (*person*) ficar branco *or* pálido; (*hair*) ficar grisalho
whitebait ['waɪtbeɪt] N filhote m de arenque
whiteboard ['waɪtbɔːd] N quadro branco; **interactive ~** quadro interativo
white coffee (BRIT) N café m com leite
white-collar worker N empregado(-a) de escritório
white elephant N (*fig*) elefante m branco

white goods N eletrodomésticos mpl
white-hot ADJ (*metal*) incandescente
White House N *ver nota*

A Casa Branca (**White House**) é um grande edifício branco situado em Washington D.C. onde reside o presidente dos Estados Unidos. Por extensão, o termo se refere também ao poder executivo americano.

white lie N mentira inofensiva *or* social
whiteness ['waɪtnɪs] N brancura
white noise N ruído branco
whiteout ['waɪtaut] N resplendor m branco
White Paper N (Pol) relatório oficial sobre determinado assunto
whitewash ['waɪtwɔʃ] N (*paint*) cal f ▶ VT caiar; (*fig*) encobrir
whiting ['waɪtɪŋ] N INV pescada-marlonga
Whit Monday N segunda-feira de Pentecostes
Whitsun ['wɪtsn] N Pentecostes m
whittle ['wɪtl] VT aparar; **to ~ away**, **~ down** reduzir gradualmente, corroer
whizz [wɪz] VI zunir; **to ~ past** *or* **by** passar a toda velocidade
whizz kid (*inf*) N prodígio
WHO N ABBR (= *World Health Organization*) OMS f

(KEYWORD)

who [huː] PRON **1** (*interrogative*) quem?; **who is it?** quem é?; **who's there?** quem está aí?; **who are you looking for?** quem você está procurando?
2 (*relative*) que, o qual *etc*, quem; **my cousin, who lives in New York** meu primo que mora em Nova Iorque; **the man/woman who spoke to me** o homem/a mulher que falou comigo; **those who can swim** aqueles que sabem nadar

whodunit [huːˈdʌnɪt] (*inf*) N romance m (*or* filme m) policial
whoever [huːˈɛvə^r] PRON: **~ finds it** quem quer que *or* seja quem for que o encontre; **ask ~ you like** pergunte a quem quiser; **~ he marries** não importa com quem se case; **~ told you that?** quem te disse isso pelo amor de Deus?
whole [həul] ADJ (*complete*) todo, inteiro; (*not broken*) intacto ▶ N (*all*): **the ~ of the time** o tempo todo; (*entire unit*) conjunto; (*total*) total m; **the ~ lot (of it)** tudo; **the ~ lot (of them)** todos(-as); **the ~ of the town** toda a cidade, a cidade inteira; **~ villages were destroyed** lugarejos inteiros foram destruídos; **on the ~**, **as a ~** como um todo, no conjunto
wholefood [ˈhəulfuːd] N, **wholefoods** [ˈhəulfuːdz] NPL comida integral
wholehearted [həulˈhɑːtɪd] ADJ total
wholemeal [ˈhəulmiːl] (BRIT) ADJ (*flour, bread*) integral
whole note (US) N semibreve f

wholesale ['həʊlseɪl] N venda por atacado ▶ ADJ por atacado; (*destruction*) em grande escala ▶ ADV por atacado
wholesaler ['həʊlseɪləʳ] N atacadista m/f
wholesome ['həʊlsəm] ADJ saudável, sadio
wholewheat ['həʊlwiːt] ADJ = **wholemeal**
wholly ['həʊlɪ] ADV totalmente, completamente

(KEYWORD)

whom [huːm] PRON **1** (*interrogative*) quem?; **whom did you see?** quem você viu?; **to whom did you give it?** para quem você deu isto?
2 (*relative*) que, quem; **the man whom I saw/to whom I spoke** o homem que eu vi/com quem eu falei

whooping cough ['huːpɪŋ-] N coqueluche f
whoosh [wuʃ] N chio
whopper ['wɔpəʳ] (*inf*) N (*lie*) lorota; (*large thing*): **it was a ~** era enorme
whopping ['wɔpɪŋ] (*inf*) ADJ (*big*) imenso
whore [hɔːʳ] (*inf: pej*) N puta

(KEYWORD)

whose [huːz] ADJ **1** (*possessive: interrogative*): **whose book is this?**, **whose is this book?** de quem é este livro?; **I don't know whose it is** eu não sei de quem é isto
2 (*possessive: relative*): **the man whose son you rescued** o homem cujo filho você salvou; **the girl whose sister you were speaking to** a menina com cuja irmã você estava falando; **the woman whose car was stolen** a mulher de quem o carro foi roubado
▶ PRON de quem; **whose is this?** de quem é isto?; **I know whose it is** eu seu de quem é; **whose are these?** de quem são estes?

Who's Who N Quem é quem (*registro de notabilidades*)

(KEYWORD)

why [waɪ] ADV por que (BR), porque (PT); (*at end of sentence*) por quê (BR), porquê (PT); **why is he always late?** por que ele está sempre atrasado?; **I'm not coming — why not?** eu não vou — por que não?
▶ CONJ por que; **I wonder why he said that** eu me pergunto por que ele disse isso; **that's not why I'm here** não é por isso que estou aqui; **the reason why** a razão por que
▶ EXCL (*expressing surprise, shock, annoyance*) ora essa!; (*explaining*) bem!; **why, it's you!** ora, é você!

whyever [waɪˈɛvəʳ] ADV mas por que
WI N ABBR (BRIT: = *Women's Institute*) associação de mulheres ▶ ABBR (*Geo*) = **West Indies**; (US Post) = **Wisconsin**
wick [wɪk] N mecha, pavio

wicked ['wɪkɪd] ADJ (*crime, man, witch*) perverso; (*smile*) malicioso; (*inf: terrible: prices, waste*) terrível
wicker ['wɪkəʳ] N (*also*: **wickerwork**) (trabalho de) vime m ▶ ADJ de vime
wicket ['wɪkɪt] N (*Cricket*) arco
wicket keeper N (*Cricket*) guarda-meta m (no críquete)
wide [waɪd] ADJ largo; (*broad*) extenso, amplo; (*area, publicity, knowledge*) amplo ▶ ADV: **to open ~** abrir totalmente; **to shoot ~** atirar longe do alvo; **it is 4 metres ~** tem 4 metros de largura
wide-angle lens N lente f grande angular
wide-awake ADJ bem acordado; (*fig*) vivo, esperto
wide-eyed [-aɪd] ADJ de olhos arregalados; (*fig*) ingênuo
widely ['waɪdlɪ] ADV (*different*) extremamente; (*travelled, spaced*) muito; (*believed, known*) ampliamente; **it is ~ believed that ...** há uma convicção generalizada de que ...; **to be ~ read** ser muito lido
widen ['waɪdən] VT (*road, river*) alargar; (*one's experience*) aumentar ▶ VI alargar-se
wideness ['waɪdnɪs] N largura; (*breadth*) extensão f
wide open ADJ (*eyes*) arregalado; (*door*) escancarado
wide-ranging [-'reɪndʒɪŋ] ADJ (*survey, report*) abrangente; (*interests*) diversos
widespread ['waɪdspred] ADJ (*belief etc*) difundido, comum
widget ['wɪdʒɪt] N (*gadget*) pequeno utensílio; (*Comput*) widget m
widow ['wɪdəʊ] N viúva
widowed ['wɪdəʊd] ADJ viúvo
widower ['wɪdəʊəʳ] N viúvo
width [wɪdθ] N largura; **it's 7 metres in ~** tem 7 metros de largura
widthways ['wɪdθweɪz] ADV transversalmente
wield [wiːld] VT (*sword*) brandir, empunhar; (*power*) exercer
wife [waɪf] (*pl* **wives**) N mulher f, esposa
Wi-Fi ['waɪfaɪ] N Wi-Fi m
wig [wɪg] N peruca
wigging ['wɪgɪŋ] (BRIT *inf*) N sabão m, descompostura
wiggle ['wɪgl] VT menear, agitar ▶ VI menear, agitar-se
wiggly ['wɪglɪ] ADJ (*line*) ondulado
wiki ['wɪkiː] N (*Comput*) wiki f
wild [waɪld] ADJ (*animal*) selvagem; (*plant*) silvestre; (*rough*) violento, furioso; (*idea*) disparatado, extravagante; (*person*) insensato; (*enthusiastic*): **to be ~ about** ser louco por ▶ N: **the ~** a natureza; **wilds** NPL (*remote area*) regiões fpl selvagens, terras fpl virgens
wild card N (*Comput*) caractere m de substituição
wildcat ['waɪldkæt] N gato selvagem; (US: *lynx*) lince m

wildcat strike N greve espontánea e não autorizada pelo sindicato
wilderness ['wɪldənɪs] N ermo; (in Brazil) sertão m
wildfire ['waɪldfaɪə'] N: **to spread like ~** espalhar-se rapidamente
wild-goose chase N (fig) busca inútil
wildlife ['waɪldlaɪf] N animais mpl (e plantas fpl) selvagens
wildly ['waɪldlɪ] ADV (behave) freneticamente; (hit, guess) irrefletidamente; (happy) extremamente
wiles [waɪlz] NPL artimanhas fpl, estratagemas mpl
wilful, (US) **willful** ['wɪlful] ADJ (person) teimoso, voluntarioso; (action) deliberado, intencional; (crime) premeditado

(KEYWORD)

will [wɪl] AUX VB **1** (forming future tense): **I will finish it tomorrow** vou acabar isto amanhã; **I will have finished it by tomorrow** até amanhã eu terei terminado isto; **will you do it? — yes I will/no I won't** você vai fazer isto? — sim, vou/não eu não vou

2 (in conjectures, predictions): **he will come** ele virá; **he will** or **he'll be there by now** nesta altura ele está lá; **that will be the postman** deve ser o carteiro; **this medicine will/won't help you** este remédio vai/não vai fazer efeito em você

3 (in commands, requests, offers): **will you be quiet!** fique quieto, por favor!; **will you come?** você vem?; **will you help me?** você pode me ajudar?; **will you have a cup of tea?** você vai querer uma xícara de chá or um chá?; **I won't put up with it** eu não vou tolerar isto

▶ VT (pt, pp **willed**) **to will sb to do sth** desejar que alguém faça algo; **he willed himself to go on** reuniu grande força de vontade para continuar

▶ N (volition) vontade f; (testament) testamento

willful ['wɪlful] (US) ADJ = **wilful**
willing ['wɪlɪŋ] ADJ (with goodwill) disposto, pronto; (enthusiastic) entusiasmado; (submissive) complacente ▶ N: **to show ~** mostrar boa vontade; **he's ~ to do it** ele é disposto a fazê-lo
willingly ['wɪlɪŋlɪ] ADV de bom grado, de boa vontade
willingness ['wɪlɪŋnɪs] N boa vontade f, disposição f
will-o'-the-wisp N fogo-fátuo; (fig) quimera
willow ['wɪləu] N salgueiro
willpower ['wɪlpauə'] N força de vontade
willy-nilly ['wɪlɪ'nɪlɪ] ADV quer queira ou não
wilt [wɪlt] VI (flower) murchar; (plant) morrer
Wilts [wɪlts] (BRIT) ABBR = **Wiltshire**
wily ['waɪlɪ] ADJ esperto, astuto
wimp [wɪmp] (inf) N banana m

417 | **wildcat strike - windy**

win [wɪn] (pt, pp **won**) N (in sports etc) vitória
▶ VT ganhar, vencer; (obtain) conseguir, obter; (support) alcançar ▶ VI ganhar
▶ **win over** VT conquistar
▶ **win round** (BRIT) VT = **win over**
wince [wɪns] VI encolher-se, estremecer ▶ N estremecimento
winch [wɪntʃ] N guincho
wind¹ [wɪnd] N vento; (Med) gases mpl, flatulência; (breath) fôlego ▶ VT (take breath away from) deixar sem fôlego; **the ~(s)** (Mus) instrumentos mpl de sopro; **into** or **against the ~** contra o vento; **to get ~ of sth** (fig) ter notícia de algo, tomar conhecimento de algo; **to break ~** soltar gases intestinais
wind² [waɪnd] (pt, pp **wound**) VT enrolar, bobinar; (wrap) envolver; (clock, toy) dar corda a ▶ VI (road, river) serpentear
▶ **wind down** VT (car window) abaixar, abrir; (fig: production, business) diminuir gradativamente
▶ **wind up** VT (clock) dar corda em; (debate) rematar, concluir
windbreak ['wɪndbreɪk] N quebra-ventos m
windbreaker ['wɪndbreɪkə'] (US) N anoraque m
windcheater ['wɪndtʃiːtə'] (BRIT) N anoraque m
winder ['waɪndə'] (BRIT) N (on watch) botão m de corda
windfall ['wɪndfɔːl] N golpe m de sorte
wind farm N parque m eólico
winding ['waɪndɪŋ] ADJ (road) sinuoso, tortuoso; (staircase) de caracol, em espiral
wind instrument N (Mus) instrumento de sopro
windmill ['wɪndmɪl] N moinho de vento
window ['wɪndəu] N janela; (in shop etc) vitrine f (BR), montra f (PT)
window box N jardineira (no peitoril da janela)
window cleaner N (person) limpador(a) m/f de janelas
window dressing N decoração f de vitrines
window envelope N envelope m de janela
window frame N caixilho da janela
window ledge N peitoril m da janela
window pane N vidraça, vidro
window-shopping N: **to go ~** ir ver vitrines
windowsill ['wɪndəusɪl] N (inside) peitoril m; (outside) soleira
windpipe ['wɪndpaɪp] N traqueia
windscreen ['wɪndskriːn] (BRIT) N para-brisa m
windscreen washer (BRIT) N lavador m de para-brisa
windscreen wiper [-'waɪpə'] (BRIT) N limpador m de para-brisa
windshield ['wɪndʃiːld] (US) N = **windscreen**
windswept ['wɪndswɛpt] ADJ varrido pelo vento
wind tunnel N túnel m aerodinâmico
wind turbine ['wɪndtəːbaɪn] N turbina eólica
windy ['wɪndɪ] ADJ com muito vento, batido pelo vento; **it's ~** está ventando (BR), faz vento (PT)

wine [waɪn] N vinho ▶ VT: **to ~ and dine sb** levar alguém para jantar
wine bar N bar m para degustação de vinhos
wine cellar N adega
wine glass N cálice m (de vinho)
wine list N lista de vinhos
wine merchant N negociante m/f de vinhos
wine tasting [-'teɪstɪŋ] N degustação f de vinhos
wine waiter N garçon m dos vinhos
wing [wɪŋ] N asa; (of building) ala; (Aut) aleta, para-lamas m inv; **wings** NPL (Theatre) bastidores mpl
winger ['wɪŋəʳ] N (Sport) ponta, extremo
wing mirror (BRIT) N espelho lateral
wing nut N porca borboleta
wingspan ['wɪŋspæn] N envergadura
wingspread ['wɪŋspred] N envergadura
wink [wɪŋk] N piscadela ▶ VI piscar o olho; (light etc) piscar
winkle ['wɪŋkl] N búzio
winner ['wɪnəʳ] N vencedor(a) m/f
winning ['wɪnɪŋ] ADJ (team) vencedor(a); (goal) decisivo; (smile) sedutor(a)
winning post N meta de chegada
winnings ['wɪnɪŋz] NPL ganhos mpl
winsome ['wɪnsəm] ADJ encantador(a), cativante
winter ['wɪntəʳ] N inverno ▶ VI hibernar
winter sports NPL esportes mpl (BR) or desportos mpl (PT) de inverno
wintry ['wɪntrɪ] ADJ glacial, invernal
wipe [waɪp] N: **to give sth a ~** limpar algo com um pano ▶ VT limpar; (rub) esfregar; (erase: tape) apagar; **to ~ one's nose** limpar o nariz
▶ **wipe off** VT remover esfregando
▶ **wipe out** VT (debt) liquidar; (memory) apagar; (destroy) exterminar
▶ **wipe up** VT (mess) limpar; (dishes) enxugar
wire ['waɪəʳ] N arame m; (Elec) fio (elétrico); (telegram) telegrama m ▶ VT (house) instalar a rede elétrica em; (also: **wire up**) conectar; (telegram) telegrafar para
wire brush N escova de aço
wire cutters [-'kʌtəz] NPL alicate m corta-arame
wireless ['waɪəlɪs] ADJ sem fio (BR), sem fios (PT) ▶ N (BRIT) rádio
wire netting N rede f de arame
wire-tapping [-'tæpɪŋ] N escuta telefônica
wiring ['waɪərɪŋ] N instalação f elétrica
wiry ['waɪərɪ] ADJ nervoso; (hair) grosso
wisdom ['wɪzdəm] N (of person) prudência; (of action, remark) bom-senso, sabedoria
wisdom tooth (irreg: like **tooth**) N dente m do siso
wise [waɪz] ADJ (person) prudente; (action, remark) sensato; **I'm none the ~r** eu não entendi nada
▶ **wise up** (inf) VI: **to ~ up to** abrir os olhos para
...wise [waɪz] SUFFIX: **time~** etc com relação ao tempo etc

wisecrack ['waɪzkræk] N piada
wish [wɪʃ] N desejo ▶ VT desejar; (want) querer; **best ~es** (on birthday etc) parabéns mpl, felicidades fpl; **with best ~es** (in letter) cumprimentos; **give her my best ~es** dá um abraço para ela; **to ~ sb goodbye** despedir-se de alguém; **he ~ed me well** me desejou boa sorte; **to ~ to do/sb to do sth** querer fazer/que alguém faça algo; **to ~ for** desejar; **to ~ sth on sb** desejar algo a alguém
wishful ['wɪʃful] ADJ: **it's ~ thinking** é doce ilusão
wishy-washy ['wɪʃɪ'wɔʃɪ] (inf) ADJ (colour) indefinido; (person) sem caráter; (ideas) aguado
wisp [wɪsp] N mecha, tufo; (of smoke) fio
wistful ['wɪstful] ADJ melancólico
wit [wɪt] N (wittiness) presença de espírito, engenho; (intelligence: also: **wits**) entendimento; (person) espirituoso(-a); **to be at one's ~s' end** (fig) não saber para onde se virar; **to have one's ~s about one** ter uma presença de espírito; **to ~** a saber
witch [wɪtʃ] N bruxa
witchcraft ['wɪtʃkrɑːft] N bruxaria
witch doctor N médico feiticeiro, pajé m (BR)
witch-hunt N caça às bruxas

(KEYWORD)

with [wɪð, wɪθ] PREP **1** (accompanying, in the company of) com; **I was with him** eu estava com ele; **to stay overnight with friends** dormir na casa de amigos; **we'll take the children with us** vamos levar as crianças conosco; **I'll be with you in a minute** vou vê-lo num minuto; **I'm with you** (I understand) compreendo; **to be with it** (inf) estar por dentro; (: aware) estar a par da situação; (: up-to-date) estar atualizado
2 (descriptive) com, de; **a room with a view** um quarto com vista; **the man with the grey hat/blue eyes** o homem do chapéu cinza/de olhos azuis
3 (indicating manner, means, cause) com, de; **with tears in her eyes** com os olhos cheios de lágrimas; **to walk with a stick** andar com uma bengala; **to tremble with fear** tremer de medo; **to fill sth with water** encher algo de água

withdraw [wɪð'drɔː] (irreg: like **draw**) VT tirar, remover; (offer) retirar ▶ VI retirar-se; (go back on promise) voltar atrás; **to ~ money (from the bank)** retirar dinheiro (do banco); **to ~ into o.s.** introverter-se
withdrawal [wɪð'drɔːəl] N retirada
withdrawal symptoms NPL síndrome f de abstinência; **to have ~** ter uma reação
withdrawn [wɪð'drɔːn] PP of **withdraw** ▶ ADJ (person) reservado, introvertido
wither ['wɪðəʳ] VI murchar
withered ['wɪðəd] ADJ murcho

withhold [wɪð'həuld] (*irreg*: *like* **hold**) VT (*money*) reter; (*decision*) adiar; (*permission*) negar; (*information*) esconder

within [wɪð'ɪn] PREP dentro de ▶ ADV dentro; **~ reach** ao alcance da mão; **~ sight** à vista; **~ the week** antes do fim da semana; **~ a mile of** a uma milha de; **~ an hour from now** daqui a uma hora; **to be ~ the law** estar dentro da lei

without [wɪð'aut] PREP sem; **~ anybody knowing** sem ninguém saber; **to go** *or* **do ~ sth** passar sem algo

withstand [wɪð'stænd] (*irreg*: *like* **stand**) VT resistir a

witness ['wɪtnɪs] N (*person*) testemunha; (*evidence*) testemunho ▶ VT (*event*) testemunhar, presenciar; (*document*) legalizar; **to bear ~ to sth** (*fig*) testemunhar algo; **~ for the prosecution/defence** testemunha para acusação/defesa; **to ~ to sth/having seen sth** testemunhar algo/ter visto algo

witness box, (US) **witness stand** N banco das testemunhas

witticism ['wɪtɪsɪzm] N observação *f* espirituosa, chiste *m*

witty ['wɪtɪ] ADJ espirituoso

wives [waɪvz] NPL *of* **wife**

wizard ['wɪzəd] N feiticeiro, mago

wizened ['wɪznd] ADJ encarquilhado

wk ABBR = **week**

Wm. ABBR = **William**

WO N ABBR = **warrant officer**

wobble ['wɔbl] VI oscilar; (*chair*) balançar

wobbly ['wɔblɪ] ADJ (*table*) balançante, bambo

woe [wəu] N dor *f*, mágoa

woke [wəuk] PT *of* **wake**

woken ['wəukən] PP *of* **wake**

wolf [wulf] (*pl* **wolves**) N lobo

wolves [wulvz] NPL *of* **wolf**

woman ['wumən] (*pl* **women**) N mulher *f*; **~ doctor** médica; **~ teacher** professora; **young ~** mulher jovem; **women's page** (*Press*) página da mulher

womanize ['wumənaɪz] VI paquerar as mulheres

womanly ['wumənlɪ] ADJ feminino

womb [wu:m] N (*Anat*) matriz *f*, útero

women ['wɪmɪn] NPL *of* **woman**

women's lib [-lɪb] (*inf*) N = **women's liberation movement**

women's liberation movement N movimento pela libertação da mulher

won [wʌn] PT, PP *of* **win**

wonder ['wʌndə^r] N maravilha, prodígio; (*feeling*) espanto ▶ VI: **to ~ whether/why** perguntar-se a si mesmo se/por quê; **to ~ at** admirar-se de; **to ~ about** pensar sobre *or* em; **it's no ~ that** não é de admirar que

wonderful ['wʌndəful] ADJ maravilhoso; (*miraculous*) impressionante

wonderfully ['wʌndəfulɪ] ADV maravilhosamente

wonky ['wɔŋkɪ] (BRIT) ADJ errado, torto

won't [wəunt] = **will not**

woo [wu:] VT (*woman*) namorar, cortejar; (*audience*) atrair

wood [wud] N (*timber*) madeira; (*forest*) floresta, bosque *m*; (*firewood*) lenha ▶ CPD de madeira

wood carving N (*act*) escultura em madeira; (*object*) entalhe *m*

wooded ['wudɪd] ADJ arborizado

wooden ['wudən] ADJ de madeira; (*fig*) inexpressivo

woodland ['wudlənd] N floresta, bosque *m*

woodpecker ['wudpɛkə^r] N pica-pau *m*

wood pigeon N pombo torcaz

woodwind ['wudwɪnd] N (*Mus*) instrumentos *mpl* de sopro de madeira

woodwork ['wudwə:k] N carpintaria

woodworm ['wudwə:m] N carcoma, caruncho

woof [wuf] N (*of dog*) latido ▶ VI latir; **~, ~!** au-au!

wool [wul] N lã *f*; **to pull the ~ over sb's eyes** (*fig*) enganar alguém, vender a alguém gato por lebre

woollen ['wulən] ADJ de lã

woollens ['wulənz] NPL artigos *mpl* de lã

woolly, (US) **wooly** ['wulɪ] ADJ de lã; (*fig*: *ideas*) confuso

woozy ['wu:zɪ] ADJ (*inf*) zonzo

word [wə:d] N palavra; (*news*) notícia; (*message*) aviso ▶ VT (*express*) expressar; (*document*) redigir; **in other ~s** em outras palavras, ou seja; **to break/keep one's ~** faltar à palavra/cumprir a promessa; **~ for ~** ao pé da letra; **what's the ~ for "pen" in Portuguese?** como se fala "pen" em português?; **to put sth into ~s** expressar algo; **to have a ~ with sb** falar com alguém; **to have ~s with sb** discutir com alguém; **I'll take your ~ for it** acredito em você; **to send ~ that ...** mandar dizer que ...; **to leave ~ that ...** deixar recado dizendo que ...

wording ['wə:dɪŋ] N fraseado

word-perfect ADJ: **he was ~ in his speech** *etc* ele sabia o discurso *etc* de cor

word processing N processamento de textos

word processor [-'prəusɛsə^r] N processador *m* de textos

wordy ['wə:dɪ] ADJ prolixo, verboso

wore [wɔ:^r] PT *of* **wear**

work [wə:k] N trabalho; (*job*) emprego, trabalho; (*Art, Literature*) obra ▶ VI trabalhar; (*mechanism*) funcionar; (*medicine etc*) surtir efeito, ser eficaz; (*plan*) dar certo ▶ VT (*clay*) moldar; (*wood etc*) talhar; (*mine etc*) explorar; (*machine*) fazer trabalhar, manejar; (*effect, miracle*) causar; **road ~s** obras *fpl* (na estrada); **to go to ~** ir trabalhar; **to set to ~, to start ~** começar a trabalhar; **to be at ~ (on sth)** estar trabalhando (em algo); **to be out of ~** estar desempregado; **to ~ hard**

trabalhar muito; **to ~ loose** (*part*) soltar-se; (*knot*) afrouxar-se
▶ **work on** VT FUS trabalhar em, dedicar-se a; (*principle*) basear-se em
▶ **work out** VI (*plans etc*) dar certo, surtir efeito ▶ VT (*problem*) resolver; (*plan*) elaborar, formular; **it ~s out at £100** dá £100
workable ['wə:kəbl] ADJ (*solution*) viável
workaholic [wə:kə'hɔlɪk] N burro de carga
workbench ['wə:kbɛntʃ] N banco, bancada
worked up [wə:kt-] ADJ: **to get ~** ficar exaltado
worker ['wə:kə*r*] N trabalhador(a) *m/f*, operário(-a); **office ~** empregado(-a) de escritório
work force N força de trabalho
work-in (BRIT) N ocupação *f* de fábrica *etc* (*sem paralisação da produção*)
working ['wə:kɪŋ] ADJ (*day, tools etc, conditions*) de trabalha; (*wife*) que trabalha; (*population, partner*) ativo; **a ~ knowledge of English** um conhecimento prático do inglês
working capital N (*Comm*) capital *m* de giro
working class N proletariado, classe *f* operária ▶ ADJ: **working-class** do proletariado, da classe operária
working man (*irreg: like* **man**) N trabalhador *m*
working model N modelo articulado
working order N: **in ~** em perfeito estado
working party (BRIT) N grupo de trabalho
working week N semana de trabalho
work-in-progress N (*Comm*) produção *f* em curso
workload ['wə:kləud] N carga de trabalho
workman ['wə:kmən] (*irreg: like* **man**) N operário, trabalhador *m*
workmanship ['wə:kmənʃɪp] N (*art*) acabamento; (*skill*) habilidade *f*
workmate ['wə:kmeɪt] N colega *m/f* de trabalho
workout ['wə:kaut] N treinamento, treino
work permit N permissão *f* de trabalho
works N (BRIT: *factory*) fábrica, usina; (*of clock, machine*) mecanismo
works council N comissão *f* de operários
worksheet ['wə:kʃi:t] N (*with exercises*) folha de exercícios; (*of hours worked*) registro das horas de trabalho
workshop ['wə:kʃɔp] N oficina; (*practical session*) aula prática
work station N estação *f* de trabalho
work study N estudo de trabalho
work-to-rule (BRIT) N paralisação *f* de trabalho extraordinário (*forma de protesto*)
world [wə:ld] N mundo ▶ CPD mundial; **to think the ~ of sb** (*fig*) ter alguém em alto conceito; **all over the ~** no mundo inteiro; **what in the ~ is he doing?** o que é que ele está fazendo, pelo amor de Deus?; **to do sb a ~ of good** fazer muito bem a alguém; **W~ War One/Two** Primeira/Segunda Guerra Mundial; **out of this ~** sensacional

World Cup N: **the ~** (*Football*) a Copa do Mundo
world-famous ADJ de fama mundial
worldly ['wə:ldlɪ] ADJ mundano; (*knowledgeable*) experiente
worldwide ['wə:ldwaɪd] ADJ mundial, universal ▶ ADV no mundo inteiro
worm [wə:m] N verme *m*; (*also*: **earthworm**) minhoca, lombriga
worn [wɔ:n] PP *of* **wear** ▶ ADJ gasto
worn-out ADJ (*object*) gasto; (*person*) esgotado, exausto
worried ['wʌrɪd] ADJ preocupado; **to be ~ about sth** estar preocupado com algo
worrier ['wʌrɪə*r*] N: **he's a ~** ele se preocupa com tudo
worry ['wʌrɪ] N preocupação *f* ▶ VT preocupar, inquietar ▶ VI preocupar-se, afligir-se; **to ~ about** *or* **over sth/sb** preocupar-se com algo/alguém
worrying ['wʌrɪɪŋ] ADJ inquietante, preocupante
worse [wə:s] ADJ, ADV pior ▶ N o pior; **a change for the ~** uma mudança para pior, uma piora; **to get ~** piorar; **he's none the ~ for it** não lhe fez mal; **so much the ~ for you!** pior para você!
worsen ['wə:sən] VT, VI piorar
worse off ADJ com menos dinheiro; (*fig*): **you'll be ~ this way** assim você ficará pior que nunca
worship ['wə:ʃɪp] N culto; (*act*) adoração *f* ▶ VT (*god*) adorar, venerar; (*person, thing*) adorar; **Your W~** (BRIT: *to mayor*) vossa Excelência; (: *to judge*) senhor Juiz
worshipper ['wə:ʃɪpə*r*] N devoto(-a), venerador(a) *m/f*
worst [wə:st] ADJ (*o/a*) pior ▶ ADV pior ▶ N o pior; **at ~** na pior das hipóteses; **if the ~ comes to the ~** se o pior acontecer
worsted ['wə:stɪd] N: (**wool**) ~ lã *f* penteada
worth [wə:θ] N valor *m*, mérito ▶ ADJ: **to be ~** valer; **it's ~ it** vale a pena; **to be ~ one's while (to do)** valer a pena (fazer); **how much is it ~?** quanto vale?; **£5 ~ of apples** maçãs no valor de £5
worthless ['wə:θlɪs] ADJ sem valor; (*person*) imprestável; (*thing*) inútil
worthwhile [wə:θ'waɪl] ADJ (*activity*) que vale a pena; (*cause*) de mérito, louvável; **a ~ book** um livro que vale a pena ler
worthy ['wə:ðɪ] ADJ (*person*) merecedor(a), respeitável; (*motive*) justo; **~ of** digno de

(KEYWORD)

would [wud] AUX VB **1** (*conditional tense*): **if you asked him, he would do it** se você pedisse, ele faria isto; **if you had asked him, he would have done it** se você tivesse pedido, ele teria feito isto

2 (*in offers, invitations, requests*): **would you like a biscuit?** você quer um biscoito?; **would you ask him to come in?** pode pedir a ele para entrar?; **would you close the door,**

please? quer fechar a porta por favor?
3 (*in indirect speech*): **I said I would do it** eu disse que eu faria isto; **he asked me if I would go with him** ele me perguntou se eu iria com ele
4 (*emphatic*): **it WOULD have to snow today!** tinha que nevar logo hoje!; **you WOULD say that, wouldn't you?** é lógico que você vai dizer isso
5 (*insistence*): **she wouldn't behave** não houve jeito dela se comportar
6 (*conjecture*): **it would have been midnight** devia ser meia-noite; **it would seem so** parece que sim
7 (*indicating habit*): **he would go on Mondays** costumava ir nas segundas-feiras

would-be ADJ aspirante, que pretende ser
wouldn't ['wudnt] = **would not**
wound¹ [waund] PT, PP *of* **wind²**
wound² [wu:nd] N ferida ▶ VT ferir
wove [wəuv] PT *of* **weave**
woven ['wəuvən] PP *of* **weave**
WP N ABBR = **word processing**; **word processor** ▶ ABBR (*BRIT inf*) = **weather permitting**
WPC (*BRIT*) N ABBR = **woman police constable**
wpm ABBR (= *words per minute*) palavras por minuto
WRAC (*BRIT*) N ABBR = **Women's Royal Army Corps**
WRAF (*BRIT*) N ABBR = **Women's Royal Air Force**
wrangle ['ræŋgl] N briga ▶ VI brigar
wrap [ræp] N (*stole*) xale *m*; (*cape*) capa ▶ VT (*cover*) envolver; (*also:* **wrap up**) embrulhar; **under ~s** (*fig: plan, scheme*) em sigilo
wrapper ['ræpə^r] N (*on chocolate*) invólucro; (*BRIT: of book*) capa
wrapping paper ['ræpɪŋ-] N papel *m* de embrulho; (*fancy*) papel de presente
wrath [rɔθ] N cólera, ira
wreak [ri:k] VT (*destruction*) causar; **to ~ havoc (on)** causar estragos (em); **to ~ vengeance on** vingar-se em, tirar vingança de
wreath [ri:θ] (*pl* **wreaths** [ri:ðz]) N (*funeral wreath*) coroa; (*of flowers*) grinalda
wreathe [ri:ð] VT trançar, cingir
wreck [rɛk] N (*of vehicle*) destroços *mpl*; (*ship*) restos *mpl* do naufrágio; (*pej: person*) caco ▶ VT destruir, danificar; (*fig*) arruinar, arrasar
wreckage ['rɛkɪdʒ] N (*of car, plane*) destroços *mpl*; (*of ship*) restos *mpl*; (*of building*) escombros *mpl*
wrecker ['rɛkə^r] (*US*) N (*breakdown van*) reboque *m* (*BR*), pronto socorro (*PT*)
WREN [rɛn] (*BRIT*) N ABBR *membro do WRNS*
wren [rɛn] N (*Zool*) carriça
wrench [rɛntʃ] N (*Tech*) chave *f* inglesa; (*tug*) puxão *m*; (*fig*) separação *f* penosa ▶ VT torcer com força; **to ~ sth from sb** arrancar algo de alguém
wrest [rɛst] VT: **to ~ sth from sb** extorquir algo de *or* a alguém

wrestle ['rɛsl] VI: **to ~ (with sb)** lutar (com *or* contra alguém); **to ~ with** (*fig*) lutar com
wrestler ['rɛslə^r] N lutador *m*
wrestling ['rɛslɪŋ] N luta (livre)
wrestling match N partida de luta romana
wretch [rɛtʃ] N desgraçado(-a); **little ~!** (*often humorous*) seu desgraçado!
wretched ['rɛtʃɪd] ADJ desventurado, infeliz; (*inf*) maldito
wriggle ['rɪgl] N contorção *f* ▶ VI (*also:* **wriggle about**) retorcer-se, contorcer-se
wring [rɪŋ] (*pt, pp* **wrung**) VT (*clothes, neck*) torcer; (*hands*) apertar; (*fig*): **to ~ sth out of sb** arrancar algo de alguém
wringer ['rɪŋə^r] N máquina de espremer roupa
wringing ['rɪŋɪŋ] ADJ (*also:* **wringing wet**) encharcado, ensopado
wrinkle ['rɪŋkl] N (*on skin*) ruga; (*on paper*) prega ▶ VT franzir ▶ VI enrugar-se; (*cloth etc*) franzir-se
wrinkled ['rɪŋkld] ADJ (*fabric, paper*) franzido, pregueado; (*surface, skin*) enrugado
wrinkly ['rɪŋklɪ] ADJ (*fabric, paper*) franzido, pregueado; (*surface, skin*) enrugado
wrist [rɪst] N pulso
wristband ['rɪstbænd] (*BRIT*) N (*of shirt*) punho; (*of watch*) pulseira
wristwatch ['rɪstwɔtʃ] N relógio *m* de pulso
writ [rɪt] N mandado judicial; **to issue a ~ against sb, serve a ~ on sb** demandar judicialmente alguém
write [raɪt] (*pt* **wrote**, *pp* **written**) VT escrever; (*cheque, prescription*) passar ▶ VI escrever; **to ~ to sb** escrever para alguém
▶ **write away** VI: **to ~ away for** (*information*) escrever pedindo; (*goods*) encomendar pelo correio
▶ **write down** VT escrever; (*note*) anotar; (*put on paper*) pôr no papel
▶ **write off** VT (*debt, plan*) cancelar; (*capital*) reduzir; (*smash up: car*) destroçar
▶ **write out** VT escrever por extenso; (*cheque etc*) passar; (*fair copy*) passar a limpo
▶ **write up** VT redigir
write-off N perda total; **the car is a ~** o carro virou sucata *or* está destroçado
writer ['raɪtə^r] N escritor(a) *m/f*
write-up N crítica
writhe [raɪð] VI contorcer-se
writing ['raɪtɪŋ] N escrita; (*handwriting*) caligrafia, letra; (*of author*) obra; **in ~** por escrito; **to put sth in ~** pôr algo no papel; **in my own ~** do próprio punho
writing case N pasta com material de escrita
writing desk N escrivaninha
writing paper N papel *m* para escrever
written ['rɪtn] PP *of* **write**
WRNS (*BRIT*) N ABBR = **Women's Royal Naval Service**
wrong [rɔŋ] ADJ (*bad*) errado, mau; (*unfair*) injusto; (*incorrect*) errado, equivocado; (*inappropriate*) impróprio ▶ ADV mal, errado ▶ N mal *m*; (*injustice*) injustiça ▶ VT ser

injusto com; (*hurt*) ofender; **to be ~** estar errado; **you are ~ to do it** você se engana ao fazê-lo; **it's ~ to steal, stealing is ~** é errado roubar; **you are ~ about that, you've got it ~** você está enganado sobre isso; **to be in the ~** não ter razão; **what's ~?** o que é que há?; **there's nothing ~** não há nada de errado, não tem problema; **what's ~ with the car?** qual é o problema com o carro?; **to go ~** (*person*) desencaminhar-se; (*plan*) dar errado; (*machine*) sofrer uma avaria

wrongdoer ['rɔŋduːəʳ] N malfeitor(a) *m/f*

wrongful ['rɔŋful] ADJ injusto; **~ dismissal** demissão *f* injusta

wrongly ['rɔŋlɪ] ADV (*treat*) injustamente; (*incorrectly*) errado

wrong number N (*Tel*): **you have the ~** o número está errado

wrong side N (*of cloth*) avesso

wrote [rəut] PT *of* **write**

wrought [rɔːt] ADJ: **~ iron** ferro forjado

wrung [rʌŋ] PT, PP *of* **wring**

WRVS (BRIT) N ABBR (= *Women's Royal Voluntary Service*) instituição de caridade

wry [raɪ] ADJ (*humour, expression*) irônico; **to make a ~ face** fazer uma careta

wt. ABBR = **weight**

WV (US) ABBR (*Post*) = **West Virginia**

WWW N ABBR = **World Wide Web**; **the ~** a WWW

WY (US) ABBR (*Post*) = **Wyoming**

WYSIWYG ['wɪzɪwɪg] ABBR (*Comput*: = *what you see is what you get*) o documento sairá na impressora exatamente como aparece na tela

Xx

X, x [εks] N (letter) X, x m; (BRIT Cinema: old) (proibido para menores de) 18 anos; **X for Xmas** X de Xavier; **if you have x dollars a year ...** se você tem x dólares por ano ...
Xerox® ['zɪərɔks] N (also: **Xerox machine**) xerox® m; (photocopy) xerox® m ▶ VT xerocar, tirar um xerox de

XL ABBR = **extra large**
Xmas ['ɛksməs] N ABBR = **Christmas**
X-rated [-'reɪtɪd] (US) ADJ (film) proibido para menores de 18 anos
X-ray [ɛks'reɪ] N radiografia ▶ VT radiografar, tirar uma chapa de; **X-rays** NPL raios mpl X; **to have an ~** tirar or bater um raio x
xylophone ['zaɪləfəun] N xilofone m

Yy

Y, y [waɪ] N (*letter*) Y, y m; **Y for Yellow** (BRIT) or **Yoke** (US) Y de Yolanda
yacht [jɔt] N iate m; (*smaller*) veleiro
yachting [ˈjɔtɪŋ] N (*sport*) iatismo
yachtsman [ˈjɔtsmən] (*irreg: like* **man**) N iatista m
yam [jæm] N inhame m
Yank [jæŋk] (*pej*) N ianque m/f
yank [jæŋk] VT arrancar
Yankee [ˈjæŋkɪ] N = **Yank**
yap [jæp] VI (*dog*) ganir
yard [jɑːd] N pátio, quintal m; (US: *garden*) jardim m; (*measure*) jarda (*914 mm; 3 feet*); **builder's ~** depósito de material de construção
yardstick [ˈjɑːdstɪk] N (*fig*) critério, padrão m
yarn [jɑːn] N fio; (*tale*) história inverossímil
yawn [jɔːn] N bocejo ▶ VI bocejar
yawning [ˈjɔːnɪŋ] ADJ (*gap*) enorme
yd ABBR = **yard**
yeah [jɛə] (*inf*) ADV é
year [jɪərʳ] N ano; **to be 8 ~s old** ter 8 anos; **every ~** todos os anos, todo ano; **this ~** este ano; **a** or **per ~** por ano; **~ in, ~ out** entra ano, sai ano; **an eight-~-old child** uma criança de oito anos (de idade)
yearbook [ˈjɪəbuk] N anuário, almanaque m
yearly [ˈjɪəlɪ] ADJ anual ▶ ADV anualmente; **twice ~** duas vezes por ano
yearn [jəːn] VI: **to ~ to do/for sth** ansiar fazer/por algo
yearning [ˈjəːnɪŋ] N ânsia, desejo ardente
yeast [jiːst] N levedura, fermento
yell [jɛl] N grito, berro ▶ VI gritar, berrar
yellow [ˈjɛləu] ADJ amarelo ▶ N amarelo
yellow fever N febre f amarela
yellowish [ˈjɛləuɪʃ] ADJ amarelado
Yellow Pages® NPL (*Tel*) Páginas Amarelas fpl
Yellow Sea N: **the ~** o mar Amarelo
yelp [jɛlp] N latido ▶ VI latir
Yemen [ˈjɛmən] N Iêmen m (BR), Iémene m (PT)
yen [jɛn] N (*currency*) iene m; (*craving*): **~ for/to do** desejo de/de fazer
yeoman [ˈjəumən] (*irreg: like* **man**) N: **Y~ of the Guard** membro da guarda real
yes [jɛs] ADV, N sim m; **do you speak English? — ~ I do** você fala inglês? — falo (sim); **does the plane leave at six? — ~** o avião sai às seis? — é; **to say ~ to sth/sb** (*approve*) dar o sim a algo/alguém
yesterday [ˈjɛstədɪ] ADV, N ontem m; **the day before ~** anteontem; **~ morning/evening** ontem de manhã/à noite; **all day ~** ontem o dia inteiro
yet [jɛt] ADV ainda ▶ CONJ porém, no entanto; **it is not finished ~** ainda não está acabado; **must you go just ~?** você já tem que ir?; **the best ~** o melhor até agora; **as ~** até agora, ainda; **a few days ~** mais alguns dias; **~ again** mais uma vez
yew [juː] N teixo
Y-fronts® [ˈwaɪfrʌnts] NPL (BRIT) cueca slip (com abertura lateral)
YHA (BRIT) N ABBR = **Youth Hostels Association**
Yiddish [ˈjɪdɪʃ] N (i)ídiche m
yield [jiːld] N produção f; (*Agr*) colheita; (*Comm*) rendimento ▶ VT (*gen*) produzir; (*profit*) render; (*surrender*) ceder ▶ VI (*give way*) render-se, ceder; (US *Aut*) ceder; **a ~ of 5%** um rendimento de 5%
YMCA N ABBR (= *Young Men's Christian Association*) ≈ ACM f
yob [ˈjɔb], **yobbo** [ˈjɔbəu] (BRIT *inf*) N bagunceiro
yodel [ˈjəudl] VI cantar tirolesa
yoga [ˈjəugə] N ioga
yoghurt, yogurt [ˈjəugət] N iogurte m
yoke [jəuk] N canga, cangalha; (*of oxen*) junta; (*on shoulders*) balancim m; (*fig*) jugo ▶ VT (*also*: **yoke together**) unir, ligar
yolk [jəuk] N gema (do ovo)
yonder [ˈjɔndəʳ] ADV além, acolá
Yorks [jɔːks] (BRIT) ABBR = **Yorkshire**

(KEYWORD)

you [juː] PRON **1** (*subj: singular*) tu, você; (: *plural*) vós, vocês; **you French enjoy your food** vocês franceses gostam de comer; **you and I will go** nós iremos

2 (*direct object: singular*) te, o/a; (: *plural*) vos, os/as; (*indirect object: singular*) te, lhe; (: *plural*) vos, lhes; **I know you** eu lhe conheço; **I gave it to you** dei isto para você

3 (*stressed*) você; **I told YOU to do it** eu disse para você fazer isto

4 (*after prep, in comparisons: singular*) ti, você;

(: *plural*) vós, vocês; (*polite form: singular*) o senhor/a senhora; (: *plural*) os senhores/as senhoras; **it's for you** é para você; **can I come with you?** posso ir com você?; **with you** contigo, com você; convosco, com vocês; com o senhor *etc*; **she's younger than you** ela é mais jovem do que você
5 (*impers: one*): **you never know** nunca se sabe; **apples do you good** as maçãs fazem bem à saúde; **you can't do that!** não se pode fazer isto!

you'd [ju:d] = **you had; you would**
you'll [ju:l] = **you will; you shall**
young [jʌŋ] ADJ jovem ▶ NPL (*of animal*) filhotes *mpl*, crias *fpl*; (*people*): **the ~** a juventude, os jovens; **a ~ man** um jovem; **a ~ lady** (*unmarried*) uma jovem, uma moça; (*married*) uma jovem senhora; **my ~er brother** o meu irmão mais novo
younger ['jʌŋə^r] ADJ (*brother etc*) mais novo; **the ~ generation** a geração mais jovem
youngish ['jʌŋɪʃ] ADJ bem novo
youngster ['jʌŋstə^r] N jovem *m/f*, moço(-a)
your [jɔ:^r] ADJ teu/tua, seu/sua; (*plural*) vosso, seu/sua; (*formal*) do senhor/da senhora; *see also* **my**
you're [juə^r] = **you are**
yours [jɔ:z] PRON teu/tua, seu/sua; (*plural*) vosso, seu/sua; (*formal*) do senhor/da senhora; **~ is blue** o teu(-a) tua *etc* é azul; **is it ~?** é teu *etc*?; **~ sincerely** *or* **faithfully** atenciosamente; **a friend of ~** um amigo seu *etc*; *see also* **mine**[1]
yourself [jɔ:'sɛlf] PRON (*emphatic*) tu mesmo, você mesmo; (*object, reflexive*) te, se; (*after prep*) ti mesmo, si mesmo; (*formal*) o senhor mesmo/a senhora mesma; **you ~ told me** você mesmo me falou; **(all) by ~** sozinho(-a); *see also* **oneself**
yourselves [jɔ:'sɛlvz] PRON (*emphatic*) vós mesmos, vocês mesmos; (*object, reflexive*) vos, se; (*after prep*) vós mesmos, vôces mesmos; (*formal*) os senhores mesmos/as senhoras mesmas; *see also* **oneself**
youth [ju:θ] (*pl* **youths** [ju:ðz]) N mocidade *f*, juventude *f*; (*young man*) jovem *m*; **in my ~** na minha juventude
youth club N associação *f* de juventude
youthful ['ju:θful] ADJ juvenil
youthfulness ['ju:θfəlnəs] N juventude *f*
youth hostel N albergue *m* da juventude
you've [ju:v] = **you have**
yowl [jaul] N uivo ▶ VI uivar
Yugoslav ['ju:gəuslɑ:v] ADJ, N iugoslavo(-a)
Yugoslavia [ju:gəu'slɑ:vɪə] N Iugoslávia
Yugoslavian [ju:gəu'slɑ:vɪən] ADJ iugoslavo
Yule [ju:l] N: **~ log** acha de Natal
Yuletide ['ju:ltaɪd] N época natalina *or* do Natal
yuppie ['jʌpɪ] (*inf*) ADJ, N yuppie *m/f*
YWCA N ABBR (= *Young Women's Christian Association*) ≈ ACM *f*

Zz

Z, z [zɛd, (US) ziː] N (letter) Z, z m; **Z for Zebra** Z de Zebra
Zaire [zɑːˈiːəʳ] N Zaire m
Zambia [ˈzæmbɪə] N Zâmbia
Zambian [ˈzæmbɪən] ADJ, N zambiano(-a)
zany [ˈzeɪnɪ] ADJ tolo, bobo
zeal [ziːl] N entusiasmo; (religious) fervor m
zealot [ˈzɛlət] N fanático(-a)
zealous [ˈzɛləs] ADJ zeloso, entusiasta
zebra [ˈziːbrə] N zebra
zebra crossing (BRIT) N faixa (para pedestres) (BR), passadeira (PT)
zenith [ˈzɛnɪθ] N (Astronomy) zênite m; (fig) apogeu m
zero [ˈzɪərəu] N zero ▶ VI: **to ~ in on** fazer mira em; **5 degrees below ~** 5 graus abaixo de zero
zero hour N hora zero
zero-rated [-ˈreɪtɪd] (BRIT) ADJ isento de IVA
zest [zɛst] N vivacidade f, entusiasmo; (of lemon etc) zesto
zigzag [ˈzɪɡzæɡ] N ziguezague m ▶ VI ziguezaguear
Zimbabwe [zɪmˈbɑːbwɪ] N Zimbábue m (BR), Zimbabwe m (PT)
Zimbabwean [zɪmˈbɑːbwɪən] ADJ, N zimbabuano(-a) (BR), zimbabweano(-a) (PT)

Zimmer® [ˈzɪməʳ] N (also: **Zimmer frame**) andador m
zinc [zɪŋk] N zinco
Zionism [ˈzaɪənɪzm] N sionismo
Zionist [ˈzaɪənɪst] ADJ, N sionista m/f
zip [zɪp] N (also: **zip fastener**) fecho ecler (BR) or éclair (PT); (energy) vigor m ▶ VT (also: **zip up**) fechar o fecho ecler de, subir o fecho ecler de
zip code (US) N código postal
zip file N (Comput) arquivo zipado
zipper [ˈzɪpəʳ] (US) N = **zip**
zit [zɪt] (inf) N espinha
zither [ˈzɪðəʳ] N citara
zodiac [ˈzəudɪæk] N zodíaco
zombie [ˈzɔmbɪ] N (fig): **like a ~** como um zumbi
zone [zəun] N zona
zoo [zuː] N (jardim m) zoológico
zoological [zuəˈlɔdʒɪkl] ADJ zoológico
zoologist [zuːˈɔlədʒɪst] N zoólogo(-a)
zoology [zuːˈɔlədʒɪ] N zoologia
zoom [zuːm] VI: **to ~ past** passar zunindo; **to ~ in (on sb/sth)** (Phot, Cinema) fechar a câmera (em alguém/algo)
zoom lens N zoom m, zum m
zucchini [zuːˈkiːnɪ] (US) NPL abobrinha
Zulu [ˈzuːluː] ADJ, N zulu m/f
Zurich [ˈzjuərɪk] N Zurique

Gramática Inglesa

Contents

1. Os substantivos e o sintagma nominal — 4
2. O adjetivo — 21
3. O verbo e o sintagma verbal — 27
4. Expressões adverbiais — 50
5. Preposições — 55
6. Mudanças ortográficas — 59

Índice — 61

1 Os substantivos e o sintagma nominal

1.1 Substantivos contáveis/incontáveis (countable/uncountable)

Algumas coisas são consideradas elementos individuais, ou seja, podem ser contadas uma a uma. Os substantivos que se referem a elas são chamados contáveis e, portanto, dispõem tanto de uma forma singular como de plural, expresso normalmente pela terminação **-s**. Note que poderão ocorrer mudanças ortográficas decorrentes do acréscimo dos sufixos (→ 6.1):

   ... one table, ... two cats, ... three hundred pounds

⚠ Alguns substantivos de uso frequente têm plurais irregulares, que não são formados com o sufixo **-s**:

child → children	*foot → feet*
man → men	*mouse → mice*
tooth → teeth	*woman → women*

Por outro lado, considera-se que existam coisas que podem ser contadas uma a uma; para se referir a estas, são usados os substantivos incontáveis:

The donkey needed food and water.
All prices include travel to and from London.

Estes geralmente fazem referência a:

> substâncias: **coal • food • ice • iron • rice • steel • water**
> qualidades humanas: **courage • cruelty • honesty • patience**
> sentimentos: **anger • happiness • joy • pride • relief • respect**
> atividades: **aid • help • sleep • travel • work**
> ideias abstratas: **beauty • death • freedom • fun • life • luck**

Cuidado: note que, às vezes, no inglês usa-se um substantivo incontável para algo que em português é contável; nesse caso, os elementos são considerados um conjunto em vez de um a um. Por exemplo, *furniture* significa "mobiliário, móveis", mas, para dizer "um móvel", é preciso usar a expressão *a piece of furniture*. O uso dos substantivos incontáveis deve levar em conta as seguintes regras:

1.2 Os substantivos incontáveis têm uma única forma, não dispondo, portanto, de plural:

> **advice • baggage • equipment • furniture**
> **homework • information • knowledge • luggage**
> **machinery • money • news • traffic**

I needed help with my homework.
The children had great fun playing with the puppets.
We want to spend more money on roads.

OS SUBSTANTIVOS E O SINTAGMA NOMINAL

1.3 ⚠ Alguns substantivos incontáveis terminam com **-s** e, assim, parecem ser substantivos contáveis no plural.

Geralmente, referem-se a:

> matérias de estudo: **mathematics** • **physics**
> atividades: **athletics** • **gymnastics**
> jogos: **cards** • **darts** • **skittles**
> enfermidades: **measles** • **mumps**

Mathematics is too difficult for me.

1.4 Os substantivos incontáveis são usados sem o artigo *a(n)*:

They resent having to pay money to people like me.
My father started work when he was ten.

São usados com *the* quando se referem a algo específico ou citado anteriormente:

I am interested in the education of young children.
I liked the music in the song, but the words were boring.

1.5 Muitas vezes, os substantivos incontáveis são usados com vocábulos que expressam uma quantidade aproximada, como *some* (→1.42–45), ou uma locução, como *a loaf of*, *packets of* ou *a piece of*. O uso de *a bit of* é comum na linguagem falada:

Please buy some bread when you go to the shop.
Quando for à loja, compre pão.
Let me give you some advice.
Deixe-me dar-lhe um conselho.
He gave me a very good piece of advice.
Ele me deu um bom conselho.

1.6 Alguns substantivos incontáveis relacionados com comidas ou bebidas podem ser contáveis quando se referem a quantidades concretas:

Do you like coffee? (incontável)
We asked for two coffees. (contável)

1.7 Alguns substantivos são incontáveis quando se referem a algo de modo genérico e contáveis quando se referem a um caso concreto:

Victory was now assured.
A vitória estava então assegurada.
The political party won a convincing victory.
O partido político obteve uma vitória convincente.

1.8 Alguns substantivos têm um significado específico quando estão no singular, acompanhadas do determinante *the* (já que se referem a coisas que são únicas), ou no plural, quando não são usadas com esse sentido:

OS SUBSTANTIVOS E O SINTAGMA NOMINAL

> air • country • countryside • dark • daytime
> end • future • ground • moon • past • sea
> seaside • sky • sun • wind • world

I'm scared of the dark.
My uncle has a farm in the country.

Outros normalmente são usados no singular com *a* porque se referem a atividades concretas:

> bath • chance • drink • fight • go • jog
> move • rest • ride • run • shower • smoke
> snooze • start • try • walk • wash

Why don't we go outside for a smoke?
I went upstairs for a wash.

1.9 Outros substantivos são usados no plural com um significado especial, com ou sem o determinante (como os substantivos contáveis), mas não são usados em singular com esse mesmo significado:

His clothes looked terribly dirty.
Troops are being sent in today.

Alguns desses substantivos são sempre usados com um determinante (→1.26):

> authorities • likes • movies • travels

I went to the pictures with Tina.

Outros, por sua vez, geralmente são usados sem determinante:

> airs • expenses • goods • refreshments • riches

They have agreed to pay for travel and expenses.

1.10 Substantivos coletivos

Os substantivos coletivos (pois se referem a um grupo de pessoas ou de coisas) podem ser acompanhados do verbo no plural ou no singular, já que é possível considerar o grupo tanto como uma unidade quanto como vários indivíduos juntos:

> army • audience • committee • company • crew • enemy
> family • flock • gang • government • group • herd
> navy • press • public • staff • team • data • media

Our family isn't poor any more.
My family are perfectly normal.
The BBC is showing the programme on Saturday.
The BBC are planning to use the new satellite.

No entanto, no inglês americano, é raro usar um verbo no plural após um substantivo coletivo – prefere-se usar o verbo no singular.

1.11 Um substantivo pode vir acompanhado de outras palavras que especificam seu significado e que fazem parte do sintagma nominal. Essas palavras podem ser determinantes (→1.26), adjetivos (→2.1–11), outro substantivo, sintagmas nominais com preposição (→1.13–14) e construções com pronomes relativos ("que...") (→2.12–16):

> *He was eating a cake.*
> *He was using blue ink.*
> *I like chocolate cake.*
> *I spoke to a girl in a dark grey dress.*
> *She wrote to the man who employed me.*
> *The front door of the house was wide open.*

1.12 Quando um substantivo tem seu significado especificado por outro, o que especifica vem logo antes do que é especificado. Note que, às vezes, em português é necessário usar uma construção com a preposição "de", ou às vezes um adjetivo:

> ... *a mathematics exam.*
> ... uma prova de matemática.
> ... *chocolate cake.*
> ... bolo de chocolate.
> ... *the oil industry.*
> ... a indústria petrolífera.

1.13 Usa-se um sintagma nominal com a preposição *of*:

- após substantivos que se referem a uma ação ou um evento para indicar o sujeito ou o objeto de tal ação ou evento:

> ... *the arrival of the police.*
> ... *the destruction of their city.*

- para definir o material de que algo é feito:

> ... *a wall of stone*

- para indicar o tema de um texto ou uma imagem:

> ... *a picture of them both in the paper*

1.14 Usa-se um sintagma nominal com outras preposições:

- para descrever algo ou alguém do ponto de vista do lugar com o que se associa, usando a preposição de lugar correspondente:

> ... *the house on the prairie*
> ... a casa na pradaria
> ... *the woman in the shop*
> ... a mulher da tenda

OS SUBSTANTIVOS E O SINTAGMA NOMINAL

- **with** – quando se quer indicar o que uma pessoa tem:
    ... a girl with red hair.
    ... uma garota de cabelo vermelho.
    ... the man with the gun.
    ... o homem com a pistola.

- **in** – quando se quer indicar o que a pessoa está usando (ou traz com ela):
    ... a man in a raincoat.
    ... the man in dark glasses.

- **to** – com os seguintes substantivos:

    > **alternative • answer • approach • attitude
    > devotion • introduction • invitation • reaction
    > reference • resistance • return**

    This was my first real introduction to Africa.

- **for** – com os seguintes substantivos:

    > **admiration • desire • dislike • need • reason • respect
    > responsibility • search • substitute • taste • thirst**

    Their need for money is growing fast.

- **on** – com os seguintes substantivos:

    > **agreement • attack • comment • effect • tax**

    She had a dreadful effect on me.

- **in** – com os seguintes substantivos:

    > **decrease • difficulty • fall • increase • rise**

    They demanded a large increase in wages.

1.15 Para indicar a quem pertence algo, usa-se um substantivo seguido de apóstrofo e "s" (**-'s**):

> *Sylvia put her hand on John's arm.*
> Sylvia pôs a mão no braço de John.
> *Could you give me Charles's address?*
> Você poderia me dar o endereço de Charles?
> *They have bought Sue and Tim's car.*
> Compraram o carro de Sue e Tim.

Se o substantivo é um plural terminando em "s" (→1.1, 6.1), usa-se somente o apóstrofo ('). Se o plural não é indicado pelo sufixo **-s**, são usados apóstrofo e "s":

> *It is not his parents' problem.*
> Não é problema de seus pais.
> *Where are the children's shoes?*
> Onde estão os sapatos das crianças?

Os substantivos e o sintagma nominal

Esta forma também é usada com frequência para se referir à casa de alguém ou ao lugar em que um profissional especializado atende.

Em inglês britânico, palavras como *house* ou *shop* são geralmente omitidas, ficando subentendidas:

> **He's at David's.**
> *Está na casa de David.*
> **She must go to the chemist's.**
> *Ela tem que ir à farmácia.*

O apóstrofo também é usado quando uma expressão de tempo serve para descrever outro substantivo:

> **They have four weeks' holiday per year.**
> *Têm quatro semanas de férias por ano.*

1.16 Pronomes

Os usos de **this**, **that**, **these**, **those** como pronomes são detalhados em 1.33–35; os de **some** e **any**, em 1.43; finalmente, os pronomes relativos são explicados em 2.12–16. Por outro lado, os pronomes indefinidos que se formam a partir de **some**, **any**, **no** e **every** aparecem nas seções 1.46–48 e 1.55.

Usa-se um pronome pessoal:

- para voltar a se referir a algo ou alguém que já tenha sido mencionado
- para se referir diretamente a coisas ou pessoas que estão presentes ou são implicadas em determinada situação

> **John took the book and opened it.**
> **My father is fat – he weighs over fifteen stone.**
> **He rang Mary and invited her to dinner.**
> **"Have you been to New York?" — "Yes, it was very crowded."**
> **I do the washing, he does the cooking.**

1.17
Estes pronomes podem ter duas formas distintas, dependendo de sua função em relação ao verbo: como sujeito ou objeto.

As formas de objeto são usadas, além de como objeto de um verbo, logo após uma preposição ou após o verbo principal.

Formas de sujeito:

I • you • he • she • it • we • you • they

Formas de objeto:

me • you • him • her • it • us • you • them

> **We were all sitting in a cafe with him.**
> **Did you give it to them?**

OS SUBSTANTIVOS E O SINTAGMA NOMINAL

>*Who is it? — It's me.*
>*There was only John, Baz and me in the room.*

Cuidado: **you** é usado para "tu", "você", "vós" e "vocês". As diferenças de uso dessas palavras, seja em termos de tratamento ou de número, são identificáveis no inglês pelo contexto.

1.18 **You** e **they** podem ser usados para falar de pessoas em geral:

>*You have to drive on the left side of the road in Britain.*
>Dirige-se do lado esquerdo da pista na Grã-Bretanha.
>*They say she's very clever.*
>Dizem que ela é muito inteligente.

1.19 **It** pode ser usado como sujeito impessoal em expressões gerais que se referem às horas, às datas ou às condições climáticas, ou ainda para falar de situações em geral:

>*What time is it?*
>*It is January 19th.*
>*It is rainy and cold.*
>*It is too far to walk.*
>*I like it here. Can we stay a bit longer?*

1.20 **They/them** podem fazer referência a:

- **somebody/someone**, **anybody/anyone**, embora estes sempre venham seguidos por um verbo no singular:

   >*If anybody comes, tell them I'm not in.*

- substantivos coletivos (→1.10), mesmo que anteriormente tenha sido usado um verbo no singular:

   >*His family was waiting in the next room, but they had not yet been informed.*

1.21 Pronomes possessivos

Para dizer a quem algo pertence, usam-se os pronomes possessivos:

mine • yours • his • hers • ours • theirs

>*Is that coffee yours or mine?*
>Esse café é seu ou meu?
>*It was his fault, not ours.*
>A culpa foi dele, não nossa.

1.22 Pronomes reflexivos

Quando o pronome objeto se refere à mesma pessoa expressada pelo sujeito, usa-se um pronome reflexivo:

singular: **myself** • **yourself** • **himself** • **herself** • **itself**
plural: **ourselves** • **yourselves** • **themselves**

Os substantivos e o sintagma nominal

He should give himself more time.
Ele deveria se dar mais tempo.

Os pronomes reflexivos também são usados para dar ênfase, e neste caso equivalem a "(alguém) mesmo":

I made it myself.
Eu mesmo fiz.

Também são usados após uma preposição, exceto em expressões adverbiais de lugar e após a preposição **with** significando "em companhia de", contanto que a pessoa mencionada seja a mesma do sujeito:

Tell me about yourself.
You should have your notes in front of you.
He would have to bring Judy with him.

1.23 One

One, **ones** são pronomes usados para falar de coisas do mesmo tipo, porém com características distintas, para não ser necessário voltar a mencionar o tipo de coisa, citando apenas a característica:

My car is the blue one.
Meu carro é o azul.
Don't you have one with buttons instead of a zip?
Você não tem um com botões em vez de um zíper?
Are the new curtains longer than the old ones?
As cortinas novas são mais compridas que as velhas?

1.24

One, **ones** são usados juntamente com **this**, **these**, **that**, **those** quando a característica que distingue várias coisas do mesmo tipo é a proximidade:

I like this one better.
Gosto mais deste.
We'll have those ones, thank you.
Levaremos aquelas, obrigado.

Também podem se combinar com **which**, significando "qual" ou "quais":

Which ones were damaged?
Quais foram danificados?

1.25

Em inglês considerado culto, **one** é usado para expressar opiniões de maneira geral, normalmente aquelas que se acredita serem compartilhadas e generalizadas:

One has to think of the practical side of things.
É preciso pensar no lado prático das coisas.
One never knows what to say in such situations.
Nunca se sabe o que dizer em situações deste tipo.

OS SUBSTANTIVOS E O SINTAGMA NOMINAL

1.26 Determinantes

À frente do substantivo ou de qualquer adjetivo (isto é, no princípio do sintagma nominal), usa-se com frequência um determinante.

Há vários tipos: alguns fazem referência a algo concreto ou já mencionado enquanto outros se referem a algo mais geral ou não mencionado antes.

Muitos deles também podem ser usados como pronomes.

Os determinantes são:

> *the* (→1.27–32)
> *this* • *these* • *that* • *those* (→1.33–35)
> *a/an* (→1.36–41)
> *some* • *any* • *no* (→1.42–45)
> os quantificadores *much* • *many* • *little* • *few* (→1.49–52) • *all* (→1.53) • *most* • *a little* • *a few* • *the whole* • *every* (→1.54–55) • *each* • *both* (→1.57) • *half* • *either* (→1.58)
> • *other* (→1.60) • *another* (→1.61) • *more* • *less* • *fewer*
> os adjetivos possessivos *my* • *your* • *his* • *her* • *its* • *our* • *their*
> os determinantes interrogativos *what* • *which* • *whose*
> os numerais *one* • *two* • *three* • *four* ...

I met the two Swedish girls in London.
Conheci duas garotas suecas em Londres.
I don't like this picture.
Não gosto deste quadro.
There was a man in the corridor.
Havia um homem no corredor.
The patients know their rights like any other customer.
Os pacientes conhecem seus direitos como quaisquer outros clientes.
There weren't many people.
Não havia muita gente.
Most people agreed.
A maioria das pessoas concordou.
We need more time.
Precisamos de mais tempo.
We ought to eat less fat.
Deveríamos comer menos gorduras.
Few people like him.
Poucas pessoas gostam dele.
We had a few drinks.
Tomamos algumas bebidas.

1.27

Geralmente usa-se *the* nos mesmos casos que o artigo definido em português:

The girls were not at home.
As meninas não estavam em casa.

I don't like using the phone.
Não gosto de usar o telefone.
My father's favourite flower is the rose.
A flor favorita de meu pai é a rosa.
We spent our holidays in the Canaries.
Passamos nossas férias nas Canárias.

1.28 Exceções

Quando se fala de um tipo de coisa, animal ou pessoa de maneira geral, é usado em inglês somente o substantivo no plural:

Many adults don't listen to children.
Muitos adultos não escutam as crianças.
Dogs are mammals, the same as mice and whales.
Os cães são mamíferos, como os camundongos e as baleias.

Note que também é possível falar de um tipo de coisa, animal ou pessoa de maneira geral usando o substantivo no singular. Nesse caso, usa-se **the**:

The dog is a mammal, the same as the mouse and the whale.
O cão é um mamífero, como o camundongo e a baleia.

1.29 Não se usa em expressões adverbiais de tempo, com **at**, **by**, **on**:

on Monday, by night

1.30 Não se usa com o nome de lagos e montanhas (mas sim com o de cordilheiras):

Lake Michigan is in the north of the United States.
Mount Everest is in the Himalayas and Aconcagua in the Andes.

1.31 Não se usa com direções nem com cifras ou letras:

A famous shopping area of London is Oxford Street.
The main post office is at 11, Union Street.
The winning number is three thousand five hundred and forty-five.
Z is the last letter of the alphabet.

1.32 Usa-se com adjetivos como **rich**, **poor**, **young**, **old** e **unemployed**, além de outros adjetivos de nacionalidade, para falar daquele determinado grupo de indivíduos:

They were discussing the problem of the unemployed.
The French are opposed to the idea.

1.33 This, that, these, those

This significa "este, esta, isto". **These** é a forma de plural ("estes, estas"). **That** significa "esse, essa, isso" ou "aquele, aquela, aquilo", de acordo com o contexto. **Those** é a forma de plural:

This book is a present from my mother.
When did you buy that hat?

Os substantivos e o sintagma nominal

Esses determinantes também são usados como pronomes:

> *This is a list of rules.*
> *'I brought you these.' Adam held out a bag of grapes.*
> *That looks interesting.*
> *Those are mine.*

1.34 Em determinadas expressões, o uso de **that** com o verbo **be** tem um significado muito próximo daquele do **it** impessoal (→ 3.42); nesse caso, nenhuma das expressões equivalentes em português costuma ser usada:

> *Who's that?*
> Quem é?
> *Was that Patrick on the phone?*
> Era Patrick no telefone?

1.35 Também são usados para falar de coisas que acabaram de ser mencionadas (ou que estão prestes a ser) sem que acompanhem um substantivo.

É preciso levar em conta que essas expressões nem sempre funcionam como seus equivalentes em português:

> *That was an interesting word you used just now.*
> Que interessante, essa palavra que você acabou de usar.
> *These are not easy questions to answer.*
> Estas perguntas não são fáceis de responder.
> *This is what I want to say: it wasn't my idea.*
> É o que quero dizer: não foi ideia minha.

1.36 **A/an** são usados nos mesmos casos que seus equivalentes em português:

> *I got a postcard from Susan.*
> Recebi um cartão-postal de Susan.
> *His brother was a sensitive child.*
> Seu irmão era uma criança sensível.
> *I chose a picture that reminded me of my own country.*
> Escolhi um quadro que me lembrava do meu próprio país.

Usa-se **an** quando a palavra seguinte começa com um som vocálico:

> *an apple*
> *an honest man* [ˈɔnist]
> *an hour* [ˈauʳ]

⚠ Se o som não é vocálico, mas semivocálico, usa-se **a**:

> *a university* [juniˈvəːsiti]
> *a hamster* [ˈhæmstəʳ]

1.37 São usados após o verbo **be** e os demais verbos de ligação quando se deseja citar a profissão de alguém:

> *He became a school teacher.*
> Ele se tornou professor.

She is a model and an artist.
Ela é modelo e artista.

1.38 Note que o numeral **one** é usado quando a intenção é enfatizar a quantidade, ou seja, para dizer que não se trata de dois, três ou quatro, mas sim de um:

I got (only) one postcard from Susan (in the three years she was abroad).
Recebi (apenas) um cartão-postal de Susan (nos três anos em que ela esteve no exterior).

1.39 Usa-se **a** com **hundred** e **thousand**, que também podem ser usados com **one**:

I've just spent a hundred pounds.
Acabei de gastar cem libras.
I've told you a thousand times!
Já lhe disse mil vezes!

1.40 Usam-se **a/an** antes de "e meio(a)" ou "e um quarto" ao falar de quantidades:

One and a half sugars in my coffee, please.
Uma colher e meia de açúcar no meu café, por favor.
A kilo and a quarter is roughly three pounds.
Um quilo e um quarto equivalem a aproximadamente três libras.

1.41 Usam-se com "meio, meia" ao falar da metade de algo. Note que é possível que venha antes ou depois de **half**:

You'll have to walk for half a mile.
Você terá que caminhar meia milha.

1.42 Some; any; no

A não tem forma de plural. Para esses casos, usam-se **some** ou **any**:

He has bought some plants for the house.
Ela comprou umas plantas para a casa.

Some e **any** são usados para se referir a uma quantidade aproximada:

There's some chocolate cake over there.
Há bolo de chocolate ali.
I had some good ideas.
Tive algumas boas ideias.

É possível usar **some** em perguntas educadas ou quando se espera uma resposta afirmativa:

Would you like some coffee?
Gostaria de um café?
Could you give me some examples?
Poderia nos dar uns exemplos?

Usa-se **any** em perguntas e negações. Também acompanha substantivos no singular com significado de "qualquer":

Os substantivos e o sintagma nominal

> **Are there any apples left?**
> Sobraram maçãs?
> **I don't have any money.**
> Não tenho dinheiro.
> **Any container will do.**
> Qualquer recipiente serve.

Não é usado quando há a combinação de *any* com a negação:

> **I don't see any problem in that./I see no problem in that.**
> Não vejo problema algum.

1.43 *Some* e *any* podem ser usados para substituir o substantivo, como pronomes.

No caso de *no*, o pronome correspondente é *none*:

> **You need change? I think I've got some on me.**
> Precisa de trocado? Acho que tenho algum comigo.
> **Children? No, I don't have any./No, I have none.**
> Filhos? Não, não tenho nenhum.

1.44 São usados com substantivos contáveis (→1.1–7) com o significado de "um pouco de", "nada de". Em português, em muitas ocasiões somente o substantivo seria usado:

> **I have left some food for you in the fridge.**
> Deixei um pouco de comida para você na geladeira.
> **Don't you speak any Dutch?**
> Você não fala nada de holandês?
> **He's left me with no money.**
> Ele me deixou sem dinheiro.

1.45 São usados com substantivos no plural com o significado de "algum" ou "nenhum":

> **Some trains are running late.**
> Alguns trens estão atrasados.
> **Are there any jobs men can do but women can't?**
> Existe algum trabalho que os homens podem fazer, mas as mulheres não?
> **There weren't any tomatoes left/There were no tomatoes left.**
> Não havia mais nenhum tomate.

1.46 *Some*, *any*, *no* e *every* (→1.42-45, 1.54-55) são combinados com *-body* ou *-one* para dizer "alguém, qualquer um, nenhum, todo o mundo", com *-thing* para dizer "algo, qualquer coisa, nada, tudo" e com *-where* para dizer "em algum/qualquer/nenhum lugar, por toda a parte":

anybody • anyone • anything • anywhere
everywhere • everybody • everyone • everything
nobody • no one • nothing • nowhere
somewhere • somebody • someone • something

OS SUBSTANTIVOS E O SINTAGMA NOMINAL

I was there for an hour before anybody came.
Fiquei ali por uma hora até chegar alguém.
It had to be someone with a car.
Tinha que ser alguém com um carro.
Jane said nothing for a while.
Jane não disse nada por um instante.
Everyone knows that.
Todo mundo sabe disso.

Em inglês americano informal, **anyplace**, **no place** e **someplace** podem substituir **anywhere**, **nowhere** e **somewhere**.

1.47 Se vêm como sujeitos de um verbo, essas expressões recebem uma forma verbal no singular, embora possam se referir a mais de uma pessoa ou coisa:

Everyone knows that.
Todo mundo sabe disso.
Is anybody there?
Há alguém aí?

Depois de uma combinação com **-body** ou **-one**, geralmente é usado o pronome pessoal **they** com o verbo no plural:

Anybody can say what they think.
Qualquer um pode dar sua opinião.

1.48 São usados seguidos de **else** com o significado de "mais, outro, diferente":

I don't want to see anybody else today.
Não quero ver mais ninguém hoje.
I don't like it here. Let's go somewhere else.
Não gosto daqui. Vamos a outro lugar.

1.49 Usa-se **much** para dizer "muito, muita" e **many** para "muitos, muitas".

Da mesma forma, as noções de "pouco, pouca" são expressadas por **little** e "poucos, poucas" por **few**:

I haven't got much time.
Não tenho muito tempo.
He wrote many novels.
Escreveu muitos romances.
He has little enthusiasm for the idea.
Tinha pouco entusiasmo pela ideia.
Visitors to our house? There were few.
Visitantes à nossa casa? Houve poucos.

1.50 Usa-se **much** em negações apenas em uma combinação com **very**, **so** e **too** (→1.51–52):

He didn't speak much English.
Ele não falava muito inglês.

Os substantivos e o sintagma nominal

No lugar de *much* em uma oração afirmativa, geralmente são usadas outras expressões que também acompanham substantivos contáveis:

> **He needed a lot of attention.**
> *Ele precisava de muita atenção.*
> **I've got plenty of ou lots of money.**
> *Tenho muito dinheiro ou dinheiro de sobra.*
> **He remembered a large room with lots of windows.**
> *Ele se lembrou de um quarto grande com muitas cortinas.*

1.51 Usa-se *very* com *much*, *many*, *little* e *few*:

> **Very many old people live alone.**
> *Muitos idosos vivem sozinhos.*
> **We have very little time.**
> *Temos pouco tempo.*
> **There are very few cars like these nowadays.**
> *Há muitos poucos carros como estes hoje em dia.*

1.52 *Much/many* são usados somente com o significado de "tanto(s), tanta(s)"; com *little/few*, o sentido é de "tão pouco(s)":

> **They have so much money and we have so little.**
> *Eles têm tanto dinheiro e nós, tão pouco.*

Usa-se *too* com *much/many* com o significado de "muito(s), muita(s)" e com *little/few* significando "muito pouco(s), muito pouca(s)":

> **Too many people still smoke.**
> *Muitas pessoas ainda fumam.*

1.53 Usa-se *all* com substantivos contáveis e incontáveis com o significado de "todos" ou "todo". É possível usar *the* após *all*.

Exatamente como ocorre em português, a ordem em que *all* se coloca pode mudar, dependendo da ênfase que se queira dar:

> **All children should complete the primary course.**
> *Todas as crianças deveriam finalizar a educação primária.*
> **He soon lost all hope of becoming a rock star.**
> *Logo perdeu toda esperança de se tornar uma estrela do rock.*
> **All the items are priced individually.**
> *Todos os artigos recebem seus preços individualmente.*
> **The items are all priced individually.**
> *Os artigos todos recebem seus preços individualmente.*

1.54 Também se usa *every* com o significado de "todos", mas com substantivos contáveis no singular e o verbo também. Note que em português é usado um substantivo no plural:

> **Every child has milk every day.**
> *Todas as crianças bebem leite todos os dias.*

OS SUBSTANTIVOS E O SINTAGMA NOMINAL

>*She spoke to every person at that party.*
>Ela falou com todas as pessoas daquela festa.

1.55 **Every** combina-se com **-body** e **-one** para significar "todos, todo o mundo", com **-thing** para significar "tudo" e com **-where** para significar "por toda parte":

>*Everyone else is downstairs.*
>Todos os demais estão lá embaixo.

1.56 Usa-se **each** com ou sem o substantivo com o significado de "cada (um ou uma)". Muitas vezes, esse significado é igual ao de **every**, "todos".

As diferenças são as mesmas que existem entre as expressões equivalentes em português:

>*Each county is subdivided into several districts.*
>Cada condado é subdividido em vários distritos.
>*Each applicant has five choices.*
>Cada candidato tem cinco opções.
>*Oranges are twenty pence each.*
>As laranjas são vendidas a vinte centavos cada uma.

1.57 Usa-se **both** com o significado de "ambos" ou "os dois/as duas":

>*Dennis held his coffee with both hands.*
>Dennis segurava seu café com ambas as mãos.
>*Both children were happy with their presents.*
>As duas crianças estavam felizes com seus presentes.
>*Both the young men agreed to come.*
>Ambos os jovens concordaram em vir.

A expressão **Both... and...** é usada com o significado de "tanto... como..." quando se fala de duas coisas ou pessoas ao mesmo tempo:

>*I am looking for opportunities both in this country and abroad.*
>Estou buscando oportunidades tanto neste país como no exterior.

1.58 Usa-se **either** quando se fala de duas coisas ou pessoas com o significado de "qualquer um dos dois" ou também de "ambos".

Neither é a forma negativa. Também são usados em determinado tipo de respostas (→ 3.54):

>*There were tables on either side of the door.*
>Havia mesas em ambos os lados da porta.
>*You can sit at either side of the table.*
>Você pode sentar em qualquer (um) dos lados da mesa.
>*Neither man knew what he was doing.*
>Nenhum dos homens sabia o que estava fazendo.

1.59 **Either... or...** são usados com o significado de "ou... ou..." para dizer que somente uma das duas possibilidades é válida. **Neither... nor...** é a forma

Os substantivos e o sintagma nominal

negativa, usada com o significado de "nem... nem..." para dizer que nenhuma das possibilidades é válida:

> **You either love him or hate him.**
> *Ou você o ama ou o odeia.*
> **I was expecting you neither today nor tomorrow.**
> *Não lhe esperava nem hoje nem amanhã.*

1.60 Usa-se **the other** com o significado de "o outro, a outra" quando se fala de duas coisas ou pessoas. **Other** é usado com substantivos no plural com o significado de "outros, outras":

> **The other man has gone.**
> *O outro homem se foi.*
> **I've got other things to think about.**
> *Tenho outras coisas para pensar.*
> **The other European countries have beaten us.**
> *Os outros países europeus nos derrotaram.*

1.61 Usa-se **another** com substantivos contáveis no singular com o significado de "outro mais, outra mais". É usado com um número e um substantivo contável no plural com o significado de "outros tantos mais, outras tantas mais":

> **Could I have another cup of coffee?**
> *Posso tomar outra xícara de café?*
> **Another four years passed before we met again.**
> *Passaram-se mais quatro anos antes de nos encontrarmos novamente.*

2 O adjetivo

2.1 Em inglês, os adjetivos colocam-se, como regra geral, antes do substantivo, e não depois, como no português:

> **She bought a loaf of white bread.**
> *Ela comprou um pão branco.*
> **There was no clear evidence.**
> *Não havia provas claras.*

2.2 Alguns adjetivos são usados exclusivamente antes do substantivo. Por exemplo, diz-se *an atomic bomb*, mas não *The bomb was atomic*. Entre eles:

> eastern • northern • southern • western • atomic
> countless • digital • existing • indoor • introductory
> maximum • neighbouring • occasional • outdoor

> **He sent countless letters to the newspapers.**
> *Ele enviou inúmeras cartas aos jornais.*

Outros são usados somente após um verbo de ligação. Por exemplo, pode-se dizer **She was glad**, mas não *a glad woman*:

> afraid • alive • alone • asleep • aware • content • due
> glad • ill • ready • sorry • sure • unable • well

> **I wanted to be alone.**
> *Queria estar sozinho.*
> **I'm not quite sure.**
> *Não tenho certeza.*

2.3 Alguns adjetivos não podem ser usados sozinhos após um verbo de ligação, mas com determinada preposição e um sintagma nominal:

> aware of • accustomed to • fond of
> unaccustomed to • unaware of • used to

> **She's very fond of you.**
> **He is unaccustomed to the heat.**

2.4 Alguns adjetivos podem ser usados sozinhos ou seguidos de determinada preposição. São usados sozinhos ou com *of* para especificar a causa do sentimento:

> afraid • ashamed • convinced • critical • envious
> frightened • jealous • proud • scared • suspicious • tired

> **They may feel jealous (of your success).**
> **I was terrified (of her).**

- São usados sozinhos ou seguidos de *of* para especificar a pessoa que detém a qualidade:

O ADJETIVO

> brave • careless • clever • generous • good • intelligent
> kind • nice • polite • sensible • silly • stupid
> thoughtful • unkind • unreasonable • wrong

That was clever (of you)!
I turned the job down, which was stupid (of me).

- São usados sozinhos ou seguidos de *to* aqueles que geralmente se referem a:

> semelhança: **close • equal • identical • related • similar**
> matrimônio: **engaged • married**
> lealdade: **devoted • loyal**
> classificação: **junior • senior**

My problems are very similar (to yours).
He was dedicated (to his job).

- São usados sozinhos ou seguidos de *with* para especificar a causa do sentimento:

> **bored • content • displeased • impatient**
> **pleased • satisfied**

I could never be bored (with football).
He was pleased (with her).

- São usados sozinhos ou com *for* para especificar a coisa ou a pessoa a que se refere a qualidade:

> **common • difficult • easy • essential • important**
> **necessary • possible • unnecessary • unusual • usual**

It's difficult for young people on their own.
It was unusual for them to go away at the weekend.

2.5 Alguns adjetivos podem ser usados sozinhos ou com preposições diferentes.

- São usados sozinhos, ou com sujeito impessoal + *of* + o sujeito da ação, ou ainda com sujeito pessoal + *to* + o objeto da ação:

> **cruel • friendly • generous • good • kind • mean • nasty**
> **nice • polite • rude • unfriendly • unkind**

He is very rude.
It was rude of him to leave so suddenly.
She was rude to him for no reason.

- São usados sozinhos ou com *about* para especificar uma coisa ou *with* para especificar uma pessoa:

> **angry • annoyed • delighted • disappointed**
> **fed up • furious • happy • upset**

O ADJETIVO

They looked very angry.
She was still angry about the result.
I'm very angry with you.

2.6 Alguns adjetivos que caracterizam medidas são colocados depois do substantivo de medida:

> deep • high • long • old • tall • thick • wide

He was about six feet tall.
Ele media seis pés (de altura).
The water was several metres deep.
A água tinha vários metros de profundidade.
The baby is nine months old.
O bebê tem nove meses (de idade).

⚠ Note que não se usa *heavy* para falar de peso, mas *in weight*:

This parcel is two kilos in weight.
Esta encomenda pesa dois kilos.

2.7 Quando são usados mais de um adjetivo diante de um substantivo, é colocado primeiro aquele que dá uma opinião própria e em seguida aquele que descreve algo.

Geralmente usa-se *and* entre adjetivos somente quando vão depois de um verbo de ligação:

You live in a nice big house.
Você mora em uma casa grande e legal.
She was wearing a beautiful pink suit.
Ela vestia um lindo traje rosa.
He's tall and slim.
Ele é alto e magro.

2.8 Quando há dois ou mais adjetivos que dão uma opinião própria, o que tem um significado mais geral é colocado primeiro:

I sat in a lovely comfortable armchair in the corner.
Sentei em uma poltrona confortável no canto.
He had a nice cold beer.
Ele bebeu uma cerveja gelada.

2.9 Quando há dois ou mais adjetivos que descrevam características, são colocados na seguinte ordem:

tamanho forma idade cor nacionalidade material

We met some young Chinese girls.
Conhecemos umas jovens chinesas.
There was a large round wooden table in the room.
Havia uma grande mesa redonda de madeira no quarto.

O ADJETIVO

2.10 Quando são usadas as formas comparativas de um adjetivo (→2.17–25), são colocadas antes dos demais adjetivos:

> **Some of the better English actors have gone to live in Hollywood.**
> Alguns dos melhores atores ingleses foram viver em Hollywood.
> **These are the highest monthly figures on record.**
> Estas são as cifras mensais mais altas já registradas.

2.11 Quando se usa um substantivo seguido de outro (→1.12), qualquer dos adjetivos é colocado sempre antes do primeiro substantivo, nunca entre os dois:

> **He works in the French film industry.**
> Ele trabalha na indústria cinematográfica francesa.
> **He receives a large weekly cash payment.**
> Ele recebe um grande salário semanal em espécie.

2.12 As partículas interrogativas podem ser usadas para fazer perguntas (→3.55). Os pronomes **who**, **which**, **when**, **where** e **why** podem ser usados também para formar orações subordinadas que funcionam como adjetivo dentro da oração principal especificando as características do substantivo:

> **The woman who lives next door is very friendly.**
> **The car which I wanted to buy was not for sale.**

2.13 Usa-se **who** ao falar de pessoas e **which** ao falar de coisas. Geralmente, é possível usar **that** no lugar de ambos:

> **He was the man who bought my house.**
> **He was the man that bought my house.**
> **There was ice cream which Aunt Jen had made herself.**
> **There was ice cream that Aunt Jen had made herself.**

2.14 Diferentemente do português, se há uma preposição na frase, ela é colocada no final de toda a oração que modifica o substantivo:

> **The house that we lived in was huge.**

Ao contrário do português, **who**, **which** e **that** podem ser omitidos da oração, mas somente quando não funcionam como sujeito:

> **The woman who lives next door is very friendly.**
> **The car I wanted to buy was not for sale.**
> **The house we lived in was huge.**

2.15 **Whose** é o possessivo de **who** e é usado com o significado de "cujo, cuja, cujos, cujas":

> **We have only told the people whose work is relevant to this project.**

2.16 Após palavras que tratam de tempo, usa-se **when**. Após palavras que tratam de lugares, usa-se **where**. Após razões, usa-se **why**:

> **This is the year when profits should increase.**
> **He showed me the place where they worked.**
> **There are several reasons why we can't do that.**

O ADJETIVO

2.17 Comparações

O comparativo *more* pode acompanhar substantivos incontáveis, contáveis (no plural) e também adjetivos e advérbios de mais de duas sílabas e a maioria dos de duas:

> *His visit might do more harm than good.*
> Sua visita pode causar mais dano que benefício.
> *He does more hours than I do.*
> Ele faz mais horas que eu.
> *Be more careful next time.*
> Tenha mais cuidado da próxima vez.

2.18
Os adjetivos e advérbios de uma sílaba ou de duas sílabas que acabam em consoante + *-y* recebem a terminação *-er*. Note que podem ocorrer mudanças ortográficas quando uma terminação é acrescentada (→ 6.2):

> angry • busy • dirty • easy • friendly
> funny • heavy • lucky • silly • tiny

> *They worked harder.*
> Eles trabalharam muito mais.
> *It couldn't be easier.*
> Não poderia ser mais fácil.

Alguns adjetivos de duas sílabas usados com frequência podem seguir qualquer dos dois procedimentos:

> common • cruel • gentle • handsome • likely
> narrow • pleasant • polite • simple • stupid

2.19
Para comparar substantivos contáveis no singular, é necessário usar *a/an* antes do substantivo:

> *My sister is more of an artist than me.*
> Minha irmã é mais artista que eu.

2.20
Usa-se *less* com substantivos incontáveis e com adjetivos e advérbios em geral. Com substantivos contáveis, usa-se *fewer*:

> *This machinery uses less energy.*
> Este maquinário usa menos energia.
> *There are fewer trees here.*
> Há menos árvores aqui.
> *They were less fortunate than us.*
> Tivemos menos sorte que nós.
> *We see him less frequently than we used to.*
> Nós o vemos com menos frequência que costumávamos.

2.21
Note que há duas construções comparativas que não são usadas em português:

> *The smaller a parcel is, the cheaper it is to send.*
> Quanto menor a encomenda, mais barato seu envio.

O ADJETIVO

> It's getting harder and harder to find a job.
> Está se tornando cada vez mais difícil encontrar um trabalho.

2.22 *As... (as...)* é usado com o significado de "tão/tanto(s)... (quanto...)" com adjetivos, advérbios e grupos verbais. Com substantivos, é usado seguido de *much/many*:

> You're as bad as your sister.
> Você é tão má quanto sua irmã.
> He doesn't get as many calls as I do.
> Ele não recebe tantas chamadas quanto eu.

2.23 *Most* e a terminação *-est* são usados com o significado de "o/a mais, mais..." nos mesmos casos que *more* e a terminação *-er*, respectivamente. Alguns adjetivos e advérbios de uso frequente têm formas irregulares:

good/well n better n best
bad/badly n worse n worst
far → farther/further → farthest/furthest

> Tokyo is Japan's largest city.
> Tóquio é a maior cidade do Japão.
> He was the most interesting person there.
> Ele era a pessoa mais interessante dos que estavam lá.
> She sat near the furthest window.
> Ela sentou perto da janela mais distante.

2.24 Pode-se usar *most* sem estabelecer uma comparação, em cujo caso não se usa *the*:

> This book is most interesting.
> Este livro é interessantíssimo.
> This book is most interesting.
> Este livro é o mais interessante.

2.25 *So... (that...)* pode ser usado para fazer uma comparação, o que nem sempre acontece necessariamente. Pode acompanhar um adjetivo, advérbio ou grupo nominal precedido de *many/much/few/little* (→1.52):

> Science is changing so rapidly (that it's difficult to keep up to date).
> A ciência está mudando tão rapidamente (que é difícil manter-se em dia).
> I want to do so many different things.
> Quero fazer tantas coisas diferentes.

2.26 Usa-se *such a...* precedendo um substantivo no singular. Em plural, usa-se sem *a* (*such...*). Se o substantivo leva um adjetivo, *such* é colocado antes deste:

> There was such a noise we couldn't hear.
> Havia ruído tal que não conseguíamos ouvir.
> They said such nasty things about you.
> Disseram coisas muito desagradáveis sobre você.

3 O verbo e o sintagma verbal

3.1 Em inglês, são usadas bem menos flexões que em português para se referir à pessoa ou ao tempo verbal, indicados respectivamente pelo uso obrigatório dos pronomes e dos verbos auxiliares ou modais:

> *We wanted to know what happened.*
> *Did she phone you?*
> *We will see how simple a language can be.*
> *I might not go.*

Exceto no caso do imperativo, em inglês é necessário incluir sempre uma palavra ou um grupo de palavras que faça o papel de sujeito (→3.28–29).

3.2 Para formar os tempos verbais que não sejam o presente simples ou o passado simples na forma afirmativa (→3.8), a forma afirmativa do imperativo (→3.28-29) ou as formas não pessoais de infinitivo (→3.49), gerúndio (→3.45–48) ou particípio (→3.3), é necessário combinar o verbo principal com uma forma de um verbo auxiliar (→3.6), que indica o tempo ou se a voz é ativa ou passiva:

> *I have seen it before.*
> *Had you heard about it?*
> *It could not be done.*
> *They have been robbed.*

3.3 Os verbos aos quais se pode acrescentar a terminação *-ed*, que são a maioria, chamam-se verbos regulares. Há certos verbos que têm uma ou duas formas diferentes em vez desta terminação; são os chamados verbos irregulares.

Os verbos regulares têm quatro formas:

a) a forma base, que é aquela mencionada, por exemplo, em um dicionário, e que é usada para quase todas as pessoas no presente (→3.8-9), com os verbos modais (→3.12–27) e na construção *to...* (→3.49)
b) a forma com *-s*, que é usada somente no presente quando o sujeito está na terceira pessoa do singular.
c) a forma de gerúndio *-ing*
d) a forma de particípio *-ed*

Note que as eventuais mudanças ortográficas produzidas com o acréscimo de terminação (→6.1–2) não fazem com que os verbos sejam irregulares:

> ask • asks • asking • asked
> try • tries • trying • tried
> reach • reaches • reaching • reached
> dance • dances • dancing • danced
> dip • dips • dipping • dipped

O VERBO E O SINTAGMA VERBAL

3.4 Os verbos irregulares podem ter três, quatro ou cinco formas diferentes, pois podem ter uma forma diferente para o passado e às vezes outra para o particípio. Todas essas formas aparecem na parte inglês-português do dicionário depois da forma base:

> cost • costs • costing • cost • cost
> think • thinks • thinking • thought • thought
> swim • swims • swimming • swam • swum

3.5 O verbo principal pode ser precedido de:

- um ou dois verbos auxiliares

    I had met him in Zermatt.
    Eu o havia conhecido em Zermatt.
    The car was being repaired.
    Estavam consertando o carro.

- um verbo modal

    You can go now.
    Agora você pode ir.
    I would like to ask you a question.
    Queria lhe fazer uma pergunta.

- um verbo modal e um ou dois auxiliares

    I could have spent the whole year on it.
    Podia ter passado o ano todo assim.
    She would have been delighted to see you.
    Ela teria ficado encantada em vê-la.

3.6 Os verbos auxiliares: *be*, *have*, *do*

Em inglês, há três verbos auxiliares: *be*, *have* e *do*.

	be	have	do
presente	am/is/are	have/has	do/does
-ing	being	having	doing
passado	was/were	had	did
particípio	been	had	done

Como verbo auxiliar, *be* pode ser acompanhado de:

- um verbo com a forma *-ing* para formar os tempos contínuos (→ 3.7):

    He is living in Germany.
    Ele está morando na Alemanha.
    They were going to phone you.
    Iam ligar para você.

- um particípio para formar a voz passiva (→ 3.39–41):

    These cars are made in Japan.
    Estes carros são fabricados no Japão.
    The walls of her house were covered with posters.
    As paredes de sua casa eram cobertas de pôsteres.

Have é usado como verbo auxiliar com um particípio para formar os tempos perfeitos (→ 3.9–10):

    I have changed my mind.
    Mudei de ideia.
    I wish you had met Guy.
    Queria que você tivesse conhecido Guy.

Have e **be** são usados juntos para formar o presente perfeito contínuo (→ 3.7), o passado perfeito contínuo (→ 3.7) e os tempos perfeitos na voz passiva (→ 3.39–41):

    He has been working very hard recently.
    Ele tem trabalhado bastante ultimamente.
    The guest-room window has been repaired.
    A janela do quarto de hóspedes foi consertada.

Do é empregado como auxiliar para:

- a forma negativa ou interrogativa dos verbos no presente simples (→ 3.9) e no passado simples (→ 3.10)

    He doesn't think he can come to the party.
    Ele acha que não poderá vir à festa.
    Do you like her new haircut?
    Você gostou do novo corte de cabelo dela?
    She didn't buy the house.
    Ela não comprou a casa.

- enfatizar o verbo (somente em frases afirmativas):

    People do in fact make mistakes.
    Na verdade, as pessoas cometem erros, sim.

3.7 Os tempos contínuos

Os tempos contínuos são os seguintes:

- presente contínuo = presente do verbo **be** + **-ing**

    They're (= They are) having a meeting.

- futuro continuo = **will** + **be** + **-ing**:

    She'll (= She will) be leaving tomorrow.

- passado continuo = passado de **be** + **-ing**:

    The train was going very fast.

O VERBO E O SINTAGMA VERBAL

- presente perfeito contínuo = presente de *have* + *been* + *-ing*:
  I've (= I have) been living here since last year.
- passado perfeito contínuo = passado de *have* + *been* + *-ing*:
  I'd (= I had) been walking for hours when I saw the road.

Os tempos contínuos são usados para:

- indicar que uma ação se desenrola sem interrupção antes e depois de um dado momento:
  I'm looking at the photographs my brother sent me.
  Estou vendo as fotografias que meu irmão me mandou.
- indicar que uma ação se desenrola antes e depois de outra ação que interrompe aquela:
  The phone always rings when I'm taking a bath.
  O telefone sempre toca quando estou no banho.
  He was watching television when the doorbell rang.
  Ele estava vendo televisão quando a campainha tocou.
- explicar a duração da ação:
  We had been living in Athens for five years.
  Estávamos morando em Atenas por cinco anos.
  They'll be staying with us for a couple of weeks.
  Ficarão conosco por algumas semanas.
- descrever um estado ou situação temporal:
  I'm living in San Diego at the moment.
  Atualmente estou morando em São Diego.
  He was working at home at the time.
  Ele estava trabalhando em casa naquela hora.
  She's been spending the summer in Europe.
  Ela está passando o verão na Europa.
- indicar que algo está ocorrendo ou que uma ação está se desenrolando:
  The children are growing quickly.
  Os meninos estão crescendo muito rapidamente.
  Her English was improving.
  Seu inglês estava melhorando.

⚠ Os verbos de percepção geralmente são usados mais com o modal *can* do que com a forma contínua:
  I can smell gas.
  Estou sentindo cheiro de gás.

3.8 Os tempos simples

Os tempos simples são assim chamados porque são os únicos usados sem um verbo auxiliar na forma afirmativa. O verbo é colocado logo depois do

O VERBO E O SINTAGMA VERBAL

sujeito, exceto quando determinados advérbios se intercalam entre o sujeito e o verbo (→4.3):

>*I live in San Francisco.*
>*George comes every Monday.*
>*I lived in Los Angeles.*
>*George came every Tuesday.*

Os tempos simples são os seguintes:

- presente simples = a forma base do verbo (+ **-s** para **He/She/It**):

    >*I live just outside London.*
    >*He likes Australia.*

- passado simples (ou pretérito perfeito simples) = a forma base + **-ed** para os verbos regulares:

    >*I liked her a lot.*

- e o passado simples, no caso dos verbos irregulares:

    >*I bought six CDs.*

⚠ Com a negação **not** e em perguntas, é usado o auxiliar **do** (ou **does**).

>*I don't live in Birmingham.*
>*George doesn't come every Friday.*
>*Do you live near here?*
>*Does your husband do most of the cooking?*
>*George didn't come every Thursday.*
>*Did you see him?*

3.9 Os tempos de presente são:

- o presente simples, o presente contínuo, o presente perfeito e o presente perfeito contínuo.

O presente perfeito (ou pretérito perfeito composto) é formado com o presente de **have** + **-ed**:

>*She's (= She has) often climbed that tree.*
>*I've (= I have) lost my passport.*

O presente simples é usado para:

- falar do presente em geral ou de uma ação habitual ou que acontece com regularidade:

    >*George lives in Birmingham.*
    >*Do you eat meat?*

- afirmar uma verdade universal:

    >*Water boils at 100 degrees centigrade.*

31

O VERBO E O SINTAGMA VERBAL

- referir-se ao futuro quando se fala de algo que está programado ou que se espera que ocorra no futuro:

    The next train leaves at two fifteen in the morning.
    It's Tuesday tomorrow.

O presente contínuo é usado para:

- referir-se a algo que está ocorrendo agora mesmo:

    I'm cooking the dinner.
    Estou fazendo o jantar.

- indicar uma situação temporal:

    She's living in a hotel at present.
    Atualmente ela vive em um hotel.

- falar de algo já programado que vai ocorrer. Neste caso, é quase sempre acompanhado de expressões de tempo como **tomorrow**, **next week** ou **later**

    The Browns are having a party next week.
    Os Browns farão uma festa na semana que vem.

O presente perfeito é usado para:

- assinalar as repercussões que algo que ocorreu no passado tem no presente:

    I'm afraid I've forgotten my book.
    Que pena, mas esqueci o livro.
    Have you heard from Jill recently?
    Você teve notícias de Jill ultimamente?
    Karen has just phoned you.
    Karen acabou de ligar para você.

- falar de um período que começou no passado e que se prolonga até o presente:

    Have you really lived here for ten years?
    Você mora mesmo aqui há dez anos?
    He has worked here since 2007.
    Ele trabalha aqui desde 2007.

- referir-se a um momento futuro na oração subordinada de tempo:

    Tell me when you have finished.
    Avise-me quando terminar.
    I'll write to you as soon as I have heard from Jenny.
    Escreverei para você assim que souber de Jenny.

3.10 Os tempos do passado são:

- o passado simples, o passado contínuo, o passado perfeito e o passado perfeito contínuo.

O VERBO E O SINTAGMA VERBAL

O passado perfeito (ou mais-que-perfeito) é formado com o passado de *have* + particípio passado:

> *He had lived in the same village all his life.*
> *I had forgotten my book.*

O passado simples é usado para:

- referir-se a um evento que ocorreu no passado:
  > *I woke up early and got out of bed.*
  > Me desperté temprano y me levanté.

- falar de uma situação que durou certo período no passado:
  > *She lived just outside Los Angeles.*
  > Ela vivia (ou viveu) nos arredores de Los Angeles.

- referir-se a algo que costumava ocorrer no passado:
  > *We usually spent the winter at Aunt Meg's house.*
  > Costumávamos passar (ou passávamos) o inverno na casa de tia Meg.

O passado contínuo é usado para:

- falar de algo que continuou ocorrendo antes e depois de um dado momento no passado:
  > *They were sitting in the kitchen when they heard the explosion.*
  > Eles estavam sentados na cozinha quando ouviram a exposão.

- referir-se a uma situação temporal:
  > *Bill was using my office until I came back from Buenos Aires.*
  > Bill usou meu escritório até eu voltar de Buenos Aires.

O passado perfeito é usado:

- quando nos referimos a um tempo anterior a um determinado momento do passado:
  > *I apologized because I had forgotten my book.*
  > Pedi desculpas porque tinha esquecido o livro.

- se falamos de um período de tempo que começou em um momento anterior do passado e que se prolongou durante um tempo, usamos a forma contínua:
  > *I was about twenty. I had been studying French for a couple of years.*
  > Eu tinha uns vinte anos. Vinha estudando francês havia uns anos.

Nessas duas orações, a segunda é mais formal ou menos direta. Às vezes, um tempo do passado é preferível a um do presente quando se quer ser mais educado:

> *Do you want to see me now?* ou *Did you want to see me now?*
> *I wonder if you can help me.* ou *I was wondering if you could help me.*

O VERBO E O SINTAGMA VERBAL

3.11 O uso dos tempos com *for*, *since*, *ago*

Com *ago*, o verbo da frase principal fica sempre no passado simples:

> **We moved into this house five years ago.**
> Nós nos mudamos para esta casa há cinco anos.

Com *for*, o verbo da oração principal pode ficar:

- no passado, se a ação ocorre inteiramente no passado:

    > **We lived in China for two years.**
    > Vivemos na China por dois anos.

- no presente perfeito, e geralmente na forma contínua, para indicar que a ação começou no passado e se prolonga no presente:

    > **We have been living here for five years.**
    > Estamos morando aqui há cinco anos.
    > **I have been a member of the swimming club for many years.**
    > Sou membro do clube de natação há muitos anos.

- no passado perfeito ou no passado perfeito contínuo, quando se fala de duas ações que ocorreram no passado:

    > **We had been working** ou **We had worked there for nine months when the company closed.**
    > Vínhamos trabalhando ali havia nove meses quando a empresa fechou.

- no futuro:

    > **We will be in Japan for two weeks.**
    > Estaremos no Japão por duas semanas.
    > **I'll be staying with you for a month.**
    > Ficarei na sua casa por um mês.

Com *since*, o verbo da oração principal pode estar:

- no presente perfeito, e geralmente na forma contínua, para indicar que a ação começou no passado e se prolonga no presente:

    > **We have been living here since 2005.**
    > Estamos morando aqui desde 2005.
    > **I've been in politics since I was at the University.**
    > Dedico-me à política desde que estava na universidade.

- no passado perfeito ou no passado perfeito contínuo, quando se faz referência a duas ações ou situações que ocorreram no passado:

    > **I had not seen him since Christmas.**
    > Não o tinha visto desde o Natal.
    > **He hadn't cried since he was a boy of ten.**
    > Ele não havia chorado desde os dez anos de idade.

3.12 Os verbos modais são:

will, shall, would, can, could, may, might, must, should, ought to

O VERBO E O SINTAGMA VERBAL

Têm uma única forma e, à exceção de *ought*, são usados com o infinitivo sem *to*.

3.13 Nunca se podem usar dois modais juntos nem podem ser precedidos de um verbo auxiliar. Por exemplo, não se pode dizer *He will can come*. Em vez disso, deve-se dizer *He will be able to come*, usando uma expressão com significado idêntico ao do modal.

3.14 *Will* é um verbo modal que na maioria das vezes é usado para falar do futuro:

> **The weather tomorrow will be warm and sunny.**
> Amanhã o tempo estará quente e ensolarado.
> **I'm tired. I think I'll go to bed.**
> Estou cansado. Acho que vou dormir.
> **Don't be late. I'll be waiting for you.**
> Não se atrase. Estarei esperando você.
> **By the time we arrive, he'll already have left.**
> Na hora em que chegarmos, ele já terá ido embora.

3.15 Ao falar de intenções próprias, usa-se *will* ou *be going to*:

> **I'll ring you tonight.**
> **I'm going to stay at home today.**

Ao falar do que outra pessoa decidiu fazer, usa-se *be going to*:

> **They're going to have a party.**

⚠ Note que normalmente não se usa *going to* com o verbo *go*. Geralmente prefere-se dizer *I'm going* em vez de *I'm going to go*:

> '**What are you going to do this weekend?**' — '**I'm going to the cinema**'.

3.16 Também se usa *will* para solicitar algo ou fazer um convite:

> **Will you do me a favour?**
> Você quer me fazer um favor?
> **Will you come to my party on Saturday?**
> Você vem à minha festa no sábado?

3.17 Usa-se *shall* somente com *I* e *we*, principalmente na forma interrogativa para fazer uma sugestão a outra pessoa:

> **Shall we go and see a film?**
> Vamos ver um filme?
> **Shall I shut the door?**
> Fecho a porta?/Quer que eu feche a porta?

3.18 No inglês falado, usa-se *would* com *you* para fazer um convite a alguém ou pedir de maneira educada que faça algo:

> **Would you tell her Adrian phoned?**
> Você poderia dizer-lhe que Adrian ligou?
> **I'd like you to finish this work by Thursday.**
> Gostaria que você terminasse este trabalho até a quinta-feira.

O VERBO E O SINTAGMA VERBAL

> **Would you mind doing the dishes?**
> Você se importaria de lavar os pratos?
> **Would you like a drink?**
> Gostaria de beber um drinque?

3.19 Usa-se **would** com verbos como **like** para solicitar um serviço, falar do que alguém gostaria e para aceitar algo que tenha sido oferecido:

> **We'd like seats in the non-smoking section, please.**
> Gostaríamos de sentar na zona de não fumantes, por favor.
> **I wouldn't like to see something so disgusting.**
> Não gostaria de ver algo tão desagradável.
> **I wouldn't mind a cup of tea.**
> Eu tomaria um chá.

Quando vem seguido de **rather** ou **sooner** mais a forma base de um verbo (→ 3.3), é usado para falar de preferências:

> **He'd rather be playing golf.**
> Ele preferiria estar jogando golfe.
> **I'd sooner walk than take the bus.**
> Prefiro ir andando a tomar o ônibus.

3.20 can, could, be able to

Can é usado para dizer que algo pode ser ou acontecer:

> **Cooking can be a real pleasure.**
> Cozinhar pode ser um verdadeiro prazer.

Usa-se **could** para dizer que algo poderia ter sido ou acontecido:

> **You could have gone to Chicago.**
> Você poderia ter ido a Chicago.
> **If I'd been there, I could have helped you.**
> Se eu estivesse lá, poderia ter ajudado.
> **There could be a storm.**
> Poderia haver uma tempestade.

Can e **could** são usados para falar da capacidade de fazer algo:

> **Anybody can become a qualified teacher.**
> Qualquer um pode se tornar um professor qualificado.
> **He could run faster than anybody else.**
> Ele podia correr mais rápido que qualquer outro.
> **She couldn't have taken the car, because Jim was using it.**
> Ela não poderia ter levado o carro porque Jim o estava usando.

Também são usados para dizer que alguém sabe ou sabia fazer algo, pois aprendeu e pode fazer:

> **He cannot dance.**
> Ele não sabe dançar.

O VERBO E O SINTAGMA VERBAL

> *A lot of them couldn't read or write.*
> Muitos deles não sabiam ler nem escrever.

3.21 Para expressar estes significados com formas verbais que não permitem o uso de *can*, são usadas formas da expressão equivalente *be able to*:

> *Nobody else will be able to read it.*
> Ninguém mais conseguirá lê-lo.
> *... the satisfaction of being able to do the job.*
> ... a satisfação de conseguir fazer o trabalho.
> *Everyone used to be able to have free eye tests.*
> Todo mundo costumava poder fazer exames de visão gratuitos.

Esta expressão também pode ser usada em formas que permitem o emprego de *can* ou *could*, para descrever quando alguém é capaz de fazer algo:

> *She was able to tie her own shoelaces.*
> Ela era capaz de amarrar os próprios cadarços.
> *She could tie her own shoelaces.*
> Ela conseguia amarrar os próprios cadarços.

3.22 *Can* e *could* são usados no inglês falado para pedir algo de uma maneira educada ou para alguém se oferecer para fazer algo:

> *Can I help you with the dishes?*
> Posso ajudar com os pratos?
> *Could I help you carry those bags?*
> Posso ajudar a levar essas bolsas?
> *We could go to the cinema on Friday.*
> Poderíamos ir ao cinema na sexta-feira.
> *Could you do me a favour?*
> Você poderia me fazer um favor?

3.23 *Can*, *could*, *may* ou *be allowed to* são usados para pedir permissão.

A construção com *may* é a mais formal:

> *Can I ask a question?*
> Posso fazer uma pergunta?
> *Could I just interrupt a minute?*
> Poderia interromper um minuto?
> *May I have a cigarette?*
> Você poderia me dar um cigarro?

Somente *can* e *may* são usados para dar permissão:

> *You can borrow that pen if you want to.*
> Você pode tomar essa caneta emprestada se quiser.
> *You may leave as soon as you have finished.*
> Você pode sair assim que tiver terminado.

O VERBO E O SINTAGMA VERBAL

Para expressar permissão, também é possível usar **be allowed to**, mas não quando é a própria pessoa que pede ou dá a permissão:

> *It was only after several months that I was allowed to visit her.*
> Somente depois de vários meses é que eu consegui visitá-la.
> *Teachers will be allowed to decide for themselves.*
> Os professores terão permissão de decidir por si mesmos.

3.24 **May** e **might** são usados para dizer que existe a posibilidade de que algo aconteça ou tenha acontecido:

> *He might come.*
> Pode ser que ele venha.
> *You may have noticed this advertisement.*
> Pode ser que você tenha notado este anúncio.

3.25 **Must** e **have to**.

Para dizer que algo deve ser feito, que algo deve acontecer ou que algo deve ser como é, usa-se **must**:

> *The plants must have plenty of sunshine.*
> As plantas devem receber bastante sol.
> *You must come to the meeting.*
> Você tem que vir à reunião.

3.26 Quando uma pessoa está falando de outras, deve usar **must** para emitir sua própria opinião; se essa afirmação não tem a ver com sua opinião pessoal, deve-se usar **have to**:

> *They have to pay the bill by Thursday.* (porque têm uma dívida)
> *They must pay the bill by Thursday.* (porque têm uma dívida comigo)
> *She has to go now.* (porque tem coisas a fazer)
> *She must go now.* (porque é a minha opinião)

3.27 **Should** e **ought to** são sinônimos e têm os mesmos significados que "deveria" em português:

> *We should send her a postcard.*
> Deveríamos enviar-lhe um postal.
> *We ought to have stayed in tonight.*
> Deveríamos ter ficado em casa esta noite.
> *You ought not to see him again.*
> Você não deveria voltar a vê-lo.

Quando **ought** é usado em uma oração negativa em inglês americano, não há necessidade de usar ‹to› em seguida:

> *We ought not forget that others are listening to us.*
> Não devemos esquecer que outros estão nos escutando.

3.28 Imperativos

A forma afirmativa do imperativo é a mesma que a forma base de um verbo, não sendo precedida de um pronome:

> *Come to my place.*
> *Start when you hear the bell.*
> *Sit down and let me get you a drink.*
> *Be careful!*

A forma negativa é formada com o auxiliar *do*:

Do not/Don't/Never + forma BASE

> *Do not write in this book.*
> *Don't go so fast.*
> *Never open the front door to strangers.*

Em inglês, o imperativo é usado com pessoas bem conhecidas ou em situações de perigo ou urgência. Nas várias outras ocasiões, é preferível o uso de verbos modais (→ 3.18–19) ou as construções com *let*, que convertem a ordem em um pedido educado:

> *Would you mind waiting a moment?*

3.29 Let + grupo nominal + forma BASE

A forma de imperativo com *let* é usada para pedir permissão a outra pessoa para fazer algo. Quando a pessoa é a mesma que faz o pedido, é uma maneira de se oferecer para fazer algo por alguém:

> *Let Philip have a look at it.*
> *Let them go to bed late.*
> *Let me take your coat.*

A forma negativa é formada com o auxiliar *do*:

Don't + **let** + grupo nominal + forma BASE

> *Don't let me make you late for your appointment.*

A forma com *let* é usada com *us* quando se aplica a nós, ou seja, quando o falante também se inclui. A forma contraída *let's* é mais frequente – a forma *let us* é usada somente no inglês culto ou escrito. A forma negativa é *let's not* ou *don't let's*:

> *Let's go outside.*
> *Let us consider a very simple example.*
> *Let's not/Don't let's talk about that.*

3.30 Verbos com dois objetos

Alguns verbos levam dois objetos. Nesse caso, o objeto que indica a pessoa pode ser colocado imediatamente depois da forma verbal, ou depois do outro objeto, em cujo caso usa-se *for* ou *to*:

O VERBO E O SINTAGMA VERBAL

> **They booked me a place.** ou **They booked a place for me.**
> **I had given my cousin books on India.** ou **I had given books on India to my cousin.**

Se for um pronome ou qualquer outro tipo de grupo nominal (→1.11) de uma ou duas palavras (como um substantivo com **the**), o objeto que indica a pessoa é colocado antes do outro objeto:

> **Dad gave me a car.**
> **You promised the lad a job.**

Se o grupo nominal que funciona como objeto de pessoa for composto de várias palavras, geralmente é colocado depois do outro objeto:

> **She taught physics to pupils at the local school.**

3.31 Usa-se um pronome reflexivo (→1.22) quando se quer indicar que o objeto é a mesma coisa ou pessoa que o sujeito do verbo na mesma oração:

> **Ann poured herself a drink.**
> **The men formed themselves into a line.**
> **Here's the money, go and buy yourself an ice cream.**

3.32 ⚠ Diferentemente do que acontece em português, verbos como **dress**, **shave** e **wash**, que descrevem ações que as pessoas praticam a si mesmas, normalmente não recebem pronomes reflexivos em inglês. Com esses verbos, os pronomes reflexivos têm apenas um caráter enfático:

> **I usually shave before breakfast.**
> *Geralmente me barbeio antes do café da manhã.*
> **He prefers to shave himself, even with that broken arm.**
> *Ele prefere ele mesmo se barbear, mesmo com o braço quebrado.*

Cuidado: usa-se o possessivo, e não um pronome reflexivo, quando se fala de partes do corpo:

> **I hurt my foot on the bike.**
> *Machuquei o pé com a bicicleta.*
> **He cut his nails before going out.**
> *Ele cortou as unhas antes de sair.*

3.33 Quando se quer enfatizar que duas ou várias pessoas ou grupos de pessoas estão implicados da mesma maneira, podem-se usar os pronomes **each other** ou **one another**, "um ao outro/uma à outra/uns aos outros...", como o objeto do verbo. **Each other** ou **one another** geralmente são usados com verbos que se referem a ações em que há contato físico entre pessoas, como **cuddle**, **embrace**, **fight**, **hug**, **kiss**, **touch** etc:

> **We embraced each other.**
> **They fought one another desperately for it.**
> **It was the first time they had touched one another.**

O VERBO E O SINTAGMA VERBAL

3.34 Alguns verbos são seguidos de um sintagma nominal com preposição (→ 3.37–38), de modo que outra preposição é usada antes de *each other* ou *one another*:

> *They parted from each other after only two weeks.*
> *We talk to one another as often as possible.*

3.35 Alguns verbos podem ser usados com objeto para mencionar tanto a pessoa que realiza a ação como a coisa que se vê afetada, ou sem objeto para mencionar somente a coisa afetada. Nesse caso, a coisa afetada tem função de sujeito:

> *I broke the glass.*
> *The glass broke all over the floor.*
> *I've boiled an egg.*
> *The rice is boiling.*

Cuidado: note que, em português, muitos desses verbos são usados de forma reflexiva quando a pessoa não é mencionada. Outras vezes, um verbo em inglês que admite as duas construções tem dois equivalentes distintos em português:

> *When I opened the door, there was Laverne.*
> Ao abrir a porta, me deparei com Laverne.
> *Suddenly the door opened.*
> A porta se abriu de repente.
> *I'm cooking spaghetti.*
> Estou fazendo espaguete.
> *The spaghetti is cooking.*
> O espaguete está cozinhando.

3.36 Para descrever algumas ações, às vezes são usados verbos que têm pouco significado sozinhos e que tomam como objeto um substantivo que descreve a ação. A construção com verbo e substantivo normalmente permite acrescentar mais informação sobre o objeto, por exemplo usando adjetivos antes do substantivo:

> *I had a nice rest.*
> *Helen went upstairs to rest.*
> *She made a remark about the weather.*
> *I remarked that it surely would be better if I came.*

Os verbos que aparecem mais frequentemente com esse tipo de construção são *have*, *give*, *make*, *take*, *go* e *do*:

> *We usually have lunch at one o'clock.*
> *Mr. Sutton gave a shout of triumph.*
> *He made the shortest speech I've ever heard.*
> *He was taking no chances.*
> *Every morning, he goes jogging with Tommy.*
> *He does all the shopping and I do the washing.*

O VERBO E O SINTAGMA VERBAL

3.37 Nos *phrasal verbs*, combina-se um verbo com um advérbio ou uma preposição. O significado do verbo às vezes pode mudar radicalmente:

> **Turn right at the next corner.**
> *Vire à direita na próxima esquina.*
> **She turned off the radio.**
> *Ela desligou o rádio.*
> **She broke her arm in the accident.**
> *Ela quebrou o braço no acidente.*
> **They broke out of prison on Thursday night.**
> *Eles escaparam da prisão na noite de quinta-feira.*

3.38 As diferentes composições verbais desse tipo se distribuem em quatro grupos.

Os do primeiro grupo não têm objeto:

> break out • catch on • check up • come in • get by
> give in • go away • grow up • stand down • start up
> stay up • stop off • watch out • wear off

> **War broke out in September.**
> **You'll have to stay up late tonight.**

Os do segundo grupo tomam o objeto depois da composição verbal. Embora pareça ser um grupo nominal com uma preposição, esta é considerada parte do verbo porque lhe confere um significado distinto:

> fall for • bargain for • deal with • look after
> part with • pick on • set about • take after

> **She looked after her invalid mother.**
> **Peter takes after his father but John is more like me.**

Os do terceiro grupo recebem o objeto logo depois do verbo:

> bring around • keep up • knock out

> **They tried to bring her round.**

Alguns verbos pertencem ao segundo e ao terceiro grupo, ou seja, o objeto pode ir depois da composição verbal ou logo depois do verbo:

> fold up • hand over • knock over • point out
> pull down • put away • put up • rub out • sort out
> take up • tear up • throw away • try out

> **It took ages to clean up the mess.**
> **It took ages to clean the mess up.**

No entanto, se o objeto é um pronome, é colocado sempre logo depois do verbo.

> **There was such a mess. It took ages to clean it up.**

O VERBO E O SINTAGMA VERBAL

Os verbos do quarto grupo recebem um objeto com preposição após a preposição ou o advérbio da composição verbal:

verbo + advérbio/preposição + preposição + objeto.

> **come in for • come up against • get on with
> lead up to • look forward to • put up with
> stick up for • walk out on**

> *I'm looking forward to my holiday.*
> *Children have to learn to stick up for themselves.*

Uma minoria de verbos tem a forma do quarto grupo e também toma outro objeto logo depois do verbo:

verbo + objeto + preposição/advérbio + preposição + objeto.

> **do out of • put down to • put up to
> take out on • talk out of**

> *John tried to talk her out of it.*

3.39 Quando se deseja chamar a atenção para a pessoa ou coisa afetada pela ação, mais que na pessoa ou coisa que pratica a ação, usam-se as formas verbais na voz passiva. Somente os verbos que geralmente recebem objeto admitem tais construções:

> *Mr. Smith locks the gate at six o'clock every night.*
> *The gate is locked at six o'clock every night.*
> *The storm destroyed dozens of trees.*
> *Dozens of trees were destroyed.*

3.40 Quando se usa a voz passiva, é normal não mencionar a pessoa ou coisa que executa a ação, porque não se sabe ou não se quer dizer (por ser irrelevante) quem ou o que seja. Caso se queira mencionar, este agente vai depois do verbo, precedido pela preposição *by*:

> *Her boyfriend was shot in the chest.*
> *He was brought up by an aunt.*

A estrutura da voz passiva é a seguinte:

(modal+) forma de *be* + particípio

> *Jobs are still being lost.*
> *What can be done?*
> *We won't be beaten.*
> *He couldn't have been told by Jimmy.*

⚠ *Get* às vezes é usado em inglês coloquial no lugar de *be* para formar a passiva:

> *Our car gets cleaned every weekend.*
> *He got killed in a plane crash.*

O VERBO E O SINTAGMA VERBAL

3.41 No caso de verbos com dois objetos (→ 3.30), qualquer um deles pode ser o sujeito da oração passiva:

The secretary was given the key. ou *The key was given to the secretary.*
The books will be sent to you. ou *You will be sent the books.*

3.42 Sujeitos impessoais

O pronome *it* pode ser usado como sujeito de uma oração sem que se refira a algo já mencionado. Este uso impessoal de *it* introduz uma nova informação e é usado em particular para falar de horas ou datas:

It is nearly one o'clock.
It's the sixth of April today.

It + verbos que se referem ao estado do tempo

It's still raining.
It was pouring with rain.

Usam-se as construções *it* + forma de *be* + adjetivo (+ substantivo) e *it* + forma de *get* + adjetivo para descrever o estado ou as mudanças de tempo:

It's a lovely day.
It was getting cold.

Usa-se *it* + forma de *be* + adjetivo/grupo nominal para expressar a opinião sobre um lugar, uma situação ou um acontecimento:

It was terribly cold outside.
It's fun working for him.
It was a pleasure to be there.

Usa-se *it* + verbos que expressam sentimentos, como **interest**, **please**, **surprise** ou **upset** + grupo nominal + *that.../to...* para indicar a reação de alguém diante de um feito, uma situação ou um acontecimento:

It surprised me that he should want to talk about his work.
It comforted him to know his mother was at home.

3.43 ***There*** também pode ser usado como sujeito impessoal de uma oração, tanto quanto um advérbio de lugar (→ 4.1). Após *there*, usa-se uma forma do verbo *be*, *appear to be* ou *seem to be* e um grupo nominal. A forma verbal pode estar contraída:

There is work to be done.
There'll be a party tonight.
There appears to be a mistake in the bill.

3.44 ***There is/there are*** são usados com uma forma verbal no singular (*is...*, *has...*, *appears...*, *seems...*) se o grupo nominal que segue o verbo (ou o primeiro substantivo, caso haja mais de um) está no singular ou é incontável:

There is one point we must add here.
There was a sofa and two chairs.

O VERBO E O SINTAGMA VERBAL

Usa-se uma forma verbal no plural se o grupo nominal está no plural e antes de frases como *a number (of)*, *a lot (of)* e *a few (of)*:

> There were two men in the room.
> There were a lot of shoppers in the streets.

3.45 A forma verbal de gerúndio com *-ing* pode ser usada para formar um adjetivo a partir de um verbo e é colocada logo antes do substantivo:

> He lives in a charming house just outside the town.
> Ele mora em uma casa encantadora nos arredores da cidade.
> His novels are always interesting and surprising.
> Seus romances são sempre interessantes e surpreendentes.
> Britain is an aging society.
> A Grã-Bretanha tem uma sociedade em processo de envelhecimento.
> Increasing prices are making food very expensive.
> O aumento de preço está encarecendo muito a comida.

A forma verbal de gerúndio com *-ing* é usada depois do substantivo para especificar a ação sendo executada em um momento concreto ou em geral:

> Most of the people strolling in the park were teenagers.
> A maioria das pessoas que passeavam pelo parque era de adolescentes.
> The men working there were not very friendly.
> Os homens que trabalhavam ali não eram muito simpáticos.

3.46 A forma verbal de gerúndio com *-ing* é usada depois do verbo principal para falar de uma ação quando o sujeito é o mesmo do verbo principal. Também pode ser usada na forma passiva. Outros verbos são seguidos de uma forma de infinitivo *to...*(→ 3.49), e alguns como *bother*, *try* ou *prefer* admitem as duas construções:

> I don't mind telling you.
> Não me importo de lhe dizer.
> I've just finished reading that book.
> Acabei de terminar esse livro.
> She carried on reading.
> Ela continuou lendo.
> I dislike being interrupted.
> Não gosto de ser interrompido.
> I didn't bother answering./I didn't bother to answer.
> Não me preocupei em responder.

3.47 A forma verbal de gerúndio com *-ing* é usada depois de *come* e *go* para indicar uma atividade física ou esportiva:

> They both came running out.
> Os dois saíram correndo.
> Did you say they might go camping?
> Você falou que eles poderiam acampar?

O VERBO E O SINTAGMA VERBAL

3.48 A forma verbal de gerúndio com *-ing* é usada depois de alguns verbos como *catch*, *find*, *imagine*, *leave*, *prevent*, *stop*, *watch* e seu objeto. O objeto do verbo principal é o sujeito da forma *-ing*:

> **He left them making their calculations.**
> Eles os deixou fazendo seus cálculos.
> **I found her waiting for me outside.**
> Eu a encontrei esperando por mim do lado de fora.

3.49 A forma verbal de infinitivo *to...* é usada depois de alguns verbos para se referir a uma ação quando o sujeito for igual ao do verbo principal. Geralmente equivale ao infinitivo em português:

> **She had agreed to let us use her car.**
> Ela tinha concordado em nos deixar usar seu carro.
> **I decided not to go out for the evening.**
> Decidi não sair esta noite.
> **England failed to win a place in the finals.**
> A Inglaterra não conseguiu conquistar uma vaga na final.

A forma verbal de infinitivo *to...* é usada depois de alguns verbos e seu objeto ou seu grupo nominal com preposição. O equivalente em português é uma forma de subjuntivo precedida de "que":

> **I asked her to explain.**
> Pedi a ela que desse uma explicação.
> **I waited for him to speak.**
> Esperei que ele falasse.

Cuidado: o verbo *want* é usado com o infinitivo *to...*

> **I want you to help me.**
> Quero que me ajude.

3.50 A forma verbal do particípio pode ser usada da mesma maneira que um adjetivo:

> **A bored student complained to his teacher.**
> **The bird had a broken wing.**
> **The man injured in the accident was taken to hospital.**
> **She was wearing a dress bought in Paris.**

3.51 Perguntas

Diferentemente do português, em inglês, a ordem das palavras muda ao se fazer uma pergunta diretamente, mas não quando se faz de maneira indireta. Note que, nesse segundo caso, são usadas formas verbais simples, e não a forma com verbo auxiliar *do*:

> **What will you talk about?**
> **I'd like to know what you will talk about.**
> **Did you have a good flight?**
> **I asked him if he had a good flight.**

O VERBO E O SINTAGMA VERBAL

3.52 Para as perguntas cuja resposta é simplesmente sim ou não, o verbo auxiliar da forma verbal (n 3.2–3) é colocado no começo, seguido do sujeito e o restante das palavras segue sua ordem habitual. Para responder a uma dessas perguntas, usa-se, após *yes* ou *no*, o auxiliar, o modal ou a forma correspondente de *be* contraída com *not* (→ 3.58), se a resposta for negativa:

> *Is he coming? — Yes, he is./No, he isn't.*
> *Can John swim? — Yes, he can./No, he can't.*
> *Will you have finished by lunchtime? — No, I won't.*
> *Have you finished yet? — Yes, I have./No, I haven't.*
> *Was it lonely without us? — Yes, it was.*

Note que os tempos simples levam *do* como verbo auxiliar em perguntas deste tipo:

> *Do you like wine? — Yes, I do/No, I don't.*
> *Did he go to the theatre? — Yes, he did./No, he didn't.*
> *Do you have any questions? — Yes, we do./No, we don't.*

Quando *have* significa "ter", é possível colocá-lo antes do sujeito sem o uso de um verbo auxiliar, embora esta construção seja menos habitual, especialmente no inglês americano:

> *Has he any idea what it's like?*

3.53 No inglês falado, é muito comum perguntar algo com uma frase seguido de uma *question tag* (pergunta curta) ao final para pedir confirmação do que acaba de ser dito. Essa pequena pergunta repete a forma verbal da oração, mas usando unicamente o verbo auxiliar correspondente seguido do sujeito. A *question tag* leva a negação *not* depois do verbo auxiliar se na frase anterior não há nenhuma negação:

> *They don't live here, do they?*
> *You haven't seen it before, have you?*
> *You will stay in touch, won't you?*
> *It is quite warm, isn't it?*

Se a frase for negativa, no entanto, não se usa *not* na *question tag*:

> *It doesn't work, does it?*
> *He wasn't hungry, was he?*
> *They didn't come, did they?*

Também é possível fazer uma pergunta desse tipo mais para expressar surpresa, chateação ou outros sentimentos do que para necessariamente pedir confirmação. Nesse caso, tanto a frase como a pergunta vão na forma afirmativa:

> *You fell on your back, did you?*
> *You're working late again, are you?*

3.54 Para dizer "nem eu, nem você" etc, são usados *neither/nor* seguido do verbo auxiliar e o sujeito ou o sujeito e a negação do verbo auxiliar seguido de *either*:

> *"I don't know where it is." — "Neither do I"/"Nor do I"/"I don't, either."*

O VERBO E O SINTAGMA VERBAL

Para dizer "eu também, você também" etc, é usado *so* seguido do verbo auxiliar e o sujeito:

> *"I have been working a lot." — "So have all the others."*

3.55 As partículas interrogativas em inglês são:

> what • which • when • where • who • whom • whose
> why • how • how much • how many • how long

Note que *whom* é usado somente no inglês culto.

As partículas interrogativas são sempre a primeira palavra nas perguntas em que são usadas.

Com essas partículas, a ordem do verbo auxiliar com o sujeito fica invertida, como em qualquer pergunta:

> *How many are there?*
> *Which do you like best?*
> *When would you be coming down?*
> *Why did you do it?*
> *Where did you get that from?*
> *Whose idea was it?*

A única exceção se dá quando se está perguntando pelo sujeito do verbo. Nesse caso, segue-se a ordem habitual da oração. Note que nesse caso são usadas formas verbais simples, e não a forma com verbo auxiliar *do*:

> *Who could have done it?*
> *What happened?*
> *Which is the best restaurant?*

3.56 Se houver uma preposição, esta é colocada no final. No entanto, com *whom*, ela é sempre posta antes do pronome:

> *What's this for?*
> *What's the book about?*
> *With whom were you talking?*

3.57 Não tendo somente o significado de "como", *how* também pode acompanhar adjetivos e advérbios, ou *many* e *much*:

> *How did you know we were coming?*
> Como você sabia que viríamos?
> *How old are your children?*
> Que idade têm seus filhos?
> *How long have you lived here?*
> Você mora aqui há quanto tempo?
> *How many were there?*
> Quantos havia?

O VERBO E O SINTAGMA VERBAL

3.58 Negações

A negação das formas verbais é composta da palavra *not* (contraída ou não) após o primeiro verbo. É preciso tomar cuidado com as formas verbais simples que necessitam de um auxiliar na forma negativa (→3.6):

> *They do not need to talk.*
> *I was not smiling.*
> *I haven't been playing football.*

Note que também se usa *do* como auxiliar quando *do* vem como verbo principal:

> *I didn't do it.*

Estas são algumas das contrações mais frequentes:

isn't	haven't	doesn't	mightn't	won't
aren't	hasn't	didn't	mustn't	wouldn't
wasn't	hadn't	—	oughtn't	—
weren't	—	can't	shan't	daren't
—	don't	couldn't	shouldn't	needn't

3.59

Em inglês, não se repetem duas negações como é costume em português, portanto não se usa *not* com os seguintes termos: *no one* • *nobody* • *nothing* • *nowhere* (→1.46) • *none* (→1.43) • *never* (→4.6) • *neither (... nor...)* (→1.59). Caso a partícula *not* seja usada, ou se houver outra negação, os seguintes correspondentes são empregados:

> **anyone • anybody • anything • anywhere**
> **any • ever • either**

There is nothing you can do./There isn't anything you can do.
> Não há nada que você possa fazer.

She's never late./She isn't ever late.
> Ela nunca se atrasa.

Nobody wanted anything to eat.
> Ninguém queria nada de comer.

4 Expressões adverbiais

4.1 As palavras que expressam quando, como, onde ou em que circunstâncias algo acontece são chamadas de advérbios. Essa função também pode ser cumprida por um grupo nominal (→1.11) com ou sem preposição, ou mesmo dois advérbios juntos, e nesse caso são tratados em geral como expressões adverbiais:

> *Sit there quietly, and listen to this music.*
> *Come and see me next week.*
> *The children were playing in the park.*
> *He did not play well enough to win.*

4.2 As expressões adverbiais que respondem às perguntas "como", "onde" ou "quando" (quando se referem a um momento no tempo) são colocadas depois do verbo principal e seu objeto, caso exista:

> *She sang beautifully.*
> *The book was lying on the table.*
> *The car broke down yesterday.*
> *I did learn to play a few tunes very badly.*

Caso se utilizem várias expressões com esses significados, geralmente são colocadas na seguinte ordem: como + onde + quando:

> *She spoke very well at the village hall last night.*

4.3 As expressões adverbiais que indicam com que frequência, probabilidade e imediatismo algo acontece são colocadas logo antes do verbo principal, tanto com formas verbais simples como compostas:

> *She occasionally comes to my house.*
> *You have very probably heard the news by now.*
> *They had already given me the money.*
> *She really enjoyed the party.*

4.4 É possível colocar uma expressão adverbial em uma posição distinta da oração para enfatizá-la:

> *Slowly, he opened his eyes.*
> *In September I travelled to California.*
> *Next to the coffee machine stood a pile of cups.*

Note que depois de expressões de lugar nesta posição, como no último exemplo, o verbo pode ir antes do sujeito.

A expressão adverbial pode ir logo antes do verbo principal, com caráter enfático, se se trata de um advérbio ou dois juntos:

> *He deliberately chose it because it was cheap.*
> *I very much wanted to go with them.*

É possível mudar a ordem habitual dos advérbios para enfatizar alguma expressão em outra posição:

> *They were sitting in the car quite happily.*
> *At the meeting last night, she spoke very well.*

4.5 ***Ago*** é um advérbio usado com uma forma verbal no passado para dizer há quanto tempo algo aconteceu. É sempre colocado ao final da expressão:

> *We saw him about a month ago.*
> *John's wife died five years ago.*

Cuidado: note que ***ago*** não é usado com o presente perfeito. Não se diz *We have gone to Spain two years ago*, mas *We went to Spain two years ago*.

4.6 Advérbios de frequência

Algumas expressões adverbiais nos dizem com que frequência algo acontece:

> **a lot • always • ever • frequently • hardly ever**
> **never • normally • occasionally • often**
> **rarely • sometimes • usually**

> *We often swam in the sea.*
> *She never comes to my parties.*

Outras podem ser usadas para dizer qual a probabilidade de algo acontecer:

> **certainly • definitely • maybe • obviously**
> **perhaps • possibly • probably • really**

> *I definitely saw her yesterday.*
> *The driver probably knows the best route.*

4.7 Essas expressões adverbiais são colocadas antes de uma forma simples do verbo e geralmente são intercaladas quando usadas com formas verbais compostas:

> *He sometimes works downstairs in the kitchen.*
> *You are definitely wasting your time.*
> *I have never had such a horrible meal!*
> *I shall never forget this day.*

Note que esses advérbios normalmente se colocam após o verbo principal quando este é ***be***:

> *He is always careful with his money.*
> *You are probably right.*

Perhaps geralmente é colocado no começo da oração, ao passo que ***a lot*** sempre é colocado após o verbo principal:

> *Perhaps the beaches are cleaner in the north.*
> *I go swimming a lot in the summer.*

EXPRESSÕES ADVERBIAIS

4.8 *Ever* geralmente é usado em perguntas, negações ou orações condicionais. Às vezes, pode ser usado em orações afirmativas, por exemplo após um superlativo:

> *Have you ever been to a football match?*
> *Don't ever do that again!*
> *If you ever need anything, just call me.*
> *She is the best dancer I have ever seen.*

⚠ Note que há duas maneiras de dizer "nunca": usando ***never*** ou combinando *not* e *ever*:

> *Don't ever do that again!*
> *Never do that again!*

4.9 *Still, yet, already*

Still significa "ainda" em orações afirmativas. Coloca-se antes de uma forma simples do verbo; é intercalado nas formas verbais compostas, seguindo o verbo *be*:

> *My family still lives in India.*
> Minha família ainda mora na Índia.
> *You will still get tickets, if you hurry.*
> Você ainda consegue ingressos, se se apressar.
> *We were still waiting for the election results.*
> Ainda esperávamos os resultados eleitorais.
> *His father is still alive.*
> O pai dele ainda está vivo.

Still pode ser usado depois do sujeito e antes da forma verbal em orações negativas para expressar surpresa ou impaciência:

> *You still haven't given us the keys.*
> Você ainda não nos deu as chaves.

⚠ Note que ***still*** pode ser usado no começo de uma oração com o significado de "ainda assim":

> *Still, he is my brother, so I'll have to help him.*
> Ainda assim, é meu irmão, então tenho que ajudá-lo.

4.10 *Yet* é usado com o significado de "ainda" ao final de uma oração negativa e de "já" ao final de uma pergunta:

> *We haven't got the tickets yet.*
> Ainda não pegamos os ingressos.
> *Have you joined the swimming club yet?*
> Você já se matriculou no clube de natação?

Note que ***yet*** também pode ser usado no começo de uma oração com o significado de "no entanto":

> *They know they won't win. Yet they keep on trying.*

EXPRESSÕES ADVERBIAIS

4.11 *Any longer* ou *any more* significam "já" em orações negativas e são colocados ao final da oração:

> *I couldn't wait any longer.*
> Já não conseguia mais esperar.
> *He's not going to play any more.*
> Ele não vai mais jogar.

Already significa "já" em orações afirmativas. Coloca-se antes de uma forma simples do verbo; é intercalado nas formas verbais compostas:

> *I already know her.*
> *I've already seen them.*
> *I am already aware of that problem.*

Também pode ser colocado ao final para ter seu significado enfatizado:

> *I've done it already.*

4.12 Note que, quando usado no começo de uma oração, *really* serve para expressar surpresa, da mesma forma que funciona como um advérbio de modo (→4.16) quando vem ao final:

> *Really, I didn't know that!*
> *He wanted it really, but he was too shy to ask.*

4.13 Algumas expressões adverbiais aumentam ou reduzem a intensidade do que é expresso pelo verbo. Esta função é realizada por somente um tipo de palavra, o advérbio:

> *I totally disagree.*
> Discordo totalmente.
> *I can nearly reach the top shelf.*
> Quase alcanço a estante de cima.

Alguns advérbios de intensidade podem ser colocados antes ou depois do verbo principal, ou depois do objeto, caso exista:

badly · completely · greatly · seriously · strongly · totally

> *I disagree completely* ou *I completely disagree with John Taylor.*
> *That argument doesn't convince me totally* ou *totally convince me.*

Outros são principalmente usados logo antes do verbo principal:

almost · largely · nearly · quite · really

> *He almost crashed into a bus.*
> *I quite like it.*

4.14 *A lot* e *very much* são colocados depois do verbo principal, ou depois do objeto, caso exista. *Very much* pode ser colocado depois do sujeito e antes de verbos como *want*, *prefer* e *enjoy*:

> *She helped a lot.*

EXPRESSÕES ADVERBIAIS

We liked him very much.
I very much wanted to take it with me.

4.15 Alguns advérbios de intensidade que modificam o significado de adjetivos ou outros advérbios são colocados antes destes:

> **awfully • extremely • fairly • pretty**
> **quite • rather • really • very**

... a fairly large office, with filing space.

⚠ Note que *rather* pode ser colocado tanto antes como depois de *a* ou *an* quando vem seguido de um adjetivo e um substantivo:

Seaford is rather a pleasant town./Seaford is a rather pleasant town.

4.16 Os advérbios de modo geralmente são formados com o acréscimo da terminação *-ly* a um adjetivo. Em muitas ocasiões, um advérbio com *-ly* equivale a um com "-mente" em português, mas nem sempre:

Adjetivos		Advérbios
bad	→	badly
beautiful	→	beautifully
quick	→	quickly
quiet	→	quietly
soft	→	softly

Cuidado: não é possível formar advérbios a partir de adjetivos que já acabem em *-ly*. Por exemplo, não se pode dizer *He smiled at you friendlily*. Em vez disso, às vezes é possível usar um grupo nominal encabeçado por uma preposição:

He smiled at me in a friendly way.

4.17 Alguns advérbios de modo (como *fast*, *hard* e *late*) têm a mesma forma que os adjetivos correspondentes:

I've always been interested in fast cars.
The driver was driving too fast.
It was a hard job.
He works very hard.
The train arrived late as usual.

4.18 Geralmente não se usam grupos nominais com ou sem preposição como expressões adverbiais de modo. No entanto, às vezes é necessário usá-los, por exemplo, quando não há um advérbio para o significado que se queira expressar. O grupo nominal normalmente inclui um substantivo como *way*, *fashion* ou *manner*, ou ainda um substantivo que faça referência à voz de alguém:

She asked me in such a nice manner that I couldn't refuse.
They spoke in angry tones.

5 Preposições

As seguintes preposições (→ 5.1–7) são usadas para introduzir expressões de lugar:

5.1 ***At*** é usado para se referir a um lugar como um ponto concreto:

> *She waited at the bus stop for over twenty minutes.*
> *'Where were you last night?' – 'At Mick's house.'*

É usado com palavras como ***back***, ***bottom***, ***end***, ***front*** e ***top*** para falar de partes diferentes de um lugar:

> *Mr. Castle was waiting at the bottom of the stairs.*
> *I saw a taxi at the end of the street.*

É usado com lugares públicos e instituições (→ 5.4) e também para dizer "em casa" (*at home*) e "no trabalho" (*at work*):

> *I have to be at the station by ten o'clock.*
> *We landed at a small airport.*
> *She wanted to stay at home.*

Do mesmo modo que é usado para dizer na casa de alguém, também é usado para falar de uma locação ou um serviço especializado:

> *I'll see you at Fred's house.*
> *I buy my bread at the local baker's.*

Para falar de direções, *at* é usado para dar o número do local. Utiliza-se *in*, ou também *on*, no inglês americano, quando somente o nome da rua é dado:

> *They used to live at 5 Weston Road.*
> *She got a job in Oxford Street.*
> *He lived on Fifth Avenue in New York City.*

5.2 ***On*** é usado quando se considera um lugar como uma superfície:

> *I sat down on the sofa.*
> *She put her keys on the table.*

É usado quando um lugar é considerado um ponto em uma linha, por exemplo, uma estrada, uma linha de trem, um rio ou uma praia ou costa:

> *Scrabster is on the north coast.*
> *Las Cruces is on I-25 between Albuquerque and El Paso.*

5.3 ***In*** é usado com países, regiões, cidades e povoados:

> *A thousand homes in the east of Scotland suffered power cuts.*
> *I've been teaching at a college in Baltimore.*

Com recipientes de qualquer tipo para falar do que está contido:

> *She kept the cards in a little box.*

PREPOSIÇÕES

Com um local, ao citar as pessoas ou coisas que ali estão (→4.8):
> *They were having dinner in the restaurant.*

5.4 at/in

Muitas vezes, um lugar pode ser considerado de duas maneiras: como instituição ou como locação, razão pela qual é possível usar *at* ou *in*, respectivamente:
> *I had a hard day at the office.*
> *I left my coat behind in the office.*
> *There's a good film at the cinema.*
> *It was very cold in the cinema.*

5.5 Usam-se *on*, *onto* e *off* para se referir à posição ou ao movimento de uma pessoa ou coisa dentro e fora de meios de transporte como ônibus, trens, barcos e aviões. Se a intenção é dar ênfase à posição ou ao movimento para dentro ou fora do veículo como tal mais que como meio de transporte, é possível usar *in*, *into* e *out of* com esses meios de transporte:
> *Why don't you come on the train with me to New York?*
> Por que você não vem comigo no trem para Nova York?
> *Peter Hurd was already on the plane from California.*
> Peter Hurd já estava no avião vindo da Califórnia.
> *Mr Bixby stepped off the train and walked quickly to the exit.*
> O senhor Bixby desceu do trem e se apressou em direção à saída.
> *The passengers in the plane were beginning to panic.*
> Os passageiros do avião começaram a entrar em pânico.
> *We jumped out of the bus and ran into the nearest shop.*
> Descemos do ônibus e entramos correndo na loja mais próxima.

5.6 Usam-se *in*, *into* e *out of* para se referir à posição ou ao movimento de uma pessoa ou coisa para dentro e fora de carros, vans, caminhões, táxis e ambulâncias (→4.9):
> *I followed them in my car.*
> Eu os segui no meu carro.
> *Mr. Ward happened to be getting into his truck.*
> Por acaso, Sr. Ward estava entrando em seu caminhão.
> *She was carried out of the ambulance.*
> Ela foi tirada da ambulância.

5.7 Para dizer que tipo de veículo ou meio de transporte é usado para ir a algum local, usa-se *by*. Somente para dizer "a pé" é usada a preposição *on*:

> by bus • by bicycle • by car • by coach • by plane • by train

> *She had come by car with her husband and her four children.*
> Ela tinha vindo de carro com seu marido e seus quatro filhos.

PREPOSIÇÕES

> **I left Escondido in the afternoon and went by bus and train to Santa Monica.**
> Saí de Escondido à tarde e fui de ônibus e de trem a Santa Mônica.
> **Marie decided to continue on foot.**
> Marie decidiu continuar a pé.

5.8 As seguintes preposições são usadas para introduzir expressões de tempo:

At é usado com:

> horas: *at eight o'clock* • *at 3.15*
> festas religiosas: *at Christmas* • *at Easter*
> refeições: *at breakfast* • *at lunchtime*
> períodos específicos: *at night* • *at the weekend* • *at weekends* (inglês britânico)

In é usado com:

> estações do ano: *in autumn* • *in the spring*
> anos e séculos: *in nineteen eighty-five* • *in the year two thousand* • *in the nineteenth century*
> meses: *in July* • *in December*
> partes do dia: *in the morning* • *in the evenings*

Note que também se usa *in* para falar do futuro:

> **I think we'll find out in the next few days.**
> Acho que descobriremos nos próximos dias.

On é usado com:

> dias da semana: *on Monday* • *on Tuesday morning* • *on Sunday evenings*
> datas especiais: *on Christmas day* • *on my birthday* • *on his wedding anniversary*
> datas: *on the twentieth of July* • *on June the twenty-first*
> períodos específicos: *on the weekend* • *on weekends*

5.9 *For* é usado com verbos em qualquer tempo gramatical para dizer quanto tempo algo dura:

> **He is in Italy for a month.**
> Ele fica na Itália por um mês.
> **I remained silent for a long time.**
> Fiquei em silêncio por muito tempo.
> **I will be in Sao Paulo for three months.**
> Estarei três meses em São Paulo.

PREPOSIÇÕES

5.10 *During* e *over* são usados para um período em que algo acontece:

> *I saw him twice during the summer holidays.*
> *Will you stay in Washington over Christmas?*

Cuidado: *during* não é usado para dizer quanto tempo algo dura. Não se pode dizer *I went there during three weeks*. Para esse significado, usa-se *for* (→ 5.9).

5.11 *By* é usado quando se quer dizer "até":

> *By eleven o'clock, Brody was back in his office.*
> *Até onze horas, Brody já estava de volta ao seu escritório.*
> *Can we get this finished by tomorrow?*
> *Podemos terminar isso até amanhã?*

6 Mudanças ortográficas

6.1 "-S"

A terminação **-s** serve para formar o plural dos substantivos contáveis (→1.1) e a forma verbal do presente simples para *she*, *he*, *it* (→3.3).

Note que os substantivos contáveis são os únicos a que se acrescenta **-s** para formar o plural. Outras palavras que têm ou podem ter significado no plural não mudam sua forma.

Às palavras, tanto substantivos como verbos, que terminam em **-ss**, **-ch**, **-s**, **-sh** e **-x**, acrescenta-se **-es**, que se pronuncia [iz]:

> *class → classes*   *gas → gases*
> *fox → foxes*   *watch → watches*
> *dish → dishes*

Aos substantivos que terminam em **-o**, acrescenta-se **-es**. Alguns substantivos que terminam em **-o** recebem somente **-s**. Em ambos os casos, a pronúncia é [z]:

> *photo → photos*   *hero → heroes*
> *piano → pianos*   *potato → potatoes*

As palavras que terminam em **-y** (precedidas de consoante) trocam o **-y** por **-ies**, que se pronuncia [iz]:

> *country → countries*   *cry → cries*
> *lady → ladies*   *party → parties*
> *victory → victories*

A terminação **-y** precedida de vogal não muda:

> *boy → boys*   *day → days*
> *key → keys*   *pray → prays*
> *valley → valleys*

6.2 -ING, -ED, -ER, -EST

As palavras de uma sílaba que terminam em vogal curta ou consoante que não seja **-w**, **-x** ou **-y** duplicam a consoante:

> *dip → dipping/dipped*   *big → bigger/biggest*
> *fat → fatter/fattest*   *thin → thinner/thinnest*
> *hot → hotter/hottest*   *wet → wetter/wettest*
> *sad → sadder/saddest*

As palavras que terminam com consoante seguida de **-y** trocam essa terminação por **-i**, exceto aquelas com a terminação **-ing**, que não mudam:

> *happy → happier/happiest*

59

MUDANÇAS ORTOGRÁFICAS

6.3 -LY

Quando se forma um advérbio com **-ly** a partir de um adjetivo, as seguintes mudanças são produzidas:

-le muda para *-ly*	*gentle* →	*gently*
-y muda para *-ily*	*easy* →	*easily*
-ic muda para *-ically*	*automatic* →	*automatically*
-ue muda para *-uly*	*true* →	*truly*
-ful muda para *-fully*	*beautiful* →	*beautifully*

Exceção: **public** → **publicly**

Índice

a/an 1.36-41
   a/an ou **one**? 1.38
   a lot → **lot**
adjetivos 2.1-11
   adjetivo + **and** + adjetivo 2.7
   adjetivo + substantivo 2.1-2
   adjetivo + preposição + grupo nominal 2.3-5
   be + adjetivo 2.2
   graus → comparações
   ordem 2.7-11
   posição 2.1-2
   superlativos → comparações
   the + adjetivo sem substantivo 1.32
advérbios e expressões adverbiais 4.1-18
   advérbio + adjetivo 4.15
   advérbio ou adjetivo? 4.17
   de frequência 4.3, 4.6-8
   de intensidade 4.3, 4.13-15
   de lugar 4.2, 4.4
   de modo 4.2, 4.12-14
   de probabilidade 4.3, 4.6-7
   de tempo 4.2, 4.5, 4.9-11
   ordem e posição 4.2-4, 4.7, 4.13-15
   verbo + advérbio → phrasal verbs
advertências → forma de imperativo; **should, must**
ago 4.5
ainda → **still**
all 1.53
already 4.9
another 1.61
   one another 3.33-34
any 1.42-45
   anybody 1.46-48, 3.59
   anyone 1.46-48, 3.59
   anyplace 1.46
   anything 1.46-48, 3.59
   anywhere 1.46-48, 3.59
   any longer, any more 4.11
artigo → determinantes; **a/an, the**
as
   as much/many 2.22
at 5.1
   + substantivo: possessivo, **-'s** 5.1, 1.15
   + substantivo de lugar 5.1, 5.4
   + ponto no tempo 5.8
be 3.6-7
   + **a/an** + grupo nominal 1.36
   + gerúndio, **-ing** → verbos: formas contínuas 3.7
   + particípio → verbos: formas de passiva 3.39-41
   + pronomes pessoais objeto 1.17
   be able to 3.21
   be allowed to 3.23
   be going to 3.15
   formas 3.6
   it (sujeito impessoal) + forma de **be** 3.42, 1.19
   there + forma de **be** 3.43-44
   como verbo principal em perguntas diretas 3.52
both 1.57
both... and... 1.57
by
   + ponto no tempo 5.11
   + meios de transporte 5.7
   verbo na forma passiva + **by** + grupo nominal 3.40
can, cannot, can't 3.12, 3.20-23
comparações 2.17-26
   adjetivo/advérbio de duas sílabas
   + **-er... (than...)** 2.18, 2.21
   + **-est** 2.23
   as... (as...) 2.22
   less... (than...) 2.20
   more... (than...) 2.17-19
   most 1.26, 2.23-24
   so... (that...) 2.25
   such... (that...) 2.26
complemento
   complemento circunstancial → advérbios e expressões adverbiais
   complementos do substantivo → grupo nominal
   complemento direto/indireto → verbos + objeto/sem objeto
concordância → verbos: forma de singular/plural
condicional
   forma verbal → **would**
   orações condicionais → **if**
contrações
   formas de **be** 3.6
   formas de **have** 3.6
   verbos: formas negativas 3.58
   -'d = would; had
   -'ll = will
   -'m = am 3.6
   -n't = not
   -'re = are 3.6
   -'s = is; has → substantivos: caso possessivo
could, couldn't 3.20-23
datas 3.42, 5.8
dever fazer → **must, have to, should**
decisões, anunciá-las 3.15

ÍNDICE

determinantes 1.26-61
  a/an 1.36-41
  all 1.53
  another 1.61
  any 1.42-45
  both 1.57
  each 1.56
  either 1.58
  every 1.54
  few 1.49, 1.51-52
  fewer 2.20
  less 2.20
  little 1.49
  many 1.49-52
  more 2.17, 2.19
  most 2.23-24
  much 1.49-52
  neither 1.58
  no 1.42, 1.44-45
  other 1.60
  some 1.42-45
  that 1.33-35
  the 1.27-32
  this 1.33, 1.35
  those 1.33
do 3.6
  com **not** e em perguntas 3.8
  como verbo auxiliar 3.28-29
  como verbo principal 3.36
during 5.10
each 1.56
  each other 3.33-34
either 1.58
  sujeito + verbo auxiliar + **either** 3.54
  either... or... 1.59
  o mais 2.23-24
else 1.48
ever 4.8
every 1.54
  everybody, everyone, everything, everywhere 1.55
expressões
  expressões adverbiais → advérbios e expressões adverbiais
  expressões condicionais → **if**
favores: oferecê-los e pedi-los 3.22-23
few, fewer 1.26, 1.49, 1.51-52, 2.20
formas verbais → verbos e formas verbais
futuro → verbos e formas verbais
verbos: forma de futuro = **will** + forma base 3.11, 3.14
gerúndio → verbos: forma de gerúndio, **-ing**
get, got
  para falar do estado do tempo 3.42
give, gave, given 3.36
go, went, gone
  + gerúndio, **-ing** 3.47

grupo nominal 1.11
have, has, had 3.6
  com menos significado que seu objeto 3.36
  formas 3.6
  have to + forma base: ter que 3.26
  como verbo principal em perguntas 3.52
hora, informá-la 3.42, 5.8
how
  how long 3.55, 3.57
  how much/many 3.55, 3.57
in
  + substantivo de lugar 5.3-4
  + período de tempo 5.8
  + meios de transporte 5.6
instruções → verbos: imperativo convites
  aceitá-los (ou recusá-los) 3.19
  fazê-los 3.16, 3.18
it como sujeito impessoal 3.42
já → **already, yet** 4.10-11
less 2.20
let, let's 3.29
little 1.49
o mais 2.23-24
longer: any longer, no longer 4.11
lot: a lot (of), lots (of)
  expressão adverbial de frequência 4.6
  expressão adverbial de intensidade 4.14
  determinante 3.44, 1.50
make, made 3.36
many 1.49-52
mais... que 2.17-19, 2.21
may, might 3.23-24
medidas 2.6
meios de transporte: advérbios e expressões adverbiais
  by 5.7
  in, into, out of 5.6
  on/off, onto/off 5.5
menos... (que) 2.20
  might 3.24
  more
    determinante 2.17, 2.19
    pronome 2.19
  any more, no more 4.11, 1.10
most
  determinante 1.26, 2.23-24
  pronome 2.23-24
much
  determinante 1.49-52
  pronome 1.49-52
must, mustn't 3.25-26
negações: não, nada, ninguém, nunca... 3.58-59
mudanças ortográficas 6.1-3
neither, never, no, nobody, none, no one, nor, not, nothing, nowhere

ÍNDICE

neither 1.58, 3.59
  + verbo auxiliar + sujeito 3.54
  neither... nor... 1.59
never 4.6-8
no
  nobody 1.46, 3.59
  no one 1.46, 3.59
  no place 1.46
  nothing 1.46, 3.59
  nowhere 1.46, 3.59
  = **not** + **any** 1.42-45
  em respostas a perguntas 3.52
  substantivos
  possessivo, **-'s** 1.15
  coletivos 1.10
  contáveis/incontáveis 1.1-9
  contáveis: forma de plural **-s**, plural irregular 1.1, 6.1
  contáveis: significado diferente no singular e no plural 1.8-9
  substantivo + substantivo 1.12
  substantivo + preposição + substantivo 1.13-14
none 1.43, 3.59
nor 3.59
  + verbo auxiliar + sujeito 3.54
  neither... nor... 1.59
not 3.58
  em **question tags** 3.53-54
  contrações 3.58
objeto → verbo + objeto
objeto direto/indireto → verbo + objeto/sem objeto
of
  substantivo + **of** + grupo nominal 1.13
on
  + meios de transporte 5.4
  + substantivo de lugar 5.2
  + ponto no tempo 5.8
one, ones 1.23-25
  one another 3.33-34
  which one, which ones 1.24
orações: sujeito (= grupo nominal) + grupo verbal
  orações negativas → negações
  orações interrogativas → perguntas
  orações condicionais → **if...**
  orações relativas → partículas interrogativas
other
  each other 3.33-34
ought to, oughtn't to 3.27
  partículas interrogativas
  interrogativas 3.55-56
  pronomes relativos 2.12-16
particípio → verbo: forma de particípio
passado → verbos e formas verbais

pedir que alguém faça algo 3.22, 3.28
perhaps 4.6-7
permissão, pedi-la e dá-la 3.22-23
phrasal verbs 3.37-38
plural
  substantivos contáveis: forma de plural 1.1, 6.1
  verbo: formas de singular/plural 3.44, 1.10, 1.20, 1.47
posse
  → **have**
  → substantivos: possessivo, **-'s** 1.15
  → possessivos 1.21
  → **whose** 2.15, 3.55
possessivo, **-'s** 1.15
  determinantes 1.26
  pronomes 1.21
  com partes do corpo 3.32
predicado → grupo verbal
perguntas e respostas 3.51-57
  de resposta **yes/no** 3.52
  ordem das palavras 3.51, 3.55-56
  palavras interrogativas → partículas interrogativas
  question tags 3.53
  respostas curtas, **short answers** 3.52
  com respostas também/nem → **either, neither, nor, so** 3.54
preposições 5.1-11
  + grupo nominal 1.13-14, 5.1-11
  + substantivo de lugar 5.1-6
  + períodos de tempo 5.8-10
  + pontos no tempo 5.8, 5.11
  posição não inicial 2.14, 3.56
  adjetivo + preposição + grupo nominal 2.3-5
  verbos + preposição 3.37-38
pronomes 1.16-25
  determinantes com forma e significados iguais 1.43
  pessoais: sujeito/objeto 1.16-20
  possessivos 1.21
  reflexivos 3.31-32, 1.22
  relativos 2.12-16
pode ser que... → **may, might** 3.23-24
question tags 3.53
rather 4.15
  -'d rather = would rather 3.19
really 4.12
recomendações, fazê-las 3.27
respostas → perguntas
shall 3.17
should, shouldn't 3.27
so
  + verbo auxiliar + sujeito 3.54
  so much/many, so little/few:
  tanto(s), tão pouco(s) 1.49-52

63

ÍNDICE

some
  determinante 1.42-45
  pronome 1.43
  somebody 1.46-47
  someone 1.46-47
  someplace 1.46
  something 1.46
  somewhere 1.46, 1.48
still 4.9
sugestões, fazê-las → **should; let's**
sujeito 3.1
  → grupo nominal
  sujeitos impessoais 3.42-44
tal... (que) 2.26
tão/tanto... (como) 2.22
tão/tanto... (que) 2.25
tempo:
  meteorológico 3.42
  expressões adverbiais de frequência 4.6-8
  verbal → verbos e formas verbais
ter que: **have to** 3.26
terminações:
  -ed → verbos: regulares; forma 3.3, 6.2
  -er → comparações: adjetivos e advérbios de uma ou duas sílabas 2.18, 2.21, 6.2
  -est → comparações: adjetivos e advérbios de uma ou duas sílabas 2.23, 6.2
  -ing → verbos: forma de gerúndio 3.2-3, 3.45-48, 6.2
  -ly → advérbios de modo 4.2, 4.16-18, 6.3
  -n't → not
  -s → substantivos contáveis: forma de plural 1.1, 6.1
  → verbos: forma com **-s** 3.3, 6.1
  mudanças ortográficas 6.1-3
than 2.17-20
that
  → **who, which** 2.12-14, 3.55
  so... that... 2.25
  such... that... 2.26
  that, those 1.33-35
  that one, those ones 1.24
the 1.27-32
  the + adjetivo, sem substantivo 1.32
  all + the... 1.53
there is/there are 3.43-44
they 1.18, 1.20
this, these 1.33-35
  this one, these ones 1.24
those 1.33
to
  verbos: forma **to...** 3.3, 3.46, 3.49
  → **be able to, be going to, ought to, have to, used to**
too 1.52
used to 3.21
verbos e formas verbais 3.1-29

+ objeto(s) 3.30-36
+ preposição + grupo nominal 3.37-38
auxiliares: **be, do, have**, modais 3.6, 3.52
com sujeito impessoal 3.42
forma:
  base = infinitivo sem to, bare infinitive 3.3
  de futuro: **will** + forma base 3.11, 3.14
  de gerúndio, **-ing** 3.2-3, 3.45-48
  de particípio 3.2-3, 3.6, 3.50
  de passiva: **be** + particípio 3.6, 3.39-41
  de singular/plural 3.44, 1.10, 1.20, 1.47
  -ed → verbos regulares, passado e particípio 3.3
  com **-s** 3.3
  negativa 3.58
to... 3.3, 3.46, 3.49
imperativo 3.1, 3.28-29
infinitivo → verbos: forma **to...**; forma base 3.3, 3.46, 3.49
intransitivos → verbos sem objeto
irregulares 3.3-4
modais 3.12-28
pessoa verbal 3.1
phrasal verbs 3.37-38
principal 3.2, 3.5
recíprocos 3.33-34
reflexivos 3.31-32
regulares 3.3
tempo verbal 3.1
tempos:
  futuro contínuo 3.7
  passado simples 3.10-11
  passado contínuo 3.7, 3.10
  passado perfeito 3.10-11
  passado perfeito contínuo 3.7
  presente simples 3.8-9
  presente contínuo 3.7, 3.9
  presente perfeito 3.7, 3.9, 3.11
  presente contínuo 3.7
  transitivos → verbos + objeto
very 1.51
  very much 4.14
voz passiva → verbos: forma de passiva
wh- → partículas interrogativas
what 3.55-6
when 2.16, 3.55
where 2.16, 3.55
which 2.12-13, 3.55
which one, which ones 1.24
who 2.12-14, 3.55
whom 3.55-6
whose 2.15, 3.55
why 2.16, 3.55
will, -ll, won't 3.12-16
would, -'d, wouldn't 3.12, 3.18-19
yet 4.10
you 1.17, 1.18

Portuguese Grammar Guide

Abbreviations used

sing.	singular
plur.	plural
masc.	masculine
fem.	feminine
Coll	colloquial or casual speech
Wr	written; also used to indicate more formal speech
Eur	European Portuguese usage
Br	Brazilian Portuguese usage

Contents

	Section	Page
VERBS	1. Simple tenses: formation	68
	2. Simple tenses: first conjugation	69
	3. Simple tenses: second conjugation	69
	4. Simple tenses: third conjugation	70
	5. Conjugation spelling and stem changes	71
	6. The imperative and alternatives	72
	7. Compound tenses: formation	74
	8. Reflexive verbs	76
	9. The passive	77
	10. Impersonal verbs	77
	11. The infinitive	78
	12. Present and past participles	79
	13. *Ser* and *estar*	81
	14. Modal auxiliary verbs	82
	15. Use of tenses	83
	16. The subjunctive: when to use it	85
	17. Irregular verb tables	86
NOUNS	18. Gender of nouns	93
	19. Formation of feminines	94
	20. Formation of plurals	95
ARTICLES	21. The definite article	97
	22. The indefinite article	98
ADJECTIVES	23. Formation of feminines and plurals	99
	24. Comparatives and superlatives	101
	25. Demonstrative adjectives	102
	26. Interrogative adjectives	102
	27. Possessive adjectives	103
PRONOUNS	28. Personal pronouns	104
	29. *Tu, você* and *o senhor / a senhora*	107
	30. Indefinite pronouns	108
	31. Relative pronouns	109
	32. Interrogative pronouns	111
	33. Possessive pronouns	111
	34. Demonstrative pronouns	112
ADVERBS	35. Adverbs	113
PREPOSITIONS	36. Prepositions	115
CONJUNCTIONS	37. Conjunctions	117
SENTENCE STRUCTURE	38. Word order	118
	39. Negatives	119
	40. Question forms	120
USE OF NUMBERS	41. Cardinal and ordinal numbers	121
	42. Calendar and time	124
INDEX		126

VERBS

1. Simple tenses: formation

In Portuguese the following are simple tenses: present; preterite; imperfect; future; conditional; imperative; present subjunctive; imperfect subjunctive; future subjunctive.

These simple tenses are formed by adding endings to a verb stem. The endings show the number and person of the subject of the verb:

Eu cant<u>o</u>.	I sing.
Nós cant<u>amos</u>.	We sing.
Ele comer<u>á</u>.	He will eat.
Eles comer<u>ão</u>.	They will eat.

Second-person verb forms

Third-person endings for *você* and *vocês*: even though *você* and *vocês* mean *you* (singular and plural), for historical reasons they are used with third-person verb endings.

Você cant<u>a</u>.	You sing.
Ele cant<u>a</u>.	He sings.
Vocês com<u>em</u>.	You sing. (plural)
Eles com<u>em</u>.	They sing.

In the verb tables these endings will be identified as: **2nd**, **3rd person**.

Traditional second-person endings: these are for subjects *tu* and *vós*, which also mean *you* (singular and plural).

Tu cant<u>as</u>.	You sing.
Vós cant<u>ais</u>.	You sing. (plural)

Singular endings for *tu* will be shown separately in the verb tables, identified as: **2nd person**. Plural endings for *vós* will also appear, but in brackets, as they are no longer in current use.

For information on the different ways of saying *you* in Portuguese see *Tu*, *você*, and *o senhor / a senhora* on pages 107–108.

Regular verbs

The stem and endings of regular verbs are predictable. The verb tables in the following sections show the patterns for regular verbs. For irregular verbs see page 86 onwards.

There are three regular verb patterns (known as conjugations), each identifiable by the ending of the infinitive:

First conjugation verbs end in *-ar*, e.g. *cantar* to sing.
Second conjugation verbs end in *-er*, e.g. *comer* to eat.
Third conjugation verbs end in *-ir*, e.g. *partir* to leave, depart.

These three conjugations are explained on the following pages.

VERBS

Infinitives ending in -ôr and -or

Pôr, meaning *to put, place*, is irregular even in the infinitive. Its endings are shown in the tables for irregular verbs. These endings also apply to its compounds, e.g. **compor** *to compose, organize*; **dispor** *to arrange*; **impor** *to impose*; **opor** *to oppose*. Note the absence of written accent **ô** in the compounds.

2. Simple tenses: first conjugation

For all tenses other than the future, the conditional and the future subjunctive, the stem is formed removing **ar** from the infinitive. To this stem we add the appropriate endings for each person, as shown in the table below. The stem of the future, the conditional and the future subjunctive is the same as the infinitive.

Example

person	(1) present	(2) preterite	(3) imperfect
eu	cant-o	cant-ei	cant-ava
tu	cant-as	cant-aste	cant-avas
você, ele/ela	cant-a	cant-ou	cant-ava
nós	cant-amos	cant-amos(*)	cant-ávamos
vocês, eles/elas	cant-am	cant-aram	cant-avam

(*) alternative spelling: **cantámos**

person	(4) future	(5) conditional	(6) imperative (*)
eu	cantar-ei	cantar-ia	
tu	cantar-ás	cantar-ias	cant-a!
você, ele/ela	cantar-á	cantar-ia	
nós	cantar-emos	cantar-íamos	
vocês, eles/elas	cantar-ão	cantar-iam	

person	(7) present subjunctive	(8) imperfect subjunctive	(9) future subjunctive
eu	cant-e	cant-asse	cantar
tu	cant-es	cant-asses	cantar-es
você, ele/ela	cant-e	cant-asse	cantar
nós	cant-emos	cant-ássemos	cantar-mos
vocês, eles/elas	cant-em	cant-assem	cantar-em

(*) See **The imperative and alternatives**, pages 72–74.

3. Simple tenses: second conjugation

For all tenses other than the future, the conditional and the future subjunctive, the stem is formed removing **ar** from the infinitive. To this stem we add the appropriate endings for each person, as shown in the table below. For all tenses other than the future, the conditional and the future subjunctive, the stem is formed removing **er** from the infinitive. To this stem, we add the appropriate endings for each person, as shown in the table below. The stem of the future, the conditional and the future subjunctive is the same as the infinitive.

VERBS

Example

person	(1) present	(2) preterite	(3) imperfect
eu	com-o	com-i	com-ia
tu	com-es	com-este	com-ias
você, ele/ela	com-e	com-eu	com-ia
nós	com-emos	com-emos	com-íamos
vocês, eles/elas	com-em	com-eram	com-iam

person	(4) future	(5) conditional	(6) imperative (*)
eu	cantar-ei	cantar-ia	cant-a!
tu	cantar-ás	cantar-ias	
você, ele/ela	cantar-á	cantar-ia	
nós	cantar-emos	cantar-íamos	
vocês, eles/elas	cantar-ão	cantar-iam	

person	(7) present subjunctive	(8) imperfect subjunctive	(9) future subjunctive
eu	com-a	com-esse	com-er
tu	com-as	com-esses	com-eres
você, ele/ela	com-a	com-esse	com-er
nós	com-amos	com-êssemos	com-ermos
vocês, eles/elas	com-am	com-essem	com-erem

(*) See **The imperative and alternatives**, pages 72–74.

4. Simple tenses: third conjugation

For all tenses other than the future, the conditional and the future subjunctive, the stem is formed removing *ar* from the infinitive. To this stem we add the appropriate endings for each person, as shown in the table below. For all tenses other than the future, the conditional and the future subjunctive, the stem is formed removing *ir* from the infinitive. To this stem, we add the appropriate endings for each person, as shown in the table below. The stem of the future, the conditional and the future subjunctive is the same as the infinitive.

Example

person	(1) present	(2) preterite	(3) imperfect
eu	part-o	part-i	part-ia
tu	part-es	part-iste	part-ias
você, ele/ela	part-e	part-iu	part-ia
nós	part-imos	part-imos	part-íamos
vocês, eles/elas	part-em	part-iram	part-iam

person	(4) future	(5) conditional	(6) imperative (*)
eu	part-irei	part-iria	part-e!
tu	part-irás	part-irias	
você, ele/ela	part-irá	part-iria	
nós	part-iremos	part-iríamos	
vocês, eles/elas	part-irão	part-iriam	

VERBS

person	(7) present subjunctive	(8) imperfect subjunctive	(9) future subjunctive
eu	part-a	part-isse	part-ir
tu	part-as	part-isses	part-ires
você, ele/ela	part-a	part-isse	part-ir
nós	part-amos	part-íssemos	part-irmos
vocês, eles/elas	part-am	part-issem	part-irem

(*) See **The imperative and alternatives**, pages 72–74.

5. Conjugation spelling and stem changes

Before some endings, certain spelling changes have to be made. Some of these are simply to obey Portuguese spelling conventions, while others reflect a change in the pronunciation of the stem. In the latter case, a phonetic symbol is shown in the tables below.

Changes reflecting Portuguese spelling conventions

Conjugation	1st	1st	1st
Infinitive ending	-car	-çar	-gar
Change	-c → -qu before e	-ç → c before e	-g → -gu before e
Model	ficar (to stay) → Eu fiquei	começar (to begin) → Comecem!	pagar (to pay) → Pague!

Conjugation	2nd	2nd and 3rd	2nd and 3rd
Infinitive ending	-cer	-ger and -gir	-guer and -guir
Change	-c → -ç before a or o	-g → j before a or o	-gu → -g before a or o
Model	descer (to climb down) → Desçam!	eleger (to elect) → ... que eles elejam fugir (to run away) → Fuja!	erguer (to lift) → ... que eles ergam conseguir (to manage) → Eu não consigo.

Spelling and sound changes

In certain 3rd conjugation verbs there are some root changes at the core of the stem:

Root vowel	-e-	-e-	-o-	-u-
Change	-e- [e] → -i- [i]	-e- [e] → -i- [i]	-o- [o] → -u- [u]	-u- [u] → -o- [o]
Tenses affected	present (1st person sing.), polite imperative, present subjunctive	present (1st, 2nd, 3rd person sing. and 3rd person plur.), imperative (sing.), polite imperative, present subjunctive	present (1st person sing.), polite imperative, present subjunctive	present (2nd and 3rd person sing. and 3rd person plur.), imperative (sing.)
Model	repetir (to repeat) Eu repito Repitam! ... que ele repita	progredir (to progress) Eu progrido Progride! Progridam! ... que ele progrida	dormir (to sleep) Eu durmo Durmam! ... que ele durma	subir (to climb up) Você sobe Eles sobem Sobe!

PORTUGUESE GRAMMAR GUIDE

VERBS

In certain 1st, 2nd and 3rd conjugation verbs there are some stem and ending changes:

Infinitive ending	-ear	-oer	-air
Change	*-e-* [e] → *-ei-* [ej]	*-o-* [o] → *-ói-* [oj] stressed	*-a-* [a] → *-ai-* [aj] (*)
Tenses affected	present (1st, 2nd, 3rd person sing. and 3rd person plur.), imperative (sing.), polite imperative, present subjunctive (1st, 2nd, 3rd person sing. and 3rd person plur.)	present (2nd and 3rd person sing.), imperative (sing.)	present (1st, 2nd, 3rd person sing. and 1st person plur.), imperative (sing.), polite imperative, present subjunctive
Model	*passear* (to go for a stroll) *Eu passeio* *Passeiem!* *... que ele passeie*	*roer* (to gnaw, nibble) *(Tu) róis* *Ele rói* *Rói!*	*sair* (to go / come out) *Eu saio* *Você sai* *Saia!* *... que eles saiam*

Infinitive ending	-uir	-uir	-uzir
Change	*-u-* [u] → *-ui-* [uj] (*)	*-u-* [u] → *-ói-* [oj] stressed (*) or *-o-* [o] stressed	*-z-* [z] → *-z-* [z] (Br) / [ʃ] (Eur) (**)
Tenses affected	present (2nd and 3rd person sing. and 1st person plur.), imperative (sing.)	present (2nd and 3rd person sing. and 3rd person plur.), imperative (sing.)	present (3rd person sing.), imperative (sing.)
Model	*incluir* (to include) *Nós incluimos* *Inclui!*	*construir* (to build) *Constrói* *Eles constroem*	*traduzir* (to translate) *Ele traduz* *Traduz!*

(*) The verb endings *-e* and *-es* are dropped: e.g., *Você sai*, *(Tu) sais*; *Inclui!*, *(Tu) incluis*; *Constrói!*, *(Tu) constróis*.

(**) The verb ending *-e* is dropped and the *-z-* stands for a different sound: *Eu traduzo* [z] but *Ele traduz* [z] (Br) / [ʃ] (Eur).

6. The imperative and alternatives

Some verb forms are used to ask or tell someone to do something. They can also be used to give directions or instructions on how to operate a machine, for instance.

Commands, requests and advice

Polite imperative

Cante!	**Coma!**	**Parta!**	talking to one person
Cantem!	**Comam!**	**Partam!**	talking to more than one person
Sing, (please)!	*Eat, (please)!*	*Leave, (please)!*	

VERBS

These forms are borrowed from the **present subjunctive** and, as such, have an inbuilt element of politeness. However, *por favor*, meaning *please*, can always be added on to them, if you want to be even more polite and respectful.

Talking to one person
Coma, por favor!	*Please eat!*
Venha!	*Come along, please!*
Peça agora!	*Ask for it now, please!*
Vá embora!	*Go away, please!*
Abra a janela, por favor!	*Please open the window!*

Talking to more than one person
Comecem!	*Start, please!*
Vão embora!	*Go away, please!*
Venham, por favor!	*Please will you come!*

Alternative

canta	*come*	*parte*	talking to one person
cantam	*comem*	*partem*	talking to more than one person
(You) sing	*(You) eat*	*(You) leave*	

These forms are borrowed from the **present** (i.e. present indicative) and show the requested or suggested action as a description of what to do. This is heard on both sides of the Atlantic but more so in Brazil.

Talking to one person
Você parte amanhã, por favor.	*You will please leave tomorrow.*
(Você) vira à esquerda na próxima esquina.	*(You) turn left at the next corner.*

Talking to more than one person
Vocês partem amanhã, por favor.	*You will please leave tomorrow.*

The third person singular ending of the present (the form you would use for someone addressed as *você, o senhor* or *a senhora*) just happens to coincide with the *tu*-ending of the traditional **imperative**:

Canta!	*Come!*	*Parte!*	talking to one person
Sing!	*Eat!*	*Leave!*	

This approach gives a familiar tone.

Talking to one person
Come tudo!	*Eat it all!*
Sai daí!	*Get out of there!*
Vai embora!	*Go away!*

Let's

The equivalent of the English *let's* + infinitive construction is usually *vamos* + infinitive.

Vamos is also used on its own: *Vamos! Let's go!*

Vamos sair agora!	*Let's get out now!*
Vamos beber alguma coisa!	*Let's have something to drink!*

VERBS

Don't

To ask or tell someone not to do something, use 'polite' forms from the present subjunctive:

Não cantes!	*Não comas!*	*Não partas!*	familiar form (singular)
Não cante!	*Não coma!*	*Não parta!*	polite form (singular)
Não cantem!	*Não comam!*	*Não partam!*	talking to more than one person (anyone)

Don't sing, (please)!   *Don't eat, (please)!*   *Don't leave, (please)!*

See also **Tu**, **você** and **o senhor / a senhora**, pages 107–108.

7. Compound tenses: formation

In Portuguese the following are compound tenses: present perfect; pluperfect; future perfect; conditional perfect; present perfect subjunctive; pluperfect subjunctive; future perfect subjunctive.

Compound tenses consist of the past participle of the verb preceded by an auxiliary verb and are formed the same way for both regular and irregular verbs.

The auxiliary verb is normally **ter**.

The past participle may be regular or irregular but remains invariable, i.e. it does not change to agree with the subject in gender or number. For past participle formation see page 80.

Ele tinha cantado.   He had sung.
Elas tinham cantado.   They (fem.) had sung.

Formation of the different compound tenses

Present Perfect
(Present of the auxiliary verb plus past participle)

Eu tenho cantado.   I have been singing.
Tem chovido muito.   It has been raining a lot.

Pluperfect
(Imperfect of the auxiliary verb plus past participle)

Eu tinha cantado.   I had sung.
Tinha chovido muito.   It had been raining a lot.

Future Perfect
(Future of the auxiliary verb plus past participle)

Eu terei cantado.   I shall have sung (by then).
Às 20 horas eles já terão partido.   By 8 pm they will already have left.

Conditional Perfect
(Conditional of the auxiliary verb plus past participle)

Eu teria cantado.   I would have sung.
O avião teria chegado mais cedo.   The plane would have arrived earlier.

Present Perfect Subjunctive
(Present subjunctive of the auxiliary verb plus past participle)

    ...que eu tenha cantado.   *...(that) I have sung.*
    Eu espero que ele tenha entendido tudo.   *I hope that he has understood everything.*

Pluperfect Subjunctive
(Imperfect subjunctive of the auxiliary verb plus past participle)

    ...que eu tivesse cantado.   *...(that) I had sung.*
    Eu esperava que ele tivesse entendido tudo.   *I hoped that he had understood everything.*

Future Perfect Subjunctive
(Future subjunctive of the auxiliary verb plus past participle)

    ...quando eu tiver cantado.   *...(when) I have sung.*
    Quando ele tiver entendido tudo.   *When he has understood everything.*

Other auxiliary-plus-verb constructions: formation

Colloquial future

Future
(Present of *ir*, used as an auxiliary verb, plus the infinitive of the main verb)

    Eu vou cantar.   *I am going to sing.*
    Eu vou comprar uma casa nova daqui a dez anos.   *I am going to buy a new house in ten years' time.*

Future in the past
(Imperfect of *ir*, used as an auxiliary verb, plus the infinitive of the main verb)

    Eu ia cantar.   *I was going to sing.*
    Nós íamos comprar um presente.   *We were going to buy a present.*

When the main verb is *ir* itself, a simple tense is used:

    Eu vou lá.   *I am going there.*
    Eu ia lá.   *I was going there.*

Continuous tenses

Present Continuous
(Present of *estar* plus preposition *a* plus the infinitive of the main verb (Eur))
(Present of *estar* plus the present participle of the main verb (Br))

    Eu estou a ler um livro. (Eur)   *I am reading a book.*
    Eu estou lendo um livro. (Br)

Past Continuous
(Imperfect of *estar* plus preposition *a* plus the infinitive of the main verb (Eur))
(Imperfect of *estar* plus the present participle of the main verb (Br))

    Eu estava a ler um livro. (Eur)   *I was reading a book.*
    Eu estava lendo um livro. (Br)

VERBS

8. Reflexive verbs

A reflexive verb is one that is accompanied by a reflexive pronoun to show that the subject both *performs* and *receives* the action (e.g. *I washed myself*).

lavar-se   to wash oneself

	reflexive pronouns			
	singular		**plural**	
1st person	*me*	myself	*nos*	ourselves
2nd person	*se (general)* *te (familiar)*	yourself	*se (both general and familiar)*	yourselves
3rd person	*se*	him/her/itself	*se*	themselves

Ele ainda não se lavou. He hasn't washed (himself) yet. or He hasn't had a wash yet.
Elas ainda não se lavaram. They (fem.) haven't washed (themselves) yet.

When conjugating a reflexive verb, in Brazilian Portuguese the reflexive pronoun comes before the verb; in European Portuguese it also comes before the verb in negative sentences and in sentences with an interrogative word, but it comes after the verb (linked with a hyphen) in affirmative sentences:

Ele lavou-se. (Eur), *Ele se lavou.* (Br) He washed (himself).
Ele não se lavou. (Eur) (Br) He didn't wash (himself).
Quando é que ele se lavou? (Eur) (Br) When did he wash (himself)?

In the first person plural, when the reflexive pronoun comes after the verb, the final *-s* of the verb is dropped:

Nós lavamo-nos. (lavamos + nos) (Eur) We wash (ourselves).

Portuguese reflexives also express reciprocity:

Eles beijam-se. (Eur), *Eles se beijam.* (Br) They kiss (each other).
Nós encontramo-nos às quinze. (Eur), We'll meet at 3 pm.
Nós nos encontramos às quinze. (Br)

In fact, reflexive constructions are used much more extensively in Portuguese than in English, where other constructions tend to be used instead:

Como é que você se chama? (Eur) (Br) What's your name?
Eu chamo-me... (Eur), *Eu me chamo...* (Br) My name is.... (literally: I call myself...)

Other common reflexive verbs in Portuguese:

deitar-se, to go to bed • ***despedir-se***, to say goodbye • ***divertir-se***, to have a nice time ***esquecer-se***, to forget • ***ir-se (embora)***, to go (away) • ***lembrar-se***, to remember ***levantar-se***, to get up • ***pentear-se***, to comb one's hair • ***sentar-se***, to sit down ***vestir-se***, to get dressed

VERBS

9. The passive

In the passive, the subject *receives* the action (e.g. *I was called*) as opposed to *performing* it (e.g. *I called*). The Portuguese passive is formed in very much the same way as the English one, i.e. using a form of the verb **ser** meaning *to be*, and a past participle:

Ele foi recompensado. He was rewarded.
O carro foi vendido. The car was sold.

In the passive in Portuguese, the past participle agrees in gender and number with the subject:

Elas foram recompensadas. They (fem.) were recompensed.
Os carros foram vendidos. The cars were sold.

The Portuguese *se* construction as an alternative to the passive

(It performs similarly to a reflexive verb in the third person)

Fala-se Português. Portuguese is spoken.
Alugam-se bicicletas Bicycles for hire (can be hired).

The *se* construction can also have other English translations (*you, one, we*):

Como se escreve o seu nome? How do you spell your name?
Come-se bem neste restaurante. You eat well in this restaurant.

10. Impersonal verbs

In English, **it** is often used as an impersonal subject. In Portuguese, however, the subject pronoun is omitted in such cases:

Vale a pena. <u>It</u> is worthwhile.

Frequently used impersonal verbs

Verbs for the weather and other natural phenomena:

Choveu ontem. It rained yesterday.
Nevou nestes últimos dias. It has rained in the past few days.
Anoiteceu cedo. It has got dark early.

haver
for talking about existence or events:

Há lojas perto daqui? Are there any shops nearby?
Haverá um desfile de Carnaval. There will be a Carnival parade.

Note: in colloquial Brazilian speech, **tem** is used instead of **há**, e.g. **Tem lojas perto daqui?**

for elapsed time:

Fui lá há quatro anos. I went there four years ago.
Há duas semana que eu cheguei aqui. I arrived here two weeks ago.

fazer
for weather:

Faz muito calor. It's very hot.

77

VERBS

for elapsed time:
    Faz duas semana que eu cheguei aqui.   *I arrived here two weeks ago.*

estar
for weather:
    Está frio hoje.   *It's cold today.*

ser
for weather and seasons:
    É verão.   *It is summer.*

for telling the time:
    É uma hora.   *It's one o'clock.*
    São vinte e uma horas.   *It's 9 pm.*

for distance:
    São cinco quilómetros (Eur) /   *It's five km away.*
      quilômetros (Br) *daqui até lá.*

for days of the week and dates:
    Ontem foi quarta-feira.   *Yesterday it was Wednesday.*
    Hoje é dia seis de outubro. or   *Today it's October 6th.*
    Hoje são seis de outubro.

in impersonal expressions:
    É bom.   *It's good.*
    É fácil.   *It's easy.*
    É importante.   *It's important.*

11. The infinitive

Portuguese has both an infinitive and a personal infinitive. The former is the way a verb usually appears in a dictionary and means *to...*, e.g. *cantar* to sing. The latter takes personal endings, e.g. *cantarmos* (us) to sing.

The infinitive

The dependent infinitive

Some verbs introduce a dependent infinitive directly, without a linking preposition:
    conseguir • decidir • desejar • detestar • esperar • evitar • preferir • prometer • querer recear • recusar • saber • tencionar • tentar

    Consegui chegar cedo.   *I managed to arrive early.*
    Destesto nadar.   *I hate swimming.*
    Prefiro ir para a praia.   *I prefer going to the beach.*
    Queria comprar um presente para você.   *I wanted to buy a present for you.*

VERBS

The perfect infinitive

The perfect infinitive is formed using an appropriate form of the auxiliary verb **ter** and the past participle of the verb in question:

Depois de ter tentado acabar o trabalho hoje, desisti.   *After having tried to finish my work today, I gave up.*

The personal infinitive

The **inflected** or **personal infinitive** is formed by the addition of personal endings and is regular for all verbs.

To the appropriate infinitive add the following endings:

sing.	1st person	
	2nd perspn	-es
	2nd, 3rd person	
pl.	1st person	-mos
	2nd person	-(des)
	2nd, 3rd person	-em

Ele pediu para eu cantar.   *He asked (for) me to sing.*
Ele pediu para (nós) cantarmos.   *He asked (for) us to sing.*

12. Present and past participles

Present participle

Formation

First, second and third conjugation
Replace the final **-r** of the infinitive with **-ndo**:

cantar to sing → *cantando* singing
comer to eat → *comendo* eating
partir to leave → *partindo* leaving

See also **Irregular verbs**, pages 86–92.

Use

The Portuguese **present participle** (or **gerund**) is not used as much as the English *-ing* forms but has a similar role in two main situations.

To express the circumstances (time, cause, etc) surrounding an action or event:
Partindo agora, chegarei mais cedo.   *By leaving now* or *If I leave now, I'll get there earlier.*

As part of a continuous tense:
Vou indo bem.   *I'm keeping well.*

Note that the Portuguese **present participle** (or **gerund**) is invariable.

See also **Modal auxiliary verbs**, page 82 and **Use of tenses**, pages 83–85.

VERBS

Past participle

Formation

First conjugation
Replace the infinitive ending *-ar* with *-ado*:

cantar to sing → *cantado* sung

Second and third conjugation
Replace the infinitive endings *-er* and *-ir* with *-ido*:

comer to eat → *comido* eaten
partir to leave → *partido* left

Some past participles are irregular, even when the verb is otherwise regular:

abrir to open → *aberto* open(ed)
escrever to write → *escrito* written

Some verbs have two past participles, one regular and one irregular. See below for when to use them.

morrer to die → *morrido* or *morto* died, dead
acender to light → *acendido* or *aceso* lit; switched on

See also **Irregular verbs**, pages 86–92.

Use

The Portuguese **past participle** is used in the following ways.

As part of a perfect tense:

Eles tinham cantado muito bem.	They had sung very well.
Ela tinha acendido a luz.	She had switched on the light.

In the passive voice:

O bolo foi comido.	The cake has been eaten.
A luz foi acendida por ela.	The light was switched on by her.

As an adjective:

A luz está acesa.	The light is (switched) on.
Estas contas estão pagas.	These bills are paid.

Where there are two past participles, one regular and one irregular, the former is used for the perfect tenses and is invariable:

Ela tinha acendido a luz.	She had switched on the light.
Os pobres animais tinham morrido.	The poor animals had died.

When used as an adjective or in a passive construction, the past participle must agree in gender and number with the noun to which it relates:

A loja está aberta.	The shop is open.
Este livro está bem escrito.	This book is well written.
A luz foi acendida por ela.	The light was switched on by her.

VERBS

13. *Ser* and *estar*

Portuguese has two verbs that both correspond to *to be*: **ser** and **estar**. They are not interchangeable, however. To find out how to conjugate them, please see **Irregular verbs**, pages 86–92. Their different meanings and uses are explained below.

Ser

Ser is used for things that are considered inherent to the subject. This includes origin; nationality; kinship; profession; possession; location of non-movable things; geographical location; numbers; time; and impersonal general statements:

Ela é de São Paulo.	She is from São Paulo.
Ela é brasileira.	She is Brazilian.
Elas são irmãs.	They are sisters.
Ele é professor.	He is a teacher.
O lápis é meu.	The pencil is mine.
A sala de estar é no primeiro andar.	The sitting room is on the first floor.
Portugal é na Europa.	Portugal is in Europe.
Três mais três são seis.	3 + 3 = 6
São treze horas.	It is 1 pm.
É verdade.	It is true.

Estar

Estar is used for things that are considered non-inherent to the subject and, as such, often transitory. This includes personal location; location of movable things; temporary conditions; certain expressions of feeling; location of pain; and time span:

Eles estão em casa.	They are at home.
O livro está em cima da mesa.	The book is on the table.
Hoje estou muito cansada.	Today I am very tired.
Estávamos no período de férias.	We were in the holiday period.

Ser versus *estar*

Sometimes there is a difference in meaning depending on which verb is used:

ser	Ele é magro.	He is slim. (slim-built)
estar	Ele está magro.	He is looking slim / thin. (lost weight)
ser	Aquela casa é muito bonita.	That house is very pretty. (nice building)
estar	Aquela casa está muito bonita.	That house is looking very pretty. (after having been repainted, etc)

VERBS

14. Modal auxiliary verbs

In Portuguese, some modal auxiliary verbs are followed by a verb in the infinitive and others by a verb in the gerund (also known as the present participle). How they are used and what they mean is explained below.

Modals followed directly by a verb in the infinitive

dever must; should; be predictable

Devemos telefonar para ele ainda hoje.	We must phone him before the end of today.
Você devia ser professor.	You should be a teacher.

poder to be able to, can; may (permission); may (probability)

Eu posso ir lá amanhã.	I can go there tomorrow.
Vocês podem todos entrar.	You may all come in.

Modals linked to a following infinitive by a connector (often a preposition)

acabar de to have just ...

Acabamos de chegar.	We have just arrived.

acabar por to end up (by) ...

Eles acabaram por ficar em casa.	They ended up staying at home.

chegar a to end up ...

Eles chegaram a chorar.	They ended up crying.

começar por to start by ...

Comecei por ler as instruções.	I started by reading the instructions.

deixar de to stop, give up; to fail to

Ele deixou de estudar.	He gave up studying.

haver de to be determined to, must

Nós havemos de vencer o jogo.	We are determined to or must win the game.

ter que (Coll) / *ter de* (Wr) to have to

Nós temos que / de assinar o contrato	We have to sign the agreement.

Modals followed by a present participle (or gerund)

acabar to end up ... -ing

Eles acabaram rindo.	They ended up laughing.

começar to start ...-ing

Ele já começou fazendo o trabalho.	He has already started doing the work.
Ele já começou a fazer o trabalho. (Eur)	

continuar to go on ...-ing

Vocês continuam trabalhando juntos?	Are you still working together?
Vocês continuam a trabalhar juntos? (Eur)	

15. Use of tenses

The present
For general truths:
A Terra é um planeta. The Earth is a planet.

For things that happen on a regular basis:
Eu bebo café todos os dias. I drink coffee every day.

Used to talk about the future, usually with a time expression:
Amanhã vou lá. I am going / will go there tomorrow.

With expressions indicating time that has elapsed (e.g. *há*) for something that started in the past and is still continuing:
Eu aprendo Português há seis meses. I've been learning Portuguese for six months.

The preterite
For things that were completed in the past:
Eu morei em África durante dois anos. I lived in Africa for two years.

The imperfect
When focusing on the unfolding of a past occurrence:
Quando eu morava em África trabalhava numa escola. When I lived / was living / used to live in Africa I worked / used to work in a school.

In relaxed speech, instead of the conditional:
Nós íamos (Coll for *iríamos*) *lá, se pudéssemos.* We would go there, if we could.

The present perfect
When focusing on something that has been happening a lot in the recent past:
Tem chovido muito nos últimos dias. It has rained a lot over the last few days.

The pluperfect
When focusing on something that had happened in the past before a specific point in time:
Tinha chovido muito uns dias antes. It had rained a lot a few days before (that day).

The future
For a future occurrence:
O verão chegará daqui a uns meses. Summer will be here in a few months' time.

For conjecture and uncertainty:
Quem sabe se ele virá. Who knows whether he will come.

See also **The colloquial future**, below.

VERBS

The future perfect
For a future occurrence before another future point in time:
Amanhã ele já terá partido.   By tomorrow he will (already) have left.

The colloquial future
As an alternative to the future:
O verão vai chegar daqui a uns meses.   Summer is going to be here in a few months' time.

Continuous tenses
For emphasis on an ongoing occurrence:
Eu estou a trabalhar agora. (Eur)   I am working now.
Eu estou trabalhando agora. (Br)
Eles estavam a trabalhar naquele momento. (Eur)   They were working at that moment.
Eles estavam trabalhando naquele momento. (Br)

The conditional
To voice desires or aspirations:
Eu gostaria de ter um carro novo.   I should / would like to have a new car.

For hypothetical future occurrences:
Nós iríamos lá, se pudéssemos.   We would go there, if we could.

To talk about events that were still to come in the past:
Eu sabia que eles viriam domingo passado.   I knew they would come last Sunday.

See also **The imperfect**, above.

The conditional perfect
For things that failed to happen in the past:
Nós teríamos ido lá, se tivéssemos podido.   We would have gone there, if we had been able to.

The imperative
See **The imperative and alternatives**, pages 72–74.

The subjunctive
See **The subjunctive: when to use it**, pages 85–86.

The personal infinitive
For clarity over who does what:
É preciso nós completarmos a tarefa.   We need to finish off the task. (literally, It is necessary we (to) finish off the task.)

as compared with:
É preciso completar a tarefa.   The task needs finishing off. (literally, It is necessary to finish off the task.)

For tense replacement:

The infinitive is not time-bound (present, past, future) or mood-linked (indicative, subjunctive, etc). As such it is often used as an alternative to tense use and for bypassing more complex constructions:

Ao abrirmos a porta, nós sentimos o frio vindo de fora.
On opening the door, we felt the cold air coming from outside.

instead of:

Quando (nós) abrimos a porta, nós sentimos o frio vindo de fora.
When we opened the door, we felt the cold air coming from outside.

Eles pediram para eu cantar.
They asked (for) me to sing.

instead of:

Eles pediram que eu cantasse.
They asked that I sing / whether I would sing.

16. The subjunctive: when to use it

The subjunctive is used for actions or states seen as dependent on actual events or confirmation, as opposed to being considered definite facts or able be taken for granted.

Present subjunctive

After expressions of doubt or fear:

Duvido que elas cantem hoje.
I doubt that they'll sing today.

Receio que ele volte tarde demais.
I fear he may come back too late.

After expressions of empathy or sorrow:

Lamento que ela não goste do presente.
I am sorry she doesn't like the present.

Tenho pena que ele esteja doente.
I am sorry that he's ill.

For stressing how essential, important or desirable something is:

É essencial que você estude.
It is essential that you study.

In wishes, hopes and requests:

Espero que ela faça boa viagem.
I hope she will have a good journey.

Peço que você estude.
I would ask you to study. (Please study)

For wishing someone well:

Durma bem!
Sleep well!

Faça boa viagem!
Have a good journey!

Present perfect subjunctive

For talking about uncertain occurrences before another past event:

Duvido que elas tenham cantado antes da chegada dele.
I doubt that they would have sung before his arrival.

Receio que ele tenha voltado tarde demais.
I fear he may have come back too late.

É desejável que você tenha estudado o suficiente antes do exame.
It will be beneficial if you put sufficient effort into your studies before taking the exam.

VERBS

Imperfect subjunctive

For talking about essential or desirable things that have little likelihood of happening:

Seria essencial / desejável que você estudasse. — It would be essential / desirable that you studied.
Nós iríamos / íamos (Coll) *lá, se pudéssemos.* — We would go there, if we could.

For expressing wishes, hopes or requests that are unlikely to be fulfilled:

Pedi que você estudasse. — I asked you to study. (but you don't appear to be doing so)

Pluperfect subjunctive

For talking about conditions that were not fulfilled:

Nós teríamos / tínhamos (Coll) *ido lá, se tivéssemos podido.* — We would have gone there, if we had been able to.

Future subjunctive

For talking about conditions that, if fulfilled, will enable something else to happen:

Se você estudar, passará no exame. — If you study, you will pass your exam.

Future perfect subjunctive

For talking about conditions that, if fulfilled by a certain time, will enable a future occurrence:

Se você tiver estudado antes do exame, passará. — If you've done your revision before the exam, you will pass.

17. Irregular verb tables

Please note that the following tables only show tenses with irregular verb forms. For tenses not listed here, please use the regular verb endings shown on pages 69–72.

caber *(to fit)*

person	present	preterite	present subjunctive	imperfect subjunctive	future subjunctive
eu	caibo	coube	caiba	coubesse	couber
tu	cabes	coubeste	caibas	coubesses	couberes
você, ele/ela	cabe	coube	caiba	coubesse	couber
nós	cabemos	coubemos	caibamos	coubéssemos	coubermos
vocês, eles/elas	cabem	couberam	caibam	coubessem	couberem

crer *(to believe)*

person	present	imperative	present subjunctive
eu	creio		creia
tu	crês	crê	creias
você, ele/ela	crê		creia
nós	cremos		creiamos
vocês, eles/elas	creem		creiam

VERBS

dar *(to give)*

person	present	preterite	imperative
eu	*dou*	*dei*	
tu	*dás*	*deste*	*dá*
você, ele/ela	*dá*	*deu*	
nós	*damos*	*demos*	
vocês, eles/elas	*dão*	*deram*	

person	present subjunctive	imperfect subjunctive	future subjunctive
eu	*dê*	*desse*	*der*
tu	*dês*	*desses*	*deres*
você, ele/ela	*dê*	*desse*	*der*
nós	*demos*	*déssemos*	*dermos*
vocês, eles/elas	*deem*	*dessem*	*derem*

dizer *(to say)*

person	present	preterite	future	conditional
eu	*digo*	*disse*	*direi*	*diria*
tu	*dizes*	*disseste*	*dirás*	*dirias*
você, ele/ela	*diz*	*disse*	*dirá*	*diria*
nós	*dizemos*	*dissemos*	*diremos*	*diríamos*
vocês, eles/elas	*dizem*	*disseram*	*dirão*	*diriam*

person	present subjunctive	imperfect subjunctive	future subjunctive	imperative
eu	*diga*	*dissesse*	*disser*	
tu	*digas*	*dissesses*	*disseres*	*diz(e)*
você, ele/ela	*diga*	*dissesse*	*disser*	
nós	*digamos*	*disséssemos*	*dissermos*	
vocês, eles/elas	*digam*	*dissessem*	*disserem*	

past participle *dito*

estar *(to be)*

person	present	preterite	imperative
eu	*estou*	*estive*	
tu	*estás*	*estiveste*	*está*
você, ele/ela	*está*	*esteve*	
nós	*estamos*	*estivemos*	
vocês, eles/elas	*estão*	*estiveram*	

person	present subjunctive	imperfect subjunctive	future subjunctive
eu	*esteja*	*estivesse*	*estiver*
tu	*estejas*	*estivesses*	*estiveres*
você, ele/ela	*esteja*	*estivesse*	*estiver*
nós	*estejamos*	*estivéssemos*	*estivermos*
vocês, eles/elas	*estejam*	*estivessem*	*estiverem*

VERBS

fazer *(to do, make)*

person	present	preterite	future	conditional
eu	faço	fiz	farei	faria
tu	fazes	fizeste	farás	farias
você, ele/ela	faz	fez	fará	faria
nós	fazemos	fizemos	faremos	faríamos
vocês, eles/elas	fazem	fizeram	farão	fariam

person	imperative	present subjunctive	imperfect subjunctive	future subjunctive
eu		faça	fizesse	fizer
tu	faz(e)	faças	fizesses	fizeres
você, ele/ela		faça	fizesse	fizer
nós		façamos	fizéssemos	fizermos
vocês, eles/elas		façam	fizessem	fizerem

past participle *feito*

haver *(there is/are, etc, to have)*

person	present	preterite
eu	hei	houve
tu	hás	houveste
você, ele/ela	há	houve
nós	havemos	houvemos
vocês, eles/elas	hão	houveram

person	present subjunctive	imperfect subjunctive	future subjunctive
eu	haja	houvesse	houver
tu	hajas	houvesses	houveres
você, ele/ela	haja	houvesse	houver
nós	hajamos	houvéssemos	houvermos
vocês, eles/elas	hajam	houvessem	houverem

ir *(to go)*

person	present	preterite	imperative
eu	vou	fui	
tu	vais	foste	vai
você, ele/ela	vai	foi	
nós	vamos	fomos	
vocês, eles/elas	vão	foram	

person	present subjunctive	imperfect subjunctive	future subjunctive
eu	vá	fosse	for
tu	vás	fosses	fores
você, ele/ela	vá	fosse	for
nós	vamos	fôssemos	formos
vocês, eles/elas	vão	fossem	forem

VERBS

ler *(to read)*

person	present	imperative	present subjunctive
eu	leio		leia
tu	lês	lê	leias
você, ele/ela	lê		leia
nós	lemos		leiamos
vocês, eles/elas	leem		leiam

ouvir *(to hear)*

person	present	imperative	present subjunctive
eu	ouço		ouça
tu	ouves	ouve	ouças
você, ele/ela	ouve		ouça
nós	ouvimos		ouçamos
vocês, eles/elas	ouvem		ouçam

pedir *(to ask for)*

person	present	imperative	present subjunctive
eu	peço		peça
tu	pedes	pede	peças
você, ele/ela	pede		peça
nós	pedimos		peçamos
vocês, eles/elas	pedem		peçam

perder *(to lose)*

person	present	imperative	present subjunctive
eu	perco		perca
tu	perdes	perde	percas
você, ele/ela	perde		perca
nós	perdemos		percamos
vocês, eles/elas	perdem		percam

poder *(to be able to, can, may)*

person	present	preterite
eu	posso	pude
tu	podes	pudeste
você, ele/ela	pode	pôde
nós	podemos	pudemos
vocês, eles/elas	podem	puderam

person	present subjunctive	imperfect subjunctive	future subjunctive
eu	possa	pudesse	puder
tu	possas	pudesses	puderes
você, ele/ela	possa	pudesse	puder
nós	possamos	pudéssemos	pudermos
vocês, eles/elas	possam	pudessem	puderem

VERBS

pôr *(to put)*

person	present	preterite	imperfect	imperative
eu	ponho	pus	punha	
tu	pões	puseste	punhas	põe
você, ele/ela	põe	pôs	punha	
nós	pomos	pusemos	púnhamos	
vocês, eles/elas	põem	puseram	punham	

person	present subjunctive	imperfect subjunctive	future subjunctive
eu	ponha	pusesse	puser
tu	ponhas	pusesses	puseres
você, ele/ela	ponha	pusesse	puser
nós	ponhamos	puséssemos	pusermos
vocês, eles/elas	ponham	pusessem	puserem

present participle
pondo

past participle
posto

querer *(to want)*

person	present	preterite
eu	quero	quis
tu	queres	quiseste
você, ele/ela	quer	quis
nós	queremos	quisemos
vocês, eles/elas	querem	quiseram

person	present subjunctive	imperfect subjunctive	future subjunctive
eu	queira	quisesse	quiser
tu	queiras	quisesses	quiseres
você, ele/ela	queira	quisesse	quiser
nós	queiramos	quiséssemos	quisermos
vocês, eles/elas	queiram	quisessem	quiserem

saber *(to know)*

person	present	preterite	imperative
eu	sei	soube	
tu	sabes	soubeste	sabe
você, ele/ela	sabe	soube	
nós	sabemos	soubemos	
vocês, eles/elas	sabem	souberam	

person	present subjunctive	imperfect subjunctive	future subjunctive
eu	saiba	soubesse	souber
tu	saibas	soubesses	souberes
você, ele/ela	saiba	soubesse	souber
nós	saibamos	soubéssemos	soubermos
vocês, eles/elas	saibam	soubessem	souberem

VERBS

ser *(to be)*

person	present	preterite	imperfect	imperative
eu	sou	fui	era	
tu	és	foste	eras	sê
você, ele/ela	é	foi	era	
nós	somos	fomos	éramos	
vocês, eles/elas	são	foram	eram	

person	present subjunctive	imperfect subjunctive	future subjunctive
eu	seja	fosse	for
tu	sejas	fosses	fores
você, ele/ela	seja	fosse	for
nós	sejamos	fôssemos	formos
vocês, eles/elas	sejam	fossem	forem

ter *(to have)*

person	present	preterite	imperfect	imperative
eu	tenho	tive	tinha	
tu	tens	tiveste	tinhas	tem
você, ele/ela	tem	teve	tinha	
nós	temos	tivemos	tínhamos	
vocês, eles/elas	têm	tiveram	tinham	

person	present subjunctive	imperfect subjunctive	future subjunctive
eu	tenha	tivesse	tiver
tu	tenhas	tivesses	tiveres
você, ele/ela	tenha	tivesse	tiver
nós	tenhamos	tivéssemos	tivermos
vocês, eles/elas	tenham	tivessem	tiverem

trazer *(to bring)*

person	present	preterite	imperative
eu	trago	trouxe	
tu	trazes	trouxeste	traz(e)
você, ele/ela	traz	trouxe	
nós	trazemos	trouxemos	
vocês, eles/elas	trazem	trouxeram	

person	future	conditional
eu	trarei	traria
tu	trarás	trarias
você, ele/ela	trará	traria
nós	traremos	traríamos
vocês, eles/elas	trarão	trariam

VERBS

person	present subjunctive	imperfect subjunctive	future subjunctive
eu	traga	trouxesse	trouxer
tu	tragas	trouxesses	trouxeres
você, ele/ela	traga	trouxesse	trouxer
nós	tragamos	trouxéssemos	trouxermos
vocês, eles/elas	tragam	trouxessem	trouxerem

ver *(to see)*

person	present	preterite	imperative
eu	vejo	vi	
tu	vês	viste	vê
você, ele/ela	vê	viu	
nós	vemos	vimos	
vocês, eles/elas	veem	viram	

person	present subjunctive	imperfect subjunctive	future subjunctive
eu	veja	visse	vir
tu	vejas	visses	vires
você, ele/ela	veja	visse	vir
nós	vejamos	víssemos	virmos
vocês, eles/elas	vejam	vissem	virem

past participle *visto*

vir *(to come)*

person	present	preterite	imperfect	imperative
eu	venho	vim	vinha	
tu	vens	vieste	vinhas	vem
você, ele/ela	vem	veio	vinha	
nós	vimos	viemos	vínhamos	
vocês, eles/elas	vêm	vieram	vinham	

person	present subjunctive	imperfect subjunctive	future subjunctive
eu	venha	viesse	vier
tu	venhas	viesses	vieres
você, ele/ela	venha	viesse	vier
nós	venhamos	viéssemos	viermos
vocês, eles/elas	venham	viessem	vierem

past participle *vindo*

For the **imperative** see **The imperative and alternatives**, pages 72–74.

NOUNS

18. Gender of nouns

In Portuguese, all nouns are either masculine or feminine. This grammatical gender applies not only to people and animals but also to inanimate objects and abstract concepts:

homem	man	(masculine)
vaca	cow	(feminine)
carro	car	(masculine)
felicidade	happiness	(feminine)

Gender guidelines

There are some guidelines that can help you work out whether a noun is masculine or feminine.

By meaning

Generally, males and females are masculine and feminine respectively:

homem (masculine) / *mulher* (feminine) — man / woman
cavalo (masculine) / *égua* (feminine) — horse / mare
gato (masculine) / *gata* (feminine) — cat / she-cat

By word ending

Usually masculine: nouns ending in the vowels **-o** and **-u**, the consonants **-l**, **-r**, and **-z**, and the letters **-ume**:

gato • livro • peru • hotel • mar • rapaz • legume

Usually feminine: nouns ending in the vowel **-a** and the letters **-gem**, **-dade**, **-tude** and **-ão** (when the ending corresponds to *-ion* in the English translation):

gata • escola • garagem • identidade • juventude • atenção

However, since there are exceptions, it is always advisable to learn a noun with its definite article, i.e., the word for *the*, which indicates its gender. Please see **The definite article**, pages 97–98.

Some nouns have only one gender, often feminine, which applies to both male and female. The following nouns are always feminine even when they refer to a male:

pessoa • criança • testemunha • vítima

A masculine plural can cover both genders:

irmão	brother	**irmãos**	brothers or brother(s) and sister(s)
senhor	gentleman	**senhores**	gentlemen or ladies and gentlemen

NOUNS

19. Formation of feminines

As in English, males and females are sometimes differentiated by the use of two different words in Portuguese, e.g.:

homem / mulher	man / woman
pai / mãe	father / mother
boi / vaca	ox / cow

However, the male-female distinction is often shown by a change of ending.

Words ending in **-o** (but not **-ão**) in the masculine change to **-a** in the feminine:

menino / menina	boy / girl
filho / filha	son / daughter
médico / médica	(male) doctor / (female) doctor
brasileiro / brasileira	Brazilian man / Brazilian woman
pato / pata	drake / duck

Some words ending in **-ão** drop the final **-o**:

irmão / irmã	brother / sister
cidadão / cidadã	(male) citizen / (female) citizen

A few words ending in **-ão** change to **-oa**:

patrão / patroa	(male) boss / (female) boss
leão / leoa	lion / lioness

A few words ending in **-ão** change to **-ona**:

folião / foliona	(male) reveller / (female) reveller
brincalhão / brincalhona	(male) playful person / (female) playful person

Words ending in **-or** generally add **a**:

senhor / senhora	gentleman / lady
professor / professora	(male) teacher / (female) teacher

A few words ending in **-or** substitute **-eira**:

arrumador / arrumadeira	cleaning man / cleaning lady
falador / faladeira	(male) chatterbox / (female) chatterbox

A few words ending in **-or** substitute **-riz**:

ator / atriz	actor / actress
imperador / imperatriz	emperor / empress

Words ending in **-ês** normally add **a** and lose their written accent:

português / portuguesa	Portuguese man / Portuguese woman
freguês / freguesa	(male) customer / (female) customer

Words ending in **-ista** do not change:

dentista	(male) dentist / (female) dentist
motorista	(male) driver / (female) driver

NOUNS

Most words ending in **-a** or **-e** do not change:

estudante	(male) student / (female) student
habitante	(male) inhabitant / (female) inhabitant
colega	(male) colleague / (female) colleague

Most words ending in **-eu** change to **-eia**:

europeu / europeia	European man / European woman

Words ending in **-ô** change to **-ó**:

avô / avó	grandfather / grandmother

Words ending in **-ói** change to **-oína**:

herói / heroína	hero / heroine

A number of words take **-esa**, **-essa** or **-isa** endings in the feminine:

príncipe / princesa	prince / princess
abade / abadessa	abbot / abbess
poeta / poetisa	poet / poetess

For some animals the gender distinction is expressed by adding the words **macho** (male) and **fêmea** (female):

jacaré macho / fêmea	(male) alligator / (female) alligator
girafa macho / fêmea	(male) giraffe / (female) giraffe

When an adjective is used as a noun, sometimes a change in form will not occur:

jovem / jovem	(male) young person / (female) young person

20. Formation of plurals

As a general rule, simply add an **-s** to nouns ending in a single vowel:

menino	little boy	**meninos**	little boys
chave	key	**chaves**	keys

Specific endings

Words ending in **-m** change to **-ns**:

homem	man	**homens**	men
nuvem	cloud	**nuvens**	clouds

Words ending in the consonants **-r**, **-z** and **-n** add **-es**:

mulher	woman	**mulheres**	women
cor	colour	**cores**	colours
rapaz	boy, young man	**rapazes**	boys, young men
luz	light	**luzes**	lights
espécimen	specimen	**espécimens** or **especímenes**	specimens

Words ending in **-ês** add **-es** and lose their accent:

freguês	customer	**fregueses**	customers
mês	month	**meses**	months

NOUNS

Words ending in **-al** change to **-ais**:

animal	animal	**animais**	animals
carnaval	carnival	**carnavais**	carnivals

Exception: **mal**, **males** evil, evils

Words ending in stressed **-el** change to **-éis** and those ending in unstressed **-el** change to **-eis**:

hotel	hotel	**hotéis**	hotels
papel	paper	**papéis**	papers
nível	level	**níveis**	levels
automóvel	motor car	**automóveis**	motor cars

Words ending in stressed **-il** change to **-is** and those ending in unstressed **-il** change to **-eis**:

barril	barrel	**barris**	barrels
fuzil	rifle	**fuzis**	rifles
réptil	reptile	**répteis**	reptiles
fóssil	fossil	**fósseis**	fossils

Words ending in stressed **-ol** change to **-óis** and those ending in unstressed **-ol** change to **-ois**:

lençol	bed sheet	**lençóis**	bed sheets
farol	lighthouse	**faróis**	lighthouses
álcool	alcohol	**álcoois**	types of alcohol

Words ending in stressed **-ul** change to **-uis** and those ending in unstressed **-ul** add **-es**:

paul	swamp	**pauis**	swamps
cônsul	consul	**cônsules**	consuls

Some words ending in **-ão** add **-s** while others change to **-ões** or **-ães**.

mão	hand	**mãos**	hands
irmão	brother	**irmãos**	brothers
avião	aeroplane	**aviões**	aeroplanes
botão	button	**botões**	buttons
pão	loaf	**pães**	loaves
capitão	captain	**capitães**	captains

Words ending in **-s** have the same form for both singular and plural:

lápis	pencil	**lápis**	pencils
pires	saucer	**pires**	saucers

Some nouns are used only in the plural:

óculos	glasses, spectacles
arredores	suburbs
belas-artes	fine arts

ARTICLES

21. The definite article

The Portuguese definite article agrees in gender (i.e. masc. or fem.) and number (i.e. sing. or plur.) with the noun to which it relates. As such, it has the following forms:

o	masculine singular	os	masculine plural
a	feminine singular	as	feminine plural

o homem	the man	os homens	the men
a chave	the key	as chaves	the keys

(Please note that Portuguese *a* translates English *the*, not *a/an*.)

Where the noun would otherwise be ambiguous as to gender or number, the article provides clarification:

o estudante	the male student	*a estudante*	the female student
o artista	the male artist	*a artista*	the female artist
o lápis	the pencil	*os lápis*	the pencils

See **Formation of feminines**, pages 94–95, and **Formation of plurals**, pages 95–96.

For nouns that mean different things depending on their gender, it is the article that helps identify the sense in question:

o capital	capital (money)	*a capital*	capital (city)
o guia	guide book	*a guia*	bill of lading; advice slip

See **Gender of nouns**, page 93.

Basically the role of the definite article is much the same in Portuguese as it is in English, but its use is broader in Portuguese.

with nouns when making generalizations

A natureza é linda. — Nature is beautiful.
O ouro é um metal precioso. — Gold is a precious metal.
Os gatos miam. — Cats miaow.

with the names of seasons, days of the week and special dates

Quando começa o verão? — When does summer start?
A segunda-feira é o dia mais ocupado. — Monday is the busiest day.

with the name of continents and several countries – **Portugal** is an exception

O Brasil fica na América e Portugal na Europa. — Brazil is in America and Portugal in Europe.

with the names of some states, regions and cities

O Amazonas é o maior estado do Brasil. — Amazonas is the largest state in Brazil.
A Madeira fica no Oceano Atlântico. — Madeira is in the Atlantic Ocean.
O Rio de Janeiro é a antiga capital do Brasil. — Rio de Janeiro is Brazil's former capital city.

often with the names of languages

O Português é falado em vários países. — Portuguese is spoken in several countries.

ARTICLES

with parts of the body, belongings, close relations and friends

Vou lavar o cabelo.	*I am going to wash my hair.*
Não esqueça o guarda-chuva!	*Don't forget your umbrella!*
Ela saiu com os amigos.	*She went out with her friends.*

With possessives:

Este é o meu livro.	*This is my book.*

with a title followed by a name

O doutor Oliveira não está.	*Doctor Oliveira is not in.*

with names of people – in Portugal more so than in Brazil

Comprei um presente para a Lúcia.	*I have bought a present for Lúcia.*

Conversely, unlike in English, the definite article is not used in Portuguese with the names of musical instruments meant in a general sense:

Ela toca piano.	*She plays the piano.*

22. The indefinite article

The Portuguese indefinite article agrees with the noun to which it relates. As such it has a masculine and a feminine form:

um	masculine
uma	feminine
um homem	*a man*
uma chave	*a key*

The Portuguese indefinite article also has plural forms. These often correspond to *some* and *a few* in English:

uns homens	*some / a few men*
umas chaves	*some / a few keys*

Portuguese **um / uma** sometimes corresponds to the English indefinite article *a / an* and sometimes to the number *one*. See **Cardinal and ordinal numbers**, pages 121–124. Partly as a result of this, usage varies between the two languages.

Unlike in English, the Portuguese indefinite article is not used:

with a classifying noun, denoting someone's job, religion, affiliation, age group, etc

Ela é professora.	*She is a teacher.*
Ela é católica.	*She is a Catholic.*
Ele já é adulto.	*He is an adult.*

with hundreds and thousands

Cem dias é muito tempo.	*A hundred days is a long time.*
Este parqueamento tem capacidade para mil veículos.	*This parking area has space for a thousand vehicles.*

ADJECTIVES

23. Formation of feminines and plurals

Most adjectives agree in gender and number with the noun they modify.

Formation of feminines

Words ending in *-o* (but not *-ão*) change to *-a*:
alto / alta • vermelho / vermelha • brasileiro / brasileira

Some words ending in *-ão* drop the final *-o*:
são / sã • cristão / cristã • alemão / alemã

A few words ending in *-ão* change to *-ona*:
brincalhão / brincalhona • comilão / comilona

Words ending in *-or* generally add *-a* but some change to *-eira*:
trabalhador / trabalhadora • falador / faladeira

Words ending in *-ês* normally add *-a* (and lose their accent):
inglês / inglesa • português / portuguesa

Exception: *cortês*, polite, which stays the same for the feminine.

Words ending in *-eu* change to *-eia*:
europeu / europeia • hebreu / hebreia

Words ending in *-u* add *-a*:
cru / crua • nu / nua

Exception: *mau / má*, bad

Words ending in *-e* or *-a* usually do not change:
grande / grande • doce / doce • belga / belga

Some words ending in *-l*, *-s*, and *-z* do not change:
fácil / fácil • simples / simples • capaz / capaz

Some words ending in *-m* do not change:
jovem / jovem • ruim / ruim

Exception: *bom / boa*, good

ADJECTIVES

Formation of plurals

Most words ending in a single vowel add **-s**:

doce, doces	sweet
elegante, elegantes	elegant
grande, grandes	big, large
vermelha, vermelhas	red
brasileiro, brasileiros	Brazilian

Words ending in **-m** change to **-ns**:

jovem, jovens	young
bom, bons	good

Words ending in **-r** or **-z** add **-es**:

melhor, melhores	better
feliz, felizes	happy

Words ending in **-ês** add **-es** (and lose their accent):

português, portugueses	Portuguese
cortês, corteses	polite

Words ending in **-al** change to **-ais**:

usual, usuais	usual
internacional, internacionais	international

Words ending in **-el** generally change to **-eis**:

amável, amáveis	kind
possível, possíveis	possible

Words ending in stressed **-il** change to **-is** and those ending in unstressed **-il** change to **-eis**:

civil, civis	civil
fácil, fáceis	easy

A small number of words ending in **-ol** and **-ul** change to **-óis**, and **-uis** respectively:

espanhol, espanhóis	Spanish
azul, azuis	blue

Some words ending in **-ão** add **-s**, while others change to **-ões** or **-ães**:

cristão, cristãos	Christian
folgazão, folgazões	fun-loving
alemão, alemães	German

A small number of words ending in **-s** do not change:

simples, simples	simple

For information on the position of adjectives, see **Word order**, pages 118–119.

ADJECTIVES

24. Comparatives and superlatives

Comparatives

These are formed using the following constructions:

mais ... (que)	more ... / -er ... (than)
menos ... (que)	less ... (than)
tão ... quanto or tão ... como (*)	as ... as

(*) Both forms are used east and west of the Atlantic but you are likely to hear **quanto** more often in Brazil and **como** more often in Portugal.

O casaco azul é mais confortável e bonito que o casaco verde.	The blue coat is more comfortable and prettier than the green coat.
O chapéu branco é menos bonito que o chapéu amarelo.	The white hat is not as pretty as (is less pretty than) the yellow hat.
O chapéu vermelho é tão bonito quanto (or como) o chapéu amarelo.	The red hat is as pretty as the yellow hat.

Superlatives

These are formed using the following constructions:

mais ... (de) ...	most ... / -est ... (of)
menos (de) ...	least ... (of)

Este é o casaco mais confortável e mais bonito (de todos).	This one is the most comfortable and prettiest coat (of all).
Este é o casaco menos confortável e menos bonito (de todos).	This is the least comfortable and least pretty coat (of all).

Adjectives with irregular comparatives and superlatives

adjective	comparative	superlative
bom	melhor	o melhor
mau, ruim	pior	o pior
grande	maior	o maior
pequeno	menor (Br)	o menor (Br)
	mais pequeno (Eur)	o mais pequeno (Eur)

ADJECTIVES

25. Demonstrative adjectives

Demonstrative adjectives agree with the noun in both gender (i.e. masc. or fem.) and number (i.e. sing. or plur.):

	masculine	feminine	
singular	este, esse, aquele	esta, essa, aquela	this; that
plural	estes, esses, aqueles	estas, essas, aquelas	these; those

Este casaco é meu. — This coat is mine.
Esse guarda-chuva é teu. — That umbrella is yours.
Aquelas malas são deles. — Those suitcases are theirs.

este (and its feminine and plural) indicate something or someone close to the speaker, i.e. to the 1st person.
esse (and its feminine and plural) indicate something or someone close to the listener, i.e. to the 2nd person.
aquele (and its feminine and plural) indicate something or someone at a distance from both the 1st and 2nd persons.

The form **aquele** translates *that* and **este** *this*, but **esse** can translate both *that* and *this*. Closeness and distance may refer to space, time or sequence in speech or text.

In Brazil, **este** is not used much in colloquial speech, leaving **esse** to cover both meanings:
Speaker A: – *Esse livro é bom?* – Is that book good?
Speaker B: – *Sim, este / esse* (Coll Br) *livro é bom.* – Yes, this book is good.

See also **Demonstrative pronouns**, pages 112–113, and **Prepositions**, pages 115–117.

26. Interrogative adjectives

Que...? can translate both English *What...?* and *Which...?*. It is used when seeking identification or a definition:

Que rua é esta? — What street is this?
Que carro é que você comprou? — Which car did you buy?, What type of car have you bought?

Qual...? translates English *Which...?*. It implies the notion of choice or selection. It agrees in number with its noun and has the form **Quais...?** for the plural:

Qual livro você vai escolher? — Which book will you choose?
Quais calças você vai comprar? — Which trousers are you going to buy?

Quanto...?, Quanta...?, Quantos...?, Quantas...? translates English *How much...?* and *How many...?*. It agrees in gender and number with the noun it relates to:

Quanto tempo vai demorar? — How long is it going to take?
Quanta paciência será preciso!? — How much patience will be needed!?
Quantos livros é que você leu? — How many books have you read?

ADJECTIVES

27. Possessive adjectives

Possessor	Possessives		
	Masculine, singular and plural	Feminine, singular and plural	
1st person sing. (I)	*o(s) meus(s)*	*a(s) minha(s)*	my
2nd person sing. (you)	*o(s) seu(s)* (relating to *você / o senhor / a senhora*) *o(s)* [noun] *de ...* *o(s) teu(s)*	*a(s) sua(s)* (relating to *você, o senhor, a senhora*) *a(s)* [noun] *de ...* *a(s) tua(s)*	your
3rd person sing. (he / she / it)	*o(s) seu(s)* *o(s)* [noun] *dele / dela*	*a(s) sua(s)* *a(s)* [noun] *dele / dela*	his / her / its
1st person plur. (we)	*o(s) nosso(s)*	*a(s) nossa(s)*	our
2nd person plur. (you)	*o(s) seu(s)* (relating to *vocês* etc) *o(s) vosso(s)* *o(s)* [noun] *de ...*	*a(s) sua(s)* (relating to *vocês* etc) *a(s) vossa(s)* *a(s)* [noun] *de ...*	your
3rd person plur. (they)	*o(s) seu(s)* *o(s)* [noun] *deles / delas*	*a(s) sua(s)* *a(s)* [noun] *deles / delas*	their

Agreement

Portuguese possessive adjectives agree in gender (i.e. masc. or fem.) and number (i.e. sing. or plur.) with the thing possessed:

o meu chapéu	my hat
o nosso carro	our car
a minha mala	my suitcase
os meus sapatos	my shoes
as nossas luvas	our gloves

Alternative forms for second- and third-person possessors

Since the third-person forms *seu(s) / sua(s)* could mean his, hers, theirs or yours, alternatives are often used to clarify who the owner is. So, particularly in speech, constructions consisting of the preposition *de* contracted with a third person subject pronoun, *ele(s) / ela(s)*, are frequently used to indicate third-person possessors:

o chapéu dela (= de + ela)	her hat
o carro dele (= de + ele)	his car
as malas delas (= de + elas)	their suitcases

Portuguese usage of possessive adjectives compared with English

Unlike in English, possessive adjectives are not used with parts of the body, articles of clothing or other personal belongings, close relations or friends, etc, when the possessor is also the subject of the sentence and the connection is obvious.

Ela cruzou os braços.	She crossed her arms.
O cachorro abanou o rabo.	The little dog wagged his tail.
Eu perdi os óculos.	I have lost my spectacles.
Ela deixou a bolsa no carro.	She left her purse in the car.
A mãe levou os filhos para a praia.	The mother took her children to the beach.
Eles perderam o juízo.	They have lost their minds.

PRONOUNS

28. Personal pronouns

Subject pronouns

	singular		plural	
1st person	eu	I	nós	we
2nd person	você tu	you	vocês (vós – no longer in general use)	you
3rd person (masc.) (fem.)	ele ela	he; it she; it	eles elas	they they

você, tu
In today's Portuguese, **você** is a second-person singular subject marker, although it is followed by a verb in the third person. The other subject marker, **tu**, is the traditional second-person singular subject pronoun. Both **você** and **tu** share the same plural, **vocês**. (For the difference in meaning between **você** and **tu** see pages 107–108.)

There is variation in the use of **você** and **tu**. In European Portuguese **tu** is very much alive and well. In Brazil preference is given to **você** at a national level, but some Brazilian speakers use the subject pronoun **tu**, often conjugated with the verb ending for **você**.

Cecília, você gosta de viajar?	Cecília, do you like travelling?
Cecília, tu gostas de viajar? (Eur)	Cecília, do you like travelling?
Cecília, tu gosta de viajar? (Coll Br)	Cecília, do you like travelling?
(regionally)	

vós
The second-person subject pronoun is the plural counterpart of **tu** in the **tu-vós** duality inherited from Latin, but it is no longer in general use. You may come across it in specific contexts, e.g. in church.

ele / ela; eles / elas
The form of the third-person subject pronoun reflects not only the number but also the gender of the noun(s) it replaces, this being people, animals or things. With inanimate objects the pronoun tends to be omitted.

Ela gosta de viajar.	She likes travelling.
Eles estão deitados no telhado. (os gatos)	They are lying on the roof. (the cats)
(Ela) tem quatro pernas. (a mesa)	It has four legs. (the table)

A masculine plural can refer to both genders:

Eles gostam de viajar. (Cecília e Eduardo)	They like travelling. (Cecília and Eduardo)

Subject marker omission
Where the verb ending indicates the subject clearly, the subject marker can be dropped:

(Eu) telefonei ontem.	I phoned yesterday.
(Nós) vamos à praia amanhã.	We are going to the beach tomorrow.

PRONOUNS

Direct object pronouns

	singular		plural	
1st person	**me**	me	**nos**	us
2nd person	**o/a** **você** **te**	you	**os/as**, **vos** (Eur) (Wr Br) **vocês**	you
3rd person (masc.)	**o** **ele** (Coll Br)	him; it	**os** **eles** (Coll Br)	them
(fem.)	**a** **ela** (Coll Br)	her; it	**as** **elas** (Coll Br)	them

    Eu não te vi.   I didn't see you.
    Eles não nos viram.   They didn't see us.

Particularly in speech, subject-marker words are also often used as direct objects:

    Eles não viram a gente.   They didn't see us.
    Eu vi você ontem.   I saw you yesterday.
    Ele levou o senhor de carro?   Did he take you by car, sir?

Object pronouns after a verb

When object pronouns **o(s) / a(s)** follow verb forms ending in a nasal sound, they change to **no(s) / na(s)**:

    O trabalho era muito mas eles fizeram-no todo.   There was a lot of work but they did it all.
    As lições eram fáceis. Eles aprenderam-nas bem.   The lessons were easy. They learned them well.

When object pronouns **o(s) / a(s)** follow verb forms ending in **-r**, **-s** or **-z**, they change to **lo(s) / la(s)** and the verb ending also changes:

    Eu vou comprá-lo. (comprar+o)   I am going to buy it.
    Eu não pude ouvi-la (ouvir+a)   I couldn't hear her.
    Ele pô-lo ali. (pôs+o)   He put it there.
    Você fê-lo. (fez+o)   You did it.

These constructions are often avoided, particularly in speech, using one of two methods:

by placing the pronoun before the verb

    Muito prazer em conhecê-la. or   Delighted to meet you.
    Muito prazer em a conhecer.

by using the same words as for subject markers

    Muito prazer em conhecê-la. or *Muito prazer em conhecer você.* (general)   Delighted to meet you.
    Muito prazer em conhecer a senhora. (courteous)

For position of direct object pronouns, see also **Word order**, page 119.

PRONOUNS

Indirect object pronouns

	singular		plural	
1st person	*me*	(to) me	*nos*	(to) us
2nd person	*lhe* *te* *(para) você* (Coll Br)	(to) you	*lhes* *vos* (Eur) (Wr Br) *(para) vocês* (Coll Br)	(to) you
3rd person (masc.) (fem.)	*lhe* *(para) ele* (Coll Br) *lhe* *(para) ela* (Coll Br)	(to) him; it (to) her; it	*lhes* *(para) eles* (Coll Br) *lhes* *(para) elas* (Coll Br)	(to) them (to) them

Particularly in speech, indirect objects can also be indicated using subject-marker words preceded by a preposition. This is much more widely heard in Brazil than in Portugal:

Eu não lhe comprei um presente. or
   Eu não comprei um presente para ela.
I haven't bought her a present.

Você já lhes deu o dinheiro? or
   Você já deu o dinheiro a eles?
Have you given them the money (yet)?

Eu não lhe telefonei ontem. or
   Eu não telefonei para você ontem.
I didn't phone you yesterday.

For position of indirect object pronouns, see also **Word order**, page 119.

Combined forms

Indirect-object pronouns can combine and contract with the direct object pronouns *o(s) / a(s)* in forms such as *mo (me+o)*, *to (te+o)*, *lho (lhe+o)*, etc. Such constructions can be avoided by using a stressed pronoun preceded by a preposition. See **Stressed pronouns** below.

Não lho venda. (lhe+o) or
   Não o venda a ele.
Don't sell it to him.

Ele trouxe as chaves e deu-mas. (me+as)
or **Ele trouxe as chaves e deu-as a mim.**
He brought over the keys and gave them to me.

Stressed pronouns

	singular		plural	
1st person	*para mim*	to me	*para nós*	to us
2nd person	*para você, ti* *para si* (Eur) (Wr Br)	to you	*para vocês*	to you
3rd person (masc.) (fem.)	*para ele* *para ela*	to him; it to her; it	*para eles* *para elas*	to them to them

Personal pronouns take a stressed form after a preposition. In some cases, these are the same words as the subject pronouns:

Eles olharam para nós. They looked at us.
Essa carta foi escrita por mim. That letter was written by me.
Ela disse a ti que viria? Did she tell you she would come?
Eu fui com eles. I went with them.
Aquilo era para você. = Aquilo era para si. That was for you.
   (Eur) (Wr Br)

PRONOUNS

The preposition *com* (*with*) combines with personal pronouns in the following ways:

comigo	*with me*
contigo	*with you*
connosco (Eur), *conosco* (Br)	*with us*
consigo (Eur) (Wr Br) = *com você*	*with you*
convosco (Eur) (Wr Br) = *com vocês*	*with you*

Reflexive pronouns

These are dealt with under **Reflexive verbs**, page 76.

29. *Tu, você* and *o senhor / a senhora*

Saying *you* in Portuguese

In today's English there is an all-embracing pronoun used for addressing people: *you*. The closest Portuguese translation is *você*:

Você está de férias?   *Are you on holiday?* (addressing one person)

When talking to someone, in English a courteous tone can be imparted by adding *sir* or *madam*. In Portuguese this effect is achieved by replacing *você* with the nouns *o senhor* (literally, *the gentleman*) and *a senhora* (*the lady*):

O senhor está de férias?   *Are you on holiday, sir?*
A senhora está de férias?   *Are you on holiday, madam?*

A friendly or familiar tone can be obtained in English by adding e.g. *mate* or *dear*. In Portuguese, the same effect can be achieved by using *tu*, and its related forms *te* and *ti*, but there is variation in practice.

In Portugal, including Madeira and the Azores, as well as in Portuguese-speaking regions of Africa and Asia, *tu* is the main choice for this purpose, along with its related object pronouns, *te* and *ti*:

Tu estás de férias?   *Are you on holiday, dear?*
Eu não te vi na praia. (Eur)   *I didn't see you on the beach.*

In Brazil, there is a general preference for *você* in conjunction with the object pronouns *te* and *ti*, though *tu* can also be heard:

Você está de férias?   *Are you on holiday, dear?*
Eu não te vi na praia. (Br)   *I didn't see you on the beach.*

When talking to more than one person, *você* is pluralized to *vocês*.

Vocês estão de férias?   *Are you on holiday?*

The nouns are pluralized to *os senhores* (*the gentlemen*) or *as senhoras* (*the ladies*). A masculine plural can refer to a pair or group that includes both genders:

As senhoras estão de férias?   *Are you on holiday, ladies?*
Os senhores estão de férias?   *Are you on holiday, ladies and gentlemen?*

Where *tu* is used in the singular, *vocês* is used in the plural:

Vocês estão de férias?   *Are you on holiday, my dears?*

PRONOUNS

Verb agreement for *you*

The verb endings used for both *o senhor / a senhora* and *você* are third-person forms:
O senhor está de férias?   *Are you on holiday, sir?*
Você está de férias?   *Are you on holiday?*

In Portugal and the other geographical locations listed above, the subject pronoun *tu* has retained its traditional second-person singular verb endings. Because they are distinctive as a second-person marker, *tu* can be omitted without loss of meaning:
Tu estás de férias? (Eur) or *Estás de férias?*   *Are you on holiday, dear?*

In Brazil, when the subject pronoun *tu* is used, it is often conjugated with third-person verb endings, like *você*. This is particularly the case in the north-east and in some areas on the Atlantic coast:
Tu está de férias (Coll Br) (regionally)   *Are you on holiday, dear?*

When talking to more than one person, third-person plural verb endings are used in modern Portuguese whatever the subject marker, whether it is *vocês* (plural to both *você* and *tu*) or *os senhores / as senhoras*:
Vocês estão de férias?   *Are you on holiday? / Are you on holiday, my dears?*
Os senhores estão de férias?   *Are you on holiday, ladies and gentlemen?*

When unsure which form of address to use, you can just use a third-person verb ending without a subject pronoun or other marker. This is heard on both sides of the Atlantic but more so in Portugal:
Está de férias?   *Are you on holiday?*
     (addressing one person)
Estão de férias?   *Are you on holiday?*
     (addressing more than one person)

30. Indefinite pronouns

Tudo (*all, everything*) is neuter:
É tudo.   *That's all.*
Tudo o que você me disse é verdade.   *Everything you told me is true.*

Nada (*nothing*) is neuter:
Não vi nada.   *I saw nothing.* or *I didn't see anything.*

Alguém (*someone, somebody, anyone, anybody*) is invariable:
Há alguém naquela sala.   *There is somebody in that room.*
Alguém falou com ele sobre o assunto?   *Has anyone discussed the matter with him?*

Ninguém (*nobody, none, no one*) is invariable:
Ninguém veio aqui. or *Não veio ninguém aqui.*   *Nobody came here.*

PRONOUNS

Todo, toda (*each one, every*), ***todos, todas*** (*all*) are masculine, feminine and plural forms parallel to **tudo**:

Quantas laranjas você quer?   How many oranges would you like?
Todas.   All (of them).

Algum, alguma, alguns, algumas (*some, any*) change in gender and number according to the noun they refer to:

Você tem dinheiro?   Have you got any money on you?
Algum.   Some.

Nenhum, nenhuma, nenhuns, nenhumas (*none*) change in gender and number according to the noun they refer to:

Nenhum deles veio.   None of them has come.

Outro, outra (*another*), ***outros, outras*** (*others*) change in gender and number according to the noun they refer to:

Você quer esta camisa?   Would you like this shirt?
Não, prefiro outra.   No, I would prefer another one.

Qualquer (*any*) and its plural form ***quaisquer*** change in number (but not in gender) according to the noun they refer to:

Falarei com qualquer deles.   I'll talk to any of them.
Quaisquer servem.   Any will do. (more than one)

Ambos, ambas (*both*) are used only in the plural but change in gender according to the noun they refer to:

Gosto de ambos.   I like both.

Cada or ***cada um, cada uma*** (*each, each one*). The use of ***um/uma*** (which agrees with the noun referred to) is optional:

Os vencedores recebem uma medalha cada (um).   The winners will receive a medal each.

For **nada**, **ninguém** and **nenhum**, etc, see also **Negatives**, pages 119–120.

31. Relative pronouns

Que (*that, which, who, whom*) is the most frequently used relative pronoun in Portuguese. It is invariable and can be used both as subject and direct object:

O rapaz que veio aqui é meu aluno.   The boy who or that came here is a pupil of mine.
A minha amiga é a pessoa que você vê ali.   My friend is the person (whom or who or that) you can see over there.
A caneta que está em cima da mesa é minha.   The pen that or which is on the table is mine.
Tenho o livro que você pediu.   I have the book (which or that) you asked for.

(Please note that, unlike English, Portuguese never omits the relative pronoun.)

PRONOUNS

Que can be preceded by a preposition, in which case it often translates English *which* and *whom*:

O apartamento em que ela mora é espaçoso.	The apartment in which she lives or that she lives in is spacious.
A companhia para que ele trabalhava fica fora da cidade.	The company for which he worked is out of town.

Quem (*whom*) is often used in preference to *que* when the relative pronoun refers to a person or people and is the object of the verb. It is invariable:

A senhora a quem entreguei o livro é a minha professora.	The lady to who or whom I handed the book is my teacher.
O patrão para quem ele trabalhava já se aposentou.	The boss who he worked for has now retired. or The boss he worked for has now retired.

O qual, a qual, os quais, as quais (*which, who, whom*) is a relative pronoun that varies in gender and number with the noun it relates to. It is not used much in conversation:

O presidente, o qual também é orador, proferiu um discurso.	The president, who is also a good speaker, made a speech.
São quarto as cidades nas quais ele falou.	There were four cities in which he gave a talk or (that) he gave a talk in.
Um homem, o nome do qual desconheço, dirigiu-se ao presidente.	A man, whose name I do not know, approached the president.

Cujo, cuja, cujos, cujas (*whose*) is a relative pronoun that functions as an adjective and agrees in gender and number with the noun it accompanies. It provides an alternative to *do qual*, etc:

Um homem, cujo nome desconheço, dirigiu-se ao presidente.	A man, whose name I do not know, approached the president.

O que (*that which*) is a combination of the demonstrative pronoun *o* and the relative pronoun *que*. Used as a neuter pronoun, it is often equivalent to *that, what* or *which* in English:

Tudo o que você me disse é verdade.	Everything (that) you told me is true.
Só aceitarei o que é justo.	I will accept only what is fair.
Somos o que somos.	We are what we are.
Ela é professora, o que eu não sabia.	She is a teacher, which I didn't know.

O que, a que, os que, as que are also options available. In this case the demonstrative pronoun agrees in gender and number with a specific noun and can translate English *the one(s); this, these, that, those; he/she/it/they who*:

Você prefere os meus livros ou os que estão na mesa?	Do you prefer my books or the ones / those on the table?
Na corrida feminina a que chegar primeiro ganhará o troféu.	In the ladies' race the one or the woman who arrives first will win the trophy.

The adverbs *onde* (*where*) for place and *como* (*how*) for manner can also be used as relative pronouns:

O apartamento onde ela mora é espaçoso.	The apartment where she lives is spacious.

The **onde** and **como** options also provide alternatives to **qual**:

São quarto as cidades onde ele falou. There were four cities where he gave a talk.
instead of
São quarto as cidades nas quais ele falou. (Wr) There were four cities in which he gave a talk.

A maneira como ele nos tratou é um escândalo. (How) he treated us was scandalous.
instead of
A maneira pela qual ele nos tratou é um escândalo. (Wr) The way (in which) he treated us was scandalous.

32. Interrogative pronouns

Quem...? translates English *Who...?* and *Whom...?*, both singular and plural:
Quem veio aqui ontem? Who came here yesterday?

De quem...? translates English *Whose...?*, but, unlike the English construction, it has to be followed by a verb rather than a noun:
De quem é este passaporte? Whose passport is this?

Que...? and **Qual...?** are equivalent to *What?* and *Which?* in English.
Que...? is used when the questioner is expecting an answer that identifies or defines.
Qual...? (plural **Quais...?**) is used when the possible answers are more restricted and there is an implicit idea of choice:
Qual você prefere? Which do you prefer? (choosing one out of two or more options)
Quais você prefere? Which do you prefer? (choosing more than one out of a limited range of possibilities)

Quanto...?, Quanta...?, Quantos...?, Quantas...? corresponds to *How much?, How many?* in English and agrees in gender and number with the noun:
Quanto custa? How much does it cost?
Quantas são? How many are there?

33. Possessive pronouns

Possessor	Possessives		
	Masculine, singular and plural	Feminine, singular and plural	
1st person sing. (I)	*o(s) meu(s)*	*a(s) minha(s)*	mine
2nd person sing. (you)	*o(s) seu(s)* (relating to **você, o senhor, a senhora**) *o(s) de ...* *o(s) teu(s)*	*a(s) sua(s)* (relating to **você, o senhor, a senhora**) *a(s) de ...* *a(s) tua(s)*	yours
3rd person sing. (he / she / it)	*o(s) seu(s)* *o(s) dele / dela*	*a(s) sua(s)* *a(s) dele / dela*	his / hers / its

PRONOUNS

1st person plur. (we)	*o(s) nosso(s)*	*a(s) nossa(s)*	ours
2nd person plur. (you)	*o(s) seu(s)* (relating to *vocês* etc) *o(s) vosso(s)* *o(s) de ...*	*a(s) sua(s)* (relating to *vocês* etc) *a(s) vossa(s)* *a(s) de ...*	yours
3rd person plur. (they)	*o(s) seu(s)* *o(s) deles / delas*	*a(s) sua(s)* *a(s) deles / delas*	theirs

Agreement

Portuguese possessive pronouns agree in gender and number with the thing possessed:

o meu (=*chapéu*)	mine (= hat)
o nosso (= *carro*)	ours (= car)
a minha (= *mala*)	mine (= suitcase)
os meus (= *sapatos*)	mine (= shoes)
as nossas (= *luvas*)	ours (= gloves)

Alternative forms for second- and third-person possessors

Since the third-person forms *seu(s) / sua(s)* could mean *his, hers, theirs* or *yours*, alternatives are often used to clarify who the owner is. So, particularly in speech, constructions consisting of the preposition *de* contracted with a third person subject pronoun, *ele(s) / ela(s)*, are frequently used to indicate third-person possessors:

o dela (= *de* + *ela*)	(*chapéu*, hat)	hers
o dele (= *de* + *ele*)	(*carro*, car)	his
as delas (= *de* + *elas*)	(*malas*, suitcases)	theirs

(For contracted forms see also pages 115–116.)

This same technique can be applied to the second person, with preposition *de* followed by the subject-marker word(s):

a de você (less heard than *a sua*)	(*mala*, suitcase)	yours
a do senhor	(*mala*, suitcase)	yours
a do João (Coll Eur)	(*mala*, suitcase)	yours
as das senhoras	(*malas*, suitcases)	yours

Omission of *o / a*

With one-word possessives (*meu*, *seu*, *teu*, *nosso*, *vosso*, etc), *o(s) / a(s)* is omitted when the possessive stands alone (normally after the verb *ser*) except when being emphatic about who something belongs to:

De quem é aquela mala?	Whose suitcase is that?
É minha. but	It's mine.
Aquela mala é a minha.	That suitcase is mine. (no one else's)

34. Demonstrative pronouns

Demonstrative pronouns have forms that agree in gender (i.e masc. or fem.) and number (i.e. sing. or plur.) with the noun they replace:

ADVERBS

	masculine	feminine	
singular	este, esse, aquele	esta, essa, aquela	this; that (one)
plural	estes, esses, aqueles	estas, essas, aquelas	these; those (ones)

There are also invariable neuter forms, for something or someone yet to be identified:

isto, isso, aquilo — this; that (one)

Este é o meu casaco.	This is my coat.
Esse é o teu guarda-chuva.	That is your umbrella.
Aquelas são as malas deles.	Those are their suitcases.
Aquilo parece ser o meu passaporte.	That could be my passport.

isto, *este* (and their feminine and plural forms) are used to indicate something close to the speaker, i.e. to the 1st person.

isso, *esse* (and their feminine and plural forms) are used to indicate something close to the listener, i.e. to the 2nd person.

aquilo, *aquele* (and their feminine and plural forms) are used to indicate something at a distance away from both the 1st and 2nd persons.

Speaker A:	*O que é aquilo lá em cima no céu?*	What is that up there in the sky?
Speaker B:	*É um helicóptero.*	It's a helicopter.
Speaker A:	*Aquele helicóptero vai muito alto.*	That helicopter is flying rather high.

The forms *isso* and *esse* can translate both *that* and *this*:

Speaker A:	*O que é isso?*	What is that? (you are holding)
Speaker B:	*É uma caneta.*	It's a pen.

but

Speaker A:	*Destes dois livros eu prefiro este.*	Out of these two books I prefer this one. (the one closer to A)
Speaker B:	*Eu também prefiro esse.*	I prefer this / that one too.

In Brazil, *isto* and *este* are not much used in colloquial speech, leaving *isso* and *esse* to cover both.

In the word combination *o que*, *o* is a demonstrative pronoun – see **Relative pronouns**, pages 109–111.

See also **Demonstrative adjectives**, page 102, and **Prepositions**, pages 115–117.

35. Adverbs

Adverbs in *-mente*

In Portuguese a large number of adverbs are formed by adding *-mente* to an adjective, very much in the same way as *-ly* is added to adjectives in English:

forte	strong	*fortemente*	strongly
feliz	happy	*felizmente*	happily

With adjectives that have alternative masculine and feminine endings, *-mente* is added to the feminine form:

lindo	beautiful	*lindamente*	beautifully
sincero	sincere	*sinceramente*	sincerely

ADVERBS

The adjective part of the adverb loses its stress to the **-mente** ending, meaning that written accents disappear:

cortês	courteous	**cortesmente**	courteously
rápido	quick, fast	**rapidamente**	quickly

When two adverbs are used together, normally only the second one takes a **-mente** ending:

Ela falou clara e resolutamente. She spoke clearly and decisively.
Ele trabalha lenta mas eficientemente. He works slowly but efficiently.

Other adverbs

Common adverbs of manner include **bem**, well; **mal**, badly, poorly; **depressa**, fast, quickly; **devagar**, slowly; **assim**, like this:

Tudo correu bem. All went well.
Eles procederam mal. They behaved badly.
Não consigo trabalhar assim. I can't work this way.

Common adverbs of time include **agora**, now; **antes**, before; **depois**, after; **ainda**, still; **sempre**, always; **nunca**, never:

Vou trabalhar agora. I am going to work now.
Farei isso depois. I will do that afterwards.
Eu nunca gostei disso. I never liked that.

Common adverbs of place include **perto**, near; **longe**, far; **atrás**, behind; **debaixo**, under; **diante**, in front, ahead; **em cima**, above; **fora**, out; **dentro**, in; **aqui**, here; **aí**, there; **ali**, there; **lá**, there:

aqui, here	close to the speaker, i.e. the 1st person
aí, there	close to the listener, i.e. the 2nd person
ali, there	away from both the 1st and 2nd person
lá, there	far away or cut off from both the 1st and 2nd person

Comparatives and superlatives

Comparatives and superlatives of adverbs are formed with constructions similar to those for adjectives:

João corre depressa. João runs fast or quickly.
João corre mais depressa que Mário. João runs faster or more quickly than Mário.
João é quem corre mais depressa de todos. It's João who runs the fastest or the quickest.

Some adverbs have irregular comparative and superlative forms:

bem	well	**melhor**	better	**o melhor**	(the) best
mal	badly	**pior**	worse	**o pior**	(the) worst
muito	much, very	**mais**	more	**o mais**	(the) most
pouco	little	**menos**	less	**o menos**	(the) least

Ontem o dia correu o melhor possível. The day couldn't have gone better yesterday.
Hoje trabalhei mais que ontem. Today I worked harder (more) than yesterday.

36. Prepositions

Contracted words

Portuguese prepositions often combine and contract with a following word, particularly the **definite article**:

a + o = ao	*a + a = à*	to / at / on the
de + o = do	*de + a = da*	of / from the
em + o = no	*em + a = na*	in / on the
por + o = pelo	*por + a = pela*	by / for the

à uma hora	at one o'clock
às treze horas	at one p.m.
a porta do carro	the car door
A caneta da aluna está aqui.	The (female) student's pen is here.
Ele é dos Estados Unidos.	He is from the United States.
Moro no Recife.	I live in Recife.
O gato fugiu pela janela.	The cat escaped through the window.

Contractions can optionally occur with the **indefinite article** too:

de + um = dum	*de + uma = duma*	of / from a
em + um = num	*em + uma = numa*	in / on a

Eu encontrei o livro duma aluna. or   I found the book belonging to one of the
Eu encontrei o livro de uma aluna.   (female) students.
Eu moro num bairro novo. or   I live in a new area of town.
Eu moro em um bairro novo.

Particularly in speech, contractions can also occur with a number of other words starting with a vowel. This includes personal pronouns, demonstratives and some adverbs.

With **personal pronouns**

de + ele = dele	*de + ela = dela*	his, her(s), its
em + ele = nele	*em + ela = nela*	in / on him, her, it

O carro dele é grande.	His car is big.
Tenho confiança nele.	I trust him.

With **demonstratives**
(referring to something or someone near you and / or near the person or people you are talking to)

de + esse = desse	*de + essa = dessa*	of / from that / this (one)
de + isso = disso		of / from that / this (thing)
em + esse = nesse	*em + essa = nessa*	in / on that / this (one)
em + isso = nisso		in / on that / this (thing)
de + este = deste	*de + esta = desta*	of / from this (one)
de + isto = disto		of / from this (thing)
em + este = neste	*em + esta = nesta*	in / on this (one)
em + isto = nisto		in / on this (thing)

Ele comeu quase metade desses bolinhos.	He has eaten nearly half of these cakes.
Não gosto disso.	I don't like that.
Nunca você pensou nisto?	Have you never thought about this?

PREPOSITIONS

(referring to something or someone at a distance from both you and the person or people you are talking to)

a + aquele = àquele	a + aquela = àquela	to / at / on that (one)
a + aquilo = àquilo		to / at / on that (thing)
de + aquele = daquele	de + aquela = daquela	of / from that (one)
de + aquilo = daquilo		of / from that (thing)
em + aquele = naquele	em + aquela = naquela	in / on that (one)
em + aquilo = naquilo		in / on that (thing)

Ela foi àquela festa vestida de fada.
She went to that party dressed as a fairy.

As casas daquelas pessoas são bastante grandes.
Those people's houses are quite big.

Você só pensa naquilo.
That's the only thing you ever think about.

With **adverbs** of place and time:

de + aqui = daqui — from here
de + aí = daí — from there / here
de + ali = dali — from there

Perto dali, estavam dois carros.
Nearby (near that place) there were two cars.

Daí a um mês ele voltou.
A month later he came back.

See **Personal pronouns**, pages 104–107, **Demonstrative Pronouns**, pages 112–113, and **Adverbs**, pages 113–114.

Specific cases relating to frequently-used prepositions

There are many subtleties of meaning in the ways prepositions link words together in a language and there are often variations in usage among native speakers from different areas. On top of this, there are differences in how speakers of different languages see connections between words. All this makes prepositions especially prone to mismatches across different languages. For this reason, key distinctions are made below for Portuguese prepositions in relation to English ones. Alternatives are also shown for European usage (Eur), both spoken and written, and for Brazilian usage, spoken (Coll Br) and written (Wr Br), the latter also covering formal speech.

Main roles for *de*

de translates English *from*, in the context of origin or point of departure:

Eles são de Portugal.
They are from Portugal.

Acabei de chegar do Brasil.
I have just arrived from Brazil.

de is used for possession and generally translates English *'s* and *s'*:

A mala da senhora é aquela preta ali.
The lady's suitcase (suitcase + of + the lady) is the black one over there.

João é o amigo dos rapazes.
John is the boys' friend. (friend + of + the boys).

de is used in noun compounds and similar constructions where a noun is qualified by a word other than an adjective:

Aquela é a minha bagagem de mão.
That over there is my hand luggage (luggage + of + hand).

Eu queria um saco de dormir.
I would like a sleeping bag (bag + of + to sleep).

Different uses of *por* and *para* when translating *for*:

Choose *por* when denoting cause and *para* for direction, purpose or goal:
Ele foi recompensado pelo seu trabalho.	He was rewarded for his work.
O Algarve é famoso pelas sua praias.	The Algarve is famous for its beaches.
Eu vou estudar para o exame.	I am going to study for the exam.
Eu trouxe isso para você.	I have brought this for you.

Different uses of *a* and *em* with days and dates:

For isolated events: *em* or nothing (Eur) (Wr Br) (Coll Br)
For habitual events: *a* (Eur) (Wr Br); *em* (Coll Br)

Eu vou lá na quarta-feira. Eu vou lá quarta-feira. (Eur) (Wr Br) (Coll Br)	I am going there (on) Wednesday.
Eu tenho aula de Inglês às quartas-feiras. (Eur) (Wr Br)	I have an English class on Wednesdays.
Eu tenho aula de Inglês nas quartas-feiras. (Coll Br)	I have an English class on Wednesdays.

37. Conjunctions

Generally, Portuguese and English conjunctions are used in much the same way. However, there are some differences to note.

Coordinating conjunctions

As in English, Portuguese coordinating conjunctions join together clauses or groups of words that have a similar status. To talk about alternatives, however, there are two cases in which Portuguese repeats the same connective words whereas English uses different words:

Ou... ou...	Either... or...
Nem... nem...	Neither... nor...
Ou vocês estudam ou vocês não serão aprovados.	Either you study or you won't pass your exam.
Nem ele nem ela vai conseguir isso.	Neither he nor she is going to get that.

Subordinating conjunctions

As in English, Portuguese subordinating conjunctions link main and subordinate clauses together.

Conjunctions introducing subordinate clauses
se, *if* or *whether*
Sairei se não chover.	I'll go out if it doesn't rain.
Não sei se choverá ou não.	I don't know whether it will rain or not.

que, *that* (but often omitted in English)
Eu disse que sim.	I said yes.
Você disse que não.	You said no.
Soubemos que ia chover.	We knew (that) it was going to rain.
Ninguém sabe que o carro foi vendido.	No one knows (that) the car has been sold.

SENTENCE STRUCTURE

The verb in the subordinate clause
After some conjunctions the subjunctive may be needed in the subordinate clause, depending on the time reference and the type of statement involved. This is the case, for instance, with *quando*, when, and *que*, that:

Geralmente faço o café quando eles chegam. Usually I make coffee when they arrive.
Subordinate clause: present indicative   (regular action)
Vou fazer o café quando eles chegarem. I'll make coffee when they arrive. (action in
Subordinate clause: future subjunctive   the future)

Some conjunctions are always followed by a subjunctive in the subordinate clause. This is the case, for example, with conjunctions of concession, condition and purpose:

Geralmente como isso embora não goste Usually I eat that although I don't like it much.
muito.   (concession)
Subordinate clause: present subjunctive
Falei com eles para que tudo se fizesse. I talked to them so as to be sure that it would
Subordinate clause: imperfect subjunctive all get done. (purpose)

See **Use of tenses**, pages 83–85, and **The subjunctive: when to use it**, pages 85–86.

38. Word order

In Portuguese, as in English, the usual order in a declarative sentence is subject + verb + complement (where there is one):

Nós somos amigos.   We're friends.
Eu bebi o chá.   I've drunk my tea.
Ela riu.   She laughed.

Although a subject generally precedes the verb, in Portuguese the subject pronoun (or other subject marker) can be omitted if it is clear from the context or verb form:

Somos amigos.   We're friends.
Bebi o chá.   I've drunk my tea.

Inversion occurs:

– with verbs that do not take subjects:

Há lojas perto daqui.   There are shops nearby.

– when the sentence begins with an adverb:

Aqui estão os livros.   Here are the books.

– in sentences with the *se* construction:

Vendem-se carros aqui.   Cars are sold here.

Adjectives

Descriptive adjectives generally follow their nouns:

O lápis preto está em cima da mesa.   The black pencil is on the table.

Some adjectives have different meanings depending on whether they go before or after the noun:

É um simples exercício.   It is a mere exercise.
É um exercício simples.   It is an easy exercise.

SENTENCE STRUCTURE

Ele é um homem grande.   He is a big man.
Ele é um grande homem.   He is a great man.

Modifiers such as indefinites, possessives, demonstratives, numerals, etc generally precede their nouns:

Ela preferiu outro vestido.   She liked another dress better.
O seu chapéu é bonito.   Your hat is pretty.
Aquele livro é bom.   That book is good.
A menina tem dois gatos.   The little girl has two cats.

Object pronouns

In a simple declarative sentence, the object pronoun goes before the verb in Brazil, particularly in spoken language, and goes after it in Portugal (linked with a hyphen):

Ele ajudou-nos. (Eur) (Wr Br)   He helped us.
Ele nos ajudou. (Coll Br)
Eles cumprimentaram-me. (Eur) (Wr Br)   They greeted me.
Eles me cumprimentaram. (Coll Br)

In other situations, the object pronoun goes before the verb in both Brazil and Portugal. This includes negative and interrogative sentences as well as subordinate clauses:

Ele não nos ajudou.   He didn't help us.
Quando é que você me viu?   When did you see me?
Eu vi o homem que te telefonou ontem.   I have seen the man who phoned you yesterday.

See also **Personal pronouns**, pages 104–107.

Reflexive pronouns

Word order with reflexive pronouns is dealt with under **Reflexive verbs**, page 76.

Negative sentences

For word order in negative sentences, see **Negatives**, pages 119–120.

Interrogative sentences

For word order in interrogative sentences, see **Question forms**, pages 120–121.

39. Negatives

Saying *not* and *no*

Unlike in English, a Portuguese sentence can be made negative just by placing the word *não*, *not*, before the verb. No auxiliary verb is required:

Aquele carro não é novo.   That car is not new.
Eu não trabalho aqui.   I don't work here.
Eles não querem falar.   They don't want to talk / won't talk.

If there is an object pronoun, this will come between *não* and the verb:

Ela não me telefonou.   She hasn't phoned me.
Eles não nos deram a notícia.   They haven't told us the news.

In addition to translating *not*, *não* also translates *no* as opposed to *yes*:

Sim!   Yes!
Não!   No!

For yes/no replies, see **Question forms**, pages 120–121.

SENTENCE STRUCTURE

Other negatives

Other important negatives are:

the coordinating conjunctions **nem... nem....**
Nem ele nem ela trabalha aqui.	Neither he nor she works here.

adverbs **nunca** and **nunca mais**
Eu nunca fui lá.	I have never been there.
Ele nunca mais trabalhou aqui.	He has never worked here again.

indefinite pronouns **nada, ninguém, nenhum** (**nenhuma, nenhuns, nenhumas**)
Nada a declarar.	Nothing to declare.
Ninguém vem aqui.	No one comes here.
Nenhum deles chegou atrasado.	None of them arrived late.

40. Question forms

Questions for yes/no replies

Unlike English, in Portuguese there is no subject-verb inversion or auxiliary required. Simply turn a statement into a question by using a rising intonation at the end of the sentence. The normal word order is generally followed and the question is indicated only by the intonation of the voice:

O jantar foi bom?	Was dinner good?
Você vai para a praia?	Are you going to the beach?
Eles já chegaram?	Have they arrived yet?
Você fala Português?	Do you speak Portuguese?

For the answer:

You can reply with **Sim**, Yes, or **Não**, No. However, particularly in affirmative replies, native speakers tend to repeat elements from the question while changing the verb ending as required:

O jantar foi bom?	Was dinner good?
Não, não foi.	No, it wasn't.
Você fala Português.	Do you speak Portuguese?
Falo, sim.	Yes, I do.

Questions beginning with an interrogative word

Except for **Como...?**, How...? and **Quanto...?**, How much ...?, Portuguese question words usually have a Wh- word counterpart in English:

Que rua é esta?	What street is this?
Quem veio aqui ontem?	Who came here yesterday?
De quem é aquele passaporte?	Whose passport is that?
Onde estão as chaves?	Where are the keys?
Quanto tempo vai demorar?	How long is it going to take?
Como se diz isso em Português?	How do you say that in Portuguese?

See also **Interrogative adjectives**, page 102, and **Interrogative pronouns**, page 111.

When a subject word is present, inversion may or may not occur without there being any change in meaning, regardless of which side of the Atlantic you are on:

Que livro você comprou? or *What book did you buy?*
Que livro comprou você?

However, if the expression *é que* is used, word order follows a subject + verb sequence:

Que livro é que você comprou? *What book did you buy?*

A special question word in Brazil is **Cadê...?** or **Quedê...?**. It derives from the expression *Que é feito de...?* (*What has become of...?*) and is used meaning *Where is...?*:

Cadê o teu irmão? (Coll Br) *Where's your brother?*
Que é feito do teu irmão? (Eur) (Wr Br) *What has become of your brother?*

Tag questions

To make a tag question, you can leave the sentence as it is and simply repeat the verb at the end:

Ele comprou um computador novo, não comprou? *He's bought a new computer, hasn't he?*

However, a more widely heard alternative is the use of a phrase like *não?*, *não é?*, *não é verdade?* at the end:

Ele comprou um computador novo, não é? *He's bought a new computer, hasn't he?*

41. Cardinal and ordinal numbers

Cardinal (one, two, etc)		Ordinal (first, second, etc)	
zero	0		
um	1	primeiro	1º
dois	2	segundo	2º
três	3	terceiro	3º
quatro	4	quarto	4º
cinco	5	quinto	5º
seis	6	sexto	6º
sete	7	sétimo	7º
oito	8	oitavo	8º
nove	9	nono	9º
dez	10	décimo	10º
onze	11	décimo primeiro	11º
doze	12	décimo segundo	12º
treze	13	décimo terceiro	13º
quatorze	14	décimo quarto	14º
quinze	15	décimo quinto	15º
dezasseis (Eur), dezesseis (Br)	16	décimo sexto	16º
dezassete (Eur), dezessete (Br)	17	décimo sétimo	17º
dezoito	18	décimo oitavo	18º
dezanove (Eur), dezenove (Br)	19	décimo nono	19º
vinte	20	vigésimo	20º

USE OF NUMBERS

vinte e um	21	vigésimo primeiro	21°
trinta	30	trigésimo	30°
quarenta	40	quadragésimo	40°
cinquenta	50	quinquagésimo	50°
sessenta	60	sexagésimo	60°
setenta	70	septuagésimo (Eur), setuagésimo (Br)	70°
oitenta	80	octogésimo	80°
noventa	90	nonagésimo	90°
cem	100	centésimo	100°
cento e um	101	centésimo primeiro	101°
duzentos	200	ducentésimo	200°
trezentos	300	trecentésimo	300°
quatrocentos	400	quadringentésimo	400°
quinhentos	500	quingentésimo	500°
seiscentos	600	seiscentésimo	600°
setecentos	700	septingentésimo	700°
oitocentos	800	octingentésimo	800°
novecentos	900	nongentésimo	900°
mil	1,000	milésimo	1,000°
um milhão	1,000,000	milionésimo	1,000,000°

Differences in relation to English

In Portuguese no number or indefinite article precedes the words for 100 or 1,000:

cem carros one/a hundred cars
mil carros one/a thousand cars

In Portuguese, the word for 100 (*cem*) changes form before lower numbers:

cento e dez carros one hundred and ten cars

Unlike in English, there is a preposition *de* after the word for million(s):

um milhão de carros one million cars

Ordinal numbers are often substituted by cardinal numbers, particularly in speech:

O vigésimo carro or *O carro número vinte* the twentieth car

Note that hundreds, tens and units are linked together using *e* (*and*) but a comma is used for thousands and millions when followed by more than two lower numbers:

vinte e um twenty-one
cento e vinte e dois one hundred and twenty-two
mil, cento e vinte e três one thousand, one hundred and twenty-three
um milhão, cento e vinte e quatro one million, one hundred and twenty-four

In Portuguese, commas and dots are used in the opposite way to English, since commas are used to show decimal places while the role of dots is to separate out larger numbers (thousands, millions, etc):

USE OF NUMBERS

zero vírgula cinco	0,5	zero point five	0.5
cinco vírgula dois	5,2	five point two	5.2
mil	1.000	one thousand	1,000
um milhão	1.000.000	one million	1,000,000

Gender and number in numerals

There are masculine and feminine forms for cardinals 1 and 2:

um carro e uma bicicleta	one car and one bicycle
dois carros e duas bicicletas	two cars and two bicycles

There are masculine and feminine forms for the multiples of 100 (which are expressed in the plural):

duzentos carros	two hundred cars
duzentas bicicletas	two hundred bicycles

There are masculine and feminine forms for the ordinals:

o primeiro carro	the first car
a segunda bicicleta	the second bicycle
o décimo terceiro carro	the thirteenth car
a vigésima quarta bicicleta	the twenty-fourth bicycle

Fractions

um meio	½	a half	três quartos	¾	three quarters
um terço	⅓	a third	seis e meio	6½	six and a half
um quarto	¼	a quarter			

Other

quatro vírgula cinco (4,5)	4.5
vinte por cento	20%
dois mais dois	2 + 2
seis menos quatro	6 - 4
três vezes três	3 × 3
oito a dividir por dois	8 ÷ 2

Weight, quantity and measurement

um quilo de laranjas	a kilo of oranges
meio quilo de bananas	half a kilo of bananas
uma dúzia de maçãs	a dozen apples
meia dúzia de ovos	half a dozen eggs
uma dezena de carros	around ten cars
centenas de pessoas	hundreds of people
vinte centímetros	twenty centimetres
meio metro	half a metre
dez quilómetros (Eur), quilômetros (Br)	ten kilometres

Phone numbers

When saying phone numbers, digits tend to be grouped in twos for clarity, and, in Brazil, the word *meia* (from *meia dúzia*, half a dozen) is usually used instead of *seis* for 6: 246 3718 *dois, quatro, seis/meia, trinta e sete, dezoito*.

USE OF NUMBERS

Miscellaneous

Ele mora no número quinze.	He lives at number 15.
Ela mora no apartamento 7.	She lives in flat 7.
Eles moram no terceiro andar.	They live on the third floor.
Hoje estão trinta graus centígrados.	It's 30°C today.
É na página cento e noventa.	It's on page 190.
É no capítulo três or capítulo terceiro.	It's in chapter 3.

For time, days of the week and months see **Calendar and time**, pages 124–125.

42. Calendar and time

Week

Except for Saturday (*sábado*) and Sunday (*domingo*), in Portuguese the days of the week are expressed using ordinal numbers plus the word *feira*, which in speech is often omitted.

segunda-feira or *segunda*	Monday
terça-feira or *terça*	Tuesday
quarta-feira or *quarta*	Wednesday
quinta-feira or *quinta*	Thursday
sexta-feira or *sexta*	Friday

(For Tuesday, **terça** is a shortened form of the ordinal number **terceira**.)

Que dia da semana é hoje?	What day of the week is it today?
É quarta.	It's Wednesday.
Que dia da semana foi ontem?	What day of the week was it yesterday?
Foi terça.	It was Tuesday.

Dates

While English uses ordinal numbers for the days of the month, Portuguese uses cardinals. There is one exception, however; the ordinal number ***primeiro*** can be used for the first day of the month, though this usage is more common in Brazil than in Portugal:

quinze de setembro	15th of September
o primeiro de janeiro	first of January

While the verb used to talk about dates in English is always in the singular, in Portuguese the verb becomes plural to agree with a plural number in the date:

Que data é hoje? or *Que dia é hoje?*	What's the date today?
São quinze de setembro.	It is the fifteenth of September.

Unlike in English, years are not expressed in hundreds:

dois mil e doze	twenty twelve (2012)

Week and date

Hoje é quinta, dia vinte de setembro de dois mil e doze.	Today it is Thursday, the 20th of September, 2012.

USE OF NUMBERS

Time

While English always uses the singular form of the verb to talk about time, in Portuguese a plural form is used if the plural noun *horas* is expressed or understood:

Que horas são?	What time is it?
São seis horas.	It is six o'clock.
É uma hora.	It is one o'clock.
É meio dia.	It is midday.
É meia-noite.	It is midnight.

Time past and to the hour is expressed differently from in English. Minutes are used on both sides of the Atlantic, but, in Portugal, *quarto* (quarter) and *meia* (half) are also widely used:

É uma e dez.	It is one ten (ten past one).
São dez para as duas.	It is ten to two.
É uma e quinze. or *É uma e um quarto.*	It is one fifteen. / It is a quarter past one.
São seis e trinta. or *São seis e meia.*	It is six thirty. / It is half past six.
São quinze para as oito. or *É um quarto para as oito.*	It is fifteen minutes to eight. / It is a quarter to eight.

Where English uses *a.m.* and *p.m.*, Portuguese adds a time phrase:

sete da manhã (in the morning)	seven a.m.
uma da tarde (in the afternoon)	one p.m.
dez da noite (in the evening)	ten p.m.
três da madrugada (in the early hours of the morning)	three a.m.

The 24-hour clock is also frequently used:

A loja fecha às treze horas.	The shop closes at 13.00.
A loja fecha à uma da tarde.	The shop closes at 1 p.m.
O concerto começa às vinte e duas horas.	The concert begins at 22.00.
O concerto começa às dez da noite.	The concert begins at 10 p.m.

Calendar and time expressions

no século vinte	in the twentieth century
nos anos noventa	in the nineties
há dois anos or *dois anos atrás*	two years ago
dentro de dois anos	in two years' time
há duas horas or *duas horas atrás*	two hours ago
dentro de duas horas	in two hours' time
São cinco horas em ponto.	It is five o'clock on the dot.

See also **Cardinal and ordinal numbers**, pages 121–122, **Formation of plurals**, page 100.

Index

Please note the numbers in the index refer to section numbers, not page numbers.

à 36
a (preposition) 36
a few 22
a gente 28
a senhora 28, 29
a(s) (definite article) 21, 27, 36
a(s) (pronoun) 33
a/an 22
acabar de 14
acabar por 14
address forms 29
Adjective (past participle as) 12
Adjectives: position 38
Adverbs 35, 36, 39
advice 6
affiliation 22
affirmative commands 6
age group 22
ago 10, 42
agreement: for second person 29
agreement: of adjective 23, 25, 27
agreement: of article 21, 22
agreement: of past participle 9
agreement: of pronoun 29, 30, 31, 32, 33, 34
any 30
ao 36
-ar verbs 1, 2
articles 21, 22
as...as 24
auxiliary verbs 7, 11, 14

bad 23
badly 35
be, to 13
belonging to 36
best 35
better 28, 39
body (parts of) 21, 27
both 30

caber: conjugated 17
cadê 40
calendar 42
cardinal numbers 41
cause (circumstance) 12
chegar a 14
circumstance 12

cities 21
close relations 21, 27
Colloquial future 7, 15
começar 14
comigo 28
commands 6
como 24, 31, 40
comparative of adjectives 24
comparative of adverbs 35
compound nouns 20, 36
compound tenses 7
compound verbs 1
concession 37
condition 13, 16
Conditional 1, 2, 3, 4
Conditional (use of) 15
Conditional perfect 7
Conditional perfect (use of) 15
conjugations 1, 2, 3, 4
conjunctions 37, 39
continuar 14
continuous tenses (use of) 15
continuous tenses: 7
contracted words 27, 28, 33, 36
coordinating conjunctions 37, 39
countries 21
crer: conjugated 17

dar: conjugated 17
date 10, 36, 42
date (special) 21
days of the week 10, 21, 36, 42
Definite article 21
deixar de 14
demonstrative adjectives 25
demonstrative pronouns 31, 34, 36
dependent infinitive 11
desse(s) (contracted words) 36
desse(s) (verb *dar*) 17
deste(s) (contracted words) 36
deste(s) (verb *dar*) 17
dever 14
directions 6
distance 10, 25, 34, 36
dizer: conjugated 17
don't 6
doubt 16

é *que* 40
each 30
either... or... 37
empathy 16
emphasis 15
-er verbs 1, 3
esse 25, 34, 36
estar (auxiliary) 7, 13
estar (use of) 10, 13
estar: conjugated 17
expressions of feeling 13

failure 15
fazer (use of) 10
fazer: conjugated 17
fear 16
feelings 13
feminine – See gender
first conjugation 2, 5
for 15, 36
formation of feminine (adjectives) 23
formation of feminine (nouns) 19
formation of plural (adjectives) 23
formation of plural (nouns) 20
fractions 41
friends 21, 27
from 36
Future (colloquial): 7
Future (use) 15
Future in the past (colloquial) 7
Future perfect (use of) 15
Future perfect subjunctive 7
Future perfect subjunctive (use of) 16
Future perfect: 7
Future subjunctive (use of) 16
future tense 1, 2, 3, 4

gender 18, 19, 21, 22, 23, 25, 27, 28
generalizations 21
gente (a) 28
Gerund – See Present participle
good 23

há (ago) 10, 42
há (verb *haver*) 10
half a... 41

126 Please note the numbers in the index refer to section numbers, not page numbers.

INDEX

haver (use of) 10
haver de 14
haver: conjugated 17
he 28
her (adjective) 27
her (pronoun) 28
hers 33
herself 8
him 28
himself 8
his (adjective) 27
his (pronoun) 33
hope 16

I 28
if 37
Imperative 1, 2, 3, 4, 6
Imperative (use of) 15
Imperfect 1, 2, 3, 4
Imperfect (use of) 15
Imperfect subjunctive (use of) 16
impersonal constructions 10
impersonal statements 13, 15
impersonal verbs 10
Indefinite article 22
Indefinite pronouns 30, 39
Indirect object pronouns 28
Infinitive 1, 11, 14, 15
Infinitive (dependent) 11
Infinitive (perfect) 11
Inflected infinitive 11
-ing forms 12
instructions 6
Interrogative adjectives 26
Interrogative pronouns 32
interrogatives - See question forms
intonation 40
inversion – See word order
ir (auxiliary) 7
-ir verbs 1, 4
ir: conjugated 17
irregular comparatives 24, 35
irregular superlatives 24, 35
irregular verbs 17
it 28
its 27, 33

kinship 13

languages 21
least, the 24, 35
ler: conjugated 17
less than 24
let's 6
lho(s) 28
-lo(s), -la(s) 28
location 13

masculine – See gender
me 28
measurement 41
mine 33
mo(s) 28
modal auxiliary verbs 14
more than 24
most, the 24, 35
my 27
myself 8

name (what is your name?) 8
nationality 13
natural phenomena 10
negative commands 6
negatives 39
neither... nor... 37
neuter pronoun 31, 34
-no(s), -na(s) 28
no, not 40
nouns (gender) 18, 19
nouns (plural) 20
numbers 13, 22, 41

o que 31
o senhor 29
o(s) (definite article) 21, 27, 36
o(s) (pronoun) 31
object pronouns 28, 38
omission of subject word (pronoun) 28
onde 31
one (number) 22
one (pronoun) 9
oneself 8
-ôr/or verbs 1
orders –See commands
Ordinal numbers 41
our 27
ours 33
ourselves 8
ouvir: conjugated 17

pain 13
para 36
parts of the body 21, 27
Passive 9
Past continuous: 7
Past participle 7, 9, 11
Past participle (as adjective) 12
Past participle (use of) 12
Past participle: agreement 9, 12
Past participle: formation 12
pedir: conjugated 17
perder: conjugated 17
Perfect tense 1, 7, 12, 15
personal belongings 21, 27
Personal infinitive 11
Personal infinitive (use of) 15
Personal pronouns 28, 36
phone numbers 41
Pluperfect (use) 15
Pluperfect subjunctive (use of) 16
Pluperfect subjunctive: 7
Pluperfect: 7
plural 20, 21, 22, 23, 25, 26, 27, 28
poder 14
poder: conjugated 17
Polite imperative 6
pôr 1
pôr: compounds of 1
pôr: conjugated 17
positive commands 6
possession 13, 36
possessive adjectives 27
possessive pronouns 33
Preposition **a** 36
Preposition **de** 36
Preposition **em** 36
Preposition **por** 36
Prepositions 36
Present continuous 7
Present participle (formation) 12
Present participle (use of) 12, 14
Present perfect 7
Present perfect (use of) 15
Present perfect subjunctive 7
Present perfect subjunctive (use of) 16
Present subjunctive (use of) 16
Present tense 1, 2, 3, 4
Present tense (use of) 15
Preterite 1, 2, 3, 4
Preterite (use of) 15

Please note the numbers in the index refer to section numbers, not page numbers.

INDEX

profession 13, 22
pronoun object (position) 38
purpose 37
quantity 41
que 24
que (conjunction) 16, 37
que (interrogative) 26
que (o que) 31
que (relative) 31
querer: conjugated 17
question forms 40
question tags 40

reciprocity 8
Reflexive pronouns 8
Reflexive verbs 8
regions 21
regular verbs 1, 2, 3, 4
Relative pronouns 31
religion 22

saber: conjugated 17
se (conjunction) 37
seasons 10, 21
second conjugation 3, 5
second person endings 1
se construction 9
senhor, senhora (o, a) 29
sentence structure – See word order
ser (auxiliary) 9, 13
ser (use) 10, 13
ser: conjugated 17
she 28
simple tenses (formation) 1
some 22, 30
someone 30
sorrow 16
space 25
special dates 21
spelling changes 5
states (political) 21
stem 1, 2, 3, 4, 5
subject omission (pronoun) 28
Subject pronouns 28
Subjunctive (use of) 16, 37
Subjunctive, Future 1, 2, 3, 4
Subjunctive, Imperfect 1, 7
Subjunctive, Present 1, 7
subordinate clauses 37

Subordinating conjunctions 37
superlative of adjectives 24
superlative of adverbs 35

tag questions 40
te, ti 28
telephone numbers 41
tenses (use of) 15
tenses: formation 1, 2, 3, 4
ter (auxiliary) 7
ter (use of) 7
ter de / que 14
ter: conjugated 17
than 24
that (conjunction) 37
that (relative pronoun) 31
that, those (demonstrative adjective) 25
that, those (demonstrative pronoun) 34
the 21
their 27
theirs 33
them, themselves 28
there 35, 36
there is / are 10
they 28
third conjugation 4, 5
third-person endings for second person 1, 27, 29
this, these (adjective) 25
this, these (pronoun) 34
time 10, 25, 35, 36, 42
time (circumstance) 12
time (clock reading) 10, 13, 42
time (elapsed) 15, 25
time expressions 42
time span 13
to (movement) 36
todo, tudo 30
trazer: conjugated 17
tu 28, 29

um, uma 22
uncertainty 16
us 28

vai –See **ir**
ver: conjugated 17

verb endings 2, 3, 4, 5, 17
verbs (conjugation stem changes) 5
verbs (conjugation spelling changes) 5
verbs ending -air 5
verbs ending -car 5
verbs ending -çar 5
verbs ending -ear 5
verbs ending -gar 5
verbs ending -oer 5
verbs ending -uir 5
verbs ending -uzir 5
verbs with stem -e- 5
verbs with stem -o- 5
verbs with stem -u- 5
vir: conjugated 17
você(s) 1, 28, 29
vós 1

we 28
weather 10
week 10, 21, 42
weight 41
well 35
well-wishing 16
what 26
whether 37
which 26, 31, 32
who 31, 32
whom 31, 32
whose 31, 32
wish 16
word order (negatives) 39
word order (object pronouns) 28, 38
word order (questions) 40
word order (reflexive pronouns) 8
word order (adjectives) 38
word order (general) 38
worse 24, 35
worst 24, 35

yes 39, 40
you 1, 28, 29
you (verb agreement) 29
your 27
yours 33
yourself 8
yourselves 8

128   Please note the numbers in the index refer to section numbers, not page numbers.

Português – Inglês
Portuguese – English

Aa

A, a [a] (*pl* **as**) M A, a; **A de Antônio** A for Andrew (BRIT) *ou* Able (US)

(PALAVRA-CHAVE)

a [a] ART DEF the; *ver tb* **o**
▶ PRON (*ela*) her; (*você*) you; (*coisa*) it; *ver tb* **o**
▶ PREP (*a + o(s) = ao(s); a + a(s) = à(s); a + aquele/a(s) = àquele/a(s)*) **1** (*direção*) to; **à direita/esquerda** to *ou* on the right/left
2 (*distância*): **está a 15 km daqui** it's 15 km from here
3 (*posição*): **ao lado de** beside, at the side of
4 (*tempo*) at; **a que horas?** at what time?; **às 5 horas** at 5 o'clock; **à noite** at night; **aos 15 anos** at 15 years of age
5 (*maneira*): **à francesa** in the French way; **a cavalo/pé** on horseback/foot
6 (*meio, instrumento*): **à força** by force; **a mão** by hand; **a lápis** in pencil; **fogão a gás** gas stove
7 (*razão*): **a R$10 o quilo** at R$10 a kilo; **a mais de 100 km/h** at over 100 km/h
8 (*depois de certos verbos*): **começou a nevar** it started snowing *ou* to snow; **passar a fazer** to become
9 (*+ infin*): **ao vê-lo, reconheci-o imediatamente** when I saw him, I recognized him immediately; **ele ficou muito nervoso ao falar com o professor** he became very nervous while he was talking to the teacher
10 (PT: *+ infin, gerúndio*): **a correr** running; **estou a trabalhar** I'm working

à [a] = **a + a**; *ver* **a**
(a) ABR (= *assinado*) signed
AAB ABR F (= *Aliança Anticomunista Brasileira*) terrorist group
aba ['aba] F (*de chapéu*) brim; (*de casaco*) tail; (*de montanha*) foot
abacate [aba'katʃi] M avocado (pear)
abacaxi [abaka'ʃi] (BR) M pineapple; (*col: problema*) pain
abade, ssa [a'badʒi, aba'desa] M/F abbot/abbess
Abadi [aba'dʒi] ABR F = **Associação Brasileira das Administradoras de Imóveis**
abadia [aba'dʒia] F abbey
abafadiço, -a [abafa'dʒisu, a] ADJ stifling; (*ar*) stuffy

abafado, -a [aba'fadu, a] ADJ (*ar*) stuffy; (*tempo*) humid, close; (*ocupado*) (extremely) busy; (*angustiado*) anxious
abafamento [abafa'mẽtu] M fug; (*sufocação*) suffocation
abafar [aba'far] VT to suffocate; (*ocultar*) to suppress; (*som*) to muffle; (*encobrir*) to cover up; (*col*) to pinch ▶ VI (*col: fazer sucesso*) to steal the show
abagunçado, -a [abagũ'sadu, a] ADJ messy
abagunçar [abagũ'sar] VT to make a mess of, mess up
abaixar [abaj'ʃar] VT to lower; (*luz, som*) to turn down; **abaixar-se** VR to stoop
abaixo [a'bajʃu] ADV down ▶ PREP: **~ de** below; **~ o governo!** down with the government!; **morro ~** downhill; **rio ~** downstream; **mais ~** further down; **~ e acima** up and down; **~ assinado** undersigned
abaixo-assinado [-asi'nadu] (*pl* **-s**) M (*documento*) petition
abajur [aba'ʒur] (BR) M (*cúpula*) lampshade; (*luminária*) table lamp
abalado, -a [aba'ladu, a] ADJ unstable, unsteady; (*fig*) shaken
abalar [aba'lar] VT to shake; (*fig: comover*) to affect ▶ VI to shake; **abalar-se** VR to be moved
abalizado, -a [abali'zadu, a] ADJ eminent, distinguished; (*opinião*) reliable
abalo [a'balu] M (*comoção*) shock; (*ação*) shaking; **~ sísmico** earth tremor
abalroar [abawro'ar] VT: **o carro foi abalroado pelo caminhão** the car was hit by the lorry
abanar [aba'nar] VT to shake; (*rabo*) to wag; (*com leque*) to fan
abandalhar [abãda'ʎar] VT to debase
abandonar [abãdo'nar] VT (*deixar*) to leave; (*ideia*) to reject; (*estudos*) to abandon; (*esperança*) to give up; (*descuidar*) to neglect; **abandonar-se** VR: **~-se a** to abandon o.s. to
abandono [abã'donu] M (*ato*) desertion; (*estado*) neglect
abarcar [abar'kar] VT (*abranger*) to comprise; (*conter*) to enclose
abarrotado, -a [abaho'tadu, a] ADJ (*gaveta*) crammed full; (*lugar*) packed

abarrotar [abaho'tar] VT: **~ de** to cram with
abastado, -a [abas'tadu, a] ADJ wealthy
abastança [abas'tãsa] F abundance, surfeit
abastardar [abastar'dar] VT to corrupt
abastecer [abaste'ser] VT to supply; (*motor*) to fuel; (*Auto*) to fill up; (*Aer*) to refuel; **abastecer-se** VR: **~-se de** to stock up with
abastecimento [abastesi'mētu] M supply; (*comestíveis*) provisions pl; (*ato*) supplying; (*de avião*) refuelling (BRIT), refueling (US); **abastecimentos** MPL (*suprimentos*) supplies
abater [aba'ter] VT (*gado*) to slaughter; (*preço*) to reduce, lower; (*debilitar*) to weaken; (*desalentar*) to upset
abatido, -a [aba'tʃidu, a] ADJ depressed, downcast; (*fisionomia*) haggard
abatimento [abatʃi'mētu] M (*fraqueza*) weakness; (*de preço*) reduction; (*prostração*) depression; **fazer um ~ em** to give a discount on
abaulado, -a [abaw'ladu, a] ADJ convex; (*estrada*) cambered
abaular-se [abaw'larsi] VR to bulge
ABBC ABR F = **Associação Brasileira dos Bancos Comerciais**
ABBR ABR F (= *Associação Brasileira Beneficente de Reabilitação*) charity for the disabled
abcesso [ab'sɛsu] M = **abscesso**
abdicação [abdʒika'sãw] (*pl* **-ões**) F abdication
abdicar [abdʒi'kar] VT, VI to abdicate
abdômen [ab'domē] M abdomen
á-bê-cê [abe'se] M alphabet; (*fig*) rudiments pl
abecedário [abese'darju] M alphabet, ABC
Abeenras ABR F = **Associação Brasileira das Empresas de Engenharia, Reparos e Atividades Subaquáticas**
abeirar [abej'rar] VT to bring near; **abeirar-se** VR: **~-se de** to draw near to
abelha [a'beʎa] F bee
abelha-mestra (*pl* **abelhas-mestras**) F queen bee
abelhudo, -a [abe'ʎudu, a] ADJ nosy
abençoar [abē'swar] VT to bless
abendiçoar [abēdʒi'swar] VT to bless
aberração [abeha'sãw] (*pl* **-ões**) F aberration
aberta [a'bɛrta] F opening; (*clareira*) clearing; (*intervalo*) break
aberto, -a [a'bɛrtu, a] PP *de* **abrir** ▶ ADJ open; (*céu*) clear; (*sinal*) green; (*torneira*) on; (*desprotegido*) exposed; (*liberal*) open-minded
abertura [aber'tura] F opening; (*Foto*) aperture; (*ranhura*) gap, crevice; (*Pol*) liberalization
abestalhado, -a [abesta'ʎadu, a] ADJ stupid
ABH ABR F = **Associação Brasileira da Indústria de Hóteis**
ABI ABR F = **Associação Brasileira de Imprensa**
Abifarma ABR F = **Associação Brasileira da Indústria Farmacêutica**
abilolado, -a [abilo'ladu, a] ADJ crazy
abismado, -a [abiz'madu, a] ADJ astonished

abismo [a'bizmu] M abyss, chasm; (*fig*) depths pl
abjeção [abʒe'sãw] F baseness
abjeto, -a [ab'ʒɛtu, a] ADJ abject, contemptible
abjudicar [abʒudʒi'kar] VT to seize
ABL ABR F = **Academia Brasileira de Letras**
ABMU ABR F = **Associação Brasileira de Mulheres Universitárias**
abnegação [abnega'sãw] F self-denial
abnegado, -a [abne'gadu, a] ADJ self-sacrificing
abnegar [abne'gar] VT to renounce
abóbada [a'bɔbada] F vault; (*telhado*) arched roof
abobalhado, -a [aboba'ʎadu, a] ADJ (*criança*) simple
abóbora [a'bɔbora] F pumpkin
abobrinha [abo'briɲa] F courgette (BRIT), zucchini (US)
abocanhar [aboka'ɲar] VT (*apanhar com a boca*) to seize with the mouth; (*morder*) to bite
abolição [aboli'sãw] F abolition
abolir [abo'lir] VT to abolish
abominação [abomina'sãw] (*pl* **-ões**) F abomination
abominar [abomi'nar] VT to loathe, detest
abominável [abomi'navew] (*pl* **-eis**) ADJ abominable
abonar [abo'nar] VT to guarantee
abono [a'bɔnu] M guarantee; (*Jur*) bail; (*louvor*) praise; **~ de família** child benefit
abordagem [abor'daʒē] (*pl* **-ns**) F approach
abordar [abor'dar] VT (*Náut*) to board; (*pessoa*) to approach; (*assunto*) to broach, tackle
aborígene [abo'riʒeni] ADJ aboriginal ▶ M/F aborigine
aborrecer [abohe'ser] VT (*chatear*) to annoy; (*maçar*) to bore; **aborrecer-se** VR to get upset; to get bored
aborrecido, -a [abohe'sidu, a] ADJ boring; (*chateado*) annoyed
aborrecimento [abohesi'mētu] M boredom; (*chateação*) annoyance
abortar [abor'tar] VI (*Med*) to have a miscarriage; (: *de propósito*) to have an abortion ▶ VT to abort
aborto [a'bortu] M (*Med*) miscarriage; (: *forçado*) abortion; **fazer/ter um ~** to have an abortion/a miscarriage
abotoadura [abotwa'dura] F cufflink
abotoar [abo'twar] VT to button up ▶ VI (*Bot*) to bud
abr. ABR (= *abril*) Apr.
abraçar [abra'sar] VT to hug; (*causa*) to embrace; **abraçar-se** VR to embrace; **ele abraçou-se a mim** he embraced me
abraço [a'brasu] M embrace, hug; **com um ~** (*em carta*) with best wishes
abrandar [abrā'dar] VT to reduce; (*suavizar*) to soften ▶ VI to diminish; (*acalmar*) to calm down
abranger [abrā'ʒer] VT (*assunto*) to cover; (*alcançar*) to reach

abranjo *etc* [a'brãʒu] VB *ver* **abranger**
abrasar [abra'zar] VT to burn; (*desbastar*) to erode ▶ VI to be on fire
abrasileirado, -a [abrazilej'radu, a] ADJ Brazilianized
ABRATES ABR F = **Associação Brasileira de Tradutores**
ABRATT ABR F = **Associação Brasileira dos Transportadores Exclusivos de Turismo**
abre-garrafas ['abri-] (PT) M INV bottle opener
abre-latas ['abri-] (PT) M INV tin (BRIT) *ou* can opener
abreugrafia [abrewgra'fia] F X-ray
abreviação [abrevja'sãw] (*pl* -**ões**) F abbreviation; (*de texto*) abridgement
abreviar [abre'vjar] VT to abbreviate; (*encurtar*) to shorten; (*texto*) to abridge
abreviatura [abrevja'tura] F abbreviation
abridor [abri'dor] (BR) M opener; ~ **(de lata)** tin (BRIT) *ou* can opener; ~ **de garrafa** bottle opener
abrigar [abri'gar] VT to shelter; (*proteger*) to protect; **abrigar-se** VR to take shelter
abrigo [a'brigu] M shelter, cover; ~ **antiaéreo** air-raid shelter; ~ **antinuclear** fall-out shelter
abril [a'briw] M April; *ver tb* **julho**

> On 25 April (**25 de abril**) 1974 in Portugal, the MAF (Armed Forces Movement) instigated the bloodless revolution that was to topple the 48-year-old dictatorship presided over until 1968 by António de Oliveira Salazar. The red carnation has come to symbolize the coup, as it is said that the Armed Forces took to the streets with carnations in the barrels of their rifles. 25 April is now a public holiday in Portugal.

abrilhantar [abriʎã'tar] VT to enhance
abrir [a'brir] VT to open; (*fechadura*) to unlock; (*vestuário*) to unfasten; (*torneira*) to turn on; (*buraco, exceção*) to make; (*processo*) to start ▶ VI to open; (*sinal*) to go green; (*tempo*) to clear up; **abrir-se** VR: ~-**se com alguém** to confide in sb, open up to sb
ab-rogação [abhoga'sãw] (*pl* -**ões**) F repeal, annulment
ab-rogar [abho'gar] VT to repeal, annul
abrolho [a'broʎu] M thorn
abrupto, -a [a'bruptu, a] ADJ abrupt; (*repentino*) sudden
abrutalhado, -a [abruta'ʎadu, a] ADJ (*pessoa*) coarse; (*sapatos*) heavy
abscesso [ab'sɛsu] M abscess
absenteísta [absẽte'ista] M/F absentee
absentismo [absẽ'tʃizmu] M absenteeism
abside [ab'sidʒi] F apse; (*relicário*) shrine
absolutamente [absoluta'mẽtʃi] ADV absolutely; (*em resposta*) absolutely not, not at all
absolutismo [absolu'tʃizmu] M absolutism
absolutista [absolu'tʃista] ADJ, M/F absolutist
absoluto, -a [abso'lutu, a] ADJ absolute; **em** ~ absolutely not, not at all
absolver [absow'ver] VT to absolve; (*Jur*) to acquit
absolvição [absowvi'sãw] (*pl* -**ões**) F absolution; (*Jur*) acquittal
absorção [absor'sãw] F absorption
absorto, -a [ab'sortu, a] PP *de* **absorver** ▶ ADJ absorbed, engrossed
absorvente [absor'vẽtʃi] ADJ (*papel etc*) absorbent; (*livro etc*) absorbing
absorver [absor'ver] VT to absorb; **absorver-se em** to be absorbed in
abstêmio, -a [abs'temju, a] ADJ abstemious; (*álcool*) teetotal ▶ M/F abstainer; teetotaller (BRIT), teetotaler (US)
abstenção [abstẽ'sãw] (*pl* -**ões**) F abstention
abstencionista [abstẽsjo'nista] ADJ abstaining ▶ M/F abstainer
abstenções [abstẽ'sõjs] FPL *de* **abstenção**
abster-se [ab'stersi] (*irreg: como* **ter**) VR: ~ **de** to abstain *ou* refrain from
abstinência [abstʃi'nẽsja] F abstinence; (*jejum*) fasting
abstinha *etc* [abs'tʃiɲa] VB *ver* **abster-se**
abstive *etc* [abs'tʃivi] VB *ver* **abster-se**
abstração [abstra'sãw] F abstraction; (*concentração*) concentration
abstrair [abstra'ir] VT to abstract; (*omitir*) to omit; (*separar*) to separate
abstrato, -a [abs'tratu, a] ADJ abstract
absurdo, -a [abi'surdu, a] ADJ absurd ▶ M nonsense
abulia [abu'lia] F apathy
abundância [abũ'dãsja] F abundance
abundante [abũ'dãtʃi] ADJ abundant
abundar [abũ'dar] VI to abound
aburguesado, -a [aburge'zadu, a] ADJ middle-class, bourgeois
abusar [abu'zar] VI (*exceder-se*) to go too far; ~ **de** to abuse
abuso [a'buzu] M abuse; (*Jur*) indecent assault; ~ **de confiança** breach of trust
abutre [a'butri] M vulture
AC ABR = **Acre**
a.C. ABR (= *antes de Cristo*) B.C.
a/c ABR (= *aos cuidados de*) Attn:
acabado, -a [aka'badu, a] ADJ finished; (*esgotado*) worn out; (*envelhecido*) aged
acabamento [akaba'mẽtu] M finish
acabar [aka'bar] VT (*terminar*) to finish, complete; (*levar a cabo*) to accomplish; (*aperfeiçoar*) to complete; (*consumir*) to use up; (*rematar*) to finish off ▶ VI to finish, end, come to an end; **acabar-se** VR (*terminar*) to be over; (*prazo*) to expire; (*esgotar-se*) to run out; ~ **com** to put an end to; (*destruir*) to do away with; (*namorado*) to finish with; ~ **de chegar** to have just arrived; ~ **por fazer** to end up (by) doing; **acabou-se!** it's all over!; (*basta!*) that's enough!; **ele acabou cedendo** he eventually gave in, he ended up giving in; ... **que não acaba mais** no end of ...; **quando acaba** (*no final*) in the end

acabrunhado, -a [akabru'ɲadu, a] ADJ (*abatido*) depressed; (*envergonhado*) embarrassed

acabrunhar [akabru'ɲar] VT (*entristecer*) to distress; (*envergonhar*) to embarrass

acácia [a'kasja] F acacia

academia [akade'mia] F academy; **~ (de ginástica)** gym

Academia Brasileira de Letras *see note*

Founded in 1896 in Rio de Janeiro, on the initiative of the author Machado de Assis, the **Academia Brasileira de Letras**, or ABL, aims to preserve and develop the Portuguese language and Brazilian literature. Machado de Assis was its president until 1908. It is made up of forty life members known as the *imortais*. The Academia's activities include publication of reference books, promotion of literary prizes, and running a library, museum and archive.

acadêmico, -a [aka'demiku, a] ADJ, M/F academic

açafrão [asa'frãw] M saffron

acalcanhar [akawka'ɲar] VT (*sapato*) to put out of shape

acalentar [akalẽ'tar] VT to rock to sleep; (*esperanças*) to cherish

acalmar [akaw'mar] VT to calm ▶ VI (*vento etc*) to abate; **acalmar-se** VR to calm down

acalorado, -a [akalo'radu, a] ADJ heated

acalorar [akalo'rar] VT to heat; (*fig*) to inflame; **acalorar-se** VR (*fig*) to get heated

acamado, -a [aka'madu, a] ADJ bedridden

açambarcar [asãbar'kar] VT to monopolize; (*mercado*) to corner

acampamento [akãpa'mẽtu] M camping; (*Mil*) camp, encampment; **levantar ~** to raise camp

acampar [akã'par] VI to camp

acanhado, -a [aka'ɲadu, a] ADJ shy

acanhamento [akaɲa'mẽtu] M shyness

acanhar-se [aka'ɲarsi] VR to be shy

ação [a'sãw] (*pl* **-ões**) F action; (*ato*) act, deed; (*Mil*) battle; (*enredo*) plot; (*Jur*) lawsuit; (*Com*) share; **~ bonificada** (*Com*) bonus share; **~ de graças** thanksgiving; **~ integralizada/diferida** (*Com*) fully paid-in/deferred share; **~ ordinária/preferencial** (*Com*) ordinary/preference share

acarajé [akara'ʒɛ] M (*Culin*) *beans fried in palm oil*

acareação [akarja'sãw] (*pl* **-ões**) F confrontation

acarear [aka'rjar] VT to confront

acariciar [akari'sjar] VT to caress; (*fig*) to cherish

acarinhar [akari'ɲar] VT to caress; (*fig*) to treat with tenderness

acarretar [akahe'tar] VT to result in, bring about

acasalamento [akazala'mẽtu] M mating

acasalar [akaza'lar] VT to mate; **acasalar-se** VR to mate

acaso [a'kazu] M chance; **ao ~** at random; **por ~** by chance

acastanhado, -a [akasta'ɲadu, a] ADJ brownish; (*cabelo*) auburn

acatamento [akata'mẽtu] M respect, deference; (*de lei*) observance

acatar [aka'tar] VT (*respeitar*) to respect; (*honrar*) to honour (BRIT), honor (US); (*lei*) to obey

acautelar [akawte'lar] VT to warn; **acautelar-se** VR to be cautious; **~-se contra** to guard against

ACC ABR M = **adiantamento de contratos de câmbio**

acebolado, -a [asebo'ladu, a] ADJ (*Culin*) flavoured (BRIT) *ou* flavored (US) with onion

aceder [ase'der] VI: **~ a** to agree to, accede to

aceitação [asejta'sãw] F acceptance; (*aprovação*) approval

aceitar [asej'tar] VT to accept; (*aprovar*) to approve; **você aceita uma bebida?** would you like a drink?

aceitável [asej'tavew] (*pl* **-eis**) ADJ acceptable

aceite [a'sejtə] (PT) PP *de* **aceitar** ▶ ADJ accepted ▶ M acceptance

aceito, -a [a'sejtu, a] PP *de* **aceitar** ▶ ADJ accepted

aceleração [aselera'sãw] F acceleration; (*pressa*) haste

acelerado, -a [asele'radu, a] ADJ (*rápido*) quick; (*apressado*) hasty

acelerador [aselera'dor] M accelerator

acelerar [asele'rar] VT, VI to accelerate; **~ o passo** to go faster

acenar [ase'nar] VI (*com a mão*) to wave; (*com a cabeça*) to nod; **~ com** (*oferecer*) to offer, promise

acendedor [asẽde'dor] M lighter

acender [asẽ'der] VT (*cigarro, fogo*) to light; (*luz*) to switch on; (*fig*) to excite, inflame

aceno [a'sɛnu] M sign, gesture; (*com a mão*) wave; (*com a cabeça*) nod

acento [a'sẽtu] M accent; (*de intensidade*) stress; **~ agudo/circunflexo** acute/circumflex accent

acentuação [asẽtwa'sãw] F accentuation; (*ênfase*) stress

acentuado, -a [asẽ'twadu, a] ADJ (*sílaba*) stressed; (*saliente*) conspicuous

acentuar [asẽ'twar] VT (*marcar com acento*) to accent; (*salientar*) to stress, emphasize; (*realçar*) to enhance

acepção [asep'sãw] (*pl* **-ões**) F (*de uma palavra*) sense

acepipe [ase'pipi] M titbit (BRIT), tidbit (US), delicacy; **acepipes** MPL (PT) hors d'œuvres

acerca [a'serka] ADV: **~ de** about, concerning

acercar-se [aser'karsi] VR: **~ de** to approach, draw near to

acérrimo, -a [a'sehimu, a] ADJ SUPERL *de* **acre** (*acre*) (very) bitter; (*defensor*) staunch

acertado, -a [aser'tadu, a] ADJ (*certo*) right, correct; (*sensato*) sensible

433 | acertar – aconchegado

acertar [aser'tar] VT (*ajustar*) to put right; (*relógio*) to set; (*alvo*) to hit; (*acordo*) to reach; (*pergunta*) to get right ▶ VI to get it right, be right; **~ o caminho** to find the right way; **~ com** to hit upon
acervo [a'servu] M heap; (*Jur*) estate; (*de museu etc*) collection; **um ~ de** vast quantities of
aceso, -a [a'sezu, a] PP *de* **acender** ▶ ADJ (*luz, gás, TV*) on; (*fogo*) alight; (*excitado*) excited; (*furioso*) furious
acessar [ase'sar] VT (*Comput*) to access
acessível [ase'sivew] (*pl* **-eis**) ADJ accessible; (*pessoa*) approachable; (*preço*) reasonable, affordable
acesso [a'sɛsu] M access; (*Med*) fit, attack; **um ~ de cólera** a fit of anger; **de fácil ~** easy to get to; **~ à Internet** (*Comput*) internet access
acessório, -a [ase'sɔrju, a] ADJ (*máquina, equipamento*) backup ▶ M accessory
ACET (*BR*) ABR F = **Agência Central dos Teatros**
acetona [ase'tɔna] F nail varnish remover; (*Quím*) acetone
achacar [aʃa'kar] (*col*) VT (*dinheiro*) to extort
achado [a'ʃadu] ADJ: **não se dar por ~** to play dumb ▶ M find, discovery; (*pechincha*) bargain; (*sorte*) godsend
achaque [a'ʃaki] M ailment
achar [a'ʃar] VT (*descobrir*) to find; (*pensar*) to think; **achar-se** VR (*considerar-se*) to think (that) one is; (*encontrar-se*) to be; **~ de fazer** (*resolver*) to decide to do; **o que é que você acha disso?** what do you think of it?; **acho que ...** I think (that) ...; **acho que sim** I think so; **~ algo bom/estranho** *etc* to find sth good/strange *etc*; **~ ruim** to be cross
achatar [aʃa'tar] VT to squash, flatten; (*fig*) to talk round, convince
achegar-se [aʃe'garsi] VR: **~ a** *ou* **de** to approach, get closer to
acidentado, -a [asidẽ'tadu, a] ADJ (*terreno*) rough; (*estrada*) bumpy; (*viagem*) eventful; (*vida*) difficult ▶ M/F injured person
acidental [asidẽ'taw] (*pl* **-ais**) ADJ accidental
acidente [asi'dẽtʃi] M accident; (*acaso*) chance; **por ~** by accident; **~ de trânsito** road accident
acidez [asi'dez] F acidity
ácido, -a ['asidu, a] ADJ acid; (*azedo*) sour ▶ M acid
acima [a'sima] ADV above; (*para cima*) up ▶ PREP: **~ de** above; (*além de*) beyond; **mais ~** higher up; **rio ~** up river; **passar rua ~** to go up the street; **~ de 1000** more than 1000
acinte [a'sĩtʃi] M provocation ▶ ADV deliberately, on purpose
acintosamente [asĩtoza'mẽtʃi] ADV on purpose
acinzentado, -a [asĩzẽ'tadu, a] ADJ greyish (*BRIT*), grayish (*US*)
acionado, -a [asjo'nadu, a] M/F (*Jur*) defendant
acionar [asjo'nar] VT to set in motion; (*máquina*) to operate; (*Jur*) to sue

acionista [asjo'nista] M/F shareholder; **~ majoritário/minoritário** majority/minority shareholder
acirrado, -a [asi'hadu, a] ADJ (*luta, competição*) tough
acirrar [asi'har] VT to incite, stir up
aclamação [aklama'sãw] F acclamation; (*ovação*) applause
aclamar [akla'mar] VT to acclaim; (*aplaudir*) to applaud
aclarado, -a [akla'radu, a] ADJ clear
aclarar [akla'rar] VT to explain, clarify ▶ VI to clear up; **aclarar-se** VR to become clear
aclimatação [aklimata'sãw] F acclimatization
aclimatar [aklima'tar] VT to acclimatize (*BRIT*), acclimate (*US*); **aclimatar-se** VR to become acclimatized *ou* acclimated
aclive [a'klivi] M slope, incline
ACM ABR F (= *Associação Cristã de Moços*) YMCA
aço ['asu] M (*metal*) steel; **~ inox** stainless steel
acocorar-se [akoko'rarsi] VR to squat, crouch
acode *etc* [a'kɔdʒi] VB *ver* **acudir**
ações [a'sõjs] FPL *de* **ação**
acoitar [akoj'tar] VT to shelter, give refuge to
açoitar [asoj'tar] VT to whip, lash
açoite [a'sojtʃi] M whip, lash
acolá [ako'la] ADV over there
acolchoado, -a [akow'ʃwadu, a] ADJ quilted ▶ M quilt
acolchoar [akow'ʃwar] VT (*costurar*) to quilt; (*forrar*) to pad; (*estofar*) to upholster
acolhedor, a [akoʎe'dor(a)] ADJ welcoming; (*hospitaleiro*) hospitable
acolher [ako'ʎer] VT to welcome; (*abrigar*) to shelter; (*aceitar*) to accept; **acolher-se** VR to shelter
acolhida [ako'ʎida] F (*recepção*) reception, welcome; (*refúgio*) refuge
acolhimento [akoʎi'mẽtu] M = **acolhida**
acometer [akome'ter] VT (*atacar*) to attack; (*suj: doença*) to take hold of
acomodação [akomoda'sãw] (*pl* **-ões**) F accommodation; (*arranjo*) arrangement; (*adaptação*) adaptation
acomodar [akomo'dar] VT (*alojar*) to accommodate; (*arrumar*) to arrange; (*tornar cômodo*) to make comfortable; (*adaptar*) to adapt
acompanhamento [akõpaɲa'mẽtu] M attendance; (*cortejo*) procession; (*Mús*) accompaniment; (*Culin*) side dish
acompanhante [akõpa'ɲãtʃi] M/F companion; (*Mús*) accompanist; (*de idoso, doente*) carer (*BRIT*), caregiver (*US*)
acompanhar [akõpa'ɲar] VT to accompany, go along with; (*Mús*) to accompany; (*assistir*) to watch; (*eventos*) to keep up with; **~ alguém até a porta** to show sb to the door
aconchegado, -a [akõʃe'gadu, a] ADJ snug, cosy (*BRIT*), cozy (*US*)

aconchegante [akõʃe'gãtʃi] ADJ cosy (BRIT), cozy (US)
aconchegar [akõʃe'gar] VT to bring near; **aconchegar-se** VR (*acomodar-se*) to make o.s. comfortable; **~-se com** to snuggle up to
aconchego [akõ'ʃegu] M cuddle
acondicionamento [akõdʒisjona'mẽtu] M packaging
acondicionar [akõdʒisjo'nar] VT to condition; (*empacotar*) to pack, wrap (up)
aconselhar [akõse'ʎar] VT to advise; (*recomendar*) to recommend; **aconselhar-se** VR: **~-se com** to consult; **~ alguém a fazer** to advise sb to do
aconselhável [akõse'ʎavew] (*pl* **-eis**) ADJ advisable
acontecer [akõte'ser] VI to happen
acontecimento [akõtesi'mẽtu] M event
acordar [akor'dar] VT (*despertar*) to wake (up); (*concordar*) to agree (on) ▶ VI (*despertar*) to wake up
acorde [a'kɔrdʒi] M chord
acordeão [akor'dʒjãw] (*pl* **-ões**) M accordion
acordeonista [akordʒjo'nista] M/F accordionist
acordo [a'kordu] M agreement; **"de ~!"** "agreed!"; **de ~ com** (*pessoa*) in agreement with; (*conforme*) in accordance with; **estar de ~** to agree; **~ de cavalheiros** gentlemen's agreement
Açores [a'soris] MPL: **os ~** the Azores
açoriano, -a [aso'rjanu, a] ADJ, M/F Azorean
acorrentar [akohẽ'tar] VT to chain (up)
acorrer [ako'her] VI: **~ a alguém** to come to sb's aid
acossar [ako'sar] VT (*perseguir*) to pursue; (*atormentar*) to harass
acostamento [akosta'mẽtu] M hard shoulder (BRIT), berm (US)
acostar [akos'tar] VT to lean against; (*Náut*) to bring alongside; **acostar-se** VR to lean back
acostumado, -a [akostu'madu, a] ADJ (*habitual*) usual, customary; **estar ~** to be used to it; **estar ~ a algo** to be used to sth
acostumar [akostu'mar] VT to accustom; **acostumar-se** VR: **~-se a** to get used to
acotovelar [akotove'lar] VT to jostle; **acotovelar-se** VR to jostle
açougue [a'sogi] M butcher's (shop)
açougueiro [aso'gejru] M butcher
acovardado, -a [akovar'dadu, a] ADJ intimidated
acovardar-se [akovar'darsi] VR (*desanimar*) to lose courage; (*amedrontar-se*) to flinch, cower
acre ['akri] ADJ (*gosto*) bitter; (*cheiro*) acrid; (*fig*) harsh
acreano, -a [a'krjanu, a] ADJ from Acre ▶ M/F native of Acre
acreditado, -a [akredʒi'tadu, a] ADJ accredited
acreditar [akredʒi'tar] VT to believe; (*Com*) to credit; (*afiançar*) to guarantee ▶ VI: **~ em** to believe in; (*ter confiança em*) to have faith in; **"acredite na sinalização"** "follow traffic signs"
acreditável [akredʒi'tavew] (*pl* **-eis**) ADJ credible
acre-doce ADJ (*Culin*) sweet and sour
acrescentar [akresẽ'tar] VT to add
acrescer [akre'ser] VT (*aumentar*) to increase; (*juntar*) to add ▶ VI to increase; **acresce que ...** add to that the fact that ....
acréscimo [a'kresimu] M addition; (*aumento*) increase; (*elevação*) rise
acriançado, -a [akrjã'sadu, a] ADJ childish
acrílico [a'kriliku] M acrylic
acrimônia [akri'monja] F acrimony
acrobacia [akroba'sia] F acrobatics *pl*; **acrobacias** FPL: **~s aéreas** aerobatics *pl*
acrobata [akro'bata] M/F acrobat
acuar [a'kwar] VT to corner
açúcar [a'sukar] M sugar
açucarado, -a [asuka'radu, a] ADJ sugary
açucarar [asuka'rar] VT to sugar; (*adoçar*) to sweeten
açucareiro [asuka'rejru] M sugar bowl
açude [a'sudʒi] M dam
acudir [aku'dʒir] VT (*ir em socorro*) to help, assist ▶ VI (*responder*) to reply, respond; **~ a** to come to the aid of
acuidade [akwi'dadʒi] F perceptiveness
açular [asu'lar] VT (*incitar*) to incite; **~ um cachorro contra alguém** to set a dog on sb
acumulação [akumula'sãw] (*pl* **-ões**) F accumulation
acumulado, -a [akumu'ladu, a] ADJ (*Com: juros, despesas*) accrued
acumular [akumu'lar] VT to accumulate; (*reunir*) to collect; (*amontoar*) to pile up; (*funções*) to combine
acúmulo [a'kumulu] M accumulation
acusação [akuza'sãw] (*pl* **-ões**) F accusation, charge; (*ato*) accusation; (*Jur*) prosecution
acusado, -a [aku'zadu, a] M/F accused
acusar [aku'zar] VT to accuse; (*revelar*) to reveal; (*culpar*) to blame; **~ o recebimento de** to acknowledge receipt of
acústica [a'kustʃika] F (*ciência*) acoustics *sg*; (*de uma sala*) acoustics *pl*
acústico, -a [a'kustʃiku, a] ADJ acoustic
adaga [a'daga] F dagger
adágio [a'daʒu] M adage; (*Mús*) adagio
adaptabilidade [adaptabili'dadʒi] F adaptability
adaptação [adapta'sãw] (*pl* **-ões**) F adaptation
adaptado, -a [adap'tadu, a] ADJ (*criança*) well-adjusted
adaptar [adap'tar] VT (*modificar*) to adapt; (*acomodar*) to fit; **adaptar-se** VR: **~-se a** to adapt to
ADECIF (BR) ABR F = **Associação de Diretores de Empresas de Créditos, Investimentos e Financiamento**
adega [a'dɛga] F cellar

adelgaçado, -a [adewga'sadu, a] ADJ thin; (*aguçado*) pointed

ademais [adʒi'majs] ADV (*além disso*) besides, moreover

ADEMI (*BR*) ABR F = **Associação de Dirigentes de Empresa do Mercado Imobiliário**

adentro [a'dẽtru] ADV inside, in; **mata ~** into the woods

adepto, -a [a'dɛptu, a] M/F follower; (*de time*) supporter

adequado, -a [ade'kwadu, a] ADJ appropriate

adequar [ade'kwar] VT to adapt, make suitable

adereçar [adere'sar] VT to adorn, decorate; **adereçar-se** VR to dress up

adereço [ade'resu] M adornment; **adereços** MPL (*Teatro*) stage props

aderência [ade'rẽsja] F adherence

aderente [ade'rẽtʃi] ADJ adhesive, sticky ▶ M/F (*partidário*) supporter

aderir [ade'rir] VI to adhere; (*colar*) to stick; (*a uma moda etc*) to join in

adesão [ade'zãw] F adhesion; (*patrocínio*) support

adesivo, -a [ade'zivu, a] ADJ adhesive, sticky ▶ M adhesive tape; (*Med*) sticking plaster

adestrado, -a [ades'tradu, a] ADJ skilful (*BRIT*), skillful (*US*), skilled

adestrador, a [adestra'dor(a)] M/F trainer

adestramento [adestra'mẽtu] M training

adestrar [ades'trar] VT to train, instruct; (*cavalo*) to break in

adeus [a'dews] EXCL goodbye!; **dizer ~** to say goodbye, bid farewell

adiamento [adʒja'mẽtu] M postponement; (*de uma sessão*) adjournment

adiantado, -a [adʒjã'tadu, a] ADJ advanced; (*relógio*) fast; **chegar ~** to arrive ahead of time; **pagar ~** to pay in advance

adiantamento [adʒjãta'mẽtu] M progress; (*dinheiro*) advance (payment)

adiantar [adʒjã'tar] VT (*dinheiro, salário*) to advance, pay in advance; (*relógio*) to put forward; (*trabalho*) to advance; (*dizer*) to say in advance ▶ VI (*relógio*) to be fast; (*conselho, violência etc*) to be of use; **adiantar-se** VR to advance, get ahead; **não adianta reclamar/insistir** there's no point *ou* it's no use complaining/insisting; **~-se a alguém** to get ahead of sb; **~-se para** to go/come up to

adiante [a'dʒjãtʃi] ADV (*na frente*) in front; (*para a frente*) forward; **mais ~** further on; (*no futuro*) later on

adiar [a'dʒjar] VT to postpone, put off; (*sessão*) to adjourn

adição [adʒi'sãw] (*pl* **-ões**) F addition; (*Mat*) sum

adicionar [adʒisjo'nar] VT to add

adições [adʒi'sõjs] FPL *de* **adição**

adido, -a [a'dʒidu, a] M/F attaché

adiro *etc* [a'dʒiru] VB *ver* **aderir**

Adis-Abeba [adʒiza'bɛba] N Addis Ababa

adivinhação [adʒiviɲa'sãw] F (*destino*) fortune-telling; (*conjectura*) guessing, guesswork

adivinhar [adʒivi'ɲar] VT to guess; (*ler a sorte*) to foretell ▶ VI to guess; **~ o pensamento de alguém** to read sb's mind

adivinho, -a [adʒi'viɲu, a] M/F fortune-teller

adjacente [adʒa'sẽtʃi] ADJ adjacent

adjetivo [adʒe'tʃivu] M adjective

adjudicação [adʒudʒika'sãw] (*pl* **-ões**) F grant; (*de contratos*) award; (*Jur*) decision

adjudicar [adʒudʒi'kar] VT to award, grant

adjunto, -a [ad'ʒũtu, a] ADJ joined, attached ▶ M/F assistant

administração [adʒiministra'sãw] (*pl* **-ões**) F administration; (*direção*) management; (*comissão*) board; **~ de empresas** business administration, management; **~ fiduciária** trusteeship

administrador, a [adʒiministra'dor(a)] M/F administrator; (*diretor*) director; (*gerente*) manager

administrar [adʒiminis'trar] VT to administer, manage; (*governar*) to govern; (*remédio*) to administer

admiração [adʒimira'sãw] F (*assombro*) wonder; (*estima*) admiration; **ponto de ~** (*PT*) exclamation mark

admirado, -a [adʒimi'radu, a] ADJ astonished, surprised

admirador, a [adʒimira'dor(a)] ADJ admiring

admirar [adʒimi'rar] VT to admire; **admirar-se** VR: **~-se de** to be astonished *ou* surprised at; **não me admiro!** I'm not surprised; **não é de se ~** it's not surprising

admirável [adʒimi'ravew] (*pl* **-eis**) ADJ (*assombroso*) amazing

admissão [adʒimi'sãw] (*pl* **-ões**) F admission; (*consentimento para entrar*) admittance; (*de escola*) intake

admitir [adʒimi'tʃir] VT (*aceitar*) to admit; (*permitir*) to allow; (*funcionário*) to take on

admoestação [admwesta'sãw] (*pl* **-ões**) F admonition; (*repreensão*) reprimand

admoestar [admwes'tar] VT to admonish

adoção [ado'sãw] F adoption

adoçar [ado'sar] VT to sweeten

adocicado, -a [adosi'kadu, a] ADJ slightly sweet

adoecer [adoe'ser] VI to fall ill ▶ VT to make ill; **~ de** *ou* **com** to fall ill with

adoidado, -a [adoj'dadu, a] ADJ crazy ▶ ADV (*col*) like mad *ou* crazy

adolescente [adole'sẽtʃi] ADJ, M/F adolescent

adoração [adora'sãw] F adoration; (*veneração*) worship

adorar [ado'rar] VT to adore; (*venerar*) to worship; (*col: gostar muito de*) to love

adorável [ado'ravew] (*pl* **-eis**) ADJ adorable

adormecer [adorme'ser] VI to fall asleep; (*entorpecer-se*) to go numb

adormecido, -a [adorme'sidu, a] ADJ sleeping ▶ M/F sleeper

adornar [ador'nar] VT to adorn, decorate

adorno [a'dornu] M adornment
adotar [ado'tar] VT to adopt
adotivo, -a [ado'tʃivu, a] ADJ (filho) adopted
adquirir [adʒiki'rir] VT to acquire; (obter) to obtain
adrede [a'dredʒi] ADV on purpose, deliberately
Adriático, -a [a'drjatʃiku, a] ADJ: **o (mar) ~** the Adriatic (Sea)
adro ['adru] M (church) forecourt; (em volta da igreja) churchyard
aduana [a'dwana] F customs pl, customs house
aduaneiro, -a [adwa'nejru, a] ADJ customs atr ▶ M customs officer
adubação [aduba'sãw] F fertilizing
adubar [adu'bar] VT to manure; (fertilizar) to fertilize
adubo [a'dubu] M (fertilizante) fertilizer
adulação [adula'sãw] F flattery
adulador, a [adula'dor(a)] ADJ flattering ▶ M/F flatterer
adular [adu'lar] VT to flatter
adulteração [aduwtera'sãw] F adulteration; (de contas) falsification
adulterador, a [aduwtera'dor(a)] M/F adulterator
adulterar [aduwte'rar] VT (vinho) to adulterate; (contas) to falsify ▶ VI to commit adultery
adultério [aduw'tɛrju] M adultery
adúltero, -a [a'duwteru, a] M/F adulterer/adulteress
adulto, -a [a'duwtu, a] ADJ, M/F adult
adunco, -a [a'dũku, a] ADJ (nariz) hook
adveio etc [ad'veju] VB ver **advir**
adventício, -a [advẽ'tʃisju, a] ADJ (casual) accidental; (estrangeiro) foreign ▶ M/F foreigner
advento [ad'vẽtu] M advent; **o A~** Advent
advérbio [adʒi'vɛrbju] M adverb
adversário [adʒiver'sarju] M adversary, opponent, enemy
adversidade [adʒiversi'dadʒi] F adversity, misfortune
adverso, -a [adʒi'vɛrsu, a] ADJ adverse, unfavourable (BRIT), unfavorable (US); (oposto): **~ a** opposed to
advertência [adʒiver'tẽsja] F warning; (repreensão) (gentle) reprimand
advertido, -a [adʒiver'tʃidu, a] ADJ prudent; (informado) well-advised
advertir [adʒiver'tʃir] VT to warn; (repreender) to reprimand; (chamar a atenção a) to draw attention to
advier etc [ad'vjer] VB ver **advir**
advindo, -a [ad'vĩdu, a] ADJ: **~ de** resulting from
advir [ad'vir] (irreg: como **vir**) VI: **~ de** to result from
advocacia [adʒivoka'sia] F legal profession, law
advogado, -a [adʒivo'gadu, a] M/F lawyer

advogar [adʒivo'gar] VT (promover) to advocate; (Jur) to plead ▶ VI to practise (BRIT) ou practice (US) law
aéreo, -a [a'ɛrju, a] ADJ air atr; (pessoa) vague
aerobarco [aero'barku] M jetfoil
aeroclube [aero'klubi] M flying club
aerodinâmica [aerodʒi'namika] F aerodynamics sg
aerodinâmico, -a [aerodʒi'namiku, a] ADJ aerodynamic
aeródromo [aero'drɔmu] M airfield
aeroespacial [aeroispa'sjaw] (pl **-ais**) ADJ aerospace atr
aerofagia [aerofa'ʒia] F (Med) hyperventilation
aerofoto [aero'fɔtu] F aerial photograph
aeromoço, -a [aero'mosu, a] (BR) M/F flight attendant
aeromodelismo [aeromode'lizmu] M aeromodelling
aeronauta [aero'nawta] M/F airman/woman
aeronáutica [aero'nawtʃika] F air force; (ciência) aeronautics sg; **Departamento de A~ Civil** ≈ Civil Aviation Authority
aeronave [aero'navi] F aircraft
aeroporto [aero'portu] M airport
aerossol [aero'sɔw] (pl **-óis**) M aerosol
afã [a'fã] M (entusiasmo) enthusiasm; (diligência) diligence; (ânsia) eagerness; (esforço) effort; (faina) task, job; **no seu ~ de agradar** in his eagerness to please
afabilidade [afabili'dadʒi] F friendliness, kindness
afaço etc [a'fasu] VB ver **afazer**
afagar [afa'gar] VT (acariciar) to caress; (cabelo) to stroke
afamado, -a [afa'madu, a] ADJ renowned
afanar [afa'nar] (col) VT to nick, pinch
afanoso, -a [afa'nozu, ɔza] ADJ laborious; (meticuloso) painstaking
afasia [afa'zia] F aphasia
afastado, -a [afas'tadu, a] ADJ (distante) remote; (isolado) secluded; (pernas) apart; (amigo) distant; **manter-se ~** to keep to o.s.
afastamento [afasta'mẽtu] M removal; (distância) distance; (de emprego solicitado) rejection; (de pessoal) lay-off, sacking
afastar [afas'tar] VT to remove; (amigo) to distance; (separar) to separate; (ideia) to put out of one's mind; (pessoal) to lay off; **afastar-se** VR (ir-se embora) to move away, go away; (de amigo) to distance o.s.; (de cargo) to step down; **~ os olhos de** to take one's eyes off; **~-se do assunto** to stray from the subject
afável [a'favew] (pl **-eis**) ADJ friendly, genial
afazer [afa'zer] (irreg: como **fazer**) VT to accustom; **afazer-se** VR: **~-se a** to get used to
afazeres [afa'zeris] MPL business sg; (dever) duties, tasks; **~ domésticos** household chores
afegã [afe'] F de **afegão**

Afeganistão [afeganis'tãw] M: **o ~** Afghanistan

afegão, -gã [afe'gãw, 'gã] (pl **-ões/-s**) ADJ, M/F Afghan

afeição [afej'sãw] F (amor) affection, fondness; (dedicação) devotion

afeiçoado, -a [afej'swadu, a] ADJ: **~ a** (amoroso) fond of; (devotado) devoted to ▶ M/F friend

afeiçoar-se [afej'swarsi] VR: **~ a** (tomar gosto por) to take a liking to

afeito, -a [a'fejtu, a] PP de **afazer** ▶ ADJ: **~ a** accustomed to, used to

afeminado, -a [afemi'nadu, a] ADJ effeminate

aferidor [aferi'dor] M (de pesos e medidas) inspector; (verificador) checker; (instrumento) gauge (BRIT), gage (US)

aferir [afe'rir] VT (verificar) to check, inspect; (comparar) to compare; (conhecimentos, resultados) to assess

aferrado, -a [afe'hadu, a] ADJ obstinate, stubborn

aferrar [afe'har] VT (prender) to secure; (Náut) to anchor; (agarrar) to grasp; **aferrar-se** VR: **~-se a** to cling to

aferrolhar [afeho'ʎar] VT to bolt; (pessoa) to imprison; (coisas) to hoard

aferventar [afervẽ'tar] VT to bring to the (BRIT) ou a (US) boil

afetação [afeta'sãw] F affectation

afetado, -a [afe'tadu, a] ADJ pretentious, affected

afetar [afe'tar] VT to affect; (fingir) to feign

afetividade [afetʃivi'dadʒi] F affection

afetivo, -a [afe'tʃivu, a] ADJ affectionate; (problema) emotional

afeto [a'fetu] M affection

afetuoso, -a [afe'twozu, ɔza] ADJ affectionate

afez etc [a'fez] VB ver **afazer**

AFI ABR M (= Alfabeto Fonético Internacional) IPA

afiado, -a [a'fjadu, a] ADJ sharp; (pessoa) well-trained

afiançar [afjã'sar] VT (Jur) to stand bail for; (garantir) to guarantee

afiar [a'fjar] VT to sharpen

aficionado, -a [afisjo'nadu, a] M/F enthusiast

afigurar-se [afigu'rarsi] VR to seem, appear; **afigura-se-me que ...** it seems to me that ...

afilado, -a [afi'ladu, a] ADJ (nariz) thin

afilhado, -a [afi'ʎadu, a] M/F godson/ goddaughter

afiliação [afilja'sãw] (pl **-ões**) F affiliation

afiliada [afi'ljada] F affiliate, affiliated company

afiliado, -a [afi'ljadu, a] ADJ affiliated

afiliar [afi'ljar] VT to affiliate; **afiliar-se** VR: **~-se a** to join

afim [a'fĩ] (pl **-ns**) ADJ (semelhante) similar; (consanguíneo) related ▶ M/F relative, relation; **estar ~ de (fazer) algo** to feel like (doing) sth, fancy (doing) sth; **estar ~ de alguém** (col) to fancy sb

afinação [afina'sãw] F (Mús) tuning

afinado, -a [afi'nadu, a] ADJ in tune

afinal [afi'naw] ADV at last, finally; **~ (de contas)** after all

afinar [afi'nar] VT (Mús) to tune ▶ VI (adelgaçar) to taper

afinco [a'fĩku] M tenacity, persistence; **com ~** tenaciously

afinidade [afini'dadʒi] F affinity

afins [a'fĩs] PL de **afim**

afirmação [afirma'sãw] (pl **-ões**) F affirmation; (declaração) statement

afirmar [afir'mar] VT, VI to affirm, assert; (declarar) to declare

afirmativo, -a [afirma'tʃivu, a] ADJ affirmative

afiro etc [a'firu] VB ver **aferir**

afivelar [afive'lar] VT to buckle

afixar [afik'sar] VT (cartazes) to stick, post

afiz etc [a'fiz] VB ver **afazer**

afizer etc [afi'zer] VB ver **afazer**

aflição [afli'sãw] F (sofrimento) affliction; (ansiedade) anxiety; (angústia) anguish

afligir [afli'ʒir] VT to distress; (atormentar) to torment; (inquietar) to worry; **afligir-se** VR: **~-se com** to worry about

aflijo etc [a'fliʒu] VB ver **afligir**

aflito, -a [a'flitu, a] PP de **afligir** ▶ ADJ distressed, anxious

aflorar [aflo'rar] VI to emerge, appear

afluência [a'flwẽsja] F affluence; (corrente copiosa) flow; (de pessoas) stream

afluente [a'flwẽtʃi] ADJ copious; (rico) affluent ▶ M tributary

afluir [a'flwir] VI to flow; (pessoas) to congregate

afobação [afoba'sãw] F fluster; (ansiedade) panic

afobado, -a [afo'badu, a] ADJ flustered; (ansioso) panicky, nervous

afobamento [afoba'mẽtu] M fluster; (ansiedade) panic

afobar [afo'bar] VT to fluster; (deixar ansioso) to make nervous ou panicky ▶ VI to get flustered; to panic, get nervous; **afobar-se** VR to get flustered

afofar [afo'far] VT to fluff

afogado, -a [afo'gadu, a] ADJ drowned

afogador [afoga'dor] (BR) M (Auto) choke

afogar [afo'gar] VT to drown ▶ VI (Auto) to flood; **afogar-se** VR to drown, be drowned

afoito, -a [a'fojtu, a] ADJ bold, daring

afonia [afo'nia] F voice loss

afônico, -a [a'foniku, a] ADJ: **estou ~** I've lost my voice

afora [a'fɔra] PREP except for, apart from ▶ ADV: **rua ~** down the street; **pelo mundo ~** throughout the world; **porta ~** out into the street

aforismo [afo'rizmu] M aphorism

aforrar [afo'har] VT (roupa) to line; (poupar) to save; (liberar) to free

afortunado, -a [afortu'nadu, a] ADJ fortunate, lucky

afrescalhado, -a [afreska'ʎadu, a] (col) ADJ effeminate, camp

afresco [a'fresku] M fresco

África ['afrika] F: **a ~** Africa; **a ~ do Sul** South Africa

africano, -a [afri'kanu, a] ADJ, M/F African

AFRMM (BR) ABR M (= Adicional ao Frete para Renovação da Marinha Mercante) tax on goods imported by sea

afro-brasileiro, -a ['afru-] (pl **-s**) ADJ Afro-Brazilian

afrodisíaco [afrodʒi'ziaku] M aphrodisiac

afronta [a'frõta] F insult, affront

afrontado, -a [afrõ'tadu, a] ADJ (ofendido) offended; (com má digestão) too full

afrontar [afrõ'tar] VT to insult; (ofender) to offend

afrouxar [afro'ʃar] VT (desapertar) to slacken; (soltar) to loosen ▶ VI (soltar-se) to come loose

afta ['afta] F (mouth) ulcer

afugentar [afuʒẽ'tar] VT to drive away, put to flight

afundar [afũ'dar] VT (submergir) to sink; (cavidade) to deepen; **afundar-se** VR to sink; (col: num exame) to do badly

agá [a'ga] M aitch, h

agachar-se [aga'ʃarsi] VR (acaçapar-se) to crouch, squat; (curvar-se) to stoop; (fig) to cringe

agarração [agaha'sãw] (col) F necking

agarrado, -a [aga'hadu, a] ADJ: **~ a** (preso) stuck to; (a uma pessoa) very attached to

agarramento [agaha'mẽtu] M (a uma pessoa) close attachment; (col: agarração) necking

agarrar [aga'har] VT to seize, grasp; **agarrar-se** VR: **~-se a** to cling to, hold on to

agasalhado, -a [agaza'ʎadu, a] ADJ warmly dressed, wrapped up

agasalhar [agaza'ʎar] VT to dress warmly, wrap up; **agasalhar-se** VR to wrap o.s. up

agasalho [aga'zaʎu] M (casaco) coat; (suéter) sweater

ágeis ['aʒejs] PL de **ágil**

agência [a'ʒẽsja] F agency; (escritório) office; (de banco etc) branch; **~ de correio** (BR) post office; **~ de viagens** travel agency; **~ publicitária** advertising agency

agenciar [aʒẽ'sjar] VT (negociar) to negotiate; (obter) to procure; (ser agente de) to act as an agent for

agenda [a'ʒẽda] F diary; **~ eletrônica** personal organizer

agente [a'ʒẽtʃi] M/F agent; (de polícia) policeman/woman; **~ de seguros** (insurance) underwriter

agigantado, -a [aʒigã'tadu, a] ADJ gigantic

ágil ['aʒiw] (pl **-eis**) ADJ agile

agilidade [aʒili'dadʒi] F agility

agilizar [aʒili'zar] VT: **~ algo** (dar andamento a) to get sth moving; (acelerar) to speed sth up

ágio ['aʒju] M premium

agiota [a'ʒjɔta] M/F moneylender

agir [a'ʒir] VI to act; **~ bem/mal** to do right/wrong

agitação [aʒita'sãw] (pl **-ões**) F agitation; (perturbação) disturbance; (inquietação) restlessness

agitado, -a [aʒi'tadu, a] ADJ agitated, disturbed; (inquieto) restless

agitar [aʒi'tar] VT to agitate, disturb; (sacudir) to shake; (cauda) to wag; (mexer) to stir; (os braços) to swing, wave; **agitar-se** VR to get upset; (mar) to get rough

aglomeração [aglomera'sãw] (pl **-ões**) F gathering; (multidão) crowd

aglomerado [aglome'radu] M: **~ urbano** city

aglomerar [aglome'rar] VT to heap up, pile up; **aglomerar-se** VR (multidão) to crowd together

AGO ABR F (= assembleia geral ordinária) AGM

ago. ABR (= agosto) Aug.

agonia [ago'nia] F agony, anguish; (ânsia da morte) death throes pl; (indecisão) indecision

agoniado, -a [ago'njadu, a] ADJ anguished

agonizante [agoni'zãtʃi] ADJ dying ▶ M/F dying person

agonizar [agoni'zar] VI to be dying; (afligir-se) to agonize

agora [a'gɔra] ADV now; (hoje em dia) now, nowadays; **e ~?** now what?; **~ mesmo** right now; (há pouco) a moment ago; **a partir de ~**, **de ~ em diante** from now on; **até ~** so far, up to now; **por ~** for now; **~ que** now that; **eu lhe disse ontem** I told him yesterday; **~, se ele esquecer ...** but if he forgets ...

agorinha [ago'riɲa] ADV just now

agosto [a'gostu] M August; ver tb **julho**

agourar [ago'rar] VT to predict, foretell ▶ VI to augur ill

agouro [a'goru] M omen; (mau agouro) bad omen

agraciar [agra'sjar] VT (condecorar) to decorate

agradabilíssimo, -a [agradabi'lisimu, a] ADJ SUPERL de **agradável**

agradar [agra'dar] VT (deleitar) to please; (fazer agrados a) to be nice to ▶ VI (ser agradável) to be pleasing; (satisfazer: show, piada etc) to go down well

agradável [agra'davew] (pl **-eis**) ADJ pleasant

agradecer [agrade'ser] VT: **~ algo a alguém**, **~ a alguém por algo** to thank sb for sth

agradecido, -a [agrade'sidu, a] ADJ grateful; **mal ~** ungrateful

agradecimento [agradesi'mẽtu] M gratitude; **agradecimentos** MPL (gratidão) thanks

agrado [a'gradu] M: **fazer um ~ a alguém** (afagar) to be affectionate with sb; (ser agradável) to be nice to sb

agrário, -a [a'grarju, a] ADJ agrarian; **reforma agrária** land reform

agravação [agrava'sãw] (PT) F aggravation; (piora) worsening

agravamento [agrava'mẽtu] (BR) M aggravation

agravante [agra'vãtʃi] ADJ aggravating ▶ F aggravating circumstance

agravar [agra'var] VT to aggravate, make worse; **agravar-se** VR (piorar) to get worse

agravo [a'gravu] M (Jur) appeal
agredir [agre'dʒir] VT to attack; (insultar) to insult
agregado, -a [agre'gadu, a] M/F (lavrador) tenant farmer; (BR) lodger ▶ M aggregate, sum total
agregar [agre'gar] VT (juntar) to collect; (acrescentar) to add
agressão [agre'sãw] (pl **-ões**) F aggression; (ataque) attack; (assalto) assault
agressividade [agresivi'dadʒi] F aggressiveness
agressivo, -a [agre'sivu, a] ADJ aggressive
agressões [agre'sõjs] FPL de **agressão**
agressor, a [agre'sor(a)] M/F aggressor
agreste [a'grɛstʃi] ADJ rural, rustic; (terreno) wild, uncultivated
agrião [a'grjãw] M watercress
agrícola [a'grikola] ADJ agricultural
agricultável [agrikuw'tavew] (pl **-eis**) ADJ arable
agricultor [agrikuw'tor] M farmer
agricultura [agrikuw'tura] F agriculture, farming
agrido etc [a'gridu] VB ver **agredir**
agridoce [agri'dosi] ADJ bittersweet
agronegócio [agrone'gɔsju] M agribusiness
agronomia [agrono'mia] F agronomy
agrônomo, -a [a'gronomu, a] M/F agronomist
agropecuária [agrope'kwarja] F farming, agriculture
agropecuário, -a [agrope'kwarju, a] ADJ farming atr, agricultural
agrotóxico [agro'toksiku] M pesticide
agrupamento [agrupa'mẽtu] M grouping
agrupar [agru'par] VT to group; **agrupar-se** VR to group together
agrura [a'grura] F bitterness
água ['agwa] F water; **águas** FPL (mar) waters; (chuvas) rain sg; (maré) tides; **~ abaixo/acima** downstream/upstream; **até debaixo da ~** (fig) one thousand per cent; **dar ~ na boca** (comida) to be mouthwatering; **estar na ~** (bêbado) to be drunk; **fazer ~** (Náut) to leak; **ir nas ~s de alguém** (fig) to follow in sb's footsteps; **~ benta** holy water; **~ com açúcar** adj inv schmaltzy, mushy; **~ corrente** running water; **~ de coco** coconut water; **~ doce** fresh water; **~ dura/leve** hard/soft water; **~ mineral** mineral water; **~ oxigenada** peroxide; **~ salgada** salt water; **~ sanitária** household bleach; **jogar ~ na fervura** (fig) to put a damper on things; **mudar como da ~ para o vinho** to change radically; **desta ~ não beberei!** that won't happen to me!; **~s passadas não movem moinhos** it's all water under the bridge
aguaceiro [agwa'sejru] M (chuva) (heavy) shower, downpour; (com vento) squall
água-de-colônia (pl **águas-de-colônia**) F eau-de-cologne
aguado, -a [a'gwadu, a] ADJ watery

água-furtada [-fur'tada] (pl **águas-furtadas**) F garret, attic
água-marinha (pl **águas-marinhas**) F aquamarine
aguar [a'gwar] VT to water ▶ VI: **~ por** (salivar) to drool over
aguardar [agwar'dar] VT to wait for, await; (contar com) to expect ▶ VI to wait
aguardente [agwar'dẽtʃi] M spirit (BRIT), liquor (US)
aguarrás [agwa'hajs] F turpentine
água-viva (pl **águas-vivas**) F jellyfish
aguçado, -a [agu'sadu, a] ADJ pointed; (espírito, sentidos) acute
aguçar [agu'sar] VT (afiar) to sharpen; (estimular) to excite; **~ a vista** to keep one's eyes peeled
agudeza [agu'deza] F sharpness; (perspicácia) perspicacity; (de som) shrillness
agudo, -a [a'gudu, a] ADJ sharp; (som) shrill; (intenso) acute
aguentar [agwẽ'tar] VT (muro etc) to hold up; (dor, injustiças) to stand, put up with; (peso) to withstand; (resistir a) to stand up to ▶ VI to last, hold out; (resistir a peso) to hold;
aguentar-se VR (manter-se) to remain, hold on; **~ com** to hold, withstand; **~ fazer algo** to manage to do sth; **não ~ de** not to be able to stand; **~ firme** to hold out
aguerrido, -a [age'hidu, a] ADJ warlike, bellicose; (corajoso) courageous
águia ['agja] F eagle; (fig) genius
agulha [a'guʎa] F (de coser, tricô) needle; (Náut) compass; (Ferro) points pl (BRIT), switch (US); **trabalho de ~** needlework
agulheta [agu'ʎeta] F (bico) nozzle
ah [a] EXCL oh!
AI ABR F = **Anistia Internacional** ▶ ABR M (BR) = **Ato Institucional**; **AI-5** measure passed in 1968 suspending congress and banning opposition politicians
ai [aj] EXCL (suspiro) oh!; (de dor) ouch! ▶ M (suspiro) sigh; (gemido) groan; **ai de mim** poor me!
aí [a'i] ADV there; (então) then; **por aí** (em lugar indeterminado) somewhere over there, thereabouts; **espera aí!** wait!, hang on a minute!; **está aí!** (col) right!; **aí é que 'tá!** (col) that's just the point; **e por aí afora** ou **vai** and so on; **já não está aí quem falou** (col) I stand corrected; **e aí?** and then what?; **e aí (como vai)?** (col) how are things with you?
aiatolá [ajato'la] M ayatollah
aidético, -a [aj'dɛtʃiku, a] ADJ suffering from AIDS ▶ M/F person with AIDS
AIDS ['ajdʒs] F AIDS
ainda [a'ĩda] ADV still; (mesmo) even; **~ agora** just now; **~ assim** even so, nevertheless; **~ bem** just as well; **~ por cima** on top of all that, in addition; **~ não** not yet; **~ que** even if; **maior ~** even bigger
aipim [aj'pĩ] M cassava

aipo ['ajpu] M celery
airado, -a [aj'radu, a] ADJ (*frívolo*) frivolous; (*leviano*) dissolute
airoso, -a [aj'rozu, ɔza] ADJ graceful, elegant
ajantarado [aʒãta'radu] M *lunch and dinner combined*
ajardinar [aʒardʒi'nar] VT to make into a garden
ajeitar [aʒej'tar] VT (*adaptar*) to fit, adjust; (*arranjar*) to arrange, fix; **ajeitar-se** VR to adapt; **aos poucos as coisas se ajeitam** things will gradually sort themselves out
ajo *etc* ['aʒu] VB *ver* **agir**
ajoelhado, -a [aʒwe'ʎadu, a] ADJ kneeling
ajoelhar [aʒwe'ʎar] VI to kneel (down); **ajoelhar-se** VR to kneel down
ajuda [a'ʒuda] F help, aid; (*subsídio*) grant, subsidy; **sem ~** unaided; **dar ~ a alguém** to lend ou give sb a hand; **~ de custo** allowance
ajudante [aʒu'dãtʃi] M/F assistant, helper; (*Mil*) adjutant
ajudar [aʒu'dar] VT to help
ajuizado, -a [aʒwi'zadu, a] ADJ (*sensato*) sensible; (*sábio*) wise; (*prudente*) discreet
ajuizar [aʒwi'zar] VT to judge; (*calcular*) to calculate
ajuntamento [aʒũta'mẽtu] M gathering
ajuntar [aʒũ'tar] VT (*unir*) to join; (*documentos*) to attach; (*reunir*) to gather
ajustagem [aʒus'taʒẽ] (*pl* **-ns**) (BR) F (*Tec*) adjustment
ajustagens [aʒus'taʒẽs] FPL *de* **ajustagem**
ajustamento [aʒusta'mẽtu] M adjustment; (*de contas*) settlement
ajustar [aʒus'tar] VT (*regular*) to adjust; (*conta, disputa*) to settle; (*acomodar*) to fit; (*roupa*) to take in; (*contratar*) to contract; (*estipular*) to stipulate; (*preço*) to agree on; **ajustar-se** VR: **~-se a** to conform to; (*adaptar-se*) to adapt to
ajustável [aʒus'tavew] (*pl* **-eis**) ADJ adjustable; (*aplicável*) applicable
ajuste [a'ʒustʃi] M (*acordo*) agreement; (*de contas*) settlement; (*adaptação*) adjustment; **~ final** (*Com*) settlement of account
AL ABR = **Alagoas** ▶ ABR F (BR: = *Aliança Liberal*) *former political party*
al. ABR = **Alameda**
ala ['ala] F (*fileira*) row; (*passagem*) aisle; (*de edifício, exército, ave*) wing
Alá [a'la] M Allah
ALADI ABR F = **Associação Latino-Americana de Desenvolvimento e Intercâmbio**
alagação [alaga'sãw] F flooding
alagadiço, -a [alaga'dʒisu, a] ADJ swampy, marshy ▶ M swamp, marsh
alagamento [alaga'mẽtu] M flooding; (*arrasamento*) destruction
alagar [ala'gar] VT, VI to flood
alagoano, -a [ala'gwanu, a] ADJ from Alagoas ▶ M/F native ou inhabitant of Alagoas
alambique [alã'biki] M still
alameda [ala'meda] F (*avenida*) avenue; (*arvoredo*) grove

álamo ['alamu] M poplar
alanhar [ala'ɲar] VT to slash; (*peixe*) to gut
alar [a'lar] VT to haul, heave
alaranjado, -a [alarã'ʒadu, a] ADJ orangey
alarde [a'lardʒi] M (*ostentação*) ostentation; (*jactância*) boasting; **fazer ~ de** to boast about
alardear [alar'dʒjar] VT to show off; (*gabar-se de*) to boast of ▶ VI to boast; **alardear-se** VR to boast; **~ fazer** to boast of doing; **~(-se) de valente** to boast of being strong
alargamento [alarga'mẽtu] M enlargement
alargar [alar'gar] VT (*ampliar*) to extend; (*fazer mais largo*) to widen, broaden; (*afrouxar*) to loosen, slacken
alarido [ala'ridu] M (*clamor*) outcry; (*tumulto*) uproar
alarma [a'larma] F alarm; (*susto*) panic; (*tumulto*) tumult; (*vozearia*) outcry; **dar o sinal de ~** to raise the alarm; **~ de roubo** burglar alarm
alarmante [alar'mãtʃi] ADJ alarming
alarmar [alar'mar] VT to alarm; **alarmar-se** VR to be alarmed
alarme [a'larmi] M = **alarma**
alarmista [alar'mista] ADJ, M/F alarmist
Alasca [a'laska] M: **o ~** Alaska
alastrado, -a [alas'tradu, a] ADJ: **~ de** strewn with
alastrar [alas'trar] VT (*espalhar*) to scatter; (*disseminar*) to spread; (*lastrar*) to ballast; **alastrar-se** VR (*epidemia, rumor*) to spread
alavanca [ala'vãka] F lever; (*pé de cabra*) crowbar; **~ de mudanças** gear lever
alavancar [alavã'kar] VT to lever; (*fig: negócios, economia*) to kick-start
albanês, -esa [awba'nes, eza] ADJ, M/F Albanian ▶ M (*Ling*) Albanian
Albânia [aw'banja] F: **a ~** Albania
albergar [awber'gar] VT (*hospedar*) to provide lodging for; (*abrigar*) to shelter
albergue [aw'bɛrgi] M (*estalagem*) inn; (*refúgio*) hospice, shelter; **~ noturno** hotel; **~ para jovens** youth hostel
albino, -a [aw'binu, a] ADJ, M/F albino
albufeira [awbu'fejra] F lagoon
álbum ['awbũ] (*pl* **-ns**) M album; **~ de recortes** scrapbook
alça ['awsa] F strap; (*asa*) handle; (*de fusil*) sight
alcácer [aw'kaser] M fortress
alcachofra [awka'ʃofra] F artichoke
alcaçuz [awka'suz] M liquorice
alçada [aw'sada] F (*jurisdição*) jurisdiction; (*competência*) competence; **isso não é da minha ~** that is beyond my control
alcaguete [awka'gwetʃi] M/F informer
álcali ['awkali] M alkali
alcalino, -a [awka'linu, a] ADJ alkaline
alcançar [awkã'sar] VT to reach; (*estender*) to hand, pass; (*obter*) to obtain, get; (*atingir*) to attain; (*compreender*) to understand; (*desfalcar*): **~ uma firma em $1 milhão** to embezzle $1 million from a firm ▶ VI to

reach; **alcançar-se** VR (*fazer um desfalque*) to embezzle funds
alcançável [awkã'savew] (*pl* **-eis**) ADJ (*acessível*) reachable; (*atingível*) attainable
alcance [aw'kãsi] M reach; (*competência*) power, competence; (*compreensão*) understanding; (*de tiro, visão*) range; (*desfalque*) embezzlement; **ao ~ de** within reach *ou* range of; **ao ~ da voz** within earshot; **de grande ~** far-reaching; **fora do ~ da mão** out of reach; **fora do ~ de alguém** beyond sb's grasp
alcantilado, -a [awkãtʃi'ladu, a] ADJ (*íngreme*) steep; (*penhascoso*) craggy
alçapão [awsa'pãw] (*pl* **-ões**) M trapdoor; (*arapuca*) trap
alcaparra [awka'paha] F caper
alçapões [awsa'põjs] MPL *de* **alçapão**
alçaprema [awsa'prɛma] F (*alavanca*) crowbar
alçar [aw'sar] VT to lift (up); (*voz*) to raise; **~ voo** to take off
alcaravia [awkara'via] F: **sementes de ~** caraway seeds
alcateia [awka'tɛja] F (*de lobos*) pack; (*de ladrões*) gang
alcatra [aw'katra] F rump (steak)
alcatrão [awka'trãw] M tar
álcool ['awkɔw] M alcohol
alcoólatra [aw'kɔlatra] M/F alcoholic
alcoólico, -a [aw'kɔliku, a] ADJ, M/F alcoholic
alcoolismo [awko'lizmu] M alcoholism
Alcorão [awko'rãw] M Koran
alcova [aw'kova] F bedroom
alcoviteiro, -a [awkovi'tejru, a] M/F pimp/procuress
alcunha [aw'kuɲa] F nickname
aldeão, -deã [aw'dʒãw, jã] (*pl* **-ões/-s**) M/F villager
aldeia [aw'deja] F village
aldeões [aw'dʒõjs] MPL *de* **aldeão**
aldraba [aw'draba] (PT) F (*tranqueta*) latch; (*de bater*) door knocker
aleatório, -a [alea'tɔrju, a] ADJ random
alecrim [ale'krĩ] M rosemary
alegação [alega'sãw] (*pl* **-ões**) F allegation
alegado [ale'gadu] M (*Jur*) plea
alegar [ale'gar] VT to allege; (*Jur*) to plead
alegoria [alego'ria] F allegory
alegórico, -a [ale'gɔriku, a] ADJ allegorical; **carro ~** float
alegrar [ale'grar] VT (*tornar feliz*) to cheer (up), gladden; (*ambiente*) to brighten up; (*animar*) to liven (up); **alegrar-se** VR to cheer up
alegre [a'lɛgri] ADJ (*jovial*) cheerful; (*contente*) happy, glad; (*cores*) bright; (*embriagado*) merry, tight
alegria [ale'gria] F joy, happiness
aleguei *etc* [ale'gej] VB *ver* **alegar**
aleia [a'lɛja] F (tree-lined) avenue; (*passagem*) alley
aleijado, -a [alej'ʒadu, a] ADJ crippled ▶ M/F cripple
aleijão [alej'ʒãw] (*pl* **-ões**) M deformity

aleijar [alej'ʒar] VT (*mutilar*) to maim
aleijões [alej'ʒõjs] MPL *de* **aleijão**
aleitamento [alejta'mẽtu] M breast-feeding
aleitar [alej'tar] VT, VI to breast-feed
além [a'lẽj] ADV (*lá ao longe*) over there; (*mais adiante*) further on ▶ M: **o ~** the hereafter ▶ PREP: **~ de** beyond; (*no outro lado de*) on the other side of; (*para mais de*) over; (*ademais de*) apart from, besides; **~ disso** moreover; **mais ~** further
alemã [ale'mã] F *de* **alemão**
alemães [ale'mãjs] MPL *de* **alemão**
Alemanha [ale'maɲa] F: **a ~** Germany
alemão, -mã [ale'mãw, 'mã] (*pl* **-ães/-s**) ADJ, M/F German ▶ M (*Ling*) German
alentado, -a [alẽ'tadu, a] ADJ (*valente*) valiant; (*grande*) great; (*volumoso*) substantial
alentador, a [alẽta'dor(a)] ADJ encouraging
alentar [alẽ'tar] VT to encourage; **alentar-se** VR to cheer up
alentejano, -a [alẽte'ʒanu, a] ADJ from Alentejo ▶ M/F native *ou* inhabitant of Alentejo
alento [a'lẽtu] M (*fôlego*) breath; (*ânimo*) courage; **dar ~** to encourage; **tomar ~** to draw breath
alergia [aler'ʒia] F: **~ (a)** allergy (to); (*fig*) aversion (to)
alérgico, -a [a'lɛrʒiku, a] ADJ: **~ (a)** allergic (to); **ele é ~ a João/à política** he can't stand João/politics
alerta [a'lɛrta] ADJ alert ▶ ADV on the alert ▶ M alert
alertar [aler'tar] VT to alert; **alertar-se** VR to be alerted
Alf. ABR = **Alferes**
alfabético, -a [awfa'bɛtʃiku, a] ADJ alphabetical
alfabetização [awfabetʃiza'sãw] F literacy
alfabetizado, -a [awfabetʃi'zadu, a] ADJ literate
alfabetizar [awfabetʃi'zar] VT to teach to read and write; **alfabetizar-se** VR to learn to read and write
alfabeto [awfa'bɛtu] M alphabet
alface [aw'fasi] F lettuce
alfaia [aw'faja] F (*móveis*) furniture; (*utensílio*) utensil; (*enfeite*) ornament
alfaiataria [awfajata'ria] F tailor's shop
alfaiate [awfa'jatʃi] M tailor
alfândega [aw'fãdʒiga] F customs *pl*, customs house
alfandegário, -a [awfãde'garju, a] ADJ customs *atr* ▶ M/F customs officer
alfanumérico, -a [awfanu'mɛriku, a] ADJ alphanumeric
alfavaca [awfa'vaka] F basil
alfazema [awfa'zɛma] F lavender
alfena [aw'fɛna] F privet
alfinetada [awfine'tada] F prick; (*dor aguda*) stabbing pain; (*fig*) dig
alfinetar [awfine'tar] VT to prick (with a pin); (*costura*) to pin; (*fig*) to needle

alfinete [awfi'netʃi] M pin; **~ de chapéu** hat pin; **~ de fralda** nappy (BRIT) ou diaper (US); **~ de segurança** safety pin

alfineteira [awfine'tejra] F pin cushion; (caixa) pin box

alga ['awga] F seaweed; (Bot) alga

algarismo [awga'rizmu] M numeral, digit; **~ arábico/romano** Arabic/Roman numeral

Algarve [aw'garvi] M: **o ~** the Algarve

algarvio, -a [awgar'viu, a] ADJ from the Algarve ▶ M/F native ou inhabitant of the Algarve

algazarra [awga'zaha] F uproar, racket

álgebra ['awʒebra] F algebra

algemar [awʒe'mar] VT to handcuff

algemas [aw'ʒemas] FPL handcuffs

algibeira [awʒi'bejra] F pocket

algo ['awgu] ADV somewhat, rather ▶ PRON something; (qualquer coisa) anything

algodão [awgo'dãw] M cotton; **~(-doce)** candy floss; **~ (hidrófilo)** cotton wool (BRIT), absorbent cotton (US)

algodoeiro, -a [awgo'dwejru, a] ADJ (indústria) cotton atr ▶ M cotton plant

algoritmo [awgo'hitʃimu] M algorithm

algoz [aw'goz] M beast, cruel person

alguém [aw'gẽj] PRON someone, somebody; (em frases interrogativas ou negativas) anyone, anybody; **ser ~ na vida** to be somebody in life

algum, a [aw'gũ, 'guma] ADJ some; (em frases interrogativas ou negativas) any ▶ PRON one; (no plural) some; (negativa): **de modo ~** in no way; **coisa ~a** nothing; **~ dia** one day; **~ tempo** for a while; **~a coisa** something; **~a vez** sometime

algures [aw'guris] ADV somewhere

alheio, -a [a'ʎeju, a] ADJ (de outra pessoa) someone else's; (de outras pessoas) other people's; (estranho) alien; (estrangeiro) foreign; (impróprio) irrelevant; **~ a** foreign to; (desatento) unaware of; **~ de** (afastado) removed from, far from; (ignorante) unaware of

alho ['aʎu] M garlic; **confundir ~s com bugalhos** to get things mixed up

alho-poró [-po'rɔ] (pl **alhos-porós**) M leek

ali [a'li] ADV there; **até ~** up to there; **por ~** around there, somewhere there; (direção) that way; **~ por** (tempo) round about; **de ~ por diante** from then on; **~ dentro** in there

aliado, -a [a'ljadu, a] ADJ allied ▶ M/F ally

aliança [a'ljãsa] F alliance; (anel) wedding ring

aliar [a'ljar] VT to ally; **aliar-se** VR to form an alliance

aliás [a'ljajs] ADV (a propósito) as a matter of fact; (ou seja) rather, that is; (contudo) nevertheless; (diga-se de passagem) incidentally

álibi ['alibi] M alibi

alicate [ali'katʃi] M pliers pl; **~ de unhas** nail clippers pl

alicerçar [aliser'sar] VT (argumento etc) to base; (consolidar) to consolidate

alicerce [ali'sɛrsi] M (de edifício) foundation; (fig: base) basis

aliciar [ali'sjar] VT (seduzir) to entice; (atrair) to attract

alienação [aljena'sãw] F alienation; (de bens) transfer (of property); **~ mental** insanity

alienado, -a [alje'nadu, a] ADJ alienated; (demente) insane; (bens) transferred ▶ M/F lunatic

alienar [alje'nar] VT (bens) to transfer; (afastar) to alienate; **alienar-se** VR to become alienated

alienígena [alje'niʒena] ADJ, M/F alien

alijar [ali'ʒar] VT to jettison; (livrar-se de) to get rid of; **alijar-se** VR: **~-se de** to free o.s. of

alimentação [alimẽta'sãw] F (alimentos) food; (ação) feeding; (nutrição) nourishment; (Elet) supply

alimentar [alimẽ'tar] VT to feed; (fig) to nurture ▶ ADJ (produto) food atr; (hábitos) eating atr; **alimentar-se** VR: **~-se de** to feed on

alimentício, -a [alimẽ'tʃisju, a] ADJ nourishing; **gêneros ~s** foodstuffs

alimento [ali'mẽtu] M food; (nutrição) nourishment

alínea [a'linja] F opening line of a paragraph; (subdivisão de artigo) sub-heading

alinhado, -a [ali'nadu, a] ADJ (elegante) elegant; (texto) aligned; **~ à esquerda/direita** (texto) ranged left/right

alinhamento [alina'mẽtu] M alignment; **~ da margem** justification

alinhar [ali'nar] VT to align; **alinhar-se** VR (enfileirar-se) to form a line

alinhavar [alina'var] VT (Costura) to tack

alinhavo [ali'navu] M tacking

alinho [a'linu] M (alinhamento) alignment; (elegância) neatness

alíquota [a'likwota] F bracket, percentage

alisar [ali'zar] VT (tornar liso) to smooth; (cabelo) to straighten; (acariciar) to stroke

alistamento [alista'mẽtu] M enlistment

alistar [alis'tar] VT (Mil) to recruit; **alistar-se** VR to enlist

aliteração [alitera'sãw] F alliteration

aliviado, -a [ali'vjadu, a] ADJ (pessoa, dor) relieved; (folgado) free; (carga) lightened

aliviar [ali'vjar] VT to relieve; (carga etc) to lighten ▶ VI (diminuir) to diminish; (acalmar) to give relief; **aliviar-se** VR: **~-se de** (libertar-se) to unburden o.s. of

alívio [a'livju] M relief

Alm. ABR = **Almirante**

alma ['awma] F soul; (entusiasmo) enthusiasm; (caráter) character; **eu daria a ~ para fazer** I would give anything to do; **sua ~, sua palma** don't say I didn't warn you

almanaque [awma'naki] M almanac; **cultura de ~** superficial knowledge

almejar [awme'ʒar] VT to long for, yearn for
almirantado [awmirã'tadu] M admiralty
almirante [awmi'rãtʃi] M admiral
almoçado, -a [awmo'sadu, a] ADJ: **ele está ~** he's had lunch
almoçar [awmo'sar] VI to have lunch ▶ VT: **~ peixe** to have fish for lunch
almoço [aw'mosu] M lunch; **pequeno ~** (PT) breakfast
almofada [awmo'fada] F cushion; (PT: travesseiro) pillow
almofadado, -a [awmofa'dadu, a] ADJ cushioned
almofadinha [awmofa'dʒiɲa] F pin cushion
almôndega [aw'mõdega] F meat ball
almotolia [awmoto'lia] F oilcan
almoxarifado [awmoʃari'fadu] M storeroom
almoxarife [awmoʃa'rifi] M storekeeper
ALN (BR) ABR F (= Ação Libertadora Nacional) former group opposed to junta
alô [a'lo] (BR) EXCL (Tel) hello!
alocação [aloka'sãw] (pl **-ões**) F allocation
alocar [alo'kar] VT to allocate
aloirado, -a [aloj'radu, a] ADJ = **alourado**
alojamento [aloʒa'mētu] M accommodation (BRIT), accommodations pl (US); (habitação) housing; (Mil) billet
alojar [alo'ʒar] VT to lodge; (Mil) to billet; **alojar-se** VR to stay
alongamento [alõga'mētu] M lengthening; (prazo) extension; (ginástica) stretching
alongar [alõ'gar] VT (fazer longo) to lengthen; (prazo) to extend; (prolongar) to prolong; (braço) to stretch out; **alongar-se** VR (sobre um assunto) to dwell
aloprado, -a [alo'pradu, a] (col) ADJ nutty
alourado, -a [alo'radu, a] ADJ blondish
alpaca [aw'paka] F alpaca
alpendre [aw'pēdri] M (telheiro) shed; (pórtico) porch
alpercata [awper'kata] F sandal
Alpes ['awpis] MPL: **os ~** the Alps
alpinismo [awpi'nizmu] M mountaineering, climbing
alpinista [awpi'nista] M/F mountaineer, climber
alq. ABR = **alqueire**
alquebrar [awke'brar] VT to bend; (enfraquecer) to weaken ▶ VI (curvar) to stoop, be bent double
alqueire [aw'kejri] M ≈ 4.84 hectares (in São Paulo = 2.42 hectares)
alqueive [aw'kejvi] M fallow land
alquimia [awki'mia] F alchemy
alquimista [awki'mista] M/F alchemist
Alsácia [aw'sasja] F: **a ~** Alsace
alta ['awta] F (de preços) rise; (de hospital) discharge; (Bolsa) high; **estar em ~** to be on the up; **pessoa da ~** high-class ou high-society person
alta-fidelidade F hi-fi, high fidelity
altaneiro, -a [awta'nejru, a] ADJ (soberbo) proud

443 | **almejar – altura**

altar [aw'tar] M altar
altar-mor [-mɔr] (pl **altares-mores**) M high altar
alta-roda F high society
alta-tensão F high tension
altear [aw'tʃjar] VT to raise; (reputação) to enhance ▶ VI to spread out; **altear-se** VR to be enhanced
alteração [awtera'sãw] (pl **-ões**) F alteration; (desordem) disturbance; (falsificação) falsification
alterado, -a [awte'radu, a] ADJ (de mau humor) bad-tempered, irritated
alterar [awte'rar] VT (mudar) to alter; (falsificar) to falsify; **alterar-se** VR (mudar-se) to change; (enfurecer-se) to lose one's temper
altercar [awter'kar] VI to have an altercation ▶ VT to argue for, advocate
alter ego [awter-] M alter ego
alternado, -a [awter'nadu, a] ADJ alternate
alternância [awter'nãsja] F (Agr) crop rotation
alternar [awter'nar] VT, VI to alternate; **alternar-se** VR to alternate; (por turnos) to take turns
alternativa [awterna'tʃiva] F alternative
alternativo, -a [awterna'tʃivu, a] ADJ alternative; (Elet) alternating
alteroso, -a [awte'rozu, ɔza] ADJ towering; (majestoso) majestic
alteza [aw'teza] F highness
altissonante [awtʃiso'nãtʃi] ADJ high-sounding
altista [aw'tʃista] M/F (Bolsa) bull ▶ ADJ (tendência) bullish; **mercado ~** bull market
altitude [awtʃi'tudʒi] F altitude
altivez [awtʃi'vez] F (arrogância) haughtiness; (nobreza) loftiness
altivo, -a [aw'tʃivu, a] ADJ (arrogante) haughty; (elevado) lofty
alto, -a ['awtu, a] ADJ high; (pessoa) tall; (som) loud; (importância, luxo) great; (Geo) upper ▶ ADV (falar) loudly, loud; (voar) high ▶ EXCL halt! ▶ M (topo) top, summit; **do ~** from above; **por ~** superficially; **estar ~** (bêbado) to be tipsy; **alta fidelidade** high fidelity, hi-fi; **alta noite** dead of night; **~ lá!** just a minute!; **~s e baixos** ups and downs
alto-astral (pl **alto-astrais**) ADJ upbeat
alto-falante (pl **-s**) M loudspeaker
altruísmo [awtru'izmu] M altruism
altruísta [awtru'ista] ADJ altruistic
altruístico, -a [awtru'istʃiku, a] ADJ altruistic
altura [aw'tura] F height; (momento) point, juncture; (altitude) altitude; (de um som) pitch; (lugar) whereabouts; **em que ~ da Rio Branco fica a livraria?** whereabouts in Rio Branco is the bookshop?; **na ~ do banco** near the bank; **nesta ~** at this juncture; **estar à ~ de** (ser capaz de) to be up to; **pôr alguém nas ~s** (fig) to praise sb to the skies; **ter 1.80 metros de ~** to be 1.80 metres (BRIT) ou meters (US) tall

alucinação [alusina'sãw] (*pl* **-ões**) F hallucination

alucinado, -a [alusi'nadu, a] ADJ (*maluco*) crazy; **~ por** crazy about

alucinante [alusi'nãtʃi] ADJ (*que enlouquece*) mind-boggling; (*que irrita*) infuriating; (*ritmo, paixão*) intoxicating

aludir [alu'dʒir] VI: **~ a** to allude to, hint at

alugar [alu'gar] VT (*tomar de aluguel*) to rent, hire; (*dar de aluguel*) to let, rent out; **alugar-se** VR to let

aluguel [alu'gɛw] (*pl* **-éis**) (BR) M rent; (*ação*) renting; **~ de carro** car hire (BRIT) *ou* rental (US)

aluguer [alu'gɛr] (PT) M = **aluguel**

aluir [a'lwir] VT (*abalar*) to shake; (*derrubar*) to demolish; (*arruinar*) to ruin ▶ VI to collapse; (*ameaçar ruína*) to crumble

alumiar [alu'mjar] VT to light (up) ▶ VI to give light

alumínio [alu'minju] M aluminium (BRIT), aluminum (US)

alunissagem [aluni'saʒẽ] (*pl* **-ns**) F moon landing

alunissar [aluni'sar] VI to land on the moon

aluno, -a [a'lunu, a] M/F pupil, student; **~ excepcional** pupil with learning difficulties

alusão [alu'zãw] (*pl* **-ões**) F allusion, reference

alusivo, -a [alu'zivu, a] ADJ allusive

alusões [alu'zõjs] FPL *de* **alusão**

alvará [awva'ra] M permit

alvejante [awve'ʒãtʃi] M bleach

alvejar [awve'ʒar] VT (*tomar como alvo*) to aim at; (*branquear*) to whiten, bleach ▶ VI to whiten

alvenaria [awvena'ria] F masonry, brickwork; **de ~** brick *atr*, brick-built

alvéolo [aw'vɛolu] M cavity; (*de dentes*) socket

alvitrar [awvi'trar] VT to propose, suggest

alvitre [aw'vitri] M opinion

alvo, -a ['awvu, a] ADJ white ▶ M target; **acertar no** *ou* **atingir o ~** to hit the mark; **ser ~ de críticas** *etc* to be the object of criticism *etc*

alvorada [awvo'rada] F dawn

alvorecer [awvore'ser] VI to dawn

alvoroçar [awvoro'sar] VT (*agitar*) to stir up; (*entusiasmar*) to excite; **alvoroçar-se** VR to get agitated

alvoroço [awvo'rosu] M (*agitação*) commotion; (*entusiasmo*) enthusiasm

alvura [aw'vura] F (*brancura*) whiteness; (*pureza*) purity

AM ABR = **Amazonas**; (*Rádio*: = *amplitude modulada*) AM

Amã [a'mã] N Amman

amabilidade [amabili'dadʒi] F kindness; (*simpatia*) friendliness

amabilíssimo, -a [amabi'lisimu, a] ADJ SUPERL *de* **amável**

amaciante [ama'sjãtʃi] M: **~ (de roupa)** fabric conditioner

amaciar [ama'sjar] VT (*tornar macio*) to soften; (*carro*) to run in

ama de leite ['ama-] (*pl* **amas de leite**) F wet-nurse

amado, -a [a'madu, a] M/F beloved, sweetheart

amador, a [ama'dor(a)] ADJ, M/F amateur

amadorismo [amado'rizmu] M amateur status

amadorístico, -a [amado'ristʃiku, a] ADJ amateurish

amadurecer [amadure'ser] VT, VI (*frutos*) to ripen; (*fig*) to mature

âmago ['amagu] M (*centro*) heart, core; (*medula*) pith; (*essência*) essence

amainar [amaj'nar] VI (*tempestade*) to abate; (*cólera*) to calm down

amaldiçoar [amawdʒi'swar] VT to curse, swear at

amálgama [a'mawgama] F amalgam

amalgamar [amawga'mar] VT to amalgamate; (*combinar*) to fuse (BRIT), fuze (US), blend

amalucado, -a [amalu'kadu, a] ADJ crazy, whacky

amamentação [amamẽta'sãw] F breast-feeding

amamentar [amamẽ'tar] VT, VI to breast-feed

AMAN (BR) ABR F = **Academia Militar das Agulhas Negras**

amanhã [ama'ɲã] ADV, M tomorrow; **~ de manhã** tomorrow morning; **~ de tarde** tomorrow afternoon; **~ à noite** tomorrow night; **depois de ~** the day after tomorrow

amanhecer [amaɲe'ser] VI (*alvorecer*) to dawn; (*encontrar-se pela manhã*): **amanhecemos em Paris** we were in Paris at daybreak ▶ M dawn; **ao ~** at daybreak

amansar [amã'sar] VT (*animais*) to tame; (*cavalos*) to break in; (*aplacar*) to placate ▶ VI to grow tame

amante [a'mãtʃi] M/F lover

amanteigado, -a [amãtej'gadu, a] ADJ: **biscoito ~** shortbread

amapaense [amapa'ẽsi] ADJ from Amapá ▶ M/F native *ou* inhabitant of Amapá

amar [a'mar] VT to love; **eu te amo** I love you

amarelado, -a [amare'ladu, a] ADJ yellowish; (*pele*) sallow

amarelar [amare'lar] VT, VI to yellow

amarelinha [amare'liɲa] F (*jogo*) hopscotch

amarelo, -a [ama'rɛlu, a] ADJ yellow ▶ M yellow

amarfanhar [amarfa'ɲar] VT to screw up

amargar [amar'gar] VT to make bitter; (*fig*) to embitter; (*sofrer*) to suffer; **ser de ~** to be murder

amargo, -a [a'margu, a] ADJ bitter

amargura [amar'gura] F bitterness; (*fig: sofrimento*) sadness, suffering

amargurado, -a [amargu'radu, a] ADJ sad

amargurar [amargu'rar] VT to embitter, sadden; (*sofrer*) to endure

amarração [amaha'sãw] F: **ser uma ~** (col) to be great
amarrado, -a [ama'hadu, a] ADJ (cara) scowling, angry; (col: casado etc) spoken for
amarrar [ama'har] VT to tie (up); (Náut) to moor; **amarrar-se** VR: **~ -se em** to like very much; **~ a cara** to frown, scowl
amarronzado, -a [amahõ'zadu, a] ADJ brownish
amarrotar [amaho'tar] VT to crease
ama-seca ['ama-] (pl **amas-secas**) F nanny
amassado, -a [ama'sadu, a] ADJ (roupa) creased; (papel) screwed up; (carro) smashed in
amassar [ama'sar] VT (pão) to knead; (misturar) to mix; (papel) to screw up; (roupa) to crease; (carro) to dent
amável [a'mavew] (pl **-eis**) ADJ (afável) kind
amazona [ama'zɔna] F horsewoman
Amazonas [ama'zɔnas] M: **o ~** the Amazon
amazonense [amazo'nēsi] ADJ from Amazonas ▶ M/F native ou inhabitant of Amazonas
Amazônia [ama'zonja] F: **a ~** the Amazon region

> **Amazônia** is the region formed by the basin of the river Amazon (the river with the largest volume of water in the world) and its tributaries. With a total area of almost 7 million square kilometres, it stretches from the Atlantic to the Andes. Most of **Amazônia** is in Brazilian territory, although it also extends into Peru, Colombia, Venezuela and Bolivia. It contains the richest biodiversity and largest area of tropical rainforest in the world.

amazônico, -a [ama'zoniku, a] ADJ Amazonian
âmbar ['ãbar] M amber
ambição [ambi'sãw] (pl **-ões**) F ambition
ambicionar [ãbisjo'nar] VT (ter ambição de) to aspire to; (desejar) to crave for
ambicioso, -a [ãbi'sjozu, ɔza] ADJ ambitious
ambições [ãbi'sõjs] FPL de **ambição**
ambidestro, -a [ãbi'destru, a] ADJ ambidextrous
ambiental [ãbjē'taw] (pl **-ais**) ADJ environmental
ambientalista [ãbjēta'lista] M/F environmentalist
ambientar [ãbjē'tar] VT (filme etc) to set; (adaptar): **~ alguém a algo** to get sb used to sth; **ambientar-se** VR to fit in
ambiente [ã'bjētʃi] M atmosphere; (meio, Comput) environment; (de uma casa) ambience ▶ ADJ surrounding; **meio ~** environment; **temperatura ~** room temperature
ambiguidade [ambigwi'dadʒi] F ambiguity
ambíguo, -a [ã'bigwu, a] ADJ ambiguous
âmbito ['ãbitu] M (extensão) extent; (campo de ação) scope, range; **no ~ nacional/**

445 | **amarração – amigdalite**

internacional at (the) national/international level
ambivalência [ãbiva'lēsja] F ambivalence
ambivalente [ãbiva'lētʃi] ADJ ambivalent
ambos, ambas ['ãbus, as] ADJ PL both; **~ nós** both of us; **~ os lados** both sides
ambrosia [ãbro'zia] F egg custard
ambulância [ãbu'lãsja] F ambulance
ambulante [ãbu'lãtʃi] ADJ walking; (errante) wandering; (biblioteca) mobile
ambulatório [ãbula'tɔrju] M outpatient department
ameaça [ame'asa] F threat; **~ de bomba** bomb scare
ameaçador, a [ameasa'dor(a)] ADJ threatening, menacing
ameaçar [amea'sar] VT to threaten
ameba [a'mɛba] F amoeba (BRIT), ameba (US)
amedrontador, a [amedrõta'dor(a)] ADJ intimidating, frightening
amedrontar [amedrõ'tar] VT to scare, intimidate; **amedrontar-se** VR to be frightened
ameia [a'meja] F battlement
ameixa [a'mejʃa] F plum; (passa) prune
amélia [a'mɛlja] (col) F long-suffering wife (ou girlfriend)
amém [a'mēj] EXCL amen!; **dizer ~ a** (fig) to agree to
amêndoa [a'mēdwa] F almond
amendoado, -a [amẽ'dwadu, a] ADJ (olhos) almond-shaped
amendoeira [amẽ'dwejra] F almond tree
amendoim [amẽdo'ĩ] (pl **-ns**) M peanut
amenidade [ameni'dadʒi] F wellbeing; **amenidades** FPL (assuntos superficiais) small talk sg
amenizar [ameni'zar] VT (abrandar) to soften; (tornar agradável) to make pleasant; (facilitar) to ease; (briga) to settle
ameno, -a [a'mɛnu, a] ADJ (agradável) pleasant; (clima) mild, gentle
América [a'mɛrika] F: **a ~** America; **a ~ do Norte/do Sul** North/South America; **a ~ Central/Latina** Central/Latin America
americanizado, -a [amerikani'zadu, a] ADJ Americanized
americano, -a [ameri'kanu, a] ADJ, M/F American
amesquinhar [ameski'ɲar] VT to belittle; **amesquinhar-se** VR to belittle o.s.; (tornar-se avarento) to become stingy
amestrar [ames'trar] VT to train
ametista [ame'tʃista] F amethyst
amianto [a'mjãtu] M asbestos
amicíssimo, -a [ami'sisimu, a] ADJ SUPERL de **amigo**
amido [a'midu] M starch
amigar-se [ami'garsi] VR: **~ (com)** to become friends (with)
amigável [ami'gavew] (pl **-eis**) ADJ amicable
amígdala [a'migdala] F tonsil
amigdalite [amigda'litʃi] F tonsillitis

amigo, -a [a'migu, a] ADJ friendly ▶ M/F friend; **ser ~ de** to be friends with; **~ da onça** false friend

amistoso, -a [amis'tozu, ɔza] ADJ friendly, cordial ▶ M (*jogo*) friendly

AMIU (BR) ABR F (= *Assistência Médica Infantil de Urgência*) emergency paediatric service

amiudar [amju'dar] VT, VI to repeat; **~ as visitas** to make frequent visits

amiúde [a'mjudʒi] ADV often, frequently

amizade [ami'zadʒi] F (*relação*) friendship; (*simpatia*) friendliness; **fazer ~s** to make friends; **~ colorida** casual relationship

amnésia [am'nɛzja] F amnesia

amnistia [amnis'tia] (PT) F = **anistia**

amofinar [amofi'nar] VT to trouble; **amofinar-se (com)** VR to fret (over)

amolação [amola'sãw] (*pl* **-ões**) F bother, annoyance; (*desgosto*) upset

amolador, a [amola'dor(a)] M/F knife sharpener

amolante [amo'lãtʃi] (BR) ADJ bothersome

amolar [amo'lar] VT (*afiar*) to sharpen; (*aborrecer*) to annoy, bother ▶ VI to be annoying; **amolar-se** VR (*aborrecer-se*) to get annoyed

amoldar [amow'dar] VT to mould (BRIT), mold (US); **amoldar-se** VR: **~-se a** (*conformar-se*) to conform to; (*acostumar-se*) to get used to

amolecer [amole'ser] VT to soften ▶ VI to soften; (*abrandar-se*) to relent

amolecimento [amolesi'mẽtu] M softening

amônia [a'monja] F ammonia

amoníaco [amo'niaku] M ammonia

amontoado [amõ'twadu] M mass; (*de coisas*) pile

amontoar [amõ'twar] VT to pile up, accumulate; **~ riquezas** to amass a fortune

amor [a'mor] M love; **por ~ de** for the sake of; **fazer ~** to make love; **ela é um ~ (de pessoa)** she's a lovely person; **~ próprio** self-esteem; (*orgulho*) conceit

amora [a'mɔra] F mulberry; (*amora-preta*) blackberry; **~ silvestre** blackberry

amoral [amo'raw] (*pl* **-ais**) ADJ amoral

amora-preta (*pl* **amoras-pretas**) F blackberry

amordaçar [amorda'sar] VT to gag

amoreco [amo'reku] M: **ela é um ~** she's a lovely person

amorenado, -a [amore'nadu, a] ADJ darkish

amorfo, -a [a'mɔrfu, a] ADJ (*objeto*) amorphous; (*pessoa*) dull

amornar [amor'nar] VT to warm

amoroso, -a [amo'rozu, ɔza] ADJ loving, affectionate

amor-perfeito (*pl* **amores-perfeitos**) M pansy

amortecedor [amortese'dor] M shock absorber

amortecer [amorte'ser] VT to deaden ▶ VI to weaken, fade

amortecido, -a [amorte'sidu, a] ADJ deadened; (*enfraquecido*) weak

amortização [amortʃiza'sãw] F payment in instalments (BRIT) *ou* installments (US); (*Com*) amortization

amortizar [amortʃi'zar] VT to pay in instalments (BRIT) *ou* installments (US)

amostra [a'mɔstra] F sample

amostragem [amos'traʒẽ] F sampling

amotinado, -a [amotʃi'nadu, a] ADJ mutinous, rebellious

amotinar [amotʃi'nar] VI to rebel, mutiny; **amotinar-se** VR to rebel, mutiny

amparar [ãpa'rar] VT to support; (*ajudar*) to assist; **amparar-se** VR: **~-se em/contra** (*apoiar-se*) to lean on/against

amparo [ã'paru] M (*apoio*) support; (*auxílio*) help, assistance

ampère [ã'peri] (BR) M ampere, amp

ampliação [amplja'sãw] (*pl* **-ões**) F (*aumento*) enlargement; (*extensão*) extension

ampliar [ã'pljar] VT to enlarge; (*conhecimento*) to broaden

amplidão [ãpli'dãw] F vastness

amplificação [amplifika'sãw] (*pl* **-ões**) F (*aumento*) enlargement; (*de som*) amplification

amplificador [ãplifika'dor] M amplifier

amplificar [ãplifi'kar] VT to amplify

amplitude [ãpli'tudʒi] F (*Tec*) amplitude; (*espaço*) spaciousness; (*fig: extensão*) extent

amplo, -a ['ãplu, a] ADJ (*sala*) spacious; (*conhecimento, sentido*) broad; (*possibilidade*) ample

ampola [ã'pola] F ampoule (BRIT), ampule (US)

amputação [ãputa'sãw] (*pl* **-ões**) F amputation

amputar [ãpu'tar] VT to amputate

Amsterdã [amister'dã] (BR) N Amsterdam

Amsterdão [amister'dãw] (PT) N = **Amsterdã**

amuado, -a [a'mwadu, a] ADJ sulky

amuar [a'mwar] VI to sulk

amuleto [amu'letu] M charm

amuo [a'muu] M sulkiness

anã [a'nã] F *de* **anão**

anacrônico, -a [ana'kroniku, a] ADJ anachronistic

anacronismo [anakro'nizmu] M anachronism

anagrama [ana'grama] M anagram

anágua [a'nagwa] F petticoat

ANAI ABR F = **Associação Nacional de Apoio ao Índio**

anais [a'najs] MPL annals

analfabetismo [anawfabe'tʃizmu] M illiteracy

analfabeto, -a [anawfa'bɛtu, a] ADJ, M/F illiterate

analgésico, -a [anaw'ʒeziku, a] ADJ analgesic ▶ M painkiller

analisar [anali'zar] VT to analyse

análise [a'nalizi] F analysis

analista [ana'lista] M/F analyst; **~ de sistemas** systems analyst

analítico, -a [ana'litʃiku, a] ADJ analytical

analogia [analo'ʒia] F analogy
análogo, -a [a'nalogu, a] ADJ analogous
ananás [ana'nas] (*pl* **ananases**) M (*BR*) *variety of pineapple*; (*PT*) pineapple
anão, anã [a'nãw, a'nã] (*pl* **-ões/-s**) M/F dwarf
anarquia [anar'kia] F anarchy; (*fig*) chaos
anárquico, -a [a'narkiku, a] ADJ anarchic
anarquista [anar'kista] M/F anarchist
anarquizar [anarki'zar] VT (*povo*) to incite to anarchy; (*desordenar*) to mess up; (*ridicularizar*) to ridicule
anátema [a'natema] M anathema
anatomia [anato'mia] F anatomy
anatômico, -a [ana'tomiku, a] ADJ anatomical
anavalhar [anava'ʎar] VT to slash
Anbid (*BR*) ABR F = **Associação Nacional de Bancos de Investimentos e Desenvolvimento**
anca ['ãka] F (*de pessoa*) hip; (*de animal*) rump
Ancara [ã'kara] N Ankara
ancestrais [ãses'trajs] MPL ancestors
anchova [ã'ʃova] F anchovy
ancião, anciã [ã'sjãw, ã'sjã] (*pl* **-ões/-s**) ADJ old ▶ M/F old man/woman; (*de uma tribo*) elder
ancinho [ã'siɲu] M rake
anciões [a'sjõjs] MPL *de* **ancião**
âncora ['ãkora] F anchor ▶ M/F (*TV, Rádio*) anchor man/woman
ancoradouro [ãkora'doru] M anchorage
ancorar [ãko'rar] VT, VI to anchor
andada [ã'dada] F walk; **dar uma ~** to go for a walk
andador [ãda'dor] M (*para idoso*) Zimmer® frame
andaime [ã'dajmi] M (*Arq*) scaffolding
Andaluzia [ãdalu'zia] F: **a ~** Andalucia
andamento [ãda'mẽtu] M (*progresso*) progress; (*rumo*) course; (*Mús*) tempo; **em ~** in progress; **dar ~ a algo** to set sth in motion
andanças [ã'dãsas] FPL wanderings
andar [ã'dar] VI (*ir a pé*) to walk; (*máquina*) to work; (*progredir*) to go, to progress; (*estar*): **ela anda triste** she's been sad lately ▶ M (*modo de caminhar*) gait; (*pavimento*) floor, storey (*BRIT*), story (*US*); **anda!** hurry up!; **~ com alguém** to have an affair with sb; **~ a cavalo** to ride; **~ de trem/avião/bicicleta** to travel by train/to fly/to ride a bike
andarilho, -a [ãda'riʎu, a] M/F good walker
ANDC (*BR*) ABR F = **Associação Nacional de Defesa do Consumidor**
Andes ['ãdʒis] MPL: **os ~** the Andes
Andima (*BR*) ABR F = **Associação Nacional das Instituições de Mercado Aberto**
andorinha [ãdo'riɲa] F (*pássaro*) swallow
Andorra [ã'dɔha] F Andorra
andrógino, -a [ã'drɔʒinu, a] ADJ androgynous
anedota [ane'dɔta] F anecdote
anedótico, -a [ane'dɔtʃiku, a] ADJ anecdotal
anel [a'nɛw] (*pl* **-éis**) M ring; (*elo*) link; (*de cabelo*) curl; **~ de casamento** wedding ring

447 | **analogia – animado**

anelado, -a [ane'ladu, a] ADJ curly
anemia [ane'mia] F anaemia (*BRIT*), anemia (*US*)
anêmico, -a [a'nemiku, a] ADJ anaemic (*BRIT*), anemic (*US*)
anestesia [aneste'zia] F anaesthesia (*BRIT*), anesthesia (*US*); (*anestésico*) anaesthetic (*BRIT*), anesthetic (*US*)
anestesiar [aneste'zjar] VT to anaesthetize (*BRIT*), anesthetize (*US*)
anestésico [anes'tɛziku] M (*Med*) anaesthetic (*BRIT*), anesthetic (*US*)
anestesista [aneste'zista] M/F anaesthetist (*BRIT*), anesthetist (*US*)
anexação [aneksa'sãw] (*pl* **-ões**) F annexation; (*de documento*) enclosure
anexar [anek'sar] VT to annex; (*juntar*) to attach; (*documento*) to enclose
anexo, -a [a'nɛksu, a] ADJ attached ▶ M annexe; (*de igreja*) hall; (*em carta*) enclosure; (*em e-mail*) attachment; **segue em ~** please find enclosed
Anfavea (*BR*) ABR F = **Associação Nacional dos Fabricantes de Veículos Automotores**
anfetamina [ãfeta'mina] F amphetamine
anfíbio, -a [ã'fibju, a] ADJ amphibious ▶ M amphibian
anfiteatro [ãfi'tʃjatru] M amphitheatre (*BRIT*), amphitheater (*US*); (*no teatro*) dress circle
anfitrião, -triã [ãfi'trjãw, 'trjã] (*pl* **-ões/-s**) M/F host/hostess
angariar [ãga'rjar] VT (*fundos, donativos*) to raise; (*adeptos*) to attract; (*reputação, simpatia*) to gain; **~ votos** to canvass (for votes)
angelical [ãʒeli'kaw] (*pl* **-ais**) ADJ angelic
angina [ã'ʒina] F: **~ do peito** angina (pectoris)
anglicano, -a [ãgli'kanu, a] ADJ, M/F Anglican
anglicismo [ãgli'sizmu] M Anglicism
anglo-saxão, anglo-saxôni(c)a [ãglosak'sãw, sak'soni(k)a] (*pl* **-ões/-s**) M/F Anglo-Saxon
anglo-saxônico, -a [ãglosak'soniku, a] ADJ Anglo-Saxon
Angola [ã'gɔla] F Angola
angolano, -a [ãgo'lanu, a] ADJ, M/F Angolan
angolense [ãgo'lẽsi] ADJ, M/F Angolan
angorá [ãgo'ra] ADJ angora
angra ['ãgra] F inlet, cove
angu [ã'gu] M corn-meal purée
angular [ãgu'lar] ADJ angular
ângulo ['ãgulu] M angle; (*canto*) corner; (*fig*) angle, point of view
angústia [ã'gustʃja] F anguish, distress
angustiado, -a [ãgus'tʃjadu, a] ADJ distressed
angustiante [ãgus'tʃjãtʃi] ADJ distressing; (*momentos*) anxious, nerve-racking
angustiar [ãgus'tʃjar] VT to distress
anil [a'niw] M (*cor*) indigo
animação [anima'sãw] F (*vivacidade*) liveliness; (*movimento*) bustle; (*entusiasmo*) enthusiasm
animado, -a [ani'madu, a] ADJ (*vivo*) lively; (*alegre*) cheerful; **~ com** enthusiastic about

animador, a [anima'dor(a)] ADJ encouraging ▶ M/F (BR TV) presenter; (de festa) entertainer; **~(a) de torcida** cheerleader
animal [ani'maw] (pl -ais) ADJ, M animal; **~ de estimação** pet (animal)
animalesco, -a [anima'lesku, a] ADJ bestial, brutish
animar [ani'mar] VT (dar vida) to liven up; (encorajar) to encourage; **animar-se** VR (alegrar-se) to cheer up; (festa etc) to liven up; **~-se a** to bring o.s. to
ânimo ['animu] M (coragem) courage; **~!** cheer up!; **perder o ~** to lose heart; **recobrar o ~** to pluck up courage; (alegrar-se) to cheer up
animosidade [animozi'dadʒi] F animosity
aninhar [ani'ɲar] VT to nestle; **aninhar-se** VR to nestle
aniquilação [anikila'sãw] F annihilation
aniquilar [aniki'lar] VT to annihilate; (destruir) to destroy; (prostrar) to shatter; **aniquilar-se** VR to be annihilated; (moralmente) to be shattered
anis [a'nis] M aniseed
anistia [anis'tʃia] F amnesty
aniversariante [aniversa'rjãtʃi] M/F birthday boy/girl
aniversário [aniver'sarju] M anniversary; (de nascimento) birthday; (: festa) birthday party; **~ de casamento** wedding anniversary
anjo ['ãʒu] M angel; **~ da guarda** guardian angel
ANL (BR) ABR F (= Aliança Nacional Libertadora) 1930's left-wing movement
ano ['anu] M year; **Feliz A~ Novo!** Happy New Year!; **o ~ passado** last year; **o ~ que vem** next year; **por ~** per annum; **fazer ~s** to have a birthday; **ele faz ~s hoje** it's his birthday today; **ter dez ~s** to be ten (years old); **dia de ~s** (PT) birthday; **~ civil** calendar year; **~ corrente** current year; **~ financeiro** financial year; **~ letivo** academic year; (da escola) school year
ano-bom M New Year
anões [a'nõjs] MPL de **anão**
anoitecer [anojte'ser] VI to grow dark ▶ M nightfall; **ao ~** at nightfall
anomalia [anoma'lia] F anomaly
anômalo, -a [a'nomalu, a] ADJ anomalous
anonimato [anoni'matu] M anonymity
anônimo, -a [a'nonimu, a] ADJ anonymous; (Com): **sociedade anônima** limited company (BRIT), stock company (US)
anoraque [ano'raki] M anorak
anorexia [ano'rɛksia] F anorexia
anoréxico, -a [ano'rɛksiku, a] ADJ anorexic
anormal [anor'maw] (pl -ais) ADJ abnormal; (incomum) unusual; (excepcional) handicapped
anormalidade [anormali'dadʒi] F abnormality
anotação [anota'sãw] (pl -ões) F (comentário) annotation; (nota) note
anotar [ano'tar] VT (tomar nota) to note down; (esclarecer) to annotate

anseio etc [ã'seju] VB ver **ansiar**
ânsia ['ãsja] F (ansiedade) anxiety; (desejo): **~ (de)** longing (for); **ter ~s (de vômito)** to feel sick
ansiado, -a [ã'sjadu, a] ADJ longed for
ansiar [ã'sjar] VI: **~ por** (desejar) to yearn for; **~ por fazer** to long to do
ansiedade [ãsje'dadʒi] F anxiety; (desejo) eagerness
ansioso, -a [ã'sjozu, ɔza] ADJ anxious; (desejoso) eager
antagônico, -a [ãta'goniku, a] ADJ antagonistic; (rival) opposing
antagonismo [ãtago'nizmu] M (hostilidade) antagonism; (oposição) opposition
antagonista [ãtago'nista] M/F antagonist; (adversário) opponent
antártico, -a [ã'tartʃiku, a] ADJ antarctic ▶ M: **o A~** the Antarctic
ante ['ãtʃi] PREP (na presença de) before; (em vista de) in view of, faced with
antebraço [ãtʃi'brasu] M forearm
antecedência [ãtese'dẽsja] F: **com ~** in advance; **3 dias de ~** three days' notice
antecedente [ãtese'dẽtʃi] ADJ (anterior) preceding ▶ M antecedent; **antecedentes** MPL (registro) record sg; (passado) background sg; **~s criminais** criminal record sg ou past sg
anteceder [ãtese'der] VT to precede
antecessor, a [ãtese'sor(a)] M/F predecessor
antecipação [ãtesipa'sãw] F anticipation; **com um mês de ~** a month in advance; **~ de pagamento** advance (payment)
antecipadamente [ãtesipada'mẽtʃi] ADV in advance, beforehand; **pagar ~** to pay in advance
antecipado, -a [ãtesi'padu, a] ADJ (pagamento) (in) advance
antecipar [ãtesi'par] VT to anticipate, forestall; (adiantar) to bring forward; **antecipar-se** VR (adiantar-se) to be previous
antegozar [ãtego'zar] VT to anticipate
antemão [ãte'mãw] ADV: **de ~** beforehand
antena [ã'tena] F (Bio) antenna, feeler; (Rádio, TV) aerial; **~ direcional** directional aerial; **~ parabólica** satellite dish
anteontem [ãtʃi'õtẽ] ADV the day before yesterday
anteparo [ãte'paru] M (proteção) screen
antepassado [ãtʃipa'sadu] M ancestor
antepor [ãte'por] (irreg: como **pôr**) VT (pôr antes) to put before; **antepor-se** VR to anticipate
anteprojeto [ãtepro'ʒɛtu] M outline, draft; **~ de lei** draft bill
antepunha etc [ãte'puɲa] VB ver **antepor**
antepus etc [ãte'pus] VB ver **antepor**
antepuser etc [ãtepu'zer] VB ver **antepor**
anterior [ãte'rjor] ADJ (prévio) previous; (antigo) former; (de posição) front
antes ['ãtʃis] ADV before; (antigamente) formerly; (ao contrário) rather ▶ PREP: **~ de** before; **o quanto ~** as soon as possible; **~ de partir** before leaving; **~ do tempo**

449 | antessala – apagão

ahead of time; **~ de tudo** above all; **~ que** before
antessala [ãte'sala] F ante-room
antever [ãte'ver] (*irreg: como* **ver**) VT to anticipate, foresee
antevisto, -a [ãte'vistu, a] PP *de* **antever**
anti- [ãtʃi] PREFIXO anti-
antiácido, -a [ã'tʃiasidu, a] ADJ, M antacid
antiaéreo, -a [ãtʃja'ɛrju, a] ADJ anti-aircraft
antiamericano, -a [ãtʃjameri'kanu, a] ADJ anti-American
antibiótico, -a [ãtʃi'bjɔtʃiku, a] ADJ, M antibiotic
anticaspa [ãtʃi'kaspa] ADJ INV anti-dandruff
anticiclone [ãtʃisi'klɔni] M anticyclone
anticlímax [ãtʃi'klimaks] M anticlimax
anticoncepcional [ãtʃikõsepsjo'naw] (*pl* **-ais**) ADJ, M contraceptive
anticongelante [ãtʃikõʒe'lãtʃi] M antifreeze
anticonstitucional [ãtʃikõstʃitusjo'naw] (*pl* **-ais**) ADJ unconstitutional
anticorpo [ãtʃi'korpu] M antibody
antidemocrático, -a [ãtʃidemo'kratʃiku, a] ADJ undemocratic
antidepressivo, -a [ãtʃidepre'sivu, a] ADJ, M anti-depressant
antiderrapante [ãtʃideha'pãtʃi] ADJ (*pneu*) non-skid
antídoto [ã'tʃidotu] M antidote
antiestético, -a [ãtʃjes'tɛtʃiku, a] ADJ tasteless
antiético, -a [ã'tʃjɛtʃiku, a] ADJ unethical
antigamente [ãtʃiga'mẽtʃi] ADV formerly; (*no passado*) in the past
antiglobalização [ãtʃiglobaliza'sãw] F antiglobalization
antigo, -a [ã'tʃigu, a] ADJ old; (*histórico*) ancient; (*de estilo*) antique; (*chefe etc*) former; **ele é muito ~ na firma** he's been with the firm for many years; **os ~s** (*gregos etc*) the ancients
Antígua [ã'tʃigwa] F Antigua
antiguidade [ãtʃigwi'dadʒi] F antiquity, ancient times *pl*; (*de emprego*) seniority; **antiguidades** FPL (*monumentos*) ancient monuments; (*artigos*) antiques
anti-higiênico, -a ADJ unhygienic
anti-histamínico, -a [-ista'miniku, a] ADJ antihistamine ▶ M antihistamine
anti-horário, -a ADJ anticlockwise
antilhano, -a [ãtʃi'ʎanu, a] ADJ, M/F West Indian
Antilhas [ã'tʃiʎas] FPL: **as ~** the West Indies
antílope [ã'tʃilopi] M antelope
antipatia [ãtʃipa'tʃia] F antipathy, dislike
antipático, -a [ãtʃi'patʃiku, a] ADJ unpleasant, unfriendly
antipatizar [ãtʃipatʃi'zar] VI: **~ com alguém** to dislike sb
antipatriótico, -a [ãtʃipa'trjɔtʃiku, a] ADJ unpatriotic
antipoluente [ãtʃipo'lwẽtʃi] ADJ non-pollutant
antiquado, -a [ãtʃi'kwadu, a] ADJ antiquated; (*fora de moda*) out of date, old-fashioned

antiquário, -a [ãtʃi'kwarju, a] M/F antique dealer ▶ M (*loja*) antique shop
antiquíssimo, -a [ãtʃi'kisimu, a] ADJ SUPERL *de* **antigo**
antissemita [ãtise'mita] ADJ anti-Semitic
antissemitismo [-semi'tʃizmu] M anti-Semitism
antisséptico, -a [ãti'sɛpʃtiku, a] ADJ, M antiseptic
antissocial [ãtiso'sjaw] (*pl* **-ais**) ADJ antisocial
antiterrorismo [ãtʃiteho'rizmu] M counterterrorism
antítese [ã'tʃitezi] F antithesis
antitruste [ãtʃi'trustʃi] ADJ: **legislação ~** (*Com*) antitrust legislation
antivírus [ãtʃi'virus] M INV (*Comput*) antivirus
antolhos [ã'tɔʎus] MPL (*pala*) eye-shade *sg*; (*de cavalo*) blinkers
antologia [ãtolo'ʒia] F anthology
antônimo [ã'tonimu] M antonym
antro [ã'tru] M cave, cavern; (*de animal*) lair; (*de ladrões*) den
antropofagia [ãtropofa'ʒia] F cannibalism
antropófago, -a [ãtro'pɔfagu, a] M/F cannibal
antropologia [ãtropolo'ʒia] F anthropology
antropólogo, -a [ãtro'pologu, a] M/F anthropologist
ANTTUR (BR) ABR F = **Associação Nacional de Transportadores de Turismo e Agências de Viagens**
anual [a'nwaw] (*pl* **-ais**) ADJ annual, yearly
anuário [a'nwarju] M yearbook
anuidade [anwi'dadʒi] F annuity
anuir [a'nwir] VI: **~ a** to agree to; **~ com** to comply with
anulação [anula'sãw] (*pl* **-ões**) F cancellation; (*de contrato, casamento*) annulment
anular [anu'lar] VT to cancel; (*contrato, casamento*) to annul; (*efeito*) to cancel out ▶ M ring finger
anunciante [anũ'sjãtʃi] M (*Com*) advertiser
anunciar [anũ'sjar] VT to announce; (*Com: produto*) to advertise
anúncio [a'nũsju] M announcement; (*Com*) advertisement, advert; (*cartaz*) notice; **~ luminoso** neon sign; **~s classificados** small *ou* classified ads
ânus ['anus] M INV anus
anverso [ã'vɛrsu] M (*de moeda*) obverse
anzol [ã'zɔw] (*pl* **-óis**) M fish-hook
ao [aw] = **a + o**; *ver* **a**
aonde [a'õdʒi] ADV where; **~ quer que** wherever
aos [aws] = **a + os**; *ver* **a**
AP ABR = **Amapá**
Ap. ABR = **apartamento**
apadrinhar [apadri'ɲar] VT (*ser padrinho*) to act as godfather to; (: *de noivo*) to be best man to; (*proteger*) to protect; (*patrocinar*) to support
apagado, -a [apa'gadu, a] ADJ (*fogo*) out; (*luz elétrica*) off; (*indistinto*) faint; (*pessoa*) dull
apagão [apa'gãw] (*pl* **-ões**) M power cut (BRIT), power outage (US)

apagar [apa'gar] VT (*fogo*) to put out; (*luz elétrica*) to switch off; (*vela*) to blow out; (*com borracha*) to rub out, erase; (*quadro-negro*) to clean; **apagar-se** VR to go out; (*desmaiar*) to pass out; (*col: dormir*) to nod off

apaguei *etc* [apa'gej] VB *ver* **apagar**

apaixonado, -a [apajʃo'nadu, a] ADJ (*pessoa*) in love; (*discurso*) impassioned; (*pessoa*): **ele está ~ por ela** he is in love with her; **ele é ~ por tênis** he's mad about tennis

apaixonante [apajʃo'nātʃi] ADJ captivating

apaixonar-se [apajʃo'narsi] VR: **~ por** to fall in love with

Apalaches [apa'laʃis] MPL: **os ~** the Appalachians

apalermado, -a [apaler'madu, a] ADJ silly

apalpadela [apawpa'dɛla] F touch

apalpar [apaw'par] VT to touch, feel; (*Med*) to examine

apanhado [apa'ɲadu] M (*de flores*) bunch; (*resumo*) summary; (*pregas*) gathering

apanhar [apa'ɲar] VT to catch; (*algo à mão, do chão*) to pick up; (*ir buscar, surra, táxi*) to get; (*flores, frutas*) to pick; (*agarrar*) to grab ▶ VI (*ser espancado*) to get a beating; (*em jogo*) to take a beating; **~ sol/chuva** to sunbathe/get soaked

apaniguado, -a [apani'gwadu, a] M/F (*protegido*) protégé(e)

apapagaiado, -a [apapaga'jadu, a] ADJ loud, garish

apara [a'para] F (*de madeira*) shaving; (*de papel*) clipping

aparador [apara'dor] M sideboard

aparafusar [aparafu'zar] VT to screw

apara-lápis [apara'lapis] (PT) M INV pencil sharpener

aparar [apa'rar] VT (*cabelo*) to trim; (*lápis*) to sharpen; (*algo arremessado*) to catch; (*pancada*) to parry; (*madeira*) to plane

aparato [apa'ratu] M pomp; (*coleção*) array

aparatoso, -a [apara'tozu, ɔza] ADJ grand

aparecer [apare'ser] VI to appear; (*apresentar-se*) to turn up; (*ser publicado*) to be published; **~ em casa de alguém** to call on sb

aparecimento [aparesi'mētu] M appearance; (*publicação*) publication

aparelhado, -a [apare'ʎadu, a] ADJ (*preparado*) ready, prepared; (*madeira*) planed

aparelhagem [apare'ʎaʒẽ] F equipment; (*carpintaria*) finishing; (*Náut*) rigging

aparelhar [apare'ʎar] VT (*preparar*) to prepare, get ready; (*Náut*) to rig; **aparelhar-se** VR to get ready

aparelho [apare'ʎu] M apparatus; (*equipamento*) equipment; (*Pesca*) tackle, gear; (*máquina*) machine; (BR: *fone*) telephone; **~ de barbear** electric shaver; **~ de chá** tea set; **~ de rádio/TV** radio/TV set; **~ digestivo** digestive system; **~ doméstico** domestic appliance; **~ sanitário** bathroom suite

aparência [apa'rẽsja] F appearance; (*aspecto*) aspect; **na ~** apparently; **sob a ~ de** under the guise of; **ter ~ de** to look like, seem; **manter as ~s** to keep up appearances; **salvar as ~s** to save face; **as ~s enganam** appearances are deceptive

aparentado, -a [aparē'tadu, a] ADJ related; **bem ~** well connected

aparentar [aparē'tar] VT (*fingir*) to feign; (*parecer*) to give the appearance of

aparente [apa'rētʃi] ADJ apparent; (*concreto, madeira*) exposed

aparição [apari'sãw] (*pl* **-ões**) F (*visão*) apparition; (*fantasma*) ghost

aparo [a'paru] (PT) M (*de caneta*) (pen) nib

apartamento [aparta'mētu] M apartment, flat (BRIT)

apartar [apar'tar] VT to separate; **apartar-se** VR to separate

aparte [a'partʃi] M (*Teatro*) aside

apartheid [apar'tajdʒi] M apartheid

aparvalhado, -a [aparva'ʎadu, a] ADJ idiotic

apatetado, -a [apate'tadu, a] ADJ sluggish

apatia [apa'tʃia] F apathy

apático, -a [a'patʃiku, a] ADJ apathetic

apátrida [a'patrida] M/F stateless person

apavorado, -a [apavo'radu, a] ADJ terrified

apavoramento [apavora'mētu] M terror

apavorante [apavo'rātʃi] ADJ terrifying

apavorar [apavo'rar] VT to terrify ▶ VI to be terrifying; **apavorar-se** VR to be terrified

apaziguar [apazi'gwar] VT to appease; **apaziguar-se** VR to calm down

apear-se [a'pjarsi] VR: **~ de** (*cavalo*) to dismount from

apedrejar [apedre'ʒar] VT to stone

apegado, -a [ape'gadu, a] ADJ: **ser ~ a** (*gostar de*) to be attached to

apegar-se [ape'garsi] VR: **~ a** (*afeiçoar-se*) to become attached to

apego [a'pegu] M (*afeição*) attachment

apeguei *etc* [ape'gej] VB *ver* **apegar-se**

apelação [apela'sãw] (*pl* **-ões**) F appeal

apelante [ape'lātʃi] M/F appellant

apelar [ape'lar] VI to appeal; **~ da sentença** (*Jur*) to appeal against the sentence; **~ para** to appeal to; **~ para a ignorância/violência** to resort to abuse/violence

apelidar [apeli'dar] VT (BR) to nickname; (PT) to give a surname to; **apelidar-se** VR: **~-se de** to go by the name of; **Eduardo, apelidado de Dudu** Eduardo, nicknamed Dudu

apelido [ape'lidu] M (PT: *nome de família*) surname; (BR: *alcunha*) nickname; **feio é ~!** (*col*) ugly is not the word for it!

apelo [a'pelu] M appeal

apenas [a'penas] ADV only

apêndice [a'pēdʒisi] M appendix; (*anexo*) supplement

apendicite [apēdʒi'sitʃi] F appendicitis

Apeninos [ape'ninus] MPL: **os ~** the Apennines

apenso, -a [a'pēsu, a] ADJ (*documento*) attached

apequenar [apeke'nar] VT to belittle

aperceber-se [aperse'bersi] VR: **~ de** to notice, see

aperfeiçoamento [aperfejswa'mẽtu] M (*perfeição*) perfection; (*melhoramento*) improvement

aperfeiçoar [aperfej'swar] VT to perfect; (*melhorar*) to improve; **aperfeiçoar-se** VR to improve o.s.

aperitivo [aperi'tʃivu] M aperitif

aperreação [apehja'sãw] F annoyance

aperreado, -a [ape'hjadu, a] ADJ fed up

aperrear [ape'hjar] VT to annoy

apertado, -a [aper'tadu, a] ADJ tight; (*estreito*) narrow; (*sem dinheiro*) hard-up; (*vida*) hard

apertar [aper'tar] VT (*agarrar*) to hold tight; (*roupa*) to take in; (*cinto*) to tighten; (*esponja*) to squeeze; (*botão*) to press; (*despesas*) to limit; (*vigilância*) to step up; (*coração*) to break; (*fig: pessoa*) to put pressure on ▶ VI (*sapatos*) to pinch; (*chuva, frio*) to get worse; (*estrada*) to narrow; **apertar-se** VR (*com roupa*) to corset o.s.; (*reduzir despesas*) to cut down (on expenses); (*ter problemas financeiros*) to feel the pinch; ~ **em** (*insistir*) to insist on, press; ~ **a mão de alguém** (*cumprimentar*) to shake hands with sb

aperto [a'pertu] M (*pressão*) pressure; (*situação difícil*) spot of bother, jam; **um ~ de mãos** a handshake

apesar [ape'zar] PREP: ~ **de** in spite of, despite; ~ **disso** nevertheless; ~ **de que** in spite of the fact that, even though

apetecer [apete'ser] VI (*comida*) to be appetizing; **esse prato não me apetece** I don't fancy that dish

apetecível [apete'sivew] (*pl* -**eis**) ADJ tempting

apetite [ape'tʃitʃi] M appetite; (*desejo*) desire; (*fig: ânimo*) go; **abrir o ~** to get up an appetite; **bom ~!** enjoy your meal!

apetitoso, -a [apeti'tozu, ɔza] ADJ appetizing

apetrechar [apetre'ʃar] VT to fit out, equip

apetrechos [ape'treʃus] MPL gear *sg*; (*Pesca*) tackle *sg*

ápice ['apisi] M (*cume*) summit, top; (*vértice*) apex; **num ~** (PT) in a trice

apicultura [apikuw'tura] F beekeeping, apiculture

apiedar-se [apje'darsi] VR: ~ **de** (*ter piedade*) to pity; (*compadecer-se*) to take pity on

apimentado, -a [apimẽ'tadu, a] ADJ peppery

apimentar [apimẽ'tar] VT to pepper

apinhado, -a [api'ɲadu, a] ADJ crowded

apinhar [api'ɲar] VT to crowd, pack; **apinhar-se** VR (*aglomerar-se*) to crowd together; ~-**se de** (*gente*) to be filled *ou* packed with

apitar [api'tar] VI to whistle; (*col*): **ele não apita em nada em casa** he doesn't have a say in anything at home ▶ VT (*jogo*) to referee

apito [a'pitu] M whistle

aplacar [apla'kar] VT to placate ▶ VI to calm down; **aplacar-se** VR to calm down

aplainar [aplaj'nar] VT (*madeira*) to plane; (*nivelar*) to level out

aplanar [apla'nar] VT (*alisar*) to smooth; (*nivelar*) to level; (*dificuldades*) to smooth over

aplaudir [aplaw'dʒir] VT to applaud

aplauso [a'plawzu] M applause; (*apoio*) support; (*elogio*) praise; (*aprovação*) approval; **~s** applause *sg*

aplicação [aplika'sãw] (*pl* -**ões**) F application; (*esforço*) effort; (*Costura*) appliqué; (*da lei*) enforcement; (*de dinheiro*) investment; (*de aluno*) diligence; (PT *Comput*) application, app (*col*)

aplicado, -a [apli'kadu, a] ADJ hard-working

aplicar [apli'kar] VT to apply; (*lei*) to enforce; (*dinheiro*) to invest; **aplicar-se** VR: ~-**se a** to devote o.s. to, apply o.s. to

aplicativo, -a [aplika'tʃivu, a] ADJ: **pacote/software** ~ applications package/software ▶ M (BR *Comput*) application, app (*col*)

aplicável [apli'kavew] (*pl* -**eis**) ADJ applicable

aplique [a'pliki] M (*luz*) wall light; (*peruca*) hairpiece

apliquei etc [apli'kej] VB *ver* **aplicar**

apocalipse [apoka'lipsi] F apocalypse

apócrifo, -a [a'pɔkrifu, a] ADJ apocryphal

apoderar-se [apode'rarsi] VR: ~ **de** to seize, take possession of

apodrecer [apodre'ser] VT to rot; (*dente*) to decay ▶ VI to rot; to decay

apodrecimento [apodresi'mẽtu] M rottenness, decay; (*de dentes*) decay

apogeu [apo'ʒew] M (*Astronomia*) apogee; (*fig*) height, peak

apoiar [apo'jar] VT to support; (*basear*) to base; (*moção*) to second; **apoiar-se** VR: ~-**se em** to rest on

apoio [a'poju] M support; (*financeiro*) backing; ~ **moral** moral support

apólice [a'pɔlisi] F (*certificado*) policy, certificate; (*ação*) share, bond; ~ **de seguro** insurance policy

apologia [apolo'ʒia] F (*elogio*) eulogy; (*defesa*) defence (BRIT), defense (US)

apologista [apolo'ʒista] M/F apologist

apontador [apõta'dor] M pencil sharpener

apontamento [apõta'mẽtu] M (*nota*) note

apontar [apõ'tar] VT (*fusil*) to aim; (*erro*) to point out; (*com o dedo*) to point at *ou* to; (*razão*) to put forward; (*nomes*) to name ▶ VI (*aparecer*) to begin to appear; (*brotar*) to sprout; (*com o dedo*) to point; ~! take aim!; ~ **para** to point to; (*com arma*) to aim at

apoplético, -a [apo'plɛtʃiku, a] ADJ apoplectic

apoquentar [apokẽ'tar] VT to annoy, pester; **apoquentar-se** VR to get annoyed

aporrinhação [apohiɲa'sãw] F annoyance

aporrinhar [apohi'ɲar] VT to pester, annoy

aportar [apor'tar] VI to dock

aportuguesado, -a [aportuge'zadu, a] ADJ made Portuguese

após [a'pɔjs] PREP after

aposentado, -a [apozẽ'tadu, a] ADJ retired ▶ M/F retired person, pensioner; **ser ~** to be retired

aposentadoria [apozẽtado'ria] F retirement; (*dinheiro*) pension
aposentar [apozẽ'ta(r)] VT to retire; **aposentar-se** VR to retire
aposento [apo'zẽtu] M room
após-guerra M post-war period; **a Alemanha do ~** post-war Germany
apossar-se [apo'sarsi] VR: **~ de** to take possession of, seize
aposta [a'pɔsta] F bet
apostar [apos'ta(r)] VT to bet ▶ VI: **~ em** to bet on
a posteriori [aposte'rjɔri] ADV afterwards
apostila [apos'tʃila] F students' notes pl, study aid
apóstolo [a'pɔstolu] M apostle
apóstrofo [a'pɔstrofu] M apostrophe
apoteose [apote'ɔzi] F apotheosis
aprazar [apra'za(r)] VT to allow
aprazer [apra'ze(r)] VI to be pleasing; **~ a alguém** to please sb; **ele faz o que lhe apraz** he does as he pleases; **aprazia-lhe escrever cartas** he liked to write letters
aprazível [apra'zivew] (pl **-eis**) ADJ pleasant
apreçar [apre'sa(r)] VT to value, price
apreciação [apresja'sãw] F appreciation
apreciar [apre'sja(r)] VT to appreciate; (*gostar de*) to enjoy
apreciativo, -a [apresja'tʃivu, a] ADJ appreciative
apreciável [apre'sjavew] (pl **-eis**) ADJ appreciable
apreço [a'presu] M (*estima*) esteem, regard; (*consideração*) consideration; **em ~** in question
apreender [aprjẽ'de(r)] VT to apprehend; (*tomar*) to seize; (*entender*) to grasp
apreensão [aprjẽ'sãw] (pl **-ões**) F (*percepção*) perception; (*tomada*) seizure, arrest; (*receio*) apprehension
apreensivo, -a [aprjẽ'sivu, a] ADJ apprehensive
apreensões [aprjẽ'sõjs] FPL de **apreensão**
apregoar [apre'gwa(r)] VT to proclaim, announce; (*mercadorias*) to cry
aprender [aprẽ'de(r)] VT, VI to learn; **~ a ler** to learn to read; **~ de cor** to learn by heart
aprendiz [aprẽ'dʒiz] M apprentice; (*condutor*) learner
aprendizado [aprẽdʒi'zadu] M (*num ofício*) apprenticeship; (*numa profissão*) training; (*escolar*) learning
aprendizagem [aprẽdʒi'zaʒẽ] F (*num ofício*) apprenticeship; (*numa profissão*) training; (*escolar*) learning
apresentação [aprezẽta'sãw] (pl **-ões**) F presentation; (*de peça, filme*) performance; (*de pessoas*) introduction; (*porte pessoal*) appearance; **~ de contas** (*Com*) rendering of accounts
apresentador, a [aprezẽta'do(r)a)] M/F presenter
apresentar [aprezẽ'ta(r)] VT to present; (*pessoas*) to introduce; (*entregar*) to hand; (*trabalho, documento*) to submit; (*queixa*) to lodge; **apresentar-se** VR (*identificar-se*) to introduce o.s.; (*problema*) to present itself; (*à polícia etc*) to report; **quero ~-lhe ...** may I introduce you to ...
apresentável [aprezẽ'tavew] (pl **-eis**) ADJ presentable
apressado, -a [apre'sadu, a] ADJ hurried, hasty; **estar ~** to be in a hurry
apressar [apre'sa(r)] VT to hurry, hasten; **apressar-se** VR to hurry (up)
aprestar [apres'ta(r)] VT (*aparelhar*) to equip, fit out; (*aprontar*) to get ready; **aprestar-se** VR to get ready
aprestos [a'prɛstus] MPL (*preparativos*) preparations
aprimorado, -a [aprimo'radu, a] ADJ (*trabalho*) polished; (*pessoa*) elegant
aprimorar [aprimo'ra(r)] VT to improve; **aprimorar-se** VR (*no vestir*) to make o.s. look nice
a priori [a'prjɔri] ADV beforehand
aprisionamento [aprizjona'mẽtu] M imprisonment
aprisionar [aprizjo'na(r)] VT (*cativar*) to capture; (*encarcerar*) to imprison
aprofundado, -a [aprofũ'dadu, a] ADJ (*estudo, discussão*) in-depth
aprofundar [aprofũ'da(r)] VT to deepen, make deeper; **aprofundar-se** VR: **~-se em** to go deeper into
aprontar [aprõ'ta(r)] VT to get ready, prepare; (*briga*) to pick ▶ VI (*col*) to play up; **aprontar-se** VR to get ready; **~ alguma** (*col*) to be up to something
apropriação [aproprja'sãw] (pl **-ões**) F appropriation; (*tomada*) seizure; **~ de custos** (*Com*) cost appropriation
apropriado, -a [apro'prjadu, a] ADJ appropriate, suitable
apropriar [apro'prja(r)] VT to appropriate; **apropriar-se** VR: **~-se de** to seize, take possession of
aprovação [aprova'sãw] F approval; (*louvor*) praise; (*num exame*) pass
aprovado, -a [apro'vadu, a] ADJ approved; **ser ~ num exame** to pass an exam; **o índice de ~s** the pass rate
aprovar [apro'va(r)] VT to approve of; (*exame*) to pass ▶ VI to make the grade, come up to scratch
aproveitador, a [aprovejta'do(r)a)] M/F opportunist
aproveitamento [aprovejta'mẽtu] M use, utilization; (*nos estudos*) progress
aproveitar [aprovej'ta(r)] VT (*tirar proveito de*) to take advantage of; (*utilizar*) to use; (*não desperdiçar*) to make the most of; (*oportunidade*) to take; (*fazer bom uso de*) to make good use of ▶ VI to make the most of it; (PT) to be of use; **não aproveita** it's no use; **aproveite!** enjoy yourself!, have a good time!
aproveitável [aprovej'tavew] (pl **-eis**) ADJ usable

aprovisionamento [aprovizjona'mẽtu] M supply, provision

aprovisionar [aprovizjo'nar] VT to supply; (*estocar*) to stock

aproximação [aprosima'sãw] (*pl* **-ões**) F (*estimativa*) approximation; (*chegada*) approach; (*proximidade*) nearness, closeness

aproximado, -a [aprosi'madu, a] ADJ (*cálculo*) approximate; (*perto*) nearby

aproximar [aprosi'mar] VT to bring near; (*aliar*) to bring together; **aproximar-se** VR: **~-se de** (*acercar-se*) to approach

aprumado, -a [apru'madu, a] ADJ vertical; (*altivo*) upright; (*elegante*) well-dressed

aprumo [a'prumu] M vertical position; (*elegância*) elegance; (*altivez*) haughtiness

aptidão [aptʃi'dãw] F aptitude, ability; (*jeito*) knack; **~ física** physical fitness

aptitude [aptʃi'tudʒi] F aptitude, ability; (*jeito*) knack

apto, -a ['aptu, a] ADJ apt; (*capaz*) capable

apto. ABR = **apartamento**

APU (PT) ABR F (= *Aliança Povo Unido*) political party

apunhalar [apuɲa'lar] VT to stab

apuração [apura'sãw] F (*de votos*) counting; (*descoberta*) ascertainment; (*averiguação*) investigation; **~ de contas** (*Com*) settlement of accounts; **~ de custos** (*Com*) costing

apurado, -a [apu'radu, a] ADJ refined

apurar [apu'rar] VT (*aperfeiçoar*) to perfect; (*descobrir*) to find out; (*averiguar*) to investigate; (*dinheiro*) to raise, get; (*votos*) to count; **apurar-se** VR (*no trajar*) to dress up

apuro [a'puru] M (*elegância*) refinement, elegance; (*dificuldade*) difficulty; **estar em ~s** to be in trouble

aquarela [akwa'rɛla] F watercolour (BRIT), watercolor (US)

aquário [a'kwarju] M aquarium; **A~** (*Astrologia*) Aquarius

aquartelar [akwarte'lar] VT (*Mil*) to billet, quarter

aquático, -a [a'kwatʃiku, a] ADJ aquatic, water *atr*

aquecedor, a [akese'dor(a)] ADJ warming ▶ M heater

aquecer [ake'ser] VT to heat ▶ VI to heat up; **aquecer-se** VR to heat up

aquecido, -a [ake'sidu, a] ADJ heated

aquecimento [akesi'mẽtu] M heating; (*da economia*) acceleration; **~ central** central heating; **~ global** global warming

aqueduto [ake'dutu] M aqueduct

aquele, ela [a'keli, ɛla] ADJ (*sg*) that; (*pl*) those ▶ PRON (*sg*) that one; (*pl*) those (ones); **sem mais aquela** (*inesperadamente*) all of a sudden; (*sem cerimônia*) without so much as a "by your leave"; **foi aquela confusão** it was a real mess

àquele, ela [a'keli, ɛla] = **a + aquele**; *ver* **a**

aquém [a'kẽj] ADV on this side; **~ de** on this side of

aqui [a'ki] ADV here; **eis ~** here is/are; **~ mesmo** right here; **até ~** up to here; **por ~** hereabouts; (*nesta direção*) this way; **por ~ e por ali** here and there; **estou por ~!** (*col*) I've had it up to here!; *ver tb* **daqui**

aquiescência [akje'sẽsja] F consent

aquiescer [akje'ser] VI: **~ (a)** to consent (to)

aquietar [akje'tar] VT to calm, quieten; **aquietar-se** VR to calm down

aquilatar [akila'tar] VT (*metais*) to value; (*avaliar*) to evaluate

aquilo [a'kilu] PRON that; **~ que** what

àquilo [a'kilu] = **a + aquilo**; *ver* **a**

aquisição [akizi'sãw] (*pl* **-ões**) F acquisition

aquisitivo, -a [akizi'tʃivu, a] ADJ: **poder ~** purchasing power

ar [ar] M air; (*aspecto*) look; (*brisa*) breeze; (PT *Auto*) choke; **ares** MPL (*atitude*) airs; (*clima*) climate *sg*; **ao ar livre** in the open air; **ir ao/sair do ar** (*TV, Rádio*) to go on/off the air; **no ar** (*TV, Rádio*) on air; (*fig: planos*) up in the air; **dar-se ares** to put on airs; **ir pelos ares** (*explodir*) to blow up; **tomar ar** to get some air

árabe ['arabi] ADJ, M/F Arab ▶ M (*Ling*) Arabic

Arábia [a'rabja] F: **a ~ Saudita** Saudi Arabia

arado [a'radu] M plough (BRIT), plow (US)

aragem [a'raʒẽ] (*pl* **-ns**) F breeze

arame [a'rami] M wire; **~ farpado** barbed wire

aranha [a'raɲa] F spider

aranha-caranguejeira [-karãge'ʒejra] (*pl* **aranhas-caranguejeiras**) F bird-eating spider

arapuca [ara'puka] F trap; (*truque*) trick

araque [a'raki] M: **de ~** (*col*) phony, bogus

arar [a'rar] VT to plough (BRIT), plow (US)

arara [a'rara] F macaw; **estar/ficar uma ~** (*fig*) to be/get angry

arbitragem [arbi'traʒẽ] F arbitration; (*Esporte*) refereeing

arbitrar [arbi'trar] VT to arbitrate; (*Esporte*) to referee; (*adjudicar*) to award

arbitrariedade [arbitrarje'dadʒi] F arbitrariness; (*ato*) arbitrary act

arbitrário, -a [arbi'trarju, a] ADJ arbitrary

arbítrio [ar'bitrju] M decision; **ao ~ de** at the discretion of

árbitro ['arbitru] M (*juiz*) arbiter; (*Jur*) arbitrator; (*Futebol*) referee; (*Tênis*) umpire

arborizado, -a [arbori'zadu, a] ADJ green, wooded; (*rua*) tree-lined

arborizar [arbori'zar] VT to plant with trees

arbusto [ar'bustu] M shrub, bush

arca ['arka] F chest, trunk; **~ de Noé** Noah's Ark

arcabouço [arka'bosu] M outline(s)

arcada [ar'kada] F (*série de arcos*) arcade; (*arco*) arch, span; **~ dentária** dental ridge

arcaico, -a [ar'kajku, a] ADJ archaic; (*antiquado*) antiquated

arcanjo [ar'kãʒu] M archangel

arcar [ar'kar] VT: **~ com** (*responsabilidades*) to shoulder; (*despesas*) to handle; (*consequencias*) to take

arcebispo [arseˈbispu] M archbishop
arco [ˈarku] M (*Arq*) arch; (*Mil*, *Mús*) bow; (*Elet*, *Mat*) arc; (*de barril*) hoop
arco-da-velha M: **coisa/história do ~** amazing thing/story
arco-íris (*pl* **arcos-íris**) M rainbow
ar-condicionado (*pl* **ares-condicionados**) M (*aparelho*) air conditioner; (*sistema*) air conditioning
ardente [arˈdẽtʃi] ADJ burning; (*intenso*) fervent; (*apaixonado*) ardent
arder [arˈder] VI to burn; (*pele*, *olhos*) to sting; **~ de febre** to burn up with fever; **~ de raiva** to seethe (with rage)
ardido, -a [arˈdʒidu, a] ADJ (*picante*) hot
ardil [arˈdʒiw] (*pl* **-is**) M trick, ruse
ardiloso, -a [ardʒiˈlozu, ɔza] ADJ cunning
ardis [arˈdʒis] MPL *de* **ardil**
ardor [arˈdor] M (*paixão*) ardour (BRIT), ardor (US), passion
ardoroso, -a [ardoˈrozu, ɔza] ADJ ardent
ardósia [arˈdɔzja] F slate
árduo, -a [ˈardwu, a] ADJ arduous; (*difícil*) hard, difficult
área [ˈarja] F area; (*Esporte*) penalty area; (*fig*) field; **~ (de serviço)** balcony (*for hanging washing etc*)
arear [aˈrjar] VT to polish
areia [aˈreja] F sand; **~ movediça** quicksand
arejado, -a [areˈʒadu, a] ADJ aired, ventilated
arejar [areˈʒar] VT to air ▶ VI to get some air; (*descansar*) to have a breather; **arejar-se** VR to get some air; to have a break
ARENA (BR) ABR F (= *Aliança Renovadora Nacional*) *former political party*
arena [aˈrɛna] F arena; (*de circo*) ring
arenito [areˈnitu] M sandstone
arenoso, -a [areˈnozu, ɔza] ADJ sandy
arenque [aˈrẽki] M herring
aresta [aˈrɛsta] F edge
arfar [arˈfar] VI (*ofegar*) to pant, gasp for breath; (*Náut*) to pitch
argamassa [argaˈmasa] F mortar
argamassar [argamaˈsar] VT to cement
Argel [arˈʒɛw] N Algiers
Argélia [arˈʒɛlja] F: **a ~** Algeria
argelino, -a [arʒeˈlinu, a] ADJ, M/F Algerian
Argentina [arʒẽˈtʃina] F: **a ~** Argentina
argentino, -a [arʒẽˈtʃinu, a] ADJ, M/F Argentinian
argila [arˈʒila] F clay
argiloso, -a [arʒiˈlozu, ɔza] ADJ (*terreno*) clay
argola [arˈɡɔla] F ring; **argolas** FPL (*brincos*) hooped earrings; **~ (de porta)** door-knocker
argúcia [arˈgusja] F (*sutileza*) subtlety; (*agudeza*) astuteness
arguição [argwiˈsãw] (*pl* **-ões**) F oral test
arguir [arˈgwir] VT (*examinar*) to test, examine
argumentação [argumẽtaˈsãw] F line of argument
argumentador, a [argumẽtaˈdor(a)] ADJ argumentative ▶ M/F arguer
argumentar [argumẽˈtar] VT, VI to argue

argumento [arguˈmẽtu] M argument; (*de obra*) theme
arguto, -a [arˈgutu, a] ADJ (*sutil*) subtle; (*astuto*) shrewd
ária [ˈarja] F aria
ariano, -a [aˈrjanu, a] ADJ, M/F Aryan; (*Astrologia*) Arian
aridez [ariˈdez] F (*secura*) dryness; (*esterilidade*) barrenness; (*falta de interesse*) dullness
árido, -a [ˈaridu, a] ADJ (*seco*) arid, dry; (*estéril*) barren; (*maçante*) dull, boring
Áries [ˈaris] F Aries
arisco, -a [aˈrisku, a] ADJ unsociable
aristocracia [aristokraˈsia] F aristocracy
aristocrata [aristoˈkrata] M/F aristocrat
aristocrático, -a [aristoˈkratʃiku, a] ADJ aristocratic
aritmética [aritʃˈmɛtʃika] F arithmetic
aritmético, -a [aritʃˈmɛtʃiku, a] ADJ arithmetical
arma [ˈarma] F weapon; **armas** FPL (*nucleares etc*) arms; (*brasão*) coat *sg* of arms; **de ~s e bagagem** with all one's belongings; **depor as ~s** to lay down arms; **passar pelas ~s** to shoot, execute; **~ branca** cold steel; **~ convencional/nuclear** conventional/nuclear weapon; **~s de destruir** firearm; **~s de destruição em massa** weapons of mass destruction; **~ de fogo** firearm
armação [armaˈsãw] (*pl* **-ões**) F (*armadura*) frame; (*Pesca*) tackle; (*Náut*) rigging; (*de óculos*) frames *pl*
armada [arˈmada] F navy
armadilha [armaˈdʒiʎa] F trap
armado, -a [arˈmadu, a] ADJ armed; **~ até os dentes** armed to the teeth
armador [armaˈdor] M (*Náut*) shipowner
armadura [armaˈdura] F armour (BRIT), armor (US); (*Elet*) armature; (*Constr*) framework
armamento [armaˈmẽtu] M (*armas*) armaments *pl*, weapons *pl*; (*Náut*) equipment; (*ato*) arming
armar [arˈmar] VT to arm; (*montar*) to assemble; (*barraca*) to pitch; (*um aparelho*) to set up; (*armadilha*) to set; (*maquinar*) to hatch; (*Náut*) to fit out; **armar-se** VR to arm o.s.; **~ uma briga com** to pick a quarrel with; **~ uma confusão** to cause chaos
armarinho [armaˈriɲu] M haberdashery (BRIT), notions *pl* (US)
armário [arˈmarju] M cupboard; (*de roupa*) wardrobe
armazém [armaˈzẽj] (*pl* **-ns**) M (*depósito*) warehouse; (*loja*) grocery store
armazenagem [armazeˈnaʒẽ] F storage
armazenamento [armazenaˈmẽtu] M storage
armazenar [armazeˈnar] VT to store; (*provisões*) to stock; (*Comput*) to store
armazéns [armaˈzẽs] MPL *de* **armazém**
armeiro [arˈmejru] M gunsmith
Armênia [arˈmenja] F: **a ~** Armenia

arminho [ar'miɲu] M ermine
armistício [armis'tʃisju] M armistice
aro ['aru] M (*argola*) ring; (*de óculos, roda*) rim; (*de porta*) frame
aroma [a'rɔma] M (*de comida, café*) aroma; (*de perfume*) fragrance
aromático, -a [aro'matʃiku, a] ADJ (*comida*) aromatic; (*perfume*) fragrant
arpão [ar'pãw] (*pl* **-ões**) M harpoon
arpejo [ar'peʒu] M arpeggio
arpoar [ar'pwar] VT to harpoon
arpões [ar'põjs] MPL *de* **arpão**
arqueado, -a [ar'kjadu, a] ADJ arched
arquear [ar'kjar] VT to arch; **arquear-se** VR to bend, arch; (*entortar-se*) to warp
arquei *etc* [ar'kej] VB *ver* **arcar**
arqueiro, -a [ar'kejru, a] M/F archer; (*goleiro*) goalkeeper
arquejar [arke'ʒar] VI to pant, wheeze
arquejo [ar'keʒu] M panting, gasping
arqueologia [arkjolo'ʒia] F archaeology (BRIT), archeology (US)
arqueológico, -a [arkjo'lɔʒiku, a] ADJ archaeological (BRIT), archeological (US)
arqueólogo, -a [ar'kjɔlogu, a] M/F archaeologist (BRIT), archeologist (US)
arquétipo [ar'kɛtʃipu] M archetype
arquibancada [arkibã'kada] F terrace
arquipélago [arki'pɛlagu] M archipelago
arquitetar [arkite'tar] VT to think up
arquiteto, -a [arki'tɛtu, a] M/F architect
arquitetónico, -a [arkite'toniku, a] ADJ architectural
arquitetura [arkite'tura] F architecture
arquivamento [arkiva'mẽtu] M filing; (*de projeto*) shelving
arquivar [arki'var] VT to file; (*projeto*) to shelve
arquivista [arki'vista] M/F archivist
arquivo [ar'kivu] M (*ger, Comput*) file; (*lugar*) archive; (*de empresa*) files *pl*; (*móvel*) filing cabinet; **abrir/fechar um ~** (*Comput*) to open/close a file; **nome do ~** (*Comput*) file name; **~ ativo** (*Comput*) active file; **~ zipado** (*Comput*) zip file
arrabaldes [aha'bawdʒis] MPL suburbs
arraia [a'haja] F (*peixe*) ray
arraial [aha'jaw] (*pl* **-ais**) M (*povoação*) village; (PT: *festa*) fair
arraia-miúda F masses *pl*
arraigado, -a [ahaj'gadu, a] ADJ deep-rooted; (*fig*) ingrained
arraigar [ahaj'gar] VI to root; **arraigar-se** VR (*enraizar-se*) to take root; (*estabelecer-se*) to settle
arrancada [ahã'kada] F (*puxão*) pull, jerk; (*partida*) start; (*investida*) charge; (*de atleta*) burst of speed; **dar uma ~** (*em carro*) to pull away (suddenly)
arrancar [ahã'kar] VT to pull out; (*botão etc*) to pull off; (*arrebatar*) to snatch (away); (*fig: confissão*) to extract; (: *aplausos*) to get ▶ VI to start (off); **arrancar-se** VR (*partir*) to leave; (*fugir*) to run off

arranco [a'hãku] M (*puxão*) pull, jerk; (*partida*) sudden start
arranha-céu [a'haɲa-] (*pl* **-s**) M skyscraper
arranhadura [ahaɲa'dura] F scratch
arranhão [aha'ɲãw] (*pl* **-ões**) M scratch
arranhar [aha'ɲar] VT to scratch; **~ (n)uma língua** to know a smattering of a language
arranhões [aha'ɲõjs] MPL *de* **arranhão**
arranjador, a [ahãʒa'dor(a)] M/F (*Mús*) arranger
arranjar [ahã'ʒar] VT to arrange; (*emprego etc*) to get, find; (*doença*) to get, catch; (*namorado*) to find; (*questão*) to settle; **arranjar-se** VR (*virar-se*) to manage; (*conseguir emprego*) to get a job; **~-se sem** to do without
arranjo [a'hãʒu] M arrangement; (*negociata*) shady deal; (*col: caso*) affair
arranque [a'hãki] M *ver* **motor**
arranquei *etc* [ahã'kej] VB *ver* **arrancar**
arrasado, -a [ahaza'do, a] ADJ (*col*) gutted
arrasador, a [ahaza'dor(a)] ADJ devastating
arrasar [aha'zar] VT to devastate; (*demolir*) to demolish; (*estragar*) to ruin; (*verbalmente*) to lambast; **arrasar-se** VR to be devastated; (*destruir-se*) to destroy o.s.; (*arruinar-se*) to lose everything; (*nos exames*) to do terribly
arrastado, -a [ahas'tadu, a] ADJ (*rasteiro*) crawling; (*demorado*) dragging; (*voz*) drawling
arrastão [ahas'tãw] (*pl* **-ões**) M tug, jerk; (*rede*) dragnet
arrasta-pé [a'hasta-] (*pl* **arrasta-pés**) (*col*) M knees-up, shindig
arrastar [ahas'tar] VT to drag; (*atrair*) to draw ▶ VI to trail; **arrastar-se** VR (*rastejar*) to crawl; (*andar a custo*) to drag o.s.; (*tempo*) to drag; (*processo*) to drag on
arrasto [a'hastu] M (*ação*) dragging; (*rede*) trawl-net; (*Tec*) drag
arrazoado, -a [aha'zwadu, a] ADJ (*argumento*) reasoned ▶ M (*Jur*) defence (BRIT), defense (US)
arrazoar [aha'zwar] VI (*discutir*) to argue
arrear [a'hjar] VT (*cavalo etc*) to bridle
arrebanhar [aheba'ɲar] VT (*gado*) to herd; (*juntar*) to gather
arrebatado, -a [aheba'tadu, a] ADJ (*impetuoso*) rash, impetuous; (*enlevado*) entranced
arrebatador, a [ahebata'dor(a)] ADJ enchanting
arrebatamento [ahebata'mẽtu] M (*impetuosidade*) impetuosity; (*enlevo*) ecstasy
arrebatar [aheba'tar] VT (*arrancar*) to snatch (away); (*levar*) to carry off; (*enlevar*) to entrance; (*enfurecer*) to enrage; **arrebatar-se** VR (*entusiasmar-se*) to be entranced
arrebentação [ahebẽta'sãw] F (*na praia*) surf
arrebentado, -a [ahebẽ'tadu, a] ADJ (*quebrado*) broken; (*vaso etc*) smashed; (*estafado*) worn out
arrebentar [ahebẽ'tar] VT to break; (*porta*) to break down; (*corda*) to snap, break ▶ VI to break; to snap, break; (*guerra*) to break out; (*bomba*) to explode; (*ondas*) to break

arrebitado, -a [ahebi'tadu, a] ADJ turned-up; (*nariz*) snub
arrebitar [ahebi'tar] VT to turn up
arrecadação [ahekada'sãw] F (*de impostos etc*) collection; (*impostos arrecadados*) tax revenue, taxes *pl*
arrecadar [aheka'dar] VT (*impostos etc*) to collect
arrecife [ahe'sifi] M reef
arredar [ahe'dar] VT to move away, move back; **arredar-se** VR to move away; **não ~ pé** not to budge, to stand one's ground
arredio, -a [ahe'dʒiu, a] ADJ (*pessoa*) withdrawn
arredondado, -a [ahedõ'dadu, a] ADJ round, rounded
arredondar [ahedõ'dar] VT to round (off); (*conta*) to round up
arredores [ahe'dɔris] MPL suburbs; (*cercanias*) outskirts
arrefecer [ahefe'ser] VT to cool; (*febre*) to lower; (*desanimar*) to discourage ▸ VI to cool (off); to get discouraged
arrefecimento [ahefesi'mẽtu] M cooling
ar-refrigerado (*pl* **ares-refrigerados**) M (*aparelho*) air conditioner; (*sistema*) air conditioning
arregaçar [ahega'sar] VT to roll up
arregalado, -a [ahega'ladu, a] ADJ (*olhos*) wide; **com os olhos ~s** pop-eyed
arregalar [ahega'lar] VT: **~ os olhos** to stare in amazement
arreganhar [ahega'ɲar] VT (*dentes*) to bare; (*lábios*) to draw back
arreios [a'hejus] MPL harness *sg*
arrematar [ahema'tar] VT (*dizer concluindo*) to conclude; (*comprar*) to buy by auction; (*vender*) to sell by auction; (*Costura*) to finish off
arremate [ahe'matʃi] M (*Costura*) finishing off; (*conclusão*) conclusion; (*Futebol*) finishing
arremedar [aheme'dar] VT to mimic
arremedo [ahe'medu] M mimicry
arremessar [aheme'sar] VT to throw, hurl; **arremessar-se** VR to hurl o.s.
arremesso [ahe'mesu] M (*lançamento*) throw; **~ de peso** shot-put
arremeter [aheme'ter] VI to lunge; **~ contra** (*acometer*) to attack, assail
arremetida [aheme'tʃida] F attack, onslaught
arrendador, a [ahẽda'dor(a)] M/F landlord/landlady
arrendamento [ahẽda'mẽtu] M (*ação*) leasing; (*contrato*) lease
arrendar [ahẽ'dar] VT to lease
arrendatário, -a [ahẽda'tarju, a] M/F tenant
arrepender-se [ahepẽ'dersi] VR to repent; (*mudar de opinião*) to change one's mind; **~ de** to regret, be sorry for
arrependido, -a [ahepẽ'dʒidu, a] ADJ (*pessoa*) sorry
arrependimento [ahepẽdʒi'mẽtu] M regret; (*Rel, de crime*) repentance

arrepiado, -a [ahe'pjadu, a] ADJ (*cabelo*) standing on end; (*pele, pessoa*) goose-pimply; (*horrorizado*) horrified
arrepiante [ahe'pjãtʃi] ADJ (*que dá medo*) chilling; (*que emociona*) moving
arrepiar [ahe'pjar] VT (*amedrontar*) to horrify; (*cabelo*) to cause to stand on end; **arrepiar-se** VR (*sentir calafrios*) to shiver; (*cabelo*) to stand on end; **isso me arrepia** it gives me goose flesh; **(ser) de ~ os cabelos** (to be) hair-raising
arrepio [ahe'piu] M shiver; (*de frio*) chill; **isso me dá ~s** it gives me the creeps
arresto [a'hestu] M (*Jur*) seizure, confiscation
arrevesado, -a [aheve'zadu, a] ADJ (*obscuro*) obscure; (*intricado*) intricate
arrevesar [aheve'zar] VT (*complicar*) to complicate
arriado, -a [a'hjadu, a] ADJ (*exausto*) exhausted; (*por doença*) very weak
arriar [a'hjar] VT (*baixar*) to lower; (*depor*) to lay down ▸ VI (*cair*) to drop; (*vergar*) to sag; (*desistir*) to give up; (*fig*) to collapse; (*Auto: bateria*) to go flat
arribação [ahiba'sãw] (*pl* **-ões**) (BR) F (*de aves*) migration
arribar [ahi'bar] VI (*recuperar-se*) to recuperate
arrimo [a'himu] M support; **~ de família** breadwinner
arriscado, -a [ahis'kadu, a] ADJ risky; (*audacioso*) daring
arriscar [ahis'kar] VT to risk; (*pôr em perigo*) to endanger, jeopardize; **arriscar-se** VR to take a risk; **~-se a fazer** to risk doing
arrisquei *etc* [ahis'kej] VB *ver* **arriscar**
arrivista [ahi'vista] M/F upstart; (*oportunista*) opportunist
arroba [a'hoba] F (*peso*) = 15 kg; (*Comput*) @ ('at' symbol)
arrochado, -a [aho'ʃadu, a] ADJ (*vestido*) skin-tight; (*fig*) tough
arrochar [aho'ʃar] VT (*apertar*) to tighten up ▸ VI (*ser exigente*) to be demanding
arrocho [a'hoʃu] M squeeze; (*fig*) predicament; **~ salarial/ao crédito** wage/credit squeeze
arrogância [aho'gãsja] F arrogance, haughtiness
arrogante [aho'gãtʃi] ADJ arrogant, haughty
arrogar-se [aho'garsi] VR (*direitos, privilégios*) to claim
arroio [a'hoju] M stream
arrojado, -a [aho'ʒadu, a] ADJ (*design*) bold; (*temerário*) rash; (*ousado*) daring
arrojar [aho'ʒar] VT (*lançar*) to hurl
arrojo [a'hoʒu] M (*ousadia*) boldness
arrolamento [ahola'mẽtu] M list
arrolar [aho'lar] VT to list
arrolhar [aho'ʎar] VT to cork
arromba [a'hõba] F: **de ~** great
arrombar [ahõ'bar] VT (*porta*) to break down; (*cofre*) to crack
arrotar [aho'tar] VI to belch ▸ VT (*alardear*) to boast of

arroto [a'hotu] M burp
arroubo [a'hobu] M ecstasy, rapture
arroz [a'hoz] M rice; **~ doce** rice pudding
arrozal [aho'zaw] (pl **-ais**) M rice field
arruaça [a'hwasa] F street riot
arruaceiro, -a [ahwa'sejru, a] M/F rioter
arruela [a'hwɛla] F (Tec) washer
arruinar [ahwi'nar] VT to ruin; (destruir) to destroy; **arruinar-se** VR to be ruined; (perder a saúde) to ruin one's health
arrulhar [ahu'ʎar] VI (pombos) to coo
arrulho [a'huʎu] M cooing
arrumação [ahuma'sãw] F (arranjo) arrangement; (de um quarto etc) tidying up; (de malas) packing
arrumadeira [ahuma'dejra] F cleaning lady; (num hotel) chambermaid
arrumar [ahu'mar] VT (pôr em ordem) to put in order, arrange; (quarto etc) to tidy up; (malas) to pack; (emprego) to get; (vestir) to dress up; (desculpa) to make up, find; (vida) to sort out; **arrumar-se** VR (aprontar-se) to get dressed, get ready; (na vida) to sort o.s. out; (virar-se) to manage
arsenal [arse'naw] (pl **-ais**) M (Mil) arsenal; **~ de Marinha** naval dockyard
arsênio [ar'senju] M arsenic
arte ['artʃi] F art; (habilidade) skill; (ofício) trade, craft; **fazer ~** (fig) to get up to mischief; **as ~s cênicas** the performing arts
artefato [artʃi'fatu], (PT) **artefacto** M (manufactured) article; **~s de couro** leather goods, leatherware sg
arteiro, -a [ar'tejru, a] ADJ (criança) mischievous
artéria [ar'tɛrja] F (Anat) artery
arterial [arte'rjaw] (pl **-ais**) ADJ: **pressão ~** blood pressure
arteriosclerose [arterjoskle'rɔzi] F hardening of the arteries, arteriosclerosis
artesã [arte'zã] F de **artesão**
artesanal [arteza'naw] (pl **-ais**) ADJ craft atr
artesanato [arteza'natu] M craftwork; **artigos de ~** craft items
artesão, -sã [arte'zãw, zã] (pl **-s/-s**) M/F artisan, craftsman/woman
ártico, -a ['artʃiku, a] ADJ Arctic ▶ M: **o Á~** the Arctic
articulação [artʃikula'sãw] (pl **-ões**) F articulation; (Med) joint
articulado, -a [artʃiku'ladu, a] ADJ articulated, jointed
articular [artʃiku'lar] VT (pronunciar) to articulate; (ligar) to join together
artífice [ar'tʃifisi] M/F craftsman/woman; (inventor) inventor
artificial [artʃifi'sjaw] (pl **-ais**) ADJ artificial; (pessoa) affected
artifício [artʃi'fisju] M stratagem, trick
artificioso, -a [artʃifi'sjozu, ɔza] ADJ (hábil) skilful (BRIT), skillful (US); (astucioso) artful
artigo [ar'tʃigu] M article; (Com) item; **artigos** MPL (produtos) goods; **~ definido/indefinido** (Ling) definite/indefinite article; **~ de fundo** leading article, editorial; **~s de toucador** toiletries
artilharia [artʃiʎa'ria] F artillery
artilheiro [artʃi'ʎejru] M gunner, artilleryman; (Futebol) striker
artimanha [artʃi'maɲa] F (ardil) stratagem; (astúcia) cunning
artista [ar'tʃista] M/F artist
artístico, -a [ar'tʃistʃiku, a] ADJ artistic
artrite [ar'tritʃi] F (Med) arthritis
arvorar [arvo'rar] VT (bandeira) to hoist; (elevar): **~ alguém em** to promote ou elevate sb to; **arvorar-se** VR: **~-se em** to set o.s. up as
árvore ['arvori] F tree; (Tec) shaft; **~ de Natal** Christmas tree
arvoredo [arvo'redu] M grove
as [as] ART DEF ver **a**
ás [ajs] M ace
às [as] = **a + as**; ver **a**
asa ['aza] F wing; (de xícara etc) handle; **dar ~s à imaginação** to give free rein to one's imagination
asa-delta (pl **asas-delta**) F hang-glider
asbesto [az'bɛstu] M asbestos
ascendência [asẽ'dẽsja] F (antepassados) ancestry; (domínio) ascendancy, sway
ascendente [asẽ'dẽtʃi] ADJ rising, upward
ascender [asẽ'der] VI (subir) to rise, ascend
ascensão [asẽ'sãw] (pl **-ões**) F ascent; (fig) rise; (Rel): **dia da A~** Ascension Day
ascensor [asẽ'sor] M lift (BRIT), elevator (US)
ascensorista [asẽso'rista] M/F lift operator
asceta [a'sɛta] M/F ascetic
asco ['asku] M loathing, revulsion; **dar ~ a** to revolt, disgust
asfaltar [asfaw'tar] VT to asphalt
asfalto [as'fawtu] M asphalt
asfixia [asfik'sia] F asphyxia, suffocation
asfixiar [asfik'sjar] VT to asphyxiate, suffocate
Ásia ['azja] F: **a ~** Asia
asiático, -a [a'zjatʃiku, a] ADJ, M/F Asian
asilar [azi'lar] VT to give refuge to; **asilar-se** VR to take refuge
asilo [a'zilu] M (refúgio) refuge; (estabelecimento) home; **~ político** political asylum
asma ['azma] F asthma
asmático, -a [az'matʃiku, a] ADJ, M/F asthmatic
asneira [az'nejra] F (tolice) stupidity; (ato, dito) stupid thing
asno ['aznu] M donkey; (fig) ass
aspargo [as'pargu] M asparagus
aspas ['aspas] FPL inverted commas; **entre ~** in inverted commas
aspecto [as'pɛktu] M (de uma questão) aspect; (aparência) look, appearance; (característica) feature; (ponto de vista) point of view; **ter bom ~** to look good; **tomar um ~** to take on an aspect
aspereza [aspe'reza] F roughness; (severidade) harshness; (rudeza) rudeness

aspergir [asper'ʒir] VT to sprinkle
áspero, -a ['asperu, a] ADJ rough; (*severo*) harsh; (*rude*) rude
asperso, -a [as'pɛrsu, a] PP *de* **aspergir** ▶ ADJ scattered
aspiração [aspira'sãw] (*pl* **-ões**) F aspiration; (*inalação*) inhalation
aspirador [aspira'dor] M: ~ **(de pó)** vacuum cleaner; **passar o ~ (em)** to vacuum
aspirante [aspi'rãtʃi] ADJ aspiring ▶ M/F candidate; (*Mil*) cadet; (*Náut*) midshipman
aspirar [aspi'rar] VT to breathe in; (*bombear*) to suck up; (*Ling*) to aspirate ▶ VI to breathe; (*soprar*) to blow; (*desejar*): ~ **a algo** to aspire to sth
aspirina [aspi'rina] F aspirin
aspirjo *etc* [as'pirʒu] VB *ver* **aspergir**
asqueroso, -a [aske'rozu, ɔza] ADJ disgusting, revolting
assadeira [asa'dejra] F roasting tin
assado, -a [a'sadu, a] ADJ roasted; (*Culin*) roast ▶ M roast; **carne assada** roast beef
assadura [asa'dura] F rash; (*em bebê*) nappy rash
assalariado, -a [asala'rjadu, a] ADJ salaried ▶ M/F wage-earner
assaltante [asaw'tãtʃi] M/F assailant; (*de banco*) robber; (*de casa*) burglar; (*na rua*) mugger
assaltar [asaw'tar] VT (*atacar*) to attack; (*casa*) to break into; (*banco*) to rob; (*pessoa na rua*) to mug
assalto [a'sawtu] M (*ataque*) attack, raid; (*a um banco etc*) raid, robbery; (*a uma casa*) burglary, break-in; (*a uma pessoa na rua*) mugging; (*Boxe*) round
assanhado, -a [asa'ɲadu, a] ADJ excited; (*criança*) excitable; (*desavergonhado*) brazen; (*namorador*) amorous
assanhar [asa'ɲar] VT to excite; **assanhar-se** VR to get excited
assar [a'sar] VT to roast; (*na grelha*) to grill
assassinar [asasi'nar] VT to murder, kill; (*Pol*) to assassinate
assassinato [asasi'natu] M murder, killing; (*Pol*) assassination
assassínio [asa'sinju] M murder, killing; (*Pol*) assassination
assassino, -a [asa'sinu, a] M/F murderer; (*Pol*) assassin; ~ **em série** serial killer
assaz [a'saz] ADV (*suficientemente*) sufficiently; (*muito*) rather
asseado, -a [a'sjadu, a] ADJ clean
assediar [ase'dʒjar] VT (*sitiar*) to besiege; (*importunar*) to pester
assédio [a'sɛdʒu] M siege; (*insistência*) insistence
assegurar [asegu'rar] VT (*tornar seguro*) to secure; (*garantir*) to ensure; (*afirmar*) to assure; **assegurar-se** VR: ~**-se de** to make sure of
asseio [a'seju] M cleanliness
assembleia [asẽ'bleja] F assembly; (*reunião*) meeting; ~ **geral (ordinária)** annual general meeting; ~ **geral extraordinária** extraordinary general meeting
assemelhar [aseme'ʎar] VT to liken; **assemelhar-se** VR (*ser parecido*) to be alike; ~**-se a** to resemble, look like
assenhorear-se [aseɲo'rjarsi] VR: ~ **de** to take possession of
assentado, -a [asẽ'tadu, a] ADJ (*firme*) fixed, secure; (*combinado*) agreed; (*ajuizado*) sensible
assentamento [asẽta'mẽtu] M registration; (*nota*) entry, record
assentar [asẽ'tar] VT (*fazer sentar*) to seat; (*colocar*) to place; (*tijolos*) to lay; (*estabelecer*) to establish; (*decidir*) to decide upon; (*determinar*) to fix, settle; (*soco*) to land ▶ VI (*pó etc*) to settle; **assentar-se** VR to sit down; ~ **com** to go with; ~ **em** *ou* **a** (*roupa*) to suit
assente [a'sẽtʃi] PP *de* **assentar** ▶ ADJ agreed, decided
assentimento [asẽtʃi'mẽtu] M assent, agreement
assentir [asẽ'tʃir] VI to agree; ~ **(em)** to consent *ou* agree (to); ~ **(a)** to accede (to)
assento [a'sẽtu] M seat; (*base*) base; **tomar ~** (*sentar*) to take a seat; (*pó*) to settle
assertiva [aser'tʃiva] F assertion
assessor, a [ase'sor(a)] M/F adviser; (*Pol*) aide; (*assistente*) assistant
assessoramento [asesora'mẽtu] M assistance
assessorar [aseso'rar] VT to advise
assessoria [aseso'ria] F advisory body
assestar [ases'tar] VT to aim, point
asseveração [asevera'sãw] (*pl* **-ões**) F assertion
asseverar [aseve'rar] VT to affirm, assert
assexuado, -a [asek'swadu, a] ADJ asexual
assiduidade [asidwi'dadʒi] F (*às aulas etc*) regular attendance; (*diligência*) assiduity
assíduo, -a [a'sidwu, a] ADJ (*aluno*) who attends regularly; (*diligente*) assiduous; (*constante*) constant; **ser ~ num lugar** to be a regular visitor to a place
assim [a'sĩ] ADV (*deste modo*) like this, in this way, thus; (*portanto*) therefore; (*igualmente*) likewise; ~~ so-so; ~ **mesmo** in any case; **e ~ por diante** and so on; ~ **como** as well as; **como ~?** how do you mean?; ~ **que** (*logo que*) as soon as; **nem tanto ~** not as much as that
assimétrico, -a [asi'mɛtriku, a] ADJ asymmetrical
assimilação [asimila'sãw] F assimilation
assimilar [asimi'lar] VT to assimilate; (*apreender*) to take in; (*assemelhar*) to compare
assin. ABR = **assinatura**
assinalado, -a [asina'ladu, a] ADJ (*marcado*) marked; (*notável*) notable; (*célebre*) eminent
assinalar [asina'lar] VT (*marcar*) to mark; (*distinguir*) to distinguish; (*especificar*) to point out
assinante [asi'nãtʃi] M/F (*de jornal etc*) subscriber

assinar [asi'nar] VT to sign
assinatura [asina'tura] F (*nome*) signature; (*de jornal etc*) subscription; (*Teatro*) season ticket; **fazer a ~ de** (*revista etc*) to take out a subscription to
assinto *etc* [a'sĩtu] VB *ver* **assentir**
assistência [asis'tẽsja] F (*presença*) presence; (*público*) audience; (*auxílio*) aid, assistance; **~ médica** medical aid; **~ social** social work; (*serviços*) social services *pl*; **~ técnica** technical back-up
assistente [asis'tẽtʃi] ADJ assistant ▶ M/F (*pessoa presente*) spectator, onlooker; (*ajudante*) assistant; **~ social** social worker
assistir [asis'tʃir] VT, VI: **~ (a)** (*Med*) to attend (to); **~ a** (*auxiliar*) to assist; (*TV, filme, jogo*) to watch; (*reunião*) to attend; (*caber*) to fall to
assoalho [aso'aʎu] M (wooden) floor
assoar [aso'ar] VT: **~ o nariz** to blow one's nose; **assoar-se** VR (PT) to blow one's nose
assoberbado, -a [asober'badu, a] ADJ (*pessoa: de serviço*) snowed under with work
assoberbar [asober'bar] VT (*de serviço*) to overload
assobiar [aso'bjar] VI to whistle
assobio [aso'biu] M whistle; (*instrumento*) whistle; (*de vapor*) hiss
associação [asosja'sãw] (*pl* **-ões**) F association; (*organização*) society; (*parceria*) partnership; **~ de moradores** residents' association
associado, -a [aso'sjadu, a] ADJ associate ▶ M/F associate, member; (*Com*) associate; (*sócio*) partner
associar [aso'sjar] VT to associate; **associar-se** VR (*Com*) to form a partnership; **~-se a** to associate with
assolador, a [asola'dor(a)] ADJ devastating
assolar [aso'lar] VT to devastate
assomar [aso'mar] VI (*aparecer*) to appear; **~ a** (*subir*) to climb to the top of
assombração [asõbra'sãw] (*pl* **-ões**) F (*fantasma*) ghost
assombrado, -a [asõ'bradu, a] ADJ astonished, amazed
assombrar [asõ'brar] VT to astonish, amaze; **assombrar-se** VR to be amazed
assombro [a'sõbru] M amazement, astonishment; (*maravilha*) marvel
assombroso, -a [asõ'brozu, ɔza] ADJ (*espantoso*) astonishing, amazing
assoprar [aso'prar] VI to blow ▶ VT to blow; (*velas*) to blow out
assoviar [aso'vjar] VT = **assobiar**
assovio [aso'viu] M = **assobio**
assumir [asu'mir] VT to assume, take on; (*reconhecer*) to accept, admit ▶ VI to take office
Assunção [asũ'sãw] N (*no Paraguai*) Asunción
assuntar [asũ'tar] VT (*prestar atenção*) to pay attention to; (*verificar*) to find out ▶ VI (*meditar*) to cogitate
assunto [a'sũtu] M (*tema*) subject, matter; (*enredo*) plot

assustadiço, -a [asusta'dʒisu, a] ADJ timorous
assustador, a [asusta'dor(a)] ADJ (*alarmante*) startling; (*amedrontador*) frightening
assustar [asus'tar] VT to frighten, scare, startle; **assustar-se** VR to be frightened
asteca [as'tɛka] ADJ, M/F Aztec
asterisco [aste'risku] M asterisk
astigmatismo [astʃigma'tʃizmu] M astigmatism
astral [as'traw] (*pl* **-ais**) M mood; **bom ~** good vibe; **alto ~** upbeat mood; **baixo ~** gloom; **estar de baixo ~** to be feeling glum
astro ['astru] M star
astrologia [astrolo'ʒia] F astrology
astrólogo, -a [as'trɔlogu, a] M/F astrologer
astronauta [astro'nawta] M/F astronaut
astronave [astro'navi] F spaceship
astronomia [astrono'mia] F astronomy
astronômico, -a [astro'nomiku, a] ADJ (*preço*) astronomical
astrônomo, -a [as'tronomu, a] M/F astronomer
astúcia [as'tusja] F cunning
astuto, -a [as'tutu, a] ADJ astute; (*esperto*) cunning
ata ['ata] F (*de reunião*) minutes *pl*
atacadista [ataka'dʒista] ADJ wholesale ▶ M/F wholesaler
atacado, -a [ata'kadu, a] ADJ (*col: pessoa*) in a bad mood ▶ M: **por ~** wholesale
atacante [ata'kãtʃi] ADJ attacking ▶ M/F attacker, assailant ▶ M (*Futebol*) forward
atacar [ata'kar] VT to attack; (*problema etc*) to tackle
atado, -a [a'tadu, a] ADJ (*desajeitado*) clumsy, awkward; (*perplexo*) puzzled
atadura [ata'dura] F bandage
atalaia [ata'laja] F lookout post
atalhar [ata'ʎar] VT (*impedir*) to prevent; (*abreviar*) to shorten ▶ VI (*tomar um atalho*) to take a short cut
atalho [a'taʎu] M (*caminho*) short cut
atapetar [atape'tar] VT to carpet
ataque [a'taki] M attack; **ter um ~ (de raiva)** to have a fit; **ter um ~ de riso** to burst out laughing; **~ aéreo** air raid; **~ suicida** suicide attack
ataquei *etc* [ata'kej] VB *ver* **atacar**
atar [a'tar] VT to tie (up), fasten; **não ~ nem desatar** (*pessoa*) to waver; (*negócio*) to be in the air
atarantado, -a [atarã'tadu, a] ADJ (*pessoa*) flustered, in a flap
atarantar [atarã'tar] VT to fluster
atarefado, -a [atare'fadu, a] ADJ busy
atarracado, -a [ataha'kadu, a] ADJ stocky
atarraxar [ataha'ʃar] VT to screw
ataúde [ata'udʒi] M coffin
ataviar [ata'vjar] VT to adorn, decorate; **ataviar-se** VR to get dressed up
atavio [ata'viu] M adornment
atazanar [ataza'nar] VT to pester

até [a'tɛ] PREP (PT: +a: lugar) up to, as far as; (tempo etc) until, till ▶ ADV (tb: **até mesmo**) even; ~ **agora** up to now; ~ **certo ponto** to a certain extent; ~ **em cima** to the top; ~ **já** see you soon; ~ **logo** bye!; ~ **onde** as far as; ~ **que** until; ~ **que enfim!** at last!

atear [ate'ar] VT (fogo) to kindle; (fig) to incite, inflame; **atear-se** VR (fogo) to blaze; (paixões) to flare up; ~ **fogo a** to set light to

ateia [a'tɛja] F de **ateu**

ateísmo [ate'izmu] M atheism

ateliê [ate'lje] M studio

atemorizador, a [atemoriza'dor(a)] ADJ frightening

atemorizar [atemori'zar] VT to frighten; (intimidar) to intimidate

Atenas [a'tenas] N Athens

atenção [atẽ'sãw] (pl **-ões**) F attention; (cortesia) courtesy; (bondade) kindness; ~! be careful!; **chamar a** ~ to attract attention; **chamar a** ~ **de alguém** to tell sb off

atencioso, -a [atẽ'sjozu, ɔza] ADJ considerate

atenções [atẽ'sõjs] FPL de **atenção**

atender [atẽ'der] VT: ~ **(a)** to attend to; (receber) to receive; (em loja) to serve; (deferir) to grant; (telefone etc) to answer; (paciente) to see ▶ VI (ao telefone, porta) to answer; (dar atenção) to pay attention

atendimento [atẽdʒi'mẽtu] M service; (recepção) reception; **horário de** ~ opening hours; (em consultório) surgery (BRIT) ou office (US) hours

atenho etc [a'teɲu] VB ver **ater-se**

atentado [atẽ'tadu] M (ataque) attack; (crime) crime; (contra a vida de alguém) attempt on sb's life; ~ **ao pudor** indecent exposure; ~ **suicida** suicide attack

atentar [atẽ'tar] VT (empreender) to undertake ▶ VI to make an attempt; ~ **a** ou **em** ou **para** to pay attention to; ~ **contra a vida de alguém** to make an attempt on sb's life; ~ **contra a moral** to offend against morality

atento, -a [a'tẽtu, a] ADJ attentive; (exame) careful; **estar** ~ **a** to be aware ou mindful of

atenuação [atenwa'sãw] (pl **-ões**) F reduction, lessening

atenuante [ate'nwãtʃi] ADJ extenuating ▶ M extenuating circumstance

atenuar [ate'nwar] VT (diminuir) to reduce, lessen

aterrador, a [ateha'dor(a)] ADJ terrifying

aterragem [ate'haʒẽ] (pl **-ns**) (PT) F (Aer) landing

aterrar [ate'har] VT (cobrir com terra) to cover with earth; (praia) to reclaim ▶ VI (PT Aer) to land

aterrissagem [atehi'saʒẽ] (pl **-ns**) (BR) F (Aer) landing

aterrissar [atehi'sar] (BR) VI (Aer) to land

aterrizar [atehi'zar] VI = **aterrissar**

aterro [a'tehu] M: ~ **sanitário** landfill (site)

aterrorizado, -a [atehori'zadu, a] ADJ terrified

aterrorizador, a [atehoriza'dor(a)] ADJ terrifying

aterrorizante [atehori'zãtʃi] ADJ terrifying

aterrorizar [atehori'zar] VT to terrorize

ater-se [a'tersi] (irreg: como **ter**) VR: ~ **a** (prender-se) to get caught up in; (limitar-se) to restrict o.s. to

atestado, -a [ates'tadu, a] ADJ certified ▶ M certificate; (prova) proof; (Jur) testimony; ~ **médico** medical certificate

atestar [ates'tar] VT (certificar) to certify; (testemunhar) to bear witness to; (provar) to prove

ateu, ateia [a'tew, a'tɛja] ADJ, M/F atheist

ateve etc [a'tevi] VB ver **ater-se**

atiçador [atʃisa'dor] M (utensílio) poker

atiçar [atʃi'sar] VT (fogo) to poke; (incitar) to incite; (provocar) to provoke; (sentimento) to induce

atilado, -a [atʃi'ladu, a] ADJ (esperto) clever

atinado, -a [atʃi'nadu, a] ADJ (sensato) wise, sensible

atinar [atʃi'nar] VT (acertar) to guess correctly ▶ VI: ~ **com** (solução) to find; ~ **em** to notice; ~ **a fazer algo** to succeed in doing sth

atingir [atʃĩ'ʒir] VT to reach; (acertar) to hit; (afetar) to affect; (objetivo) to achieve; (compreender) to grasp

atingível [atʃĩ'ʒivew] (pl **-eis**) ADJ attainable

atinha etc [a'tʃiɲa] VB ver **ater-se**

atinjo etc [a'tʃĩʒu] VB ver **atingir**

atípico, -a [a'tʃipiku, a] ADJ atypical, untypical

atirador, a [atʃira'dor(a)] M/F marksman/woman; ~ **de tocaia** sniper

atirar [atʃi'rar] VT (lançar) to throw, fling, hurl ▶ VI (arma) to shoot; **atirar-se** VR: ~-**se a** (lançar-se a) to hurl o.s. at; ~ **(em)** to shoot (at)

atitude [atʃi'tudʒi] F attitude; (postura) posture; **tomar uma** ~ (reagir) to do something about it

ativa [a'tʃiva] F (Mil) active service

ativar [atʃi'var] VT to activate; (apressar) to hasten

ative etc [a'tʃivi] VB ver **ater-se**

atividade [atʃivi'dadʒi] F activity

ativo, -a [a'tʃivu, a] ADJ active ▶ M (Com) assets pl

atlântico, -a [at'lãtʃiku, a] ADJ Atlantic ▶ M: **o (Oceano) A~** the Atlantic (Ocean)

atlas ['atlas] M INV atlas

atleta [at'lɛta] M/F athlete

atlético, -a [at'lɛtʃiku, a] ADJ athletic

atletismo [atle'tʃizmu] M athletics sg

atmosfera [atmos'fɛra] F atmosphere

ato ['atu] M act; (ação) action; (cerimônia) ceremony; (Teatro) act; **em** ~ **contínuo** straight after; **no** ~ on the spot; **no mesmo** ~ at the same time; ~ **falho** Freudian slip; ~ **público** public ceremony

atoalhado, -a [atoa'ʎadu, a] ADJ: **(tecido)** ~ towelling

atolado, -a [ato'ladu, a] ADJ *(tb fig)* bogged down

atolar [ato'lar] VT to bog down; **atolar-se** VR to get bogged down

atoleiro [ato'lejru] M bog, quagmire; *(fig)* quandary, fix

atômico, -a [a'tomiku, a] ADJ atomic

atomizador [atomiza'dor] M atomizer

átomo ['atomu] M atom

atônito, -a [a'tonitu, a] ADJ astonished, amazed

ator [a'tor] M actor

atordoado, -a [ator'dwadu, a] ADJ dazed

atordoador, a [atordwa'dor(a)] ADJ stunning

atordoamento [atordwa'mẽtu] M daze

atordoar [ator'dwar] VT to daze, stun

atormentar [atormẽ'tar] VT to torment; *(importunar)* to plague

atracação [atraka'sãw] *(pl* **-ões***)* F *(Náut)* mooring; *(briga)* fight; *(col: agarração)* necking

atração [atra'sãw] *(pl* **-ões***)* F attraction

atracar [atra'kar] VT, VI *(Náut)* to moor; **atracar-se** VR to grapple; *(col: abraçar-se)* to neck

atrações [atra'sõjs] FPL *de* **atração**

atraente [atra'ẽtʃi] ADJ attractive

atraiçoar [atraj'swar] VT to betray

atrair [atra'ir] VT to attract; *(fascinar)* to fascinate

atrapalhação [atrapaʎa'sãw] F *(confusão)* confusion

atrapalhar [atrapa'ʎar] VT *(confundir)* to confuse; *(perturbar)* to disturb; *(dificultar)* to hinder ▶ VI to be a nuisance; to be a hindrance; **atrapalhar-se** VR to get confused

atrás [a'trajs] ADV behind; *(no fundo)* at the back ▶ PREP: **~ de** behind; *(no tempo)* after; *(em busca de)* after; **um ~ de outro** one after the other; **dois meses ~** two months ago; **não ficar ~** *(fig)* not to be far behind

atrasado, -a [atra'zadu, a] ADJ late; *(país etc)* backward; *(relógio etc)* slow; *(pagamento)* overdue; *(costumes, pessoa)* antiquated; *(número de revista)* back; **estar ~ nos pagamentos** to be in arrears

atrasados [atra'zadus] MPL *(Com)* arrears

atrasar [atra'zar] VT to delay; *(progresso, desenvolvimento)* to hold back; *(relógio)* to put back; *(pagamento)* to be late with ▶ VI *(relógio etc)* to be slow; *(avião, pessoa)* to be late; **atrasar-se** VR *(chegar tarde)* to be late; *(num trabalho)* to fall behind; *(num pagamento)* to get into arrears

atraso [a'trazu] M delay; *(de país etc)* backwardness; **atrasos** MPL *(Com)* arrears; **chegar com ~** to arrive late; **com 20 minutos de ~** 20 minutes late; **com um ~ de 6 meses** *(Com: pagamento)* six months in arrears; **um ~ de vida** a hindrance

atrativo, -a [atra'tʃivu, a] ADJ attractive ▶ M attraction, appeal; *(incentivo)* incentive; **atrativos** MPL *(encantos)* charms

atravancar [atravã'kar] VT to block, obstruct; *(encher)* to fill up

através [atra'vɛs] ADV across; **~ de** *(de lado a lado)* across; *(pelo centro de)* through; *(por meio de)* through

atravessado, -a [atrave'sadu, a] ADJ *(na garganta)* stuck; **estar com alguém ~ na garganta** to be peeved with sb

atravessar [atrave'sar] VT *(cruzar)* to cross; *(pôr ao través)* to put ou lay across; *(traspassar)* to pass through; *(crise etc)* to go through

atrelar [atre'lar] VT *(cão)* to put on a leash; *(cavalo)* to harness; *(duas viaturas)* to couple up

atrever-se [atre'versi] VR: **~ a** to dare to

atrevido, -a [atre'vidu, a] ADJ *(petulante)* cheeky, impudent; *(corajoso)* bold

atrevimento [atrevi'mẽtu] M *(ousadia)* boldness; *(insolência)* cheek, insolence

atribuição [atribwi'sãw] *(pl* **-ões***)* F attribution; **atribuições** FPL *(direitos)* rights; *(poderes)* powers

atribuir [atri'bwir] VT: **~ algo a** to attribute sth to; *(prêmios, regalias)* to confer sth on

atribulação [atribula'sãw] *(pl* **-ões***)* F tribulation

atribular [atribu'lar] VT to trouble, distress; **atribular-se** VR to be distressed

atributo [atri'butu] M attribute

átrio ['atrju] M hall; *(pátio)* courtyard

atrito [a'tritu] M *(fricção)* friction; *(desentendimento)* disagreement

atriz [a'triz] F actress

atrocidade [atrosi'dadʒi] F atrocity

atrofia [atro'fia] F atrophy

atrofiar [atro'fjar] VT to atrophy; **atrofiar-se** VR to atrophy

atropeladamente [atropelada'mẽtʃi] ADV haphazardly

atropelamento [atropela'mẽtu] M *(de pedestre)* accident involving a pedestrian

atropelar [atrope'lar] VT to knock down, run over; *(empurrar)* to jostle

atropelo [atro'pelu] M bustle, scramble; *(confusão)* confusion

atroz [a'trɔz] ADJ *(cruel)* merciless; *(crime)* heinous; *(dor, lembrança, feiura)* terrible, awful

attaché [ata'ʃe] M attaché

atuação [atwa'sãw] *(pl* **-ões***)* F acting; *(de ator etc)* performance

atuado, -a [a'twadu, a] ADJ *(pessoa)* in a bad mood

atual [a'twaw] *(pl* **-ais***)* ADJ current; *(pessoa, carro)* modern

atualidade [atwali'dadʒi] F present (time); **atualidades** FPL *(notícias)* news sg

atualização [atwaliza'sãw] *(pl* **-ões***)* F updating

atualizado, -a [atwali'zadu, a] ADJ up-to-date

atualizar [atwali'zar] VT to update; **atualizar-se** VR to bring o.s. up to date

atualmente [atwaw'mẽtʃi] ADV at present, currently; *(hoje em dia)* nowadays

atuante [a'twãtʃi] ADJ active

atuar [a'twar] vi to act; **~ para** to contribute to; **~ sobre** to influence
atulhar [atu'ʎar] vt (encher) to cram full; (meter) to stuff, cram
atum [a'tũ] (pl **-ns**) M tuna (fish)
aturar [atu'rar] vt (suportar) to endure, put up with
aturdido, -a [atur'dʒidu, a] ADJ stunned; (com barulho) deafened; (com confusão, movimento) bewildered
aturdimento [aturdʒi'mẽtu] M bewilderment
aturdir [atur'dʒir] vt to stun; (suj: barulho) to deafen; (: confusão, movimento) to bewilder
atxim [a'tʃĩ] EXCL achoo!
audácia [aw'dasja] F boldness; (insolência) insolence; **que ~!** what a cheek!
audacioso, -a [awda'sjozu, ɔza] ADJ daring; (insolente) insolent
audaz [aw'daz] ADJ daring; (insolente) insolent
audição [awdʒi'sãw] (pl **-ões**) F audition; (concerto) recital
audiência [aw'dʒjẽsja] F audience; (de tribunal) session, hearing
audiovisual [awdʒjovi'zwaw] (pl **-ais**) ADJ audiovisual
auditar [awdʒi'tar] vt (Com) to audit
auditivo, -a [awdʒi'tʃivu, a] ADJ hearing atr, auditory
auditor, a [awdʒi'tor(a)] M/F (Com) auditor; (juiz) judge; (ouvinte) listener
auditoria [awdʒito'ria] F auditing; **fazer a ~ de** to audit
auditório [awdʒi'tɔrju] M (ouvintes) audience; (recinto) auditorium; **programa de ~** program(me) recorded before a live audience
audível [aw'dʒivew] (pl **-eis**) ADJ audible
auferir [awfe'rir] vt (lucro) to derive
auge ['awʒi] M height, peak
augurar [awgu'rar] vt to augur; (felicidades) to wish
augúrio [aw'gurju] M omen
aula ['awla] F (PT: sala) classroom; (lição) lesson, class; **dar ~** to teach
aumentar [awmẽ'tar] vt to increase; (salários, preços) to raise; (sala, casa) to expand, extend; (suj: lente) to magnify; (acrescentar) to add ▶ vi to increase; (preço, salário) to rise, go up; **~ de peso** (pessoa) to put on weight
aumento [aw'mẽtu] M increase; (de preços) rise; (ampliação) enlargement; (crescimento) growth
áureo, -a ['awrju, a] ADJ golden
auréola [aw'rɛola] F halo
aurora [aw'rɔra] F dawn
auscultar [awskuw'tar] vt (opinião pública) to sound out; (paciente): **~ alguém** to sound sb's chest
ausência [aw'zẽsja] F absence
ausentar-se [awzẽ'tarsi] vR (ir-se) to go away; (afastar-se) to stay away
ausente [aw'zẽtʃi] ADJ absent ▶ M/F missing person

auspiciar [awspi'sjar] vt to augur
auspício [aw'spisju] M: **sob os ~s de** under the auspices of
auspicioso, -a [awspi'sjozu, ɔza] ADJ auspicious
austeridade [awsteri'dadʒi] F austerity
austero, -a [aws'tɛru, a] ADJ austere
austral [aws'traw] (pl **-ais**) ADJ southern
Austrália [aws'tralja] F: **a ~** Australia
australiano, -a [awstra'ljanu, a] ADJ, M/F Australian
Áustria ['awstrja] F: **a ~** Austria
austríaco, -a [aws'triaku, a] ADJ, M/F Austrian
autarquia [awtar'kia] F autonomous government organization, ≈ quango (BRIT)
autárquico, -a [aw'tarkiku, a] ADJ autonomous
autenticar [awtẽtʃi'kar] vt to authenticate; (Com, Jur) to certify
autenticidade [awtẽtʃisi'dadʒi] F authenticity
autêntico, -a [aw'tẽtʃiku, a] ADJ authentic; (pessoa) genuine; (verdadeiro) true, real
autismo [aw'tʃizmu] M autism
autista [aw'tʃista] ADJ autistic ▶ M/F autistic person
auto ['awtu] M (automóvel) car; **autos** MPL (Jur: processo) legal proceedings; (documentos) legal papers
autoadesivo, -a [awtoade'zivu, a] ADJ self-adhesive
autoafirmação [awtoafirma'sãw] F self-assertion
autobiografia [awtobjogra'fia] F autobiography
autobiográfico, -a [awtobjo'grafiku, a] ADJ autobiographical
autobronzeador [awtobrõzja'dor] ADJ self-tanning
autocarro [awto'kahu] (PT) M bus
autocontrole [awtokõ'troli] M self-control
autocrata [awto'krata] ADJ autocratic
autóctone [aw'tɔktoni] ADJ indigenous ▶ M/F native
autodefesa [awtode'feza] F self-defence (BRIT), self-defense (US)
autodestruição [awtodes'trwisãw] F self-destruction
autodeterminação [awtodetermina'sãw] F self-determination
autodidata [awtodʒi'data] ADJ self-taught ▶ M/F autodidact
autodisciplina [awtodʒisi'plina] F self-discipline
autodomínio [awtodo'minju] M self-control
autódromo [aw'tɔdromu] M race track
autoescola [awtois'kɔla] F driving school
autoestrada [awtois'trada] F motorway (BRIT), expressway (US)
autografar [awtogra'far] vt to autograph
autógrafo [aw'tɔgrafu] M autograph
automação [awtoma'sãw] F automation; **~ de escritórios** office automation

automático, -a [awto'matʃiku, a] ADJ automatic
automatização [awtomatʃiza'sãw] F = **automação**
automatizar [awtomatʃi'zar] VT to automate
autômato [aw'tomatu] M automaton
automedicar-se [awtomedʒi'karsi] VR to treat o.s.
automobilismo [awtomobi'lizmu] M motoring; (*Esporte*) motor car racing
automóvel [awto'mɔvew] (*pl* -**eis**) M motor car (BRIT), automobile (US)
autonomia [awtono'mia] F autonomy
autônomo, -a [aw'tonomu, a] ADJ autonomous; (*trabalhador*) self-employed ▸ M/F self-employed person
autopeça [awto'pɛsa] F car spare
autópsia [aw'tɔpsja] F post-mortem, autopsy
autor, a [aw'tor(a)] M/F author; (*de um crime*) perpetrator; (*Jur*) plaintiff
autoral [awto'raw] (*pl* -**ais**) ADJ: **direitos autorais** copyright *sg*
autoridade [awtori'dadʒi] F authority
autoritário, -a [awtori'tarju, a] ADJ authoritarian
autoritarismo [awtorita'rizmu] M authoritarianism
autorização [awtoriza'sãw] (*pl* -**ões**) F permission, authorization; **dar ~ a alguém para** to give sb permission to, to authorize sb to
autorizar [awtori'zar] VT to authorize
autorretrato [awtohe'tratu] M self-portrait
autosserviço [awtoser'visu] M self-service
autossuficiente [awtosufi'sjetʃi] ADJ self-sufficient
autossugestão [awtosuʒes'tãw] F autosuggestion
autuar [aw'twar] VT to sue
auxiliar [awsi'ljar] ADJ auxiliary ▸ M/F assistant ▸ VT to help, assist
auxílio [aw'silju] M help, assistance, aid
auxílio-doença (*pl* **auxílios-doença**) M sickness benefit, sick pay
Av. ABR (= *avenida*) Ave.
avacalhado, -a [avaka'ʎadu, a] ADJ sloppy
avacalhar [avaka'ʎar] (*col*) VT to screw up
aval [a'vaw] (*pl* -**ais**) M guarantee; (*Com*) surety
avalancha [ava'lãʃa] F avalanche
avalanche [ava'lãʃi] F = **avalancha**
avaliação [avalja'sãw] (*pl* -**ões**) F valuation; (*apreciação*) assessment, evaluation
avaliador, a [avalja'dor(a)] M/F: **~ de danos** loss adjuster
avaliar [ava'ljar] VT to value; to assess, evaluate; (*imaginar*) to imagine; **~ algo em $100** to value sth at $100
avalista [ava'lista] M/F guarantor
avalizar [avali'zar] VT to guarantee
avançada [avã'sada] F advance
avançado, -a [avã'sadu, a] ADJ advanced; (*ideias, pessoa*) progressive

avançar [avã'sar] VT to move forward ▸ VI to advance
avanço [a'vãsu] M advancement; (*progresso*) progress; (*melhora*) improvement, advance
avantajado, -a [avãta'ʒadu, a] ADJ (*corpulento*) stout
avante [a'vãtʃi] ADV forward
avarento, -a [ava'rẽtu, a] ADJ mean ▸ M/F miser
avareza [ava'reza] F meanness
avaria [ava'ria] F damage; (*Tec*) breakdown
avariado, -a [ava'rjadu, a] ADJ damaged; (*máquina*) out of order; (*carro*) broken down
avariar [ava'rjar] VT to damage ▸ VI to suffer damage; (*Tec*) to break down
avaro, -a [a'varu, a] ADJ mean ▸ M/F miser
ave ['avi] F bird
aveia [a'veja] F oats *pl*
aveio *etc* [a'veju] VB *ver* **avir-se**
avelã [ave'lã] F hazelnut
aveludado, -a [avelu'dadu, a] ADJ velvety; (*voz*) smooth
avenho *etc* [a'veɲu] VB *ver* **avir-se**
avenida [ave'nida] F avenue
avental [avẽ'taw] (*pl* -**ais**) M apron; (*vestido*) pinafore dress (BRIT), jumper (US)
aventar [avẽ'tar] VT (*ideia etc*) to put forward
aventura [avẽ'tura] F adventure; (*proeza*) exploit
aventurar [avẽtu'rar] VT (*ousar*) to risk, venture; **aventurar-se** VR: **~-se a** to dare to
aventureiro, -a [avẽtu'rejru, a] ADJ adventurous ▸ M/F adventurer
averiguação [averigwa'sãw] (*pl* -**ões**) F investigation, inquiry; (*verificação*) verification
averiguar [averi'gwar] VT (*inquirir*) to investigate; (*verificar*) to verify
avermelhado, -a [averme'ʎadu, a] ADJ reddish
aversão [aver'sãw] (*pl* -**ões**) F aversion
averso, -a [a'versu, a] ADJ: **~ a** averse to
aversões [aver'sõjs] FPL *de* **aversão**
avesso, -a [a'vesu, a] ADJ (*lado*) opposite, reverse ▸ M wrong side, reverse; **ao ~** inside out; **às avessas** (*inverso*) upside down; (*oposto*) the wrong way round; **virar pelo ~** to turn inside out
avestruz [aves'truz] M ostrich
aviação [avja'sãw] F aviation, flying
aviado, -a [a'vjadu, a] ADJ (*executado*) ready; (*apressado*) hurried
aviador, a [avja'dor(a)] M/F aviator, airman/woman
aviamento [avja'mẽtu] M (*Costura*) haberdashery (BRIT), notions *pl* (US); (*de receita médica*) filling; (*Com*) goodwill
avião [a'vjãw] (*pl* -**ões**) M aeroplane; **~ a jato** jet
aviar [a'vjar] VT (*receita médica*) to make up
avicultor, a [avikuw'tor(a)] M/F poultry farmer
avicultura [avikuw'tura] F poultry farming

avidez [avi'dez] F (*cobiça*) greed; (*desejo*) eagerness
ávido, -a ['avidu, a] ADJ (*cobiçoso*) greedy; (*desejoso*) eager
aviltamento [aviwta'mẽtu] M debasement
aviltar [aviw'tar] VT to debase; **aviltar-se** VR to demean o.s.
avim *etc* [a'vĩ] VB *ver* **avir-se**
avinagrado, -a [avina'gradu, a] ADJ sour, acid
aviões [a'vjõjs] MPL *de* **avião**
avir-se [a'virsi] (*irreg: como* **vir**) VR (*conciliar-se*) to reach an understanding
avisar [avi'zar] VT (*advertir*) to warn; (*informar*) to tell, let know; **ele avisou que chega amanhã** he said he's arriving tomorrow
aviso [a'vizu] M (*comunicação*) notice; (*advertência*) warning; **~ prévio** notice
avistar [avis'tar] VT to catch sight of; **avistar-se** VR: **~-se com** (*ter entrevista*) to have an interview with
avitaminose [avitami'nɔzi] F vitamin deficiency
avivar [avi'var] VT (*intensificar*) to intensify, heighten; (*memória*) to bring back
avizinhar-se [avizi'ɲarsi] VR (*aproximar-se*) to approach, come near
avo ['avu] M: **um doze ~s** one twelfth
avô, avó [a'vo, a'vɔ] M/F grandfather/mother; **avós** MPL grandparents
avoado, -a [avo'adu, a] ADJ (*pessoa*) absent-minded
avolumar [avolu'mar] VT (*aumentar: em volume*) to swell; (: *em número*) to accumulate; (*ocupar espaço*) to fill; **avolumar-se** VR to increase; to swell
avulso, -a [a'vuwsu, a] ADJ separate, detached ▶ M single copy
avultado, -a [avuw'tadu, a] ADJ large, bulky
avultar [avuw'tar] VT to enlarge, expand ▶ VI (*sobressair*) to stand out; (*aumentar*) to increase
axila [ak'sila] F armpit
axioma [a'sjɔma] M axiom
azáfama [a'zafama] F bustle; (*pressa*) hurry
azaleia [aza'lɛja] F azalea
azar [a'zar] M bad luck; **~!** too bad!, bad luck!; **estar com ~, ter ~** to be unlucky
azarado, -a [aza'radu, a] ADJ (*desafortunado*) unlucky
azarento, -a [aza'rẽtu, a] ADJ (*que dá azar*) unlucky
azedar [aze'dar] VT to turn sour; (*pessoa*) to put in a bad mood ▶ VI to turn sour; (*leite*) to go off
azedo, -a [a'zedu, a] ADJ (*sabor*) sour; (*leite*) off; (*fig*) grumpy, bad-tempered
azedume [aze'dumi] M (*sabor*) sourness; (*fig*) grumpiness
azeitar [azej'tar] VT (*untar*) to grease; (*lubrificar*) to oil
azeite [a'zejtʃi] M oil; (*de oliva*) olive oil
azeitona [azej'tɔna] F olive
Azerbaijão [azerbaj'ʒãw] M: **o ~** Azerbaijan
azeviche [aze'viʃi] M (*cor*) jet black
azevinho [aze'viɲu] M holly
azia [a'zia] F heartburn
aziago, -a [a'zjagu, a] ADJ (*de mau agouro*) ominous
azinhaga [azi'ɲaga] F (country) lane
azinhavre [azi'ɲavri] M verdigris
azo ['azu] M (*oportunidade*) opportunity; (*pretexto*) pretext; **dar ~ a** to give occasion to
azougue [a'zogi] M quicksilver; (*Quím*) mercury; (*fig: pessoa: inquieta*) live wire; (: *esperta*) sharp person
azucrinar [azukri'nar] VT to bother, pester
azul [a'zuw] (*pl* **-uis**) ADJ blue; **tudo ~** (*fig*) everything's rosy
azular [azu'lar] VI to flee
azulejar [azule'ʒar] VT to tile
azulejo [azu'leʒu] M (*glazed*) tile
azul-marinho ADJ INV navy blue
azul-turquesa ADJ INV turquoise

Bb

B, b [be] (*pl* **bs**) M B, b; **B de Beatriz** B for Benjamin (BRIT) *ou* Baker (US)
baba ['baba] F dribble; **~ de moça** *sweet made with sugar, coconut milk and eggs*
babá [ba'ba] F nanny
babaca [ba'baka] (!) M wanker (BRIT!), asshole (US!)
babado [ba'badu] M frill; (*col*) piece of gossip
babador [baba'dor] M bib
babaquice [baba'kisi] F stupidity; (*ato, dito*) stupid thing
babar [ba'bar] VT to dribble on ▶ VI to dribble; **babar-se** VR to dribble; **~(-se) por** to drool over
babeiro [ba'bejru] (PT) M bib
babel [ba'bɛw] (*pl* **-éis**) F (*fig*) muddle
baby-sitter ['bejbisiter] (*pl* **-s**) M/F baby-sitter
bacalhau [baka'ʎaw] M (dried) cod
bacalhoada [bakaʎo'ada] F salt cod stew
bacana [ba'kana] (*col*) ADJ great
bacanal [baka'naw] M orgy
bacharel [baʃa'rɛw] (*pl* **-éis**) M graduate
bacharelado [baʃare'ladu] M bachelor's degree
bacharelar-se [baʃare'larsi] VR to graduate
bacia [ba'sia] F basin; (*sanitária*) bowl; (*Anat*) pelvis
background [bɛk'grãwdʒi] (*pl* **-s**) M background
backup [ba'kapi] (*pl* **-s**) M (*Comput*) back-up; **fazer um ~ de** to back up
baço, -a ['basu, a] ADJ dull; (*metal*) tarnished ▶ M (*Anat*) spleen
bacon ['bejkõ] M bacon
bactéria [bak'tɛrja] F germ, bacterium; **bactérias** MPL (*germes*) bacteria *pl*
badalado, -a [bada'ladu, a] (*col*) ADJ talked about, famous
badalar [bada'lar] VT, VI (*sino*) to ring ▶ VI to ring; (*col*) to go out and about
badalativo, -a [badala'tʃivu, a] (*col*) ADJ fun-loving
badalo [ba'dalu] M clapper
badejo [ba'deʒu] M sea bass
baderna [ba'dɛrna] F commotion
badulaque [badu'laki] M trinket; **badulaques** MPL (*coisas sem valor*) junk *sg*
bafafá [bafa'fa] (*col*) M kerfuffle
bafejar [bafe'ʒar] VT (*aquecer com o bafo*) to blow; (*fortuna*) to smile upon
bafejo [ba'feʒu] M (*sopro*) whiff; **~ da sorte** stroke of luck
bafio [ba'fiu] M musty smell
bafo ['bafu] M (*hálito*) (bad) breath; **isso é ~ dele** (*col*) he's just making it up
bafômetro [ba'fometru] M Breathalyser®
baforada [bafo'rada] F (*fumaça*) puff
bagaço [ba'gasu] M (*de frutos*) pulp; (PT: *cachaça*) brandy; **estar/ficar um ~** (*fig: pessoa*) to be/get run down
bagageiro [baga'ʒejru] M (*Auto*) roof rack; (PT) porter
bagagem [ba'gaʒē] F luggage; (*fig*) baggage, luggage; **recebimento de ~** (*Aer*) baggage reclaim
bagatela [baga'tɛla] F trinket; (*fig*) trifle
Bagdá [bagi'da] N Baghdad
bago ['bagu] M (*fruto*) berry; (*uva*) grape; (*de chumbo*) pellet; (!) ball (!)
bagulho [ba'guʎu] M (*objeto*) piece of junk; (*pessoa*): **ser um ~** to be as ugly as sin
bagunça [ba'gũsa] F (*confusão*) mess, shambles *sg*
bagunçado, -a [bagũ'sadu, a] ADJ messy
baguncar [bagũ'sar] VT to mess up
bagunceiro, -a [bagũ'sejru, a] ADJ messy
Bahamas [ba'amas] FPL: **as ~** the Bahamas
baia ['baja] F bail
baía [ba'ia] F bay
baiano, -a [ba'janu, a] ADJ, M/F Bahian
baila ['bajla] F: **trazer/vir à ~** to bring/come up
bailado [baj'ladu] M dance; (*balé*) ballet
bailar [baj'lar] VT, VI to dance
bailarino, -a [bajla'rinu, a] M/F ballet dancer
baile ['bajli] M dance; (*formal*) ball; **dar um ~ em alguém** to pull sb's leg; **~ à fantasia** fancy-dress ball
bainha [ba'iɲa] F (*de arma*) sheath; (*de costura*) hem
baioneta [bajo'neta] F bayonet; **~ calada** fixed bayonet
bairrista [baj'hista] ADJ loyal to one's neighbo(u)rhood ▶ M/F proud local
bairro ['bajhu] M district
baita ['bajta] ADJ huge; (*gripe*) bad
baixa ['bajʃa] F (*abaixamento*) decrease; (*de preço*) reduction, fall; (*diminuição*) drop; (*Bolsa*) low; (*em combate*) casualty; (*do serviço*) discharge; **dar** *ou* **ter ~** to be discharged

baixada [baj'ʃada] F lowland
baixa-mar (*pl* **baixa-mares**) F low tide
baixar [baj'ʃar] VT to lower; (*bandeira*) to take down; (*ordem*) to issue; (*lei*) to pass; (*Comput*) to download ▶ VI to go (*ou* come) down; (*temperatura, preço*) to drop, fall; (*col: aparecer*) to show up; **~ ao hospital** to go into hospital
baixaria [bajʃa'ria] F vulgarity; (*ação*) cheap trick
baixela [baj'ʃɛla] F serving set
baixeza [baj'ʃeza] F meanness, baseness
baixinho [baj'ʃiɲu] ADV (*falar*) softly, quietly; (*em segredo*) secretly
baixio [baj'ʃiu] M sandbank, sandbar
baixista [baj'ʃista] M/F (*Bolsa*) bear ▶ ADJ bear *atr*
baixo, -a ['bajʃu, a] ADJ low; (*pessoa*) short, small; (*rio*) shallow; (*linguagem*) common; (*olhos*) lowered; (*atitude*) mean, base; (*metal*) base ▶ ADV low; (*em posição baixa*) low down; (*falar*) softly ▶ M (*Mús*) bass; **em ~** below; (*em casa*) downstairs; **em voz baixa** in a quiet voice; **para ~** down, downwards; (*em casa*) downstairs; **por ~ de** under, underneath; **altos e ~s** ups and downs; **estar por ~** to be down on one's luck
baixo-astral (*pl* **baixo-astrais**) ADJ gloomy
baixote, -a [baj'ʃɔtʃi, ta] ADJ shortish
bajulador, a [baʒula'dor(a)] ADJ obsequious
bajular [baʒu'lar] VT to fawn over
bala ['bala] F bullet; (BR: *doce*) sweet; **estar em ponto de ~** (*fig*) to be in tip-top condition; **estar/ficar uma ~** (*fig*) to be/get furious
balada [ba'lada] F ballad
balaio [ba'laju] M straw basket
balança [ba'lãsa] F scales *pl*; **B~** (*Astrologia*) Libra; **~ comercial** balance of trade; **~ de pagamentos** balance of payments
balançar [balã'sar] VT (*fazer oscilar*) to swing; (*pesar*) to weigh (up) ▶ VI to swing; (*carro, avião*) to shake; (*navio*) to roll; (*em cadeira*) to rock; **balançar-se** VR to swing
balancear [balã'sjar] VT to balance
balancete [balã'setʃi] M (*Com*) trial balance
balanço [ba'lãsu] M (*movimento*) swinging; (*brinquedo*) swing; (*de navio*) rolling; (*de carro, avião*) shaking; (*Com: registro*) balance (sheet); (: *verificação*) audit; **fazer um ~ de** (*fig*) to take stock of
balangandã [balãgã'dã] M bauble
balão [ba'lãw] (*pl* **-ões**) M balloon; (*em história em quadrinhos*) speech bubble; (*Auto*) turning area; **soltar um ~ de ensaio** (*fig*) to put out feelers; **~ de oxigênio** oxygen tank
balar [ba'lar] VI to bleat
balaustrada [balaws'trada] F balustrade
balaústre [bala'ustri] M ban(n)ister
balbuciar [bawbu'sjar] VT, VI to babble
balbucio [bawbu'siu] M babbling
balbúrdia [baw'burdʒja] F uproar, bedlam
balcão [baw'kãw] (*pl* **-ões**) M balcony; (*de loja*) counter; (*Teatro*) circle; **~ de informações** information desk
balconista [bawko'nista] M/F shop assistant
baldado, -a [baw'dadu, a] ADJ unsuccessful, fruitless
baldar [baw'dar] VT to frustrate, foil
balde ['bawdʒi] M bucket, pail
baldeação [bawdʒja'sãw] (*pl* **-ões**) F transfer; **fazer ~** to change
baldio, -a [baw'dʒiu, a] ADJ fallow, uncultivated; **(terreno) ~** (piece of) waste ground
balé [ba'lɛ] M ballet
baleeira [bale'ejra] F whaler
baleia [ba'leja] F whale
baleiro, -a [ba'lejru, a] M/F confectioner
balido [ba'lidu] M bleating; (*um só*) bleat
balística [ba'listʃika] F ballistics *sg*
balístico, -a [ba'listʃiku, a] ADJ ballistic
baliza [ba'liza] F (*estaca*) post; (*boia*) buoy; (*luminosa*) beacon; (*Esporte*) goal
balizar [bali'zar] VT to mark out
balneário [baw'njarju] M bathing resort
balões [ba'lõjs] MPL *de* **balão**
balofo, -a [ba'lofu, a] ADJ (*fofo*) fluffy; (*gordo*) plump, tubby
baloiço [ba'lojsu] (PT) M (*de criança*) swing; (*ação*) swinging
balouçar [balo'sar] (PT) VT, VI to swing
balouço [ba'losu] (PT) M = **baloiço**
balsa ['bawsa] F raft; (*barca*) ferry
bálsamo ['bawsamu] M balm
báltico, -a ['bawtʃiku, a] ADJ Baltic ▶ M: **o B~** the Baltic
baluarte [ba'lwartʃi] M rampart, bulwark; (*fig*) supporter
balzaquiana [bawza'kjana] F woman in her thirties
bamba ['bãba] ADJ, M/F expert
bambear [bã'bjar] VT to loosen ▶ VI to work loose; (*pessoa*) to grow weak
bambo, -a ['bãbu, a] ADJ slack, loose; (*pernas*) limp, wobbly
bambolê [bãbo'le] M hula hoop
bamboleante [bãbo'ljãtʃi] ADJ swaying; (*sem firmeza*) wobbly
bambolear [bãbo'ljar] VT to sway ▶ VI (*pessoa*) to sway; (*coisa*) to wobble
bambu [bã'bu] M bamboo
banal [ba'naw] (*pl* **-ais**) ADJ banal
banalidade [banali'dadʒi] F banality
banana [ba'nana] F banana ▶ M/F (*col*) wimp; **dar uma ~** ≈ to stick two fingers up
bananada [bana'nada] F banana paste
bananeira [bana'nejra] F banana tree
bananosa [bana'nɔza] (*col*) F: **estar numa ~** to be in a fix
banca ['bãka] F (*de trabalho*) bench; (*escritório*) office; (*em jogo*) bank; **~ (de jornais)** newsstand; **botar ~** (*col*) to show off; **botar ~ em** *ou* **para cima de** (*col*) to lay down the law to; **~ examinadora** examining body, examination board
bancada [bã'kada] F (*banco, Pol*) bench; (*de cozinha*) worktop

bancar [bã'kar] VT (*financiar*) to finance ▶ VI (*fingir*): **~ que** to pretend that; **~ o idiota** *etc* to play the fool *etc*; **~ que** to pretend that
bancário, -a [bã'karju, a] ADJ bank *atr* ▶ M/F bank employee
bancarrota [bãka'hota] F bankruptcy; **ir à ~** to go bankrupt
banco ['bãku] M (*assento*) bench; (*Com*) bank; (*de cozinha*) stool; **~ de areia** sandbank; **~ de dados** (*Comput*) database
banda ['bãda] F band; (*lado*) side; (*cinto*) sash; **de ~** sideways; **pôr de ~** to put aside; **nestas ~s** in these parts; **~ de percussão** steel band; **~ desenhada** (PT) cartoon; **~ gástrica** (*Med*) gastric band; **~ larga** (*Tel*) broadband
bandear-se [bãde'arsi] VR: **~ para** *ou* **a** to go over to
bandeira [bã'dejra] F flag; (*estandarte, fig*) banner; (*de porta*) fanlight; **~ a meio pau** flag at half mast; **dar uma ~ em alguém** (*col*) to give sb the brush-off; **levar uma ~** to get the brush-off; **dar ~** (*col*) to give o.s. away
bandeirante [bãdej'rãtʃi] M pioneer ▶ F girl guide
bandeirinha [bãdej'riɲa] M (*Esporte*) linesman
bandeja [bã'deʒa] F tray; **dar algo de ~ a alguém** (*col*) to give sb sth on a plate
bandido, -a [bã'dʒidu, a] M bandit ▶ M/F (*fig*) rascal
bando ['bãdu] M band; (*grupo*) group; (*de malfeitores*) gang; (*de ovelhas*) flock; (*de gado*) herd; (*de livros etc*) pile
bandô [bã'do] M pelmet
bandoleiro [bãdo'lejru] M bandit
bandolim [bãdo'lĩ] (*pl* **-ns**) M mandolin
bangalô [bãga'lo] M bungalow
Bangcoc [bãŋ'kɔki] N Bangkok
Bangladesh [bãgla'dɛʃ] M Bangladesh
bangue-bangue [bãgi'bãgi] M: (**filme de**) **~** western
banguela [bã'gɛla] ADJ toothless
banha ['baɲa] F fat; (*de porco*) lard
banhar [ba'ɲar] VT (*molhar*) to wet; (*mergulhar*) to dip; (*lavar*) to wash, bathe; **banhar-se** VR (*no mar*) to bathe
banheira [ba'ɲejra] F bath
banheiro [ba'ɲejru] M bathroom; (PT) lifeguard
banhista [ba'ɲista] M/F bather; (*salva-vidas*) lifeguard
banho ['baɲu] M (*Tec, na banheira*) bath; (*mergulho*) dip; **dar um ~ de cerveja** *etc* **em alguém** to spill beer *etc* all over sb; **tomar ~** to have a bath; (*de chuveiro*) to have a shower; **tomar um ~ de** (*fig*) to have a heavy dose of; **vai tomar ~!** (*col*) get lost!; **~ de chuveiro** shower; **~ de espuma** bubble bath; **tomar ~ de mar** to have a swim (in the sea); **~ de sol** sunbathing
banho-maria (*pl* **banhos-maria(s)**) M (*Culin*) bain-marie

banimento [bani'mẽtu] M banishment
banir [ba'nir] VT to banish
banjo ['bãʒu] M banjo
banquei *etc* [bã'kej] VB *ver* **bancar**
banqueiro, -a [bã'kejru, a] M/F banker
banqueta [bã'keta] F stool
banquete [bã'ketʃi] M banquet; (*fig*) feast
banquetear [bãke'tʃjar] VT to feast; **banquetear-se** VR: **~-se com** to feast on
banqueteiro, -a [bãke'tejru, a] M/F caterer
banzé [bã'zɛ] (*col*) M kerfuffle
baque ['baki] M thud, thump; (*contratempo*) setback; (*queda*) fall; **levar um ~** to be hard hit; **~ duplo** (*col*) double whammy
baquear [ba'kjar] VI to topple over
bar [bar] M bar
barafunda [bara'fũda] F confusion; (*de coisas*) hotch-potch
barafustar [barafus'tar] VI: **~ por** to burst through
baralhada [bara'ʎada] F muddle
baralhar [bara'ʎar] VT (*fig*) to mix up, confuse
baralho [ba'raʎu] M pack of cards
barão [ba'rãw] (*pl* **-ões**) M baron
barata [ba'rata] F cockroach; **entregue às ~s** (*pessoa*) gone to the dogs; (*plano*) gone out the window
baratear [bara'tʃjar] VT to cut the price of; (*menosprezar*) to belittle
barateiro, -a [bara'tejru, a] ADJ cheap
baratinado, -a [baratʃi'nadu, a] (*col*) ADJ in a flap; (*transtornado*) shaken up
baratinar [baratʃi'nar] (*col*) VT to drive crazy; (*transtornar*) to shake up
barato, -a [ba'ratu, a] ADJ cheap ▶ ADV cheaply ▶ M (*col*): **a festa foi um ~** the party was great
barba ['barba] F beard; **barbas** FPL whiskers; **nas ~s de** (*fig*) under the nose of; **fazer a ~** to shave; **pôr as ~s de molho** to take precautions
barbada [bar'bada] (*col*) F cinch, piece of cake; (*Turfe*) favourite
barbado, -a [bar'badu, a] ADJ bearded
Barbados [bar'badus] M Barbados
barbante [bar'bãtʃi] (BR) M string
barbaramente [barbara'mẽtʃi] ADV (*muito*) a lot
barbaridade [barbari'dadʒi] F barbarity, cruelty; (*disparate*) nonsense; **que ~!** good heavens!
barbárie [bar'barie] F barbarism
barbarismo [barba'rizmu] M barbarism
bárbaro, -a ['barbaru, a] ADJ barbaric; (*dor, calor*) terrible; (*maravilhoso*) great
barbatana [barba'tana] F fin
barbeador [barbja'dor] M razor; (*tb:* **barbeador elétrico**) shaver
barbear [bar'bjar] VT to shave; **barbear-se** VR to shave
barbearia [barbja'ria] F barber's (shop)
barbeiragem [barbej'raʒẽ] F bad driving; **fazer uma ~** to drive badly; (*fig*) to bungle it

barbeiro [bar'bejru] M barber; (*loja*) barber's; (*motorista*) bad driver, Sunday driver
barbitúrico [barbi'turiku] M barbiturate
barbudo, -a [bar'budu, a] ADJ bearded
barca ['barka] F barge; (*de travessia*) ferry
barcaça [bar'kasa] F barge
barco ['barku] M boat; **estar no mesmo ~** (*fig*) to be in the same boat; **deixar o ~ correr** (*fig*) to let things take their course; **tocar o ~ para a frente** (*fig*) to struggle on; **~ a motor** motorboat; **~ a remo** rowing boat; **~ a vela** sailing boat
Barein [ba'rēj] M: **o ~** Bahrain
barganha [bar'gaɲa] F bargain
barganhar [barga'ɲar] VT, VI to negotiate
barítono [ba'ritonu] M baritone
barlavento [barla'vētu] M (*Náut*) windward; **a ~** to windward
barman [bar'mã] (*pl* **-men**) M barman
barnabé [barna'bɛ] (*col*) M petty civil servant
barões [ba'rõjs] MPL *de* **barão**
barômetro [ba'rometru] M barometer
baronesa [baro'neza] F baroness
barqueiro [bar'kejru] M boatman
barra ['baha] F bar; (*faixa*) strip; (*traço*) stroke; (*alavanca*) lever; (*col: situação*) scene; (*em endereço web*) forward slash; **aguentar** *ou* **segurar a ~** to hold out; **forçar a ~** (*col*) to force the issue; **ser uma ~** (*pessoa, entrevista*) to be tough; **~ de direção** steering column; **~ fixa** high bar; **~s paralelas** parallel bars
barraca [ba'haka] F (*tenda*) tent; (*de feira*) stall; (*de madeira*) hut; (*de praia*) sunshade
barracão [baha'kãw] (*pl* **-ões**) M (*de madeira*) shed
barraco [ba'haku] M shack, shanty; (*col: confusão*) scene; **armar um** *ou* **fazer ~** to make a scene
barracões [baha'kõjs] MPL *de* **barracão**
barragem [ba'haʒē] (*pl* **-ns**) F (*represa*) dam; (*impedimento*) barrier
barranco [ba'hãku] M ravine, gully; (*de rio*) bank
barra-pesada (*pl* **barras-pesadas**) M/F shady character ▶ ADJ INV (*lugar*) rough; (*pessoa*) shady; (*difícil*) difficult
barraqueiro, -a [baha'kejru, a] (*col*) ADJ stroppy (*col*)
barrar [ba'har] VT to bar
barreira [ba'hejra] F barrier; (*cerca*) fence; (*Esporte*) hurdle; **pôr ~s a** to put obstacles in the way of; **~ do som** sound barrier
barrento, -a [ba'hētu, a] ADJ muddy
barrete [ba'hetʃi] (PT) M cap
barricada [bahi'kada] F barricade
barriga [ba'higa] F belly; **estar de ~** to be pregnant; **falar** *ou* **chorar de ~ cheia** to complain for no reason; **fazer ~** to bulge; **~ da perna** calf
barrigudo, -a [bahi'gudu, a] ADJ paunchy, pot-bellied
barril [ba'hiw] (*pl* **-is**) M barrel, cask
barro ['bahu] M clay; (*lama*) mud

barroco, -a [ba'hoku, a] ADJ baroque; (*ornamentado*) extravagant
barrote [ba'hɔtʃi] M beam
barulhada [baru'ʎada] F racket, din
barulhento, -a [baru'ʎētu, a] ADJ noisy
barulho [ba'ruʎu] M (*ruído*) noise; (*tumulto*) din
base ['bazi] F base; (*fig*) basis; **sem ~** groundless; **com ~ em** based on; **na ~ de** (*por meio de*) by means of
baseado, -a [ba'zjadu, a] ADJ well-founded ▶ M (*col*) joint
basear [ba'zjar] VT to base; **basear-se** VR: **~-se em** to be based on
básico, -a ['baziku, a] ADJ basic
basquete [bas'ketʃi] M = **basquetebol**
basquetebol [baskete'bɔw] M basketball
basta ['basta] M: **dar um ~ em** to call a halt to
bastante [bas'tātʃi] ADJ (*suficiente*) enough; (*muito*) quite a lot (of) ▶ ADV enough; a lot
bastão [bas'tãw] (*pl* **-ões**) M stick
bastar [bas'tar] VI to be enough, be sufficient; **bastar-se** VR to be self-sufficient; **basta!** (that's) enough!; **~ para** to be enough to
bastardo, -a [bas'tardu, a] ADJ, M/F bastard
bastidor [bastʃi'dor] M frame; **bastidores** MPL (*Teatro*) wings; **nos ~es** (*fig*) behind the scenes
basto, -a ['bastu, a] ADJ (*espesso*) thick; (*denso*) dense
bastões [bas'tõjs] MPL *de* **bastão**
bata ['bata] F (*de mulher*) smock; (*de médico*) overall
batalha [ba'taʎa] F battle
batalhador, a [bataʎa'dor(a)] ADJ struggling ▶ M/F fighter
batalhão [bata'ʎãw] (*pl* **-ões**) M battalion
batalhar [bata'ʎar] VI to battle, fight; (*esforçar-se*) to make an effort, try hard ▶ VT (*emprego*) to go after
batalhões [bata'ʎõjs] MPL *de* **batalhão**
batata [ba'tata] F potato; **~ doce** sweet potato; **~ frita** chips *pl* (BRIT), French fries *pl*; (*de pacote*) crisps *pl* (BRIT), (potato) chips *pl* (US)
bate-boca ['batʃi-] (*pl* **-s**) M row, quarrel
bate-bola ['batʃi-] (*pl* **-s**) M kick-around
batedeira [bate'dejra] F beater; (*de manteiga*) churn; **~ elétrica** mixer
batedor [bate'dor] M beater; (*polícia*) escort; (*Críquete*) batsman; **~ de carteiras** pickpocket
bátega ['batega] F downpour
batelada [bate'lada] F: **uma ~ de** a whole bunch of
batente [ba'tētʃi] M doorpost; (*col*) job; **no ~** at work
bate-papo ['batʃi-] (*pl* **-s**) (BR) M chat
bater [ba'ter] VT to beat; (*golpear*) to strike; (*horas*) to strike; (*pé*) to stamp; (*foto*) to take; (*datilografar*) to type; (*porta*) to slam; (*asas*) to flap; (*recorde*) to break; (*roupa: usar muito*) to wear all the time ▶ VI (*porta*) to slam; (*sino*) to ring; (*janela*) to bang; (*coração*) to beat; (*sol*)

to beat down; **bater-se** VR: **~-se para fazer/por** to fight to do/for; **~ (à porta)** to knock (at the door); **~ à maquina** to type; **~ em** to hit; (*lugar*) to arrive in; (*assunto*) to harp on; **~ com o carro** to crash one's car; **~ com a cabeça** to bang one's head; **~ com o pé (em)** to kick; **ele não bate bem** (*col*) he is a bit crazy; **~ a carteira de alguém** (*col*) to nick sb's wallet

bateria [bate'ria] F battery; (*Mús*) drums *pl*; **~ de cozinha** kitchen utensils *pl*

baterista [bate'rista] M/F drummer

batida [ba'tʃida] F beat; (*da porta*) slam; (*à porta*) knock; (*da polícia*) raid; (*Auto*) crash; (*bebida*) cocktail *of cachaça, fruit and sugar*; **dar uma ~ em** (*polícia*) to raid; (*colidir com*) to bump into; **dar uma ~ com o carro** to crash one's car; **dar uma ~ no carro de alguém** to crash into sb's car

batido, -a [ba'tʃidu, a] ADJ beaten; (*roupa*) worn; (*assunto*) hackneyed ▶ M: **~ de leite** (PT) milk shake

batina [ba'tʃina] F (*Rel*) cassock

batismal [batʃiz'maw] (*pl* **-ais**) ADJ *ver* **pia**

batismo [ba'tʃizmu] M baptism, christening

batizado [batʃi'zadu] M christening

batizar [batʃi'zar] VT to baptize, christen; (*vinho*) to dilute

batom [ba'tõ] (*pl* **-ns**) M lipstick

batucada [batu'kada] F dance percussion group

batucar [batu'kar] VT, VI to drum

batuque [ba'tuki] M drumming

batuta [ba'tuta] F baton ▶ ADJ (*col*) clever

baú [ba'u] M trunk

baunilha [baw'niʎa] F vanilla

bazar [ba'zar] M bazaar; (*loja*) shop

bazófia [ba'zɔfja] F boasting, bragging

BB ABR M = **Banco do Brasil**

BBF ABR F = **Bolsa Brasileira de Futuros**

BC ABR M = **Banco Central do Brasil**

BCG ABR M (= *Bacilo Calmette-Guérin*) BCG

bê-á-bá [bea'ba] M ABC

beatitude [beatʃi'tudʒi] F bliss

beato, -a [be'atu, a] ADJ blessed; (*devoto*) overpious

bêbado, -a ['bebadu, a] ADJ, M/F drunk

bebê [be'be] M baby

bebedeira [bebe'dejra] F drunkenness; **tomar uma ~** to get drunk

bêbedo, -a ['bebedu, a] ADJ, M/F = **bêbado**

bebedor, a [bebe'dor(a)] M/F drinker; (*ébrio*) drunkard

bebedouro [bebe'douru] M drinking fountain

beber [be'ber] VT to drink; (*absorver*) to drink up, to soak up ▶ VI to drink

bebericar [beberi'kar] VT, VI to sip

bebida [be'bida] F drink

bebum [be'bũ] (*pl* **-ns**) (*col*) ADJ pissed (*col*)

beca ['bɛka] F gown

beça ['bɛsa] (*col*) F: **à ~** (*com vb*) a lot; (*com n*) a lot of; (*com adj*) really

beco ['beku] M alley, lane; **~ sem saída** cul-de-sac; (*fig*) dead end

bedelho [be'deʎu] M kid; **meter o ~ em** to poke one's nose into

bege ['bɛʒi] ADJ INV beige

beicinho [bej'siɲu] M: **fazer ~** to sulk

beiço ['bejsu] M lip; **fazer ~** to pout

beiçudo, -a [bej'sudu, a] ADJ thick-lipped

beija-flor [bejʒa'flɔr] (*pl* **-es**) M hummingbird

beijar [bej'ʒar] VT to kiss; **beijar-se** VR to kiss (one another)

beijo ['bejʒu] M kiss; **dar ~s em alguém** to kiss sb; **~ de língua** French kiss

beijoca [bej'ʒɔka] F kiss

beijocar [bejʒo'kar] VT to kiss

beira ['bejra] F (*borda*) edge; (*de rio*) bank; (*orla*) border; **à ~ de** on the edge of; (*ao lado de*) beside, by; (*fig*) on the verge of; **~ do telhado** eaves *pl*

beirada [bej'rada] F edge

beira-mar F seaside

beirar [bej'rar] VT (*ficar à beira de*) to be at the edge of; (*caminhar à beira de*) to skirt; (*desespero*) to be on the verge of; (*idade*) to approach, near ▶ VI: **~ com** to border on; **~ por** (*idade*) to approach

Beirute [bej'rutʃi] N Beirut

beisebol [bejsi'bɔw] M baseball

belas-artes FPL fine arts

beldade [bew'dadʒi] F beauty

beleléu [bele'lɛw] (*col*) M: **ir para o ~** to go wrong

belenense [bele'nɛsi] ADJ from Belém ▶ M/F native *ou* inhabitant of Belém

beleza [be'leza] F beauty; **que ~!** how lovely!; **ser uma ~** to be lovely; **concurso de ~** beauty contest

belga ['bewga] ADJ, M/F Belgian

Bélgica ['bewʒika] F: **a ~** Belgium

Belgrado [bew'gradu] N Belgrade

beliche [be'liʃi] M bunk

bélico, -a ['bɛliku, a] ADJ war *atr*

belicoso, -a [beli'kozu, ɔza] ADJ warlike

beligerante [beliʒe'rãtʃi] ADJ belligerent

beliscão [belis'kãw] (*pl* **-ões**) M pinch

beliscar [belis'kar] VT to pinch, nip; (*comida*) to nibble

beliscões [belis'kõjs] MPL *de* **beliscão**

Belize [be'lizi] M Belize

belo, -a ['bɛlu, a] ADJ beautiful

belo-horizontino, -a [-orizõ'tʃinu, a] ADJ from Belo Horizonte ▶ M/F person from Belo Horizonte

bel-prazer [bɛw-] M: **a seu ~** at one's own convenience

beltrano [bew'tranu] M so-and-so

belvedere [bewve'deri] M lookout point

(PALAVRA-CHAVE)

bem [bẽj] ADV **1** (*de maneira satisfatória, correta etc*) well; **trabalha/come bem** she works/eats well; **respondeu bem** he answered correctly; **me sinto/não me sinto bem**

I feel fine/I don't feel very well; **tudo bem?** — **tudo bem** how's it going? — fine **2** (*valor intensivo*) very; **um quarto bem quente** a nice warm room; **bem se vê que ...** it's clear that ... **3** (*bastante*) quite, fairly; **a casa é bem grande** the house is quite big **4** (*exatamente*): **bem ali** right there; **não é bem assim** it's not quite like that **5** (*estar bem*): **estou muito bem aqui** I feel very happy here; **está bem! vou fazê-lo** oh all right, I'll do it! **6** (*de bom grado*): **eu bem que iria mas ...** I'd gladly go but ... **7** (*cheirar*) good, nice
▶ M **1** (*bem-estar*) good; **estou dizendo isso para o seu bem** I'm telling you for your own good; **o bem e o mal** good and evil **2** (*posses*): **bens** goods, property *sg*; **bens de consumo** consumer goods; **bens de família** family possessions; **bens móveis/imóveis** moveable property *sg*/real estate *sg*
▶ EXCL **1** (*aprovação*): **bem!** OK!; **muito bem!** well done!
2 (*desaprovação*): **bem feito!** it serves you right!
▶ ADJ INV (*tom depreciativo*): **gente bem** posh people
▶ CONJ **1**: **nem bem** as soon as, no sooner than; **nem bem ela chegou começou a dar ordens** as soon as she arrived she started to give orders, no sooner had she arrived than she started to give orders
2: **se bem que** though; **gostaria de ir se bem que não tenho dinheiro** I'd like to go even though I've got no money
3: **bem como** as well as; **o livro bem como a peça foram escritos por ele** the book as well as the play was written by him

bem-agradecido, -a ADJ grateful
bem-apessoado, -a [-ape'swadu, a] ADJ smart, well-groomed
bem-arrumado, -a [-ahu'madu, a] ADJ well-dressed
bem-comportado, -a [-kõpor'tadu, a] ADJ well-behaved
bem-conceituado, -a [-kõsej'twadu, a] ADJ highly regarded
bem-disposto, -a [-dʒis'postu, 'pɔsta] ADJ well, in good form
bem-educado, -a ADJ well-mannered
bem-estar M well-being
bem-humorado, -a [-umo'radu, a] ADJ good-tempered
bem-intencionado, -a ADJ well-intentioned
bem-me-quer (*pl* **-es**) M daisy
bem-sucedido, -a ADJ successful
bem-vindo, -a [-vĩdu] ADJ welcome
bem-visto, -a ADJ well thought of
bênção ['bẽsãw] (*pl* **-s**) F blessing
bendigo *etc* [bẽ'dʒigu] VB *ver* **bendizer**
bendisse *etc* [bẽ'dʒisi] VB *ver* **bendizer**
bendito, -a [bẽ'dʒitu, a] PP *de* **bendizer** ▶ ADJ blessed
bendizer [bẽdʒi'zer] (*irreg: como* **dizer**) VT (*louvar*) to praise; (*abençoar*) to bless
beneficência [benefi'sẽsja] F (*bondade*) kindness; (*caridade*) charity; **obra de ~** charity
beneficente [benefi'sẽtʃi] ADJ (*organização*) charitable; (*feira*) charity *atr*
beneficiado, -a [benefi'sjadu, a] M/F beneficiary
beneficiar [benefi'sjar] VT (*favorecer*) to benefit; (*melhorar*) to improve; **beneficiar-se** VR to benefit
benefício [bene'fisju] M (*proveito*) benefit, profit; (*favor*) favour (BRIT), favor (US); **em ~ de** in aid of; **em ~ próprio** for one's own benefit
benéfico, -a [be'nɛfiku, a] ADJ (*benigno*) beneficial; (*generoso*) generous
Benelux [bene'luks] M Benelux
benemérito, -a [bene'mɛritu, a] ADJ (*digno*) worthy
beneplácito [bene'plasitu] M consent, approval
benevolência [benevo'lẽsja] F benevolence, kindness
benévolo, -a [be'nɛvolu, a] ADJ benevolent, kind
Benfam [bẽ'fami] ABR F = **Sociedade Brasileira de Bem-Estar da Família**
benfazejo, -a [bẽfa'zeʒu, a] ADJ benevolent
benfeitor, a [bẽfej'tor(a)] M/F benefactor/benefactress
benfeitoria [bẽfejto'ria] F improvement
bengala [bẽ'gala] F walking stick
benigno, -a [be'nignu, a] ADJ (*bondoso*) kind; (*agradável*) pleasant; (*Med*) benign
Benin [be'nĩ] M: **o ~** Benin
benquisto, -a [bẽ'kistu, a] ADJ well-loved, well-liked
bens [bẽjs] MPL *de* **bem**
bento, -a ['bẽtu, a] PP *de* **benzer** ▶ ADJ blessed; (*água*) holy
benzedeiro, -a [bẽze'dejru, a] M/F sorcerer/sorceress
benzer [bẽ'zer] VT to bless; **benzer-se** VR to cross o.s.
berçário [ber'sarju] M nursery
berço ['bersu] M (*com balanço*) cradle; (*cama*) cot; (*origem*) birthplace; **nascer em ~ de ouro** (*fig*) to be born with a silver spoon in one's mouth; **ter ~** to be from a good family
berimbau [berĩ'baw] M *percussion instrument*
berinjela [berĩ'ʒɛla] F aubergine (BRIT), eggplant (US)
Berlim [ber'lĩ] N Berlin
berlinda [ber'lĩda] F: **estar na ~** to be in the firing-line
berma ['bɛrma] (PT) F hard shoulder (BRIT), berm (US)
bermuda [ber'muda] F Bermuda shorts *pl*
Bermudas [ber'mudas] FPL: **as ~** Bermuda *sg*

Berna ['bɛrna] N Bern
berrante [be'hãtʃi] ADJ flashy, gaudy
berrar [be'har] VI to bellow; *(criança)* to bawl; *(col)* to holler
berreiro [be'hejru] M: **abrir o ~** to burst out crying
berro ['bɛhu] M yell
besouro [be'zoru] M beetle
besta ['bɛsta] ADJ *(tolo)* stupid; *(convencido)* full of oneself; *(pretensioso)* pretentious ▶ F *(animal)* beast; *(pessoa)* fool; **~ de carga** beast of burden; **ficar ~** *(col: surpreso)* to be amazed; **fazer alguém de ~** *(col)* to make a fool of sb
bestar [bes'tar] VI to laze around
besteira [bes'tejra] F *(tolice)* foolishness; *(insignificância)* small thing; **dizer ~s** to talk nonsense; **fazer uma ~** to do something silly
bestial [bes'tʃjaw] *(pl* **-ais)** ADJ bestial; *(repugnante)* repulsive
bestialidade [bestʃjali'dadʒi] F bestiality
bestificar [bestʃifi'kar] VT to astonish, dumbfound
best-seller [bɛst'sɛler] *(pl* **-s)** M best seller
besuntar [bezũ'tar] VT to smear, daub
betão [be'tãw] (PT) M concrete
beterraba [bete'haba] F beetroot
betoneira [beto'nejra] F cement mixer
betume [be'tumi] M asphalt
bexiga [be'ʃiga] F *(órgão)* bladder
bezerro, -a [be'zehu, a] M/F calf
BI (PT) ABR M (= *bilhete de identidade*) identity card; *ver tb* **cartão**
bianual [bja'nwaw] *(pl* **-ais)** ADJ biannual, twice yearly
bibelô [bibe'lo] M ornament
Bíblia ['biblja] F Bible
bíblico, -a ['bibliku, a] ADJ biblical
bibliografia [bibljogra'fia] F bibliography
biblioteca [bibljo'tɛka] F library; *(estante)* bookcase
bibliotecário, -a [bibljote'karju, a] M/F librarian
biblioteconomia [bibljotekono'mia] F librarianship
bica ['bika] F tap; (PT) black coffee, expresso; **suar em ~s** to drip with sweat
bicada [bi'kada] F peck
bicama [bi'kama] F pull-out bed
bicar [bi'kar] VT to peck
bicarbonato [bikarbo'natu] M bicarbonate
bíceps, - ['biseps] M INV biceps
bicha ['biʃa] F *(lombriga)* worm; (PT: *fila)* queue; (BR *col, pej: homossexual)* queer
bichado, -a [bi'ʃadu, a] ADJ eaten away
bicheiro [bi'ʃejru] M *(illegal)* bookie
bicho ['biʃu] M animal; *(inseto)* insect, bug; *(col: pessoa: intratável)* pain (in the neck); (: *feio*): **ela é um ~ (feio)** she's as ugly as sin; **virar ~** *(col)* to get mad; **ver que ~ dá** *(col)* to see what happens; **que ~ te mordeu?** what's got into you?; **um ~ de sete cabeças** a big deal; **~ do mato** shy person

bicho-da-seda *(pl* **bichos-da-seda)** M silkworm
bicho-papão [-pa'pãw] *(pl* **bichos-papões)** M bogeyman
bicicleta [bisi'klɛta] F bicycle; *(col)* bike; **andar de ~** to cycle; **~ ergométrica** exercise bike
bico ['biku] M *(de ave)* beak; *(ponta)* point; *(de chaleira)* spout; *(boca)* mouth; *(de pena)* nib; *(do peito)* nipple; *(de gás)* jet; *(col: emprego)* casual job; *(chupeta)* dummy; **calar o ~** to shut up; **não abrir o ~** not to say a word; **fazer ~** to sulk
bicudo, -a [bi'kudu, a] ADJ pointed; *(difícil)* tricky
BID ABR M = **Banco Interamericano de Desenvolvimento**
bidê [bi'de] M bidet
bidimensional [bidʒimẽsjo'naw] *(pl* **-ais)** ADJ two-dimensional
bidirecional [bidʒiresjo'naw] *(pl* **-ais)** ADJ bidirectional
biela ['bjɛla] F con(necting) rod
bienal [bje'naw] *(pl* **-ais)** ADJ biennial ▶ F *(biennial)* art exhibition
bife ['bifi] M *(beef)* steak; **~ a cavalo** steak with fried eggs; **~ à milanesa** beef escalope; **~ de panela** beef stew
bifocal [bifo'kaw] *(pl* **-ais)** ADJ bifocal; **óculos bifocais** bifocals
bifurcação [bifurka'sãw] *(pl* **-ões)** F fork
bifurcar-se [bifur'karsi] VR to fork, divide
bigamia [biga'mia] F bigamy
bígamo, -a ['bigamu, a] ADJ bigamous ▶ M/F bigamist
bigode [bi'gɔdʒi] M moustache
bigodudo, -a [bigo'dudu, a] ADJ with a big moustache
bigorna [bi'gɔrna] F anvil
bijuteria [biʒute'ria] F *(costume)* jewellery (BRIT) *ou* jewelry (US)
bilateral [bilate'raw] *(pl* **-ais)** ADJ bilateral
bilhão [bi'ʎãw] *(pl* **-ões)** M billion
bilhar [bi'ʎar] M *(jogo)* billiards sg
bilhete [bi'ʎetʃi] M *(entrada, loteria)* ticket; *(cartinha)* note; **o ~ azul** *(fig)* the sack; **~ eletrônico** e-ticket; **~ de ida** single (BRIT) *ou* one-way ticket; **~ de ida e volta** return (BRIT) *ou* round-trip (US) ticket; **~ de identidade** (PT) identity card; *ver tb* **cartão**
bilheteira [biʎe'tejra] (PT) F ticket office; *(Teatro)* box office
bilheteiro, -a [biʎe'tejru, a] M/F ticket seller
bilheteria [biʎete'ria] F ticket office; box office; **sucesso de ~** box-office success
bilhões [bi'ʎõjs] MPL *de* **bilhão**
bilíngue [bi'lĩgwi] ADJ bilingual
bilionário, -a [biljo'narju, a] ADJ, M/F billionaire
bilioso, -a [bi'ljozu, ɔza] ADJ bilious; *(fig)* bad-tempered
bílis ['bilis] M bile
bimensal [bimẽ'saw] *(pl* **-ais)** ADJ twice-monthly

bimestral [bimes'traw] (pl **-ais**) ADJ two-monthly
bimotor [bimo'tor] ADJ twin-engined
binário, -a [bi'narju, a] ADJ binary
bingo ['bĩgu] M bingo
binóculo [bi'nɔkulu] M binoculars pl; (para teatro) opera glasses pl
biocombustível [bjokõbus'tʃivew] (pl **-eis**) M biofuel
biodegradável [bjodegra'davew] (pl **-eis**) ADJ biodegradable
biodiesel [bjo'dʒizew] M biodiesel
biodiversidade [bjodʒiversi'dadʒi] F biodiversity
biografia [bjogra'fia] F biography
biográfico, -a [bjo'grafiku, a] ADJ biographical
biógrafo, -a ['bjɔgrafu, a] M/F biographer
biologia [bjolo'ʒia] F biology
biológico, -a [bjo'lɔʒiku, a] ADJ biological
biólogo, -a ['bjɔlogu, a] M/F biologist
biombo ['bjõbu] M (tapume) screen
biônico, -a ['bjoniku, a] ADJ bionic; (Pol: senador) non-elected
biópsia ['bjɔpsja] F biopsy
bioquímica [bjo'kimika] F biochemistry
bioterrorismo [bjoteho'rizmu] M bioterrorism
bip [bip] M pager, paging device
bipartidário, -a [bipartʃi'darju, a] ADJ two-party atr, bipartite
bipartidarismo [bipartʃida'rizmu] M two-party system
biquíni [bi'kini] M bikini
BIRD ABR M = **Banco Internacional de Reconstrução e Desenvolvimento**
birita [bi'rita] (col) F drink
birmanês, -esa [birma'nes, eza] ADJ, M/F Burmese ▶ M (Ling) Burmese
Birmânia [bir'manja] F: **a ~** Burma
birosca [bi'roska] F (small) shop
birra ['biha] F (teima) wilfulness (BRIT), willfulness (US), obstinacy; (aversão) aversion; **fazer ~** to have a tantrum; **ter ~ com** to dislike
birrento, -a [bi'hẽtu, a] ADJ stubborn, obstinate
biruta [bi'ruta] ADJ crazy ▶ F windsock
bis [bis] EXCL encore!
bisar [bi'zar] VT (suj: público) to ask for an encore of; (: artista) to do an encore of
bisavô, -vó [biza'vo, vɔ] M/F great-grandfather/great-grandmother; **bisavós** MPL great-grandparents
bisbilhotar [bizbiʎo'tar] VT to pry into ▶ VI to snoop
bisbilhoteiro, -a [bizbiʎo'tejru, a] ADJ prying ▶ M/F snoop
bisbilhotice [bizbiʎo'tʃisi] F prying
Biscaia [bis'kaja] F: **o golfo de ~** the Bay of Biscay
biscate [bis'katʃi] M odd job
biscateiro, -a [biska'tejru, a] M/F odd-job person

biscoito [bis'kojtu] M biscuit (BRIT), cookie (US)
bisnaga [biz'naga] F (tubo) tube; (pão) French stick
bisneto, -a [biz'nɛtu, a] M/F great-grandson/great-granddaughter; **bisnetos** MPL (filhos de neto) great-grandchildren
bisonho, -a [bi'zoɲu, a] ADJ inexperienced ▶ M/F newcomer
bispado [bis'padu] M bishopric
bispo ['bispu] M bishop
bissemanal [bisema'naw] (pl **-ais**) ADJ twice-weekly
bissexto, -a [bi'sestu, a] ADJ: **ano ~** leap year
bissexual [bisek'swaw] (pl **-ais**) ADJ, M/F bisexual
bisturi [bistu'ri] M scalpel
bit ['bitʃi] M (Comput) bit
bitola [bi'tɔla] F gauge (BRIT), gage (US); (padrão) pattern; (estalão) standard
bitolado, -a [bito'ladu, a] ADJ narrow-minded
bizarro, -a [bi'zahu, a] ADJ bizarre
blablablá [blabla'bla] (col) M chitchat
black-tie ['blɛktaj] M evening dress
blasé [bla'zɛ] ADJ blasé
blasfemar [blasfe'mar] VT to curse ▶ VI to blaspheme
blasfêmia [blas'femja] F blasphemy
blasfemo, -a [blas'femu, a] ADJ blasphemous ▶ M/F blasphemer
blazer ['blejzer] (pl **-s**) M blazer
blecaute [ble'kawtʃi] M power cut
blefar [ble'far] VI to bluff
blefe ['blɛfi] M bluff
blindado, -a [blĩ'dadu, a] ADJ armoured (BRIT), armored (US)
blindagem [blĩ'daʒẽ] F armour(-plating) (BRIT), armor(-plating) (US)
blitz [blits] F police road block
bloco ['blɔku] M block; (Pol) bloc; (de escrever) writing pad; **voto em ~** block vote; **~ de carnaval** carnival troupe; **~ de cilindros** cylinder block
blog ['blɔgi] M blog
blogar [blo'gar] VI to blog
blogosfera [blɔgos'fera] F blogosphere
blogue ['blɔgi] M blog
blogueiro, -a [blo'gejru, a] M/F blogger
bloqueador [blokja'dor] M: **~ solar** sunblock
bloquear [blo'kjar] VT to blockade; (obstruir) to block
bloqueio [blo'keju] M (Mil) blockade; (obstrução) blockage; (Psico) mental block
blusa ['bluza] F (de mulher) blouse; (de homem) shirt; **~ de lã** jumper
blusão [blu'zãw] (pl **-ões**) M jacket
BMeF (BR) ABR F = **Bolsa Mercantil e de Futuros**
BMSP ABR F = **Bolsa de Mercadorias de São Paulo**
BNDES ABR M (= Banco Nacional de Desenvolvimento Econômico e Social) Brazilian development bank
BNH (BR) ABR M (= Banco Nacional da Habitação) home-funding bank

boa ['boa] ADJ F de **bom** ▶ F boa constrictor
boa-gente ADJ INV nice
boa-pinta (pl **boas-pintas**) ADJ handsome
boa-praça (pl **boas-praças**) ADJ nice
boate ['bwatʃi] F nightclub
boateiro, -a [bwa'tejru, a] ADJ gossipy ▶ M/F gossip
boato ['bwatu] M rumour (BRIT), rumor (US)
boa-vida (pl **boas-vidas**) M/F loafer
bobagem [bo'baʒẽ] (pl **-ns**) F silliness, nonsense; (dito, ato) silly thing; **deixe de bobagens!** stop being silly!
bobeada [bo'bjada] F slip-up
bobear [bo'bjar] VI to miss out
bobice [bo'bisi] F silliness, nonsense; (dito, ato) silly thing
bobina [bo'bina] F reel, bobbin; (Elet) coil; (Foto) spool; (de papel) roll
bobo, -a ['bobu, a] ADJ silly, daft ▶ M/F fool ▶ M (de corte) jester; **fazer-se de ~** to act the fool
bobó [bo'bɔ] M beans, palm oil and manioc
boboca [bo'bɔka] ADJ silly ▶ M/F fool
boca ['bɔka] F mouth; (entrada) entrance; (de fogão) ring; **de ~** orally; **de ~ aberta** open-mouthed, amazed; **bater ~** to argue; **botar a ~ no mundo** (berrar) to scream; (revelar) to spill the beans; **falar da ~ para fora** to say one thing and mean another; **ser boa ~** to eat anything; **vira essa ~ para lá!** don't tempt providence!; **~ da noite** nightfall; **~ (de fumo)** drug den
boca-de-sino ADJ INV bell-bottomed
bocadinho [boka'dʒiɲu] M: **um ~** (pouco tempo) a little while; (pouquinho) a little bit
bocado [bo'kadu] M (quantidade na boca) mouthful, bite; (pedaço) piece, bit; **um ~ de tempo** quite some time
bocal [bo'kaw] (pl **-ais**) M (de vaso) mouth; (Mús, de aparelho) mouthpiece; (de cano) nozzle
boçal [bo'saw] (pl **-ais**) ADJ ignorant; (grosseiro) uncouth
boçalidade [bosali'dadʒi] F coarseness; (ignorância) ignorance
boca-livre (pl **bocas-livres**) F free meal
bocejar [bose'ʒar] VI to yawn
bocejo [bo'seʒu] M yawn
bochecha [bo'ʃeʃa] F cheek
bochechar [boʃe'ʃar] VI to rinse one's mouth
bochecho [bo'ʃeʃu] M mouthwash
bochechudo, -a [boʃe'ʃudu, a] ADJ puffy-cheeked
boda ['boda] F wedding; **bodas** FPL (aniversário de casamento) wedding anniversary sg; **~s de prata/ouro** silver/golden wedding sg
bode ['bɔdʒi] M goat; **~ expiatório** scapegoat; **vai dar ~** (col) there'll be trouble
bodega [bo'dɛga] F piece of rubbish
bodum [bo'dũ] M stink
boêmio, -a [bo'emju, a] ADJ, M/F Bohemian
bofetada [bofe'tada] F slap
bofetão [bofe'tãw] (pl **-ões**) M punch
Bogotá [bogo'ta] N Bogota

boi [boj] M ox; **pegar o ~ pelos chifres** (fig) to take the bull by the horns
bói [bɔj] M office boy
boia ['bɔja] F buoy; (col) grub; (de braço) armband, water wing
boiada [bo'jada] F herd of cattle
boia-fria (pl **boias-frias**) M/F (itinerant) farm labourer (BRIT) ou laborer (US)
boiar [bo'jar] VT to float ▶ VI to float; (col) to be lost; **~ em** (inglês etc) to be hopeless at
boi-bumbá [-bũ'ba] N see note

> The **boi-bumbá**, or bumba-meu-boi, is a traditional folk dance from northeastern Brazil, which brings together human, animal and mythological characters in a theatrical performance. The ox, which the dance is named after, is played by a dancer wearing an iron frame covered in pieces of colourful fabric. Eventually the beast is "killed" and its meat is symbolically shared out before it comes back to life in the finale.

boicotar [bojko'tar] VT to boycott
boicote [boj'kɔtʃi] M boycott
boiler ['bɔjlar] (pl **-s**) M boiler
boina ['bojna] F beret
bojo ['boʒu] M (saliência) bulge
bojudo, -a [bo'ʒudu, a] ADJ bulging; (arredondado) rounded
bola ['bɔla] F ball; (confusão) confusion; **dar ~ (para)** (col) to care (about); (dar atenção) to pay attention (to); **dar ~ para** (flertar) to flirt with; **não dar ~ para alguém** to ignore sb; **ela não dá a menor ~ (para isso)** she couldn't care less (about it); **pisar na ~** (fig) to make a mistake; **ser bom de ~** to be good at football; **não ser certo da ~** (col) not to be right in the head; **ser uma ~** (pessoa: gordo) to be fat; (: engraçado) to be a real character; **~ de futebol** football; **~ de gude** marble; **~ de neve** snowball
bolacha [bo'laʃa] F biscuit (BRIT), cookie (US); (col: bofetada) wallop; (para chope) beer mat
bolada [bo'lada] F (dinheiro) lump sum
bolar [bo'lar] VT to think up; **bem bolado** clever
bole etc ['bɔli] VB ver **bulir**
boleia [bo'leja] F (de caminhão) cab; (PT: carona) lift; **dar uma ~ a alguém** (PT) to give sb a lift
boletim [bole'tʃĩ] (pl **-ns**) M report; (publicação) newsletter; (Educ) report; **~ meteorológico** weather forecast
bolha ['boʎa] F (na pele) blister; (de ar, sabão) bubble ▶ M/F (col) fool
boliche [bo'liʃi] M (jogo) bowling, skittles sg
bolinar [boli'nar] VT: **~ alguém** (col) to feel sb up
bolinho [bo'liɲu] M: **~ de carne** meat ball; **~ de arroz/bacalhau** rice/dry cod cake
Bolívia [bo'livja] F: **a ~** Bolivia
boliviano, -a [boli'vjanu, a] ADJ, M/F Bolivian
bolo ['bolu] M cake; (monte: de gente) bunch; (: de papéis) bundle; **dar o ~ em alguém** to

stand sb up; **vai dar ~** (*col*) there's going to be trouble

bolor [bo'lor] M mould (BRIT), mold (US); (*nas plantas*) mildew; (*bafio*) mustiness

bolorento, -a [bolo'rẽtu, a] ADJ mouldy (BRIT), moldy (US)

bolota [bo'lɔta] F acorn

bolsa ['bowsa] F bag; (*Com: tb:* **bolsa de valores**) stock exchange; **~ (de estudos)** scholarship; **~ de mercadorias** commodities market; **~ de valores** stock exchange

bolsista [bow'sista] M/F scholarship holder

bolso ['bowsu] M pocket; **de ~** pocket *atr*; **dicionário de ~** pocket dictionary

(PALAVRA-CHAVE)

bom, boa [bõ, 'boa] ADJ (*pl* **bons/boas**) **1** (*ótimo*) good; **é um livro bom** *ou* **um bom livro** it's a good book; **a comida está boa** the food is delicious; **o tempo está bom** the weather's fine; **ele foi muito bom comigo** he was very nice *ou* kind to me

2 (*apropriado*): **ser bom para** to be good for; **acho bom você não ir** I think it's better if you don't go

3 (*irônico*): **um bom quarto de hora** a good quarter of an hour; **que bom motorista você é!** a fine *ou* some driver you are!; **seria bom que ...!** a fine thing it would be if ...!; **essa é boa!** what a cheek!

4 (*saudação*): **bom dia!** good morning!; **boa tarde!** good afternoon!; **boa noite!** good evening!; (*ao deitar-se*) good night!; **tudo bom?** how's it going?

5 (*outras frases*): **está bom?** OK?

▶ EXCL: **bom!** all right!; **bom, ... right, ...**

bomba ['bõba] F (*Mil*) bomb; (*Tec*) pump; (*Culin*) éclair; (*fig*) bombshell; **~ atômica/relógio/de fumaça** atomic/time/smoke bomb; **~ de gasolina** petrol (BRIT) *ou* gas (US) pump; **~ de incêndio** fire extinguisher; **levar ~** (*em exame*) to fail

bombada [bõ'bada] F (*prejuízo*) loss

Bombaim [bõba'ĩ] N Mumbai

bombardear [bõbar'dʒjar] VT to bomb, bombard; (*fig*) to bombard

bombardeio [bõbar'deju] M bombing, bombardment; **~ suicida** suicide bombing

bomba-relógio (*pl* **bombas-relógio**) F time bomb

bombástico, -a [bõ'bastʃiku, a] ADJ (*pessoa*) pompous

bombear [bõ'bjar] VT to pump

bombeiro [bõ'bejru] M fireman; (BR: *encanador*) plumber; **o corpo de ~s** fire brigade

bombom [bõ'bõ] (*pl* **-ns**) M chocolate

bombordo [bõ'bordu] M (*Náut*) port

bonachão, -chona [bona'ʃãw, 'ʃona] (*pl* **-ões/-s**) ADJ simple and kind-hearted

bonança [bo'nãsa] F (*no mar*) fair weather; (*fig*) calm

bondade [bõ'dadʒi] F goodness, kindness; **tenha a ~ de vir** would you please come

bonde ['bõdʒi] (BR) M tram

bondoso, -a [bõ'dozu, ɔza] ADJ kind, good

boné [bo'nɛ] M cap

boneca [bo'nɛka] F doll

boneco [bo'neku] M dummy

bonificação [bonifika'sãw] (*pl* **-ões**) F bonus

bonina [bo'nina] (PT) F daisy

boníssimo, -a [bo'nisimu, a] ADJ SUPERL *de* **bom**

bonitão, -tona [boni'tãw, 'tɔna] (*pl* **-ões/-s**) ADJ very attractive; (*col*) dishy

bonito, -a [bo'nitu, a] ADJ (*belo*) pretty; (*gesto, dia*) nice ▶ M (*peixe*) tuna (fish), tunny; **fazer um ~** to do a good deed

bonitões [boni'tõjs] MPL *de* **bonitão**

bonitona [boni'tɔna] F *de* **bonitão**

bônus ['bonus] M INV bonus

boquiaberto, -a [bokja'bɛrtu, a] ADJ dumbfounded, astonished

borboleta [borbo'leta] F butterfly; (BR: *roleta*) turnstile

borboletear [borbole'tʃjar] VI to flutter, flit

borbotão [borbo'tãw] (*pl* **-ões**) M gush, spurt; **sair aos borbotões** to gush out

borbulhante [borbu'ʎãtʃi] ADJ bubbling

borbulhar [borbu'ʎar] VI to bubble; (*jorrar*) to gush out

borco ['borku] M: **de ~** (*coisa*) upside down; (*pessoa*) face down

borda ['bɔrda] F edge; (*do rio*) bank; **à ~ de** on the edge of

bordado [bor'dadu] M embroidery

bordão [bor'dãw] (*pl* **-ões**) M staff; (*Mús*) bass string; (*arrimo*) support; (*frase*) catch phrase

bordar [bor'dar] VT to embroider

bordéis [bor'dɛjs] MPL *de* **bordel**

bordejar [borde'ʒar] VI (*Náut*) to tack

bordel [bor'dɛw] (*pl* **-éis**) M brothel

bordo ['bordu] M (*ao bordejar*) tack; (*de navio*) side; **a ~** on board

bordoada [bor'dwada] F blow

bordões [bor'dõjs] MPL *de* **bordão**

borla ['bɔrla] F tassel

borocoxô [boroko'ʃo] ADJ dispirited

borra ['boha] F dregs *pl*

borracha [bo'haʃa] F rubber

borracheiro [boha'ʃejru] M tyre (BRIT) *ou* tire (US) specialist

borracho, -a [bo'haʃu, a] ADJ drunk ▶ M/F drunk(ard)

borrador [boha'dor] M (*Com*) day book

borrão [bo'hãw] (*pl* **-ões**) M (*rascunho*) rough draft; (*mancha*) blot

borrar [bo'har] VT to blot; (*riscar*) to cross out; (*pintar*) to daub; (*sujar*) to dirty

borrasca [bo'haska] F storm; (*no mar*) squall

borrifar [bohi'far] VT to sprinkle

borrifo [bo'hifu] M spray

borrões [bo'hõjs] MPL *de* **borrão**

bosque ['bɔski] M wood, forest

bossa ['bɔsa] F (*charme*) charm; (*inchaço*)

swelling; (no crânio) bump; (corcova) hump; **ter ~ para** to have an aptitude for
Bossa nova (Mús) see note

> **Bossa nova** is a type of music invented by young, middle-class inhabitants of Rio de Janeiro at the end of the 1950s. It has an obvious jazz influence, an unusual, rhythmic beat and lyrics praising beauty and love. **Bossa nova** became known around the world through the work of the conductor and composer Antônio Carlos Jobim, whose compositions, working with the poet Vinícius de Moraes, include the famous song "The Girl from Ipanema".

bosta ['bɔsta] F dung; (de humanos) excrement
bota ['bɔta] F boot; **~s de borracha** wellingtons; **bater as ~s** (col) to kick the bucket
bota-fora (pl **bota-fora**) F (despedida) send-off
botânica [bo'tanika] F botany; ver tb **botânico**
botânico, -a [bo'taniku, a] ADJ botanical ▶ M/F botanist
botão [bo'tãw] (pl **-ões**) M button; (flor) bud; **dizer com os seus botões** (fig) to say to o.s.
botar [bo'tar] VT to put; (PT: lançar) to throw; (roupa, sapatos) to put on; (mesa) to set; (defeito) to find; (ovos) to lay; **~ para quebrar** (col) to go for broke, go all out; **~ em dia** to get up to date
bote ['bɔtʃi] M (barco) boat; (com arma) thrust; (salto) spring; (de cobra) strike
boteco [bo'tɛku] (col) M bar
botequim [botʃi'kĩ] (pl **-ns**) M bar
boticário, -a [botʃi'karju, a] M/F pharmacist, chemist (BRIT)
botija [bo'tʃiʒa] F (earthenware) jug
botina [bo'tʃina] F ankle boot
botoeira [bo'twejra] F buttonhole
botões [bo'tõjs] MPL de **botão**
Botsuana [bot'swana] F: **a ~** Botswana
Bovespa [bo'vɛspa] ABR F = **Bolsa de Valores do Estado de São Paulo**
bovino, -a [bo'vinu, a] ADJ bovine
boxe ['bɔksi] M boxing
boxeador [boksja'dor] M boxer
boy [bɔj] M = **bói**
brabo, -a ['brabu, a] ADJ (feroz) fierce; (zangado) angry; (ruim) bad; (calor) unbearable; (gripe) bad
braça ['brasa] F (Náut) fathom
braçada [bra'sada] F armful; (Natação) stroke
braçadeira [brasa'dejra] F armband; (de cortina) tie-back; (metálica) bracket; (Esporte) sweatband
braçal [bra'saw] (pl **-ais**) ADJ manual
bracejar [brase'ʒar] VI to wave one's arms about
bracelete [brase'letʃi] M bracelet
braço ['brasu] M arm; (trabalhador) hand; **~ direito** (fig) right-hand man; **a ~s com** struggling with; **de ~s cruzados** with arms folded; (fig) without lifting a finger; **de ~**

475 | **Bossa nova – breve**

dado arm-in-arm; **cruzar os ~s** (fig) to down tools; **não dar o ~ a torcer** (fig) not to give in; **meter o ~ em** (col) to clobber; **receber de ~s abertos** (fig) to welcome with open arms
bradar [bra'dar] VT, VI to shout, yell
brado ['bradu] M shout, yell
braguilha [bra'giʎa] F flies pl
braile ['brajli] M braille
bramido [bra'midu] M roar
bramir [bra'mir] VI to roar
branco, -a ['brãku, a] ADJ white ▶ M/F white man/woman ▶ M (espaço) blank; **em ~** blank; **noite em ~** sleepless night; **deu um ~ nele** he drew a blank
brancura [brã'kura] F whiteness
brandir [brã'dʒir] VT to brandish
brando, -a ['brãdu, a] ADJ gentle; (mole) soft
brandura [brã'dura] F gentleness; (moleza) softness
branquear [brã'kjar] VT to whiten; (alvejar) to bleach ▶ VI to turn white
brasa ['braza] F hot coal; **em ~** red-hot; **pisar em ~** to be on tenterhooks; **mandar ~** (col) to go for it; **puxar a ~ para a sua sardinha** (col) to look out for o.s.
brasão [bra'zãw] (pl **-ões**) M coat of arms
braseiro [bra'zejru] M brazier
Brasil [bra'ziw] M: **o ~** Brazil
brasileirismo [brazilej'rizmu] M Brazilianism
brasileiro, -a [brazi'lejru, a] ADJ, M/F Brazilian
Brasília [bra'zilja] N Brasília
brasilianista [brazilja'nista] M/F Brazilianist
brasiliense [brazi'ljẽsi] ADJ from Brasília ▶ M/F person from Brasília
brasões [bra'zõjs] MPL de **brasão**
bravata [bra'vata] F bravado, boasting
bravatear [brava'tʃjar] VI to boast, brag
bravio, -a [bra'viu, a] ADJ (selvagem) wild, untamed; (feroz) ferocious
bravo, -a ['bravu, a] ADJ (corajoso) brave; (furioso) angry; (mar) rough, stormy ▶ M brave man; **~!** bravo!
bravura [bra'vura] F courage, bravery
breca ['brɛka] F: **ser levado da ~** to be very naughty
brecar [bre'kar] VT (carro) to stop; (reprimir) to curb ▶ VI to brake
brecha ['brɛʃa] F breach; (abertura) opening; (dano) damage; (meio de escapar) loophole; (col) chance
brega ['brɛga] (col) ADJ tacky, naff (BRIT)
brejeiro, -a [bre'ʒejru, a] ADJ impish
brejo ['brɛʒu] M marsh, swamp; **ir para o ~** (fig) to go down the drain
brenha ['brɛɲa] F (mata) dense wood
breque ['brɛki] M (freio) brake
breu [brew] M tar, pitch; **escuro como ~** pitch black
breve ['brɛvi] ADJ short; (conciso, rápido) brief ▶ ADV soon; **em ~** soon, shortly; **até ~** see you soon

brevê [bre've] M pilot's licence (BRIT) ou license (US)
brevidade [brevi'dadʒi] F brevity, shortness
bridge ['bridʒi] M bridge
briga ['briga] F (luta) fight; (verbal) quarrel
brigada [bri'gada] F brigade
brigadeiro [briga'dejru] M brigadier; (doce) chocolate truffle
brigão, -gona [bri'gãw, ɔna] (pl **-ões/-s**) ADJ quarrelsome ▶ M/F troublemaker
brigar [bri'gar] VI (lutar) to fight; (altercar) to quarrel
brigões [bri'gõjs] MPL de **brigão**
brigona [bri'gɔna] F de **brigão**
briguei etc [bri'gej] VB ver **brigar**
brilhante [bri'ʎãtʃi] ADJ brilliant ▶ M diamond
brilhar [bri'ʎar] VI to shine
brilho ['briʎu] M (luz viva) brilliance; (esplendor) splendour (BRIT), splendor (US); (nos sapatos) shine; (de metais, olhos) gleam
brincadeira [brĩka'dejra] F (divertimento) fun; (gracejo) joke; (de criança) game; **deixe de ~s!** stop fooling!; **de ~** for fun; **fora de ~** joking apart; **não é ~** it's no joke
brincalhão, -lhona [brĩka'ʎãw, ɔna] (pl **-ões/-s**) ADJ playful ▶ M/F joker, teaser
brincar [brĩ'kar] VI to play; (gracejar) to joke; **estou brincando** I'm only kidding; **~ de soldados** to play (at) soldiers; **~ com alguém** (mexer com) to tease sb
brinco ['brĩku] M (joia) earring; **estar um ~** to be spotless
brindar [brĩ'dar] VT (beber) to drink to; (presentear) to give a present to
brinde ['brĩdʒi] M (saudação) toast; (presente) free gift
brinquedo [brĩ'kedu] M toy
brinquei etc [brĩ'kej] VB ver **brincar**
brio ['briu] M self-respect, dignity
brioso, -a ['brjozu, ɔza] ADJ self-respecting
brisa ['briza] F breeze
britânico, -a [bri'taniku, a] ADJ British ▶ M/F Briton
broca ['brɔka] F drill
broche ['brɔʃi] M brooch
brochura [bro'ʃura] F (livro) paperback; (folheto) brochure, pamphlet
brócolis ['brɔkolis] MPL broccoli sg
brócolos ['brɔkolus] (PT) MPL = **brócolis**
bronca ['brɔka] F (col) telling off; **dar uma ~ em** to tell off; **levar uma ~** to get told off
bronco, -a ['brɔku, a] ADJ (rude) coarse; (burro) thick
bronquear [brõ'kjar] (col) VI to get angry; **~ com** to tell off
bronquite [brõ'kitʃi] F bronchitis
bronze ['brõzi] M bronze
bronzeado, -a [brõ'zjadu, a] ADJ (da cor do bronze) bronze atr; (pelo sol) suntanned ▶ M suntan
bronzear [brõ'zjar] VT to tan; **bronzear-se** VR to get a tan

brotar [bro'tar] VT to produce ▶ VI (manar) to flow; (Bot) to sprout; (nascer) to spring up
brotinho, -a [bro'tʃiɲu, a] M/F teenager
broto ['brotu] M bud; (fig) youngster
broxa ['brɔʃa] F (large) paint brush
bruços ['brusus] MPL: **de ~** face down
bruma ['bruma] F mist, haze
brumoso, -a [bru'mozu, ɔza] ADJ misty, hazy
brunido, -a [bru'nidu, a] ADJ polished
brunir [bru'nir] VT to polish
brusco, -a ['brusku, a] ADJ brusque; (súbito) sudden
brutal [bru'taw] (pl **-ais**) ADJ brutal
brutalidade [brutali'dadʒi] F brutality
brutamontes [bruta'mõtʃis] M INV (corpulento) hulk; (bruto) brute
bruto, -a ['brutu, a] ADJ brutish; (grosseiro) coarse; (móvel) heavy; (diamante) uncut; (petróleo) crude; (peso, Com) gross; (aggressivo) aggressive ▶ M brute; **em ~** raw, unworked; **um ~ resfriado** an awful cold
bruxa ['bruʃa] F witch; (velha feia) hag
bruxaria [bruʃa'ria] F witchcraft
Bruxelas [bru'ʃelas] N Brussels
bruxo ['bruʃu] M wizard
bruxulear [bruʃu'ljar] VI to flicker
BTN (BR) ABR M (= Bônus do Tesouro Nacional) government bond used to quote prices
Bucareste [buka'restʃi] N Bucharest
bucha ['buʃa] F (para parafuso) Rawlplug®; (para buracos) bung; **acertar na ~** (fig) to hit the nail on the head
bucho ['buʃu] (col) M gut; **ela é um ~ (feio)** she's as ugly as sin
buço ['busu] M down
Budapest [buda'pestʃi] N Budapest
budismo [bu'dʒizmu] M Buddhism
budista [bu'dʒista] ADJ, M/F Buddhist
bueiro [bu'ejru] M storm drain
Buenos Aires ['bwɛnuz'ajris] N Buenos Aires
búfalo ['bufalu] M buffalo
bufante [bu'fãtʃi] ADJ (manga etc) puffed, full
bufar [bu'far] VI to puff, pant; (com raiva) to snort; (reclamar) to moan, grumble
bufê [bu'fe] M (móvel) sideboard; (comida) buffet; (serviço) catering service
buffer ['bafer] (pl **-s**) M (Comput) buffer
bugiganga [buʒi'gãga] F trinket; **bugigangas** FPL (coisas sem valor) knick-knacks
bujão [bu'ʒãw] (pl **-ões**) M (Tec) cap; **~ de gás** gas cylinder
bula ['bula] F (Rel) papal bull; (Med) directions pl for use
bulbo ['buwbu] M bulb
buldôzer [buw'dozer] (pl **buldôzeres**) M bulldozer
bule ['buli] M (de chá) teapot; (de café) coffeepot
Bulgária [buw'garja] F: **a ~** Bulgaria
búlgaro, -a ['buwgaru, a] ADJ, M/F Bulgarian ▶ M (Ling) Bulgarian
bulha ['buʎa] F row
bulhufas [bu'ʎufas] (col) PRON nothing

bulício [bu'lisju] M (*agitação*) bustle; (*sussurro*) rustling
buliçoso, -a [buli'sozu, ɔza] ADJ (*vivo*) lively; (*agitado*) restless
bulimia [buli'mia] F bulimia
bulir [bu'lir] VT to move ▶ VI to move, stir; ~ **com** to tease; ~ **em** to touch, meddle with
bumbum [bũ'bũ] (*pl* **-ns**) (*col*) M bottom
bunda ['bũda] (*col*) F bottom, backside
buquê [bu'ke] M bouquet
buraco [bu'raku] M hole; (*de agulha*) eye; (*jogo*) rummy; **ser um** ~ (*difícil*) to be tough; ~ **da fechadura** keyhole
burburinho [burbu'riɲu] M hubbub; (*murmúrio*) murmur
burguês, -guesa [bur'ges, 'geza] ADJ middle-class, bourgeois
burguesia [burge'zia] F middle class, bourgeoisie
buril [bu'riw] (*pl* **-is**) M chisel
burilar [buri'lar] VT to chisel
buris [bu'ris] MPL *de* **buril**
Burkina [bur'kina] M: **o** ~ Burkina Faso
burla ['burla] F trick, fraud; (*zombaria*) mockery
burlar [bur'lar] VT (*enganar*) to cheat; (*defraudar*) to swindle; (*a lei, impostos*) to evade
burlesco, -a [bur'lesku, a] ADJ burlesque
burocracia [burokra'sia] F bureaucracy; (*excessiva*) red tape
burocrata [buro'krata] M/F bureaucrat
burocrático, -a [buro'kratʃiku, a] ADJ bureaucratic
burrice [bu'hisi] F stupidity
burro, -a ['buhu, a] ADJ stupid; (*pouco inteligente*) dim, thick ▶ M/F (*Zool*) donkey; (*pessoa*) fool, idiot; **pra** ~ (*col*) a lot; (*com adj*) really; **dar com os ~s n'água** (*fig*) to come a cropper; ~ **de carga** (*fig*) hard worker
Burundi [burũ'dʒi] M: **o** ~ Burundi
busca ['buska] F search; **em** ~ **de** in search of; **dar** ~ **a** to search for
buscador [buska'dor] M search engine
busca-pé [buska'pɛ] (*pl* **busca-pés**) M banger
buscar [bus'kar] VT to fetch; (*procurar*) to look *ou* search for; **ir** ~ to fetch, go for; **mandar** ~ to send for
busquei *etc* [bus'kej] VB *ver* **buscar**
bússola ['busola] F compass
bustiê [bustʃi'e] M boob tube
busto ['bustu] M bust
butique [bu'tʃiki] M boutique
buzina [bu'zina] F horn
buzinada [buzi'nada] F toot, hoot
buzinar [buzi'nar] VI to sound one's horn, toot the horn ▶ VT to hoot; ~ **nos ouvidos de alguém** (*fig*) to hassle sb; ~ **algo nos ouvidos de alguém** (*fig*) to drum sth into sb
búzio ['buzju] M (*concha*) conch
BVRJ ABR F = **Bolsa de Valores do Rio de Janeiro**

Cc

C, c [se] (pl **cs**) M C, c; **C de Carlos** C for Charlie
c/ ABR = **com**
cá [ka] ADV here; **de cá** on this side; **para cá** here, over here; **para lá e para cá** back and forth; **de lá para cá** since then; **de um ano para cá** in the last year; **cá entre nós** just between us
caatinga [ka'tʃĩga] (BR) F scrub(-land)
cabal [ka'baw] (pl **-ais**) ADJ (*completo*) complete; (*exato*) exact
cabala [ka'bala] F (*maquinação*) conspiracy, intrigue
cabalar [kaba'lar] VT (*votos etc*) to canvass (for) ▶ VI to canvass
cabana [ka'bana] F hut
cabaré [kaba'rɛ] M (*boate*) night club
cabeça [ka'besa] F head; (*inteligência*) brain; (*de uma lista*) top ▶ M/F (*de uma revolta*) leader; (*de uma organização*) brains sg; **cinquenta ~s de gado** fifty head of cattle; **de ~** off the top of one's head; (*calcular*) in one's head; **de ~ para baixo** upside down; **por ~** per person, per head; **deu-lhe na ~ de** he took it into his head to; **esquentar a ~** (*col*) to lose one's cool; **não estar com a ~ para fazer** not to feel like doing; **fazer a ~ de alguém** (*col*) to talk sb into it; **levar na ~** (*col*) to come a cropper; **meter na ~** to get into one's head; **tirar algo da ~** to put sth out of one's mind; **perder a ~** to lose one's head; **quebrar a ~** to rack one's brains; **subir à ~** (*sucesso etc*) to go to sb's head; **com a ~ no ar** absent-minded; **~ de porco** (*col*) tenement building; **~ de vento** m, f scatterbrain; **~ fria** cool-headedness
cabeçada [kabe'sada] F (*pancada com cabeça*) butt; (*Futebol*) header; (*asneira*) blunder; **dar uma ~ (em)** to bang one's head (on); **dar uma ~** (*fazer asneira*) to make a blunder; **dar uma ~ na bola** (*Futebol*) to head the ball
cabeçalho [kabe'saʎu] M (*de livro*) title page; (*de página, capítulo*) heading
cabecear [kabe'sjar] VT (*Futebol*) to head ▶ VI to nod; to head the ball
cabeceira [kabe'sejra] F (*de cama*) head; (*de mesa*) end; **leitura de ~** bedtime reading
cabeçudo, -a [kabe'sudu, a] ADJ with a big head; (*teimoso*) headstrong

cabedal [kabe'daw] (pl **-ais**) M wealth
cabeleira [kabe'lejra] F head of hair; (*postiça*) wig
cabeleireiro, -a [kabelej'rejru, a] M/F hairdresser
cabelo [ka'belu] M hair; **cortar/fazer o ~** to have one's hair cut/done; **ter ~ na venta** to be short-tempered
cabeludo, -a [kabe'ludu, a] ADJ hairy; (*difícil*) complicated; (*obsceno*) obscene
caber [ka'ber] VI: **~ (em)** (*poder entrar*) to fit, go; (*roupa*) to fit; (*ser compatível*) to be appropriate (in); **~ a** (*em partilha*) to fall to; **cabe a alguém fazer** it is up to sb to do; **~ por** to fit through; **não cabe aqui fazer comentários** this is not the time or place to comment; **acho que cabe exigir um explicação** I think it is reasonable to demand an explanation; **são fatos que cabe apurar** they are facts which should be investigated; **tua dúvida cabe perfeitamente** your doubt is perfectly in order; **não ~ em si de** to be beside o.s. with
cabide [ka'bidʒi] M (*coat*) hanger; (*móvel*) hat stand; (*fixo à parede*) coat rack; **~ de empregos** person who has several jobs
cabideiro [kabi'dejru] M hat stand; (*na parede*) coat rack; (*para sapatos*) rack
cabimento [kabi'mẽtu] M suitability; **ter ~** to be fitting *ou* appropriate; **não ter ~** to be inconceivable
cabine [ka'bini] F cabin; (*em loja*) fitting room; **~ do piloto** (*Aer*) cockpit; **~ telefônica** telephone box (BRIT) *ou* booth
cabisbaixo, -a [kabiz'bajʃu, a] ADJ (*deprimido*) dispirited, crestfallen; (*com a cabeça para baixo*) head down
cabível [ka'bivew] (pl **-eis**) ADJ conceivable
cabo ['kabu] M (*extremidade*) end; (*de faca, vassoura etc*) handle; (*corda*) rope; (*elétrico etc*) cable; (*Geo*) cape; (*Mil*) corporal; **ao ~ de** at the end of; **de ~ a rabo** from beginning to end; **levar a ~** to carry out; **dar ~ de** to do away with; **~ eleitoral** canvasser
caboclo, -a [ka'boklu, a] (BR) ADJ copper-coloured (BRIT), copper-colored (US) ▶ M/F mestizo
cabotino, -a [kabo'tʃinu, a] ADJ ostentatious ▶ M/F show-off

Cabo Verde M Cape Verde
cabo-verdiano, -a [-ver'dʒjanu,-] ADJ, M/F Cape Verdean
cabra ['kabra] F goat ▶ M (BR: *sujeito*) guy; (: *capanga*) hired gun
cabra-cega F blind man's buff
cabra-macho (*pl* **cabras-machos**) M tough guy
cabreiro, -a [ka'brejru, a] (*col*) ADJ suspicious
cabresto [kab'restu] M (*de cavalos*) halter
cabrito [ka'britu] M kid
cabrocha [ka'brɔʃa] F mulatto girl
caça ['kasa] F hunting; (*busca*) hunt; (*animal*) quarry, game ▶ M (*Aer*) fighter (plane); **~ a baleias** whaling; **à ~ de** in pursuit of
caçada [ka'sada] F (*jornada de caçadores*) hunting trip
caçador, a [kasa'dor(a)] M/F hunter
caçamba [ka'sãba] F (*balde*) bucket
caça-minas M INV minesweeper
caça-níqueis M INV slot machine
cação [ka'sãw] (*pl* **-ões**) M shark
caçapa [ka'sapa] F pocket
caçar [ka'sar] VT to hunt; (*com espingarda*) to shoot; (*procurar*) to seek ▶ VI to hunt, go hunting
cacareco [kaka'rɛku] M piece of junk; **cacarecos** MPL (*coisas sem valor*) junk *sg*
cacarejar [kakare'ʒar] VI (*galinhas etc*) to cluck
cacarejo [kaka'reʒu] M clucking
caçarola [kasa'rɔla] F (sauce)pan
cacau [ka'kaw] M cocoa; (*Bot*) cacao
cacaueiro [kaka'wejru] M cocoa tree
cacetada [kase'tada] F blow (with a stick)
cacete [ka'setʃi] ADJ tiresome, boring ▶ M/F bore ▶ M club, stick ▶ EXCL damn! (*col*); **está quente pra ~** (!) it's bloody hot (!)
caceteação [kasetʃja'sãw] F annoyance
cacetear [kase'tʃjar] VT to annoy
Cacex [ka'sɛks] ABR F (= *Carteira do Comércio Exterior*) *part of Banco do Brasil which helps to finance foreign trade*
cachaça [ka'ʃasa] F (white) rum
cachaceiro, -a [kaʃa'sejru, a] ADJ drunk ▶ M/F drunkard
cachaço [ka'ʃasu] M neck
cachê [ka'ʃe] M fee
cachecol [kaʃe'kɔw] (*pl* **-óis**) M scarf
cachepô [kaʃe'po] M plant pot
cachimbo [ka'ʃĩbu] M pipe
cacho ['kaʃu] M bunch; (*de cabelo*) curl, lock; (*longo*) ringlet; (*col: caso*) affair
cachoeira [kaʃ'wejra] F waterfall
cachorra [ka'ʃoha] F bitch, (female) puppy; **estar com a ~** (*col*) to be in a foul mood
cachorrada [kaʃo'hada] F pack of dogs; (*sujeira*) dirty trick
cachorrinho, -a [kaʃo'hiɲu, a] M/F puppy ▶ M (*nado*) doggy paddle
cachorro [ka'ʃohu] M dog, puppy; (*filhote de animal*) cub; (*patife*) rascal; **soltar os ~s em cima de alguém** (*fig*) to lash out at sb; **estar matando ~ a grito** (*col*) to be scraping the barrel

cachorro-quente (*pl* **cachorros-quentes**) M hot dog
cacilda [ka'siwda] EXCL wow!, crikey!
cacique [ka'siki] M (Indian) chief; (*mandachuva*) local boss
caco ['kaku] M bit, fragment; (*pessoa velha*) old relic; **chegamos ~s humanos** we arrived dead on our feet
caçoada [ka'swada] F jibe
caçoar [ka'swar] VT to mock, make fun of ▶ VI to mock
cações [ka'sõjs] MPL *de* **cação**
cacoete [ka'kwetʃi] M twitch, tic
cacto ['kaktu] M cactus
caçula [ka'sula] M/F youngest child
cada ['kada] ADJ INV each; (*todo*) every; **$10 ~** $10 each; **~ um** each one; **~ semana** each week; **a ~ 3 horas** every 3 hours; **em ~ 3 crianças, uma já teve sarampo** out of every 3 children, one has already had measles; **~ vez mais** more and more; **~ vez mais barato** cheaper and cheaper; **tem ~ museu em Londres!** there are so many different museums in London; **tem ~ um!** it takes all sorts!
cadafalso [kada'fawsu] M (*forca*) gallows *sg*
cadarço [ka'darsu] M shoelace
cadastrar [kadas'trar] VT to register; **cadastrar-se** VR to register
cadastro [ka'dastru] M (*registro*) register; (*ato*) registration; (*de criminosos*) criminal record; (*de banco etc*) client records *pl*; (*de imóveis*) land registry; **~ bancário** (*de pessoa*) credit rating
cadáver [ka'daver] M corpse, (dead) body; **só passando por cima do meu ~** over my dead body; **ao chegar ao hospital, o motorista já era ~** the driver was dead on arrival at hospital
cadavérico, -a [kada'vɛriku, a] ADJ (*exame*) post-mortem; (*pessoa*) emaciated
CADE (BR) ABR M = **Conselho Administrativo de Defesa Econômica**
cadê [ka'de] (*col*) ADV: **~ ...?** where's/where are ...?, what's happened to ...?
cadeado [ka'dʒjadu] M padlock
cadeia [ka'deja] F chain; (*prisão*) prison; (*rede*) network
cadeira [ka'dejra] F (*móvel*) chair; (*disciplina*) subject; (*Teatro*) stall; (*função*) post; **cadeiras** FPL (*Anat*) hips; **~ cativa** private seat; **~ de balanço** rocking chair; **~ de rodas** wheelchair; **falar de ~** (*fig*) to speak with authority
cadeirudo, -a [kadej'rudu, a] ADJ big-hipped
cadela [ka'dɛla] F (*cão*) bitch
cadência [ka'dẽsja] F cadence; (*ritmo*) rhythm
cadenciado, -a [kadẽ'sjadu, a] ADJ rhythmic; (*pausado*) slow
cadente [ka'dẽtʃi] ADJ (*estrela*) falling
caderneta [kader'neta] F notebook; **~ de poupança** savings account
caderno [ka'dɛrnu] M exercise book; (*de notas*) notebook; (*de jornal*) section

cadete [ka'dɛtʃi] M cadet
cadinho [ka'dʒiɲu] M crucible; (*fig*) melting pot
caducar [kadu'kar] VI (*documentos*) to lapse, expire; (*pessoa*) to become senile
caduco, -a [ka'duku, a] ADJ (*nulo*) invalid, expired; (*senil*) senile; (*Bot*) deciduous
caduquice [kadu'kisi] F senility
cães [kãjs] MPL *de* **cão**
cafajeste [kafa'ʒɛstʃi] (*col*) ADJ roguish; (*vulgar*) vulgar, coarse ▶ M/F rogue; rough customer
café [ka'fɛ] M coffee; (*estabelecimento*) café ▶ ADJ INV coffee-coloured (BRIT), coffee-colored (US); **~ com leite** white coffee (BRIT), coffee with cream (US); **~ preto** black coffee; **~ da manhã** (BR) breakfast; **~ pequeno** (*fig*) small potatoes
cafeeiro, -a [kafe'ejru, a] ADJ coffee *atr* ▶ M coffee plant
cafeicultor [kafejkuw'tor] M coffee-grower
cafeicultura [kafejkuw'tura] F coffee-growing
cafeína [kafe'ina] F caffein(e)
cafetã [kafe'tã] M caftan
cafetão [kafe'tãw] (*pl* **-ões**) M pimp
cafeteira [kafe'tejra] F (*vaso*) coffeepot; (*máquina*) percolator
cafetina [kafe'tʃina] F madam
cafetões [kafe'tõjs] MPL *de* **cafetão**
cafezal [kafe'zaw] (*pl* **-ais**) M coffee plantation
cafezinho [kafe'ziɲu] M *small black coffee*
cafona [ka'fɔna] ADJ tacky ▶ M/F tacky person
cafonice [kafo'nisi] F tackiness; (*coisa*) tacky thing
cafundó [kafũ'dɔ] M: **no ~ de judas** out in the sticks
cafuné [kafu'nɛ] M: **fazer ~ em alguém** to stroke sb's hair
cagaço [ka'gasu] (!) M shits *pl* (!)
cagada [ka'gada] (!) F shit (!); (*coisa malfeita*) cock-up (!)
cágado ['kagadu] M turtle; **a passos de ~** (*fig*) at a snail's pace
caganeira [kaga'nejra] (*col*) F runs *pl*
cagão, -gona [ka'gãw, 'gɔna] (*pl* **-ões/-s**) (*col*) M/F: **ser ~** to be a chicken
cagar [ka'gar] (!) VI to (have a) shit (!) ▶ VT: **~ regras** to tell others what to do; **cagar-se** VR: **~-se de medo** to be shit scared (!); **~ (para)** not to give a shit (about) (!)
cagões [ka'gõjs] MPL *de* **cagão**
cagona [ka'gɔna] F *de* **cagão**
caguetar [kagwe'tar] VT to inform on
caguete [ka'gwetʃi] M informer
caiaque [ka'jaki] M kayak
caiar [kaj'ar] VT to whitewash
caiba *etc* ['kajba] VB *ver* **caber**
cãibra ['kãjbra] F (*Med*) cramp
caibro ['kajbru] M joist
caída [ka'ida] F = **queda**
caído, -a [ka'idu, a] ADJ (*deprimido*) dejected; (*derrubado*) fallen; (*pendente*) droopy; **~ por** (*apaixonado*) in love with

câimbra ['kãjbra] F = **cãibra**
caimento [kaj'mẽtu] M hang, fall
caipira [kaj'pira] ADJ countrified; (*sem traquejo social*) provincial ▶ M/F yokel
caipirinha [kajpi'riɲa] F *cocktail of cachaça, lemon and sugar*
cair [ka'ir] VI to fall; (*ser vítima de logro*) to be taken in; **~ bem/mal** (*roupa*) to fit well/badly; (*col: pessoa*) to look good/bad; **~ em si** to come to one's senses; **~ de quatro** to land on all fours; **estou caindo de sono** I'm really sleepy; **~ para trás** (*fig*) to be taken aback; **ao ~ da noite** at nightfall; **o Natal caiu num domingo** Christmas fell on a Sunday; **essa comida me caiu mal** that food did not agree with me
Cairo ['kajru] M: **o ~** Cairo
cais [kajs] M (*Náut*) quay; (PT *Ferro*) platform
caixa ['kajʃa] F box; (*cofre*) safe; (*de uma loja*) cash desk ▶ M/F (*pessoa*) cashier; **~ automática** *ou* **eletrônico** cash machine; **de alta/baixa ~** (*col*) well-off/poor; **fazer a ~** (*Com*) to cash up; **pequena ~** petty cash; **~ acústica** loudspeaker; **~ de correio** letter box; **~ de entrada** (*Comput*) inbox; **~ de mudanças** (BR) *ou* **de velocidades** gear box; **~ de saída** (*Comput*) outbox; **~ econômica** savings bank; **~ postal** P.O. box; **~ registradora** cash register
caixa-alta (*pl* **caixas-altas**) (*col*) ADJ rich ▶ M/F fat cat
caixa-d'água (*pl* **caixas-d'água**) F water tank
caixa-forte (*pl* **caixas-fortes**) F vault
caixão [kaj'ʃãw] (*pl* **-ões**) M (*ataúde*) coffin; (*caixa grande*) large box
caixa-preta (*pl* **caixas-pretas**) F (*Aer*) black box
caixeiro, -a [kaj'ʃejru, a] M/F shop assistant; (*entregador*) delivery man/woman
caixeiro-viajante, caixeira-viajante (*pl* **caixeiros-viajantes/caixeiras-viajantes**) M/F commercial traveller (BRIT) *ou* traveler (US)
caixilho [kaj'ʃiʎu] M (*moldura*) frame
caixões [kaj'ʃõjs] MPL *de* **caixão**
caixote [kaj'ʃɔtʃi] M packing case; **~ do lixo** (PT) dustbin (BRIT), garbage can (US)
caju [ka'ʒu] M cashew fruit
cajueiro [ka'ʒwejru] M cashew tree
cal [kaw] F lime; (*na água*) chalk; (*para caiar*) whitewash
calabouço [kala'bosu] M dungeon
calada [ka'lada] F: **na ~ da noite** at dead of night
calado, -a [ka'ladu, a] ADJ quiet
calafetar [kalafe'tar] VT to stop up
calafrio [kala'friu] M shiver; **ter ~s** to shiver
calamar [kala'mar] M squid
calamidade [kalami'dadʒi] F calamity, disaster
calamitoso, -a [kalami'tozu, ɔza] ADJ disastrous
calão [ka'lãw] M: **(baixo) ~** (BR) bad language; (PT) slang

calar [ka'lar] VT (*não dizer*) to keep quiet about; (*impor silêncio a*) to silence ▶ VI to go quiet; (*manter-se calado*) to keep quiet; **calar-se** VR to go quiet; to keep quiet; **~ em** (*penetrar*) to mark; **cala a boca!** shut up!

calça ['kawsa] F (tb: **calças**) trousers pl (BRIT), pants pl (US)

calçada [kaw'sada] F (PT: *rua*) roadway; (BR: *passeio*) pavement (BRIT), sidewalk (US)

calçadão [kawsa'dãw] (pl **-ões**) M pedestrian precinct (BRIT), pedestrian zone (US)

calçadeira [kawsa'dejra] F shoe-horn

calçado, -a [kaw'sadu, a] ADJ (*rua*) paved ▶ M shoe; **calçados** MPL (*para os pés*) footwear sg

calçadões [kawsa'dõjs] MPL de **calçadão**

calçamento [kawsa'mẽtu] M paving

calcanhar [kawka'ɲar] M (*Anat*) heel; **~ de aquiles** Achilles' heel

calção [kaw'sãw] (pl **-ões**) M shorts pl; **~ de banho** swimming trunks pl

calcar [kaw'kar] VT (*pisar em*) to tread on; (*espezinhar*) to trample (on); (*comprimir*) to press; (*reprimir*) to repress

calçar [kaw'sar] VT (*sapatos, luvas*) to put on; (*pavimentar*) to pave; (*pôr calço*) to wedge; **calçar-se** VR to put on one's shoes; **o sapato calça bem?** does the shoe fit?; **ela calça (número) 28** she takes size 28 (in shoes)

calcário, -a [kaw'karju, a] ADJ (*água*) hard ▶ M limestone

calceiro, -a [kaw'sejru, a] M/F shoe-maker

calcinha [kaw'siɲa] F panties pl

cálcio ['kawsju] M calcium

calço ['kawsu] M (*cunha*) wedge

calções [kaw'sõjs] MPL de **calção**

calculador [kawkula'dor] M = **calculadora**

calculadora [kawkula'dora] F calculator

calcular [kawku'lar] VT to calculate; (*imaginar*) to imagine ▶ VI to make calculations; **~ que** to reckon that

calculável [kawku'lavew] (pl **-eis**) ADJ calculable

calculista [kawku'lista] ADJ calculating ▶ M/F opportunist

cálculo ['kawkulu] M calculation; (*Mat*) calculus; (*Med*) stone

calda ['kawda] F (*de doce*) syrup; **caldas** FPL (*águas termais*) hot springs

caldeira [kaw'dejra] F (*Tec*) boiler

caldeirada [kawdej'rada] (PT) F (*guisado*) fish stew

caldeirão [kawdej'rãw] (pl **-ões**) M cauldron

caldo ['kawdu] M (*sopa*) broth; (*de fruta*) juice; **~ de carne/galinha** beef/chicken stock; **~ verde** potato and cabbage broth

calefação [kalefa'sãw] F heating

caleidoscópio [kalejdo'skɔpju] M kaleidoscope

calejado, -a [kale'ʒadu, a] ADJ calloused; (*fig: experiente*) experienced; (: *endurecido*) callous

calejar [kale'ʒar] VT (*mãos*) to callous; (*pessoa*) to harden; **calejar-se** VR (*mãos*) to get calluses; (*insensibilizar-se*) to become callous; (*tornar-se experiente*) to get experience

calendário [kalẽ'darju] M calendar

calha ['kaʎa] F (*sulco*) channel; (*para água*) gutter

calhamaço [kaʎa'masu] M tome

calhambeque [kaʎã'bɛki] (col) M old banger

calhar [ka'ʎar] VI: **calhou viajarmos no mesmo avião** we happened to travel on the same plane; **calhou que** it so happened that; **ele calhou de chegar** he happened to arrive; **~ a** (*cair bem*) to suit; **vir a ~** to come at the right time; **se ~** (PT) perhaps, maybe

calhau [ka'ʎaw] M stone, pebble

calibrado, -a [kali'bradu, a] ADJ (*meio bêbado*) tipsy

calibrar [kali'brar] VT to gauge (BRIT), gage (US), calibrate

calibre [ka'libri] M (*de cano*) bore, calibre (BRIT), caliber (US); (*fig*) calibre

cálice ['kalisi] M (*copinho*) wine glass; (*Rel*) chalice

calidez [kali'dez] F warmth

cálido, -a ['kalidu, a] ADJ warm

caligrafia [kaligra'fia] F (*arte*) calligraphy; (*letra*) handwriting

calista [ka'lista] M/F chiropodist (BRIT), podiatrist (US)

calma ['kawma] F calm; **conservar/perder a ~** to keep/lose one's temper; **~!** take it easy!

calmante [kaw'mãtʃi] ADJ soothing ▶ M (*Med*) tranquillizer

calmo, -a ['kawmu, a] ADJ calm, tranquil

calo ['kalu] M callus; (*no pé*) corn; **pisar nos ~s de alguém** (*fig*) to hit a (raw) nerve

calombo [ka'lõbu] M lump; (*na estrada*) bump

calor [ka'lor] M heat; (*agradável*) warmth; (*fig*) warmth; **está** *ou* **faz ~** it is hot; **estar com ~** to be hot

calorento, -a [kalo'rẽtu, a] ADJ (*pessoa*) sensitive to heat; (*lugar*) hot

caloria [kalo'ria] F calorie

caloroso, -a [kalo'rozu, ɔza] ADJ warm; (*entusiástico*) enthusiastic; (*protesto*) fervent

calota [ka'lɔta] F (*Auto*) hubcap

calote [ka'lɔtʃi] (col) M (*dívida*) bad debt; **dar o ~** to welsh (on one's debts)

caloteiro, -a [kalo'tejru, a] (col) ADJ unreliable ▶ M/F bad payer

calouro, -a [ka'loru, a] M/F (*Educ*) fresher (BRIT), freshman (US); (*noviço*) novice

calúnia [ka'lunja] F slander

caluniador, a [kalunja'dor(a)] ADJ slanderous ▶ M/F slanderer

caluniar [kalu'njar] VT to slander

calunioso, -a [kalu'njozu, ɔza] ADJ slanderous

calvície [kaw'visi] F baldness

calvo, -a ['kawvu, a] ADJ bald

cama ['kama] F bed; **~ de casal** double bed; **~ de solteiro** single bed; **de ~** (*doente*) ill (in bed); **ficar de ~** to take to one's bed

cama-beliche (pl **camas-beliche(s)**) F bunk bed

camada [ka'mada] F layer; (*de tinta*) coat
camafeu [kama'few] M cameo
câmara ['kamara] F chamber; (*PT Foto*) camera; **~ de ar** inner tube; **~ municipal** (BR) town council; (PT) town hall
câmara-ardente F: **estar exposto em ~** to lie in state
camarada [kama'rada] ADJ friendly, nice; (*preço*) good ▶ M/F comrade; (*sujeito*) guy/woman
camaradagem [kamara'daʒē] F comradeship, camaraderie; **por ~** out of friendliness
camarão [kama'rãw] (*pl* **-ões**) M shrimp; (*graúdo*) prawn
camareiro, -a [kama'rejru, a] M/F cleaner/chambermaid
camarilha [kama'riʎa] F clique
camarim [kama'rĩ] (*pl* **-ns**) M (*Teatro*) dressing room
Camarões [kama'rõjs] M: **o ~** Cameroon
camarões [kama'rõjs] MPL *de* **camarão**
camarote [kama'rɔtʃi] M (*Náut*) cabin; (*Teatro*) box
cambada [kã'bada] F bunch, gang
cambaio, -a [kã'baju, a] ADJ (*mesa*) wobbly, rickety
cambalacho [kãba'laʃu] M scam
cambaleante [kãba'ljãtʃi] ADJ unsteady (on one's feet)
cambalear [kãba'ljar] VI to stagger, reel
cambalhota [kãba'ʎɔta] F somersault
cambar [kã'bar] VI: **~ para** to lean on
cambial [kã'bjaw] (*pl* **-ais**) ADJ exchange *atr*
cambiante [kã'bjãtʃi] ADJ changing, variable ▶ M (*cor*) shade
cambiar [kã'bjar] VT to change; (*trocar*) to exchange
câmbio ['kãbju] M (*dinheiro etc*) exchange; (*preço de câmbio*) rate of exchange; **~ livre** free trade; **~ negro** black market; **~ oficial/paralelo** official/black market
cambista [kã'bista] M (*de dinheiro*) money changer; (BR: *de ingressos*) (ticket-)tout
Camboja [kã'boja] M: **o ~** Cambodia
cambojano, -a [kãbo'ʒanu, a] ADJ, M/F Cambodian
camburão [kãbu'rãw] (*pl* **-ões**) M police van
camélia [ka'mɛlja] F camellia
camelo [ka'melu] M camel; (*fig*) dunce
camelô [kame'lo] M street pedlar
câmera ['kamera] (BR) F camera ▶ M/F camera operator; **em ~ lenta** in slow motion; **~ de segurança** security camera, CCTV camera; **~ digital** digital camera
camião [ka'mjãw] (*pl* **-ões**) (PT) M lorry (BRIT), truck (US)
caminhada [kami'ɲada] F walk
caminhante [kami'ɲãtʃi] M/F walker
caminhão [kami'ɲãw] (*pl* **-ões**) (BR) M lorry (BRIT), truck (US); **~ do lixo** dustcart (BRIT), garbage truck (US)
caminhar [kami'ɲar] VI (*ir a pé*) to walk; (*processo*) to get under way; (*negócios*) to go, to progress
caminho [ka'miɲu] M way; (*vereda*) road, path; **~ de ferro** (PT) railway (BRIT), railroad (US); **a meio ~** halfway (there); **ser meio ~ andado** (*fig*) to be halfway there; **a ~** on the way, en route; **cortar ~** to take a short cut; **ir pelo mesmo ~** to go the same way; **pôr-se a ~** to set off
caminhões [kami'ɲõjs] MPL *de* **caminhão**
caminhoneiro, -a [kamiɲo'nejru, a] M/F lorry driver (BRIT), truck driver (US)
caminhonete [kamiɲo'nɛtʃi] M (*Auto*) van
camiões [ka'mjõjs] MPL *de* **camião**
camioneta [kamjo'neta] (PT) F (*para passageiros*) coach; (*comercial*) van
camionista [kamjo'nista] (PT) M/F lorry driver (BRIT), truck driver (US)
camisa [ka'miza] F shirt; **~ de dormir** nightshirt; **~ de força** straitjacket; **~ esporte/polo/social** sports/polo/dress shirt; **mudar de ~** (*Esporte*) to change sides
camiseta [kami'zɛta] (BR) F T-shirt; (*interior*) vest
camisinha [kami'ziɲa] (*col*) F condom
camisola [kami'zɔla] F (BR) nightdress; (PT: *pulôver*) sweater; **~ interior** (PT) vest
camomila [kamo'mila] F camomile
campa ['kãpa] F (*de sepultura*) gravestone
campainha [kampa'iɲa] F bell
campal [kã'paw] (*pl* **-ais**) ADJ: **batalha ~** pitched battle; **missa ~** open-air mass
campanário [kãpa'narju] M (*torre*) church tower, steeple
campanha [kã'paɲa] F (*Mil etc*) campaign; (*planície*) plain
campeão, -peã [kã'pjãw, 'pjã] (*pl* **-ões/-s**) M/F champion
campeonato [kãpjo'natu] M championship
campestre [kã'pɛstri] ADJ rural, rustic
campina [kã'pina] F prairie, grassland
camping ['kãpĩŋ] (*pl* **-s**) (BR) M camping; (*lugar*) campsite
campismo [kã'pizmu] M camping; **parque de ~** campsite
campista [kã'pista] M/F camper
campo [kãpu] M field; (*fora da cidade*) countryside; (*Esporte*) ground; (*acampamento*) camp; (*âmbito*) field; (*Tênis*) court
camponês, -esa [kãpo'nes, eza] M/F countryman/woman; (*agricultor*) farmer
campus ['kãpus] M INV campus
camuflagem [kamu'flaʒē] F camouflage
camuflar [kamu'flar] VT to camouflage
camundongo [kamũ'dõgu] (BR) M mouse
camurça [ka'mursa] F suede
CAN (BR) ABR M = **Correio Aéreo Nacional**
cana ['kana] F cane; (*col: cadeia*) nick; (*de açúcar*) sugar cane; **ir em ~** to be put behind bars
Canadá [kana'da] M: **o ~** Canada
canadense [kana'dẽsi] ADJ, M/F Canadian

canal [ka'naw] (*pl* **-ais**) M channel; (*de navegação*) canal; (*Anat*) duct
canalha [ka'naʎa] F rabble, mob ▶ M/F wretch, scoundrel
canalização [kanaliza'sãw] F (*de água*) plumbing; (*de gás*) piping
canalizador, a [kanaliza'dor(a)] (PT) M/F plumber
canalizar [kanali'zar] VT (*água, esforços*) to channel; (*colocar canos*) to lay pipes in
canapé [kana'pɛ] M sofa
canapê [kana'pe] M (*Culin*) canapé
canário [ka'narju] M canary
canastra [ka'nastra] F (big) basket; (*jogo*) canasta
canastrão, -trona [kanas'trãw, 'trɔna] (*pl* **-ões/-s**) M/F ham actor/actress
canavial [kana'vjaw] (*pl* **-ais**) M cane field
canavieiro, -a [kana'vjejru, a] ADJ sugar cane *atr*
canção [kã'sãw] (*pl* **-ões**) F song; **~ de ninar** lullaby
cancela [kã'sɛla] F gate
cancelamento [kãsela'mẽtu] M cancellation
cancelar [kãse'lar] VT to cancel; (*invalidar*) to annul; (*riscar*) to cross out
câncer ['kãser] M cancer; **C~** (*Astrologia*) Cancer
canceriano, -a [kãse'rjanu, a] ADJ, M/F Cancerian
cancerígeno, -a [kãse'riʒenu, a] ADJ carcinogenic
cancerologista [kãserolo'ʒista] M/F cancer specialist, oncologist
canceroso, -a [kãse'rozu, ɔza] ADJ (*célula*) cancerous ▶ M/F cancer sufferer
canções [kã'sõjs] FPL *de* **canção**
cancro ['kãkru] (PT) M cancer
candango, -a [kã'dãgu, a] M/F person from Brasília
candeeiro [kãdʒi'ejru] M (BR: *a óleo*) oil-lamp; (*a gás*) gas-lamp; (PT) lamp
candelabro [kãde'labru] M (*castiçal*) candlestick; (*lustre*) chandelier
candente [kã'dẽtʃi] ADJ white hot; (*fig*) inflamed
candidatar-se [kãdʒida'tarsi] VR: **~ a** (*vaga*) to apply for; (*presidência*) to stand for
candidato, -a [kãdʒi'datu, a] M/F candidate; (*a cargo*) applicant
candidatura [kãdʒida'tura] F candidature; (*a cargo*) application
cândido, -a ['kãdʒidu, a] ADJ (*ingênuo*) naive; (*inocente*) innocent
candomblé [kãdõ'blɛ] M *see note*

> **Candomblé** is Brazil's most influential Afro-Brazilian religion. Practised mainly in Bahia, it mixes catholicism with Yoruba traditions. According to **candomblé**, believers become possessed by spirits and thus become an instrument of communication between divine and mortal forces. **Candomblé** ceremonies are great spectacles of African rhythm and dance held in *terreiros*.

483 | canal – cantado

candura [kã'dura] F (*simplicidade*) simplicity; (*inocência*) innocence
caneca [ka'nɛka] F mug
caneco [ka'nɛku] M tankard; **pintar os ~s** (*col*) to play up
canela [ka'nɛla] F (*especiaria*) cinnamon; (*Anat*) shin
canelada [kane'lada] F kick in the shins; **dei uma ~ na mesa** I hit my shins on the table
caneta [ka'neta] F pen; **~ esferográfica** ballpoint pen; **~ pilot** felt-tip pen
caneta-tinteiro (*pl* **canetas-tinteiro**) F fountain pen
canga ['kãga] F beach wrap
cangaceiro [kãga'sejru] (BR) M bandit
cangote [kã'gɔtʃi] M (back of the) neck
canguru [kãgu'ru] M kangaroo
cânhamo ['kaɲamu] M hemp
canhão [ka'ɲãw] (*pl* **-ões**) M (*Mil*) cannon; (*Geo*) canyon
canhestro, -a [ka'ɲestru, a] ADJ awkward
canhões [ka'ɲõjs] MPL *de* **canhão**
canhoto, -a [ka'ɲotu, a] ADJ left-handed ▶ M/F left-handed person ▶ M (*de cheque*) stub
canibal [kani'baw] (*pl* **-ais**) M/F cannibal
canibalismo [kaniba'lizmu] M cannibalism
caniço, -a [ka'nisu, a] ADJ (*col*) skinny ▶ M reed
canícula [ka'nikula] F searing heat
canil [ka'niw] (*pl* **-is**) M kennel
caninha [ka'niɲa] (*col*) F rum
canino, -a [ka'ninu, a] ADJ canine; (*fome*) terrible ▶ M canine
canis [ka'nis] MPL *de* **canil**
canivete [kani'vɛtʃi] M penknife; **nem que chovam ~s** whatever happens, come what may
canja ['kãʒa] F (*sopa*) chicken broth; (*col*) cinch, pushover
canjica [kã'ʒika] F maize porridge
cano ['kanu] M pipe; (*tubo*) tube; (*de arma de fogo*) barrel; (*de bota*) top; **~ de esgoto** sewer; **entrar pelo ~** (*col*) to come off badly
canoa [ka'noa] F canoe
canoagem [ka'nwaʒẽ] F canoeing
canoeiro, -a [ka'nwejru, a] M/F canoeist
canoísta [kano'ista] M/F canoeist
canonizar [kanoni'zar] VT to canonize
cansaço [kã'sasu] M tiredness
cansado, -a [kã'sadu, a] ADJ tired
cansar [kã'sar] VT (*fatigar*) to tire; (*entediar*) to bore ▶ VI (*ficar cansado*) to get tired; **cansar-se** VR to get tired
cansativo, -a [kãsa'tʃivu, a] ADJ tiring; (*tedioso*) tedious
canseira [kã'sejra] F (*cansaço*) weariness; (*trabalho árduo*) toil; **dar ~ em alguém** to wear sb out
cantada [kã'tada] (*col*) F chat-up line; **dar uma ~ em** to chat up
cantado, -a [kã'tadu, a] ADJ (*missa*) sung; (*sotaque*) sing-song

cantar [kã'tar] VT to sing; (*respostas etc*) to sing out; (*col: seduzir*) to chat up ▶ VI to sing ▶ M song
cantarolar [kãtaro'lar] VT to hum
canteiro [kã'tejru] M stonemason; (*de flores*) flower bed; (*de obra*) site office
cantiga [kã'tʃiga] F ballad; **~ de ninar** lullaby
cantil [kã'tʃiw] (*pl* **-is**) M canteen, flask
cantina [kã'tʃina] F canteen
cantis [kã'tʃis] MPL *de* **cantil**
canto ['kãtu] M corner; (*lugar*) place; (*canção*) song
cantor, a [kã'tor(a)] M/F singer
cantoria [kãto'ria] F singing
canudo [ka'nudu] M tube; (*para beber*) straw
cão [kãw] (*pl* **cães**) M dog; (*pessoa*) rascal; **ser** *ou* **estar um ~ de ruim** (*col*) to be awful
caolho, -a [ka'oʎu, a] ADJ cross-eyed
caos ['kaos] M chaos
caótico, -a [ka'ɔtʃiku, a] ADJ chaotic
capa ['kapa] F (*roupa*) cape; (*cobertura*) cover; **livro de ~ dura/mole** hardback/paperback (book)
capacete [kapa'setʃi] M helmet
capacho [ka'paʃu] M door mat; (*fig*) toady
capacidade [kapasi'dadʒi] F capacity; (*aptidão*) ability, competence; **ser uma ~** (*pessoa*) to be brilliant; **~ ociosa** (*Com*) idle capacity
capacíssimo, -a [kapa'sisimu, a] ADJ SUPERL *de* **capaz**
capacitar [kapasi'tar] VT: **~ alguém a fazer/ para algo** to prepare sb to do/for sth; **capacitar-se** VR: **~-se de/de que** to convince o.s. of/that
capar [ka'par] VT to castrate, geld
capataz [kapa'taz] M foreman
capaz [ka'paz] ADJ able, capable; **ser ~ de** to be able to (*ou* capable of); **sou ~ de ... (***talvez***)** I might ...; **é ~ de chover hoje** it might rain today
capcioso, -a [kap'sjozu, ɔza] ADJ (*pergunta*) trick; (*pessoa*) tricky
capela [ka'pɛla] F chapel
capelão [kape'lãw] (*pl* **-ães**) M (*Rel*) chaplain
Capemi [kape'mi] (BR) ABR F (= *Caixa de Pecúlios, Pensões e Montepios dos Militares*) *military pension fund*
capenga [ka'pẽga] ADJ lame ▶ M/F cripple
capengar [kapẽ'gar] VI to limp
Capes (BR) ABR F (*Educ*: = *Coordenação de Aperfeiçoamento de Pessoal de Nível Superior*) *grant-awarding body*
capeta [ka'peta] M devil; **ele é um ~** he's a little devil
capilar [kapi'lar] ADJ hair *atr*
capim [ka'pĩ] M grass
capinar [kapi'nar] VT to weed ▶ VI to weed; (*col*) to clear off
capitães [kapi'tãjs] MPL *de* **capitão**
capital [kapi'taw] (*pl* **-ais**) ADJ, M capital ▶ F (*cidade*) capital; **~ circulante** (*Com*) circulating capital; **~ de giro** (*Com*) working capital; **~ investido** (*Com*) investment capital; **~ (em) ações** (*Com*) share capital; **~ imobilizado** *ou* **fixo** (*Com*) fixed capital; **~ integralizado** (*Com*) paid-up capital; **~ próprio** *ou* **social** (*Com*) equity capital; **~ de risco** (*Com*) venture capital
capitalismo [kapita'lizmu] M capitalism
capitalista [kapita'lista] M/F capitalist
capitalizar [kapitali'zar] VT (*tirar proveito de*) to capitalize on; (*Com*) to capitalize
capitanear [kapita'njar] VT to command, head
capitania [kapita'nia] F: **~ do porto** port authority
capitão [kapi'tãw] (*pl* **-ães**) M captain
capitulação [kapitula'sãw] F capitulation, surrender
capitular [kapitu'lar] VT (*falhas, causas*) to list; (*descrever*) to characterize; (*rendição*) to fix the terms of ▶ VI to capitulate; **~ alguém de algo** to brand sb (as) sth
capítulo [ka'pitulu] M chapter; (*de novela*) episode
capô [ka'po] M (*Auto*) bonnet (BRIT), hood (US)
capoeira [ka'pwejra] F (PT) hencoop; (*mata*) brushwood

> **Capoeira** is a fusion of martial arts and dance which originated among African slaves in colonial Brazil. It is danced in a circle to the sound of the *berimbau*, a percussion instrument of African origin. Opposed by the Brazilian authorities until the beginning of the twentieth century, today **capoeira** is regarded as a national sport.

capota [ka'pota] F (*Auto*) hood, top
capotar [kapo'tar] VI to overturn
capote [ka'potʃi] M overcoat
caprichar [kapri'ʃar] VI: **~ em** to take trouble over
capricho [ka'priʃu] M whim, caprice; (*teimosia*) obstinacy; (*apuro*) care
caprichoso, -a [kapri'ʃozu, ɔza] ADJ capricious; (*com apuro*) meticulous
capricorniano, -a [kaprikor'njanu, a] ADJ, M/F Capricorn
Capricórnio [kapri'kornju] M Capricorn
cápsula ['kapsula] F capsule
captar [kap'tar] VT (*atrair*) to win; (*Rádio*) to pick up; (*águas*) to collect, dam up; (*compreender*) to catch
captura [kap'tura] F capture; **~ de tela** (*Comput*) screenshot
capturar [kaptu'rar] VT to capture, seize
capuz [ka'puz] M hood
caquético, -a [ka'kɛtʃiku, a] ADJ doddery
caqui [ka'ki] M persimmon
cáqui ['kaki] ADJ khaki
cara ['kara] F (*de pessoa*) face; (*aspecto*) appearance ▶ M (*col*) guy; (*coragem*) courage, heart; **~ ou coroa?** heads or tails?; **de ~** straightaway; **está na ~** it's obvious; **dar de ~ com** to bump into; **estar com boa ~** to

look well; (*comida*) to look good; **não vou com a ~ dele** (*col*) I'm not very keen on him; **meter a ~** (*col*) to put one's back into it; **ser a ~ de** (*col*) to be the spitting image of; **ter ~ de** to look (like)
carabina [kara'bina] F rifle
Caracas [ka'rakas] N Caracas
caracol [kara'kɔw] (*pl* **-óis**) M snail; (*de cabelo*) curl; **escada em ~** spiral staircase
caracteres [karak'tɛɾis] MPL *de* **caráter**
característica [karakte'ɾistʃika] F characteristic, feature
característico, -a [karakte'ɾistʃiku, a] ADJ characteristic
caracterização [karakteɾiza'sãw] F characterization; (*de ator*) make-up
caracterizar [karakteɾi'zar] VT to characterize, typify; (*ator*) to make up; **caracterizar-se** VR to be characterized; (*ator*) to get into character
cara de pau F cheek ▶ ADJ INV brazen
caraíba [kara'iba] ADJ Carib; (*PT*) Caribbean
caramanchão [karamã'ʃãw] (*pl* **-ões**) M gazebo
caramba [ka'rãba] EXCL blimey (*BRIT*), gee (*US*); **quente pra ~** (*col*) really hot
carambola [karã'bɔla] F carambola (*fruit*)
caramelo [kara'mɛlu] M caramel; (*bala*) toffee
cara-metade (*pl* **caras-metades**) F better half
caranguejo [karã'geʒu] M crab
carão [ka'ɾãw] (*pl* **-ões**) M telling-off; **passar/levar um ~** to give/get a telling-off
carapuça [kara'pusa] F cap; **enfiar a ~** to take the hint personally
caratê [kara'te] M karate
caráter [ka'rater] (*pl* **caracteres**) M character; **de ~ social** of a social nature; **a ~** in character; **uma pessoa de ~** a person of hono(u)r
caravana [kara'vana] F caravan
carboidrato [karboi'dratu] M carbohydrate
carbônico, -a [kar'boniku, a] ADJ carbon *atr*
carbonizar [karboni'zar] VT to carbonize; (*queimar*) to char
carbono [kar'bonu] M carbon
carburador [karbura'dor] M carburettor (*BRIT*), carburetor (*US*)
carcaça [kar'kasa] F (*esqueleto*) carcass; (*armação*) frame; (*de navio*) hull
carcamano, -a [karka'manu, a] M/F Italian-Brazilian
cárcere ['karseri] M prison
carcereiro, -a [karse'rejru, a] M/F jailer, warder
carcomido, -a [karko'midu, a] ADJ worm-eaten; (*rosto*) pock-marked, pitted
cardápio [kar'dapju] (*BR*) M menu
cardeal [kar'dʒjaw] (*pl* **-ais**) ADJ, M cardinal
cardíaco, -a [kar'dʒiaku, a] ADJ cardiac ▶ M/F person with a heart condition; **ataque ~** heart attack; **parada cardíaca** cardiac arrest

cardigã [kardʒi'gã] M cardigan
cardinal [kardʒi'naw] (*pl* **-ais**) ADJ cardinal
cardiológico, -a [kardʒjo'lɔʒiku, a] ADJ heart *atr*
cardiologista [kardʒjolo'ʒista] M/F heart specialist, cardiologist
cardume [kar'dumi] M (*peixes*) shoal
careca [ka'rɛka] ADJ bald ▶ F baldness; **estar ~ de fazer/saber** (*col*) to be used to doing/know full well
carecer [kare'ser] VI: **~ de** (*ter falta*) to lack; (*precisar*) to need
careiro, -a [ka'rejru, a] ADJ expensive
carência [ka'rẽsja] F (*falta*) lack, shortage; (*necessidade*) need; (*privação*) deprivation
carente [ka'rẽtʃi] ADJ wanting; (*pessoa*) needy, deprived; (*de carinho*) in need of affection
carestia [kares'tʃia] F high cost; (*preços altos*) high prices *pl*; (*escassez*) scarcity
careta [ka'reta] ADJ (*col*) straight, square ▶ F grimace; **fazer uma ~** to pull a face
carga ['karga] F load; (*de navio, avião*) cargo; (*ato de carregar*) loading; (*Elet*) charge; (*fig: peso*) burden; (*Mil*) attack, charge; **voltar à ~** to insist; **~ d'água** heavy downpour; **~ horária** workload; **~ aérea** air cargo
cargo ['kargu] M (*responsabilidade*) responsibility; (*função*) post; **a ~ de** in charge of; **ter a ~** to be in charge of; **tomar a ~** to take charge of; **~ honorífico** honorary post; **~ de confiança** position of trust; **~ público** public office
cargueiro [kar'gejru] M cargo ship
cariar [ka'rjar] VT, VI to decay
Caribe [ka'ribi] M: **o ~** the Caribbean (Sea)
caricatura [karika'tura] F caricature
caricatural [karikatu'raw] (*pl* **-ais**) ADJ (*fig*) grotesque
caricaturar [karikatu'rar] VT to caricature
caricaturista [karikatu'rista] M/F caricaturist
carícia [ka'risja] F caress
caridade [kari'dadʒi] F charity; **obra de ~** charity
caridoso, -a [kari'dozu, ɔza] ADJ charitable
cárie ['kari] F tooth decay; (*Med*) caries *sg*
carimbar [karī'bar] VT to stamp; (*no correio*) to postmark
carimbo [ka'rĩbu] M stamp; (*postal*) postmark
carinho [ka'riɲu] M affection, fondness; (*carícia*) caress; **fazer ~** to caress; **com ~** affectionately; (*com cuidado*) with care
carinhoso, -a [kari'ɲozu, ɔza] ADJ affectionate
carioca [ka'rjɔka] ADJ of Rio de Janeiro ▶ M/F native of Rio de Janeiro ▶ M (*café*) *type of weak coffee*
carisma [ka'rizma] M charisma
carismático, -a [kariz'matʃiku, a] ADJ charismatic
caritativo, -a [karita'tʃivu, a] ADJ charitable
carnal [kar'naw] (*pl* **-ais**) ADJ carnal; **primo ~** first cousin

carnaval [karna'vaw] (*pl* **-ais**) M carnival
 In Brazil, **Carnaval** is the popular festival held each year in the four days before Lent. It is celebrated in very different ways in different parts of the country. In Rio de Janeiro, for example, the big attraction is the parades of the *escolas de samba*, in Salvador the *trios elétricos*, in Recife the *frevo* and, in Olinda, the giant figures, such as the *Homen da meia-noite* and *Mulher do meio-dia*. In Portugal, **Carnaval** is celebrated on Shrove Tuesday, with street parties and processions taking place throughout the country.
carnavalesco, -a [karnava'lesku, a] ADJ (*festa*) carnival atr; (*pessoa*) keen on carnival; (*fig*) grotesque ▶ M/F carnival organizer
carne ['karni] F flesh; (*Culin*) meat; **em ~ e osso** in the flesh; **ser de ~ e osso** to be human; **~ assada** roast beef
carnê [kar'ne] M (*para compras*) payment book
carneiro [kar'nejru] M sheep; (*macho*) ram; **perna/costeleta de ~** leg of lamb/lamb chop
carniça [kar'nisa] F carrion; **pular ~** to play leapfrog
carnificina [karnifi'sina] F slaughter
carnívoro, -a [kar'nivoru, a] ADJ carnivorous ▶ M carnivore
carnudo, -a [kar'nudu, a] ADJ plump, fleshy; (*col*) beefy; (*lábios*) thick; (*fruta*) fleshy
caro, -a ['karu, a] ADJ dear, expensive; (*estimado*) dear; **sair ~** to work out expensive; **cobrar/pagar ~** to charge a lot/pay dearly
carochinha [karo'ʃiɲa] F: **conto da ~** fairy tale
caroço [ka'rosu] M (*de frutos*) stone; (*endurecimento*) lump
carões [ka'rõjs] MPL *de* **carão**
carola [ka'rɔla] (*col*) M/F pious person
carona [ka'rɔna] F lift; **viajar de ~** to hitchhike; **pegar uma ~** to get a lift
carpete [kar'pɛtʃi] M (fitted) carpet
carpintaria [karpĩta'ria] F carpentry
carpinteiro [karpĩ'tejru] M carpenter; (*Teatro*) stagehand
carranca [ka'hãka] F frown, scowl
carrancudo, -a [kahã'kudu, a] ADJ (*soturno*) sullen; (*semblante*) scowling
carrapato [kaha'patu] M (*inseto*) tick; (*pessoa*) hanger-on
carrapicho [kaha'piʃu] M (*do cabelo*) bun
carrasco [ka'hasku] M executioner; (*fig*) tyrant
carrear [ka'hjar] VT (*transportar*) to transport; (*arrastar*) to carry; (*acarretar*) to bring on
carreata [kahe'ata] F motorcade
carregado, -a [kahe'gadu, a] ADJ loaded, laden; (*semblante*) sullen; (*céu*) dark; (*ambiente*) tense
carregador [kahega'dor] M porter
carregamento [kahega'mẽtu] M (*ação*) loading; (*carga*) load, cargo

carregar [kahe'gar] VT to load; (*levar*) to carry; (*bateria*) to charge; (PT: *apertar*) to press; (*levar para longe*) to take away ▶ VI: **~ em** (*pôr em demasia*) to overdo, put too much; (*pôr enfase*) to bring out
carreira [ka'hejra] F (*ação de correr*) run, running; (*profissão*) career; (*Turfe*) race; (*Náut*) slipway; (*fileira*) row; **às ~s** in a hurry; **dar uma ~** to go quickly; **fazer ~** to make a career; **arrepiar ~** to abandon one's career
carreirista [kahej'rista] ADJ, M/F careerist
carreta [ka'heta] F cart
carreteiro [kahe'tejru] M cart driver
carretel [kahe'tɛw] (*pl* **-éis**) M spool, reel
carreto [ka'hetu] M freight
carril [ka'hiw] (*pl* **-is**) (PT) M (*Ferro*) rail
carrilhão [kahi'ʎãw] (*pl* **-ões**) M chime
carrinho [ka'hiɲu] M (*para bagagem, compras*) trolley; (*brinquedo*) toy car; **~ (de criança)** pram; **~ de mão** wheelbarrow; **~ de chá** tea trolley; **~ de compras** shopping trolley (BRIT), shopping cart (US)
carris [ka'his] MPL *de* **carril**
carro ['kaho] M (*automóvel*) car; (*de bois*) cart; (*de mão*) handcart, barrow; (*de máquina de escrever*) carriage; **pôr o ~ adiante dos bois** (*fig*) to put the cart before the horse; **~ de corrida** racing car; **~ de passeio** saloon car; **~ de praça** cab; **~ de bombeiro** fire engine; **~ esporte** sports car
carro-bomba (*pl* **carros-bomba**) M car bomb
carroça [ka'hɔsa] F cart, wagon
carroçeria [kahose'ria] F (*Auto*) bodywork
carro-chefe (*pl* **carros-chefe(s)**) M (*de desfile*) main float; (*fig*) flagship, centrepiece (BRIT), centerpiece (US)
carrocinha [kaho'siɲa] F wagon
carro-forte (*pl* **carros-fortes**) M security van
carrossel [kaho'sɛw] (*pl* **-éis**) M merry-go-round
carruagem [ka'hwaʒẽ] (*pl* **-ns**) F carriage, coach
carta ['karta] F letter; (*de jogar*) card; (*mapa*) chart; **~ aberta** open letter; **~ aérea** airmail letter; **~ registrada** registered letter; **~ de apresentação** letter of introduction; **~ de crédito/intenção** letter of credit/intent; **~ de condução** (PT) driving licence (BRIT), driver's license (US); **dar as ~s** to deal; **dar/ter ~ branca** to give/have carte blanche; **pôr as ~s na mesa** (*fig*) to put one's cards on the table; **~ magna** charter; **~ patente** patent
carta-bomba (*pl* **cartas-bomba(s)**) F letter bomb
cartada [kar'tada] F (*fig*) move
cartão [kar'tãw] (*pl* **-ões**) M card; (PT: *material*) cardboard; **~ comercial** business card; **~ de crédito** credit card; **~ de cidadão** (PT) identity card; **~ de débito** debit card; **~ de memória** memory card; **~ de recarga** (*para celular*) top-up card; **~ de visita** (calling) card; **~ telefônico** phone card

> All Portuguese citizens are required to carry an identity card. The new smart-card version, issued for the first time in the second half of the 2000s, is known as the **cartão de cidadão**, and will eventually replace the BI or *bilhete de identidade*. As well as providing a photograph and giving standard details such as the owner's name, date of birth, height and names of parents, it includes on the same card electoral, medical and tax-payer identification details. Like the BI, this card can be used instead of a passport for travel within the European Union.

cartão-postal (*pl* **cartões-postais**) M postcard; (*lugar turístico*) sight
cartaz [kar'taz] M poster, bill (US); **ter ~** (*ser famoso*) to be well-known; (*ter popularidade*) to be popular; **(estar) em ~** (*Teatro, Cinema*) (to be) showing
cartear [kar'tʃjar] VI to play cards ▶ VT to play
carteira [kar'tejra] F (*móvel*) desk; (*para dinheiro*) wallet; (*de ações*) portfolio; **~ de identidade** (BR) identity card; **~ de motorista** driving licence (BRIT), driver's license (US)

> The identity card carried by Brazilian citizens is known as the **carteira de identidade** or RG (from *registro geral*). On it are the holder's name (and those of their parents), their photograph, date of birth, signature and right thumb print, as well as their RG identification number and, optionally, their **CPF** (tax-payer's identification number). The card can be used instead of a passport for travel to some Latin American countries.

carteiro [kar'tejru] M postman (BRIT), mailman (US)
cartel [kar'tɛw] (*pl* **-éis**) M cartel
cartilagem [kartʃi'laʒẽ] (*pl* **-ns**) F (*Anat*) cartilage
cartões [kar'tõjs] MPL *de* **cartão**
cartografia [kartogra'fia] F cartography
cartola [kar'tɔla] F top hat
cartolina [karto'lina] F card
cartomante [karto'mãtʃi] M/F fortune-teller
cartório [kar'tɔrju] M registry office
cartucho [kar'tuʃu] M cartridge; (*saco de papel*) packet
cartum [kar'tũ] (*pl* **-ns**) M cartoon
cartunista [kartu'nista] M/F cartoonist
cartuns [kar'tũs] MPL *de* **cartum**
caruncho [ka'rũʃu] M (*inseto*) woodworm
carvalho [kar'vaʎu] M oak
carvão [kar'vãw] (*pl* **-ões**) M coal; (*de madeira*) charcoal
carvoeiro [karvo'ejru] M *coal merchant*
carvões [kar'võjs] MPL *de* **carvão**
casa ['kaza] F house; (*lar*) home; (*Com*) firm; (*Mat: decimal*) place; **em/para ~** (at) home/ home; **~ de botão** buttonhole; **~ de saúde** hospital; **~ da moeda** mint; **~ de banho** (PT)

487 | **cartão-postal – casquinha**

bathroom; **~ e comida** board and lodging; **ser de ~** to be like one of the family; **ter dez anos de ~** (*numa firma*) to have ten years' service behind one; **~ de câmbio** bureau de change; **~ de campo** country house; **~ de cômodos** tenement; **~ de máquinas** engine room; **~ de repouso** old people's home (BRIT), retirement home (US); **~ popular** ≈ council house
casaca [ka'zaka] F tails *pl*; **virar a ~** to become a turncoat
casacão [kaza'kãw] (*pl* **-ões**) M overcoat
casaco [ka'zaku] M coat; (*paletó*) jacket; **~ de peles** fur coat
casacões [kaza'kõjs] MPL *de* **casacão**
casado, -a [ka'zadu, a] ADJ married; **bem ~** happily married
casa-forte (*pl* **casas-fortes**) F vault
casa-grande (*pl* **casas-grandes**) F great house
casal [ka'zaw] (*pl* **-ais**) M couple
casamenteiro, -a [kazamẽ'tejru, a] ADJ wedding *atr*
casamento [kaza'mẽtu] M marriage; (*boda*) wedding; (*fig*) combination
casar [ka'zar] VT to marry; (*combinar*) to match (up); **casar-se** VR to get married; (*harmonizar-se*) to combine well
casarão [kaza'rãw] (*pl* **-ões**) M mansion
casca ['kaska] F (*de árvore*) bark; (*de banana*) skin; (*de ferida*) scab; (*de laranja*) peel; (*de nozes, ovos*) shell; (*de milho etc*) husk; (*de pão*) crust
casca-grossa (*pl* **cascas-grossas**) ADJ coarse, uneducated
cascalho [kas'kaʎu] M gravel; (*na praia*) shingle
cascão [kas'kãw] M crust; (*sujeira*) grime
cascata [kas'kata] F waterfall; (*col: mentira*) tall story
cascateiro, -a [kaska'tejru, a] (*col*) ADJ big-mouthed ▶ M/F storyteller
cascavel [kaska'vɛw] (*pl* **-éis**) M (*serpente*) rattlesnake
casco ['kasku] M (*crânio*) skull; (*de animal*) hoof; (*de navio*) hull; (*para bebidas*) empty bottle; (*de tartaruga*) shell
cascudo [kas'kudu] M rap on the head
casebre [ka'zɛbri] M hovel, shack
caseiro, -a [ka'zejru, a] ADJ (*produtos*) home-made; (*pessoa, vida*) domestic ▶ M/F housekeeper
caserna [ka'zɛrna] F barracks *pl*
casmurro, -a [kaz'muhu, a] ADJ introverted
caso ['kazu] M case; (*tb:* **caso amoroso**) affair; (*estória*) story ▶ CONJ in case, if; **de ~ pensado** deliberately; **no ~ de** in case (of); **em todo ~** in any case; **neste ~** in that case; **~ necessário** if necessary; **criar ~** to cause trouble; **fazer pouco ~ de** to belittle; **não fazer ~ de** to ignore; **vir ao ~** to be relevant; **~ de emergência** emergency
casório [ka'zɔrju] (*col*) M wedding
caspa ['kaspa] F dandruff
casquinha [kas'kiɲa] F (*de sorvete*) cone; (*pele*) skin

cassação [kasa'sãw] F withholding; (*de políticos*) banning
cassar [ka'sar] VT (*direitos, licença*) to cancel, withhold; (*políticos*) to ban
cassete [ka'sɛtʃi] M cassette
cassetete [kase'tɛtʃi] M truncheon (BRIT), nightstick (US)
cassino [ka'sinu] M casino
casta ['kasta] F caste; (*estirpe*) lineage
castanha [kas'taɲa] F chestnut; **~ de caju** cashew nut
castanha-do-pará [-pa'ra] (*pl* **castanhas-do-pará**) F Brazil nut
castanheiro [kasta'ɲejru] M chestnut tree
castanho, -a [kas'taɲu, a] ADJ brown
castanholas [kasta'ɲɔlas] FPL castanets
castelo [kas'tɛlu] M castle; **fazer ~s no ar** (*fig*) to build castles in the air
castiçal [kastʃi'saw] (*pl* **-ais**) M candlestick
castiço, -a [kas'tʃisu, a] ADJ pure; (*de boa casta*) of good stock, pedigree *atr*
castidade [kastʃi'dadʒi] F chastity
castigar [kastʃi'gar] VT to punish; (*aperfeiçoar*) to perfect; (*col: tocar*) to play
castigo [kas'tʃigu] M punishment; (*fig: mortificação*) pain; **estar/ficar de ~** (*criança*) to be getting punished/be punished
casto, -a ['kastu, a] ADJ chaste
castor [kas'tor] M beaver
castrar [kas'trar] VT to castrate
casual [ka'zwaw] (*pl* **-ais**) ADJ chance *atr*, accidental; (*fortuito*) fortuitous
casualidade [kazwali'dadʒi] F chance; (*acidente*) accident; **por casual** by chance, accidentally
casulo [ka'zulu] M (*de sementes*) pod; (*de insetos*) cocoon
cata ['kata] F: **à ~ de** in search of
cataclismo [kata'klizmu] M cataclysm
catacumbas [kata'kũbas] FPL catacombs
catalizador, a [kataliza'dor(a)] ADJ catalytic
▶ M catalyst
catalogar [katalo'gar] VT to catalogue (BRIT), catalog (US)
catálogo [ka'talogu] M catalogue (BRIT), catalog (US); **~ (telefônico)** telephone directory
Catalunha [kata'luɲa] F: **a ~** Catalonia
catapora [kata'pɔra] (BR) F chickenpox
Catar [ka'tar] M: **o ~** Qatar
catar [ka'tar] VT to pick (up); (*procurar*) to look for, search for; (*arroz*) to clean; (*recolher*) to collect, gather
catarata [kata'rata] F waterfall; (*Med*) cataract
catarro [ka'tahu] M catarrh
catártico, -a [ka'tartʃiku, a] ADJ cathartic
catástrofe [ka'tastrofi] F catastrophe
catastrófico, -a [katas'trɔfiku, a] ADJ catastrophic
catatau [kata'taw] M: **um ~ de** a lot of
cata-vento M weathercock
catecismo [kate'sizmu] M catechism

cátedra ['katedra] F chair
catedral [kate'draw] (*pl* **-ais**) F cathedral
catedrático, -a [kate'dratʃiku, a] M/F professor
categoria [katego'ria] F category; (*social*) rank; (*qualidade*) quality; **de alta ~** first-rate
categórico, -a [kate'gɔriku, a] ADJ categorical
categorizar [kategori'zar] VT to categorize
catequizar [kateki'zar] VT to talk round; (*Rel*) to catechize
catinga [ka'tʃĩga] F stench, stink
catinguento, -a [katʃĩ'gẽtu, a] ADJ smelly
catiripapo [katʃiri'papu] M punch
cativante [katʃi'vãtʃi] ADJ captivating; (*atraente*) charming
cativar [katʃi'var] VT (*escravizar*) to enslave; (*fascinar*) to captivate; (*atrair*) to charm
cativeiro [katʃi'vejru] M captivity; (*escravidão*) slavery; (*cadeia*) prison
cativo, -a [ka'tʃivu, a] M/F (*escravo*) slave; (*prisioneiro*) prisoner
catolicismo [katoli'sizmu] M catholicism
católico, -a [ka'tɔliku, a] ADJ, M/F Catholic
catorze [ka'torzi] NUM fourteen; *ver tb* **cinco**
catraca [ka'traka] F turnstile; **~ de embarque/desembarque** (*em estação*) ticket barrier
catucar [katu'kar] VT = **cutucar**
caturrice [katu'hisi] F obstinacy
caução [kaw'sãw] (*pl* **-ões**) F security, guarantee; (*Jur*) bail; **prestar ~** to give bail; **sob ~** on bail
caucionante [kawsjo'nãtʃi] M/F guarantor
caucionar [kawsjo'nar] VT to guarantee, stand surety for; (*Jur*) to stand bail for
cauções [kaw'sõjs] FPL *de* **caução**
cauda ['kawda] F tail; (*de vestido*) train
caudal [kaw'daw] (*pl* **-ais**) M torrent
caudaloso, -a [kawda'lozu, ɔza] ADJ torrential
caudilho [kaw'dʒiʎu] M leader, chief
caule ['kauli] M stalk, stem
causa ['kawza] F cause; (*motivo*) motive, reason; (*Jur*) lawsuit, case; **por ~ de** because of; **em ~** in question
causador, a [kawza'dor(a)] ADJ which caused
▶ M cause
causar [kaw'zar] VT to cause, bring about
cáustico, -a ['kawstʃiku, a] ADJ caustic
cautela [kaw'tɛla] F caution; (*senha*) ticket; (*título*) share certificate; **~ (de penhor)** pawn ticket
cautelar [kawte'lar] ADJ precautionary
cauteloso, -a [kawte'lozu, ɔza] ADJ cautious, wary
cauterizar [kawteri'zar] VT to cauterize
cava ['kava] F (*de manga*) armhole
cavação [kava'sãw] (*col*) F wheeling and dealing
cavaco [ka'vaku] M: **~s do ofício** occupational hazards
cavado, -a [ka'vadu, a] ADJ (*olhos*) sunken; (*roupa*) low-cut

cavador, a [kava'dor(a)] ADJ go-getting ▶ M/F go-getter
cavala [ka'vala] F mackerel
cavalar [kava'lar] ADJ *(descomunal)* enormous, huge
cavalaria [kavala'ria] F *(Mil)* cavalry; *(instituição medieval)* chivalry
cavalariça [kavala'risa] F stable
cavaleiro [kava'lejru] M rider, horseman; *(medieval)* knight
cavalete [kava'letʃi] M stand; *(Foto)* tripod; *(de pintor)* easel; *(de mesa)* trestle; *(do violino)* bridge
cavalgar [kavaw'gar] VT to ride ▶ VI: ~ **em** to ride on; ~ **(sobre)** to jump over
cavalheiresco, -a [kavaʎej'resku, a] ADJ courteous, gallant, gentlemanly
cavalheiro, -a [kava'ʎejru, a] ADJ courteous, gallant ▶ M gentleman; *(Dança)* partner
cavalinho [kava'liɲu] M: ~ **de pau** rocking horse
cavalo [ka'valu] M horse; *(Xadrez)* knight; *(pessoa)*: **ser um** ~ to be rude; **a** ~ on horseback; **50 ~s(-vapor)**, **50 ~s de força** 50 horsepower; **quantos ~s tem esse carro?** how many horsepower is that car?; **fazer de algo um ~ de batalha** to make a mountain out of a molehill about sth; **tirar o ~ da chuva** *(fig)* to forget the idea; ~ **de corrida** racehorse
cavalo-marinho *(pl* **cavalos-marinhos**) M seahorse
cavanhaque [kava'ɲaki] M goatee (beard)
cavaquinho [kava'kiɲu] M small guitar
cavar [ka'var] VT to dig; *(decote)* to lower; *(esforçar-se para obter)* to try to get ▶ VI to dig; *(fig)* to delve; *(animal)* to burrow; *(esforçar-se)* to try hard; ~ **a vida** to earn one's living
cave ['kavi] *(PT)* F wine cellar
caveira [ka'vejra] F skull; **fazer a ~ de alguém** *(col)* to blacken sb's name
caverna [ka'vɛrna] F cavern
cavernoso, -a [kaver'nozu, ɔza] ADJ *(voz)* booming; *(pessoa)* horrible
caviar [ka'vjar] M caviar
cavidade [kavi'dadʒi] F cavity
cavilha [ka'viʎa] F *(de madeira)* peg, dowel; *(de metal)* bolt
cavo, -a ['kavu, a] ADJ *(côncavo)* concave
caxias [ka'ʃias] ADJ INV overdisciplined ▶ M/F INV stickler for discipline
caxumba [ka'ʃũba] F mumps *sg*
CBA ABR F = **Confederação Brasileira de Automobilismo**
CBAt ABR F = **Confederação Brasileira de Atletismo**
CBD ABR F = **Confederação Brasileira de Desportos**
CBF ABR F = **Confederação Brasileira de Futebol**
CBT ABR M = **Código Brasileiro de Telecomunicações**
CBTU ABR F = **Companhia Brasileira de Trens Urbanos**

c/c ABR (= *conta corrente*) c/a
CCT (BR) ABR M = **Conselho Científico e Tecnológico**
CD ABR M CD
CDB ABR M = **Certificado de Depósito Bancário**
CDC (BR) ABR M = **Conselho de Desenvolvimento Comercial**
CDDPH (BR) ABR M = **Conselho de Defesa dos Direitos da Pessoa Humana**
CDI (BR) ABR M = **Certificado de Depósito Interbancário; Conselho de Desenvolvimento Industrial**
cê [se] *(col)* PRON = **você**
cear [sjar] VT to have for supper ▶ VI to dine
cearense [sea'rẽsi] ADJ from Ceará ▶ M/F person from Ceará
cebola [se'bola] F onion
cebolinha [sebo'liɲa] F spring onion
Cebrae (BR) ABR F = **Centro de Apoio à Pequena e Média Empresa**
Cebrap ABR M = **Centro Brasileiro de Análise e Planejamento**
cecear [se'sjar] VI to lisp
cê-cedilha *(pl* **cês-cedilhas**) M c cedilla
ceceio [se'seju] M lisp
cê-dê-efe [-'efi] *(pl* **cê-dê-efes**) *(col)* M/F swot
ceder [se'der] VT to give up; *(dar)* to hand over; *(emprestar)* to lend ▶ VI to give in, yield; *(porta etc)* to give (way); ~ **a** to give in to
cedilha [se'dʒiʎa] F cedilla
cedo ['sedu] ADV early; *(em breve)* soon; **mais ~ ou mais tarde** sooner or later; **o mais ~ possível** as soon as possible
cedro ['sedru] M cedar
cédula ['sedula] F *(moeda-papel)* banknote; *(eleitoral)* ballot paper
CEE ABR F (= *Comunidade Econômica Europeia*) EEC
CEF (BR) ABR F (= *Caixa Econômica Federal*) federal bank
cegar [se'gar] VT to blind; *(ofuscar)* to dazzle; *(tesoura)* to blunt ▶ VI *(ofuscar)* to be dazzling
cego, -a ['sɛgu, a] ADJ blind; *(total)* complete, total; *(tesoura)* blunt ▶ M/F blind man/woman; **às cegas** blindly; **ser ~ por alguém** *(col)* to be mad about sb
cegonha [se'goɲa] F stork
cegueira [se'gejra] F blindness
CEI (BR) ABR F (= *Comissão Especial de Inquérito*) commission of inquiry
ceia ['seja] F supper
ceifa ['sejfa] F harvest; *(fig)* destruction
ceifar [sej'far] VT to reap, harvest; *(vidas)* to destroy
cela ['sɛla] F cell
celebração [selebra'sãw] *(pl* -**ões**) F celebration
celebrar [sele'brar] VT to celebrate; *(exaltar)* to praise; *(acordo)* to seal
célebre ['sɛlebri] ADJ famous, well-known
celebridade [selebri'dadʒi] F celebrity
celebrizar [selebri'zar] VT to make famous; **celebrizar-se** VR to become famous

celeiro [se'lejru] M granary; (*depósito*) barn
célere ['sɛleri] ADJ swift, quick
celeste [se'lɛstʃi] ADJ celestial, heavenly
celeuma [se'lewma] F pandemonium, uproar
celibatário, -a [seliba'tarju, a] ADJ unmarried, single ▶ M/F bachelor/spinster
celibato [seli'batu] M celibacy
celofane [selo'fani] M cellophane; **papel ~** cling film
celta ['sɛwta] ADJ Celtic ▶ M/F Celt
célula ['sɛlula] F (*Bio, Elet*) cell
celular [selu'lar] ADJ cellular ▶ N: (*telefone*) ~ mobile (phone) (BRIT), cellphone (US); **~ com câmera** camera phone
célula-tronco [-'trõku] (*pl* **células-tronco(s)**) F stem cell
celulite [selu'litʃi] F cellulite
celulose [selu'lɔzi] F cellulose
cem [sẽ] NUM hundred; **ser ~ por cento** (*fig*) to be great; *ver tb* **cinquenta**
cemitério [semi'tɛrju] M cemetery, graveyard
cena ['sena] F scene; (*palco*) stage; **em ~** on the stage; **levar à ~** to stage; **fazer uma ~** to make a scene
cenário [se'narju] M (*Teatro*) scenery; (*Cinema*) scenario; (*de um acontecimento*) scene, setting; (*panorama*) view
cenho ['seɲu] M face
cênico, -a ['seniku, a] ADJ (*Teatro*) stage *atr*; (*Cinema*) set *atr*
cenografia [senogra'fia] F set design
cenógrafo, -a [se'nɔgrafu, a] M/F (*Teatro*) set designer
cenoura [se'nora] F carrot
censo ['sẽsu] M census
censor, a [sẽ'sor(a)] M/F censor
censura [sẽ'sura] F (*Pol etc*) censorship; (*reprovação*) censure, criticism; (*repreensão*) reprimand
censurar [sẽsu'rar] VT (*reprovar*) to censure; (*filme, livro etc*) to censor
censurável [sẽsu'ravew] (*pl* **-eis**) ADJ reprehensible
centavo [sẽ'tavu] M cent; **estar sem um ~** to be penniless
centeio [sẽ'teju] M rye
centelha [sẽ'teʎa] F spark; (*fig*) flash
centena [sẽ'tena] F hundred; **às ~s** in hundreds
centenário, -a [sẽte'narju, a] ADJ centenary ▶ M/F centenarian ▶ M centenary, centennial
centésimo, -a [sẽ'tɛzimu, a] ADJ hundredth ▶ M hundredth (part)
centígrado [sẽ'tʃigradu] M centigrade
centilitro [sẽtʃi'litru] M centilitre (BRIT), centiliter (US)
centímetro [sẽ'tʃimetru] M centimetre (BRIT), centimeter (US)
cento ['sẽtu] M: **~ e um** one hundred and one; **por ~** per cent
centopeia [sẽto'peja] F centipede

central [sẽ'traw] (*pl* **-ais**) ADJ central ▶ F (*de polícia etc*) head office; **~ elétrica** (electric) power station; **~ telefônica** telephone exchange
centralização [sẽtraliza'sãw] F centralization
centralizar [sẽtrali'zar] VT to centralize; **centralizar-se** VR to be centralized
centrar [sẽ'trar] VT to centre (BRIT), center (US)
centro ['sẽtru] M centre (BRIT), center (US); (*de uma cidade*) town centre; **~ das atenções** centre of attention; **~ de custo/lucro** (*Com*) cost/profit centre; **~ de mesa** centrepiece (BRIT), centerpiece (US)
centroavante [sẽtroa'vãtʃi] M (*Futebol*) centre forward
CEP ['sɛpi] (BR) ABR M (= *Código de Endereçamento Postal*) postcode (BRIT), zip code (US)
cepo ['sepu] M (*toco*) stump; (*toro*) log
cera ['sera] F wax; **fazer ~** (*fig*) to dawdle, waste time
cerâmica [se'ramika] F pottery; (*arte*) ceramics *sg*
cerâmico, -a [se'ramiku, a] ADJ ceramic
ceramista [sera'mista] M/F potter
cerca ['serka] F (*de madeira, arame*) fence ▶ PREP: **~ de** (*aproximadamente*) around, about; **~ viva** hedge
cercado, -a [ser'kadu, a] ADJ surrounded; (*com cerca*) fenced in ▶ M enclosure; (*para animais*) pen; (*para crianças*) playpen
cercanias [serka'nias] FPL (*arredores*) outskirts; (*vizinhança*) neighbourhood *sg* (BRIT), neighborhood *sg* (US)
cercar [ser'kar] VT to enclose; (*pôr cerca em*) to fence in; (*rodear*) to surround; (*assediar*) to besiege
cercear [ser'sjar] VT (*liberdade*) to curtail, restrict
cerco ['serku] M encirclement; (*Mil*) siege; **pôr ~ a** to besiege
cereal [se'rjaw] (*pl* **-ais**) M cereal
cerebral [sere'braw] (*pl* **-ais**) ADJ cerebral, brain *atr*
cérebro ['sɛrebru] M brain; (*fig*) intelligence, brains *pl*
cereja [se'reʒa] F cherry
cerejeira [sere'ʒejra] F cherry tree
cerimônia [seri'monja] F ceremony; **de ~** formal; **sem ~** informal; **fazer ~** to stand on ceremony; **~ de posse** swearing-in ceremony, investiture
cerimonial [serimo'njaw] (*pl* **-ais**) ADJ, M ceremonial
cerimonioso, -a [serimo'njozu, ɔza] ADJ ceremonious
cerne ['sɛrni] M kernel
ceroulas [se'rolas] FPL long johns
cerração [seha'sãw] F (*nevoeiro*) fog
cerrado, -a [se'hadu, a] ADJ shut, closed; (*punho*) clenched; (*denso*) dense, thick ▶ M (*vegetação*) scrub(land)

cerrar [se'har] VT to close, shut; **cerrar-se** VR to close, shut

certame [ser'tami] M (*concurso*) contest, competition

certeiro, -a [ser'tejru, a] ADJ (*tiro*) accurate, well-aimed; (*acertado*) correct

certeza [ser'teza] F certainty; **com ~** certainly, surely; (*provavelmente*) probably; **ter ~ de** to be certain *ou* sure of; **ter ~ de que** to be sure that; **tem ~?** are you sure?

certidão [sertʃi'dãw] (*pl* **-ões**) F certificate

certificado [sertʃifi'kadu] M (*garantia*) certificate

certificar [sertʃifi'kar] VT to certify; (*assegurar*) to assure; **certificar-se** VR: **~-se de** to make sure of

certo, -a ['sɛrtu, a] ADJ certain, sure; (*exato, direito*) right; (*um, algum*) a certain ▶ ADV correctly; **na certa** certainly; **ao ~** for certain; **dar ~** to work; **está ~** okay, all right

cerveja [ser'veʒa] F beer

cervejaria [serveʒa'ria] F (*fábrica*) brewery; (*bar*) bar, public house

cervical [servi'kaw] (*pl* **-ais**) ADJ cervical

cérvice ['sɛrvisi] F cervix

cervo ['sɛrvu] M deer

cerzir [ser'zir] VT to darn

cesariana [seza'rjana] F Caesarian (BRIT), Cesarian (US)

cessação [sesa'sãw] F halting, ceasing

cessão [se'sãw] (*pl* **-ões**) F (*cedência*) surrender; (*transferência*) transfer

cessar [se'sar] VI to cease, stop; **sem ~** continually

cessar-fogo M INV cease-fire

cessões [se'sõjs] FPL *de* **cessão**

cesta ['sesta] F basket; **~ básica** food parcel

cesto ['sestu] M basket; (*com tampa*) hamper

ceticismo [setʃi'sizmu] M scepticism (BRIT), skepticism (US)

cético, -a ['sɛtʃiku, a] ADJ sceptical (BRIT), skeptical (US) ▶ M/F sceptic (BRIT), skeptic (US)

cetim [se'tʃĩ] M satin

cetro ['sɛtru] M sceptre (BRIT), scepter (US)

céu [sɛw] M sky; (*Rel*) heaven; (*da boca*) roof; **cair do ~** (*fig*) to come at the right time; **mover ~s e terra** (*fig*) to move heaven and earth

cevada [se'vada] F barley

cevar [se'var] VT (*engordar*) to fatten; (*alimentar*) to feed; (*engodar*) to bait

CFTV ABR M (= *circuito fechado de TV*) CCTV

CGC (BR) ABR M (= *Cadastro Geral de Contribuintes*) *roll of tax payers*

CGT (BR) ABR F (= *Central Geral dos Trabalhadores*) *trade union*

chá [ʃa] M tea; (*reunião*) tea party; **dar um ~ de sumiço** (*col*) to disappear; **tomar ~ de cadeira** (*fig*) to be a wallflower; **~ de bebê** baby shower; **~ de panela** bridal shower

chã [ʃã] F: **~ (de dentro)** topside

chacal [ʃa'kaw] (*pl* **-ais**) M jackal

chácara ['ʃakara] F (*granja*) farm; (*casa de campo*) country house

chacina [ʃa'sina] F slaughter

chacinar [ʃasi'nar] VT (*matar*) to slaughter

chacoalhar [ʃakwa'ʎar] VT to shake; (*col: amolar*) to bug ▶ VI to shake about; to be annoying

chacota [ʃa'kɔta] F (*zombaria*) mockery

chacrinha [ʃa'kriɲa] (*col*) F get-together

Chade ['ʃadʒi] M: **o ~** Chad

chafariz [ʃafa'riz] M fountain

chafurdar [ʃafur'dar] VI: **~ em** to wallow in; **chafurdar-se** VR: **~-se em** to wallow in

chaga ['ʃaga] F (*Med*) wound; (*fig*) disease

chalé [ʃa'lɛ] M chalet

chaleira [ʃa'lejra] F kettle; (*bajulador*) crawler, toady

chaleirar [ʃalej'rar] VT to crawl to

chama ['ʃama] F flame; **em ~s** on fire

chamada [ʃa'mada] F call; (*Mil*) roll call; (*Educ*) register; (*no jornal*) headline; **dar uma ~ em alguém** (*repreender*) to tell sb off

chamar [ʃa'mar] VT to call; (*convidar*) to invite; (*atenção*) to attract ▶ VI to call; (*telefone*) to ring; **chamar-se** VR to be called; **chamo-me João** my name is John; **~ alguém de idiota/ Dudu** to call sb an idiot/Dudu; **mandar ~** to summon, send for

chamariz [ʃama'riz] M decoy; (*fig*) lure

chamativo, -a [ʃama'tʃivu, a] ADJ showy, flashy

chamego [ʃa'megu] M cuddle

chaminé [ʃami'nɛ] F chimney; (*de navio*) funnel

champanha [ʃã'paɲa] M *ou* F champagne

champanhe [ʃã'paɲi] M *ou* F = **champanha**

champu [ʃã'pu] (PT) M shampoo

chamuscar [ʃamus'kar] VT to scorch, singe; **chamuscar-se** VR to scorch o.s.

chance ['ʃãsi] F chance

chancela [ʃã'sɛla] F seal, official stamp

chancelaria [ʃãsela'ria] F chancellery

chanceler [ʃãse'ler] M chancellor

chanchada [ʃã'ʃada] F second-rate film (*ou* play)

chantagear [ʃãta'ʒjar] VT to blackmail

chantagem [ʃã'taʒẽ] F blackmail

chantagista [ʃãta'ʒista] M/F blackmailer

chão [ʃãw] (*pl* **chãos**) M ground; (*terra*) soil; (*piso*) floor

chapa ['ʃapa] F (*placa*) plate; (*eleitoral*) list ▶ M/F (*col*) mate, friend; **~ de matrícula** (PT Auto) number (BRIT) *ou* license (US) plate; **bife na ~** grilled steak; **oi, meu ~!** hi, mate!

chapa-branca (*pl* **chapas-brancas**) M civil service car

chapelaria [ʃapela'ria] F (*loja*) hat shop

chapeleira [ʃape'lejra] F hat box; *ver tb* **chapeleiro**

chapeleiro, -a [ʃape'lejru, a] M/F milliner

chapéu [ʃa'pɛw] M hat

chapéu-coco (*pl* **chapéus-coco(s)**) M bowler (hat) (BRIT), derby (US)

chapinha [ʃa'piɲa] F: **~ (de garrafa)** (bottle) top

chapinhar [ʃapi'ɲar] vi to splash
charada [ʃa'rada] F (*quebra-cabeça*) puzzle
charco ['ʃarku] M marsh, bog
charge ['ʃarʒi] F (*political*) cartoon
chargista [ʃar'ʒista] M/F (*political*) cartoonist
charlatão [ʃarla'tãw] (*pl* **-ães**) M charlatan; (*curandeiro*) quack
charme ['ʃarmi] M charm; **fazer ~** to be nice, use one's charm
charmoso, -a [ʃar'mozu, ɔza] ADJ charming
charneca [ʃar'nɛka] F moor, heath
charrete [ʃa'hɛtʃi] F cart
charter ['tʃarter] ADJ INV charter ▶ M (*pl* **-s**) charter flight
charuto [ʃa'rutu] M cigar
chassi [ʃa'si] M (*Auto, Elet*) chassis
chata ['ʃata] F (*embarcação*) barge; *ver tb* **chato**
chateação [ʃatʃja'sãw] (*pl* **-ões**) F bother, hassle; (*maçada*) bore
chatear [ʃa'tʃjar] VT (*aborrecer*) to bother, upset; (*importunar*) to pester; (*entediar*) to bore; (*irritar*) to annoy ▶ VI to be upsetting; to be boring; to be annoying; **chatear-se** VR to get upset; to get bored; to get annoyed
chatice [ʃa'tʃisi] F nuisance
chato, -a ['ʃatu, a] ADJ (*plano*) flat, level; (*pé*) flat; (*tedioso*) boring; (*irritante*) annoying; (*que fica mal*) bad, rude ▶ M/F bore; (*quem irrita*) pain
chatura [ʃa'tura] (*col*) F pain (in the neck)
chauvinismo [ʃawvi'nizmu] M chauvinism
chauvinista [ʃawvi'nista] ADJ chauvinistic ▶ M/F chauvinist
chavão [ʃa'vãw] (*pl* **-ões**) M cliché
chave ['ʃavi] F key; (*Elet*) switch; (*Tip*) curly bracket; **~ de porcas** spanner; **~ inglesa** (monkey) wrench; **~ de fenda** screwdriver
-chave SUFIXO key *atr*
chaveiro [ʃa'vejru] M (*utensílio*) key ring; (*pessoa*) locksmith
chávena ['ʃavena] (PT) F cup
checar [ʃe'kar] VT to check
check-up [tʃe'kapi] (*pl* **-s**) M check-up
chefatura [ʃefa'tura] F: **~ de polícia** police headquarters *sg*
chefe ['ʃɛfi] M/F head, chief; (*patrão*) boss; **~ de turma** foreman; **~ de estação** stationmaster
chefia [ʃe'fia] F (*liderança*) leadership; (*direção*) management; (*repartição*) headquarters *sg*; **estar com a ~ de** to be in charge of
chefiar [ʃe'fjar] VT to lead
chega ['ʃega] (*col*) M: **dar um ~ em alguém** to tell sb off ▶ PREP even
chegada [ʃe'gada] F arrival; **dar uma ~** to drop by
chegado, -a [ʃe'gadu, a] ADJ (*próximo*) near; (*íntimo*) close; **ser ~ a** (*bebidas, comidas*) to be keen on
chegar [ʃe'gar] VT (*aproximar*) to bring near ▶ VI to arrive; (*ser suficiente*) to be enough; **chegar-se** VR: **~-se a** (*atingir*) to approach; **chega!** that's enough!; **~ a** (*atingir*) to reach; (*conseguir*) to manage to; **~ algo para cá/para lá** to bring sth closer/move sth over; **chega (mais) para cá/para lá!** come closer!/move over!; **vou chegando** I'm leaving
cheia ['ʃeja] F flood
cheio, -a ['ʃeju, a] ADJ full; (*repleto*) full up; (*col: farto*) fed up; **~ de si** self-important; **~ de dedos** all fingers and thumbs; (*inibido*) awkward; **~ de frescura** (*col*) fussy; **~ da nota** (*col*) rich, loaded; **acertar em ~** to be exactly right, hit the nail on the head; **estar ~ de algo** (*col*) to be fed up with sth
cheirar [ʃej'rar] VT, VI to smell; **~ a** to smell of; **isto não me cheira bem** there's something fishy about this
cheiro ['ʃejru] M smell; **ter ~ de** to smell of
cheiroso, -a [ʃej'rozu, ɔza] ADJ: **ser** *ou* **estar ~** to smell nice
cheiro-verde M bunch of parsley and spring onion
cheque ['ʃɛki] M cheque (BRIT), check (US); (*Xadrez*) check; **~ cruzado** crossed cheque; **~ de viagem** traveller's cheque (BRIT), traveler's check (US); **~ em branco** blank cheque; **~ sem fundos** uncovered cheque, rubber cheque (*col*); **~ voador** rubber cheque (*col*)
chequei *etc* [ʃɛ'kej] VB *ver* **checar**
cherne ['ʃɛrni] M grouper
chiado ['ʃjadu] M squeak(ing); (*de vapor*) hiss(ing)
chiar [ʃjar] VI to squeak; (*porta*) to creak; (*vapor*) to hiss; (*fritura*) to sizzle; (*col: reclamar*) to grumble
chibata [ʃi'bata] F (*vara*) cane
chiclete [ʃi'klɛtʃi] M chewing gum; **~ de bola** bubble gum
chicória [ʃi'kɔrja] F chicory
chicote [ʃi'kɔtʃi] M whip
chicotear [ʃiko'tʃjar] VT to whip, lash
chifrada [ʃi'frada] F (*golpe*) butt
chifrar [ʃi'frar] VT to two-time
chifre ['ʃifri] M (*corno*) horn; **pôr ~ em alguém** (*col*) to be unfaithful to sb, cheat on sb
chifrudo, -a [ʃi'frudu, a] (*col*) ADJ cuckolded
Chile ['ʃili] M: **o ~** Chile
chileno, -a [ʃi'lɛnu, a] ADJ, M/F Chilean
chilique [ʃi'liki] (*col*) M fit
chilrear [ʃiw'hjar] VI to chirp, twitter
chilreio [ʃiw'heju] M chirping
chimarrão [ʃima'hãw] (*pl* **-ões**) M mate tea without sugar taken from a pipe-like cup
chimpanzé [ʃĩpã'zɛ] M chimpanzee
China ['ʃina] F: **a ~** China
chinelo [ʃi'nɛlu] M slipper; **~ (de dedo)** flip-flop; **botar no ~** (*fig*) to put to shame
chinês, -esa [ʃi'nes, eza] ADJ, M/F Chinese ▶ M (*Ling*) Chinese
chinfrim [ʃĩ'frĩ] (*pl* **-ns**) ADJ cheap and cheerful
chino, -a ['ʃinu, a] M/F Chinese
chio ['ʃiu] M squeak; (*de rodas*) screech
chip ['ʃipi] M (*Comput*) chip

Chipre ['ʃipri] F Cyprus
chique ['ʃiki] ADJ stylish, chic
chiqueiro [ʃi'kejru] M pigsty
chispa ['ʃispa] F spark
chispada [ʃis'pada] (BR) F dash
chispar [ʃis'par] VI (correr) to dash
chita ['ʃita] F printed cotton, calico
choça ['ʃɔsa] F shack, hut
chocalhar [ʃokaʎar] VT, VI to rattle
chocalho [ʃo'kaʎu] M (Mús, brinquedo) rattle; (para animais) bell
chocante [ʃo'kãtʃi] ADJ shocking; (col) amazing
chocar [ʃo'kar] VT (incubar) to hatch, incubate; (ofender) to shock, offend ▶ VI to shock; **chocar-se** VR to crash, collide; to be shocked
chocho, -a ['ʃoʃu, a] ADJ hollow, empty; (fraco) weak; (sem graça) dull
chocolate [ʃoko'latʃi] M chocolate
chofer [ʃo'fer] M driver
chofre ['ʃofri] M: **de ~** all of a sudden
chongas ['ʃõgas] (col) PRON zilch, bugger all (!)
chopada [ʃo'pada] F drinking session
chope ['ʃopi] M draught beer
choque¹ ['ʃɔki] M (abalo) shock; (colisão) collision; (Med, Elet) shock; (impacto) impact; (conflito) clash, conflict; **~ cultural** culture shock
choque² ['ʃɔki] VB ver **chocar**
choradeira [ʃora'dejra] F fit of crying
chorado, -a [ʃo'radu, a] ADJ (canto) sad; (gol) hard-won
choramingar [ʃoramĩ'gar] VI to whine, whimper
choramingas [ʃora'mĩgas] M/F INV crybaby
choramingo [ʃora'mĩgu] M whine, whimper
chorão, -rona [ʃo'rãw, ɔna] (pl **-ões/-s**) ADJ tearful ▶ M/F crybaby ▶ M (Bot) weeping willow
chorar [ʃo'rar] VT, VI to weep, cry
chorinho [ʃo'riɲu] M type of Brazilian music
choro ['ʃoru] M crying; (Mús) type of Brazilian music
chorões [ʃo'rõjs] MPL de **chorão**
chorona [ʃo'rɔna] F de **chorão**
choroso, -a [ʃo'rozu, ɔza] ADJ tearful
choupana [ʃo'pana] F shack, hut
chouriço [ʃo'risu] M (BR) black pudding; (PT) spicy sausage
chove não molha [ʃɔvinãw'mɔʎa] (col) M shilly-shallying
chover [ʃo'ver] VI to rain; **~ a cântaros** to rain cats and dogs; **~am cartas** letters poured in
chuchu [ʃu'ʃu] M chayote (vegetable); **ele fala/está quente pra ~** (col) he talks a lot/it's really hot
chucrute [ʃu'krutʃi] M sauerkraut
chué [ʃu'ɛ] (col) ADJ lousy
chulé [ʃu'lɛ] M foot odour (BRIT) ou odor (US)
chulear [ʃu'ljar] VT to hem
chulo, -a ['ʃulu, a] ADJ vulgar
chumaço [ʃu'masu] M (de papel, notas) wad; (material) wadding

493 | **Chipre – ciclone**

chumbado, -a [ʃũ'badu, a] (col) ADJ (cansado) dog-tired; (doente) laid out
chumbar [ʃũ'bar] VT to fill with lead; (soldar) to solder; (atirar em) to fire at ▶ VI (PT: reprovar) to fail
chumbo ['ʃũbu] M lead; (de caça) gunshot; (PT: de dente) filling; **sem ~** (gasolina) unleaded; **esta mala está um ~** this case weighs a ton
chupado, -a [ʃu'padu, a] (col) ADJ (cara, pessoa) drawn
chupar [ʃu'par] VT to suck; (absorver) to absorb
chupeta [ʃu'peta] F (para criança) dummy (BRIT), pacifier (US)
churrascaria [ʃuhaska'ria] F barbecue restaurant
churrasco [ʃu'hasku] M barbecue
churrasqueira [ʃuhas'kejra] F barbecue
churrasquinho [ʃuhas'kiɲu] M kebab
chutar [ʃu'tar] VT to kick; (col: adivinhar) to guess at; (: dar o fora em) to dump ▶ VI to kick; to guess; (col: mentir) to lie
chute ['ʃutʃi] M kick; (para o gol) shot; (col: mentira) lie; **dar o ~ em alguém** (col) to give sb the boot
chuteira [ʃu'tejra] F football boot; **pendurar as ~s** (col) to retire
chuva ['ʃuva] F rain; **tomar ~** to get caught in the rain; **estar na ~** (fig) to be drunk; **~ de pedra** hailstorm
chuvarada [ʃuva'rada] F torrential rain
chuveirada [ʃuvej'rada] F shower
chuveiro [ʃu'vejru] M shower
chuviscar [ʃuvis'kar] VI to drizzle
chuvisco [ʃu'visku] M drizzle
chuvoso, -a [ʃu'vozu, ɔza] ADJ rainy
CI (BR) ABR F (= carteira de identidade) identity card; ver tb **carteira**
CIA ABR F (= Central Intelligence Agency) CIA
Cia. ABR (= companhia) Co
ciberataque [sibera'taki] M cyber attack
cibercafé [siberka'fɛ] M cybercafé
ciberespaço [siberis'pasu] M cyberspace
cibernética [siber'nɛtʃika] F cybernetics sg
cibersegurança [sibersegu'rãsa] F cybersecurity
CIC (BR) ABR M = **Cartão de Identificação do Contribuinte**
cica ['sika] F sharpness
cicatriz [sika'triz] F scar
cicatrização [sikatriza'sãw] F scarring
cicatrizar [sikatri'zar] VT (rosto) to scar; (ferida) to heal; (fig) to cure, heal ▶ VI to heal; (rosto) to scar
cicerone [sise'rɔni] M tourist guide
ciciar [si'sjar] VI to whisper; (rumorejar) to murmur
cíclico, -a ['sikliku, a] ADJ cyclical
ciclismo [si'klizmu] M cycling
ciclista [si'klista] M/F cyclist
ciclo ['siklu] M cycle; **~ básico** foundation year
ciclone [si'klɔni] M cyclone

ciclovia [siklo'via] F cycle path
cidadã [sida'dã] F de **cidadão**
cidadania [sidada'nia] F citizenship
cidadão, cidadã [sida'dãw] (pl **-s/-s**) M/F citizen
cidade [si'dadʒi] F town; (grande) city
cidadela [sida'dɛla] F citadel
cidra ['sidra] F citron
CIE (BR) ABR M = **Centro de Informações do Exército**
ciência ['sjẽsja] F science; (erudição) knowledge; **~s humanas/sociais** business studies/social sciences
ciente ['sjẽtʃi] ADJ aware
científico, -a [sjẽ'tʃifiku, a] ADJ scientific
cientista [sjẽ'tʃista] M/F scientist
CIEP (BR) ABR M (= Centro Integrado de Educação Popular) combined school and community centre
cifra ['sifra] F (escrita secreta) cipher; (algarismo) number, figure; (total) sum
cifrão [si'frãw] (pl **-ões**) M money sign
cifrar [si'frar] VT to write in code
cifrões [si'frõjs] MPL de **cifrão**
cigano, -a [si'ganu, a] ADJ, M/F gypsy
cigarra [si'gaha] F cicada; (Elet) buzzer
cigarreira [siga'hejra] F (estojo) cigarette case
cigarrilha [siga'hiʎa] F cheroot
cigarro [si'gahu] M cigarette
cilada [si'lada] F (emboscada) ambush; (armadilha) trap; (embuste) trick
cilíndrico, -a [si'lĩdriku, a] ADJ cylindrical
cilindro [si'lĩdru] M cylinder; (rolo) roller
cílio ['silju] M eyelash
cima ['sima] F: **de ~ para baixo** from top to bottom; **para ~** up; **em ~ de** on, on top of; **por ~ de** over; **de ~** from above; **lá em ~** up there; (em casa) upstairs; **ainda por ~** on top of that; **estar por ~** to be better off; **dar em ~ de alguém** (col) to be after sb; **tudo em ~?** (col) how's it going?
cimeira [si'mejra] (PT) F summit
cimentar [simẽ'tar] VT to cement
cimento [si'mẽtu] M cement; (chão) concrete floor; (fig) foundation; **~ armado** reinforced concrete
cimo ['simu] M top, summit
cinco ['sĩku] NUM five; **somos ~** there are five of us; **ela tem ~ anos** she is five (years old); **aos ~ anos (de idade)** at the age of five; **são ~ horas** it's five o'clock; **às ~ (horas)** at five (o'clock); **hoje é dia ~ de julho** today is the fifth of July; **no dia ~ de julho** on the fifth of July, on July the fifth; **eles moram no número ~/na Barata Ribeiro número ~** they live at number five/number five Barata Ribeiro Street; **~ e um quarto/meio** five and a quarter/a half
Cindacta [sĩ'dakta] (BR) ABR M = **Centro Integrado de Defesa Aérea e Controle de Tráfego Aéreo**
cindir [sĩ'dʒir] VT to split; (cortar) to cut
cineasta [sine'asta] M/F film maker

cinegrafista [sinegra'fista] M/F cameraman/woman
cinema [si'nɛma] F cinema
cinematográfico, -a [sinemato'grafiku, a] ADJ cinematographic
Cingapura [sĩga'pura] F Singapore
cingir [sĩ'ʒir] VT (pôr à cintura) to fasten round one's waist; (prender em volta) to tie round; (cercar) to encircle, ring; (coroa, espada) to put on; **cingir-se** VR: **~-se a** (restringir-se) to restrict o.s. to
cínico, -a ['siniku, a] ADJ cynical ▶ M/F cynic
cinismo [si'nizmu] M cynicism
cinjo etc ['sĩʒu] VB ver **cingir**
cinquenta [sĩ'kwẽta] NUM fifty; **umas ~ pessoas** about fifty people; **ele tem uns ~ anos** he's about fifty; **ele está na casa dos ~ anos** he's in his fifties; **nos anos ~** in the fifties; **ir a ~** (Auto) to do fifty (km/h)
cinquentão, -tona [sĩkwẽ'tãw, 'tɔna] (pl **-tões/-s**) M/F person in his/her fifties ▶ ADJ in his/her fifties
cinta ['sĩta] F (faixa) sash; (de mulher) girdle
cintado, -a [sĩ'tadu, a] ADJ gathered at the waist
cintilante [sĩtʃi'lãtʃi] ADJ sparkling
cintilar [sĩtʃi'lar] VI to sparkle, glitter
cinto ['sĩtu] M belt; **~ de segurança** safety belt; (Auto) seat belt
cintura [sĩ'tura] F waist; (linha) waistline
cinturão [sĩtu'rãw] (pl **-ões**) M belt; **~ verde** green belt
cinza ['sĩza] ADJ INV grey (BRIT), gray (US) ▶ F ash, ashes pl
cinzeiro [sĩ'zejru] M ashtray
cinzel [sĩ'zew] (pl **-éis**) M chisel
cinzelar [sĩze'lar] VT to chisel; (gravar) to carve, engrave
cinzento, -a [sĩ'zẽtu, a] ADJ grey (BRIT), gray (US)
cio [siu] M mating season; **no ~** on heat, in season
cioso, -a ['sjozu, ɔza] ADJ conscientious
CIP (BR) ABR M = **Conselho Interministerial de Preços**
cipreste [si'prestʃi] M cypress (tree)
cipriota [si'prjɔta] ADJ, M/F Cypriot
circense [sir'sẽsi] ADJ circus atr
circo ['sirku] M circus
circuito [sir'kwitu] M circuit
circulação [sirkula'sãw] F circulation
circular [sirku'lar] ADJ circular, round ▶ F (carta) circular ▶ VI to circulate; (girar, andar) to go round ▶ VT to circulate; (estar em volta de) to surround; (percorrer em roda) to go round
círculo ['sirkulu] M circle
circunavegar [sirkunave'gar] VT to circumnavigate, sail round
circuncidar [sirkũsi'dar] VT to circumcise
circuncisão [sirkũsi'zãw] F circumcision
circundante [sirkũ'dãtʃi] ADJ surrounding
circundar [sirkũ'dar] VT to surround
circunferência [sirkũfe'rẽsja] F circumference

circunflexo, -a [sirkũ'flɛksu, a] ADJ circumflex ▶ M circumflex (accent)

circunlóquio [sirkũ'lɔkju] M circumlocution

circunscrever [sirkũskre'ver] VT to circumscribe, limit; *(epidemia)* to contain; *(abranger)* to cover; **circunscrever-se** VR to be limited

circunscrição [sirkũskri'sãw] *(pl* **-ões)** F district; **~ eleitoral** constituency

circunscrito, -a [sirkũs'kritu, a] PP *de* **circunscrever**

circunspecção [sirkũspe'sãw] F seriousness

circunspeto, -a [sirkũ'spɛtu, a] ADJ serious

circunstância [sirkũ'stãsja] F circumstance; **~s atenuantes** mitigating circumstances

circunstanciado, -a [sirkũstã'sjadu, a] ADJ detailed

circunstancial [sirkũstã'sjaw] *(pl* **-ais)** ADJ circumstantial

circunstante [sirkũ'stãtʃi] M/F onlooker, bystander; **circunstantes** MPL *(audiência)* audience *sg*

cirrose [si'hɔzi] F cirrhosis

cirurgia [sirur'ʒia] F surgery; **~ plástica/estética** plastic/cosmetic surgery

cirurgião, -giã [sirur'ʒjãw, 'ʒjã] *(pl* **-ões/-s)** M/F surgeon

cirúrgico, -a [si'rurʒiku, a] ADJ surgical

cirurgiões [sirur'ʒjõjs] MPL *de* **cirurgião**

cirzo *etc* ['sihzu] VB *ver* **cerzir**

cisão [si'zãw] *(pl* **-ões)** F *(divisão)* split, division; *(desacordo)* disagreement

cisco ['sisku] M speck

cisma ['sizma] M schism ▶ F *(mania)* silly idea; *(suspeita)* suspicion; *(antipatia)* dislike; *(devaneio)* dream

cismado, -a [siz'madu, a] ADJ with fixed ideas

cismar [siz'mar] VI *(pensar)*: **~ em** to brood over; *(antipatizar)*: **~ com** to take a dislike to ▶ VT: **~ que** to be convinced that; **~ de** *ou* **em fazer** *(meter na cabeça)* to get into one's head to do; *(insistir)* to insist on doing

cisne ['sizni] M swan

cisões [si'zõjs] FPL *de* **cisão**

cisterna [sis'tɛrna] F cistern, tank

cistite [sis'tʃitʃi] F cystitis

citação [sita'sãw] *(pl* **-ões)** F quotation; *(Jur)* summons *sg*

citadino, -a [sita'dʒinu, a] ADJ town *atr*

citar [si'tar] VT to quote; *(Jur)* to summon

cítrico, -a ['sitriku, a] ADJ *(fruta)* citrus; *(ácido)* citric

ciumada [sju'mada] F fit of jealousy

ciúme ['sjumi] M jealousy; **ter ~s de** to be jealous of

ciumeira [sju'mejra] *(col)* F = **ciumada**

ciumento, -a [sju'mẽtu, a] ADJ jealous

cívico, -a ['siviku, a] ADJ civic

civil [si'viw] *(pl* **-is)** ADJ civil ▶ M/F civilian

civilidade [sivili'dadʒi] F politeness

civilização [siviliza'sãw] *(pl* **-ões)** F civilization

civilizador, a [siviliza'dor(a)] ADJ civilizing

civilizar [sivili'zar] VT to civilize

civis [si'vis] PL *de* **civil**

civismo [si'vizmu] M public spirit

clamar [kla'mar] VT to clamour *(BRIT) ou* clamor *(US)* for ▶ VI to cry out, clamo(u)r

clamor [kla'mor] M outcry, uproar

clamoroso, -a [klamo'rozu, ɔza] ADJ noisy

clandestino, -a [klãdes'tʃinu, a] ADJ clandestine; *(ilegal)* underground

clara ['klara] F egg white

claraboia [klara'bɔja] F skylight

clarão [kla'rãw] *(pl* **-ões)** M *(cintilação)* flash; *(claridade)* gleam

clarear [kla'rjar] VI *(dia)* to dawn; *(tempo)* to clear up, brighten up ▶ VT to clarify

clareira [kla'rejra] F *(na mata)* clearing

clareza [kla'reza] F clarity

claridade [klari'dadʒi] F *(luz)* brightness

clarim [kla'rĩ] *(pl* **-ns)** M bugle

clarinete [klari'netʃi] M clarinet

clarinetista [klarine'tʃista] M/F clarinet player

clarins [kla'rĩs] MPL *de* **clarim**

clarividente [klarivi'dẽtʃi] ADJ *(prudente)* far-sighted, prudent

claro, -a ['klaru, a] ADJ clear; *(luminoso)* bright; *(cor)* light; *(evidente)* clear, evident ▶ M *(na escrita)* space; *(clareira)* clearing ▶ ADV clearly; **~!** of course!; **~ que sim!/não!** of course!/of course not!; **às claras** openly; *(publicamente)* publicly; **dia ~** daylight; **passar a noite em ~** not to sleep a wink all night; **~ como água** crystal clear

clarões [kla'rõjs] MPL *de* **clarão**

classe ['klasi] F class; **~ média/operária** middle/working class; **~ econômica/executiva** economy/business class

clássico, -a ['klasiku, a] ADJ classical; *(fig)* classic; *(habitual)* usual ▶ M classic

classificação [klasifika'sãw] *(pl* **-ões)** F classification; *(Esporte)* place, placing

classificado, -a [klasifi'kadu, a] ADJ *(em exame)* successful; *(anúncio)* classified; *(Esporte)* placed, qualified ▶ M *(anúncio)* classified ad

classificar [klasifi'kar] VT to classify; **classificar-se** VR: **~-se de algo** to call o.s. sth, describe o.s. as sth

classificatório, -a [klasifika'tɔrju, a] ADJ qualifying

classudo, -a [kla'sudu, a] *(col)* ADJ classy

claudicar [klawdʒi'kar] VI *(mancar)* to limp; *(errar)* to err

claustro ['klawstru] M cloister

claustrofobia [klawstrofo'bia] F claustrophobia

claustrofóbico, -a [klawstro'fɔbiku, a] ADJ claustrophobic

cláusula ['klawzula] F clause

clausura [klaw'zura] F *(recinto)* enclosure; *(vida)* cloistered existence

clave ['klavi] F *(Mús)* clef

clavícula [kla'vikula] F collar bone

clemência [kle'mẽsja] F mercy

clemente [kle'mẽtʃi] ADJ merciful
cleptomaníaco, -a [kleptoma'niaku, a] M/F kleptomaniac
clérigo ['klɛrigu] M clergyman
clero ['klɛru] M clergy
clicar [kli'kar] VI (Comput) to click; **~ duas vezes em** to double-click on
clichê [kli'ʃe] M (Foto) plate; (chavão) cliché
cliente ['kljẽtʃi] M client; (de loja) customer; (de médico) patient
clientela [kljẽ'tɛla] F clientele; (de loja) customers pl; (de médico) patients pl
clima ['klima] M climate
climático, -a [kli'matʃiku, a] ADJ climatic
clímax ['klimaks] M INV climax
clínica ['klinika] F clinic; **~ geral** general practice; ver tb **clínico**
clinicar [klini'kar] VI to have a practice
clínico, -a ['kliniku, a] ADJ clinical ▶ M/F doctor; **~ geral** general practitioner, GP
clipe ['klipi] M clip; (para papéis) paper clip
clique ['kliki] M (Comput) click
clitóris [kli'tɔris] M INV clitoris
clone ['klɔni] M clone
clorar [klo'rar] VT to chlorinate
cloro ['klɔru] M chlorine
clorofórmio [klorɔ'fɔrmju] M chloroform
close ['klɔzi] M close-up
clube ['klubi] M club
CMB ABR F (= Casa da Moeda do Brasil) Brazilian National Mint
CMN (BR) ABR M = **Conselho Monetário Nacional**
CNA ABR M (= Congresso Nacional Africano) ANC; (BR) = **Conselho Nacional do Álcool**
CNB (BR) ABR M = **Conselho Nacional da Borracha**
CNBB ABR F = **Confederação Nacional dos Bispos do Brasil**
CNBV (BR) ABR F = **Comissão Nacional da Bolsa de Valores**
CND (BR) ABR M = **Conselho Nacional de Desportos**
CNDC (BR) ABR M = **Conselho Nacional de Defesa ao Consumidor**
CNDM (BR) ABR M = **Conselho Nacional dos Direitos da Mulher**
CNDU (BR) ABR M = **Conselho Nacional de Desenvolvimento Urbano**
CNEN (BR) ABR F (= Comissão Nacional de Energia Nuclear) ≈ AEA (BRIT), ≈ AEC (US)
CNPq (BR) ABR M (= Conselho Nacional de Desenvolvimento Científico e Tecnológico) organization supporting higher education
CNS (BR) ABR M = **Conselho Nacional de Saúde**
CNT (BR) ABR M = **Conselho Nacional de Transportes**
CNV (BR) ABR M = **Cadastro Nacional de Veículos**
coabitar [koabi'tar] VI to live together, cohabit
coação [koa'sãw] F coercion

coadjuvante [koadʒu'vãtʃi] ADJ supporting ▶ M/F (num crime) accomplice; (Teatro, Cinema) co-star
coadjuvar [koadʒu'var] VT to aid; (Teatro, Cinema) to support
coador [koa'dor] M strainer; (de café) filter bag; (para legumes) colander
coadunar [koadu'nar] VT to combine; **coadunar-se** VR to combine
coagir [koa'ʒir] VT to coerce, compel
coagular [koagu'lar] VT, VI to coagulate; (sangue) to clot; **coagular-se** VR to congeal
coágulo [ko'agulu] M clot
coajo etc [ko'aʒu] VB ver **coagir**
coalhada [koa'ʎada] F curd
coalhado, -a [koa'ʎadu, a] ADJ curdled; **~ de gente** packed
coalhar [koa'ʎar] VT, VI (leite) to curdle; **coalhar-se** VR to curdle
coalizão [koali'zãw] (pl **-ões**) F coalition
coar [ko'ar] VT (líquido) to strain
coautor, a [koaw'tor(a)] M/F (de livro) co-author; (de crime) accomplice
coaxar [koa'ʃar] VI to croak ▶ M croaking
COB ABR M = **Comitê Olímpico Brasileiro**
cobaia [ko'baja] F guinea pig
cobalto [ko'bawtu] M cobalt
coberta [ko'bɛrta] F cover, covering; (Náut) deck
coberto, -a [ko'bɛrtu, a] PP de **cobrir** ▶ ADJ covered
cobertor [kober'tor] M blanket
cobertura [kober'tura] F covering; (telhado) roof; (apartamento) penthouse; (TV, Rádio, Jornalismo) coverage; (Seguros) cover; (Tel) network coverage; **aqui não tem ~** there's no network coverage here
cobiça [ko'bisa] F greed
cobiçar [kobi'sar] VT to covet
cobiçoso, -a [kobi'sozu, ɔza] ADJ covetous
cobra ['kɔbra] F snake ▶ M/F (col) expert ▶ ADJ (col) expert; **dizer ~s e lagartos de alguém** to say bad things about sb
cobrador, a [kobra'dor(a)] M/F collector; (em transporte) conductor; **~ de ônibus** bus conductor; **~ de impostos** tax collector
cobrança [ko'brãsa] F collection; (ato de cobrar) charging; **~ de pênalti/falta** penalty/free kick
cobrar [ko'brar] VT to collect; (preço) to charge; (pênalti) to take; **~ o prometido** to remind sb of what they promised; **~ uma falta** (Futebol) to take a free kick
cobre ['kɔbri] M copper; **cobres** MPL (dinheiro) money sg
cobrir [ko'brir] VT to cover; **cobrir-se** VR to cover o.s.
coca ['kɔka] F (arbusto) coca bush
coça ['kɔsa] (col) F wallop
cocada [ko'kada] F coconut sweet
cocaína [koka'ina] F cocaine
coçar [ko'sar] VT to scratch ▶ VI (comichar) to itch; **coçar-se** VR to scratch o.s.; **não ter**

tempo nem para se ~ to have no time to breathe
cócegas ['kɔsegas] FPL: **fazer ~ em** to tickle; **tenho ~ nos pés** I have tickly feet; **sentir ~** to be ticklish; **estar em ~ para fazer** to be itching to do
coceira [ko'sejra] F itch; (*qualidade*) itchiness
cocheira [ko'ʃejra] F stable
cochichar [koʃi'ʃar] VI to whisper
cochicho [ko'ʃiʃu] M whispering
cochilada [koʃi'lada] F snooze; **dar uma ~** to have a snooze
cochilar [koʃi'lar] VI to snooze, doze
cochilo [ko'ʃilu] M nap
coco ['koku] M coconut
cocô [ko'ko] (*col*) M pooh
cócoras ['kɔkoras] FPL: **de ~** squatting; **ficar de ~** to squat (down)
cocoricar [kokori'kar] VI to crow
cocuruto [koku'rutu] M top
côdea ['kodʒja] F crust
codeína [kode'ina] F codeine
Codici [kodʒi'si] (*BR*) ABR F = **Comissão de Defesa dos Direitos do Cidadão**
codificar [kodʒifi'kar] VT (*leis*) to codify; (*mensagem*) to encode, code
código ['kɔdʒigu] M code; **~ de barras** bar code; **~ de ética profissional** code of practice
codinome [kodʒi'nɔmi] M code name
codorna [ko'dɔrna] F quail
coeditar [koedʒi'tar] VT to co-publish
coeficiente [koefi'sjētʃi] M (*Mat*) coefficient; (*fig*) factor
coelho [ko'eʎu] M rabbit; **matar dois ~s de uma cajadada só** (*fig*) to kill two birds with one stone
coentro [ko'ētru] M coriander
coerção [koer'sāw] F coercion
coerência [koe'rēsja] F coherence; (*consequência*) consistency
coerente [koe'rētʃi] ADJ coherent; (*consequente*) consistent
coesão [koe'zāw] F cohesion
coeso, -a ['kwɛzu, a] ADJ cohesive
coexistência [koezis'tēsja] F coexistence
coexistir [koezis'tʃir] VI to coexist
Cofie (*BR*) ABR F = **Comissão de Fusão e Incorporação de Empresas**
cofre ['kɔfri] M safe; (*caixa*) strongbox; **os ~s públicos** public funds
cogitação [koʒita'sāw] F contemplation; **estar fora de ~** to be out of the question
cogitar [koʒi'tar] VT, VI to contemplate
cognitivo, -a [kogni'tʃivu, a] ADJ cognitive
cognominar [kognomi'nar] VT to nickname
cogumelo [kogu'mɛlu] M mushroom; **~ venenoso** toadstool
COHAB (*BR*) ABR F = **Companhia de Habitação Popular**
coibição [koibi'sāw] (*pl* **-ões**) F restraint, restriction

coibir [koi'bir] VT to restrain; **coibir-se** VR: **~-se de** to abstain from; **~ de** to restrain from
coice ['kojsi] M kick; (*de arma*) recoil; **dar ~s em** to kick; (*fig*) to be aggressive with
coincidência [koīsi'dēsja] F coincidence
coincidir [koīsi'dʒir] VI to coincide; (*concordar*) to agree
coisa ['kojza] F thing; (*assunto*) matter; **coisas** FPL (*objetos*) things; (*col: órgãos genitais*) privates; **~ de** about; **ser uma ~** (*col*) to be really something; (*ruim*) to be terrible; **que ~!** gosh!; **não dizer ~ com ~** not to make any sense; **deu uma ~ nele** something strange got into him
coisíssima [koj'zisima] F: **~ nenhuma** (*nada*) nothing; (*de modo algum*) not at all
coitado, -a [koj'tadu, a] ADJ poor, wretched; **~!** poor thing!; **~ do João** poor John
coito ['kojtu] M intercourse, coitus
cola ['kɔla] F glue; (*BR: cópia*) crib
colaboração [kolabora'sāw] (*pl* **-ões**) F collaboration; (*num jornal etc*) contribution
colaborador, a [kolabora'dor(a)] M/F collaborator; (*em jornal*) contributor
colaborar [kolabo'rar] VI to collaborate; (*ajudar*) to help; (*escrever artigos etc*) to contribute
colagem [ko'laʒē] F collage
colante [ko'lātʃi] ADJ (*roupa*) skin-tight
colapso [ko'lapsu] M collapse; **~ cardíaco** heart failure
colar [ko'lar] VT to stick, glue; (*BR: copiar*) to crib ▶ VI to stick; to cheat; (*col: ser acreditado*) to stand up, stick ▶ M necklace; **~ grau** to graduate
colarinho [kola'riɲu] M collar; (*col: na cerveja*) head
colarinho-branco (*pl* **colarinhos-brancos**) M white-collar worker
colateral [kolate'raw] (*pl* **-ais**) ADJ: **efeito ~** side effect
colcha ['kowʃa] F bedspread
colchão [kow'ʃāw] (*pl* **-ões**) M mattress
colcheia [kow'ʃeja] F (*Mús*) quaver
colchete [kow'ʃetʃi] M clasp, fastening; (*parêntese*) square bracket; **~ de gancho** hook and eye; **~ de pressão** press stud, popper
colchões [kow'ʃōjs] MPL **de colchão**
colchonete [kowʃo'nɛtʃi] M (portable) mattress
coleção [kole'sāw] (*pl* **-ões**) F collection
colecionador, a [kolesjona'dor(a)] M/F collector
colecionar [kolesjo'nar] VT to collect
coleções [kole'sōjs] FPL *de* **coleção**
colega [ko'lɛga] M/F (*de trabalho*) colleague; (*de escola*) classmate; (*amigo*) friend
colegial [kole'ʒjaw] (*pl* **-ais**) ADJ school atr ▶ M/F schoolboy/girl
colégio [ko'lɛʒu] M school; **~ eleitoral** electoral college
coleguismo [kole'gizmu] M loyalty to one's colleagues

coleira [ko'lejra] F collar
cólera ['kɔlera] F (ira) anger; (fúria) rage ▶ M ou F (Med) cholera
colérico, -a [ko'lɛriku, a] ADJ (irado) angry; (furioso) furious ▶ M/F (Med) cholera patient
colesterol [koleste'rɔw] M cholesterol
coleta [ko'lɛta] F collection; (imposto) levy
coletânea [kole'tanja] F collection
coletar [kole'tar] VT to tax; (arrecadar) to collect
colete [ko'letʃi] M waistcoat (BRIT), vest (US); **~ salva-vidas** life jacket (BRIT), life preserver (US)
coletividade [koletʃivi'dadʒi] F community
coletivo, -a [kole'tʃivu, a] ADJ collective; (transportes) public ▶ M bus
coletor, a [kole'tor(a)] M/F collector
coletoria [koleto'ria] F tax office
colheita [ko'ʎejta] F harvest; (produto) crop
colher [ko'ʎer] VT (recolher) to gather, pick; (dados) to gather ▶ F spoon; **~ de chá/sopa** teaspoon/tablespoon; **dar uma ~ de chá a alguém** (fig) to do sb a favo(u)r; **de ~** (col) on a silver platter
colherada [koʎe'rada] F spoonful
colibri [koli'bri] M hummingbird
cólica ['kɔlika] F colic
colidir [koli'dʒir] VI: **~ com** to collide with, crash into
coligação [koliga'sãw] (pl **-ões**) F coalition
coligar [koli'gar] VT to bring together, unite; **coligar-se** VR to join forces
coligir [koli'ʒir] VT to collect
colina [ko'lina] F hill
colírio [ko'lirju] M eyewash
colisão [koli'zãw] (pl **-ões**) F collision
colis postaux [ko'li pos'to] MPL small packets
colite [ko'litʃi] F colitis
collant [ko'lã] (pl **-s**) M tights pl (BRIT), pantihose (US); (blusa) leotard
colmeia [kow'meja] F beehive
colo ['kɔlu] M neck; (regaço) lap; **no ~** on one's lap, in one's arms
colocação [koloka'sãw] (pl **-ões**) F placing; (emprego) job, position; (de pneus, tapete etc) fitting; (de uma questão, ideia) positing; (opinião) position
colocar [kolo'kar] VT to put, place; (empregar) to find a job for, place; (Com) to market; (pneus, tapetes) to fit; (questão, ideia) to put forward, state; **colocar-se** VR to place o.s.; **coloque-se no meu lugar** put yourself in my position
Colômbia [ko'lõbja] F: **a ~** Colombia
colombiano, -a [kolõ'bjanu, a] ADJ, M/F Colombian
cólon ['kɔlõ] M colon
colônia [ko'lonja] F colony; (perfume) cologne
colonial [kolo'njaw] (pl **-ais**) ADJ colonial
colonialismo [kolonja'lizmu] M colonialism
colonização [koloniza'sãw] F colonization
colonizador, a [koloniza'dor(a)] ADJ colonizing ▶ M/F colonist, settler
colonizar [koloni'zar] VT to colonize

colono, -a [ko'lɔnu, a] M/F settler; (cultivador) tenant farmer
coloquei etc [kolo'kej] VB ver **colocar**
coloquial [kolo'kjaw] (pl **-ais**) ADJ colloquial
colóquio [ko'lɔkju] M conversation; (congresso) conference
coloração [kolora'sãw] F colouration (BRIT), coloration (US)
colorido, -a [kolo'ridu, a] ADJ colourful (BRIT), colorful (US) ▶ M colouring (BRIT), coloring (US)
colorir [kolo'rir] VT to colour (BRIT), color (US)
colossal [kolo'saw] (pl **-ais**) ADJ colossal
colosso [ko'losu] M (pessoa) giant; (coisa) extraordinary thing
coluna [ko'luna] F column; (pilar) pillar; **~ dorsal** ou **vertebral** spine
colunável [kolu'navew] (pl **-eis**) ADJ famous ▶ M/F celebrity
colunista [kolu'nista] M/F columnist
com [kõ] PREP with; **estar ~ fome** to be hungry; **~ cuidado** carefully; **estar ~ dinheiro/câncer** to have some money on one/have cancer; **"não ultrapasse ~ faixa contínua"** "do not overtake when centre line is unbroken"
coma ['kɔma] F coma
comadre [ko'madri] F (urinol) bedpan; **minha ~** the godmother of my child (ou the mother of my godchild)
comandante [komã'dãtʃi] M commander; (Mil) commandant; (Náut) captain
comandar [komã'dar] VT to command
comando [ko'mãdu] M command
combate [kõ'batʃi] M combat, fight; (fig) battle
combatente [kõba'tẽtʃi] M/F combatant
combater [kõba'ter] VT to fight, combat; (opor-se a) to oppose ▶ VI to fight; **combater-se** VR to fight
combinação [kõbina'sãw] (pl **-ões**) F combination; (Quím) compound; (acordo) arrangement; (plano) scheme; (roupa) slip
combinar [kõbi'nar] VT to combine; (jantar etc) to arrange; (fuga etc) to plan ▶ VI (roupas etc) to go together; **combinar-se** VR to combine; (pessoas) to get on well together; (temperamentos) to go well together; **~ com** (harmonizar-se) to go with; **~ de fazer** to arrange to do; **combinado!** agreed!
comboio [kõ'boju] M (PT) train; (de navios, carros) convoy
combustão [kõbus'tãw] (pl **-ões**) F combustion
combustível [kõbus'tʃivew] M fuel
combustões [kõbus'tõjs] FPL de **combustão**
começar [kome'sar] VT, VI to begin, start; **~ a fazer** to begin ou start to do
começo¹ [ko'mesu] M beginning, start
começo² VB ver **comedir-se**
comédia [ko'mɛdʒja] F comedy
comediante [kome'dʒjãtʃi] M/F (comic) actor/actress
comedido, -a [kome'dʒidu, a] ADJ moderate; (prudente) prudent

comedir-se [kome'dʒirsi] VR to control o.s.
comedorias [komedo'rias] FPL food sg
comemoração [komemora'sãw] (pl **-ões**) F commemoration
comemorar [komemo'rar] VT to commemorate; (celebrar: sucesso etc) to celebrate
comemorativo, -a [komemora'tʃivu, a] ADJ commemorative
comensal [komẽ'saw] (pl **-ais**) M/F diner
comentar [komẽ'tar] VT to comment on; (maliciosamente) to make comments about
comentário [komẽ'tarju] M comment, remark; (análise) commentary; **sem ~** no comment
comentarista [komẽta'rista] M/F commentator
comer [ko'mer] VT to eat; (Damas, Xadrez) to take, capture; (dinheiro) to eat up; (corroer) to eat away ▶ VI to eat; **comer-se** VR: **~-se (de)** to be consumed (with); **dar de ~ a** to feed; **~ por quatro** (fig) to eat like a horse; **~ fogo** (col) to go through hell
comercial [komer'sjaw] (pl **-ais**) ADJ commercial; (relativo ao negócio) business atr ▶ M commercial
comercialização [komersjaliza'sãw] F marketing
comercializar [komersjali'zar] VT to market
comercializável [komersjali'zavew] (pl **-eis**) ADJ marketable
comerciante [komer'sjãtʃi] M/F trader
comerciar [komer'sjar] VI to trade, do business
comerciário, -a [komer'sjarju, a] M/F employee in business
comércio [ko'mɛrsju] M commerce; (tráfico) trade; (negócio) business; (lojas) shops pl; **de fechar o ~** (col) really stunning; **~ eletrônico** e-commerce; **~ justo** fair trade
comes ['kɔmis] MPL: **~ e bebes** food and drink
comestíveis [komes'tʃiveis] MPL foodstuffs, food sg
comestível [komes'tʃivew] (pl **-eis**) ADJ edible
cometa [ko'meta] M comet
cometer [kome'ter] VT to commit
cometimento [kometʃi'mẽtu] M undertaking, commitment
comichão [komi'ʃãw] F itch, itching
comichar [komi'ʃar] VT, VI to itch
comicidade [komisi'dadʒi] F comic quality
comício [ko'misju] M (Pol) rally, meeting; (assembleia) assembly
cômico, -a ['komiku, a] ADJ comic(al) ▶ M comedian; (de teatro) actor
comida [ko'mida] F (alimento) food; (refeição) meal; **~ caseira** home cooking; **~ pronta** ready meal (BRIT), TV dinner (US)
comigo [ko'migu] PRON with me; (reflexivo) with myself
comilança [komi'lãsa] F overeating

comilão, -lona [komi'lãw, 'lona] (pl **-ões/-s**) ADJ greedy ▶ M/F glutton
cominho [ko'miɲu] M cumin
comiserar [komize'rar] VT to move to pity; **comiserar-se** VR: **~-se (de)** to sympathize (with)
comissão [komi'sãw] (pl **-ões**) F commission; (comitê) committee
comissário [komi'sarju] M commissioner; (Com) agent; **~ de bordo** (Aer) steward; (Náut) purser
comissionar [komisjo'nar] VT to commission
comissões [komi'sõjs] FPL de **comissão**
comitê [komi'te] M committee
comitiva [komi'tʃiva] F entourage

(PALAVRA-CHAVE)

como ['kɔmu] ADV **1** (modo) as; **ela fez como eu pedi** she did as I asked; **como se** as if; **como quiser** as you wish; **seja como for** be that as it may
2 (assim como) like; **ela tem olhos azuis como o pai** she has blue eyes like her father's; **ela trabalha numa loja, como a mãe** she works in a shop, as does her mother
3 (de que maneira) how; **como?** pardon?; **como!** what!; **como assim?** what do you mean?; **como não!** of course!
▶ CONJ (porque) as, since; **como estava tarde ele dormiu aqui** since it was late he slept here

comoção [komo'sãw] (pl **-ões**) F (abalo) distress; (revolta) commotion
cômoda ['komoda] F chest of drawers (BRIT), bureau (US)
comodidade [komodʒi'dadʒi] F (conforto) comfort; (conveniência) convenience
comodismo [komo'dʒizmu] M complacency
comodista [komo'dʒista] ADJ complacent
cômodo, -a ['komodu, a] ADJ (confortável) comfortable; (conveniente) convenient ▶ M (aposento) room
comovedor, a [komove'dor(a)] ADJ moving, touching
comovente [komo'vẽtʃi] ADJ moving, touching
comover [komo'ver] VT to move ▶ VI to be moving; **comover-se** VR to be moved
comovido, -a [komo'vidu, a] ADJ moved
compacto, -a [kõ'paktu, a] ADJ (pequeno) compact; (espesso) thick; (sólido) solid ▶ M (disco) single
compadecer-se [kõpade'sersi] VR: **~ de** to pity
compadecido, -a [kõpade'sidu, a] ADJ sympathetic
compadecimento [kõpadesi'mẽtu] M sympathy; (piedade) pity
compadre [kõ'padri] M (col: companheiro) buddy, pal, crony; **meu ~** the godfather of my child (ou the father of my godchild)

compaixão [kõpaj'ʃãw] M *(piedade)* compassion, pity; *(misericórdia)* mercy

companheirão, -rona [kõpaɲej'rãw, 'rɔna] *(pl* **-ões/-s)** M/F good friend

companheirismo [kõpaɲej'rizmu] M companionship

companheiro, -a [kõpa'ɲejru, a] M/F companion; *(colega)* friend; *(col)* buddy, mate; **~ de viagem** fellow traveller (BRIT) *ou* traveler (US), travelling (BRIT) *ou* traveling (US) companion

companheirões [kõpaɲej'rõjs] MPL *de* **companheirão**

companheirona [kõpaɲej'rɔna] F *de* **companheirão**

companhia [kõpa'ɲia] F *(Com)* company, firm; *(convivência)* company; **fazer ~ a alguém** to keep sb company; **em ~ de** accompanied by; **dama de ~** companion

comparação [kõpara'sãw] *(pl* **-ões)** F comparison

comparar [kõpa'rar] VT to compare; **comparar-se** VR: **~-se com** to bear comparison with; **~ com** to compare with; **~ a** to liken to

comparativo, -a [kõpara'tʃivu, a] ADJ comparative

comparável [kõpa'ravew] *(pl* **-eis)** ADJ comparable

comparecer [kõpare'ser] VI to appear, make an appearance; **~ a uma reunião** to attend a meeting

comparecimento [kõparesi'mẽtu] M *(presença)* attendance

comparsa [kõ'parsa] M/F *(Teatro)* extra; *(cúmplice)* accomplice

compartilhar [kõpartʃi'ʎar] VT *(partilhar)* to share ▶ VI: **~ de** *(participar de)* to share in, participate in; **~ com alguém** to share with sb

compartimentar [kõpartʃimẽ'tar] VT to compartmentalize

compartimento [kõpartʃi'mẽtu] M compartment; *(aposento)* room

compartir [kõpar'tʃir] VT *(dividir)* to share out ▶ VI: **~ de** to share in

compassado, -a [kõpa'sadu, a] ADJ *(medido)* measured; *(moderado)* moderate; *(cadenciado)* regular; *(pausado)* slow

compassivo, -a [kõpa'sivu, a] ADJ compassionate

compasso [kõ'pasu] M *(instrumento)* pair of compasses; *(Mús)* time; *(ritmo)* beat; **dentro do ~** in time with the music; **fora do ~** out of time

compatibilidade [kõpatʃibili'dadʒi] F compatibility

compatível [kõpa'tʃivew] *(pl* **-eis)** ADJ compatible

compatriota [kõpa'trjɔta] M/F fellow countryman/woman, compatriot

compelir [kõpe'lir] VT to force, compel

compêndio [kõ'pẽdʒju] M *(sumário)* compendium; *(livro de texto)* textbook

compenetração [kõpenetra'sãw] *(pl* **-ões)** F conviction

compenetrar [kõpene'trar] VT to convince; **compenetrar-se** VR to be convinced

compensação [kõpẽsa'sãw] *(pl* **-ões)** F compensation; *(de cheques)* clearance; **em ~** on the other hand

compensado [kõpẽ'sadu] M hardboard

compensador, a [kõpẽsa'dor(a)] ADJ compensatory

compensar [kõpẽ'sar] VT *(reparar o dano)* to make up for, compensate for; *(equilibrar)* to offset, counterbalance; *(cheque)* to clear

competência [kõpe'tẽsja] F competence, ability; *(responsabilidade)* responsibility; **isto é de minha ~** this is my responsibility

competente [kõpe'tẽtʃi] ADJ *(capaz)* competent, able; *(apropriado)* appropriate; *(responsável)* responsible

competição [kõpetʃi'sãw] *(pl* **-ões)** F competition

competidor, a [kõpetʃi'dor(a)] M/F competitor

competir [kõpe'tʃir] VI to compete; **~ a alguém** *(ser da competência de)* to be sb's responsibility; *(caber)* to be up to sb; **~ com** to compete with

competitividade [kõpetʃitʃivi'dadʒi] F competitiveness

competitivo, -a [kõpetʃi'tʃivu, a] ADJ competitive

compilação [kõpila'sãw] *(pl* **-ões)** F compilation

compilar [kõpi'lar] VT to compile

compilo *etc* [kõ'pilu] VB *ver* **compelir**

compito *etc* [kõ'pitu] VB *ver* **competir**

complacência [kõpla'sẽsja] F complaisance

complacente [kõpla'sẽtʃi] ADJ obliging

compleição [kõplej'sãw] *(pl* **-ões)** F build

complementar [kõplemẽ'tar] ADJ complementary ▶ VT to supplement

complemento [kõple'mẽtu] M complement

completamente [kõpleta'mẽtʃi] ADV completely, quite

completar [kõple'tar] VT to complete; *(água, gasolina)* to fill up, top up; **~ dez anos** to be ten

completo, -a [kõ'plɛtu, a] ADJ complete; *(cheio)* full (up); **por ~** completely

complexado, -a [kõplek'sadu, a] ADJ hung-up; **estar/ficar ~** to have/get a complex

complexidade [kõpleksi'dadʒi] F complexity

complexo, -a [kõ'plɛksu, a] ADJ complex ▶ M complex; **~ de Édipo** Oedipus complex

complicação [kõplika'sãw] *(pl* **-ões)** F complication

complicado, -a [kõpli'kadu, a] ADJ complicated

complicar [kõpli'kar] VT to complicate; **complicar-se** VR to become complicated; *(enredo)* to thicken

complô [kõ'plo] M plot, conspiracy

compõe etc [kõ'põj] VB ver **compor**
compomos etc [kõ'pomos] VB ver **compor**
componente [kõpo'nẽtʃi] ADJ, M component
componho etc [kõ'poɲu] VB ver **compor**
compor [kõ'por] (irreg: como **pôr**) VT to compose; (discurso, livro) to write; (arranjar) to arrange; (Tip) to set ▶ VI to compose; **compor-se** VR (controlar-se) to compose o.s.; **~-se de** to consist of
comporta [kõ'pɔrta] F floodgate; (de canal) lock
comportamento [kõpɔrta'mẽtu] M behaviour (BRIT), behavior (US); (conduta) conduct; **mau ~** misbehavio(u)r
comportar [kõpor'tar] VT (suportar) to put up with, bear; (conter) to hold; **comportar-se** VR (portar-se) to behave; **~-se mal** to misbehave, behave badly
compôs [kõ'pos] VB ver **compor**
composição [kõpozi'sãw] (pl **-ões**) F composition; (Tip) typesetting; (conciliação) compromise
compositor, a [kõpozi'tor(a)] M/F composer; (Tip) typesetter
composto, -a [kõ'postu, 'pɔsta] PP de **compor** ▶ ADJ (sério) serious; (de muitos elementos) composite, compound ▶ M compound; **~ de** made up of, composed of
compostura [kõpos'tura] F composure
compota [kõ'pɔta] F fruit in syrup; **~ de laranja** oranges in syrup
compra ['kõpra] F purchase; **fazer ~s** to go shopping
comprador, a [kõpra'dor(a)] M/F buyer, purchaser
comprar [kõ'prar] VT to buy; (subornar) to bribe; **~ briga** to look for trouble; **~ a briga de alguém** to fight sb's battle for him
comprazer-se [kõpra'zersi] VR: **~ com/em fazer** to take pleasure in/in doing
compreender [kõprj'der] VT (entender) to understand; (constar de) to comprise, consist of, be composed of; (abranger) to cover
compreensão [kõprjẽ'sãw] F understanding, comprehension
compreensível [kõprjẽ'sivew] (pl **-eis**) ADJ understandable, comprehensible
compreensivo, -a [kõprjẽ'sivu, a] ADJ understanding
compressa [kõ'prɛsa] F compress
compressão [kõpre'sãw] (pl **-ões**) F compression
compressor, a [kõpre'sor(a)] ADJ ver **rolo**
comprido, -a [kõ'pridu, a] ADJ long; (alto) tall; **ao ~** lengthways
comprimento [kõpri'mẽtu] M length
comprimido, -a [kõpri'midu, a] ADJ compressed ▶ M (pílula) pill; (pastilha) tablet
comprimir [kõpri'mir] VT to compress; (apertar) to squeeze
comprometedor, a [kõpromete'dor(a)] ADJ compromising

comprometer [kõprome'ter] VT to compromise; (envolver) to involve; (arriscar) to jeopardize; (empenhar) to pledge; **comprometer-se** VR to commit o.s.; **~-se a** to undertake to, promise to; **~-se com alguém** to make a commitment to sb
comprometido, -a [kõprome'tʃidu, a] ADJ (ocupado) busy; (noivo etc) spoken for
compromisso [kõpro'misu] M (promessa) promise; (obrigação) commitment; (hora marcada) appointment, engagement; (acordo) agreement; **sem ~** without obligation
comprovação [kõprova'sãw] (pl **-ões**) F proof, evidence; (Admin) receipts pl
comprovante [kõpro'vãtʃi] ADJ of proof ▶ M receipt; **~ de residência** proof of address
comprovar [kõpro'var] VT to prove; (confirmar) to confirm
compulsão [kõpuw'sãw] (pl **-ões**) F compulsion
compulsivo, -a [kõpuw'sivu, a] ADJ compulsive
compulsões [kõpuw'sõjs] FPL de **compulsão**
compulsório, -a [kõpuw'sɔrju, a] ADJ compulsory
compunção [kõpũ'sãw] F compunction
compungir [kõpũ'ʒir] VT to pain ▶ VI to be painful
compunha etc [kõ'puɲa] VB ver **compor**
compus etc [kõ'pus] VB ver **compor**
compuser etc [kõpu'zer] VB ver **compor**
computação [kõputa'sãw] F computation; (ciência, curso) computer science, computing; **~ em nuvem** cloud computing
computador [kõputa'dor] M computer
computadorizar [kõputadori'zar] VT to computerize
computar [kõpu'tar] VT to compute; (calcular) to calculate; (contar) to count
cômputo ['kõputu] M computation
comum [ko'mũ] (pl **-ns**) ADJ (pessoa) ordinary, common; (habitual) usual ▶ M the usual thing; **em ~** in common; **o ~ é partirmos às 8** we usually set off at 8; **fora do ~** unusual
comuna [ko'muna] (col) M/F communist
comungar [komũ'gar] VI to take communion
comunhão [komu'ɲãw] (pl **-ões**) F communion; (Rel) Holy Communion; **~ de bens** joint ownership
comunicação [komunika'sãw] (pl **-ões**) F communication; (mensagem) message; (curso) media studies sg; (acesso) access
comunicado [komuni'kadu] M notice; (oficial) communiqué
comunicar [komuni'kar] VT to communicate; (unir) to join ▶ VI to communicate; **comunicar-se** VR to communicate; **~ algo a alguém** to inform sb of sth; **~-se com** (entrar em contato) to get in touch with
comunicativo, -a [komunika'tʃivu, a] ADJ communicative; (riso) infectious

comunidade [komuni'dadʒi] F community; **C~ (Econômica) Europeia** European (Economic) Community
comunismo [komu'nizmu] M communism
comunista [komu'nista] ADJ, M/F communist
comunitário, -a [komuni'tarju, a] ADJ community *atr*
comuns [ko'mũs] PL *de* **comum**
comutador [komuta'dor] M switch
comutar [komu'tar] VT *(Jur)* to commute; *(trocar)* to exchange
concatenar [kõkate'nar] VT *(ideias)* to string together
côncavo, -a ['kõkavu, a] ADJ concave; *(cavado)* hollow ▶ M hollow
conceber [kõse'ber] VT to conceive; *(imaginar)* to conceive of, imagine; *(entender)* to understand ▶ VI to conceive, become pregnant
concebível [kõse'bivew] *(pl* **-eis**) ADJ conceivable
conceder [kõse'der] VT *(permitir)* to allow; *(outorgar)* to grant, accord; *(admitir)* to concede; *(dar)* to give ▶ VI: **~ em** to agree to
conceito [kõ'sejtu] M *(ideia)* concept, idea; *(fama)* reputation; *(opinião)* opinion
conceituado, -a [kõsej'twadu, a] ADJ well thought of, highly regarded
conceituar [kõsej'twar] VT to conceptualize
concentração [kõsẽtra'sãw] *(pl* **-ões**) F concentration; *(Esporte)* training camp
concentrado, -a [kõsẽ'tradu, a] ADJ concentrated ▶ M concentrate
concentrar [kõsẽ'trar] VT to concentrate; *(atenção)* to focus; *(reunir)* to bring together; *(molho)* to thicken; **concentrar-se** VR to concentrate; **~-se em** to concentrate on
concepção [kõsep'sãw] *(pl* **-ões**) F *(geração)* conception; *(noção)* idea, concept; *(opinião)* opinion
concernente [kõser'nẽtʃi] ADJ: **~ a** concerning
concernir [kõser'nir] VI: **~ a** to concern
concertar [kõser'tar] VT *(endireitar)* to adjust; *(conciliar)* to reconcile
concerto [kõ'sertu] M concert
concessão [kõse'sãw] *(pl* **-ões**) F concession; *(permissão)* permission
concessionária [kõsesjo'narja] F dealer, dealership
concessionário [kõsesjo'narju] M concessionaire
concessões [kõse'sõjs] FPL *de* **concessão**
concha ['kõʃa] F *(moluscos)* shell; *(para líquidos)* ladle
conchavo [kõ'ʃavu] M conspiracy
conciliação [kõsilja'sãw] *(pl* **-ões**) F reconciliation
conciliador, a [kõsilja'dor(a)] ADJ conciliatory ▶ M/F conciliator
conciliar [kõsi'ljar] VT to reconcile; **~ o sono** to get to sleep
conciliatório, -a [kõsilja'tɔrju, a] ADJ conciliatory
conciliável [kõsi'ljavew] *(pl* **-eis**) ADJ reconcilable
concílio [kõ'silju] M *(Rel)* council
concisão [kõsi'zãw] F concision, conciseness
conciso, -a [kõ'sizu, a] ADJ brief, concise
concitar [kõsi'tar] VT *(estimular)* to stir up, arouse; *(incitar)* to incite
conclamar [kõkla'mar] VT to shout; *(aclamar)* to acclaim; *(convocar)* to call together
Conclat [kõ'klatʃi] (BR) ABR F (= *Conferência Nacional da Classe Trabalhadora*) trade union
conclave [kõ'klavi] M conclave
cludente [kõklu'dẽtʃi] ADJ conclusive
concluir [kõ'klwir] VT *(terminar)* to end, conclude ▶ VI *(deduzir)* to conclude
conclusão [kõklu'zãw] *(pl* **-ões**) F *(término)* end; *(dedução)* conclusion; **chegar a uma ~** to come to a conclusion; **~, ele não veio** *(col)* the upshot is, he didn't come
conclusivo, -a [kõklu'zivu, a] ADJ conclusive
conclusões [kõklu'zõjs] FPL *de* **conclusão**
concomitante [kõkomi'tãtʃi] ADJ concomitant
concordância [kõkor'dãsja] F agreement
concordante [kõkor'dãtʃi] ADJ *(fatos)* concordant
concordar [kõkor'dar] VI, VT to agree; **não concordo!** I disagree!; **~ com** to agree with; **~ em** to agree to
concordata [kõkor'data] F liquidation agreement
concórdia [kõ'kɔrdʒja] F *(acordo)* agreement; *(paz)* peace
concorrência [kõko'hẽsja] F competition; *(a um cargo)* application
concorrente [kõko'hẽtʃi] M/F *(competidor)* contestant; *(candidato)* candidate
concorrer [kõko'her] VI *(competir)* to compete; **~ a** *(candidatar-se)* to apply for; **~ para** *(contribuir)* to contribute to
concorrido, -a [kõko'hidu, a] ADJ popular
concretização [kõkretʃiza'sãw] F realization
concretizar [kõkretʃi'zar] VT to make real; **concretizar-se** VR *(sonho)* to come true; *(ambições)* to be realized
concreto, -a [kõ'krɛtu, a] ADJ concrete; *(verdadeiro)* real; *(sólido)* solid ▶ M concrete; **~ armado** reinforced concrete
concupiscência [kõkupi'sẽsja] F greed; *(lascívia)* lust
concurso [kõ'kursu] M contest; *(exame)* competition; **~ público** open competition
concussão [kõku'sãw] F concussion; *(desfalque)* embezzlement
condado [kõ'dadu] M county
condão [kõ'dãw] M *ver* **varinha**
conde ['kõdʒi] M count
condecoração [kõdekora'sãw] *(pl* **-ões**) F decoration
condecorar [kõdeko'rar] VT to decorate

condenação [kõdena'sãw] (pl **-ões**) F condemnation; (Jur) conviction
condenar [kõde'nar] VT to condemn; (Jur: sentenciar) to sentence; (: declarar culpado) to convict
condenável [kõde'navew] (pl **-eis**) ADJ reprehensible
condensação [kõdẽsa'sãw] F condensation
condensar [kõdẽ'sar] VT to condense; **condensar-se** VR to condense
condescendência [kõdesẽ'dẽsja] F acquiescence
condescendente [kõdesẽ'dẽtʃi] ADJ condescending
condescender [kõdesẽ'der] VI to acquiesce; **~ a** ou **em** to condescend to, deign to
condessa [kõ'desa] F countess
condição [kõdʒi'sãw] (pl **-ões**) F condition; (social) status; (qualidade) capacity; **com a ~ de que** on condition that, provided that; **ter ~** ou **condições para fazer** to be able to do; **em condições de fazer** (pessoa) able to do; (carro etc) in condition to do; **em sua ~ de líder** in his capacity as leader
condicionado, -a [kõdʒisjo'nadu, a] ADJ conditioned
condicional [kõdʒisjo'naw] (pl **-ais**) ADJ conditional
condicionamento [kõdʒisjona'mẽtu] M conditioning
condições [kõdʒi'sõjs] FPL de **condição**
condigno, -a [kõ'dʒignu, a] ADJ (apropriado) fitting; (merecido) deserved
condigo etc [kõ'dʒigu] VB ver **condizer**
condimentar [kõdʒimẽ'tar] VT to season
condimento [kõdʒi'mẽtu] M seasoning
condisse etc [kõ'dʒisi] VB ver **condizer**
condito [kõ'dʒitu] PP de **condizer**
condizente [kõdʒi'zẽtʃi] ADJ: **~ com** in keeping with
condizer [kõdʒi'zer] (irreg: como **dizer**) VI: **~ com** to match
condoer-se [kõdo'ersi] VR: **~ de** to pity
condolência [kõdo'lẽsja] F condolence
condomínio [kõdo'minju] M condominium; (contribuição) service charge; **~ fechado** gated community
condução [kõdu'sãw] F (ato de conduzir) driving; (transporte) transport; (ônibus) bus; (Fís) conduction
conducente [kõdu'sẽtʃi] ADJ: **~ a** conducive to
conduta [kõ'duta] F conduct, behaviour (BRIT), behavior (US); **má ~** misconduct
conduto [kõ'dutu] M (tubo) tube; (cano) pipe; (canal) channel
condutor, a [kõdu'tor(a)] M/F (de veículo) driver ▶ M (Elet) conductor
conduzir [kõdu'zir] VT (PT: veículo) to drive; (levar) to lead; (negócio) to manage; (Fís) to conduct ▶ VI (PT) to drive; **conduzir-se** VR to behave; **~ a** to lead to
cone ['kɔni] M cone
conectar [konek'tar] VT to connect

cônego ['konegu] M (Rel) canon
conexão [konek'sãw] (pl **-ões**) F connection; (voo) connecting flight
conexo, -a [ko'nɛksu, a] ADJ connected
conexões [konek'sõjs] FPL de **conexão**
confabular [kõfabu'lar] VI to talk; **~ com** to talk to
confecção [kõfek'sãw] (pl **-ões**) F (feitura) making; (de um boletim) production; (roupa) ready-to-wear clothes pl; (negócio) business selling ready-to-wear clothes
confeccionar [kõfeksjo'nar] VT (fazer) to make; (fabricar) to manufacture
confeccionista [kõfeksjo'nista] M/F maker of ready-to-wear clothes
confecções [kõfek'sõjs] FPL de **confecção**
confederação [kõfedera'sãw] (pl **-ões**) F confederation; (liga) league
confederar [kõfede'rar] VT to unite; **confederar-se** VR to form an alliance
confeitar [kõfej'tar] VT (bolo) to ice
confeitaria [kõfejta'ria] F patisserie
confeiteiro, -a [kõfej'tejru, a] M/F confectioner
conferência [kõfe'rẽsja] F conference; (discurso) lecture; **fazer uma ~** to give a lecture
conferencista [kõferẽ'sista] M/F (que fala) speaker
conferente [kõfe'rẽtʃi] M/F (verificador) checker
conferir [kõfe'rir] VT (verificar) to check; (comparar) to compare; (outorgar) to grant; (título) to confer ▶ VI (estar certo) to tally; **confira!** see for yourself, check it out (col)
confessar [kõfe'sar] VT, VI to confess; **confessar-se** VR to confess; **~ alguém** (Rel) to hear sb's confession; **~-se culpado** (Jur) to plead guilty
confessionário [kõfesjo'narju] M confessional
confessor [kõfe'sor] M confessor
confete [kõ'fetʃi] M confetti; **jogar ~** (col) to be flattering
confiabilidade [kõfjabili'dadʒi] F reliability
confiado, -a [kõ'fjadu, a] (col) ADJ cheeky
confiança [kõ'fjãsa] F confidence; (fé) trust; (familiaridade) familiarity; **de ~** reliable; **digno de ~** trustworthy; **ter ~ em alguém** to trust sb; **dar ~ a alguém** (no tratamento) to be on informal terms with sb
confiante [kõ'fjãtʃi] ADJ confident; **~ em** confident of
confiar [kõ'fjar] VT to entrust; (segredo) to confide ▶ VI: **~ em** to trust; (ter fé) to have faith in
confiável [kõ'fjavew] (pl **-eis**) ADJ reliable
confidência [kõfi'dẽsja] F secret; **em ~** in confidence
confidencial [kõfidẽ'sjaw] (pl **-ais**) ADJ confidential
confidenciar [kõfidẽ'sjar] VT to tell in confidence

confidente [kõfi'dẽtʃi] M/F confidant(e)
configuração [kõfigura'sãw] (pl **-ões**) F configuration; (forma) shape, form
configurar [kõfigu'rar] VT to shape, form; (representar) to represent; (Comput) to configure
confinamento [kõfina'mẽtu] M confinement
confinar [kõfi'nar] VT (limitar) to limit; (enclausurar) to confine ▶ VI: **~ com** to border on; **confinar-se** VR: **~-se a** to confine o.s. to
confins [kõ'fīs] MPL limits, boundaries; **nos ~ de judas** (col) out in the sticks
confirmação [kõfirma'sãw] (pl **-ões**) F confirmation
confirmar [kõfir'mar] VT to confirm; **confirmar-se** VR (Rel) to be confirmed; (realizar-se) to come true
confiro etc [kõ'firu] VB ver **conferir**
confiscar [kõfis'kar] VT to confiscate, seize
confisco [kõ'fisku] M confiscation
confissão [kõfi'sãw] (pl **-ões**) F confession
conflagração [kõflagra'sãw] (pl **-ões**) F conflagration
conflagrar [kõfla'grar] VT to inflame, set alight; (fig) to plunge into turmoil
conflitante [kõfli'tãtʃi] ADJ conflicting
conflito [kõ'flitu] M conflict; **entrar em ~ (com)** to clash (with)
confluente [kõ'flwẽtʃi] M tributary
conformação [kõforma'sãw] (pl **-ões**) F (resignação) resignation; (forma) form
conformado, -a [kõfor'madu, a] ADJ resigned
conformar [kõfor'mar] VT (formar) to form ▶ VI: **~ com** to conform to; **conformar-se** VR: **~-se com** to resign o.s. to; (acomodar-se) to conform to
conforme [kõ'fɔrmi] PREP according to; (dependendo de) depending on ▶ CONJ (logo que) as soon as; (como) as, according to what; (à medida que) as; (dependendo de) depending on; **você vai? — ~** are you going? — it depends
conformidade [kõformi'dadʒi] F agreement; **em ~ com** in accordance with
conformismo [kõfor'mizmu] M conformity
conformista [kõfor'mista] M/F conformist
confortante [kõfor'tãtʃi] ADJ comforting
confortar [kõfor'tar] VT (consolar) to comfort, console
confortável [kõfor'tavew] (pl **-eis**) ADJ comfortable
conforto [kõ'fortu] M comfort
confraria [kõfra'ria] F fraternity
confraternizar [kõfraterni'zar] VI to fraternize
confrontação [kõfrõta'sãw] (pl **-ões**) F (acareação) confrontation; (comparação) comparison
confrontar [kõfrõ'tar] VT (acarear) to confront; (comparar) to compare; **confrontar-se** VR to face each other
confronto [kõ'frõtu] M confrontation; (comparação) comparison

confundir [kõfū'dʒir] VT to confuse; **confundir-se** VR to get mixed up, get confused
confusão [kõfu'zãw] (pl **-ões**) F confusion; (tumulto) uproar; (problemas) trouble; (barafunda) chaos; **isso vai dar tanta ~** this will cause so much trouble; **fazer ~** (confundir-se) to get mixed up ou confused
confuso, -a [kõ'fuzu, a] ADJ confused; (problema) confusing; **está tudo muito ~ aqui hoje** it's all very chaotic in here today
confusões [kõfu'zõjs] FPL de **confusão**
congelado, -a [kõʒe'ladu, a] ADJ frozen
congelador [kõʒela'dor] M freezer, deep freeze
congelamento [kõʒela'mẽtu] M freezing; (Econ) freeze
congelar [kõʒe'lar] VT to freeze; **congelar-se** VR to freeze
congênere [kõ'ʒeneri] ADJ similar
congênito, -a [kõ'ʒenitu, a] ADJ congenital
congestão [kõʒes'tãw] F congestion
congestionado, -a [kõʒestʃjo'nadu, a] ADJ (trânsito) congested; (olhos) bloodshot; (rosto) flushed
congestionamento [kõʒestʃjona'mẽtu] M congestion; **um ~ (de tráfego)** a traffic jam
congestionar [kõʒestʃjo'nar] VT to congest; **congestionar-se** VR (rosto) to go red
conglomeração [kõglomera'sãw] (pl **-ões**) F conglomeration
conglomerado [kõglome'radu] M conglomerate
conglomerar [kõglome'rar] VT to heap together; **conglomerar-se** VR (unir-se) to join together, group together
Congo ['kõgu] M: **o ~** the Congo
congratular [kõgratu'lar] VT: **~ alguém por** to congratulate sb on
congregação [kõgrega'sãw] (pl **-ões**) F (Rel) congregation; (reunião) gathering
congregar [kõgre'gar] VT to bring together; **congregar-se** VR to congregate
congressista [kõgre'sista] M/F congressman/woman
congresso [kõ'grɛsu] M congress, conference
conhaque [ko'ɲaki] M cognac, brandy
conhecedor, a [koɲese'dor(a)] ADJ knowing ▶ M/F connoisseur, expert
conhecer [koɲe'ser] VT to know; (travar conhecimento com) to meet; (descobrir) to discover; **conhecer-se** VR (travar conhecimento) to meet; (ter conhecimento) to know each other; **~ alguém de nome/vista** to know sb by name/sight; **quero ~ sua casa** I'd like to see your house; **você conhece Paris?** have you ever been to Paris?
conhecido, -a [koɲe'sidu, a] ADJ known; (célebre) well-known ▶ M/F acquaintance
conhecimento [koɲesi'mẽtu] M knowledge; (ideia) idea; (conhecido) acquaintance; (Com) bill of lading; **conhecimentos** MPL (informações) knowledge sg; **levar ao ~ de alguém** to bring to sb's notice; **ter ~ de**

to know; **tomar ~ de** to learn about; **não tomar ~ de** (*não dar atenção a*) to take no notice of; **é de ~ geral** it is common knowledge; **~ aéreo** air waybill
cônico, -a ['koniku, a] ADJ conical
conivência [koni'vẽsja] F connivance
conivente [koni'vẽtʃi] ADJ conniving; **ser ~ em** to connive in
conjetura [kõʒe'tura] F conjecture, supposition; **fazer ~ (sobre)** to guess (at)
conjeturar [kõʒetu'rar] VT to guess at ▶ VI to conjecture
conjugação [kõʒuga'sãw] (*pl* -**ões**) F conjugation
conjugado [kõʒu'gadu] M studio
conjugal [kõʒu'gaw] (*pl* -**ais**) ADJ conjugal; **vida ~** married life
conjugar [kõʒu'gar] VT (*verbo*) to conjugate; (*unir*) to join; **conjugar-se** VR to join together
cônjuge ['kõʒuʒi] M spouse
conjunção [kõʒũ'sãw] (*pl* -**ões**) F (*união*) union; (*Ling*) conjunction
conjuntivite [kõʒũtʃi'vitʃi] F conjunctivitis
conjuntivo [kõʒũ'tʃivu] (PT) M (*Ling*) subjunctive
conjunto, -a [kõ'ʒũtu, a] ADJ joint ▶ M (*totalidade*) whole; (*coleção*) collection; (*músicos*) group; (*roupa*) outfit; **em ~** together
conjuntura [kõʒũ'tura] F situation
conluio [kõ'luju] M collusion
conosco [ko'nosku] PRON with us
conotação [konota'sãw] (*pl* -**ões**) F connotation
conotar [kono'tar] VT to connote
conquanto [kõ'kwantu] CONJ although, though
conquista [kõ'kista] F conquest; (*da ciência*) achievement
conquistador, a [kõkista'dor(a)] ADJ conquering ▶ M conqueror; (*namorador*) ladies' man
conquistar [kõkis'tar] VT (*subjugar*) to conquer; (*alcançar*) to achieve; (*ganhar*) to win, gain; (*pessoa*) to win over
consagração [kõsagra'sãw] (*pl* -**ões**) F (*Rel*) consecration; (*aclamação*) acclaim; (*exaltação*) praise; (*dedicação*) dedication; (*de uma expressão*) establishment
consagrado, -a [kõsa'gradu, a] ADJ (*estabelecido*) established
consagrar [kõsa'grar] VT (*Rel*) to consecrate; (*aclamar*) to acclaim; (*dedicar*) to dedicate; (*tempo*) to devote; (*expressão*) to establish; (*exaltar*) to glorify; **consagrar-se** VR: **~-se a** to devote o.s. to
consanguíneo, -a [kõsã'gwinju, a] ADJ related by blood ▶ M/F blood relation
consciência [kõ'sjẽsja] F (*moral*) conscience; (*percepção*) awareness; (*senso de responsabilidade*) conscientiousness; **estar com a ~ limpa/pesada** to have a clear/guilty conscience; **ter ~ de** to be conscious of

505 | cônico – consideração

conscienciosos, -a [kõsjẽ'sjozu, ɔza] ADJ conscientious
consciente [kõ'sjẽtʃi] ADJ conscious
conscientizar [kõsjẽtʃi'zar] VT: **~ alguém** (*politicamente*) to raise sb's awareness; **conscientizar-se** VR to become more aware; **~-se de** to be aware of; **~ alguém de algo** to make sb aware of sth
cônscio, -a ['kõsju, a] ADJ aware
conscrição [kõskri'sãw] F conscription
consecução [kõseku'sãw] F attainment
consecutivo, -a [kõseku'tʃivu, a] ADJ consecutive
conseguinte [kõse'gĩtʃi] ADJ: **por ~** consequently
conseguir [kõse'gir] VT (*obter*) to get, obtain; **~ fazer** to manage to do, succeed in doing; **não consigo abrir a porta** I can't open the door
conselheiro, -a [kõse'ʎejru, a] M/F (*que aconselha*) counsellor (BRIT), counselor (US), adviser; (*Pol*) councillor
conselho [kõ'seʎu] M piece of advice; (*corporação*) council; **conselhos** MPL (*advertência*) advice *sg*; **~ de guerra** court martial; **C~ de ministros** (*Pol*) Cabinet; **C~ de Diretoria** board of directors; **o C~ de Segurança da ONU** the UN Security Council
consenso [kõ'sẽsu] M consensus, agreement
consensual [kõsẽ'swaw] (*pl* -**ais**) ADJ agreed
consentimento [kõsẽtʃi'mẽtu] M consent, permission
consentir [kõsẽ'tʃir] VT (*admitir*) to allow, permit; (*aprovar*) to agree to ▶ VI: **~ em** to agree to
consequência [kõse'kwẽsja] F consequence; **por ~** consequently; **em ~ de** as a consequence of
consequente [kõse'kwẽtʃi] ADJ (*coerente*) consistent
consertar [kõser'tar] VT to mend, repair; (*remediar*) to put right
conserto [kõ'sertu] M repair
conserva [kõ'serva] F pickle; **em ~** pickled; **fábrica de ~s** cannery
conservação [kõserva'sãw] F conservation; (*de vida, alimentos*) preservation
conservacionista [kõservasjo'nista] ADJ, M/F conservationist
conservado, -a [kõser'vadu, a] ADJ (*pessoa*) well-preserved
conservador, a [kõserva'dor(a)] ADJ conservative ▶ M/F (*Pol*) conservative
conservadorismo [kõservado'rizmu] M conservatism
conservante [kõser'vãtʃi] M preservative
conservar [kõser'var] VT (*preservar*) to preserve, maintain; (*reter, manter*) to keep, retain; **conservar-se** VR to keep; **"conserve-se à direita"** "keep right"
conservatório [kõserva'tɔrju] M conservatory
consideração [kõsidera'sãw] (*pl* -**ões**) F consideration; (*estima*) respect, esteem;

(*reflexão*) thought; **levar em ~** to take into account

considerado, -a [kõside'radu, a] ADJ respected, well thought of

considerar [kõside'rar] VT to consider; (*prezar*) to respect ▶ VI to consider; **considerar-se** VR to consider o.s.

considerável [kõside'ravew] (*pl* **-eis**) ADJ considerable

consignação [kõsigna'sãw] (*pl* **-ões**) F consignment; (*registro*) recording; (*de verbas*) assignment

consignar [kõsig'nar] VT (*mercadorias*) to send, dispatch; (*registrar*) to record; (*verba etc*) to assign

consigo¹ [kõ'sigu] PRON (*m*) with him; (*f*) with her; (*pl*) with them; (*com você*) with you

consigo² VB *ver* **conseguir**

consinto [kõ'sĩtu] VB *ver* **consentir**

consistência [kõsis'tẽsja] F consistency

consistente [kõsis'tẽtʃi] ADJ (*sólido*) solid; (*espesso*) thick

consistir [kõsis'tʃir] VI: **~ em** to be made up of, consist of

consoante [kõso'ãtʃi] F consonant ▶ PREP according to ▶ CONJ as; **~ prometera** as he had promised

consola [kõ'sɔla] F (*Comput*) console

consolação [kõsola'sãw] (*pl* **-ões**) F consolation

consolador, a [kõsola'dor(a)] ADJ consoling

consolar [kõso'lar] VT to console; **consolar-se** VR to console o.s.

console [kõ'sɔli] F (*Comput*) console

consolidar [kõsoli'dar] VT to consolidate; (*fratura*) to knit ▶ VI to become solid; to knit together

consolo [kõ'solu] M consolation

consome *etc* [kõ'somi] VB *ver* **consumir**

consomê [kõso'me] M consommé

consonância [kõso'nãsja] F (*harmonia*) harmony; (*concordância*) agreement

consorciar [kõsor'sjar] VT to join; (*combinar*) to combine ▶ VI: **~ a** to unite with

consórcio [kõ'sɔrsju] M (*união*) partnership; (*Com*) consortium

consorte [kõ'sɔrtʃi] M/F consort

conspícuo, -a [kõ'spikwu, a] ADJ conspicuous

conspiração [kõspira'sãw] (*pl* **-ões**) F plot, conspiracy

conspirador, a [kõspira'dor(a)] M/F plotter, conspirator

conspirar [kõspi'rar] VT to plot ▶ VI to plot, conspire

constância [kõs'tãsja] F constancy; (*estabilidade*) steadiness

constante [kõs'tãtʃi] ADJ constant; (*estável*) steady ▶ F constant

constar [kõs'tar] VI to be in; **consta que** it says that; **~ de** to consist of; **não me constava que ...** I was not aware that ...; **ao que me consta** as far as I know

constatação [kõstata'sãw] (*pl* **-ões**) F observation

constatar [kõsta'tar] VT (*estabelecer*) to establish; (*notar*) to notice; (*evidenciar*) to show up; (*óbito*) to certify; **pudemos ~ que** we could see that

constelação [kõstela'sãw] (*pl* **-ões**) F constellation; (*grupo*) cluster

constelado, -a [kõste'ladu, a] ADJ (*estrelado*) starry

consternação [kõsterna'sãw] F (*desalento*) depression; (*desolação*) distress

consternado, -a [kõster'nadu, a] ADJ (*desalentado*) depressed; (*desolado*) distressed

consternar [kõster'nar] VT (*desolar*) to distress; (*desalentar*) to depress; **consternar-se** VR to be distressed; to be depressed

constipação [kõstʃipa'sãw] (*pl* **-ões**) (PT) F cold

constipado, -a [kõstʃi'padu, a] (PT) ADJ: **estar ~** to have a cold

constipar-se [kõstʃi'parsi] (PT) VR to catch a cold

constitucional [kõstʃitusjo'naw] (*pl* **-ais**) ADJ constitutional

constituição [kõstʃitwi'sãw] (*pl* **-ões**) F constitution

constituinte [kõstʃi'twĩtʃi] ADJ constituent ▶ M/F (*deputado*) member ▶ F: **a C~** the Constituent Assembly

constituir [kõstʃi'twir] VT (*representar*) to constitute; (*formar*) to form; (*estabelecer*) to establish, set up; (*nomear*) to appoint; **constituir-se** VR: **~-se em** to set o.s. up as; (*representar*) to constitute

constrangedor, a [kõstrãʒe'dor(a)] ADJ restricting; (*que acanha*) embarrassing

constranger [kõstrã'ʒer] VT to constrain; (*acanhar*) to embarrass; **constranger-se** VR (*acanhar-se*) to feel embarrassed

constrangimento [kõstrãʒi'mẽtu] M constraint; (*acanhamento*) embarrassment

constranjo *etc* [kõs'trãʒu] VB *ver* **constranger**

construção [kõstru'sãw] (*pl* **-ões**) F building, construction

construir [kõs'trwir] VT to build, construct

construtivo, -a [kõstru'tʃivu, a] ADJ constructive

construtor, a [kõstru'tor(a)] ADJ building *atr*, construction *atr* ▶ M/F builder ▶ F building contractor

cônsul ['kõsuw] (*pl* **cônsules**) M consul

consulado [kõsu'ladu] M consulate

consulesa [kõsu'leza] F (woman) consul; (*esposa*) consul's wife

consulta [kõ'suwta] F consultation; **livro de ~** reference book; **horário de ~** surgery hours *pl* (BRIT), office hours *pl* (US)

consultar [kõsuw'tar] VT to consult; **~ alguém sobre** to ask sb's opinion about

consultivo, -a [kõsuw'tʃivu, a] ADJ advisory

consultor, a [kõsuw'tor(a)] M/F adviser, consultant

consultoria [kõsuwto'ria] F consultancy

consultório [kõsuw'tɔrju] M surgery
consumação [kõsuma'sãw] (pl **-ões**) F consummation; (em restaurante etc) minimum order
consumado, -a [kõsu'madu, a] ADJ consummate; ver tb **fato**
consumar [kõsu'mar] VT to consummate; **consumar-se** VR to be consummated
consumidor, a [kõsumi'dor(a)] ADJ consumer atr ▶ M/F consumer
consumir [kõsu'mir] VT to consume; (devorar) to eat away; (gastar) to use up; **consumir-se** VR to waste away
consumismo [kõsu'mizmu] M consumerism
consumista [kõsu'mista] ADJ, M/F consumerist
consumo [kõ'sumu] M consumption; **artigos de ~** consumer goods
conta ['kõta] F (cálculo) count; (em restaurante) bill; (fatura) invoice; (bancária) account; (de colar) bead; (responsabilidade) responsibility; **contas** FPL (Com) accounts; **à ~ de** to the account of; **ajustar ~s com** (fig) to settle an account with; **fazer de ~ que** to pretend that; **levar** ou **ter em ~** to take into account; **por ~ própria** of one's own accord; **trabalhar por ~ própria** to work for oneself; **prestar ~s de** to account for; **não é da sua ~** it's none of your business; **tomar ~ de** (criança etc) to look after; (encarregar-se de) to take care of; (dominar) to take hold of; **afinal de ~s** after all; **dar-se ~ de** to realize; (notar) to notice; **isso fica por sua ~** this is for you to deal with; **dar ~ de** (notar) to notice; (prestar contas de) to account for; (de tarefa) to handle, cope with; **ficar por ~** (furioso) to get mad; **ser a ~** to be just enough; **dar ~ do recado** (col) to deliver the goods; **~ bancária** bank account; **~ conjunta** joint account; **~ corrente** current account; **~ de e-mail** ou **de correio eletrônico** email account
contábil [kõ'tabiw] (pl **-eis**) ADJ accounting atr
contabilidade [kõtabili'dadʒi] F bookkeeping, accountancy; (departamento) accounts department; **~ de custos** cost accounting
contabilista [kõtabi'lista] (PT) M/F accountant
contabilizar [kõtabili'zar] VT to write up, book; **valor contabilizado** (Com) book value
contacto [kõ'tatu] (PT) M = **contato**
contado, -a [kõ'tadu, a] ADJ: **dinheiro de ~** (PT) cash payment; **estamos com dinheiro ~ para só três meses** we've got just enough money for three months
contador, a [kõta'dor(a)] M/F (Com) accountant ▶ M (Tec: medidor) meter; **~ de estórias** story-teller
contadoria [kõtado'ria] F audit department
contagem [kõ'taʒẽ] (pl **-ns**) F (de números) counting; (escore) score; **abrir a ~** (Futebol) to open the scoring
contagiante [kõta'ʒjãtʃi] ADJ (alegria) contagious

contagiar [kõta'ʒjar] VT to infect; **contagiar-se** VR to become infected
contágio [kõ'taʒju] M infection
contagioso, -a [kõta'ʒjozu, ɔza] ADJ (doença) contagious
conta-gotas M INV dropper
contaminação [kõtamina'sãw] F contamination
contaminar [kõtami'nar] VT to contaminate
contanto que [kõ'tãtu ki] CONJ provided that
conta-quilómetros (PT) M INV speedometer
contar [kõ'tar] VT to count; (narrar) to tell; (pretender) to intend; (imaginar) to think ▶ VI to count; **~ com** to count on; (esperar) to expect; **ela contava que a fossem ajudar** she expected them to help her; **~ em fazer** to count on doing, expect to do
contatar [kõta'tar] VT to contact
contato [kõ'tatu] M contact; **entrar em ~ com** to get in touch with, contact
contêiner [kõ'tejner] M container
contemplação [kõtẽpla'sãw] F contemplation
contemplar [kõtẽ'plar] VT to contemplate; (olhar) to gaze at ▶ VI to meditate; **contemplar-se** VR to look at o.s.
contemplativo, -a [kõtẽpla'tʃivu, a] ADJ (pessoa) thoughtful; (vida, literatura) contemplative
contemporâneo, -a [kõtẽpo'ranju, a] ADJ, M/F contemporary
contemporizar [kõtẽpori'zar] VT (situação) to ease ▶ VI to ease the situation
contenção [kõtẽ'sãw] (pl **-ões**) F restriction, containment; **~ de despesas** cutbacks pl
contencioso, -a [kõtẽ'sjozu, ɔza] ADJ contentious
contenções [kõtẽ'sõjs] FPL de **contenção**
contenda [kõ'tẽda] F quarrel, dispute
contenho etc [kõ'teɲu] VB ver **conter**
contentamento [kõtẽta'mẽtu] M (felicidade) happiness; (satisfação) contentment
contentar [kõtẽ'tar] VT (dar prazer) to please; (dar satisfação) to satisfy; **contentar-se** VR to be satisfied
contente [kõ'tẽtʃi] ADJ (alegre) happy; (satisfeito) pleased, satisfied
contento [kõ'tẽtu] M: **a ~** satisfactorily
conter [kõ'ter] (irreg: como **ter**) VT (encerrar) to contain, hold; (refrear) to restrain, hold back; (gastos) to curb; **conter-se** VR to restrain o.s.
conterrâneo, -a [kõte'hanju, a] ADJ fellow ▶ M/F compatriot, fellow countryman/woman
contestação [kõtesta'sãw] (pl **-ões**) F challenge; (negação) denial
contestar [kõtes'tar] VT (contrariar) to dispute, contest, question; (impugnar) to challenge
contestável [kõtes'tavew] (pl **-eis**) ADJ questionable
conteúdo [kõte'udu] M contents pl; (de um texto) content
conteve etc [kõ'tevi] VB ver **conter**

contexto [kõ'testu] M context
contido, -a [kõ'tʃidu, a] PP *de* **conter** ▶ ADJ contained; *(raiva)* repressed
contigo [kõ'tʃigu] PRON with you
contiguidade [kõtʃigwi'dadʒi] F proximity
contíguo, -a [kõ'tʃigwu, a] ADJ: ~ **a** next to
continência [kõtʃi'nēsja] F *(militar)* salute; **fazer ~ a** to salute
continental [kõtʃinē'taw] *(pl* **-ais**) ADJ continental
continente [kõtʃi'nētʃi] M continent
contingência [kõtʃi'ʒēsja] F contingency
contingente [kõtʃi'ʒētʃi] ADJ uncertain ▶ M *(Mil)* contingent; *(Com)* contingency, reserve
continuação [kõtʃinwa'sāw] F continuation
continuar [kõtʃi'nwar] VT to continue ▶ VI to continue, go on; ~ **falando** *ou* **a falar** to go on talking, continue talking *ou* to talk; **continue!** carry on!; **ela continua doente** she is still sick
continuidade [kõtʃinwi'dadʒi] F continuity
contínuo, -a [kõ'tʃinwu, a] ADJ *(persistente)* continual; *(sem interrupção)* continuous ▶ M office boy
contista [kõ'tʃista] M/F story writer
contive *etc* [kõ'tʃivi] VB *ver* **conter**
contiver *etc* [kõtʃi'ver] VB *ver* **conter**
conto ['kõtu] M story, tale; ~ **de fadas** fairy tale; ~ **do vigário** confidence trick
contorção [kõtor'sāw] *(pl* **-ões**) F contortion; *(dos músculos)* twitch
contorcer [kõtor'ser] VT to twist; **contorcer-se** VR to writhe
contorções [kõtor'sõjs] FPL *de* **contorção**
contornar [kõtor'nar] VT *(rodear)* to go round; *(ladear)* to skirt; *(fig: problema)* to get round
contornável [kõtor'navew] *(pl* **-eis**) ADJ avoidable
contorno [kõ'tornu] M outline; *(da terra)* contour; *(do rosto)* profile
contra ['kõtra] PREP against ▶ M: **os prós e os ~s** the pros and cons; **dar o ~ (a)** to be opposed (to); **ser do ~** to be against it
contra-almirante M rear-admiral
contra-argumento M counter-argument
contra-atacar VT to counterattack
contra-ataque M counterattack
contrabaixo [kõtra'bajʃu] M double bass
contrabalançar [kõtrabalā'sar] VT to counterbalance; *(compensar)* to compensate
contrabandear [kõtrabā'dʒjar] VT, VI to smuggle
contrabandista [kõtrabā'dʒista] M/F smuggler
contrabando [kõtra'bādu] M smuggling; *(artigos)* contraband
contrabarra [kõtra'baha] F *(Comput)* backslash
contração [kõtra'sāw] *(pl* **-ões**) F contraction
contracapa [kõtra'kapa] F inside cover
contracenar [kõtrase'nar] VI: ~ **com** to act alongside, star with

contraceptivo, -a [kõtrasep'tʃivu, a] ADJ contraceptive ▶ M contraceptive
contracheque [kõtra'ʃɛki] M pay slip (BRIT), check stub (US)
contrações [kõtra'sõjs] FPL *de* **contração**
contradição [kõtradʒi'sāw] *(pl* **-ões**) F contradiction
contradigo *etc* [kõtra'dʒigu] VB *ver* **contradizer**
contradisse *etc* [kõtra'dʒisi] VB *ver* **contradizer**
contradito [kõtra'dʒitu] PP *de* **contradizer**
contraditório, -a [kõtradʒi'tɔrju, a] ADJ contradictory
contradizer [kõtradʒi'zer] *(irreg: como* **dizer**) VT to contradict; **contradizer-se** VR *(pessoa)* to contradict o.s.; *(atitudes)* to be contradictory
contrafazer [kõtrafa'zer] *(irreg: como* **fazer**) VT to forge, counterfeit; *(pessoa)* to imitate, take off
contrafeito, -a [kõtra'fejtu, a] PP *de* **contrafazer** ▶ ADJ constrained
contrafez *etc* [kõtra'fez] VB *ver* **contrafazer**
contrafilé [kõtrafi'lɛ] M rump steak
contrafiz *etc* [kõtra'fiz] VB *ver* **contrafazer**
contrafizer *etc* [kõtrafi'zer] VB *ver* **contrafazer**
contragosto [kõtra'gostu] M: **a ~** against one's will, unwillingly
contraído, -a [kõtra'idu, a] ADJ *(tímido)* timid, shy
contraindicação [kõtraindʒika'sāw] *(pl* **-ões**) F contra-indication
contraindicado, -a [kõtraindʒi'kadu, a] ADJ contra-indicated
contrair [kõtra'ir] VT to contract; *(doença)* to contract, catch; *(hábito)* to form; **contrair-se** VR to contract; ~ **matrimônio** to get married
contralto [kõ'trawtu] M contralto
contramão [kõtra'māw] ADJ one-way ▶ F: **na ~** the wrong way down a one-way street
contramestre, -tra [kõtra'mɛstri, tra] M/F *(em fábrica)* supervisor ▶ M *(Náut)* boatswain
Contran [kõ'trā] (BR) ABR M = **Conselho Nacional de Trânsito**
contraofensiva [kõtraofē'siva] F counteroffensive
contraoferta [kõtrao'fɛrta] F counteroffer
contraparente, -a [kõtrapa'rētʃi, ta] M/F distant relative; *(afim)* in-law
contrapartida [kõtrapar'tʃida] F *(Com)* counterentry; *(fig)* compensation; **em ~ a** in the face of
contrapesar [kõtrape'zar] VT to counterbalance; *(fig)* to offset
contrapeso [kõtra'pezu] M counterbalance; *(Tec)* counterweight; *(Com)* makeweight
contrapor [kõtra'por] *(irreg: como* **pôr**) VT *(comparar)* to compare; **contrapor-se** VR: **~-se a** to be in opposition to; *(atitude)* to go against; ~ **algo a algo** to set sth against sth
contraproducente [kõtraprodu'sētʃi] ADJ counterproductive, self-defeating

contrapunha etc [kõtra'puɲa] VB ver **contrapor**
contrapus etc [kõtra'pus] VB ver **contrapor**
contrapuser etc [kõtrapu'zer] VB ver **contrapor**
contrariar [kõtra'rjar] VT (contradizer) to contradict; (aborrecer) to annoy
contrariedade [kõtrarje'dadʒi] F (aborrecimento) annoyance, vexation
contrário, -a [kõ'trarju, a] ADJ (oposto) opposite; (pessoa) opposed; (desfavorável) unfavourable (BRIT), unfavorable (US), adverse ▶ M opposite; **do ~** otherwise; **pelo ou ao ~** on the contrary; **ao ~** (do outro lado) the other way round; **muito pelo ~** on the contrary, quite the opposite
contrarregra [kõtra'hɛgra] M/F stage manager
contrarrevolução [kõtrahevolu'sãw] (pl **-ões**) F counter-revolution
contrassenso [kõtra'sẽsu] M nonsense
contrastante [kõtras'tãtʃi] ADJ contrasting
contrastar [kõtras'tar] VT to contrast
contraste [kõ'trastʃi] M contrast
contratação [kõtrata'sãw] F (de pessoal) employment
contratante [kõtra'tãtʃi] ADJ contracting ▶ M/F contractor
contratar [kõtra'tar] VT (serviços) to contract; (pessoal) to employ, take on
contratempo [kõtra'tẽpu] M (imprevisto) setback; (aborrecimento) upset; (dificuldade) difficulty
contrato [kõ'tratu] M contract; (acordo) agreement
contratual [kõtra'twaw] (pl **-ais**) ADJ contractual
contravapor [kõtrava'por] (col) M rebuff
contravenção [kõtravẽ'sãw] (pl **-ões**) F contravention, violation
contraventor, a [kõtravẽ'tor(a)] M/F offender
contribuição [kõtribwi'sãw] (pl **-ões**) F contribution; (imposto) tax
contribuinte [kõtri'bwĩtʃi] M/F contributor; (que paga impostos) taxpayer
contribuir [kõtri'bwir] VT to contribute ▶ VI to contribute; (pagar impostos) to pay taxes
contrição [kõtri'sãw] F contrition
contrito, -a [kõ'tritu, a] ADJ contrite
controlar [kõtro'lar] VT to control; **controlar-se** VR to control o.s.
controlável [kõtro'lavew] (pl **-eis**) ADJ controllable
controle [kõ'troli] M control; **~ remoto** remote control; **~ de crédito** (Com) credit control; **~ de qualidade** (Com) quality control
controvérsia [kõtro'vɛrsja] F controversy; (discussão) debate
controverso, -a [kõtro'vɛrsu, a] ADJ controversial
contudo [kõ'tudu] CONJ nevertheless, however

contumácia [kõtu'masja] F obstinacy; (Jur) contempt of court
contumaz [kõtu'majz] ADJ obstinate, stubborn ▶ M/F (Jur) defaulter
contundente [kõtũ'dẽtʃi] ADJ bruising; (argumento) cutting; **instrumento ~** blunt instrument
contundir [kõtũ'dʒir] VT to bruise; **contundir-se** VR to bruise o.s.
conturbação [kõturba'sãw] (pl **-ões**) F disturbance, unrest; (motim) riot
conturbado, -a [kõtur'badu, a] ADJ disturbed
conturbar [kõtur'bar] VT to disturb; (amotinar) to stir up
contusão [kõtu'zãw] (pl **-ões**) F bruise
contuso, -a [kõ'tuzu, a] ADJ bruised
contusões [kõtu'zõjs] FPL de **contusão**
convalescença [kõvale'sẽsa] F convalescence
convalescer [kõvale'ser] VI to convalesce
conveio etc [kõ'veju] VB ver **convir**
convenção [kõvẽ'sãw] (pl **-ões**) F convention; (acordo) agreement
convencer [kõvẽ'ser] VT to convince; (persuadir) to persuade; **convencer-se** VR: **~-se de** to be convinced about
convencido, -a [kõvẽ'sidu, a] ADJ (convicto) convinced; (col: imodesto) conceited, smug
convencimento [kõvẽsi'mẽtu] M (convicção) conviction; (col: imodéstia) conceit, smugness
convencional [kõvẽsjo'naw] (pl **-ais**) ADJ conventional
convencionar [kõvẽsjo'nar] VT to agree on; **convencionar-se** VR: **~-se em** to agree to
convenções [kõvẽ'sõjs] FPL de **convenção**
convenha etc [kõ'veɲa] VB ver **convir**
conveniência [kõve'njẽsja] F convenience
conveniente [kõve'njẽtʃi] ADJ convenient, suitable; (vantajoso) advantageous
convênio [kõ'venju] M (reunião) convention; (acordo) agreement
convento [kõ'vẽtu] M convent
convergir [kõver'ʒir] VI to converge
conversa [kõ'vɛrsa] F conversation; **~ fiada** idle talk; (promessa falsa) hot air; **ir na ~ de alguém** (col) to be taken in by sb; **~ vai, ~ vem** in the course of conversation; **ele não tem muita ~** he hasn't got a lot to say for himself
conversação [kõversa'sãw] (pl **-ões**) F (ato) conversation
conversadeira [kõversa'dejra] F de **conversador**
conversado, -a [kõver'sadu, a] ADJ (assunto) talked about; (pessoa) talkative, chatty; **estamos ~s** we've said all we had to say
conversador, -deira [kõversa'dor, 'dejra] ADJ talkative, chatty
conversa-fiada (pl **conversas-fiadas**) M/F: **ser um ~** to be all talk
conversão [kõver'sãw] (pl **-ões**) F conversion
conversar [kõver'sar] VI to talk; (bater papo) to chat

conversibilidade [kõversibili'dadʒi] F convertibility

conversível [kõver'sivew] (pl **-eis**) ADJ convertible ▶ M (Auto) convertible

conversões [kõver'sõjs] FPL de **conversão**

converter [kõver'ter] VT to convert; **converter-se** VR to be converted

convertido, -a [kõver'tʃidu, a] ADJ converted ▶ M/F convert

convés [kõ'vɛs] (pl **-eses**) M (Náut) deck

convexo, -a [kõ'vɛksu, a] ADJ convex

convicção [kõvik'sãw] (pl **-ões**) F conviction; (certeza) certainty

convicto, -a [kõ'viktu, a] ADJ (convencido) convinced; (réu) convicted; (patriota etc) staunch

convidado, -a [kõvi'dadu, a] ADJ invited ▶ M/F guest

convidar [kõvi'dar] VT to invite; **convidar-se** VR to invite o.s.

convidativo, -a [kõvida'tʃivu, a] ADJ inviting

convier etc [kõ'vjer] VB ver **convir**

convincente [kõvĩ'sẽtʃi] ADJ convincing

convir [kõ'vir] (irreg: como **vir**) VI (ser conveniente) to suit, be convenient; (ficar bem) to be appropriate; (concordar) to agree; **convém fazer isso o mais rápido possível** we must do this as soon as possible; **você há de ~ que ...** you must agree that ....

convirjo etc [kõ'virʒu] VB ver **convergir**

convite [kõ'vitʃi] M invitation

conviva [kõ'viva] M/F guest

convivência [kõvi'vẽsja] F living together; (familiaridade) familiarity, intimacy

conviver [kõvi'ver] VI: **~ com** (viver em comum) to live with; (ter familiaridade) to get on with

convívio [kõ'vivju] M (viver em comum) living together; (familiaridade) familiarity

convocar [kõvo'kar] VT to summon, call upon; (reunião, eleições) to call; (para o serviço militar) to call up

convosco [kõ'vosku] ADV with you

convulsão [kõvuw'sãw] (pl **-ões**) F convulsion; (fig) upheaval

convulsionar [kõvuwsjo'nar] VT (abalar) to shake; (excitar) to stir up

convulsivo, -a [kõvuw'sivu, a] ADJ convulsive

convulsões [kõvuw'sõjs] FPL de **convulsão**

cooper ['kuper] M jogging, running; **fazer ~** to go jogging ou running

cooperação [koopera'sãw] F cooperation

cooperante [koope'rãtʃi] ADJ cooperative, helpful

cooperar [koope'rar] VI to cooperate

cooperativa [koopera'tʃiva] F (Com) cooperative

cooperativo, -a [koopera'tʃivu, a] ADJ cooperative

coordenação [koordena'sãw] F coordination

coordenada [koorde'nada] F coordinate

coordenar [koorde'nar] VT to coordinate

copa ['kɔpa] F (de árvore) top; (dum chapéu) crown; (compartimento) pantry; (torneio) cup; **copas** FPL (Cartas) hearts

copeira [ko'pejra] F kitchen maid

Copenhague [kope'ɲagi] N Copenhagen

cópia ['kɔpja] F copy; **tirar ~ de** to copy

copiadora [kopja'dora] F (máquina) duplicating machine

copiar [ko'pjar] VT to copy

copidesque [kopi'dɛski] M copy editing ▶ M/F copy editor

copiloto [kopi'lotu] M co-pilot

copioso, -a [ko'pjozu, ɔza] ADJ abundant, numerous; (refeição) large; (provas) ample

copirraite [kopi'hajtʃi] M copyright

copo ['kɔpu] M glass; **ser um bom ~** (col) to be a good drinker

copyright [kopi'hajtʃi] M = **copirraite**

coque ['kɔki] M (penteado) bun

coqueiro [ko'kejru] M (Bot) coconut palm

coqueluche [koke'luʃi] F (Med) whooping cough; (mania) rage

coquete [ko'kɛtʃi] ADJ coquettish

coquetel [koke'tɛw] (pl **-éis**) M cocktail; (festa) cocktail party

cor¹ [kor] M: **de ~** by heart

cor² [kor] F colour (BRIT), color (US); **de ~** colo(u)red

coração [kora'sãw] (pl **-ões**) M heart; **de bom ~** kind-hearted; **de todo o ~** wholeheartedly

corado, -a [ko'radu, a] ADJ ruddy

coragem [ko'raʒẽ] F courage; (atrevimento) nerve

corais [ko'rajs] MPL de **coral**

corajoso, -a [kora'ʒozu, ɔza] ADJ courageous

coral [ko'raw] (pl **-ais**) ADJ choral ▶ M (Mús) choir; (Zool) coral

corante [ko'rãtʃi] ADJ, M colouring (BRIT), coloring (US)

corar [ko'rar] VT (pintar) to paint; (roupa) to bleach (in the sun) ▶ VI (ruborizar-se) to blush; (tornar-se branco) to bleach

corbelha [kor'bɛʎa] F basket

corcova [kor'kɔva] F hump

corcunda [kor'kũda] ADJ hunchbacked ▶ F hump ▶ M/F (pessoa) hunchback

corda ['kɔrda] F (cabo) rope, line; (Mús) string; (varal) clothes line; (de relógio) spring; **dar ~ em** to wind up; **roer a ~** to go back on one's word; **~s vocais** vocal cords; **estar com toda a ~** (pessoa) to be really wound up; **dar ~ a alguém** (deixar falar) to set sb off; (flertar) to flirt with sb

cordão [kor'dãw] (pl **-ões**) M string, twine; (joia) chain; (no carnaval) group; (Elet) lead; (fileira) row; **~ de sapato** shoestring

cordeiro [kor'dejru] M lamb; (fig) sheep

cordel [kor'dɛw] (pl **-éis**) M string; **literatura de ~** pamphlet literature

cor-de-rosa ADJ INV pink

cordial [kor'dʒjaw] (pl **-ais**) ADJ cordial ▶ M (bebida) cordial

cordialidade [kordʒjali'dadʒi] F warmth, cordiality

cordilheira [kordʒi'ʎejra] F mountain range

cordões [kor'dõjs] MPL *de* **cordão**
coreano, -a [ko'rjanu, a] ADJ Korean ▶ M/F Korean ▶ M (*Ling*) Korean
Coreia [ko'rɛja] F: **a ~** Korea
coreografia [korjogra'fia] F choreography
coreógrafo, -a [ko'rjɔgrafu, a] M/F choreographer
coreto [ko'retu] M bandstand; **bagunçar o ~ (de alguém)** (*col*) to spoil things (for sb)
corisco [ko'risku] M (*faísca*) flash
corista [ko'rista] M/F chorister ▶ F (*Teatro*) chorus girl
coriza [ko'riza] F runny nose
corja ['kɔrʒa] F (*PT: canalha*) rabble; (*bando*) gang
córnea ['kɔrnja] F cornea
córner ['kɔrner] M (*Futebol*) corner
corneta [kor'neta] F cornet; (*Mil*) bugle
corneteiro [korne'tejru] M bugler
cornetim [korne'tʃĩ] (*pl* -**ns**) M (*Mús*) French horn
coro ['koru] M chorus; (*conjunto de cantores*) choir; **em ~** in chorus
coroa [ko'roa] F crown; (*de flores*) garland ▶ M/F (*BR col*) old timer
coroação [korwa'sãw] (*pl* -**ões**) F coronation
coroar [koro'ar] VT to crown; (*premiar*) to reward
coronel [koro'nɛw] (*pl* -**éis**) M colonel; (*político*) local political boss
coronha [ko'rɔɲa] F (*de um fuzil*) butt; (*de um revólver*) handle
corpete [kor'petʃi] M bodice
corpo ['kɔrpu] M body; (*aparência física*) figure; (*: de homem*) build; (*de vestido*) bodice; (*Mil*) corps *sg*; **de ~ e alma** (*fig*) wholeheartedly; **lutar ~ a ~** to fight hand to hand; **fazer ~ mole** to get out of it; **tirar o ~ fora** (*col*) to duck out; **~ diplomático** diplomatic corps *sg*; **~ docente** teaching staff (BRIT), faculty (US); **~ estranho** (*Med*) foreign body
corporal [korpo'raw] (*pl* -**ais**) ADJ physical
corpulência [korpu'lẽsja] F stoutness
corpulento, -a [korpu'lẽtu, a] ADJ stout
correção [kohe'sãw] (*pl* -**ões**) F correction; (*exatidão*) correctness; **casa de ~** reformatory; **~ salarial/monetária** wage/monetary correction
corre-corre [kɔhi'kɔhi] (*pl* -**s**) M (*pressa*) scramble; (*de muitas pessoas*) stampede
corrediço, -a [kohe'dʒisu, a] ADJ sliding
corredor, a [kohe'dor(a)] M/F runner ▶ M (*passagem*) corridor, passageway; (*em avião etc*) aisle; (*cavalo*) racehorse; **o ~ da morte** death row
córrego ['kɔhegu] M stream, brook
correia [ko'heja] F strap; (*de máquina*) belt; (*para cachorro*) leash
correio [ko'heju] M mail, post; (*local*) post office; (*carteiro*) postman (BRIT), mailman (US); **~ aéreo** air mail; **pôr no ~** to post; **pelo ~** by post; **~ eletrônico** email; **~ de voz** voice mail

511 | **cordões – corrupção**

correlação [kohela'sãw] (*pl* -**ões**) F correlation
correlacionar [kohelasjo'nar] VT to correlate
correlações [kohela'sõjs] FPL *de* **correlação**
correligionário, -a [koheliʒjo'narju, a] M/F (*Pol*) fellow party member
corrente [ko'hẽtʃi] ADJ (*atual*) current; (*águas*) running; (*fluente*) flowing; (*comum*) usual, common ▶ F current; (*cadeia, joia*) chain; **~ de ar** draught (BRIT), draft (US)
correnteza [kohẽ'teza] F (*de ar*) draught (BRIT), draft (US); (*de rio*) current
correr [ko'her] VT to run; (*viajar por*) to travel across; (*cortina*) to draw; (*expulsar*) to drive out ▶ VI to run; (*em carro*) to drive fast, speed; (*líquido*) to flow, run; (*o tempo*) to elapse; (*boato*) to go round; (*atuar com rapidez*) to rush; **está tudo correndo bem** everything is going well; **as despesas ~ão por minha conta** I will handle the expenses
correria [kohe'ria] F rush
correspondência [kohespõ'dẽsja] F correspondence
correspondente [kohespõ'dẽtʃi] ADJ corresponding ▶ M correspondent
corresponder [kohespõ'der] VI: **~ a** to correspond to; (*ser igual*) to match (up to); (*retribuir*) to reciprocate; **corresponder-se** VR: **~-se com** to correspond with
corretagem [kohe'taʒẽ] F brokerage
corretivo, -a [kohe'tʃivu, a] ADJ corrective ▶ M punishment
correto, -a [ko'hɛtu, a] ADJ correct; (*conduta*) right; (*pessoa*) straight, honest
corretor, a [kohe'tor(a)] M/F broker ▶ M (*para datilografia*) correction strip; **~ de fundos** *ou* **de bolsa** stockbroker; **~ de imóveis** estate agent (BRIT), realtor (US); **~ ortográfico** spellchecker
corrida [ko'hida] F (*ato de correr*) running; (*certame*) race; (*de taxi*) fare; **~ de cavalos** horse race; **~ armamentista** arms race
corrido, -a [ko'hidu, a] ADJ (*rápido*) quick; (*expulso*) driven out ▶ ADV quickly
corrigir [kohi'ʒir] VT to correct; (*defeito, injustiça*) to put right
corrimão [kohi'mãw] (*pl* **corrimãos**) M handrail
corriqueiro, -a [kohi'kejru, a] ADJ common; (*problema*) trivial
corroa *etc* [ko'hoa] VB *ver* **corroer**
corroboração [kohobora'sãw] (*pl* -**ões**) F confirmation
corroborar [kohobo'rar] VT to corroborate, confirm
corroer [koho'er] VT (*metais*) to corrode; (*fig*) to eat away; **corroer-se** VR to corrode; to be eaten away
corromper [kohõ'per] VT to corrupt; (*subornar*) to bribe; **corromper-se** VR to be corrupted
corrosão [koho'zãw] F (*de metais*) corrosion; (*fig*) erosion
corrosivo, -a [koho'zivu, a] ADJ corrosive
corrupção [kohup'sãw] F corruption

corrupto, -a [ko'huptu, a] ADJ corrupt
Córsega ['kɔrsega] F: **a ~** Corsica
cortada [kor'tada] F (*Esporte*) smash; **dar uma ~ em alguém** (*fig*) to cut sb short
cortado [kor'tadu] M (*aperto*) tight spot; **trazer alguém num ~** to keep sb under one's thumb
cortadura [korta'dura] F (*corte*) cut; (*entre montes*) gap
cortante [kor'tãtʃi] ADJ cutting
cortar [kor'tar] VT to cut; (*eliminar*) to cut out; (*água, telefone etc*) to cut off; (*efeito*) to stop; (*Auto*) to cut up ▶ VI to cut; (*encurtar caminho*) to take a short cut; **cortar-se** VR to cut o.s.; **~ o cabelo** (*no cabeleireiro*) to have one's hair cut; **~ a palavra de alguém** to interrupt sb
corte¹ ['kɔrtʃi] M cut; (*gume*) cutting edge; (*de luz*) power cut; **sem ~** (*tesoura etc*) blunt; **~ de cabelo** haircut
corte² ['kɔrtʃi] F (*de um monarca*) court; (*de uma pessoa*) retinue; **cortes** FPL (PT) parliament *sg*
cortejar [korte'ʒar] VT to court
cortejo [kor'teʒu] M (*procissão*) procession
cortês [kor'tes] (*pl* **-eses**) ADJ polite
cortesão, -tesã [korte'zãw, te'zã] (*pl* **-s/-s**) ADJ courtly ▶ M/F courtier ▶ F courtesan
cortesia [korte'zia] F politeness; (*de empresa*) free offer
cortiça [kor'tʃisa] F (*matéria*) cork
cortiço [kor'tʃisu] M (*habitação*) slum tenement
cortina [kor'tʃina] F curtain; **~ de rolo** roller blind; **~ de voile** net curtain
cortisona [kortʃi'zɔna] F cortisone
coruja [ko'ruʒa] ADJ: **pai/mãe ~** proud father/mother ▶ F owl; **sessão ~** late show
coruscar [korus'kar] VI to sparkle, glitter
corvo ['korvu] M crow
cós [kɔs] M INV waistband; (*cintura*) waist
cosca ['kɔska] F: **fazer ~** to tickle
coser [ko'zer] VT, VI to sew, stitch
cosmético, -a [koz'mɛtʃiku, a] ADJ cosmetic ▶ M cosmetic
cósmico, -a ['kɔzmiku, a] ADJ cosmic
cosmo ['kɔzmu] M cosmos
cosmonauta [kozmo'nawta] M/F cosmonaut
cosmopolita [kozmopo'lita] ADJ cosmopolitan
cospe *etc* ['kɔspi] VB *ver* **cuspir**
costa ['kɔsta] F coast; **costas** FPL (*dorso*) back *sg*; **dar as ~s a** to turn one's back on; **ter ~s largas** (*fig*) to be thick-skinned; **ter ~s quentes** (*fig*) to have powerful backing, have friends in high places
costado [kos'tadu] M back; **de quatro ~s** through and through
Costa do Marfim F: **a ~** the Ivory Coast
Costa Rica F: **a ~** Costa Rica
costarriquenho, -a [kostahi'kɛɲu, a] ADJ, M/F Costa Rican
costear [kos'tʃjar] VT (*rodear*) to go round; (*gado*) to round up; (*Náut*) to follow ▶ VI to follow the coast

costela [kos'tɛla] F rib
costeleta [koste'leta] F chop, cutlet; **costeletas** FPL (*suíças*) side-whiskers
costumar [kostu'mar] VT (*habituar*) to accustom ▶ VI: **ele costuma chegar às 6.00** he usually arrives at 6.00; **costumava dizer ...** he used to say ...
costume [kos'tumi] M custom, habit; (*traje*) costume; **costumes** MPL (*comportamento*) behaviour *sg* (BRIT), behavior *sg* (US); (*conduta*) conduct *sg*; (*de um povo*) customs; **de ~** usual; **como de ~** as usual; **ter o ~ de fazer** to have a habit of doing
costumeiro, -a [kostu'mejru, a] ADJ usual, habitual
costura [kos'tura] F sewing, needlework; (*sutura*) seam; **sem ~** seamless
costurar [kostu'rar] VT, VI to sew
costureira [kostu'rejra] F dressmaker; (*móvel*) sewing box
cota ['kɔta] F (*quinhão*) quota, share; (*Geo*) height
cotação [kota'sãw] (*pl* **-ões**) F (*de preços*) list, quotation; (*Bolsa*) price; (*consideração*) esteem; **~ bancária** bank rate
cotado, -a [ko'tadu, a] ADJ (*Com: ação*) quoted; (*bem-conceituado*) well thought of; (*num concurso*) fancied
cotar [ko'tar] VT (*ações*) to quote; **~ algo em** to value sth at
cotejar [kote'ʒar] VT to compare
cotejo [ko'teʒu] M comparison
cotidiano, -a [kotʃi'dʒjanu, a] ADJ daily, everyday ▶ M: **o ~** daily life
cotoco [ko'toku] M (*do corpo*) stump; (*de uma vela etc*) stub
cotonete® [koto'nɛtʃi] M cotton bud (BRIT)
cotovelada [kotove'lada] F (*pancada*) shove; (*cutucada*) nudge
cotovelo [koto'velu] M (*Anat*) elbow; (*curva*) bend; **falar pelos ~s** to talk non-stop
coube *etc* ['kobi] VB *ver* **caber**
couraça [ko'rasa] F (*para o peito*) breastplate; (*de navio etc*) armour-plate (BRIT), armor-plate (US); (*de animal*) shell
couraçado [kora'sadu] (PT) M battleship
couro ['koru] M leather; (*de um animal*) hide; **~ cabeludo** scalp
couve ['kovi] F spring greens *pl*
couve-de-bruxelas (*pl* **couves-de-bruxelas**) F Brussels sprout
couve-flor (*pl* **couves-flor(es)**) F cauliflower
couvert [ku'vɛr] M cover charge
cova ['kɔva] F (*escavação*) pit; (*caverna*) cavern; (*sepultura*) grave
covarde [ko'vardʒi] ADJ cowardly ▶ M/F coward
covardia [kovar'dʒia] F cowardice
coveiro [ko'vejru] M gravedigger
covil [ko'viw] (*pl* **-is**) M den, lair
covinha [ko'viɲa] F dimple
covis [ko'vis] MPL *de* **covil**
coxa ['koʃa] F thigh

coxear [koˈʃjar] VI to limp, hobble
coxia [koˈʃia] F (passagem) aisle, gangway
coxo, -a [ˈkoʃu, a] ADJ lame
cozer [koˈzer] VT, VI to cook
cozido [koˈzidu] M stew
cozinha [koˈziɲa] F (compartimento) kitchen; (arte) cookery; (modo de cozinhar) cuisine; ~ **americana** open-plan kitchen; ~ **planejada** fitted kitchen
cozinhar [koziˈɲar] VT to cook; (remanchar) to put off ▶ VI to cook
cozinheiro, -a [koziˈɲejru, a] M/F cook
CP ABR = **Caminhos de Ferro Portugueses**
CPF (BR) ABR M (= Cadastro de Pessoa Física) tax-payer's identification number
CPI (BR) ABR F = **Comissão Parlamentar de Inquérito**
CPJ (BR) ABR M (= Cadastro de Pessoa Jurídica) register of companies
CPLP ABR F see note

> The **CPLP** or the Comunidade de Países de Língua Portuguesa was set up in 1996 to establish economic and diplomatic links between all countries where the official language is Portuguese. The members are Brazil, Portugal, Angola, Mozambique, Guinea-Bissau, Cape Verde and São Tomé e Príncipe. Portuguese is spoken by around 170 million people around the world today.

crachá [kraˈʃa] M badge
crânio [ˈkranju] M skull; **ser um** ~ (col) to be a whizz kid
craque [ˈkraki] M/F ace, expert ▶ M (jogador de futebol) soccer star
crasso, -a [ˈkrasu, a] ADJ crass
cratera [kraˈtɛra] F crater
cravar [kraˈvar] VT (prego etc) to drive (in); (pedras) to set; (com os olhos) to stare at; **cravar-se** VR to penetrate
cravejar [kraveˈʒar] VT (com cravos) to nail; (pedras) to set; ~ **alguém de balas** to spray sb with bullets
cravo [ˈkravu] M (flor) carnation; (Mús) harpsichord; (especiaria) clove; (na pele) blackhead; (prego) nail
creche [ˈkrɛʃi] F crèche, day-care centre
Creci [krɛˈsi] (BR) ABR M (= Conselho Regional dos Corretores de Imóveis) regulatory body of estate agents
credenciais [kredẽˈsjajs] FPL credentials
credenciar [kredẽˈsjar] VT to accredit; (habilitar) to qualify
crediário [kreˈdʒjarju] M credit plan
credibilidade [kredʒibiliˈdadʒi] F credibility
creditar [kredʒiˈtar] VT to guarantee; (Com) to credit; ~ **algo a alguém** (quantia) to credit sb with sth; (garantir) to assure sb of sth; ~ **alguém em** to credit sb with; ~ **uma quantia numa conta** to deposit an amount into an account
crédito [ˈkrɛdʒitu] M credit; **a** ~ on credit; **digno de** ~ reliable

credo [ˈkrɛdu] M creed; ~! heavens!
credor, a [kreˈdor(a)] ADJ worthy, deserving; (Com: saldo) credit atr ▶ M/F creditor
credulidade [kreduliˈdadʒi] F credulity
crédulo, -a [ˈkrɛdulu, a] ADJ credulous
creio etc [ˈkreju] VB ver **crer**
cremação [kremaˈsãw] (pl -**ões**) F cremation
cremalheira [kremaˈʎejra] F ratchet
cremar [kreˈmar] VT to cremate
crematório [kremaˈtɔrju] M crematorium
creme [ˈkrɛmi] ADJ INV cream ▶ M cream; (Culin: doce) custard; ~ **dental** toothpaste; ~ **de leite** single cream
cremoso, -a [kreˈmozu, ɔza] ADJ creamy
crença [ˈkrẽsa] F belief
crendice [krẽˈdʒisi] F superstition
crente [ˈkrẽtʃi] ADJ believing ▶ M/F believer; (protestante) Protestant; (evangélico) born-again Christian; **estar** ~ **que** to think (that)
creosoto [kreoˈzotu] M creosote
crepitação [krepitaˈsãw] F crackling
crepitante [krepiˈtãtʃi] ADJ crackling
crepitar [krepiˈtar] VI to crackle
crepom [kreˈpõ] ADJ: **papel** ~ crêpe paper
crepuscular [krepuskuˈlar] ADJ twilight atr
crepúsculo [kreˈpuskulu] M dusk, twilight
crer [krer] VT, VI to believe; **crer-se** VR to believe o.s. to be; ~ **em** to believe in; ~ **que** to think (that); **creio que sim** I think so
crescendo [kreˈsẽdu] M crescendo
crescente [kreˈsẽtʃi] ADJ growing; (forma) crescent ▶ M crescent
crescer [kreˈser] VI to grow; (Culin: massa) to rise
crescido, -a [kreˈsidu, a] ADJ (pessoa) grown up
crescimento [kresiˈmẽtu] M growth
crespo, -a [ˈkrespu, a] ADJ (cabelo) curly
cretinice [kretʃiˈnisi] F stupidity; (ato, dito) stupid thing
cretino [kreˈtʃinu] M cretin, imbecile
cria [ˈkria] F (animal: sg) baby animal; (: pl) young pl
criação [krjaˈsãw] (pl -**ões**) F creation; (de animais) raising, breeding; (educação) upbringing; (animais domésticos) livestock pl; **filho de** ~ adopted child
criado, -a [ˈkrjadu, a] M/F servant
criado-mudo (pl **criados-mudos**) M bedside table
criador, a [krjaˈdor(a)] M/F creator; ~ **de gado** cattle breeder
criança [ˈkrjãsa] ADJ childish ▶ F child; **ela é muito** ~ **para entender certas coisas** she's too young to understand certain things
criançada [krjãˈsada] F: **a** ~ the kids
criancice [krjãˈsisi] F (ato, dito) childish thing; (qualidade) childishness
criar [krjar] VT to create; (crianças) to bring up; (animais) to raise, breed; (amamentar) to suckle, nurse; (planta) to grow; **criar-se** VR: ~-**se (com)** to grow up (with); ~ **fama/coragem** to achieve notoriety/pluck up courage; ~ **caso** to make trouble

criatividade [kriatʃivi'dadʒi] F creativity
criativo, -a [kria'tʃivu, a] ADJ creative
criatura [kria'tura] F creature; (*indivíduo*) individual
crime ['krimi] M crime; **~ organizado** organized crime
criminal [krimi'naw] (*pl* **-ais**) ADJ criminal
criminalidade [kriminali'dadʒi] F crime
criminoso, -a [krimi'nozu, ɔza] ADJ, M/F criminal
crina ['krina] F mane
crioulo, -a ['krjolu, a] ADJ creole ▶ M/F creole; (BR: *negro*) Black (person)
criptografar [kriptogra'far] VT (*Comput, Tel*) to encrypt
críquete ['kriketʃi] M cricket
crisálida [kri'zalida] F chrysalis
crisântemo [kri'zãtemu] M chrysanthemum
crise ['krizi] F crisis; (*escassez*) shortage; (*Med*) attack, fit; **~ de choro** fit of hysterical crying
crisma ['krizma] F (*Rel*) confirmation
crismar [kriz'mar] VT (*Rel*) to confirm; **crismar-se** VR to be confirmed
crista ['krista] F (*de serra, onda*) crest; (*de galo*) cock's comb; **estar na ~ da onda** (*fig*) to enjoy a prominent position
cristal [kris'taw] (*pl* **-ais**) M crystal; (*vidro*) glass; **cristais** MPL (*copos*) glassware *sg*
cristalino, -a [krista'linu, a] ADJ crystal-clear
cristalizar [kristali'zar] VI to crystallize
cristandade [kristã'dadʒi] F Christianity
cristão, -tã [kris'tãw, 'tã] (*pl* **-s/-s**) ADJ, M/F Christian
cristianismo [kristʃja'nizmu] M Christianity
Cristo ['kristu] M Christ
critério [kri'tɛrju] M (*norma*) criterion; (*juízo*) discretion, judgement; **deixo isso a seu ~** I'll leave that to your discretion
criterioso, -a [krite'rjozu, ɔza] ADJ thoughtful, careful
crítica ['kritʃika] F criticism; (*artigo*) critique; (*conjunto de críticos*) critics *pl*; *ver tb* **crítico**
criticar [kritʃi'kar] VT to criticize; (*um livro*) to review
crítico, -a ['kritʃiku, a] ADJ critical ▶ M/F critic
critiquei *etc* [kritʃi'kej] VB *ver* **criticar**
crivar [kri'var] VT (*com balas etc*) to riddle; (*de perguntas, de insultos*) to bombard
crível ['krivew] (*pl* **-eis**) ADJ credible
crivo ['krivu] M sieve; (*fig*) scrutiny
crocante [kro'kãtʃi] ADJ (*pão, alface*) crispy; (*nozes, chocolate*) crunchy
crochê [kro'ʃe] M crochet
crocodilo [kroko'dʒilu] M crocodile
cromo ['krɔmu] M chrome
cromossomo [kromo'sɔmu] M chromosome
crônica ['kronika] F chronicle; (*coluna de jornal*) newspaper column; (*texto jornalístico*) feature; (*conto*) short story
crônico, -a ['kroniku, a] ADJ chronic
cronista [kro'nista] M/F (*de jornal*) columnist; (*historiógrafo*) chronicler; (*contista*) short story writer

cronologia [kronolo'ʒia] F chronology
cronológico, -a [krono'lɔʒiku, a] ADJ chronological
cronometrar [kronome'trar] VT to time
cronômetro [kro'nometru] M stopwatch
croquete [kro'kɛtʃi] M croquette
croqui [kro'ki] M sketch
crosta ['krosta] F crust; (*Med*) scab
cru, a [kru, 'krua] ADJ raw; (*não refinado*) crude; (*ignorante*) not very good; (*realidade*) harsh, stark
crucial [kru'sjaw] (*pl* **-ais**) ADJ crucial
crucificação [krusifika'sãw] (*pl* **-ões**) F crucifixion
crucificar [krusifi'kar] VT to crucify
crucifixo [krusi'fiksu] M crucifix
crudelíssimo, -a [krude'lisimu, a] ADJ SUPERL *de* **cruel**
cruel [kru'ɛw] (*pl* **-éis**) ADJ cruel
crueldade [kruew'dadʒi] F cruelty
cruento, -a [kru'ẽtu, a] ADJ bloody
crupe ['krupi] M (*Med*) croup
crustáceos [krus'tasjus] MPL crustaceans
cruz [kruz] F cross; (*infortúnio*) undoing; **~ gamada** swastika; **C~ Vermelha** Red Cross; **estar entre a ~ e a caldeirinha** (*fig*) to be between the devil and the deep blue sea (BRIT), be between a rock and a hard place (US)
cruzada [kru'zada] F crusade
cruzado, -a [kru'zadu, a] ADJ crossed ▶ M crusader; (*moeda*) cruzado
cruzador [kruza'dor] M (*navio*) cruiser
cruzamento [kruza'mẽtu] M (*de estradas*) crossroads; (*mestiçagem*) cross
cruzar [kru'zar] VT to cross ▶ VI (*Náut*) to cruise; (*pessoas*) to pass each other by; **~ com** to meet
cruzeiro [kru'zejru] M (*cruz*) (*monumental*) cross; (*moeda*) cruzeiro; (*viagem de navio*) cruise
CSN (BR) ABR M = **Conselho de Segurança Nacional**
CTB ABR F = **Companhia Telefônica Brasileira**
cu [ku] (!) M arse (!); **vai tomar no cu** fuck off (!); **cu de ferro** (*m, f: col*) swot
Cuba ['kuba] F Cuba
cubano, -a [ku'banu, a] ADJ, M/F Cuban
cúbico, -a ['kubiku, a] ADJ cubic
cubículo [ku'bikulu] M cubicle
cubismo [ku'bizmu] M cubism
cubo ['kubu] M cube; (*de roda*) hub
cubro *etc* ['kubru] VB *ver* **cobrir**
cuca ['kuka] (*col*) F head; **fundir a ~** (*quebrar a cabeça*) to rack one's brain; (*baratinar*) to boggle the mind; (*perturbar*) to drive crazy
cuca-fresca (*pl* **cucas-frescas**) (*col*) M/F cool customer
cuco ['kuku] M cuckoo
cucuia [ku'kuja] F: **ir para a ~** (*col*) to go down the drain
cueca ['kwɛka] F (BR) underpants *pl*; **cuecas** FPL (PT: *para homens*) underpants *pl*; (*para*

mulheres) panties *pl*; ~ **samba-canção** boxer shorts *pl*; ~ **slip** briefs *pl*
cueiro [ku'ejru] M wrap
cuíca ['kwika] F *kind of musical instrument*
cuidado [kwi'dadu] M care; **aos ~s de** in the care of; **ter ~** to be careful; **~!** watch out!, be careful!; **tomar ~ (de)** to be careful (of); **~ para não se cortar** be careful you don't cut yourself
cuidador, -a [kwida'dor(a)] M/F carer (BRIT), caregiver (US)
cuidadoso, -a [kwida'dozu, ɔza] ADJ careful
cuidar [kwi'dar] VI: **~ de** to take care of, look after; **cuidar-se** VR to look after o.s.
cujo, -a ['kuʒu, a] PRON (*de quem*) whose; (*de que*) of which
culatra [ku'latra] F (*de arma*) breech
culinária [kuli'narja] F cookery
culinário, -a [kuli'narju, a] ADJ culinary
culminância [kuwmi'nãsja] F culmination
culminante [kuwmi'nãtʃi] ADJ: **ponto ~** highest point; (*fig*) peak
culminar [kuwmi'nar] VI: **~ (com)** to culminate (in)
culote [ku'lɔtʃi] M (*calça*) jodhpurs *pl*; (*gordura*) flab on the thighs
culpa ['kuwpa] F fault; (*Jur*) guilt; **ter ~ de** to be to blame for; **por ~ de** because of; **pôr a ~ em** to put the blame on; **sentimento de ~** guilty conscience
culpabilidade [kuwpabili'dadʒi] F guilt
culpado, -a [kuw'padu, a] ADJ guilty ▶ M/F culprit
culpar [kuw'par] VT to blame; (*acusar*) to accuse; **culpar-se** VR to take the blame
culpável [kuw'pavew] (*pl* -**eis**) ADJ guilty
cultivar [kuwtʃi'var] VT to cultivate; (*plantas*) to grow
cultivável [kuwtʃi'vavew] (*pl* -**eis**) ADJ cultivable
cultivo [kuw'tʃivu] M cultivation
culto, -a ['kuwtu, a] ADJ cultured ▶ M (*homenagem*) worship; (*religião*) cult
cultura [kuw'tura] F culture; (*da terra*) cultivation
cultural [kuwtu'raw] (*pl* -**ais**) ADJ cultural
cumbuca [kũ'buka] F pot
cume ['kumi] M top, summit; (*fig*) climax
cúmplice ['kũplisi] M/F accomplice
cumplicidade [kũplisi'dadʒi] F complicity
cumpridor, a [kũpri'dor(a)] ADJ punctilious, responsible
cumprimentar [kũprimẽ'tar] VT (*saudar*) to greet; (*dar parabéns*) to congratulate; **cumprimentar-se** VR to greet one another
cumprimento [kũpri'mẽtu] M (*realização*) fulfilment; (*saudação*) greeting; (*elogio*) compliment; **cumprimentos** MPL (*saudações*) best wishes; **~ de uma lei/ordem** compliance with a law/an order
cumprir [kũ'prir] VT (*desempenhar*) to carry out; (*promessa*) to keep; (*lei*) to obey; (*pena*) to serve ▶ VI (*convir*) to be necessary; **cumprir-se** VR to

be fulfilled; **~ a palavra** to keep one's word; **fazer ~** to enforce
cumulativo, -a [kumula'tʃivu, a] ADJ cumulative
cúmulo ['kumulu] M height; **é o ~!** that's the limit!
cunha ['kuɲa] F wedge
cunhado, -a [ku'ɲadu, a] M/F brother-in-law/sister-in-law
cunhar [ku'ɲar] VT (*moedas*) to mint; (*palavras*) to coin
cunho ['kuɲu] M (*marca*) hallmark; (*caráter*) nature
cupê [ku'pe] M coupé
cupim [ku'pĩ] (*pl* -**ns**) M termite
cupincha [ku'pĩʃa] M/F mate, pal
cupins [ku'pĩs] MPL *de* **cupim**
cupom [ku'põ] (*pl* -**ns**) M coupon
cúpula ['kupula] F (*Arq*) dome; (*de abajur*) shade; (*de partido etc*) leadership; **(reunião de) ~** summit (meeting)
cura ['kura] F (*ato de curar*) cure; (*tratamento*) treatment; (*de carnes etc*) curing, preservation ▶ M priest
curador, a [kura'dor(a)] M/F (*de menores, órfãos*) guardian; (*de instituição*) trustee
curandeiro [kurã'dejru] M (*feiticeiro*) healer, medicine man; (*charlatão*) quack
curar [ku'rar] VT (*doença*) to cure; (*ferida*) to treat; (*carne etc*) to cure, preserve; **curar-se** VR to get well
curativo [kura'tʃivu] M dressing
curável [ku'ravew] (*pl* -**eis**) ADJ curable
curetagem [kure'taʒẽ] F curettage
curinga [ku'rĩga] M wild card
curingão [kurĩ'gãw] (*pl* -**ões**) M joker
curiosidade [kurjozi'dadʒi] F curiosity; (*objeto raro*) curio
curioso, -a [ku'rjozu, ɔza] ADJ curious ▶ M/F snooper, inquisitive person; **curiosos** MPL (*espectadores*) onlookers; **o ~ é ...** the strange thing is ....
curitibano, -a [kuritʃi'banu, a] ADJ from Curitiba ▶ M/F person from Curitiba
curral [ku'haw] (*pl* -**ais**) M pen, enclosure
currar [ku'har] (*col*) VT to rape
currículo [ku'hikulu] M (*profissional*) curriculum vitae, CV, résumé (US); (*programa*) curriculum
curriculum vitae [ku'hikulũ 'vite] M curriculum vitae
cursar [kur'sar] VT (*aulas, escola*) to attend; (*cursos*) to follow; **ele está cursando História** he's studying *ou* doing history
cursivo [kur'sivu] M (*Tip*) script
curso ['kursu] M course; (*direção*) direction; **em ~** (*ano etc*) current; (*processo*) in progress; (*dinheiro*) in circulation; **~ primário/secundário/superior** primary school/secondary school/degree course; **~ normal** teacher-training course
cursor [kur'sor] M (*Comput*) cursor
curta ['kurta] M (*Cinema*) short

curta-metragem (pl **curtas-metragens**) M short film
curtição [kurtʃi'sãw] F (col) fun; (de couro) tanning
curtido, -a [kur'tʃidu, a] ADJ (fig) hardened
curtir [kur'tʃir] VT (couro) to tan; (tornar rijo) to toughen up; (padecer) to suffer, endure; (col) to enjoy
curto, -a ['kurtu, a] ADJ short; (inteligência) limited ▶ M (Elet) short (circuit)
curto-circuito (pl **curtos-circuitos**) M short circuit
curva ['kurva] F curve; (de estrada, rio) bend; **~ fechada** hairpin bend
curvar [kur'var] VT to bend, curve; (submeter) to put down; **curvar-se** VR (abaixar-se) to stoop; **~-se a** (submeter-se) to submit to
curvatura [kurva'tura] F curvature
curvo, -a ['kurvu, a] ADJ curved; (estrada) winding
cuscuz [kus'kuz] M couscous
cusparada [kuspa'rada] F spit; **dar uma ~** to spit
cuspe ['kuspi] M spit, spittle
cuspido, -a [kus'pidu, a] ADJ covered in spittle; **ele é o pai ~ e escarrado** (col) he's the spitting image of his father
cuspir [kus'pir] VT, VI to spit; **~ no prato em que se come** to bite the hand that feeds one

custa ['kusta] F: **à ~ de** at the expense of; **custas** FPL (Jur) costs
custar [kus'tar] VI to cost; (ser difícil) to be difficult; (demorar) to take a long time; **~ caro** to be expensive; **~ a fazer** (ter dificuldade) to have trouble doing; (demorar) to take a long time to do; **não custa nada perguntar** there's no harm in asking
custear [kus'tʃjar] VT to bear the cost of
custeio [kus'teju] M funding; (relação de custos) costing
custo ['kustu] M cost; **a ~** with difficulty; **a todo ~** at all costs
custódia [kus'tɔdʒja] F custody
CUT (BR) ABR F (= Central Única de Trabalhadores) trade union
cutelaria [kutela'ria] F knife-making
cutelo [ku'tɛlu] M cleaver
cutícula [ku'tʃikula] F cuticle
cútis ['kutʃis] F INV (pele) skin; (tez) complexion
cutucada [kutu'kada] F nudge; (com o dedo) prod
cutucar [kutu'kar] VT (com o dedo) to prod, poke; (com o cotovelo) to nudge
CVV (BR) ABR M (= Centro de Valorização da Vida) Samaritan organization
Cz$ ABR = **cruzado**
czar [kzar] M czar

Dd

D, d [de] M (pl **ds**) D, d ▶ ABR = **dona**; (= *direito*) R.; (= *deve*) d; **D de dado** D for David (BRIT) *ou* dog (US)

d/ ABR = **dia**

da [da] = **de + a**; *ver* **de**

dá [da] VB *ver* **dar**

DAC (BR) ABR M = **Departamento de Aviação Civil**

dactilografar *etc* [datilogra'far] (PT) = **datilografar** *etc*

dadaísmo [dada'izmu] M Dadaism

dádiva ['dadʒiva] F (*donativo*) donation; (*oferta*) gift

dadivoso, -a [dadʒi'vozu, ɔza] ADJ generous

dado, -a ['dadu, a] ADJ given; (*sociável*) sociable ▶ M (*em jogo*) die; (*fato*) fact; (*Comput*) piece of data; **dados** MPL (*em jogo*) dice; (*fatos, Comput*) data *sg*; **ser ~ a algo** to be prone *ou* given to sth; **em ~ momento** at a given moment; **~ que** (*suposto que*) supposing that; (*uma vez que*) given that

daí [da'ji] ADV (= *de + aí*) (*desse lugar*) from there; (*desse momento*) from then; (*col: num relato*) then; **~ a um mês** a month later; **~ por** *ou* **em diante** from then on; **e ~?** (*col*) so what?

dali [da'li] ADV = **de + ali**; *ver* **de**

dália ['dalja] F dahlia

daltônico, -a [daw'toniku, a] ADJ colour-blind (BRIT), color-blind (US)

daltonismo [dawto'nizmu] M colour (BRIT) *ou* color (US) blindness

dama ['dama] F lady; (*Xadrez, Cartas*) queen; **damas** FPL (*jogo*) draughts (BRIT), checkers (US); **~ de honra** bridesmaid

Damasco [da'masku] N Damascus

damasco [da'masku] M (*fruta*) apricot; (*tecido*) damask

danação [dana'sãw] F damnation; (*travessura*) mischief, naughtiness

danado, -a [da'nadu, a] ADJ (*condenado*) damned; (*zangado*) furious, angry; (*menino*) mischievous, naughty; **cão ~** mad dog; **ela está com uma fome/dor danada** she's really hungry/got a terrible pain; **uma gripe danada/um susto ~** a really bad case of flu/a hell of a fright; **ele é ~ de bom** (*col*) he's really good; **ser ~ em algo** to be really good at sth

danar-se [dã'narsi] VR (*enfurecer-se*) to get furious; **dane-se!** (*col*) damn it!; **danou-se!** (*col*) oh, gosh!

dança ['dãsa] F dance; **entrar na ~** to get involved

dançar [dã'sar] VI to dance; (*col: pessoa: sair-se mal*) to lose out; (: *em exame*) to fail; (: *coisa*) to go by the board

dançarino, -a [dãsa'rinu, a] M/F dancer

danceteria [dãsete'ria] F disco(theque)

dancing ['dãsĩŋ] M dance hall

danificar [danifi'kar] VT (*objeto*) to damage

daninho, -a [da'niɲu, a] ADJ harmful; (*gênio*) nasty

dano ['danu] M (*tb*: **danos**) damage; (*moral*) harm; (*a uma pessoa*) injury

danoso, -a [da'nozu, ɔza] ADJ (*a uma pessoa*) harmful; (*a uma coisa*) damaging

dantes ['dãtʃis] ADV before, formerly

Danúbio [da'nubju] M: **o ~** the Danube

daquele, -a [da'kele, 'kɛla] = **de + aquele**; *ver* **de**

daqui [da'ki] ADV (= *de + aqui*) (*deste lugar*) from here; **~ a pouco** soon, in a little while; **~ a uma semana** a week from now, in a week's time; **~ em diante** from now on

daquilo [da'kilu] = **de + aquilo**; *ver* **de**

(PALAVRA-CHAVE)

dar [dar] VT **1** (*ger*) to give; (*festa*) to hold; (*problemas*) to cause; **dar algo a alguém** to give sb sth, give sth to sb; **dar de beber a alguém** to give sb a drink; **dar aula de francês** to teach French
2 (*produzir: fruta etc*) to produce
3 (*notícias no jornal*) to publish
4 (*cartas*) to deal
5 (+ *n: perífrase de vb*): **me dá medo/pena** it frightens/upsets me
▶ VI **1**: **dar com** (*coisa*) to find; (*pessoa*) to meet
2: **dar em** (*bater*) to hit; (*resultar*) to lead to; (*lugar*) to come to
3: **dá no mesmo** it's all the same
4: **dar de si** (*sapatos etc*) to stretch, give
5: **dar para** (*impess: ser possível*) to be able to; **dá para trocar dinheiro aqui?** can I change money here?; **vai dar para eu ir amanhã** I'll be able to go tomorrow; **dá para você vir amanhã? — não, amanhã**

não vai dar can you come tomorrow? — no, I can't
6 (*ser suficiente*): **dar para/para fazer** to be enough for/to do; **dá para todo mundo?** is there enough for everyone?
dar-se VR **1** (*sair-se*): **dar-se bem/mal** to do well/badly
2: **dar-se (com alguém)** to be acquainted (with sb); **dar-se bem (com alguém)** to get on well (with sb)
3: **dar-se por vencido** to give up

Dardanelos [darda'nɛlus] MPL: **os** ~ the Dardanelles
dardo ['dardu] M dart; (*grande*) spear
das [das] = **de + as**; *ver* **de**
data ['data] F date; (*época*) time; **de longa** ~ of long standing
datação [data'sãw] F dating
datar [da'tar] VT to date ▶ VI: ~ **de** to date from
datilografar [datʃilogra'far] VT to type
datilografia [datʃilogra'fia] F typing
datilógrafo, -a [datʃi'lɔgrafu, a] M/F typist (BRIT), stenographer (US)
dativo, -a [da'tʃivu, a] ADJ dative ▶ M dative
d.C. ABR (= *depois de Cristo*) A.D.
DDD ABR F (= *discagem direta a distância*) direct long-distance dialling ▶ ABR M (*código*) dialling code (BRIT), area code (US)
DDI ABR F (= *discagem direta internacional*) IDD ▶ ABR M (*código de país*) country code

PALAVRA-CHAVE

de [dʒi] (*de + o(s)/a(s) = do(s)/da(s); + ali = dali; + ele(s)/a(s) = dele(s)/a(s); + esse(s)/a(s) = desse(s)/a(s); + isso = disso; + este(s)/a(s) = deste(s)/a(s); + isto = disto; + aquele(s)/a(s) = daquele(s)/a(s); + aquilo = daquilo*) (*posse*) of; **a casa de João/da irmã** João's/my sister's house; **é dele** it's his; **um romance de** a novel by
2 (*origem, distância, com números*) from; **sou de São Paulo** I'm from São Paulo; **de 8 a 20** from 8 to 20; **sair do cinema** to leave the cinema; **de dois em dois** two by two, two at a time
3 (*valor descritivo*): **um copo de vinho** a glass of wine; **um homem de cabelo comprido** a man with long hair; **o infeliz do homem** (*col*) the poor man; **um bilhete de avião** an air ticket; **uma criança de três anos** a three-year-old (child); **uma máquina de costurar** a sewing machine; **aulas de inglês** English lessons; **feito de madeira** made of wood; **vestido de branco** dressed in white
4 (*modo*): **de trem/avião** by train/plane; **de lado** sideways
5 (*hora, tempo*): **às 8 da manhã** at 8 o'clock in the morning; **de dia/noite** by day/night; **de hoje a oito dias** a week from now; **de dois em dois dias** every other day
6 (*comparações*): **mais/menos de cem pessoas** more/less than a hundred people; **é o mais caro da loja** it's the most expensive in the shop; **ela é mais bonita do que sua irmã** she's prettier than her sister; **gastei mais do que pretendia** I spent more than I intended
7 (*causa*): **estou morto de calor** I'm boiling hot; **ela morreu de câncer** she died of cancer
8 (*adj + de + infin*): **fácil de entender** easy to understand

dê *etc* [de] VB *ver* **dar**
deão [dʒi'ãw] (*pl* **deãos**) M dean
debaixo [de'bajfu] ADV below, underneath ▶ PREP: ~ **de** under, beneath
debalde [de'bawdʒi] ADV in vain
debandada [debã'dada] F stampede; **em** ~ in confusion
debandar [debã'dar] VT to put to flight ▶ VI to disperse
debate [de'batʃi] M (*discussão*) discussion, debate; (*disputa*) argument
debater [deba'ter] VT to debate; (*discutir*) to discuss; **debater-se** VR to struggle
débeis ['debejs] PL *de* **débil**
debelar [debe'lar] VT to put down, suppress; (*crise*) to overcome; (*doença*) to cure
debênture [de'bẽturi] F (*Com*) debenture
debicar [debi'kar] VT (*caçoar*) to make fun of
débil ['debiw] (*pl* **-eis**) ADJ (*pessoa*) weak, feeble; (*Psico*) retarded ▶ M: ~ **mental** mentally handicapped person; (*col: ofensivo*) moron (!)
debilidade [debili'dadʒi] F weakness; ~ **mental** mental handicap
debilitação [debilita'sãw] F weakening
debilitante [debili'tãtʃi] ADJ debilitating
debilitar [debili'tar] VT to weaken; **debilitar-se** VR to become weak, weaken
debiloide [debi'lɔjdʒi] (*col*) ADJ idiotic ▶ M/F idiot
debique [de'biki] M mockery, ridicule
debitar [debi'tar] VT to debit; ~ **a conta de alguém em $40** to debit sb's account by $40; ~ **$40 à** *ou* **na conta de alguém** to debit $40 to sb's account
débito ['dɛbitu] M debit
debochado, -a [debo'ʃadu, a] ADJ (*pessoa*) sardonic; (*jeito, tom*) mocking ▶ M/F sardonic person
debochar [debo'ʃar] VT to mock ▶ VI: ~ **de** to mock
deboche [de'bɔʃi] M gibe
debruar [de'brwar] VT (*roupa*) to edge; (*desenho*) to adorn
debruçar [debru'sar] VT to bend over; **debruçar-se** VR to bend over; (*inclinar-se*) to lean over; ~~**-se na janela** to lean out of the window
debrum [de'brũ] M edging
debulha [de'buʎa] F (*de trigo*) threshing
debulhar [debu'ʎar] VT (*grão*) to thresh;

debutante – decrépito

(*descascar*) to shell; **debulhar-se** VR: **~-se em lágrimas** to burst into tears
debutante [debu'tãtʃi] F débutante
debutar [debu'tar] VI to appear for the first time, make one's début
década ['dɛkada] F decade
decadência [deka'dẽsja] F decadence
decadente [deka'dẽtʃi] ADJ decadent
decair [deka'ir] VI to decline; (*restaurante etc*) to go downhill; (*pressão, velocidade*) to drop; (*planta*) to wilt
decalcar [dekaw'kar] VT to trace; (*fig*) to copy
decalque [de'kawki] M tracing
decano [de'kanu] M oldest member
decantar [dekã'tar] VT (*líquido*) to decant; (*purificar*) to purify
decapitar [dekapi'tar] VT to behead, decapitate
decatlo [de'katlu] M decathlon
decência [de'sẽsja] F decency
decênio [de'senju] M decade
decente [de'sẽtʃi] ADJ decent; (*apropriado*) proper; (*honrado*) honourable (BRIT), honorable (US); (*trabalho*) neat, presentable
decentemente [desẽtʃi'mẽtʃi] ADV (*com decoro*) decently; (*apropriadamente*) properly; (*honradamente*) honourably (BRIT), honorably (US)
decepar [dese'par] VT to cut off, chop off
decepção [desep'sãw] (*pl* **-ões**) F disappointment; (*desilusão*) disillusionment
decepcionar [desepsjo'nar] VT to disappoint, let down; (*desiludir*) to disillusion; **decepcionar-se** VR to be disappointed; to be disillusioned; **o filme decepcionou** the film was disappointing
decepções [desep'sõjs] FPL *de* **decepção**
decerto [dʒi'sɛrtu] ADV certainly
decidido, -a [desi'dʒidu, a] ADJ (*pessoa*) determined; (*questão*) resolved
decidir [desi'dʒir] VT (*determinar*) to decide; (*solucionar*) to resolve; **decidir-se** VR: **~-se a** to make up one's mind to; **~-se por** to decide on, go for
decíduo, -a [de'sidwu, a] ADJ (*Bot*) deciduous
decifrar [desi'frar] VT to decipher; (*futuro*) to foretell; (*compreender*) to understand
decifrável [desi'fravew] (*pl* **-eis**) ADJ decipherable
decimal [desi'maw] (*pl* **-ais**) ADJ decimal ▶ M (*número*) decimal
décimo, -a ['dɛsimu, a] ADJ tenth ▶ M tenth; **~ nono** nineteenth; **~ oitavo** eighteenth; **~ primeiro** eleventh; **~ quarto** fourteenth; **~ quinto** fifteenth; **~ segundo** twelfth; **~ sétimo** seventeenth; **~ sexto** sixteenth; **~ terceiro** thirteenth; *ver tb* **quinto**
decisão [desi'zãw] (*pl* **-ões**) F decision; (*capacidade de decidir*) decisiveness, resolution; **~ por pênaltis** (*Futebol*) penalty shoot-out
decisivo, -a [desi'zivu, a] ADJ (*fator*) decisive; (*jogo*) deciding
decisões [desi'zõjs] FPL *de* **decisão**

declamação [deklama'sãw] F (*de poema*) recitation; (*pej*) ranting
declamar [dekla'mar] VT (*poemas*) to recite ▶ VI (*pej*) to rant
declaração [deklara'sãw] (*pl* **-ões**) F declaration; (*depoimento*) statement; (*revelação*) revelation; **~ de amor** proposal; **~ de imposto de renda** income tax return; **~ juramentada** affidavit
declarado, -a [dekla'radu, a] ADJ (*intenção*) declared; (*opinião*) professed; (*inimigo*) sworn; (*alcoólatra*) self-confessed; (*cristão etc*) avowed
declarante [dekla'rãtʃi] M/F (*Jur*) witness
declarar [dekla'rar] VT to declare; (*confessar*) to confess
Dec-lei [dek-] ABR M = **decreto-lei**
declinação [deklina'sãw] (*pl* **-ões**) F (*Ling*) declension
declinar [dekli'nar] VT (*recusar*) to decline, refuse; (*nomes*) to give; (*Ling*) to decline ▶ VI (*sol*) to go down; (*terreno*) to slope down
declínio [de'klinju] M decline
declive [de'klivi] M slope, incline
decô [de'ko] ADJ INV Art-Deco
decodificador [kekodʒifika'dor] M (*Comput*) decoder
decodificar [dekodʒifi'kar] VT to decode
decolagem [deko'laʒẽ] (*pl* **-ns**) F (*Aer*) take-off
decolar [deko'lar] VI (*Aer*) to take off
decompor [dekõ'por] (*irreg: como* **pôr**) VT (*analisar*) to analyse; (*apodrecer*) to rot; (*rosto*) to contort; **decompor-se** VR to rot, decompose
decomposição [dekõpozi'sãw] (*pl* **-ões**) F (*apodrecimento*) decomposition; (*análise*) dissection; (*do rosto*) contortion
decomposto, -a [dekõ'postu, a] PP *de* **decompor**
decompunha etc [dekõ'puɲa] VB *ver* **decompor**
decompus etc [dekõ'pus] VB *ver* **decompor**
decompuser etc [dekõpu'zer] VB *ver* **decompor**
decoração [dekora'sãw] F decoration; (*Teatro*) scenery
decorar [deko'rar] VT to decorate; (*aprender*) to learn by heart
decorativo, -a [dekora'tʃivu, a] ADJ decorative
decoro [de'koru] M (*decência*) decency; (*dignidade*) decorum
decoroso, -a [deko'rozu, ɔza] ADJ decent, respectable
decorrência [deko'hẽsja] F consequence, result; **em ~ de** as a result of
decorrente [deko'hẽtʃi] ADJ: **~ de** resulting from
decorrer [deko'her] VI (*tempo*) to pass; (*acontecer*) to take place, happen ▶ M: **no ~ de** in the course of; **~ de** to result from
decotado, -a [deko'tadu, a] ADJ (*roupa*) low-cut
decote [de'kɔtʃi] M (*de vestido*) low neckline
decrépito, -a [de'krɛpitu, a] ADJ decrepit

decrescente [dekre'sẽtʃi] ADJ decreasing, diminishing
decrescer [dekre'ser] VI to decrease, diminish
decréscimo [de'krɛsimu] M decrease, decline
decretação [dekreta'sãw] (*pl* **-ões**) F announcement; (*de estado de sítio*) declaration
decretar [dekre'tar] VT to decree, order; (*estado de sítio*) to declare; (*anunciar*) to announce; (*determinar*) to determine
decreto [de'krɛtu] M decree, order; **nem por ~** not for love nor money
decreto-lei (*pl* **decretos-leis**) M act, law
decúbito [de'kubitu] M: **em ~** recumbent
decurso [de'kursu] M (*tempo*) course; **no ~ de** in the course of, during
dedal [de'daw] (*pl* **-ais**) M thimble
dedão [de'dãw] (*pl* **-ões**) M thumb; (*do pé*) big toe
dedetização [dedetʃiza'sãw] F spraying with insecticide
dedetizar [dedetʃi'zar] VT to spray with insecticide
dedicação [dedʒika'sãw] F dedication; (*devotamento*) devotion
dedicado, -a [dedʒi'kadu, a] ADJ (*tb Comput*) dedicated
dedicar [dedʒi'kar] VT (*poema*) to dedicate; (*tempo, atenção*) to devote; **dedicar-se** VR: **~-se a** to devote o.s. to
dedicatória [dedʒika'tɔrja] F (*de obra*) dedication
dedilhar [dedʒi'ʎar] VT (*Mús: no braço*) to finger; (*: nas cordas*) to pluck
dedo ['dedu] M finger; (*do pé*) toe; **dois ~s (de)** a little bit (of); **escolher a ~** to handpick; **~ anular** ring finger; **~ indicador** index finger; **~ mínimo** *ou* **mindinho** little finger; **~ polegar** thumb
dedo-duro (*pl* **dedos-duros**) (*col*) M (*criminoso*) grass; (*criança*) sneak, tell-tale
dedões [de'dõjs] MPL *de* **dedão**
dedução [dedu'sãw] (*pl* **-ões**) F deduction
dedurar [dedu'rar] (*col*) VT: **~ alguém** (*criminoso*) to grass on sb; (*colega etc*) to drop sb in it
dedutivo, -a [dedu'tʃivu, a] ADJ deductive
deduzir [dedu'zir] VT (*concluir*): **~ (de)** to deduce (from), infer (from); (*quantia*) to deduct (from)
defasado, -a [defa'zadu, a] ADJ: **~ (de)** out of step (with)
defasagem [defa'zaʒẽ] (*pl* **-ns**) F discrepancy
defecar [defe'kar] VI to defecate
defecção [defek'sãw] (*pl* **-ões**) F defection; (*deserção*) desertion
defectivo, -a [defek'tʃivu, a] ADJ faulty, defective; (*Ling*) defective
defeito [de'fejtu] M defect, flaw; **pôr ~s em** to find fault with; **com ~** broken, out of order; **para ninguém botar ~** (*col*) perfect
defeituoso, -a [defej'twozu, ɔza] ADJ defective, faulty

defender [defẽ'der] VT (*ger, Jur*) to defend; (*proteger*) to protect; **defender-se** VR to stand up for o.s.; (*numa língua*) to get by; **~-se de** (*de ataque*) to defend o.s. against; (*do frio etc*) to protect o.s. against
defensável [defẽ'savew] (*pl* **-eis**) ADJ defensible
defensiva [defẽ'siva] F defensive; **estar** *ou* **ficar na ~** to be on the defensive
defensor, a [defẽ'sor(a)] M/F defender; (*Jur*) defending counsel
deferência [defe'rẽsja] F (*condescendência*) deference; (*respeito*) respect
deferente [defe'rẽtʃi] ADJ deferential
deferimento [deferi'mẽtu] M (*de dinheiro, pedido, petição*) granting; (*de prêmio, condecoração*) awarding; (*aceitação*) acceptance
deferir [defe'rir] VT (*pedido, petição*) to grant; (*prêmio, condecoração*) to award ▶ VI: **~ a** (*pedido, petição*) to concede to; (*sugestão*) to accept
defesa [de'feza] F defence (BRIT), defense (US); (*Jur*) counsel for the defence ▶ M (*Futebol*) back
deficiência [defi'sjẽsja] F deficiency
deficiente [defi'sjẽtʃi] ADJ (*imperfeito*) defective; (*carente*): **~ (em)** deficient (in)
déficit ['dɛfisitʃi] (*pl* **-s**) M deficit
deficitário, -a [defisi'tarju, a] ADJ in deficit
definhar [defi'ɲar] VT to debilitate ▶ VI (*consumir-se*) to waste away; (*Bot*) to wither
definição [defini'sãw] (*pl* **-ões**) F definition
definir [defi'nir] VT to define; **definir-se** VR (*decidir-se*) to make a decision; (*explicar-se*) to make one's position clear; **~-se a favor de/contra algo** to come out in favo(u)r of/against sth; **~-se como** to describe o.s. as
definitivamente [definitʃiva'mẽtʃi] ADV (*finalmente*) definitively; (*permanentemente*) for good; (*sem dúvida*) definitely
definitivo, -a [defini'tʃivu, a] ADJ (*final*) final, definitive; (*permanente*) permanent; (*resposta, data*) definite
definível [defi'nivew] (*pl* **-eis**) ADJ definable
defiro *etc* [de'firu] VB *ver* **deferir**
deflação [defla'sãw] F deflation
deflacionar [deflasjo'nar] VT to deflate
deflacionário, -a [deflasjo'narju, a] ADJ deflationary
deflagração [deflagra'sãw] (*pl* **-ões**) F explosion; (*fig*) outbreak
deflagrar [defla'grar] VI to explode; (*fig*) to break out ▶ VT to set off; (*fig*) to trigger
deflorar [deflo'rar] VT to deflower
deformação [deforma'sãw] (*pl* **-ões**) F loss of shape; (*de corpo*) deformation; (*de imagem, pensamento*) distortion
deformar [defor'mar] VT to put out of shape; (*corpo*) to deform; (*imagem, pensamento*) to distort; **deformar-se** VR to lose shape; to be deformed; to become distorted
deformidade [deformi'dadʒi] F deformity
defraudação [defrawda'sãw] (*pl* **-ões**) F fraud; (*de dinheiro*) embezzlement

defraudar [defraw'dar] vt (*dinheiro*) to embezzle; (*uma pessoa*) to defraud; ~ **alguém de algo** to cheat sb of sth

defrontar [defrō'tar] vt to face ▶ vi: ~ **com** to face; (*dar com*) to come face to face with; **defrontar-se** vr to face each other

defronte [de'frõtʃi] adv opposite ▶ prep: ~ **de** opposite

defumado, -a [defu'madu, a] adj smoked

defumar [defu'mar] vt (*presunto*) to smoke; (*perfumar*) to perfume

defunto, -a [de'fũtu, a] adj dead ▶ m/f dead person

degelar [deʒe'lar] vt to thaw; (*geladeira*) to defrost ▶ vi to thaw out; to defrost

degelo [de'ʒelu] m thaw

degeneração [deʒenera'sãw] f (*processo*) degeneration; (*estado*) degeneracy

degenerar [deʒene'rar] vi: ~ (**em**) to degenerate (into); **degenerar-se** vr to become degenerate

deglutir [deglu'tʃir] vt, vi to swallow

degolação [degola'sãw] (*pl* -**ões**) f beheading, decapitation

degolar [dego'lar] vt to decapitate

degradação [degrada'sãw] f degradation

degradante [degra'dãtʃi] adj degrading

degradar [degra'dar] vt to degrade, debase; **degradar-se** vr to demean o.s.

dégradé [degra'de] adj inv (*cor*) shaded off

degrau [de'graw] m step; (*de escada de mão*) rung

degredar [degre'dar] vt to exile

degredo [de'gredu] m exile

degringolar [degrĩgo'lar] vi (*cair*) to tumble down; (*fig*) to collapse; (: *deteriorar-se*) to deteriorate; (*desorganizar-se*) to get messed up

degustação [degusta'sãw] (*pl* -**ões**) f tasting, sampling; (*saborear*) savouring (brit), savoring (us)

degustar [degus'tar] vt (*provar*) to taste; (*saborear*) to savour (brit), savor (us)

dei *etc* [dej] vb *ver* **dar**

deificar [dejfi'kar] vt to deify

deitada [dej'tada] (*col*) f: **dar uma ~** to have a lie-down

deitado, -a [dej'tadu, a] adj (*estendido*) lying down; (*na cama*) in bed

deitar [dej'tar] vt to lay down; (*na cama*) to put to bed; (*colocar*) to put, place; (*lançar*) to cast; (pt: *líquido*) to pour; **deitar-se** vr to lie down; to go to bed; ~ **sangue** (pt) to bleed; ~ **abaixo** to knock down, flatten; ~ **a fazer algo** to start doing sth; ~ **uma carta** (pt) to post a letter; ~ **fora** (pt) to throw away *ou* out; ~ **e rolar** (*col*) to do as one likes

deixa ['dejʃa] f clue, hint; (*Teatro*) cue; (*chance*) chance

deixar [dej'ʃar] vt to leave; (*abandonar*) to abandon; (*permitir*) to let, allow ▶ vi: ~ **de** (*parar*) to stop; (*não fazer*) to fail to; **não posso ~ de ir** I must go; **não posso ~ de rir** I can't help laughing; ~ **cair** to drop; ~ **alguém louco** to drive sb crazy *ou* mad; ~ **alguém cansado/nervoso** *etc* to make sb tired/nervous *etc*; ~ **a desejar** to leave something to be desired; **deixa disso!** (*col*) come off it!; **deixa para lá!** (*col*) forget it!

dela ['dɛla] = **de** + **ela**; *ver* **de**

delação [dela'sãw] (*pl* -**ões**) f (*de pessoa*: *denúncia*) accusation; (: *traição*) betrayal; (*de abusos*) disclosure

delatar [dela'tar] vt (*pessoa*) to inform on; (*abusos*) to reveal; (*à polícia*) to report

delator, a [dela'tor(a)] m/f informer

délavé [dela've] adj inv (*jeans*) faded

dele ['deli] = **de** + **ele**; *ver* **de**

delegação [delega'sãw] (*pl* -**ões**) f delegation

delegacia [delega'sia] f office; ~ **de polícia** police station

delegações [delega'sõjs] fpl *de* **delegação**

delegado, -a [dele'gadu, a] m/f delegate, representative; ~ **de polícia** police chief

delegar [dele'gar] vt to delegate

deleitar [delej'tar] vt to delight; **deleitar-se** vr: ~-**se com** to delight in

deleite [de'lejtʃi] m delight

deleitoso, -a [delej'tozu, ɔza] adj delightful

deletar [dele'tar] vt (*Comput*) to delete

deletério, -a [dele'tɛrju, a] adj harmful

delével [de'lɛvew] (*pl* -**eis**) adj erasable

delgado, -a [dew'gadu, a] adj thin; (*esbelto*) slim, slender; (*fino*) fine

Délhi ['dɛli] n: (**Nova**) ~ (New) Delhi

deliberação [delibera'sãw] (*pl* -**ões**) f deliberation; (*decisão*) decision

deliberar [delibe'rar] vt to decide, resolve ▶ vi to deliberate

deliberativo, -a [delibera'tʃivu, a] adj (*conselho*) deliberative

delicadeza [delika'deza] f delicacy; (*cortesia*) kindness

delicado, -a [deli'kadu, a] adj delicate; (*frágil*) fragile; (*cortês*) polite; (*sensível*) sensitive

delícia [de'lisja] f delight; (*prazer*) pleasure; **esse bolo é uma ~** this cake is delicious; **que ~!** how lovely!

deliciar [deli'sjar] vt to delight; **deliciar-se** vr: ~-**se com algo** to take delight in sth

delicioso, -a [deli'sjozu, ɔza] adj lovely; (*comida, bebida*) delicious

delimitação [delimita'sãw] f delimitation

delimitar [delimi'tar] vt to delimit

delineador [delinja'dor] m (*de olhos*) eyeliner

delinear [deli'njar] vt to outline

delinquência [delĩ'kwẽsja] f delinquency

delinquente [delĩ'kwẽtʃi] adj, m/f delinquent, criminal

delinquir [delĩ'kwir] vi to commit an offence (brit) *ou* offense (us)

delir [de'lir] vt to erase

delirante [deli'rãtʃi] adj delirious; (*show, atuação*) thrilling

delirar [deli'rar] vi (*com febre*) to be delirious; (*de ódio, prazer*) to go mad, go wild

delírio [de'lirju] M (*Med*) delirium; (*êxtase*) ecstasy; (*excitação*) excitement
delirium tremens [de'liriũ 'trɛmẽs] M delirium tremens
delito [de'litu] M (*crime*) crime; (*falta*) offence (BRIT), offense (US)
delonga [de'lõga] F delay; **sem mais ~s** without more ado
delongar [delõ'gar] VT to delay; **delongar-se** VR (*conversa*) to wear on; **~-se em** to dwell on
delta ['dɛwta] F delta
demagogia [demago'ʒia] F demagogy
demagógico, -a [dema'gɔʒiku, a] ADJ demagogic
demagogo [dema'gogu] M demagogue
demais [dʒi'majs] ADV (*em demasia*) too much; (*muitíssimo*) a lot, very much ▶ PRON: **os/as ~** the rest (of them); **já é ~!** this is too much!; **é bom ~** it's really good; **foi ~** (*col: bacana*) it was great
demanda [de'mãda] F (*Jur*) lawsuit; (*disputa*) claim; (*requisição*) request; (*Econ*) demand; **em ~ de** in search of
demandar [demã'dar] VT (*Jur*) to sue; (*exigir, reclamar*) to demand; (*porto*) to head for
demão [de'mãw] (*pl* **demãos**) F (*de tinta*) coat, layer
demarcação [demarka'sãw] F demarcation
demarcar [demar'kar] VT (*delimitar*) to demarcate; (*fixar*) to mark out
demarcatório, -a [demarka'tɔrju, a] ADJ: **linha demarcatória** demarcation line
demasia [dema'zia] F excess, surplus; (*imoderação*) lack of moderation; **em ~** (*dinheiro, comida etc*) too much; (*cartas, problemas etc*) too many
demasiadamente [demazjada'mẽtʃi] ADV too much; (*com adj*) too
demasiado, -a [dema'zjadu, a] ADJ too much; (*pl*) too many ▶ ADV too much; (*com adj*) too
demência [de'mẽsja] F dementia
demente [de'mẽtʃi] ADJ insane, demented
demérito, -a [de'mɛritu, a] ADJ unworthy ▶ M demerit
demissão [demi'sãw] (*pl* **-ões**) F dismissal; **pedido de ~** resignation; **pedir ~** to resign
demissionário, -a [demisjo'narju, a] ADJ resigning, outgoing
demissões [demi'sõjs] FPL *de* **demissão**
demitir [demi'tʃir] VT to dismiss; (*col*) to sack, fire; **demitir-se** VR to resign
democracia [demokra'sia] F democracy
democrata [demo'krata] M/F democrat
democrático, -a [demo'kratʃiku, a] ADJ democratic
democratização [demokratʃiza'sãw] F democratization
democratizar [demokratʃi'zar] VT to democratize
démodé [demo'de] ADJ INV old-fashioned
demografia [demogra'fia] F demography
demográfico, -a [demo'grafiku, a] ADJ demographic

demolição [demoli'sãw] (*pl* **-ões**) F demolition
demolir [demo'lir] VT to demolish, knock down; (*fig*) to destroy
demoníaco, -a [demo'niaku, a] ADJ devilish
demônio [de'monju] M devil, demon; (*col: criança*) brat
demonstração [demõstra'sãw] (*pl* **-ões**) F (*lição prática*) demonstration; (*de amizade*) show, display; (*prova*) proof; **~ de contas** (*Com*) statement of account; **~ de lucros e perdas** (*Com*) profit and loss statement
demonstrar [demõs'trar] VT (*mostrar*) to demonstrate; (*provar*) to prove; (*amizade etc*) to show
demonstrativo, -a [demõstra'tʃivu, a] ADJ demonstrative
demonstrável [demõ'stravew] (*pl* **-eis**) ADJ demonstrable
demora [de'mɔra] F delay; (*parada*) stop; **sem ~** at once, without delay; **qual é a ~ disso?** how long will this take?
demorado, -a [demo'radu, a] ADJ slow
demorar [demo'rar] VT to delay, slow down ▶ VI (*permanecer*) to stay; (*tardar a vir*) to be late; (*conserto*) to take (a long) time; **demorar-se** VR to stay for a long time, linger; **~ a chegar** to be a long time coming; **vai ~ muito?** will it take long?; **não vou ~** I won't be long
demover [demo'ver] VT: **~ alguém de algo** to talk sb out of sth; **demover-se** VR: **~-se de algo** to be talked out of sth
Denatran [dena'trã] (BR) ABR M (= *Departamento Nacional de Trânsito*) ≈ Ministry of Transport
dendê [dẽ'de] M (*Culin: óleo*) palm oil; (*Bot*) oil palm
denegrir [dene'grir] VT to blacken; (*difamar*) to denigrate
dengo [dẽgu] M coyness; (*choro*) whimpering
dengoso, -a [dẽ'gozu, ɔza] ADJ coy; (*criança: choraminguento*): **ser ~** to be a crybaby
dengue [dẽgi] F (*Med*) dengue
denigro *etc* [de'nigru] VB *ver* **denegrir**
denodado, -a [deno'dadu, a] ADJ brave, daring
denominação [denomina'sãw] (*pl* **-ões**) F (*Rel*) denomination; (*título*) name; (*ato*) naming
denominador [denomina'dor] M: **~ comum** (*Mat, fig*) common denominator
denominar [denomi'nar] VT: **~ algo/alguém ...** to call sth/sb ...; **denominar-se** VR to be called; (*a si mesmo*) to call o.s.
denotar [deno'tar] VT (*indicar*) to show, indicate; (*significar*) to signify
densidade [dẽsi'dadʒi] F density
denso, -a [dẽsu, a] ADJ (*cerrado*) dense; (*espesso*) thick; (*compacto*) compact
dentada [dẽ'tada] F bite
dentado, -a [dẽ'tadu, a] ADJ serrated
dentadura [dẽta'dura] F teeth *pl*, set of teeth; (*artificial*) dentures *pl*
dental [dẽ'taw] (*pl* **-ais**) ADJ dental
dentário, -a [dẽ'tarju, a] ADJ dental

dente ['dẽtʃi] M tooth; *(de animal)* fang; *(de elefante)* tusk; *(de alho)* clove; **falar entre os ~s** to mutter, mumble; **~ de leite/do siso** milk/wisdom tooth; **~s postiços** false teeth

dente-de-leão *(pl* **dentes-de-leão)** M dandelion

Dentel [dẽ'tɛw] (BR) ABR M = **Departamento Nacional de Telecomunicações**

dentição [dẽtʃi'sãw] F *(formação dos dentes)* teething; *(dentes)* teeth *pl*; **primeira ~** milk teeth; **segunda ~** second teeth

dentifrício [dẽtʃi'frisju] M toothpaste

dentina [dẽ'tʃina] F dentine

dentista [dẽ'tʃista] M/F dentist

dentre ['dẽtri] PREP (from) among

dentro ['dẽtru] ADV inside ▶ PREP: **~ de** inside; *(tempo)* (with)in; **de ~ para fora** inside out; **dar uma ~** *(col)* to get it right; **aí ~** in there; **por ~** on the inside; **estar por ~** *(col: fig)* to be in the know; **estar por ~ de algo** *(col: fig)* to know the ins and outs of sth

dentuça [dẽ'tusa] F buck teeth *pl*; *ver tb* **dentuço**

dentuço, -a [dẽ'tusu, a] ADJ buck-toothed ▶ M/F buck-toothed person; **ser ~** to have buck teeth

denúncia [de'nũsja] F denunciation; *(acusação)* accusation; *(de roubo)* report

denunciar [denũ'sjar] VT *(acusar)* to denounce; *(delatar)* to inform on; *(revelar)* to reveal

deparar [depa'rar] VT *(revelar)* to reveal; *(fazer aparecer)* to present ▶ VI: **~ com** to come across, meet; **deparar-se** VR: **~-se com** to come across, meet

departamental [departamẽ'taw] *(pl* **-ais)** ADJ departmental

departamento [departa'mẽtu] M department; **D~ de Marcas e Patentes** Patent Office

depauperar [depawpe'rar] VT: **~ algo/alguém** to bleed sth/sb dry

depenar [depe'nar] VT to pluck; *(col: roubar)* to clean out

dependência [depẽ'dẽsja] F dependence; *(edificação)* annexe (BRIT), annex (US); *(colonial)* dependency; *(cômodo)* room

dependente [depẽ'dẽtʃi] M/F dependant

depender [depẽ'der] VI: **~ de** to depend on

dependurar [depẽdu'rar] VI to hang

depilação [depila'sãw] *(pl* **-ões)** F depilation

depilador, a [depila'dor(a)] M/F beauty therapist

depilar [depi'lar] VT to wax; **~ as pernas** *(mandar fazer)* to have one's legs done; *(fazer sozinho)* to do one's legs

depilatório [depila'tɔrju] M hair-remover

deplorar [deplo'rar] VT *(lamentar)* to regret; *(morte, perda)* to lament

deplorável [deplo'ravew] *(pl* **-eis)** ADJ deplorable; *(lamentável)* regrettable

depoente [de'pwẽtʃi] M/F witness

depoimento [depoj'mẽtu] M testimony, evidence; *(na polícia)* statement

depois [de'pojs] ADV afterwards ▶ PREP: **~ de** after; **~ de comer** after eating; **~ que** after

depor [de'por] *(irreg: como* **pôr)** VT *(pôr)* to place; *(indicar)* to indicate; *(rei)* to depose; *(governo)* to overthrow ▶ VI *(Jur)* to testify, give evidence; *(na polícia)* to give a statement; **esses fatos depõem contra/a favor dele** these facts speak against him/in his favo(u)r

deportação [deporta'sãw] *(pl* **-ões)** F deportation

deportar [depor'tar] VT to deport

deposição [depozi'sãw] *(pl* **-ões)** F deposition; *(governo)* overthrow

depositante [depozi'tãtʃi] M/F depositor ▶ ADJ depositing

depositar [depozi'tar] VT to deposit; *(voto)* to cast; *(colocar)* to place; **depositar-se** VR *(líquido)* to form a deposit; **~ confiança em** to place one's confidence in

depositário, -a [depozi'tarju, a] M/F trustee; *(fig)* confidant(e)

depósito [de'pɔzitu] M deposit; *(armazém)* warehouse, depot; *(de lixo)* dump; *(reservatório)* tank; **~ a prazo fixo** fixed-term deposit; **~ de bagagens** left-luggage office (BRIT), checkroom (US)

depravação [deprava'sãw] F depravity, corruption

depravado, -a [depra'vadu, a] ADJ depraved ▶ M/F degenerate

depravar [depra'var] VT to deprave, corrupt; *(estragar)* to ruin; **depravar-se** VR to become depraved

deprecar [depre'kar] VT to beg for, pray for ▶ VI to plead

depreciação [depresja'sãw] F depreciation

depreciador, a [depresja'dor(a)] ADJ deprecatory

depreciar [depre'sjar] VT *(desvalorizar)* to devalue; *(Com)* to write down; *(menosprezar)* to belittle; **depreciar-se** VR to depreciate, lose value; *(menosprezar-se)* to belittle o.s.

depredação [depreda'sãw] F depredation

depredador, a [depreda'dor(a)] ADJ destructive ▶ M/F vandal

depredar [depre'dar] VT to wreck

depreender [deprjẽ'der] VT: **~ algo/que ... (de algo)** to gather sth/that ... (from sth)

depressa [dʒi'presa] ADV fast, quickly; **vamos ~** let's get a move on!

depressão [depre'sãw] *(pl* **-ões)** F depression

depressivo, -a [depre'sivu, a] ADJ depressive

depressões [depre'sõjs] FPL *de* **depressão**

deprimente [depri'mẽtʃi] ADJ depressing

deprimido, -a [depri'midu, a] ADJ depressed

deprimir [depri'mir] VT to depress; **deprimir-se** VR to get depressed

depuração [depura'sãw] F purification

depurar [depu'rar] VT to purify; *(Comput: programa)* to debug

deputado, -a [depu'tadu, a] M/F deputy; *(agente)* agent; *(Pol)* = Member of Parliament (BRIT), = Representative (US)

deputar [depu'tar] VT to delegate
deque ['dɛki] M deck
DER (BR) ABR M (= *Departamento de Estradas de Rodagem*) *state highways department*
der *etc* [der] VB *ver* **dar**
deriva [de'riva] F drift; **ir à ~** to drift; **ficar à ~** to be adrift
derivação [deriva'sãw] (*pl* **-ões**) F derivation
derivar [deri'var] VT (*desviar*) to divert; (*Ling*) to derive ▶ VI (*ir à deriva*) to drift; **derivar-se** VR (*palavra*) to be derived; (*ir à deriva*) to drift; (*provir*): **~(-se) (de)** to derive *ou* be derived (from)
dermatologia [dermatolo'ʒia] F dermatology
dermatologista [dermatolo'ʒista] M/F dermatologist
dernier cri [der'nje 'kri] M last word
derradeiro, -a [deha'dejru, a] ADJ last, final
derramamento [dehama'mẽtu] M spilling; (*de sangue, lágrimas*) shedding
derramar [deha'mar] VT (*sem querer*) to spill; (*entornar*) to pour; (*sangue, lágrimas*) to shed; **derramar-se** VR to pour out
derrame [de'hami] M haemorrhage (BRIT), hemorrhage (US)
derrapagem [deha'paʒẽ] (*pl* **-ns**) F skid; (*ação*) skidding
derrapar [deha'par] VI to skid
derredor [dehe'dor] ADV, PREP: **em ~ (de)** around
derreter [dehe'ter] VT to melt; **derreter-se** VR to melt; (*coisa congelada*) to thaw; (*enternecer-se*) to be touched; **~ alguém** to win sb's heart; **~-se por alguém** to fall for sb
derretido, -a [dehe'tʃidu, a] ADJ melted; (*enternecido*) touched; (*apaixonado*) smitten; **estar ~ por alguém** to be crazy about sb
derrocada [deho'kada] F downfall; (*ruína*) collapse
derrogação [dehoga'sãw] (*pl* **-ões**) F amendment
derrota [de'hɔta] F defeat, rout; (*Náut*) route
derrotar [deho'tar] VT (*vencer*) to defeat; (*em jogo*) to beat
derrubar [dehu'bar] VT to knock down; (*governo*) to bring down; (*suj: doença*) to lay low; (*col: prejudicar*) to put down
desabafar [dʒizaba'far] VT (*sentimentos*) to give vent to ▶ VI: **~ (com)** to unburden o.s. (to); **desabafar-se** VR: **~-se (com)** to unburden o.s. (to)
desabafo [dʒiza'bafu] M confession
desabalado, -a [dʒizaba'ladu, a] ADJ: **correr/sair ~** to run headlong/rush out
desabamento [dʒizaba'mẽtu] M collapse
desabar [dʒiza'bar] VI (*edifício, ponte*) to collapse; (*chuva*) to pour down; (*tempestade*) to break
desabilitar [dʒizabili'tar] VT: **~ alguém a** *ou* **para (fazer) algo** to bar sb from (doing) sth
desabitado, -a [dʒizabi'tadu, a] ADJ uninhabited

desabituar [dʒizabi'twar] VT: **~ alguém de (fazer) algo** to get sb out of the habit of (doing) sth; **desabituar-se** VR: **~-se de (fazer) algo** to get out of the habit of (doing) sth
desabonar [dʒizabo'nar] VT to discredit; **desabonar-se** VR to be discredited
desabotoar [dʒizabo'twar] VT to unbutton
desabrido, -a [dʒiza'bridu, a] ADJ rude, brusque
desabrigado, -a [dʒizabri'gadu, a] ADJ (*sem casa*) homeless; (*exposto*) exposed
desabrigar [dʒizabri'gar] VT to make homeless
desabrochar [dʒizabro'ʃar] VI (*flores, fig*) to blossom ▶ M blossoming
desabusado, -a [dʒizabu'zadu, a] ADJ (*sem preconceitos*) unprejudiced; (*atrevido*) impudent
desacatar [dʒizaka'tar] VT (*desrespeitar*) to have *ou* show no respect for; (*afrontar*) to defy; (*desprezar*) to scorn ▶ VI (*col*) to be amazing
desacato [dʒiza'katu] M (*falta de respeito*) disrespect; (*desprezo*) disregard; (*col*): **ele é um ~** he's amazing
desaceleração [dʒizaselera'sãw] F (*tb Econ*) slowing down
desacelerar [dʒizasele'rar] VT to slow down
desacerto [dʒiza'sertu] M mistake, blunder
desacomodar [dʒizakomo'dar] VT to move out
desacompanhado, -a [dʒizakõpa'ɲadu, a] ADJ on one's own, alone
desaconselhar [dʒizakõse'ʎar] VT: **~ algo (a alguém)** to advise (sb) against sth
desaconselhável [dʒizakõse'ʎavew] (*pl* **-eis**) ADJ inadvisable
desacordado, -a [dʒizakor'dadu, a] ADJ unconscious
desacordo [dʒiza'kordu] M (*falta de acordo*) disagreement; (*desarmonia*) discord
desacostumado, -a [dʒizakostu'madu, a] ADJ: **~ (a)** unaccustomed (to)
desacostumar [dʒizakostu'mar] VT: **~ alguém de algo** to get sb out of the habit of sth; **desacostumar-se** VR: **~-se de algo** to give sth up
desacreditado, -a [dʒizakredʒi'tadu, a] ADJ discredited
desacreditar [dʒizakredʒi'tar] VT to discredit; **desacreditar-se** VR to lose one's reputation
desafeto [dʒiza'fetu] M coldness
desafiador, a [dʒizafja'dor(a)] ADJ challenging; (*pessoa*) defiant ▶ M/F challenger
desafiar [dʒiza'fjar] VT (*propor combate a*) to challenge; (*afrontar*) to defy
desafinação [dʒizafina'sãw] F dissonance
desafinado, -a [dʒizafi'nadu, a] ADJ out of tune
desafinar [dʒizafi'nar] VT to put out of tune ▶ VI to play out of tune; (*cantor*) to sing out of tune

desafio [dʒiza'fiu] M challenge; (PT Esporte) match, game
desafivelar [dʒizafive'lar] VT to unbuckle
desafogado, -a [dʒizafo'gadu, a] ADJ (desimpedido) clear; (desembaraçado) free
desafogar [dʒizafo'gar] VT (libertar) to free; (desapertar) to relieve; (desabafar) to give vent to; **desafogar-se** VR to free o.s.; (desabafar-se) to unburden o.s.
desafogo [dʒiza'fogu] M (alívio) relief; (folga) leisure
desaforado, -a [dʒizafo'radu, a] ADJ rude, insolent
desaforo [dʒiza'foru] M insolence, abuse
desafortunado, -a [dʒizafortu'nadu, a] ADJ unfortunate, unlucky
desafronta [dʒiza'frõta] F (satisfação) redress; (vingança) revenge
desagasalhado, -a [dʒizagaza'ʎadu, a] ADJ scantily clad
desagradar [dʒizagra'dar] VT to displease ▶ VI: **~ a alguém** to displease sb
desagradável [dʒizagra'davew] (pl **-eis**) ADJ unpleasant
desagrado [dʒiza'gradu] M displeasure
desagravar [dʒizagra'var] VT (insulta) to make amends for; (pessoa) to make amends to; **desagravar-se** VR to avenge o.s.
desagravo [dʒiza'gravu] M amends pl
desagregação [dʒizagrega'sãw] F (separação) separation; (dissolução) disintegration
desagregar [dʒizagre'gar] VT (desunir) to break up, split; (separar) to separate; **desagregar-se** VR to break up, split; to separate
desaguar [dʒiza'gwar] VT to drain ▶ VI: **~ (em)** to flow ou empty (into)
desairoso, -a [dʒizaj'rozu, ɔza] ADJ inelegant
desajeitado, -a [dʒizaʒej'tadu, a] ADJ clumsy, awkward
desajuizado, -a [dʒizaʒwi'zadu, a] ADJ foolish, unwise
desajustado, -a [dʒizaʒus'tadu, a] ADJ (Psico) maladjusted; (peças) in need of adjustment ▶ M/F maladjusted person
desajustamento [dʒizaʒusta'mẽtu] M (Psico) maladjustment
desajustar [dʒizaʒus'tar] VT (peças) to mess up
desajuste [dʒiza'ʒustʃi] M (Psico) maladjustment; (mecânico) problem
desalentado, -a [dʒizalẽ'tadu, a] ADJ disheartened
desalentar [dʒizalẽ'tar] VT to discourage; (deprimir) to depress
desalento [dʒiza'lẽtu] M discouragement
desalinhado, -a [dʒizali'ɲadu, a] ADJ untidy
desalinho [dʒiza'liɲu] M untidiness
desalmado, -a [dʒizaw'madu, a] ADJ cruel, inhuman
desalojar [dʒizalo'ʒar] VT (expulsar) to oust; **desalojar-se** VR to move out
desamarrar [dʒizama'har] VT to untie ▶ VI (Náut) to cast off

desamarrotar [dʒizamaho'tar] VT to smooth out
desamassar [dʒizama'sar] VT (papel) to smooth out; (chapéu etc) to straighten out; (carro) to beat out
desambientado, -a [dʒizãbjẽ'tadu, a] ADJ unsettled
desamor [dʒiza'mor] M dislike
desamparado, -a [dʒizãpa'radu, a] ADJ (abandonado) abandoned; (sem apoio) helpless
desamparar [dʒizãpa'rar] VT to abandon
desamparo [dʒizã'paru] M helplessness
desandar [dʒizã'dar] VI (maionese, clara) to separate; **~ a fazer** to begin to do; **~ a correr** to break into a run; **~ a chorar** to burst into tears
desanimação [dʒizanima'sãw] F dejection
desanimado, -a [dʒizani'madu, a] ADJ (pessoa) fed up, dispirited; (festa) dull; **ser ~** (pessoa) to be apathetic
desanimar [dʒizani'mar] VT (abater) to dishearten; (desencorajar): **~ (de fazer)** to discourage (from doing) ▶ VI to lose heart; (ser desanimado) to be discouraging; **~ de fazer algo** to lose the will to do sth; (desistir) to give up doing sth
desânimo [dʒi'zanimu] M dejection
desanuviado, -a [dʒizanu'vjadu, a] ADJ cloudless, clear
desanuviar [dʒizanu'vjar] VT (céu) to clear; **desanuviar-se** VR to clear; (fig) to stop; **~ alguém** to put sb's mind at rest
desapaixonado, -a [dʒizapajʃo'nadu, a] ADJ dispassionate
desaparafusar [dʒizaparafu'zar] VT to unscrew
desaparecer [dʒizapare'ser] VI to disappear, vanish
desaparecido, -a [dʒizapare'sidu, a] ADJ lost, missing ▶ M/F missing person
desaparecimento [dʒizaparesi'mẽtu] M disappearance; (falecimento) death
desapegado, -a [dʒizape'gadu, a] ADJ indifferent, detached
desapegar [dʒizape'gar] VT to detach; **desapegar-se** VR: **~-se de** to go off
desapego [dʒiza'pegu] M indifference, detachment
desapercebido, -a [dʒizaperse'bidu, a] ADJ unnoticed
desapertar [dʒizaper'tar] VT (afrouxar) to loosen; (livrar) to free
desapiedado, -a [dʒizapje'dadu, a] ADJ pitiless, ruthless
desapontador, a [dʒizapõta'dor(a)] ADJ disappointing
desapontamento [dʒizapõta'mẽtu] M disappointment
desapontar [dʒizapõ'tar] VT to disappoint
desapossar [dʒizapo'sar] VT: **~ alguém de algo** to take sth away from sb; **desapossar-se** VR: **~-se de algo** to give sth up

desaprender [dʒizaprẽ'der] vt to forget ▶ vi: ~ **a fazer** to forget how to do

desapropriação [dʒizaproprja'sãw] F (*de bens*) expropriation; (*de pessoa*) dispossession

desapropriar [dʒizapro'prjar] vt (*bens*) to expropriate; (*pessoa*) to dispossess

desaprovação [dʒizaprova'sãw] F disapproval

desaprovar [dʒizapro'var] vt (*reprovar*) to disapprove of; (*censurar*) to object to

desaproveitado, -a [dʒizaprovej'tadu, a] ADJ wasted; (*terras*) undeveloped

desaquecimento [dʒizakesi'mẽtu] M (*Econ*) cooling

desarmamento [dʒizarma'mẽtu] M disarmament

desarmar [dʒizar'mar] vt to disarm; (*desmontar*) to dismantle; (*bomba*) to defuse

desarmonia [dʒizarmo'nia] F discord

desarraigar [dʒizahaj'gar] vt to uproot

desarranjado, -a [dʒizahã'ʒadu, a] ADJ (*intestino*) upset; (*Tec*) out of order; **estar ~** (*pessoa*) to have diarrhoea (BRIT) *ou* diarrhea (US)

desarranjar [dʒizahã'ʒar] vt (*transtornar*) to upset, disturb; (*desordenar*) to mess up

desarranjo [dʒiza'hãʒu] M (*desordem*) disorder; (*enguiço*) breakdown; (*diarreia*) diarrhoea (BRIT), diarrhea (US)

desarregaçar [dʒizahega'sar] vt (*mangas*) to roll down

desarrumado, -a [dʒizahu'madu, a] ADJ untidy, messy

desarrumar [dʒizahu'mar] vt to mess up; (*mala*) to unpack

desarticulado, -a [dʒizartʃiku'ladu, a] ADJ dislocated

desarticular [dʒizartʃiku'lar] vt (*osso*) to dislocate

desarvorado, -a [dʒizarvo'radu, a] ADJ (*desorientado*) disoriented

desassociar [dʒizaso'sjar] vt to disassociate; **desassociar-se** vr: **~-se de algo** to disassociate o.s. from sth

desassossego [dʒizaso'segu] M (*inquietação*) disquiet; (*perturbação*) restlessness

desastrado, -a [dʒizas'tradu, a] ADJ clumsy

desastre [dʒi'zastri] M disaster; (*acidente*) accident; (*de avião*) crash

desastroso, -a [dʒizas'trozu, ɔza] ADJ disastrous

desatar [dʒiza'tar] vt (*nó*) to undo, untie ▶ vi: **~ a fazer** to begin to do; **~ a chorar** to burst into tears; **~ a rir** to burst out laughing

desatarraxar [dʒizataha'ʃar] vt to unscrew

desatencioso, -a [dʒizatẽ'sjozu, ɔza] ADJ inattentive; (*descortês*) impolite

desatender [dʒizatẽ'der] vt (*não fazer caso de*) to pay no attention to, ignore ▶ vi: **~ a** to ignore

desatento, -a [dʒiza'tẽtu, a] ADJ inattentive

desatinado, -a [dʒizatʃi'nadu, a] ADJ crazy, wild ▶ M/F lunatic

desatinar [dʒizatʃi'nar] vi to behave foolishly

desatino [dʒiza'tʃinu] M (*loucura*) madness; (*ato*) folly

desativar [dʒizatʃi'var] vt (*firma, usina*) to shut down; (*veículos*) to withdraw from service; (*bomba*) to deactivate, defuse

desatracar [dʒizatra'kar] vt (*navio*) to unmoor; (*brigões*) to separate ▶ vi (*navio*) to cast off

desatravancar [dʒizatravã'kar] vt to clear

desatrelar [dʒizatre'lar] vt to unhitch

desatualizado, -a [dʒizatwali'zadu, a] ADJ out of date; (*pessoa*) out of touch

desautorizar [dʒizawtori'zar] vt (*prática*) to disallow; (*desacreditar*) to discredit; **~ alguém** (*tirar a autoridade de*) to undermine sb's authority

desavença [dʒiza'vẽsa] F (*briga*) quarrel; (*discórdia*) disagreement; **em ~** at loggerheads

desavergonhado, -a [dʒizavergo'ɲadu, a] ADJ insolent, impudent, shameless

desavir-se [dʒiza'virsi] (*irreg: como* **vir**) VR: **~ (com alguém em algo)** to quarrel *ou* disagree (with sb about sth)

desavisado, -a [dʒizavi'zadu, a] ADJ careless

desbancar [dʒizbã'kar] vt: **~ alguém (em algo)** to outdo sb (in sth)

desbaratar [dʒizbara'tar] vt to ruin; (*desperdiçar*) to waste, squander; (*vencer*) to crush; (*pôr em desordem*) to mess up

desbarrigado, -a [dʒizbahi'gadu, a] ADJ flat-bellied

desbastar [dʒizbas'tar] vt (*cabelo, plantas*) to thin (out); (*vegetação*) to trim

desbocado, -a [dʒizbo'kadu, a] ADJ (*pessoa*) foul-mouthed, crude

desbotar [dʒizbo'tar] vt to discolour (BRIT), discolor (US) ▶ vi to fade

desbragadamente [dʒizbragada'mẽtʃi] ADV (*beber*) to excess; (*mentir*) blatantly

desbravador, a [dʒizbrava'dor(a)] M/F explorer

desbravar [dʒizbra'var] vt (*terras desconhecidas*) to explore

desbundante [dʒizbũ'dãtʃi] (*col*) ADJ fantastic

desbundar [dʒizbũ'dar] (*col*) vt to knock out ▶ vi to flip, freak out

desbunde [dʒiz'bũdʒi] (*col*) M knockout

desburocratizar [dʒizburokratʃi'zar] vt: **~ algo** to remove the bureaucracy from sth

descabelar [dʒiskabe'lar] vt: **~ alguém** to mess up sb's hair; **descabelar-se** vr to get one's hair messed up

descabido, -a [dʒiska'bidu, a] ADJ (*impróprio*) improper; (*inoportuno*) inappropriate

descadeirado, -a [dʒiskadej'radu, a] ADJ (*cansado*) weary; **ficar ~** (*com dor*) to get backache

descafeinado, -a [dʒiskafej'nadu, a] ADJ decaffeinated ▶ N decaf

descalabro [dʒiska'labru] M disaster

descalçar [dʒiskaw'sar] vt (*sapatos*) to take off; **descalçar-se** vr to take off one's shoes

descalço, -a [dʒis'kawsu, a] ADJ barefoot
descambar [dʒiskã'bar] VI: **~ (de algo) para algo** to sink *ou* deteriorate (from sth) to sth; **~ para** *ou* **em** to degenerate into
descampado [dʒiskã'padu] M open country
descansado, -a [dʒiskã'sadu, a] ADJ *(tranquilo)* calm, quiet; *(vagaroso)* slow; **fique ~** don't worry; **pode ficar ~ que ...** you can rest assured that ...
descansar [dʒiskã'sar] VT *(apoiar)* to lean ▶ VI to rest; to lean
descanso [dʒis'kãsu] M *(repouso)* rest; *(folga)* break; *(para prato)* mat; **sem ~** without a break
descapitalização [dʒiskapitaliza'sãw] F *(Com)* decapitalization
descarado, -a [dʒiska'radu, a] ADJ cheeky, impudent
descaramento [dʒiskara'mẽtu] M cheek, impudence
descarga [dʒis'karga] F unloading; *(Mil)* volley; *(Elet)* discharge; *(de vaso sanitário)*: **dar a ~** to flush the toilet
descarnado, -a [dʒiskar'nadu, a] ADJ scrawny, skinny
descaroçar [dʒiskaro'sar] VT *(semente)* to seed; *(fruto)* to stone, core; *(algodão)* to gin
descarregadouro [dʒiskahega'doru] M wharf
descarregamento [dʒiskahega'mẽtu] M *(de carga)* unloading; *(Elet)* discharge
descarregar [dʒiskahe'gar] VT *(carga)* to unload; *(Elet)* to discharge; *(aliviar)* to relieve; *(raiva)* to vent, give vent to; *(arma)* to fire ▶ VI to unload; *(bateria)* to run out; **~ a raiva em alguém** to take it out on sb
descarrilhamento [dʒiskahiʎa'mẽtu] M derailment
descarrilhar [dʒiskahi'ʎar] VT to derail ▶ VI to run off the rails; *(fig)* to go off the rails
descartar [dʒiskar'tar] VT to discard; **descartar-se** VR: **~-se de** to get rid of
descartável [dʒiskar'tavew] *(pl* **-eis**) ADJ disposable
descascador [dʒiskaska'dor] M peeler
descascar [dʒiskas'kar] VT *(fruta)* to peel; *(ervilhas)* to shell ▶ VI *(depois do sol)* to peel; *(cobra)* to shed its skin; **o feijão descascou** the skin came off the beans
descaso [dʒis'kazu] M disregard
descendência [desẽ'dẽsja] F descendants *pl*, offspring *pl*
descendente [desẽ'dẽtʃi] ADJ descending, going down ▶ M/F descendant
descender [desẽ'der] VI: **~ de** to descend from
descentralização [dʒisẽtraliza'sãw] F decentralization
descentralizar [dʒisẽtrali'zar] VT to decentralize
descer [de'ser] VT *(escada)* to go *(ou* come) down; *(bagagem)* to take down ▶ VI *(saltar)* to get off; *(baixar)* to go *(ou* come) down; **~ a pormenores** to get down to details

descida [de'sida] F descent; *(declive)* slope; *(abaixamento)* fall, drop
desclassificação [dʒisklasifika'sãw] F disqualification
desclassificar [dʒisklasifi'kar] VT *(eliminar)* to disqualify; *(desacreditar)* to discredit
descoberta [dʒisko'bɛrta] F discovery; *(invenção)* invention
descoberto, -a [dʒisko'bɛrtu, a] PP *de* **descobrir** ▶ ADJ *(nu)* bare, naked; *(exposto)* exposed ▶ M overdraft; **a ~** openly; **conta a ~** overdrawn account; **pôr** *ou* **sacar a ~** *(conta)* to overdraw
descobridor, a [dʒiskobri'dor(a)] M/F discoverer; *(explorador)* explorer
descobrimento [dʒiskobri'mẽtu] M discovery
Descobrimentos MPL *see note*

> Mainly due to the seafaring expertise of Henry the Navigator, Portugal enjoyed a period of unrivalled overseas expansion during the 15th century. He organized and financed several voyages to Africa, which eventually led to the rounding of the Cape of Good Hope in 1488 by Bartolomeu Dias. In 1497, Vasco da Gama became the first European to travel by sea to India, where he established a lucrative spice trade, and a few years later, in 1500, Pedro Álvares Cabral reached Brazil, which he claimed for Portugal. Brazil remained under Portuguese rule until 1822.

descobrir [dʒisko'brir] VT to discover; *(tirar a cobertura de)* to uncover; *(panela)* to take the lid off; *(averiguar)* to find out; *(enigma)* to solve
descolar [dʒisko'lar] VT to unstick; *(col: arranjar)* to get hold of; *(: dar)* to give ▶ VI: **a criança não descola da mãe** the child won't leave its mother's side
descoloração [dʒiskolora'sãw] F discolouration (BRIT), discoloration (US)
descolorante [dʒiskolo'rãtʃi] ADJ bleaching ▶ M bleach
descolorar [dʒiskolo'rar] VT, VI = **descorar**
descolorir [dʒiskolo'rir] VT to discolour (BRIT), discolor (US); *(cabelo)* to bleach ▶ VI to fade
descomedimento [dʒiskomedʒi'mẽtu] M lack of moderation
descompassado, -a [dʒiskõpa'sadu, a] ADJ *(exagerado)* out of all proportion; *(ritmo)* out of step
descompor [dʒeskõ'por] *(irreg: como* **pôr**) VT to disarrange; *(insultar)* to abuse; *(repreender)* to scold, tell off; *(fisionomia)* to distort, twist; **descompor-se** VR *(desordinar-se)* to fall into disarray; *(fisionomia)* to be twisted; *(desarrumar-se)* to expose o.s.
descomposto, -a [dʒiskõ'postu, 'pɔsta] PP *de* **descompor** ▶ ADJ *(desalinhado)* dishevelled; *(fisionomia)* twisted
descompostura [dʒiskõpos'tura] F *(repreensão)* dressing-down; *(insulto)* abuse; **passar uma**

~ em alguém to give sb a dressing-down; to hurl abuse at sb
descompressão [dʒiskõpre'sãw] F decompression
descomprometido, -a [dʒiskõprome'tʃidu, a] ADJ *(sem namorado)* unattached
descomunal [dʒiskomu'naw] *(pl* **-ais)** ADJ *(fora do comum)* extraordinary; *(colossal)* huge, enormous
desconcentrar [dʒiskõsē'trar] VT to distract; **desconcentrar-se** VR to lose one's concentration
desconcertado, -a [dʒiskõser'tadu, a] ADJ disconcerted
desconcertante [dʒiskõser'tãtʃi] ADJ disconcerting
desconcertar [dʒiskõser'tar] VT *(atrapalhar)* to confuse, baffle; **desconcertar-se** VR to get upset
desconexo, -a [dʒisko'nɛksu, a] ADJ *(desunido)* disconnected, unrelated; *(incoerente)* incoherent
desconfiado, -a [dʒiskõ'fjadu, a] ADJ suspicious, distrustful ▶ M/F suspicious person
desconfiança [dʒiskõ'fjãsa] F suspicion, distrust
desconfiar [dʒiskõ'fjar] VI to be suspicious; **~ de alguém** *(não ter confiança em)* to distrust sb; *(suspeitar)* to suspect sb; **~ que ...** to have the feeling that ...
desconforme [dʒiskõ'fɔrmi] ADJ disagreeing, at variance
desconfortável [dʒiskõfor'tavew] *(pl* **-eis)** ADJ uncomfortable
desconforto [dʒiskõ'fortu] M discomfort
descongelar [dʒiskõʒe'lar] VT *(degelar)* to thaw out; **descongelar-se** VR *(derreter-se)* to melt
descongestionante [dʒiskõʒestʃjo'nãtʃi] ADJ, M decongestant
descongestionar [dʒiskõʒestʃjo'nar] VT *(cabeça, trânsito)* to clear; *(rua, cidade)* to relieve congestion in
desconhecer [dʒiskoɲe'ser] VT *(ignorar)* not to know; *(não reconhecer)* not to recognize; *(um benefício)* not to acknowledge; *(não admitir)* not to accept
desconhecido, -a [dʒiskoɲe'sidu, a] ADJ unknown ▶ M/F stranger
desconhecimento [dʒiskoɲesi'mētu] M ignorance
desconjuntado, -a [dʒiskõʒũ'tadu, a] ADJ disjointed; *(ossos)* dislocated
desconjuntar [dʒiskõʒũ'tar] VT *(ossos)* to dislocate; **desconjuntar-se** VR to come apart
desconsideração [dʒiskõsidera'sãw] F: **~ (de algo)** disregard (for sth)
desconsiderar [dʒiskõside'rar] VT: **~ alguém** to show a lack of consideration for sb; **~ algo** to fail to take sth into consideration
desconsolado, -a [dʒiskõso'ladu, a] ADJ miserable, disconsolate

desconsolador, a [dʒiskõsola'dor(a)] ADJ distressing
desconsolar [dʒiskõso'lar] VT to sadden, depress; **desconsolar-se** VR to despair
descontar [dʒiskõ'tar] VT *(abater)* to deduct; *(não levar em conta)* to discount; *(não fazer caso de)* to make light of
descontentamento [dʒiskõtēta'mētu] M discontent; *(desprazer)* displeasure
descontentar [dʒiskõtē'tar] VT to displease
descontente [dʒiskõ'tētʃi] ADJ discontented, dissatisfied
descontínuo, -a [dʒiskõ'tʃinwu, a] ADJ broken
desconto [dʒis'kõtu] M discount; **com ~** at a discount; **dar um ~ (para)** *(fig)* to make allowances (for)
descontração [dʒiskõtra'sãw] F casualness
descontraído, -a [dʒiskõtra'idu, a] ADJ casual, relaxed
descontrair [dʒiskõtra'ir] VT to relax; **descontrair-se** VR to relax
descontrolar-se [dʒiskõtro'larsi] VR *(situação)* to get out of control; *(pessoa)* to lose one's self-control
descontrole [dʒiskõ'troli] M lack of control
desconversar [dʒiskõver'sar] VI to change the subject
descorar [dʒisko'rar] VT to discolour *(BRIT)*, discolor *(US)* ▶ VI to pale, fade
descortês, -esa [dʒiskor'tes, teza] ADJ rude, impolite
descortesia [dʒiskorte'zia] F rudeness, impoliteness
descortinar [dʒiskortʃi'nar] VT *(retrato)* to unveil; *(avistar)* to catch sight of; *(notar)* to notice
descoser [dʒisko'zer] VT *(descosturar)* to unstitch; *(rasgar)* to rip apart; **descoser-se** VR to come apart at the seams
descosturar [dʒiskostu'rar] *(BR)* VT = **descoser**
descrédito [dʒis'krɛdʒitu] M discredit
descrença [dʒis'krēsa] F disbelief, incredulity
descrente [dʒis'krētʃi] ADJ sceptical *(BRIT)*, skeptical *(US)* ▶ M/F sceptic *(BRIT)*, skeptic *(US)*
descrer [dʒis'krer] *(irreg: como* **crer***)* VT to disbelieve ▶ VI: **~ de** not to believe in
descrever [dʒiskre'ver] VT to describe
descrição [dʒiskri'sãw] *(pl* **-ões)** F description
descriptografar [dʒizkriptogra'far] VT *(Comput, Tel)* to decrypt
descritivo, -a [dʒiskri'tʃivu, a] ADJ descriptive
descrito, -a [dʒis'kritu, a] PP *de* **descrever**
descubro *etc* [dʒis'kubru] VB *ver* **descobrir**
descuidado, -a [dʒiskwi'dadu, a] ADJ careless
descuidar [dʒiskwi'dar] VT to neglect ▶ VI: **~ de** to neglect, disregard
descuido [dʒis'kwidu] M *(falta de cuidado)* carelessness; *(negligência)* neglect; *(erro)* oversight, slip; **por ~** inadvertently
desculpa [dʒis'kuwpa] F *(pretexto, escusa)* excuse; *(perdão)* pardon; **pedir ~s a alguém por** *ou* **de algo** to apologize to sb for sth

desculpar [dʒiskuw'par] VT (*justificar*) to excuse; (*perdoar*) to pardon, forgive; **desculpar-se** VR to apologize; **~ algo a alguém** to forgive sb for sth; **desculpe!** (I'm) sorry, I beg your pardon

desculpável [dʒiskuw'pavew] (*pl* **-eis**) ADJ forgivable

(PALAVRA-CHAVE)

desde ['dezdʒi] PREP **1** (*lugar*): **desde ... até ...** from ... to ...; **andamos desde a praia até o restaurante** we walked from the beach to the restaurant

2 (*tempo: + adv, n*): **desde então** from then on, ever since; **desde já** (*de agora*) from now on; (*imediatamente*) at once, right now; **desde o casamento** since the wedding

3 (*tempo: + vb*) since; for; **conhecemo-nos desde 1978/há 20 anos** we've known each other since 1978/for 20 years; **não o vejo desde 1983** I haven't seen him since 1983

4 (*variedade*): **desde os mais baratos até os mais luxuosos** from the cheapest to the most luxurious

▶ CONJ: **desde que** since; **desde que comecei a trabalhar não o vi mais** I haven't seen him since I started work; **não saiu de casa desde que chegou** he hasn't been out since he arrived

desdém [dez'dẽ] M scorn, disdain
desdenhar [dezde'ɲar] VT to scorn, disdain
desdenhoso, -a [dezde'ɲozu, ɔza] ADJ disdainful, scornful
desdentado, -a [dʒizdẽ'tadu, a] ADJ toothless
desdigo *etc* [dʒiz'dʒigu] VB *ver* **desdizer**
desdisse *etc* [dʒiz'dʒisi] VB *ver* **desdizer**
desdita [dʒiz'dʒita] F (*desventura*) misfortune; (*infelicidade*) unhappiness
desdizer [dʒizdʒi'zer] (*irreg: como* **dizer**) VT to contradict; **desdizer-se** VR to go back on one's word
desdobramento [dʒizdobra'mẽtu] M (*de aventura, crise*) ramification; (*de obra etc*) spin-off; (*Com: de conta*) breakdown
desdobrar [dʒizdo'brar] VT (*abrir*) to unfold; (*esforços*) to increase, redouble; (*tropas*) to deploy; (*Com: conta*) to break down; (*bandeira*) to unfurl; (*dividir em grupos*) to split up; **desdobrar-se** VR to unfold; (*empenhar-se*) to work hard, make a big effort
deseducar [dʒizedu'kar] VT: **~ alguém** to neglect sb's education
desejar [dese'ʒar] VT to want, desire; **~ ardentemente** to long for; **que deseja?** what would you like?; **~ algo a alguém** to wish sb sth
desejável [dese'ʒavew] (*pl* **-eis**) ADJ desirable
desejo [de'zeʒu] M wish, desire
desejoso, -a [deze'ʒozu, ɔza] ADJ: **~ de algo** wishing for sth; **~ de fazer** keen to do
deselegância [dʒizele'gãsja] F lack of elegance
deselegante [dʒizele'gãtʃi] ADJ inelegant
desemaranhar [dʒizimara'ɲar] VT to disentangle
desembainhar [dʒizẽbaj'ɲar] VT (*espada*) to draw
desembalar [dʒizẽba'lar] VT to unwrap
desembaraçado, -a [dʒizẽbara'sadu, a] ADJ (*livre*) free, clear; (*desinibido*) uninhibited, free and easy; (*expedito*) efficient; (*cabelo*) untangled
desembaraçar [dʒizẽbara'sar] VT (*livrar*) to free; (*Com: navio, remessa*) to clear; (*cabelo*) to untangle; **desembaraçar-se** VR (*desinibir-se*) to lose one's inhibitions; (*tornar-se expedito*) to show initiative; **~-se de** to get rid of
desembaraço [dʒizẽba'rasu] M liveliness; (*facilidade*) ease; (*confiança*) self-assurance; **~ alfandegário** customs clearance
desembarcar [dʒizẽbar'kar] VT (*carga*) to unload; (*passageiros*) to let off ▶ VI to disembark
desembargador, a [dʒizẽbarga'dor(a)] M/F High Court judge
desembarque [dʒizẽ'barki] M landing, disembarkation; **"~"** (*no aeroporto*) "arrivals"
desembestado, -a [dʒizẽbes'tadu, a] ADJ: **sair ~** to rush off *ou* out
desembocadura [dʒizẽboka'dura] F mouth
desembocar [dʒizẽbo'kar] VI: **~ em** (*rio*) to flow into; (*rua*) to lead into
desembolsar [dʒizẽbow'sar] VT to spend
desembolso [dʒizẽ'bowsu] M expenditure
desembrulhar [dʒizẽbru'ʎar] VT to unwrap
desembuchar [dʒizẽbu'ʃar] (*col*) VT to get off one's chest ▶ VI to get things off one's chest
desempacotar [dʒizẽpako'tar] VT to unpack
desempatar [dʒizẽpa'tar] VT to decide ▶ VI to decide the match (*ou* race *etc*)
desempate [dʒizẽ'patʃi] M: **partida de ~** (*jogo*) play-off, decider
desempenar [dʒizẽpe'nar] VT (*endireitar*) to straighten; **desempenar-se** VR to stand up straight
desempenhar [dʒizẽpe'ɲar] VT (*cumprir*) to carry out, fulfil (BRIT), fulfill (US); (*papel*) to play
desempenho [dʒizẽ'peɲu] M performance; (*de obrigações etc*) fulfilment (BRIT), fulfillment (US)
desemperrar [dʒizẽpe'har] VT, VI to loosen
desempregado, -a [dʒizẽpre'gadu, a] ADJ unemployed ▶ M/F unemployed person
desempregar-se [dʒizẽpre'garsi] VR to lose one's job
desemprego [dʒizẽ'pregu] M unemployment
desencadear [dʒizẽka'dʒar] VT to unleash; (*despertar*) to provoke, trigger off ▶ VI (*chuva*) to pour; **desencadear-se** VR to break loose; (*tempestade*) to break
desencaixado, -a [dʒizẽkaj'ʃadu, a] ADJ misplaced
desencaixar [dʒizẽkaj'ʃar] VT to put out of joint; (*deslocar*) to dislodge; **desencaixar-se** VR to become dislodged

desencaixotar [dʒizẽkajʃo'tar] VT to unpack

desencalhar [dʒizẽka'ʎar] VT (navio) to refloat ▶ VI to be refloated; (col: moça) to find a husband

desencaminhar [dʒizẽkami'ɲar] VT to lead astray; (dinheiro) to embezzle; **desencaminhar-se** VR to go astray

desencantar [dʒizẽkã'tar] VT to disenchant; (desiludir) to disillusion

desencardir [dʒizẽkar'dʒir] VT to clean

desencargo [dʒizẽ'kargu] M fulfilment (BRIT), fulfillment (US); **para ~ de consciência** to clear one's conscience

desencarregar-se [dʒizẽkahe'garsi] VR (de obrigação) to discharge o.s.

desencavar [dʒizẽka'var] VT to unearth

desencontrar [dʒizẽkõ'trar] VT to keep apart; **desencontrar-se** VR (não se encontrar) to miss each other; (perder-se um do outro) to lose each other; **~-se de** to miss; to get separated from

desencontro [dʒizẽ'kõtru] M failure to meet

desencorajar [dʒizẽkora'ʒar] VT to discourage

desencostar [dʒizẽkos'tar] VT to move away; **desencostar-se** VR: **~-se de** to move away from

desencriptar [dʒizẽkrip'tar] VT (Comput, Tel) to decrypt

desenfastiar [dʒizẽfas'tʃjar] VT to amuse; **desenfastiar-se** VR to amuse o.s.

desenferrujar [dʒizẽfehu'ʒar] VT (metal) to clean the rust off; (pernas) to stretch; (língua) to brush up

desenfreado, -a [dʒizẽ'frjadu, a] ADJ wild

desenganado, -a [dʒizẽga'nadu, a] ADJ (sem cura) incurable; (desiludido) disillusioned

desenganar [dʒizẽga'nar] VT: **~ alguém** to disillusion sb; (de falsas crenças) to open sb's eyes; (doente) to give up hope of curing; **desenganar-se** VR to become disillusioned; (sair de erro) to realize the truth

desengano [dʒizẽ'ganu] M disillusionment; (desapontamento) disappointment

desengarrafar [dʒizẽgaha'far] VT (trânsito) to unblock; (vinho) to pour out

desengatar [dʒizẽga'tar] VT to unhitch; (Ferro) to uncouple

desengonçado, -a [dʒizẽgõ'sadu, a] ADJ (malseguro) rickety; (pessoa) ungainly

desengrenado, -a [dʒizẽgre'nadu, a] ADJ (Auto) out of gear, in neutral

desengrenar [dʒizẽgre'nar] VT to disengage; (carro) to put in neutral

desengrossar [dʒizẽgro'sar] VT to thin

desenhar [deze'ɲar] VT to draw; (Tec) to design; **desenhar-se** VR (destacar-se) to stand out; (figurar-se) to take shape

desenhista [deze'ɲista] M/F (Tec) designer

desenho [de'zeɲu] M drawing; (modelo) design; (esboço) sketch; (plano) plan; **~ animado** cartoon; **~ industrial** industrial design

desenlace [dʒizẽ'lasi] M outcome

desenredar [dʒizẽhe'dar] VT to disentangle; (mistério) to unravel; (questão) to sort out, resolve; (dúvida) to clear up; (explicação) to clarify; **desenredar-se** VR: **~-se de algo** to extricate o.s. from sth; **~ alguém de algo** to extricate sb from sth

desenrolar [dʒizẽho'lar] VT to unroll; (narrativa) to develop; **desenrolar-se** VR to unfold

desentender [dʒizẽtẽ'der] VT (não entender) to misunderstand; **desentender-se** VR: **~-se com** to have a disagreement with

desentendido, -a [dʒizẽtẽ'dʒidu, a] ADJ: **fazer-se de ~** to pretend not to understand

desentendimento [dʒizẽtẽdʒi'mẽtu] M misunderstanding

desenterrar [dʒizẽte'har] VT (cadáver) to exhume; (tesouro) to dig up; (descobrir) to bring to light

desentoado, -a [dʒizẽ'twadu, a] ADJ (desafinado) out of tune

desentranhar [dʒizẽtra'ɲar] VT to disembowel; (raiz) to draw out; (lembranças) to dredge up; (mistério) to fathom

desentrosado, -a [dʒizẽtro'zadu, a] ADJ unintegrated

desentupir [dʒizẽtu'pir] VT to unblock

desenvolto, -a [dʒizẽ'vowtu, a] ADJ (desembaraçado) self-assured, confident; (desinibido) uninhibited

desenvoltura [dʒizẽvow'tura] F (desembaraço) self-confidence

desenvolver [dʒizẽvow'ver] VT to develop; **desenvolver-se** VR to develop

desenvolvido, -a [dʒizẽvow'vidu, a] ADJ developed

desenvolvimento [dʒizẽvowvi'mẽtu] M development; (crescimento) growth; **país em ~** developing country

desenxabido, -a [dʒizẽʃa'bidu, a] ADJ dull

desequilibrado, -a [dʒizekili'bradu, a] ADJ unbalanced

desequilibrar [dʒizekili'brar] VT (pessoa) to throw off balance; (objeto) to tip over; (fig) to unbalance; **desequilibrar-se** VR to lose one's balance; to tip over

desequilíbrio [dʒizeki'librju] M imbalance

deserção [dezer'sãw] F desertion

desertar [deser'tar] VT to desert, abandon ▶ VI to desert

deserto, -a [de'zɛrtu, a] ADJ deserted ▶ M desert

desertor, a [dezer'tor(a)] M/F deserter

desesperado, -a [dʒizespe'radu, a] ADJ desperate; (furioso) furious

desesperador, a [dʒizespera'dor(a)] ADJ desperate; (enfurecedor) maddening

desesperança [dʒizespe'rãsa] F despair

desesperançar [dʒizesperã'sar] VT: **~ alguém** to make sb despair

desesperar [dʒizespe'rar] VT to drive to despair; (enfurecer) to infuriate; **desesperar-se** VR to despair; (enfurecer-se) to become infuriated

desespero [dʒizes'peru] M despair, desperation; (*raiva*) fury; **levar ao ~** to drive to despair

desestabilizar [dʒizestabili'zar] VT to destabilize

desestimulador, a [dʒizestʃimula'dor(a)] ADJ discouraging

desestimular [dʒizestʃimu'lar] VT to discourage

desfaçatez [dʒisfasa'tez] F impudence, cheek

desfalcar [dʒisfaw'kar] VT (*dinheiro*) to embezzle; (*reduzir*): **~ (de)** to reduce (by); **~ uma firma em $4000** to embezzle $4000 from a firm; **o jogo está desfalcado** the game is incomplete

desfalecer [dʒisfale'ser] VT (*enfraquecer*) to weaken ▶ VI (*enfraquecer*) to weaken; (*desmaiar*) to faint

desfalecimento [dʒisfalesi'mẽtu] M (*enfraquecimento*) weakening; (*desmaio*) faint

desfalque [dʒis'fawki] M (*de dinheiro*) embezzlement; (*diminuição*) reduction

desfavor [dʒisfa'vor] M disfavour (BRIT), disfavor (US)

desfavorável [dʒisfavo'ravew] (*pl* **-eis**) ADJ unfavourable (BRIT), unfavorable (US)

desfavorecer [dʒisfavore'ser] VT to discriminate against

desfazer [dʒisfa'zer] (*irreg: como* **fazer**) VT (*costura*) to undo; (*dúvidas*) to dispel; (*agravo*) to redress; (*grupo*) to break up; (*contrato*) to dissolve; (*noivado*) to break off ▶ VI: **~ de alguém** to belittle sb; **desfazer-se** VR (*desaparecer*) to vanish; (*tecido*) to come to pieces; (*grupo*) to break up; (*vaso*) to break; **~-se de** (*livrar-se*) to get rid of; **~-se em lágrimas/gentilezas** to burst into tears/go out of one's way to please

desfechar [dʒisfe'ʃar] VT (*disparar*) to fire; (*setas*) to shoot; (*golpe*) to deal; (*insultos*) to hurl

desfecho [dʒis'feʃu] M ending, outcome

desfeita [dʒis'fejta] F affront, insult

desfeito, -a [dʒis'fejtu, a] PP *de* **desfazer** ▶ ADJ (*desmanchado*) undone; (*cama*) unmade; (*contrato*) broken

desferir [dʒisfe'rir] VT (*golpe*) to strike; (*sons*) to emit; (*lançar*) to throw

desfiar [dʒis'fjar] VT (*tecido*) to unravel; (*Culin: galinha*) to tear into thin shreds; **desfiar-se** VR to become frayed; **~ o rosário** to say one's rosary

desfiguração [dʒisfigura'sãw] F distortion

desfigurar [dʒisfigu'rar] VT (*pessoa, cidade*) to disfigure; (*texto*) to mutilate; **desfigurar-se** VR to be disfigured

desfiladeiro [dʒisfila'dejru] M (*de montanha*) pass

desfilar [dʒisfi'lar] VI to parade

desfile [dʒis'fili] M parade, procession

desflorestamento [dʒisfloresta'mẽtu] M deforestation

desflorestar [dʒisflores'tar] VT to clear of forest

desforra [dʒis'fɔha] F (*vingança*) revenge; (*reparação*) redress; **tirar ~** to get even

desfraldar [dʒisfraw'dar] VT to unfurl

desfranzir [dʒisfrã'zir] VT to smooth out

desfrutar [dʒisfru'tar] VT to enjoy ▶ VI: **~ de** to enjoy; **~ de bom conceito** to have a good reputation, be well thought of

desfrute [dʒis'frutʃi] M (*deleite*) enjoyment; (*desplante*): **ter o ~ de fazer algo** to have the nerve to do sth

desgarrado, -a [dʒizga'hadu, a] ADJ stray; (*navio*) off course

desgarrar-se [dʒizga'harsi] VR: **~ de** to stray from

desgastante [dʒizgas'tãtʃi] ADJ (*fig*) stressful

desgastar [dʒizgas'tar] VT to wear away, erode; (*pessoa*) to wear out, get down; **desgastar-se** VR to be worn away; (*pessoa*) to get worn out

desgaste [dʒiz'gastʃi] M wear and tear; (*mental*) stress

desgostar [dʒizgos'tar] VT to upset ▶ VI: **~ de** to dislike; **desgostar-se** VR: **~-se de** to go off; **~-se com** to take offence at

desgosto [dʒiz'gostu] M (*desprazer*) displeasure; (*pesar*) sorrow, unhappiness

desgostoso, -a [dʒizgos'tozu, ɔza] ADJ sad, sorrowful

desgraça [dʒiz'grasa] F (*desventura*) misfortune; (*miséria*) misery; (*desfavor*) disgrace

desgraçado, -a [dʒizgra'sadu, a] ADJ poor; (*col: admirável*) amazing ▶ M/F wretch; **estou com uma gripe desgraçada** (*col*) I've got a hell of a cold

desgraçar [dʒizgra'sar] VT to disgrace

desgraceira [dʒizgra'sejra] F series of misfortunes

desgravar [dʒizgra'var] VT (*música*) to wipe, rub off

desgrenhado, -a [dʒizgre'ɲadu, a] ADJ dishevelled, tousled

desgrenhar [dʒizgre'ɲar] VT to tousle; **desgrenhar-se** VR to get tousled

desgrudar [dʒizgru'dar] VT to unstick ▶ VI: **~ de** to tear o.s. away from; **~ algo de algo** to take sth off sth

desguarnecer [dʒizgwarne'ser] VT to strip

desidratação [dʒizidrata'sãw] F dehydration

desidratante [dʒizidra'tãtʃi] ADJ dehydrating

desidratar [dʒizidra'tar] VT to dehydrate

design [dʒi'zãjn] M design

designação [dezigna'sãw] (*pl* **-ões**) F designation; (*nomeação*) appointment

designar [dezig'nar] VT to designate; (*nomear*) to name, appoint; (*dia, data*) to fix

designer [dʒi'zajner] (*pl* **-s**) M/F designer

desígnio [de'zignju] M (*propósito*) purpose; (*intenção*) intention

desigual [dezi'gwaw] (*pl* **-ais**) ADJ unequal; (*terreno*) uneven

desigualdade [dʒizigwaw'dadʒi] F inequality

desiludir [dʒizilu'dʒir] VT (*desenganar*) to disillusion; (*causar decepção a*) to disappoint; **desiludir-se** VR to lose one's illusions

desilusão [dʒizilu'zãw] F disillusionment, disenchantment

desimpedido, -a [dʒizĩpe'dʒidu, a] ADJ free

desimpedir [dʒizĩpe'dʒir] VT (*desobstruir*) to unblock; (*trânsito*) to ease

desinchar [dʒizı'ʃar] VT (*Med*) to get rid of the swelling on ▶ VI: **meu pé desinchou** the swelling in my foot went down

desincumbir-se [dʒizĩkũ'birsi] VR: ~ **de algo** to carry sth out

desinfeccionar [dʒizĩfeksjo'nar] VT to disinfect

desinfetante [dʒizĩfe'tãtʃi] ADJ, M disinfectant

desinfetar [dʒizĩfe'tar] VT to disinfect

desinflamar [dʒizĩfla'mar] VT to remove *ou* get rid of the inflammation on; **desinflamar-se** VR to become less inflamed

desinibido, -a [dʒizini'bidu, a] ADJ uninhibited

desinibir [dʒizini'bir] VT to make less inhibited; **desinibir-se** VR to lose one's inhibitions

desinstalar [dʒizĩsta'lar] VT (*Comput*) to uninstall

desintegração [dʒizĩtegra'sãw] F disintegration, break-up

desintegrar [dʒizĩte'grar] VT to separate; **desintegrar-se** VR to disintegrate, fall to pieces

desinteressado, -a [dʒizĩtere'sadu, a] ADJ disinterested

desinteressar [dʒizĩtere'sar] VT: ~ **alguém de algo** to make sb lose interest in sth; **desinteressar-se** VR to lose interest

desinteresse [dʒizĩte'resi] M (*falta de interesse*) lack of interest

desintoxicar [dʒizĩtoksi'kar] VT to detoxify

desistência [dezis'tẽsja] F giving up; (*cancelamento*) cancellation

desistir [dezis'tʃir] VI to give up; ~ **de fumar** to stop smoking; **ele ia, mas no final desistiu** he was going, but in the end he gave up the idea *ou* he decided not to

desjejum [dʒizʒe'ʒũ] M breakfast

deslanchar [dʒizlã'ʃar] VI (*carro*) to move off; (*projeto*) to get off the ground, take off

deslavado, -a [dʒizla'vadu, a] ADJ (*pessoa, atitude*) shameless; (*mentira*) blatant

desleal [dʒizle'aw] (*pl* **-ais**) ADJ disloyal

deslealdade [dʒizleaw'dadʒi] F disloyalty

desleixado, -a [dʒizlej'ʃadu, a] ADJ sloppy

desleixo [dʒiz'lejʃu] M sloppiness

desligado, -a [dʒizli'gadu, a] ADJ (*eletricidade*) off; (*pessoa*) absent-minded; **estar ~** to be miles away

desligar [dʒizli'gar] VT (*Tec*) to disconnect; (*luz, TV, motor*) to switch off; (*telefone*) to hang up; **desligar-se** VR: **~-se de algo** (*afastar-se*) to leave sth; (*problemas etc*) to turn one's back on sth; **não desligue** (*Tel*) hold the line

deslizante [dʒizli'zãtʃi] ADJ slippery

deslizar [dʒizli'zar] VI to slide; (*por acidente*) to slip; (*passar de leve*) to glide

deslize [dʒiz'lizi] M (*lapso*) lapse; (*escorregadela*) slip

deslocado, -a [dʒizlo'kadu, a] ADJ (*membro*) dislocated; (*desambientado*) out of place

deslocamento [dʒizloka'mẽtu] M moving; (*de membro*) dislocation; (*de funcionário*) transfer

deslocar [dʒizlo'kar] VT (*mover*) to move; (*articulação*) to dislocate; (*funcionário*) to transfer; **deslocar-se** VR to move; to be dislocated; **eu me desloquei até lá à toa** I went all the way there for nothing

deslumbrado, -a [dʒizlũ'bradu, a] ADJ (*ofuscado*) dazzled; (*maravilhado*) amazed ▶ M/F impressionable person

deslumbramento [dʒizlũbra'mẽtu] M dazzle; (*fascinação*) fascination

deslumbrante [dʒizlũ'brãtʃi] ADJ (*ofuscante*) dazzling; (*casa, festa*) amazing

deslumbrar [dʒizlũ'brar] VT (*ofuscar*) to dazzle; (*maravilhar*) to amaze; (*fascinar*) to fascinate ▶ VI to be dazzling; to be amazing; **deslumbrar-se** VR: **~-se com** to be fascinated by

deslustrar [dʒizlus'trar] VT to tarnish

desmaiado, -a [dʒizma'jadu, a] ADJ (*sem sentidos*) unconscious; (*cor*) pale

desmaiar [dʒizma'jar] VI to faint

desmaio [dʒiz'maju] M faint

desmamar [dʒizma'mar] VT to wean

desmancha-prazeres [dʒiz'mãʃa-] M/F INV kill-joy, spoilsport

desmanchar [dʒizmã'ʃar] VT (*costura*) to undo; (*contrato*) to break; (*noivado*) to break off; (*penteado*) to mess up; **desmanchar-se** VR (*costura*) to come undone

desmantelar [dʒizmãte'lar] VT (*demolir*) to demolish; (*desmontar*) to dismantle, take apart

desmarcar [dʒizmar'kar] VT (*compromisso*) to cancel

desmascarar [dʒizmaska'rar] VT to unmask

desmatamento [dʒizmata'mẽtu] M deforestation

desmatar [dʒizma'tar] VT to clear the forest from

desmazelado, -a [dʒizmaze'ladu, a] ADJ slovenly, untidy

desmazelar-se [dʒizmaze'larsi] VR to get untidy

desmedido, -a [dʒizme'dʒidu, a] ADJ excessive

desmembramento [dʒizmẽbra'mẽtu] M dismemberment

desmembrar [dʒizmẽ'brar] VT to dismember

desmemoriado, -a [dʒizmemo'rjadu, a] ADJ forgetful

desmentido [dʒizmẽ'tʃidu] M (*negação*) denial; (*contradição*) contradiction

desmentir [dʒizmẽ'tʃir] VT (*contradizer*) to contradict; (*negar*) to deny

desmerecer [dʒizmere'ser] VT (*não merecer*) not to deserve; (*desfazer de*) to belittle
desmesurado, -a [dʒizmezu'radu, a] ADJ immense, enormous
desmilinguido, -a [dʒizmili'gwidu, a] (*col*) ADJ spent
desmiolado, -a [dʒizmjo'ladu, a] ADJ brainless; (*esquecido*) forgetful
desmistificar [dʒizmistʃifi'kar] VT to demystify; ~ **alguém** to remove the mystery surrounding sb
desmitificar [dʒizmitʃifi'kar] VT: ~ **algo/alguém** to dispel the myth(s) surrounding sth/sb
desmontar [dʒizmõ'tar] VT (*máquina*) to take to pieces ▶ VI (*do cavalo*) to dismount, get off
desmoralização [dʒizmoraliza'sãw] F demoralization
desmoralizante [dʒizmorali'zãtʃi] ADJ demoralizing
desmoralizar [dʒizmorali'zar] VT to demoralize
desmoronamento [dʒizmorona'mẽtu] M collapse
desmoronar [dʒizmoro'nar] VT to knock down ▶ VI to collapse
desmotivado, -a [dʒizmotʃi'vadu, a] ADJ despondent
desmunhecar [dʒizmuɲe'kar] (*col*) VI (*declarar-se homossexual*) to come out; (*fazer gestos efeminados*) to be camp
desnatado, -a [dʒizna'tadu, a] ADJ (*leite*) skimmed
desnaturado, -a [dʒiznatu'radu, a] ADJ inhumane ▶ M/F monster
desnecessário, -a [dʒiznese'sarju, a] ADJ unnecessary
desnível [dʒiz'nivew] M unevenness; (*fig*) difference
desnorteado, -a [dʒiznor'tʃjadu, a] ADJ (*perturbado*) bewildered, confused; (*desorientado*) off course
desnortear [dʒiznor'tʃjar] VT (*desorientar*) to throw off course; (*perturbar*) to bewilder; **desnortear-se** VR to lose one's way; (*perturbar-se*) to become confused
desnudar [dʒiznu'dar] VT to strip; (*revelar*) to expose; **desnudar-se** VR to undress
desnutrição [dʒiznutri'sãw] F malnutrition
desnutrido, -a [dʒiznu'tridu, a] ADJ malnourished
desobedecer [dʒizobede'ser] VT to disobey
desobediência [dʒizobe'dʒjẽsja] F disobedience
desobediente [dʒizobe'dʒjẽtʃi] ADJ disobedient
desobrigar [dʒizobri'gar] VT: ~ **(de)** to free (from); ~ **de fazer algo** to free from doing sth
desobstruir [dʒizobis'trwir] VT to unblock
desocupação [dʒizokupa'sãw] F (*de casa*) vacating; (*falta de ocupação*) leisure; (*desemprego*) unemployment

533 | desmerecer – despacho

desocupado, -a [dʒizoku'padu, a] ADJ (*casa*) empty, vacant; (*disponível*) free; (*sem trabalho*) unemployed
desocupar [dʒizoku'par] VT (*casa*) to vacate; (*liberar*) to free
desodorante [dʒizodo'rãtʃi], (PT) **desodorizante** [dʒizodori'zãtʃi] M deodorant
desodorizar [dʒizodori'zar] VT to deodorize
desolação [dezola'sãw] F (*consternação*) grief; (*de um lugar*) desolation
desolado, -a [dezo'ladu, a] ADJ (*consternado*) distressed; (*lugar*) desolate
desolar [dezo'lar] VT (*consternar*) to distress; (*lugar*) to devastate
desonestidade [dezonestʃi'dadʒi] F dishonesty
desonesto, -a [dezo'nɛstu, a] ADJ dishonest
desonra [dʒi'zõha] F dishonour (BRIT), dishonor (US); (*descrédito*) disgrace
desonrar [dʒizõ'har] VT (*infamar*) to disgrace; (*mulher*) to seduce; **desonrar-se** VR to disgrace o.s.
desonroso, -a [dʒizõ'hozu, ɔza] ADJ dishonourable (BRIT), dishonorable (US)
desopilar [dʒizopi'lar] VT (*Med*) to flush out; (*mente*) to clear
desoprimir [dʒizopri'mir] VT to relieve; **desoprimir-se** VR to be relieved
desordeiro, -a [dʒizor'dejru, a] ADJ troublemaking ▶ M/F troublemaker, hooligan
desordem [dʒi'zordẽ] F disorder, confusion; **em ~** (*casa*) untidy
desordenar [dʒizorde'nar] VT (*tirar da ordem*) to put out of order; (*desarrumar*) to mess up
desorganização [dʒizorganiza'sãw] F disorganization
desorganizar [dʒizorgani'zar] VT to disorganize; (*dissolver*) to break up; **desorganizar-se** VR to become disorganized; to break up
desorientação [dʒizorjẽta'sãw] F bewilderment, confusion
desorientar [dʒizorjẽ'tar] VT (*desnortear*) to throw off course; (*perturbar*) to confuse; (*desvairar*) to unhinge; **desorientar-se** VR (*perder-se*) to lose one's way; to get confused; to go mad
desossar [dʒizo'sar] VT (*galinha*) to bone
desovar [dʒizo'var] VT to lay; (*peixe*) to spawn
despachado, -a [dʒispa'ʃadu, a] ADJ (*pessoa*) efficient
despachante [dʒispa'ʃãtʃi] M/F (*de mercadorias*) forwarding agent; (*de documentos*) agent (*who handles official bureaucracy*)
despachar [dʒispa'ʃar] VT (*expedir*) to dispatch, send off; (*atender, resolver*) to deal with; (*despedir*) to sack ▶ VI (*funcionário*) to work; **despachar-se** VR to hurry (up)
despacho [dʒis'paʃu] M dispatch; (*de negócios*) handling; (*nota em requerimento*) ruling; (*reunião*) consultation; (*macumba*) witchcraft

desparafusar [dʒisparafu'sar] VT to unscrew
despeço etc [dʒis'pesu] VB ver **despedir**
despedaçar [dʒispeda'sar] VT (quebrar) to smash; (rasgar) to tear apart; **despedaçar-se** VR to smash; to tear
despedida [dʒispe'dʒida] F (adeus) farewell; (de trabalhador) dismissal
despedir [dʒispe'dʒir] VT (de emprego) to dismiss, sack; **despedir-se** VR: **~-se (de)** to say goodbye (to)
despeitado, -a [dʒispej'tadu, a] ADJ spiteful; (ressentido) resentful
despeito [dʒis'pejtu] M spite; **a ~ de** in spite of, despite
despejar [dʒispe'ʒar] VT (água) to pour; (esvaziar) to empty; (inquilino) to evict
despejo [dʒis'peʒu] M (de casa) eviction; **quarto de ~** junk room
despencar [dʒispẽ'kar] VI to fall down, tumble down
despender [dʒispẽ'der] VT (dinheiro) to spend; (energia) to expend
despenhadeiro [dʒispeɲa'dejro] M cliff, precipice
despensa [dʒis'pẽsa] F larder
despentear [dʒispẽ'tʃjar] VT (cabelo: sem querer) to mess up; (: de propósito) to let down; **despentear-se** VR to mess one's hair up; to let one's hair down
despercebido, -a [dʒisperse'bidu, a] ADJ unnoticed
desperdiçar [dʒisperdʒi'sar] VT to waste; (dinheiro) to squander
desperdício [dʒisper'dʒisju] M waste
despersonalizar [dʒispersonali'zar] VT to depersonalize
despersuadir [dʒisperswa'dʒir] VT: **~ alguém de fazer algo** to dissuade sb from doing sth
despertador [dʒisperta'dor] M (tb: **relógio despertador**) alarm clock
despertar [dʒisper'tar] VT (pessoa) to wake; (suspeitas, interesse) to arouse; (reminiscências) to revive; (apetite) to whet ▶ VI to wake up, awake ▶ M awakening
desperto, -a [dʒis'pɛrtu, a] ADJ awake
despesa [dʒis'peza] F expense; **despesas** FPL (de uma empresa) expenses, costs; **~s antecipadas** prepayments; **~s gerais** (Com) overheads; **~s mercantis** sales and marketing expenses; **~s não operacionais** non-operating expenses ou costs; **~s operacionais** operating expenses ou costs; **~s tributárias** (de uma empresa) corporation tax sg
despido, -a [dʒis'pidu, a] ADJ (nu) naked, bare; (livre) free
despir [dʒis'pir] VT (roupa) to take off; (pessoa) to undress; (despojar) to strip; **despir-se** VR to undress
despistar [dʒispis'tar] VT to throw off the scent
desplante [dʒis'plãtʃi] M (fig) nerve

despojado, -a [dʒispo'ʒadu, a] ADJ (pessoa) unambitious; (lugar) spartan, basic
despojar [dʒispo'ʒar] VT (casas) to loot, sack; (pessoas) to rob; **~ alguém de algo** to strip sb of sth
despojo [dʒis'poʒu] M loot, booty; **despojos** MPL: **~s mortais** (restos) mortal remains
despoluir [dʒispo'lwir] VT to clean up
despontar [dʒispõ'tar] VI to emerge; (sol) to come out; (: ao amanhecer) to come up; **ao ~ do dia** at daybreak
desporto [dʒis'portu] M sport
déspota ['dɛspota] M/F despot
despotismo [despo'tʃizmu] M despotism
despovoado, -a [dʒispo'vwadu, a] ADJ uninhabited ▶ M wilderness
despovoar [dʒispo'vwar] VT to depopulate
desprazer [dʒispra'zer] M displeasure
desprecavido, -a [dʒispreka'vidu, a] ADJ unprepared, careless
despregar [dʒispre'gar] VT to take off, detach; **despregar-se** VR to come off; **~ os olhos de algo** to take one's eyes off sth
desprender [dʒisprẽ'der] VT (soltar) to loosen; (desatar) to unfasten; (emitir) to emit; **desprender-se** VR (botão) to come off; (cheiro) to be given off; **~-se dos braços de alguém** to extricate o.s. from sb's arms
desprendido, -a [dʒisprẽ'dʒidu, a] ADJ (abnegado) disinterested
despreocupado, -a [dʒispreoku'padu, a] ADJ carefree, unconcerned; **com a notícia ele ficou mais ~** after hearing the news he was less concerned ou worried
despreocupar [dʒispreoku'par] VT: **~ alguém (de algo)** to set sb's mind at rest (about sth); **despreocupar-se** VR: **~-se (de algo)** to stop worrying (about sth)
despreparado, -a [dʒisprepa'radu, a] ADJ unprepared
desprestigiar [dʒisprestʃi'ʒar] VT to discredit; **desprestigiar-se** VR to lose prestige
despretensioso, -a [dʒispretẽ'sjozu, ɔza] ADJ unpretentious, modest
desprevenido, -a [dʒispreve'nidu, a] ADJ unprepared, unready; **apanhar ~** to catch unawares
desprezar [dʒispre'zar] VT (desdenhar) to despise, disdain; (não dar importância a) to disregard, ignore
desprezível [dʒispre'zivew] (pl **-eis**) ADJ despicable
desprezo [dʒis'prezu] M scorn, contempt; **dar ao ~** to ignore
desproporção [dʒispropor'sãw] F disproportion
desproporcionado, -a [dʒisproporsjo'nadu, a] ADJ disproportionate; (desigual) unequal
desproporcional [dʒisproporsjo'naw] ADJ disproportionate
despropositado, -a [dʒispropozi'tadu, a] ADJ (absurdo) preposterous

despropósito [dʒispro'pɔzitu] M nonsense
desproteger [dʒisprote'ʒer] VT to leave unprotected
desprover [dʒispro'ver] VT: ~ **alguém (de algo)** to deprive sb (of sth)
desprovido, -a [dʒispro'vidu, a] ADJ deprived; ~ **de** without
despudorado, -a [dʒispudo'radu, a] ADJ shameless
desqualificar [dʒiskwalifi'kar] VT (*Esporte etc*) to disqualify; (*tornar indigno*) to disgrace, lower
desquitar-se [dʒiski'tarsi] VR to get a legal separation
desquite [dʒis'kitʃi] M legal separation
desregrado, -a [dʒizhe'gradu, a] ADJ (*desordenado*) disorderly, unruly; (*devasso*) immoderate
desregrar-se [dʒizhe'grarsi] VR to run riot
desregular [dʒizhegu'lar] VT (*mercado*) to deregulate
desrespeitar [dʒizhespej'tar] VT to have no respect for
desrespeito [dʒizhe'spejtu] M disrespect
desrespeitoso, -a [dʒizhespej'tozu, ɔza] ADJ disrespectful
desse¹, a ['desi, a] = **de** + **esse, a**; *ver* **de**
desse² VB *ver* **dar**
destacado, -a [dʒista'kadu, a] ADJ outstanding; (*separado*) detached
destacamento [dʒistaka'mẽtu] M (*Mil*) detachment
destacar [dʒista'kar] VT (*Mil*) to detail; (*separar*) to detach; (*fazer sobressair*) to highlight; (*enfatizar*) to emphasize ▶ VI to stand out; **destacar-se** VR to stand out; (*pessoa*) to be outstanding
destampar [dʒistã'par] VT to take the lid off
destapar [dʒista'par] VT to uncover
destaque [dʒis'taki] M distinction; (*pessoa, coisa*) highlight; (*do noticiário*) main point; **pessoa de** ~ distinguished person
deste, a ['destʃi, a] = **de** + **este, a**; *ver* **de**
destemido, -a [deste'midu, a] ADJ fearless, intrepid
destemperar [dʒistẽpe'rar] VT (*diluir*) to dilute, weaken ▶ VI (*perder a cabeça*) to go mad
desterrar [dʒiste'har] VT (*exilar*) to exile; (*fig*) to banish
desterro [dʒis'tehu] M exile
destilação [destʃila'sãw] F distillation
destilar [destʃi'lar] VT to distil (BRIT), distill (US)
destilaria [destʃila'ria] F distillery
destinação [destʃina'sãw] (*pl* -**ões**) F destination
destinar [destʃi'nar] VT to destine; (*dinheiro*): ~ **(para)** to set aside (for); **destinar-se** VR: ~-**se a** to be intended for; (*carta*) to be addressed to
destinatário, -a [destʃina'tarju, a] M/F addressee
destino [des'tʃinu] M destiny, fate; (*lugar*) destination; **com** ~ **a** bound for; **sem** ~ *adj* aimless; *adv* aimlessly

destituição [destʃitwi'sãw] (*pl* -**ões**) F (*demissão*) dismissal
destituir [destʃi'twir] VT (*demitir*) to dismiss; ~ **de** (*privar de*) to deprive of; (*demitir de*) to dismiss from
destoante [dʒisto'ãtʃi] ADJ (*som*) discordant; (*opiniões*) diverging
destoar [dʒisto'ar] VI (*som*) to jar; ~ **(de)** (*não condizer*) to be out of keeping (with); (*traje, cor*) to clash (with); (*pessoa: discordar*) to disagree (with)
destorcer [dʒistor'ser] VT to straighten out
destrambelhado, -a [dʒistrãbe'ʎadu, a] ADJ scatterbrained
destrancar [dʒistrã'kar] VT to unlock
destratar [dʒistra'tar] VT to abuse, insult
destravar [dʒistra'var] VT (*veículo*) to take the brake off; (*fechadura*) to unlatch
destreza [des'treza] F (*habilidade*) skill; (*agilidade*) dexterity
destrinchar [dʒistrĩ'ʃar] VT (*desenredar*) to unravel; (*esmiuçar*) to treat in detail; (*problema*) to solve, resolve
destro, -a ['dɛstru, a] ADJ (*hábil*) skilful (BRIT), skillful (US); (*ágil*) agile; (*não canhoto*) right-handed
destrocar [dʒistro'kar] VT to give back, return
destroçar [dʒistro'sar] VT (*destruir*) to destroy; (*quebrar*) to smash, break; (*devastar*) to ruin, wreck
destroços [dʒis'trɔsus] MPL wreckage *sg*
destróier [dʒis'trɔjer] M destroyer
destronar [dʒistro'nar] VT to depose
destroncar [dʒistrõ'kar] VT to dislocate
destruição [dʒistrwi'sãw] F destruction
destruidor, a [dʒistrwi'dor(a)] ADJ destructive
destruir [dʒis'trwir] VT to destroy
desumano, -a [dʒizu'manu, a] ADJ inhuman; (*bárbaro*) cruel
desunião [dʒizu'njãw] F disunity; (*separação*) separation
desunir [dʒizu'nir] VT (*separar*) to separate; (*Tec*) to disconnect; (*fig: desavir*) to cause a rift between
desusado, -a [dʒizu'zadu, a] ADJ (*não usado*) disused; (*incomum*) unusual
desuso [dʒi'zuzu] M disuse; **em** ~ outdated
desvairado, -a [dʒizvaj'radu, a] ADJ (*louco*) crazy, demented; (*desorientado*) bewildered
desvairar [dʒizvaj'rar] VT to drive mad
desvalido, -a [dʒizva'lidu, a] ADJ (*desamparado*) helpless; (*miserável*) destitute
desvalorização [dʒizvaloriza'sãw] (*pl* -**ões**) F devaluation
desvalorizar [dʒizvalori'zar] VT to devalue; **desvalorizar-se** VR (*pessoa*) to undervalue o.s.; (*carro*) to depreciate; (*moeda*) to lose value
desvanecer [dʒizvane'ser] VT (*envaidecer*) to make proud; (*sentimentos*) to dispel; **desvanecer-se** VR (*envaidecer-se*) to feel proud; (*sentimentos*) to vanish
desvanecido, -a [dʒizvane'sidu, a] ADJ proud

desvantagem [dʒizvã'taʒẽ] (pl **-ns**) F disadvantage

desvantajoso, -a [dʒizvãta'ʒozu, ɔza] ADJ disadvantageous

desvão [dʒiz'vãw] (pl **-s**) M loft

desvario [dʒizva'riu] M madness, folly

desvelar [dʒizve'lar] VT (noiva, estátua) to unveil; (corpo, trama) to uncover; (segredo) to reveal; (problema) to clarify; **desvelar-se** VR: **~-se em fazer algo** to go to a lot of trouble to do sth

desvelo [dʒiz'velu] M (cuidado) care; (dedicação) devotion

desvencilhar [dʒizvẽsi'ʎar] VT to free, extricate; **desvencilhar-se** VR to free o.s., extricate o.s.

desvendar [dʒizvẽ'dar] VT (tirar a venda) to remove the blindfold from; (revelar) to disclose; (mistério) to solve

desventura [dʒizvẽ'tura] F (infortúnio) misfortune; (infelicidade) unhappiness

desventurado, -a [dʒizvẽtu'radu, a] ADJ (desafortunado) unfortunate; (infeliz) unhappy ▶ M/F wretch

desviar [dʒiz'vjar] VT to divert; (golpe) to deflect; (dinheiro) to embezzle; **desviar-se** VR (afastar-se) to turn away; **~-se de** (evitar) to avoid; **~-se do assunto** to digress; **~ os olhos** to look away; **desviei o carro para a direita** I pulled the car over to the right; **tentei desviá-lo do assunto** I tried to get ou steer him off the subject

desvincular [dʒizvĩku'lar] VT: **~ algo de algo** to divest sth of sth; **desvincular-se** VR: **~-se de algo** to disassociate o.s. from sth

desvio [dʒiz'viu] M diversion, detour; (curva) bend; (fig) deviation; (de dinheiro) embezzlement; (de mercadorias) misappropriation; (Ferro) siding; (da coluna vertebral) dislocation

desvirar [dʒizvi'rar] VT to turn back

desvirginar [dʒizvirʒi'nar] VT to deflower

desvirtuar [dʒizvir'twar] VT (fatos) to misrepresent

detalhadamente [detaʎada'mẽtʃi] ADV in detail

detalhado, -a [deta'ʎadu, a] ADJ detailed

detalhar [deta'ʎar] VT to (give in) detail

detalhe [de'taʎi] M detail; **entrar em ~** to go into detail

detalhista [deta'ʎista] ADJ painstaking, meticulous

detectar [detek'tar] VT to detect

detector [detek'tor] M detector

detenção [detẽ'sãw] (pl **-ões**) F detention

détente [de'tãtʃi] F détente

detento, -a [de'tẽtu, a] M/F detainee

detentor, a [detẽ'tor(a)] M/F (de título, recorde) holder

deter [de'ter] (irreg: como **ter**) VT (fazer parar) to stop; (prender) to arrest, detain; (reter) to keep; (conter: riso) to contain; **deter-se** VR (parar) to stop; (ficar) to stay; (conter-se) to restrain o.s.; **~-se em minúcias** etc to get bogged down in details etc

detergente [deter'ʒẽtʃi] M detergent

deterioração [deterjora'sãw] F deterioration

deteriorar [deterjo'rar] VT to spoil, damage; **deteriorar-se** VR to deteriorate; (relações) to worsen

determinação [determina'sãw] F (firmeza) determination; (decisão) decision; (ordem) order; **por ~ de** by order of

determinado, -a [determi'nadu, a] ADJ (resoluto) determined; (certo) certain, given

determinar [determi'nar] VT (fixar, precisar) to determine; (decretar) to order; (resolver) to decide (on); (causar) to cause; (fronteiras) to mark out

detestar [detes'tar] VT to hate, detest

detestável [detes'tavew] (pl **-eis**) ADJ horrible, hateful

detetive [dete'tʃivi] M/F detective

detidamente [detʃida'mẽtʃi] ADV carefully, thoroughly

detido, -a [de'tʃidu, a] ADJ (preso) under arrest; (minucioso) thorough ▶ M/F person under arrest, prisoner

detonação [detona'sãw] (pl **-ões**) F explosion

detonar [deto'nar] VI to detonate, go off ▶ VT to detonate

Detran [de'trã] (BR) ABR M (= Departamento de Trânsito) state traffic department

detrás [de'trajs] ADV behind ▶ PREP: **~ de** behind; **por ~** (from) behind

detrimento [detri'mẽtu] M: **em ~ de** to the detriment of

detrito [de'tritu] M debris sg; (de comida) remains pl; (resíduo) dregs pl

deturpação [deturpa'sãw] F corruption; (de palavras) distortion

deturpar [detur'par] VT to corrupt; (desfigurar) to disfigure; (palavras) to twist; **você deturpou minhas palavras** you twisted my words

deu [dew] VB ver **dar**

deus, a [dews, 'dewza] M/F god/goddess; **D~ me livre!** God forbid!; **graças a D~** thank goodness; **se D~ quiser** God willing; **meu D~!** good Lord!; **D~ e o mundo** everybody; **~ nos acuda** commotion

deus-dará [-da'ra] M: **viver ao ~** to live from hand to mouth; **estar ao ~** (casa) to be unattended

devagar [dʒiva'gar] ADV slowly ▶ ADJ INV (col): **ele é um cara tão ~** he's such an old fogey

devagarinho [dʒivaga'riɲu] ADV nice and slowly

devanear [deva'njar] VT to imagine, dream of ▶ VI to daydream; (divagar) to wander, digress

devaneio [deva'neju] M daydream

devassa [de'vasa] F investigation, inquiry

devassado, -a [deva'sadu, a] ADJ (casa) exposed

devassidão [devasi'dãw] F debauchery

devasso, -a [de'vasu, a] ADJ dissolute

devastar [devas'tar] VT (*destruir*) to devastate; (*arruinar*) to ruin

deve ['dɛvi] M (*débito*) debit; (*coluna*) debit column

devedor, a [deve'dor(a)] ADJ (*pessoa*) in debt ▶ M/F debtor; **saldo ~** debit balance

dever [de'ver] M duty ▶ VT to owe ▶ VI (*suposição*): **deve (de) estar doente** he must be ill; (*obrigação*): **devo partir às oito** I must go at eight; **você devia ir ao médico** you should go to the doctor; **ele devia ter vindo** he should have come; **que devo fazer?** what shall I do?

deveras [dʒi'vɛras] ADV really, truly

devidamente [devida'mẽtʃi] ADV properly; (*preencher formulário etc*) duly

devido, -a [de'vidu, a] ADJ (*maneira*) proper; (*respeito*) due; **~ a** due to, owing to; **no ~ tempo** in due course

devoção [devo'sãw] F devotion

devolução [devolu'sãw] F devolution; (*restituição*) return; (*reembolso*) refund; **~ de impostos** tax rebate

devolver [devow'ver] VT to give back, return; (*Com*) to refund

devorar [devo'rar] VT to devour; (*destruir*) to destroy

devotar [devo'tar] VT to devote; **devotar-se** VR: **~-se a** to devote o.s. to

devoto, -a [de'vɔtu, a] ADJ devout ▶ M/F devotee

dez [dɛz] NUM ten; *ver tb* **cinco**

dez. ABR (= *dezembro*) Dec.

dezanove [deza'nɔvə] (*PT*) NUM = **dezenove**

dezasseis [deza'sejs] (*PT*) NUM = **dezesseis**

dezassete [deza'sɛtə] (*PT*) NUM = **dezessete**

dezembro [de'zẽbru] M December; *ver tb* **julho**

dezena [de'zena] F: **uma ~** ten

dezenove [deze'nɔvi] NUM nineteen; *ver tb* **cinco**

dezesseis [deze'sejs] NUM sixteen; *ver tb* **cinco**

dezessete [dezi'sɛtʃi] NUM seventeen; *ver tb* **cinco**

dezoito [dʒi'zojtu] NUM eighteen; *ver tb* **cinco**

DF (*BR*) ABR = **Distrito Federal**

dia ['dʒia] M day; (*claridade*) daylight; **~ a ~** day by day; **~ de folga** day off; **~ santo** holy day; **~ útil** weekday; **estar** *ou* **andar em ~ (com)** to be up to date (with); **de ~** in the daytime, by day; **mais ~ menos ~** sooner or later; **todo ~, todos os ~s** every day; **o ~ inteiro** all day (long); **~ sim, ~ não** every other day; **de dois em dois ~s** every two days; **no ~ seguinte** the next day; **~ após ~** day after day; **do ~ para a noite** (*fig*) overnight; **bom ~** good morning; **um ~ desses** one of these days; **~s a fio** days on end; **~ cheio/morto** busy/quiet *ou* slow day; **todo santo ~** (*col*) every single day, day after day; **recebo por ~** I'm paid by the day; **um bebê de ~s** a newborn baby; **ele está com os ~s contados** his days are numbered

dia a dia M daily life, everyday life

diabete, diabetes [dʒja'bɛtʃi(s)] F diabetes *sg*

diabético, -a [dʒja'bɛtʃiku, a] ADJ, M/F diabetic

diabo ['dʒjabu] M devil; **que ~!** (*col*) damn it!; **por que ~ ...?** why on earth ...?; **o ~ é que ...** (*col*) the darnedest thing is that ...; **o ~ do eletricista não apareceu** (*col*) the damned electricity man didn't turn up; **está um calor do ~** (*col*) it's damned *ou* bloody (!) hot; **deu um trabalho dos ~s** (*col*) it was a hell of a job; **quente pra ~** (*col*) damned hot; **dizer o ~ de alguém** (*col*) to slag sb off

diabólico, -a [dʒja'bɔliku, a] ADJ diabolical

diabrete [dʒja'bretʃi] M imp

diabrura [dʒja'brura] F prank; **diabruras** FPL (*travessura*) mischief *sg*

diacho ['dʒjaʃu] (*col*) EXCL hell!

diadema [dʒja'dema] M diadem; (*joia*) tiara

diáfano, -a ['dʒjafanu, a] ADJ (*tecido*) diaphanous; (*águas*) clear

diafragma [dʒja'fragma] M diaphragm; (*anticoncepcional*) diaphragm, cap

diagnosticar [dʒjagnostʃi'kar] VT to diagnose

diagnóstico [dʒjag'nɔstʃiku] M diagnosis

diagonal [dʒjago'naw] (*pl* **-ais**) ADJ, F diagonal

diagrama [dʒja'grama] M diagram

diagramador, a [dʒjagrama'dor(a)] M/F designer

diagramar [dʒjagra'mar] VT to design

dialética [dʒja'lɛtʃika] F dialectics *sg*

dialeto [dʒja'lɛtu] M dialect

dialogar [dʒjalo'gar] VI: **~ (com alguém)** to talk (to sb); (*Pol*) to have *ou* hold talks (with sb)

diálogo ['dʒjalogu] M dialogue; (*conversa*) talk, conversation

diamante [dʒja'mãtʃi] M diamond

diâmetro ['dʒjametru] M diameter

diante ['dʒjãtʃi] PREP: **~ de** before; (*na frente de*) in front of; (*problemas etc*) in the face of; **e assim por ~** and so on; **para ~** forward

dianteira [dʒjã'tejra] F front, vanguard; **tomar a ~** to get ahead

dianteiro, -a [dʒjã'tejru, a] ADJ front

diapasão [dʒjapa'zãw] (*pl* **-ões**) M (*afinador*) tuning fork; (*tom*) pitch; (*extensão de voz ou instrumento*) range

diapositivo [dʒjapozi'tʃivu] M (*Foto*) slide

diária ['dʒjarja] F (*de hotel*) daily rate

diário, -a ['dʒjarju, a] ADJ daily ▶ M diary; (*jornal*) (daily) newspaper; (*Com*) daybook; **~ de bordo** (*Aer*) logbook

diarista [dʒja'rista] M/F casual worker, worker paid by the day; (*em casa*) cleaner

diarreia [dʒja'heja] F diarrhoea (*BRIT*), diarrhea (*US*)

dica ['dʒika] (*col*) F hint

dicção [dʒik'sãw] F diction

dicionário [dʒisjo'narju] M dictionary

dicionarista [dʒisjona'rista] M/F lexicographer

dicotomia [dʒikoto'mia] F dichotomy

didata [dʒi'data] M/F teacher

didática [dʒi'datʃika] F education, teaching
didático, -a [dʒi'datʃiku, a] ADJ (*livro*) educational; (*método*) teaching *atr*; (*modo*) didactic
diesel ['dʒizew] M: **motor a ~** diesel engine
dieta ['dʒjeta] F diet; **fazer ~** to go on a diet
dietético, -a [dʒje'tɛtʃiku, a] ADJ dietetic
dietista [dʒje'tʃista] M/F dietician
difamação [dʒifama'sãw] F (*falada*) slander; (*escrita*) libel
difamador, a [dʒifama'do(a)] ADJ defamatory ▶ M/F slanderer
difamar [dʒifa'ma] VT to slander; (*por escrito*) to libel
difamatório, -a [dʒifama'tɔrju, a] ADJ defamatory
diferença [dʒife'rẽsa] F difference; **~ de gols** (*Futebol*) goal difference; **ela tem uma ~ comigo** she's got something against me
diferenciação [dʒiferẽsja'sãw] F (*tb Mat*) differentiation
diferenciar [dʒiferẽ'sja] VT to differentiate
diferente [dʒife'rẽtʃi] ADJ different; **estar ~ com alguém** to be at odds with sb
diferimento [dʒiferi'mẽtu] M deferment
diferir [dʒife'ri] VI: **~ (de)** to differ (from) ▶ VT (*adiar*) to defer
difícil [dʒi'fisiw] (*pl* -**eis**) ADJ (*trabalho, vida*) difficult, hard; (*problema, situação*) difficult; (*pessoa: intratável*) difficult; (: *exigente*) hard to please; (*improvável*) unlikely; **o ~ é ...** the difficult thing is ...; **acho ~ ela aceitar nossa proposta** I think it's unlikely she will accept our proposal; **falar ~** to use big words; **bancar o ~** to play hard to get
dificílimo, -a [dʒifi'silimu, a] ADJ SUPERL *de* **difícil**
dificilmente [dʒifisiw'mẽtʃi] ADV with difficulty; (*mal*) hardly; (*raramente*) hardly ever; **~ ele poderá ...** it won't be easy for him to ....
dificuldade [dʒifikuw'dadʒi] F difficulty; (*aperto*) trouble; **em ~s** in trouble
dificultar [dʒifikuw'ta] VT to make difficult; (*complicar*) to complicate
difteria [dʒifte'ria] F diphtheria
difundir [dʒifũ'dʒi] VT (*luz*) to diffuse; (*boato, rumor*) to spread; (*notícia*) to spread, circulate; (*ideias*) to disseminate
difusão [dʒifu'zãw] F (*de luz*) diffusion; (*espalhamento*) spreading; (*de notícias*) circulation; (*de ideias*) dissemination
difuso, -a [dʒi'fuzu, a] ADJ diffuse
digerir [dʒiʒe'ri] VT, VI to digest
digestão [dʒiʒes'tãw] F digestion
digital [dʒiʒi'taw] (*pl* -**ais**) ADJ digital; **impressão ~** fingerprint
digitar [dʒiʒi'ta] VT (*Comput: dados*) to key (in)
dígito ['dʒiʒitu] M digit
digladiar [dʒigla'dʒja] VI to fight, fence; **digladiar-se** VR: **~ (com alguém)** to do battle (with sb)
dignar-se [dʒig'narsi] VR: **~ de** to deign to,

condescend to
dignidade [dʒigni'dadʒi] F dignity
dignificar [dʒignifi'ka] VT to dignify
digno, -a ['dʒignu, a] ADJ (*merecedor*) worthy; (*nobre*) dignified
digo *etc* ['dʒigu] VB *ver* **dizer**
digressão [dʒigre'sãw] (*pl* -**ões**) F digression
dilaceração [dʒilasera'sãw] (*pl* -**ões**) F laceration
dilacerante [dʒilase'rãtʃi] ADJ (*dor*) excruciating; (*cruel*) cruel
dilacerar [dʒilase'ra] VT to tear to pieces, lacerate; **dilacerar-se** VR to tear one another to pieces
dilapidação [dʒilapida'sãw] F (*de casas etc*) demolition; (*de dinheiro*) squandering
dilapidar [dʒilapi'da] VT (*fortuna*) to squander; (*casa*) to demolish
dilatação [dʒilata'sãw] F dilation
dilatar [dʒila'ta] VT to dilate, expand; (*prolongar*) to prolong; (*retardar*) to delay
dilatório, -a [dʒila'tɔrju, a] ADJ dilatory
dilema [dʒi'lɛma] M dilemma
diletante [dʒile'tãtʃi] ADJ, M/F amateur; (*pej*) dilettante
diletantismo [dʒiletã'tʃizmu] M amateurism; (*pej*) dilettantism
diligência [dʒili'ʒẽsja] F diligence; (*pesquisa*) inquiry; (*veículo*) stagecoach
diligenciar [dʒiliʒẽ'sja] VT to strive for; **~ (por) fazer** to strive to do
diligente [dʒili'ʒẽtʃi] ADJ hardworking, industrious
diluição [dʒilwi'sãw] F dilution
diluir [dʒi'lwi] VT to dilute
dilúvio [dʒi'luvju] M flood
dimensão [dʒimẽ'sãw] (*pl* -**ões**) F dimension; **dimensões** FPL (*medidas*) measurements
dimensionar [dʒimẽsjo'na] VT: **~ algo** to calculate the size of sth; (*fig*) to assess the extent of sth
diminuição [dʒiminwi'sãw] F reduction
diminuir [dʒimi'nwi] VT to reduce; (*som*) to turn down; (*interesse*) to lessen ▶ VI to lessen, diminish; (*preço*) to go down; (*dor*) to wear off; (*barulho*) to die down
diminutivo, -a [dʒiminu'tʃivu, a] ADJ diminutive ▶ M (*Ling*) diminutive
diminuto, -a [dʒimi'nutu, a] ADJ minute, tiny
Dinamarca [dʒina'marka] F Denmark
dinamarquês, -quesa [dʒinamar'kes, 'keza] ADJ Danish ▶ M/F Dane ▶ M (*Ling*) Danish
dinâmico, -a [dʒi'namiku, a] ADJ dynamic
dinamismo [dʒina'mizmu] M (*fig*) energy, drive
dinamitar [dʒinami'ta] VT to blow up
dinamite [dʒina'mitʃi] F dynamite
dínamo ['dʒinamu] M dynamo
dinastia [dʒinas'tʃia] F dynasty
dinda ['dʒida] (*col*) F godmother
dindim [dʒĩ'dʒĩ] (*col*) M (*dinheiro*) cash
dinheirão [dʒiɲej'rãw] M: **um ~** loads *pl* of money

dinheiro [dʒi'ɲejru] M money; ~ **à vista** cash for paying in cash; **sem** ~ penniless; **em** ~ in cash; ~ **em caixa** money in the till; ~ **em espécie** cash; ~ **vivo** hard cash

dinossauro [dʒino'sawru] M dinosaur

diocese [dʒjo'sɛzi] F diocese

dióxido ['dʒjɔksidu] M dioxide; ~ **de carbono** carbon dioxide

DIP (BR) ABR M = **Departamento de Imprensa e Propaganda**

diploma [dʒip'lɔma] M diploma

diplomacia [dʒiploma'sia] F diplomacy; (fig) tact

diplomando, -a [dʒiplo'mãdu, a] M/F diploma candidate

diplomar [dʒiplo'mar] VT to give a diploma (ou degree) to; **diplomar-se** VR: ~-**se (em algo)** to get one's diploma (in sth)

diplomata [dʒiplo'mata] M/F diplomat

diplomático, -a [dʒiplo'matʃiku, a] ADJ diplomatic; (discreto) tactful

dique ['dʒiki] M dam; (Geo) dyke

direção [dʒire'sãw] (pl -**ões**) F direction; (endereço) address; (Auto) steering; (administração) management; (comando) leadership; (diretoria) board of directors; **em** ~ **a** towards

direi etc [dʒi'rej] VB ver **dizer**

direita [dʒi'rejta] F (mão) right hand; (lado) right-hand side; (Pol) right wing; **à** ~ on the right; "**mantenha-se à** ~" "keep right"

direitinho [dʒirej'tʃiɲu] ADV properly, just right; (diretamente) directly

direitista [dʒirej'tʃista] ADJ right-wing ▶ M/F right-winger

direito, -a [dʒi'rejtu, a] ADJ (lado) right-hand; (mão) right; (honesto) honest; (devido) proper; (justo) right, just ▶ M (prerrogativa) right; (Jur) law; (de tecido) right side ▶ ADV (em linha reta) straight; (bem) right; (de maneira certa) properly; **direitos** MPL (humanos) rights; (alfandegários) duty sg; ~ **civil** civil law; ~**s civis** civil rights; ~**s de importação** import duty; ~**s humanos** human rights; **livre de** ~**s** duty-free; **ter** ~ **a** to have a right to, be entitled to; **minha roupa está direita?/ meu cabelo está** ~? are my clothes/is my hair all right?

diretas [dʒi'rɛtas] FPL (Pol) direct elections

direto, -a [dʒi'rɛtu, a] ADJ direct ▶ ADV straight; **transmissão direta** (TV) live broadcast; **ir** ~ **ao assunto** to get straight to the point

diretor, a [dʒire'tor(a)] ADJ directing, guiding ▶ M/F (Com, de cinema) director; (de jornal) editor; (de escola) head teacher

diretor-gerente, diretora-gerente (pl **diretores-gerentes/diretoras-gerentes**) M/F managing director

diretoria [dʒireto'ria] F (cargo) directorship; (: em escola) headship; (direção: Com) management; (sala) boardroom

diretório [dʒire'tɔrju] M directorate; (Comput) directory; ~ **acadêmico** students' union

diretriz [dʒire'triz] F directive

dirigente [dʒiri'ʒẽtʃi] ADJ (classe) ruling ▶ M/F (de país, partido) leader; (diretor) director; (gerente) manager

dirigir [dʒiri'ʒir] VT to direct; (Com) to manage, run; (veículo) to drive; (atenção) to turn ▶ VI to drive; **dirigir-se** VR: ~-**se a** (falar com) to speak to, address; (ir, recorrer) to go to; (esforços) to be directed towards

dirimir [dʒiri'mir] VT (dúvida, contenda) to settle, clear up

discagem [dʒis'kaʒẽ] F (Tel) dialling; ~ **direta** direct dialling

discar [dʒis'kar] VT to dial

discente [dʒi'sẽtʃi] ADJ: **corpo** ~ student body

discernimento [dʒiserni'mẽtu] M discernment

discernir [dʒiser'nir] VT (perceber) to discern, perceive; (diferenciar) to discriminate, distinguish

discernível [dʒiser'nivew] (pl -**eis**) ADJ discernible

disciplina [dʒisi'plina] F discipline

disciplinador, a [dʒisiplina'dor(a)] ADJ disciplinary

disciplinar [dʒisipli'nar] VT to discipline; **disciplinar-se** VR to discipline o.s.

discípulo, -a [dʒi'sipulu, a] M/F disciple; (aluno) pupil

disco ['dʒisku] M disc; (Comput) disk; (Mús) record; (de telefone) dial; ~ **rígido** (Comput) hard drive, hard disk; ~ **do sistema** system disk; ~ **voador** flying saucer

discordância [dʒiskor'dãsja] F disagreement; (de opiniões) difference

discordante [dʒiskor'dãtʃi] ADJ divergent, conflicting

discordar [dʒiskor'dar] VI: ~ **de alguém em algo** to disagree with sb on sth

discórdia [dʒis'kɔrdʒja] F discord, strife

discorrer [dʒisko'her] VI: ~ (**sobre**) (falar) to talk (about)

discoteca [dʒisko'tɛka] F (boate) discotheque, disco (col); (coleção de discos) record library

discotecário, -a [dʒiskote'karju, a] M/F disc jockey, DJ

discrepância [dʒiskre'pãsja] F discrepancy; (desacordo) disagreement

discrepante [dʒiskre'pãtʃi] ADJ conflicting

discrepar [dʒiskre'par] VI: ~ **de** to differ from

discreto, -a [dʒis'krɛtu, a] ADJ discreet; (modesto) modest; (prudente) shrewd; (roupa) plain, sober

discrição [dʒiskri'sãw] F discretion, good sense

discricionário, -a [dʒiskrisjo'narju, a] ADJ discretionary

discriminação [dʒiskrimina'sãw] F discrimination; (especificação) differentiation; ~ **racial** racial discrimination

discriminar [dʒiskrimi'nar] vt to distinguish ▶ vi: **~ entre** to discriminate between
discriminatório, -a [dʒiskrimina'tɔrju, a] ADJ discriminatory
discursar [dʒiskur'sar] vi (*em público*) to make a speech; (*falar*) to speak
discurso [dʒis'kursu] M speech; (*Ling*) discourse
discussão [dʒisku'sãw] (*pl* **-ões**) F (*debate*) discussion, debate; (*contenda*) argument
discutir [dʒisku'tʃir] vt to discuss ▶ vi: **~ (sobre algo)** (*debater*) to talk (about sth); (*contender*) to argue (about sth)
discutível [dʒisku'tʃivew] (*pl* **-eis**) ADJ debatable
disenteria [dʒizēte'ria] F dysentery
disfarçar [dʒisfar'sar] vt to disguise ▶ vi to pretend; **disfarçar-se** vr: **~-se em** *ou* **de algo** to disguise o.s. as sth
disfarce [dʒis'farsi] M disguise; (*máscara*) mask
disfasia [dʒisfa'zia] F (*Med*) speech defect
disforme [dʒis'fɔrmi] ADJ deformed; (*monstruoso*) hideous
disfunção [dʒisfũ'sãw] (*pl* **-ões**) F (*Med*) dysfunction
dislético, -a [dʒiz'lɛtʃiku, a] ADJ, M/F dyslexic
dislexia [dʒizlek'sia] F dyslexia
disléxico, -a [dʒiz'lɛksiku, a] ADJ, M/F dyslexic
díspar ['dʒispar] ADJ dissimilar
disparada [dʒispa'rada] F: **dar uma ~** to surge ahead; **em ~** at full tilt
disparado, -a [dʒispa'radu, a] ADJ very fast ▶ ADV by a long way
disparar [dʒispa'rar] vt to shoot, fire ▶ vi to fire; (*arma*) to go off; (*correr*) to shoot off, bolt
disparatado, -a [dʒispara'tadu, a] ADJ silly, absurd
disparate [dʒispa'ratʃi] M nonsense, rubbish; (*ação*) blunder
disparidade [dʒispari'dadʒi] F disparity
dispêndio [dʒis'pēdʒu] M expenditure
dispendioso, -a [dʒispē'dʒjozu, ɔza] ADJ costly, expensive
dispensa [dʒis'pēsa] F exemption; (*Rel*) dispensation
dispensar [dʒispē'sar] vt (*desobrigar*) to excuse; (*prescindir de*) to do without; (*conferir*) to grant
dispensário [dʒispē'sarju] M dispensary
dispensável [dʒispē'savew] (*pl* **-eis**) ADJ expendable
dispepsia [dʒispep'sia] F dyspepsia
dispersão [dʒisper'sãw] F dispersal
dispersar [dʒisper'sar] vt, vi to disperse
dispersivo, -a [dʒisper'sivu, a] ADJ (*pessoa*) scatterbrained
disperso, -a [dʒis'pɛrsu, a] ADJ scattered
displicência [dʒispli'sēnsja] (BR) F (*descuido*) negligence, carelessness
displicente [dʒispli'sētʃi] ADJ careless
dispo *etc* ['dʒispu] VB *ver* **despir**
disponibilidade [dʒisponibili'dadʒi] F availability; (*finanças*) liquid *ou* available assets *pl*; **~ de caixa** cash in hand

disponível [dʒispo'nivew] (*pl* **-eis**) ADJ available
dispor [dʒis'por] (*irreg: como* **pôr**) vt (*arranjar*) to arrange; (*colocar em ordem*) to put in order ▶ vi: **~ de** (*usar*) to have the use of; (*ter*) to have, own; (*pessoas*) to have at one's disposal; **dispor-se** vr: **~-se a** (*estar pronto a*) to be prepared to, be willing to; (*decidir*) to decide to; **~ sobre** to talk about; **não disponho de tempo para ...** I can't afford the time to ...; **disponha!** feel free!
disposição [dʒispozi'sãw] (*pl* **-ões**) F arrangement; (*humor*) disposition; (*inclinação*) inclination; **à sua ~** at your disposal
dispositivo [dʒispozi'tʃivu] M (*mecanismo*) gadget, device; (*determinação de lei*) provision; (*conjunto de meios*): **~ de segurança** security operation; **~ intrauterino** intra-uterine device
disposto, -a [dʒis'poftu, 'pɔsta] PP *de* **dispor** ▶ ADJ (*arranjado*) arranged; **estar ~ a** to be willing to; **estar bem ~** to look well; **sentir-se ~ a fazer algo** to feel like doing sth
disputa [dʒis'puta] F (*contenda*) dispute, argument; (*competição*) contest
disputar [dʒispu'tar] vt to dispute; (*concorrer a*) to compete for; (*lutar por*) to fight over ▶ vi (*discutir*) to quarrel, argue; to compete; **~ uma corrida** to run a race
disquete [dʒis'ketʃi] M (*Comput*) diskette
dissabor [dʒisa'bor] M (*desgosto*) sorrow; (*aborrecimento*) annoyance
disse *etc* ['dʒisi] VB *ver* **dizer**
dissecar [dʒise'kar] vt to dissect
disseminação [dʒisemina'sãw] F (*de pólen etc*) spread(ing); (*de ideias*) dissemination
disseminar [dʒisemi'nar] vt to disseminate; (*espalhar*) to spread
dissensão [dʒisē'sãw] F dissension, discord
dissentir [dʒisē'tʃir] vi: **~ de alguém (em algo)** to be in disagreement with sb (over sth); **~ de algo** (*não combinar*) to be at variance with sth
disse que disse [dʒisiki'dʒisi] M gossip, tittle-tattle
dissertação [dʒiserta'sãw] (*pl* **-ões**) F dissertation; (*discurso*) lecture
dissertar [dʒiser'tar] vi to speak
dissidência [dʒisi'dēsja] F (*divergência*) dissension; (*dissidentes*) dissidents *pl*; (*cisão*) difference of opinion
dissidente [dʒisi'dētʃi] ADJ, M/F dissident
dissídio [dʒi'sidʒu] M (*Jur*): **~ coletivo/individual** collective/individual dispute
dissimilar [dʒisimi'lar] ADJ dissimilar
dissimulação [dʒisimula'sãw] F (*fingimento*) pretence (BRIT), pretense (US); (*disfarce*) disguise
dissimular [dʒisimu'lar] vt (*ocultar*) to hide; (*fingir*) to feign ▶ vi to dissemble
dissinto *etc* [dʒi'sĩtu] VB *ver* **dissentir**

dissipação [dʒisipa'sãw] F waste, squandering

dissipar [dʒisi'par] VT (*dispersar*) to disperse, dispel; (*malgastar*) to squander, waste; **dissipar-se** VR to vanish

disso ['dʒisu] = **de + isso**; *ver* **de**

dissociar [dʒiso'sjar] VT: ~ **algo (de/em algo)** to separate sth (from sth)/break sth up (into sth); **dissociar-se** VR: ~-**se de algo** to dissociate o.s. from sth

dissolução [dʒisolu'sãw] F (*dissolvência*) dissolving; (*libertinagem*) debauchery; (*de casamento*) dissolution

dissoluto, -a [dʒiso'lutu, a] ADJ dissolute, debauched

dissolver [dʒisow'ver] VT to dissolve; (*dispersar*) to disperse; (*motim*) to break up

dissonância [dʒiso'nãsja] F dissonance; (*discordância*) discord

dissonante [dʒiso'nãtʃi] ADJ (*som*) dissonant, discordant; (*fig*) discordant

dissuadir [dʒiswa'dʒir] VT to dissuade; ~ **alguém de fazer algo** to talk sb out of doing sth, dissuade sb from doing sth

dissuasão [dʒiswa'zãw] F dissuasion

dissuasivo, -a [dʒiswa'zivu, a] ADJ dissuasive

distância [dʒis'tãsja] F distance; **a grande** ~ far away; **a 3 quilômetros de** ~ 3 kilometres (BRIT) *ou* kilometers (US) away

distanciamento [dʒistãsja'mẽtu] M distancing

distanciar [dʒistã'sjar] VT (*afastar*) to distance, set apart; (*colocar por intervalos*) to space out; **distanciar-se** VR to move away; (*fig*) to distance o.s.

distante [dʒis'tãtʃi] ADJ distant, far-off; (*fig*) aloof

distar [dʒis'tar] VI to be far away; **o aeroporto dista 10 quilômetros da cidade** the airport is 10 km away from the city

distender [dʒistẽ'der] VT (*estender*) to expand; (*estirar*) to stretch; (*dilatar*) to distend; (*músculo*) to pull; **distender-se** VR to expand; to distend

distinção [dʒistʃi'sãw] (*pl* -**ões**) F distinction; **fazer** ~ to make a distinction

distinguir [dʒistʃi'gir] VT (*diferenciar*) to distinguish, differentiate; (*avistar, ouvir*) to make out; (*enobrecer*) to distinguish; **distinguir-se** VR to stand out; ~ **algo de algo/entre** to distinguish sth from sth/between

distintivo, -a [dʒistʃi'tʃivu, a] ADJ distinctive ▶ M (*insígnia*) badge; (*emblema*) emblem

distinto, -a [dʒis'tʃitu, a] ADJ (*diferente*) different; (*eminente*) distinguished; (*claro*) distinct; (*refinado*) refined

disto ['dʒistu] = **de + isto**; *ver* **de**

distorção [dʒistor'sãw] (*pl* -**ões**) F distortion

distorcer [dʒistor'ser] VT to distort

distorções [dʒistor'sõjs] FPL *de* **distorção**

distração [dʒistra'sãw] (*pl* -**ões**) F (*alheamento*) absent-mindedness; (*divertimento*) pastime; (*descuido*) oversight

distraído, -a [dʒistra'idu, a] ADJ absent-minded; (*não atento*) inattentive

distrair [dʒistra'ir] VT (*tornar desatento*) to distract; (*divertir*) to amuse; **distrair-se** VR to amuse o.s.

distribuição [dʒistribwi'sãw] F distribution; (*de cartas*) delivery

distribuidor, a [dʒistribwi'dor(a)] M/F distributor ▶ M (*Auto*) distributor ▶ F (*Com*) distribution company, distributor

distribuir [dʒistri'bwir] VT to distribute; (*repartir*) to share out; (*cartas*) to deliver

distrito [dʒis'tritu] M district; (*delegacia*) police station; ~ **eleitoral** constituency; ~ **federal** federal area

distúrbio [dʒis'turbju] M disturbance; **distúrbios** MPL (*Pol*) riots

ditado [dʒi'tadu] M dictation; (*provérbio*) saying

ditador [dʒita'dor] M dictator

ditadura [dʒita'dura] F dictatorship

ditame [dʒi'tami] M (*da consciência*) dictate; (*regra*) rule

ditar [dʒi'tar] VT to dictate; (*impor*) to impose

ditatorial [dʒitato'rjaw] (*pl* -**ais**) ADJ dictatorial

dito, -a ['dʒitu, a] PP *de* **dizer** ▶ M: ~ **espirituoso** witticism; ~ **e feito** no sooner said than done

dito-cujo (*pl* **ditos-cujos**) (*col*) M said person

ditongo [dʒi'tõgu] M diphthong

ditoso, -a [dʒi'tozu, ɔza] ADJ (*feliz*) happy; (*venturoso*) lucky

DIU ['dʒiu] ABR M (= *dispositivo intrauterino*) IUD

diurético, -a [dʒju'rɛtʃiku, a] ADJ diuretic ▶ M diuretic

diurno, -a ['dʒjurnu, a] ADJ daytime *atr*

divã [dʒi'vã] M couch, divan

divagação [dʒivaga'sãw] (*pl* -**ões**) F (*andança*) wandering; (*digressão*) digression; (*devaneio*) rambling

divagar [dʒiva'gar] VI (*vaguear*) to wander; (*falar sem nexo*) to ramble (on); ~ **do assunto** to wander off the subject, digress

divergência [dʒiver'ʒẽsja] F divergence; (*desacordo*) disagreement

divergente [dʒiver'ʒẽtʃi] ADJ divergent

divergir [dʒiver'ʒir] VI to diverge; (*discordar*) ~ **(de alguém)** to disagree (with sb)

diversão [dʒiver'sãw] (*pl* -**ões**) F (*divertimento*) amusement; (*passatempo*) pastime

diversidade [dʒiversi'dadʒi] F diversity

diversificação [dʒiversifika'sãw] F diversification

diversificar [dʒiversifi'kar] VT to diversify ▶ VI to vary

diverso, -a [dʒi'vɛrsu, a] ADJ (*diferente*) different; (*pl*) various

diversões [dʒiver'sõjs] FPL *de* **diversão**

diversos, -sas [dʒi'versus, sas] ADJ several ▶ MPL (*na contabilidade*) sundries

divertido, -a [dʒiver'tʃidu, a] ADJ amusing, funny

divertimento [dʒivertʃi'mẽtu] M amusement, entertainment

divertir [dʒiver'tʃir] VT to amuse, entertain; **divertir-se** VR to enjoy o.s., have a good time

dívida ['dʒivida] F debt; *(obrigação)* indebtedness; **contrair ~s** to run into debt; **~ externa** foreign debt

dividendo [dʒivi'dẽdu] M dividend

dividido, -a [dʒivi'dʒidu, a] ADJ divided; **sentir-se ~ entre duas coisas** to feel torn between two things

dividir [dʒivi'dʒir] VT to divide; *(despesas, lucro, comida etc)* to share; *(separar)* to separate ▶ VI *(Mat)* to divide; **dividir-se** VR to divide, split up; **as opiniões se dividem** opinions are divided; **ele tem que se ~ entre a família e o trabalho** he has to divide his time between the family and work; **~ 21 por 7** to divide 21 by 7; **~ algo em 3 partes** to divide sth into 3 parts; **~ algo pela metade** to divide sth in half ou in two

divindade [dʒivĩ'dadʒi] F divinity

divino, -a [dʒi'vinu, a] ADJ divine; *(col)* gorgeous ▶ M Holy Ghost

divirjo etc [dʒi'virʒu] VB ver **divergir**

divisa [dʒi'viza] F *(emblema)* emblem; *(frase)* slogan; *(fronteira)* border; *(Mil)* stripe; **divisas** FPL *(câmbio)* foreign exchange sg, foreign currency sg

divisão [dʒivi'zãw] *(pl* **-ões**) F division; *(discórdia)* split; *(partilha)* sharing

divisar [dʒivi'zar] VT *(avistar)* to see, make out

divisível [dʒivi'zivew] *(pl* **-eis**) ADJ divisible

divisões [dʒivi'zõjs] FPL *de* **divisão**

divisória [dʒivi'zɔrja] F partition

divisório, -a [dʒivi'zɔrju, a] ADJ *(linha)* dividing

divorciado, -a [dʒivor'sjadu, a] ADJ divorced ▶ M/F divorcé(e)

divorciar [dʒivor'sjar] VT to divorce; **divorciar-se** VR to get divorced

divórcio [dʒi'vɔrsju] M divorce

divulgação [dʒivuwga'sãw] F *(de notícias)* spread; *(de segredo)* divulging; *(de produto)* marketing

divulgar [dʒivuw'gar] VT *(notícias)* to spread; *(segredo)* to divulge; *(produto)* to market; *(livro)* to publish; **divulgar-se** VR to leak out

dizer [dʒi'zer] VT to say ▶ M saying; **dizer-se** VR to claim to be; **diz-se** ou **dizem que ...** it is said that ...; **diga-se de passagem** by the way; **~ algo a alguém** *(informar, avisar)* to tell sb sth; *(falar)* to say sth to sb; **~ a alguém que ...** to tell sb that ...; **o que você diz da minha sugestão?** what do you think of my suggestion?; **~ para alguém fazer** to tell sb to do; **o filme não me disse nada** *(não interessou)* the film left me cold; **o nome não me diz nada** *(não significa)* the name means nothing to me; **~ bem com** to go well with; **querer ~** to mean; **quer ~** that is to say; **nem é preciso ~** that goes without saying; **não ~ coisa com coisa** to make no sense; **digo** *(ou seja)* I mean; **diga!** what is it?; **não diga!** you don't say!; **digamos** let's say; **bem que eu te disse, eu não disse?** I told you so; **ele tem dificuldade em acordar às sete, que dirá às cinco** he finds it difficult to wake at seven, let alone ou never mind five; **por assim ~** so to speak; **até ~ chega** as much as possible

dizimar [dʒizi'mar] VT to decimate; *(herança)* to fritter away

Djibuti [dʒibu'tʃi] M: **o ~** Djibouti

DNER (BR) ABR M (= *Departamento Nacional de Estradas de Rodagem) national highways department*

DNOCS (BR) ABR M = **Departamento Nacional de Obras contra as Secas**

DNPM (BR) ABR M = **Departamento Nacional de Produção Mineral**

do [du] = **de + o**; ver **de**

dó [dɔ] M *(lástima)* pity; *(Mús)* do; **ter dó de** to feel sorry for

doação [doa'sãw] *(pl* **-ões**) F donation, gift

doador, a [doa'dor(a)] M/F donor

doar [do'ar] VT to donate, give

dobra ['dɔbra] F fold; *(prega)* pleat; *(de calças)* turn-up

dobradiça [dobra'dʒisa] F hinge

dobradiço, -a [dobra'dʒisu, a] ADJ flexible

dobradinha [dobra'dʒiɲa] F *(Culin)* tripe stew; *(col: dupla)* pair, partnership

dobrar [do'brar] VT *(duplicar)* to double; *(papel)* to fold; *(joelho)* to bend; *(esquina)* to turn, go round; *(fazer ceder)*: **~ alguém** to talk sb round ▶ VI to double; *(sino)* to toll; *(vergar)* to bend; **dobrar-se** VR to double (up)

dobro ['dobru] M double

DOC (BR) ABR F = **Diretoria de Obras de Cooperação**

doca ['dɔka] F *(Náut)* dock

doce ['dosi] ADJ sweet; *(terno)* gentle ▶ M sweet; **ele é um ~** he's a sweetie; **fazer ~** *(col)* to play hard to get

doce-de-coco *(pl* **doces-de-coco**) M *(pessoa)* sweetie

doceiro, -a [do'sejru, a] M/F sweet-seller

dóceis ['dɔsejs] ADJ PL *de* **dócil**

docemente [dose'mẽtʃi] ADV gently

docência [do'sẽsja] F teaching atr

docente [do'sẽtʃi] ADJ teaching atr; **o corpo ~** teaching staff

dócil ['dɔsiw] *(pl* **-eis**) ADJ docile

documentação [dokumẽta'sãw] F documentation; *(documentos)* papers pl

documentar [dokumẽ'tar] VT to document

documentário, -a [dokumẽ'tarju, a] ADJ, M documentary

documento [doku'mẽtu] M document; **não é ~** *(col)* it doesn't mean a thing

doçura [do'sura] F sweetness; *(brandura)* gentleness

Dodecaneso [dodeka'nɛzu] M: **o ~** the Dodecanese

dodói [do'dɔj] *(col)* M: **você tem ~?** does it hurt? ▶ ADJ INV ill, under the weather

doença [do'ēsa] F illness
doente [do'ētʃi] ADJ ill, sick ▶ M/F sick person; (*cliente*) patient
doentio, -a [doē'tʃiu, a] ADJ (*pessoa*) sickly; (*clima*) unhealthy; (*curiosidade*) morbid
doer [do'er] VI to hurt, ache; **~ a alguém** (*pesar*) to grieve sb; **dói ver tanta pobreza** it's sad to see so much poverty
dogma ['dɔgma] M dogma
dogmático, -a [dog'matʃiku, a] ADJ dogmatic
DOI (BR) ABR M (= *Destacamento de Operações Internas*) military secret police
Doi-Codi ['dɔi-'kɔdʒi] (BR) ABR M (= *Departamento de Operações e Informações – Centro de Operação e Defesa Interna*) secret police HQ during the military dictatorship
doidão, -dona [doj'dãw, 'dɔna] (*pl* **-ões/-s**) ADJ: (**ser**) **~** (*to be*) completely crazy; (**estar**) **~** (*to be*) high
doideira [doj'dejra] F madness, foolishness
doidice [doj'dʒisi] F madness, foolishness
doidivanas [dojdʒi'vanas] M/F INV hothead
doido, -a ['dojdu, a] ADJ mad, crazy ▶ M/F madman/woman; **~ por** mad *ou* crazy about; **~ varrido** *ou* **de pedras** (*col*) raving loony
doído, -a [do'idu, a] ADJ sore, painful; (*moralmente*) hurt; (*que causa dor*) painful
doidões [doj'dõjs] MPL *de* **doidão**
doidona [doj'dɔna] F *de* **doidão**
doirar [doj'rar] VT = **dourar**
dois, duas [dojs, 'duas] NUM two; **conversa a ~** tête-à-tête; *ver tb* **cinco**
dólar ['dɔlar] M dollar; **~ oficial** dollar at the official rate; **~ turismo** dollar at the special tourist rate
doleiro, -a [do'lejru, a] M/F (*black market*) dollar dealer
dolo ['dɔlu] M fraud
dolorido, -a [dolo'ridu, a] ADJ painful, sore; (*fig*) sorrowful
dolorosa [dolo'rɔza] F bill
doloroso, -a [dolo'rozu, ɔza] ADJ painful
dom [dõ] M gift; (*aptidão*) knack; **o ~ da palavra** the gift of the gab
dom. ABR (= *domingo*) Sun.
domador, a [domador(a)] M/F tamer
domar [do'mar] VT to tame
doméstica [do'mɛstʃika] F maid
domesticado, -a [domestʃi'kadu, a] ADJ domesticated; (*manso*) tame
domesticar [domestʃi'kar] VT to domesticate; (*povo*) to tame
doméstico, -a [do'mɛstʃiku, a] ADJ domestic; (*vida*) home *atr*
domiciliar [domisi'ljar] ADJ home *atr*
domicílio [domi'silju] M home, residence; **vendas/entrega a ~** home sales/delivery; "**entregamos a ~**" "we deliver"
dominação [domina'sãw] F domination
dominador, a [domina'dor(a)] ADJ (*pessoa*) domineering; (*olhar*) imposing ▶ M/F ruler

dominante [domi'nātʃi] ADJ dominant; (*predominante*) predominant
dominar [domi'nar] VT to dominate; (*reprimir*) to overcome ▶ VI to dominate, prevail; **dominar-se** VR to control o.s.
domingo [do'mĩgu] M Sunday; *ver tb* **terça-feira**
domingueiro, -a [domĩ'gejru, a] ADJ Sunday *atr*; **traje ~** Sunday best
Dominica [domi'nika] F Dominica
dominicano, -a [domini'kanu, a] ADJ, M/F Dominican; **República Dominicana** Dominican Republic
domínio [do'minju] M (*poder*) power; (*dominação*) control; (*território*) domain; (*esfera*) sphere; **~ próprio** self-control
dom-juan [-'jwã] M ladies' man, Don Juan
domo ['dɔmu] M dome
dona ['dɔna] F (*proprietária*) owner; (*col: mulher*) lady; **~ de casa** housewife; **D~ Lígia** Lígia; **D~ Luísa Souza** Mrs Luísa Souza
donatário, -a [dona'tarju, a] M/F recipient
donde ['dõdə] (PT) ADV from where; (*daí*) thus; **~ vem?** where do you come from?
dondoca [dõ'dɔka] (*col*) F society lady, lady of leisure
dono ['donu] M (*proprietário*) owner
donzela [dõ'zɛla] F (*mulher*) maiden
dopar [do'par] VT (*cavalo*) to dope; **dopar-se** VR (*atleta*) to take drugs
DOPS (BR) ABR M (= *Departamento de Ordem Política e Social*) internal security agency
dor [dor] F ache; (*aguda*) pain; (*fig*) grief, sorrow; **~ de cabeça** headache; **~ de cotovelo** (*col: ciúmes*) jealousy; (*por decepçao amorosa*) a bruised heart; **~ de dentes** toothache; **~ de estômago** stomachache
doravante [dora'vātʃi] ADV henceforth
dormência [dor'mēsja] F numbness
dormente [dor'mētʃi] ADJ numb ▶ M (*Ferro*) sleeper
dormida [dor'mida] F sleep; (*lugar*) place to sleep; **dar uma ~** to have a sleep
dormideira [dormi'dejra] F drowsiness
dorminhoco, -a [dormi'ɲoku, a] ADJ dozy ▶ M/F sleepyhead
dormir [dor'mir] VI to sleep; **~ como uma pedra** *ou* **a sono solto** to sleep like a log *ou* soundly; **hora de ~** bedtime; **~ no ponto** (*fig*) to miss the boat; **~ fora** to spend the night away
dormitar [dormi'tar] VI to doze
dormitório [dormi'tɔrju] M bedroom; (*coletivo*) dormitory
dorsal [dor'saw] (*pl* **-ais**) ADJ: **coluna ~** spine
dorso ['dorsu] M back
dos [dus] = **de + os**; *ver* **de**
dosagem [do'zaʒē] F dosage
dosar [do'zar] VT (*medicamento*) to judge the correct dosage of; (*graduar*) to give in small doses; **você tem que ~ bem o que diz para ele** you have to be careful what you say to him

dose ['dɔzi] F dose; **~ cavalar** huge dose; **~ excessiva** overdose; **é ~ para leão ou cavalo** (col) it's too much

dossiê [do'sje] M dossier, file

dotação [dota'sãw] (pl **-ões**) F endowment, allocation

dotado, -a [do'tadu, a] ADJ gifted; **~ de** endowed with

dotar [do'tar] VT to endow; (filha) to give a dowry to; **~ alguém de algo** to endow sb with sth

dote ['dɔtʃi] M dowry; (fig) gift

DOU ABR M (= Diário Oficial da União) official journal of Brazilian government

dou [do] VB ver **dar**

dourado, -a [do'radu, a] ADJ golden; (com camada de ouro) gilt, gilded ▶ M gilt; (cor) golden colour (BRIT) ou color (US)

dourar [do'rar] VT to gild

douto, -a ['dotu, a] ADJ learned

doutor, a [do'tor(a)] M/F doctor; **D~** (forma de tratamento) Sir; **D~ Eduardo Souza** Mr Eduardo Souza

doutorado [doto'radu] M doctorate

doutrina [do'trina] F doctrine

doze ['dozi] NUM twelve; ver tb **cinco**

DP (BR) ABR F = **delegacia de polícia**

DPF (BR) ABR M = **Departamento de Polícia Federal**

DPNRE (BR) ABR M = **Departamento de Parques Nacionais e Reservas Equivalentes**

Dr. ABR (= Doutor) Dr

Dra. ABR (= Doutora) Dr

draga ['draga] F dredger

dragagem [dra'gaʒẽ] F dredging

dragão [dra'gãw] (pl **-ões**) M dragon; (Mil) dragoon

dragar [dra'gar] VT to dredge

drágea ['draʒja] F tablet

dragões [dra'gõjs] MPL de **dragão**

drama ['drama] M (teatro) drama; (peça) play; **fazer ~** (col) to make a scene; **ser um ~** (col) to be an ordeal

dramalhão [drama'ʎãw] (pl **-ões**) M melodrama

dramático, -a [dra'matʃiku, a] ADJ dramatic

dramatização [dramatʃiza'sãw] (pl **-ões**) F dramatization

dramatizar [dramatʃi'zar] VT, VI to dramatize

dramaturgo, -a [drama'turgu, a] M/F playwright, dramatist

drapeado, -a [dra'pjadu, a] ADJ draped ▶ M hang

drástico, -a ['drastʃiku, a] ADJ drastic

drenagem [dre'naʒẽ] F drainage

drenar [dre'nar] VT to drain

dreno ['drɛnu] M drain

driblar [dri'blar] VT (Futebol) to dribble; (fig) to get round ▶ VI to dribble

drinque ['drĩki] M drink

drive ['drajvi] M (Comput) drive

droga ['drɔga] F drug; (fig) rubbish ▶ EXCL **~!** damn!, blast!; **ser uma ~** (col: filme, caneta etc) to be a dead loss; (: obrigação, atividade) to be a drag; **~ recreacional** recreational drug

drogado, -a [dro'gadu, a] M/F drug addict

drogar [dro'gar] VT to drug; **drogar-se** VR to take drugs

drogaria [droga'ria] F chemist's shop (BRIT), drugstore (US)

dromedário [drome'darju] M dromedary

duas ['duas] F de **dois**

duas-peças M INV two-piece

dúbio, -a ['dubju, a] ADJ dubious; (vago) uncertain

dublagem [du'blaʒẽ] F (de filme) dubbing

dublar [du'blar] VT to dub

dublê [du'ble] M/F double

ducentésimo, -a [dusẽ'tɛzimu, a] NUM two-hundredth

ducha ['duʃa] F shower; (Med) douche

ducto ['duktu] M duct

duelo ['dwɛlu] M duel

duende ['dwẽdʒi] M elf

dueto ['dwetu] M duet

dulcíssimo, -a [duw'sisimu, a] ADJ SUPERL de **doce**

dumping ['dãpĩŋ] M (Econ) dumping

duna ['duna] F dune

duodécimo, -a [dwo'dɛsimu, a] NUM twelfth

duodeno [dwo'dɛnu] M duodenum

dupla ['dupla] F pair; (Esporte): **~ masculina/feminina/mista** men's/women's/mixed doubles

dúplex ['dupleks] ADJ INV two-storey (BRIT), two-story (US) ▶ M INV luxury maisonette, duplex

duplicação [duplika'sãw] F (repetição) duplication; (aumento) doubling

duplicar [dupli'kar] VT (repetir) to duplicate ▶ VI (dobrar) to double

duplicata [dupli'kata] F (cópia) duplicate; (título) trade note, bill

duplicidade [duplisi'dadʒi] F (fig) duplicity

duplo, -a ['duplu, a] ADJ, M double

duque ['duki] M duke

duquesa [du'keza] F duchess

durabilidade [durabili'dadʒi] F durability

duração [dura'sãw] F duration; **de pouca ~** short-lived

duradouro, -a [dura'doru, a] ADJ lasting

durante [du'rãtʃi] PREP during; **~ uma hora** for an hour

durão, -rona [du'rãw, 'rɔna] (pl **-ões/-s**) (col) ADJ strict, tough

durar [du'rar] VI to last

durável [du'ravew] (pl **-eis**) ADJ lasting

durex® [du'reks] ADJ: **fita ~** adhesive tape, Sellotape® (BRIT), Scotch tape® (US)

dureza [du'reza] F hardness; (severidade) harshness; (col: falta de dinheiro) lack of funds

durmo etc ['durmu] VB ver **dormir**

duro, -a ['duru, a] ADJ hard; (severo) harsh; (resistente, fig) tough; (sentença, palavras) harsh, tough; (inverno) hard, harsh; (fig: difícil) hard, tough; **ser ~ com alguém** to be hard on sb;

estar ~ (col) to be broke; **dar um ~** (col: trabalhar) to work hard; **dar um ~ em alguém** (col) to come down hard on sb; **~ de roer** (fig) hard to take; **no ~** (col) really; **a praia estava dura de gente** the beach was packed
durões [du'rõjs] MPL de **durão**
durona [du'rɔna] F de **durão**
DUT (BR) ABR M (= *documento único de trânsito*) *vehicle licensing document*
dúvida ['duvida] F doubt; **sem ~** undoubtedly, without a doubt
duvidar [duvi'dar] VT to doubt ▶ VI to have one's doubts; **~ de alguém/algo** to doubt sb/sth; **~ que ...** to doubt that ...; **duvido!** I doubt it!; **duvido que você consiga correr a maratona** I bet you don't manage to run the marathon
duvidoso, -a [duvi'dozu, ɔza] ADJ (*incerto*) doubtful; (*suspeito*) dubious
duzentos, -as [du'zẽtus, as] NUM two hundred
dúzia ['duzja] F dozen; **meia ~** half a dozen
DVD ABR M (= *disco digital versátil*) DVD
dz. ABR = **dúzia**

Ee

E, e [ɛ] M (pl **es**) E, e ▶ ABR (= *esquerda*) L.; (= *este*) E; (= *editor*) Ed.; **E de Eliane** E for Edward (BRIT) ou easy (US)
e [i] CONJ and; **e a bagagem?** what about the luggage?
é [ɛ] VB *ver* **ser**
EAPAC (BR) ABR F (= *Escola de Aperfeiçoamento e Preparação Civil*) civil service training school
ébano ['ɛbanu] M ebony
EBN ABR F = **Empresa Brasileira de Notícias**
ébrio, -a ['ɛbrju, a] ADJ drunk ▶ M/F drunkard
EBTU ABR F = **Empresa Brasileira de Transportes Urbanos**
ebulição [ebuli'sãw] F boiling; (*fig*) ferment
ebuliente [ebu'ljẽtʃi] ADJ boiling
ECEME (BR) ABR F (= *Escola de Comando e Estado-Maior do Exército*) officer training school
eclesiástico, -a [ekle'zjastʃiku, a] ADJ ecclesiastical, church *atr* ▶ M clergyman
eclético, -a [e'klɛtʃiku, a] ADJ eclectic
eclipsar [eklip'sar] VT (*tb fig*) to eclipse
eclipse [e'klipsi] M eclipse
eclodir [eklo'dʒir] VI (*aparecer*) to emerge; (*revolução*) to break out; (*flor*) to open
eclusa [e'kluza] F (*de canal*) lock; (*comporta*) floodgate
eco ['ɛku] M echo; **ter ~** to catch on
ecoar [e'kwar] VT to echo ▶ VI (*ressoar*) to echo; (*fig: repercutir*) to have repercussions
ecologia [ekolo'ʒia] F ecology
ecológico, -a [eko'lɔʒiku, a] ADJ ecological, eco-friendly
ecologista [ekolo'ʒista] M/F ecologist
economia [ekono'mia] F economy; (*ciência*) economics *sg*; **economias** FPL (*poupanças*) savings; **fazer ~ (de)** to economize (with)
econômico, -a [eko'nomiku, a] ADJ (*barato*) cheap; (*que consome pouco*) economical; (*pessoa*) thrifty; (*Com*) economic
economista [ekono'mista] M/F economist
economizar [ekonomi'zar] VT (*gastar com economia*) to economize on; (*poupar*) to save (up) ▶ VI to economize; to save up
ecossistema [ekosis'tema] M ecosystem
ecrã, (PT) **écran** ['ɛkrã] M screen; **~ tactil** touch screen
ECT ABR F = **Empresa Brasileira de Correios e Telégrafos**

ecumênico, -a [eku'meniku, a] ADJ ecumenical
eczema [eg'zema] M eczema
Ed. ABR = **edifício**
ed. ABR = **edição**
éden ['ɛdẽ] M paradise
edição [edʒi'sãw] (pl **-ões**) F (*publicação*) publication; (*conjunto de exemplares*) edition; (*TV, Cinema*) editing; **~ atualizada/revista** updated/revised edition; **~ extra** special edition; **~ de imagem** video editing
edicto [e'ditu] (PT) M = **edito**
edificação [edʒifika'sãw] F construction, building; (*fig: moral*) edification
edificante [edʒifi'kãtʃi] ADJ edifying
edificar [edʒifi'kar] VT (*construir*) to build; (*fig*) to edify ▶ VI to be edifying
edifício [edʒi'fisju] M building; **~ garagem** multistorey car park (BRIT), multistory parking lot (US)
Edimburgo [edʒĩ'burgu] N Edinburgh
Édipo ['ɛdʒipu] M *ver* **complexo**
edital [edʒi'taw] (pl **-ais**) M announcement
editar [edʒi'tar] VT to publish; (*Comput etc*) to edit
edito [e'dʒitu] M edict, decree
editor, a [edʒi'tor(a)] ADJ publishing *atr* ▶ M/F publisher; (*redator*) editor ▶ F publishing company; **casa ~a** publishing house; **~ de imagem** video editor; **~ de texto** (*Comput*) text editor
editoração [edʒitora'sãw] F: **~ eletrônica** desktop publishing
editoria [edʒito'ria] F section; **~ de esportes** (*em jornal*) sports desk
editorial [edʒitor'jaw] (pl **-ais**) ADJ publishing *atr* ▶ M editorial
edredão [edrə'dãw] (pl **-ões**) (PT) M = **edredom**
edredom [edre'dõ] (pl **-ns**) M eiderdown
educação [eduka'sãw] F (*ensino*) education; (*criação*) upbringing; (*de animais*) training; (*maneiras*) good manners *pl*; **é falta de ~ falar com a boca cheia** it's rude to talk with your mouth full
educacional [edukasjo'naw] (pl **-ais**) ADJ education *atr*
educado, -a [edu'kadu, a] ADJ (*bem-educado*) polite
educador, a [eduka'dor(a)] M/F educator

educandário [eduka'darju] M educational establishment

educar [edu'kar] VT (*instruir*) to educate; (*criar*) to bring up; (*animal*) to train

educativo, -a [eduka'tʃivu, a] ADJ educational

efeito [e'fejtu] M effect; **fazer ~** to work; **levar a ~** to put into effect; **com ~** indeed; **para todos os ~s** to all intents and purposes; **~ estufa** greenhouse effect

efêmero, -a [e'femeru, a] ADJ ephemeral, short-lived

efeminado, -a [efemi'nadu, a] ADJ effeminate ▶ M effeminate man

efervescência [eferve'sẽsja] F effervescence; (*fig*) ferment

efervescente [eferve'sẽtʃi] ADJ fizzy

efervescer [eferve'ser] VI to fizz; (*fig*) to hum

efetivamente [efetʃiva'mẽtʃi] ADV effectively; (*realmente*) really, in fact

efetivar [efetʃi'var] VT (*mudanças, cortes*) to carry out; (*professor, estagiário*) to take on permanently

efetividade [efetʃivi'dadʒi] F effectiveness; (*realidade*) reality

efetivo, -a [efe'tʃivu, a] ADJ effective; (*real*) actual, real; (*cargo, funcionário*) permanent ▶ M (*Com*) liquid assets pl

efetuar [efe'twar] VT (*carry out*); (*soma*) to do, perform

eficácia [efi'kasja] F (*de pessoa*) efficiency; (*de tratamento*) effectiveness

eficacíssimo, -a [efika'sisimu, a] ADJ SUPERL de **eficaz**

eficaz [efi'kaz] ADJ (*pessoa*) efficient; (*tratamento*) effective

eficiência [efi'sjẽsja] F efficiency

eficiente [efi'sjẽtʃi] ADJ efficient, competent

efígie [e'fiʒi] F effigy

efusão [efu'zãw] (*pl* **-ões**) F effusion

efusivo, -a [efu'zivu, a] ADJ effusive; (*sentimentos*) warmest

efusões [efu'zõjs] FPL de **efusão**

Egeu [e'ʒew] M: **o ~ (mar) ~** the Aegean (Sea)

EGF (*BR*) ABR M = **empréstimo do governo federal**

égide [ˈɛʒidʒi] F: **sob a ~ de** under the aegis (*BRIT*) ou egis (*US*) of

egípcio, -a [e'ʒipsju, a] ADJ, M/F Egyptian

Egito [e'ʒitu] M: **o ~** Egypt

ego [ˈɛgu] M ego

egocêntrico, -a [ego'sẽtriku, a] ADJ self-centred (*BRIT*), self-centered (*US*), egocentric

egoísmo [ego'izmu] M selfishness, egoism

egoísta [ego'ista] ADJ selfish, egoistic ▶ M/F egoist ▶ M earplug

egolatria [egola'tria] F self-admiration

egotismo [ego'tʃizmu] M egotism

egotista [ego'tʃista] M/F egotist ▶ ADJ egotistical

egrégio, -a [e'grɛʒju, a] ADJ distinguished

egresso [e'grɛsu] M (*preso*) ex-prisoner; (*frade*) former monk; (*universidade*) graduate

égua [ˈɛgwa] F mare

ei [ej] EXCL hey!

ei-lo = **eis + o**

eira [ˈejra] (*PT*) F threshing floor; **sem ~ nem beira** down and out

eis [ejs] ADV (*sg*) here is; (*pl*) here are; **~ aí** there is; there are

eivado, -a [ej'vadu, a] ADJ (*fig*) full

eixo [ˈejʃu] M (*de rodas*) axle; (*Mat*) axis; (*de máquina*) shaft; **~ de transmissão** drive shaft; **entrar nos ~s** (*pessoa*) to get back on the straight and narrow; (*situação*) to get back to normal; **pôr algo/alguém nos ~s** to set sth/sb straight; **sair dos ~s** to step out of line; **o ~ Rio-São Paulo** the Rio-São Paulo area

ejacular [eʒaku'lar] VT (*sêmen*) to ejaculate; (*líquido*) to spurt ▶ VI to ejaculate

ejetar [eʒe'tar] VT to eject

ela [ˈɛla] PRON (*pessoa*) she; (*coisa*) it; (*com prep*) her; it; **elas** FPL they; (*com prep*) them; **~s por ~s** (*col*) tit for tat; **aí é que são ~s** (*col*) that's just the point

elã [e'lã] M enthusiasm, drive

elaboração [elabora'sãw] (*pl* **-ões**) F (*de uma teoria*) working out; (*preparo*) preparation

elaborador, a [elabora'dor(a)] M/F maker

elaborar [elabo'rar] VT (*preparar*) to prepare; (*fazer*) to make

elasticidade [elastʃisi'dadʒi] F elasticity; (*flexibilidade*) suppleness

elástico, -a [e'lastʃiku, a] ADJ elastic; (*flexível*) flexible; (*colchão*) springy ▶ M elastic band

ele [ˈeli] PRON he; (*coisa*) it; (*com prep*) him; it; **eles** MPL they; (*com prep*) them

elefante, -ta [ele'fãtʃi, ta] M/F elephant; (*col: pessoa gorda*) fatso, fatty; **~ branco** (*fig*) white elephant

elefantino, -a [elefã'tʃinu, a] ADJ elephantine

elegância [ele'gãsja] F elegance

elegante [ele'gãtʃi] ADJ elegant; (*da moda*) fashionable

eleger [ele'ʒer] VT (*por votação*) to elect; (*escolher*) to choose

elegia [ele'ʒia] F elegy

elegibilidade [eleʒibili'dadʒi] F eligibility

elegível [ele'ʒivew] (*pl* **-eis**) ADJ eligible

eleição [elej'sãw] (*pl* **-ões**) F (*por votação*) election; (*escolha*) choice

eleito, -a [e'lejtu, a] PP de **eleger** ▶ ADJ (*por votação*) elected; (*escolhido*) chosen

eleitor, a [elej'tor(a)] M/F voter

eleitorado [elejto'radu] M electorate; **conhecer o seu ~** (*fig: col*) to know what one is up against

eleitoral [elejto'raw] (*pl* **-ais**) ADJ electoral

elejo *etc* [e'leʒu] VB ver **eleger**

elementar [elemẽ'tar] ADJ (*simples*) elementary; (*fundamental*) basic, fundamental

elemento [ele'mẽtu] M element; (*parte*) component; (*recurso*) means; (*informação*)

grounds pl; **elementos** MPL (*rudimentos*) rudiments; **ele é mau ~** he's a bad lot
elenco [e'lẽku] M list; (*de atores*) cast
elepê [eli'pe] M LP, album
eletivo, -a [ele'tʃivu, a] ADJ elective
eletricidade [eletrisi'dadʒi] F electricity
eletricista [eletri'sista] M/F electrician
elétrico, -a [e'lɛtriku, a] ADJ electric; (*fig: agitado*) worked up ▶ M tram (BRIT), streetcar (US)
eletrificar [eletrifi'kar] VT to electrify
eletrizar [eletri'zar] VT to electrify; (*fig*) to thrill
eletro [e'lɛtru] M (*Med*) ECG
eletro... [eletru] PREFIXO electro...
Eletrobrás [eletro'bras] ABR F Brazilian state electricity company
eletrocutar [eletroku'tar] VT to electrocute
eletrodo [ele'trodu], (PT) **elétrodo** [e'letrodu] M electrode
eletrodomésticos [eletrodo'mɛstʃikus] (BR) MPL (electrical) household appliances
eletrônica [ele'troniku] F electronics sg
eletrônico, -a [ele'troniku, a] ADJ electronic
elevação [eleva'sãw] (*pl* **-ões**) F (*Arq*) elevation; (*aumento*) rise; (*ato*) raising; (*altura*) height; (*promoção*) elevation, promotion; (*ponto elevado*) bump
elevado, -a [ele'vadu, a] ADJ high; (*pensamento, estilo*) elevated ▶ M (*via*) elevated road
elevador [eleva'dor] M lift (BRIT), elevator (US); **~ de serviço** service lift
elevar [ele'var] VT (*levantar*) to lift up; (*voz, preço*) to raise; (*exaltar*) to exalt; (*promover*) to elevate, to promote; **elevar-se** VR to rise
eliminação [elimina'sãw] F elimination
eliminar [elimi'nar] VT to remove, eliminate; (*suprimir*) to delete; (*possibilidade*) to rule out; (*Med, banir*) to expel; (*Esporte*) to eliminate
eliminatória [elimina'tɔrja] F (*Esporte*) heat, preliminary round; (*exame*) test
eliminatório, -a [elimina'tɔrju, a] ADJ eliminatory
elipse [e'lipsi] F ellipse; (*Ling*) ellipsis
elite [e'litʃi] F elite
elitismo [eli'tʃizmu] M elitism
elitista [eli'tʃista] ADJ, M/F elitist
elitizar [elitʃi'zar] VT (*arte, ensino*) to make elitist
elixir [elik'sir] M elixir
elo ['ɛlu] M link
elocução [eloku'sãw] F elocution
elogiar [elo'ʒjar] VT to praise; **~ alguém por algo** to compliment sb on sth
elogio [elo'ʒiu] M praise; (*cumprimento*) compliment
elogioso, -a [elo'ʒozu, ɔza] ADJ complimentary
eloquência [elo'kwẽsja] F eloquence
eloquente [elo'kwẽtʃi] ADJ eloquent; (*persuasivo*) persuasive
El Salvador [ew-] N El Salvador
elucidação [elusida'sãw] F elucidation

elucidar [elusi'dar] VT to elucidate, clarify
elucidativo, -a [elusida'tʃivu, a] ADJ elucidatory
elucubração [elukubra'sãw] (*pl* **-ões**) F cogitation, musing

(PALAVRA-CHAVE)

em [ẽ] (*em* + *o(s)/a(s)* = *no(s)/na(s)*; + *ele(s)/a(s)* = *nele(s)/a(s)*; + *esse(s)/a(s)* = *nesse(s)/a(s)*; + *isso* = *nisso*; + *este(s)/a(s)* = *neste(s)/a(s)*; + *isto* = *nisto*; + *aquele(s)/a(s)* = *naquele(s)/a(s)*; + *aquilo* = *naquilo*; + *um* = *num*; + *uma(s)* = *numa(s)*) PREP **1** (*posição*) in; (: *sobre*) on; **está na gaveta/no bolso** it's in the drawer/pocket; **está na mesa/no chão** it's on the table/floor
2 (*lugar*) in; (: *casa, escritório etc*) at; (: *andar, meio de transporte*) on; **no Brasil/em São Paulo** in Brazil/São Paulo; **em casa/no dentista** at home/the dentist; **no avião** on the plane; **no quinto andar** on the fifth floor
3 (*ação*) into; **ela entrou na sala de aula** she went into the classroom; **colocar algo na bolsa** to put sth into one's bag
4 (*tempo*) in; on; **em 1962/em três semanas** in 1962/in three weeks; **no inverno** in the winter; **em janeiro, no mês de janeiro** in January; **nessa ocasião/altura** on that occasion/at that time; **em breve** soon
5 (*diferença*): **reduzir/aumentar em 20%** to reduce/increase by 20%
6 (*modo*): **escrito em inglês** written in English
7 (*após vb que indica gastar etc*) on; **a metade do seu salário vai em comida** he spends half his salary on food
8 (*tema, ocupação*): **especialista no assunto** expert on the subject; **ele trabalha na construção civil** he works in the building industry

emaecer [imae'ser] VI to fade
Emaer [ema'er] (BR) ABR M = **Estado-Maior da Aeronáutica**
emagrecer [imagre'ser] VT to make thin ▶ VI to grow thin; (*mediante regime*) to slim
emagrecimento [imagresi'mẽtu] M (*mediante regime*) slimming
e-mail [i'mew] M email; **mandar um ~ para alguém** to email sb; **mandar algo por ~** to email sth
emanar [ema'nar] VI: **~ de** to come from, emanate from
emancipação [imãsipa'sãw] (*pl* **-ões**) F emancipation; (*atingir a maioridade*) coming of age
emancipar [imãsi'par] VT to emancipate; **emancipar-se** VR (*atingir a maioridade*) to come of age
emaranhado, -a [imara'ɲadu, a] ADJ tangled ▶ M tangle
emaranhar [imara'ɲar] VT to tangle; (*complicar*) to complicate; **emaranhar-se** VR to get entangled; (*fig*) to get mixed up

emassar [ema'sar] VT (*parede*) to plaster; (*janela*) to putty

Emater [ema'ter] (BR) ABR F (= *Empresa de Assistência Técnica e Extensão Rural*) company giving aid to farmers

embaçado, -a [ẽba'sadu, a] ADJ (*vidro*) steamed up

embaçar [ẽba'sar] VT to steam up

embaciado, -a [ẽba'sjadu, a] ADJ dull; (*vidro*) misted; (*janela*) steamed up; (*olhos*) misty

embaciar [ẽba'sjar] VT (*vidro*) to steam up; (*olhos*) to cloud ▶ VI to steam up; (*olhos*) to grow misty

embainhar [ẽbaj'ɲar] VT (*espada*) to put away, sheathe; (*calça etc*) to hem

embaixada [ẽbaj'ʃada] F embassy

embaixador, a [ẽbajʃa'dor(a)] M/F ambassador

embaixatriz [ẽbajʃa'triʒ] F ambassador; (*mulher de embaixador*) ambassador's wife

embaixo [ẽ'bajʃu] ADV below, underneath ▶ PREP: ~ **de** under, underneath; (**lá**) ~ (*em andar inferior*) downstairs

embalado, -a [ẽba'ladu, a] ADJ (*acelerado*) fast; (*drogado*) high; **ir** ~ to race (along)

embalagem [ẽba'laʒẽ] F packing; (*de produto: caixa etc*) packaging

embalar [ẽba'lar] VT to pack; (*balançar*) to rock

embalo [ẽ'balu] M (*balanço*) rocking; (*impulso*) rush; (*col: com drogas*) high; **aproveitar o** ~ to take the opportunity

embalsamar [ẽbawsa'mar] VT (*perfumar*) to perfume; (*cadáver*) to embalm

embananado, -a [ẽbana'nadu, a] (*col*) ADJ (*confuso*) muddled; (*em dificuldades*) in trouble

embananamento [ẽbanana'mẽtu] (*col*) M muddle; (*bananosa*) jam

embananar [ẽbana'nar] (*col*) VT (*tornar confuso*) to muddle up; (*complicar*) to complicate; (*meter em dificuldades*) to get into trouble; **embananar-se** VR to get tied up in knots

embaraçar [ẽbara'sar] VT (*impedir*) to hinder; (*complicar*) to complicate; (*encabular*) to embarrass; (*confundir*) to confuse; (*obstruir*) to block; **embaraçar-se** VR to become embarrassed

embaraço [ẽba'rasu] M (*estorvo*) hindrance; (*cábula*) embarrassment

embaraçoso, -a [ẽbara'sozu, ɔza] ADJ embarrassing

embarafustar [ẽbarafus'tar] VI: ~ **por** to burst *ou* barge into

embaralhar [ẽbara'ʎar] VT (*confundir*) to muddle up; (*cartas*) to shuffle; **embaralhar-se** VR to get mixed up

embarcação [ẽbarka'sãw] (*pl* **-ões**) F vessel

embarcadiço [ẽbarka'dʒisu] M seafarer

embarcadouro [ẽbarka'doru] M wharf

embarcar [ẽbar'kar] VT to embark, put on board; (*mercadorias*) to ship, stow ▶ VI to go on board, embark; ~ **em algo** (*fig: col*) to fall for sth

embargar [ẽbar'gar] VT (*Jur*) to seize; (*pôr obstáculos a*) to hinder; (*reprimir: voz*) to keep down; (*impedir*) to forbid

embargo [ẽ'bargu] M (*de navio*) embargo; (*Jur*) seizure; (*impedimento*) impediment; **sem** ~ nevertheless

embarque [ẽ'barki] M (*de pessoas*) boarding, embarkation; (*de mercadorias*) shipment

embasamento [ẽbaza'mẽtu] M (*Arq*) foundation; (*de coluna*) base; (*fig*) basis

embasbacado, -a [ẽbazba'kadu, a] ADJ gaping, open-mouthed

embasbacar [ẽbazba'kar] VT to leave open-mouthed; **embasbacar-se** VR to be taken aback, be dumbfounded

embate [ẽ'batʃi] M clash; (*choque*) shock

embatucar [ẽbatu'kar] VT to dumbfound ▶ VI to be speechless

embebedar [ẽbebe'dar] VT to make drunk ▶ VI: **o vinho embebeda** wine makes you drunk; **embebedar-se** VR to get drunk

embeber [ẽbe'ber] VT to soak up, absorb; **embeber-se** VR: ~-**se em** to become absorbed in

embelezador, a [ẽbeleza'dor(a)] ADJ cosmetic

embelezar [ẽbele'zar] VT to make beautiful; (*casa*) to brighten up; **embelezar-se** VR to make o.s. beautiful

embevecer [ẽbeve'ser] VT to captivate; **embevecer-se** VR to be captivated

embicar [ẽbi'kar] VI (*Náut*) to enter port, dock; (*fig*): ~ **para** to head for; ~ **com alguém** to quarrel with sb

embirrar [ẽbi'har] VI to sulk; ~ **em** to insist on; ~ **com** to dislike

emblema [ẽ'blɛma] M emblem; (*na roupa*) badge

embocadura [ẽboka'dura] F (*de rio*) mouth; (*Mús*) mouthpiece; (*de freio*) bit

emboço [ẽ'bosu] M roughcast, render

embolar [ẽbo'lar] VT (*confundir*) to confuse ▶ VI: ~ **com** to grapple with; **embolar-se** VR: ~-**se (com)** to grapple (with)

êmbolo ['ẽbolu] M piston

embolorar [ẽbolo'rar] VI to go musty

embolsar [ẽbow'sar] VT to pocket; (*herança etc*) to come into

embonecar [ẽbone'kar] VT to doll up; **embonecar-se** VR to doll o.s. up, get dolled up

embora [ẽ'bɔra] CONJ though, although ▶ EXCL even so, what of it?; **ir(-se)** ~ to go away

emborcar [ẽbor'kar] VT to turn upside down

emboscada [ẽbos'kada] F ambush

embotar [ẽbo'tar] VT (*lâmina*) to blunt; (*fig*) to deaden, dull

embrabecer [ẽbrabe'ser] VI = **embravecer**

Embraer [ẽbraer] ABR F (= *Empresa Brasileira de Aeronáutica SA*) aerospace company

embranquecer [ẽbrãke'ser] VT, VI to turn white

Embratur [ēbra'tur] ABR F (= *Empresa Brasileira de Turismo*) state tourist board

embravecer [ēbrave'ser] VR to get furious; **embravecer-se** VR to get furious

embreagem [ēb'rjaʒē] (*pl* **-ns**) F (*Auto*) clutch

embrear [ē'brjar] VT (*Auto*) to disengage ▶ VI to let in the clutch

embrenhar [ēbre'ɲar] VT to penetrate; **embrenhar-se** VR: **~-se (em/por)** to make one's way (into/through)

embriagante [ēbrja'gātʃi] ADJ intoxicating

embriagar [ēbrja'gar] VT to make drunk, intoxicate; **embriagar-se** VR to get drunk

embriaguez [ēbrja'gez] F drunkenness; (*fig*) rapture; **~ no volante** drunk(en) driving

embrião [e'brjāw] (*pl* **-ões**) M embryo

embrionário, -a [ēbrjo'narju, a] ADJ (*tb fig*) embryonic

embromação [ēbroma'sāw] (*pl* **-ões**) F stalling; (*trapaça*) con

embromador, a [ēbroma'dor(a)] ADJ (*remanchador*) slow; (*trapaceiro*) dishonest, bent ▶ M/F (*remanchador*) staller; (*trapaceiro*) con merchant

embromar [ēbro'mar] VT (*adiar*) to put off; (*enganar*) to con, to cheat ▶ VI (*prometer e não cumprir*) to make empty promises, be all talk (and no action); (*protelar*) to stall; (*falar em rodeios*) to beat about the bush

embrulhada [ēbru'ʎada] F muddle, mess

embrulhar [ēbru'ʎar] VT (*pacote*) to wrap; (*enrolar*) to roll up; (*confundir*) to muddle up; (*enganar*) to cheat; (*estômago*) to upset; **embrulhar-se** VR to get into a muddle; **ao contar a estória, ele embrulhou tudo** when he told the story he got everything mixed up

embrulho [ē'bruʎu] M (*pacote*) package, parcel; (*confusão*) mix-up

embrutecer [ēbrute'ser] VT, VI to brutalize; **embrutecer-se** VR to be brutalized

emburrar [ēbu'har] VI to sulk

embuste [ē'bustʃi] M (*engano*) deception; (*ardil*) trick

embusteiro, -a [ēbus'tejru, a] ADJ deceitful ▶ M/F cheat; (*mentiroso*) liar; (*impostor*) impostor

embutido, -a [ēbu'tʃidu, a] ADJ (*armário*) built-in, fitted

embutir [ēbu'tʃir] VT to build in; (*marfim etc*) to inlay

emenda [e'mēda] F correction; (*Jur*) amendment; (*de uma pessoa*) improvement; (*ligação*) join; (*sambladura*) joint; (*Costura*) seam

emendar [emē'dar] VT (*corrigir*) to correct; (*reparar*) to mend; (*injustiças*) to make amends for; (*Jur*) to amend; (*ajuntar*) to put together; **emendar-se** VR to mend one's ways

ementa [e'mēta] (PT) F menu

emergência [imer'ʒēsja] F (*nascimento*) emergence; (*crise*) emergency

emergente [imer'ʒētʒi] ADJ emerging

emergir [imer'ʒir] VI to emerge, appear; (*submarino*) to surface

EMFA (BR) ABR M = **Estado-maior das Forças Armadas**

emigração [emigra'sāw] (*pl* **-ões**) F emigration; (*de aves*) migration

emigrado, -a [emi'gradu, a] ADJ emigrant

emigrante [emi'grātʃi] M/F emigrant

emigrar [emi'grar] VI to emigrate; (*aves*) to migrate

eminência [emi'nēsja] F eminence; (*altura*) height

eminente [emi'nētʃi] ADJ eminent, distinguished; (*Geo*) high

Emirados Árabes Unidos [emi'radus-] MPL: **os ~** the United Arab Emirates

emirjo *etc* [e'mirʒu] VB *ver* **emergir**

emissão [emi'sāw] (*pl* **-ões**) F emission; (*Rádio*) broadcast; (*de moeda, ações*) issue; **emissões de carbono** carbon emissions

emissário, -a [emi'sarju, a] M/F emissary ▶ M outlet

emissões [emi'sōjs] FPL *de* **emissão**

emissor, a [emi'sor(a)] ADJ (*de moeda-papel*) issuing ▶ M (*Rádio*) transmitter ▶ F (*estação*) broadcasting station; (*empresa*) broadcasting company

emitente [emi'tētʃi] ADJ (*Com*) issuing ▶ M/F issuer

emitir [emi'tʃir] VT (*som*) to give out; (*cheiro*) to give off; (*moeda, ações*) to issue; (*Rádio*) to broadcast; (*opinião*) to express ▶ VI (*emitir moeda*) to print money

emoção [emo'sāw] (*pl* **-ões**) F emotion; (*excitação*) excitement

emocional [imosjo'naw] (*pl* **-ais**) ADJ emotional

emocionante [imosjo'nātʃi] ADJ (*comovente*) moving; (*excitante*) exciting

emocionar [imosjo'nar] VT (*comover*) to move; (*perturbar*) to upset; (*excitar*) to excite, thrill ▶ VI to be exciting; (*comover*) to be moving; **emocionar-se** VR to get emotional

emoções [emo'sōjs] FPL *de* **emoção**

emoldurar [emowdu'rar] VT to frame

emotividade [emotʃivi'dadʒi] F emotions *pl*

emotivo, -a [emo'tʃivu, a] ADJ emotional

empacar [ēpa'kar] VI (*cavalo*) to baulk; (*fig: negócios etc*) to grind to a halt; (*orador*) to dry up; **~ numa palavra** to get stuck on a word

empachado, -a [ēpa'ʃadu, a] ADJ full up

empacotar [ēpako'tar] VT to pack, wrap up ▶ VI (*col: morrer*) to pop one's clogs

empada [ē'pada] F pie

empadão [ēpa'dāw] (*pl* **-ões**) M pie

empalhar [ēpa'ʎar] VT (*animal*) to stuff; (*louça, fruta*) to pack with straw

empalidecer [ēpalide'ser] VT, VI to turn pale

empanar [ēpa'nar] VT (*fig*) to tarnish; (*Culin*) to batter

empanturrar [ēpātu'har] VT: **~ alguém de algo** to stuff sb full of sth; **empanturrar-se** VR to gorge o.s., stuff o.s. (*col*)

empanzinado, -a [ẽpāzi'nadu, a] ADJ full
empapar [ẽpa'par] VT to soak; **empapar-se** VR to get soaked
empapuçado, -a [ẽpapu'sadu, a] ADJ (olhos) puffy; (blusa) full
emparedar [ẽpare'dar] VT to wall in; (pessoa) to shut up
emparelhar [ẽpare'ʎar] VT to pair; (equiparar) to match ▶ VI: ~ **com** to be equal to
empastado, -a [ẽpas'tadu, a] ADJ (cabelo) plastered down
empastar [ẽpas'tar] VT: ~ **algo de algo** to plaster sth with sth
empatar [ẽpa'tar] VT (embaraçar) to hinder; (dinheiro) to tie up; (no jogo) to draw; (corredores) to tie; (tempo) to take up ▶ VI (no jogo): ~ **(com)** to draw (with)
empate [ẽ'patʃi] M (no jogo) draw; (numa corrida etc) tie; (Xadrez) stalemate; (em negociações) deadlock
empatia [ẽpa'tʃia] F empathy
empavonar-se [ẽpavo'narsi] VR to strut
empecilho [ẽpe'siʎu] M obstacle; (col) snag
empedernido, -a [ẽpeder'nidu, a] ADJ hard-hearted
empedrar [ẽpe'drar] VT to pave
empenar [ẽpe'nar] VT, VI (curvar) to warp
empenhar [ẽpe'nar] VT (objeto) to pawn; (palavra) to pledge; (empregar) to exert; (compelir) to oblige; **empenhar-se** VR: ~**-se em fazer** to strive to do, do one's utmost to do
empenho [ẽ'peɲu] M (de um objeto) pawning; (palavra) pledge; (insistência): ~ **(em)** commitment (to); **ele pôs todo seu ~ neste projeto** he committed himself wholeheartedly to this project
emperiquitar-se [ẽperiki'tarsi] VR to get done up to the nines
emperrar [ẽpe'har] VT (máquina) to jam; (porta, junta) to make stiff; (fazer calar) to cut short ▶ VI to jam; (gaveta, porta) to stick; (junta) to go stiff; (calar) to go quiet
empertigado, -a [ẽpertʃi'gadu, a] ADJ upright
empertigar-se [ẽpertʃi'garsi] VR to stand up straight
empestar [ẽpes'tar] VT (infetar) to infect; (tornar desagradável) to pollute, stink out (col)
empetecar [ẽpete'kar] VT to doll up; **empetecar-se** VR to doll o.s. up
empilhar [ẽpi'ʎar] VT to pile up
empinado, -a [ẽpi'nadu, a] ADJ (direito) upright; (cavalo) rearing; (colina) steep
empinar [ẽpi'nar] VT to raise, uplift; (ressaltar) to thrust out; (papagaio) to fly; (copo) to empty
empipocar [ẽpipo'kar] VI to come out in spots
empírico, -a [ẽ'piriku, a] ADJ empirical
empistolado, -a [ẽpisto'ladu, a] ADJ well-connected
emplacar [ẽpla'kar] VT (col: anos, sucessos) to notch up; (carro) to put number (BRIT) ou license (US) plates on; ~ **o ano 2050** to make it to the year 2050
emplastrar [ẽplas'trar] VT to put in plaster
emplastro [ẽ'plaʃtru] M (Med) plaster
empobrecer [ẽpobre'ser] VT to impoverish ▶ VI to become poor
empobrecimento [ẽpobresi'mẽtu] M impoverishment
empoeirar [ẽpoej'rar] VT to cover in dust
empola [ẽ'pola] F (na pele) blister; (de água) bubble
empolado, -a [ẽpo'ladu, a] ADJ covered with blisters; (estilo) pompous, bombastic
empolgação [ẽpowga'sãw] F excitement; (entusiasmo) enthusiasm
empolgante [ẽpow'gãtʃi] ADJ exciting
empolgar [ẽpow'gar] VT to stimulate, fill with enthusiasm; (prender a atenção de): ~ **alguém** to keep sb riveted
emporcalhar [ẽporka'ʎar] VT to dirty; **emporcalhar-se** VR to get dirty
empório [ẽ'porju] M (mercado) market; (armazém) department store
empossar [ẽpo'sar] VT to appoint
empreendedor, a [ẽprjẽde'dor(a)] ADJ enterprising ▶ M/F entrepreneur
empreender [ẽprjẽ'der] VT to undertake
empreendimento [ẽprjẽdʒi'mẽtu] M undertaking
empregada [ẽpre'gada] F (BR: doméstica) maid; (PT: de restaurante) waitress; ver tb **empregado**
empregado, -a [ẽpre'gadu, a] M/F employee; (em escritório) clerk ▶ M (PT: de restaurante) waiter
empregador, a [ẽprega'dor(a)] M/F employer
empregar [ẽpre'gar] VT (pessoa) to employ; (coisa) to use; **empregar-se** VR to get a job
empregatício, -a [ẽprega'tʃisju, a] ADJ ver **vínculo**
emprego [ẽ'pregu] M (ocupação) job; (uso) use
empreguismo [ẽpre'gizmu] M patronage, nepotism
empreitada [ẽprej'tada] F (Com) contract job; (tarefa) enterprise, venture
empreiteira [ẽprej'tejra] F (firma) contractor
empreiteiro [ẽprej'tejru] M contractor
empresa [ẽ'preza] F undertaking; (Com) enterprise, firm; ~ **pontocom** dotcom
empresariado [ẽpreza'rjadu] M business community
empresarial [ẽpreza'rjaw] (pl **-ais**) ADJ business atr
empresário, -a [ẽpre'zarju, a] M/F businessman/woman; (de cantor, boxeador etc) manager; ~ **teatral** impresario
emprestado, -a [ẽpres'tadu, a] ADJ on loan; **pedir ~** to borrow; **tomar algo ~** to borrow sth
emprestar [ẽpres'tar] VT to lend
empréstimo [ẽ'prɛstʃimu] M loan
emproado, -a [ẽpro'adu, a] ADJ arrogant
empulhação [ẽpuʎa'sãw] (pl **-ões**) F (ato) trickery; (embuste) con

empulhar [ẽpu'ʎar] VT to trick, con
empunhar [ẽpu'ɲar] VT to grasp, seize
empurrão [ẽpu'hãw] (*pl* **-ões**) M push, shove; **aos empurrões** jostling
empurrar [ẽpu'har] VT to push
empurrões [ẽpu'hõjs] MPL *de* **empurrão**
emudecer [emude'ser] VT to silence ▶ VI to fall silent, go quiet
emular [emu'lar] VT to emulate
enaltecer [enawte'ser] VT (*fig*) to elevate
enamorado, -a [enamo'radu, a] ADJ (*encantado*) enchanted; (*apaixonado*) in love
ENAP (BR) ABR F (= *Escola Nacional de Administração Pública*) civil service training school
encabeçar [ẽkabe'sar] VT to head
encabulação [ẽkabula'sãw] F (*vergonha*) embarrassment; (*acanhamento*) shyness
encabulado, -a [ẽkabu'ladu, a] ADJ shy
encabular [ẽkabu'lar] VT to embarrass ▶ VI (*fato, situação*) to be embarrassing; (*pessoa*) to get embarrassed; **não se encabule!** don't be shy!
encaçapar [ẽkasa'par] VT (*bola*) to sink; (*col: surrar*) to bash
encadeamento [ẽkadʒja'mẽtu] M (*série*) chain; (*conexão*) link
encadear [ẽka'dʒjar] VT to chain together, link together
encadernação [ẽkaderna'sãw] (*pl* **-ões**) F (*de livro*) binding
encadernado, -a [ẽkader'nadu, a] ADJ bound; (*de capa dura*) hardback
encadernador, a [ẽkaderna'dor(a)] M/F bookbinder
encadernar [ẽkader'nar] VT to bind
encafuar [ẽka'fwar] VT to hide; **encafuar-se** VR to hide
encaixar [ẽkaj'ʃar] VT (*colocar*) to fit in; (*inserir*) to insert ▶ VI to fit
encaixe [ẽ'kajʃi] M (*ato*) fitting; (*ranhura*) groove; (*buraco*) socket
encaixotar [ẽkajʃo'tar] VT to pack into boxes
encalacrar [ẽkala'krar] VT: ~ **alguém** to get sb into trouble; **encalacrar-se** VR to get into debt
encalço [ẽ'kawsu] M pursuit; **ir no ~ de** to pursue
encalhado, -a [ẽka'ʎadu, a] ADJ stranded; (*mercadoria*) unsaleable; (*col: solteiro*) unmarried
encalhar [ẽka'ʎar] VI (*embarcação*) to run aground; (*fig: processo*) to grind to a halt; (: *mercadoria*) to be returned, not to sell; (*col: ficar solteiro*) to be left on the shelf
encalorado, -a [ẽkalo'radu, a] ADJ hot
encaminhar [ẽkami'ɲar] VT (*dirigir*) to direct; (*no bom caminho*) to put on the right path; (*processo*) to set in motion; **encaminhar-se** VR: ~**-se para/a** to set out for/to; **eu encaminhei-os para a seção devida** I referred them to the appropriate department; ~ **uma petição a alguém** to refer an application to sb; **foi minha mãe quem me encaminhou para as letras** it was my mother who steered me towards literature; **as coisas se encaminham bem no momento** things are going well at the moment

encampar [ẽkã'par] VT (*empresa*) to expropriate; (*opinião, medida*) to adopt
encanador [ẽkana'dor] (BR) M plumber
encanamento [ẽkana'mẽtu] (BR) M plumbing
encanar [ẽka'nar] VT to channel; (BR col: *prender*) to throw in jail
encanecido, -a [ẽkane'sidu, a] ADJ grey (BRIT), gray (US); (*cabelo*) white
encantado, -a [ẽkã'tadu, a] ADJ (*contente*) delighted; (*castelo etc*) enchanted; (*fascinado*): ~ (**por alguém/algo**) smitten (with sb/sth)
encantador, a [ẽkãta'dor(a)] ADJ delightful, charming ▶ M/F enchanter/enchantress
encantamento [ẽkãta'mẽtu] M (*magia*) spell; (*fascinação*) charm
encantar [ẽkã'tar] VT (*enfeitiçar*) to bewitch; (*cativar*) to charm; (*deliciar*) to delight
encanto [ẽ'kãtu] M (*delícia*) delight; (*fascinação*) charm
encapar [ẽka'par] VT (*livro, sofá*) to cover; (*envolver*) to wrap
encapelar [ẽkape'lar] VT (*mar*) to swell ▶ VI (*mar*) to turn rough
encapetado, -a [ẽkape'tadu, a] ADJ (*criança*) mischievous
encapotar [ẽkapo'tar] VT to wrap up; **encapotar-se** VR to wrap o.s. up
encaracolar [ẽkarako'lar] VT, VI to curl; **encaracolar-se** VR to curl up
encarangar [ẽkarã'gar] VT to cripple ▶ VI (*pessoa*) to be crippled; (*reumatismo*) to be crippling
encarapinhado, -a [ẽkarapi'ɲadu, a] ADJ (*cabelo*) frizzy
encarapitar [ẽkarapi'tar] VT to perch; **encarapitar-se** VR: ~**-se em algo** to climb on top of sth; (*num cargo etc*) to get o.s. fixed up in sth
encarar [ẽka'rar] VT to face; (*olhar*) to look at; (*considerar*) to consider
encarcerar [ẽkarse'rar] VT to imprison
encardido, -a [ẽkar'dʒidu, a] ADJ (*roupa, casa*) grimy; (*pele*) sallow
encardir [ẽkar'dʒir] VT to make grimy ▶ VI to get grimy
encarecer [ẽkare'ser] VT (*subir o preço*) to raise the price of; (*louvar*) to praise; (*exagerar*) to exaggerate ▶ VI to go up in price, get dearer
encarecidamente [ẽkaresida'mẽtʃi] ADV insistently
encarecimento [ẽkaresi'mẽtu] M (*preço*) increase
encargo [ẽ'kargu] M (*responsabilidade*) responsibility; (*ocupação*) job, assignment; (*oneroso*) burden; **dar a alguém o ~ de fazer algo** to give sb the job of doing sth
encarnação [ẽkarna'sãw] (*pl* **-ões**) F incarnation

encarnado, -a [ẽkarˈnadu, a] ADJ red, scarlet
encarnar [ẽkarˈnar] VT to embody, personify; (*Teatro*) to play ▶ VI to be embodied; **encarnar-se** VR to be embodied; **~ em alguém** (*col*) to pick on sb
encarneirado, -a [ẽkarnejˈradu, a] ADJ (*mar*) choppy
encaroçar [ẽkaroˈsar] VI (*molho*) to go lumpy; (*pele*) to come up in bumps
encarquilhado, -a [ẽkarkiˈʎadu, a] ADJ (*fruta*) wizened; (*rosto*) wrinkled
encarregado, -a [ẽkaheˈgadu, a] ADJ: **~ de** in charge of ▶ M/F person in charge ▶ M (*de operários*) foreman; **~ de negócios** chargé d'affaires
encarregar [ẽkaheˈgar] VT: **~ alguém de algo** to put sb in charge of sth; **encarregar-se** VR: **~-se de fazer** to undertake to do
encarreirar [ẽkahejˈrar] VT to guide; (*negócios*) to run; (*moralmente*): **~ alguém** to put sb on the right track
encarrilhar [ẽkahiˈʎar] VT to put back on the rails; (*fig*) to put on the right track
encartar [ẽkarˈtar] VT to insert
encarte [ẽˈkartʃi] M insert
encasacar-se [ẽkazaˈkarsi] VR to put on one's coat
encasquetar [ẽkaskeˈtar] VT: **~ uma ideia** to get an idea into one's head
encatarrado, -a [ẽkataˈhadu, a] ADJ congested
encenação [ẽsenaˈsãw] (*pl* **-ões**) F (*de peça*) staging, putting on; (*produção*) production; (*fingimento*) play-acting; (*atitude fingida*) put-on, put-up job (*col*); **fazer ~** (*col*) to put it on
encenador, a [ẽsenaˈdor(a)] M/F (*Teatro*) director
encenar [ẽseˈnar] VT (*Teatro: pôr em cena*) to stage, put on; (: *produzir*) to produce; (*fingir*) to put on
enceradeira [ẽseraˈdejra] F floor-polisher
encerar [ẽseˈrar] VT to wax
encerramento [ẽsehaˈmẽtu] M (*término*) close, end
encerrar [ẽseˈhar] VT (*confinar*) to shut in, lock up; (*conter*) to contain; (*concluir*) to close
encestar [ẽsesˈtar] VT (*Basquete*) to put in the basket ▶ VI to score a basket
encetar [ẽseˈtar] VT to start, begin
encharcar [ẽʃarˈkar] VT (*alagar*) to flood; (*ensopar*) to soak, drench; **encharcar-se** VR to get soaked *ou* drenched; **~-se de algo** (*beber muito*) to drink gallons of sth
encheção [ẽʃeˈsãw] (*col*) F annoyance
enchente [ẽˈʃẽtʃi] F flood
encher [ẽˈʃer] VT to fill (up); (*balão*) to blow up; (*tempo*) to fill, take up ▶ VI (*col*) to be annoying; **encher-se** VR to fill up; **~-se (de)** (*col*) to get fed up (with); **~ de** *ou* **com** to fill up with; **~ o saco de alguém** (*col*) to bug sb, piss sb off (!); **ela enche o filho de presentes** she showers her son with presents

enchimento [ẽʃiˈmẽtu] M filling
enchova [ẽˈʃova] F anchovy
enciclopédia [ẽsikloˈpɛdʒja] F encyclopedia, encyclopaedia (BRIT)
enciumar [ẽsjuˈmar] VT to make jealous; **enciumar-se** VR to get jealous
enclausurar [ẽklawzuˈrar] VT to shut away; **enclausurar-se** VR to shut o.s. away
encoberto, -a [ẽkoˈbɛrtu, a] PP *de* **encobrir** ▶ ADJ (*escondido*) concealed; (*tempo*) overcast
encobrir [ẽkoˈbrir] VT to conceal, hide
encolerizar [ẽkoleriˈzar] VT to irritate, annoy; **encolerizar-se** VR to get angry
encolher [ẽkoˈʎer] VT (*pernas*) to draw up; (*os ombros*) to shrug; (*roupa*) to shrink ▶ VI to shrink; **encolher-se** VR (*de frio*) to huddle; (*para dar lugar*) to hunch up
encomenda [ẽkoˈmẽda] F order; **feito de ~** made to order, custom-made; **vir de ~** (*fig*) to come just at the right time
encomendar [ẽkomẽˈdar] VT: **~ algo a alguém** to order sth from sb
encompridar [ẽkõpriˈdar] VT to lengthen
encontrão [ẽkõˈtrãw] (*pl* **-ões**) M (*esbarrão*) collision, impact; (*empurrão*) shove; **dar um ~ em** to bump into; **ir aos encontrões pela multidão** to jostle one's way through the crowd
encontrar [ẽkõˈtrar] VT (*achar*) to find; (*inesperadamente*) to come across, meet; (*dar com*) to bump into ▶ VI: **~ com** to bump into; **encontrar-se** VR (*achar-se*) to be; (*ter encontro*): **~-se (com alguém)** to meet (sb)
encontro [ẽˈkõtru] M (*de pessoas*) meeting; (*Mil*) encounter; **~ marcado** appointment; **ir/vir ao ~ de** to go/come and meet; (*aspirações*) to meet, fulfil(l); **ir de ~ a** to go against, run contrary to; **meu carro foi de ~ ao muro** my car ran into the wall
encontrões [ẽkõˈtrõjs] MPL *de* **encontrão**
encorajamento [ẽkoraʒaˈmẽtu] M encouragement
encorajar [ẽkoraˈʒar] VT to encourage
encorpado, -a [ẽkorˈpadu, a] ADJ stout; (*vinho*) full-bodied; (*tecido*) closely-woven; (*papel*) thick
encorpar [ẽkorˈpar] VT (*ampliar*) to expand ▶ VI (*criança*) to fill out
encosta [ẽˈkɔsta] F slope
encostar [ẽkosˈtar] VT (*cabeça*) to put down; (*carro*) to park; (*pôr de lado*) to put to one side; (*pôr junto*) to put side by side; (*porta*) to leave ajar ▶ VI to pull in; **encostar-se** VR: **~-se em** to lean against; (*deitar-se*) to lie down on; **~ em** to lean against; **~ a mão em** (*bater*) to hit; **ele está sempre se encostando nos outros** he's always depending on others
encosto [ẽˈkostu] M (*arrimo*) support; (*de cadeira*) back
encouraçado, -a [ẽkoraˈsadu, a] ADJ armoured (BRIT), armored (US) ▶ M (*Náut*) battleship

encravado, -a [ẽkra'vadu, a] ADJ (*unha*) ingrowing

encravar [ẽkra'var] VT: **~ algo em algo** to stick sth into sth; (*diamante num anel*) to mount sth in sth

encrenca [ẽ'krẽka] (*col*) F (*problema*) fix, jam; (*briga*) fight; **meter-se numa ~** to get into trouble

encrencar [ẽkrẽ'kar] (*col*) VT (*situação*) to complicate; (*pessoa*) to get into trouble ▶ VI (*complicar-se*) to get complicated; (*carro*) to break down; **encrencar-se** VR to get complicated; to get into trouble; **~ (com alguém)** to fall out (with sb)

encrenqueiro, -a [ẽkrẽ'kejru, a] (*col*) M/F troublemaker ▶ ADJ troublemaking

encrespado, -a [ẽkres'padu, a] ADJ (*cabelo*) curly; (*mar*) choppy; (*água*) rippling

encrespar [ẽkres'par] VT (*o cabelo*) to curl; **encrespar-se** VR (*o cabelo*) to curl; (*água*) to ripple; (*o mar*) to get choppy

encriptar [ẽkrip'tar] VT (*Comput, Tel*) to encrypt

encruar [ẽkru'ar] VI (*negócio*) to grind to a halt

encruzilhada [ẽkruzi'ʎada] F crossroads *sg*

encucação [ẽkuka'sãw] (*pl* -**ões**) F fixation

encucado, -a [ẽku'kadu, a] (*col*) ADJ: **~ (com)** hung up (about)

encucar [ẽku'kar] (*col*) VT: **~ alguém** to give sb a hang-up ▶ VI: **~ com** *ou* **em algo/alguém** to be hung up about sth/sb

encurralar [ẽkura'lar] VT (*gado, pessoas*) to herd; (*cercar*) to corner

encurtar [ẽkur'tar] VT to shorten

endêmico, -a [ẽ'demiku, a] ADJ endemic

endemoninhado, -a [ẽdemoni'ɲadu, a] ADJ (*pessoa*) possessed; (*espírito*) demoniac; (*fig: criança*) naughty

endentar [ẽdẽ'tar] VT to engage

endereçar [ẽdere'sar] VT (*carta*) to address; (*encaminhar*) to direct

endereço [ẽde'resu] M address; **~ de e-mail** email address; **~ web** web address

endeusar [ẽdew'zar] VT to deify; (*amado*) to worship

endiabrado, -a [ẽdʒja'bradu, a] ADJ devilish; (*travesso*) mischievous

endinheirado, -a [ẽdʒiɲej'radu, a] ADJ rich, wealthy, well-off

endireitar [ẽdʒirej'tar] VT (*objeto*) to straighten; (*retificar*) to put right; (*fig*) to straighten out; **endireitar-se** VR to straighten up

endividado, -a [ẽdʒivi'dadu, a] ADJ in debt

endividamento [ẽdʒivida'mẽtu] M debt

endividar [ẽdʒivi'dar] VT to put into debt; **endividar-se** VR to run into debt

endócrino, -a [ẽ'dɔkrinu, a] ADJ: **glândula endócrina** endocrine gland

endoidecer [ẽdojde'ser] VT to madden ▶ VI to go mad

endoscopia [ẽdosko'pia] F (*Med*) endoscopy

endossante [ẽdo'sãtʃi] M/F endorser

endossar [ẽdo'sar] VT to endorse

endossável [ẽdo'savew] (*pl* -**eis**) ADJ endorsable

endosso [ẽ'dosu] M endorsement

endurecer [ẽdure'ser] VT, VI to harden

endurecido, -a [ẽdure'sidu, a] ADJ hardened

endurecimento [ẽduresi'mẽtu] M hardening

ENE ABR (= *és-nordeste*) ENE

enegrecer [enegre'ser] VT to darken; (*fig: nome*) to blacken ▶ VI to darken

enema [e'nema] M enema

energético, -a [ener'ʒetʃiku, a] ADJ energy *atr* ▶ M energy source; (*tb:* **bebida energética**) energy drink

energia [enɛr'ʒia] F (*vigor*) energy, drive; (*Tec*) power, energy; **~ solar** solar power

enérgico, -a [e'nɛrʒiku, a] ADJ energetic, vigorous; **ele é ~ com os filhos** he is hard on his children

enervação [enerva'sãw] F annoyance, irritation

enervante [ener'vãtʃi] ADJ annoying

enervar [ener'var] VT to annoy, irritate ▶ VI to be irritating; **enervar-se** VR to get annoyed

enevoado, -a [ene'vwadu, a] ADJ misty, hazy

enfadar [ẽfa'dar] VT (*entediar*) to bore; (*incomodar*) to annoy; **enfadar-se** VR: **~-se de** to get tired of; **~-se com** (*aborrecer-se*) to get fed up with

enfado [ẽ'fadu] M annoyance

enfadonho, -a [ẽfa'doɲu, a] ADJ (*cansativo*) tiresome; (*aborrecido*) boring

enfaixar [ẽfaj'ʃar] VT (*perna*) to bandage, bind; (*bebê*) to wrap up

enfarte [ẽ'fartʃi] M (*Med*) coronary

ênfase ['ẽfazi] F emphasis, stress

enfastiado, -a [ẽfas'tʃjadu, a] ADJ bored

enfastiar [ẽfas'tʃjar] VT (*cansar*) to weary; (*aborrecer*) to bore; **enfastiar-se** VR: **~-se de** *ou* **com** to get tired of; to get bored with

enfático, -a [ẽ'fatʃiku, a] ADJ emphatic

enfatizar [ẽfatʃi'zar] VT to emphasize

enfear [ẽfe'ar] VT (*pessoa etc*) to make ugly; (*deturpar*) to distort ▶ VI to become ugly

enfeitar [ẽfej'tar] VT to decorate; **enfeitar-se** VR to dress up

enfeite [ẽ'fejtʃi] M decoration

enfeitiçante [ẽfejtʃi'sãtʃi] ADJ enchanting, charming

enfeitiçar [ẽfejtʃi'sar] VT to bewitch, cast a spell on

enfermagem [ẽfer'maʒẽ] F nursing

enfermaria [ẽferma'ria] F ward

enfermeiro, -a [ẽfer'mejru, a] M/F nurse

enfermidade [ẽfermi'dadʒi] F illness

enfermo, -a [ẽ'fermu, a] ADJ ill, sick ▶ M/F sick person, patient

enferrujar [ẽfehu'ʒar] VT to rust, corrode ▶ VI to go rusty

enfezado, -a [ẽfe'zadu, a] ADJ (*irritadiço*) irritable; (*irritado*) angry, mad

enfezar [ẽfe'zar] VT (*irritar*) to make angry; **enfezar-se** VR to become angry

enfiada [ẽ'fjada] F *(de pérolas)* string; *(fila)* row
enfiar [ẽ'fjar] VT *(meter)* to put; *(agulha)* to thread; *(pérolas)* to string together; *(vestir)* to slip on; **enfiar-se** VR: **~-se em** to slip into
enfileirar [ẽfilej'rar] VT to line up
enfim [ẽ'fĩ] ADV finally, at last; *(em suma)* in short; **até que ~!** at last!
enfocar [ẽfo'kar] VT *(assunto)* to tackle
enfoque [ẽ'fɔki] M approach
enforcamento [ẽforka'mẽtu] M hanging
enforcar [ẽfor'kar] VT to hang; *(trabalho, aulas)* to skip; **enforcar-se** VR to hang o.s.; **~ a sexta-feira** to take the Friday off
enfraquecer [ẽfrake'ser] VT to weaken ▶ VI to grow weak
enfraquecimento [ẽfrakesi'mẽtu] M weakening
enfrentar [ẽfrẽ'tar] VT *(encarar)* to face; *(confrontar)* to confront; *(problemas)* to face up to
enfronhado, -a [ẽfro'ɲadu, a] ADJ: **estar bem ~ num assunto** to be well versed in a subject
enfronhar [ẽfro'ɲar] VI: **~ alguém em algo** to instruct sb in sth; **enfronhar-se** VR: **~-se em algo** to learn about sth, become well versed in sth
enfumaçado, -a [ẽfuma'sadu, a] ADJ full of smoke, smoky
enfumaçar [ẽfuma'sar] VT to fill with smoke
enfurecer [ẽfure'ser] VT to infuriate; **enfurecer-se** VR to get furious
enfurnar [ẽfur'nar] VT to hide away; *(meter)* to stow away; **enfurnar-se** VR to hide (o.s.) away
engª ABR (= *engenheira*) Eng.
engaiolar [ẽgajo'lar] *(col)* VT to jail
engajamento [ẽgaʒa'mẽtu] M *(empenho, Pol)* commitment; *(de trabalhadores)* hiring; *(Mil)* enlistment
engajar [ẽga'ʒar] VT *(trabalhadores)* to take on, hire; **engajar-se** VR to take up employment; *(Mil)* to enlist; **~-se em algo** to get involved in sth; *(Pol)* to be committed to sth
engalfinhar-se [ẽgawfi'ɲarsi] VR *(atacar-se)* to fight; *(discutir)* to argue
engambelar [ẽgãbe'lar] VT to con, trick
enganado, -a [ẽga'nadu, a] ADJ *(errado)* mistaken; *(traído)* deceived
enganador, a [ẽgana'dor(a)] ADJ *(mentiroso)* deceitful; *(artificioso)* fake; *(conselho)* misleading; *(aspecto)* deceptive
enganar [ẽga'nar] VT to deceive; *(desonrar)* to seduce; *(cônjuge)* to be unfaithful to; *(fome)* to stave off; **enganar-se** VR *(cair em erro)* to be wrong, be mistaken; *(iludir-se)* to deceive o.s.; **as aparências enganam** appearances are deceptive
enganchar [ẽgã'ʃar] VT: **~ algo (em algo)** to hook sth up (to sth)
engano [ẽ'gãnu] M *(error)* mistake; *(ilusão)* deception; *(logro)* trick; **é ~ (Tel)** I've (*ou* you've) got the wrong number

---

555 | enfiada – engravatar-se

engarrafado, -a [ẽgaha'fadu, a] ADJ bottled; *(trânsito)* blocked
engarrafamento [ẽgahafa'mẽtu] M bottling; *(de trânsito)* traffic jam
engarrafar [ẽgaha'far] VT to bottle; *(trânsito)* to block
engasgar [ẽgaz'gar] VT to choke ▶ VI to choke; *(máquina)* to splutter; **engasgar-se** VR to choke
engasgo [ẽ'gazgu] M choking
engastar [ẽgas'tar] VT *(joias)* to set, mount
engaste [ẽ'gastʃi] M meeting, mounting
engatar [ẽga'tar] VT *(vagões)* to couple, hitch up; *(Auto)* to put into gear
engatilhar [ẽgatʃi'ʎar] VT *(revólver)* to cock; *(fig: resposta etc)* to prepare
engatinhar [ẽgatʃi'ɲar] VI to crawl; *(fig)* to be feeling one's way
engavetamento [ẽgaveta'mẽtu] M *(de carros)* pile-up
engavetar [ẽgave'tar] VT *(fig: projeto)* to shelve; **engavetar-se** VR to crash into one another; **~-se em algo** to crash into (the back of) sth
engelhar [ẽʒe'ʎar] VT, VI *(pele)* to wrinkle
engendrar [ẽʒẽ'drar] VT to dream up
engenharia [ẽʒeɲa'ria] F engineering
engenheiro, -a [ẽʒe'ɲejru, a] M/F engineer
engenho [ẽ'ʒeɲu] M *(talento)* talent; *(destreza)* skill; *(máquina)* machine; *(moenda)* mill; *(fazenda)* sugar plantation
engenhoso, -a [ẽʒe'ɲozu, ɔza] ADJ clever, ingenious
engessar [ẽʒe'sar] VT *(perna)* to put in plaster; *(parede)* to plaster
englobar [ẽglo'bar] VT to include
eng° ABR (= *engenheiro*) Eng.
engodar [ẽgo'dar] VT to lure, entice
engodo [ẽ'godu] M *(para peixe)* bait; *(para pessoas)* lure, enticement
engolir [ẽgo'lir] VT to swallow; **até hoje não engoli o que ele me fez** I still haven't forgiven him for what he did to me
engomar [ẽgo'mar] VT to starch; *(passar)* to iron
engonço [ẽ'gõsu] M hinge
engordar [ẽgor'dar] VT to fatten ▶ VI to put on weight; **o açúcar engorda** sugar is fattening
engordurado, -a [ẽgordu'radu, a] ADJ *(comida)* fatty; *(mãos)* greasy
engordurar [ẽgordu'rar] VT to cover with grease
engraçado, -a [ẽgra'sadu, a] ADJ funny, amusing
engraçar-se [ẽgra'sarsi] *(col)* VR: **~ com alguém** to take advantage of sb
engradado [ẽgra'dadu] M crate
engrandecer [ẽgrãde'ser] VT to elevate ▶ VI to grow; **engrandecer-se** VR to become great
engravatar-se [ẽgrava'tarsi] VR to put on a tie; *(vestir-se bem)* to dress smartly

engravidar [ēgravi'dar] VT: ~ **alguém** to get sb pregnant; (*Med*) to impregnate sb ▶ VI to get pregnant
engraxador [ēgraʃa'dor] (*PT*) M shoe shiner
engraxar [ēgra'ʃar] VT to polish
engraxate [ēgra'ʃatʃi] M shoe shiner
engrenagem [ēgre'naʒē] (*pl* **-ns**) F (*Auto*) gear
engrenar [ēgre'nar] VT (*Auto*) to put into gear; (*fig: conversa*) to strike up ▶ VI: ~ **com alguém** to get on with sb
engrolado, -a [ēgro'ladu, a] ADJ (*voz*) slurred
engrossar [ēgro'sar] VT (*sopa*) to thicken; (*aumentar*) to swell; (*voz*) to raise ▶ VI to thicken; to swell; to rise; (*col: pessoa, conversa*) to turn nasty
engrupir [ēgru'pir] (*col*) VT to con, trick
enguia [ē'gia] F eel
enguiçar [ēgi'sar] VI (*máquina*) to break down ▶ VT to cause to break down
enguiço [ē'gisu] M (*empecilho*) snag; (*desarranjo*) breakdown
engulho [ē'guʎu] M nausea
enigma [e'nigima] M enigma; (*mistério*) mystery
enigmático, -a [enigi'matʃiku, a] ADJ enigmatic
enjaular [ēʒaw'lar] VT (*fera*) to cage, cage up; (*prender: pessoa*) to imprison
enjeitado, -a [ēʒej'tadu, a] M/F foundling, waif
enjeitar [ēʒej'tar] VT (*rejeitar*) to reject; (*abandonar*) to abandon; (*condenar*) to condemn
enjoado, -a [ē'ʒwadu, a] ADJ sick; (*enfastiado*) bored; (*enfadonho*) boring; (*mal-humorado*) in a bad mood
enjoar [ē'ʒwar] VT to make sick; (*enfastiar*) to bore ▶ VI (*pessoa*) to be sick; (*remédio, comida*) to cause nausea; **enjoar-se** VR: ~-**se de** to get sick of; **eu enjoo com o cheiro de fritura** the smell of frying makes me sick; **eu enjoei de ir ao cinema** I'm sick of going to the cinema
enjoativo, -a [ēʒwa'tʃivu, a] ADJ (*comida*) revolting; (*tedioso*) boring
enjoo [ē'ʒou] M sickness; (*em carro*) travel sickness; (*em navio*) seasickness; (*aborrecimento*) boredom; **que ~!** what a bore!
enlaçar [ēla'sar] VT (*atar*) to tie, bind; (*abraçar*) to hug; (*unir*) to link, join; (*bois*) to hitch; (*cingir*) to wind around; **enlaçar-se** VR to be linked
enlace [ē'lasi] M link, connection; (*casamento*) marriage, union
enlamear [ēla'mjar] VT to cover in mud; (*reputação*) to besmirch
enlatado, -a [ēla'tadu, a] ADJ tinned (*BRIT*), canned ▶ M (*pej: filme*) foreign import; **enlatados** MPL (*comida*) tinned (*BRIT*) *ou* canned foods
enlatar [ēla'tar] VT (*comida*) to can
enlevar [ēle'var] VT (*extasiar*) to enrapture; (*absorver*) to absorb

enlevo [ē'levu] M (*êxtase*) rapture; (*deleite*) delight
enlouquecer [ēloke'ser] VT to drive mad ▶ VI to go mad
enluarado, -a [ēlua'radu, a] ADJ moonlit
enlutado, -a [ēlu'tadu, a] ADJ in mourning
enlutar-se [ēlu'tarsi] VR to go into mourning
enobrecer [enobre'ser] VT to ennoble ▶ VI to be ennobling
enojar [eno'jar] VT to disgust, sicken
enorme [e'nɔrmi] ADJ enormous, huge
enormidade [enormi'dadʒi] F enormity; **uma ~ (de)** (*col*) a hell of a lot (of)
enovelar [enove'lar] VT to wind into a ball; (*enrolar*) to roll up
enquadrar [ēkwa'drar] VT to fit; (*gravura*) to frame ▶ VI: ~ **com** (*condizer*) to fit *ou* tie in with
enquanto [ē'kwãtu] CONJ while; (*considerado como*) as; ~ **isso** meanwhile; **por ~** for the time being; ~ **ele não vem** until he comes; ~ **que** whereas
enquete [ē'kεtʃi] F survey
enrabichar-se [ēhabi'ʃarsi] VR: ~ **por alguém** to fall for sb
enraivecer [ēhajve'ser] VT to enrage
enraizar [ēhaj'zar] VI to take root; **enraizar-se** VR (*pessoa*) to settle down
enrascada [ēhas'kada] F tight spot, predicament; **meter-se numa ~** to get into a spot of bother
enrascar [ēhas'kar] VT to embroil; **enrascar-se** VR to get embroiled
enredar [ēhe'dar] VT (*emaranhar*) to entangle; (*complicar*) to complicate; **enredar-se** VR to get entangled
enredo [ē'hedu] M (*de uma obra*) plot; (*intriga*) intrigue; **ele faz tanto ~** (*fig*) he makes such a fuss
enregelado, -a [ēheʒe'ladu, a] ADJ (*pessoa, mão*) frozen; (*muito frio*) freezing
enrijecer [ēhiʒe'ser] VT to stiffen; **enrijecer-se** VR to stiffen; (*fortalecer*) to get stronger
enriquecer [ēhike'ser] VT to make rich; (*fig*) to enrich ▶ VI to get rich; **enriquecer-se** VR to get rich
enriquecimento [ēhikesi'mētu] M enrichment
enrolado, -a [ēho'ladu, a] (*col*) ADJ complicated
enrolar [ēho'lar] VT to roll up; (*agasalhar*) to wrap up; (*col: enganar*) to con ▶ VI (*col*) to waffle; **enrolar-se** VR to roll up; to wrap up; (*col: confundir-se*) to get mixed *ou* muddled up
enroscar [ēhos'kar] VT (*torcer*) to twist, wind (round); **enroscar-se** VR to coil up
enrouquecer [ēhoke'ser] VT to make hoarse ▶ VI to go hoarse
enrubescer [ēhube'ser] VT to redden, colour (*BRIT*), color (*US*) ▶ VI (*por vergonha*) to blush, go red

enrugar [ẽhu'gar] VT (*pele*) to wrinkle; (*testa*) to furrow; (*tecido*) to crease ▶ VI (*pele, mãos*) to go wrinkly; (*pessoa*) to get wrinkles

enrustido, -a [ẽhus'tʃidu, a] (*col*) ADJ withdrawn

ensaboar [ẽsa'bwar] VT to wash with soap; **ensaboar-se** VR to soap o.s.

ensaiar [ẽsa'jar] VT (*provar*) to test, try out; (*treinar*) to practise (BRIT), practice (US); (*Teatro*) to rehearse

ensaio [ẽ'saju] M (*prova*) test; (*tentativa*) attempt; (*treino*) practice; (*Teatro*) rehearsal; (*literário*) essay

ensaísta [ẽsaj'ista] M/F essayist

ensanguentado, -a [ẽsãgwẽ'tadu, a] ADJ bloody

ensanguentar [ẽsãgwẽ'tar] VT to stain with blood

enseada [ẽ'sjada] F inlet, cove; (*baía*) bay

ensebado, -a [ẽse'badu, a] ADJ greasy; (*sujo*) soiled

ensejar [ẽse'ʒar] VT: **~ algo (a alguém)** to provide (sb with) an opportunity for sth

ensejo [ẽ'seʒu] M chance, opportunity

ensimesmado, -a [ẽsimez'madu, a] ADJ lost in thought

ensimesmar-se [ẽsimez'marsi] VR to be lost in thought; **~ em** to be lost in

ensinamento [ẽsina'mẽtu] M teaching; (*exemplo*) lesson

ensinar [ẽsi'nar] VT, VI to teach; **~ alguém a patinar** to teach sb to skate; **~ algo a alguém** to teach sb sth; **~ o caminho a alguém** to show sb the way; **você quer ~ o padre a rezar missa?** are you trying to teach your grandmother to suck eggs?

ensino [ẽ'sinu] M teaching, tuition; (*educação*) education; **~ fundamental** primary education; **~ médio** secondary education

ensolarado, -a [ẽsola'radu, a] ADJ sunny

ensombrecido, -a [ẽsõbre'sidu, a] ADJ darkened

ensopado, -a [ẽso'padu, a] ADJ soaked ▶ M stew

ensopar [ẽso'par] VT to soak, drench

ensurdecedor, a [ẽsurdese'dor(a)] ADJ deafening

ensurdecer [ẽsurde'ser] VT to deafen ▶ VI to go deaf

entabular [ẽtabu'lar] VT (*negociação*) to start, open; (*empreender*) to undertake; (*assunto*) to broach; (*conversa*) to strike up

entalado, -a [ẽta'ladu, a] ADJ (*apertado*) wedged, jammed; (*enrascado*) embroiled, involved; (*engasgado*) choking

entalar [ẽta'lar] VT (*encravar*) to wedge, jam; (*fig*) to put in a fix; (*encher*): **ela me entalou de comida** she stuffed me full of food

entalhador, a [ẽtaʎa'dor(a)] M/F woodcarver

entalhar [ẽta'ʎar] VT to carve

entalhe [ẽ'taʎi] M groove, notch

entalho [ẽ'taʎu] M woodcarving

entanto [ẽ'tãtu] ADV: **no ~** yet, however

então [ẽ'tãw] ADV then; **até ~** up to that time; **desde ~** ever since; **e ~?** well then?; **para ~** so that; **pois ~** in that case; **~, você vai ou não?** so, are you going or not?

entardecer [ẽtarde'ser] VI to get late ▶ M sunset

ente ['ẽtʃi] M being; **~s queridos** loved ones

enteado, -a [ẽ'tʃjadu, a] M/F stepson/stepdaughter

entediante [ẽte'dʒjãtʃi] ADJ boring, tedious

entediar [ẽte'dʒjar] VT to bore; **entediar-se** VR to get bored

entendedor, a [ẽtẽde'dor(a)] ADJ knowledgeable ▶ M: **a bom ~ meia palavra basta** a word to the wise is enough

entender [ẽtẽ'der] VT (*compreender*) to understand; (*pensar*) to think; (*ouvir*) to hear; **entender-se** VR (*compreender-se*) to understand one another; **dar a ~** to imply; **no meu ~** in my opinion; **~ de música** to know about music; **~ de fazer** to decide to do; **~-se por** to be meant by; **~-se com alguém** to get along with sb; (*dialogar*) to sort things out with sb

entendido, -a [ẽtẽ'dʒidu, a] ADJ: **~ (em)** knowledgeable (about) ▶ M/F: **~/a (em)** authority (on); **bem ~** that is

entendimento [ẽtẽdʒi'mẽtu] M understanding

enternecedor, a [ẽternese'dor(a)] ADJ touching

enternecer [ẽterne'ser] VT to move, touch; **enternecer-se** VR to be moved

enterrar [ẽte'har] VT to bury; (*faca*) to plunge; (*lever à ruina*) to ruin; (*assunto*) to close; **~ o chapéu na cabeça** to put one's hat on

enterro [ẽ'tehu] M burial; (*funeral*) funeral

entidade [ẽtʃi'dadʒi] F (*ser*) being; (*corporação*) body; (*coisa que existe*) entity

entoação [ẽtoa'sãw] F singing

entoar [ẽ'twar] VT (*cantar*) to chant

entonação [ẽtona'sãw] (*pl* **-ões**) F intonation

entontecer [ẽtõte'ser] VT to make dizzy; (*enlouquecer*) to drive mad ▶ VI to become *ou* get dizzy; to go mad; **o vinho entontece** wine makes you dizzy

entornar [ẽtor'nar] VT to spill; (*fig: copo*) to drink ▶ VI to drink a lot

entorpecente [ẽtorpe'sẽtʃi] M narcotic

entorpecer [ẽtorpe'ser] VT (*paralisar*) to numb, stupefy; (*retardar*) to slow down

entorpecimento [ẽtorpesi'mẽtu] M numbness; (*torpor*) lethargy

entorse [ẽ'torsi] F sprain

entortar [ẽtor'tar] VT (*curvar*) to bend; (*empenar*) to warp; **~ os olhos** to squint

entourage [ãtu'raʒi] M entourage

entrada [ẽ'trada] F (*ato*) entry; (*lugar*) entrance; (*Tec*) inlet; (*de casa*) doorway; (*começo*) beginning; (*bilhete*) ticket; (*Culin*) starter, entrée; (*Comput*) input; (*pagamento inicial*) down payment; (*corredor de casa*) hall; **entradas** FPL (*no cabelo*) receding hairline;

~ gratuita admission free; **"~ proibida"** "no entry", "no admittance"; **meia ~** half-price ticket; **dar ~ em** (*requerimento*) to submit; (*processo*) to institute; **~ de serviço** service entrance

entrado, -a [ẽ'tradu, a] ADJ: **~ em anos** (PT) elderly

entra e sai ['ẽtrai'saj] M comings and goings *pl*

entranhado, -a [ẽtra'ɲadu, a] ADJ deep-rooted

entranhar-se [ẽtra'ɲarsi] VR to penetrate

entranhas [ẽ'traɲas] FPL bowels, entrails; (*sentimentos*) feelings; (*centro*) heart *sg*

entrar [ẽ'trar] VI to go (*ou* come) in, enter; (*conseguir entrar*) to get in; **deixar ~** to let in; **~ com** (*Comput: dados etc*) to enter; **eu entrei com £100** I put in £100; **~ de férias/licença** to start one's holiday (BRIT) *ou* vacation (US)/leave; **~ em** (*casa etc*) to go (*ou* come) into, enter; (*assunto*) to get onto; (*comida, bebida*) to start in on; (*universidade*) to enter; **~ em detalhes** to go into details; **~ em vigor** to come into force; **ele entra às 9 no trabalho** he starts work at 9.00; **o que entra nesta receita?** what goes into this recipe?; **~ para um clube** to join a club; **quando a primavera entra** when spring comes; **~ bem** (*col*) to get into trouble

entravar [ẽtra'var] VT to obstruct, impede

entrave [ẽ'travi] M (*fig*) impediment

entre ['ẽtri] PREP (*dois*) between; (*mais de dois*) among(st); **~ si** amongst themselves

entreaberto, -a [ẽtrja'bɛrtu, a] PP *de* **entreabrir** ▶ ADJ half-open; (*porta*) ajar

entreabrir [ẽtrja'brir] VT to half open; **entreabrir-se** VR (*flores*) to open up

entrechocar-se [ẽtriʃo'karsi] VR to collide, crash; (*fig*) to clash

entrecortado, -a [ẽtrikor'tadu, a] ADJ intermittent; **região entrecortada de estradas** region intersected by roads

entrecosto [ẽtri'kostu] M (*Culin*) entrecôte

entrega [ẽ'trɛga] F (*de mercadorias*) delivery; (*a alguém*) handing over; (*rendição*) surrender; **caminhão/serviço de ~** delivery van/service; **pronta ~** speedy delivery; **~ rápida** special delivery; **~ a domicílio** home delivery

entregar [ẽtre'gar] VT (*dar*) to hand over; (*mercadorias*) to deliver; (*denunciar*) to hand over; (*confiar*) to entrust; (*devolver*) to return; **entregar-se** VR (*render-se*) to give o.s. up; (*dedicar-se*) to devote o.s.; **~ os pontos** to give up, throw in the towel; **~-se à dor/bebida** to be overcome by grief/take to drink; **~-se a um homem** to sleep with a man

entregue [ẽ'trɛgi] PP *de* **entregar**

entrelaçar [ẽtrila'sar] VT to entwine

entrelinha [ẽtre'liɲa] F line space; **ler nas ~s** to read between the lines

entremear [ẽtri'mjar] VT to intermingle

entremostrar [ẽtrimos'trar] VT to give a glimpse of

entreolhar-se [ẽtrio'ʎarsi] VR to exchange glances

entrepernas [ẽtri'pɛrnas] ADV between one's legs

entrepor [ẽtripor] (*irreg: como* **pôr**) VT to insert; **entrepor-se** VR: **~-se entre** to come between

entressafra [ẽtri'safra] F time between harvests; (*fig*): **as ~s de algo** the periods without sth

entretanto [ẽtri'tãtu] CONJ however

entretela [ẽtri'tɛla] F (*Costura*) interlining, buckram

entretenimento [ẽtriteni'mẽtu] M entertainment; (*distração*) pastime

entreter [ẽtri'ter] (*irreg: como* **ter**) VT (*divertir*) to entertain, amuse; (*ocupar*) to occupy; (*manter*) to keep up; (*esperanças*) to cherish; **entreter-se** VR to amuse o.s.; to occupy o.s.

entrevar [ẽtre'var] VT to paralyse, cripple

entrever [ẽtri'ver] (*irreg: como* **ver**) VT to glimpse, catch a glimpse of

entrevista [ẽtre'vista] F interview; **~ coletiva (à imprensa)** press conference

entrevistador, a [ẽtrevista'dor(a)] M/F interviewer

entrevistar [ẽtrevis'tar] VT to interview; **entrevistar-se** VR to have an interview

entrevisto, -a [ẽtre'vistu, a] PP *de* **entrever**

entristecedor, a [ẽtristese'dor(a)] ADJ saddening, sad

entristecer [ẽtriste'ser] VT to sadden, grieve ▶ VI to feel sad; **entristecer-se** VR to feel sad

entroncamento [ẽtrõka'mẽtu] M junction

entrosado, -a [ẽtro'zadu, a] ADJ (*fig*) integrated

entrosamento [ẽtroza'mẽtu] M (*fig*) integration

entrosar [ẽtro'zar] VT (*rodas*) to mesh; (*peças*) to fit; (*fig*) to integrate ▶ VI to mesh; to fit; **~ com** (*fig*) to fit in with; **~ em** (*adaptar-se*) to settle into

entrudo [ẽ'trudu] (PT) M carnival; (*Rel*) Shrovetide

entulhar [ẽtu'ʎar] VT to cram full; (*suj: multidão*) to pack

entulho [ẽ'tuʎu] M rubble, debris *sg*

entupido, -a [ẽtu'pidu, a] ADJ blocked; **estar ~** (*col: congestionado*) to have a blocked-up nose; (*de comida*) to be fit to burst, be full up

entupimento [ẽtupi'mẽtu] M blockage

entupir [ẽtu'pir] VT to block, clog; **entupir-se** VR to become blocked; (*de comida*) to stuff o.s.

entupitivo, -a [ẽtupi'tʃivu, a] ADJ filling

enturmar-se [ẽtur'marsi] VR: **~ (com)** to make friends (with)

entusiasmar [ẽtuzjaz'mar] VT to fill with enthusiasm; (*animar*) to excite; **entusiasmar-se** VR to get excited

entusiasmo [ẽtu'zjazmu] M enthusiasm; (*júbilo*) excitement

entusiasta [ẽtu'zjasta] ADJ enthusiastic ▶ M/F enthusiast

entusiástico, -a [ẽtu'zjastʃiku, a] ADJ enthusiastic
enumeração [enumera'sãw] (pl **-ões**) F enumeration; (numeração) numbering
enumerar [enume'rar] VT to enumerate; (com números) to number
enunciar [enũ'sjar] VT to express, state
envaidecer [ẽvajde'ser] VT to make conceited; **envaidecer-se** VR to become conceited
envelhecer [ẽveʎe'ser] VT to age ▶ VI to grow old, age
envelhecimento [ẽveʎesi'mẽtu] M aging
envelope [ẽve'lɔpi] M envelope
envenenado, -a [ẽvene'nadu, a] ADJ poisoned; (col: festa, roupa) wild, great; (: carro) souped-up
envenenamento [ẽvenena'mẽtu] M poisoning; **~ do sangue** blood poisoning
envenenar [ẽvene'nar] VT to poison; (fig) to corrupt; (: declaração, palavras) to distort, twist; (tornar amargo) to sour; (col: carro) to soup up ▶ VI to be poisonous; **envenenar-se** VR to poison o.s.
enverdecer [ẽverde'ser] VT to turn green
enveredar [ẽvere'dar] VI: **~ por um caminho** to follow a road; **~ para** to head for
envergadura [ẽverga'dura] F (asas, velas) spread; (de avião) wingspan; (fig) scope; **de grande ~** large-scale
envergar [ẽver'gar] VT (arquear) to bend; (vestir) to wear
envergonhado, -a [ẽvergo'ɲadu, a] ADJ ashamed; (tímido) shy
envergonhar [ẽvergo'ɲar] VT to shame; (degradar) to disgrace; **envergonhar-se** VR to be ashamed
envernizar [ẽverni'zar] VT to varnish
enviado, -a [ẽ'vjadu, a] M/F envoy, messenger
enviar [ẽ'vjar] VT to send
envidar [ẽvi'dar] VT: **~ esforços (para fazer algo)** to endeavour (BRIT) ou endeavor (US) (to do sth)
envidraçado, -a [ẽvidra'sadu, a] ADJ: **varanda envidraçada** conservatory
envidraçar [ẽvidra'sar] VT to glaze
enviesado, -a [ẽvje'zadu, a] ADJ slanting
envilecer [ẽvile'ser] VT to debase, degrade
envio [ẽ'viu] M sending; (expedição) dispatch; (remessa) remittance; (de mercadorias) consignment
enviuvar [ẽvju'var] VI to be widowed
envolto, -a [ẽ'vowtu, a] PP de **envolver**
envoltório [ẽvow'tɔrju] M cover
envolvente [ẽvow'vẽtʃi] ADJ compelling
envolver [ẽvow'ver] VT (embrulhar) to wrap (up); (cobrir) to cover; (comprometer, acarretar) to involve; (nos braços) to embrace; **envolver-se** VR (intrometer-se) to become involved; (cobrir-se) to wrap o.s. up
envolvimento [ẽvowvi'mẽtu] M involvement
enxada [ẽ'ʃada] F hoe
enxadrista [ẽʃa'drista] M/F chess player
enxaguada [ẽʃa'gwada] F rinse

559 | entusiástico – equatorial

enxaguar [ẽʃa'gwar] VT to rinse
enxame [ẽ'ʃami] M swarm
enxaqueca [ẽʃa'keka] F migraine
enxergão [ẽʃer'gãw] (pl **-ões**) M (straw) mattress
enxergar [ẽʃer'gar] VT (avistar) to catch sight of; (divisar) to make out; (notar) to observe, see; **enxergar-se** VR: **ele não se enxerga** he doesn't know his place
enxergões [ẽʃer'gõjs] MPL de **enxergão**
enxerido, -a [ẽʃe'ridu, a] ADJ nosy, interfering
enxertar [ẽʃer'tar] VT to graft; (fig) to incorporate
enxerto [ẽ'ʃertu] M graft
enxó [ẽ'ʃɔ] M adze
enxofre [ẽ'ʃofri] M sulphur (BRIT), sulfur (US)
enxota-moscas [ẽ'ʃota-] (PT) M fly swatter
enxotar [ẽʃo'tar] VT (expulsar) to drive out
enxoval [ẽʃo'vaw] (pl **-ais**) M (de noiva) trousseau; (de recém-nascido) layette
enxovalhar [ẽʃova'ʎar] VT (sujar) to soil; (amarrotar) to crumple; (reputação) to blacken; (insultar) to insult; **enxovalhar-se** VR to disgrace o.s.
enxugador [ẽʃuga'dor] M clothes drier
enxugar [ẽʃu'gar] VT to dry; (fig: texto) to tidy up; (: organização, quadro de pessoal) to downsize; **~ as lágrimas** to dry one's eyes
enxurrada [ẽʃu'hada] F (de água) torrent; (fig) spate
enxuto, -a [ẽ'ʃutu, a] ADJ dry; (corpo) shapely; (bonito) good-looking
enzima [ẽ'zima] F enzyme
epicentro [epi'sẽtru] M epicentre (BRIT), epicenter (US)
épico, -a ['ɛpiku, a] ADJ epic ▶ M epic poet
epidemia [epide'mia] F epidemic
epidêmico, -a [epi'demiku, a] ADJ epidemic
Epifania [epifa'nia] F Epiphany
epilepsia [epile'psia] F epilepsy
epiléptico, -a [epi'lɛptʃiku, a] ADJ, M/F epileptic
epílogo [e'pilogu] M epilogue
episcopado [episko'padu] M bishopric
episódio [epi'zɔdʒu] M episode
epístola [e'pistola] F epistle; (carta) letter
epitáfio [epi'tafju] M epitaph
epítome [e'pitomi] F summary; (fig) epitome
época ['ɛpoka] F time, period; (da história) age, epoch; **~ da colheita** harvest time; **naquela ~** at that time; **fazer ~** to be epoch-making; **fazer segunda ~** to resit one's exams
epopeia [epo'pɛja] F epic
equação [ekwa'sãw] (pl **-ões**) F equation
equacionar [ekwasjo'nar] VT to set out
equações [ekwa'sõjs] FPL de **equação**
Equador [ekwa'dor] M: **o ~** Ecuador
equador [ekwa'dor] M equator
equânime [e'kwanimi] ADJ fair; (caráter) unbiassed, neutral
equatorial [ekwato'rjaw] (pl **-ais**) ADJ equatorial

equatoriano, -a [ekwato'rjanu, a] ADJ, M/F Ecuadorian
equestre [e'kwɛstri] ADJ equestrian
equidade [ekwi'dadʒi] F equity
equidistante [ekwidʒis'tātʃi] ADJ equidistant
equilátero, -a [ekwi'lateru, a] ADJ equilateral
equilibrado, -a [ekili'bradu, a] ADJ balanced; *(pessoa)* level-headed
equilibrar [ekili'brar] VT to balance; **equilibrar-se** VR to balance
equilíbrio [eki'librju] M balance; **perder o ~** to lose one's balance
equino, -a [e'kwinu, a] ADJ equine
equipa [e'kipa] (PT) F team
equipamento [ekipa'mētu] M equipment, kit
equipar [eki'par] VT *(navio)* to fit out; *(prover)* to equip
equiparação [ekipara'sāw] (*pl* **-ões**) F comparison
equiparar [ekiparar] VT *(comparar)* to equate; **equiparar-se** VR: **~-se a** to equal
equiparável [ekipa'ravew] (*pl* **-eis**) ADJ comparable, equitable
equipe [e'kipi] (BR) F team
equitação [ekita'sāw] F *(ato)* riding; *(arte)* horsemanship
equitativo, -a [ekwita'tʃivu, a] ADJ fair, equitable
equivalência [ekiva'lēsja] F equivalence
equivalente [ekiva'lētʃi] ADJ, M equivalent
equivaler [ekiva'ler] VI: **~ a** to be the same as, equal
equivocado, -a [ekivo'kadu, a] ADJ mistaken, wrong
equivocar-se [ekivo'karsi] VR to make a mistake, be wrong
equívoco, -a [e'kivoku, a] ADJ ambiguous ▶ M *(engano)* mistake
ER ABR (= *espera resposta*) RSVP
era¹ ['ɛra] F era, age
era² VB *ver* **ser**
erário [e'rarju] M exchequer
ereção [ere'sāw] (*pl* **-ões**) F *(tb Fisiol)* erection
eremita [ere'mita] M/F hermit
eremitério [eremi'tɛrju] M hermitage
ereto, -a [e'rɛtu, a] ADJ upright, erect
erguer [er'ger] VT *(levantar)* to raise, lift; *(edificar)* to build, erect; **erguer-se** VR to rise; *(pessoa)* to stand up
eriçado, -a [eri'sadu, a] ADJ bristling; *(cabelos)* (standing) on end
eriçar [eri'sar] VT: **~ o cabelo de alguém** to make sb's hair stand on end; **eriçar-se** VR to bristle; *(cabelos)* to stand on end
erigir [eri'ʒir] VT to erect
ermo, -a ['ermu, a] ADJ *(solitário)* lonely; *(desabitado)* uninhabited ▶ M wilderness
erógeno, -a [e'rɔʒenu, a] ADJ erogenous
erosão [ero'zāw] F erosion
erótico, -a [e'rɔtʃiku, a] ADJ erotic
erotismo [ero'tʃizmu] M eroticism
erradicar [ehadʒi'kar] VT to eradicate
errado, -a [e'hadu, a] ADJ wrong; **dar ~** to go wrong
errante [e'hātʃi] ADJ wandering
errar [e'har] VT *(alvo)* to miss; *(conta)* to get wrong ▶ VI *(vaguear)* to wander, roam; *(enganar-se)* to be wrong, make a mistake; **~ o caminho** to lose one's way
errata [e'hata] F errata
erro ['ehu] M mistake; **salvo ~** unless I am mistaken; **~ de imprensa** misprint; **~ de pronúncia** mispronunciation
errôneo, -a [e'honju, a] ADJ wrong, mistaken; *(falso)* false, untrue
erudição [erudʒi'sāw] F erudition, learning
erudito, -a [eru'dʒitu, a] ADJ learned, scholarly ▶ M scholar
erupção [erup'sāw] (*pl* **-ões**) F eruption; *(na pele)* rash; *(fig)* outbreak
erva ['ɛrva] F herb; **~ daninha** weed; *(col: dinheiro)* dosh; *(: maconha)* dope
erva-cidreira [-si'drejra] (*pl* **ervas-cidreiras**) F lemon verbena
erva-doce (*pl* **ervas-doces**) F fennel
erva-mate (*pl* **ervas-mate(s)**) F maté
ervilha [er'viʎa] F pea
ES (BR) ABR = **Espírito Santo**
ESAO [e'saw] (BR) ABR F (= *Escola Superior de Aperfeiçoamento de Oficiais*) officer training school
esbaforido, -a [izbafo'ridu, a] ADJ breathless, panting
esbaldar-se [izbaw'darsi] VR to have a great time, really enjoy o.s.
esbandalhado, -a [izbāda'ʎadu, a] ADJ *(pessoa)* scruffy; *(casa, jardim)* untidy
esbanjador, a [izbāʒa'dor(a)] ADJ extravagant, spendthrift ▶ M/F spendthrift
esbanjamento [izbāʒa'mētu] M *(ato)* squandering; *(qualidade)* extravagance
esbanjar [izba'ʒar] VT to squander, waste; **estar esbanjando saúde** to be bursting with health
esbarrão [izba'hāw] (*pl* **-ões**) M collision
esbarrar [izba'har] VI: **~ em** to bump into; *(obstáculo, problema)* to come up against
esbarrões [izba'hōjs] MPL *de* **esbarrão**
esbeltez [izbew'tez] F slenderness
esbelto, -a [iz'bɛwtu, a] ADJ slim, slender
esboçar [izbo'sar] VT to sketch; *(delinear)* to outline; *(plano)* to draw up; **~ um sorriso** to give a little smile
esboço [iz'bosu] M sketch; *(primeira versão)* draft; *(fig: resumo)* outline
esbodegado, -a [izbode'gadu, a] ADJ tatty; *(cansado)* worn out
esbodegar [izbode'gar] *(col)* VT to ruin
esbofar [izbo'far] VT to tire out; **esbofar-se** VR to be worn out
esbofetear [izbofe'tʃjar] VT to slap, hit
esbórnia [iz'bɔrnja] F orgy
esborrachar [izboha'ʃar] VT to squash; *(esbofetear)* to hit; **esborrachar-se** VR to go sprawling

esbranquiçado, -a [iʒbrɐ̃kiˈsadu, a] ADJ whitish; *(lábios)* pale

esbravejar [iʒbraveˈʒar] VT, VI to shout

esbregue [iʒˈbrɛgi] *(col)* M *(descompostura)* telling-off, dressing-down (BRIT); *(rolo)* punch-up, brawl

esbugalhado, -a [iʒbugaˈʎadu, a] ADJ: **olhos ~s** goggle eyes

esbugalhar-se [iʒbugaˈʎarsi] VR to goggle, boggle

esburacado, -a [iʒburaˈkadu, a] ADJ full of holes, holey; *(rua)* full of potholes

esburacar [iʒburaˈkar] VT to make holes (*ou* a hole) in

escabeche [iskaˈbɛʃi] M *(Culin)* marinade, *sauce of spiced vinegar and onion*

escabroso, -a [iskaˈbrozu, ɔza] ADJ *(difícil)* tough; *(indecoroso)* indecent

escada [isˈkada] F *(dentro da casa)* staircase, stairs pl; *(fora da casa)* steps pl; *(de mão)* ladder; **~ de incêndio** fire escape; **~ rolante** escalator

escadaria [iskadaˈria] F staircase

escafandrista [iskafãˈdrista] M/F deep-sea diver

escafandro [iskaˈfãdru] M diving suit

escafeder-se [iskafeˈdersi] *(col)* VI to sneak off

escala [isˈkala] F scale; *(Náut)* port of call; *(parada)* stop; **fazer ~ em** to call at; **sem ~** non-stop; **~ móvel** sliding scale

escalação [iskalaˈsãw] F climbing; *(designação)* selection

escalada [iskaˈlada] F *(de guerra)* escalation

escalafobético, -a [iskalafoˈbɛtʃiku, a] *(col)* ADJ weird, strange

escalão [iskaˈlãw] *(pl* **-ões)** M step; *(Mil)* echelon; **o primeiro ~ do governo** the highest level of government

escalar [iskaˈlar] VT *(montanha)* to climb; *(muro)* to scale; *(designar)* to select

escalavrar [iskalaˈvrar] VT *(pele)* to graze; *(parede)* to damage

escaldado, -a [iskawˈdadu, a] ADJ *(fig)* cautious, wary

escaldar [iskawˈdar] VT to scald; *(Culin)* to blanch; **escaldar-se** VR to scald o.s.

escaler [iskaˈlɛr] M launch

escalfar [iskawˈfar] *(PT)* VT *(ovos)* to poach

escalões [ɛskaˈlõjs] MPL *de* **escalão**

escalonamento [iskalonaˈmẽtu] M *(Com: de dívida)* scheduling

escalonar [iskaloˈnar] VT *(argumentos, opiniões)* to set out; *(dívida)* to spread, schedule

escalope [iskaˈlɔpi] M escalope (BRIT), cutlet (US)

escama [isˈkama] F *(de peixe)* scale; *(de pele)* flake

escamar [iskaˈmar] VT to scale

escamotear [iskamoˈtʃjar] VT *(furtar)* to pilfer, pinch (BRIT); *(empalmar)* to make disappear (by sleight of hand)

escancarado, -a [iskãkaˈradu, a] ADJ wide open

escancarar [iskãkaˈrar] VT to open wide

escandalizar [iskãdaliˈzar] VT to shock; **escandalizar-se** VR to be shocked; *(ofender-se)* to be offended

escândalo [isˈkãdalu] M scandal; *(indignação)* outrage; **fazer** *ou* **dar um ~** to make a scene

escandaloso, -a [iskãdaˈlozu, ɔza] ADJ shocking, scandalous

Escandinávia [iskãdʒiˈnavja] F: **a ~** Scandinavia

escandinavo, -a [iskãdʒiˈnavu, a] ADJ, M/F Scandinavian

escangalhar [iskãgaˈʎar] VT to break, smash (up); **escangalhar-se** VR: **~-se de rir** to split one's sides laughing

escaninho [iskaˈniɲu] M *(na secretária)* pigeonhole

escanteio [iskãˈteju] M *(Futebol)* corner

escapada [iskaˈpada] F escape; *(ato leviano)* escapade

escapar [iskaˈpar] VI: **~ a** *ou* **de** to escape from; *(fugir)* to run away from; **escapar-se** VR to run away, flee; **deixar ~** *(uma oportunidade)* to miss; *(palavras)* to blurt out; **~ da morte/de uma incumbência** to escape death/get out of a task; **ele escapou de ser atropelado** he escaped being run over; **o vaso escapou-lhe das mãos** the vase slipped out of his hands; **nada lhe escapa** *(passar desapercebido)* nothing escapes him, he doesn't miss a thing; **o nome me escapa no momento** the name escapes me for the moment; **não está bom, mas escapa** it's not good, but it'll do; **~ de boa** *(col)* to have a close shave

escapatória [iskapaˈtɔrja] F *(saída)* way out; *(desculpa)* excuse

escape [isˈkapi] M *(de gás)* leak; *(Auto)* exhaust

escapismo [iskaˈpiʒmu] M escapism

escapulida [iskapuˈlida] F escape

escapulir [iskapuˈlir] VI: **~ (de)** to get away (from); *(suj: coisa)* to slip (from)

escarafunchar [iskarafũˈʃar] VT: **~ algo** *(remexer em)* to rummage in sth; *(com as unhas)* to scratch at sth; *(investigar)* to pore over sth

escaramuça [iskaraˈmusa] F skirmish

escaravelho [iskaraˈveʎu] M beetle

escarcéu [iskarˈsɛw] M *(fig)*: **fazer um ~** to make a scene

escarlate [iskarˈlatʃi] ADJ scarlet

escarlatina [iskarlaˈtʃina] F scarlet fever

escarnecer [iskarneˈser] VT to mock, make fun of ▶ VI: **~ de** to mock, make fun of

escárnio [isˈkarnju] M mockery; *(desprezo)* derision

escarpa [isˈkarpa] F steep slope

escarpado, -a [iskarˈpadu, a] ADJ steep

escarrado, -a [iskaˈhadu, a] ADJ *(fig)*: **ela é o pai ~** she's the spitting image of her father

escarrapachar-se [iskahapaˈʃarsi] VR to sprawl

escarrar [iskaˈhar] VT to spit, cough up ▶ VI to spit

escarro [isˈkahu] M phlegm, spit

escasseamento [iskasja'mẽtu] M (Com) shortage

escassear [iska'sjar] VT to skimp on ▶ VI to become scarce

escassez [iska'sez] F (falta) shortage

escasso, -a [is'kasu, a] ADJ scarce

escavação [iskava'sãw] (pl **-ões**) F digging, excavation

escavadeira [iskava'dejra] F digger, JCB®

escavar [iska'var] VT to excavate

esclarecedor, a [isklarese'dor(a)] ADJ explanatory; (que alarga o conhecimento) informative

esclarecer [isklare'ser] VT (situação) to explain; (mistério) to clear up, explain; **esclarecer-se** VR: **~-se (sobre algo)** to find out (about sth); **~ alguém sobre algo** to explain to sb about sth

esclarecido, -a [isklare'sidu, a] ADJ (pessoa) enlightened

esclarecimento [isklaresi'mẽtu] M explanation; (informação) information

esclerosado, -a [isklero'zadu, a] (col) ADJ (pessoa) batty, nutty

esclerótica [iskle'rɔtʃika] F white of the eye

escoadouro [iskoa'doru] M drain; (cano) drainpipe

escoar [isko'ar] VT to drain off ▶ VI to drain away; **escoar-se** VR to seep out

escocês, -esa [isko'ses, seza] ADJ Scottish, Scots ▶ M/F Scot, Scotsman/woman

Escócia [is'kɔsja] F Scotland

escoicear [iskoj'sjar] VT to kick; (fig) to ill-treat ▶ VI to kick

escol [is'kɔw] M best; **de ~** of excellence

escola [is'kɔla] F school; **~ de línguas** language school; **~ de samba** see note; **~ naval** naval college; **~ primária/secundária** primary (BRIT) ou elementary (US) /secondary (BRIT) ou high (US) school; **~ particular/pública** private/state (BRIT) ou public (US) school; **~ superior** college; **fazer ~** to win converts

> Escolas de samba are musical and recreational associations made up, among others, of samba dancers, percussionists and carnival dancers. Although they exist throughout Brazil, the most famous schools are in Rio de Janeiro. The schools in Rio rehearse all year long for the **carnaval**, when they parade along the *Sambódromo*, a purpose-built avenue flanked by stands for spectators, and compete for the samba school championship. Characterized by their extravagance, the biggest schools have up to 4,000 members and are one of Brazil's major tourist attractions.

escolado, -a [isko'ladu, a] ADJ (esperto) shrewd; (experiente) experienced

escolar [isko'lar] ADJ school atr ▶ M/F schoolboy/girl; **escolares** MPL (alunos) schoolchildren

escolaridade [iskolari'dadʒi] F schooling

escolarização [iskolariza'sãw] F education, schooling

escolarizar [iskolari'zar] VT to educate (in school)

escolha [is'koʎa] F choice

escolher [isko'ʎer] VT to choose, select

escolho [is'koʎu] M (recife) reef; (rocha) rock

escolta [is'kɔwta] F escort

escoltar [iskow'tar] VT to escort

escombros [is'kõbrus] MPL ruins, debris sg

esconde-esconde [iskõdʒis'kõdʒi] M hide-and-seek

esconder [iskõ'der] VT to hide, conceal; **esconder-se** VR to hide; **brincar de ~** to play hide-and-seek

esconderijo [iskõde'riʒu] M hiding place; (de bandidos) hideout

escondidas [iskõ'dʒidas] FPL: **às ~** secretly

esconjurar [iskõʒu'rar] VT (o Demônio) to exorcize; (afastar) to keep off; (amaldiçoar) to curse; **esconjurar-se** VR (lamentar-se) to complain

escopo [is'kopu] M aim, purpose

escora [is'kɔra] F prop, support; (cilada) ambush

escorar [isko'rar] VT to prop (up); (amparar) to support; (esperar de espreita) to lie in wait for ▶ VI to lie in wait; **escorar-se** VR: **~-se em** (fundamentar-se) to go by; (amparar-se) to live off

escorbuto [iskor'butu] M scurvy

escore [is'kɔri] M score

escória [is'kɔrja] F (de metal) dross; **a ~ da humanidade** the scum of the earth

escoriação [iskorja'sãw] (pl **-ões**) F abrasion, scratch

escorpiano, -a [iskor'pjanu, a] ADJ, M/F (Astrologia) Scorpio

escorpião [iskorpi'ãw] (pl **-ões**) M scorpion; **E~** (Astrologia) Scorpio

escorraçar [iskoha'sar] VT (tratar mal) to ill-treat; (expulsar) to throw out; **~ alguém de casa** ou **para fora de casa** to throw sb out of the house

escorrega [isko'hɛga] F slide

escorregadela [iskohega'dɛla] F slip

escorregadio, -a [iskohega'dʒiu, a] ADJ slippery

escorregador [iskohega'dor] M slide

escorregão [iskohe'gãw] (pl **-ões**) M slip; (fig) slip(-up)

escorregar [iskohe'gar] VI to slip; (errar) to slip up

escorregões [iskohe'gõjs] MPL de **escorregão**

escorrer [isko'her] VT (fazer correr) to drain (off); (verter) to pour out ▶ VI (pingar) to drip; (correr em fio) to trickle

escoteiro [isko'tejru] M scout

escotilha [isko'tʃiʎa] F hatch, hatchway

escova [is'kova] F brush; (penteado) blow-dry; **~ de dentes** toothbrush; **fazer ~ no cabelo** to blow-dry one's hair; (por outra pessoa) to have a blow-dry; **~ progressiva** keratin straightening

escovar [isko'var] VT to brush

escovinha [isko'viɲa] F: **cabelo à ~** crew cut

escrachado, -a [iskra'ʃadu, a] (col) ADJ (desleixado) scruffy; **estar** ou **ser ~** (ter ficha na polícia) to have a criminal record

escravatura [iskrava'tura] F (tráfico) slave trade; (escravidão) slavery

escravidão [iskravi'dãw] F slavery

escravização [iskraviza'sãw] F enslavement

escravizar [iskravi'zar] VT to enslave; (cativar) to captivate

escravo, -a [is'kravu, a] ADJ captive ▶ M/F slave; **ele é um ~ do amigo/trabalho** he's a slave to his friend/work

escrete [is'krɛtʃi] M team

escrevente [iskre'vētʃi] M/F clerk

escrever [iskre'ver] VT, VI to write; **escrever-se** VR to write to each other; **~ à máquina** to type

escrevinhador, a [iskreviɲa'dor(a)] (col) M/F hack (writer)

escrevinhar [iskrevi'ɲar] VT to scribble

escrita [es'krita] F writing; (pessoal) handwriting; **pôr a ~ em dia** to bring one's correspondence up to date

escrito, -a [es'kritu, a] PP de **escrever** ▶ ADJ written ▶ M piece of writing; **~ à mão** handwritten; **dar por ~** to put in writing; **ela é o pai ~** she's the spitting image of her father

escritor, a [iskri'tor(a)] M/F writer; (autor) author

escritório [iskri'tɔrju] M office; (em casa) study

escritura [iskri'tura] F (Jur) deed; (na compra de imóveis) = exchange of contracts; **as Sagradas E~s** the Scriptures

escrituração [iskritura'sãw] F book-keeping; (de transações, quantias) entering, recording; **~ por partidas simples/dobradas** (Com) single-entry/double-entry book-keeping

escriturar [iskritu'rar] VT (contas) to register, enter up; (documento) to draw up

escriturário, -a [iskritu'rarju, a] M/F clerk

escrivã [iskri'vã] F de **escrivão**

escrivaninha [iskriva'niɲa] F writing desk

escrivão, -vã [iskri'vãw, vã] (pl **-ões/-s**) M/F registrar, recorder

escroque [is'krɔki] M swindler, con man

escroto, -a [is'krotu, a] M scrotum ▶ ADJ (!: pessoa) vile, gross; (: filme etc) crappy (!), shitty (!)

escrúpulo [is'krupulu] M scruple; (cuidado) care; **sem ~** unscrupulous

escrupuloso, -a [iskrupu'lozu, ɔza] ADJ scrupulous; (cuidadoso) careful

escrutinar [iskrutʃinar] VI to act as a scrutineer

escrutínio [iskru'tʃinju] M (votação) poll; (apuração de votos) counting; (exame atento) scrutiny; **~ secreto** secret ballot

escudar [isku'dar] VT to shield; **escudar-se** VR to shield o.s.; (apoiar-se): **~-se em algo** to rely on sth

escudeiro [isku'dejru] M squire

escudo [is'kudu] M shield; (moeda) escudo

esculachado, -a [iskula'ʃadu, a] (col) ADJ sloppy

esculachar [iskula'ʃar] (col) VT (bagunçar) to mess up; (espancar) to beat up; (criticar) to get at; (repreender) to tick off

esculacho [isku'laʃu] (col) M mess; (repreensão) telling-off

esculhambação [iskuʎãba'sãw] (pl **-ões**) (!) F mess; (repreensão) telling-off, bollocking (!)

esculhambado, -a [iskuʎã'badu, a] (!) ADJ (descuidado) shabby, slovenly; (estragado) messed up, knackered; (bagunçado) shambolic

esculhambar [iskuʎã'bar] (!) VT to mess up, fuck up (!); **~ alguém** (criticar) to give sb stick; (descompor) to give sb a bollocking (!)

esculpir [iskuw'pir] VT to carve, sculpt; (gravar) to engrave

escultor, a [iskuw'tor(a)] M/F sculptor

escultura [iskuw'tura] F sculpture

escultural [iskuwtu'raw] (pl **-ais**) ADJ sculptural; (corpo) statuesque

escuma [is'kuma] (PT) F foam; (em cerveja) froth

escumadeira [iskuma'dejra] F skimmer

escuna [is'kuna] F (Náut) schooner

escuras [is'kuras] FPL: **às ~** in the dark

escurecer [iskure'ser] VT to darken ▶ VI to get dark; **ao ~** at dusk

escurecimento [iskuresi'mẽtu] M darkening

escuridão [iskuri'dãw] F (trevas) darkness

escuro, -a [is'kuru, a] ADJ (sombrio) dark; (dia) overcast; (pessoa) swarthy ▶ M dark

escuso, -a [is'kuzu, a] ADJ shady

escuta [is'kuta] F listening; **à ~** listening out; **ficar na ~** to stand by; **~ eletrônica/telefônica** bugging/phone tapping

escutar [isku'tar] VT to listen to; (sem prestar atenção) to hear ▶ VI to listen; to hear; **escuta!** listen!; **ele não escuta bem** he is hard of hearing; **o médico escutou o paciente** the doctor listened to the patient's chest

esdrúxulo, -a [iz'druʃulu, a] ADJ weird, odd

esfacelar [isfase'lar] VT (destruir) to destroy

esfaimado, -a [isfaj'madu, a] ADJ famished, ravenous

esfalfar [isfaw'far] VT to tire out, exhaust; **esfalfar-se** VR to tire o.s. out

esfaquear [isfaki'ar] VT to stab

esfarelar [isfare'lar] VT to crumble; **esfarelar-se** VR to crumble

esfarrapado, -a [isfaha'padu, a] ADJ (roupa) ragged, tattered; (desculpa) lame

esfarrapar [isfaha'par] VT to tear to pieces

esfera [is'fɛra] F sphere; (globo) globe

esférico, -a [is'fɛriku, a] ADJ spherical

esferográfico, -a [isfero'grafiku, a] ADJ: **caneta esferográfica** ballpoint pen
esfiapar [isfja'par] VT to fray; **esfiapar-se** VR to fray
esfinge [is'fĩʒi] F sphinx
esfogueado, -a [isfo'gjadu, a] ADJ impatient
esfolar [isfo'lar] VT to skin; (*arranhar*) to graze; (*cobrar demais a*) to overcharge, fleece
esfomeado, -a [isfo'mjadu, a] ADJ famished, starving
esforçado, -a [isfor'sadu, a] ADJ committed, dedicated
esforçar-se [isfor'sarsi] VR: **~ para** to try hard to, strive to
esforço [is'forsu] M effort; **fazer ~** to try hard, make an effort
esfregação [isfrega'sãw] F rubbing; (*col*) necking, petting
esfregaço [isfre'gasu] M smear
esfregar [isfre'gar] VT to rub; (*com água*) to scrub
esfriamento [isfrja'mẽtu] M cooling
esfriar [is'frjar] VT to cool, chill ▶ VI to get cold; (*fig*) to cool off
esfumaçar [isfuma'sar] VT to fill with smoke
esfumar [isfu'mar] VT to disperse; **esfumar-se** VR to fade away
esfuziante [isfu'zjãtʃi] ADJ (*pessoa*) bubbly; (*alegria*) irrepressible
ESG (BR) ABR F (= *Escola Superior de Guerra*) military training school
esganado, -a [izga'nadu, a] ADJ (*sufocado*) choked; (*voraz*) greedy; (*avaro*) grasping
esganar [izga'nar] VT to strangle, choke
esganiçado, -a [izgani'sadu, a] ADJ (*voz*) shrill
esgaravatar [iʃgarava'tar] VT (*fig*) to delve into
esgarçar [iʃgar'sar] VT, VI to tear; (*com o uso*) to wear into a hole
esgazeado, -a [iʃga'zjadu, a] ADJ (*olhos, olhar*) crazed
esgoelar [izgoe'lar] VT to yell; (*estrangular*) to choke; **esgoelar-se** VR to yell, scream
esgotado, -a [izgo'tadu, a] ADJ (*exausto*) exhausted; (*consumido*) used up; (*livros*) out of print; **os ingressos estão ~s** the tickets are sold out
esgotamento [izgota'mẽtu] M exhaustion
esgotar [izgo'tar] VT (*vazar*) to drain, empty; (*recursos*) to use up; (*pessoa, assunto*) to exhaust; **esgotar-se** VR (*cansar-se*) to become exhausted; (*mercadorias, edição*) to be sold out; (*recursos*) to run out
esgoto [iz'gotu] M drain; (*público*) sewer
esgrima [iz'grima] F (*Esporte*) fencing
esgrimir [izgri'mir] VI to fence
esgrouvinhado, -a [izgrovi'ɲadu, a] ADJ dishevelled
esgueirar-se [izgej'rarsi] VR to slip away, sneak off
esguelha [iz'geʎa] F slant; **olhar alguém de ~** to look at sb out of the corner of one's eye

esguichar [izgi'ʃar] VT to squirt ▶ VI to squirt out
esguicho [iʃ'giʃu] M (*jacto*) jet; (*de mangueira etc*) spout
esguio, -a [ez'giu, a] ADJ slender
eslavo, -a [iʃ'lavu, a] ADJ Slavic ▶ M/F Slav
esmaecer [izmaje'ser] VI to fade
esmagador, a [izmaga'dor(a)] ADJ crushing; (*provas*) irrefutable; (*maioria*) overwhelming
esmagar [izma'gar] VT to crush
esmaltado, -a [izmaw'tadu, a] ADJ enamelled (BRIT), enameled (US)
esmalte [iz'mawtʃi] M enamel; (*de unhas*) nail polish
esmerado, -a [izme'radu, a] ADJ careful, neat; (*bem acabado*) polished
esmeralda [izme'rawda] F emerald
esmerar-se [izme'rarsi] VR: **~ em** to take great care to
esmero [iz'mɛru] M (great) care
esmigalhar [izmiga'ʎar] VT to crumble; (*despedaçar*) to shatter; (*esmagar*) to crush; **esmigalhar-se** VR (*pão etc*) to crumble; (*vaso*) to smash, shatter
esmirrado, -a [izmi'hadu, a] ADJ (*roupa*) skimpy, tight
esmiuçar [izmju'sar] VT (*pão*) to crumble; (*examinar*) to examine in detail
esmo ['ezmu] M: **a ~** at random; **andar a ~** to walk aimlessly; **falar a ~** to prattle
esmola [iz'mɔla] F alms pl; (*col: surra*) thrashing; **pedir ~s** to beg
esmolar [izmo'lar] VT, VI: **~ (algo a alguém)** to beg (sth from sb)
esmorecer [izmore'ser] VT to discourage ▶ VI (*desanimar-se*) to lose heart
esmorecimento [izmoresi'mẽtu] M dismay, discouragement; (*enfraquecimento*) weakening
esmurrar [izmu'har] VT to punch
Esni [ez'ni] (BR) ABR F (= *Escola Nacional de Informações*) training school for intelligence services
esnobação [iznoba'sãw] F snobbishness
esnobar [izno'bar] VI to be snobbish ▶ VT: **~ alguém** to give sb the cold shoulder
esnobe [iz'nɔbi] ADJ snobbish; (*col*) stuck-up ▶ M/F snob
esnobismo [izno'bizmu] M snobbery
esôfago [e'zofagu] M oesophagus (BRIT), esophagus (US)
esotérico, -a [ezo'tɛriku, a] ADJ esoteric
esoterismo [ezote'rizmu] M New Age
espaçado, -a [ispa'sadu, a] ADJ spaced out
espaçar [ispa'sar] VT to space out; **~ visitas/saídas** etc to visit/go out etc less often
espacejamento [ispaseʃa'mẽtu] M (*Tip*) spacing; **~ proporcional** proportional spacing
espacial [ispa'sjaw] (*pl* **-ais**) ADJ spatial, space atr; **nave ~** spaceship
espaço [is'pasu] M space; (*tempo*) period; (*cultural etc*) venue; **~ para 3 pessoas** room for 3 people; **a ~s** from time to time; **sujeito a ~** (*em avião*) stand-by

espaçoso, -a [ispa'sozu, ɔza] ADJ spacious, roomy

espada [is'pada] F sword; **espadas** FPL (*Cartas*) spades; **estar entre a ~ e a parede** to be between the devil and the deep blue sea

espadachim [ispada'ʃĩ] (*pl* **-ns**) M swordsman

espadarte [ispa'dartʃi] M swordfish

espádua [is'padwa] F shoulder blade

espairecer [ispajre'ser] VT to amuse, entertain ▶ VI to relax; **espairecer-se** VR to relax

espairecimento [ispajresi'mẽtu] M recreation

espaldar [ispaw'dar] M (chair) back

espalha-brasas [ispaʎa'-] M/F INV troublemaker

espalhafato [ispaʎa'fatu] M din, commotion

espalhafatoso, -a [ispaʎafa'tozu, ɔza] ADJ (*pessoa*) loud, rowdy; (*roupa*) loud, garish

espalhar [ispa'ʎar] VT (*boato, medo*) to spread; (*luz*) to shed; **espalhar-se** VR (*fogo, boato*) to spread; (*refestelar-se*) to lounge

espanador [ispana'dor] M duster

espanar [ispa'nar] VT to dust

espancamento [ispãka'mẽtu] M beating

espancar [ispã'kar] VT to beat up

espandongado, -a [ispãdõ'gadu, a] ADJ (*no vestir*) scruffy; (*estragado*) tatty

Espanha [is'paɲa] F: **a ~** Spain

espanhol, a [ispa'ɲɔw, ɔla] (*pl* **-óis/-s**) ADJ Spanish ▶ M/F Spaniard ▶ M (*Ling*) Spanish; **os espanhóis** MPL the Spanish

espantado, -a [ispã'tadu, a] ADJ astonished; (*cor*) loud, garish

espantalho [ispã'taʎu] M scarecrow

espantar [ispã'tar] VT (*causar medo a*) to frighten; (*admirar*) to amaze, astonish; (*afugentar*) to frighten away ▶ VI to be amazing; **espantar-se** VR to be amazed; (*assustar-se*) to be frightened

espanto [is'pãtu] M (*medo*) fright, fear; (*admiração*) amazement

espantoso, -a [ispã'tozu, ɔza] ADJ amazing

esparadrapo [ispara'drapu] M (sticking) plaster (BRIT), Band-Aid® (US)

espargir [ispar'ʒir] VT (*líquido*) to sprinkle; (*flores*) to scatter; (*luz*) to shed

esparramar [ispaha'mar] VT (*líquido*) to splash; (*espalhar*) to scatter

esparso, -a [is'parsu, a] ADJ scattered; (*solto*) loose

espartano, -a [ispar'tanu, a] ADJ (*fig*) spartan

espartilho [ispar'tʃiʎu] M corset

espasmo [is'pazmu] M spasm, convulsion

espasmódico, -a [ispaz'mɔdʒiku, a] ADJ spasmodic

espatifar [ispatʃi'far] VT to smash; **espatifar-se** VR to smash; (*avião*) to crash

espavorir [ispavo'rir] VT to terrify

EsPCEx (BR) ABR F = **Escola Preparatória de Cadetes do Exército**

especial [ispe'sjaw] (*pl* **-ais**) ADJ special; **em ~** especially

especialidade [ispesjali'dadʒi] F speciality (BRIT), specialty (US); (*ramo de atividades*) specialization

especialista [ispesja'lista] M/F specialist; (*perito*) expert

especialização [ispesjaliza'sãw] (*pl* **-ões**) F specialization

especializado, -a [ispesjali'zadu, a] ADJ specialized; (*operário, mão de obra*) skilled

especializar-se [ispesjali'zarsi] VR: **~ (em)** to specialize (in)

especiaria [ispesja'ria] F spice

espécie [is'pɛsi] F (*Bio*) species; (*tipo*) sort, kind; **causar ~** to be surprising; **pagar em ~** to pay in cash

especificação [ispesifika'sãw] (*pl* **-ões**) F specification

especificar [ispesifi'kar] VT to specify

específico, -a [ispe'sifiku, a] ADJ specific

espécime [is'pɛsimi] M specimen

espécimen [is'pɛsimẽ] (*pl* **-s**) M = **espécime**

espectador, a [ispekta'dor(a)] M/F (*testemunha*) onlooker; (TV) viewer; (*Esporte*) spectator; (*Teatro*) member of the audience; **espectadores** MPL audience *sg*

espectro [is'pɛktru] M spectre (BRIT), specter (US); (*Fís*) spectrum; (*pessoa*) gaunt figure

especulação [ispekula'sãw] (*pl* **-ões**) F speculation

especulador, a [ispekula'dor(a)] ADJ speculating ▶ M/F (*na Bolsa etc*) speculator; (*explorador*) opportunist

especular [ispeku'lar] VI: **~ (sobre)** to speculate (on)

especulativo, -a [ispekula'tʃivu, a] ADJ speculative

espelhar [ispe'ʎar] VT to mirror; **espelhar-se** VR to be mirrored; **seus olhos espelham malícia, espelha-se malícia nos seus olhos** there is malice in his eyes

espelho [is'peʎu] M mirror; (*fig*) model; **~ retrovisor** (*Auto*) rear-view mirror

espelunca [ispe'lũka] (*col*) F (*bar*) dive; (*casa*) dump, hole

espera [is'pɛra] F (*demora*) wait; (*expectativa*) expectation; **à ~ de** waiting for; **à minha ~** waiting for me

espera-marido (*pl* **espera-maridos**) M (*Culin*) sweet made with burnt sugar and eggs

esperança [ispe'rãsa] F (*confiança*) hope; (*expectativa*) expectation; **dar ~s a alguém** to get sb's hopes up; **que ~!** (*col*) no chance!

esperançar [isperã'sar] VT: **~ alguém** to give sb hope

esperançoso, -a [isperã'sozu, ɔza] ADJ hopeful

esperar [ispe'rar] VT (*aguardar*) to wait for; (*desejar*) to hope for; (*contar com, bebê*) to expect ▶ VI to wait; to hope; to expect; **espero que sim/não** I hope so/not; **fazer alguém ~** to keep sb waiting; **espera aí!** hold on!; (*col: não vem*) come off it!

esperável [ispeˈravew] (pl **-eis**) ADJ expected, probable
esperma [isˈpɛrma] M sperm
espernear [isperˈnjar] VI to kick out; (protestar) to protest
espertalhão, -lhona [ispertaˈʎãw, ˈʎona] (pl **-ões/-s**) ADJ crafty, shrewd ▶ M/F shrewd operator
esperteza [isperˈteza] F cleverness; (astúcia) cunning
esperto, -a [isˈpɛrtu, a] ADJ clever; (espertalhão) crafty; (col: bacana) great
espesso, -a [isˈpesu, a] ADJ thick
espessura [ispeˈsura] F thickness
espetacular [ispetakuˈlar] ADJ spectacular
espetáculo [ispeˈtakulu] M (Teatro) show; (vista) sight; (cena ridícula) spectacle; **dar ~** to make a spectacle of o.s.; **ela/a casa é um ~** (col) she/the house is fabulous
espetada [ispeˈtada] F prick
espetar [ispeˈtar] VT (carne) to put on a spit; (cravar) to stick; **espetar-se** VR to prick o.s.; **~ algo em algo** to pin sth to sth
espetinho [ispeˈtʃiɲu] M skewer
espeto [isˈpetu] M spit; (pau) pointed stick; (fig: pessoa magra) beanpole; **ser um ~** (ser difícil) to be awkward
espevitado, -a [ispeviˈtadu, a] ADJ (fig: vivo) lively
espezinhar [ispeziˈɲar] VT to trample (on); (humilhar) to treat like dirt
espia [isˈpia] M/F spy
espiã [isˈpjã] F de **espião**
espiada [isˈpjada] F: **dar uma ~** to have a look
espião, -piã [isˈpjãw, ˈpjã] (pl **-ões/-s**) M/F spy
espiar [isˈpjar] VT (espionar) to spy on; (uma ocasião) to watch out for; (olhar) to watch ▶ VI to spy; (olhar) to peer
espicaçar [ispikaˈsar] VT to trouble, torment
espichar [ispiˈʃar] VT (couro) to stretch out; (pescoço, pernas) to stretch ▶ VI (col: crescer) to shoot up; **espichar-se** VR to stretch out
espiga [isˈpiga] F (de milho) ear
espigado, -a [ispiˈgadu, a] ADJ (milho) fully-grown; (ereto) upright
espigueiro [ispiˈgejru] M granary
espinafração [ispinafraˈsãw] (pl **-ões**) (col) F telling-off
espinafrar [ispinaˈfrar] (col) VT: **~ alguém** (repreender) to give sb a telling-off; (criticar) to get at sb; (ridicularizar) to jeer at sb
espinafre [isˈpinafri] M spinach
espingarda [ispĩˈgarda] F shotgun, rifle; **~ de ar comprimido** air rifle
espinha [isˈpiɲa] F (de peixe) bone; (na pele) spot, zit (col); (coluna vertebral) spine
espinhar [ispiˈɲar] VT (picar) to prick; (irritar) to irritate, annoy
espinheiro [ispiˈɲejru] M bramble bush
espinhento, -a [ispiˈɲẽtu, a] ADJ spotty, pimply
espinho [isˈpiɲu] M thorn; (de animal) spine; (fig: dificuldade) snag

espinhoso, -a [ispiˈɲozu, ɔza] ADJ (planta) prickly, thorny; (fig: difícil) difficult; (: problema) thorny
espinotear [ispinoˈtʃjar] VI (cavalo) to buck; (pessoa) to leap about
espiões [isˈpjõjs] MPL de **espião**
espionagem [ispjoˈnaʒẽ] F spying, espionage
espionar [ispjoˈnar] VT to spy on ▶ VI to spy, snoop
espiral [ispiˈraw] (pl **-ais**) ADJ, F spiral
espírita [isˈpirita] ADJ, M/F spiritualist
espiritismo [ispiriˈtʃizmu] M spiritualism
espírito [isˈpiritu] M spirit; (pensamento) mind; **~ de porco** wet blanket; **~ esportivo** sense of humo(u)r; **~ forte/fraco** (fig: pessoa) freethinker/sheep; **E~ Santo** Holy Spirit
espiritual [ispiriˈtwaw] (pl **-ais**) ADJ spiritual
espirituoso, -a [ispiriˈtwozu, ɔza] ADJ witty
espirrar [ispiˈhar] VI to sneeze; (jorrar) to spurt out ▶ VT (água) to spurt
espirro [isˈpihu] M sneeze
esplanada [isplaˈnada] F esplanade
esplêndido, -a [isˈplẽdʒidu, a] ADJ splendid
esplendor [isplẽˈdor] M splendour (BRIT), splendor (US)
espocar [ispoˈkar] VI to explode
espoleta [ispoˈleta] F (de arma) fuse
espoliar [ispoˈljar] VT to plunder
espólio [isˈpɔlju] M (herança) estate, property; (roubado) booty, spoils pl
esponja [isˈpõʒa] F sponge; (de pó de arroz) powder puff; (parasita) sponger; (col: ébrio) boozer
esponjoso, -a [ispõˈʒozu, ɔza] ADJ spongy
espontaneidade [ispõtaneiˈdadʒi] F spontaneity
espontâneo, -a [ispõˈtanju, a] ADJ spontaneous; (pessoa: natural) straightforward
espora [isˈpɔra] F spur
esporádico, -a [ispoˈradʒiku, a] ADJ sporadic
esporão [ispoˈrãw] (pl **-ões**) M (de galo) spur
esporear [ispoˈrjar] VT (picar) to spur on; (fig) to incite
esporões [ispoˈrõjs] MPL de **esporão**
esporte [isˈpɔrtʃi] (BR) M sport
esportista [isporˈtʃista] ADJ sporting ▶ M/F sportsman/woman
esportiva [isporˈtʃiva] F sense of humour (BRIT) ou humor (US); **perder a ~** to lose one's sense of humo(u)r
esportivo, -a [isporˈtʃivu, a] ADJ sporting
esposa [isˈpoza] F wife
esposar [ispoˈzar] VT to marry; (causa) to defend
esposo [isˈpozu] M husband
espoucar [ispoˈkar] VT = **espocar**
espraiar [ispraˈjar] VT, VI to spread; (dilatar) to expand; **espraiar-se** VR (mar) to wash across the beach; (rio) to spread out; (fig: epidemia) to spread
espreguiçadeira [ispregisaˈdejra] F deck chair; (com lugar para as pernas) lounger

espreguiçar-se [ispregi'sarsi] VR to stretch
espreita [is'prejta] F: **ficar à ~** to keep watch
espreitar [isprej'tar] VT (*espiar*) to spy on; (*observar*) to observe, watch
espremedor [ispreme'dor] M squeezer
espremer [ispre'mer] VT (*fruta*) to squeeze; (*roupa molhada*) to wring out; (*pessoas*) to squash; **espremer-se** VR (*multidão*) to be squashed together; (*uma pessoa*) to squash up
espuma [is'puma] F foam; (*de cerveja*) froth, head; (*de sabão*) lather; (*de ondas*) surf; **colchão de ~** foam mattress; **~ de borracha** foam rubber
espumante [ispu'mãtʃi] ADJ frothy, foamy; (*vinho*) sparkling
espumar [ispu'mar] VI to foam; (*fera, cachorro*) to foam at the mouth
espúrio, -a [is'purju, a] ADJ spurious, bogus
esputinique [isputʃi'niki] M satellite, sputnik
esq. ABR (= *esquerdo*) l.; = **esquina**
esq° ABR = **esquerdo**
esquadra [is'kwadra] F (*Náut*) fleet; (*PT: da polícia*) police station
esquadrão [iskwa'drãw] (*pl* **-ões**) M squadron
esquadrilha [iskwa'driʎa] F squadron
esquadrinhar [iskwadri'ɲar] VT (*casa, área*) to search, scour; (*fatos*) to scrutinize
esquadro [is'kwadru] M set square
esquadrões [iskwa'drõjs] MPL *de* **esquadrão**
esqualidez [iskwali'des] F squalor
esquálido, -a [is'kwalidu, a] ADJ squalid, filthy
esquartejar [iskwarte'ʒar] VT to quarter
esquecer [iske'ser] VT, VI to forget; **esquecer-se** VR: **~-se de** to forget; **~-se de fazer algo** to forget to do sth; **~-se (de) que ...** to forget that ...
esquecido, -a [iske'sidu, a] ADJ forgotten; (*pessoa*) forgetful
esquecimento [iskesi'mẽtu] M (*falta de memória*) forgetfulness; (*olvido*) oblivion; **cair no ~** to fall into oblivion
esquelético, -a [iske'lɛtʃiku, a] ADJ (*Anat*) skeletal; (*pessoa*) scrawny
esqueleto [iske'letu] M skeleton; (*arcabouço*) framework; **ser um ~** (*fig: pessoa*) to be just skin and bone
esquema [is'kɛma] M (*resumo*) outline; (*plano*) scheme; (*diagrama*) diagram, plan; **~ de segurança** security operation
esquemático, -a [iske'matʃiku, a] ADJ schematic
esquematizar [iskematʃi'zar] VT to represent schematically; (*planejar*) to plan
esquentado, -a [iskẽ'tadu, a] ADJ (*fig: irritado*) annoyed; (: *irritadiço*) irritable
esquentar [iskẽ'tar] VT to heat (up), warm (up); (*fig: irritar*) to annoy ▶ VI to warm up; (*casaco*) to be warm; **esquentar-se** VR to get annoyed; **~ a cabeça** (*col*) to get worked up; **não esquenta!** don't worry!
esquerda [is'kerda] F (*tb Pol*) left; **à ~** on the left; **dobrar à ~** to turn left; **políticos de ~** left-wing politicians; **a ~ festiva** the trendy left
esquerdista [isker'dʃista] ADJ left-wing ▶ M/F left-winger
esquerdo, -a [is'kerdu, a] ADJ left
esquete [is'kɛtʃi] M (*Teatro, TV*) sketch
esqui [is'ki] M (*patim*) ski; (*esporte*) skiing; **~ aquático** water skiing; **fazer ~** to go skiing
esquiador, a [iskja'dor(a)] M/F skier
esquiar [is'kjar] VI to ski
esquilo [is'kilu] M squirrel
esquina [is'kina] F corner; **fazer ~ com** to join
esquisitão, -ona [iskizi'tãw, ɔna] (*pl* **-ões/-s**) ADJ odd, peculiar
esquisitice [iskizi'tʃisi] F oddity, peculiarity; (*ato, dito*) strange thing
esquisito, -a [iski'zitu, a] ADJ strange, odd
esquisitões [iskizi'tõjs] MPL *de* **esquisitão**
esquisitona [iskizi'tɔna] F *de* **esquisitão**
esquiva [is'kiva] F dodge
esquivar-se [iski'varsi] VR: **~ de** to escape from, get away from; (*deveres*) to get out of
esquivo, -a [is'kivu, a] ADJ aloof, standoffish
esquizofrenia [iskizofre'nia] F schizophrenia
esquizofrênico, -a [iskizo'freniku, a] ADJ, M/F schizophrenic
essa ['ɛsa] PRON: **~ é/foi boa** that is/was a good one; **~ não, sem ~** come off it!; **vamos n~** let's go!; **ainda mais ~!** that's all I need!; **corta ~!** cut it out!; **gostei d~!** I like that; **estou n~** count me in, I'm game; **por ~s e outras** for these and other reasons; **~ de fazer ...** this business of doing ...
esse ['esi] ADJ (*sg*) that; (*pl*) those; (BR: *este: sg*) this; (: *pl*) these ▶ PRON (*sg*) that one; (*pl*) those (ones); (BR: *este: sg*) this one; (: *pl*) these (ones)
essência [e'sẽsja] F essence
essencial [esẽ'sjaw] (*pl* **-ais**) ADJ essential; (*principal*) main ▶ M: **o ~** the main thing
Est. ABR (= *Estação*) Stn.; (= *Estrada*) Rd
esta ['ɛsta] F *de* **este²**
estabanado, -a [istaba'nadu, a] ADJ clumsy
estabelecer [istabele'ser] VT to establish; (*fundar*) to set up; **estabelecer-se** VR to establish o.s., set o.s. up; **estabeleceu-se que ...** it was established that ...; **o governo estabeleceu que ...** the government decided that ...
estabelecimento [istabelesi'mẽtu] M establishment; (*casa comercial*) business
estabilidade [istabili'dadʒi] F stability
estabilização [istabiliza'sãw] F stabilization
estabilizar [istabili'zar] VT to stabilize; **estabilizar-se** VR to stabilize
estábulo [is'tabulu] M cow-shed
estaca [is'taka] F post, stake; (*de barraca*) peg; **voltar à ~ zero** to go back to square one
estacada [ista'kada] F (*defensiva*) stockade; (*fileira de estacas*) fencing

estação [ista'sãw] (*pl* **-ões**) F station; (*do ano*) season; **~ de águas** spa; **~ balneária** seaside resort; **~ emissora** broadcasting station

estacar [ista'kar] VT to prop up ▶ VI to stop short, halt

estacionamento [istasjona'mẽtu] M (*ato*) parking; (*lugar*) car park (BRIT), parking lot (US)

estacionar [istasjo'nar] VT to park ▶ VI to park; (*não mover*) to remain stationary

estacionário, -a [istasjo'narju, a] ADJ (*veículo*) stationary; (*Com*) slack

estações [ista'sõjs] FPL *de* **estação**

estada [is'tada] F stay

estadia [ista'dʒia] F = **estada**

estádio [is'tadʒu] M stadium

estadista [ista'dʒista] M/F statesman/woman

estado [i'stadu] M state; **E-s Unidos (da América)** United States (of America), USA; **~ civil** marital status; **~ de espírito** state of mind; **~ de saúde** condition; **~ maior** staff; **em bom ~** in good condition; **estar em ~ interessante** to be expecting; **estar em ~ de fazer** to be in a position to do

estadual [ista'dwaw] (*pl* **-ais**) ADJ state *atr*

estadunidense [istaduni'dẽsi] ADJ (North) American, US *atr*

estafa [is'tafa] F fatigue; (*esgotamento*) nervous exhaustion

estafante [ista'fãtʃi] ADJ exhausting

estafar [ista'far] VT to tire out, fatigue; **estafar-se** VR to tire o.s. out

estafermo [ista'fermu] (PT) M scarecrow; (*col*) nincompoop

estagiar [ista'ʒjar] VI (*empregado*) to work as a trainee, do a traineeship; (*estudante*) to work as an intern, do an internship

estagiário, -a [ista'ʒjarju, a] M/F (*empregado*) trainee; (*estudante*) intern; (*professor*) student teacher; (*médico*) junior doctor

estágio [is'taʒu] M (*aprendizado: de empregado*) traineeship; (: *de estudante*) internship; (*fase*) stage

estagnação [istagna'sãw] F stagnation

estagnado, -a [istag'nadu, a] ADJ stagnant

estagnar [istag'nar] VT to make stagnant; (*país*) to bring to a standstill ▶ VI to stagnate; **estagnar-se** VR to stagnate

estalagem [ista'laʒẽ] (*pl* **-ns**) F inn

estalar [ista'lar] VT (*quebrar*) to break; (*os dedos*) to snap ▶ VI (*fender-se*) to split, crack; (*crepitar*) to crackle; **estou estalando de dor de cabeça** I've got a splitting headache

estaleiro [ista'lejru] M shipyard

estalido [ista'lidu] M pop

estalo [is'talu] M (*do chicote*) crack; (*dos dedos*) snap; (*dos lábios*) smack; (*de foguete*) bang; **~ de trovão** thunderclap; **de ~** suddenly; **me deu um ~** it clicked, the penny dropped

estampa [is'tãpa] F (*figura impressa*) print; (*ilustração*) picture; **ter uma bela ~** (*fig*) to be beautiful

estampado, -a [istã'padu, a] ADJ printed ▶ M (*tecido*) print; (*num tecido*) pattern; **sua angústia estava estampada no rosto** his anxiety was written on his face

estampar [istã'par] VT (*imprimir*) to print; (*marcar*) to stamp

estamparia [istãpa'ria] F (*oficina*) print shop; (*tecido, figura*) print

estampido [istã'pidu] M bang

estancar [istã'kar] VT (*sangue, água*) to staunch; (*fazer cessar*) to stop; **estancar-se** VR (*parar*) to stop

estância [is'tãsja] F (*fazenda*) ranch, farm; (*versos*) stanza; **~ hidromineral** spa resort

estandardizar [istãdardʒi'zar] VT to standardize

estandarte [istã'dartʃi] M standard, banner

estande [is'tãdʒi] M stand

estanho [is'taɲu] M (*metal*) tin

estanque [is'tãki] ADJ watertight

estante [is'tãtʃi] F (*armário*) bookcase; (*suporte*) stand

estapafúrdio, -a [istapa'furdʒu, a] ADJ outlandish, odd

(PALAVRA-CHAVE)

estar [is'tar] VI **1** (*lugar*) to be; (*em casa*) to be in; (*no telefone*) **: a Lúcia está? — não, ela não está** is Lúcia there? — no, she's not in

2 (*estado*) to be; **estar doente** to be ill; **estar bem** (*de saúde*) to be well; (*financeiramente*) to be well off; **estar calor/frio** to be hot/cold; **estar com fome/sede/medo** to be hungry/thirsty/afraid

3 (*ação contínua*): **estar fazendo** (BR) *ou* **a fazer** (PT) to be doing

4 (+ *pp: como adj*): **estar sentado/cansado** to be sitting down/tired

5 (+ *pp: uso passivo*): **está condenado à morte** he's been condemned to death; **o livro está emprestado** the book's been borrowed

6: **estar de férias/licença** to be on holiday (BRIT) *ou* vacation (US)/leave; **ela estava de chapéu** she had a hat on, she was wearing a hat

7: **estar para fazer** to be about to do; **ele está para chegar a qualquer momento** he'll be here any minute; **não estar para conversas** not to be in the mood for talking

8: **estar por fazer** to be still to be done

9: **estar sem dinheiro** to have no money; **estar sem dormir** not to have slept; **estou sem dormir há três dias** I haven't slept for three days; **está sem terminar** it isn't finished yet

10 (*frases*): **tá (bem)** (*col*) OK; **estar bem com** to be on good terms with

---

estardalhaço [istarda'ʎasu] M fuss; (*ostentação*) ostentation

estarrecer [istahe'ser] VT to petrify ▶ VI to be petrified

estas ['ɛstas] FPL *de* **este²**

estatal [ista'taw] (*pl* **-ais**) ADJ nationalized, state-owned ▶ F state-owned company
estatelado, -a [istate'ladu, a] ADJ (*cair*) sprawling
estatelar [istate'lar] VT to send sprawling; (*estarrecer*) to stun; **estatelar-se** VR (*cair*) to go sprawling
estática [is'tatʃika] F (*Tec*) static
estático, -a [is'tatʃiku, a] ADJ static
estatística [ista'tʃistʃika] F statistic; (*ciência*) statistics *sg*
estatístico, -a [ista'tʃistʃiku, a] ADJ statistical
estatização [istatʃiza'sãw] (*pl* **-ões**) F nationalization
estatizar [istatʃi'zar] VT to nationalize
estátua [is'tatwa] F statue
estatueta [ista'tweta] F statuette
estatura [ista'tura] F stature
estatuto [ista'tutu] M (*Jur*) statute; (*de cidade*) bye-law; (*de associação*) rule; **~s sociais** *ou* **da empresa** (*Com*) articles of association
estável [is'tavew] (*pl* **-eis**) ADJ stable
este¹ ['ɛstʃi] M east ▶ ADJ INV (*região*) eastern; (*vento, direção*) easterly
este², esta ['estʃi, 'esta] ADJ (*sg*) this; (*pl*) these ▶ PRON this one; (*pl*) these; (*a quem/que se referiu por último*) the latter; **esta noite** (*noite passada*) last night; (*noite de hoje*) tonight
esteio [is'teju] M prop, support; (*Náut*) stay
esteira [is'tejra] F mat; (*de navio*) wake; (*rumo*) path
esteja *etc* [is'teʒa] VB *ver* **estar**
estelionato [isteljo'natu] M fraud
estêncil [is'tẽsiw] (*pl* **-eis**) M stencil
estender [istẽ'der] VT to extend; (*mapa*) to spread out; (*pernas*) to stretch; (*massa*) to roll out; (*conversa*) to draw out; (*corda*) to pull tight; (*roupa molhada*) to hang out; **estender-se** VR (*no chão*) to lie down; (*fila, terreno*) to stretch, extend; **~-se sobre algo** to dwell on sth, expand on sth; **esta lei estende-se a todos** this law applies to all; **o conferencista estendeu-se demais** the speaker went on too long; **~ a mão** to hold out one's hand; **~ uma cadeira para alguém** to offer sb a chair; **~ uma crítica a todos** to extend a criticism to everyone
estenodatilógrafo, -a [istenodatʃi'lɔgrafu, a] M/F shorthand typist (BRIT), stenographer (US)
estenografar [istenogra'far] VT to write in shorthand
estenografia [istenogra'fia] F shorthand
estepe [is'tɛpi] M spare wheel
esterco [is'terku] M manure, dung
estéreis [is'tɛrejs] ADJ PL *de* **estéril**
estereo... [isterju] PREFIXO stereo...
estereofônico, -a [isterjo'foniku, a] ADJ stereo(phonic)
estereotipado, -a [isterjotʃi'padu, a] ADJ stereotypical
estereotipar [isterjotʃi'par] VT to stereotype
estereótipo [iste'rjɔtʃipu] M stereotype

569 | **estatal – estimar**

estéril [is'tɛriw] (*pl* **-eis**) ADJ sterile; (*terra*) infertile; (*fig*) futile
esterilidade [isterili'dadʒi] F sterility; (*de terra*) infertility; (*escassez*) dearth
esterilização [isteriliza'sãw] F sterilization
esterilizar [isterili'zar] VT to sterilize
esterlino, -a [ister'linu, a] ADJ sterling ▶ M sterling; **libra esterlina** pound sterling
esteroide [iste'rɔjdʒi] M steroid
esteta [is'tɛta] M/F aesthete (BRIT), esthete (US)
estética [is'tɛtʃika] F aesthetics *sg* (BRIT), esthetics *sg* (US)
esteticista [istetʃi'sista] M/F beautician
estético, -a [is'tɛtʃiku, a] ADJ aesthetic (BRIT), esthetic (US)
estetoscópio [isteto'skɔpju] M stethoscope
esteve [is'tevi] VB *ver* **estar**
estiagem [is'tʃjaʒẽ] (*pl* **-ns**) F (*depois da chuva*) calm after the storm; (*falta de chuva*) dry spell
estiar [is'tʃjar] VI (*não chover*) to stop raining; (*o tempo*) to clear up
estibordo [istʃi'bɔrdu] M starboard
esticada [istʃi'kada] F: **dar uma ~** (*esticar-se*) to stretch, have a stretch; **dar uma ~ numa boate** (*col*) to go on to a nightclub
esticar [istʃi'kar] VT (*uma corda*) to stretch, tighten; (*a perna*) to stretch; **esticar-se** VR to stretch out; **~ as canelas** (*col*) to pop one's clogs, kick the bucket; **depois da festa esticamos numa boate** (*col*) after the party we went on to a nightclub
estigma [is'tʃigima] M (*marca*) mark, scar; (*fig*) stigma
estigmatizar [istʃigimatʃi'zar] VT to brand; **~ alguém de algo** to brand sb (as) sth
estilhaçar [istʃiʎa'sar] VT to splinter; (*despedaçar*) to shatter; **estilhaçar-se** VR to shatter
estilhaço [istʃi'ʎasu] M fragment; (*de pedra*) chip; (*de madeira, metal*) splinter
estilista [istʃi'lista] M/F stylist; (*de moda*) designer
estilística [istʃi'listʃika] F stylistics *sg*
estilístico, -a [istʃi'listʃiku, a] ADJ stylistic
estilizar [istʃili'zar] VT to stylize
estilo [is'tʃilu] M style; (*Tec*) stylus; **~ de vida** way of life; **móveis de ~** stylish furniture; **o vestido não é do meu ~** *ou* **não faz o meu ~** the dress isn't my style
estima [is'tʃima] F esteem; (*afeto*) affection; **ter ~ a** to have a high regard for
estimação [istʃima'sãw] F: ... **de ~** favourite (BRIT) ..., favorite (US) ...
estimado, -a [istʃi'madu, a] ADJ respected; (*em cartas*): **E~ Senhor** Dear Sir
estimar [istʃi'mar] VT (*apreciar*) to appreciate; (*avaliar*) to value; (*ter estima a*) to have a high regard for; (*calcular aproximadamente*) to estimate; **estimar-se** VR: **eles se estimam muito** they have a high regard for one another; **estima-se o número de ouvintes em 3 milhões** the number of listeners is estimated to be 3 million; **~ em** (*avaliar*) to

value at; (*população*) to estimate to be; **estimo que você tenha exito** I wish you success

estimativa [istʃima'tʃiva] F estimate; **fazer uma ~ de algo** to estimate sth; **~ de custo** estimate, costing

estimável [istʃi'mavew] (*pl* **-eis**) ADJ (*digno de estima*) decent; **prejuízo ~ em 3 milhões** loss estimated at 3 million

estimulação [istʃimula'sãw] F stimulation

estimulante [istʃimu'lãtʃi] ADJ stimulating ▶ M stimulant

estimular [istʃimu'lar] VT to stimulate; (*incentivar*) to encourage; **~ alguém a fazer algo** to encourage sb to do sth

estímulo [is'tʃimulu] M stimulus; (*ânimo*) encouragement; **falta de ~** lack of incentive; **ele não tem ~ para nada no momento** he has got no incentive to do anything at the moment

estio [is'tʃiu] M summer

estipêndio [istʃi'pēdʒu] M pay

estipulação [istʃipula'sãw] (*pl* **-ões**) F stipulation, condition

estipular [istʃipu'lar] VT to stipulate

estirar [istʃi'rar] VT to stretch (out); **estirar-se** VR to stretch

estirpe [is'tʃirpi] F stock, lineage

estivador, a [istʃiva'dor(a)] M/F docker

estive *etc* [is'tʃivi] VB *ver* **estar**

estocada [isto'kada] F stab, thrust

estocado, -a [isto'kadu, a] ADJ (*Com*) in stock

estocagem [isto'kaʒē] F (*estocar*) stockpiling; (*estoque*) stock

estocar [isto'kar] VT to stock

Estocolmo [isto'kowmu] N Stockholm

estofador, a [istofa'dor(a)] M/F upholsterer

estofar [isto'far] VT to upholster; (*acolchoar*) to pad, stuff

estofo [is'tofu] M (*tecido*) material; (*para acolchoar*) padding, stuffing

estoico, -a [is'tɔjku, a] ADJ stoic(al) ▶ M/F stoic

estojo [is'toʒu] M case; **~ de ferramentas** tool kit; **~ de óculos** glasses case; **~ de tintas** paintbox; **~ de unhas** manicure set

estola [is'tɔla] F stole

estólido, -a [is'tɔlidu, a] ADJ stupid

estômago [is'tomagu] M stomach; **ter ~ para (fazer) algo** to be up to (doing) sth; **estar com o ~ embrulhado** to have an upset stomach; **forrar o ~** to have a little bite to eat

Estônia [is'tonja] F: **a ~** Estonia

estoniano, -a [isto'njanu, a] ADJ, M/F Estonian

estonteante [istõ'tʃjãtʃi] ADJ stunning

estontear [istõ'tʃjar] VT to stun, daze

estoque [is'tɔki] M (*Com*) stock; **em ~** in stock

estore [is'tɔri] M blind

estória [is'tɔrja] F story

estorninho [istor'niɲu] M starling

estorricar [istohi'kar] VT, VI = **esturricar**

estorvar [istor'var] VT to hinder, obstruct; (*fig: importunar*) to bother, disturb; **~ alguém de fazer** to prevent sb from doing

estorvo [is'torvu] M hindrance, obstacle; (*amolação*) bother, nuisance

estourado, -a [isto'radu, a] ADJ (*temperamental*) explosive; (*col: cansado*) knackered, worn out

estoura-peito [istora'-] (*pl* **estoura-peitos**) (*col*) M strong cigarette

estourar [isto'rar] VI to explode; (*pneu*) to burst; (*escândalo*) to blow up; (*guerra*) to break out; (BR: *chegar*) to turn up, arrive; **~ (com alguém)** (*zangar-se*) to blow up (at sb); **estou estourando de dor de cabeça** I've got a splitting headache; **eu devo chegar às 9.00, estourando, 9 e meia** I should get there at 9 o'clock, or 9.30 at the latest

estouro [is'toru] M explosion; **ser um ~** (*col*) to be great; **dar o ~** (*fig: zangar-se*) to blow up, blow one's top

estouvado, -a [isto'vadu, a] ADJ rash, foolhardy

estrábico, -a [is'trabiku, a] ADJ cross-eyed

estrabismo [istra'bizmu] M squint

estraçalhar [istrasa'ʎar] VT (*livro, objeto*) to pull to pieces; (*pessoa*) to tear to pieces; **estraçalhar-se** VR to mutilate one another

estrada [is'trada] F road; **~ de contorno** ring road (BRIT), beltway (US); **~ de ferro** (BR) railway (BRIT), railroad (US); **~ de terra** dirt road; **~ principal** main road (BRIT), state highway (US); **~ secundária** minor road

estrado [is'tradu] M (*tablado*) platform; (*de cama*) base

estragado, -a [istra'gadu, a] ADJ ruined, wrecked; (*saúde*) ruined; (*fruta*) rotten; (*muito mimado*) spoiled, spoilt (BRIT)

estragão [istra'gãw] M tarragon

estraga-prazeres [istraga-] M/F INV spoilsport

estragar [istra'gar] VT to spoil; (*arruinar*) to ruin, wreck; (*desperdiçar*) to waste; (*saúde*) to damage; (*mimar*) to spoil

estrago [is'tragu] M (*destruição*) destruction; (*desperdício*) waste; (*dano*) damage; **os ~s da guerra** the ravages of war

estrangeiro, -a [istrã'ʒejru, a] ADJ foreign ▶ M/F foreigner; **no ~** abroad

estrangulação [istrãgula'sãw] F strangulation

estrangulador [istrãgula'dor] M strangler

estrangular [istrãgu'lar] VT to strangle; **esta suéter está me estrangulando** this sweater is too tight for me

estranhar [istra'ɲar] VT (*surpreender-se de*) to be surprised at; (*achar estranho*): **~ algo** to find sth strange; **estranhei o clima** the climate did not agree with me; **minha filha estranhou a visita/a cama nova** my daughter was shy with the visitor/found it hard to get used to the new bed; **não é de se ~** it's not surprising; **você não quer um**

chocolate? — **estou te estranhando** you don't want a chocolate? — that's not like you

estranho, -a [iʃ'traɲu, a] ADJ strange, odd; (*influências*) outside ▶ M/F (*desconhecido*) stranger; (*de fora*) outsider; **o nome não me é ~** the name rings a bell

Estrasburgo [iʃtraz'burgu] N Strasbourg

estratagema [iʃtrata'ʒɛma] M (*Mil*) stratagem; (*ardil*) trick

estratégia [iʃtra'tɛʒa] F strategy

estratégico, -a [iʃtra'tɛʒiku, a] ADJ strategic

estratificar-se [iʃtratʃifi'karsi] VR (*fig: ideias, opiniões*) to become entrenched

estrato [iʃ'tratu] M layer, stratum

estratosfera [iʃtratoʃ'fɛra] F stratosphere

estreante [iʃ'trjātʃi] ADJ new ▶ M/F newcomer

estrear [iʃ'trjar] VT (*vestido*) to wear for the first time; (*peça de teatro*) to perform for the first time; (*veículo*) to use for the first time; (*filme*) to show for the first time, première; (*iniciar*): **~ uma carreira** to embark on *ou* begin a career ▶ VI (*ator, jogador*) to make one's first appearance; (*filme, peça*) to open

estrebaria [iʃtreba'ria] F stable

estrebuchar [iʃtrebu'ʃar] VI to struggle; (*ao morrer*) to shake (in death throes)

estreia [iʃ'treja] F (*de artista*) debut; (*de uma peça*) first night; (*de um filme*) première, opening; **é a ~ do meu carro** it's the first time I've used my car

estreitamento [iʃtrejta'mētu] M (*diminuição*) narrowing; (*aperto*) tightening; (*de relações*) strengthening

estreitar [iʃtrej'tar] VT (*reduzir*) to narrow; (*roupa*) to take in; (*abraçar*) to hug; (*laços de amizade*) to strengthen ▶ VI (*estrada*) to narrow; **estreitar-se** VR (*laços de amizade*) to deepen

estreiteza [iʃtrej'teza] F narrowness; (*de regulamento*) strictness; **~ de pontos de vista** narrow-mindedness

estreito, -a [iʃ'trejtu, a] ADJ narrow; (*saia*) straight; (*vínculo, relação*) close; (*medida*) strict ▶ M strait; **ter convivência estreita com alguém** to live at close quarters with sb

estrela [iʃ'trela] F star; **~ cadente** falling star; **~ de cinema** film (BRIT) *ou* movie (US) star; **ter boa ~** to be lucky

estrelado, -a [iʃtre'ladu, a] ADJ (*céu*) starry; (*ovo*) fried; **um filme ~ por Marilyn Monroe** a film starring Marilyn Monroe

estrela-do-mar (*pl* **estrelas-do-mar**) F starfish

estrelar [iʃtre'lar] VT (PT: *ovos*) to fry; (*filme, peça*) to star in; **estrelar-se** VR (*céu*) to fill with stars

estrelato [iʃtre'latu] M: **o ~** stardom

estrelinha [iʃtre'liɲa] F (*fogo de artifício*) sparkler

estrelismo [iʃtre'lizmu] M star quality

estremadura [iʃtrema'dura] F frontier

estremecer [iʃtreme'ser] VT (*sacudir*) to shake; (*amizade*) to strain; (*fazer tremer*): **~ alguém** to make sb shudder ▶ VI (*vibrar*) to shake; (*tremer*) to tremble; (*horrorizar-se*) to shudder; (*amizade*) to be strained; **ela estremeceu de susto, o susto estremeceu-a** the fright made her jump

estremecido, -a [iʃtreme'sidu, a] ADJ (*sacudido*) shaken; (*sobressaltado*) startled; (*amizade*) strained

estremecimento [iʃtremesi'mētu] M (*sacudida*) shaking, trembling; (*tremor*) tremor; (*numa amizade*) tension

estremunhado, -a [iʃtremu'ɲadu, a] ADJ half-asleep

estrepar-se [iʃtre'parsi] VR (*fig*) to come unstuck

estrepe [iʃ'trɛpi] (*col*) M (*mulher*) dog

estrépito [iʃ'trɛpitu] M din, racket; **com ~** with a lot of noise, noisily; **fazer ~** to make a din

estrepitoso, -a [iʃtrepi'tozu, ɔza] ADJ noisy, rowdy; (*fig*) sensational

estressante [iʃtre'sātʃi] ADJ stressful

estressar [iʃtre'sar] VT to stress

estresse [iʃ'trɛsi] M stress

estria [iʃ'tria] F groove; (*na pele*) stretch mark

estribar [iʃtri'bar] VT to base; **estribar-se** VR: **~-se em** to be based on

estribeira [iʃtri'bejra] F: **perder as ~s** (*col*) to fly off the handle, lose one's temper

estribilho [iʃtri'biʎu] M (*Mús*) chorus

estribo [iʃ'tribu] M (*de cavalo*) stirrup; (*degrau*) step; (*fig: apoio*) support

estricnina [iʃtrik'nina] F strychnine

estridente [iʃtri'dētʃi] ADJ shrill, piercing

estrilar [iʃtri'lar] (*col*) VI (*zangar-se*) to get mad; (*reclamar*) to moan

estrilo [iʃ'trilu] M: **dar um ~** to blow one's top

estripulia [iʃtripu'lia] F prank

estrito, -a [iʃ'tritu, a] ADJ (*rigoroso*) strict; (*restrito*) restricted; **no sentido ~ da palavra** in the strict sense of the word

estrofe [iʃ'trɔfi] F stanza

estrogonofe [iʃtrogo'nɔfi] M (*Culin*) stroganoff

estrompado, -a [iʃtrõ'padu, a] ADJ worn out; (*pessoa*) exhausted

estrondar [iʃtrõ'dar] VI to boom; (*fig*) to resound

estrondo [iʃ'trõdu] M (*de trovão*) rumble; (*de armas*) din; **~ sônico** sonic boom

estrondoso, -a [iʃtrõ'dozu, ɔza] ADJ (*ovação*) tumultuous, thunderous; (*sucesso*) resounding; (*notícia*) sensational

estropiar [iʃtro'pjar] VT (*aleijar*) to maim, cripple; (*fatigar*) to wear out, exhaust; (*texto*) to mutilate; (*pronunciar mal*) to mispronounce

estrumar [iʃtru'mar] VT to spread manure on

estrume [iʃ'trumi] M manure

estrutura [iʃtru'tura] F structure; (*armação*) framework; (*de edifício*) fabric

estrutural [istrutu'raw] (*pl* **-ais**) ADJ structural

estruturalismo [istrutura'lizmu] M structuralism

estruturar [istrutu'rar] VT to structure

estuário [istu'arju] M estuary

estudado, -a [istu'dadu, a] ADJ (*fig*) studied, affected

estudantada [istudã'tada] F students *pl*

estudante [istu'dãtʃi] M/F student

estudantil [istudã'tʃiw] (*pl* **-is**) ADJ student *atr*

estudar [istu'dar] VT, VI to study

estúdio [is'tudʒu] M studio

estudioso, -a [istudʒozu, ɔza] ADJ studious ▶ M/F student

estudo [is'tudu] M study; **~ de caso** case study; **~ de viabilidade** feasibility study

estufa [is'tufa] F (*fogão*) stove; (*de plantas*) greenhouse; (*de fogão*) plate warmer; **efeito ~** greenhouse effect; **este quarto é uma ~** this room is like an oven

estufado [istu'fadu] (PT) M stew

estufar [istu'far] VT (*peito*) to puff up; (*almofada*) to stuff

estulto, -a [is'tuwtu, a] ADJ foolish, silly

estupefação [istupefa'sãw] F amazement, astonishment

estupefato, -a [istupe'fatu, a], (PT) **estupefacto** ADJ dumbfounded; **ele me olhou ~** he looked at me in astonishment

estupendo, -a [istu'pẽdu, a] ADJ wonderful; (*col*) fantastic, terrific

estupidamente [istupida'mẽtʃi] ADV stupidly; **uma cerveja ~ gelada** (*col*) an ice-cold beer

estupidez [istupi'dez] F stupidity; (*ato, dito*) stupid thing; (*grosseria*) rudeness; **que ~!** what a stupid thing to do! (*ou* to say!)

estúpido, -a [is'tupidu, a] ADJ stupid; (*grosseiro*) rude, churlish ▶ M/F idiot; (*grosseiro*) oaf; **calor ~** incredible heat

estupor [istu'por] M stupor; (*fig: pessoa de mau caráter*) bad lot; (: *pessoa feia*) fright

estuporado, -a [istupo'radu, a] ADJ (*estragado*) ruined; (*cansado*) tired out; (*ferido*) seriously injured

estuporar-se [istupo'rarsi] (*col*) VR (*num acidente*) to be seriously injured

estuprador [istupra'dor] M rapist

estuprar [istu'prar] VT to rape

estupro [is'tupru] M rape

estuque [is'tuki] M stucco; (*massa*) plaster

esturricado, -a [istuhi'kadu, a] ADJ (*seco*) shrivelled, dried out; (*roupa*) skimpy, tight

esturricar [istuhi'kar] VT, VI to shrivel, dry out

esvaecer-se [izvaje'sersi] VR to fade away, vanish

esvair-se [izva'jirsi] VR to vanish, disappear; **~ em sangue** to lose a lot of blood

esvaziamento [izvazja'mẽtu] M emptying

esvaziar [izva'zjar] VT to empty; **esvaziar-se** VR to empty

esverdeado, -a [izver'dʒjado, a] ADJ greenish

esvoaçante [izvwa'sãtʃi] ADJ billowing

esvoaçar [izvoa'sar] VI to flutter

ETA ABR M (= *Euskadi Ta Askatasuna*) ETA

eta ['ɛta] (*col*) EXCL: **~ filme chato!** what a boring film!; **~ ferro!** gosh!

etapa [e'tapa] F (*fase*) stage; **por ~s** in stages

etário, -a [e'tarju, a] ADJ age *atr*

etc. ABR (= *et cetera*) etc

éter ['ɛter] M ether

eternidade [eterni'dadʒi] F eternity

eternizar [eterni'zar] VT (*fazer eterno*) to make eternal; (*nome, pessoa*) to immortalize; (*discussão, processo*) to drag out; **eternizar-se** VR to be immortalized; to drag on

eterno, -a [e'ternu, a] ADJ eternal

ética ['ɛtʃika] F ethics *pl*

ético, -a ['ɛtʃiku, a] ADJ ethical

etimologia [etʃimolo'ʒia] F etymology

etíope [e'tʃiopi] ADJ, M/F Ethiopian

Etiópia [e'tʃjɔpja] F: **a ~** Ethiopia

etiqueta [etʃi'keta] F (*maneiras*) etiquette; (*rótulo, em roupa*) label; (*que se amarra*) tag; **~ adesiva** adhesive *ou* stick-on label

etiquetar [etʃike'tar] VT to label

étnico, -a ['ɛtʃniku, a] ADJ ethnic

etnocêntrico, -a [etʃno'sẽtriku, a] ADJ ethnocentric

etnografia [etʃnogra'fia] F ethnography

etnologia [etʃnolo'ʒia] F ethnology

etos ['etus] M INV ethos

eu [ew] PRON I ▶ M self; **sou eu** it's me; **eu mesmo** I myself; **eu, hein?** I don't know ... (how strange!)

EUA ABR MPL (= *Estados Unidos da América*) USA; **nos ~** in the USA

eucalipto [ewka'liptu] M eucalyptus

eucaristia [ewkaris'tʃia] F Holy Communion

eufemismo [ewfe'mizmu] M euphemism

eufonia [ewfo'nia] F euphony

euforia [ewfo'ria] F euphoria

eunuco [ew'nuku] M eunuch

euro ['ewru] M (*moeda*) euro

Europa [ew'rɔpa] F: **a ~** Europe

europeia [euro'peja] F *de* **europeu**

europeizar [ewropeji'zar] VT to Europeanize; **europeizar-se** VR to become Europeanized

europeu, -peia [ewro'peu, 'pɛja] ADJ, M/F European

eutanásia [ewta'nazja] F euthanasia

evacuação [evakwa'sãw] (*pl* **-ões**) F evacuation

evacuar [eva'kwar] VT to evacuate; (*sair de*) to leave; (*Med*) to discharge ▶ VI to defecate

evadir [eva'dʒir] VT to evade; (*col*) to dodge; **evadir-se** VR to escape

evanescente [evane'sẽtʃi] ADJ fading, vanishing

evangelho [evã'ʒeʎu] M gospel

evangélico, -a [evã'ʒɛliku, a] ADJ evangelical ▶ M/F born-again Christian

evaporação [evapora'sãw] F evaporation

evaporar [evapo'rar] VT, VI to evaporate; **evaporar-se** VR to evaporate; *(desaparecer)* to vanish
evasão [eva'zāw] *(pl* **-ões)** F escape, flight; *(fig)* evasion; **~ de impostos** tax avoidance
evasê [eva'ze] ADJ *(saia)* flared
evasiva [eva'ziva] F excuse
evasivo, -a [eva'zivu, a] ADJ evasive
evasões [eva'zōjs] FPL *de* **evasão**
evento [e'vētu] M *(acontecimento)* event; *(eventualidade)* eventuality
eventual [evē'tuaw] *(pl* **-ais)** ADJ fortuitous, accidental
eventualidade [evētwali'dadʒi] F eventuality
evicção [evik'sāw] *(pl* **-ões)** F *(Jur)* eviction
evidência [evi'dēsja] F evidence, proof
evidenciar [evidē'sjar] VT *(comprovar)* to prove; *(mostrar)* to show; **evidenciar-se** VR to be evident, be obvious
evidente [evi'dētʃi] ADJ obvious, evident
evitar [evi'tar] VT to avoid; **~ de fazer algo** to avoid doing sth
evitável [evi'tavew] *(pl* **-eis)** ADJ avoidable
evocação [evoka'sāw] *(pl* **-ões)** F evocation; *(de espíritos)* invocation
evocar [evo'kar] VT to evoke; *(espíritos)* to invoke
evolução [evolu'sāw] *(pl* **-ões)** F *(desenvolvimento)* development; *(Mil)* manoeuvre (BRIT), maneuver (US); *(movimento)* movement; *(Bio)* evolution
evoluído, -a [evo'lwidu, a] ADJ advanced; *(pessoa)* broad-minded
evoluir [evo'lwir] VI to evolve; **~ para** to evolve into; **ela não evoluiu com os tempos** she hasn't moved with the times
ex- [es-, ez-] PREFIXO ex-, former
Ex.ª ABR = **excelência**
exacerbação [ezaserba'sāw] F worsening; *(exasperação)* irritation
exacerbante [ezaser'bātʃi] ADJ exacerbating
exacerbar [ezaser'bar] VT *(irritar)* to irritate, annoy; *(agravar)* to aggravate, worsen; *(revolta, indignação)* to deepen
exagerado, -a [ezaʒe'radu, a] ADJ *(relato)* exaggerated; *(maquilagem etc)* overdone; *(pessoa)*: **ele é ~** *(na maneira de falar)* he exaggerates; *(nos gestos)* he overdoes it *ou* things
exagerar [ezaʒe'rar] VT to exaggerate ▶ VI to exaggerate; *(agir com exagero)* to overdo it
exagero [eza'ʒeru] M exaggeration
exalações [ezala'zōjs] FPL fumes
exalar [eza'lar] VT *(odor)* to give off
exaltação [ezawta'sāw] F *(de virtudes etc)* exaltation; *(excitamento)* excitement; *(irritação)* annoyance
exaltado, -a [ezaw'tadu, a] ADJ *(fanático)* fanatical; *(apaixonado)* overexcited
exaltar [ezaw'tar] VT *(elevar: pessoa, virtude)* to exalt; *(louvar)* to praise; *(excitar)* to excite; *(irritar)* to annoy; **exaltar-se** VR *(irritar-se)* to get worked up; *(arrebatar-se)* to get carried away

573 | **evaporar – excessivo**

exame [e'zami] M *(Educ)* examination, exam; *(Med etc)* examination; **fazer um ~** *(Educ)* to take an exam; *(Med)* to have an examination; **~ de direção** driving test; **~ de sangue** blood test; **~ médico** medical (examination); **~ vestibular** university entrance exam
examinador, a [ezamina'dor(a)] M/F examiner ▶ ADJ examining
examinando, -a [ezami'nādu, a] M/F (exam) candidate
examinar [ezami'nar] VT to examine
exangue [e'zāgi] ADJ *(sem sangue)* bloodless
exasperação [ezaspera'sāw] F exasperation
exasperador, a [ezaspera'dor(a)] ADJ exasperating
exasperante [ezaspe'rātʃi] ADJ exasperating
exasperar [ezaspe'rar] VT to exasperate; **exasperar-se** VR to get exasperated
exatidão [ezatʃi'dāw] F *(precisão)* accuracy; *(perfeição)* correctness
exato, -a [e'zatu, a] ADJ *(certo)* right, correct; *(preciso)* exact; **~!** exactly!
exaurir [ezaw'rir] VT to exhaust, drain; **exaurir-se** VR to become exhausted
exaustão [ezaw'stāw] F exhaustion
exaustar [ezaw'star] VT to exhaust, drain; **exaustar-se** VR to become exhausted
exaustivo, -a [ezaw'stʃivu, a] ADJ *(tratado)* exhaustive; *(trabalho)* exhausting
exausto, -a [e'zawstu, a] PP *de* **exaurir** ▶ ADJ exhausted
exaustor [ezaw'stor] M extractor fan
exceção [ese'sāw] *(pl* **-ões)** F exception; **com ~ de** with the exception of; **abrir ~** to make an exception
excecional (PT) ADJ = **excepcional**
exceções [ese'sōjs] FPL *de* **exceção**
excedente [ese'dētʃi] ADJ excess; *(Com)* surplus ▶ M *(Com)* surplus; **(aluno) ~** pupil who cannot be given a place because the school is full
exceder [ese'der] VT to exceed; *(superar)* to surpass; **exceder-se** VR *(cometer excessos)* to go too far; *(cansar-se)* to overdo things; **~ em peso/brilho** to outweigh/outshine
excelência [ese'lēsja] F excellence; **por ~** par excellence; **Vossa E~** Your Excellency
excelente [ese'lētʃi] ADJ excellent
excelentíssimo, -a [eselē'tʃisimu, a] ADJ SUPERL *de* **excelente**; *(tratamento)* honourable (BRIT), honorable (US)
excelso, -a [e'sewsu, a] ADJ *(sublime)* sublime; *(excelente)* excellent
excentricidade [esētrisi'dadʒi] F eccentricity
excêntrico, -a [e'sētriku, a] ADJ, M/F eccentric
excepcional [esepsjo'naw] *(pl* **-ais)** ADJ *(extraordinário)* exceptional; *(especial)* special; *(Med)* handicapped
excepcionalidade [esepsjonali'dadʒi] F exceptional nature
excerto [e'sɛrtu] M fragment, excerpt
excessivo, -a [ese'sivu, a] ADJ excessive

excesso [e'sɛsu] M excess; (Com) surplus; **em ~** in excess; **~ de peso** excess weight; **~ de velocidade** excessive speed

exceto [e'sɛtu] PREP except (for), apart from

excetuar [ese'twar] VT to except, make an exception of; **todos, excetuando você** everyone except you

excitação [esita'sãw] F excitement

excitado, -a [esi'tadu, a] ADJ excited; (estimulado) aroused

excitante [esi'tãtʃi] ADJ exciting

excitar [esi'tar] VT to excite; (estimular) to arouse; **excitar-se** VR to get excited

excitável [esi'tavew] (pl **-eis**) ADJ excitable

exclamação [isklama'sãw] (pl **-ões**) F exclamation

exclamar [iskla'mar] VI to exclaim

exclamativo, -a [isklama'tʃivu, a] ADJ exclamatory; ver tb **ponto**

excluir [is'klwir] VT to exclude, leave out; (eliminar) to rule out; (ser incompatível com) to preclude

exclusão [isklu'zãw] F exclusion

exclusividade [iskluzivi'dadʒi] F exclusiveness; (Com) exclusive rights pl; **com ~ no "Globo"** only in the "Globo"

exclusivo, -a [isklu'zivu, a] ADJ exclusive; **para uso ~ de** for the sole use of

excluso, -a [is'kluzu, a] ADJ excluded

excomungar [iskomũ'gar] VT to excommunicate

excremento [iskre'mẽtu] M excrement

excruciante [iskru'sjãtʃi] ADJ excruciating

excursão [iskur'sãw] (pl **-ões**) F trip, outing; (em grupo) excursion; **~ a pé** hike

excursionar [iskursjo'nar] VI to go on a trip; **~ pela Europa** etc to tour Europe etc

excursionista [iskursjo'nista] M/F tourist; (para o dia) day-tripper; (a pé) hiker

excursões [iskur'sõjs] FPL de **excursão**

execrável [eze'kravew] (pl **-eis**) ADJ execrable, deplorable

execução [ezeku'sãw] (pl **-ões**) F execution; (de música) performance; **~ de hipoteca** (Com) foreclosure

executante [ezeku'tãtʃi] M/F player, performer

executar [ezeku'tar] VT to execute; (Mús) to perform; (plano) to carry out; (papel teatral) to play; **~ uma hipoteca** (Com) to foreclose on a mortgage

executivo, -a [ezeku'tʃivu, a] ADJ, M/F executive

executor, a [ezeku'tor(a)] M/F executioner

exemplar [ezẽ'plar] ADJ exemplary ▶ M model, example; (Bio) specimen; (livro) copy; (peça) piece

exemplificar [ezẽplifi'kar] VT to exemplify

exemplo [e'zẽplu] M example; **por ~** for example; **dar o ~** to set an example; **servir de ~ a alguém** to be an example to sb; **a ~ de** just like; **a ~ do que** just as; **ela é um ~ de bondade** she's a model of kindness

exéquias [e'zɛkjas] FPL funeral rites

exequível [eze'kwivew] (pl **-eis**) ADJ feasible

exercer [ezer'ser] VT to exercise; (influência, pressão) to exert; (função) to perform; (profissão) to practise (BRIT), practice (US); (obrigações) to carry out

exercício [ezer'sisju] M (ginástica, Educ) exercise; (de medicina) practice; (de direitos) exercising; (Mil) drill; (Com) financial year; **em ~** (funcionário) in office; (professor etc) in service; **em pleno ~ de suas faculdades mentais** in full command of one's mental faculties; **~ anterior/corrente** (Com) previous/current (financial) year

exercitar [ezersi'tar] VT (profissão) to practise (BRIT), practice (US); (direitos, músculos) to exercise; (adestrar) to train

exército [e'zɛrsitu] M army

exibição [ezibi'sãw] (pl **-ões**) F show, display; (de filme) showing

exibicionismo [ezibisjo'nizmu] M flamboyance; (Psico) exhibitionism

exibicionista [ezibisjo'nista] ADJ flamboyant; (Psico) exhibitionist ▶ M/F flamboyant character; exhibitionist

exibições [ezibi'sõjs] FPL de **exibição**

exibido, -a [ezi'bidu, a] ADJ (exibicionista) flamboyant ▶ M/F show-off

exibidor, a [ezibi'dor(a)] M/F exhibitor; (Cinema) cinema owner

exibir [ezi'bir] VT to show, display; (alardear) to show off; (filme) to show, screen; **exibir-se** VR to show off; (indecentemente) to expose o.s.

exigência [ezi'ʒẽsja] F demand; (o necessário) requirement

exigente [ezi'ʒẽtʃi] ADJ demanding; **ser ~ com alguém** to be hard on sb

exigibilidades [eziʒibili'dadʒis] FPL (Com) liabilities

exigir [ezi'ʒir] VT to demand; **~ que alguém faça algo** to demand that sb do sth; **o médico exigiu-lhe repouso absoluto** the doctor ordered him to have complete rest

exigível [ezi'ʒivew] (pl **-eis**) ADJ (Com: passivo): **~ a curto/longo prazo** current/long-term liabilities pl

exíguo, -a [e'zigwu, a] ADJ (diminuto) small; (escasso) scanty

exilado, -a [ezi'ladu, a] ADJ exiled ▶ M/F exile

exilar [ezi'lar] VT to exile; (pessoa indesejável) to deport; **exilar-se** VR to go into exile

exílio [e'zilju] M exile; (forçado) deportation

exímio, -a [e'zimju, a] ADJ (eminente) famous, distinguished; (excelente) excellent

eximir [ezi'mir] VT: **~ de** to exempt from; (obrigação) to free from; (culpa) to clear of; **eximir-se** VR: **~-se de** to avoid, shun

existência [ezis'tẽsja] F existence; (vida) life

existencial [ezistẽ'sjaw] (pl **-ais**) ADJ existential

existencialismo [ezistẽsja'lizmu] M existentialism

existencialista [ezistẽsja'lista] ADJ, M/F existentialist

existente [ezis'tẽtʃi] ADJ extant; (*vivente*) living

existir [ezis'tʃir] VI to exist; **existe/existem ...** (*há*) there is/are ...; **ela não existe** (*col*) she's incredible

êxito ['ezitu] M (*resultado*) result; (*sucesso*) success; (*música, filme etc*) hit; **ter ~ (em)** to succeed (in), be successful (in); **não ter ~ (em)** to fail (in), be unsuccessful (in)

Exmo, -a (*pl* **-s/-s**) ABR (= *Excelentíssimo*) Dear

êxodo ['ezodu] M exodus

exoneração [ezonera'sãw] (*pl* **-ões**) F dismissal

exonerar [ezone'rar] VT (*demitir*) to dismiss; **~ de uma obrigação** to free from an obligation

exorbitante [ezorbi'tãtʃi] ADJ (*preço*) exorbitant; (*pretensões*) extravagant; (*exigências*) excessive

exorcismo [ezor'sizmu] M exorcism

exorcista [ezor'sista] M/F exorcist

exorcizar [ezorsi'zar] VT to exorcise

exortação [εzorta'sãw] (*pl* **-ões**) F exhortation

exortar [ezor'tar] VT: **~ alguém a fazer algo** to urge sb to do sth

exortativo, -a [ezorta'tʃivu, a] ADJ (*tom*) encouraging

exótico, -a [e'zɔtʃiku, a] ADJ exotic

exotismo [ezo'tʃizmu] M exoticism, exotic nature

expandir [ispã'dʒir] VT to expand; (*espalhar*) to spread; **expandir-se** VR (*dilatar-se*) to expand; **~-se com alguém** to be frank with sb

expansão [ispã'sãw] F expansion, spread; (*de alegria*) effusiveness

expansividade [ispãsivi'dadʒi] F outgoing nature

expansivo, -a [ispã'sivu, a] ADJ (*pessoa*) outgoing

expatriação [ispatrja'sãw] F expatriation

expatriado, -a [ispa'trjadu, a] ADJ, M/F expatriate

expatriar [ispa'trjar] VT to expatriate

expeça *etc* [is'pɛsa] VB *ver* **expedir**

expectativa [ispekta'tʃiva] F (*esperança*) expectation; **na ~ de** in expectation of; **estar na ~** to be expectant; (*em suspense*) to be in suspense; **~ de vida** life expectancy

expectorante [ispekto'ratʃi] ADJ, M expectorant

expectorar [ispekto'rar] VT to cough up ▶ VI to expectorate

expedição [ispedʒi'sãw] (*pl* **-ões**) F (*viagem*) expedition; (*de mercadorias*) despatch; (*por navio*) shipment; (*de passaporte etc*) issue

expediência [ispe'dʒjẽsja] F (*desembaraço*) efficiency

expediente [ispe'dʒjẽtʃi] M means; (*serviço*) working day; (*correspondência*) correspondence ▶ ADJ expedient; **~ bancário** banking hours *pl*; **~ do escritório** office hours *pl*; **meio ~** part-time working; **só trabalho meio ~** I only work part-time; **viver de ~s** to live on one's wits; **ser** *ou* **ter ~** (*pessoa*) to be resourceful, have initiative

expedir [ispe'dʒir] VT (*enviar*) to send, despatch; (*bilhete, passaporte, decreto*) to issue

expedito, -a [ispe'dʒitu, a] ADJ prompt, speedy; (*pessoa*) efficient

expelir [ispe'lir] VT (*expulsar*) to expel; (*sangue*) to spit

experiência [ispe'rjẽsja] F (*prática*) experience; (*prova*) experiment, test; **em ~** on trial

experienciar [isperjẽ'sjar] VT to experience

experiente [ispe'rjẽtʃi] ADJ experienced

experimentação [isperimẽta'sãw] F experimentation

experimentado, -a [isperimẽ'tadu, a] ADJ (*experiente*) experienced; (*testado*) tried; (*provado*) tested

experimental [isperimẽ'taw] (*pl* **-ais**) ADJ experimental

experimentar [isperimẽ'tar] VT (*comida*) to taste; (*vestido*) to try on; (*pôr à prova*) to try out, test; (*conhecer pela experiência*) to experience; (*sofrer*) to suffer, undergo; **~ fazer algo** to try doing sth, have a go at doing sth

experimento [isperi'mẽtu] M (*científico*) experiment

expiar [is'pjar] VT to atone for

expiatório, -a [ispja'tɔrju, a] ADJ *ver* **bode**

expilo *etc* [is'pilu] VB *ver* **expelir**

expiração [ispira'sãw] (*pl* **-ões**) F (*de ar*) exhalation; (*termo*) expiry

expirar [ispi'rar] VT (*ar*) to exhale, breathe out ▶ VI (*morrer*) to die; (*terminar*) to end

explanação [isplana'sãw] (*pl* **-ões**) F explanation

explanar [ispla'nar] VT to explain

explicação [isplika'sãw] (*pl* **-ões**) F explanation; (PT: *lição*) private lesson

explicar [ispli'kar] VT, VI to explain; **explicar-se** VR to explain o.s.; **isto não se explica** this does not make sense

explicável [ispli'kavew] (*pl* **-eis**) ADJ explicable, explainable

explícito, -a [is'plisitu, a] ADJ explicit, clear

explodir [isplo'dʒir] VT (*bomba*) to explode ▶ VI to explode, blow up

exploração [isplora'sãw] F (*de um país*) exploration; (*abuso*) exploitation; (*de uma mina*) running

explorador, a [isplora'dor(a)] ADJ exploitative ▶ M/F (*descobridor*) explorer; (*de outros*) exploiter

explorar [isplo'rar] VT (*região*) to explore; (*mina*) to work, run; (*ferida*) to probe; (*trabalhadores etc*) to exploit

explosão [isplo'zãw] (*pl* **-ões**) F explosion, blast; (*fig*) outburst

explosivo, -a [isplo'zivu, a] ADJ explosive; (*pessoa*) hot-headed ▶ M explosive

explosões [isplo'sõjs] FPL *de* **explosão**

Expoagro [espu'agru] ABR F = **Exposição Agropecuária Internacional do Rio de Janeiro**
expor [is'por] (*irreg: como* **pôr**) VT to expose; (*a vida*) to risk; (*teoria*) to explain; (*revelar*) to reveal; (*mercadorias*) to display; (*quadros*) to exhibit; **expor-se** VR to expose o.s.; **~(-se) a algo** to expose (o.s.) to sth; **seu rosto expõe sinais de cansaço** his face shows signs of tiredness
exportação [isporta'sãw] F (*ato*) export(ing); (*mercadorias*) exports *pl*
exportador, a [isporta'dor(a)] ADJ exporting ▶ M/F exporter
exportar [ispor'tar] VT to export
expôs *etc* [is'pos] VB *ver* **expor**
exposição [ispozi'sãw] (*pl* -**ões**) F (*exibição*) exhibition; (*explicação*) explanation; (*declaração*) statement; (*narração*) account; (*Foto*) exposure
expositor, a [ispozi'tor(a)] M/F exhibitor
exposto, -a [is'postu, 'pɔsta] PP *de* **expor** ▶ ADJ (*lugar*) exposed; (*quadro, mercadoria*) on show *ou* display ▶ M: **o acima ~** the above; **estar ~ a algo** to be open *ou* exposed to sth
expressão [ispre'sãw] (*pl* -**ões**) F expression
expressar [ispre'sar] VT to express; **expressar-se** VR to express o.s.
expressividade [ispresivi'dadʒi] F expressiveness
expressivo, -a [ispre'sivu, a] ADJ expressive; (*pessoa*) demonstrative
expresso, -a [is'prɛsu, a] PP *de* **exprimir** ▶ ADJ (*manifesto*) definite, clear; (*trem, ordem, carta*) express ▶ M express
expressões [ispre'sõjs] FPL *de* **expressão**
exprimir [ispri'mir] VT to express; **exprimir-se** VR to express o.s.
expropriar [ispro'prjar] VT to expropriate
expugnar [ispugi'nar] VT to take by storm
expulsado, -a [ispuw'sadu, a] PP *de* **expulsar**
expulsão [ispuw'sãw] (*pl* -**ões**) F expulsion; (*Esporte*) sending off
expulsar [ispuw'sar] VT to expel; (*de uma festa, clube etc*) to throw out; (*inimigo*) to drive out; (*estrangeiro*) to expel, deport; (*jogador*) to send off
expulso, -a [is'puwsu, a] PP *de* **expulsar**
expulsões [ispuw'sõjs] FPL *de* **expulsão**
expunha *etc* [is'puɲa] VB *ver* **expor**
expurgar [ispur'gar] VT to expurgate
expus *etc* [is'pus] VB *ver* **expor**
expuser *etc* [ispu'zer] VB *ver* **expor**
êxtase ['estazi] M ecstasy; (*transe*) trance; **estar em ~** to be in a trance
extasiado, -a [ista'zjadu, a] ADJ entranced
extensão [istẽ'sãw] (*pl* -**ões**) F (*ger, Tel*) extension; (*de uma empresa*) expansion; (*terreno*) expanse; (*tempo*) length, duration; (*de conhecimentos*) extent
extensivo, -a [istẽ'sivu, a] ADJ extensive; **ser ~ a** to extend to
extenso, -a [is'tẽsu, a] ADJ (*amplo*) extensive, wide; (*comprido*) long; (*conhecimentos*) extensive; (*artigo*) full, comprehensive; **por ~** in full
extensões [istẽ'sõjs] FPL *de* **extensão**
extenuado, -a [iste'nwadu, a] ADJ (*esgotado*) worn out
extenuante [iste'nwãtʃi] ADJ exhausting; (*debilitante*) debilitating
extenuar [iste'nwar] VT to exhaust; (*debilitar*) to weaken
exterior [iste'rjor] ADJ (*de fora*) outside, exterior; (*aparência*) outward; (*comércio*) foreign ▶ M (*da casa*) outside; (*aspecto*) outward appearance; **do ~** (*do estrangeiro*) from abroad; **no ~** abroad
exteriorizar [isterjori'zar] VT to show, manifest
exteriormente [isterjor'mẽtʃi] ADV on the outside
exterminação [istermina'sãw] F extermination
exterminar [istermi'nar] VT (*inimigo*) to wipe out, exterminate; (*acabar com*) to do away with
extermínio [ister'minju] M extermination, wiping out
externato [ister'natu] M day school
externo, -a [is'tɛrnu, a] ADJ external; (*aparente*) outward; **aluno ~** day pupil; **"para uso ~"** "external use only"
extinção [istʃi'sãw] F extinction
extinguir [istʃĩ'gir] VT (*fogo*) to put out, extinguish; (*um povo*) to wipe out; **extinguir-se** VR (*fogo, luz*) to go out; (*Bio*) to become extinct
extinto, -a [is'tʃĩtu, a] ADJ (*fogo*) extinguished; (*língua*) dead; (*animal, vulcão*) extinct; (*associação etc*) defunct; (*pessoa*) dead
extintor [istʃĩ'tor] M (fire) extinguisher
extirpar [istir'par] VT (*desarraigar*) to uproot; (*corrupção*) to eradicate; (*tumor*) to remove
extorquir [istor'kir] VT to extort
extorsão [istor'sãw] F extortion
extorsivo, -a [istor'sivu, a] ADJ extortionate
extra ['ɛstra] ADJ extra ▶ M/F extra person; (*Teatro*) extra; *ver tb* **hora**
extração [istra'sãw] (*pl* -**ões**) F extraction; (*de loteria*) draw
extraconjugal [estrakõʒu'gaw] (*pl* -**ais**) ADJ extramarital
extracurricular [estrakuhiku'lar] ADJ extracurricular
extradição [estradʒi'sãw] F extradition
extraditar [estradʒi'tar] VT to extradite
extrafino, -a [estra'finu, a] ADJ extra high-quality
extrair [istra'jir] VT to extract, take out
extrajudicial [estraʒudʒi'sjaw] (*pl* -**ais**) ADJ out-of-court
extraoficial [estraofi'sjaw] (*pl* -**ciais**) ADJ unofficial
extraordinário, -a [istraordʒi'narju, a] ADJ extraordinary; (*despesa*) extra; (*reunião*)

special; **nada de ~** nothing out of the ordinary
extrapolar [istrapo'lar] vt to extrapolate
extraterrestre [estrate'hɛstri] ADJ extraterrestrial
extrato [is'tratu] M extract; (*resumo*) summary; **~ (bancário)** (bank) statement
extravagância [istrava'gãsja] F extravagance
extravagante [istrava'gãtʃi] ADJ extravagant; (*roupa*) outlandish; (*conduta*) wild
extravasar [istrava'zar] vi to overflow
extraviado, -a [istra'vjadu, a] ADJ lost, missing
extraviar [istra'vjar] vt (*perder*) to mislay; (*pessoa*) to lead astray; (*dinheiro*) to embezzle; **extraviar-se** vr to get lost
extravio [istra'viu] M (*perda*) loss; (*roubo*) embezzlement; (*fig*) deviation
extremado, -a [istre'madu, a] ADJ extreme
extremar-se [istre'marsi] vr to do one's utmost, make every effort; (*distinguir-se*) to distinguish o.s.; **~ em gentilezas** to show extreme kindness
extrema-unção (*pl* **extrema-unções**) F (*Rel*) extreme unction
extremidade [istremi'dadʒi] F extremity; (*do dedo*) tip; (*ponta*) end; (*beira*) edge
extremo, -a [is'trɛmu, a] ADJ extreme ▶ M extreme; **extremos** MPL (*carinho*) doting *sg*; (*descomedimento*) extremes; **ao ~** extremely; **de um ~ a outro** from one extreme to another
extremoso, -a [istre'mozu, ɔza] ADJ doting
extroversão [estrover'sãw] F extroversion
extroverso, -a [estro'vɛrsu, a] ADJ extrovert
extroverter-se [estrover'tersi] vr to be outgoing
extrovertido, -a [estrover'tʃidu, a] ADJ extrovert, outgoing ▶ M/F extrovert
exu [e'ʃu] M devil (*in voodoo rituals*)
exuberância [ezube'rãsja] F exuberance
exuberante [ezube'rãtʃi] ADJ exuberant
exultação [ezuwta'sãw] F joy, exultation
exultante [ezuw'tãtʃi] ADJ jubilant, exultant
exultar [ezuw'tar] vi to rejoice
exumar [ezu'mar] vt (*corpo*) to exhume; (*fig*) to dig up
ex-voto M votive offering

Ff

F, f ['ɛfi] (pl **fs**) M F, f; **F de Francisco** F for Frederick (BRIT) ou fox (US)
f ABR = **folha**
F-1 ABR = **Fórmula Um**
fá [fa] M (Mús) F
fã [fã] (col) M/F fan
FAB ['fabi] ABR F = **Força Aérea Brasileira**
fábrica ['fabrika] F factory; **~ de cerveja** brewery; **~ de conservas** cannery; **~ de papel** paper mill; **a preço de ~** wholesale
fabricação [fabrika'sãw] F manufacture; **de ~ caseira/própria** home-made/own-brand; **~ em série** mass production
fabricante [fabri'kãtʃi] M/F manufacturer
fabricar [fabri'kar] VT to manufacture, make; (inventar) to fabricate
fabrico [fa'briku] M production
fabril [fa'briw] (pl **-is**) ADJ: **indústria ~** manufacturing industry
fábula ['fabula] F fable; (conto) tale; (BR: grande quantia) fortune
fabuloso, -a [fabu'lozu, ɔza] ADJ fabulous
faca ['faka] F knife; **é uma ~ de dois gumes** (fig) it's a two-edged sword; **entrar na ~** (col) to be operated on, to go under the knife; **ter a ~ e o queijo na mão** (fig) to have things in hand
facada [fa'kada] F stab, cut; **dar uma ~ em alguém** to stab sb; (fig: col) to touch sb for money
façanha [fa'saɲa] F exploit, deed
facão [fa'kãw] (pl **-ões**) M carving knife; (para cortar o mato) machete
facção [fak'sãw] (pl **-ões**) F faction
faccioso, -a [fak'ajozu, ɔza] ADJ factious
facções [fak'sõjs] FPL de **facção**
face ['fasi] F (rosto, de moeda) face; (bochecha) cheek; **em ~ de** in view of; **fazer ~ a** to face up to; **~ a** face to face
faceiro, -a [fa'sejru, a] ADJ (elegante) smart; (alegre) cheerful
fáceis ['fasejs] ADJ PL de **fácil**
faceta [fa'seta] F facet
fachada [fa'ʃada] F façade, front; (col: rosto) face, mug (col)
facho ['faʃu] M beam
facial [fa'sjaw] (pl **-ais**) ADJ facial
fácil ['fasiw] ADJ (pl **-eis**) easy; (temperamento, pessoa) easy-going; (mulher) easy ▶ ADV easily

facilidade [fasili'dadʒi] F ease; (jeito) facility; **facilidades** FPL (recursos) facilities; **ter ~ para algo** to have a talent ou a facility for sth; **com ~** easily
facilimo, -a [fa'silimu, a] ADJ SUPERL de **fácil**
facilitação [fasilita'sãw] F facilitation; (fornecimento) provision
facilitar [fasili'tar] VT to facilitate, make easy; (fornecer): **~ algo a alguém** to provide sb with sth ▶ VI (agir sem cautela) to be careless
facinora [fa'sinora] M criminal
fã-clube [fã'klubi] (pl **-s**) M fan club
faço etc ['fasu] VB ver **fazer**
facões [fa'kõjs] FPL de **facão**
fac-símile [fak-] (pl **fac-símiles**) M (cópia) facsimile
factício, -a [fak'tʃisju, a] ADJ unnatural
facto ['faktu] (PT) M = **fato**
factótum [fak'tɔtũ] M factotum
factual [fak'twaw] (pl **-ais**) ADJ factual
faculdade [fakuw'dadʒi] F faculty; (poder) power; (BR: escola) university, college; (corpo docente) teaching staff (BRIT), faculty (US); **fazer ~** to go to university ou college
facultar [fakuw'tar] VT (permitir) to allow; (conceder) to grant
facultativo, -a [fakuwta'tʃivu, a] ADJ optional ▶ M/F doctor
fada ['fada] F fairy; **conto de ~s** fairy tale
fadado, -a [fa'dadu, a] ADJ destined
fada-madrinha (pl **fadas-madrinhas**) F fairy godmother
fadiga [fa'dʒiga] F fatigue
fadista [fa'dʒista] M/F "fado" singer ▶ M (PT) ruffian
fado ['fadu] M fate; (canção) traditional song of Portugal

> The best-known musical form in Portugal is the melancholic **fado**, which is traditionally sung by a soloist (known as a *fadista*) accompanied by the Portuguese *guitarra*. There are two main types of **fado**: Coimbra **fado** is traditionally sung by men, and is considered to be more cerebral than the **fado** from Lisbon, which is sung by both men and women. The theme is nearly always one of deep nostalgia known as *saudade*, and the harsh reality of life.

Faferj [fa'fɛrʒi] ABR F = **Federação das Associações das Favelas do Estado do Rio de Janeiro**
fagueiro, -a [fa'gejru, a] ADJ *(contente)* happy; *(agradável)* pleasant
fagulha [fa'guʎa] F spark
fahrenheit [farẽ'ajtʃi] ADJ INV Fahrenheit
faia ['faja] F beech (tree)
faina ['fajna] F toil, work; *(tarefa)* task, job
fair-play ['fɛrplej] M fair play
faisão [faj'zãw] *(pl* **-ões**) M pheasant
faísca [fa'iska] F spark; *(brilho)* flash
faiscante [fajs'kãtʃi] ADJ flashing; *(fogo)* flickering
faiscar [fajs'kar] VI to sparkle; *(brilhar)* to flash
faisões [faj'zõjs] MPL *de* **faisão**
faixa ['fajʃa] F *(cinto, Judô)* belt; *(tira)* strip; *(área)* zone; *(Auto: pista)* lane; *(BR: para pedestres)* zebra crossing (BRIT), crosswalk (US); *(Med)* bandage; *(num disco)* track; **~ etária** age group
faixa-título *(pl* **faixas-títulos**) F *(Mús)* title track
fajuto, -a [fa'ʒutu, a] *(col)* ADJ *(pão)* rough; *(falso: nota)* fake
fala ['fala] F speech; **chamar às ~s** to call to account; **sem ~** speechless; **perder a ~** to be struck dumb
falação [fala'sãw] *(pl* **-ões**) F *(ato)* talk; *(discurso)* speech
falácia [fa'lasja] F fallacy
falações [fala'sõjs] FPL *de* **falação**
faladeira [fala'dejra] F *de* **falador**
falado, -a [fa'ladu, a] ADJ *(caso etc)* talked about, much discussed; *(famoso)* well-known; *(de má fama)* notorious; *(Cinema)* talking
falador, -deira [fala'dor, 'dejra] ADJ talkative ▶ M/F chatterbox
falante [fa'lãtʃi] ADJ talkative
falar [fa'lar] VT *(língua)* to speak; *(besteira etc)* to talk; *(dizer)* to say; *(verdade, mentira)* to tell ▶ VI to speak, talk; *(discursar)* to speak; **falar-se** VR to talk to one another; **~ algo a alguém** to tell sb sth; **~ que** to say that; **~ de** *ou* **em algo** to talk about sth; **~ com alguém** to talk to sb; **por ~ em** speaking of; **por ~ nisso** by the way; **sem ~ em** not to mention; **~ alto** to talk loudly; **~ alto com alguém** *(fig)* to give sb a good talking-to; **sua consciência falou mais alto** his conscience got the better of him; **falou!, 'tá falado!** *(col)* OK!; **falando sério ...** but seriously ...; **~ sozinho** to talk to o.s.; **ele está falando da boca para fora** *(col)* he's just saying that, he doesn't mean it; **ele falou por ~** he was just saying that; **dar que ~** to cause a stir; **~ para dentro** to talk into one's beard; **~ pelos cotovelos** to talk one's head off; **eles não se falam** *(estão de mal)* they are not speaking to one another; **nem se fala!** definitely not!

falatório [fala'tɔrju] M *(ruído de vozes)* voices pl, talking; *(falar demorado)* diatribe; *(maledicência)* rumour (BRIT), rumor (US)
falaz [fa'laz] ADJ deceptive, misleading; *(falso)* false
falcão [faw'kãw] *(pl* **-ões**) M falcon
falcatrua [fawka'trua] F *(col)* scam
falcões [faw'kõjs] MPL *de* **falcão**
falecer [fale'ser] VI to die
falecido, -a [fale'sidu, a] ADJ dead, late ▶ M/F deceased
falecimento [falesi'mẽtu] M death
falência [fa'lẽsja] F bankruptcy; **abrir ~** to declare o.s. bankrupt; **ir à ~** to go bankrupt; **levar à ~** to bankrupt
falésia [fa'lɛzja] F cliff
falha ['faʎa] F *(defeito, Geo etc)* fault; *(lacuna)* omission; *(de caráter)* flaw
falhar [fa'ʎar] VI to fail; *(não acertar)* to miss; *(errar)* to be wrong; *(ao telefone)* break up; **o motor está falhando** the engine is missing; **sua voz está falhando** you're breaking up
falho, -a ['faʎu, a] ADJ faulty; *(deficiente)* wanting
fálico, -a [ˈfaliku, a] ADJ phallic
falido, -a [fa'lidu, a] ADJ, M/F bankrupt
falir [fa'lir] VI to fail; *(Com)* to go bankrupt
falível [fa'livew] *(pl* **-eis**) ADJ fallible
falo ['falu] M phallus
falsário, -a [faw'sarju, a] M/F forger
falsear [faw'sjar] VT *(forjar)* to forge; *(falsificar)* to falsify; *(verdade)* to twist; **~ o pé** to blunder
falseta [faw'seta] *(col)* F dirty trick
falsete [faw'setʃi] M falsetto
falsidade [fawsi'dadʒi] F falsehood; *(fingimento)* pretence (BRIT), pretense (US); *(mentira)* lie
falsificação [fawsifika'sãw] *(pl* **-ões**) F *(ato)* falsification; *(efeito)* forgery; *(falsa interpretação)* misrepresentation
falsificações [fawsifika'sõjs] FPL *de* **falsificação**
falsificador, a [fawsifika'dor(a)] M/F forger
falsificar [fawsifi'kar] VT *(forjar)* to forge; *(falsear)* to falsify; *(adulterar)* to adulterate; *(desvirtuar)* to misrepresent
falso, -a ['fawsu, a] ADJ false; *(fraudulento)* dishonest; *(errôneo)* wrong; *(joia, moeda, quadro)* fake; *(pessoa: insincero)* two-faced; **pisar em ~** to blunder
falta ['fawta] F *(carência)* lack; *(ausência)* absence; *(defeito, culpa)* fault; *(Futebol)* foul; **por** *ou* **na ~ de** for lack of; **sem ~** without fail; **cometer/cobrar uma ~** *(Futebol)* to commit a foul/take a free kick; **estar em ~ com alguém** to feel guilty about sth; **fazer ~** to be lacking, be needed; **ela faz ~** she is missed; **este livro não vai te fazer ~?** won't you need this book?; **sentir ~ de alguém/algo** to miss sb/sth; **ter ~ de** to lack, be in need of; **~ de água** water

shortage; **~ de ânimo** lack of enthusiasm; **~ de educação** *ou* **modos** rudeness; **~ de tato** tactlessness

faltar [faw'tar] VI (*escassear*) to be lacking, be wanting; (*pessoa*) to be absent; (*falhar*) to fail; **~ ao trabalho** to be absent from work; **~ à palavra** to break one's word; **falta pouco para ...** it won't be long until ...; **falta uma semana para nossas férias** it's only a week until our holidays; **faltam 10 minutos para as 3** it's ten minutes to three; **faltam 3 páginas (para eu acabar)** there are 3 pages to go (before I finish); **faltam chegar duas pessoas** two people are still to come; **falta fazermos mais algumas coisas** there are still a few things for us to do; **só faltava essa!** that's all I (*ou* we *etc*) needed!; **nada me falta** I have all I need

falto, -a ['fawtu, a] ADJ: **~ de** lacking in, deficient in

faltoso, -a [faw'tozu, ɔza] ADJ (*culpado*) at fault; (*que costuma faltar*) frequently absent

fama ['fama] F (*renome*) fame; (*reputação*) reputation; **ter ~ de (ser) generoso** to be said to be generous; **de ~** famous; **de má ~** notorious, of ill repute

Famerj [fa'mɛrʒi] ABR F = **Federação das Associações de Moradores do Estado do Rio de Janeiro**

famigerado, -a [famiʒe'radu, a] ADJ (*malfeitor*) notorious; (*autor etc*) famous

família [fa'milja] F family ▶ ADJ INV (*col: pessoa*) decent; (: *festa*) well-behaved; **de boa ~** from a good family; **estar em ~** to be one of the family, be among friends; **isso é de ~** this runs in the family, this is a family trait

familiar [fami'ljar] ADJ (*da família*) family *atr*; (*conhecido*) familiar ▶ M/F relation, relative

familiaridade [familjari'dadʒi] F familiarity; (*sem-cerimônia*) informality

familiarização [familjariza'sãw] F familiarization

familiarizar [familjari'zar] VT to familiarize; **familiarizar-se** VR: **~-se com algo** to familiarize o.s. with sth

faminto, -a [fa'mĩtu, a] ADJ hungry; (*fig*): **~ de** eager for

famoso, -a [fa'mozu, ɔza] ADJ famous

fanático, -a [fa'natʃiku, a] ADJ fanatical ▶ M/F fanatic

fanatismo [fana'tʃizmu] M fanaticism

fanhoso, -a [fa'ɲozu, ɔza] ADJ (*pessoa*) with a nasal voice; (*voz*) nasal; **falar** *ou* **ser ~** to talk through one's nose

faniquito [fani'kitu] (*col*) M attack of nerves

fantasia [fãta'zia] F fantasy; (*imaginação*) imagination; (*capricho*) fancy; (*traje*) fancy dress; **joia (de) ~** (piece of) costume jewellery (BRIT) *ou* jewelry (US)

fantasiar [fãta'zjar] VT to imagine ▶ VI to daydream; **fantasiar-se** VR to dress up (in fancy dress)

fantasioso, -a [fãta'zjozu, ɔza] ADJ imaginative

fantasista [fãta'zista] ADJ imaginative

fantasma [fã'tazma] M ghost; (*alucinação*) illusion

fantasmagórico, -a [fãtazma'gɔriku, a] ADJ ghostly

fantástico, -a [fã'tastʃiku, a] ADJ fantastic; (*ilusório*) imaginary; (*incrível*) unbelievable

fantoche [fã'tɔʃi] M puppet

fanzoca [fã'zɔka] (*col*) M/F great fan

faqueiro [fa'kejru] M (*jogo de talheres*) set of cutlery; (*pessoa*) cutler

faquir [fa'kir] M fakir

faraó [fara'ɔ] M pharaoh

faraônico, -a [fara'oniku, a] ADJ (*fig: obra*) large-scale

farda ['farda] F uniform

fardar [far'dar] VT to dress in uniform

fardo ['fardu] M bundle; (*carga*) load; (*fig*) burden

farei *etc* [fa'rej] VB *ver* **fazer**

farejar [fare'ʒar] VT to sniff around ▶ VI to sniff

farelo [fa'rɛlu] M (*de pão*) crumb; (*de madeira*) sawdust; **~ de trigo** bran

farfalhante [farfa'ʎãtʃi] ADJ rustling

farfalhar [farfa'ʎar] VI to rustle

farfalhudo, -a [farfa'ʎudu, a] ADJ ostentatious

farináceo, -a [fari'nasju, a] ADJ (*alimento*) starchy; (*molho etc*) floury

farináceos [fari'nasjus] MPL (*alimentos*) starchy foods

faringe [fa'rĩʒi] F pharynx

faringite [farĩ'ʒitʃi] F pharyngitis

farinha [fa'riɲa] F: **~ (de mesa)** (manioc) flour; **~ de arroz** rice flour; **~ de osso** bone meal; **~ de rosca** breadcrumbs *pl*; **~ de trigo** plain flour

farmacêutico, -a [farma'sewtʃiku, a] ADJ pharmaceutical ▶ M/F pharmacist, chemist (BRIT)

farmácia [far'masja] F pharmacy, chemist's (shop) (BRIT); (*ciência*) pharmacy

farnel [far'nɛw] (*pl* **-éis**) M (*provisões*) provisions *pl*; (*saco*) food parcel

faro ['faru] M sense of smell; (*fig*) flair

faroeste [fa'rwɛstʃi] M (*filme*) western; (*região*) wild west

farofa [fa'rɔfa] F (Culin) *side dish based on manioc flour*

farofeiro, -a [faro'fejru, a] M/F picnicker (*who comes to the beach from far away*)

farol [fa'row] (*pl* **-óis**) M lighthouse; (*Auto*) headlight; (*col*) bragging; **~ alto** (*Auto*) full (BRIT) *ou* high (US) beam; **~ baixo** dipped headlights *pl* (BRIT), dimmed beam (US); **contar ~** (*col*) to brag

faroleiro [faro'lejru] M lighthouse keeper; (*col*) braggart

farolete [faro'letʃi] M (*Auto: dianteiro*) sidelight; (*tb:* **farolete traseiro**) tail-light

farpa ['farpa] F barb; (*estilha*) splinter
farpado, -a [far'padu, a] ADJ: **arame ~** barbed wire
farra ['faha] F binge, spree; **cair na ~** to go on the razzle; **só de** ou **por ~** just for the fun of it
farrapo [fa'hapu] M rag; **ela parecia um ~** she looked like a tramp; **esta blusa está um ~** this blouse is a sight
farrear [fa'hjar] VI to go on a spree
farripas [fa'hipas] FPL wisps of hair
farrista [fa'hista] ADJ fun-loving ▶ M/F party animal (*col*)
farsa ['farsa] F farce
farsante [far'sātʃi] M/F joker; (*pessoa sem palavra*) smooth operator
farta ['farta] F: **comer à ~** to eat one's fill
fartar [far'tar] VT (*saciar*) to satiate; (*encher*) to fill up; **fartar-se** VR to gorge o.s.; **~-se de** (*cansar-se*) to get fed up with; **me fartei (de comer)** I'm full up
farto, -a ['fartu, a] ADJ full, satiated; (*abundante*) plentiful; (*aborrecido*) fed up; **cabeleira farta** full head of hair, shock of hair
fartum [far'tũ] (*pl* **-ns**) M stench
fartura [far'tura] F abundance, plenty
fascículo [fa'sikulu] M (*de publicação*) instalment (BRIT), installment (US)
fascinação [fasina'sãw] F fascination; **ter ~ por alguém** to be infatuated with sb
fascinante [fasi'nātʃi] ADJ fascinating
fascinar [fasi'nar] VT to fascinate; (*encantar*) to charm
fascínio [fa'sinju] M fascination
fascismo [fa'sizmu] M fascism
fascista [fa'sista] ADJ, M/F fascist
fase ['fazi] F phase; (*etapa*) stage
fashion ['fɛʃjõ] (*col*) ADJ trendy
fastidioso, -a [fastʃi'dʒjozu, ɔza] ADJ tedious; (*enfadonho*) annoying
fastígio [fas'tʃiʒju] M (*fig*) height
fastio [fas'tʃiu] M lack of appetite; (*tédio*) boredom
fatal [fa'taw] (*pl* **-ais**) ADJ (*mortal*) fatal; (*inevitável*) fateful
fatalidade [fatali'dadʒi] F (*destino*) fate; (*desgraça*) disaster
fatalista [fata'lista] ADJ fatalistic ▶ M/F fatalist
fatalmente [fataw'mētʃi] ADV (*de modo fatal*) fatally; (*certamente*) inevitably
fatia [fa'tʃia] F slice
fatídico, -a [fa'tʃidʒiku, a] ADJ fateful
fatigante [fatʃi'gātʃi] ADJ tiring; (*aborrecido*) tiresome
fatigar [fatʃi'gar] VT to tire; (*aborrecer*) to bore; **fatigar-se** VR to get tired
Fátima ['fatima] F *see note*

> **Fátima**, situated in central Portugal, is known worldwide as a site of pilgrimage for Catholics. It is said that, in 1917, the Virgin Mary appeared six times to three shepherd children (*os três pastorinhos*). Millions of pilgrims visit Fátima every year.

fato ['fatu] M fact; (*acontecimento*) event; (PT: *traje*) suit; **~ de banho** (PT) swimming costume (BRIT), bathing suit (US); **~ consumado** fait accompli; **de ~** in fact, really; **o ~ é que ...** the fact remains that ...; **chegar às vias de ~** to come to blows
fator [fa'tor] M factor; **~ Rh** (*Med*) Rh ou rhesus (BRIT) factor
fátuo, -a ['fatwu, a] ADJ (*vão*) fatuous
fatura [fa'tura] F bill, invoice
faturamento [fatura'mētu] M (*Com: volume de negócios*) turnover; (*faturar*) invoicing
faturar [fatu'rar] VT to invoice; (*dinheiro*) to make; (*col: gol*) to score, notch up ▶ VI (*col: ganhar dinheiro*): **~ (alto)** to rake it in; **~ algo a alguém** to invoice sb for sth
fauna ['fawna] F fauna
fausto, -a ['fawstu, a] ADJ lucky ▶ M luxury
fava ['fava] F broad bean; **mandar alguém às ~s** to send sb packing
favela [fa'vɛla] F slum, shanty town
favelado, -a [fave'ladu, a] M/F slum-dweller
favo ['favu] M honeycomb
favor [fa'vor] M favour (BRIT), favor (US); **a ~ de** in favo(u)r of; **em ~ de** on behalf of; **por ~** please; **se faz ~** (PT) please; **fazer um ~ para alguém** to do sb a favo(u)r; **faça** ou **faz o ~ de ...** would you be so good as to ..., kindly ...; **faça-me o ~!** (*col*) do me a favo(u)r!; **ter a seu ~** to have to one's credit
favorável [favo'ravew] (*pl* **-eis**) ADJ: **~ (a)** favourable (BRIT) ou favorable (US) (to)
favorecer [favore'ser] VT to favour (BRIT), favor (US); (*beneficiar*) to benefit; (*suj: vestido*) to suit; (: *retrato*) to flatter
favoritismo [favori'tʃizmu] M favouritism (BRIT), favoritism (US)
favorito, -a [favo'ritu, a] ADJ, M/F (*tb Comput*) favourite (BRIT), favorite (US)
fax [faks] M (*carta*) fax; (*máquina*) fax (machine); **enviar por ~** to fax
faxina [fa'ʃina] F: **fazer ~** to clean up
faxineiro, -a [faʃi'nejru, a] M/F (*pessoa*) cleaner
faz de conta [fazdʒi'kõta] M: **o ~** make-believe
fazedor, a [faze'dor(a)] M/F maker
fazenda [fa'zēda] F farm; (*de café*) plantation; (*de gado*) ranch; (*pano*) cloth, fabric; (*Econ*) treasury, exchequer (BRIT)
fazendeiro [fazē'dejru] M farmer; (*de café*) plantation-owner; (*de gado*) rancher, ranch-owner

(PALAVRA-CHAVE)

fazer [fa'zer] VT **1** (*fabricar, produzir*) to make; (*construir*) to build; (*pergunta*) to ask; (*poema, música*) to write; **fazer um filme/ruído** to make a film/noise; **eu fiz o vestido** I made the dress

2 (*executar: trabalho etc*) to do; **o que você está**

fazendo? what are you doing?; **fazer a comida** to do the cooking; **fazer o papel de** (*Teatro*) to play **3** (*estudos, alguns esportes*) to do; **fazer medicina/direito** to do *ou* study medicine/law; **fazer ioga/ginástica** to do yoga/keep-fit **4** (*transformar, tornar*): **sair o fará sentir melhor** going out will make him feel better; **sua partida fará o trabalho mais difícil** his departure will make work more difficult **5** (*como sustituto de vb*): **ele bebeu e eu fiz o mesmo** he drank and I did likewise **6**: **ele faz anos hoje** it's his birthday today; **fiz 30 anos ontem** I was 30 yesterday ▶ VI **1** (*portar-se*) to act, behave; **fazer bem/mal** to do the right/wrong thing; **não fiz por mal** I didn't mean it; **faz como quem não sabe** act as if you don't know anything **2**: **fazer com que alguém faça algo** to make sb do sth ▶ VB IMPESS **1**: **faz calor/frio** it's hot/cold **2** (*tempo*): **faz um ano** a year ago; **faz dois anos que ele se formou** it's two years since he graduated; **faz três meses que ele está aqui** he's been here for three months **3**: **não faz mal** never mind; **tanto faz** it's all the same **fazer-se** VR **1**: **fazer-se de desentendido** to pretend not to understand **2**: **faz-se com ovos e leite** it's made with eggs and milk; **isso não se faz** that's not done

faz-tudo [faʒ-] M/F INV odd job person
FBI ABR M (= *Federal Bureau of Investigation*) FBI
FC ABR M (= *Futebol Clube*) FC
FDLP ABR F (= *Frente Democrática para a Libertação da Palestina*) PFLP
fé [fɛ] F faith; (*crença*) belief; (*confiança*) trust; **de boa/má fé** in good/bad faith; **dar fé de** to bear witness to; **fazer fé em** to have faith in; **fé em Deus e pé na tábua** go for it
fealdade [feaw'dadʒi] F ugliness
FEB ['fɛbi] ABR F (= *Força Expedicionária Brasileira*) force sent out in World War II
FEBEM [fe'bẽ] (BR) ABR F (= *Fundação Estadual do Bem-Estar do Menor*) reform school
febrão [fe'brãw] (*pl* **-ões**) M raging fever
febre ['fɛbri] F fever; (*fig*) excitement; **~ amarela** yellow fever; **~ de poder** *etc* hunger for power *etc*; **~ do feno** hay fever
febril [fe'briw] (*pl* **-is**) ADJ feverish
febrões [fe'brõjs] MPL *de* **febrão**
fecal [fe'kaw] (*pl* **-ais**) ADJ *ver* **matéria**
fechada [fe'ʃada] F: **dar uma ~ em alguém** (*Auto*) to cut sb up; **levar uma ~** to be cut up
fechado, -a [fe'ʃadu, a] ADJ shut, closed; (*pessoa*) reserved; (*sinal*) red; (*luz, torneira*) off; (*tempo*) overcast; (*cara*) stern; **noite fechada** well into the night
fechadura [feʃa'dura] F (*de porta*) lock

fechamento [feʃa'mẽtu] M closure
fechar [fe'ʃar] VT to close, shut; (*concluir*) to finish, conclude; (*luz, torneira*) to turn off; (*rua*) to close off; (*ferida*) to close up; (*bar, loja*) to close down; (*negócio*) to make; (*Auto*) to cut up ▶ VI to close (up), shut; (*ferida*) to heal; (*sinal*) to turn red; to close down; (*tempo*) to cloud over; **fechar-se** VR to close, shut; (*pessoa*) to withdraw; **~-se no quarto** *etc* to shut o.s. away in one's room *etc*; **~ à chave** to lock; **~ a cara** to look annoyed; **ser de ~ o comércio** (*col*) to be a real show-stopper
fecho ['feʃu] M fastening; (*trinco*) latch; (*término*) close, closing; **~ ecler** zip fastener (BRIT), zipper (US)
fécula ['fɛkula] F starch
fecundação [fekũda'sãw] F fertilization
fecundar [fekũ'dar] VT to fertilize, make fertile
fecundidade [fekũdʒi'dadʒi] F fertility
fecundo, -a [fe'kũdu, a] ADJ fertile; (*produtivo*) fruitful; (*fig*) prolific
fedelho, -a [fe'deʎu, a] M/F kid
feder [fe'der] VI to stink; **não ~ nem cheirar** (*fig*) to be wishy-washy
federação [federa'sãw] (*pl* **-ões**) F federation
federal [fede'raw] (*pl* **-ais**) ADJ federal; (*col: grande*) huge
federativo, -a [federa'tʃivu, a] ADJ federal
fedor [fe'dor] M stench
fedorento, -a [fedo'rẽtu, a] ADJ stinking
FEEM (BR) ABR F (= *Fundação Estadual de Educação do Menor*) children's home
Feema [fe'ema] (BR) ABR F (= *Fundação Estadual de Engenharia do Meio Ambiente*) environmental protection agency
feérico, -a [fe'eriku, a] ADJ magical
feição [fej'sãw] (*pl* **-ões**) F form, shape; (*caráter*) nature; (*modo*) manner; **feições** FPL (*face*) features; **à ~ de** in the manner of
feijão [fej'ʒãw] (*pl* **-ões**) M bean(s) (*pl*); (*preto*) black bean(s) (*pl*)
feijão-fradinho [-fra'dʒiɲu] (*pl* **feijões-fradinhos**) M black-eyed bean(s) (*pl*)
feijão-mulatinho [-mula'tʃiɲu] (*pl* **feijões-mulatinhos**) M red kidney bean(s) (*pl*)
feijão-preto (*pl* **feijões-pretos**) M black bean(s) (*pl*)
feijão-soja (*pl* **feijões-sojas**) M soya bean(s) (*pl*) (BRIT), soybean(s) (*pl*) (US)
feijão-tropeiro [-tro'pejru] (*pl* **feijões-tropeiros**) M (*Culin*) bean stew
feijoada [fej'ʒwada] F (*Culin*) meat, rice and black beans
feijoeiro [fej'ʒwejru] M bean plant
feijões [fej'ʒõjs] MPL *de* **feijão**
feio, -a ['feju, a] ADJ ugly; (*situação*) grim; (*atitude*) bad; (*tempo*) horrible ▶ ADV (*perder*) badly; **olhar ~** to give a filthy look; **fazer ~** to make a bad impression; **ficar ~** (*dar má impressão*) to look bad; (*situação*) to turn nasty; **quem ama o ~, bonito lhe parece** love is blind

feioso, -a [fe'jozu, ɔza] ADJ plain
feira ['fejra] F fair; (*mercado*) market; **fazer a ~** to go to market; **~ livre** market
feirante [fej'rãtʃi] M/F market trader, stallholder
feita ['fejta] F: **certa ~** once, on one occasion; **de uma ~** once and for all
feitiçaria [fejtʃisa'ria] F witchcraft, magic
feiticeira [fejtʃi'sejra] F witch
feiticeiro, -a [fejtʃi'sejru, a] ADJ bewitching, enchanting ▶ M wizard
feitiço [fej'tʃisu] M charm, spell; **virou o ~ contra o feiticeiro** (*fig*) the tables were turned
feitio [fej'tʃiu] M shape, pattern; (*caráter*) nature, manner; (*Tec*) workmanship
feito, -a ['fejtu, a] PP *de* **fazer** ▶ ADJ (*terminado*) finished, ready ▶ M act, deed; (*façanha*) feat ▶ CONJ like; **~ a mão** hand-made; **homem ~** grown man; **que é ~ dela?** what has become of her?; **bem ~ (por você)!** (it) serves you right!; **dito e ~** no sooner said than done; **estar ~** (*pessoa: ter dinheiro etc*) to have it made
feitor, a [fej'tor(a)] M/F administrator; (*capataz*) supervisor
feitura [fej'tura] F work
feiura [fe'jura] F ugliness
feixe ['fejʃi] M bundle, bunch; (*Tec*) beam
fel [fɛw] M bile, gall; (*fig*) bitterness; **esse remédio é um ~** that medicine is really bitter
felicidade [felisi'dadʒi] F happiness; (*sorte*) good luck; (*êxito*) success; **felicidades** FPL (*congratulações*) congratulations
felicíssimo, -a [feli'sisimu, a] ADJ SUPERL *de* **feliz**
felicitações [felisita'sõjs] FPL congratulations, best wishes
felicitar [felisi'tar] VT: **~ alguém (por)** to congratulate sb (on)
felino, -a [fe'linu, a] ADJ feline; (*fig: traiçoeiro*) treacherous ▶ M feline
feliz [fe'liz] ADJ happy; (*afortunado*) lucky; (*ideia, sugestão*) timely; (*próspero*) successful; (*expressão*) fortunate; **~ aniversário/Natal!** happy birthday/Christmas!; **dar-se por ~** to think o.s. lucky
felizardo, -a [feli'zardu, a] M/F lucky devil
felizmente [feliz'mẽtʃi] ADV fortunately
felonia [felo'nia] F (*traição*) treachery
felpa ['fewpa] F (*de animais*) down; (*de tecido*) nap
felpudo, -a [few'pudu, a] ADJ (*penujento*) fuzzy; (*peludo*) downy
feltro ['fewtru] M felt
fêmea ['femja] F (*Bio, Bot*) female
feminil [femi'niw] (*pl* **-is**) ADJ feminine
feminilidade [feminili'dadʒi] F femininity
feminino, -a [femi'ninu, a] ADJ feminine; (*sexo*) female; (*equipe, roupa*) women's ▶ M (*Ling*) feminine
feminis [femi'nis] ADJ PL *de* **feminil**
feminismo [femi'nizmu] M feminism

feminista [femi'nista] ADJ, M/F feminist
fêmur ['femur] M (*Anat*) femur
fenda ['fẽda] F slit, crack; (*Geo*) fissure
fender [fẽ'der] VT, VI to split, crack
fenecer [fene'ser] VI to die; (*terminar*) to come to an end
feno ['fenu] M hay
fenomenal [fenome'naw] (*pl* **-ais**) ADJ phenomenal; (*espantoso*) amazing; (*pessoa*) brilliant
fenômeno [fe'nomenu] M phenomenon
fera ['fɛra] F wild animal; (*fig: pessoa cruel*) beast; (: *pessoa severa*) hothead; **ser ~ em algo** to be brilliant at sth; **ficar uma ~ (com alguém)** (*fig*) to get mad (with sb)
féretro ['fɛretru] M coffin
feriado [fe'rjadu] M (public) holiday (BRIT), vacation (US)
férias ['fɛrjas] FPL holiday(s) (BRIT), vacation *sg* (US); **de ~** on holiday (BRIT), on vacation (US); **tirar ~** to have ou take a holiday (BRIT) ou vacation (US)
ferida [fe'rida] F wound, injury; **tocar na ~** (*fig*) to hit home; *ver tb* **ferido**
ferido, -a [fe'ridu, a] ADJ injured; (*em batalha*) wounded; (*magoado*) hurt ▶ M/F casualty
ferimento [feri'mẽtu] M injury; (*em batalha*) wound
ferino, -a [fe'rinu, a] ADJ (*cruel*) cruel; (*crítica, ironia*) biting
ferir [fe'rir] VT to injure; (*tb fig*) to hurt; (*em batalha*) to wound; (*ofender*) to offend
fermentar [fermẽ'tar] VT to ferment; (*fig*) to excite ▶ VI to ferment
fermento [fer'mẽtu] M yeast; **~ em pó** baking powder
ferocidade [ferosi'dadʒi] F fierceness, ferocity
ferocíssimo, -a [fero'sisimu, a] ADJ SUPERL *de* **feroz**
feroz [fe'roz] ADJ fierce, ferocious; (*cruel*) cruel
ferrado, -a [fe'hadu, a] ADJ (*cavalo*) shod; (*col: sem saída*) done for; **~ no sono** sound asleep
ferradura [feha'dura] F horseshoe
ferragem [fe'haʒẽ] (*pl* **-ns**) F (*peças*) hardware; (*guarnição*) metalwork; **loja de ferragens** ironmonger's (BRIT), hardware store (US)
ferramenta [feha'mẽta] F tool; (*caixa de ferramentas*) tool kit
ferrão [fe'hãw] (*pl* **-ões**) M goad; (*de inseto*) sting
ferrar [fe'har] VT to spike; (*cavalo*) to shoe; (*gado*) to brand; **ferrar-se** VR (*col*) to fail
ferreiro [fe'hejru] M blacksmith
ferrenho, -a [fe'heɲu, a] ADJ (*vontade*) iron; (*marxista etc*) staunch
férreo, -a ['fɛhju, a] ADJ iron *atr*; (*Quím*) ferrous; (*vontade*) iron; (*disciplina*) strict; **via férrea** railway (BRIT), railroad (US)
ferrete [fe'hetʃi] M branding iron; (*fig*) stigma
ferro ['fɛhu] M iron; **ferros** MPL (*algemas*) shackles, chains; **~ batido** wrought iron; **~ de passar** iron; **~ fundido** cast iron;

~ ondulado corrugated iron; **a ~ e fogo** at all costs; **ninguém é/não sou de ~** (fig) we're all/I'm only human

ferrões [fe'hõjʃ] MPL de **ferrão**

ferrolho [fe'hoʎu] M (trinco) bolt

ferro-velho (pl **ferros-velhos**) M (pessoa) scrap metal dealer; (lugar) scrap metal yard

ferrovia [feho'via] F railway (BRIT), railroad (US)

ferroviário, -a [feho'vjarju, a] ADJ railway atr (BRIT), railroad atr (US) ▶ M/F railway ou railroad worker

ferrugem [fe'huʒē] F rust; (Bot) blight

fértil ['fɛrtʃiw] (pl **-eis**) ADJ fertile

fertilidade [fertʃili'dadʒi] F fertility; (abundância) fruitfulness

fertilizante [fertʃili'zātʃi] ADJ fertilizing ▶ M fertilizer

fertilizar [fertʃili'zar] VT to fertilize

fervente [fer'vētʃi] ADJ boiling

ferver [fer'ver] VT, VI to boil; **~ de raiva/indignação** to seethe with rage/indignation; **~ em fogo baixo** (Culin) to simmer

fervilhar [fervi'ʎar] VI (ferver) to simmer; (com atividade) to hum; (pulular): **~ de** to swarm with

fervor [fer'vor] M fervour (BRIT), fervor (US)

fervoroso, -a [fervo'rozu, ɔza] ADJ fervent

fervura [fer'vura] F boiling

festa ['fɛsta] F (reunião) party; (conjunto de cerimônias) festival; **festas** FPL (carícia) embrace; **boas ~s** Merry Christmas and a Happy New Year; **dia de ~** public holiday; **fazer ~ a alguém** to make a fuss of sb; **fazer ~(s) em alguém** to caress sb; **fazer a ~** (fig) to have a ball, have a whale of a time; **~ caipira** hoedown; **~ de arromba** (col) big party; **~ de embalo** (col) wild party

festança [fes'tāsa] F big party

festeiro, -a [fes'tejru, a] ADJ party-loving

festejar [feste'ʒar] VT (celebrar) to celebrate; (acolher) to welcome, greet

festejo [fes'teʒu] M (festividade) festivity; (ato) celebration

festim [fes'tʃĩ] (pl **-ns**) M feast

festival [festʃi'vaw] (pl **-ais**) M festival

festividade [festʃivi'dadʒi] F festivity

festivo, -a [fes'tʃivu, a] ADJ festive

fetiche [fe'tʃiʃi] M fetish

fetichismo [fetʃi'ʒizmu] M fetishism

fetichista [fetʃi'ʃista] ADJ fetishistic ▶ M/F fetishist

fétido, -a ['fɛtʃidu, a] ADJ foul

feto ['fɛtu] M (Med) foetus (BRIT), fetus (US); (Bot) fern

feudal [few'daw] (pl **-ais**) ADJ feudal

feudalismo [fewda'liʒmu] M feudalism

fev. ABR = **fevereiro**

fevereiro [feve'rejru] M February; ver tb **julho**

fez [fez] VB ver **fazer**

fezes ['fɛzis] FPL faeces (BRIT), feces (US)

FGTS (BR) ABR M (= Fundo de Garantia por Tempo de Serviço) pension fund

FGV (BR) ABR F (= Fundação Getúlio Vargas) economic research agency

fiação [fja'sāw] (pl **-ões**) F spinning; (fábrica) textile mill; (Elet) wiring; **fazer a ~ da casa** to rewire the house

fiada ['fjada] F (fileira) row, line

fiado, -a ['fjadu, a] ADJ (a crédito) on credit ▶ ADV: **comprar/vender ~** to buy/sell on credit

fiador, a [fja'dor(a)] M/F (Jur) guarantor; (Com) backer

fiambre ['fjābri] M cold meat; (presunto) ham

fiança ['fjāsa] F guarantee; (Jur) bail; **prestar ~ por** to stand bail for; **sob ~** on bail

fiapo ['fjapu] M thread

fiar ['fjar] VT (algodão etc) to spin; (confiar) to entrust; (vender a crédito) to sell on credit; **fiar-se** VR: **~-se em** to trust

fiasco ['fjasku] M fiasco

FIBGE ABR F = **Fundação do Instituto Brasileiro de Geografia e Estatística**

fibra ['fibra] F fibre (BRIT), fiber (US); (fig): **pessoa de ~** person of character; **~ ótica** optical fibre ou fiber

(PALAVRA-CHAVE)

ficar [fi'kar] VI **1** (permanecer) to stay; (sobrar) to be left; **ficar perguntando/olhando** etc to keep asking/looking etc; **ficar por fazer** to have still to be done; **ficar para trás** to be left behind

2 (tornar-se) to become; **ficar cego/surdo/louco** to go blind/deaf/mad; **fiquei contente ao saber da notícia** I was happy when I heard the news; **ficar com raiva/medo** to get angry/frightened; **ficar de bem/mal com alguém** (col) to make up/fall out with sb

3 (posição) to be; **a casa fica ao lado da igreja** the house is next to the church; **ficar sentado/deitado** to be sitting down/lying down

4 (tempo: durar) **ele ficou duas horas para resolver** he took two hours to decide; (: ser adiado): **a reunião ficou para amanhã** the meeting has been postponed until tomorrow

5 (comportamento): **sua atitude não ficou bem** his (ou her etc) behaviour was inappropriate; (cor): **você fica bem em azul** blue suits you, you look good in blue; (roupa): **ficar bem para** to suit

6: **ficar bom** (de saúde) to be cured; (trabalho, foto etc) to turn out well

7: **ficar de fazer algo** (combinar) to arrange to do sth; (prometer) to promise to do sth

8: **ficar de pé** to stand up

ficção [fik'sāw] F fiction

ficcionista [fiksjo'nista] M/F author, fiction writer

ficha ['fiʃa] F (tb: **ficha de telefone**) token; (tb: **ficha de jogo**) chip; (de fichário) (index)

card; (*Polícia*) record; (PT *Elet*) plug; (*em loja, lanchonete*) ticket; **dar a ~ de alguém** (*fig: col*) to give the low-down on sb; **ter ~ na polícia** to have a criminal record; **ter ~ limpa** (*col*) to have a clean record; **~ de identidade** means *sg* of identification, ID
fichar [fi'ʃar] VT to file, index
fichário [fi'ʃarju] M (*móvel*) filing cabinet; (*caixa*) card index; (*caderno*) file
ficheiro [fi'ʃejru] (PT) M = **fichário**
fictício, -a [fik'tʃisju, a] ADJ fictitious
FIDA (BR) ABR M = **Fundo Internacional para o Desenvolvimento Agrícola**
fidalgo [fi'dawgu] M nobleman
fidedigno, -a [fide'dʒignu, a] ADJ trustworthy
fidelidade [fideli'dadʒi] F (*lealdade*) fidelity, loyalty; (*exatidão*) accuracy
fidelíssimo, -a [fide'lisimu, a] ADJ SUPERL *de* **fiel**
fiduciário, -a [fidu'sjarju, a] ADJ (*companhia*) trust *atr* ▶ M/F trustee
fiéis [fjɛjs] ADJ PL *de* **fiel** ▶ MPL: **os ~** the faithful
fiel [fjew] (*pl* **-éis**) ADJ (*leal*) faithful, loyal; (*acurado*) accurate; (*que não falha*) reliable
Fiesp [fi'ɛspi] ABR F = **Federação das Indústrias do Estado de São Paulo**
FIFA ['fifa] ABR F (= *Fédération Internationale de Football Association*) FIFA
figa ['figa] F talisman; **fazer uma ~** to make a *figa*, ≈ cross one's fingers; **de uma ~** (*col*) damned
figada [fi'gada] F fig jelly
fígado ['figadu] M liver; **de maus ~s** (*genioso*) bad-tempered; (*vingativo*) vindictive
figo ['figu] M fig
figueira [fi'gejra] F fig tree
figura [fi'gura] F figure; (*forma*) form, shape; (*Ling*) figure of speech; (*aspecto*) appearance; (*Cartas*) face card; (*ilustração*) picture; (*col: pessoa*) character; **fazer ~** to cut a figure; **fazer má ~** to make a bad impression; **mudar de ~** to take on a new aspect; **ser uma ~ difícil** (*col*) to be difficult to get hold of; **ele é uma ~** (*col*) he's a real character
figura-chave (*pl* **figuras-chave**) F key figure
figurado, -a [figu'radu, a] ADJ figurative
figurante [figu'rātʃi] M/F (*Cinema*) extra
figurão [figu'rãw] (*pl* **-ões**) M big shot
figurar [figu'rar] VI (*ator*) to appear; (*fazer parte*): **~ (entre/em)** to figure ou appear (among/in) ▶ VT (*imaginar*) to imagine; **ela figura ter menos de 30 anos** she looks younger than 30
figurinha [figu'riɲa] F sticker; **~ difícil** (*col*) person who is difficult to get hold of
figurinista [figuri'nista] M/F fashion designer
figurino [figu'rinu] M model; (*revista*) fashion magazine; (*Cinema, Teatro*) costume design; (*exemplo*) example; **como manda o ~** as it should be
figurões [figu'rõjs] MPL *de* **figurão**

585 | **fichar – filologia**

Fiji [fi'ʒi] M Fiji
fila ['fila] F row, line; (BR: *fileira de pessoas*) queue (BRIT), line (US); (*num teatro, cinema*) row ▶ M (*cão*) Brazilian mastiff; **em ~** in a row; **fazer ~** to form a line, queue; **~ indiana** single file
Filadélfia [fila'dɛwfja] F Philadelphia
filamento [fila'mẽtu] M filament
filante [fi'lātʃi] M/F sponger ▶ ADJ sponging
filantropia [filātro'pia] F philanthropy
filantrópico, -a [filā'trɔpiku, a] ADJ philanthropic
filantropo [filā'tropu] M philanthropist
filão [fi'lãw] (*pl* **-ões**) M (*Jornalismo*) lead
filar [fi'lar] VT (*agarrar*) to seize; (*col: pedir/obter gratuitamente*) to scrounge
filarmônica [filar'monika] F philharmonic
filarmônico, -a [filar'moniku, a] ADJ philharmonic
filatelia [filate'lia] F stamp collecting
filé [fi'lɛ] M (*bife*) steak; (*peixe*) fillet; **~ mignon** filet mignon
fileira [fi'lejra] F row, line; **fileiras** FPL (*serviço militar*) military service *sg*
filete [fi'letʃi] M fillet; (*de parafuso*) thread
filharada [fiʎa'rada] F gang of children
filhinho, -a [fi'ʎiɲu, a] M/F little son/daughter; **~ de mamãe** mummy's boy; **~ de papai** rich kid
filho, -a ['fiʎu, a] M/F son/daughter; **filhos** MPL children; (*de animais*) young; **minha filha/meu ~** (*col*) dear, darling; **ter um ~** to have a child; (*fig: col*) to have kittens, have a fit; **ele também é ~ de Deus** he is just as good as anyone else; **~ adotivo** adopted child; **~ da mãe, ~ da puta** (!) wanker (!), bastard (!); **~ de criação** foster child; **~ ilegítimo/natural** illegitimate/natural child; **~ único** only child; **~ único de mãe viúva** (*fig*) one in a million
filhote [fi'ʎɔtʃi] M (*de leão, urso etc*) cub; (*cachorro*) pup(py)
filiação [filja'sãw] (*pl* **-ões**) F affiliation
filial [fi'ljaw] (*pl* **-ais**) F (*sucursal*) branch ▶ ADJ filial; **gerente de ~** branch manager
filigrana [fili'grana] F filigree
filipeta [fili'peta] F flyer
Filipinas [fili'pinas] FPL: **as ~** the Philippines
filipino, -a [fili'pinu, a] ADJ, M/F Filipino ▶ M (*Ling*) Filipino
filmadora [fiwma'dora] F video camera
filmagem [fiw'maʒē] F filming
filmar [fiw'mar] VT, VI to film
filme ['fiwmi] M film (BRIT), movie (US); **~ (de) bangue-bangue** ou **faroeste** western; **~ (de) curta/longa metragem** short/feature film; **~ de época** period film; **~ de capa e espada** swashbuckling film
filmoteca [fiwmo'tɛka] F (*lugar*) film library; (*coleção*) film collection
filó [fi'lɔ] M tulle
filões [fi'lõjs] MPL *de* **filão**
filologia [filolo'ʒia] F philology

filólogo, -a [fi'lɔlogu, a] M/F philologist
filosofar [filozo'far] VI to philosophize
filosofia [filozo'fia] F philosophy
filosófico, -a [filo'zɔfiku, a] ADJ philosophical
filósofo, -a [fi'lɔzofu, a] M/F philosopher
filtrar [fiw'trar] VT to filter; **filtrar-se** VR (*líquidos*) to filter; (*infiltrar-se*) to infiltrate
filtro ['fiwtru] M (*Tec*) filter
fim [fĩ] (*pl* **-ns**) M end; (*motivo*) aim, purpose; (*de história, filme*) ending; **a ~ de** in order to; **estar a ~ de (fazer) algo** to feel like (doing) sth, fancy (doing) sth; **estar a ~ de alguém** (*col*) to fancy sb; **no ~ das contas** after all; **por ~** finally; **sem ~** endless; **ter por ~** to aim at; **levar ao ~** to carry through; **pôr** *ou* **dar ~ a** to put an end to; **ter ~** to come to an end; **~ de mundo** (*fig*) hole; **ele mora no ~ do mundo** he lives miles from anywhere; **é o ~ (do mundo** *ou* **da picada)** (*fig*) it's the pits; **~ de semana** weekend
finado, -a [fi'nadu, a] ADJ, M/F deceased

> The day of **Finados**, 2 November, a holiday throughout Brazil, is dedicated to remembering the dead. On this day, people usually gather in cemeteries to remember their family dead, and also to worship at the graves of popular figures from Brazilian culture and society, such as singers, actors and other personalities. It is popularly believed that these people can work miracles.

final [fi'naw] (*pl* **-ais**) ADJ final, last ▶ M end; (*Mús*) finale ▶ F (*Esporte*) final
finalista [fina'lista] M/F finalist
finalização [finaliza'sãw] (*pl* **-ões**) F conclusion
finalizar [finali'zar] VT to finish, conclude ▶ VI (*Futebol*) to finish; **finalizar-se** VR to end
Finam [fi'nã] ABR M (= *Fundo de Investimento da Amazônia*) regional development fund
Finame [fi'nami] (BR) ABR M = **Agência Especial de Financiamento Industrial**
finanças [fi'nãsas] FPL finance *sg*
financeiro, -a [finã'sejru, a] ADJ financial ▶ M/F financier
financiamento [finãsja'mẽtu] M financing
financiar [finã'sjar] VT to finance
financista [finã'sista] M/F financier
finar-se [fi'narsi] VR (*consumir-se*) to waste away; (*morrer*) to die
fincar [fĩ'kar] VT (*cravar*) to drive in; (*fixar*) to fix; (*apoiar*) to lean
findar [fĩ'dar] VT, VI to end, finish
findo, -a ['fĩdu, a] ADJ (*ano*) past; (*assunto*) closed
fineza [fi'neza] F fineness; (*gentileza*) kindness
fingido, -a [fĩ'ʒidu, a] ADJ pretend; (*pessoa*) two-faced, insincere ▶ M/F hypocrite
fingimento [fĩʒi'mẽtu] M pretence (BRIT), pretense (US)
fingir [fĩ'ʒir] VT (*simular*) to feign ▶ VI to pretend; **fingir-se** VR: **~-se de** to pretend to be; **~ fazer/que** to pretend to do/that
finito, -a [fi'nitu, a] ADJ finite
finlandês, -esa [fĩlã'des, eza] ADJ Finnish ▶ M/F Finn ▶ M (*Ling*) Finnish
Finlândia [fĩ'lãdʒja] F: **a ~** Finland
fino, -a ['finu, a] ADJ fine; (*delgado*) slender; (*educado*) polite; (*som, voz*) shrill; (*elegante*) refined ▶ ADV: **falar ~** to talk in a high voice; **ser o ~** (*col*) to be the business; **tirar um ~ em alguém** to almost drive into sb
Finor [fi'nor] (BR) ABR M (= *Fundo de Investimento do Nordeste*) regional development fund
finório, -a [fi'nɔrju, a] ADJ crafty, sly
fins [fĩs] MPL *de* **fim**
Finsocial [fĩso'sjaw] (BR) ABR M = **Fundo de Investimento Social**
finura [fi'nura] F fineness; (*elegância*) finesse
fio ['fiu] M thread; (*Bot*) fibre (BRIT), fiber (US); (*Elet*) wire; (*Tel*) line; (*de líquido*) trickle; (*gume*) edge; (*encadeamento*) series; **horas/dias a ~** hours/days on end; **de ~ a pavio** from beginning to end; **por um ~** (*fig: escapar*) by the skin of one's teeth; **bater um ~** (*col*) to make a call; **estar por um ~** to be on one's last legs; **perder o ~ (da meada)** (*fig*) to lose one's thread; **retomar o ~ perdido** (*fig*) to take up the thread again; **~ condutor** (*fig*) connecting thread; **sem ~** (*Comput*) wireless
fiorde ['fjordʒi] M fjord
firewall [faja'aw] M firewall
Firjan [fir'ʒã] ABR F = **Federação das Indústrias do Rio de Janeiro**
firma ['firma] F (*assinatura*) signature; (*Com*) firm, company
firmamento [firma'mẽtu] M firmament
firmar [fir'mar] VT (*tornar firme*) to secure, make firm; (*assinar*) to sign; (*estabelecer*) to establish; (*basear*) to base ▶ VI (*tempo*) to settle; **firmar-se** VR: **~-se em** (*basear-se*) to rest on, be based on
firme ['firmi] ADJ firm; (*estável*) stable; (*sólido*) solid; (*tempo*) settled ▶ ADV firmly; **aguentar ~** to hang on; **pisar ~** to stride out
firmeza [fir'meza] F firmness; (*estabilidade*) stability; (*solidez*) solidity
FISA ['fiza] ABR F (= *Federação Internacional de Automobilismo Esportivo*) FISA
fiscal [fis'kaw] (*pl* **-ais**) M/F supervisor; (*aduaneiro*) customs officer; (*de impostos*) tax inspector
fiscalização [fiskaliza'sãw] (*pl* **-ões**) F inspection
fiscalizar [fiskali'zar] VT (*supervisionar*) to supervise; (*examinar*) to inspect, check
fisco ['fisku] M: **o ~** ≈ the Inland Revenue (BRIT), ≈ the Internal Revenue Service (US)
Fiset [fi'sɛtʃi] (BR) ABR M = **Fundo de Investimentos Setoriais**
fisgada [fiz'gada] F stabbing pain
fisgar [fiz'gar] VT to catch

física ['fizika] F physics sg; ~ **nuclear** nuclear physics; ver tb **físico**
físico, -a ['fiziku, a] ADJ physical ▶ M/F (cientista) physicist ▶ M (corpo) physique
fisiologia [fizjolo'ʒia] F physiology
fisionomia [fizjono'mia] F (rosto) face; (ar) expression, look; (aspecto de algo) appearance; (conjunto de caracteres) make-up
fisionomista [fizjono'mista] M/F person with a good memory for faces
fisioterapeuta [fizjotera'pewta] M/F physiotherapist
fisioterapia [fizjotera'pia] F physiotherapy
fissura [fi'sura] F crack; (col: ansia) craving
fissurado, -a [fisu'radu, a] ADJ cracked; **estar ~ em** (col) to be wild about
fissurar [fisu'tar] VT to crack
fita ['fita] F (tira) strip, band; (de seda, algodão) ribbon, tape; (filme) film; (para máquina de escrever) ribbon; (magnética, adesiva) tape; **~ durex®** adhesive tape, Sellotape® (BRIT), Scotch tape® (US); **~ isolante** insulating tape; **~ métrica** tape measure; **fazer ~** (col) to put on an act; **isso é ~ dela** (col) it's just an act
fitar [fi'tar] VT (com os olhos) to stare at, gaze at; **fitar-se** VR to stare at each other
fiteiro, -a [fi'tejru, a] ADJ melodramatic
fito, -a ['fitu, a] ADJ fixed ▶ M aim, intention
fivela [fi'vɛla] F buckle
fixação [fiksa'sãw] (pl **-ões**) F fixation
fixador [fiksa'dor] M hair gel; (líquido) setting lotion
fixar [fik'sar] VT to fix; (colar, prender) to stick; (data, prazo, regras) to set; (atenção) to concentrate; **fixar-se** VR: **~-se em** (assunto) to concentrate on; (detalhe) to fix on; (apegar-se a) to be attached to; **~ os olhos em** to stare at; **~ residência** to set up house, settle down; **~ algo na memória** to fix sth in one's mind
fixo, -a ['fiksu, a] ADJ fixed; (firme) firm; (permanente) permanent; (cor) fast ▶ M (tb: **telefone fixo**) landline
fiz etc [fiz] VB ver **fazer**
flacidez [flasi'dez] F softness, flabbiness
flácido, -a ['flasidu, a] ADJ flabby
Fla-Flu [fla-] M local derby (football match between rivals Flamengo and Fluminense)
flagelado, -a [flaʒe'ladu, a] M/F: **os ~s** the afflicted, the victims
flagrante [fla'grãtʃi] ADJ flagrant; **apanhar em ~ (delito)** to catch red-handed ou in the act
flagrar [fla'grar] VT to catch
flambar [flã'bar] VT (Culin) to flambé
flamejante [flame'ʒãtʃi] ADJ flaming
flamejar [flame'ʒar] VI to blaze
flamengo, -a [fla'mẽgu, a] ADJ Flemish ▶ M (Ling) Flemish
flamingo [fla'mĩgu] M flamingo
flâmula ['flamula] F pennant
flanco ['flãku] M flank
Flandres ['flãdris] F Flanders
flanela [fla'nɛla] F flannel
flanquear [flã'kjar] VT to flank; (Mil) to outflank
flash [flaʃ] M (Foto) flash
flashback [flaʃ'baki] (pl **-s**) M flashback
flatulência [flatu'lẽsja] F flatulence
flauta ['flawta] F flute; **ele leva tudo na ~** (col) he doesn't take anything seriously; **~ doce** (Mús) recorder
flautista [flaw'tʃista] M/F flautist
flecha ['flɛʃa] F arrow
flechada [fle'ʃada] F (golpe) shot; (ferimento) arrow wound
flertar [fler'tar] VI: **~ (com alguém)** to flirt (with sb)
flerte ['flertʃi] M flirtation
fleuma ['flewma] F phlegm
flexão [flek'sãw] (pl **-ões**) F flexing; (exercício) press-up; (Ling) inflection
flexibilidade [fleksibili'dadʒi] F flexibility
flexionar [fleksjo'nar] VT, VI (Ling) to inflect
flexível [flek'sivew] (pl **-eis**) ADJ flexible
flexões [flek'sõjs] FPL de **flexão**
fliperama [flipe'rama] M pinball machine
floco ['flɔku] M flake; **~ de milho** cornflake; **~ de neve** snowflake; **sorvete de ~s** chocolate chip ice-cream
flor [flor] F flower; (o melhor) cream, pick; **em ~** in bloom; **a fina ~** the elite; **à ~ da pele** on edge; **ele não é ~ que se cheire** (col) he's a bad lot
flora ['flɔra] F flora
floreado, -a [flo'rjadu, a] ADJ (jardim) full of flowers; (relevo) ornate; (estilo) florid
floreio [flo'reju] M clever turn of phrase
florescente [flore'sẽtʃi] ADJ (Bot) in flower; (próspero) flourishing
florescer [flore'ser] VI (Bot) to flower; (prosperar) to flourish
floresta [flo'rɛsta] F forest
florestal [flores'taw] (pl **-ais**) ADJ forest atr
florianopolitano, -a [florjanopoli'tanu, a] ADJ from Florianópolis ▶ M/F native of Florianópolis
Flórida ['flɔrida] F: **a ~** Florida
florido, -a [flo'ridu, a] ADJ (jardim) in flower; (mesa) decorated with flowers
florir [flo'rir] VI to flower
flotilha [flo'tʃiʎa] F flotilla
flozô [flo'zo] (col) M: **ficar de ~** to lounge around; **viver de ~** to lead a life of leisure
Flu [flu] ABR M = **Fluminense Futebol Clube**
fluência [flu'ẽsja] F fluency
fluente [flu'ẽtʃi] ADJ fluent
fluidez [flui'dez] F fluidity
fluido, -a ['flwidu, a] ADJ fluid ▶ M fluid
fluir [flwir] VI to flow
fluminense [flumi'nẽsi] ADJ from the state of Rio de Janeiro ▶ M/F native ou inhabitant of the state of Rio de Janeiro
fluorescente [flwore'sẽtʃi] ADJ fluorescent
flutuação [flutwa'sãw] (pl **-ões**) F fluctuation

flutuante [flu'twãtʃi] ADJ floating; *(bandeira)* fluttering; *(fig: vacilante)* hesitant, wavering; *(Com: câmbio)* floating

flutuar [flu'twar] VI to float; *(bandeira)* to flutter; *(fig: vacilar)* to waver

fluvial [flu'vjaw] *(pl* **-ais***)* ADJ river *atr*

fluxo ['fluksu] M *(corrente)* flow; *(Elet)* flux; **~ de caixa** *(Com)* cash flow

fluxograma [flukso'grama] M flow chart

FM ABR *(Rádio: frequencia modulada)* FM ▶ F FM (radio) station

FMI ABR M (= *Fundo Monetário Internacional*) IMF

FMS ABR F = **Federação Mundial dos Sindicatos**

FN (BR) ABR M = **Fuzileiro Naval**

FND (BR) ABR M = **Fundo Nacional de Desenvolvimento**

fobia [fo'bia] F phobia

foca ['fɔka] F *(animal)* seal ▶ M/F *(col: jornalista)* cub reporter

focalização [fokaliza'sãw] F focusing

focalizar [fokali'zar] VT to focus (on)

focinho [fo'siɲu] M snout; *(col: cara)* face, mug *(col)*

foco ['fɔku] M focus; *(Med, fig)* seat, centre (BRIT), center (US); **fora de ~** out of focus

fofo, -a ['fofu, a] ADJ soft; *(col: pessoa)* cute

fofoca [fo'fɔka] F piece of gossip; **fofocas** FPL *(mexericos)* gossip *sg*; **fazer ~** to gossip

fofocar [fofo'kar] VI to gossip

fofoqueiro, -a [fofo'kejru, a] ADJ gossipy ▶ M/F gossip

fofura [fo'fura] *(col)* F cutie

fogão [fo'gãw] *(pl* **-ões***)* M stove, cooker

fogareiro [foga'rejru] M stove

foge *etc* ['fɔʒi] VB *ver* **fugir**

fogo ['fogu] M fire; *(fig)* ardour (BRIT), ardor (US); **você tem ~?** have you got a light?; **~s de artifício** fireworks; **a ~ lento** on a low flame; **à prova de ~** fireproof; **abrir ~** to open fire; **brincar com ~** *(fig)* to play with fire; **cessar ~** *(Mil)* to cease fire; **estar com ~** *(col: pessoa)* to be randy; **estar de ~** *(col: bêbado)* to be drunk; **pegar ~** to catch fire; *(estar com febre)* to burn up; **pôr ~ a** to set fire to; **ser bom para o ~** *(fig)* to be useless; **ser ~** *(na roupa)* *(col: pessoa)* to be a pain; (: *trabalho etc*) to be murder; (: *ser incrível*) to be amazing

fogões [fo'gõjs] MPL *de* **fogão**

fogo-fátuo *(pl* **fogos-fátuos***)* M will-o'-the-wisp

fogoso, -a [fo'gozu, ɔza] ADJ fiery; *(libidinoso)* lustful

fogueira [fo'gejra] F bonfire

foguete [fo'getʃi] M rocket; *(pessoa)* live wire; **soltar os ~s antes da festa** *(fig)* to jump the gun

foi [foj] VB *ver* **ir, ser**

foice ['fɔjsi] F scythe

folclore [fowk'lɔri] M folklore

folclórico, -a [fowk'lɔriku, a] ADJ *(música etc)* folk *atr*; *(comida, roupa)* ethnic

fole ['fɔli] M bellows *sg*

fôlego ['folegu] M breath; *(folga)* breathing space; **perder o ~** to get out of breath; **tomar ~** to pause for breath

folga ['fɔwga] F *(descanso)* rest, break; *(espaço livre)* clearance; *(ócio)* inactivity; *(col: atrevimento)* cheek; **dia de ~** day off; **que ~!** what a cheek!

folgado, -a [fow'gadu, a] ADJ *(roupa)* loose; *(vida)* leisurely; *(col: atrevido)* cheeky; (: *boa vida)* easy-living ▶ M/F *(col: atrevido)* cheeky devil; (: *boa vida)* loafer

folgar [fow'gar] VT to loosen, slacken ▶ VI *(descansar)* to rest, relax; *(divertir-se)* to have fun, amuse o.s.; **~ em saber que ...** to be pleased to hear that ...

folgazão, -zona [fowga'zãw, 'zɔna] *(pl* **-ões/-s***)* ADJ *(pessoa)* fun-loving; *(gênio)* lively

folha ['foʎa] F leaf; *(de papel, de metal)* sheet; *(página)* page; *(de faca)* blade; *(jornal)* paper; **novo em ~** brand new; **~ de estanho** tinfoil (BRIT), aluminum foil (US); **~ de exercícios** worksheet; **~ de pagamento** payroll; **~ de rosto** imprint page

folhagem [fo'ʎaʒẽ] F foliage

folha-seca *(pl* **folhas-secas***)* F *(Futebol)* swerving shot

folheado, -a [fo'ʎjadu, a] ADJ veneered; **~ a ouro** gold-plated

folhear [fo'ʎjar] VT to leaf through

folheto [fo'ʎetu] M booklet, pamphlet

folhinha [fo'ʎiɲa] F tear-off calendar

folhudo, -a [fo'ʎudu, a] ADJ leafy

folia [fo'lia] F revelry, merriment

folião, -liona [fo'ʎjãw, ɔna] *(pl* **-ões/-s***)* M/F reveller *(in carnival)*

folículo [fo'likulu] M follicle

foliões [fo'ʎõjs] MPL *de* **folião**

foliona [fo'ʎjɔna] F *de* **folião**

fome ['fɔmi] F hunger; *(escassez)* famine; *(fig: avidez)* longing; **passar ~** to go hungry; **estar com** *ou* **ter ~** to be hungry; **varado de ~** starving, ravenous

fomentar [fomẽ'tar] VT to instigate, incite; *(discórdia)* to sow, cause

fomento [fo'mẽtu] M *(Med)* fomentation; *(estímulo)* incitement; *(de discórdia, ódio etc)* stirring up

fominha [fo'miɲa] *(col)* ADJ stingy ▶ M/F skinflint

fonador, a [fona'dor(a)] ADJ: **aparelho ~** vocal track

fone ['fɔni] M telephone, phone; *(peça do telefone)* receiver

fonema [fo'nɛma] M *(Ling)* phoneme

fonética [fo'nɛtʃika] F phonetics *sg*

fonético, -a [fo'nɛtʃiku, a] ADJ phonetic

fonfom [fõ'fõ] *(pl* **-ns***)* M toot

fonologia [fonolo'ʒia] F phonology

fonte ['fõtʃi] F *(nascente)* spring; *(chafariz)* fountain; *(origem)* source; *(Anat)* temple; **de ~ limpa** from a reliable source; **retido/tributado na ~** *(Com)* deducted/taxed at source

footing ['futʃiŋ] M jogging
for [for] VB ver **ir, ser**
fora¹ ['fɔra] ADV out, outside ▸ PREP (além de) apart from ▸ M: **dar o ~** (bateria, radio) to give out; (pessoa) to leave, be off; **dar um ~** to slip up; **dar um ~ em alguém** (namorado) to chuck sb, dump sb; (esnobar) to snub sb; **levar um ~** (de namorado) to be given the boot; (ser esnobado) to get the brush-off; **~ de** outside; **~ de si** beside o.s.; **estar ~** (viajando) to be away; **estar ~ (de casa)** to be out; **lá ~** outside; (no exterior) abroad; **jantar ~** to eat out; **com os braços de ~** with bare arms; **ser de ~** to be from out of town; **ficar de ~** not to join in; **ir para ~** (viajar) to go out of town; **com a cabeça para ~ da janela** with one's head sticking out of the window; **costurar/cozinhar para ~** to do sewing/cooking for other people; **por ~** on the outside; **cobrar por ~** to charge extra; **~ de dúvida** beyond doubt; **~ de propósito** irrelevant
fora² VB ver **ir, ser**
fora da lei [fɔrada'lej] M/F INV outlaw
foragido, -a [fora'ʒidu, a] ADJ, M/F fugitive; **estar ~** to be on the run
foragir-se [fora'ʒirsi] VR to go on the run
forasteiro, -a [foras'tejru, a] ADJ (estranho) alien ▸ M/F outsider, stranger; (de outro país) foreigner
forca ['fɔrka] F gallows sg
força ['forsa] F (energia física) strength; (Tec, Elet) power; (esforço) effort; (coerção) force; **à ~** by force; **à ~ de** by dint of; **com ~** hard; **por ~** of necessity; **dar (uma) ~ a** to back up, encourage; **fazer ~** to try (hard); **como vai essa ~?** (col) how's it going?; **F~ Aérea** Air Force; **~ de trabalho** workforce; **~ maior** (Com) act of God
forcado [for'kadu] M pitchfork
forçado, -a [for'sadu, a] ADJ forced; (afetado) false
forçar [for'sar] VT to force; (olhos, voz) to strain; **forçar-se** VR: **~-se a** to force o.s. to
força-tarefa (pl **forças-tarefa**) F task force
forcejar [forse'ʒar] VI (esforçar-se) to strive; (lutar) to struggle
fórceps ['fɔrsips] M INV forceps pl
forçoso, -a [for'sozu, ɔza] ADJ (necessário) necessary; (obrigatório) obligatory
forja ['fɔrʒa] F forge
forjar [for'ʒar] VT to forge; (pretexto) to invent
forma ['fɔrma] F form; (de um objeto) shape; (físico) figure; (maneira) way; (Med) fitness; **desta ~** in this way; **de (tal) ~ que** in such a way that; **de qualquer ~** anyway; **da mesma ~** likewise; **de outra ~** otherwise; **de ~ alguma** in no way whatsoever; **em ~ de pera/comprimido** pear-shaped/in tablet form; **estar fora de/em ~** (pessoa) to be unfit/fit; **manter a ~** to keep fit; **~ de pagamento** means of payment

fôrma ['forma] F (Culin) cake tin; (molde) mould (BRIT), mold (US); (para sapatos) last
formação [forma'sãw] (pl **-ões**) F formation; (antecedentes) background; (caráter) make-up; (profissional) training
formado, -a [for'madu, a] ADJ (modelado): **ser ~ de** to consist of ▸ M/F graduate; **ser ~ em** to be a graduate in
formal [for'maw] (pl **-ais**) ADJ formal
formalidade [formali'dadʒi] F formality
formalizar [formali'zar] VT to formalize
formando, -a [for'mãdu, a] M/F graduating student, graduand
formão [for'mãw] (pl **-ões**) M chisel
formar [for'mar] VT to form; (constituir) to constitute, make up; (educar) to train, educate; (soldados) to form up ▸ VI to form up; **formar-se** VR (tomar forma) to form; (Educ) to graduate
formatar [forma'tar] VT (Comput) to format
formato [for'matu] M format; (de papel) size
formatura [forma'tura] F (Mil) formation; (Educ) graduation
fórmica® ['formika] F Formica®
formidável [formi'davew] (pl **-eis**) ADJ tremendous, great
formiga [for'miga] F ant
formigar [formi'gar] VI (ser abundante) to abound; (sentir comichão) to itch; **~ de algo** to swarm with sth
formigueiro [formi'gejru] M ants' nest; (multidão) throng, swarm
formões [for'mõjs] MPL de **formão**
Formosa [for'mɔza] F Taiwan
formoso, -a [for'mozu, ɔza] ADJ (belo) beautiful; (esplêndido) superb
formosura [formo'zura] F beauty
fórmula ['formula] F formula
formulação [formula'sãw] (pl **-ões**) F formulation
formular [formu'lar] VT to formulate; (queixas) to voice; **~ votos** to express one's hopes/wishes
formulário [formu'larju] M form; **formulários** MPL: **~s contínuos** (Comput) continuous stationery sg
fornalha [for'naʎa] F furnace; (fig: lugar quente) oven
fornecedor, a [fornese'dor(a)] M/F supplier ▸ F (empresa) supplier ▸ ADJ supply atr
fornecer [forne'ser] VT to supply, provide; **~ algo a alguém** to supply sb with sth
fornecimento [fornesi'mẽtu] M supply
fornicar [forni'kar] VI to fornicate
forno ['fornu] M (Culin) oven; (Tec) furnace; (para cerâmica) kiln; **alto ~** blast furnace; **cozinheiro/a de ~ e fogão** expert cook
foro ['foru] M forum; (Jur) Court of Justice; **foros** MPL (privilégios) privileges; **de ~ íntimo** personal, private
forra ['fɔha] F: **ir à ~** (col) to get one's own back
forragem [fo'haʒẽ] F fodder

forrar [fo'har] VT (*cobrir*) to cover; (: *interior*) to line; (*de papel*) to paper
forro ['fohu] M (*cobertura*) covering; (*interior*) lining; **com ~ de pele** fur-lined
forró [fo'hɔ] M *see note*

> **Forró** is a style of popular music and dance that originated in the north-east of Brazil, but which is now popular all over the country. The instruments which feature in **forró** are the accordion, the bass drum and the triangle, and it is danced with a partner. There are a number of different styles of **forró**, such as the *forró universitário*, which combines various musical genres and has attracted a considerable following among the younger generation in Brazil's cities.

fortalecer [fortale'ser] VT to strengthen
fortalecimento [fortalesi'mẽtu] M strengthening
fortaleza [forta'leza] F (*forte*) fortress; (*força*) strength; (*moral*) fortitude; **ser uma ~** to be as strong as an ox
fortalezense [fortale'zẽsi] ADJ from Fortaleza ▶ M/F native *ou* inhabitant of Fortaleza
forte ['fɔrtʃi] ADJ strong; (*pancada*) hard; (*chuva*) heavy; (*som*) loud; (*dor*) sharp, strong; (*filme*) powerful; (*pessoa: musculoso*) muscular ▶ ADV strongly; (*som*) loud(ly) ▶ M (*fortaleza*) fort; (*talento*) strength; **ser ~ em algo** (*versado*) to be good at sth *ou* strong in sth
fortificação [fortʃifika'sãw] (*pl* **-ões**) F fortification; (*fortaleza*) fortress
fortificante [fortʃifi'kãtʃi] ADJ fortifying ▶ M fortifier
fortificar [fortʃifi'kar] VT to fortify; **fortificar-se** VR to build o.s. up
fortuitamente [fortwita'mẽtʃi] ADV (*imprevisivelmente*) by chance, unexpectedly; (*ocasionalmente*) casually
fortuito, -a [for'twitu, a] ADJ accidental
fortuna [for'tuna] F fortune, (good) luck; (*riqueza*) fortune, wealth; **custar uma ~** to cost a fortune
fórum ['fɔrũ] (*pl* **-ns**) M (*Comput*) forum; **~ de discussão** discussion forum, message board
fosco, -a ['fosku, a] ADJ (*sem brilho*) dull; (*opaco*) opaque
fosfato [fos'fatu] M phosphate
fosforescente [fosfore'sẽtʃi] ADJ phosphorescent
fósforo ['fɔsforu] M match; (*Quím*) phosphorus
fossa ['fɔsa] F pit; (*col*) blues *pl*; **estar/ficar na ~** (*col*) to be/get depressed *ou* down in the dumps; **tirar alguém da ~** (*col*) to cheer sb up; **~ séptica** septic tank
fosse ['fosi] VB *ver* **ir**, **ser**
fóssil ['fɔsiw] (*pl* **-eis**) M fossil
fosso ['fosu] M trench, ditch; (*de uma fortaleza*) moat
foto ['fɔtu] F photo

fotocópia [foto'kɔpja] F photocopy
fotocopiadora [fotokopja'dora] F photocopier
fotocopiar [fotoko'pjar] VT to photocopy
fotogênico, -a [foto'ʒeniku, a] ADJ photogenic
fotografar [fotogra'far] VT to photograph
fotografia [fotogra'fia] F photography; (*uma foto*) photograph
fotográfico, -a [foto'grafiku, a] ADJ photographic; *ver tb* **máquina**
fotógrafo, -a [fo'tɔgrafu, a] M/F photographer
fotonovela [fotono'vɛla] F photo story
fotossíntese [foto'sĩtezi] F (*Bio*) photosynthesis
foxtrote [foks'trɔtʃi] M foxtrot
foyer [fua'je] M foyer
foz [fɔz] F mouth (*of river*)
FP-25 ABR FPL (= *Forças Populares do 25 de Abril*) *Portuguese terrorist group*
fração [fra'sãw] (*pl* **-ões**) F fraction
fracassar [fraka'sar] VI to fail
fracasso [fra'kasu] M failure
fracionar [frasjo'nar] VT to break up; **fracionar-se** VR to break up, fragment
fraco, -a ['fraku, a] ADJ weak; (*sol*, *som*) faint ▶ M weakness; **estar ~ em algo** to be poor at sth; **ter um ~ por algo** to have a weakness for sth
frações [fra'sõjs] FPL *de* **fração**
frade ['fradʒi] M (*Rel*) friar; (: *monge*) monk
fraga ['fraga] F crag, rock
fragata [fra'gata] F frigate
frágil ['fraʒiw] (*pl* **-eis**) ADJ (*débil*) fragile; (*Com*) breakable; (*pessoa*) frail; (*saúde*) delicate, poor
fragilidade [fraʒili'dadʒi] F fragility; (*de uma pessoa*) frailty
fragílimo, -a [fra'ʒilimu, a] ADJ SUPERL *de* **frágil**
fragmentar [fragmẽ'tar] VT to break up; **fragmentar-se** VR to break up
fragmento [frag'mẽtu] M fragment
fragrância [fra'grãsja] F fragrance, perfume
fragrante [fra'grãtʃi] ADJ fragrant
frajola [fra'ʒola] (*col*) ADJ smart
fralda ['frawda] F (*da camisa*) shirt tail; (*para bebê*) nappy (BRIT), diaper (US); (*de montanha*) foot; **mal saído das ~s** (*fig*) still wet behind the ears
framboesa [frãbo'eza] F raspberry
França ['frãsa] F France
francamente [frãka'mẽtʃi] ADV (*abertamente*) frankly; (*realmente*) really
francês, -esa [frã'ses, eza] ADJ French ▶ M/F Frenchman/woman ▶ M (*Ling*) French
franco, -a ['frãku, a] ADJ (*sincero*) frank; (*isento de pagamento*) free; (*óbvio*) clear ▶ M franc; **entrada franca** free admission
frangalho [frã'gaʎu] M (*trapo*) rag, tatter; (*pessoa*) wreck; **em ~s** in tatters
frango ['frãgu] M chicken; (*Futebol*) easy goal

franja ['frãʒa] F fringe (BRIT), bangs pl (US)
franquear [frã'kjar] VT (caminho) to clear; (isentar de imposto) to exempt from duties; (carta) to frank; **~ algo a alguém** (facultar) to make sth available to sb
franqueza [frã'keza] F frankness
franquia [frã'kia] F (Com) franchise; (isenção) exemption; **~ de bagagem** baggage allowance; **~ diplomática** diplomatic immunity; **~ postal** Freepost®
franzido [frã'zidu] M pleat
franzino, -a [frã'zinu, a] ADJ skinny
franzir [frã'zir] VT (preguear) to pleat; (enrugar) to wrinkle, crease; (lábios) to curl; **~ as sobrancelhas** to frown
fraque ['fraki] M morning suit
fraquejar [frake'ʒar] VI to grow weak; (vontade) to weaken
fraqueza [fra'keza] F weakness
frasco ['frasku] M (de remédio, perfume) bottle
frase ['frazi] F sentence; **~ feita** set phrase
fraseado [fra'zjadu] M wording
frasqueira [fras'kejra] F vanity case
fraternal [frater'naw] (pl **-ais**) ADJ fraternal, brotherly
fraternidade [fraterni'dadʒi] F fraternity
fraternizar [fraterni'zar] VT to bring together ▶ VI to fraternize
fraterno, -a [fra'tεrnu, a] ADJ fraternal, brotherly
fratura [fra'tura] F fracture, break
fraturar [fratu'rar] VT to fracture
fraudar [fraw'dar] VT to defraud; (expectativa, esperanças) to dash
fraude ['frawdʒi] F fraud
fraudulento, -a [frawdu'lẽtu, a] ADJ fraudulent
freada [fre'ada] (BR) F: **dar uma ~** to slam on the brakes
frear [fre'ar] (BR) VT (conter) to curb, restrain; (veículo) to stop ▶ VI (veículo) to brake
freelance [fri'lãs] M/F freelancer
freezer ['frizer] M freezer
frege ['frεʒi] M mess
freguês, -guesa [fre'ges, 'geza] M/F (cliente) customer; (PT) parishioner
freguesia [frege'zia] F customers pl; (PT) parish
frei [frej] M friar, monk; (título) Brother
freio ['freju] M (BR: veículo) brake; (de cavalo) bridle; (bocado do freio) bit; (fig) check; **~ de mão** handbrake
freira ['frejra] F nun
freixo ['frejʃu] M (Bot) ash
Frelimo [fre'limo] ABR F (= Frente de Libertação de Moçambique) Frelimo
fremente [fre'mẽtʃi] ADJ (fig) rousing
fremir [fre'mir] VI (bramar) to roar; (tremer) to tremble
frêmito ['fremitu] M (fig: de alegria etc) wave
frenesi [frene'zi] M frenzy
frenético, -a [fre'nεtʃiku, a] ADJ frantic, frenzied

frente ['frẽtʃi] F (de objeto, Pol, Mil) front; (rosto) face; (fachada) façade; **~ a ~** face to face; **à ~ de** at the front of; **de ~ para** facing; **em ~ de** in front of; (de fronte a) opposite; **para a ~** ahead, forward; **de trás para ~** from back to front; **porta da ~** front door; **apartamento de ~** apartment at the front; **seguir em ~** to go straight on; **a casa em ~** the house opposite; **na minha** (ou sua etc) **~** in front of me (ou you etc); **sair da ~** to get out of the way; **sai da minha ~!** get out of my sight!; **pela ~** ahead; **pra ~** (col) fashionable, trendy; **fazer ~ a algo** to face sth; **ir para a ~** (progredir) to progress; **levar à ~** to carry through; **~ de combate** (Mil) front; **~ de trabalho** area of employment; **~ fria/quente** (Meteorologia) cold/warm front
frequência [fre'kwẽsja] F frequency; **com ~** often, frequently
frequentador, a [frekwẽta'dor(a)] M/F regular visitor; (de restaurante etc) regular customer
frequentar [frekwẽ'tar] VT to frequent; **~ a casa de alguém** to go to sb's house a lot; **~ um curso** to attend a course
frequente [fre'kwẽtʃi] ADJ frequent
fresca ['freska] F cool breeze
frescão [fres'kãw] (pl **-ões**) M air-conditioned coach
fresco, -a ['fresku, a] ADJ fresh; (vento, tempo) cool; (col: efeminado) camp; (: afetado) pretentious; (: cheio de luxo) fussy ▶ M (ar) fresh air; (Arte) fresco
frescobol [fresko'bɔw] M (kind of) racketball (played mainly on the beach)
frescões [fres'kõjs] MPL de **frescão**
frescor [fres'kor] M freshness
frescura [fres'kura] F freshness; (frialdade) coolness; (col: luxo) fussiness; (: afetaçao) pretentiousness; **que ~!** how fussy!; how pretentious!
fresta ['fresta] F gap, slit
fretar [fre'tar] VT (avião, navio) to charter; (caminhão) to hire
frete ['frεtʃi] M (carregamento) freight, cargo; (tarifa) freightage; **a ~** for hire
freudiano, -a [frɔj'dʒjanu, a] ADJ Freudian
frevo ['frevu] M improvised Carnival dance
fria ['fria] F: **dar uma ~ em alguém** to give sb the cold shoulder; **estar/entrar numa ~** (col) to be in/get into a mess; **levar uma ~ de alguém** to get the cold shoulder from sb
friagem ['frjaʒẽ] F cold weather
frialdade [frjaw'dadʒi] F coldness; (indiferença) indifference, coolness
fricção [frik'sãw] F friction; (ato) rubbing; (Med) massage
friccionar [friksjo'nar] VT to rub
fricote [fri'kɔtʃi] (col) M finickiness
fricoteiro, -a [fiko'tejru, a] (col) ADJ finicky ▶ M/F fusspot
frieira ['frjejra] F chilblain

frieza ['frjeza] F coldness; (*indiferença*) coolness
frigideira [friʒi'dejra] F frying pan
frigidez [friʒi'deʒ] F frigidity
frígido, -a ['friʒidu, a] ADJ frigid
frigir [fri'ʒir] VT to fry
frigorífico [frigo'rifiku] M refrigerator; (*congelador*) freezer
frincha ['frĩʃa] F chink, slit
frio, -a ['friu, a] ADJ cold; (*col*) forged ▶ M coldness; **frios** MPL (*Culin*) cold meats; **estou com ~** I'm cold; **faz** *ou* **está ~** it's cold
friorento, -a [frjo'rẽtu, a] ADJ (*pessoa*) sensitive to the cold; (*lugar*) chilly
frisar [fri'zar] VT (*encrespar*) to curl; (*salientar*) to emphasize
Frísia ['frizja] F: **a ~** Frisia
friso ['frizu] M border; (*na parede*) frieze; (*Arq*) moulding (BRIT), molding (US)
fritada [fri'tada] F fry-up; **dar uma ~ em algo** to fry sth
fritar [fri'tar] VT to fry
fritas ['fritas] FPL French fries, chips (BRIT)
frito, -a ['fritu, a] ADJ fried; (*col*): **estar ~** to be done for
fritura [fri'tura] F fried food
frivolidade [frivoli'dadʒi] F frivolity
frívolo, -a ['frivolu, a] ADJ frivolous
fronha ['frɔɲa] F pillowcase
front [frõ] (*pl* **-s**) M (*Mil, fig*) front
fronte ['frõtʃi] F (*Anat*) forehead, brow
fronteira [frõ'tejra] F frontier, border
fronteiriço, -a [frõtej'risu, a] ADJ frontier *atr*
fronteiro, -a [frõ'tejru, a] ADJ front
frontispício [frõtʃis'pisju] M (*de edifício*) main façade; (*de livro*) frontispiece; (*rosto*) face
frota ['frɔta] F fleet
frouxo, -a ['froʃu, a] ADJ loose; (*corda*) slack; (*fraco*) weak; (*indolente*) slack; (*col: condescendente*) soft
frufru [fru'fru] M (*enfeite*) ruff
frugal [fru'gaw] (*pl* **-ais**) ADJ frugal
fruição [frwi'sãw] F enjoyment
fruir ['frwir] VT to enjoy ▶ VI: **~ de algo** to enjoy sth
frustração [frustra'sãw] F frustration
frustrado, -a [frus'tradu, a] ADJ frustrated; (*planos*) thwarted
frustrante [frus'trãtʃi] ADJ frustrating
frustrar [frus'trar] VT to frustrate
fruta ['fruta] F fruit
fruta-do-conde (*pl* **frutas-do-conde**) F sweetsop
fruta-pão (*pl* **frutas-pães** *ou* **frutas-pão**) F breadfruit
fruteira [fru'tejra] F fruit bowl
frutífero, -a [fru'tʃiferu, a] ADJ (*proveitoso*) fruitful; (*árvore*) fruit-bearing
fruto ['frutu] M (*Bot*) fruit; (*resultado*) result, product; **dar ~** (*fig*) to bear fruit
fubá [fu'ba] M corn meal
fubeca [fu'bɛka] (*col*) F thrashing
fubica [fu'bika] (*col*) F heap, jalopy

fuçar [fu'sar] VI: **~ em algo** (*remexer*) to rummage in sth; (*meter-se*) to meddle in sth
fuças ['fusas] (*col*) FPL face *sg*, chops
fuga ['fuga] F flight, escape; (*da prisão*) escape; (*de namorados*) elopement; (*Mús*) fugue
fugacíssimo, -a [fuga'sisimu, a] ADJ SUPERL *de* **fugaz**
fugaz [fu'gaz] ADJ fleeting
fugida [fu'ʒida] F sortie; **dar uma ~** *ou* **fugidinha** to pop out for a moment
fugir [fu'ʒir] VI to flee, escape; (*prisioneiro*) to escape; (*criança: de casa*) to run away; (*namorados*) to elope; **~ a algo** to avoid sth
fugitivo, -a [fuʒi'tʃivu, a] ADJ, M/F fugitive
fui [fuj] VB *ver* **ir**, **ser**
fulano, -a [fu'lanu, a] M/F so-and-so; **~ de tal** what's-his-name/what's-her-name; **~, beltrano e sicrano** Tom, Dick and Harry
fulcro ['fuwkru] M fulcrum
fuleiro, -a [fu'lejru, a] ADJ tacky; (*col*) crappy
fúlgido, -a ['fuwʒidu, a] ADJ brilliant
fulgir [fuw'ʒir] VI to shine
fulgor [fuw'gor] M brilliance
fuligem [fu'liʒẽ] F soot
fulminante [fuwmi'nãtʃi] ADJ (*devastador*) devastating; (*palavras*) scathing
fulminar [fuwmi'nar] VT (*ferir, matar*) to strike down; (*petrificar*) to stop dead; (*aniquilar*) to annihilate ▶ VI to flash with lightning; **fulminado por um raio** struck by lightning
fulo, -a ['fulu, a] ADJ: **estar** *ou* **ficar ~ de raiva** to be furious
fumaça [fu'masa] (BR) F (*de fogo*) smoke; (*de gás*) fumes *pl*; **500 e lá vai ~** (*col*) 500 and then some
fumador, a [fuma'dor(a)] (PT) M/F smoker
fumante [fu'mãtʃi] M/F smoker
fumar [fu'mar] VT, VI to smoke
fumê [fu'me] ADJ INV (*vidro*) smoked
fumo ['fumu] M (PT: *de fogo*) smoke; (: *de gás*) fumes *pl*; (BR: *tabaco*) tobacco; (*fumar*) smoking; (BR *col: maconha*) dope; **~ louro** Virginia tobacco; **puxar ~** (*col*) to smoke dope
FUNABEM [funa'bẽ] (BR) ABR F (= *Fundação Nacional do Bem-Estar do Menor*) children's home
Funai [fu'naj] (BR) ABR F = **Fundação Nacional do Índio**
Funarte [fu'nartʃi] (BR) ABR F = **Fundaçao Nacional de Arte**
Funcep [fũ'sɛpi] (BR) ABR F (= *Fundação Centro de Formação do Servidor Público*) civil service training centre
funcho ['fũʃu] M (*Bot*) fennel
funcional [fũsjo'naw] (*pl* **-ais**) ADJ functional
funcionalismo [fũsjona'lizmu] M: **~ público** civil service
funcionamento [fũsjona'mẽtu] M functioning, working; **pôr em ~** to set going, start

funcionar [fũsjo'nar] vi to function; (*máquina*) to work, run; (*dar bom resultado*) to work
funcionário, -a [fũsjo'narju, a] M/F official; **~ (público)** civil servant
funções [fũ'sõjs] FPL *de* **função**
fundação [fũda'sãw] (*pl* **-ões**) F foundation
fundador, a [fũda'dor(a)] M/F founder ▶ ADJ founding
fundamental [fũdamẽ'taw] (*pl* **-ais**) ADJ fundamental, basic
fundamentar [fũdamẽ'tar] VT (*argumento*) to substantiate; (*basear*): **~ (em)** to base (on)
fundamento [fũda'mẽtu] M (*fig*) foundation, basis; (*motivo*) motive; **sem ~** groundless
fundar [fũ'dar] VT to establish, found; (*basear*) to base; **fundar-se** VR: **~-se em** to be based on
fundear [fũ'dʒjar] VI to anchor
fundição [fũdʒi'sãw] (*pl* **-ões**) F fusing; (*fábrica*) foundry
fundilho [fũ'dʒiʎu] M (*da calça*) seat
fundir [fũ'dʒir] VT to fuse; (*metal*) to smelt, melt down; (*Com: empresas*) to merge; (*em molde*) to cast; **fundir-se** VR (*derreter-se*) to melt; (*juntar-se*) to merge, fuse; (*Com*) to merge; **~ a cuca** to crack up
fundo, -a ['fũdu, a] ADJ deep; (*fig*) profound; (*col: ignorante*) ignorant; (*: despreparado*) hopeless ▶ M (*do mar, jardim*) bottom; (*profundidade*) depth; (*base*) basis; (*da loja, casa, do papel*) back; (*de quadro*) background; (*de dinheiro*) fund ▶ ADV deeply; **fundos** MPL (*Com*) funds; (*da casa etc*) back *sg*; **a ~** thoroughly; **ao ~** in the background; **ir ao ~** (*navio*) to sink, go down; **no ~** (*de caixa etc*) at the bottom; (*da casa etc*) at the back; (*de quadro*) in the background; (*fig*) basically, at bottom; **sem ~** (*poço*) bottomless; **dar ~s para** (*casa etc*) to back on to; **~ de contingência** contingency fund; **~ de investimento** investment fund; **F~ Monetário Internacional** International Monetary Fund
fundura [fũ'dura] F depth; (*col*) ignorance
fúnebre ['funebri] ADJ funeral *atr*, funereal; (*fig: triste*) gloomy, lugubrious
funeral [fune'raw] (*pl* **-ais**) M funeral
funerário, -a [fune'rarju, a] ADJ funeral *atr*; **casa funerária** undertakers *pl*
funesto, -a [fu'nɛstu, a] ADJ (*fatal*) fatal; (*infausto*) disastrous; (*notícia*) fateful
fungar [fũ'gar] VT, VI to sniff
fungo ['fũgu] M (*Bot*) fungus
funil [fu'niw] (*pl* **-is**) M funnel
Funrural [fũhu'raw] (BR) ABR M = **Fundo de Assistência e Previdência ao Trabalhador Rural**
Funtevê [fũte've] ABR F = **Fundação Centro-Brasileira de TV Educativa**
fura-bolo ['fura-] (*pl* **fura-bolos**) (*col*) M index finger
furacão [fura'kãw] (*pl* **-ões**) M hurricane; **entrar/sair como um ~** to stomp in/out

furado, -a [fu'radu, a] ADJ perforated; (*pneu*) flat; (*orelha*) pierced; (*col: programa*) crummy
furão, -rona [fu'rãw, 'rɔna] (*pl* **-ões/-s**) M ferret ▶ M/F (*col*) go-getter ▶ ADJ (*col*) hard-working, dynamic
furar [fu'rar] VT (*perfurar*) to bore, to perforate; (*penetrar*) to penetrate; (*greve*) to break; (*frustrar*) to foil; (*fila*) to jump ▶ VI (*col: programa*) to fall through
furdúncio [fur'dũsju] (*col*) M commotion
furgão [fur'gãw] (*pl* **-ões**) M van
furgoneta [furgo'neta] (PT) F van
fúria ['furja] F fury, rage; **estar uma ~** to be furious
furibundo, -a [furi'bũdu, a] ADJ furious
furioso, -a [fu'rjozu, ɔza] ADJ furious
furo ['furu] M hole; (*num pneu*) puncture; **~ jornalístico** scoop; **dar um ~** (*col*) to make a blunder; **estar muitos ~s acima de algo** (*fig*) to be a cut above sth, be a lot better than sth
furões [fu'rõjs] MPL *de* **furão**
furona [fu'rɔna] F *de* **furão**
furor [fu'ror] M fury, rage; **causar ~** to cause a furore; **fazer ~** to be all the rage
furta-cor ['furta-] (*pl* **furta-cores**) ADJ iridescent ▶ M iridescence
furtar [fur'tar] VT, VI to steal; **furtar-se** VR: **~-se a** to avoid, evade
furtivo, -a [fur'tʃivu, a] ADJ furtive, stealthy
furto ['furtu] M theft
furúnculo [fu'rũkulu] M (*Med*) boil
fusão [fu'zãw] (*pl* **-ões**) F fusion; (*Com*) merger; (*derretimento*) melting; (*união*) union
fusca ['fuska] (*col*) M (VW) beetle
fusco, -a ['fusku, a] ADJ dark, dusky
fuselagem [fuze'laʒẽ] (*pl* **-ns**) F fuselage
fusível [fu'zivew] (*pl* **-eis**) M (*Elet*) fuse
fuso ['fuzu] M (*Tec*) spindle; **~ horário** time zone
fusões [fu'zõjs] FPL *de* **fusão**
fustão [fus'tãw] M corduroy
fustigar [fustʃi'gar] VT (*açoitar*) to flog, whip; (*suj: vento*) to lash; (*maltratar*) to lash out at
futebol [futʃi'bɔw] M football; **~ de salão** indoor football; **~ totó** table football; **fazer um ~ de algo** (*col*) to get sth all mixed up
futevôlei [futʃi'volej] M *see note*

> **Futevôlei** is a type of volleyball in which the ball is allowed to touch only the feet, legs, trunk and head of the players. It is very popular on the beaches of Rio de Janeiro, where tournaments take place during the summer in which many famous footballers take part.

fútil ['futʃiw] (*pl* **-eis**) ADJ (*pessoa*) superficial, shallow; (*insignificante*) trivial
futilidade [futʃili'dadʒi] F (*de pessoa*) shallowness; (*insignificância*) triviality; (*coisa fútil*) trivial thing
futurismo [futu'rizmu] M futurism

futuro, -a [fu'turu, a] ADJ future ▶ M future; **no ~** in the future; **num ~ próximo** in the near future
fuxicar [fuʃi'kar] VI to gossip
fuxico [fu'ʃiku] M piece of gossip
fuxiqueiro, -a [fuʃi'kejru, a] M/F gossip ▶ ADJ gossipy
fuzil [fu'ziw] (*pl* **-is**) M rifle

fuzilamento [fuzila'mẽtu] M shooting
fuzilante [fuzi'lãtʃi] ADJ (*olhos*) blazing
fuzilar [fuzi'lar] VT to shoot ▶ VI (*olhos*) to blaze; (*pessoa*) to fume
fuzileiro, -a [fuzi'lejru, a] M/F: **~ naval** (*Mil*) marine
fuzis [fu'zis] MPL *de* **fuzil**
fuzuê [fu'zwe] M commotion

Gg

G, g [ʒe] (pl **gs**) M G, g; **G de Gomes** G for George
g. ABR (= *grama*) gr.; (= *grau*) deg.
Gabão [ga'bãw] M: **o ~** Gabon
gabar [ga'bar] VT to praise; **gabar-se** VR: **~-se de** to boast about
gabardine [gabar'dʒini] F gabardine
gabaritado, -a [gabari'tadu, a] ADJ (*pessoa*) well-qualified
gabarito [gaba'ritu] M (*fig*): **ter ~ para** to have the ability to; **de ~** (of) high calibre *atr* (BRIT) *ou* caliber *atr* (US)
gabinete [gabi'netʃi] M (*Com*) office; (*escritório*) study; (*Pol*) cabinet
gado ['gadu] M livestock; (*bovino*) cattle *pl*; **~ leiteiro** dairy cattle *pl*; **~ suíno** pigs *pl*
gaélico, -a [ga'ɛliku, a] ADJ Gaelic ▶ M (*Ling*) Gaelic
gafanhoto [gafa'ɲotu] M grasshopper
gafe ['gafi] F gaffe, faux pas; **dar** *ou* **cometer uma ~** to make a faux pas
gafieira [ga'fjejra] (*col*) F (*lugar*) dive; (*baile*) knees-up
gagá [ga'ga] ADJ senile
gago, -a ['gagu, a] ADJ stuttering ▶ M/F stutterer
gagueira [ga'gejra] F stutter
gaguejar [gage'ʒar] VI to stammer, stutter ▶ VT (*resposta*) to stammer
gaiato, -a [ga'jatu, a] ADJ funny
gaiola [ga'jɔla] F (*para pássaro*) cage; (*cadeia*) jail ▶ M (*barco*) riverboat
gaita ['gajta] F harmonica; (*col: dinheiro*) cash, dough; **cheio/a da ~** (*col*) loaded; **solta a ~!** (*col*) hand over your cash!; **~ de foles** bagpipes *pl*
gaivota [gaj'vɔta] F seagull
gajo ['gaʒu] (PT *col*) M guy, fellow
gala ['gala] F: **traje de ~** evening dress; **festa de ~** gala
galã [ga'lã] M (*ator*) leading man; (*fig*) ladies' man
galalau [gala'law] M giant
galante [ga'lãtʃi] ADJ (*gracioso*) graceful; (*gentil*) gallant
galanteador [galãtʃja'dor] M suitor, admirer
galantear [galã'tʃjar] VT to court, woo
galanteio [galã'teju] M wooing
galantina [galã'tʃina] F (*Culin*): **~ de galinha** chicken galantine
galão [ga'lãw] (pl **-ões**) M (*Mil*) stripe; (*medida*) gallon; (PT: *café*) white coffee; (*passamanaria*) braid
Galápagos [ga'lapagus] N: **(as) Ilhas ~** (the) Galapagos Islands
galardão [galar'dãw] (pl **-ões**) M reward
galardoar [galar'dwar] VT: **~ alguém (com algo)** to reward sb (with sth)
galardões [galar'dõjs] MPL *de* **galardão**
galáxia [ga'laksja] M galaxy
galé [ga'lɛ] F (*Náut*) galley ▶ M galley slave
galego, -a [ga'legu, a] ADJ Galician ▶ M/F Galician; (*col, pej*) Portuguese ▶ M (*Ling*) Galician
galera [ga'lɛra] F (*Náut*) galley; (*col: pessoas, público*) crowd
galeria [gale'ria] F gallery; (*Teatro*) circle; (*para águas pluviais*) storm drain
Gales ['galis] M: **País de ~** Wales
galês, -esa [ga'les, eza] ADJ Welsh ▶ M/F Welshman/woman ▶ M (*Ling*) Welsh; **os galeses** MPL the Welsh
galeto [ga'letu] M spring chicken
galgar [gaw'gar] VT (*saltar*) to leap over; (*subir*) to climb up
galgo ['gawgu] M greyhound
galhardia [gaʎar'dʒia] F (*elegância*) elegance; (*bravura, gentileza*) gallantry; **com ~** gallantly
galhardo, -a [ga'ʎardu, a] ADJ (*elegante*) elegant; (*bravo, gentil*) gallant
galheteiro [gaʎe'tejru] M cruet
galho [ga'ʎu] M (*de árvore*) branch; (*col: bico*) part-time job; (: *problema*): **dar o ~** to cause trouble; **quebrar um** *ou* **o ~** to sort it out
galicismo [gali'sizmu] M Gallicism
galináceos [gali'nasjus] MPL poultry *sg*
galinha [ga'liɲa] F hen; (*Culin, fig: covarde*) chicken; (*fig: puta*) slut; **a ~ do vizinho é sempre mais gorda** (*fig*) the grass is always greener (on the other side of the fence); **matar a ~ dos ovos de ouro** (*fig*) to kill the goose that lays the golden egg
galinha-d'angola (pl **galinhas-d'angolas**) F guinea fowl
galinha-morta (pl **galinhas-mortas**) (*col*) F (*pechincha*) bargain; (*coisa fácil*) piece of cake ▶ M/F (*pessoa*) weakling

galinheiro [gali'ɲejru] M (*lugar*) hen-house
galo ['galu] M cock, rooster; (*inchação*) bump; **missa do ~** midnight mass; **ouvir cantar o ~ e não saber onde** (*fig*) to jump to conclusions; **~ de briga** fighting cock; (*fig: pessoa*) troublemaker
galocha [ga'lɔʃa] F (*bota*) Wellington (boot)
galões [ga'lõjs] MPL *de* **galão**
galopante [galo'pãtʃi] ADJ (*fig: inflação*) galloping; (: *doença*) rampant
galopar [galo'par] VI to gallop
galope [ga'lɔpi] M gallop
galpão [gaw'pãw] (*pl* **-ões**) M shed
galvanizar [gawvani'zar] VT to galvanize
gama ['gama] F (*Mús*) scale; (*fig*) range; (*Zool*) doe
gamado, -a [ga'madu, a] (*col*) ADJ: **ser** *ou* **estar ~ por** to be crazy about
gamão [ga'mãw] M backgammon
gamar [ga'mar] (*col*) VI: **~ (por)** to fall in love (with)
gambá [gã'ba] M (*Zool*) opossum; **bêbado como um ~** (*col*) pissed as a newt
Gâmbia ['gãbja] M: **o ~** (the) Gambia
gambito [gã'bitu] M (*Xadrez etc*) gambit; (*col: perna*) pin
game ['geimi] M computer game
gamo ['gamu] M (fallow) deer
Gana ['gana] M Ghana
gana ['gana] F (*desejo*) craving, desire; (*ódio*) hate; **ter ~s de (fazer) algo** to feel like (doing) sth; **ter ~ de alguém** to hate sb
ganância [ga'nãsja] F greed
ganancioso, -a [ganã'sjozu, ɔza] ADJ greedy
gancho ['gãʃu] M hook; (*de calça*) crotch
gandaia [gã'daja] F (*vadiagem*) idling; (*farra*) living it up; **viver na ~** to lead the life of Riley; **cair na ~** to live it up
Ganges ['gãʒis] M: **o ~** the Ganges
gânglio ['gãglju] M (*Med*) ganglion
gangorra [gã'goha] F seesaw
gangrena [gã'grena] F gangrene
gangrenar [gãgre'nar] VI to go gangrenous
gângster ['gãŋster] M gangster
gangue ['gãgi] (*col*) F gang
ganhador, a [gaɲa'dor(a)] ADJ winning ▶ M/F winner
ganha-pão ['gaɲa-] (*pl* **-pães**) M living, livelihood
ganhar [ga'ɲar] VT to win; (*salário*) to earn; (*adquirir*) to get; (*lugar*) to reach; (*lucrar*) to gain ▶ VI to win; **~ de alguém** (*num jogo*) to beat sb; **~ a alguém em algo** to outdo sb in sth; **~ tempo** to gain time; **~ a vida** to earn a living; **sair ganhando** to come out better off, come off better; **ganhei o dia** (*fig*) it made my day
ganho ['gaɲu] PP *de* **ganhar** ▶ M (*lucro*) profit, gain; **ganhos** MPL (*ao jogo*) winnings; **~ de capital** (*Com*) capital gain
ganido [ga'nidu] M (*de cão*) yelp; (*de pessoa*) squeal
ganir [ga'nir] VI (*cão*) to yelp; (*pessoa*) to squeal

▶ VT (*gemido, gritos*) to let out
ganso, -a ['gãsu, a] M/F goose
garagem [ga'raʒẽ] (*pl* **-ns**) F garage
garagista [gara'ʒista] M/F garage owner
garanhão [gara'ɲãw] (*pl* **-ões**) M stallion; (*col: homem*) stud
garantia [garã'tʃia] F guarantee; (*de dívida*) surety; **estar na ~** (*compra*) to be under guarantee; **empréstimo sem ~** (*Com*) unsecured loan
garantir [garã'tʃir] VT to guarantee; **garantir-se** VR: **~-se contra algo** to defend o.s. against sth; **~ algo (a alguém)** (*prometer*) to promise (sb) sth; **~ que ...** to maintain that ...; **~ a alguém que ...** to assure sb that ...; **~ alguém contra algo** to defend sb against sth
garatujar [garatu'ʒar] VT to scribble, scrawl
garbo ['garbu] M (*elegância*) elegance; (*distinção*) distinction
garboso, -a [gar'bozu, ɔza] ADJ (*elegante*) elegant; (*distinto*) distinguished
garça ['garsa] F heron
garçom [gar'sõ] (*pl* **-ns**) (BR) M waiter
garçonete [garso'netʃi] (BR) F waitress
garçonnière [garso'njɛr] F love nest
garçons [gar'sõs] MPL *de* **garçom**
garfada [gar'fada] F forkful
garfo ['garfu] M fork; **ser um bom ~** (*fig*) to enjoy one's food
gargalhada [garga'ʎada] F burst of laughter; **rir às ~s** to roar with laughter; **dar** *ou* **soltar uma ~** to burst out laughing; **~ homérica** guffaw
gargalo [gar'galu] M (*tb fig*) bottleneck
garganta [gar'gãta] F (*Anat*) throat; (*Geo*) gorge, ravine ▶ M/F (*col*) braggart, loudmouth ▶ ADJ (*col*) loudmouth(ed); **limpar a ~** to clear one's throat; **molhar a ~** (*col*) to wet one's whistle; **aquilo não me passou pela ~** (*fig*) that stuck in my craw
gargantilha [gargã'tʃiʎa] F choker
gargarejar [gargare'ʒar] VI to gargle
gargarejo [garga'reʒu] M (*ato*) gargling; (*líquido*) gargle
gari [ga'ri] M/F (*na rua*) road sweeper (BRIT); street sweeper (US); (*lixeiro*) dustman (BRIT), garbage man (US)
garimpar [garĩ'par] VI to prospect
garimpeiro [garĩ'pejru] M prospector
garoa [ga'roa] F drizzle
garoar [ga'rwar] VI to drizzle
garotada [garo'tada] F: **a ~** the kids *pl*
garoto, -a [ga'rotu, a] M/F boy/girl ▶ M (BR: *chope*) small beer; (PT: *café*) coffee with milk; **garota de programa** (*col*) prostitute
garoto-propaganda, garota-propaganda (*pl* **garotos-propaganda/garotas-propaganda**) M/F poster boy/girl
garoupa [ga'ropa] F (*peixe*) grouper
garra ['gaha] F claw; (*de ave*) talon; (*fig: entusiasmo*) enthusiasm, drive; **garras** FPL (*fig*) clutches

garrafa [ga'hafa] F bottle
garrafada [gaha'fada] F: **dar uma ~ em alguém** to hit sb with a bottle
garrafão [gaha'fãw] (*pl* **-ões**) M flagon
garrancho [ga'hãʃu] M scrawl
garrido, -a [ga'hidu, a] ADJ (*elegante*) smart; (*alegre*) lively; (*vistoso*) showy; (*gracioso*) pretty
garrote [ga'hɔtʃi] M (*Med*) tourniquet; (*tortura*) garrote
garupa [ga'rupa] F (*de cavalo*) hindquarters *pl*; (*de moto*) back seat; **andar na ~** (*de moto*) to ride pillion
gás [gajs] M gas; **gases** MPL (*do intestino*) wind *sg*; **~ natural** natural gas; **~ de efeito estufa** greenhouse gas
gaseificar [gazejfi'kar] VT to vaporize; **gaseificar-se** VR to vaporize
gasoduto [gazo'dutu] M gas pipeline
gasóleo [ga'zɔlju] M diesel oil
gasolina [gazo'lina] F petrol (BRIT), gas(oline) (US)
gasômetro [ga'zometru] M gasometer
gasosa [ga'zɔza] F fizzy drink, soda pop (US)
gasoso, -a [ga'zozu, ɔza] ADJ (*Quím*) gaseous; (*água*) sparkling; (*bebida*) fizzy
gáspea ['gaspja] F (*de sapato*) upper
gastador, -deira [gasta'dor, 'dejra] ADJ, M/F spendthrift
gastar [gas'tar] VT (*dinheiro, tempo*) to spend; (*gasolina, electricidade*) to use; (*roupa, sapato*) to wear out; (*salto, piso etc*) to wear down; (*saúde*) to damage; (*desperdiçar*) to waste ▶ VI to spend; to wear out; to wear down; **gastar-se** VR to wear out; to wear down
gasto, -a ['gastu, a] PP *de* **gastar** ▶ ADJ (*dinheiro, tempo, energias*) spent; (*frase*) trite; (*sapato etc, fig: pessoa*) worn out; (*salto, piso*) worn down ▶ M (*despesa*) expense; **gastos** MPL (*Com*) expenses, expenditure *sg*; **~s públicos** public spending *sg*; **dar para o ~** (*col*) to do, be OK
gastrenterite [gastrēte'ritʃi] F (*Med*) gastroenteritis
gástrico, -a ['gastriku, a] ADJ gastric
gastrite [gas'tritʃi] F (*Med*) gastritis
gastronomia [gastrono'mia] F gastronomy
gastronômico, -a [gastro'nomiku, a] ADJ gastronomic
gata ['gata] F (she-)cat; (*col: mulher*) sexy lady; **andar de ~s** (PT) to go on all fours; **~ borralheira** Cinderella; (*mulher*) stay-at-home
gatão [ga'tãw] (*pl* **-ões**) (*col*) M (*homem*) hunk
gatilho [ga'tʃiʎu] M trigger
gatinha [ga'tʃiɲa] F (*col: mulher*) sexy lady
gatinhas [ga'tʃiɲas] FPL: **andar de ~** (BR) to go on all fours
gato ['gatu] M cat; (*col: homem*) dish, hunk; **ter um ~** (*col*) to have kittens; **~ escaldado tem medo de água fria** once bitten, twice shy; **~ montês** wild cat
gatões [ga'tõjs] MPL *de* **gatão**

597 | **garrafa – generalidade**

gato-sapato M: **fazer alguém de ~** to walk all over sb, treat sb like a doormat
gatos-pingados MPL stalwarts
GATT ABR M (= *Acordo Geral sobre Tarifas Aduaneiras e Comércio*) GATT
gatuno, -a [ga'tunu, a] ADJ thieving ▶ M/F thief
gaúcho, -a [ga'uʃu, a] ADJ from Rio Grande do Sul ▶ M/F native of Rio Grande do Sul
gaveta [ga'veta] F drawer
gavetão [gave'tãw] (*pl* **-ões**) M big drawer
gavião [ga'vjãw] (*pl* **-ões**) M hawk
Gaza ['gaza] F: **a faixa de ~** the Gaza Strip
gaza ['gaza] F = **gaze**
gaze ['gazi] F gauze
gazela [ga'zɛla] F gazelle
gazeta [ga'zeta] F (*jornal*) newspaper, gazette; **fazer ~** to play truant
gazua [ga'zua] F skeleton key
GB ABR (= *Guanabara*) former state, now Rio de Janeiro
geada ['ʒjada] F frost
geladeira [ʒela'dejra] (BR) F refrigerator, icebox (US)
gelado, -a [ʒe'ladu, a] ADJ frozen; (*vento*) chilling ▶ M (PT: *sorvete*) ice cream
gelar [ʒe'lar] VT to freeze; (*vinho etc*) to chill ▶ VI to freeze
gelatina [ʒela'tʃina] F gelatine; (*sobremesa*) jelly (BRIT), Jell-O® (US)
gelatinoso, -a [ʒelatʃi'nozu, ɔza] ADJ gooey
geleia [ʒe'lɛja] F jam
geleira [ʒe'lejra] F (*Geo*) glacier
gélido, -a ['ʒɛlidu, a] ADJ chill, icy
gelo ['ʒelu] ADJ INV light grey (BRIT) *ou* gray (US) ▶ M ice; (*cor*) light grey (BRIT) *ou* gray (US); **quebrar o ~** (*fig*) to break the ice; **hoje está um ~** it's freezing today; **dar o ~ em alguém** (*col*) to give sb the cold shoulder
gelo-seco M dry ice
gema ['ʒema] F (*de ovo*) yolk; (*pedra preciosa*) gem; **ser da ~** to be genuine; **ela é paulista da ~** she's a real Paulista
gemada [ʒe'mada] F eggnog
gêmeo, -a ['ʒemju, a] ADJ, M/F twin; **Gêmeos** MPL (*Astrologia*) Gemini *sg*
gemer [ʒe'mer] VT (*canção*) to croon ▶ VI (*de dor*) to groan, moan; (*lamentar-se*) to wail, howl; (*animal*) to whine; (*vento*) to howl
gemido [ʒe'midu] M groan, moan; (*lamento*) wail; (*de animal*) whine
gen. ABR (= *general*) Gen
gene ['ʒeni] M gene
genealogia [ʒenjalo'ʒia] F genealogy
genealógico, -a [ʒenja'lɔʒiku, a] ADJ genealogical; **árvore genealógica** family tree
Genebra [ʒe'nɛbra] N Geneva
genebra [ʒe'nɛbra] (PT) F gin
general [ʒene'raw] (*pl* **-ais**) M (*Mil*) general
generalidade [ʒenerali'dadʒi] F generality; (*maioria*) majority; **generalidades** FPL (*princípios*) basics, principles

generalização [ʒeneraliza'sãw] (*pl* **-ões**) F generalization

generalizar [ʒenerali'zar] VT (*propagar*) to propagate ▶ VI to generalize; **generalizar-se** VR to become general, spread

genérico, -a [ʒe'nɛriku, a] ADJ generic

gênero ['ʒeneru] M (*espécie*) type, kind; (*Literatura*) genre; (*Bio*) genus; (*Ling*) gender; **gêneros** MPL (*produtos*) goods; **~s alimentícios** foodstuffs; **~s de primeira necessidade** essentials; **~ de vida** way of life; **~ humano** humankind, human race; **essa roupa/ele não faz o meu ~** this outfit is not my style/he is not my type

generosidade [ʒenerozi'dadʒi] F generosity

generoso, -a [ʒene'rozu, ɔza] ADJ generous

gênese ['ʒenezi] F origin, beginning; **G~** (*Rel*) Genesis

genética [ʒe'nɛtʃika] F genetics *sg*

genético, -a [ʒe'nɛtʃiku, a] ADJ genetic

gengibre [ʒẽ'ʒibri] M ginger

gengiva [ʒẽ'ʒiva] F (*Anat*) gum

genial [ʒe'njaw] (*pl* **-ais**) ADJ inspired; (*ideia*) brilliant; (*col*) terrific, fantastic

gênio ['ʒenju] M (*temperamento*) nature; (*irascibilidade*) temper; (*talento, pessoa*) genius; **de bom ~** good-natured; **de mau ~** bad-tempered; **um cientista de ~** a scientific genius, a genius at science

genioso, -a [ʒe'njozu, ɔza] ADJ short-tempered

genital [ʒeni'taw] (*pl* **-ais**) ADJ: **órgãos genitais** genitals *pl*

genitivo [ʒeni'tʃivu] M (*Ling*) genitive

genitora [ʒeni'tora] F mother

genocídio [ʒeno'sidʒju] M genocide

genoma [ʒe'noma] M genome

genro ['ʒẽhu] M son-in-law

gentalha [ʒẽ'taʎa] F rabble

gente ['ʒẽtʃi] F (*pessoas*) people *pl*; (*col*) folks *pl*; (*família*) folks *pl*, family; (*col: alguém*): **tem ~ batendo à porta** there's somebody knocking at the door; **a ~** (*nós: suj*) we; (: *obj*) us; **~!** (*exprime admiração, surpresa*) gosh!; **vai com a ~** come with us; **a casa da ~** our house; **toda a ~** everybody; **ficar ~** to grow up; **ser ~** (*ser alguém*) to be somebody; **também ser ~** (*col*) to be as good as anyone else; **ser ~ boa** *ou* **fina** (*col*) to be a nice person; **a ~ bem** the upper crust; **~ grande** grown-ups *pl*; **oi/tchau, ~!** hi/bye, folks!

gentil [ʒẽ'tʃiw] (*pl* **-is**) ADJ kind

gentileza [ʒẽtʃi'leza] F kindness; **por ~** if you please; **tenha a ~ de fazer ...** would you be so kind as to do ...?

gentinha [ʒẽ'tʃiɲa] F rabble

gentio, -a [ʒẽ'tʃiu, a] ADJ, M/F heathen

gentis [ʒe'tʃis] ADJ PL *de* **gentil**

genuflexão [ʒenuflek'sãw] (*pl* **-ões**) F (*Rel*) genuflection

genuíno, -a [ʒe'nwinu, a] ADJ genuine

geofísica [ʒeo'fizika] F geophysics *sg*

geografia [ʒeogra'fia] F geography

geográfico, -a [ʒeo'grafiku, a] ADJ geographical

geógrafo, -a [ʒe'ɔgrafu, a] M/F geographer

geologia [ʒeolo'ʒia] F geology

geólogo, -a [ʒe'ɔlogu, a] M/F geologist

geometria [ʒeome'tria] F geometry

geométrico, -a [ʒeo'mɛtriku, a] ADJ geometrical

geopolítico, -a [ʒeopo'litʃiku, a] ADJ geopolitical

Geórgia ['ʒɔrʒa] F: **a ~** Georgia

georgiano, -a [ʒor'ʒanu, a] ADJ, M/F Georgian

geração [ʒera'sãw] (*pl* **-ões**) F (*tb Tec*) generation; **computadores de quarta ~** fourth-generation computers

gerador, a [ʒera'dor(a)] ADJ: **~ de algo** causing sth ▶ M/F (*produtor*) creator ▶ M (*Tec*) generator

geral [ʒe'raw] (*pl* **-ais**) ADJ general ▶ F (*Teatro*) gallery; (*revisão*) general overhaul; **dar uma ~ em algo** (*col*) to have a blitz on sth; **em ~** in general, generally; **de um modo ~** on the whole

geralmente [ʒeraw'mẽtʃi] ADV generally, usually

gerânio [ʒe'ranju] M geranium

gerar [ʒe'rar] VT (*produzir*) to produce; (*filhos*) to beget; (*causar: ódios etc*) to engender, cause; (*eletricidade*) to generate

gerativo, -a [ʒera'tʃivu, a] ADJ generative

gerência [ʒe'rẽsja] F management

gerenciador [ʒerẽsja'dor] M: **~ de banco de dados** (*Comput*) database manager

gerencial [ʒerẽ'sjaw] (*pl* **-ais**) ADJ management *atr*

gerenciar [ʒerẽ'sjar] VT, VI to manage

gerente [ʒe'rẽtʃi] ADJ managing ▶ M/F manager

gergelim [ʒerʒe'lĩ] M (*Bot*) sesame

geriatria [ʒerja'tria] F geriatrics *sg*

geriátrico, -a [ʒe'rjatriku, a] ADJ geriatric

geringonça [ʒerĩ'gõsa] F contraption

gerir [ʒe'rir] VT to manage, run

germânico, -a [ʒer'maniku, a] ADJ Germanic

germe ['ʒermi] M (*embrião*) embryo; (*micróbio*) germ; (*fig*) origin; **o ~ de uma ideia** the germ of an idea

germicida [ʒermi'sida] ADJ germicidal ▶ M germicide

germinação [ʒermina'sãw] F germination

germinar [ʒermi'nar] VI (*semente*) to germinate; (*fig*) to develop

gerontologia [ʒerõtolo'ʒia] F gerontology

gerúndio [ʒe'rũdʒju] M (*Ling*) gerund

gesso ['ʒesu] M plaster (of Paris)

gestação [ʒesta'sãw] F gestation

gestante [ʒes'tãtʃi] F pregnant woman

gestão [ʒes'tãw] F management

gesticular [ʒestʃiku'lar] VI to make gestures, gesture ▶ VT: **~ um adeus** to wave goodbye

gesto ['ʒɛstu] M gesture; **fazer ~s** to gesture

gibi [ʒi'bi] (*col*) M comic; **não estar no ~** (*fig*) to be incredible *ou* amazing

Gibraltar [ʒibraw'tar] F Gibraltar
gigabyte [ʒiga'bajtʃi] M gigabyte
gigante, -a [ʒi'gãtʃi, a] ADJ gigantic, huge ▶ M giant
gigantesco, -a [ʒigã'tesku, a] ADJ gigantic
gigolô [ʒigo'lo] M gigolo
gilete [ʒi'letʃi] (BR) F (lâmina) razor blade; (col) bisexual, bi
gim [ʒĩ] (pl **-ns**) M gin
ginásio [ʒi'nazju] M (para ginástica) gymnasium; (escola) secondary (BRIT) ou high (US) school
ginasta [ʒi'nasta] M/F gymnast
ginástica [ʒi'nastʃika] F (competitiva) gymnastics sg; (para fortalecer o corpo) keep-fit
ginecologia [ʒinekolo'ʒia] F gynaecology (BRIT), gynecology (US)
ginecologista [ʒinekolo'ʒista] M/F gynaecologist (BRIT), gynecologist (US)
ginete [ʒi'netʃi] M thoroughbred
gingar [ʒĩ'gar] VI to sway
ginja ['ʒĩʒa] (PT) F morello cherry
ginjinha [ʒĩ'ʒiɲa] (PT) F cherry brandy
gins [ʒĩs] MPL de **gim**
gira ['ʒira] ADJ crazy
gira-discos (PT) M INV record-player
girafa [ʒi'rafa] F giraffe; (col: pessoa) giant
girar [ʒi'rar] VT to turn, rotate; (como pião) to spin ▶ VI to go round; to spin; (vaguear) to wander; **ele não gira bem** (col) he's not all there
girassol [ʒira'sɔw] (pl **-óis**) M sunflower
giratório, -a [ʒira'tɔrju, a] ADJ revolving; (cadeira) swivel atr
gíria ['ʒirja] F (calão) slang; (jargão) jargon
giro¹ ['ʒiru] M turn; **dar um ~** to go for a wander; (em veículo) to go for a spin; **que ~!** (PT) great!
giro² VB ver **gerir**
giz [ʒiz] M chalk
glacê [gla'se] M icing
glacial [gla'sjaw] (pl **-ais**) ADJ icy
gladiador [gladʒja'dor] M gladiator
glamouroso, -a [glamu'rozu, ɔza] ADJ glamorous
glândula ['glãdula] F gland
glandular [glãdu'lar] ADJ glandular
gleba ['glɛba] F field
glicerina [glise'rina] F glycerine
glicose [gli'kɔzi] F glucose
global [glo'baw] (pl **-ais**) ADJ (da terra) global; (total) overall; **quantia ~** lump sum
globalização [globaliza'sãw] F globalization
globo ['globu] M globe; **~ ocular** eyeball
globular [globu'lar] ADJ (forma) rounded
glóbulo ['glɔbulu] M (tb: **glóbulo sanguíneo**) corpuscle
glória ['glɔrja] F glory
gloriar-se [glo'rjarsi] VR: **~ de** to boast of
glorificar [glorifi'kar] VT to glorify
glorioso, -a [glo'rjozu, ɔza] ADJ glorious
glosa ['glɔza] F comment

glosar [glo'zar] VT to comment on; (conta) to cancel
glossário [glo'sarju] M glossary
glote ['glɔtʃi] F (Anat) glottis
gluglu [glu'glu] M (de peru) gobble-gobble; (de água) glug-glug
glutão, -tona [glu'tãw, tɔna] (pl **-ões/-s**) ADJ greedy ▶ M/F glutton
glúten ['glutẽ] (pl **-s**) M gluten
glutões [glu'tõjs] MPL de **glutão**
glutona [glu'tɔna] F de **glutão**
gnomo ['gnomu] M gnome
GO ABR = **Goiás**
Goa ['goa] N Goa
godê [go'de] ADJ (saia) flared
goela ['gwɛla] F throat
gogó [go'gɔ] (col) M Adam's apple
goiaba [go'jaba] F guava
goiabada [goja'bada] F guava jelly
goiabeira [goja'bejra] F guava tree
goianense [goja'n(j)ẽsi] ADJ from Goiânia ▶ M/F native of Goiânia
goiano, -a [go'janu, a] ADJ from Goiás ▶ M/F native of Goiás
gol [gow] (pl **-s**) M goal; **marcar um ~** to score a goal
gola ['gɔla] F collar
golaço [go'lasu] M (Futebol) great goal
Golan [go'lã] M: **as colinas de ~** the Golan heights
gole ['gɔli] M gulp, swallow; (pequeno) sip; **de um só ~** at one gulp; **dar um ~** to have a sip
goleada [go'ljada] F (Futebol) convincing win
golear [go'ljar] VT to thrash ▶ VI to win convincingly
goleiro [go'lejru] (BR) M goalkeeper; (col) goalie
golfada [gow'fada] F (jacto) spurt
golfar [gow'far] VT (vomitar) to spit up; (lançar) to throw out ▶ VI (sair) to spurt out; (bebê) to bring up some milk
golfe ['gowfi] M golf; **campo de ~** golf course
golfinho [gow'fiɲu] M (Zool) dolphin
golfista [gow'fista] M/F golfer
golfo ['gowfu] M gulf
golinho [go'liɲu] M sip; **beber algo aos ~s** to sip sth
golo ['golu] (PT) M = **gol**
golpe ['gɔwpi] M (tb fig) blow; (de mão) smack; (de punho) punch; (manobra) ploy; (de vento) gust; **de um só ~** at a stroke; **dar um ~ em alguém** (golpear) to hit sb; (fig: trapacear) to trick sb; **o ~ é fazer ...** the clever thing is to do ...; **dar o ~ do baú** (fig) to marry for money; **~ baixo** (fig, col) dirty trick; **~ (de estado)** coup (d'état); **~ de mestre** masterstroke; **~ de vista** (olhar) glance; (de motorista) eye for distances; **~ mortal** death blow
golpear [gow'pjar] VT to hit; (com navalha) to stab; (com o punho) to punch
golpista [gow'pista] ADJ tricky
golquíper [gow'kiper] M goalkeeper

goma ['gɔma] F (*cola*) gum, glue; (*de roupa*) starch; **~ de mascar** chewing gum
gomo ['gomu] M (*de laranja*) slice
gôndola ['gõdola] F (*Náut*) gondola; (*em supermercado*) basket
gondoleiro [gõdo'lejru] M gondolier
gongo ['gõgu] M gong; (*sineta*) bell
gonorreia [gono'hεja] F (*Med*) gonorrhea
gonzo ['gõzu] M hinge
gorar [go'rar] VT to frustrate, thwart ▶ VI (*plano*) to fail, go wrong
gordo, -a ['gordu, a] ADJ (*pessoa*) fat; (*gordurento*) greasy; (*carne*) fatty; (*fig: quantia*) considerable, ample ▶ M/F fat man/woman; **nunca vi mais ~** (*col*) I've never seen him (*ou* her, them *etc*) before in my life
gorducho, -a [gor'duʃu, a] ADJ plump, tubby ▶ M/F plump person
gordura [gor'dura] F fat; (*derretida*) grease; (*obesidade*) fatness
gordurento, -a [gordu'rẽtu, a] ADJ (*ensebado*) greasy; (*gordo*) fatty
gorduroso, -a [gordu'rozu, ɔza] ADJ (*pele*) greasy; (*comida*) fatty
gorgolejar [gorgole'ʒar] VI to gurgle
gorila [go'rila] M gorilla
gorjear [gor'ʒjar] VI to chirp, twitter
gorjeio [gor'ʒeju] M twittering, chirping
gorjeta [gor'ʒeta] F tip, gratuity
gororoba [goro'rɔba] (*col*) F (*comida*) grub; (*comida ruim*) muck
gorro ['gohu] M cap; (*de lã*) hat
gosma ['gɔzma] F spittle; (*fig*) slime
gosmento, -a [goz'mẽtu, a] ADJ slimy
gostar [gos'tar] VI: **~ de** to like; (*férias, viagem etc*) to enjoy; **gostar-se** VR to like each other; **~ de fazer algo** to like *ou* enjoy doing sth; **eu ~ia de ir** I would like to go; **gosto de sua companhia** I enjoy your company; **gosto de nadar** I like *ou* enjoy swimming; **gostei muito de falar com você** it was very nice talking to you; **~ mais de ...** to prefer ..., to like ... better
gosto ['gostu] M taste; (*prazer*) pleasure; **falta de ~** lack of taste; **a seu ~** to your liking; **com ~** willingly; (*vestir-se*) tastefully; (*comer*) heartily; **de bom/mau ~** in good/bad taste; **para o meu ~** for my liking; **ter ~ de** to taste of; **tenho muito ~ em ...** it gives me a lot of pleasure to ...; **tomar ~ por** to take a liking to
gostosão, -sona [gosto'zaw, 'zɔna] (*pl* **-ões/-s**) (*col*) M/F stunner
gostoso, -a [gos'tozu, ɔza] ADJ (*comida*) tasty; (*agradável*) pleasant; (*cheiro*) lovely; (*risada*) good; (*col: pessoa*) gorgeous ▶ M/F (*col*) cracker; **é ~ viajar** it's really nice to travel
gostosões [gosto'zõjs] MPL *de* **gostosão**
gostosona [gosto'zɔna] F *de* **gostosão**
gostosura [gosto'zura] F: **ser uma ~** (*comida*) to be delicious; (*bebê, jogo etc*) to be lovely
gota ['gɔta] F drop; (*de suor*) bead; (*Med*) gout; **~ a ~** drop by drop; **ser a ~ d'água** *ou* **a última ~** (*fig*) to be the last straw; **ser uma ~ d'água no oceano** (*fig*) to be a drop in the ocean
goteira [go'tejra] F (*cano*) gutter; (*buraco*) leak
gotejante [gote'ʒãtʃi] ADJ dripping
gotejar [gote'ʒar] VT to drip ▶ VI to drip; (*telhado*) to leak
gótico, -a ['gɔtʃiku, a] ADJ Gothic
gotícula [go'tʃikula] F droplet
gourmet [gur'me] (*pl* **-s**) M/F gourmet
governador, a [governador(a)] M/F governor
governamental [governamẽ'taw] (*pl* **-ais**) ADJ government *atr*
governanta [gover'nãta] F (*de casa*) housekeeper; (*de criança*) governess
governante [gover'nãtʃi] ADJ ruling ▶ M/F ruler ▶ F governess
governar [gover'nar] VT (*Pol*) to govern, rule; (*barco*) to steer
governista [gover'nista] ADJ pro-government ▶ M/F government supporter
governo [go'vernu] M government; (*controle*) control; (*Náut*) steering; **para o seu ~** (*col*) for the record, for your information
gozação [goza'sãw] (*pl* **-ões**) F (*desfrute*) enjoyment; (*zombaria*) teasing; (*uma gozação*) joke
gozada [go'zada] F: **dar uma ~ em alguém** to pull sb's leg
gozado, -a [go'zadu, a] ADJ funny; (*estranho*) strange, odd
gozador, a [goza'dor(a)] ADJ (*caçoador*) comical; (*boa-vida*) happy-go-lucky ▶ M/F joker; loafer
gozar [go'zar] VT to enjoy; (*col: rir de*) to make fun of ▶ VI to enjoy o.s.; (*ao fazer sexo*) to have an orgasm; **~ de** to enjoy; to make fun of
gozo ['gozu] M (*prazer*) pleasure; (*uso*) enjoyment, use; (*orgasmo*) orgasm; **estar em pleno ~ de suas faculdades mentais** to be in full possession of one's faculties; **ser um ~** (*ser engraçado*) to be a laugh
G/P ABR (*Com*) = **ganhos e perdas**
GPS ABR M (= *global positioning system*) GPS
gr. ABR = **grátis**; (= *grau*) deg.; (= *gross*) gr.
Grã-Bretanha [grã-bre'taɲa] F Great Britain
graça ['grasa] F (*Rel*) grace; (*charme*) charm; (*gracejo*) joke; (*Jur*) pardon; **de ~** (*grátis*) for nothing; (*sem motivo*) for no reason; **sem ~** dull, boring; **fazer** *ou* **ter ~** to be funny; **ficar sem ~** to be embarrassed; **~s a** thanks to; **não tem ~ fazer** (*é chato*) it's no fun to do; (*não é certo*) it's not right to do; **deixa de ~** don't be cheeky; **não sei que ~ você vê nele/nisso** I don't know what you see in him/it; **ser uma ~** to be lovely
gracejar [grase'ʒar] VI to joke
gracejo [gra'seʒu] M joke
gracinha [gra'siɲa] F: **ser uma ~** to be sweet *ou* cute; **que ~!** how sweet!
gracioso, -a [gra'sjozu, ɔza] ADJ (*pessoa*) charming; (*gestos*) gracious
gradação [grada'sãw] (*pl* **-ões**) F gradation
gradativo, -a [grada'tʃivu, a] ADJ gradual

grade ['gradʒi] F (*no chão*) grating; (*grelha*) grill; (*na janela*) bars *pl*; (*col: cadeia*) prison
gradear [gra'dʒjar] VT (*janela*) to put bars up at; (*jardim*) to fence off
grado, -a ['gradu, a] ADJ (*importante*) important ▶ M: **de bom/mau ~** willingly/unwillingly
graduação [gradwa'sãw] (*pl* **-ões**) F gradation; (*classificação*) grading; (*Educ*) graduation; (*Mil*) rank; **curso de ~** degree course
graduado, -a [gra'dwadu, a] ADJ (*dividido em graus*) graduated; (*diplomado*) graduate; (*eminente*) highly thought of
gradual [gra'dwaw] (*pl* **-ais**) ADJ gradual
graduando, -a [gra'dwandu, a] M/F graduating student, graduand
graduar [gra'dwar] VT (*termômetro*) to graduate; (*classificar*) to grade; (*luz, fogo*) to regulate; **graduar-se** VR to graduate; **~ alguém em algo** (*Educ*) to confer a degree in sth on sb; **~ alguém em coronel** *etc* (*Mil*) to make sb a colonel *etc*
graduável [gra'dwavew] (*pl* **-eis**) ADJ adjustable
grafia [gra'fia] F (*escrita*) writing; (*ortografia*) spelling
gráfica ['grafika] F (*arte*) graphics *sg*; (*estabelecimento*) printer's; (*seção: de jornal etc*) production department; *ver tb* **gráfico**
gráfico, -a ['grafiku, a] ADJ graphic ▶ M/F printer ▶ M (*Mat*) graph; (*diagrama*) diagram, chart; **gráficos** MPL (*Comput*) graphics; **~ de barras** bar chart
grã-finagem [grãfi'naʒẽ] F: **a ~** the upper crust
grã-finismo [grãfi'nizmu] M (*qualidade*) poshness; (*ato*) thing which posh people do; **o ~** (*pessoas*) the upper crust
grã-fino, -a [grã'finu, a] (*col*) ADJ posh ▶ M/F nob, toff
grafite [gra'fitʃi] F (*lápis*) lead; (*pichação*) (piece of) graffiti
grafologia [grafolo'ʒia] F graphology
grama ['grama] M (*peso*) gramme ▶ F (BR: *capim*) grass
gramado [gra'madu] (BR) M lawn; (*Futebol*) pitch
gramar [gra'mar] VT to plant *ou* sow with grass; (PT *col*) to be fond of ▶ VI (PT *col*) to cry out
gramática [gra'matʃika] F grammar; *ver tb* **gramático**
gramatical [gramatʃi'kaw] (*pl* **-ais**) ADJ grammatical
gramático, -a [gra'matʃiku, a] ADJ grammatical ▶ M/F grammarian
gramofone [gramo'fɔni] M gramophone
grampeador [grãpja'dor] M stapler
grampear [grã'pjar] VT to staple; (BR *Tel*) to tap; (*col: prender*) to nick
grampo ['grãpu] M staple; (*no cabelo*) hairgrip; (*de carpinteiro*) clamp; (*de chapéu*) hatpin
grana ['grana] (*col*) F cash

Granada [gra'nada] F Grenada
granada [gra'nada] F (*Mil*) shell; (*pedra*) garnet; **~ de mão** hand grenade
grandalhão, -lhona [grãdaʎãw, 'ʎona] (*pl* **-ões/-s**) ADJ enormous
grandão, -dona [grã'dãw, 'dɔna] (*pl* **-ões/-s**) ADJ huge
grande ['grãdʒi] ADJ big, large; (*alto*) tall; (*notável, intenso*) great; (*longo*) long; (*adulto*) grown-up; **mulher ~** big woman; **~ mulher** great woman; **a G~ Londres** Greater London
grandessíssimo, -a [grãdʒi'sisimu, a] ADJ SUPERL *de* **grande**
grandeza [grã'deza] F (*tamanho*) size; (*fig*) greatness; (*ostentação*) grandeur; **ter mania de ~** to have delusions of grandeur
grandiloquente [grãdʒilo'kwẽtʃi] ADJ grandiloquent
grandiosidade [grãdʒjozi'dadʒi] F grandeur, magnificence
grandioso, -a [grã'dʒjozu, ɔza] ADJ magnificent, grand
grandíssimo, -a [grã'dʒisimu, a] ADJ SUPERL *de* **grande**
grandões [grã'dõjs] MPL *de* **grandão**
grandona [grã'dɔna] F *de* **grandão**
granel [gra'nɛw] M: **a ~** (*Com*) in bulk; **compra a ~** bulk buying
granfa ['grãfa] (*col*) ADJ posh ▶ M/F nob, toff
granito [gra'nitu] M (*Geo*) granite
granizo [gra'nizu] M hailstone; **chover ~** to hail; **chuva de ~** hailstorm
granja ['grãʒa] F farm; (*de galinhas*) chicken farm
granjear [grã'ʒjar] VT (*simpatia, amigos*) to win, gain; (*bens, fortuna*) to procure; **~ algo a** *ou* **para alguém** to win sb sth
granulado, -a [granu'ladu, a] ADJ grainy; (*açúcar*) granulated
grânulo ['granulu] M granule
grão ['grãw] (*pl* **grãos**) M grain; (*semente*) seed; (*de café*) bean
grão-de-bico (*pl* **grãos-de-bico**) M chickpea
grapefruit [greip'frutʃi] (*pl* **-s**) M grapefruit
grasnar [graz'nar] VI (*corvo*) to caw; (*pato*) to quack; (*rã*) to croak
gratidão [gratʃi'dãw] F gratitude
gratificação [gratʃifika'sãw] (*pl* **-ões**) F (*gorjeta*) gratuity, tip; (*bônus*) bonus; (*recompensa*) reward
gratificado, -a [gratʃifi'kadu, a] ADJ (*grato*) grateful
gratificante [gratʃifi'kãtʃi] ADJ gratifying
gratificar [gratʃifi'kar] VT (*dar gorjeta a*) to tip; (*dar bônus a*) to give a bonus to; (*recompensar*) to reward
gratinado, -a [gratʃi'nadu, a] ADJ (*Culin*) au gratin ▶ M (*prato*) gratin; (*crosta*) crust
grátis ['gratʃis] ADJ free
grato, -a ['gratu, a] ADJ (*agradecido*) grateful; (*agradável*) pleasant; **ficar ~ a alguém por** to be grateful to sb for

gratuidade [gratwi'dadʒi] F gratuity
gratuito, -a [gra'twitu, a] ADJ (*grátis*) free; (*infundado*) gratuitous
grau [graw] M degree; (*nível*) level; (*Educ*) class; **a temperatura é de 38 ~s** the temperature is 38 degrees; **primo/a em segundo ~** second cousin; **em alto ~** to a high degree; **primeiro/segundo ~** (*Educ*) primary/secondary level; **ensino de primeiro/segundo ~** primary (BRIT) *ou* elementary (US) /secondary education; **estar no 1°/2° ~** (*Educ*) to be at primary/secondary (BRIT) *ou* elementary/high (US) school
graúdo, -a [gra'udu, a] ADJ (*grande*) big; (*pessoa: influente*) important ▶ M/F bigwig
gravação [grava'sãw] F (*em madeira*) carving; (*em disco, fita*) recording
gravador, a [grava'dor(a)] M tape recorder ▶ M/F engraver ▶ F (*empresa*) record company; **~ de CD/DVD** CD/DVD burner, CD/DVD writer
gravame [gra'vami] M (*imposto*) duty; (*Jur*) lien
gravar [gra'var] VT (*madeira*) to carve; (*metal, pedra*) to engrave; (*na memória*) to fix; (*disco, fita*) to record; **~ algo/alguém com impostos** to mark sth up/burden sb with taxes; **aquele dia ficou gravado na minha mente/memória** that day remained fixed in my mind/memory
gravata [gra'vata] F tie; **dar** *ou* **aplicar uma ~ em alguém** to get sb in a stranglehold; **~ borboleta** bow tie
grave ['gravi] ADJ (*situação, falta*) serious, grave; (*doença*) serious; (*tom*) deep; (*Ling*) grave
gravemente [grave'mẽtʃi] ADV (*doente, ferido*) seriously
graveto [gra'vetu] M piece of kindling
grávida ['gravida] ADJ pregnant
gravidade [gravi'dadʒi] F (*Fís*) gravity; (*de doença, situação*) seriousness
gravidez [gravi'dez] F pregnancy
gravitação [gravita'sãw] F gravitation
gravura [gra'vura] F (*em madeira*) engraving; (*estampa*) print
graxa ['graʃa] F (*para sapatos*) polish; (*lubrificante*) grease
Grécia ['gresja] F: **a ~** Greece
grega ['grega] F (*galão*) braid; *ver tb* **grego**
gregário, -a [gre'garju, a] ADJ gregarious
grego, -a ['gregu, a] ADJ, M/F Greek ▶ M (*Ling*) Greek
grei [grej] F flock
grelar [gre'lar] VT to stare at
grelha ['grɛʎa] F grill; (*de fornalha*) grate; **bife na ~** grilled steak
grelhado, -a [gre'ʎadu, a] ADJ grilled ▶ M (*prato*) grill
grelhar [gre'ʎar] VT to grill
grêmio ['gremju] M (*associação*) guild; (*clube*) club
grená [gre'na] ADJ, M dark red

greta ['greta] F crack
gretado, -a [gre'tadu, a] ADJ cracked
greve ['grɛvi] F strike; **fazer ~** to go on strike; **~ de fome** hunger strike; **~ branca** go-slow
grevista [gre'vista] M/F striker
grifado, -a [gri'fadu, a] ADJ in italics
grifar [gri'far] VT to italicize; (*sublinhar*) to underline; (*fig*) to emphasize
griffe ['grifi] F designer label
grifo ['grifu] M italics *pl*
grilado, -a [gri'ladu, a] (*col*) ADJ full of hang-ups; **estar ~ com algo** to be hung up about sth
grilar [gri'lar] (*col*) VT: **~ alguém** to get sb worked up; **grilar-se** VR to get worked up
grilhão [gri'ʎãw] (*pl* -**ões**) M chain; **grilhões** MPL (*fig*) fetters
grilo ['grilu] M cricket; (*Auto*) squeak; (*col: de pessoa*) hang-up; **qual é o ~?** what's the matter?; **dar ~** (*col*) to cause problems; **se der ~** (*impess*) if there's a problem; **não tem ~!** (*col*) (there's) no problem!
grimpar [grĩ'par] VI to climb
grinalda [gri'nawda] F garland
gringada [grĩ'gada] F (*grupo*) bunch of foreigners; (*gringos*) foreigners *pl*
gringo, -a ['grĩgu, a] (*col: pej*) M/F foreigner
gripado, -a [gri'padu, a] ADJ: **estar/ficar ~** to have/get a cold
gripar-se [gri'parsi] VR to catch flu
gripe ['gripi] F flu, influenza; **~ aviária** bird flu; **~ suína** swine flu
grisalho, -a [gri'zaʎu, a] ADJ (*cabelo*) grey (BRIT), gray (US)
grita ['grita] F uproar
gritante [gri'tãtʃi] ADJ (*hipocrisia*) glaring; (*desigualdade*) gross; (*mentira*) blatant; (*cor*) loud, garish
gritar [gri'tar] VT to shout, yell ▶ VI to shout; (*de dor, medo*) to scream; (*protestar*) to speak out; **~ com alguém** to shout at sb
gritaria [grita'ria] F shouting, din
grito ['gritu] M shout; (*de medo*) scream; (*de dor*) cry; (*de animal*) call; **dar um ~** to cry out; **falar/protestar aos ~s** to shout/shout protests; **no ~** (*col*) by force
Groenlândia [grwẽ'lãdʒja] F: **a ~** Greenland
grogue ['grɔgi] ADJ groggy
groom [grũ] (*pl* -**s**) M groom
grosa ['grɔza] F gross
groselha [gro'zɛʎa] F (red)currant
grosseiro, -a [gro'sejru, a] ADJ (*pessoa, comentário*) rude; (*piada*) crude; (*modos*) coarse; (*tecido*) coarse, rough; (*móvel*) roughly-made
grosseria [grose'ria] F rudeness; (*ato*): **fazer uma ~** to be rude; (*dito*): **dizer uma ~** to be rude, say something rude
grosso, -a ['grosu, 'grɔsa] ADJ (*tamanho, consistência*) thick; (*áspero*) rough; (*voz*) deep; (*col: pessoa, piada*) rude ▶ M: **o ~ de** the bulk of ▶ ADV: **falar ~** to talk in a deep voice; **falar ~ com alguém** (*fig*) to get tough with sb; **a ~ modo** roughly

grossura [gro'sura] F thickness
grotão [gro'tãw] (pl **-ões**) M gorge
grotesco, -a [gro'tesku, a] ADJ grotesque
grotões [gro'tõjs] MPL de **grotão**
grua ['grua] F (Constr) crane
grudado, -a [gru'dadu, a] ADJ (fig): **ser ~ com** ou **em alguém** to be very attached to sb
grudar [gru'dar] VT to glue, stick ▶ VI to stick
grude ['grudʒi] F glue; (col: comida) grub; (ligação entre pessoas): **ficar numa ~** to cling to sb
grudento, -a [gru'dẽtu, a] ADJ sticky
gruja ['gruʒa] (col) F tip
grunhido [gru'ɲidu] M grunt
grunhir [gru'ɲir] VI (porco) to grunt; (tigre) to growl; (resmungar) to grumble
grupo ['grupu] M group; (Tec) unit, set
gruta ['gruta] F grotto
guache [gwaʃi] M gouache
guapo, -a ['gwapu, a] ADJ beautiful
guaraná [gwara'na] M guarana; (bebida) soft drink flavoured with guarana
guarani [gwara'ni] ADJ, M/F Guarani ▶ M (Ling) Guarani; (moeda) guarani
guarda ['gwarda] M/F policeman/woman ▶ F (vigilância) guarding; (de objeto) safekeeping ▶ M (Mil) guard; **estar de ~** to be on guard; **pôr-se em ~** to be on one's guard; **a velha ~** the old guard; **a G~ Civil** the Civil Guard
guarda-chuva (pl **-s**) M umbrella
guarda-civil (pl **guardas-civis**) M/F civil guard
guarda-costas M INV (Náut) coastguard boat; (capanga) bodyguard
guardador, a [gwarda'dor(a)] M/F car attendant
guardados [gwar'dadus] MPL keepsakes, valuables
guarda-florestal (pl **guardas-florestais**) M/F forest ranger
guarda-fogo (pl **-s**) M fireguard
guarda-louça [gwarda'losa] (pl **-s**) M sideboard
guarda-marinha (pl **guardas-marinha(s)**) M naval ensign
guarda-mor [-mɔr] (pl **guardas-mores**) M inspector of customs
guardamoria [gwardamo'ria] F customs authorities pl
guarda-móveis M INV furniture storage warehouse
guardanapo [gwarda'napu] M napkin
guarda-noturno (pl **guardas-noturnos**) M night watchman
guardar [gwar'dar] VT (pôr em algum lugar) to put away; (zelar por) to guard; (lembrança, segredo) to keep; (vigiar) to watch over; (gravar na memória) to remember; **guardar-se** VR (defender-se) to protect o.s.; **~ silêncio** to keep quiet; **~ o lugar para alguém** to keep sb's seat; **vou ~ este resto de bolo para ele** I'll keep this last piece of cake for him; **~-se de** (acautelar-se) to guard against

guarda-redes (PT) M INV goalkeeper
guarda-roupa (pl **-s**) M wardrobe
guarda-sol (pl **-sóis**) M sunshade, parasol
guardião, -diã [gwar'dʒjãw, 'dʒjã] (pl **-ães/-s**) M/F guardian
guarida [gwa'rida] F refuge
guarita [gwa'rita] F (casinha) sentry box; (torre) watch tower
guarnecer [gwarne'ser] VT (Mil: fronteira) to garrison; (comida) to garnish; (Náut: tripular) to crew; **~ alguém (de algo)** to equip sb (with sth); **~ a despensa** etc **(de algo)** to stock the pantry etc (with sth)
guarnição [gwarni'sãw] (pl **-ões**) F (Mil) garrison; (Náut) crew; (Culin) garnish
Guatemala [gwate'mala] F: **a ~** Guatemala
guatemalteco, -a [gwatemaw'tɛku, a] ADJ, M/F Guatemalan
gude ['gudʒi] M: **bola de ~** marble; (jogo) marbles pl
gueixa ['gejʃa] F geisha
guelra ['gɛwha] F (de peixe) gill
guerra ['gɛha] F war; **em ~** at war; **declarar ~ (a alguém)** to declare war (on sb); **estar em pé de ~ (com)** (países, facções) to be at war (with); (vizinhos, casal) to be at loggerheads (with); **fazer ~** to wage war; **~ atômica** ou **nuclear** nuclear war; **~ civil** civil war; **~ de nervos** war of nerves; **~ fria** cold war; **~ mundial** world war; **~ santa** holy war
guerrear [ge'hjar] VI to wage war
guerreiro, -a [ge'hejru, a] ADJ (espírito) fighting; (belicoso) warlike ▶ M warrior
guerrilha [ge'hiʎa] F (luta) guerrilla warfare; (tropa) guerrilla band
guerrilhar [gehi'ʎar] VI to engage in guerrilla warfare
guerrilheiro, -a [gehi'ʎejru, a] ADJ guerrilla atr ▶ M/F guerrilla
gueto ['getu] M ghetto
guia ['gia] F (orientação) guidance; (Com) permit, bill of lading; (formulário) advice slip ▶ M (livro) guide(book) ▶ M/F (pessoa) guide; **para que lhe sirva de ~** as a guide
Guiana ['gjana] F: **a ~** Guyana; **a ~ Francesa** French Guyana
guiar [gjar] VT (orientar) to guide; (Auto) to drive; (cavalos) to steer ▶ VI (Auto) to drive; **guiar-se** VR: **~-se por** to go by
guichê [gi'ʃe] M ticket window; (em banco, repartição) window, counter
guidão [gi'dãw] (pl **-ões**) M = **guidom**
guidom [gi'dõ] (pl **-ns**) M handlebar
guilder [giw'der] M guilder
guilhotina [giʎo'tʃina] F guillotine
guimba ['gĩba] (col) F (cigarette) butt
guinada [gi'nada] F (Náut) lurch; (virada) swerve; **dar uma ~** (com o carro) to swerve; (fig: governo etc) to do a U-turn
guinchar [gĩ'ʃar] VT (carro) to tow
guincho ['gĩʃu] M (de animal, rodas) squeal; (de pessoa) shriek

guindar [gĩ'dar] VT to hoist, lift; (*fig*):
~ **alguém a** to promote sb to
guindaste [gĩ'dastʃi] M hoist, crane
Guiné [gi'nɛ] F: **a** ~ Guinea
Guiné-Bissau [-bi'saw] F: **a** ~ Guinea-Bissau
guisa ['giza] F: **à** ~ **de** like, by way of
guisado [gi'zadu] M stew
guisar [gi'zar] VT to stew
guitarra [gi'taha] F (electric) guitar
guitarrista [gita'hista] M/F guitarist; (*col*) forger (*of money*)
guizo ['gizu] M bell

gula ['gula] F gluttony, greed
gulodice [gulo'dʒisi] F greed
guloseima [gulo'zejma] F delicacy, titbit
guloso, -a [gu'lozu, ɔza] ADJ greedy
gume ['gumi] M cutting edge; (*fig*) sharpness
guri, a [gu'ri(a)] M/F kid ▶ F (*namorada*) girlfriend
gurizote [guri'zɔtʃi] M lad
guru [gu'ru] M/F guru
gustação [gusta'sãw] F tasting
gutural [gutu'raw] (*pl* **-ais**) ADJ guttural

Hh

H, h [a'ga] (*pl* **hs**) M H, h; **H de Henrique** H for Harry (BRIT) *ou* How (US)
h. (*pl* **hs.**) ABR (= *hora*) o'clock
há [a] VB *ver* **haver**
hã [ã] EXCL aha!
habeascorpus ['abjas 'kɔrpus] M habeas corpus
hábil ['abiw] (*pl* **-eis**) ADJ (*competente*) competent, capable; (*com as mãos*) clever; (*astucioso, esperto*) clever, shrewd; (*sutil*) diplomatic; (*Jur*) qualified; **em tempo ~** in reasonable time
habilidade [abili'dadʒi] F (*aptidão, competência*) skill, ability; (*astúcia, esperteza*) shrewdness; (*tato*) discretion; (*Jur*) qualification; **ele não teve a menor ~ com ela** (*tato*) he wasn't at all tactful with her; **ela não tem a menor ~ com crianças** (*jeito*) she's hopeless with children; **ter ~ manual** to be good with one's hands
habilidoso, -a [abili'dozu, ɔza] ADJ skilful (BRIT), skillful (US), clever
habilitação [abilita'sãw] (*pl* **-ões**) F (*aptidão*) competence; (*ato*) qualification; (*Jur*) attestation; **habilitações** FPL (*conhecimentos*) qualifications
habilitado, -a [abili'tadu, a] ADJ qualified; (*manualmente*) skilled
habilitar [abili'tar] VT (*tornar apto*) to enable; (*dar direito a*) to qualify, entitle; (*preparar*) to prepare; (*Jur*) to qualify
habitação [abita'sãw] (*pl* **-ões**) F dwelling, residence; (*Pol: alojamento*) housing
habitacional [abitasjo'naw] (*pl* **-ais**) ADJ housing *atr*
habitações [abita'sõjs] FPL *de* **habitação**
habitante [abi'tãtʃi] M/F inhabitant
habitar [abi'tar] VT (*viver em*) to live in; (*povoar*) to inhabit ▶ VI to live
hábitat ['abitatʃi] M habitat
habitável [abi'tavew] (*pl* **-eis**) ADJ (in)habitable
hábito ['abitu] M habit; (*social*) custom; (*Rel: traje*) habit; **adquirir/perder o ~ de (fazer) algo** to get into/out of the habit of (doing) sth; **ter o ~ de (fazer) algo** to be in the habit of (doing) sth; **por força do ~** by force of habit
habituação [abitwa'sãw] F acclimatization (BRIT), acclimation (US), adjustment
habituado, -a [abi'twadu, a] ADJ: **~ a (fazer) algo** used to (doing) sth
habitual [abi'twaw] (*pl* **-ais**) ADJ usual
habituar [abi'twar] VT: **~ alguém a** to get sb used to, accustom sb to; **habituar-se** VR: **~-se a** to get used to
habitué [abi'twe] M habitué
hacker ['haker] (*pl* **-s**) M (*Comput*) hacker
hadoque [a'dɔki] M haddock
Haia ['aja] N the Hague
Haiti [aj'tʃi] M: **o ~** Haiti
haitiano, -a [aj'tʃjanu, a] ADJ, M/F Haitian
haja *etc* ['aʒa] VB *ver* **haver**
hálito ['alitu] M breath; **mau ~** bad breath
halitose [ali'tɔzi] F halitosis
hall [hɔw] (*pl* **halls**) M hall; (*de teatro, hotel*) foyer; **~ de entrada** entrance hall
halo ['alu] M halo
haltere [aw'tɛri] M dumbbell
halterofilismo [awterofi'lizmu] M weightlifting
halterofilista [awterofi'lista] M/F weightlifter
hambúrguer [ã'burger] (*pl* **-s**) M hamburger
handicap [ãdʒi'kapi] M handicap
hangar [ã'gar] M hangar
hão [ãw] VB *ver* **haver**
haras ['aras] M INV stud
hardware ['hadwer] M (*Comput*) hardware
harém [a'rẽ] (*pl* **-ns**) M harem
harmonia [armo'nia] F harmony
harmônica [ar'monika] F concertina
harmonioso, -a [armo'njozu, ɔza] ADJ harmonious
harmonizar [armoni'zar] VT (*Mús*) to harmonize; (*conciliar*): **~ algo (com algo)** to reconcile sth (with sth); **harmonizar-se** VR: **~(-se) (com algo)** (*ideias etc*) to coincide (with sth); (*pessoas*) to be in agreement (with sth); (*música*) to fit in (with sth); (*tapete*) to match (sth)
harpa ['arpa] F harp
harpista [ar'pista] M/F harpist
hashtag [haʃ'tagi] F hashtag
hasta ['asta] F: **~ pública** auction
haste ['astʃi] F (*de bandeira*) flagpole; (*Tec*) shaft, rod; (*Bot*) stem
hastear [as'tʃjar] VT to raise, hoist

Havaí [avaj'i] M: **o ~** Hawaii
havaiano, -a [avaj'anu, a] ADJ, M/F Hawaiian ▶ M (*Ling*) Hawaiian
Havana [a'vana] N Havana
havana [a'vana] ADJ INV light brown ▶ M (*charuto*) Havana cigar

(PALAVRA-CHAVE)

haver [a'ver] VB AUX **1** (*ter*) to have; **ele havia saído/comido** he had left/eaten
2: **quem haveria de dizer que ...** who would have thought that ...
▶ VB IMPESS **1** (*existência*): **há** (*sg*) there is; (*pl*) there are; **o que é que há?** what's the matter?; **o que é que houve?** what happened?, what was that?; **não há de quê** don't mention it, you're welcome; **haja o que houver** come what may
2 (*tempo*): **há séculos/cinco dias que não o vejo** I haven't seen him for ages/five days; **há um ano que ela chegou** it's a year since she arrived; **há cinco dias (atrás)** five days ago
haver-se VR: **haver-se com alguém** to sort things out with sb
▶ M (*Com*) credit
haveres MPL (*pertences*) property *sg*, possessions; (*riqueza*) wealth *sg*

haxixe [a'ʃiʃi] M hashish
hebraico, -a [e'brajku, a] ADJ, M/F Hebrew ▶ M (*Ling*) Hebrew
hebreu, -breia [e'brew, 'breja] M/F Hebrew
Hébridas ['ɛbridas] FPL: **as (ilhas) ~** the Hebrides
hecatombe [eka'tõbi] F (*fig*) massacre
hectare [ek'tari] M hectare
hectograma [ekto'grama] M hectogram
hectolitro [ekto'litru] M hectolitre (BRIT), hectoliter (US)
hediondo, -a [e'dʒjõdu, a] ADJ (*repulsivo*) vile, revolting; (*crime*) heinous; (*horrendo*) hideous
hedonista [edo'nista] ADJ hedonistic ▶ M/F hedonist
hegemonia [eʒemo'nia] F hegemony
hei [ej] VB *ver* **haver**
hein [ẽj] EXCL eh?; (*exprimindo indignação*) hmm
hélice ['ɛlisi] F propeller
helicóptero [eli'kɔpteru] M helicopter
hélio ['ɛlju] M helium
heliporto [eli'portu] M heliport
Helsinque [ew'sĩki] N Helsinki
hem [ẽj] EXCL = **hein**
hematologia [ematolo'ʒia] F haematology (BRIT), hematology (US)
hematoma [ema'tɔma] M bruise
hemisférico, -a [emis'fɛriku, a] ADJ hemispherical
hemisfério [emis'fɛrju] M hemisphere
hemofilia [emofi'lia] F haemophilia (BRIT), hemophilia (US)
hemofílico, -a [emo'filiku, a] ADJ, M/F haemophiliac (BRIT), hemophiliac (US)

hemoglobina [emoglo'bina] F haemoglobin (BRIT), hemoglobin (US)
hemograma [emo'grama] M blood count
hemorragia [emoha'ʒia] F haemorrhage (BRIT), hemorrhage (US); **~ nasal** nosebleed
hemorróidas [emo'hɔjdas] FPL haemorrhoids (BRIT), hemorrhoids (US), piles
hena ['ɛna] F henna
henê [e'ne] M = **hena**
hepatite [epa'tʃitʃi] F hepatitis
heptágono [ep'tagonu] M heptagon
hera ['ɛra] F ivy
heráldica [e'rawdʒika] F heraldry
herança [e'rãsa] F inheritance; (*fig*) heritage
herbáceo, -a [er'basju, a] ADJ herbaceous
herbicida [erbi'sida] M weedkiller, herbicide
herbívoro, -a [er'bivoru, a] ADJ herbivorous ▶ M/F herbivore
herdade [er'dadʒi] (PT) F large farm
herdar [er'dar] VT: **~ algo (de)** to inherit sth (from); **~ a** to bequeath to
herdeiro, -a [er'dejru, a] M/F heir(ess)
hereditário, -a [eredʒi'tarju, a] ADJ hereditary
herege [e'reʒi] M/F heretic
heresia [ere'zia] F heresy
herético, -a [e'rɛtʃiku, a] ADJ heretical
hermafrodita [ermafro'dʒita] M/F hermaphrodite
hermético, -a [er'mɛtʃiku, a] ADJ airtight; (*fig*) obscure, impenetrable
hérnia ['ɛrnja] F hernia; **~ de hiato** hiatus hernia
herói [e'rɔj] M hero
heroico, -a [e'rɔjku, a] ADJ heroic
heroína [ero'ina] F heroine; (*droga*) heroin
heroísmo [ero'izmu] M heroism
herpes ['ɛrpis] M INV herpes *sg*
herpes-zóster [-'zɔster] M (*Med*) shingles *sg*
hertz ['ɛrtzi] M INV hertz
hesitação [ezita'sãw] (*pl* **-ões**) F hesitation
hesitante [ezi'tãtʃi] ADJ hesitant
hesitar [ezi'tar] VI to hesitate; **~ em (fazer) algo** to hesitate in (doing) sth
heterodoxo, -a [etero'dɔksu, a] ADJ unorthodox
heterogêneo, -a [etero'ʒenju, a] ADJ heterogeneous
heterônimo [ete'ronimu] M pen name, nom de plume
heterossexual [eterosek'swaw] (*pl* **-ais**) ADJ, M/F heterosexual
heterossexualidade [eterosekswali'dadʒi] F heterosexuality
hexagonal [eksago'naw] (*pl* **-ais**) ADJ hexagonal
hexágono [ek'sagonu] M hexagon
hiato ['jatu] M hiatus
hibernação [iberna'sãw] F hibernation
hibernar [iber'nar] VI to hibernate
hibisco [i'bisku] M (*Bot*) hibiscus
híbrido, -a ['ibridu, a] ADJ hybrid
hidramático, -a [idra'matʃiku, a] ADJ

(*mudança*) hydraulic; (*carro*) with hydraulic transmission
hidratante [idra'tãtʃi] ADJ moisturizing ▶ M moisturizer
hidratar [idra'tar] VT to hydrate; (*pele*) to moisturize
hidrato [i'dratu] M: ~ **de carbono** carbohydrate
hidráulica [i'drawlika] F hydraulics *sg*
hidráulico, -a [i'drawliku, a] ADJ hydraulic; **força hidráulica** hydraulic power
hidrelétrica [idre'lɛtrika] F (*usina*) hydroelectric power station; (*empresa*) hydroelectric power company
hidreletricidade [idreletrisi'dadʒi] F hydroelectric power
hidrelétrico, -a [idre'lɛtriku, a] ADJ hydroelectric
hidro... [idru] PREFIXO hydro..., water... *atr*
hidroavião [idrua'vjãw] (*pl* **-ões**) M seaplane
hidrocarboneto [idrokarbo'netu] M hydrocarbon
hidrófilo, -a [i'drɔfilu, a] ADJ absorbent; **algodão ~** cotton wool (BRIT), absorbent cotton (US)
hidrofobia [idrofo'bia] F rabies *sg*
hidrogênio [idro'ʒenju] M hydrogen
hidroginástica [idroʒi'nastʃika] F aquaerobics
hidroterapia [idrotera'pia] F hydrotherapy
hidrovia [idro'via] F waterway
hiena ['jena] F hyena
hierarquia [jerar'kia] F hierarchy
hierárquico, -a [je'rarkiku, a] ADJ hierarchical
hierarquizar [jerarki'zar] VT to place in a hierarchy
hieroglífico, -a [jero'glifiku, a] ADJ hieroglyphic
hieróglifo [je'rɔglifu] M hieroglyph(ic)
hífen ['ifẽ] (*pl* **-s**) M hyphen
higiene [i'ʒjeni] F hygiene; **~ mental** (mental) rest
higiênico, -a [i'ʒjeniku, a] ADJ hygienic; (*pessoa*) clean; **papel ~** toilet paper
hilariante [ila'rjãtʃi] ADJ hilarious
Himalaia [ima'laja] M: **o ~** the Himalayas *pl*
hímen ['imẽ] (*pl* **-s**) M (*Anat*) hymen
hindi [ĩ'dʒi] M (*Ling*) Hindi
hindu [ĩ'du] ADJ, M/F Hindu; (*indiano*) Indian
hinduismo [ĩ'dwizmu] M Hinduism
hino ['inu] M hymn; **~ nacional** national anthem
hinterlândia [ĩter'lãdʒja] F hinterland
hiper... [iper] PREFIXO hyper...; (*col*) really
hipérbole [i'pɛrboli] F hyperbole
hipermercado [ipermer'kadu] M hypermarket
hipersensível [ipersẽ'sivew] (*pl* **-eis**) ADJ hypersensitive
hipertensão [ipertẽ'sãw] F high blood pressure
hípico, -a ['ipiku, a] ADJ riding *atr*; **clube ~** riding club

hipismo [i'pizmu] M (*turfe*) horse racing; (*equitação*) (horse) riding
hipnose [ip'nɔzi] F hypnosis
hipnótico, -a [ip'nɔtʃiku, a] ADJ hypnotic; (*substância*) sleep-inducing ▶ M sleeping drug
hipnotismo [ipno'tʃizmu] M hypnotism
hipnotizador, a [ipnotʃizador(a)] M/F hypnotist
hipnotizar [ipnotʃi'zar] VT to hypnotize
hipocondríaco, -a [ipokõ'driaku, a] ADJ, M/F hypochondriac
hipocrisia [ipokri'zia] F hypocrisy
hipócrita [i'pɔkrita] ADJ hypocritical ▶ M/F hypocrite
hipodérmico, -a [ipo'dɛrmiku, a] ADJ hypodermic
hipódromo [i'pɔdromu] M racecourse
hipopótamo [ipo'pɔtamu] M hippopotamus
hipoteca [ipo'tɛka] F mortgage
hipotecar [ipote'kar] VT to mortgage
hipotecário, -a [ipote'karju, a] ADJ mortgage *atr*; **credor/devedor ~** mortgagee/mortgager
hipotermia [ipoter'mia] F hypothermia
hipótese [i'pɔtezi] F hypothesis; **na ~ de** in the event of; **em ~ alguma** under no circumstances; **na melhor/pior das ~s** at best/worst
hipotético, -a [ipo'tɛtʃiku, a] ADJ hypothetical
hirsuto, -a [ir'sutu, a] ADJ (*cabeludo*) hairy, hirsute; (*barba*) spiky; (*fig: ríspido*) harsh
hirto, -a ['irtu, a] ADJ stiff, rigid; **ficar ~** (*pessoa*) to stand stock still
hispânico, -a [is'paniku, a] ADJ Hispanic
hispanista [ispa'nista] M/F Hispanist
hispano-americano, -a [is'pano-] ADJ Spanish American
histamina [ista'mina] F histamine
histerectomia [isterekto'mia] F hysterectomy
histeria [iste'ria] F hysteria; **~ coletiva** mass hysteria
histérico, -a [is'tɛriku, a] ADJ hysterical
histerismo [iste'rizmu] M hysteria
história [is'tɔrja] F (*estudo, ciência*) history; (*conto*) story; **histórias** FPL (*chateação*) bother *sg*, fuss *sg*; **a mesma ~ de sempre** the same old story; **isso é outra ~** that's a different matter; **é tudo ~ dela** she's making it all up; **deixe de ~!** come off it!; **que ~ é essa?** what's going on?; **essa ~ de ...** (*col: troço*) this business of ...; **~ antiga/natural** ancient/natural history; **~ da carochinha** fairy story
historiador, a [istorja'dor(a)] M/F historian
historiar [isto'rjar] VT to recount
histórico, -a [is'tɔriku, a] ADJ (*personagem, pesquisa etc*) historical; (*fig: notável*) historic ▶ M history
historieta [isto'rjeta] F anecdote, very short story

histrionismo [istrjo'nizmu] M histrionics pl
hobby ['hɔbi] (pl **-bies**) M hobby
hodierno, -a [o'dʒjɛrnu, a] ADJ today's, present
hoje ['oʒi] ADV today; (atualmente) now(adays); **~ à noite** tonight; **de ~ a uma semana** in a week's time; **de ~ em diante** from now on; **~ em dia** nowadays; **~ faz uma semana** a week ago today; **ainda ~** (before the end of) today; **de ~ para amanhã** in one day; **por ~ é só** that's all for today
Holanda [o'lãda] F: **a ~** Holland
holandês, -esa [olã'des, eza] ADJ Dutch ▶ M/F Dutchman/woman ▶ M (Ling) Dutch
holding ['howdiŋ] (pl **-s**) M holding company
holocausto [olo'kawstu] M holocaust
holofote [olo'fɔtʃi] M searchlight; (em campo de futebol etc) floodlight
holograma [olo'grama] M hologram
homem ['omẽ] (pl **-ns**) M man; (a humanidade) mankind; **uma conversa de ~ para ~** a man-to-man talk; **ser o ~ da casa** (fig) to wear the trousers; **ser outro ~** (fig) to be a changed man; **~ de ação** man of action; **~ de bem** honest man; **~ de empresa** ou **negócios** businessman; **~ de estado** statesman; **~ da lei** lawyer; **~ de letras** man of letters; **~ de palavra** man of his word; **~ de peso** influential man; **~ da rua** man in the street; **~ de recursos** man of means; **~ público** public servant
homem-bomba (pl **homens-bomba**) M suicide bomber
homem-feito (pl **homens-feitos**) M grown man
homem-rã (pl **homens-rã(s)**) M frogman, diver
homem-sanduíche (pl **homens-sanduíche(s)**) M sandwich board man
homenageado, -a [omena'ʒjadu, a] ADJ honoured (BRIT), honored (US) ▶ M/F person hono(u)red
homenageante [omena'ʒjãtʃi] ADJ respectful
homenagear [omena'ʒjar] VT (pessoa) to pay tribute to, honour (BRIT), honor (US)
homenagem [ome'naʒẽ] F tribute; (Rel) homage; **prestar ~ a alguém** to pay tribute to sb; **em ~ a** in honour (BRIT) ou honor (US) of
homens ['omẽs] MPL de **homem**
homenzarrão [omẽza'hãw] (pl **-ões**) M hulk (of a man)
homenzinho [omẽ'ziɲu] M little man; (jovem) young man
homeopata [omjo'pata] M/F homoeopath(ic) doctor (BRIT), homeopath(ic doctor) (US)
homeopatia [omjopa'tʃia] F homoeopathy (BRIT), homeopathy
homeopático, -a [omjo'patʃiku, a] ADJ homoeopathic (BRIT), homeopathic (US); (fig): **em doses homeopáticas** in tiny quantities

homérico, -a [o'mɛriku, a] ADJ (fig) phenomenal
homicida [omi'sida] ADJ (pessoa) homicidal ▶ M/F murderer
homicídio [omi'sidʒju] M murder; **~ involuntário** manslaughter
homiziado, -a [omi'zjadu, a] ADJ in hiding ▶ M/F fugitive
homiziar [omi'zjar] VT (esconder) to hide; **homiziar-se** VR to hide
homogeneidade [omoʒenej'dadʒi] F homogeneity
homogeneizado, -a [omoʒenej'zadu, a] ADJ: **leite ~** homogenized milk
homogêneo, -a [omo'ʒenju, a] ADJ homogeneous; (Culin) blended
homologar [omolo'gar] VT to ratify
homólogo, -a [o'mɔlogu, a] ADJ homologous; (fig) equivalent ▶ M/F opposite number
homônimo [o'monimu] M (de pessoa) namesake; (Ling) homonym
homossexual [omosek'swaw] (pl **-ais**) ADJ, M/F homosexual
homossexualismo [omosekswa'lizmu] M homosexuality
Honduras [õ'duras] F Honduras
hondurenho, -a [õdu'reɲu, a] ADJ, M/F Honduran
honestidade [onestʃi'dadʒi] F honesty; (decência) decency; (justeza) fairness
honesto, -a [o'nɛstu, a] ADJ honest; (decente) decent; (justo) fair, just
Hong Kong [oŋ'koŋ] F Hong Kong
honorário, -a [ono'rarju, a] ADJ honorary
honorários [ono'rarjus] MPL fees
honorífico, -a [ono'rifiku, a] ADJ honorific
honra ['õha] F honour (BRIT), honor (US); **honras** FPL: **-s fúnebres** funeral rites; **convidado de ~** guest of hono(u)r; **em ~ de** in hono(u)r of; **por ~ da firma** (por obrigação) out of a sense of duty; (para salvar as aparências) to save face; **fazer as ~s da casa** to do the hono(u)rs, attend to the guests
honradez [õha'dez] F honesty; (de pessoa) integrity
honrado, -a [õ'hadu, a] ADJ honest; (respeitado) honourable (BRIT), honorable (US)
honrar [õ'har] VT to honour (BRIT), honor (US); **honrar-se** VR: **~-se em fazer** to be hono(u)red to do
honraria [õha'ria] F honour (BRIT), honor (US)
honroso, -a [õ'hozu, ɔza] ADJ honourable (BRIT), honorable (US)
hóquei ['hɔkej] M hockey; **~ sobre gelo** ice hockey
hora ['ɔra] F (60 minutos) hour; (momento) time; **a que ~s?** (at) what time?; **que ~s são?** what time is it?; **são duas ~s** it's two o'clock; **você tem as ~s?** have you got the time?; **isso são ~s?** what time do you call this?; **dar as ~s** (relógio) to strike the hour; **fazer ~** to kill time; **fazer ~ com alguém** (col) to tease sb; **marcar ~** to make an

appointment; **perder a ~** to be late; **não vejo a ~ de ...** I can't wait to ...; **às altas ~s da noite** *ou* **da madrugada** in the small hours; **de ~ em ~** every hour; **em boa/má ~** at the right/wrong time; **chegar em cima da ~** to arrive just in time *ou* on the dot; **fora de ~** at the wrong moment; **na ~** *(no ato, em seguida)* on the spot; *(em boa hora)* at the right moment; *(na hora H)* at the nick of time; **na ~ H** *(no momento certo)* in the nick of time; *(na hora crítica)* at the moment of truth, when it comes *(ou* came) to it; **está na ~ de ...** it's time to ...; **bem na ~** just in time; **chegar na ~** to be on time; **de última ~** *adj* last-minute; **de última ~** *adv* at the last minute; **~ de dormir** bedtime; **~ do almoço** lunch hour; **meia ~** half an hour; **~ local** local time; **~s extras** overtime *sg*; **trabalhei 2 ~s extras** I worked 2 hours overtime; **você recebe por ~ extra?** do you get paid overtime?; **~s vagas** spare time *sg*
horário, -a [o'rarju, a] ADJ: **100 km ~s** 100 km an hour ▶ M *(tabela)* timetable; *(hora)* time; **~ de expediente** working hours *pl*; *(de um escritório)* office hours *pl*; **~ de verão** summer time; **~ integral** full time; **~ nobre** (TV) prime time
horda ['ɔrda] F horde
horista [o'rista] ADJ paid by the hour ▶ M/F hourly-paid worker
horizontal [orizõ'taw] *(pl* **-ais***)* ADJ horizontal ▶ F: **estar na ~** *(col)* to be lying down
horizonte [ori'zõtʃi] M horizon
hormonal [ormo'naw] *(pl* **-ais***)* ADJ hormonal
hormônio [or'monju] M hormone
horóscopo [o'rɔskopu] M horoscope
horrendo, -a [o'hẽdu, a] ADJ horrendous, frightful
horripilante [ohipi'lãtʃi] ADJ horrifying, hair-raising; *(sorriso)* chilling
horripilar [ohipi'lar] VT to horrify; **horripilar-se** VR to be horrified
horrível [o'hivew] *(pl* **-eis***)* ADJ awful, horrible
horror [o'hor] M horror; **que ~!** how awful!; **ser um ~** to be awful; **ter ~ a algo** to hate sth; **um ~ de** *(porção)* a lot of; **dizer/fazer ~es** to say/do terrible things; **~es de** *(muitos)* loads of; **ele está faturando ~es** he's raking it in, he's making a fortune
horrorizar [ohori'zar] VT to horrify, frighten ▶ VI: **cenas de ~** horrifying scenes; **horrorizar-se** VR to be horrified
horroroso, -a [oho'rozu, ɔza] ADJ horrible, ghastly
horta ['ɔrta] F vegetable garden
hortaliças [orta'lisas] FPL vegetables
hortelã [orte'lã] F mint; **~ pimenta** peppermint
hortelão, -loa [orte'lãw, 'loa] *(pl* **-s** *ou* **-ões/-s***)* (PT) M/F (market) gardener
hortênsia [or'tēsja] F hydrangea
horticultor, a [ortʃikuw'tor(a)] M/F market gardener (BRIT), truck farmer (US)
horticultura [ortʃikuw'tura] F horticulture
hortifrutigranjeiros [ortʃifrutʃigrã'ʒejrus] MPL fruit and vegetables
hortigranjeiros [ortʃigrã'ʒejrus] MPL garden vegetables
horto ['ortu] M market garden (BRIT), truck farm (US)
hospedagem [ospe'daʒẽ] F guest house
hospedar [ospe'dar] VT to put up; **hospedar-se** VR to stay, lodge
hospedaria [ospeda'ria] F guest house
hóspede ['ɔspedʒi] M *(amigo)* guest; *(estranho)* lodger
hospedeira [ospe'dejra] F landlady; (PT: *de bordo)* stewardess, air hostess (BRIT)
hospedeiro, -a [ospe'dejru, a] ADJ hospitable ▶ M *(dono)* landlord
hospício [os'pisju] M mental hospital
hospital [ospi'taw] *(pl* **-ais***)* M hospital
hospitalar [ospita'lar] ADJ hospital *atr*
hospitaleiro, -a [ospita'lejru, a] ADJ hospitable
hospitalidade [ospitali'dadʒi] F hospitality
hospitalização [ospitaliza'sãw] *(pl* **-ões***)* F hospitalization
hospitalizar [ospitali'zar] VT to hospitalize, admit to hospital
hostess ['ɔstes] *(pl* **hostesses***)* F hostess
hóstia ['ɔstʃia] F Host, wafer
hostil [os'tʃiw] *(pl* **-is***)* ADJ hostile
hostilidade [ostʃili'dadʒi] F hostility
hostilizar [ostʃili'zar] VT to antagonize; (Mil) to wage war on
hostis [os'tʃis] PL *de* **hostil**
hotel [o'tɛw] *(pl* **-éis***)* M hotel; **~ de alta rotatividade** hotel for sexual encounters
hotelaria [otela'ria] F *(curso)* hotel management; *(conjunto de hotéis)* hotels *pl*
hoteleiro, -a [ote'lejru, a] ADJ hotel *atr* ▶ M/F hotelier; **rede hoteleira** hotel chain
houve *etc* ['ovi] VB *ver* **haver**
hui [wi] EXCL *(de dor)* ow!; *(de susto, surpresa)* ah!; *(de repugnância)* ugh!
humanidade [umani'dadʒi] F *(os homens)* man(kind); *(compaixão)* humanity; **humanidades** FPL *(Educ)* humanities
humanismo [uma'niʒmu] M humanism
humanista [uma'nista] ADJ, M/F humanist
humanitário, -a [umani'tarju, a] ADJ humanitarian; *(benfeitor)* humane ▶ M/F humanitarian
humanizar [umani'zar] VT to humanize; **humanizar-se** VR to become more human
humano, -a [u'manu, a] ADJ human; *(bondoso)* humane
humanos [u'manus] MPL humans
humildade [umiw'dadʒi] F humility; *(pobreza)* poverty
humilde [u'miwdʒi] ADJ humble; *(pobre)* poor
humildes [u'miwdʒis] MPL/FPL: **os** *(ou* **as***)* **~** the poor
humilhação [umiʎa'sãw] F humiliation
humilhante [umi'ʎãtʃi] ADJ humiliating

humilhar [umi'ʎar] VT to humiliate ▶ VI to be humiliating; **humilhar-se** VR to humble o.s.
humor [u'mor] M (*disposição*) mood, temper; (*graça*) humour (BRIT), humor (US); **de bom/mau ~** in a good/bad mood
humorismo [umo'rizmu] M humour (BRIT), humor (US)
humorista [umo'rista] M/F (*escritor*) humorist; (*na TV, no palco*) comedian
humorístico, -a [umo'ristʃiku, a] ADJ humorous
húmus ['umus] M INV humus
húngaro, -a ['ũgaru, a] ADJ, M/F Hungarian
Hungria [ũ'gria] F: **a ~** Hungary
hurra ['uha] M cheer ▶ EXCL hurrah!
Hz ABR (= *hertz*) Hz

I i

I, i [i] (*pl* **is**) M I, i; **I de Irene** I for Isaac (BRIT) *ou* item (US)
ia *etc* ['ia] VB *ver* **ir**
IAB ABR M = **Instituto dos Advogados do Brasil**; **Instituto dos Arquitetos do Brasil**
ialorixá [jalori'ʃa] F macumba priestess
IAPAS (BR) ABR M = **Instituto de Administração da Previdência e Assistência Social**
iate ['jatʃi] M yacht; **~ clube** yacht club
iatismo [ja'tʃizmu] M yachting
iatista [ja'tʃista] M/F yachtsman/woman
IBAM ABR M = **Instituto Brasileiro de Administração Municipal**
IBDF ABR M = **Instituto Brasileiro de Desenvolvimento Florestal**
ibérico, -a [i'bɛriku, a] ADJ, M/F Iberian
ibero, -a [i'bɛru, a] ADJ, M/F Iberian
ibero-americano, -a [iberu-] ADJ, M/F Ibero-American
IBGE ABR M = **Instituto Brasileiro de Geografia e Estatística**
IBMC ABR M = **Instituto Brasileiro do Mercado de Capitais**
Ibope [i'bɔpi] ABR M = **Instituto Brasileiro de Opinião Pública e Estatística**; **dar ibope** (TV) to get high ratings; (*fig*) to be popular
IBV ABR M = **Índice da Bolsa de Valores (do Rio de Janeiro)**
içar [i'sar] VT to hoist, raise
iceberg [ajs'bɛrgi] (*pl* **-s**) M iceberg
ICMS (BR) ABR M (= *Imposto sobre Circulação de Mercadorias e Prestação de Serviços*) ≈ VAT
ícone ['ikoni] M (*ger*, *Comput*) icon
iconoclasta [ikono'klasta] ADJ iconoclastic ▶ M/F iconoclast
icterícia [ikte'risja] F jaundice
ida ['ida] F going, departure; **~ e volta** round trip, return; **a (viagem de) ~** the outward journey; **na ~** on the way there; **~s e vindas** comings and goings; **comprei só a ~** I only bought a single *ou* one-way (US) (ticket)
idade [i'dadʒi] F age; **ter cinco anos de ~** to be five (years old); **de meia ~** middle-aged; **qual é a ~ dele?** how old is he?; **na minha ~** at my age; **ser menor/maior de ~** to be under/of age; **pessoa de ~** elderly person; **estar na ~ de trabalhar** to be (of) working age; **já não estou mais em ~ de fazer** I'm past doing; **~ atômica** atomic age; **~ da pedra** Stone Age; **I~ Média** Middle Ages *pl*
ideação [idea'sãw] (*pl* **-ões**) F conception
ideal [ide'jaw] (*pl* **-ais**) ADJ, M ideal
idealismo [idea'lizmu] M idealism
idealista [idea'lista] ADJ idealistic ▶ M/F idealist
idealização [idealiza'sãw] (*pl* **-ões**) F idealization; (*planejamento*) creation
idealizar [ideali'zar] VT to idealize; (*planejar*) to devise, create
idear [ide'ar] VT (*imaginar*) to imagine, think up; (*idealizar*) to create
ideário [i'dʒjarju] M ideas *pl*, thinking
ideia [i'dɛja] F idea; (*mente*) mind; **mudar de ~** to change one's mind; **não ter a mínima ~** to have no idea; **não faço ~** I can't imagine; **estar com ~ de fazer** to plan to do; **fazer uma ~ errada de algo** to get the wrong idea about sth; **~ fixa** obsession; **~ genial** brilliant idea
idem ['idẽ] PRON ditto
idêntico, -a [i'dẽtʃiku, a] ADJ identical
identidade [idẽtʃi'dadʒi] F identity; **carteira de ~** identity (BRIT) *ou* identification (US) card
identificação [idẽtʃifika'sãw] F identification
identificar [idẽtʃifi'kar] VT to identify; **identificar-se** VR: **~-se com** to identify with
ideologia [ideolo'ʒia] F ideology
ideológico, -a [ideo'lɔʒiku, a] ADJ ideological
ideólogo, -a [ide'ɔlogu, a] M/F ideologue
ídiche ['idiʃi] M = **iídiche**
idílico, -a [i'dʒiliku, a] ADJ idyllic
idílio [i'dʒilju] M idyll
idioma [i'dʒɔma] M language
idiomático, -a [idʒo'matʃiku, a] ADJ idiomatic
idiossincrasia [idʒosĩkra'zia] F character
idiota [i'dʒɔta] ADJ idiotic ▶ M/F idiot
idiotice [idʒo'tʃisi] F idiocy
ido, -a ['idu, a] ADJ past
idólatra [i'dɔlatra] ADJ idolatrous ▶ M/F idolater/tress
idolatrar [idola'trar] VT to idolize
idolatria [idola'tria] F idolatry
ídolo ['idolu] M idol
idoneidade [idonej'dadʒi] F suitability; (*competência*) competence; **~ moral** moral probity

idôneo, -a [i'donju, a] ADJ *(adequado)* suitable, fit; *(pessoa)* able, capable
idos ['idus] MPL bygone days
idoso, -a [i'dozu, ɔza] ADJ elderly, old
Iemanjá [jemã'ʒa] F Iemanjá *(Afro-Brazilian sea goddess)*
Iêmen ['jemẽ] M: **o ~** Yemen
iemenita [jeme'nita] ADJ, M/F Yemeni
iene ['jɛni] M yen
IGC (BR) ABR M = **imposto sobre ganhos de capital**
iglu [i'glu] M igloo
ignaro, -a [igi'naru, a] ADJ ignorant
ignição [igni'sãw] *(pl* **-ões)** F ignition
ignóbil [ig'nɔbiw] *(pl* **-eis)** ADJ ignoble
ignomínia [igno'minja] F disgrace, ignominy
ignominioso, -a [ignomi'njozu, ɔza] ADJ ignominious
ignorado, -a [igno'radu, a] ADJ unknown
ignorância [igno'rãsja] F ignorance; **apelar para a ~** *(col)* to lose one's rag
ignorante [igno'rãtʃi] ADJ ignorant, uneducated ▶ M/F ignoramus
ignorar [igno'rar] VT not to know; *(não dar atenção a)* to ignore
ignoto, -a [ig'nɔtu, a] ADJ *(formal)* unknown
IGP (BR) ABR M = **Índice Geral de Preços**
igreja [i'greʒa] F church
igual [i'gwaw] *(pl* **-ais)** ADJ equal; *(superfície)* even ▶ M/F equal; **em partes iguais** in equal parts; **ser ~** to be the same; **ser ~ a** to be the same as, be like; **~ se ... as if ...; por ~** equally; **sem ~** unequalled, without equal; **de ~ para ~** on equal terms; **tratar alguém de ~ para ~** to treat sb as an equal; **nunca vi coisa ~** I've never seen anything like it
igualar [igwa'lar] VT *(ser igual a)* to equal; *(fazer igual)* to make equal; *(nivelar)* to level ▶ VI: **~ a ou com** to be equal to, be the same as; *(ficar no mesmo nível)* to be level with; **igualar-se** VR: **~-se a alguém** to be sb's equal; **~ algo com** *ou* **a algo** to equal sth to sth; **~ algo com algo** *(terreno etc)* to level sth with sth
igualdade [igwaw'dadʒi] F *(paridade)* equality; *(uniformidade)* uniformity
igualitário, -a [igwali'tarju, a] ADJ egalitarian
igualmente [igwaw'mẽtʃi] ADV equally; *(também)* likewise, also; **~!** *(saudação)* the same to you!
iguana [i'gwana] M iguana
iguaria [igwa'ria] F *(Culin)* delicacy
ih [i:] EXCL *(de admiração, surpresa)* cor (BRIT), gee (US); *(de perigo próximo)* eek!
iídiche ['jidiʃi] M *(Ling)* Yiddish
ilação [ila'sãw] *(pl* **-ões)** F inference, deduction
I.L. Ano (BR) ABR *(Com)* = **Índice de Lucratividade no Ano**
ilegal [ile'gaw] *(pl* **-ais)** ADJ illegal
ilegalidade [ilegali'dadʒi] F illegality
ilegítimo, -a [ile'ʒitʃimu, a] ADJ illegitimate; *(ilegal)* unlawful
ilegível [ile'ʒivew] *(pl* **-eis)** ADJ illegible

ileso, -a [i'lɛzu, a] ADJ unhurt; **sair ~** to escape unhurt
iletrado, -a [ile'tradu, a] ADJ, M/F illiterate
ilha ['iʎa] F island
ilhar [i'ʎar] VT to cut off, isolate
ilharga [i'ʎarga] F *(Anat)* side
ilhéu, ilhoa [i'ʎɛw, i'ʎoa] M/F islander
ilhós [i'ʎɔs] *(pl* **ilhoses)** M eyelet
ilhota [i'ʎɔta] F small island
ilícito, -a [i'lisitu, a] ADJ illicit
ilimitado, -a [ilimi'tadu, a] ADJ unlimited
ilógico, -a [i'lɔʒiku, a] ADJ illogical; *(absurdo)* absurd
iludir [ilu'dʒir] VT to delude; *(enganar)* to deceive; *(a lei)* to evade; **iludir-se** VR to delude o.s.
iluminação [ilumina'sãw] *(pl* **-ões)** F lighting; *(fig)* enlightenment
iluminado, -a [ilumi'nadu, a] ADJ illuminated, lit; *(estádio)* floodlit; *(fig)* enlightened
iluminante [ilumi'nãtʃi] ADJ bright
iluminar [ilumi'nar] VT to light up; *(estádio etc)* to floodlight; *(fig)* to enlighten
ilusão [ilu'zãw] *(pl* **-ões)** F illusion; *(quimera)* delusion; **~ de ótica** optical illusion; **viver de ilusões** to live in a dream-world
ilusionista [iluzjo'nista] M/F conjurer; *(que escapa)* escapologist
ilusões [ilu'zõjs] FPL *de* **ilusão**
ilusório, -a [ilu'zɔrju, a] ADJ *(enganoso)* deceptive
ilustração [ilustra'sãw] *(pl* **-ões)** F *(figura, exemplo)* illustration; *(saber)* learning
ilustrado, -a [ilus'tradu, a] ADJ *(com gravuras)* illustrated; *(instruído)* learned
ilustrador, a [ilustra'dor(a)] M/F illustrator
ilustrar [ilus'trar] VT *(com gravuras)* to illustrate; *(instruir)* to instruct; *(exemplificar)* to illustrate; **ilustrar-se** VR *(distinguir-se)* to excel; *(instruir-se)* to inform o.s.
ilustrativo, -a [ilustra'tʃivu, a] ADJ illustrative
ilustre [i'lustri] ADJ famous, illustrious; **um ~ desconhecido** a complete stranger
ilustríssimo, -a [ilus'trisimu, a] ADJ SUPERL *de* **ilustre**; *(tratamento)*: **~ senhor** dear Sir
imã ['imã] M magnet
imaculado, -a [imaku'ladu, a] ADJ immaculate
imagem [i'maʒẽ] *(pl* **-ns)** F image; *(semelhança)* likeness; *(TV)* picture; **imagens** FPL *(Literatura)* imagery *sg*; **ela é a ~ do pai** she's the image of her father
imaginação [imaʒina'sãw] *(pl* **-ões)** F imagination
imaginar [imaʒi'nar] VT to imagine; *(supor)* to suppose; **imaginar-se** VR to imagine o.s.; **imagine só!** just imagine!; **obrigado — imagina!** thank you — don't worry about it!
imaginário, -a [imaʒi'narju, a] ADJ imaginary
imaginativo, -a [imaʒina'tʃivu, a] ADJ imaginative
imaginável [imaʒi'navew] *(pl* **-eis)** ADJ imaginable

imaginoso, -a [imaʒi'nozu, ɔza] ADJ (*pessoa*) imaginative
íman ['imã] (PT) M = **ímã**
imanente [ima'nẽtʃi] ADJ: ~ **(a)** inherent (in)
imantar [imã'tar] VT to magnetize
imaturidade [imaturi'dadʒi] F immaturity
imaturo, -a [ima'turu, a] ADJ immature
imbatível [ĩba'tʃivew] (*pl* **-eis**) ADJ invincible
imbecil [ĩbe'siw] (*pl* **-is**) ADJ stupid ▶ M/F imbecile, half-wit
imbecilidade [ĩbesili'dadʒi] F stupidity
imbecis [ĩbe'sis] PL *de* **imbecil**
imberbe [ĩ'bɛrbi] ADJ (*sem barba*) beardless; (*jovem*) youthful
imbricar [ĩbri'kar] VT to overlap; **imbricar-se** VR to overlap
imbuir [ĩ'bwir] VT: ~ **alguém de** (*sentimentos*) to imbue sb with
IME (BR) ABR M = **Instituto Militar de Engenharia**
imediações [imedʒa'sõjs] FPL vicinity *sg*, neighbourhood *sg* (BRIT), neighborhood *sg* (US)
imediatamente [imedʒata'mẽtʃi] ADV immediately, right away
imediato, -a [ime'dʒatu, a] ADJ immediate; (*seguinte*) next ▶ M second-in-command; ~ **a** next to; **de** ~ straight away
imemorial [imemo'rjaw] (*pl* **-ais**) ADJ immemorial
imensidade [imẽsi'dadʒi] F immensity
imensidão [imẽsi'dãw] F hugeness, enormity
imenso, -a [i'mẽsu, a] ADJ immense, huge; (*ódio, amor*) great
imensurável [imẽsu'ravew] (*pl* **-eis**) ADJ immeasurable
imerecido, -a [imere'sidu, a] ADJ undeserved
imergir [imer'ʒir] VT to immerse; (*fig*) to plunge ▶ VI to be immersed; to plunge
imersão [imer'sãw] (*pl* **-ões**) F immersion
imerso, -a [i'mersu, a] ADJ (*tb fig*) immersed
imersões [imer'sõjs] FPL *de* **imersão**
imigração [imigra'sãw] (*pl* **-ões**) F immigration
imigrante [imi'grãtʃi] ADJ, M/F immigrant
imigrar [imi'grar] VI to immigrate
iminência [imi'nẽsja] F imminence
iminente [imi'nẽtʃi] ADJ imminent
imiscuir-se [imis'kwirsi] VR: ~ **em** to meddle (in), interfere (in)
imitação [imita'sãw] (*pl* **-ões**) F imitation, copy; **joia de** ~ imitation jewel
imitador, a [imita'dor(a)] ADJ imitative ▶ M/F imitator
imitar [imi'tar] VT to imitate; (*assinatura*) to copy
imobiliária [imobi'ljarja] F estate agent's (BRIT), real estate broker's (US)
imobiliário, -a [imobi'ljarju, a] ADJ property *atr*, real estate *atr*
imobilidade [imobili'dadʒi] F immobility
imobilizar [imobili'zar] VT to immobilize; (*fig: economia, progresso*) to bring to a standstill; (*Com: capital*) to tie up

imoderação [imodera'sãw] F lack of moderation
imoderado, -a [imode'radu, a] ADJ immoderate
imodéstia [imo'dɛstʃja] F immodesty
imodesto, -a [imo'dɛstu, a] ADJ immodest
imódico, -a [i'mɔdʒiku, a] ADJ exorbitant
imolar [imo'lar] VT (*sacrificar*) to sacrifice; (*prejudicar*) to harm
imoral [imo'raw] (*pl* **-ais**) ADJ immoral
imoralidade [imorali'dadʒi] F immorality
imortal [imor'taw] (*pl* **-ais**) ADJ immortal ▶ M/F (*membro da ABL*) member of the Brazilian Academy of Letters
imortalidade [imortali'dadʒi] F immortality
imortalizar [imortali'zar] VT to immortalize
imóvel [i'mɔvew] (*pl* **-eis**) ADJ (*parado*) motionless, still; (*não movediço*) immovable ▶ M property; (*edifício*) building; **imóveis** MPL (*propriedade*) real estate *sg*, property *sg*
impaciência [ĩpa'sjẽsja] F impatience
impacientar-se [ĩpasjẽ'tarsi] VR to lose one's patience
impaciente [ĩpa'sjẽtʃi] ADJ impatient; (*inquieto*) anxious
impacto [ĩ'paktu], (PT) **impacte** M impact
impagável [ĩpa'gavew] (*pl* **-eis**) ADJ (*fig*) priceless
impaludismo [ĩpalu'dʒizmu] M malaria
ímpar ['ĩpar] ADJ (*número*) odd; (*sem igual*) unique, unequalled
imparcial [ĩpar'sjaw] (*pl* **-ais**) ADJ fair, impartial
imparcialidade [ĩparsjali'dadʒi] F impartiality
impasse [ĩ'pasi] M impasse, deadlock
impassível [ĩpa'sivew] (*pl* **-eis**) ADJ impassive
impávido, -a [ĩ'pavidu, a] ADJ (*formal*) fearless, intrepid
impecável [ĩpe'kavew] (*pl* **-eis**) ADJ perfect, impeccable
impeço *etc* [ĩ'pɛsu] VB *ver* **impedir**
impedido, -a [ĩpe'dʒidu, a] ADJ (*estrada*) blocked; (*Futebol*) offside; (PT Tel) engaged (BRIT), busy (US)
impedimento [ĩpedʒi'mẽtu] M impediment; (*Futebol*) offside; (*Pol*) impeachment
impedir [ĩpe'dʒir] VT to obstruct; (*estrada, passagem, tráfego*) to block; (*movimento, execução, progresso*) to impede; ~ **alguém de fazer algo** to prevent sb from doing sth; (*proibir*) to forbid sb to do sth; ~ **(que aconteça) algo** to prevent sth (happening)
impelir [ĩpe'lir] VT (*tb fig*) to drive (on); (*obrigar*) to force
impenetrável [ĩpene'travew] (*pl* **-eis**) ADJ impenetrable
impenitente [ĩpeni'tẽtʃi] ADJ unrepentant
impensado, -a [ĩpẽ'sadu, a] ADJ (*imprevidente*) thoughtless; (*não calculado*) unpremeditated; (*imprevisto*) unforeseen
impensável [ĩpẽ'savew] (*pl* **-eis**) ADJ unthinkable

imperador [ĩpera'dor] M emperor
imperar [ĩpe'rar] VI to reign; *(fig: prevalecer)* to prevail
imperativo, -a [ĩpera'tʃivu, a] ADJ *(tb Ling)* imperative ▶ M absolute necessity; imperative
imperatriz [ĩpera'triz] F empress
imperceptível [ĩpersep'tʃivew] *(pl* **-eis***)* ADJ imperceptible
imperdível [ĩper'dʒivew] *(pl* **-eis***)* ADJ *(eleição)* that cannot be lost; *(filme)* unmissable; *(questão)*: **o ordem pública é uma questão ~ para o partido** the party's onto a winner with law and order
imperdoável [ĩper'dwavew] *(pl* **-eis***)* ADJ unforgivable, inexcusable
imperecível [ĩpere'sivew] *(pl* **-eis***)* ADJ imperishable
imperfeição [ĩmperfej'sãw] *(pl* **-ões***)* F imperfection; *(falha)* flaw
imperfeito, -a [ĩper'fejtu, a] ADJ imperfect ▶ M *(Ling)* imperfect (tense)
imperial [ĩpe'rjaw] *(pl* **-ais***)* ADJ imperial
imperialismo [ĩperja'lizmu] M imperialism
imperialista [ĩperja'lista] ADJ, M/F imperialist
imperícia [ĩpe'risja] F *(inabilidade)* inability; *(inexperiência)* inexperience
império [ĩ'pɛrju] M empire
imperioso, -a [ĩpe'rjozu, ɔza] ADJ *(dominador)* domineering; *(necessidade)* pressing, urgent; *(tom, olhar)* imperious
impermeabilidade [ĩpermjabili'dadʒi] F imperviousness
impermeabilizar [ĩpermjabili'zar] VT to waterproof
impermeável [ĩper'mjavew] *(pl* **-eis***)* ADJ: **~ a** *(tb fig)* impervious to; *(à água)* waterproof ▶ M raincoat
impertinência [ĩpertʃi'nesja] F impertinence; *(irrelevância)* irrelevance
impertinente [ĩpertʃi'netʃi] ADJ *(alheio)* irrelevant; *(insolente)* impertinent
imperturbável [ĩpertur'bavew] *(pl* **-eis***)* ADJ imperturbable; *(impassível)* impassive
impessoal [ĩpe'swaw] *(pl* **-ais***)* ADJ impersonal
impetigo [ĩpe'tʃigo] M impetigo
ímpeto ['ĩpetu] M *(Tec: força)* impetus; *(movimento súbito)* start; *(de cólera)* fit; *(de emoção)* surge; *(de chamas)* fury; **agir com ~** to act on impulse; **levantar-se num ~** to get up with a start; **senti um ~ de sair correndo** I felt an urge to run away
impetrante [ĩpe'trãtʃi] M/F *(Jur)* petitioner
impetrar [ĩpe'trar] VT *(Jur)*: **~ algo** to petition for sth
impetuosidade [ĩpetwozi'dadʒi] F impetuosity
impetuoso, -a [ĩpe'twozu, ɔza] ADJ *(pessoa)* headstrong, impetuous; *(ato)* rash, hasty; *(rio)* fast-moving
impiedade [ĩpje'dadʒi] F irreverence; *(crueldade)* cruelty

impiedoso, -a [ĩpje'dozu, ɔza] ADJ merciless, cruel
impilo etc [ĩ'pilu] VB *ver* **impelir**
impingir [ĩpĩ'ʒir] VT: **~ algo a alguém** *(mentiras, mercadorias)* to palm sth off on sb; **~ algo em alguém** *(bofetada, pontapé etc)* to land sth on sb
implacável [ĩpla'kavew] *(pl* **-eis***)* ADJ *(pessoa)* unforgiving; *(destino, doença, perseguição)* relentless
implantação [ĩplãta'sãw] *(pl* **-ões***)* F introduction; *(Med)* implant
implantar [ĩplã'tar] VT to introduce; *(Med)* to implant
implante [ĩ'plãtʃi] M *(Med)* implant
implausível [ĩplaw'zivew] *(pl* **-eis***)* ADJ implausible
implementação [ĩplemẽta'sãw] *(pl* **-ões***)* F implementation
implementar [ĩplemẽ'tar] VT to implement
implemento [ĩple'mẽtu] M implement
implicação [ĩplika'sãw] *(pl* **-ões***)* F implication; *(envolvimento)* involvement
implicância [ĩpli'kãsja] F *(ato de chatear)* teasing; *(antipatia)* nastiness; **estar de ~ com alguém** to pick on sb, have it in for sb
implicante [ĩpli'kãtʃi] ADJ bullying ▶ M/F stirrer
implicar [ĩpli'kar] VT *(envolver)* to implicate; *(pressupor)* to imply ▶ VI: **~ com alguém** *(antipatizar)* to be horrible to sb; *(chatear)* to tease sb, pick on sb; **implicar-se** VR *(envolver-se)* to get involved; **~ (em) algo** to involve sth
implícito, -a [ĩ'plisitu, a] ADJ implicit
impliquei etc [ĩpli'kej] VB *ver* **implicar**
implodir [ĩplo'dʒir] VI to implode
imploração [ĩplora'sãw] F begging
implorar [ĩplo'rar] VT: **~ (algo a alguém)** to beg *ou* implore (sb for sth)
impõe etc [ĩ'põj] VB *ver* **impor**
impoluto, -a [ĩpo'lutu, a] ADJ immaculate; *(pessoa)* beyond reproach
impomos [ĩ'pomos] VB *ver* **impor**
imponderado, -a [ĩpõde'radu, a] ADJ rash
imponderável [ĩpõde'ravew] *(pl* **-eis***)* ADJ imponderable
imponência [ĩpo'nẽsja] F impressiveness
imponente [ĩpo'nẽtʃi] ADJ impressive, imposing
imponho etc [ĩ'poɲu] VB *ver* **impor**
impontual [ĩpõ'twaw] *(pl* **-ais***)* ADJ unpunctual
impopular [ĩpopu'lar] ADJ unpopular
impopularidade [ĩpopulari'dadʒi] F unpopularity
impor [ĩ'por] *(irreg: como* **pôr***)* VT to impose; *(respeito)* to command; **impor-se** VR to assert o.s.; **~ algo a alguém** to impose sth on sb
importação [importa'sãw] *(pl* **-ões***)* F *(ato)* importing; *(mercadoria)* import
importador, a [ĩporta'dor(a)] ADJ import *atr* ▶ M/F importer ▶ F *(empresa)* import company; *(loja)* shop selling imported goods

importância [ĩpor'tãsja] F importance; *(de dinheiro)* sum, amount; **dar ~ a algo/alguém** to attach importance to sth/show consideration for sb; **não dê ~ ao que ele disse** take no notice of what he said; **não tem ~** it doesn't matter, never mind; **ter ~** to be important; **de certa ~** of some importance; **sem ~** unimportant

importante [ĩpor'tãtʃi] ADJ important; *(arrogante)* self-important ▶ M: **o (mais) ~** the (most) important thing

importar [ĩpor'tar] VT *(Com)* to import; *(trazer)* to bring in; *(causar: prejuízos etc)* to cause; *(implicar)* to imply, involve ▶ VI to matter, be important; **importar-se** VR: **~-se com algo** to mind sth; **não ou pouco importa!** it doesn't matter!; **~ em** *(preço)* to add up to, amount to; *(resultar)* to lead to; **não me importo** I don't care; **eu pouco me importo que ela venha ou não** I don't care whether she comes or not

importe [ĩ'pɔrtʃi] M *(soma)* amount; *(custo)* cost

importunação [ĩportuna'sãw] *(pl -ões)* F annoyance

importunar [ĩportu'nar] VT to bother, annoy

importuno, -a [ĩpor'tunu, a] ADJ *(maçante)* annoying; *(inoportuno)* inopportune ▶ M/F nuisance

impôs [ĩ'pos] VB *ver* **impor**

imposição [ĩpozi'sãw] *(pl -ões)* F imposition

impossibilidade [ĩposibili'dadʒi] F impossibility

impossibilitado, -a [ĩposibili'tadu, a] ADJ: **~ de fazer** unable to do

impossibilitar [ĩposibili'tar] VT: **~ algo** to make sth impossible; **~ alguém de fazer, ~ a alguém fazer** to prevent sb doing; **~ algo a alguém, ~ alguém para algo** to make sth impossible for sb

impossível [ĩpo'sivew] *(pl -eis)* ADJ impossible; *(insuportável: pessoa)* insufferable; *(incrível)* incredible

impostação [ĩposta'sãw] F *(da voz)* diction, delivery

impostar [ĩpos'tar] VT *(voz)* to throw

imposto [ĩ'postu] PP *de* **impor** ▶ M tax; **antes/depois de ~s** before/after tax; **~ ambiental** green tax, environmental tax; **~ de renda** (BR) income tax; **~ predial** rates pl; **~ sobre ganhos de capital** capital transfer tax (BRIT), inheritance tax (US); **~ sobre lucros** profits tax; **~ sobre transferência de capital** capital transfer tax; **I~ sobre Circulação de Mercadorias (e Serviços)** (BR), **~ sobre valor agregado** value added tax (BRIT), sales tax (US)

impostor, a [ĩpos'tor(a)] M/F impostor

impostura [ĩpos'tura] F deception

impotência [ĩpo'tẽsja] F impotence

impotente [ĩpo'tẽtʃi] ADJ powerless; *(Med)* impotent

impraticabilidade [ĩpratʃikabili'dadʒi] F impracticability

impraticável [ĩpratʃi'kavew] *(pl -eis)* ADJ impracticable; *(rua, rio etc)* impassable

imprecisão [ĩpresi'zãw] *(pl -ões)* F inaccuracy

impreciso, -a [ĩpre'sizu, a] ADJ vague; *(falto de rigor)* inaccurate

imprecisões [ĩpresi'zõjs] FPL *de* **imprecisão**

impregnar [ĩpreg'nar] VT to impregnate; **~ algo de** to impregnate sth with; *(fig: mente etc)* to fill sth with

imprensa [ĩ'prẽsa] F *(a arte)* printing; *(máquina, jornais)* press; **~ marrom** tabloid press, gutter press

imprensar [ĩprẽ'sar] VT *(no prelo)* to stamp; *(apertar)* to squash; *(fig):* **~ alguém (contra a parede)** to press sb

imprescindível [ĩpresĩ'dʒivew] *(pl -eis)* ADJ essential, indispensable

impressão [ĩpre'sãw] *(pl -ões)* F impression; *(de livros)* printing; *(marca)* imprint; **causar boa ~** to make a good impression; **ficar com/ter a ~ (de) que** to get/have the impression that; **ter má ~ de algo** to have a bad impression of sth; **~ digital** fingerprint

impressionante [ĩpresjo'nãtʃi] ADJ impressive; *(abalador)* amazing

impressionar [ĩpresjo'nar] VT to impress; *(abalar)* to affect ▶ VI to be impressive; *(pessoa)* to make an impression; **impressionar-se** VR: **~-se (com algo)** *(comover-se)* to be moved (by sth)

impressionável [ĩpresjo'navew] *(pl -eis)* ADJ impressionable

impressionismo [ĩpresjo'nizmu] M impressionism

impressionista [ĩpresjo'nista] ADJ, M/F impressionist

impresso, -a [ĩ'prɛsu, a] PP *de* **imprimir** ▶ ADJ printed ▶ M *(para preencher)* form; *(folheto)* leaflet; **impressos** MPL *(formulário)* printed matter sg

impressões [ĩpre'sõjs] FPL *de* **impressão**

impressor [ĩpre'sor] M printer

impressora [ĩpre'sora] F *(Comput)* printer; **~ jato de tinta** ink-jet printer; **~ laser** laser printer

imprestável [ĩprẽ'tavew] *(pl -eis)* ADJ *(inútil)* useless; *(pessoa)* unhelpful

impreterível [ĩprete'rivew] *(pl -eis)* ADJ *(compromisso)* essential; *(prazo)* final

imprevidente [ĩprevi'dẽtʃi] ADJ short-sighted

imprevisão [ĩprevi'zãw] F lack of foresight, short-sightedness

imprevisível [ĩprevi'zivew] *(pl -eis)* ADJ unforeseeable

imprevisto, -a [ĩpre'vistu, a] ADJ unexpected, unforeseen ▶ M: **um ~** something unexpected

imprimir [ĩpri'mir] VT to print; *(marca)* to stamp; *(infundir)* to instil (BRIT), instill (US); **imprimir-se** VR to be stamped, be impressed; **~-se na memória** to impress o.s. on the memory; **~ algo a algo** to stamp sth on sth

improbabilidade [ĩprobabili'dadʒi] F improbability

improcedente [ĩprose'dẽtʃi] ADJ groundless, unjustified

improdutivo, -a [ĩprodu'tʃivu, a] ADJ unproductive

improfícuo, -a [impro'fikwu, a] ADJ useless, futile

impropério [ĩpro'pɛrju] M insult; **dizer ~s** to swear

impropriedade [ĩproprje'dadʒi] F inappropriateness; *(moral)* impropriety

impróprio, -a [ĩ'prɔprju, a] ADJ *(inadequado)* inappropriate; *(indecente)* improper; **filme ~ para menores de 18 anos** X-certificate *ou* X-rated film

improrrogável [ĩproho'gavew] *(pl* **-eis***)* ADJ non-extendible

improvável [ĩpro'vavew] *(pl* **-eis***)* ADJ unlikely

improvidência [ĩprovi'dẽsja] F lack of foresight

improvidente [ĩprovi'dẽtʃi] ADJ short-sighted

improvisação [ĩproviza'sãw] *(pl* **-ões***)* F improvisation

improvisado, -a [ĩprovi'zadu, a] ADJ improvised, impromptu

improvisar [ĩprovi'zar] VT, VI to improvise; *(Teatro)* to ad-lib

improviso [ĩpro'vizu] M impromptu talk; **de ~** *(de repente)* suddenly; *(sem preparação)* without preparation; **falar de ~** to talk off the cuff

imprudência [ĩpru'dẽsja] F rashness; *(descuido)* carelessness

imprudente [ĩpru'dẽtʃi] ADJ *(irrefletido)* rash; *(motorista)* careless

impudico, -a [ĩpu'dʒiku, a] ADJ shameless

impugnar [ĩpug'nar] VT *(refutar)* to refute; *(opor-se a)* to oppose

impulsionar [ĩpuwsjo'nar] VT *(impelir)* to drive, impel; *(fig: estimular)* to urge

impulsividade [ĩpuwsivi'dadʒi] F impulsiveness

impulsivo, -a [ĩpuw'sivu, a] ADJ impulsive

impulso [ĩ'puwsu] M impulse; *(fig: estímulo)* urge, impulse; **tomar ~** *(fig: empresa, negócio)* to take off; **compra por ~** *(ato)* impulse buying

impune [ĩ'puni] ADJ unpunished

impunemente [ĩpune'mẽtʃi] ADV with impunity

impunha *etc* [ĩ'puɲa] VB *ver* **impor**

impunidade [ĩpuni'dadʒi] F impunity

impureza [ĩpu'reza] F impurity

impuro, -a [ĩ'puru, a] ADJ impure

impus *etc* [ĩ'pus] VB *ver* **impor**

impuser *etc* [ĩpu'zer] VB *ver* **impor**

imputação [imputa'sãw] *(pl* **-ões***)* F accusation

imputar [ĩpu'tar] VT: **~ algo a** *(atribuir)* to attribute sth to; **~ algo a alguém** to blame sb for sth

imputável [ĩpu'tavew] *(pl* **-eis***)* ADJ attributable

imundice [imũ'dʒisi] F = **imundície**

imundície [imũ'dʒisji] F filth

imundo, -a [i'mũdu, a] ADJ filthy; *(obsceno)* dirty

imune [i'muni] ADJ: **~ a** immune to

imunidade [imuni'dadʒi] F immunity

imunizar [imuni'zar] VT: **~ alguém (contra algo)** *(Med)* to immunize sb (against sth); *(fig)* to protect sb (from sth)

imutável [imu'tavew] *(pl* **-eis***)* ADJ *(ideia)* fixed; *(decisão: firme)* firm; *(: irreversível)* irreversible; *(pessoa)*: **ele tem um comportamento ~** he's very set in his ways

inabalável [inaba'lavew] *(pl* **-eis***)* ADJ unshakeable

inábil [i'nabiw] *(pl* **-eis***)* ADJ *(incapaz)* incapable; *(desajeitado)* clumsy

inabilidade [inabili'dadʒi] F *(incompetência)* incompetence; *(falta de destreza)* clumsiness

inabilidoso, -a [inabili'dozu, ɔza] ADJ clumsy, awkward

inabilitação [inabilita'sãw] *(pl* **-ões***)* F disqualification

inabilitar [inabili'tar] VT *(incapacitar)* to incapacitate; *(em exame)* to disqualify

inabitado, -a [inabi'tadu, a] ADJ uninhabited

inabitável [inabi'tavew] *(pl* **-eis***)* ADJ uninhabitable

inacabado, -a [inaka'badu, a] ADJ unfinished

inacabável [inaka'bavew] *(pl* **-eis***)* ADJ interminable, unending

inação [ina'sãw] F *(inércia)* inactivity; *(irresolução)* indecision

inaceitável [inasej'tavew] *(pl* **-eis***)* ADJ unacceptable

Inacen [ina'sẽ] *(BR)* ABR M = **Instituto Nacional de Artes Cênicas**

inacessível [inase'sivew] *(pl* **-eis***)* ADJ inaccessible

inacreditável [inakredʒi'tavew] *(pl* **-eis***)* ADJ unbelievable, incredible

inadaptado, -a [inadap'tadu, a] ADJ maladjusted

inadequação [inadekwa'sãw] *(pl* **-ões***)* F inadequacy; *(impropriedade)* unsuitability

inadequado, -a [inade'kwadu, a] ADJ inadequate; *(impróprio)* unsuitable

inadiável [ina'dʒjavew] *(pl* **-eis***)* ADJ pressing

inadimplência [inadʒĩ'plẽsja] F *(Jur)* breach of contract, default

inadimplente [inadʒĩ'plẽtʃi] ADJ *(Jur)* in breach of contract, at fault

inadimplir [inadʒĩ'plir] VT, VI: **~ (algo)** to default (on sth)

inadmissível [inadʒimi'sivew] *(pl* **-eis***)* ADJ inadmissible

inadquirível [inadʒiki'rivew] *(pl* **-eis***)* ADJ unobtainable

inadvertência [inadʒiver'tẽsja] F oversight; **por ~** by mistake

inadvertido, -a [inadʒiver'tʃidu, a] ADJ inadvertent

inalação [inala'sãw] *(pl* **-ões***)* F inhalation

inalador [inala'dor] M inhaler
inalar [ina'lar] VT to inhale, breathe in
inalcançável [inawkã'savew] (pl -eis) ADJ out of reach; (sucesso, ambição) unattainable
inalterado, -a [inawte'radu, a] ADJ unchanged; (sereno) unperturbed
inalterável [inawte'ravew] (pl -eis) ADJ unchangeable; (impassível) imperturbable
Inamps [i'nãps] (BR) ABR M = **Instituto Nacional de Assistência Médica e Previdência Social**
inanição [inani'sãw] (pl -ões) F starvation
inanimado, -a [inani'madu, a] ADJ inanimate
inapetência [inape'tẽsja] F loss of appetite
inapetente [inape'tẽtʃi] ADJ off one's food
inaplicado, -a [inapli'kadu, a] ADJ (aluno) idle, lazy
inaplicável [inapli'kavew] (pl -eis) ADJ inapplicable
inapreciável [inapre'sjavew] (pl -eis) ADJ invaluable
inaproveitável [inaprovej'tavew] (pl -eis) ADJ useless
inaptidão [inaptʃi'dãw] (pl -ões) F inability
inapto, -a [i'naptu, a] ADJ (incapaz) unfit, incapable; (inadequado) unsuited
inarticulado, -a [inartʃiku'ladu, a] ADJ inarticulate
inatacável [inata'kavew] (pl -eis) ADJ unassailable
inatenção [inatẽ'sãw] F inattention
inatingido, -a [inatʃĩ'ʒidu, a] ADJ unconquered
inatingível [inatʃĩ'ʒivew] (pl -eis) ADJ unattainable
inatividade [inatʃivi'dadʒi] F inactivity; (aposentadoria) redundancy (BRIT), dismissal (US); (Mil: reforma) retirement (on health grounds)
inativo, -a [ina'tʃivu, a] ADJ inactive; (aposentado, reformado) retired
inato, -a [i'natu, a] ADJ innate, inborn
inaudito, -a [inaw'dʒitu, a] ADJ unheard-of
inaudível [inaw'dʒivew] (pl -eis) ADJ inaudible
inauguração [inawgura'sãw] (pl -ões) F inauguration; (de exposição) opening; (de estátua) unveiling
inaugural [inawgu'raw] (pl -ais) ADJ inaugural
inaugurar [inawgu'rar] VT to inaugurate; (exposição) to open; (estátua) to unveil
inca ['ĩka] ADJ, M/F Inca
incabível [ĩka'bivew] (pl -eis) ADJ unacceptable
incalculável [ĩkawku'lavew] (pl -eis) ADJ incalculable
incandescente [ĩkãde'sẽtʃi] ADJ incandescent
incansável [ĩkã'savew] (pl -eis) ADJ tireless, untiring
incapacidade [ĩkapasi'dadʒi] F incapacity; (incompetência) incompetence; ~ **de fazer** inability to do

incapacitado, -a [ĩkapasi'tadu, a] ADJ (inválido) disabled, handicapped ▶ M/F handicapped person; **estar ~ de fazer** to be unable to do
incapacitar [ĩkapasi'tar] VT: ~ **alguém (para)** to make sb unable (to)
incapaz [ĩka'pajz] ADJ, M/F incompetent; ~ **de fazer** incapable of doing; ~ **para** unfit for
incauto, -a [ĩ'kawtu, a] ADJ (imprudente) rash
incendiar [ĩsẽ'dʒjar] VT to set fire to; (fig) to inflame; **incendiar-se** VR to catch fire
incendiário, -a [ĩsẽ'dʒjarju, a] ADJ incendiary; (fig) inflammatory ▶ M/F arsonist; (agitador) agitator
incêndio [ĩ'sẽdʒju] M fire; ~ **criminoso** ou **premeditado** arson
incenso [ĩ'sẽsu] M incense
incentivador, a [ĩsẽtʃiva'dor(a)] ADJ stimulating, encouraging
incentivar [ĩsẽtʃi'var] VT to stimulate, encourage
incentivo [ĩsẽ'tʃivu] M incentive; ~ **fiscal** tax incentive
incerteza [ĩser'teza] F uncertainty
incerto, -a [ĩ'sɛrtu, a] ADJ uncertain
incessante [ĩse'satʃi] ADJ incessant
incesto [ĩ'sɛstu] M incest
incestuoso, -a [ĩses'twozu, ɔza] ADJ incestuous
inchação [ĩʃa'sãw] (pl -ões) F swelling
inchado, -a [ĩ'ʃadu, a] ADJ swollen; (fig) conceited
inchar [ĩ'ʃar] VT, VI to swell; **inchar-se** VR to swell (up); (fig) to become conceited
incidência [ĩsi'dẽsja] F incidence, occurrence
incidente [ĩsi'dẽtʃi] M incident
incidir [ĩsi'dʒir] VI: ~ **em erro** to go wrong; ~ **em** ou **sobre algo** (luz) to fall on sth; (influir) to affect sth; (imposto) to be payable on sth
incinerar [ĩsine'rar] VT to burn
incipiente [ĩsi'pjẽtʃi] ADJ incipient
incisão [ĩsi'zãw] (pl -ões) F cut; (Med) incision
incisivo, -a [ĩsi'zivu, a] ADJ cutting, sharp; (fig) incisive ▶ M incisor
incisões [ĩsi'zõjs] FPL de **incisão**
incitação [ĩsita'sãw] (pl -ões) F incitement
incitamento [ĩsita'mẽtu] M incitement
incitar [ĩsi'tar] VT to incite; (pessoa, animal) to drive on; (instigar) to rouse; ~ **alguém a (fazer) algo** to urge sb on to (do) sth, incite sb to (do) sth
incivil [ĩsi'viw] (pl -is) ADJ rude, ill-mannered
incivilidade [ĩsivili'dadʒi] F rudeness
incivilizado, -a [ĩsivili'zadu, a] ADJ uncivilized
incivis [ĩsi'vis] ADJ PL de **incivil**
inclemência [ĩkle'mẽsja] F harshness, rigour (BRIT), rigor (US); (tempo) inclemency
inclemente [ĩkle'mẽtʃi] ADJ severe, harsh; (tempo) inclement
inclinação [ĩklina'sãw] (pl -ões) F inclination; (da terra) slope; (simpatia) liking; ~ **da cabeça** nod

inclinado, -a [ĩkli'nadu, a] ADJ (*terreno, estrada*) sloping; (*corpo, torre*) leaning; **estar ~/pouco ~ a** to be inclined/loath to
inclinar [ĩkli'nar] VT (*objeto*) to tilt; (*cabeça*) to nod ▶ VI (*terra*) to slope; (*objeto*) to tilt; **inclinar-se** VR (*objeto*) to tilt; (*dobrar o corpo*) to bow, stoop; **~ para** (*propensão*) to lean towards; **~-se sobre algo** (*debruçar-se*) to lean over sth; **~(-se) para trás** to lean back
ínclito, -a [ĩklitu, a] ADJ illustrious, renowned
incluir [ĩ'klwir] VT to include; (*em carta*) to enclose; **incluir-se** VR to be included; **tudo incluído** (*Com*) all in
inclusão [ĩklu'zãw] F inclusion
inclusive [ĩklu'zivi] PREP including ▶ ADV inclusive; (*até mesmo*) even; **de segunda à sexta ~** from Monday to Friday inclusive; **e ~ falou que ...** and furthermore he said that ....
incluso, -a [ĩ'kluzu, a] ADJ included; (*em carta*) enclosed
incobrável [ĩko'bravew] (*pl* -**eis**) ADJ (*Com*): **dívida ~** bad debt
incoercível [ĩkoer'sivew] (*pl* -**eis**) ADJ uncontrollable
incoerência [ĩkoe'rẽsja] F incoherence; (*contradição*) inconsistency
incoerente [ĩkoe'rẽtʃi] ADJ incoherent; (*contraditório*) inconsistent
incógnita [ĩ'kɔgnita] F (*Mat*) unknown; (*fato incógnito*) mystery
incógnito, -a [ĩ'kɔgnitu, a] ADJ unknown ▶ ADV incognito
incolor [ĩko'lor] ADJ colourless (BRIT), colorless (US)
incólume [ĩ'kɔlumi] ADJ safe and sound; (*ileso*) unharmed
incomensurável [ĩkomẽsu'ravew] (*pl* -**eis**) ADJ immense
incomodada [ĩkomo'dada] ADJ (*menstruada*) having one's period
incomodar [ĩkomo'dar] VT (*importunar*) to bother, trouble; (*aborrecer*) to annoy ▶ VI to be bothersome; **incomodar-se** VR to bother, put o.s. out; **~-se com algo** to be bothered by sth, mind sth; **não se incomode!** don't worry!; **você se incomoda se eu abrir a janela?** do you mind if I open the window?
incômodo, -a [ĩ'komodu, a] ADJ (*desconfortável*) uncomfortable; (*incomodativo*) troublesome; (*inoportuno*) inconvenient ▶ M (*menstruação*) period; (*maçada*) nuisance, trouble; (*amolação*) inconvenience
incomparável [ĩkõpa'ravew] (*pl* -**eis**) ADJ incomparable
incompatibilidade [ĩkõpatʃibili'dadʒi] F incompatibility
incompatibilizar [ĩkõpatʃibili'zar] VT: **~ alguém (com alguém)** to alienate sb (from sb); **incompatibilizar-se** VR: **~-se (com alguém)** to alienate o.s. (from sb)

incompatível [ĩkõpa'tʃivew] (*pl* -**eis**) ADJ incompatible
incompetência [ĩkõpe'tẽsja] F incompetence
incompetente [ĩkõpe'tẽtʃi] ADJ, M/F incompetent
incompleto, -a [ĩkõ'plɛtu, a] ADJ incomplete, unfinished
incompreendido, -a [ĩkõprjẽ'dʒidu, a] ADJ misunderstood
incompreensão [ĩkõprjẽ'sãw] F incomprehension
incompreensível [ĩkõprjẽ'sivew] (*pl* -**eis**) ADJ incomprehensible
incompreensivo, -a [ĩkõprjẽ'sivu, a] ADJ uncomprehending
incomum [ĩko'mũ] ADJ uncommon
incomunicável [ĩkomuni'kavew] (*pl* -**eis**) ADJ cut off; (*privado de comunicação, fig*) incommunicado; (*preso*) in solitary confinement
inconcebível [ĩkõse'bivew] (*pl* -**eis**) ADJ inconceivable; (*incrível*) incredible
inconciliável [ĩkõsi'ljavew] (*pl* -**eis**) ADJ irreconcilable
inconcludente [ĩkõklu'dẽtʃi] ADJ inconclusive
inconcluso, -a [ĩkõ'kluzu, a] ADJ unfinished
incondicional [ĩkõdʒisjo'naw] (*pl* -**ais**) ADJ unconditional; (*apoio*) wholehearted; (*partidário*) staunch; (*amizade, fã*) loyal
inconfesso, -a [ĩkõ'fɛsu, a] ADJ closet *atr*
inconfidência [ĩkõfi'dẽsja] F disloyalty; (*Jur*) treason
inconfidente [ĩkõfi'dẽtʃi] ADJ disloyal ▶ M conspirator
inconformado, -a [ĩkõfor'madu, a] ADJ bitter; **~ com** unreconciled to
inconfundível [ĩkõfũ'dʒivew] (*pl* -**eis**) ADJ unmistakeable
incongruência [ĩkõ'grwẽsja] F: **ser uma ~** to be incongruous
incongruente [ĩkõ'grwẽtʃi] ADJ incongruous
incôngruo, -a [ĩ'kõgrwu, a] ADJ incongruous
inconsciência [ĩkõ'sjẽsja] F (*Med*) unconsciousness; (*irreflexão*) thoughtlessness
inconsciente [ĩkõ'sjẽtʃi] ADJ (*Med, Psico*) unconscious; (*involuntário*) unwitting; (*irresponsável*) irresponsible ▶ M (*Psico*) unconscious ▶ M/F (*irresponsável*) irresponsible person
inconsequência [ĩkõse'kwẽsja] F (*irresponsabilidade*) irresponsibility; (*incoerência*) inconsistency
inconsequente [ĩkõse'kwẽtʃi] ADJ (*incoerente*) inconsistent; (*contraditório*) illogical; (*irresponsável*) irresponsible
inconsistência [ĩkõsis'tẽsja] F inconsistency; (*falta de solidez*) runny consistency
inconsistente [ĩkõsis'tẽtʃi] ADJ inconsistent; (*sem solidez*) runny
inconsolável [ĩkõso'lavew] (*pl* -**eis**) ADJ inconsolable

inconstância [ĩkõs'tãsja] F fickleness; *(do tempo)* changeability

inconstante [ĩkõs'tãtʃi] ADJ fickle; *(tempo)* changeable

inconstitucional [ĩkõstʃitusjo'naw] *(pl -ais)* ADJ unconstitutional

incontável [ĩkõ'tavew] *(pl -eis)* ADJ countless

incontestável [ĩkõtes'tavew] *(pl -eis)* ADJ undeniable

incontinência [ĩkõtʃi'nẽsja] F *(Med)* incontinence; *(sensual)* licentiousness

incontinente [ĩkõtʃi'nẽtʃi] ADJ *(Med)* incontinent; *(sensual)* licentious

incontinenti [ĩkõtʃi'nẽtʃi] ADV immediately

incontrolável [ĩkõtro'lavew] *(pl -eis)* ADJ uncontrollable

incontroverso, -a [ĩkõtro'vɛrsu, a] ADJ incontrovertible

inconveniência [ĩkõve'njẽsja] F *(inadequação)* inconvenience; *(impropriedade)* inappropriateness; *(descortesia)* impoliteness; *(ato, dito)* indiscretion

inconveniente [ĩkõve'njẽtʃi] ADJ *(incômodo)* inconvenient; *(inoportuno)* awkward; *(grosseiro)* rude; *(importuno)* annoying ▶ M *(desvantagem)* disadvantage; *(obstáculo)* difficulty, problem

Incor [ĩ'kor] ABR M (= *Instituto do Coração*) hospital in São Paulo

incorporação [ĩkorpora'sãw] *(pl -ões)* F *(tb Com)* incorporation; *(no espiritismo)* embodiment, incorporation

incorporado, -a [ĩkorpo'radu, a] ADJ *(Tec)* built-in

incorporar [ĩkorpo'rar] VT to incorporate; *(juntar)* to add; *(Com)* to merge; **incorporar-se** VR *(espírito)* to be embodied; **~-se a** ou **em** to join

incorreção [ĩkohe'sãw] *(pl -ões)* F *(erro)* inaccuracy

incorrer [ĩko'her] VI: **~ em** to incur

incorreto, -a [ĩko'hɛtu, a] ADJ incorrect; *(desonesto)* dishonest

incorrigível [ĩkohi'ʒivew] *(pl -eis)* ADJ incorrigible

incorruptível [ĩkohup'tʃivew] *(pl -eis)* ADJ incorruptible

incorrupto, -a [ĩko'huptu, a] ADJ incorrupt

INCRA [ˈĩkra] (BR) ABR M = **Instituto Nacional de Colonização e Reforma Agrária**

incredulidade [ĩkreduli'dadʒi] F incredulity; *(ceticismo)* scepticism (BRIT), skepticism (US)

incrédulo, -a [ĩ'krɛdulu, a] ADJ incredulous; *(cético)* sceptical (BRIT), skeptical (US) ▶ M/F sceptic (BRIT), skeptic (US)

incrementado, -a [ĩkremẽ'tadu, a] ADJ *(indústria)* well-developed; *(col: festa)* lively; *(: roupa)* trendy; *(: carro)* expensive

incrementar [ĩkremẽ'tar] VT *(agricultura, economia, turismo)* to develop; *(aumentar)* to increase; *(col: festa, roupa)* to liven up

incremento [ĩkre'mẽtu] M *(desenvolvimento)* growth; *(aumento)* increase

incriminação [ĩkrimina'sãw] F criminalization

incriminar [ĩkrimi'nar] VT to criminalize; **~ alguém de algo** to accuse sb of sth

incrível [ĩ'krivew] *(pl -eis)* ADJ incredible

incrustar [ĩkrus'tar] VT to encrust; *(móveis etc)* to inlay

incubadora [ĩkuba'dora] F incubator

incubar [ĩku'bar] VT *(ovos, doença)* to incubate; *(plano)* to hatch ▶ VI *(ovos)* to incubate

inculpar [ĩkuw'par] VT: **~ alguém de algo** *(culpar)* to blame sb for sth; *(acusar)* to accuse sb of sth; **inculpar-se** VR: **~-se de algo** to blame o.s. for sth

inculto, -a [ĩ'kuwtu, a] ADJ *(pessoa)* uncultured, uneducated; *(terreno)* uncultivated

incumbência [ĩkũ'bẽsja] F task, duty; **não é da minha ~** it is not part of my duty

incumbir [ĩkũ'bir] VT: **~ alguém de algo** ou **algo a alguém** to put sb in charge of sth ▶ VI: **~ a alguém** to be sb's duty; **incumbir-se** VR: **~-se de** to undertake, take charge of

incurável [ĩku'ravew] *(pl -eis)* ADJ incurable

incúria [ĩ'kurja] F carelessness

incursão [ĩkur'sãw] *(pl -ões)* F *(invasão)* raid, attack; *(penetração)* foray

incursionar [ĩkursjo'nar] VI: **~ por algo** to make forays into sth

incursões [ĩkur'sõjs] FPL *de* **incursão**

incutir [ĩku'tʃir] VT: **~ algo (em** ou **a alguém)** to instil (BRIT) ou instill (US) ou inspire sth (in sb)

inda [ˈĩda] ADV = **ainda**

indagação [ĩdaga'sãw] *(pl -ões)* F *(investigação)* investigation; *(pergunta)* inquiry, question

indagar [ĩda'gar] VT *(investigar)* to investigate, inquire into ▶ VI to inquire; **indagar-se** VR: **~-se a si mesmo** to ask o.s.; **~ algo de alguém** to ask sb about sth; **~ (de alguém) sobre** ou **de algo** to inquire (of sb) about sth

indébito, -a [ĩ'dɛbitu, a] ADJ undue; *(queixa)* unfounded

indecência [ĩde'sẽsja] F indecency; *(ato, dito)* vulgar thing

indecente [ĩde'sẽtʃi] ADJ indecent, improper; *(obsceno)* rude, vulgar

indecifrável [ĩdesi'fravew] *(pl -eis)* ADJ indecipherable; *(pessoa)* inscrutable

indecisão [ĩdesi'zãw] F indecision

indeciso, -a [ĩde'sizu, a] ADJ undecided; *(hesitante)* indecisive; *(indistinto)* vague; *(hesitante)* hesitant, indecisive

indeclinável [ĩdekli'navew] *(pl -eis)* ADJ indeclinable

indecoroso, -a [ĩdeko'rozu, ɔza] ADJ indecent, improper

indefensável [ĩdefẽ'savew] *(pl -eis)* ADJ indefensible

indeferido, -a [ĩdefe'ridu, a] ADJ refused, rejected

indeferir [ĩdefe'rir] VT *(desatender)* to reject; *(requerimento)* to turn down

indefeso, -a [ĩde'fezu, a] ADJ undefended; (população) defenceless (BRIT), defenseless (US)
indefinição [ĩdefini'sãw] (pl **-ões**) F (de pessoa) vague stance
indefinido, -a [ĩdefi'nidu, a] ADJ indefinite; (vago) vague, undefined; **por tempo ~** indefinitely
indefinível [ĩdefi'nivew] (pl **-eis**) ADJ indefinable
indefiro etc [ĩde'firu] VB ver **indeferir**
indelével [ĩde'lɛvew] (pl **-eis**) ADJ indelible
indelicadeza [ĩdelika'deza] F impoliteness; (ação, dito) rude thing
indelicado, -a [ĩdeli'kadu, a] ADJ impolite, rude
indene [ĩ'dɛni], (PT) **indemne** ADJ (pessoa) unharmed; (objeto) undamaged
indenização [indeniza'sãw], (PT) **indemnização** (pl **-ões**) F compensation; (Com) indemnity; (de demissão) redundancy (BRIT) ou severance (US) payment
indenizar [ĩdeni'zar], (PT) **indemnizar** VT: **~ alguém por** ou **de algo** (compensar) to compensate sb for sth; (por gastos) to reimburse sb for sth
independência [ĩdepẽ'dẽsja] F independence
independente [ĩdepẽ'dẽtʃi] ADJ independent; (autossuficiente) self-sufficient; **quarto ~** room with private entrance
independer [ĩdepẽ'der] VI: **~ de algo** not to depend on sth
indescritível [ĩdeskri'tʃivew] (pl **-eis**) ADJ indescribable
indesculpável [ĩdʒiskuw'pavew] (pl **-eis**) ADJ inexcusable
indesejável [ĩdeze'ʒavew] (pl **-eis**) ADJ undesirable
indestrutível [ĩdʒistru'tʃivew] (pl **-eis**) ADJ indestructible
indeterminado, -a [ĩdetermi'nadu, a] ADJ indeterminate
indevassável [ĩdeva'savew] (pl **-eis**) ADJ impenetrable
indevido, -a [ĩde'vidu, a] ADJ (imerecido) unjust; (impróprio) inappropriate
índex ['ĩdeks] (pl **índices**) M = **índice**
indexar [ĩdek'sar] VT to index
Índia ['ĩdʒa] F: **a ~** India; **as ~s Ocidentais** the West Indies
indiano, -a [ĩ'dʒjanu, a] ADJ, M/F Indian
indicação [ĩdʒika'sãw] (pl **-ões**) F indication; (de termômetro) reading; (para um cargo, prêmio) nomination; (recomendação) recommendation; (de um caminho) directions pl
indicado, -a [ĩdʒi'kadu, a] ADJ (apropriado) appropriate
indicador, -a [ĩdʒika'dor(a)] ADJ: **~ de** indicative of ▶ M indicator; (Tec) gauge; (dedo) index finger; (ponteiro) pointer; **~ econômico** economic indicator
indicar [ĩdʒi'kar] VT (mostrar) to indicate; (apontar) to point to; (temperatura) to register; (recomendar) to recommend; (para um cargo) to nominate; (determinar) to determine; **~ o caminho a alguém** to give sb directions; **ao que tudo indica ...** by the looks of things ....
indicativo, -a [ĩdʒika'tʃivu, a] ADJ (tb Ling) indicative ▶ M indicative
índice ['ĩdʒisi] M (de livro) index; (dedo) index finger; (taxa) rate; **~ do custo de vida** cost of living index; **~ de audiência** (TV) rating
índices ['ĩdʒisis] MPL de **índice**
indiciado, -a [ĩdʒi'sjadu, a] M/F defendant
indiciar [ĩdʒi'sjar] VT (Jur: acusar) to charge; (submeter a inquérito) to investigate
indício [ĩ'dʒisju] M (sinal) sign; (vestígio) trace; (Jur) clue
indiferença [ĩdʒife'rẽsa] F indifference
indiferente [ĩdʒife'rẽtʃi] ADJ: **~ (a)** indifferent (to); **isso me é ~** it's all the same to me
indígena [ĩ'dʒiʒena] ADJ, M/F native; (índio: da América) Indian
indigência [ĩdʒi'ʒẽsja] F poverty; (fig) lack, need
indigente [ĩdʒi'ʒẽtʃi] ADJ destitute, indigent
indigestão [ĩdʒiʒes'tãw] F indigestion
indigesto, -a [ĩdʒi'ʒɛstu, a] ADJ indigestible; (fig: aborrecido) dull, boring; (: obscuro) turgid
indignação [ĩdʒigna'sãw] F indignation
indignado, -a [ĩdʒig'nadu, a] ADJ indignant
indignar [ĩdʒig'nar] VT to anger, incense; **indignar-se** VR to get angry; **~-se com** to get indignant about
indignidade [ĩdʒigni'dadʒi] F indignity; (ultraje) outrage
indigno, -a [ĩ'dʒignu, a] ADJ (não merecedor) unworthy; (desprezível) disgraceful, despicable
índio, -a ['ĩdʒju, a] ADJ, M/F (da América) Indian; **o Oceano Í~** the Indian Ocean
indiquei etc [ĩdʒi'kej] VB ver **indicar**
indireta [ĩdʒi'rɛta] F insinuation; **dar uma ~** to drop a hint
indireto, -a [ĩdʒi'rɛtu, a] ADJ indirect; (olhar) sidelong; (procedimento) roundabout
indisciplina [ĩdʒisi'plina] F indiscipline
indisciplinado, -a [ĩdʒisipli'nadu, a] ADJ undisciplined
indiscreto, -a [ĩdʒis'krɛtu, a] ADJ indiscreet
indiscrição [ĩdʒiskri'sãw] (pl **-ões**) F indiscretion
indiscriminado, -a [ĩdʒiskrimi'nadu, a] ADJ indiscriminate
indiscutível [ĩdʒisku'tʃivew] (pl **-eis**) ADJ indisputable
indispensável [ĩdʒispẽ'savew] (pl **-eis**) ADJ essential, vital ▶ M: **o ~** the essentials pl
indispõe etc [ĩdʒis'põj] VB ver **indispor**
indispomos etc [ĩdʒis'pomos] VB ver **indispor**
indisponho etc [ĩdʒis'poɲu] VB ver **indispor**
indisponível [ĩdʒispo'nivew] (pl **-eis**) ADJ unavailable
indispor [ĩdʒis'por] (irreg: como **pôr**) VT (de saúde) to make ill; (aborrecer) to upset; **indispor-se** VR: **~-se com alguém** to fall out

with sb; **~ alguém com** ou **contra alguém to turn sb against sb; ~-se com** ou **contra alguém** (*governo etc*) to turn against sb
indisposição [ĩdʒispozi'sãw] (*pl* **-ões**) F illness
indisposto, -a [ĩdʒis'postu, 'pɔsta] PP *de* **indispor** ▸ ADJ (*doente*) unwell, poorly
indispunha *etc* [ĩdʒis'puɲa] VB *ver* **indispor**
indispus *etc* [ĩdʒis'pus] VB *ver* **indispor**
indispuser *etc* [ĩdʒispu'zer] VB *ver* **indispor**
indisputável [ĩdʒispu'tavew] (*pl* **-eis**) ADJ indisputable
indissolúvel [ĩdʒiso'luvew] (*pl* **-eis**) ADJ (*material*) insoluble; (*contrato*) indissoluble
indistinguível [ĩdʒistʃĩ'givew] (*pl* **-eis**) ADJ indistinguishable
indistinto, -a [ĩdʒis'tʃĩtu, a] ADJ indistinct
individual [ĩdʒivi'dwaw] (*pl* **-ais**) ADJ individual
individualidade [ĩdʒividwali'dadʒi] F individuality
individualismo [ĩdʒividwa'lizmu] M individualism
individualista [ĩdʒividwa'lista] ADJ individualist(ic) ▸ M/F individualist
individualizar [ĩdʒividwali'zar] VT to individualize
indivíduo [ĩdʒi'vidwu] M individual; (*col: sujeito*) person
indivisível [ĩdʒivi'zivew] (*pl* **-eis**) ADJ indivisible
indiviso, -a [ĩdʒi'vizu, a] ADJ undivided; (*propriedade*) joint
indizível [ĩdʒi'zivew] (*pl* **-eis**) ADJ unspeakable; (*indescritível*) indescribable
Ind. Lucr. (*BR*) ABR (*Com*) = **Índice de Lucratividade**
indóceis [ĩ'dɔsejs] ADJ PL *de* **indócil**
Indochina [ĩdo'ʃina] F: **a ~** Indochina
indócil [ĩ'dɔsiw] (*pl* **-eis**) ADJ (*rebelde*) unruly, wayward; (*impaciente*) restless
indo-europeu, -peia [ĩdu-] ADJ Indo-European
índole ['ĩdoli] F (*temperamento*) nature; (*tipo*) sort, type
indolência [ĩdo'lẽsja] F laziness, indolence; (*apatia*) apathy
indolente [ĩdo'lẽtʃi] ADJ indolent; (*apático*) apathetic
indolor [ĩdo'lor] ADJ painless
indomável [ĩdo'mavew] (*pl* **-eis**) ADJ (*animal*) untameable; (*coragem*) indomitable; (*criança*) unmanageable; (*paixão*) consuming
indômito, -a [ĩ'domitu, a] ADJ untamed, wild
Indonésia [ĩdo'nɛzja] F: **a ~** Indonesia
indonésio, -a [ĩdo'nɛzju, a] ADJ, M/F Indonesian
indoor [ĩ'dor] ADJ INV (*Esporte*) indoor
indubitável [ĩdubi'tavew] (*pl* **-eis**) ADJ indubitable
indução [ĩdu'sãw] (*pl* **-ões**) F induction; (*persuasão*) inducement
indulgência [ĩduw'ʒẽsja] F indulgence; (*tolerância*) leniency; (*Jur*) clemency

indulgente [ĩduw'ʒẽtʃi] ADJ (*juiz, atitude*) lenient; (*atitude*) indulgent
indultar [ĩduw'tar] VT (*Jur*) to reprieve
indulto [ĩ'duwtu] M (*Jur*) reprieve
indumentária [ĩdumẽ'tarja] F costume
indústria [ĩ'dustrja] F industry; **"~ brasileira"** "made in Brazil"; **~ automobilística** car industry; **~ de consumo** ou **de ponta** ou **leve** light industry; **~ de base** key industry; **~ pesada** heavy industry; **~ de transformação** process industry
industrial [ĩdus'trjaw] (*pl* **-ais**) ADJ industrial ▸ M/F industrialist
industrialização [ĩdustrjaliza'sãw] F industrialization
industrializado, -a [ĩdustrjali'zadu, a] ADJ (*país*) industrialized; (*produto*) manufactured; (*gêneros*) processed; (*pão*) sliced
industrializar [ĩdustrjali'zar] VT (*país*) to industrialize; (*aproveitar*) to process; **industrializar-se** VR to become industrialized
industriar [ĩdus'trjar] VT (*orientar*) to instruct; (*amestrar*) to train
industrioso, -a [ĩdus'trjozu, ɔza] ADJ (*trabalhador*) hard-working, industrious; (*hábil*) clever, skilful (BRIT), skillful (US)
indutivo, -a [ĩdu'tʃivu, a] ADJ inductive
induzir [ĩdu'zir] VT to induce; (*persuadir*): **~ alguém a fazer** to persuade sb to do; **~ alguém em erro** to mislead sb; **~ (algo de algo)** to infer (sth from sth)
inebriante [ine'brjãtʃi] ADJ intoxicating
inebriar [ine'brjar] VT (*fig*) to intoxicate; **inebriar-se** VR to be intoxicated
inédito, -a [i'nɛdʒitu, a] ADJ (*livro*) unpublished; (*incomum*) unheard-of, rare
inefável [ine'favew] (*pl* **-eis**) ADJ indescribable
ineficácia [inefi'kasja] F (*de remédio, medida*) ineffectiveness; (*de empregado, máquina*) inefficiency
ineficaz [inefi'kajz] ADJ (*remédio, medida*) ineffective; (*empregado, máquina*) inefficient
ineficiência [inefi'sjẽsja] F inefficiency
ineficiente [inefi'sjẽtʃi] ADJ inefficient
inegável [ine'gavew] (*pl* **-eis**) ADJ undeniable
inelutável [inelu'tavew] (*pl* **-eis**) ADJ inescapable
inépcia [i'nɛpsja] F ineptitude
inepto, -a [i'nɛptu, a] ADJ inept, incompetent
inequívoco, -a [ine'kivoku, a] ADJ (*evidente*) clear; (*inconfundível*) unmistakeable
inércia [i'nɛrsja] F (*torpor*) lassitude, lethargy; (*Fís*) inertia
inerente [ine'rẽtʃi] ADJ: **~ a** inherent in ou to
inerme [i'nɛrmi] ADJ (*formal: não armado*) unarmed; (*indefeso*) defenceless (BRIT), defenseless (US)
inerte [i'nɛrtʃi] ADJ lethargic; (*Fís*) inert
INES (*BR*) ABR M = **Instituto Nacional de Educação dos Surdos**
inescrupuloso, -a [ineskrupu'lozu, ɔza] ADJ unscrupulous

inescrutável [ineskru'tavew] (*pl* **-eis**) ADJ inscrutable

inescusável [inesku'zavew] (*pl* **-eis**) ADJ (*indesculpável*) inexcusable; (*indispensável*) essential

inesgotável [inezgo'tavew] (*pl* **-eis**) ADJ inexhaustible; (*superabundante*) boundless

inesperado, -a [inespe'radu, a] ADJ unexpected, unforeseen ▶ M: **o ~** the unexpected

inesquecível [ineske'sivew] (*pl* **-eis**) ADJ unforgettable

inestimável [inestʃi'mavew] (*pl* **-eis**) ADJ invaluable

inevitável [inevi'tavew] (*pl* **-eis**) ADJ inevitable

inexatidão [inezatʃi'dãw] (*pl* **-ões**) F inaccuracy

inexato, -a [ine'zatu, a] ADJ inaccurate

inexaurível [inezaw'rivew] (*pl* **-eis**) ADJ inexhaustible

inexcedível [inese'dʒivew] (*pl* **-eis**) ADJ unsurpassed

inexequível [ineze'kwivew] (*pl* **-eis**) ADJ impracticable, unworkable

inexistência [inezis'tẽsja] F lack

inexistente [inezis'tẽtʃi] ADJ non-existent

inexistir [inezis'tʃir] VI not to exist

inexorável [inezo'ravew] (*pl* **-eis**) ADJ implacable

inexperiência [inespe'rjẽsja] F inexperience, lack of experience

inexperiente [inespe'rjẽtʃi] ADJ inexperienced; (*ingênuo*) naive

inexplicável [inespli'kavew] (*pl* **-eis**) ADJ inexplicable

inexplorado, -a [inesplo'radu, a] ADJ unexplored

inexpressivo, -a [inespre'sivu, a] ADJ expressionless

inexpugnável [inespug'navew] (*pl* **-eis**) ADJ (*fortaleza*) impregnable; (*invencível*) invincible

inextinto, -a [ines'tʃĩtu, a] ADJ unextinguished

inextricável [inestri'kavew] (*pl* **-eis**) ADJ inextricable

infalível [ĩfa'livew] (*pl* **-eis**) ADJ infallible; (*sucesso*) guaranteed

infame [ĩ'fami] ADJ (*pessoa, procedimento*) mean, nasty; (*comida, trabalho*) awful

infâmia [ĩ'famja] F (*desonra*) disgrace; (*vileza*) vicious behaviour; (*dito*) nasty thing

infância [ĩ'fãsja] F childhood; **primeira ~** infancy, early childhood

infantaria [ĩfãta'ria] F infantry

infante, -a [ĩ'fãtʃi, a] M/F (*filho dos reis*) prince/princess ▶ M (*soldado*) foot soldier

infanticídio [ĩfãtʃi'sidʒu] M infanticide

infantil [ĩfã'tʃiw] (*pl* **-is**) ADJ (*ingênuo*) childlike; (*pueril*) childish; (*para crianças*) children's

infantilidade [ĩfãtʃili'dadʒi] F childishness; (*dito, ação*) childish thing

infantis [ĩfã'tʃis] ADJ PL *de* **infantil**

infantojuvenil [ĩfãtodʒuve'niw] (*pl* **-is**) ADJ children's

infarto [ĩ'fartu] M heart attack

infatigável [ĩfatʃi'gavew] (*pl* **-eis**) ADJ untiring

infausto, -a [ĩ'fawstu, a] ADJ unlucky

infecção [ĩfek'sãw] (*pl* **-ões**) F infection; (*contaminação*) contamination

infeccionar [ĩfeksjo'nar] VT (*ferida*) to infect; (*contaminar*) to contaminate

infeccioso, -a [ĩfek'sjozu, ɔza] ADJ infectious

infecções [ĩfek'sõjs] FPL *de* **infecção**

infelicidade [ĩfelisi'dadʒi] F unhappiness; (*desgraça*) misfortune

infelicíssimo, -a [ĩfeli'sisimu, a] ADJ SUPERL *de* **infeliz**

infeliz [ĩfe'liz] ADJ (*triste*) unhappy; (*infausto*) unlucky; (*ação, medida*) unfortunate; (*sugestão, ideia*) inappropriate ▶ M/F unhappy person; **como um ~** (*col*) like there's no tomorrow

infelizmente [ĩfeliz'mẽtʃi] ADV unfortunately

infenso, -a [ĩ'fẽsu, a] ADJ adverse

inferior [ĩfe'rjor] ADJ: **~ (a)** (*em valor, qualidade*) inferior (to); (*mais baixo*) lower (than) ▶ M/F inferior, subordinate

inferioridade [ĩferjori'dadʒi] F inferiority

inferiorizar [ĩferjori'zar] VT to put down; **inferiorizar-se** VR to become inferior

inferir [ĩfe'rir] VT to infer, deduce

infernal [ĩfer'naw] (*pl* **-ais**) ADJ infernal; (*col: excepcional*) amazing

inferninho [ĩfer'niɲu] M club

infernizar [ĩferni'zar] VT: **~ a vida de alguém** to make sb's life hell

inferno [ĩ'fɛrnu] M hell; **é um ~** (*fig*) it's hell; **vá pro ~!** (*col*) piss off! (*!*)

infértil [ĩ'fɛrtʃiw] (*pl* **-eis**) ADJ infertile

infertilidade [ĩfertʃili'dadʒi] F infertility

infestar [ĩfes'tar] VT to infest

infetar [ĩfe'tar] VT to infect; (*contaminar*) to contaminate

infidelidade [ĩfideli'dadʒi] F infidelity, unfaithfulness; (*Rel*) disbelief; **~ conjugal** marital infidelity

infidelíssimo, -a [ĩfide'lisimu, a] ADJ SUPERL *de* **infiel**

infiel [ĩ'fjɛw] (*pl* **-éis**) ADJ (*desleal*) disloyal; (*marido*) unfaithful; (*texto*) inaccurate ▶ M/F (*Rel*) non-believer

infiltração [ĩfiwtra'sãw] (*pl* **-ões**) F infiltration

infiltrar [ĩfiw'trar] VT to permeate; **infiltrar-se** VR (*água, luz, odor*) to permeate; **~-se em algo** (*pessoas*) to infiltrate sth

ínfimo, -a ['ĩfimu, a] ADJ lowest; (*qualidade*) poorest

infindável [ĩfĩ'davew] (*pl* **-eis**) ADJ unending, constant

infinidade [ĩfini'dadʒi] F infinity; **uma ~ de** countless

infinitesimal [ĩfinitezi'maw] (*pl* **-ais**) ADJ infinitesimal

infinitivo, -a [ĩfini'tʃivu, a] ADJ, M (*Ling*) infinitive
infinito, -a [ĩfi'nitu, a] ADJ infinite ▶ M infinity
infiro *etc* [ĩ'firu] VB *ver* **inferir**
inflação [ĩfla'sãw] F inflation
inflacionar [ĩflasjo'nar] VT (*Econ*) to inflate
inflacionário, -a [ĩflasjo'narju, a] ADJ inflationary
inflacionista [ĩflasjo'nista] ADJ, M/F inflationist
inflamação [ĩflama'sãw] (*pl* **-ões**) F (*Med*) inflammation; (*de madeira etc*) combustion
inflamado, -a [ĩfla'madu, a] ADJ (*Med*) inflamed; (*discurso*) heated
inflamar [ĩfla'mar] VT (*madeira, pólvora*) to set fire to; (*Med, fig*) to inflame; **inflamar-se** VR to catch fire; (*fig*) to get worked up; **~-se de algo** to be consumed with sth
inflamatório, -a [ĩflama'tɔrju, a] ADJ inflammatory
inflamável [ĩfla'mavew] (*pl* **-eis**) ADJ inflammable
inflar [ĩ'flar] VT to inflate, blow up; **inflar-se** VR to swell (up); **~ algo de algo** to inflate sth (*ou* fill sth up) with sth
inflexibilidade [ĩfleksibili'dadʒi] F inflexibility
inflexível [ĩflek'sivew] (*pl* **-eis**) ADJ stiff, rigid; (*fig*) unyielding
infligir [ĩfli'ʒir] VT: **~ algo (a alguém)** to inflict sth (upon sb)
influência [ĩ'flwẽsja] F influence; **sob a ~ de** under the influence of
influenciar [ĩflwẽ'sjar] VT to influence ▶ VI: **~ em algo** to influence sth, have an influence on sth; **influenciar-se** VR: **~-se por** to be influenced by
influenciável [ĩflwẽ'sjavew] (*pl* **-eis**) ADJ easily influenced
influente [ĩ'flwẽtʃi] ADJ influential
influir [ĩ'flwir] VI (*importar*) to matter, be important; **~ em** *ou* **sobre** to influence, have an influence on
influxo [ĩ'fluksu] M influx; (*maré-cheia*) high tide
informação [ĩforma'sãw] (*pl* **-ões**) F (piece of) information; (*notícia*) news; (*Mil*) intelligence; (*Jur*) inquiry; (*instrução*) instruction; **informações** FPL (*detalhes*) information *sg*; **Informações** FPL (*Tel*) directory enquiries (BRIT), information (US); **pedir informações sobre** to ask about, inquire about; **serviço de ~** intelligence service
informado, -a [ĩfor'madu, a] ADJ informed
informal [ĩfor'maw] (*pl* **-ais**) ADJ informal
informalidade [ĩformali'dadʒi] F informality
informante [ĩfor'mãtʃi] M informant; (*Jur*) informer
informar [ĩfor'mar] VT: **~ alguém (de/sobre algo)** to inform sb (of/about sth) ▶ VI to inform, be informative; **informar-se** VR: **~-se de** to find out about, inquire about; **~ de** to report on; **~ algo a alguém** to tell sb sth
informática [ĩfor'matʃika] F IT, information technology
informativo, -a [ĩforma'tʃivu, a] ADJ informative
informatização [ĩformatʃiza'sãw] F computerization
informatizar [ĩformatʃi'zar] VT to computerize
informe [ĩ'fɔrmi] M (piece of) information; (*Mil*) briefing; **informes** MPL (*informações*) information *sg*
infortúnio [ĩfor'tunju] M misfortune
infração [ĩfra'sãw] (*pl* **-ões**) F breach, infringement; (*Esporte*) foul; **~ de trânsito** traffic offence (BRIT) *ou* violation (US)
infraestrutura [ĩfraistru'tura] F infrastructure
infrator, a [ĩfra'tor(a)] M/F offender
infravermelho, -a [ĩfraver'meʎu, a] ADJ infra-red
infrequente [ĩfre'kwẽtʃi] ADJ infrequent
infringir [ĩfrĩ'ʒir] VT to infringe, contravene
infrutífero, -a [ĩfru'tʃiferu, a] ADJ fruitless
infundado, -a [ĩfũ'dadu, a] ADJ groundless, unfounded
infundir [ĩfũ'dʒir] VT to infuse; (*terror*) to strike; (*incutir*) to instill (BRIT), instill (US)
infusão [ĩfu'zãw] (*pl* **-ões**) F infusion
ingenuidade [ĩʒenwi'dadʒi] F ingenuousness
ingênuo, -a [ĩ'ʒenwu, a] ADJ ingenuous, naïve; (*comentário*) harmless ▶ M/F naïve person
ingerência [ĩʒe'rẽsja] F interference
ingerir [ĩʒe'rir] VT to ingest; (*engolir*) to swallow; **ingerir-se** VR: **~-se em algo** to interfere in sth
Inglaterra [ĩgla'tɛha] F: **a ~** England
inglês, -esa [ĩ'gles, eza] ADJ English ▶ M/F Englishman/woman ▶ M (*Ling*) English; **os ingleses** MPL the English; **(só) para ~ ver** (*col*) (just) for show
inglesar [ĩgle'zar] VT to Anglicize; **inglesar-se** VR to become Anglicized
inglório, -a [ĩ'glɔrju, a] ADJ inglorious
ingovernável [ĩgover'navew] (*pl* **-eis**) ADJ ungovernable
ingratidão [ĩgratʒi'dãw] F ingratitude
ingrato, -a [ĩ'gratu, a] ADJ ungrateful
ingrediente [ĩgre'dʒjẽtʃi] M ingredient
íngreme ['ĩgremi] ADJ steep
ingressar [ĩgre'sar] VI: **~ em** to enter, go into; (*um clube*) to join
ingresso [ĩ'grɛsu] M (*entrada*) entry; (*admissão*) admission; (*bilhete*) ticket
inhaca [i'ɲaka] (*col*) F (*fedor*) stink
inhame [i'ɲami] M yam
inibição [inibi'sãw] (*pl* **-ões**) F inhibition
inibido, -a [ini'bidu, a] ADJ inhibited
inibidor, a [inibi'dor(a)] ADJ inhibiting

inibir [ini'bir] VT to inhibit; **inibir-se** VR: ~-**se (de fazer)** to be inhibited (from doing); ~ **alguém de fazer** to inhibit sb from doing
iniciação [inisja'sãw] (pl -**ões**) F initiation
iniciado, -a [ini'sjadu, a] M/F initiate
iniciador, a [inisja'dor(a)] ADJ initiating ▶ M/F initiator
inicial [ini'sjaw] (pl -**ais**) ADJ initial, first ▶ F initial
inicializar [inisjali'zar] VT (Comput) to initialize
iniciar [ini'sjar] VT, VI (começar) to begin, start; ~ **alguém em algo** (arte, seita) to initiate sb into sth
iniciativa [inisja'tʃiva] F initiative; **tomar a** ~ to take the initiative; **por** ~ **própria** on one's own initiative, off one's own bat (BRIT); **a** ~ **privada** (Econ) private enterprise; **não ter** ~ to lack initiative
início [i'nisju] M beginning, start; **no** ~ at the start
inigualável [inigwa'lavew] (pl -**eis**) ADJ unequalled
inimaginável [inimaʒi'navew] (pl -**eis**) ADJ unimaginable
inimigo, -a [ini'migu, a] ADJ, M/F enemy
inimizade [inimi'zadʒi] F enmity, hatred
inimizar [inimi'zar] VT: ~ **alguém com alguém** to set sb against sb; **inimizar-se** VR: ~-**se com** to fall out with
ininteligível [inĩteli'ʒivew] (pl -**eis**) ADJ unintelligible
ininterrupto, -a [inĩte'huptu, a] ADJ continuous; (esforço) unstinting; (voo) non-stop; (serviço) 24-hour
iniquidade [inikwi'dadʒi] F iniquity
iníquo, -a [i'nikwu, a] ADJ iniquitous
injeção [inʒe'sãw] (pl -**ões**) F injection
injetado, -a [ĩʒe'tadu, a] ADJ (olhos) bloodshot
injetar [ĩʒe'tar] VT to inject
injunção [ĩʒũ'sãw] (pl -**ões**) F (ordem) order; (pressão) pressure
injúria [ĩ'ʒurja] F (insulto) insult
injuriar [ĩʒu'rjar] VT to insult
injurioso, -a [ĩʒu'rjozu, ɔza] ADJ insulting; (ofensivo) offensive
injustiça [ĩʒus'tʃisa] F injustice
injustiçado, -a [ĩʒustʃi'sadu, a] ADJ wronged ▶ M/F victim of injustice
injustificável [ĩʒustʃifi'kavew] (pl -**eis**) ADJ unjustifiable
injusto, -a [ĩ'ʒustu, a] ADJ unfair, unjust
INM (BR) ABR M = **Instituto Nacional de Meteorologia**
inobservado, -a [inobizer'vadu, a] ADJ unobserved; (nunca visto) never witnessed
inobservância [inobizer'vãsja] F non-observance
inobservante [inobizer'vãtʃi] ADJ inobservant
inocência [ino'sẽsja] F innocence
inocentar [inosẽ'tar] VT: ~ **alguém (de algo)** to clear sb (of sth)
inocente [ino'sẽtʃi] ADJ innocent ▶ M/F innocent man/woman; **os** ~**s** the innocent
inoculação [inokula'sãw] (pl -**ões**) F inoculation
inocular [inoku'lar] VT to inoculate
inócuo, -a [i'nɔkwu, a] ADJ harmless
inodoro, -a [ino'dɔru, a] ADJ odourless (BRIT), odorless (US)
inofensivo, -a [inofẽ'sivu, a] ADJ harmless, inoffensive
inolvidável [inowvi'davew] (pl -**eis**) ADJ unforgettable
inoperante [inope'rãtʃi] ADJ inoperative
inopinado, -a [inopi'nadu, a] ADJ unexpected
inoportuno, -a [inopor'tunu, a] ADJ inconvenient, inopportune
inorgânico, -a [inor'ganiku, a] ADJ inorganic
inóspito, -a [i'nɔspitu, a] ADJ inhospitable
inovação [inova'sãw] (pl -**ões**) F innovation
inovar [ino'var] VT to innovate
inoxidável [inoksi'davew] (pl -**eis**) ADJ: **aço** ~ stainless steel
INPC (BR) ABR M (= Indice Nacional de Preços ao Consumidor) RPI
inqualificável [ĩkwalifi'kavew] (pl -**eis**) ADJ incalculable; (vil) unacceptable
inquebrantável [ĩkebrã'tavew] (pl -**eis**) ADJ unbreakable; (fig) unshakeable
inquérito [ĩ'kɛritu] M inquiry; (Jur) inquest
inquestionável [ĩkestʃjo'navew] (pl -**eis**) ADJ unquestionable
inquietação [ĩkjeta'sãw] F (preocupação) anxiety, uneasiness; (agitação) restlessness
inquietador, a [ĩkjeta'dor(a)] ADJ worrying, disturbing
inquietante [ĩkje'tãtʃi] ADJ worrying, disturbing
inquietar [ĩkje'tar] VT to worry, disturb; **inquietar-se** VR to worry, bother
inquieto, -a [ĩ'kjɛtu, a] ADJ (ansioso) anxious, worried; (agitado) restless
inquietude [ĩkje'tudʒi] F (preocupação) anxiety, uneasiness; (agitação) restlessness
inquilino, -a [ĩki'linu, a] M/F tenant
inquirição [ĩkiri'sãw] (pl -**ões**) F investigation; (Jur) cross-examination
inquirir [ĩki'rir] VT (investigar) to investigate; (perguntar) to question; (Jur) to cross-examine ▶ VI to enquire
inquisição [ĩkizi'sãw] (pl -**ões**) F: **a I**~ the Inquisition
inquisitivo, -a [ĩkizi'tʃivu, a] ADJ inquisitive
insaciável [ĩsa'sjavew] (pl -**eis**) ADJ insatiable
insalubre [ĩsa'lubri] ADJ unhealthy
insanidade [ĩsani'dadʒi] F madness, insanity
insano, -a [ĩ'sanu, a] ADJ insane; (fig: trabalho) exhaustive
insatisfação [ĩsatʃisfa'sãw] F dissatisfaction
insatisfatório, -a [ĩsatʃisfa'tɔrju, a] ADJ unsatisfactory
insatisfeito, -a [ĩsatʃis'fejtu, a] ADJ dissatisfied, unhappy

inscrever [ĩskre'ver] VT (*gravar*) to inscribe; (*aluno*) to enrol (BRIT), enroll (US); (*em registro*) to register; **inscrever-se** VR to enrol(l); to register
inscrição [ĩskri'sãw] (*pl* **-ões**) F (*legenda*) inscription; (*Educ*) enrolment (BRIT), enrollment (US); (*em lista etc*) registration
inscrito, -a [ĩ'skritu, a] PP *de* **inscrever**
insegurança [ĩsegu'rãsa] F insecurity
inseguro, -a [ĩse'guru, a] ADJ insecure
inseminação [ĩsemina'sãw] F: ~ **artificial** artificial insemination
inseminar [ĩsemi'nar] VT to inseminate
insensatez [ĩsẽsa'tez] F folly, madness
insensato, -a [ĩsẽ'satu, a] ADJ unreasonable, foolish
insensibilidade [ĩsẽsibili'dadʒi] F insensitivity; (*dormência*) numbness
insensível [ĩsẽ'sivew] (*pl* **-eis**) ADJ insensitive; (*dormente*) numb
inseparável [ĩsepa'ravew] (*pl* **-eis**) ADJ inseparable
inserção [ĩser'sãw] (*pl* **-ões**) F insertion; (*Comput*) entry
inserir [ĩse'rir] VT to insert, put in; (*Comput: dados*) to enter; **inserir-se** VR: ~**-se em** to become part of
inseticida [ĩsetʃi'sida] M insecticide
inseto [ĩ'sɛtu] M insect
insidioso, -a [ĩsi'dʒjozu, ɔza] ADJ insidious
insigne [ĩ'signi] ADJ distinguished, eminent
insígnia [ĩ'signja] F (*sinal distintivo*) badge; (*emblema*) emblem
insignificância [ĩsignifi'kãsja] F insignificance
insignificante [ĩsignifi'kãtʃi] ADJ insignificant
insinceridade [ĩsĩseri'dadʒi] F insincerity
insincero, -a [ĩsĩ'sɛru, a] ADJ insincere
insinuação [ĩsinwa'sãw] (*pl* **-ões**) F insinuation; (*sugestão*) hint
insinuante [ĩsi'nwãtʃi] ADJ ingratiating
insinuar [ĩsi'nwar] VT to insinuate, imply ▶ VI to make insinuations; **insinuar-se** VR: ~**-se por** *ou* **entre** to slip through; ~**-se na confiança de alguém** to worm one's way into sb's confidence
insípido, -a [ĩ'sipidu, a] ADJ insipid; (*fig*) dull
insiro *etc* [ĩ'siru] VB *ver* **inserir**
insistência [ĩsis'tẽsja] F: ~ **(em)** insistence (on); (*obstinação*) persistence (in)
insistente [ĩsis'tẽtʃi] ADJ (*pessoa*) insistent; (*apelo*) urgent
insistir [ĩsis'tʃir] VI: ~ **(em)** (*exigir*) to insist (on); (*perseverar*) to persist (in); ~ **por algo** to stand up for sth; ~ **sobre algo** to dwell on sth; ~ **(para) que alguém faça** to insist that sb do *ou* on sb doing; ~ **(em) que** to insist that
insociável [ĩso'sjavew] (*pl* **-eis**) ADJ unsociable, antisocial
insofismável [ĩsofiz'mavew] (*pl* **-eis**) ADJ simple

insofrido, -a [ĩso'fridu, a] ADJ impatient, restless
insolação [insola'sãw] F sunstroke; **pegar uma ~** to get sunstroke
insolência [ĩso'lẽsja] F insolence
insolente [ĩso'lẽtʃi] ADJ insolent
insólito, -a [ĩ'sɔlitu, a] ADJ unusual
insolúvel [ĩso'luvew] (*pl* **-eis**) ADJ insoluble
insolvência [ĩsow'vẽsja] F insolvency
insolvente [ĩsow'vẽtʃi] ADJ insolvent
insondável [ĩsõ'davew] (*pl* **-eis**) ADJ unfathomable
insone [ĩ'sɔni] ADJ (*pessoa*) insomniac; (*noite*) sleepless
insônia [ĩ'sonja] F insomnia
insosso, -a [ĩ'sosu, a] ADJ unsalted; (*sem sabor*) tasteless; (*pessoa*) uninteresting, dull
inspeção [ĩspe'sãw] (*pl* **-ões**) F inspection, check; (*departamento*) inspectorate
inspecionar [ĩspesjo'nar] VT to inspect
inspeções [ĩspe'sõjs] FPL *de* **inspeção**
inspetor, a [ĩspe'tor(a)] M/F inspector
inspetoria [ĩspeto'ria] F inspectorate
inspiração [ĩspira'sãw] (*pl* **-ões**) F inspiration; (*nos pulmões*) inhalation
inspirador, a [ĩspira'dor(a)] ADJ inspiring
inspirar [ĩspi'rar] VT to inspire; (*Med*) to inhale; **inspirar-se** VR to be inspired; **ele não me inspira confiança** he does not inspire me with confidence
INSS (BR) ABR M (= *Instituto Nacional do Seguro Social*) ≈ DSS (BRIT), ≈ Welfare Dept (US)
instabilidade [ĩstabili'dadʒi] F instability
instalação [ĩstala'sãw] (*pl* **-ões**) F installation; ~ **elétrica** (*de casa*) wiring; ~ **hidráulica** waterworks *sg*
instalar [ĩsta'lar] VT (*equipamento*) to install; (*estabelecer*) to set up; (*alojar*) to accommodate, put up; (*num cargo*) to place; **instalar-se** VR (*numa cadeira*) to settle down; (*alojar-se*) to settle in; (*num cargo*) to take up office
instância [ĩs'tãsja] F (*insistência*) persistence; (*súplica*) entreaty; (*legislativa*) authority; (*Jur*): **tribunal de primeira ~** ≈ magistrates' court (BRIT), ≈ district court (US); **em última ~** as a last resort
instantâneo, -a [ĩstã'tanju, a] ADJ instant, instantaneous; (*café*) instant ▶ M (*Foto*) snap
instante [ĩs'tãtʃi] ADJ urgent ▶ M moment; **nesse ~** just a moment ago; **num ~** in an instant, quickly; **a cada ~** (at) any moment; **só um ~!** just a moment!
instar [ĩs'tar] VT to urge ▶ VI to insist; ~ **com alguém para que faça algo** to urge sb to do sth
instauração [ĩstawra'sãw] F setting-up; (*de processo, inquérito*) institution
instaurar [ĩstaw'rar] VT to establish, set up; (*processo, inquérito*) to institute
instável [ĩs'tavew] (*pl* **-eis**) ADJ unstable; (*tempo*) unsettled

instigação [ĩstʃiga'sãw] F instigation; **por ~ de alguém** at sb's instigation
instigante [ĩstʃi'gãtʃi] ADJ thought-provoking
instigar [ĩstʃi'gar] VT (*incitar*) to urge; (*provocar*) to provoke; **~ alguém contra alguém** to set sb against sb
instilar [ĩstʃi'lar] VT: **~ algo em algo** (*veneno*) to inject sth into sth; **~ algo em alguém** (*fig: ódio etc*) to instil (BRIT) ou instill (US) sth in sb
instintivo, -a [ĩstʃĩ'tʃivu, a] ADJ instinctive
instinto [ĩs'tʃĩtu] M instinct; **por ~** instinctively; **~ de conservação** survival instinct
institucional [ĩstʃitusjo'naw] (*pl* -ais) ADJ institutional
instituição [ĩstʃitwi'sãw] (*pl* -ões) F institution
instituir [ĩstʃi'twir] VT to institute; (*fundar*) to establish, found; (*prazo*) to set
instituto [ĩstʃi'tutu] M (*escola*) institute; (*instituição*) institution; **~ de beleza** beauty salon; **I~ de Pesos e Medidas** ≈ British Standards Institution
instrução [ĩstru'sãw] (*pl* -ões) F education; (*erudição*) learning; (*diretriz*) instruction; (*Mil*) training; **instruções** FPL (*para o uso*) instructions (for use); **manual de instruções** instruction manual
instruído, -a [ĩs'trwidu, a] ADJ educated
instruir [ĩs'trwir] VT to instruct; (*Mil*) to train; (*Jur: processo*) to prepare; **instruir-se** VR: **~-se em algo** to learn sth; **~ alguém de** ou **sobre algo** to inform sb about sth
instrumentação [ĩstrumẽta'sãw] F (*Mús*) instrumentation
instrumental [ĩstrumẽ'taw] (*pl* -ais) ADJ instrumental ▶ M instruments *pl*
instrumentar [ĩstrumẽ'tar] VT (*Mús*) to score
instrumentista [ĩstrumẽ'tʃista] M/F instrumentalist
instrumento [ĩstru'mẽtu] M instrument; (*ferramenta*) implement; (*Jur*) deed, document; **~ de cordas/percussão/sopro** stringed/percussion/wind instrument; **~ de trabalho** tool
instrutivo, -a [ĩstru'tʃivu, a] ADJ instructive
instrutor, a [ĩstru'tor(a)] M/F instructor; (*Esporte*) coach
insubordinação [ĩsubordʒina'sãw] F rebellion; (*Mil*) insubordination
insubordinado, -a [ĩsubordʒi'nadu, a] ADJ unruly; (*Mil*) insubordinate
insubordinar-se [ĩsubordʒi'narsi] VR to rebel; (*Náut*) to mutiny
insubstituível [ĩsubistʃi'twivew] (*pl* -eis) ADJ irreplaceable
insucesso [ĩsu'sesu] M failure
insuficiência [ĩsufi'sjẽsja] F inadequacy; (*carência*) shortage; (*Med*) deficiency; **~ cardíaca** heart failure
insuficiente [ĩsufi'sjẽtʃi] ADJ (*não bastante*) insufficient; (*Educ: nota*) ≈ fail; (*pessoa*) incompetent
insuflar [ĩsu'flar] VT to blow up, inflate; (*ar*) to blow; (*fig*): **~ algo (em** ou **a alguém)** to instil (BRIT) ou instill (US) sth (in sb)
insular [ĩsu'lar] ADJ insular ▶ VT (*Tec*) to insulate
insulina [ĩsu'lina] F insulin
insultar [ĩsuw'tar] VT to insult
insulto [ĩ'suwtu] M insult
insultuoso, -a [ĩsuw'twozu, ɔza] ADJ insulting
insumo [ĩ'sumu] M raw materials *pl*; (*Econ*) input
insuperável [ĩsupe'ravew] (*pl* -eis) ADJ (*dificuldade*) insuperable; (*qualidade*) unsurpassable
insuportável [ĩsupor'tavew] (*pl* -eis) ADJ unbearable
insurgente [ĩsur'ʒẽtʃi] ADJ rebellious ▶ M/F rebel
insurgir-se [ĩsur'ʒirsi] VR to rebel, revolt
insurreição [ĩsuhej'sãw] (*pl* -ões) F rebellion, insurrection
insurreto, -a [ĩsu'hɛtu, a] ADJ rebellious ▶ M/F insurgent
insuspeito, -a [ĩsus'pejtu, a] ADJ unsuspected; (*imparcial*) impartial
insustentável [ĩsustẽ'tavew] (*pl* -eis) ADJ untenable
intacto, -a [ĩ'tatu, a] (PT) ADJ = **intato**
intangível [ĩtã'ʒivew] (*pl* -eis) ADJ intangible
intato, -a [ĩ'tatu, a] ADJ intact; (*ileso*) unharmed; (*fig*) pure
íntegra ['ĩtegra] F: **na ~** in full
integração [ĩtegra'sãw] F integration
integral [ĩte'graw] (*pl* -ais) ADJ whole ▶ F (*Mat*) integral; **arroz ~** brown rice; **pão ~** wholemeal (BRIT) ou wholewheat (US) bread
integralismo [ĩtegra'lizmu] M *Brazilian fascism*
integralmente [ĩtegraw'mẽtʃi] ADV in full, fully
integrante [ĩte'grãtʃi] ADJ integral ▶ M/F member
integrar [ĩte'grar] VT to unite, combine; (*completar*) to form, make up; (*Mat, raças*) to integrate; **integrar-se** VR to become complete; **~-se em** ou **a algo** (*juntar-se*) to join sth; (*adaptar-se*) to integrate into sth
integridade [ĩtegri'dadʒi] F (*totalidade*) entirety; (*fig: de pessoa*) integrity
íntegro, -a ['ĩtegru, a] ADJ entire; (*honesto*) upright, honest
inteiramente [ĩtejra'mẽtʃi] ADV completely
inteirar [ĩtej'rar] VT (*completar*) to complete; **inteirar-se** VR: **~-se de** to find out about; **~ alguém de** to inform sb of
inteireza [ĩtej'reza] F entirety; (*moral*) integrity
inteiriçado, -a [ĩtejri'sadu, a] ADJ stiff
inteiriço, -a [ĩtej'risu, a] ADJ (*pedaço de pano*) single; (*vestido*) one-piece
inteiro, -a [ĩ'tejru, a] ADJ (*todo*) whole, entire; (*ileso*) unharmed; (*não quebrado*) undamaged;

627 | **intelecto – interlúdio**

(*completo, ilimitado*) complete; (*vestido*) one-piece; (*fig: caráter*) upright
intelecto [īte'lɛktu] M intellect
intelectual [ītelek'twaw] (*pl* -**ais**) ADJ, M/F intellectual
intelectualidade [ītelektwali'dadʒi] F (*qualidade*) intellect; (*pessoas*) intellectuals *pl*
inteligência [īteli'ʒẽsja] F intelligence; (*interpretação*) interpretation; (*pessoa*) intellect, thinker; ~ **artificial** artificial intelligence
inteligente [īteli'ʒẽtʃi] ADJ (*pessoa*) intelligent, clever; (*decisão, romance, filme etc*) clever
inteligível [īteli'ʒivew] (*pl* -**eis**) ADJ intelligible
intempérie [ītẽ'pɛri] F bad weather
intempestivo, -a [ītẽpes'tʃivu, a] ADJ ill-timed
intenção [ītẽ'sãw] (*pl* -**ões**) F intention; **segundas intenções** ulterior motives; **ter a ~ de** to intend to; **com boa ~** with good intent; **com má ~** maliciously; (*Jur*) with malice aforethought
intencionado, -a [ītẽsjo'nadu, a] ADJ: **bem ~** well-meaning; **mal ~** spiteful
intencional [ītẽsjo'naw] (*pl* -**ais**) ADJ intentional, deliberate
intencionar [ītẽsjo'nar] VT to intend; ~ **fazer** to intend to do
intenções [ītẽ'sõjs] FPL *de* **intenção**
intendência [ītẽ'dẽsja] (*PT*) F management, administration
intendente [ītẽ'dẽtʃi] M/F manager; (*Mil*) quartermaster
intensidade [ītẽsi'dadʒi] F intensity
intensificação [ītẽsifika'sãw] F intensification
intensificar [ītẽsifi'kar] VT to intensify; **intensificar-se** VR to intensify
intensivo, -a [ītẽ'sivu, a] ADJ intensive
intenso, -a [ī'tẽsu, a] ADJ intense; (*emoção*) deep; (*impressão*) vivid; (*vida social*) full
intentar [ītẽ'tar] VT (*obra*) to plan; (*assalto*) to commit; (*tentar*) to attempt; ~ **fazer** to intend to do; ~ **uma ação contra** (*Jur*) to sue
intento [ī'tẽtu] M aim, purpose
intentona [ītẽ'tɔna] F (*Pol*) plot, conspiracy
interação [ītera'sãw] F interaction
interagir [ītera'ʒir] VI: ~ (**com**) to interact (with)
interamericano, -a [īterameri'kanu, a] ADJ inter-American
interativo, -a [ītera'tʃivu, a] ADJ (*Comput*) interactive
intercalar [īterka'lar] VT to insert; (*Comput: arquivos*) to merge
intercâmbio [īter'kãbju] M exchange
interceder [īterse'der] VI: ~ **por** to intercede on behalf of
interceptar [ītersep'tar] VT to intercept; (*fazer parar*) to stop; (*ligação telefônica*) to cut off; (*ser obstáculo a*) to hinder
intercessão [īterse'sãw] (*pl* -**ões**) F intercession

interconexão [īterkonek'sãw] (*pl* -**ões**) F interconnection
intercontinental [īterkõtʃine'taw] (*pl* -**ais**) ADJ intercontinental
intercostal [īterkos'taw] (*pl* -**ais**) ADJ (*Med*) intercostal
interdependência [īterdepẽ'dẽsja] F interdependence
interdição [īterdʒi'sãw] (*pl* -**ões**) F (*de estrada, porta*) closure; (*Jur*) injunction; ~ **de direitos civis** removal of civil rights
interdisciplinar [īterdʒisipli'nar] ADJ interdisciplinary
interditado, -a [īterdʒi'tadu, a] ADJ closed, sealed off
interditar [īterdʒi'tar] VT (*importação etc*) to ban; (*estrada, praia*) to close off; (*cinema etc*) to close down; (*Jur*) to interdict
interdito, -a [īter'dʒitu, a] ADJ (*Jur*) interdicted ▶ M (*Jur: interdição*) injunction
interessado, -a [ītere'sadu, a] ADJ interested; (*amizade*) self-seeking ▶ M/F interested party
interessante [ītere'sãtʃi] ADJ interesting; **estar em estado ~** to be expecting *ou* pregnant
interessar [ītere'sar] VT to interest, be of interest to ▶ VI to be interesting; **interessar-se** VR: **~-se em** *ou* **por** to take an interest in, be interested in; **a quem possa ~** to whom it may concern
interesse [īte'resi] M interest; (*próprio*) self-interest; (*proveito*) advantage; **no ~ de** for the sake of; **por ~ (próprio)** for one's own ends
interesseiro, -a [ītere'sejru, a] ADJ self-seeking
interestadual [īteresta'dwaw] (*pl* -**ais**) ADJ interstate
interface [īter'fasi] F (*Comput*) interface
interferência [īterfe'rẽsja] F interference
interferir [īterfe'rir] VI: ~ **em** to interfere in; (*rádio*) to jam
interfone [īter'fɔni] M intercom
ínterim ['īteri] M interim; **nesse ~** in the meantime
interino, -a [īte'rinu, a] ADJ temporary, interim
interior [īte'rjor] ADJ inner, inside; (*vida*) inner; (*Com*) domestic, internal ▶ M inside, interior; (*coração*) heart; (*do país*): **no ~** inland; **Ministério do I~** ≈ Home Office (*BRIT*), ≈ Department of the Interior (*US*); **Ministro do I~** ≈ Home Secretary (*BRIT*), ≈ Secretary of the Interior (*US*); **na parte ~** inside
interiorizar [īterjori'zar] VT to internalize
interjeição [īterʒej'sãw] (*pl* -**ões**) F interjection
interligar [īterli'gar] VT to interconnect; **interligar-se** VR to be interconnected
interlocutor, a [īterloku'tor(a)] M/F speaker; **meu ~** the person I was speaking to
interlúdio [īter'ludʒu] M interlude

intermediário, -a [ĩterme'dʒjarju, a] ADJ intermediary ▶ M/F (*Com*) middleman; (*mediador*) intermediary, mediator
intermédio [ĩter'mɛdʒu] M: **por ~ de** through
interminável [ĩtermi'navew] (*pl* **-eis**) ADJ endless
interministerial [ĩterministe'rjaw] (*pl* **-ais**) ADJ interministerial
intermissão [ĩtermi'sãw] (*pl* **-ões**) F interval
intermitente [ĩtermi'tẽtʃi] ADJ intermittent
internação [ĩterna'sãw] (*pl* **-ões**) F (*de doente*) admission; (*de aluno*) sending to boarding school
internacional [ĩternasjo'naw] (*pl* **-ais**) ADJ international
internacionalismo [ĩternasjona'lizmu] M internationalism
internacionalizar [ĩternasjonali'zar] VT to internationalize; **internacionalizar-se** VR to become international
internações [ĩterna'sõjs] FPL *de* **internação**
internar [ĩter'nar] VT (*aluno*) to put into boarding school; (*doente*) to take into hospital; (*Mil, Pol*) to intern
internato [ĩter'natu] M boarding school
internauta [ĩter'nawta] M/F internet user, web *ou* net surfer (*col*)
Internet [ĩter'netʃi] F internet
interno, -a [ĩ'tɛrnu, a] ADJ internal, interior; (*Pol*) domestic ▶ M/F (*tb*: **aluno interno**) boarder; (*Med: estudante*) houseman (BRIT), intern (US); **de uso ~** (*Med*) for internal use
interpelação [ĩterpela'sãw] (*pl* **-ões**) F questioning; (*Jur*) summons *sg*
interpelar [ĩterpe'lar] VT: **~ alguém sobre algo** to question sb about sth; (*pedir explicações*) to challenge sb about sth
interplanetário, -a [ĩterplane'tarju, a] ADJ interplanetary
interpõe *etc* [ĩter'põj] VB *ver* **interpor**
interpolar [ĩterpo'lar] VT to interpolate
interpor [ĩter'por] (*irreg: como* **pôr**) VT to put in, interpose; **interpor-se** VR to intervene; **~-se a algo** (*contrapor-se*) to militate against sth; **~ A (a B)** (*argumentos etc*) to counter (B) with A
interposto, -a [ĩter'postu, 'pɔsta] PP *de* **interpor**
interpretação [ĩterpreta'sãw] (*pl* **-ões**) F interpretation; (*Teatro*) performance; **má ~** misinterpretation
interpretar [ĩterpre'tar] VT to interpret; (*um papel*) to play; **~ mal** to misinterpret
intérprete [ĩ'tɛrpretʃi] M/F (*Ling*) interpreter; (*Teatro*) performer, artist
interpunha *etc* [ĩter'puɲa] VB *ver* **interpor**
interpus *etc* [ĩter'pus] VB *ver* **interpor**
interpuser *etc* [ĩterpu'zer] VB *ver* **interpor**
inter-racial [ĩter-] (*pl* **-ais**) ADJ interracial
interrogação [ĩtehoga'sãw] (*pl* **-ões**) F questioning, interrogation; **ponto de ~** question mark
interrogador, a [ĩtehoga'dor(a)] M/F interrogator

interrogar [ĩteho'gar] VT to question, interrogate; (*Jur*) to cross-examine
interrogativo, -a [ĩtehoga'tʃivu, a] ADJ interrogative
interrogatório [ĩtehoga'tɔrju] M cross-examination
interromper [ĩteho'per] VT to interrupt; (*parar*) to stop; (*Elet*) to cut off
interrupção [ĩtehup'sãw] (*pl* **-ões**) F interruption; (*intervalo*) break
interruptor [ĩtehup'tor] M (*Elet*) switch
interseção [ĩterse'sãw] (*pl* **-ões**) F intersection
interstício [ĩters'tʃisju] M gap
interurbano, -a [ĩterur'banu, a] ADJ (*Tel*) long-distance ▶ M long-distance *ou* trunk call
intervalado, -a [ĩterva'ladu, a] ADJ spaced out
intervalo [ĩter'valu] M interval; (*descanso*) break; **a ~s** every now and then
interveio *etc* [ĩter'veju] VB *ver* **intervir**
intervenção [ĩtervẽ'sãw] (*pl* **-ões**) F intervention; **~ cirúrgica** (*Med*) operation
interventor, a [ĩtervẽ'tor(a)] M/F inspector ▶ M *ou* F (*Pol*) caretaker governor
intervir [ĩter'vir] (*irreg: como* **vir**) VI to intervene; (*sobrevir*) to come up
intestinal [ĩtestʃi'naw] (*pl* **-ais**) ADJ intestinal
intestino [ĩtes'tʃinu] M intestine; **~ delgado/grosso** small/large intestine; **~ solto** diarrhoea (BRIT), diarrhea (US)
inti [ĩ'tʃi] M inti (*Peruvian currency*)
intimação [ĩtʃima'sãw] (*pl* **-ões**) F (*ordem*) order; (*Jur*) summons
intimar [ĩtʃi'mar] VT (*Jur*) to summon; **~ alguém a fazer** *ou* **a alguém que faça** to order sb to do
intimidação [ĩtʃimida'sãw] F intimidation
intimidade [ĩtʃimi'dadʒi] F intimacy; (*vida privada*) private life; (*familiaridade*) familiarity; **ter ~ com alguém** to be close to sb; **ela é pessoa de minha ~** she's a close friend of mine
intimidar [ĩtʃimi'dar] VT to intimidate; **intimidar-se** VR to be intimidated
íntimo, -a [ĩ'tʃimu, a] ADJ intimate; (*sentimentos*) innermost; (*amigo*) close; (*vida*) private ▶ M/F close friend; **no ~** at heart; **festa íntima** small gathering
intitular [ĩtʃitu'lar] VT (*livro*) to title; **intitular-se** VR to be called; (*livro*) to be entitled; (*a si mesmo*) to call oneself; **~ algo de algo** to call sth sth
intocável [ĩto'kavew] (*pl* **-eis**) ADJ untouchable
intolerância [ĩtole'rãsja] F intolerance
intolerante [ĩtole'rãtʃi] ADJ intolerant
intolerável [ĩtole'ravew] (*pl* **-eis**) ADJ intolerable, unbearable
intoxicação [ĩtoksika'sãw] F poisoning; **~ alimentar** food poisoning
intoxicar [ĩtoksi'kar] VT to poison

intraduzível [ĩtradu'zivew] (pl **-eis**) ADJ untranslatable

intragável [ĩtra'gavew] (pl **-eis**) ADJ unpalatable; (pessoa) unbearable

intranet [ĩtra'nɛtʃi] F intranet

intranquilidade [ĩtrãkwili'dadʒi] F disquiet

intranquilo, -a [ĩtrã'kwilu, a] ADJ (aflito) worried; (desassossegado) restless

intransferível [ĩtrãsfe'rivew] (pl **-eis**) ADJ non-transferable

intransigência [ĩtrãsi'ʒẽsja] F intransigence

intransigente [ĩtrãsi'ʒẽtʃi] ADJ uncompromising; (fig: rígido) strict

intransitável [ĩtrãsi'tavew] (pl **-eis**) ADJ impassable

intransitivo, -a [ĩtrãsi'tʃivu, a] ADJ intransitive

intransponível [ĩtrãspo'nivew] (pl **-eis**) ADJ (rio) impossible to cross; (problema) insurmountable

intratável [ĩtra'tavew] (pl **-eis**) ADJ (pessoa) contrary, awkward; (doença) untreatable; (problema) insurmountable

intrauterino, -a [ĩtraute'rinu, a] ADJ: **dispositivo ~** intra-uterine device

intravenoso, -a [ĩtrave'nozu, ɔza] ADJ intravenous

intrepidez [ĩtrepi'dez] F courage, bravery

intrépido, -a [ĩ'trɛpidu, a] ADJ daring, intrepid

intriga [ĩ'triga] F intrigue; (enredo) plot; (fofoca) piece of gossip; **intrigas** FPL (fofocas) gossip sg; **~ amorosa** (PT) love affair

intrigante [ĩtri'gãtʃi] M/F troublemaker ▶ ADJ intriguing

intrigar [ĩtri'gar] VT to intrigue ▶ VI to be intriguing

intrincado, -a [ĩtrĩ'kadu, a] ADJ intricate

intrínseco, -a [ĩ'trĩseku, a] ADJ intrinsic

introdução [ĩtrodu'sãw] (pl **-ões**) F introduction

introdutório, -a [ĩtrodu'tɔrju, a] ADJ introductory

introduzir [ĩtrodu'zir] VT to introduce; (prego) to insert

intróito [ĩ'trɔjtu] M beginning; (Rel) introit

intrometer-se [ĩtrome'tersi] VR to interfere, meddle

intrometido, -a [ĩtrome'tʃidu, a] ADJ interfering; (col) nosey ▶ M/F busybody

intromissão [ĩtromi'sãw] (pl **-ões**) F interference, meddling

introspecção [ĩtrospek'sãw] F introspection

introspectivo, -a [ĩtrospek'tʃivu, a] ADJ introspective

introversão [ĩtrover'sãw] F introversion

introvertido, -a [ĩtrover'tʃidu, a] ADJ introverted ▶ M/F introvert

intrujão, -jona [ĩtru'ʒãw, 'ʒɔna] (pl **-ões/intrujãos**) M/F swindler

intrujar [ĩtru'ʒar] VT to trick, swindle

intrujões [ĩtru'ʒõjs] MPL de **intrujão**

intrujona [ĩtru'ʒɔna] F de **intrujão**

629 | **intraduzível - inventariação**

intruso, -a [ĩ'truzu, a] M/F intruder

intuição [ĩtwi'sãw] (pl **-ões**) F intuition; (pressentimento) feeling; **por ~** by intuition, intuitively

intuir [ĩ'twir] VT, VI to intuit

intuitivo, -a [ĩtwi'tʃivu, a] ADJ intuitive

intuito [ĩ'tuito] M (intento) intention, aim

intumescência [ĩtume'sẽsja] F swelling

intumescer-se [ĩtume'sersi] VR to swell (up)

intumescido, -a [ĩtume'sidu, a] ADJ swollen

inumano, -a [inu'manu, a] ADJ inhuman

inumerável [inume'ravew] (pl **-eis**) ADJ countless, innumerable

inúmero, -a [i'numeru, a] ADJ countless, innumerable

inundação [inũda'sãw] (pl **-ões**) F (enchente) flood; (ato) flooding

inundar [inũ'dar] VT to flood; (fig) to inundate ▶ VI (rio) to flood

inusitado, -a [inuzi'tadu, a] ADJ unusual

inútil [i'nutʃiw] (pl **-eis**) ADJ useless; (esforço) futile; (desnecessário) pointless ▶ M/F good-for-nothing; **ser ~** to be of no use, be no good

inutilidade [inutʃili'dadʒi] F uselessness

inutilizar [inutʃili'zar] VT to make useless, render useless; (incapacitar) to put out of action; (danificar) to ruin; (esforços) to thwart; **inutilizar-se** VR (pessoa) to become incapacitated

inutilizável [inutʃili'zavew] (pl **-eis**) ADJ unusable

inutilmente [inutʃiw'mẽtʃi] ADV in vain

invadir [ĩva'dʒir] VT to invade; (suj: água) to overrun; (: sentimento) to overcome

invalidação [ĩvalida'sãw] F invalidation

invalidar [ĩvali'dar] VT to invalidate; (pessoa) to make an invalid

invalidez [ĩvali'dez] F disability

inválido, -a [ĩ'validu, a] ADJ, M/F invalid; **~ de guerra** wounded war veteran

invariável [ĩva'rjavew] (pl **-eis**) ADJ invariable

invasão [ĩva'zãw] (pl **-ões**) F invasion

invasor, a [ĩva'zor(a)] ADJ invading ▶ M/F invader

inveja [ĩ'vɛʒa] F envy

invejar [ĩve'ʒar] VT to envy; (cobiçar: bens) to covet ▶ VI to be envious

invejável [ĩve'ʒavew] (pl **-eis**) ADJ enviable

invejoso, -a [ĩve'ʒozu, ɔza] ADJ envious ▶ M/F envious person

invenção [ĩvẽ'sãw] (pl **-ões**) F invention

invencível [ĩvẽ'sivew] (pl **-eis**) ADJ invincible

invenções [ĩvẽ'sõjs] FPL de **invenção**

inventado, -a [ĩvẽ'tadu, a] ADJ (história, personagem) made-up

inventar [ĩvẽ'tar] VT to invent; (história, desculpa) to make up; (nome) to think up ▶ VI to make things up; **~ de fazer** to take it into one's head to do

inventariação [ĩvẽtarja'sãw] (pl **-ões**) F (Com) stocktaking

inventariar [ĩvẽta'rjar] VT: ~ **algo** to make an inventory of sth
inventário [ĩvẽ'tarju] M inventory
inventiva [ĩvẽ'tʃiva] F inventiveness
inventivo, -a [ĩvẽ'tʃivu, a] ADJ inventive
inventor, a [ĩvẽ'tor(a)] M/F inventor
inverdade [ĩver'dadʒi] F untruth
inverificável [ĩverifi'kavew] (pl **-eis**) ADJ impossible to verify
invernada [ĩver'nada] F winter pasture
invernar [ĩver'nar] VI to spend the winter
inverno [ĩ'vɛrnu] M winter
inverossímil [ĩvero'simiw], (PT) **inverosímil** (pl **-eis**) ADJ (improvável) unlikely, improbable; (inacreditável) implausible
inversão [ĩver'sãw] (pl **-ões**) F reversal, inversion
inverso, -a [ĩ'vɛrsu, a] ADJ inverse; (oposto) opposite; (ordem) reverse ▶ M opposite, reverse; **ao ~ de** contrary to
inversões [ĩver'sõjs] FPL de **inversão**
invertebrado, -a [ĩverte'bradu, a] ADJ invertebrate ▶ M invertebrate
inverter [ĩver'ter] VT (mudar) to alter; (ordem) to invert, reverse; (colocar às avessas) to turn upside down, invert
invés [ĩ'vɛs] M: **ao ~ de** instead of
investida [ĩves'tʃida] F attack; (tentativa) attempt
investidura [ĩvestʃi'dura] F investiture
investigação [ĩvestʃiga'sãw] (pl **-ões**) F investigation; (pesquisa) research
investigar [ĩvestʃi'gar] VT to investigate; (examinar) to examine; (pesquisar) to research into
investimento [ĩvestʃi'mẽtu] M investment
investir [ĩves'tʃir] VT (dinheiro) to invest ▶ VI to invest; **~ contra** ou **para alguém** (atacar) to attack sb; **~ alguém no cargo de presidente** to install sb in the presidency; **~ para algo** (atirar-se) to rush towards sth
inveterado, -a [ĩvete'radu, a] ADJ (mentiroso) inveterate; (criminoso) hardened; (hábito) deep-rooted
inviabilidade [ĩvjabili'dadʒi] F impracticality
inviabilizar [ĩvjabili'zar] VT: **~ algo** to make sth impracticable
inviável [ĩ'vjavew] (pl **-eis**) ADJ impracticable
invicto, -a [ĩ'viktu, a] ADJ unconquered; (invencível) unbeatable
inviolabilidade [ĩvjolabili'dadʒi] F inviolability; (Jur) immunity
inviolável [ĩvjo'lavew] (pl **-eis**) ADJ inviolable; (Jur) immune
invisível [ĩvi'zivew] (pl **-eis**) ADJ invisible
invisto etc [ĩ'vistu] VB ver **investir**
invocado, -a [ĩvo'kadu, a] ADJ: **estar/ficar ~ com alguém** to dislike/take a dislike to sb
invocar [ĩvo'kar] VT to invoke; (col: irritar) to provoke; (: impressionar) to have a profound effect on ▶ VI: **~ com alguém** (col: antipatizar) to take a dislike to sb

invólucro [ĩ'vɔlukru] M (cobertura) covering; (envoltório) wrapping; (caixa) box
involuntário, -a [ĩvolũ'tarju, a] ADJ (movimento) involuntary; (ofensa) unintentional
invulnerável [ĩvuwne'ravew] (pl **-eis**) ADJ invulnerable
iodo ['jodu] M iodine
IOF (BR) ABR M = **Imposto sobre Operações Financeiras**
ioga ['jɔga] F yoga
iogurte [jo'gurtʃi] M yogurt
ioiô [jo'jo] M yoyo
íon ['iõ] (pl **-s**) M ion
iônico, -a ['joniku, a] ADJ ionic
IPC (BR) ABR M (= Índice de Preços ao Consumidor) RPI
IPEA (BR) ABR M = **Instituto de Planejamento Econômico Social**
ipecacuanha [ipeka'kwaɲa] F ipecac
IPI (BR) ABR M = **Imposto sobre Produtos Industrializados**
IPM (BR) ABR M = **Inquérito Policial-Militar**
IPT (BR) ABR M = **Instituto de Pesquisas Tecnológicas**
IPTU (BR) ABR M (= Imposto Predial e Territorial Urbano) ≈ rates pl (BRIT), ≈ property tax (US)
IPVA (BR) ABR M (= Imposto Sobre Veículos Automóveis) road (BRIT) ou motor-vehicle (US) tax
IR (BR) ABR M = **imposto de renda**

(PALAVRA-CHAVE)

ir [ir] VI **1** to go; (a pé) to walk; (a cavalo) to ride; (viajar) to travel; **ir caminhando** to walk; **fui de trem** I went ou travelled by train; **vamos (embora)!**, **vamos nessa!** (col) let's go!; **já vou!** I'm coming!; **ir atrás de alguém** (seguir) to follow sb; (confiar) to take sb's word for it
2 (progredir: pessoa, coisa) to go; **o trabalho vai muito bem** work is going very well; **como vão as coisas?** how are things going?; **vou muito bem** I'm very well; (na escola etc) I'm getting on very well
▶ VB AUX **1** (+ infin): **vou fazer** I will do, I am going to do
2 (+ gerúndio): **ir fazendo** to keep on doing
ir-se VR to go away, leave

IRA ABR M (= Irish Republican Army) IRA
ira ['ira] F anger, rage
Irã [i'rã] M: **o ~** Iran
irado, -a [i'radu, a] ADJ angry, irate
iraniano, -a [ira'njanu, a] ADJ, M/F Iranian
Irão [i'rãw] (PT) M = **Irã**
Iraque [i'raki] M: **o ~** Iraq
iraquiano, -a [ira'kjanu, a] ADJ, M/F Iraqi
irascibilidade [irasibili'dadʒi] F irritability
irascível [ira'sivew] (pl **-eis**) ADJ irritable, short-tempered
ir e vir M INV comings and goings pl
íris ['iris] F INV iris

Irlanda [ir'lãda] F: **a ~** Ireland; **a ~ do Norte** Northern Ireland

irlandês, -esa [irlã'des, eza] ADJ Irish ▶ M/F Irishman/woman ▶ M (*Ling*) Irish

irmã [ir'mã] F sister; *(empresa etc)* sister; **almas ~s** kindred souls; **~ Paula** (*fig*) good Samaritan; **~ gêmea** twin sister; **~ de criação** adoptive sister

irmanar [irma'nar] VT to join together, unite

irmandade [irmã'dadʒi] F *(associação)* brotherhood; *(confraternidade)* fraternity

irmão [ir'mãw] (*pl* **irmãos**) M brother; *(fig: similar)* twin; *(col: companheiro)* mate; **~ de criação** adoptive brother; **~ gêmeo** twin brother; **~s siameses** Siamese twins

ironia [iro'nia] F irony; *(sarcasmo)* sarcasm; **com ~** ironically; *(com sarcasmo)* sarcastically; **por ~ do destino** by a quirk of fate

irônico, -a [i'roniku, a] ADJ ironic(al); *(sarcástico)* sarcastic

ironizar [ironi'zar] VT to be ironic about ▶ VI to be ironic

IRPF (BR) ABR M (= *Imposto de Renda Pessoa Física*) personal income tax

IRPJ (BR) ABR M (= *Imposto de Renda Pessoa Jurídica*) corporation tax

irra! ['iha] (PT) EXCL damn!

irracional [ihasjo'naw] (*pl* **-ais**) ADJ irrational

irracionalidade [ihasjonali'dadʒi] F irrationality

irradiação [ihadʒja'sãw] (*pl* **-ões**) F *(de luz)* radiation; *(espalhamento)* spread; *(Rádio)* broadcasting; *(Med)* radiation treatment

irradiar [iha'dʒjar] VT *(luz)* to radiate; *(espalhar)* to spread; *(Rádio)* to broadcast, transmit; *(simpatia)* to radiate, exude ▶ VI to radiate; *(Rádio)* to be on the air; **irradiar-se** VR to spread; to be transmitted

irreais [ihe'ajs] ADJ PL *de* **irreal**

irreajustável [iheaʒus'tavew] (*pl* **-eis**) ADJ fixed

irreal [ihe'aw] (*pl* **-ais**) ADJ unreal

irrealizado, -a [iheali'zadu, a] ADJ *(pessoa)* unfulfilled; *(sonhos)* unrealized

irrealizável [iheali'zavew] (*pl* **-eis**) ADJ unrealizable

irreconciliável [ihekõsi'ljavew] (*pl* **-eis**) ADJ irreconcilable

irreconhecível [ihekõɲe'sivew] (*pl* **-eis**) ADJ unrecognizable

irrecorrível [iheko'hivew] (*pl* **-eis**) ADJ (*Jur*) unappealable

irrecuperável [ihekupe'ravew] (*pl* **-eis**) ADJ irretrievable

irrecusável [iheku'zavew] (*pl* **-eis**) ADJ *(incontestável)* irrefutable; *(convite)* which cannot be turned down

irrefletido, -a [ihefle'tʃidu, a] ADJ rash; **de maneira irrefletida** rashly

irrefreável [ihe'frjavew] (*pl* **-eis**) ADJ uncontrollable

irrefutável [ihefu'tavew] (*pl* **-eis**) ADJ irrefutable

irregular [ihegu'lar] ADJ irregular; *(vida)* unconventional; *(feições)* unusual; *(aluno, gênio)* erratic

irregularidade [ihegulari'dadʒi] F irregularity

irrelevância [ihele'vãsja] F irrelevance

irrelevante [ihele'vãtʃi] ADJ irrelevant

irremediável [iheme'dʒjavew] (*pl* **-eis**) ADJ irremediable; *(sem remédio)* incurable

irreparável [ihepa'ravew] (*pl* **-eis**) ADJ irreparable

irrepreensível [iheprjẽ'sivew] (*pl* **-eis**) ADJ irreproachable, impeccable

irreprimível [ihepri'mivew] (*pl* **-eis**) ADJ irrepressible

irrequietação [ihekjeta'sãw] F restlessness

irrequieto, -a [ihe'kjɛtu, a] ADJ restless

irresgatável [ihezga'tavew] (*pl* **-eis**) ADJ (*Com*) irredeemable

irresistível [ihezis'tʃivew] (*pl* **-eis**) ADJ irresistible; *(desejo)* overwhelming

irresoluto, -a [ihezo'lutu, a] ADJ *(pessoa)* irresolute, indecisive; *(problema)* unresolved

irresponsabilidade [ihespõsabili'dadʒi] F irresponsibility

irresponsável [ihespõ'savew] (*pl* **-eis**) ADJ irresponsible

irrestrito, -a [ihes'tritu, a] ADJ unrestricted

irreverente [iheve'rẽtʃi] ADJ irreverent

irreversível [ihever'sivew] (*pl* **-eis**) ADJ irreversible

irrevogável [ihevo'gavew] (*pl* **-eis**) ADJ irrevocable

irrigação [ihiga'sãw] F irrigation

irrigar [ihi'gar] VT to irrigate

irrisório, -a [ihi'zɔrju, a] ADJ derisory, ludicrous; *(quantia)* derisory, paltry

irritabilidade [ihitabili'dadʒi] F irritability

irritação [ihita'sãw] (*pl* **-ões**) F irritation

irritadiço, -a [ihita'dʒisu, a] ADJ irritable

irritante [ihi'tãtʃi] ADJ irritating, annoying

irritar [ihi'tar] VT to irritate, annoy; (*Med*) to irritate; **irritar-se** VR to get angry, get annoyed

irritável [ihi'tavew] (*pl* **-eis**) ADJ irritable

irromper [ihõ'per] VI *(epidemia)* to break out; *(surgir)* to emerge; *(lágrimas)* to well; *(voz)* to be heard; *(entrar subitamente)*: **~ (em)** to burst in(to)

irrupção [ihup'sãw] (*pl* **-ões**) F invasion; *(de ideias)* emergence; *(de doença)* outbreak

isca ['iska] F *(Pesca)* bait; *(fig)* lure, bait

iscambau [iskã'baw] *(col)* M: **e o ~** and what not

isenção [izẽ'sãw] (*pl* **-ões**) F exemption; **~ de impostos** tax exemption

isentar [izẽ'tar] VT *(dispensar)* to exempt; *(livrar)* to free

isento, -a [i'zẽtu, a] ADJ *(dispensado)* exempt; *(livre)* free; **~ de taxas** duty-free; **~ de impostos** tax-free

Islã [iz'lã] M Islam

islâmico, -a [iz'lamiku, a] ADJ Islamic

islamismo [izla'mizmu] M Islam
islamita [izla'mita] ADJ, M/F Muslim
islandês, -esa [izlã'des, eza] ADJ Icelandic
▶ M/F Icelander ▶ M (*Ling*) Icelandic
Islândia [iz'lãdʒa] F: **a ~** Iceland
isolado, -a [izo'ladu, a] ADJ (*separado*) isolated; (*solitário*) lonely; (*Elet*) insulated
isolamento [izola'mẽtu] M isolation; (*Med*) isolation ward; (*Elet*) insulation; **~ acústico** soundproofing
isolante [izo'lãtʃi] ADJ (*Elet*) insulating
isolar [izo'lar] VT to isolate; (*Elet*) to insulate ▶ VI (*afastar mau agouro*) to touch wood (BRIT), knock on wood (US); **isolar-se** VR to isolate o.s., cut o.s. off
isonomia [izono'mia] F equality
isopor® [izo'por] M polystyrene, Styrofoam® (US)
isotônico, -a [izo'toniku, a] ADJ isotonic ▶ M isotonic drink
isqueiro [is'kejru] M (cigarette) lighter
Israel [izha'εw] M Israel
israelense [izhae'lẽsi] ADJ, M/F Israeli
israelita [izhae'lita] ADJ, M/F Israelite
ISS (BR) ABR M = **Imposto Sobre Serviços**
isso ['isu] PRON that; (*col: isto*) this; **~ mesmo** exactly; **por ~** therefore, so; **por ~ mesmo** for that very reason; **só ~?** is that all?; **~!** that's it!; **é ~, é ~ aí** (*col: você tem razão*) that's right; (*é tudo*) that's it, that's all; **é ~ mesmo** exactly, that's right; **não seja por ~** that's no big deal; **eu não tenho nada com ~** it's got nothing to do with me; **que é ~?** (*exprime indignação*) what's going on?, what's all this?; **~ de fazer ...** this business of doing ....
Istambul [istã'buw] N Istanbul
istmo ['istʃimu] M isthmus
isto ['istu] PRON this; **~ é** that is, namely
ITA (BR) ABR M = **Instituto Tecnológico da Aeronáutica**
Itália [i'talja] F: **a ~** Italy
italiano, -a [ita'ljanu, a] ADJ, M/F Italian ▶ M (*Ling*) Italian
itálico [i'taliku] M italics pl
Itamarati [itamara'tʃi] M: **o ~** the Brazilian Foreign Ministry

> The Palace of **Itamarati** was built in 1855 in Rio de Janeiro. It became the seat of government when Brazil became a republic in 1889, and was later the Foreign Ministry. It ceased to be this when the Brazilian capital was transferred to Brasília, but **Itamarati** is still used to refer to the Foreign Ministry.

item ['itẽ] (*pl* **-ns**) M item
iterar [ite'rar] VT to repeat
itinerante [itʃine'rãtʃi] ADJ, M/F itinerant
itinerário [itʃine'rarju] M (*plano*) itinerary; (*caminho*) route
Iugoslávia [jugoz'lavja] F: **a ~** Yugoslavia
iugoslavo, -a [jugoz'lavu, a] ADJ, M/F Yugoslav(ian)

J j

J, j [ˈʒɔta] (*pl* **js**) M J, j; **J de José** J for Jack (BRIT) *ou* jig (US)
já [ʒa] ADV already; (*em perguntas*) yet; (*agora*) now; (*imediatamente*) right away; (*agora mesmo*) right now ▶ CONJ on the other hand; **até já** bye; **desde já** from now on; **desde já lhe agradeço** thanking you in anticipation; **é para já** it won't be a minute; **já esteve na Inglaterra?** have you ever been to England?; **já não** no longer; **ele já não vem mais aqui** he doesn't come here any more; **já que** as, since; **já se vê** of course; **já vou** I'm coming; **já até** even; **já, já** right away; **já era** (*col*) it's been and gone; **você já viu o filme? — já** have you seen the film? — yes
jabaculê [ʒabakuˈle] (*col*) M backhander
jabota [ʒaˈbɔta] F giant tortoise
jabuti [ʒabuˈtʃi] M giant tortoise
jabuticaba [ʒabutʃiˈkaba] F jaboticaba (*type of berry*)
jaca [ˈʒaka] F jack fruit
jacarandá [ʒakarãˈda] M jacaranda
jacaré [ʒakaˈrɛ] (BR) M alligator; **fazer** *ou* **pegar ~** to body-surf
Jacarta [ʒaˈkarta] N Jakarta
jacente [ʒaˈsẽtʃi] ADJ lying; (*herança*) unclaimed
jacinto [ʒaˈsĩtu] M hyacinth
jactância [ʒakˈtãsja] F boasting
jactar-se [ʒakˈtarsi] VR: **~ de** to boast about
jade [ˈʒadʒi] M jade
jaez [ʒaˈez] M harness; (*fig: categoria*) sort
jaguar [ʒaˈgwar] M jaguar
jaguatirica [ʒagwatʃiˈrika] F leopard cat
jagunço [ʒaˈgũsu] M hired gun(man)
jaleco [ʒaˈlɛku] M jacket
Jamaica [ʒaˈmajka] F: **a ~** Jamaica
jamaicano, -a [ʒamajˈkanu, a] ADJ, M/F Jamaican
jamais [ʒaˈmajs] ADV never; (*com palavra negativa*) ever; **ninguém ~ o tratou assim** nobody ever treated him like that
jamanta [ʒaˈmãta] F juggernaut (BRIT), truck-trailer (US)
jamegão [ʒameˈgãw] (*pl* **-ões**) (*col*) M signature
jan. ABR = **janeiro**
janeiro [ʒaˈnejru] M January; *ver tb* **julho**
janela [ʒaˈnɛla] F window; **(~) basculante** louvre (BRIT) *ou* louver (US) window
janelão [ʒaneˈlãw] (*pl* **-ões**) M picture window
jangada [ʒãˈgada] F raft
jangadeiro [ʒãgaˈdejru] M *jangada* fisherman
janota [ʒaˈnɔta] ADJ foppish ▶ M dandy
janta [ˈʒãta] (*col*) F dinner
jantar [ʒãˈtar] M dinner ▶ VT to have for dinner ▶ VI to have dinner; **~ americano** buffet dinner; **~ dançante** dinner dance
jantarado [ʒãtaˈradu] M tea
Japão [ʒaˈpãw] M: **o ~** Japan
japona [ʒaˈpɔna] F (*casaco*) three-quarter length coat ▶ M/F (*col*) Japanese
japonês, -esa [ʒapoˈnes, eza] ADJ, M/F Japanese ▶ M (*Ling*) Japanese
jaqueira [ʒaˈkejra] F jack tree
jaqueta [ʒaˈketa] F jacket
jaquetão [ʒakeˈtãw] (*pl* **-ões**) M double-breasted coat
jararaca [ʒaraˈraka] F (*cobra*) jararaca (*snake*); (*fig: mulher*) shrew
jarda [ˈʒarda] F yard
jardim [ʒarˈdʒĩ] (*pl* **-ns**) M garden; **~ de infância** kindergarten; **~ de inverno** conservatory; **~ zoológico** zoo
jardinagem [ʒardʒiˈnaʒẽ] F gardening
jardinar [ʒardʒiˈnar] VT to cultivate ▶ VI to garden
jardineira [ʒardʒiˈnejra] F (*móvel*) plant-stand; (*caixa*) trough; (*ônibus*) open bus; (*calça*) dungarees *pl*; (*vestido*) pinafore dress (BRIT), jumper (US); *ver tb* **jardineiro**
jardineiro, -a [ʒardʒiˈnejru, a] M/F gardener
jardins [ʒarˈdʒĩs] MPL *de* **jardim**
jargão [ʒarˈgãw] M jargon
jarra [ˈʒaha] F pot
jarro [ˈʒahu] M jug
jasmim [ʒazˈmĩ] M jasmine
jato [ˈʒatu] M jet; (*de luz*) flash; (*de ar*) blast; **a ~** at top speed
jaula [ˈʒawla] F cage
Java [ˈʒava] F Java
javali [ʒavaˈli] M wild boar
jazer [ʒaˈzer] VI to lie
jazida [ʒaˈzida] F deposit
jazigo [ʒaˈzigu] M grave; (*monumento*) tomb; **~ de família** family tomb
jazz [dʒɛz] M jazz
jazzista [dʒaˈzista] M/F (*músico*) jazz artist; (*fã*) jazz fan

jazzístico, -a [dʒa'zistʃiku, a] ADJ jazzy
JB ABR M = **Jornal do Brasil**
JEC (BR) ABR F = **Juventude Estudantil Católica**
jeca ['ʒɛka] ADJ rustic; (cafona) tacky ▶ M/F Brazilian hillbilly
jeca-tatu (pl **jecas-tatus**) M/F Brazilian hillbilly
jeitão [ʒej'tãw] (pl **-ões**) (col) M (aspecto) look; (modo de ser) style, way
jeitinho [ʒej'tʃiɲu] M knack
jeito ['ʒejtu] M (maneira) way; (aspecto) appearance; (aptidão, habilidade) skill, knack; (modos pessoais) manner; **falta de ~** clumsiness; **ter ~ de** to look like; **ter** ou **levar ~ para** to have a gift for, be good at; **não ter ~** (pessoa) to be awkward; (situação) to be hopeless; **dar um ~ em algo** (pé) to twist sth; (quarto, casa, papéis) to tidy sth up; (consertar) to fix sth; **dar um ~ em alguém** to sort sb out; **dar um ~** to find a way; **tomar ~** to pull one's socks up; **o ~ é ...** the thing to do is ...; **é o ~** it's the best way; **ao ~ de** in the style of; **com ~** tactfully; **daquele ~** (in) that way; (col: em desordem, mal) anyhow; **de qualquer ~** anyway; **de ~ nenhum!** no way!; **ficar sem ~** to feel awkward
jeitões [ʒej'tõjs] MPL de **jeitão**
jeitoso, -a [ʒej'tozu, ɔza] ADJ (hábil) skilful (BRIT), skillful (US); (elegante) handsome; (apropriado) suitable
jejuar [ʒe'ʒwar] VI to fast
jejum [ʒe'ʒũ] (pl **-ns**) M fast; **em ~** fasting
Jeová [ʒeo'va] M: **testemunha de ~** Jehovah's witness
jequice [ʒe'kisi] F country ways pl; (cafonice) tackiness
jerico [ʒe'riku] M donkey; **ideia de ~** stupid idea
jérsei ['ʒɛrsej] M jersey
Jerusalém [ʒeruza'lẽ] N Jerusalem
jesuíta [ʒe'zwita] M Jesuit
Jesus [ʒe'zus] M Jesus ▶ EXCL heavens!
jetom [ʒe'tõ] (pl **-ns**) M (ficha) token; (remuneração) fee
jiboia [ʒi'bɔja] F boa (constrictor)
jiboiar [ʒibo'jar] VI to let one's dinner go down
jiló [ʒi'lɔ] M kind of vegetable
jingle ['dʒĩgew] M jingle
jipe ['ʒipi] M jeep
jirau [ʒi'raw] M (na cozinha) rack; (palanque) platform
jiu-jítsu [ʒu'ʒitsu] M jiu-jitsu
joalheiro, -a [ʒoa'ʎejru, a] M/F jeweller (BRIT), jeweler (US)
joalheria [ʒoaʎe'ria] F jeweller's (shop) (BRIT), jewelry store (US)
joanete [ʒwa'netʃi] M bunion
joaninha [ʒwa'niɲa] F ladybird (BRIT), ladybug (US)
joão-ninguém (pl **joões-ninguém**) M nobody
JOC (BR) ABR F = **Juventude Operária Católica**
joça ['ʒɔsa] (col) F thing, contraption

jocoso, -a [ʒo'kozu, ɔza] ADJ jocular, humorous
joelhada [ʒoe'ʎada] F: **dar uma ~ em alguém** to knee sb
joelheira [ʒoe'ʎejra] F (Esporte) kneepad
joelho [ʒo'eʎu] M knee; **de ~s** kneeling; **ficar de ~s** to kneel down
jogada [ʒo'gada] F (num jogo) move; (lanço) throw; (negócio) scheme; (col: modo de agir) move; **a ~ é a seguinte** (col) this is the situation; **morar na ~** (col) to catch on
jogado, -a [ʒo'gadu, a] ADJ (prostrado) flat out; (abandonado) abandoned
jogador, a [ʒoga'dor(a)] M/F player; (de jogo de azar) gambler; **~ de futebol** footballer
jogão [ʒo'gãw] (pl **-ões**) M great game
jogar [ʒo'gar] VT to play; (em jogo de azar) to gamble; (atirar) to throw; (indiretas) to drop ▶ VI to play; to gamble; (barco) to pitch; **jogar-se** VR to throw o.s.; **~ fora** to throw away; **~ na Bolsa** to play the markets; **~ no bicho** to play the numbers game; **~ com** (combinar) to match
jogatina [ʒoga'tʃina] F gambling
jogging ['ʒɔgĩŋ] M jogging; (roupa) track suit; **fazer ~** to go jogging, jog
jogo ['ʒogu] M game; (jogar) play; (de azar) gambling; (conjunto) set; (artimanha) trick; **abrir o ~** (fig) to lay one's cards on the table, come clean; **esconder o ~** to play one's cards close to one's chest; **estar em ~** (fig) to be at stake; **fazer o ~ de alguém** to play sb's game, go along with sb; **ter ~ de cintura** (fig) to be flexible; **~ da velha** noughts and crosses sg; **~ de armar** construction set; **~ de cartas** card game; **~ de computador** computer game; **~ de damas** draughts sg (BRIT), checkers sg (US); **~ de luz** lighting effects pl; **~ de salão** indoor game; **~ do bicho** (illegal) numbers game; **J~s Olímpicos** Olympic Games; **~ limpo/sujo** fair play/dirty tricks pl; **o ~ político** political manoeuvring (BRIT) ou maneuvering (US)
jogões [ʒo'gõjs] MPL de **jogão**
joguei etc [ʒo'gej] VB ver **jogar**
joguete [ʒo'getʃi] M plaything; **fazer alguém de ~** to toy with sb
joia ['ʒɔja] F jewel; (taxa) entry fee ▶ ADJ (col) great; **tudo ~?** (col) how's things?
jóquei ['ʒɔkej] M (clube) jockey club; (cavaleiro) jockey
jóquei-clube (pl **jóqueis-clubes**) M jockey club
Jordânia [ʒor'danja] F: **a ~** Jordan
jordaniano, -a [ʒorda'njanu, a] ADJ, M/F Jordanian
Jordão [ʒor'dãw] M: **o (rio) ~** the Jordan (River)
jornada [ʒor'nada] F (viagem) journey; (percurso diário) day's journey; **~ de trabalho** working day
jornal [ʒor'naw] (pl **-ais**) M newspaper; (TV, Rádio) news sg

jornaleiro, -a [ʒorna'lejru, a] M/F newsagent (BRIT), newsdealer (US)
jornalismo [ʒorna'lizmu] M journalism
jornalista [ʒorna'lista] M/F journalist
jornalístico, -a [ʒorna'listʃiku, a] ADJ journalistic
jorrante [ʒo'hātʃi] ADJ gushing
jorrar [ʒo'har] VI to gush, spurt out
jorro [ʒohu] M jet; (*de sangue*) spurt; (*fig*) stream, flood
jovem ['ʒɔvē] (*pl* **-ns**) ADJ young; (*aspecto*) youthful; (*música*) youth atr ▶ M/F young person
jovial [ʒo'vjaw] (*pl* **-ais**) ADJ jovial, cheerful
jovialidade [ʒovjali'dadʒi] F joviality
JPCCC (BR) ABR F = **Justiça de Pequenas Causas Civis e Criminais**
Jr ABR = **Júnior**
JT (BR) ABR M = **Jornal da Tarde**
juba ['ʒuba] F (*de leão*) mane; (*col: cabelo*) mop
jubilação [ʒubila'sãw] F (*aposentadoria*) retirement; (*de estudante*) sending down
jubilar [ʒubi'lar] VT (*aposentar*) to retire, pension off; (*aluno*) to send down
jubileu [ʒubi'lew] M jubilee; **~ de prata** silver jubilee
júbilo ['ʒubilu] M rejoicing; **com ~** jubilantly
jubiloso, -a [ʒubi'lozu, ɔza] ADJ jubilant
JUC (BR) ABR F = **Juventude Universitária Católica**
judaico, -a [ʒu'dajku, a] ADJ Jewish
judaísmo [ʒuda'izmu] M Judaism
judas ['ʒudas] M (*fig*) Judas; (*boneco*) effigy; **onde J~ perdeu as botas** (*col*) at the back of beyond
judeu, judia [ʒu'dew, ʒu'dʒia] ADJ Jewish ▶ M/F Jew
judiação [ʒudʒja'sãw] F ill-treatment
judiar [ʒu'dʒjar] VI: **~ de alguém/algo** to ill-treat sb/sth
judiaria [ʒudʒja'ria] F ill-treatment; **que ~!** how cruel!
judicatura [ʒudʒika'tura] F (*cargo*) office of judge; (*magistratura*) judicature
judicial [ʒudʒi'sjaw] (*pl* **-ais**) ADJ judicial
judiciário, -a [ʒudʒi'sjarju, a] ADJ judicial; **o (poder) ~** the judiciary
judicioso, -a [ʒudʒi'sjozu, ɔza] ADJ judicious, wise
judô [ʒu'do] M judo
jugo ['ʒugu] M yoke
juiz, juíza [ʒwiz, -'iza] M/F judge; (*em jogos*) referee; **~ de menores** juvenile judge; **~ de paz** justice of the peace
juizado [ʒwi'zado] M court; **J~ de Menores** Juvenile Court; **J~ de Pequenas Causas** small claims court
juízo ['ʒwizu] M judgement; (*parecer*) opinion; (*siso*) common sense; (*foro*) court; **J~ Final** Day of Judgement, doomsday; **perder o ~** to lose one's mind; **não ter ~** to be foolish; **tomar** *ou* **criar ~** to come to one's senses; **chamar/levar a ~** to summon/take to court; **~!** behave yourself!
jujuba [ʒu'ʒuba] F (*Bot*) jujube; (*bala*) jujube sweet
jul. ABR = **julho**
julgador, a [ʒuwga'dor(a)] ADJ judging ▶ M/F judge
julgamento [ʒuwga'mētu] M judgement; (*audiência*) trial; (*sentença*) sentence
julgar [ʒuw'gar] VT to judge; (*achar*) to think; (*Jur: sentenciar*) to sentence; **julgar-se** VR: **~-se algo** to consider o.s. sth, think of o.s. as sth
julho ['ʒuʎu] M July; **dia primeiro de ~** the first of July (BRIT), July first (US); **dia dois/onze de ~** the second/eleventh of July (BRIT), July second/eleventh (US); **ele chegou no dia cinco de ~** he arrived on 5th July *ou* July 5th; **em ~** in July; **no começo/fim de ~** at the beginning/end of July; **em meados de ~** in mid July; **todo ano em ~** every July; **em ~ do ano que vem/do ano passado** next/last July
jumento, -a [ʒu'mētu, a] M/F donkey
jun. ABR = **junho**
junção [ʒũ'sãw] (*pl* **-ões**) F (*ato*) joining; (*junta*) join
junco ['ʒũku] M reed, rush
junções [ʒũ'sõjs] FPL *de* **junção**
junho ['ʒuɲu] M June; *ver tb* **julho**
junino, -a [ʒu'ninu, a] ADJ June; **festa junina** St John's day party
júnior ['ʒunjor] (*pl* **juniores**) ADJ younger, junior ▶ M/F (*Esporte*) junior; **Eduardo Autran J~** Eduardo Autran Junior
junta ['ʒũta] F (*comissão*) board, committee; (*Pol*) junta; (*articulação, juntura*) joint; **~ comercial** board of trade; **~ médica** medical team
juntar [ʒũ'tar] VT (*por junto*) to join; (*reunir*) to bring together; (*aglomerar*) to gather together; (*recolher*) to collect up; (*acrescentar*) to add; (*dinheiro*) to save up ▶ VI to gather; **juntar-se** VR to gather; (*associar-se*) to join up; **~-se a alguém** to join sb; **~-se com alguém** to (go and) live with sb
junto, -a ['ʒũtu, a] ADJ joined; (*chegado*) near; **ir ~s** to go together; **~ a/de** near/next to; **segue ~** (*Com*) please find enclosed
juntura [ʒũ'tura] F join; (*articulação*) joint
Júpiter ['ʒupiter] M Jupiter
jura ['ʒura] F vow
jurado, -a [ʒu'radu, a] ADJ sworn ▶ M/F juror
juramentado, -a [ʒuramē'tadu, a] ADJ accredited, legally certified
juramento [ʒura'mētu] M oath
jurar [ʒu'rar] VT, VI to swear; **jura?** really?
júri ['ʒuri] M jury
jurídico, -a [ʒu'ridʒiku, a] ADJ legal
jurisconsulto, -a [ʒuriskõ'suwtu, a] M/F legal advisor
jurisdição [ʒuriʃdʒi'sãw] F jurisdiction
jurisprudência [ʒurispru'dēsja] F jurisprudence
jurista [ʒu'rista] M/F jurist

juros ['ʒurus] MPL (Econ) interest sg; **a/sem ~** at interest/interest-free; **render ~** to yield ou bear interest; **~ fixos/variáveis** fixed/variable interest; **~ simples/compostos** simple/compound interest

jururu [ʒuru'ru] ADJ melancholy, wistful

jus [ʒus] M: **fazer ~ a algo** to live up to sth

jusante [ʒu'zãtʃi] F: **a ~ (de)** downstream (from)

justamente [ʒusta'mētʃi] ADV (com justiça) fairly, justly; (precisamente) exactly

justapor [ʒusta'por] (irreg: como **pôr**) VT to juxtapose; **justapor-se** VR to be juxtaposed; **~ algo a algo** to juxtapose sth with sth

justaposição [ʒustapozi'sãw] (pl **-ões**) F juxtaposition

justaposto [ʒusta'postu] PP de **justapor**

justapunha etc [ʒusta'puɲa] VB ver **justapor**

justapus etc [ʒusta'pus] VB ver **justapor**

justapuser etc [ʒustapu'zer] VB ver **justapor**

justeza [ʒus'teza] F fairness; (precisão) precision

justiça [ʒus'tʃisa] F justice; (poder judiciário) judiciary; (equidade) fairness; (tribunal) court; **com ~** justly, fairly; **ir à ~** to go to court; **fazer ~ a** to do justice to; **J~ Eleitoral** Electoral Court; **J~ do Trabalho** ≈ industrial tribunal (BRIT), ≈ labor relations board (US)

justiceiro, -a [ʒustʃi'sejru, a] ADJ righteous; (inflexível) inflexible

justificação [ʒustʃifika'sãw] (pl **-ões**) F justification

justificar [ʒustʃifi'kar] VT to justify; **justificar-se** VR to justify o.s.

justificativa [ʒustʃifika'tʃiva] F (Jur) justification

justificável [ʒustʃifi'kavew] (pl **-eis**) ADJ justifiable

justo, -a ['ʒustu, a] ADJ just, fair; (legítimo: queixa) legitimate, justified; (exato) exact; (apertado) tight ▶ ADV just

juta ['ʒuta] F jute

juvenil [ʒuve'niw] (pl **-is**) ADJ (ar) youthful; (roupa) young; (livro) for young people; (Esporte: equipe, campeonato) youth atr, junior ▶ M (Esporte) junior championship

juventude [ʒuvē'tudʒi] F youth; (jovialidade) youthfulness; (jovens) young people pl, youth

Kk

K, k [ka] (*pl* **ks**) M K, k; **K de Kátia** K for king
kanga ['kãga] F beach wrap
karaokê [karao'ke] M karaoke; (*lugar*) karaoke bar
kart ['kartʃi] (*pl* **-s**) M go-kart
ketchup [ke'tʃupi] M ketchup
kg ABR (= *quilograma*) kg
KGB ABR F KGB
kHz ABR (= *quilohertz*) kHz
kibutz [ki'butz] M INV kibbutz
kilt ['kiwtʃi] (*pl* **-s**) M kilt
kirsch [kirs] M kirsch
kit ['kitʃi] (*pl* **-s**) M kit; **~ de sobrevivência** survival kit
kitchenette [kitʃe'nɛtʃi] F studio flat
kitsch [kits] ADJ INV, M kitsch
kl ABR (= *quilolitro*) kl
km ABR (= *quilômetro*) km
km/h ABR (= *quilômetros por hora*) km/h
know-how ['now'haw] M know-how
Kremlin [krẽ'lĩ] M: **o ~** the Kremlin
Kuweit [ku'wejtʃi] M: **o ~** Kuwait
kW ABR (= *quilowatt*) kW
kwh ABR (= *quilowatt-hora*) kwh

Ll

L¹, l ['eli] (*pl* **ls**) M L, l; **L de Lúcia** L for Lucy (BRIT) *ou* love (US)

L² ABR (= *Largo*) Sq.

lá [la] ADV there ▶ M (*Mús*) A; **lá fora** outside; **lá em baixo** down there; **por lá** (*direção*) that way; (*situação*) over there; **até lá** (*no espaço*) there; (*no tempo*) until then; **lá pelas tantas** in the small hours; **para lá de** (*mais do que*) more than; **diga lá ...** come on and say ...; **sei lá!** don't ask me!; **ela sabe lá** she's got no idea; **ele pode lá pagar um aluguel tão caro** there's no way he can pay such a high rent; **o apartamento não é lá essas coisas** the apartment is nothing special; **estar mais para lá do que para cá** (*de cansaço*) to be dead on one's feet; (*prestes a morrer*) to be at death's door

lã [lã] F wool; **de lã** woollen (BRIT), woolen (US); **de pura lã** pure wool; **lã de camelo** camel hair

-la [la] PRON her; (*você*) you; (*coisa*) it

labareda [laba'reda] F flame; (*fig*) ardour (BRIT), ardor (US)

lábia ['labja] F (*astúcia*) cunning; **ter ~** to have the gift of the gab

labial [la'bjaw] (*pl* **-ais**) ADJ lip *atr*; (*Ling*) labial ▶ F (*Ling*) labial

lábio ['labju] M lip

labirinto [labi'rĩtu] M labyrinth, maze

labor [la'bor] M work, labour (BRIT), labor (US)

laborar [labo'rar] VI: **~ em erro** to labour (BRIT) *ou* labor (US) under a misconception

laboratório [labora'tɔrju] M laboratory

laborioso, -a [labo'rjozu, ɔza] ADJ (*diligente*) hard-working; (*árduo*) laborious

LABRE ABR F = **Liga de Amadores Brasileiros de Radio Emissão**

labuta [la'buta] F toil, drudgery

labutar [labu'tar] VI to toil; (*esforçar-se*) to struggle, strive

laca ['laka] F lacquer

laçada [la'sada] F (*nó*) slipknot; (*no tricô*) loop

laçar [la'sar] VT to bind, tie; (*boi*) to rope

laçarote [lasa'rɔtʃi] M big bow

laço ['lasu] M bow; (*de gravata*) knot; (*armadilha*) snare; (*fig*) bond, tie; **dar um ~** to tie a bow; **~s de família** family ties

lacônico, -a [la'koniku, a] ADJ laconic

lacraia [la'kraja] F centipede

lacrar [la'krar] VT to seal (with wax)

lacre ['lakri] M sealing wax

lacrimal [lakri'maw] (*pl* **-ais**) ADJ (*canal*) tear *atr*

lacrimejante [lakrime'ʒãtʃi] ADJ weeping

lacrimejar [lakrime'ʒar] VI (*olhos*) to water; (*chorar*) to weep

lacrimogêneo, -a [lakrimo'ʒenju, a] ADJ tear-jerking; **gás ~** tear gas

lacrimoso, -a [lakri'mozu, ɔza] ADJ tearful

lactação [lakta'sãw] F lactation; (*amamentação*) breastfeeding

lácteo, -a ['laktju, a] ADJ milk *atr*; **Via Láctea** Milky Way

laticínio [laktʃi'sinju] M dairy product

lactose [lak'tɔzi] F lactose

lacuna [la'kuna] F gap; (*omissão*) omission; (*espaço em branco*) blank

ladainha [lada'iɲa] F litany; (*fig*) rigmarole

ladear [la'dʒjar] VT to flank; (*problema*) to get round; **o rio ladeia a estrada** the river runs by the side of the road

ladeira [la'dejra] F slope

ladino, -a [la'dʒinu, a] ADJ cunning, crafty

lado ['ladu] M side; (*Mil*) flank; (*rumo*) direction; **ao ~** (*perto*) close by; **a casa ao ~** the house next door; **ao ~ de** beside; **de ~** sideways; **deixar de ~** to set aside; (*fig*) to leave out; **de um ~ para outro** back and forth; **do ~ de dentro/fora** on the inside/outside; **do ~ de cá/lá** on this/that side; **no outro ~ da rua** across the road; **ela foi para aqueles ~s** she went that way; **por um ~ ... por outro ~** on the one hand ... on the other hand; **por todos os ~s** all around; **~ a ~** side by side; **o meu ~** (*col: interesses*) my interests

ladra ['ladra] F thief, robber; (*picareta*) crook

ladrão, -ona [la'drãw, ɔna] (*pl* **-ões/-s**) ADJ thieving ▶ M/F thief, robber; (*picareta*) crook ▶ M (*tubo*) overflow pipe; **pega ~!** stop thief!

ladrar [la'drar] VI to bark

ladrilhar [ladri'ʎar] VT, VI to tile

ladrilheiro, -a [ladri'ʎejru, a] M/F tiler

ladrilho [la'driʎu] M tile; (*chão*) tiled floor, tiles *pl*

ladro ['ladru] M (*latido*) bark; (*ladrão*) thief

ladroagem [la'drwaʒẽ] (*pl* **-ns**) F robbery

ladroeira [la'drwejra] F robbery

ladrões [la'drõjs] MPL *de* **ladrão**

ladrona [la'drɔna] F *de* **ladrão**

lagarta [la'garta] F caterpillar
lagartixa [lagar'tʃiʃa] F gecko
lagarto [la'gartu] M lizard; *(carne)* silverside
lago ['lagu] M lake; *(de jardim)* pond; *(de sangue)* pool
lagoa [la'goa] F pool, pond; *(lago)* lake
lagosta [la'gosta] F lobster
lagostim [lagos'tʃĩ] *(pl* **-ns***)* M crayfish
lágrima ['lagrima] F tear; **~s de crocodilo** crocodile tears; **chorar ~s de sangue** to cry bitterly
laguna [la'guna] F lagoon
laia ['laja] F kind, sort, type
laico, -a ['lajku, a] ADJ *(pessoa)* lay; *(ensino etc)* secular
laivos ['lajvus] MPL hints, traces
laje ['laʒi] F paving stone, flagstone
lajear [la'ʒjaɾ] VT to pave
lajedo [la'ʒedu] M rock
lajota [la'ʒɔta] F paving stone
lama ['lama] F mud; **tirar alguém da ~** *(fig)* to rescue sb from poverty
lamaçal [lama'saw] *(pl* **-ais***)* M quagmire; *(pântano)* bog, marsh
lamaceiro [lama'sejru] M = **lamaçal**
lamacento, -a [lama'sẽtu, a] ADJ muddy
lambança [lã'bãsa] F mess
lambão, -bona [lã'bãw, 'bona] *(pl* **-ões/-s***)* ADJ *(guloso)* greedy; *(no trabalho)* sloppy; *(lambuzado)* messy; *(tolo)* idiotic
lamber [lã'beɾ] VT to lick; **de ~ os beiços** *(comida)* delicious
lambida [lã'bida] F lick; **dar uma ~ em algo** to lick sth
lambido, -a [lã'bidu, a] ADJ *(cara)* without make-up; *(cabelo)* plastered down
lambiscar [lãbis'kaɾ] VT, VI to nibble
lambisgoia [lãbiz'gɔja] F haggard person
lambões [lã'bõjs] MPL *de* **lambão**
lambona [lã'bona] F *de* **lambão**
lambreta [lã'breta] F scooter
lambri [lã'bri] M, **lambris** [lã'bris] MPL panelling sg *(BRIT)*, paneling sg *(US)*
lambuja [lã'buʒa] F start, advantage
lambujem [lã'buʒẽ] *(pl* **-ns***)* F start, advantage
lambuzar [lãbu'zaɾ] VT to smear
lambuzeira [lãbu'zejra] F sticky mess
lamentação [lamẽta'sãw] *(pl* **-ões***)* F lamentation
lamentar [lamẽ'taɾ] VT to lament; *(sentir)* to regret; **lamentar-se** VR: **~-se (de algo)** to lament (sth); **~ (que)** to be sorry (that)
lamentável [lamẽ'tavew] *(pl* **-eis***)* ADJ regrettable; *(deplorável)* deplorable
lamentavelmente [lamẽtavew'metʃi] ADV regrettably
lamento [la'mẽtu] M lament; *(gemido)* moan
lamentoso, -a [lamẽ'tozu, ɔza] ADJ *(voz, som)* sorrowful; *(lamentável)* lamentable
lâmina ['lamina] F *(chapa)* sheet; *(placa)* plate; *(de faca)* blade; *(de persiana)* slat
laminado, -a [lami'nadu, a] ADJ laminated ▶ M laminate

laminar [lami'naɾ] VT to laminate
lâmpada ['lãpada] F lamp; *(tb:* **lâmpada elétrica***)* light bulb; **~ de mesa** table lamp; **~ fluorescente** fluorescent light
lamparina [lãpa'rina] F lamp
lampejante [lãpe'ʒãtʃi] ADJ flashing, glittering
lampejar [lãpe'ʒaɾ] VI to glisten, flash ▶ VT to give off
lampejo [lã'peʒu] M flash
lampião [lã'pjãw] *(pl* **-ões***)* M lantern; *(de rua)* street lamp
lamúria [la'murja] F whining, lamentation; *(col, pej)* sob story
lamuriante [lamu'rjãtʃi] ADJ whining
lamuriar-se [lamu'rjarsi] VR: **~ de algo** to moan about sth
lança ['lãsa] F lance, spear
lançadeira [lãsa'dejra] F shuttle
lançador, a [lãsa'doɾ(a)] M/F *(Esporte)* thrower; *(em leilão)* bidder; *(Com)* company or person launching a product
lançamento [lãsa'mẽtu] M throwing; *(Com: em livro)* entry; *(Náut, Com: de produto, campanha)* launch; *(Com: de disco, filme)* release; **novo ~** *(livro)* new title; *(filme, disco)* new release; *(produto)* new product; **~ do dardo** *(Esporte)* javelin; **~ do disco** *(Esporte)* discus; **~ do martelo** *(Esporte)* hammer
lança-perfume *(pl* **lança-perfumes***)* M ether spray *(used as a drug in carnival)*
lançar [lã'saɾ] VT to throw; *(navio, produto, campanha)* to launch; *(disco, filme)* to release; *(Com: em livro)* to enter; *(em leilão)* to bid; *(imposto)* to assess; **lançar-se** VR to throw o.s.; **~ ações no mercado** to float shares on the market; **~ mão de algo** to make use of sth
lance ['lãsi] M *(arremesso)* throw; *(incidente)* incident; *(história)* story; *(situação)* position; *(fato)* fact; *(Esporte: jogada)* shot; *(em leilão)* bid; *(de escada)* flight; *(de casas)* row; *(episódio)* moment; *(de muro, estrada)* stretch
lancha ['lãʃa] F launch; *(col: sapato, pé)* clodhopper; **~ torpedeira** torpedo boat
lanchar [lã'ʃaɾ] VI to have a snack ▶ VT to have as a snack
lanche ['lãʃi] M snack
lanchonete [lãʃo'netʃi] *(BR)* F snack bar
lancinante [lãsi'nãtʃi] ADJ *(dor)* stabbing; *(grito)* piercing
langanho [lã'gaɲu] M rake
languidez [lãgi'dez] F languor, listlessness
lânguido, -a ['lãgidu, a] ADJ languid, listless
lanhar [la'ɲaɾ] VT to slash, gash; *(peixe)* to gut; **lanhar-se** VR to cut o.s.
lanho ['laɲu] M slash, gash
LAN house [lã'hawzi] F internet café
lanígero, -a [la'niʒeru, a] ADJ *(gado)* wool-producing; *(planta)* downy
lanolina [lano'lina] F lanolin
lantejoula [lãte'ʒola] F sequin
lanterna [lã'tɛrna] F lantern; *(portátil)* torch *(BRIT)*, flashlight *(US)*

lanternagem [lãter'naʒē] (*pl* **-ns**) F (*Auto*) panel-beating; (*oficina*) body shop
lanterneiro, -a [lãter'nejru, a] M/F panel-beater
lanterninha [lãter'niɲa] (BR) M/F usher(ette)
lanugem [la'nuʒē] F down, fluff
Laos ['laws] M: **o ~** Laos
lapão, -pona [la'pãw, 'pɔna] (*pl* **-ões/-s**) ADJ, M/F Lapp
lapela [la'pɛla] F lapel
lapidador, a [lapida'dor(a)] M/F cutter
lapidar [lapi'dar] VT (*joias*) to cut; (*fig*) to polish, refine ▶ ADJ (*fig*) masterful
lápide ['lapidʒi] F (*tumular*) tombstone; (*comemorativa*) memorial stone
lápis ['lapis] M INV pencil; **escrever a ~** to write in pencil; **~ de cor** coloured (BRIT) *ou* colored (US) pencil, crayon; **~ de olho** eyebrow pencil
lapiseira [lapi'zejra] F propelling (BRIT) *ou* mechanical (US) pencil; (*caixa*) pencil case
lápis-lazúli [-la'zuli] M lapis-lazuli
lapões [la'põjs] MPL *de* **lapão**
lapona [la'pɔna] F *de* **lapão**
Lapônia [la'ponja] F: **a ~** Lappland
lapso ['lapsu] M lapse; (*de tempo*) interval; (*erro*) slip
laquê [la'ke] M lacquer
laquear [la'kjar] VT to lacquer
lar [lar] M home
laranja [la'rãʒa] ADJ INV orange ▶ F orange ▶ M (*cor*) orange
laranjada [larã'ʒada] F orangeade
laranjal [larã'ʒaw] (*pl* **-ais**) M orange grove
laranjeira [larã'ʒejra] F orange tree
larápio [la'rapju] M thief
lardo ['lardu] M bacon
lareira [la'rejra] F hearth, fireside
larga ['larga] F: **à ~** lavishly; **dar ~s a** to give free rein to; **viver à ~** to lead a lavish life
largada [lar'gada] F start; **dar a ~** to start; (*fig*) to make a start
largado, -a [lar'gadu, a] ADJ spurned; (*no vestir*) scruffy
largar [lar'gar] VT (*soltar*) to let go of, release; (*deixar*) to leave; (*deixar cair*) to drop; (*risada*) to let out; (*velas*) to unfurl; (*piada*) to tell; (*pôr em liberdade*) to let go ▶ VI (*Náut*) to set sail; **largar-se** VR (*desprender-se*) to free o.s.; (*ir-se*) to go off; (*pôr-se*) to proceed; **ele não a larga** *ou* **não larga dela um instante** he won't leave her alone for a moment; **me larga!** leave me alone!; **~ a mão em alguém** to wallop sb; **~ de fazer** to stop doing; **largue de besteira** stop being stupid
largo, -a ['largu, a] ADJ wide, broad; (*amplo*) extensive; (*roupa*) loose, baggy; (*conversa*) long ▶ M (*praça*) square; (*alto-mar*) open sea; **ao ~** at a distance, far off; **fazer-se ao ~** to put out to sea; **passar de ~ sobre um assunto** to gloss over a subject; **passar ao ~ de algo** (*fig*) to sidestep sth
larguei *etc* [lar'gej] VB *ver* **largar**

largueza [lar'geza] F largesse
largura [lar'gura] F width, breadth
laringe [la'rĩʒi] F larynx
laringite [larĩ'ʒitʃi] F laryngitis
larva ['larva] F larva, grub
lasanha [la'zaɲa] F lasagna
lasca ['laska] F (*de madeira, metal*) splinter; (*de pedra*) chip; (*fatia*) slice
lascado, -a [las'kadu, a] (*col*) ADJ in a hurry *ou* rush
lascar [las'kar] VT to chip; (*pergunta*) to throw in; (*tapa*) to let go ▶ VI to chip; **ser** *ou* **estar de ~** to be horrible
lascívia [la'sivja] F lewdness
lascivo, -a [la'sivu, a] ADJ lewd; (*movimentos*) sensual
laser ['lejzer] M laser; **raio ~** laser beam
lassidão [lasi'dãw] F lassitude, weariness
lassitude [lasi'tudʒi] F lassitude, weariness
lasso, -a ['lasu, a] ADJ lax; (*cansado*) weary
lástima ['lastʃima] F pity, compassion; (*infortúnio*) misfortune; **é uma ~ (que)** it's a shame (that)
lastimar [lastʃi'mar] VT to lament; **lastimar-se** VR to complain, feel sorry for o.s.
lastimável [lastʃi'mavew] (*pl* **-eis**) ADJ lamentable
lastimoso, -a [lastʃi'mozu, ɔza] ADJ (*lamentável*) pitiful; (*plangente*) mournful
lastro ['lastru] M ballast
lata ['lata] F can, tin (BRIT); (*material*) tin-plate; **~ de lixo** rubbish bin (BRIT), garbage can (US); **~ velha** (*col: carro*) old banger (BRIT) *ou* clunker (US)
latada [la'tada] F trellis
latão [la'tãw] M brass
lataria [lata'ria] F (*Auto*) bodywork; (*enlatados*) canned food
látego ['lategu] M whip
latejante [late'ʒãtʃi] ADJ throbbing
latejar [late'ʒar] VI to throb
latejo [la'teʒu] M throbbing, beat
latente [la'tẽtʃi] ADJ latent, hidden
lateral [late'raw] (*pl* **-ais**) ADJ side, lateral ▶ F (*Futebol*) sideline ▶ M (*Futebol*) throw-in
látex ['lateks] M INV latex
laticínio [latʃi'sinju] M = **lacticínio**
latido [la'tʃidu] M bark(ing), yelp(ing)
latifundiário, -a [latʃifũ'dʒjarju, a] ADJ land-owning ▶ M/F landowner
latifúndio [latʃi'fũdʒju] M large estate
latim [la'tʃĩ] M (*Ling*) Latin; **gastar o seu ~** to waste one's breath
latino, -a [la'tʃinu, a] ADJ Latin
latino-americano, -a ADJ, M/F Latin-American
latir [la'tʃir] VI to bark, yelp
latitude [latʃi'tudʒi] F latitude; (*largura*) breadth; (*fig*) scope
lato, -a ['latu, a] ADJ broad
latrina [la'trina] F latrine
latrocínio [latro'sinju] M armed robbery
lauda ['lawda] F page

laudatório, -a [lawda'tɔrju, a] ADJ laudatory
laudo ['lawdu] M (Jur) decision; (resultados) findings pl; (peça escrita) report
laureado, -a [law'rjadu, a] ADJ honoured (BRIT), honored (US) ▶ M laureate
laurear [law'rjar] VT to honour (BRIT), honor (US)
laurel [law'rɛw] (pl **-éis**) M laurel wreath; (fig) prize, reward
lauto, -a ['lawtu, a] ADJ sumptuous; (abundante) lavish, abundant
lava ['lava] F lava
lavabo [la'vabu] M toilet
lavadeira [lava'dejra] F washerwoman
lavadora [lava'dora] F washing machine
lavadouro [lava'doru] M washing place
lavagem [la'vaʒẽ] F washing; **~ a seco** dry cleaning; **~ cerebral** brainwashing; **dar uma ~ em alguém** (col: Esporte) to thrash sb
lavanda [la'vãda] F (Bot) lavender; (colônia) lavender water; (para lavar os dedos) finger bowl
lavanderia [lavãde'ria] F laundry; (aposento) laundry room
lavar [la'var] VT to wash; (culpa) to wash away; **~ a seco** to dry clean; **~ a égua** (col: Esporte) to win hands down; **~ as mãos de algo** (fig) to wash one's hands of sth
lavatório [lava'tɔrju] M washbasin; (aposento) toilet
lavoura [la'vora] F tilling; (agricultura) farming; (terreno) plantation
lavra ['lavra] F ploughing (BRIT), plowing (US); (de minerais) mining; (mina) mine; **ser da ~ de** to be the work of
lavradio, -a [lavra'dʒiu, a] ADJ workable, arable ▶ M farming
lavrador, a [lavra'dor(a)] M/F farmhand, farm labourer (BRIT) ou laborer (US)
lavrar [la'vrar] VT to work; (esculpir) to carve; (redigir) to draw up
laxante [la'ʃãtʃi] ADJ, M laxative
laxativo, -a [laʃa'tʃivu, a] ADJ, M laxative
lazer [la'zer] M leisure
LBA ABR F (= Legião Brasileira de Assistência) charity
LBC (BR) ABR F = **Letra do Banco Central**
leal [le'aw] (pl **-ais**) ADJ loyal
lealdade [leaw'dadʒi] F loyalty
leão [le'ãw] (pl **-ões**) M lion; **L~** (Astrologia) Leo; **o L~** (BR: fisco) ≈ the Inland Revenue (BRIT), the IRS (US); **~ de chácara** bouncer
lebre ['lɛbri] F hare
lecionar [lesjo'nar] VT, VI to teach
lecitina [lesi'tʃina] F lecithin
legação [lega'sãw] (pl **-ões**) F legation
legado [le'gadu] M envoy, legate; (herança) legacy, bequest
legal [le'gaw] ADJ (pl **-ais**) legal, lawful; (col) fine; (: pessoa) nice ▶ ADV (col) well; **(tá) ~!** OK!
legalidade [legali'dadʒi] F legality, lawfulness
legalização [legaliza'sãw] F legalization; (de documento) authentication

legalizar [legali'zar] VT to legalize; (documento) to authenticate
legar [le'gar] VT to bequeath, leave
legatário, -a [lega'tarju, a] M/F legatee
legenda [le'ʒẽda] F inscription; (texto explicativo) caption; (Cinema) subtitle; (Pol) party
legendado, -a [leʒẽ'dadu, a] ADJ (filme) subtitled
legendário, -a [leʒẽ'darju, a] ADJ legendary
legião [le'ʒjãw] (pl **-ões**) F legion; **a L~ Estrangeira** the Foreign Legion
legionário, -a [leʒjo'narju, a] ADJ legionary ▶ M legionary
legislação [leʒizla'sãw] F legislation
legislador, a [leʒizla'dor(a)] M/F legislator
legislar [leʒiz'lar] VI to legislate ▶ VT to pass
legislativo, -a [leʒizla'tʃivu, a] ADJ legislative ▶ M legislature
legislatura [leʒizla'tura] F legislature; (período) term of office
legista [le'ʒista] ADJ: **médico ~** expert in medical law ▶ M/F legal expert; (médico) expert in medical law
legitimar [leʒitʃi'mar] VT to legitimize; (justificar) to legitimate; (filho) to legally adopt
legitimidade [leʒitʃimi'dadʒi] F legitimacy
legítimo, -a [le'ʒitʃimu, a] ADJ legitimate; (justo) rightful; (autêntico) genuine; **legítima defesa** self-defence (BRIT), self-defense (US)
legível [le'ʒivew] (pl **-eis**) ADJ legible, readable; **~ por máquina** machine readable
légua ['lɛgwa] F league
legume [le'gumi] M vegetable
lei [lej] F law; (regra) rule; (metal) standard; **prata de ~** sterling silver; **ditar a ~** to lay down the law
leiaute [lej'awtʃi] M layout
leigo, -a ['lejgu, a] ADJ (Rel) lay, secular ▶ M layman; **ser ~ em algo** (fig) to be no expert at sth, be unversed in sth
leilão [lej'lãw] (pl **-ões**) M auction; **vender em ~** to sell by auction, auction off
leiloamento [lejlwa'mẽtu] M auctioning
leiloar [lej'lwar] VT to auction
leiloeiro, -a [lej'lwejru, a] M/F auctioneer
leilões [lej'lõjs] MPL de **leilão**
leio etc ['leju] VB ver **ler**
leitão, -toa [lej'tãw, 'toa] (pl **-ões/-s**) M/F sucking (BRIT) ou suckling (US) pig
leite ['lejtʃi] M milk; **~ em pó** powdered milk; **~ desnatado** ou **magro** skimmed milk; **~ de magnésia** milk of magnesia; **~ condensado/evaporado** condensed/evaporated milk; **~ de onça** milk with cachaça; **~ de vaca** cow's milk; **~ semidesnatado** semi-skimmed milk
leiteira [lej'tejra] F (para ferver) milk pan; (para servir) milk jug; ver tb **leiteiro**
leiteiro, -a [lej'tejru, a] ADJ (vaca, gado) dairy; (trem) milk atr ▶ M/F milkman/woman
leiteria [lejte'ria] F dairy

leito ['lejtu] M bed
leitoa [lej'toa] F *de* **leitão**
leitões [lej'tõjs] MPL *de* **leitão**
leitor, a [lej'tor(a)] M/F (*pessoa*) reader; (*professor*) lector ▶ M (*objeto*) reader; **~ de livros digitais** e-reader
leitoso, -a [lej'tozu, ɔza] ADJ milky
leitura [lej'tura] F reading; (*livro etc*) reading matter; **pessoa de muita ~** well-read person; **~ dinâmica** speed reading
lelé [le'lɛ] (*col*) ADJ nuts, crazy; **~ da cuca** out of one's mind
lema ['lɛma] M motto; (*Pol*) slogan
lembrança [lẽ'brãsa] F recollection, memory; (*presente*) souvenir; **lembranças** FPL (*recomendações*): **~s a sua mãe!** regards to your mother!
lembrar [lẽ'brar] VT, VI to remember; **lembrar-se** VR: **~(-se) de** to remember; **~(-se) (de) que** to remember that; **~ algo a alguém**, **~ alguém de algo** to remind sb of sth; **~ alguém de que**, **~ a alguém que** to remind sb that; **esta rua lembra a rua onde eu ...** this street reminds me of the street where I ...; **ele lembra meu irmão** he reminds me of my brother, he is like my brother
lembrete [lẽ'bretʃi] M reminder
leme ['lɛmi] M rudder; (*Náut*) helm; (*fig*) control
lenço ['lẽsu] M handkerchief; (*de pescoço*) scarf; (*de cabeça*) headscarf; **~ de papel** tissue; **~ umedecido** baby wipe
lençol [lẽ'sɔw] (*pl* **-óis**) M sheet; **estar em maus lençóis** to be in a fix; **~ de água** water table
lenda ['lẽda] F legend; (*fig: mentira*) lie
lendário, -a [lẽ'darju, a] ADJ legendary
lengalenga [lẽga'lẽga] F rigmarole
lenha ['lɛɲa] F firewood; **fazer ~** (*de carro*) to have a race; **meter a ~ em alguém** (*col: surrar*) to give sb a beating; (: *criticar*) to run sb down; **ser uma ~** (*col*) to be tough; **botar ~ na fogueira** (*fig*) to fan the flames, make things worse
lenhador [leɲa'dor] M woodcutter
lenho ['lɛɲu] M (*tora*) log; (*material*) timber
leninista [leni'nista] ADJ, M/F Leninist
lenitivo, -a [leni'tʃivu, a] ADJ soothing ▶ M palliative; (*fig: alívio*) relief
lenocínio [leno'sinju] M living off immoral earnings
lente ['lẽtʃi] F lens *sg*; **~ de aumento** magnifying glass; **~s de contato** contact lenses
lentidão [lẽtʃi'dãw] F slowness
lentilha [lẽ'tʃiʎa] F lentil
lento, -a ['lẽtu, a] ADJ slow
leoa [le'oa] F lioness
leões [le'õjs] MPL *de* **leão**
leopardo [ljo'pardu] M leopard
lépido, -a ['lɛpidu, a] ADJ (*alegre*) sprightly, bright; (*ágil*) nimble, agile

leporino, -a [lepo'rinu, a] ADJ: **lábio ~** hare lip
lepra ['lɛpra] F leprosy
leprosário [lepro'zarju] M leprosy hospital
leproso, -a [le'prozu, ɔza] ADJ leprous ▶ M/F leper
leque ['lɛki] M fan; (*fig*) array
LER ABR F (= *lesão por esforço repetitivo*) RSI
ler [ler] VT, VI to read; **~ a sorte de alguém** to tell sb's fortune; **~ nas entrelinhas** (*fig*) to read between the lines
lerdeza [ler'deza] F sluggishness
lerdo, -a ['lɛrdu, a] ADJ slow, sluggish
lero-lero [lɛru'lɛru] (*col*) M chit-chat, idle talk
lés [lɛs] (PT) M: **de ~ a ~** from one end to the other
lesão [le'zãw] (*pl* **-ões**) F harm, injury; (*Jur*) violation; (*Med*) lesion; **~ corporal** (*Jur*) bodily harm; **~ por esforço repetitivo** repetitive strain injury
lesar [le'zar] VT to harm, damage; (*direitos*) to violate; **~ alguém** (*financeiramente*) to leave sb short; **~ o fisco** to withhold one's taxes
lesbianismo [lezbja'nizmu] M lesbianism
lésbica ['lɛzbika] F lesbian
lesco-lesco [lɛsku'lɛsku] (*col*) M daily grind; **estar no ~** to be on the go *ou* hard at it
leseira [le'zejra] F lethargy
lesionar [lezjo'nar] VT to injure
lesivo, -a [le'zivu, a] ADJ harmful
lesma ['lezma] F slug; (*fig: pessoa*) slowcoach
lesões [le'zõjs] FPL *de* **lesão**
Lesoto [le'zotu] M: **o ~** Lesotho
lesse *etc* ['lesi] VB *ver* **ler**
leste ['lɛstʃi] M east
letal [le'taw] (*pl* **-ais**) ADJ lethal
letargia [letar'ʒia] F lethargy
letárgico, -a [le'tarʒiku, a] ADJ lethargic
letivo, -a [le'tʃivu, a] ADJ school *atr*; **ano ~** academic year
Letônia [le'tonja] F: **a ~** Latvia
letra ['letra] F letter; (*caligrafia*) handwriting; (*de canção*) lyrics *pl*; **Letras** FPL (*curso*) language and literature; **à ~** literally; **seguir à ~** to follow to the letter; **ao pé da ~** literally, word for word; **fazer** *ou* **tirar algo de ~** (*col*) to take sth in one's stride; **~ de câmbio** (*Com*) bill of exchange; **~ de forma** block letter; **~ de imprensa** print; **~ de médico** (*fig*) scrawl; **~ maiúscula/minúscula** capital/small letter
letrado, -a [le'tradu, a] ADJ learned, erudite ▶ M/F scholar; **ser ~ em algo** to be well-versed in sth
letreiro [le'trejru] M sign, notice; (*inscrição*) inscription; (*Cinema*) subtitle; **~ luminoso** neon sign
leu *etc* [lew] VB *ver* **ler**
léu [lɛw] M: **ao ~** (*à toa*) aimlessly; (*à mostra*) uncovered
leucemia [lewse'mia] F leukaemia (BRIT), leukemia (US)

leva ['lɛva] F (*de pessoas*) group
levadiço, -a [leva'dʒisu, a] ADJ: **ponte levadiça** drawbridge
levado, -a [le'vadu, a] ADJ mischievous; (*criança*) naughty; **~ da breca** naughty
leva e traz [lɛvai'trajʒ] M/F INV gossip, stirrer
levantador, a [levãta'dor(a)] ADJ lifting
▶ M/F: **~ de pesos** weightlifter
levantamento [levãta'mẽtu] M lifting, raising; (*revolta*) uprising, rebellion; (*arrolamento*) survey; **~ de pesos** weightlifting
levantar [levã'tar] VT to lift, raise; (*voz, capital*) to raise; (*apanhar*) to pick up; (*suscitar*) to arouse; (*ambiente*) to brighten up ▶ VI to stand up; (*da cama*) to get up; (*dar vida*) to brighten; **levantar-se** VR to stand up; (*da cama*) to get up; (*rebelar-se*) to rebel; **~ voo** to take off; **~ a mão** to raise *ou* put up one's hand
levante [le'vãtʃi] M east; (*revolta*) revolt
levar [le'var] VT to take; (*portar*) to carry; (*tempo*) to pass, spend; (*roupa*) to wear; (*lidar com*) to handle; (*induzir*) to lead; (*filme*) to show; (*peça teatral*) to do, put on; (*vida*) to lead ▶ VI to get a beating; **~ a** to lead to; **~ a mal** to take amiss; **~ a cabo** to carry out; **~ adiante** to go ahead with; **~ uma vida feliz** to lead a happy life; **~ a melhor/pior** to get a good/raw deal; **~ pancadas/um susto/uma bronca** to get hit/a fright/told off; **~ a educação a todos** to bring education to all; **deixar-se ~ por** to be carried along by
leve ['lɛvi] ADJ light; (*insignificante*) slight; **de ~** lightly, softly
levedo [le'vedu] M yeast
levedura [leve'dura] F = **levedo**
leveza [le'veza] F lightness
levezinho [leve'ziɲu] ADJ: **de ~** very lightly
leviandade [levjã'dadʒi] F frivolity
leviano, -a [le'vjanu, a] ADJ frivolous
levitação [levita'sãw] F levitation
levitar [levi'tar] VI to levitate
lexical [leksi'kaw] (*pl* **-ais**) ADJ lexical
léxico, -a ['lɛksiku, a] ADJ lexical ▶ M lexicon
lexicografia [leksikogra'fia] F lexicography
lexicógrafo, -a [leksi'kɔgrafu, a] M/F lexicographer
lezíria [le'zirja] (PT) F marshland
LFT (BR) ABR F = **Letra Financeira do Tesouro**
lha [ʎa] = **lhe + a**
lhama ['ʎama] M llama
lhaneza [ʎa'neza] F amiability
lhano, -a ['ʎanu, a] ADJ amiable
lhas [ʎas] = **lhe + as**
lhe [ʎi] PRON (*a ele*) to him; (*a ela*) to her; (*a você*) to you
lhes [ʎis] PRON PL (*a eles/elas*) to them; (*a vocês*) to you
lho [ʎu] = **lhe + o**
lhos [ʎus] = **lhe + os**
lhufas ['ʎufas] (*col*) PRON nothing, bugger all (!)

li *etc* [li] VB *ver* **ler**
lia ['lia] F dregs *pl*, sediment
liame ['ljami] M tie, bond
libanês, -esa [liba'nes, eza] ADJ Lebanese
Líbano ['libanu] M: **o ~** Lebanon
libelo [li'bɛlu] M satire, lampoon; (*Jur*) formal indictment
libélula [li'bɛlula] F dragonfly
liberação [libera'sãw] F liberation
liberal [libe'raw] (*pl* **-ais**) ADJ, M/F liberal
liberalidade [liberali'dadʒi] F liberality
liberalismo [libera'lizmu] M liberalism
liberalização [liberaliza'sãw] F liberalization
liberalizante [liberali'zãtʃi] ADJ liberalizing
liberalizar [liberali'zar] VT to liberalize
liberar [libe'rar] VT to release; (*permitir*) to allow
liberdade [liber'dadʒi] F freedom; **liberdades** FPL (*direitos*) liberties; **estar em ~** to be free; **pôr alguém em ~** to set sb free; **tomar a ~ de fazer** to take the liberty of doing; **tomar ~s com alguém** to take liberties with sb; **~ condicional** probation; **~ de cultos** freedom of worship; **~ de expressão** freedom of expression; **~ de imprensa** press freedom; **~ de palavra** freedom of speech; **~ de pensamento** freedom of thought; **~ sob palavra** parole
Libéria [li'bɛrja] F: **a ~** Liberia
líbero ['liberu] M (*Futebol*) sweeper
libérrimo, -a [li'bɛhimu, a] ADJ SUPERL *de* **livre**
libertação [liberta'sãw] F release
libertador, a [liberta'dor(a)] M/F liberator
libertar [liber'tar] VT to free, release
libertinagem [libertʃi'naʒẽ] F licentiousness, loose living
libertino, -a [liber'tʃinu, a] ADJ loose-living
▶ M/F libertine
liberto, -a [li'bɛrtu, a] PP *de* **libertar**
Líbia ['libja] F: **a ~** Libya
libidinoso, -a [libidʒi'nozu, ɔza] ADJ lecherous, lustful
libido [li'bidu] F libido
líbio, -a ['libju, a] ADJ, M/F Libyan
libra ['libra] F pound; **L~** (*Astrologia*) Libra; **~ esterlina** pound sterling
librar [li'brar] VT to support
libreto [li'bretu] M libretto
libriano, -a [li'brjanu, a] ADJ, M/F Libran
lição [li'sãw] (*pl* **-ões**) F lesson; **que isto lhe sirva de ~** let this be a lesson to you
licença [li'sẽsa] F licence (BRIT), license (US); (*permissão*) permission; (*do trabalho: Mil*) leave; **com ~** excuse me; **estar de ~** to be on leave; **sob ~** under licence; **dá ~?** may I?; **tirar ~** to take leave; **~ poética** poetic licence
licença-prêmio (*pl* **licenças-prêmio**) F long paid leave
licenciado, -a [lisẽ'sjadu, a] M/F graduate
licenciar [lisẽ'sjar] VT to license; **licenciar-se** VR (*Educ*) to graduate; (*ficar de licença*) to take leave; **~ alguém** to give sb leave

licenciatura [lisẽsja'tura] F (*título*) degree; (*curso*) degree course
licencioso, -a [lisẽ'sjozu, ɔza] ADJ licentious
liceu [li'sew] (PT) M secondary (BRIT) ou high (US) school
licitação [lisita'sãw] (*pl* -**ões**) F auction; (*concorrência*) tender; **abrir ~** to put out to tender
licitante [lisi'tãtʃi] M/F bidder
licitar [lisi'tar] VT (*pôr em leilão*) to put up for auction ▶ VI to bid
lícito, -a ['lisitu, a] ADJ (*Jur*) lawful; (*justo*) fair, just; (*permissível*) permissible
lições [li'sõjs] FPL *de* **lição**
licor [li'kor] M liqueur
licoroso, -a [liko'rozu, ɔza] ADJ (*vinho*) fortified
lida ['lida] F toil; (*col: leitura*): **dar uma ~ em** to have a read of
lidar [li'dar] VI: **~ com** (*ocupar-se*) to deal with; (*combater*) to struggle against; **~ em algo** to work in sth
lide ['lidʒi] F (*trabalho*) work, chores *pl*; (*luta*) fight; (*Jur*) case
líder ['lider] M/F leader
liderança [lide'rãsa] F leadership; (*Esporte*) lead
liderar [lide'rar] VT to lead
lido, -a ['lidu, a] PP *de* **ler** ▶ ADJ (*pessoa*) well-read
lifting ['liftĩŋ] (*pl* -**s**) M face lift
liga ['liga] F league; (*de meias*) suspender (BRIT), garter (US); (*metal*) alloy
ligação [liga'sãw] (*pl* -**ões**) F connection; (*fig: de amizade*) bond; (*Tel*) call; (*relação amorosa*) liaison; **fazer uma ~ para alguém** to call sb; **não consigo completar a ~** (*Tel*) I can't get through; **caiu a ~** (*Tel*) I (*ou* he *etc*) was cut off
ligada [li'gada] F (*Tel*) ring, call; **dar uma ~ para alguém** (*col*) to give sb a ring
ligado, -a [li'gadu, a] ADJ (*Tec*) connected; (*luz, rádio etc*) on; (*metal*) alloy; **estar ~ (em)** (*col: absorto*) to be wrapped up (in); (: *em droga*) to be hooked (on); (*afetivamente*) to be attached (to)
ligadura [liga'dura] F bandage; (*Mús*) ligature
ligamento [liga'mẽtu] M ligament
ligar [li'gar] VT to tie, bind; (*unir*) to join, connect; (*luz, TV*) to switch on; (*afetivamente*) to bind together; (*carro*) to start (up) ▶ VI (*telefonar*) to ring; **ligar-se** VR to join; **~-se com alguém** to join with sb; **~-se a algo** to be connected with sth; **~ para alguém** to ring sb up; **~ para fora** to ring out; **~ para** *ou* **a algo** (*dar atenção*) to take notice of sth; (*dar importância*) to care about sth; **eu nem ligo** it doesn't bother me; **não ligo a mínima (para)** I couldn't care less (about)
ligeireza [liʒej'reza] F lightness; (*rapidez*) swiftness; (*agilidade*) nimbleness
ligeiro, -a [li'ʒejru, a] ADJ light; (*ferimento*) slight; (*referência*) passing; (*conhecimentos*) scant; (*rápido*) quick, swift; (*ágil*) nimble ▶ ADV swiftly, nimbly
liguei *etc* [li'gej] VB *ver* **ligar**
lilás [li'las] ADJ, M lilac
lima ['lima] F (*laranja*) type of orange; (*ferramenta*) file; **~ de unhas** nailfile
limão [li'mãw] (*pl* -**ões**) M lime; (*tb*: **limão-galego**) lemon
limar [li'mar] VT to file
limbo ['lĩbu] M: **estar no ~** to be in limbo
limeira [li'mejra] F lime tree
limiar [li'mjar] M threshold
liminar [limi'nar] F (*Jur*) preliminary verdict
limitação [limita'sãw] (*pl* -**ões**) F limitation, restriction
limitado, -a [limi'tadu, a] ADJ limited; **ele é meio** *ou* **bem ~** he's not very bright
limitar [limi'tar] VT to limit, restrict; **limitar-se** VR: **~-se a** to limit o.s. to; **~(-se) com** to border on; **ele limitava-se a dizer ...** he did nothing more than say ....
limite [li'mitʃi] M (*de terreno etc*) limit, boundary; (*fig*) limit; **passar dos ~s** to go too far; **~ de crédito** credit limit; **~ de idade** age limit
limo ['limu] M (*Bot*) water weed; (*lodo*) slime
limoeiro [li'mwejru] M lemon tree
limões [li'mõjs] MPL *de* **limão**
limonada [limo'nada] F lemonade (BRIT), lemon soda (US)
limpa ['lĩpa] (*col*) F clean; (*roubo*): **fazer uma ~ em** to clean out
limpação [lĩpa'sãw] F cleaning
limpador [lĩpa'dor] M: **~ de para-brisa** windscreen wiper (BRIT), windshield wiper (US)
limpa-pés M INV shoe scraper
limpar [lĩ'par] VT to clean; (*lágrimas, suor*) to wipe away; (*polir*) to shine, polish; (*fig*) to clean up; (*arroz, peixe*) to clean; (*roubar*) to rob
limpa-trilhos M INV cowcatcher
limpeza [lĩ'peza] F cleanliness; (*esmero*) neatness; (*ato*) cleaning; (*fig*) clean-up; (*roubo*): **fazer uma ~ em** to clean out; **~ de pele** facial; **~ pública** rubbish (BRIT) *ou* garbage (US) collection, sanitation
límpido, -a ['lĩpidu, a] ADJ limpid
limpo, -a ['lĩpu, a] PP *de* **limpar** ▶ ADJ clean; (*céu, consciência*) clear; (*Com*) net, clear; (*fig*) pure; (*col: pronto*) ready; **passar a ~** to make a fair copy; **tirar a ~** to find out the truth about, clear up; **estar ~ com alguém** (*col*) to be in with sb
limusine [limu'zini] F limousine
lince ['lĩsi] M lynx; **ter olhos de ~** to have eyes like a hawk
linchar [lĩ'ʃar] VT to lynch
lindeza [lĩ'deza] F beauty
lindo, -a ['lĩdu, a] ADJ lovely; **~ de morrer** (*col*) stunning
linear [li'njar] ADJ linear
linfático, -a [lĩ'fatʃiku, a] ADJ lymphatic
lingerie [lĩʒe'ri] M lingerie

lingote [lĩ'gɔtʃi] M ingot
língua ['lĩgwa] F tongue; (*linguagem*) language; **botar a ~ para fora** to stick out one's tongue; **dar com a ~ nos dentes** to let the cat out of the bag; **dobrar a ~** to bite one's tongue; **estar na ponta da ~** to be on the tip of one's tongue; **ficar de ~ de fora** (*exausto*) to be pooped; **pagar pela ~** to live to regret one's words; **saber algo na ponta da ~** to know sth inside out; **ter uma ~ comprida** (*fig*) to have a big mouth; **em ~ da gente** (*col*) = in plain English; **~ franca** lingua franca; **~ materna** mother tongue
linguado [lĩ'gwadu] M (*peixe*) sole
linguagem [lĩ'gwaʒẽ] (*pl* **-ns**) F (*tb Comput*) language; **~ de alto nível** (*Comput*) high-level language; **~ de máquina** (*Comput*) machine language; **~ de montagem** (*Comput*) assembly language; **~ de programação** (*Comput*) programming language; **~ corporal** body language
linguajar [lĩgwa'ʒar] M speech, language
linguarudo, -a [lĩgwa'rudu, a] ADJ gossiping ▶ M/F gossip
lingueta [lĩ'gweta] F (*fechadura*) bolt; (*balança*) pointer
linguiça [lĩ'gwisa] F sausage; **encher ~** (*col*) to waffle on
linguista [lĩ'gwista] M/F linguist
linguística [lĩ'gwistʃika] F linguistics *sg*
linguístico, -a [lĩ'gwistʃiku, a] ADJ linguistic
linha ['liɲa] F line; (*para costura*) thread; (*barbante*) string, cord; (*fila*) row; **linhas** FPL (*carta*) letter *sg*; **as ~s gerais de um projeto** the outlines of a project; **em ~** in line, in a row; (*Comput*) on line; **fora de ~** out of production; **andar na ~** (*fig*) to toe the line; **sair da ~** (*fig*) to step out of line; **comportar-se com muita ~** to behave very correctly; **manter/perder a ~** to keep/lose one's cool; **o telefone não deu ~** the line was dead; **~ aérea** airline; **~ de apoio** (*PT*) helpline; **~ de ataque** (*Futebol*) forward line, forwards *pl*; **~ de conduta** course of action; **~ de crédito** (*Com*) credit line; **~ de fogo** firing line; **~ de mira** sights *pl*; **~ de montagem** assembly line; **~ de partido** party line; **~ de saque** (*Tênis*) baseline; **~ férrea** railway (*BRIT*), railroad (*US*)
linhaça [li'ɲasa] F linseed
linha-dura (*pl* **linhas-duras**) M/F hardliner
linhagem [li'ɲaʒẽ] F lineage
linho ['liɲu] M linen; (*planta*) flax
linóleo [li'nɔlju] M linoleum
lipoaspiração [lipuaspira'sãw] F liposuction
liquefazer [likefa'zer] (*irreg: como* **fazer**) VT to liquefy
líquen ['likẽ] M lichen
liquidação [likida'sãw] (*pl* **-ões**) F liquidation; (*em loja*) (clearance) sale; (*de conta*) settlement; **em ~** on sale; **entrar em ~** to go into liquidation
liquidante [liki'dãtʃi] M/F liquidator

liquidar [liki'dar] VT to liquidate; (*conta*) to settle; (*mercadoria*) to sell off; (*assunto*) to lay to rest ▶ VI (*loja*) to have a sale; **liquidar-se** VR (*destruir-se*) to be destroyed; **~ (com) alguém** (*fig: arrasar*) to destroy sb; (*: matar*) to do away with sb
liquidez [liki'dez] F (*Com*) liquidity
liquidificador [likwidʒifika'dor] M liquidizer
liquidificar [likwidʒifi'kar] VT to liquidize
líquido, -a ['likidu, a] ADJ liquid, fluid; (*Com*) net ▶ M liquid
lira ['lira] F lyre; (*moeda*) lira
lírica ['lirika] F (*Mús*) lyrics *pl*; (*poesia*) lyric poetry
lírico, -a ['liriku, a] ADJ lyric(al)
lírio ['lirju] M lily
lírio-do-vale (*pl* **lírios-do-vale**) M lily of the valley
lirismo [li'rizmu] M lyricism
Lisboa [liz'boa] N Lisbon
lisboeta [liz'bweta] ADJ Lisbon *atr* ▶ M/F inhabitant *ou* native of Lisbon
liso, -a ['lizu, a] ADJ smooth; (*tecido*) plain; (*cabelo*) straight; (*col: sem dinheiro*) broke; **estar ~, leso e louco** (*col*) to be flat broke
lisonja [li'zõʒa] F flattery
lisonjeador, a [lizõʒja'dor(a)] ADJ flattering ▶ M/F flatterer
lisonjear [lizõ'ʒjar] VT to flatter
lisonjeiro, -a [lizõ'ʒejru, a] ADJ flattering
lista ['lista] F list; (*listra*) stripe; (*PT: menu*) menu; **~ civil** civil list; **~ negra** blacklist; **~ telefônica** telephone directory
listado, -a [li'stadu, a] ADJ = **listrado**
listagem [lis'taʒẽ] (*pl* **-ns**) F (*Comput*) listing
listar [lis'tar] VT to list
listra ['listra] F stripe
listrado, -a [lis'tradu, a] ADJ striped
literal [lite'raw] (*pl* **-ais**) ADJ literal
literário, -a [lite'rarju, a] ADJ literary
literato [lite'ratu] M man of letters
literatura [litera'tura] F literature
Literatura de cordel *see note*

> **Literatura de cordel** is a type of literature typical of the north-east of Brazil, and published in the form of cheaply printed booklets. Their authors hang these booklets from wires attached to walls in the street so that people can look at them. While they do this, the authors sing their stories aloud. **Literatura de cordel** deals both with local events and people, and with everyday public life, almost always in an irreverent manner.

litigante [litʃi'gãtʃi] M/F (*Jur*) litigant
litigar [litʃi'gar] VT to contend ▶ VI to go to law
litígio [li'tʃiʒju] M (*Jur*) lawsuit; (*contenda*) dispute
litigioso, -a [litʃi'ʒozu, ɔza] ADJ (*Jur*) disputed
litografia [litogra'fia] F (*processo*) lithography; (*gravura*) lithograph
litogravura [litogra'vura] F lithograph

litoral [lito'raw] (*pl* **-ais**) ADJ coastal ▶ M coast, seaboard
litorâneo, -a [lito'ranju, a] ADJ coastal
litro ['litru] M litre (BRIT), liter (US)
Lituânia [li'twanja] F: **a ~** Lithuania
liturgia [litur'ʒia] F liturgy
litúrgico, -a [li'turʒiku, a] ADJ liturgical
lívido, -a ['lividu, a] ADJ livid
living ['livĩŋ] (*pl* **-s**) M living room
livramento [livra'mẽtu] M release; **~ condicional** parole
livrar [li'vrar] VT to release, liberate; (*salvar*) to save; **livrar-se** VR to escape; **~-se de** to get rid of; (*compromisso*) to get out of; **Deus me livre!** Heaven forbid!
livraria [livra'ria] F bookshop (BRIT), bookstore (US)
livre ['livri] ADJ free; (*lugar*) unoccupied; (*desimpedido*) clear, open; **~ de impostos** tax-free; **estar ~ de algo** to be free of sth; **de ~ e espontânea vontade** of one's own free will
livre-arbítrio M free will
livreiro, -a [li'vrejru, a] M/F bookseller
livresco, -a [li'vresku, a] ADJ book *atr*; (*pessoa*) bookish
livrete [li'vretʃi] M booklet
livro ['livru] M book; **~ brochado** paperback; **~ caixa** (*Com*) cash book; **~ de bolso** pocket-sized book; **~ de cabeceira** favo(u)rite book; **~ de cheques** cheque book (BRIT), check book (US); **~ de consulta** reference book; **~ de cozinha** cookery book (BRIT), cookbook (US); **~ de mercadorias** stock book; **~ de registro** catalogue (BRIT), catalog (US); **~ de texto** *ou* **didático** text book; **~ eletrônico** e-book; **~ encadernado** *ou* **de capa dura** hardback
lixa ['liʃa] F sandpaper; (*de unhas*) nailfile; (*peixe*) dogfish
lixadeira [liʃa'dejra] F sander
lixar [li'ʃar] VT to sand; **lixar-se** VR (*col*): **estou me lixando com isso** I couldn't care less about it
lixeira [li'ʃejra] F dustbin (BRIT), garbage can (US)
lixeiro [li'ʃejru] M dustman (BRIT), garbage man (US)
lixo ['liʃu] M rubbish, garbage (US); **ser um ~** (*col*) to be rubbish; **~ atômico** nuclear waste
Lj. ABR = **loja**
lj. ABR = **loja**
-lo [lu] PRON him; (*você*) you; (*coisa*) it
lobby ['lɔbi] (*pl* **-ies**) M (*Pol*) lobby
lóbi ['lɔbi] M = **lobby**
lobinho [lo'biɲu] M (*Zool*) wolf cub; (*escoteiro*) cub
lobisomem [lobi'somẽ] (*pl* **-ns**) M werewolf
lobista [lo'bista] M/F lobbyist
lobo ['lobu] M wolf; **~ do mar** old sea dog
lobo-marinho (*pl* **lobos-marinhos**) M sea lion
lobrigar [lobri'gar] VT to glimpse
lóbulo ['lɔbulu] M lobe

locação [loka'sãw] (*pl* **-ões**) F lease; (*de vídeo etc*) rental
locador, a [loka'dor(a)] M/F (*de casa*) landlord; (*de carro, filme*) rental agent ▶ F rental company; **~a de vídeo** video rental shop
local [lo'kaw] (*pl* **-ais**) ADJ local ▶ M site, place ▶ F (*notícia*) story
localidade [lokali'dadʒi] F (*lugar*) locality; (*povoação*) town
localização [lokaliza'sãw] (*pl* **-ões**) F location
localizar [lokali'zar] VT to locate; (*situar*) to place; **localizar-se** VR (*estabelecer-se*) to be located; (*orientar-se*) to get one's bearings
loção [lo'sãw] (*pl* **-ões**) F lotion; **~ após-barba** aftershave (lotion)
locatário, -a [loka'tarju, a] M/F (*de casa*) tenant; (*de carro, filme*) hirer
locaute [lo'kawtʃi] M lockout
loções [lo'sõjs] FPL *de* **loção**
locomoção [lokomo'sãw] (*pl* **-ões**) F locomotion
locomotiva [lokomo'tʃiva] F railway (BRIT) *ou* railroad (US) engine, locomotive
locomover-se [lokomo'versi] VR to move around
locução [loku'sãw] (*pl* **-ões**) F (*Ling*) phrase; (*dicção*) diction
locutor, a [loku'tor(a)] M/F (*TV, Rádio*) announcer
lodacento, -a [loda'sẽtu, a] ADJ muddy
lodo ['lodu] M (*lama*) mud; (*limo*) slime
lodoso, -a [lo'dozu, ɔza] ADJ (*lamacento*) muddy; (*limoso*) slimy
logaritmo [loga'ritʃimo] M logarithm
lógica ['lɔʒika] F logic
lógico, -a ['lɔʒiku, a] ADJ logical; (**é**) **~!** of course!
logística [lo'ʒistʃika] F logistics *sg*
logo ['lɔgu] ADV (*imediatamente*) right away, at once; (*em breve*) soon; (*justamente*) just, right; (*mais tarde*) later; **~, ~** in no time; **~ mais** later; **~ no começo** right at the start; **~ que, tão ~** as soon as; **até ~!** bye!; **~ antes/depois** just before/shortly afterwards; **~ de saída** *ou* **de cara** straightaway, right away
logopedia [logope'dʒia] F speech therapy
logopedista [logope'dʒista] M/F speech therapist
logotipo [logo'tʃipu] M logo
logradouro [logra'doru] M public area
lograr [lo'grar] VT (*alcançar*) to achieve; (*obter*) to get, obtain; (*enganar*) to cheat; **~ fazer** to manage to do
logro ['logru] M fraud
loiro, -a ['lojru, a] ADJ = **louro**
loja ['lɔʒa] F shop; (*maçônica*) lodge; **~ de antiguidades** antique shop; **~ de brinquedos** toy shop; **~ de departamentos** department store; **~ de presentes** gift shop (BRIT), gift store (US); **~ de produtos naturais** health food shop
lojista [lo'ʒista] M/F shopkeeper
lomba ['lõba] F ridge; (*ladeira*) slope

lombada [lõ'bada] F (*de animal*) back; (*de livro*) spine; (*na estrada*) ramp
lombar [lõ'bar] ADJ lumbar
lombeira [lõ'bejra] F listlessness
lombinho [lõ'biɲu] M (*carne*) tenderloin
lombo ['lõbu] M back; (*carne*) loin
lombriga [lõ'briga] F ringworm
lona ['lɔna] F canvas; **estar na última ~** (*col*) to be broke
Londres ['lõdris] N London
londrino, -a [lõ'drinu, a] ADJ London *atr* ▶ M/F Londoner
longa-metragem (*pl* **longas-metragens**) M: **(filme de) ~** feature (film)
longe ['lõʒi] ADV far, far away ▶ ADJ distant; **ao ~** in the distance; **de ~** from far away; (*sem dúvida*) by a long way; **~ dos olhos, ~ do coração** out of sight, out of mind; **~ de** a long way *ou* far from; **~ disso** far from it; **ir ~ demais** (*fig*) to go too far; **essa sua mania vem de ~** he's had this habit for a long time; **ver ~** (*fig*) to have vision
longevidade [lõʒevi'dadʒi] F longevity
longínquo, -a [lõ'ʒĩkwu, a] ADJ distant, remote
longíquo, -a [lõ'ʒikwu, a] ADJ = **longínquo**
longitude [lõʒi'tudʒi] F (*Geo*) longitude
longitudinal [lõʒitudʒi'naw] (*pl* **-ais**) ADJ longitudinal
longo, -a ['lõgu, a] ADJ long ▶ M (*vestido*) long dress, evening dress; **ao ~ de** along, alongside
lontra ['lõtra] F otter
loquacidade [lokwasi'dadʒi] F loquacity
loquaz [lo'kwaz] ADJ talkative
lorde ['lɔrdʒi] M lord
lorota [lo'rɔta] (*col*) F fib
losango [lo'zãgu] M lozenge, diamond
lotação [lota'sãw] F capacity; (*vinho*) blending; (*de funcionários*) complement; (BR: *ônibus*) bus; **~ completa** *ou* **esgotada** (*Teatro*) sold out
lotado, -a [lo'tadu, a] ADJ (*Teatro*) full; (*ônibus*) full up; (*bar, praia*) packed, crowded
lotar [lo'tar] VT to fill, pack; (*funcionário*) to place ▶ VI to fill up
lote ['lɔtʃi] M (*porção*) portion, share; (*em leilão*) lot; (*terreno*) plot; (*de ações*) parcel, batch
loteamento [lotʃja'mẽtu] M division into lots
lotear [lo'tʃjar] VT to divide into lots
loteca [lo'tɛka] (*col*) F pools *pl* (BRIT), lottery (US)
loteria [lote'ria] F lottery; **ganhar na ~** to win the lottery; **~ esportiva** football pools *pl* (BRIT), lottery (US)
loto¹ ['lɔtu] M lotus
loto² ['lotu] M bingo
lótus ['lɔtus] M INV lotus
louça ['losa] F china; (*conjunto*) crockery; (*tb*: **louça sanitária**) bathroom suite; **de ~** china *atr*; **~ de barro** earthenware; **~ de jantar** dinner service; **lavar a ~** to do the washing up (BRIT) *ou* the dishes

louçaria [losa'ria] F china; (*loja*) china shop
louco, -a ['loku, a] ADJ crazy, mad; (*sucesso*) runaway; (*frio*) freezing ▶ M/F lunatic; **~ varrido** raving mad; **~ de fome/raiva** ravenous/hopping mad; **~ por** crazy about; **deixar alguém ~** to drive sb crazy; **ser uma coisa de ~** (*col*) to be really something; **estar/ficar ~ da vida (com)** to be/get mad (at); **~ de pedra** (*col*) stark staring mad; **deu uma louca nele e ...** something strange came over him and ...; **cada ~ com sua mania** whatever turns you on
loucura [lo'kura] F madness; (*ato*) crazy thing; **ser ~ (fazer)** to be crazy (to do); **ser uma ~** to be crazy; (*col: ser muito bom*) to be fantastic; **ter ~ por** to be crazy about
louquice [lo'kisi] F madness; (*ato, dito*) crazy thing
louro, -a ['loru, a] ADJ blond, fair ▶ M laurel; (*Culin*) bay leaf; (*cor*) blondness; (*papagaio*) parrot; **louros** MPL (*fig*) laurels
lousa ['loza] F flagstone; (*tumular*) gravestone; (*quadro-negro*) blackboard
louva-a-deus ['lova-] M INV praying mantis
louvação [lova'sãw] (*pl* **-ões**) F praise
louvar [lo'var] VT, VI: **~ (a)** to praise
louvável [lo'vavew] (*pl* **-eis**) ADJ praiseworthy
louvor [lo'vor] M praise
LP ABR M LP (record)
lpm ABR (= *linhas por minuto*) lpm
Ltda. ABR (= *Limitada*) Ltd
lua ['lua] F moon; **estar** *ou* **viver no mundo da ~** to have one's head in the clouds; **estar de ~** (*col*) to be in a mood; **ser de ~** (*col*) to be moody; **~ cheia/nova** full/new moon; **~ de mel** honeymoon
Luanda ['lwãda] N Luanda
luar ['lwar] M moonlight; **banhado de ~** moonlit
luarento, -a [lwa'rẽtu, a] ADJ moonlit
lubrificação [lubrifika'sãw] (*pl* **-ões**) F lubrication
lubrificante [lubrifi'kãtʃi] M lubricant ▶ ADJ lubricating
lubrificar [lubrifi'kar] VT to lubricate
lucidez [lusi'dez] F lucidity, clarity
lúcido, -a ['lusidu, a] ADJ lucid
lúcio ['lusju] M (*peixe*) pike
lucrar [lu'krar] VT (*tirar proveito*) to profit from *ou* by; (*dinheiro*) to make; (*gozar*) to enjoy ▶ VI to make a profit; **~ com** *ou* **em** to profit by
lucratividade [lukratʃivi'dadʒi] F profitability
lucrativo, -a [lukra'tʃivu, a] ADJ lucrative, profitable
lucro ['lukru] M gain; (*Com*) profit; **~ bruto/líquido** (*Com*) gross/net profit; **participação nos ~s** (*Com*) profit-sharing, **~s e perdas** (*Com*) profit and loss
lucubração [lukubra'sãw] (*pl* **-ões**) F meditation, pondering
ludibriar [ludʒi'brjar] VT (*enganar*) to dupe, deceive; (*escarnecer*) to mock, deride

lúdico, -a ['ludʒiku, a] ADJ playful
lufada [lu'fada] F gust (of wind)
lugar [lu'gar] M place; (*espaço*) space, room; (*para sentar*) seat; (*emprego*) job; (*ocasião*) opportunity; **em ~ de** instead of; **dar ~ a** (*causar*) to give rise to; **~ comum** commonplace; **em primeiro ~** in the first place; **em algum/nenhum/todo ~** somewhere/nowhere/everywhere; **em outro ~** somewhere else, elsewhere; **ter ~** (*acontecer*) to take place; **ponha-se em meu ~** put yourself in my place; **ponha-se no seu ~** don't get ideas above your station; **ele foi no meu ~** he went instead of me *ou* in my place; **tirar o primeiro ~** to come first; **conhecer o seu ~** to know one's place; **~ de nascimento** place of birth
lugarejo [luga'reʒu] M village
lúgubre ['lugubri] ADJ mournful; (*escuro*) gloomy
lula ['lula] F squid
lumbago [lũ'bagu] M lumbago
lume ['lumi] M fire; (*luz*) light
luminária [lumi'narja] F lamp; **luminárias** FPL (*iluminações*) illuminations
luminosidade [luminozi'dadʒi] F brightness
luminoso, -a [lumi'nozu, ɔza] ADJ luminous; (*fig: raciocínio*) clear; (: *ideia, talento*) brilliant; (*letreiro*) illuminated
lunar [lu'nar] ADJ lunar ▶ M (*na pele*) mole
lunático, -a [lu'natʃiku, a] ADJ mad
luneta [lu'neta] F eye-glass; (*telescópio*) telescope
lupa ['lupa] F magnifying glass
lúpulo ['lupulu] M (*Bot*) hop
lusco-fusco ['lusku-] M twilight
lusitano, -a [luzi'tanu, a] ADJ Portuguese, Lusitanian
luso, -a ['luzu, a] ADJ Portuguese
luso-brasileiro, -a (*pl* **luso-brasileiros**) ADJ Luso-Brazilian
lustra-móveis ['lustra-] M INV furniture polish
lustrar [lus'trar] VT to polish, clean
lustre ['lustri] M gloss, sheen; (*fig*) lustre (BRIT), luster (US); (*luminária*) chandelier
lustroso, -a [lus'trozu, ɔza] ADJ shiny
luta ['luta] F fight, struggle; **~ armada** armed combat; **~ de boxe** boxing; **~ de classes** class struggle; **~ livre** wrestling; **foi uma ~ convencê-lo** it was a struggle to convince him
lutador, a [luta'dor(a)] M/F fighter; (*atleta*) wrestler
lutar [lu'tar] VI to fight, struggle; (*luta livre*) to wrestle ▶ VT (*caratê, judô*) to do; **~ contra/por algo** to fight against/for sth; **~ para fazer algo** to struggle to do sth; **~ com** (*dificuldades*) to struggle against; (*competir*) to fight with
luto ['lutu] M mourning; (*tristeza*) grief; **de ~** in mourning; **pôr ~** to go into mourning
luva ['luva] F glove; **luvas** FPL (*pagamento*) payment *sg*; (*ao locador*) fee *sg*; **caber como uma ~** to fit like a glove
luxação [luʃa'sãw] (*pl* **-ões**) F dislocation
luxar [lu'ʃar] VI to show off
Luxemburgo [luʃẽ'burgu] M: **o ~** Luxembourg
luxento, -a [lu'ʃẽtu, a] ADJ fussy, finicky
luxo ['luʃu] M luxury; **de ~** luxury *atr*; **dar-se ao ~ de** to allow o.s. to; **poder dar-se ao ~ de** to be able to afford to; **cheio de ~** (*col*) prissy, finicky; **deixe de ~** (*col*) don't come it; **fazer ~** (*col*) to play hard to get; **com ~** luxurious(ly); (*vestir-se*) fancily
luxuosidade [luʃwozi'dadʒi] F luxuriousness
luxuoso, -a [lu'ʃwozu, ɔza] ADJ luxurious
luxúria [lu'ʃurja] F lust
luxuriante [luʃu'rjãtʃi] ADJ lush
luz [luz] F light; (*eletricidade*) electricity; **à ~ de** by the light of; (*fig*) in the light of; **a meia ~** with subdued lighting; **dar à ~ (um filho)** to give birth (to a son); **deu-me uma ~** I had an idea; **~ artificial/natural** artificial/natural light; **~ de vela** candlelight; **pessoa de muita ~** enlightened person
luzidio, -a [luzi'dʒiu, a] ADJ shining, glossy
luzir [lu'zir] VI to shine, gleam; (*fig*) to be successful
Lx.a ABR = **Lisboa**
Lycra® ['lajkra] F Lycra®

M m

M, m ['emi] (*pl* **ms**) M M, m; **M de Maria** M for Mike
MA ABR = **Maranhão**
ma [ma] PRON = **me + a**
má [ma] ADJ F *de* **mau**
maca ['maka] F stretcher
maçã [ma'sã] F apple; **~ do rosto** cheekbone
macabro, -a [ma'kabru, a] ADJ macabre
macaca [ma'kaka] F: **estar com a ~** (*col*) to be in a foul mood; *ver tb* **macaco**
macacada [maka'kada] F (*turma*): **a ~** (*família, amigos*) the gang
macacão [maka'kãw] (*pl* **-ões**) M (*de trabalhador*) overalls *pl* (BRIT), coveralls *pl* (US); (*da moda*) jump-suit
macaco, -a [ma'kaku, a] M/F monkey ▶ M (*Mecânica*) jack; **(fato) ~** (PT) overalls *pl* (BRIT), coveralls *pl* (US); (*pessoa feia*) ugly mug; (*tb*: **macaco de imitação**) copycat; **~ velho** (*fig*) old hand; **~s me mordam** (*col*) blow me down
macacões [maka'kõjs] MPL *de* **macacão**
maçada [ma'sada] F bore
macadame [maka'dami] M asphalt, tarmac (BRIT)
maçador, a [masa'dor(a)] (PT) ADJ boring
macambúzio, -a [makã'buzju, a] ADJ sullen
maçaneta [masa'neta] F knob
maçante [ma'sãtʃi] (BR) ADJ boring
macaquear [maka'kjar] VT to ape
macaquice [maka'kisi] F: **fazer ~s** to clown around
maçar [ma'sar] VT to bore
maçarico [masa'riku] M (*tubo*) blowpipe; (*ave*) curlew
maçaroca [masa'rɔka] F wad
macarrão [maka'hãw] M pasta; (*em forma de canudo*) spaghetti
macarronada [makaho'nada] F pasta with cheese and tomato sauce
macarrônico, -a [maka'honiku, a] ADJ (*francês etc*) broken, halting
Macau [ma'kaw] N Macao
maceioense [masej'wẽsi] ADJ from Maceió ▶ M/F person from Maceió
macerado, -a [mase'radu, a] ADJ (*rosto*) haggard
macerar [mase'rar] VT (*amolecer*) to soften; (*fig: mortificar*) to mortify; (*: rosto*) to make haggard
macérrimo, -a [ma'sɛhimu, a] ADJ SUPERL *de* **magro**
macete [ma'setʃi] M mallet; (*col*) trick; **dar o ~ a alguém** (*col*) to show sb the way
maceteado, -a [mase'tʃjadu, a] (*col*) ADJ (*plano*) clever; (*casa*) well-designed
machadada [maʃa'dada] F blow with an axe (BRIT) *ou* ax (US)
machado [ma'ʃadu] M axe (BRIT), ax (US)
machão, -ona [ma'ʃãw, ɔ] (*pl* **-ões/-s**) ADJ tough; (*mulher*) butch ▶ M macho man; (*valentão*) tough guy
machê [ma'ʃe] ADJ: **papel ~** papier-mâché
machete [ma'ʃetʃi] M machete
machismo [ma'ʃizmu] M male chauvinism, machismo; (*col*) toughness
machista [ma'ʃista] ADJ chauvinistic, macho ▶ M male chauvinist
macho ['maʃu] ADJ male; (*fig*) virile, manly; (*valentão*) tough ▶ M male; (*Tec*) tap
machões [ma'ʃõjs] MPL *de* **machão**
machona [ma'ʃɔna] ADJ *de* **machão** ▶ F butch woman; (*col: ofensivo: lésbica*) dyke (!)
machucado, -a [maʃu'kadu, a] ADJ hurt; (*pé, braço*) bad ▶ M injury; (*área machucada*) sore patch
machucar [maʃu'kar] VT to hurt; (*produzir contusão*) to bruise ▶ VI to hurt; **machucar-se** VR to hurt o.s.; (*col: estrepar-se*) to come a cropper
maciço, -a [ma'sisu, a] ADJ solid; (*espesso*) thick; (*quantidade*) massive ▶ M (*Geo*) massif; **ouro ~** solid gold; **uma dose maciça** a massive dose
macieira [ma'sjejra] F apple tree
maciez [ma'sjez] F softness
macilento, -a [masi'lẽtu, a] ADJ gaunt, haggard
macio, -a [ma'siu, a] ADJ soft; (*liso*) smooth
maciota [ma'sjɔta] F: **na ~** without problems
maço ['masu] M (*de folhas, notas*) bundle; (*de cigarros*) packet
maçom [ma'sõ] (*pl* **-ns**) M (free)mason
maçonaria [masona'ria] F (free)masonry
maconha [ma'kɔɲa] F dope; **cigarro de ~** joint

maconhado, -a [mako'ɲadu, a] ADJ stoned
maconheiro, -a [mako'ɲejru, a] (col) M/F (viciado) dope fiend; (vendedor) dope peddler
maçônico, -a [ma'soniku, a] ADJ masonic; **loja maçônica** masonic lodge
maçons [ma'sõs] MPL de **maçom**
má-criação (pl **-ões**) F rudeness; (ato, dito) rude thing
macrobiótica [makro'bjɔtʃika] F (dieta) macrobiotic diet
macrobiótico, -a [makro'bjɔtʃiku, a] ADJ macrobiotic
macroeconomia [makroekono'mia] F macroeconomics sg
mácula ['makula] F stain, blemish
macumba [ma'kũba] F ≈ voodoo; (despacho) macumba offering
macumbeiro, -a [makũ'bejru, a] ADJ ≈ voodoo atr ▶ M/F follower of macumba
madama [ma'dama] F = **madame**
madame [ma'dami] F (senhora) lady; (col: dona de casa) lady of the house; (: esposa) missus; (: de bordel) madame
Madeira [ma'dejra] F: **a ~** Madeira
madeira [ma'dejra] F wood ▶ M Madeira (wine); **de ~** wooden; **bater na ~** (fig) to touch (BRIT) ou knock on (US) wood; **~ compensada** plywood; **~ de lei** hardwood
madeira-branca (pl **madeiras-brancas**) F softwood
madeiramento [madejra'mẽtu] M woodwork
madeirense [madej'rẽsi] ADJ, M/F Madeiran
madeiro [ma'dejru] M (lenho) log; (viga) beam
madeixa [ma'dejʃa] F (de cabelo) lock
madona [ma'dɔna] F madonna
madrasta [ma'drasta] F stepmother; (fig) heartless mother
madre ['madri] F (freira) nun; (superiora) mother superior
madrepérola [madre'pɛrola] F mother of pearl
madressilva [madre'siwva] F honeysuckle
Madri [ma'dri] N Madrid
Madrid [ma'drid] (PT) N Madrid
madrinha [ma'driɲa] F godmother; (fig: patrocinadora) patron
madrugada [madru'gada] F (early) morning; (alvorada) dawn, daybreak; **duas horas da ~** two in the morning
madrugador, a [madruga'dor(a)] M/F early riser; (fig) early bird ▶ ADJ early-rising
madrugar [madru'gar] VI to get up early; (aparecer cedo) to be early
madurar [madur'ar] VT, VI (fruta) to ripen; (fig) to mature
madureza [madu'reza] F (de pessoa) maturity
maduro, -a [ma'duro, a] ADJ (fruta) ripe; (fig) mature; (: prudente) prudent
mãe [mãj] F mother; **~ adotiva** ou **de criação** adoptive mother; **~ de família** wife and mother; **~ de santo** voodoo priestess
mãe-benta (pl **mães-bentas**) F (Culin) coconut cookie

MAer (BR) ABR M = **Ministério da Aeronáutica**
maestria [majs'tria] F mastery; **com ~** in a masterly way
maestro, -trina [ma'ɛstru, 'trina] M/F conductor
má-fé F malicious intent
máfia ['mafja] F mafia
mafioso, -a [ma'fjozu, ɔza] ADJ gangsterish ▶ M mobster
mafuá [ma'fwa] M fair; (bagunça) mess
magarefe [maga'rɛfi] (PT) M butcher
magazine [maga'zini] M magazine; (loja) department store
magia [ma'ʒia] F magic; **~ negra** black magic
mágica ['maʒika] F magic; (truque) magic trick; ver tb **mágico**
mágico, -a ['maʒiku, a] ADJ magic ▶ M/F magician
magistério [maʒis'tɛrju] M (ensino) teaching; (profissão) teaching profession; (professorado) teachers pl
magistrado [maʒis'tradu] M magistrate
magistral [maʒis'traw] (pl **-ais**) ADJ magisterial; (fig) masterly
magistratura [maʒistra'tura] F magistracy
magnanimidade [magnanimi'dadʒi] F magnanimity
magnânimo, -a [mag'nanimu, a] ADJ magnanimous
magnata [mag'nata] M magnate, tycoon
magnésia [mag'nɛzja] F magnesia
magnésio [mag'nɛzju] M magnesium
magnético, -a [mag'nɛtʃiku, a] ADJ magnetic
magnetismo [magne'tʃizmu] M magnetism
magnetizar [magnetʃi'zar] VT to magnetize; (fascinar) to mesmerize
magnificência [magnifi'sẽsja] F magnificence, splendour (BRIT), splendor (US)
magnífico, -a [mag'nifiku, a] ADJ splendid, magnificent
magnitude [magni'tudʒi] F magnitude
magno, -a ['magnu, a] ADJ (grande) great; (importante) important
magnólia [mag'nɔlja] F magnolia
mago ['magu] M magician; **os reis ~s** the Three Wise Men, the Three Kings
mágoa ['magwa] F (tristeza) sorrow, grief; (fig: desagrado) hurt
magoado, -a [ma'gwadu, a] ADJ hurt
magoar [ma'gwar] VT, VI to hurt; **magoar-se** VR: **~-se com algo** to be hurt by sth
MAgr (BR) ABR M = **Ministério da Agricultura**
magreza [ma'greza] F slimness; (de carne) leanness; (fig) meagreness (BRIT), meagerness (US)
magricela [magri'sɛla] ADJ skinny
magrinho, -a [ma'griɲu, a] ADJ thin
magro, -a ['magru, a] ADJ (pessoa) slim; (carne) lean; (fig: parco) meagre (BRIT), meager (US); (leite) skimmed; **ser ~ como um palito** to be like a beanpole
mai. ABR = **maio**

mainframe [mẽj'frejm] M mainframe
maio ['maju] M May; *ver tb* **julho**
maiô [ma'jo] (BR) M swimsuit
maionese [majo'nɛzi] F mayonnaise
maior [ma'jɔr] ADJ (*compar: de tamanho*) bigger; (: *de importância*) greater; (*superl: de tamanho*) biggest; (: *de importância*) greatest ▶ M/F adult; **tive a ~ discussão com ela** I had a real argument with her; **foi o ~ barato** (*col*) it was really great; **você não sabe da ~** you'll never guess what; **~ de idade** of age, adult; **~ de 21 anos** over 21; **ser de ~** (*col*) to be of age *ou* grown up; **ser ~ e vacinado** (*col*) to be one's own master
maioral [majo'raw] (*pl* **-ais**) M boss; **o ~** the greatest
Maiorca [maj'ɔrka] F Majorca
maioria [majo'ria] F majority; **a ~ de** most of; **~ absoluta** absolute majority
maioridade [majori'dadʒi] F adulthood; **atingir a ~** to come of age

(PALAVRA-CHAVE)

mais [majs] ADV **1** (*compar*): **mais magro/inteligente (do que)** thinner/more intelligent (than); **ele trabalha mais (do que eu)** he works more (than me)
2 (*superl*): **o mais ...** the most ...; **o mais magro/inteligente** the thinnest/most intelligent
3 (*negativo*): **ele não trabalha mais aqui** he doesn't work here any more; **nunca mais** never again
4 (+ *adj: valor intensivo*): **que livro mais chato!** what a boring book!
5: **por mais que** however much; **por mais que se esforce ...** no matter how hard you try ...; **por mais que eu quisesse ...** much as I should like to ...
6: **a mais**: **temos um a mais** we've got one extra
7 (*tempo*): **mais cedo ou mais tarde** sooner or later; **a mais tempo** sooner; **logo mais** later on; **no mais tardar** at the latest
8 (*frases*): **mais ou menos** more or less; **mais uma vez** once more; **cada vez mais** more and more; **sem mais nem menos** out of the blue

▶ ADJ **1** (*compar*): **mais (do que)** more (than); **ele tem mais dinheiro (do que o irmão)** he's got more money (than his brother)
2 (*superl*): **ele é quem tem mais dinheiro** he's got most money
3 (+ *números*): **ela tem mais de dez bolsas** she's got more than ten bags
4 (*negativo*): **não tenho mais dinheiro** I haven't got more money
5 (*adicional*) else; **mais alguma coisa?** anything else?; **nada/ninguém mais** nothing/no-one else

▶ PREP: **2 mais 2 são 4** 2 and 2 *ou* plus 2 is 4
▶ M: **o mais** the rest

maisena [maj'zena] F cornflour (BRIT), corn starch (US)
mais-valia (*pl* **mais-valias**) F added value
maître ['mɛtri] M head waiter
maiúscula [ma'juskula] F capital letter
majestade [maʒes'tadʒi] F majesty; **Sua/Vossa M~** His (*ou* Her)/Your Majesty
majestoso, -a [maʒes'tozu, ɔza] ADJ majestic
major [ma'ʒɔr] M (*Mil*) major
majoritário, -a [maʒori'tarju, a] ADJ majority *atr*
mal [maw] M (*pl* **males**) harm; (*Med*) illness
▶ ADV badly; (*quase não*) hardly ▶ CONJ hardly; **~ desliguei o fone, a campainha tocou** I had hardly put the phone down when the doorbell rang; **o bem e o ~** good and bad; **o ~ é que ...** the problem is that ...; **falar ~ de alguém** to speak ill of sb, run sb down; **desejar ~ a alguém** to wish sb ill; **fazer ~ a alguém** to harm sb; (*deflorar*) to deflower sb; **fazer ~ à saúde de alguém** to damage sb's health; **fazer ~ em fazer** to be wrong to do; **não faz ~** never mind; **não fiz por ~** I meant no harm, I didn't mean it; **levar algo a ~** to take offence (BRIT) *ou* offense (US) at sth; **querer ~ a alguém** to wish sb ill; **estar ~** (*doente*) to be ill; **passar ~** to be sick; **estar ~ da vida** to be in a bad way; **viver ~ com alguém** not to get on with sb; **~ e porcamente** in a slapdash way; **estar de ~ com alguém** not to be speaking to sb; **dos ~es o menor** the lesser of two evils; **~ de Alzheimer** Alzheimer's (disease); **~ de Parkinson** Parkinson's (disease)
mal- [maw] PREFIXO badly, mis-
mala ['mala] F suitcase; (BR *Auto*) boot, trunk (US); **malas** FPL (*bagagem*) luggage *sg*; **fazer as ~s** to pack; **~ aérea** air courier; **~s de mão** hand luggage *sg*; **~ direta** (*Com*) direct mail; **~ postal** mail bag
malabarismo [malaba'riʒmu] M juggling; (*fig*) shrewd manoeuvre (BRIT) *ou* maneuver (US)
malabarista [malaba'rista] M/F juggler; (*fig*) smooth operator
mal-acabado, -a ADJ badly finished; (*pessoa*) deformed
mal-acostumado, -a ADJ maladjusted
mal-afamado, -a ADJ notorious; (*malvisto*) of ill repute
malagradecido, -a [malagrade'sidu, a] ADJ ungrateful
malagueta [mala'geta] F chilli (BRIT) *ou* chili (US) pepper
malaio, -a [ma'laju, a] ADJ, M/F Malay ▶ M (*Ling*) Malay
Malaísia [mala'izja] F: **a ~** Malaysia
malaísio, -a [mala'izju, a] ADJ, M/F Malaysian
mal-ajambrado, -a [-aʒã'bradu, a] ADJ scruffy
mal-amada ADJ unloved ▶ F spinster
malandragem [malã'draʒẽ] F (*patifaria*) double-dealing; (*preguiça*) idleness; (*esperteza*) cunning

malandrear [malã'drjar] vi to loaf about ou around

malandrice [malã'drisi] F = **malandragem**

malandro, -a [ma'lãdru, a] ADJ (*patife*) double-dealing; (*preguiçoso*) idle; (*esperto*) wily, cunning ▶ M/F crook; layabout; streetwise person

mal-apanhado, -a ADJ unpleasant-looking

mal-apessoado, -a [-ape'swadu, a] ADJ unpleasant-looking

malária [ma'larja] F malaria

mal-arrumado, -a [-ahu'madu, a] ADJ untidy

mal-assombrado, -a ADJ haunted

Malavi [mala'vi] M: **o ~** Malawi

mal-avisado, -a [-avi'zadu, a] ADJ rash

malbaratar [mawbara'tar] VT (*dinheiro*) to squander, waste

malcasado, -a [mawka'zadu, a] ADJ unhappily married; (*com pessoa inferior*) married to sb below one's class

malcheiroso, -a [mawʃej'rozu, ɔza] ADJ evil-smelling

malcomportado, -a [mawkõpor'tadu, a] ADJ badly behaved

malconceituado, -a [mawkõsej'twadu, a] ADJ badly thought of

malcriado, -a [maw'krjadu, a] ADJ rude ▶ M/F slob

maldade [maw'dadʒi] F cruelty; (*malícia*) malice; **é uma ~** it is cruel

maldição [mawdʒi'sãw] (*pl* **-ões**) F curse

maldigo etc [maw'dʒigu] VB *ver* **maldizer**

maldisposto, -a [mawdʒis'postu, 'pɔsta] ADJ indisposed

maldisse etc [maw'dʒisi] VB *ver* **maldizer**

maldito, -a [maw'dʒitu, a] PP *de* **maldizer** ▶ ADJ damned

Maldivas [maw'dʒivas] FPL: **as (ilhas) ~** the Maldives

maldiz etc [maw'dʒiz] VB *ver* **maldizer**

maldizente [mawdʒi'zẽtʃi] M/F slanderer

maldizer [mawdʒi'zer] (*irreg: como* **dizer**) VT to curse

maldoso, -a [maw'dozu, ɔza] ADJ wicked; (*malicioso*) malicious

maldotado, -a [mawdo'tadu, a] ADJ untalented

maleável [ma'ljavew] (*pl* **-eis**) ADJ malleable

maledicência [maledʒi'sẽsja] F slander

maledicente [maledʒi'sẽtʃi] M/F slanderer

mal-educado, -a ADJ rude ▶ M/F slob

malefício [male'fisju] M harm

maléfico, -a [ma'lɛfiku, a] ADJ (*pessoa*) malicious; (*prejudicial*) harmful

mal-empregado, -a ADJ wasted

mal-encarado, -a [-ẽka'radu, a] ADJ shady, shifty

mal-entendido, -a ADJ misunderstood ▶ M misunderstanding

mal-estar M (*indisposição*) indisposition, discomfort; (*embaraço*) awkward situation

maleta [ma'leta] F small suitcase, grip

malevolência [malevo'lẽsja] F malice, spite

malevolente [malevo'lẽtʃi] ADJ malicious, spiteful

malévolo, -a [ma'lɛvolu, a] ADJ malicious, spiteful

malfadado, -a [mawfa'dadu, a] ADJ unlucky; (*viagem*) ill-fated

malfeito, -a [maw'fejtu, a] ADJ (*roupa*) poorly made; (*corpo*) misshapen; (*fig: injusto*) wrong, unjust

malfeitor, -a [mawfej'tor(a)] M/F wrongdoer

malgastar [mawgas'tar] VT to waste

malgasto, -a [maw'gastu, a] ADJ wasted

malgrado [maw'gradu] PREP despite

malha ['maʎa] F (*de rede*) mesh; (*tecido*) jersey; (*suéter*) sweater; (*de ginástica*) leotard; **fazer ~** (*PT*) to knit; **artigos de ~** knitwear; **~ perdida** ladder (BRIT), run (US); **vestido de ~** jersey dress

malhado, -a [ma'ʎadu, a] ADJ mottled; (*roque*) heavy

malhar [ma'ʎar] VT (*bater*) to beat; (*cereais*) to thresh; (*col: criticar*) to knock, run down ▶ VI (*col: fazer ginástica*) to work out

malharia [maʎa'ria] F (*fábrica*) mill; (*artigos de malha*) knitted goods *pl*

malho ['maʎu] M (*maço*) mallet; (*grande*) sledgehammer

mal-humorado, -a [-umo'radu, a] ADJ grumpy, sullen

Mali [ma'li] M: **o ~** Mali

malícia [ma'lisja] F malice; (*astúcia*) slyness; (*esperteza*) cleverness; **pôr ~ em algo** to give sth a double meaning

maliciar [mali'sjar] VT (*ação*) to see malice in; (*palavras*) to misconstrue

malicioso, -a [mali'sjozu, ɔza] ADJ malicious; (*astuto*) sly; (*esperto*) clever; (*mente suja*) dirty-minded

malignidade [maligni'dadʒi] F malice, spite; (*Med*) malignancy

maligno, -a [ma'lignu, a] ADJ (*maléfico*) evil, malicious; (*danoso*) harmful; (*Med*) malignant

má-língua (*pl* **más-línguas**) F backbiting ▶ M/F backbiter

mal-intencionado, -a ADJ malicious

malmequer [mawme'ker] M marigold

maloca [ma'lɔka] F (*casa*) communal hut; (*aldeia*) (Indian) village; (*esconderijo*) bolt hole

malocar [malo'kar] (*col*) VT to hide

malogrado, -a [malo'gradu, a] ADJ (*plano*) abortive, frustrated; (*sem êxito*) unsuccessful

malograr [malo'grar] VT (*planos*) to upset; (*frustrar*) to thwart, frustrate ▶ VI (*planos*) to fall through; (*fracassar*) to fail; **malograr-se** VR to fall through; to fail

malogro [ma'logru] M failure

malote [ma'lɔtʃi] M pouch; (*serviço*) express courier

malpassado, -a [mawpa'sadu, a] ADJ underdone; (*bife*) rare

malproporcionado, -a [mawproporsjo'nadu, a] ADJ ill-proportioned

malquerença [mawke'rẽsa] F ill will, enmity

malquisto, -a [maw'kistu, a] ADJ disliked

malsão, -sã [maw'sãw, 'sã] (pl **malsãos**) ADJ (insalubre) unhealthy; (nocivo) harmful

malsucedido, -a [mawsuse'dʒidu, a] ADJ unsuccessful

Malta ['mawta] F Malta

malta ['mawta] (PT) F gang, mob

malte ['mawtʃi] M malt

maltês, -esa [maw'tes, eza] ADJ, M/F Maltese

maltrapilho, -a [mawtra'piʎu, a] ADJ in rags, ragged ▶ M/F ragamuffin

maltratar [mawtra'tar] VT to ill-treat; (com palavras) to abuse; (estragar) to ruin, damage

maluco, -a [ma'luku, a] ADJ crazy, daft ▶ M/F madman/woman

maluquice [malu'kisi] F madness; (ato, dito) crazy thing

malvadez [mawva'dez] F = **malvadeza**

malvadeza [mawva'deza] F wickedness; (ato) wicked thing

malvado, -a [maw'vadu, a] ADJ wicked

malversação [mawversa'sãw] F (de dinheiro) embezzlement; (má administração) mismanagement

malversar [mawver'sar] VT (administrar mal) to mismanage; (dinheiro) to embezzle

Malvinas [maw'vinas] FPL: **as (ilhas) ~** the Falklands, the Falkland Islands

MAM (BR) ABR M (in Rio) = **Museu de Arte Moderna**

mama ['mama] F breast

mamada [ma'mada] F breastfeeding

mamadeira [mama'dejra] (BR) F feeding bottle

mamãe [ma'mãj] F mum, mummy

mamão [ma'mãw] (pl **-ões**) M papaya

mamar [ma'mar] VT to suck; (dinheiro) to extort, get; (empresa) to milk (dry) ▶ VI (bebê) to be breastfed; **~ numa empresa** to get a rake-off from a company; **dar de ~ a um bebê** to (breast)feed a baby

mamata [ma'mata] F (negociata) racket; (boa vida) cushy number

mambembe [mã'bẽbi] M/F amateur thespian ▶ ADJ shoddy, second-rate

mameluco, -a [mame'luku, a] M/F half-breed (of Indian and white)

mamífero [ma'miferu] M mammal

mamilo [ma'milu] M nipple

mamoeiro [ma'mwejru] M papaya tree

mamões [ma'mõjs] MPL de **mamão**

mana ['mana] F sister

manada [ma'nada] F herd, drove

Manágua [ma'nagwa] N Managua

manancial [manã'sjaw] (pl **-ais**) M spring; (fig: fonte) source; (: abundância) wealth

manar [ma'nar] VT, VI to pour

manauense [manaw'ẽsi] ADJ from Manaus ▶ M/F person from Manaus

mancada [mã'kada] F (erro) mistake; (gafe) blunder; **dar uma ~** to blunder

mancar [mã'kar] VT to cripple ▶ VI to limp; **mancar-se** VR (col) to get the message, take the hint

manceba [mã'seba] F young woman; (concubina) concubine

mancebo [mã'sebu] M young man, youth

Mancha ['mãʃa] F: **o canal da ~** the English Channel

mancha ['mãʃa] F (nódoa) stain; (na pele) mark, spot; (em pintura) blotch; **sem ~s** (reputação) spotless

manchado, -a [mã'ʃadu, a] ADJ (sujo) soiled; (malhado) mottled, spotted

manchar [mã'ʃar] VT to stain, mark; (reputação) to soil

manchete [mã'ʃetʃi] F headline; **virar ~** to make ou hit (col) the headlines

manco, -a ['mãku, a] ADJ crippled, lame ▶ M/F cripple

mancomunar [mãkomu'nar] VT to contrive; **mancomunar-se** VR: **~-se (com)** to conspire (with)

mandachuva [mãda'ʃuva] M (figurão) big shot; (chefe) boss

mandado [mã'dadu] M (ordem) order; (Jur) writ; (: tb: **mandado de segurança**) injunction; **~ de arresto** repossession order; **~ de prisão/busca** arrest/search warrant; **~ de segurança** injunction

mandamento [mãda'mẽtu] M order, command; (Rel) commandment

mandante [mã'dãtʃi] M/F instigator; (dirigente) person in charge; (Com) principal

mandão, -dona [mã'dãw, 'dɔna] (pl **-ões/-s**) ADJ bossy, domineering ▶ M/F bossy person

mandar [mã'dar] VT (ordenar) to order; (enviar) to send ▶ VI to be in charge; **mandar-se** VR (col: partir) to make tracks, get going; (fugir) to take off; **~ buscar** ou **chamar** to send for; **~ dizer** to send word; **~ embora** to send away; **~ fazer um vestido** to have a dress made; **~ que alguém faça, ~ alguém fazer** to tell sb to do; **~ alguém passear** (fig) to send sb packing; **~ alguém para o inferno** to tell sb to go to hell; **o que é que você manda?** (col) what can I do for you?; **~ em alguém** to boss sb around; **manda!** (col) fire away!; **~ ver** (col) to go to town; **~ a mão, ~ um soco (em alguém)** to hit (sb); **aqui quem manda sou eu** I give the orders around here

mandarim [mãda'rĩ] (pl **-ns**) M (Ling) Mandarin; (fig) mandarin

mandatário, -a [mãda'tarju, a] M/F (delegado) delegate; (representante) representative, agent

mandato [mã'datu] M (autorização) mandate; (ordem) order; (Pol) term of office

mandíbula [mã'dʒibula] F jaw

mandinga [mã'dʒĩga] F witchcraft

mandioca [mã'dʒjɔka] F cassava, manioc

mando ['mãdu] M (comando) command; (poder) power; **a ~ de** by order of

mandões [mã'dõjs] MPL *de* **mandão**
mandona [mã'dɔna] F *de* **mandão**
mandrião, -driona [mã'drjãw, 'drjɛna] (*pl* **-ões/-s**) (PT) ADJ lazy ▶ M/F idler, lazybones *sg*
mandriar [mã'drjar] VI to idle, loaf about
mandriões [mã'drjõjs] MPL *de* **mandrião**
mandriona [mã'drjɔna] F *de* **mandrião**
maneira [ma'nejra] F (*modo*) way; (*estilo*) style, manner; **maneiras** FPL (*modos*) manners; **à ~ de** like; **de ~ que** so that; **de ~ alguma** *ou* **nenhuma** not at all; **desta ~** in this way; **de qualquer ~** anyway; **não houve ~ de convencê-lo** it was impossible to convince him
maneirar [manej'rar] (*col*) VT to sort out, fix ▶ VI to sort things out; **maneira!** take it easy!
maneiro, -a [ma'nejru, a] ADJ (*ferramenta*) easy to use; (*roupa*) attractive; (*trabalho*) easy; (*pessoa*) capable; (*col: bacana*) great, brilliant
manejar [mane'ʒar] VT (*instrumento*) to handle; (*máquina*) to work
manejável [mane'ʒavew] (*pl* **-eis**) ADJ manageable
manejo [ma'neʒu] M handling
manequim [mane'kĩ] (*pl* **-ns**) M (*boneco*) dummy ▶ M/F model
maneta [ma'neta] ADJ one-handed ▶ M/F one-handed person
manga ['mãga] F sleeve; (*fruta*) mango; (*filtro*) filter; **em ~s de camisa** in (one's) shirt sleeves
manganês [mãga'nes] M manganese
mangue ['mãgi] M mangrove swamp; (*planta*) mangrove; (*col: zona*) red-light district
mangueira [mã'gejra] F hose(pipe); (*árvore*) mango tree
manguinha [mã'giɲa] F: **botar as ~s de fora** (*col*) to let one's hair down
manha ['maɲa] F (*malícia*) guile, craftiness; (*destreza*) skill; (*ardil*) trick; (*birra*) tantrum; **fazer ~** to have a tantrum
manhã [ma'ɲã] F morning; **de** *ou* **pela ~** in the morning; **amanhã/hoje de ~** tomorrow/this morning; **de ~ cedo** early in the morning; **4 hs da ~** 4 o'clock in the morning
manhãzinha [maɲa'ziɲa] F: **de ~** early in the morning
manhoso, -a [ma'ɲozu, ɔza] ADJ (*ardiloso*) crafty, sly; (*criança*) whining
mania [ma'nia] F (*Med*) mania; (*obsessão*) craze; **ela é cheia de ~s** she's very compulsive; **estar com ~ de ...** to have a thing about ...; **~ de grandeza** delusions *pl* of grandeur; **~ de perseguição** persecution complex
maníaco, -a [ma'niaku, a] ADJ manic ▶ M/F maniac
maníaco-depressivo (*pl* **maníaco-depressivos**) ADJ, M/F manic depressive

manicômio [mani'komju] M asylum, mental hospital
manicura [mani'kura] F (*tratamento*) manicure; (*pessoa*) manicurist
manicure [mani'kuri] F = **manicura**
manifestação [manifesta'sãw] (*pl* **-ões**) F show, display; (*expressão*) expression, declaration; (*política*) demonstration
manifestante [manifes'tãtʃi] M/F demonstrator
manifestar [manifes'tar] VT (*revelar*) to show, display; (*declarar*) to express, declare; **manifestar-se** VR to manifest o.s.; (*pronunciar-se*) to express an opinion
manifesto, -a [mani'fɛstu, a] ADJ obvious, clear ▶ M manifesto
manilha [ma'niʎa] F (ceramic) drainpipe
manipulação [manipula'sãw] F handling; (*fig*) manipulation
manipular [manipu'lar] VT to manipulate; (*manejar*) to handle
manivela [mani'vɛla] F (*ferramenta*) crank
manjado, -a [mã'ʒadu, a] (*col*) ADJ well-known
manjar [mã'ʒar] M (*iguaria*) delicacy, titbit (BRIT), tidbit (US) ▶ VT (*col: conhecer*) to know; (: *entender*) to grasp; (: *observar*) to check out ▶ VI (*col*) to catch on; **~ de algo** to know about sth; **manjou?** (*col*) get it?, see?
manjar-branco M blancmange
manjedoura [mãʒe'dora] F manger, crib
manjericão [mãʒeri'kãw] M basil
mano ['manu] M brother
manobra [ma'nɔbra] F (*de carro, barco*) manoeuvre (BRIT), maneuver (US); (*de mecanismo*) operation; (*de trens*) shunting; (*fig*) move; (: *artimanha*) manoeuvre *ou* maneuver, trick; **manobras** FPL (*Mil*) manoeuvres *ou* maneuvers
manobrar [mano'brar] VT to manoeuvre (BRIT), maneuver (US); (*mecanismo*) to operate, work; (*governar*) to take charge of; (*manipular*) to manipulate ▶ VI to manoeuvre *ou* maneuver; (*tomar medidas*) to make moves
manobreiro, -a [mano'brejru, a] M/F operator
manobrista [mano'brista] M/F parking attendant
manquejar [mãke'ʒar] VI to limp
mansão [mã'sãw] (*pl* **-ões**) F mansion
mansidão [mãsi'dãw] F gentleness, meekness; (*do mar*) calmness; (*de animal*) tameness
mansinho [mã'siɲu] ADV: **de ~** (*devagar*) slowly; (*de leve*) gently; (*sorrateiramente*): **sair/entrar de ~** to creep out/in
manso, -a ['mãsu, a] ADJ (*brando*) gentle; (*mar*) calm; (*animal*) tame
mansões [ma'sõjs] FPL *de* **mansão**
manta ['mãta] F (*cobertor*) blanket; (*xale*) shawl; (*agasalho*) cloak; (*de viajar*) travelling rug
manteiga [mã'tejga] F butter; **~ derretida** (*fig, col*) cry-baby; **~ de cacau** cocoa butter
manteigueira [mãtej'gejra] F butter dish

mantém etc [mã'tẽ] VB ver **manter**
mantenedor, a [mãtene'dor(a)] M/F (da família) breadwinner; (de opinião, princípio) holder; (de ordem, Esporte) retainer
manter [mã'ter] (irreg: como **ter**) VT to maintain; (num lugar) to keep; (uma família) to support; (a palavra) to keep; (princípios) to abide by; **manter-se** VR (sustentar-se) to support o.s.; (permanecer) to remain; **~-se firme** to stand firm
mantilha [mã'tʃiʎa] F mantilla; (véu) veil
mantimento [mãtʃi'mẽtu] M maintenance; **mantimentos** MPL (alimentos) provisions
mantinha etc [mã'tʃiɲa] VB ver **manter**
mantive etc [mã'tʃivi] VB ver **manter**
mantiver etc [mãtʃi'ver] VB ver **manter**
manto ['mãtu] M cloak; (de cerimônia) robe
mantô [mã'to] M coat
manual [ma'nwaw] (pl **-ais**) ADJ manual ▶ M handbook, manual; **ter habilidade ~** to be good with one's hands
manufatura [manufa'tura] F manufacture
manufaturados [manufatu'radus] MPL manufactured products
manufaturar [manufatu'rar] VT to manufacture
manuscrever [manuskre'ver] VT to write by hand
manuscrito, -a [manus'kritu, a] ADJ handwritten ▶ M manuscript
manusear [manu'zjar] VT (manejar) to handle; (livro) to leaf through
manuseio [manu'zeju] M handling
manutenção [manutẽ'sãw] F maintenance; (da casa) upkeep
mão [mãw] (pl **mãos**) F hand; (de animal) paw; (de pintura) coat; (de direção) flow of traffic; **à ~** by hand; (perto) at hand; **feito à ~** handmade; **de ~s dadas** hand in hand; **de ou em primeira ~** first-hand; **de segunda ~** second-hand; **em ~** by hand; **fora de ~** out of the way; **abrir ~ de algo** (fig) to give sth up; **aguentar a ~** (col: suportar) to hold out; (: esperar) to hang on; **dar a ~ à palmatória** to admit one's mistake; **dar a ~ a alguém** to hold sb's hand; (cumprimentar) to shake hands with sb; **dar uma ~ a alguém** to give sb a hand, help sb out; **ficar na ~** (col) to be stood up; **forçar a ~** to go overboard; **lançar ~ de algo** to have recourse to sth; **largar algo de ~** to give sth up; **uma ~ lava a outra** (fig) one good turn deserves another; **meter a ~ em alguém** to hit sb; **meter** ou **passar a ~ em algo** (col) to nick sth; **passar a ~ pela cabeça de alguém** (fig) to let sb off; **pôr a ~ no fogo por alguém** (fig) to vouch for sb; **pôr ~s à obra** to set to work; **ser uma ~ na roda** (fig) to be a great help; **ter ~ leve** (bater facilmente) to be violent; (ser ladrão) to be light-fingered; **ter a ~ pesada** to be heavy-handed; **ter uma boa ~ para** to be good at; **vir com as ~s abanando** (fig) to come back empty-handed; **~ única/dupla** one-way/two-way traffic; **esta rua dá ~ para o centro** this street goes to the centre (BRIT) ou center (US); **rua de duas ~s** two-way street; **~s ao alto!** hands up!; **de ~ beijada** (fig) for nothing; **~ de obra** labour (BRIT) ou labor (US); **~ de obra especializada** skilled labo(u)r
mão-aberta (pl **mãos-abertas**) ADJ generous ▶ M/F generous person
mão-cheia F: **de ~** first-rate
maoísta [maw'ista] ADJ, M/F Maoist
mão-leve (pl **mãos-leves**) M/F pilferer
mãozinha [mãw'ziɲa] F: **dar uma ~ a alguém** to give sb a hand, help sb out
mapa ['mapa] M map; (gráfico) chart; **não estar no ~** (fig, col) to be extraordinary; **sair do ~** (col) to disappear
mapa-múndi [-'mũdʒi] (pl **mapas-múndi**) M world map
Maputo [ma'putu] N Maputo
maquete [ma'kɛtʃi] F model
maquiador, a [makja'dor(a)] M/F make-up artist
maquiagem [ma'kjaʒẽ] F = **maquilagem**
maquiar [ma'kjar] VT to make up; (fig) to touch up; **maquiar-se** VR to make o.s. up, put on one's make-up
maquiavélico, -a [makja'vɛliku, a] ADJ Machiavellian
maquilagem [maki'laʒẽ], (PT) **maquilhagem** F make-up; (ato) making up
maquilar [makilar], (PT) **maquilhar** VT to make up; **maquilar-se** VR to make o.s. up, put on one's make-up
máquina ['makina] F machine; (de trem) engine; (de relógio) movement; (fig) machinery; **~ a vapor** steam engine; **~s agrícolas** agricultural machinery; **~ de calcular** adding machine; **~ de costura** sewing machine; **~ fotográfica** camera; **~ de escrever** typewriter; **~ de lavar (roupa)** washing machine; **~ de lavar louça** dishwasher; **~ de tricotar** knitting machine; **costurar/escrever à ~** to machine-sew/type; **escrito à ~** typewritten; **preencher um formulário à ~** to fill in a form on the typewriter
maquinação [makina'sãw] (pl **-ões**) F machination, plot
maquinal [maki'naw] (pl **-ais**) ADJ mechanical, automatic
maquinar [maki'nar] VT to plot ▶ VI to conspire
maquinaria [makina'ria] F machinery
maquinismo [maki'nizmu] M mechanism; (máquinas) machinery; (Teatro) stage machinery
maquinista [maki'nista] M (Ferro) engine driver; (Náut) engineer
mar [mar] M sea; **por ~** by sea; **cair no ~** to fall overboard; **fazer-se ao ~** to set sail; **~ aberto** open sea; **pleno ~, ~ alto** high sea; **um ~ de** (fig) a sea of; **~ de rosas** calm sea;

(*fig*) bed of roses; **nem tanto ao ~ nem tanto à terra** (*fig*) somewhere in between; **o ~ Cáspio** the Caspian Sea; **o ~ Morto** the Dead Sea; **o ~ Negro** the Black Sea; **o ~ Vermelho** the Red Sea

maraca [ma'raka] F maraca

maracujá [maraku'ʒa] M passion fruit; **pé de ~** passion flower

maracujazeiro [marakuʒa'zejru] M passion-fruit plant

maracutaia [maraku'taja] F dirty trick; (*col*) scam

marafa [ma'rafa] (*col*) F loose living

marafona [mara'fona] (*col*) F whore

marajá [mara'ʒa] M maharaja; (*BR Pol*) civil service fat-cat

maranhense [mara'ɲēsi] ADJ from Maranhão ▶ M/F person from Maranhão

marasmo [ma'raʒmu] M (*inatividade*) stagnation; (*apatia*) apathy

maratona [mara'tona] F marathon

maratonista [marato'nista] M/F marathon runner

maravilha [mara'viʎa] F marvel, wonder; **às mil ~s** wonderfully

maravilhar [maravi'ʎar] VT to amaze, astonish ▶ VI to be amazing; **maravilhar-se** VR: **~-se de** to be astonished ou amazed at

maravilhoso, -a [maravi'ʎozu, ɔza] ADJ wonderful, marvellous (*BRIT*), marvelous (*US*)

marca ['marka] F mark; (*Com*) make, brand; (*carimbo*) stamp; (*da prata*) hallmark; (*fig: categoria*) calibre (*BRIT*), caliber (*US*); **de ~ maior** (*fig*) of the first order; **~ de fábrica** trademark; **~ registrada** registered trademark

marcação [marka'sãw] (*pl* **-ões**) F marking; (*em jogo*) scoring; (*de instrumento*) reading; (*Teatro*) action; (*PT Tel*) dialling; **estar de ~ com alguém** (*col*) to pick on sb constantly

marcador [marka'dor] M marker; (*de livro*) bookmark; (*Esporte: quadro*) scoreboard; (*: jogador*) scorer

marcante [mar'kãtʃi] ADJ outstanding

marca-passo [marka'pasu] (*pl* **-s**) M (*Med*) pacemaker

marcar [mar'kar] VT to mark; (*hora, data*) to fix, set; (*PT Tel*) to dial; (*animal*) to brand; (*delimitar*) to demarcate; (*observar*) to keep an eye on; (*gol, ponto*) to score; (*Futebol: jogador*) to mark; (*produzir impressão em*) to leave one's mark on ▶ VI (*impressionar*) to make one's mark; **~ uma consulta, ~ hora** to make an appointment; **~ um encontro com alguém** to arrange to meet sb; **~ uma reunião/um jantar para sexta-feira** to arrange a meeting/a dinner for Friday; **~ época** to make history; **~ o ponto** to punch the clock; **ter hora marcada com alguém** to have an appointment with sb; **~ o tempo de algo** to time sth

marcenaria [marsena'ria] F joinery; (*oficina*) joiner's

marceneiro [marse'nejru] M cabinet-maker, joiner

marcha ['marʃa] F march; (*ato*) marching; (*de acontecimentos*) course; (*passo*) pace; (*Auto*) gear; (*progresso*) progress; **~ à ré** (*BR*), **~ atrás** (*PT*) reverse (gear); **primeira (~)** first (gear); **pôr-se em ~** to set off

marchar [mar'ʃar] VI (*ir*) to go; (*andar a pé*) to walk; (*Mil*) to march

marcha-rancho (*pl* **marchas-rancho**) F carnival march

marchetar [marʃe'tar] VT to inlay

marcial [mar'sjaw] (*pl* **-ais**) ADJ martial; **corte ~** court martial; **lei ~** martial law

marciano, -a [mar'sjanu, a] ADJ, M Martian

marco ['marku] M landmark; (*de janela*) frame; (*fig*) frontier; (*moeda*) mark

março ['marsu] M March; *ver tb* **julho**

maré [ma'rɛ] F tide; (*fig: oportunidade*) chance; **~ alta/baixa** high/low tide; **estar de boa ~ ou de ~ alta** to be in a good mood; **remar contra a ~** (*fig*) to swim against the tide

marear [ma'rjar] VT to make seasick; (*oxidar*) to dull, stain ▶ VI to be seasick

marechal [mare'ʃaw] (*pl* **-ais**) M marshal

marejar [mare'ʒar] VT to wet ▶ VI to get wet

maremoto [mare'mɔtu] M tidal wave

maresia [mare'zia] F smell of the sea, sea air

marfim [mar'fĩ] M ivory

margarida [marga'rida] F daisy

margarina [marga'rina] F margarine

margear [mar'ʒjar] VT to border

margem ['marʒē] (*pl* **-ns**) F (*borda*) edge; (*de rio*) bank; (*litoral*) shore; (*de impresso*) margin; (*fig: tempo*) time; (*: lugar*) space; (*: oportunidade*) chance; **à ~ de** alongside; **dar ~ a alguém** to give sb a chance; **~ de erro** margin of error; **~ de lucro** profit margin

marginal [marʒi'naw] (*pl* **-ais**) ADJ marginal ▶ M/F delinquent

marginalidade [marʒinali'dadʒi] F delinquency

marginalizar [marʒinali'zar] VT to marginalize

maria-fumaça [ma'ria-] (*pl* **marias-fumaças**) F steam train

maria-sem-vergonha [ma'ria-] (*pl* **marias-sem-vergonha**) F (*Bot*) busy lizzie

maria vai com as outras M/F INV sheep, follower

maricas [ma'rikas] (*ofensivo*) M INV queer (!), poof (!)

marido [ma'ridu] M husband

marimbondo [marĩ'bõdu] M hornet

marina [ma'rina] F marina

marinha [ma'riɲa] F (*tb*: **marinha de guerra**) navy; (*pintura*) seascape; **~ mercante** merchant navy

marinheiro [mari'ɲejru] M seaman, sailor; **~ de primeira viagem** (*fig*) beginner

marinho, -a [ma'riɲu, a] ADJ sea *atr*, marine

marionete [marjo'netʃi] F puppet

mariposa [mari'poza] F moth

marisco [ma'risku] M shellfish
marital [mari'taw] (pl **-ais**) ADJ marital
maritalmente [maritaw'mẽtʃi] ADV: **viver ~ (com alguém)** to live (with sb) as man and wife
marítimo, -a [ma'ritʃimu, a] ADJ sea atr, maritime; **pesca marítima** sea fishing
marketing ['marketʃĩŋ] M marketing
marmanjo [mar'mãʒu] M grown man
marmelada [marme'lada] F quince jam; (col) double-dealing
marmelo [mar'mɛlu] M quince
marmita [mar'mita] F (vasilha) pot
mármore ['marmori] M marble
marmóreo, -a [mar'mɔrju, a] ADJ marble atr; (fig) cold
marola [ma'rɔla] F wave, roller
maroto, -a [ma'rotu, a] M/F rogue, rascal; (criança) naughty boy/girl ▶ ADJ roguish; naughty
marquei etc [mar'kej] VB ver **marcar**
marquês, -quesa [mar'kes, 'keza] M/F marquis/marchioness
marqueteiro, -a [marke'tejru, a] M/F (col) spin doctor
marquise [mar'kizi] F awning, canopy
marra ['maha] F: **na ~** (à força) forcibly; (a qualquer preço) whatever the cost
marreco [ma'hɛku] M duck
Marrocos [ma'hɔkus] M: **o ~** Morocco
marrom [ma'hõ] (pl **-ns**) ADJ, M brown
marroquino, -a [maho'kinu, a] ADJ, M/F Moroccan
Marte ['martʃi] M Mars
martelada [marte'lada] F (pancada) blow (with a hammer); (ruído) hammering sound
martelar [marte'lar] VT to hammer; (amolar) to bother ▶ VI to hammer; (insistir): **~ (em algo)** to keep ou harp on (about sth)
martelo [mar'tɛlu] M hammer
martíni® [mar'tʃini] M martini®
Martinica [martʃi'nika] F: **a ~** Martinique
mártir ['martʃir] M/F martyr
martírio [mar'tʃirju] M martyrdom; (fig) torment
martirizante [martʃiri'zātʃi] ADJ agonizing
martirizar [martʃiri'zar] VT to martyr; (atormentar) to afflict; **martirizar-se** VR to agonize
marujo [ma'ruʒu] M sailor
marulhar [maru'ʎar] VI (mar) to surge; (ondas) to lap; (produzir ruído) to roar
marulho [ma'ruʎu] M (do mar) surge; (das ondas) lapping
marxismo [mar'ksizmu] M Marxism
marxista [mar'ksista] ADJ, M/F Marxist
marzipã [mahzi'pã] M marzipan
mas [ma(j)s] CONJ but ▶ PRON = **me + as**
mascar [mas'kar] VT to chew
máscara ['maskara] F mask; (para limpeza de pele) face pack; **sob a ~ de** under the guise of; **tirar a ~ de alguém** (fig) to unmask sb;

baile de ~s masked ball; **~ de oxigênio** oxygen mask
mascarado, -a [maska'radu, a] ADJ masked; (convencido) conceited
mascarar [maska'rar] VT to mask; (disfarçar) to disguise; (encobrir) to cover up
mascate [mas'katʃi] M peddler, hawker (BRIT)
mascavo, -a [mas'kavu, a] ADJ: **açúcar ~** brown sugar
mascote [mas'kɔtʃi] F mascot
masculinidade [maskulini'dadʒi] F masculinity
masculino, -a [masku'linu, a] ADJ masculine; (Bio) male ▶ M (Ling) masculine; **roupa masculina** men's clothes pl
másculo, -a ['maskulu, a] ADJ masculine; (viril) manly
masmorra [maz'mɔha] F dungeon; (fig) black hole
masoquismo [mazo'kizmu] M masochism
masoquista [mazo'kista] ADJ masochistic ▶ M/F masochist
MASP ABR M = **Museu de Arte de São Paulo**
massa ['masa] F (Fís: fig) mass; (de tomate) paste; (Culin: de pão) dough; (: macarrão etc) pasta; **as ~s** the masses; **em ~** en masse; **~ de vidraceiro** putty; **estar com as mãos na ~** (fig) to be about ou at it
massacrado, -a [masa'kradu, a] ADJ (povo, sociedade) hard-pressed
massacrante [masa'krātʃi] ADJ annoying
massacrar [masa'krar] VT to massacre; (fig: chatear) to annoy; (: torturar) to tear apart
massacre [ma'sakri] F massacre; (fig) annoyance
massagear [masa'ʒjar] VT to massage ▶ VI to do massage
massagem [ma'saʒē] (pl **-ns**) F massage
massagista [masa'ʒista] M/F masseur/masseuse
massificar [masifi'kar] VT to influence (through mass communication)
massudo, -a [ma'sudu, a] ADJ bulky; (espesso) thick; (com aspecto de massa) doughy
mastectomia [mastekto'mia] F mastectomy
mastigado, -a [mastʃi'gadu, a] ADJ (fig) well-planned
mastigar [mastʃi'gar] VT to chew; (pronunciar mal) to mumble, mutter; (fig: refletir) to mull over
mastim [mas'tʃī] (pl **-ns**) M watchdog
mastodonte [masto'dõtʃi] M (fig: pessoa gorda) hulk, lump
mastro ['mastru] M (Náut) mast; (para bandeira) flagpole
masturbação [masturba'sāw] F masturbation
masturbar-se [mastur'barsi] VR to masturbate
mata ['mata] F forest, wood; **~ virgem** virgin forest
mata-bicho M tot of brandy, snifter
mata-borrão M blotting paper

matacão [mata'kãw] (*pl* **-ões**) M lump; (*pedra*) boulder
matado, -a [ma'tadu, a] ADJ (*trabalho*) badly done
matador, a [mata'dor(a)] M/F killer ▶ M (*em tourada*) matador
matadouro [mata'doru] M slaughterhouse
matagal [mata'gaw] (*pl* **-ais**) M bush; (*brenha*) thicket, undergrowth
mata-moscas M INV fly-killer
mata-mosquito (*pl* **mata-mosquitos**) M mosquito exterminator
matança [ma'tãsa] F massacre; (*de reses*) slaughter(ing)
mata-piolho (*pl* **mata-piolhos**) (*col*) M thumb
matar [ma'tar] VT to kill; (*sede*) to quench; (*fome*) to satisfy; (*aula*) to skip; (*trabalho: não aparecer*) to skive off; (: *fazer rápido*) to dash off; (*tempo*) to kill; (*adivinhar*) to guess, get ▶ VI to kill; **matar-se** VR to kill o.s.; (*esfalfar-se*) to wear o.s. out; **um calor/uma dor de ~** stifling heat/excruciating pain; **~ saudades** to catch up
mata-rato (*pl* **mata-ratos**) M (*veneno*) rat poison; (*cigarro*) throat-scraper
mate ['matʃi] ADJ matt ▶ M (*chá*) maté tea; (*xeque-mate*) checkmate
matelassê [matela'se] ADJ quilted ▶ M quilting
matemática [mate'matʃika] F mathematics *sg*, maths *sg* (BRIT), math (US); *ver tb* **matemático**
matemático, -a [mate'matʃiku, a] ADJ mathematical ▶ M/F mathematician
matéria [ma'tɛrja] F matter; (*Tec*) material; (*Educ: assunto*) subject; (*tema*) topic; (*jornalística*) story, article; **em ~ de** on the subject of; **~ fecal** faeces *pl* (BRIT), feces *pl* (US); **~ plástica** plastic
material [mate'rjaw] (*pl* **-ais**) ADJ material; (*físico*) physical ▶ M material; (*Tec*) equipment; (*col: corpo*) body; **~ humano** manpower; **~ bélico** armaments *pl*; **~ de construção** building supplies *pl*; **~ de limpeza** cleaning supplies *pl*; **~ escolar** school supplies *pl*
materialismo [materja'lizmu] M materialism
materialista [materja'lista] ADJ materialistic ▶ M/F materialist
materializar [materjali'zar] VT to materialize; **materializar-se** VR to materialize
matéria-prima (*pl* **matérias-primas**) F raw material
maternal [mater'naw] (*pl* **-ais**) ADJ motherly, maternal; **escola ~** nursery (school)
maternidade [materni'dadʒi] F motherhood, maternity; (*hospital*) maternity hospital
materno, -a [ma'tɛrnu, a] ADJ motherly, maternal; (*língua*) native; (*avô*) maternal
matilha [ma'tʃiʎa] F (*cães*) pack; (*fig: corja*) rabble
matina [ma'tʃina] F morning

matinal [matʃi'naw] (*pl* **-ais**) ADJ morning *atr*
matinê [matʃi'ne] F matinée
matiz [ma'tʃiz] M (*de cor*) shade; (*fig: de ironia*) tinge; (*cor política*) colouring (BRIT), coloring (US)
matizar [matʃi'zar] VT (*colorir*) to tinge, colour (BRIT), color (US); (*combinar cores*) to blend; **~ algo de algo** (*fig*) to tinge sth with sth
mato ['matu] M scrubland, bush; (*plantas agrestes*) scrub; (*o campo*) country; **ser ~** (*col*) to be there for the taking; **estar num ~ sem cachorro** (*col*) to be up the creek without a paddle
mato-grossano, -a [-gro'sanu, a] ADJ, M/F = **mato-grossense**
mato-grossense [-gro'sẽsi] ADJ from Mato Grosso ▶ M/F person from Mato Grosso
matraca [ma'traka] F rattle; (*pessoa*) chatterbox; **falar como uma ~** to talk nineteen to the dozen (BRIT) *ou* a blue streak (US)
matraquear [matra'kjar] VI to rattle, clatter; (*tagarelar*) to chatter, rabbit on
matreiro, -a [ma'trejru, a] ADJ cunning, crafty
matriarca [ma'trjarka] F matriarch
matriarcal [matrjar'kaw] (*pl* **-ais**) ADJ matriarchal
matrícula [ma'trikula] F (*lista*) register; (*inscrição*) registration; (*pagamento*) enrolment (BRIT) *ou* enrollment (US) fee; (*PT Auto*) registration number (BRIT), license number (US); **fazer a ~** to enrol (BRIT), enroll (US)
matricular [matriku'lar] VT to enrol (BRIT), enroll (US), register; **matricular-se** VR to enrol(l), register
matrimonial [matrimo'njaw] (*pl* **-ais**) ADJ marriage *atr*, matrimonial
matrimônio [matri'monju] M marriage; **contrair ~ (com alguém)** to be joined in marriage (with sb)
matriz [ma'triz] F (*Med*) womb; (*fonte*) source; (*molde*) mould (BRIT), mold (US); (*Com*) head office; (*col*) wife; **igreja ~** mother church
matrona [ma'trona] F matron
maturação [matura'sãw] F maturing; (*de fruto*) ripening
maturidade [maturi'dadʒi] F maturity
matusquela [matus'kɛla] (*col*) M/F lunatic
matutar [matu'tar] VT (*planejar*) to plan ▶ VI: **~ em** *ou* **sobre algo** to turn sth over in one's mind
matutino, -a [matu'tʃinu, a] ADJ morning *atr* ▶ M morning paper
matuto, -a [ma'tutu, a] ADJ, M/F (*caipira*) rustic; (*provinciano*) provincial
mau, má [maw, ma] ADJ bad; (*malvado*) evil, wicked ▶ M bad; (*Rel*) evil; **os ~s** bad people; (*num filme*) the baddies
mau-caráter (*pl* **maus-caracteres**) ADJ shady ▶ M bad lot
mau-olhado [-o'ʎadu] M evil eye

Maurício [maw'risju] M Mauritius
Mauritânia [mawri'tanja] F: **a ~** Mauritania
mausoléu [mawzo'lɛw] M mausoleum
maus-tratos MPL ill-treatment sg
mavioso, -a [ma'vjozu, ɔza] ADJ tender, soft; (som) sweet
máx. ABR (= máximo) max
máxi ['maksi] ADJ INV (saia) maxi
maxidesvalorização [maksidʒizvaloriza'sãw] (pl **-ões**) F large-scale devaluation
maxila [mak'sila] F jawbone
maxilar [maksi'lar] ADJ jaw atr ▶ M jawbone
máxima ['masima] F maxim, saying
máxime ['maksimɛ] ADV especially
maximizar [masimi'zar] VT to maximize; (superestimar) to play up
máximo, -a ['masimu, a] ADJ (maior que todos) greatest; (o maior possível) maximum ▶ M maximum; (o cúmulo) peak; (temperature) high; **o ~ cuidado** the greatest of care; **no ~** at most; **ao ~** to the utmost; **chegar ao ~** (fig) to reach a peak; **ele se acha o ~** (col) he thinks he's the greatest
maxixe [ma'ʃiʃi] M gherkin; (BR: dança) 19th-century dance
mazela [ma'zɛla] F (ferida) sore spot; (doença) illness; (fig) blemish
MCom (BR) ABR M = **Ministério das Comunicações**
MCT (BR) ABR M = **Ministério de Ciência e Tecnologia**
MD (BR) ABR M = **Ministério da Desburocratização**
MDB ABR M (antes) = **Movimento Democrático Brasileiro**
me [mi] PRON (direto) me; (indireto) (to) me; (reflexivo) (to) myself
meada ['mjada] F skein, hank
meado ['mjadu] M middle; **em** ou **nos ~s de julho** in mid-July
meandro ['mjãdru] M meander; **os ~s** (fig) the ins and outs
MEC (BR) ABR M = **Ministério de Educação e Cultura**
Meca ['mɛka] N Mecca
mecânica [me'kanika] F (ciência) mechanics sg; (mecanismo) mechanism; ver tb **mecânico**
mecânico, -a [me'kaniku, a] ADJ mechanical ▶ M/F mechanic; **broca mecânica** power drill
mecanismo [meka'nizmu] M mechanism
mecanização [mekaniza'sãw] F mechanization
mecanizar [mekani'zar] VT to mechanize
mecenas [me'sɛnas] M INV patron
mecha ['mɛʃa] F (de vela) wick; (cabelo) tuft; (no cabelo) highlight; (Med) swab; **fazer ~ no cabelo** to put highlights in one's hair, to highlight one's hair
mechado, -a [me'ʃadu, a] ADJ highlighted
meço etc ['mɛsu] VB ver **medir**
méd. ABR (= médio) av
medalha [me'daʎa] F medal

659 | Maurício – mediocridade

medalhão [meda'ʎãw] (pl **-ões**) M medallion; (fig: figurão) big name; (joia) locket
média ['mɛdʒa] F average; (café) coffee with milk; **em ~** on average; **fazer ~ to** ingratiate o.s.
mediação [medʒja'sãw] F mediation; **por ~ de** through
mediador, a [medʒja'dor(a)] M/F mediator
mediano, -a [me'dʒjanu, a] ADJ medium; (médio) average; (mediócre) mediocre
mediante [me'dʒjãtʃi] PREP by (means of), through; (a troco de) in return for
mediar [me'dʒjar] VT to mediate (for) ▶ VI (ser mediador) to mediate; **a distância que medeia entre** the distance between
medicação [medʒika'sãw] (pl **-ões**) F treatment; (medicamentos) medication
medicamento [medʒika'mẽtu] M medicine
medição [medʒi'sãw] (pl **-ões**) F measurement
medicar [medʒi'kar] VT to treat ▶ VI to practise (BRIT) ou practice (US) medicine; **medicar-se** VR to take medicine, doctor o.s. up
medicina [medʒi'sina] F medicine; **~ legal** forensic medicine
medicinal [medʒisi'naw] (pl **-ais**) ADJ medicinal
médico, -a ['mɛdʒiku, a] ADJ medical ▶ M/F doctor; **receita médica** prescription
médico-cirurgião, médica-cirurgiã (pl **médicos-cirurgiões/médicas-cirurgiãs**) M/F surgeon
medições [medʒi'sõjs] FPL de **medição**
médico-hospitalar (pl **-es**) ADJ hospital and medical
médico-legal (pl **-ais**) ADJ forensic
médico-legista, médica-legista (pl **médicos-legistas/médicas-legistas**) M/F forensic expert (BRIT), medical examiner (US)
medida [me'dʒida] F measure; (providência) step; (medição) measurement; (moderação) prudence; **à ~ que** while, as; **na ~ em que** in so far as; **feito sob ~** made to measure; **software sob ~** bespoke software; **encher as ~s** (satisfazer) to fit the bill; **encher as ~s de alguém** (chatear) to get on sb's wick; **ir além da ~** to go too far; **tirar as ~s de alguém** to take sb's measurements; **tomar ~s** to take steps; **tomar as ~s de** to measure; **~ de emergência/urgência** emergency/urgent measure
medidor [medʒi'dor] M: **~ de pressão** pressure gauge; **~ de gás** gas meter
medieval [medʒje'vaw] (pl **-ais**) ADJ medieval
médio, -a ['mɛdʒju, a] ADJ (dedo, classe) middle; (tamanho, estatura) medium; (mediano) average; **a ~ prazo** in the medium term; **ensino ~** secondary education; **o brasileiro ~** the average Brazilian
mediócre [me'dʒjɔkri] ADJ mediocre
mediocridade [medʒjokri'dadʒi] F mediocrity

mediocrizar [medʒjokri'zar] VT to make mediocre
medir [me'dʒir] VT to measure; (*atos, palavras*) to weigh; (*avaliar: consequências, distâncias*) to weigh up ▶ VI to measure; **medir-se** VR to measure o.s.; **~-se (com alguém)** (*comparar-se*) to be on a par (with sb); **quanto você mede? — meço 1.60 m** how tall are you? — I'm 1.60 m (tall); **a saia mede 80 cm de comprimento** the skirt is 80 cm long; **meça suas palavras!** watch your language!; ~ **alguém dos pés à cabeça** (*fig*) to eye sb up; **não ter mãos a ~** (*fig*) to have one's hands full
meditação [medʒita'sãw] (*pl* **-ões**) F meditation
meditar [medʒi'tar] VI to meditate; **~ sobre algo** to ponder (on) sth
meditativo, -a [medʒita'tʃivu, a] ADJ thoughtful, reflective
mediterrâneo, -a [medʒite'hanju, a] ADJ Mediterranean ▶ M: **o M~** the Mediterranean
médium ['mɛdʒjũ] (*pl* **-ns**) M (*pessoa*) medium
mediunidade [medʒjuni'dadʒi] F second sight
médiuns ['mɛdʒjũs] MPL *de* **médium**
medo ['medu] M fear; **com ~** afraid; **com ~ que** for fear that; **ficar com ~** to get frightened; **meter ~** to be frightening; **meter ~ em alguém** to frighten sb; **ter ~ de** to be afraid of; **ter um ~ que se pela** (*fig*) to be frightened out of one's wits
medonho, -a [me'doɲu, a] ADJ terrible, awful
medrar [me'drar] VI to thrive, flourish; (*col: ter medo*) to get frightened
medroso, -a [me'drozu, ɔza] ADJ (*com medo*) frightened; (*tímido*) timid
medula [me'dula] F marrow
megabyte [mega'bajtʃi] M megabyte
megalomania [megaloma'nia] F megalomania
megalomaníaco, -a [megaloma'niaku, a] ADJ, M/F megalomaniac
megaton [mega'tõ] M megaton
megera [me'ʒɛra] F shrew; (*mãe*) cruel mother
meia ['meja] F stocking; (*curta*) sock; (*meia-entrada*) half-price ticket ▶ NUM six; **(ponto de)** ~ stocking stitch
meia-calça (*pl* **meias-calças**) F tights *pl* (BRIT), panty hose (US)
meia-direita (*pl* **meias-direitas**) F (*Futebol*) inside right ▶ M (*jogador*) inside right
meia-entrada (*pl* **meias-entradas**) F half-price ticket
meia-esquerda (*pl* **meias-esquerdas**) F (*Futebol*) inside left ▶ M (*jogador*) inside left
meia-estação F: **roupa de ~** spring *ou* autumn clothing
meia-idade F middle age; **pessoa de ~** middle-aged person
meia-lua F half moon; (*formato*) semicircle
meia-luz F half light
meia-noite F midnight
meia-tigela F: **de ~** two-bit
meia-volta (*pl* **meias-voltas**) F (*tb Mil*) about-turn (BRIT), about-face (US)
meigo, -a ['mejgu, a] ADJ sweet
meiguice [mej'gisi] F sweetness
meio, -a ['meju, a] ADJ half ▶ ADV a bit, rather ▶ M (*centro*) middle; (*recurso*) means; (*social, profissional*) environment; (*tb*: **meio ambiente**) environment; **meios** MPL (*recursos*) means *pl*; **~ quilo** half a kilo; **um mês e ~** one and a half months; **cortar ao ~** to cut in half; **deixar algo pelo ~** to leave sth half-finished; **dividir algo ~ a ~** to divide sth in half *ou* fifty-fifty; **o quarto do ~** the middle room, the room in the middle; **em ~ a** amid; **no ~ (de)** in the middle (of); **nos ~s financeiros** in financial circles; **~s de comunicação (de massa)** (mass) media *pl*; **~s de comunicação social** social media *pl*; **~s de produção** means *pl* of production; **~ de transporte** means *sg* of transport; **por ~ de** through; **por todos os ~s** by all available means; **não há ~ de chover/de ela chegar cedo** there is no way it's going to rain/she will arrive early; **embolar o ~ de campo** (*fig*) to foul things up
meio-campo (*pl* **meios-campos**) M (*Futebol: jogador*) midfielder; (*: posição*) midfield
meio-dia M midday, noon
meio-feriado (*pl* **meios-feriados**) M half-day holiday
meio-fio (*pl* **meios-fios**) M kerb (BRIT), curb (US)
meio-termo (*pl* **meios-termos**) M (*fig*) compromise
meio-tom (*pl* **meios-tons**) M (*Mús*) semitone; (*nuança*) half-tone
mel [mɛw] M honey
melaço [me'lasu] M treacle (BRIT), molasses *sg* (US)
melado, -a [me'ladu, a] ADJ (*pegajoso*) sticky ▶ M (*melaço*) treacle (BRIT), molasses *sg* (US)
melancia [melã'sia] F watermelon
melancieira [melã'sjejra] F watermelon plant
melancolia [melãko'lia] F melancholy, sadness
melancólico, -a [melã'kɔliku, a] ADJ melancholy, sad
Melanésia [mela'nɛzja] F: **a ~** Melanesia
melão [me'lãw] (*pl* **-ões**) M melon
melar [me'lar] VT to dirty ▶ VI (*gorar*) to flop; **melar-se** VR to get messy
meleca [me'lɛka] (*col*) F snot; (*uma meleca*) bogey; **tirar ~** to pick one's nose; **que ~!** (*col*) what crap! (!)
meleira [me'lejra] F sticky mess
melena [me'lena] F long hair
melhor [me'ʎɔr] ADJ, ADV (*compar*) better; (*superl*) best; **~ que nunca** better than ever; **quanto mais ~** the more the better; **seria ~**

começarmos we had better begin; **tanto ~** so much the better; **~ ainda** even better; **bem ~** much better; **o ~ é ...** the best thing is ...; **levar a ~** to come off best; **ou ~ ...** (*ou antes*) or rather ...; **fiz o ~ que pude** I did the best I could; **no ~ da festa** (*fig: no melhor momento*) when things are (*ou* were) in full swing; (: *inesperadamente*) all of a sudden

melhora [me'ʎɔra] F improvement; **~s!** get well soon!

melhorada [meʎo'rada] (*col*) F: **dar uma ~** to get better

melhoramento [meʎora'mẽtu] M improvement

melhorar [meʎo'rar] VT to improve, make better; (*doente*) to cure ▶ VI to improve, get better; **~ de vida** to improve one's circumstances; **~ no emprego** to get better at one's job

meliante [me'ljãtʃi] M scoundrel; (*vagabundo*) tramp

melindrar [melĩ'drar] VT to offend, hurt; **melindrar-se** VR to take offence (BRIT) *ou* offense (US), be hurt

melindre [me'lĩdri] M sensitivity

melindroso, -a [melĩ'drozu, ɔza] ADJ (*sensível*) sensitive, touchy; (*problema, situação*) tricky; (*operação*) delicate

melodia [melo'dʒia] F melody; (*composição*) tune

melódico, -a [me'lɔdʒiku, a] ADJ melodic

melodrama [melo'drama] M melodrama

melodramático, -a [melodra'matʃiku, a] ADJ melodramatic

meloeiro [me'lwejru] M melon plant

melões [me'lõjs] MPL *de* **melão**

meloso, -a [me'lozu, ɔza] ADJ sweet; (*voz*) mellifluous; (*fig: pessoa*) sweet-talking

melro ['mɛwhu] M blackbird

membrana [mẽ'brana] F membrane

membro ['mẽbru] M member; (*Anat: braço, perna*) limb

membrudo, -a [mẽ'brudu, a] ADJ big; (*fig*) robust

memento [me'mẽtu] M reminder; (*caderneta*) jotter

memorando [memo'rãdu] M (*aviso*) note; (*Com: comunicação*) memorandum

memorável [memo'ravew] (*pl* **-eis**) ADJ memorable

memória [me'mɔrja] F memory; **memórias** FPL (*de autor*) memoirs; **de ~** by heart; **em ~ de** in memory of; **~ fraca** bad memory; **falta de ~** loss of memory; **digno de ~** memorable; **vir à ~** to come to mind; **varrer da ~** (*fig*) to wipe sth from one's memory; **~ RAM** RAM memory; **~ não volátil** non-volatile memory

memorial [memo'rjaw] (*pl* **-ais**) M memorial; (*Jur*) brief

memorizar [memori'zar] VT to memorize

menção [mẽ'sãw] (*pl* **-ões**) F mention, reference; **~ honrosa** honours (BRIT),

honors (US), distinction; **fazer ~ de algo** to mention sth; **fazer ~ de sair** to make as if to leave, begin to leave

mencionar [mẽsjo'nar] VT to mention; **para não ~ ...** not to mention ...; **sem ~ ...** let alone ....

menções [mẽ'sõjs] FPL *de* **menção**

mendicância [mẽdʒi'kãsja] F begging

mendicante [mẽdʒi'kãtʃi] ADJ mendicant ▶ M/F beggar

mendigar [mẽdʒi'gar] VT to beg for ▶ VI to beg

mendigo, -a [mẽ'dʒigu, a] M/F beggar

menear [me'njar] VT (*corpo, cabeça*) to shake; (*quadris*) to swing; **~ a cabeça de modo afirmativo** to nod (one's head)

meneio [me'neju] M (*balanço*) swaying

menina [me'nina] F: **~ do olho** pupil; **ser a ~ dos olhos de alguém** (*fig*) to be the apple of sb's eye; *ver tb* **menino**

meninada [meni'nada] F kids *pl*

meningite [menĩ'ʒitʃi] F meningitis

meninice [meni'nisi] F (*infância*) childhood; (*modos de criança*) childishness; (*ato, dito*) childish thing

menino, -a [me'ninu, a] M/F boy/girl; **seu sorriso de ~** his boyish smile

meninote, -a [meni'nɔtʃi, ta] M/F boy/girl

menopausa [meno'pawza] F menopause

menor [me'nɔr] ADJ (*mais pequeno: compar*) smaller; (: *superl*) smallest; (*mais jovem: compar*) younger; (: *superl*) youngest; (*o mínimo*) least, slightest; (*tb:* **menor de idade**) under age ▶ M/F juvenile, young person; (*Jur*) minor; **~ abandonado** abandoned child; **proibido para ~es** over 18s only; (*filme*) X-certificate (BRIT), X-rated (US); **um ~ de 10 anos** a child of ten; **não tenho a ~ ideia** I haven't the slightest idea

menoridade [menori'dadʒi] F under-age status

(PALAVRA-CHAVE)

menos ['menus] ADJ **1** (*compar*): **menos (do que)** (*quantidade*) less (than); (*número*) fewer (than); **com menos entusiasmo** with less enthusiasm; **menos gente** fewer people
2 (*superl*) least; **é o que tem menos culpa** he is the least to blame
▶ ADV **1** (*compar*): **menos (do que)** less (than); **gostei menos do que do outro** I liked it less than the other one
2 (*superl*): **é o menos inteligente da classe** he is the least bright in his class; **de todas elas a que menos me agrada** out of all of them she's the one I like least; **pelo menos** at (the very) least
3 (*frases*): **temos sete a menos** we are seven short; **não é para menos** it's no wonder; **isso é o de menos** that's nothing
▶ PREP (*exceção*) except; (*números*) minus; **todos menos eu** everyone except (for) me; **5 menos 2** 5 minus 2

▶ CONJ: **a menos que** unless; **a menos que ele venha amanhã** unless he comes tomorrow
▶ M: **o menos** the least

menosprezar [menuspre'zar] VT (*subestimar*) to underrate; (*desprezar*) to despise, scorn
menosprezível [menuspre'zivew] (*pl* **-eis**) ADJ despicable
menosprezo [menus'prezu] M contempt, disdain
mensageiro, -a [mēsa'ʒejru, a] ADJ messenger *atr* ▶ M/F messenger
mensagem [mē'saʒē] (*pl* **-ns**) F message; **~ de erro** (*Comput*) error message; **~ de texto** text (message); **mandar uma ~ de texto para alguém** to text sb; **~ instantânea** instant message
mensal [mē'saw] (*pl* **-ais**) ADJ monthly; **ele ganha £2000 mensais** he earns £2000 a month
mensalidade [mēsali'dadʒi] F monthly payment
mensalmente [mēsaw'mētʃi] ADV monthly
menstruação [mēstrwa'sãw] F period; (*Med*) menstruation
menstruada [mēs'trwada] ADJ having one's period; (*Med*) menstruating
menstrual [mēs'trwaw] (*pl* **-ais**) ADJ menstrual
menstruar [mēs'trwar] VI to menstruate, have a period
mênstruo ['mēstru] M period, menstruation
menta ['mēta] F mint
mental [mē'taw] (*pl* **-ais**) ADJ mental
mentalidade [mētali'dadʒi] F mentality
mentalizar [mētali'zar] VT (*plano*) to conceive; **~ alguém de algo** to make sb realize sth
mente ['mētʃi] F mind; **de boa ~** willingly; **ter em ~** to bear in mind
mentecapto, -a [mētʃi'kaptu, a] ADJ mad, crazy ▶ M/F fool, idiot
mentir [mē'tʃir] VI to lie; **minto!** (!) tell a lie!
mentira [mē'tʃira] F lie; (*ato*) lying; **parece ~ que** it seems incredible that; **de ~** not for real; **~!** (*acusação*) that's a lie!, you're lying; (*de surpresa*) you don't say!, no!
mentiroso, -a [mētʃi'rozu, ɔza] ADJ lying; (*enganoso*) deceitful; (*falso*) deceptive ▶ M/F liar
mentol [mē'tɔw] (*pl* **-óis**) M menthol
mentolado, -a [mēto'ladu, a] ADJ mentholated
mentor [mē'tor] M mentor
menu [me'nu] M (*tb Comput*) menu
mercadinho [merka'dʒiɲu] M local market
mercado [mer'kadu] M market; **~ à vista** spot market; **M~ Comum** Common Market; **~ de capitais** capital market; **~ das pulgas** flea market; **~ de trabalho** labo(u)r market; **~ externo/interno** foreign/domestic *ou* home market; **~ negro** *ou* **paralelo** black market

mercadologia [merkadolo'ʒia] F marketing
mercador [merka'dor] M merchant, trader
mercadoria [merkado'ria] F commodity; **mercadorias** FPL (*produtos*) goods
mercante [mer'kãtʃi] ADJ merchant *atr*
mercantil [merkã'tʃiw] (*pl* **-is**) ADJ mercantile, commercial
mercê [mer'se] F (*favor*) favour (BRIT), favor (US); (*perdão*) mercy; **à ~ de** at the mercy of
mercearia [mersja'ria] F grocer's (shop) (BRIT), grocery store
merceeiro [mer'sjejru] M grocer
mercenário, -a [merse'narju, a] ADJ mercenary ▶ M mercenary
mercúrio [mer'kurju] M mercury; **M~** Mercury
merda ['mɛrda] (!) F shit (!) ▶ M/F (*pessoa*) jerk; **a ~ do carro** the bloody (BRIT) *ou* goddamn (US) car (!); **mandar alguém à ~** to tell sb to piss off (!); **estar numa ~** to be fucked up (!); **~ nenhuma** fuck all (!); **ser uma ~** (*viagem, filme*) to be crap (!)
merecedor, a [merese'dor(a)] ADJ deserving
merecer [mere'ser] VT to deserve; (*consideração*) to merit; (*valer*) to be worth ▶ VI to be worthy
merecido, -a [mere'sidu, a] ADJ deserved; (*castigo, prêmio*) just
merecimento [meresi'mētu] M desert; (*valor, talento*) merit
merenda [me'rēda] F packed lunch; **~ escolar** free school meal
merendar [merē'dar] VI to have school dinner
merendeira [merē'dejra] F (*maleta*) lunch-box; (*funcionária*) dinner-lady
merengue [me'rēgi] M meringue
meretrício [mere'trisju] M prostitution
meretriz [mere'triz] F prostitute
mergulhador, a [merguʎa'dor(a)] ADJ diving ▶ M/F diver
mergulhar [mergu'ʎar] VI (*para nadar*) to dive; (*penetrar*) to plunge ▶ VT: **~ algo em algo** (*num líquido*) to dip sth into sth; (*na terra etc*) to plunge sth into sth; **~ no trabalho/na floresta** to immerse o.s. in one's work/go deep into the forest
mergulho [mer'guʎu] M dip(ping), immersion; (*em natação*) dive; (*voo*) nose-dive; **dar um ~** (*na praia*) to go for a dip
meridiano [meri'dʒjanu] M meridian
meridional [meridʒjo'naw] (*pl* **-ais**) ADJ southern
mérito ['mɛritu] M merit
meritório, -a [meri'tɔrju, a] ADJ meritorious
merluza [mer'luza] F hake
mero, -a ['mɛru, a] ADJ mere
mertiolate® [mertʃjo'latʃi] M antiseptic
mês [mes] M month; **pago por ~** paid by the month; **duas vezes por ~** twice a month; **~ corrente** this month
mesa ['meza] F table; (*de trabalho*) desk; (*comitê*) board; (*numa reunião*) panel; **pôr/tirar a ~** to lay/clear the table; **à ~** at the

table; **por baixo da** ~ (tb fig) under the table; ~ **de bilhar** billiard table; ~ **de cabeceira** bedside table; ~ **de centro** coffee table; ~ **de cozinha/jantar** kitchen/dining table; ~ **de jogo** card table; ~ **de toalete** dressing table; ~ **telefônica** switchboard

mesada [me'zada] F monthly allowance; (de criança) pocket money

mesa-redonda (pl **mesas-redondas**) F round table (discussion)

mescla ['mɛskla] F mixture, blend

mesclar [mes'klar] VT to mix (up); (cores) to blend

meseta [me'zeta] F plateau, tableland

mesmice [mez'misi] F sameness

mesmo, -a ['mezmu, a] ADJ same; (enfático) very ▸ ADV (exatamente) right; (até) even; (realmente) really ▸ M/F: **o ~/a mesma** the same (one); **o ~** (a mesma coisa) the same (thing); **eu ~** I myself; **este ~ homem** this very man; **ele ~ o fez** he did it himself; **o Rei ~** the King himself; **continuar na mesma** to be just the same; **dá no ~ ou na mesma** it's all the same; **aqui/agora/hoje ~** right here/right now/this very day; **~ que** even if; **é ~** it's true; **é ~?** really?; **(é) isso ~!** exactly!, that's right!; **por isso ~** that's why; **~ assim** even so; **nem ~** not even; **~ quando** even when; **só ~** only; **por si ~** by oneself; **..., e estive com o ~ ontem** (referindo-se a pessoa já mencionada) ..., and I was with him yesterday; **ficar na mesma** (não entender) to be none the wiser; **isto para mim é o ~** it's all the same to me; **o ~, por favor!** (num bar etc) the same again, please

mesquinharia [meskiɲa'ria] F meanness; (ato, dito) mean thing

mesquinho, -a [mes'kiɲu, a] ADJ mean

mesquita [mes'kita] F mosque

messias [me'sias] M Messiah

mestiçar-se [mestʃi'sarsi] VR: **~ (com)** to interbreed (with)

mestiço, -a [mes'tʃisu, a] ADJ half-caste, of mixed race; (animal) crossbred ▸ M/F half-caste; half-breed

mestrado [mes'trado] M master's degree; **fazer/tirar o ~** to do/get one's master's (degree)

mestre, -a ['mɛstri, a] ADJ (chave, viga) master; (linha, estrada) main; (qualidade) masterly ▸ M/F master/mistress; (professor) teacher; **de ~** masterly; **obra mestra** masterpiece; **ele é ~ em mentir** he's an expert liar; **~ de cerimônias** MC, master of ceremonies; **~ de obras** foreman

mestre-cuca (pl **mestres-cucas**) (col) M chef

mestria [mes'tria] F mastery; (habilidade) expertise; **com ~** to perfection

mesura [me'zura] F (cumprimento) bow; (cortesia) courtesy; **cheio de ~s** cap in hand

meta ['mɛta] F (em corrida) finishing post; (regata) finishing line; (gol) goal; (objetivo) aim, goal

663 | **mesada – metodologia**

metabolismo [metabo'lizmu] M metabolism

metade [me'tadʒi] F half; (meio) middle; **~ de uma laranja** half an orange; **pela ~** halfway through

metafísica [meta'fizika] F metaphysics sg

metafísico, -a [meta'fiziku, a] ADJ metaphysical

metáfora [me'tafora] F metaphor

metafórico, -a [meta'fɔriku, a] ADJ metaphorical

metal [me'taw] (pl **-ais**) M metal; **metais** MPL (Mús) brass sg

metálico, -a [me'taliku, a] ADJ metallic; (de metal) metal atr

metalinguagem [metalĩ'gwaʒẽ] (pl **-ns**) F metalanguage

metalizado, -a [metali'zadu, a] ADJ (papel etc) metallic

metalurgia [metalur'ʒia] F metallurgy

metalúrgica [meta'lurʒika] F metal works sg; ver tb **metalúrgico**

metalúrgico, -a [meta'lurʒiku, a] ADJ metallurgical ▸ M/F metalworker

metamorfose [metamor'fɔzi] F metamorphosis

metamorfosear [metamorfo'zjar] VT: **~ alguém em algo** to transform sb into sth

metano [me'tanu] M methane

meteórico, -a [mete'ɔriku, a] ADJ meteoric

meteorito [meteo'ritu] M meteorite

meteoro [me'tjɔru] M meteor

meteorologia [meteorolo'ʒia] F meteorology

meteorológico, -a [meteoro'lɔʒiku, a] ADJ meteorological

meteorologista [meteorolo'ʒista] M/F meteorologist; (TV, Rádio) weather forecaster

meter [me'ter] VT (colocar) to put; (envolver) to involve; (introduzir) to introduce; **meter-se** VR (esconder-se) to hide; (retirar-se) to closet o.s.; **~-se a fazer algo** to decide to have a go at sth; **~-se a médico** to fancy oneself as a doctor; **~-se com** (provocar) to pick a quarrel with; (associar-se) to get involved with; **meta-se com a sua vida** mind your own business; **~-se em** to get involved in; (intrometer-se) to interfere in; **~ na cabeça** to take it into one's head; **~-se na cama** to get into bed; **~-se onde não é chamado** to poke one's nose in(to other people's business)

meticulosidade [metʃikulozi'dadʒi] F meticulousness

meticuloso, -a [metʃiku'lozu, ɔza] ADJ meticulous

metido, -a [me'tʃidu, a] ADJ (envolvido) involved; (intrometido) meddling; **~ (a besta)** snobbish

metódico, -a [me'tɔdʒiku, a] ADJ methodical

metodismo [meto'dʒizmu] M (Rel) Methodism

metodista [meto'dʒista] ADJ, M/F Methodist

método ['mɛtodu] M method

metodologia [metodolo'ʒia] F methodology

metragem [me'traʒē] F length (in metres (BRIT) ou meters (US)); (Cinema) footage, length; **filme de longa/curta ~** feature ou full-length/short film
metralhadora [metraʎa'dora] F machine gun
metralhar [metra'ʎar] VT (ferir, matar) to shoot; (fazer fogo contra) to spray with machine-gun fire
métrica ['mɛtrika] F (em poesia) metre (BRIT), meter (US)
métrico, -a ['mɛtriku, a] ADJ metric
metro ['mɛtru] M metre (BRIT), meter (US); (PT: metropolitano) underground (BRIT), subway (US); **~ quadrado/cúbico** square/cubic metre
metrô [me'tro] (BR) M underground (BRIT), subway (US)
metrópole [me'trɔpoli] F metropolis; (capital) capital
metropolitano, -a [metropoli'tanu, a] ADJ metropolitan ▶ M (PT) underground (BRIT), subway (US)
metroviário, -a [metro'vjarju, a] ADJ underground atr (BRIT), subway atr (US) ▶ M/F underground (BRIT) ou subway (US) worker
meu, minha [mew, 'miɲa] ADJ my ▶ PRON mine; **os meus** MPL (minha família) my family ou folks (col); **um amigo ~** a friend of mine; **este livro é ~** this book is mine; **estou na minha** I'm minding my own business
MEx (BR) ABR M = **Ministério do Exército**
mexer [me'ʃer] VT (mover) to move; (cabeça: dizendo sim) to nod; (: dizendo não) to shake; (misturar) to stir; (ovos) to scramble ▶ VI (mover) to move; **mexer-se** VR to move; (apressar-se) to get a move on; **~ com algo** (trabalhar) to work with sth; (comerciar) to deal in sth; **~ com alguém** (provocar) to tease sb; (comover) to have a profound effect on sb, get to sb (col); **~ em algo** to touch sth; **mexa-se!** get going!, move yourself!
mexerica [meʃe'rika] F tangerine, satsuma
mexericar [meʃeri'kar] VI to gossip
mexerico [meʃe'riku] M piece of gossip; **mexericos** MPL (fofocas) gossip sg
mexeriqueiro, -a [meʃeri'kejru, a] ADJ gossiping ▶ M/F gossip, busybody
mexicano, -a [meʃi'kanu, a] ADJ, M/F Mexican
México ['mɛʃiku] M: **o ~** Mexico; **a Cidade do ~** Mexico City
mexida [me'ʃida] F mess, disorder
mexido, -a [me'ʃidu, a] ADJ (papéis) mixed up; (ovos) scrambled
mexilhão [meʃi'ʎāw] (pl **-ões**) M mussel
mezanino [meza'ninu] M mezzanine (floor)
MF (BR) ABR M = **Ministério da Fazenda**
MG (BR) ABR = **Minas Gerais**
mg ABR (= miligrama) mg
mi [mi] M (Mús) E
miado ['mjadu] M miaow
miar [mjar] VI to miaow; (vento) to whistle
miasma ['mjazma] M (fig) decay

miau [mjaw] M miaow
MIC (BR) ABR M = **Ministério de Indústria e Comércio**
miçanga [mi'sāga] F beads pl
micção [mik'sāw] F urination
michê [mi'ʃe] M (col) rent boy
mico ['miku] M capuchin monkey
micose [mi'kɔzi] F mycosis
micro... [mikru] PREFIXO micro...
micróbio [mi'krɔbju] M germ, microbe
microblog, microblogue [mikro'blɔgi] M microblog
microcirurgia [mikrosirur'ʒia] F microsurgery
microcosmo [mikro'kɔzmu] M microcosm
microempresa [mikroē'preza] F small business
microfilme [mikro'fiwmi] M microfilm
microfone [mikro'fɔni] M microphone
Micronésia [mikro'nɛzja] F: **a ~** Micronesia
micro-onda [mikro'ōda] F microwave
micro-ondas [mikro'ōdas] M INV microwave
micro-ônibus [mikro'onibus] M INV minibus
microprocessador [mikroprosesa'dor] M microprocessor
microrganismo [mikrorga'nizmu] M microorganism
microscópico, -a [mikro'skɔpiku, a] ADJ microscopic
microscópio [mikro'skɔpju] M microscope
mídi ['midʒi] ADJ INV midi
mídia [midʒja] F media pl; **~s sociais** social media pl
migalha [mi'gaʎa] F crumb; **migalhas** FPL (restos, sobras) scraps
migração [migra'sāw] (pl **-ões**) F migration
migrar [mi'grar] VI to migrate
migratório, -a [migra'tɔrju, a] ADJ migratory; **aves migratórias** birds of passage
miguel [mi'gɛw] (pl **-eis**) (col) M (banheiro) loo (BRIT), john (US)
mijada [mi'ʒada] (col) F pee; **dar uma ~** to have a pee
mijar [mi'ʒar] (col) VI to pee; **mijar-se** VR to wet o.s.
mijo ['miʒu] (col) M pee
mil [miw] NUM thousand; **dois ~** two thousand; **estar a ~** (col) to be buzzing
milagre [mi'lagri] M miracle; **por ~** miraculously
milagroso, -a [mila'grozu, ɔza] ADJ miraculous
milenar [mile'nar] ADJ thousand-year-old; (fig) ancient
milênio [mi'lenju] M millennium
milésimo, -a [mi'lɛzimu, a] NUM thousandth
mil-folhas F INV (massa) millefeuille pastry; (doce) cream slice
milha ['miʎa] F mile; (col: mil cruzeiros): **dez ~s** ten grand; **~ marítima** nautical mile
milhão [mi'ʎāw] (pl **-ões**) M million; **um ~ de vezes** hundreds of times; **adorei milhões!** (col) I loved it!

milhar [mi'ʎar] M thousand; **turistas aos ~es** tourists in their thousands
milharal [miʎa'raw] (*pl* **-ais**) M maize (*BRIT*) *ou* corn (*US*) field
milho ['miʎu] M maize (*BRIT*), corn (*US*)
milhões [mi'ʎõjs] MPL *de* **milhão**
miliardário, -a [miljar'darju, a] ADJ, M/F billionaire
milícia [mi'lisja] F (*Mil*) militia; (: *vida*) military life; (: *força*) military force
milico [mi'liku] (*col*) M military type
miligrama [mili'grama] M milligram(me)
mililitro [mili'litru] M millilitre (*BRIT*), milliliter (*US*)
milímetro [mi'limetru] M millimetre (*BRIT*), millimeter (*US*)
milionário, -a [miljo'narju, a] ADJ, M/F millionaire
milionésimo, -a [miljo'nɛzimu, a] NUM millionth
militância [mili'tãsja] F militancy
militante [mili'tãtʃi] ADJ, M/F militant
militar [mili'tar] ADJ military ▶ M soldier ▶ VI to fight; **~ em** (*Mil*: *regimento*) to serve in; (*Pol*: *partido*) to belong to, be active in; (*profissão*) to work in
militarismo [milita'rizmu] M militarism
militarista [milita'rista] ADJ, M/F militarist
militarizar [militari'zar] VT to militarize
mil-réis M INV *former unit of currency in Brazil and Portugal*
mim [mĩ] PRON me; (*reflexivo*) myself; **de ~ para ~** to myself
mimado, -a [mi'madu, a] ADJ spoiled, spoilt (*BRIT*)
mimar [mi'mar] VT to pamper, spoil
mimeógrafo [mime'ɔgrafu] M duplicating machine
mimetismo [mime'tʃizmu] M (*Bio*) mimicry
mímica ['mimika] F mime; (*jogo*) charades; *ver tb* **mímico**
mímico, -a ['mimiku, a] M/F mime artist
mimo ['mimu] M (*presente*) gift; (*pessoa, coisa encantadora*) delight; (*carinho*) tenderness; (*gentileza*) kindness; **cheio de ~s** (*criança*) spoiled, spoilt (*BRIT*)
mimoso, -a [mi'mozu, ɔza] ADJ (*delicado*) delicate; (*carinhoso*) tender, loving; (*encantador*) delightful
MIN (*BR*) ABR M = **Ministério do Interior**
min. ABR (= *mínimo*) min.
mina ['mina] F mine; (*fig*: *de riquezas*) gold mine; (: *de informações*) mine of information; (*col*: *garota*) girl; **~ de carvão** coal mine; **~ de ouro** (*tb fig*) gold mine
minar [mi'nar] VT to mine; (*fig*) to undermine
minarete [mina'retʃi] M minaret
Minc (*BR*) ABR M = **Ministério da Cultura**
mindinho [mĩ'dʒiɲu] M (*tb*: **dedo mindinho**) little finger
mineiro, -a [mi'nejru, a] ADJ mining *atr*; (*de Minas Gerais*) from Minas Gerais ▶ M/F miner; person from Minas Gerais

mineração [minera'sãw] F mining
mineral [mine'raw] (*pl* **-ais**) ADJ, M mineral
mineralogia [mineralo'ʒia] F mineralogy
minerar [mine'rar] VT, VI to mine
minério [mi'nɛrju] M ore; **~ de ferro** iron ore
mingau [mĩ'gaw] M (*tb*: **mingau de aveia**) porridge; (*fig*) slop
míngua ['mĩgwa] F lack; **à ~ de** for want of; **viver à ~** to live in poverty
minguado, -a [mĩ'gwadu, a] ADJ scant; (*criança*) stunted; **~ de algo** short of sth
minguante [mĩ'gwãtʃi] ADJ waning; **(quarto) ~** (*Astronomia*) last quarter
minguar [mĩ'gwar] VI (*diminuir*) to decrease, dwindle; (*faltar*) to run short
minha ['miɲa] F *de* **meu**
minhoca [mi'ɲɔka] F (earth)worm; (*col*: *bobagem*) daft idea; **~ da terra** (*fig*: *caipira*) country person
míni ['mini] ADJ INV mini ▶ M minicomputer
míni... [mini] PREFIXO mini...
miniatura [minja'tura] ADJ, F miniature
minicomputador [minikõputa'dor] M minicomputer
mínima ['minima] F (*temperatura*) low; (*Mús*) minim
minimalista [minima'lista] ADJ (*fig*) stark
minimizar [minimi'zar] VT to minimize; (*subestimar*) to play down
mínimo, -a ['minimu, a] ADJ minimum ▶ M minimum; (*tb*: **dedo mínimo**) little finger; **não dou** *ou* **ligo a mínima para isso** I couldn't care less about it; **a mínima importância/ ideia** the slightest importance/idea; **o ~ que podem fazer** the least they can do; **no ~** at least; **no ~ às 11 horas** at 11.00 at the earliest
minissaia [mini'saja] F miniskirt
ministerial [ministe'rjaw] (*pl* **-ais**) ADJ ministerial
ministeriável [ministe'rjavew] (*pl* **-eis**) ADJ eligible to be a minister
ministério [mini'stɛrju] M ministry; **M~ da Fazenda** ≈ Treasury (*BRIT*), ≈ Treasury Department (*US*); **M~ do Interior** ≈ Home Office (*BRIT*), ≈ Department of the Interior (*US*); **M~ da Marinha/Educação/Saúde** ≈ Admiralty/Ministry of Education/Health; **M~ das Relações Exteriores** ≈ Foreign Office (*BRIT*), ≈ State Department (*US*); **M~ do Trabalho** ≈ Department of Employment (*BRIT*) *ou* Labor (*US*); **~ público** public prosecution service
ministrar [minis'trar] VT (*dar*) to supply; (*remédio*) to administer; (*aulas*) to give ▶ VI to serve as a minister
ministro, -a [mi'nistru, a] M/F minister; **~ da Fazenda** ≈ Chancellor of the Exchequer (*BRIT*), ≈ Head of the Treasury Department (*US*); **~ do Interior** ≈ Home Secretary (*BRIT*); **~ das Relações Exteriores** ≈ Foreign Secretary (*BRIT*), ≈ Head of the State Department (*US*); **~ sem pasta** minister without portfolio

minorar [mino'rar] VT to lessen, reduce
Minorca [mi'nɔrka] F Menorca
minoria [mino'ria] F minority
minoritário, -a [minori'tarju, a] ADJ minority *atr*
minto *etc* ['mĩtu] VB *ver* **mentir**
minúcia [mi'nusja] F detail
minucioso, -a [minu'sjozu, ɔza] ADJ (*indivíduo, busca*) thorough; (*explicação*) detailed
minúsculo, -a [mi'nuskulu, a] ADJ minute, tiny; **letra minúscula** lower case letter
minuta [mi'nuta] F (*rascunho*) draft; (*Culin*) dish cooked to order; **~ de contrato** draft contract
minutar [minu'tar] VT to draft
minuto [mi'nutu] M minute
miolo ['mjolu] M inside; (*polpa*) pulp; (*de maçã*) core; **miolos** MPL (*cérebro, inteligência*) brains
míope ['miopi] ADJ short-sighted ▶ M/F myopic
miopia [mjo'pia] F short-sightedness, myopia
miosótis [mjo'zɔtʃis] M INV (*Bot*) forget-me-not
mira ['mira] F (*de fuzil*) sight; (*pontaria*) aim; (*fig*) aim, purpose; **à ~ de** on the lookout for; **ter em ~** to have one's eye on
mirabolante [mirabo'lãtʃi] ADJ (*roupa*) showy, loud; (*plano*) ambitious; (*surpreendente*) amazing
mirada [mi'rada] F look
miradouro [mira'doru] M viewpoint, belvedere
miragem [mi'raʒẽ] (*pl* -**ns**) F mirage
miramar [mira'mar] M sea view
mirante [mi'rãtʃi] M viewpoint, belvedere
mirar [mi'rar] VT to look at; (*observar*) to watch; (*apontar para*) to aim at ▶ VI: **~ em** to aim at; **mirar-se** VR to look at o.s.; **~ para** to look onto
miríade [mi'riadʒi] F myriad
mirim [mi'rĩ] (*pl* -**ns**) ADJ little
mirrado, -a [mi'hadu, a] ADJ (*planta*) withered; (*pessoa*) haggard
mirrar-se [mi'harsi] VR (*planta*) to wither, dry up; (*pessoa*) to waste away
misantropo, -a [mizã'tropu, a] ADJ misanthropic ▶ M/F misanthrope
miscelânea [mise'lanja] F miscellany; (*confusão*) muddle
miscigenação [misiʒena'sãw] F interbreeding
mise-en-plis [mizã'pli] M shampoo and set
miserável [mize'ravew] (*pl* -**eis**) ADJ (*digno de compaixão*) wretched; (*pobre*) impoverished; (*avaro*) stingy, mean; (*insignificante*) paltry; (*lugar*) squalid; (*infame*) despicable ▶ M (*indigente*) wretch; (*coitado*) poor thing; (*pessoa infame*) rotter
miserê [mize're] (*col*) M poverty, pennilessness
miséria [mi'zɛrja] F (*estado lastimável*) misery; (*pobreza*) poverty; (*avareza*) stinginess; **chorar ~** to complain that one is hard up; **fazer ~s** (*col*) to do wonders; **ganhar/custar uma ~** to earn/cost a pittance; **ser uma ~** (*col*) to be awful
misericórdia [mizeri'kɔrdʒja] F (*compaixão*) pity, compassion; (*graça*) mercy
misógino, -a [mi'zɔʒinu, a] ADJ misogynistic ▶ M misogynist
missa ['misa] F (*Rel*) mass; **não saber da ~ a metade** (*col*) not to know the half of it
missal [mi'saw] (*pl* -**ais**) M missal
missão [mi'sãw] (*pl* -**ões**) F mission; (*dever*) duty; (*incumbência*) job
misse ['misi] F beauty queen
míssil ['misiw] (*pl* -**eis**) M missile; **~ balístico/guiado** ballistic/guided missile; **~ de curto/médio/longo alcance** short-/medium-/long-range missile
missionário, -a [misjo'narju, a] M/F missionary
missiva [mi'siva] F missive
missões [mi'sõjs] FPL *de* **missão**
mister [mis'ter] M (*ocupação*) occupation; (*trabalho*) job; **ser ~** to be necessary; **ter-se ~ de algo** to need sth; **não há ~ de** there's no need for
mistério [mis'tɛrju] M mystery; **fazer ~ de algo** to make a mystery of sth; **não ter ~** to be straightforward
misterioso, -a [miste'rjozu, ɔza] ADJ mysterious
misticismo [mistʃi'sizmu] M mysticism
místico, -a ['mistʃiku, a] ADJ, M/F mystic
mistificar [mistʃifi'kar] VT, VI to fool
misto, -a ['mistu, a] ADJ mixed; (*confuso*) mixed up; (*escola*) mixed ▶ M mixture
misto-quente (*pl* **mistos-quentes**) M toasted cheese and ham sandwich
mistura [mis'tura] F mixture; (*ato*) mixing
misturada [mistu'rada] F jumble
misturar [mistu'rar] VT to mix; (*confundir*) to mix up; **misturar-se** VR: **~-se com** to mingle with
mítico, -a ['mitʃiku, a] ADJ mythical
mitificar [mitʃifi'kar] VT to mythicize; (*mulher, estrela*) to idolize
mitigar [mitʃi'gar] VT (*raiva*) to temper; (*dor*) to relieve; (*sede*) to lessen
mito ['mitu] M myth
mitologia [mitolo'ʒia] F mythology
mitológico, -a [mito'lɔʒiku, a] ADJ mythological
miudezas [mju'dezas] FPL minutiae; (*bugigangas*) odds and ends; (*objetos pequenos*) trinkets
miúdo, -a ['mjudu, a] ADJ (*pequeno*) tiny, minute ▶ M/F (PT: *criança*) youngster, kid; **miúdos** MPL (*dinheiro*) change *sg*; (*de aves*) giblets; **dinheiro ~** small change; **trocar em ~s** (*fig*) to spell it out
mixa ['miʃa] (*col*) ADJ (*insignificante*) measly; (*de má qualidade*) crummy; (*festa*) dull
mixagem [mik'saʒẽ] F mixing

mixar¹ [mi'ʃar] VT to mess up ▶ VI (gorar) to go down the drain; (acabar) to finish
mixar² [mik'sar] VT (sons) to mix
mixaria [miʃa'ria] (col) F (coisa sem valor) trifle; (insignificância) trivial matter
mixórdia [mi'ʃɔrdʒja] F mess, jumble
MJ ABR M = **Ministério da Justiça**
MM ABR M = **Ministério da Marinha**
mm ABR (= milímetro) mm
MME (BR) ABR M = **Ministério de Minas e Energia**
mnemônico, -a [mne'moniku, a] ADJ mnemonic
mo [mu] PRON = **me + o**
mó [mɔ] F (de moinho) millstone; (para afiar) grindstone
moa etc ['moa] VB ver **moer**
moagem ['mwaʒē] F grinding
móbil ['mɔbiw] (pl **-eis**) ADJ = **móvel**
mobilar [mobi'lar] (PT) VT to furnish
móbile ['mɔbili] M mobile
mobília [mo'bilja] F furniture
mobiliar [mobi'ljar] (BR) VT to furnish
mobiliária [mobi'ljarja] F furniture shop
mobiliário [mobi'ljarju] M furnishings pl
mobilidade [mobili'dadʒi] F mobility; (fig: de espírito) changeability
mobilização [mobiliza'sāw] F mobilization
mobilizar [mobili'zar] VT to mobilize; (movimentar) to move
Mobral [mo'braw] ABR M = **Movimento Brasileiro de Alfabetização**
moça ['mosa] F girl, young woman
moçada [mo'sada] F (moços) boys pl; (moças) girls pl
moçambicano, -a [mosābi'kanu, a] ADJ, M/F Mozambican
Moçambique [mosā'biki] M Mozambique
moção [mo'sāw] (pl **-ões**) F motion
mocassim [moka'sī] (pl **-ns**) M moccasin; (sapato esporte) slip-on
mochila [mo'ʃila] F rucksack
mochilão [moʃi'lāw] M backpacking trip; **fazer um ~** to go backpacking
mocidade [mosi'dadʒi] F youth; (os moços) young people pl
mocinho, -a [mo'siɲu, a] M/F little boy/girl ▶ M (herói) hero, good guy
moço, -a ['mosu, a] ADJ young ▶ M young man, lad; **~ de bordo** ordinary seaman; **~ de cavalariça** groom
moções [mo'sōjs] FPL de **moção**
mocorongo, -a [moko'rõgu, a] (col) M/F country bumpkin
moda ['mɔda] F fashion; **estar na ~** to be in fashion, be all the rage; **fora da ~** old-fashioned; **sair da** ou **cair de ~** to go out of fashion; **a última ~** the latest fashion; **à ~ brasileira** in the Brazilian way; **ele faz tudo à sua ~** he does everything his own way; **fazer ~** to make up stories
modalidade [modali'dadʒi] F kind; (Esporte) event

modelagem [mode'laʒē] F modelling; **~ do corpo** bodybuilding
modelar [mode'lar] VT to model; (assinalar os contornos de) to shape, highlight; **modelar-se** VR: **~(-se) a algo** to model (o.s.) on sth
modelista [mode'lista] M/F designer
modelo [mo'delu] M model; (criação de estilista) design; (pessoa admirada) role-model ▶ M/F (manequim) model
modem ['modē] (pl **-ns**) M modem
moderação [modera'sāw] (pl **-ões**) F moderation
moderado, -a [mode'radu, a] ADJ moderate; (clima) mild
moderar [mode'rar] VT to moderate; (violência) to control, restrain; (velocidade) to reduce; (voz) to lower; (gastos) to cut down; **moderar-se** VR to control o.s.
modernidade [moderni'dadʒi] F modernity
modernismo [moder'nizmu] M modernism
modernização [moderniza'sāw] (pl **-ões**) F modernization
modernizar [moderni'zar] VT to modernize; **modernizar-se** VR to modernize
moderno, -a [mo'dɛrnu, a] ADJ modern; (atual) present-day
modernoso, -a [moder'nozu, ɔza] ADJ newfangled
módess® ['mɔdes] (col) M INV sanitary towel (BRIT) ou napkin (US)
modéstia [mo'dɛstʃja] F modesty
modesto, -a [mo'dɛstu, a] ADJ modest; (simples) simple, plain; (vida) frugal
módico, -a ['mɔdʒiku, a] ADJ moderate; (preço) reasonable; (bens) scant
modificação [modʒifika'sāw] (pl **-ões**) F modification
modificar [modʒifi'kar] VT to modify, alter
modinha [mo'dʒiɲa] F popular song, tune
modismo [mo'dʒizmu] M idiom
modista [mo'dʒista] F dressmaker
modo ['modu] M (maneira) way, manner; (método) way; (Ling) mood; (Mús) mode; **modos** MPL (comportamento) manners; **~ de pensar** way of thinking; **de (tal) ~ que** so (that); **de ~ nenhum** in no way; **de qualquer ~** anyway, anyhow; **tenha ~s!** behave yourself!; **de ~ geral** in general; **~ de andar** way of walking, walk; **~ de escrever** style of writing; **~ de emprego** instructions pl for use; **~ de ser** way (of being), manner; **~ de vida** way of life
modorra [mo'doha] F (sonolência) drowsiness; (letargia) lethargy
modulação [modula'sāw] (pl **-ões**) F modulation; **~ de frequência** frequency modulation
modular [modu'lar] VT to modulate ▶ ADJ modular
módulo ['mɔdulu] M module; **~ lunar** lunar module
moeda ['mwɛda] F (uma moeda) coin; (dinheiro) currency; **uma ~ de 50p** a 50p piece;

~ corrente currency; **pagar na mesma ~** to give tit for tat; **Casa da M~** ≈ the (Royal) Mint (BRIT), ≈ the (US) Mint (US); **~ falsa** forged money; **~ forte** hard currency
moedor [moe'dor] M (de café) grinder; (de carne) mincer
moenda ['mwẽda] F grinding equipment
moer [mwer] VT (café) to grind; (cana) to crush; (bater) to beat; (cansar) to tire out
mofado, -a [mo'fadu, a] ADJ mouldy (BRIT), moldy (US)
mofar [mo'far] VI to go mouldy (BRIT) ou moldy (US); (na prisão) to rot; (ficar esperando) to hang around; (zombar) to mock, scoff ▶ VT to cover in mo(u)ld
mofo ['mofu] M (Bot) mould (BRIT), mold (US); **cheiro de ~** musty smell
mogno ['mɔgnu] M mahogany
mói etc [mɔj] VB ver **moer**
moía etc [mo'ia] VB ver **moer**
moído, -a [mo'idu, a] PP de **moer** ▶ ADJ (café) ground; (carne) minced; (cansado) tired out; (corpo) aching
moinho ['mwiɲu] M mill; (de café) grinder; **~ de vento** windmill
moisés [moj'zɛs] M INV carry-cot
moita ['mɔjta] F thicket; **~!** mum's the word!; **na ~** (fig) on the quiet; **ficar na ~** (fazer segredo) to keep quiet, not say a word; (ficar na expectativa) to stand by
mola ['mɔla] F (Tec) spring; (fig) motive, motivation
molambo [mo'lãbu] M rag
molar [mo'lar] M molar (tooth)
moldar [mow'dar] VT to mould (BRIT), mold (US); (metal) to cast; (fig) to mo(u)ld, shape
Moldávia [mow'davja] F: **a ~** Moldavia
molde ['mɔwdʒi] M mould (BRIT), mold (US); (de papel) pattern; (fig) model; **~ de vestido** dress pattern
moldura [mow'dura] F (de pintura) frame; (ornato) moulding (BRIT), molding (US)
moldurar [mowdu'rar] VT to frame
mole ['mɔli] ADJ (macio, fofo) soft; (sem energia) listless; (carnes) flabby; (col: fácil) easy; (pessoa: sentimental) soft; (lento) slow; (preguiçoso) sluggish ▶ ADV (facilmente) easily; (lentamente) slowly
moleca [mo'lɛka] F urchin; (menina) youngster
molecada [mole'kada] F urchins pl
molecagem [mole'kaʒẽ] (pl **-ns**) F (de criança) prank; (sujeira) dirty trick; (brincadeira) joke
molécula [mo'lɛkula] F molecule
molecular [moleku'lar] ADJ molecular
molejo [mo'leʒu] M (de carro) suspension; (col: de pessoa) wiggle
moleque [mo'lɛki] M (de rua) urchin; (menino) youngster; (pessoa sem palavra) unreliable person; (canalha) scoundrel ▶ ADJ (levado) mischievous; (brincalhão) funny
molestar [moles'tar] VT (ofender) to upset; (enfadar) to annoy; (importunar) to bother

moléstia [mo'lɛstʃja] F illness
molesto, -a [mo'lɛstu, a] ADJ tiresome; (prejudicial) unhealthy
moletom [mole'tõ] (pl **-ns**) M (de lã) fleece; (de algodão) sweatshirt material; **blusa de ~** sweatshirt
moleza [mo'leza] F softness; (falta de energia) listlessness; (falta de força) weakness; **ser (uma) ~** (col) to be easy; **na ~** without exerting oneself
molhada [mo'ʎada] F soaking
molhado, -a [mo'ʎadu, a] ADJ wet, damp
molhar [mo'ʎar] VT to wet; (de leve) to moisten, dampen; (mergulhar) to dip; **molhar-se** VR to get wet; (col: urinar) to wet o.s.
molhe ['mɔʎi] (PT) M jetty; (cais) wharf, quay
molheira [mo'ʎejra] F sauce boat; (para carne) gravy boat
molho¹ ['mɔʎu] M (de chaves) bunch; (de trigo) sheaf
molho² ['mɔʎu] M (Culin) sauce; (: de salada) dressing; (: de carne) gravy; **pôr de ~** to soak; **estar/deixar de ~** (roupa etc) to be/leave to soak; **estar/ficar de ~** (fig) to be/stay in bed; **~ branco** white sauce; **~ inglês** Worcester sauce
molinete [moli'netʃi] M reel; (caniço) fishing rod
moloide [mo'lɔjdʒi] (col) ADJ slow ▶ M/F lazy-bones
molusco [mo'lusku] M mollusc (BRIT), mollusk (US)
momentâneo, -a [momẽ'tanju, a] ADJ momentary
momento [mo'mẽtu] M moment; (Tec) momentum; **a todo ~** constantly; **de um ~ para outro** suddenly; **no ~ em que** just as; **no/neste ~** at the/this moment; **a qualquer ~** at any moment
Mônaco ['monaku] M Monaco
monarca [mo'narka] M/F monarch, ruler
monarquia [monar'kia] F monarchy
monarquista [monar'kista] ADJ, M/F monarchist
monastério [monas'tɛrju] M monastery
monástico, -a [mo'nastʃiku, a] ADJ monastic
monção [mõ'sãw] (pl **-ões**) F monsoon
mondar [mõ'dar] (PT) VT (ervas daninhas) to pull up; (árvores) to prune; (fig) to weed out
monetário, -a [mone'tarju, a] ADJ monetary; **correção monetária** currency adjustment
monetarismo [moneta'rizmu] M monetarism
monetarista [moneta'rista] ADJ, M/F monetarist
monge ['mõʒi] M monk
mongol [mõ'gow] (pl **-óis**) ADJ, M/F Mongol, Mongolian
Mongólia [mõ'gɔlja] F: **a ~** Mongolia
mongolismo [mõgo'lizmu] M (Med) mongolism
mongoloide [mõgo'lɔjdʒi] ADJ, M/F (ofensivo) mongol

monitor [moni'tor] M monitor
monitorar [monito'rar] VT to monitor
monitorizar [monitori'zar] VT = **monitorar**
monja ['mõʒa] F nun
monocromo, -a [mono'krɔmu, a] ADJ monochrome
monóculo [mo'nɔkulu] M monocle
monocultura [monokuw'tura] F monoculture
monogamia [monoga'mia] F monogamy
monogâmico, -a [mono'gamiku, a] ADJ monogamous
monógamo, -a [mo'nɔgamu, a] ADJ monogamous
monograma [mono'grama] M monogram
monologar [monolo'gar] VI to talk to o.s.; (*Teatro*) to speak a monologue ▶ VT to say to o.s.
monólogo [mo'nɔlogu] M monologue
monoplano [mono'planu] M monoplane
monopólio [mono'pɔlju] M monopoly
monopolizar [monopoli'zar] VT to monopolize
monossilábico, -a [monosi'labiku, a] ADJ monosyllabic
monossílabo [mono'silabu] M monosyllable; **responder por ~s** to reply in monosyllables
monotonia [monoto'nia] F monotony
monótono, -a [mo'nɔtonu, a] ADJ monotonous
monotrilho [mono'triʎu] M monorail
monóxido [mo'nɔksidu] M: **~ de carbono** carbon monoxide
monsenhor [mõse'ɲor] M monsignor
monstro, -a ['mõstru, a] ADJ INV giant ▶ M (*tb fig*) monster; **~ sagrado** superstar
monstruosidade [mõstrwozi'dadʒi] F monstrosity
monstruoso, -a [mõ'strwozu, ɔza] ADJ monstrous; (*enorme*) gigantic, huge
monta ['mõta] F: **de pouca ~** trivial, of little account
montador, a [mõta'dor(a)] M/F (*Cinema*) editor
montagem [mõ'taʒẽ] (*pl* **-ns**) F assembly; (*Arq*) erection; (*Cinema*) editing; (*Teatro*) production
montanha [mõ'taɲa] F mountain
montanha-russa F roller coaster
montanhês, -esa [mõta'ɲes, eza] ADJ mountain *atr* ▶ M/F highlander
montanhismo [mõta'ɲizmu] M mountaineering
montanhista [mõta'ɲista] M/F mountaineer ▶ ADJ mountaineering
montanhoso, -a [mõta'ɲozu, ɔza] ADJ mountainous
montante [mõ'tãtʃi] M amount, sum ▶ ADJ (*maré*) rising; **a ~** (*nadar*) upstream
montão [mõ'tãw] (*pl* **-ões**) M heap, pile
montar [mõ'tar] VT (*cavalo*) to mount, get on; (*colocar em*) to put on; (*cavalgar*) to ride; (*peças*) to assemble, put together; (*loja, máquina*) to set up; (*casa*) to put up; (*peça teatral*) to put on ▶ VI to ride; **~ a ou em** (*animal*) to get on; (*cavalgar*) to ride; (*despesa*) to come to
montaria [mõta'ria] F (*cavalgadura*) mount
monte ['mõtʃi] M hill; (*pilha*) heap, pile; **um ~ de** (*muitos*) a lot of, lots of; **gente aos ~s** loads of people
montepio [mõtʃi'piu] M (*pensão*) pension; (*fundo*) trust fund
montês [mõ'tes] ADJ: **cabra ~** mountain goat
Montevidéu [mõtʃivi'dɛw] N Montevideo
montoeira [mõ'twejra] F stack
montões [mõ'tõjs] MPL *de* **montão**
montra ['mõtra] (*PT*) F shop window
monumental [monumẽ'taw] (*pl* **-ais**) ADJ monumental; (*fig*) magnificent, splendid
monumento [monu'mẽtu] M monument
moqueca [mo'kɛka] F *fish or seafood simmered in coconut cream and palm oil*; **~ de camarão** prawn *moqueca*
morada [mo'rada] F home, residence; (*PT*: *endereço*) address
moradia [mora'dʒia] F home, dwelling
morador, a [mora'dor(a)] M/F (*de casa, bairro*) resident; (*de casa alugada*) tenant
moral [mo'raw] (*pl* **-ais**) ADJ moral ▶ F (*ética*) ethics *pl*; (*conclusão*) moral ▶ M (*de pessoa*) sense of morality; (*ânimo*) morale; **levantar o ~** to raise morale; **estar de ~ baixa** to be demoralized; **~ da história** moral of the story
moralidade [morali'dadʒi] F morality
moralista [mora'lista] ADJ moralistic ▶ M/F moralist
moralizar [morali'zar] VI to moralize ▶ VT to preach at
morango [mo'rãgu] M strawberry
morangueiro [morã'gejru] M strawberry plant
morar [mo'rar] VI to live, reside; (*col: entender*) to catch on; **~ em algo** (*col*) to grasp sth; **morou?** got it?, see?
moratória [mora'tɔrja] F moratorium
morbidez [morbi'dez] F morbidness
mórbido, -a ['mɔrbidu, a] ADJ morbid
morcego [mor'segu] M (*Bio*) bat
morcela [mor'sɛla] (*PT*) F black pudding (*BRIT*), blood sausage (*US*)
mordaça [mor'dasa] F (*de animal*) muzzle; (*fig*) gag
mordaz [mor'daz] ADJ scathing
morder [mor'der] VT to bite; (*corroer*) to corrode; **morder-se** VR to bite o.s.; **~ a língua** to bite one's tongue; **~-se de inveja** to be green with envy
mordida [mor'dʒida] F bite
mordomia [mordo'mia] F (*de executivos*) perk; (*col: regalia*) luxury, comfort
mordomo [mor'dɔmu] M butler
morenaço, -a [more'nasu, a] M/F dark beauty
moreno, -a [mo'renu, a] ADJ dark(-skinned); (*de cabelos*) dark(-haired); (*de tomar sol*) brown

▶ M/F dark person; **ela é loura ou morena?** is she a blonde or a brunette?
morfina [morˈfina] F morphine
morfologia [morfoloˈʒia] F morphology
morgada [morˈgada] (PT) F heiress
morgado [morˈgadu] (PT) M *(herdeiro)* heir; *(filho mais velho)* eldest son; *(propriedade)* entailed estate
moribundo, -a [moriˈbũdu, a] ADJ dying
morigerado, -a [moriʒeˈradu, a] ADJ upright
moringa [moˈrĩga] F water-cooler
mormacento, -a [mormaˈsẽtu, a] ADJ sultry
mormaço [morˈmasu] M sultry weather
mormente [morˈmẽtʃi] ADV chiefly, especially
mórmon [ˈmɔrmõ] M/F Mormon
morno, -a [ˈmornu, ˈmɔrna] ADJ lukewarm, tepid
morosidade [moroziˈdadʒi] F slowness
moroso, -a [moˈrozu, ɔza] ADJ slow, sluggish
morrer [moˈher] VI to die; *(luz, cor)* to fade; *(fogo)* to die down; *(Auto)* to stall; **~ de rir** to kill o.s. laughing; **estou morrendo de fome/inveja/medo/saudades** I'm starving/green with envy/scared stiff/really missing you *(ou him, home etc)*; **~ de amores por alguém** to be mad about sb; **estou morrendo de vontade de fazer** I'm dying to do; **~ atropelado/afogado** to be knocked down and killed/drown; **lindo de ~** *(col)* stunning; **~ em** *(col: pagar)* to fork out
morrinha [moˈhiɲa] F *(fedor)* stench ▶ M/F *(col: chato)* pain (in the neck) ▶ ADJ *(col)* boring
morro [ˈmohu] M hill; *(favela)* shanty town, slum
mortadela [mortaˈdɛla] F salami
mortal [morˈtaw] *(pl* -**ais**) ADJ mortal; *(letal, insuportável)* deadly ▶ M mortal; **restos mortais** mortal remains
mortalha [morˈtaʎa] F shroud
mortalidade [mortaliˈdadʒi] F mortality; **~ infantil** infant mortality
mortandade [mortãˈdadʒi] F slaughter
morte [ˈmɔrtʃi] F death; **pena de ~** death penalty; **ser de ~** *(fig)* to be impossible; **estar às portas da ~** to be at death's door; **pensar na ~ da bezerra** *(fig)* to be miles away
morteiro [morˈtejru] M mortar
mortiço, -a [morˈtʃisu, a] ADJ *(olhar)* dull; *(desanimado)* lifeless; *(luz)* dimming
mortífero, -a [morˈtʃiferu, a] ADJ deadly, lethal
mortificar [mortʃifiˈkar] VT *(torturar)* to torture; *(afligir)* to annoy, torment
morto, -a [ˈmortu, ˈmɔrta] PP *de* **matar, morrer** ▶ ADJ dead; *(cor)* dull; *(exausto)* exhausted; *(inexpressivo)* lifeless ▶ M/F dead man/woman; **cem/os ~s** a hundred/the dead; **estar ~** to be dead; **ser ~** to be killed; **estar ~ de inveja** to be green with envy; **estar ~ de vontade de** to be dying to;

~ de medo/cansaço scared stiff/dead tired; **nem ~!** not on your life!, no way!; **~ da silva** *(col)* dead as a doornail
mos [mus] PRON = **me + os**
mosaico [moˈzajku] M mosaic
mosca [ˈmoska] F fly; **estar às ~s** *(bar etc)* to be deserted
mosca-morta *(pl* **moscas-mortas**) *(col)* M/F *(pessoa)* stiff
Moscou [mosˈkow] (BR) N Moscow
Moscovo [mosˈkovu] (PT) N Moscow
mosquitada [moskiˈtada] F load of mosquitos
mosquiteiro [moskiˈtejru] M mosquito net
mosquito [mosˈkitu] M mosquito
mossa [ˈmɔsa] F dent; *(fig)* impression
mostarda [mosˈtarda] F mustard
mosteiro [mosˈtejru] M monastery; *(de monjas)* convent
mosto [ˈmostu] M *(do vinho)* must
mostra [ˈmɔstra] F *(exibição)* display; *(sinal)* sign, indication; **dar ~s de** to show signs of
mostrador [mostraˈdor] M *(de relógio)* face, dial
mostrar [mosˈtrar] VT to show; *(mercadorias)* to display; *(provar)* to demonstrate, prove;
mostrar-se VR to show o.s. to be; *(exibir-se)* to show off
mostruário [mosˈtrwarju] M display case
mote [ˈmɔtʃi] M motto
motéis [moˈtejs] MPL *de* **motel**
motejar [moteˈʒar] VI: **~ de** *(zombar)* to jeer at, make fun of
motejo [moˈteʒu] M mockery, derision
motel [moˈtew] *(pl* **-éis**) M motel
motilidade [motʃiliˈdadʒi] F mobility
motim [moˈtʃĩ] *(pl* **-ns**) M riot, revolt; *(militar)* mutiny
motivação [motʃivaˈsãw] *(pl* **-ões**) F motivation
motivado, -a [motʃiˈvadu, a] ADJ *(causado)* caused; *(pessoa)* motivated
motivar [motʃiˈvar] VT *(causar)* to cause, bring about; *(estimular)* to motivate
motivo [moˈtʃivu] M *(causa)*: **~ (de ou para)** cause (of), reason (for); *(fim)* motive; *(Arte, Mús)* motif; **ser ~ de riso** *etc* to be a cause of laughter *etc*; **dar ~ de algo a alguém** to give sb cause for sth; **por ~ de** because of, owing to; **sem ~** for no reason
moto [ˈmɔtu] F motorbike ▶ M *(lema)* motto; **de ~ próprio** of one's own accord
motoboy [motoˈbɔj] M motorcycle courier
motoca [moˈtɔka] *(col)* F motorbike, bike
motocicleta [motosiˈkleta] F motorcycle, motorbike
motociclismo [motosiˈklizmu] M motorcycling
motociclista [motosiˈklista] M/F motorcyclist
motociclo [motoˈsiklu] (PT) M = **motocicleta**
motoneta [motoˈneta] F (motor-)scooter
motoniveladora [motonivelaˈdora] F bulldozer

motoqueiro, -a [moto'kejru, a] (col) M/F biker, motorcyclist
motor, motriz [mo'tor, mo'triz] ADJ (Tec) driving; (Anat) motor ▶ M motor; (de carro, avião) engine; **força motriz** driving force; **~ de arranque** starter (motor); **~ de explosão** internal combustion engine; **~ de popa** outboard motor; **~ diesel** diesel engine; **com ~** motorized; **~ de pesquisa** (PT Comput) search engine
motorista [moto'rista] M/F driver
motorizado, -a [motori'zadu, a] ADJ motorized; (col: com carro) motorized, driving
motorizar [motori'zar] VT to motorize; **motorizar-se** VR to get a car
motorneiro, -a [motor'nejru, a] M/F tram (BRIT) ou streetcar (US) driver
motoserra [moto'sɛha] F chain-saw
motriz [mo'triz] F de **motor**
mouco, -a ['moku, a] ADJ deaf, hard of hearing; **fazer ouvido ~** to pretend not to hear
movediço, -a [move'dʒisu, a] ADJ easily moved; (instável) unsteady; ver tb **areia**
móvel ['mɔvew] (pl **-eis**) ADJ movable ▶ M (peça de mobília) piece of furniture; **móveis** MPL (mobília) furniture sg; **bens móveis** personal property; **móveis e utensílios** (Com) fixtures and fittings
mover [mo'ver] VT to move; (cabeça) to shake; (mecanismo: acionar) to drive; (campanha) to start (up); **mover-se** VR to move; **~ uma ação** to start a lawsuit; **~ alguém a fazer** to move sb to do
movido, -a [mo'vidu, a] ADJ moved; (impelido) powered; (causado) caused; **~ a álcool** alcohol-powered
movimentação [movimēta'sãw] (pl **-ões**) F movement; (na rua) bustle
movimentado, -a [movimē'tadu, a] ADJ (rua, lugar) busy; (pessoa) active; (show, música) up-tempo
movimentar [movimē'tar] VT to move; (animar) to liven up
movimento [movi'mētu] M movement; (Tec) motion; (na rua) activity, bustle; **de muito ~** (loja, rua etc) busy; **pôr algo em ~** to set sth in motion
movível [mo'vivew] (pl **-eis**) ADJ movable
MPAS (BR) ABR M = **Ministério da Previdência e Assistência Social**
MPB ABR F = **Música Popular Brasileira**
MPlan (BR) ABR M = **Ministério do Planejamento**
MRE (BR) ABR M = **Ministério das Relações Exteriores**
MS (BR) ABR = **Mato Grosso do Sul** ▶ ABR M = **Ministério da Saúde**
MST (BR) ABR M (= Movimento dos Trabalhadores Rurais Sem Terra) pressure group for land reform
MT (BR) ABR = **Mato Grosso** ▶ ABR M = **Ministério dos Transportes**
MTb (BR) ABR M = **Ministério do Trabalho**

671 | **motoqueiro – mulherio**

muamba ['mwãba] (col) F (contrabando) contraband; (objetos roubados) loot
muambeiro, -a [mwã'bejru, a] M/F smuggler; (de objetos roubados) fence
muar [mwar] M/F mule
muco ['muku] M mucus
mucosa [mu'kɔza] F (Anat) mucous membrane
muçulmano, -a [musuw'manu, a] ADJ, M/F Moslem
muda ['muda] F (planta) seedling; (vestuário) outfit; **~ de roupa** change of clothes
mudança [mu'dãsa] F change; (de casa) move; (Auto) gear; **~s climáticas** climate change
mudar [mu'dar] VT to change; (deslocar) to move ▶ VI to change; (ave) to moult (BRIT), molt (US); **mudar-se** VR (de casa) to move (away); **~ de roupa/de assunto** to change clothes/the subject; **~ de casa** to move (house); **~ de ideia** to change one's mind
mudez [mu'dez] F muteness; (silêncio) silence
mudo, -a ['mudu, a] ADJ dumb; (calado, filme) silent; (telefone) dead ▶ M/F mute
mugido [mu'ʒidu] M moo
mugir [mu'ʒir] VI (vaca) to moo, low
mugunzá [mugũ'za] M = **munguzá**

(PALAVRA-CHAVE)

muito, -a ['mwĩtu, a] ADJ (quantidade) a lot of; (em frase negativa ou interrogativa) much; (número) lots of, a lot of, many; **muito esforço** a lot of effort; **faz muito calor** it's very hot; **muito tempo** a long time; **muitas amigas** lots ou a lot of friends; **muitas vezes** often
▶ PRON a lot; (em frase negativa ou interrogativa: sg) much; (: pl) many; **tenho muito que fazer** I've got a lot to do; **muitos dizem que ...** a lot of people say that ...
▶ ADV **1** a lot; (+adj) very; (+compar): **muito melhor** much ou far ou a lot better; **gosto muito disto** I like it a lot; **sinto muito** I'm very sorry; **muito interessante** very interesting
2 (resposta) very; **está cansado? — muito** are you tired? — very
3 (tempo): **muito depois** long after; **há muito** a long time ago; **não demorou muito** it didn't take long

mula ['mula] F mule
mulato, -a [mu'latu, a] ADJ, M/F mulatto
muleta [mu'leta] F crutch; (fig) support
mulher [mu'ʎer] F woman; (esposa) wife; **~ da vida** prostitute
mulheraço [muʎe'rasu] M fantastic woman
mulherão [muʎe'rãw] (pl **-ões**) M = **mulheraço**
mulher-bomba (pl **mulheres-bomba**) F suicide bomber
mulherengo [muʎe'rẽgu] M womanizer ▶ ADJ womanizing
mulherio [muʎe'riu] M women pl

multa ['muwta] F fine; **levar uma ~** to be fined
multar [muw'tar] VT to fine; **~ alguém em $1000** to fine sb $1000
multi... [muwtʃi] PREFIXO multi...
multicolor [muwtʃiko'lor] ADJ multicoloured (BRIT), multicolored (US)
multidão [muwtʃi'dãw] (pl -ões) F crowd; **uma ~ de** (muitos) lots of
multiforme [muwtʃi'fɔrme] ADJ manifold, multifarious
multilateral [muwtʃilate'raw] (pl -ais) ADJ multilateral
multimídia [muwtʃi'midʒja] ADJ multimedia
multimilionário, -a [muwtʃimiljo'narju, a] ADJ, M/F multimillionaire
multinacional [muwtʃinasjo'naw] (pl -ais) ADJ, F multinational
multiplicação [muwtʃiplika'sãw] F multiplication
multiplicar [muwtʃipli'kar] VT (Mat) to multiply; (aumentar) to increase
multiplicidade [muwtʃiplisi'dadʒi] F multiplicity
múltiplo, -a ['muwtʃiplu, a] ADJ, M multiple; **múltipla escolha** multiple choice
multirracial [muwtʃiha'sjaw] (pl -ais) ADJ multiracial
multiusuário, -a [muwtʃju'zwarju, a] ADJ (Comput) multiuser
múmia ['mumja] F mummy; (fig) plodder
mundano, -a [mũ'danu, a] ADJ worldly
mundial [mũ'dʒjaw] (pl -ais) ADJ worldwide; (guerra, recorde) world atr ▶ M (campeonato) world championship; **o ~ de futebol** the World Cup
mundo ['mũdu] M world; **todo o ~** everybody; **um ~ de** lots of, a great many; **correr ~** to see the world; **vir ao ~** to come into the world; **como este ~ é pequeno!** (what a) small world!; **desde que o ~ é ~** since time immemorial; **~s e fundos** (quantia altíssima) the earth; **prometer ~s e fundos** to promise the earth; **tinha meio ~ no comício** there were loads of people at the rally; **com esta notícia meu ~ veio abaixo** the news shattered my world; **abarcar o ~ com as pernas** (fig) to take on too much; **Novo/Velho/Terceiro M~** New/Old/Third World
munguzá [mũgu'za] M corn meal
munheca [mu'ɲeka] F wrist
munição [muni'sãw] (pl -ões) F (de armas) ammunition; (chumbo) shot; (Mil) munitions pl, supplies pl
municipal [munisi'paw] (pl -ais) ADJ municipal
municipalidade [munisipali'dadʒi] F local authority
município [muni'sipju] M local authority; (cidade) town; (condado) county
munições [muni'sõjs] FPL de **munição**

munir [mu'nir] VT: **~ de** to provide with, supply with; **munir-se** VR: **~-se de** (provisões) to equip o.s. with; (paciência) to arm o.s. with
mural [mu'raw] (pl -ais) ADJ, M mural
muralha [mu'raʎa] F (de fortaleza) rampart; (muro) wall
murchar [mur'ʃar] VT (Bot) to wither; (sentimentos) to dull; (pessoa) to sadden ▶ VI (Bot) to wither, wilt; (fig) to fade; (: pessoa) to grow sad
murcho, -a ['murʃu, a] ADJ (planta) wilting; (esvaziado) shrunken; (fig) languid, resigned
murmuração [murmura'sãw] F muttering; (maledicência) gossiping
murmurante [murmu'rātʃi] ADJ murmuring
murmurar [murmu'rar] VI (segredar) to murmur, whisper; (queixar-se) to mutter, grumble; (água) to ripple; (folhagem) to rustle ▶ VT to murmur
murmurinho [murmu'riɲu] M (de vozes) murmuring; (som confuso) noise; (de folhas) rustling; (de água) trickling
murmúrio [mur'murju] M murmuring, whispering; (queixa) grumbling; (de água) rippling; (de folhagem) rustling
muro ['muru] M wall
murro ['muhu] M punch, sock; **dar um ~ em alguém** to punch sb; **levar um ~ de alguém** to be punched by sb; **dar ~ em ponta de faca** (fig) to bang one's head against a brick wall
musa ['muza] F muse
musculação [muskula'sãw] F weight training
muscular [musku'lar] ADJ muscular
musculatura [muskula'tura] F musculature
músculo ['muskulu] M muscle
musculoso, -a [musku'lozu, ɔza] ADJ muscular
museu [mu'zew] M museum; (de pintura) gallery
musgo ['muzgu] M moss
musgoso, -a [muz'gozu, ɔza] ADJ mossy
música ['muzika] F music; (canção) song; **dançar conforme a ~** (fig) to play the game; **~ de câmara** chamber music; **~ de fundo** background music; **~ erudita** classical music; ver tb **músico**
musicado, -a [muzi'kadu, a] ADJ set to music
musical [muzi'kaw] (pl -ais) ADJ, M musical; **fundo ~** background music
musicalidade [muzikali'dadʒi] F musicality
músico, -a ['muziku, a] ADJ musical ▶ M/F musician
musse ['musi] F mousse
musselina [muse'lina] F muslin
mutação [muta'sãw] (pl -ões) F change, alteration; (Bio) mutation
mutável [mu'tavew] (pl -eis) ADJ changeable
mutilação [mutʃila'sãw] F mutilation; (de texto) cutting

mutilado, -a [mutʃi'ladu, a] ADJ mutilated; (*pessoa*) maimed ▶ M/F cripple
mutilar [mutʃi'lar] VT to mutilate; (*pessoa*) to maim; (*texto*) to cut; (*árvore*) to strip
mutirão [mutʃi'rãw] (*pl* **-ões**) M collective effort
mútua ['mutwa] F loan company
mutuante [mu'twãtʃi] M/F lender
mutuário, -a [mu'twarju, a] M/F borrower
mútuo, -a ['mutwu, a] ADJ mutual
muxiba [mu'ʃiba] F (*pelancas*) wrinkled flesh; (*carne para cães*) dog meat; (*seios*) drooping breasts *pl*
muxoxo [mu'ʃoʃu] M tutting; **fazer ~** to tut
MVR (BR) ABR M = **Maior Valor de Referência**

Nn

N¹, n ['eni] (*pl* **ns**) M N, n; **N de Nair** N for Nelly (*BRIT*) *ou* Nan (*US*)
N² ABR (= *norte*) N
ñ ABR = **não**
n. ABR (= *nascido*) b; (= *nome*) name
na [na] = **em + a**; *ver* **em**
-na [na] PRON her; (*coisa*) it
nabo ['nabu] M turnip
nac. ABR (= *nacional*) nat
nação [na'sãw] (*pl* **-ões**) F nation; **as Nações Unidas** the United Nations
nácar ['nakar] M mother-of-pearl; (*cor*) pink
nacional [nasjo'naw] (*pl* **-ais**) ADJ national; (*carro, vinho etc*) domestic, home-produced
nacionalidade [nasjonali'dadʒi] F nationality
nacionalismo [nasjona'lizmu] M nationalism
nacionalista [nasjona'lista] ADJ, M/F nationalist
nacionalização [nasjonaliza'sãw] (*pl* **-ões**) F nationalization
nacionalizar [nasjonali'zar] VT to nationalize
naco ['naku] M piece, chunk
nações [na'sõjs] FPL *de* **nação**
nada ['nada] PRON nothing ▶ M nothingness; (*pessoa*) nonentity ▶ ADV at all; **não dizer ~** to say nothing, not to say anything; **antes de mais ~** first of all; **não é ~ difícil** it's not at all hard, it's not hard at all; **~ mais** nothing else; **quase ~** hardly anything; **~ de novo** nothing new; **~ feito** nothing doing; **~ mau** not bad (at all); **obrigado -- de ~** thank you -- not at all *ou* don't mention it; **(que) ~!**, **~ disso!** nonsense!, not at all!; **não foi ~** it was nothing; **por ~ nesse mundo** (not) for love nor money; **ele fez o que você pediu? -- fez ~!** did he do as you asked? -- no, he did not!; **não ser de ~** (*col*) to be a dead loss; **é uma coisinha de ~** it's nothing; **discutimos por um ~** we argued over nothing
nadada [na'dada] F swim; **dar uma ~** to go for a swim
nadadeira [nada'dejra] F (*de peixe*) fin; (*de golfinho, foca, mergulhador*) flipper
nadador, a [nada'dor(a)] ADJ swimming ▶ M/F swimmer
nadar [na'dar] VI to swim; **~ em** to be dripping with; **estar** *ou* **ficar nadando** (*fig*) to be out of it, be out of one's depth; **ele está nadando em dinheiro** he's rolling in money
nádegas ['nadegas] FPL buttocks
nadinha [na'dʒiɲa] PRON absolutely nothing
nado ['nadu] M: **a ~** swimming; **atravessar a ~** to swim across; **~ borboleta** butterfly (stroke); **~ de cachorrinho** doggy paddle; **~ de costas** backstroke; **~ de peito** breaststroke; **~ livre** freestyle
naftalina [nafta'lina] F naphthaline
náilon ['najilõ] M nylon
naipe ['najpi] M (*cartas*) suit; (*fig: categoria*) order
Nairobi [naj'rɔbi] N Nairobi
namoradeira [namora'dejra] ADJ flirtatious ▶ F flirt
namorado, -a [namo'radu, a] M/F boyfriend/girlfriend
namorador, a [namora'dor(a)] ADJ flirtatious ▶ M ladies' man
namorar [namo'rar] VT (*ser namorado de*) to be going out with; (*cobiçar*) to covet; (*fitar*) to stare longingly at ▶ VI (*casal*) to go out together; (*homem, mulher*) to have a boyfriend (*ou* girlfriend)
namoricar [namori'kar] VT to flirt with ▶ VI to flirt
namoro [na'moru] M relationship
nanar [na'nar] (*col*) VI to sleep, kip
nanico, -a [na'niku, a] ADJ tiny
nanquim [nã'kĩ] M Indian ink
não [nãw] ADV not; (*resposta*) no ▶ M no; **~ sei** I don't know; **~ muito** not much; **~ só ... mas também** not only ... but also; **agora ~** not now; **~ tem de quê** don't mention it; **~ é?** isn't it?, won't you?; **eles são brasileiros, ~ é?** they're Brazilian, aren't they?
não... [nãw] PREFIXO non-
não agressão F: **pacto de ~** non-aggression treaty
não alinhado, -a ADJ non-aligned
não conformista ADJ, M/F non-conformist
não intervenção F non-intervention
napa ['napa] F napa leather
naquele(s), naquela(s) [na'keli(s), na'kɛla(s)] = **em + aquele(s), aquela(s)**; *ver* **em**

naquilo [na'kilu] = **em** + **aquilo**; *ver* **em**
narcisismo [narsi'zizmu] M narcissism
narcisista [narsi'zista] ADJ narcissistic
narciso [nar'sizu] M (*Bot*) narcissus; ~ **dos prados** daffodil
narcótico, -a [nar'kɔtʃiku, a] ADJ narcotic ▶ M narcotic
narcotizar [narkotʃi'zar] VT to drug; (*fig*) to bore
narigudo, -a [nari'gudu, a] ADJ with a big nose; **ser** ~ to have a big nose
narina [na'rina] F nostril
nariz [na'riz] M nose; ~ **adunco/arrebitado** hook/snub nose; **meter o** ~ **em** to poke one's nose into; **torcer o** ~ **para** to turn one's nose up at; **ser dono/a do seu** ~ to know one's own mind; **dar com o** ~ **na porta** (*fig*) to find (the) doors closed to one
narração [naha'sãw] (*pl* **-ões**) F narration; (*relato*) account
narrador, a [naha'dor(a)] M/F narrator
narrar [na'har] VT to narrate, recount
narrativa [naha'tʃiva] F narrative; (*história*) story
narrativo, -a [naha'tʃivu, a] ADJ narrative
nas [nas] = **em** + **as**; *ver* **em**
-nas [nas] PRON them
NASA ['naza] ABR F NASA
nasal [na'zaw] (*pl* **-ais**) ADJ nasal
nasalado, -a [naza'ladu, a] ADJ nasalized, nasal
nasalização [nazaliza'sãw] F nasalization
nascença [na'sẽsa] F birth; **de** ~ by birth; **ele é surdo de** ~ he was born deaf
nascente [na'sẽtʃi] ADJ nascent ▶ M East, Orient ▶ F (*fonte*) spring
nascer [na'ser] VI to be born; (*plantas*) to sprout; (*o sol*) to rise; (*ave*) to hatch; (*dente*) to come through; (*fig: ter origem*) to come into being ▶ M: ~ **do sol** sunrise; ~ **de** (*descender*) to be born of; (*fig: originar-se*) to be born out of; ~ **de novo** (*fig*) to have a narrow escape, escape with one's life; **não nasci ontem** I wasn't born yesterday; ~ **em berço de ouro** to be born with a silver spoon in one's mouth; **ele nasceu para médico** *etc* he was born to be a doctor *etc*; **não nasci para fazer isto** I wasn't cut out to do this
nascido, -a [na'sidu, a] ADJ born; **bem** ~ from a good family
nascimento [nasi'mẽtu] M birth; (*fig*) origin; (*estirpe*) descent
Nassau [na'saw] N Nassau
nata ['nata] F (*Culin*) cream; (*elite*) élite
natação [nata'sãw] F swimming
natais [na'tajs] ADJ PL *de* **natal**
Natal [na'taw] M Christmas; **Feliz** ~! Merry Christmas!
natal [na'taw] (*pl* **-ais**) ADJ (*relativo ao nascimento*) natal; (*país*) native; **cidade** ~ home town
natalício, -a [nata'lisju, a] ADJ: **aniversário** ~ birthday ▶ M birthday

675 | **naquilo** – **navegar**

natalidade [natali'dadʒi] F: (**índice de**) ~ birth rate
natalino, -a [nata'linu, a] ADJ Christmas *atr*
natividade [natʃivi'dadʒi] F nativity
nativo, -a [na'tʃivu, a] ADJ, M/F native
NATO ['natu] ABR F NATO
nato, -a ['natu, a] ADJ born
natural [natu'raw] (*pl* **-ais**) ADJ natural; (*nativo*) native ▶ M/F (*nativo*) native; **de tamanho** ~ life-size; **ao** ~ (*Culin*) fresh, uncooked
naturalidade [naturali'dadʒi] F naturalness; **falar com** ~ to talk openly; **agir com a maior** ~ to act as if nothing had happened; **de** ~ **paulista** *etc* born in São Paulo *etc*
naturalismo [natura'lizmu] M naturalism
naturalista [natura'lista] ADJ, M/F naturalist
naturalização [naturaliza'sãw] F naturalization
naturalizado, -a [naturali'zadu, a] ADJ naturalized ▶ M/F naturalized citizen
naturalizar [naturali'zar] VT to naturalize; **naturalizar-se** VR to become naturalized
naturalmente [naturaw'mẽtʃi] ADV naturally; ~! of course!
natureza [natu'reza] F nature; (*espécie*) kind, type; ~ **morta** still life; **por** ~ by nature
naturismo [natu'rizmu] M naturism
naturista [natu'rista] ADJ, M/F naturist
nau [naw] F (*literário*) ship
naufragar [nawfra'gar] VI (*navio*) to be wrecked; (*marinheiro*) to be shipwrecked; (*fig: malograr-se*) to fail
naufrágio [naw'fraʒu] M shipwreck; (*fig*) failure
náufrago, -a ['nawfragu, a] M/F castaway
náusea ['nawzea] F nausea; **dar ~s a alguém** to make sb feel sick; **sentir ~s** to feel sick
nauseabundo, -a [nawzja'būdu, a] ADJ nauseating, sickening
nauseante [naw'zjātʃi] ADJ nauseating, sickening
nausear [naw'zjar] VT to nauseate, sicken ▶ VI to feel sick
náutica ['nawtʃika] F seamanship
náutico, -a ['nawtʃiku, a] ADJ nautical
naval [na'vaw] (*pl* **-ais**) ADJ naval; **construção** ~ shipbuilding
navalha [na'vaʎa] F (*de barba*) razor; (*faca*) knife
navalhada [nava'ʎada] F cut (*with a razor*)
navalhar [nava'ʎar] VT to cut *ou* slash with a razor
nave ['navi] F (*de igreja*) nave; ~ **espacial** spaceship
navegação [navega'sãw] F navigation, sailing; ~ **aérea** air traffic; ~ **costeira** coastal shipping; ~ **fluvial** river traffic; **companhia de** ~ shipping line
navegador, a [navega'dor(a)] M/F navigator
navegante [nave'gãtʃi] M seafarer
navegar [nave'gar] VT to navigate; (*mares*) to sail ▶ VI to sail; (*dirigir o rumo*) to navigate

navegável [nave'gavew] (*pl* **-eis**) ADJ navigable

navio [na'viu] M ship; **~ cargueiro** cargo ship, freighter; **~ de carreira** liner; **~ de guerra** warship; **~ escola** training ship; **~ fábrica** factory ship; **~ mercante** merchant ship; **~ petroleiro** oil tanker; **~ tanque** tanker; **ficar a ver ~s** to be left high and dry

Nazaré [naza'rɛ] N Nazareth

nazi [na'zi] (PT) ADJ, M/F = **nazista**

nazismo [na'zizmu] M Nazism

nazista [na'zista] (BR) ADJ, M/F Nazi

NB ABR (= *note bem*) NB

n/c ABR (= *nossa carta*) our letter; (= *nossa conta*) our account; (= *nossa casa*) our firm

N da R ABR = **nota da redação**

N do A ABR = **nota do autor**

N do E ABR = **nota do editor**

N do T ABR = **nota do tradutor**

NE ABR (= *nordeste*) NE

neblina [ne'blina] F fog, mist

nebulosa [nebu'lɔza] F (*Astronomia*) nebula

nebulosidade [nebulozi'dadʒi] F cloud

nebuloso, -a [nebu'lozu, ɔza] ADJ foggy, misty; (*céu*) cloudy; (*fig*) vague

neca ['nɛka] (*col*) PRON nothing ▶ EXCL nope

necessaire [nese'ser] M toilet bag

necessário, -a [nese'sarju, a] ADJ necessary ▶ M: **o ~** the necessities *pl*; **se for ~** if necessary

necessidade [nesesi'dadʒi] F need, necessity; (*o que se necessita*) need; (*pobreza*) poverty, need; **ter ~ de** to need; **não há ~ de algo/de fazer algo** there is no need for sth/to do sth; **em caso de ~** if need be

necessitado, -a [nesesi'tadu, a] ADJ needy, poor ▶ M/F person in need; **os necessitados** MPL the needy *pl*; **~ de** in need of

necessitar [nesesi'tar] VT to need, require ▶ VI to be in need; **~ de** to need

necrológio [nekro'lɔʒu] M obituary

necrópole [ne'krɔpoli] F cemetery

necrose [ne'krɔzi] F necrosis

necrotério [nekro'tɛrju] M mortuary, morgue (US)

néctar ['nɛktar] M nectar

nectarina [nekta'rina] F nectarine

nédio, -a ['nɛdʒu, a] ADJ (*luzidio*) glossy, sleek; (*rechonchudo*) plump

neerlandês, -esa [neerlã'des, eza] ADJ Dutch ▶ M/F Dutchman/woman

Neerlândia [neer'lãdʒa] F the Netherlands *pl*

nefando, -a [ne'fãdu, a] ADJ atrocious, heinous

nefasto, -a [ne'fastu, a] ADJ (*de mau agouro*) ominous; (*trágico*) tragic

negaça [ne'gasa] F lure, bait; (*engano*) deception; (*recusa*) refusal; (*desmentido*) denial

negação [nega'sãw] (*pl* **-ões**) F negation; (*recusa*) refusal; (*desmentido*) denial; **ele é uma ~ em matéria de cozinha** he's hopeless at cooking

negacear [nega'sjar] VT (*atrair*) to entice; (*enganar*) to deceive; (*recusar*) to refuse ▶ VI (*cavalo*) to balk; (*Hipismo*) to refuse

negações [nega'sõjs] FPL de **negação**

negar [ne'gar] VT (*desmentir, não permitir*) to deny; (*recusar*) to refuse; **negar-se** VR: **~-se a** to refuse to

negativa [nega'tʃiva] F (*Ling*) negative; (*recusa*) denial

negativo, -a [nega'tʃivu, a] ADJ negative ▶ M (*Tec, Foto*) negative ▶ EXCL (*col*) nope!

negável [ne'gavew] (*pl* **-eis**) ADJ deniable

negligé [negli'ʒe] M negligee

negligência [negli'ʒẽsja] F negligence, carelessness

negligenciar [negliʒẽ'sjar] VT to neglect

negligente [negli'ʒẽtʃi] ADJ negligent, careless

nego, -a ['negu, a] (*col*) M/F (*negro*) Black; (*camarada*): **tudo bem, (meu) ~?** how are you, mate?; (*querido*): **tchau, (meu) ~** bye, dear *ou* darling

negociação [negosja'sãw] (*pl* **-ões**) F negotiation; (*transação*) transaction

negociador, a [negosja'dor(a)] ADJ negotiating ▶ M/F negotiator

negociante [nego'sjãtʃi] M/F businessman/woman; (*comerciante*) merchant

negociar [nego'sjar] VT (*Pol etc*) to negotiate; (*Com*) to trade ▶ VI: **~ (com)** to trade *ou* deal (in); to negotiate (with)

negociata [nego'sjata] F crooked deal; **negociatas** MPL (*negócios escusos*) wheeling and dealing *sg*

negociável [nego'sjavew] (*pl* **-eis**) ADJ negotiable

negócio [ne'gɔsju] M (*Com*) business; (*transação*) deal; (*questão*) matter; (*col: troço*) thing; (*assunto*) affair, business; **homem de ~s** businessman; **a ~s** on business; **fazer um bom ~** (*pessoa*) to get a good deal; (*loja etc*) to do good business; **fechar um ~** to make a deal; **~ fechado!** it's a deal!; **isso não é ~** it's not worth it; **a casa dela é um ~** (*col*) her house is really something; **tenho um ~ para te contar** I've got something to tell you; **aconteceu um ~ estranho comigo** something strange happened to me; **mas que ~ é esse?** (*col*) what's the big idea?; **meu ~ é outro** (*col*) this isn't my thing; **o ~ é o seguinte ...** (*col*) the thing is ...

negocista [nego'sista] ADJ crooked ▶ M/F wheeler-dealer

negridão [negri'dãw] F blackness

negrito [ne'gritu] M (*Tip*) bold (face)

negritude [negri'tudʒi] F (*Pol etc*) Black awareness

negro, -a ['negru, a] ADJ black; (*fig: lúgubre*) black, gloomy ▶ M/F black man/woman; **a situação está negra** the situation is bad; **humor ~** black humo(u)r; **magia negra** black magic

negrume [ne'grumi] M black, darkness

negrura [ne'grura] F blackness
neguei etc [ne'gej] VB ver **negar**
nele(s), nela(s) ['neli(s), 'nɛla(s)] = **em + ele(s), ela(s)**; ver **em**
nem [nēj] CONJ nor, neither; **~ (sequer)** not even; **~ que** even if; **~ bem** hardly; **~ um só** not a single one; **~ estuda ~ trabalha** he neither studies nor works; **~ eu** nor me; **sem ~** without even; **~ todos** not all; **~ tanto** not so much; **~ sempre** not always; **~ por isso** nonetheless; **ele fala português que ~ brasileiro** he speaks Portuguese like a Brazilian; **~ vem (que não tem)** (col) don't give me that
nenê [ne'ne] M/F baby
neném [ne'nēj] (pl **-ns**) M/F = **nenê**
nenhum, a [ne'ɲū, 'ɲuma] ADJ no, not any ▶ PRON (nem um só) none, not one; (de dois) neither; **~ professor** no teacher; **não vi professor ~** I didn't see any teachers; **~ dos professores** none of the teachers; **~ dos dois** neither of them; **~ lugar** nowhere; **ele não fez ~ comentário** he didn't make any comments, he made no comments; **não vou a ~ lugar** I'm not going anywhere; **estar a ~** (col) to be flat broke
neofascismo [neofa'sizmu] M neofascism
neolatino, -a [neola'tʃinu, a] ADJ: **línguas neolatinas** Romance languages
neolítico, -a [neo'litʃiku, a] ADJ neolithic
neologismo [neolo'ʒizmu] M neologism
néon ['nɛõ] M neon
neônio [ne'onju] M = **néon**
neorrealismo [neohea'lizmu] M new realism
neozelandês, -esa [neozelã'des, deza] ADJ New Zealand atr ▶ M/F New Zealander
Nepal [ne'paw] M: **o ~** Nepal
nepotismo [nepo'tʃizmu] M nepotism
nervo ['nervu] M (Anat) nerve; (fig) energy, strength; (em carne) sinew; **ser** ou **estar uma pilha de ~s** to be a bundle of nerves
nervosismo [nervo'zizmu] M (nervosidade) nervousness; (irritabilidade) irritability
nervoso, -a [ner'vozu, ɔza] ADJ nervous; (irritável) touchy, on edge; (exaltado) worked up; **isso/ele me deixa ~** he gets on my nerves; **sistema ~** nervous system
nervudo, -a [ner'vudu, a] (PT) ADJ (robusto) robust
nervura [ner'vura] F rib; (Bot) vein
néscio, -a ['nɛsju, a] ADJ (idiota) stupid; (insensato) foolish
nesga ['nezga] F (Costura) gore; (porção: de comida) portion; (: de mesa, terra) corner, patch
nesse(s), nessa(s) ['nesi(s), 'nɛsa(s)] = **em + esse(s), essa(s)**; ver **em**
neste(s), nesta(s) ['nestʃi(s), 'nɛsta(s)] = **em + este(s), esta(s)**; ver **em**
neto, -a ['nɛtu, a] M/F grandson/daughter; **netos** MPL grandchildren
neuralgia [newraw'ʒia] F neuralgia
neurastênico, -a [newras'teniku, a] ADJ (Psico) neurasthenic; (col: irritadiço) irritable

677 | **negrura – níquel**

neurite [new'ritʃi] F (Med) neuritis
neurocirurgião, -giã [newrosiruɾʒjãw, ʒjã] (pl **-ões/-s**) M/F neurosurgeon
neurologia [newrolo'ʒia] F neurology
neurológico, -a [newro'lɔʒiku, a] ADJ neurological
neurologista [newrolo'ʒista] M/F neurologist
neurose [new'rɔzi] F neurosis
neurótico, -a [new'rɔtʃiku, a] ADJ, M/F neurotic
neutralidade [newtrali'dadʒi] F neutrality
neutralização [newtraliza'sãw] F neutralization
neutralizar [newtrali'zar] VT to neutralize; (anular) to counteract
neutrão [new'trãw] (pl **-ões**) (PT) M = **nêutron**
neutro, -a ['newtru, a] ADJ (Ling) neuter; (imparcial) neutral
neutrões [new'trõjs] MPL de **neutrão**
nêutron ['newtrõ] (pl **-s**) M neutron; **bomba de ~s** neutron bomb
nevada [ne'vada] F snowfall
nevado, -a [ne'vadu, a] ADJ snow-covered; (branco) snow-white
nevar [ne'var] VI to snow
nevasca [ne'vaska] F snowstorm
neve ['nɛvi] F snow; **clara em ~** (Culin) beaten egg-white
névoa ['nɛvoa] F fog
nevoeiro [nevo'ejru] M thick fog
nevralgia [nevraw'ʒia] F neuralgia
nexo ['nɛksu] M connection, link; **sem ~** disconnected, incoherent
nhenhenhém [ɲeɲe'ɲēj] M (conversa fiado) idle talk; (reclamação) whingeing
nhoque ['ɲɔki] M (Culin) gnocchi
Nicarágua [nika'ragwa] F: **a ~** Nicaragua
nicaraguense [nikara'gwēsi] ADJ, M/F Nicaraguan
nicho ['niʃu] M niche
Nicósia [ni'kɔzja] N Nicosia
nicotina [niko'tʃina] F nicotine
Níger ['niʒer] M: **o ~** Niger
Nigéria [ni'ʒɛrja] F: **a ~** Nigeria
nigeriano, -a [niʒe'rjanu, a] ADJ, M/F Nigerian
niilista [nii'lista] ADJ nihilistic ▶ M/F nihilist
Nilo ['nilu] M: **o ~** the Nile
nimbo ['nĩbu] M (nuvem) rain cloud; (Geo) halo
ninar [ni'nar] VT to sing to sleep; **ninar-se** VR: **~-se para algo** to ignore sth
ninfeta [nĩ'feta] F nymphette
ninfomaníaca [nĩfoma'niaka] F nymphomaniac
ninguém [nĩ'gēj] PRON nobody, no-one; **~ o conhece** no-one knows him; **não vi ~** I saw no-one, I didn't see anybody; **~ mais** nobody else
ninhada [ni'ɲada] F brood
ninharia [niɲa'ria] F trifle
ninho ['niɲu] M (de aves) nest; (toca) lair; (lar) home; **~ de rato** (col) mess, tip
níquel ['nikew] M nickel; **estar sem um ~** to be penniless

niquelar [nike'lar] VT (*Tec*) to nickel-plate
nirvana [nir'vana] F nirvana
nisei [ni'zej] ADJ, M/F second-generation Japanese Brazilian
nisso ['nisu] = **em** + **isso**
nisto ['nistu] = **em** + **isto**
nitidez [nitʃi'dez] F (*clareza*) clarity; (*brilho*) brightness; (*imagem*) sharpness
nítido, -a ['nitʃidu, a] ADJ clear, distinct; (*brilhante*) bright; (*imagem*) sharp, clear
nitrato [ni'tratu] M nitrate
nítrico, -a ['nitriku, a] ADJ: **ácido ~** nitric acid
nitrogênio [nitro'ʒenju] M nitrogen
nitroglicerina [nitroglise'rina] F nitroglycerine
nível ['nivew] (*pl* **-eis**) M level; (*fig: padrão*) level, standard; (: *ponto*) point, pitch; **~ de vida** standard of living; **~ do mar** sea level; **a ~ de** in terms of; **ao ~ de** level with
nivelamento [nivela'mẽtu] M levelling (BRIT), leveling (US)
nivelar [nive'lar] VT (*terreno etc*) to level ▶ VI: **~ com** to be level with; **nivelar-se** VR: **~-se com** to be equal to; **a morte nivela os homens** death is the great leveller (BRIT) *ou* leveler (US)
NO ABR (= *nordoeste*) NW
no PRON = **em** + **no**; *ver* **em**
n° ABR (= *número*) no.
nó [nɔ] M knot; (*de uma questão*) crux; **nó corredio** slipknot; **nó na garganta** lump in the throat; **nós dos dedos** knuckles; **dar um nó** to tie a knot
n/o ABR = **nossa ordem**
-no [nu] PRON him; (*coisa*) it
nobilíssimo, -a [nobi'lisimu, a] ADJ SUPERL *de* **nobre**
nobilitar [nobili'tar] VT to ennoble
nobre ['nɔbri] ADJ noble; (*bairro etc*) exclusive ▶ M/F noble; **horário ~** prime time
nobreza [no'breza] F nobility
noção [no'sãw] (*pl* **-ões**) F notion; **noções** FPL (*rudimentos*) rudiments, basics; **~ vaga** inkling; **não ter a menor ~ de algo** not to have the slightest idea about sth
nocaute [no'kawtʃi] M knockout; (*soco*) knockout blow ▶ ADV: **pôr alguém ~** to knock sb out
nocautear [nokaw'tʃjar] VT to knock out
nocivo, -a [no'sivu, a] ADJ harmful
noções [no'sõjs] FPL *de* **noção**
nódoa ['nɔdwa] F spot; (*mancha*) stain
nódulo ['nɔdulu] M nodule
nogueira [no'gejra] F (*árvore*) walnut tree; (*madeira*) walnut
noitada [noj'tada] F (*noite inteira*) whole night; (*noite de divertimento*) night out
noite ['nojtʃi] F night; (*início da noite*) evening; **à ou de ~** at night, in the evening; **ontem/hoje/amanhã à ~** last night/tonight/tomorrow night; **boa ~** good evening; (*despedida*) good night; **da ~ para o dia** overnight; **tarde da ~** late at night; **passar a ~ em claro** to have a sleepless night; **a ~ carioca** Rio nightlife; **~ de estreia** opening night
noitinha [noj'tʃiɲa] F: **à -s** at nightfall
noivado [noj'vadu] M engagement
noivar [noj'var] VI: **~ (com)** (*ficar noivo*) to get engaged (to); (*ser noivo*) to be engaged (to)
noivo, -a ['nojvu, a] M/F (*prometido*) fiancé/fiancée; (*no casamento*) bridegroom/bride; **os noivos** MPL (*prometidos*) the engaged couple; (*no casamento*) the bride and groom; (*recém-casados*) the newly-weds
nojeira [no'ʒejra] F disgusting thing; (*trabalho*) filthy job
nojento, -a [no'ʒẽtu, a] ADJ disgusting
nojo ['noʒu] M (*náusea*) nausea; (*repulsão*) disgust, loathing; **ela é um ~** she's horrible; **este trabalho está um ~** this work is messy
no-la(s) = **nos** + **a(s)**
no-lo(s) = **nos** + **o(s)**
nômade ['nomadʒi] ADJ nomadic ▶ M/F nomad
nome ['nɔmi] M name; (*fama*) fame; **de ~** by name; **escritor de ~** famous writer; **um restaurante de ~** a restaurant with a good reputation; **em ~ de** in the name of; **dar ~ aos bois** to call a spade a spade; **esse ~ não me é estranho** the name rings a bell; **~ comercial** trade name; **~ completo** full name; **~ de batismo** Christian name; **~ de família** family name; **~ de guerra** nickname; **~ feio** swearword; **~ próprio** (*Ling*) proper name
nomeação [nomja'sãw] (*pl* **-ões**) F nomination; (*para um cargo*) appointment
nomeada [no'mjada] F fame
nomeadamente [nomjada'mẽtʃi] ADV namely
nomear [no'mjar] VT to nominate; (*conferir um cargo a*) to appoint; (*dar nome a*) to name
nomenclatura [nomẽkla'tura] F nomenclature
nominal [nomi'naw] (*pl* **-ais**) ADJ nominal
nonagésimo, -a [nona'ʒɛzimu, a] NUM ninetieth
nono, -a ['nonu, a] NUM ninth; *ver tb* **quinto**
nora ['nɔra] F daughter-in-law
nordeste [nor'dɛstʃi] M, ADJ northeast; **o N~** the Northeast
nordestino, -a [nordes'tʃinu, a] ADJ north-eastern ▶ M/F North-easterner
nórdico, -a ['nɔrdʒiku, a] ADJ, M/F Nordic
norma ['nɔrma] F standard, norm; (*regra*) rule; **como ~** as a rule
normal [nor'maw] (*pl* **-ais**) ADJ normal; (*habitual*) usual; **escola ~** = teacher training college; **curso ~** primary (BRIT) *ou* elementary (US) school teacher training; **está um calor que não é ~** it's incredibly hot
normalidade [normali'dadʒi] F normality
normalista [norma'lista] M/F trainee primary (BRIT) *ou* elementary (US) school teacher

normalização [normaliza'sãw] F normalization
normalizar [normali'zar] VT to bring back to normal; (*Pol: relações etc*) to normalize; **normalizar-se** VR to return to normal
normativo, -a [norma'tʃivu, a] ADJ prescriptive
noroeste [nor'wɛstʃi] ADJ northwest, northwestern ▶ M northwest
norte ['nɔrtʃi] ADJ northern, north; (*vento, direção*) northerly ▶ M north; **ao ~ de** to the north of
norte-africano, -a ADJ, M/F North African
norte-americano, -a ADJ, M/F (North) American
nortear [nor'tʃjar] VT to orientate; **nortear-se** VR to orientate o.s.
norte-coreano, -a ADJ, M/F North Korean
norte-vietnamita ADJ, M/F North Vietnamese
nortista [nor'tʃista] ADJ northern ▶ M/F Northerner
Noruega [nor'wɛga] F Norway
norueguês, -esa [norwe'ges, geza] ADJ, M/F Norwegian ▶ M (*Ling*) Norwegian
nos¹ [nus] = **em + os**; *ver* **em**
nos² [nus] PRON (*direto*) us; (*indireto*) us, to us, for us; (*reflexivo*) (to) ourselves; (*recíproco*) (to) each other
nós [nɔs] PRON we; (*depois de prep*) us; **~ mesmos** we ourselves; **para ~** for us; **~ dois** we two, both of us; **cá entre ~** between the two (*ou* three *etc*) of us
-nos [nus] PRON them
nossa ['nɔsa] EXCL **~!** my goodness!
nosso, -a ['nɔsu, a] ADJ our ▶ PRON ours; **um amigo ~** a friend of ours; **Nossa Senhora** (*Rel*) Our Lady; **os ~s** (*família*) our family *sg*
nostalgia [nostaw'ʒia] F nostalgia
nostálgico, -a [nos'tawʒiku, a] ADJ nostalgic
nota ['nɔta] F note; (*Educ*) mark; (*conta*) bill; (*cédula*) banknote; **digno de ~** noteworthy; **cheio da ~** (*col*) flush; **custar uma ~ (preta)** (*col*) to cost a bomb; **tomar ~** to make a note; **~ de venda** sales receipt; **~ fiscal** receipt; **(~) promissória** promissory note
notabilidade [notabili'dadʒi] F notability; (*pessoa*) notable
notabilizar [notabili'zar] VT to make known; **notabilizar-se** VR to become known
notação [nota'sãw] (*pl* **-ões**) F notation
notadamente [notada'metʃi] ADV especially
notar [no'tar] VT (*reparar em*) to notice, note; **é de ~ que** it is to be obvious; **notar-se** VR to be obvious; **é de ~ que** it is to be noted that; **fazer ~** to call attention to
notável [no'tavew] (*pl* **-eis**) ADJ notable, remarkable
notícia [no'tʃisja] F (*uma notícia*) piece of news; (*TV etc*) news item; **notícias** FPL (*informações*) news *sg*; **pedir ~s de** to inquire about; **ter ~s de** to hear from
noticiar [notʃi'sjar] VT to announce, report

noticiário [notʃi'sjarju] M (*de jornal*) news section; (*Cinema*) newsreel; (*TV, Rádio*) news bulletin
noticiarista [notʃisja'rista] M/F news writer, reporter; (*TV, Rádio*) newsreader, newscaster
noticioso, -a [notʃi'sjozu, ɔza] ADJ news *atr*
notificação [notʃifika'sãw] (*pl* **-ões**) F notification
notificar [notʃifi'kar] VT to notify, inform
notívago, -a [no'tʃivagu, a] ADJ nocturnal ▶ M/F sleepwalker; (*pessoa que gosta da noite*) night bird
notoriedade [notorje'dadʒi] F renown, fame
notório, -a [no'tɔrju, a] ADJ well-known
noturno, -a [no'turnu, a] ADJ nocturnal, nightly; (*trabalho*) night *atr* ▶ M (*trem*) night train
nov. ABR (= *novembro*) Nov.
nova ['nɔva] F piece of news; **novas** FPL (*novidades*) news *sg*
novamente [nova'mẽtʃi] ADV again
novato, -a [no'vatu, a] ADJ inexperienced, raw ▶ M/F (*principiante*) beginner, novice; (*Educ*) fresher
nove ['nɔvi] NUM nine; *ver tb* **cinco**
novecentos, -tas [nove'sẽtus, tas] NUM nine hundred
novela [no'vɛla] F short novel, novella; (*Rádio, TV*) soap opera
novelista [nove'lista] M/F novella writer
novelo [no'velu] M ball of thread
novembro [no'vẽbru] M November; *ver tb* **julho**
novena [no'vena] F (*Rel*) novena
noventa [no'vẽta] NUM ninety; *ver tb* **cinquenta**
noviciado [novi'sjadu] M (*Rel*) novitiate
noviço, -a [no'visu, a] M/F (*Rel, fig*) novice
novidade [novi'dadʒi] F novelty; (*notícia*) piece of news; **novidades** FPL (*notícias*) news *sg*; **sem ~** without incident
novidadeiro, -a [novida'dejru, a] ADJ chatty ▶ M/F gossip
novilho, -a [no'viʎu, a] M/F young bull/heifer
novo, -a ['novu, 'nɔva] ADJ new; (*jovem*) young; (*adicional*) further; **de ~** again; **~ em folha** brand new; **o que há de ~?** what's new?; **~ rico** nouveau riche
noz [nɔs] F (*de várias árvores*) nut; (*da nogueira*) walnut; **~ moscada** nutmeg
nu, a [nu, 'nua] ADJ (*corpo, pessoa*) naked; (*braço, arvore, sala, parede*) bare ▶ M nude; **a olho nu** with the naked eye; **a verdade nua e crua** the stark truth *ou* reality; **pôr a nu** (*fig*) to expose
nuança [nu'ãsa] F nuance
nubente [nu'bẽtʃi] ADJ, M/F betrothed
nublado, -a [nu'bladu, a] ADJ cloudy, overcast
nublar [nu'blar] VT to darken; **nublar-se** VR to cloud over
nuca ['nuka] F nape (of the neck)
nuclear [nu'kljar] ADJ nuclear; **energia/usina ~** nuclear energy/power station

núcleo ['nuklju] M nucleus sg; (centro) centre (BRIT), center (US)
nudez [nu'dez] F nakedness, nudity; (de paredes etc) bareness
nudismo [nu'dʒizmu] M nudism
nudista [nu'dʒista] ADJ, M/F nudist
nulidade [nuli'dadʒi] F nullity, invalidity; (pessoa) nonentity
nulo, -a ['nulu, a] ADJ (Jur) null, void; (nenhum) non-existent; (sem valor) worthless; (esforço) vain, useless; **ele é ~ em matemática** he's useless at maths (BRIT) ou math (US)
num¹ [nũ] = **em + um**; ver **em**
num² [nũ] ADV (col: não) not
numa(s) ['numa(s)] = **em + uma(s)**; ver **em**
numeração [numera'sãw] F (ato) numbering; (números) numbers pl; (de sapatos etc) sizes pl
numerado, -a [nume'radu, a] ADJ numbered; (em ordem numérica) in numerical order
numeral [nume'raw] (pl **-ais**) M numeral
▶ ADJ numerical
numerar [nume'rar] VT to number
numerário [nume'rarju] M cash, money
numérico, -a [nu'mɛriku, a] ADJ numerical
número ['numeru] M number; (de jornal) issue; (Teatro etc) act; (de sapatos, roupa) size; **sem ~** countless; **um sem ~ de vezes** hundreds ou thousands of times; **amigo/escritor ~ um** number one friend/writer; **fazer ~** to make up the numbers; **ele é um ~** (col) he's a riot; **~ cardinal/ordinal** cardinal/ordinal number; **~ de matrícula** registration (BRIT) ou license plate (US) number; **~ primo** prime number
numeroso, -a [nume'rozu, ɔza] ADJ numerous
nunca ['nũka] ADV never; **~ mais** never again; **como ~** as never before; **quase ~** hardly ever; **mais que ~** more than ever
nuns [nũs] = **em + uns**
nupcial [nup'sjaw] (pl **-ais**) ADJ wedding atr
núpcias ['nupsjas] FPL nuptials, wedding sg
nutrição [nutri'sãw] F nutrition
nutricionista [nutrisjo'nista] M/F nutritionist
nutrido, -a [nu'tridu, a] ADJ (bem alimentado) well-nourished; (robusto) robust
nutrimento [nutri'mẽtu] M nourishment
nutrir [nu'trir] VT (sentimento) to harbour (BRIT), harbor (US); (alimentar-se): **~ (de)** to nourish (with), feed (on); (fig) to feed (on)
▶ VI to be nourishing
nutritivo, -a [nutri'tʃivu, a] ADJ nourishing; **valor ~** nutritional value
nuvem ['nuvẽj] (pl **-ns**) F cloud; (de insetos) swarm; **cair das nuvens** (fig) to be astounded; **estar nas nuvens** to be daydreaming, be miles away; **pôr nas nuvens** to praise to the skies; **o aniversário passou em brancas nuvens** the birthday went by without any celebration

Oo

O, o [ɔ] (*pl* **os**) M O, o; **O de Osvaldo** O for Oliver (BRIT) *ou* oboe (US)

(PALAVRA-CHAVE)

o, a [u, a] ART DEF **1** the; **o livro/a mesa/os estudantes** the book/table/students
2 (*com n abstrato: não se traduz*): **o amor/a juventude** love/youth
3 (*posse: traduz-se muitas vezes por adj possessivo*): **quebrar o braço** to break one's arm; **ele levantou a mão** he put his hand up; **ela colocou o chapéu** she put her hat on
4 (*valor descritivo*): **ter a boca grande/os olhos azuis** to have a big mouth/blue eyes
▶ PRON DEMOSTRATIVO: **meu livro e o seu** my book and yours; **as de Pedro são melhores** Pedro's are better; **não a(s) branca(s) mas a(s) verde(s)** not the white one(s) but the green one(s)
▶ PRON RELATIVO: **o que** (*etc*) **1** (*indef*): **os que quiserem podem sair** anyone who wants to can leave; **leve o que mais gostar** take the one you like best
2 (*def*): **o que comprei ontem** the one I bought yesterday; **os que saíram** those who left
3: **o que** what; **o que eu acho/mais gosto** what I think/like most
▶ PRON PESSOAL **1** (*pessoa: m*) him; (: *f*) her; (: *pl*) them; **não consigo vê-lo(s)** I can't see him/them; **vemo-la todas as semanas** we see her every week
2 (*animal, coisa: sg*) it; (: *pl*) them; **não consigo vê-lo(s)** I can't see it/them; **acharam-nos na praia** they found them on the beach

ó [ɔ] EXCL oh!; (*olha*) look!; **ó Pedro** hey Pedro
ô [o] EXCL oh!; **ô Pedro** hey Pedro; **ô de casa!** anyone at home?; **ô criança difícil!** oh, what an awkward child!
OAB ABR F = **Ordem dos Advogados do Brasil**
oásis [o'asis] M INV oasis
oba ['oba] EXCL wow!, great!; (*saudação*) hi!
obcecado, -a [obise'kadu, a] ADJ obsessed
obcecar [obise'kar] VT to obsess
obedecer [obede'ser] VI: ~ **a** to obey; **obedeça!** (*a criança*) do as you're told!
obediência [obe'dʒēsja] F obedience
obediente [obe'dʒētʃi] ADJ obedient

obelisco [obe'lisku] M obelisk
obesidade [obezi'dadʒi] F obesity
obeso, -a [o'bɛzu, a] ADJ obese
óbice ['ɔbisi] M obstacle
óbito ['ɔbitu] M death; **atestado de ~** death certificate
obituário [obi'twarju] M obituary
objeção [obʒe'sāw] (*pl* **-ões**) F objection; (*obstáculo*) obstacle; **fazer** *ou* **pôr objeções a** to object to
objetar [obʒe'tar] VT to object ▶ VI: ~ **(a algo)** to object (to sth)
objetiva [obʒe'tʃiva] F lens; **sem ~** aimlessly
objetivar [obʒetʃi'var] VT (*visar*) to aim at; ~ **fazer** to aim to do, set out to do
objetividade [obʒetʃivi'dadʒi] F objectivity
objetivo, -a [obʒe'tʃivu, a] ADJ objective ▶ M objective, aim
objeto [ob'ʒɛtu] M object; ~ **de uso pessoal** personal effect
oblíqua [o'blikwa] F oblique
oblíquo, -a [o'blikwu, a] ADJ oblique, slanting; (*olhar*) sidelong; (*Ling*) oblique
obliterar [oblite'rar] VT to obliterate; (*Med*) to close off
oblongo, -a [ob'lõgu, a] ADJ oblong
oboé [o'bwɛ] M oboe
oboísta [o'bwista] M/F oboe player
obra ['ɔbra] F work; (*Arq*) building, construction; (*Teatro*) play; **~s** (*na estrada*) roadworks; **em ~s** under repair; **ser ~ de alguém** to be the work of sb; **ser ~ de algo** to be the result of sth; **~ de arte** work of art; **~ de caridade** charity; **~s completas** complete works; **~s públicas** public works
obra-mestra (*pl* **obras-mestras**) F masterpiece
obra-prima (*pl* **obras-primas**) F masterpiece
obreiro, -a [o'brejru, a] ADJ working ▶ M/F worker
obrigação [obriga'sāw] (*pl* **-ões**) F obligation, duty; (*Com*) bond; **cumprir (com) suas obrigações** to fulfil(l) one's obligations; **dever obrigações a alguém** to owe sb favo(u)rs; ~ **ao portador** bearer bond
obrigado, -a [obri'gadu, a] ADJ (*compelido*) obliged, compelled ▶ EXCL thank you; (*recusa*) no, thank you

obrigar [obri'gar] VT to oblige, compel; **obrigar-se** VR: **~-se a fazer algo** to undertake to do sth
obrigatoriedade [obrigatorje'dadʒi] F compulsory nature
obrigatório, -a [obriga'tɔrju, a] ADJ compulsory, obligatory
obscenidade [obiseni'dadʒi] F obscenity
obsceno, -a [obi'sɛnu, a] ADJ obscene
obscurecer [obiskure'ser] VT to darken; *(entendimento, verdade etc)* to obscure; *(prestígio)* to dim ▶ VI to get dark
obscuridade [obiskuri'dadʒi] F *(falta de luz)* darkness; *(fig)* obscurity
obscuro, -a [obi'skuru, a] ADJ dark; *(fig)* obscure
obsequiar [obse'kjar] VT *(presentear)* to give presents to; *(tratar com agrados)* to treat kindly
obséquio [ob'sɛkju] M favour *(BRIT)*, favor *(US)*, kindness; **faça o ~ de ...** would you be kind enough to ....
obsequioso, -a [obse'kjozu, ɔza] ADJ obliging, courteous
observação [obiserva'sãw] *(pl* **-ões)** F observation; *(comentário)* remark, comment; *(de leis, regras)* observance
observador, a [obiserva'dor(a)] ADJ observant ▶ M/F observer
observância [obiser'vãsja] F observance
observar [obiser'var] VT to observe; *(notar)* to notice; *(replicar)* to remark; **~ algo a alguém** to point sth out to sb
observatório [observa'tɔrju] M observatory
obsessão [obise'sãw] *(pl* **-ões)** F obsession
obsessivo, -a [obise'sivu, a] ADJ obsessive
obsessões [obise'sõjs] FPL *de* **obsessão**
obsoleto, -a [obiso'lɛtu, a] ADJ obsolete
obstáculo [obi'stakulu] M obstacle; *(dificuldade)* hindrance, drawback
obstante [obi'stãtʃi] ADV: **não ~** *(conj)* nevertheless, however; *(prep)* in spite of, notwithstanding
obstar [obi'star] VI: **~ a** to hinder; *(opor-se)* to oppose
obstetra [obi'stɛtra] M/F obstetrician
obstetrícia [obiste'trisja] F obstetrics *sg*
obstétrico, -a [obi'stɛtriku, a] ADJ obstetric
obstinação [obistʃina'sãw] F obstinacy
obstinado, -a [obistʃi'nadu, a] ADJ obstinate, stubborn
obstinar-se [obistʃi'narsi] VR to be obstinate; **~ em** *(insistir em)* to persist in
obstrução [obistru'sãw] *(pl* **-ões)** F obstruction
obstruir [obi'strwir] VT to obstruct; *(impedir)* to impede
obtêm *etc* [obi'tẽ] VB *ver* **obter**
obtemperar [obitẽpe'rar] VT to reply respectfully ▶ VI: **~ (a algo)** to demur (at sth)
obtenção [obitẽ'sãw] *(pl* **-ões)** F acquisition; *(consecução)* attainment
obtenho *etc* [ob'tɛɲu] VB *ver* **obter**

obtenível [obite'nivew] *(pl* **-eis)** ADJ obtainable
obter [obi'ter] *(irreg: como* **ter)** VT to obtain, get; *(alcançar)* to gain
obturação [obitura'sãw] *(pl* **-ões)** F *(de dente)* filling
obturador [obitura'dor] M *(Foto)* shutter
obturar [obitu'rar] VT to stop up, plug; *(dente)* to fill
obtuso, -a [obi'tuzu, a] ADJ *(ger)* obtuse; *(fig: pessoa)* thick, slow
obviedade [obvje'dadʒi] F obviousness; *(coisa óbvia)* obvious fact
óbvio, -a ['ɔbvju, a] ADJ obvious; **(é) ~!** of course!; **é o ~ ululante** it's glaringly *ou* screamingly *(col)* obvious
OC ABR *(= onda curta)* SW
ocasião [oka'zjãw] *(pl* **-ões)** F *(oportunidade)* opportunity, chance; *(momento, tempo)* occasion, time
ocasional [okazjo'naw] *(pl* **-ais)** ADJ chance *atr*
ocasionar [okazjo'nar] VT to cause, bring about
ocaso [o'kazu] M *(do sol)* sunset; *(ocidente)* west; *(decadência)* decline
Oceania [osja'nia] F: **a ~** Oceania
oceânico, -a [o'sjaniku, a] ADJ ocean *atr*
oceano [o'sjanu] M ocean; **O~ Atlântico/Pacífico/Índico** Atlantic/Pacific/Indian Ocean
oceanografia [osjanogra'fia] F oceanography
ocidental [osidẽ'taw] *(pl* **-ais)** ADJ western ▶ M/F westerner
ocidente [osi'dẽtʃi] M west; **o O~** *(Pol)* the West
ócio ['ɔsju] M *(lazer)* leisure; *(inação)* idleness
ociosidade [osjozi'dadʒi] F idleness
ocioso, -a [o'sjozu, ɔza] ADJ idle; *(vaga)* unfilled
oco, -a ['oku, a] ADJ hollow, empty
ocorrência [oko'hẽsja] F incident, event; *(circunstância)* circumstance
ocorrer [oko'her] VI to happen, occur; *(vir ao pensamento)* to come to mind; **~ a alguém** to happen to sb; *(vir ao pensamento)* to occur to sb
ocre ['ɔkri] ADJ, M ochre *(BRIT)*, ocher *(US)*
octogenário, -a [oktoʒe'narju, a] ADJ eighty-year-old ▶ M/F octogenarian
octogésimo, -a [okto'ʒɛzimu, a] NUM eightieth
octogonal [oktogo'naw] *(pl* **-ais)** ADJ octagonal
octógono [ok'tɔgonu] M octagon
ocular [oku'lar] ADJ ocular; **testemunha ~** eye witness
oculista [oku'lista] M/F optician
óculo ['ɔkulu] M spyglass; **óculos** MPL glasses, spectacles; **~s de proteção** goggles
ocultar [okuw'tar] VT to hide, conceal
ocultas [o'kuwtas] FPL: **às ~** in secret
oculto, -a [o'kuwtu, a] ADJ hidden; *(desconhecido)* unknown; *(secreto)* secret; *(sobrenatural)* occult

ocupação [okupa'sāw] (*pl* **-ões**) F occupation
ocupacional [okupasjo'naw] (*pl* **-ais**) ADJ occupational
ocupações [okupa'sōjs] FPL *de* **ocupação**
ocupado, -a [oku'padu, a] ADJ (*pessoa*) busy; (*lugar*) taken, occupied; (BR Tel) engaged (BRIT), busy (US); **sinal de ~** (BR Tel) engaged tone (BRIT), busy signal (US)
ocupar [oku'par] VT to occupy; (*tempo*) to take up; (*pessoa*) to keep busy; **ocupar-se** VR to keep o.s. occupied; **~-se com** *ou* **de** *ou* **em algo** (*dedicar-se a*) to deal with sth; (*cuidar de*) to look after sth; (*passar seu tempo com*) to occupy o.s. with sth; **posso ~ esta mesa/ cadeira?** can I take this table/chair?
ode ['ɔdʒi] F ode
odiar [o'dʒjar] VT to hate
odiento, -a [o'dʒjētu, a] ADJ hateful
ódio ['ɔdʒju] M hate, hatred; **que ~!** (*col*) I'm (*ou* was) furious!
odioso, -a [o'dʒjozu, ɔza] ADJ hateful
odontologia [odōtolo'ʒia] F dentistry
odor [o'dor] M smell
OEA ABR F (= *Organização dos Estados Americanos*) OAS
oeste ['wɛstʃi] M west ▶ ADJ INV (*região*) western; (*direção, vento*) westerly; **ao ~ de** to the west of; **em direção ao ~** westwards
ofegante [ofe'gātʃi] ADJ breathless, panting
ofegar [ofe'gar] VI to pant, puff
ofender [ofē'der] VT to offend; **ofender-se** VR to take offence (BRIT) *ou* offense (US)
ofensa [o'fēsa] F insult; (*à lei, moral*) offence (BRIT), offense (US)
ofensiva [ofē'siva] F (*Mil*) offensive; **tomar a ~** to go on to the offensive
ofensivo, -a [ofē'sivu, a] ADJ offensive; (*agressivo*) aggressive; **~ à moral** morally offensive
oferecer [ofere'ser] VT to offer; (*dar*) to give; (*jantar*) to give; (*propor*) to propose; (*dedicar*) to dedicate; **oferecer-se** VR (*pessoa*) to offer o.s., volunteer; (*oportunidade*) to present itself, arise; **~-se para fazer** to offer to do
oferecido, -a [ofere'sidu, a] ADJ (*intrometido*) pushy
oferecimento [oferesi'mētu] M offer
oferenda [ofe'rēda] F (*Rel*) offering
oferta [o'fɛrta] F (*oferecimento*) offer; (*dádiva*) gift; (*Com*) bid; (*em loja*) special offer; **a ~ e a demanda** (*Econ*) supply and demand; **em ~** (*numa loja*) on special offer
ofertar [ofer'tar] VT to offer
office boy [ɔfis'bɔj] (*pl* **office boys**) M messenger
oficial [ofi'sjaw] (*pl* **-ais**) ADJ official ▶ M/F official; (*Mil*) officer; **~ de justiça** bailiff
oficializar [ofisjali'zar] VT to make official
oficiar [ofi'sjar] VI (*Rel*) to officiate ▶ VT: **~ (algo) a alguém** to report (sth) to sb
oficina [ofi'sina] F workshop; **~ mecânica** garage
ofício [o'fisju] M (*profissão*) trade; (*Rel*) service; (*carta*) official letter; (*função*) function; (*encargo*) job, task; **bons ~s** good offices; **~ de notas** notary public
oficioso, -a [ofi'sjozu, ɔza] ADJ (*não oficial*) unofficial
ofsete [of'sɛtʃi] M offset printing
oftálmico, -a [of'tawmiku, a] ADJ ophthalmic
oftalmologia [oftawmolo'ʒia] F ophthalmology
ofuscante [ofus'kātʃi] ADJ dazzling
ofuscar [ofus'kar] VT (*obscurecer*) to blot out; (*deslumbrar*) to dazzle; (*entendimento*) to colour (BRIT), color (US); (*suplantar em brilho*) to outshine ▶ VI to be dazzling
OGM ABR M (= *organismo geneticamente modificado*) GMO
ogro ['ɔgru] M ogre
ogum [o'gū] M *Afro-Brazilian god of war*
oh [ɔ] EXCL oh
oi [ɔj] EXCL oh; (*saudação*) hi; (*resposta*) yes?
oitava [oj'tava] F: **~s de final** round before the quarter finals
oitavo, -a [oj'tavu, a] NUM eighth; *ver tb* **quinto**
oitenta [oj'tēta] NUM eighty; *ver tb* **cinquenta**
oito ['ojtu] NUM eight; **ou ~ ou oitenta** all or nothing; *ver tb* **cinco**
oitocentos, -tas [ojtu'sētus, tas] NUM eight hundred; **os O~** the nineteenth century
ojeriza [oʒe'riza] F dislike; **ter ~ a alguém** to dislike sb
o.k. [o'ke] EXCL, ADV OK, okay
olá [o'la] EXCL hello!
olaria [ola'ria] F (*fábrica: de louças de barro*) pottery; (: *de tijolos*) brickworks *sg*
oleado [o'ljadu] M oilcloth
oleiro, -a [o'lejru, a] M/F potter; (*de tijolos*) brick maker
óleo ['ɔlju] M (*lubricante*) oil; **pintura a ~** oil painting; **tinta a ~** oil paint; **~ combustível** fuel oil; **~ de bronzear** suntan oil; **~ diesel** diesel oil
oleoduto [oljo'dutu] M (oil) pipeline
oleoso, -a [o'ljozu, ɔza] ADJ oily; (*gorduroso*) greasy
olfato [ow'fatu] M sense of smell
olhada [o'ʎada] F glance, look; **dar uma ~** to have a look
olhadela [oʎa'dɛla] F peep
olhar [o'ʎar] VT to look at; (*observar*) to watch; (*ponderar*) to consider; (*cuidar de*) to look after ▶ VI to look ▶ M look; **olhar-se** VR to look at o.s.; (*duas pessoas*) to look at each other; **olha!** look!; **~ fixamente** to stare at; **~ para** to look at; **~ por** to look after; **~ alguém de frente** to look sb straight in the eye; **e olha lá** (*col*) and that's pushing it; **olha lá o que você vai me arranjar!** careful you don't make things worse for me!; **~ fixo** stare
olheiras [o'ʎejras] FPL dark rings under the eyes
olho ['oʎu] M (*Anat, de agulha*) eye; (*vista*) eyesight; (*de queijo*) hole; **~ nele!** watch

him!; **~ vivo!** keep your eyes open!; **a ~** (*medir, calcular etc*) by eye; **a ~ nu** with the naked eye; **a ~s vistos** visibly; **abrir os ~s de alguém** (*fig*) to open sb's eyes; **andar** *ou* **estar de ~ em algo** to have one's eyes on sth; **custar/pagar os ~s da cara** to cost/pay the earth; **ficar de ~** to keep an eye out; **ficar de ~ em algo** to keep an eye on sth; **ficar de ~ comprido em algo** to look longingly at sth; **passar os ~s por algo** to scan over sth; **pôr alguém nos ~s da rua** to put sb on the street; (*de emprego*) to fire sb; **não pregar o ~** not to sleep a wink; **ter bom ~ para** to have a good eye for; **ver com bons ~s** to approve of; **~ clínico** sharp *ou* keen eye; **~ de lince** sharp eye; **ter ~ de peixe morto** to be glassy-eyed; **~ grande** (*fig*) envy; **estar de ~ grande em algo** to covet sth; **ter ~ grande** to be envious; **~ mágico** (*na porta*) peephole, magic eye; **~ roxo** black eye; **~ por ~** an eye for an eye; **num abrir e fechar de ~s** in a flash; **longe dos ~s, longe do coração** out of sight, out of mind; **ele tem o ~ maior que a barriga** his eyes are bigger than his belly
oligarquia [oligar'kia] F oligarchy
olimpíada [olĩ'piada] F: **as O~s** the Olympics
olimpicamente [olĩpika'mẽtʃi] ADV blissfully
olímpico, -a [o'lĩpiku, a] ADJ (*jogos, chama*) Olympic
olival [oli'vaw] (*pl* **-ais**) M olive grove
olivedo [oli'vedu] M = **olival**
oliveira [oli'vejra] F olive tree
olmeiro [ow'mejru] M = **olmo**
olmo ['ɔwmu] M elm
OLP ABR F (= *Organização para a Libertação da Palestina*) PLO
OM ABR (= *onda média*) MW
Omã [o'mã] M: **(o) ~** Oman
ombreira [õ'brejra] F (*de porta*) doorpost; (*de roupa*) shoulder pad
ombro ['õbru] M shoulder; **encolher os ~s, dar de ~s** to shrug one's shoulders; **chorar no ~ de alguém** to cry on sb's shoulder
omelete [ome'letʃi] F omelette (*BRIT*), omelet (*US*)
omissão [omi'sãw] (*pl* **-ões**) F omission; (*negligência*) negligence; (*ato de não se manifestar*) failure to appear
omisso, -a [o'misu, a] ADJ omitted; (*negligente*) negligent; (*que não se manifesta*) absent
omissões [omi'sõjs] FPL *de* **omissão**
omitir [omi'tʃir] VT to omit; **omitir-se** VR to fail to appear
OMM ABR F (= *Organização Meteorológica Mundial*) WMO
omnipotente *etc* [omnipo'tẽtə] (*PT*) = **onipotente** *etc*
omnipresente [omnipre'zẽtə] (*PT*) ADJ = **onipresente**
omnisciente [omni'sjẽtə] (*PT*) ADJ = **onisciente**

omnívoro, -a [om'nivoru, a] (*PT*) ADJ = **onívoro**
omoplata [omo'plata] F shoulder blade
OMS ABR F (= *Organização Mundial da Saúde*) WHO
ON ABR (*Com: de ações*) = **ordinária nominativa**
onça ['õsa] F (*peso*) ounce; (*animal*) jaguar; **ser do tempo da ~** to be as old as the hills; **ficar uma** *ou* **virar ~** (*col*) to get furious; **estou numa ~ danada** (*col*) I'm flat broke
onça-parda (*pl* **onças-pardas**) F puma
onda ['õda] F wave; (*moda*) fashion; (*confusão*) commotion; **~ sonora/luminosa** sound/light wave; **~ curta/média/longa** short/medium/long wave; **~ de calor** heat wave; **pegar ~** to go surfing; **ir na ~** (*col*) to follow the crowd; **ir na ~ de alguém** (*col*) to be taken in by sb; **estar na ~** to be in fashion; **fazer ~** (*col*) to make a fuss; **deixa de ~!** (*col*) cut the crap! (!); **isso é ~ dela** (*col*) that's just something she's made up; **tirar uma ~ de algo** to act like sth
onde ['õdʒi] ADV where ▶ CONJ where, in which; **de ~ você é?** where are you from?; **por ~** through which; **por ~?** which way?; **~ quer que** wherever; **não ter ~ cair morto** (*fig*) to have nothing to call one's own; **fazer por ~** to deserve it
ondeado, -a [õ'dʒjadu, a] ADJ wavy ▶ M (*de cabelo*) wave
ondeante [õ'dʒjãtʃi] ADJ waving, undulating
ondear [õ'dʒjar] VT to wave ▶ VI to wave; (*água*) to ripple; (*serpear*) to meander, wind
ondulação [õdula'sãw] (*pl* **-ões**) F undulation
ondulado, -a [õdu'ladu, a] ADJ wavy
ondulante [õdu'lãtʃi] ADJ wavy
onerar [one'rar] VT to burden; (*Com*) to charge
oneroso, -a [one'rozu, ɔza] ADJ onerous; (*dispendioso*) costly
ONG ABR F (= *Organização Não-Governamental*) NGO
ônibus ['onibus] (*BR*) M INV bus; **ponto de ~** bus stop
onipotência [onipo'tẽsja] F omnipotence
onipotente [onipo'tẽtʃi] ADJ omnipotent
onipresente [onipre'zẽtʃi] ADJ omnipresent, ever-present
onírico, -a [o'niriku, a] ADJ dreamlike
onisciente [oni'sjẽtʃi] ADJ omniscient
onívoro, -a [o'nivoru, a] ADJ omnivorous
ônix ['oniks] M onyx
onomástico, -a [ono'mastʃiku, a] ADJ: **índice ~** index of proper names; **dia ~** name day
onomatopeia [onomato'peja] F onomatopoeia
ontem ['õtẽ] ADV yesterday; **~ à noite** last night; **~ à tarde/de manhã** yesterday afternoon/morning
ONU ['onu] ABR F (= *Organização das Nações Unidas*) UNO
ônus ['onus] M INV onus; (*obrigação*) obligation; (*Com*) charge; (*encargo desagradável*) burden; (*imposto*) tax burden

onze ['õzi] NUM eleven; ver tb **cinco**
OP ABR (Com: ações) = **ordinária ao portador**
opa ['opa] EXCL (de admiração) wow!; (de espanto) oops!; (saudação) hi!
opacidade [opasi'dadʒi] F opaqueness; (escuridão) blackness
opaco, -a [o'paku, a] ADJ opaque; (obscuro) dark
opala [o'pala] F opal; (tecido) fine muslin
opalino, -a [opa'linu, a] ADJ bluish white
opção [op'sãw] (pl **-ões**) F option, choice; (preferência) first claim, right
open market ['opē'markitʃ] M open market
OPEP [o'pɛpi] ABR F (= Organização dos Países Exportadores de Petróleo) OPEC
ópera ['ɔpera] F opera; **~ bufa** comic opera
operação [opera'sãw] (pl **-ões**) F operation; (Com) transaction
operacional [operasjo'naw] (pl **-ais**) ADJ operational; (sistema, custos) operating
operações [opera'sõjs] FPL de **operação**
operado, -a [ope'radu, a] ADJ (Med) who has (ou have) had an operation ▶ M/F person who has had an operation
operador, a [opera'dor(a)] M/F operator; (cirurgião) surgeon; (num cinema) projectionist
operante [ope'rãtʃi] ADJ effective
operar [ope'rar] VT to operate; (produzir) to effect, bring about; (Med) to operate on ▶ VI to operate; (agir) to act, function; **operar-se** VR (suceder) to take place; (Med) to have an operation
operariado [opera'rjadu] M: **o ~** the working class
operário, -a [ope'rarju, a] ADJ working ▶ M/F worker; **classe operária** working class
opereta [ope'reta] F operetta
opinar [opi'nar] VT (julgar) to think ▶ VI (dar o seu parecer) to give one's opinion
opinião [opi'njãw] (pl **-ões**) F opinion; **na minha ~** in my opinion; **ser de ou da ~ (de) que** to be of the opinion that; **ser da ~ de alguém** to think the same as sb, share sb's view; **mudar de ~** to change one's mind; **~ pública** public opinion
ópio ['ɔpju] M opium
opíparo, -a [o'piparu, a] ADJ (formal) splendid, lavish
opõe etc [o'põj] VB ver **opor**
opomos [o'pomos] VB ver **opor**
oponente [opo'nētʃi] ADJ opposing ▶ M/F opponent
opor [o'por] (irreg: como **pôr**) VT to oppose; (resistência) to put up, offer; (objeção, dificuldade) to raise; **opor-se** VR: **~-se a** (fazer objeção) to object to; (resistir) to oppose; **~ algo a algo** (colocar em contraste) to contrast sth with sth
oportunamente [oportuna'mētʃi] ADV at an opportune moment
oportunidade [oportuni'dadʒi] F opportunity; **na primeira ~** at the first opportunity

oportunismo [oportu'nizmu] M opportunism
oportunista [oportu'nista] ADJ, M/F opportunist
oportuno, -a [opor'tunu, a] ADJ (momento) opportune, right; (oferta de ajuda) well-timed; (conveniente) convenient, suitable
opôs [o'pos] VB ver **opor**
oposição [opozi'sãw] F opposition; **em ~ a** against; **fazer ~ a** to oppose
oposicionista [opozisjo'nista] ADJ opposition atr ▶ M/F member of the opposition
oposto, -a [o'postu, 'posta] PP de **opor** ▶ ADJ (contrário) opposite; (em frente) facing, opposite; (opiniões) opposing, opposite ▶ M opposite
opressão [opre'sãw] (pl **-ões**) F oppression; (sufocação) feeling of suffocation, tightness in the chest
opressivo, -a [opre'sivu, a] ADJ oppressive
opressões [opre'sõjs] FPL de **opressão**
opressor, a [opre'sor(a)] M/F oppressor
oprimido, -a [opri'midu, a] ADJ oppressed ▶ M: **os ~s** the oppressed
oprimir [opri'mir] VT to oppress; (comprimir) to press ▶ VI to be oppressive
opróbrio [o'prɔbrju] M (infâmia) ignominy; (formal: desonra) shame
optar [op'tar] VI to choose; **~ por** to opt for; **~ por fazer** to opt to do; **~ entre** to choose between
optativo, -a [opta'tʃivu, a] ADJ optional; (Ling) optative
opulência [opu'lēsja] F opulence
opulento, -a [opu'lētu, a] ADJ opulent
opunha etc [o'puɲa] VB ver **opor**
opus etc [o'pus] VB ver **opor**
opúsculo [o'puskulu] M (livreto) booklet; (pequena obra) pamphlet
opuser etc [opu'zer] VB ver **opor**
ora ['ɔra] ADV now ▶ CONJ well; **por ~** for the time being; **~ ..., ~ ...** one moment ..., the next ...; **~ sim, ~ não** first yes, then no; **~ essa!** the very idea!, come off it!; **~ bem** now then; **~ viva!** hello there!; **~, que besteira!** well, how stupid!; **~ bolas!** (col) for heaven's sake!
oração [ora'sãw] (pl **-ões**) F (reza) prayer; (discurso) speech; (Ling) clause
oráculo [o'rakulu] M oracle
orador, a [ora'dor(a)] M/F (aquele que fala) speaker
oral [o'raw] (pl **-ais**) ADJ oral ▶ F oral (exam)
orangotango [orãgu'tãgu] M orang-utan
orar [o'rar] VI (Rel) to pray
oratória [ora'tɔrja] F public speaking, oratory
oratório, -a [ora'tɔrju, a] ADJ oratorical ▶ M (Mús) oratorio; (Rel) oratory
orbe ['ɔrbi] M globe
órbita ['ɔrbita] F orbit; (do olho) socket; **entrar/colocar em ~** to go/put into orbit; **estar em ~** to be in orbit
orbital [orbi'taw] (pl **-ais**) ADJ orbital

Órcades ['ɔrkadʒis] FPL: **as ~** the Orkneys
orçamentário, -a [orsamẽ'tarju, a] ADJ budget atr
orçamento [orsa'mẽtu] M (do estado etc) budget; (avaliação) estimate; **~ sem compromisso** estimate with no obligation
orçar [or'sar] VT to value, estimate ▶ VI: **~ em** (gastos etc) to be valued at, be put at; **~ a** to reach, go up to; **ele orça por 20 anos** he is around 20; **um projeto orçado em $10 bilhões** a project valued at $10 billion
ordeiro, -a [or'dejru, a] ADJ orderly
ordem ['ordẽ] (pl **-ns**) F order; **às suas ordens** at your service; **um lucro da ~ de $60 milhões** a profit in the order of $60 million; **até nova ~** until further notice; **de primeira ~** first-rate; **estar em ~** to be tidy; **pôr em ~** to arrange, tidy; **tudo em ~?** (col) everything OK?; **por ~** in order, in turn; **dar/receber ordens** to give/take orders; **dar uma ~ na casa** to tidy the house; **~ alfabética/cronológica** alphabetical/chronological order; **~ bancária** banker's order; **~ de grandeza** order of magnitude; **~ de pagamento** (Com) banker's draft; **~ de prisão** (Jur) prison order; **~ do dia** agenda; **O~ dos Advogados** Bar Association; **~ pública** public order, law and order; **~ social** social order
ordenação [ordena'sãw] (pl **-ões**) F (Rel) ordination; (ordem) order; (arrumação) tidiness, orderliness
ordenado, -a [orde'nadu, a] ADJ (posto em ordem) in order; (metódico) orderly; (Rel) ordained ▶ M salary, wages pl
ordenança [orde'nãsa] M (Mil) orderly ▶ F (regulamento) ordinance
ordenar [orde'nar] VT to arrange, put in order; (determinar) to order; (Rel) to ordain; **ordenar-se** VR (Rel) to be ordained; **~ que alguém faça** to order sb to do; **~ algo a alguém** to order sth from sb
ordenhar [orde'ɲar] VT to milk
ordens ['ordẽs] FPL de **ordem**
ordinariamente [ordʒinarja'mẽte] ADV ordinarily, usually
ordinário, -a [ordʒi'narju, a] ADJ ordinary; (comum) usual; (medíocre) mediocre; (grosseiro) coarse, vulgar; (de má qualidade) inferior; (sem caráter) rough; **de ~** usually
orégano [o'rɛganu] M oregano
orelha [o'reʎa] F (Anat) ear; (aba) flap; **de ~s em pé** (col) on one's guard; **endividado até as ~s** up to one's ears in debt; **~s de abano** flappy ears
orelhada [ore'ʎada] (col) F: **de ~** through the grapevine
orelhão [ore'ʎãw] (pl **-ões**) M payphone
órfã ['ɔrfã] F de **órfão**
orfanato [orfa'natu] M orphanage
órfão, -fã ['ɔrfãw, fã] (pl **-s/-s**) ADJ, M/F orphan; **~ de pai** with no father; **~ de** (fig) starved of

orfeão [or'fjãw] (pl **-ões**) M choral society
orgânico, -a [or'ganiku, a] ADJ organic
organismo [orga'nizmu] M organism; (entidade) organization
organista [orga'nista] M/F organist
organização [organiza'sãw] (pl **-ões**) F organization; **~ de caridade** charity; **~ de fachada** front; **~ sem fins lucrativos** non-profit-making organization
organizador, a [organiza'dor(a)] M/F organizer ▶ ADJ (comitê) organizing
organizar [organi'zar] VT to organize
organograma [organo'grama] M flow chart
órgão ['ɔrgãw] (pl **-s**) M organ; (governamental etc) institution, body; **~ de imprensa** news publication
orgasmo [or'gazmu] M orgasm
orgia [or'ʒia] F orgy
orgulhar [orgu'ʎar] VT to make proud; **orgulhar-se** VR: **~-se de** to be proud of
orgulho [or'guʎu] M pride
orgulhoso, -a [orgu'ʎozu, ɔza] ADJ proud
orientação [orjẽta'sãw] F (direção) guidance; (de tese) supervision; (posição) position; (tendência) tendency; **~ educacional** training, guidance; **~ vocacional** careers guidance
orientador, a [orjẽta'dor(a)] M/F advisor; (de tese) supervisor ▶ ADJ guiding; **~ profissional** careers advisor
oriental [orjẽ'taw] (pl **-ais**) ADJ eastern; (do Extremo Oriente) oriental ▶ M/F oriental
orientar [orjẽ'tar] VT (situar) to orientate; (indicar o rumo) to direct; (aconselhar) to guide; **orientar-se** VR to get one's bearings; **~-se por algo** to follow sth
oriente [o'rjẽtʃi] M: **o O~** the East; **Extremo O~** Far East; **O~ Médio** Middle East
orifício [ori'fisju] M orifice
origem [o'riʒẽ] (pl **-ns**) F origin; (ascendência) lineage, descent; **lugar de ~** birthplace; **pessoa de ~ brasileira/humilde** person of Brazilian origin/of humble origins; **dar ~ a** to give rise to; **país de ~** country of origin; **ter ~** to originate
original [oriʒi'naw] (pl **-ais**) ADJ original; (estranho) strange, odd ▶ M original; (na datilografia) top copy
originalidade [oriʒinali'dadʒi] F originality; (excentricidade) eccentricity
originar [oriʒi'nar] VT to give rise to, start; **originar-se** VR to arise; **~-se de** to originate from
originário, -a [oriʒi'narju, a] ADJ (natural) native; **~ de** (proveniente) originating from; **um pássaro ~ do Brasil** a bird native to Brazil
oriundo, -a [o'rjũdu, a] ADJ: **~ de** (procedente) arising from; (natural) native of
orixá [ori'ʃa] M Afro-Brazilian deity
orla ['ɔrla] F (borda) edge, border; (de roupa) hem; (faixa) strip; **~ marítima** seafront
orlar [or'lar] VT: **~ algo de algo** to edge sth with sth

ornamentação [ornamẽta'sãw] F ornamentation
ornamental [ornamẽ'taw] (*pl* **-ais**) ADJ ornamental
ornamentar [ornamẽ'tar] VT to decorate, adorn
ornamento [orna'mẽtu] M adornment, decoration
ornar [or'nar] VT to adorn, decorate
ornato [or'natu] M adornment, decoration
ornitologia [ornitolo'ʒia] F ornithology
ornitologista [ornitolo'ʒista] M/F ornithologist
orquestra [or'kɛstra], (PT) **orquesta** F orchestra; **~ sinfônica/de câmara** symphony/chamber orchestra
orquestração [orkestra'sãw], (PT) **orquestação** F (*Mús*) orchestration; (*fig*) harmonization
orquestrar [orkes'trar], (PT) **orquestar** VT (*Mús*) to orchestrate; (*fig*) to harmonize
orquídea [or'kidʒja] F orchid
ortodoxia [ortodok'sia] F orthodoxy
ortodoxo, -a [orto'dɔksu, a] ADJ orthodox
ortografia [ortogra'fia] F spelling
ortopedia [ortope'dʒia] F orthopaedics *sg* (BRIT), orthopedics *sg* (US)
ortopédico, -a [orto'pɛdʒiku, a] ADJ orthopaedic (BRIT), orthopedic (US)
ortopedista [ortope'dʒista] M/F orthopaedic (BRIT) *ou* orthopedic (US) specialist
orvalhar [or'vaʎar] VT to sprinkle with dew
orvalho [or'vaʎu] M dew
os [us] ART DEF *ver* **o**
Osc. ABR (= *oscilação*) change in price from previous day
oscilação [osila'sãw] (*pl* **-ões**) F (*movimento*) oscillation; (*flutuação*) fluctuation; (*hesitação*) hesitation
oscilante [osi'lãtʃi] ADJ oscillating; (*fig: hesitante*) hesitant
oscilar [osi'lar] VI to oscillate; (*balançar-se*) to sway, swing; (*variar*) to fluctuate; (*hesitar*) to hesitate
ossatura [osa'tura] F skeleton, frame
ósseo, -a ['ɔsju, a] ADJ bony; (*Anat: medula etc*) bone *atr*
osso ['osu] M bone; (*dificuldade*) predicament; **um ~ duro de roer** a hard nut to crack; **~s do ofício** occupational hazards
ossudo, -a [o'sudu, a] ADJ bony
ostensivo, -a [ostẽ'sivu, a] ADJ ostensible, apparent; (*com alarde*) ostentatious
ostentação [ostẽta'sãw] (*pl* **-ões**) F ostentation; (*exibição*) display, show
ostentar [ostẽ'tar] VT to show; (*alardear*) to show off, flaunt
ostentoso, -a [ostẽ'tozu, ɔza] ADJ ostentatious, showy
osteopata [ostʃjo'pata] M/F osteopath
ostra ['ostra] F oyster
ostracismo [ostra'sizmu] M ostracism
OTAN ['otã] ABR F (= *Organização do Tratado do Atlântico Norte*) NATO

687 | **ornamentação – outro**

otário [o'tarju] (*col*) M fool, idiot
OTE (BR) ABR F = **Obrigação do Tesouro Estadual**
ótica ['ɔtʃika] F optics *sg*; (*loja*) optician's; (*fig: ponto de vista*) viewpoint; *ver tb* **ótico**
ótico, -a ['ɔtʃiku, a] ADJ optical ▶ M/F optician
otimismo [otʃi'mizmu] M optimism
otimista [otʃi'mista] ADJ optimistic ▶ M/F optimist
otimizar [otʃimi'zar] VT to optimize
ótimo, -a ['ɔtʃimu, a] ADJ excellent, splendid ▶ EXCL great!, super!
OTN (BR) ABR F = **Obrigação do Tesouro Nacional**
otorrino [oto'hinu] M/F ear, nose and throat specialist
ou [o] CONJ or; **ou este ou aquele** either this one or that one; **ou seja** in other words
OUA ABR F (= *Organização da Unidade Africana*) OAU
ouço *etc* ['osu] VB *ver* **ouvir**
ourela [o'rela] F edge, border
ouriçado, -a [ori'sadu, a] (*col*) ADJ excited
ouriçar [ori'sar] VT (*col: animar*) to liven up; (*: excitar*) to excite; **ouriçar-se** VR to bristle; (*col*) to get excited
ouriço [o'risu] M (*europeu*) hedgehog; (*casca*) shell; (*col: animação*) riot
ouriço-do-mar (*pl* **ouriços-do-mar**) M sea urchin
ourives [o'rivis] M/F INV (*fabricante*) goldsmith; (*vendedor*) jeweller (BRIT), jeweler (US)
ourivesaria [oriveza'ria] F (*arte*) goldsmith's art; (*loja*) jeweller's (shop) (BRIT), jewelry store (US)
ouro ['oru] M gold; **ouros** MPL (*Cartas*) diamonds; **de ~** golden; **nadar em ~** to be rolling in money; **valer ~s** to be worth one's weight in gold
ousadia [oza'dʒia] F daring; (*lance ousado*) daring move; **ter a ~ de fazer** to have the cheek to do
ousado, -a [o'zadu, a] ADJ daring, bold
ousar [o'zar] VT, VI to dare
out. ABR (= *Outubro*) Oct.
outdoor [awt'dɔr] (*pl* **-s**) M billboard
outeiro [o'tejru] M hill
outonal [oto'naw] (*pl* **-ais**) ADJ autumnal
outono [o'tonu] M autumn
outorga [o'tɔrga] F granting, concession
outorgante [otor'gãtʃi] M/F grantor
outorgar [otor'gar] VT to grant
outrem [o'trẽ] PRON (*sg*) somebody else; (*pl*) other people

(PALAVRA-CHAVE)

outro, -a ['otru, a] ADJ **1** (*distinto: sg*) another; (*: pl*) other; **outra coisa** something else; **de outro modo, de outra maneira** otherwise; **no outro dia** the next day; **ela está outra** (*mudada*) she's changed

2 (*adicional*): **quer outro café?** would you

like another coffee?; **outra vez** again
▶ PRON **1**: **o outro** the other one; **(os) outros** (the) others; **de outro** somebody else's
2 (*recíproco*): **odeiam-se uns aos outros** they hate one another *ou* each other
3: **outro tanto** the same again; **comer outro tanto** to eat the same *ou* as much again; **ele recebeu uma dezena de telegramas e outras tantas chamadas** he got about ten telegrams and as many calls

outrora [o'trɔra] ADV formerly
outrossim [otro'sĩ] ADV likewise, moreover
outubro [o'tubru] M October; *ver tb* **julho**
ouvido [o'vidu] M (*Anat*) ear; (*sentido*) hearing; **de ~ by ear**; **dar ~s a** to listen to; **entrar por um ~ e sair pelo outro** to go in one ear and out the other; **fazer ~s moucos** *ou* **de mercador** to turn a deaf ear, pretend not to hear; **ser todo ~s** to be all ears; **ter bom ~ para música** to have a good ear for music; **se isso chegar aos ~s dele,** ... if he gets to hear about it, ...
ouvinte [o'vĩtʃi] M/F listener; (*estudante*) auditor
ouvir [o'vir] VT to hear; (*com atenção*) to listen to; (*missa*) to attend ▶ VI to hear; to listen; (*levar descompostura*) to catch it; **~ dizer que** ... to hear that ...; **~ falar de** to hear of
ova ['ɔva] F roe; **uma ~!** (*col*) my eye!, no way!
ovação [ova'sãw] (*pl* **-ões**) F ovation, acclaim
ovacionar [ovasjo'nar] VT to acclaim; (*pessoa no palco*) to give a standing ovation to
ovações [ova'sõjs] FPL *de* **ovação**
oval [o'vaw] (*pl* **-ais**) ADJ, F oval
ovalado, -a [ova'ladu, a] ADJ oval
ovário [o'varju] M ovary

ovelha [o'veʎa] F sheep; **~ negra** (*fig*) black sheep
over ['over] ADJ overnight ▶ M overnight market
overnight [over'najtʃi] = **over**
óvni ['ɔvni] M (= *objeto voador não identificado*) UFO
ovo ['ovu] M egg; **~ cozido duro** hard-boiled egg; **~ pochê** (BR) *ou* **escalfado** (PT) poached egg; **~ estrelado** *ou* **frito** fried egg; **~s mexidos** scrambled eggs; **~ cozido** *ou* **quente** boiled egg; **~s de granja** free-range eggs; **~ de Páscoa** Easter egg; **estar/acordar de ~ virado** (*col*) to be/wake up in a bad mood; **pisar em ~s** (*fig*) to tread carefully; **ser um ~** (*apartamento etc*) to be a shoebox
ovulação [ovula'sãw] F ovulation
óvulo ['ɔvulu] M egg, ovum
oxalá [oʃa'la] EXCL let's hope ...; **~ a situação melhore em breve** let's hope the situation improves soon
oxidação [oksida'sãw] F (*Quím*) oxidation; (*ferrugem*) rusting
oxidado, -a [oksi'dadu, a] ADJ rusty; (*Quím*) oxidized
oxidar [oksi'dar] VT to rust; (*Quím*) to oxidize; **oxidar-se** VR to rust, go rusty; to oxidize
óxido ['ɔksidu] M oxide
oxigenado, -a [oksiʒe'nadu, a] ADJ (*cabelo*) bleached; (*Quím*) oxygenated; **água oxigenada** peroxide; **uma loura oxigenada** a peroxide blonde
oxigenar [oksiʒe'nar] VT to oxygenate; (*cabelo*) to bleach
oxigênio [oksi'ʒenju] M oxygen
oxum [o'ʃũ] M *Afro-Brazilian river god*
ozônio [o'zonju] M ozone; **camada de ~** ozone layer

Pp

P, p [pe] (pl **ps**) M P, p; **P de Pedro** P for Peter
P. ABR (= *Praça*) Sq.; (= *Padre*) Fr.
p. ABR (= *página*) p.; (= *parte*) pt; = **por**; **próximo**
p/ ABR = **para**
PA ABR = **Pará** ▶ ABR (*Com: de ações*) = **preferencial, classe A**
pá [pa] F shovel; (*de remo, hélice*) blade; (*de moinho*) sail ▶ M (PT) pal, mate; **pá de lixo** dustpan; **pá mecânica** bulldozer; **uma pá de** lots of; **da pá virada** (*col*) wild
p.a. ABR (= *por ano*) p.a.
paca ['paka] F (*Zool*) paca ▶ M/F fool ▶ ADJ stupid ▶ ADV (*col*): **'tá quente ~** it's bloody hot (!)
pacatez [paka'tez] F (*de pessoa*) quietness; (*de lugar, vida*) peacefulness
pacato, -a [pa'katu, a] ADJ (*pessoa*) quiet; (*lugar*) peaceful
pachorra [pa'ʃoha] F phlegm, impassiveness; **ter a ~ de fazer** to have the gall to do
pachorrento, -a [paʃo'hẽtu, a] ADJ slow, sluggish
paciência [pa'sjẽsja] F patience; (*Cartas*) patience; **ter ~** to be patient; **~!** we'll (*ou* you'll *etc*) just have to put up with it!; **perder a ~** to lose one's patience
paciente [pa'sjẽtʃi] ADJ, M/F patient
pacificação [pasifika'sãw] F pacification
pacificador, a [pasifika'do(a)] ADJ calming ▶ M/F peacemaker
pacificar [pasifi'ka(ʁ)] VT to pacify, calm (down); **pacificar-se** VR to calm down
pacífico, -a [pa'sifiku, a] ADJ (*pessoa*) peace-loving; (*aceito sem discussão*) undisputed; (*sossegado*) peaceful; **o (Oceano) P~** the Pacific (Ocean); **ponto ~** undisputed point
pacifismo [pasi'fiʒmu] M pacifism
pacifista [pasi'fista] M/F pacifist
paço ['pasu] M palace; (*fig*) court
paçoca [pa'sɔka] F (*doce*) peanut fudge; (*fig: misturada*) jumble, hotchpotch; (: *coisa amassada*) crumpled mess
pacote [pa'kɔtʃi] M packet; (*embrulho*) parcel; (*Econ, Comput, Turismo*) package
pacto ['paktu] M pact; (*ajuste*) agreement; **~ de não agressão** non-aggression treaty; **~ de sangue** blood pact; **P~ de Varsóvia** Warsaw Pact

pactuar [pak'twa(ʁ)] VT to agree on ▶ VI: **~ (com)** to make a pact *ou* an agreement with
padaria [pada'ria] F bakery, baker's (shop)
padecer [pade'se(ʁ)] VT to suffer; (*suportar*) to put up with, endure ▶ VI: **~ de** to suffer from
padecimento [padesi'mẽtu] M suffering; (*dor*) pain
padeiro [pa'dejru] M baker
padiola [pa'dʒɔla] F stretcher
padrão [pa'drãw] (*pl* **-ões**) M standard; (*medida*) gauge; (*desenho*) pattern; (*fig: modelo*) model; **~ de vida** standard of living
padrasto [pa'drastu] M stepfather
padre ['padri] M priest; **O Santo P~** the Holy Father
padrinho [pa'driɲu] M (*Rel*) godfather; (*de noivo*) best man; (*patrono*) sponsor; (*paraninfo*) guest of honour
padroeiro, -a [pa'drwejru, a] M/F patron; (*santo*) patron saint
padrões [pa'drõjs] MPL *de* **padrão**
padronização [padroniza'sãw] F standardization
padronizado, -a [padroni'zadu, a] ADJ standardized, standard
padronizar [padroni'za(ʁ)] VT to standardize
pães [pãjs] MPL *de* **pão**
paetê [pae'te] M sequin
pág. ABR (= *página*) p
paga ['paga] F payment; (*salário*) pay; **em ~ de** in return for
pagã [pa'gã] F *de* **pagão**
pagador, a [paga'do(a)] ADJ paying ▶ M/F (*quem paga*) payer; (*de salário*) pay clerk; (*de banco*) teller
pagadoria [pagado'ria] F payment office
pagamento [paga'mẽtu] M payment; **~ a prazo** *ou* **em prestações** payment in instal(l)ments; **~ à vista** cash payment; **~ contra entrega** (*Com*) COD, cash on delivery
pagão, -gã [pa'gãw, 'gã] (*pl* **-s/-s**) ADJ, M/F pagan
pagar [pa'ga(ʁ)] VT to pay; (*compras, pecados*) to pay for; (*o que devia*) to pay back; (*retribuir*) to repay ▶ VI to pay; **~ por algo** (*tb fig*) to pay for sth; **~ a prestações** to pay in instal(l)ments; **~ à vista** (BR), **~ a pronto** to pay on the spot, pay at the time of purchase; **~ de contado** (PT)

to pay cash; **a ~** unpaid; **~ caro** (*fig*) to pay a high price; **~ a pena** to pay the penalty; **~ na mesma moeda** (*fig*) to give tit for tat; **~ para ver** (*fig*) to call sb's bluff, demand proof; **você me paga!** you'll pay for this!

página ['paʒina] F page; **~ de rosto** frontispiece, title page; **~ em branco** blank page; **~ (da) web** web page; **~ inicial** home page; **P~s Amarelas** Yellow Pages®

paginação [paʒinaˈsãw] F pagination

paginar [paʒiˈnar] VT to paginate

pago, -a ['pagu, a] PP *de* **pagar** ▶ ADJ paid; (*fig*) even ▶ M pay

pagode [paˈgɔdʒi] M pagoda; (*fig*) fun, high jinks *pl*; (*festa*) knees-up

pagto. ABR = **pagamento**

paguei *etc* [paˈgej] VB *ver* **pagar**

pai [paj] M father; **pais** MPL parents; **~ adotivo** adoptive father; **~ de família** family man; **~ de santo** voodoo priest; **~ de todos** (*col*) middle finger; **~ dos burros** (*col*) dictionary; **um idiota de ~ e mãe** (*col*) a complete idiot

painel [pajˈnɛw] (*pl* -**éis**) M (*numa parede*) panel; (*quadro*) picture; (*Auto*) dashboard; (*de avião*) instrument panel; (*reunião de especialistas*) panel (of experts); **~ de vídeo** video wall; **~ solar** solar panel

paio ['paju] M pork sausage

paiol [paˈjɔw] (*pl* -**óis**) M storeroom; (*celeiro*) barn; (*de pólvora*) powder magazine; **~ de carvão** coal bunker

pairar [pajˈrar] VI to hover ▶ VT (*embarcação*) to lie to

país [paˈjis] M country; (*região*) land; **~ encantado** fairyland; **~ natal** native land

paisagem [pajˈzaʒẽ] (*pl* -**ns**) F scenery, landscape; (*pintura*) landscape

paisano, -a [pajˈzanu, a] ADJ civilian ▶ M/F (*não militar*) civilian; (*compatriota*) fellow countryman; **à paisana** (*soldado*) in civvies; (*policial*) in plain clothes

Países Baixos MPL: **os ~** the Netherlands

paixão [pajˈʃãw] (*pl* -**ões**) F passion

paixonite [pajʃoˈnitʃi] (*col*) F: **~ (aguda)** crush, infatuation

pajé [paˈʒɛ] M medicine man

pajear [paˈʒjar] VT (*cuidar*) to look after; (*paparicar*) to mollycoddle

pajem ['paʒẽ] (*pl* -**ns**) M (*moço*) page

pala ['pala] F (*de boné*) peak; (*em automóvel*) sun visor; (*de vestido*) yoke; (*de sapato*) strap; (*col: dica*) tip

palacete [palaˈsetʃi] M small palace

palácio [paˈlasju] M palace; **~ da justiça** courthouse; **~ real** royal palace

Palácio do Planalto *see note*

> **Palácio de Planalto** is the seat of the Brazilian government, in Brasília. The name comes from the fact that the Brazilian capital is situated on a plateau. It has come to be a byword for central government.

paladar [palaˈdar] M taste; (*Anat*) palate

paladino [palaˈdʒinu] M (*medieval, fig*) champion

palafita [palaˈfita] F (*estacaria*) stilts *pl*; (*habitação*) stilt house

palanque [paˈlãki] M (*estrado*) stand

palatável [palaˈtavew] (*pl* -**eis**) ADJ palatable

palato [paˈlatu] M palate

palavra [paˈlavra] F word; (*fala*) speech; (*promessa*) promise; (*direito de falar*) right to speak; **~!** honestly!; **pessoa de/sem ~** reliable/unreliable person; **em outras ~s** in other words; **em poucas ~s** briefly; **cumprir a/faltar com a ~** to keep/break one's word; **dar a ~ a alguém** to give sb the chance to speak; **não dar uma ~** not to say a word; **dirigir a ~ a** to address; **estar com a ~ na boca** to have the word on the tip of one's tongue; **pedir a ~** to ask permission to speak; **ter ~** (*pessoa*) to be reliable; **tirar a ~ da boca de alguém** to take the words right out of sb's mouth; **tomar a ~** to take the floor; **a última ~** (*tb fig*) the last word; **~ de honra** word of honour; **~ de ordem** slogan; **~s cruzadas** crossword (puzzle) *sg*

palavra-chave (*pl* **palavras-chave(s)**) F key word

palavrão [palaˈvrãw] (*pl* -**ões**) M (*obsceno*) swearword

palavreado [palaˈvrjadu] M babble, gibberish; (*loquacidade*) smooth talk

palavrões [palaˈvrõjs] MPL *de* **palavrão**

palco ['pawku] M (*Teatro*) stage; (*fig: local*) scene

paleontologia [paljõtoloˈʒia] F palaeontology (BRIT), paleontology (US)

palerma [paˈlɛrma] ADJ silly, stupid ▶ M/F fool

Palestina [palesˈtʃina] F: **a ~** Palestine

palestino, -a [palesˈtʃinu, a] ADJ, M/F Palestinian

palestra [paˈlɛstra] F (*conversa*) chat, talk; (*conferência*) lecture, talk

palestrar [palesˈtrar] VI to chat, talk

paleta [paˈleta] F palette

paletó [paleˈtɔ] M jacket; **abotoar o ~** (*col*) to kick the bucket

palha ['paʎa] F straw; **chapéu de ~** straw hat; **não mexer** *ou* **levantar uma ~** (*col*) not to lift a finger

palhaçada [paʎaˈsada] F (*ato, dito*) joke; (*cena*) farce

palhaço [paˈʎasu] M clown

palheiro [paˈʎejru] M hayloft; (*monte de feno*) haystack

palheta [paˈʎeta] F (*de veneziana*) slat; (*de turbina*) blade; (*de pintor*) palette

palhoça [paˈʎɔsa] F thatched hut

paliar [paˈljar] VT (*disfarçar*) to disguise, gloss over; (*atenuar*) to mitigate, extenuate

paliativo, -a [paljaˈtʃivu, a] ADJ palliative

paliçada [paliˈsada] F fence; (*militar*) stockade; (*para torneio*) enclosure

palidez [pali'deʒ] F paleness
pálido, -a ['palidu, a] ADJ pale
pálio ['palju] M canopy
palitar [pali'tar] VT to pick ▶ VI to pick one's teeth
paliteiro [pali'tejru] M toothpick holder
palito [pa'litu] M stick; *(para os dentes)* toothpick; *(col: pessoa)* beanpole; *(: perna)* pin
palma ['pawma] F *(folha)* palm leaf; *(da mão)* palm; **bater ~s** to clap; **conhecer algo como a ~ da mão** to know sth like the back of one's hand; **trazer alguém nas ~s da mão** *(fig)* to pamper sb
palmada [paw'mada] F slap
palmatória [pawma'tɔrja] F: **~ do mundo** self-righteous person; *ver tb* **mão**
palmeira [paw'mejra] F palm tree
palmilha [paw'miʎa] F inner sole
palmilhar [pawmi'ʎar] VT, VI to walk
palmito [paw'mitu] M palm heart
palmo ['pawmu] M span; **~ a ~** inch by inch; **não enxerga um ~ adiante do nariz** he can't see further than the nose on his face
palpável [paw'pavew] *(pl -eis)* ADJ tangible; *(fig)* obvious
pálpebra ['pawpebra] F eyelid
palpitação [pawpita'sãw] *(pl -ões)* F beating, throbbing; **palpitações** FPL *(batimentos cardíacos)* palpitations
palpitante [pawpi'tãtʃi] ADJ beating, throbbing; *(fig: emocionante)* thrilling; *(: de interesse atual)* sensational
palpitar [pawpi'tar] VI *(coração)* to beat; *(comover-se)* to shiver; *(dar palpite)* to stick one's oar in
palpite [paw'pitʃi] M *(intuição)* hunch, *(Jogo, Turfe)* tip; *(opinião)* opinion; **dar ~** to give one's two cents' worth, stick one's oar in
palpiteiro, -a [pawpi'tejru, a] ADJ meddling ▶ M/F meddler
palude [pa'ludʒi] M marsh, swamp
paludismo [palu'dʒizmu] M malaria
palustre [pa'lustri] ADJ *(terra)* marshy; *(aves)* marsh-dwelling
pamonha [pa'mɔɲa] ADJ idiotic ▶ M/F nitwit
pampa ['pãpa] F pampas; **às ~s** *(+ col)* loads of; *(+ adj, adv)* really
panaca [pa'naka] ADJ stupid ▶ M/F fool
panaceia [pana'seja] F panacea
Panamá [pana'ma] M: **o ~** Panama; **o canal do ~** the Panama Canal
panamenho, -a [pana'meɲu, a] ADJ, M/F Panamanian
pan-americano, -a [pan-] ADJ Pan-American
pança ['pãsa] F belly, paunch
pancada [pã'kada] F *(no corpo)* blow, hit; *(choque)* knock; *(de relógio)* stroke ▶ M/F *(col)* loony ▶ ADJ crazy; **~ d'água** downpour; **dar uma ~ com a cabeça** to bang one's head; **dar ~ em alguém** to hit sb; **levar uma ~** to get hit
pancadaria [pãkada'ria] F *(surra)* beating; *(tumulto)* fight

pâncreas ['pãkrjas] M INV pancreas
pançudo, -a [pã'sudu, a] ADJ fat, potbellied
panda ['pãda] F panda
pandarecos [pãda'rɛkus] MPL: **em ~** in pieces; *(fig: exausto)* worn out; *(: moralmente)* devastated
pândega ['pãdega] F merrymaking, good time
pândego, -a ['pãdegu, a] ADJ *(farrista)* merrymaking; *(engraçado)* jolly ▶ M/F merrymaker; joker
pandeiro [pã'dejru] M tambourine
pandemia [pãde'mia] F pandemic
pandemônio [pãde'monju] M pandemonium
pane ['pani] F breakdown
panegírico [pane'ʒiriku] M panegyric
panejar [pane'ʒar] VI to flap
panela [pa'nɛla] F *(de barro)* pot; *(de metal)* pan; *(de cozinhar)* saucepan; *(no dente)* large cavity, hole; **~ de pressão** pressure cooker
panelinha [pane'liɲa] F clique
panfletar [pãfle'tar] VI to distribute pamphlets
panfleto [pã'fletu] M pamphlet
pangaré [pãga'rɛ] M *(cavalo)* nag
pânico ['paniku] M panic; **em ~** panic-stricken; **entrar em ~** to panic
panificação [panifika'sãw] *(pl -ões)* F *(fabricação)* bread-making; *(padaria)* bakery
panificadora [panifika'dora] F baker's
pano ['panu] M cloth; *(Teatro)* curtain; *(largura de tecido)* width; *(vela)* sheet, sail; **~ de chão** floor cloth; **~ de pratos** tea towel; **~ de pó** duster; **~ de fundo** *(tb fig)* backdrop; **a todo o ~** at full speed; **por baixo do ~** *(fig)* under the counter; **dar ~ para mangas** *(fig)* to give food for thought; **pôr ~s quentes em algo** *(fig)* to dampen sth down
panorama [pano'rama] M *(vista)* view; *(fig: observação)* survey
panorâmica [pano'ramika] F *(exposição)* survey
panorâmico, -a [pano'ramiku, a] ADJ panoramic
panqueca [pã'kɛka] F pancake
pantalonas [pãta'lɔnas] FPL baggy trousers
pantanal [pãta'naw] *(pl -ais)* M swampland
pântano ['pãtanu] M marsh, swamp
pantanoso, -a [pãta'nozu, ɔza] ADJ marshy, swampy
panteão [pã'tjãw] *(pl -ões)* M pantheon
pantera [pã'tɛra] F panther
pantomima [pãto'mima] F pantomime
pantufa [pã'tufa] F slipper
pão [pãw] *(pl pães)* M bread; **o P~ de Açúcar** *(no Rio)* Sugarloaf Mountain; **~ árabe** pitta (BRIT) *ou* pita (US) bread; **~ de carne** meat loaf; **~ de centeio** rye bread; **~ de fôrma** sliced loaf; **~ caseiro** home-made bread; **~ de ló** sponge cake; **~ francês** French bread; **~ integral** wholemeal (BRIT) *ou* wholewheat (US) bread; **~ preto** black bread; **~ torrado** toast; **ganhar o ~** to earn

a living; **~ dormido** day-old bread; **dizer ~, ~, queijo, queijo** (*col*) to call a spade a spade, pull no punches; **comer o ~ que o diabo amassou** (*fig*) to have it tough; **tirar o ~ da boca de alguém** (*fig*) to take the food out of sb's mouth

pão-durismo [-du'rizmu] (*col*) M meanness, stinginess

pão-duro (*pl* **pães-duros**) (*col*) ADJ mean, stingy ▶ M/F miser

pãozinho [pãw'ziɲu] M roll

papa ['papa] M Pope; (*fig*) spiritual leader ▶ F mush, pap; (*mingau*) porridge; **não ter ~s na língua** to be outspoken, not to mince one's words

papada [pa'pada] F double chin

papagaiada [papagaj'ada] (*col*) F showing off

papagaio [papa'gaju] M parrot; (*pipa*) kite; (*Com*) accommodation bill; (*Auto*) provisional licence (BRIT), student driver's license (US) ▶ EXCL (*col*) heavens!

papai [pa'paj] M dad, daddy; **P~ Noel** Santa Claus, Father Christmas; **o ~ aqui** (*col*) yours truly

papal [pa'paw] (*pl* **-ais**) ADJ papal

papa-moscas F INV (*Bio*) flycatcher

papar [pa'par] (*col*) VT (*comer*) to eat; (*extorquir*): **~ algo a alguém** to get sth out of sb ▶ VI to eat

paparicar [papari'kar] VT to pamper

paparicos [papa'rikus] MPL (*mimos*) pampering *sg*

papear [pa'pjar] VI to chat

papel [pa'pɛw] (*pl* **-éis**) M paper; (*Teatro*) part; (*função*) role; **fazer o ~ de** to play the part of; **fazer ~ de idiota** *etc* to play the fool *etc*; **~ aéreo** airmail paper; **~ de embrulho** wrapping paper; **~ de escrever/de alumínio** writing paper/tinfoil; **~ de parede** wallpaper; **~ de seda/transparente** tissue paper/tracing paper; **~ filme** Clingfilm® (BRIT), Saran Wrap® (US); **~ higiênico** toilet paper; **~ laminado** *ou* **lustroso** coated paper; **~ ofício** foolscap; **~ pardo** brown paper; **~ timbrado** headed paper; **~ usado** waste paper; **~ yes**® tissue, kleenex®; **ficar no ~** (*fig*) to stay on the drawing board; **pôr no ~** to put down on paper *ou* in writing; **de ~ passado** officially

papelada [pape'lada] F pile of papers; (*burocracia*) paperwork, red tape

papelão [pape'lãw] M cardboard; (*fig*) fiasco; **fazer um ~** to make a fool of o.s.

papelaria [papela'ria] F stationer's (shop)

papel-carbono M carbon paper

papeleta [pape'leta] F (*cartaz*) notice; (*papel avulso*) piece of paper; (*Med*) chart

papel-moeda (*pl* **papéis-moeda(s)**) M paper money, banknotes *pl*

papel-pergaminho M parchment

papelzinho [papew'ziɲu] M scrap of paper

papinha [pa'piɲa] F: **~ de bebê** baby food

papiro [pa'piru] M papyrus

papo ['papu] M (*de ave*) crop; (*col: de pessoa*) double chin; (: *conversa*) chat; (: *papo furado*) hot air; **ele é um bom ~** (*col*) he's a good talker; **bater** *ou* **levar um ~** (*col*) to have a chat; **bater ~** (*col*) to chat (*also Internet*); **ficar de ~ para o ar** (*fig*) to laze around; **~ firme** (*col: verdade*) gospel (truth); (: *pessoa*) straight talker; **~ de anjo** sweet made of egg yolks

papo-firme (*pl* **papos-firmes**) (*col*) ADJ reliable ▶ M/F reliable sort

papo-furado (*pl* **papos-furados**) (*col*) ADJ unreliable ▶ M/F: **ele é um ~** he never comes up with the goods

papoula [pa'pola] F poppy

páprica ['paprika] F paprika

Papua Nova Guiné [pa'pua-] F Papua New Guinea

papudo, -a [pa'pudu, a] ADJ fat in the face, double-chinned

paqueração [pakera'sãw] (*pl* **-ões**) (*col*) F pick-up

paquerador, a [pakera'dor(a)] ADJ flirtatious ▶ M/F flirt

paquerar [pake'rar] (*col*) VI to flirt ▶ VT to chat up

paquete [pa'ketʃi] M steamship

paquistanês, -esa [pakista'nes, eza] ADJ, M/F Pakistani

Paquistão [pakis'tãw] M: **o ~** Pakistan

par [par] ADJ (*igual*) equal; (*número*) even ▶ M pair; (*casal*) couple; (*pessoa na dança*) partner; **~ a ~** side by side, level; **ao ~** (*Com*) at par; **sem ~** incomparable; **abaixo de ~** (*Com, Golfe*) below par; **estar/ficar a ~ de algo** to be/get up to date with sth

para ['para] PREP for; (*direção*) to, towards; **bom ~ comer** good to eat; **~ não ser ouvido** so as not to be heard; **~ que** so that, in order that; **~ quê?** what for?, why?; **ir ~ São Paulo** to go to São Paulo; **ir ~ casa** to go home; **~ com** (*atitude*) towards; **de lá ~ cá** since then; **~ a semana** next week; **estar ~** to be about to; **é ~ nós ficarmos aqui?** should we stay here?

parabenizar [parabeni'zar] VT: **~ alguém por algo** to congratulate sb on sth

parabéns [para'bẽjs] MPL congratulations; (*no aniversário*) happy birthday; **dar ~ a** to congratulate; **você está de ~** you are to be congratulated

parábola [par'rabola] F parable; (*Mat*) parabola

para-brisa ['para-] (*pl* **-s**) M windscreen (BRIT), windshield (US)

para-choque ['para-] (*pl* **-s**) M (*Auto*) bumper

parada [pa'rada] F stop; (*Com*) stoppage; (*militar, colegial*) parade; (*col: coisa difícil*) ordeal; **ser uma ~** (*col: pessoa: difícil*) to be awkward; (: *ser bonito*) to be gorgeous; **aguentar a ~** (*col*) to stick it out; **topar a ~** (*col*) to accept the challenge; **topar qualquer ~** (*col*) to be game for anything; **~ cardíaca** heart failure

paradeiro [para'dejru] M whereabouts

paradigma [para'dʒigma] M paradigm
paradisíaco, -a [paradʒi'ʒiaku, a] ADJ (*fig*) idyllic
parado, -a [pa'radu, a] ADJ (*pessoa: imóvel*) standing still; (: *sem vida*) lifeless; (*carro*) stationary; (*máquina*) out of action; (*olhar*) fixed; (*trabalhador, fábrica*) idle; **fiquei ~ uma hora no ponto de ônibus** I stood for an hour at the bus stop; **não fique aí ~!** don't just stand there!
paradoxal [paradok'saw] (*pl* **-ais**) ADJ paradoxical
paradoxo [para'dɔksu] M paradox
paraense [para'ēsi] ADJ from Pará ▶ M/F person from Pará
parafernália [parafer'nalja] F (*de uso pessoal*) personal items *pl*; (*equipamento*) equipment; (*tralha*) paraphernalia
parafina [para'fina] F paraffin
paráfrase [pa'rafrazi] F paraphrase
parafrasear [parafra'zjar] VT to paraphrase
parafusar [parafu'zar] VT to screw in ▶ VI (*meditar*) to ponder
parafuso [para'fuzu] M screw; **entrar em ~** (*col*) to get into a state; **ter um ~ de menos** (*col*) to have a screw loose
paragem [pa'raʒē] (*pl* **-ns**) F (*PT*) stop; **paragens** FPL (*lugares*) parts; **~ de elétrico** (*PT*) tram (*BRIT*) *ou* streetcar (*US*) stop
parágrafo [pa'ragrafu] M paragraph
Paraguai [para'gwaj] M: **o ~** Paraguay
paraguaio, -a [para'gwaju, a] ADJ, M/F Paraguayan
Paraíba [para'iba] (*col*) M (*operário*) labourer (*BRIT*), laborer (*US*) ▶ F (*mulher macho*) butch woman
paraibano, -a [paraj'banu, a] ADJ from Paraíba ▶ M/F person from Paraíba
paraíso [para'izu] M paradise
para-lama ['para-] (*pl* **-s**) M wing (*BRIT*), fender (*US*); (*de bicicleta*) mudguard
paralela [para'lɛla] F parallel line; **paralelas** FPL (*Esporte*) parallel bars
paralelamente [paralela'mētʃi] ADV in parallel; (*ao mesmo tempo*) at the same time
paralelepípedo [paralele'pipedu] M cobblestone
paralelo, -a [para'lɛlu, a] ADJ (*tb Comput*) parallel ▶ M (*Geo, comparação*) parallel
paralisação [paraliza'sāw] (*pl* **-ões**) F (*suspensão*) stoppage
paralisar [parali'zar] VT to paralyse; (*trabalho*) to bring to a standstill; **paralisar-se** VR to become paralysed; (*fig*) to come to a standstill
paralisia [parali'zia] F paralysis
paralítico, -a [para'litʃiku, a] ADJ, M/F paralytic
paramédico, -a [para'mɛdʒiku, a] ADJ paramedical
paramentado, -a [paramē'tadu, a] ADJ smart
paramento [para'mētu] M (*adorno*) ornament; **paramentos** MPL (*vestes*) vestments; (*de igreja*) hangings

parâmetro [pa'rametru] M parameter
paramilitar [paramili'tar] ADJ paramilitary
paranaense [parana'ēsi] ADJ from Paraná ▶ M/F person from Paraná
paraninfo [para'nīfu] M patron; (*pessoa homenageada*) guest of honour (*BRIT*) *ou* honor (*US*)
paranoia [para'nɔja] F paranoia
paranoico, -a [para'nɔjku, a] ADJ, M/F paranoid
paranormal [paranor'maw] (*pl* **-ais**) ADJ paranormal
parapeito [para'pejtu] M (*muro*) wall, parapet; (*da janela*) windowsill
parapente [para'pējtʃi] M (*Esporte*) paragliding; (*equipamento*) paraglider
paraplégico, -a [para'plɛʒiku, a] ADJ, M/F paraplegic
paraquedas [para'kɛdas] M INV parachute; **saltar de ~** to parachute
paraquedismo [parake'dʒizmu] M parachuting, sky-diving
paraquedista [parake'dʒista] M/F parachutist ▶ M (*Mil*) paratrooper
parar [pa'rar] VI to stop; (*ficar*) to stay ▶ VT to stop; **fazer ~** (*deter*) to stop; **~ na cadeia** to end up in jail; **~ de fazer** to stop doing
para-raios ['para-] M INV lightning conductor
parasita [para'zita] ADJ parasitic ▶ M parasite
parasitar [parazi'tar] VI to sponge ▶ VT: **~ alguém** to sponge off sb
parasito [para'zitu] M parasite
parceiro, -a [par'sejru, a] ADJ matching ▶ M/F partner
parcela [par'sɛla] F piece, bit; (*de pagamento*) instalment (*BRIT*), installment (*US*); (*de terra*) plot; (*do eleitorado etc*) section; (*Mat*) item
parcelado, -a [parse'ladu, a] ADJ (*pagamento*) in instalments (*BRIT*) *ou* installments (*US*)
parcelar [parse'lar] VT (*pagamento, dívida*) to schedule in instalments (*BRIT*) *ou* installments (*US*)
parceria [parse'ria] F partnership
parcial [par'sjaw] (*pl* **-ais**) ADJ (*incompleto*) partial; (*feito por partes*) in parts; (*pessoa*) biased; (*Pol*) partisan
parcialidade [parsjali'dadʒi] F bias, partiality; (*Pol*) partisans *pl*
parcimonioso, -a [parsimo'njozu, ɔza] ADJ parsimonious
parco, -a ['parku, a] ADJ (*escasso*) scanty; (*econômico*) thrifty; (*refeição*) frugal
pardal [par'daw] (*pl* **-ais**) M sparrow
pardieiro [par'dʒjejru] M ruin, heap
pardo, -a ['pardu, a] ADJ (*cinzento*) grey (*BRIT*), gray (*US*); (*castanho*) brown; (*mulato*) mulatto
parecença [pare'sēsa] F resemblance
parecer [pare'ser] M (*opinião*) opinion ▶ VI (*ter a aparência de*) to look, seem; **parecer-se** VR to look alike, resemble each other; **~ de auditoria** (*Com*) auditors' report; **~-se com alguém** to look like sb; **~ alguém/algo** to look like sb/sth; **ao que parece** apparently;

parece-me que I think that, it seems to me that; **que lhe parece?** what do you think?; **parece que** (*pelo visto*) it looks as if; (*segundo dizem*) apparently
parecido, -a [pare'sidu, a] ADJ alike, similar; **~ com** like
paredão [pare'dãw] (*pl* **-ões**) M (*de serra*) face
parede [pa'redʒi] F wall; **imprensar** *ou* **pôr alguém contra a ~** to put sb on the spot, buttonhole sb; **~ divisória** partition wall
paredões [pare'dõjs] MPL *de* **paredão**
parelha [pa'reʎa] F (*de cavalos*) team; (*par*) pair
parente [pa'rētʃi] M/F relative, relation; **ser ~ de alguém** to be related to sb
parentela [parē'tela] F relations *pl*
parentesco [parē'tesku] M relationship; (*fig*) connection
parêntese [pa'rētezi] M parenthesis; (*na escrita*) bracket; (*fig: digressão*) digression
páreo ['parju] M race; (*fig*) competition; **ser um ~ duro** to be a hard nut to crack
pareô [pa'rjo] M beach wrap
pária ['parja] M pariah
paridade [pari'dadʒi] F (*igualdade*) equality; (*de câmbio, remuneração*) parity; **abaixo/acima da ~** below/above par
parir [pa'rir] VT to give birth to ▶ VI to give birth; (*mulher*) to have a baby
Paris [pa'ris] N Paris
parisiense [pari'zjēsi] ADJ, M/F Parisian
parlamentar [parlamē'tar] ADJ parliamentary ▶ M/F member of parliament, MP ▶ VI to parley
parlamentarismo [parlamēta'rizmu] M parliamentary democracy
parlamentarista [parlamēta'rista] ADJ in favo(u)r of parliamentary democracy ▶ M/F supporter of the parliamentary system
parlamento [parla'mētu] M parliament
parmesão [parme'zãw] ADJ: **(queijo) ~** Parmesan (cheese)
pároco ['paroku] M parish priest
paródia [pa'rɔdʒja] F parody
parodiar [paro'dʒjar] VT (*fazer paródia de*) to parody; (*imitar*) to mimic, copy
paróquia [pa'rɔkja] F (*Rel*) parish; (*col: localidade*) neighbourhood (BRIT), neighborhood (US)
paroquial [paro'kjaw] (*pl* **-ais**) ADJ parochial
paroquiano, -a [paro'kjanu, a] M/F parishioner
paroxismo [parok'sizmu] M fit, attack; **paroxismos** MPL (*de moribundo*) death throes
parque ['parki] M park; **~ industrial** industrial estate; **~ infantil** children's playground; **~ nacional** national park; **~ de diversões** amusement park
parqueamento [parkja'mētu] M parking
parquear [par'kjar] VT to park
parreira [pa'hejra] F trellised vine
parrudo, -a [pa'hudu, a] ADJ muscular, well-built
part. ABR (= *particular*) priv.

parte ['partʃi] F part; (*quinhão*) share; (*lado*) side; (*ponto*) point; (*Jur*) party; (*papel*) role; **~ interna** inside; **a maior ~ de** most of; **a maior ~ das vezes** most of the time; **à ~** aside; (*separado*) separate; (*separadamente*) separately; (*além de*) apart from; **da ~ de alguém** on sb's part; **de ~ a ~** each other; **em ~** in part, partly; **em grande ~** to a great extent; **em alguma/qualquer ~** somewhere/anywhere; **em ~ alguma** nowhere; **por toda (a) ~** everywhere; **por ~s** in parts; **por ~ da mãe** on one's mother's side; **pôr de ~** to set aside; **tomar ~ em** to take part in; **dar ~ de alguém à polícia** to report sb to the police; **fazer ~ de algo** to be part of sth; **mandar alguém àquela ~** (!) to tell sb to go to hell
parteira [par'tejra] F midwife
partição [partʃi'sãw] F division; (*Pol*) partition
participação [partʃisipa'sãw] F participation; (*Com*) stake, share; (*comunicação*) announcement, notification
participante [partʃisi'pātʃi] M/F participant ▶ ADJ participating
participar [partʃisi'par] VT to announce, notify of ▶ VI: **~ de** *ou* **em** (*tomar parte*) to participate in, take part in; (*compartilhar*) to share in
particípio [partʃi'sipju] M participle
partícula [par'tʃikula] F particle
particular [partʃiku'lar] ADJ (*especial*) particular, special; (*privativo, pessoal*) private ▶ M particular; (*indivíduo*) individual; **particulares** MPL (*pormenores*) details; **em ~** in private
particularidade [partʃikulari'dadʒi] F peculiarity
particularizar [partʃikulari'zar] VT (*especificar*) to specify; (*detalhar*) to give details of; **particularizar-se** VR to distinguish o.s.
particularmente [partʃikular'mētʃi] ADV privately; (*especialmente*) particularly
partida [par'tʃida] F (*saída*) departure; (*Esporte*) game, match; (*Com: quantidade*) lot; (*: remessa*) shipment; (*em corrida*) start; **dar ~ em** to start; **perder a ~** to lose
partidário, -a [partʃi'darju, a] ADJ supporting ▶ M/F supporter, follower
partido, -a [par'tʃidu, a] ADJ (*dividido*) divided; (*quebrado*) broken ▶ M (*Pol*) party; (*em jogo*) handicap; **tirar ~ de** to profit from; **tomar o ~ de** to side with
partilha [par'tʃiʎa] F share; **~ de ficheiros** file sharing
partilhar [partʃi'ʎar] VT to share; (*distribuir*) to share out
partir [par'tʃir] VT (*quebrar*) to break; (*dividir*) to split ▶ VI (*pôr-se a caminho*) to set off, set out; (*ir-se embora*) to leave, depart; **partir-se** VR (*quebrar-se*) to break; **~ de** (*começar, tomar por base*) to start from; (*originar*) to arise from; **a ~ de** (starting) from; **a ~ de agora** from

partitura [partʃi'tura] F score
parto ['partu] M (child)birth; **estar em trabalho de ~** to be in labour (BRIT) ou labor (US); **~ induzido** induced labo(u)r; **~ prematuro** premature birth
parturiente [partu'rjētʃi] F woman about to give birth
parvo, -a ['parvu, a] ADJ stupid, silly ▶ M/F fool, idiot
parvoíce [par'vwisi] F silliness, stupidity
Pasart [pa'zartʃi] (BR) ABR M = **Partido Socialista Agrário e Renovador Trabalhista**
Páscoa ['paskwa] F Easter; (dos judeus) Passover; **a ilha da ~** Easter Island
Pasep [pa'zɛpi] (BR) ABR M = **Programa de Formação do Patrimônio do Servidor Público**
pasmaceira [pazma'sejra] F (apatia) indolence
pasmado, -a [paz'madu, a] ADJ amazed, astonished
pasmar [paz'mar] VT to amaze, astonish; **pasmar-se** VR: **~-se com** to be amazed at
pasmo, -a ['pazmu, a] ADJ astonished ▶ M amazement
paspalhão, -lhona [paspa'ʎãw, 'ʎona] (pl **-ões/-s**) ADJ stupid ▶ M/F fool
paspalho [pas'paʎu] M simpleton
paspalhões [paspa'ʎõjs] MPL de **paspalhão**
paspalhona [paspa'ʎona] F de **paspalhão**
pasquim [pas'kĩ] (pl **-ns**) M (jornal) satirical newspaper
passa ['pasa] F raisin
passada [pa'sada] F (passo) step; **dar uma ~ em** to call in at
passadeira [pasa'dejra] F (tapete) stair carpet; (mulher) ironing lady; (PT: para peões) zebra crossing (BRIT), crosswalk (US)
passadiço, -a [pasa'dʒisu, a] ADJ passing ▶ M walkway; (Náut) bridge
passado, -a [pa'sadu, a] ADJ (decorrido) past; (antiquado) old-fashioned; (fruta) bad; (peixe) off ▶ M past; **o ano ~** last year; **bem ~** (carne) well done; **ficar ~** (encabulado) to be very embarrassed
passageiro, -a [pasa'ʒejru, a] ADJ (transitório) passing ▶ M/F passenger
passagem [pa'saʒẽ] (pl **-ns**) F passage; (preço de condução) fare; (bilhete) ticket; **~ de ida e volta** return ticket, round trip ticket (US); **~ de nível** level (BRIT) ou grade (US) crossing; **~ de pedestres** pedestrian crossing (BRIT), crosswalk (US); **~ subterrânea** underpass, subway (BRIT); **de ~** in passing; **estar de ~** to be passing through
passamanaria [pasamana'ria] F trimming
passamento [pasa'mẽtu] M (morte) passing
passaporte [pasa'pɔrtʃi] M passport

passar [pa'sar] VT to pass; (ponte, rio) to cross; (exceder) to go beyond, exceed; (coar: farinha) to sieve; (: líquido) to strain; (: café) to percolate; (a ferro) to iron; (tarefa) to set; (telegrama) to send; (o tempo) to spend; (bife) to cook; (a outra pessoa) to pass on; (pomada) to put on; (contrabandear) to smuggle ▶ VI to pass; (na rua) to go past; (tempo) to go by; (dor) to wear off; (terminar) to be over; (ser razoável) to pass, be passable; (mudar) to change; **passar-se** VR (acontecer) to go on, happen; (desertar) to go over; (tempo) to go by; **~ bem** (de saúde) to be well; **como está passando?** how are you?; **~ a** (questão) to move on to; (suj: propriedade) to pass to; **~ a fazer** to start to do; **~ a ser** to become; **passava das dez horas** it was past ten o' clock; **ele passa dos 50 anos** he's over 50; **não ~ de** to be nothing more than; **~ na frente** to go ahead; **~ alguém para trás** to con sb; (cônjuge) to cheat on sb; **~ pela casa de** to call in on; **~ pela cabeça de** to occur to; **~ por algo** (sofrer) to go through sth; (transitar: estrada) to go along sth; (ser considerado como) to be thought of as sth; **~ por cima de algo** to overlook sth; **~ algo por algo** to put ou pass sth through sth; **~ sem** to do without
passarela [pasa'rɛla] F footbridge; (para modelos) catwalk
pássaro ['pasaru] M bird
passatempo [pasa'tẽpu] M pastime; **como ~** for fun
passável [pa'savew] (pl **-eis**) ADJ passable
passe ['pasi] M (licença) pass; (Futebol: ato) pass; (: contrato) contract; **~ de mágica** sleight of hand
passear [pa'sjar] VT to take for a walk ▶ VI (a pé) to go for a walk; (sair) to go out; **~ a cavalo/de carro** to go for a ride/a drive; **não moro aqui, estou passeando** I don't live here, I'm on holiday (BRIT) ou vacation (US); **mandar alguém ~** (col) to send sb packing
passeata [pa'sjata] F (marcha coletiva) protest march; (passeio) stroll
passeio [pa'seju] M walk; (de carro) drive, ride; (excursão) outing; (calçada) pavement (BRIT), sidewalk (US); **dar um ~** to go for a walk; (de carro) to go for a drive ou ride; **~ público** promenade
passional [pasjo'naw] (pl **-ais**) ADJ passionate; **crime ~** crime of passion
passista [pa'sista] M/F dancer (in carnival parade)
passível [pa'sivew] (pl **-eis**) ADJ: **~ de** (dor etc) susceptible to; (pena, multa) subject to
passividade [pasivi'dadʒi] F passivity
passivo, -a [pa'sivu, a] ADJ passive ▶ M (Com) liabilities pl
passo ['pasu] M step; (medida) pace; (modo de andar) walk; (ruído dos passos) footstep; (sinal de pé) footprint; **~ a ~** one step at a time; **a cada ~** constantly; **a um ~ de** (fig) on the verge of; **a dois ~s de** (perto de) a stone's

throw away from; **ao ~ que** while; **apertar o ~** to hurry up; **ceder o ~ a** to give way to; **dar um ~** to take a step; **dar um mau ~** to slip up; **marcar ~** (*fig*) to mark time; **seguir os ~s de alguém** (*fig*) to follow in sb's footsteps; **~ de cágado** snail's pace
pasta ['pasta] F paste; (*de couro*) briefcase; (*de cartolina*) folder; (*de ministro*) portfolio; **~ dentifrícia** *ou* **de dentes** toothpaste; **~ de galinha** chicken pâté
pastagem [pas'taʒẽ] (*pl* **-ns**) F pasture
pastar [pas'tar] VT to graze on ▶ VI to graze
pastel [pas'tɛw] (*pl* **-éis**) ADJ INV (*cor*) pastel ▶ M samosa; (*desenho*) pastel drawing
pastelão [paste'lãw] M (*comédia*) slapstick
pastelaria [pastela'ria] F (*loja*) cake shop; (*comida*) pastry
pasteurizado, -a [pastewri'zadu, a] ADJ pasteurized
pastiche [pas'tʃiʃi] M pastiche
pastilha [pas'tʃiʎa] F (*Med*) tablet; (*doce*) pastille
pastio [pas'tʃiu] M pasture; (*ato*) grazing
pasto ['pastu] M (*erva*) grass; (*terreno*) pasture; **casa de ~** (PT) cheap restaurant, diner
pastor, a [pas'tor(a)] M/F shepherd(ess) ▶ M (*Rel*) clergyman, pastor
pastoral [pasto'raw] (*pl* **-ais**) ADJ pastoral
pastorear [pasto'rjar] VT (*gado*) to watch over
pastoril [pasto'riw] (*pl* **-is**) ADJ pastoral
pastoso, -a [pas'tozu, ɔza] ADJ pasty
pata ['pata] F (*pé de animal*) foot, paw; (*ave*) duck; (*col: pé*) foot; **meter a ~** to put one's foot in it
pata-choca (*pl* **patas-chocas**) F lump
patada [pa'tada] F kick; **dar uma ~** to kick; (*fig: col*) to behave rudely; **levar uma ~** (*fig*) to be treated rudely
Patagônia [pata'gonja] F: **a ~** Patagonia
patamar [pata'mar] M (*de escada*) landing; (*fig*) level
patavina [pata'vina] PRON nothing, (not) anything
patê [pa'te] M pâté
patente [pa'tẽtʃi] ADJ obvious, evident ▶ F (*Com*) patent; (*Mil: título*) commission; **altas ~s** high-ranking officers
patentear [patẽ'tʃjar] VT to show, reveal; (*Com*) to patent; **patentear-se** VR to be shown, be evident
paternal [pater'naw] (*pl* **-ais**) ADJ paternal, fatherly
paternalista [paterna'lista] ADJ paternalistic
paternidade [paterni'dadʒi] F paternity
paterno, -a [pa'tɛrnu, a] ADJ paternal, fatherly; **casa paterna** family home
pateta [pa'tɛta] ADJ stupid, daft ▶ M/F idiot
patetice [pate'tʃisi] F stupidity; (*ato, dito*) daft thing
patético, -a [pa'tɛtʃiku, a] ADJ pathetic, moving
patíbulo [pa'tʃibulu] M gallows *sg*
patifaria [patʃifa'ria] F roguishness; (*ato*) nasty thing
patife [pa'tʃifi] M scoundrel, rogue
patim [pa'tʃĩ] (*pl* **-ns**) M skate; **~ de rodas** roller skate; **patins em linha** Rollerblades®
patinação [patʃina'sãw] (*pl* **-ões**) F skating; (*lugar*) skating rink
patinador, a [patʃinador(a)] M/F skater
patinar [patʃi'nar] VI to skate; (*Auto: derrapar*) to skid
patinete [patʃi'nɛtʃi] F skateboard
patinhar [patʃi'nar] VI (*como um pato*) to dabble; (*em lama*) to splash about, slosh
patinho [pa'tʃiɲu] M duckling; (*carne*) leg of beef; (*urinol*) bedpan; **cair como um ~** to be taken in
patins [pa'tʃĩs] MPL *de* **patim**
pátio ['patʃju] M (*de uma casa*) patio, backyard; (*espaço cercado de edifícios*) courtyard; (*tb*: **pátio de recreio**) playground; (*Mil*) parade ground
pato ['patu] M duck; (*macho*) drake; (*col: otário*) sucker; **pagar o ~** (*col*) to carry the can
patologia [patolo'ʒia] F pathology
patológico, -a [pato'lɔʒiku, a] ADJ pathological
patologista [patolo'ʒista] M/F pathologist
patota [pa'tota] (*col*) F gang
patrão [pa'trãw] (*pl* **-ões**) M (*Com*) boss; (*dono de casa*) master; (*proprietário*) landlord; (*Náut*) skipper; (*col: tratamento*) sir
pátria ['patrja] F homeland; **lutar pela ~** to fight for one's country; **salvar a ~** (*fig*) to save the day
patriarca [pa'trjarka] M patriarch
patriarcal [patrjar'kaw] (*pl* **-ais**) ADJ patriarchal
patrício, -a [pa'trisju, a] ADJ, M/F patrician
patrimonial [patrimo'njaw] (*pl* **-ais**) ADJ (*bens*) family *atr*; (*imposto*) wealth *atr*
patrimônio [patri'monju] M (*herança*) inheritance; (*fig*) heritage; (*bens*) property; **~ líquido** equity
patriota [pa'trjota] M/F patriot
patriótico, -a [pa'trjɔtʃiku, a] ADJ patriotic
patriotismo [patrjo'tʃizmu] M patriotism
patroa [pa'troa] F (*mulher do patrão*) boss's wife; (*dona de casa*) lady of the house; (*proprietária*) landlady; (*col: esposa*) missus, wife; (: *tratamento*) madam
patrocinador, a [patrosina'dor(a)] ADJ sponsoring ▶ M/F sponsor, backer
patrocinar [patrosi'nar] VT to sponsor; (*proteger*) to support
patrocínio [patro'sinju] M sponsorship, backing; (*proteção*) support
patrões [pa'trõjs] MPL *de* **patrão**
patrono [pa'tronu] M patron; (*advogado*) counsel
patrulha [pa'truʎa] F patrol
patrulhar [patru'ʎar] VT, VI to patrol
pau [paw] M (*madeira*) wood; (*vara*) stick; (*col: briga*) punch-up; (: *real*) real; (!: *pênis*)

cock (!); **paus** MPL (*Cartas*) clubs; **~ a ~** neck and neck; **a meio ~** (*bandeira*) at half-mast; **o ~ comeu** (*col*) all hell broke loose; **estar/ficar ~ da vida** (*col*) to be/get mad; **ir ao** *ou* **levar ~** (*em exame*) to fail; **meter o ~ em alguém** (*col: espancar*) to beat sb up; (: *criticar*) to run sb down; **mostrar a alguém com quantos ~s se faz uma canoa** (*fig*) to teach sb a lesson; **ser ~** (*col: maçante*) to be a drag; **ser ~ para toda obra** to be a jack of all trades; **comida a dar com um ~** tons of food; **~ a pique** wattle and daub; **~ de arara** (*caminhão*) open truck; **~ de bandeira** flagpole; **~ de cabeleira** chaperon
pau-d'água (*pl* **paus-d'água**) M drunkard
paulada [paw'lada] F blow (with a stick)
paulatinamente [pawlatʃina'mẽtʃi] ADV gradually
paulatino, -a [pawla'tʃinu, a] ADJ slow, gradual
Pauliceia [pawli'sɛja] F: **a ~** São Paulo
paulificante [pawlifi'kãtʃi] ADJ annoying
paulificar [pawlifi'kar] VT to annoy, bother
paulista [paw'lista] ADJ from (the state of) São Paulo ▶ M/F person from São Paulo
paulistano, -a [pawliʃi'tanu, a] ADJ from (the city of) São Paulo ▶ M/F person from São Paulo
pau-mandado (*pl* **paus-mandados**) M yes man
paupérrimo, -a [paw'pɛhimu, a] ADJ poverty-stricken
pausa ['pawza] F pause; (*intervalo*) break; (*descanso*) rest
pausado, -a [paw'zadu, a] ADJ (*lento*) slow; (*sem pressa*) leisurely; (*cadenciado*) measured ▶ ADV (*falar*) in measured tones
pauta ['pawta] F (*linha*) (guide)line; (*Mús*) stave; (*lista*) list; (*folha*) ruled paper; (*de programa de TV*) line-up; (*ordem do dia*) agenda; (*indicações*) guidelines *pl*; **sem ~** (*papel*) plain; **em ~** on the agenda
pautado, -a [paw'tadu, a] ADJ (*papel*) ruled
pautar [paw'tar] VT (*papel*) to rule; (*assuntos*) to put in order, list; (*conduta*) to regulate
pauzinho [paw'ziɲu] M: **mexer os ~s** to pull strings
pavão, -voa [pa'vãw, 'voa] (*pl* **-ões/-s**) M/F peacock/peahen
pavê [pa've] M (*Culin*) cream cake
pavilhão [paviˈʎãw] (*pl* **-ões**) M (*tenda*) tent; (*de madeira*) hut; (*no jardim*) summerhouse; (*em exposição*) pavilion; (*bandeira*) flag; **~ de isolamento** isolation ward
pavimentação [pavimẽta'sãw] F (*da rua*) paving; (*piso*) flooring
pavimentar [pavimẽ'tar] VT to pave
pavimento [pavi'mẽtu] M (*chão, andar*) floor; (*da rua*) road surface
pavio [pa'viu] M wick
pavoa [pa'voa] F *de* **pavão**
pavões [pa'võjs] MPL *de* **pavão**

pavonear [pavo'njar] VT (*ostentar*) to show off ▶ VI (*caminhar*) to strut; **pavonear-se** VR to show off
pavor [pa'vor] M dread, terror; **ter ~ de** to be terrified of
pavoroso, -a [pavo'rozu, ɔza] ADJ dreadful, terrible
paz [pajz] F peace; **fazer as ~es** to make up, be friends again; **estar em ~** to be at peace; **deixar alguém em ~** to leave sb alone; **ser de boa ~** to be easy-going
PB ABR F = **Paraíba** ▶ ABR (*Com: de ações*) = **preferencial, classe B**
PC ABR M (= *Partido Comunista*) PC
Pça. ABR (= *Praça*) Sq.
PCB ABR M = **Partido Comunista Brasileiro**
PCBR ABR M = **Partido Comunista Brasileiro Revolucionário**
PCC ABR M = **Partido Comunista Chinês**
PC do B ABR M = **Partido Comunista do Brasil**
PCN (BR) ABR M = **Partido Comunitário Nacional**
PCUS ABR M = **Partido Comunista da União Soviética**
PDC (BR) ABR M = **Partido Demócrata-Cristão**
PDI (BR) ABR M = **Partido Democrático Independente**
PDS (BR) ABR M = **Partido Democrático Social**
PDT (BR) ABR M = **Partido Democrático Trabalhista**
PE ABR M = **Pernambuco**
pé [pɛ] M foot; (*da mesa*) leg; (*fig: base*) footing; (*de alface*) head; (*de milho, café*) plant; **ir a pé** to walk, go on foot; **ao pé de** near, by; **ao pé da letra** literally; **ao pé do ouvido** in secret; **pé ante pé** on tip-toe; **com um pé nas costas** (*com facilidade*) standing on one's head; **estar de pé** (*festa etc*) to be on; **estar de pé no chão** to be barefoot; **em** *ou* **de pé** standing (up); **em pé de guerra/igualdade** on a war/an equal footing; **dar no pé** (*col*) to run away, take off; **pôr-se em pé, ficar de pé** to stand up; **arredar pé** to move; **bater o pé** (*fig*) to dig one's heels in; **não chegar aos pés de** (*fig*) to be nowhere near as good as; **a água dá pé** (*Natação*) you can touch the bottom; **ficar com o pé atrás** to be wary; **ficar no pé de alguém** to keep on at sb; **larga meu pé!** leave me alone!; **levantar-se** *ou* **acordar com o pé direito/esquerdo** to wake up in a good mood/get out of bed on the wrong side; **meter os pés pelas mãos** to mess up; **perder o pé** (*no mar*) to get out of one's depth; **pôr os pés em** to set foot in; **não ter pé nem cabeça** (*fig*) to make no sense; **ter os pés na terra** (*fig*) to be down-to-earth, have one's feet firmly on the ground; **pé de atleta** athlete's foot; **pés de galinha** (*rugas*) crow's feet; **pé de moleque** peanut brittle; **pé de pato** (*para nadar*) flipper; **pé de vento** gust of wind
peão [pjãw] (*pl* **-ões**) M (PT) pedestrian; (*Mil*) foot soldier; (*Xadrez*) pawn; (*trabalhador*) farm labourer (BRIT) *ou* laborer (US)

peça ['pɛsa] F (*pedaço*) piece; (*Auto*) part; (*aposento*) room; (*Teatro*) play; **(serviço) pago por** ~ piecework; ~ **de reposição** spare part; ~ **de roupa** garment; **pregar uma** ~ **em alguém** to play a trick on sb
pecado [pe'kadu] M sin; ~ **mortal** deadly sin
pecador, a [peka'dor(a)] M/F sinner, wrongdoer
pecaminoso, -a [pekami'nozu, ɔza] ADJ sinful
pecar [pe'kar] VI to sin; (*cometer falta*) to do wrong; ~ **por excesso de zelo** to be over-zealous
pechincha [pe'ʃĩʃa] F (*vantagem*) godsend; (*coisa barata*) bargain
pechinchar [peʃĩ'ʃar] VI to bargain, haggle
pechincheiro, -a [peʃĩ'ʃejru, a] M/F bargain hunter
peço *etc* ['pɛsu] VB *ver* **pedir**
peçonha [pe'sɔɲa] F poison
pectina [pek'tʃina] F pectin
pecuária [pe'kwarja] F cattle-raising
pecuário, -a [pe'kwarju, a] ADJ cattle *atr*
pecuarista [pekwa'rista] M/F cattle farmer
peculiar [peku'ljar] ADJ (*especial*) special, peculiar; (*particular*) particular
peculiaridade [pekuljari'dadʒi] F peculiarity
pecúlio [pe'kulju] M (*acumulado*) savings *pl*; (*bens*) wealth
pecuniário, -a [peku'njarju, a] ADJ money *atr*, financial
pedaço [pe'dasu] M piece; (*fig: trecho*) bit; **aos** ~**s** in pieces; **caindo aos** ~**s** (*objeto, carro*) tatty, broken-down; (*casa*) tumbledown; (*pessoa*) worn out
pedágio [pe'daʒju] (BR) M (*pagamento*) toll; (*posto*) tollbooth
pedagogia [pedago'ʒia] F pedagogy; (*curso*) education
pedagógico, -a [peda'gɔʒiku, a] ADJ educational, teaching *atr*
pedagogo, -a [peda'gogu, a] M/F educationalist
pé-d'água (*pl* **pés-d'água**) M shower, downpour
pedal [pe'daw] (*pl* -**ais**) M pedal
pedalada [peda'lada] F turn of the pedals; **dar uma** ~ to pedal
pedalar [peda'lar] VT, VI to pedal
pedalinho [peda'liɲu] M pedalo (boat)
pedante [pe'dātʃi] ADJ pretentious ▶ M/F pseud
pedantismo [pedā'tʃizmu] M pretentiousness
pé-de-meia (*pl* **pés-de-meia**) M nest egg, savings *pl*
pederneira [peder'nejra] F flint
pedestal [pedes'taw] (*pl* -**ais**) M pedestal
pedestre [pe'dɛstri] (BR) M pedestrian
pediatra [pe'dʒjatra] M/F paediatrician (BRIT), pediatrician (US)
pediatria [pedʒja'tria] F paediatrics *sg* (BRIT), pediatrics *sg* (US)
pedicuro, -a [pedʒi'kuru, a] M/F chiropodist (BRIT), podiatrist (US)

pedida [pe'dʒida] F: **boa** ~ (*col*) good idea
pedido [pe'dʒidu] M (*solicitação*) request; (*Com*) order; **a** ~ **de alguém** at sb's request; ~ **de casamento** proposal (of marriage); ~ **de demissão** resignation; ~ **de desculpa** apology; ~ **de informação** inquiry
pedigree [pedʒi'gri] M pedigree
pedinte [pe'dʒĩtʃi] ADJ begging ▶ M/F beggar
pedir [pe'dʒir] VT to ask for; (*Com, comida*) to order; (*exigir*) to demand ▶ VI to ask; (*num restaurante*) to order; ~ **algo a alguém** to ask sb for sth; ~ **a alguém que faça**, ~ **para alguém fazer** to ask sb to do; ~ **$100 por algo** to ask $100 for sth; ~ **alguém em casamento** *ou* **a mão de alguém** to ask for sb's hand in marriage, propose to sb
pedófilo, -a [pe'dɔfilu, a] M/F paedophile (BRIT), pedophile (US)
pedra ['pɛdra] F stone; (*rochedo*) rock; (*de granizo*) hailstone; (*de açúcar*) lump; (*quadro-negro*) slate; ~ **de amolar** grindstone; ~ **de gelo** ice cube; ~ **preciosa** precious stone; ~ **falsa** (*Med*) stone; ~ **de toque** (*fig*) touchstone, benchmark; **doido de** ~**s** raving mad; **dormir como uma** ~ to sleep like a log; **pôr uma** ~ **em cima de algo** (*fig*) to consider sth dead and buried; **ser de** ~ (*fig*) to be hard-hearted; **ser uma** ~ **no sapato de alguém** (*fig*) to be a thorn in sb's side; **vir** *ou* **responder com quatro** ~**s na mão** (*fig*) to be aggressive; **uma** ~ **no caminho** (*fig*) a stumbling block, a hindrance
pedrada [pe'drada] F blow with a stone; **dar** ~**s em** to throw stones at
pedra-mármore F polished marble
pedra-pomes [-pɔmis] F pumice stone
pedregal [pedre'gaw] (*pl* -**ais**) M stony ground
pedregoso, -a [pedre'gozu, ɔza] ADJ stony, rocky
pedregulho [pedre'guʎu] M gravel
pedreira [pe'drejra] F quarry
pedreiro [pe'drejru] M stonemason
pedúnculo [pe'dũkulu] M stalk
pê-eme [pe'ɛmi] (*pl* **pê-emes**) M military policeman
pé-frio (*pl* **pés-frios**) (*col*) M jinx
pega[1] ['pɛga] M (*briga*) quarrel
pega[2] ['pɛga] F magpie; (PT col: *moça*) bird; (: *meretriz*) tart
pegada [pe'gada] F (*de pé*) footprint; (*Futebol*) save; **ir nas** ~**s de alguém** (*fig*) to follow in sb's footsteps; ~ **de carbono** carbon footprint
pegado, -a [pe'gadu, a] ADJ (*colado*) stuck; (*unido*) together; **a casa pegada** the house next door
pega-gelo (*pl* **pega-gelos**) M ice tongs *pl*
pegajoso, -a [pega'ʒozu, ɔza] ADJ sticky
pega pra capar [pɛgapraka'par] (*col*) M INV scuffle
pegar [pe'gar] VT to catch; (*selos*) to stick (on); (*segurar*) to take hold of; (*hábito, mania*) to get

into; (*compreender*) to take in; (*trabalho*) to take on; (*estação de rádio*) to pick up, get ▶ VI (*aderir*) to stick; (*planta*) to take; (*moda*) to catch on; (*doença*) to be catching; (*motor*) to start; (*vacina*) to take; (*mentira*) to stand up, stick; (*fogueira*) to catch; **pegar-se** VR (*brigar*) to have a fight, quarrel; ~ **com** (*casa*) to be next door to; ~ **a fazer** to start to do; ~ **em** (*começar*) to start on; (*segurar*) to grab, pick up; **ir** ~ (*buscar*) to go and get; ~ **um emprego** to get a job; ~ **uma rua** to take a street; ~ **fogo a algo** to set fire to sth; ~ **3 anos de cadeia** to get 3 years in prison; ~ **alguém fazendo** to catch sb doing; **pega, ladrão!** stop thief!; ~ **no sono** to get to sleep; **ele pegou e disse...** he upped and said ...; **pegue e pague** cash and carry; ~ **bem/mal** (*col*) to go down well/badly

pega-rapaz (*pl* **pega-rapazes**) M kiss curl
pego, -a ['pɛgu, a] PP *de* **pegar**
peguei *etc* [pe'gej] VB *ver* **pegar**
peidar [pej'dar] (!) VI to fart (!)
peido ['pejdu] (!) M fart (!)
peitilho [pej'tʃiʎu] M shirt front
peito ['pejtu] M (*Anat*) chest; (*de ave, mulher*) breast; (*fig*) courage; **dar o ~ a um bebê** to breastfeed a baby; **largar o ~** to be weaned; **meter os ~s** (*col*) to put one's heart into it; **no ~ (e na raça)** (*col*) whatever it takes; ~ **do pé** instep; **amigo do ~** bosom pal, close friend
peitoril [pejto'riw] (*pl* **-is**) M windowsill
peitudo, -a [pej'tudu, a] ADJ big-chested; (*valente*) feisty
peixada [pej'ʃada] F *fish cooked in a seafood sauce*
peixaria [pejʃa'ria] F fish shop, fishmonger's (BRIT)
peixe ['pejʃi] M fish; **Peixes** MPL (*Astrologia*) Pisces *sg*; **como ~ fora d'água** like a fish out of water; **filho de ~, peixinho é** like father, like son; **não ter nada com o ~** (*fig*) to have nothing to do with the matter; **vender seu ~** (*ver seus interesses*) to feather one's nest; (*falar*) to say one's piece, have one's say
peixeira [pej'ʃejra] F fishwife; (*faca*) fish knife
peixeiro [pej'ʃejru] M fishmonger
pejar-se [pe'ʒarsi] VR to be ashamed
pejo [pe'ʒu] M shame; **ter ~** to be ashamed
pejorativo, -a [peʒora'tʃivu, a] ADJ pejorative
pela ['pɛla] = **por + a**; *ver* **por**
pelada [pe'lada] F football game

> **Pelada** is an improvised and generally short game of football. In the past it might have been played with an inflatable ball or a ball made of socks. It is still played today wherever there are pieces of open ground and even on the streets.

pelado, -a [pe'ladu, a] ADJ (*sem pele*) skinned; (*sem pelo, cabelo*) shorn; (*nu*) naked, in the nude; (*sem dinheiro*) broke

pelanca [pe'lãka] F fold of skin; (*de carne*) lump
pelancudo, -a [pelã'kudu, a] ADJ (*pessoa*) flabby
pelar [pe'lar] VT (*tirar a pele*) to skin; (*tirar o pelo*) to shear; (*col*) to fleece; **pelar-se** VR: **~-se por** to be crazy about, adore; **~-se de medo** to be scared stiff
pelas ['pɛlas] = **por + as**; *ver* **por**
pele ['pɛli] F (*de pessoa, fruto*) skin; (*couro*) leather; (*como agasalho*) fur; (*de animal*) hide; **cair na ~ de alguém** (*col*) to pester sb; **arriscar/salvar a ~** (*col*) to risk one's neck/save one's skin; **sentir algo na ~** (*fig*) to feel sth at first hand; **estar na ~ de alguém** (*fig*) to be in sb's shoes; **ser** *ou* **estar ~ e osso** to be nothing but skin and bone
peleja [pe'leʒa] F (*luta*) fight; (*briga*) quarrel
pelejar [pele'ʒar] VI (*lutar*) to fight; (*discutir*) to quarrel; **~ pela paz** to fight for peace; **~ para fazer/para que alguém faça** to fight to do/to fight to get sb to do
pelerine [pele'rini] F cape
peleteiro, -a [pele'tejru, a] M/F furrier
peleteria [pelete'ria] F furrier's
pele-vermelha (*pl* **peles-vermelhas**) M/F redskin
pelica [pe'lika] F kid (leather)
pelicano [peli'kanu] M pelican
película [pe'likula] F film; (*de pele*) film of skin
pelintra [pe'lĩtra] (PT) ADJ shabby; (*pobre*) penniless
pelo¹ ['pɛlu] = **por + o**; *ver* **por**
pelo² ['pelu] M hair; (*de animal*) fur, coat; **nu em ~** stark naked; **montar em ~** to ride bareback
Peloponeso [pelopo'nɛzu] M: **o ~** the Peloponnese
pelos ['pɛlus] = **por + os**; *ver* **por**
pelota [pe'lota] F ball; (*num molho*) lump; (*na pele*) bump; **dar ~ para** (*col*) to pay attention to
pelotão [pelo'tãw] (*pl* **-ões**) M platoon
pelúcia [pe'lusja] F plush
peludo, -a [pe'ludu, a] ADJ hairy; (*animal*) furry
pélvico, -a ['pɛwviku, a] ADJ pelvic
pélvis ['pɛwvis] F INV pelvis
pena ['pena] F (*pluma*) feather; (*de caneta*) nib; (*escrita*) writing; (*Jur*) penalty, punishment; (*sofrimento*) suffering; (*piedade*) pity; **que ~!** what a shame!; **a duras ~s** with great difficulty; **sob ~ de** under penalty of; **cumprir ~** to serve a term in jail; **dar ~** to be upsetting; **é uma ~ que...** it is a pity that ...; **ter ~ de** to feel sorry for; **valer a ~** to be worthwhile; **não vale a ~** it's not worth it; **~ de morte** death penalty
penacho [pe'naʃu] M plume; (*crista*) crest
penal [pe'naw] (*pl* **-ais**) ADJ penal
penalidade [penali'dadʒi] F (*Jur*) penalty; (*castigo*) punishment; **impor uma ~ a** to penalize

penalizar [penali'zar] VT (*causar pena a*) to trouble; (*castigar*) to penalize
pênalti ['penawtʃi] M (*Futebol*) penalty (kick); **cobrar um ~** to take a penalty
penar [pe'nar] VT to grieve ▶ VI to suffer
penca ['pẽka] F bunch; **gente em ~** lots of people
pence ['pẽsi] F dart
pendão [pẽ'dãw] (*pl* **-ões**) M pennant; (*fig*) banner; (*do milho*) blossom
pendência [pẽ'dẽsja] F dispute, quarrel
pendente [pẽ'dẽtʃi] ADJ (*pendurado*) hanging; (*por decidir*) pending; (*inclinado*) sloping; (*dependente*): **~ de** dependent on ▶ M pendant
pender [pẽ'der] VT to hang ▶ VI to hang; (*estar para cair*) to sag, droop; **~ de** (*depender de*) to depend on, hang on; (*estar pendurado*) to hang from; **~ para** (*inclinar*) to lean towards; (*ter tendência para*) to tend towards; **~ a** (*estar disposto a*) to be inclined to
pendões [pẽ'dõjs] MPL *de* **pendão**
pendor [pẽ'dor] M inclination, tendency
pêndulo ['pẽdulu] M pendulum
pendura [pẽ'dura] F: **estar na ~** (*col*) to be broke
pendurado, -a [pẽdu'radu, a] ADJ hanging; (*col: compra*) on tick
pendurar [pẽdu'rar] VT to hang; (*col: conta*) to put on tick ▶ VI: **~ de** to hang from; **não estou com dinheiro hoje, posso ~?** (*col*) I haven't got any money today, can I pay you later?
penduricalho [pẽduri'kaʎu] M pendant
pendurucalho [pẽduru'kaʎu] M = **penduricalho**
penedo [pe'nedu] M rock, boulder
peneira [pe'nejra] F (*de cozinha*) sieve
peneirar [penej'rar] VT to sift, sieve ▶ VI (*chover*) to drizzle
penetra [pe'nɛtra] (*col*) M/F gatecrasher; **entrar de ~** to gatecrash
penetração [penetra'sãw] F penetration; (*perspicácia*) insight, sharpness
penetrante [pene'trãtʃi] ADJ (*olhar*) searching; (*ferida*) deep; (*frio*) biting; (*som, análise*) penetrating, piercing; (*dor, arma*) sharp; (*inteligência, ideias*) incisive
penetrar [pene'trar] VT to get into, penetrate; (*em segredo*) to steal into; (*compreender*) to understand ▶ VI: **~ em** *ou* **por** *ou* **entre** to penetrate
penha ['peɲa] F (*rocha*) rock; (*penhasco*) cliff
penhasco [pe'ɲasku] M cliff, crag
penhoar [pe'ɲwar] M dressing gown
penhor [pe'ɲor] M pledge; **casa de ~es** pawnshop; **dar em ~** to pawn
penhora [pe'ɲɔra] F (*Jur*) seizure
penhoradamente [peɲorada'mẽtʃi] ADV gratefully
penhorado, -a [peɲo'radu, a] ADJ pawned
penhorar [peɲo'rar] VT (*dar em penhor*) to pledge, pawn; (*apreender*) to confiscate; (*fig*) to put under an obligation; **a ajuda do amigo penhorou-a bastante** she was very grateful for her friend's help
pêni ['peni] M penny
penicilina [penisi'lina] F penicillin
penico [pe'niku] M (*col*) potty; **pedir ~** (*col*) to chicken out
Peninos [pe'ninus] MPL: **os ~** the Pennines
península [pe'nĩsula] F peninsula
peninsular [penĩsu'lar] ADJ peninsular
pênis ['penis] M INV penis
penitência [peni'tẽsja] F (*contrição*) penitence; (*expiação*) penance
penitenciar [penitẽ'sjar] VT to impose penance on; (*crime etc*) to pay for; **penitenciar-se** VR to castigate o.s.
penitenciária [penitẽ'sjarja] F prison; *ver tb* **penitenciário**
penitenciário, -a [penitẽ'sjarju, a] ADJ prison *atr* ▶ M/F prisoner, inmate
penitente [peni'tẽtʃi] ADJ repentant ▶ M/F penitent
penosa [pe'nɔza] (*col*) F chicken
penoso, -a [pe'nozu, ɔza] ADJ (*assunto, tratamento*) painful; (*trabalho*) hard
pensado, -a [pẽ'sadu, a] ADJ deliberate, intentional
pensador, a [pẽsa'dor(a)] M/F thinker
pensamento [pẽsa'mẽtu] M thought; (*ato*) thinking; (*mente*) mind; (*opinião*) way of thinking; (*ideia*) idea
pensante [pẽ'sãtʃi] ADJ thinking
pensão [pẽ'sãw] (*pl* **-ões**) F (*pequeno hotel: tb*: **casa de pensão**) boarding house; (*comida*) board; **~ completa** full board; **~ de aposentadoria** (retirement) pension; **~ alimentícia** alimony, maintenance; **~ de invalidez** disability allowance
pensar [pẽ'sar] VI to think; (*imaginar*) to imagine ▶ VT to think about; (*ferimento*) to dress; **~ em** to think of *ou* about; **~ fazer** (*ter intenção*) to intend to do, be thinking of doing; **~ sobre** (*meditar*) to ponder over; **pensando bem** on second thoughts; **~ alto** to think out loud; **~ melhor** to think better of it
pensativo, -a [pẽsa'tʃivu, a] ADJ thoughtful, pensive
Pensilvânia [pẽsiw'vanja] F: **a ~** Pennsylvania
pensionato [pẽsjo'natu] M boarding school
pensionista [pẽsjo'nista] M/F pensioner; (*que mora em pensão*) boarder
penso, -a ['pẽsu, a] ADJ leaning ▶ M (*curativo*) dressing
pensões [pẽ'sõjs] FPL *de* **pensão**
pentágono [pẽ'tagonu] M pentagon; **o P~** the Pentagon
pentatlo [pẽ'tatlu] M pentathlon
pente ['pẽtʃi] M comb
penteadeira [pẽtʃja'dejra] F dressing table
penteado, -a [pẽ'tʃjadu, a] ADJ (*cabelo*) in place; (*pessoa*) smart ▶ M hairdo, hairstyle
pentear [pẽ'tʃjar] VT to comb; (*arranjar o cabelo*)

to do, style; **pentear-se** vr to comb one's hair; to do one's hair
Pentecostes [pẽtʃi'kɔstʃis] m Whitsun
pente-fino [pẽtʃi'finu] (*pl* **pentes-finos**) m fine-tooth comb
penugem [pe'nuʒẽ] f (*de ave*) down; (*pelo*) fluff
penúltimo, -a [pe'nuwtʃimu, a] adj last but one, penultimate
penumbra [pe'nũbra] f (*ao cair da tarde*) twilight, dusk; (*sombra*) shadow; (*meia-luz*) half-light
penúria [pe'nurja] f poverty
peões [pjõjs] mpl *de* **peão**
pepino [pe'pinu] m cucumber
pepita [pe'pita] f (*de ouro*) nugget
pequena [pe'kena] f girl; (*namorada*) girlfriend
pequenez [peke'nez] f smallness; (*fig: mesquinhez*) meanness; **~ de sentimentos** pettiness
pequenininho, -a [pekeni'niɲu, a] adj tiny
pequenino, -a [peke'ninu, a] adj little
pequeninos [peke'ninus] mpl: **os ~** the little children
pequeno, -a [pe'kenu, a] adj small; (*mesquinho*) petty ▶ m boy; **em ~ eu fazia ...** when I was small I used to do ....
pequeno-burguês, -esa (*pl* **-eses/-esas**) adj petty bourgeois
pequerrucho, -a [peke'huʃu, a] adj tiny ▶ m thimble
Pequim [pe'kĩ] n Beijing
pequinês [peki'nes] m (*cão*) Pekinese
pera ['pera] f pear
peralta [pe'rawta] adj naughty ▶ m/f (*menino*) naughty child
perambular [perãbu'lar] vi to wander
perante [pe'rãtʃi] prep before, in the presence of
pé-rapado [-ha'padu] (*pl* **pés-rapados**) m nobody
percalço [per'kawsu] m (*de uma tarefa*) difficulty; (*de profissão, matrimônio etc*) pitfall
per capita [pɛr'kapita] adv, adj per capita
perceber [perse'ber] vt (*notar*) to realize; (*por meio dos sentidos*) to perceive; (*compreender*) to understand; (*ver*) to see; (*ouvir*) to hear; (*ver ao longe*) to make out; (*dinheiro: receber*) to receive
percentagem [persẽ'taʒẽ] f percentage
percentual [persẽ'twaw] (*pl* **-ais**) adj percentage *atr* ▶ m percentage
percepção [persep'sãw] f perception; (*compreensão*) understanding
perceptível [persep'tʃivew] (*pl* **-eis**) adj perceptible, noticeable; (*som*) audible
perceptividade [perseptʃivi'dadʒi] f perceptiveness, perception
perceptivo, -a [persep'tʃivu, a] adj perceptive
percevejo [perse'veʒu] m (*inseto*) bug; (*prego*) drawing pin (brit), thumbtack (us)
perco *etc* ['perku] vb *ver* **perder**

701 | **Pentecostes – peremptório**

percorrer [perko'her] vt (*viajar por*) to travel (across *ou* over); (*passar por*) to go through, traverse; (*investigar*) to search through
percurso [per'kursu] m (*espaço percorrido*) distance (covered); (*trajeto*) route; (*viagem*) journey; **fazer o ~ entre** to travel between
percussão [perku'sãw] f (*Mús*) percussion
percussionista [perkusjo'nista] m/f percussionist, percussion player
percutir [perku'tʃir] vt to strike ▶ vi to reverberate
perda ['perda] f loss; (*desperdício*) waste; **~ de tempo** waste of time; **~s e danos** damages, losses
perdão [per'dãw] m pardon, forgiveness; **~!** sorry!, I beg your pardon!; **pedir ~ a alguém** to ask sb for forgiveness; **~ da dívida** cancellation of the debt; **~ da pena** (*Jur*) pardon
perder [per'der] vt to lose; (*tempo*) to waste; (*trem, show, oportunidade*) to miss ▶ vi to lose; **perder-se** vr (*extraviar-se*) to get lost; (*arruinar-se*) to be ruined; (*desaparecer*) to disappear; (*em reflexões*) to be lost; (*num discurso*) to lose one's thread; **~-se de alguém** to lose sb; **~ algo de vista** to lose sight of sth; **a ~ de vista** (*fig*) as far as the eye can see; **pôr tudo a ~** to risk losing everything; **saber ~** to be a good loser
perdição [perdʒi'sãw] f perdition, ruin; (*desonra*) depravity; **ser uma ~** (*col*) to be irresistible
perdido, -a [per'dʒidu, a] adj lost; (*pervertido*) depraved; **~ por** (*apaixonado*) desperately in love with; **~s e achados** lost and found, lost property
perdigão [perdʒi'gãw] (*pl* **-ões**) m (*macho*) partridge
perdigueiro [perdʒi'gejru] m (*cachorro*) gundog
perdiz [per'dʒiz] f partridge
perdoar [per'dwar] vt (*desculpar*) to forgive; (*pena*) to lift; (*dívida*) to cancel; **~ (algo) a alguém** to forgive sb (for sth)
perdoável [per'dwavew] (*pl* **-eis**) adj forgivable
perdulário, -a [perdu'larju, a] adj wasteful ▶ m/f spendthrift
perdurar [perdu'rar] vi (*durar muito*) to last a long time; (*continuar a existir*) to still exist
pereba [pe'rɛba] f (*ferida pequena*) scratch
perecer [pere'ser] vi to perish; (*morrer*) to die; (*acabar*) to come to nothing
perecível [pere'sivew] (*pl* **-eis**) adj perishable
peregrinação [peregrina'sãw] (*pl* **-ões**) f (*viagem*) travels *pl*; (*Rel*) pilgrimage
peregrinar [peregri'nar] vi (*viajar*) to travel; (*Rel*) to go on a pilgrimage
peregrino, -a [pere'grinu, a] adj (*beleza*) rare ▶ m/f pilgrim
pereira [pe'rejra] f pear tree
peremptório, -a [perẽp'tɔrju, a] adj (*final*) final; (*decisivo*) decisive

perene [pe'rɛni] ADJ (*perpétuo*) everlasting; (*Bot*) perennial

perereca [pere'rɛka] F tree frog

perfazer [perfa'zer] (*irreg: como* **fazer**) VT (*completar o número de*) to make up; (*concluir*) to complete

perfeccionismo [perfeksjo'nizmu] M perfectionism

perfeccionista [perfeksjo'nista] ADJ, M/F perfectionist

perfeição [perfej'sãw] F perfection; **à ~** to perfection

perfeitamente [perfejta'mẽtʃi] ADV perfectly ▶ EXCL exactly!

perfeito, -a [per'fejtu, a] ADJ perfect; (*carro etc*) in perfect condition ▶ M (*Ling*) perfect

perfez [per'fez] VB *ver* **perfazer**

perfídia [per'fidʒja] F treachery

pérfido, -a ['pɛrfidu, a] ADJ treacherous

perfil [per'fiw] (*pl* **-is**) M (*do rosto, fig*) profile; (*silhueta*) silhouette, outline; (*Arq*) (cross) section; **de ~** in profile

perfilar [perfi'lar] VT (*soldados*) to line up; (*aprumar*) to straighten up; **perfilar-se** VR to stand to attention

perfilhar [perfi'ʎar] VT (*Jur*) to legally adopt; (*princípio, teoria*) to adopt

perfis [per'fis] MPL *de* **perfil**

perfiz [per'fiz] VB *ver* **perfazer**

perfizer *etc* [perfi'zer] VB *ver* **perfazer**

performance [per'fɔrmãs] F performance

perfumado, -a [perfu'madu, a] ADJ sweet-smelling; (*pessoa*) wearing perfume

perfumar [perfu'mar] VT to perfume; **perfumar-se** VR to put perfume on

perfumaria [perfuma'ria] F perfumery; (*col*) idle talk

perfume [per'fumi] M perfume; (*cheiro*) scent

perfunctório, -a [perfũk'tɔrju, a] ADJ perfunctory

perfurado, -a [perfu'radu, a] ADJ (*cartão*) punched

perfurador [perfura'dor] M punch

perfurar [perfu'rar] VT (*o chão*) to drill a hole in; (*papel*) to punch (a hole in)

perfuratriz [perfura'triz] F drill

pergaminho [perga'miɲu] M parchment; (*diploma*) diploma

pérgula ['pɛrgula] F arbour (BRIT), arbor (US)

pergunta [per'gũta] F question; **fazer uma ~ a alguém** to ask sb a question

perguntador, a [pergũta'dor(a)] ADJ inquiring, inquisitive ▶ M/F questioner

perguntar [pergũ'tar] VT to ask; (*interrogar*) to question ▶ VI: **~ por alguém** to ask after sb; **perguntar-se** VR to wonder; **~ algo a alguém** to ask sb sth

perícia [pe'risja] F (*conhecimento*) expertise; (*destreza*) skill; (*exame*) investigation; **~ (criminal)** criminal investigation; (*os peritos criminais*) criminal investigators *pl*

pericial [peri'sjaw] (*pl* **-ais**) ADJ expert

periclitante [perikli'tãtʃi] ADJ (*situação*) perilous; (*saúde*) shaky

periclitar [perikli'tar] VI to be in danger; (*negócio etc*) to be at risk

periculosidade [perikulozi'dadʒi] F dangerousness; (*Jur*) risk factor

peridural [peridu'raw] (*pl* **-ais**) F (*Med*) epidural

periferia [perife'ria] F periphery; (*da cidade*) outskirts *pl*

periférico, -a [peri'feriku, a] ADJ peripheral ▶ M (*Comput*) peripheral; **estrada periférica** ring road

perífrase [pe'rifrazi] F circumlocution

perigar [peri'gar] VI to be at risk; **~ ser ...** to risk being ..., to be in danger of being ....

perigo [pe'rigu] M danger; **correr ~** to be in danger; **fora de ~** safe, out of danger; **pôr em ~** to endanger; **o carro dele é um ~** his car is a deathtrap; **ser um ~** (*col: pessoa*) to be a tease; **estar a ~** (*col: sem dinheiro*) to be broke; (: *em situação difícil*) to be in a bad way

perigoso, -a [peri'gozu, ɔza] ADJ dangerous; (*arriscado*) risky

perímetro [pe'rimetru] M perimeter; **~ urbano** city limits *pl*

periódico, -a [pe'rjɔdʒiku, a] ADJ periodic; (*chuvas*) occasional; (*doença*) recurrent ▶ M (*revista*) magazine, periodical; (*jornal*) (news)paper

período [pe'riodu] M period; (*estação*) season; **~ letivo** term

peripécia [peri'pɛsja] F (*aventura*) adventure; (*incidente*) turn of events

periquito [peri'kitu] M parakeet

periscópio [peris'kɔpju] M periscope

perito, -a [pe'ritu, a] ADJ expert ▶ M/F expert; (*quem faz perícia*) investigator; **~ em** (*atividade*) expert at, clever at; (*matéria*) highly knowledgeable in; **~ em matéria de** expert in

peritonite [perito'nitʃi] F peritonitis

perjurar [perʒu'rar] VI to commit perjury

perjúrio [per'ʒurju] M perjury

perjuro, -a [per'ʒuru, a] M/F perjurer

permanecer [permane'ser] VI to remain; (*num lugar*) to stay; (*continuar a ser*) to remain, keep; **~ parado** to keep still

permanência [perma'nẽsja] F permanence; (*estada*) stay

permanente [perma'nẽtʃi] ADJ (*dor*) constant; (*cor*) fast; (*residência, pregas*) permanent ▶ M (*cartão*) pass ▶ F perm; **fazer uma ~** to have perm

permeável [per'mjavew] (*pl* **-eis**) ADJ permeable

permeio [per'meju] ADV: **de ~** in between

permissão [permi'sãw] F permission, consent

permissível [permi'sivew] (*pl* **-eis**) ADJ permissible

permissivo, -a [permi'sivu, a] ADJ permissive

permitir [permi'tʃir] VT to allow, permit; (*conceder*) to grant; **~ a alguém fazer** to let sb do, allow sb to do
permuta [per'muta] F exchange; (*Com*) barter
permutação [permuta'sãw] (*pl* **-ões**) F (*Mat*) permutation; (*troca*) exchange
permutar [permu'tar] VT to exchange; (*Com*) to barter
perna ['pɛrna] F leg; **de ~(s) para o ar** upside down, topsy turvy; **em cima da ~** (*col*) sloppily, in a slapdash way; **bater ~s** (*col*) to wander; **passar a ~ em alguém** (*col*) to put one over on sb; **trocar as ~s** (*col*) to stagger; **~ de pau** wooden leg; **~ mecânica** artificial leg; **~s tortas** bow legs
perna de pau M/F (*Futebol*) bad player
pernambucano, -a [pernãbu'kanu, a] ADJ from Pernambuco ▶ M/F person from Pernambuco
perneira [per'nejra] F (*de dançarina etc*) legwarmer
perneta [per'neta] M/F one-legged person
pernicioso, -a [perni'sjozu, ɔza] ADJ pernicious; (*Med*) malignant
pernil [per'niw] (*pl* **-is**) M (*de animal*) haunch; (*Culin*) leg
pernilongo [perni'lõgu] M mosquito
pernis [per'nis] MPL *de* **pernil**
pernoitar [pernoj'tar] VI to spend the night
pernóstico, -a [per'nɔstʃiku, a] ADJ pedantic ▶ M/F pedant
pérola ['pɛrola] F pearl
perpassar [perpa'sar] VI (*tempo*) to go by; **~ (por)** to pass (by); **~ a mão em/por** to run one's hand through/over
perpendicular [perpẽdʒiku'lar] ADJ, F perpendicular; **ser ~ a** to be at right angles to
perpetração [perpetra'sãw] F perpetration
perpetrar [perpe'trar] VT to perpetrate, commit
perpetuar [perpe'twar] VT to perpetuate
perpetuidade [perpetwi'dadʒi] F eternity
perpétuo, -a [per'pɛtwu, a] ADJ perpetual; (*eterno*) eternal; **prisão perpétua** life imprisonment
perplexidade [perpleksi'dadʒi] F confusion, bewilderment
perplexo, -a [per'plɛksu, a] ADJ (*confuso*) bewildered, puzzled; (*indeciso*) uncertain; **ficar ~** (*atônito*) to be taken aback
perquirir [perki'rir] VT to probe, investigate
persa ['pɛrsa] ADJ, M/F Persian
perscrutar [perskru'tar] VT to scrutinize, examine
perseguição [persegi'sãw] F pursuit; (*Rel, Pol*) persecution
perseguidor, a [persegi'dor(a)] M/F pursuer; (*Rel, Pol*) persecutor
perseguir [perse'gir] VT (*seguir*) to pursue; (*correr atrás*) to chase (after); (*Rel, Pol*) to persecute; (*importunar*) to harass, pester

perseverança [perseve'rãsa] F (*insistência*) persistence; (*constância*) perseverance
perseverante [perseve'rãtʃi] ADJ persistent
perseverar [perseve'rar] VI to persevere; **~ em** (*conservar-se firme*) to persevere in, persist in; **~ corajoso** to keep one's courage up; **~ em erro** to persist in doing wrong
Pérsia ['pɛrsja] F: **a ~** Persia
persiana [per'sjana] F blind
Pérsico, -a ['pɛrsiku, a] ADJ: **o golfo ~** the Persian Gulf
persignar-se [persig'narsi] VR to cross o.s.
persigo *etc* [per'sigu] VB *ver* **perseguir**
persistência [persis'tẽsja] F persistence
persistente [persis'tẽtʃi] ADJ persistent
persistir [persis'tʃir] VI to persist; **~ em** to persist in; **~ calado** to keep quiet
personagem [perso'naʒẽ] (*pl* **-ns**) M/F famous person, celebrity; (*num livro, filme*) character
personalidade [personali'dadʒi] F personality; **~ dupla** dual personality
personalizado, -a [personali'zadu, a] ADJ personalized; (*móveis etc*) custom-made
personalizar [personali'zar] VT to personalize; (*personificar*) to personify; (*nomear*) to name
personificação [personifika'sãw] F personification
personificar [personifi'kar] VT to personify
perspectiva [perspek'tʃiva] F (*na pintura*) perspective; (*panorama*) view; (*probabilidade*) prospect; (*ponto de vista*) point of view; **em ~** in prospect
perspicácia [perspi'kasja] F insight, perceptiveness
perspicaz [perspi'kajz] ADJ (*que observa*) perceptive; (*sagaz*) shrewd
persuadir [perswa'dʒir] VT to persuade; **persuadir-se** VR to convince o.s.; **~ alguém de que/alguém a fazer** to persuade sb that/ sb to do
persuasão [perswa'zãw] F persuasion; (*convicção*) conviction
persuasivo, -a [perswa'zivu, a] ADJ persuasive
pertencente [pertẽ'sẽtʃi] ADJ belonging; **~ a** (*pertinente*) pertaining to
pertencer [pertẽ'ser] VI: **~ a** to belong to; (*referir-se*) to concern
pertences [per'tẽsis] MPL (*de uma pessoa*) belongings
pertinácia [pertʃi'nasja] F (*persistência*) persistence; (*obstinação*) obstinacy
pertinaz [pertʃi'najz] ADJ (*persistente*) persistent; (*obstinado*) obstinate
pertinência [pertʃi'nẽsja] F relevance
pertinente [pertʃi'nẽtʃi] ADJ relevant; (*apropriado*) appropriate
perto, -a ['pɛrtu, a] ADJ nearby ▶ ADV near; **~ de** near to; (*em comparação com*) next to; **~ da casa** near *ou* close to the house; **~ de 100 dólares** around 100 dollars; **estar ~ de fazer** (*a ponto de*) to be close to doing; **de ~** closely; (*ver*) close up; (*conhecer*) very well

perturbação [perturba'sãw] (pl **-ões**) F disturbance; (*desorientação*) perturbation; (*Med*) trouble; (*Pol*) disturbance; **~ da ordem** breach of the peace

perturbado, -a [pertur'badu, a] ADJ perturbed; (*desvairado*) unbalanced

perturbador, a [perturba'dor(a)] ADJ (*pessoa*) disruptive; (*notícia*) perturbing, disturbing

perturbar [pertur'bar] VT to disturb; (*abalar*) to upset, trouble; (*atrapalhar*) to put off; (*andamento, trânsito*) to disrupt; (*envergonhar*) to embarrass; (*alterar*) to affect; **não perturba!** do not disturb!; **~ a ordem** to cause a breach of the peace

Peru [pe'ru] M: **o ~** Peru

peru, a [pe'ru(a)] M/F turkey ▶ M (!: *pênis*) cock (!)

perua [pe'rua] F (*carro*) estate (car) (BRIT), station wagon (US)

peruada [pe'rwada] (*col*) F (*palpite*) tip

peruano, -a [pe'rwanu, a] ADJ, M/F Peruvian

peruar [pe'rwar] VT (*jogo*) to watch ▶ VI to hang around

peruca [pe'ruka] F wig

perversão [perver'sãw] (pl **-ões**) F perversion

perversidade [perversi'dadʒi] F perversity

perverso, -a [per'vɛrsu, a] ADJ perverse; (*malvado*) wicked

perversões [perver'sõjs] FPL *de* **perversão**

perverter [perver'ter] VT (*corromper*) to corrupt, pervert; **perverter-se** VR to become corrupt

pervertido, -a [perver'tʃidu, a] ADJ perverted ▶ M/F pervert

pesada [pe'zada] F weighing

pesadelo [peza'delu] M nightmare

pesado, -a [pe'zadu, a] ADJ heavy; (*ambiente*) tense; (*trabalho*) hard; (*estilo*) dull, boring; (*andar*) slow; (*piada*) coarse; (*comida*) stodgy; (*tempo*) sultry ▶ ADV heavily; **pegar no ~** (*col*) to work hard; **da pesada** (*col: legal*) great; (: *barra-pesada*) rough, violent

pesagem [pe'zaʒẽ] F weighing

pêsames ['pezamis] MPL condolences, sympathy *sg*

pesar [pe'zar] VT to weigh; (*fig*) to weigh up ▶ VI to weigh; (*ser pesado*) to be heavy; (*influir*) to carry weight; (*causar mágoa*): **~ a** to hurt, grieve ▶ M grief; **~ sobre** (*recair*) to fall upon; **em que pese a** despite, **apesar dos ~es** despite everything

pesaroso, -a [peza'rozu, ɔza] ADJ (*triste*) sorrowful, sad; (*arrependido*) regretful, sorry

pesca ['pɛska] F (*ato*) fishing; (*os peixes*) catch; **ir à ~** to go fishing; **~ submarina** skin diving

pescada [pes'kada] F whiting

pescado [pes'kadu] M fish

pescador, a [peska'dor(a)] M/F fisherman/woman; **~ à linha** angler

pescar [pes'kar] VT (*peixe*) to catch; (*tentar apanhar*) to fish for; (*retirar da água*) to fish out; (*um marido*) to catch, get ▶ VI to fish; (BR *col*) to understand; **~ de algo** (*col*) to know about sth; **pescou?** got it?, see?

pescoção [pesko'sãw] (pl **-ões**) M slap

pescoço [pes'kosu] M neck; **até o ~** (*endividado*) up to one's neck

pescoções [pesko'sõjs] MPL *de* **pescoção**

pescoçudo, -a [pesko'sudu, a] ADJ bull-necked

peso ['pezu] M weight; (*fig: ônus*) burden; (*importância*) importance; **pessoa/argumento de ~** important person/weighty argument; **de pouco ~** lightweight; **em ~** in full force; **~ atômico** atomic weight; **~ bruto/líquido** gross/net weight; **~ morto** dead weight; **ter dois ~s e duas medidas** (*fig*) to have double standards

pespontar [pespõ'tar] VT to backstitch

pesponto [pes'põtu] M backstitch

pesquei *etc* [pes'kej] VB *ver* **pescar**

pesqueiro, -a [pes'kejru, a] ADJ fishing *atr*

pesquisa [pes'kiza] F research; **uma ~** a study; **~ de campo** field work; **~ de mercado** market research; **~ e desenvolvimento** research and development

pesquisador, a [peskiza'dor(a)] M/F researcher

pesquisar [peski'zar] VT, VI to research

pêssego ['pesegu] M peach

pessegueiro [pese'gejru] M peach tree

pessimismo [pesi'mizmu] M pessimism

pessimista [pesi'mista] ADJ pessimistic ▶ M/F pessimist

péssimo, -a ['pɛsimu, a] ADJ very bad, awful; **estar ~** (*pessoa*) to be in a bad way

pessoa [pe'soa] F person; **pessoas** FPL people; **em ~** personally; **~ de bem** honest person; **~ física/jurídica** (*Jur*) private individual/legal entity

pessoal [pe'swaw] (pl **-ais**) ADJ personal ▶ M personnel *pl*, staff *pl*; (*col*) people *pl*, folks *pl*; **oi, ~!** (*col*) hi, everyone!, hi, folks!

pestana [pes'tana] F eyelash; **tirar uma ~** (*col*) to have a nap

pestanejar [pestane'ʒar] VI to blink; **sem ~** (*fig*) without batting an eyelid

peste ['pɛstʃi] F (*epidemia*) epidemic; (*bubônica*) plague; (*fig*) pest, nuisance

pesticida [pestʃi'sida] M pesticide

pestífero, -a [pes'tʃiferu, a] ADJ (*fig*) pernicious

pestilência [pestʃi'lẽsja] F plague; (*epidemia*) epidemic; (*fedor*) stench

pestilento, -a [pestʃi'lẽtu, a] ADJ pestilential, plague *atr*; (*malcheiroso*) putrid

pétala ['pɛtala] F petal

peteca [pe'tɛka] F (kind of) shuttlecock; **fazer alguém de ~** to make a fool of sb; **não deixar a ~ cair** (*col*) to keep the ball rolling

peteleco [pete'lɛku] M flick; **dar um ~ em algo** to flick sth

petição [petʃi'sãw] (pl **-ões**) F (*rogo*) request; (*documento*) petition; **em ~ de miséria** in a terrible state

peticionário, -a [petʃisjoˈnarju, a] M/F petitioner; (Jur) plaintiff
petições [petʃiˈsõjs] FPL de **petição**
petiscar [petʃisˈkar] VT to nibble at, peck at ▶ VI to have a nibble
petisco [peˈtʃisku] M savoury (BRIT), savory (US), titbit (BRIT), tidbit (US)
petit-pois [petʃiˈpwa] M INV pea
petiz [peˈtʃiz] (PT) M boy
petrechos [peˈtrɛʃus] MPL equipment sg; (Mil) stores, equipment sg; (de cozinha) utensils
petrificar [petrifiˈkar] VT to petrify; (empedernir) to harden; (assombrar) to stun; **petrificar-se** VR to be petrified; to be stunned; to become hard
Petrobrás [petroˈbrajs] ABR F Brazilian state oil company
petrodólar [petroˈdɔlar] M petrodollar
petroleiro, -a [petroˈlejru, a] ADJ oil atr, petroleum atr ▶ M (navio) oil tanker
petróleo [peˈtrɔlju] M oil, petroleum; ~ **bruto** crude oil
petrolífero, -a [petroˈliferu, a] ADJ oil-producing
petroquímica [petroˈkimika] F petrochemicals pl; (ciência) petrochemistry
petroquímico, -a [petroˈkimiku, a] ADJ petrochemical
petulância [petuˈlãsja] F impudence
petulante [petuˈlãtʃi] ADJ impudent
petúnia [peˈtunja] F petunia
peúga [ˈpjuga] (PT) F sock
pevide [peˈvidʒi] (PT) F (de melão) seed; (de maçã) pip
p. ex. ABR (= por exemplo) e.g.
pexote [peˈʃɔtʃi] M/F (criança) little kid; (novato) beginner, novice
PF (BR) ABR F = **Polícia Federal**
PFL (BR) ABR M = **Partido da Frente Liberal**
PH (BR) ABR M = **Partido Humanitário**
PI ABR = **Piauí**
pia [ˈpia] F wash basin; (da cozinha) sink; ~ **batismal** font
piada [ˈpjada] F joke
piadista [pjaˈdʒista] M/F joker
pianista [pjaˈnista] M/F pianist
piano [ˈpjanu] M piano; ~ **de cauda** grand piano
pião [pjãw] (pl -**ões**) M (brinquedo) top
piar [pjar] VI (pinto) to cheep; (coruja) to hoot; **não ~** not to say a word
piauiense [pjawˈjẽsi] ADJ from Piauí ▶ M/F person from Piauí
PIB ABR M (= Produto Interno Bruto) GNP
picada [piˈkada] F (de agulha etc) prick; (de abelha) sting; (de mosquito, cobra) bite; (de avião) dive; (de navalha) stab; (atalho) path, trail; (de droga) shot
picadeiro [pikaˈdejru] M (circo) ring
picadinho [pikaˈdʒiɲu] M stew
picado, -a [piˈkadu, a] ADJ (por agulha) pricked; (por abelha) stung; (por cobra, mosquito) bitten; (papel) shredded; (carne) minced; (legumes) chopped
picante [piˈkãtʃi] ADJ (tempero) hot; (piada) risqué, blue; (comentário) saucy; (cena, filme) raunchy
pica-pau [ˈpika-] (pl **pica-paus**) M woodpecker
picape [piˈkapi] (BR) F pickup (truck)
picar [piˈkar] VT (com agulha) to prick; (suj: abelha) to sting; (: mosquito) to bite; (: pássaro) to peck; (um animal) to goad; (carne) to mince; (papel) to shred; (fruta) to chop up; (comichar) to prickle ▶ VI (a isca) to take the bait; (comichar) to prickle; (avião) to dive; **picar-se** VR to prick o.s.
picardia [pikarˈdʒia] F (implicância) spitefulness; (esperteza) craftiness
picaresco, -a [pikaˈresku, a] ADJ comic, ridiculous
picareta [pikaˈreta] F pickaxe (BRIT), pickax (US) ▶ M/F crook
picaretagem [pikareˈtaʒẽ] (pl -**ns**) F con
pícaro, -a [ˈpikaru, a] ADJ crafty, cunning
pichação [piʃaˈsãw] (pl -**ões**) F (ato) spraying; (grafite) piece of graffiti
pichar [piˈʃar] VT (dizeres, muro) to spray; (aplicar piche em) to cover with pitch; (col: espinafrar) to run down ▶ VI (col) to criticize
piche [ˈpiʃi] M pitch
piclés [ˈpiklis] MPL pickles
pico [ˈpiku] M (cume) peak; (ponta aguda) sharp point; (PT: um pouco) a bit; **mil e ~** just over a thousand; **meio-dia e ~** just after midday
picolé [pikoˈlɛ] M lolly
picotar [pikoˈtar] VT to perforate; (bilhete) to punch
picote [piˈkɔtʃi] M perforation
pictórico, -a [pikˈtɔriku, a] ADJ pictorial
picuinha [piˈkwiɲa] F: **estar de ~ com alguém** to have it in for sb
piedade [pjeˈdadʒi] F (devoção) piety; (compaixão) pity; **ter ~ de** to have pity on
piedoso, -a [pjeˈdozu, ɔza] ADJ (Rel) pious; (compassivo) merciful
piegas [ˈpjegas] ADJ INV sentimental; (col) soppy ▶ M/F INV softy
pieguice [pjeˈgisi] F sentimentality
píer [ˈpier] M pier
piercing [ˈpirsĩ] (pl -**s**) M piercing
pifa [ˈpifa] (col) M booze-up; **tomar um ~** to get smashed
pifado, -a [piˈfadu, a] (col) ADJ (carro) broken down; (TV etc) broken
pifar [piˈfar] (col) VI (carro) to break down; (rádio etc) to go wrong; (plano, programa) to fall through
pigarrear [pigaˈhjar] VI to clear one's throat
pigarro [piˈgahu] (col) M frog in the throat
pigmeia [pigˈmeja] F de **pigmeu**
pigmentação [pigmẽtaˈsãw] F pigmentation, colouring (BRIT), coloring (US)
pigmento [pigˈmẽtu] M pigment
pigmeu, -meia [pigˈmew, ˈmeja] ADJ, M/F pigmy

pijama [pi'ʒama] M pyjamas pl (BRIT), pajamas pl (US)
pilantra [pi'lãtra] (col) M/F crook
pilantragem [pilã'traʒẽ] (pl -ns) (col) F rip-off (!)
pilão [pi'lãw] (pl -ões) M mortar
pilar [pi'lar] VT to pound, crush ▶ M pillar
pilastra [pi'lastra] F pilaster
pileque [pi'lɛki] (col) M booze-up (!); **tomar um ~** to get smashed (!) ou plastered (!); **estar de ~** to be smashed (!) ou plastered (!)
pilha ['piʎa] F (Elet) battery; (monte) pile, heap; **às ~s** in vast quantities; **estar uma ~ (de nervos)** to be a bundle of nerves
pilhagem [pi'ʎaʒẽ] F (ato) pillage; (objetos) plunder, booty
pilhar [pi'ʎar] VT (saquear) to plunder, pillage; (roubar) to rob; (surpreender) to catch
pilhéria [pi'ʎɛrja] F joke
pilheriar [piʎe'rjar] VI to joke, jest
pilões [pi'lõjs] MPL de **pilão**
pilotagem [pilo'taʒẽ] F flying; **escola de ~** flying school
pilotar [pilo'tar] VT (avião) to fly; (carro de corrida) to drive ▶ VI to fly
pilotis [pilo'tʃis] MPL stilts
piloto [pi'lotu] M (de avião) pilot; (de navio) first mate; (motorista) (racing) driver; (bico de gás) pilot light ▶ ADJ INV (usina, plano) pilot; (peça) sample atr; **~ automático** automatic pilot; **~ de prova** test pilot
pílula ['pilula] F pill; **a ~ (anticoncepcional)** the pill
pimba ['pĩba] EXCL wham!
pimenta [pi'mẽta] F (Culin) pepper; **~ de Caiena** cayenne pepper
pimenta-do-reino F black pepper
pimenta-malagueta (pl **pimentas-malagueta**) F chilli (BRIT) ou chili (US) pepper
pimentão [pimẽ'tãw] (pl -ões) M (Bot) pepper; **~ verde** green pepper
pimenteira [pimẽ'tejra] F (Bot) pepper plant; (à mesa) pepper pot; (: moedor) pepper mill
pimpão, -pona [pĩ'pãw, 'pona] (PT) (pl -ões/-s) ADJ smart, flashy ▶ M/F show-off
pimpolho [pĩ'poʎu] M (criança) youngster
pimpona [pĩ'pona] F de **pimpão**
PIN (BR) ABR M = **Plano de Integração Nacional**
pinacoteca [pinako'tɛka] F art gallery; (coleção de quadros) art collection
pináculo [pi'nakulu] M (tb fig) pinnacle
pinça ['pĩsa] F (de sobrancelhas) tweezers pl; (de casa) tongs pl; (Med) callipers pl (BRIT), calipers pl (US)
pinçar [pĩ'sar] VT to pick up; (sobrancelhas) to pluck; (fig: exemplos, defeitos) to pick out
píncaro ['pĩkaru] M summit, peak
pincel [pĩ'sɛw] (pl -éis) M brush; (para pintar) paintbrush; **~ de barba** shaving brush
pincelada [pĩse'lada] F (brush) stroke
pincelar [pĩse'lar] VT to paint
pincenê [pĩse'ne] M pince-nez

pindaíba [pĩda'iba] F: **estar na ~** (col) to be broke
pinel [pi'nɛw] (pl -éis) (col) M/F: **ser/ficar ~** to be/go crazy
pinga ['pĩga] F (cachaça) rum; (PT: trago) drink
pingado, -a [pĩ'gadu, a] ADJ: **~ de** covered in drops of
pingar [pĩ'gar] VI to drip; (começar a chover) to start to rain
pingente [pĩ'ʒẽtʃi] M pendant
pingo ['pĩgu] M (gota) drop; (pingo do i) dot; **~ de gente** (col) slip of a child; **um ~ de** (comida etc) a spot of; (educação etc) a scrap of
pingue-pongue [pĩgi-'põgi] M ping-pong
pinguim [pĩ'gwĩ] (pl -ns) M penguin
pinguinho [pĩ'giɲu] M little drop; (pouquinho): **um ~** a tiny bit
pinguins [pĩ'gwĩs] MPL de **pinguim**
pinha ['piɲa] F pine cone
pinheiral [piɲej'raw] (pl -ais) M pine wood
pinheiro [pi'ɲejru] M pine (tree)
pinho ['piɲu] M pine
pinicada [pini'kada] F (beliscão) pinch; (cutucada) poke; (de pássaro) peck
pinicar [pini'kar] VT (pele) to prickle; (como bico) to peck; (beliscar) to pinch; (cutucar) to poke
pinimba [pi'nĩba] (col) F: **estar de ~ com alguém** to have it in for sb
pino ['pinu] M (peça) pin; (Auto: na porta) lock; **a ~** upright; **sol a ~** noon-day sun; **bater ~** (Auto) to knock; (col) to be in a bad way
pinoia [pi'nɔja] (col) F piece of trash; **que ~!** what a drag!
pinote [pi'nɔtʃi] M buck
pinotear [pino'tʃjar] VI to buck
pinta ['pĩta] F (mancha) spot; (col: aparência) appearance, looks pl; (: sujeito) guy; **dar na ~** (col) to give o.s. away; **ela tem ~ de (ser) inglesa** she looks English; **está com ~ de chover** it looks like rain
pinta-braba [pĩta'braba] (pl **pintas-brabas**) M/F hoodlum, shady character
pintado, -a [pĩ'tadu, a] ADJ painted; (cabelo) dyed; (olhos, lábios) made up; **é o avô ~** he's the image of his grandfather; **não querer ver alguém nem ~** (col) to hate the sight of sb
pintar [pĩ'tar] VT to paint; (cabelo) to dye; (rosto) to make up; (descrever) to describe; (imaginar) to picture ▶ VI to paint; (col: aparecer) to appear, turn up; (: problemas, oportunidade) to crop up; **pintar-se** VR to make o.s. up; **~ (o sete)** to paint the town red
pintarroxo [pĩta'hoʃu] M (BR) linnet; (PT) robin
pinto ['pĩtu] M chick; (!) prick (!); **como um ~ (molhado)** like a drowned rat; **ser ~** to be a piece of cake
pintor, a [pĩ'tor(a)] M/F painter
pintura [pĩ'tura] F painting; (maquiagem) make-up; **~ a óleo** oil painting

pio, -a ['piu, a] ADJ (*devoto*) pious; (*caridoso*) charitable ▶ M cheep, chirp; **não dar um ~** not to make a sound
piões [pjõjs] MPL *de* **pião**
piolho ['pjoʎu] M louse
pioneiro, -a [pjo'nejru, a] ADJ pioneering ▶ M/F pioneer
piopio [pju'pju] (*col*) M birdie, dicky bird
pior ['pjɔr] ADJ, ADV (*compar*) worse; (*superl*) worst ▶ M: **o ~** worst of all ▶ F: **estar na ~** (*col*) to be in a jam
piora ['pjɔra] F worsening
piorar [pjo'rar] VT to make worse, worsen ▶ VI to get worse
pipa ['pipa] F barrel, cask; (*de papel*) kite
piparote [pipa'rɔtʃi] M (*com o dedo*) flick
pipi [pi'pi] (*col*) M (*urina*) pee; **fazer ~** to have a pee, pee
pipilar [pipi'lar] VI to chirp
pipoca [pi'pɔka] F popcorn; (*col: na pele*) blister; **~s!** blast!
pipocar [pipo'kar] VI to pop up; (*aparecer*) to spring up
pipoqueiro, -a [pipo'kejru, a] M/F popcorn seller
pique ['piki] M (*corte*) nick; (*auge*) peak; (*grande disposição*) keenness, enthusiasm; **a ~** vertically, steeply; **a ~ de** on the verge of; **ir/pôr a ~** to sink; **perder o ~** to lose one's momentum; **estou no maior ~ no momento** I'm really in the mood ou keen at the moment
piquei *etc* [pi'kej] VB *ver* **picar**
piquenique [piki'niki] M picnic; **fazer ~** to have a picnic
piquete [pi'ketʃi] M (*Mil*) squad; (*em greve*) picket
pira ['pira] (*col*) F: **dar o ~** to take off
pirado, -a [pi'radu, a] (*col*) ADJ crazy
pirâmide [pi'ramidʒi] F pyramid
piranha [pi'raɲa] F piranha (fish); (*col: mulher*) tart
pirão [pi'rãw] M manioc meal
pirar [pi'rar] (*col*) VI to go mad; (*com drogas*) to get high; (*ir embora*) to take off
pirata [pi'rata] M pirate; (*namorador*) lady-killer; (*vigarista*) crook ▶ ADJ pirate
pirataria [pirata'ria] F piracy; (*patifaria*) crime
pires ['piris] M INV saucer
pirilampo [piri'lãpu] M glow worm
Pirineus [piri'news] MPL: **os ~** the Pyrenees
piriri [piri'ri] (*col*) M (*diarreia*) the runs *pl*
pirotecnia [pirotek'nia] F pyrotechnics *sg*, art of making fireworks
pirraça [pi'hasa] F spiteful thing; **fazer ~** to be spiteful
pirracento, -a [piha'sẽtu, a] ADJ (*vingativo*) spiteful; (*perverso*) bloody-minded
pirralho, -a [pi'haʎu, a] M/F child
pirueta [pi'rweta] F pirouette
pirulito [piru'litu] (*BR*) M lollipop
PISA (*BR*) ABR F = **Papel de Imprensa SA**
pisada [pi'zada] F (*passo*) footstep; (*rastro*) footprint

pisar [pi'zar] VT (*andar por cima de*) to tread on; (*uvas*) to tread, press; (*esmagar, subjugar*) to crush; (*café*) to grind; (*assunto*) to harp on ▶ VI (*andar*) to step, tread; (*acelerar*) to put one's foot down; **~ em** (*grama, pé*) to step *ou* tread on; (*casa de alguém, pátria*) to set foot in; **"não pise na grama"** "do not walk on the grass"; **~ forte** to stomp; **pisa mais leve!** don't stamp your feet!
piscadela [piska'dɛla] F (*involuntária*) blink; (*sinal*) wink
pisca-pisca [piska-'piska] (*pl* **-s**) M (*Auto*) indicator
piscar [pis'kar] VT to blink; (*dar sinal*) to wink; (*estrelas*) to twinkle ▶ M: **num ~ de olhos** in a flash
piscicultor, a [pisikuw'tor(a)] M/F fish farmer
piscicultura [pisikuw'tura] F fish farming
piscina [pi'sina] F swimming pool; (*para peixes*) fish pond
piscoso, -a [pis'kozu, ɔza] ADJ rich in fish
piso ['pizu] M floor; **~ salarial** wage floor, lowest wage
pisotear [pizo'tʃar] VT to trample (on); (*fig*) to ride roughshod over
pisquei *etc* [pis'kej] VB *ver* **piscar**
píssico, -a ['pisiku, a] ADJ crazy, mad
pista ['pista] F (*vestígio*) trace; (*indicação*) clue; (*de corridas*) track; (*Aer*) runway; (*de equitação*) ring; (*de estrada*) lane; (*de dança*) (dance) floor
pistache [pis'taʃi] M pistachio (nut)
pistacho [pis'taʃu] M = **pistache**
pistão [pis'tãw] (*pl* **-ões**) M = **pistom**
pistola [pis'tɔla] F (*arma*) pistol; (*para tinta*) spray gun
pistolão [pisto'lãw] (*pl* **-ões**) M contact
pistoleiro [pisto'lejru] M gunman
pistolões [pisto'lõjs] MPL *de* **pistolão**
pistom [pis'tõ] (*pl* **-ns**) M piston
pitada [pi'tada] F (*porção*) pinch
pitanga [pi'tãga] F Surinam cherry
pitar [pi'tar] VT, VI to smoke
piteira [pi'tejra] F cigarette-holder
pito ['pitu] M (*cachimbo*) pipe; (*col: repreensão*) telling-off; **sossegar o ~** to calm down
pitonisa [pito'niza] F fortune-teller
pitoresco, -a [pito'resku, a] ADJ picturesque
pituitário, -a [pitwi'tarju, a] ADJ (*glândula*) pituitary
pivete [pi'vetʃi] M child thief
pivô [pi'vo] M (*Tec*) pivot; (*fig*) central figure, prime mover
pixaim [piʃa'ĩ] ADJ (*cabelo*) frizzy ▶ M frizzy hair
pixote [pi'ʃɔtʃi] M/F = **pexote**
pizza ['pitsa] F pizza
pizzaria [pitsa'ria] F pizzeria
PJ (*BR*) ABR M = **Partido da Juventude**
PL (*BR*) ABR M = **Partido Liberal**
plá [pla] (*col*) M (*dica*) tip; (*papo*) chat
placa ['plaka] F plate; (*Auto*) number plate (*BRIT*), license plate (*US*); (*comemorativa*)

plaque; (*Comput*) board; (*na pele*) blotch; **~ de memória** (*Comput*) memory card; **~ de sinalização** road sign; **~ fria** false number *ou* license plate
placar [pla'kar] M scoreboard; **abrir o ~** to open the scoring
placebo [pla'sɛbu] M placebo
placenta [pla'sēta] F placenta
placidez [plasi'dez] F peacefulness, serenity
plácido, -a ['plasidu, a] ADJ (*sereno*) calm; (*manso*) placid
plagiador, a [plaʒja'dor(a)] M/F = **plagiário**
plagiar [pla'ʒjar] VT to plagiarize
plagiário, -a [pla'ʒjarju, a] M/F plagiarist
plágio ['plaʒu] M plagiarism
plaina ['plajna] F (*instrumento*) plane
plana ['plana] F: **de primeira ~** first-class
planador [plana'dor] M glider
planalto [pla'nawtu] M tableland, plateau
planar [pla'nar] VI to glide
planear [pla'njar] (PT) VT = **planejar**
planejador, a [planeʒa'dor(a)] M/F planner
planejamento [planeʒa'mētu] M planning; (*Arq*) design; **~ familiar** family planning
planejar [plane'ʒar] (BR) VT to plan; (*edifício*) to design
planeta [pla'neta] M planet
planetário, -a [plane'tarju, a] ADJ planetary ▶ M planetarium
plangente [plã'ʒētʃi] ADJ plaintive, mournful
planície [pla'nisi] F plain
planificar [planifi'kar] VT (*programar*) to plan out; (*uma região*) to make a plan of
planilha [pla'niʎa] F spreadsheet
plano, -a ['planu, a] ADJ (*terreno*) flat, level; (*liso*) smooth ▶ M plan; (*Mat*) plane; **~ de saúde** health insurance; **~ diretor** master plan; **em primeiro/em último ~** in the foreground/background
planta ['plãta] F (*Bio*) plant; (*de pé*) sole; (*Arq*) plan
plantação [plãta'sãw] F (*ato*) planting; (*terreno*) planted land; (*safra*) crops *pl*
plantado, -a [plã'tadu, a] ADJ: **deixar alguém/ficar ~ em algum lugar** (*col*) to leave sb/be left standing somewhere
plantão [plã'tãw] (*pl* **-ões**) M duty; (*noturno*) night duty; (*plantonista*) person on duty; (*Mil: serviço*) sentry duty; (: *pessoa*) sentry; **estar de ~** to be on duty; **médico/farmácia de ~** duty doctor/pharmacy *ou* chemist's (BRIT)
plantar [plã'tar] VT to plant; (*semear*) to sow; (*estaca*) to drive in; (*estabelecer*) to set up; **plantar-se** VR to plant o.s.
plantio [plã'tʃiu] M planting; (*terreno*) planted land
plantões [plã'tõjs] MPL *de* **plantão**
plantonista [plãto'nista] M/F person on duty
planura [pla'nura] F plain
plaquê [pla'ke] (PT) M gold plate
plaqueta [pla'keta] F plaque; (*Auto*) licensing badge (*attached to number plate*)
plasma ['plazma] M plasma
plasmar [plaz'mar] VT to mould (BRIT), mold (US), shape
plástica ['plastʃika] F (*cirurgia*) piece of plastic surgery; (*do corpo*) build; **fazer uma ~** to have plastic surgery
plástico, -a ['plastʃiku, a] ADJ, M plastic
plastificado, -a [plastʃifi'kadu, a] ADJ plastic-coated
plataforma [plata'fɔrma] F platform; **~ de exploração de petróleo** oil rig; **~ de lançamento** launch pad
plátano ['platanu] M plane tree
plateia [pla'tɛja] F (*Teatro etc*) stalls *pl* (BRIT), orchestra (US); (*espectadores*) audience
platina [pla'tʃina] F platinum
platinado, -a [platʃi'nadu, a] ADJ platinum *atr*; **loura platinada** platinum blonde
platinados [platʃi'nadus] MPL (*Auto*) points
platinar [platʃi'nar] VT (*cabelo*) to dye platinum blonde
platô [pla'to] M plateau
platônico, -a [pla'toniku, a] ADJ platonic
plausibilidade [plawzibili'dadʒi] F plausibility
plausível [plaw'zivew] (*pl* **-eis**) ADJ credible, plausible
playboy [plej'bɔi] (*pl* **-s**) M playboy
playground [plej'grãwdʒi] (*pl* **-s**) M play area
PLB ABR M = **Partido Liberal Brasileiro**
plebe ['plɛbi] F common people *pl*, populace
plebeu, -beia [ple'bew, 'bɛja] ADJ plebeian ▶ M/F pleb
plebiscito [plebi'situ] M referendum, plebiscite
plectro ['plɛktru] M (*Mús*) plectrum
pleitear [plej'tʃjar] VT (*Jur: causa*) to plead; (*contestar*) to contest; (*tentar conseguir*) to go after; (*concorrer a*) to compete for
pleito ['plejtu] M lawsuit, case; (*fig*) dispute; **~ (eleitoral)** election
plenamente [plena'mētʃi] ADV fully, completely
plenário, -a [ple'narju, a] ADJ plenary ▶ M plenary session; (*local*) chamber
plenipotência [plenipo'tēsja] F full powers *pl*
plenipotenciário, -a [plenipotē'sjarju, a] ADJ, M/F plenipotentiary
plenitude [pleni'tudʒi] F plenitude, fullness
pleno, -a ['plenu, a] ADJ full; (*completo*) complete; **em ~ dia** in broad daylight; **em plena rua/Londres** in the middle of the street/London; **em ~ inverno** in the middle *ou* depths of winter; **em ~ mar** out at sea; **ter plena certeza** to be completely sure; **~s poderes** full powers
pleonasmo [pljo'nazmu] M pleonasm
pletora [ple'tɔra] F plethora
pleurisia [plewri'zia] F pleurisy
plinto ['plĩtu] M plinth
plissado, -a [pli'sadu, a] ADJ pleated
pluma ['pluma] F feather
plumagem [plu'maʒē] F plumage
plural [plu'raw] (*pl* **-ais**) ADJ, M plural

pluralismo [plura'lizmu] M pluralism
pluralista [plura'lista] ADJ, M/F pluralist
Plutão [plu'tãw] M Pluto
plutocrata [pluto'krata] M/F plutocrat
plutônio [plu'tonju] M plutonium
pluvial [plu'vjaw] (*pl* **-ais**) ADJ pluvial, rain *atr*
PM (*BR*) ABR F, M = **polícia militar**
PMB ABR M = **Partido Municipalista Brasileiro**
PMC (*BR*) ABR M = **Partido Municipalista Comunitário**
PMDB ABR M = **Partido do Movimento Democrático Brasileiro**
PMN (*BR*) ABR M = **Partido da Mobilização Nacional**
PN ABR M (*BR*) = **Partido Nacionalista** ▶ ABR F (*Com: de ações*) = **preferencial nominativa**
PNA (*BR*) ABR M = **Plano Nacional de Álcool**
PNB ABR M (= *Produto Nacional Bruto*) GNP
PNC (*BR*) ABR M = **Partido Nacionalista Comunitário**
PND (*BR*) ABR M = **Plano Nacional de Desenvolvimento**; **Partido Nacionalista Democrático**
pneu ['pnew] M tyre (*BRIT*), tire (*US*)
pneumático, -a [pnew'matʃiku, a] ADJ pneumatic ▶ M tyre (*BRIT*), tire (*US*)
pneumonia [pnewmo'nia] F pneumonia
PNR (*BR*) ABR M = **Partido da Nova República**
pó [pɔ] M (*partículas*) powder; (*sujeira*) dust; (*col: cocaína*) coke; **pó de arroz** face powder; **sabão em pó** soap powder; **ouro em pó** gold dust; **tirar o pó (de algo)** to dust (sth)
pô [po] (*col*) EXCL (*dando ênfase*) blimey; (*mostrando desagrado*) damn it!
pobre ['pɔbri] ADJ poor ▶ M/F poor person; **os ~s** the poor; **~ de espírito** simple, dull; **um Sinatra dos ~s** a poor man's Sinatra
pobre-diabo (*pl* **pobres-diabos**) M poor devil
pobretão, -tona [pobre'tãw, 'tɔna] (*pl* **-ões/-s**) M/F pauper
pobreza [po'breza] F poverty; **~ de espírito** simplicity
poça ['pɔsa] F puddle, pool; **~ de sangue** pool of blood
poção [po'sãw] (*pl* **-ões**) F potion
pocilga [po'siwga] F pigsty
poço ['posu] M well; (*de mina, elevador*) shaft; **ser um ~ de ciência/bondade** (*fig*) to be a fount of knowledge/kindness; **~ de petróleo** oil well
poções [po'sõjs] FPL *de* **poção**
poda ['pɔda] F pruning
podadeira [poda'dejra] F pruning knife
podar [po'dar] VT to prune
pôde *etc* ['podʒi] VB *ver* **poder**

(PALAVRA-CHAVE)

poder [po'der] VI **1** (*capacidade*) can, be able to; **não posso fazê-lo** I can't do it, I'm unable to do it
2 (*ter o direito de*) can, may, be allowed to; **posso fumar aqui?** can I smoke here?; **pode entrar?** (*posso?*) can I come in?
3 (*possibilidade*) may, might, could; **pode ser** maybe; **pode ser que** it may be that; **ele poderá vir amanhã** he might come tomorrow
4: **não poder com**: **não posso com ele** I cannot cope with him
5 (*col: indignação*): **pudera!** no wonder!; **como é que pode?** you're joking!
▶ M power; (*autoridade*) authority; **poder aquisitivo** purchasing power; **estar no poder** to be in power; **em poder de alguém** in sb's hands

poderio [pode'riu] M might, power
poderoso, -a [pode'rozu, ɔza] ADJ powerful
pódio ['pɔdʒju] M podium
podre ['pɔdri] ADJ rotten, putrid; (*fig*) rotten, corrupt; (*col: exausto*) knackered; **sentir-se ~** (*col: mal*) to feel grotty; **~ de rico/cansaço** filthy rich/dog tired
podres ['pɔdris] MPL faults
podridão [podri'dãw] F decay, rottenness; (*fig*) corruption
põe *etc* [põj] VB *ver* **pôr**
poeira ['pwejra] F dust; **~ radioativa** fall-out
poeirada [pwej'rada] F pile of dust
poeirento, -a [pwej'rẽtu, a] ADJ dusty
poema ['pwɛma] M poem
poente ['pwẽtʃi] M west; (*do sol*) setting
poesia [poe'zia] F poetry; (*poema*) poem
poeta ['pwɛta] M poet
poética ['pwɛtʃika] F poetics *sg*
poético, -a ['pwɛtʃiku, a] ADJ poetic
poetisa [pwe'tʃiza] F (woman) poet
poetizar [pwetʃi'zar] VT to set to poetry ▶ VI to write poetry
pogrom [po'grõ] (*pl* **-s**) M pogrom
pois [pojs] ADV (*portanto*) so; (*PT: assentimento*) yes ▶ CONJ as, since, because; (*mas*) but; **~ bem** well then; **~ é** that's right; **~ não!** (*BR*) of course!; **~ não?** (*BR: numa loja*) what can I do for you?; (*PT: em interrogativas*) is it?, are you?, did they? etc; **~ sim!** certainly not!; **~ (então)** then
polaco, -a [po'laku, a] ADJ Polish ▶ M/F Pole ▶ M (*Ling*) Polish
polainas [po'lajnas] FPL gaiters
polar [po'lar] ADJ polar
polaridade [polari'dadʒi] F polarity
polarizar [polari'zar] VT to polarize
polca ['pɔwka] F polka
poldro, -a ['powdru, a] M/F colt/filly
polegada [pole'gada] F inch
polegar [pole'gar] M (*tb*: **dedo polegar**) thumb
poleiro [po'lejru] M perch
polêmica [po'lemika] F controversy
polêmico, -a [po'lemiku, a] ADJ controversial
polemista [pole'mista] ADJ argumentative ▶ M/F debater
polemizar [polemi'zar] VI to debate, argue
pólen ['pɔlẽ] M pollen
polia [po'lia] F pulley

poliamida [pɔlja'mida] F polyamide
polichinelo [pɔliʃi'nɛlu] M Mr Punch
polícia [po'lisja] F police, police force ▶ M/F policeman/woman; **agente de ~** police officer; **~ aduaneira** border police; **~ militar** military police; **~ rodoviária** traffic police
policial [poli'sjaw] (pl -ais) ADJ police atr ▶ M/F (BR) policeman/woman; **novela** ou **romance ~** detective novel
policial-militar (pl policiais-militares) ADJ military police atr
policiamento [polisja'mẽtu] M policing
policiar [poli'sjar] VT to police; (instintos, modos) to control, keep in check; **policiar-se** VR to watch o.s.
policlínica [poli'klinika] F general hospital
policultura [polikuw'tura] F mixed farming
polidez [poli'deʒ] F good manners pl, politeness
polido, -a [po'lidu, a] ADJ (lustrado) polished, shiny; (cortês) well-mannered, polite
poliéster [po'ljɛster] M polyester
poliestireno [pɔljestʃi'rɛnu] M polystyrene
polietileno [pɔljetʃi'lɛnu] M polythene (BRIT), polyethylene (US)
poligamia [poliga'mia] F polygamy
polígamo, -a [po'ligamu, a] ADJ polygamous
poliglota [poli'glɔta] ADJ, M/F polyglot
polígono [po'ligonu] M polygon
polimento [poli'mẽtu] M (lustração) polishing; (finura) refinement
Polinésia [poli'nɛzja] F: **a ~** Polynesia
polinésio, -a [poli'nɛzju, a] ADJ, M/F Polynesian
polinização [poliniza'sãw] F pollination
polinizar [polini'zar] VT, VI to pollinate
pólio ['pɔlju] F polio
poliomielite [pɔljomje'litʃi] F poliomyelitis
pólipo ['pɔlipu] M polyp
polir [po'lir] VT to polish
polissílabo, -a [poli'silabu, a] ADJ polysyllabic ▶ M polysyllable
politécnica [poli'tɛknika] F (Educ) polytechnic
política [po'litʃika] F politics sg; (programa) policy; (diplomacia) tact; (astúcia) cunning; ver tb **político**
politicagem [politʃi'kaʒẽ] F politicking
politicar [politʃi'kar] VI to be involved in politics; (discorrer) to talk politics
político, -a [po'litʃiku, a] ADJ political; (astuto) crafty ▶ M/F politician
politiqueiro, -a [politʃi'kejru, a] M/F political wheeler-dealer ▶ ADJ politicking
politizar [politʃi'zar] VT to politicize; (trabalhadores) to mobilize politically; **politizar-se** VR to become politically aware
polo ['pɔlu] M pole; (Esporte) polo; **~ aquático** water polo; **~ petroquímico** petrochemical complex; **P~ Norte/Sul** North/South Pole
polonês, -esa [polo'nes, eza] ADJ Polish ▶ M/F Pole ▶ M (Ling) Polish

Polônia [po'lonja] F: **a ~** Poland
polpa ['powpa] F pulp
polpudo, -a [pow'pudu, a] ADJ (fruta) fleshy; (negócio) profitable, lucrative; (quantia) sizeable, considerable
poltrão, -trona [pow'trãw, 'trɔna] (pl -ões/-s) ADJ cowardly ▶ M/F coward
poltrona [pow'trɔna] F armchair; (em teatro, cinema) upholstered seat; ver tb **poltrão**
poluente [po'lwẽtʃi] ADJ, M pollutant
poluição [polwi'sãw] F pollution
poluidor, a [polwi'dor(a)] ADJ pollutant
poluir [po'lwir] VT to pollute
polvilhar [powvi'ʎar] VT to sprinkle, powder
polvilho [pow'viʎu] M powder; (farinha) manioc flour
polvo ['powvu] M octopus
pólvora ['pɔwvora] F gunpowder
polvorosa [powvo'rɔza] (col) F uproar; **em ~** (apressado) in a flap; (desarrumado) in a mess
pomada [po'mada] F ointment
pomar [po'mar] M orchard
pomba ['põba] F dove; **~(s)!** for heaven's sake!
pombal [põ'baw] (pl -ais) M dovecote
pombo ['põbu] M pigeon
pombo-correio (pl pombos-correios) M carrier pigeon
pomo ['pomu] M: **~ de Adão** (BR) Adam's apple; **~ de discórdia** bone of contention
pomos ['pomos] VB ver **pôr**
pompa ['põpa] F pomp
Pompeia [põ'pɛja] N Pompeii
pompom [põ'põ] (pl -ns) M pompom
pomposo, -a [põ'pozu, ɔza] ADJ ostentatious, pompous
ponche ['põʃi] M punch
poncheira [põ'ʃejra] F punchbowl
poncho ['põʃu] M poncho
ponderação [põdera'sãw] F consideration, meditation; (prudência) prudence
ponderado, -a [põde'radu, a] ADJ prudent
ponderar [põde'rar] VT to consider, weigh up ▶ VI to meditate, muse; **~ que** (alegar) to point out that
pônei ['ponej] M pony
ponho etc ['poɲu] VB ver **pôr**
ponta ['põta] F tip; (de faca) point; (de sapato) toe; (extremidade) end; (Teatro, Cinema) walk-on part; (Futebol: posição) wing; (: jogador) winger; **uma ~ de** (um pouco) a touch of; **~ de cigarro** cigarette end; **~ do dedo** fingertip; **na ~ da língua** on the tip of one's tongue; **na(s) ~(s) dos pés** on tiptoe; **de ~ a ~** from one end to the other; (do princípio ao fim) from beginning to end; **~ de lança** (fig) spearhead; **~ de terra** point; **de ~** (tecnologia) cutting-edge; **estar de ~ com alguém** to be at odds with sb; **aguentar as ~s** (col) to hold on
ponta-cabeça F: **de ~** upside down; (cair) head first
pontada [põ'tada] F (dor) twinge

711 | ponta-direita – pôr

ponta-direita (pl **pontas-direitas**) M (Futebol) right winger
ponta-esquerda (pl **pontas-esquerdas**) M (Futebol) left winger
pontal [põ'taw] (pl -**ais**) M (de terra) point, promontory
pontão [põ'tãw] M pontoon
pontapé [põta'pɛ] M kick; **dar ~s em alguém** to kick sb
pontaria [põta'ria] F aim; **fazer ~** to take aim
ponte ['põtʃi] F bridge; **~ aérea** air shuttle, airlift; **~ de safena** (heart) bypass operation; **~ móvel** swing bridge; **~ suspensa** ou **pênsil** suspension bridge
ponteado, -a [põ'tʃjadu, a] ADJ stippled, dotted ▶ M stipple
pontear [po'tʃjar] VT (pontilhar) to dot, stipple; (dar pontos) to sew, stitch
ponteira [põ'tejra] F ferrule, tip
ponteiro [põ'tejru] M (indicador) pointer; (de relógio) hand; (Mús: plectro) plectrum
pontiagudo, -a [põtʃja'gudu, a] ADJ sharp, pointed
pontificado [põtʃifi'kadu] M pontificate
pontificar [põtʃifi'kar] VI to pontificate
pontífice [põ'tʃifisi] M pontiff, Pope
pontilhado, -a [põtʃi'ʎadu, a] ADJ dotted ▶ M dotted area
pontilhar [põtʃi'ʎar] VT to dot, stipple
pontinha [põ'tʃiɲa] F: **uma ~ de** a bit ou touch of
ponto ['põtu] M point; (Med, Costura, Tricô) stitch; (pequeno sinal, do i) dot; (na pontuação) full stop (BRIT), period (US); (na pele) spot; (Teatro) prompter; (de ônibus) stop; (de táxi) rank (BRIT), stand (US); (tb: **ponto cantado** macumba chant; (matéria escolar) subject; (boca de fumo) drug den; **estar a ~ de fazer** to be on the point of doing; **ao ~** (bife) medium; **até certo ~** to a certain extent; **às cinco em ~** at five o'clock on the dot; **em ~ de bala** (col) all set; **assinar o ~** to sign in; (fig) to put in an appearance; **dar ~s** (Med) to put in stitches; **não dar ~ sem nó** (fig) to look out for one's own interests; **entregar os ~s** (fig) to give up; **fazer ~ em** to hang out at; **pôr um ~ em algo** (fig) to put a stop to sth; **dois ~s** colon sg; **~ cardeal** cardinal point; **~ de admiração** (PT) exclamation mark; **~ de equilíbrio** (Com) break-even point; **~ de exclamação/interrogação** exclamation/question mark; **~ de meia/de tricô** stocking/plain stitch; **~ de mira** bead; **~ de partida** starting point; **~ de referência** point of reference; **~ de venda** point of sale; **~ de vista** point of view, viewpoint; **~ e vírgula** semicolon; **~ facultativo** optional day off; **~ final** (fig) end; (de ônibus) terminus; **~ fraco** weak point
pontuação [põtwa'sãw] F punctuation
pontual [põ'twaw] (pl -**ais**) ADJ punctual
pontualidade [põtwali'dadʒi] F punctuality
pontuar [põ'twar] VT to punctuate

pontudo, -a [põ'tudu, a] ADJ pointed
poodle ['pudw] M poodle
pool [puw] M pool
popa ['popa] F stern, poop; **à ~** astern, aft
popelina [pope'lina] F poplin
população [popula'sãw] (pl -**ões**) F population
populacional [populasjo'naw] (pl -**ais**) ADJ population atr
populações [popula'sõjs] FPL de **população**
popular [popu'lar] ADJ popular
popularidade [populari'dadʒi] F popularity
popularizar [populari'zar] VT to popularize, make popular; **popularizar-se** VR to become popular
populista [popu'lista] ADJ populist
populoso, -a [popu'lozu, ɔza] ADJ populous
pôquer ['poker] M poker

(PALAVRA-CHAVE)

por [por] (por+o(s)/a(s) = **pelo(s)/a(s)**) PREP **1** (objetivo) for; **lutar pela pátria** to fight for one's country
2 (+infin): **está por acontecer** it is about to happen, it is yet to happen; **está por fazer** it is still to be done
3 (causa) out of, because of; **por falta de fundos** through lack of funds; **por hábito/natureza** out of habit/by nature; **faço isso por ela** I do it for her; **por isso** therefore; **a razão pela qual ...** the reason why ...; **pelo amor de Deus!** for Heaven's sake!
4 (tempo): **pela manhã** in the morning; **por volta das duas horas** at about two o'clock; **ele vai ficar por uma semana** he's staying for a week
5 (lugar): **por aqui** this way; **viemos pelo parque** we came through the park; **passar por São Paulo** to pass through São Paulo; **por fora/dentro** outside/inside
6 (troca, preço) for; **trocar o velho pelo novo** to change old for new; **comprei o livro por dez libras** I bought the book for ten pounds
7 (valor proporcional): **por cento** per cent; **por hora/dia/semana/mês/ano** hourly/daily/weekly/monthly/yearly; **por cabeça** a ou per head; **por mais difícil etc que seja** however difficult etc it is
8 (modo, meio) by; **por correio/avião** by post/air; **por si** by o.s.; **por escrito** in writing; **entrar pela entrada principal** to go in through the main entrance
9: **por que** why; **por quê?** why?
10: **por mim tudo bem** as far as I'm concerned that's OK

(PALAVRA-CHAVE)

pôr [por] VT **1** (colocar) to put; (roupas) to put on; (objeções, dúvidas) to raise; (ovos, mesa) to lay; (defeito) to find; **põe mais forte** turn it up; **você põe açúcar?** do you take sugar?; **pôr de lado** to set aside
2 (+adj) to make; **você está me pondo**

nervoso you're making me nervous
pôr-se VR **1** (*sol*) to set
2 (*colocar-se*): **pôr-se de pé** to stand up; **ponha-se no meu lugar** put yourself in my position
3: **pôr-se a** to start to; **ela pôs-se a chorar** she started crying
▶ M: **o pôr do sol** sunset

porão [po'rãw] (*pl* **-ões**) M (*Náut*) hold; (*de casa*) basement; (: *armazém*) cellar
porca ['pɔrka] F (*animal*) sow; (*Tec*) nut
porcalhão, -lhona [porka'ʎãw, 'ʎɔna] (*pl* **-ões/-s**) ADJ filthy ▶ M/F pig
porção [por'sãw] (*pl* **-ões**) F portion, piece; **uma ~ de** a lot of
porcaria [porka'ria] F filth; (*dito sujo*) obscenity; (*coisa ruim*) piece of junk ▶ EXCL damn!; **o filme era uma ~** the film was a load of rubbish
porcelana [porse'lana] F porcelain, china
porcentagem [porsē'taʒē] (*pl* **-ns**) F percentage
porco, -a ['porku, 'pɔrka] ADJ filthy ▶ M (*animal*) pig, hog (US); (*carne*) pork; **~ chauvinista** male chauvinist pig
porções [por'sõjs] FPL *de* **porção**
porco-espinho (*pl* **porcos-espinhos**) M porcupine
porco-montês [-mõ'tes] (*pl* **porcos-monteses**) M wild boar
porejar [pore'ʒar] VT to exude ▶ VI to be exuded
porém [po'rē] CONJ however
porfia [por'fia] F (*altercação*) dispute, wrangle; (*rivalidade*) rivalry
pormenor [porme'nor] M detail
pormenorizar [pormenori'zar] VT to detail
pornô [por'no] (*col*) ADJ INV porn ▶ M (*filme*) porn film
pornochanchada [pornoʃã'ʃada] F (*filme*) soft porn movie
pornografia [pornogra'fia] F pornography
pornográfico, -a [porno'grafiku, a] ADJ pornographic
poro ['pɔru] M pore
porões [po'rõjs] MPL *de* **porão**
pororoca [poro'rɔka] F bore
poroso, -a [po'rozu, ɔza] ADJ porous
porquanto [por'kwãtu] CONJ since, seeing that
porque [por'ke] CONJ because; (*interrogativo*: PT) why
porquê [por'ke] ADV (PT) why ▶ M reason, motive; **~?** (PT) why?
porquinho-da-índia [por'kiɲu-] (*pl* **porquinhos-da-índia**) M guinea pig
porra ['poha] (!) F come (!), spunk (!) ▶ EXCL fuck (!), fucking hell (!); **para quê ~?** what the fuck for? (!)
porrada [po'hada] F (*col*: *pancada*) beating; (: *confusão*) aggro; **uma ~ de** (!) fucking loads of (!)

porra-louca (*pl* **porras-loucas**) (!) M/F headcase (*col*) ▶ ADJ crazy
porre ['pɔhi] (*col*) M booze-up (!); **tomar um ~** to get plastered (!); **estar de ~** to be plastered (!); **ser um ~** (*ser chato*) to be boring, be a drag
porretada [pohe'tada] F clubbing
porrete [po'hetʃi] M club
porta ['pɔrta] F door; (*vão da porta*) doorway; (*de um jardim*) gate; (*Comput*) port; **a ~s fechadas** behind closed doors; **de ~ em ~** from door to door; **~ corrediça** sliding door; **~ da rua/da frente/dos fundos** street/front/back door; **~ de entrada** entrance door; **~ de vaivém** swing door; **~ giratória** revolving door; **~ sanfonada** folding door
porta-aviões M INV aircraft carrier
porta-bandeira (*pl* **porta-bandeiras**) M/F standard-bearer
porta-chaves M INV keyring
portador, a [porta'dor(a)] M/F bearer; **ao ~** (*Com*) payable to the bearer
porta-espada (*pl* **porta-espadas**) M sheath
porta-estandarte (*pl* **porta-estandartes**) M/F standard-bearer
porta-fólio [-'fɔlju] (*pl* **porta-fólios**) M portfolio
portagem [por'taʒē] (*pl* **-ns**) (PT) F toll
porta-joias M INV jewellery (BRIT) *ou* jewelry (US) box
portal [por'taw] (*pl* **-ais**) M doorway
porta-lápis M INV pencil box
portaló [porta'lɔ] M (*Náut*) gangway
porta-luvas M INV (*Auto*) glove compartment
porta-malas M INV (*Auto*) boot (BRIT), trunk (US)
porta-moedas (PT) M purse
porta-níqueis M INV purse
portanto [por'tãtu] CONJ so, therefore
portão [por'tãw] (*pl* **-ões**) M gate
porta-partitura (*pl* **porta-partituras**) M music stand
portar [por'tar] VT to carry; **portar-se** VR to behave
porta-retrato (*pl* **porta-retratos**) M photo frame
porta-revistas M INV magazine rack
portaria [porta'ria] F (*de um edifício*) entrance hall; (*recepção*) reception desk; (*do governo*) edict, decree; **baixar uma ~** to issue a decree
porta-seios M INV bra, brassiere
portátil [por'tatʃiw] (*pl* **-eis**) ADJ portable
porta-toalhas M INV towel rail
porta-voz (*pl* **-es**) M/F (*pessoa*) spokesman, spokesperson
porte ['pɔrtʃi] M (*transporte*) transport; (*custo*) freight charge, carriage; (*Náut*) tonnage, capacity; (*atitude*) bearing; **~ pago** post paid; **de grande ~** far-reaching, important; **empresa de ~ medio** medium-sized enterprise; **um autor do ~ de ...** an author of the calibre (BRIT) *ou* caliber (US) of ....
porteiro, -a [por'tejru, a] M/F caretaker; **~ eletrônico** entry phone

portenho, -a [por'tɛɲu, a] ADJ from Buenos Aires ▶ M/F person from Buenos Aires
portento [por'tẽtu] M wonder, marvel
portentoso, -a [portẽ'tozu, ɔza] ADJ amazing, marvellous (BRIT), marvelous (US)
pórtico ['pɔrtʃiku] M porch, portico
portinhola [portʃi'ɲɔla] F small door; (de carruagem) door
porto ['portu] M (do mar) port, harbour (BRIT), harbor (US); (vinho) port; **o P~** Oporto; **~ de escala** port of call; **~ franco** freeport
porto-alegrense [-ale'grẽsi] ADJ from Porto Alegre ▶ M/F person from Porto Alegre
portões [por'tõjs] MPL de **portão**
Porto Rico M Puerto Rico
porto-riquenho, -a [portuhi'kɛɲu, a] ADJ, M/F Puerto Rican
portuense [por'twẽsi] ADJ from Oporto ▶ M/F person from Oporto
portuga [por'tuga] (pej) M/F Portuguese
Portugal [portu'gaw] M Portugal
português, -guesa [portu'ges, 'geza] ADJ Portuguese ▶ M/F Portuguese inv ▶ M (Ling) Portuguese; **~ de Portugal/do Brasil** European/Brazilian Portuguese
portunhol [portu'ɲɔw] M mixture of Spanish and Portuguese
porventura [porvẽ'tura] ADJ by chance; **se ~ você ...** if you happen to ...
porvir [por'vir] M future
pôs [pos] VB ver **pôr**
pós- [pɔjʃ-] PREFIXO post-
posar [po'zar] VI (Foto) to pose
pós-datado, -a [-da'tadu, a] ADJ post-dated
pós-datar VT to postdate
pose ['pɔzi] F pose
pós-escrito M postscript
pós-graduação F postgraduation; **curso de ~** postgraduate course
pós-graduado, -a ADJ, M/F postgraduate
pós-guerra M post-war period; **o Brasil do ~** post-war Brazil
posição [pozi'sãw] (pl **-ões**) F position; (social) standing, status; (de esportista no mundo) ranking; **tomar uma ~** to take a stand
posicionar [pozisjo'nar] VT to position; **posicionar-se** VR to position o.s.; (tomar atitude) to take a position
positivo, -a [pozi'tʃivu, a] ADJ positive ▶ M positive ▶ EXCL (col) yeah!, sure!
posologia [pozolo'ʒia] F dosage
pós-operatório, -a [-opera'tɔrju, a] ADJ post-operative
pospor [pos'por] (irreg: como **pôr**) VT to put after; (adiar) to postpone
possante [po'sãtʃi] ADJ powerful, strong; (carro) flashy
posse ['pɔsi] F possession, ownership; (investidura) swearing in; **posses** FPL (pertences) possessions, belongings; **tomar ~** to take office; **tomar ~ de** to take possession of; **cerimônia de ~** swearing in ceremony; **pessoa de ~s** person of means; **viver de acordo com suas ~s** to live according to one's means
posseiro, -a [po'sejru, a] ADJ leaseholding ▶ M/F leaseholder
possessão [pose'sãw] F possession
possessivo, -a [pose'sivu, a] ADJ possessive
possesso, -a [po'sɛsu, a] ADJ possessed; (furioso) furious
possibilidade [posibili'dadʒi] F possibility; (oportunidade) chance; **possibilidades** FPL (recursos) means
possibilitar [posibili'tar] VT to make possible, permit
possível [po'sivew] (pl **-eis**) ADJ possible; **fazer todo o ~** to do one's best; **não é ~!** (col) you're joking!
posso etc ['posu] VB ver **poder**
possuidor, a [poswi'dor(a)] M/F (de casa, livro etc) owner; (de dinheiro, talento etc) possessor; **ser ~ de** to be the owner/possessor of
possuir [po'swir] VT (casa, livro etc) to own; (dinheiro, talento) to possess; (dominar) to possess, grip; (sexualmente) to take, have
post [post] (pl **-s**) M (Comput) post
posta ['pɔsta] F (pedaço) piece, slice
postal [pos'taw] (pl **-ais**) ADJ postal ▶ M postcard
postar [pos'tar] VT to place, post; (Comput) to post; **postar-se** VR to position o.s.
posta-restante (pl **postas-restantes**) F poste-restante (BRIT), general delivery (US)
poste ['pɔstʃi] M pole, post
pôster ['poster] M poster
postergar [poster'gar] VT (adiar) to postpone; (amigos) to pass over; (interesse pessoal) to set ou put aside; (lei, norma) to disregard
posteridade [posteri'dadʒi] F posterity
posterior [poste'rjor] ADJ (mais tarde) subsequent, later; (traseiro) rear, back ▶ M (col) posterior, bottom
posteriormente [posterjor'mẽtʃi] ADV later, subsequently
postiço, -a [pos'tʃisu, a] ADJ false, artificial
postigo [pos'tʃigu] M (em porta) peephole
posto, -a ['postu, 'pɔsta] PP de **pôr** ▶ M post, position; (emprego) job; (de diplomata: local) posting; **~ de comando** command post; **~ de gasolina** service ou petrol station; **~ que** although; **a ~s** at action stations; **~ do corpo de bombeiros** fire station; **~ de saúde** health centre ou center
posto-chave (pl **postos-chave(s)**) M key post
postulado [postu'ladu] M postulate, assumption
postulante [postu'lãtʃi] M/F petitioner; (candidato) candidate
postular [postu'lar] VT (pedir) to request; (teoria) to postulate
póstumo, -a ['postumu, a] ADJ posthumous
postura [pos'tura] F (posição) posture, position; (aspecto físico) appearance; (fig) posture
posudo, -a [po'zudu, a] ADJ poseurish

potassa [po'tasa] F potash
potássio [po'tasju] M potassium
potável [po'tavew] (*pl* **-eis**) ADJ drinkable; **água ~** drinking water
pote ['pɔtʃi] M jug, pitcher; (*de geleia*) jar; (*de creme*) pot; **chover a ~s** (PT) to rain cats and dogs; **dinheiro aos ~s** (*fig*) pots of money
potência [po'tẽsja] F power; (*força*) strength; (*nação*) power; (*virilidade*) potency
potencial [potẽ'sjaw] (*pl* **-ais**) ADJ potential, latent ▶ M potential; **riquezas** *etc* **em ~** potential wealth *etc*
potentado [potẽ'tadu] M potentate
potente [po'tẽtʃi] ADJ powerful, potent
pot-pourri [popu'hi] M (*Mús*) medley; (*fig*) pot-pourri
potro, -a ['potru, a] M/F (*cavalo*) colt/filly, foal
pouca-vergonha (*pl* **poucas-vergonhas**) F (*ato*) shameful act, disgrace; (*falta de vergonha*) shamelessness

[PALAVRA-CHAVE]

pouco, -a ['poku, a] ADJ **1** (*sg*) little, not much; **pouco tempo** little *ou* not much time; **de pouco interesse** of little interest, not very interesting; **pouca coisa** not much
2 (*pl*) few, not many; **uns poucos** a few, some; **poucas vezes** rarely; **poucas crianças comem o que devem** few children eat what they should
▶ ADV **1** little, not much; **custa pouco** it doesn't cost much; **dentro em pouco, daqui a pouco** shortly; **pouco antes** shortly before
2 (*+ adj: negativo*) **ela é pouco inteligente/simpática** she's not very bright/friendly
3: **por pouco eu não morri** I almost died
4: **pouco a pouco** little by little
5: **aos poucos** gradually
▶ M: **um pouco** a little, a bit; **nem um pouco** not at all

pouco-caso M scorn
poupador, a [popa'dor(a)] ADJ thrifty
poupança [po'pãsa] F thrift; (*economias*) savings *pl*; (*tb*: **caderneta de poupança**) savings bank
poupar [po'par] VT to save; (*vida*) to spare; **~ alguém** (*de sofrimentos*) to spare sb; **~ algo a alguém**, **~ alguém de algo** (*trabalho etc*) to save sb sth; (*aborrecimentos*) to spare sb sth
pouquinho [po'kiɲu] M: **um ~ (de)** a little
pouquíssimo, -a [po'kisimu, a] ADJ, ADV SUPERL *de* **pouco**
pousada [po'zada] F (*hospedagem*) lodging; (*hospedaria*) inn
pousar [po'zar] VT to place; (*mão*) to rest, place ▶ VI (*avião, pássaro*) to land; (*pernoitar*) to spend the night
pouso ['pozu] M landing; (*lugar*) resting place
povão [po'vãw] M ordinary people *pl*
povaréu [pova'rɛw] M crowd of people
povo ['povu] M people; (*raça*) people *pl*, race; (*plebe*) common people *pl*; (*multidão*) crowd
povoação [povwa'sãw] (*pl* **-ões**) F (*aldeia*) village, settlement; (*habitantes*) population; (*ato de povoar*) settlement, colonization
povoado [po'vwadu] M village
povoamento [povwa'mẽtu] M settlement
povoar [po'vwar] VT (*de habitantes*) to people, populate; (*de animais etc*) to stock
poxa ['poʃa] EXCL gosh!
PP ABR (*Com: de ações*) = **preferencial ao portador**
PPB ABR M = **Partido do Povo Brasileiro**
PR (BR) ABR = **Paraná** ▶ ABR F = **polícia rodoviária**
pra [pra] (*col*) PREP = **para a**; *ver* **para**
praça ['prasa] F (*largo*) square; (*mercado*) marketplace; (*soldado*) soldier; (*cidade*) town ▶ M (*Mil*) private; (*polícia*) constable; **sentar ~** to enlist; **~ de touros** bullring; **~ forte** stronghold
praça-d'armas (*pl* **praças-d'armas**) M officers' mess
pracinha [pra'siɲa] M GI
prado ['pradu] M meadow, grassland; (BR: *hipódromo*) racecourse
pra-frente (*col*) ADJ INV trendy
prafrentex [prafrẽ'tɛks] (*col*) ADJ INV trendy
Praga ['praga] N Prague
praga ['praga] F (*coisa, pessoa importuna*) nuisance; (*maldição*) curse; (*desgraça*) misfortune; (*erva daninha*) weed; **rogar ~ a alguém** to curse sb
pragmático, -a [prag'matʃiku, a] ADJ (*prático*) pragmatic
pragmatismo [pragma'tʃizmu] M pragmatism
pragmatista [pragma'tʃista] ADJ, M/F pragmatist
praguejar [prage'ʒar] VT, VI to curse
praia ['praja] F beach, seashore
pralina [pra'lina] F praline
prancha ['prãʃa] F plank; (*Náut*) gangplank; (*de surfe*) board
prancheta [prã'ʃeta] F (*mesa*) drawing board
prantear [prã'tʃjar] VT to mourn ▶ VI to weep
pranto ['prãtu] M weeping; **debulhar-se em ~** to weep bitterly
Prata ['prata] F: **o rio da ~** the River Plate
prata ['prata] F silver; (*col: cruzeiro*) ≈ quid (BRIT), ≈ buck (US); **de ~** silver *atr*; **~ de lei** sterling silver
prataria [prata'ria] F silverware; (*pratos*) crockery
pratarrão [prata'hãw] (*pl* **-ões**) M large plate
prateado, -a [pra'tʃjadu, a] ADJ silver-plated; (*brilhante*) silvery; (*cor*) silver ▶ M (*cor*) silver; (*de um objeto*) silver-plating; **papel ~** silver paper
pratear [pra'tʃjar] VT to silver-plate; (*fig*) to turn silver
prateleira [prate'lejra] F shelf
prática ['pratʃika] F (*ato de praticar*) practice; (*experiência*) experience, know-how; (*costume*) habit, custom; **na ~** in practice; **pôr em ~**

to put into practice; **aprender com a ~** to learn with practice; *ver tb* **prático**
praticagem [pratʃi'kaʒē] F (*Náut*) pilotage
praticante [pratʃi'kãtʃi] ADJ practising (BRIT), practicing (US) ▶ M/F apprentice; (*de esporte*) practitioner
praticar [pratʃi'kar] VT to practise (BRIT), practice (US); (*profissão, medicina*) to practise *ou* practice; (*roubo, operação*) to carry out
praticável [pratʃi'kavew] (*pl* **-eis**) ADJ practical, feasible
prático, -a ['pratʃiku, a] ADJ practical ▶ M/F expert ▶ M (*Náut*) pilot
prato ['pratu] M (*louça*) plate; (*comida*) dish; (*de uma refeição*) course; (*de toca-discos*) turntable; **pratos** MPL (*Mús*) cymbals; **~ raso/fundo/de sobremesa** dinner/soup/dessert plate; **~ do dia** dish of the day; **cuspir no ~ em que comeu** (*fig*) to bite the hand that feeds one; **pôr algo em ~s limpos** to get to the bottom of sth; **~ de resistência** pièce de résistance
praxe ['praʃi] F custom, usage; **de ~** usually; **ser de ~** to be the norm

> Student life in Portugal follows the traditions set out in a written set of rules known as the 'código da **praxe**'. It begins in freshers' week, where freshers are jeered at by their seniors, and are subjected to a number of humiliating practical jokes, such as having their hair cut against their will and being made to walk around town in fancy dress.

prazenteiro, -a [prazē'tejru, a] ADJ cheerful, pleasant
prazer [pra'zer] M pleasure ▶ VI: **~ a alguém** to please sb; **muito ~ em conhecê-lo** pleased to meet you
prazeroso, -a [praze'rozu, ɔza] ADJ (*pessoa*) pleased; (*viagem*) pleasurable
prazo ['prazu] M term, period; (*vencimento*) expiry date, time limit; **a curto/médio/longo ~** in the short/medium/long term; **comprar a ~** to buy on hire purchase (BRIT) *ou* on the installment plan (US); **último ~** *ou* **~ final** deadline
pré- [prɛ-] PREFIXO pre-
preamar [prea'mar] (BR) F high tide water
preâmbulo [pre'ãbulu] M preamble, introduction; **sem mais ~s** without further ado
preaquecer [prjake'ser] VT to preheat
pré-aviso M (*prior*) notice
precário, -a [pre'karju, a] ADJ precarious, insecure; (*escasso*) failing; (*estado de saúde*) delicate
precatado, -a [preka'tadu, a] ADJ cautious
precatar-se [preka'tarsi] VR to take precautions; **~ contra** to be wary of; **precate-se para o pior** prepare yourself for the worst
precatória [preka'tɔrja] F (*Jur*) writ, prerogative order

precaução [prekaw'sãw] (*pl* **-ões**) F precaution
precaver-se [preka'versi] VR: **~ (contra** *ou* **de)** to be on one's guard (against); **~ para algo/fazer algo** to prepare o.s. for sth/be prepared to do sth
precavido, -a [preka'vidu, a] ADJ cautious
prece ['prɛsi] F prayer; (*súplica*) entreaty
precedência [prese'dẽsja] F precedence; **ter ~ sobre** to take precedence over
precedente [prese'dẽtʃi] ADJ preceding ▶ M precedent; **sem ~(s)** unprecedented
preceder [prese'der] VT, VI to precede; **~ a algo** to precede sth; (*ter primazia*) to take precedence over sth
preceito [pre'sejtu] M precept, ruling
preceituar [presej'twar] VT to set down, prescribe
preceptor [presep'tor] M mentor
preciosidade [presjozi'dadʒi] F (*qualidade*) preciousness; (*coisa*) treasure
preciosismo [presjo'zizmu] M preciosity
precioso, -a [pre'sjozu, ɔza] ADJ precious; (*de grande importância*) invaluable
precipício [presi'pisju] M precipice; (*fig*) abyss
precipitação [presipita'sãw] F haste; (*imprudência*) rashness
precipitado, -a [presipi'tadu, a] ADJ hasty; (*imprudente*) rash
precipitar [presipi'tar] VT (*atirar*) to hurl; (*acontecimentos*) to precipitate ▶ VI (*Quím*) to precipitate; **precipitar-se** VR (*atirar-se*) to hurl o.s.; (*contra, para*) to rush; (*agir com precipitação*) to be rash, act rashly; **~ alguém/~-se em** (*situação*) to plunge sb/be plunged into; (*aventuras, perigos*) to sweep sb/be swept into
precisa, -a [presi'zadu, a] ADJ needy, in need
precisamente [preciza'mētʃi] ADV precisely
precisão [presi'zãw] F (*exatidão*) precision, accuracy; **ter ~ de** to need
precisar [presi'zar] VT to need; (*especificar*) to specify ▶ VI to be in need; **precisar-se** VR: **"precisa-se"** "needed"; **~ de** to need; **não precisa você se preocupar** you needn't worry; **precisa de um passaporte** a passport is necessary *ou* needed; **preciso ir** I have to go; **~ que alguém faça** to need sb to do
preciso, -a [pre'sizu, a] ADJ (*exato*) precise, accurate; (*necessário*) necessary; (*claro*) concise; **é ~ você ir** you must go
preclaro, -a [pre'klaru, a] ADJ famous, illustrious
preço ['presu] M price; (*custo*) cost; (*valor*) value; **por qualquer ~** at any price; **a ~ de banana** (BR) *ou* **de chuva** (PT) dirt cheap; **não ter ~** (*fig*) to be priceless; **~ por atacado/a varejo** wholesale/retail price; **~ de custo** cost price; **~ de venda** sale price; **~ de fábrica/de revendedor** factory/trade

price; **~ à vista** cash price; (*de commodities*) spot price; **~ pedido** asking price
precoce [pre'kɔsi] ADJ precocious; (*antecipado*) early; (*calvície*) premature
precocidade [prekosi'dadʒi] F precociousness
preconcebido, -a [prekõse'bidu, a] ADJ preconceived
preconceito [prekõ'sejtu] M prejudice
preconizar [prekoni'zar] VT to extol; (*aconselhar*) to advocate
precursor, a [prekur'sor(a)] M/F (*predecessor*) precursor, forerunner; (*mensageiro*) herald
predador [preda'dor] M predator
pré-datado, -a [-da'tadu, a] ADJ predated
pré-datar VT to predate
predatório, -a [preda'tɔrju, a] ADJ predatory
predecessor [predese'sor] M predecessor
predestinado, -a [predestʃi'nadu, a] ADJ predestined
predestinar [predestʃi'nar] VT to predestine
predeterminado, -a [predetermi'nadu, a] ADJ predetermined
predeterminar [predetermi'nar] VT to predetermine
predial [pre'dʒjaw] (*pl* **-ais**) ADJ property *atr*, real-estate *atr*; **imposto ~** domestic rates
prédica ['predʒika] F sermon
predicado [predʒi'kadu] M predicate
predição [predʒi'sãw] (*pl* **-ões**) F prediction, forecast
predigo *etc* [pre'dʒigu] VB *ver* **predizer**
predileção [predʒile'sãw] (*pl* **-ões**) F preference, predilection
predileto, -a [predʒi'lɛtu, a] ADJ favourite (BRIT), favorite (US)
prédio ['predʒju] M building; **~ de apartamentos** block of flats (BRIT), apartment house (US)
predispor [predʒis'por] (*irreg: como* **pôr**) VT: **~ alguém contra** to prejudice sb against; **predispor-se** VR: **~-se a/para** to get o.s. in the mood to/for; **a natação me predispõe para o trabalho** swimming puts me in the mood for work; **a notícia os predispôs para futuros problemas** the news prepared them for future problems
predisposição [predʒispozi'sãw] F predisposition
predisposto, -a [predʒis'postu, 'pɔsta] PP *de* **predispor** ▶ ADJ predisposed
predispunha *etc* [predʒis'puɲa] VB *ver* **predispor**
predispus *etc* [predʒis'pus] VB *ver* **predispor**
predispuser *etc* [predʒispu'zer] VB *ver* **predispor**
predizer [predʒi'zer] (*irreg: como* **dizer**) VT to predict, forecast
predominância [predomi'nãsja] F predominance, prevalence
predominante [predomi'nãtʃi] ADJ predominant
predominar [predomi'nar] VI to predominate, prevail

predomínio [predo'minju] M predominance, supremacy
pré-eleitoral (*pl* **-ais**) ADJ pre-election
preeminência [preemi'nẽsja] F pre-eminence, superiority
preeminente [preemi'nẽtʃi] ADJ pre-eminent, superior
preencher [preẽ'ʃer] VT (*formulário*) to fill in (BRIT) *ou* out, complete; (*requisitos*) to fulfil (BRIT), fulfill (US), meet; (*espaço, vaga, tempo, cargo*) to fill; **~ à máquina** (*formulário*) to complete on a typewriter
preenchimento [preẽʃi'mẽtu] M completion; (*de requisitos*) meeting; (*de vaga*) filling
pré-escolar ADJ pre-school
preestabelecer [preestabele'ser] VT to prearrange
pré-estreia F preview
preexistir [preezis'tʃir] VI to preexist; **~ a algo** to exist before sth
pré-fabricado, -a [-fabri'kadu, a] ADJ prefabricated
prefaciar [prefa'sjar] VT to preface
prefácio [pre'fasju] M preface
prefeito, -a [pre'fejtu, a] M/F mayor
prefeitura [prefej'tura] F town hall
preferência [prefe'rẽsja] F preference; (*Auto*) priority; **de ~** preferably; **ter ~ por** to have a preference for
preferencial [preferẽ'sjaw] (*pl* **-ais**) ADJ (*rua*) main; (*ação*) preference *atr* ▶ F main road (*with priority*)
preferido, -a [prefe'ridu, a] ADJ favourite (BRIT), favorite (US)
preferir [prefe'rir] VT to prefer; **~ algo a algo** to prefer sth to sth
preferível [prefe'rivew] (*pl* **-eis**) ADJ: **~ (a)** preferable (to)
prefigurar [prefigu'rar] VT to prefigure
prefiro *etc* [pre'firu] VB *ver* **preferir**
prefixo [pre'fiksu] M (*Ling*) prefix; (*Tel*) code
prega ['prega] F pleat, fold
pregado, -a [pre'gadu, a] ADJ exhausted
pregador [prega'dor] M preacher; (*de roupa*) peg
pregão [pre'gãw] (*pl* **-ões**) M proclamation, cry; **o ~** (*na Bolsa*) trading; (*em leilão*) bidding
pregar¹ [pre'gar] VT (*sermão*) to preach; (*anunciar*) to proclaim; (*ideias, virtude*) to advocate ▶ VI to preach
pregar² [pre'gar] VT (*com prego*) to nail; (*fixar*) to pin, fasten; (*cosendo*) to sew on ▶ VI to give out; **~ uma peça** to play a trick; **~ os olhos em** to fix one's eyes on; **não ~ olho** not to sleep a wink; **~ mentiras em alguém** to fob sb off with lies; **~ um susto em alguém** to give sb a fright
prego ['prɛgu] M nail; (*col: casa de penhor*) pawn shop; **dar o ~** (*pessoa, carro*) to give out; **pôr algo no ~** to pawn sth; **não meter ~ sem estopa** (*fig*) to be out for one's own advantage
pregões [pre'gõjs] MPL *de* **pregão**

pré-gravado, -a [-gra'vadu, a] ADJ prerecorded
pregresso, -a [pre'grɛsu, a] ADJ past, previous
preguear [pre'gjar] VT to pleat, fold
preguiça [pre'gisa] F laziness; *(animal)* sloth; **estar com ~** to feel lazy; **estou com ~ de cozinhar** I can't be bothered to cook
preguiçar [pregi'sar] VI to laze around
preguiçoso, -a [pregi'sozu, ɔza] ADJ lazy ▶ M/F lazybones
pré-história F prehistory
pré-histórico, -a ADJ prehistoric
preia ['prɛja] F prey
preia-mar (PT) F high tide
preito ['prejtu] M homage, tribute; **render ~ a** to pay homage to
prejudicar [preʒudʒi'kar] VT to damage; *(atrapalhar)* to hinder; **prejudicar-se** VR *(pessoa)* to do o.s. no favours (BRIT) *ou* favors (US)
prejudicial [preʒudʒi'sjaw] *(pl* **-ais)** ADJ damaging; *(à saúde)* harmful
prejuízo [pre'ʒwizu] M *(dano)* damage, harm; *(em dinheiro)* loss; **com ~** *(Com)* at a loss; **em ~ de** to the detriment of
prejulgar [preʒuw'gar] VT to prejudge
prelado [pre'ladu] M prelate
preleção [prele'sãw] *(pl* **-ões)** F lecture
preliminar [prelimi'nar] ADJ preliminary ▶ F *(partida)* preliminary ▶ M *(condição)* preliminary; **preliminares** FPL foreplay
prelo ['prɛlu] M (printing) press; **no ~** in the press
prelúdio [pre'ludʒju] M prelude
prematuro, -a [prema'turu, a] ADJ premature
premeditação [premedʒita'sãw] F premeditation
premeditado, -a [premedʒi'tadu, a] ADJ premeditated
premeditar [premedʒi'tar] VT to premeditate
premência [pre'mẽsja] F urgency, pressing nature
pré-menstrual *(pl* **-ais)** ADJ premenstrual
premente [pre'mẽtʃi] ADJ pressing
premer [pre'mer] VT to press
premiado, -a [pre'mjadu, a] ADJ prize-winning; *(bilhete)* winning ▶ M/F prize-winner
premiar [pre'mjar] VT to award a prize to; *(recompensar)* to reward
premiê [pre'mje] M *(Pol)* premier
premier [pre'mje] M = **premiê**
prêmio ['premju] M prize; *(recompensa)* reward; *(Seguros)* premium; **Grande P~** Grand Prix; **~ de consolação** consolation prize
premir [pre'mir] VT = **premer**
premissa [pre'misa] F premise
pré-moldado, -a [-mow'dadu, a] ADJ precast ▶ M breeze block
premonição [premoni'sãw] *(pl* **-ões)** F premonition

717 | **pré-gravado – preposto**

premonitório, -a [premoni'tɔrju, a] ADJ premonitory
pré-natal [prɛ-] *(pl* **-ais)** ADJ antenatal (BRIT), prenatal (US)
prenda ['prẽda] F gift, present; *(em jogo)* forfeit; **prendas** FPL *(aptidões)* talents; **~s domésticas** housework *sg*
prendado, -a [prẽ'dadu, a] ADJ gifted, talented; *(homem: em afazeres domésticos)* domesticated
prendedor [prẽde'dor] M fastener; *(de cabelo, gravata)* clip; **~ de roupa** clothes peg; **~ de papéis** paper clip
prender [prẽ'der] VT *(pregar)* to fasten, fix; *(roupa)* to pin; *(cabelo)* to tie back; *(capturar)* to arrest; *(atar, ligar)* to tie; *(atenção)* to catch; *(afetivamente)* to tie, bind; *(reter: doença, compromisso)* to keep; *(movimentos)* to restrict; **prender-se** VR to get caught, stick; **~-se a alguém** *(por amizade)* to be attached to sb; *(casar-se)* to tie o.s. down to sb; **~-se a algo** *(detalhes, maus hábitos)* to get caught up in sth; **~-se com algo** to be connected with sth
prenhe ['prẽɲi] ADJ pregnant
prenhez [pre'ɲez] F pregnancy
prenome [pre'nɔmi] M first name, Christian name
prensa ['prẽsa] F *(ger)* press
prensar [prẽ'sar] VT to press, compress; *(fruta)* to squeeze; *(uvas)* to press; **~ alguém contra a parede** to push sb up against the wall
prenunciar [prenũ'sjar] VT to predict, foretell; **as nuvens prenunciam chuva** the clouds suggest rain
prenúncio [pre'nũsju] M forewarning, sign
preocupação [preokupa'sãw] *(pl* **-ões)** F *(ideia fixa)* preoccupation; *(inquietação)* worry, concern
preocupante [preoku'pãtʃi] ADJ worrying
preocupar [preoku'par] VT *(absorver)* to preoccupy; *(inquietar)* to worry; **preocupar-se** VR: **~-se com** to worry about, be worried about
preparação [prepara'sãw] *(pl* **-ões)** F preparation
preparado [prepa'radu] M preparation
preparar [prepa'rar] VT to prepare; **preparar-se** VR to get ready; **~-se para algo/para fazer** to prepare for sth/to do
preparativos [prepara'tʃivus] MPL preparations, arrangements
preparo [pre'paru] M preparation; *(instrução)* ability; **~ físico** physical fitness
preponderância [prepõde'rãsja] F preponderance, predominance
preponderante [prepõde'rãtʃi] ADJ predominant
preponderar [prepõde'rar] VI: **~ (sobre)** to prevail (over)
preposição [prepozi'sãw] *(pl* **-ões)** F preposition
preposto, -a [pre'postu, 'pɔsta] M/F person in charge; *(representante)* representative

prepotência [prepo'tẽsja] F superiority; *(despotismo)* absolutism
prepotente [prepo'tẽtʃi] ADJ *(poderoso)* predominant; *(despótico)* despotic; *(atitude)* overbearing
prerrogativa [prehoga'tʃiva] F prerogative, privilege
presa ['preza] F *(na guerra)* spoils *pl*; *(vítima)* prey; *(dente de animal)* fang
presbiteriano, -a [prezbite'rjanu, a] ADJ, M/F Presbyterian
presbitério [prezbi'tɛrju] M presbytery
presciência [pre'sjẽsja] F foreknowledge, foresight
presciente [pre'sjẽtʃi] ADJ far-sighted, prescient
prescindir [presĩ'dʒir] VI: ~ **de algo** to do without sth
prescindível [presĩ'dʒivew] *(pl* **-eis)** ADJ dispensable
prescrever [preskre'ver] VT to prescribe; *(prazo)* to set ▶ VI *(Jur: crime, direito)* to lapse; *(cair em desuso)* to fall into disuse
prescrição [preskri'sãw] *(pl* **-ões)** F order, rule; *(Med)* instruction; (*: de um remédio*) prescription; *(Jur)* lapse
prescrito, -a [pres'kritu, a] PP *de* **prescrever**
presença [pre'zẽsa] F presence; *(frequência)* attendance; ~ **de espírito** presence of mind; **ter boa** ~ to be presentable; **na** ~ **de** in the presence of
presenciar [prezẽ'sjar] VT to be present at; *(testemunhar)* to witness
presente [pre'zẽtʃi] ADJ present; *(fig: interessado)* attentive; (: *evidente)* clear, obvious ▶ M present ▶ F *(Com: carta):* **a** ~ this letter; **os presentes** MPL *(pessoas)* those present; **ter algo** ~ to bear sth in mind; **dar/ganhar de** ~ to give/get as a present; ~ **de grego** undesirable gift, mixed blessing; **anexamos à** ~ we enclose herewith; **pela** ~ hereby
presentear [prezẽ'tʃjar] VT: ~ **alguém (com algo)** to give sb (sth as) a present
presentemente [prezẽtʃe'mẽtʃi] ADV at present
presepada [preze'pada] F *(fanfarrice)* boasting; *(atitude, espetáculo ridículo)* joke
presépio [pre'zɛpju] M Nativity scene, crib
preservação [prezerva'sãw] F preservation
preservar [prezer'var] VT to preserve, protect
preservativo [prezerva'tʃivu] M preservative; *(anticoncepcional)* condom
presidência [prezi'dẽsja] F *(de um país)* presidency; *(de uma assembleia)* chair, presidency; **assumir a** ~ *(Pol)* to become president
presidencial [prezidẽ'sjaw] *(pl* **-ais)** ADJ presidential
presidencialismo [prezidẽsja'lizmu] M presidential system
presidenciável [prezidẽ'sjavew] *(pl* **-eis)** ADJ eligible for the presidency ▶ M/F presidential candidate
presidente, -a [prezi'dẽtʃi, ta] M/F *(de um país)* president; *(de uma assembleia, Com)* chair, president; **o P~ da República** the President (of Brazil)
presidiário, -a [prezi'dʒjarju, a] M/F convict
presídio [pre'zidʒju] M prison
presidir [prezi'dʒir] VT, VI: ~ **(a)** to preside over; *(reunião)* to chair; *(suj: leis, critérios)* to govern
presilha [pre'ziʎa] F fastener; *(para o cabelo)* slide
preso, -a ['prezu, a] ADJ *(em prisão)* imprisoned; *(capturado)* under arrest, captured; *(atado)* bound, tied; *(moralmente)* bound ▶ M/F prisoner; **ficar ~ a detalhes** to get bogged down in detail(s); **ficar ~ em casa** *(com filhos pequenos etc)* to be stuck at home; **estar ~ a alguém** to be attached to sb; **você está ~!** you're under arrest!; **com a greve dos ônibus, fiquei ~ na cidade** with the bus strike I got stuck in town
pressa ['presa] F haste, hurry; *(rapidez)* speed; *(urgência)* urgency; **às ~s** hurriedly; **estar com** ~ to be in a hurry; **sem** ~ unhurriedly; **não tem** ~ there's no hurry; **ter ~ de** *ou* **em fazer** to be in a hurry to do
pressagiar [presa'ʒjar] VT to foretell, presage
presságio [pre'saʒu] M omen, sign; *(pressentimento)* premonition
pressago, -a [pre'sagu, a] ADJ *(comentário)* portentous
pressão [pre'sãw] *(pl* **-ões)** F pressure; **(colchete de)** ~ press stud, popper; **fazer ~ (sobre alguém/algo)** to put pressure on (sb/sth); ~ **arterial** *ou* **sanguínea** blood pressure
pressentimento [presẽtʃi'mẽtu] M premonition, presentiment
pressentir [presẽ'tʃir] VT *(pressagiar)* to foresee; *(suspeitar)* to sense; *(inimigo)* to preempt
pressionar [presjo'nar] VT *(botão)* to press; *(coagir)* to pressure ▶ VI to press, put on pressure
pressões [pre'sõjs] FPL *de* **pressão**
pressupor [presu'por] *(irreg: como* **pôr)** VT to presuppose
pressuposto, -a [presu'postu, 'posta] PP *de* **pressupor** ▶ M *(conjetura)* presupposition
pressupunha *etc* [presu'puɲa] VB *ver* **pressupor**
pressupus *etc* [presu'pus] VB *ver* **pressupor**
pressupuser *etc* [presu'puzer] VB *ver* **pressupor**
pressurização [presuriza'sãw] F pressurization
pressurizado, -a [presuri'zadu, a] ADJ pressurized
pressuroso, -a [presu'rozu, ɔza] ADJ *(apressado)* hurried, in a hurry; *(zeloso)* keen, eager
prestação [presta'sãw] *(pl* **-ões)** F instalment (BRIT), installment (US); *(por uma casa)* repayment; **à ~, a prestações** in instal(l)ments; ~ **de contas/serviços** accounts/services rendered

prestamente [prɛsta'mẽtʃi] ADV promptly
prestamista [prɛsta'mista] M/F moneylender; *(comprador)* person paying hire purchase (BRIT) *ou* on the installment plan (US)
prestar [pres'tar] VT *(cuidados)* to give; *(favores, serviços)* to do; *(contas)* to render; *(informações)* to supply; *(uma qualidade a algo)* to lend ▶ VI: **~ a alguém para algo** to be of use to sb for sth; **prestar-se** VR: **~-se a** *(servir)* to be suitable for; *(admitir)* to lend o.s. to; *(dispor-se)* to be willing to; **~ atenção** to pay attention; **~ juramento** to take an oath; **isto não presta para nada** it's absolutely useless; **ele não presta** he's good for nothing; **~ homenagem/culto a** to pay tribute to/worship
prestativo, -a [prɛsta'tʃivu, a] ADJ helpful, obliging
prestável [prɛs'tavew] *(pl* **-eis**) ADJ serviceable
prestes ['prɛstʃis] ADJ INV *(pronto)* ready; *(a ponto de)*: **~ a partir** about to leave
presteza [prɛs'teza] F *(prontidão)* promptness; *(rapidez)* speed; **com ~** promptly
prestidigitação [prɛstʃidʒiʒita'sãw] F sleight of hand, conjuring, magic tricks *pl*
prestidigitador [prɛstʃidʒiʒita'dor] M conjurer, magician
prestigiar [prɛstʃi'ʒar] VT to give prestige to
prestígio [prɛs'tʃiʒu] M prestige
prestigioso, -a [prɛstʃi'ʒozu, ɔza] ADJ prestigious, eminent
préstimo ['prɛstʃimu] M use, usefulness; **préstimos** MPL *(obséquios)* favours (BRIT), favors (US), services; **sem ~** useless, worthless
presto, -a ['prɛstu, a] ADJ swift
presumido, -a [prezu'midu, a] ADJ vain, self-important
presumir [prezu'mir] VT to presume
presunção [prezũ'sãw] *(pl* **-ões**) F *(suposição)* presumption; *(vaidade)* conceit, self-importance
presunçoso, -a [prezũ'sozu, ɔza] ADJ vain, self-important
presunto [pre'zũtu] M ham; *(col: cadáver)* stiff
pret-à-porter [prɛtapor'te] ADJ INV ready to wear
pretendente [pretẽ'dẽtʃi] M/F claimant; *(candidato)* candidate, applicant ▶ M *(de uma mulher)* suitor
pretender [pretẽ'der] VT to claim; *(cargo, emprego)* to go for; **~ fazer** to intend to do
pretensamente [pretẽsa'mẽtʃi] ADV supposedly
pretensão [pretẽ'sãw] *(pl* **-ões**) F *(reivindicação)* claim; *(vaidade)* pretension; *(propósito)* aim; *(aspiração)* aspiration; **pretensões** FPL *(presunção)* pretentiousness
pretensioso, -a [pretẽ'sjozu, ɔza] ADJ pretentious
pretenso, -a [pre'tẽsu, a] ADJ alleged, supposed

pretensões [pretẽ'sõjs] FPL *de* **pretensão**
preterir [prete'rir] VT *(desprezar)* to ignore; *(deixar de promover)* to pass over; *(ocupar cargo de)* to displace; *(ser usado em lugar de)* to usurp; *(omitir)* to disregard
pretérito [pre'tɛritu] M *(Ling)* preterite
pretextar [pretes'tar] VT to give as an excuse
pretexto [pre'testu] M pretext, excuse; **a ~ de** on the pretext of
preto, -a ['prɛtu, a] ADJ black; **pôr o ~ no branco** to put it down in writing
preto e branco ADJ INV *(filme, TV)* black and white
pretume [pre'tumi] M blackness
prevalecente [prevale'sẽtʃi] ADJ prevalent
prevalecer [prevale'ser] VI to prevail; **prevalecer-se** VR: **~-se de** *(aproveitar-se)* to take advantage of; **~ sobre** to outweigh
prevaricar [prevari'kar] VI *(faltar ao dever)* to fail in one's duty; *(proceder mal)* to behave badly; *(cometer adultério)* to commit adultery
prevê *etc* [pre've] VB *ver* **prever**
prevejo *etc* [pre'veʒu] VB *ver* **prever**
prevenção [prevẽ'sãw] *(pl* **-ões**) F *(ato de evitar)* prevention; *(preconceito)* prejudice; *(cautela)* caution; **estar de ~ com** *ou* **contra alguém** to be bias(s)ed against sb
prevenido, -a [preve'nidu, a] ADJ *(cauteloso)* cautious, wary; *(avisado)* forewarned; **estar ~** *(com dinheiro)* to have cash on one
prevenir [preve'nir] VT *(evitar)* to prevent; *(avisar)* to warn; *(preparar)* to prepare; **prevenir-se** VR: **~-se contra** *(acautelar-se)* to be wary of; **~-se de** *(equipar-se)* to equip o.s. with; **~-se para** to prepare (o.s.) for
preventivo, -a [prevẽ'tʃivu, a] ADJ preventive
prever [pre'ver] *(irreg: como* **ver**) VT to predict, foresee; *(pressupor)* to presuppose
pré-vestibular [-vestʃibu'lar] ADJ *(curso)* preparing for university entry ▶ M preparation for university entry
previa *etc* [pre'via] VB *ver* **prever**
prévia ['prɛvja] F opinion poll
previamente [prevja'mẽtʃi] ADV previously
previdência [previ'dẽsja] F *(previsão)* foresight; *(precaução)* precaution; **~ social** social welfare; *(instituição)* ≈ DSS (BRIT), ≈ Welfare Department (US)
previdente [previ'dẽtʃi] ADJ: **ser ~** to show foresight
previno *etc* [pre'vinu] VB *ver* **prevenir**
prévio, -a ['prɛvju, a] ADJ prior; *(preliminar)* preliminary
previr *etc* [pre'vir] VB *ver* **prever**
previsão [previ'zãw] *(pl* **-ões**) F *(antevisão)* foresight; *(prognóstico)* prediction, forecast; **~ do tempo** weather forecast
previsível [previ'zivew] *(pl* **-eis**) ADJ predictable
previsões [previ'zõjs] FPL *de* **previsão**
previsto, -a [pre'vistu, a] PP *de* **prever** ▶ ADJ predicted; *(na lei etc)* prescribed

prezado, -a [pre'zadu, a] ADJ esteemed; *(numa carta)* dear
prezar [pre'zar] VT *(amigos)* to value highly; *(autoridade)* to respect; *(gostar de)* to appreciate; **prezar-se** VR *(ter dignidade)* to have self-respect; **~-se de** *(orgulhar-se)* to pride o.s. on
primado [pri'madu] M *(primazia)* primacy
prima-dona *(pl* **prima-donas)** F leading lady
primar [pri'mar] VI to excel, stand out
primário, -a [pri'marju, a] ADJ primary; *(elementar)* basic, rudimentary; *(primitivo)* primitive ▶ M *(curso)* elementary education
primata [pri'mata] M *(Zool)* primate
primavera [prima'vɛra] F spring; *(planta)* primrose
primaveril [primave'riw] *(pl* **-is)** ADJ spring atr; *(pessoa)* youthful, young
primaz [pri'majz] M primate
primazia [prima'zia] F primacy; *(prioridade)* priority; *(superioridade)* superiority
primeira [pri'mejra] F *(Auto)* first (gear)
primeira-dama *(pl* **primeiras-damas)** F *(Pol)* first lady
primeiranista [primejra'nista] M/F first-year (student)
primeiro, -a [pri'mejru, a] ADJ first; *(fundamental)* prime ▶ ADV first; **de primeira** *(pessoa, restaurante)* first-class; *(carne)* prime; **viajar de primeira** to travel first class; **à primeira vista** at first sight; **em ~ lugar** first of all; **de ~** first; **primeira página** *(de jornal)* front page; **ele foi o ~ que disse isso** he was the first to say this
primeiro-time *(col)* ADJ INV top-notch, first-rate
primitivo, -a [primi'tʃivu, a] ADJ primitive; *(original)* original
primo, -a ['primu, a] M/F cousin; **~ irmão** first cousin; **~ em segundo grau** second cousin; **(número) ~** prime number
primogênito, -a [primo'ʒenitu, a] ADJ, M/F first-born
primor [pri'mor] M excellence, perfection; *(beleza)* beauty; **com ~** to perfection; **é um ~** it's perfect
primordial [primor'dʒaw] *(pl* **-ais)** ADJ *(primitivo)* primordial, primeval; *(principal)* principal, fundamental
primórdio [pri'mɔrdʒju] M origin
primoroso, -a [primo'rozu, ɔza] ADJ *(excelente)* excellent; *(belo)* exquisite
princesa [prĩ'seza] F princess
principado [prĩsi'padu] M principality
principal [prĩsi'paw] *(pl* **-ais)** ADJ principal; *(entrada, razão, rua)* main ▶ M *(chefe)* head, principal; *(essencial, de dívida)* principal ▶ F *(Ling)* main clause
príncipe ['prĩsipi] M prince
principiante [prĩsi'pjātʃi] M/F beginner
principiar [prĩsi'pjar] VT, VI to begin; **~ a fazer** to begin to do

princípio [prĩ'sipju] M *(começo)* beginning, start; *(origem)* origin; *(legal, moral)* principle; **princípios** MPL *(de matéria)* rudiments; **em ~** in principle; **no ~** in the beginning; **por ~** on principle; **do ~ ao fim** from beginning to end; **uma pessoa de ~s** a person of principle
prior [prjor] M *(sacerdote)* parish priest; *(de convento)* prior
prioridade [prjori'dadʒi] F priority; **ter ~ sobre** to have priority over
prioritário, -a [prjori'tarju, a] ADJ priority atr
prisão [pri'zãw] *(pl* **-ões)** F *(encarceramento)* imprisonment; *(cadeia)* prison, jail; *(detenção)* arrest; **ordem de ~** arrest warrant; **~ perpétua** life imprisonment; **~ preventiva** protective custody; **~ de ventre** constipation
prisioneiro, -a [prizjo'nejru, a] M/F prisoner
prisma ['prizma] M prism; **sob esse ~** *(fig)* in this light, from this angle
prisões [pri'zõjs] FPL *de* **prisão**
privação [priva'sãw] *(pl* **-ões)** F deprivation; **privações** FPL *(penúria)* hardship sg
privacidade [privasi'dadʒi] F privacy
privações [priva'sõjs] FPL *de* **privação**
privada [pri'vada] F toilet
privado, -a [pri'vadu, a] ADJ *(particular)* private; *(carente)* deprived
privar [pri'var] VT to deprive; **privar-se** VR: **~-se de algo** to deprive o.s. of sth, go without sth; **~ alguém de algo** to deprive sb of sth
privativo, -a [priva'tʃivu, a] ADJ *(particular)* private; **~ de** peculiar to
privatização [privatʃiza'sãw] *(pl* **-ões)** F privatization
privatizar [privatʃi'zar] VT to privatize
privilegiado, -a [privile'ʒjadu, a] ADJ privileged; *(excepcional)* unique, exceptional
privilegiar [privile'ʒjar] VT to privilege; *(favorecer)* to favour (BRIT), favor (US)
privilégio [privi'lɛʒu] M privilege
pro [pru] *(col)* = **para + o**
pró [prɔ] ADV for, in favour (BRIT) *ou* favor (US) ▶ M advantage; **os ~s e os contras** the pros and cons; **em ~ de** in favo(u)r of
pró- [prɔ] PREFIXO pro-; **~americano** pro-American
proa ['proa] F prow, bow
proativo, -a [proa'tʃivu, a] ADJ pro-active
probabilidade [probabili'dadʒi] F probability, likelihood; **probabilidades** FPL *(chances)* odds; **segundo todas as ~s** in all probability
probabilíssimo, -a [probabi'lisimu, a] ADJ SUPERL *de* **provável**
problema [prob'lema] M problem
problemática [proble'matʃika] F problematics sg; *(problemas)* problems pl
problemático, -a [proble'matʃiku, a] ADJ problematic
procedência [prose'dẽsja] F *(origem)* origin, source; *(lugar de saída)* point of departure

procedente [prose'dẽtʃi] ADJ (*oriundo*) derived, rising; (*lógico*) logical
proceder [prose'der] VI (*ir adiante*) to proceed; (*comportar-se*) to behave; (*agir*) to act; (*Jur*) to take legal action ▶ M conduct; **~ a** to carry out; **~ de** (*originar-se*) to originate from; (*descender*) to be descended from
procedimento [prosedʒi'mẽtu] M (*comportamento*) conduct, behaviour (BRIT), behavior (US); (*processo*) procedure; (*Jur*) proceedings *pl*
procela [pro'sɛla] F storm, tempest
proceloso, -a [prose'lozu, ɔza] ADJ stormy
prócer ['prɔser] M chief, leader
processador [prosesa'dor] M processor; **~ de texto** word processor
processamento [prosesa'mẽtu] M (*de requerimentos, dados*) processing; (*Jur*) prosecution; (*verificação*) verification; (*de depoimentos*) taking down; **~ de dados** data processing; **~ por lotes** batch processing; **~ de texto** word processing
processar [prose'sar] VT (*Jur*) to take proceedings against, prosecute; (*verificar*) to check, verify; (*depoimentos*) to take down; (*requerimentos, dados*) to process
processo [pro'sɛsu] M process; (*procedimento*) procedure; (*Jur*) lawsuit, legal proceedings *pl*; (: *autos*) record; (*conjunto de documentos*) documents *pl*; (*de uma doença*) course, progress; **abrir um ~ (contra alguém)** to start legal proceedings (against sb); **~ inflamatório** (*Med*) inflammation
procissão [prosi'sãw] (*pl* -**ões**) F procession
proclamação [proklama'sãw] (*pl* -**ões**) F proclamation
Proclamação da República *see note*

> Commemorated on 15 November, which is a Brazilian holiday, the proclamation of the republic in 1889 was a military coup, led by Marshal Deodoro da Fonseca. It brought down the empire which had been established after independence and installed a federal republic in Brazil.

proclamar [prokla'mar] VT to proclaim
proclamas [pro'klamas] MPL banns
procrastinar [prokrastʃi'nar] VT to put off ▶ VI to procrastinate
procriação [prokrja'sãw] F procreation
procriar [pro'krjar] VT, VI to procreate
procura [pro'kura] F search; (*Com*) demand; **em ~ de** in search of
procuração [prokura'sãw] (*pl* -**ões**) F power of attorney; (*documento*) letter of attorney; **por ~** by proxy
procurado, -a [proku'radu, a] ADJ sought after, in demand
procurador, a [prokura'dor(a)] M/F (*advogado*) attorney; (*mandatário*) proxy; **P~ Geral da República** Attorney General
procurar [proku'rar] VT to look for, seek; (*emprego*) to apply for; (*ir visitar*) to call on, go and see; (*contatar*) to get in touch with; **~ fazer** to try to do
prodigalizar [prodʒigali'zar] VT (*gastar excessivamente*) to squander; (*dar com profusão*) to lavish
prodígio [pro'dʒiʒu] M prodigy
prodigioso, -a [prodʒi'ʒozu, ɔza] ADJ prodigious, marvellous (BRIT), marvelous (US)
pródigo, -a ['prɔdʒigu, a] ADJ (*perdulário*) wasteful; (*generoso*) lavish; **filho ~** prodigal son
produção [produ'sãw] (*pl* -**ões**) F production; (*volume de produção*) output; (*produto*) product; **~ em massa** *ou* **série** mass production
produtividade [produtʃivi'dadʒi] F productivity
produtivo, -a [produ'tʃivu, a] ADJ productive; (*rendoso*) profitable
produto [pro'dutu] M product; (*renda*) proceeds *pl*, profit; **~s alimentícios** foodstuffs; **~s agrícolas** agricultural produce *sg*; **ser ~ de** to be a product of; **~ nacional bruto** gross national product; **~s acabados/semiacabados** finished/semi-finished products
produtor, a [produ'tor(a)] ADJ producing ▶ M/F producer
produzido, -a [produ'zidu, a] ADJ trendy
produzir [produ'zir] VT to produce; (*ocasionar*) to cause, bring about; (*render*) to bring in ▶ VI to be productive; (*Econ*) to produce
proeminência [proemi'nẽsja] F prominence; (*protuberância*) protuberance; (*elevação de terreno*) elevation
proeminente [proemi'nẽtʃi] ADJ prominent
proeza [pro'eza] F achievement, feat
profanação [profana'sãw] F sacrilege, profanation
profanar [profa'nar] VT to desecrate, profane
profano, -a [pro'fanu, a] ADJ profane; (*secular*) secular ▶ M/F layman/woman
profecia [profe'sia] F prophecy
proferir [profe'rir] VT to utter; (*sentença*) to pronounce; **~ um discurso** to make a speech
professar [profe'sar] VT to profess; (*profissão*) to practise (BRIT), practice (US) ▶ VI (*Rel*) to take religious vows
professo, -a [pro'fɛsu, a] ADJ (*católico etc*) confirmed; (*político etc*) seasoned
professor, a [profe'sor(a)] M/F teacher; (*universitário*) lecturer; **~ titular** *ou* **catedrático** (university) professor; **~ associado** reader
professorado [profeso'radu] M (*professores*) teachers *pl*; (*magistério*) teaching profession
profeta, -tisa [pro'fɛta, profe'tʃiza] M/F prophet
profético, -a [pro'fɛtʃiku, a] ADJ prophetic
profetisa [profe'tʃiza] F *de* **profeta**
profetizar [profetʃi'zar] VT, VI to prophesy, predict

proficiência [profi'sjẽsja] F proficiency, competence

proficiente [profi'sjẽtʃi] ADJ proficient, competent

profícuo, -a [pro'fikwu, a] ADJ useful, advantageous

profiro etc [pro'firu] VB ver **proferir**

profissão [profi'sãw] (pl **-ões**) F (ofício) profession; (de fé) declaration; **~ liberal** liberal profession

profissional [profisjo'naw] (pl **-ais**) ADJ, M/F professional

profissionalizante [profisjonali'zãtʃi] ADJ (ensino) vocational

profissionalizar [profisjonali'zar] VT to professionalize; **profissionalizar-se** VR to turn professional; (atividade) to become professional

profissões [profi'sõjs] FPL de **profissão**

profundas [pro'fũdas] FPL depths

profundidade [profũdʒi'dadʒi] F depth; (fig) profoundness, depth; **tem 4 metros de ~** it is 4 metres ou meters deep

profundo, -a [pro'fũdu, a] ADJ deep; (fig) profound

profusão [profu'zãw] F profusion, abundance

profuso, -a [pro'fuzu, a] ADJ (abundante) profuse, abundant

progênie [pro'ʒeni] F (ascendência) lineage; (prole) offspring, progeny

progenitor, a [proʒeni'tor(a)] M/F ancestor; (pai/mãe) father/mother

prognosticar [prognostʃi'kar] VT to predict, forecast ▶ VI (Med) to make a prognosis

prognóstico [prog'nɔstʃiku] M prediction, forecast; (Med) prognosis

programa [pro'grama] M programme (BRIT), program (US); (Comput) program; (plano) plan; (diversão) thing to do; (de um curso) syllabus; **fazer um ~** to go out; **~ de índio** (col) boring thing to do

programação [programa'sãw] F planning; (TV, Rádio, Comput) programming; **~ visual** graphic design

programador, a [programa'dor(a)] M/F programmer; **~ visual** graphic designer

programar [progra'mar] VT to plan; (Comput) to program

programável [progra'mavew] (pl **-eis**) ADJ programmable

progredir [progre'dʒir] VI to progress, make progress; (avançar) to move forward; (infecção) to progress

progressão [progre'sãw] F progression

progressista [progre'sista] ADJ, M/F progressive

progressivo, -a [progre'sivu, a] ADJ progressive; (gradual) gradual

progresso [pro'grɛsu] M progress

progrido etc [pro'gridu] VB ver **progredir**

proibição [proibi'sãw] (pl **-ões**) F prohibition, ban

proibir [proi'bir] VT to prohibit, forbid; (livro, espetáculo) to ban; **"é proibido fumar"** "no smoking"; **~ alguém de fazer, ~ que alguém faça** to forbid sb to do

proibitivo, -a [proibi'tʃivu, a] ADJ prohibitive

projeção [proʒe'sãw] (pl **-ões**) F projection; (arremesso) throwing; (proeminência) prominence; **tempo de ~** (de filme) running time

projetar [proʒe'tar] VT to project; (arremessar) to throw; (planejar) to plan; (Arq, Tec) to design; **projetar-se** VR (lançar-se) to hurl o.s.; (sombra etc) to fall; (delinear-se) to jut out; **~ fazer** to plan to do

projétil [pro'ʒɛtʃiw] (pl **-eis**) M projectile, missile; (Mil) missile

projetista [proʒe'tʃista] ADJ design atr ▶ M/F designer

projeto [pro'ʒetu] M (empreendimento) project; (plano) plan; (Tec) design; (de tese etc) draft; **~ de lei** bill; **~ assistido por computador** computer-aided design

projetor [proʒe'tor] M (Cinema) projector; (holofote) searchlight

prol [prɔw] M advantage; **em ~ de** on behalf of, for the benefit of

pró-labore [-la'bɔri] M remuneration, wage

prolapso [pro'lapsu] M (Med) prolapse

prole ['prɔli] F offspring, progeny

proletariado [proleta'rjadu] M proletariat

proletário, -a [prole'tarju, a] ADJ, M/F proletarian

proliferação [prolifera'sãw] F proliferation

proliferar [prolife'rar] VI to proliferate

prolífico, -a [pro'lifiku, a] ADJ prolific

prolixo, -a [pro'liksu, a] ADJ long-winded, tedious

prólogo ['prɔlogu] M prologue

prolongação [prolõga'sãw] F extension

prolongado, -a [prolõ'gadu, a] ADJ (demorado) prolonged; (alongado) extended

prolongamento [prolõga'mẽtu] M extension

prolongar [prolõ'gar] VT (tornar mais longo) to extend, lengthen; (decisão etc) to postpone; (vida) to prolong; **prolongar-se** VR to extend; (durar) to last

promessa [pro'mɛsa] F promise; (compromisso) pledge

prometedor, a [promete'dor(a)] ADJ promising

prometer [prome'ter] VT to promise ▶ VI to promise; (ter potencial) to show promise; **~ fazer/que** to promise to do/that

prometido, -a [prome'tʃidu, a] ADJ promised ▶ M: **o ~** what one promised; **cumprir o ~** to keep one's promise

promiscuidade [promiskwi'dadʒi] F (sexual) promiscuity; (desordem) untidiness

promiscuir-se [promis'kwirsi] VR: **~ (com)** to mix (with)

promíscuo, -a [pro'miskwu, a] ADJ (misturado) disorderly, mixed up; (comportamento sexual) promiscuous

promissor, a [promi'sor(a)] ADJ promising
promissório, -a [promi'sɔrju, a] ADJ, F: **(nota) promissória** promissory note
promoção [promo'sãw] (*pl* **-ões**) F promotion; **fazer ~ de alguém/algo** to promote sb/sth
promontório [promõ'tɔrju] M headland, promontory
promotor, a [promo'tor(a)] ADJ promoting ▶ M/F promoter; (*Jur*) prosecutor; **~ público** public prosecutor
promover [promo'ver] VT (*dar impulso a*) to promote; (*causar*) to bring about; (*elevar a cargo superior*) to promote; (*reunião, encontro*) to arrange
promulgação [promuwga'sãw] F promulgation
promulgar [promuw'gar] VT (*lei etc*) to promulgate; (*tornar público*) to declare publicly
pronome [pro'nɔmi] M pronoun
pronta-entrega (*pl* **pronta-entregas**) F immediate delivery department
prontidão [prõtʃi'dãw] F (*estar preparado*) readiness; (*rapidez*) promptness, speed; **estar de ~** to be at the ready
prontificar [prõtʃifi'kar] VT to have ready; **prontificar-se** VR: **~-se a fazer/para algo** to volunteer to do/for sth
pronto, -a [prõtu, a] ADJ ready; (*rápido*) quick, speedy; (*imediato*) prompt; (*col: sem dinheiro*) broke ▶ ADV promptly; **de ~** promptly; **estar ~ a ...** to be prepared *ou* willing to ...; **(e) ~!** (and) that's that!
pronto-socorro (*pl* **prontos-socorros**) M (BR) casualty (BRIT), emergency room (US); (PT: *reboque*) tow truck
prontuário [prõ'twarju] M (*manual*) handbook; (*policial*) record
pronúncia [pro'nũsja] F pronunciation; (*Jur*) indictment
pronunciação [pronũsja'sãw] (*pl* **-ões**) F pronouncement; (*Ling*) pronunciation
pronunciamento [pronũsja'mẽtu] M proclamation, pronouncement
pronunciar [pronũ'sjar] VT to pronounce; (*discurso*) to make, deliver; (*Jur: réu*) to indict; (: *sentença*) to pass; **pronunciar-se** VR (*expressar opinião*) to express one's opinion; **~ mal** to mispronounce
propagação [propaga'sãw] F propagation; (*fig: difusão*) dissemination
propaganda [propa'gãda] F (*Pol*) propaganda; (*Com*) advertising; (: *uma propaganda*) advert, advertisement; **fazer ~ de** to advertise
propagar [propa'gar] VT to propagate; (*fig: difundir*) to disseminate
propender [propẽ'der] VI to lean; **~ para algo** (*fig*) to incline *ou* tend towards sth
propensão [propẽ'sãw] (*pl* **-ões**) F inclination, tendency
propenso, -a [pro'pẽsu, a] ADJ: **~ a** inclined to; **ser ~ a** to be inclined to, have a tendency to

propensões [propẽ'sõjs] FPL *de* **propensão**
propiciar [propi'sjar] VT (*tornar favorável*) to favour (BRIT), favor (US); (*permitir*) to allow; (*proporcionar*) to provide
propício, -a [pro'pisju, a] ADJ (*favorável*) favourable (BRIT), favorable (US), propitious; (*apropriado*) appropriate
propina [pro'pina] F (*gorjeta*) tip; (PT: *cota*) fee
propor [pro'por] (*irreg: como* **pôr**) VT to propose; (*oferecer*) to offer; (*um problema*) to pose; (*Jur: ação*) to start, move; **propor-se** VR: **~-se (a) fazer** (*pretender*) to intend to do; (*visar*) to aim to do; (*dispor-se*) to decide to do; (*oferecer-se*) to offer to do; **~-se a** *ou* **para governador** etc to stand for governor etc
proporção [propor'sãw] (*pl* **-ões**) F proportion; **proporções** FPL (*dimensões*) dimensions; **à ~ que** as
proporcionado, -a [proporsjo'nadu, a] ADJ proportionate
proporcional [proporsjo'naw] (*pl* **-ais**) ADJ proportional
proporcionar [proporsjo'nar] VT (*dar*) to provide, give; (*adaptar*) to adjust, adapt
proporções [propor'sõjs] FPL *de* **proporção**
propôs [pro'pos] VB *ver* **propor**
proposição [propozi'sãw] (*pl* **-ões**) F proposition, proposal
propositado, -a [propozi'tadu, a] ADJ intentional
proposital [propozi'taw] (*pl* **-ais**) ADJ intentional
propósito [pro'pɔzitu] M (*intenção*) purpose; (*objetivo*) aim; **a ~** by the way; (*oportunamente*) at an opportune moment; **a ~ de** with regard to; **com o ~ de** with the purpose of; **de ~** on purpose; **fora de ~** irrelevant
proposta [pro'pɔsta] F proposal; (*oferecimento*) offer
proposto, -a [pro'postu, 'pɔsta] PP *de* **propor**
propriamente [proprja'mẽtʃi] ADV properly, exactly; **~ falando** *ou* **dito** strictly speaking; **a Igreja ~ dita** the Church proper
propriedade [proprje'dadʒi] F property; (*direito de proprietário*) ownership; (*o que é apropriado*) appropriateness, propriety; **~ imobiliária** real estate
proprietário, -a [proprje'tarju, a] M/F owner, proprietor; (*de casa alugada*) landlord/lady; (*de jornal*) publisher
próprio, -a ['prɔprju, a] ADJ (*possessivo*) own, of one's own; (*mesmo*) very, selfsame; (*hora, momento*) opportune, right; (*nome*) proper; (*característico*) characteristic; (*sentido*) proper, true; (*depois de pronome*) -self; **~ (para)** suitable (for); **eu ~** I myself; **ele ~** he himself; **mora em casa própria** he lives in a house of his own; **por si ~** of one's own accord; **o ~ homem** the very man; **ele é o ~ inglês** he's a typical Englishman; **é o ~** it's him himself
propulsão [propuw'sãw] F propulsion; **~ a jato** jet propulsion

propulsor, a [propuw'sor(a)] ADJ propelling ▶ M propellor
propus etc [pro'pus] VB ver **propor**
propuser etc [propu'zer] VB ver **propor**
prorrogação [prohoga'sãw] (pl **-ões**) F extension; (Com) deferment; (Jur) stay; (Futebol) extra time
prorrogar [proho'gar] VT to extend, prolong
prorrogável [proho'gavel] (pl **-eis**) ADJ extendible
prorromper [prohõ'per] VI (águas, lágrimas) to burst forth, break out; **~ em choro/gargalhadas** to burst into tears/burst out laughing
prosa ['prɔza] F prose; (conversa) chatter; (fanfarrice) boasting, bragging ▶ ADJ full of oneself; **ter boa ~** to have the gift of the gab
prosador, a [proza'dor(a)] M/F prose writer
prosaico, -a [pro'zajku, a] ADJ prosaic
proscênio [pro'senju] M proscenium
proscrever [proskre'ver] VT to prohibit, ban; (expulsar) to ban, exile; (vícios, usos) to do away with
proscrição [proskri'sãw] (pl **-ões**) F proscription; (proibição) prohibition, ban; (desterro) exile; (abolição) abolition
proscrito, -a [pros'kritu, a] PP de **proscrever** ▶ M/F (desterrado) exile
prosear [pro'zjar] VI to chat
prosélito [pro'zɛlitu] M convert
prosódia [pro'zɔdʒja] F prosody
prosopopeia [prozopo'peja] F (fig) diatribe; (col: pose) pose
prospecto [pros'pɛktu] M (desdobrável) leaflet; (em forma de livro) brochure
prospector [prospek'tor] M prospector
prosperar [prospe'rar] VI to prosper, thrive
prosperidade [prosperi'dadʒi] F prosperity; (bom êxito) success
próspero, -a ['prɔsperu, a] ADJ prosperous; (bem sucedido) successful; (favorável) favourable (BRIT), favorable (US)
prosseguimento [prosegi'mẽtu] M continuation
prosseguir [prose'gir] VT to continue ▶ VI to continue, go on; **~ em** to continue (with)
próstata ['prɔstata] F prostate
prostíbulo [pros'tʃibulu] M brothel
prostituição [prostʃitwi'sãw] F prostitution
prostituir [prostʃi'twir] VT to prostitute; (fig: desonrar) to debase; **prostituir-se** VR (tornar-se prostituta) to become a prostitute; (ser prostituta) to be a prostitute; (no trabalho) to prostitute o.s.; (corromper-se) to be corrupted; (desonrar-se) to debase o.s.
prostituta [prostʃi'tuta] F prostitute
prostração [prostra'sãw] F (cansaço) exhaustion; (moral) desolation
prostrado, -a [pros'tradu, a] ADJ prostrate
prostrar [pros'trar] VT (derrubar) to knock down, throw down; (extenuar) to tire out; (abater) to lay low; **prostrar-se** VR to prostrate o.s.

protagonista [protago'nista] M/F protagonist
protagonizar [protagoni'zar] VT to play the lead role in; (fig) to be at the centre (BRIT) ou center (US) of
proteção [prote'sãw] F protection; (amparo) support, backing
protecionismo [protesjo'nizmu] M protectionism
proteger [prote'ʒer] VT to protect
protegido, -a [prote'ʒidu, a] ADJ protected ▶ M/F protégé(e)
proteína [prote'ina] F protein
protejo etc [pro'teʒu] VB ver **proteger**
protelar [prote'lar] VT to postpone, put off
PROTERRA (BR) ABR M = **Programa de Redistribuição da Terra e de Estímulo Agroindustrial do Norte e Nordeste**
protestante [protes'tãtʃi] ADJ, M/F Protestant
protestantismo [protestã'tʃizmu] M Protestantism
protestar [protes'tar] VT to protest; (declarar) to declare, affirm ▶ VI to protest
protesto [pro'tɛstu] M protest; (declaração) affirmation
protetor, a [prote'tor(a)] ADJ protective ▶ M/F protector; **~ solar** sunscreen; **~ de tela** (Comput) screensaver
protocolar [protoko'lar] ADJ protocol atr ▶ VT to record
protocolo [proto'kɔlu] M protocol; (recibo) record slip
protótipo [pro'tɔtʃipu] M prototype
protuberância [protube'rãsja] F bump
protuberante [protube'rãtʃi] ADJ sticking out
prova ['prɔva] F proof; (Tec: teste) test, trial; (Educ: exame) examination; (sinal) sign; (de comida, bebida) taste; (de roupa) fitting; (Esporte) competition; (Tip) proof; **prova(s)** F(PL) (Jur) evidence sg; **à ~** on trial; **à ~ de bala/fogo/água** bulletproof/fireproof/waterproof; **pôr à ~** to put to the test; **~ circunstancial/documental** (piece of) circumstantial/documentary evidence
provação [prova'sãw] F (sofrimento) trial
provado, -a [pro'vadu, a] ADJ proven
provar [pro'var] VT to prove; (comida) to taste, try; (roupa) to try on ▶ VI to try
provável [pro'vavew] (pl **-eis**) ADJ probable, likely; **é ~ que não venha** he probably won't come
prove etc [pro've] VB ver **prover**
provedor, a [prove'dor(a)] M/F provider; **~ de acesso à Internet** internet service provider
proveio etc [pro'veju] VB = **provir**
proveito [pro'vejtu] M (vantagem) advantage; (ganho) profit; **em ~ de** for the benefit of; **fazer ~ de** to make use of; **tirar ~ de** to benefit from
proveitoso, -a [provej'tozu, ɔza] ADJ profitable, advantageous; (útil) useful
provejo etc [pro'veʒu] VB ver **prover**
proveniência [prove'njẽsja] F source, origin

proveniente [prove'njetʃi] ADJ: ~ **de** originating from; (*que resulta de*) arising from
proventos [pro'vẽtus] MPL proceeds *pl*
prover [pro'ver] (*irreg: como* **ver**) VT (*fornecer*) to provide, supply; (*vaga*) to fill ▶ VI: ~ **a** to take care of, see to; **prover-se** VR: ~-**se de algo** to provide o.s. with sth; ~ **alguém de algo** to provide sb with sth; (*dotar*) to endow sb with sth
provérbio [pro'vɛrbju] M proverb
proveta [pro'veta] F test tube; **bebê de ~** test-tube baby
provi *etc* [pro'vi] VB *ver* **prover**
provia *etc* [pro'via] VB *ver* **prover**
providência [provi'dẽsja] F providence; **providências** FPL (*medidas*) measures, steps; **tomar ~s** to take steps
providencial [providẽ'sjaw] (*pl* -**ais**) ADJ opportune
providenciar [providẽ'sjar] VT (*prover*) to provide; (*tomar providências*) to arrange ▶ VI (*tomar providências*) to make arrangements, take steps; (*prover*): ~ **a** to make provision for; ~ **para que** to see to it that
providente [provi'dẽtʃi] ADJ provident; (*prudente*) prudent, careful
provido, -a [pro'vidu, a] ADJ (*fornecido*) supplied, provided; (*cheio*) full up, fully stocked
provier *etc* [pro'vjer] VB = **provir**
provim *etc* [pro'vĩ] VB = **provir**
provimento [provi'mẽtu] M provision; **dar ~** (*Jur*) to grant a petition
província [pro'vĩsja] F province
provinciano, -a [provĩ'sjanu, a] ADJ provincial
provindo, -a [pro'vĩdu, a] PP = **provir** ▶ ADJ: ~ **de** coming from, originating from
provir[1] [pro'vir] (*irreg: como* **vir**) VI: ~ **de** to come from, derive from
provir[2] *etc* VB *ver* **prover**
provisão [provi'zãw] (*pl* -**ões**) F provision, supply; **provisões** FPL (*suprimentos*) provisions
provisoriamente [provizɔrja'mẽtʃi] ADV provisionally
provisório, -a [provi'zɔrju, a] ADJ provisional, temporary
provisto, -a [pro'vistu, a] PP *de* **prover**
provocação [provoka'sãw] (*pl* -**ões**) F provocation
provocador, a [provoka'dor(a)] ADJ provocative ▶ M/F provoker
provocante [provo'kãtʃi] ADJ provocative
provocar [provo'kar] VT to provoke; (*ocasionar*) to cause; (*atrair*) to tempt, attract; (*estimular*) to rouse, stimulate ▶ VI to provoke, be provocative
proximidade [prosimi'dadʒi] F proximity, nearness; (*iminência*) imminence; **proximidades** FPL (*vizinhança*) neighbourhood *sg* (BRIT), neighborhood *sg* (US), vicinity *sg*

próximo, -a ['prɔsimu, a] ADJ (*no espaço*) near, close; (*no tempo*) close; (*seguinte*) next; (*amigo, parente*) close; (*vizinho*) neighbouring (BRIT), neighboring (US) ▶ ADV near ▶ M fellow man; ~ **a** *ou* **de** near (to), close to; **futuro ~** near future; **até a próxima!** see you again soon!
PRP (BR) ABR M = **Partido Renovador Progressista**
PRT (BR) ABR M = **Partido Reformador Trabalhista**
prudência [pru'dẽsja] F (*comedimento*) care, prudence; (*cautela*) care, caution
prudente [pru'dẽtʃi] ADJ sensible, prudent; (*cauteloso*) cautious
prumo ['prumu] M plumb line; (*Náut*) lead; **a ~** perpendicularly, vertically
prurido [pru'ridu] M itch
Prússia ['prusja] F: **a ~** Prussia
PS (BR) ABR M = **Partido Socialista**
PSB ABR M = **Partido Socialista Brasileiro**
PSC (BR) ABR M = **Partido Social Cristão**
PSD (BR) ABR M = **Partido Social Democrático**
PSDB ABR M = **Partido Social-Democrata Brasileiro**
pseudônimo [psew'donimu] M pseudonym
psicanálise [psika'nalizi] F psychoanalysis
psicanalista [psikana'lista] M/F psychoanalyst
psicanalítico, -a [psikana'litʃiku, a] ADJ psychoanalytic(al)
psicodélico, -a [psiko'dɛliku, a] ADJ psychedelic
psicologia [psikolo'ʒia] F psychology
psicológico, -a [psiko'lɔʒiku, a] ADJ psychological
psicólogo, -a [psi'kɔlogu, a] M/F psychologist
psicopata [psiko'pata] M/F psychopath
psicose [psi'kɔzi] F psychosis; **estar com ~ de** to be obsessed with *ou* by
psicossomático, -a [psikoso'matʃiku, a] ADJ psychosomatic
psicoterapeuta [psikotera'pewta] M/F psychotherapist
psicoterapia [psikotera'pia] F psychotherapy
psicótico, -a [psi'kɔtʃiku, a] ADJ psychotic
psique ['psiki] F psyche
psiquiatra [psi'kjatra] M/F psychiatrist
psiquiatria [psikja'tria] F psychiatry
psiquiátrico, -a [psi'kjatriku, a] ADJ psychiatric
psíquico, -a ['psikiku, a] ADJ psychological
psiu [psiw] EXCL hey!
PST (BR) ABR M = **Partido Social Trabalhista**
PT (BR) ABR M = **Partido dos Trabalhadores**
PTN (BR) ABR M = **Partido Tancredista Nacional**
PTR (BR) ABR M = **Partido Trabalhista Renovador**
PUA (BR) ABR M (= *Pacto de Unidade e Ação*) workers' movement
pua ['pua] F (*de broca*) bit; **sentar a ~ em alguém** (*col*) to give sb a beating

puberdade [puber'dadʒi] F puberty
púbere ['puberi] ADJ pubescent
púbis ['pubis] M INV pubis
publicação [publika'sãw] F publication
publicar [publi'kar] VT (*editar*) to publish; (*divulgar*) to divulge; (*proclamar*) to announce
publicidade [publisi'dadʒi] F publicity; (*Com*) advertising
publicitário, -a [publisi'tarju, a] ADJ publicity *atr*; (*Com*) advertising *atr* ▶ M/F (*Com*) advertising executive
público, -a ['publiku, a] ADJ public ▶ M public; (*Cinema, Teatro etc*) audience; **em ~** in public; **o grande ~** the general public
PUC (*BR*) ABR F = **Pontifícia Universidade Católica**
púcaro ['pukaru] (*PT*) M jug, mug
pude *etc* ['pudʒi] VB *ver* **poder**
pudera *etc* [pu'dɛra] VB *ver* **poder**
pudicícia [pudi'sisja] F modesty
pudico, -a [pu'dʒiku, a] ADJ bashful; (*pej*) prudish
pudim [pu'dʒĩ] (*pl* **-ns**) M pudding; **~ de leite** crème caramel
pudim-flã [pudĩ'flã] (*PT*) M crème caramel
pudins [pu'dʒĩs] MPL *de* **pudim**
pudor [pu'dor] M bashfulness, modesty; (*moral*) decency; **atentado ao ~** indecent assault
puerícia [pwe'risja] F childhood
puericultura [pwerikuw'tura] F child care
pueril [pwe'riw] (*pl* **-is**) ADJ puerile
puerilidade [pwerili'dadʒi] F childishness, foolishness
pueris [pwe'ris] ADJ PL *de* **pueril**
pufe ['pufi] M pouf(fe)
pugilismo [puʒi'liʒmu] M boxing
pugilista [puʒi'lista] M boxer
pugna ['pugna] F fight, struggle
pugnar [pug'nar] VI to fight
pugnaz [pug'najz] ADJ pugnacious
puído, -a ['pwidu, a] ADJ worn
puir [pwir] VT to wear thin
pujança [pu'ʒãsa] F vigour (*BRIT*), vigor (*US*), strength; (*de vegetação*) lushness; **na ~ da vida** in the prime of life
pujante [pu'ʒãtʃi] ADJ powerful; (*saúde*) robust
pular [pu'lar] VI to jump; (*no Carnaval*) to celebrate ▶ VT (*muro*) to jump (over); (*páginas, trechos*) to skip; **~ de alegria** to jump for joy; **~ Carnaval** to celebrate Carnival; **~ corda** to skip
pulga ['puwga] F flea; **estar/ficar com a ~ atrás da orelha** to smell a rat
pulgão [puw'gãw] (*pl* **-ões**) M greenfly
pulha ['puʎa] M rat, creep
pulmão [puw'mãw] (*pl* **-ões**) M lung
pulmonar [puwmo'nar] ADJ pulmonary, lung *atr*
pulo¹ ['pulu] M jump; **dar ~s (de contente)** to be delighted; **dar um ~ em** to stop off at; **aos ~s** by leaps and bounds; **a um ~ de** a stone's throw away from; **num ~** in a flash

pulo² *etc* VB *ver* **polir**
pulôver [pu'lover] (*BR*) M pullover
púlpito ['puwpitu] M pulpit
pulsação [puwsa'sãw] F pulsation, beating; (*Med*) pulse
pulsar [puw'sar] VI (*palpitar*) to pulsate, throb
pulseira [puw'sejra] F bracelet; (*de sapato*) strap
pulso ['puwsu] M (*Anat*) wrist; (*Med*) pulse; (*fig*) vigour (*BRIT*), vigor (*US*), energy; **obra de ~** work of great importance; **homem de ~** energetic man; **tomar o ~ de alguém** to take sb's pulse; **tomar o ~ de algo** (*fig*) to look into sth, sound sth out; **a ~** by force
pulular [pulu'lar] VI to abound; (*surgir*) to spring up; **~ de** to teem with; (*de turistas, mendigos*) to be crawling with
pulverizador [puwveriza'dor] M (*para líquidos etc*) spray, spray gun
pulverizar [puwveri'zar] VT to pulverize; (*líquido*) to spray; (*polvilhar*) to dust
pum [pũ] EXCL bang! ▶ M (*col*) fart (!)
pumba ['pũba] EXCL zoom!
punção [pũ'sãw] (*pl* **-ões**) M (*instrumento*) punch ▶ F (*Med*) puncture
Pundjab [pũ'dʒabi] M: **o ~** the Punjab
pundonor [pũdo'nor] M dignity, self-respect
pungente [pũ'ʒẽtʃi] ADJ painful
pungir [pũ'ʒir] VT to afflict ▶ VI to be painful
punguear [pũ'gjar] (*col*) VT (*bolso*) to pick; (*bolsa*) to snatch
punguista [pũ'gista] M pickpocket
punha *etc* ['puɲa] VB *ver* **pôr**
punhado [pu'ɲadu] M handful
punhal [pu'ɲaw] (*pl* **-ais**) M dagger
punhalada [puɲa'lada] F stab
punho ['puɲu] M (*Anat*) fist; (*de manga*) cuff; (*de espada*) hilt; **de (seu) próprio ~** in one's own hand (writing)
punição [puni'sãw] (*pl* **-ões**) F punishment
punir [pu'nir] VT to punish
punitivo, -a [puni'tʃivu, a] ADJ punitive
punja *etc* ['pũʒa] VB *ver* **pungir**
pupila [pu'pila] F (*Anat*) pupil; *ver tb* **pupilo**
pupilo, -a [pu'pilu, a] M/F (*tutelado*) ward; (*aluno*) pupil
purê [pu're] M purée; **~ de batatas** mashed potatoes
pureza [pu'reza] F purity
purgação [purga'sãw] (*pl* **-ões**) F purge; (*purificação*) purification
purgante [pur'gãtʃi] M purgative; (*col: pessoa*) bore
purgar [pur'gar] VT to purge; (*purificar*) to purify
purgativo, -a [purga'tʃivu, a] ADJ purgative ▶ M purgative
purgatório [purga'tɔrju] M purgatory
purificação [purifika'sãw] F purification
purificar [purifi'kar] VT to purify
purista [pu'rista] M/F purist
puritanismo [purita'niʒmu] M puritanism
puritano, -a [puri'tanu, a] ADJ (*atitude*) puritanical; (*seita*) puritan ▶ M/F puritan

puro, -a ['puru, a] ADJ pure; (*uísque etc*) neat; (*verdade*) plain; (*intenções*) honourable (BRIT), honorable (US); (*estilo*) clear; **isto é pura imaginação sua** it's pure imagination on your part, you're just imagining it; **~ e simples** pure and simple
puro-sangue (*pl* **puros-sangues**) ADJ, M thoroughbred
púrpura ['purpura] F purple
purpúreo, -a [pur'purju, a] ADJ (*cor*) crimson
purpurina [purpu'rina] F metallic paint
purulento, -a [puru'lẽtu, a] ADJ festering, suppurating
pus¹ [pus] M pus
pus² *etc* [pujs] VB *ver* **pôr**
puser *etc* [pu'zer] VB *ver* **pôr**
pusilânime [puzi'lanimi] ADJ fainthearted; (*covarde*) cowardly
pústula ['pustula] F pustule; (*fig*) rotter
puta ['puta] (!) F whore; **~ que pariu!** fucking hell! (!); **mandar alguém para a ~ que (o) pariu** to tell sb to fuck off (!); *ver tb* **puto**
putativo, -a [puta'tʃivu, a] ADJ supposed
puto, -a ['putu, a] (!) M/F (*sem-vergonha*) bastard ▶ ADJ (*zangado*) furious; (*incrível*): **um ~ ...** a hell of a ...; **o ~ de ...** the bloody ...
putrefação [putrefa'sãw] F rotting, putrefaction
putrefato, -a [putre'fatu, a] ADJ rotten
putrefazer [putrefa'zer] (*irreg: como* **fazer**) VT to rot ▶ VI to putrefy, rot; **putrefazer-se** VR to putrefy, rot
pútrido, -a ['putridu, a] ADJ putrid, rotten
puxa ['puʃa] EXCL gosh; **~ vida!** gosh!
puxada [pu'ʃada] F pull; (*puxão*) tug; **dar uma ~** (*nos estudos*) to make an effort
puxado, -a [pu'ʃadu, a] ADJ (*col: aluguel*) steep, high; (: *curso*) tough; (: *trabalho*) hard
puxador [puʃa'dor] M handle, knob
puxão [pu'ʃãw] (*pl* **-ões**) M tug, jerk
puxa-puxa (*pl* **puxa-puxas**) M toffee
puxar [pu'ʃar] VT to pull; (*sacar*) to pull out; (*assunto*) to bring up; (*conversa*) to strike up; (*briga*) to pick ▶ VI: **~ de uma perna** to limp; **~ a** to take after; **~ por** (*alunos etc*) to push; **uma coisa puxa a outra** one thing leads to another; **os paulistas puxam pelo esse** the s is very pronounced in São Paulo
puxa-saco (*pl* **puxa-sacos**) M creep, crawler
puxo ['puʃu] M (*em parto*) push
puxões [pu'ʃõjs] MPL *de* **puxão**

Qq

Q, q [ke] (*pl* **qs**) M Q, q; **Q de Quintela** Q for Queen
q. ABR (= *quartel*) barracks
QG ABR M (= *Quartel-General*) HQ
QI ABR M (= *Quociente de Inteligência*) IQ
ql. ABR (= *quilate*) ct
qtd. ABR (= *quantidade*) qty
qua. ABR (= *quarta-feira*) Weds
quadra ['kwadra] F (*quarteirão*) block; (*de tênis etc*) court; (*período*) time, period; (*jogos*) four; (*estrofe*) quatrain
quadrado, -a [kwa'dradu, a] ADJ square; (*col: antiquado*) square ▶ M square ▶ M/F (*col*) square
quadragésimo, -a [kwadra'ʒɛzimu, a] NUM fortieth; *ver tb* **quinto**
quadrangular [kwadrãgu'lar] ADJ quadrangular
quadrângulo [kwa'drãgulu] M quadrangle
quadrar [kwa'drar] VT to square, make square ▶ VI: **~ a** (*ser conveniente*) to suit; **~ com** (*condizer*) to square with
quadriculado, -a [kwadriku'ladu, a] ADJ checked; **papel ~** squared paper
quadril [kwa'driw] (*pl* **-is**) M hip
quadrilátero, -a [kwadri'lateru, a] ADJ quadrilateral
quadrilha [kwa'driʎa] F gang; (*dança*) square dance
quadrimotor [kwadrimo'tor] ADJ four-engined ▶ M four-engined plane
quadrinho [kwa'driɲu] M (*de tira*) frame; **história em ~s** (BR) cartoon, comic strip
quadris [kwa'dris] MPL *de* **quadril**
quadro ['kwadru] M (*pintura*) painting; (*gravura, foto*) picture; (*lista*) list; (*tabela*) chart, table; (*Tec: painel*) panel; (*pessoal*) staff; (*time*) team; (*Teatro, fig*) scene; (*fig: Med*) patient's condition; **~ de avisos** bulletin board; **~ de reserva** (*Mil*) reserve list; **~ branco** whiteboard; **~ clínico** clinical picture; **~ interativo** interactive whiteboard; **o ~ político** (*fig*) the political scene; **~ social** (*de um clube*) members *pl*; (*de uma empresa*) partners *pl*
quadro-negro (*pl* **quadros-negros**) M blackboard
quadrúpede [kwa'drupedʒi] ADJ, M quadruped ▶ M/F (*fig*) blockhead

quadruplicar [kwadrupli'kar] VT, VI to quadruple
quádruplo, -a ['kwadruplu, a] ADJ quadruple ▶ M quadruple ▶ M/F (*quadrigêmeo*) quad
qual [kwaw] PRON (*pl* **-ais**) which ▶ CONJ as, like ▶ EXCL what!; **~ deles** which of them; **~ é o problema/o seu nome?** what's the problem/your name?; **o ~** which; (*pessoa: suj*) who; (: *objeto*) whom; **seja ~ for** whatever *ou* whichever it may be; **cada ~** each one; **~ é? ou ~ é a tua?** (*col*) what are you up to?; **~ seja** such as; **tal ~** just like; **~ nada!, ~ o quê!** no such thing!
qual. ABR (= *qualidade*) qual
qualidade [kwali'dadʒi] F quality; **na ~ de** in the capacity of; **produto de ~** quality product
qualificação [kwalifika'sãw] (*pl* **-ões**) F qualification
qualificado, -a [kwalifi'kadu, a] ADJ qualified; **não ~** unqualified
qualificar [kwalifi'kar] VT to qualify; (*avaliar*) to evaluate; **qualificar-se** VR to qualify; **~ de** *ou* **como** to classify as
qualificativo, -a [kwalifika'tʃivu, a] ADJ qualifying ▶ M qualifier
qualitativo, -a [kwalita'tʃivu, a] ADJ qualitative
qualquer [kwaw'ker] (*pl* **quaisquer**) ADJ, PRON any; **~ pessoa** anyone, anybody; **~ um dos dois** either; **~ outro** any other; **~ dia** any day; **~ que seja** whichever it may be; **um disco ~** any record at all, any record you like; **a ~ momento** at any moment; **a ~ preço** at any price; **de ~ jeito** *ou* **maneira** anyway; (*a qualquer preço*) no matter what; (*sem cuidado*) anyhow; **um(a) ~** (*pej*) any old person
quando ['kwãdu] ADV when ▶ CONJ when; (*interrogativo*) when?; (*ao passo que*) whilst; **~ muito** at most; **~ quer que** whenever; **de ~ em ~, de vez em ~** now and then; **desde ~?** since when?; **~ mais não seja** if for no other reason; **~ de** on the occasion of; **~ menos se esperava** when we (*ou* they, I *etc*) least expected (it)
quant. ABR (= *quantidade*) quant
quantia [kwã'tʃia] F sum, amount

quantidade [kwãtʃi'dadʒi] F quantity, amount; **uma ~ de** a large amount of; **em ~** in large amounts
quantificar [kwãtʃifi'kar] VT to quantify
quantitativo, -a [kwãtʃita'tʃivu, a] ADJ quantitative

(PALAVRA-CHAVE)

quanto, -a ['kwãtu, a] ADJ **1** (interrogativo: sg) how much?; (: pl) how many?; **quanto tempo?** how long?
2 (o que for necessário) all that, as much as; **daremos quantos exemplares ele precisar** we'll give him as many copies as ou all the copies he needs
3: **tanto/tantos ... quanto** as much/many ... as
▶ PRON **1** how much?; how many?; **quanto custa?** how much is it?; **a quanto está o jogo?** what's the score?
2: **tudo quanto** everything that, as much as
3: **tanto/tantos quanto ...** as many as ...
4: **um tanto quanto** somewhat, rather
▶ ADV **1**: **quanto a** as regards; **quanto a mim** as for me
2: **quanto antes** as soon as possible
3: **quanto mais** (principalmente) especially; (muito menos) let alone; **quanto mais cedo melhor** the sooner the better
4: **tanto quanto possível** as much as possible; **tão ... quanto ...** as ... as ...
▶ CONJ: **quanto mais trabalha, mais ele ganha** the more he works, the more he earns; **quanto mais, (tanto) melhor** the more, the better

quão [kwãw] ADV how
quarenta [kwa'rẽta] NUM forty; ver tb **cinquenta**
quarentão, -tona [kwarẽ'tãw, 'tɔna] (pl **-ões/-s**) ADJ in one's forties ▶ M/F man/woman in his/her forties
quarentena [kwarẽ'tena] F quarantine
quarentões [kwarẽ'tõjs] MPL de **quarentão**
quarentona [kwarẽ'tɔna] F de **quarentão**
quaresma [kwa'rezma] F Lent
quart. ABR = **quarteirão**
quarta ['kwarta] F (tb: **quarta-feira**) Wednesday; (parte) quarter; (Auto) fourth (gear); (Mús) fourth; **~ de final** quarter final
quarta-feira ['kwarta-'fejra] (pl **quartas-feiras**) F Wednesday; **~ de cinzas** Ash Wednesday; ver tb **terça-feira**
quartanista [kwarta'nista] M/F fourth-year
quarteirão [kwartej'rãw] (pl **-ões**) M (de casas) block
quartel [kwar'tɛw] (pl **-éis**) M barracks sg
quartel-general (pl **quartéis-generais**) M headquarters pl
quarteto [kwar'tetu] M (Mús) quartet(te); **~ de cordas** string quartet

quarto, -a ['kwartu, a] NUM fourth ▶ M (quarta parte) quarter; (aposento) bedroom; (Mil) watch; (anca) haunch; **~ de banho** bathroom; **~ de dormir** bedroom; **~ de casal** double bedroom; **~ de solteiro** single room; **~ crescente/minguante** (Astronomia) first/last quarter; **três ~s de hora** three quarters of an hour; **passar um mau ~ de hora** (fig) to have a rough time; ver tb **quinto**
quarto e sala (pl **quarto e salas**) M two-room apartment
quartzo ['kwartsu] M quartz
quase ['kwazi] ADV almost, nearly; **~ nada** hardly anything; **~ nunca** hardly ever; **~ sempre** nearly always
quaternário, -a [kwater'narju, a] ADJ quaternary
quatorze [kwa'tɔrzi] NUM fourteen; ver tb **cinco**
quatro ['kwatru] NUM four ▶ M: **~ por ~** four-by-four; **estar/ficar de ~** to be/get down on all fours; ver tb **cinco**
quatrocentos, -tas [kwatro'sẽtus, tas] NUM four hundred

(PALAVRA-CHAVE)

que [ki] CONJ **1** (com oração subordinada: muitas vezes não se traduz) that; **ele disse que viria** he said (that) he would come; **não há nada que fazer** there's nothing to be done; **espero que sim/não** I hope so/not; **dizer que sim/não** to say yes/no
2 (consecutivo: muitas vezes não se traduz) that; **é tão pesado que não consigo levantá-lo** it's so heavy (that) I can't lift it
3 (comparações): **(do) que** than; ver tb **mais, menos, mesmo**
▶ PRON **1** (coisa) which, that; (+prep) which; **o chapéu que você comprou** the hat (that ou which) you bought
2 (pessoa: suj) who, that; (: complemento) whom, that; **o amigo que me levou ao museu** the friend who took me to the museum; **a moça que eu convidei** the girl (that ou whom) I invited
3 (interrogativo) what?; **o que você disse?** what did you say?
4 (exclamação) what!; **que pena!** what a pity!; **que lindo!** how lovely!

quê [ke] M (col) something ▶ PRON what; **~!** what!; **não tem de ~** don't mention it; **para ~?** what for?; **por ~?** why?; **sem ~ nem por ~** for no good reason, all of a sudden
Quebec [ke'bɛk] N Quebec
quebra ['kɛbra] F break, rupture; (falência) bankruptcy; (de energia elétrica) cut; (de disciplina) breakdown; **de ~** in addition; **~ de página** (Comput) page break
quebra-cabeça (pl **quebra-cabeças**) M puzzle, problem; (jogo) jigsaw puzzle
quebrada [ke'brada] F (vertente) slope; (barranco) ravine, gully

quebradiço, -a [kebra'dʒisu, a] ADJ fragile, breakable
quebrado, -a [ke'bradu, a] ADJ broken; *(cansado)* exhausted; *(falido)* bankrupt; *(carro, máquina)* broken down; *(telefone)* out of order; *(col: pronto)* broke
quebrados [ke'bradus] MPL loose change *sg*
quebra-galho *(pl* **quebra-galhos)** *(col)* M lifesaver
quebra-gelos M INV *(Náut)* icebreaker
quebra-mar *(pl* **quebra-mares)** M breakwater, sea wall
quebra-molas M INV speed bump, sleeping policeman
quebra-nozes M INV nutcrackers *pl* (BRIT), nutcracker (US)
quebrantar [kebrã'tar] VT to break; *(entusiasmo, ânimo)* to dampen; *(debilitar)* to weaken, wear out; **quebrantar-se** VR *(tornar-se fraco)* to grow weak
quebranto [ke'brãtu] M *(fraqueza)* weakness; *(mau-olhado)* evil eye
quebra-pau *(pl* **quebra-paus)** *(col)* M row
quebra-quebra *(pl* **quebra-quebras)** M riot
quebrar [ke'brar] VT to break; *(entusiasmo)* to dampen; *(espancar)* to beat; *(dobrar)* to bend ▶ VI to break; *(carro)* to break down; *(Com)* to go bankrupt; *(ficar sem dinheiro)* to go broke
quebra-vento *(pl* **quebra-ventos)** M *(Auto)* fanlight
quéchua ['kɛʃwa] M *(Ling)* Quechua
queda ['kɛda] F fall; *(fig: ruína)* downfall; **ter ~ para algo** to have a bent for sth; **ter uma ~ por alguém** to have a soft spot for sb; **~ de barreira** landslide; **~ de braço** arm wrestling; *(fig)* stand-off
queda-d'água *(pl* **quedas-d'água)** F waterfall
queijada [kej'ʒada] F cheesecake
queijadinha [kejʒa'dʒiɲa] F coconut sweet
queijeira [kej'ʒejra] F cheese dish
queijo ['kejʒu] M cheese; **~ de minas** ≈ Cheshire cheese; **~ do reino** ≈ Edam cheese; **~ prato** ≈ cheddar cheese; **~ ralado** grated cheese
queima ['kejma] F burning; *(Com)* clearance sale
queimada [kej'mada] F burning (of forests)
queimado, -a [kej'madu, a] ADJ burnt; *(de sol: machucado)* sunburnt; (: *bronzeado)* brown, tanned; *(plantas, folhas)* dried up; **cheiro/gosto de ~** smell of burning/burnt taste
queimadura [kejma'dura] F burn; *(de sol)* sunburn; **~ de primeiro/terceiro grau** first-/third-degree burn
queimar [kej'mar] VT to burn; *(roupa)* to scorch; *(com líquido)* to scald; *(bronzear a pele)* to tan; *(planta, folha)* to wither; *(calorias)* to burn off ▶ VI to burn; *(estar quente)* to be burning hot; *(lâmpada, fusível)* to blow; **queimar-se** VR *(pessoa)* to burn o.s.; *(bronzear-se)* to tan; *(zangar-se)* to get angry
queima-roupa F: **à ~** point-blank, at point-blank range

queira *etc* ['kejra] VB *ver* **querer**
queixa ['kejʃa] F complaint; *(lamentação)* lament; **fazer ~ de alguém** to complain about sb; **ter ~ de alguém** to have a problem with sb
queixa-crime *(pl* **queixas-crime(s))** F *(Jur)* citation
queixada [kej'ʃada] F *(de animal)* jaw; *(queixo grande)* prominent chin
queixar-se [kej'ʃarsi] VR to complain; **~ de** to complain about; *(dores etc)* to complain of
queixo ['kejʃu] M chin; *(maxilar)* jaw; **ficar de ~ caído** to be open-mouthed; **bater o ~** to shiver
queixoso, -a [kej'ʃozu, ɔza] ADJ complaining; *(magoado)* doleful ▶ M/F *(Jur)* plaintiff
queixume [kej'ʃumi] M complaint; *(lamentação)* lament
quem [kẽj] PRON who; *(como objeto)* who(m); **~ quer que** whoever; **seja ~ for** whoever it may be; **de ~ é isto?** whose is this?; **~ é?** who is it?; **a pessoa com ~ trabalha** the person he works with; **para ~ você deu o livro?** who did you give the book to?; **convide ~ você quiser** invite whoever you want; **~ disse isso, se enganou** whoever said that was wrong; **~ fez isso fui eu** it was me who did it, the person who did it was me; **~ diria!** who would have thought (it)!; **~ me dera ser rico** if only I were rich; **~ me dera que isso não fosse verdade** I wish it weren't true; **~ sabe** *(talvez)* perhaps; **~ sou eu para negar?** who am I to deny it?
Quênia ['kenja] M: **o ~** Kenya
queniano, -a [ke'njanu, a] ADJ, M/F Kenyan
quentão [kẽ'tãw] M ≈ mulled wine
quente ['kẽtʃi] ADJ hot; *(roupa)* warm; *(notícia)* reliable, solid; **o ~ agora é ...** *(col)* the big thing now is ...
quentinha [kẽ'tʃiɲa] F heatproof carton *(for food)*; *(de restaurante)* doggy bag
quentura [kẽ'tura] F heat, warmth
quer¹ [ker] CONJ: **~ ... ~ ...** whether ... or ...; **~ chova ~ não** whether it rains or not; **~ você queira, ~ não** whether you like it or not; **onde/quando/quem ~ que** wherever/whenever/whoever; **o que ~ que seja** whatever it is; **~ chova, ~ faça sol** come rain or shine
quer² VB *ver* **querer**
querela [ke'rɛla] F dispute; *(Jur)* complaint, accusation
querelado [kere'ladu] M *(Jur)* defendant
querelador, a [kerela'dor(a)] M/F *(Jur)* plaintiff
querelante [kere'lãtʃi] M/F *(Jur)* plaintiff
querelar [kere'lar] VT *(Jur)* to prosecute, sue ▶ VI: **~ contra** *ou* **de** *(queixar-se)* to lodge a complaint against

PALAVRA-CHAVE

querer [ke'rer] VT **1** *(desejar)* to want; **quero mais dinheiro** I want more money; **queria**

um chá I'd like a cup of tea; **quero ajudar/que vá** I want to help/you to go; **você vai querer sair amanhã?** do you want to go out tomorrow?; **eu vou querer uma cerveja** (num bar etc) I'd like a beer; **por/sem querer** intentionally/unintentionally; **como queira** as you wish
2 (perguntas para pedir algo): **você quer fechar a janela?** will you shut the window?; **quer me dar uma mão?** can you give me a hand?
3 (amar) to love
4 (convite): **quer entrar/sentar** do come in/sit down
5: **querer dizer** (significar) to mean; (pretender dizer) to mean to say; **quero dizer** I mean; **quer dizer** (com outras palavras) in other words
▶ VI: **querer bem a** to be fond of
querer-se VR to love one another
▶ M (vontade) wish; (afeto) affection

querido, -a [ke'ridu, a] ADJ dear ▶ M/F darling; **~ no grupo/por todos** prized in the group/by all; **o ator ~ das mulheres** the women's favo(u)rite actor; **Q~ João** Dear John
quermesse [ker'mɛsi] F fête
querosene [kero'zɛni] M kerosene
querubim [keru'bĩ] (pl **-ns**) M cherubim
quesito [ke'zitu] M (questão) query, question; (requisito) requirement
questão [kes'tãw] (pl **-ões**) F (pergunta) question; (problema) issue, question; (Jur) case; (contenda) dispute, quarrel; **fazer ~ (de)** to insist (on); **em ~** in question; **há ~ de um ano** about a year ago; **~ de tempo/de vida ou morte** question of time/matter of life and death; **~ de ordem** point of order; **~ fechada** point of principle
questionar [kestʃjo'nar] VI to question ▶ VT to question, call into question
questionário [kestʃjo'narju] M questionnaire
questionável [kestʃjo'navew] (pl **-eis**) ADJ questionable
questões [kes'tõjs] FPL de **questão**
qui. ABR (= quinta-feira) Thurs
quiabo ['kjabu] M okra
quibe ['kibi] M deep-fried mince with flour and mint
quibebe [ki'bɛbi] M pumpkin purée
quicar [ki'kar] VT (bola) to bounce ▶ VI to bounce; (col: pessoa) to go mad
quiche ['kiʃi] F quiche
quieto, -a ['kjɛtu, a] ADJ quiet; (imóvel) still; **fica ~!** be quiet!
quietude [kje'tudʒi] F calm, tranquillity
quilate [ki'latʃi] M carat; (fig) calibre (BRIT), caliber (US)
quilha ['kiʎa] F (Náut) keel
quilo ['kilu] M kilo
quilobyte [kilo'bajtʃi] M kilobyte
quilograma [kilo'grama] M kilogram
quilohertz [kilo'hɛrts] M kilohertz

731 | **querido – quinzenalmente**

quilometragem [kilome'traʒẽ] F number of kilometres ou kilometers travelled, = mileage
quilometrar [kilome'trar] VT to measure in kilometres ou kilometers
quilométrico, -a [kilo'mɛtriku, a] ADJ (distância) in kilometres ou kilometers; (fig: fila etc) = mile-long
quilômetro [ki'lometru] M kilometre (BRIT), kilometer (US)
quilowatt [kilo'watʃi] M kilowatt
quimbanda [kĩ'bãda] M (ritual) macumba ceremony; (feiticeiro) medicine man; (local) macumba site
quimera [ki'mɛra] F chimera
quimérico, -a [ki'mɛriku, a] ADJ fantastic
química ['kimika] F chemistry; vertb **químico**
químico, -a ['kimiku, a] ADJ chemical ▶ M/F chemist
quimioterapia [kimjotera'pia] F chemotherapy
quimono [ki'mɔnu] M kimono; (penhoar) robe
quina ['kina] F (canto) corner; (de mesa etc) edge; **de ~** edgeways (BRIT), edgewise (US)
quindim [kĩ'dʒĩ] M sweet made of egg yolks, coconut and sugar
quinhão [ki'ɲãw] (pl **-ões**) M share, portion
quinhentista [kiɲẽ'tʃista] ADJ sixteenth century atr
quinhentos, -as [ki'ɲẽtus, as] NUM five hundred; **isso são outros ~** (col) that's a different matter, that's a different kettle of fish
quinhões [ki'ɲõjs] MPL de **quinhão**
quinina [ki'nina] F quinine
quinquagésimo, -a [kwĩkwa'ʒɛzimu, a] NUM fiftieth
quinquilharias [kĩkiʎa'rias] FPL odds and ends; (miudezas) knick-knacks, trinkets
quinta ['kĩta] F (tb: **quinta-feira**) Thursday; (propriedade) estate; (PT) farm
quinta-essência (pl **quinta-essências**) F quintessence
quinta-feira ['kĩta-'fejra] (pl **quintas-feiras**) F Thursday; vertb **terça-feira**
quintal [kĩ'taw] (pl **-ais**) M back yard
quintanista [kĩta'nista] M/F fifth-year
quinteiro [kĩ'tejru] (PT) M farmer
quinteto [kĩ'tetu] M quintet(te)
quinto, -a ['kĩtu, a] NUM fifth; **ele tirou o ~ lugar** he came fifth; **eu fui o ~ a chegar** I was the fifth to arrive, I arrived fifth; (numa corrida) I came fifth
quintuplo, -a [kĩ'tuplu, a] ADJ, M quintuple ▶ M/F: **-s** (crianças) quins, quintuplets
quinze ['kĩzi] NUM fifteen; **duas e ~** a quarter past (BRIT) ou after (US) two; **~ para as sete** a quarter to (BRIT) ou of (US) seven; vertb **cinco**
quinzena [kĩ'zena] F two weeks, fortnight (BRIT); (salário) two weeks' wages
quinzenal [kĩze'naw] (pl **-ais**) ADJ fortnightly
quinzenalmente [kĩzenaw'mẽtʃi] ADV fortnightly

quiosque ['kjɔski] M kiosk; (de jardim) gazebo
quiproquó [kwipro'kwɔ] M misunderstanding, mix-up
quiromante [kiro'mãtʃi] M/F palmist, fortune teller
quis etc [kiz] VB ver **querer**
quiser etc [ki'zer] VB ver **querer**
quisto ['kistu] M cyst
quitação [kita'sãw] (pl **-ões**) F (remissão) discharge, remission; (pagamento) settlement; (recibo) receipt
quitanda [ki'tãda] F (loja) grocer's (shop) (BRIT), grocery store (US)
quitandeiro, -a [kitã'dejru, a] M/F grocer; (vendedor de hortaliças) greengrocer (BRIT), produce dealer (US)
quitar [ki'tar] VT (dívida: pagar) to pay off; (: perdoar) to cancel; (devedor) to release
quite ['kitʃi] ADJ (livre) free; (com um credor) squared up; (igualado) even; **estar ~ (com alguém** to be quits (with sb)
quitute [ki'tutʃi] M titbit (BRIT), tidbit (US)
quizumba [ki'zũba] (col) F punch-up, brawl
quociente [kwo'sjẽtʃi] M quotient; **~ de inteligência** intelligence quotient
quorum ['kwɔrũ] M quorum
quota ['kwɔta] F quota; (porção) share, portion
quotidiano, -a [kwotʃi'dʒjanu, a] ADJ everyday
q.v. ABR (= queira ver) q.v.

Rr

R¹, r ['ɛhi] (pl **rs**) M R, r; **R de Roberto** R for Robert (BRIT) ou Roger (US)
R² ABR (= *rua*) St
R$ ABR = **real**
rã [hã] F frog
rabada [ha'bada] F (*rabo*) tail; (*fig*) tail end; (*Culin*) oxtail stew
rabanada [haba'nada] F (*Culin*) cinnamon toast; (*golpe*) blow with the tail; **dar uma ~ em alguém** (*col*) to give sb the brush-off
rabanete [haba'netʃi] M radish
rabear [ha'bjar] VI (*cão*) to wag its tail; (*navio*) to wheel around; (*carro*) to skid round
rabecão [habe'kãw] (pl **-ões**) M mortuary wagon
rabicho [ha'biʃu] M ponytail
rabino, -a [ha'binu, a] M/F rabbi
rabiscar [habis'kar] VT (*escrever*) to scribble; (*papel*) to scribble on ▶ VI to scribble; (*desenhar*) to doodle
rabisco [ha'bisku] M scribble
rabo ['habu] M (*cauda*) tail; (!) arse (!); **meter o ~ entre as pernas** (*fig*) to be left with one's tail between one's legs; **olhar alguém com o ~ do olho** to look at sb out of the corner of one's eye; **pegar em ~ de foguete** (*col*) to stick one's neck out; **ser ~ de foguete** (*col*) to be a minefield; **~ de cavalo** ponytail; **não poder ver um ~ de saia** to be a womanizer
rabugento, -a [habu'ʒētu, a] ADJ grumpy
rabugice [habu'ʒisi] F grumpiness
rabujar [habu'ʒar] VI to be grumpy; (*criança*) to have a tantrum
raça ['hasa] F breed; (*grupo étnico*) race; **cão/cavalo de ~** pedigree dog/thoroughbred horse; (**no peito e) na ~** (*col*) by sheer effort; **ter ~** to have guts; (*ter ascendência africana*) to be of African origin
ração [ha'sãw] (pl **-ões**) F ration; (*para animal*) food; **~ de cachorro** dog food
racha ['haʃa] F (*fenda*) split; (*greta*) crack ▶ M (*col*) scrap
rachadura [haʃa'dura] F crack
rachar [ha'ʃar] VT to crack; (*objeto, despesas*) to split; (*lenha*) to chop ▶ VI to split; (*cristal*) to crack; **rachar-se** VR to split; to crack; **frio de ~** bitter cold; **sol de ~** scorching sun; **ou vai ou racha** it's make or break

racial [ha'sjaw] (pl **-ais**) ADJ racial; **preconceito ~** racial prejudice
raciocinar [hasjosi'nar] VI to reason
raciocínio [hasjo'sinju] M reasoning
racional [hasjo'naw] (pl **-ais**) ADJ rational
racionalização [hasjonaliza'sãw] F rationalization
racionalizar [hasjonali'zar] VT to rationalize
racionamento [hasjona'mētu] M rationing
racionar [hasjo'nar] VT (*distribuir*) to ration out; (*limitar a venda de*) to ration
racismo [ha'sizmu] M racism
racista [ha'sista] ADJ, M/F racist
rações [ha'sõjs] FPL *de* **ração**
radar [ha'dar] M radar
radiação [hadʒja'sãw] (pl **-ões**) F radiation; (*raio*) ray
radiador [hadʒja'dor] M radiator
radialista [hadʒja'lista] M/F radio announcer; (*na produção*) radio producer
radiante [ha'dʒjãtʃi] ADJ radiant; (*de alegria*) overjoyed
radical [hadʒi'kaw] (pl **-ais**) ADJ radical ▶ M radical; (*Ling*) root
radicalismo [hadʒika'lizmu] M radicalism
radicalizar [hadʒikali'zar] VT to radicalize; **radicalizar-se** VR to become radical
radicar-se [hadʒi'karsi] VR to take root; (*fixar residência*) to settle
rádio ['hadʒju] M radio; (*Quím*) radium ▶ F radio station
radioamador, a [hadʒjuama'dor(a)] M/F radio ham
radioatividade [hadʒjuatʃivi'dadʒi] F radioactivity
radioativo, -a [hadʒjua'tʃivu, a] ADJ radioactive
radiodifusão [hadʒjodʒifu'zãw] F broadcasting
radiodifusora [hadʒjodʒifu'zora] F radio station
radioemissora [hadʒjuemi'sora] F radio station
radiografar [hadʒjogra'far] VT (*Med*) to X-ray; (*notícia*) to radio
radiografia [hadʒjogra'fia] F X-ray
radiograma [hadʒjo'grama] M cablegram
radiogravador [hadʒjograva'dor] M radio cassette

radiojornal [hadʒjoʒor'naw] (pl **-ais**) M radio news sg
radiologia [hadʒjolo'ʒia] F radiology
radiologista [hadʒjolo'ʒista] M/F radiologist
radionovela [hadʒjono'vɛla] F radio serial
radiopatrulha [hadʒjopa'truʎa] F (*viatura*) patrol car
radioperador, a [hadʒjopera'dor(a)] M/F radio operator
radiorrepórter [hadʒjohe'pɔrter] M/F radio reporter
radioso, -a [ha'dʒjozu, ɔza] ADJ radiant, brilliant
radiotáxi [hadʒjo'taksi] M radio taxi *ou* cab
radioterapia [hadʒjotera'pia] F radiotherapy
radiouvinte [hadʒjo'vĩtʃi] M/F (radio) listener
ragu [ha'gu] M stew, ragoût
raia [ˈhaja] F (*risca*) line; (*fronteira*) boundary; (*limite*) limit; (*de corrida*) lane; (*peixe*) ray; **chegar às ~s** to reach the limit
raiado, -a [ha'jadu, a] ADJ striped
raiar [ha'jar] VI (*brilhar*) to shine; (*madrugada*) to dawn; (*aparecer*) to appear
rainha [ha'iɲa] F queen; **ela é a ~ da preguiça** (*col*) she's the world's worst for laziness
rainha-mãe (pl **rainhas-mães**) F queen mother
raio [ˈhaju] M (*de sol*) ray; (*de luz*) beam; (*de roda*) spoke; (*relâmpago*) flash of lightning; (*distância*) range; (*Mat*) radius; **~s X** X-rays; **~ de ação** range; **onde está o ~ da chave?** (*col*) where's the blasted key?
raiva [ˈhajva] F rage, fury; (*Med*) rabies sg; **estar/ficar com ~ (de)** to be/get angry (with); **estar morto de ~** to be furious; **ter ~ de** to hate; **tomar ~ de** to begin to hate; **que ~!** I am (*ou* was *etc*) furious!
raivoso, -a [haj'vozu, ɔza] ADJ furious; (*Med*) rabid, mad
raiz [ha'iz] F root; (*origem*) source; **~ quadrada** square root; **criar raízes** to put down roots
rajada [ha'ʒada] F (*vento*) gust; (*de tiros*) burst
ralado, -a [ha'ladu, a] ADJ grated; (*esfolado*) grazed
ralador [hala'dor] M grater
ralar [ha'lar] VT to grate; (*esfolar*) to graze
ralé [ha'lɛ] F common people pl, rabble
ralhar [ha'ʎar] VI to scold; **~ com alguém** to tell sb off
rali [ha'li] M rally
ralo, -a [ˈhalu, a] ADJ (*cabelo*) thinning; (*tecido*) thin, flimsy; (*vegetação*) sparse; (*sopa*) thin, watery; (*café*) weak ▶ M (*de regador*) rose, nozzle; (*de pia, banheiro*) drain
rama [ˈhama] F branches pl, foliage; **algodão em ~** raw cotton; **pela ~** superficially
ramagem [ha'maʒẽ] F branches pl, foliage; (*num tecido*) floral pattern
ramal [ha'maw] (pl **-ais**) M (*Ferro*) branch line; (*Tel*) extension; (*Auto*) side road
ramalhete [hama'ʎetʃi] M bouquet, posy
rameira [ha'mejra] F prostitute

ramerrão [hame'hãw] (pl **-ões**) M routine, round
ramificar-se [hamifi'karsi] VR to branch out
ramo [ˈhamu] M branch; (*profissão, negócios*) line; (*de flores*) bunch; **Domingo de R~s** Palm Sunday; **um perito do ~** an expert in the field
rampa [ˈhãpa] F ramp; (*ladeira*) slope
rançar [hã'sar] VI to go rancid
rancheiro [hã'ʃejru] M cook
rancho [ˈhãʃu] M (*grupo*) group, band; (*cabana*) hut; (*refeição*) meal
rancor [hã'kor] M (*ressentimento*) bitterness; (*ódio*) hatred
rancoroso, -a [hãko'rozu, ɔza] ADJ bitter, resentful; (*odiento*) hateful
rançoso, -a [hã'sozu, ɔza] ADJ rancid; (*cheiro*) musty
randevu [hãde'vu] M brothel
ranger [hã'ʒer] VI to creak ▶ VT: **~ os dentes** to grind one's teeth
rangido [hã'ʒidu] M creak
rango [ˈhãgu] (*col*) M grub
Rangum [hã'gũ] N Rangoon
ranheta [ha'ɲeta] ADJ sullen, surly
ranhetice [haɲe'tʃisi] F sullenness; (*ato*) surly thing
ranho [ˈhaɲu] (*col*) M snot
ranhura [ha'ɲura] F groove; (*para moeda*) slot
ranjo *etc* [ˈhãʒu] VB *ver* **ranger**
ranzinza [hã'zĩza] ADJ peevish
rapa [ˈhapa] M (*de comida*) remains pl; (*carro*) illegal trading patrol car; (*policial*) policeman concerned with illegal street trading
rapadura [hapa'dura] F (*doce*) raw brown sugar
rapagão [hapa'gãw] (pl **-ões**) M hunk
rapapé [hapa'pɛ] M touch of the forelock; **rapapés** MPL (*bajulação*) bowing and scraping; (*lisonja*) flattery sg; **fazer ~s a alguém** to bow and scrape to sb
rapar [ha'par] VT to scrape; (*a barba*) to shave; (*o cabelo*) to shave off; **~ algo a alguém** (*roubar*) to steal sth from sb
rapariga [hapa'riga] F girl
rapaz [ha'pajz] M boy; (*col*) lad; **ô, ~, tudo bem?** hi, mate, how's it going?
rapaziada [hapa'zjada] F (*grupo*) lads pl
rapazote [hapa'zɔtʃi] M little boy
rapé [ha'pɛ] M snuff
rapidez [hapi'dez] F speed, rapidity; **com ~** quickly, fast
rápido, -a [ˈhapidu, a] ADJ quick, fast ▶ ADV fast, quickly ▶ M (*trem*) express
rapina [ha'pina] F robbery; **ave de ~** bird of prey
raposo, -a [ha'pozu, ɔza] M/F fox/vixen; (*fig*) crafty person
rapsódia [hap'sɔdʒja] F rhapsody
raptado, -a [hap'tadu, a] M/F kidnap victim
raptar [hap'tar] VT to kidnap
rapto [ˈhaptu] M kidnapping
raptor [hap'tor] M kidnapper

raqueta [ha'keta] (PT) F = **raquete**
raquetada [hake'tada] F stroke with a (ou the) racquet
raquete [ha'ketʃi] F (de tênis) racquet; (de pingue-pongue) bat
raquidiana [haki'dʒjana] F (anestesia) epidural
raquítico, -a [ha'kitʃiku, a] ADJ (Med) suffering from rickets; (franzino) puny; (vegetação) poor
raquitismo [haki'tʃizmu] M (Med) rickets sg
raramente [hara'mẽtʃi] ADV rarely, seldom
rarear [ha'rjar] VT to make rare; (diminuir) to thin out ▶ VI to become rare; (cabelos) to thin; (casas etc) to thin out
rarefazer [harefa'zer] (irreg: como **fazer**) VT, VI to rarefy; (nuvens) to disperse, blow away; (multidão) to thin out
rarefeito, -a [hare'fejtu, a] PP de **rarefazer** ▶ ADJ rarefied; (multidão, população) sparse
rarefez [hare'fez] VB ver **rarefazer**
rarefizer etc [harefi'zer] VB ver **rarefazer**
raridade [hari'dadʒi] F rarity
raro, -a ['haru, a] ADJ rare ▶ ADV rarely, seldom; **não ~** often
rasante [ha'zãtʃi] ADJ (avião) low-flying; (voo) low
rascunhar [hasku'ɲar] VT to draft, make a rough copy of
rascunho [has'kuɲu] M rough copy, draft
rasgado, -a [haz'gadu, a] ADJ (roupa) torn, ripped; (cumprimentos, elogio, gesto) effusive
rasgão [haz'gãw] (pl **-ões**) M tear, rip
rasgar [haz'gar] VT to tear, rip; (destruir) to tear up, rip up; **rasgar-se** VR to split
rasgo ['hazgu] M (rasgão) tear, rip; (risco) stroke; (ação) feat; (ímpeto) burst; (da imaginação) flight
rasgões [haz'gõjs] MPL de **rasgão**
rasguei etc [haz'gej] VB ver **rasgar**
raso, -a ['hazu, a] ADJ (liso) flat, level; (sapato) flat; (não fundo) shallow; (baixo) low; (colher: como medida) level ▶ M: **o ~** the shallow water; **soldado ~** private
raspa ['haspa] F (de madeira) shaving; (de metal) filing
raspadeira [haspa'dejra] F scraper
raspão [has'pãw] (pl **-ões**) M scratch, graze; **tocar de ~** to graze
raspar [has'par] VT (limpar, tocar) to scrape; (alisar) to file; (tocar de raspão) to graze; (arranhar) to scratch; (pelos, cabeça) to shave; (apagar) to rub out ▶ VI: **~ em** to scrape; **passar raspando (num exame)** to scrape through (an exam)
raspões [has'põjs] MPL de **raspão**
rasteira [has'tejra] F (pernada) trip; **dar uma ~ em alguém** to trip sb up
rasteiro, -a [has'tejru, a] ADJ (que se arrasta) crawling; (planta) creeping; (a pouca altura) low-lying; (ordinário) common
rastejante [haste'ʒãtʃi] ADJ trailing; (arrastando-se) creeping; (voz) slurred

rastejar [haste'ʒar] VI to crawl; (furtivamente) to creep; (fig: rebaixar-se) to grovel ▶ VT (fugitivo etc) to track
rastilho [has'tʃiʎu] M (de pólvora) fuse
rasto ['hastu] M (pegada) track; (de veículo) trail; (fig) sign, trace; **de ~s** crawling; **andar de ~s** to crawl; **levar de ~s** to drag along
rastrear [has'trjar] VT to track; (investigar) to scan ▶ VI to track
rastro ['hastru] M = **rasto**
rasura [ha'zura] F deletion
rasurar [hazu'rar] VT to delete items from
rata ['hata] F rat; (pequena) mouse; **dar uma ~** to slip up
ratão [ha'tãw] (pl **-ões**) M rat
rataplã [hata'plã] M drum roll
ratazana [hata'zana] F rat
ratear [ha'tʃjar] VT (dividir) to share ▶ VI (motor) to miss
rateio [ha'teju] M (de custos) sharing, spreading
ratificação [hatʃifika'sãw] F ratification
ratificar [hatʃifi'kar] VT to ratify
rato ['hatu] M rat; (rato pequeno) mouse; **~ de biblioteca** bookworm; **~ de hotel/praia** hotel/beach thief
ratoeira [ha'twejra] F rat trap; (pequena) mousetrap
ratões [ha'tõjs] MPL de **ratão**
ravina [ha'vina] F ravine
raviólli [ha'vjoli] M ravioli
razão [ha'zãw] (pl **-ões**) F reason; (bom senso) common sense; (argumento) reasoning, argument; (conta) account; (Mat) ratio ▶ M (Com) ledger; **à ~ de** at the rate of; **com/sem ~** with good reason/for no reason; **em ~ de** on account of; **dar ~ a alguém** to support sb; **ter/não ter ~** to be right/wrong; **ter toda ~ (em fazer)** to be quite right (to do); **estar coberto de ~** to be quite right; **a ~ pela qual ...** the reason why ...; **~ demais para você ficar aqui** all the more reason for you to stay here; **~ de Estado** reason of State
razoável [ha'zwavew] (pl **-eis**) ADJ reasonable
razões [ha'zõjs] FPL de **razão**
r/c (PT) ABR = **rés do chão**
RDA ABR F (antes: = República Democrática Alemã) GDR
ré [hɛ] F (Auto) reverse (gear); **dar (marcha à) ré** to reverse, back up; ver tb **réu**
reabastecer [heabaste'ser] VT (avião) to refuel; (carro) to fill up; **reabastecer-se** VR: **~-se de** to replenish one's supply of
reabastecimento [heabastesi'mẽtu] M (de avião) refuelling; (de uma cidade) reprovisioning
reaberto, -a [hea'bɛrtu, a] PP de **reabrir**
reabertura [heaber'tura] F reopening
reabilitação [heabilita'sãw] F rehabilitation; **~ motora** physiotherapy
reabilitar [heabili'tar] VT to rehabilitate; (falido) to discharge, rehabilitate
reabrir [hea'brir] VT to reopen

reaça [he'asa] (*col*) M/F reactionary
reação [hea'sãw] (*pl* **-ões**) F reaction; **~ em cadeia** chain reaction
reacender [heasē'der] VT to relight; (*fig*) to rekindle
reacionário, -a [heasjo'narju, a] ADJ reactionary
reações [hea'sōjs] FPL *de* **reação**
readaptar [headap'tar] VT to readapt
readmitir [hedʒimi'tʃir] VT to readmit; (*funcionário*) to reinstate
readquirir [headʒiki'rir] VT to reacquire
reafirmar [heafir'mar] VT to reaffirm
reagir [hea'ʒir] VI to react; (*doente, time perdedor*) to fight back; **~ a** (*resistir*) to resist; (*protestar*) to rebel against
reais [he'ajs] ADJ PL *de* **real**
reaja *etc* [he'aʒa] VB *ver* **reagir**
reajustar [heaʒus'tar] VT to readjust; (*Mecânica*) to regulate; (*salário, preço*) to adjust (*in line with inflation*)
reajuste [hea'ʒustʃi] M adjustment; **~ salarial/de preços** wage/price adjustment (*in line with inflation*)
real [he'aw] (*pl* **-ais**) ADJ real; (*relativo à realeza*) royal ▶ M (*moeda*) real

> The Brazilian currency, the **real**, was introduced in 1994 as part of a comprehensive economic stabilization package known as the **Plano Real**. This brought an end to some thirty years of hyperinflation which saw successive devaluations and name-changes to the Brazilian currency, from *cruzeiro* to *cruzado* (1986), to *cruzado novo* (1989), back to *cruzeiro* (1990), to *cruzeiro real* (1993) and finally to *real* (1994). The *real* is subdivided into 100 *centavos*. The currency symbol is R$ and a comma is used to separate *reais* and *centavos*, e.g. R$ 2,40 (two *reais* and forty *centavos*).

realçar [heaw'sar] VT to highlight
realce [he'awsi] M (*destaque*) emphasis; (*mais brilho*) highlight; **dar ~ a** to enhance
realejo [hea'leʒu] M barrel organ
realeza [hea'leza] F royalty
realidade [heali'dadʒi] F reality; **na ~** actually, in fact; **~ virtual** virtual reality
realimentação [healimēta'sãw] F (*Elet*) feedback
realismo [hea'lizmu] M realism
realista [hea'lista] ADJ realistic ▶ M/F realist
reality show [healitʃi'ʃow] M reality show
realização [healiza'sãw] F fulfilment (BRIT), fulfillment (US), realization; (*de projeto*) execution, carrying out; (*transformação em dinheiro*) conversion into cash
realizado, -a [heali'zadu, a] ADJ (*pessoa*) fulfilled
realizador, a [healiza'dor(a)] ADJ (*pessoa*) enterprising
realizar [heali'zar] VT (*um objetivo*) to achieve; (*projeto*) to carry out; (*ambições, sonho*) to fulfil (BRIT), fulfill (US), realize; (*negócios*) to transact; (*perceber, converter en dinheiro*) to realize; **realizar-se** VR (*acontecer*) to take place; (*ambições*) to be realized; (*sonhos*) to come true; (*pessoa*) to fulfil(l) o.s.; **o congresso será realizado em Lisboa** the conference will be held in Lisbon
realizável [heali'zavew] (*pl* **-eis**) ADJ realizable
realmente [heaw'mētʃi] ADV really; (*de fato*) actually
reanimar [heani'mar] VT to revive; (*encorajar*) to encourage; **reanimar-se** VR (*pessoa*) to cheer up
reaparecer [heapare'ser] VI to reappear
reaprender [heaprē'der] VT to relearn
reapresentar [heaprezē'tar] VT (*espetáculo*) to put on again
reaproximação [heaprosima'sãw] (*pl* **-ões**) F (*entre pessoas, países*) rapprochement
reaproximar [heaprosi'mar] VT to bring back together; **reaproximar-se** VR to be brought back together
reaquecer [heake'ser] VT to reheat
reassumir [heasu'mir] VT, VI to take over again
reatar [hea'tar] VT (*continuar*) to resume, take up again; (*nó*) to retie
reativar [heatʃi'var] VT to reactivate; (*organização, lei*) to revive
reator [hea'tor] M reactor
reavaliação [heavalja'sãw] F revaluation
reaver [hea'ver] VT to recover, get back
reavivar [heavi'var] VT (*cor*) to brighten up; (*lembrança*) to revive; (*sofrimento, dor*) to bring back
rebaixa [he'bajʃa] F reduction
rebaixar [hebaj'ʃar] VT (*tornar mais baixo*) to lower; (*reduzir*) to reduce; (*time*) to relegate; (*funcionário*) to demote; (*humilhar*) to put down ▶ VI to drop; **rebaixar-se** VR to demean o.s.
rebanho [he'baɲu] M (*de carneiros, fig*) flock; (*de gado, elefantes*) herd
rebarbar [hebar'bar] VT (*opor-se a*) to oppose ▶ VI (*reclamar*) to complain
rebarbativo, -a [hebarba'tʃivu, a] ADJ (*pessoa*) disagreeable, unpleasant
rebate [he'batʃi] M (*sinal*) alarm; (*Com*) discount; **~ falso** false alarm
rebater [heba'ter] VT (*golpe*) to ward off; (*acusações, argumentos*) to refute; (*bola*) to knock back; (*à máquina*) to retype
rebelar-se [hebe'larsi] VR to rebel
rebelde [he'bɛwdʒi] ADJ rebellious; (*indisciplinado*) unruly, wild ▶ M/F rebel
rebeldia [hebew'dʒia] F rebelliousness; (*fig: obstinação*) stubbornness; (: *oposição*) defiance
rebelião [hebe'ljãw] (*pl* **-ões**) F rebellion
rebentar [hebē'tar] VI (*guerra*) to break out; (*louça*) to smash; (*corda*) to snap; (*represa*) to burst; (*ondas*) to break ▶ VT (*louça*) to smash; (*corda*) to snap; (*porta, ponte*) to break down

rebento [he'bẽtu] M (*filho*) offspring
rebite [he'bitʃi] M (*Tec*) rivet
reboar [he'bwar] VI to resound, echo
rebobinar [hebobi'nar] VT (*vídeo*) to rewind
rebocador [heboka'dor] M (*Náut*) tug(boat)
rebocar [hebo'kar] VT (*paredes*) to plaster; (*veículo mal estacionado*) to tow away; (*dar reboque a*) to tow
reboco [he'boku] M plaster
rebolar [hebo'lar] VT to swing ▶ VI to sway; (*fig*) to work hard; **rebolar-se** VR to sway
rebolo [he'bolu] M (*mó*) grindstone; (*cilindro*) cylinder
reboque¹ [he'bɔki] M (*ato*) tow; (*veículo: tb*: **carro reboque**) trailer; (*cabo*) towrope; (BR: *de socorro*) tow truck; **a ~** on ou in (US) tow
reboque² *etc* VB *ver* **rebocar**
rebordo [he'bordu] M rim, edge; **~ da lareira** mantelpiece
rebordosa [hebor'dɔza] F (*situação difícil*) difficult situation; (*doença grave*) serious illness; (*reincidência de moléstia*) recurrence; (*pancadaria*) commotion
rebu [he'bu] (*col*) M commotion, rumpus
rebuçado [hebu'sadu] (PT) M sweet, candy (US)
rebuliço [hebu'lisu] M commotion, hubbub
rebuscado, -a [hebus'kadu, a] ADJ affected
recado [he'kadu] M message; **menino de ~s** errand boy; **dar o ~, dar conta do ~** (*fig*) to deliver the goods; **deixar ~** to leave a message; **mandar ~** to send word
recaída [heka'ida] F relapse
recair [heka'ir] VI (*doente*) to relapse; **~ em erro** ou **falta** to go wrong again; **a culpa recaiu nela** she got the blame; **o acento recai na última sílaba** the accent falls on the last syllable
recalcado, -a [hekaw'kadu, a] ADJ repressed
recalcar [hekaw'kar] VT to repress
recalcitrante [hekawsi'trãtʃi] ADJ recalcitrant
recalque¹ [he'kawki] M repression
recalque² *etc* VB *ver* **recalcar**
recamado, -a [heka'madu, a] ADJ embroidered
recambiar [hekã'bjar] VT to send back
recanto [he'kãtu] M (*lugar aprazível*) corner, nook; (*esconderijo*) hiding place
recapitulação [hekapitula'sãw] F (*resumo*) recapitulation; (*rememorar*) revision
recapitular [hekapitu'lar] VT (*resumir*) to sum up, recapitulate; (*fatos*) to review; (*matéria escolar*) to revise
recarga [he'karga] F (*de celular*) top-up; **preciso fazer a ~ do meu celular** I need to top up my mobile
recarregar [hekahe'gar] VT (*celular*) to top up; (*bateria*) to recharge; (*cartucho*) to refill
recatado, -a [heka'tadu, a] ADJ (*modesto*) modest; (*reservado*) reserved
recatar-se [heka'tarsi] VR to become withdrawn; (*ocultar-se*) to hide
recato [he'katu] M (*modéstia*) modesty

recauchutado, -a [hekawʃu'tadu, a] ADJ (*fig*) revamped; (*col: pessoa*) having had cosmetic surgery; **pneu ~** (*Auto*) retread, remould (BRIT)
recauchutagem [hekawʃu'taʒẽ] (*pl* **-ns**) F (*de pneu*) retreading; (*fig*) face-lift
recauchutar [hekawʃu'tar] VT (*pneu*) to retread; (*fig*) to give a face-lift
recear [he'sjar] VT to fear ▶ VI: **~ por** to fear for; **~ fazer/que** to be afraid to do/that
recebedor, a [hesebe'dor(a)] M/F recipient; (*de impostos*) collector
receber [hese'ber] VT to receive; (*ganhar*) to earn, get; (*hóspedes*) to take in; (*convidados*) to entertain; (*acolher bem*) to welcome ▶ VI (*receber convidados*) to entertain; (*ser pago*) to be paid; **a ~** (*Com*) receivable
recebimento [hesebi'mẽtu] (BR) M reception; (*de uma carta*) receipt; **acusar o ~ de** to acknowledge receipt of
receio [he'seju] M fear; **não tenha ~** never fear; **ter ~ de que** to fear that
receita [he'sejta] F (*renda*) income; (*do Estado*) revenue; (*Med*) prescription; (*culinária*) recipe; **~ pública** tax revenue; **R~ Federal** ≈ Inland Revenue (BRIT), ≈ IRS (US)
receitar [hesej'tar] VT to prescribe ▶ VI to write prescriptions
recém [he'sẽ] ADV recently, newly
recém-casado, -a ADJ newly-married; **os ~s** the newlyweds
recém-chegado, -a M/F newcomer
recém-nascido, -a M/F newborn child
recém-publicado, -a ADJ newly ou recently published
recender [hesẽ'der] VT: **~ um cheiro** to give off a smell ▶ VI to smell; **~ a** to smell of
recenseamento [hesẽsja'mẽtu] M census
recensear [hesẽ'sjar] VT to take a census of
recente [he'sẽtʃi] ADJ recent; (*novo*) new ▶ ADV recently
recentemente [hesẽtʃi'mẽtʃi] ADV recently
receoso, -a [he'sjozu, ɔza] ADJ (*medroso*) frightened, fearful; (*apreensivo*) afraid; **estar ~ de (fazer)** to be afraid of (doing)
recepção [hesep'sãw] (*pl* **-ões**) F reception; (PT: *de uma carta*) receipt; **acusar a ~ de** (PT) to acknowledge receipt of
recepcionar [hesepsjo'nar] VT to receive
recepcionista [hesepsjo'nista] M/F receptionist
recepções [hesep'sõjs] FPL *de* **recepção**
receptáculo [hesep'takulu] M receptacle
receptador, a [hesepta'dor(a)] M/F fence, receiver of stolen goods
receptar [hesep'tar] VT to fence, receive
receptivo, -a [hesep'tʃivu, a] ADJ receptive; (*acolhedor*) welcoming
receptor [hesep'tor] M (*Tec*) receiver
recessão [hese'sãw] (*pl* **-ões**) F recession
recesso [he'sɛsu] M recess
recessões [hese'sõjs] FPL *de* **recessão**
rechaçar [heʃa'sar] VT (*ataque*) to repel; (*ideias, argumentos*) to oppose; (*oferta*) to turn down

réchaud [heˈʃo] (*pl* -**s**) M plate-warmer
recheado, -a [heˈʃjadu, a] ADJ (*ave, carne*) stuffed; (*empada, bolo*) filled; (*cheio*) full, crammed
rechear [heˈʃjar] VT to fill; (*ave, carne*) to stuff
recheio [heˈʃeju] M (*para carne assada*) stuffing; (*de empada, de bolo*) filling; (*o conteúdo*) contents *pl*
rechonchudo, -a [heʃõˈʃudu, a] ADJ chubby, plump
recibo [heˈsibu] M receipt
reciclagem [hesiˈklaʒẽ] F (*de papel etc*) recycling; (*de professores, funcionários*) retraining
reciclar [hesiˈklar] VT (*papel etc*) to recycle; (*professores, funcionários*) to retrain
reciclável [hesiˈklavew] (*pl* -**eis**) ADJ recyclable
recidiva [hesiˈdʒiva] F recurrence
recife [heˈsifi] M reef
recifense [hesiˈfẽsi] ADJ from Recife ▶ M/F person from Recife
recinto [heˈsĩtu] M (*espaço fechado*) enclosure; (*lugar*) area
recipiente [hesiˈpjẽtʃi] M container, receptacle
recíproca [heˈsiproka] F reverse
reciprocar [hesiproˈkar] VT to reciprocate
reciprocidade [hesiprosiˈdadʒi] F reciprocity
recíproco, -a [heˈsiproku, a] ADJ reciprocal
récita [ˈhɛsita] F (*teatral*) performance
recitação [hesitaˈsãw] (*pl* -**ões**) F recitation
recital [hesiˈtaw] (*pl* -**ais**) M recital
recitar [hesiˈtar] VT (*declamar*) to recite
reclamação [heklamaˈsãw] (*pl* -**ões**) F (*queixa*) complaint; (*Jur*) claim
reclamante [heklaˈmãtʃi] M/F claimant
reclamar [heklaˈmar] VT (*exigir*) to demand; (*herança*) to claim ▶ VI: ~ **(de)** (*comida etc*) to complain (about); (*dores etc*) to complain (of); ~ **contra** to complain about
reclame [heˈklami] M advertisement
reclinado, -a [hekliˈnadu, a] ADJ (*inclinado*) leaning; (*recostado*) lying back
reclinar [hekliˈnar] VT to rest, lean; **reclinar-se** VR to lie back; (*deitar-se*) to lie down
reclinável [hekliˈnavew] (*pl* -**eis**) ADJ (*cadeira*) reclinable
reclusão [hekluˈzãw] F (*isolamento*) seclusion; (*encarceramento*) imprisonment
recluso, -a [heˈkluzu, a] ADJ reclusive ▶ M/F recluse; (*prisioneiro*) prisoner
recobrar [hekoˈbrar] VT to recover, get back; **recobrar-se** VR to recover
recolher [hekoˈʎer] VT to collect; (*gado, roupa do varal*) to bring in; (*juntar*) to collect up; (*abrigar*) to give shelter to; (*notas antigas*) to withdraw; (*encolher*) to draw in; **recolher-se** VR (*ir para casa*) to go home; (*deitar-se*) to go to bed; (*ir para o quarto*) to retire; (*em meditações*) to meditate; ~ **alguém a algum lugar** to take sb somewhere

recolhido, -a [hekoˈʎidu, a] ADJ (*lugar*) secluded; (*pessoa*) withdrawn
recolhimento [hekoʎiˈmẽtu] M (*vida retraída*) retirement; (*arrecadação*) collection; (*ato de levar*) taking
recomeçar [hekomeˈsar] VT, VI to restart; ~ **a fazer** to start to do again
recomeço [hekoˈmesu] M restart
recomendação [hekomẽdaˈsãw] (*pl* -**ões**) F recommendation; **recomendações** FPL (*cumprimentos*) regards; **carta de** ~ letter of recommendation
recomendar [hekomẽˈdar] VT to recommend; (*confiar*) to entrust; ~ **alguém a alguém** (*enviar cumprimentos*) to remember sb to sb, give sb's regards to sb; (*pedir favor*) to put in a word for sb with sb; ~ **algo a alguém** (*confiar*) to entrust sth to sb; ~ **que alguém faça** to recommend that sb do; (*lembrar, pedir*) to urge that sb do
recomendável [hekomẽˈdavew] (*pl* -**eis**) ADJ advisable
recompensa [hekõˈpẽsa] F (*prêmio*) reward; (*indenização*) recompense
recompensar [hekõpẽˈsar] VT (*premiar*) to reward; ~ **alguém de algo** (*indenizar*) to compensate sb for sth
recompor [hekõˈpor] (*irreg: como* **pôr**) VT (*reorganizar*) to reorganize; (*restabelecer*) to restore
recôncavo [heˈkõkavu] M (*enseada*) bay area
reconciliação [hekõsiljaˈsãw] (*pl* -**ões**) F reconciliation
reconciliar [hekõsiˈljar] VT to reconcile; **reconciliar-se** VR to become reconciled
recondicionar [hekõdʒisjoˈnar] VT to recondition
recôndito, -a [heˈkõdʒitu, a] ADJ (*escondido*) hidden; (*lugar*) secluded
reconfortar [hekõforˈtar] VT to invigorate; **reconfortar-se** VR to be invigorated
reconhecer [hekoɲeˈser] VT to recognize; (*admitir*) to admit; (*Mil*) to reconnoitre (BRIT), reconnoiter (US); (*assinatura*) to witness
reconhecido, -a [hekoɲeˈsidu, a] ADJ recognized; (*agradecido*) grateful, thankful
reconhecimento [hekoɲesiˈmẽtu] M recognition; (*admissão*) admission; (*gratidão*) gratitude; (*Mil*) reconnaissance; (*de assinatura*) witnessing
reconhecível [hekoɲeˈsivew] (*pl* -**eis**) ADJ recognizable
reconquista [hekõˈkista] F reconquest
reconsiderar [hekõsideˈrar] VT, VI to reconsider
reconstituinte [hekõstʃiˈtwĩtʃi] M tonic
reconstituir [hekõstʃiˈtwir] VT to reconstitute; (*doente*) to build up; (*crime*) to piece together
reconstrução [hekõstruˈsãw] F reconstruction
reconstruir [hekõsˈtrwir] VT to rebuild, reconstruct

recontar [hekõ'tar] VT *(objetos, pessoas)* to recount; *(história)* to retell
recordação [hekorda'sãw] *(pl* **-ões)** F *(reminiscência)* memory; *(objeto)* memento
recordar [hekor'dar] VT to remember; **recordar-se** VR: **~-se de** to remember; **~ algo a alguém** to remind sb of sth
recorde [he'kɔrdʒi] ADJ INV record *atr* ▶ M record; **em tempo ~** in record time; **bater um ~** to break a record
recordista [hekor'dʒista] ADJ record-breaking ▶ M/F record-breaker; *(quem detém o recorde)* record-holder; **~ mundial** world record-holder
recorrer [heko'her] VI: **~ a** *(para socorro)* to turn to; *(valer-se de)* to resort to; **~ da sentença/decisão** to appeal against the sentence/decision
recortar [hekor'tar] VT to cut out
recorte [he'kɔrtʃi] M *(ato)* cutting out; *(de jornal)* cutting, clipping
recostar [hekos'tar] VT to lean, rest; **recostar-se** VR to lean back; *(deitar-se)* to lie down
recosto [he'kostu] M back(rest)
recreação [hekrja'sãw] F recreation
recrear [he'krjar] VT to entertain, amuse; **recrear-se** VR to have fun
recreativo, -a [hekrja'tʃivu, a] ADJ recreational
recreio [he'kreju] M recreation; *(Educ)* playtime; **viagem de ~** trip, outing; **hora do ~** break
recriar [he'krjar] VT to recreate
recriminação [hekrimina'sãw] *(pl* **-ões)** F recrimination
recriminador, a [hekrimina'dor(a)] ADJ reproving
recriminar [hekrimi'nar] VT to reproach, reprove
recrudescência [hekrude'sẽsja] F = **recrudescimento**
recrudescer [hekrude'ser] VI to grow worse, worsen
recrudescimento [hekrudesi'mẽtu] M worsening
recruta [he'kruta] M/F recruit
recrutamento [hekruta'mẽtu] M recruitment
recrutar [hekru'tar] VT to recruit
récua ['hɛkwa] F *(de mulas)* pack, train; *(de cavalos)* drove
recuado, -a [he'kwadu, a] ADJ *(prédio)* set back
recuar [he'kwar] VT to move back ▶ VI to move back; *(exército)* to retreat; *(num intento)* to back out; *(num compromisso)* to backpedal; *(ciência)* to regress; **~ a** *ou* **para** *(no tempo)* to return *ou* regress to; *(numa decisão, opinião)* to back down to; **~ de** *(lugar)* to move back from; *(intenções, planos)* to back out of
recuo [he'kuu] M retreat; *(de ciência)* regression; *(de intento)* climbdown; *(de um prédio)* frontage

739 | recontar – redundante

recuperação [hekupera'sãw] F recovery
recuperar [hekupe'rar] VT to recover; *(tempo perdido)* to make up for; *(reabilitar)* to rehabilitate; **recuperar-se** VR to recover; **~-se de** to recover *ou* recuperate from
recurso [he'kursu] M *(meio)* resource; *(Jur)* appeal; **recursos** MPL *(financeiros)* resources; **em último ~** as a last resort; **o ~ à violência** resorting to violence; **não há outro ~ contra a fome** there is no other solution to famine; **~s próprios** *(Com)* own resources
recusa [he'kuza] F refusal; *(negação)* denial
recusar [heku'zar] VT to refuse; *(negar)* to deny; **recusar-se** VR: **~-se a** to refuse to; **~ fazer** to refuse to do; **~ algo a alguém** to refuse *ou* deny sb sth
redação [heda'sãw] *(pl* **-ões)** F *(ato)* writing; *(Educ)* composition, essay; *(redatores)* editorial staff; *(lugar)* editorial office
redarguir [hedar'gwir] VI to retort
redator, a [heda'tor(a)] M/F editor
redator-chefe, redatora-chefe *(pl* **redatores-chefes/redatoras-chefes)** M/F *(de jornal, revista)* editor
rede ['hedʒi] F net; *(de salvamento)* safety net; *(de cabelos)* hairnet; *(de dormir)* hammock; *(Ferro, Tec, Comput, TV, fig)* network; **a ~** *(a Internet)* the web; **~ bancária** banking system; **~ de esgotos** drainage system; **~ de área local** local area network; **~ sem fio** wireless network; **~ social** social network, social networking site; **comunicar-se em ~ (com)** *(Comput)* to network (with); **operação em ~** *(Comput)* networking
rédea ['hɛdja] F rein; **dar ~ larga a** to give free rein to; **tomar as ~s** *(fig)* to take control, take over; **falar à ~ solta** to talk nineteen to the dozen
redenção [hedẽ'sãw] F redemption
redentor, a [hedẽ'tor(a)] ADJ redeeming ▶ M/F redeemer
redigir [hedʒi'ʒir] VT, VI to write
redime *etc* [he'dʒimi] VB *ver* **remir**
redimir [hedʒi'mir] VT *(livrar)* to free; *(Rel)* to redeem
redobrar [hedo'brar] VT *(dobrar de novo)* to fold again; *(aumentar)* to increase; *(esforços)* to redouble; *(sinos)* to ring ▶ VI to increase; *(intensificar)* to intensify; to ring out
redoma [he'dɔma] F glass dome
redondamente [hedõda'mẽtʃi] ADV *(completamente)* completely
redondeza [hedõ'deza] F roundness; **redondezas** FPL *(arredores)* surroundings
redondo, -a [he'dõdu, a] ADJ round; *(gordo)* plump
redor [he'dor] M: **ao** *ou* **em ~ (de)** around, round about
redução [hedu'sãw] *(pl* **-ões)** F reduction; *(conversão: de moeda)* conversion
redundância [hedũ'dãsja] F redundancy
redundante [hedũ'dãtʃi] ADJ redundant

redundar [hedũ'dar] VI: **~ em** (*resultar em*) to result in
reduto [he'dutu] M stronghold; (*refúgio*) haven
reduzido, -a [hedu'zidu, a] ADJ reduced; (*limitado*) limited; (*pequeno*) small; **ficar ~ a** to be reduced to
reduzir [hedu'zir] VT to reduce; (*converter: dinheiro*) to convert; (*abreviar*) to abridge; **reduzir-se** VR: **~-se a** to be reduced to; (*fig: resumir-se em*) to come down to; **"reduza a velocidade"** "reduce speed now"
reedificar [heedʒifi'kar] VT to rebuild
reeditar [heedʒi'tar] VT (*livro*) to republish; (*repetir*) to repeat
reeducar [heedu'kar] VT to reeducate
reeleger [heele'ʒer] VT to re-elect; **reeleger-se** VR to be re-elected
reeleição [heelej'sãw] F re-election
reelejo *etc* [hee'leʒu] VB *ver* **reeleger**
reembolsar [heẽbow'sar] VT (*reaver*) to recover; (*restituir*) to reimburse; (*depósito*) to refund; **~ alguem de algo** *ou* **algo a alguém** to reimburse sb for sth
reembolso [heẽ'bowsu] M (*de depósito*) refund; (*de despesa*) reimbursement; **~ postal** cash on delivery
reencarnação [heẽkarna'sãw] F reincarnation
reencarnar [heẽkar'nar] VI to be reincarnated
reencontrar [heẽkõ'trar] VT to meet again; **reencontrar-se** VR: **~-se (com)** to meet up (with)
reencontro [heẽ'kõtru] M reunion
reentrância [heẽ'trãsja] F recess
reescalonamento [heeskalona'mẽtu] M rescheduling
reescalonar [heeskalo'nar] VT (*dívida*) to reschedule
reescrever [heeskre'ver] VT to rewrite
reestruturação [heestrutura'sãw] F restructuring
reestruturar [heestrutu'rar] VT to restructure
reexaminar [heezami'nar] VT to re-examine
refaço *etc* [he'fasu] VB *ver* **refazer**
refastelado, -a [hefaste'ladu, a] ADJ stretched out
refastelar-se [hefaste'larsi] VR to stretch out, lounge
refazer [hefa'zer] (*irreg: como* **fazer**) VT (*trabalho*) to redo; (*consertar*) to repair, fix; (*forças*) to restore; (*finanças*) to recover; (*vida*) to rebuild; **refazer-se** VR (*Med etc*) to recover; **~-se de despesas** to recover one's expenses
refeição [hefej'sãw] (*pl* **-ões**) F meal; **na hora da ~** at mealtimes
refeito, -a [he'fejtu, a] PP *de* **refazer**
refeitório [hefej'tɔrju] M dining hall, refectory
refém [he'fẽ] (*pl* **-ns**) M hostage
referência [hefe'rẽsja] F reference; **referências** FPL (*informações para emprego*) references; **com ~ a** with reference to, about; **fazer ~ a** to make reference to, refer to
referendar [heferẽ'dar] VT to countersign, endorse; (*aprovar: tratado etc*) to ratify
referendum [hefe'rẽdũ] M (*Pol*) referendum
referente [hefe'rẽtʃi] ADJ: **~ a** concerning, regarding
referido, -a [hefe'ridu, a] ADJ aforesaid, already mentioned
referir [hefe'rir] VT (*contar*) to relate, tell; **referir-se** VR: **~-se a** to refer to
REFESA [he'fesa] F (= *Rede Ferroviária SA*) Brazilian rail network
refestelar-se [hefeste'larsi] VR = **refastelar-se**
refez [he'fez] VB *ver* **refazer**
refil [he'fiw] (*pl* **-is**) M refill
refilmagem [hefiw'maʒẽ] (*pl* **-ns**) F (*Cinema*) remake
refinado, -a [hefi'nadu, a] ADJ refined
refinamento [hefina'mẽtu] M refinement
refinanciamento [hefinãsja'mẽtu] M refinancing
refinanciar [hefinã'sjar] VT to refinance
refinar [hefi'nar] VT to refine
refinaria [hefina'ria] F refinery
refiro *etc* [he'firu] VB *ver* **referir**
refis [he'fis] MPL *de* **refil**
refiz [he'fiz] VB *ver* **refazer**
refizer *etc* [hefi'zer] VB *ver* **refazer**
refletido, -a [hefle'tʃidu, a] ADJ reflected; (*prudente*) thoughtful; (*ação*) prudent, shrewd
refletir [hefle'tʃir] VT (*espelhar*) to reflect; (*som*) to echo; (*fig: revelar*) to reveal ▶ VI: **~ em** *ou* **sobre** (*pensar*) to consider, think about; **refletir-se** VR to be reflected; **~-se em** (*repercutir-se*) to have implications for
refletor, a [hefle'tor(a)] ADJ reflecting ▶ M reflector
reflexão [heflek'sãw] (*pl* **-ões**) F reflection; (*meditação*) thought, reflection
reflexivo, -a [heflek'sivu, a] ADJ reflexive
reflexo, -a [he'flɛksu, a] ADJ (*luz*) reflected; (*ação*) reflex ▶ M reflection; (*Anat*) reflex; (*no cabelo*) streak
reflexões [heflek'sõjs] FPL *de* **reflexão**
reflito *etc* [he'flitu] VB *ver* **refletir**
refluxo [he'fluksu] M ebb
refogado, -a [hefo'gadu, a] ADJ sautéed ▶ M (*molho*) tomatoes, onion, garlic and herbs fried together; (*prato*) stew
refogar [hefo'gar] VT to sauté
reforçado, -a [hefor'sadu, a] ADJ reinforced; (*pessoa*) strong; (*café da manhã, jantar*) hearty
reforçar [hefor'sar] VT to reinforce; (*revigorar*) to invigorate
reforço [he'forsu] M reinforcement
reforma [he'fɔrma] F reform; (*Arq*) renovation; (*Rel*) reformation; (*Mil*) retirement; **fazer ~s em casa** to have building work done in the house; **o banheiro está em ~** the bathroom is being done up; **~ agrária** land reform; **~ ministerial** cabinet reshuffle

reformado, -a [hefor'madu, a] ADJ reformed; *(Arq)* renovated; *(Mil)* retired

reformar [hefor'mar] VT to reform; *(Arq)* to renovate; *(Mil)* to retire; *(sentença)* to commute; **reformar-se** VR *(militar)* to retire; *(criminoso)* to reform, mend one's ways

reformatar [heforma'tar] VT to reformat

reformatório [heforma'tɔrju] M reformatory, approved school (BRIT)

refrão [he'frãw] *(pl* **-ões)** M *(cantado)* chorus, refrain; *(provérbio)* saying

refratário, -a [hefra'tarju, a] ADJ *(rebelde)* difficult, unmanageable; *(Tec)* heat-resistant; *(Culin)* ovenproof; **ser ~ a** *(admoestações etc)* to be impervious to

refrear [hefre'ar] VT *(cavalo)* to rein in; *(inimigo)* to contain, check; *(paixões, raiva)* to control; **refrear-se** VR to restrain o.s.; **~ a língua** to mind one's language

refrega [he'frɛga] F fight

refrescante [hefres'kãtʃi] ADJ refreshing

refrescar [hefres'kar] VT *(ar, ambiente)* to cool; *(pessoa)* to refresh ▶ VI to cool down; **refrescar-se** VR to refresh o.s.

refresco [he'fresku] M cool fruit drink, squash; **refrescos** MPL *(refrigerantes)* refreshments

refrigeração [hefriʒera'sãw] F cooling; *(de alimentos)* refrigeration; *(de casa)* air conditioning

refrigerado, -a [hefriʒe'radu, a] ADJ cooled; *(casa)* air-conditioned; *(alimentos)* refrigerated; **~ a ar** air-cooled

refrigerador [hefriʒera'dor] M refrigerator, fridge (BRIT)

refrigerante [hefriʒe'rãtʃi] M soft drink

refrigerar [hefriʒe'rar] VT to keep cool; *(com geladeira)* to refrigerate; *(casa)* to air-condition

refrigério [hefri'ʒɛrju] M solace, consolation

refugar [hefu'gar] VT *(alimentos)* to reject; *(proposta, conselho)* to reject, dismiss ▶ VI *(cavalo)* to balk; *(Hipismo)* to refuse

refugiado, -a [hefu'ʒjadu, a] ADJ, M/F refugee

refugiar-se [hefu'ʒjarsi] VR to take refuge; **~ na leitura** *etc* to seek solace in reading *etc*

refúgio [he'fuʒju] M refuge

refugo [he'fugu] M rubbish, garbage (US); *(mercadoria)* reject

refulgência [hefuw'ʒẽsja] F brilliance

refulgir [hefuw'ʒir] VI to shine

refutação [hefuta'sãw] *(pl* **-ões)** F refutation

refutar [hefu'tar] VT to refute

reg ABR = **regimento; regular**

rega ['hɛga] F watering; (PT: *irrigação)* irrigation

regaço [he'gasu] M *(colo)* lap

regador [hega'dor] M watering can

regalado, -a [hega'ladu, a] ADJ *(encantado)* delighted; *(confortável)* comfortable ▶ ADV comfortably

regalar [hega'lar] VT *(causar prazer)* to delight; **regalar-se** VR *(divertir-se)* to enjoy o.s.; *(alegrar-se)* to be delighted; **~ alguém com algo** to give sb sth, present sb with sth

regalia [hega'lia] F privilege

regalo [he'galu] M *(presente)* present; *(prazer)* pleasure, treat

regar [he'gar] VT *(plantas, jardim)* to water; *(umedecer)* to sprinkle; **~ o jantar a vinho** to wash one's dinner down with wine

regata [he'gata] F regatta

regatear [hega'tʃjar] VT *(o preço)* to haggle over, bargain for ▶ VI to haggle

regateio [hega'teju] M haggling

regato [he'gatu] M brook, stream

regência [he'ʒẽsja] F regency; *(Ling)* government; *(Mús)* conducting

regeneração [heʒenera'sãw] F regeneration; *(de criminosos)* reform

regenerar [heʒene'rar] VT to regenerate; *(criminoso)* to reform; **regenerar-se** VR to regenerate; to reform

regente [he'ʒẽtʃi] M *(Pol)* regent; *(de orquestra)* conductor; *(de banda)* leader

reger [he'ʒer] VT to govern, rule; *(regular, Ling)* to govern; *(orquestra)* to conduct; *(empresa)* to run ▶ VI *(governar)* to rule; *(maestro)* to conduct; **~ uma cadeira** *(Educ)* to hold a chair

região [he'ʒjãw] *(pl* **-ões)** F region; *(de uma cidade)* area

regime [he'ʒimi] M *(Pol)* regime; *(dieta)* diet; *(maneira)* way; **meu ~ agora é levantar cedo** my routine now is to get up early; **fazer ~** to diet; **estar de ~** to be on a diet; **o ~ das prisões/dos hospitais** the prison/hospital system; **~ de vida** way of life

regimento [heʒi'mẽtu] M regiment; *(regras)* regulations *pl*, rules *pl*; **~ interno** *(de empresa)* company rules *pl*

régio, -a ['hɛʒju, a] ADJ *(real)* royal; *(digno do rei)* regal; *(suntuoso)* princely

regiões [he'ʒjõjs] FPL *de* **região**

regional [heʒjo'naw] *(pl* **-ais)** ADJ regional

registrador, a [heʒistra'dor(a)], (PT) **registador, a** M/F registrar, recorder ▶ F: **(caixa) ~a** cash register, till

registrar [heʒis'trar], (PT) **registar** VT to register; *(anotar)* to record; *(com máquina registradora)* to ring up

registro [he'ʒistru], (PT) **registo** M *(ato)* registration; (: *anotação)* recording; *(livro, Ling)* register; *(histórico, Comput)* record; *(relógio)* meter; *(Mús)* range; *(torneira)* stopcock; **~ civil** registry office

rego ['hegu] M *(para água)* ditch; *(de arado)* furrow; *(!)* crack

reg° ABR = **regulamento**

regozijar [hegozi'ʒar] VT to gladden; **regozijar-se** VR to be delighted, rejoice

regozijo [hego'ziʒu] M joy, delight

regra ['hɛgra] F rule; **regras** FPL *(Med)* periods; **sair da ~** to step out of line; **em ~** as a rule, usually; **por via de ~** as a rule

regrado, -a [he'gradu, a] ADJ *(sensato)* sensible

regravável [hegra'vavew] (*pl* **-eis**) ADJ rewritable
regredir [hegre'dʒir] VI to regress; (*doença*) to retreat
regressão [hegre'sãw] F regression
regressar [hegre'sar] VI to come (*ou* go) back, return
regressivo, -a [hegre'sivu, a] ADJ regressive; **contagem regressiva** countdown
regresso [he'grɛsu] M return
regrido *etc* [he'gridu] VB *ver* **regredir**
régua ['hɛgwa] F ruler; **~ de calcular** slide rule
regulador, a [hegula'dor, a] ADJ regulating ▶ M regulator
regulagem [hegu'laʒẽ] F (*de motor, carro*) tuning
regulamentação [hegulamẽta'sãw] F regulation; (*regras*) regulations *pl*
regulamento [hegula'mẽtu] M rules *pl*, regulations *pl*
regular [hegu'lar] ADJ regular; (*estatura*) average, medium; (*tamanho*) normal; (*razoável*) not bad ▶ VT to regulate; (*reger*) to govern; (*máquina*) to adjust; (*carro, motor*) to tune; (*relógio*) to put right ▶ VI to work, function; **regular-se** VR: **~-se por** to be guided by; **ele não regula (bem)** he's not quite right in the head; **~ por** to be about; **~ com alguém** to be about the same age as sb
regularidade [hegulari'dadʒi] F regularity
regularizar [hegulari'zar] VT to regularize
regurgitar [hegurʒi'tar] VT, VI to regurgitate
rei [hej] M king; **ele é o ~ da bagunça** (*col*) he's the world's worst for untidiness; **ter o ~ na barriga** to be full of oneself; **Dia de R-s** Epiphany; **R~ Momo** carnival king
reimprimir [heĩpri'mir] VT to reprint
reinado [hej'nadu] M reign
reinar [hej'nar] VI to reign; (*fig*) to reign, prevail
reincidência [heĩsi'dẽsja] F backsliding; (*de criminoso*) recidivism
reincidir [heĩsi'dʒir] VI to relapse; (*criminoso*) to re-offend; **~ em erro** to do wrong again
reingressar [heĩgre'sar] VI: **~ (em)** to re-enter
reiniciar [hejni'sjar] VT to restart
reino ['hejnu] M kingdom; (*fig*) realm; **~ animal** animal kingdom; **o R~ Unido** the United Kingdom
reintegrar [heĩte'grar] VT (*em emprego*) to reinstate; (*reconduzir*) to return, restore
reiterar [heite'rar] VT to reiterate, repeat
reitor, a [hej'tor(a)] M/F (*de uma universidade*) vice-chancellor (BRIT), president (US) ▶ M (PT: *pároco*) rector
reitoria [hejto'ria] F (*de universidade: cargo*) vice-chancellorship (BRIT), presidency (US); (*gabinete*) vice-chancellor's (BRIT) *ou* president's (US) office
reivindicação [hejvĩdʒika'sãw] (*pl* **-ões**) F claim, demand
reivindicar [hejvĩdʒi'kar] VT to claim; (*aumento salarial, direitos*) to demand
rejeição [heʒej'sãw] (*pl* **-ões**) F rejection
rejeitar [heʒej'tar] VT to reject; (*recusar*) to refuse
rejo *etc* ['heju] VB *ver* **reger**
rejubilar [heʒubi'lar] VT to fill with joy ▶ VI to rejoice; **rejubilar-se** VR to rejoice
rejuvenescedor, a [heʒuvenese'dor(a)] ADJ rejuvenating
rejuvenescer [heʒuvene'ser] VT to rejuvenate ▶ VI to be rejuvenated; **rejuvenescer-se** VR to be rejuvenated
relação [hela'sãw] (*pl* **-ões**) F relation; (*conexão*) connection, relationship; (*relacionamento*) relationship; (*Mat*) ratio; (*lista*) list; **com** *ou* **em ~ a** regarding, with reference to; **ter relações com alguém** to have intercourse with sb; **relações públicas** public relations
relacionado, -a [helasjo'nadu, a] ADJ (*listado*) listed; (*ligado*) related, connected; **uma pessoa bem** *ou* **muito relacionada** a well-connected person
relacionamento [helasjona'mẽtu] M relationship
relacionar [helasjo'nar] VT (*listar*) to make a list of; (*ligar*): **~ algo com algo** to connect sth with sth, relate sth to sth; **relacionar-se** VR to be connected *ou* related; **~ alguém com alguém** to bring sb into contact with sb; **~-se com** (*ligar-se*) to be connected with, have to do with; (*conhecer*) to become acquainted with
relaçoes [hela'sõjs] FPL *de* **relação**
relações-públicas M/F INV PR person
relâmpago [he'lãpagu] M flash of lightning ▶ ADJ INV (*visita*) lightning *atr*; **relâmpagos** MPL (*clarões*) lightning *sg*; **passar como um ~** to flash past; **como um ~** like lightning, as quick as a flash
relampejar [helãpe'ʒar] VI to flash; **relampejou** the lightning flashed
relance [he'lãsi] M glance; **olhar de ~** to glance at
relapso, -a [he'lapsu, a] ADJ (*reincidente*) recidivous; (*negligente*) negligent
relatar [hela'tar] VT to give an account of
relativo, -a [hela'tʃivu, a] ADJ relative
relato [he'latu] M account
relator, a [hela'tor(a)] M/F storyteller
relatório [hela'tɔrju] M report; **~ anual** (*Com*) annual report
relaxado, -a [hela'ʃadu, a] ADJ relaxed; (*desleixado*) slovenly, sloppy; (*relapso*) negligent
relaxamento [helaʃa'mẽtu] M relaxation; (*de moral, costumes*) debasement; (*desleixo*) slovenliness; (*de relapsos*) negligence
relaxante [hela'ʃãtʃi] ADJ relaxing ▶ M tranquillizer
relaxar [hela'ʃar] VT to relax; (*moral, costumes*) to debase ▶ VI to relax; (*tornar-se negligente*):

~ (em) to grow complacent (in); **~ com** *(transigir)* to acquiesce in
relaxe [he'laʃi] M relaxation
relê [he'le] VB *ver* **reler**
relegar [hele'gar] VT to relegate
releio *etc* [he'leju] VB *ver* **reler**
relembrar [helē'brar] VT to recall
relento [he'lẽtu] M: **ao ~** out of doors
reler [he'ler] *(irreg: como* **ler***)* VT to reread
reles ['hɛlis] ADJ INV *(gente)* common, vulgar; *(comportamento)* despicable; *(mero)* mere
relevância [hele'vãsja] F relevance
relevante [hele'vãtʃi] ADJ relevant
relevar [hele'var] VT *(tornar saliente)* to emphasize; *(atenuar)* to relieve; *(desculpar)* to pardon, forgive
relevo [he'levu] M relief; *(fig)* prominence, importance; **pôr em ~** to emphasize
reli [he'li] VB *ver* **reler**
relicário [heli'karju] M reliquary, shrine
relido, -a [he'lido, a] PP *de* **reler**
religião [heli'ʒãw] *(pl* **-ões**) F religion
religioso, -a [heli'ʒozu, ɔza] ADJ religious; *(casamento)* church *atr* ▶ M/F religious person; *(frade/freira)* monk/nun ▶ M *(casamento)* church wedding
relinchar [helĩ'ʃar] VI to neigh
relincho [he'lĩʃu] M *(som)* neigh; *(ato)* neighing
relíquia [he'likja] F relic; **~ de família** family heirloom
relógio [he'lɔʒu] M clock; *(de gás)* meter; **~ de pé** grandfather clock; **~ de ponto** time clock; **~ (de pulso)** (wrist)watch; **~ de sol** sundial; **corrida contra o ~** race against the clock
relojoaria [heloʒwa'ria] F watchmaker's, watch shop
relojoeiro, -a [helo'ʒwejru, a] M/F watchmaker, clockmaker
relutância [helu'tãsja] F reluctance
relutante [helu'tãtʃi] ADJ reluctant
relutar [helu'tar] VI: **~ (em fazer)** to be reluctant (to do); **~ contra algo** to be reluctant to accept sth
reluzente [helu'zẽtʃi] ADJ brilliant, shining
reluzir [helu'zir] VI to gleam, shine
relva ['hɛwva] F grass; *(terreno gramado)* lawn
relvado [hew'vadu] (PT) M lawn
rem ABR (= *remetente*) sender
remador, a [hema'dor(a)] M/F rower, oarsman/woman
remanchar [hemã'ʃar] VI to delay, take one's time
remanescente [hemane'sẽtʃi] ADJ remaining ▶ M remainder; *(excesso)* surplus
remanescer [hemane'ser] VI to remain
remanso [he'mãsu] M *(pausa)* pause, rest; *(sossego)* stillness, quiet; *(água)* backwater
remar [he'mar] VT to row; *(canoa)* to paddle ▶ VI to row; **~ contra a maré** *(fig)* to swim against the tide

743 | relaxe – remoçar

remarcação [hemarka'sãw] F *(de preços)* changing; *(de artigos)* repricing; *(artigos remarcados)* repriced goods *pl*
remarcar [hemar'kar] VT *(preços)* to adjust; *(artigos)* to reprice
rematado, -a [hema'tadu, a] ADJ *(concluído)* completed
rematar [hema'tar] VT to finish off
remate [he'matʃi] M *(fim)* end; *(acabamento)* finishing touch; *(Arq)* coping; *(fig: cume)* peak; *(de piada)* punch line
remedeio *etc* [heme'deju] VB *ver* **remediar**
remediado, -a [heme'dʒjadu, a] ADJ comfortably off
remediar [heme'dʒjar] VT *(corrigir)* to put right, remedy
remediável [heme'dʒjavew] *(pl* **-eis**) ADJ rectifiable
remédio [he'mɛdʒju] M *(medicamento)* medicine; *(recurso, solução)* remedy; *(Jur)* recourse; **não tem ~** there's no way; **que ~?** what else can one do?; **~ caseiro** home remedy
remela [he'mɛla] F *(nos olhos)* sleep
remelento, -a [heme'lẽtu, a] ADJ bleary-eyed
remelexo [heme'leʃu] M *(requebro)* swaying
rememorar [hememo'rar] VT to remember
rememorável [hememo'ravew] *(pl* **-eis**) ADJ memorable
remendar [hemẽ'dar] VT to mend; *(com pano)* to patch
remendo [he'mẽdu] M repair; *(de pano)* patch
remessa [he'mɛsa] F *(Com)* shipment; *(de dinheiro)* remittance
remetente [heme'tẽtʃi] M/F *(de carta)* sender; *(Com)* shipper
remeter [heme'ter] VT *(expedir)* to send, dispatch; *(dinheiro)* to remit; *(entregar)* to hand over; **remeter-se** VR: **~-se a** *(referir-se)* to refer to
remexer [heme'ʃer] VT *(papéis)* to shuffle; *(sacudir: braços)* to wave; *(folhas)* to shake; *(revolver: areia, lama)* to stir up ▶ VI: **~ em** to rummage through; **remexer-se** VR *(mover-se)* to move around; *(rebolar-se)* to sway
remição [hemi'sãw] F redemption
reminiscência [hemini'sẽsja] F reminiscence
remir [he'mir] VT *(coisa penhorada, Rel)* to redeem; *(livrar)* to free; *(danos, perdas)* to make good; **remir-se** VR *(pecador)* to redeem o.s.
remissão [hemi'sãw] *(pl* **-ões**) F *(Com, Rel)* redemption; *(compensação)* payment; *(num livro)* cross-reference
remisso, -a [he'misu, a] ADJ remiss; **~ em fazer** *(lento)* slow to do
remissões [hemi'sõjs] FPL *de* **remissão**
remível [he'mivew] *(pl* **-eis**) ADJ redeemable
remo ['hɛmu] M oar; *(de canoa)* paddle; *(Esporte)* rowing
remoa *etc* [he'moa] VB *ver* **remoer**
remoção [hemo'sãw] F removal
remoçar [hemo'sar] VT to rejuvenate ▶ VI to be rejuvenated

remoer ['he'mwer] VT (*café*) to regrind; (*no pensamento*) to turn over in one's mind; (*amofinar*) to eat away; **remoer-se** VR (*amofinar-se*) to be consumed ou eaten away
remoinho [hemo'iɲu] M = **rodamoinho**
remontar [hemõ'tar] VT (*elevar*) to raise; (*tornar a armar*) to re-assemble ▶ VI (*em cavalo*) to remount; ~ **ao passado** to return to the past; ~ **ao século XV** *etc* to date back to the 15th century *etc*; ~ **o voo** to soar
remoque [he'mɔki] M gibe, taunt
remorso [he'mɔrsu] M remorse
remoto, -a [he'mɔtu, a] ADJ remote, far off; (*controle, Comput*) remote
remover [hemo'ver] VT (*mover*) to move; (*transferir*) to transfer; (*demitir*) to dismiss; (*retirar, afastar*) to remove; (*terra*) to churn up
remuneração [hemunera'sãw] (*pl* -**ões**) F remuneration; (*salário*) wage
remunerador, a [hemunera'dor(a)] ADJ remunerative; (*recompensador*) rewarding
remunerar [hemune'rar] VT to remunerate; (*premiar*) to reward
rena ['hɛna] F reindeer
renal [he'naw] (*pl* -**ais**) ADJ renal, kidney *atr*
Renamo [he'namu] ABR F = **Resistência Nacional Moçambicana**
Renascença [hena'sẽsa] F: **a** ~ the Renaissance
renascer [hena'ser] VI to be reborn; (*fig*) to revive
renascimento [henasi'mẽtu] M rebirth; (*fig*) revival; **o R~** the Renaissance
Renavam (BR) ABR M = **Registro Nacional de Veículos Automotores**
renda ['hẽda] F income; (*nacional*) revenue; (*de aplicação, locação*) yield; (*tecido*) lace; ~ **bruta/líquida** gross/net income; **imposto de** ~ (BR) income tax; ~ **per capita** per capita income
rendado, -a [hẽ'dadu, a] ADJ lace-trimmed; (*com aspecto de renda*) lacy ▶ M lacework
rendeiro, -a [hẽ'dejru, a] M/F lacemaker
render [hẽ'der] VT (*lucro, dinheiro*) to bring in, yield; (*preço*) to fetch; (*homenagem*) to pay; (*graças*) to give; (*serviços*) to render; (*armas*) to surrender; (*guarda*) to relieve; (*causar*) to bring ▶ VI (*dar lucro*) to pay; (*trabalho*) to be productive; (*comida*) to go a long way; (*conversa, caso*) to go on, last; **render-se** VR to surrender
rendez-vous [hãde'vu] M INV = **randevu**
rendição [hẽdʒi'sãw] F surrender
rendido, -a [hẽ'dʒidu, a] ADJ subdued
rendimento [hẽdʒi'mẽtu] M (*renda*) income; (*lucro*) profit; (*juro*) yield, interest; (*produtividade*) productivity; (*de máquina*) efficiency; (*de um produto*) value for money; ~ **por ação** (*Com*) earnings per share, earnings yield; ~ **de capital** (*Com*) return on capital
rendoso, -a [hẽ'dozu, ɔza] ADJ profitable
renegado, -a [hene'gadu, a] ADJ, M/F renegade

renegar [hene'gar] VT (*crença*) to renounce; (*detestar*) to hate; (*trair*) to betray; (*negar*) to deny; (*desprezar*) to reject
renhido, -a [he'ɲidu, a] ADJ hard-fought; (*batalha*) bloody
renitência [heni'tẽsja] F obstinacy
renitente [heni'tẽtʃi] ADJ obstinate, stubborn
Reno ['henu] M: **o** ~ the Rhine
renomado, -a [heno'madu, a] ADJ renowned
renome [he'nɔmi] M fame, renown; **de** ~ renowned
renovação [henova'sãw] (*pl* -**ões**) F renewal; (*Arq*) renovation
renovar [heno'var] VT to renew; (*Arq*) to renovate; (*ensino, empresa*) to revamp ▶ VI to be renewed
renque ['hẽki] M row
rentabilidade [hẽtabili'dadʒi] F profitability
rentável [hẽ'tavew] (*pl* -**eis**) ADJ profitable
rente ['hẽtʃi] ADJ (*cabelo*) close-cropped; (*casa*) nearby ▶ ADV close; (*muito curto*) very short; ~ **a** close by
renúncia [he'nũsja] F renunciation; (*de cargo*) resignation; ~ **a um direito** waiver (of a right)
renunciar [henũ'sjar] VT to give up, renounce ▶ VI to resign; (*abandonar*): ~ **a algo** to give sth up; (*direito*) to surrender sth; (*fé, crença*) to renounce sth
reorganizar [heorgani'zar] VT to reorganize
reouve *etc* [he'ovi] VB *ver* **reaver**
reouver *etc* [heo'ver] VB *ver* **reaver**
reparação [hepara'sãw] (*pl* -**ões**) F (*conserto*) mending, repairing; (*de mal, erros*) remedying; (*de prejuízos, ofensa*) making amends; (*fig*) amends *pl*, reparation
reparar [hepa'rar] VT (*consertar*) to repair; (*forças*) to restore; (*mal, erros*) to remedy; (*prejuízo, danos, ofensa*) to make amends for; (*notar*) to notice ▶ VI: ~ **em** to notice; **não repare em** pay no attention to; **repare em** (*olhe*) look at
reparo [he'paru] M (*conserto*) repair; (*crítica*) criticism; (*observação*) observation
repartição [hepartʃi'sãw] (*pl* -**ões**) F (*ato*) distribution; (*seção*) department; (*escritório*) office; ~ (**pública**) government department
repartir [hepar'tʃir] VT (*distribuir*) to distribute; (*dividir entre vários*) to share out; (*dividir em várias porções*) to divide up; (*cabelo*) to part; **repartir-se** VR (*dividir-se*) to divide
repassar [hepa'sar] VT (*ponte, fronteira*) to go over again; (*lição*) to revise, go over ▶ VI to go by again; **passar e** ~ to go back and forth
repasto [he'pastu] M (*refeição*) meal, repast; (*banquete*) feast
repatriar [hepa'trjar] VT to repatriate; **repatriar-se** VR to go back home
repelão [hepe'lãw] (*pl* -**ões**) M push, shove; **de** ~ brusquely
repelente [hepe'lẽtʃi] ADJ, M repellent
repelir [hepe'lir] VT to repel; (*curiosos*) to drive away; (*ideias, atitudes*) to reject, repudiate;

seu estômago repele certos alimentos his stomach cannot take certain foods
repelões [hepe'lõjs] FPL de **repelão**
repensar [hepē'sar] VT to reconsider, rethink
repente [he'pētʃi] M outburst; **de ~** suddenly; (col: talvez) maybe
repentino, -a [hepē'tʃinu, a] ADJ sudden
repercussão [heperku'sãw] (pl **-ões**) F repercussion
repercutir [heperku'tʃir] VT (som) to echo ▶ VI (som) to reverberate, echo; (fig): **~ (em)** to have repercussions (on)
repertório [heper'tɔrju] M (lista) list; (coleção) collection; (Mús) repertoire
repetição [hepetʃi'sãw] (pl **-ões**) F repetition
repetidamente [hepetʃida'mētʃi] ADV repeatedly
repetido, -a [hepe'tʃidu, a] ADJ repeated; **repetidas vezes** repeatedly, again and again
repetir [hepe'tʃir] VT to repeat; (vestido) to wear again ▶ VI (ao comer) to have seconds; **repetir-se** VR (acontecer de novo) to happen again; (pessoa) to repeat o.s.
repetitivo, -a [hepetʃi'tʃivu, a] ADJ repetitive
repicar [hepi'kar] VT (sinos) to ring ▶ VI to ring (out)
repilo etc [he'pilu] VB ver **repelir**
repimpado, -a [hepī'padu, a] ADJ (refestelado) lolling; (satisfeito) full up
repique¹ [he'piki] M (de sinos) peal; **~ falso** false alarm
repique² etc VB ver **repicar**
repisar [hepi'zar] VT (repetir) to repeat; (uvas) to tread ▶ VI: **~ em** (assunto) to keep on about, harp on
repito etc [he'pitu] VB ver **repetir**
replay [he'plei] (pl **-s**) M (TV) (action) replay
repleto, -a [he'plɛtu, a] ADJ replete, full up
réplica ['hɛplika] F (cópia) replica; (contestação) reply, retort
replicar [hepli'kar] VT to answer, reply to ▶ VI to reply, answer back
repõe etc [he'põj] VB ver **repor**
repolho [he'poʎu] M cabbage
repomos [he'pomos] VB ver **repor**
reponho etc [he'poɲu] VB ver **repor**
repontar [hepõ'tar] VI (aparecer) to appear
repor [he'por] (irreg: como **pôr**) VT to put back, replace; (restituir) to return; **repor-se** VR (pessoa) to recover
reportagem [hepor'taʒē] (pl **-ns**) F (ato) reporting; (notícia) report; (repórteres) reporters pl
reportar [hepor'tar] VT: **~ a** (o pensamento) to take back to; (atribuir) to attribute to; **reportar-se** VR: **~-se a** to refer to; (relacionar-se a) to be connected with
repórter [he'pɔrter] M/F reporter
repôs [he'pos] VB ver **repor**
reposição [hepozi'sãw] (pl **-ões**) F replacement; (restituição) return; **~ salarial** wage adjustment
repositório [hepozi'tɔrju] M repository

reposto, -a [he'postu, 'pɔsta] PP de **repor**
repousar [hepo'zar] VI to rest
repouso [he'pozu] M rest
repreender [heprjē'der] VT to reprimand
repreensão [heprjē'sãw] (pl **-ões**) F rebuke, reprimand
repreensível [heprjē'sivew] (pl **-eis**) ADJ reprehensible
repreensões [heprjē'sõjs] FPL de **repreensão**
represa [he'preza] F dam
represália [hepre'zalja] F reprisal
representação [heprezēta'sãw] (pl **-ões**) F representation; (representantes) representatives pl; (Teatro) performance; (atuação do ator) acting
representante [heprezē'tãtʃi] M/F representative
representar [heprezē'tar] VT to represent; (Teatro: papel) to play ▶ VI (ator) to act; (tb Jur) to make a complaint
representativo, -a [heprezēta'tʃivu, a] ADJ representative
repressão [hepre'sãw] (pl **-ões**) F repression
repressivo, -a [hepre'sivu, a] ADJ repressive
repressões [hepre'sõjs] FPL de **repressão**
reprimido, -a [hepri'midu, a] ADJ repressed
reprimir [hepri'mir] VT to repress; (lágrimas) to keep back
reprise [he'prizi] F reshowing
réprobo, -a ['hɛprobu, a] ADJ, M/F reprobate
reprodução [heprodu'sãw] (pl **-ões**) F reproduction
reprodutor, a [heprodu'tor(a)] ADJ reproductive
reproduzir [heprodu'zir] VT to reproduce; (repetir) to repeat; **reproduzir-se** VR to breed, multiply; to be repeated
reprovação [heprova'sãw] (pl **-ões**) F disapproval; (em exame) failure
reprovado, -a [hepro'vadu, a] M/F failed candidate, failure; **taxa de ~s** failure rate
reprovador, a [heprova'dor(a)] ADJ (olhar) disapproving, reproving
reprovar [hepro'var] VT (condenar) to disapprove of; (aluno) to fail
réptil ['hɛptʃiw] (pl **-eis**) M reptile
repto ['hɛptu] M challenge, provocation
república [he'publika] F republic; **~ de estudantes** students' house; **~ popular** people's republic
republicano, -a [hepubli'kanu, a] ADJ, M/F republican
repudiar [hepu'dʒjar] VT to repudiate, reject; (abandonar) to disown
repúdio [he'pudʒju] M rejection, repudiation
repugnância [hepug'nãsja] F repugnance; (por comida etc) disgust; (aversão) aversion; (moral) abhorrence
repugnante [hepug'nãtʃi] ADJ repugnant, repulsive
repugnar [hepug'nar] VT to oppose ▶ VI to be repulsive; **~ a alguém** to disgust sb; (moralmente) to be repugnant to sb

repulsa [hɛ'puwsa] F (*ato*) rejection; (*sentimento*) repugnance; (*física*) repulsion

repulsão [hepuw'sãw] (*pl* **-ões**) F repulsion; (*rejeição*) rejection

repulsivo, -a [hepuw'sivu, a] ADJ repulsive

repulsões [hepuw'sõjs] FPL *de* **repulsão**

repunha *etc* [he'puɲa] VB *ver* **repor**

repus *etc* [he'pus] VB *ver* **repor**

repuser *etc* [hepu'zer] VB *ver* **repor**

reputação [reputa'sãw] (*pl* **-ões**) F reputation

reputado, -a [hepu'tadu, a] ADJ renowned

reputar [hepu'tar] VT to consider, regard as

repuxado, -a [hepu'ʃadu, a] ADJ (*pele*) tight, firm; (*olhos*) slanted

repuxar [hepu'ʃar] VT (*puxar*) to tug; (*esticar*) to pull tight

repuxo [he'puʃu] M (*de água*) fountain; **aguentar o ~** (*col*) to bear up

requebrado [reke'bradu] M (*rebolado*) swing, sway

requebrar [heke'brar] VT to wiggle, swing; **requebrar-se** VR to wiggle, swing

requeijão [hekej'ʒãw] M cheese spread

requeira *etc* [he'kejra] VB *ver* **requerer**

requentar [hekẽ'tar] VT to reheat, warm up

requer [he'ker] VB *ver* **requerer**

requerente [heke'rẽtʃi] M/F (*Jur*) petitioner

requerer [heke'rer] VT (*emprego*) to apply for; (*pedir*) to request, ask for; (*exigir*) to require; (*Jur*) to petition for

requerimento [hekeri'mẽtu] M application; (*pedido*) request; (*petição*) petition

réquiem ['hɛkjẽ] (*pl* **-ns**) M requiem

requintado, -a [hekĩ'tadu, a] ADJ refined, elegant

requintar [hekĩ'tar] VT to refine ▶ VI: **~ em** to be refined in

requinte [he'kĩtʃi] M refinement, elegance; (*cúmulo*) height

requisição [hekizi'sãw] (*pl* **-ões**) F request, demand

requisitado, -a [hekizi'tadu, a] ADJ (*requerido*) required; (*muito procurado*) sought after

requisitar [hekizi'tar] VT to make a request for; (*Mil*) to requisition

requisito [heki'zitu] M requirement

rês [hes] F head of cattle; **reses** FPL (*gado*) cattle, livestock *sg*

rescindir [hesĩ'dʒir] VT (*contrato*) to rescind

rescrever [heskre'ver] VT = **reescrever**

rés do chão [hɛzdu'ʃãw] (*PT*) M INV (*andar térreo*) ground floor (*BRIT*), first floor (*US*)

resenha [he'zeɲa] F (*relatório*) report; (*resumo*) summary; (*de livro*) review; **fazer a ~ de** (*livro*) to review

reserva [he'zɛrva] F reserve; (*para hotel, fig: ressalva*) reservation; (*discrição*) discretion ▶ M/F (*Esporte*) reserve; **~ de mercado** (*Com*) protected market; **~ de petróleo** oil reserve; **~ natural** nature reserve; **~ em dinheiro** cash reserve

reservado, -a [hezer'vadu, a] ADJ reserved; (*pej: retraído*) standoffish

reservar [hezer'var] VT to reserve; (*guardar de reserva*) to keep; (*forças*) to conserve; **reservar-se** VR to save o.s.; **~-se o direito de fazer** to reserve the right to do; **ele não sabe o que o futuro lhe reserva** he does not know what the future has in store for him

reservatório [hezerva'tɔrju] M (*lago*) reservoir

reservista [hezer'vista] M/F (*Mil*) member of the reserves

resfolegar [hesfole'gar] VI to pant

resfriado, -a [hes'frjadu, a] (*BR*) ADJ: **estar ~** to have a cold ▶ M cold, chill; **ficar ~** to catch (a) cold

resfriar [hes'frjar] VT to cool, chill ▶ VI (*pessoa*) to catch (a) cold; **resfriar-se** VR to catch (a) cold

resgatar [hezga'tar] VT (*salvar*) to rescue; (*retomar*) to get back, recover; (*dívida*) to pay off; (*Com: ação, coisa penhorada*) to redeem

resgatável [hezga'tavew] (*pl* **-eis**) ADJ redeemable

resgate [hez'gatʃi] M (*salvamento*) rescue; (*para livrar reféns*) ransom; (*Com: de ações, coisa penhorada*) redemption; (*retomada*) recovery

resguardar [hezgwar'dar] VT to protect; **resguardar-se** VR: **~-se de** to guard against

resguardo [hez'gwardu] M protection; (*cuidado*) care; (*convalescência*): **estar** *ou* **ficar de ~** to take *ou* be taking things easy

residência [hezi'dẽsja] F residence

residencial [hezidẽ'sjaw] (*pl* **-ais**) ADJ (*zona, edifício*) residential; (*computador, telefone etc*) home *atr*

residente [hezi'dẽtʃi] ADJ, M/F resident

residir [hezi'dʒir] VI to live, reside; (*achar-se*) to reside

resíduo [he'zidwu] M residue

resignação [hezigna'sãw] (*pl* **-ões**) F resignation

resignadamente [hezignada'mẽtʃi] ADJ with resignation

resignado, -a [hezig'nadu, a] ADJ resigned

resignar-se [hezig'narsi] VR: **~ com** to resign o.s. to

resiliente [hezi'ljẽtʃi] ADJ resilient

resina [he'zina] F resin

resistência [hezis'tẽsja] F resistance; (*de atleta*) stamina; (*de material, objeto*) strength; (*moral*) morale

resistente [hezis'tẽtʃi] ADJ resistant; (*material, objeto*) hard-wearing, strong; **~ a traças** mothproof

resistir [hezis'tʃir] VI (*suporte*) to hold; (*pessoa*) to hold out; **~ a** (*não ceder*) to resist; (*sobreviver*) to survive; **~ ao uso** to wear well; **~ (ao tempo)** to endure, stand the test of time

resma ['hezma] F ream

resmungar [hezmũ'gar] VT, VI to mutter, mumble

resmungo [hez'mũgu] M grumbling

resolução [hezolu'sãw] (*pl* **-ões**) F resolution; (*coragem*) courage; (*de um problema*) solution; **de alta ~ (gráfica)** (*Comput*) high-resolution

resoluto, -a [hezo'lutu, a] ADJ decisive; **~ a fazer** resolved to do
resolver [hezow'ver] VT to sort out; (*problema*) to solve; (*questão*) to resolve; (*decidir*) to decide; **resolver-se** VR: **~-se (a fazer)** to make up one's mind (to do), decide (to do); **chorar não resolve** crying doesn't help, it's no use crying; **~-se por** to decide on
resolvido, -a [hezow'vidu, a] ADJ (*pessoa*) decisive
respaldo [hes'pawdu] M (*de cadeira*) back; (*fig*) support, backing
respectivo, -a [hespek'tʃivu, a] ADJ respective
respeitador, a [hespejta'dor(a)] ADJ respectful
respeitante [hespej'tãtʃi] ADJ: **~ a** concerning, with regard to
respeitar [hespej'tar] VT to respect
respeitável [hespej'tavew] (*pl* **-eis**) ADJ respectable; (*considerável*) considerable
respeito [hes'pejtu] M: **~ (a ou por)** respect (for); **respeitos** MPL (*cumprimentos*) regards; **a ~ de, com ~ a** as to, as regards; (*sobre*) about; **dizer ~ a** to concern; **faltar ao ~ a** to be rude to; **em ~ a** with respect to; **dar-se ao ~** to command respect; **pessoa de ~** respected person; **ela não me disse nada a seu ~** she didn't tell me anything about you; **não sei nada a ~ (disso)** I know nothing about it
respeitoso, -a [hespej'tozu, ɔza] ADJ respectful
respingar [hespĩ'gar] VT, VI to splash, spatter
respingo [hes'pĩgu] M splash
respiração [hespira'sãw] F breathing; (*Med*) respiration
respirador [hespira'dor] M respirator
respirar [hespi'rar] VT to breathe; (*revelar*) to reveal, show ▶ VI to breathe; (*descansar*) to have a respite
respiratório, -a [hespira'tɔrju, a] ADJ respiratory
respiro [hes'piru] M breath; (*descanso*) respite; (*abertura*) vent
resplandecente [hesplãde'sẽtʃi] ADJ resplendent
resplandecer [hesplãde'ser] VI to gleam, shine (out)
resplendor [hesplẽ'dor] M brilliance; (*fig*) glory
respondão, -dona [hespõ'dãw, 'dɔna] (*pl* **-ões/-s**) ADJ cheeky, insolent
responder [hespõ'der] VT to answer ▶ VI to answer; (*ser respondão*) to answer back; **~ a** (*tratamento, agressão*) to respond to; (*processo, inquérito*) to undergo; **~ por** to be responsible for, answer for; (*Com*) to be liable for
respondões [hespõ'dõjs] MPL *de* **respondão**
respondona [hespõ'dɔna] F *de* **respondão**
responsabilidade [hespõsabili'dadʒi] F responsibility; (*Jur*) liability
responsabilizar [hespõsabili'zar] VT: **~ alguém (por algo)** to hold sb responsible (for sth); **responsabilizar-se** VR: **~-se por** to take responsibility for

responsável [hespõ'savew] (*pl* **-eis**) ADJ: **~ (por)** responsible (for) ▶ M person responsible *ou* in charge; **~ a** answerable to, accountable to
resposta [hes'pɔsta] F answer, reply
resquício [hes'kisju] M (*vestígio*) trace
ressabiado, -a [hesa'bjadu, a] ADJ (*desconfiado*) wary; (*ressentido*) resentful
ressaca [he'saka] F (*refluxo*) undertow; (*mar bravo*) rough sea; (*fig: de quem bebeu*) hangover; **estar de ~** (*mar*) to be rough; (*pessoa*) to have a hangover
ressaibo [he'sajbu] M (*mau sabor*) unpleasant taste; (*fig: indício*) trace; (: *ressentimento*) ill feeling
ressaltar [hesaw'tar] VT to emphasize ▶ VI to stand out
ressalva [he'sawva] F (*proteção*) safeguard; (*Mil*) exemption certificate; (*correção*) correction; (*restrição*) reservation, proviso; (*exceção*) exception
ressarcir [hesar'sir] VT (*pagar*) to compensate; (*compensar*) to compensate for; **~ alguém de** to compensate sb for
ressecado, -a [hese'kadu, a] ADJ (*terra, lábios*) parched; (*pele, planta*) very dry
ressecar [hese'kar] VT, VI to dry up
resseguro [hese'guru] M reinsurance
ressentido, -a [hesẽ'tʃidu, a] ADJ resentful
ressentimento [hesẽtʃi'mẽtu] M resentment
ressentir-se [hesẽ'tʃirsi] VR: **~ de** (*ofender-se*) to resent; (*magoar-se*) to be hurt by; (*sofrer*) to suffer from, feel the effects of
ressequido, -a [hese'kidu, a] ADJ = **ressecado**
ressinto *etc* [he'sĩtu] VB *ver* **ressentir-se**
ressoar [he'swar] VI to resound; (*ecoar*) to echo
ressonância [heso'nãsja] F resonance; (*eco*) echo
ressonante [heso'nãtʃi] ADJ resonant
ressurgimento [hesurʒi'mẽtu] M resurgence, revival
ressurreição [hesuhej'sãw] (*pl* **-ões**) F resurrection
ressuscitar [hesusi'tar] VT to revive, resuscitate; (*costumes etc*) to revive ▶ VI to revive
restabelecer [hestabele'ser] VT to re-establish; (*ordem, forças*) to restore; (*doente*) to restore to health; **restabelecer-se** VR to recover, recuperate
restabelecimento [hestabelesi'mẽtu] M re-establishment; (*da ordem*) restoration; (*Med*) recovery
restante [hes'tãtʃi] ADJ remaining ▶ M rest
restar [hes'tar] VI to remain, be left; (*esperança, dúvida*) to remain; **não lhe resta nada** he has nothing left; **resta-me fechar o negócio** I still have to close the deal; **não resta dúvida de que** there is no longer any doubt that
restauração [hestawra'sãw] (*pl* **-ões**) F restoration; (*de doente*) restoring to health; (*de costumes, usos*) revival

restaurante [hestaw'rātʃi] M restaurant
restaurar [hestaw'rar] VT to restore; *(recuperar: doente)* to restore to health; *(costumes, usos)* to revive, restore
réstia ['hɛstʃja] F *(de cebolas)* string; *(luz)* ray
restinga [hes'tʃīga] F spit
restituição [hestʃitwi'sãw] *(pl* **-ões**) F restitution, return; *(de dinheiro)* repayment; *(a cargo)* reinstatement
restituir [hestʃi'twir] VT to return; *(dinheiro)* to repay; *(forças, saúde)* to restore; *(usos)* to revive; *(reempossar)* to reinstate
resto ['hɛstu] M rest; *(Mat)* remainder; **restos** MPL *(sobras)* remains; *(de comida)* scraps; **~s mortais** mortal remains; **de ~** apart from that
restrição [hestri'sãw] *(pl* **-ões**) F restriction
restringir [hestrĩ'ʒir] VT to restrict; **restringir-se** VR: **~-se a** to be restricted to; *(pessoa)* to restrict o.s. to
restrito, -a [hes'tritu, a] ADJ restricted
resultado [hezuw'tadu] M result; **dar ~** to work, be effective; **~ ...** *(col)* the upshot being ...
resultante [hezuw'tātʃi] ADJ resultant; **~ de** resulting from
resultar [hezuw'tar] VI: **~ (de/em)** to result (from/in) ▶ VI *(vir a ser)* to turn out to be
resumido, -a [hezu'midu, a] ADJ abbreviated, abridged; *(curto)* concise
resumir [hezu'mir] VT to summarize; *(livro)* to abridge; *(reduzir)* to reduce; *(conter em resumo)* to sum up; **resumir-se** VR: **~-se a** *ou* **em** to consist in *ou* of
resumo [he'zumu] M summary, résumé; **em ~** in short, briefly
resvalar [hezva'lar] VT to slide, slip
resvés [heʃ'vɛs] ADJ tight ▶ ADV closely; **~ a** right by; *(na conta)* just
reta ['hɛta] F *(linha)* straight line; *(trecho de estrada)* straight; **~ final** *ou* **de chegada** home straight; **na ~ final** *(tb fig)* on the home straight
retaguarda [heta'gwarda] F rearguard; *(posição)* rear
retalhar [heta'ʎar] VT to cut up; *(separar)* to divide; *(despedaçar)* to shred; *(ferir)* to slash
retalho [he'taʎu] M *(de pano)* scrap, remnant; **vender a ~** *(PT)* to sell retail; **colcha de ~s** patchwork quilt
retaliação [hetalja'sãw] *(pl* **-ões**) F retaliation
retaliar [heta'ljar] VT to repay ▶ VI to retaliate
retangular [hetāgu'lar] ADJ rectangular
retângulo [he'tāgulu] M rectangle
retardado, -a [hetar'dadu, a] ADJ *(Psico)* retarded
retardar [hetar'dar] VT to hold up, delay; *(adiar)* to postpone
retardatário, -a [hetarda'tarju, a] M/F latecomer
retardo [he'tardu] M *(Psico)* retardedness

retenção [hetẽ'sãw] F retention
reter [he'ter] *(irreg: como* **ter**) VT *(guardar, manter)* to keep; *(deter)* to stop, detain; *(segurar)* to hold; *(ladrão, suspeito)* to detain, hold; *(na memória)* to retain; *(lágrimas, impulsos)* to hold back; *(impedir de sair)* to keep back; **reter-se** VR to restrain o.s.
retesado, -a [hete'zadu, a] ADJ taut
retesar [hete'zar] VT *(músculo)* to flex; *(corda)* to pull taut
reteve [he'tevi] VB *ver* **reter**
reticência [hetʃi'sẽsja] F reticence, reserve; **reticências** FPL *(Ling)* suspension points
reticente [hetʃi'sētʃi] ADJ reticent
retidão [hetʃi'dãw] F *(integridade)* rectitude; *(de linha)* straightness
retificar [hetʃifi'kar] VT to rectify
retinha *etc* [he'tʃiɲa] VB *ver* **reter**
retinir [hetʃi'nir] VI *(ferros)* to clink; *(campainha)* to ring, jingle; *(ressoar)* to resound
retirada [hetʃi'rada] F *(Mil)* withdrawal, retreat; *(salário, saque)* withdrawal; **bater em ~** to beat a retreat
retirado, -a [hetʃi'radu, a] ADJ *(vida)* solitary; *(lugar)* isolated
retirante [hetʃi'rātʃi] M/F migrant *(from the NE of Brazil)*
retirar [hetʃi'rar] VT to withdraw; *(tirar)* to take out; *(afastar)* to take away, remove; *(fazer sair)* to get out; *(ganhar)* to make; **retirar-se** VR to withdraw; *(de uma festa etc)* to leave; *(da política etc)* to retire; *(recolher-se)* to retire, withdraw; *(Mil)* to retreat
retiro [he'tʃiru] M retreat
retitude [hetʃi'tudʒi] F rectitude
retive *etc* [he'tʃivi] VB *ver* **reter**
retiver *etc* [hetʃi'ver] VB *ver* **reter**
reto, -a ['hɛtu, a] ADJ straight; *(fig: justo)* fair; *(: honesto)* honest, upright ▶ M *(Anat)* rectum
retocar [heto'kar] VT *(pintura)* to touch up; *(texto)* to tidy up
retomar [heto'mar] VT to take up again; *(reaver)* to get back
retoque¹ [he'tɔki] M finishing touch
retoque² *etc* VB *ver* **retocar**
retorcer [hetor'ser] VT to twist; **retorcer-se** VR to wriggle, writhe; **~-se de dor** to writhe in pain
retórica [he'tɔrika] F rhetoric; *(pej)* affectation
retórico, -a [he'tɔriku, a] ADJ rhetorical; *(pej)* affected
retornar [hetor'nar] VI to return, go back
retorno [he'tornu] M return; *(Com)* barter, exchange; *(em rodovia)* turning area; **dar ~** to do a U-turn; **~ sobre investimento** return on investment
retorquir [hetor'kir] VT to answer, say in reply ▶ VI to retort, reply; **ela não retorquiu nada** she said nothing in reply
retraído, -a [hetra'idu, a] ADJ retracted; *(tímido)* reserved, timid

retraimento [hetraj'mẽtu] M withdrawal; *(contração)* contraction; *(fig: de pessoa)* timidity, shyness

retrair [hetra'ir] VT to withdraw; *(contrair)* to contract; *(pessoa)* to make reserved; **retrair-se** VR to withdraw; *(encolher-se)* to retract

retrasado, -a [hetra'zadu, a] ADJ: **a semana retrasada** the week before last

retratação [hetrata'sãw] *(pl* **-ões**) F retraction

retratar [hetra'tar] VT to portray, depict; *(mostrar)* to show; *(dito)* to retract; **retratar-se** VR: **~-se (de algo)** to retract (sth)

retrátil [he'tratʃiw] *(pl* **-eis**) ADJ retractable; **cinto de segurança ~** inertia-reel seat belt

retratista [hetra'tʃista] M/F portrait painter

retrato [he'tratu] M portrait; *(Foto)* photo; *(fig: efígie)* likeness; (*: representação*) portrayal; **ela é o ~ da mãe** she's the image of her mother; **tirar um ~ (de alguém)** to take a photo (of sb); **~ a meio corpo/de corpo inteiro** half/full-length portrait; **~ falado** Identikit® picture

retribuição [hetribwi'sãw] *(pl* **-ões**) F reward, recompense; *(pagamento)* remuneration; *(de hospitalidade, favor)* return, reciprocation

retribuir [hetri'bwir] VT *(recompensar)* to reward, recompense; *(pagar)* to remunerate; *(hospitalidade, favor, sentimento, visita)* to return

retroagir [hetroa'ʒir] VI *(lei)* to be retroactive; *(modificar o que está feito)* to change what has been done

retroativo, -a [hetroa'tʃivu, a] ADJ retroactive; *(pagamento)*: **~ (a)** backdated (to)

retroceder [hetrose'der] VI to retreat, fall back; *(decair)* to decline; *(num intento)* to back down

retrocesso [hetro'sɛsu] M retreat; *(ao passado)* return; *(decadência)* decline; *(tecla)* backspace (key); *(da economia)* slowdown

retrógrado, -a [he'trɔgradu, a] ADJ retrograde; *(reacionário)* reactionary

retroprojetor [hetroproʒe'tor] M overhead projector

retrospectiva [hetrospek'tʃiva] F retrospective

retrospectivamente [hetrospektʃiva'mẽtʃi] ADV in retrospect

retrospectivo, -a [hetrospek'tʃivu, a] ADJ retrospective

retrospecto [hetro'spɛktu] M retrospective look; **em ~** in retrospect

retrovisor [hetrovi'zor] ADJ, M: **(espelho) ~** rear-view mirror

retrucar [hetru'kar] VT to answer ▶ VI to retort, reply

retumbância [hetũ'bãsja] F resonance

retumbante [hetũ'bãtʃi] ADJ *(tb fig)* resounding

retumbar [hetũ'bar] VI to resound, echo; *(ribombar)* to rumble, boom

returco *etc* [he'turku] VB *ver* **retorquir**

réu, ré [hɛw, hɛ] M/F defendant; *(culpado)* culprit, criminal; **~ de morte** condemned man

reumático, -a [hew'matʃiku, a] ADJ rheumatic

reumatismo [hewma'tʃizmu] M rheumatism

reumatologista [hewmatolo'ʒista] M/F rheumatologist

reunião [heu'njãw] *(pl* **-ões**) F meeting; *(ato, reencontro)* reunion; *(festa)* get-together, party; **~ de cúpula** summit (meeting); **~ de diretoria** board meeting

reunir [heu'nir] VT *(pessoas)* to bring together; *(partes)* to join, unite; *(qualidades)* to combine; **reunir-se** VR to meet; *(amigos)* to meet, get together; **~-se a** to join

reutilizar [heutʃili'zar] VT to re-use

revalorizar [hevalori'zar] VT *(moeda)* to revalue

revanche [he'vãʃi] F revenge; *(Esporte)* return match

revê *etc* [he've] VB *ver* **rever**

reveillon [heve'jõ] M New Year's Eve

revejo *etc* [he'veʒu] VB *ver* **rever**

revelação [hevela'sãw] *(pl* **-ões**) F revelation; *(Foto)* development; *(novo cantor, ator etc)* promising newcomer

revelar [heve'lar] VT to reveal; *(mostrar)* to show; *(Foto)* to develop; **revelar-se** VR to turn out to be; **ela se revelou nessa crise** she showed her true colo(u)rs in this crisis

revelia [heve'lia] F default; **à ~** by default; **à ~ de** without the knowledge *ou* consent of

revendedor, a [hevẽde'dor(a)] M/F dealer

revender [hevẽ'der] VT to resell

rever [he'ver] *(irreg: como ver)* VT to see again; *(examinar)* to check; *(revisar)* to revise; *(provas tipográficas)* to proofread

reverberar [heverbe'rar] VT *(luz)* to reflect ▶ VI to be reflected

reverdecer [heverde'ser] VT, VI to turn green again

reverência [heve'rẽsja] F reverence, respect; *(ato)* bow; (*: de mulher*) curtsey; **fazer uma ~** to bow; to curtsey

reverenciar [heverẽ'sjar] VT to revere, venerate; *(obedecer)* to obey

reverendo, -a [heve'rẽdu, a] ADJ reverend ▶ M priest, clergyman

reverente [heve'rẽtʃi] ADJ reverential

reversão [hever'sãw] *(pl* **-ões**) F reversion

reversível [hever'sivew] *(pl* **-eis**) ADJ reversible

reverso [he'vɛrsu] M reverse; **o ~ da medalha** *(fig)* the other side of the coin

reversões [hever'sõjs] FPL *de* **reversão**

reverter [hever'ter] VT to revert; *(a questão)* to return; **~ em benefício de** to benefit

revertério [hever'tɛrju] M: **dar o ~** *(col)* to go wrong

revés [he'vɛs] M reverse; *(infortúnio)* setback, mishap; **ao ~** *(roupa)* inside out; **de ~** *(olhar)* askance

revestimento [hevestʃi'mẽtu] M *(da parede)* covering; *(de sofá)* cover; *(de caixa)* lining
revestir [heves'tʃir] VT *(traje)* to put on; *(cobrir: paredes etc)* to cover; *(interior de uma caixa etc)* to line; **revestir-se** VR: **~-se de** *(poderes)* to assume, take on; *(paciência)* to arm o.s. with; *(coragem)* to take, pluck up; **~ alguém de poderes** *etc* to invest sb with powers *etc*
revezamento [heveza'mẽtu] M alternation
revezar [heve'zar] VT to take turns with ▶ VI to take turns; **revezar-se** VR to take it in turns
revi [he'vi] VB *ver* **rever**
revia *etc* [he'via] VB *ver* **rever**
revidar [hevi'dar] VT *(soco, insulto)* to return; *(retrucar)* to answer; *(crítica)* to rise to, respond to ▶ VI to hit back; *(retrucar)* to respond
revide [he'vidʒi] M response
revigorar [hevigo'rar] VT to reinvigorate ▶ VI to regain one's strength; **revigorar-se** VR to regain one's strength
revir *etc* [he'vir] VB *ver* **rever**
revirado, -a [hevi'radu, a] ADJ *(casa)* untidy, upside-down
revirar [hevi'rar] VT to turn round; *(gaveta)* to turn out, go through; **revirar-se** VR *(na cama)* to toss and turn; **~ os olhos** to roll one's eyes
reviravolta [hevira'vɔwta] F about-turn, U-turn; *(mudança da situação)* turn
revisão [hevi'zãw] *(pl* **-ões**) F revision; *(de máquina)* overhaul; *(de carro)* service; *(Jur)* appeal; **~ de provas** proofreading
revisar [hevi'zar] VT to revise; *(prova tipográfica)* to proofread
revisões [hevi'zõjs] FPL *de* **revisão**
revisor, a [hevi'zor(a)] M/F *(Ferro etc)* ticket inspector; *(de provas)* proofreader
revista [he'vista] F *(busca)* search; *(Mil, exame)* inspection; *(publicação)* magazine; (: *profissional, erudita*) journal; *(Teatro)* revue; **passar ~ a** to review; *(Mil)* to inspect, review; **~ em quadrinhos** comic; **~ literária** literary review; **~ para mulheres** women's magazine
revistar [hevis'tar] VT to search; *(tropa)* to review; *(examinar)* to examine
revisto¹ *etc* [he'vistu] VB *ver* **revestir**
revisto², -a [he'vistu, a] PP *de* **rever**
revitalizar [hevitali'zar] VT to revitalize
reviu [he'viu] VB *ver* **rever**
reviver [hevi'ver] VT to relive; *(costumes, palavras)* to revive ▶ VI to revive; *(doente)* to pick up
revocar [hevo'kar] VT *(o passado)* to evoke; *(mandar voltar)* to recall; **~ alguém a/de** to bring sb back to/from
revogação [hevoga'sãw] *(pl* **-ões**) F *(de lei)* repeal; *(de ordem)* reversal
revogar [hevo'gar] VT to revoke
revolta [he'vɔwta] F revolt; *(fig: indignação)* disgust

Revolta da vacina F *see note*

  This was a popular movement of opposition to the government which took place in Rio de Janeiro in 1904, following the passing of a law which made vaccination against smallpox compulsory. It was the culmination of general dissatisfaction with health reforms undertaken at that time by the scientist Osvaldo Cruz, and the relocation programme of the prefect Pereira Passos, as a result of which part of the population of Rio had been moved from the slums and shanty towns of the central region to suburbs much further out.

revoltado, -a [hevow'tadu, a] ADJ in revolt; *(indignado)* disgusted; *(amargo)* bitter
revoltante [hevow'tãtʃi] ADJ disgusting; *(repugnante)* revolting
revoltar [hevow'tar] VT to disgust; *(insurgir)* to incite to revolt ▶ VI to cause indignation; **revoltar-se** VR to rebel, revolt; *(indignar-se)* to be disgusted
revolto, -a [he'vowtu, a] PP *de* **revolver** ▶ ADJ *(década)* turbulent; *(mundo)* troubled; *(cabelo)* dishevelled; *(mar)* rough; *(desarrumado)* untidy
revoltoso, -a [hevow'tozu, ɔza] ADJ in revolt
revolução [hevolu'sãw] *(pl* **-ões**) F revolution
revolucionar [hevolusjo'nar] VT to revolutionize
revolucionário, -a [hevolusjo'narju, a] ADJ, M/F revolutionary
revoluções [hevolu'sõjs] FPL *de* **revolução**
revolver [hevow'ver] VT *(terra)* to turn over, dig over; *(gaveta)* to rummage through; *(olhos)* to roll; (*suj: vento*) to blow around ▶ VI *(girar)* to revolve, rotate
revólver [he'vɔwver] M revolver, gun
reza ['hɛza] F prayer
rezar [he'zar] VT *(missa, prece)* to say ▶ VI to pray; **~ (que)** *(contar, dizer)* to state (that)
RFA ABR F *(antes:* = República Federal Alemã) FRG
RFFSA (BR) ABR F = **Rede Ferroviária Federal SA**
RG (BR) ABR M (= *Registro Geral*) identity document; *ver tb* **carteira**
rh ABR: **factor rh** Rh. *ou* rhesus (BRIT) factor; **rh negativo/positivo** rhesus negative/positive
riacho ['hjaʃu] M stream, brook
ribalta [hi'bawta] F footlights *pl*; *(fig)* boards *pl*
ribanceira [hibã'sejra] F *(margem)* steep river bank; *(rampa)* steep slope; *(precipício)* cliff
ribeira [hi'bejra] F riverside; *(riacho)* river
ribeirão [hibej'rãw] (BR) *(pl* **-ões**) M stream
ribeirinho, -a [hibej'riɲu, a] ADJ riverside *atr*
ribeiro [hi'bejru] M brook, stream
ribeirões [hibej'rõjs] MPL *de* **ribeirão**
ribombar [hibõ'bar] VI *(trovão)* to rumble, boom; *(ressoar)* to resound
ricaço [hi'kasu] M plutocrat, very rich man

rícino ['hisinu] M castor-oil plant; **óleo de ~** castor oil
rico, -a ['hiku, a] ADJ rich; (PT: *lindo*) beautiful; (: *excelente*) splendid ▶ M/F rich man/woman
ricochetear [hikoʃe'tʃjar] VI to ricochet
ricota [hi'kɔta] F cream cheese
ridicularizar [hiʒikulari'zar] VT to ridicule
ridículo, -a [hi'dʒikulu, a] ADJ ridiculous
rifa ['hifa] F raffle
rifão [hi'fãw] (*pl* **-ões** *ou* **-ães**) M proverb, saying
rifar [hi'far] VT to raffle; (*col: abandonar*) to dump
rififi [hifi'fi] (*col*) M fight, brawl
rifle ['hifli] M rifle
rifões [hi'fõjs] MPL *de* **rifão**
rigidez [hiʒi'dez] F rigidity, stiffness; (*austeridade*) severity, strictness; (*inflexibilidade*) inflexibility
rígido, -a ['hiʒidu, a] ADJ rigid, stiff; (*fig*) strict
rigor [hi'gor] M rigidity, (*meticulosidade*) rigour (BRIT), rigor (US); (*severidade*) harshness, severity; (*exatidão*) precision; **a ~** strictly speaking; **vestido a ~** in full evening dress; **ser de ~** to be essential *ou* obligatory; **no ~ do inverno** in the depths of winter
rigoroso, -a [higo'rozu, ɔza] ADJ rigorous, strict; (*severo*) strict; (*exigente*) demanding; (*minucioso*) precise, accurate; (*inverno*) hard, harsh
rijo, -a ['hiʒu, a] ADJ tough, hard; (*severo*) harsh, severe; (*músculos, braços*) firm
rim [hĩ] (*pl* **-ns**) M kidney; **rins** MPL (*parte inferior das costas*) small sg of the back
rima ['hima] F rhyme; (*poema*) verse, poem
rimar [hi'mar] VT, VI to rhyme; **~ com** (*condizer*) to agree with, tally with
rímel® ['himew] (*pl* **-eis**) M mascara
rinçagem [hĩ'saʒẽ] (*pl* **-ns**) F rinse
rinçar [hĩ'sar] VT to rinse
rinchar [hĩ'ʃar] VI to neigh, whinny
rincho ['hĩʃu] M neigh(ing)
ringue ['hĩgi] M ring
rinha ['hiɲa] F cock-fight
rinoceronte [hinose'rõtʃi] M rhinoceros
rinque ['hĩki] M rink
rins [hĩs] MPL *de* **rim**
Rio ['hiu] M: **o ~ (de Janeiro)** Rio (de Janeiro)
rio ['hiu] M river
ripa ['hipa] F lath, slat
riqueza [hi'keza] F wealth, riches *pl*; (*qualidade*) richness; (*fartura*) abundance; (*fecundidade*) fertility
rir [hir] VI to laugh; **~ de** to laugh at; **morrer de ~** to laugh one's head off
risada [hi'zada] F (*riso*) laughter; (*gargalhada*) guffaw
risca ['hiska] F stroke; (*listra*) stripe; (*no cabelo*) parting; **à ~** to the letter, exactly
riscar [his'kar] VT (*papel*) to draw lines on; (*marcar*) to mark; (*apagar*) to cross out; (*desenhar*) to outline; (*fósforo*) to strike; (*expulsar: sócios*) to expel, throw out; (*eliminar*) to do away with; (*amigo*) to write off
risco ['hisku] M (*marca*) mark, scratch; (*traço*) stroke; (*desenho*) drawing, sketch; (*perigo*) risk; **sob o ~ de** at the risk of; **correr o ~ de** to run the risk of; **correr ~s** to take risks; **pôr em ~** to put at risk, risk
risível [hi'zivew] (*pl* **-eis**) ADJ laughable, ridiculous
riso ['hizu] M laughter; **não ser motivo de ~** to be no laughing matter
risonho, -a [hi'zoɲu, a] ADJ smiling; (*contente*) cheerful; **estar muito ~** to be all smiles
risoto [hi'zotu] M risotto
rispidez [hispi'dez] F brusqueness; (*aspereza*) harshness
ríspido, -a ['hispidu, a] ADJ brusque; (*áspero*) harsh
risquei *etc* [his'kej] VB *ver* **riscar**
rissole [hi'sɔli] M rissole
riste ['hiʃtʃi] M: **em ~** (*dedo*) pointing; (*orelhas*) pointed
rítmico, -a ['hitʃmiku, a] ADJ rhythmic(al)
ritmo ['hitʃmu] M rhythm
rito ['hitu] M rite; (*seita*) cult
ritual [hi'twaw] (*pl* **-ais**) ADJ, M ritual
rival [hi'vaw] (*pl* **-ais**) ADJ, M/F rival
rivalidade [hivali'dadʒi] F rivalry
rivalizar [hivali'zar] VT to rival ▶ VI: **~ com** to compete with, vie with
rixa ['hiʃa] F quarrel, fight
RJ ABR = **Rio de Janeiro**
RN ABR = **Rio Grande do Norte**
RNVA (BR) ABR M = **Registro Nacional de Veículos Automotores**
RO ABR = **Rondônia**
roa *etc* ['hoa] VB *ver* **roer**
robalo [ho'balu] M snook (*type of fish*)
robô [ho'bo] M robot
robustecer [hobuste'ser] VT to strengthen ▶ VI to become stronger; **robustecer-se** VR to become stronger
robustez [hobus'tez] F strength
robusto, -a [ho'bustu, a] ADJ strong, robust
roça ['hɔsa] F plantation; (*no mato*) clearing; (*campo*) country
roçado [ho'sadu] M clearing
rocambole [hokã'bɔli] M roll
roçar [ho'sar] VT (*terreno*) to clear; (*tocar de leve*) to brush against ▶ VI: **~ em** *ou* **por** to brush against
roceiro, -a [ho'sejru, a] M/F (*lavrador*) peasant; (*caipira*) country bumpkin
rocha ['hɔʃa] F rock; (*penedo*) crag
rochedo [ho'ʃedu] M crag, cliff
rock ['hɔki] M = **roque**
rock-and-roll [-ã'how] M rock and roll
roda ['hɔda] F wheel; (*círculo, grupo de pessoas*) circle; (*de saia*) width, fullness; **~ dentada** cog(wheel); **alta ~** high society; **em** *ou* **à ~ de** round, around; **~ de direção** steering wheel; **~ do leme** ship's wheel, helm; **brincar de ~** to play in the round

rodada [ho'dada] F (*de bebidas, Esporte*) round
roda-d'água (*pl* **rodas-d'água**) F water wheel
rodado, -a [ho'dadu, a] ADJ (*saia*) full, wide; **o carro tem 5000 km ~s** the car has 5000 km on the clock
rodagem [ho'daʒẽ] (*pl* **-ns**) F: **estrada de ~** (trunk) road (BRIT)
roda-gigante (*pl* **rodas-gigantes**) F big wheel
rodamoinho [hodamo'iɲu] M (*na água*) whirlpool; (*de vento*) whirlwind; (*no cabelo*) swirl
Ródano ['hɔdanu] M: **o ~** the Rhône
rodapé [hoda'pɛ] M skirting board (BRIT), baseboard (US); (*de página*) foot
rodar [ho'dar] VT (*fazer girar*) to turn, spin; (*viajar por*) to tour, travel round; (*quilômetros*) to do; (*filme*) to make; (*imprimir*) to print; (*Comput: programa*) to run ▶ VI (*girar*) to turn round; (*Auto*) to drive around; (*col: ser reprovado*) to fail; (: *sair*) to make o.s. scarce; (: *ser excluido*) to be ruled out; **~ por** (*a pé*) to wander around; (*de carro*) to drive around
roda-viva (*pl* **rodas-vivas**) F bustle, commotion; **estou numa ~ danada** I'm in a real flap
rodear [ho'dʒjar] VT to go round; (*circundar*) to encircle, surround; (*pessoa*) to surround
rodeio [ho'deju] M (*em discurso*) circumlocution; (*subterfúgio*) subterfuge; (*de gado*) round-up; **fazer ~s** to beat about the bush; **sem ~s** plainly, frankly
rodela [ho'dɛla] F (*pedaço*) slice
rodízio [ho'dʒizju] M rota; **à ~** (*em restaurante*) at discretion; **em ~** on a rota basis
rodo ['hodu] M rake; (*para puxar água*) water rake; **a ~** in abundance
rododendro [hodo'dẽdru] M rhododendron
rodoferroviário, -a [hodofeho'vjarju, a] ADJ road and rail *atr*
rodopiar [hodo'pjar] VI to whirl around, swirl
rodopio [hodo'piu] M spin
rodovia [hodo'via] F highway, ≈ motorway (BRIT), ≈ interstate (US)
rodoviária [hodo'vjarja] F (*tb:* **estação rodoviária**) bus station; *ver tb* **rodoviário**
rodoviário, -a [hodo'vjarju, a] ADJ road *atr*; (*polícia*) traffic *atr* ▶ M/F roadworker
roedor, a [hwe'dor(a)] ADJ gnawing ▶ M rodent
roer [hwer] VT to gnaw, nibble; (*enferrujar*) to corrode; (*afligir*) to eat away; **ser duro de ~** to be a hard nut to crack
rogado [ho'gadu] ADJ: **fazer-se de ~** to play hard to get
rogar [ho'gar] VI to ask, request; **~ a alguém que faça** to beg sb to do
rogo ['hogu] M request; **a ~ de** at the request of
rói [hɔj] VB *ver* **roer**
roía *etc* [ho'ia] VB *ver* **roer**
róis [hɔjs] MPL *de* **rol**
rojão [ho'ʒãw] (*pl* **-ões**) M (*foguete*) rocket; (*fig: ritmo intenso*) hectic pace; **aguentar o ~** (*fig*) to stick it out

rol [hɔw] (*pl* **róis**) M roll, list
rolagem [ho'laʒẽ] F (*de uma dívida*) snowballing
rolar [ho'lar] VT to roll; (*dívida*) to run up ▶ VI to roll; (*na cama*) to toss and turn; (*col: vinho etc*) to flow; (: *estender-se*) to roll on
roldana [how'dana] F pulley
roleta [ho'leta] F roulette; (*borboleta*) turnstile
roleta-paulista F: **fazer uma ~** (*Auto*) to go through a red light
roleta-russa F Russian roulette
rolha ['hoʎa] F cork; (*fig*) gag (on free speech)
roliço, -a [ho'lisu, a] ADJ (*pessoa*) plump, chubby; (*objeto*) round, cylindrical
rolo ['holu] M (*de papel etc*) roll; (*para nivelar o solo, para pintura*) roller; (*almofada*) bolster; (*para cabelo*) curler; (*col: briga*) brawl, fight; **cortina de ~** roller blind; **~ compressor** steamroller; **~ de massa** *ou* **pastel** rolling pin
Roma ['homa] N Rome
romã [ho'mã] F pomegranate
romance [ho'mãsi] M (*livro*) novel; (*caso amoroso*) romance; (*fig: história*) complicated story; **~ policial** detective story; **fazer um ~ (de algo)** (*exagerar*) to dramatize (sth)
romanceado, -a [homã'sjadu, a] ADJ (*biografia*) in the style of a novel; (*exagerado*) exaggerated, fanciful
romancear [homã'sjar] VT (*biografia*) to write in the style of a novel; (*exagerar*) to exaggerate, embroider ▶ VI (*inventar histórias*) to tell tales
romancista [homã'sista] M/F novelist
românico, -a [ho'maniku, a] ADJ (*Ling*) Romance; (*Arq*) romanesque
romano, -a [ho'manu, a] ADJ, M/F Roman
romântico, -a [ho'mãtʃiku, a] ADJ romantic
romantismo [homã'tʃizmu] M romanticism; (*romance*) romance
romaria [homa'ria] F (*peregrinação*) pilgrimage; (*festa*) festival
rombo ['hõbu] M (*buraco*) hole; (*Mat*) rhombus; (*fig: desfalque*) embezzlement; (: *prejuízo*) loss, shortfall
rombudo, -a [hõ'budu, a] ADJ very blunt
romeiro, -a [ho'mejru, a] M/F pilgrim
Romênia [ho'menja] F: **a ~** Romania
romeno, -a [ho'mɛnu, a] ADJ, M/F Rumanian ▶ M (*Ling*) Rumanian
romeu e julieta [ho'mewiʒu'ljeta] M (*Culin*) guava jelly with cheese
rompante [hõ'pãtʃi] M outburst
romper [hõ'per] VT to break; (*rasgar*) to tear; (*relações*) to break off ▶ VI: **~ com** to break with; **~ de** (*jorrar*) to well up from; **~ em pranto** *ou* **lágrimas** to burst into tears; **~ em soluços** to sob
rompimento [hõpi'mẽtu] M (*ato*) breakage; (*fenda*) break; (*de relações*) breaking off
roncar [hõ'kar] VI to snore
ronco ['hõku] M snore; (*de motor*) roar; (*de porco*) grunt

ronda ['hõda] F patrol, beat; **fazer a ~** to go the rounds

rondar [hõ'dar] VT to patrol, go the rounds of; (*espreitar*) to prowl, hang around; (*rodear*) to go round ▶ VI to prowl, lurk; (*fazer a ronda*) to patrol, do the rounds; **a inflação ronda os 10% ao ano** inflation is in the region of 10% a year

rondoniano, -a [hõdo'njanu, a] ADJ from Rondônia ▶ M/F person from Rondônia

ronquei *etc* [hõ'kej] VB *ver* **roncar**

ronqueira [hõ'kejra] F wheeze

ronrom [hõ'hõ] M purr

ronronar [hõho'nar] VI to purr

roque ['hɔki] M (*Xadrez*) rook, castle; (*Mús*) rock

roqueiro, -a [ho'kejru, a] M/F rock musician

roraimense [horaj'mẽsi] ADJ from Roraima ▶ M/F person from Roraima

rosa ['hɔza] ADJ INV pink ▶ F rose; **a vida não é feita de ~s** life is not a bed of roses; **~ dos ventos** compass

rosado, -a [ho'zadu, a] ADJ rosy, pink

rosário [ho'zarju] M rosary

rosa-shocking [-'ʃɔkĩŋ] ADJ INV shocking pink

rosbife [hoz'bifi] M roast beef

rosca ['hoska] F spiral, coil; (*de parafuso*) thread; (*pão*) ring-shaped loaf

roseira [ho'zejra] F rosebush

róseo, -a ['hɔzju, a] ADJ rosy

roseta [ho'zeta] F rosette

rosetar [hoze'tar] VI to loaf around

rosnar [hoz'nar] VI (*cão*) to growl, snarl; (*murmurar*) to mutter, mumble

rossio [ho'siu] (*PT*) M large square

rosto ['hostu] M (*cara*) face; (*frontispício*) title page

rota ['hɔta] F route, course

rotação [hota'sãw] (*pl* **-ões**) F rotation; **~ de estoques** turnover of stock

rotativa [hota'tʃiva] F rotary printing press

rotatividade [hotatʃivi'dadʒi] F rotation; **hotel de alta ~** hotel renting rooms by the hour, love hotel

rotativo, -a [hota'tʃivu, a] ADJ rotary

roteirista [hotej'rista] M/F scriptwriter

roteiro [ho'tejru] M (*itinerário*) itinerary; (*ordem*) schedule, (*guia*) guidebook; (*de filme*) script; (*de discussão, trabalho escrito*) list of topics; (*fig: norma*) norm

rotina [ho'tʃina] F (*tb Comput*) routine

rotineiro, -a [hotʃi'nejru, a] ADJ routine

roto, -a ['hotu, a] ADJ broken; (*rasgado*) torn; (*maltrapilho*) scruffy; **o ~ rindo do esfarrapado** the pot calling the kettle black

rótula ['hɔtula] F (*Anat*) kneecap

rotular [hotu'lar] VT (*tb fig*) to label; **~ alguém/algo de** to label sb/sth as

rótulo ['hɔtulu] M label, tag; (*fig*) label

rotunda [ho'tũda] F (*Arq*) rotunda

rotundo, -a [ho'tũdu, a] ADJ (*redondo*) round; (*gorducho*) rotund

roubalheira [hoba'ʎejra] F (*do Estado, de empresa*) embezzlement

roubar [ho'bar] VT to steal; (*loja, casa, pessoa*) to rob ▶ VI to steal; (*em jogo, no preço*) to cheat; **~ algo a alguém** to steal sth from sb

roubo ['hobu] M theft, robbery; **$100 é ~** $100 is daylight robbery; **~ de identidade** identity theft

rouco, -a ['roku, a] ADJ hoarse

round ['hãwdʒi] (*pl* **-s**) M (*Boxe*) round

roupa ['hopa] F clothes *pl*, clothing; **~ de baixo** underwear; **~ de cama** bedclothes *pl*, bed linen

roupagem [ho'paʒẽ] (*pl* **-ns**) F clothes *pl*, apparel; (*fig*) appearance

roupão [ho'pãw] (*pl* **-ões**) M dressing gown

rouquidão [hoki'dãw] F hoarseness

rouxinol [hoʃi'nɔw] (*pl* **-óis**) M nightingale

roxo, -a ['hoʃu, a] ADJ purple, violet; **~ por** (*col*) mad about; **~ de saudades** pining away

royalty ['hɔjawtʃi] (*pl* **-ies**) M royalty

RR ABR = **Roraima**

RS ABR = **Rio Grande do Sul**

rua ['hua] F street ▶ EXCL: **~!** get out!, clear off!; **botar alguém na ~** to put sb out on the street; **ir para a ~** to go out; (*ser despedido*) to get the sack; **viver na ~** to be out all the time; **estar na ~ da amargura** to be going through hell; **~ principal** main street; **~ sem saída** no through road, cul-de-sac

Ruanda ['hwãda] F Rwanda

rubéola [hu'bɛola] F (*Med*) German measles

rubi [hu'bi] M ruby

rublo ['hublu] M rouble (*BRIT*), ruble (*US*)

rubor [hu'bor] M blush; (*fig*) shyness, bashfulness

ruborizar-se [hubori'zarsi] VR to blush

rubrica [hu'brika] F (signed) initials *pl*

rubricar [hubri'kar] VT to initial

rubro, -a ['hubru, a] ADJ ruby-red; (*faces*) rosy, ruddy

rubro-negro, -a ADJ of Flamengo FC

ruço, -a ['husu, a] ADJ grey (*BRIT*), gray (*US*), dun; (*desbotado*) faded; (*col*) tough, tricky

rúcula ['hukula] F rocket (*BRIT*), arugula (*US*)

rude ['hudʒi] ADJ (*povo*) simple, primitive; (*ignorante*) simple; (*grosseiro*) rude

rudeza [hu'deza] F simplicity; (*grosseria*) rudeness

rudimentar [hudʒimẽ'tar] ADJ rudimentary

rudimento [hudʒi'mẽtu] M rudiment; **rudimentos** MPL (*noções básicas*) rudiments, first principles

ruela ['hwɛla] F lane, alley

rufar [hu'far] VT (*tambor*) to roll ▶ M roll

rufião [hu'fjãw] (*pl* **-ães** *ou* **-ões**) M pimp

ruflar [huf'lar] VT, VI to rustle

ruga ['huga] F (*na pele*) wrinkle; (*na roupa*) crease

rúgbi ['hugbi] M rugby

ruge ['huʒi] M rouge

rugido [hu'ʒidu] M roar

rugir [hu'ʒir] VI to roar, bellow

ruibarbo [hwi'barbu] M rhubarb
ruído ['hwidu] M noise, din; (*Elet, Tec*) noise
ruidoso, -a [hwi'dozu, ɔza] ADJ noisy
ruim [huˈĩ] (*pl* **-ns**) ADJ bad; (*defeituoso*) defective; **achar ~** (*col*) to get upset
ruína ['hwina] F ruin; (*decadência*) downfall; **levar alguém à ~** to ruin sb, be sb's downfall
ruindade [hwĩ'dadʒi] F wickedness, evil; (*ação*) bad thing
ruins [huˈĩs] ADJ PL *de* **ruim**
ruir ['hwir] VI to collapse, go to ruin
ruivo, -a ['hwivu, a] ADJ red-haired ▶ M/F redhead
rujo *etc* ['huju] VB *ver* **rugir**
rulê [hu'le] ADJ: **gola ~** polo neck
rum [hũ] M rum
rumar [hu'mar] VT (*barco*) to steer ▶ VI: **~ para** to head for
rumba ['hũba] F rumba
ruminação [humina'sãw] (*pl* **-ões**) F rumination
ruminante [humi'nātʃi] ADJ, M ruminant
ruminar [humi'nar] VT to chew; (*fig*) to ponder ▶ VI (*tb fig*) to ruminate
rumo ['humu] M course, bearing; (*fig*) course; **~ a** bound for; **sem ~** adrift
rumor [hu'mor] M (*ruído*) noise; (*notícia*) rumour (BRIT), rumor (US), report
rumorejar [humore'ʒar] VI to murmur; (*folhas*) to rustle; (*água*) to ripple
rupia [hu'pia] F rupee
ruptura [hup'tura] F break, rupture
rural [hu'raw] (*pl* **-ais**) ADJ rural
rusga ['huzga] F (*briga*) quarrel, row
rush ['haʃi] M rush; (**a hora do**) **~** rush hour; **o ~ imobiliário** the rush to buy property
Rússia ['husja] F: **a ~** Russia
russo, -a ['husu, a] ADJ, M/F Russian ▶ M (*Ling*) Russian
rústico, -a ['hustʃiku, a] ADJ rustic; (*pessoa*) simple; (*utensílio, objeto*) rough; (*casa*) rustic-style; (*lugar*) countrified

Ss

S, s [ˈɛsi] (*pl* **ss**) M S, s; **S de Sandra** S for Sugar
S. ABR (= *Santo/a, São*) St
SA ABR (= *Sociedade Anônima*) plc (BRIT), Inc. (US)
sã [sã] F *de* **são**
Saara [saˈara] M: **o ~** the Sahara
sáb. ABR (= *sábado*) Sat.
sábado [ˈsabadu] M Saturday; (*dos judeus*) Sabbath; **~ de aleluia** Easter Saturday; *ver tb* **terça-feira**
sabão [saˈbãw] (*pl* **-ões**) M soap; (*descompostura*): **passar um ~ em alguém/levar um ~** to give sb a telling-off/get a telling-off; **~ de coco** coconut soap; **~ em pó** soap powder
sabatina [sabaˈtʃina] F revision test
sabedor, a [sabeˈdor(a)] ADJ informed
sabedoria [sabedoˈria] F wisdom; (*erudição*) learning
saber [saˈber] VT, VI to know; (*descobrir*) to find out ▶ M knowledge; **a ~** namely; **~ fazer** to know how to do, be able to do; **ele sabe nadar?** can he swim?; **~ de cor (e salteado)** to know off by heart; **que eu saiba** as far as I know; **sei** (*col*) I see; **sei lá** (*col*) I've got no idea, heaven knows; **sabe de uma coisa?** (*col*) you know what?; **você é quem sabe, você que sabe** (*col*) it's up to you
Sabesp [saˈbɛspi] ABR M = **Saneamento Básico do Estado de São Paulo**
sabiá [saˈbja] M/F thrush
sabichão, -chona [sabiˈʃãw, ˈʃɔna] (*pl* **-ões/-s**) M/F know-it-all, smart aleck
sabido, -a [saˈbidu, a] ADJ (*versado*) knowledgeable; (*esperto*) shrewd, clever
sábio, -a [ˈsabju, a] ADJ wise; (*erudito*) learned ▶ M/F wise person; (*erudito*) scholar
sabões [saˈbõjs] MPL *de* **sabão**
sabonete [saboˈnetʃi] M toilet soap
saboneteira [saboneˈtejra] F soap dish
sabor [saˈbor] M taste, flavour (BRIT), flavor (US); **ao ~ de** at the mercy of
saborear [saboˈrjar] VT to taste, savour (BRIT), savor (US); (*fig*) to relish
saboroso, -a [saboˈrozu, ɔza] ADJ tasty, delicious
sabotador, a [sabotaˈdor(a)] M/F saboteur
sabotagem [saboˈtaʒẽ] F sabotage
sabotar [saboˈtar] VT to sabotage
saburrento, -a [sabuˈhẽtu, a] ADJ (*língua*) furry

SAC [ˈsaki] ABR M (= *serviço de atendimento ao cliente*) customer service
saca [ˈsaka] F sack
sacada [saˈkada] F balcony; *ver tb* **sacado**
sacado, -a [saˈkadu, a] M/F (Com) drawee
sacador, a [sakaˈdor(a)] M/F (Com) drawer
sacal [saˈkaw] (*pl* **-ais**) (*col*) ADJ boring; **ser ~** to be a pain
sacana [saˈkana] (!) ADJ (*canalha*) crooked; (*lascivo*) randy
sacanagem [sakaˈnaʒẽ] (*pl* **-ns**) (*col*) F (*sujeira*) dirty trick; (*libidinagem*) screwing; **fazer uma ~ com alguém** (*sujeira*) to screw sb; **filme de ~** blue movie
sacanear [sakaˈnjar] (!) VT: **~ alguém** (*fazer sujeira*) to screw sb; (*amolar*) to take the piss out of sb (!)
sacar [saˈkar] VT to take out, pull out; (*dinheiro*) to withdraw; (*arma, cheque*) to draw; (*Esporte*) to serve; (*col: entender*) to understand ▶ VI (*col: entender*) to understand; (: *mentir*) to tell fibs; (: *dar palpites*) to talk off the top of one's head; **~ de um revólver** to pull a gun
saçaricar [sasariˈkar] VI to have fun, fool around
sacarina [sakaˈrina] F saccharine (BRIT), saccharin (US)
saca-rolhas M INV corkscrew
sacerdócio [saserˈdɔsju] M priesthood
sacerdote [saserˈdɔtʃi] M priest
sachê [saˈʃe] M sachet
saci [saˈsi] M (*personagem folclórica*) one-legged Black man who ambushes travellers
saciar [saˈsjar] VT (*fome etc*) to satisfy; (*sede*) to quench
saco [ˈsaku] M bag; (*enseada*) inlet; (*col: testículos*) balls *pl* (!); **~!** (BR *col*) damn!; **que ~!** (BR *col*) how annoying!; **encher o ~ de alguém** (BR *col*) to annoy sb, get on sb's nerves; **estar de ~ cheio (de)** to be fed up (with); **haja ~!** give me strength!; **puxar o ~ de alguém** (*col*) to suck up to sb; **ser um ~** (*col*) to be a drag; **ter ~** (*col*) to have patience; **ter ~ de fazer algo** to be bothered to do sth; **~ de água quente** hot water bottle; **~ de café** coffee filter; **~ de dormir** sleeping bag
sacode *etc* [saˈkɔdʒi] VB *ver* **sacudir**
sacola [saˈkɔla] F bag
sacolejar [sakoleˈʒar] VT, VI to shake

sacramentar [sakramē'tar] VT (*documento etc*) to legalize
sacramento [sakra'mẽtu] M sacrament
sacrificar [sakrifi'kar] VT to sacrifice; (*consagrar*) to dedicate; (*submeter*) to subject; (*animal*) to have put down; **sacrificar-se** VR to sacrifice o.s.
sacrifício [sakri'fisju] M sacrifice
sacrilégio [sakri'lɛʒju] M sacrilege
sacrílego, -a [sa'krilegu, a] ADJ sacrilegious
sacristão [sakri'stãw] (**-ões**) M sacristan, sexton
sacristia [sakris'tʃia] F sacristy
sacristões [sakris'tõjs] MPL *de* **sacristão**
sacro, -a ['sakru, a] ADJ sacred; (*santo*) holy; (*música*) religious
sacrossanto, -a [sakro'sãtu, a] ADJ sacrosanct
sacudida [saku'dʒida] F shake
sacudidela [sakudʒi'dela] F shake, jolt
sacudido, -a [saku'dʒidu, a] ADJ shaken; (*movimento*) rapid, quick; (*robusto*) sturdy
sacudir [saku'dʒir] VT to shake; **sacudir-se** VR to shake
sádico, -a ['sadʒiku, a] ADJ sadistic ▶ M/F sadist
sadio, -a [sa'dʒiu, a] ADJ healthy
sadismo [sa'dʒizmu] M sadism
sadomasoquista [sadomazo'kista] ADJ sadomasochistic ▶ M/F sadomasochist
safadeza [safa'deza] F (*vileza*) meanness; (*imoralidade*) crudity; (*travessura*) mischief
safado, -a [sa'fadu, a] ADJ (*descarado*) shameless, barefaced; (*imoral*) dirty; (*travesso*) mischievous ▶ M rogue; **estar/ficar ~ (da vida) com** to be/get furious with
safanão [safa'nãw] (*pl* **-ões**) M (*puxão*) tug; (*tapa*) slap
safári [sa'fari] M safari
safira [sa'fira] F sapphire
safo, -a ['safu, a] ADJ (*livre*) clear; (*col: esperto*) quick, clever
safra ['safra] F harvest; (*fig: de músicos etc*) crop
saga ['saga] F saga
sagacidade [sagasi'dadʒi] F sagacity, shrewdness
sagaz [sa'gajz] ADJ sagacious, shrewd
sagitariano, -a [saʒita'rjanu, a] ADJ, M/F Sagittarian
Sagitário [saʒi'tarju] M Sagittarius
sagrado, -a [sa'gradu, a] ADJ sacred, holy
saguão [sa'gwãw] (*pl* **-ões**) M (*pátio*) yard, patio; (*entrada*) foyer, lobby; (*de estação*) entrance hall
saia ['saja] F skirt; (*col: mulher*) woman; **viver agarrado às ~s de alguém** (*fig*) to be tied to sb's apron strings; **~ escocesa** kilt
saia-calça (*pl* **saias-calças**) F culottes *pl*
saiba *etc* ['sajba] VB *ver* **saber**
saibro ['sajbru] M gravel
saída [sa'ida] F (*porta*) exit, way out; (*partida*) departure; (*ato: de pessoa*) going out; (*fig: solução*) way out; (*Comput: de programa*) exit; (: *de dados*) output; **de ~** (*primeiro*) first; (*de cara*) straight away; **estar de ~** to be on one's way out; **na ~ do cinema** on the way out of the cinema; **(não) ter boa ~** (*produto*) (not) to sell well; **uma mercadoria de muita ~** a commodity which sells well; **dar uma ~** to go out; **ter boas ~s** (*réplicas*) to be witty; **não tem ~** (*fig*) there is no escaping it; **~ de emergência** emergency exit
saideira [saj'dejra] F last drink
saidinha [saj'dʒiɲa] F: **dar uma ~** to pop out
saiote [sa'jɔtʃi] M short skirt
sair [sa'ir] VI to go (*ou* come) out; (*partir*) to leave; (*realizar-se*) to turn out; (*Comput*) to exit; **sair-se** VR: **~-se bem/mal do** to be successful/unsuccessful in; **~-se com** (*dito*) to come out with; **~ caro/barato** to work out expensive/cheap; **~ ganhando/perdendo** to come out better/worse off; **~ a alguém** (*parecer-se*) to take after sb; **~ de** (*casa etc*) to leave; (*situação difícil*) to get out of; (*doença*) to come out of; **a notícia saiu na TV/no jornal** the news was on TV/in the paper
sal [saw] (*pl* **sais**) M salt; **sem ~** (*comida*) salt-free; (*pessoa*) lacklustre (BRIT), lackluster (US); **~ de banho** bath salts *pl*; **~ de cozinha** cooking salt
sala ['sala] F room; (*num edifício público*) hall; (*classe, turma*) class; **fazer ~ a alguém** to entertain sb; **~ de audiências** (*Jur*) courtroom; **~ (de aula)** classroom; **~ de bate-papo** (*Internet*) chatroom; **~ de conferências** conference room; **~ de embarque** departure lounge; **~ de espera** waiting room; **~ de espetáculo** concert hall; **~ (de estar)** living room, lounge; **~ de jantar** dining room; **~ de operação** (*Med*) operating theatre (BRIT) *ou* theater (US); **~ de parto** delivery room
salada [sa'lada] F salad; (*fig*) confusion, jumble; **~ de frutas** fruit salad; **~ russa** (*Culin*) Russian salad; (*fig*) hotchpotch
saladeira [sala'dejra] F salad bowl
sala e quarto (*pl* **salas e quartos** *ou* **salas e quarto**) M two-room flat (BRIT) *ou* apartment (US)
salafra [sa'lafra] (*col*) M/F rat
salafrário [sala'frarju] (*col*) M crook
salame [sa'lami] M (*Culin*) salami
salaminho [sala'miɲu] M pepperoni (sausage)
salão [sa'lãw] (*pl* **-ões**) M large room, hall; (*exposição*) show; (*cabeleireiro*) hairdressing salon; **de ~** (*jogos*) indoor; (*anedota*) proper, acceptable; **~ de baile** dance studio; **~ de beleza** beauty salon
salarial [sala'rjaw] (*pl* **-ais**) ADJ wage *atr*, pay *atr*
salário [sa'larju] M wages *pl*, salary; **~ mínimo** minimum wage
salário-família (*pl* **salários-família**) M family allowance

saldar [saw'dar] VT (*contas*) to settle; (*dívida*) to pay off
saldo ['sawdu] M balance; (*sobra*) surplus; (*fig: resultado*) result; ~ **anterior/credor/devedor** opening balance/credit balance/debit balance
saleiro [sa'lejru] M salt cellar; (*moedor*) salt mill
salgadinho [sawga'dʒiɲu] M savoury (BRIT), savory (US), snack
salgado, -a [saw'gadu, a] ADJ salty, salted; (*preço*) exorbitant
salgar [saw'gar] VT to salt
salgueiro [saw'gejru] M willow; ~ **chorão** weeping willow
saliência [sa'ljẽsja] F projection; (*assanhamento*) forwardness
salientar [saljẽ'tar] VT to point out; (*acentuar*) to stress, emphasize; **salientar-se** VR (*pessoa*) to distinguish o.s.
saliente [sa'ljẽtʃi] ADJ jutting out, prominent; (*evidente*) clear, conspicuous; (*importante*) outstanding; (*assanhado*) forward
salina [sa'lina] F salt bed; (*empresa*) salt company
salino, -a [sa'linu, a] ADJ saline
salitre [sa'litri] M saltpetre (BRIT), saltpeter (US), nitre (BRIT), niter (US)
saliva [sa'liva] F saliva; **gastar** ~ (*col*) to waste one's breath
salivar [sali'var] VI to salivate
salmão [saw'mãw] (*pl* **-ões**) M salmon ▸ ADJ INV salmon-pink
salmo ['sawmu] M psalm
salmões [saw'mõjs] MPL *de* **salmão**
salmonela [sawmo'nɛla] F salmonella
salmoura [saw'mora] F brine
salobro, -a [sa'lobru, a] ADJ salty, brackish
salões [sa'lõjs] MPL *de* **salão**
saloio [sa'loju] (PT) M (*camponês*) country bumpkin
Salomão [salo'mãw] N: (**as**) **ilhas** (**de**) ~ (the) Solomon Islands
salpicão [sawpi'kãw] (*pl* **-ões**) M (*paio*) pork sausage; (*prato*) fricassee
salpicar [sawpi'kar] VT to splash; (*polvilhar, fig*) to sprinkle
salpicões [sawpi'kõjs] MPL *de* **salpicão**
salsa ['sawsa] F parsley
salsicha [saw'siʃa] F sausage
salsichão [sawsi'ʃãw] (*pl* **-ões**) M sausage
saltado, -a [saw'tadu, a] ADJ (*saliente*) protruding
saltar [saw'tar] VT to jump (over), leap (over); (*omitir*) to skip ▸ VI to jump, leap; (*sangue*) to spurt out; (*de ônibus, cavalo*): ~ **de** to get off; ~ **à vista** *ou* **aos olhos** to be obvious
salteado, -a [saw'tʃjadu, a] ADJ broken up; (*Culin*) sautéed
salteador [sawtʃja'dor] M highwayman
saltear [saw'tʃjar] VT (*trechos de um livro*) to skip; (*Culin*) to sauté
saltimbanco [sawtʃĩ'bãku] M travelling (BRIT) *ou* traveling (US) player

saltitante [sawtʃi'tãtʃi] ADJ: ~ **de alegria** as pleased as punch
saltitar [sawtʃi'tar] VI (*pássaros*) to hop; (*fig: de um assunto a outro*) to skip
salto ['sawtu] M jump, leap; (*de calçado*) heel; **dar um** ~ to jump, leap; **dar -s de alegria** *ou* **de contente** to jump for joy; ~ **de vara** pole vault; ~ **em altura** high jump; ~ **em distância** long jump; ~ **quântico** quantum leap
salto-mortal (*pl* **saltos-mortais**) M somersault
salubre [sa'lubri] ADJ healthy, salubrious
salutar [salu'tar] ADJ salutary, beneficial
salva ['sawva] F salvo; (*bandeja*) tray, salver; (*Bot*) sage; ~ **de palmas** round of applause; ~ **de tiros** round of gunfire
salvação [sawva'sãw] F salvation; ~ **da pátria** *ou* **da lavoura** (*col*) lifesaver
salvador [sawva'dor] M saviour (BRIT), savior (US)
salvados [saw'vadus] MPL salvage *sg*; (*Com*) salvaged goods
salvaguarda [sawva'gwarda] F protection, safeguard
salvaguardar [sawvagwar'dar] VT to safeguard
salvamento [sawva'mẽtu] M rescue; (*de naufrágio*) salvage
salvar [saw'var] VT (*tb Comput*) to save; (*resgatar*) to rescue; (*objetos, de ruína*) to salvage; (*honra*) to defend; **salvar-se** VR to escape
salva-vidas M INV (*boia*) lifebuoy ▸ M/F INV (*pessoa*) lifeguard; **barco** ~ lifeboat
salve ['sawvi] EXCL hooray (for)!
salvo, -a ['sawvu, a] ADJ safe ▸ PREP except, save; **a** ~ in safety; **pôr-se a** ~ to run to safety; **todos** ~ **ele** all except him
salvo-conduto (*pl* **salvo-condutos** *ou* **salvos-condutos**) M safe-conduct
samambaia [samã'baja] F fern
samaritano [samari'tanu] M: **bom** ~ good Samaritan; (*pej*) do-gooder
samba ['sãba] M samba

> The greatest form of musical expression of the Brazilian people, the **samba** is a type of music and dance of African origin. It embraces a number of rhythmic styles, such as *samba de breque, samba-enredo, samba-canção* and *pagode*, among others. Officially, the first samba, entitled *Pelo telefone*, was written in Rio in 1917.

samba-canção (*pl* **sambas-canção**) M slow samba; **cueca** ~ boxer shorts *pl*
sambar [sã'bar] VI to dance the samba
sambista [sã'bista] M/F (*dançarino*) samba dancer; (*compositor*) samba composer
sambódromo [sã'bɔdromu] M carnival parade ground
Samoa [sa'moa] M: ~ **Ocidental** Western Samoa
samovar [samo'var] M tea urn

SAMU (BR) ABR M (= *Serviço de Atendimento Móvel de Urgência*) emergency ambulance service
sanar [sa'nar] VT to cure; (*remediar*) to remedy
sanatório [sana'tɔrju] M sanatorium (BRIT), sanitarium (US)
sanável [sa'navew] (*pl* **-eis**) ADJ curable; (*remediável*) remediable
sanca ['sãka] F cornice, moulding (BRIT), molding (US)
sanção [sã'sãw] (*pl* **-ões**) F sanction
sancionar [sansjo'nar] VT to sanction; (*autorizar*) to authorize
sanções [sã'sõjs] FPL *de* **sanção**
sandália [sã'dalja] F sandal
sândalo ['sãdalu] M sandalwood
sandes ['sãdəʃ] (PT) F INV sandwich
sanduíche [sand'wiʃi] (BR) M sandwich;
~ **americano** ham and egg sandwich;
~ **misto** ham and cheese sandwich;
~ **natural** wholemeal sandwich
saneamento [sanja'mẽtu] M sanitation; (*de governo etc*) clean-up
sanear [sa'njar] VT to clean up; (*pântanos*) to drain
sanfona [sã'fɔna] F (*Mús*) accordion; (*Tricô*) ribbing
sanfonado, -a [sãfo'nadu, a] ADJ (*porta*) folding; (*suéter*) ribbed
sangrar [sã'grar] VT, VI to bleed; ~ **alguém** (*fig*) to bleed sb dry
sangrento, -a [sã'grẽtu, a] ADJ bloody; (*ensanguentado*) bloodstained; (*Culin: carne*) rare
sangria [sã'gria] F bloodshed; (*extorsão*) extortion; (*bebida*) sangria
sangue ['sãgi] M blood; ~ **pisado** bruise
sangue-frio M cold-bloodedness
sanguessuga [sãgi'suga] F leech
sanguinário, -a [sãgi'narju, a] ADJ bloodthirsty, cruel
sanguíneo, -a [sã'ginju, a] ADJ blood *atr*;
grupo ~ blood group; **pressão sanguínea** blood pressure; **vaso** ~ blood vessel
sanha ['saɲa] F rage, fury
sanidade [sani'dadʒi] F (*saúde*) health; (*mental*) sanity
sanita [sa'nita] (PT) F toilet, lavatory
sanitário, -a [sani'tarju, a] ADJ sanitary; **vaso** ~ toilet, lavatory (bowl)
sanitários [sani'tarjus] MPL toilets
sanitarista [sanita'rista] M/F health worker
Santiago [sã'tʃjagu] F: ~ **(do Chile)** Santiago (de Chile)
santidade [sãtʃi'dadʒi] F holiness, sanctity;
Sua S~ His Holiness (the Pope)
santificar [sãtʃifi'kar] VT to sanctify, make holy
santinho [sã'tʃiɲu] M (*imagem*) holy picture; (*col: pessoa*) saint
santista [sã'tʃista] ADJ from Santos ▶ M/F person from Santos
santo, -a ['sãtu, a] ADJ holy, sacred; (*pessoa*) saintly; (*remédio*) effective ▶ M/F saint; **todo**

~ **dia** every single day; **ter** ~ **forte** (*col*) to have good backing
santuário [sã'twarju] M shrine, sanctuary
São [sãw] M Saint
são, sã [sãw, sã] (*pl* **-s/-s**) ADJ healthy; (*conselho*) sound; (*atitude*) wholesome; (*mentalmente*) sane; ~ **e salvo** safe and sound
São Lourenço [-lo'rẽsu] M: **o (rio)** ~ the St. Lawrence river
São Marinho M San Marino
São Paulo [-'pawlu] N São Paulo
são-tomense [-to'mẽsi] ADJ from São Tomé e Príncipe ▶ M/F native *ou* inhabitant of São Tomé e Príncipe
sapata [sa'pata] M (*do freio*) shoe
sapatão [sapa'tãw] (*pl* **-ões**) M big shoe; (*col: lésbica*) lesbian
sapataria [sapata'ria] F shoe shop
sapateado [sapa'tʃjadu] M tap dancing
sapateador, a [sapatʃja'dor(a)] M/F tap dancer
sapatear [sapa'tʃjar] VI to tap one's feet; (*dançar*) to tap-dance
sapateiro [sapa'tejru] M shoemaker; (*vendedor*) shoe salesman; (*que conserta*) shoe repairer; (*loja*) shoe repairer's
sapatilha [sapa'tʃiʎa] F (*de balé*) shoe; (*sapato*) pump; (*de atleta*) running shoe
sapato [sa'patu] M shoe
sapatões [sapa'tõjs] MPL *de* **sapatão**
sapé [sa'pɛ] M = **sapê**
sapê [sa'pe] M thatch; **teto de** ~ thatched roof
sapeca [sa'pɛka] ADJ flirtatious; (*criança*) cheeky
sapecar [sape'kar] VT (*tapa, pontapé*) to land ▶ VI (*flertar*) to flirt
sapiência [sa'pjẽsja] F wisdom, learning
sapiente [sa'pjẽtʃi] ADJ wise
sapinho [sa'piɲu] M (*Med*) thrush
sapo ['sapu] M toad; **engolir** ~**s** (*fig*) to sit back and take it
saque¹ ['saki] M (*de dinheiro*) withdrawal; (*Com*) draft, bill; (*Esporte*) serve; (*pilhagem*) plunder, pillage; (*col: mentira*) fib; ~ **a descoberto** (*Com*) overdraft
saque² *etc* VB *ver* **sacar**
saquear [sa'kjar] VT to pillage, plunder
saracotear [sarako'tʃjar] VI to wiggle one's hips; (*vaguear*) to wander around ▶ VT to shake
Saragoça [sara'gɔsa] N Zaragoza
saraiva [sa'rajva] F hail
saraivada [sarai'vada] F hailstorm; **uma** ~ **de** (*fig*) a hail of
saraivar [sarai'var] VI to hail; (*fig*) to spray
sarampo [sa'rãpu] M measles *sg*
sarapintado, -a [sarapĩ'tadu, a] ADJ spotted, speckled
sarar [sa'rar] VT to cure; (*ferida*) to heal ▶ VI to recover, be cured
sarau [sa'raw] M soirée
sarcasmo [sar'kazmu] M sarcasm

sarcástico, -a [sar'kastʃiku, a] ADJ sarcastic
sarda ['sarda] F freckle
Sardenha [sar'dɛɲa] F: **a ~** Sardinia
sardento, -a [sar'dẽtu, a] ADJ freckled, freckly
sardinha [sar'dʒiɲa] F sardine; **como ~ em lata** (apertado) like sardines
sardônico, -a [sar'doniku, a] ADJ sardonic, sarcastic
sargento [sar'ʒẽtu] M sergeant
sári ['sari] M sari
sarjeta [sar'ʒeta] F gutter
sarna ['sarna] F scabies sg
sarrafo [sa'hafu] M: **baixar o ~ em alguém** (col) to let sb have it
sarro ['sahu] M (de vinho, nos dentes) tartar; (na língua) fur, coating; (col) laugh; **tirar um ~** (col) to pet, neck
Satã [sa'tã] M Satan, the Devil
Satanás [sata'nas] M Satan, the Devil
satânico, -a [sa'taniku, a] ADJ satanic; (fig) devilish
satélite [sa'tɛlitʃi] ADJ satellite atr ▶ M satellite
sátira ['satʃira] F satire
satírico, -a [sa'tʃiriku, a] ADJ satirical
satirizar [satʃiri'zar] VT to satirize
satisfação [satʃisfa'sãw] (pl **-ões**) F satisfaction; (recompensa) reparation; **dar uma ~ a alguém** to give sb an explanation; **ela não dá satisfações a ninguém** she answers to no-one; **tomar satisfações de alguém** to ask sb for an explanation
satisfaço etc [satʃis'fasu] VB ver **satisfazer**
satisfações [satʃisfa'sõjs] FPL de **satisfação**
satisfatório, -a [satʃisfa'tɔrju, a] ADJ satisfactory
satisfazer [satʃisfa'zer] (irreg: como **fazer**) VT to satisfy; (dívida) to pay off ▶ VI (ser satisfatório) to be satisfactory; **satisfazer-se** VR to be satisfied; (saciar-se) to fill o.s. up; **~ a** to satisfy; **~ com** to fulfil (BRIT), fulfill (US)
satisfeito, -a [satʃis'fejtu, a] PP de **satisfazer** ▶ ADJ satisfied; (alegre) content; (saciado) full; **dar-se por ~ com algo** to be content with sth; **dar alguém por ~** to make sb happy
satisfez [satʃis'fez] VB ver **satisfazer**
satisfiz etc [satʃis'fiz] VB ver **satisfazer**
saturado, -a [satu'radu, a] ADJ (de comida) full; (aborrecido) fed up; (Com: mercado) saturated
saturar [satu'rar] VT to saturate; (de comida, aborrecimento) to fill
Saturno [sa'turnu] M Saturn
saudação [sawda'sãw] (pl **-ões**) F greeting
saudade [saw'dadʒi] F (desejo ardente) longing, yearning; (lembrança nostálgica) nostalgia; **deixar ~s** to be greatly missed; **matar as ~s de alguém/algo** to catch up with sb/cure one's nostalgia for sth; **ter ~s de** (desejar) to long for; (sentir falta de) to miss; **~s (de casa** ou **da família** ou **da pátria)** homesickness sg
saudar [saw'dar] VT (cumprimentar) to greet; (dar as boas vindas) to welcome; (aclamar) to acclaim

saudável [saw'davew] (pl **-eis**) ADJ healthy; (moralmente) wholesome
saúde [sa'udʒi] F health; (brinde) toast; **~!** (brindando) cheers!; (quando se espirra) bless you!; **à sua ~!** your health!; **beber à ~ de** to drink to, toast; **estar bem/mal de ~** to be well/ill; **não ter mais ~ para fazer** not to be up to doing; **vender ~** to be bursting with health; **~ pública** public health; (órgão) health service
saudosismo [sawdo'zizmu] M nostalgia
saudoso, -a [saw'dozu, ɔza] ADJ (nostálgico) nostalgic; (da família ou terra natal) homesick; (de uma pessoa) longing; (que causa saudades) much-missed
sauna ['sawna] F sauna; **fazer ~** to have ou take a sauna
saveiro [sa'vejru] M sailing boat
saxofone [sakso'fɔni] M saxophone
saxofonista [saksofo'nista] M/F saxophonist
sazonado, -a [sazo'nadu, a] ADJ ripe, mature
sazonal [sazo'naw] (pl **-ais**) ADJ seasonal
SBPC ABR F = **Sociedade Brasileira para o Progresso da Ciência**
SBT ABR M (= Sistema Brasileiro de Televisão) television station
SC ABR = **Santa Catarina**
scanner ['skaner] M scanner
SCDF ABR F = **Sagrada Congregação para a Doutrina da Fé**
SE ABR = **Sergipe**

(PALAVRA-CHAVE)

se [si] PRON **1** (reflexivo: impess) oneself; (: m) himself; (: f) herself; (: coisa) itself; (: você) yourself; (: pl) themselves; (: vocês) yourselves; **ela está se vestindo** she's getting dressed
2 (uso recíproco) each other, one another; **olharam-se** they looked at each other
3 (impess): **come-se bem aqui** you can eat well here; **sabe-se que ...** it is known that ...; **vende(m)-se jornais naquela loja** they sell newspapers in that shop
▶ CONJ if; (em pergunta indireta) whether; **se bem que** even though

sé [sɛ] F cathedral; **Santa Sé** Holy See
sê [se] VB ver **ser**
Seade [se'adʒi] (BR) ABR M = **Sistema Estadual de Análise de Dados**
seara ['sjara] F (campo de cereais) wheat (ou corn) field; (campo cultivado) tilled field
sebe ['sɛbi] (PT) F fence; **~ viva** hedge
sebento, -a [se'bẽtu, a] ADJ greasy; (sujo) dirty, filthy
sebo ['sebu] M tallow; (livraria) secondhand bookshop
seborreia [sebo'heja] F seborrhoea (BRIT), seborrhea (US)
seboso, -a [se'bozu, ɔza] ADJ greasy; (sujo) dirty; (col) stuck-up
seca ['seka] F (estiagem) drought

secador [seka'dor] M dryer; **~ de cabelo/roupa** hairdryer/clothes horse
secagem [se'kaʒẽ] F drying
seção [se'sãw] (pl **-ões**) F section; (em loja, repartição) department; **~ rítmica** rhythm section
secar [se'kar] VT to dry; (planta) to parch; (rio) to dry up ▶ VI to dry; to wither; (fonte) to dry up
seccionar [seksjo'nar] VT to split up
secessão [sese'sãw] (pl **-ões**) F secession
seco, -a ['seku, a] ADJ dry; (árido) arid; (fruta, carne) dried; (ríspido) curt, brusque; (pancada, ruído) dull; (magro) thin; (pessoa: frio) cold; (: sério) serious; **em ~** (barco) aground; **estar ~ por algo/para fazer algo** (col) to be dying for sth/to do sth
seções [se'sõjs] FPL de **seção**
secreção [sekre'sãw] (pl **-ões**) F secretion
secretaria [sekreta'ria] F (escritório geral) general office; (de secretário) secretary's office; (ministério) ministry
secretária [sekre'tarja] F (mesa) writing desk; **~ eletrônica** answering machine; ver tb **secretário**
secretariar [sekreta'rjar] VT to work as a secretary to ▶ VI to work as a secretary
secretário, -a [sekre'tarju, a] M/F secretary; **~ particular** private secretary; **S~ de Estado de ...** Secretary of State for ...
secretário-geral, secretária-geral (pl **secretários-gerais/secretárias-gerais**) M/F secretary-general
secreto, -a [se'kretu, a] ADJ secret
sectário, -a [sek'tarju, a] ADJ sectarian ▶ M/F follower
sectarismo [sekta'rizmu] M sectarianism
secular [seku'lar] ADJ (leigo) secular, lay; (muito antigo) age-old
secularizar [sekulari'zar] VT to secularize
século ['sɛkulu] M (cem anos) century; (época) age; **há ~s** (fig) for ages (: atrás) ages ago
secundar [sekũ'dar] VT (apoiar) to second, support; (ajudar) to help; (pedido) to follow up
secundário, -a [sekũ'darju, a] ADJ secondary
secura [se'kura] F dryness; (fig) coldness; (col: desejo) keenness
seda ['seda] F silk; **ser** ou **estar uma ~** to be nice; **bicho da ~** silkworm
sedã [se'dã] M (Auto) saloon (car) (BRIT), sedan (US)
sedativo, -a [seda'tʃivu, a] ADJ sedative ▶ M sedative
SEDE (BR) ABR M = **Sistema Estadual de Empregos**
sede¹ ['sɛdʒi] F (de empresa, instituição) headquarters sg; (de governo) seat; (Rel) see, diocese; **~ social** head office
sede² ['sedʒi] F thirst; (fig): **~ (de)** craving (for); **estar com** ou **ter ~** to be thirsty; **matar a ~** to quench one's thirst
sedentário, -a [sedẽ'tarju, a] ADJ sedentary
sedento, -a [se'dẽtu, a] ADJ thirsty; (fig): **~ (de)** eager (for)

sediar [se'dʒjar] VT to base
sedição [sedʒi'sãw] F sedition
sedicioso, -a [sedʒi'sjozu, ɔza] ADJ seditious
sedimentar [sedʒimẽ'tar] VI to silt up
sedimento [sedʒi'mẽtu] M sediment
sedoso, -a [se'dozu, ɔza] ADJ silky
sedução [sedu'sãw] (pl **-ões**) F seduction; (atração) allure, charm
sedutor, a [sedu'tor(a)] ADJ seductive; (oferta etc) tempting ▶ M/F seducer
seduzir [sedu'zir] VT to seduce; (fascinar) to fascinate; (desencaminhar) to lead astray
Sefiti [sefi'tʃi] (BR) ABR M = **Serviço de Fiscalização de Trânsito Interestadual e Internacional**
seg. ABR (= segunda-feira) Mon
segmentar [segmẽ'tar] VT to segment
segmento [seg'mẽtu] M segment
segredar [segre'dar] VT, VI to whisper
segredo [se'gredu] M secret; (sigilo) secrecy; (de fechadura) combination; **em ~** in secret; **~ de estado** state secret
segregação [segrega'sãw] F segregation
segregar [segre'gar] VT to segregate, separate
seguidamente [segida'mẽtʃi] ADV (sem parar) continuously; (logo depois) soon afterwards
seguido, -a [se'gidu, a] ADJ following; (contínuo) continuous, consecutive; **~ de** ou **por** followed by; **três dias ~s** three days running; **horas seguidas** for hours on end; **em seguida** next; (logo depois) soon afterwards; (imediatamente) immediately, right away
seguidor, a [segi'dor(a)] M/F follower
seguimento [segi'mẽtu] M continuation; **dar ~ a** to proceed with; **em ~ de** after
seguinte [se'gĩtʃi] ADJ following, next; (**o negócio**) **é o ~** (col) the thing is; **eu lhe disse o ~** this is what I said to him; **pelo ~** hereby
seguir [se'gir] VT to follow; (continuar) to continue ▶ VI to follow; (continuar) to continue, carry on; (ir) to go; **seguir-se** VR: **~-se (a)** to follow; **logo a ~** next; **~-se (de)** to result (from); **ao jantar seguiu-se uma reunião** the dinner was followed by a meeting
segunda [se'gũda] F (tb: **segunda-feira**) Monday; (Mús) second; (Auto) second (gear); **de ~** second-rate
segunda-feira (pl **segundas-feiras**) F Monday; ver tb **terça-feira**
segundanista [segũda'nista] M/F second year (student)
segundo, -a [se'gũdu, a] ADJ second ▶ PREP according to ▶ CONJ as, from what ▶ ADV secondly ▶ M second; **de segunda mão** second-hand; **de segunda (classe)** second-class; **~ ele disse** according to what he said; **~ dizem** apparently; **~ me consta** as far as I know; **~ se afirma** according to what is said, from what is said; **segundas intenções** ulterior motives; **~ tempo** (Futebol) second half; ver tb **quinto**

segundo-time ADJ INV (*pessoa*) second-rate

segurado, -a [segu'radu, a] ADJ, M/F (*Com*) insured

segurador, a [segura'dor(a)] M/F insurer ▶ F insurance company

seguramente [segura'mẽtʃi] ADV (*com certeza*) certainly; (*muito provavelmente*) surely

segurança [segu'rãsa] F security; (*ausência de perigo*) safety; (*confiança*) confidence; (*convicção*) assurance ▶ M/F security guard; **com ~** assuredly; **~ nacional** national security

segurar [segu'rar] VT to hold; (*amparar*) to hold up; (*Com: bens*) to insure ▶ VI: **~ em** to hold; **segurar-se** VR (*Com: fazer seguro*) to insure o.s.; **~-se em** to hold on to

seguro, -a [se'guru, a] ADJ (*livre de perigo*) safe; (*livre de risco, firme*) secure; (*certo*) certain, assured; (*confiável*) reliable; (*de si mesmo*) secure, confident; (*tempo*) settled ▶ ADV confidently ▶ M (*Com*) insurance; **~ de si** self-assured; **~ morreu de velho** better safe than sorry; **estar ~ de/de que** to be sure of/that; **fazer ~** to take out an insurance policy; **companhia de ~s** insurance company; **~ contra acidentes/incêndio** accident/fire insurance; **~ de vida/automóvel** life/car insurance

seguro-saúde (*pl* **seguros-saúde**) M health insurance

SEI (BR) ABR F = **Secretaria Especial da Informática**

sei [sej] VB *ver* **saber**

seio ['seju] M breast, bosom; (*âmago*) heart; **~ paranasal** sinus; **no ~ de** in the heart of

seis [sejs] NUM six; *ver tb* **cinco**

seiscentos, -tas [sej'sẽtus, tas] NUM six hundred

seita ['sejta] F sect

seiva ['sejva] F sap; (*fig*) vigour (BRIT), vigor (US), vitality

seixo ['sejʃu] M pebble

seja *etc* ['seʒa] VB *ver* **ser**

SELA ABR M = **Sistema Econômico Latino-Americano**

sela ['sɛla] F saddle

selagem [se'laʒẽ] F (*de cartas*) franking; **máquina de ~** franking machine

selar [se'lar] VT (*carta*) to stamp; (*documento oficial, pacto*) to seal; (*cavalo*) to saddle; (*fechar*) to shut, seal; (*concluir*) to conclude

seleção [sele'sãw] (*pl* **-ões**) F selection; (*Esporte*) team

selecionado [selesjo'nadu] M (*Esporte*) team

selecionador, a [selesjona'dor(a)] M/F selector

selecionar [selesjo'nar] VT to select

seleções [sele'sõjs] FPL *de* **seleção**

seleta [se'lɛta] F anthology

seletivo, -a [sele'tʃivu, a] ADJ selective

seleto, -a [se'lɛtu, a] ADJ select

selim [se'lĩ] (*pl* **-ns**) M saddle

selo ['selu] M stamp; (*carimbo, sinete*) seal; (*fig*) stamp, mark

selva ['sɛwva] F jungle

selvagem [sew'vaʒẽ] (*pl* **-ns**) ADJ (*silvestre*) wild; (*feroz*) fierce; (*povo*) savage; (*fig: indivíduo, maneiras*) coarse

selvageria [sewvaʒe'ria] F savagery

sem [sẽ] PREP without ▶ CONJ: **~ que eu peça** without my asking; **a casa está ~ limpar há duas semanas** the house hasn't been cleaned for two weeks; **estar/ficar ~ dinheiro/gasolina** to have no/have run out of money/petrol; **~ quê nem para quê** for no apparent reason

SEMA (BR) ABR F = **Secretaria Especial do Meio Ambiente**

semáforo [se'maforu] M (*Auto*) traffic lights *pl*; (*Ferro*) signal

semana [se'mana] F week

semanada [sema'nada] F (weekly) wages *pl*; (*mesada*) weekly allowance

semanal [sema'naw] (*pl* **-ais**) ADJ weekly; **ganha $200 semanais** he earns $200 a week

semanário [sema'narju] M weekly (publication)

semântica [se'mãtʃika] F semantics *sg*

semântico, -a [se'mãtʃiku, a] ADJ semantic

semblante [sẽ'blãtʃi] M face; (*fig*) appearance, look

semeadura [semja'dura] F sowing

semear [se'mjar] VT to sow; (*fig*) to spread; (*espalhar*) to scatter

semelhança [seme'ʎãsa] F similarity, resemblance; **a ~ de** like; **ter ~ com** to resemble

semelhante [seme'ʎãtʃi] ADJ similar; (*tal*) such ▶ M fellow creature

semelhar [seme'ʎar] VI: **~ a** to look like, resemble ▶ VT to look like, resemble; **semelhar-se** VR to be alike

sêmen ['semẽ] M semen

semente [se'mẽtʃi] F seed

sementeira [semẽ'tejra] F sowing, spreading

semestral [semes'traw] (*pl* **-ais**) ADJ half-yearly, bi-annual

semestralmente [semestraw'mẽtʃi] ADV every six months

semestre [se'mɛstri] M six months; (*Educ*) semester

sem-fim M: **um ~ de perguntas** *etc* endless questions *etc*

semi... [semi] PREFIXO semi..., half...

semiaberto, -a [semia'bɛrtu, a] ADJ half-open

semianalfabeto, -a [semianawfa'bɛtu, a] ADJ semiliterate

semibreve [semi'brɛvi] F (*Mús*) semibreve

semicírculo [semi'sirkulu] M semicircle

semicondutor [semikõdu'tor] M semiconductor

semiconsciente [semikõ'sjẽtʃi] ADJ semiconscious

semifinal [semi'finaw] (*pl* **-ais**) F semi-final

semifinalista [semifina'lista] M/F semi-finalist

semi-internato M day school
semi-interno, -a M/F (*tb*: **aluno semi-interno**) day pupil
seminal [semi'naw] (*pl* **-ais**) ADJ seminal
seminário [semi'narju] M (*Educ, congresso*) seminar; (*Rel*) seminary
seminarista [semina'rista] M seminarist
seminu, a [semi'nu(a)] ADJ half-naked
semiótica [se'mjɔtʃika] F semiotics *sg*
semiprecioso, -a [semipre'sjozu, ɔza] ADJ semi-precious
semita [se'mita] ADJ Semitic
semítico, -a [se'mitʃiku, a] ADJ Semitic
semitom [semi'tõ] M (*Mús*) semitone
sem-lar M/F INV homeless person
sem-número M: **um ~ de coisas** loads of things
semolina [semo'lina] F semolina
sem-par ADJ INV unequalled, unique
sempre ['sẽpri] ADV always; **você ~ vai?** (*PT*) are you still going?; **~ que** whenever; **como ~** as usual; **a comida/hora etc de ~** the usual food/time *etc*; **a mesma história de ~** the same old story; **para ~** forever; **para todo o ~** for ever and ever; **quase ~** nearly always
sem-sal ADJ INV insipid
sem-terra ADJ INV landless ▶ M/F INV landless labourer (*BRIT*) *ou* laborer (*US*)
sem-teto ADJ INV homeless ▶ M/F INV homeless person; **os ~** the homeless
sem-vergonha ADJ INV shameless ▶ M/F INV (*pessoa*) rogue
Sena ['sena] M: **o ~** the Seine
Senac [se'naki] (*BR*) ABR M = **Serviço Nacional de Aprendizagem Comercial**
senado [se'nadu] M senate
senador, a [sena'dor(a)] M/F senator
Senai [se'naj] (*BR*) ABR M = **Serviço Nacional de Aprendizagem Industrial**
senão [se'nãw] CONJ (*do contrário*) otherwise; (*mas sim*) but, but rather ▶ PREP (*exceto*) except ▶ M (*pl* **-ões**) flaw, defect; **~ quando** suddenly
Senav [se'navi] (*BR*) ABR F = **Superintendência Estadual de Navegação**
senda ['sẽda] F path
Senegal [sene'gaw] M: **o ~** Senegal
senha ['sena] F (*sinal*) sign; (*palavra de passe, Comput*) password; (*de caixa eletrônico*) PIN number; (*recibo*) receipt; (*bilhete*) ticket, voucher; (*passe*) pass
senhor, a [se'ɲor(a)] M (*homem*) man; (*formal*) gentleman; (*homem idoso*) elderly man; (*Rel*) lord; (*dono*) owner; (*tratamento*) Mr(.); (*tratamento respeitoso*) sir ▶ F (*mulher*) lady; (*esposa*) wife; (*mulher idosa*) elderly lady; (*dona*) owner; (*tratamento*) Mrs(.), Ms(.); (*tratamento respeitoso*) madam ▶ ADJ marvellous (*BRIT*), marvelous (*US*); **uma ~a gripe** a bad case of flu; **o ~/a ~a** (*você*) you; **nossa ~a!** (*col*) gosh; **sim, ~(a)!** yes indeed; **estar ~ de si** to be cool *ou* collected; **estar ~ da situação** to be in control of the situation; **ser ~ do seu nariz** to be one's own boss; **~ de engenho** plantation owner
senhoria [seɲo'ria] F (*proprietária*) landlady; **Vossa S~** (*em cartas*) you
senhoril [seɲo'riw] (*pl* **-is**) ADJ (*roupa etc*) gentlemen's/ladies'; (*distinto*) lordly
senhorio [seɲo'riu] M (*proprietário*) landlord; (*posse*) ownership
senhoris [seɲo'ris] ADJ PL *de* **senhoril**
senhorita [seɲo'rita] F young lady; (*tratamento*) Miss, Ms(.); **a ~** (*você*) you
senil [se'niw] (*pl* **-is**) ADJ senile
senilidade [senili'dadʒi] F senility
senilizar [senili'zar] VT to age
senis [se'nis] ADJ PL *de* **senil**
senões [se'nõjs] MPL *de* **senão**
sensação [sẽsa'sãw] (*pl* **-ões**) F sensation; **a ~ de que/uma ~ de** the feeling that/a feeling of; **causar ~** to cause a sensation
sensacional [sẽsasjo'naw] (*pl* **-ais**) ADJ sensational
sensacionalismo [sẽsasjona'lizmu] M sensationalism
sensacionalista [sẽsasjona'lista] ADJ sensationalist
sensações [sẽsa'sõjs] FPL *de* **sensação**
sensatez [sẽsa'tez] F good sense
sensato, -a [sẽ'satu, a] ADJ sensible
sensibilidade [sẽsibili'dadʒi] F sensitivity; (*artística*) sensibility; (*física*) feeling; **estou com muita ~ neste dedo** this finger is very sensitive
sensibilizar [sẽsibili'zar] VT to touch, move; (*opinião pública*) to influence; **sensibilizar-se** VR to be moved
sensitivo, -a [sẽsi'tʃivu, a] ADJ sensory; (*pessoa*) sensitive
sensível [sẽ'sivew] (*pl* **-eis**) ADJ sensitive; (*visível*) noticeable; (*considerável*) considerable; (*dolorido*) tender
sensivelmente [sẽsivew'mẽtʃi] ADV perceptibly, markedly
senso ['sẽsu] M sense; (*juízo*) judgement; **~ comum** *ou* **bom ~** common sense; **~ de humor/responsabilidade** sense of humour (*BRIT*) *ou* humor (*US*) /responsibility
sensorial [sẽso'rjaw] (*pl* **-ais**) ADJ sensory
sensual [sẽ'swaw] (*pl* **-ais**) ADJ sensual, sensuous; (*voz, pessoa, pose*) sexy
sensualidade [sẽswali'dadʒi] F sensuality, sensuousness
sentado, -a [sẽ'tadu, a] ADJ sitting; (*almoço*) sit-down
sentar [sẽ'tar] VT to seat ▶ VI to sit; **sentar-se** VR to sit down
sentença [sẽ'tẽsa] F (*Jur*) sentence; **~ de morte** death sentence
sentenciar [sẽtẽ'sjar] VT (*julgar*) to pass judgement on; (*condenar por sentença*) to sentence ▶ VI to pass judgement; to pass sentence
sentidamente [sẽtʃida'mẽtʃi] ADV (*chorar*)

bitterly; *(desculpar-se)* abjectly
sentido, -a [sẽ'tʃidu, a] ADJ *(magoado)* hurt; *(choro, queixa)* heartfelt ▶ M sense; *(significação)* sense, meaning; *(direção)* direction; *(atenção)* attention; *(aspecto)* respect; **~!** *(Mil)* attention!; **em certo ~** in a sense; **sem ~** meaningless; **fazer ~** to make sense; **perder/recobrar os ~s** to lose/recover consciousness; **(não) ter ~** (not) to be acceptable; **~ figurado** figurative sense; **"~ único"** (PT: *sinal*) "one-way"
sentimental [sẽtʃimẽ'taw] *(pl* **-ais)** ADJ sentimental; **aventura ~** romance; **vida ~** love life
sentimentalismo [sẽtʃimẽta'lizmu] M sentimentality
sentimento [sẽtʃi'mẽtu] M feeling; *(senso)* sense; **sentimentos** MPL *(pêsames)* condolences; **fazer algo com ~** to do sth with feeling; **ter bons ~s** to be good-natured
sentinela [sẽtʃi'nɛla] F sentry, guard; **estar de ~** to be on guard duty; **render ~** to relieve the guard
sentir [sẽ'tʃir] VT to feel; *(perceber, pressentir)* to sense; *(ser afetado por)* to be affected by; *(magoar-se)* to be upset by ▶ VI to feel; *(sofrer)* to suffer; **sentir-se** VR to feel; *(julgar-se)* to consider o.s. (to be); **~ (a) falta de** to miss; **~ cheiro/gosto (de)** to smell/taste; **~ tristeza** to feel sad; **~ vontade de** to feel like; **você sente a diferença?** can you tell the difference?; **sinto muito** I am very sorry
senzala [sẽ'zala] F slave quarters *pl*
separação [separa'sãw] *(pl* **-ões)** F separation
separado, -a [sepa'radu, a] ADJ separate; *(casal)* separated; **em ~** separately, apart
separar [sepa'rar] VT to separate; *(dividir)* to divide; *(pôr de lado)* to put aside; **separar-se** VR to separate; to be divided; **~-se de** to separate from
separata [sepa'rata] F offprint
separatismo [separa'tʃizmu] M separatism
séptico, -a ['sɛptʃiku, a] ADJ septic
septuagésimo, -a [septwa'ʒɛzimu, a] NUM seventieth; *ver tb* **quinto**
sepulcro [se'puwkru] M tomb
sepultamento [sepuwta'mẽtu] M burial
sepultar [sepuw'tar] VT to bury; *(esconder)* to hide, conceal; *(segredo)* to keep quiet
sepultura [sepuw'tura] F grave, tomb
sequei *etc* [se'kej] VB *ver* **secar**
sequela [se'kwɛla] F sequel; *(consequência)* consequence; *(Med)* after-effect
sequência [se'kwẽsja] F sequence
sequencial [sekwẽ'sjaw] *(pl* **-ais)** ADJ *(Comput)* sequential
sequer [se'kɛr] ADV at least; **(nem) ~** not even
sequestrador, a [sekwestra'dor(a)] M/F *(raptor)* kidnapper; *(de avião etc)* hijacker
sequestrar [sekwes'trar] VT *(bens)* to seize, confiscate; *(raptar)* to kidnap; *(avião etc)* to hijack

763 | **sentido – serial**

sequestro [se'kwɛstru] M seizure; *(rapto)* abduction, kidnapping; *(de avião etc)* hijack
sequidão [seki'dãw] F dryness; *(de pessoa)* coldness
sequioso, -a [se'kjozu, ɔza] ADJ *(sedento)* thirsty; *(fig: desejoso)* eager
séquito ['sɛkitu] M retinue

(PALAVRA-CHAVE)

ser [ser] VI **1** *(descrição)* to be; **ela é médica/muito alta** she's a doctor/very tall; **é Ana (Tel)** Ana speaking *ou* here; **ela é de uma bondade incrível** she's incredibly kind; **ele está é danado** he's really angry; **ser de mentir/briga** to be the sort to lie/fight
2 *(horas, datas, números)*: **é uma hora** it's one o'clock; **são seis e meia** it's half past six; **é dia 1° de junho** it's the first of June; **somos/são seis** there are six of us/them
3 *(origem, material)*: **ser de** to be *ou* come from; *(feito de)* to be made of; *(pertencer)* to belong to; **sua família é da Bahia** his *(ou* her *etc)* family is from Bahia; **a mesa é de mármore** the table is made of marble; **é de Pedro** it's Pedro's, it belongs to Pedro
4 *(em orações passivas)*: **já foi descoberto** it had already been discovered
5 *(locuções com subjun)*: **ou seja** that is to say; **seja quem for** whoever it may be; **se eu fosse você** if I were you; **se não fosse você, ...** if it hadn't been for you ...
6 *(locuções)*: **a não ser** except; **a não ser que** unless; **é** *(resposta afirmativa)* yes; **..., não é?** isn't it?, don't you? *etc*; **ah, é?** really?; **que foi?** *(o que aconteceu?)* what happened?; *(qual é o problema?)* what's the problem?; **será que ...?** I wonder if ...?
▶ M being
seres MPL *(criaturas)* creatures

serão [se'rãw] *(pl* **-ões)** M *(trabalho noturno)* night work; *(horas extraordinárias)* overtime; **fazer ~** to work late; *(dormir tarde)* to go to bed late
sereia [se'reja] F mermaid
serelepe [sere'lɛpi] ADJ frisky
serenar [sere'nar] VT to calm ▶ VI *(pessoa)* to calm down; *(mar)* to grow calm; *(dor)* to subside
serenata [sere'nata] F serenade
serenidade [sereni'dadʒi] F serenity, tranquillity
sereno, -a [se'rɛnu, a] ADJ calm; *(olhar)* serene; *(tempo)* fine, clear ▶ M *(relento)* damp night air; **no ~** in the open
seresta [se'rɛsta] F serenade
SERFA (BR) ABR M = **Serviço de Fiscalização Agrícola**
sergipano, -a [serʒi'panu, a] ADJ from Sergipe ▶ M/F person from Sergipe
seriado, -a [se'rjadu, a] ADJ *(número)* serial; *(publicação, filme)* serialized
serial [se'rjaw] *(pl* **-ais)** ADJ *(Comput)* serial

série ['sɛri] F series; (*sequência*) sequence, succession; (*Educ*) grade; (*categoria*) category; **fora de ~** out of order; (*fig*) extraordinary; **fabricar em ~** to mass-produce

seriedade [serje'dadʒi] F seriousness; (*honestidade*) honesty

seringa [se'rĩga] F syringe

seringal [serĩ'gaw] (*pl* **-ais**) M rubber plantation

seringalista [serĩga'lista] M rubber plantation owner

seringueira [serĩ'gejra] F rubber tree; *ver tb* **seringueiro**

seringueiro, -a [serĩ'gejru, a] M/F rubber tapper

sério, -a ['sɛrju, a] ADJ serious; (*honesto*) honest, decent; (*responsável*) responsible; (*confiável*) reliable; (*roupa*) sober ▶ ADV seriously; **a ~** seriously; **falando ~** ... seriously ...; **~?** really?

sermão [ser'mãw] (*pl* **-ões**) M sermon; (*fig*) telling-off; **levar um ~ de alguém** to get a telling-off from sb; **passar um ~ em alguém** to give sb a telling-off

serões [se'rõjs] MPL *de* **serão**

serpeante [ser'pjãtʃi] ADJ wriggling; (*fig: caminho, rio*) winding, meandering

serpear [ser'pjar] VI (*como serpente*) to wriggle; (*fig: caminho, rio*) to wind, meander

serpente [ser'pẽtʃi] F snake; (*pessoa*) snake in the grass

serpentear [serpẽ'tʃjar] VI = **serpear**

serpentina [serpẽ'tʃina] F (*conduto*) coil; (*fita de papel*) streamer

serra ['sɛha] F (*montanhas*) mountains *pl*; (*Tec*) saw; **~ circular** circular saw; **~ de arco** hacksaw; **~ de cadeia** chain saw; **~ tico-tico** fret saw

serrado, -a [se'hadu, a] ADJ serrated

serragem [se'haʒẽ] F (*pó*) sawdust

Serra Leoa F Sierra Leone

serralheiro, -a [seha'ʎejru, a] M/F locksmith

serrania [seha'nia] F mountain range

serrano, -a [se'hanu, a] ADJ highland *atr* ▶ M/F highlander

serrar [se'har] VT to saw

serraria [seha'ria] F sawmill

serrote [se'hɔtʃi] M handsaw

sertanejo, -a [serta'neʒu, a] ADJ rustic, country ▶ M/F inhabitant of the *sertão*

sertão [ser'tãw] (*pl* **-ões**) M backwoods *pl*, bush (country)

servente [ser'vẽtʃi] M/F (*criado*) servant; (*operário*) labourer (BRIT), laborer (US); **~ de pedreiro** bricklayer's mate

serventuário, -a [servẽ'twarju, a] M/F (*Jur*) legal official

serviçal [servi'saw] (*pl* **-ais**) ADJ obliging, helpful ▶ M/F (*criado*) servant; (*trabalhador*) wage earner

serviço [ser'visu] M service; (*de chá etc*) set; **o ~** (*emprego*) work; **um ~** (*trabalho*) a job; **não brincar em ~** not to waste time; **dar o ~** (*col: confessar*) to blab; **estar de ~** to be on duty; **matar o ~** to cut corners; **prestar ~** to help; **~ doméstico** housework; **~ ativo** (*Mil*) active duty; **~ de informações** (*Mil*) intelligence service; **~ militar** military service; **S~ Nacional de Saúde** National Health Service; **S~ Público** Civil Service; **~s públicos** public utilities

servidão [servi'dãw] F servitude, serfdom; (*Jur: de passagem*) right of way

servidor, a [servi'dor(a)] M/F (*criado*) servant; (*funcionário*) employee ▶ M (*Comput*) server; **~ público** civil servant

servil [ser'viw] (*pl* **-is**) ADJ servile

servir [ser'vir] VT to serve ▶ VI to serve; (*ser útil*) to be useful; (*ajudar*) to help; (*roupa: caber*) to fit; **servir-se** VR: **~-se (de)** (*comida, café*) to help o.s. (to); **~-se de** (*meios*) to use, make use of; **~ de** (*prover*) to supply with, provide with; **você está servido?** (*num bar*) are you all right for a drink?; **~ de algo** to serve as sth; **para que serve isto?** what is this for?; **ele não serve para trabalhar aqui** he's not suitable to work here; **qualquer ônibus serve** any bus will do

servis [ser'vis] ADJ PL *de* **servil**

servível [ser'vivew] (*pl* **-eis**) ADJ serviceable; (*roupa*) wearable

servo, -a ['sɛrvu, a] M/F (*feudal*) serf; (*criado*) servant

servo-croata [sɛrvu'krwata] M (*Ling*) Serbo-Croat

Sesc ['sɛski] (BR) ABR M = **Serviço Social do Comércio**

Sesi [sɛ'zi] (BR) ABR M = **Serviço Social da Indústria**

sessão [se'sãw] (*pl* **-ões**) F (*do parlamento etc*) session; (*reunião*) meeting; (*de cinema*) showing; **primeira/segunda ~** first/second show; **~ coruja** late show; **~ da tarde** matinée

sessenta [se'sẽta] NUM sixty; *ver tb* **cinquenta**

sessões [se'sõjs] FPL *de* **sessão**

sesta ['sɛsta] F siesta, nap

set ['sɛtʃi] M (*Tênis*) set

set. ABR (= *setembro*) Sept.

seta ['sɛta] F arrow

sete ['sɛtʃi] NUM seven; **pintar o ~** (*fig*) to get up to all sorts; *ver tb* **cinco**

setecentos, -as [setʃi'sẽtus, as] NUM seven hundred

setembro [se'tẽbru] M September; *ver tb* **julho**

| Brazil's independence from Portugal is commemorated on 7 September (**7 de setembro**). Independence was declared in 1822 by the Portuguese prince regent, Dom Pedro, who rebelled against several orders from the Portuguese crown, among them the order to swear loyalty to the Portuguese constitution. It is a national holiday and the occasion for processions and military parades through the main cities.

setenta [se'tẽta] NUM seventy; *ver tb* **cinquenta**
setentrional [setẽtrjo'naw] (*pl* **-ais**) ADJ northern
sétima ['sɛtʃima] F (*Mús*) seventh
sétimo, -a ['sɛtʃimu, a] NUM seventh; *ver tb* **quinto**
setor [se'tor] M sector
seu, sua [sew, 'sua] ADJ (*dele*) his; (*dela*) her; (*de coisa*) its; (*deles, delas*) their; (*de você, vocês*) your ▶ PRON (*dele*) his; (*dela*) hers; (*deles, delas*) theirs; (*de você, vocês*) yours ▶ M (*senhor*) Mr(.); **um homem de ~s 60 anos** a man of about sixty; **~ idiota!** you idiot!
Seul [se'uw] N Seoul
severidade [severi'dadʒi] F severity, harshness
severo, -a [se'vɛru, a] ADJ severe, harsh
seviciar [sevi'sjar] VT to ill-treat; (*mulher, criança*) to batter
sevícias [se'visjas] FPL (*maus tratos*) ill treatment *sg*; (*desumanidade*) inhumanity *sg*, cruelty *sg*
Sevilha [se'viʎa] N Seville
sex. ABR (= *sexta-feira*) Fri
sexagésimo, -a [seksa'ʒɛzimu, a] NUM sixtieth; *ver tb* **quinto**
sexo ['sɛksu] M sex; **de ~ feminino/masculino** female/male
sexta ['sesta] F (*tb*: **sexta-feira**) Friday; (*Mús*) sixth
sexta-feira (*pl* **sextas-feiras**) F Friday; **S~ Santa** Good Friday; *ver tb* **terça-feira**
sexto, -a ['sestu, a] NUM sixth; *ver tb* **quinto**
sexual [se'kswaw] (*pl* **-ais**) ADJ sexual; (*vida, ato*) sex *atr*
sexualidade [sekswali'dadʒi] F sexuality
sexy ['sɛksi] (*pl* **-s**) ADJ sexy
Seychelles [sej'ʃɛlis] F *ou* FPL: **a(s) ~ the** Seychelles
sezão [se'zãw] (*pl* **-ões**) F (*febre*) (intermittent) fever; (*malária*) malaria
s.f.f. (PT) ABR = **se faz favor**
SFH (BR) ABR M = **Sistema Financeiro de Habitação**
shopping center ['ʃɔpĩŋ'sẽter] M shopping centre (BRIT), (shopping) mall (US)
short ['ʃɔrtʃi] M (pair of) shorts *pl*
show [ʃow] (*pl* **-s**) M show; (*de cantor, conjunto*) concert, gig; **dar um ~** (*fig*) to put on a real show; (*dar escândalo*) to make a scene; **ser um ~** (*col*) to be a sensation
showroom [ʃow'rũ] (*pl* **-s**) M showroom
si [si] PRON oneself; (*ele*) himself; (*ela*) herself; (*coisa*) itself; (PT: *você*) yourself, you; (: *vocês*) yourselves; (*eles, elas*) themselves; **em si** in itself; **fora de si** beside oneself; **cheio de si** full of oneself; **voltar a si** to come round
siamês, -esa [sja'mes, eza] ADJ Siamese
Sibéria [si'bɛrja] F: **a ~** Siberia
sibilar [sibi'lar] VI to hiss
sicário [si'karju] M hired assassin
Sicília [si'silja] F: **a ~** Sicily

765 | **setenta – simpático**

sicrano [si'kranu] M: **fulano e ~** so-and-so
SIDA ['sida] (PT) ABR F (= *síndrome de deficiência imunológica adquirida*) AIDS
siderúrgica [side'rurʒika] F steel industry
siderúrgico, -a [side'rurʒiku, a] ADJ iron and steel *atr*; (**usina**) **siderúrgica** steelworks *sg*
sidra ['sidra] F cider
SIF (BR) ABR M = **Serviço de Inspeção Federal**
sifão [si'fãw] (*pl* **-ões**) M syphon
sífilis ['sifilis] F syphilis
sifões [si'fõjs] MPL *de* **sifão**
sigilo [si'ʒilu] M secrecy; **guardar ~ sobre algo** to keep quiet about sth
sigiloso, -a [siʒi'lozu, ɔza] ADJ secret
sigla ['sigla] F acronym; (*abreviação*) abbreviation
signatário, -a [signa'tarju, a] M/F signatory
significação [signifika'sãw] F significance
significado [signifi'kadu] M meaning
significante [signifi'kãtʃi] ADJ significant
significar [signifi'kar] VT to mean, signify
significativo, -a [signifika'tʃivu, a] ADJ significant
signo ['signu] M sign; **~ do zodíaco** sign of the zodiac, star sign
sigo *etc* ['sigu] VB *ver* **seguir**
sílaba ['silaba] F syllable
silenciar [silẽ'sjar] VT (*pessoa*) to silence; (*escândalo*) to hush up ▶ VI to remain silent
silêncio [si'lẽsju] M silence, quiet; **~!** silence!; **ficar em ~** to remain silent
silencioso, -a [silẽ'sjozu, ɔza] ADJ silent, quiet ▶ M (*Auto*) silencer (BRIT), muffler (US)
silhueta [si'ʎweta] F silhouette
silício [si'lisju] M silicon; **plaqueta de ~** silicon chip
silicone [sili'kɔni] M silicone
silo ['silu] M silo
silvar [siw'var] VI to hiss; (*assobiar*) to whistle
silvestre [siw'vɛstri] ADJ wild
silvícola [siw'vikola] ADJ wild
silvicultura [siwvikuw'tura] F forestry
sim [sĩ] ADV yes; **creio que ~** I think so; **isso ~** that's it!; **pelo ~, pelo não** just in case; **dar** *ou* **dizer ~** to consent, say yes
simbólico, -a [sĩ'bɔliku, a] ADJ symbolic
simbolismo [sĩbo'lizmu] M symbolism
simbolizar [sĩboli'zar] VT to symbolise
símbolo ['sĩbolu] M symbol
simetria [sime'tria] F symmetry
simétrico, -a [si'mɛtriku, a] ADJ symmetrical
similar [simi'lar] ADJ similar
similaridade [similari'dadʒi] F similarity
símile ['simili] M simile
similitude [simili'tudʒi] F similarity
simpatia [sĩpa'tʃia] F (*por alguém, algo*) liking; (*afeto*) affection; (*afinidade, solidariedade*) sympathy; **simpatias** FPL (*inclinações*) sympathies; **com ~** sympathetically; **ser uma ~** to be very nice; **ter** *ou* **sentir ~ por** to like
simpático, -a [sĩ'patʃiku, a] ADJ (*pessoa, decoração etc*) nice; (*lugar*) pleasant, nice;

(*amável*) kind ▶ M (*Anat*) nervous system; **ser ~ a** to be sympathetic to
simpatizante [sĩpatʃi'zãtʃi] ADJ sympathetic ▶ M/F sympathizer
simpatizar [sĩpatʃi'zar] VI: **~ com** (*pessoa*) to like; (*causa*) to sympathize with
simples ['sĩplis] ADJ INV simple; (*único*) single; (*fácil*) easy; (*mero*) mere; (*ingênuo*) naïve ▶ ADV simply
simplicidade [sĩplisi'dadʒi] F simplicity; (*ingenuidade*) naïvety; (*modéstia*) plainness; (*naturalidade*) naturalness
simplicíssimo, -a [sĩpli'sisimu, a] ADJ SUPERL *de* **simples**
simplificação [sĩplifika'sãw] (*pl* **-ões**) F simplification
simplificar [sĩplifi'kar] VT to simplify
simplíssimo, -a [sĩ'plisimu, a] ADJ SUPERL *de* **simples**
simplista [sĩ'plista] ADJ simplistic
simplório, -a [sĩ'plɔrju, a] ADJ simple ▶ M/F simple person
simpósio [sĩ'pɔzju] M symposium
simulação [simula'sãw] (*pl* **-ões**) F simulation; (*fingimento*) pretence (BRIT), pretense (US), sham
simulacro [simu'lakru] M (*imitação*) imitation; (*fingimento*) pretence (BRIT), pretense (US)
simulado, -a [simu'ladu, a] ADJ simulated
simular [simu'lar] VT to simulate
simultaneamente [simuwtanja'mẽtʃi] ADV simultaneously
simultâneo, -a [simuw'tanju, a] ADJ simultaneous
sina ['sina] F fate, destiny
sinagoga [sina'gɔga] F synagogue
Sinai [sina'i] M Sinai
sinal [si'naw] (*pl* **-ais**) M (*ger*) sign; (*gesto, Tel*) signal; (*na pele*) mole; (: *de nascença*) birthmark; (*depósito*) deposit; (*tb:* **sinal de tráfego luminoso**) traffic light; **~ rodoviário** road sign; **dar de ~** to give as a deposit; **em ~ de** (*fig*) as a sign of; **por ~** (*por falar nisso*) by the way; (*aliás*) as a matter of fact; **avançar o ~** (*Auto*) to jump the lights; (*fig*) to jump the gun; **dar ~ de vida** to show up; **fazer ~** to signal; **~ da cruz** sign of the cross; **~ de alarma** alarm; **~ de chamada** (*Tel*) ringing tone; **~ de discar** (BR) *ou* **de marcar** (PT) dialling tone (BRIT), dial tone (US); **~ de ocupado** (BR) *ou* **de impedido** (PT) engaged tone (BRIT), busy signal (US); **~ de mais/menos** (*Mat*) plus/minus sign; **~ de perigo** danger signal; **~ de pontuação** punctuation mark; **~ verde/vermelho** *ou* **fechado** green/red light
sinaleiro [sina'lejru] M (*Ferro*) signalman; (*aparelho*) traffic lights *pl*
sinalização [sinaliza'sãw] F (*ato*) signalling; (*para motoristas*) traffic signs *pl*; (*Ferro*) signals *pl*
sinalizar [sinali'zar] VI to signal

sinceridade [sĩseri'dadʒi] F sincerity
sincero, -a [sĩ'sɛru, a] ADJ sincere; (*opinião, confissão*) honest
sincopado, -a [sĩko'padu, a] ADJ (*Mús*) syncopated
síncope ['sĩkopi] F fainting fit
sincronizar [sĩkroni'zar] VT to synchronize
sindical [sĩdʒi'kaw] (*pl* **-ais**) ADJ (trade) union *atr*
sindicalismo [sĩdʒika'lizmu] M trade unionism
sindicalista [sĩdʒika'lista] M/F trade unionist
sindicalizar [sĩdʒikali'zar] VT to unionize; **sindicalizar-se** VR to become unionized
sindicância [sĩdʒi'kãsja] F inquiry, investigation
sindicato [sĩdʒi'katu] M (*de trabalhadores*) trade union; (*financeiro*) syndicate
síndico, -a ['sĩdʒiku, a] M/F (*de condomínio*) manager; (*de massa falida*) receiver
síndrome ['sĩdromi] F syndrome; **~ de Down** Down's syndrome; **~ de deficiência imunológica adquirida** acquired immune deficiency syndrome
SINE (BR) ABR M = **Sistema Nacional de Empregos**
sinecura [sine'kura] F sinecure
sineta [si'neta] F bell
sinfonia [sĩfo'nia] F symphony
sinfônica [sĩ'fonika] F (*tb:* **orquestra sinfônica**) symphony orchestra
sinfônico, -a [sĩ'foniku, a] ADJ symphonic
singeleza [sĩʒe'leza] F simplicity
singelo, -a [sĩ'ʒɛlu, a] ADJ simple
singular [sĩgu'lar] ADJ singular; (*extraordinário*) exceptional; (*bizarro*) odd, peculiar
singularidade [sĩgulari'dadʒi] F peculiarity
singularizar [sĩgulari'zar] VT (*distinguir*) to single out; **singularizar-se** VR to stand out, distinguish o.s.
sinistrado, -a [sinis'tradu, a] ADJ damaged
sinistro, -a [si'nistru, a] ADJ sinister ▶ M disaster, accident; (*prejuízo*) damage
sino ['sinu] M bell
sinônimo, -a [si'nonimu, a] ADJ synonymous ▶ M synonym
sinopse [si'nɔpsi] F synopsis
sintático, -a [sĩ'tatʃiku, a] ADJ syntactic
sintaxe [sĩ'tasi] F syntax
síntese ['sĩtezi] F synthesis; **em ~** in short
sintético, -a [sĩ'tɛtʃiku, a] ADJ synthetic; (*resumido*) brief
sintetizar [sĩtetʃi'zar] VT to synthesize; (*resumir*) to summarize
sinto *etc* ['sĩtu] VB *ver* **sentir**
sintoma [sĩ'tɔma] M symptom
sintomático, -a [sĩto'matʃiku, a] ADJ symptomatic
sintonizador [sĩtoniza'dor] M tuner
sintonizar [sĩtoni'zar] VT (*Rádio*) to tune ▶ VI to tune in; **~ (com)** (*pessoa*) to get on (with); (*opinião*) to coincide (with)
sinuca [si'nuka] F snooker; (*mesa*) snooker table; **estar numa ~** (*col*) to be snookered

sinuoso, -a [si'nwozu, ɔza] ADJ (caminho) winding; (linha) wavy
sinusite [sinu'zitʃi] F sinusitis
sionismo [sjo'nizmu] M Zionism
sionista [sjo'nista] ADJ, M/F Zionist
sirena [si'rɛna] F siren
sirene [si'rɛni] F = **sirena**
siri [si'ri] M crab; **casquinha de** ~ (Culin) crab au gratin
Síria ['sirja] F: **a** ~ Syria
sirigaita [siri'gajta] (col) F floozy
sírio, -a ['sirju, a] ADJ, M/F Syrian
sirvo etc ['sirvu] VB ver **servir**
sísmico, -a ['sizmiku, a] ADJ seismic
sismógrafo [siz'mɔgrafu] M seismograph
siso ['sizu] M good sense; **dente de** ~ wisdom tooth
sistema [sis'tɛma] M system; (método) method; ~ **imunológico** immune system; ~ **operacional** (Comput) operating system; ~ **solar** solar system
sistemático, -a [siste'matʃiku, a] ADJ systematic
sistematizar [sistematʃi'zar] VT to systematize
sisudo, -a [si'zudu, a] ADJ serious, sober
site ['sajtʃi] M (na Internet) website; ~ **de relacionamentos** social networking site
sitiar [si'tʃjar] VT to besiege
sítio ['sitʃju] M (Mil) siege; (propriedade rural) small farm; (PT: lugar) place; **estado de** ~ state of siege
situação [sitwa'sãw] (pl **-ões**) F situation; (posição) position; (social) standing
situado, -a [si'twadu, a] ADJ situated; **estar** ou **ficar** ~ to be situated
situar [si'twar] VT (pôr) to place, put; (edifício) to situate, locate; **situar-se** VR (pôr-se) to position o.s.; (estar situado) to be situated
SL ABR = **sobreloja**
sl ABR = **SL**
slogan [iz'lɔgã] (pl **-s**) M slogan
smoking [iz'mokĩs] (pl **-s**) M dinner jacket (BRIT), tuxedo (US)
SMTU (BR) ABR F = **Superintendência Municipal de Transportes Urbanos**
SNI (BR) ABR M (antes: = Serviço Nacional de Informações) state intelligence service
só [sɔ] ADJ alone; (único) single; (solitário) solitary ▶ ADV only; **um só** only one; **a sós** alone; **por si só** by himself (ou herself, itself); **é só!** that's all!; **é só discar** all you have to do is dial; **veja/imagine só** just look/imagine; **não só ... mas também ...** not only ... but also ...; **que** ou **como só ele** etc like nobody else; **só isso?** is that all?
soalho ['swaʎu] M = **assoalho**
soar [swar] VI to sound; (cantar) to sing; (sinos, clarins) to ring; (apito) to blow; (boato) to go round ▶ VT (horas) to strike; (instrumento) to play; ~ **a** to sound like; ~ **bem/mal** (fig) to go down well/badly
sob [sob] PREP under; ~ **emenda** subject to correction; ~ **juramento** on oath; ~ **medida** (roupa) made to measure; (software) bespoke; ~ **minha palavra** on my word; ~ **pena de** on pain of
sobe etc ['sɔbi] VB ver **subir**
sobejar [sobe'ʒar] VI (superabundar) to abound; (restar) to be left over
sobejos [so'beʒus] MPL remains, leftovers
soberania [sobera'nia] F sovereignty
soberano, -a [sobe'ranu, a] ADJ sovereign; (fig: supremo) supreme; (: altivo) haughty ▶ M/F sovereign
soberba [so'berba] F haughtiness, arrogance
soberbo, -a [so'berbu, a] ADJ (arrogante) haughty, arrogant; (magnífico) magnificent, splendid
sobra ['sɔbra] F surplus, remnant; **sobras** FPL remains; (de tecido) remnants; (de comida) leftovers; **ter algo de** ~ to have sth extra; (tempo, comida, motivos) to have plenty of sth; **ficar de** ~ to be left over
sobraçar [sobra'sar] VT (levar debaixo do braço) to carry under one's arm; (meter debaixo do braço) to put under one's arm
sobrado [so'bradu] M (andar) floor; (casa) house (of two or more storeys)
sobranceiro, -a [sobrã'sejru, a] ADJ (que está acima de) lofty, towering; (proeminente) prominent; (arrogante) haughty, arrogant
sobrancelha [sobrã'seʎa] F eyebrow
sobrar [so'brar] VI to be left; (dúvidas) to remain; **ficar sobrando** (pessoa) to be left out; (: não ter parceiro) to be the odd one out; **sobram-me cinco** I have five left; **isto dá e sobra** this is more than enough
sobre ['sobri] PREP on; (por cima de) over; (acima de) above; (a respeito de) about; **ser meio** ~ **o chato** (col) to be a bit boring
sobreaviso [sobrja'vizu] M warning; **estar de** ~ to be alert, be on one's guard
sobrecapa [sobri'kapa] F cover
sobrecarga [sobri'karga] F overload
sobrecarregar [sobrikahe'gar] VT to overload
sobre-estimar [sobrjestʃi'mar] VT to overestimate
sobre-humano, -a ADJ superhuman
sobrejacente [sobriʒa'sẽtʃi] ADJ: ~ **a** over
sobreloja [sobri'lɔʒa] F mezzanine (floor)
sobremaneira [sobrema'nejra] ADV exceedingly
sobremesa [sobri'meza] F dessert
sobremodo [sobri'mɔdu] ADV exceedingly
sobrenatural [sobrinatu'raw] (pl **-ais**) ADJ supernatural; (esforço) superhuman ▶ M: **o** ~ the supernatural
sobrenome [sobri'nɔmi] (BR) M surname, family name
sobrepairar [sobripaj'rar] VI: ~ **a** to hover above; (crise) to rise above
sobrepor [sobri'por] (irreg: como **pôr**) VT: ~ **algo a algo** (pôr em cima) to put sth on top of sth; (adicionar) to add sth to sth; (dar preferência) to put sth before sth; **sobrepor-se** VR: ~-**se a** (pôr-se sobre) to cover, go on top of; (sobrevir) to succeed

sobrepujar [sobripu'ʒar] VT (*exceder em altura*) to rise above; (*superar*) to surpass; (*obstáculos, perigos*) to overcome; (*inimigo*) to overwhelm
sobrepunha *etc* [sobri'puɲa] VB *ver* **sobrepor**
sobrepus *etc* [sobri'pujs] VB *ver* **sobrepor**
sobrepuser *etc* [sobripu'zer] VB *ver* **sobrepor**
sobrescritar [sobreskri'tar] VT to address
sobrescrito [sobres'kritu] M address
sobressair [sobrisa'ir] VI to stand out; **sobressair-se** VR to stand out
sobressalente [sobrisa'lẽtʃi] ADJ, M spare
sobressaltado, -a [sobrisaw'tadu, a] ADJ: **viver ~** to live in fear; **acordar ~** to wake up with a start
sobressaltar [sobrisaw'tar] VT to startle, frighten; **sobressaltar-se** VR to be startled
sobressalto [sobri'sawtu] M (*movimento brusco*) start; (*temor*) trepidation; **de ~** suddenly; **o seu ~ com aquele estrondo/aquela notícia** his fright at that noise/his shock at that news; **ter um ~** to get a fright
sobretaxa [sobri'taʃa] F surcharge
sobretudo [sobri'tudu] M overcoat ▶ ADV above all, especially
sobrevir [sobri'vir] (*irreg: como* **vir**) VI to occur, arise; **~ a** (*seguir*) to follow (on from); **sobreveio-lhe uma doença** he was struck down by illness
sobrevivência [sobrivi'vẽsja] F survival
sobrevivente [sobrivi'vẽtʃi] ADJ surviving ▶ M/F survivor
sobreviver [sobrivi'ver] VI: **~ (a)** to survive
sobrevoar [sobrivo'ar] VT, VI to fly over
sobriedade [sobrje'dadʒi] F soberness; (*comedimento*) moderation, restraint
sobrinho, -a [so'briɲu, a] M/F nephew/niece
sóbrio, -a ['sɔbrju, a] ADJ sober; (*moderado*) moderate, restrained
socado, -a [so'kadu, a] ADJ (*alho*) crushed; (*escondido*) hidden; (*pessoa*) stout
socador [soka'dor] M crusher; **~ de alho** garlic press
soçaite [so'sajtʃi] (*col*) M high society
socapa [so'kapa] F: **à ~** furtively, on the sly
socar [so'kar] VT (*esmurrar*) to hit, strike; (*calcar*) to crush, pound; (*massa de pão*) to knead
social [so'sjaw] (*pl* **-ais**) ADJ social; (*entrada, elevador*) private; (*camisa*) dress *atr*
socialismo [sosja'lizmu] M socialism
socialista [sosja'lista] ADJ, M/F socialist
socialite [sosja'lajtʃi] M/F socialite
socializar [sosjali'zar] VT to socialize
sociável [so'sjavew] (*pl* **-eis**) ADJ sociable
sociedade [sosje'dadʒi] F society; (*Com: empresa*) company; (: *de sócios*) partnership; (*associação*) association; **~ anônima** limited company (BRIT), incorporated company (US); **~ anônima aberta/fechada** public/private limited company
sócio, -a ['sɔsju, a] M/F (*Com*) partner, associate; (*de clube*) member; **~ comanditário** (*Com*) silent partner

socioeconômico, -a [sɔsjueko'nomiku, a] ADJ socioeconomic
sociolinguística [sosjolĩ'gwistʃika] F sociolinguistics *sg*
sociologia [sosjolo'ʒia] F sociology
sociológico, -a [sosjo'lɔʒiku, a] ADJ sociological
sociólogo, -a [so'sjɔlogu, a] M/F sociologist
sociopolítico, -a [sɔsjupo'litʃiku, a] ADJ socio-political
soco ['soku] M punch; **dar um ~ em** to punch
soçobrar [soso'brar] VT (*afundar*) to sink ▶ VI to sink; (*esperanças*) to founder; **~ em** (*fig: no vício etc*) to sink into
soco-inglês (*pl* **socos-ingleses**) M knuckleduster
socorrer [soko'her] VT (*ajudar*) to help, assist; (*salvar*) to rescue; **socorrer-se** VR: **~-se de** to resort to, have recourse to
socorro [so'kohu] M help, assistance; (*reboque*) breakdown (BRIT) *ou* tow (US) truck; **~!** help!; **ir em ~ de** to come to the aid of; **primeiros ~s** first aid *sg*; **equipe de ~** rescue team
soda ['sɔda] F soda (water); **pedir ~** (*col*) to back off, back down; **~ cáustica** caustic soda
sódio ['sɔdʒju] M sodium
sodomia [sodo'mia] F sodomy
sofá [so'fa] M sofa, settee
sofá-cama (*pl* **sofás-camas**) M sofa-bed
Sófia ['sɔfja] N Sofia
sofisma [so'fizma] M sophism; (*col*) trick
sofismar [sofiz'mar] VT (*fatos*) to twist; (*enganar*) to swindle, cheat
sofisticação [sofistʃika'sãw] F sophistication
sofisticado, -a [sofistʃi'kadu, a] ADJ sophisticated; (*afetado*) pretentious
sofisticar [sofistʃi'kar] VT to refine
sôfrego, -a ['sofregu, a] ADJ (*ávido*) keen; (*impaciente*) impatient; (*no comer*) greedy
sofreguidão [sofregi'dãw] F keenness; (*impaciência*) impatience; (*no comer*) greed
sofrer [so'frer] VT to suffer; (*acidente*) to have; (*aguentar*) to bear, put up with; (*experimentar*) to undergo, experience ▶ VI to suffer; **~ de reumatismo/do fígado** to suffer from rheumatism/with one's liver
sofrido, -a [so'fridu, a] ADJ long-suffering
sofrimento [sofri'mẽtu] M suffering
sofrível [so'frivew] (*pl* **-eis**) ADJ bearable; (*razoável*) reasonable
soft ['sɔftʃi] (*pl* **softs**) M (*Comput*) piece of software, software package
software [sof'twer] (*pl* **softwares**) M (*Comput*) software; **um ~** a piece of software
sogro, -a ['sogru, 'sɔgra] M/F father-in-law/mother-in-law
sóis [sɔjs] MPL *de* **sol**
soja ['sɔʒa] F soya (BRIT), soy (US); **leite de ~** soya *ou* soy milk
sol [sɔw] (*pl* **sóis**) M sun; (*luz*) sunshine, sunlight; **ao** *ou* **no ~** in the sun; **fazer ~** to be sunny; **pegar ~** to get the sun; **tomar (banho de) ~** to sunbathe

sola ['sɔla] F sole
solado, -a [so'ladu, a] ADJ *(bolo)* flat
solão [so'lãw] M very hot sun
solapar [sola'par] VT *(escavar)* to dig into; *(abalar)* to shake; *(fig: arruinar)* to destroy
solar [so'lar] ADJ solar ▶ M manor house ▶ VT *(sapato)* to sole ▶ VI *(bolo)* not to rise; *(cantor, músico)* to sing *(ou* play) solo; **energia/painel ~** solar energy/panel
solavanco [sola'vãku] M jolt, bump; **andar aos ~s** to jog along
solda ['sɔwda] F solder
soldado [sow'dadu] M soldier; **~ de chumbo** toy soldier; **~ raso** private soldier
soldador, a [sowda'dor(a)] M/F welder
soldadura [sowda'dura] F *(ato)* welding; *(parte soldada)* weld
soldagem [sow'daʒẽ] F welding
soldar [sow'dar] VT to weld; *(fig)* to unite, amalgamate
soldo ['sowdu] M *(Mil)* pay
soleira [so'lejra] F doorstep
solene [so'lɛni] ADJ solemn
solenidade [soleni'dadʒi] F solemnity; *(cerimônia)* ceremony
solenizar [soleni'zar] VT to solemnize
solércia [so'lɛrsja] F ploy
soletração [soletra'sãw] F spelling
soletrar [sole'trar] VT to spell; *(ler devagar)* to read out slowly
solicitação [solisita'sãw] *(pl* **-ões)** F request; **solicitações** FPL *(apelo)* appeal *sg*
solicitar [solisi'tar] VT to ask for; *(requerer: emprego etc)* to apply for; *(amizade, atenção)* to seek; **~ algo a alguém** to ask sb for sth
solícito, -a [so'lisitu, a] ADJ helpful
solicitude [solisi'tudʒi] F *(zelo)* care; *(boa vontade)* concern, thoughtfulness; *(empenho)* commitment
solidão [soli'dãw] F solitude, isolation; *(sensação)* loneliness; *(de lugar)* desolation; **sentir ~** to feel lonely
solidariedade [solidarje'dadʒi] F solidarity
solidário, -a [soli'darju, a] ADJ *(pessoa)* supportive; *(a uma causa etc)* sympathetic; (Jur: *obrigação)* mutually binding; *(: devedores)* jointly liable; **ser ~ a** *ou* **com** *(pessoa)* to stand by; *(causa)* to be sympathetic to, sympathize with
solidarizar [solidari'zar] VT to bring together; **solidarizar-se** VR to join forces
solidez [soli'dez] F solidity, strength
solidificar [solidʒifi'kar] VT to solidify; *(fig)* to consolidate; **solidificar-se** VR to solidify; to be consolidated
sólido, -a ['sɔlidu, a] ADJ solid
solilóquio [soli'lɔkju] M soliloquy
solista [so'lista] M/F soloist
solitária [soli'tarja] F *(verme)* tapeworm; *(cela)* solitary confinement
solitário, -a [soli'tarju, a] ADJ lonely, solitary ▶ M hermit; *(joia)* solitaire
solo ['sɔlu] M ground, earth; *(Mús)* solo

soltar [sow'tar] VT *(tornar livre)* to set free; *(desatar)* to loosen, untie; *(afrouxar)* to slacken, loosen; *(largar)* to let go of; *(emitir)* to emit; *(grito, risada)* to let out; *(foguete, fogos de artifício)* to set *ou* let off; *(cabelo)* to let down; *(freio, animais)* to release; *(piada)* to tell; **soltar-se** VR *(desprender-se)* to come loose; *(desinibir-se)* to let o.s. go; **~ palavrão** to swear
solteirão, -rona [sowtej'rãw, rona] *(pl* **-ões/-s)** ADJ unmarried ▶ M/F bachelor/spinster
solteiro, -a [sow'tejru, a] ADJ single ▶ M/F single man/woman
solteirões [sowtej'rõjs] MPL *de* **solteirão**
solto, -a ['sowtu, a] PP *de* **soltar** ▶ ADJ loose; *(livre)* free; *(sozinho)* alone; *(arroz)* fluffy; **à solta** freely
soltura [sow'tura] F looseness; *(liberdade)* release, discharge
solução [solu'sãw] *(pl* **-ões)** F solution
soluçar [solu'sar] VI *(chorar)* to sob; *(Med)* to hiccup
solucionar [solusjo'nar] VT to solve; *(decidir)* to resolve
soluço [so'lusu] M *(pranto)* sob; *(Med)* hiccup
soluções [solu'sõjs] FPL *de* **solução**
solúvel [so'luvew] *(pl* **-eis)** ADJ soluble
solvência [sow'vẽsja] F solvency
solvente [sow'vẽtʃi] ADJ, M solvent
som [sõ] *(pl* **-ns)** M sound; *(Mús)* tone; (BR: *equipamento)* hi-fi, stereo; *(: música)* music; **ao ~ de** *(Mús)* to the accompaniment of; **~ cd** compact disc player
soma ['sɔma] F sum
Somália [so'malja] F: **a ~** Somalia
somar [so'mar] VT *(adicionar)* to add (up); *(chegar a)* to add up to, amount to ▶ VI to add up
somatório [soma'tɔrju] M sum; *(fig)* sum total
sombra ['sõbra] F shadow; *(proteção)* shade; *(indício)* trace, sign; **à ~ de** in the shade of; *(fig)* under the protection of; **sem ~ de dúvida** without a shadow of a doubt; **querer ~ e água fresca** *(fig)* to want the good things in life
sombreado, -a [sõ'brjadu, a] ADJ shady ▶ M shading
sombrear [sõ'brjar] VT to shade
sombreiro [sõ'brejru] M *(chapéu)* sombrero
sombrinha [sõ'brina] F parasol, sunshade; (BR) lady's umbrella
sombrio, -a [sõ'briu, a] ADJ *(escuro)* shady, dark; *(triste)* gloomy; *(rosto)* grim
some *etc* ['sɔmi] VB *ver* **sumir**
somenos [so'menus] ADJ inferior, poor; **de ~ importância** unimportant
somente [sɔ'mẽtʃi] ADV only; **tão ~** only
somos ['somos] VB *ver* **ser**
sonambulismo [sonãbu'lizmu] M sleepwalking
sonâmbulo, -a [so'nãbulu, a] ADJ sleepwalking ▶ M/F sleepwalker
sonante [so'nãtʃi] ADJ: **moeda ~** cash
sonata [so'nata] F sonata

sonda ['sõda] F (*Náut*) plummet, sounding lead; (*Med*) probe; (*de petróleo*) drill; (*de alimentação*) drip; **~ espacial** space probe

sondagem [sõ'daʒē] (*pl* **-ns**) F (*Náut*) sounding; (*de terreno, opinião*) survey; (*para petróleo*) drilling; (*para minerais*) boring; (*atmosférica*) testing

sondar [sõ'dar] VT to probe; (*opinião etc*) to sound out

soneca [so'nɛka] F nap, snooze; **tirar uma ~** to have a nap

sonegação [sonega'sãw] F withholding; (*furto*) theft; **~ de impostos** tax evasion

sonegar [sone'gar] VT (*dinheiro, valores*) to conceal, withhold; (*furtar*) to steal, pilfer; (*impostos*) to dodge, evade; (*informações, dados*) to withhold

soneto [so'netu] M sonnet

sonhador, a [soɲa'dor(a)] ADJ dreamy ▸ M/F dreamer

sonhar [so'ɲar] VT, VI to dream; **~ com** to dream about; **~ em fazer** to dream of doing; **~ acordado** to daydream; **nem sonhando ou ~!** (*col*) no way!

sonho ['sɔɲu] M dream; (*Culin*) doughnut

sono ['sɔnu] M sleep; **estar caindo de ~** to be half-asleep; **estar com** *ou* **ter ~** to be sleepy; **estar sem ~** not to be sleepy; **ferrar no ~** to fall into a deep sleep; **pegar no ~** to fall asleep; **ter o ~ leve/pesado** to be a light/heavy sleeper

sonolência [sono'lẽsja] F drowsiness

sonolento, -a [sono'lẽtu, a] ADJ sleepy, drowsy

sonoridade [sonori'dadʒi] F sound quality

sonoro, -a [so'nɔru, a] ADJ resonant; (*consoante*) voiced

sonoterapia [sonotera'pia] F hypnotherapy

sons [sõs] MPL *de* **som**

sonso, -a ['sõsu, a] ADJ sly, artful

sopa ['sopa] F soup; (*col*) pushover, cinch; **dar ~** (*abundar*) to be plentiful; (*estar disponível*) to go spare; (*descuidar-se*) to be careless; **essa ~ vai acabar** (*col*) all good things come to an end; **~ de legumes** vegetable soup

sopapear [sopa'pjar] VT to slap

sopapo [so'papu] M slap, cuff; **dar um ~ em** to slap

sopé [so'pɛ] M foot, bottom

sopeira [so'pejra] F (*Culin*) soup dish

sopitar [sopi'tar] VT (*conter*) to curb, repress

soporífero, -a [sopo'riferu, a] ADJ soporific ▸ M sleeping drug

soporífico, -a [sopo'rifiku, a] ADJ, M = **soporífero**

soprano [so'pranu] ADJ, M/F soprano

soprar [so'prar] VT to blow; (*balão*) to blow up; (*vela*) to blow out; (*dizer em voz baixa*) to whisper ▸ VI to blow

sopro ['sopru] M blow, puff; (*de vento*) gust; (*no coração*) murmur; **instrumento de ~** wind instrument

soquei *etc* [so'kej] VB *ver* **socar**

soquete [so'kɛtʃi] F ankle sock

sordidez [sordʒi'dez] F sordidness; (*imundície*) squalor

sórdido, -a ['sɔrdʒidu, a] ADJ sordid; (*imundo*) squalid; (*obsceno*) indecent, dirty

soro ['soru] M (*Med*) serum; (*do leite*) whey

sóror ['sɔror] F (*Rel*) sister

sorrateiro, -a [soha'tejru, a] ADJ sly, sneaky

sorridente [sohi'dẽtʃi] ADJ smiling

sorrir [so'hir] VI to smile

sorriso [so'hizu] M smile; **~ amarelo** forced smile

sorte ['sɔrtʃi] F luck; (*casualidade*) chance; (*destino*) fate, destiny; (*condição*) lot; (*espécie*) sort, kind; **de ~** (*pessoa etc*) lucky; **desta ~** so, thus; **de ~ que** so that; **por ~** luckily; **dar ~** (*trazer sorte*) to bring good luck; (*ter sorte*) to be lucky; **estar com** *ou* **ter ~** to be lucky; **tentar a ~** to try one's luck; **ter a ~ de** to be lucky enough to; **tirar a ~** to draw lots; **tirar a ~ grande** (*tb fig*) to hit the jackpot; **~ grande** big prize

sorteado, -a [sor'tʃjadu, a] ADJ (*pessoa, bilhete*) winning; (*Mil*) conscripted

sortear [sor'tʃjar] VT to draw lots for; (*rifar*) to raffle; (*Mil*) to draft

sorteio [sor'teju] M draw; (*rifa*) raffle; (*Mil*) draft

sortido, -a [sor'tʃidu, a] ADJ (*abastecido*) supplied, stocked; (*variado*) assorted; (*loja*) well-stocked

sortilégio [sortʃi'lɛʒu] M (*bruxaria*) sorcery; (*encantamento*) charm, fascination

sortimento [sortʃi'mẽtu] M assortment, stock

sortir [sor'tʃir] VT (*abastecer*) to supply, stock; (*variar*) to vary, mix

sortudo, -a [sor'tudu, a] (*col*) ADJ lucky ▸ M/F lucky beggar

sorumbático, -a [sorũ'batʃiku, a] ADJ gloomy, melancholy

sorvedouro [sorve'doru] M whirlpool; (*abismo*) chasm; **um ~ de dinheiro** (*fig*) a drain on resources

sorver [sor'ver] VT (*beber*) to sip; (*inalar*) to inhale; (*tragar*) to swallow up; (*absorver*) to soak up, absorb

sorvete [sor'vetʃi] (BR) M (*feito com leite*) ice cream; (*feito com água*) sorbet; **~ de chocolate/creme** chocolate/dairy ice cream

sorveteiro [sorve'tejru] M ice-cream man

sorveteria [sorvete'ria] F ice-cream parlour (BRIT) *ou* parlor (US)

sorvo ['sorvu] M sip

SOS ABR SOS

sósia ['sɔzja] M/F double

soslaio [soz'laju] M: **de ~** (*adv*) sideways, obliquely; **olhar algo de ~** to squint at sth

sossegado, -a [sose'gadu, a] ADJ peaceful, calm

sossegar [sose'gar] VT to calm, quieten ▸ VI to quieten down

sossego [so'segu] M peace (and quiet)

sotaina [so'tajna] F cassock, soutane

sótão ['sɔtãw] (*pl* **-s**) M attic, loft

sotaque [so'taki] M accent
sotavento [sota'vẽtu] M (*Náut*) lee; **a ~ to** leeward
soterrar [sote'har] VT to bury
soturno, -a [so'turnu, a] ADJ sad, gloomy
sou [so] VB *ver* **ser**
soube *etc* ['sobi] VB *ver* **saber**
soutien [su'tʃjã] M = **sutiã**
sova ['sɔva] F beating, thrashing; **dar uma ~ em alguém** to beat sb up; **levar uma ~ (de alguém)** to be beaten up (by sb)
sovaco [so'vaku] M armpit
sovaqueira [sova'kejra] F body odour (BRIT) *ou* odor (US)
sovar [so'var] VT (*surrar*) to beat, thrash; (*massa*) to knead; (*uva*) to tread; (*roupa*) to wear out; (*couro*) to soften up
soviético, -a [so'vjɛtʃiku, a] ADJ, M/F Soviet
sovina [so'vina] ADJ mean, stingy ▶ M/F miser, skinflint
sovinice [sovi'nisi] F meanness
sozinho, -a [sɔ'ziɲu, a] ADJ (all) alone, by oneself; (*por si mesmo*) by oneself
SP ABR = **São Paulo**
spam [is'pã] (*pl* **-s**) M (*Comput*) spam
SPI (BR) ABR M = **Serviço de Proteção ao Índio**
spot [is'potʃi] (*pl* **-s**) M spotlight
spray [is'prej] (*pl* **-s**) M spray
spread [is'prɛdʒi] M (*Com*) spread
SPU (BR) ABR M = **Serviço de Patrimônio da União**; **Serviço Psiquiátrico de Urgência**
squash [is'kwɛʃ] M squash
Sr. ABR (= *senhor*) Mr
Sra. (BR), (PT) **Sr.a** ABR (= *senhora*) Mrs
Sri Lanka [ʃri'lãka] M: **o ~** Sri Lanka
Srta. (BR), (PT) **Sr.ta** ABR (= *senhorita*) Miss
SSP (BR) ABR F = **Secretaria de Segurança Pública**
staff [is'tafi] M staff
standard [is'tãdardʒi] ADJ INV standard
status [is'tatus] M status
STF (BR) ABR M = **Supremo Tribunal Federal**
STM (BR) ABR M = **Supremo Tribunal Militar**
sua ['sua] F *de* **seu**
suado, -a [swadu, a] ADJ sweaty; (*fig: dinheiro etc*) hard-earned
suadouro [swa'doru] M sweat; (*lugar*) sauna
suar [swar] VT to sweat ▶ VI to sweat; (*fig*): **~ por algo/para conseguir algo** to sweat blood for sth/to get sth; **~ em bicas** to sweat buckets; **~ frio** to come out in a cold sweat
suástica ['swastʃika] F swastika
suave ['swavi] ADJ gentle; (*música, voz*) soft; (*sabor, vinho*) smooth; (*cheiro*) delicate; (*dor*) mild; (*trabalho*) light; (*prestações*) easy
suavidade [suavi'dadʒi] F gentleness; (*de voz*) softness
suavizar [swavi'zar] VT to soften; (*dor, sofrimento*) to alleviate
subalimentado, -a [subalimẽ'tadu, a] ADJ undernourished
subalterno, -a [subaw'tɛrnu, a] ADJ inferior, subordinate ▶ M/F subordinate

subalugar [subalu'gar] VT to sublet
subarrendar [subahẽ'dar] (PT) VT = **subalugar**
subconsciência [subkõ'sjẽsja] F subconscious
subconsciente [subkõ'sjetʃi] ADJ, M subconscious
subdesenvolvido, -a [subdʒizẽvow'vidu, a] ADJ underdeveloped ▶ M/F (*pej*) degenerate
subdesenvolvimento [subdʒizẽvowvi'mẽtu] M underdevelopment
súbdito ['subditu] (PT) M = **súdito**
subdividir [subdʒivi'dʒir] VT to subdivide; **subdividir-se** VR to subdivide
subeditor, a [subedʒi'tor(a)] M/F subeditor
subemprego [subẽ'pregu] M low-paid unskilled job
subentender [subẽtẽ'der] VT to understand, assume
subentendido, -a [subẽtẽ'dʒidu, a] ADJ implied ▶ M implication
subestimar [subestʃi'mar] VT to underestimate
subfinanciado, -a [subfinã'sjadu, a] ADJ under-funded
subida [su'bida] F ascent, climb; (*ladeira*) slope; (*de preços*) rise
subido, -a [su'bidu, a] ADJ high
subir [su'bir] VI to go up; (*preço, de posto etc*) to rise ▶ VT (*levantar*) to raise; (*ladeira, escada, rio*) to climb, go up; **~ em** (*morro, árvore*) to climb, go up; (*cadeira, palanque*) to climb onto, get up onto; (*ônibus*) to get on
súbito, -a ['subitu, a] ADJ sudden ▶ ADV (*tb*: **de súbito**) suddenly
subjacente [subʒa'sẽtʃi] ADJ (*tb fig*) underlying
subjetivo, -a [subʒe'tʃivu, a] ADJ subjective
subjugar [subʒu'gar] VT to subjugate, subdue; (*inimigo*) to overpower; (*moralmente*) to dominate
subjuntivo, -a [subʒũ'tʃivu, a] ADJ, M subjunctive
sublevação [subleva'sãw] (*pl* **-ões**) F (up)rising, revolt
sublevar [suble'var] VT to stir up (to revolt), incite (to revolt); **sublevar-se** VR to revolt, rebel
sublimar [subli'mar] VT (*pessoa*) to exalt; (*desejos*) to sublimate
sublime [su'blimi] ADJ sublime; (*nobre*) noble; (*música, espetáculo*) marvellous (BRIT), marvelous (US)
sublinhado [subli'ɲadu] M underlining
sublinhar [subli'ɲar] VT (*pôr linha debaixo de*) to underline; (*destacar*) to emphasize, stress
sublocar [sublo'kar] VT, VI to sublet
sublocatário, -a [subloka'tarju, a] M/F sub-tenant
submarino, -a [subma'rinu, a] ADJ underwater ▶ M submarine
submergir [submer'ʒir] VT to submerge; **submergir-se** VR to submerge
submerso, -a [sub'mɛrsu, a] ADJ submerged; (*absorto*): **~ em** immersed *ou* engrossed in

submeter [subme'ter] VT *(povos, inimigo)* to subdue; *(plano)* to submit; *(sujeitar)*: **~ a** to subject to; **submeter-se** VR: **~-se a** to submit to; *(operação)* to undergo
submirjo *etc* [sub'mihju] VB *ver* **submergir**
submissão [submi'sãw] F submission
submisso, -a [sub'misu, a] ADJ submissive, docile
submundo [sub'mũdu] M underworld
subnutrição [subnutri'sãw] F malnutrition
subnutrido, -a [subnu'tridu, a] ADJ undernourished
subordinar [subordʒi'nar] VT to subordinate
subornar [subor'nar] VT to bribe
suborno [su'bornu] M bribery
subproduto [subpro'dutu] M by-product
sub-reptício, -a [subhep'tʃisju, a] ADJ surreptitious
subscrever [subskre'ver] VT to sign; *(opinião, Com: ações)* to subscribe to; *(contribuir)* to put in ▶ VI: **~ a** to endorse; **subscrever-se** VR to sign one's name; **~ para** to contribute to; **subscrevemo-nos ...** *(Com: em cartas)* = we remain ...
subscrição [subskri'sãw] *(pl* **-ões)** F subscription; *(contribuição)* contribution
subscritar [subskri'tar] VT to sign
subscrito, -a [sub'skritu, a] PP *de* **subscrever**
subsecretário, -a [subsekre'tarju, a] M/F under-secretary
subsequente [subse'kwẽtʃi] ADJ subsequent
subserviente [subser'vjẽtʃi] ADJ obsequious, servile
subsidiar [subsi'dʒjar] VT to subsidize
subsidiária [subsi'dʒjarja] F *(Com)* subsidiary (company)
subsidiário, -a [subsi'dʒjarju, a] ADJ subsidiary
subsídio [sub'sidʒu] M subsidy; *(ajuda)* aid; **subsídios** MPL *(informações)* data *sg*, information *sg*
subsistência [subsis'tẽsja] F *(sustento)* subsistence; *(meio de vida)* livelihood
subsistir [subsis'tʃir] VI *(existir)* to exist; *(viver)* to subsist, live; *(estar em vigor)* to be in force; *(perdurar)* to remain, survive
subsolo [sub'sɔlu] M subsoil; *(de prédio)* basement
substabelecer [subistabele'ser] VT to delegate
substância [sub'stãsja] F substance
substancial [substã'sjaw] *(pl* **-ais)** ADJ substantial
substantivo, -a [substã'tʃivu, a] ADJ substantive ▶ M noun
substituição [substʃitwi'sãw] *(pl* **-ões)** F substitution, replacement
substituir [substʃi'twir] VT to substitute, replace
substituto, -a [substi'tutu, a] ADJ, M/F substitute
subterfúgio [subter'fuʒu] M subterfuge
subterrâneo, -a [subite'hanju, a] ADJ subterranean, underground

subtil *etc* [sub'tiw] *(PT)* = **sutil** *etc*
subtítulo [subi'tʃitulu] M subtitle
subtrair [subtra'ir] VT *(furtar)* to steal; *(deduzir)* to subtract ▶ VI to subtract
subumano, -a [subu'manu, a] ADJ subhuman; *(desumano)* inhuman
suburbano, -a [subur'banu, a] ADJ suburban; *(pej)* uncultivated
subúrbio [su'burbju] M suburb
subvenção [subvẽ'sãw] *(pl* **-ões)** F subsidy, grant
subvencionar [subvẽsjo'nar] VT to subsidize
subvenções [subvẽ'sõjs] FPL *de* **subvenção**
subversivo, -a [subver'sivu, a] ADJ, M/F subversive
subverter [subver'ter] VT to subvert; *(povo)* to incite (to revolt); *(planos)* to upset
Sucam ['sukã] *(BR)* ABR F = **Superintendência da Campanha de Saúde Pública**
sucata [su'kata] F scrap metal
sucatar [suka'tar] VT to scrap
sucção [suk'sãw] F suction
sucedâneo, -a [suse'danju, a] ADJ substitute ▶ M *(substância)* substitute
suceder [suse'der] VI to happen ▶ VT to succeed; **suceder-se** VR to succeed one another; **~ a** *(num cargo)* to succeed; *(seguir)* to follow; **~ com** to happen to; **~-se a** to follow
sucedido [suse'dʒidu] M event, occurrence
sucessão [suse'sãw] *(pl* **-ões)** F succession
sucessivo, -a [suse'sivu, a] ADJ successive
sucesso [su'sɛsu] M success; *(música, filme)* hit; **com/sem ~** successfully/unsuccessfully; **de ~** successful; **fazer** *ou* **ter ~** to be successful
sucessor, a [suse'sor(a)] M/F successor
súcia ['susja] F gang, band
sucinto, -a [su'sĩtu, a] ADJ succinct
suco ['suku] *(BR)* M juice; **~ de laranja** orange juice
suculento, -a [suku'lẽtu, a] ADJ succulent, juicy; *(substancial)* substantial
sucumbir [sukũ'bir] VI *(render)* to succumb, yield; *(morrer)* to die, perish
sucursal [sukur'saw] *(pl* **-ais)** F *(Com)* branch
Sudam ['sudã] ABR F = **Superintendência de Desenvolvimento da Amazônia**
Sudão [su'dãw] M: **o ~** (the) Sudan
Sudeco [su'dɛku] *(BR)* ABR F
 = **Superintendência de Desenvolvimento do Centro-Oeste**
Sudene [su'dɛni] *(BR)* ABR F
 = **Superintendência de Desenvolvimento do Nordeste**
Sudepe [su'dɛpi] *(BR)* ABR F
 = **Superintendência de Desenvolvimento da Pesca**
sudeste [su'dɛstʃi] ADJ southeast ▶ M south-east
Sudhevea [sude'vɛa] *(BR)* ABR F
 = **Superintendência da Borracha**
súdito ['sudʒitu] M *(de rei etc)* subject

sudoeste [sud'wɛstʃi] ADJ southwest ▶ M south-west
Suécia ['swɛsja] F: **a ~** Sweden
sueco, -a ['swɛku, a] ADJ Swedish ▶ M/F Swede ▶ M (*Ling*) Swedish
suéter ['swɛter] (*BR*) M *ou* F sweater
Suez [swɛz] M: **o canal de ~** the Suez canal
suficiência [sufi'sjẽsja] F sufficiency
suficiente [sufi'sjẽtʃi] ADJ sufficient, enough; **o ~** enough
sufixo [su'fiksu] M suffix
suflê [su'fle] M soufflé
sufocante [sufo'kãtʃi] ADJ suffocating; (*calor*) sweltering, oppressive
sufocar [sufo'kar] VT to suffocate; (*revolta*) to put down ▶ VI to suffocate
sufoco [su'foku] M (*afã*) eagerness; (*ansiedade*) anxiety; (*dificuldade*) hassle
sufrágio [su'fraʒu] M (*direito de voto*) suffrage; (*voto*) vote; **~ universal** universal suffrage
sugar [su'gar] VT to suck; (*fig*) to extort
sugerir [suʒe'rir] VT to suggest
sugestão [suʒes'tãw] (*pl* **-ões**) F suggestion; **dar uma ~** to make a suggestion
sugestionar [suʒestʃjo'nar] VT to influence; **sugestionar-se** VR to be influenced
sugestionável [suʒestʃjo'navew] (*pl* **-eis**) ADJ impressionable
sugestivo, -a [suʒes'tʃivu, a] ADJ suggestive
sugestões [suʒes'tõjs] FPL *de* **sugestão**
sugiro *etc* [su'ʒiru] VB *ver* **sugerir**
suguei *etc* [su'gej] VB *ver* **sugar**
Suíça ['swisa] F: **a ~** Switzerland
suíças ['swisas] FPL sideburns; *ver tb* **suíço**
suicida [swi'sida] ADJ suicidal ▶ M/F suicidal person; (*morto*) suicide
suicidar-se [swisi'darsi] VR to commit suicide
suicídio [swi'sidʒju] M suicide
suíço, -a ['swisu, a] ADJ, M/F Swiss
sui generis [swi'ʒeneris] ADJ INV in a class of one's own, unique
suíno ['swinu] M pig, hog ▶ ADJ *ver* **gado**
Suipa ['swipa] (*BR*) ABR F = **Sociedade União Internacional Protetora dos Animais**
suíte ['switʃi] F (*Mús, em hotel*) suite; (*em residência*) maid's quarters *pl*
sujar [su'ʒar] VT to dirty; (*fig: honra*) to sully ▶ VI to make a mess; **sujar-se** VR to get dirty; (*fig*) to sully o.s.
sujeição [suʒej'sãw] F subjection
sujeira [su'ʒejra] F dirt; (*estado*) dirtiness; (*col*) dirty trick; **fazer uma ~ com alguém** to do the dirty on sb
sujeitar [suʒej'tar] VT to subject; **sujeitar-se** VR to submit
sujeito, -a [su'ʒejtu, a] ADJ: **~ a** subject to ▶ M (*Ling*) subject ▶ M/F man/woman; **~ a espaço** (*Aer*) stand-by
sujidade [suʒi'dadʒi] (*PT*) F dirt; (*estado*) dirtiness
sujo, -a ['suʒu, a] ADJ dirty; (*fig: desonesto*) nasty, dishonest ▶ M dirt; **estar/ficar ~ com alguém** to be/get into sb's bad books

sul [suw] ADJ INV south, southern ▶ M: **o ~** the south
sul-africano, -a ADJ, M/F South African
sul-americano, -a ADJ, M/F South American
sulcar [suw'kar] VT to plough (*BRIT*), plow (*US*); (*rosto*) to line, furrow
sulco [suw'ku] M furrow
sulfato [suw'fatu] M sulphate (*BRIT*), sulfate (*US*)
sulfúrico, -a [suw'furiku, a] ADJ: **ácido ~** sulphuric (*BRIT*) *ou* sulfuric (*US*) acid
sulista [su'lista] ADJ Southern ▶ M/F Southerner
sultão, -tana [suw'tãw, 'tana] (*pl* **-ões/-s**) M/F sultan(a)
suma ['suma] F: **em ~** in short
sumamente [suma'mẽtʃi] ADV extremely
sumário, -a [su'marju, a] ADJ (*breve*) brief, concise; (*Jur*) summary; (*biquíni*) brief, skimpy ▶ M summary
sumiço [su'misu] M disappearance; **dar ~ a** *ou* **em** to do away with; (*comida*) to put away
sumidade [sumi'dadʒi] F (*pessoa*) genius
sumido, -a [su'midu, a] ADJ (*apagado*) faint, indistinct; (*voz*) low; (*desaparecido*) vanished; (*escondido*) hidden; **ela anda sumida** she's not around much
sumir [su'mir] VI to disappear, vanish
sumo, -a ['sumu, a] ADJ (*importância*) extreme; (*qualidade*) supreme ▶ M (*PT*) juice
sumptuoso, -a (*PT*) ADJ = **suntuoso**
Sunab [su'nabi] (*BR*) ABR F = **Superintendência Nacional de Abastecimento**
Sunamam [suna'mami] (*BR*) ABR F = **Superintendência Nacional da Marinha Mercante**
sundae ['sãdej] M sundae
sunga ['sũga] F swimming trunks *pl*
sungar [sũ'gar] VT to hitch up
suntuoso, -a [sũ'twozu, ɔza] ADJ sumptuous
suor [swɔr] M sweat; (*fig*): **com o meu ~** by the sweat of my brow
super... [super-] PREFIXO super-, over-; (*col*) really
superabundante [superabũ'dãtʃi] ADJ overabundant
superado, -a [supe'radu, a] ADJ (*ideias*) outmoded
superalimentar [superalimẽ'tar] VT to overfeed
superaquecer [superake'ser] VT to overheat
superar [supe'rar] VT (*rival*) to surpass; (*inimigo, dificuldade*) to overcome; (*expectativa*) to exceed
superávit [supe'ravitʃi] M (*Com*) surplus
superdose [super'dɔzi] F overdose
superdotado, -a [superdo'tadu, a] ADJ exceptionally gifted
superestimar [superestʃi'mar] VT to overestimate
superestrutura [superestru'tura] F superstructure

superficial [superfi'sjaw] (*pl* **-ais**) ADJ superficial; (*pessoa*) shallow
superfície [super'fisi] F (*parte externa*) surface; (*extensão*) area; (*fig: aparência*) appearance
superfino, -a [super'finu, a] ADJ (*de largura*) extra fine; (*de qualidade*) excellent quality
supérfluo, -a [su'pɛrflwu, a] ADJ superfluous, unnecessary
super-homem (*pl* **-ns**) M superman
superintendência [superĩtẽ'dẽsja] F (*órgão*) bureau
superintendente [superĩtẽ'dẽtʃi] M superintendent; (*de empresa*) chief executive
superintender [superĩtẽ'der] VT to superintend
superior [supe'rjor] ADJ superior; (*mais elevado*) higher; (*quantidade*) greater; (*mais acima*) upper ▶ M superior; (*Rel*) superior, abbot; **~ a** superior to; **um número ~ a 10** a number greater *ou* higher than 10; **curso/ensino ~** degree course/higher education; **lábio ~** upper lip
superiora [supe'rjora] ADJ, F: **(madre) ~** mother superior
superioridade [superjori'dadʒi] F superiority
superlativo, -a [superla'tʃivu, a] ADJ superlative ▶ M superlative
superlotação [superlota'sãw] F overcrowding
superlotado, -a [superlo'tadu, a] ADJ (*cheio*) crowded; (*excessivamente cheio*) overcrowded
supermercado [supermer'kadu] M supermarket
superpor [super'por] (*irreg: como* **pôr**) VT: **~ algo a algo** to put sth before sth
superpotência [superpo'tẽsja] F superpower
superpovoado, -a [superpo'vwadu, a] ADJ overpopulated
superprodução [superprodu'sãw] F overproduction
superproteger [superprote'ʒer] VT to overprotect
superpunha *etc* [super'puɲa] VB *ver* **superpor**
superpus *etc* [super'pus] VB *ver* **superpor**
superpuser *etc* [superpu'zer] VB *ver* **superpor**
supersecreto, -a [superse'krɛtu, a] ADJ top secret
supersensível [supersẽ'sivew] (*pl* **-eis**) ADJ oversensitive
supersimples [super'sĩplis] ADJ INV extremely simple
supersônico, -a [super'soniku, a] ADJ supersonic
superstição [superstʃi'sãw] (*pl* **-ões**) F superstition
supersticioso, -a [superstʃi'sjozu, ɔza] ADJ superstitious
superstições [superstʃi'sõjs] FPL *de* **superstição**
supervisão [supervi'zãw] F supervision
supervisionar [supervizjo'nar] VT to supervise
supervisor, a [supervi'zor(a)] M/F supervisor

supetão [supe'tãw] M: **de ~** all of a sudden
suplantar [suplã'tar] VT to supplant, supersede
suplementar [suplemẽ'tar] ADJ supplementary ▶ VT to supplement
suplemento [suple'mẽtu] M supplement
suplente [su'plẽtʃi] M/F substitute
súplica ['suplika] F supplication, plea
suplicante [supli'kãtʃi] M/F supplicant; (*Jur*) plaintiff
suplicar [supli'kar] VT, VI to plead, beg; **~ algo a** *ou* **de alguém** to beg sb for sth; **~ a alguém que faça** to beg sb to do
suplício [su'plisju] M torture; (*experiência penosa*) trial
supor [su'por] (*irreg: como* **pôr**) VT to suppose; (*julgar*) to think; **suponhamos que** let us suppose that; **vamos ~** let us suppose *ou* say; **suponho que sim** I suppose so; **era de ~ que** one could assume that
suportar [supor'tar] VT to hold up, support; (*tolerar*) to bear, tolerate
suportável [supor'tavew] (*pl* **-eis**) ADJ bearable, tolerable
suporte [su'pɔrtʃi] M support, stand; **~ atlético** athletic support, jockstrap
suposição [supozi'sãw] (*pl* **-ões**) F supposition, presumption
supositório [supozi'tɔrju] M suppository
supostamente [suposta'mẽtʃi] ADV supposedly
suposto, -a [su'postu, 'pɔsta] PP *de* **supor** ▶ ADJ supposed ▶ M assumption, supposition
supracitado, -a [suprasi'tadu, a] ADJ foregoing ▶ M foregoing
suprassumo [supra'sumu] M: **o ~ da beleza** *etc* the pinnacle of beauty *etc*
supremacia [suprema'sia] F supremacy
supremo, -a [su'prɛmu, a] ADJ supreme ▶ M: **o S~** the Supreme Court; **S~ Tribunal Federal** (BR) Federal Supreme Court
supressão [supre'sãw] (*pl* **-ões**) F suppression; (*omissão*) omission; (*abolição*) abolition
suprimento [supri'mẽtu] M supply
suprimir [supri'mir] VT to suppress; (*frases de um texto*) to delete; (*abolir*) to abolish
suprir [su'prir] VT (*fazer as vezes de*) to take the place of; **~ alguém de** to provide *ou* supply sb with; **~ algo por algo** to substitute sth with sth; **~ uma quantia** to make up an amount; **~ a falta de alguém/algo** to make up for sb's absence/the lack of sth; **~ as necessidades/uma família** to provide for needs/a family
supunha *etc* [su'puɲa] VB *ver* **supor**
supurar [supu'rar] VI to go septic, suppurate
supus *etc* [su'pus] VB *ver* **supor**
supuser *etc* [supu'zer] VB *ver* **supor**
surdez [sur'dez] F deafness; **aparelho para a ~** hearing aid
surdina [sur'dʒina] F (*Mús*) mute; **em ~** stealthily, on the quiet

surdo, -a ['surdu, a] ADJ deaf; (som) muffled, dull; (consoante) voiceless ▶ M/F deaf person; **~ como uma porta** as deaf as a post
surdo-mudo, surda-muda ADJ deaf and dumb ▶ M/F deaf-mute
surfe ['surfi] M surfing
surfista [sur'fista] M/F surfer
surgir [sur'ʒir] VI to appear; (problema, dificuldade) to arise, crop up; (oportunidade) to arise, come up; **~ de** (proceder) to come from; **~ à mente** to come ou spring to mind
Suriname [suri'nami] M: **o ~** Surinam
surjo etc ['surʒu] VB ver **surgir**
surpreendente [surprjẽ'dẽtʃi] ADJ surprising
surpreender [surprjẽ'der] VT to surprise; (pegar de surpresa) to take unawares ▶ VI to be surprising; **surpreender-se** VR: ~-se (de) to be surprised (at)
surpresa [sur'preza] F surprise; **de ~** by surprise
surpreso, -a [sur'prezu, a] PP de **surpreender** ▶ ADJ surprised
surra ['suha] F (ger, Esporte) thrashing; **dar uma ~ em** to thrash; **levar uma ~ (de)** to get thrashed (by)
surrado, -a [su'hadu, a] ADJ (espancado) beaten up; (roupa) worn out
surrar [su'har] VT to beat, thrash; (roupa) to wear out
surrealismo [suhea'lizmu] M surrealism
surrealista [suhea'lista] ADJ, M/F surrealist
surrupiar [suhu'pjar] VT to steal
sursis [sur'si] M INV (Jur) suspended sentence
surtar [sur'tar] VI to freak out
surte etc ['surtʃi] VB ver **sortir**
surtir [sur'tʃir] VT to produce, bring about ▶ VI: **~ bem** to turn out well; **~ efeito** to have an effect
surto ['surtu] M (de doença) outbreak; (ataque) outburst; (de progresso) surge
SUS [sus] (BR) ABR M (= Sistema Único de Saúde) national health service
suscetibilidade [susetʃibili'daʒi] F susceptibility; (sensibilidade) sensitivity
suscetível [suse'tʃivew] (pl **-eis**) ADJ susceptible; **~ de** liable to
suscitar [susi'tar] VT to arouse; (admiração) to cause; (dúvidas) to raise; (obstáculos) to throw up
suspeição [suspej'sãw] (pl **-ões**) F suspicion
suspeita [sus'pejta] F suspicion
suspeitar [suspej'tar] VT to suspect ▶ VI: **~ de algo** to suspect sth; **~ de alguém** to be suspicious of sb
suspeito, -a [sus'pejtu, a] ADJ suspect, suspicious ▶ M/F suspect

suspeitoso, -a [suspej'tozu, ɔza] ADJ suspicious
suspender [suspẽ'der] VT (levantar) to lift; (pendurar) to hang; (trabalho, pagamento etc) to suspend, stop; (funcionário, aluno) to suspend; (jornal) to suspend publication of; (encomenda) to cancel; (sessão) to adjourn, defer; (viagem) to put off
suspensão [suspẽ'sãw] (pl **-ões**) F (ger, Auto) suspension; (de trabalho, pagamento) stoppage; (de viagem, sessão) deferment; (de encomenda) cancellation
suspense [sus'pẽsi] M suspense; **filme de ~** thriller
suspenso, -a [sus'pẽsu, a] PP de **suspender**
suspensões [suspẽ'sõjs] FPL de **suspensão**
suspensórios [suspẽ'sɔrjus] MPL braces (BRIT), suspenders (US)
suspicácia [suspi'kasja] F distrust, suspicion
suspicaz [suspi'kajz] ADJ (suspeito) suspect; (desconfiado) suspicious
suspirar [suspi'rar] VI to sigh; **~ por algo** to long for sth
suspiro [sus'piru] M sigh; (doce) meringue
sussurrar [susu'har] VT, VI to whisper
sussurro [su'suhu] M whisper
sustância [sus'tãsja] F (força) strength; (de comida) nourishment
sustar [sus'tar] VT, VI to stop
sustenho etc [sus'teɲu] VB ver **suster**
sustentabilidade [sustẽtabili'daʒi] F sustainability
sustentáculo [sustẽ'takulu] M (tb fig) support
sustentar [sustẽ'tar] VT to sustain; (prédio) to hold up; (padrão) to maintain; (financeiramente, acusação) to support; **sustentar-se** VR (alimentar-se) to sustain o.s.; (financeiramente) to support o.s.; (equilibrar-se) to balance; **~ que** to maintain that
sustentável [sustẽ'tavew] (pl **-eis**) ADJ sustainable
sustento [sus'tẽtu] M sustenance; (subsistência) livelihood; (amparo) support
suster [sus'ter] (irreg: como **ter**) VT to support, hold up; (reprimir) to restrain, hold back
susto ['sustu] M fright, scare; **tomar** ou **levar um ~** to get a fright; **que ~!** what a fright!
sutiã [su'tʃjã] M bra(ssiere)
sutil [su'tʃiw] (pl **-is**) ADJ subtle; (fino) fine, delicate
sutileza [sutʃi'leza] F subtlety; (finura) fineness, delicacy
sutilizar [sutʃili'zar] VT to refine
sutis [su'tʃis] ADJ PL de **sutil**
sutura [su'tura] F (Med) suture
suturar [sutu'rar] VT, VI to suture

Tt

T, t [te] (*pl* **ts**) M T, t; **T de Tereza** T for Tommy
ta [ta] = **te** + **a**
tá [ta] (*col*) EXCL (= *está*) OK; **tá bom** OK, fine
tabacaria [tabaka'ria] F tobacconist's (shop)
tabaco [ta'baku] M tobacco
tabefe [ta'bɛfi] (*col*) M slap
tabela [ta'bɛla] F table, chart; (*lista*) list; **por ~** indirectly; **estar caindo pelas ~s** (*fig*) to be feeling low; **~ de preços** price table
tabelado, -a [tabe'ladu, a] ADJ (*produto*) price-controlled; (*preço*) controlled
tabelar [tabe'lar] VT (*produto*) to fix the price of; (*preço*) to fix; (*dados*) to tabulate
tabelião [tabe'ljãw] (*pl* **-ães**) M notary public
taberna [ta'bɛrna] F tavern, bar
tabique [ta'biki] M partition
tablado [ta'bladu] M platform; (*para espectadores*) grandstand
tablet ['tablitʃ] (*pl* **-s**) M (*Comput*) tablet
tablete [ta'blɛtʃi] M (*de chocolate*) bar; (*de manteiga*) pat
tabloide [ta'blɔjdʒi] M tabloid
tabu [ta'bu] ADJ, M taboo
tábua ['tabwa] F (*de madeira*) plank, board; (*Mat*) list, table; (*de mesa*) leaf; **~ de passar roupa** ironing board; **~ de salvação** (*fig*) last resort
tabuada [ta'bwada] F times table; (*livro*) tables book
tabulador [tabula'dor] M tab(ulator key)
tabular [tabu'lar] VT to tabulate
tabuleiro [tabu'lejru] M tray; (*Xadrez*) board
tabuleta [tabu'leta] F (*letreiro*) sign, signboard
taça ['tasa] F cup; **~ de champanhe** champagne glass *ou* flute
tacada [ta'kada] F shot; **de uma ~** in one go
tacanho, -a [ta'kaɲu, a] ADJ mean; (*de ideias curtas*) narrow-minded; (*baixo*) small
tacar [ta'kar] VT (*bola*) to hit; (*col: jogar*) to chuck; **~ a mão** *ou* **um soco em alguém** to punch sb
tacha ['taʃa] F (*prego*) tack; (*em calça jeans*) stud
tachar [ta'ʃar] VT: **~ algo de** to brand sth as
tachinha [ta'ʃiɲa] F drawing pin (BRIT), thumb tack (US)
tácito, -a ['tasitu, a] ADJ tacit, implied
taciturno, -a [tasi'turnu, a] ADJ taciturn, reserved

taco ['taku] M (*Bilhar*) cue; (*Golfe*) club; (*Hóquei*) stick; (*bucha*) plug, wad; (*de assoalho*) parquet block
táctil (PT) ADJ = **tátil**
tadinho, -a [ta'dʒiɲu, a] (*col*) EXCL poor thing!; **~ dele!** poor him!
tafetá [tafe'ta] M taffeta
tagarela [taga'rɛla] ADJ talkative ▶ M/F chatterbox
tagarelar [tagare'lar] VI to chatter
tagarelice [tagare'lisi] F chat, chatter, gossip
tailandês, -esa [tajlã'des, eza] ADJ, M/F Thai ▶ M (*Ling*) Thai
Tailândia [taj'lãdʒja] F: **a ~** Thailand
tailleur [taj'ɛr] M suit
tainha [ta'iɲa] F mullet
taipa ['tajpa] F: **parede de ~** mud wall
tais [tajs] ADJ PL *de* **tal**
Taiti [taj'tʃi] M: **o ~** Tahiti
tal [taw] (*pl* **tais**) ADJ such; **~ e coisa** this and that; **um ~ de Sr. X** a certain Mr. X; **que ~?** what do you think?; (PT) how are things?; **que ~ um cafezinho?** what about a coffee?; **que ~ nós irmos ao cinema?** what about (us) going to the cinema?; **~ pai, ~ filho** like father, like son; **~ como** such as; (*da maneira que*) just as; **~ qual** just like; **o ~ professor** that teacher; **a ~ ponto** to such an extent; **de ~ maneira** in such a way; **e ~** and so on; **o/a ~** (*col*) the greatest; **o Pedro de ~** Peter what's-his-name; **na rua ~** in such and such a street; **foi um ~ de gente ligar lá para casa** there were people ringing home non-stop
tala ['tala] F (*Med*) splint
talão [ta'lãw] (*pl* **-ões**) M (*de recibo*) stub; **~ de cheques** cheque book (BRIT), check book (US)
talco ['tawku] M talcum powder; **pó de ~** (PT) talcum powder
talento [ta'lẽtu] M talent; (*aptidão*) ability
talentoso, -a [talẽ'tozu, ɔza] ADJ talented
talha ['taʎa] F (*corte*) carving; (*vaso*) pitcher; (*Náut*) tackle
talhado, -a [ta'ʎadu, a] ADJ (*apropriado*) appropriate, right; (*leite*) curdled
talhar [ta'ʎar] VT to cut; (*esculpir*) to carve ▶ VI (*coalhar*) to curdle
talharim [taʎa'rĩ] M tagliatelle
talhe ['taʎi] M cut, shape; (*de rosto*) line

talher [ta'ʎer] M set of cutlery; **talheres** MPL cutlery sg
talho ['taʎu] M (*corte*) cutting, slicing; (PT: *açougue*) butcher's (shop)
talismã [taliz'mã] M talisman
talo ['talu] M stalk, stem; (*Arq*) shaft
talões [ta'lõjs] MPL *de* **talão**
talude [ta'ludʒi] M slope, incline
taludo, -a [ta'ludu, a] ADJ stocky
talvez [taw'vez] ADV perhaps, maybe; **~ tenha razão** maybe you're right
tamanco [ta'mãku] M clog, wooden shoe
tamanduá [tamã'dwa] M anteater
tamanho, -a [ta'maɲu, a] ADJ such (a) great ▶ M size; **em ~ natural** life-size; **de que ~ é?** what size is it?; **uma casa que não tem ~** (*col*) a huge house; **do ~ de um bonde** (*col*) enormous
tamanho-família ADJ INV family-size; (*fig*) giant-size
tamanho-gigante ADJ INV giant-size
tâmara ['tamara] F date
tamarindo [tama'rĩdu] M tamarind
também [tã'bẽj] ADV also, too, as well; (*além disso*) besides; **~ não** not ... either, nor; **eu ~ me** too; **eu ~ não** nor me, neither do (*ou* did *ou* am *ou* have *etc*) I
tambor [tã'bor] M drum
tamborilar [tãbori'lar] VI (*com os dedos*) to drum; (*chuva*) to pitter-pat
tamborim [tãbo'rĩ] (*pl* **-ns**) M tambourine
Tâmisa ['tamiza] M: **o ~** the Thames
tampa ['tãpa] F lid; (*de garrafa*) cap
tampão [tã'pãw] (*pl* **-ões**) M tampon; (*para curativos*) compress; (*rolha*) stopper, plug
tampar [tã'par] VT (*lata, garrafa*) to put the lid on; (*cobrir*) to cover
tampinha [tã'piɲa] F lid, top ▶ M/F (*col*) shorty
tampo ['tãpu] M lid; (*Mús*) sounding board
tampões [tã'põjs] MPL *de* **tampão**
tampouco [tã'poku] ADV nor, neither
tanga ['tãga] F loincloth; (*biquíni*) bikini
tangente [tã'ʒẽtʃi] F tangent; (*trecho retilíneo*) straight section; **pela ~** (*fig*) narrowly
tanger [tã'ʒer] VT (*Mús*) to play; (*sinos*) to ring; (*cordas*) to pluck ▶ VI (*sinos*) to ring; **~ a** (*dizer respeito a*) to concern; **no que tange a** as regards, with respect to
tangerina [tãʒe'rina] F tangerine
tangerineira [tãʒeri'nejra] F tangerine tree
tangível [tã'ʒivew] (*pl* **-eis**) ADJ tangible
tango ['tãgu] M tango
tanjo *etc* ['tãʒu] VB *ver* **tanger**
tanque ['tãki] M (*reservatório, Mil*) tank; (*de lavar roupa*) sink
tanquinho [tã'kiɲu] (*col*) M (*musculatura*) six-pack
tantã [tã'tã] (*col*) ADJ crazy
tanto, -a ['tãtu, a] ADJ, PRON (*sg*) so much; (:+*interrogativa/negativa*) as much; (*pl*) so many; (:+*interrogativa/negativa*) as many ▶ ADV so much; **~ melhor/pior** so much the better/more's the pity; **~ ... como ...** both ... and ...; **~ mais ... quanto mais ...** the more ... the more ...; **~ quanto ...** as much ... as ...; **~s ... quanto ...** as many ... as ...; **~ tempo** so long; **quarenta e ~s anos** forty-odd years; **vinte e tantas pessoas** twenty-odd people; **~ a Lúcia, quanto o Luís** both Lúcia and Luís; **~ faz** it's all the same to me, I don't mind; **um ~ de vinho** some wine; **um outro ~ de vinho** a little more wine; **um ~ (quanto)** (*como adv*) rather, somewhat; **as tantas** the small hours; **lá para as tantas** late, in the small hours; **um médico e ~** quite a doctor; **não é para ~** it's not such a big deal; **não** *ou* **nem ~ assim** not as much as all that; **~ (assim) que** so much so that
Tanzânia [tã'zanja] F: **a ~** Tanzania
tão [tãw] ADV so; **~ rico quanto** as rich as; **~ só** only
tapa ['tapa] M slap; **no ~** (*col*) by force
tapado, -a [ta'padu, a] ADJ (*col: bobo*) stupid
tapar [ta'par] VT to cover; (*garrafa*) to cork; (*caixa*) to put the lid on; (*ouvidos*) to block; (*orifício*) to block up; (*encobrir*) to block out
tapeação [tapja'sãw] F cheating
tapear [ta'pjar] VT, VI to cheat
tapeçaria [tapesa'ria] F tapestry; (*loja*) carpet shop
tapetar [tape'tar] VT to carpet
tapete [ta'petʃi] M carpet, rug
tapioca [ta'pjɔka] F tapioca
tapume [ta'pumi] M fencing, boarding
taquicardia [takikar'dʒia] F palpitations *pl*
taquigrafar [takigra'far] VT, VI to write in shorthand
taquigrafia [takigra'fia] F shorthand
taquígrafo, -a [ta'kigrafu, a] M/F shorthand typist (BRIT), stenographer (US)
tara ['tara] F fetish, mania; (*Com*) tare
tarado, -a [ta'radu, a] ADJ, M/F sex maniac; **ser ~ por** to be mad about
tarar [ta'rar] VI: **~ (por)** to be smitten (with)
tardança [tar'dãsa] F delay, slowness
tardar [tar'dar] VI to delay, be slow; (*chegar tarde*) to be late ▶ VT to delay; **sem mais ~** without delay; **~ a** *ou* **em fazer** to take a long time to do; **o mais ~** at the latest
tarde ['tardʒi] F afternoon ▶ ADV late; **ele chegou ~ (demais)** he got there too late; **mais cedo ou mais ~** sooner or later; **antes ~ do que nunca** better late than never; **boa ~!** good afternoon!; **hoje à ~** this afternoon; **à** *ou* **de ~** in the afternoon; **às três da ~** at three in the afternoon; **~ da noite** late at night; **ontem/sexta à ~** yesterday/(on) Friday afternoon
tardinha [tar'dʒiɲa] F late afternoon; **de ~** late in the afternoon
tardio, -a [tar'dʒiu, a] ADJ late
tarefa [ta'refa] F task, job; (*faina*) chore
tarifa [ta'rifa] F tariff; (*para transportes*) fare; (*lista de preços*) price list; **~ alfandegária**

customs duty; **~ de embarque** (*Aer*) airport tax

tarimba [ta'rĩba] F bunk; (*fig*) army life; (: *experiência*) experience; **ter ~** to be an old hand

tarimbado, -a [tarĩ'badu, a] ADJ experienced

tartamudear [tartamu'dʒjar] VI, VT to mumble; (*gaguejar*) to stammer, stutter

tartamudo, -a [tarta'mudu, a] M/F mumbler; (*gago*) stammerer, stutterer

tártaro ['tartaru] M tartar

tartaruga [tarta'ruga] F turtle; **pente de ~** tortoiseshell comb

tasca ['taska] (*PT*) F cheap eating place

tascar [tas'kar] VT (*tapa, beijo*) to plant

tasco ['tasku] (*col*) M bit, mouthful

Tasmânia [taz'manja] F: **a ~** Tasmania

tatear [ta'tʃjar] VT to touch, feel; (*fig*) to sound out ▶ VI to feel one's way

táteis ['tatejs] ADJ PL *de* **tátil**

tática ['tatʃika] F tactics *pl*

tático, -a ['tatʃiku, a] ADJ tactical

tátil ['tatʃiw] (*pl* -**eis**) ADJ tactile

tato ['tatu] M touch; (*fig: diplomacia*) tact

tatu [ta'tu] M armadillo

tatuador, a [tatwa'dor(a)] M/F tattooist

tatuagem [ta'twaʒẽ] (*pl* -**ns**) F tattoo

tatuar [ta'twar] VT to tattoo

tauromaquia [tawroma'kia] F bullfighting

tautologia [tawtolo'ʒia] F tautology

tautológico, -a [tawto'lɔʒiku, a] ADJ tautological

taxa ['taʃa] F (*imposto*) tax; (*preço*) fee; (*índice*) rate; **~ de câmbio** exchange rate; **~ de juros** interest rate; **~ bancária** bank rate; **~ de desconto** discount rate; **~ de matrícula** *ou* **inscrição** enrol(l)ment *ou* registration fee; **~ de exportação** export duty; **~ rodoviária** road tax; **~ fixa** (*Com*) flat rate; **~ de retorno** (*Com*) rate of return; **~ de crescimento** growth rate

taxação [taʃa'sãw] F taxation; (*de preços*) fixing

taxar [ta'ʃar] VT (*fixar o preço de*) to fix the price of; (*lançar impostos sobre*) to tax

taxativo, -a [taʃa'tʃivu, a] ADJ categorical, firm

táxi ['taksi] M taxi, cab; **~ aéreo** air taxi

taxímetro [tak'simetru] M taxi meter

taxista [tak'sista] M/F taxi driver, cab driver; (*col*) cabbie, cabby

tchã [tʃã] (*col*) M (*toque*) special touch; (*charme*) charm

tchau [tʃaw] EXCL bye!

tcheco, -a ['tʃɛku, a] ADJ, M/F Czech; **a República Tcheca** the Czech Republic

TCU (*BR*) ABR M = **Tribunal de Contas da União**

te [tʃi] PRON you; (*para você*) (to) you

té [tɛ] ABR *de* **até**

tear [tʃjar] M loom

teatral [tʃja'traw] (*pl* -**ais**) ADJ theatrical; (*grupo*) theatre *atr* (*BRIT*), theater *atr* (*US*); (*obra, arte*) dramatic

teatralizar [tʃjatrali'zar] VT to dramatize

teatro ['tʃjatru] M theatre (*BRIT*), theater (*US*); (*obras*) plays *pl*, dramatic works *pl*; (*gênero, curso*) drama; **peça de ~** play; **fazer ~** (*fig*) to be dramatic; **~ de arena** theatre-in-the-round; **~ de bolso** small theatre; **~ de marionetes** puppet theatre; **~ de variedades** vaudeville theatre; **~ rebolado** burlesque theatre

teatrólogo, -a [tʃja'trɔlogu, a] M/F playwright, dramatist

teatro-revista (*pl* **teatros-revista**) M review theatre (*BRIT*) *ou* theater (*US*)

tecelão, -lã [tese'lãw, 'lã] (*pl* -**ões/-s**) M/F weaver

tecer [te'ser] VT to weave; (*fig: intrigas*) to weave; (*disputas*) to cause ▶ VI to weave

tecido [te'sidu] M cloth, material; (*Anat*) tissue

tecla ['tɛkla] F key; **bater na mesma ~** (*fig*) to harp on the same subject; **~ de controle** (*Comput*) control key; **~ de função** (*Comput*) function key; **~ de saída** (*Comput*) escape key

tecladista [tekla'dʒista] M/F (*Mús*) keyboards player

teclado [tek'ladu] M keyboard; **~ complementar** (*Comput*) keypad

teclar [tek'lar] VT (*dados*) to key (in)

técnica ['tɛknika] F technique; *ver tb* **técnico**

tecnicalidade [teknikali'dadʒi] F technicality

técnico, -a ['tɛkniku, a] ADJ technical ▶ M/F technician; (*especialista*) expert

tecnicolor [tekniko'lor] ADJ Technicolor® ▶ M: **em ~** in technicolo(u)r

tecnocrata [tekno'krata] M/F technocrat

tecnologia [teknolo'ʒia] F technology; **~ de ponta** leading edge technology; **~ limpa** clean technology

tecnológico, -a [tekno'lɔʒiku, a] ADJ technological

teco ['tɛku] M hit; (*tiro*) shot; (*peteleco*) flick

teco-teco (*pl* **teco-tecos**) M small plane, light aircraft

tédio ['tɛdʒju] M tedium, boredom

tedioso, -a [te'dʒjozu, ɔza] ADJ tedious, boring

Teerã [tee'rã] N Teheran

teia ['teja] F web; (*fig: enredo*) intrigue, plot; (: *série*) series; **~ de aranha** cobweb; **~ de espionagem** spy ring, web of espionage

teima ['tejma] F insistence

teimar [tej'mar] VI to insist, keep on; **~ em** to insist on

teimosia [tejmo'zia] F stubbornness; **~ em fazer** insistence on doing

teimoso, -a [tej'mozu, ɔza] ADJ obstinate; (*criança*) wilful (*BRIT*), willful (*US*)

teixo ['tejʃu] M yew

Tejo ['teʒu] M: **o (rio) ~** the (river) Tagus

tel. ABR (= *telefone*) tel.

tela ['tɛla] F (*tecido*) fabric, material; (*de pintar*) canvas; (*Cinema, TV*) screen

telão [te'lãw] (*pl* -**ões**) M big screen

Telavive [tela'vivi] N Tel Aviv

tele... ['tɛle] PREFIXO tele...
telecomandar [telekomã'dar] VT to operate by remote control
telecomando [teleko'mãdu] M remote control
telecomunicações [telekomunika'sõjs] FPL telecommunications
teleconferência [telekõfe'rẽsja] F teleconference
teleférico [tele'fɛriku] M cable car
telefonar [telefo'nar] VI to (tele)phone, phone; **~ para alguém** to (tele)phone sb
telefone [tele'fɔni] M phone, telephone; *(número)* (tele)phone number; *(telefonema)* phone call; **estar/falar no ~** to be/talk on the phone; **~ celular** cellphone, mobile phone; **~ de carro** carphone; **~ fixo** landline; **~ público** public phone; **~ sem fio** cordless (tele)phone
telefonema [telefo'nɛma] M phone call; **dar um ~** to make a phone call
telefônico, -a [tele'foniku, a] ADJ telephone *atr*
telefonista [telefo'nista] M/F telephonist; *(na companhia telefônica)* operator
telegrafar [telegra'far] VT, VI to telegraph, wire
telegrafia [telegra'fia] F telegraphy
telegráfico, -a [tele'grafiku, a] ADJ telegraphic
telegrafista [telegra'fista] M/F telegraph operator
telégrafo [te'lɛgrafu] M telegraph
telegrama [tele'grama] M telegram, cable; **passar um ~** to send a telegram; **~ fonado** telemessage
teleguiado, -a [tele'gjadu, a] ADJ remote-controlled
teleguiar [tele'gjar] VT to operate by remote control
teleimpressor [teleĩpre'sor] M teleprinter
telejornal [teleʒor'naw] *(pl* **-ais)** M television news *sg*
telêmetro [te'lemetru] M rangefinder
telemóvel [tele'mɔvel] *(pl* **-eis)** *(PT)* M mobile (phone) *(BRIT)*, cellphone *(US)*; **~ com câmara** camera phone
telenovela [teleno'vɛla] F (TV) soap opera
teleobjetiva [teleobʒe'tʃiva] F telephoto lens
telepatia [telepa'tʃia] F telepathy
telepático, -a [tele'patʃiku, a] ADJ telepathic
teleprocessamento [teleprosesa'mẽtu] M teleprocessing
Telerj [te'lɛrʒi] ABR F *Rio telephone company*
telescópico, -a [tele'skɔpiku, a] ADJ telescopic
telescópio [tele'skɔpju] M telescope
Telesp [te'lɛspi] ABR F *São Paulo telephone company*
telespectador, a [telespekta'dor(a)] M/F viewer ▶ ADJ *(público)* viewing
teletexto [tele'testu] M teletext
teletipista [teletʃi'pista] M/F teletypist
teletipo [tele'tʃipu] M teletype
teletrabalho [teletra'baʎu] M teleworking

televendas [tele'vẽdas] FPL telesales
televisão [televi'zãw] F television; **~ por assinatura** pay television; **~ a cabo** cable television; **~ a cores** colo(u)r television; **~ digital** digital television; **~ via satélite** satellite television; **aparelho de ~** television set
televisar [televi'zar] VT = **televisionar**
televisionar [televizjo'nar] VT to televise
televisivo, -a [televi'zivu, a] ADJ television *atr*
televisor [televi'zor] M *(aparelho)* television (set), TV (set)
telex [te'lɛks] M telex; **enviar por ~** to telex
telexar [telɛks'ar] VT to telex
telha ['teʎa] F tile; *(col: cabeça)* head; **ter uma ~ de menos** to have a screw loose; **não estar bom da ~** not to be right in the head; **deu-lhe na ~ (de) viajar** he got it into his head to go travel(l)ing
telhado [te'ʎadu] M roof
telões [te'lõjs] MPL *de* **telão**
tema ['tɛma] M theme; *(assunto)* subject
temática [te'matʃika] F theme
temático, -a [te'matʃiku, a] ADJ thematic
temer [te'mer] VT to fear, be afraid of ▶ VI to be afraid; **~ por** to fear for; **~ que** to be afraid that; **~ fazer** to be afraid of doing
temerário, -a [teme'rarju, a] ADJ reckless; *(arriscado)* risky; *(juízo)* unfounded
temeridade [temeri'dadʒi] F recklessness
temeroso, -a [teme'rozu, ɔza] ADJ fearful, afraid; *(pavoroso)* dreadful
temido, -a [te'midu, a] ADJ fearsome, frightening
temível [te'mivew] *(pl* **-eis)** ADJ = **temido**
temor [te'mor] M fear
tempão [tẽ'pãw] *(col)* M: **um ~** a long time, ages *pl*
têmpera ['tẽpera] F *(de metais)* tempering; *(caráter)* temperament; *(pintura)* distemper, tempera
temperado, -a [tẽpe'radu, a] ADJ *(metal)* tempered; *(clima)* temperate; *(comida)* seasoned
temperamental [tẽperamẽ'taw] *(pl* **-ais)** ADJ temperamental
temperamento [tẽpera'mẽtu] M temperament, nature
temperança [tẽpe'rãsa] F temperance
temperar [tẽpe'rar] VT *(metal)* to temper, harden; *(comida)* to season
temperatura [tẽpera'tura] F temperature
tempero [tẽ'peru] M seasoning, flavouring *(BRIT)*, flavoring *(US)*
tempestade [tẽpes'tadʒi] F storm, tempest; **fazer uma ~ em copo de água** to make a mountain out of a molehill
tempestuoso, -a [tẽpes'twozu, ɔza] ADJ stormy; *(fig)* tempestuous
templo ['tẽplu] M temple; *(igreja)* church
tempo ['tẽpu] M time; *(meteorológico)* weather; *(Ling)* tense; **o ~ todo** the whole time; **a ~** on time; **ao mesmo ~** at the same time; **a um ~**

at once; **a ~ e a hora** at the appropriate time; **antes do ~** before time; **com ~** in good time; **de ~ em ~** from time to time; **nesse ~** at that time; **nesse meio ~** in the meantime; **em ~ de fazer** about to do; **em ~ recorde** in record time; **em seu devido ~** in due course; **quanto ~?** how long?; **muito/pouco ~** a long/short time; **mais ~** longer; **ganhar/perder ~** to gain/waste time; **já era ~** it's about time; **não dá ~** there isn't time; **dar ~ ao ~** to bide one's time, wait and see; **matar o ~** to kill time; **nos bons ~s** in the good old days; **o maior de todos os ~s** the greatest of all time; **há ~s** for ages; (*atrás*) ages ago; **~ livre** spare time; **com o passar do ~** in time; **primeiro/segundo ~** (*Esporte*) first/second half; **~ integral** full time; **~ real** (*Comput*) real time

tempo-quente M fight, set-to
têmpora ['tẽpora] F (*Anat*) temple
temporada [tẽpo'rada] F season; (*tempo*) spell; **~ de ópera** opera season
temporal [tẽpo'raw] (*pl* **-ais**) ADJ worldly ▶ M storm, gale
temporário, -a [tẽpo'rarju, a] ADJ temporary, provisional
tenacidade [tenasi'dadʒi] F tenacity
tenaz [te'najz] ADJ tenacious ▶ F tongs *pl*
tenção [tẽ'sãw] (*pl* **-ões**) F intention; **fazer ~ de fazer** to decide to do
tencionar [tẽsjo'nar] VT to intend, plan
tenções [tẽ'sõjs] FPL *de* **tenção**
tenda ['tẽda] F (*barraca*) tent; **~ de oxigênio** oxygen tent
tendão [tẽ'dãw] (*pl* **-ões**) M tendon; **~ de Aquiles** Achilles tendon
tendência [tẽ'dẽsja] F tendency; (*da moda etc*) trend; **a ~ de** *ou* **em** *ou* **a fazer** the tendency to do
tendencioso, -a [tẽdẽ'sjozu, ɔza] ADJ tendentious, bias(s)ed
tendente [tẽ'dẽtʃi] ADJ: **~ a** tending to
tender [tẽ'der] VI: **~ para** to tend towards; **~ a fazer** to tend *ou* have a tendency to do; (*encaminhar-se*) to head towards doing; (*visar*) to aim to do
tendinha [tẽ'dʒiɲa] F (*botequim*) bar; (*birosca*) (small) shop
tendões [tẽ'dõjs] MPL *de* **tendão**
tenebroso, -a [tene'brozu, ɔza] ADJ dark, gloomy; (*fig*) horrible
tenente [te'nẽtʃi] M lieutenant
tenho *etc* ['teɲu] VB *ver* **ter**
tênis ['tenis] M INV (*jogo*) tennis; (*sapatos*) training shoes *pl*; (*um sapato*) training shoe; **~ de mesa** table tennis
tenista [te'nista] M/F tennis player
tenor [te'nor] ADJ, M (*Mús*) tenor
tenro, -a ['tẽhu, a] ADJ tender; (*macio*) soft; (*delicado*) delicate; (*novo*) young
tensão [tẽ'sãw] F tension; (*pressão*) pressure, strain; (*rigidez*) tightness; (*Tec*) stress; (*Elet*: *voltagem*) voltage; **~ nervosa** nervous tension; **~ pré-menstrual** premenstrual tension
tenso, -a ['tẽsu, a] ADJ tense; (*sob pressão*) under stress, strained
tentação [tẽta'sãw] F temptation
tentáculo [tẽ'takulu] M tentacle
tentado, -a [tẽ'tadu, a] ADJ (*pessoa*) tempted; (*crime*) attempted
tentador, a [tẽta'dor(a)] ADJ tempting; (*sedutor*) inviting ▶ M/F tempter/temptress
tentar [tẽ'tar] VT to try; (*seduzir*) to tempt, entice ▶ VI to try; **~ fazer** to try to do
tentativa [tẽta'tʃiva] F attempt; **~ de fazer** attempt to do; **~ de homicídio/suicídio/roubo** (*Jur*) attempted murder/suicide/robbery; **por ~s** by trial and error
tentativo, -a [tẽta'tʃivu, a] ADJ tentative
tentear [tẽ'tʃjar] VT (*tentar*) to try
tênue ['tenwi] ADJ tenuous; (*fino*) thin; (*delicado*) delicate; (*luz, voz*) faint; (*pequeníssimo*) minute
tenuidade [tenwi'dadʒi] F tenuousness
teologia [teolo'ʒia] F theology
teológico, -a [teo'lɔʒiku, a] ADJ theological
teólogo, -a [te'ɔlogu, a] M/F theologian
teor [te'or] M (*conteúdo*) tenor; (*sentido*) meaning, drift; (*fig: norma*) system; (: *modo*) way; (*Quím*) grade; **~ alcoólico** alcoholic content; **baixo ~ de nicotina** low tar
teorema [teo'rema] M theorem
teoria [teo'ria] F theory
teoricamente [teorika'mẽtʃi] ADV theoretically, in theory
teórico, -a [te'ɔriku, a] ADJ theoretical ▶ M/F theoretician
teorizar [teori'zar] VI to theorize
tépido, -a ['tɛpidu, a] ADJ tepid, lukewarm

(PALAVRA-CHAVE)

ter [ter] VT **1** (*possuir, ger*) to have; (*na mão*) to hold; **você tem uma caneta?** have you got a pen?; **ela vai ter neném** she is going to have a baby
2 (*idade, medidas, estado*) to be; **ela tem 7 anos** she's 7 (years old); **a mesa tem 1 metro de comprimento** the table is 1 metre long; **ter fome/sorte** to be hungry/lucky; **ter frio/calor** to be cold/hot
3 (*conter*) to hold, contain; **a caixa tem um quilo de chocolates** the box holds one kilo of chocolates
4: **ter que** *ou* **de fazer** to have to do
5: **ter a ver com** to have to do with
6: **ir ter com** to (go and) meet
▶ VB IMPESS **1**: **tem** (*sg*) there is; (*pl*) there are; **tem 3 dias que não saio de casa** I haven't been out for 3 days
2: **não tem de quê** don't mention it

ter. ABR (= *terça-feira*) Tues
terapeuta [tera'pewta] M/F therapist
terapêutica [tera'pewtʃika] F therapeutics *sg*

terapêutico, -a [tera'pewtʃiku, a] ADJ therapeutic
terapia [tera'pia] F therapy; **~ ocupacional** occupational therapy; **~ de reposição hormonal** hormone replacement therapy
terça ['tersa] F (tb: **terça-feira**) Tuesday
terça-feira (pl **terças-feiras**) F Tuesday; **~ gorda** Shrove Tuesday; **~ que vem** next Tuesday; **~ passada/retrasada** last Tuesday/Tuesday before last; **hoje é ~ dia 12 de junho** today is Tuesday the 12th of June; **na ~** on Tuesday; **nas terças-feiras** on Tuesdays; **todas as terças-feiras** every Tuesday; **~ sim, ~ não** every other Tuesday; **na ~ de manhã** on Tuesday morning; **o jornal da ~** Tuesday's newspaper
terceiranista [tersejra'nista] M/F third-year
terceiro, -a [ter'sejru, a] NUM third ▶ M (Jur) third party; **terceiros** MPL (os outros) outsiders; **o T~ Mundo** the Third World; ver tb **quinto**
terciário, -a [ter'sjarju, a] ADJ tertiary
terço ['tersu] M third (part)
terçol [ter'sɔw] (pl **-óis**) M stye
tergal® [ter'gaw] M Terylene®
tergiversar [terʒiver'sar] VI to prevaricate, evade the issue
termal [ter'maw] (pl **-ais**) ADJ thermal
termas ['tɛrmas] FPL bathhouse sg
térmico, -a ['tɛrmiku, a] ADJ thermal; **garrafa térmica** (Thermos®) flask
terminação [termina'sãw] (pl **-ões**) F (Ling) ending
terminal [termi'naw] (pl **-ais**) ADJ terminal ▶ M (de rede, Elet, Comput) terminal ▶ F terminal; **~ (de vídeo)** monitor, visual display unit
terminante [termi'nãtʃi] ADJ final; (categórico) categorical, firm; (decisivo) decisive
terminantemente [terminãtʃi'mẽtʃi] ADV categorically, expressly
terminar [termi'nar] VT to finish ▶ VI (pessoa) to finish; (coisa) to end; **~ de fazer** to finish doing; (ter feito há pouco) to have just done; **~ por algo/fazer algo** to end with sth/end up doing sth
término ['tɛrminu] M (fim) end, termination
terminologia [terminolo'ʒia] F terminology
termo ['tɛrmu] M term; (fim) end, termination; (limite) limit, boundary; (prazo) period; (PT: garrafa) (Thermos®) flask; **pôr ~ a** to put an end to; **meio ~** compromise; **em ~s (de)** in terms (of)
termodinâmica [termodʒi'namika] F thermodynamics sg
termômetro [ter'mometru] M thermometer
termonuclear [termonukle'ar] ADJ thermonuclear ▶ F nuclear power station
termostato [termos'tatu] M thermostat
terninho [ter'niɲu] M trouser suit (BRIT), pantsuit (US)
terno, -a ['tɛrnu, a] ADJ gentle, tender ▶ M (BR: roupa) suit

781 | **terapêutico – tesouro**

ternura [ter'nura] F gentleness, tenderness
terra ['tɛha] F (mundo) earth, world; (Agr, propriedade) land; (pátria) country; (chão) ground; (Geo) soil, earth; (pó) dirt; (Elet) earth; **~ firme** dry land; **por ~** on the ground; **nunca viajei por essas ~s** I've never been to those parts; **ela não é da ~** she's not from these parts; **caminho de ~ batida** dirt road; **~ de ninguém** no man's land; **~ natal** native land; **~ prometida** promised land; **a T~ Santa** the Holy Land; **~ vegetal** black earth; **soltar em ~** to disembark
terraço [te'hasu] M terrace
terracota [teha'kɔta] F terracotta
Terra do Fogo F Tierra del Fuego
terramoto [teha'mɔtu] (PT) M = **terremoto**
Terra Nova F: **a ~** Newfoundland
terraplenagem [tehaple'naʒẽ] F earth-moving
terreiro [te'hejru] M yard, square; (de macumba) shrine
terremoto [tehe'mɔtu] M earthquake
terreno, -a [te'hɛnu, a] M ground, land; (porção de terra) plot of land; (Geo) terrain ▶ ADJ earthly; **ganhar/perder ~** (fig) to gain/lose ground; **sondar o ~** (fig) to test the ground
térreo, -a ['tɛhju, a] ADJ ground level atr; **andar ~** (BR) ground floor (BRIT), first floor (US)
terrestre [te'hɛstri] ADJ land atr; **globo ~** globe, Earth
terrificante [tehifi'kãtʃi] ADJ terrifying
terrífico, -a [te'hifiku, a] ADJ terrifying
terrina [te'hina] F tureen
territorial [tehito'rjaw] (pl **-ais**) ADJ territorial
território [tehi'tɔrju] M territory; (distrito) district, region
terrível [te'hivew] (pl **-eis**) ADJ terrible, dreadful
terror [te'hor] M terror, dread
terrorismo [teho'rizmu] M terrorism
terrorista [teho'rista] ADJ, M/F terrorist; **~ suicida** suicide bomber
tertúlia [ter'tulja] F gathering (of friends)
tesão [te'zãw] (pl **-ões**) (!) M randiness; (pessoa, coisa) turn-on; (ereção) hard-on; **sentir ~ por alguém** to fancy sb; **estar de ~** to feel randy; (ter ereção) to have a hard-on
tese ['tɛzi] F proposition, theory; (Educ) thesis; **em ~** in theory
teso, -a ['tezu, a] ADJ (cabo) taut; (rígido) stiff; **estar ~** (col) to be broke ou skint
tesões [te'zõjs] MPL de **tesão**
tesoura [te'zora] F scissors pl; (fig) backbiter; **uma ~** a pair of scissors
tesourar [tezo'rar] VT to cut; (col) to run down
tesouraria [tezora'ria] F treasury
tesoureiro, -a [tezo'rejru, a] M/F treasurer
tesouro [te'zoru] M treasure; (erário) treasury, exchequer; (livro) thesaurus; **um ~ (de informações)** a treasure trove of information

testa ['tɛsta] F brow, forehead; **à ~ de** at the head of; **~ de ferro** figurehead

testamentário, -a [testamẽ'tarju, a] ADJ of a will

testamento [testa'mẽtu] M will, testament; (Rel): **Velho/Novo T~** Old/New Testament; **~ em vida** living will

testar [tes'tar] VT to test; (deixar em testamento) to bequeath

teste ['tɛstʃi] M test; **~ de aptidão** aptitude test

testemunha [teste'muɲa] F witness; **~ ocular** eyewitness; **~ de acusação** prosecution witness; **~s de Jeová** Jehovah's witnesses

testemunhar [testemu'ɲar] VI to testify ▶ VT to give evidence about; (presenciar) to witness; (confirmar) to demonstrate

testemunho [teste'muɲu] M evidence, testimony; (prova) evidence; **dar ~** to give evidence

testículo [tes'tʃikulu] M testicle

testificar [testʃifi'kar] VT to testify to; (comprovar) to attest; (assegurar) to maintain

testudo, -a [tes'tudu, a] ADJ big-headed

teta ['tɛta] F teat, nipple

tétano ['tɛtanu] M tetanus

tête-à-tête [tɛtʃia'tɛtʃi] M tête-à-tête

teteia [te'tɛja] F (pessoa) gem

teto ['tɛtu] M ceiling; (telhado) roof; (habitação) home; (para preço etc) ceiling; **~ solar** sun roof

tetracampeão [tetrakã'pjãw] (pl **-ões**) M four-time champion

tétrico, -a ['tɛtriku, a] ADJ (lúgubre) gloomy, dismal; (horrível) horrible

teu, tua [tew, 'tua] ADJ your ▶ PRON yours

teve ['tevi] VB vertrer

tevê [te've] F telly (BRIT), TV

têxtil ['testʃiw] (pl **-eis**) M textile

texto ['testu] M text

textual [tes'twaw] (pl **-ais**) ADJ textual; **estas são suas palavras textuais** these are his exact words

textualmente [testwaw'mẽtʃi] ADV (exatamente) exactly, to the letter

textura [tes'tura] F texture

texugo [te'ʃugu] M badger

tez [tez] F complexion; (pele) skin

TFR (BR) ABR M = **Tribunal Federal de Recursos**

thriller ['triler] (pl **-s**) M thriller

ti [tʃi] PRON you

tia ['tʃia] F aunt

tia-avó (pl **tias-avós**) F great aunt

tiara ['tʃjara] F tiara

Tibete [tʃi'bɛtʃi] M: **o ~** Tibet

tíbia ['tʃibja] F shinbone

TIC [tʃik] ABR F (= Tecnologia de Informação e Comunicação) ICT

ticar [tʃi'kar] VT to tick

tico ['tʃiku] M: **um ~ (de)** a little bit (of)

tido, -a ['tʃidu, a] PP de **ter** ▶ ADJ: **~ como** ou **por** considered to be

tiete ['tʃjɛtʃi] (col) M/F fan

tifo ['tʃifu] M typhus

tifoide [tʃi'ɔidʒi] ADJ: **febre ~** typhoid (fever)

tigela [tʃi'ʒɛla] F bowl; **de meia ~** (fig, col) second-rate, small-time

tigre ['tʃigri] M tiger

tigresa [tʃi'greza] F tigress

tijolo [tʃi'ʒolu] M brick; **~ furado** air brick

til [tʃiw] (pl **tis**) M tilde

tilintar [tʃilĩ'tar] VT, VI to jingle ▶ M jingling

timaço [tʃi'masu] (col) M great team

timão [tʃi'mãw] (pl **-ões**) M (Náut) helm, tiller; (time) great team

timbre ['tʃĩbri] M insignia, emblem; (selo) stamp; (Mús) tone, timbre; (de voz) tone; (Ling: de vogal) quality; (em papel de carta) heading

time ['tʃimi] (BR) M team; **de segundo ~** (fig) second-rate; **tirar o ~ de campo** (col) to get going

timer ['tajmer] (pl **-s**) M timer

timidez [tʃimi'dez] F shyness, timidity

tímido, -a ['tʃimidu, a] ADJ shy, timid

timões [tʃi'mõjs] MPL de **timão**

timoneiro [tʃimo'nejru] M helmsman, coxswain

tímpano ['tʃĩpanu] M eardrum; (Mús) kettledrum

tina ['tʃina] F vat

tingimento [tʃĩʒi'mẽtu] M dyeing

tingir [tʃĩ'ʒir] VT to dye; (fig) to tinge

tinha etc ['tʃiɲa] VB ver **ter**

tinhoso, -a [tʃi'ɲozu, ɔza] ADJ single-minded

tinido [tʃi'nidu] M jingle

tinir [tʃi'nir] VI to jingle, tinkle; (ouvidos) to ring; (de frio, febre) to shiver; (de raiva, fome) to tremble; **estar tinindo** (carro, atleta) to be in tip-top condition

tinjo etc ['tʃĩʒu] VB ver **tingir**

tino ['tʃinu] M (juízo) discernment, judgement; (intuição) intuition; (prudência) prudence; **perder o ~** to lose one's senses; **ter ~ para algo** to have a flair for sth

tinta ['tʃĩta] F (de pintar) paint; (de escrever) ink; (para tingir) dye; (fig: vestígio) shade, tinge; **carregar nas ~s** (fig) to exaggerate, embroider; **~ de impressão** printing ink

tinteiro [tʃĩ'tejru] M inkwell

tintim [tʃĩ'tʃĩ] EXCL cheers! ▶ M: **~ por ~** blow by blow

tinto, -a ['tʃĩtu, a] ADJ dyed; (fig) stained; **vinho ~** red wine

tintura [tʃĩ'tura] F dye; (ato) dyeing; (fig) tinge, hint

tinturaria [tʃĩtura'ria] F (lavanderia a seco) dry-cleaner's

tintureiro, -a [tʃĩtu'rejru, a] (col) M/F dry cleaner ▶ M police van

tio ['tʃiu] M uncle; **meus ~s** my uncle and aunt

tio-avô (pl **tios-avôs**) M great uncle

tipa ['tʃipa] (col pej) F dolly bird

tipão [tʃi'pãw] (pl **-ões**) (col) M good looker

típico, -a ['tʃipiku, a] ADJ typical
tipificar [tʃipifi'kar] VT to typify
tipo ['tʃipu] M type; *(de imprensa)* print; *(de impressora)* typeface; *(classe)* kind; *(col: sujeito)* guy, chap; *(pessoa)* person
tipões [tʃi'põjs] MPL *de* **tipão**
tipografia [tʃipogra'fia] F printing, typography; *(estabelecimento)* printer's
tipógrafo, -a [tʃi'pɔgrafu, a] M/F printer
tipoia [tʃi'pɔja] F *(tira de pano)* sling
tique ['tʃiki] M *(Med)* twitch, tic; *(sinal)* tick
tique-taque [-'taki] *(pl* **tique-taques***)* M ticking
tíquete ['tʃiketʃi] M ticket
tiquinho [tʃi'kiɲu] M: **um ~ (de)** a little bit (of)
tira ['tʃira] F strip ▶ M *(BR col)* cop
tiracolo [tʃira'kɔlu] M: **a ~** slung from the shoulder; **com o marido a ~** with her husband in tow
tirada [tʃi'rada] F *(dito)* tirade
tiragem [tʃi'raʒẽ] F *(de livro)* print run; *(de jornal, revista)* circulation; *(de chaminé)* draught *(BRIT)*, draft *(US)*
tira-gosto *(pl* **-s***)* M snack, savoury *(BRIT)*
tira-manchas M INV stain remover
tirania [tʃira'nia] F tyranny
tirânico, -a [tʃi'raniku, a] ADJ tyrannical
tiranizar [tʃirani'zar] VT to tyrannize
tirano, -a [tʃi'ranu, a] ADJ tyrannical ▶ M/F tyrant
tirante [tʃi'rātʃi] M *(de arreio)* brace; *(Mecânica)* driving rod; *(viga)* tie beam ▶ PREP except; **uma cor ~ a vermelho** *etc* a reddish *etc* colo(u)r
tirar [tʃi'rar] VT to take away; *(de dentro)* to take out; *(de cima)* to take off; *(roupa, sapatos)* to take off; *(arrancar)* to pull out; *(férias)* to take, have; *(boas notas)* to get; *(salário)* to earn, get; *(curso)* to do, take; *(mancha)* to remove; *(foto, cópia)* to take; *(radiografia)* to have; *(mesa)* to clear; *(música, letra)* to take down; *(libertar)* to get out; **~ algo a alguém** to take sth from sb; **sem ~ nem pôr** exactly, precisely; **~ proveito/conclusões de** to benefit/draw conclusions from; **~ alguém para dançar** to ask sb to dance; **~ a tampa de** to take the lid off
tiririca [tʃiri'rika] *(col)* ADJ hopping mad
tiritante [tʃiri'tātʃi] ADJ shivering
tiritar [tʃiri'tar] VI to shiver
tiro ['tʃiru] M *(disparo)* shot; *(ato de disparar)* shooting, firing; **~ ao alvo** target practice; **trocar ~s** to fire at one another; **o ~ saiu pela culatra** *(fig)* the plan backfired; **dar um ~ no escuro** *(fig)* to take a shot in the dark; **ser ~ e queda** *(fig)* to be a dead cert
tirocínio [tʃiro'sinju] M apprenticeship, training
tiroteio [tʃiro'teju] M shooting, exchange of shots
tis [tʃis] MPL *de* **til**
tísica ['tʃizika] F consumption; *ver tb* **tísico**
tísico, -a ['tʃiziku, a] ADJ, M/F consumptive

783 | **típico – tocar**

tisnar [tʃiz'nar] VT *(enegrecer)* to blacken; *(tostar)* to brown
titânico, -a [tʃi'taniku, a] ADJ titanic
titânio [tʃi'tanju] M titanium
títere ['tʃiteri] M *(tb fig)* puppet
titia [tʃi'tʃia] F aunty; **ficar para ~** to be left on the shelf
titica [tʃi'tʃika] *(col)* F (piece of) junk ▶ M/F good-for-nothing
titio [tʃi'tʃiu] M uncle
tititi [tʃitʃi'tʃi] M *(tumulto)* hubbub; *(falatório)* gossip, talk
titubeante [tʃitu'bjātʃi] ADJ tottering; *(vacilante)* hesitant
titubear [tʃitu'bjar] VI *(cambalear)* to totter, stagger; *(vacilar)* to hesitate
titular [tʃitu'lar] ADJ titular ▶ M/F holder; *(Pol)* minister ▶ VT to title
título ['tʃitulu] M title; *(Com)* bond; *(universitário)* degree; **a ~ de** by way of, as; **a ~ de que você fez isso?** what was your reason for doing that?; **a ~ de curiosidade** out of curiosity; **~ ao portador** *(Com)* bearer bond; **~ de propriedade** title deed; **~ de câmbio** *(Com)* bill of exchange
tive *etc* ['tʃivi] VB *ver* **ter**
TJ *(BR)* ABR M = **Tribunal do Júri; Tribunal de Justiça**
tlim [tʃlĩ] M ring
TO ABR = **Tocantins**
to [tu] = **te + o**
toa ['toa] F towrope; **à ~** *(sem reflexão)* at random; *(sem motivo)* for no reason; *(inutilmente)* for nothing; *(sem ocupação)* with nothing to do; *(sem mais nem menos)* out of the blue; **andar à ~** to wander aimlessly; **não é à ~ que** it is not for nothing *ou* without reason that
toada [to'ada] F tune, melody
toalete [twa'letʃi] M *(banheiro)* toilet ▶ F washing and dressing; **fazer a ~** to have a wash
toalha [to'aʎa] F towel; **~ de mesa** tablecloth; **~ de banho** bath towel; **~ de rosto** hand towel
toar [to'ar] VI to sound, resound
tobogã [tobo'gã] M toboggan
toca ['tɔka] F burrow, hole; *(fig: refúgio)* bolt-hole; *(: casebre)* hovel
toca-discos *(BR)* M INV record-player
tocado, -a [to'kadu, a] ADJ *(col: alegre)* tipsy; *(expulso)* thrown out
tocador [toka'dor] M player; **~ MP3** MP3 player
toca-fitas M INV cassette player
tocaia [to'kaja] F ambush
tocante [to'kātʃi] ADJ moving, touching; **no ~ a** regarding, concerning
tocar [to'kar] VT to touch; *(Mús)* to play; *(campainha)* to ring; *(comover)* to touch; *(programa, campanha)* to conduct; *(ônibus, gado)* to drive; *(expulsar)* to drive out; *(chegar a)* to reach ▶ VI to touch; *(Mús)* to play; *(campainha,*

sino, telefone) to ring; (*em carro*) to drive; **tocar-se** VR to touch (each other); (*ir-se*) to head off; (*perceber*) to realize; ~ **a** (*dizer respeito a*) to concern, affect; ~ **em** to touch; (*assunto*) to touch upon; (*Náut*) to call at; ~ **para alguém** (*telefonar*) to ring sb (up), call sb (up); ~ (**o bonde**) **para frente** (*fig*) to get going, get a move on; **pelo que me toca** as far as I am concerned

tocha ['tɔʃa] F torch

toco ['toku] M (*de cigarro*) stub; (*de árvore*) stump

todavia [toda'via] ADV yet, still, however

(PALAVRA-CHAVE)

todo, -a ['todu, 'tɔda] ADJ **1** (*com artigo sg*) all; **toda a carne** all the meat; **toda a noite** all night, the whole night; **todo o Brasil** the whole of Brazil; **a toda** (**velocidade**) at full speed; **todo o mundo** (BR), **toda a gente** (PT) everybody, everyone; **em toda** (**a**) **parte** everywhere
2 (*com artigo pl*) all; (: *cada*) every; **todos os livros** all the books; **todos os dias/todas as noites** every day/night; **todos os que querem sair** all those who want to leave; **todos nós** all of us
▶ ADV: **ao todo** altogether; (*no total*) in all; **de todo** completely
▶ PRON: **todos** everybody *sg*, everyone *sg*

todo-poderoso, -a ADJ almighty, all-powerful ▶ M: **o T~** the Almighty

tofe ['tɔfi] M toffee

toga ['tɔga] F toga; (*Educ, de magistrado*) gown

toicinho [toj'siɲu] M bacon fat

toldo ['towdu] M awning, sun blind

toleima [to'lejma] F folly, stupidity

tolerância [tole'rãsja] F tolerance

tolerante [tole'rãtʃi] ADJ tolerant

tolerar [tole'rar] VT to tolerate

tolerável [tole'ravew] (*pl* **-eis**) ADJ tolerable, bearable; (*satisfatório*) passable; (*falta*) excusable

tolher [to'ʎer] VT to impede, hinder; (*voz*) to cut off; ~ **alguém de fazer** to stop sb doing

tolice [to'lisi] F stupidity, foolishness; (*ato, dito*) stupid thing

tolo, -a ['tolu, a] ADJ foolish, silly, stupid ▶ M/F fool; **fazer alguém/fazer-se de ~** to make a fool of sb/o.s.

tom [tõ] (*pl* **-ns**) M tone; (*Mús: altura*) pitch; (: *escala*) key; (*cor*) shade; **ser de bom ~** to be good manners; ~ **agudo/grave** high/low note; ~ **maior/menor** (*Mús*) major/minor key

tomada [to'mada] F capture; (*Elet*) socket; (*Cinema*) shot; ~ **de posse** investiture; ~ **de preços** tender

tomar [to'mar] VT to take; (*capturar*) to capture, seize; (*decisão*) to make; (*bebida*) to drink; **tomar-se** VR: ~**se de** to be overcome with; ~ **alguém por algo** to take sb for sth; ~ **algo como** to take sth as; **toma!** here you are!; **quer ~ alguma coisa?** do you want something to drink?; ~ **café** (*de manhã*) to have breakfast; **toma lá, dá cá** give and take

tomara [to'mara] EXCL ~! if only!; ~ **que venha hoje** I hope he comes today

tomara que caia ADJ INV: (**vestido**) ~ strapless dress

tomate [to'matʃi] M tomato

tombadilho [tõba'dʒiʎu] M deck

tombar [tõ'bar] VI to fall down, tumble down ▶ VT to knock down, knock over; (*conservar: edifício*) to list

tombo ['tõbu] M (*queda*) tumble, fall; (*registro*) archives *pl*, records *pl*

tomilho [to'miʎu] M thyme

tomo ['tɔmu] M tome, volume

tona ['tɔna] F surface; **vir à ~** to come to the surface; (*fig*) to emerge; **trazer à ~** to bring up; (*recordações*) to bring back

tonalidade [tonali'dadʒi] F (*de cor*) shade; (*Mús*) tonality; (: *tom*) key

tonel [to'nɛw] (*pl* **-éis**) M cask, barrel

tonelada [tone'lada] F ton; **uma ~ de** (*fig*) tons of

tonelagem [tone'laʒẽ] F tonnage

toner ['toner] M toner

tônica ['tonika] F (*água*) tonic (water); (*Mús*) tonic; (*Ling*) stressed syllable; (*fig*) keynote

tônico, -a ['toniku, a] ADJ tonic; (*sílaba*) stressed ▶ M tonic; **acento ~** stress

tonificante [tonifi'kãtʃi] ADJ invigorating

tonificar [tonifi'kar] VT to tone up

tons [tõs] MPL *de* **tom**

tontear [tõ'tʃjar] VT: ~ **alguém** to make sb dizzy; (*suj: barulheira*) to get sb down, give sb a headache; (: *alvoroço, notícia*) to stun sb ▶ VI (*pessoa: com bebida*) to get dizzy; (: *com barulho*) to get a headache; (: *com alvoroço*) to be dazed; (*barulho*) to be wearing; (*alvoroço*) to be upsetting; ~ **de sono** to be half-asleep

tonteira [tõ'tejra] F dizziness

tontice [tõ'tʃisi] F stupidity, nonsense

tonto, -a ['tõtu, a] ADJ (*tolo*) stupid, silly; (*zonzo*) dizzy, lightheaded; (*atarantado*) flustered; **às tontas** impulsively

tontura [tõ'tura] F dizziness, lightheadedness

topada [to'pada] F trip; **dar uma ~ em** to stub one's toe on

topar [to'par] VT to agree to ▶ VI: ~ **com** to come across; **topar-se** VR (*duas pessoas*) to run into one another; ~ **em** (*tropeçar*) to stub one's toe on; (*esbarrar*) to run into; (*tocar*) to touch; **você topa ir ao cinema?** do you fancy going to the cinema?; ~ **que alguém faça** to agree that sb should do

topa-tudo ['tɔpa-] M INV person who is up for anything

topázio [to'pazju] M topaz

tope ['tɔpi] M top

topete [to'petʃi] M quiff; **ter o ~ de fazer** (*fig*) to have the cheek to do

tópico, -a ['tɔpiku, a] ADJ topical ▶ M topic
topless [tɔp'lɛs] ADJ INV topless ▶ M INV *(na praia)* topless bikini
topo ['topu] M top; *(extremidade)* end, extremity
topografia [topogra'fia] F topography
topográfico, -a [topo'grafiku, a] ADJ topographical
topônimo [to'ponimu] M place name, toponym
toque¹ ['tɔki] M touch; *(de instrumento musical)* playing; *(de campainha)* ring; *(fig: vestígio)* touch; *(de celular)* ringtone; *(retoque)* finishing touch; **os últimos ~s** the finishing touches; **dar um ~ em alguém** *(col: avisar)* to let sb know; *(: falar com)* to have a word with sb; **a ~ de caixa** in all haste
toque² *etc* VB *ver* **tocar**
Tóquio ['tɔkju] N Tokyo
tora ['tɔra] F *(pedaço)* piece; *(de madeira)* log; *(sesta)* nap; **tirar uma ~** to have a nap
toranja [to'rãʒa] F grapefruit
tórax ['tɔraks] M INV thorax
torção [tor'sãw] *(pl* **-ões)** M twist, twisting; *(Med)* sprain
torcedor, a [torse'dor(a)] M/F supporter, fan
torcedura [torse'dura] F twist; *(Med)* sprain
torcer [tor'ser] VT to twist; *(Med)* to sprain; *(desvirtuar)* to distort, misconstrue; *(roupa: espremer)* to wring; *(: na máquina)* to spin; *(vergar)* to bend ▶ VI: **~ por** *(time)* to support; *(amigo etc)* to keep one's fingers crossed for; **torcer-se** VR *(contorcer-se)* to squirm, writhe; **~ para** *ou* **por** to cheer for; **~ para que tudo dê certo** to keep one's fingers crossed that everything works out right
torcicolo [torsi'kɔlu] M stiff neck
torcida [tor'sida] F *(pavio)* wick; *(Esporte: ato de torcer)* cheering; *(: torcedores)* supporters *pl*; **dar uma ~ em algo** to twist sth; *(roupa)* to wring sth out
torções [tor'sõjs] MPL *de* **torção**
tormenta [tor'mẽta] F storm; *(fig)* upset
tormento [tor'mẽtu] M torment, torture; *(angústia)* anguish
tormentoso, -a [tormẽ'tozu, ɔza] ADJ stormy, tempestuous
tornado [tor'nadu] M tornado
tornar [tor'nar] VI *(voltar)* to return, go back ▶ VT: **~ algo em algo** to turn *ou* make sth into sth; **tornar-se** VR to become; **~ a fazer algo** to do sth again
torneado, -a [tor'njadu, a] ADJ: **bem ~** *(pernas, pescoço)* shapely
tornear [tor'njar] VT to turn (on a lathe), shape
torneio [tor'neju] M tournament
torneira [tor'nejra] F tap (BRIT), faucet (US)
torniquete [torni'ketʃi] M *(Med)* tourniquet; (PT: *roleta)* turnstile
torno ['tornu] M lathe; *(Cerâmica)* wheel; **em ~ de** *(ao redor de)* around; *(sobre)* about; **em ~ de 5 milhões** around 5 million

tornozeleira [tornoze'lejra] F ankle support
tornozelo [torno'zelu] M ankle
toró [to'rɔ] M *(chuva)* downpour, shower; **caiu um ~** there was a sudden downpour
torpe ['torpi] ADJ vile
torpedear [torpe'dʒjar] VT to torpedo
torpedo [tor'pedu] M *(bomba)* torpedo; *(col: mensagem)* text (message)
torpeza [tor'peza] F vileness
torpor [tor'por] M torpor; *(Med)* numbness
torrada [to'hada] F toast; **uma ~** a piece of toast
torradeira [toha'dejra] F toaster
torrão [to'hãw] *(pl* **-ões)** M turf, sod; *(terra)* soil, land; *(de açúcar)* lump; **~ natal** native land
torrar [to'har] VT *(pão)* to toast; *(café)* to roast; *(plantação)* to parch; *(dinheiro)* to blow, squander; *(vender)* to sell off cheap; **~ (alguém)** *(col)* to get on sb's nerves; **~ a paciência** *ou* **o saco** *(col)* **de alguém** to try sb's patience
torre ['tohi] F tower; *(Xadrez)* castle, rook; *(Elet)* pylon; **~ de celular** mobile-phone mast (BRIT), cell tower (US); **~ de controle** *(Aer)* control tower; **~ de vigia** watchtower
torreão [to'hjãw] *(pl* **-ões)** M turret
torrefação [tohefa'sãw] *(pl* **-ões)** F coffee-roasting house
torrencial [tohẽ'sjaw] *(pl* **-ais)** ADJ torrential
torrente [to'hẽtʃi] F *(tb fig)* torrent
torreões [to'hjõjs] MPL *de* **torreão**
torresmo [to'hezmu] M crackling
tórrido, -a ['tɔhidu, a] ADJ torrid
torrinha [to'hiɲa] F *(Teatro)* gallery; **as ~s** the gods
torrões [to'hõjs] MPL *de* **torrão**
torrone [to'honi] M nougat
torso ['torsu] M torso, trunk
torta ['tɔrta] F pie, tart; **~ de maçã** apple pie
torto, -a ['tortu, 'tɔrta] ADJ twisted, crooked; **a ~ e a direito** indiscriminately; **cometer erros a ~ e a direito** to make mistakes left, right and centre
tortuoso, -a [tor'twozu, ɔza] ADJ winding
tortura [tor'tura] F torture; *(fig)* anguish, agony
torturador, a [tortura'dor(a)] M/F torturer
torturante [tortu'rãtʃi] ADJ *(sonhos)* haunting; *(dor)* excruciating
torturar [tortu'rar] VT to torture; *(fig: afligir)* to torment
torvelinho [torve'liɲu] M *(de vento)* whirlwind; *(de água)* whirlpool; *(fig: de pensamentos)* swirl
tos [tus] = **te + os**
tosão [to'zãw] *(pl* **-ões)** M fleece
tosar [to'zar] VT *(ovelha)* to shear; *(cabelo)* to crop
tosco, -a ['tosku, a] ADJ rough, unpolished; *(grosseiro)* coarse, crude
tosões [to'zõjs] MPL *de* **tosão**
tosquiar [tos'kjar] VT *(ovelha)* to shear, clip

tosse ['tɔsi] F cough; **~ de cachorro** whooping cough; **~ seca** dry ou tickly cough
tossir [to'sir] VI to cough ▶ VT to cough up
tosta ['tɔsta] (PT) F toast; **~ mista** toasted cheese and ham sandwich
tostado, -a [tos'tadu, a] ADJ toasted; (pessoa) tanned; (carne) browned
tostão [tos'tãw] M (dinheiro) cash; **estar sem um ~** to be completely penniless
tostar [tos'tar] VT to toast; (pele, pessoa) to tan; (carne) to brown; **tostar-se** VR to get tanned
total [to'taw] (pl -ais) ADJ, M total
totalidade [totali'dadʒi] F totality, entirety; **em sua ~** in its entirety; **a ~ da população/dos políticos** the entire population/all politicians
totalitário, -a [totali'tarju, a] ADJ totalitarian
totalitarismo [totalita'rizmu] M totalitarianism
totalizar [totali'zar] VT to total up
totalmente [totaw'mẽtʃi] ADV totally, completely
touca ['toka] F bonnet; (de freira) veil; **~ de banho** bathing cap
toucador [toka'dor] M (penteadeira) dressing table
toucinho [to'siɲu] M = **toicinho**
toupeira [to'pejra] F mole; (fig) numbskull, idiot
tourada [to'rada] F bullfight
tourear [to'rjar] VI to fight bulls
toureiro [to'rejru] M bullfighter
touro ['toru] M bull; **T~** (Astrologia) Taurus; **pegar o ~ à unha** to take the bull by the horns
toxemia [tokse'mia] F blood poisoning
tóxico, -a ['tɔksiku, a] ADJ poisonous, toxic ▶ M (veneno) poison; (droga) drug
toxicômano, -a [toksi'komanu, a] M/F drug addict
toxina [tok'sina] F toxin
TPM ABR F (= tensão pré-menstrual) PMT
trabalhadeira [trabaʎa'dejra] F: **ela é ~** she's a hard worker
trabalhador, a [trabaʎa'dor(a)] ADJ (laborioso) hard-working, industrious; (Pol: classe) working ▶ M/F worker; **~ braçal** manual worker
trabalhão [traba'ʎãw] (pl -ões) M big job
trabalhar [traba'ʎar] VI to work; (Teatro) to act ▶ VT (terra) to till, work; (madeira, metal) to work; (texto) to work on; **~ com** (comerciar) to deal in; **~ de** ou **como** to work as
trabalheira [traba'ʎejra] F big job
trabalhista [traba'ʎista] ADJ labour atr (BRIT), labor atr (US) ▶ M/F Labour Party member (BRIT); **Partido T~** (Pol) Labour Party (BRIT)
trabalho [tra'baʎu] M work; (emprego, tarefa) job; (Econ) labour (BRIT), labor (US); (Educ: tarefa) assignment; **~ braçal** manual work; **~s forçados** hard labo(u)r, forced labo(u)r; **estar sem ~** to be out of work; **dar ~** to need work; **dar ~ a alguém** to cause sb trouble; **dar-se o ~ de fazer** to take the trouble to do; **um ~ ingrato** a thankless task; **~ doméstico** housework; **~ de parto** labo(u)r
trabalhões [traba'ʎõjs] MPL de **trabalhão**
trabalhoso, -a [traba'ʎozu, ɔza] ADJ laborious, arduous
traça ['trasa] F moth
traçado [tra'sadu] M sketch, plan
tração [tra'sãw] F traction
traçar [tra'sar] VT to draw; (determinar) to set out, outline; (limites, fronteiras) to mark out; (planos) to draw up; (escrever) to compose; (col: comer, beber) to guzzle down
traço ['trasu] M (linha) line, dash; (de lápis) stroke; (vestígio) trace, vestige; (aspecto) feature, trait; **traços** MPL (do rosto) features; **~ (de união)** hyphen; (entre frases) dash
tradição [tradʒi'sãw] (pl -ões) F tradition
tradicional [tradʒisjo'naw] (pl -ais) ADJ traditional
tradições [tradʒi'sõjs] FPL de **tradição**
tradução [tradu'sãw] (pl -ões) F translation
tradutor, a [tradu'tor(a)] M/F translator; **~ juramentado** legally recognized translator
traduzir [tradu'zir] VT to translate; **traduzir-se** VR to come across; **~ do inglês para o português** to translate from English into Portuguese
trafegar [trafe'gar] VI to move, go
trafegável [trafe'gavew] (pl -eis) ADJ (rua) open to traffic
tráfego ['trafegu] M (trânsito) traffic; **~ aéreo/marítimo** air/sea traffic
traficante [trafi'kãtʃi] M/F trafficker, dealer; **~ de drogas** drug trafficker, pusher (col)
traficar [trafi'kar] VI: **~ (com)** to deal (in), traffic (in)
tráfico ['trafiku] M traffic; **~ de drogas** drug trafficking
tragada [tra'gada] F (em cigarro) drag, puff
tragar [tra'gar] VT to swallow; (fumaça) to inhale; (suportar) to tolerate ▶ VI to inhale
tragédia [tra'ʒɛdʒja] F tragedy; **fazer ~ de algo** to make a drama out of sth
trágico, -a ['traʒiku, a] ADJ tragic; (dado a fazer tragédia) dramatic
tragicomédia [traʒiko'mɛdʒja] F tragicomedy
tragicômico, -a [traʒi'komiku, a] ADJ tragicomic
trago¹ ['tragu] M mouthful; (em cigarro) drag, puff; **tomar um ~** to have a mouthful; to have a drag; **de um ~** in one gulp
trago² etc VB ver **trazer**
traguei etc [tra'gej] VB ver **tragar**
traição [traj'sãw] (pl -ões) F treason, treachery; (deslealdade) disloyalty; (infidelidade) infidelity; **alta ~** high treason
traiçoeiro, -a [traj'swejru, a] ADJ treacherous; (infiel) disloyal
traições [traj'sõjs] FPL de **traição**

traidor, a [traj'dor(a)] M/F traitor
trailer ['trejler] (*pl* **-s**) M trailer; (*tipo casa*) caravan (BRIT), trailer (US)
traineira [traj'nejra] F trawler
training ['trejnĩŋ] (*pl* **-s**) M track suit
trair [tra'ir] VT to betray; (*mulher, marido*) to be unfaithful to; (*esperanças*) not to live up to; **trair-se** VR to give o.s. away
trajar [tra'ʒar] VT to wear; **trajar-se** VR: **~-se de preto** to be dressed in black
traje ['traʒi] M dress, clothes *pl*; **~ de banho** swimsuit; **~ de noite** evening gown; **~ a rigor** evening dress; **~ de passeio** smart dress; **em ~s de Adão** in one's birthday suit; **~s menores** smalls, underwear *sg*
trajeto [tra'ʒɛtu] M course, path
trajetória [traʒe'tɔrja] F trajectory, path; (*fig*) course
tralha ['traʎa] F fishing net; (*col*) junk
trama ['trama] F (*tecido*) weft (BRIT), woof (US); (*enredo, conspiração*) plot
tramar [tra'mar] VT (*tecer*) to weave; (*maquinar*) to plot ▶ VI: **~ contra** to conspire against
trambicar [trãbi'kar] (*col*) VT to con
trambique [trã'biki] (*col*) M con
trambiqueiro, -a [trãbi'kejru, a] M/F con merchant ▶ ADJ slippery
trambolhão [trambo'ʎãw] (*pl* **-ões**) M tumble; **andar aos trambolhões** to stumble along
trambolho [trã'boʎu] M encumbrance
trambolhões [trambo'ʎõjs] MPL *de* **trambolhão**
tramitar [trami'tar] VI to go through the procedure
trâmites ['tramitʃis] MPL procedure *sg*, channels
tramoia [tra'mɔja] F (*fraude*) swindle, trick; (*trama*) plot, scheme
trampolim [trãpo'lĩ] (*pl* **-ns**) M trampoline; (*de piscina*) diving board; (*fig*) springboard
trampolinagem [trãpoli'naʒẽ] (*pl* **-ns**) F trick, swindle
trampolineiro [trãpoli'nejru] M trickster, swindler
trampolinice [trãpoli'nisi] F trick, swindle
trampolins [trãpo'lĩs] MPL *de* **trampolim**
tranca ['trãka] F (*de porta*) bolt; (*de carro*) lock
trança ['trãsa] F (*cabelo*) plait; (*galão*) braid
trançado, -a [trã'sadu, a] ADJ (*cesto*) woven
trancafiar [trãka'fjar] VT to lock up
trancão [trã'kãw] (*pl* **-ões**) M bump
trancar [trã'kar] VT to lock; (*matrícula*) to suspend; (*Futebol*) to shove; **trancar-se** VR (*mostrar-se fechado*) to clam up; **~-se no quarto** to lock o.s. (away) in one's room
trançar [trã'sar] VT to weave; (*cabelo*) to plait, braid ▶ VI (*col*) to wander around
tranco ['trãku] M (*solavanco*) jolt; (*esbarrão*) bump; (*de cavalo*) walk; (*col: admoestação*) put-down; **aos ~s** jolting; **aos ~s e barrancos** with great difficulty; (*aos saltos*) jolting

787 | **traidor – transformação**

trancões [trã'kõjs] MPL *de* **trancão**
tranquilamente [trãkwila'mẽtʃi] ADV calmly; (*facilmente*) easily; (*seguramente*) for sure
tranquilidade [trãkwili'dadʒi] F tranquillity; (*paz*) peace
tranquilizador, a [trãkwiliza'dor(a)] ADJ reassuring; (*música*) soothing
tranquilizante [trãkwili'zatʃi] ADJ = **tranquilizador** ▶ M (*Med*) tranquillizer
tranquilizar [trãkwili'zar] VT to calm, quieten; (*despreocupar*): **~ alguém** to reassure sb, put sb's mind at rest; **tranquilizar-se** VR to calm down; (*pessoa preocupada*) to be reassured
tranquilo, -a [trã'kwilu, a] ADJ peaceful; (*mar, pessoa*) calm; (*criança*) quiet; (*consciência*) clear; (*seguro*) sure, certain ▶ ADV with no problems
transa ['trãza] (BR *col*) F (*sexo*) lovemaking; (*transada*) sexual encounter
transação [trãza'sãw] (*pl* **-ões**) F (*Com*) transaction
transada [trã'zada] (BR *col*) F sexual encounter; **dar uma ~** (*col*) to have sex
transado, -a [trã'zadu, a] (BR *col*) ADJ (*casa, bairro, roupa*) stylish
Transamazônica [trãzama'zonika] F: **a ~** the trans-Amazonian highway
transamazônico, -a [trãzama'zoniku, a] ADJ trans-Amazonian
transar [trã'zar] (BR *col*) VI (*ter relação sexual*) to have sex
transatlântico, -a [trãzat'lãtʃiku, a] ADJ transatlantic ▶ M (transatlantic) liner
transbordar [trãzbor'dar] VI to overflow; **~ de alegria** to burst with happiness
transbordo [trãz'bordu] M (*de viajantes*) change, transfer
transcendental [trãsẽdẽ'taw] (*pl* **-ais**) ADJ transcendental
transcender [trãsẽ'der] VT, VI: **~ (a)** to transcend
transcorrer [trãsko'her] VI to elapse, go by; (*evento*) to pass off
transcrever [trãskre'ver] VT to transcribe
transcrição [trãskri'sãw] (*pl* **-ões**) F transcription
transcrito, -a [trãs'kritu, a] PP *de* **transcrever** ▶ M transcript
transe ['trãzi] M ordeal; (*lance*) plight; (*hipnótico*) trance; **a todo ~** at all costs
transeunte [trã'zjutʃi] M/F passer-by
transferência [trãsfe'rẽsja] F transfer; (*Jur*) conveyancing
transferir [trãsfe'rir] VT to transfer; (*adiar*) to postpone
transferível [trãsfe'rivew] (*pl* **-eis**) ADJ transferable
transfigurar [trãsfigu'rar] VT to transfigure, transform; **transfigurar-se** VR to transform
transfiro *etc* [trãs'firu] VB *ver* **transferir**
transformação [trãsforma'sãw] (*pl* **-ões**) F transformation

transformador [trãsforma'dor] M (*Elet*) transformer

transformar [trãsfor'mar] VT to transform, turn; **transformar-se** VR to turn; ~ **algo em algo** to turn *ou* transform sth into sth

trânsfuga ['trãsfuga] M (*desertor*) deserter; (*político*) turncoat; (*da Rússia etc*) defector

transfusão [trãsfu'zãw] (*pl* **-ões**) F transfusion; ~ **de sangue** blood transfusion

transgênico, -a [trãz'ʒeniku, a] ADJ (*planta, alimento*) genetically modified, GM

transgredir [trãzgre'dʒir] VT to infringe

transgressão [trãzgre'sãw] (*pl* **-ões**) F transgression, infringement

transgrido *etc* [trãz'gridu] VB *ver* **transgredir**

transição [trãzi'sãw] (*pl* **-ões**) F transition; **período** *ou* **fase de** ~ transition period

transicional [trãzisjo'naw] (*pl* **-ais**) ADJ transitional

transições [trãzi'sõjs] FPL *de* **transição**

transido, -a [trã'zidu, a] ADJ numb

transigente [trãzi'ʒẽtʃi] ADJ willing to compromise

transigir [trãzi'ʒir] VI to compromise, make concessions; ~ **com alguém** to compromise with sb, meet sb halfway

transistor [trãzis'tor] M transistor

transitar [trãzi'tar] VI: ~ **por** to move through; (*rua*) to go along

transitável [trãzi'tavew] (*pl* **-eis**) ADJ (*caminho*) passable

transitivo, -a [trãzi'tʃivu, a] ADJ (*Ling*) transitive

trânsito ['trãzitu] M (*ato*) transit, passage; (*na rua: veículos*) traffic; (: *pessoas*) flow; **em** ~ in transit; **sinal de** ~ traffic signal

transitório, -a [trãzi'tɔrju, a] ADJ transitory, passing; (*período*) transitional

transladar [trãzla'dar] VT = **trasladar**

translado [trãz'ladu] M = **traslado**

translúcido, -a [trãz'lusidu, a] ADJ translucent

transmissão [trãzmi'sãw] (*pl* **-ões**) F transmission; (*Rádio, TV*) transmission, broadcast; (*transferência*) transfer; ~ **ao vivo** live broadcast; ~ **de dados** data transmission

transmissível [trãzmi'sivew] (*pl* **-eis**) ADJ transmittable

transmissões [trãzmi'sõjs] FPL *de* **transmissão**

transmissor, a [trãzmi'sor(a)] ADJ transmitting ▶ M transmitter

transmitir [trãzmi'tʃir] VT to transmit; (*Rádio, TV*) to broadcast, transmit; (*transferir*) to transfer; (*recado, notícia*) to pass on; (*aroma, som*) to carry; **transmitir-se** VR (*doença*) to be transmitted; ~ **algo a alguém** (*paz etc*) to bring sb sth

transparecer [trãspare'ser] VI to be visible, appear; (*revelar-se*) to be apparent

transparência [trãspa'rẽsja] F transparency; (*de água*) clarity

transparente [trãspa'rẽtʃi] ADJ transparent; (*roupa*) see-through; (*água*) clear; (*evidente*) clear, obvious

transpassar [trãspa'sar] VT = **traspassar**

transpiração [trãspira'sãw] F perspiration

transpirar [trãspi'rar] VI (*suar*) to perspire; (*divulgar-se*) to become known; (*verdade*) to come out ▶ VT to exude

transplantar [trãsplã'tar] VT to transplant

transplante [trãs'plãtʃi] M transplant

transpor [trãs'por] (*irreg: como* **pôr**) VT to cross; (*inverter*) to transpose

transportação [trãsporta'sãw] F transportation

transportadora [trãsporta'dora] F haulage company

transportar [trãspor'tar] VT to transport; (*levar*) to carry; (*enlevar*) to entrance, enrapture; (*fig: remontar*) to take back; **transportar-se** VR to be entranced; (*remontar*) to be transported back; **a** ~ (*Com: quantia*) carry forward, c/f

transporte [trãs'pɔrtʃi] M transport; (*Com*) haulage; (*em contas*) amount carried forward; (*fig: êxtase*) rapture, delight; **despesas de** ~ transport costs; **Ministério dos T~s** Ministry of Transport (BRIT), Department of Transportation (US); ~ **rodoviário** road transport; ~**s coletivos** public transport *sg*

transpôs [trãs'pos] VB *ver* **transpor**

transposição [trãspozi'sãw] F transposition; (*de rio*) crossing

transposto, -a [trãs'postu, 'pɔsta] PP *de* **transpor**

transpunha *etc* [trãs'puɲa] VB *ver* **transpor**

transpus *etc* [trãs'pus] VB *ver* **transpor**

transpuser *etc* [trãspu'zer] VB *ver* **transpor**

transtornar [trãstor'nar] VT to upset; (*rotina, reunião*) to disrupt; **transtornar-se** VR to get upset; to be disrupted

transtorno [trãs'tornu] M upset, disruption; (*contrariedade*) hardship; (*mental*) distraction

transversal [trãzver'saw] (*pl* **-ais**) ADJ transverse, cross; (**rua**) ~ cross street

transverso, -a [trãz'vɛrsa, a] ADJ transverse, cross

transviado, -a [trãz'vjadu, a] ADJ wayward, erring

transviar [trãz'vjar] VT to lead astray; **transviar-se** VR to go astray

trapaça [tra'pasa] F swindle, fraud

trapacear [trapa'sjar] VT, VI to swindle

trapaceiro, -a [trapa'sejru, a] ADJ crooked, cheating ▶ M/F swindler, cheat

trapalhada [trapa'ʎada] F confusion, mix-up

trapalhão, -lhona [trapa'ʎãw, 'ʎɔna] (*pl* **-ões/-s**) M/F bungler, blunderer

trapézio [tra'pɛzju] M trapeze; (*Mat*) trapezium

trapezista [trape'zista] M/F trapeze artist

trapo ['trapu] M rag; **ser** *ou* **estar um** ~ (*pessoa*) to be washed up

traqueia [tra'kɛja] F windpipe
traquejo [tra'keʒu] M experience
traqueotomia [trakjoto'mia] F tracheotomy
traquinas [tra'kinas] ADJ INV mischievous
trarei *etc* [tra'rej] VB *ver* **trazer**
trás [trajs] PREP, ADV: **para ~** backwards; **por ~ de** behind; **de ~** from behind; **a luz de ~** the back light; **de ~ para frente** back to front; **ano ~ ano** year after year; **dar para ~** *(fig: pessoa)* to go wrong
traseira [tra'zejra] F rear; *(Anat)* bottom
traseiro, -a [tra'zejru, a] ADJ back, rear ▶ M *(Anat)* bottom, behind
trasladar [trazla'dar] VT to remove, transfer; *(copiar)* to transcribe
traslado [traz'ladu] M *(cópia)* transcript; *(deslocamento)* removal, transference
traspassar [traspa'sar] VT *(rio etc)* to cross; *(penetrar)* to pierce, penetrate; *(exceder)* to exceed, overstep; *(transferir)* to transmit, transfer; *(PT: sublocar)* to sublet
traspasse [tras'pasi] M transfer; *(sublocação)* sublease
traste ['trastʃi] M thing; *(coisa sem valor)* piece of junk; *(patife)* rogue, rascal; **estar** *ou* **ficar um ~** to be devastated
tratado [tra'tadu] M treaty; *(Literatura)* treatise; **~ de paz** peace treaty
tratador, a [trata'dor(a)] M/F: **~ de cavalos** groom
tratamento [trata'mẽtu] M treatment; *(título)* title; **forma de ~** form of address; **~ de choque** shock treatment
tratante [tra'tãtʃi] M/F rogue
tratar [tra'tar] VT to treat; *(tema)* to deal with, cover; *(combinar)* to agree ▶ VI: **~ com** to deal with; *(combinar)* to agree with; **tratar-se** VR *(Med)* to take treatment; *(cuidar-se)* to take care of o.s.; **~ de** to deal with; **~ por** *ou* **de** to address as; **de que se trata?** what is it about?; **trata-se de** it is a question of; **~ de fazer** *(esforçar-se)* to try to do; *(resolver)* to resolve to do; **trate da sua vida!** mind your own business!; **~-se a pão e água** to live on bread and water
tratável [tra'tavew] *(pl* **-eis***)* ADJ treatable; *(afável)* approachable, amenable
trato ['tratu] M *(tratamento)* treatment; *(contrato)* agreement, contract; **tratos** MPL *(relações)* dealings; **maus ~s** ill-treatment; **pessoa de fino ~** refined person; **dar ~s à bola** to rack one's brains
trator [tra'tor] M tractor
traulitada [trawli'tada] F beating
trauma ['trawma] M trauma
traumático, -a [traw'matʃiku, a] ADJ traumatic
traumatizante [trawmatʃi'zãtʃi] ADJ traumatic, harrowing
traumatizar [trawmatʃi'zar] VT to traumatize
travada [tra'vada] F: **dar uma ~** to put on the brake
travão [tra'vãw] *(pl* **-ões***)* (PT) M brake

travar [tra'var] VT *(roda)* to lock; *(iniciar)* to engage in; *(conversa)* to strike up; *(luta)* to wage; *(carro)* to stop; *(passagem)* to block; *(movimentos)* to hinder ▶ VI (PT) to brake; **~ amizade com** to become friendly with, make friends with
trave ['travi] F beam, crossbeam; *(Esporte)* crossbar; **foi na ~** *(col: resposta etc)* (it was) close
través [tra'vɛs] M slant, incline; **de ~** across, sideways; **olhar de ~** to look sideways (at)
travessa [tra'vɛsa] F crossbeam, crossbar; *(rua)* lane, alley; *(prato)* dish; *(para o cabelo)* comb, slide
travessão [trave'sãw] *(pl* **-ões***)* M *(de balança)* bar, beam; *(pontuação)* dash
travesseiro [trave'sejru] M pillow; **consultar o ~** to sleep on it
travessia [trave'sia] F *(viagem)* journey, crossing
travesso¹, -a [tra'vɛsu, a] ADJ cross, transverse
travesso², -a [tra'vesu, a] ADJ mischievous, naughty
travessões [trave'sõjs] MPL *de* **travessão**
travessura [trave'sura] F mischief, prank; **fazer ~s** to get up to mischief
travesti [traves'tʃi] M/F transvestite; *(artista)* drag artist
travões [tra'võjs] MPL *de* **travão**
trazer [tra'zer] VT to bring; *(roupa)* to wear; *(nome, marcas)* to bear; **~ à memória** to bring to mind; **o jornal traz uma notícia sobre isso** the newspaper has an item about that; **~ de volta** to bring back
TRE (BR) ABR M = **Tribunal Regional Eleitoral**
trecho ['treʃu] M passage; *(de rua, caminho)* stretch; *(espaço)* space
treco ['trɛku] *(col)* M *(tralha)* thing; *(indisposição)* bad turn; **trecos** MPL *(bugigangas)* stuff *sg*; **ter um ~** *(sentir-se mal)* to be taken bad; *(zangar-se)* to have a fit
trégua ['trɛgwa] F truce; *(descanso)* respite, rest; **não dar ~ a** to give no respite to
treinado, -a [trej'nadu, a] ADJ *(atleta)* fit; *(animal)* trained; *(acostumado)* practised (BRIT), practiced (US)
treinador, a [trejna'dor(a)] M/F trainer
treinamento [trejna'mẽtu] M training
treinar [trej'nar] VT to train; **treinar-se** VR to train; **~ seu inglês** to practise (BRIT) *ou* practice (US) one's English
treino ['trejnu] M training
trejeito [tre'ʒejtu] M *(gesto)* gesture; *(careta)* grimace, face
trela ['trɛla] F *(correia)* lead, leash; *(col: conversa)* chat; **dar ~ a** *(col: conversar)* to chat with; *(encorajar)* to lead on
treliça [tre'lisa] F trellis
trem [trẽj] *(pl* **-ns***)* M train; (PT: *carruagem)* carriage, coach; **trens** MPL *(col: coisas, objetos)* gear *sg*, belongings; **ir de ~** to go by train; **mudar de ~** to change trains; **pegar um ~** to catch a train; **puxar o ~** *(col)* to make

tracks; **~ de carga/passageiros** freight/passenger train; **~ correio** mail train; **~ de aterrissagem** (*avião*) landing gear; **~ da alegria** (*Pol*) jobs *pl* for the boys, nepotism
trema ['trɛma] M di(a)eresis
tremedeira [treme'dejra] F trembling
tremelicante [tremeli'kãtʃi] ADJ trembling
tremelicar [tremeli'kar] VI to tremble, shiver
tremelique [treme'liki] M trembling
tremeluzir [tremelu'zir] VI to twinkle, glimmer
tremendo, -a [tre'mẽdu, a] ADJ tremendous; (*terrível*) terrible, awful
tremer [tre'mer] VI to shudder, quake; (*terra*) to shake; (*de frio, medo*) to shiver
tremor [tre'mor] M tremor, trembling; **~ de terra** (earth) tremor
tremular [tremu'lar] VI (*bandeira*) to flutter, wave; (*luz*) to glimmer, flicker
trêmulo, -a ['tremulu, a] ADJ shaky, trembling; (*voz*) faltering
trena ['trɛna] F tape measure
trenó [tre'nɔ] M sledge, sleigh (*BRIT*), sled (*US*)
trens [trẽjs] MPL *de* **trem**
trepada [tre'pada] (!) F screw, fuck (!)
trepadeira [trepa'dejra] F (*Bot*) creeper
trepar [tre'par] VT to climb ▶ VI: **~ em** to climb; **~ (com alguém)** (!) to screw (sb)
trepidação [trepida'sãw] F shaking
trepidar [trepi'dar] VI to tremble, shake
trépido, -a ['trɛpidu, a] ADJ fearful
três [tres] NUM three; **a ~ por dois** every five minutes, all the time; *ver tb* **cinco**
tresloucado, -a [trezlo'kadu, a] ADJ crazy, deranged
trespassar [trespa'sar] VT = **traspassar**
trespasse [tres'pasi] M = **traspasse**
três-quartos ADJ INV (*saia, manga*) three-quarter-length ▶ M INV (*apartamento*) three-room flat (*BRIT*) *ou* apartment
trevas ['trɛvas] FPL darkness *sg*
trevo ['trɛvu] M clover; (*de vias*) intersection
treze ['trezi] NUM thirteen; *ver tb* **cinco**
trezentos, -tas [tre'zẽtus, tas] NUM three hundred
TRH ABR F (= *terapia de reposição hormonal*) HRT
tríade ['triadʒi] F triad
triagem ['trjaʒẽ] F selection; (*separação*) sorting; **fazer uma ~ de** to make a selection of, sort out
triangular [trjãgu'lar] ADJ triangular
triângulo ['trjãgulu] M triangle
triatlo [tri'atlu] M triathlon
tribal [tri'baw] (*pl* **-ais**) ADJ tribal
tribo ['tribu] F tribe
tribulação [tribula'sãw] (*pl* **-ões**) F tribulation, affliction
tribuna [tri'buna] F platform, rostrum; (*Rel*) pulpit
tribunal [tribu'naw] (*pl* **-ais**) M court; (*comissão*) tribunal; **~ de apelação** *ou* **de recursos** court of appeal; **T~ de Justiça/Contas** Court of Justice/Accounts; **T~ do Trabalho** Industrial Tribunal
tributação [tributa'sãw] F taxation
tributar [tribu'tar] VT (*impor impostos a*) to tax; (*pagar*) to pay
tributário, -a [tribu'tarju, a] ADJ tax *atr* ▶ M (*de rio*) tributary
tributável [tribu'tavew] (*pl* **-eis**) ADJ taxable
tributo [tri'butu] M tribute; (*imposto*) tax
tricampeão, -peã [trikã'pjãw, 'pjã] (*pl* **-ões/-s**) M/F three-time champion
tricô [tri'ko] M knitting; **artigos de ~** knitted goods, knitwear *sg*; **ponto de ~** plain stitch
tricolor [triko'lor] ADJ three-coloured (*BRIT*), three-colored (*US*)
tricotar [triko'tar] VT, VI to knit
tridimensional [tridimẽsjo'naw] (*pl* **-ais**) ADJ three-dimensional
triênio ['trjenju] M three-year period
trigal [tri'gaw] (*pl* **-ais**) M wheat field
trigêmeo, -a [tri'ʒemju, a] M/F triplet
trigésimo, -a [tri'ʒɛzimu, a] ADJ thirtieth; *ver tb* **quinto**
trigo ['trigu] M wheat
trigonometria [trigonome'tria] F trigonometry
trigueiro, -a [tri'gejru, a] ADJ dark, swarthy
trilátero, -a [tri'lateru, a] ADJ trilateral
trilha ['triʎa] F (*caminho*) path; (*rasto*) track, trail; (*Comput*) track; **~ sonora** soundtrack
trilhado, -a [tri'ʎadu, a] ADJ (*pisado*) well-worn, well-trodden; (*percorrido*) covered
trilhão [tri'ʎãw] (*pl* **-ões**) M billion (*BRIT*), trillion (*US*)
trilhar [tri'ʎar] VT (*vereda*) to tread, wear
trilho ['triʎu] M (*BR Ferro*) rail; (*vereda*) path, track
trilhões [tri'ʎõjs] MPL *de* **trilhão**
trilíngue [tri'lĩgwi] ADJ trilingual
trilogia [trilo'ʒia] F trilogy
trimestral [trimes'traw] (*pl* **-ais**) ADJ quarterly
trimestralidade [trimestrali'dadʒi] F quarterly payment
trimestralmente [trimestraw'mẽtʃi] ADV quarterly
trimestre [tri'mɛstri] M (*Educ*) term; (*Com*) quarter
trinca ['trĩka] F set of three; (*col: trio*) threesome
trincar [trĩ'kar] VT to crunch; (*morder*) to bite; (*dentes*) to grit ▶ VI to crunch
trinchar [trĩ'ʃar] VT to carve
trincheira [trĩ'ʃejra] F trench
trinco ['trĩku] M latch
trindade [trĩ'dadʒi] F: **a T~** the Trinity; **trindades** FPL (*sino*) angelus *sg*
Trinidad e Tobago [trinidadʒito'bagu] M Trinidad and Tobago
trinta ['trĩta] NUM thirty; *ver tb* **cinquenta**
trio ['triu] M trio; **~ elétrico**; *see note*

> **Trios elétricos** are lorries, carrying floats equipped for sound and/or live music, which parade through the streets during *carnaval*, especially in Bahia. Bands and

popular performers on the floats draw crowds by giving frenzied performances of various types of music.

tripa ['tripa] F gut, intestine; **tripas** FPL (*intestinos*) bowels; (*vísceras*) guts; (*Culin*) tripe *sg*; **fazer das ~s coração** to make a great effort

tripé [tri'pɛ] M tripod

tríplex ['tripleks] ADJ INV three-storey (BRIT), three-story (US) ▶ M INV three-stor(e)y apartment

triplicar [tripli'kar] VT, VI to treble; **triplicar-se** VR to treble

Trípoli ['tripoli] N Tripoli

tripulação [tripula'sãw] (*pl* **-ões**) F crew

tripulante [tripu'lãtʃi] M/F crew member

tripular [tripu'lar] VT to man

trisavô, -vó [triza'vo, 'vɔ] M/F great-great-grandfather/mother

triste ['tristʃi] ADJ sad; (*lugar*) depressing

tristeza [tris'teza] F sadness; (*de lugar*) gloominess; **esse professor é uma ~** (*col*) this teacher is awful

tristonho, -a [tris'tɔɲu, a] ADJ sad, melancholy

triturar [tritu'rar] VT (*moer*) to grind; (*espancar*) to beat to a pulp; (*afligir*) to beset

triunfal [trjũ'faw] (*pl* **-ais**) ADJ triumphal

triunfante [trjũ'fãtʃi] ADJ triumphant

triunfar [trjũ'far] VI to triumph

triunfo ['trjũfu] M triumph

trivial [tri'vjaw] (*pl* **-ais**) ADJ common(place), ordinary; (*insignificante*) trivial, trifling ▶ M (*pratos*) everyday food

trivialidade [trivjali'dadʒi] F triviality; **trivialidades** FPL (*futilidades*) trivia *sg*

triz [triz] M: **por um ~** by a hair's breadth; **escapar por um ~** to have a narrow escape

troca ['trɔka] F exchange, swap; **em ~ de** in exchange for

troça ['trɔsa] F ridicule, mockery; **fazer ~ de** to make fun of

trocadilho [troka'dʒiʎu] M pun, play on words

trocado [tro'kadu] M: **~(s)** (small) change

trocador, a [troka'dor(a)] M/F (*em ônibus*) conductor

trocar [tro'kar] VT to exchange, swap; (*mudar*) to change; (*inverter*) to change ou swap round; (*confundir*) to mix up; **trocar-se** VR to change; **~ dinheiro** to change money; **~ algo por algo** to exchange ou swap sth for sth; **~ algo de lugar** to move sth; **~ de roupa/lugar** to change (clothes)/places; **~ de bem/mal** to make up/fall out

troçar [tro'sar] VI: **~ de** to ridicule, make fun of

troca-troca (*pl* **troca-trocas**) M swap

trocista [tro'sista] M/F joker

troco ['troku] M (*dinheiro*) change; (*revide*) retort, rejoinder; **a ~ de** at the cost of; (*por causa de*) because of; **em ~ de** in exchange for; **dar o ~ a alguém** (*fig*) to pay sb back

troço ['trɔsu] (BR col) M (*coisa inútil*) piece of junk; (*coisa*) thing; **ser ~** (*pessoa*) to be a big-shot; **ser um ~** to be amazing; **ter um ~** (*sentir-se mal*) to be taken bad; (*zangar-se*) to get mad; **senti** *ou* **me deu um ~** I felt bad; **ele é um ~ de feio** he's incredibly ugly; **meus ~s** my things

troféu [tro'fɛw] M trophy

tromba ['trõba] F (*do elefante*) trunk; (*de outro animal*) snout; (*col*) poker face; **estar de ~** (*col*) to be poker-faced

trombada [trõ'bada] F crash; **dar uma ~** to have a crash

tromba-d'água (*pl* **trombas-d'água**) F waterspout; (*chuva*) downpour

trombadinha [trõba'dʒiɲa] F child thief

trombeta [trõ'beta] F (*Mús*) trumpet

trombone [trõ'boni] M (*Mús*) trombone; **botar a boca no ~** (*fig: col*) to tell the world

trombose [trõ'bɔzi] F thrombosis

trombudo, -a [trõ'budu, a] ADJ (*fig*) poker-faced

trompa ['trõpa] F (*Mús*) horn; **~ de Falópio** (*Anat*) Fallopian tube

tronchar [trõ'ʃar] VT to cut off, chop off

troncho, -a ['trõʃu, a] ADJ (*torto*) crooked; **~ de uma perna** one-legged

tronco ['trõku] M (*caule*) trunk; (*ramo*) branch; (*de corpo*) torso, trunk; (*de família*) lineage; (*Tel*) trunk line

troncudo, -a [trõ'kudu, a] ADJ stocky

trono ['tronu] M throne

tropa ['trɔpa] F troop, gang; (*Mil*) troop; (*exército*) army; **ir para a ~** (PT) to join the army; **~ de choque** riot police, riot squad

tropeção [trope'sãw] (*pl* **-ões**) M trip-up; (*fig*) faux pas, slip-up; **dar um ~ (em)** to stumble (on)

tropeçar [trope'sar] VI to stumble, trip; (*fig*) to blunder; **~ em dificuldades** to meet with difficulties

tropeço [tro'pesu] M stumbling block

tropeções [trope'sõjs] MPL *de* **tropeção**

trôpego, -a ['tropegu, a] ADJ shaky, unsteady

tropel [tro'pew] (*pl* **-éis**) M (*ruído*) uproar, tumult; (*confusão*) confusion; (*estrépito de pés*) stamping of feet; (*turbamulta*) mob

tropical [tropi'kaw] (*pl* **-ais**) ADJ tropical

trópico ['trɔpiku] M tropic; **T~ de Câncer/Capricórnio** Tropic of Cancer/Capricorn

troquei *etc* [tro'kej] VB *ver* **trocar**

trotar [tro'tar] VI to trot

trote ['trɔtʃi] M trot; (*por telefone etc*) hoax call; (: *obsceno*) obscene call; (*em calouro*) trick; **passar um ~** to play a hoax

trottoir [tro'twar] M: **fazer ~** to go on the streets (as a prostitute)

trouxa ['troʃa] ADJ (*col*) gullible ▶ F bundle of clothes ▶ M/F (*col: pessoa*) sucker

trouxe *etc* ['trosi] VB *ver* **trazer**

trova ['trɔva] F ballad, folksong

trovador [trova'dor] M troubadour, minstrel

trovão [tro'vãw] (*pl* **-ões**) M clap of thunder; (*trovoada*) thunder

trovejar [trove'ʒar] vi to thunder
trovoada [tro'vwada] F thunderstorm
trovoar [tro'vwar] vi to thunder
trovões [tro'võjs] MPL de **trovão**
TRT (BR) ABR M = **Tribunal Regional do Trabalho**
TRU (BR) ABR F = **Taxa Rodoviária Única**
trucidar [trusi'dar] vt to butcher, slaughter
truculência [truku'lẽsja] F cruelty, barbarism
truculento [truku'lẽtʃi] ADJ cruel, barbaric
trufa ['trufa] F (Bot) truffle
truísmo [tru'izmu] M truism
trumbicar-se [trũbi'karsi] (col) VR to come a cropper
truncar [trũ'kar] VT to chop off, cut off; (texto) to garble
trunfo ['trũfu] M trump (card)
truque ['truki] M trick; (publicitário) gimmick
truste ['trustʃi] M trust, monopoly
truta ['truta] F trout
TSE (BR) ABR M = **Tribunal Superior Eleitoral**
TST (BR) ABR M = **Tribunal Superior do Trabalho**
tu [tu] PRON you
tua ['tua] F de **teu**
tuba ['tuba] F tuba
tubarão [tuba'rãw] (pl -ões) M shark
tubário, -a [tu'barju, a] ADJ: **gravidez tubária** ectopic pregnancy
tubarões [tuba'rõjs] MPL de **tubarão**
tuberculose [tuberku'lɔzi] F tuberculosis, TB
tuberculoso, -a [tuberku'lozu, ɔza] ADJ suffering from tuberculosis ▶ M/F TB sufferer
tubinho [tu'biɲu] M tube dress
tubo ['tubu] M tube, pipe; **~ de ensaio** test tube; **gastar/custar os ~s** (col) to spend/cost a bomb
tubulação [tubula'sãw] F piping, plumbing; **entrar pela ~** to come a cropper
tubular [tubu'lar] ADJ tubular
tucano [tu'kanu] M toucan
tudo ['tudu] PRON everything; **~ quanto** everything that; **antes de ~** first of all; **apesar de ~** despite everything; **acima de ~** above all; **depois de ~** after all; **~ ou nada** all or nothing; **estar com ~** to be sitting pretty
tufão [tu'fãw] (pl -ões) M typhoon
tugúrio [tu'gurju] M (cabana) hut, shack; (refúgio) shelter
tuitar [twi'tar] VT, VI to tweet
tulipa [tu'lipa] F tulip; (copo) tall glass
tumba ['tũba] F (sepultura) tomb; (lápide) tombstone
tumido, -a [tu'midu, a] ADJ (inchado) swollen
tumor [tu'mor] M tumour (BRIT), tumor (US); **~ benigno/maligno** benign/malignant tumo(u)r; **~ cerebral** brain tumo(u)r
tumular [tumu'lar] ADJ (pedra) tomb atr; (silêncio) like the grave
túmulo ['tumulu] M tomb; (sepultura) burial; **ser um ~** (pessoa) to be very discreet

tumulto [tu'muwtu] M (confusão) uproar, trouble; (grande movimento) bustle; (balbúrdia) hubbub; (motim) riot
tumultuado, -a [tumuw'twadu, a] ADJ riotous, heated
tumultuar [tumuw'twar] VT (fazer tumulto em) to disrupt; (amotinar) to rouse, incite
tumultuoso, -a [tumuw'twozu, ɔza] ADJ tumultuous; (revolto) stormy
tunda ['tũda] F thrashing, beating; (fig) dressing-down
túnel ['tunew] (pl -eis) M tunnel
túnica ['tunika] F tunic
Tunísia [tu'nizja] F: **a ~** Tunisia
tupi [tu'pi] M Tupi (tribe); (Ling) Tupi ▶ M/F Tupi Indian
tupi-guarani [-gwara'ni] M see note

| **Tupi-guarani** is an important branch of indigenous languages from the tropical region of South America. It takes in thirty indigenous peoples and includes Tupi, Guarani, and other languages. Before Brazil was discovered by the Portuguese it had 1,300 indigenous languages, 87% of which are now extinct due to the extermination of indigenous peoples and the loss of territory.

tupiniquim [tupini'kĩ] (pl -ns) (pej) ADJ Brazilian (Indian)
turba ['turba] F throng; (em desordem) mob
turbamulta [turba'muwta] F mob
turbante [tur'bãtʃi] M turban
turbar [tur'bar] VT (escurecer) to darken, cloud; (perturbar) to perturb; **turbar-se** VR to be perturbed
turbilhão [turbi'ʎãw] (pl -ões) M (de vento) whirlwind; (de água) whirlpool; **um ~ de** a whirl of
turbina [tur'bina] F turbine; **~ eólica** wind turbine
turbulência [turbu'lẽsja] F turbulence
turbulento, -a [turbu'lẽtu, a] ADJ turbulent, stormy; (pessoa) disorderly
turco, -a ['turku, a] ADJ Turkish ▶ M/F Turk ▶ M (Ling) Turkish
turfa ['turfa] F peat
turfe ['turfi] M horse-racing
túrgido, -a ['turʒidu, a] ADJ swollen, bloated
turíbulo [tu'ribulu] M incense-burner
turismo [tu'rizmu] M tourism; (indústria) tourist industry; **fazer ~** to go sightseeing; **agência de ~** travel agency
turista [tu'rista] M/F tourist; (aluno) persistent absentee ▶ ADJ (classe) tourist atr
turístico, -a [tu'ristʃiku, a] ADJ tourist atr; (viagem) sightseeing atr
turma ['turma] F group; (Educ) class; **a ~ da pesada** (col) the in crowd
turnê [tur'ne] F tour
turnedô [turne'do] M (Culin) tournedos
turno ['turnu] M shift; (vez) turn; (Esporte, de eleição) round; **por ~s** alternately, by turns, in turn; **~ da noite** night shift

turquesa [tur'keza] ADJ INV turquoise
Turquia [tur'kia] F: **a ~** Turkey
turra ['tuha] F (*disputa*) argument, dispute; **andar** *ou* **viver às ~s** to be at loggerheads
turvar [tur'var] VT to cloud; (*escurecer*) to darken; **turvar-se** VR to become clouded; to darken
turvo, -a ['turvu, a] ADJ clouded
tusso *etc* ['tusu] VB *ver* **tossir**
tusta ['tusta] (*col*) M: **nem um ~** not a penny
tutano [tu'tanu] M (*Anat*) marrow
tutela [tu'tɛla] F protection; (*Jur*) guardianship; **estar sob a ~ de** (*fig*) to be under the protection of
tutelar [tute'lar] ADJ protective; (*Jur*) guardian ▶ VT to protect; to act as a guardian to
tutor, a [tu'tor(a)] M/F guardian
tutu [tu'tu] M (*Culin*) beans, bacon and manioc flour; (*de balé*) tutu; (*col: dinheiro*) cash
TV [te've] ABR F (= *televisão*) TV
TVE (BR) ABR F (= *Televisão Educativa*) *educational television station*
TVS (BR) ABR F = **Televisão Stúdio Sílvio Santos**
tweed ['twidʒi] M tweed

Uu

U, u [u] (*pl* **us**) M U, u; **U de Úrsula** U for Uncle
uai [waj] EXCL ah
UBE ABR F = **União Brasileira de Empresários**
úbere ['uberi] ADJ fertile ▶ M udder
ubérrimo, -a [u'bɛhimu, a] ADJ SUPERL *de* **úbere**
ubiquidade [ubikwi'dadʒi] F ubiquity
ubíquo, -a [u'bikwu, a] ADJ ubiquitous
Ucrânia [u'kranja] F: **a ~** the Ukraine
UD (BR) ABR F = **Feira de Utilidades Domésticas**
UDN ABR F (= *União Democrática Nacional*) former Brazilian political party
UE ABR F (= *União Europeia*) EU
ué [wɛ] EXCL what?, just a minute!
UERJ ['wɛrʒi] ABR F = **Universidade Estadual do Rio de Janeiro**
ufa ['ufa] EXCL phew!
ufanar-se [ufa'narsi] VR: **~ de** to take pride in, pride o.s. on
ufanismo [ufa'nizmu] (BR) M boastful nationalism, chauvinism
Uferj [u'fɛrʒi] ABR F = **Unidade Fiscal do Estado do Rio de Janeiro**
UFF ABR F = **Universidade Federal Fluminense**
UFMG ABR F = **Universidade Federal de Minas Gerais**
UFPE ABR F = **Universidade Federal de Pernambuco**
UFRJ ABR F = **Universidade Federal do Rio de Janeiro**
Uganda [u'gãda] M Uganda
ugandense [ugã'dẽsi] ADJ, M/F Ugandan
uh [uh] EXCL ooh!; (*de repugnância*) ugh!
ui [ui] EXCL (*de dor*) ouch, ow; (*de surpresa*) oh; (*de repugnância*) ugh
uísque ['wiski] M whisky (BRIT), whiskey (US)
uisqueria [wiske'ria] F whisk(e)y bar
uivada [wi'vada] F howl
uivante [wi'vãtʃi] ADJ howling
uivar [wi'var] VI to howl; (*berrar*) to yell
uivo ['wivu] M howl; (*fig*) yell
úlcera ['uwsera] F ulcer
ulceração [uwsera'sãw] F ulceration
ulcerar [uwse'rar] VT, VI to ulcerate; **ulcerar-se** VR to ulcerate
ulceroso, -a [uwse'rozu, ɔza] ADJ ulcerous
ulterior [ulte'rjor] ADJ (*além*) further, farther; (*depois*) later, subsequent

ulteriormente [uwterior'mẽtʃi] ADV later on, subsequently
ultimamente [uwtʃima'mẽtʃi] ADV lately
ultimar [uwtʃi'mar] VT to finish; (*negócio, compra*) to complete
ultimato [uwtʃi'matu] M ultimatum
ultimátum [uwtʃi'matũ] M = **ultimato**
último, -a ['uwtʃimu, a] ADJ last; (*mais recente*) latest; (*qualidade*) lowest; (*fig*) final; **por ~** finally; **fazer algo por ~** to do sth last; **nos ~s anos** in recent years; **em ~ caso** if the worst comes to the worst; **pela última vez** (for) the last time; **a última** (*notícia*) the latest (news); (*absurdo*) the latest folly; **dizer as últimas a alguém** to insult sb; **estar nas últimas** (*na miséria*) to be down and out; (*agoniando*) to be on one's last legs
ultra... [uwtra-] PREFIXO ultra-
ultracheio, -a [uwtra'ʃeju, a] ADJ packed
ultrajante [uwtra'ʒãtʃi] ADJ outrageous; (*que insulta*) insulting
ultrajar [uwtra'ʒar] VT to outrage; (*insultar*) to insult, offend
ultraje [uw'traʒi] M outrage; (*insulto*) insult, offence (BRIT), offense (US)
ultraleve [uwtra'lɛvi] ADJ ultralight ▶ M microlite
ultramar [uwtra'mar] M overseas
ultramarino, -a [uwtrama'rinu, a] ADJ overseas
ultramoderno, -a [uwtramo'dɛrnu, a] ADJ ultramodern
ultrapassado, -a [uwtrapa'sadu, a] ADJ (*ideias etc*) outmoded
ultrapassagem [uwtrapa'saʒẽ] F overtaking (BRIT), passing (US)
ultrapassar [uwtrapa'sar] VT (*atravessar*) to cross, go beyond; (*ir além de*) to exceed; (*transgredir*) to overstep; (*Auto*) to overtake (BRIT), pass (US); (*ser superior a*) to surpass ▶ VI (*Auto*) to overtake (BRIT), pass (US)
ultrassecreto, -a [uwtrase'krɛtu, a] ADJ top secret
ultrassensível [uwtrasẽ'sivew] (*pl* **-eis**) ADJ hypersensitive
ultrassom [uwtra'sõ] M ultrasound
ultrassônico, -a [uwtra'soniku, a] ADJ ultrasonic; (*Med*) ultrasound *atr*
ultrassonografia [uwtrasonogra'fia] F ultrasound scanning

ultravioleta [uwtravjo'leta] ADJ ultraviolet
ululante [ulu'lãtʃi] ADJ howling; *(mentira, óbvio)* blatant
ulular [ulu'lar] VI to howl, wail ▶ M howling, wailing

(PALAVRA-CHAVE)

um, a [ũ, 'uma] *(pl* **uns/umas)** NUM one; **um e outro** both; **um a um** one by one; **à uma (hora)** at one (o'clock)
▶ ADJ: **uns cinco** about five; **uns poucos** a few
▶ ART INDEF **1** *(sg)* a; *(: antes de vogal ou 'h' mudo)* an; *(pl)* some; **um livro** a book; **uma maçã** an apple
2 *(dando ênfase)*: **estou com uma fome!** I'm so hungry!; **ela é de uma beleza incrível** she's incredibly beautiful
3: **um ao outro** one another; *(entre dois)* each other

umbanda [ũ'bãda] M umbanda *(Afro-Brazilian cult)*
umbigo [ũ'bigu] M navel
umbilical [ũbili'kaw] *(pl* **-ais)** ADJ: **cordão ~** umbilical cord
umbral [ũ'braw] *(pl* **-ais)** M *(limiar)* threshold
umedecer [umede'ser] VT to moisten, wet; **umedecer-se** VR to get wet
umedecido, -a [umede'sidu, a] ADJ damp
umidade [umi'dadʒi] F dampness; *(clima)* humidity
úmido, -a ['umidu, a] ADJ wet, moist; *(roupa)* damp; *(clima)* humid
unânime [u'nanimi] ADJ unanimous
unanimidade [unanimi'dadʒi] F unanimity
unção [ũ'sãw] F anointing; *(Rel)* unction
UNE (BR) ABR F = **União Nacional de Estudantes**
UNESCO [u'nɛsku] ABR F UNESCO
ungir [ũ'ʒir] VT to rub with ointment; *(Rel)* to anoint
unguento [ũ'gwẽtu] M ointment
unha ['uɲa] F nail; *(garra)* claw; **com ~s e dentes** tooth and nail; **ser ~ e carne (com)** to be hand in glove (with); **fazer as ~s** to do one's nails; *(por outra pessoa)* to have one's nails done; **~ encravada** *(no pé)* ingrowing toenail
unhada [u'ɲada] F scratch
unha de fome *(pl* **unhas de fome)** ADJ mean ▶ M/F miser
unhar [u'ɲar] VT to scratch
união [u'njãw] *(pl* **-ões)** F union; *(ato)* joining; *(unidade, solidariedade)* unity; *(casamento)* marriage; *(Tec)* joint; **a U~ Soviética** the Soviet Union; **a ~ faz a força** unity is strength; **a U~** *(no Brasil)* the Union, the Federal Government; **a U~ Europeia** the European Union
unicamente [unika'mẽtʃi] ADV only
único, -a ['uniku, a] ADJ only; *(sem igual)* unique; *(um só)* single; **ele é o ~ que ...** he is

the only one who ...; **ela é filha única** she's an only child; **um caso ~** a one-off; **preço ~** one price
unicórnio [uni'kɔrnju] M unicorn
unidade [uni'dadʒi] F unity; *(Tec, Com)* unit; **~ central de processamento** *(Comput)* central processing unit; **~ de disco** *(Comput)* disk drive
unido, -a [u'nidu, a] ADJ joined, linked; *(fig)* united; **manter-se ~s** to stick together
Unif [u'nifi] (BR) ABR F = **Unidade Fiscal**
unificação [unifika'sãw] F unification
unificar [unifi'kar] VT to unite; **unificar-se** VR to join together
uniforme [uni'fɔrmi] ADJ uniform; *(semelhante)* alike, similar; *(superfície)* even
▶ M uniform; **de ~** uniformly
uniformidade [uniformi'dadʒi] F uniformity
uniformizado, -a [uniformi'zadu, a] ADJ *(uniforme)* uniform, standardized; *(vestido de uniforme)* in uniform
uniformizar [uniformi'zar] VT to standardize; *(pessoa)* to put into uniform; **uniformizar-se** VR to put on one's uniform
unilateral [unilate'raw] *(pl* **-ais)** ADJ unilateral
unilíngue [uni'lĩgwi] ADJ monolingual
uniões [u'njõjs] FPL *de* **união**
unir [u'nir] VT *(juntar)* to join together; *(ligar)* to link; *(pessoas, fig)* to unite; *(misturar)* to mix together; *(atar)* to tie together; **unir-se** VR to come together; *(povos etc)* to unite; **~-se a alguém** to join forces with sb
unissex [uni'sɛks] ADJ INV unisex
uníssono [u'nisonu] M: **em ~** in unison
Unita [u'nita] ABR F (= *União Nacional pela Libertação de Angola*) Unita
unitário, -a [uni'tarju, a] ADJ *(preço)* unit *atr;* *(Pol)* unitarian ▶ M/F *(Pol, Rel)* unitarian
universal [univer'saw] *(pl* **-ais)** ADJ universal; *(geral)* general; *(mundial)* worldwide; *(espírito)* broad
universalidade [universali'dadʒi] F universality
universalizar [universali'zar] VT to universalize
universidade [universi'dadʒi] F university
universitário, -a [universi'tarju, a] ADJ university *atr* ▶ M/F *(professor)* lecturer; *(aluno)* university student
universo [uni'vɛrsu] M universe; *(mundo)* world
unjo *etc* ['ũʒu] VB *ver* **ungir**
uno, -a ['unu, a] ADJ one
uns [ũs] MPL *de* **um**
untar [ũ'tar] VT *(esfregar)* to rub; *(com óleo, manteiga)* to grease
upa ['upa] EXCL *(quando algo cai)* whoops!; *(para animar a se levantar)* up you get!; *(de espanto)* wow!
UPC (BR) ABR F = **Unidade Padrão de Capital**
Urais [u'rajs] MPL: **os ~** the Urals
urânio [u'ranju] M uranium
Urano [u'ranu] M Uranus

urbanidade [urbani'dadʒi] F courtesy, politeness
urbanismo [urba'nizmu] M town planning
urbanista [urba'nista] M/F town planner
urbanístico, -a [urba'nistʃiku, a] ADJ town planning *atr*
urbanização [urbaniza'sãw] F urbanization
urbanizado, -a [urbani'zadu, a] ADJ (*zona*) built-up
urbanizar [urbani'zar] VT to urbanize; (*pessoa*) to refine
urbano, -a [ur'banu, a] ADJ (*da cidade*) urban; (*fig*) urbane
urbe ['urbi] F city
urdir [ur'dʒir] VT to weave; (*fig: maquinar*) to weave, hatch
urdu [ur'du] M (*Ling*) Urdu
uretra [u'retra] F urethra
urgência [ur'ʒẽsja] F urgency; **com toda ~** as quickly as possible; **de ~** urgent; **pedir algo com ~** to ask for sth insistently
urgente [ur'ʒẽtʃi] ADJ urgent
urgir [ur'ʒir] VI to be urgent; (*tempo*) to be pressing ▶ VT to require urgently; **são providências que urge sejam tomadas** they are steps which urgently need to be taken; **urge fazermos** we must do
urina [u'rina] F urine
urinado, -a [uri'nadu, a] ADJ (*molhado*) soaked with urine; (*manchado*) urine-stained
urinar [uri'nar] VI to urinate ▶ VT (*sangue*) to pass; (*cama*) to wet; **urinar-se** VR to wet o.s.
urinário, -a [uri'narju, a] ADJ urinary
urinol [uri'nɔw] (*pl* **-óis**) M chamber pot
urna ['urna] F urn; **urnas** FPL (*eleições*): **as ~s** the polls; **~ eleitoral** ballot box
urologia [uroloˈʒia] F urology
urologista [urolo'ʒista] M/F urologist
URP (BR) ABR F = **Unidade de Referência de Preços**
URPE (BR) ABR FPL = **Urgências Pediátricas**
urrar [u'har] VT, VI to roar; (*de dor*) to yell
urro ['uhu] M roar; (*de dor*) yell
ursa ['ursa] F bear; **U~ Maior/Menor** Ursa Major/Minor
urso ['ursu] M bear
urso-branco (*pl* **ursos-brancos**) M polar bear
URSS ABR F (= *União das Repúblicas Socialistas Soviéticas*): **a ~** the USSR
urticária [urtʃi'karja] F nettle rash
urtiga [ur'tʃiga] F nettle
urubu [uru'bu] M vulture
urubusservar [urubuser'var] (*col*) VT, VI to watch
urucubaca [uruku'baka] F bad luck; **estar com uma ~** to be unlucky
Uruguai [uru'gwaj] M: **o ~** Uruguay
uruguaio, -a [uru'gwaju, a] ADJ, M/F Uruguayan
urze ['urzi] M heather
usado, -a [u'zadu, a] ADJ used; (*comum*) common; (*roupa*) worn; (*gasto*) worn out; (*de segunda mão*) second-hand; **~ a** (*acostumado*) accustomed to
usar [u'zar] VT (*servir-se de*) to use; (*vestir*) to wear; (*gastar com o uso*) to wear out; (*barba, cabelo curto*) to have, wear ▶ VI: **~ de** to use; **~ fazer** to be in the habit of doing; **modo de ~** directions *pl*
usina [u'zina] F (*fábrica*) factory; (*de energia*) plant; **~ de açúcar** sugar mill; **~ de aço** steelworks; **~ hidrelétrica** hydroelectric power station; **~ termonuclear** nuclear power plant
usineiro, -a [uzi'nejru, a] ADJ plant *atr* ▶ M/F sugar mill owner
uso ['uzu] M (*emprego*) use; (*utilização*) usage; (*prática*) practice; (*moda*) fashion; (*costume*) custom; (*vestir*) wearing; **~ e desgaste normal** (*Com*) fair wear and tear
USP ['uspi] ABR F = **Universidade de São Paulo**
usual [u'zwaw] (*pl* **-ais**) ADJ usual; (*comum*) common
usuário, -a [u'zwarju, a] M/F user; **~ do telefone** telephone subscriber
usucapião [uzuka'pjãw] M (*Jur*) prescription
usufruir [uzu'frwir] VT to enjoy ▶ VI: **~ de** to enjoy
usufruto [uzu'frutu] M (*Jur*) usufruct
usura [u'zura] F (*juro*) interest; (*avareza*) avarice
usurário, -a [uzu'rarju, a] M/F (*avaro*) miser; (*col: agiota*) loan shark ▶ ADJ avaricious
usurpar [uzur'par] VT to usurp
úteis ['utejs] PL *de* **útil**
utensílio [utẽ'silju] M utensil
uterino, -a [ute'rinu, a] ADJ uterine
útero ['uteru] M womb, uterus
UTI ['utʃi] ABR F (= *Unidade de Terapia Intensiva*) intensive care (unit), ICU
útil ['utʃiw] (*pl* **-eis**) ADJ useful; (*vantajoso*) profitable, worthwhile; (*tempo*) working; (*prazo*) stipulated; **dias úteis** weekdays, working days; **em que lhe posso ser ~?** how can I be of assistance (to you)?
utilidade [utʃili'dadʒi] F usefulness; (*vantagem*) advantage; (*utensílio*) utility
utilitário, -a [utʃili'tarju, a] ADJ utilitarian, practical; (*pessoa*) matter-of-fact, pragmatic; (*veículo*) general purpose *atr*; **programa ~** (*Comput*) utilities program
utilização [utʃiliza'sãw] F use
utilizador, a [utʃiliza'dor(a)] (PT) M/F user
utilizar [utʃili'zar] VT to use; **utilizar-se** VR: **~-se de** to make use of
utilizável [utʃili'zavew] (*pl* **-eis**) ADJ usable
utopia [uto'pia] F Utopia
utópico, -a [u'tɔpiku, a] ADJ Utopian
uva ['uva] F grape; (*col: mulher*) peach; (: *coisa*) lovely thing; **ser uma ~** (*pessoa, objeto*) to be lovely; **uma ~ de pessoa/broche** a lovely person/brooch
úvula ['uvula] F uvula

Vv

V, v [ve] (*pl* **vs**) M V, v; **V de Vera** V for Victor
v ABR (= *volt*) v
vá *etc* [va] VB *ver* **ir**
vã [vã] F *de* **vão²**
vaca ['vaka] F cow; **carne de ~** beef; **tempo das ~s magras** (*fig*) lean period; **a ~ foi para o brejo** (*fig*) everything went wrong; **voltar à ~ fria** to get back to the subject
vacância [va'kãsja] F vacancy
vacante [va'kãtʃi] ADJ vacant
vaca-preta (*pl* **vacas-pretas**) F coca-cola with ice cream
vacilação [vasila'sãw] F (*hesitação*) hesitation; (*balanço*) swaying
vacilada [vasi'lada] F slip-up; **dar uma ~** (*col*) to slip up
vacilante [vasi'lãtʃi] ADJ (*hesitante*) hesitant; (*pouco firme*) unsteady; (*luz*) flickering
vacilar [vasi'lar] VI (*hesitar*) to hesitate; (*balançar*) to sway; (*cambalear*) to stagger; (*luz*) to flicker; (*col*) to slip up
vacina [va'sina] F vaccine
vacinação [vasina'sãw] (*pl* **-ões**) F vaccination
vacinar [vasi'nar] VT to vaccinate; (*fig*) to immunize; **vacinar-se** VR to take vaccine
vacuidade [vakwi'dadʒi] F emptiness
vacum [va'kũ] ADJ: **gado ~** cattle
vácuo ['vakwu] M vacuum; (*fig*) void; (*espaço*) space; **empacotado a ~** vacuum-packed
vadear [va'dʒjar] VT to wade through
vadiação [vadʒja'sãw] F vagrancy
vadiagem [va'dʒjaʒẽ] F = **vadiação**
vadiar [va'dʒjar] VI to lounge about; (*não trabalhar*) to idle about; (*não estudar*) to skive; (*perambular*) to wander
vadio, -a [va'dʒiu, a] ADJ (*ocioso*) idle, lazy; (*vagabundo*) vagrant ▶ M/F idler; vagabond, vagrant
vaga ['vaga] F (*onda*) wave; (*em hotel, trabalho*) vacancy; (*em estacionamento*) parking place; **ser bom de ~** to be good at parking
vagabundear [vagabũ'dʒjar] VI to wander about, roam about; (*vadiar*) to laze around
vagabundo, -a [vaga'būdu, a] ADJ vagrant; (*vadio*) lazy, idle; (*de má qualidade*) shoddy; (*canalha*) rotten; (*mulher*) easy ▶ M/F tramp; (*canalha*) bum
vagalhão [vaga'ʎãw] (*pl* **-ões**) M big wave, breaker

vaga-lume [vaga'lumi] (*pl* **vaga-lumes**) M (*Zool*) glow-worm; (*no cinema*) usher
vagão [va'gãw] (*pl* **-ões**) M (*de passageiros*) carriage; (*de cargas*) wagon
vagão-leito (*pl* **vagões-leitos**) (PT) M sleeping car
vagão-restaurante (*pl* **vagões-restaurantes**) M buffet car
vagar [va'gar] VI to wander about, roam about; (*barco*) to drift; (*ficar vago*) to be vacant ▶ M slowness; **fazer algo com mais ~** to do sth at a more leisurely pace
vagareza [vaga'reza] F slowness; **com ~** slowly
vagaroso, -a [vaga'rozu, ɔza] ADJ slow
vagem ['vaʒẽ] (*pl* **-ns**) F green bean
vagido [va'ʒidu] M wail
vagina [va'ʒina] F vagina
vaginal [vaʒi'naw] (*pl* **-ais**) ADJ vaginal
vago, -a ['vagu, a] ADJ (*indefinido*) vague; (*desocupado*) vacant, free; **tempo ~, horas vagas** spare time
vagões [va'gõjs] MPL *de* **vagão**
vaguear [va'gjar] VI to wander, roam; (*passear*) to ramble
vai *etc* [vaj] VB *ver* **ir**
vaia ['vaja] F booing
vaiar [va'jar] VT, VI to boo, hiss
vaidade [vaj'dadʒi] F vanity; (*futilidade*) futility
vai da valsa M: **ir no ~** to take life as it comes, go with the flow
vaidoso, -a [vaj'dozu, ɔza] ADJ vain
vai e vem M INV = **vaivém**
vai não vai M INV shilly-shallying
vaivém [vaj'vẽj] M to-ing and fro-ing
vala ['vala] F ditch; **~ comum** pauper's grave
vale ['vali] M valley; (*poético*) vale; (*escrito*) voucher; (*reconhecimento de dívida*) I O U; **~ postal** postal order
valentão, -tona [valẽ'tãw, 'tɔna] (*pl* **-ões/-s**) ADJ tough ▶ M/F tough nut
valente [va'lẽtʃi] ADJ brave
valentia [valẽ'tʃia] F courage, bravery; (*proeza*) feat
valentões [valẽ'tõjs] MPL *de* **valentão**
valentona [valẽ'tɔna] F *de* **valentão**
valer [va'ler] VI to be worth; (*ser válido*) to be

valid; (*ter influência*) to carry weight; (*servir*) to serve; (*ser proveitoso*) to be useful; **valer-se** VR: **~-se de** to use, make use of; **~ a pena** to be worthwhile; **não vale a pena** it isn't worth it; **vale a pena fazer** it is worth doing; **~ a** (*ajudar*) to help; **~ por** (*equivaler*) to be worth the same as; **para ~** (*muito*) very much, a lot; (*realmente*) for real, properly; **vale dizer** in other words; **fazer ~ os seus direitos** to stand up for one's rights; **vale examinar os detalhes** we should examine the details; **mais vale ... (do que ...)** it would be better to ... (than ...); **não vale empurrar** (*Esporte etc*) you're not allowed to push; **assim não vale!** that's not fair!; **vale tudo** anything goes; **ser para ~** (*col*) to be for real; **ou coisa que o valha** or something like it; **valeu!** (*col*) you bet!

valeta [va'leta] F gutter
valete [va'lɛtʃi] M (*Cartas*) jack
vale-tudo M INV (*Esporte*) all-in wrestling; (*fig*) "anything goes" principle
valha *etc* ['vaʎa] VB *ver* **valer**
valia [va'lia] F value; **de grande ~** valuable
validação [valida'sãw] F validation
validade [vali'dadʒi] F validity; (*de cartão de crédito*) expiry date (BRIT), expiration date (US); (*de alimento*) best-before date
validar [vali'dar] VT to validate, make valid
válido, -a ['validu, a] ADJ valid
valioso, -a [va'ljozu, ɔza] ADJ valuable
valise [va'lizi] F case, grip
valor [va'lor] M value; (*mérito*) merit; (*coragem*) courage; (*preço*) price; (*importância*) importance; **valores** MPL (*morais*) values; (*num exame*) marks; (*Com*) securities; **dar ~ a** to value; **sem ~** worthless; **no ~ de** to the value of; **objetos de ~** valuables; **~ nominal** face value; **~ contábil** *ou* **contabilizado** (*Com*) book value; **~ ao par** (*Com*) par value
valorização [valoriza'sãw] F increase in value
valorizar [valori'zar] VT to value; (*aumentar o valor*) to raise the value of; **valorizar-se** VR to go up in value; (*pessoa*) to value o.s.
valoroso, -a [valo'rozu, ɔza] ADJ brave
valsa ['vawsa] F waltz
válvula ['vawvula] F valve
vampe ['vãpi] F vamp, femme fatale
vampiro, -a [vã'piru, a] M/F vampire
vandalismo [vãda'lizmu] M vandalism
vândalo, -a ['vãdalu, a] M/F vandal
vangloriar-se [vãglo'rjarsi] VR: **~ de** to boast of *ou* about
vanguarda [vã'gwarda] F vanguard, forefront; (*arte*) avant-garde; **artista de ~** avant-garde artist
vantagem [vã'taʒẽ] (*pl* **-ns**) F advantage; (*ganho*) profit, benefit; **contar ~** (*col*) to brag, boast; **levar ~** to get the upper hand; **tirar ~ de** to take advantage of
vantajoso, -a [vãta'ʒozu, ɔza] ADJ advantageous; (*lucrativo*) profitable; (*proveitoso*) beneficial

vão¹ [vãw] VB *ver* **ir**
vão², vã [vãw, vã] (*pl* **-s/-s**) ADJ vain; (*fútil*) futile ▶ M (*intervalo*) space; (*de porta etc*) opening; (*Arq*) empty space; **em ~** in vain
vapor [va'por] M steam; (*navio*) steamer; (*de gas*) vapour (BRIT), vapor (US); **cozer no ~** to steam; **ferro a ~** steam iron; **a todo o ~** at full speed
vaporizador [vaporiza'dor] M vaporizer; (*de perfume*) spray
vaporizar [vapori'zar] VT to vaporize; (*perfume*) to spray
vaporoso, -a [vapo'rozu, ɔza] ADJ steamy, misty; (*transparente*) transparent, see-through
vaqueiro [va'kejru] M cowboy, cowhand
vaquinha [va'kiɲa] F: **fazer uma ~** to have a whip-round
vara ['vara] F (*pau*) stick; (*Tec*) rod; (*Jur*) jurisdiction; (*de porcos*) herd; **salto de ~** pole vault; **~ de condão** magic wand
varal [va'raw] (*pl* **-ais**) M clothes line
varanda [va'rãda] F verandah; (*balcão*) balcony
varão, -roa [va'rãw, 'roa] (*pl* **-ões/-s**) ADJ male ▶ M man, male; (*de ferro*) rod
varapau [vara'paw] (*col*) M (*pessoa*) beanpole
varar [va'rar] VT (*furar*) to pierce; (*passar*) to cross ▶ VI to beach, run aground
varejar [vare'ʒar] VT (*com vara*) to beat; (*revistar*) to search
varejeira [vare'ʒejra] F bluebottle
varejista [vare'ʒista] (BR) M/F retailer ▶ ADJ (*mercado*) retail
varejo [va'reʒu] (BR) M (*Com*) retail trade; **loja de ~** retail store; **a ~** retail; **preço no ~** retail price
variação [varja'sãw] (*pl* **-ões**) F variation, change
variado, -a [va'rjadu, a] ADJ varied; (*sortido*) assorted
variante [va'rjãtʃi] ADJ, F variant
variar [va'rjar] VT, VI to vary; **para ~** for a change
variável [va'rjavew] (*pl* **-eis**) ADJ variable; (*tempo, humor*) changeable ▶ F variable
varicela [vari'sɛla] F chickenpox
variedade [varje'dadʒi] F variety; **variedades** FPL (*Teatro*) variety *sg*; **espetáculo/teatro de ~s** variety show/theatre (BRIT) *ou* theater (US)
Varig ['varigi] ABR F (= *Viação Aérea Rio-Grandense*) Brazilian national airline
varinha [va'riɲa] F wand; **~ de condão** magic wand
vário, -a ['varju, a] ADJ (*diverso*) varied; (*pl*) various, several; (*Com*) sundry
varíola [va'riola] F smallpox
varizes [va'rizis] FPL varicose veins
varoa [va'roa] F *de* **varão**
varões [va'rõjs] MPL *de* **varão**
varonil [varo'niw] (*pl* **-is**) ADJ manly, virile
VAR-Palmares ABR F (= *Vanguarda Armada Revolucionária*) former Brazilian terrorist movement

varredor, a [vahe'dor(a)] ADJ sweeping ▸ M/F sweeper; **~ de rua** road sweeper
varrer [va'her] VT to sweep; *(sala)* to sweep out; *(folhas)* to sweep up; *(fig)* to sweep away
varrido, -a [va'hidu, a] ADJ: **um doido ~** a raving lunatic
Varsóvia [var'sɔvja] N Warsaw; **pacto de ~** Warsaw Pact
várzea ['vahzja] F meadow, field
vascular [vasku'lar] ADJ vascular
vasculhar [vasku'ʎar] VT *(pesquisar)* to research; *(remexer)* to rummage through
vasectomia [vazekto'mia] F vasectomy
vaselina® [vaze'lina] F Vaseline®; *(col: pessoa)* smooth talker
vasilha [va'ziʎa] F *(para líquidos)* jug; *(para alimentos)* dish, container; *(barril)* barrel
vaso ['vazu] M pot; *(para flores)* vase; **~ (sanitário)** toilet (bowl); **~ sanguíneo** blood vessel
Vasp ['vaspi] ABR F (= *Viação Aérea de São Paulo*) Brazilian internal airline
vassoura [va'sora] F broom
vastidão [vastʃi'dãw] F vastness, immensity
vasto, -a ['vastu, a] ADJ vast
vatapá [vata'pa] M *fish or chicken with coconut milk, shrimps, peanuts, palm oil and spices*
Vaticano [vatʃi'kanu] M: **o ~** the Vatican; **a Cidade do ~** the Vatican City
vaticinar [vatʃisi'nar] VT to foretell, prophesy
vaticínio [vatʃi'sinju] M prophecy
vau [vaw] M ford, river crossing; *(Náut)* beam
vazamento [vaza'mẽtu] M leak
vazante [va'zãtʃi] F ebb tide
vazão [va'zãw] (*pl* **-ões**) F flow; *(venda)* sale; **dar ~ a** *(expressar)* to give vent to; *(Com)* to clear; *(atender)* to deal with; *(resolver)* to attend to
vazar [va'zar] VT *(tornar vazio)* to empty; *(derramar)* to spill; *(verter)* to pour out ▸ VI to leak; *(maré)* to go out; *(notícia)* to leak; **ser vazado em** *(moldado)* to be modelled on
vazio, -a [va'ziu, a] ADJ empty; *(pessoa)* empty-headed, frivolous; *(cidade)* deserted ▸ M *(tb fig)* emptiness; *(deixado por alguém/algo)* void; **~ de** *(fig: sem)* devoid of
vazões [va'zõjs] FPL *de* **vazão**
VBC (BR) ABR M = **Valor Básico de Custeio**
vê *etc* [ve] VB *ver* **ver**
veado ['vjadu] M deer; (BR col: ofensivo) poof (BRIT!), fag (US!); **carne de ~** venison
vedado, -a [ve'dadu, a] ADJ *(proibido)* forbidden; *(fechado)* enclosed
vedar [ve'dar] VT *(proibir)* to ban, prohibit; *(sangue)* to stop (the flow of); *(buraco)* to stop up; *(garrafa)* to cork; *(entrada, passagem)* to block; *(terreno)* to close off
vedete [ve'dɛtʃi] F star
veemência [vje'mẽsja] F vehemence
veemente [vje'mẽtʃi] ADJ vehement
vegetação [veʒeta'sãw] F vegetation
vegetal [veʒe'taw] (*pl* **-ais**) ADJ vegetable *atr*; *(reino, vida)* plant *atr* ▸ M vegetable; **medicamento ~** herbal remedy

vegetalista [veʒeta'lista] ADJ, M/F vegan
vegetar [veʒe'tar] VI to vegetate
vegetariano, -a [veʒeta'rjanu, a] ADJ, M/F vegetarian
vegetativo, -a [veʒeta'tʃivu, a] ADJ: **vida vegetativa** *(fig)* insular life
veia ['veja] F *(Med, Bot)* vein; *(fig: pendor)* bent
veicular [vejku'lar] VT *(em TV, rádio)* to broadcast; *(em jornal)* to carry
veículo [ve'ikulu] M *(tb fig)* vehicle; **~ de propaganda** advertising medium
veio¹ ['veju] M *(de rocha)* vein; *(na mina)* seam; *(de madeira)* grain; *(eixo)* shaft
veio² VB *ver* **vir¹**
vejo *etc* ['veʒu] VB *ver* **ver**
vela ['vɛla] F candle; *(Auto)* spark plug; *(Náut)* sail; **fazer-se à** *ou* **de ~** to set sail; **segurar a ~** *(col)* to play gooseberry; **barco à ~** sailing boat; **~ mestra** mainsail
velar [ve'lar] VT *(cobrir)* to veil; *(ocultar)* to hide; *(vigiar)* to keep watch over; *(um doente)* to sit up with ▸ VI *(não dormir)* to stay up; *(vigiar)* to keep watch; **~ por** to look after
veleidade [velej'dadʒi] F *(capricho)* whim, fancy; *(inconstância)* fickleness
veleiro [ve'lejru] M *(barco)* sailing boat
velejar [vele'ʒar] VI to sail
velhaco, -a [ve'ʎaku, a] ADJ crooked ▸ M/F crook
velha-guarda F old guard
velharia [veʎa'ria] F *(os velhos)* old people *pl*; *(coisa)* old thing
velhice [ve'ʎisi] F old age
velho, -a ['vɛʎu, a] ADJ old ▸ M/F old man/woman; *(col: pai/mãe)* old man/lady; **meus ~s** *(col: pais)* my folks; **meu ~!** *(col)* old chap
velhote, -ta [ve'ʎɔtʃi, ta] ADJ elderly ▸ M/F elderly man/woman
velocidade [velosi'dadʒi] F speed, velocity; (PT *Auto*) gear; **a toda ~** at full speed; **trem de alta ~** high-speed train; **"diminua a ~"** "reduce speed now"; **~ máxima** *(em estrada)* speed limit; **~ de processamento** *(Comput)* processing speed
velocímetro [velo'simetru] M speedometer
velocíssimo, -a [velo'sisimu, a] ADJ SUPERL *de* **veloz**
velocista [velo'sista] M/F sprinter
velódromo [ve'lɔdromu] M cycle track
velório [ve'lɔrju] M wake
veloz [ve'lɔʒ] ADJ fast
velozmente [veloz'mẽtʃi] ADV fast
veludo [ve'ludu] M velvet; **~ cotelê** corduroy
vem [vẽj] VB *ver* **vir¹**
vêm [vẽj] VB *ver* **vir¹**
vencedor, a [vẽse'dor(a)] ADJ winning ▸ M/F winner
vencer [vẽ'ser] VT *(num jogo)* to beat; *(competição)* to win; *(inimigo)* to defeat; *(exceder)* to surpass; *(obstáculos)* to overcome; *(percorrer)* to pass ▸ VI *(num jogo)* to win; **vencer(-se)** VR *(prazo)* to run out; *(promissória)* to become due; *(apólice)* to mature

vencido, -a [vẽ'sidu, a] ADJ: **dar-se por ~** to give in
vencimento [vẽsi'mẽtu] M (Com) expiry; (: *de letra, dívida*) maturation; (*data*) expiry date; (: *de promissória*) due date; (*salário*) salary; (*de gêneros alimentícios etc*) sell-by date; **vencimentos** MPL (*ganhos*) earnings
venda ['vẽda] F sale; (*pano*) blindfold; (*mercearia*) general store; **à ~** on sale, for sale; **pôr algo à ~** to put sth up for sale; **preço de ~** selling price; **~ a crédito** credit sale; **~ a prazo** *ou* **prestação** sale in instal(l)ments; **~ à vista** cash sale; **~ por atacado** wholesale; **~ pelo correio** mail-order
vendar [vẽ'dar] VT to blindfold
vendaval [vẽda'vaw] (*pl* **-ais**) M gale
vendável [vẽ'davew] (*pl* **-eis**) ADJ marketable
vendedor, a [vẽde'dor(a)] M/F seller; (*em loja*) sales assistant; (*de imóvel*) vendor; **~ ambulante** street vendor
vender [vẽ'der] VT, VI to sell; **vender-se** VR (*pessoa*) to allow o.s. to be bribed; **~ por atacado/a varejo** to sell wholesale/retail; **~ fiado/a prestações** *ou* **a prazo** to sell on credit/in instal(l)ments; **~ à vista** to sell for cash; **ela está vendendo saúde** she's bursting with health
vendeta [vẽ'deta] F vendetta
vendinha [vẽ'dʒiɲa] F corner shop
veneno [ve'nɛnu] M poison; (*fig, de serpente*) venom; **ser um ~ para** (*fig*) to be very bad for
venenoso, -a [vene'nozu, ɔza] ADJ poisonous; (*fig*) venomous
veneração [venera'sãw] F reverence
venerar [vene'rar] VT to revere; (*Rel*) to worship
venéreo, -a [ve'nɛrju, a] ADJ: **doença venérea** venereal disease
veneta [ve'neta] F: **ser de ~** (*pessoa*) to be moody; **deu-lhe na ~ (que)** he got it into his head (that)
Veneza [ve'neza] N Venice
veneziana [vene'zjana] F (*porta*) louvre (BRIT) *ou* louver (US) door; (*janela*) louvre *ou* louver window
Venezuela [vene'zwɛla] F: **a ~** Venezuela
venezuelano, -a [venezwe'lanu, a] ADJ, M/F Venezuelan
venha *etc* ['vɛɲa] VB *ver* **vir**¹
vênia ['venja] F (*desculpa*) forgiveness; (*licença*) permission
venial [ve'njaw] (*pl* **-ais**) ADJ venial, forgiveable
venta ['vẽta] F nostril; **ventas** FPL (*nariz*) nose sg
ventania [vẽta'nia] F gale
ventar [vẽ'tar] VI: **está ventando** it is windy
ventarola [vẽta'rɔla] F fan
ventilação [vẽtʃila'sãw] F ventilation
ventilador [vẽtʃila'dor] M ventilator; (*elétrico*) fan
ventilar [vẽtʃi'lar] VT to ventilate; (*roupa, sala*) to air; (*fig*) to discuss; (: *hipótese, possibilidade*) to entertain

vento ['vẽtu] M wind; (*brisa*) breeze; **de ~ em popa** (*fig*) swimmingly, very well
ventoinha [vẽ'twiɲa] F (*cata-vento*) weathercock, weather vane; (PT *Auto*) fan
ventoso, -a [vẽ'tozu, ɔza] ADJ windy
ventre ['vẽtri] M belly; (*literário: útero*) womb
ventríloquo, -a [vẽ'trilokwu, a] M/F ventriloquist
ventura [vẽ'tura] F fortune; (*felicidade*) happiness; **se por ~** if by any chance
venturoso, -a [vẽtu'rozu, ɔza] ADJ happy
Vênus ['venus] F Venus
ver [ver] VT to see; (*olhar para, examinar*) to look at; (*resolver*) to see to; (*televisão*) to watch ▶ VI to see ▶ M: **a meu ~** in my opinion; **ver-se** VR (*achar-se*) to be, find o.s.; (*no espelho*) to see o.s.; (*duas pessoas*) to see each other; **vai que ...** maybe ...; **viu?** (*col*) OK?; **deixa eu ~** let me see; **ele tem um carro que só vendo** (*col*) he's got a car like you wouldn't believe; **não tem nada a ~ (com)** it has nothing to do (with); **não tenho nada que ~ com isto** it is nothing to do with me, it is none of my concern; **~-se com** to settle accounts with; **bem se vê que** it's obvious that; **já se vê** of course; **pelo que se vê** apparently
veracidade [verasi'dadʒi] F truthfulness
veranear [vera'njar] VI to spend the summer; (*tirar férias*) to take summer holidays (BRIT) *ou* a summer vacation (US)
veraneio [vera'neju] M summer holidays pl (BRIT) *ou* vacation (US)
veranista [vera'nista] M/F holidaymaker (BRIT), (summer) vacationer (US)
verão [ve'rãw] (*pl* **-ões**) M summer
veraz [ve'rajz] ADJ truthful
verba ['verba] F allowance; **verba(s)** F(PL) (*recursos*) funds pl
verbal [ver'baw] (*pl* **-ais**) ADJ verbal
verbalizar [verbali'zar] VT, VI to verbalize
verbete [ver'betʃi] M (*num dicionário*) entry
verbo ['vɛrbu] M verb; **deitar o ~** (*col*) to say a few words; **soltar o ~** (*col*) to start talking
verborragia [verboha'ʒia] F verbiage, waffle
verboso, -a [ver'bozu, ɔza] ADJ wordy, verbose
verdade [ver'dadʒi] F truth; **na ~** in fact; **é ~** it's true; **é ~?** (*col*) really?; **uma princesa de ~** a real princess; **de ~** (*falar*) truthfully; (*ameaçar etc*) really; **dizer umas ~s a alguém** to tell sb a few home truths; **a ~ nua e crua** the plain truth; **para falar a ~** to tell the truth; **..., não é ~?** (*col*) ..., isn't that so?
verdadeiramente [verdadejra'mẽtʃi] ADV really
verdadeiro, -a [verda'dejru, a] ADJ true; (*genuíno*) real; (*pessoa*) truthful; **foi um ~ desastre** it was a real disaster
verde ['verdʒi] ADJ green; (*fruta*) unripe; (*fig*) inexperienced ▶ M (*plantas etc*) greenery; **~ de medo** pale with fear; **~ de fome/raiva** terribly hungry/angry; **jogar ~ (para colher maduro)** to fish, ask leading questions; **Partido V~** Green Party

verde-abacate ADJ INV avocado (green)
verde-garrafa ADJ INV bottle-green
verdejar [verde'ʒar] VI to turn green
verdor [ver'dor] M greenness; (*Bot*) greenery; (*fig*) inexperience
verdugo [ver'dugu] M executioner; (*fig*) beast
verdura [ver'dura] F (*hortaliça*) greens *pl*; (*Bot*) greenery; (*cor verde*) greenness
verdureiro, -a [verdu'rejru, a] M/F greengrocer (BRIT), produce dealer (US)
vereador, a [verja'dor(a)] M/F councillor (BRIT), councilor (US)
vereda [ve'reda] F path
veredicto [vere'dʒiktu] M verdict
verga ['verga] F (*vara*) stick; (*de metal*) rod
vergão [ver'gãw] (*pl* **-ões**) M weal
vergar [ver'gar] VT (*curvar*) to bend ▸ VI to bend; (*com um peso*) to sag
vergões [ver'gõjs] MPL *de* **vergão**
vergonha [ver'goɲa] F shame; (*timidez*) embarrassment; (*humilhação*) humiliation; (*ato indecoroso*) indecency; (*brio*) self-respect; **é uma ~** it's disgraceful; **ter ~** to be ashamed; (*tímido*) to be shy; **ter ~ de fazer** to be ashamed of doing; (*ser tímido*) to be too shy to do; **não ter ~ na cara** to have a cheek, have no shame
vergonhoso, -a [vergo'ɲozu, ɔza] ADJ (*infame*) shameful; (*indecoroso*) disgraceful
verídico, -a [ve'ridʒiku, a] ADJ true, truthful
verificação [verifika'sãw] F (*exame*) checking; (*confirmação*) verification
verificar [verifi'kar] VT to check; (*confirmar, Comput*) to verify; **verificar-se** VR (*acontecer*) to happen; (*realizar-se*) to come true; **~ se ...** to check that ...
verme ['vɛrmi] M worm
vermelhidão [vermeʎi'dãw] F redness; (*da pele*) rosiness
vermelho, -a [ver'meʎu, a] ADJ red ▸ M red; **estar no ~** to be in the red; **ficar ~** to go red
vermute [ver'mutʃi] M vermouth
vernáculo, -a [ver'nakulu, a] ADJ: **língua vernácula** vernacular ▸ M vernacular
vernissage [verni'saʒ] M opening, vernissage
verniz [ver'niz] M varnish; (*couro*) patent leather; (*fig*) whitewash; (: *polidez*) veneer; **sapatos de ~** patent shoes
verões [ve'rõjs] MPL *de* **verão**
verossímil [vero'simiw], (PT) **verosímil** (*pl* **-eis**) ADJ (*provável*) likely, probable; (*crível*) credible
verossimilhança [verosimi'ʎãsa], (PT) **verosimilhança** F probability
verruga [ve'huga] F wart
versado, -a [ver'sadu, a] ADJ: **~ em** clever at, good at
versão [ver'sãw] (*pl* **-ões**) F version; (*tradução*) translation
versar [ver'sar] VI: **~ sobre** to be about, concern
versátil [ver'satʃiw] (*pl* **-eis**) ADJ versatile
versatilidade [versatʃili'dadʒi] F versatility

versículo [ver'sikulu] M (*Rel*) verse; (*de artigo*) paragraph
verso ['vɛrsu] M verse; (*linha*) line of poetry; (*da página*) other side, reverse; **vide ~** see over; **~ solto** blank verse; **~s brancos** blank verse *sg*
versões [ver'sõjs] FPL *de* **versão**
vértebra ['vɛrtebra] F vertebra
vertebrado, -a [verte'bradu, a] ADJ vertebrate ▸ M vertebrate
vertebral [verte'braw] (*pl* **-ais**) ADJ: **coluna ~** spine
vertente [ver'tẽtʃi] F slope
verter [ver'ter] VT to pour; (*por acaso*) to spill; (*traduzir*) to translate; (*lágrimas, sangue*) to shed ▸ VI: **~ de** to spring from; **~ em** (*rio*) to flow into
vertical [vertʃi'kaw] (*pl* **-ais**) ADJ vertical; (*de pé*) upright, standing ▸ F vertical
vértice ['vɛrtʃisi] M apex
vertigem [ver'tʃiʒẽ] F (*medo de altura*) vertigo; (*tonteira*) dizziness
vertiginoso, -a [vertʃiʒi'nozu, ɔza] ADJ dizzy, giddy; (*velocidade*) frenetic
verve ['vɛrvi] F verve
vesgo, -a ['vezgu, a] ADJ cross-eyed
vesícula [ve'zikula] F: **~ (biliar)** gall bladder
vespa ['vespa] F wasp
véspera ['vɛspera] F: **a ~ (de)** the day before; **vésperas** FPL (*Rel*) vespers; **a ~ de Natal** Christmas Eve; **nas ~s de** on the eve of; (*de eleição etc*) in the run-up to; **estar nas ~s de** to be about to
vesperal [vespe'raw] (*pl* **-ais**) ADJ afternoon *atr* ▸ F matinée
vespertino, -a [vesper'tʃinu, a] ADJ evening *atr*
veste ['vɛstʃi] F garment; (*Rel*) vestment, robe
vestiário [ves'tʃjarju] M (*em casa, teatro*) cloakroom; (*Esporte*) changing room (BRIT), locker-room (US); (*de ator*) dressing room
vestibular [vestʃibu'lar] M college entrance exam
vestíbulo [ves'tʃibulu] M hall(way), vestibule; (*Teatro*) foyer
vestido, -a [ves'tʃidu, a] ADJ: **~ de branco** *etc* dressed in white *etc* ▸ M dress; **~ de baile** ball gown; **~ de noiva** wedding dress
vestidura [vestʃi'dura] F (*Rel*) robe
vestígio [ves'tʃiʒju] M (*rastro*) track; (*fig*) sign, trace
vestimenta [vestʃi'mẽta] F (*roupa*) garment; (*Rel*) vestment
vestir [ves'tʃir] VT (*uma criança*) to dress; (*pôr sobre si*) to put on; (*trajar*) to wear; (*comprar, dar roupa para*) to clothe; (*fazer roupa para*) to make clothes for; **vestir-se** VR to dress; (*pôr roupa*) to get dressed; **~-se de algo** to dress up as sth; **ela se veste naquela butique** she buys her clothes in that boutique; **~-se de preto** *etc* to dress in black *etc*; **este terno veste bem** this suit is a good fit
vestuário [ves'twarju] M clothing
vetar [ve'tar] VT to veto; (*proibir*) to forbid

veterano, -a [vete'ranu, a] ADJ, M/F veteran
veterinário, -a [veteri'narju, a] ADJ veterinary ▶ M/F vet(erinary surgeon)
veto ['vɛtu] M veto
véu [vɛw] M veil; **~ do paladar** (*Anat*) soft palate, velum
vexame [ve'ʃami] F (*vergonha*) shame, disgrace; (*tormento*) affliction; (*humilhação*) humiliation; (*afronta*) insult; **passar um ~** to be disgraced; **dar um ~** to make a fool of o.s.
vexaminoso, -a [veʃami'nozu, ɔza] ADJ shameful, disgraceful
vexar [ve'ʃar] VT (*atormentar*) to upset; (*envergonhar*) to put to shame; **vexar-se** VR to be ashamed
vez [vez] F time; (*turno*) turn; **uma ~** once; **duas ~es** twice; **alguma ~** ever; **algumas ~es, às ~es** sometimes; **~ por outra** sometimes; **cada ~ (que)** every time; **cada ~ mais/menos** more and more/less and less; **desta ~** this time; **de ~** once and for all; **de uma ~** (*ao mesmo tempo*) at once; (*de um golpe*) in one go; **de ~ em quando** from time to time; **em ~ de** instead of; **fazer as ~es de** (*pessoa*) to stand in for; (*coisa*) to replace; **mais uma ~, outra ~** again, once more; **raras ~es** seldom; **uma ~ que** since; **3 ~es 6** 3 times 6; **de uma ~ por todas** once and for all; **ter ~** (*pessoa*) to have a chance; (*argumento etc*) to apply; **muitas ~es** many times; (*frequentemente*) often; **mais ~es** more often; **na maioria das ~es** most times; **toda ~ que** every time; **um de cada ~** one at a time; **repetidas ~es** repeatedly; **uma ~ ou outra** once in a while; **uma ~ na vida, outra na morte** once in a blue moon; **era uma ~ ...** once upon a time there was ....
vi [vi] VB *ver* **ver**
via¹ ['via] F road, route; (*meio*) way; (*documento*) copy; (*conduto*) channel ▶ PREP via, by way of; **~ aérea** airmail; **~ de acesso** access road; **V~ Láctea** Milky Way; **primeira ~** (*de documento*) top copy; **chegar às ~s de fato** to come to blows; **em ~s de** in the process of; **por ~ aérea** by airmail; **por ~ das dúvidas** just in case; **por ~ de regra** generally, as a rule; **por ~ terrestre/marítima** by land/sea
via² *etc* VB *ver* **ver**
viabilidade [vjabili'dadʒi] F feasibility, viability
viação [vja'sãw] (*pl* **-ões**) F transport; (*companhia de ônibus*) bus (*ou* coach) company; (*conjunto de estradas*) roads *pl*
viaduto [vja'dutu] M viaduct
viageiro, -a [vja'ʒejru, a] ADJ travelling (*BRIT*), traveling (*US*)
viagem ['vjaʒẽ] (*pl* **-ns**) F journey, trip; (*o viajar*) travel; (*Náut*) voyage; (*com droga*) trip; **viagens** FPL (*jornadas*) travels; **~ de ida e volta** return trip, round trip; **~ de núpcias** honeymoon; **~ de ida** outward trip; **~ de negócios** business trip; **~ inaugural** (*Náut*) maiden voyage; **boa ~!** bon voyage!, have a good trip!
viajado, -a [vja'ʒadu, a] ADJ well-travelled (*BRIT*), well-traveled (*US*)
viajante [vja'ʒãtʃi] ADJ travelling (*BRIT*), traveling (*US*) ▶ M traveller (*BRIT*), traveler (*US*); (*Com*) commercial travel(l)er
viajar [vja'ʒar] VI to travel; **~ por** to travel, tour
viário, -a ['vjarju, a] ADJ road *atr*
viatura [vja'tura] F vehicle
viável ['vjavew] (*pl* **-eis**) ADJ feasible, viable
víbora ['vibora] F viper; (*fig: pessoa*) snake in the grass
vibração [vibra'sãw] (*pl* **-ões**) F vibration; (*fig*) thrill
vibrante [vi'brãtʃi] ADJ vibrant; (*discurso*) stirring
vibrar [vi'brar] VT (*brandir*) to brandish; (*fazer estremecer*) to vibrate; (*cordas*) to strike ▶ VI to vibrate; (*som*) to echo; (*col*) to be thrilled
vice ['visi] M/F deputy
vice- [visi-] PREFIXO vice-
vice-campeão, -peã (*pl* **-ões/-s**) M/F runner-up
vicejar [vise'ʒar] VI to flourish
vice-presidente, -a M/F vice president
vice-rei M viceroy
vice-reitor, a M/F deputy head
vice-versa [-'vɛrsa] ADV vice versa
viciado, -a [vi'sjadu, a] ADJ addicted; (*ar*) foul ▶ M/F addict; **um ~ em entorpecentes** a drug addict; **~ em algo** addicted to sth
viciar [vi'sjar] VT (*criar vício em*) to make addicted; (*falsificar*) to falsify; (*taxímetro etc*) to fiddle; **viciar-se** VR to become addicted; **~-se em algo** to become addicted to sth
vicinal [visi'naw] (*pl* **-ais**) ADJ local
vício ['visju] M vice; (*defeito*) failing; (*costume*) bad habit; (*em entorpecentes*) addiction
vicioso, -a [vi'sjozu, ɔza] ADJ corrupt, defective; **círculo ~** vicious circle
vicissitude [visisi'tudʒi] F vicissitude; **vicissitudes** FPL ups and downs
viço ['visu] M vigour (*BRIT*), vigor (*US*); (*da pele*) freshness
viçoso, -a [vi'sozu, ɔza] ADJ (*plantas*) luxuriant; (*fig*) exuberant
vida ['vida] F life; (*duração*) lifetime; (*fig*) vitality; **com ~** alive; **ganhar a ~** to earn one's living; **modo de ~** way of life; **para toda a ~** forever; **sem ~** dull, lifeless; **na ~ real** in real life; **cair na ~** (*col*) to go on the game; **dar ~ a** (*festa, ambiente*) to liven up; **dar a ~ por algo/por fazer algo** to give one's right arm for sth/to do sth; **estar bem de ~** to be well off; **estar entre a ~ e a morte** to be at death's door; **mete-se com a sua ~!** mind your own business; **é a ~!** that's life!; **danado/feliz da ~** really angry/happy; **siga essa rua toda a ~** follow this street as far as you can go; **ele trabalha que não é ~** (*col*) he works really hard; **a ~ mansa** the

easy life; **~ civil/privada/pública/sentimental/sexual/social** civilian/private/public/love/sex/social life; **~ conjugal/doméstica** married/home life; **~ útil** (*Com*) useful life

vidão [vi'dãw] M good life

vide ['vidʒi] VT see; **~ verso** see over

videira [vi'dejra] F grapevine

vidente [vi'dẽtʃi] M/F clairvoyant; (*no mundo antigo*) seer

vídeo ['vidʒju] M video; (*televisão*) TV; (*tela*) screen

videocâmara [vidʒju'kamara] F video camera

videocassete [vidʒjuka'sɛtʃi] M (*fita*) video cassette *ou* tape; (*aparelho*) video (recorder)

videoclipe [vidʒju'klipi] M video

videoclube [vidʒju'klubi] M video club

videodisco [vidʒju'dʒisku] M video disk

vídeo game [-'gejmi] (*pl* **vídeo games**) M video game

videoteipe [vidʒju'tejpi] M (*fita*) video tape; (*processo*) (video-)taping

videotexto [vidʒju'testu] M Teletext®

vidraça [vi'drasa] F window pane

vidraçaria [vidrasa'ria] F glazier's; (*fábrica*) glass factory; (*conjunto de vidraças*) glasswork

vidraceiro [vidra'sejru] M glazier

vidrado, -a [vi'dradu, a] ADJ glazed; (*porta*) glass *atr*; (*olhos*) glazed, glassy; **estar** *ou* **ser ~ em** *ou* **por** (*col*) to be crazy about

vidrar [vi'drar] VT to glaze ▶ VI: **~ em** *ou* **por** (*col*) to fall in love with

vidreiro [vi'drejru] M glazier, glassmaker

vidro ['vidru] M glass; (*frasco*) bottle; **fibra de ~** fibreglass (BRIT), fiberglass (US); **~ fosco** frosted glass; **~ fumê** tinted glass; **~ de aumento** magnifying glass

viela ['vjɛla] F alley

Viena ['vjena] N Vienna

vier *etc* [vjer] VB *ver* **vir¹**

viés [vjɛs] M slant; (*Costura*) bias strip; **ao** *ou* **de ~** diagonally

vieste ['vjestʃi] VB *ver* **vir¹**

Vietnã [vjet'nã] (BR) M: **o ~** Vietnam

vietnamita [vjetna'mita] ADJ, M/F Vietnamese

viga ['viga] F beam; (*de ferro*) girder

vigarice [viga'risi] F swindle

vigário [vi'garju] M vicar

vigarista [viga'rista] M swindler, confidence trickster

vigência [vi'ʒẽsja] F validity; **durante a ~ da lei** while the law is in force

vigente [vi'ʒẽtʃi] ADJ in force, valid

viger [vi'ʒer] VI to be in force

vigésimo, -a [vi'ʒɛzimu, a] NUM twentieth; *ver tb* **quinto**

vigia [vi'ʒia] F (*ato*) watching; (*Náut*) porthole ▶ M night watchman; **de ~** on watch

vigiar [vi'ʒjar] VT to watch, keep an eye on; (*ocultamente*) to spy on; (*velar por*) to keep watch over; (*presos, fronteira*) to guard ▶ VI to be on the lookout

vigilância [viʒi'lãsja] F vigilance

vigilante [viʒi'lãtʃi] ADJ vigilant; (*atento*) alert

vigília [vi'ʒilja] F (*falta de sono*) wakefulness; (*vigilância*) vigilance

vigor [vi'gor] M energy; **em ~** in force; **entrar/pôr em ~** to take effect/put into effect

vigorar [vigo'rar] VI to be in force; **a ~ a partir de** effective as of

vigoroso, -a [vigo'rozu, ɔza] ADJ vigorous

vil [viw] (*pl* **vis**) ADJ vile, low

vila ['vila] F town; (*casa*) villa; (*conjunto de casas*) group of houses round a courtyard; **~ militar** military base

vilã [vi'lã] F *de* **vilão**

vilania [vila'nia] F villainy

vilão, -lã [vi'lãw, 'lã] (*pl* **-ões/-s**) M/F villain

vilarejo [vila'reʒu] M village

vileza [vi'leza] F vileness; (*ação*) mean trick

vilipendiar [vilipẽ'dʒjar] VT to revile; (*desprezar*) to despise

vim [vĩ] VB *ver* **vir¹**

vime ['vimi] M wicker

vinagre [vi'nagri] M vinegar

vinagrete [vina'grɛtʃi] M vinaigrette

vincar [vĩ'kar] VT to crease; (*produzir sulco em*) to furrow; (*rosto*) to line

vinco ['vĩku] M crease; (*sulco*) furrow; (*no rosto*) line

vincular [vĩku'lar] VT to link, tie; **vincular-se** VR to be linked *ou* tied

vínculo ['vĩkulu] M bond, tie; (*relação*) link; **~ de parentesco** blood tie; **~ empregatício** contract of employment

vinda ['vĩda] F arrival; (*ato de vir*) coming; (*regresso*) return; **dar as boas ~s a** to welcome

vindicar [vĩdʒi'kar] VT to vindicate

vindima [vĩ'dʒima] F grape harvest

vindique *etc* [vĩ'dʒiki] VB *ver* **vindicar**

vindouro, -a [vĩ'doru, a] ADJ future, coming

vingador, a [vĩga'dor(a)] ADJ avenging ▶ M/F avenger

vingança [vĩ'gãsa] F vengeance, revenge

vingar [vĩ'gar] VT to avenge ▶ VI (*ter êxito*) to be successful; (*planta*) to grow; **vingar-se** VR: **~-se de** to take revenge on

vingativo, -a [vĩga'tʃivu, a] ADJ vindictive

vingue *etc* [ˈvĩgi] VB *ver* **vingar**

vinha¹ ['viɲa] F vineyard; (*planta*) vine

vinha² *etc* VB *ver* **vir¹**

vinha-d'alho (*pl* **vinhas d'alho**) F marinade

vinhedo [vi'ɲedu] M vineyard

vinho ['viɲu] M wine ▶ ADJ INV maroon; **~ branco/rosado/tinto** white/rosé/red wine; **~ seco/doce** dry/sweet wine; **~ espumante/de mesa** sparkling/table wine; **~ do Porto** port

vinícola [vi'nikola] ADJ INV wine-producing

vinicultor, a [vinikuw'tor(a)] M/F wine grower

vinicultura [vinikuw'tura] F wine growing, viticulture

vinil [vi'niw] M vinyl

vinte ['vĩtʃi] NUM twenty; **o século ~** the twentieth century; **as ~** (col: de cigarro, bebida) the last bit; ver tb **cinquenta**
vintém [vĩ'tẽj] M: **sem um ~** penniless
vintena [vĩ'tɛna] F: **uma ~** twenty, a score
viola ['vjɔla] F viola
violação [vjola'sãw] (pl **-ões**) F violation; **~ da lei** lawbreaking; **~ de domicílio** housebreaking
violão [vjo'lãw] (pl **-ões**) M guitar
violar [vjo'lar] VT to violate; (a lei) to break
violência [vjo'lẽsja] F violence
violentar [vjolẽ'tar] VT to force; (mulher) to rape; (fig: sentido) to distort
violento, -a [vjo'lẽtu, a] ADJ violent; (furioso) furious
violeta [vjo'leta] F violet ▶ ADJ INV violet
violinista [vjoli'nista] M/F violinist, violin player
violino [vjo'linu] M violin
violões [vjo'lõjs] MPL de **violão**
violoncelista [vjolõse'lista] M/F cellist
violoncelo [vjolõ'sɛlu] M cello
VIP ['vipi] M/F VIP ▶ ADJ (sala) VIP atr
vir¹ [vir] VI to come; **~ a ser** to turn out to be; **a semana que vem** next week; **~ abaixo** to collapse; **mandar ~** to send for; **~ fazendo algo** to have been doing sth; **~ fazer** to come to do; **~ buscar** to come for; **~ com** (alegar) to come up with; **isso não vem ao caso** that's irrelevant; **veio-lhe uma ideia** he had an idea, an idea came to him; **~ a saber** to come to know; **venha o que vier** come what may; **vem cá!** come here!; (col: escuta) listen!; **não vem que não tem!** (col) come off it!
vir² etc VB ver **ver**
viração [vira'sãw] (pl **-ões**) F breeze
vira-casaca ['vira-] (pl **vira-casacas**) M/F turncoat
virada [vi'rada] F turning; (guinada) swerve; (Esporte) turnaround; **dar uma ~** (col) to put on a last burst
virado, -a [vi'radu, a] ADJ (às avessas) upside down ▶ M (Culin): **~ (de feijão)** fried beans with sausage and eggs; **~ para** facing
viral [vi'raw] ADJ viral
vira-lata ['vira-] (pl **vira-latas**) M (cão) mongrel; (pessoa) bum
virar [vi'rar] VT to turn; (página, disco, barco) to turn over; (esquina) to turn; (bolsos) to turn inside out; (copo) to empty; (despejar) to tip; (opinião) to turn round; (transformar-se em) to become ▶ VI to turn; (barco) to capsize, turn over; (mudar) to change; **virar-se** VR to turn; (voltar-se) to turn round; (defender-se) to fend for o.s.; **~ de cabeça para baixo** to turn upside down; **~ do avesso** to turn inside out; **~ para** to face; **vira e mexe** every so often; **~(-se) contra** to turn against; **~-se para** (recorrer a) to turn to; **~-se de bruços** to turn onto one's stomach
viravolta [vira'vɔwta] F (fig) turnabout; (volta completa) complete turn; (giro sobre si mesmo) about-turn; (cambalhota) somersault
virgem ['virʒẽ] (pl **-ns**) ADJ (puro) pure; (mata) virgin; (não usado) unused; (: fita) blank ▶ F virgin; **V~** (Astrologia) Virgo; **~ de** free of
virgindade [virʒĩ'dadʒi] F virginity
vírgula ['virgula] F comma; (decimal) point; **uma ~!** (col) my eye!
virgular [virgu'lar] VT: **~ com** ou **de** (entremear) to punctuate with
viril [vi'riw] (pl **-is**) ADJ virile
virilha [vi'riʎa] F groin
virilidade [virili'dadʒi] F virility
viris [vi'ris] ADJ PL de **viril**
virose [vi'rɔzi] F viral illness
virtual [vir'twaw] (pl **-ais**) ADJ virtual; (potencial) potential
virtualmente [virtwaw'mẽtʃi] ADV virtually
virtude [vir'tudʒi] F virtue; **em ~ de** owing to, because of
virtuosidade [virtwozi'dadʒi] F virtuosity
virtuosismo [virtwo'zizmu] M = **virtuosidade**
virtuoso, -a [vir'twozu, ɔza] ADJ virtuous ▶ M virtuoso
virulência [viru'lẽsja] F virulence
virulento, -a [viru'lẽtu, a] ADJ virulent
vírus ['virus] M INV virus
vis [vis] ADJ PL de **vil**
visado, -a [vi'zadu, a] ADJ stamped; (pessoa: pela polícia, imprensa) under observation
visão [vi'zãw] (pl **-ões**) F vision; (Anat) eyesight; (vista) sight; (maneira de perceber) view; **~ de conjunto** overall view
visar [vi'zar] VT (alvo) to aim at; (ter em vista) to have in view; (ter como objetivo) to aim for; (passaporte, cheque) to stamp ▶ VI: **~ a** to have in view; to aim for; **~ fazer** to aim to do
Visc. ABR = **visconde**
vísceras ['viseras] FPL innards, bowels; (fig) heart sg
visconde [vis'kõdʒi] M viscount
viscondessa [viskõ'desa] F viscountess
viscoso, -a [vis'kozu, ɔza] ADJ sticky, viscous
viseira [vi'zejra] F visor
visibilidade [vizibili'dadʒi] F visibility
visionário, -a [vizjo'narju, a] ADJ, M/F visionary
visita [vi'zita] F visit, call; (pessoa) visitor; (na Internet) hit; **fazer uma ~ a** to visit; **ter ~s** to have company; **~ guiada** guided tour; **~ de médico** (col) flying visit; **horário de ~s** visiting hours pl
visitante [vizi'tãtʃi] ADJ visiting ▶ M/F visitor
visitar [vizi'tar] VT to visit; (inspecionar) to inspect
visível [vi'zivew] (pl **-eis**) ADJ visible
vislumbrar [vizlũ'brar] VT to glimpse, catch a glimpse of
vislumbre [viz'lũbri] M glimpse
visões [vi'zõjs] FPL de **visão**
visom [vi'zõ] (pl **-ns**) M mink; **casaco de ~** mink coat

visor [vi'zor] M (*Foto*) viewfinder
visse *etc* ['visi] VB *ver* **ver**
vista ['vista] F sight; (*Med*) eyesight; (*panorama*) view; (*braguilha*) fly, flies *pl*; **à** *ou* **em ~ de** in view of; **conhecer de ~** to know by sight; **dar na ~** to attract attention; **dar uma ~ de olhos em** to glance at; **fazer ~ grossa (a)** to turn a blind eye (to); **pôr à ~** to show; **ter em ~** to have in mind; **à primeira ~** at first sight; **à ~** visible, showing; (*Com*) in cash; **até a ~!** see you!; **na ~ de todos** in view of everyone; **perder de ~** to lose sight of; **a perder de ~** as far as the eye can (*ou* could) see; (*pagamento*) over a long period; **saltar à ~** to be obvious; **fazer ~** to look nice; **~ cansada/curta** eye strain/shortsightedness
vista-d'olhos F glance, quick look; **dar uma ~ em** to have a quick look at
visto¹, -a ['vistu, a] PP *de* **ver** ▶ ADJ seen ▶ M (*em passaporte*) visa; (*em documento*) stamp; **pelo ~** by the looks of things
visto² VB *ver* **vestir**
vistoria [visto'ria] F inspection
vistoriar [visto'rjar] VT to inspect
vistoso, -a [vis'tozu, ɔza] ADJ eye-catching
visual [vi'zwaw] (*pl* **-ais**) ADJ visual ▶ M (*col: de pessoa*) look; (*aparência*) appearance; (*vista*) view
visualizar [vizwali'zar] VT to visualize
vital [vi'taw] (*pl* **-ais**) ADJ vital; (*essencial*) essential
vitalício, -a [vita'lisju, a] ADJ for life
vitalidade [vitali'dadʒi] F vitality
vitalizar [vitali'zar] VT to revitalize
vitamina [vita'mina] F vitamin; (*para beber*) fruit crush
vitaminado, -a [vitami'nadu, a] ADJ with added vitamins
vitamínico, -a [vita'miniku, a] ADJ vitamin *atr*
vitela [vi'tɛla] F calf; (*carne*) veal
viticultura [vitʃikuw'tura] F wine growing
vítima ['vitʃima] F victim; **fazer-se de ~** to play the martyr
vitimar [vitʃi'mar] VT to sacrifice; (*matar*) to kill, claim the life of; (*danificar*) to damage
vitória [vi'tɔrja] F victory; (*Esporte*) win
vitória-régia (*pl* **vitórias-régias**) F giant water lily
vitorioso, -a [vito'rjozu, ɔza] ADJ victorious; (*time*) winning
vitral [vi'traw] (*pl* **-ais**) M stained glass window
vítreo, -a ['vitrju, a] ADJ (*feito de vidro*) glass *atr*; (*com o aspecto de vidro*) glassy; (*água*) clear
vitrina [vi'trina] F = **vitrine**
vitrine [vi'trini] F shop window; (*armário*) display case
vitrola [vi'trɔla] F record player
viuvez [vju'vez] F widowhood
viúvo, -a ['vjuvu, a] ADJ widowed ▶ M/F widower/widow

viva ['viva] M cheer; **~!** hurray!; **~ o rei!** long live the king!
vivacidade [vivasi'dadʒi] F vivacity; (*energia*) vigour (BRIT), vigor (US)
vivalma [vi'vawma] F: **não ver ~** not to see a (living) soul
vivamente [viva'mētʃi] ADV animatedly; (*descrever, sentir*) vividly; (*protestar*) loudly
vivar [vi'var] VT, VI to cheer
viva-voz [viva'vɔz] M (BR *Tel: em telefone*) speakerphone; (*para celular*) hands-free kit
vivaz [vi'vajz] ADJ (*animado*) lively
viveiro [vi'vejru] M nursery
vivência [vi'vēsja] F existence; (*experiência*) experience
vivenda [vi'vēda] F (*casa*) residence
vivente [vi'vētʃi] ADJ living ▶ M/F living being; **os ~s** the living
viver [vi'ver] VI to live; (*estar vivo*) to be alive ▶ VT (*vida*) to live; (*experimentar*) to have, experience ▶ M life; **~ de** to live on; **~ à custa de** to live off; **ela vive viajando/cansada** she's always travel(l)ing/tired; **ele vive resfriado/com dor de estômago** he's always got a cold/stomach ache; **vivendo e aprendendo** live and learn
víveres ['viveres] MPL provisions
vivido, -a [vi'vidu, a] ADJ experienced in life
vívido, -a ['vividu, a] ADJ vivid
vivificar [vivifi'kar] VT to bring to life
vivissecção [vivisek'sāw] F vivisection
vivo, -a ['vivu, a] ADJ living; (*esperto*) clever; (*cor*) bright; (*criança, debate*) lively ▶ M: **os ~s** the living; **televisionar ao ~** to televise live; **estar ~** to be alive
vizinhança [vizi'ɲasa] F neighbourhood (BRIT), neighborhood (US)
vizinho, -a [vi'ziɲu, a] ADJ neighbouring (BRIT), neighboring (US); (*perto*) nearby ▶ M/F neighbour (BRIT), neighbor (US)
vô [vo] (*col*) F gran
vô [vo] (*col*) M grandad, grandpa
voador, a [vwa'dor(a)] ADJ flying
voar [vo'ar] VI to fly; (*explodir*) to blow up, explode; **fazer ~ (pelos ares)** (*dinamitar*) to blow up, blast; **~ para cima de alguém** to fly at sb; **estar voando** (*col*) to be in the dark; **~ alto** (*fig*) to aim high; **fazer algo voando** to do sth in a hurry
vocabulário [vokabu'larju] M vocabulary
vocábulo [vo'kabulu] M word
vocação [voka'sāw] (*pl* **-ões**) F vocation
vocacional [vokasjo'naw] (*pl* **-ais**) ADJ vocational; (*orientação*) careers *atr*
vocações [voka'sōjs] FPL *de* **vocação**
vocal [vo'kaw] (*pl* **-ais**) ADJ vocal
você [vo'se] PRON you
vocês [vo'ses] PRON PL you
vociferação [vosifera'sāw] (*pl* **-ões**) F shouting; (*censura*) harangue
vociferar [vosife'rar] VT, VI to shout, yell; **~ contra** to decry
vodca ['vɔdʒka] F vodka

voga ['vɔga] F (*Náut*) rowing; (*moda*) fashion; (*popularidade*) popularity; **em ~** popular, fashionable

vogal [vo'gaw] (*pl* **-ais**) F (*Ling*) vowel ▶ M/F (*votante*) voting member

vogar [vo'gar] VI to sail; (*boiar*) to float; (*importar*) to matter; (*estar na moda*) to be popular; (*lei*) to be in force; (*palavra*) to be in use

voile ['vwali] M voile; **cortina de ~** net curtain

vol. ABR (= *volume*) vol.

volante [vo'lãtʃi] M (*Auto*) steering wheel; (*piloto*) racing driver; (*impresso para apostas*) betting slip; (*roda*) flywheel

volátil [vo'latʃiw] (*pl* **-eis**) ADJ volatile

vôlei ['volej] M volleyball

voleibol [volej'bɔw] M = **vôlei**

volt ['vɔwtʃi] (*pl* **-s**) M volt

volta ['vɔwta] F turn; (*regresso*) return; (*curva*) bend, curve; (*circuito*) lap; (*resposta*) retort; **passagem de ida e ~** return ticket (BRIT), round trip ticket (US); **dar uma ~** (*a pé*) to go for a walk; (*de carro*) to go for a drive; **dar ~s** *ou* **uma ~ (a)** to go round; **estar de ~** to be back; **na ~ do correio** by return (post); **por ~ de** about, around; **à** *ou* **em ~ de** around; **na ~** (*no caminho de volta*) on the way back; **vou resolver isso na ~** I'll sort this out when I get back; **estar** *ou* **andar às ~s com** to be tied up with; **fazer a ~,** **dar meia ~** (*Auto*) to do a U-turn; **dar meia ~** (*Mil*) to do an about-turn; **dar a ~ por cima** (*fig*) to get over it, pick o.s. up; **~ e meia** every so often

voltado, -a [vow'tadu, a] ADJ: **estar ~ para** to be concerned with

voltagem [vow'taʒẽ] F voltage

voltar [vow'tar] VT to turn ▶ VI to return, go (*ou* come) back; **voltar-se** VR to turn round; **~ uma arma contra** to turn a weapon on; **~ a fazer** to do again; **~ a si** to come to; **~ atrás** (*fig*) to backtrack; **~-se para** to turn to; **~-se contra** to turn against

voltear [vow'tʃjar] VT to go round; (*manivela*) to turn ▶ VI to spin; (*borboleta*) to flit around

volubilidade [volubili'dadʒi] F fickleness

volume [vo'lumi] M volume; (*tamanho*) bulk; (*pacote*) package

volumoso, -a [volu'mozu, ɔza] ADJ bulky, big; (*som*) loud

voluntário, -a [volũ'tarju, a] ADJ voluntary ▶ M/F volunteer

voluntarioso, -a [volũta'rjozu, ɔza] ADJ headstrong

volúpia [vo'lupja] F pleasure, ecstasy

voluptuoso, -a [volup'twozu, ɔza] ADJ voluptuous

volúvel [vo'luvew] (*pl* **-eis**) ADJ fickle, changeable

volver [vow'ver] VT to turn ▶ VI to go (*ou* come) back

vomitar [vomi'tar] VT, VI to vomit; (*fig*) to pour out

vômito ['vomitu] M (*ato*) vomiting; (*efeito*) vomit

vontade [võ'tadʒi] F will; (*desejo*) wish; **boa/má ~** good/ill will; **de boa/má ~** willingly/grudgingly; **frutas à ~** fruit galore; **coma à ~** eat as much as you like; **fique** *ou* **esteja à ~** make yourself at home; **não estar à ~** to be uncomfortable *ou* ill at ease; **com ~** (*com prazer*) with pleasure; (*com gana*) with gusto; **estar com** *ou* **ter ~ de fazer** to feel like doing; **dar ~ a alguém de fazer** to make sb want to do; **essa música dá ~ de bailar** this music makes you want to dance; **fazer a ~ de alguém** to do what sb wants; **de livre e espontânea ~** of one's own free will; **por ~ própria** of one's own bat; **força de ~** will power; **ser cheio de ~s** to be spoilt

voo ['vou] M flight; **levantar ~** to take off; **~ cego** flying blind, instrument flying; **~ livre** (*Esporte*) hang-gliding; **~ picado** nose dive

voragem [vo'raʒẽ] (*pl* **-ns**) F abyss, gulf; (*de águas*) whirlpool; (*fig: de paixões*) maelstrom

voraz [vo'rajz] ADJ voracious, greedy

vórtice ['vɔrtʃisi] M vortex

vos [vus] PRON you

vós [vɔs] PRON you

vosso, -a ['vɔsu, a] ADJ your ▶ PRON: **(o) ~** yours

votação [vota'sãw] (*pl* **-ões**) F vote, ballot; (*ato*) voting; **submeter algo a ~** to put sth to the vote; **~ secreta** secret ballot

votado, -a [vo'tadu, a] ADJ: **o deputado mais ~** the MP (BRIT) *ou* Member of Congress (US) with the highest number of votes

votante [vo'tãtʃi] M/F voter

votar [vo'tar] VT (*eleger*) to vote for; (*aprovar*) to pass; (*submeter a votação*) to vote on; (*dedicar*) to devote ▶ VI to vote; **votar-se** VR: **~-se a** to devote o.s. to; **~ em** to vote for; **~ por/contra** to vote for/against

voto ['vɔtu] M vote; (*promessa*) vow; **votos** MPL (*desejos*) wishes; **fazer ~s por** to wish for; **fazer ~s que** to hope that; **fazer ~ de castidade** to take a vow of chastity; **~ nulo** *ou* **em branco** blank vote; **~ de confiança** vote of confidence; **~ secreto** secret ballot

vou [vo] VB *ver* **ir**

vovó [vo'vɔ] F grandma

vovô [vo'vo] M grandad

voz [vɔz] F voice; (*clamor*) cry; **a meia ~** in a whisper; **dar ~ de prisão a alguém** to tell sb he is under arrest; **de viva ~** orally; **ter ~ ativa** to have a say; **em ~ baixa** in a low voice; **em ~ alta** aloud; **levantar a ~ para alguém** to raise one's voice to sb; **~ de cana rachada** (*col*) screeching voice; **~ de comando** command, order

vozearia [vozja'ria] F = **vozerio**

vozeirão [vozej'rãw] (*pl* **-ões**) M loud voice

vozerio [voze'riu] M hullabaloo

VPR ABR F (= *Vanguarda Popular Revolucionária*) former Brazilian revolutionary movement

vulcânico, -a [vuw'kaniku, a] ADJ volcanic
vulcão [vuw'kãw] (pl **-ões**) M volcano
vulgar [vuw'gar] ADJ (comum) common; (reles) cheap; (pej: pessoa etc) vulgar
vulgaridade [vuwgari'dadʒi] F commonness; (pej) vulgarity
vulgarizar [vuwgari'zar] VT to popularize; (abandalhar) to cheapen
vulgarmente [vuwgar'mẽtʃi] ADV commonly, popularly
vulgo ['vuwgu] M common people pl ▶ ADV commonly known as

vulnerabilidade [vuwnerabili'dadʒi] F vulnerability
vulnerável [vuwne'ravew] (pl **-eis**) ADJ vulnerable
vulto ['vuwtu] M figure; (volume) mass; (fig) importance; (pessoa importante) important person; **obras de ~** important works; **tomar ~** to take shape
vultoso, -a [vuw'tozu, ɔza] ADJ bulky; (importante) important; (quantia) considerable
vulva ['vuwva] F vulva
vupt ['vuptʃi] EXCL wham!

Ww

W, w ['dablju] (*pl* **ws**) M W, w; **W de William** W for William
w. ABR (= *watt*) w
walkie-talkie [wɔki'tɔki] (*pl* **-s**) M walkie-talkie
watt ['wɔtʃi] (*pl* **-s**) M watt
watt-hora (*pl* **watts-horas**) M watt-hour

web ['wɛbi] F, ADJ (*Comput*) web
webcam [wɛb'kã] F webcam
western ['wɛstern] (*pl* **-s**) M western
windsurfe [wĩ'surfi] M windsurfing
windsurfista [wĩsur'fista] M/F windsurfer
WWW ABR F (= *WorldWideWeb*) WWW

Xx

X, x [ʃis] (pl **xs**) M X, x; **o X do problema** the crux of the problem; **X de Xavier** X for Xmas
xá [ʃa] M shah
xadrez [ʃa'dreʒ] M (jogo) chess; (tabuleiro) chessboard; (tecido) checked cloth; (col: cadeia) clink ▶ ADJ INV check(ered); **tecido de ~** check material
xale ['ʃali] M shawl
xampu [ʃã'pu] M shampoo
Xangai [ʃã'gaj] N Shanghai
xangô [ʃã'go] M (orixá) Afro-Brazilian deity; (culto) Afro-Brazilian religion
xará [ʃa'ra] M/F namesake; (companheiro) mate
xaropada [ʃaro'pada] (col) F bore; (conversa) boring talk
xarope [ʃa'rɔpi] M syrup; (para a tosse) cough syrup
xavante [ʃa'vãtʃi] ADJ, M/F Shavante Indian
xaveco [ʃa'vɛku] M (coisa sem valor) piece of junk
xaxim [ʃa'ʃĩ] M plant fibre (BRIT) ou fiber (US) (used to plant indoor plants)
xelim [ʃe'lĩ] (pl **-ns**) M shilling
xenofobia [ʃenofo'bia] F xenophobia
xenófobo, -a [ʃe'nɔfobu, a] ADJ xenophobic ▶ M/F xenophobe
xepa ['ʃepa] (col) F leftovers pl
xepeiro, -a [ʃe'pejru, a] M/F rubbish (BRIT) ou garbage (US) picker
xeque ['ʃɛki] M (Xadrez) check; (soberano) sheikh; **pôr em ~** (fig) to call into question
xeque-mate (pl **xeques-mate**) M checkmate
xereta [ʃe'reta] M/F busybody ▶ ADJ nosy
xeretar [ʃere'tar] VI to poke one's nose in
xerez [ʃe'reʒ] M sherry
xerife [ʃe'rifi] M sheriff
xerocar [ʃero'kar] VT to photocopy, Xerox®
xerocópia [ʃero'kɔpja] F photocopy
xerocopiar [ʃeroko'pjar] VT = **xerocar**
xerox® [ʃe'rɔks] M (copia) photocopy; (máquina) photocopier
xexelento, -a [ʃeʃe'lẽtu, a] (col) ADJ scruffy ▶ M/F scruff
xexéu [ʃe'ʃɛw] M stink
xi [ʃi] EXCL cor! (BRIT), gee! (US)
xícara ['ʃikara] (BR) F cup
xicrinha [ʃi'kriɲa] (BR) F little cup
xiita [ʃi'ita] ADJ, M/F Shiite
xilindró [ʃilĩ'drɔ] (col) M clink
xilofone [ʃilo'fɔni] M xylophone
xilografia [ʃilogra'fia] F woodcut
xingação [ʃĩga'sãw] (pl **-ões**) F curse
xingamento [ʃĩga'mẽtu] M = **xingação**
xingar [ʃĩ'gar] VT to swear at ▶ VI to swear; **~ alguém de algo** to call sb sth
xingatório [ʃĩga'tɔrju] M stream of invectives
Xingu [ʃĩ'gu] M see note

> The **Xingu** National Park was created in 1961 by the federal government and directed by the brothers Orlando and Cláudio Vilasboas, who were known internationally for their efforts to preserve Brazil's indigenous people. Situated in the north of the state of Mato Grosso, it aims to preserve indigenous culture. It brings together sixteen communities, a total of two thousand Indians.

xinxim [ʃĩ'ʃĩ] M (tb: **xinxim de galinha**) chicken ragout
xixi [ʃi'ʃi] (col) M wee, pee; **fazer ~** to wee, have a wee
xô [ʃo] EXCL shoo
xodó [ʃo'dɔ] M (pessoa) sweetheart; (coisa) passion; **ter ~ por alguém/algo** to have a soft spot for sb/sth

Zz

Z, z [ze] (*pl* **zs**) M Z, z; **Z de Zebra** Z for Zebra
zaga ['zaga] F (*Futebol*) fullback position
zagueiro [za'gejru] M (*Futebol*) fullback
Zaire ['zajri] M: **o ~** Zaire
Zâmbia ['zãbja] F Zambia
zanga ['zãga] F (*raiva*) anger; (*irritação*) annoyance
zangado, -a [zã'gadu, a] ADJ angry; (*irritado*) annoyed; (*irritadiço*) bad-tempered; **ele está ~ comigo** (*de relações cortadas*) he's not speaking to me
zangão [zã'gãw] (*pl* **-ões**) M (*inseto*) drone
zangar [zã'gar] VT to annoy, irritate ▶ VI to get angry; **zangar-se** VR (*aborrecer-se*) to get annoyed; **~-se com** to get cross with
zangões [zã'gõjs] MPL *de* **zangão**
zanzar [zã'zar] VI to wander
zarolho, -a [za'roʎu, a] ADJ blind in one eye
zarpar [zar'par] VI (*navio*) to set sail; (*ir-se*) to set off; (*fugir*) to run away
Zé [zɛ] ABR (= *José*) Joe
zebra ['zebra] F zebra; (*col: pessoa*) silly ass; (*jogo*) upset, turn-up for the books; **deu ~** (*col*) there was an upset
zebrar [ze'brar] VI to be a turn-up for the books
zelador, a [zela'dor(a)] M/F caretaker ▶ ADJ caring
zelar [ze'lar] VT, VI: **~ (por)** to look after
zelo ['zelu] M devotion, zeal; **~ por alguém/algo** devotion to sb/sth
zeloso, -a [ze'lozu, ɔza] ADJ zealous; (*diligente*) hard-working
zen-budismo [zẽ-] M Zen (Buddhism)
zênite ['zenitʃi] M zenith
zé-povinho [-po'viɲu] (*pl* **zé-povinhos**) M the man in the street; (*o povo*) the masses *pl*; (*ralé*) riff raff
zerar [ze'rar] VT (*conta, inflação*) to reduce to zero; (*déficit*) to pay off, wipe out; (*aluno*) to give no marks to ▶ VI: **~ em** (*aluno*) to get no marks in
zerinho, -a [ze'riɲu, a] (*col*) ADJ brand new
zero ['zɛru] M zero; (*Esporte*) nil; **ser um ~ à esquerda** to be useless; **8 graus abaixo/acima de ~** 8 degrees below/above zero; **reduzir alguém a ~** to clean sb out; **ficar a ~** to lose everything; **começar do ~** (*fig*) to start from nothing

zero-quilômetro ADJ INV brand new ▶ M INV brand new car
ziguezague [zigi'zagi] M zigzag
ziguezagueante [zigiza'gjãtʃi] ADJ zigzag
ziguezaguear [zigiza'gjar] VI to zigzag
Zimbábue [zĩ'babwi] M: **o ~** Zimbabwe
zinco ['zĩku] M zinc; **folha de ~** corrugated iron
-zinho, -a [-'ziɲu, a] SUFIXO little; **florzinha** little flower
zipe ['zipi] M = **zíper**
zíper ['ziper] M zip (BRIT), zipper (US)
ziquizira [ziki'zira] (*col*) F lurgy
zoada ['zwada] F = **zoeira**
zodíaco [zo'dʒiaku] M zodiac
zoeira ['zwejra] F din
zombador, a [zõba'dor(a)] ADJ mocking ▶ M/F mocker
zombar [zõ'bar] VI to mock; **~ de** to make fun of
zombaria [zõba'ria] F mockery, ridicule
zona ['zɔna] F area; (*de cidade*) district; (*Geo*) zone; (*col: local de meretrício*) red-light district; (: *confusão*) mess; (: *tumulto*) free-for-all; **fazer a ~** to be on the game; **fazer uma ~** to raise hell, make a fuss; **~ eleitoral** electoral district, constituency; **~ franca** free-trade area; **Z~ Norte/Sul** (*do Rio, São Paulo etc*) Northern/Southern District; **a Z~ Sul carioca** *the fashionable middle-class suburbs along the beaches in Rio*
zonear [zo'njar] VT to divide into districts; (*col*) to make a mess in ▶ VI (*col*) to raise hell
zonzeira [zõ'zejra] F dizziness; **dar/sentir ~** to make/feel dizzy
zonzo, -a ['zõzu, a] ADJ dizzy; (*fraco*) woozy
zoo ['zou] M zoo
zoologia [zolo'ʒia] F zoology
zoológico, -a [zo'lɔʒiku, a] ADJ zoological; **jardim ~** zoo
zoólogo, -a [zo'ɔlogu, a] M/F zoologist
zoom [zũ] M = **zum**
zorra ['zoha] (*col*) F mess
zuarte ['zwartʃi] M denim
zulu [zu'lu] ADJ, M/F Zulu ▶ M (*Ling*) Zulu
zum [zũ] M zoom lens
zumbido [zũ'bidu] M buzz(ing); (*de tráfego*) hum; **um ~ no ouvido** a ringing in one's ear
zumbir [zũ'bir] VI to buzz; (*ouvido*) to ring ▶ M buzzing; ringing

zunido [zu'nidu] M (*de vento*) whistling; (*de inseto*) buzz
zunir [zu'nir] VI (*vento*) to whistle; (*seta*) to whizz; (*bala*) to zip; (*inseto*) to buzz
zunzum [zũ'zũ] M buzz(ing); (*boato*) rumour (BRIT), rumor (US)
zunzunzum [zũzũ'zũ] M rumour (BRIT), rumor (US)

zura ['zura] M/F INV miser ▶ ADJ INV mean, stingy
zureta [zu'reta] (*col*) M/F loony
Zurique [zu'riki] N Zurich
zurrapa [zu'hapa] F rough wine, plonk (*col*)
zurrar [zu'har] VI to bray
zurro ['zuhu] M bray